제2판

선거법강의

이용복 · 윤상화

박영사

제2판 서문

지난 2021. 3. 본서를 처음 선보인 이후, 제20대 대통령선거, 제8회 전국동시지방선거, 제21대 국회의원선거 재·보궐선거, 제3회 전국동시조합장선거 등 각종 선거가 있었다. 여러 차례 선거를 치르는 과정에서 많은 선거 관련 판례가 누적되었고, 헌법재판소는 다수의 선거법 조항에 대하여 위헌 내지 헌법불합치 결정을 내리기도 하였다. 이에 따라 공직선거법 또한 몇 차례 개정이 있었다.

그간 선거법 전반에 누적된 변화들을 정리하고 반영할 필요성이 있어 본 개정판을 출간하게 되었다.

2024. 3.

이용복, 윤상화

서문

권력이 정당하려면 인민의 동의에 기초해야 한다. 선거는 권력을 누가 가져야 하는가라는 질문, 즉 '누가 통치해야 하는가?'에 대한 민중의 대답이다.

헌법 제1조 제1항의 민주공화국은 특정인이나 특정세력의 전제적 지배를 배제하고 공동체 전체의 구성원들에 의한 통치를 이상으로 하는 공화주의 이념이다. 국민대표는 유권자보다 훌륭한 사람이어야 한다는 정치원칙은 공공이익을 실현하려는 공화주의의 정치목표로부터 연역되었다. 우리는 견해를 같이하고 이를 실천할 수 있는 우리보다 낫다고 여기는 사람에게 투표한다. 그는 옳은 행동이 무엇인지 알고, 남들보다 앞서 어떤 것을 보고, 자신의 실수를 인정하는 사람이다. 그러나 비를 피하다 잠깐 만났어도 대단한 사람임을 금방 알 수 있는 인물이 널려 있는 것은 아니다. 선거제도란 그러한 사람을 뽑을 수 있는 여건과 환경을 만드는 장치다.

정치적 감정은 극단적이다. 특정 정권과 국가를 동일시하는 봉건적 정치의식과 지역감정에서 비롯된 일당독점 지역구도가 이를 대표한다. 정치적 신념이나 가치는 제쳐놓고, 내편이 아니라고 여기면 덮어놓고 적대시하고 내편이라고 생각되면 무조건 옹호한다. 적어도 헌법 제1조 제1항의 민주주의를 하기로 했다면, 정치적 가치 및 견해의 다양성을 인정해야 한다. 오늘의 지배가 내일의 피지배에, 오늘의 소수가 내일의 다수에 처할 수 있다는 것을 용인하는 열린 자세가 필요하다. 인간이 가진 지난한 문제를 해결할 수 있는 유일한 방법은 온갖 다양한 의견을 지닌 사람들의 생각과 말을 듣는 데 있다. 민주주의의 꽃인 선거가 이것을 가능하게 한다.

이 책은 공직선거법 및 각종 조합의 조합장 등의 선거에 관한 위탁법률인 위탁선거법에서 정한 선거제도 전반을 다루었다. 지금까지 축적된 대법원 및 헌법재판소 판례에서 나타난 각종 이론과 사례를 바탕으로 각 조문별로 체계적으로 정리하였다. 공직선거법의 전체 조문에 대하여 각 부분별로 나누어 상술하면서, 위탁선거법에 관한 부분도 함께 기술하였다. 교육감선거에 관하여는 교육자치법이 공직선거법의 규정을 대부분 준용하고 있으므로, 특수한 경우는 공직선거법의 해당 부분에 덧붙여 서술하였다.

2021. 2.

이용복

차례

제1편 선거의 원칙

제2편 선거권자

제3편 피선거권자

제4편 선거인과 선거인명부

제5편 선거일 · 선거기간 및 선거운동기간

제6편 선거구와 의원정수, 투표구

제7편 후보자

제8편 선거운동

제9편 선거운동의 방법

제10편 선거운동 주체의 제한

제11편 선거운동 방법의 제한

제12편 정당활동의 제한

제13편 선거운동의 중지

제14편 공명선거추진활동 및 공정선거지원단

제15편 선거비용

제16편 투표

제17편 개표

제18편 당선인

제19편 불공정선거보도에의 대응

제20편 선거관리

제21편 재선거, 보궐선거, 연기된 선거

제22편 선거에 관한 쟁송

제23편 선거범죄에 대한 특별형사소송절차

제24편 선거범죄로 인한 특별제재

제25편 벌칙

제26편 기부행위 제한

제27편 과태료

제28편 재외선거에 관한 특례

제1편 선거의 원칙

제1장 선거의 의의

선거[1]는 선거인이 다수의 후보자 중에서 일정한 선거절차에 따라 특정인을 대표자로 결정하는 행위로서 국민의 대의기관을 구성하는 민주적 방법인 동시에 통치기관으로 하여금 민주적 정당성을 확보케 함으로써 대의민주주의 실현하기 위한 불가결한 수단이다.[2] 우리 헌법의 전문과 본문의 전체에 담겨있는 최고 이념은 국민주권주의와 자유민주주의에 입각한 입헌민주헌법의 본질적 기본원리에 기초하고 있다. 기타 헌법상의 제원칙도 여기에서 연유되는 것이므로 이는 헌법을 비롯한 모든 법령해석의 기준이 되고, 입법형성권 행사의 한계와 정책결정의 방향을 제시하며, 나아가 모든 국가기관과 국민이 존중하고 지켜가야 하는 최고의 가치규범이다. 헌법상의 국민주권론을 추상적으로 보면 전체국민이 이념적으로 주권의 근원이라는 전제 아래 형식적인 이론으로 만족할 수 있으나, 현실적으로 보면 구체적인 주권의 행사는 투표권의 행사인 선거를 통해 이루어진다.[3] 선거는 주권자인 국민이 그 주권을 행사하는 통로[4]로서 국가의 정책결정의 포괄적 선택이라는 의미를 가지며 장래의 권력상

---

1) 선거는 한 사회 구성원들의 선호(preference)를 총합하여 집합적 결론을 도출하는 사회적 선택(social choice)의 한 방법이다(안순철, 『선거체제비교(개정판)』, 법문사, 3쪽). 다양하고 이질적인 의사와 이익이 공존하는 조직이나 집단에서는 단순히 제비뽑기나 추첨을 통해서는 그들의 의사를 대변하고 집행하는 대표자 등을 뽑을 수 없기 때문에 선거를 통하는 방법밖에 없고, 그 구성원들은 선거과정을 통하여 그들의 의사를 표현하고 이를 실천하는데 참여하여 그 조직이나 집단의 대표자 등이 가지는 권한에 민주적 정당성을 부여한다.
선거의 사전적 정의는 일정한 조직이나 집단이 대표자나 임원을 뽑는 일 또는 정치적으로는 선거권을 가진 사람이 공직에 임할 사람을 투표로 뽑는 일을 말하지만 (네이버 사전, https://ko.dict.naver.com/#/entry/koko/7868fc58fdf94b0fb01f456bcd9ada42. 2019. 4. 18.자), 본서에서는 공직선거에 있어서의 선거를 중심으로 기술한다.
2) 허영, 『한국헌법론(전정11판)』, 780쪽
3) 1989. 9. 8. 선고 88헌가6 전원재판부 결정
4) 선거는 국가기관과 국민의 분리를 전제로 하고 국가조직적인 영역과 자율적인 개인의 사회적 영역을 연결하는 통로이다(강태수, 「선거운동의 자유에 대한 제한의 문제점과 개선방향」, 세계헌법연구 제14권 제2호, 4쪽).

황을 확정한다.[5] 선거는 국민대표자를 선발하여 통치기관을 구성하며 국가의사결정을 하는 국민대표자에게 민주적 정당성을 부여하고, 선거과정을 통하여 국민은 정치적 의사를 표현하고 국가의 공적인 일에 참여하는 기회를 가지므로 선거행위는 정치적 기본권의 행사인 동시에 정치참여로서 기능하며 이를 통하여 국민은 공동체의 구성원과 주권자로서 그 권리를 행사하고 실현한다.[6] 이러한 선거의 기능은 국민의 대표자를 결정하고 교체시킴으로써 민의에 의한 정치를 가능하게 한다.[7] 선거는 선거인이 피선거인에게 법적으로 자유롭게 정책을 결정할 권한을 위임한다는 '신임의 부여'기능, 통치기능을 수행하는 '대의기관의 구성'기능, 그리고 '정치적 통제'기능[8]이라는 복합적인 기능을 가지고 있을 뿐만 아니라 공정한 경쟁을 통하여 소수자가 다수자가 될 수 있는 기회균등을 보장하는 제도로서 다양하고 때로는 적대적인 국민들을 정치적으로 통합하는 기능을 수행한다.[9][10][11]

헌법재판소는「선거제도는 민주정치의 대전제로 존재하며, 민주정치는 선거로써 시작되고 선거로써 끝난다는 말과 같이 의회정치의 부침은 오로지 선거제도의 여하에 달려있다고 해도 과언이 아니다. 국민은 오직 선거에 의해서만 국정에 참가하는 것이며 선거를 통하여 여론정치가 행해지므로 민주정치에 있어서의 선거는 가장 중요한 국가적 행사의 하나이며 국법질서의 기초가 된다. 선거법에 규정하는 선거제도의 여하는 민주주의의 사활의 문제이고

---

5) 정만희,「선거에 관한 헌법상의 원칙」, 동아법학 제6호(2008. 2.), 131쪽

6) 정종섭,『헌법학원론(제11판)』, 926－927쪽

7) '오늘날 이른바 정당국가적 민주주의에 있어서는 선거의 의의도 크게 변질되어 선거가 의원 개인을 선출하는 것이 아니라 국민투표적 행위이어서 둘 이상의 가능한 정부 중에서 하나를 선택하는 플레비시트(plebiscite)적 성격을 띠고 있다.'고도 한다(정만희, 위 논문 133쪽).

8) 국가권력을 외부에서 통제할 수 있는 장치는 선거에 국한된다고도 할 수 있다. 선거를 통하여 대표기관이 일단 선택되면 대표기관에게는 오로지 헌법상 일반적으로 정식화된 책임만 질 뿐, 대표기관을 선출한 주권자가 통제할 수 있는 장치는 헌법상 예정되어 있지 않다(오동석,「지방자치의 필요충분조건으로서 지방분권과 참여」, 민주주의 법과 사회 제23호).

9) 강태수, 앞의 논문 4쪽

10) 이와 같은 자유민주주의체제에서의 경쟁적 선거의 기능과는 달리, '선택의 가능성'이 봉쇄되고 '선거의 자유'가 보장되지 않는 사회주의체제에서의 선거인 비경쟁적 선거는 ⅰ)모든 사회세력을 사회주의 실현을 위해 동원하는 기능, ⅱ)공산주의정책의 기준을 분명하게 밝히는 기능, ⅲ)사회주의 이데올로기에 입각해서 국민의 정치적·도덕적 통일성을 강화하는 기능, ⅳ)최대의 선거참여와 공산당의 일원적인 입후보명단에 대한 최대의 다수투표를 통해서 모든 근로계층과 공산당의 단결과 단합을 입증하고 확인하는 기능이 있고, 권위주의체제에서의 반경쟁적 선거는 ⅰ)현존하는 정치적 세력관계의 정당성을 추구하고, ⅱ)국내정치적인 긴장을 완화시키고, ⅲ)국제적인 평판과 지위를 높이고, ⅳ)야당을 가시적으로 표출시키고, ⅴ)권력구조의 체제안정적인 현실적응을 모색하는 기능을 가지고 있다고 한다(허영, 앞의 책, 784－785쪽).

11) 한편, 위와 같은 선거의 기능에 대응하여 '추첨'제도에 관해서, '추첨은 권력의 독점을 방지하고 특정세력의 확장을 방지하기 위한 방법으로 관직교체의 원칙에 잘 부합한다. 그리고 무엇보다도 추첨은 소수 엘리트 중심의 정치에 대한 민주주의자들의 깊은 불신에 반응할 수 있다. 추첨은 관직을 원하는 사람 누구에게나, 특정한 시민이 맡는 통치기능을 수행할 수 있는 동일한 확률(산술적 확률)을 보장한다는 점에서 중요한 의의를 가진다.'고 주장하는 견해가 있다(정주환,「그리스 민주정치와 선거제도 －아테네 민주주의의 형성과 추첨제를 중심으로－」, 법학논총 제40권 제1호, 178쪽).

국민의 정치적 생존권에 관계되는 문제이며 자유민주주의의 기본질서와 법치주의를 구현하는 근본이다.」고 판시[12]하여 선거가 국법질서의 기초임을 밝히고 있다.

제2장 선거의 기본원칙

선거를 통하여 후보자, 후보자가 표방하는 정책 및 소속정당에 대한 국민의 정치적 선택이 국가의사로 제도화되므로, 합리적인 선택(투표)을 위한 선거인의 정보수집과 의사표현은 최대한 보장되어야 한다. 선거인은 언론의 자유시장 속에서 가장 적합한 후보자와 정당을 선택할 수 있어야 하며, 국가는 단지 충분히 검증된 정보가 제공될 수 있도록 허위사실과 같은 정보를 통제하여야 할 것이다. 자유롭고 공개적인 선거운동이 존재하여야만 선거인은 자신의 의사형성을 왜곡되지 않게 이룰 수 있으며 국민주권을 실질적으로 실현할 수 있다.[13] 헌법재판소는「선거는 주권자인 국민이 그 주권을 행사하는 통로이므로 선거제도는 첫째, 국민의 의사를 제대로 반영하고, 둘째, 국민의 자유로운 선택을 보장하여야 하고, 셋째, 정당의 공직선거 후보자의 결정과정이 민주적이어야 하며, 그렇지 않으면 민주주의원리 나아가 국민주권의 원리에 부합한다고 볼 수 없다.」고 판시[14]하여 민주적 선거제도가 절대적임을 표방하고 있다.

우리 헌법은 실질적인 국민주권을 실현하기 위한 선거의 기본원칙으로서 보통·평등·직접·비밀선거의 원칙을 규정하고 있다(헌법§41①, §67①).[15] 그러나 헌법상 명문으로 규정되어 있지는 않지만, 보통·평등·직접·비밀선거의 원칙 외에 자유선거의 원칙도 선거의 기본원칙에 속한다. 이는 선거가 국민의 자유로운 의사와 민주적인 절차에 의하여 행하여지도록 할 것이 목적인 공직선거법(법§1)에 의하여도 인정되는 원칙이다.[16]

---

12) 1989. 9. 8. 선고 88헌가6 전원재판부 결정
13) 강태수, 앞의 논문, 6쪽
14) 2001. 7. 19. 선고 2000헌마91·112·134(병합) 전원재판부 결정
15) 「교육자치법」 제43조(선출)에서도 "교육감은 주민의 보통·평등·직접·비밀선거에 따라 선출한다."고 규정하고 있다.
16) 선거의 기본원칙으로 보통·평등·직접·비밀·자유선거의 원칙 외에 '공개선거의 원칙'을 주장하는 견해도 있다. '공개선거의 원칙은 전자투표제의 위헌 여부와 관련한 독일 연방재판소의 판례를 통해 발전된 선거원칙으로, 선거의 모든 중요한 과정들이 공개적으로 진행되어야 한다는 것을 의미한다. 선거를 준비하고 진행하는 과정만이 아니라, 선거결과를 산정하여 발표하는 등의 선거 관련 모든 행위들이 일반인에게 공개되어야 한다는 것이다. 첫째, 공개선거의 원칙은 선거의 투명성을 내용으로 한다. 선거의 투명성이란 선거의 모든 과정이 깨끗하고 분명하며, 일반인이 이를 바라보고 이해할 수 있어야 한다는 것을 의미한다. 둘째, 선거의 통제가능성을 내용으로 한다. 통제가능성이란 선거의 전부 또는 일부 과정이 일반인에게 충분하게 공개되지 아니하여 불투명하거나 이에 대한 의혹이 제기되는 경우, 이를 심사하여 선거의 투명성을

헌법재판소는「근대 입헌민주주의 국가에서의 선거는 국민이 직접적으로 자기들의 대표자를 선출하는 것이며 간접적으로 자기가 원하는 정부를 구성하기 위한 의사표시를 하는 것이다. 국민 각자가 근대 의회제도의 원리로서의 민주적 참정은 국가구성원으로의 개인이 정치에 참여하는 것을 의미한다. 즉 근대적 대의제도는 국가의 정치적 단위로 개인만을 인정한다. 따라서 현대 선거제도의 원리는 그 개인의 민주주의적 정치 참여의 실현을 기하는 정치원리로 국민 각자의 인격주의에 바탕을 두고 있다. 현대 선거제도를 지배하는 보통, 평등, 직접, 비밀, 자유선거의 다섯 가지 원칙은 국민 각자의 인격의 존엄성을 인정하고 그 개인을 정치적 단위로 모든 사람에게 자유로운 선거와 참여의 기회를 균등하게 헌법이 보장하는 데에 기초를 두고 있다. 이러한 선거제도의 근본원칙은 선거인, 입후보자와 정당은 물론 선거절차와 선거관리에도 적용되며, 선거법을 제정하고 개정하는 입법자의 입법형성권 행사에도 당연히 준수하여야 한다는 원리이다.」[17]라고 하여 선거의 기본원칙이 선거제도 전체를 지배하고 있음을 명백히 하였다.[18]

1. 보통선거의 원칙

민주주의는 참정권의 주체와 국가권력의 지배를 받는 국민이 일치할 것을 요청한다. 국민의 참정권에 대한 이러한 민주주의적 요청의 결과가 바로 보통선거의 원칙이다. 즉 원칙적으로 모든 국민이 균등하게 선거에 참여할 것을 요청하는 보통·평등선거원칙은 국민의 자기지배를 의미하는 국민주권의 원리에 입각한 민주국가를 실현하기 위한 필수적 요건이다. 보통선거의 원칙은 선거권행사뿐만 아니라 피선거권 행사에 있어서도 적용되는 원칙이다.[19] 모든 국민이 선거권과 피선거권을 가진다는 것은 바로 국민의 자기지배를 의미하는 민주국가에의 최대한의 접근을 의미하기 때문이다.[20] 보통선거라 함은 개인의 납세액이나 소유하는 재산을 선거권의 요건으로 하는 제한선거에 대응하는 것으로 이러한 요건뿐만 아니라 그 밖에 사회적 신분·인종·성별·종교·교육 등을 요건으로 하지 않고 일정한 연령에 달한 모든 국민에게 선거권을 인정하는 제도를 말한다.[21] 보통선거의 원칙은 국민들 사이에 존재하

다시 확보한다는 것을 의미한다.'고 하면서, '비밀선거의 원칙은 유권자 개인의 투표행위와 관련된 사항에 적용되는 반면, 공개선거의 원칙은 유권자의 투표행위를 제외한 그 밖의 선거과정에 적용된다.'고 한다(홍일선,「공개선거의 원칙」, 공법학연구 제15권 제4집, 47－56쪽).

17) 1989. 9. 8. 선고 88헌가6 전원재판부 결정

18) 대법원은 선거의 기본원칙이 정당의 당내경선에도 적용된다는 것을 분명히 하고 있다(2013. 11. 28. 선고 2013도5117 판결).

19) 이부하,「선거원칙에 대한 논의와 선거권과 관련한 헌법재판의 심사기준」, 법학논총 제31집(2014. 1.), 172쪽

20) 1999. 5. 27. 선고 98헌마214 전원재판부 결정

21) 1997. 6. 26. 선고 96헌마89 전원재판부 결정

는 다양한 차이에도 불구하고 원칙적으로 모든 국민들에게 선거권 및 피선거권을 보장함으로써 정치적 경쟁의 개방성을 유지한다.[22)]

보통선거의 원칙은 일정한 연령에 도달한 사람이라면 누구라도 당연히 선거권을 갖는 것을 요구하는데 그 전제로서 일정한 연령에 이르지 못한 국민에 대하여는 선거권을 제한하는 바, 선거권 행사는 일정한 수준의 정치적인 판단능력이 전제되어야 하기 때문이다.[23)] 보통선거에서 선거권연령을 몇 세로 정할 것인가의 문제는 입법자가 그 나라의 역사, 전통과 문화, 국민의 의식수준, 교육적 요소, 미성년자의 신체적·정신적 자율성, 정치적·사회적 영향 등 여러 가지 사항을 종합하여 결정하는 것이므로 입법자의 입법목적 달성을 위한 선택의 문제이고, 입법자가 선택한 수단이 현저하게 불합리하고 불공정한 것이 아닌 한 재량에 속한다.[24)]

현재 선거권자의 연령은 '18세 이상'이다(법§15).[25)]

2. 평등선거의 원칙

일반적 평등의 원칙이 다양성을 가지는 개개의 인간으로서의 구체적 국민을 전제로 한 상대적 평등 내지는 실질적 평등을 의미하는데 반하여, 헌법 제41조 제1항의 평등선거의 원칙은 개개의 국민들 사이에 존재하는 사실상의 차이, 즉 학력·재산정도·정치적 판단능력과 태도 등의 차이나 사회적 평가에 관계없이 추상화된 일반적 유권자 개념에 기초한, 선거에 있어 모든 유권자의 평등한 평가를 의미하는 획일적·절대적 평등을 의미한다.[26)] 즉, 평등선거의 원칙은 비례적·상대적 평등을 의미하는 일반적 평등권과는 달리 절대적·산술적·형식적 평등을 의미하는 특별한 평등원칙의 표현이다.[27)]

평등선거는 차등선거 또는 불평등선거에 대응하는 원칙으로 1인 1표와 1표 1가치를 그 내용으로 한다. 평등선거의 원칙은 평등의 원칙이 선거제도에 적용된 것으로서 투표의 수적인 평등, 즉 복수투표제 등을 부인하고 모든 선거인에게 1인 1표(one man, one vote)를 인정함을 의미할 뿐만 아니라, 투표의 성과가치의 평등, 즉 1표의 투표가치가 대표자선정이라는 선거의 결과에 기여한 정도에 있어서도 평등하여야 함(one vote, one value)을 의미한다.[28)] 그 밖

---

22) 정태호, 「보통·평등 선거권의 심사구조와 심사기준에 관한 관견 –자유권 심사구조 및 심사기준의 보통·평등 선거권 심사에의 응용 가능성–」, 미국헌법연구 제19권 제2호(2008. 9.), 67쪽

23) 2013. 7. 25. 선고 2012헌마174 결정

24) 1997. 6. 26. 선고 96헌마89 결정, 2001. 6. 28. 선고 2000헌마111 결정

25) 2020. 1. 14. 법률 제16864호로 개정된 공직선거법에 따라 19세에서 18세로 선거권자의 연령이 인하되었다.

26) 김문현, 「국회의원선거법상 전국구의석배분에 있어 문제점과 개선방향 –평등선거의 원칙과 관련하여–」, 고시연구, 1991. 11.

27) 정채호, 앞의 논문, 68–69쪽

에도 선거과정에서 선거참여자들의 기회균등도 요구된다.[29] 보통선거의 원칙이 전체 국민에게 선거권을 차별 없이 보장하는 것이라면 평등선거의 원칙은 선거인 각자의 투표가치가 산술적이고 형식적으로 동등한 영향력을 가질 것을 요구한다.[30]

평등선거의 원칙과 관련하여 주로 문제가 되는 것은 각 선거구간의 인구불평등으로 말미암은 투표가치의 불평등이다. 헌법이 요구하는 투표가치의 평등은 선거제도의 결정에 있어서 유일, 절대의 기준이라고는 할 수 없으며, 국회는 구체적인 선거제도를 정함에 있어서 합리적인 다른 정책적 목표도 고려할 수 있지만, 적어도 선거구의 획정에 있어서는 인구비례의 원칙을 "가장 중요하고 기본적인 기준"으로 삼아야 한다. 국회가 결정한 구체적인 선거제도의 구조 아래에서 발생한 투표가치의 불평등이 헌법이 요구하는 투표가치 평등의 원칙에 반하는지의 여부를 판단할 때, 이러한 불평등이 위에서 본 바와 같은 헌법적 요청에 의한 한계 내의 재량권 행사로서 그 합리성을 시인할 수 있는지의 여부를 검토하여, 국회가 통상 고려할 수 있는 제반 사정, 즉 여러 가지 비인구적 요소를 모두 참작한다고 하더라도 일반적으로 합리성이 있다고는 도저히 볼 수 없을 정도로 투표가치의 불평등이 생긴 경우에는 헌법에 위반된다.[31] 즉 선거구의 불평등한 획정은 투표가치의 평등을 침해하여 평등선거의 원칙을 위배하는 결과를 초래한다.[32] 헌법재판소는 지역구국회의원선거구획정에서 지역구 사이의 인구편차가 2 : 1 이상인 경우에는 헌법에 위배된다고 판시하였다.[33]

한편, 평등선거의 원칙은 정당간의 기회균등의 원칙도 당연히 내포하고 있다. 정당의 기회균등의 원칙은 정당설립의 자유와 복수정당제를 보장하는 「헌법」 제8조 제1항 및 평등원칙을 규정한 「헌법」 제11조의 연관관계에서 도출되는 헌법적 원칙이다. 특히 「헌법」 제116조 제1항은 "선거운동은 … 균등한 기회가 보장되어야 한다."고 규정하여 선거운동과 관련하여, '정당의 기회균등의 원칙'을 구체화하고 있다. 정당의 기회균등의 원칙은 국가기관에 대하여 선거에서의 정당간의 경쟁에서 중립적으로 행동할 것을 요청하므로, 국가기관이 특정 정당이나 후보자에게 유리하게 또는 불리하게 선거운동에 영향을 미치는 행위를 금지한다.[34]

---

28) 1995. 12. 27. 선고 95헌마224 · 239 · 285 · 373(병합) 전원재판부 결정, 2001. 7. 19. 선고 2000헌마91 · 112 · 134(병합) 전원재판부 결정
29) 성낙인, 『헌법학(제18판)』, 160쪽
30) 강태수, 앞의 논문, 11쪽
31) 1995. 12. 27. 선고 95헌마224 · 239 · 285 · 373(병합) 전원재판부 결정
32) 선거구획정에 대하여는 제6편 선거구와 의원정수, 투표구에서 상술한다.
33) 2014. 10. 30. 선고 2012헌마190 · 192 · 211 · 262 · 325,2013헌마781,2014헌마53(병합) 결정
34) 2004. 5. 14. 선고 2004헌나1 전원재판부 결정

3. 직접선거의 원칙

직접선거는, 간접선거에 대응하여, 선거인이 대표자를 직접 선출하여야 한다는 원칙이다.[35] 직접선거 원칙은 선거결과가 선거권자의 투표에 의하여 직접 결정될 것을 요구하는 원칙으로 국회의원선거와 관련하여 보면, 국회의원의 선출이나 정당의 의석획득이 중간선거인이나 정당 등에 의하여 이루어지지 않고 선거권자의 의사에 따라 직접 이루어져야 함을 의미한다. 선거인이 후보자에게 직접 투표하지 않는 미국의 대통령선거제도와 같이 선거가 다단계로 시행될 경우에도 선거결과가 유권자의 의사에 의하여 최종적으로 결정된다는 점에서 직접선거의 원칙에 위배되지는 않는다.[36] 이러한 직접선거의 원칙과 관련하여 비례대표제도가 문제가 되는 바, 헌법재판소는 지역선거구에서 얻은 득표율로 비례대표의석을 할당하는 것은 평등선거원칙과 직접선거원칙에 위반된다고 판시하였다.[37]

4. 비밀선거의 원칙

비밀선거는 공개선거에 대응하는 것으로 선거인의 투표내용을 어느 누구에게도 공개하지 않아야 한다는 원칙이다(법§167). 선거인은 자신이 기표한 투표지를 공개할 수 없으며, 공개된 투표지는 무효가 되고, 선거인은 투표한 후보자의 성명이나 정당명을 누구에게도 또한 어떠한 경우에도 진술할 의무가 없으며, 누구든지 선거일의 투표마감시각까지 이를 질문하거나 그 진술을 요구할 수 없다. 다만, 텔레비전방송국·라디오방송국·「신문 등의 진흥에 관한 법률」 제2조 제1호 가목 및 나목에 따른 일간신문사[38]가 선거의 결과를 예상하기 위하여 선거일에 투표소로부터 50미터 밖에서 투표의 비밀이 침해되지 않는 방법으로 질문하는 경우에는 그러하지 아니하며, 이 경우에도 투표마감시각까지 그 경위와 결과를 공표할 수

---

35) '간접선거에 있어서 중간선거인의 의사와 일반선거인의 의사가 합치한다면 중간선거인의 존재는 무용한 것이 되고 양자가 합치하지 않으면 중간선거인의 존재는 유해한 것이 되기 때문에, 직접선거의 원칙은 선거법의 내재적 원리를 이루는 것으로 간접선거는 선거기술상 특별한 사유가 없는 한 채용될 수 없다.'고 보는 견해도 있다(정만희, 앞의 논문 145-146쪽).

36) 성낙인, 앞의 책, 160쪽

37) 2001. 7. 19. 선고 2000헌마91·112·134(병합) 전원재판부 결정

38) 「신문 등의 진흥에 관한 법률」 제2조(정의)

1. "신문"이란 정치·경제·사회·문화·산업·과학·종교·교육·체육 등 전체 분야 또는 특정 분야에 관한 보도·논평·여론 및 정보 등을 전파하기 위하여 같은 명칭으로 월 2회 이상 발행하는 간행물로서 다음 각 목의 것을 말한다.

가. 일반일간신문 : 정치·경제·사회·문화 등에 관한 보도·논평 및 여론 등을 전파하기 위하여 매일 발행하는 간행물

나. 특수일간신문 : 산업·과학·종교·교육 또는 체육 등 특정 분야(정치를 제외한다)에 국한된 사항의 보도·논평 및 여론 등을 전파하기 위하여 매일 발행하는 간행물

없다.

선거에의 불참도 그것 자체가 정치적 의사의 결정으로 볼 수 있으므로 불투표자의 공시 등은 비밀선거의 원칙에 반하는 것으로 허용될 수 없다.[39)]

비밀을 노출할 우려가 있는 모사전송시스템을 이용한 선상투표에 대하여, 헌법재판소는 「통상 모사전송 시스템의 활용에는 특별한 기술을 요하지 않고, 당사자들이 스스로 이를 이용하여 투표를 한다면 비밀노출의 위험이 적거나 없을 뿐 아니라, 설사 투표 절차나 전송과정에서 비밀이 노출될 우려가 있다 하더라도, 이는 국민주권원리나 보통선거원칙에 따라 선원들이 선거권을 행사할 수 있도록 충실히 보장하기 위한 불가피한 측면이라 할 수도 있고, 더욱이 선원들로서는 자신의 투표결과에 대한 비밀이 노출될 위험성을 스스로 용인하고 투표에 임할 수도 있을 것이므로, 선거권 내지 보통선거원칙과 비밀선거원칙을 조화적으로 해석할 때, 이를 두고 헌법에 위반된다 할 수 없다.」고 판시하였다.[40)]

5. 자유선거의 원칙

자유선거의 원칙은 선거의 전 과정에 요구되는 선거권자의 의사형성의 자유와 의사실현의 자유를 말하고, 구체적으로는 투표의 자유, 입후보의 자유, 나아가 선거운동의 자유를 뜻한다.[41)] 자유선거의 원칙은 민주국가의 선거제도에 내재하는 법원리로서 국민주권의 원리, 의회민주주의의 원리 및 참정권에 관한 규정에서 그 근거를 찾을 수 있고[42)] 자유로운 선거의 보장 없이는 보통·평등·직접·비밀선거의 원칙은 의미가 없기 때문에 당연히 선거원칙으로 인정된다.

「헌법」 제41조 제1항 및 제67조 제1항은 각 국회의원선거 및 대통령선거와 관련하여 선거의 원칙을 규정하면서 자유선거의 원칙을 명시적으로 언급하고 있지 않으나, 선거가 국민의 정치적 의사를 제대로 반영하기 위해서는, 유권자가 자유롭고 개방적인 의사형성과정에서 외부로부터의 부당한 영향력의 행사 없이 자신의 판단을 형성하고 결정을 내릴 수 있어야 한다. 따라서 자유선거의 원칙은 선출된 국가기관에 민주적 정당성을 부여하기 위한 기본적 전제조건으로서 선거의 기본원칙에 포함된다. 자유선거원칙이란 유권자의 투표행위가 국가나 사회로부터의 강제나 부당한 압력의 행사 없이 이루어져야 한다는 것뿐만 아니라, 유권자가 자유롭고 공개적인 의사형성과정에서 자신의 판단과 결정을 내릴 수 있어야 한다

---

39) 정만희, 앞의 논문 147쪽
40) 2007. 6. 28. 선고 2005헌마772 전원재판부 결정
41) 1994. 7. 29. 선고 93헌가4·6(병합) 전원재판부 결정, 2001. 8. 30. 선고 99헌바92 결정, 2009. 3. 26. 선고 2006헌마526 전원재판부 결정
42) 2018. 4. 26. 선고 2016헌마611 결정

는 것을 의미한다. 이러한 자유선거원칙은 국가기관에 대해서는, 특정 정당이나 후보자와 일체감을 가지고 선거에서 국가기관의 지위에서 그들을 지지하거나 반대를 금지하는 '공무원의 중립의무'를 의미한다.[43]

선거권의 자유로운 행사는 우선 의사형성의 영역에 있어서 비밀선거의 원칙에 의하여 본질적으로 보장된다. 유권자의 자유로운 의사형성은 비밀선거원칙의 절대적인 보장을 전제로 할 때 그것이 가능하기 때문이다. 자유선거의 원칙은 보통선거의 원칙과 마찬가지로 「헌법」 제11조 제1항의 일반적인 평등원칙(법 앞의 평등)의 적용례라고 할 수 있고 자유선거의 원칙과 평등선거의 원칙도 상호 밀접한 관련성을 가지며 기능적으로 서로 강화시키는 관계이다. 보통선거의 원칙이나 직접선거의 원칙을 지나치게 제한하는 것 역시 자유선거원칙의 침해를 의미한다. 성별 · 연령 · 인종 · 종교 · 사회적 신분 등에 의하여 유권자의 범위를 제한하는 것은 유권자의 의사형성 그 이전단계에서 이미 선거의 자유를 침해하는 것이고 유권자의 자유로운 의사형성의 결과가 선거에 반영되지 않고 의사형성과 선거결과 사이에 직접적인 위임관계가 발생하는 것이 방해된다면 선거의 자유가 보장된다고 할 수 없다. 따라서 선거의 기본원칙은 독자적으로 존재하는 것이 아니라 서로 밀접하게 관련을 가지면서 각자의 영역을 가진다.[44]

입후보의 자유는 유권자에게 여러 후보자나 다양한 정치집단들 중에서 선택할 수 있는 결정의 자유를 보장한다는 것을 의미한다. 후보자의 자유로운 참여의 보장은 입후보과정에 정당이나 유권자의 추천을 필요로 한다는 것과 서로 모순되는 것은 아니다. 정당국가적 현상으로 소속정당의 추천을 필요로 하는 것이나 국민대표성이 전혀 없는 무소속 후보자의 입후보권을 제한하는 것은 자유선거의 원칙의 한계를 넘는 것으로 보기 어렵기 때문이다.[45] 선거운동은 국민의 정치적 표현의 자유 및 유권자의 알권리 또는 후보자의 공무담임권의 보장 차원에서 가능한 최대한 보장되어야 한다. 그러나 선거운동의 자유는 선거의 공정성을 침해할 소지가 있으므로 다른 헌법적 가치와 모순되지 않고 조화를 이룰 수 있는 범위 내에서 인정되어야 한다. 공직선거법은 선거운동의 자유를 보편적으로 인정하되 특정한 경우 이를 제한하는 규정을 광범위하게 두고 있다.

43) 2004. 5. 14. 선고 2004헌나1 전원재판부 결정
44) 조재현, 「자유선거의 원칙」, 공법연구 제30집 제4호(2014. 11.), 97－99쪽
45) 조재현, 앞의 논문 102쪽

제2편 선거권자

제1장 선거권

1. 의의

선거권은 선거를 통하여 통치기관을 구성하고 그에 정당성을 부여하는 한편, 국민 스스로 정치형성과정에 참여하여 국민주권 및 대의민주주의를 실현하는 핵심적인 수단이라는 점에서 아주 중요한 기본권 중의 하나이다.[1] 선거권이란 주권자인 국민이 가지는 정치적 권리로서 그 주권을 행사하는 통로인 선거를 행하는 권리이다. 「헌법」 제24조는 「모든 국민은 법률이 정하는 바에 의하여 선거권을 가진다.」라고 하여 선거권을 헌법상의 기본권으로 규정하고 있다. 국민의 선거권 행사는 국민주권의 현실적 행사수단으로서 국민의 의사를 국정에 반영할 수 있는 중요한 통로로서 기능하며, 다른 한편으로는 주기적 선거를 통하여 국가권력을 통제하는 수단으로서의 기능도 수행한다.[2]

2. 법적성격

선거권이 주권자로서 국민이 가지는 정치적 권리이기는 하지만 동시에 의무로서의 성격을 포함하고 있는지 여부 등 그 법적 성격에 대하여는 견해가 나누어져 있다. 이는 유권자에게 선거에의 참여를 강제할 수 있는지 여부와 관련하여 그 의미가 있다.

가. 자연권설

선거권의 본질은 출생과 동시에 당연히 부여되는 생래적 권리, 인간의 자연권이라는 견해이다. 자연권으로서의 선거권은 국민주권의 이념을 근거로 도출된다. 즉 「헌법」 제1조 제2항은 「대한민국의 주권은 국민에게 있고, 모든 권력은 국민으로부터 나온다.」라고 규정하고

1) 2004. 3. 25. 선고 2002헌마411 결정
2) 2009. 10. 29. 선고 2007헌마1462 전원재판부 결정

있는데, 여기서의 국민은 유권자인 성인만이 아니라 어린이를 포함한 모든 국민을 의미한다고 본다.[3] 이러한 입장은 루소(J. J. Rousseau)에 소급되는데 루소는 '주권은 불가양·불가분의 일체로서 인민에 속하고 주권행사는 전체시민의 참가를 요한다. 국가가 1만명으로 구성되었을 때 국가의 각 구성원은 1만분의 1의 지분을 가지고, 법률제정에 대하여 1만분의 1의 영향을 미친다.'고 하면서 '모든 주권적 행위에 대하여 투표하는 단일의 권리는 누구도 시민에게서 빼앗을 수 없는 권리'라고 하였다.[4] 선거권을 생래적 자연권으로 이해하는 견해는 2003. 9. 11. 46명의 독일 연방의회의원들이 '생래적 선거권을 통한 보다 많은 민주주의의 시도'라는 제목 하에 선거권연령제한규정인 기본법 제38조 제2항을 삭제하여 어린이를 포함한 모든 국민에게 선거권을 부여하자는 내용의 법률안을 연방의회에 제출함으로써 구체화되었다.[5][6] 헌법재판소도 「헌법 제24조는 모든 국민은 '법률이 정하는 바에 의하여' 선거권을 가진다고 규정함으로써 법률유보의 형식을 취하고 있지만, 이것은 국민의 선거권이 '법률이 정하는 바에 따라서만 인정될 수 있다'는 포괄적인 입법권의 유보 하에 있음을 의미하는 것이 아니다. 국민의 기본권을 법률에 의하여 구체화하라는 뜻이며 선거권을 법률을 통해 구체적으로 실현하라는 의미이다.」고 판시하고 있어,[7] 헌법의 규정 및 헌법재판소의 결정에 비추어 보면 모든 국민에게 출생과 동시에 당연히 선거권이 부여되며 선거권에 대한 국가의 제한은 원칙적으로 허용되지 않는다는 주장도 가능하다.[8]

나. 공무설, 권한설, 이원설

법실증주의적 국가법인설에 입각하여 선거는 본래 단체행위이고 개인은 이 단체행위에 필요한 개별적 행위, 즉 직무를 집행함에 불과하기 때문에 선거권은 국가가 국가목적을 위하여 부여한 공무라는 공무설과 국민은 선거 시에 국가기관이 되어 국가의 공무인 선거를 하는 권한을 가진다는 권한설이 있고, 선거는 국가목적을 위한 공무인 동시에 선거권은 헌법과 선거법에 의하여 보장된 개인의 주관적 공권이라는 이원설이 있다.[9]

---

3) 홍일선, 「어린이선거권에 대한 헌법적 논의 : 선거권은 생래적 권리인가?」, 공법학 연구 13권 제4호(2012. 11.), 184쪽
4) 권형준, 「선거권의 본질」, 고시연구(1997. 8.), 66쪽
5) 홍일선, 앞의 논문, 174쪽
6) 어린이선거권에 관한 법률안은 2005. 6. 3. 연방의회의 본회의에서 '어린이선거권은 선거행위의 직접성과 평등선거의 원칙이라는 기본법개정의 실정법적 한계를 벗어난다는 헌법이론적인 문제점과 부모에 의한 선거권의 대리행사가 현실적으로 실현되기 어렵다.'는 이유로 부결되었다고 한다(홍일선, 앞의 논문, 178쪽).
7) 2007. 6. 28. 선고 2004헌마644, 2005헌마360(병합) 전원재판부 결정
8) 홍남희, 「피성년후견인의 선거권 등 제한에 대한 법적 고찰」, 사회보장법연구 제4권 제1호(2015.), 36쪽
9) 권형준, 앞의 논문, 66-70쪽 ; 최장현, 「의무적 선거참여제도의 헌법적 적합성」, 법학논총 제32집 제1호, 99쪽

다. 결어

선거권은 국가를 향한 권리로서 개인의 주관적 공권이자 대의민주주의라는 객관적 질서를 형성하는 것이라는 양면성을 가지므로,[10] 이러한 선거권은 국가의 존립과 국민을 전제로 한다는 점에서 천부적인 자연권은 아니다.[11] 선거권을 생래적 자연권으로 이해하는 것은 주권자로서의 국민과 주권행사자로서의 국민을 동일시하는 직접민주주의를 전제로 하기 때문에 오늘날 우리 헌법의 자유민주적 기본질서인 대의민주주의 원칙에 부합되지 않을 뿐 아니라, 주권행사에 대한 어떠한 제한도 허용할 수 없게 된다는 점에서 민주주의와 정반대의 결과를 초래할 수도 있다.[12] 반대로 선거권 공무설은 선거의 대원칙 중의 하나인 기권의 자유, 강제투표의 금지 등 자유선거의 원칙을 설명하지 못하고, 선거를 공무로 파악함으로써 국가적 행사로서의 선거를 어떻게 운영할 것인가는 국가가 정할 사항이 되고, 선거운동의 자유에 대한 제한을 용이하게 하는 결과를 낳게 된다.[13][14]

선거권은 대의제도를 전제로 해서만 인정되는 것이므로 헌법이 대의제도를 채택하면서 이를 작동시키기 위하여 국민에게 부여한 실정권[15]으로서, 대의민주주의를 실천하기 위한 선

10) 강경근, 「공직선거법 제58조 선거운동개념의 헌법적 문제」, 고시연구(2000. 3.), 15쪽

11) 강태수, 앞의 논문, 9쪽 ; 정태호, 앞의 논문, 73쪽

12) 홍일선, 앞의 논문, 186쪽

13) 권형준, 앞의 논문, 71쪽

14) 공무설 및 권한설 등은 프랑스혁명 시의 국민주권원리와 독일의 국가주의적 실증법학에 의한 이른바 '형식적 주권론'에 기초를 두고 있는 바, 형식적 국민주권이론의 가장 중요하고 본질적인 특징은 국민을 개인으로서가 아니라 전체국민이라고 형식적이고 추상적으로 보는 점이다. 이 전체국민이 주권자라고 할 때 국민 각자가 과연 그 권리를 소유하고 행사할 수 있는 지위와 능력을 실제로 가지고 있느냐 하는 것이 가장 기본적인 문제점이 된다. 전체국민이 진정한 주권자가 되기 위하여는 이 전체국민이 국가의 최고 의사의 결정권을 단순히 보유하고 있을 뿐만 아니라 그 결정권을 구체적으로 행사까지 하여 실제로 국가의사를 결정하고 집행하는 것이 보장되어야 한다. 그런데 이러한 형식적 국민주권론은 선거라는 절차를 거쳐 선임된 국민대표의 어떤 의사결정이 바로 전체국민의 의사결정인양 법적으로 의제되는 것으로 보기 때문에 대표자의 의사결정이 국민의 뜻에 반하더라도 아무런 법적 항변을 할 수 없는 실질적인 수단이 없다. 이것을 가지고 과연 국민이 나라의 주인으로서 행사하는 진정한 민주주의 구조라고 하기는 매우 어려운 문제가 생긴다. 형식적 국민주권론은 서구 민주주의 발달 초기 이래 항상 차등 선거제도로 선거법이라는 매개수단을 통하여 국민의 실질적 참정권을 제한함으로써 이른바 구시대적 고전적 대표제 또는 순수대표제의 형태를 취하고 있었다. 이에 반하여 실질적 능동적 국민주권론은 국민이 실제에 있어서 현실적으로 국가의 최고 의사를 결정함으로써 실질적으로 주인 역할을 해야 된다는 실질적 생활용 국민주권이론이다. 실질적 국민주권을 실현하기 위한 선거제도와 민주적 참정권은 모두 국민이 평등하게 국민대표를 직접 선출하여 국정을 위임하는 보통선거제도이고, 그 반은 언론의 자유를 통한 여론정치로 민의를 국정에 반영하는 자유선거제도이다. 따라서 현대적 대표제에 있어서는 구시대의 권력독점적 순수대표제와는 달리 민의반영을 최우선 과제로 반(半) 정도만 국민의 대표가 일을 하고 반(半) 정도는 국민의 민의가 정치에 반영된다는 이른바 반(半)대표제 또는 반(半) 정도는 국민이 직접 정치에 참여한다는 의미의 반(半)직접제로 확립되고 있는 것이 현대 서구민주국가의 국민대표제의 실상이다(1989. 9. 8. 선고 88헌가6 결정).

15) 정종섭, 『헌법학원론(제11판)』, 748쪽

거권은 선거에의 참여를 전제로 한다. 이러한 점에 비추어 선거권은 권리인 동시에 의무라고 보는 것이 상당하다.[16]

헌법재판소는「우리 헌법은 민주정치의 실현을 위해 모든 국민이 자유롭고 평등하게 국가의 의사의 형성과정에 참여하고, 국가기관의 구성원으로서 공무를 담임하는 권리와 기회를 갖도록 국민의 참정권을 필수적인 것으로 인정하고 있다. 국민이 국정에 참여하는 참정권은 국민주권의 상징적 표현으로서 국민의 가장 중요한 기본적 권리의 하나이며 다른 기본권에 대하여 우월적 지위를 가진다. 따라서 이러한 국민주권이 현실적으로 행사될 때에는 국민 개인이 가지는 불가침의 기본권으로 보장된다. 그 기본권은 대리 행사를 시킬 수 없는 국민 각자의 고유한 주관적인 권리이고, 참정권의 행사와 보장도 개인주의 사상에 기초를 두고 그 개인의 인격을 기본으로 하고 있다. 참정권의 주체는 국민각자의 개인의 인격과 그 의사결정을 단위로 하고 있으며, 그것은 개인의 주권성과 인간의 존엄성을 최대한 보장하여 자유계약과 자유경쟁으로 국가조직과 사회 번영을 유지한다는 사회철학에서 비롯된 것이다. 주권자인 국민은 선거를 통하여 직접적으로는 국가기관의 구성원을 선출하고 간접적으로는 여하한 정부를 원하느냐에 관한 국민의 의사를 표시한다. 이러한 정치행위를 참정권이라고 하고, 이를 모아 집합적인 총의로 최종결정을 하는 것을 헌법상 주권의 행사라고 하나 그 본질은 국민 개인이 갖는 기본권이라는 데에서 비롯된다. 그러므로 참정권은 국민이 국가의 구성원으로서 국정에 참여한다는 전체주의적 의미보다 '사람은 정치적 동물이다.'라고 하듯 인간의 본능적인 정치적 욕구를 충족할 수 있도록 국민 각자를 단위로 개개인의 기본권으로서 국정을 창조하고 형성하는 개인의 정치적 권리이며 정치적 의사로서 자기의 권익과 행복을 추구하는 가장 중요한 수단으로서 보장받고, 개인의 정치적 주장과 의사를 선거를 통하여 그 주권을 행사하는데 기초를 둔 것이 민주국가의 생명이며, 민주정치의 장점이기 때문에 이와 같은 적극적 의의를 선거제도에 수용하지 않으면 안 된다.」[17]라고 하면서,「대의민주주의를 원칙으로 하는 오늘날의 민주정치 아래에서 국민의 참여는 기본적으로 선거를 통하여 이루어진다. 따라서 선거는 주권자인 국민이 그 주권을 행사하는 통로인 것이다. 그러한 국민주권의 원리와 선거를 통하여 국민의 참여를 위하여「헌법」제24조는 모든 국민에게 법률이 정하는 바에 의하여 선거권을 보장하고 있고,「헌법」제11조는 정치적 생활영역에서의 평등권을 규정하고 있으며, 또한「헌법」제41조 제1항 및 제67조 제1항은 국회의원선거

16) 선거와 선거권의 법적 성격은 분리하여야 하고 권리에 의무가 동시에 포함되어 존재할 수는 없으므로 선거권은 권리로서의 성격만 지닐 뿐 의무로서의 성격을 가지지 않는다는 비판도 있으나(정종섭, 앞의 책, 748쪽), 선거권은 고도의 인격성을 가지는 개인의 권리로서 포기하거나 양도할 수 없고(강태수, 앞의 논문 8쪽 ; 정태호, 앞의 논문 72쪽), 개인이 자유롭게 처분할 수 있다는 의미로의 권리가 아니라 오히려 공적 기능이라는 점에서도 권리인 동시에 의무로 볼 수 있는 근거가 있다.

17) 1989. 9. 8. 선고 88헌가6 결정

와 대통령선거에 있어서 보통·평등·직접·비밀선거의 원칙을 보장하고 있다. 헌법이 선거권과 선거원칙을 이같이 명문으로 보장하고 있는 것은 국민주권주의와 대의민주주의 하에서는 국민의 선거권행사를 통해서만 국가와 국가권력의 구성과 창설이 비로소 가능해지고 국가와 국가권력의 민주적 정당성이 마련되기 때문이다. 이러한 국민의 선거권 행사는 국민주권의 현실적 행사수단으로서 한편으로는 국민의 의사를 국정에 반영할 수 있는 중요한 통로로서 기능하며, 다른 한편으로는 주기적 선거를 통하여 국가권력을 통제하는 수단으로서의 기능을 수행한다. 국회의원과 대통령에 대한 선거권을 비롯한 국민의 참정권이 국민주권의 원칙을 실현하기 위한 가장 기본적이고 필수적인 권리로서 다른 기본권에 대하여 우월한 지위를 갖는 것으로 평가되는 것도 바로 그러한 이유 때문이다.「헌법」제24조는 모든 국민은 '법률이 정하는 바에 의하여' 선거권을 가진다고 규정함으로써 법률유보의 형식을 취하고 있지만, 이것은 국민의 선거권이 '법률이 정하는 바에 따라서만 인정될 수 있다'는 포괄적인 입법권의 유보에 있음을 의미하는 것이 아니다. 국민의 기본권을 법률에 의하여 구체화하라는 뜻이며 선거권을 법률을 통해 구체적으로 실현하라는 의미이다.」[18]라고 하여, 선거권이 기본권으로서 실정권임을 분명히 하고 있다.

3. 의무적 선거참여제

가. 의무적 선거참여제의 의의

의무적 선거참여제는 투표를 의무화하는 것이 아니라 선거참여를 의무화하는 것이고, 투표에 있어서는 기권을 하든, 무효표를 만들든 유권자에게 자유를 허용한다.[19] 즉, 의무적 선거참여제란 유권자가 선거일에 투표소에 나타나서 기표소에 직접 들어가는 것을 의미하고, 선거참여의무는 유권자가 기표소에 들어간 이후에 행하는 구체적 투표행위[20]까지 포함하는 것은 아니다. 기표소 안에서의 투표행위는 유권자가 내리는 개인적 결정행위로서 비밀선거의 원칙이 보장되는 한 이를 강제할 수 없기 때문이다. 이러한 의미에서 선거참여의무제가 강제투표제 또는 의무투표제(Compulsory voting, Mandatory voting or Obligatory voting)라고 불리우는 것은 적절한 용어 사용례가 아니다.

나. 찬성론

투표 참여에 대한 자유로운 결정이 유권자 대다수의 선거불참이라는 결과를 가져올 때 그

18) 2007. 6. 28. 선고 2004헌마644,2005헌마360(병합) 결정
19) 최장현, 앞의 논문, 88쪽
20) 특정 후보자나 정당에게 기표하는 행위 또는 이중기표 등 무효표를 행사하는 행위 등

선거는 민주적 정당성을 가질 수 없고 그 선거에 의해 선출된 대표자도 민주적 정당성을 가지기 어렵게 되므로, 선거권이 자연권이 아니라는 점, 선거권은 대의민주주의와 필수불가결하게 결부되어 인정되는 권리라는 점, 선거는 민주주의를 실현하는 수단으로서 인정되는 권리라는 점, 선거는 최소한 유권자의 과반수가 선거에 참여하여야 민주적 정당성을 확보할 수 있다는 점으로 볼 때, 투표의 불참이 민주주의를 형해화시킬 우려가 있는 때에는 법률로서 투표참여를 강제할 수 있다는 견해가 있다.[21][22] 즉, 의무적 선거참여제의 찬성론은 첫째, 의무투표가 높은 투표율을 보장하고, 둘째, 투표참여확대를 통해 민주적 정당성(democratic legitimacy)을 강화하고, 셋째, 의무투표로 투표율이 높아지면 사회경제적 불평등해소, 즉 소외계층의 이익 등 다양한 사회경제적 이익반영이 가능해지고, 넷째, 의무투표는 정당들이 그들의 투표동원노력에 많은 돈을 지출하지 않기 때문에 선거비용의 감소를 가져오고, 다섯째, 집합행동의 문제, 즉 시민 전체 투표를 보증하기 때문에 합리적 기권의 가장 일반적인 두 가지 요인 -다른 잠재적 투표자의 의도에 대한 정보 불확실성과 투표에서의 거래 및 기회비용-을 극복하게 할 수 있다고 한다.[23] 한편, 이러한 투표참여를 강제할 경우에는 투표 참여율을 올릴 수 있는 다른 방법을 먼저 강구해보는 것이 요구되며, 이러한 자발적 참여를 유도하는 방법이 효과를 거두지 못할 때 비로소 투표참여의 강제가 인정된다고 한다.[24]

다. 반대론

의무적 선거참여제의 반대론은 첫째, 민주주의 핵심요소인 자유의 원칙, 즉 투표하지 않을 자유를 침해한다고 한다. 즉, 자유선거의 원칙은 '선거의 내용'뿐 아니라 '선거의 가부'까지도 선거인의 자유로운 결정에 맡겨질 것을 요구하기 때문에 '선거의무'를 헌법적 차원이 아닌 법률로 규정하는 것은 허용될 수 없다고 하고,[25] 둘째, 민주적 정당성을 철회할 권리를 제한하고, 셋째, 대부분의 선거개혁에서처럼, 새로운 시스템은 특정한 정치적 집단에게 이익을 가져다주고, 넷째, 사실상 강제집행이 어렵고 비용도 많이 소요되며, 다섯째, 투표하기를 원하지 않는 사람을 투표하게 함으로써 무효표가 많이 나오고 무성의한 투표를 할 가능성이 매우 높고, 여섯째, 비민주적인 체제하에서는 정치적, 사회적 압력이나 위협 또는 다른 수단

---

21) 정종섭, 앞의 책, 751-752쪽

22) 오스트리아, 이탈리아, 벨기에, 그리스 이집트, 브라질, 아르헨티나 등은 헌법에 투표의 참여를 명시하고 있고, 오스트레일리아, 룩셈부르크, 베네수엘라, 싱가포르 등은 법률에 투표의무를 규정하고 있다(정종섭, 앞의 책, 752쪽).

23) 최장현, 「의무적선거참여제도의 헌법적 적합성」, 법학논총 제32집 제1호, 94-97쪽

24) 정종섭, 앞의 책, 751-752쪽

25) 허영, 앞의 책, 790쪽 ; 성낙인, 앞의 책, 162쪽(성낙인은 투표참여를 선거인의 공적의무로 규정하고 위반에 대하여 과태료나 벌금 등을 부과하는 법적 제재를 가하는 것은 자유선거의 원칙에 비추어 바람직한 제도가 아니라고 한다.) ; 김학성, 『헌법학원론(전정2판)』, 182쪽

으로 투표를 강요하는 경우가 흔히 있다는 이유로 이를 반대한다.[26] 나아가 의무적 선거참여제도의 반대론자들은 자유선거의 원칙은 선거에 자유롭게 참여할 수 있는 권리와 소극적으로는 선거 자체에 참여하지 않을 자유인 이른바 '선거참여의 자유'를 포함하고 있다고 보아야 하는데 이는 민주주의원리의 본질과 선거권의 법적 성격에 부합하기 때문이고,[27] 더욱이 선거를 통해 구성된 국가기관의 활동을 위해 필요한 것은 단지 투표율 향상으로 획득되는 이른바 형식적 측면의 민주적 정당성이 아니라, 선거권자가 자신이 원하는 후보자 혹은 정당에게 계속적인 지지를 부여함으로써 획득되는 이른바 실질적 측면의 민주적 정당성이므로,[28] 자유선거의 원칙에 반하는 의무선거제는 받아들이기 어렵다고 한다.

헌법재판소는, '최소투표율제'와 관련하여, 「선거의 대표성 확보는 모든 선거권자들에게 차등 없이 투표참여의 기회를 부여하고, 그 투표에 참여한 선거권자들의 표를 동등한 가치로 평가하여 유효투표 중 다수의 득표를 얻은 자를 당선인으로 결정하는 현행 방식에 의해 충분히 구현된다고 해야 하는 것이다. 차등 없이 투표참여의 기회를 부여했음에도 불구하고 자발적으로 투표에 참가하지 않은 선거권자들의 의사도 존중해야 할 필요가 있다. 만약 청구인들이 주장하는 바와 같은 최소 투표율제도를 도입하게 되면 투표실시결과 그러한 최소투표율에 미달하는 투표율이 나왔을 때 그러한 최소투표율에 도달할 때까지 투표를 또 다시 실시하지 않을 수 없게 되는데, 그것을 막기 위해 선거권자들로 하여금 투표를 하도록 강제하는 과태료나 벌금 등의 수단을 채택하게 된다면 자발적으로 투표에 참가하지 않은 선거권자들의 의사형성의 자유 내지 결심의 자유를 부당하게 축소하고 그 결과로 투표의 자유를 침해하여 결국 자유선거의 원칙을 위반할 우려도 있게 된다.」고 판시[29]하여 의무적 선거참여제도가 헌법에 위반됨을 나타내고 있다.

라. 결어

자유선거의 원칙은 선거권을 적극적으로 행사하는 과정에 있어서의 그 의사형성의 자유와 의사실현의 자유이다. 따라서 선거권행사 그 자체의 불간섭을 자유선거의 원칙으로 해석할 것은 아니므로, 선거권행사의 법적 의무화가 자유선거 원칙에 방해되는 것은 아니다.[30]

자유란 개인이 원하는 대로 행동하고자 할 때 방해받지 않고 간섭받지 않는 것을 의미한다는 「소극적 자유론(불간섭으로서의 자유론)」은 개인적 자유 및 민주적 지배와 필연적으로 연

26) 최장현, 앞의 논문, 96－97쪽
27) 홍일선, 「선거권과 선거의무 －자유선거의 원칙과 선거참여의무제의 도입가능성－」, 공법연구 제34집 제3호(2006. 2.), 357－359쪽
28) 홍일선, 앞의 논문, 360쪽
29) 2003. 11. 27. 선고 2003헌마259·250(병합) 전원재판부 결정
30) 최장현, 앞의 논문, 101쪽

관되지는 않는다.[31] 자유는 지배의 부존재 또는 비예속상태이고, 비예속상태로서의 자유를 최대한 실현하기 위해서는 시민으로서의 개인들이 중요한 공공적 사안의 논의에 적극적으로 참여하는 것이 필요하며 이를 위한 자치적 통치구조와 제도들이 갖추어져야 한다는 「공화주의적 자유론」[32]에 따르면, 선거에의 참여는 민주적통치의 필수적인 수단이기 때문에 이에 대한 법적 강제는 오히려 자유를 증진한다고도 볼 수 있다.[33]

나아가 의무적 선거참여제는 투표소에 출석만 의무적으로 할 뿐, 선택을 강요하지 않으므로 선거권자의 의사형성의 자유를 침해하지 않는다. 뿐만 아니라 투표소에 출석하여 누구를 선택할 것인지, 누구도 선택하지 않을 것인지는 비밀선거에 의해 보장되므로 의사실현의 자유도 침해하지 않는다.[34] 참정권은 인간으로서의 권리가 아니라 국민으로서의 권리이므로 국가 내적 권리라 할 수 있고 따라서 실정법상 의무를 과한다고 해서 위헌은 아니라고 봄이 상당하다.[35]

한편, 공직선거법은 「선거권자는 성실하게 선거에 참여하여 선거권을 행사하여야 한다(법

---

31) 소극적 자유론은 자유가 간섭의 부존재를 의미하므로 사회 공공의 질서를 유지하고 보호하는 법도 자유를 제약하는 요인으로 본다. 따라서 소극적 자유론에서의 자유는 정치체제가 전제정이든 민주정이든 상관이 없고, 어떤 경우에는 개인들이 민주정 보다 전제정 아래에서 더 자유로울 수 있다. 그러나 이는 진정한 자유라고 보기 어렵다. 예를 들어, 인자한 주인 밑에서 사는 노예는 아무런 간섭 없이 살아갈 수 있지만 자유롭다고 할 수 없다. 왜냐하면 노예는 주인의 재량에 종속되기 때문에 언제라도 그의 자의적 지배를 받을 수 있기 때문이다. 즉 자유의 반대말은 간섭이 아니라 종속 또는 지배이다(조승래, 『공화국을 위하여』, 도서출판 길, 105쪽).

32) 김도균, 「'불간섭으로서의 자유'와 '비예속상태로서의 자유'… —한국사회의 자유담론과 관련해서—」, 법과사회(2010), 257–259쪽

33) 법은 개인들의 행위선택지들 중 특정한 선택경로를 차단함으로써 자유를 증진하는 기능, 즉 자유촉진기능을 하는데, 비예속상태로서의 자유를 중시하는 공화주의에서 법의 임무는 각 개인이 단지 자신의 선호에 따라 선택하고 그 선호를 만족함으로써 얻는 자유를 보장하는데 머무르지 않고 각 개인이 자신에게 주어질 수 있는 선택지들과 기회들에 관하여 충분한 정보를 가지고 명확하게 인식한 상태에서 자신이 원하는 바대로 결정할 수 있도록 보장함으로써 자주성을 증진시킨다(김도균, 앞의 논문, 259쪽). ; 이에 반하여, 소극적 자유론은 국가를 유지하는데 필수적인 법을 외부적 방해물로 보았다. 따라서 국가 안에서 자유란 법이 침묵하는 한에서만 가능할 뿐 그 이상을 추구하는 것은 법의 보호를 통한 안전의 확보라는 가장 중요한 정치원리를 거부하는 것이라고 주장한다(조승래, 앞의 책, 115쪽).

34) 최장현, 앞의 논문, 102쪽

35) 최장현, 앞의 논문, 104쪽 ; 최장현은 또한 '투표하지 않을 권리를 인정할 수 없는 또 다른 측면은, 민주적 정부(또는 경쟁적 선거제도)는 일응 공공재의 특성을 가지고 있고, 공공재는 소비에 있어서 비경합성과 비배제성을 특징으로 하므로 공공재의 비용부담은 정부에 의해서 공권력을 통한 강제적 징수에 의존할 수밖에 없는 바, 주권자인 국민이 공공재의 이용자로서 이용권을 주장하면서도 그 비용부담을 하지 않겠다는 것, 즉 투표하지 않을 권리를 주장하는 것은 무임승차를 정당하다고 주장하는 것과 다름없기 때문에 공공재에 대한 비용부담을 법적으로 강제하는 것이 하등 문제될 것이 없으며 같은 논리로 투표참여의무를 부과하는 것은 선거의 자유를 침해하는 것이 아니라고 주장한다(최장현, 앞의 논문, 104–105쪽). ; 우리 헌법은 참정권 행사를 법적 의무로 규정하고 있지는 않으나, 법률로써 투표권의 불행사에 대하여 제재를 가하느냐는 별개의 문제이므로 이것이 헌법상 금지된다고 보기 어렵다는 견해도 있다(양건, 『헌법강의(제7판)』, 850쪽).

§6④).」라고 규정하여 선거권자의 선거참여를 법적 의무로 규정하고 있으나, 이를 강제하는 규정은 두고 있지 않으며, 다만 일정 범위의 편의나 인센티브를 주어 투표참여를 유도하는 방법을 정하고 있다.[36)]

4. 지방자치단체의 장에 대한 선거권의 성격

「헌법」 제118조 제2항은 「지방의회의 조직 · 권한 · 의원선거와 지방자치단체의 장의 선임방법 기타 지방자치단체의 조직과 운영에 관한 사항은 법률로 정한다.」고 규정하여, 지방의회의원을 선출하는 선거권은 헌법상의 권리임을 분명히 하고 있으나, 지방자치단체장의 경우에는 「선거」와 달리 「선임」이라고 표시하고 이를 법률로 정하도록 하고 있어 지방자치단체장에 대한 선거권이 헌법상 보장된 기본권인지 여부가 문제된다. 그러나 독자적인 자치기구를 설치하여 고유의 사무를 스스로의 책임하에 처리하는 지방자치단체의 본질에 비추어 지방자치단체의 장 선거권 역시 다른 선거권과 마찬가지로 「헌법」 제24조에 의해 보호되는 헌법상의 권리로 보아야 한다.[37)]

헌법재판소는 「헌법에서 지방자치제를 제도적으로 보장하고 있고, 지방자치는 지방자치단체가 독자적인 자치기구를 설치해서 그 자치단체의 고유사무를 국가기관의 간섭 없이 스스로의 책임 아래 처리하는 것을 의미한다는 점에서 지방자치단체의 대표인 단체장은 지방의회의원과 마찬가지로 주민의 자발적 지지에 기초를 둔 선거를 통해 선출되어야 한다는 것은 지방자치제도의 본질에서 당연히 도출되는 원리이다. 이에 따라 공직선거 관련법상 지방자치단체의 장 선임방법은 '선거'로 규정되어 왔고, 지방자치단체의 장을 선거로 선출하여온 우리 지방자치제의 역사에 비추어 볼 때 지방자치단체의 장에 대한 주민직선제 이외의 다른 선출방법을 허용할 수 없다는 관행과 이에 대한 국민적 인식이 광범위하게 존재한다고 볼 수 있다. 주민자치제를 본질로 하는 민주적 지방자치제도가 안정적으로 뿌리내린 현 시점에서 지방자치단체의 장 선거권을 지방의회의원 선거권, 더 나아가 국회의원 선거권 및 대통령 선거권과 구별하여 하나는 법률상의 권리로, 나머지는 헌법상의 권리로 이원화하는 것은 허용될 수 없다.」고 판시하였다.[38)][39)]

---

36) 법 제6조(선거권행사의 보장) ②각급 선거관리위원회(읍 · 면 · 동선거관리위원회는 제외한다)는 선거인의 투표참여를 촉진하기 위하여 교통이 불편한 지역에 거주하는 선거인 또는 노약자 · 장애인 등 거동이 불편한 선거인에게 교통편의 제공에 필요한 대책을 수립 · 시행하여야 하고, 투표를 마친 선거인에게 국공립 유료시설의 이용요금을 면제 · 할인하는 등의 필요한 대책을 수립 · 시행할 수 있다. 이 경우 공정한 실시방법 등을 정당 · 후보자와 미리 협의하여야 한다.

37) 성낙인은 '헌법상 보장된 선거권을 지방선거와 국가선거에 따라 구별할 합리적 근거가 없으므로 헌법상 권리로 보아야 한다고 하면서, 다만 그 선거가 반드시 직선제일 필요는 없고 간접선거도 가능하다.'고 주장한다(성낙인, 앞의 책, 179쪽).

제2장 선거권자

선거권자란 선거권이 있는 사람이다. 「헌법」 제24조는 「모든 국민은 법률이 정하는 바에 의하여 선거권을 가진다.」고 규정하여[40] 선거권에 관한 사항은 법률에 정하도록 하고 있는 바, 이에 따라 공직선거법은 선거권자의 요건, 범위 등을 정하고 있다.[41]

1. 선거권 연령

18세 이상의 국민은 선거권이 있다(법§15). 종래 선거권 연령은 19세였으나 2020. 1. 14. 공직선거법 개정에 따라 18세로 하향 조정되었다. 이는 그동안 18세부터 공무원시험응시·운전면허취득·혼인 등이 가능한 점에서 공직선거의 체계정당성의 원리에 부합하고, 청소년들의 정치적 판단능력과 사회적 의식을 배양하여 책임 있는 사회구성원으로의 성장을 도모하는 기회가 되고, 경제협력개발기구(OECD) 국가의 대부분이 선거권 연령을 18세 이하로 하고 있는 점[42] 등에 비추어 선거권 연령을 18세로의 하향 필요성이 꾸준히 주장[43]되어 온 결

---

38) 2016. 10. 27. 선고 2014헌마797 결정

39) 이와 달리, 헌법재판소는 2007. 6. 28. 선고 2004헌마644,2005헌마360(병합) 재외국민의 선거권제한 위헌결정 사건의 결정 이유에서 「헌법이 지방자치단체의 장에 대해서는 '선임방법'이라고 표현함으로써 지방의원의 '선거'와는 구별하고 있으므로 지방자치단체의 장의 선거권을 헌법상 기본권이라고 단정하기 어렵다.」고 하여 지방자치단체의 장에 대한 선거권에 대하여 법률상의 권리로 보는 태도를 취한 바가 있다. : 위 헌법재판소의 결정이유를 근거로 지방자치단체의 장에 대한 선거권은 「법률상 권리」라고 주장하는 견해가 있고(정종섭, 앞의 책 747쪽), 본문의 헌법재판소 판시이유(2016. 10. 27. 선고 2014헌마797 결정)에서 설시한 '관행에 근거한 기본권 인정'을 위해서는 더 설득력 있는 결정이유가 제시되어야 한다고 하면서 지방자치단체의 장에 대한 선거권을 「법률상 권리」로 보는 견해도 있다(양건, 『헌법강의(제7판)』, 850−852쪽).

40) 「헌법」 제24조가 '법률이 정하는 바에 의하여' 선거권을 가진다고 규정함으로써 법률유보의 형식을 취하고 있지만, 이것은 선거권을 실현하고 보장하기 위한 것이지 제한하기 위한 것이 아니다. 따라서 선거권을 제한하는 입법은 「헌법」 제24조에 의해서 곧바로 정당화될 수는 없고 「헌법」 제37조 제2항의 규정에 따라 국가안전보장·질서유지 또는 공공복리를 위하여 필요하고 불가피한 예외적인 경우에만 그 제한이 정당화될 수 있고 그 경우에도 선거권의 본질적인 내용을 침해할 수 없다(2009. 10. 29. 선고 2007헌마1462 전원재판부 결정).

41) 헌법재판소는 '우리 헌법 아래에서 선거권도 법률이 정하는 바에 의하여 보장되는 것이므로 입법형성권을 갖고 있는 입법자가 선거법을 제정하는 경우에 헌법에 명시된 선거제도의 원칙을 존중하는 가운데 구체적으로 어떠한 입법목적의 달성을 위하여 어떠한 방법을 선택할 것인가는 그것이 현저하게 불합리하고 불공정한 것이 아닌 한 입법자의 재량영역에 속한다.'고 판시하고 있다(2004. 3. 25. 선고 2002헌마411 결정).

42) 2013년 현재 전세계 232개국 중 18세 이하로 선거권을 부여하고 있는 국가는 215개국으로 92.7%에 이르고 있고(이상경, 「청소년의 선거연령 18세 인하문제에 관한 소고」, 한양법학 제25권 제4집(통권 제48집), 373쪽), 2019년 현재 OECD국가들도 35개국 중 우리나라를 제외한 모든 나라가 18세 이하에게 선거권을 부여하고 있었다(일본도 2018년도에 민법상 성인연령을 20세에서 18세로 하향하였다 : 중앙일보, 2019. 5. 2.자).

43) 성낙인, 앞의 책, 173쪽 ; 이상경, 앞의 논문 384−392쪽

과이다. 헌법재판소도 선거권 연령에 관한 사항은 순수한 입법재량사항으로 판시하고 있으나, 소수의견은 입법재량사항이기는 하지만 선거권 연령을 18세로 하향조정의 필요성을 강조한 바 있다.[44)]

선거권자의 연령은 선거일 현재로 산정한다(법§17).[45)] 연령 계산은 출생일을 산입한다(민법 §158)

2. 대한민국 국민

대한민국 국민은 선거권이 있다. 헌법 제1조의 국민주권주의에 따라 대한민국 국민이 아

---

44) 헌법재판소는, 선거권연령을 20세로 규정한 구 공직선거및선거부정방지법 제15조 위헌확인사건에서, '선거권과 공무담임권의 연령을 어떻게 규정할 것인가는 입법자가 입법목적 달성을 위한 선택의 문제이고 입법자가 선택한 수단이 현저하게 불합리하고 불공정한 것이 아닌 한 재량에 속하는 것인 바, 선거권연령을 공무담임권의 연령인 18세와 달리 20세로 규정한 것은 입법부에 주어진 합리적인 재량의 범위를 벗어난 것으로 볼 수 없다.'고 결정하여 선거권자의 연령제한은 입법부의 재량사항이라고 판시하였다(1997. 6. 26. 선고 96헌마89 전원재판부 결정) ; 2001. 6. 28. 선고 2000헌마111 결정, 2003. 11. 27. 선고 2002헌마787, 2003헌마516(병합) 결정도 같은 취지

그러나 선거권행사연령을 19세 이상으로 개정한 이후에 제기된 공직선거법 제15조 위헌확인사건에서, 헌법재판소는 '선거권연령을 19세 이상으로 정한 것이 입법자의 합리적 입법재량의 범위를 벗어난 것으로 볼 수 없다.'고 앞선 결정과 같은 취지의 결정을 하였으나, 소수의견은 '선거권 연령이 19세 이상으로 조정된 이후 지금까지 우리 사회는 그 이전까지의 변화와 비교할 수 없을 정도로 엄청난 변화를 겪었고, 이러한 변화는 청소년을 포함한 국민의 정치적 의식수준도 크게 고양시켰으므로 중등교육을 마칠 연령의 국민은 독자적인 정치적 판단능력이 있다고 보아야 한다. 그런데 중등교육을 마치는 연령인 18세부터 19세의 사람은 취업문제나 교육문제에 지대한 관심을 갖게 되고, 정보통신, 특히 인터넷의 발달에 친숙한 세대로서 정치적·사회적 판단능력이 크게 성숙하게 되므로 독자적인 정치적 판단능력을 갖추었다고 보아야 한다. 병역법이나 근로기준법 등 다른 법령들에서도 18세 이상의 국민은 국가와 사회의 형성에 참여할 수 있는 정신적·육체적 수준에 도달하였음을 인정하고 있고, 18세를 기준으로 선거권 연령을 정하고 있는 다른 많은 국가들을 살펴보아도 우리나라의 18세 국민이 다른 국가의 같은 연령에 비하여 정치적 판단능력이 미흡하다고 볼 수 없다. 그렇다면 18세 이상 국민이 독자적인 정치적 판단능력이 있음에도 선거권 연령을 19세 이상으로 정한 것은 입법형성권의 한계를 벗어나 18세 이상 19세에 이르지 못한 국민의 선거권 등을 침해한다.'고 하였다(2013. 7. 25. 선고 2012헌마174 결정). ; 2014. 4. 24. 선고 2012헌마287 결정 공직선거법 제15조 제1항 등 위헌확인사건에서도 같은 취지의 소수의견이 있었다(미성년자의 선거운동을 제한하는 공직선거법 제60조 제1항 본문 제2호에 대하여도 같은 취지의 소수의견).

45) 헌법재판소는 법 제17조(연령산정기준)과 관련하여, "심판대상조항은 보통선거원칙을 구현하기 위한 선거권연령이 법 제15조(선거권) 제2항에 별도로 구체적으로 정해져 있음을 전제로 하여, 그 연령을 산정하는 기준일을 규정한다. 따라서 심판대상조항의 합리성 유무는 심판대상조항에 따라 선거권이 있는 사람과 없는 사람을 명확하게 가를 수 있는지 여부에 좌우된다. 선거일은 법 제34조(선거일) 내지 제36조(연기된 선거 등의 선거일)에 명확하게 규정되어 있고 심판대상조항은 선거일 현재를 선거권연령 산정 기준일로 규정하고 있으므로, 국민 각자의 생일을 기준으로 선거권의 유무를 명확하게 판단할 수 있다. 심판대상조항과 달리 선거권연령 산정 기준일을 선거일 이전이나 이후의 특정한 날로 정할 경우, 이를 구체적으로 언제로 할지에 관해 자의적인 판단이 개입될 여지가 있고, 법 제15조(선거권) 제2항이 개정되어 선거권연령 자체가 18세로 하향 조정된 점까지 아울러 고려하면, 심판대상조항은 입법형성권의 한계를 벗어나 청구인의 선거권이나 평등권을 침해하지 않는다."고 판시하였다(2021. 9. 30. 선고 2018헌마300 결정).

닌 자는 원칙적으로 선거권의 권리주체가 될 수 없다.[46] 대한민국 국민인지 여부는 국적법에 따른 요건을 구비하였는지에 따라 결정된다.[47]

재외국민도 대한민국 국민이므로 선거권이 있다. 과거 헌법재판소는 재외국민은 국토가 분단된 우리나라의 현실, 선거의 공정성 확보상의 문제점 및 납세의무 등 국민의 의무 불이행 등을 근거로 선거권을 인정하지 않았다.[48] 이후 국민의 참정권을 제한한다는 비판에 따라, 2007년 그간의 판례를 변경하여 재외국민의 선거권을 인정하게 되었다.[49]

일반적으로 재외동포는 재외국민을 포함하는 의미로서 국적 여부에 관계없이 해외에 거주하는 우리민족 모두를 포함하는 의미로 사용되는 정책적인 개념이다.[50] 이에 대하여 재외국민은 외국의 일정한 지역에 계속하여 90일 이상 거주하거나 체류할 의사를 가지고 그 지역에 체류하는 대한민국 국민이다(재외국민등록법§2). 따라서 영주권 취득자 또는 영주권 취득을 목적으로 하는 장기체류자, 해외단기체류자 등을 포함한다.[51] 즉, 재외동포 가운데 법적으로 한국 국적을 보유하고 있는 사람을 의미한다.[52]

외국인은 한국국적을 갖지 않고 외국국적을 보유하는 자와 무국적자를 포함한다.[53] 원칙적으로 선거권은 주권자인 국민에게만 주어진 기본적 권리이기 때문에 외국인에게 부여할 수 없다. 그러나 지방자치단체의 선거권은 국정차원의 선거권과는 헌법 이론적 측면에서나 실정헌법 측면에서 질적으로 다른 종류의 선거이다. 당해 지역의 주민이 참정권의 행사를 통해 그 대표를 선출하고 그 대표자의 행동에 의해 당해 사회의 일반의사 형성에 참여하고 그 정치적 결정에 따르는 것은 민주주의의 기본원리이다.[54] 따라서 외국인이라 해서 무조건

---

46) 2010. 11. 2. 선고 2010헌마626 결정

47) 국적법은 속인주의(혈통주의)를 원칙으로 하고 속지주의를 가미하고 있다(국적법§2).

48) 1999. 1. 28. 선고 97헌마253·270(병합) 전원재판부 결정, 1999. 3. 25. 선고 97헌마99 전원재판부 결정

49) 2007. 6. 28. 선고 2004헌마644,2005헌마360(병합) 전원재판부 결정, 2007. 6. 28. 선고 2005헌마772 전원재판부 결정

50) 재외동포의 범위에 대하여, 「재외동포의 출입국과 법적 지위에 관한 법률」 제2조(정의)와 동법 시행령 제3조(외국국적동포의 정의)는 ① 대한민국의 국민으로서 외국의 영주권을 취득한 자 또는 영주할 목적으로 외국에 거주하고 있는 자 또는 ② 대한민국의 국적을 보유하였던 자(대한민국정부 수립 전에 국외로 이주한 동포를 포함한다) 또는 그 직계비속으로서 외국국적을 취득한 자 중 ⅰ)출생에 의하여 대한민국의 국적을 보유했던 사람(대한민국정부 수립 이전에 국외로 이주한 동포를 포함한다)로서 외국국적을 취득한 사람이나 ⅱ)위 ⅰ)호에 해당하는 사람의 직계비속으로서 외국국적을 취득한 사람 중 어느 하나에 해당하는 사람을 [재외동포]라고 규정하고 있다.

51) 「재외동포의 출입국과 법적 지위에 관한 법률」 제2조 제1호는 '대한민국의 국민으로서 외국의 영주권을 취득한 자 또는 영주할 목적으로 외국에 거주하고 있는 자'를 재외동포라고 정의하고 있다.

52) 정상우, 「재외국민 선거권에 관한 헌법재판소 결정의 의미와 입법 과제」, 한국법제연구원(2007. 8.), 11쪽

53) 2018. 12. 31. 현재 등록외국인은 총 1,246,626명으로 한국계 중국인 345,318명, 중국인 207,777명, 베트남인 170,707명 순으로 많은 비율을 차지하고 있고(법무부 통계자료, 등록외국인 국적별·지역별 현황, 2018. 12. 31.현재), 영주권자는 2019. 2. 현재 총 143,998명으로 중국인 113,565명, 타이완(화교)12,770명 순이다(법무부 2019. 4. 17.자 보도자료, 「영주권제도개선추진 – 제도 시행 17주년, 국내거주기간 요건 도입 검토 –」).

선거권행사를 배제할 것이 아니라 그 출생지나 언어소통의 유무, 생활의 근거, 교육정도, 경제관계 등을 고려한 그 사회의 동화정도에 비추어 당해 사회의 일반의사형성에 참여할 적격이 있는 이상 당연히 선거권이 부여되어야 하고 이는 지방자치제도의 본질에 비추어 보더라도 당연하다.[55] 이러한 취지에 따라 공직선거법은 2005년 개정되어, 외국인의 경우 원칙적으로 선거권이 없으나, 예외적으로 일정한 요건을 갖춘 경우에는 지방자치단체의 의회의원 및 장의 선거권을 가진다. 「출입국관리법」 제10조(체류자격)[56]에 따른 영주의 체류자격 취득일 후 3년이 경과한 외국인으로서 같은 법 제34조(외국인등록표 등의 작성 및 관리)[57]에 따라 해당 지방자치단체의 외국인등록대장에 올라있는 사람은 해당 구역에서 선거하는 지방자치단체의 의회의원 및 장의 선거권이 있다(법§15②3.). 한편, 우리나라는 영주권 취득 후 의무적 국내 거주기간을 정하지 않고 있으나, 외국의 사례[58]와 같이 일정기간 국내거주 의무를 부과하도록 제도개선이 필요하고, 특히 현행 공직선거법상 외국인 선거권의 경우 실질적인 국내거주요건이 필요하지 않아 영주권 취득 후 사실상 해외에 거주하면서 지방선거 직전 귀국하여 제한 없이 선거권을 행사할 수 있는 문제가 있어,[59] 일정기간 국내에 계속 거주하는 영주권자에 한하여 선거권을 부여하는 방향으로의 개선이 필요하다.[60]

---

54) 일본 최고재판소도 '민주주의사회에서 지방자치의 중요성에 비추어 주민의 일상생활에 밀접한 관련이 있는 공공사무는 그 지방주민의 의사에 기초하여 지방공공단체가 처리하는 정치형태를 제도적으로 보장하는 취지라고 해석되기 때문에 일본재류외국인 가운데 영주자 등 거주지역 지방공공단체와 특별히 밀접한 관계를 가지고 있다고 인정되는 자의 의사를 지방공공단체의 공공사무처리에 반영시켜야 하고, 법률로서 지방공공단체의 장과 의회의원에 대한 선거권을 부여하는 것이 헌법상 금지되는 것이 아니다. 이는 전적으로 입법정책에 달려있는 사안이다.'라고 판시하고 있다(최고재판소, 평성 7년(1995). 2. 28. 선고 평성5년(1993) 제163호 선거인명부 부등록처분에 대한 이의신청각하결정취소청구사건).

55) 이윤환, 「공직선거법상 외국인선거권에 관한 고찰」, 법학연구 제32집(2008. 11. 25.), 29쪽

56) 「출입국관리법」 제10조(체류자격) 입국하려는 외국인은 다음 각 호의 어느 하나에 해당하는 체류자격을 가져야 한다.
1. 일반체류자격 : 이 법에 따라 대한민국에 체류할 수 있는 기간이 제한되는 체류자격
2. 영주자격 : 대한민국에 영주(永住)할 수 있는 체류자격

57) 「출입국관리법」 제34조(외국인등록표 등의 작성 및 관리) ① 제31조에 따라 외국인등록을 받은 지방출입국·외국인관서의 장은 등록외국인기록표를 작성·비치하고, 외국인등록표를 작성하여 그 외국인이 체류하는 시(「제주특별자치도 설치 및 국제자유도시 조성을 위한 특별법」 제10조에 따른 행정시를 포함하며, 특별시와 광역시는 제외하다. 이하 같다)·군·구(자치구가 아닌 구를 포함한다. 이하 이 조, 제36조 및 제37조에서 같다) 및 읍·면·동의 장에게 보내야 한다.
② 시·군·구 및 읍·면·동의 장은 제1항에 따라 외국인등록표를 받았을 때에는 그 등록사항을 외국인등록대장에 적어 관리하여야 한다.
③ 등록외국인기록표, 외국인등록표 및 외국인등록대장의 작성과 관리에 필요한 사항은 대통령령으로 정한다.

58) 미국은 1년 이상 또는 1년에 180일 해외 체류시 영주권 상실 또는 취소, 캐나다는 5년 중 2년 이상 해외체류 시 영주권 갱신 불가, 프랑스 3년, 영국 2년, 일본 1년, 독일 6개월 이상 계속하여 해외체류 시 영주권 취소

59) 스웨덴, 덴마크, 네덜란드, 뉴질랜드 등의 국가는 일정기간 국내에 계속 거주하는 영주권자에 한하여 선거권을 부여하고 있다.

60) 법무부는 영주권 제도의 개선을 추진하고 있다(법무부 2019. 4. 17.자 보도자료 「영주권제도개선추진 －제

3. 거주요건

지역구국회의원 선거권은, 18세 이상의 국민으로서 선거인명부작성기준일 현재, 주민등록법 상 거주자 또는 거주불명자에 해당하는 사람(주민등록법§6①1., 2.)으로서 해당 국회의원지역선거구 안에 주민등록이 되어 있거나, 재외국민(주민등록법§6①3.)으로서 주민등록표에 3개월 이상 계속하여 올라 있고 해당 국회의원지역선거구 안에 주민등록이 되어 있는 사람에 한하여 인정된다(법§15①).

지방자치단체의 의회의원 및 장의 선거의 경우에는, 18세 이상으로서, 선거인명부작성기준일 현재, 주민등록법 상 거주자 또는 거주불명자에 해당하는 사람으로서 해당 지방자치단체의 관할 구역에 주민등록이 되어 있거나, 재외국민으로서 주민등록표에 3개월 이상 계속하여 올라 있고 해당 지방자치단체의 관할구역에 주민등록이 되어 있는 사람에 한하여 인정된다(법§15②).

제3장 선거권이 없는 자

1. 금치산자

금치산선고를 받은 자는 선거권이 없다(법§18①1.). 그런데 민법은 2011. 3. 7. 법률 제10429호로 금치산·한정치산제도를 폐지하고 성년후견인제도를 도입하여 2013. 7. 1.부터 시행하고 있다. 현행 민법상 피성년후견인은 과거 금치산자에 대응하는 개념이다.[61] 피성년후견인은 질병, 장애, 노령, 그 밖의 사유로 인한 정신적 제약으로 사무를 처리할 능력이 지속적으로 결여된 사람으로 본인, 배우자 등 일정한 자의 청구에 의하여 가정법원에 의하여 성년후견개시의 심판을 받은 자이다. 종래의 금치산·한정치산 제도는 일률적으로 본인의 행위능력을 제한하여 사실상 본인의 잔존능력을 박탈하는 문제점이 있었는바, 성년후견제도를 도입한 것은 제한능력자의 능력을 확대하고 피후견인의 신상에 관한 결정권은 본인에게 있다는 원칙과 후견인의 임무수행에 있어서 피후견인의 의사존중의무를 명시하는 등 피후견인

도 시행 17주년, 국내 거주기간 요건 도입 검토-」).

61) 금치산자는 심신상실의 상태에 있는 자로서 가정법원으로부터 금치산선고를 받은 자이다(법률 제10429호로 개정되기 전의 민법 제12조). 성년후견인제도는 현 민법 제9조 제1항 ; 법률 제10429호 부칙 제3조는 「이 법 시행 당시 다른 법령에서 "금치산" 또는 "한정치산"을 인용한 경우에는 성년후견 또는 한정후견을 받는 사람에 대하여 부칙 제2조 제2항에 따른 5년의 기간에 한정하여 "성년후견" 또는 "한정후견"을 인용한 것으로 본다.」고 규정하고 있다. 현재 위 부칙에서 정한 5년이 경과하였으므로 공직선거법의 개정이 필요하다.

의 복리를 실질적으로 보장할 수 있도록 하기 위함이다. 한편, 선거권을 제한하는 입법은 「헌법」 제24조에 의해서 곧바로 정당화될 수 없고, 「헌법」 제37조 제2항의 규정에 따라 국가안전보장 · 질서유지 또는 공공복리를 위하여 필요하고 불가피한 예외적인 경우에만 그 제한이 정당화될 수 있으며, 그 경우에도 선거권의 본질적인 내용을 침해할 수 없고, 보통선거의 원칙은 선거권자의 능력, 재산, 사회적 지위 등의 실질적인 요소를 배제하고 성년자이면 누구라도 당연히 선거권을 갖는 것을 요구하므로 보통선거의 원칙에 반하는 선거권 제한의 입법을 하기 위해서는 「헌법」 제37조 제2항의 규정에 따른 한계가 한층 엄격히 지켜져야 한다.[62] 공직선거법상 선거권이 없는 자인 '1년 이상의 징역 또는 금고형의 선고를 받고 그 집행이 종료되지 아니하거나 그 집행을 받지 아니하기로 확정되지 아니한 자'나 '선거범죄자'의 경우에는 범죄에 대한 응보적 기능을 갖고 일반국민으로 하여금 시민으로서의 책임성을 함양하고 법치주의에 대한 존중의식을 제고하는 등 그 입법목적의 정당성과 수단의 적합성을 긍정할 수 있지만,[63] 이들과 달리 피성년후견인은 공동체 구성원으로서의 기본적 의무를 저버린 사실이 없음에도 불구하고 형사적 제재의 연장인 '선거권 박탈'을 이라는 불이익을 받을 이유가 없고 선거권을 박탈한다고 하여 피성년후견인에게 시민으로서의 책임성 함양이나 법치주의에 대한 존중의사의 제고를 기대할 수 없다. 따라서 피성년후견인에 대한 선거권 제한은 그 침해가 중대하여 침해의 최소성의 원칙, 평등원칙 등에 위반된다고 봄이 상당하다.[64]

2. 1년 이상의 징역 또는 금고의 형의 선고를 받고 그 집행이 종료되지 아니하거나 그 집행을 받지 아니하기로 확정되지 아니한 사람

1년 이상의 징역 또는 금고의 형의 선고를 받고 그 집행이 종료되지 아니하거나 그 집행을 받지 아니하기로 확정되지 아니한 사람은 선거권이 없다. 다만, 그 형의 집행유예를 선고받고 유예기간 중에 있는 사람은 제외한다(법§18①2.). 형의 선고를 받고 그 집행이 종료되지 아니한 사람이란 형의 선고를 받고 복역 중에 있거나 가석방된 자로서 잔여형기가 경과되지 아니한 사람을 말하고, 집행을 받지 아니하기로 확정되지 아니한 사람이란 형의 시효가 완성되지 아니한 자를 말한다. 개념상 유기징역 또는 유기금고의 형을 선고받고 그 집행유예기간 중인자도 집행을 받지 아니하기로 확정되지 아니한 자에 해당하나, 헌법재판소의 위헌결정[65]으로 법이 개정되면서 집행유예기간 중에 있는 자도 선거권을 가지게 되었다.

---

62) 2007. 6. 28. 선고 2004헌마644,2005헌마360(병합) 전원재판부 결정

63) 2014. 1. 28. 선고 2012헌마409 · 510,2013헌마167(병합) 결정

64) 홍남희, 「피성년후견인의 선거권 등 제한에 대한 법적 고찰」, 사회보장법연구 제4권 제1호(2015).

65) 2015. 8. 13. 법률 제13497호로 개정되기 전의 공직선거법 제18조 제1항 제2호는 「금고 이상의 형을 선고

1년 이상의 형을 선고받고 복역 중 가석방이 된 자는 가석방기간이 경과하기 전까지는 형의 집행을 종료한 것이 아니므로 선거권이 없다.[66] 그러나 가석방 제도는 금고 이상의 형을 선고받은 수형자가 재범의 위험성이 현저히 적거나 없다고 인정되는 경우에 수형자의 조속한 사회복귀를 위하여 인정되는 제도이다. 재범의 위험성이 없다고 인정되어 가석방으로 사회에 복귀한 자에게 선거권을 박탈하는 것은 가석방자의 조속한 사회정착에 오히려 유해한 영향을 미치게 되어 가석방제도의 취지에 부합하지 않는다고 할 수 있다.[67] 그러나 헌법재판소는 「가석방은 수형자의 사회복귀를 촉진하기 위하여 형 집행 중인 자 가운데 형상이 양호하고 개전의 정이 현저한 자를 그 형의 집행종료 전에 석방함으로써 수형자에 대한 무용한 구금의 연장을 피하고 수형자의 윤리적 자기형성을 촉진하고자 하는 의미에서 취해지는 형사정책적 행정처분으로서, 수형자의 개별적 요청이나 희망에 따라 행하여지는 것이 아니라 교정기관의 교정정책 혹은 형사정책적 판단에 따라 이루어지는 재량적 조치이다. 형집행 중에 가석방을 받았다고 하여, 형의 선고 당시 법관에 의하여 인정된 범죄의 중대성이 감쇄되었다고 보기 어려운 점을 고려하면, 입법자가 가석방 처분을 받았다는 후발적 사유를 고려하지 아니하고 1년 이상의 징역의 형을 선고받은 사람의 선거권을 일률적으로 제한하였다고 하여 불필요한 제한이라고 보기는 어렵다.」고 판시하고 있다.[68]

받고 그 집행이 종료되지 아니하거나 그 집행을 받지 아니하기로 확정되지 아니한 자」로 규정되어 있었는데, 이 조항에 대하여 헌법재판소는 「심판대상조항은 집행유예자와 수형자에 대하여 전면적·획일적으로 선거권을 제한하고 있다. 심판대상조항의 입법목적에 비추어 보더라도, 구체적인 범죄의 종류나 내용 및 불법성의 정도 등과 관계없이 일률적으로 선거권을 제한하여야 할 필요성이 있다고 보기는 어렵다. 범죄자가 저지른 범죄의 경중을 전혀 고려하지 않고 수형자와 집행유예자 모두의 선거권을 제한하는 것은 침해의 최소성원칙에 어긋난다. 특히 집행유예자는 집행유예 선고가 실효되거나 취소되지 않는 한 교정시설에 구금되지 않고 일반인과 동일한 사회생활을 하고 있으므로, 그들의 선거권을 제한해야 할 필요성이 크지 않다. 따라서 심판대상조항은 청구인들의 선거권을 침해하고, 보통선거원칙에 위반하여 집행유예자와 수형자를 차별 취급하는 것이므로 평등원칙에도 어긋난다.」고 하면서 「'유기징역 또는 유기금고의 선고를 받고 그 집행유예기간 중인 자'에 관한 부분은 위헌 결정을, '유기징역 또는 유기금고의 선고를 받고 그 집행이 종료되지 아니한 자'에 관한 부분은 2015. 12. 31.을 시한으로 헌법불합치 결정」을 선고하였다(2014. 1. 28. 선고 2012헌마409·510,2013헌마167(병합) 결정).

66) 징역 또는 금고의 집행 중에 있는 자가 그 행상이 양호하여 개전의 정이 현저한 때에는 무기에 있어서는 20년, 유기에 있어서는 형기의 3분의 1을 경과한 후 행정처분으로 가석방할 수 있고(형법§72①), 가석방처분을 받은 후 그 처분이 실효 또는 취소되지 아니하고 가석방기간을 경과한 때에는 형의 집행을 종료한 것으로 본다(형법§76①).

67) 이호중, 「수형자의 선거권 제한의 위헌성」, 비교형사법연구 제11권 제1호, 355쪽

68) 2017. 5. 25. 선고 2016헌마292·568(병합) 결정 ; 위 결정에서, 이진성 재판관은 '개인의 생래적 기본권이자 민주주의의 구성원리로서의 선거권은 국민이 주권을 행사하는 근간이 되는 권리이므로, 자유형에 부수하는 형벌로 선거권을 제한하는 것은 책임의 범위를 넘어선다.'는 이유로 반대의견을 개진하고 있다.

3. 선거범죄자

선거범,[69] 「정치자금법」 제45조(정치자금부정수수죄) 및 제49조(선거비용관련 위반행위에 관한 벌칙)에 규정된 죄를 범한 자 또는 대통령 · 국회의원 · 지방의회의원 · 지방자치단체의 장으로서 그 재임중의 직무와 관련하여 「형법」(「특정범죄가중처벌등에관한법률」 제2조에 의하여 가중처벌되는 경우를 포함한다) 제129조(수뢰, 사전수뢰) 내지 제132조(알선수뢰) · 「특정범죄가중처벌등에관한법률」 제3조(알선수재)에 규정된 죄를 범한 자로서, 100만원 이상의 벌금형의 선고를 받고 그 형이 확정된 후 5년[70] 또는 형의 집행유예의 선고를 받고 그 형이 확정된 후 10년

---

69) 헌법재판소는 법 제18조(선거권이 없는 자) 제1항 제3호 중 제256조(각종제한규정위반죄) 제1항 제5호 가운데 제108조(여론조사의 결과공표금지 등) 제11항 제2호(이하 '선거권제한조항'이라 한다)와 관련하여, "선거권제한조항은 공정한 선거를 보장하고 선거범에 대하여 사회적 제재를 부과하며 일반국민에 대하여 선거의 공정성에 대한 의식을 제고하려는 목적을 달성하는 데 적합한 수단이다. 법 제256조(각종제한규정위반죄) 제1항 제5호 중 제108조(여론조사의 결과공표금지 등) 제11항 제2호의 선거범죄는 선거에 관한 여론조사의 결과에 영향을 미치게 하기 위하여 둘 이상의 전화번호를 착신전환 등의 조치를 하여 같은 사람이 두 차례 이상 응답하는 행위 또는 이를 지시 · 권유 · 유도하는 행위를 구성요건으로 하는 범죄(이하, 이를 '착신전환 등을 통한 중복 응답 등 범죄'라 한다)로서 이러한 방식으로 여론조사가 시행되면 여론조사 결과에 진정한 유권자의 의사를 반영하지 못하여 선거의 공정성을 해칠 우려가 있다. 선거의 공정성을 담보하기 위해서는 착신전환 등을 통한 중복 응답 등 범죄를 한 사람에 대한 선거권 제한이 필요하다. 선거권제한조항은 착신전환 등을 통한 중복 응답 등 범죄로 100만원 이상의 벌금형의 선고를 받고 형이 확정된 후 5년이 경과하지 아니한 경우에 선거권을 제한하여 그 대상과 기간이 제한적이다. 법원이 벌금 100만원 이상의 형을 선고한다면, 여기에는 피고인의 행위가 선거의 공정을 침해할 우려가 높다는 판단과 함께 피고인의 선거권을 일정기간 박탈하겠다는 판단이 포함되어 있다고 보아야 한다. 선거권 제한을 통하여 달성하려는 선거의 공정성 확보라는 공익이 선거권을 행사하지 못함으로써 침해되는 개인의 사익보다 크다. 따라서 선거권제한조항은 선거권을 침해하지 아니한다."고 판시하였다(2022. 3. 31. 선고 2019헌마986 결정 ; 위 결정에서 재판관 이선애는 "선거권은 국민주권과 대의제 민주주의의 실현수단이므로, 선거권에 대한 제한은 엄격한 기준 하에서만 정당화될 수 있다. 선거범죄 외 일반범죄로 집행유예를 선고받은 사람과 선거범죄로 100만원 이상의 벌금형을 선고받은 사람을 비교해보면 전자의 불법성과 비난가능성이 후자의 그것보다 크다고 인정됨에도 불구하고, 심판대상조항에 의하면 전자만 선거권을 행사할 수 있는 불합리한 결과가 발생한다. 법원이 선거권 제한 여부, 선거권 제한 기간, 선거권 행사가 제한되는 공직선거의 종류를 정하는 덜 침해적인 방법이 존재함에도 불구하고, 선거권제한조항은 100만원 이상의 벌금형 선고라는 일률적 기준으로 선거권을 제한한다. 선거권은 개인의 사익인 동시에 국가권력의 민주적 정당성을 확보하게 한다는 점에서 공익적 가치를 가진다. 선거권 제한을 통하여 달성하려는 선거의 공정성 확보 등 공익인 제한적이므로, 이는 선거권을 행사하지 못함으로써 침해되는 개인의 사익 및 민주적 선거제도의 공익적 가치보다 크지 않다. 선거권제한조항은 청구인들의 선거권을 침해한다."고 반대의견을 표시하였다.).

70) 헌법재판소는, '선거범으로서 100만원 이상의 벌금형의 선고를 받고 그 형이 확정된 후 5년을 경과하지 아니한 자'부분과 관련하여, '이 사건 선거권제한 조항은 선거의 공정성을 확보하기 위한 것으로서, 선거권 제한의 대상과 요건, 기간이 제한적인 점, 선거의 공정성을 해친 바 있는 선거범으로부터 부정선거의 소지를 차단하여 공정한 선거가 이루어지도록 하기 위하여는 선거권을 제한하는 것이 효과적인 방법인 점, 법원이 선거범에 대한 형량을 결정함에 있어서는 양형의 조건뿐만 아니라 선거권의 제한 여부에 대하여도 합리적 평가를 하게 되는 점, 선거권의 제한기간이 공직선거의 참여를 1회 정도 제한하는 것에 불과한 점 등을 종합하면, 이 사건 선거권제한 조항은 선거권을 침해한다고 볼 수 없다.'고 판시하였다(2011. 12. 29. 선고 2009헌마476 결정).

을 경과하지 아니하거나 징역형의 선고를 받고 그 집행을 받지 아니하기로 확정된 후 또는 그 형의 집행이 종료되거나 면제된 후 10년을 경과하지 아니한 자(형이 실효된 자도 포함)는 선거권이 없다(법§18①3.).[71]

선거범이란 공직선거법 제16장 벌칙에 규정된 죄와「국민투표법」위반의 죄를 범한 자를 말한다(법§18②). 이와 관련하여,「교육자치법」제49조(공직선거법의 준용)는 공직선거법의 벌칙 규정을 상세히 열거하여 교육감선거에 준용하고 있고 위와 같이 구체적으로 열거하여 준용된 공직선거법의 규정에는 선거권의 제한에 관한 공직선거법 제18조 및 벌칙에 관한 공직선거법 제16장도 포함되어 있어, 교육감선거 과정에서「교육자치법」에 준용되는 공직선거법 위반행위를 하여 공직선거법 제16장의 벌칙 규정에 따라 처벌받은 자도 선거범으로 보아야 하는지가 문제된다. 이에 대하여 공직선거법 상 벌칙 조항에 위반한 교육감 선거 관련 범행을 한 자도 교육자치법 제49조(공직선거법의 준용)에서 벌칙조항을 포함하여 공직선거법을 준용하는 이상 공직선거법 제18조(선거권이 없는 자) 제2항에서 말하는 제16장 벌칙에 규정된 죄를 범한 자에 해당하여 선거범이 된다고 보는 것이 상당하다는 견해가 있다.[72] 그러나 대법원은「공직선거법 어디에도 교육감선거 과정에서 교육자치법 위반행위로 처벌받은 자에 대하여 공직선거에서의 선거권을 제한하는 규정을 두고 있지 아니하고, 교육자치법이 준용하는 공직선거법의 규정에 선거권의 제한에 관한 공직선거법 제18조 및 벌칙에 관한 공직선거법 제16장이 포함되어 있다고 하더라도 이는 교육감선거에서의 선거권 제한에 관하여 공직선거법의 위 각 규정을 준용한다는 것일 뿐 역으로 교육자치법 위반죄를 범한 자를 공직선거법상의 선거범으로 본다는 취지는 아니다. 따라서 교육감선거 과정에서 교육자치법에 의하여 준용되는 공직선거법 위반행위를 하여 역시 교육자치법에 의하여 준용되는 공직선거법 제16장의 벌칙 규정에 따라 처벌받은 자라 하더라도, 달리 공직선거법에 규정이 없는 이상 그가 당연히 공직선거법 제18조에 규정된 선거범에 해당하여 교육감 선거가 아닌 공직선

71) 헌법재판소는, 공직선거법 제18조(선거권이 없는 자) 제1항 제3호 등 위헌확인 사건에서, '선거권제한조항은 선거의 공정성을 확보하기 위한 것으로서, 선거권 제한의 대상과 요건, 기간이 제한적인 점, 선거의 공정성을 해친 바 있는 선거범으로부터 부정선거의 소지를 차단하여 공정한 선거가 이루어지도록 하기 위하여는 선거권을 제한하는 것이 효과적인 방법인 점, 법원이 선거범에 대한 형량을 결정함에 있어서 양형의 조건뿐만 아니라 선거권의 제한 여부에 대하여도 합리적 평가를 하게 되는 점, 선거권의 제한기간이 공직선거마다 벌금형의 경우는 1회 정도, 징역형의 집행유예의 경우에는 2-3회 정도 제한하는 것에 불과한 점 등을 종합하면, 선거권제한조항은 청구인들의 선거권을 침해한다고 볼 수 없다.'고 판시하였다. 이에 대하여 재판관 이진성 등 5명의 재판관은 '국민주권과 대의제 민주주의의 실현수단으로서 선거권이 가지는 의미와 보통선거원칙의 중요성을 감안하면, 그 제한은 필요최소한에 그쳐야 한다. 선거권제한조항은 불법성 및 비난가능성에 따라 덜 침해적인 방법을 상정할 수 있음에도 공직선거법상 모든 선거범을 대상으로 하여 일률적으로 일정기간 선거권을 제한하고, 벌금 100만 원 이상 이라는 기준도 지나치게 낮은 것으로, 비록 선거범에 대한 제재라 하더라도 이는 과도한 제한으로서 청구인들의 선거권을 침해한다.'고 반대의견을 표시하였다(2018. 1. 25. 선고 2015헌마821·834·917(병합) 결정).

72) 대검찰청,『공직선거법 벌칙해설(제9개정판)』, 50쪽

거에서까지 선거권을 제한받는다고는 할 수 없다.」고 판시하였다.[73)][74)]

4. 선거권 정지·상실자

법원의 판결 또는 다른 법률에 의하여 선거권이 정지 또는 상실된 자는 선거권이 없다(법§18①4.). 사형, 무기징역 또는 무기금고의 판결을 받은 자는 선거권을 상실한다(형법§43①). 선거권행사에 대한 자격정지의 판결을 받은 자는 선거권이 정지된다. 법원은 자격정지를 선고할 때 1년 이상 15년 이하의 범위 내에서 그 기간을 정하고, 유기징역 또는 유기금고에 자격정지를 병과한 때에는 징역 또는 금고의 집행을 종료하거나 면제된 날로부터 정지기간을 기산한다(형법§44).

제4장 선거권 제한의 한계

1. 선거권 제한의 한계

선거권은 기본권이므로 대의민주주의를 실현하는 선거에 참여할 수 있는 국민 개개인의 주관적 공권인 동시에 국가권력을 행사하는 대표자를 선출함으로써 국가를 구성하는 객관적 법질서이다. 주관적 공권으로서의 선거권은 주권적 권력이 행사됨으로 나타내는 상징적 표현이며 동시에 객관적 법질서로서의 선거권은 국가권력 창설의 성격을 지니는 우월적 지위에 있다. 이러한 선거권은 참정권을 기초로 하는 바, 참정권은 선거를 통하여 통치기관을 구성하고 정당성을 부여하는 한편 국민 스스로 정치형성과정에 참여하여 국민주권 및 대의민주주의를 실현하는 기본권이고, 참정권의 제한은 국민주권에 바탕을 두고 자유·평등·정의를 실현시키려는 헌법의 민주적 기본질서를 침해할 위험성이 큰 양태로서 민주주의원리와 배치되므로 필요한 최소한에 그쳐야 한다. 따라서 선거권을 정하는 법률은 선거권을 기본권으로서 구체화하는 법률이어야지 선거권을 법률상 권리로 보아 그 범주를 창설적으로 정하는 법률이어서는 안 된다.[75)] 선거권을 제한하는 입법은 「헌법」 제24조에 의해서 곧바로 정

73) 2016. 5. 12. 선고 2015다237250 판결

74) 법원은 '갑 등이 구 교육자치법위반죄로 유죄판결을 선고받고 확정된 형의 집행 등을 마쳤는데, 검찰 직원이 공직선거법위반죄로 유죄확정판결을 받았다고 수형인명부에 잘못 입력하는 바람에 그 후 실시된 선거에서 선거권이 없다는 이유로 선거인명부에 등재되지 않아 투표를 못하게 되자 국가를 상대로 손해배상을 구한 사안에서, 국가는 국가배상법 제2조 제1항에 따라 공무원의 불법행위로 갑 등이 입은 정신적 손해를 배상할 책임이 있다.'고 판시하였다(대전지방법원 2015. 8. 21. 선고 2014나107558 판결).

75) 강경근, 「공직선거법 제58조 선거운동개념의 헌법적 문제」, 고시연구(2000. 3.), 15쪽

당화될 수 없고, 「헌법」 제37조 제2항의 규정에 따라 국가안전보장·질서유지 또는 공공복리를 위하여 필요하고 불가피한 예외적인 경우에만 그 제한이 정당화될 수 있으며, 그 경우에도 선거권의 본질적인 내용을 침해할 수 없다. 선거권의 제한은 불가피하게 요청되는 개별적·구체적 사유가 존재함이 명백할 경우에만 정당화될 수 있고, 막연하고 추상적인 위험이나 국가의 노력에 의해 극복될 수 있는 기술상의 어려움이나 장애 등을 사유로 그 제한이 정당화될 수 없다.[76]

2. 선거권행사의 보장

가. 선거권행사의 보장

선거권자의 선거권 행사를 보장하기 위하여, 국가는 선거권자가 선거권을 행사할 수 있도록 필요한 조치를 취하여야 한다(법§6①). 각급 선거관리위원회(읍·면·동 선거관리위원회는 제외한다)는 선거인의 투표참여를 촉진하기 위하여 교통이 불편한 지역에 거주하는 선거인 또는 노약자·장애인 등 거동이 불편한 선거인에게 교통편의 제공에 필요한 대책을 수립·시행하여야 하고, 투표를 마친 선거인에게 국공립 유료시설의 이용요금을 면제·할인하는 등의 필요한 대책을 수립·시행할 수 있다. 이 경우 공정한 실시방법 등을 정당·후보자와 미리 협의하여야 한다(법§6②).[77] 공무원·학생 또는 다른 사람에게 고용된 자가 선거인명부를 열람하거나 투표하기 위하여 필요한 시간은 보장되어야 하며, 이를 휴무 또는 휴업으로 보지 아니한다(법§6③). 선거의 중요성과 의미를 되새기고 주권의식을 높이기 위하여 매년 5월 10일을 유권자의 날로, 유권자의 날로부터 1주간을 유권자 주간으로 하고, 각급선거관리위원회(읍·면·동선거관리위원회는 제외한다)는 공명선거 추진활동을 하는 기관 또는 단체 등과 함께 유권자의 날 의식과 그에 부수되는 행사를 개최할 수 있다(법§6⑤).

---

76) 2007. 6. 28. 선고 2004헌마644,2005헌마360(병합) 전원재판부 결정

77) 구 공직선거법(2020. 12. 29. 법률 제17813호로 개정되기 전의 것)은 이동약자에 대한 교통편의 제공 대책의 수립·시행이 임의적인 사항으로 규정되어 있었으나, 2020. 12. 29. 법률 제17813호로 개정되어 이동약자에 대한 교통편의 제공대책 수립·시행을 의무화하는 내용으로 법 제6조(선거권행사의 보장) 제2항이 현재와 같이 변경되었다.

나. 감염병환자 등의 선거권보장

「감염병의 예방 및 관리에 관한 법률」 제41조(감염병환자등의 관리) 제1항 또는 제2항[78]에 따라 입원치료, 자가(自家)치료 또는 시설치료 중이거나 같은 법 제42조(감염병에 관한 강제처분) 제2항 제1호[79]에 따라 자가 또는 시설에 격리 중인 사람(이하 "격리자등"이라 한다)은 선거권 행사를 위하여 활동할 수 있다(법§6의3①). 국가와 지방자치단체는 격리자등의 선거권 행사가 원활하게 이루어질 수 있도록 교통편의 제공 및 그 밖에 필요한 방안을 마련하여야 한다(법§6의3②).

구 공직선거법(2022. 2. 16. 법률 제18837호로 개정되기 전의 것)에서는 사전투표기간과 선거일 사이에 코로나19 확진 판정을 받거나 자가격리에 들어가는 유권자는 투표할 방법이 없어 참정권이 침해되는 문제가 있고, 거소투표의 대상 및 방법에 코로나19 등으로 인해 격리 중인 유권자에 관한 사항이 명시적으로 규정되어 있지 않으며, 사전투표소를 추가로 설치할 수 있는 경우도 제한되어 있었다. 이에 코로나19 격리자등이 선거권을 행사하기 위하여 활동할 수 있는 근거를 마련하고, 국가와 지방자치단체는 이를 위하여 교통편의 제공 및 그 밖의 필요한 방안을 마련하도록 하기 위하여 2022. 2. 16. 법률 제18837호로 공직선거법을 개정하여 법 제6조의3(감염병환자 등의 선거권보장)를 신설하였다.

---

78) 「감염병의 예방 및 관리에 관한 법률」 제41조(감염병환자등의 관리) ① 감염병 중 특히 전파 위험이 높은 감염병으로서 제1급감염병 및 질병관리청장이 고시한 감염병에 걸린 감염병환자등은 감염병관리기관, 감염병전문병원 및 감염병관리시설을 갖춘 의료기관(이하 "감염병관리기관등"이라 한다)에서 입원치료를 받아야 한다.

② 질병관리청장, 시·도지사 또는 시장·군수·구청장은 다음 각 호의 어느 하나에 해당하는 사람에게 자가(自家)치료, 제37조 제1항 제2호에 따라 설치·운영하는 시설에서의 치료(이하 "시설치료"라 한다) 또는 의료기관 입원치료를 하게 할 수 있다.

1. 제1항에도 불구하고 의사가 자가치료 또는 시설치료가 가능하다고 판단하는 사람
2. 제1항에 따른 입원치료 대상자가 아닌 사람
3. 감염병의심자

79) 「감염병의 예방 및 관리에 관한 법률」 제42조(감염병에 관한 강제처분) ② 질병관리청장, 시·도지사 또는 시장·군수·구청장은 제1급감염병이 발생한 경우 해당 공무원으로 하여금 감염병의심자에게 다음 각 호의 조치를 하게 할 수 있다. 이 경우 해당 공무원은 감염병 증상 유무를 확인하기 위하여 필요한 조사나 진찰을 할 수 있다.

1. 자가(自家) 또는 시설에 격리

제3편 피선거권자

제1장 피선거권의 의의

「헌법」 제25조는 「모든 국민은 법률이 정하는 바에 의하여 공무담임권을 가진다.」라고 하여 국민의 공무담임권을 정하고 있다. 공무담임권은 국민주권의 실현 방법으로 국가의 공적인 업무를 수행하는 임명직과 선거직의 공직에 취임할 수 있는 권리를 뜻한다. 선거직의 공무를 담당하기 위해서는 선거직에 선출될 수 있는 권리가 필연적으로 보장되어야 하므로, 선거직에 입후보하고 선거권자에 의하여 선출되어 그 직에 취임할 수 있는 권리를 피선거권이라고 한다. 피선거권은 공무담임의 전제가 되는 것으로 피선거권을 누구에게, 어떤 조건으로 부여할 것인지는 입법자가 그의 입법형성권의 범위 내에서 스스로 정할 사안이지만, 이때에도 헌법이 피선거권을 비롯한 공무담임권을 기본권으로 보장하는 취지와 대의민주주의 통치질서에서 선거가 가지는 의미와 기능이 충분히 고려되어야 한다는 헌법적인 한계가 있다.[1)]

제2장 피선거권자

1. 대통령의 피선거권

선거일현재 5년 이상 국내에 거주하고 있는 40세 이상의 국민은 대통령의 피선거권이 있다. 이 경우 공무로 외국에 파견된 기간과 국내에 주소를 두고 일정기간 외국에 체류한 기간은 국내거주기간으로 한다(법§16①). 피선거권자의 연령은 선거일 현재로 산정한다(법§17). 선거일 현재를 기준으로 5년 이상의 기간을 국내에 거주한 사실이 있는 40세 이상의 국민은 계속 거주와 관계없이 대통령 피선거권이 있다.[2)]

1) 2005. 4. 28. 선고 2004헌마219 결정

대한민국 국민이 일본국에서 영주권을 취득했다 하여 우리 국적을 상실하는 것은 아니다.[3] 구「국적법(1998. 6. 14. 법률 제5431호로 개정되기 전의 것)」제14조(국적의 회복)[4]에는 대한민국의 국적을 상실한 자는 법무부장관의 허가를 얻어 대한민국의 국적을 회복할 수 있다고 규정하고 있는바, 여기서 위 회복절차에 의한 국적취득의 효력은 당연히 국적회복허가로서 즉시 발생한다.[5]

2. 국회의원의 피선거권

18세 이상의 국민은 국회의원의 피선거권이 있다(법§16②).[6] 국회의원의 피선거권자는 국내거주기간의 제한이 없다. 국회의원의 경우 거주요건을 요구하지 아니하는 이유는 국회의원이 비록 지역구에서 선출되기는 하지만 국가의 입법기관의 구성원으로서 국민대표적 성격을 가지고 있는데 기인한다.[7]

3. 지방의회의원 및 지방자치단체의 장의 피선거권

선거일 현재 계속하여 60일 이상(공무로 외국에 파견되어 선거일 전 60일 후에 귀국한 자는 선거인명부작성기준일부터 계속하여 선거일까지) 해당 지방자치단체의 관할구역에 주민등록이 되어 있는 주민[8]으로서 18세 이상[9]의 국민은 그 지방의회의원 및 지방자치단체의 장의 피선거권

---

2) 2017. 2. 6. 중앙선관위 보고사항

3) 1981. 10. 13. 선고 80다2435 판결

4) 현행「국적법」제9조(국적회복에 의한 국적 취득)

5) 1991. 12. 27. 선고 91다32596 판결

6) 구 공직선거법(2022. 1. 18. 법률 제18790호로 개정되기 전의 것)은 국회의원과 지방의회의원 및 지방자치단체의 장의 피선거권 연령을 25세로 하고 있었으나, 2019년 선거권 연령이 19세에서 18세 이상으로 조정되었음에도 피선거권 연령은 25세로 유지되어 청년의 정치적 권리와 참여가 제대로 보장되지 못하고 있다는 지적이 제기되어 왔으며, OECD 36개국 중 31개국이 국회의원(양원제 국가 중 일부 상원 제외) 피선거권을 18 - 21세로 정하고 있는 점 등을 고려하여, 청년을 비롯한 시민들의 공무담임권을 폭넓게 보장하고 민주주의 발전에 기여하기 위하여 2022. 1. 18. 법률 제18790호로 국회의원, 지방자치단체의 장 및 지방의회의원의 피선거권 연령을 18세 이상으로 조정하였다.

7) 1996. 6. 26. 선고 96헌마200 전원재판부 결정

8) 헌법재판소는, 지방자치단체장의 피선거권 자격요건으로서 90일 이상 관할구역 내에 주민등록이 되어 있을 것을 요구하는 구 공직선거및선거부정방지법 제16조(피선거권) 제3항의 위헌확인사건에서, '법 제16조(피선거권) 제3항은 헌법이 보장한 주민자치를 원리로 하는 지방자치제도에 있어서 지역적 관계를 고려하여 당해 지역사정을 잘 알거나 지역과 사회적·지리적 이해관계가 있어 당해 지역행정에 대한 관심과 애향심이 많은 사람에게 피선거권을 부여함으로써 지방자치행정의 민주성과 능률성을 도모함과 아울러 우리나라 지방자치제도의 정착을 위한 규정으로서, 그 내용이 공무담임권을 필요 이상으로 과잉제한하여 과잉금지의 원칙에 위배된다거나 공무담임권의 본질적인 내용을 침해하여 위헌적인 규정이라고는 볼 수 없다. 직업에 관한 규정이나 공직취임의 자격에 관한 제한 규정이 그 직업 또는 공직을 선택하거나 행사하려는 자의 거

이 있다. 이 경우 60일의 기간은 그 지방자치단체의 설치·폐지·분할·합병 또는 구역변경(법 제28조(임기 중 지방의회의 의원정수의 조정 등) 각 호의 어느 하나에 따른 구역변경을 포함한다)에 의하여 중단되지 아니한다(법§16③). 지방자치단체의 사무소 소재지가 다른 지방자치단체의 관할 구역에 있어 해당 지방자치단체의 장의 주민등록이 다른 지방자치단체의 관할 구역에 있게 된 때에는 해당 지방자치단체의 관할 구역에 주민등록이 되어 있는 것으로 본다(법§16④). 지방선거피선거권에 거주요건을 둔 것은 헌법이 보장한 주민자치를 원리로 하는 지방자치제도에 있어서 지연적 관계를 고려하여 당해 지역사정을 잘 알거나 지역과 사회적·지리적 이해관계가 있어 당해 지역행정에 대한 관심과 애향심이 많은 사람에게 피선거권을 부여함으로써 지방자치행정의 민주성과 능률성을 도모함과 아울러 우리나라 지방자치제도를 정착시키고자 한 것이다.[10] 선거일 현재 계속하여 60일 이상 그 지방자치단체의 관할구역 안에 주민등록이 되어 있을 것을 요건으로 하고 있고 실제 거주할 것을 요건으로 하고 있지는 아니하므로, 다른 특별한 사정이 없는 한 당해 지방자치단체의 관할구역 안에 선거일 현재 계속해서 60일 이상 주민등록이 되어 있는 이상 피선거권이 있다.[11]

4. 교육감의 피선거권

가. 비당원

교육감후보자가 되려는 사람은 해당 시·도지사의 피선거권이 있는 사람으로서 후보자등록신청개시일로부터 과거 1년 동안 정당의 당원이 아닌 사람이어야 한다(교육자치법§24①).

주·이전의 자유를 간접적으로 어렵게 하거나 불가능하게 하거나 원하지 않는 지역으로 이주할 것을 강요하게 될 수 있다 하더라도, 그와 같은 조치가 특정한 직업 내지 공직의 선택 또는 행사에 있어서의 필요와 관련되어 있는 것인 한, 그러한 조치에 의하여 직업의 자유 내지 공무담임권이 제한될 수는 있어도 거주·이전의 자유가 제한되었다고 볼 수는 없다. 그러므로 선거일 현재 계속하여 90일 이상 당해 지방자치단체의 관할구역 안에 주민등록이 되어 있을 것을 입후보의 요건으로 하는 이 사건 법률조항으로 인하여 청구인이 그 체류지와 거주지의 자유로운 결정과 선택에 사실상 제약을 받는다고 하더라도 청구인의 공무담임권에 대한 위와 같은 제한이 있는 것은 별론으로 하고 거주·이전의 자유가 침해되었다고 할 수 없다.'고 판시하였다(1996. 6. 26. 선고 96헌마200 전원재판부 결정). ; 현행법의 60일의 거주요건에 관하여도 같은 취지(2004. 12. 16. 선고 2004헌마376 전원재판부 결정)

9) 헌법재판소는, 구 공직선거법(2022. 1. 18. 법률 제18790호로 개정되기 전의 것) 제16조(피선거권) 제2항, 제3항과 관련하여, '입법자가 국회의원 및 지방의회의원에게 요구되는 능력 및 이러한 능력을 갖추기 위하여 요구되는 교육과정 등에 소요되는 최소한의 기간, 선출직공무원에게 납세 및 병역의무의 이행을 요구하는 국민의 기대와 요청을 고려하여 국회의원 및 지방의회의원의 피선거권 행사연령을 25세 이상으로 정한 것은 합리적이고 입법형성권의 한계 내에 있으므로 25세 미만인 사람의 공무담임권 및 평등권을 침해한다고 볼 수 없다.'고 판시하였다(2013. 8. 29. 선고 2012헌마288 결정, 2018. 6. 28. 선고 2017헌마1362,2018헌마406(병합) 결정).

10) 2014. 12. 16. 선고 2004헌마376 결정

11) 1992. 9. 22. 선고 92우18 판결

즉 교육감후보자의 피선거권은 선거일 현재 계속해서 60일 이상 해당 지방자치단체의 관할 구역에 주민등록이 되어 있는 주민으로서 18세 이상의 국민이어야 하고, 후보자등록신청개시일로부터 과거 1년 동안 비당원일 것이 요구된다.

나. 교육경력 또는 교육행정경력

교육감후보자가 되려는 사람은 후보자등록신청개시일을 기준으로 '교육경력'이나 '교육행정경력'이 3년 이상 있거나 위 2가지를 합한 경력이 3년 이상 있는 사람이어야 한다.[12] '교육경력'이란 「유아교육법」 제2조(정의) 제2호[13]에 따른 유치원, 「초·중등교육법」 제2조(학교의 종류)[14] 및 「고등교육법」 제2조(학교의 종류)[15]에 따른 학교(이와 동등한 학력이 인정되는 교육기관 또는 평생교육시설로서 다른 법률에 따라 설치된 교육기관 또는 평생교육시설을 포함한다)에서 교원으로 근무한 경력을 말하고, '교육행정경력'이란 국가 또는 지방자치단체의 교육기관에

12) 헌법재판소는, 교육감후보자에게 5년 이상의 교육경력 또는 교육행정경력을 요구하는 구 「교육자치법(2008. 2. 29. 법률 제8852호로 개정된 것)」 제24조 제2항과 관련하여, '교육감은 지방자치단체의 교육에 관한 사무를 총괄하고 집행하는 기관으로서 교육정책의 수립과 집행에 큰 영향을 미칠 수 있는 지위에 있는 바, 고도의 전문성을 갖출 것이 요구된다. 법 제24조 제2항은 교육전문가가 교육행정을 총괄하는 교육감이 될 수 있도록 하기 위한 것으로서 교육의 전문성과 자주성의 요청에 부합한다. 위 조항이 규정하지 아니하는 교육 관련 경력만이 인정되는 경우 교육 분야에 고유한 전문지식에 기초한 경험과 합리적 정책결정능력을 일반적으로 가지고 있다고 보기 어려우므로 위 조항이 그러한 경력을 교육감 선거 입후보를 위한 경력으로 인정하지 아니한 것이 교육의 전문성 및 자주성 확보를 위한 다른 경감적 대체 수단이 있음에도 필요한 정도를 넘어 과도하게 기본권을 제한하는 것이라 볼 수 없다. 나아가 위 조항에 의한 공무담임권의 제한은 작지 아니하나, 위 조항이 규정하는 자격을 갖추는 것이 능력과 자질에 관계없이 객관적 요건에 의하여 제한되는 것은 아닌 점을 고려하면, 위 조항이 추구하는 공익과의 관계에서 수인하기 어려운 현저한 불균형이 있다고 인정하기 어렵다.'고 판시하였다(2009. 9. 24. 선고 2007헌마117,2008헌마483·563(병합) 전원재판부 결정).

13) 「유아교육법」 제2조(정의) 이 법에서 사용하는 용어의 뜻은 다음 각 호와 같다.
 2. "유치원"이란 유아의 교육을 위하여 이 법에 따라 설립·운영되는 학교를 말한다.

14) 「초·중등교육법」 제2조(학교의 종류) 초·중등교육을 실시하기 위하여 다음 각 호의 학교를 둔다.
 1. 초등학교
 2. 중학교·고등공민학교
 3. 고등학교·고등기술학교
 4. 특수학교
 5. 각종학교

15) 「고등교육법」 제2조(학교의 종류) 고등교육을 실시하기 위하여 다음 각 호의 학교를 둔다.
 1. 대학
 2. 산업대학
 3. 교육대학
 4. 전문대학
 5. 방송대학·통신대학·방송통신대학 및 사이버대학(이하 "원격대학"이라 한다)
 6. 기술대학
 7. 각종학교

서 국가공무원 또는 지방공무원으로 교육 · 학예에 관한 사무에 종사한 경력과 「교육공무원법」 제2조(정의) 제1항 제2호 또는 제3호[16]에 따른 교육공무원으로 근무한 경력을 말한다(교육자치법§24②). 「교육자치법」 제24조(교육감후보자의 자격) 제2항 제1호, 「고등교육법」 제14조(교직원의 구분) 제2항, 제15조(교직원의 임무) 제2항, 제16조(교원 · 조교의 자격기준 등)의 규정내용과 체제, 교육감후보자에게 교육경력이나 교육행정경력을 요구하는 「교육자치법」의 입법취지에 비추어 보면, 「교육자치법」 제24조(교육감후보자의 자격) 제2항 제1호에서 정한 '「고등교육법」 제2조(학교의 종류)에 따른 학교에서 교원으로 근무한 경력'이란 「고등교육법」 제14조(교직원의 구분) 제2항에 정한 교수 · 부교수 · 조교수 및 강사로 근무한 경력이라고 보아야 한다. 따라서 「고등교육법」 제14조(교직원의 구분) 제2항에 정한 교원으로 임용되어 그 직무에 종사하였다면 이를 교원으로 근무한 경력으로 볼 수 있다.[17]

다. 겸직제한

교육감은 ① 국회의원 · 지방의회의원 ② 「국가공무원법」 제2조(공무원의 구분)에 규정된 국가공무원과 「지방공무원법」 제2조(공무원의 구분)에 규정된 지방공무원 및 「사립학교법」 제2조(정의)에 규정에 따른 사립학교의 교원 ③ 사립학교경영자 또는 사립학교를 설치 · 경영하는 법인의 임 · 직원에 해당하는 직을 겸할 수 없다(교육자치법§23①).[18] 교육감이 당선 전부터 겸직이 금지된 직을 가진 경우에는 임기개시일 전일에 그 직에서 당연 퇴직된다(교육자치법§23②).

---

16) 「교육공무원법」 제2조(정의) 이 법에서 "교육공무원"이란 다음 각 호의 어느 하나에 해당하는 사람을 말한다.
   2. 교육행정기관에서 근무하는 장학관 및 장학사
   3. 교육기관, 교육행정기관 또는 교육연구기관에 근무하는 교육연구관 및 교육연구사

17) 2020. 11. 12. 선고 2018수5025 판결(교육감 선거에 출마한 소외 갑이 ○○대학 부교수로서 교육자치법 제24조(교육감후보자의 자격) 제2항 제1호에 정한 교원으로서 재직하였으나, 그 기간 동안 다른 직무를 겸직하였거나 실제 강의를 한 시간이 대학 내부 규정에 정한 교수시간에 미치지 못하였다는 이유로 소외 갑의 후보자등록이 무효이므로, 이에 터 잡은 교육감선거는 무효라고 주장한 사안에서, 법원은 소외 갑이 교원으로서의 근무경력을 갖추었다고 판시하였다.)

18) 헌법재판소는, 교육위원의 초 · 중등학교 교원 겸직을 금지한 구 「교육자치법(1995. 7. 26. 법률 제4951호로 개정되기 전의 것)」 제9조 제1항 제2호와 관련하여, '교육자치법은 교육위원 정수의 2분 1 이상과 교육감의 자격을 일정기간 이상 교육 관련 경력이 있는 자로 제한하여 교육의 자주성, 전문성이 충분히 보장되도록 규정하고 있으므로 제9조 제1항 제2호가 교육위원과 초 · 중등학교 교원의 겸직을 금지하였다고 하여도 그것만으로 교육의 전문성을 보장한 헌법 제31조 제4항에 위반된다고 할 수 없다.'고 판시하였다(1993. 7. 29. 선고 91헌마69 전원재판부 결정).

제3장 피선거권이 없는 자

피선거권 결격사유는 법 제19조(피선거권이 없는 자)에서 정하고 있다. 국회의원[19]·지방의회의원[20]·지방자치단체의 장[21] 및 교육감[22]은 재임기간 중 피선거권 결격사유가 발생하면 당연퇴직한다. 피선거권제한 조항은 선거의 공정성을 확보하기 위한 것으로서, 선거의 공정성을 해친 바 있는 선거범으로부터 부정선거의 소지를 차단하여 공정한 선거가 이루어지도록 하기 위하여는 피선거권을 제한하는 것이 효과적인 방법인 점, 법원이 선거범에 대한 형량을 결정함에 있어서 양형이 조건뿐만 아니라 피선거권의 제한 여부에 대하여도 합리적 평가를 하게 되는 점, 공무원은 국민전체의 봉사자이고 국민에 대하여 책임을 지는 지위에 있으므로 선거범의 피선거권을 제한할 필요가 있다.[23]

1. 제18조(선거권이 없는 자) 제1항 제1호·제3호 또는 제4호에 해당하는 자 (법§19 1.)

i) 금치산선고를 받은 자, ii) 선거범,「정치자금법」 제45조(정치자금부정수수죄) 및 제49조(선거비용관련 위반행위에 관한 벌칙)에 규정된 죄를 범한 자 또는 대통령·국회의원·지방의회의원·지방자치단체의 장으로서 그 재임 중의 직무와 관련하여「형법」(「특정범죄가중처벌등에관한법률」 제2조(뇌물죄의 가중처벌)에 의하여 가중처벌되는 경우를 포함한다) 제129조(수뢰, 사전수뢰) 내지 제132조(알선수뢰)·「특정범죄가중처벌등에관한법률」 제3조(알선수재)에 규정된 죄를 범한 자로서, 100만원 이상의 벌금형의 선고를 받고 그 형이 확정된 후 5년 또는 형의 집행

---

19)「국회법」 제136조(퇴직) ②의원이 법률에 규정된 피선거권이 없게 되었을 때에는 퇴직한다.

20)「지방자치법」 제90조(의원의 퇴직) 지방의회의 의원이 다음 각 호의 어느 하나에 해당될 때에는 지방의회 의원의 직에서 퇴직한다.

2. 피선거권이 없게 될 때(지방자치단체의 구역변경이나 없어지거나 합한 것 외의 다른 사유로 그 지방자치단체의 구역 밖으로 주민등록을 이전하였을 때를 포함한다)

21)「지방자치법」 제112조(지방자치단체의 장의 퇴직) 지방자치단체의 장이 다음 각 호의 어느 하나에 해당될 때에는 그 직에서 퇴직한다.

2. 피선거권이 없게 될 때. 이 경우 지방자치단체의 구역변경이나 없어지거나 합한 것 외의 다른 사유로 그 지방자치단체의 구역 밖으로 주민등록을 이전하였을 때를 포함한다.

22)「교육자치법」 제24조의3(교육감의 퇴직) 교육감이 다음 각 호의 어느 하나에 해당된 때에는 그 직에서 퇴직된다.

2. 피선거권이 없게 된 때(지방자치단체의 구역이 변경되거나, 지방자치단체가 없어지거나 합쳐진 경우 외의 다른 사유로 교육감이 그 지방자치단체의 구역 밖으로 주민등록을 이전함으로써 피선거권이 없게 된 때를 포함한다)

23) 2018. 1. 25. 선고 2015헌마821·834·917(병합) 결정

유예의 선고를 받고 그 형이 확정된 후 10년을 경과하지 아니하거나 징역형의 선고를 받고 그 집행을 받지 아니하기로 확정된 후 또는 그 형의 집행이 종료되거나 면제된 후 10년을 경과하지 아니한 자(형이 실효된 자도 포함한다), ⅲ) 법원의 판결 또는 다른 법률에 의하여 선거권이 정지 또는 상실된 자는 피선거권이 없다.

헌법재판소는 선거범으로서 100만원 이상의 벌금형을 선고받은 이유로 피선거권을 제한하는 것은 「선거의 공정성을 해친 바 있는 선거범으로부터 부정선거의 소지를 차단하여 공정한 선거가 이루어지도록 하기 위하여는 피선거권을 제한하는 것이 효과적인 방법이 될 수 있는 점, 법원이 선거범에 대한 형량을 결정함에 있어서 양형의 조건뿐만 아니라 피선거권의 제한 여부에 대한 합리적 평가도 하게 되는 점, 피선거권의 제한기간이 공직선거의 참여를 1회 정도 제한하게 되는 점 및 입법자가 피선거권의 제한기준으로 채택한 수단이 지나친 것이어서 입법형성권의 범위를 벗어난 것이라고 단정하기 어려운 점 등을 종합하여 보면, 과잉금지원칙에 위배하여 공무담임권을 제한하고 있다고 할 수 없다.」고 판시하였다.[24]

2. 금고 이상의 형의 선고를 받고 그 형이 실효되지 아니한 자(법§19 2.)

형이 실효되는 경우는 ① 집행유예의 실효·취소 없이 유예기간을 경과한 경우(형법§65) ② 재판상 실효선고를 받은 경우(형법§81)[25] ③ 일반사면·형선고의 효력을 상실시키는 특별사면을 받은 경우(사면법§5①1., 2.) ④ 「형의 실효에 관한 법률」에 의하여 일정기간 경과로 자동실효되는 경우(형의 실효에 관한 법률§7)[26]가 있다.

---

24) 2008. 1. 17. 선고 2004헌마41 전원재판부 결정(재판관 김희옥, 김종대는 다수의견에 반대하여 「5년간의 피선거권 박탈 여부를 형사재판의 양형에 의존하도록 하는 것은 국민주권과 민주주의 실현을 위한 중요한 기본권인 피선거권에 대한 막중한 제한을 객관적으로 확인할 기준이 전혀 없는 법원의 과도한 재량에 좌우되도록 하는 동시에 형사재판을 정치의 장으로 끌어들여 적정한 사법작용의 실현을 방해하게 하고, 또 선거범죄에서 벌금 100만원에 상응하는 불법의 크기와 죄질의 정도를 객관적으로 판단하는 것은 불가능한 것이므로 "벌금 100만원"이라는 기준은 5년간 피선거권 박탈에 대한 객관적이고 합리적인 기준이 될 수 없다. 따라서 이 사건 법률조항은 민주주의와 국민주권의 원리에 부합하지 않으면서, 객관적이거나 합리적이지도 않은 자의적인 방법을 통하여 피선거권을 제한하고 있어 방법의 적정성에 반하여 공무담임권을 침해하고 있다.」고 하였다) ; 2018. 1. 25. 선고 2015헌마821·834·917(병합) 결정, 2011. 12. 29. 선고 2009헌마476 결정, 1997. 12. 24. 선고 97헌마16 전원재판부 결정도 같은 취지

25) 「형법」 제81조(형의 실효) 징역 또는 금고의 집행을 종료하거나 집행이 면제된 자가 피해자의 손해를 보상하고 자격정지 이상의 형을 받음이 없이 7년을 경과한 때에는 본인 또는 검사의 신청에 의하여 그 재판의 실효를 선고할 수 있다.

26) 「형의 실효에 관한 법률」 제7조(형의 실효) ①수형인이 자격정지 이상의 형을 받지 아니하고 형의 집행을 종료하거나 그 집행이 면제된 날로부터 다음 각 호의 구분에 따른 기간이 경과한 때에 그 형은 실효된다. 다만, 구류와 과료는 형의 집행을 종료하거나 그 집행이 면제된 때에 그 형이 실효된다.

1. 3년을 초과하는 징역·금고 : 10년
2. 3년 이하의 징역·금고 : 5년

'금고 이상의 형의 선고를 받고'라는 의미는 그 실형의 선고만을 지칭하는 것이 아니라 그 형이 선고된 이상 그 형의 집행을 유예한 경우도 금고 이상의 형의 선고를 받은 경우에 포함된다.[27] '형이 실효되지 아니한 자'라 함은 「형의 실효 등에 관한 법률」 제7조(형의 실효)에 의한 형의 실효가 되지 아니한 자, 「형법」 제81조(형의 실효)의 규정에 의한 재판상의 실효선고를 받지 아니한 자, 「형법」 제65조(집행유예의 효과)의 규정에 의하여 집행유예기간이 경과되지 아니한 자, 「사면법」에 의한 형의 선고의 효력을 상실시키는 사면을 받지 아니한 자를 말한다. 「형법」 제81조(형의 실효)에 의한 형의 실효선고는 형의 선고에 기한 법적 효과가 장래에 향하여 소멸한다는 취지이고 형의 선고가 있었다는 기왕의 사실 그 자체까지 없어진다는 뜻은 아니라 할 것이며, 또 소급하여 자격을 회복하는 것도 아니다.[28] '형의 집행유예 선고를 받은 자'는 그 집행유예의 취소 없이 유예기간을 도과하면 피선거권이 있고, 집행유예기간 중에 다시 집행유예를 선고받은 자도 집행유예의 선고가 실효 또는 취소됨이 없이 집행유예기간을 모두 경과한 경우에는 피선거권이 있다.

3. 법원의 판결 또는 다른 법률에 의하여 피선거권이 정지되거나 상실된 자(법 §19 3.)

사형, 무기징역 또는 무기금고의 판결을 받은 자는 공법상의 선거권과 피선거권이 상실되고(형법§43①2.), 유기징역 또는 유기금고의 판결을 받은 자는 다른 법률에 특별한 규정이 있는 경우를 제외하고 그 형의 집행이 종료하거나 면제될 때까지 공법상의 선거권과 피선거권이 정지된다(형법§43②). 「국회법」 제163조(징계의 종료와 선포)에 따른 징계로 제명된 사람은 그로 인하여 궐원된 의원의 보궐선거에서 후보자가 될 수 없다(국회법§164). 교육감과 지방자치단체의 장의 계속 재임은 3기에 한하므로 3기의 계속 재임을 한 사람은 교육감과 지방자치단체의 장의 피선거권이 없다(교육자치법§21, 지방자치법§108). 피치료감호자는 그 치료감호의 집행이 종료되거나 면제될 때까지 선거권과 피선거권이 없다(치료감호 등에 관한 법률§47 2.). 무기징역의 판결을 받아 그 집행정지 중에 있는 자라 하더라도 법률에 의하여 판결의 효력이 상실되었으면 피선거권이 있다.[29] 복권이란 죄를 범하여 형의 선고를 받은 자가 그 형의 선고의 부수적 효력으로서 다른 법령에 의하여 자격이 상실 또는 정지된 경우에 그 상

---

3. 벌금 : 2년

② 하나의 판결로 여러 개의 형이 선고된 경우에는 각 형의 집행을 종료하거나 그 집행이 면제된 날로부터 가장 무거운 형에 대한 제1항의 기간이 경과한 때에 형의 선고는 효력을 잃는다. 다만, 제1항 제1호 및 제2호를 적용할 때 징역과 금고는 같은 종류의 형으로 보고 각 형기를 합산한다.

27) 1979. 9. 14. 선고 79모30 판결

28) 1974. 5. 14. 선고 74누2 판결

29) 1965. 3. 25. 선고 63수3 판결

실 또는 정지된 자격의 회복을 목적으로 하는 것이므로(사면법§5①5.) 복권대상자가 수개의 죄를 범하여 수개의 형의 선고를 받은 경우에 그 수개의 형이 모두 다른 법령에 의한 자격제한의 효력을 수반하고 있을 때에는 그 각 형의 선고의 효력으로 인하여 각각 상실 또는 정지된 자격을 일시에 일괄하여 회복하지 아니하면 자격회복의 목적을 달성할 수 없는 것이고 수개의 형의 선고의 효력으로 인하여 각각 상실 또는 정지된 자격이 일괄회복하려면 자격제한의 효력을 수반하고 있는 모든 수형범죄사실이 복권의 심사대상으로 빠짐없이 상신되어 그 모든 수형범죄사실을 일괄 심사한 후 그 심사결과를 토대로 복권이 이루어져야 한다.[30)]

4. 「국회법」 제166조(국회 회의 방해죄)[31)]의 죄를 범한 자(법§19 4.)

「국회법」 제166조(국회 회의 방해죄)의 죄를 범한 자로서 ① 500만원 이상의 벌금형의 선고를 받고 그 형이 확정된 후 5년이 경과되지 아니한 자 ② 형의 집행유예의 선고를 받고 그 형이 확정된 후 10년이 경과되지 아니한 자 ③ 징역형의 선고를 받고 그 집행을 받지 아니하기로 확정된 후 또는 그 형의 집행이 종료되거나 면제된 후 10년이 경과되지 아니한 자는 피선거권이 없다. 위 각 형이 실효된 자를 포함한다.

5. 법 제230조 제6항(정당의 후보자추천 관련 금품수수금지)의 죄를 범한자로서 벌금형의 선고를 받고 그 형이 확정된 후 10년을 경과하지 아니한 자(형이 실효된 자도 포함한다)(법§19 5.)

누구든지 정당이 특정인을 후보자로 추천하는 일과 관련하여 금품이나 그 밖의 재산상의 이익 또는 공사의 직을 제공하거나 그 제공의 의사를 표시하거나 그 제공을 약속하는 행위를 하거나, 그 제공을 받거나 그 제공의 의사표시를 승낙할 수 없고, 이에 관한 지시·권유 또는 요구하거나 알선하여서는 아니 된다(법§47의2①본문, ②). 이 경우 후보자(후보자가 되려는 사람을 포함한다)와 그 배우자(이하 "후보자등"이라 한다), 후보자등의 직계존비속과 형제자매가

30) 1986. 7. 3. 선고 85수 전원합의체 판결

31) 「국회법」 제166조(국회 회의 방해죄) ① 제165조를 위반하여 국회의 회의를 방해할 목적으로 회의장이나 그 부근에서 폭행, 체포·감금, 협박, 주거침입·퇴거불응, 재물손괴의 폭력행위를 하거나 이러한 행위로 의원의 회의장 출입 또는 공무집행을 방해한 사람은 5년 이하의 징역 또는 1천만원 이하의 벌금에 처한다. ② 제165조를 위반하여 국회의 회의를 방해할 목적으로 회의장 또는 그 부근에서 사람을 상해하거나, 폭행으로 상해에 이르게 하거나, 단체 또는 다중의 위력을 보이거나 위험한 물건을 휴대하여 사람을 폭행 또는 재물을 손괴하거나, 공무소에서 사용하는 서류, 그 밖의 물건 또는 전자기록 등 특수매체기록을 손상·은닉하거나 그 밖의 방법으로 그 효용을 해한 사람은 7년 이하의 징역 또는 2천만원 이하의 벌금에 처한다.

선거일 전 150일부터 선거일 후 60일까지 「정치자금법」에 따라 후원금을 기부하거나 당비를 납부하는 외에 정당 또는 국회의원(「정당법」 제37조(활동의 자유) 제3항에 따른 국회의원지역구 또는 자치구·시·군의 당원협의회 대표자를 포함하며, 이하 "국회의원등"이라 한다), 국회의원등의 배우자, 국회의원등 또는 그 배우자의 직계존비속과 형제자매에게 채무의 변제, 대여 등 명목여하를 불문하고 금품이나 그 밖의 재산상의 이익을 제공한 때에는 정당이 특정인을 후보자로 추천하는 일과 관련하여 제공한 것으로 본다(법§47의2①후문). 이를 위반하여 벌금형의 선고를 받고 그 형이 확정된 후 10년이 경과하지 아니한 자(형이 실효된 자도 포함)는 피선거권이 없다.

본 규정은 형의 집행유예 또는 징역형의 선고를 받아 확정된 자 또는 그 형의 집행이 종료되거나 면제된 자에 대하여는 규정되어 있지 않으나, 이 경우에도 10년간 피선거권이 제한된다(법§19 1., §18①3.).

6. 기타

법 제263조(선거비용의 초과지출로 인한 당선무효) 또는 제265조(선거사무장등의 선거범죄로 인한 당선무효)에 따라 당선이 무효로 된 사람(그 기소 후 확정판결 전에 사직한 사람을 포함)과 당선되지 아니한 사람(후보자가 되려던 사람을 포함)으로서 법 제263조(선거비용의 초과지출로 인한 당선무효) 또는 제265조(선거사무장등의 선거범죄로 인한 당선무효)에 규정된 선거사무장등의 죄로 당선무효에 해당하는 형이 확정된 사람은 당선인의 당선무효로 실시사유가 확정된 재선거(당선인이 그 기소 후 확정판결 전에 사직함으로 인하여 실시사유가 확정된 보궐선거를 포함)의 후보자가 될 수 없다(법§266②). 또한 다른 공직선거(교육감선거를 포함)에 입후보하기 위하여 임기중 그 직을 그만 둔 국회의원·지방의회의원 및 지방자치단체의 장은 그 사직으로 인하여 실시사유가 확정된 보궐선거의 후보자가 될 수 없다(법§266③).

제4편 선거인과 선거인명부

제1장 선거인

1. 선거인의 의미

선거인이란 선거권이 있는 사람으로서 선거인명부 또는 재외선거인명부에 올라있는 사람을 말한다(법§3)

2. 선거인 개념의 확장

공직선거법은 제16장 벌칙 적용에 관한 한, 선거인명부 또는 재외선거인명부등을 작성하기 전에는 그 선거인명부 또는 재외선거인명부등에 오를 자격이 있는 사람을 선거인에 포함하여 선거인의 개념을 확장하고 있다(법 §230①1.). '선거인명부에 오를 자격이 있는 자'의 의미에 대하여, 대법원은 「선거인명부 작성기준일 이전이라 할지라도 상대방의 주민등록현황, 연령 등 제반 사정을 기초로 하여 다가올 선거일을 기준으로 판단할 때 선거인으로 될 수 있는 자이면 이를 '선거인명부에 오를 자격이 있는 자'로 봄이 상당하다.」고 판시하고 있다.[1]

선거인명부에 등재될 자격이 없는 자로서 선거인명부에 등재되어 있는 자는 선거인으로 공적인 추정을 받는 자이므로 벌칙 조항의 선거인에 포함되고, 반대로 선거권이 있어도 선거인명부에 등재되어 있지 않는 자는 선거인에 포함되지 않는다고 본다.[2]

---

1) 2005. 8. 19. 선고 2005도2245 판결, 2011. 6. 24. 선고 2011도3824 판결
2) 대검찰청, 『공직선거법 벌칙해설(제9개정판)』, 53쪽

제2장 선거인명부

1. 의의

선거인명부는 선거권자가 해당 선거에서 투표할 권리를 갖고 있는지를 확인함으로써 투표의 혼란을 없애고 선거인의 투표여부를 확인하여 이중으로 투표하는 부정투표를 방지하기 위한 필수적인 공부이다. 명부작성은 작성시기에 따라 정기적으로 작성되는 정기(영구)명부제와 개개의 선거마다 명부를 작성하는 수시명부제로 구분되고, 작성방법에 따라 국가기관이 관리하는 주민등록표와 같은 공부를 이용하여 작성하는 직권등록제와 선거인 명부작성기간에 투표권자가 직접 신청하여 투표권을 확정하는 신청등록제로 구분된다. 공직선거법은 원칙적으로 수시명부제와 직권등록제를 취하고 있으나, 거소·선상투표신고인의 경우에는 신고에 의한 신청등록제를 가미하고 있다.[3)]

2. 선거인명부의 작성·송부

가. 작성주체

선거인명부는 국회의원선거 등 해당 선거의 선거권자가 등재된 명부로 구(자치구가 아닌 구를 포함한다)·시(구가 설치되지 아니한 시를 말한다)·군의 장(이하 "구·시·군의 장"이라 한다)이 작성한다(법§37①).[4)]

나. 작성시기 및 작성 대상

선거인명부는 선거를 실시할 때마다 대통령선거에서는 선거일 전 28일, 국회의원선거와 지방자치단체의 의회의원 및 장의 선거에서는 선거일 전 22일(이하 "선거인명부작성기준일"이라 한다)로부터 5일 이내(이하 "선거인명부작성기간"이라 한다)에 선거인명부작성기준일 현재 법 제15조(선거권)에 따라 그 관할구역에 주민등록이 되어 있는 선거권자(지방자치단체의 의회의원 및 장의 선거의 경우 법 제15조(선거권) 제2항 제3호에 따른 외국인을 포함하고, 법 제218조의13(재외선거인명부등의 확정과 송부)에 따라 확정된 재외선거인명부 또는 다른 구·시·군의 국외부재자신고인명부에 올라 있는 사람은 제외한다)를 대상으로 작성한다(법§37①). 선거인명부작성기간인 '선거인

---

3) 2014. 7. 24. 선고 2009헌마256,2010헌마394(병합) 결정

4) 선거관리의 핵심적 업무인 선거인명부의 작성과 열람·정정에 관한 권한을 지방지치단체장에게 부여하면서 이에 대한 감독권이나 불복심사권만을 각급 선거관리위원회에 부여하는 법률은 헌법(제115조 제1항)이 각급 선거관리위원회에 부여한 선거관리에 관한 권한을 박탈하는 입법이라는 견해가 있다(이준일, 「선거관리와 선거소송－헌법적 쟁점을 중심으로－」, 저스티스 통권 제130호, 40쪽).

명부작성기준일부터 5일 이내'의 기간계산은 초일을 산입한다.[5] 타군에 주민등록이 되어있던 선거권자가 선거일공고에 임박하여 주민등록을 옮겨 투표 또는 우편투표를 한 다음 선거일후에 바로 종전 주민등록지로 퇴거 복귀한 선거인은 위장전입자로 추정된다.[6] 다른 지역구에 주거를 가지고 있는 선거권자가 특정인을 당선시키기 위하여 오로지 투표권을 얻을 목적으로 선거일공고에 임박하여 형식적으로 주민등록만을 옮김으로써 선거인명부에 등재된 경우는 사위의 방법으로 선거인명부에 등재하게 된 경우(법§247①)에 해당하여 위법이고 그의 투표권은 부정되어야 하며, 그가 한 투표는 무효이다.[7]

다. 작성방식

선거인명부는 선거권자를 투표구별로 조사하여 작성한다(법§37①). 누구든지 같은 선거에 있어 2 이상의 선거인명부에 오를 수 없다(법§37③).

구·시·군의 장이 선거인명부를 작성하는 때에는 주민등록표에 따라 엄정히 조사·작성하여야 하고, 다만, 천재·지변 기타 부득이한 사유로 주민등록표에 의하여 선거인명부를 작성할 수 없는 때에는 그 선거권자가 거주하는 통·리의 장과 그 통·리에 거주하는 선거권자 2인 이상의 보증으로 작성할 수 있다(규칙§10①). 같은 사유로 외국인선거권자에 대한 선거인명부를 작성할 수 없는 경우에는 「출입국관리법 시행령」 제43조(등록외국인기록표 등의 작성 및 관리)[8]의 규정에 따른 등록외국인기록표에 의하여 체류지를 관할하는 출입국관리사무소장 또는 출입국관리사무소출장소장의 확인으로 작성할 수 있다(규칙§10⑤). 선거인명부는 규칙이 정하는 서식[9]에 따라 투표구별로 1통을 작성하여야 한다(규칙§10②). 행정안전부장관은 선거인명부의 작성을 지원하기 위하여 「주민등록법」 제7조의2(주민등록번호의 부여) 제1항[10]

5) 1994. 7. 8. 중앙선관위 질의회답
6) 1989. 5. 11. 선고 88수61 판결
7) 1989. 5. 26. 선고 88수122 판결
8) 「출입국관리법 시행령」 제43조(등록외국인기록표 등의 작성 및 관리) ① 체류지 관할 청장·사무소장 또는 출장소장은 법 제34조 제1항에 따른 등록외국인기록표를 개인별로 작성하여 갖추어 두어야 한다.
② 체류지 관할 청장·사무소장 또는 출장소장은 등록외국인에 대하여 각종 허가 또는 통고처분을 하거나 신고 등을 받은 때에는 그 내용을 등록외국인기록표에 적어 관리하여야 한다.
③ 시·군·구(자치구가 아닌 구를 포함한다. 이하 이 조 및 제44조부터 제46조까지에서 같다) 및 읍·면·동의 장은 법 제34조 제2항에 따라 외국인등록대장을 갖추어 두어야 하며, 외국인이 최초로 외국인등록을 하거나 관할구역으로 전입하여 외국인등록표를 받은 때에는 그 내용을 외국인등록대장에 적어 관리하고, 다른 관할 구역으로 체류지를 옮기거나 체류지 관할 청장·사무소장 또는 출장소장으로부터 외국인등록말소통보를 받은 때에는 외국인등록대장의 해당 사항에 붉은 줄을 그어 삭제하고 그 사유와 연월일을 적어야 한다.
④ 시·군·구 및 읍·면·동의 장은 외국인등록말소통보를 받은 외국인의 외국인등록표를 말소된 날로부터 1년간 보존하여야 한다.
9) 규칙 별지 제2호 서식의 (가) 명부의 표지, (나) 선거인명부, (라) 명부의 끝부분 기재사항
10) 「주민등록법」 제7조의2(주민등록번호의 부여) ① 시장·군수 또는 구청장은 주민에게 개인별로 고유한 등

에 따른 주민등록번호, 「출입국관리법」 제31조(외국인등록) 제5항[11]에 따른 외국인등록번호 및 「재외동포의 출입국과 법적 지위에 관한 법률」 제7조(국내거소신고증의 발급 등) 제1항[12]에 따른 국내거소신고번호를 처리할 수 있고, 처리한 사항을 구·시·군의 장 등에게 제공할 수 있다. 이 경우 행정안전부장관은 관계 행정기관의 장 또는 그 밖의 공공기관의 장에게 필요한 자료를 요청할 수 있고, 요청을 받은 자는 특별한 사유가 없으면 이에 따라야 한다(법§37⑦).

선거인 명부에는 선거권자의 성명·주소·성별 및 생년월일 기타 필요한 사항을 기재하여야 하고(법§37②), 이 경우 법 제218조의13(재외선거인명부등의 확정과 송부)에 따라 확정된 국외부재자신고인명부에 올라 있는 사람은 선거인명부의 비고란에 그 사실을 표시하여야 한다(법§37①). 투표구별로 지방의회의원선거 및 지방자치단체의 장 선거에서는 주민등록이 되어 있는 선거권자, 외국인선거권자의 순으로 각각 구분하여 작성하고, 국회의원선거에서는 선거권자 중 비례대표국회의원의 선거권만 있는 사람은 선거인명부의 비고란에 "비례대표선거권자"라고 적어야 한다(규칙§10③). 선거인명부의 작성은 전산조직에 의할 수 있다(법§37⑥). 하나의 투표구의 선거권자의 수가 1천인을 넘는 때에는 그 선거인명부를 선거인수가 서로 엇비슷하게 분철할 수 있다(법§37⑤).

라. 선거인명부의 송부

구·시·군의 장은 선거인명부작성 후 지체 없이 선거인명부의 작성상황을 규칙이 정하는 서식[13]에 의하여 관할구·시·군선거관리위원회에 통보하여야 하고(규칙§10⑥), 즉시 그 전산자료복사본 1통을 관할구·시·군선거관리위원회에 송부하여야 한다(법§37④).

3. 거소·선상투표신고인명부의 작성

가. 거소투표신고

선거인명부에 오를 자격이 있는 국내에 거주하는 사람(법 제15조(선거권) 제2항 제3호에 따른 외국인은 제외한다)으로서 ① 법령에 따라 영내 또는 함정에 장기기거[14]하는 군인이나 경찰공

록번호(이하 "주민등록번호"라 한다)를 부여하여야 한다.

11) 「출입국관리법」 제37조(외국인등록) ⑤ 지방출입국·외국인관서의 장은 제1항부터 제4항까지의 규정에 따라 외국인등록을 한 사람에게는 대통령령으로 정하는 방법에 따라 개인별로 고유한 등록번호(이하 "외국인등록번호"라 한다)를 부여하여야 한다.

12) 「재외동포의 출입국과 법적 지위에 관한 법률」 제7조(국내거소신고증의 발급 등) ① 지방출입국·외국인관서의 장은 제6조에 따라 국내거소신고를 한 외국국적동포에게 국내거소신고번호를 부여하고, 외국국적동포 국내거소신고증을 발급한다.

13) 규칙 별지 제9호 서식의 (가) 선거인명부작성상황통보서

무원 중 사전투표소 및 투표소에 가서 투표할 수 없을 정도로 멀리 떨어진 영내 또는 함정에 근무하는 자 ② 병원·요양소·수용소·교도소 또는 구치소에 기거하는 사람 ③ 신체에 중대한 장애가 있어 거동할 수 없는 자 ④ 사전투표소 및 투표소에 가기 어려운 멀리 떨어진 외딴 섬 중 규칙으로 정하는 섬에 거주하는 자 ⑤ 사전투표소 및 투표소를 설치할 수 없는 지역에 장기기거하는 자로서 규칙으로 정하는 자 ⑥ 격리자들은 선거인명부작성기간 중 구·시·군의 장에게 서면이나 구·시·군이 개설·운영하는 인터넷 홈페이지를 통하여 신고(이하 "거소투표신고"라고 한다)를 할 수 있다. 이 경우 우편에 의한 거소투표신고는 등기우편으로 처리하되, 그 우편요금은 국가 또는 해당 지방자치단체가 부담한다(법§38①,④1.–5.5의 2.).[15)]

나. 선상투표신고

대통령선거와 임기만료에 따른 국회의원선거에서 선거인명부에 오를 자격이 있는 사람으로서 ①「원양산업발전법」 제6조(원양어업허가 및 신고) 제1항[16)]에 따라 해양수산부장관의 허가를 받아 원양어업에 사용되는 선박 ②「해운법」 제4조(사업면허) 제1항[17)]에 따라 해양수산

14) 「주민등록법」은 '30일 이상 거주할 목적으로 그 관할구역에 주소나 거소(거주지)를 가진 자'를 주민등록 대상자로 규정하고 있다(「주민등록법」 제6조 제1항). 이 때 '거주'는 일정한 곳에 자리를 잡고 머물러 사는 것을, '주소'는 실질적인 생활의 근거가 되는 장소를, '거소'는 주소처럼 밀접한 관계를 가진 곳은 아니지만 일정한 기간 동안 계속하여 거주하는 장소를 각각 의미하므로 주민등록을 하기 위하여는 일정한 곳에 30일 이상 머물러 살 목적을 가지고 그 관할구역에 거주지를 가져야 한다. 그런데 공직선거법 제38조(거소·선상투표신고) 제4항은 현역병이 영내에서 복무하는 것에 대해 '기거'라는 용어를 사용하여 일반인의 '거주'와 구분하고 있다. 현역병이 특정한 부대에서 생활하게 된 것은 그 특정한 지역을 생활의 근거지로 삼기 위해 자발적으로 선택하였기 때문이 아니라 배치명령에 따른 것이며, 현역병은 입영한 날부터 군부대에서 복무함으로써 영내에서 기거하게 되고(「병역법」 제18조 제1항 참조) 병영을 중심으로 집단적 병영생활을 하게 되므로(「병역법」 제18조 제1항, 「군인복무규율」 제2조) 현역병의 영내에서의 생활은 국가가 마련한 프로그램에 따라 병역의무를 이행하는 것이지 이를 독립적인 생활을 주체적으로 영위하는 것이라고 보기 어렵다. 또한, 현역병은 입대하여 영내에 기거하게 된 순간부터 「병역법」 제18조(현역의 복무) 제1항에 따라 거주이전의 자유가 제한되며, 거주이전의 자유를 제한받는 이와 같은 상태는 제대할 때까지 계속되게 된다는 점에서 현역병의 영내 '기거'는 일반인의 '거주'와는 근본적으로 차이가 있다(2011. 6. 30. 선고 2009헌마59 결정).

15) 헌법재판소는 '선거인명부에 오를 자격이 있는 국내거주자에 대해서만 부재자신고를 허용함으로써 재외국민과 단기해외체류자 등 국외거주자 전부에 대해 국정선거권의 행사 가능성을 부인하고 있던 구 공직선거법(2009. 2. 12. 법률 제9466호로 개정되기 전의 것) 제38조(부재자신고) 제1항은 정당한 입법목적을 갖추지 못하여 「헌법」 제37조 제2항에 위반하여 국외거주자의 선거권과 평등권을 침해하고 보통선거원칙에도 위반된다.'고 판시하였다(2007. 6. 28. 선고 2004헌마644,2005헌마360(병합) 결정). 이 결정에 따라 2009. 2. 12. 법률 제9466호로 공직선거법이 개정되어 제14장의2 재외선거에 관한 특례 조항이 신설되었다.

16) 「원양산업발전법」 제6조(원양어업허가 및 신고) ① 원양어업을 하려는 자는 해양수산부장관의 허가를 받아야 한다. 허가받은 사항을 변경하고자 하는 경우에도 또한 같다. 다만, 대통령령으로 정하는 경미한 사항은 신고하여야 한다.

17) 「해운법」 제4조(사업면허) ① 해상여객운송사업을 경영하려는 자는 제3조에 따른 사업의 종류별로 항로마다 해양수산부장관의 면허를 받아야 한다. 다만, 제3조 제2호에 따른 내항 부정기 여객운송사업의 경우에

부장관의 면허를 받아 외항 여객운송사업에 사용되는 선박 ③ 「해운법」 제24조(사업의 등록) 제2항[18]에 따라 해양수산부장관에게 등록하여 외항 화물운송사업에 사용되는 선박으로서 대한민국 국민이 선장을 맡고 있는 「선박법」 제2조(한국선박)[19]에 따른 대한민국 선박(대한민국국적취득조건부 나용선을 포함한다)과 「해운법」 제33조(사업의 등록) 제1항[20]에 따라 해양수산부장관에게 등록하여 선박관리업을 경영하는 자가 관리하는 외국국적선박 중 대한민국 국민이 선장을 맡고 있는 선박에 승선할 예정이거나 승선하고 있는 선원이 사전투표소 및 투표소에서 투표할 수 없는 경우 선거인명부작성기간 중 구·시·군의 장에게 서면[승선하고 있는 선원이 해당 선박에 설치된 팩시밀리(전자적 방식을 포함한다)로 신고하는 경우를 포함한다]이나 인터넷 홈페이지를 통하여 신고(이하 "선상투표신고"라 한다)할 수 있다(법§38②). 이 경우 우편에 의한 방법으로 선상투표신고를 하는 경우에는 등기우편으로 처리하되, 그 우편요금은 국가 또는 해당 지방자치단체가 부담한다(법§38②,①후단).

다. 거소·선상투표신고 방식

거소·선상투표신고를 하려는 사람은 해당 신고서에 ① 거소투표 또는 선상투표 사유 ② 성명, 성별, 생년월일 ③ 주소, 거소(선원의 경우 해당 선박의 명칭과 팩시밀리 번호)를 적어야 한다(법§38③).[21]

① 법령에 따라 영내 또는 함정에 장기기거하는 군인이나 경찰공무원 중 사전투표소 및 투표소에 가서 투표할 수 없을 정도로 멀리 떨어진 영내 또는 함정에 근무하는 자와 ② 병원·요양소·수용소·교도소 또는 구치소에 기거하는 사람은 소속기관이나 시설의 장의 확인을 받아야 하고, ③ 신체에 중대한 장애가 있어 거동할 수 없는 자(「장애인복지법」 제32조(장애

는 둘 이상의 항로를 포함하여 면허를 받을 수 있으며, 같은 조 제4호부터 제6호까지의 규정에 따른 외항 부정기 여객운송사업, 순항 여객운송사업 및 복합 해상여객운송사업(제2호 또는 제4호와 제5호의 사업을 함께 수행하는 경우만으로 한정한다)의 경우에는 항로와 관계없이 면허를 받을 수 있다.

18) 「해운법」 제24조(사업의 등록) ② 외항 정기 화물운송사업이나 외항 부정기 화물운송사업을 경영하려는 자는 해양수산부령으로 정하는 바에 따라 해양수산부장관에게 등록하여야 한다.

19) 「선박법」 제2조(한국선박) 다음 각 호의 선박을 대한민국 선박(이하 "한국선박"이라 한다)으로 한다.
1. 국유 또는 공유의 선박
2. 대한민국 국민이 소유하는 선박
3. 대한민국의 법률에 따라 설립된 상사법인이 소유하는 선박
4. 대한민국에 주된 사무소를 둔 제3호 외의 법인으로서 그 대표자(공동대표인 경우에는 그 전원)가 대한민국 국민인 경우에 그 법인이 소유하는 선박

20) 「해운법」 제33조(사업의 등록) ① 해운중개업, 해운대리점업, 선박대여업 또는 선박관리업(이하 "해운중개업등"이라 한다)을 경영하려는 자는 해양수산부령으로 정하는 바에 따라 해양수산부장관에게 등록하여야 한다. 등록한 사항을 변경하려는 때에도 또한 같다.

21) 헌법재판소는 해상에 장기 기거하는 선원들이 투표할 수 있는 방법을 정하지 않고 있던 구 공직선거법(2005. 8. 4. 법률 제7681호로 개정된 것) 제38조(부재자신고) 제3항 및 제158조(부재자투표) 제4항이 헌법에 합치하지 않는다고 결정하였다(2007. 6. 28. 선고 2005헌마772 전원재판부 결정).

인 등록)[22]에 따른 등록된 장애인은 제외한다)는 통·리 또는 반의 장의 확인을 받아야 하고, ④ 격리자등에 해당하는 사람으로서 입원치료, 시설치료 또는 시설격리 중인 사람은 해당 시설의 장의 확인을 받아야 하고, ⑤ 선상투표신고를 하는 선원은 해당 선박소유자 또는 선박관리업자[23] 또는 해당 선박 선장의 확인을 받아야 한다(법§38③). 통·리 또는 반의 장은 '신체에 중대한 장애가 있어 거동할 수 없는 자(「장애인복지법」 제32조(장애인 등록)에 따른 등록된 장애인은 제외한다)'가 확인을 요청하는 경우에는 확인에 필요한 조치를 취하여야 하며, 구·시·군의 장은 그가 확인을 받지 아니하고 거소투표신고를 한 경우라도 그 사람이 거소에서 투표할 수 있는 사람으로 확인된 때에는 신고요건을 갖추지 못하였더라도 거소투표신고인명부에 올릴 수 있다(규칙§11④).

이 경우 구·시·군의 장은 선거인명부작성기준일 전 10일까지 '신체에 중대한 장애가 있어 거동할 수 없는 자' 중에서 「장애인복지법」 제32조(장애인 등록)에 따라 등록된 장애인에게 거소투표신고에 관한 안내문과 거소투표신고서를 발송하여야 한다(법§38③). 중앙선거관리위원회는 사전투표소 및 투표소를 설치할 수 없는 지역에 장기기거하는 자로서 거소투표를 할 수 있는 자를 선거인명부작성기준일전 10일까지 지정·공고하여야 한다(규칙§11⑥).

구·시·군의 장이 거소투표신고 또는 선상투표신고를 받은 때에는 규칙이 정하는 서식[24]의 거소·선상투표신고서 접수부에 적은 후 신고요건을 갖춘 사람은 거소투표신고인명부 또

---

22) 「장애인복지법」 제32조(장애인 등록) ① 장애인, 그 법정대리인 또는 대통령령으로 정하는 보호자(이하 "법정대리인등"이라 한다)는 장애 상태와 그 밖에 보건복지부령이 정하는 사항을 특별자치시장·특별자치도지사·시장·군수 또는 구청장(자치구의 구청장을 말한다. 이하 같다)에게 등록하여야 하며, 특별자치시장·특별자치도지사·시장·군수·구청장은 등록을 신청한 장애인이 제2조에 따른 기준에 맞으면 장애인등록증(이하 "등록증"이라 한다)을 내주어야 한다.
② 삭제
③ 특별자치시장·특별자치도지사·시장·군수·구청장은 제1항에 따라 등록증을 받은 장애인의 장애 상태의 변화에 따른 장애정도 조정을 위하여 장애 진단을 받게 하는 등 장애인이나 법정대리인등에게 필요한 조치를 할 수 있다.
④ 장애인의 장애 인정과 장애 정도 사정에 관한 업무를 담당하게 하기 위하여 보건복지부에 장애인판정위원회를 둘 수 있다.
⑤ 등록증은 양도하거나 대여하지 못하며, 등록증과 비슷한 명칭이나 표시를 사용하여서는 아니 된다.
⑥ 특별자치시장·특별자치도지사·시장·군수·구청장은 제1항에 따른 장애인 등록 및 제3항에 따른 장애 상태의 변화에 따른 장애 정도를 조정함에 있어 장애인의 장애 인정과 장애 정도 사정이 적정한지를 확인하기 위하여 필요한 경우 대통령령으로 정하는 「공공기관의 운용에 관한 법률」 제4조에 따른 공공기관에 장애 정도에 관한 정밀심사를 의뢰할 수 있다.
⑦ 삭제
⑧ 제1항 및 제3항부터 제6항까지에서 규정한 사항 외에 장애인의 등록, 등록증의 발급, 장애 진단 및 장애 정도에 관한 정밀심사, 장애판정위원회 등에 관하여 필요한 사항은 보건복지부령으로 정한다.

23) 「해운법」 제33조(사업의 등록) 제1항에 따라 해양수산부장관에게 등록하여 선박관리업을 경영하는 자가 관리하는 외국국적선박 중 대한민국 국민이 선장을 맡고 있는 선박의 경우에 선박관리업을 경영하는 자를 말한다.

24) 규칙 별지 제3호 서식의 (나) 거소·선상투표신고서 접수부

는 선상투표신고인명부에 올려야 하며, 신고요건을 갖추지 못한 사람은 그 사유를 거소·선상투표신고서 접수부의 비고란에 적고 본인에게 그 뜻을 지체 없이 알려야 한다. 다만, 팩시밀리로 선상투표신고를 한 선원 중에서 신고요건을 갖추지 못한 선원에게는 지체 없이 선상투표신고서에 기재된 해당 선박의 팩시밀리로 규칙이 정하는 서식[25]에 따라 그 사실을 알려 선상투표신고서를 보완하여 다시 전송하게 하고, 보완이 없는 때에는 그 사실을 거소·선상투표신고서 접수부의 비고란에 적는다(규칙§11③). 거소·선상투표사유에 해당하지 아니하거나 거소·선상투표사유와 확인자의 직명·성명의 표시 또는 그 날인이 맞지 아니하는 때에는 신고요건을 갖추지 못한 사람으로 처리하여야 한다(규칙§11⑦).

라. 거소·선상투표신고인명부 작성

거소·선상투표신고가 있는 때에는 구·시·군의 장은 해당 신고서의 신고사항을 확인한 후 정당한 거소투표신고 또는 선상투표신고인 때에는 선거인명부에 이를 표시하고 거소투표신고인명부와 선상투표신고인명부(이하 "거소·선상투표신고인명부"라 한다)를 각각 따로 작성하여야 하고(법§38⑤), 규칙이 정하는 서식[26]에 따라 읍·면·동별로 2통씩 각각 작성하여야 한다(규칙§11⑤). 거소·선상투표신고인명부에 올릴 때에는 선거인명부의 비고란에 "거소투표자" 또는 "선상투표자"로 적고, 국회의원선거에서 거소투표신고인 또는 선상투표신고인이 비례대표국회의원의 선거권만 있는 사람인 때에는 선거인명부와 거소·선상투표신고인명부에 각각 "비례대표 선거권자"라고 적어야 한다(규칙§11⑧).

우체국 또는 구·시·군의 장은 다른 구·시·군의 장에게 송달되어야 할 거소·선상투표신고서(팩시밀리로 신고한 선상투표신고서는 제외)를 배달받았으나 부득이한 사유로 선거인명부작성기간 만료일의 마감시각까지 해당 구·시·군의 장에게 도달시킬 수 없는 때에는 우선 팩시밀리로 송부하고, 그 원본을 지체 없이 송부하여야 한다. 이 경우 당해 구·시·군의 장은 모사전송방법으로 도달된 거소·선상투표신고서를 접수하여 접수부에 기재하고 거소·선상투표신고인명부에 등재할 수 있되, 거소·선상투표신고서의 원본을 받아 이를 확인하여야 하고, 모사전송된 거소·선상투표신고서와 그 원본을 함께 거소·선상투표신고서철에 각 편철하여야 한다(규칙§11⑨). 선거인명부작성기간 만료일의 마감시각이 지난 후에 선박에 설치된 팩시밀리로 보낸 선상투표신고를 받은 때에는 해당 선거권자는 선상투표신고인명부에 올리지 아니한다(규칙§11⑩).

거소·선상투표신고인명부의 작성은 전산조직에 의할 수 있다(법§38⑦, §37⑥).

---

25) 규칙 별지 제4호 서식 선상투표신고서 보완요청서

26) 규칙 별지 제2호 서식의 (가) 명부의 표지, (다) 거소투표신고인명부·선상투표신고인명부, (라) 명부의 끝부분 기재사항

마. 거소 · 선상투표신고인명부 송부

구 · 시 · 군의 장은 거소 · 선상투표신고인명부를 작성한 때에는 즉시 그 등본(전산자료 복사본을 포함한다) 각 1통을 관할구 · 시 · 군선거관리위원회에 송부하여야 한다(법§38⑥).

4. 선거인명부 작성의 감독

가. 작성 감독

선거인명부(거소 · 선상투표신고인명부를 포함한다)의 작성에 관하여는 관할구 · 시 · 군선거관리위원회 및 읍 · 면 · 동선거관리위원회가 이를 감독한다(법§39①). 선거인명부작성에 종사하는 공무원이 임면된 때에는 당해 구 · 시 · 군의 장은 지체 없이 소속 · 직위 또는 직급 · 성명 및 임면연월일등을 관할구 · 시 · 군선거관리위원회에 통보하여야 한다(법§39②, 규칙§12①). 선거인명부작성기간중에 선거인명부작성에 종사하는 공무원을 해임하고자 하는 때에는 그 임면권자는 관할구 · 시 · 군선거관리위원회또는 직근 상급선거관리위원회와 협의하여야 한다(법§39③).

선거인명부작성에 종사하는 공무원이 정당한 사유 없이 선거인명부작성에 관하여 관할구 · 시 · 군선거관리위원회 및 읍 · 면 · 동선거관리위원회의 지시 · 명령 또는 시정요구에 불응하거나 그 직무를 태만히 한 때 또는 위법 · 부당한 행위를 한 때에는 관할구 · 시 · 군선거관리위원회 또는 직근 상급선거관리위원회는 임면권자에게 그 교체를 요구할 수 있고, 임면권자는 정당한 사유가 없는 한 이에 따라야 한다(법§39④,⑤).

나. 선거인명부 작성방해 등 금지

(1) 선거인명부 작성방해 등 금지

누구든지 선거인명부작성사무를 방해하거나 기타 어떠한 방법으로든지 선거인명부작성에 영향을 주는 행위를 하여서는 아니된다(법§39⑧).

(2) 벌칙

법 제39조(명부작성의 감독 등) 제8항의 규정을 위반하여 선거인명부작성사무를 방해하거나 영향을 주는 행위를 한 자는 2년 이하의 징역 또는 400만원 이하의 벌금에 처한다(법§256③2.가.).

5. 선거인명부 열람·이의신청·불복신청·누락자 구제

가. 선거인명부 열람

구·시·군의 장은 선거인명부작성기간 만료일의 다음 날로부터 3일간 장소를 정하여 선거인 명부를 열람할 수 있도록 하여야 한다. 이 경우 구·시·군의 장은 해당 구·시·군이 개설·운영하는 인터넷 홈페이지에서 선거권자가 선거인명부를 열람할 수 있도록 기술적 조치를 취하여야 하고(법§40①), 열람개시일 전 3일까지 장소, 기간, 인터넷 홈페이지 주소 및 열람방법을 공고하여야 한다(법§40③). 선거인명부의 열람장소와 기간, 인터넷 홈페이지 주소 및 열람방법의 공고는 규칙이 정하는 서식[27]에 의한다(규칙§13⑤).

선거권자는 누구든지 선거인명부를 자유로이 열람할 수 있다. 다만, 인터넷 홈페이지에서의 열람은 선거권자 자신의 정보에 한한다(법§40②).

구·시·군의 장은 선거권자가 선거인명부를 열람하는 때에는 관계공무원을 참여시켜야 하며, 열람기간 중 선거권자가 해당 구·시·군이 개설·운영하는 인터넷홈페이지에서 선거인명부를 열람(이하 "인터넷열람"이라 한다)하는 경우 본인임을 확인받은 후 열람할 수 있도록 하는 기술적 조치를 하여야 하고(규칙§13①), 인터넷홈페이지의 초기화면에 선거인명부의 열람방법을 안내하여야 한다(규칙§13③).

선거인명부의 열람시간은 공휴일(「관공서의 공휴일에 관한 규정」 제2조(공휴일) 제1호 내지 제10호[28]에 규정된 날을 말한다)에 불구하고 매일 오전9시부터 오후6시까지로 한다. 다만 인터넷열람은 그러하지 아니하다(규칙§13②).

나. 이의신청

선거권자는 누구든지 선거인명부에 누락 또는 오기가 있거나 자격이 없는 선거인이 올라

27) 규칙 별지 제6호 서식 선거인명부 열람 및 등재여부 확인기간 등 공고

28) 「관공서의 공휴일에 관한 규정」 제2조(공휴일) 관공서의 공휴일은 다음 각 호와 같다. 다만, 재외공관의 공휴일은 우리나라의 국경일 중 공휴일이 주재국의 공휴일로 한다.

1. 일요일
2. 국경일 중 3·1절, 광복절, 개천절 및 한글날
3. 1월 1일
4. 설날 전날, 설날, 설날 다음날(음력 12월 말일, 1월 1일, 2일)
5. 삭제
6. 부처님오신날(음력 4월 8일)
7. 5월 5일(어린이날)
8. 6월 6일(현충일)
9. 추석 전날, 추석, 추석 다음날(음력 8월 14일, 15일, 16일)
10. 12월 25일(기독탄신일)

있다고 인정되는 때에는 열람기간 내에 구술 또는 서면, 인터넷홈페이지를 이용하여 당해 구·시·군의 장에게 이의를 신청할 수 있다(법§41①). 구·시·군의 장은 이의신청을 해당 구·시·군이 운영하는 인터넷 홈페이지에서 할 수 있도록 하는 기술적 조치를 하여야 한다(규칙§13④).

이의신청이 있는 때에는 구·시·군의 장은 그 신청이 있는 날의 다음 날까지 심사·결정하되, 그 신청이 이유있다고 결정한 때에는 즉시 선거인명부를 정정하고 신청인·관계인과 관할구·시·군선거관리위원회에 통지하여야 하며, 이유없다고 결정한 때에는 그 뜻을 신청인과 관할구·시·군선거관리위원회에 통지하여야 한다(법§41②). 여기서 관계인이란 선거인명부에 관하여 이해관계가 있는 자를 지칭하므로, 선거권자임에도 선거인명부에 등재되지 않은 사람이나 선거권자가 아님에도 선거인명부에 등재된 사람 등을 말한다.

다. 불복신청

이의신청에 대한 구·시·군의 장의 결정에 불복이 있는 이의신청인이나 관계인은 그 통지를 받은 날의 다음 날까지 관할구·시·군선거관리위원회에 서면으로 불복을 신청할 수 있다(법§42①).

불복신청에 있는 때에는 관할구·시·군선거관리위원회는 그 신청이 있는 날의 다음 날까지 심사·결정하되 그 신청이 이유있다고 결정한 때에는 즉시 관계 구·시·군의 장에게 통지하여 선거인명부를 정정하게 하고 신청인과 관계인에게 통지하여야 하며, 이유없다고 결정한 때에는 그 뜻을 신청인과 관계 구·시·군의 장에게 통지하여야 한다(법§42②).

라. 명부누락자의 구제

이의신청기간만료일의 다음 날부터 선거인명부확정일 전일까지 구·시·군의 장의 착오 등의 사유로 인하여 정당한 선거권자가 선거인명부에 누락된 것이 발견된 때에는 해당 선거권자 또는 구·시·군의 장은 주민등록표등본 등 소명자료를 첨부하여 관할구·시·군선거관리위원회에 서면으로 선거인명부 등재신청을 할 수 있다(법§43①). 선거인명부등재신청은 규칙이 정하는 서식[29]에 의한다(규칙§15).

신청이 있는 때에는 관할구·시·군선거관리위원회는 그 신청이 있는 날의 다음 날까지 심사·결정하되, 그 신청이 이유있다고 결정한 때에는 즉시 관계 구·시·군의 장에게 통지하여 선거인명부를 정정하게 하고 신청인에게 통지하여야 하며, 이유없다고 결정한 때에는 그 뜻을 신청인과 관계 구·시·군의 장에게 통지하여야 한다(법§43②)

---

29) 규칙 별지 제8호 서식 선거인명부등재신청서

6. 선거인명부 수정

이의신청, 불복신청, 명부누락자 구제신청의 결정 결과, 선거인명부를 수정할 때에는 그 사유와 연월일을 비고란에 기재하고, 구·시·군의 장의 사인을 날인하여야 한다(규칙§14①).

선거인명부의 열람기간이 지난 후 선거인명부확정전까지 선거인명부에 올라있는 자중 오기 또는 선거권이 없는 자나 사망자가 있는 것을 발견한 때에는 이를 수정 또는 삭제하되, 비고란에 그 사유와 연월일을 기재하고 구·시·군의 장의 사인을 날인하여야 한다(규칙§14②).

구·시·군의 장은, 선거인명부를 수정한 때에는 그 상황을 선거인명부의 확정상황을 통보하는 때에 함께 관할구·시·군선거관리위원회에 통보하여야 하고(규칙§14③), 거소·선상투표신고인명부확정 후 오기 또는 선거권이 없는 자나 사망자가 있는 것을 발견한 때에는 그 때마다 지체 없이 관할구·시·군선거관리위원회에 규칙이 정하는 서식[30]에 따라 그 사실을 통보하고 이를 통보받은 당해 구·시·군선거관리위원회는 거소·선상투표신고인명부의 비고란에 기재하여야 한다(규칙§14④).

구·시·군선거관리위원회는 송부받은 거소·선상투표신고인명부(전산자료 복사본을 포함)의 기재사항에 오기가 있다고 인정되는 경우에는 구·시·군의 장에게 해당 신고서와 거소·선상투표신고인명부의 대조·확인을 요구할 수 있다(규칙§14⑤).

7. 선거인명부의 확정과 효력

가. 선거인명부의 확정

선거인명부는 선거일 전 12일에, 거소·선상투표신고인명부는 선거인명부 작성기간만료일의 다음날에 각각 확정된다(법§44①).

구·시·군의 장은, 선거권자가 선거인명부확정일의 다음 날부터 선거일의 투표마감시각까지 해당 구·시·군이 개설·운영하는 인터넷홈페이지에서 자신이 선거인명부에 올라 있는지 여부, 선거인명부 등재번호 및 투표소의 위치를 확인할 수 있도록 기술적 조치를 하여야 하고 확인에 필요한 인터넷홈페이지 주소, 확인기간 및 확인방법을 함께 공고하여야 하고(법§44②, ③), 선거인명부 및 거소·선상투표신고인명부가 확정된 후 지체 없이 그 확정상황을 규칙이 정하는 서식[31]에 따라 관할구·시·군선거관리위원회에 통보하여야 하며, 이 경우 확

---

30) 규칙 별지 제7호 서식의 (나) 확정된 (선거인명부)·(거소투표신고인명부)·(선상투표신고인명부)의 오기사항등의 통보서

31) 규칙 별지 제9호 서식의 (나) 선거인명부확정상황통보서, (다) (거소투표신고인명부)·(선상투표신고인명부)확정상황통보서

정된 선거인명부 및 거소·선상투표신고인명부의 전산자료 복사본을 함께 송부하여야 하고(규칙§16①), 거소·선상투표신고인명부에 올라 있는 자의 신고서를 그 명부등재번호순으로 정리·편철하여 그 명부확정 후 즉시 그 명부와 함께 관할구·시·군선거관리위원회에 송부하여야 한다(규칙§16②).

나. 선거인명부 확정의 효력

선거인명부의 확정은 해당 선거에 한하여 효력을 가진다(법§44①). 그럼에도 불구하고, 선거의 일부무효로 인한 재선거를 실시함에 있어서 판결 또는 결정에 특별한 명시가 없는 한 당초 선거에 사용된 선거인명부를 사용한다(법§197②). 선거인명부에의 등재는 선거권을 부여하는 형성적 효력을 가지는 것이 아니므로 선거인명부에 올라 있더라도 선거일에 선거권이 없는 자는 투표할 수 없다(법§156②). 선거인명부의 오기가 시정되지 않고 오기된 채로 확정되었다 하더라도 선거인명부의 기재사항인 성명, 연령, 성별, 주소 등의 기재를 통하여 선거인의 동일성이 인정된다면 그 선거인의 등록으로서 유효하고 그 선거인의 투표를 무효라고 할 수 없다.[32]

8. 통합선거인명부의 작성

가. 통합선거인명부

투표는 원칙적으로 투표구별로 작성된 선거인명부에 등재된 사람만이 그 투표구에서 투표할 수 있으나, 사전투표는 전국적으로 설치되는 사전투표소 어디에서든 투표가 가능하다(법§158①). 이러한 사전투표를 위하여 중앙선거관리위원회가 확정된 선거인명부의 전산자료 복사본을 이용하여 작성한 하나의 선거인명부가 통합선거인명부이다(법§44의2①).

나. 통합선거인명부의 작성

통합선거인명부는 전산조직을 이용하여 작성하는데(법§44의2③), 중앙선거관리위원회는 관할구·시·군선거관리위원회가 송부받은 선거인명부 전산자료 복사본을 이용하여 작성하고(법§44의2①, 규칙§16의2①), 같은 사람이 2회 이상 투표할 수 없도록 필요한 기술적 조치를 하여야 한다(법§44의2②).

다. 통합선거인명부의 보관

읍·면·동선거관리위원회는 선거일에 투표소에서 사용하기 위하여 사전투표기간 종료일

---

32) 1972. 9. 26. 선고 71수6 판결

후 중앙선거관리위원회가 기술적 조치를 한 선거인명부를 출력한 다음 해당 읍·면·동선거관리위원회위원장이 이를 봉함·봉인하여 보관하여야 하며, 그 보관과정에 정당추천위원이 참여하여 지켜볼 수 있도록 하여야 한다. 이 경우 정당추천위원이 그 시각까지 참여하지 아니한 때에는 참여를 포기한 것으로 본다(법§44의2④, 규칙§16의2②). 읍·면·동선거관리위원회는 출력한 선거인명부를 금고 등 안전한 곳에 보관하여야 하며, 투표관리관에게 투표용지와 투표함을 인계하는 때에 그 선거인명부를 함께 인계하여야 하고, 선거인명부의 출력·보관 및 인계 과정에 해당 읍·면·동선거관리위원회의 정당추천위원이 각각 참여하여 입회할 수 있도록 하여야 한다. 이 경우 정당추천위원이 참여하지 아니한 때에는 입회를 포기한 것으로 본다(규칙§16의2②, ③).

라. 선거인명부 오기 등 통보

구·시·군의 장은 선거인명부 확정 후 오기 또는 선거권이 없는 자나 사망자가 있는 것을 발견한 때에는 그때마다 사전투표기간 종료 전에는 관할구·시·군선거관리위원회에, 사전투표기간 종료 후에는 관할구·시·군선거관리위원회와 읍·면·동선거관리위원회에 규칙이 정하는 서식[33]에 따라 그 사실을 통보하고, 이를 통보받은 해당 구·시·군선거관리위원회는 통합선거인명부의 비고란에, 읍·면·동선거관리위원회는 사전투표소에서 투표한 사람의 투표사실이 표시되어 출력된 선거인명부의 비고란에 그 사실을 기재하여야 한다(규칙§16의2⑤). 구·시·군선거관리위원회는 거소·선상투표용지를 발송하지 아니하거나 거소투표용지가 반송된 거소투표신고인이 있는 때에는 통합선거인명부의 비고란에 그 사실을 기재하여야 하며, 읍·면·동선거관리위원회는 거소투표용지가 반송된 거소투표신고인의 명단을 통지받은 때에는 사전투표소에서 투표한 사람의 투표사실이 표시되어 출력된 선거인명부의 비고란에 그 사실을 기재하여야 한다(규칙§16의2⑥). 위 각 경우에 읍·면·동선거관리위원회가 선거인명부를 수정하는 때에는 정당추천위원의 참여 하에 봉함·봉인을 해제하고 통보사실을 기재한 후 다시 봉함·봉인하여 보관하여야 하며, 정당추천위원이 참여하지 아니한 때에는 입회를 포기한 것으로 본다(규칙§16의2⑤,⑥). 읍·면·동선거관리위원회는 선거인명부를 투표관리관에게 인계한 후에 위와 같은 오기 등을 통보받은 때에는 지체 없이 이를 투표관리관에게 통보하여야 하며, 이를 통보받은 투표관리관은 선거인명부의 비고란에 그 사실을 기재하여야 한다(규칙§16의2⑦).

---

33) 규칙 별지 제7호 서식의 (나) 확정된 (선거인명부)·(거소투표신고인명부)·(선상투표신고인명부)의 오기사항등의 통보서

마. 선거인명부 열람·사용·유출 금지

(1) 선거인명부 열람·사용·유출 금지

누구든지 출력한 선거인명부를 법에 정하지 아니한 방법으로 열람·사용 또는 유출하여서는 아니된다(법§44의2⑤).

(2) 벌칙

법 제44조의2(통합선거인명부의 작성) 제5항을 위반하여 선거인명부를 열람·사용 또는 유출한 자는 2년 이하의 징역 또는 400만원 이하의 벌금에 처한다(법§256③2.나.).

9. 통합선거인명부의 재작성

천재지변, 그 밖의 사고로 인하여 선거인명부(거소·선상투표신고인명부를 포함)가 멸실·훼손된 경우 선거의 실시를 위하여 필요한 때에는 구·시·군의 장은 다시 선거인명부를 작성하여야 한다. 다만, 구·시·군의 장이 관할구·시·군선거관리위원회에 송부한 선거인명부등본이 있는 때에는 선거인명부를 다시 작성하지 아니할 수 있다(법§45①).

선거인명부를 재작성함에 있어 부득이한 사유가 있는 경우에는, 관할구·시·군선거관리위원회의 의결로 선거인명부의 작성기준일·작성기간·열람기간·열람장소·이의신청 및 심사결정·유효기간과 확정 기타 선거인명부의 재작성에 관하여 필요한 사항을 따로 정할 수 있고, 구·시·군선거관리위원회는 이를 공고하고 당해 구·시·군의 장에게 통보하여야 하며, 직근 상급선거관리위원회에 보고하여야 한다(규칙§17①,②).

10. 선거인명부의 교부

가. 선거인명부의 교부

구·시·군의 장은 후보자[비례대표국회의원후보자 및 비례대표지방의회의원(비례대표시·도의원 및 비례대표자치구·시·군의원을 말한다)후보자를 제외한다]·선거사무장(비례대표국회의원후보자 및 비례대표지방의회의원후보자의 선거사무장을 제외한다) 또는 선거연락소장의 신청이 있는 때에는 작성된 선거인명부 또는 거소·선상투표신고인명부의 사본이나 전산자료복사본을 후보자별로 1통씩 24시간 이내에 신청인에게 교부하여야 한다(법§46①). 명부의 사본이나 전산자료복사본의 교부신청을 하는 자는 선거기간개시일까지 해당 구·시·군의 장에게 서면으로 하여야 하고, 그 사본작성비용을 함께 납부하여야 한다(법§46②,③). 구·시·군의 장은 선거인명부(거소·선상투표신고인명부를 포함한다)의 사본 또는 전산자료복사본을 작성하는 경우 그 사본 또는 전산자료복사본의 앞표지는 규칙이 정하는 서식[34]에 의하고, 그 끝에는 규칙이 정하는 서식[35]에 의한 기재를 하여 원본과 틀림없음을 증명하여야 하고, 이 경우 선거인명부사본은 전산자료에 의하여 출력한 사본으로 갈음할 수 있다(규칙§18①). 구·시·군의 장은 선거인명부의 동일성이 유지되도록 전산자료복사본에 변조방지장치를 할 수 있고(규칙§18②), 선거인명부사본 또는 전산자료복사본의 교부신청은 규칙이 정하는 서식[36]에 의하되, 1종에 한한다(규칙§18③). 선거인명부사본과 전산자료복사본의 작성비용을 선거인명부작성마감일까지 규칙이 정하는 서식[37]에 의하여 공시하여야 한다(규칙§18④).

나. 선거인명부 등 사본의 양도 금지

(1) 선거인명부 등 사본의 양도 금지

누구든지 교부받은 선거인명부 및 거소·선상투표신고인명부의 사본 또는 전산자료복사본을 다른 사람에게 양도 또는 대여할 수 없으며 재산상의 이익 기타 영리를 목적으로 사용할 수 없다(법§46④).

(2) 벌칙

법 제46조(명부사본의 교부) 제4항의 규정을 위반하여 선거인명부 및 거소·선상투표신고인명부(전산자료복사본을 포함)의 사본을 다른 사람에게 양도·대여 또는 재산상의 이익 기타 영리를 목적으로 사용하거나 사용하게 한 자는 2년 이하의 징역 또는 400만원 이하의 벌금에 처한다(법§256③2.다.).

「양도」는 유상·무상을 불문하고 매도·증여 등의 방법으로 다른 사람에게 넘겨주는 것이고, 「대여」는 유상·무상을 불문하고 남에게 빌려주는 것을 말한다. 「재산상의 이익」은 금전, 물품, 차마, 향응 등 재산적인 욕망이나 수요를 충족시키는 모든 이익을 말하고 유형이든 무형이든 그 종류를 묻지 않는다. 현재의 이익이든 장래의 이익이든 상관없고 어떠한 방법으로 얼마의 이익을 도모하려 하였는지 확정될 필요가 없다. 「사용」은 명부사본과 전산자료복사본을 가지고 재산상 이익 기타 영리를 도모하는 일체의 행위로서, 다른 사람에게 그 내용을 적어가게 하거나 명부사본을 다시 복사하여 다른 사람에게 건네주는 행위도 이에 해당한다.[38] 선거운동 종사자가 선거인명부를 보관하던 중, 자신이 운영하는 회사의 공장신축

---

34) 규칙 별지 제10호 서식의 (가) (선거인)·(거소투표신고인)·(선상투표신고인)명부 사본
35) 규칙 별지 제10호 서식의 (나) (끝부분)
36) 규칙 별지 제10호 서식의 (다) (선거인명부)·(거소투표신고인명부)·(선상투표신고인명부)사본교부신청서
37) 규칙 별지 제10호 서식의 (라) 선거인명부·거투투표신고인명부 및 선상투표신고인명부의 사본 작성비용공시
38) 황정근, 『선거부정방지법(제2판)』, 법영사, 540－541쪽 ; 대검찰청, 앞의 책, 686쪽

공사 방해금지 가처분신청을 의뢰하면서 선거인명부에 기재된 피신청인들의 이름, 주민등록번호, 주소를 보고 작성한 명단을 변호사 사무실 직원에게 교부한 행위는 영리목적 사용에 해당한다.[39]

11. 동시선거의 특례

동시선거에 있어서 선거인명부와 거소·선상투표신고인명부는 법 제44조(명부의 확정과 효력) 제1항에도 불구하고 각각 하나의 선거인명부와 거소·선상투표신고인명부로 한다(법§204①). 동시선거에 사용할 선거인명부 및 거소·선상투표신고인명부는 규칙이 정하는 서식[40]에 의한다(규칙§120①). 동시선거에 있어서 거소투표신고는 동시에 실시하는 선거의 수에 불구하고 하나의 거소투표신고로 하고(규칙§120②), 동시선거에서 선거권자 중 일부의 선거에 대해서만 선거권을 가지는 사람이 있는 경우에는 해당 선거권자를 선거인명부의 맨 끝에 적는다. 이 경우 해당 선거권자를 선거인명부 및 거소·선상투표신고인명부의 비고란에 표시하는 방법에 관해서는 규칙 제10조(명부작성) 제3항[41], 제11조(거소·선상투표신고) 제8항[42]의 규정을 준용하되, "비례대표 선거권자"는 "○○선거권자"로 한다(규칙§120③).

---

39) 창원지방법원 통영지원 2009. 1. 30. 선고 2008고합124 판결

40) 규칙 별지 제2호 서식의 (가) 명부의 표지, (나) 선거인명부, (다) (거소투표신고인명부)·(선상투표신고인명부), (라) 명부의 끝부분 기재사항

41) 「규칙」 제10조(명부작성) ③ 구·시·군의 장이 제1항에 따라 선거인명부를 작성하는 때에는 투표구별로 지방의회의원선거 및 지방자치단체의 장 선거에서는 주민등록이 되어 있는 선거권자, 외국인선거권자의 순으로 각각 구분하여 작성하고, 국회의원선거에서는 선거권자 등 비례대표국회의원의 선거권만 있는 사람은 선거인명부의 비고칸에 "비례대표 선거권자"라고 적어야 한다.

42) 「규칙」 제11조(거소·선상투표신고) ⑧ 제3항에 따라 거소·선상투표신고인명부에 올릴 때에는 선거인명부이 비고란에 "거소투표자" 또는 "선상투표자"로 적고, 국회의원선거에서 거소투표신고인 또는 선상투표신고인이 비례대표국회의원의 선거권만 있는 사람인 때에는 선거인명부와 거소·선상투표신고인명부에 각각 "비례대표 선거권자"로 적어야 한다.

제5편 선거일·선거기간 및 선거운동기간

제1장 선거일

1. 선거일 법정

선거일은 관행적으로 투표일로도 불리어진다.

가. 임기만료로 인한 선거일

대통령선거는 그 임기만료일전 70일 이후 첫 번째 수요일, 국회의원선거는 그 임기만료일전 50일 이후 첫 번째 수요일, 지방의회의원 및 지방자치단체의 장의 선거는 그 임기만료일전 30일 이후 첫 번째 수요일에 실시한다(법§34①). 임기만료로 인한 선거일이 국민생활과 밀접한 관련이 있는 민속절 또는 공휴일인 때와 선거일전일이나 그 다음날이 공휴일인 때에는 그 다음 주의 수요일로 한다(법§34②).

나. 보궐선거 등의 선거일

(1) 대통령의 궐위로 인한 선거 또는 재선거

대통령의 궐위로 인한 선거 또는 재선거(선거의 일부무효로 인한 재선거는 제외)는 그 선거의 실시사유가 확정된 때로부터 60일 이내에 실시한다(법§35①).

(2) 보궐선거·재선거·증원선거와 지방자치단체의 설치·폐지·분할 또는 합병에 의한 지방자치단체의 장 선거

보궐선거·재선거·증원선거와 지방자치단체의 설치·폐지·분할 또는 합병에 의한 지방자치단체의 장 선거의 선거일은 다음 각 호와 같다(법§35②).[1)]

---

1) 구 공직선거법(2020. 12. 29. 법률 제17813호로 개정되기 전의 것) 제35조(보궐선거 등의 선거일) 제2항은 지방자치단체의 장의 재·보궐선거의 경우 연 1회 실시하도록 하고 있었으나, 지방자치단체장 공백으로 인한 행정공백을 최소화할 수 있도록 하기 위하여 2020. 12. 29. 법률 제17813호로 법 제35조(보궐선거 등의

1. 국회의원 · 지방의회의원의 보궐선거 · 재선거 및 지방의회의원의 증원선거는 매년 1회 실시하고, 지방자치단체의 장의 보궐선거 · 재선거는 매년 2회 실시하되, 다음 각 목에 따라 실시한다. 이 경우 각 목에 따른 선거일에 관하여는 제34조(선거일) 제2항을 준용한다.[2)]

가. 국회의원 · 지방의회의원의 보궐선거 · 재선거 및 지방의회의원의 증원선거는 4월 첫 번째 수요일에 실시한다. 다만, 3월 1일 이후 실시사유가 확정된 선거는 그 다음 연도의 4월 첫 번째 수요일에 실시한다.

나. 지방자치단체의 장의 보궐선거 · 재선거 중 전년도 9월 1일부터 2월 말일까지 실시사유가 확정된 선거는 4월 첫 번째 수요일에 실시한다.

다. 지방자치단체의 장의 보궐선거 · 재선거 중 3월 1일부터 8월 31일까지 실시사유가 확정된 선거는 10월 첫 번째 수요일에 실시한다.

2. 지방자치단체의 설치 · 폐지 · 분할 또는 합병에 따른 지방자치단체의 장 선거는 그 선거의 실시사유가 확정된 때부터 60일 이내의 기간 중 관할선거구선거관리위원회 위원장이 해당 지방자치단체의 장(직무대행자를 포함)과 협의하여 정하는 날에 실시한다. 이 경우 관할선거구선거관리위원회 위원장은 선거일 전 30일까지 그 선거일을 공고하여야 한다.

다. 선거의 일부무효로 인한 재선거

선거의 일부무효로 인한 재선거(법§197)는 확정판결 또는 결정의 통지를 받은 날로부터 30일 이내에 실시하되, 관할선거구선거관리위원회가 그 재선거일을 정하여 공고하여야 한다(법

선거일) 제2항을 개정하여 지방자치단체의 장의 재 · 보궐선거는 4월 첫 번째 수요일, 10월 첫 번째 수요일 총 2회 실시하도록 변경하였다.

2) 헌법재판소는, 재 · 보궐선거일을 휴무일로 지정하지 않은 구 공직선거및선거부정방지법(2000. 2. 16. 법률 제6265호로 개정된 것) 제35조(보궐선거 등의 선거일) 제2항과 관련하여, '총선거일을 휴무일로 지정하는 것도 공선법 규정 자체 의한 것이 아니고 정부가 대통령령인 관공서의 공휴일에 관한 규정 제2조(공휴일) 제11호인 '기타 정부에서 수시 지정하는 날'에 의한 것이므로 총선거일과 대비하여 볼 때 재 · 보궐선거일에 관해 이 사건 심판대상인 공선법 규정 자체에 의한 차별취급은 존재하지 않는다. 또한 투표시간에 관한 공선법 제155조(투표시간)도 총선거일이나 재 · 보궐선거일에 동일하게 적용되므로 총선거일의 선거권자 및 후보자와 재 · 보궐선거의 선거권자 및 후보자간에 아무런 차별취급도 존재하지 않는다. 무엇보다도 국회의원 총선거나 재 · 보궐선거의 각 선거권자 및 입후보자를 서로 비교할 수 있는 집단이라고 하기도 어렵다. 재 · 보궐선거가 실시되는 지역의 선거권자나 입후보자도 총선거가 실시되는 경우 그 총선거가 실시되는 선거구의 선거권자가 되거나 입후보자로 될 수 있기 때문이다. 또한 공선법은 국회의원 재 · 보궐선거의 선거권자들이 한 투표와 총선거의 선거권자들이 한 투표에 대해 서로 투표가치에 있어 차별을 하고 있지 않다. 그러므로 위 공선법 규정은 헌법에 위반되지 않으며, 오히려 우리 헌법 제41조 제2항이 국회의원의 선거에 관한 사항은 법률로 정한다고 규정하고 있으므로 국회의원 재 · 보궐선거일을 공휴일로 지정할지 여부, 그 투표시간을 일과후의 시간까지 연장할지 여부는 헌법이 입법자의 입법형성권의 범위에 위임하고 있는 문제라고 할 것이다.'라고 판시하였다(2003. 11. 27. 선고 2003헌마259 · 250(병합) 전원재판부 결정).

§35③).

라. 연기된 선거

천재지변 등으로 연기된 선거(법§196)를 실시하는 때에는 대통령선거 및 국회의원선거에 있어서는 대통령이, 지방의회의원 및 지방자치단체의 장의 선거에 있어서는 관할선거구선거관리위원회 위원장이 각각 그 선거일을 정하여야 하며, 천재지변 등으로 인한 재투표(법§198)를 실시하는 때에는 관할선거구선거관리위원회 위원장이 재투표일을 정하여 공고하여야 한다(법§36).

마. 선거의 실시사유가 확정된 때

공직선거법에서 선거의 실시사유가 확정된 때는 다음과 같다. 즉 ① 대통령의 궐위로 인한 선거는 그 사유가 발생한 날 ② 지역구국회의원의 보궐선거는 중앙선거관리위원회가, 지방의회의원 및 지방자치단체의 장의 보궐선거는 관할선거구선거관리위원회가 그 사유의 통지를 받은 날 ③ 재선거는 그 사유가 확정된 날(법원의 판결 또는 결정에 의하여 확정된 경우에는 관할선거구선거관리위원회가 그 판결이나 결정의 통보를 받은 날). 이 경우 법 제195조(재선거) 제2항의 규정에 의한 재선거에 있어서는 보궐선거의 실시사유가 확정된 때를 재선거의 실시사유가 확정된 때로 본다. ④ 지방의회의원의 증원선거는 새로 정한 선거구에 관한 별표2[3] 또는 시·도조례[4]의 효력이 발생한 날 ⑤ 지방자치단체의 설치·폐지·분할 또는 합병에 의한 지방자치단체의 장 선거는 당해 지방자치단체의 설치·폐지·분할 또는 합병에 관한 법률의 효력이 발생한 날 ⑥ 연기된 선거는 법 제196조(선거의 연기) 제3항의 규정에 의하여 그 선거의 연기를 공고한 날 ⑦ 재투표는 법 제36조(연기된 선거 등의 선거일)의 규정에 의하여 그 재투표일을 공고한 날이 선거의 실시사유가 확정된 때이다(법§35⑤).

2. 동시선거에 관한 특례

가. 동시선거의 의의

동시선거라 함은 선거구의 일부 또는 전부가 서로 겹치는 구역에서 2 이상의 다른 종류의 선거를 같은 선거일에 실시하는 것을 말한다(법§202①). 동시선거에 있어 선거기간 및 선거사무일정이 서로 다른 때에는 다른 규정에 불구하고 선거기간이 긴 선거의 예에 의한다(법

3) 「시·도의회의원 지역선거구 구역표」
4) 시·군 선거구와 의원정수에 관한 조례로서 「자치구의회의원 선거구와 선거구별 의원정수에 관한 조례」 등의 형식으로 총 17개 특별시·광역시·도별로 조례가 있다.

§202②).

나. 동시선거의 범위와 선거일

임기만료일이 같은 지방의회의원 및 지방자치단체의 장의 선거는 그 임기만료에 의한 선거의 선거일에 동시실시한다(법§203①).

법 제35조(보궐선거 등의 선거일) 제2항 제2호에 따른 지방자치단체의 장의 선거가 ① 임기만료에 의한 선거의 선거기간 중에 그 선거를 실시할 수 있는 기간의 만료일이 있는 보궐선거등과 ② 선거를 실시할 수 있는 기간의 만료일이 임기만료에 의한 선거의 선거일후에 해당되나 그 선거의 실시사유가 임기만료에 의한 선거의 선거일 30일 전까지 확정된 보궐선거등에 해당되는 때에는 임기만료에 의한 선거의 선거일에 동시실시한다(법§203②).

임기만료에 따른 국회의원선거 또는 지방의회의원 및 지방자치단체의 장의 선거가 실시되는 연도에는 법 제35조(보궐선거 등의 선거일) 제2항 제1호에 따라 4월 첫 번째 수요일에 실시하는 보궐선거등은 임기만료에 따른 선거의 선거일에 동시 실시한다. 이 경우 4월 30일까지 실시사유가 확정된 보궐선거등은 임기만료에 따른 지방의회의원 및 지방자치단체의 장의 선거의 선거일에 동시 실시한다(법§203③).

임기만료에 따른 대통령선거가 실시되는 연도에는 1월 31일까지 실시사유가 확정된 법 제35조(보궐선거 등의 선거일) 제2항 제1호 가목 본문 및 나목에 따른 보궐선거등은 해당 임기만료에 따른 대통령선거의 선거일에 동시 실시한다(법§203④). 법 제35조(보궐선거 등의 선거일) 제2항 제1호 각 목(가목 단서에 따른 보궐선거등은 제외한다)에 따른 보궐선거등의 후보자등록신청개시일 전일까지 대통령의 궐위로 인한 선거 또는 재선거의 실시사유가 확정된 경우 그 보궐선거등은 대통령의 궐위로 인한 선거 또는 재선거의 선거일에 동시 실시한다(법§203⑤).

3. 선거일 공고

공직선거법은 임기만료로 인한 선거뿐만 아니라 지역구국회의원·지방의회의원·지방자치단체의 장의 보궐선거·재선거도 선거일을 법정하고 있기 때문에 이에 대한 선거일 공고는 특별히 규정하고 있지 않으나, 일부 선거의 경우에는 미리 선거일을 알 수 없기 때문에 선거일을 공고하도록 하고 있다.

대통령의 궐위로 인한 선거 또는 재선거는 늦어도 선거일 전 50일까지 대통령 또는 대통령권한대행자가 공고하여야 하고(법§35①), 지방자치단체의 설치·폐지·분할 또는 합병에 따른 지방자치단체의 장 선거는 관할선거구선거관리위원회 위원장이 해당 지방자치단체의 장과 협의하여 선거일 전 30일까지 그 선거일을 공고하여야 한다(법§35②2.). 선거의 일부 무효로 인한 재선거(법§197)는 관할선거구선거관리위원회가 그 재선거일을 정하여 공고하여야 하고(법§35③), 천재지변 등으로 연기된 선거(법§196)를 실시하는 때에는 대통령선거 및 국회의원선거에 있어서는 대통령이, 지방의회의원 및 지방자치단체의 장의 선거에 있어서는 관할선거구선거관리위원회 위원장이 각각 그 선거일을 공고하여야 하며, 천재지변 등으로 인한 재투표(법§198)를 실시하는 때에는 관할선거구선거관리위원회 위원장이 재투표일을 공고하여야 한다(법§36).

제2장 선거기간 및 선거운동기간

1. 선거기간

가. 선거기간

선거기간이란 대통령선거의 경우 「후보등록마감일의 다음 날부터 선거일까지」이고, 국회의원선거와 지방자치단체의 의회의원 및 장의 선거는 「후보자등록마감일 후 6일부터 선거일까지」이다(법§33③). 선거운동기간은 원칙적으로 「선거기간개시일로부터 선거일 전일까지」이므로(법§59본문), 선거기간과 선거운동기간과의 차이는 선거일이 포함되는지 여부에만 차이가 있다.

선거별 선거기간은 대통령선거는 23일, 국회의원선거와 지방자치단체의 의회의원 및 장의 선거는 14일이다(법§33①).[5]

나. 동시선거의 특례

동시선거에 있어 선거기간 및 선거사무일정이 서로 다른 때에는 공직선거법의 다른 규정에도 불구하고 선거기간이 긴 선거의 예에 의한다(법§202②).

---

5) 헌법재판소는, 구 공직선거 및 선거부정방지법(2004. 3. 12. 법률 제7189호로 개정된 것) 제33조(선거기간) 제1항 2호와 관련하여, '이 사건 공직선거법 규정상 선거기간이 14일로 단축되어 선거운동기간이 종전에 비하여 3일 단축되었으나, 선거일 전 120일부터 예비후보자로 등록할 수 있는 예비후보자 및 후보자등록기간 중의 후보자에 대한 공직선거법 제60조의3(예비후보자 등의 선거운동)에 의한 선거운동의 허용, 후보자 및 후보자가 되려는 자의 인터넷을 통한 선거운동의 허용 등 선거운동기간의 제한을 받지 않는 선거운동 방법이 다양화된 점을 고려한다면 위 기간이 유권자인 선거구민으로서 각 후보자의 인물, 정견, 신념 등을 파악하기에 부족한 기간이라고 단정할 수 없다.'고 판시하였다(2005. 2. 3. 선고 2004헌마216 전원재판부 결정).

2. 선거운동기간

가. 선거운동기간

선거운동기간은 선거운동을 할 수 있는 기간으로 원칙적으로 선거기간개시일로부터 선거일 전일까지이다(법§59본문). 다만, 다음 각 호의 어느 하나에 해당하는 경우에는 그러하지 아니하다(법§59단서).

1. 제60조의3(예비후보자 등의 선거운동) 제1항 및 제2항의 규정에 따라 예비후보자등이 선거운동을 하는 경우
2. 문자메시지를 전송하는 방법으로 선거운동을 하는 경우. 이 경우 자동 동보통신의 방법(동시 수신대상자가 20명을 초과하거나 그 대상자가 20명 이하인 경우에도 프로그램을 이용하여 수신자를 자동으로 선택하여 전송하는 방식을 말한다)으로 전송할 수 있는 자는 후보자와 예비후보자에 한하되, 그 횟수는 8회(후보자의 경우 예비후보자로서 전송한 횟수를 포함한다)를 넘을 수 없으며, 규칙에 따라 신고한 1개의 전화번호만을 사용하여야 한다.
3. 인터넷 홈페이지 또는 그 게시판·대화방 등에 글이나 동영상 등을 게시하거나 전자우편(컴퓨터 이용자끼리 네트워크를 통하여 문자·음성·화상 또는 동영상 등의 정보를 주고받는 통신시스템을 말한다. 이하 같다.)을 전송하는 방법으로 선거운동을 하는 경우.[6)][7)] 이 경우 전자우편 전송대행업체에 위탁하여 전자우편을 전송할 수 있는 사람은 후보자와 예비후보자에 한한다.
4. 선거일이 아닌 때에 전화(송·수화자 간 직접 통화하는 방식에 한정하며, 컴퓨터를 이용한 자동송신장치를 설치한 전화는 제외한다)를 이용하거나 말(확성장치를 사용하거나 옥외집회에서 다중을 대상으로 하는 경우를 제외한다)로 선거운동을 하는 경우
5. 후보자가 되려는 사람이 선거일 전 180일(대통령선거의 경우 선거일 전 240일을 말한다)부터 해당 선거의 예비후보자등록신청 전까지 제60조의3(예비후보자 등의 선거운동)

---

6) 헌법재판소는, 구 공직선거법(2005. 8. 4. 법률 제7681호로 개정되고, 2010. 1. 25. 법률 제9974호로 개정되기 전의 것) 제93조(탈법방법에 의한 문서·도화의 배부·게시 등 금지) 제1항와 관련하여, 「법 제93조(탈법방법에 의한 문서·도화의 배부·게시 등 금지) 제1항의 '그 밖에 이와 유사한 것'에 '정보통신망을 이용하여 인터넷 홈페이지 또는 그 게시판·대화방 등에 글이나 동영상 등 정보를 게시하거나 전자우편을 전송하는 방법'이 포함되는 것으로 해석하는 한 헌법에 위반된다.」고 판시하였다(2011. 12. 29. 선고 2007헌마1001,2010헌바88,2010헌마173·191(병합) 결정).

7) 현재의 전화기를 통한 문자메시지, 인터넷 홈페이지, 전자우편이라는 매체중심의 규정체제를 보다 포괄적인 형태, 예를 들면 '정보통신망을 이용한 선거운동'으로 바꾸고 과다한 비용이나 정보수용자측의 불편이 발생할 우려가 있는 부분을 예외적으로 제한하는 방식을 취하는 것이 바람직하다는 견해가 있다(김주영, 「새로운 커뮤니케이션 환경하에서의 선거운동규제의 적절성 검토 – 공직선거법 제59조를 중심으로 –」, 과학기술법연구 제20집 제1호, 112쪽).

제1항 제2호의 방법(같은 호 단서를 포함한다)으로 자신의 명함을 직접 주는 경우[8)]

나. 선거운동기간 전에도 할 수 있는 선거운동

(1) 예비후보자 등의 선거운동

법 제60조의3(예비후보자 등의 선거운동) 제1항 및 제2항의 규정에 따라 예비후보자 등이 선거운동을 하는 경우는 선거운동기간 전에도 할 수 있다(법§59단서1.).[9)]

(2) 문자메시지 전송 방법에 의한 선거운동

문자메시지를 전송하는 방법으로 선거운동을 하는 경우는 선거운동기간 전에도 할 수 있다. 문자메시지를 전송하는 방법으로 선거운동을 할 수 있는 사람에 대하여는 제한이 없다. 다만, 문자메시지를 전송하는 방법으로 선거운동을 하는 경우에도 자동 동보통신의 방법(동시 수신대상자가 20명을 초과하거나 그 대상자가 20명 이하인 경우에도 프로그램을 이용하여 수신자를 자동으로 선택하여 전송하는 방식을 말한다)으로 전송할 수 있는 자는 후보자와 예비후보자에 한한다.

후보자 또는 예비후보자가 자동 동보통신의 방법으로 문자메시지를 전송하는 경우에 그 횟수는 8회(후보자의 경우 예비후보자로서 전송한 횟수를 포함한다)를 넘을 수 없다(법§59단서2.).

자동 동보통신 방법에 의한 문자메시지 전송에 사용할 전화번호는 전송일 전일까지 규칙이 정하는 서식[10)]에 따라 관할선거구선거관리위원회에 신고하여야 한다(규칙§25의10).

(3) 인터넷 및 전자우편을 통한 선거운동

인터넷 홈페이지 또는 그 게시판·대화방 등에 글이나 동영상 등을 게시하거나 전자우편(컴퓨터 이용자끼리 네트워크를 통하여 문자·음성·화상 또는 동영상 등의 정보를 주고받는 통신시스템을 말한다)을 전송하는 방법으로 선거운동을 하는 경우에는 선거운동기간에 구애를 받지 아니하고 언제든지 할 수 있으며, 누구나 제한 없이 할 수 있다. 다만, 전자우편 전송대행업체에 위탁하여 전자우편을 전송할 수 있는 사람은 후보자와 예비후보자만이 할 수 있다(법§59단서3.).

---

8) 공직선거법은 선거운동에 대한 규제수준이 지나치게 높아 처벌이 광범위하게 이루어져 선거운동의 자유가 부당하게 위축되는 측면이 있어 말, 전화 및 명함교부를 통한 선거운동 규제를 완화하여 선거운동의 자유를 확대하기 위하여 2020. 12. 29. 법률 제17813호로 개정하여 법 제59조(선거운동기간) 단서 제4호, 제5호를 신설하였다.

9) 법 제60조의3(예비후보자 등의 선거운동) 제1항 및 제2항에 따라 예비후보자 등이 선거운동을 할 수 있는 부분에 대하여는 본서 제7편 후보자 제2장 예비후보자가 할 수 있는 선거운동에서 상술한다.

10) 규칙 별지 제15호의2 서식의 (아) 자동 동보통신을 이용한 문자메시지 전송용 전화번호 신고서

(4) 전화 또는 말로 하는 선거운동

가) 전화를 이용한 선거운동

1) **의의**

선거일이 아닌 때에 전화를 이용하여 선거운동을 하는 것은 선거운동기간 전에도 할 수 있고, 누구나 할 수 있다. 다만, 전화를 이용하여 선거운동을 하는 경우에는 송·수화자 간 직접 통화하는 방식으로만 하여야 하고, 컴퓨터를 이용한 자동송신장치를 설치한 전화를 이용한 선거운동은 할 수 없다(법§59단서4.전단).

2) **야간 선거운동금지**

전화를 이용한 선거운동은 야간(오후 11시부터 다음 날 오전 6시까지)에는 이를 할 수 없다(법§109②, §59단서4.전단).

3) **벌칙**

법 제109조(서신·전보 등에 의한 선거운동의 금지) 제2항을 위반하여 전화를 이용한 선거운동을 야간(오후 11시부터 다음 날 오전 6시까지)에 하거나 하게 한 자는 3년 이하의 징역 또는 600만원 이하의 벌금에 처한다(법§255①19.).

나) 말로 하는 선거운동

말로 선거운동을 하는 경우에도 선거운동기간의 여부를 불문하고 언제든지 누구나 할 수 있다. 다만, 확성장치를 사용하거나 옥외집회에서 다중을 대상으로 하는 경우에는 선거운동기간 전에는 할 수 없다(법§59단서4.후단). 따라서 개별적으로 대면하여 말로 하는 선거운동은 그 방법 및 시기를 불문하고 누구든지 할 수 있다.[11]

(5) 명함을 이용한 선거운동

후보자가 되려는 사람은 선거일 전 180일(대통령선거의 경우 선거일 전 240일)부터 해당 선거의 예비후보자등록신청 전까지는 법 제60조의3(예비후보자 등의 선거운동) 제1항 제2호의 방법(같은 호 단서를 포함한다)으로 자신을 명함을 직접 주는 방법으로 선거운동을 할 수 있다(법§59단서5.).[12] 즉 명함을 이용한 선거운동의 방법은 선거운동기간 전이라도 선거일 전 180일(대통령선거의 경우 선거일 전 240일)부터 예비후보자등록신청 전까지 할 수 있으며, 후보자가 되려는 사람만이 할 수 있다.

---

11) 2022. 2. 24. 선고 2018헌바146 결정

12) 명함을 이용한 선거운동에 대하여는 본서 제7편 후보자 제2장 예비후보자가 할 수 있는 선거운동에서 상술한다.

다. 문자메시지 등을 통한 선거운동 제한 위반

(1) 의의

후보자 또는 예비후보자가 아닌 자는 자동 동보통신의 방법으로 문자메시지를 전송하거나, 전송대행업체에 위탁하여 전자우편을 전송하지 못한다. 자동 동보통신의 방법으로 문자메시지를 전송하는 경우에는 8회를 초과하여 전송하지 못한다(법§256③1.나.).

(2) 주체

'후보자 또는 예비후보자가 아닌 자'가 행위의 주체이다. 다만, 8회를 초과하여 자동 동보통신의 방법으로 문자메시지를 전송하는 경우에는 후보자나 예비후보자이더라도 본죄의 주체가 된다. 예비후보자가 자동 동보통신의 방법으로 문자메시지를 전송하는 일련의 사실행위를 자신의 지배하에 두어 자신이 직접 실행하는 것과 동일시할 수 있는 경우에는 이를 다른 사람으로 대신하게 하더라도 예비후보자 자신의 선거운동으로 평가할 수 있다.[13]

(3) 행위

자동 동보통신의 방법으로 문자메시지를 전송하거나(후보자 또는 예비후보자의 경우는 8회를 초과하여 자동 동보통신의 방법으로 문자메시지를 전송),[14] 전송대행업체에 위탁하여 전자우편을 전송하는 것이다. 자동 동보통신의 방법은 동시 수신대상자가 20명을 초과하거나 그 대상자가 20명 이하인 경우에도 프로그램을 이용하여 수신자를 자동으로 선택하여 전송하는 방식을 말한다.[15] 메시지 발송시스템환경(주소록 등록건수 제한) 등으로 인하여 문자를 보낼 DB를

13) 2011. 3. 24. 선고 2010도5940 판결

14) 2017. 10. 31. 선고 2016도19447 판결(국회의원 선거에 예비후보자로 등록한 피고인 갑과 그의 회계책임자 을이 공모하여, 예비후보자 등록 약 1개월 전부터 선거일 약 2개월 전까지 자동 동보통신의 방법으로 선거구민들을 상대로 횟수를 초과하여 문자메지지를 전송한 사안에서, 문자메시지의 문구 중에 피고인 갑을 국회의원 선거에서 지지해 달라는 직접적인 표현이 포함되어 있다고 보기는 어려우나, 문자메시지 전송행위의 시점과 방법, 경위, 상대방 등을 종합할 때 적어도 피고인 갑이 예비후보자 등록을 마친 이후의 문자메시지 전송행위 부분은 선거인의 관점에서 국회의원선거에서 피고인 갑의 당선을 도모하는 목적의사에 따라 한 것이라고 객관적으로 인정할 수 있어 공직선거법 제256조(각종제한규정위반죄) 제3항 제1호 나목에서 말하는 선거운동에 해당한다고 한 사례)

15) 2015. 8. 19. 선고 2015도5789 판결(① 이른바 인터넷 링크(Internetlink)는 인터넷에서 링크하고자 하는 웹페이지나 웹사이트 등의 서버에 저장된 개개의 게시물 등의 웹위치정보나 경로를 나타낸 것에 불과하여, 비록 인터넷 이용자가 링크부분을 클릭함으로써 링크된 웹페이지나 개개의 게시물에 직접 연결된다 하더라도 위와 같은 링크를 하는 행위는 게시물의 전송에 해당하지 아니한다. 이러한 법리는 휴대전화 문자메시지에 링크 글을 기재함으로써 수신자가 링크 부분을 클릭하면 피고인의 출판기념회 세미나 저자발표 동영상으로 연결되어 이를 시청할 수 있다고 하더라도 그러한 사정만으로는 피고인이 위 동영상을 첨부하여 전송한 것으로 보기는 어렵다. ② 자동 동보통신을 통한 휴대전화 문자메시지의 대량 전송행위는 전파의 범위, 강도, 접근에의 용이성 측면에서 공직선거법 제93조(탈법방법에 의한 문서·도화의 배부·게시 등 금

여러 개로 나누어 보낼 시 발송횟수 산정은 후보자로부터 문자메시지 발송의뢰를 받은 발송대행업체가 통상의 문자메시지 발송방법에 따라 선거구민이 동일한 내용을 1회 수신할 수 있도록 전송하는 것은 1회로 보아야 한다.[16] 인터넷문자전송서비스의 유료 또는 무료 여부와 관계없이 문자메시지 동시 수신대상자가 20명을 초과하거나 그 대상자가 20명 이하인 경우에도 프로그램을 이용하여 수신자를 자동으로 선택하여 전송하는 때에는 자동 동보통신에 해당한다.[17] 동시 수신대상자를 수동으로 선택(드래그 방식 포함)하거나 휴대전화기 본래기능을 활용하는 일반화된 방법인 휴대전화기 내장 프로그램을 이용하여 20명 이하의 단위로 그룹 설정 후 그룹별로 클릭하여 문자메시지를 전송하는 것은 자동 동보통신의 방법에 해당하지 않고, 휴대전화기 외의 인터넷 문자발송 서비스, 컴퓨터프로그램, 스마트폰 애플리케이션, 인터넷 전화기 등을 이용하여 20명 이하의 단위로 그룹 설정 후 그룹별로 클릭하여 문자메시지를 전송하는 것은 자동 동보통신의 방법에 해당한다.[18]

(4) 벌칙

법 제59조(선거운동기간) 제2호 후단을 위반하여 후보자 또는 예비후보자가 아닌 자로서 자동 동보통신의 방법으로 문자메시지를 전송한 자, 같은 조 같은 호 후단을 위반하여 8회를 초과하여 자동 동보통신의 방법으로 문자메시지를 전송한 자, 같은 조 제3호 후단을 위반하여 후보자 또는 예비후보자가 아닌 자로서 전송대행업체에 위탁하여 전자우편을 전송한 자는 2년 이하의 징역 또는 400만원 이하의 벌금에 처한다(법§256③1.나.).

법 제59조(선거운동기간) 제2호에 의하여 제한되는 행위를 선거일전 180일부터 선거일까지 사이에 선거에 영향을 미치게 하기 위하여 한 경우에는 법 제256조(각종제한규정위반죄) 제3항 제1호 나목 위반죄가 성립하지 않는 경우에도, 제93조(탈법방법에 의한 문서·도화의 배부·게시 등 금지) 제1항에서 정한 탈법방법에 의한 문서배부행위로서 제255조(부정선거운동죄) 제2항 제5호 위반죄가 성립한다.[19]

지) 제1항에서 열거한 매체들과 유사한 정도의 기능과 역할을 하므로 이를 규제하는 것은 위 법률조항의 입법 취지에 부합한다. 또한 자동 동보통신을 통한 문자메시지의 전송행위는 통상 수십 명에서 수천 명에 이르는 다수를 수신자로 하여 이루어지므로 그것에 적지 않은 비용이 소요되고 파급력도 상당하므로, 후보자 간 경제력 차이에 따른 불균형으로 인한 부당한 경쟁을 막고 선거의 평온과 공정을 해하는 결과를 방지한다는 공직선거법 제93조(탈법방법에 의한 문서·도화의 배부·게시 등 금지) 제1항의 입법 목적 달성을 위하여 위와 같은 행위에 대하여 제한을 가할 필요도 있다. 이러한 여러 사정을 종합하면, 공직선거법 제59조(선거운동기간) 제2호, 제3호가 신설되어 문자메시지를 전송하는 방법으로 선거운동을 하는 것이 허용되었다고 하더라도, 자동 동보통신의 방법으로 휴대전화 문자메시지를 대량으로 전송한 행위는 공직선거법 제255조(부정선거운동죄) 제2항 제5호, 제93조(탈법방법에 의한 문서·도화의 배부·게시 등 금지) 제1항의 구성요건에 해당한다)

16) 2011. 8. 12. 중앙선관위 질의회답

17) 2017. 4. 24. 중앙선관위 질의회답

18) 2018. 3. 29. 중앙선관위 질의회답

한편, 법 제59조(선거운동기간) 제2호 후단을 위반하여 신고한 전화번호가 아닌 전화번호를 정당한 이유 없이 사용하여 자동 동보통신의 방법으로 문자메지지를 전송한 사람은 1천만원 이하의 과태료를 부과한다(법§261③2.).[20]

라. 선거운동기간 제한의 위헌 여부

헌법재판소는「기간의 제한 없이 선거운동을 무한정 허용할 경우에는 후보자간의 오랜 기간 동안의 지나친 경쟁으로 선거관리의 곤란으로 이어져 부정행위의 발생을 막기 어렵고, 후보자간의 무리한 경쟁의 장기화는 경비와 노력이 지나치게 들어 사회경제적으로 많은 손실을 가져올 뿐만 아니라 후보자간의 경제력 차이에 따른 불공평이 생기게 되고 아울러 막대한 선거비용을 마련할 수 없는 젊고 유능한 신참 후보자의 입후보의 기회를 빼앗는 결과를 가져올 수 있으므로 선거운동의 기간에 일정한 제한을 두는 것만으로 위헌으로 단정할 수 없다.」고 판시하였다.[21)22)23]

그러나 우리나라와 달리 일본 등 일부국가를 제외한 대부분의 국가에서 선거운동기간을 별도로 규정하지 않고 있으며 선거운동기간을 별도로 규정한다 할지라도 사전선거운동에 관한 처벌규정을 두고 있는 경우도 많지 않다. 대표적으로 미국, 독일의 경우 선거운동기간에 관한 정의가 없으며 사전선거운동에 관한 금지규정이 존재하지 않는다.[24]

선거운동기간제한은 원칙적 자유·예외적 규제가 아닌 선거운동의 상시적 금지·선거운동기간동안의 예외적 허용의 수단으로 기능한다. 제한된 선거운동기간으로 인하여 선거운동은 상시적으로 금지되며 선거운동기간에만 선거운동이 가능하기 때문이다. 나아가 선거운동기간을 특정함으로써 야기되는 또 다른 문제는 오히려 일상적 정치활동보다도 더욱 강력한 제재가 가해질 수 있다는 점이다. 통상의 정치활동에 대한 것과는 달리 선거운동기간의 정치활동에 대해선 공직선거법상 강력한 제재가 가해지기 때문이다. 선거운동은 일상적 정치활

---

19) 2015. 9. 10. 선고 2014도17290 판결

20) 2017. 2. 8. 법률 제14556호로 법 제261조(과태료의 부과·징수 등) 제3항 제2호가 개정되기 전에는, 법원은 신고한 전화번호가 아닌 전화번호를 사용하여 자동 동보통신의 방법으로 문자메시지를 전송한 행위는 법 제93조(탈법방법에 의한 문서·도화의 배부·게시 등 금지) 제1항에서 금지하고 있는 '법의 규정에 의하지 아니한' 선거운동에 해당한다고 보아 법 제255조(부정선거운동죄) 제2항 제5호에서 규정한 탈법방법에 의한 문서배부죄가 성립한다고 하였다(2015. 10. 15. 선고 2015도1098 판결).

21) 2005. 9. 29. 선고 2004헌바52 전원재판부 결정, 2001. 8. 30. 선고 2000헌마121·202(병합) 전원재판부 결정, 1995. 11. 30. 선고 94헌마97 전원재판부 결정, 1994. 7. 29. 선고 93헌가4·6(병합) 전원재판부 결정

22) 헌법재판소의 결정에 동의하면서, 23일간의 대통령선거기간은 14일의 국회의원선거기간과 형평성에 맞지 않으므로 줄이는 것이 합리적이라는 견해가 있다(김도협,「공직선거법상 주요 쟁점에 관한 소고」, 세계헌법연구 제22권 제1호, 40－41쪽).

23) 2018. 2. 13. 선고 2017도15742 판결(사전선거운동을 금지한 법 제59조(선거운동기간) 본문과 제254조(선거운동기간위반죄) 제2항은 선거운동 등 정치적 표현의 자유를 침해하지 않는다고 한 사례)

24) 김재선,「공직선거법과 선거운동의 자유에 관한 공법적 고찰」, 고려법학 제80호(2016. 3.), 40쪽

동보다 훨씬 더 많은 재원과 인력이 동원되는 것으로 선거라는 특수한 시기에 맞춰 진행되는 가장 극대화된 정치활동이기는 하나, 일상적 정치활동의 연장임이 분명하다.[25] 따라서 선거운동기간의 제한은 일상적으로 행하여 질 수 있는 정치활동을 오히려 위축시키고 정치활동의 역동성을 억제하여 국민의 일상적 정치활동 참여를 저하시키고 있다고 볼 수 있다. 일상의 정치에 대한 국민의 적극적인 참여는 민주정치의 필수요건이기 때문이다. 헌법재판소가 우려하는 선거비용의 문제는 일상의 정치활동에서도 언제나 문제될 수 있기 때문에 선거운동기간 제한의 사유로 삼기에는 적절하지 않을 뿐 아니라 정치자금의 수입 및 지출 규제 등으로 충분히 해결이 가능하기 때문에 현재와 같은 선거운동기간의 제한은 필요하지 않다고 봄이 상당하다.[26]

25) 윤현식, 「법제로 구조화된 전도된 '계급투표' '전도된 전체주의'의 대안」, 민주법학 제53호(2013. 11.), 81쪽

26) 선거운동기간의 제한으로 인해 후보자의 측면에서 선거운동에 속하지 않는 것으로 평가되는 '통상적인 정당활동' 등을 통해 자신을 알릴 기회를 상대적으로 더 가질 수 있는 현역 정치인과 그에 도전하는 신인(비현역) 정치인의 격차가 심화되는 불합리함이 더 크고, 무엇보다 유권자의 측면에서 후보자에 대한 충분한 정보를 얻는 데는 보다 많은 기간이 허용되는 것이 바람직하므로 선거운동기간 제한을 폐지하는 것이 바람직하다는 견해(김주영, 앞의 논문, 113쪽)와 현재 선거운동기간 제한이 선거운동의 관리라는 행정적인 측면이 강하므로 그 제재도 행정제재로 바꾸는 것이 타당하다는 견해(손형섭, 「선거표현의 자유와 공정성 확보를 위한 다층적 법적 대응 연구」, 언론과 법 제15권 제2호(2016), 83-84쪽) 및 선거운동기간의 제한은 금권선거와 타락선거를 막기 위해 이루어졌다고 하나 결과적으로는 선거운동의 자유를 침해하고 유권자의 자유로운 선택권을 방해하고 있으며 기회균등의 원칙도 위반하고 있어, 오히려 금권선거와 타락선거를 조장하고 있다는 견해(이욱한, 「공직선거 및 선거부정방지법 제59조 및 제87조의 위헌성에 관한 연구」, 헌법판례연구 2(2000. 8.), 344-347쪽)도 있다.

제6편 선거구와 의원정수, 투표구

제1장 선거구제와 대표제

1. 선거구제

선거구는 국회의원 등 대의기관을 선출하는 지역적 단위구역을 말한다.[1] 선거인단을 지역단위로 분할하는 방식으로 통상적으로 소선거구, 중선거구, 대선거구 제도로 나뉜다.

가. 소선거구제

소선거구제는 하나의 선거구에서 1인의 대표자를 뽑는 제도이다. 소선거구제에서 대표의 결정방식은 다수대표제로 귀착된다. 소선거구제의 장·단점은 대선거구제의 단·장점으로 연결된다. 소선거구제는 군소정당 보다는 양대 정당의 후보자들간의 경쟁으로 압축되어 양당체제에 유리하고 다수당이 의회의 안정적 다수파를 확보할 수 있기 때문에 정국의 안정을 기하고 책임정치를 실효적으로 구현할 수 있다. 선거구의 규모가 작기 때문에 선거인의 대표선택이 용이하고, 선거비용이 적게 들고 선거관리가 용이하고 유권자와 후보자간의 긴밀한 유대가 형성될 수 있다. 단점으로는 사표를 양산하게 되어 정당득표율과 의석획득율의 괴리가 심하고, 결과적으로 거대정당에게 유리하다. 인물선택의 범위가 좁아 전체 국민을 대표할 수 있는 전국적인 인물보다는 지역적인 인물이 선출될 가능성이 많고 국가적 이익보다 지역적인 이익에 매몰되어 지역할거주의가 대두되기 쉽다. 정실과 인연에 의하여 좌우되거나 매수 등 선거부정의 위험성이 높다. 선거구획정이 어렵고 게리맨더링의 위험성이 있다.

나. 중선거구제

중선거구제는 하나의 선거구에서 2－5인의 대표자를 뽑는 제도이다. 주로 3－4인을 선출

---

1) 선거구는 '후보자의 입후보, 선거권자의 투표 그리고 의석의 배분이 이루어지는 단위'를 의미하고 이 중 의석배분이 선거과정에서 종국적인 지위를 차지하기 때문에, 선거구를 간단히 '의원선출단위'라고 할 수 있다(음선필, 「국회의원 지역선거구 획정의 헌법적 한계」, 홍익법학 제14권 제4호(2013), 143－144쪽).

하는 것이 주가 되고 선거구를 획정함에 있어 불가피하게 불균형이 발생하는 경우에 예외적으로 2인 또는 5인을 선출한다. 중선거구제는 선거구획정으로 인한 인구불평등의 문제를 쉽게 해결할 수 있고, 새로운 정당의 국회 진입을 수월하게 하며 사표를 줄여 특정 정당의 독식을 방지할 수 있다. 그러나 1선거구에서 2인을 선출하는 중선거구제 방식은 기존의 양대 정당이 의석을 나누어 가짐으로써 새로운 정당의 진입을 저해하는 현상이 발생하기도 한다.[2)]

다. 대선거구제

대선거구제는 1선거구에서 5인 이상의 대표자를 선출하는 제도이다. 대선거구제의 장·단점은 소선구제도의 단·장점과 연계된다. 특히 대선거구제는 정당의 복수공천으로 인하여 후보자간의 싸움이 아니라 정당 간의 싸움이 되어 지역구선거의 성질이 변질될 수 있다.

2. 투표제도

투표제도는 선거인이 투표하는 방식으로 대표자를 뽑는 수와 그에 대응한 투표의 수를 기준으로 단기투표방식과 연기투표방식으로 구분된다.

가. 단기(單記)투표제

단기투표란 후보자 1명에게 투표하는 방식이다. 소선거구제에 적합한 방식이다.

나. 연기(連記)투표제

연기투표는 후보자의 수와 투표권의 수의 상관관계를 기준으로 완전연기투표방식과 제한연기투표방식이 있다. 완전연기투표방식은 선출하고자 하는 대표자수 만큼 투표를 하는 방식이고, 제한연기투표방식은 후보자 1명 이상을 투표하기는 하지만 대표자수보다는 적은 수를 뽑는 투표방식이다.

복수의 투표권을 행사하는 방식에 따라 누적연기투표방식과 체감연기투표방식이 있는데, 누적연기투표방식은 특정후보자에게 중첩하여 투표할 수 있는 방식이고 체감연기투표방식은 투표자가 연기한 순서에 따라 그 가치를 점점 체감하여 득표수를 계산하는 방식이다.

연기투표는 주로 중·대선거구제에서 사용되고, 어떤 방식의 연기투표를 하느냐에 따라 선거의 결과가 달라지기 때문에 그 방식결정에 있어 정파간의 이해대립이 첨예하다. 일반적으로 중·대선거구에서는 제한연기투표방식보다는 완전연기투표방식이 민의를 반영하는데

---

2) 정종섭, 『헌법학원론(제11판)』, 940쪽

더 적합하다고 본다.

3. 대표제

대표제는 대표의 결정방식이다. 대표제의 종류에는 다수대표제, 비례대표제, 혼합대표제 등이 있다. 대표의 결정방식 또는 의원정수의 결정방식인 대표제와 의원을 선출하는 단위인 선거구제는 일견 별개의 문제로 볼 수 있으나, 대표제의 종류인 다수대표제는 이론상으로는 중선거구제가 불가능한 것은 아니지만 소선거구제로 귀착되며, 비례대표제는 논리필연적으로 중·대선거구제를 전제로 한다. 따라서 소선거구제와 대선거구제의 장·단점은 다수대표제와 비례대표제에도 그대로 적용될 수 있다.[3][4]

가. 다수대표제

다수대표제는 다수의 후보자 중 선거인으로부터 다수득표를 한 후보자를 대표자로 결정하는 방식이다. 상대적 다수대표제와 절대적 다수대표제로 구분할 수 있다.

(1) 상대적 다수대표제

상대적 다수대표제는 상대적으로 가장 많은 유효투표를 득표한 사람을 대표로 선출하는 방식이다.

(2) 절대적 다수대표제

절대적 다수대표제는 유효투표의 과반수를 획득하는 자를 당선인으로 결정하는 방식이다. 1차 투표에서에서 유효투표의 과반수 득표자가 없을 경우 일정한 득표 이상을 한 후보자 중에서 2차 결선투표를 실시하여 유효투표의 과반수 득표자를 당선자로 결정하는 방식의 결선투표제, 1차 투표에서 처음부터 후보자의 수와 동일한 수의 투표권을 후보자에 대한 선호의 순서에 따라 행사하고 1순위에서 당선자가 나오지 않으면 과반수의 득표자가 나올 때까지 순차적으로 차 순위로 이양·합산하여 당선자를 결정하는 선호투표제 방식이 있다.

다수대표제는 안정적 다수파를 확보함으로써 헌정체제의 안정을 기할 수 있어 양당제에 적합하고 소선거구제를 통하여 선거인이 후보자를 직접 선택함으로써 직접선거의 원리에 충실할 뿐만 아니라 선거인과 대표자 사이의 유대가 강화된다. 단점으로는 사표가 많아 선거

---

3) 성낙인, 『헌법학(제18판)』, 163쪽
4) 「뒤베르제의 법칙」은 선거제도가 정당제도에 미치는 영향을 단적으로 표현하고 있다. 즉, 상대적 다수대표제는 양당제, 비례대표제는 다당제의 경향이 있고, 절대적 다수대표제는 절제된 다당제의 경향이 있다.

인의 정확한 의사가 의회에 반영되지 못하고 거대정당에게 유리하여 소수파의 의회진출기회가 차단된다.

나. 비례대표제

비례대표제는 각 후보자의 득표율에 비례하여 대표자를 배분하는 선거제도이다. 비례대표제는 유권자의 의사를 정확하게 반영할 수 있기 때문에 다수대표제보다 민주적 정당성을 확보할 수 있다. 선거구의 규모, 후보자의 입후보방식, 투표방법, 유효투표의 의석배분방법 등에 따라서 다양한 유형이 있다.

일반적으로 명부의 형식에 따라 정당이 당선 순위를 정한 후보자의 명부를 작성·등록하고 투표자는 정당의 명부에 투표하는 '고정명부식', 정당이 후보자의 명부를 작성하되 투표자가 후보자의 순위에 구애받음이 없이 순위를 변경하여 투표하는 '가변명부식', 유권자들이 각 정당이 작성한 후보자의 명부에 구애됨이 없이 정당의 경계를 넘어 후보자를 선택하여 결정하는 '자유명부식'이 있는데, 오늘날 정당국가화의 경향으로 인하여 정당별 고정명부식 비례대표제가 일반화되어 있다. 의석배분방식으로는 각 명부가 획득한 유효투표수를 1부터 시작하여 당해 선거구에 배분된 총의석수에 이르기까지 순차적으로 각기 나누어서 그것을 도표로 만든 다음에 그 도표 중에서 기수가 제일 많은 명부부터 순차적으로 의석을 배정해 나가는 이른바 제수식(除數式)의 동트(d'Hondt)식 비례대표방식이 많이 사용된다.[5)]

비례대표제는 투표가치의 평등을 구현하여 평등선거의 원리에 부합하고, 사표를 방지하여 소수 정당을 보호함으로써 정당정치의 활성화에 기여할 뿐만 아니라 대선거구제를 채택할 수밖에 없어 다수대표제의 소선거구제로 인한 폐해를 막을 수 있다. 그러나 비례대표제는 군소정당의 난립으로 정국불안정을 초래하고 유권자와 대표자의 관계가 소원하여 책임정치의 실현이라는 대의민주주의 기능을 약화시킨다. 특히 명부식 비례대표제는 특정 정치지도자 또는 정치세력에 의하여 좌우되는 명부 및 그 순위로 인하여 유권자의 정확한 의사를 제대로 반영하지 못하는 문제점이 있다. 나아가 완전한 비례대표제는 군소의 파편정당이 출현할 개연성이 매우 농후하다. 적은 의석을 가진 파편정당은 국정운영과 정당정치의 불안정을 초래하기 때문에 일정한 기준 이하의 득표를 한 정당에게는 의석을 배분하지 않는 방식을 채택하는 경우가 있다. 일정 기준 이상의 득표율을 정하여 파편정당의 출현을 막는 조항을 「저지조항」이라고 하는데, 독일·스웨덴·그리스·이스라엘 등에서 채택하고 있다. 우리나라도 3%의 저지조항을 두고 있다.

---

5) 성낙인, 앞의 책, 165쪽

다. 혼합대표제

혼합대표제는 일반적으로 다수대표제와 비례대표제가 가진 장·단점을 서로 보완하여 소선거구 다수대표제와 대선거구 비례대표제를 혼합한 선거제도이다.

현행 국회의원선거제도는 상대적 다수대표제로 선출되는 지역구 의원과 비례대표제로 선출되는 전국구 비례대표의원으로 구성되어 있다. 비례대표의원의 의석배분은 전국을 단일선거구로 한다. 지방의회의원선거도 비례대표제를 일부 도입하였다. 1인 2표제로 1표는 지역구 의원을 선출하고 다른 1표는 비례대표 의원을 선출한다.

제2장 선거구

1. 선거구

대통령 및 비례대표국회의원은 전국을 단위로 하여 선거한다(법§20①). 비례대표시·도의원은 당해 시·도를 단위로 선거하며, 비례대표자치구·시·군의원은 당해 자치구·시·군을 단위로 선거한다(법§20②). 지역구국회의원, 지역구지방의회의원(지역구시·도의원 및 지역구자치구·시·군의원을 말한다. 이하 같다)은 당해 의원의 선거구를 단위로 하여 선거한다(법§20③). 지방자치단체의 장은 당해 지방자치단체의 관할구역을 단위로 하여 선거한다(법§20④).

교육감은 시·도를 단위로 하여 선출한다(교육자치법§45).

2. 선거구획정

가. 선거구획정위원회

(1) 국회의원선거구획정위원회

(가) 지위

국회의원지역구의 공정한 획정을 위하여 임기만료에 따른 국회의원선거의 선거일 전 18개월부터 해당 국회의원선거에 적용되는 국회의원지역구의 명칭과 그 구역이 확정되어 효력을 발생하는 날까지 국회의원선거구획정위원회(이하 "위원회"라고 한다)를 설치·운영한다(법§24①). 위원회는 중앙선거관리위원회에 두되, 직무에 관하여 독립의 지위를 가진다(법§24②).

(나) 구성

위원회는 위원장 1인을 포함한 11인 이내의 위원으로 구성하되(국회의원선거구획정위원회 구성 및 운영 등에 관한 규칙 §3①), 중앙선거관리위원회 위원장이 위촉하는 9명의 위원으로 구성하고, 위원장은 위원 중에서 호선한다(법§24③, 국회의원선거구획정위원회 구성 및 운영 등에 관한 규칙 §3③). 위원장은 위원회를 대표하고 위원회의 직무를 통할한다. 위원장이 사고가 있을 때에는 미리 위원장이 지명한 위원이 그 직무를 대행한다(국회의원선거구획정위원회 구성 및 운영 등에 관한 규칙 §5①,②).

위원은 국회의장이 각 교섭단체대표의원과 협의하여 학계·법조계·언론계·시민단체 및 선거관리위원회가 추천하는 자 중에서 위촉하여야 한다. 이 경우 국회의원·지방의회의원 및 정당의 당원(국회의원선거구획정위원회의 설치일로부터 과거 1년 동안 정당의 당원이었던 사람을 포함)은 위원이 될 수 없다(법24⑦, 국회의원선거구획정위원회 구성 및 운영 등에 관한 규칙 §3②).

국회의 소관 상임위원회 또는 선거구획정에 관한 사항을 심사하는 특별위원회(이하 "위원회"라 한다)는 중앙선거관리위원회 위원장이 지명하는 1명과 학계·법조계·언론계·시민단체·정당 등으로부터 추천받은 사람 중 8명을 의결로 선정하여 국회의원선거구획정위원회 설치일 전 10일까지 중앙선거관리위원회 위원장에게 통보하여야 한다(법§24④). 중앙선거관리위원회 위원장은 국회의원선거구획정위원회 위원의 결원이 발생하는 때에는 위원회에 위원을 선정하여 통보하여 줄 것을 요청하여야 하고, 위원회는 그 요청을 받은 날로부터 10일 이내에 위원 대상자를 선정하여 중앙선거관리위원회 위원장에게 통보하여야 한다(법§24⑤,④).

위원의 임기는 국회의원선거구획정위원회의 존속기간으로 하는바(법§24⑥), 위원장 및 위원의 임기는 위원으로 선임된 날부터 법 제24조(국회의원선거구획정위원회) 제7항 및「국회의원선거구획정위원회 구성 및 운영 등에 관한 규칙」제2조(위원회의 직무)의 규정에 의한 보고서를 국회의장에게 제출한 날까지로 한다(국회의원선거구획정위원회 구성 및 운영 등에 관한 규칙 §4).

위원장과 위원은 비상근으로 한다(국회의원선거구획정위원회 구성 및 운영 등에 관한 규칙§3④).

(다) 지원조직

국회의원선거구획정위원회에 그 사무를 지원하기 위한 조직(이하 "지원조직"이라 한다)을 획정위원회 설치일 전 30일부터 둘 수 있다(법§24⑫전문). 이 경우 지원조직은 중앙선거관리위원회 소속 공무원으로 구성하되, 국회의원선거구획정위원회가 설치된 후 필요하다고 판단되면 획정위원회 위원장은 관계 국가기관에 그 소속 공무원의 파견을 요청할 수 있다(법§24⑫후문). 위원회에 필요한 공무원을 두되, 국회사무처 공무원이 겸직 근무하도록 한다(국회의원선거구획정위원회 구성 및 운영 등에 관한 규칙§10).

(라) 위원의 권한, 의무

위원회는 법 제25조(국회의원지역구의 획정) 제1항에 규정된 기준에 따라 국회의원지역선거구(이하 "선거구"라 한다) 획정안을 마련하고, 그 이유 기타 필요한 사항을 기재한 보고서를 작성하여 당해 국회의원의 임기만료에 의한 총선거의 선거일전 6개월까지 국회의장에게 제출한다. 다만, 국회의원선거구제의 변경이나 의원정수의 조정 등 특별한 사유가 있을 때에는 국회의장이 각 교섭단체대표의원과 협의하여 그 제출기한을 연기할 수 있다(국회의원선거구획정위원회 구성 및 운영 등에 관한 규칙§2①).

위원회는 그 의결로 선거구획정업무와 직접 관련된 보고 또는 서류의 제출을 국가기관 및 지방자치단체에 요청할 수 있다. 이 경우 그 요청은 위원장의 명의로 한다(국회의원선거구획정위원회 구성 및 운영 등에 관한 규칙§7). 위원회로부터 선거구획정업무에 필요한 자료의 요청을 받은 국가기관 및 지방자치단체는 지체 없이 이에 따라야 한다(법§24⑨).

위원회는 국회의장 또는 위원장이 필요하다고 인정할 때 위원장이 이를 소집한다(국회의원선거구획정위원회 구성 및 운영 등에 관한 규칙§6①). 위원회는 재적위원 3분의 2 이상의 찬성으로 의결한다(국회의원선거구획정위원회 구성 및 운영 등에 관한 규칙§6②).

위원회의 위원은 명예직으로 하고 일비·여비 그 밖의 실비를 지급받는바(법§24⑧), 위원회의 위원장 및 위원에 대하여는 예산의 범위 안에서 수당·여비 기타 필요한 경비를 지급할 수 있다(국회의원선거구획정위원회 구성 및 운영 등에 관한 규칙§9).

위원 또는 위원이었던 사람은 그 직무상 알게 된 비밀을 누설하여서는 아니 된다. 획정위원회의 지원조직의 직원 또한 같다(법§24⑬, 국회의원선거구획정위원회 구성 및 운영 등에 관한 규칙§8).

(마) 보고서제출

위원회는 국회의원지역구를 획정함에 있어서 국회에 의석을 가진 정당에게 선거구획정에 대한 의견진술의 기회를 부여하여야 한다(법§24⑩). 여기서 정당은 중앙당 또는 그 위임을 받은 시·도당을 말한다.[6)]

위원회는 법 제25조(국회의원지역구의 획정) 제1항에 규정된 국회의원지역구 획정 기준에 따라 작성되고 재적위원 3분의 2 이상의 찬성으로 의결한 선거구획정안과 그 이유 및 그 밖에 필요한 사항을 기재한 보고서를 임기만료에 따른 국회의원선거의 선거일 전 13개월까지 국회의장에게 제출하여야 하는바(법§24⑪), 당해 국회의원의 임기만료에 의한 총선거의 선거일

6) 2005. 9. 29. 중앙선관위 질의회답

전 6개월까지 국회의장에게 제출한다. 다만 국회의원선거구제의 변경이나 의원정수의 조정 등 특별한 사유가 있을 때에는 국회의장이 각 교섭단체대표의원과 협의하여 그 제출기한을 연기할 수 있다(국회의원선거구획정위원회 구성 및 운영 등에 관한 규칙§2①). 위 보고서를 받은 국회의장은 지체없이 이를 소관상임위원회 또는 선거구획정에 관한 사항을 심사하는 특별위원회에 회부하여야 한다(국회의원선거구획정위원회 구성 및 운영 등에 관한 규칙§2②).

선거구획정위원회의 선거구획정안이 곧 선거구구역표라고 할 수 없고 국회의원지역구는 법 제25조(국회의원지역구의 획정) 제1항 별표 1과 같은 선거구구역표 입법으로 획정된다.[7)]

(바) 국회의원지역구 확정

국회는 국회의원지역구를 선거일 전 1년까지 확정하여야 한다(법§24의2①).[8)]

국회의장은 위원회로부터 제출된 선거구획정안을 위원회에 회부하여야 하고(법§24의2②), 선거구획정안을 회부받은 위원회는 이를 지체 없이 심사하여 국회의원지역구의 명칭과 그 구역에 관한 규정을 개정하는 법률안(이하 "선거구법률안"이라 한다)을 제안하여야 한다. 이 경우 위원회는 국회의원선거구획정위원회가 제출한 선거구획정안을 그대로 반영하되, 선거구획정안이 국회의원지역구 획정 기준에 명백하게 위반된다고 판단하는 경우에는 그 이유를 붙여 제적위원 3분의 2 이상의 찬성으로 국회의원선거구획정위원회에 선거구획정안을 다시 제출하여 줄 것을 한 차례만 요구할 수 있다(법§24의2③). 위 요구를 받은 위원회는 그 요구를 받은 날로부터 10일 이내에 새로이 선거구획정안을 마련하여 국회의장에게 제출하여야 한다. 이 경우 선거구획정안의 위원회 회부에 관하여는 앞서와 같다(법§24의2④).

선거구법률안 중 국회의원지역구의 명칭과 그 구역에 한해서는 「국회법」 제86조(체계 · 자구의 심사)에 따른 법제사법위원회의 체계와 자구에 대한 심사 대상에서 제외한다(법24의2⑤).

국회의장은 선거구법률안 또는 선거구법률안에 포함된 법률안이 제안된 후 처음 개의하는 본회의에 이를 부의하여야 한다. 이 경우 본회의는 「국회법」 제95조(수정동의) 제1항 및 제96조(수정안의 표결 순서)에도 불구하고 선거구법률안 또는 선거구법률안이 포함된 법률안을

7) 2015. 6. 25. 선고 2015헌마560 결정

8) 2016. 4. 13. 제20대 국회의원총선거를 앞둔 2014. 10. 30. 헌법재판소는 국회의원선거구별 인구편차의 허용한계를 2:1로 하는 결정을 하면서 당시 시행되던 선거구는 2015. 12. 31.까지만 효력이 유지되도록 하여 그때까지 국회에서 선거구획정을 하도록 하였으나(2014. 10. 30. 선고 2012헌마190 · 192 · 211 · 262 · 325, 2013헌마781,2014헌마53(병합) 결정), 국회는 그 다음해인 2016. 3. 3.에 이르러서야 공직선거법을 개정하여 종전 247개에서 7석이 늘어난 253개의 지역선거구를 획정하였다. 당시 중앙선거관리위원회는 예비후보자등록이 2015. 12. 15.부터 시작되었음에도 2015. 12. 31.까지 새로운 선거구가 마련되지 않아 '입법 지연으로 2016. 1. 1.부터 지속되고 있는 국회의원 지역선거구 공백에 따른 예비후보자 관련 문제를 해결하기 위하여 제20대 지역구국회의원선거에서 예비후보자의 등록 및 선거운동 등에 대하여는 새로운 선거구구역표가 입법될 때까지 잠정적으로 종전 선거구구역표를 적용한다'고 의결(중앙선거관리위원회 2016. 1. 11. 의결)하였다(박철, 「제20대 국회의원선거 법규해석 쟁점 고찰」, 법학논총 제40권 제2호, 28－29쪽).

수정 없이 바로 표결한다(법§24의2⑥).

(2) 자치구·시·군의원선거구획정위원회

(가) 구성

자치구·시·군의원지역선거구(이하 "자치구·시·군의원지역구"라 한다)의 공정한 획정을 위하여 시·도에 자치구·시·군의원선거구획정위원회를 둔다(법§24의3①). 자치구·시·군의원선거구획정위원회는 위원장 1명을 포함한 11명의 비상근 위원으로 구성하되, 위원은 시·도의회가 추천하는 2명, 시·도선거관리위원회가 추천하는 1명, 학계·법조계·언론계 및 시민단체가 추천하는 각 2명을 위촉하고, 위원장은 위원 중에서 호선한다(법§24의3②, 규칙§4의2①).[9] 지방의회의원 및 정당의 당원은 자치구·시·군의원선거구획정위원회의 위원이 될 수 없다(법§24의3③).

위원장은 획정위원회를 대표하고 획정위원회의 직무를 총괄하며, 위원장이 부득이한 사유로 직무를 수행할 수 없는 때에는 미리 위원장이 지명한 위원이 그 직무를 대행한다(규칙§4의2③).

획정위원회에 그 사무를 처리하게 하기 위하여 간사 1명을 두되, 간사는 해당 시·도 소속 공무원 중에서 해당 시·도지사가 지정하는 공무원이 된다(규칙§4의2⑦).

(나) 위원의 권한, 의무

위원의 임기는 위원으로 위촉된 날로부터 획정위원회가 선거구획정안 및 보고서를 특별시장·광역시장·특별자치시장·도지사(이하 "시·도지사"라 한다)에게 제출하는 날까지로 한다(규칙§4의2②). 위원은 명예직으로 하되, 위원에게는 해당 시·도의 예산의 범위에서 일비·여비 그 밖의 필요한 경비를 지급할 수 있다(법§24의3⑦, §24⑧, 규칙§4의2⑥).

획정위원회는 위원장의 명의로 선거구획정 업무에 필요한 서류 등의 제출을 국가기관 및 지방자치단체에 요청할 수 있으며, 그 요청을 받은 국가기관 및 지방자치단체는 지체 없이 이에 따라야 한다(법§24의3⑦, §24⑨, 규칙§4의2⑤).

---

9) 「제주특별자치도 설치 및 국제자유도시 조성을 위한 특별법」 제38조(도의회의원의 선거구획정위원회) 제2항에서 준용하는 공직선거법 제24조의3(자치구·시·군의원선거구획정위원회) 및 공직선거관리규칙 제4조의2(자치구·시·군의원선거구획정위원회의 구성 및 운영 등) 제1항에 따라 제주특별자치도의회의원선거구획정위원회는 11명의 위원으로 구성하여 운영하여야 한다. 다만, 선거구획정안 제출기한 직전에 위원이 사퇴·사망하는 등 그 결원을 보충하기 위한 시간적 여유가 없는 불가피한 사유가 있는 경우에 한하여 재적위원으로 운영할 수 있다(2017. 8. 22. 중앙선관위 질의회답).

(다) 운영 및 보고서제출

자치구·시·군의원선거구획정위원회는 시·도지사 또는 위원장이 필요하다고 인정하는 때에 위원장이 소집하며, 재적위원 과반수의 찬성으로 의결한다(규칙§4의2④). 자치구·시·군의원선거구획정위원회는 선거구획정안을 마련함에 있어서 국회에 의석을 가진 정당과 해당 자치구·시·군의 의회 및 장에 대하여 의견진술의 기회를 부여하여야 한다(법§24의3④). 자치구·시·군의원선거구획정위원회는 시·도의원지역선거구 획정 기준에 따라 선거구획정안을 마련하고 그 이유나 그 밖의 필요한 사항을 기재한 보고서를 첨부하여 임기만료에 따른 자치구·시·군의원선거의 선거일 전 6개월까지 시·도지사에게 제출하여야 한다(법§24의3⑤).

시·도의회가 자치구·시·군의원지역구에 관한 조례를 개정하는 때에는 자치구·시·군의원선거구획정위원회의 선거구획정안을 존중하여야 한다(법§24의3⑥).

나. 선거구획정

(1) 국회의원지역구의 획정[10)]

국회의원지역구는 시·도의 관할구역 안에서 인구·행정구역·지리적여건·교통·생활문화권 등을 고려하여 다음 각 호의 기준에 따라 획정한다(법§25①).

1. 국회의원지역구 획정의 기준이 되는 인구는 선거일 전 15개월이 속하는 달의 말일 현재 「주민등록법」 제7조(주민등록표 등의 작성) 제1항에 따른 주민등록표에 따라 조사한 인구로 한다.
2. 하나의 자치구·시·군의 일부를 분할하여 다른 국회의원지역구에 속하게 할 수 없다. 다만, 인구범위(인구비례 2:1의 범위를 말한다)에 미달하는 자치구·시·군으로서 인접한 하나 이상의 자치구·시·군의 관할구역 전부를 합하는 방법으로는 그 인구범위를 충족하는 하나의 국회의원지역구를 구성할 수 없는 경우에는 그 인접한 자치구·시·군의 일부를 분할하여 구성할 수 있다.

---

10) 헌법재판소가 2014. 10. 30. '공직선거법(2012. 2. 29. 법률 제11374호로 개정된 것) 제25조(국회의원지역구의 획정) 제2항 별표 1 국회의원지역선거구구역표는 헌법에 합치되지 아니한다. 위 국회의원지역선거구구역표는 2015. 12. 31.을 시한으로 입법자가 개정할 때까지 적용된다.'라는 결정(2012헌마190등)을 하였음에도, 피청구인 대한민국 국회가 국회의원지역선거구를 획정하지 아니한 입법부작위로 인하여 청구인의 공무담임권 등이 침해된다고 주장하면서 청구한 헌법소원심판사건에서, 헌법재판소는 '헌법재판소가 입법개선시한을 정하여 헌법불합치결정을 하였음에도, 국회가 입법개선시한까지 개선입법을 하지 아니하여 국회의원의 선거구에 관한 법률이 존재하지 아니하게 된 경우 국회에 국회의원의 선거구를 입법할 의무가 존재하고, 국회가 헌법에서 위임한 선거구에 관한 입법의무를 상당한 기간 넘어 정당한 사유 없이 지체하였다.'고 판시하면서도, 국회가 제20대 국회 선거일인 2016. 4. 13. 전인 2016. 3. 2. 선거구를 획정하였기 때문에 국회의 입법부작위가 해소되어 청구인들의 심판청구는 권리보호이익이 없다고 결정하였다(2016. 4. 28. 선고 2015헌마1177·1220,2016헌마6·17·25·64(병합) 결정).

국회의원지역구의 획정에 있어서는 인구범위를 벗어나지 아니하는 범위에서 농어촌의 지역대표성이 반영될 수 있도록 노력하여야 한다(법§25②).

국회의원지역구의 명칭과 그 구역은 별표1 「국회의원지역선거구구역표(지역구 : 253)」와 같다(법§25③).

(2) 인구편차의 허용기준

선거구획정에 있어서 인구비례원칙에 의한 투표가치의 평등은 헌법적 요청으로서 다른 요소에 비하여 기본적이고 일차적인 기준이므로,[11] 입법자로서는 인구편차의 허용한계를 최대한 엄격하게 설정함으로써 투표가치의 평등을 관철하기 위한 최대한의 노력을 기울여야 한다.[12]

(가) 1995년 헌법재판소 결정

헌법재판소는 선거구획정에 있어 인구비례원칙의 중요성과 기준에 대하여 다음과 같이 판시하고 있다.[13]

「대의제민주주의에서 있어서의 선거제도는 무엇보다도 선출된 대표자를 통하여 국민의 의견이나 이해가 공정하고도 효과적으로 반영되도록 하는 것이 중요하다고 하겠으나, 다른 한편 정치적 안정의 요청이나 나라마다의 역사적·사회적·정치적 상황 등도 고려하여 각기 그 나라의 실정에 맞도록 결정되어야 하는 것이고, 거기에 논리필연적으로 요청되는 일정한 형태가 있는 것은 아니다. 따라서 선거제도의 중요한 요소인 선거구를 획정함에 있어서도 1인 1표와 투표가치 평등의 원칙을 고려한 선거구간의 인구의 균형뿐만 아니라, 그 나라의 행정구역, 지세, 교통사정, 생활권 내지 역사적, 전통적 일체감 등 여러 가지 정책적·기술적 요소가 고려될 수 있다. 따라서 헌법이 요구하는 투표가치의 평등은 선거제도의 결정에 있어서 유일, 절대의 기준이라고는 할 수 없으며, 국회는 구체적인 선거제도를 정함에 있어서 합리적인 다른 정책적 목표도 고려할 수 있는 것이지만, 적어도 선거구의 획정에 있어서는 인구비례의 원칙을 가장 중요하고 기본적인 기준으로 삼아야 할 것이고, 여타의 조건들은 그 다음으로 고려되어야 할 것이다. 왜냐하면 선거구의 획정에 있어서 투표가치의 평등이 확보되는 것은, 국민주권의 원리에 따른 대의제 민주주의에 있어서 국가의사형성의 정당성을 밑받침하는 중심적인 요소를 이루는 것임에 반하여, 그 여타의 요소들은 그 성질상 이러한 국가의사의 정당성과는 직접적 관계가 없는 것으로서, 투표가치의 평등은 여타 고려요소와는

---

11) 2001. 10. 25. 선고 2000헌마92·240(병합) 전원재판부 결정

12) 2018. 6. 28. 선고 2014헌마166 결정, 2009. 3. 26. 선고 2006헌마14 전원재판부 결정

13) 1995. 12. 27. 선고 95헌마224·239·285·373(병합) 전원재판부 결정

다른 본질적인 중요성을 갖고 있기 때문이다. 따라서 선거구획정에 관한 국회의 재량권에는 이러한 헌법적 요청에 의한 한계가 있음을 유의하여야 한다. 그러므로 국회가 결정한 구체적인 선거제도의 구조 아래에서 발생한 투표가치의 불평등이 발생한 경우에, 그것이 헌법이 요구하는 투표가치 평등의 원칙에 반하는지의 여부를 판단할 때는, 이러한 불평등이 위에서 본 바와 같은 헌법적 요청에 의한 한계내의 재량권행사로서 그 합리성을 시인할 수 있는지의 여부를 검토하여, 국회가 통상 고려할 수 있는 제반사정, 즉 여러 가지 비인구적 요소를 모두 참작한다고 하더라도 일반적으로 합리성이 있다고는 도저히 볼 수 없을 정도로 투표가치의 불평등이 생긴 경우에는 헌법에 위반된다. 양원제를 채택하여 양원 중 어느 하나를 지역대표성을 가진 의원으로 구성하고 있는 나라들과는 달리, 우리나라는 단원제를 채택하고 있어, 국회의원이 법리상 국민의 대표이기는 하나 현실적으로는 어느 정도의 지역대표성도 겸하고 있다는 점, 급격한 산업화·도시화의 과정에서 인구의 도시집중으로 인하여 발생한 도시와 농어촌간의 인구편차와 각 분야에 있어서의 개발불균형이 선진외국의 경우보다 현저한 우리나라의 현실에 있어서 단순히 인구비례만 고려하여 선거구를 획정하는 경우에는 각 분야에 있어서의 도·농간의 격차가 더 심화될 우려가 있다는 점을 감안한다면 선거구간의 인구비례의 원칙을 완화해야할 정책적인 필요가 있다고 볼 수 있는 반면, 현행 선거제도와 같이 소선거구제와 결합한 다수대표제 하에서는 사표가 많이 발생하기 마련인데 거기에 덧붙여 선거구간 인구수의 현저한 편차까지도 허용한다면 이는 곧바로 대의제민주주의의 기본을 흔드는 결과를 초래할 수 있다는 점 역시 간과하여서는 안 될 것이다. 선거구획정에 있어서 평등선거의 원칙을 엄격히 적용한다면 적어도 최대선거구의 인구수가 최소 선거구의 인구수의 2배 이상인 경우에는 평등의 원칙에 위배되는 것으로서 위헌이라고 보아야 할 것이다. 인구편차의 허용기준에 관하여, 최소선거구의 인구수를 기준으로 할 것인가 아니면 전국 선거구의 평균인구수를 기준으로 할 것인가가 문제로 된다. 살피건대 선거구간의 인구불균형의 문제를 엄격한 평등원칙의 측면 즉 차별 여부의 문제로서만 파악하는 한 최소선거구의 인구수와 대비검토가 되어야 할 것이다. 왜냐하면 원래 차별의 문제는 다른 것과의 비교에 있어서의 상대적 문제이지 절대적 기준에서 본 편차의 문제는 아니기 때문이다. 그러나 다른 한편, 모든 선거인으로 하여금 "투표가치에 있어서 중용을 취한 평균적인 선거권"을 향유케 하는 것이 헌법이 지향하는 이상이라고 볼 수도 있고 따라서 각 선거구의 선거인에 관하여 그 투표가치가 이 이상에서 어느 정도 떨어져 있는가를 검토하여 그 편차가 매우 큰 경우에 투표가치평등의 요구에 반하고 위헌의 하자를 띠게 된다고 생각할 수 있으며, 또 "선거권"의 개념의 내포로서 "평균적인 투표가치"가 포함되어 있고 이러한 선거권이 침해된 경우에 비로소 선거권이 침해되었다고 볼 여지도 있다. 전국 선거구의 평균인구수를 기준으로 하여 인구편차의 허용기준을 검토해 보고자 한다.」고 하면서 합헌적인 선거구 인구편차에 대하여, 「현재 우리나라의 제반여건 아래에서는 적어도 국회의원의 선거에 관한 한, 전국선거구의 평균인구수(전국의 인구수를 선거구수로 나눈 수치)에 100분의 60을 더하거나 뺀 수를 넘거나 미달하는(즉, 상하 60%의 편차를 초과하는) 선거구가 있을 경우에는, 그러한 선거구의 획정은 국회의 합리적 재량의 범위를 일탈한 것으로서 헌법에 위반된다고 보아야 할 것이다. 선거구의 획정에 있어서는 인구비례의 원칙이 가장 중요하고 기본적인 기준이며, 평등선거의 원칙을 엄격히 적용하는 경우에는 적어도 최대선거구의 인구수가 최소선거구의 인구수의 2배 이상인 때에는 위헌이라고 한다면, 그 여타의 제2차적 고려요소를 아무리 크게 고려한다고 하더라도 그 갑절인 4배를 넘는 경우 즉 최대선거구와 최소선거구의 인구비율이 4:1을 넘는 경우에는 헌법합치적 설명이 불가능할 것이고, 이를 전국선거구의 평균인구수를 기준으로 하여 그 상하의 편차를 계산하면 그 평균인구수의 상하 60%의 편차가 되므로, 이러한 평균인구수기준 상하 60%의 편차론은 상당한 정도의 합리적 근거가 있다.」고 하여, 최대선구구와 최소선거구의 인구비율은 4:1 이내여야 한다고 판시하였다.[14)]

한편, 위 결정에서 헌법재판소는 「선거구구역표는 전체로서 "불가분의 일체"를 이루는 것으로서 어느 한 부분에 위헌적인 요소가 있다면 선거구구역표 전체가 위헌의 하자를 띠는 것으로 보아야 한다.」고 하여 별표1 「국회의원지역선거구구역표」 전체에 대하여 위헌선언을 하였다.

(나) 2001년 헌법재판소 결정

헌법재판소는 인구편차의 허용한계에 관하여,

「인구편차의 허용한계에 관한 다양한 견해 중 현시점에서 선택가능한 방안으로 상하 33$\frac{1}{3}$%편차(이 경우 상한 인구수와 하한 인구수의 비율은 2:1)를 기준으로 하는 방안, 또는 상하 50% 편차(이 경우 상한 인구수와 하한 인구수의 비율은 3:1)를 기준으로 하는 방안이 고려될 수 있는

14) 이에 대하여, '전국 선거구의 인구편차 기준 이외에 도시유형의 선거구와 농어촌유형의 선거구를 따로 나누어 각각의 인구편차를 다른 하나의 기준으로 삼을 필요가 있다.'고 하면서 '도시유형의 선거구와 농어촌유형의 선거구간의 인구편차의 허용한계는 각각 선거구 평균인구수에서 상하50%(이 경우 상한 인구수와 하한 인구수의 비율은 3:1)로 봄이 상당하다.'는 이재화 등 4명의 재판관의 반대의견이 있었다.
그러나 위 반대의견에 대하여, 김문희 등 3명의 재판관은 5명의 재판관의 다수의견을 보충하여 「도시유형의 선거구와 농어촌유형의 선거구간의 인구편차가 아무리 크다고 하더라도(이를테면, 도시유형의 선거구의 인구와 농어촌유형의 인구편차가 10:1이 된다고 하더라도) 도시유형의 선거구 상호간, 농어촌유형의 선거구 상호간에만 인구의 편차가 3:1 이내의 비율 이내로 조정되는 한 언제나 합헌이라는 결론에 이르게 되고 이러한 결론은 "국회의원은 나무나 땅의 넓이를 대표하는 것이 아니라 사람을 대표하는 것이다. 정당한 자격을 갖춘 유권자인 한 국민은 그가 도시에 살고 있든 시골에 살고 있든 간에 한 사람의 유권자일 뿐이다."라고 한 워렌 미합중국 전 연방대법원장의 말을 상기하지 않을 수 없다. 요컨대, 도시유형의 선거구와 농어촌유형의 선거구를 준별하여 서로 다른 기준에 따라 위헌 여부를 판단해야 한다는 위 4인의 의견은 헌법상 그 근거가 없는 것이고, 국민은 그가 어디에 거주하든 거주하고 있는 장소에 따라 투표권의 행사나 그 가치에 있어 차별적인 대우를 받아서는 아니 된다.」고 판시하였다.

데, 이 중 상하 33⅓%편차 기준에 의할 때 행정구역 및 국회의원정수를 비롯한 인구비례의 원칙 이외의 요소를 고려함에 있어 적지 않은 난점이 예상되므로, 우리 재판소가 선거구획정에 따른 선거구간의 인구편차의 문제를 다루기 시작한지 겨우 5년여가 지난 현재의 시점에서 너무 이상에 치우친 나머지 현실적인 문제를 전적으로 도외시하기는 어렵다고 할 것이어서, 이번에는 평균인구수 기준 상하 50%의 편차를 기준으로 위헌 여부를 판단하기로 한다. 그러나 앞으로 상당한 기간이 지난 후에는 인구편차가 상하 33⅓% 또는 그 미만의 기준에 따라 위헌 여부를 판단하여야 한다.」고 하여 평균인구수 기준 상하편차 50% 최대선거구와 최소선구구의 인구비율이 3:1 이내여야 한다고 판시하였다.[15)16)]

이와 더불어 헌법재판소는 「95헌마224등 결정에서 재판관 김문희 등 3인의 재판관의 보충의견이 밝히고 있는 바와 같이, 국회가 지역선거구의 획정을 함에 있어 인구 이외에 행정구역, 국회의원정수, 도농간의 인구격차 등 다른 요소를 고려하여 배분할 수 있다 하더라도, 헌법상의 요청인 평등선거의 원칙에 비추어 원칙적으로 지역선거구획정에 따른 선거구간의 인구의 편차는 적어도 최대선거구의 인구가 최소선거구의 인구 2배를 넘지 않도록 조정해야 함이 마땅하다 할 것이고, 앞으로 상당한 기간이 지난 후에는 인구편차가 상하 33⅓%(이 경우 상한 인구수와 하한 인구수의 비율은 2:1), 또는 그 미만의 기준에 따라 위헌여부를 판단하여야 할 것이라는 점을 다시 한 번 명백히 밝혀둔다.」라고 하여 향후 상한 인구수와 하한 인구수의 비율은 2:1 또는 그 미만이 되어야 한다고 판시하였다.

---

15) 2001. 10. 25. 선고 2000헌마92·240(병합) 전원재판부 결정

16) 위 결정에서 권성 재판관은 별개의견으로 '1:1이라고 하는 투표가치의 산술적 평등 이념은 행정구역을 기초로 하는 소선거구제도하에서는 근본적으로 달성하기 어렵다. 더구나 3:1은 괜찮고 4:1은 안된다고 하는 것은, 별 차이가 없는 것을 문제 삼는 셈이어서 지나치게 작위적인 면이 없지 않다. 선거구의 획정에 있어서 투표가치의 평등이라는 것은 가장 우선시되어야 할 이념은 아니다. 선거구 획정에 있어서 고려하여야 할 여러 가지 중요한 기준의 하나에 불과하다.'고 투표가치 평등의 한계를 지적하면서, '의원은 국민의 대표이지만 동시에 지역주민의 대표이기도 하다. 의원을 국민의 대표라고 하는 것은 법률상의 지위와 정치적 책임을 규정하는 것이고 그로부터 의원이 지역의 이익만을 위하여 일하여서는 안 되고 국민 전체를 위하여 일하여야 한다는 의원행동의 윤리강령이 도출되는 것이지만, 이것이 의원의 선출원리는 아니고 의원의 지역주민 대표성을 부정하는 것도 아니다. 오히려 의원의 대표성은 의원이 어느 정도의 독자성을 갖는 지역(예컨대 행정구역)의 주민을 대표한다고 할 때 가장 확실하여 진다. 의원의 주민대표성을 살리는 것은 다음과 같은 이유로 그 합리성과 정당성이 인정된다. 단순한 정서상의 문제가 아니다. ① 의회제도 발전의 역사적 연원에 비추어 볼 때 의원은 항상 일정한 지역주민의 대표로 선출되었고 또 그것을 당연한 것으로 여겼다. ② 소수자보호의 원리에 비추어 인구가 많은 지역의 대표나 인구가 적은 지역의 대표 모두가 똑같은 한사람의 의원으로서 동등한 지위를 부여받았고 또 받아야 한다. ③ 국가통합의 원리에 비추어 인구가 밀집하고 경제력이 강한 지역의 대표와 인구가 희소하고 경제력이 약하고 변두리에 위치한 지역의 대표가 똑같은 의원으로서의 지위를 부여받았고 또 받아야 한다. ④ 의원에게 필요한 자존심, 명예감, 사명감은 지역주민의 대표성에 의하여 더욱 강화된다. 그러므로 소선거구제를 택하는 이상 의원의 지역주민 대표성은 투표가치의 평등성과 대등한 이념으로 인정할 필요가 있다.'고 하여, 의원의 지역대표성 또는 주민대표성이 투표가치평등과 함께 선거구획정의 기준이 되어야 한다고 주장하였다.

(다) 2014년 헌법재판소 결정

헌법재판소는 위 2001년 결정에서 단원제를 채택하고 있는 우리나라의 경우 국회의원이 국민의 대표이면서 현실적으로는 어느 정도의 지역대표성도 겸하고 있는 점, 인구의 도시집중으로 인한 도시와 농어촌 간의 인구편차와 각 분야에 있어서의 개발불균형이 현저한 현실 등을 근거로 국회의원선거구 획정에 있어 인구편차를 완화할 수 있다고 판단하였다. 그러나 국회의원의 지역대표성이나 도농간의 인구격차, 불균형한 개발 등은 더 이상 인구편차 상하 $33\frac{1}{3}$%, 인구비례 2:1의 기준을 넘어 인구편차를 완화할 수 있는 사유가 되지 않는다고 하면서, 인구편차의 기준을 상하 $33\frac{1}{3}$%, 인구비례 2:1을 넘지 않는 것으로 변경하였다.[17]

헌법재판소는 다음과 같이 그 이유를 밝히고 있다.

「ⅰ) 선거를 통해 선출된 국회의원은 국민의 대표로서 국정에 임하게 되고 국회의원으로서 국정을 수행함에 있어 득표수와 관계없이 동일한 권한을 수행하게 된다. 만일 한 명의 국회의원을 선출하는 선거권자의 수가 차이 나게 되면 선거권자가 많은 선거구에 거주하는 선거권자의 투표가치는 그만큼 줄어들게 되므로 가급적 그 편차를 줄이는 것이 헌법적 요청에 부합된다. 그런데 인구편차 상하 50%의 기준을 적용하게 되면 1인의 투표가치가 다른 1인의 투표가치에 비하여 세배의 가치를 가지는 경우도 발생하는데, 이는 지나친 투표가치의 불평등이다. 더구나, 우리나라가 택하고 있는 단원제 및 소선거구제에서는 사표가 많이 발생할 수 있는데, 인구편차 상하 50%의 기준을 따를 경우 인구가 적은 지역구에서 당선된 국회의원이 획득한 투표수보다 인구가 많은 지역구에서 낙선된 후보자가 획득한 투표수가 많은 경우가 발생할 가능성도 있는바, 이는 대의민주주의의 관점에서도 결코 바람직하지 아니하다.

ⅱ) 국회의원이 지역구에서 선출되더라도 추구하는 목표는 지역구의 이익이 아닌 국가 전체의 이익이어야 한다는 원리는 이미 논쟁의 단계를 넘어선 확립된 원칙으로 자리 잡고 있으며, 이러한 원칙은 양원제가 아닌 단원제를 채택하고 있는 우리 헌법 하에서도 동일하게 적용된다. 따라서 국회를 구성함에 있어 국회의원의 지역대표성이 고려되어야 한다고 할지라도 이것이 국민주권주의의 출발점인 투표가치의 평등보다 우선시 될 수는 없다. 더구나 지금은 지방자치제도가 정착되어 지역대표성을 이유로 헌법상 원칙인 투표가치의 평등을 현저히 완화할 필요성 또한 예전에 비해 크지 않다. 국회의원의 지역대표성은 지방자치단체의 장이나 지방의회의원이 가지는 지역대표성으로 상당부분 대체되었다고 할 수 있다. 특히 현 시점에서 중대한 당면과제로 대두하고 있는 빈곤층 보호를 위한 안전망 구축, 전체적인 소득 불균형의 해소, 노년층의 증가에 따른 대응책 마련과 같은 국가적 차원의 문제는 국회의원들만이 해결할 수 있는 것임에 반해, 특정 지역 내에서의 편의시설 마련이나 인프라 구축 등과 같은 문제는 지방자치제도가 정착된 상황에서는 지방자치단체의 장이나 지방의회가 주

17) 2014. 10. 30. 선고 2012헌마190 · 192 · 211 · 262 · 325,2013헌마781,2014헌마53(병합) 결정

도적으로 해결할 수 있으므로 국회의원의 지역대표성을 이유로 민주주의의 근간을 이루는 선거권의 평등을 희생하기 보다는 투표가치의 평등을 실현하여 민주주의의 발전을 위한 토양을 마련하는 것이 보다 중요하다고 할 것이다.

iii) 현행 공직선거법에 의하면 복수의 시·도의 관할구역에 걸쳐 지역구를 획정할 수 없기 때문에, 인구편차의 허용기준을 완화하면 할수록 시·도별 지역구 의석수와 시·도별 인구가 비례하지 아니할 가능성이 높아져 상대적으로 과대 대표되는 지역과 과소 대표되는 지역이 생길 수밖에 없다. 실제로 이 사건 선거구구역표 전체를 살펴보면, 지역대립 의식이 상대적으로 크고 정치적 성향이 뚜렷한 영·호남지역이 수도권이나 충청지역에 비하여 각각 과대하게 대표됨을 확인할 수 있는데, 이러한 차이는 지역정당구조를 심화시키는 부작용을 야기할 수 있다. 특히, 이와 같은 불균형은 농·어촌 지역 사이에서도 나타난다. 예컨대, 2012. 1. 31.을 기준으로 "충청남도 부여군 청양군 선거구"의 인구수는 106,086명인데 비해, "전라남도 순천시 곡성군 선거구"의 인구수는 303,516명으로, "충청남도 부여군 청양군 선거구"에 주민등록을 마친 선거권자의 투표가치는 "전라남도 순천시 곡성군 선거구"에 주민등록을 마친 선거권자의 투표가치보다 약 2.86배 크다. 같은 농·어촌 지역 간에 존재하는 이와 같은 불균형은 농·어촌 지역의 합리적인 변화를 저해할 수 있으며, 국토의 균형발전에도 도움이 되지 않는다.

iv) 인구편차 상하 33⅓%, 인구비례 2:1의 기준을 적용할 경우, 이 사건 선거구구역표 전체를 확정할 당시 고려한 2012. 1. 31.의 인구수를 기준으로 총 246개의 선거구 중 56개의 선거구가 조정대상이 되며, 선거 이후의 인구변화를 고려하여도 2013. 7. 31.을 기준으로 총 60개의 선거구가 분구·통합의 대상이 된다. 선거구의 분구·통합 과정에서 국회의원지역선거구의 수를 조정해야할 필요성이 있을 수 있고, 엄격해진 기준에 따라 선거구를 조정하는데 상당한 시간이 소요되고 여러 가지 어려움이 있을 수 있음을 부인할 수 없으나, 다음 선거까지 약 1년 6개월의 시간이 남아있고, 국회가 국회의원지역선거구를 획정함에 있어 비록 상설기관은 아니지만 전문가들로 구성된 국회의원선거구획정위원회로부터 다양한 정책적 지원을 받을 수 있음을 고려할 때(공직선거법 제24조), 선거구 조정의 현실적인 어려움 역시 인구편차의 허용기준을 완화할 사유가 될 수 없다.

v) 외국의 입법례를 살펴보더라도, 미국은 연방하원의원 선거에서 선거구별로 동일한 인구수를 요구하면서 절대적 평등인 0에 가깝도록 편차를 줄이기 위하여 성실히 노력하였음을 입증하지 않는다면 평등선거의 원칙에 반한다고 보고 있고, 독일은 원칙적으로 상하 편차 15%를 허용한도로 하되, 상하 편차 25%를 반드시 준수해야 할 최대허용한도로 함으로써 탄력적인 입법을 하고 있다. 일본 역시 1994. 2. 4. 법률 제3호로 제정된 중의원의원선거구획정심의회설치법 제3조 제1항에서 "각 선거구의 인구 중 가장 많은 것을 가장 적은 것으로

나누어 얻은 숫자가 2 이상이 되지 않도록 함을 기본으로 하고, 행정구역, 지세, 교통 등의 사정을 종합적으로 고려하여" 선거구를 획정하도록 규정하고 있으며, 2011년에는 인구비례 2.3:1인 선거구에 대하여 "위헌"이라고 판단하였다. 이와 같은 외국의 판례와 입법 추세를 고려할 때, 우리도 인구편차의 허용기준을 엄격하게 하는 일을 더 이상 미룰 수 없다.」

이에 따라 공직선거법도 하나의 자치구·시·구의 인구범위를 인구비례 2:1 이내로 하도록 개정되었다(법§25①2.).

(3) 선거구획정의 지리적 기준 (게리멘더링)

선거구의 획정은 사회적·지리적·역사적·경제적·행정적 연관성 및 생활권 등을 고려하여 특단의 불가피한 사정이 없는 한 인접지역이 1개의 선거구를 구성하도록 함이 상당하며, 이 또한 선거구획정에 관한 국회의 재량권의 한계이다.[18] 특정 지역의 선거인들이 자의적인 선거구획정으로 인하여 정치과정에 참여할 기회를 잃게 되었거나, 그들이 지지하는 후보가 당선될 가능성을 의도적으로 박탈당하고 있음이 입증되어 특정지역의 선거인들에 대하여 차별하고자 하는 국가권력의 의도와 그 집단에 대한 실질적인 차별효과가 명백히 드러난 경우, 즉 게리멘더링에 해당하는 경우에는, 그 선거구획정은 입법재량의 한계를 벗어난 것으로서 헌법에 위반된다.[19] 한편, 행정구역의 문제는 비록 법 제25조(국회의원지역구의 획정) 제1항 제2호에서 "…구·시·군의 일부를 분할하여 다른 국회의원지역구에 속하게 하지 못한다."고 규정하고 있을지라도, 이는 헌법적 요청이 아니므로, 부득이한 경우에는 선거권 평등이라는 헌법적 요청 앞에서는 양보되어야 할 것이고, 행정구역 자체를 일부 수정하는 방법도 고려될 수 있다.[20]

다. 지방의회의원선거구의 획정

(1) 지방의회의원선거구 획정

시·도의회의원지역선거구(이하 "시·도의원지역구"라 한다)는 인구·행정구역·지세·교통 그 밖의 조건을 고려하여 자치구·시·군(하나의 자치구·시·군이 2 이상의 국회의원지역구로 된 경우에는 국회의원지역구를 말하며, 행정구역의 변경으로 국회의원지역구와 행정구역이 합치되지 아니하게

18) 1995. 12. 27. 선고 95헌마224·239·285·373(병합) 전원재판부 결정

19) 2001. 10. 25. 선고 2000헌마92·240(병합) 전원재판부 결정, 1998. 11. 26. 선고 96헌마54 결정, 1998. 11. 26. 선고 96헌마74·83·111(병합) 전원재판부 결정

20) 2001. 10. 25. 선고 2000헌마92·240(병합) 전원재판부 결정(권성 재판관은 '투표가치의 산술적 평등에 보다 접근시키기 위하여 어느 행정구역의 일부 주민을 다른 행정구역에 편입하여 하나의 선거구를 만드는 것은 의원의 주민대표성을 약화시키고 이것은 자기 구역에서 분리되어 타구역에 편입당한 주민들의 선거권을 침해하므로 위헌이 된다고 생각하므로 이 규정은 헌법의 요청을 반영한 것이고 이 규정에 어긋나는 선거구의 획정은 따라서 위헌이라고 생각한다.'고 별개의견을 밝히고 있다.)

된 때에는 행정구역을 말한다)을 구역으로 하거나 분할하여 이를 획정하되, 하나의 시·도의원지역구에서 선출할 지역구시·도의원정수는 1명으로 하며, 그 시·도의원지역구의 명칭과 관할구역은 별표2 「시·도의회의원지역선거구구역표(지역구 : 690명)」와 같다(법§26①).

자치구·시·군의원지역구는 인구·행정구역·지세·교통 그 밖의 조건을 고려하여 획정하되, 하나의 자치구·시·군의원지역구에서 선출할 지역구자치구·시·군의원정수는 2인 이상 4인 이하로 하며, 그 자치구·시·군의원지역구의 명칭·구역 및 의원정수는 시·도조례로 정한다(법§26②).

시·도의원지역구 또는 자치구·시·도의원지역구를 획정하는 경우 하나의 읍·면(「지방자치법」 제7조(자치구가 아닌 구와 읍·면·동 등의 명칭과 구역) 제3항에 따라 행정면을 둔 경우에는 행정면을 말한다)·동(「지방자치법」 제7조(자치구가 아닌 구와 읍·면·동 등의 명칭과 구역) 제4항에 따라 행정동을 둔 경우에는 행정동을 말한다)[21]의 일부를 분할하여 다른 시·도의원지역구 또는 자치구·시·군의원지역구에 속하게 하지 못한다(법§26③). 자치구·시·군의원지역구는 하나의 시·도의원지역구 내에서 획정하여야 한다(법§26④).[22]

(2) 인구편차의 허용기준

선거구 획정에 있어 입법재량의 한계, 즉 헌법상 용인되는 각 선거구 사이의 인구편차의 한계를 어디까지 용인할 것인가는 인구비례의 원칙 이외에 고려되어야 할 2차적 요소들을 얼마나 고려하여 선거구 사이의 인구비례에 의한 투표가치 평등의 원칙을 완화할 것이냐의 문제이다.[23]

(가) 2007년 헌법재판소 결정

헌법재판소는, 시·도의원 지역선거구 사이의 인구편차의 허용기준에 대하여, 「시·도의원 지역선거구의 획정에는 인구 외에 행정구역·지세·교통 등 여러 가지 조건을 고려하여야 하므로, 그 기준은 선거구 획정에 있어서 투표가치의 평등으로서 가장 중요한 요소인 인구비례의 원칙과 우리나라의 특수사정으로서 시·도의원의 지역대표성 및 인구의 도시집중으로

21) 「지방자치법」 제7조(자치구가 아닌 구와 읍·면·동 등의 명칭과 구역) ③ 인구 감소 등 행정여건의 변화로 인하여 필요한 경우 그 지방자치단체의 조례로 정하는 바에 따라 2개 이상의 면을 하나의 면으로 운영하는 등 행정 운영상 면[이하 "행정면(行政面)"이라 한다]을 따로 둘 수 있다.
④ 동·리에서 행정 능률과 주민의 편의를 위하여 그 지방자치단체의 조례로 정하는 바에 따라 하나의 동·리를 2개 이상의 동·리로 운영하거나 2개 이상의 동·리를 하나의 동·리로 운영하는 등 행정 운영상 동(이하 "행정동"이라 한다)·리(이하 "행정리"라 한다)를 따로 둘 수 있다.

22) 시·군의회선거구획정위원회가 획정한 4인 지역구를 2인 지역구로 분할하는 것을 주요내용으로 하는 지방의회 조례는 유효하다(창원지방법원 2006. 4. 27. 선고 2006구합86 판결).

23) 2019. 2. 28. 선고 2018헌마415·919(병합) 결정, 2007. 3. 29. 선고 2005헌마985·1037,2006헌마11(병합) 전원재판부 결정

인한 도시와 농어촌 간의 극심한 인구편차 등 3개의 요소를 합리적으로 참작하여 결정되어야 할 것이며, 현시점에서는 상하 60%의 인구편차(상한 인구수와 하한 인구수의 비율은 4:1) 기준을 시·도의원 지역선거구 획정에서 헌법상 허용되는 인구편차기준으로 삼는 것이 적절하다.」고 하여,[24] 상하 60%의 인구편차와 상한 인구수와 하한 인구수의 비율이 4:1을 기준으로 하여야 한다고 판시하였다.[25]

(나) 2018년 헌법재판소 결정

헌법재판소는 위 2007년도 결정에 의한 인구편차 기준은 투표가치의 불평등이 지나치고 위 결정 이후 11년이 지난 점 등에 비추어 현시점에서 인구편차의 허용한계를 보다 엄격하게 설정할 필요가 있다고 하면서, 인구편차의 기준을 상하 50%, 인구비례 3:1로 변경하였다.[26]

헌법재판소는 다음과 같이 그 이유를 설시하고 있다.

「헌재 2007. 3. 27. 2005헌마985등 결정은 인구편차 상하 60%의 기준을 시·도의원지역구 획정에서 허용되는 인구편차 기준으로 보았다. 그런데 위 기준에 의하면 투표가치의 불평등이 지나치고, 위 기준을 채택한지 11년이 지났으며, 이 결정에서 제시하는 기준은 2022년에 실시되는 시·도의원선거에 적용될 것인 점 등을 고려하면, 현시점에서 인구편차의 허용한계를 보다 엄격하게 설정할 필요가 있다. 다만 시·도의원은 주로 지역적 사안을 다루는 지방의회의 특성상 지역대표성도 겸하고 있고, 우리나라는 도시와 농어촌 간의 인구격차가 크고 각 분야에 있어서의 개발불균형이 현저하다는 특수한 사정이 존재하므로, 시·도의원지역구 획정에 있어서는 행정구역 내지 지역대표성 등 2차적 요소도 인구비례의 원칙에 못지않게 고려해야 할 필요성이 크다. 인구편차 상하 50%를 기준으로 하는 방안은 투표가치의 비율이 인구비례를 기준으로 볼 때의 등가의 한계인 2:1의 비율에 그 50%를 가산한 3:1미만이 되어야 한다는 것으로서 인구편차 상하 $33\frac{1}{3}$%를 기준으로 하는 방안보다 2차적 요소를 폭넓게 고려할 수 있고, 인구편차 상하 60%의 기준에서 곧바로 인구편차 상하 $33\frac{1}{3}$%의 기준을 채택하는 경우 시·도의원지역구를 조정함에 있어 예기치 않은 어려움에 봉착할 가능성이 매우 크므로, 현시점에서는 시·도의원지역구 획정에서 허용되는 인구편차 기준을 인구편차 상하 50%(인구비례 3:1)로 변경하는 것이 타당하다.」[27]

---

24) 2007. 3. 29. 선고 2005헌마985·1037,2006헌마11(병합) 전원재판부 결정

25) 2009. 3. 26. 선고 2006헌마14 전원재판부 결정, 2009. 3. 26. 선고 2006헌마67 전원재판부 결정, 2010. 7. 29. 선고 2010헌마208 결정, 2010. 12. 28. 선고 2010헌마401 결정, 2012. 2. 23. 선고 2010헌마282 결정

26) 2018. 6. 28. 선고 2014헌마189 결정

27) 2019. 2. 28. 선고 2018헌마415·919(병합) 결정도 위 2014헌마189결정에서 제시한 인구편차의 헌법상 허용한계 즉, 인구편차 상하 50%(인구비례 3:1)를 변경할 만한 사정의 변경이나 필요성을 인정할 수 없다고 판시하여, 현재까지 위 결정을 이어오고 있다.

제3장 의원정수

1. 국회의 의원정수

가. 의원정수

국회의 의원정수는 지역구국회의원 253명과 비례대표국회의원 47명을 합하여 300명으로 한다(법§21①). 하나의 국회의원지역선거구(이하 "국회의원지역구"라 한다)에서 선출할 국회의원의 정수는 1인으로 한다(법§21②).

나. 임기중 국회의원지역구를 변경한 때의 선거유예

인구의 증감 또는 행정구역의 변경에 따라 별표1「국회의원지역선거구구역표(지역구 : 253)」의 개정에 의한 국회의원지역구의 변경이 있더라도 임기만료에 의한 총선거를 실시할 때까지는 그 증감된 국회의원지역구의 선거는 이를 실시하지 아니한다(법§27). 국회의원 보궐선거는 총선거당시의 구역에 의하여 하여야 한다.[28]

2. 지방의회 의원정수[29]

가. 시·도의회(광역의회)의 의원정수

시·도별 지역구시·도의원의 총 정수는 그 관할구역 안의 자치구·시·군(하나의 자치구·시·군이 2 이상의 국회의원지역구로 된 경우에는 국회의원지역구를 말하며, 행정구역의 변경으로 국회의원지역구와 행정구역이 합치되지 아니하게 된 때에는 행정구역을 말한다)수의 2배수로 하되, 인구·행정구역·지세·교통 그 밖의 조건을 고려하여 100분의 20의 범위에서 조정할 수 있다. 다만, 인구가 5만명 미만의 자치구·시·군의 지역구시·도의원정수는 최소 1명으로 하고, 인구가 5만명 이상인 자치구·구·군의 지역구시·도의원정수는 최소 2명으로 한다(법§22①).[30]

---

28) 1977. 5. 20. 중앙선관위 질의회답

29) 현행 선거제도는 지역구 국회의원뿐만 아니라 광역의회의원·기초의회의원 선거에서 모두 상대적 다수대표제에 비례대표제를 가미하고 있다. 그러나 '기초의회의원'은 지역주민과 밀착될 수 있는 인사여야 하기 때문에 매우 세분된 읍·면·동 단위의 대표자 선출이 불가피하므로 소선거구 상대적 다수대표제가 바람직하다. 반면에 광역의회의원은 광역지방자치단체 전체를 아우르는 대표의 선출이 바람직하므로 현행 상대적 다수대표제에 비례대표제가 일부 가미된 제도를 전면적으로 개혁하여 대선거구 정당명부식 비례대표제를 도입할 필요가 있다는 견해가 있다(성낙인, 앞의 책, 181쪽).

30) 공직선거법은 2022. 6. 1. 실시된 전국동시지방선거를 앞두고 2022. 4. 20. 법률 제18841호로 개정함으로써, 헌법재판소의 지방의회의원 선거구 인구편차 허용기준 변경에 따른 헌법불합치 상황을 해소하고 지방소멸을 방지하기 위하여 지역구 시·도의원정수와 그 선거구 및 시·도별 자치구·시·군의회의원 총정수를 조정하였다.

그럼에도 불구하고 「지방자치법」 제10조(시 · 읍의 설치기준 등) 제2항[31]에 따라 시와 군을 통합하여 도농복합형태의 시로 한 경우에는 시 · 군통합후 최초로 실시하는 임기만료에 의한 시 · 도의회의원선거에 한하여 해당 시를 관할하는 도의회의원의 정수 및 해당 시의 도의회의원의 정수는 통합 전의 수를 고려하여 이를 정한다(법§22②). 위 기준에 의하여 산정된 의원정수가 19명 미만이 되는 광역시 및 도는 그 정수를 19명으로 한다(법§22③).

비례대표시 · 도의원정수는 위와 같이 산정된 지역구시 · 도의원정수의 100분의 10으로 한다. 이 경우 단수는 1로 본다. 다만, 산정된 비례대표시 · 도의원정수가 3인 미만인 때에는 3인으로 한다(법§22③).

시 · 도별 지역구시 · 도의원의 총 정수를 조정할 때 고려하는 인구에는 법 제15조(선거권) 제2항 제3호에 따라 선거권이 있는 외국인이 포함된다.[32]

나. 자치구 · 시 · 군의회(기초의회)의 의원정수

시 · 도별 자치구 · 시 · 군의회 의원의 총정수는 별표3 「시 · 도별자치구 · 시 · 군의회의원 총정수표(2,978명)」과 같이 하며, 자치구 · 시 · 군의회의 의원정수는 당해 시 · 도의 총정수 범위 내에서 법 제24조의3(자치구 · 시 · 군의원선거구획정위원회)의 규정에 따른 당해 시 · 도의 자치구 · 시 · 군의원선거구획정위원회가 자치구 · 시 · 군의 인구와 지역대표성을 고려하여 「자치구 · 시 · 군의회의 의원정수 산정기준」에 따라 정한다(법§23①). 자치구 · 시 · 군의회의원정수 산정의 기준이 되는 인구에는 주민등록이 되어 있는 국민과 법 제15조(선거권) 제2항 제3호에 따라 선거권이 있는 외국인을 포함한다.[33] 「자치구 · 시 · 군의회의 의원정수 산정기준」은 다음 각 호에서 정하는 기준에 따른다(규칙§4①).

1. 자치구 · 시 · 군의회의 의원정수는 별표3의 시 · 도별 자치구 · 시 · 군의회의원의 총정수의 범위 내에서 자치구 · 시 · 군별 인구 비율과 읍 · 면 · 동수 비율 등을 고려하여 정한다. 이 경우 자치구 · 시 · 군의회의 의원정수 산정의 기준이 되는 인구 및 읍 · 면 · 동수의 기준일은 최근의 통계에 따라 법 제24조의3(자치구 · 시 · 군의원선거구획정위원회) 제1항에 따른 해당 시 · 도의 자치구 · 시 · 군의원선거구획정위원회가 정하되, 읍 · 면 · 동 통합

---

31) 지방자치법 제10조(시 · 읍의 설치기준 등) ② 다음 각 호의 어느 하나에 해당하는 지역은 도농복합형태의 시로 할 수 있다.
   1. 제1항에 따라 설치된 시와 군을 통합한 지역
   2. 인구 5만 이상의 도시 형태를 갖춘 지역이 있는 군
   3. 인구 2만 이상의 도시 형태를 갖춘 2개 이상의 지역의 인구가 5만 이상인 군. 이 경우 군의 인구가 15만 이상으로서 대통령령으로 정하는 요건을 갖추어야 한다.
   4. 국가의 정책으로 인하여 도시가 형성되고, 제128조에 따라 도의 출장소가 설치된 지역으로서 그 지역의 인구가 3만 이상이며, 인구 15만 이상의 도농복합형태의 시의 일부인 지역

32) 2017. 10. 17. 중앙선관위 질의회답

33) 2009. 4. 16. 중앙선관위 질의회답

이 있는 때에 읍·면·동수의 기준일은 통합 전 통계에 따를 수 있다.

2. 비례대표선거구자치구·시·군의회의원(이하 "비례대표자치구·시·군의원"이라 한다)정수는 자치구·시·군의회 의원 정수에서 법 제23조(자치구·시·군의회의 의원정수) 제3항의 규정에 따라 먼저 정하고, 지역선거구자치구·시·군의회의원(이하 "지역구자치구·시·군의원"이라 한다)정수는 그 나머지 인원으로 한다.

자치구·시·군의회의 최소정수는 7인으로 한다(법§23②). 지역구자치구·시·군의원정수를 정함에 있어서는 자치구·시·군 안에서 지역선거구별로 의원 1인당 인구수의 편차가 최소화되도록 노력하여야 한다(규칙§4②). 조례로 시·군의회의원정수 산정의 예외사항을 정할 수는 없다.[34)]

비례대표자치구·시·군의원정수는 자치구·시·군의원 정수의 100분의 10으로 한다. 이 경우 단수는 1로 본다(법§23③).

다. 임기 중 지방의회의 의원정수의 조정 등

인구의 증감 또는 행정구역의 변경에 따라 지방의회의 의원정수·선거구 또는 그 구역의 변경이 있더라도 임기만료에 의한 총선거를 실시할 때까지는 그 증감된 선거구의 선거는 이를 실시하지 아니한다. 다만, 지방자치단체의 구역변경이나 설치·폐지·분할 또는 합병이 있는 때에는 다음 각 호에 의하여 당해 지방의회의 의원정수를 조정하고, 제3호 단서·제5호 또는 제6호의 경우에는 증원선거를 실시한다(법§28).

1. 지방자치단체의 구역변경으로 선거구에 해당하는 구역의 전부가 다른 지방자치단체에 편입된 때에는 그 편입된 선거구에서 선출된 지방의회의원은 종전의 지방의회의원의 자격을 상실하고 새로운 지방의회의원의 자격을, 선거구에 해당하는 구역의 일부가 다른 지방자치단체에 편입된 때에는 그 편입된 구역이 속하게 된 선거구에서 선출된 지방의회의원은 그 구역이 변경된 날부터 14일 이내에 자신이 속할 지방의회를 선택하여 당해 지방의회에 서면으로 신고하여야 하며 그 선택한 지방의회가 종전의 지방의회가 아닌 때에는 종전의 지방의회의원의 자격을 상실하고 새로운 지방의회의원의 자격을 취득하되, 그 임기는 종전의 지방의회의원의 잔임기간으로 하며, 그 재임기간에는 제22조(시·도의회의 의원정수) 또는 제23조(자치구·시·군의회의 의원정수)의 규정에 불구하고 그 재직의원수를 각각 의원정수로 한다. 이 경우 새로운 지방의회의원의 자격을 취득한 지방의회의원의 주민등록이 종전의 지방자치단체의 관할구역안에 되어 있는 때에는 그 구역이 변경된 날로부터 14일 이내에 새로운 지방자치단체의 관할구역으로 주민등록을 이전하여야 하며, 그 구역이 변경된 날로부터 14일 이내에 자신이 속할 지방의회를 신

34) 2017. 11. 10. 중앙선관위 질의회답

고하지 아니한 때에는 그 구역이 변경된 날로부터 14일 되는 날 현재 당해 지방의회의원의 주민등록지를 관할하는 지방자치단체의 지방의회에 신고한 것으로 본다.

2. 2 이상의 지방자치단체가 합하여 새로운 지방자치단체가 설치된 때에는 종전의 지방의회의원은 같은 종류의 새로운 지방자치단체의 지방의회의원으로 되어 잔임기간 재임하며, 그 잔임기간에는 제22조(시 · 도의회의 의원정수) 또는 제23조(자치구 · 시 · 군의회의 의원정수)의 규정에 불구하고 그 재직의원수를 각각 의원정수로 한다.
3. 하나의 지방자치단체가 분할되어 2 이상의 지방자치단체가 설치된 때에는 종전의 지방의회의원은 후보자등록당시 선거구를 관할하게 되는 지방자치단체의 지방의회의원으로 되어 잔임기간 재임하며, 그 잔임기간에는 제22조(시 · 도의회의 의원정수) 또는 제23조(자치구 · 시 · 군의회의 의원정수)의 규정에 불구하고 그 재직의원수를 각각 의원정수로 한다. 이 경우 비례대표시 · 도의원은 당해 시 · 도가 분할 · 설치된 날부터 14일 이내에 자신이 속할 시 · 도의회를 선택하여 당해 시 · 도의회에 서면으로 신고하여야 하고, 비례대표자치구 · 시 · 군의원은 당해 자치구 · 시 · 군이 분할 · 설치된 날부터 14일 이내에 자신이 속할 자치구 · 시 · 군의회를 선택하여 당해 자치구 · 시 · 군의회에 서면으로 신고하여야 한다. 다만, 재직의원수가 제22조(시 · 도의회의 의원정수) 또는 제23조(자치구 · 시 · 군의회의 의원정수)의 규정에 의한 새로운 의원정수의 3분의 2에 미달하는 때에는 의원정수에 미달하는 수만큼의 증원선거를 실시한다.
4. 시가 광역시로 된 때에는 종전의 시의회의원과 당해 지역에서 선출된 도의회의원은 종전의 지방의회의원의 자격을 각각 상실하고 광역시의회의원의 자격을 취득하되, 그 임기는 종전의 도의회의원의 잔임기간으로 하며, 그 잔임기간에는 제22(시 · 도의회의 의원정수)조의 규정에 불구하고 그 재직의원수를 의원정수로 한다.
5. 읍 또는 면이 시로 된 때에는 시의회를 새로 구성하되, 최초로 선거하는 의원의 수는 당해 시 · 도의 자치구 · 시 · 군의원선거구획정위원회가 새로 정한 의원정수로부터 당해 지역에서 이미 선출된 군의회의원정수를 뺀 수로 하고, 종전의 당해 지역에서 선출된 군의회의원은 시의회의원이 된다. 이 경우 새로 선출된 의원정수를 합한 수를 제23조(자치구 · 시 · 군의회의 의원정수)의 규정에 따른 시 · 도별 자치구 · 시 · 군의회의원의 총정수로 한다.
6. 제4호의 경우 자치구가 아닌 구가 자치구로 된 때에는 자치구의회를 새로 구성하며, 그 의원정수는 당해 시 · 도의 자치구 · 시 · 군의원선거구획정위원회가 새로 정한다. 이 경우 새로 정한 의원 정수를 합한 수를 제23조(자치구 · 시 · 군의회의 의원정수)의 규정에 따른 시 · 도별자치구 · 시 · 군의회의원의 총정수로 한다.

라. 지방의회의원의 증원선거

지방의회의원의 증원선거는 법 제22조(시·도의회의 의원정수)·제23조(자치구·시·군의회의 의원정수) 또는 제26조(지방의회의원선거구의 획정)의 규정에 의하여 새로 획정한 선거구에 의하되, 종전 지방의회의원이 없거나 종전 지방의회의원의 수가 그 선거구의 의원정수에 미달되는 선거구에 대하여 실시한다(법§29①). 선거구획정에 있어서 종전 지방의회의원의 선거구는 그 의원의 후보자등록 당시의 주소지를 관할하는 선거구로 하며, 새로 획정한 하나의 선거구 안에 종전 지방의회의원의 수가 그 선거구를 새로 정한 의원정수를 넘는 때에는 임기만료에 의한 총선거를 실시할 때까지 법 제22조(시·도의회의 의원정수) 또는 제23조(자치구·시·군의회의 의원정수)의 규정에도 불구하고 그 넘는 의원수를 합한 수를 당해 선거구의 의원정수로 한다(법§29②).

증원선거에 관한 사무는 당해 구·시·군선거관리위원회가 설치되지 아니한 경우에는 시·도선거관리위원회가 지정하거나 그 구역을 관할하던 종전의 구·시·군선거관리위원회로 하여금 그 선거사무를 행하게 할 수 있다(법§29③).

마. 지방자치단체의 폐치·분합시의 선거 등

지방자치단체의 설치·폐치·분할 또는 합병이 있는 때에는 다음 각 호에 의하여 당해 지방자치단체의 장을 선거한다(법§30①).

1. 시·자치구 또는 광역시가 새로 설치된 때에는 당해 지방자치단체의 장은 새로 선거를 실시한다.
2. 하나의 지방자치단체가 분할되어 2 이상의 같은 종류의 지방자치단체로 된 때에는 종전의 지방자치단체의 장은 새로 설치된 지방자치단체 중 종전의 지방자치단체의 사무소가 위치한 지역을 관할하는 지방자치단체의 장으로 되며, 그 다른 지방자치단체의 장은 새로 선거를 실시한다. 이 경우 종전의 지방자치단체의 사무소가 다른 지방자치단체의 관할구역안에 있는 때에는 지방자치단체의 분할에 관한 법률제정 시 새로 선거를 실시할 지방자치단체를 정하여야 한다.
3. 2 이상의 같은 종류의 지방자치단체가 합하여 새로운 지방자치단체가 설치된 때에는 종전의 지방자치단체의 장은 그 직을 상실하고, 새로운 지방자치단체의 장에 대해서는 새로 선거를 실시한다.
4. 지방자치단체가 다른 지방자치단체에 편입됨으로 인하여 폐지된 때에는 그 폐지된 지방자치단체의 장은 그 직을 상실한다.

지방자치단체의 명칭만 변경된 경우에는 종전의 지방자치단체의 장은 변경된 지방자치단체의 장이 되며, 변경 당시의 잔임기간 재임한다(법§30②). “같은 종류의 지방자치단체”란 「지방자치법」 제2조(지방자치단체의 종류) 제1항에 의한 같은 종류의 지방자치단체를 말한다(법§30③).

제4장 비례대표선거제

1. 비례대표국회의원선거제도

가. 의석수

비례대표국회의원은 47명이다(법§21①).

나. 의석배분

(1) 저지조항

중앙선거관리위원회는 다음 각 호의 어느 하나에 해당하는 정당(이하 “의석할당정당”이라 한다)에 대하여 비례대표국회의원의석을 배분한다(법§189①).[35)]

1. 임기만료에 따른 비례대표국회의원선거에서 전국 유효투표총수의 100분의 3 이상을 득표한 정당
2. 임기만료에 따른 지역구국회의원선거에서 5 이상의 의석을 정당

따라서 위 각 호에 해당하지 아니하는 정당은 비례대표국회의원의석을 배분받을 자격이 없다.

(2) 배분방법

비례대표국회의원의석은 다음 각 호에 따라 각 의석할당정당에 배분한다(법§189②).

1. 각 의석할당정당에 배분할 의석수(이하 “연동배분의석수”라 한다)는 다음 계산식에 따른 값을 소수점 첫째자리에서 반올림하여 산정한다. 이 경우 연동배분의석수가 1보다

35) 독일헌법재판소는 ‘평등선거의 원칙은 투표의 성과가치에 대하여 일체의 차별을 배제하거나 모든 정당에 대하여 아무런 구별 없이 균일하게 취급하는 것을 의미하지는 않는다. 일반적인 법적확신에 의하면 5퍼센트의 정족수가 의회에서 정당의 분열을 막고 선거의 통합적 기능을 보지하기 위하여 필요한 바이므로 이른바 파편정당을 헌법생활의 교란을 방지하기 위하여 의석배분에서 제외하는 것은 허용된다. 따라서 연방선거법 제26조 제4항에서 의석을 배분할 때에는 선거구내에서 행하여진 유효투표의 최소한 5%를 득표한 정당이나 3선거구에서 1의석을 획득한 정당만이 이에 해당된다는 규정은 기본법 제38조 제1항(선거원칙)에 반하지 않는다.’고 판시하였다(독일헌법재판소 1957. 1. 23. 결정).

작은 경우 연동배분의석수는 0으로 한다.

연동배분의석수 = [(국회의원정수 − 의석할당정당이 추천하지 않은 지역구국회의원당선인수) × 해당 정당의 비례대표국회의원선거 득표비율 − 해당정당의 지역구국회의원당선인수] ÷ 2

2. 제1호에 따른 각 정당별 연동배분의석수의 합계가 비례대표국회의원 의석정수에 미달할 경우 각 의석할당정당에 배분할 잔여의석수(이하 "잔여배분의석수"라 한다)는 다음 계산식에 따라 산정한다. 이 경우 정수의 의석을 먼저 배정하고 잔여의석은 소수점 이하 수가 큰 순으로 각 의석할당정당에 1석씩 배분하되, 그 수가 같은 때에는 해당 정당 사이의 추첨에 따른다.

잔여배분의석수 = (비례대표국회의원 의석정수 − 각 연동배분의석수의 합계) × 비례대표국회의원선거 득표비율

3. 제1호에 따른 각 정당별 연동배분의석수의 합계가 비례대표국회의원 의석정수를 초과할 경우에는 제1호 및 제2호에도 불구하고 다음 계산식에 따라 산출된 수(이하 "조정의석수"라 한다)를 각 연동배분의석 할당정당의 의석으로 산정한다. 이 경우 산출방식에 관하여는 제2호 후단을 준용한다.

조정의석수 = 비례대표국회의원 의석정수 × 연동배분의석수 ÷ 각 연동배분의석수의 합계

헌법재판소는 위와 같은 의석배분조항(법§189②)에 관하여, 「이 사건 의석배분조항은 선거권자의 정당투표결과가 비례대표의원의 의석으로 전환되는 방법을 확정하고 있고, 선거권자의 투표 이후에 의석배분방법을 변경하는 것과 같은 사후개입을 허용하고 있지 않다. 따라서 이 사건 의석배분조항은 직접선거원칙에 위배되지 않는다. 대의제민주주의에 있어서 선거제도는 정치적 안정의 요청이나 나라마다의 정치적·사회적·역사적 상황 등을 고려하여 각기 그 나라의 실정에 맞도록 결정되는 것이고 거기에 논리 필연적으로 요청되는 일정한 형태가 있는 것은 아니다. 소선거구 다수대표제나 비례대표제 등 어느 특정한 선거제도가 다른 선거제도와 비교하여 반드시 우월하거나 열등하다고 단정할 수 없다. 이 사건 의석배분조항은 지역구의석과 비례대표의석을 연동하여 정당의 득표율에 비례한 의석배분이 이루어지도록 하고 있다. 다만, 지역구의석과 비례대표의석의 연동률을 50%로 제한하고, 초과의석이 발생한 정당에게도 잔여의석이 배분될 수 있도록 하고 있으나, 이는 우리나라의 정치·사회적 상황을 고려하여 국회의원정수를 늘리거나 지역구의석을 줄이지 않는 범위 내에서

기존의 병립형 제도보다 선거의 비례성을 향상시키기 위한 것이다. 또한 이 사건 의석배분조항은 위성정당[36] 창당과 같은 지역구의석과 비례대표의석의 연동을 차단시키기 위한 선거전략을 통제하는 제도를 마련하고 있지 않으나, 이 사건 의석배분조항이 개정 전 공직선거법상의 병립형 선거제도보다 선거의 비례성을 향상시키고 있고, 이러한 방법이 헌법상 선거원칙에 명백히 위반된다는 사정이 발견되지 않으므로, 정당의 투표전략으로 인하여 실제 선거에서 양당체제를 고착화시키는 결과를 초래하였다는 이유만으로, 이 사건 의석배분조항이 투표가치를 왜곡하거나 선거의 대표성의 본질을 침해할 정도로 현저히 비합리적인 입법이라고 보기는 어렵다. 따라서 이 사건 의석배분조항은 평등선거원칙에 위배되지 않는다.」고 판시하였다.[37]

비례대표국회의원선거 득표비율은 각 의석할당정당의 득표수를 모든 의석할당정당의 득표수의 합계로 나누어 산출한다(법§189③). 중앙선거관리위원회는 제출된 정당별 비례대표국회의원후보자명부에 기재된 당선인으로 될 순위에 따라 정당에 배분된 비례대표국회의원의 당선인을 결정한다(법§189④). 정당에 배분된 비례대표국회의원의석수가 그 정당이 추천한 비례대표국회의원후보자수를 넘는 때에는 그 넘는 의석은 공석으로 한다(법§189⑤). 중앙선거관리위원회는 비례대표국회의원선거에 있어서 법 제189조(천재 · 지변 등으로 인한 재투표)의 규정에 의한 재투표 사유가 발생한 경우에는 그 투표구의 선거인수를 전국선거인수로 나눈 수에 비례대표국회의원 의석정수를 곱하여 얻은 수의 정수(1미만의 단수는 1로 본다)를 비례대표국회의원 의석정수에서 뺀 다음 제1항부터 제4항까지의 규정에 따라 비례대표국회의원의석을 배분하고 당선인을 결정한다. 다만, 재투표결과에 따라 의석할당정당이 추가될 것으로 예상되는 경우에는 추가로 예상되는 정당마다 비례대표국회의원 의석정수의 100분의 3에 해당하는 정수(1미만의 단수는 1로 본다)의 의석을 별도로 빼야 한다(법§189⑥).

2. 비례대표지방의회의원제도

가. 의석수

비례대표시 · 도의원정수는 지역구시 · 도의원정수의 100분의 10으로 한다. 이 경우 단수는 1로 본다. 다만, 산정된 비례대표시 · 도의원정수가 3인 미만인 때에는 3인으로 한다(법§22④).

비례대표자치구 · 시 · 군의원정수는 자치구 · 시 · 군의원 정수의 100분의 10으로 한다. 이 경우 단수는 1로 본다(법§23③).

---

36) 법원은 비례대표 전국선거구 국회의원선거에 위성정당이 참여하고 기존 정당이 참여하지 않은 것이 선거무효사유에 해당하지 않는다고 판시하였다(2021. 8. 19. 선고 2020수5325 판결).

37) 2023. 7. 20. 선고 2019헌마1443, 2020헌마134, 16, 449, 2021헌마9(병합) 결정

나. 의석배분

(1) 저지조항

비례대표지방의회의원의석은 비례대표지방의회의원선거에서 유효투표총수의 100분의 5 이상을 득표한 정당(이하 "의석할당정당"이라 한다)에게 배분한다(법§190의2①). 비례대표지방의원선거에 있어서 하나의 정당만이 후보자를 추천한 때에는 투표를 실시하지 아니하고 당선인을 결정한다.[38]

(2) 배분방법

비례대표지방의회의원선거에 있어서는 당해 선거구 선거관리위원회가 의석할당정당에 대하여 당해 선거에서 얻은 득표비율에 비례대표지방의회의원정수를 곱하여 산출된 수의 정수의 의석을 그 정당에 먼저 배분하고 잔여의석은 단수가 큰 순으로 각 의석할당정당에 1석씩 배분하되, 같은 단수가 있는 때에는 그 득표수가 많은 정당에 배분하고 그 득표수가 같은 때에는 당해 정당 사이의 추첨에 의한다. 이 경우 득표비율은 각 의석할당정당의 득표수를 모든 의석할당정당의 득표수의 합계로 나누고 소수점 이하 제5위를 반올림하여 산출한다(법§190의2①). 비례대표시·도의원선거에 있어서 하나의 정당에 의석정수의 3분의 2 이상의 의석이 배분될 때에는 그 정당에 3분의 2에 해당하는 수의 정수의 의석을 먼저 배분하고, 잔여의석은 나머지 의석할당정당간의 득표비율에 잔여의석을 곱하여 산출된 수의 정수의 의석을 각 나머지 의석할당정당에 배분한 다음 잔여의석이 있는 때에는 그 단수가 큰 순위에 따라 각 나머지 의석할당정당에 1석씩 배분한다. 다만, 의석정수의 3분의 2에 해당하는 수의 정수에 해당하는 의석을 배분받는 정당 외에 의석할당정당이 없는 경우에는 의석할당정당이 아닌 정당간의 득표비율에 잔여의석을 곱하여 산출된 수의 정수의 의석을 먼저 그 정당에 배분하고 잔여의석이 있을 경우 단수가 큰 순으로 각 정당에 1석씩 배분한다(법§190의2②). 관할선거구선거관리위원회는 제출된 정당별 비례대표지방의회의원후보자명부에 기재된 당선인으로 될 순위에 따라 정당에 배분된 비례대표지방의회의원의 당선인을 결정한다(법§190의2④, §189④). 정당에 배분된 비례대표지방의회의원의석수가 그 정당이 추천한 비례대표지방의회의원후보자수를 넘는 때에는 그 넘는 의석은 공석으로 한다(법§190의2④, §189⑤). 관할선거구선거관리위원회는 비례대표지방의회의원선거에 있어서 법 제189조(천재·지변 등으로 인한 재투표)의 규정에 의한 재투표 사유가 발생한 경우에는 그 투표구의 선거인수를 당해 선거구의 선거인수로 나눈 수에 비례대표지방의회의원 의석정수를 곱하여 얻은 수의 정수(1미만의 단수는 1로 본다)를 비례대표지방의회의원 의석정수에서 뺀 다음 제1항 및 제2항의 규정

38) 2006. 5. 16. 중앙선관위 질의회답

에 따라 비례대표지방의회의원의석을 배분하고 당선인을 결정한다. 다만, 비례대표지방의회의원의석배분이 배제된 정당 중 재투표결과에 따라 의석할당정당이 추가될 것으로 예상되는 때에는 추가가 예상되는 정당마다 비례대표지방의회의원정수의 100분의 5에 해당하는 정수(1미만의 단수는 1로 본다)의 의석을 별도로 빼야 한다(법§190의2③).

제5장 투표구

투표구는 선거관리위원회가 투표사무를 효율적으로 수행하기 위하여 획정한 지역적 단위를 말한다.

읍·면·동에 투표구를 둔다(법§31①). 구·시·군선거관리위원회는 하나의 읍·면·동에 2 이상의 투표구를 둘 수 있다. 이 경우 읍·면의 리(「지방자치법」 제7조(자치구가 아닌 구와 읍·면·동 등의 명칭과 구역) 제4항에 따른 행정리를 둔 경우에는 행정리를 말한다)의 일부를 분할하여 다른 투표구에 속하게 할 수 없다(법§31②). 투표구를 설치 또는 변경하거나 선거를 실시할 때에는 구·시·군선거관리위원회는 투표구의 명칭과 그 구역을 공고하여야 한다(법§31③). 구·시·군선거관리위원회는 투표구의 설치 또는 변경의 공고를 한 때에는 그 때마다 지체없이 관할구·시·군의 장과 관계 읍·면·동선거관리위원회에 이를 통보하여야 하며, 선거를 실시하는 때에는 그때마다 선거인명부작성 기준일 전일까지 관할구역안의 투표구를 일괄하여 공고하여야 한다(규칙§7).

제6장 구역의 변경 등

선거인명부작성기준일부터 선거일까지의 사이에 선거구의 구역·행정구역 또는 투표구의 구역이 변경된 경우에도 당해 선거에 관한 한 그 구역은 변경되지 아니한 것으로 본다(법§32①). 지방자치단체나 그 행정구역의 관할구역의 변경 없이 그 명칭만 변경된 경우에는 별표1 「국회의원지역선거구구역표(지역구 : 253)」·별표2 「시·도의회의원지역선거구구역표(지역구 : 729명)」·별표3 「시·도별자치구·시·군의회의원 총정수표(2,978명)」 및 법 제26조(지방의회의원선거구의 획정) 제2항의 규정에 의한 시·도 조례 중 국회의원지역구명·선거구명 및 그 구역의 행정구역명은 변경된 지방자치단체명이나 행정구역명으로 변경한 것으로 본다(법§32

②). 하나의 선거구를 이루고 있던 2개의 동이 선거구역 변동 없이 1개의 동으로 통폐합된 경우 형식상 행정구역이 변경된 것이지만 선거를 실시하는 지역단위인 선거구의 구역과 의원정수는 변동이 없으므로 그 실질적 효과는 선거구 명칭만 변경된 것과 동일하므로 법 제32조(구역의 변경 등) 제2항과 같이 행정구역의 관할구역 변경 없이 명칭만 변경된 것으로 보아 시·도 조례에 의한 선거구명 및 그 구역의 행정구역명은 동 통폐합으로 변경된 행정구역명으로 변경된 것으로 볼 수 있다.[39)]

39) 1999. 6. 28. 중앙선관위 질의회답

제7편 후보자

제1장 예비후보자

1. 의의

예비후보자란 후보자가 되고자 하는 자로서 관할선거구선거관리위원회에 예비후보자로 등록한 자이다. 예비후보자 제도는 선거일 전 일정일부터 관할선거구선거관리위원회에 예비후보자 등록을 하면 일정 범위 내에서 선거운동을 할 수 있도록 하는 제도이다. 예비후보자 제도는 현역 국회의원의 경우 직무활동으로 인정되는 의정활동보고를 통하여 사실상 선거운동기간 전에도 선거운동의 효과를 누리는 기회가 주어지고 있어 정치 신인과의 선거운동기회가 불균등하다는 문제점이 끊임없이 제기되자 선거운동기회의 형평성 차원에서 정치신인에게도 자신을 알릴 수 있는 기회를 어느 정도 보장하고자 도입되었다.[1)]

2. 예비후보자 등록신청 시기 및 첨부서류

가. 등록신청 시기

예비후보자가 되려는 사람(비례대표국회의원선거 및 비례대표지방의회의원선거는 제외[2)])은 선거유형에 따라 정해진 날(그 날 후에 실시사유가 확정된 보궐선거등에 있어서는 그 선거의 실시사유가 확정된 때)부터 관할선거구선거관리위원회에 예비후보자등록을 서면으로 신청하여야 한다.

1) 2005. 9. 29. 선고 2004헌바52 전원재판부 결정, 2009. 7. 30. 선고 2008헌마180 결정

2) 헌법재판소는, 비례대표선거에서 예비후보자등록제도를 인정하지 않는 이유에 대하여, '정당법과 공직선거법에 의하면 정당은 일정한 요건을 갖춰 정당으로 등록하는 순간, 선거기간 여부를 불문하고 통상적인 정당활동을 통하여 정당의 정강이나 정책을 유권자에게 알릴 수 있으며, 정당이 제시한 비례대표명부를 보고 정당에 투표하는 비례대표국회의원선거에 있어서 정당이 신생정당이라는 이유로 그 정당이나 비례대표국회의원후보자에게 선거기간 전에 선거운동의 기회를 부여해야 할 이유는, 선거기간이 아니면 후보자가 자신을 합법적으로 유권자에게 알릴 기회가 없는 정치신인인 지역구 국회의원후보자의 경우에 비해 훨씬 적으므로 이에 비례대표선거에서는 예비후보자등록제도를 인정하지 아니한 것이다.'라고 판시하였다(2006. 7. 27. 선고 2004헌마217 결정). ; 2011. 3. 31. 선고 2010헌마314 결정도 같은 취지

대통령선거는 선거일 전 240일, 지역구국회의원선거 및 시·도지사선거는 선거일 전 120일, 지역구시·도의회의원선거, 자치구·시의 지역구의회의원 및 장의 선거는 선거기간개시일 전 90일, 군의 지역구의회의원 및 장의 선거는 선거기간개시일 전 60일[3]부터 등록할 수 있다(법§60의2①).

예비후보자등록신청서는 규칙이 정하는 서식[4]에 의한다(규칙§26③전단).

나. 첨부서류

예비후보자등록을 신청하는 때에는 피선거권에 관한 증명서류, 전과기록에 관한 증명서류, 학력에 관한 증명서(한글번역문을 첨부헌다)를 제출하여야 한다(법§60의2② 전단). 피선거권에 관한 증명서류로는 주민등록표 초본(대통령선거, 지방의회의원선거 및 지방자치단체의 장 선거에 한한다), 가족관계증명서, 재직증명서(법 제16조(피선거권) 제4항의 경우에 해당되는 지방자치단체의 장에 한한다), 사직원접수증 또는 해임증명서류(법 제53조(공무원 등의 입후보) 제1항부터 제3항까지 또는 제5항 본문에 해당하는 사람에 한정한다)가 있다(규칙§26①).

전과기록에 관한 증명서류란 벌금 100만원 이상의 형의 범죄경력(실효된 형을 포함한다)에 관한 증명서류를 말한다(법§49④5.).

학력에 관한 증명서는 「초·중등교육법」 및 「고등교육법」에서 인정하는 정규학력(이하 "정규학력"이라 한다)에 관한 최종학력증명서와 국내 정규학력에 준하는 외국의 교육기관에서 이수한 학력에 관한 각 증명서이다(법§49④6.). 최종학력증명서란 재학증명서·재적증명서·졸업증명서(이를 발행할 수 없는 경우에는 졸업증 원본을 포함)·수료증명서(이를 발행할 수 없는 경우에는 수료증원본을 포함) 기타 학교의 장이 발행한 최종학력을 증명할 수 있는 서류를 말한다(규칙§20⑨).

---

3) 헌법재판소는, 군의 장의 선거의 예비후보자가 되려는 사람은 그 선거기간개시일 전 60일부터 예비후보자 등록 신청을 할 수 있다고 규정한 법 제60조의2(예비후보자등록) 제1항 제4호와 관련하여, '예비후보자의 선거운동기간을 제한하지 않으면, 예비후보자 간의 경쟁이 격화될 수 있고 예비후보자 간 경제력 차이 등에 따른 폐해가 두드러질 우려가 있다. 군의 평균 선거인수는 시·자치구에 비해서도 적다는 점, 오늘날 대중정보매체가 광범위하게 보급되어 있다는 점, 과거에 비해 교통수단이 발달하였다는 점 등에 비추어보면, 군의 장의 선거에서 예비후보자로서 선거운동을 할 수 있는 기간이 최대 60일이라고 하더라도 그 기간이 지나치게 짧다고 보기 어렵다. 군의 장의 선거에 입후보하고자 하는 사람은 문자메시지, 인터넷 홈페이지 등을 이용하여 상시 선거운동을 할 수 있다. 따라서 심판대상조항은 청구인의 선거운동의 자유를 침해하지 않는다. 군은 주로 농촌 지역에 위치하고 있어 도시 지역인 자치구·시보다 대체로 인구가 적다. 또한 군의 평균 선거인수는 자치구·시의 평균 선거인수에 비하여 적다. 심판대상조항은 이러한 차이를 고려하여 자치구·시의 장의 선거에서보다 군의 장의 선거에서 예비후보자의 선거운동기간을 단기간으로 정한 것인바, 이러한 차별취급은 자의적인 것이라 할 수 없다. 따라서 이 조항은 청구인의 평등권을 침해하지 않는다.'고 판시하였다(2020. 11. 26. 선고 2018헌마260 결정).

4) 규칙 별지 제12호 서식의 (나) (예비후보자)·(후보자)등록신청서

다. 조회

예비후보자가 되고자 하는 자는 선거기간개시일 전 150일(대통령선거의 경우 예비후보자등록 신청개시일 전 60일)부터 본인 또는 정당은 후보자가 되고자 하는 소속 당원의 전과기록을 국가경찰관서의 장에게 조회할 수 있으며, 그 요청을 받은 국가경찰관서의 장은 지체 없이 그 전과기록을 회보하여야 한다. 이 경우 회보받은 전과기록은 후보자등록시 함께 제출하여야 하며 관할선거관리위원회는 그 확인이 필요하다고 인정되는 후보자에 대하여는 후보자등록 마감 후 지체 없이 해당 선거구를 관할하는 검찰청의 장에게 그 후보자의 전과기록을 조회할 수 있고, 당해 검찰청의 장은 그 전과기록의 진위여부를 지체 없이 회보하여야 한다(§60의2⑧, §49⑩).

예비후보자 등록신청을 받은 선거관리위원회는 중앙선거관리위원회가 정하는 기준에 따라 해당 예비후보자의 당적보유 여부를 정당에 요청하여 조회할 수 있고, 그 요청을 받은 정당은 이를 확인하여 지체 없이 해당 선거관리위원회에 회보하여야 한다. 이 경우 해당 시·도 선거관리위원회가 일괄하여 조회할 수 있다(법§60의2⑨, 규칙§26⑤).

관할선거구선거관리위원회가 법 제49조(후보자등록 등) 제8항 단서에 따라 예비후보자의 피선거권에 관한 조사를 함에 있어서는 「가족관계의 등록 등에 관한 법률」 제10조(등록기준지의 결정) 제1항에 따른 예비후보자의 등록기준지를 관할하는 구청장·시장(구가 설치되지 아니한 시의 시장을 말한다)·읍장·면장과 해당 선거구를 관할하는 검찰청의 장에게 조회하되, 법 제49조(후보자등록 등) 제10항 후단에 따라 전과기록을 조회하는 때에 함께 할 수 있다(규칙§26②,§20③).

3. 서류의 공개

관할선거구선거관리위원회는 제출받거나 회보받은 전과기록에 관한 증명서류, 학력에 관한 증명서를 선거구민이 알 수 있도록 공개하여야 한다. 다만, 후보자등록신청 개시일 이후에는 이를 공개하지 아니한다(법 제49조(후보자등록 등) 제12항에 따라 공개하는 경우에는 제외한다)(법§60의2⑩).

예비후보자등록서류의 공개는 선거관리위원회의 인터넷 홈페이지에 게시하는 등 선거구민이 쉽게 알 수 있는 방법으로 한다. 이 경우 ① 「공직자 등의 병역사항신고 및 공개에 관한 법률」 제9조(공직선거후보자의 병역사항신고 및 공개) 제1항의 규정에 의한 병역사항에 관한 신고서, ② 전과기록에 관한 증명서류, ③ 학력에 관한 증명서류, ④ 대통령선거·국회의원선거·지방의회의원 및 지방자치단체의 장의 선거와 교육의원선거 및 교육감선거에 후보자로 등록한 경력[선거가 실시된 연도, 선거명, 선거구명, 소속 정당명(정당의 후보자추천이 허용된 선거에 한정한다), 당선 또는 낙선 여부를 말한다]에 관한 신고서의 공개는 「공직선거후보자의 병역사항신고 및 공개에 관한 규칙」에서 정한 서식[5]과 규칙에서 정한 서식[6]에 따른 신고서·제출서(첨부서류는 제외한다)를 공개하는 것으로 갈음할 수 있다(규칙§26⑥,§20⑥).

4. 기탁금

가. 예비후보자 기탁금제도의 의의

예비후보자의 기탁금제도는 공식적인 선거운동기간 이전이라도 일정범위 내에서 선거운동을 할 수 있는 예비후보자의 무분별한 난립에 따른 폐해를 예방하고 그 책임성을 강화하기 위한 것이다.

헌법재판소는 예비후보자 등록 시 납부하여야 할 기탁금의 액수를 어느 정도로 할 것인지, 기탁금제도의 실효성을 확보하기 위해 기탁금을 국고에 귀속시키는 요건을 어떻게 정할 것인지의 문제는 우리의 선거문화, 정치풍토, 국민경제적 여건, 그리고 국민의 법감정 등 여러 가지 요소를 종합적으로 고려하여 입법자가 정책적으로 결정할 사항이라 할 것이나, 기탁금제도의 목적에 비추어 다음과 같은 원칙에 따라야 한다고 하였다.

「기탁금액이 지나치게 과다하거나 기탁금 반환의 요건이 너무 엄격하여 당선가능성이 있는 자로 하여금 예비후보자로 등록도 하지 못하게 한다면 경제적 능력이 부족한 자의 공무담임권 등이 침해될 수 있으므로, 기탁금액 및 그 반환요건은 기탁금제도에 의하여 달성하려는 공익목적과 그로 인한 기본권 제한 사이에 균형과 조화를 이루도록 적정하게 책정되어야 하는 헌법적 한계가 있다. 그러나 기탁금의 액수가 너무 적거나 기탁금 반환조건이 매우 용이하여 실제로 예비후보자들이 기탁금을 납부하는 것에 대하여 아무런 부담도 느끼지 않는다면, 이는 기탁금제도에 의하여 달성하려는 입법목적에 전혀 기여할 수 없게 된다. 따라서 기탁금의 액수는 예비후보자의 난립을 방지하고 선거의 신뢰성과 선거운동의 성실성을 담보할 정도에 이르는 수준의 금액이어야 하는데, 이에 관하여 분명하고 일의적인 기준을 제시하기 어렵지만 적어도 우리사회의 근간을 이루는 평균적인 생활인이 그의 소득조건에서 입후보하는데 어느 정도 부담을 느껴 입후보할 것인지의 여부를 신중하고 진지하게 고려할 정도의 수준에 머물러야 하고, 불성실한 예비후보자에게는 실질적인 제재효과가 미칠 수 있는 정도에 이르러야 할 것이며, 기탁금 반환조건도 기탁금제도의 실효성을 확보할 수 있는

5) 규칙 별지 제1호 서식 공직선거후보자병역사항신고서

6) 규칙 별지 제12호 서식의 (카) 전과기록증명에 관한 제출서, (타) 정규학력증명에 관한 제출서, (파) 공직선거 후보자등록 경력 신고서

정도라야 한다.」고 판시하였다.[7)]

나. 기탁금의 납부

예비후보자등록을 신청하는 사람은 해당 선거 기탁금의 100분의 20에 해당하는 금액을 관할선거구선거관리위원회에 기탁금으로 납부하여야 한다(법§60의2②후단).[8)] 기탁금의 납부는 선거구선거관리위원회가 기탁금의 예치를 위하여 개설한 금융기관(우체국 포함)의 예금계좌에 예비후보자등록을 신청하는 자의 명의로 계좌입금하고 해당 금융기관이 발행한 입금표를 제출하는 것으로 한다. 다만, 부득이한 사유가 있는 경우에는 현금(금융기관이 발행한 자기앞수표 포함)으로 납부할 수 있다(규칙§24①). 관할선거구선거관리위원회가 기탁금을 현금으로 받은 때에는 영수증을 교부하고 금융기관에 즉시 예치하여야 한다(규칙§24②).

예비후보자등록을 신청하려는 사람이 「장애인복지법」 제32조(장애인 등록)에 따라 등록된 장애인으로서 기탁금을 납부하려는 때에는 「장애인복지법」 및 「장애인복지법 시행규칙」에 따른 장애인등록증의 사본이나 장애인증명서 그 밖의 관공서가 발행한 것으로서 장애인임을 증명할 수 있는 서류(이하 "장애인증명서등"이라 한다)를 제출하여야 한다. 다만, 예비후보자가 같은 선거구에 후보자등록을 신청하는 때에는 그 제출을 생략할 수 있다(규칙§24③).[9)]

다. 기탁금의 반환

관할선거구선거관리위원회는 예비후보자가 사망하거나, 당헌·당규에 따라 소속 정당에 후보자로 추천하여 줄 것을 신청하였으나 해당 정당의 추천을 받지 못하여 후보자로 등록하지 않은 경우에는 납부 받은 기탁금을 선거일 후 30일 이내에 기탁자에게 전액 반환하여야 한다(법§57①1.다.).[10)] 정당의 소속이 아닌 무소속 예비후보자가 후보자로 등록하지 아니한

---

7) 2010. 12. 28. 선고 2010헌마79 결정

8) 헌법재판소는 대통령선거의 기탁금의 100분의 20인 6,000만원을 기탁금으로 납부하는 것은 그 액수가 과도하다고 할 수 없어 공무담임권을 침해하지 않는다고 하였다(2015. 7. 30. 선고 2012헌마402 결정).

9) 공직선거법이 2022. 4. 20. 법률 제18841호로 개정되어 장애인후보자에 대하여 후보자등록을 위한 기탁금을 인하하고 기탁금 반환기준을 완화함에 따라, 공직선거관리규칙 2022. 4. 20. 선거관리위원회규칙 제549호로 개정되어 규칙 제24조(기탁금의 납부) 제3항이 신설되었다.

10) 헌법재판소는, 예비후보자의 기탁금 반환사유를 예비후보자의 사망 등에 한정하고 있는 구 공직선거법(2010. 1. 25. 법률 제9974호로 개정된 것) 제57조(기탁금의 반환 등) 제1항 다목과 관련하여, '예비후보자 제도 자체가 선거운동의 자유를 좀 더 보장하고자 도입된 것으로서 본선거의 후보자로 등록할 것을 전제로 한 제도라는 점, 이후 예비후보자가 본선거의 후보자로 등록을 하면 해당 선거의 득표율에 따라 납부한 기탁금의 전부 또는 일부가 반환될 여지가 있는 점 등을 감안하여 보면, 이 사건 법률조항이 사망 내지 당내경선 탈락 등 객관적인 사유로 기탁금 반환 요건을 한정하고 질병을 이유로 한 경우에는 기탁금 반환을 허용하지 아니한 것은, 예비후보자의 무분별한 난립을 방지하고 예비후보자의 진지성과 책임성을 담보하기 위한 최소한의 제한으로 입법형성권의 범위와 한계 내에서 그 반환요건을 규정한 것이다.'라고 판시하였다(2013. 11. 28. 선고 2012헌마568 결정).

경우에는 기탁금을 반환받지 못한다. 당내 경선이 아닌 공천심사에서 탈락한 예비후보자도 후보자등록을 하지 않으면 기탁금을 반환받지 못한다. 공천심사에서 탈락한 예비후보자는 당내 경선에서 탈락한 후보자와 달리 다른 정당의 추천을 받거나 무소속으로 출마하여 후보자등록을 할 수 있기 때문이다.

헌법재판소는「당내 경선에 참가한 정당 소속 예비후보자는 경선에서 당해 정당의 후보자로 선출되지 않으면 법 제57조의2(당내경선의 실시) 제2항의 규정에 따라 당해 선거의 같은 선거구에는 후보자로 등록할 수 없지만, 무소속 예비후보자는 후보자로 등록하는데 아무런 법률상 장애가 없다. 이와 같이 법률상 장애로 인하여 후보자로 등록하지 못하는 자에 대해서는 기탁금을 반환하는 한편, 법률상 장애가 전혀 없음에도 불구하고 자의로 후보자 등록을 하지 않은 자에 대해서는 기탁금을 반환하지 않는 것이 불합리한 차별이라고 보기 어렵다.」고 판시하였다.[11)]

5. 수리

예비후보자등록신청을 받은 선거관리위원회는 지체 없이 이를 수리하되, 기탁금과 전과기록에 관한 증명서류를 갖추지 아니한 등록신청은 수리할 수 없다. 이 경우 피선거권에 관한 증명서류가 첨부되지 아니한 경우에는 이를 수리하되, 피선거권에 관하여 확인이 필요하다고 인정되는 예비후보자에 대하여는 관계기관의 장에게 필요한 사항을 조회할 수 있으며, 그 조회를 받은 관계기관의 장은 지체 없이 해당 사항을 조사하여 회보하여야 한다(법§60의2③).

예비후보자등록신청이 수리되어 등록되면 당해 선거의 예비후보자가 된다. 후보자로 등록한 자는 선거기간개시일 전일까지 예비후보자를 겸하는 것으로 본다. 이 경우 선거운동은 예비후보자의 예에 따른다(법§60의2⑦).

법 및 규칙에 따라 각급선거관리위원회에 대하여 행하는 예비후보자와 관련된 신청·신고·제출 등은 일반직 국가공무원의 정상근무일의 오전 9시부터 오후 6시까지 하여야 한다. 다만, 예비후보자등록신청 개시일에는 토요일 또는 공휴일에도 불구하고 오전 9시부터 오후 6시까지 이를 할 수 있다(규칙§26⑧).

---

11) 2010. 12. 28. 선고 2010헌마79 결정 : 이부하 교수는 위 헌재의 결정이 공무담임권 침해여부를 비례의 원칙으로 심사하였다고 하면서, 공무담임권을 중심으로 한 비례의 원칙에 의한 심사보다는 선거원칙 중 평등선거의 원칙에 의하여 심사하는 것이 타당하다고 비판하였다(이부하, 「선거원칙에 대한 논의와 선거권과 관련한 헌법재판 심사기준」, 법학논총 제31집, 186쪽).

6. 등록무효·사퇴 및 지위상실

예비후보자등록 후에 i) 피선거권이 없는 것이 발견된 때 ii) 전과기록에 관한 증명서류를 제출하지 아니한 것이 발견된 때 iii) 법 제53조(공무원 등의 입후보) 제1항부터 제3항까지 또는 제5항에 따라 그 직을 가지고 입후보할 수 없는 자에 해당하는 것이 발견된 때 iv) 법 제57조의2(당내경선의 실시) 제2항 본문 또는 제266조(선거범죄로 인한 공무담임등의 제한) 제2항·제3항에 따라 후보자가 될 수 없는 자에 해당하는 것이 발견된 때 v) 다른 법률에 따라 공무담임이 제한되는 사람이나 후보자가 될 수 없는 사람에 해당하는 것이 발견된 때에는 그 예비후보자의 등록은 무효로 한다(법§60의2④).[12] 또한 예비후보자가 같은 선거의 다른 선거구나 다른 선거의 예비후보자로 등록된 때에는 그 등록은 모두 무효로 한다(법§60의2⑤, §52③).

지방자치단체의 재·보궐선거에 있어 법 제53조(공무원 등의 입후보)의 규정에 의하여 그 직을 갖고 입후보할 수 없는 공무원이 예비후보자로 등록을 하려면 사직한 후에 하여야 한다.[13] 국회의원이 지방자치단체의 장의 선거에 예비후보자로 등록하려면 선거일 전 30일까지 그 직을 그만두어야 할 것이므로 그 직을 가지고 예비후보자등록을 신청하는 경우 선거관리위원회은 그 신청을 수리하지 아니할 것이며, 예비후보자등록신청수리 후 그 직을 그만두지 아니한 사실이 발견된 때에는 그 등록은 무효가 된다.[14] 지방의회의원이 다른 지방자치단체의 장의 선거에 입후보하는 경우 후보자 등록뿐만 아니라 예비후보자등록의 경우에도 선거일 전 30일까지 그 직을 그만두어야 한다.[15]

예비후보자가 사퇴하고자 하는 때에는 직접 당해 선거구선거관리위원회에 서면으로 신고하여야 한다(법§60의2⑥). 예비후보자 사퇴신고서는 규칙이 정하는 서식[16]에 의한다(규칙§26③후단).

예비후보자가 후보자로 등록하지 않은 때에는 후보자등록마감일의 등록마감시각 후부터 예비후보자의 지위를 상실한다(법§60의2⑪).

---

12) 서울중앙지방법원 2010. 11. 24. 선고 2010가합55397 판결(지방의회의원이 다른 지방자치단체의 장의 선거에 입후보하는 경우 후보자등록뿐만 아니라 예비후보자등록의 경우에도 그 직을 그만두어야 한다는 취지)
13) 2004. 3. 25. 중앙선관위 질의회답
14) 2010. 1. 15. 중앙선관위 질의회답
15) 서울중앙지방법원 2010. 11. 24. 선고 2010가합55397 판결
16) 규칙 별지 제14호의4 서식 (예비후보자)·(후보자)·(당선인)사퇴신고서

7. 공고

관할선거구선거관리위원회는 예비후보자가 등록·사퇴·사망하거나 등록이 무효로 된 때에는 이를 공고하여야 한다(규칙§26⑦).

제2장 예비후보자가 할 수 있는 선거운동[17)]

1. 선거운동기구의 설치

예비후보자는 선거운동 기타 선거에 관한 사무를 처리하기 위하여 선거사무소 1개소를 설치할 수 있고, 그 선거사무소에 간판·현판 또는 현수막을 설치·게시할 수 있다(법§60의3①1., §61①,⑥단서).[18)] 선거사무소의 간판·현판·현수막에 합성사진을 게시하는 것은 가능하다.

예비후보자는 선거운동을 할 수 있는 자 중에서 선거사무장을 포함하여 선거사무원을 둘 수 있는데, 대통령선거에는 10인 이내, 시·도지사선거에는 5인 이내, 지역구국회의원선거 및 자치구·시·군의 장선거에는 3인 이내, 지역구지방의회의원선거에는 2인 이내의 선거사무원을 둘 수 있다(법§62③).

2. 명함교부

예비후보자는 자신의 성명·사진·전화번호·학력(정규학력과 이에 준하는 외국의 교육과정을 이수한 학력을 말한다)·경력, 그 밖에 홍보에 필요한 사항을 게재한 길이 9센티미터 너비 5센티미터 이내의 명함을 직접 주거나 지지를 호소하는 행위[19)]를 할 수 있다(법§60의3①2.).

---

17) 비례대표후보자는 예비후보자가 할 수 있는 선거운동을 할 수 없는바, 이에 대하여 헌법재판소는 '정당법과 공직선거법에 의하면 정당은 일정한 요건을 갖춰 정당으로 등록하는 순간, 선거기간 여부를 불문하고 통상적인 정당활동을 통하여 정당의 정강과 정책을 유권자에게 알릴 수 있으며, 정당이 제시한 비례대표명부를 보고 정당에 투표하는 비례대표국회의원선거에 있어서 정당이 신생정당이라는 이유로 그 정당이나 비례대표국회의원후보자에게 선거기간 전에 선거운동의 기회를 부여해야할 이유는, 선거기간이 아니면 후보자가 자신을 합법적으로 유권자에게 알릴 기회가 없는 정치신인인 지역구국회의원후보자의 경우에 비해 훨씬 적으므로 이에 비례대표선거에서는 예비후보자등록제도를 인정하지 아니한 것이다.'라고 판시하였다(2006. 7. 27. 선고 2004헌마217 전원재판부 결정).

18) 헌법재판소는 '법 제61조(선거운동기구의 설치) 제6항은 후보자 또는 예비후보자가 선거사무소를 설치한 경우 선거사무소에 간판 등을 설치·게시할 수 있도록 허용함으로써 선거운동의 자유를 보장하는 규정'이라고 보았다(2012. 3. 29. 선고 2010헌마673 결정).

예비후보자의 배우자(배우자가 없는 경우 예비후보자가 지정한 1명)와 직계존비속, 예비후보자와 함께 다니는 선거사무장 · 선거사무원 및 활동보조인, 예비후보자가 그와 함께 다니는 사람 중에서 지정한 1명[20]도 예비후보자의 명함을 직접 주거나 예비후보자에 대한 지지를 호소할 수 있다(법§60의3②). 예비후보자는 법 제60조의3(예비후보자 등의 선거운동) 제2항에 따라 그의 명함을 줄 수 있는 배우자(배우자가 없는 경우 예비후보자가 지정한 1인)와 직계존비속(이하 "예비후보자의 배우자등"이라 한다)을 규칙이 정하는 서식[21]에 의하여 관할선거구선거관리위원회에 신고하여야 하며, 그 신고를 받은 관할선거구선거관리위원회는 지체 없이 규칙이 정하는 서식[22]에 따른 표지를 교부하여야 한다. 이 경우 예비후보자의 배우자등의 신고는 표지의 교부신청을 겸한 것으로 보고, 예비후보자의 배우자등이 표지를 분실한 때에는 분실일시와 장소, 분실사유 등을 적고 분실한 자와 그 선임권자가 함께 서명 또는 날인하여 해당 선거관리위원회에 규칙이 정하는 서식[23]에 따라 표지의 재교부를 신청할 수 있으며, 해당 선거관리위원회는 분실한 것으로 인정되는 때에는 표지의 빈 자리에 "재교부"라고 표시하여 교부하여야 한다(규칙§26의2⑪,§28③,⑥). 예비후보자의 배우자등은 위와 같이 교부받은 표지를 늘 잘 보이도록 달고 선거운동을 하여야 한다(규칙§26의2⑫).

'지지 호소'는 명함을 직접 주는 정도의 근접한 거리, 직접 말을 주고받을 수 있는 규모와 상황에서의 개별적 지지호소를 의미한다. 따라서 그와 달리 집회를 이용하여 다수인에게 일

---

19) 구 공직선거법(법률 제9974호로 개정되기 전의 것) 제60조의3(예비후보자 등의 선거운동) 제1항 제2호 본문은 「…명함을 직접 주면서 지지를 호소하는 행위」라고 규정되어 있었다. 이에 대법원은 '이 규정이 적용되기 위하여는 적어도 그 규정된 바에 따른 명함을 직접 주는 행위가 있어야 한다.'고 하면서 시흥시장예비후보인 피고인이 선거구민을 비롯한 8명이 식사를 하던 식당을 찾아가서 명함을 교부하지 않고 지시를 호소한 사안에 대하여 예비후보자의 선거운동에 해당하지 않는다고 판시하였다(2007. 9. 7. 선고 2007도47 판결).

20) 구 공직선거법(법률 제9974호로 개정된 것) 제60조의3(예비후보자 등의 선거운동) 제2항 제3호는 「예비후보자 또는 그의 배우자가 그와 함께 다니는 사람 중에서 지정한 사람」도 예비후보자의 명함을 직접 주거나 예비후보자에 대한 지지를 호소할 수 있었다. 이에 대하여 헌법재판소는 '위 제3호의 법률조항은, 명함 고유의 특성이나 가족관계의 특수성을 반영하여 단독으로 명함교부 및 지지호소를 할 수 있는 주체를 예비후보자의 배우자나 직계존비속 본인에게 한정하고 있는 제1호 법률조항에 더하여, 배우자가 그와 함께 다니는 사람 중에서 지정한 1명까지 보태어 명함교부 및 지지호소를 할 수 있도록 하여 배우자 유무에 따른 차별효과를 크게 한다. 더욱이 배우자가 그와 함께 다니는 1명을 지정함에 있어 아무런 범위의 제한을 두지 아니하여, 배우자가 있는 예비후보자는 독자적으로 선거운동을 할 수 있는 선거운동원 1명을 추가로 지정하는 효과를 누릴 수 있게 된다. 이것은 명함 본래의 기능에 부합하지 아니할 뿐만 아니라, 선거운동 기회균등의 원칙에 반하고, 예비후보자의 선거운동의 강화에만 치우친 나머지, 배우자의 유무라는 우연적인 사정에 근거하여 합리적 이유 없이 배우자 없는 예비후보자를 차별 취급하는 것이다.'라고 판시하여 위헌 결정을 하였다(2013. 11. 28. 선고 2011헌마267 결정, 2016. 9. 29. 선고 2016헌마287 결정).

21) 규칙 별지 제16호 서식의 (나) (선거사무장) · (선거연락소장) · (활동보조인) · (배우자등)의 (선임) · (공동선임) · (해임) · (교체)신고서

22) 규칙 별지 제16호 서식의 (다) 선거사무장 등의 표지

23) 규칙 별지 제16호 서식의 (라) 선거사무장 등의 표지 재교부신청서

시에 예비후보자의 지지를 호소하는 행위까지 허용한다고 볼 수는 없고, 공개된 장소에서 다중과 접촉하더라도 그 개별성을 기준으로 하여 그 범위 내에서 선거운동을 허용한다는 의미이다.[24] 따라서 예비후보자가 발언한 내용이 이미 그 전에 공약에 관한 것이라고 하여 공개된 장소나 또는 대중이 있는 곳에서의 연설을 통한 설명 또는 지지호소가 허용된다고 볼 수 없고, 언론 등을 통한 공약발표와 연설을 통한 공약 설명 및 지지호소는 그 방식, 대상이 되는 선거인에 대한 영향력 내지 집중도 등에 있어서 상당한 차이가 있으므로, 예비후보자에게 그 공약의 발표가 허용된다는 사정만으로 당연히 그 후속행위로서 대중에 대한 연설을 통한 공약의 발표 내지 설명이 허용되는 것이라고 볼 수도 없다.[25]

헌법재판소는 '예비후보자의 배우자와 직계존비속이 예비후보자의 명함을 직접 주거나 예비후보자에 대한 지지를 호소할 수 있다'는 조항(법§60의3②1.)에 대하여, 「ⅰ) 이 사건 법률조항은 명함 본래의 기능에 충실한 방법으로 명함교부라는 선거운동의 자유를 보장하면서도, 선거의 과열 및 후보자 간의 정치·경제력 차이에 따른 기회불균등을 방지하고자 후보자와 동일시할 수 있는 배우자와 직계존비속으로 그 주체를 제한한 것으로 목적의 정당성 및 수단의 적절성이 인정되고, 달리 선거운동의 자유를 덜 제한하는 합리적 방안을 찾기 어려우므로 침해의 최소성도 인정되며, 이 사건 법률조항이 명함교부 또는 지지호소라는 선거운동 자체를 금지한 것은 아니고 예비후보자를 알릴 수 있는 다른 선거운동방법이 허용되고

---

24) 청주지방법원 영동지원 2017. 2. 8. 선고 2016고합19 판결(법 제60조의3(예비후보자 등의 선거운동) 제1항 제2호의 '지지호소'는 규정체제와 문구상 다소간의 불명확함에도 불구하고 결국 해당 조항 개정의 연혁적 취지, 현행 공직선거법의 선거운동 법정주의원칙에 따라 그 앞의 문구인 '명함을 직접 주거나(지지를 호소하는 행위)'와 연계하여 해석하지 않을 수 없고, 그렇다면 부득이하게 '명함을 직접 주는 정도의 근접한 거리, 직접 말을 주고받을 수 있는 규모와 상황에서의 개별적 지지호소'를 의미한다고 해석해야 한다. 따라서 그와 달리 '집회를 이용하여 다수인에게 일시에 예비후보자의 지지를 호소하는 행위까지 법 제60조의3(예비후보자 등의 선거운동) 제1항 제2호가 허용하고 있다고 볼 수는 없고, 만약 이와 같이 제한적으로 해석하지 않는다면, 예비후보자들은 짧은 시간에 큰 홍보 효과를 낼 수 있는 각종 집회에서의 지지호소를 위해 과열 경쟁을 할 우려가 있고, 이는 결국 사전선거운동을 원칙적으로 제한하고 있는 법 제254조(선거운동기간위반죄)의 취지를 몰각시킬 수도 있다. 대법원은 개정 전 구 공직선거법 조항 위반 사건에 대하여 "예비후보자는 자신의 성명·사진·전화번호·학력·경력 기타 홍보에 필요한 사항을 게재한 명함을 직접 주면서 지지를 호소하는 행위는 허용되나, 위 조항이 일반적으로 금지된 사전선거운동에 대하여 예외적으로 허용하는 이유는 예비후보자가 '명함을 직접 주면서 지지를 호소하는 행위'는 명함의 교부와 동시에 하는 지지호소행위의 '개별성'에 착안하여 그것이 선거과열을 초래하지 않는다고 보아 특별히 허용하는 것이다. 그러므로 명함을 교부하면서 '개별적'으로 지지를 호소하는데 그치지 않고 더 나아가 모임이나 집회를 이용하여 인사말을 하는 등의 방법으로 '집단적으로' 지지를 호소하는 행위는 위 조항이 허용하는 행위에 포함되지 않는다."라고 판단한 바 있다(대법원 2007. 9. 6. 선고 2007도1604 판결). 그 후 해당 조항은 개정되었으나 그 개정의 취지, 범위와 방식 등을 종합해 보면, 대법원의 위와 같은 해석은 개정 후 해당 조항에도 여전히 유지된다고 보이고, 따라서 이때의 '지지호소'란 예비후보자가 공개된 장소에서 다중과 접촉하더라도 그 개별성을 기준으로 하여 그 범위 내에서 선거운동을 허용한다는 의미의 또 다른 표현으로 평가되어야 한다.) : 2017. 7. 11. 선고 2017도6513 판결에서 위 청주지방법원 영동지원의 판결이 유지되었다.

25) 제주지방법원 2019. 2. 14. 선고 2018고합190 판결

있는 점 등을 고려하면 법익균형성도 충족하므로, 과잉금지원칙에 위배하여 선거운동의 자유를 침해하는 것이 아니다. ii) 이 사건 법률조항이 배우자나 직계존비속이 있는 후보자와 그렇지 않은 후보자를 달리 취급하고 있다고 할 수 있으나, 위에서 본 입법목적 및 명함은 통상 상대방을 만난 자리에서 자신의 소개와 근황을 전하기 위하여 직접 주는 것이라는 속성 등을 고려하면 이 사건 법률조항에서 예비후보자의 정치력·경제력과는 무관하게 존재가 능하고 예비후보자와 동일시할 수 있는 배우자나 직계존비속에 한정하여 명함을 교부할 수 있도록 한 것에는 합리적 이유가 있다고 할 것이고, 숫자만을 한정하여 예비후보자가 명함교부, 지지호소를 할 수 있는 사람을 지정하도록 하거나, 배우자나 직계존비속이 없는 경우 이를 대체할 사람을 지정할 수 있도록 하는 방안은 오히려 예비후보자간의 기회불균등을 심화시킬 가능성이 있어 쉽게 채택하기 어려운 면이 있으므로, 선거운동을 할 배우자나 직계존비속이 없는 예외적인 경우까지 고려하지 않았다고 하여 평등권을 침해한 것이라 볼 수는 없다.」고 하였고,[26)27)] 선거사무장, 선거사무원 등의 경우 예비후보자와 함께 다니면서 명함교부 등에 의한 선거운동을 할 수 있도록 하는 조항(법§60의3②2.)은 「선거사무장이나 선거사무원을 두지 않은 예비후보자와 선거사무장과 선거사무원을 둔 예비후보자 사이에 선거운동에 있어서 불균형을 발생시키는 것은 사실이지만, 그 불균형이 합리적 근거 없는 차별에 해당한다고 볼 수 없다.」고 판시하였다.[28)]

명함에는 영향력이 큰 인물(대통령, 시도지사 등)과 함께 찍은 사진을 게재하거나 자신과 정치적 입장을 같이 하는 인물의 이름과 그 관계를 사실 범위 내에서 적시하는 것도 가능하다.[29)]

예비후보자 등은 선박·정기여객자동차[30)]·열차·전동차·항공기의 안과 그 터미널·역·공항의 개찰구 안, 병원[31)]·종교시설·극장의 옥내(대관 등으로 해당 시설이 본래의 용도 외의 용도로 이용되는 경우를 제외한다)[32)]에서 주거나 지지를 호소하는 행위를 할 수 없다(법§60의3①2.

---

26) 2011. 8. 30. 선고 2010헌마259·281(병합) 결정, 2012. 3. 29. 선고 2010헌마673 결정, 2016. 9. 29. 선고 2016헌마287 결정

27) 위 헌법재판소 결정에 대하여, 가족제도 자체가 바뀌었을 뿐만 아니라 생활방식 또한 과거와는 비교할 수 없을 정도로 달라진 현실을 고려할 때, 배우자는 몰라도 직계존비속까지 포함하는 것은 현실에 맞지 않아 보이므로, 직계존비속의 명함교부에 대해서는 위헌으로 판단할 여지가 있다는 견해가 있다(장영수, 「공직선거법상 선거운동의 자유와 명함교부제한의 헌법적 쟁점 －헌재 2016. 9. 29. 2016헌마287 결정」, 법조 Vol.724(2017. 8.), 453쪽).

28) 2012. 3. 29. 선고 2010헌마673 결정

29) 2011. 12. 21. 중앙선관위 질의회답

30) 예비후보자가 관광버스 안에서 명함을 주면서 지지를 호소하는 행위는 법 제60조의3(예비후보자 등의 선거운동) 제1항 제2호의 규정에 위반된다(2007. 2. 9. 선고 2006도7417 판결).

31) 구 공직선거법(법률 제9974호로 개정된 것) 아래에서는 '병원 안의 입원실'이 법상 예비후보자가 명함을 주거나 지지를 호소하는 행위가 금지되는 장소라고 할 수 없다는 판례(2011. 8. 18. 선고 2011도6311 판결)가 있으나, 현재는 금지되는 장소임이 법문상 명백하다.

단서). 후보자와 달리 예비후보자의 경우 선거기간 전 명함교부에만 장소제한을 둔 것은 비교적 장기인 예비후보자의 사전선거운동기간에 다수인이 왕래하거나 집합하는 공개된 장소에서 명함을 대량으로 살포함으로써 예비후보자에게 경제적 부담을 주고 선거가 조기에 과열되는 것을 방지하기 위하는데 그 입법취지가 있다.[33]

3. 예비후보자홍보물 발송

가. 예비후보자홍보물의 수량, 내용

예비후보자는 선거구 안에 있는 세대수의 100분의 10에 해당하는 수 이내[34]에서 자신의 사진·성명·전화번호·학력·경력, 그 밖에 홍보에 필요한 사항을 게재한 예비후보자홍보물을 작성하여 관할선거관리위원회로부터 발송대상·매수 등을 확인받은 후 선거기간개시일 전 3일까지 규칙이 정하는 바에 따라 우편발송할 수 있다(법§60의3①4.전문). 예비후보자홍보물에 정당투표를 호소하는 내용을 게재하는 것은 허용되지 않는다.[35]

예비후보자홍보물은 1종으로 하되, 크기는 길이 27센티미터 너비 19센티미터 이내이고, 면수는 대통령선거에서는 16면 이내·지역구국회의원선거와 지역구지방의회의원선거 및 지방자치단체의 장선거는 8면 이내여야 한다. 앞면에는 명칭("예비후보자홍보물"이라 적는다), 선거명, 선거구명, 예비후보자의 성명, 소속정당명(정당의 당원이 아닌 사람은 "무소속"이라고 적는다)을 적고, 맨 뒷면에는 작성근거("이 예비후보자홍보물은 「공직선거법」 제60조의3 제1항 제4호에 따라 제작한 것입니다."라고 적는다), 인쇄사의 명칭·주소·전화번호를 적는다(규칙§26의2②).

---

32) 공직선거법은 선거운동에 규제수준이 지나치게 높아 처벌이 광범위하게 이루어져 선거운동의 자유가 부당하게 위축되는 측면이 있음을 고려하여, 2020. 12. 29. 법률 제17813호로 개정하여 명함교부를 통한 선거운동의 규제를 완화하여 선거운동의 자유를 확대하기 위하여 법 제60조의3(예비후보자의 선거운동) 제1항 제2호를 현재와 같이 변경함으로써 병원·종교시설·극장이 대관 등으로 본래의 용도 외의 용도로 이용되는 경우 또는 해당 시설의 옥외에서는 예비후보자가 명함을 주거나 지지를 호소할 수 있도록 하였다.

33) 2015. 4. 23. 선고 2015도2979 판결

34) 헌법재판소는 '예비후보자홍보물의 발송을 허용하면서도 그 수량을 선거구 안에 있는 세대수 100분의 10에 해당하는 수 이내로 제한하고 있는 것은 선거의 조기과열을 예방하고 예비후보자간의 경제력 차이에 따른 기회불균등을 방지하며, 선거비용을 마련할 수 없는 젊고 유능한 신참 후보자의 입후보의 기회를 실질적으로 보장하여 선거의 공정성을 기하는 것으로 예비후보자의 선거운동의 자유를 과도하게 제한하고 있다고 볼 수 없다.'고 판시하였다(2009. 7. 30. 선고 2008헌마180 결정, 2012. 3. 29. 선고 2010헌마673 결정).

35) 2006. 5. 10. 중앙선관위 질의회답

나. 세대주명단의 신청·교부

예비후보자홍보물을 우편발송하고자 하는 예비후보자는 그 발송통수 이내의 범위 안에서 선거권자인 세대주의 성명·주소(이하 "세대주명단"이라 한다)의 교부를 구·시·군의 장에게 신청할 수 있으며, 신청을 받은 구·시·군의 장은 다른 법률의 규정에 불구하고 지체 없이 그 세대주명단을 작성·교부하여야 한다(법§60의3③). 세대주명단 교부신청은 후보자등록기간 개시일 전 5일까지 서면으로 신청하여야 하며, 그 작성비용을 함께 납부하여야 한다(법§60의3④). 예비후보자가 세대주명단의 교부를 신청하는 때에는 그 대상을 지역별·연령별·성별 등으로 정하여야 한다. 이 경우 교부신청은 규칙에서 정한 서식[36]에 의한다(규칙§26의2⑬). 구·시·군의 장은 예비후보자가 신청한 발송대상의 범위 안에서 행정구역순, 지번순으로 세대주를 선정하여 세대주명단을 작성·교부하여야 한다. 이 경우 그 앞표지는 규칙에서 정한 서식[37]에 의한다(규칙§26의2⑭). 구·시·군의 장은 전산조직을 이용하여 세대주명단을 작성할 수 있으며, 세대주명단의 교부는 전산자료 복사본의 교부로 갈음할 수 있다(규칙§26의2⑮). 세대주명부의 동일성이 유지되도록 세대주명단의 전산자료 복사본에 변조방지장치를 할 수 있고, 구·시·군의 장은 매년 1월말까지 세대주명단의 작성비용을 규칙이 정하는 서식[38]에 따라 공시하여야 한다(규칙§26의2⑯,§18②,§49③).

다. 세대주명단의 양도·대여 및 사용 금지

(1) 세대주명단의 양도·대여 및 사용 금지

누구든지 예비후보자의 교부신청에 따라 교부된 세대주명단의 사본 또는 전산자료복사본을 다른 사람에게 양도 또는 대여할 수 없으며 재산상의 이익 기타 영리를 목적으로 사용할 수 없다(법§60의3⑤, §46④).

(2) 벌칙

누구든지 예비후보자의 교부신청에 따라 교부된 세대주명단의 사본 또는 전산자료복사본을 다른 사람에게 양도·대여 또는 재산상의 이익 기타 영리를 목적으로 사용하거나 하게 한 자는 2년 이하의 징역 또는 400만원 이하의 벌금에 처한다(법§256③2.다.).

---

36) 규칙 별지 제15호의4 서식의 (가) 세대주명단 교부 신청서
37) 규칙 별지 제15호의4 서식의 (나) 세대주명단
38) 규칙 별지 제32호의2 서식 세대주명단 작성비용 공시

라. 예비후보자홍보물의 발송

예비후보자홍보물을 발송하려는 때에는 발송일 전 2일까지 예비후보자홍보물 2부 또는 그 전자적 파일을 붙여 작성수량·발송수량·발송대상, 예비후보자홍보물 작성비용(봉투 작성비용 포함) 및 예비후보자홍보물을 제작한 인쇄사의 명칭·주소·전화번호, 발송우체국의 명칭·발송일시를 적은 규정에서 정한 서식(예비후보자발송신고서)[39]에 따라 관할 선거구선거관리위원회에 신고하여야 한다. 이 경우 수회에 걸쳐 예비후보자홍보물을 발송하려는 때에는 최초 신고시에 일괄신고할 수 있다(규칙§26의2⑤). 예비후보자는 관할선거관리위원회로부터 발송대상·매수 등을 확인받은 후 선거기간개시일 전 3일까지 규칙에서 정한 발송용봉투[40]를 사용하여 우편발송하여야 하며, 「우편법 시행령」 제25조(우편요금등의 별납)의 규정에 따라 우편요금 등을 따로 납부하는 방법으로 하여야 한다(규칙§26의2④). 예비후보자는 세대주의 주소·성명의 오기 등 착오나 그 밖의 사유로 인하여 발송한 홍보물이 반송된 경우에는 이를 해당 세대주에게 다시 발송할 수 있다(규칙§26의2⑦). 반송된 홍보물의 반송사유가 수취인 불명, 전출이어서 해당 세대주에게 예비후보자홍보물을 재발송하는 것이 사실상 불가능한 경우에는 해당 예비후보자는 재발송이 불가능한 수만큼 법 제60조의3(예비후보자 등의 선거운동) 제3항의 규정에 따라 해당 지방자치단체로부터 다른 세대주의 명단을 추가로 교부받아 그 다른 세대주에게 예비후보자홍보물을 발송할 수 있다.[41]

마. 대통령선거 및 지방자치단체의 장선거의 특칙

(1) 대통령선거 및 지방자치단체의 장선거의 홍보물 작성 방법

대통령선거 및 지방자치단체의 장 선거의 예비후보자는 표지를 포함한 전체면수의 100분의 50 이상의 면수에 선거공약 및 이에 대한 추진계획으로 각 사업의 목표·우선순위·이행절차·이행기한·재원조달방안을 게재하여야 하며, 이를 게재한 면에는 다른 정당이나 후보자가 되려는 자에 관한 사항을 게재할 수 없다(법§60의3①4.후문).

(2) 벌칙

법 제60조의3(예비후보자 등의 선거운동) 제1항 제4호 후단을 위반하여, 예비후보자홍보물의 표지를 포함한 전체면수의 100분의 50 이상의 면수에 선거공약 및 이에 대한 추진계획으로 각 사업의 목표·우선순위·이행절차·이행기간·재원조달방안을 게재하지 않거나, 이를 게

---

39) 규칙 별지 제15호의3 서식의 (나) 예비후보자 홍보물 발송신고서
40) 규칙 별지 제15호의3 서식의 (가) 예비후보자홍보물 발송용 봉투
41) 2006. 4. 19. 중앙선관위 질의회답

재한 면에 다른 정당이나 후보자가 되려는 자에 관한 사항을 게재한 예비후보자홍보물을 작성한 자는 2년 이하의 징역 또는 400만원 이하의 벌금에 처한다(법§255②1.).

4. 어깨띠 등의 착용

예비후보자는 선거운동을 위하여 어깨띠 또는 예비후보자임을 나타내는 표지물을 착용하는 행위를 할 수 있다(법§60의3①5.). 어깨띠는 길이 240센티미터 너비 20센티미터 이내여야 하고, 표지물은 길이 100센티미터 너비 100센티미터 이내여야 한다(규칙§26의2⑧).

'표지물을 착용하는 행위'는 사전적 의미나 같은 조항에서 어깨띠 착용을 함께 열거하고 있는 점 등을 고려해보면 예비후보자가 자신과 다른 후보자를 구별하게 하는 표시나 특징을 드러내는 물건을 직접 몸에 입고 두르거나 머리에 쓰는 것 내지 그와 유사한 방법으로 신체에 부착하거나 고정시켜 신체의 일부와 떨어지지 않은 상태로 사용하는 행위를 의미하고,[42] 자신의 사진이 게재된 표지판을 길 위에 올려놓고 선거구민에게 지지를 호소하는 행위는 이에 해당하지 아니하나,[43] 위 규격의 범위 안에서 상의나 유니폼에 예비후보자임을 나타내는 글귀를 새겨서 입고 다니며 선거운동을 하는 것은 가능하다. 인도에 입간판을 세워두는 행위는 표지물을 착용하는 행위가 아니다.[44][45]

5. 문자메시지·전자우편 전송

예비후보자는 문자메시지를 전송하는 방법으로 선거운동을 할 수 있는데, 자동 동보통신의 방법(동시 수신대상자가 20명을 초과하거나 그 대상자가 20명 이하인 경우에도 프로그램을 이용하여 수신자를 자동으로 선택하여 전송하는 방식을 말한다)으로 전송할 수 있는 횟수는 8회를 넘을 수 없으며, 전송일 전일까지 관할 선거구위원회에 신고한 1개의 전화번호만을 사용하여야 한다(법§59단서2., 규칙§25의10). 법 제59조 제2호 후단을 위반하여 신고한 전화번호가 아닌 전화번호를 정당한 이유 없이 사용하여 자동 동보통신의 방법으로 문자메시지를 전송한 사람은 1천만원 이하의 과태료를 부과한다(법§261③2.).

42) 서울고등법원 2014. 12. 18. 선고 2014노3279 판결

43) 청주지방법원 2014. 8. 7. 선고 2014노97 판결

44) 서울남부지방법원 2019. 4. 11. 선고 2018고합603 판결

45) 광주고등법원 2019. 4. 16. 선고 2018노266 판결(아파트 입구 앞 삼거리에서 선거구민에게 잘 보이도록 하기 위하여 "00시 도의원 제1선거구, 00동, 00동, 00동, 00동, 00동, 00동, 00동, ▲▲당만 23년! ▲▲1 김☆☆"라고 기재된 표지물(길이 120센티미터, 너비 80센티미터)을 양손으로 잡은 채 바닥에 세워놓고 그곳을 통행하는 선거구민들을 향해 인사를 하여 지지를 호소한 사안에서, 공직선거법에 규정된 방법을 위반하여 선거운동을 하였다고 인정한 사례)

예비후보자는 전자우편을 전송하는 방법으로 선거운동을 할 수 있는데, 전자우편 전송대행업체에 위탁하여 전자우편을 전송할 수 있다(법§59단서3.).

예비후보자가 컴퓨터 등을 활용한 자동 동보통신의 방법으로 문자메시지를 전송하는 일련의 사실행위를 다른 사람에게 대신하게 한 경우, 그 일련의 사실행위를 자신의 지배하에 두어 자신이 직접 실행하는 것과 동일시 할 수 있는 경우에는 이를 다른 사람으로 하여금 대신하게 하더라도 예비후보자 자신의 선거운동으로 평가할 수 있다.[46]

6. 예비후보자공약집의 발간·배부

가. 예비후보자공약집의 작성

대통령선거 및 지방자치단체의 장선거의 예비후보자는 선거공약 및 이에 대한 추진계획으로 각 사업의 목표·우선순위·이행절차·이행기간·재원조달방안을 게재한 공약집(도서의 형태로 발간된 것을 말한다) 1종을 발간·배부할 수 있다(법§60의4①).

예비후보자가 선거공약 및 그 추진계획에 관한 사항 외에 자신의 사진·성명·학력(정규학력과 이에 준하는 외국의 교육과정을 이수한 학력)·경력, 그 밖에 홍보에 필요한 사항을 예비후보자공약집에 게재하는 경우 그 게재면수는 표지를 포함한 전체면수의 100분의 10을 넘을 수 없으며, 다른 정당이나 후보자가 되려는 자에 관한 사항은 예비후보공약집에 게재할 수 없다(법§60의4②). 예비후보자공약집의 앞면에는 명칭("예비후보자공약집"이라 적는다), 선거명, 예비후보자의 성명, 소속정당명(정당의 당원이 아닌 사람은 "무소속"이라 적는다)을 적고, 맨 뒷면에는 작성근거("이 예비후보공약집은 「공직선거법」 제60조의4 제1항에 따라 제작한 것입니다."라고 적는다), 판매가격, 출판사(출판사를 이용하지 아니하고 발간한 경우에는 그 인쇄사를 말한다)의 명칭·주소·전화번호를 적는다(규칙§26의3①). 예비후보자의 선거운동을 할 수 있는 예비후보자의 배우자·직계존비속 외에 선거사무장·선거사무원도 예비후보자공약집에 예비후보자를 지지·추천하는 글을 게재할 수 있다.[47]

---

46) 2011. 3. 24. 선고 2010도15940 판결(제5회 전국동시지방선거 구청장 예비후보자의 선거사무장인 피고인이 예비후보자에 대한 지지를 부탁하는 내용의 문자메시지를 선거구민에게 자동 동보통신의 방법으로 전송하여 '탈법방법에 의한 문서 등의 배부'로 인한 공직선거법위반으로 기소된 사안에서, 피고인이 예비후보자의 선거사무실에서 그의 지시를 받아 그가 지켜보는 가운데 컴퓨터를 조작하여 예비후보자의 아이디로 문자발송서비스에 접속한 후 같은 법에서 허용하는 발송 횟수 내에서 위 문자메시지를 발송하였고, 위 사이트는 예비후보자의 명의로 가입되어 있으며, 발송비용은 예비후보자의 선거비용에서 지출되었고, 발신번호 표시도 예비후보자의 선거사무소 번호로 한 사실 등에 비추어, 위 문자메시지 발송행위는 예비후보자의 지배하에 예비후보자 자신이 직접 실행한 것과 동일하게 평가할 수 있다고 한 사례)

47) 2013. 11. 26. 중앙선관위 공직선거법 운용기준

나. 예비후보자공약집의 배부

예비후보자공약집을 배부하려는 때에는 통상적인 방법으로 판매하여야 한다. 다만, 방문판매의 방법으로 판매할 수 없다(법§60의4①). 통상적인 방법에 의한 판매란 서점에서 신간서적 홍보·판매방법과 같이 단순히 예비후보자공약집을 소개하거나 판매를 하는 것이다. 예비후보자가 개설한 홈페이지에 자신의 예비후보자공약집 내용을 그대로 게시(PDF파일 게시)하는 것도 무방하다.[48]

예비후보자공약집을 발간하여 판매하려는 때에는 발간 즉시 관할 선거구선거관리위원회에 2권을 제출하여야 하고(법§60의4③), 규칙에서 정한 서식[49]에 따라야 한다(규칙§26의3③). 예비후보자공약집이 판매된 경우 그 발간에 소요되는 비용을 판매금액을 통하여 충당하게 되어 예비후보자가 부담한 비용으로 볼 수 없고, 판매되지 아니한 경우에는 선거운동을 위하여 소요된 비용으로 볼 수 없을 것이므로 예비후보자공약집의 발간비용은 선거비용에 해당되지 않는다.[50]

다. 벌칙

대통령선거 및 지방자치단체의 장선거의 예비후보자가 아닌 자로서 법 제60조의4(예비후보자 공약집) 제1항의 예비후보자공약집을 발간·배부한 자, 같은 항을 위반하여 1종을 넘어 예비후보자공약집을 발간·배부한 자, 같은 항을 위반하여 예비후보자공약집을 통상적인 방법으로 판매하지 아니하거나 방문판매의 방법으로 판매한 자, 같은 조 제2항을 위반하여 선거공약 및 그 추진계획에 관한 사항 외에 자신의 사진·성명·학력(정규학력과 이에 준하는 외국의 교육과정을 이수한 학력을 말한다)·경력, 그 밖에 홍보에 필요한 사항을 예비후보자공약집에 게재하는 경우 그 게재면수가 표지를 포함한 전체면수의 100분의 10을 넘거나 다른 정당이나 후보자가 되려는 자에 관한 사항을 게재한 예비후보공약집을 발간·배부한 자는 2년 이하의 징역 또는 400만원 이하의 벌금에 처한다(법§255②1의2.).

한편, 법 제60조의4(예비후보자 공약집) 제3항을 위반하여, 예비후보자공약집을 발간하여 판매하려는 때에 발간 즉시 관할선거구선거관리위원회에 예비후보자공약집을 제출하지 아니한 자는 100만원 이하의 과태료를 부과한다(법§261⑧2의2.가.).

48) 2008. 7. 7. 중앙선관위 질의회답
49) 규칙 별지 제15호의5 서식 예비후보자공약집 제출서
50) 2008. 5. 2. 중앙선관위 질의회답

7. 기호의 게재

법 제59조(선거운동기간) 제2호·제3호에 따라 문자메시지·전자우편·명함과 법 제60조의3(예비후보자 등의 선거운동) 제1항 제2호부터 제5호까지에 따른 명함, 예비후보자홍보물, 어깨띠·표지물, 예비후보자공약집에는 법 제150조(투표용지의 정당·후보자의 게재순위 등)에 따른 기호가 결정되기 전이라도 기호를 알 수 있는 때에는 그 기호를 게재할 수 있다(규칙§26의2⑩, §26의3②).

제3장 후보자가 되고자 하는 자

1. 제도적 취지

'후보자가 되고자 하는 자'는 국회의원선거 등 각종 선거의 후보자가 되려고 하는 자로서 후보자로 되기 이전에 출마를 하려고 하는 단계에 있는 사람을 말한다. 공직선거법에서 후보자 외에 '후보자가 되고자 하는 자'를 별도로 규정하고 있는 이유는 이들에 대하여도 공직선거법상 선거운동 등에서 후보자에 버금가는 제한을 가하여 선거의 공정성을 기하고자 하기 때문이다.

법 제7조(정당·후보자 등의 공정경쟁의무), 제8조(언론기관의 공정보도의무), 제47조의2(정당의 후보자추천 관련 금품수수금지), 제58조의2(투표참여권유활동) 제3호, 제82조의4(정보통신망을 이용한 선거운동) 제2항, 제86조(공무원 등의 선거에 영향을 미치는 행위금지) 제1항, 제87조(단체의 선거운동금지) 제2항, 제89조(유사기관의 설치금지) 제2항, 제90조(시설물설치 등의 금지), 제93조(탈법방법에 의한 문서·도화의 배부·게시 등 금지), 제95조(신문·잡지 등의 통상방법 외의 배부 등 금지) 제2항, 제96조(허위논평·보도 등 금지) 제2항 제1호, 제97조(방송·신문의 불법이용을 위한 행위 등의 제한) 제2항, 제103조(각종집회 등의 제한) 제5항, 제108조(여론조사의 결과공표금지 등) 제2항, 108조의3(정책·공약에 관한 비교평가결과의 공표제한 등), 제110조(후보자 등의 비방금지), 제112조(기부행위의 정의 등) 제1항, 제113조(후보자 등의 기부행위제한) 제1항, 제114조(정당 및 후보자의 가족 등의 기부행위제한), 제115조(제삼자의 기부행위제한), 제265조(선거사무장등의 선거범죄로 인한 당선무효), 제271조의2(선거에 관한 광고의 제한) 제3항, 제279조(정당·후보자의 선전물의 공익목적 활용 등) 등과 위탁선거법 제31조(지위를 이용한 선거운동금지 등), 제35조(기부행위제한) 등에서는 특정 선거행위 및 그 제한에 대하여 '후보자가 되고자 하는 자'를 후보자와 동등하게 취급하고 있다.

2. '후보자가 되고자 하는 자'의 의미

'후보자가 되고자 하는 자("후보자가 되려는 사람"도 같다)'란 「당해 선거에 출마할 예정인 자로서 정당에 공천신청을 하거나 일반 선거권자로부터 후보자추천을 받기 위한 활동을 벌이는 등 입후보 의사가 확정적으로 외부에 표출된 사람뿐만 아니라 그 신분·접촉대상·언행 등에 비추어 당해 선거에 입후보할 의사를 가진 것으로 객관적으로 인식할 수 있는 정도에 이른 자」를 의미한다.[51] 「입후보할 것을 예정하면 족하고 확정적 결의까지 요구되는 것은 아니다.」[52]

헌법재판소는, 법 제113조(후보자등의 기부행위제한)의 '후보자가 되고자 하는 자'와 관련하여, 「'후보자가 되고자 하는 자'에 해당 여부는 당사자의 주관적 의사에만 좌우되는 것이 아니고, 그 신분·접촉대상·언행 등에 비추어 선거에 입후보할 의사를 가진 것을 객관적으로 인식할 수 있는 여부와 같이 후보자의 의사를 인정할 수 있는 객관적 징표에 의하여 결정되는 것이다. '후보자가 되고자 하는 자'에 해당하는 여부의 판단을 당해 선거만 기준으로 할 것인지, 아니면 장래 선거도 포함할 것인지, 여러 선거가 겹치는 경우 어느 것을 기준으로 하여 판단할 것인지 여부도 문제되는 당해 선거를 기준으로 하여 기부행위 당시 후보자 의사를 인정할 수 있는 객관적 징표를 고려하여 판단하면 될 것이므로 '후보자가 되고자 하는 자'부분이 명확성의 원칙에 위배된다고 단정하기 어렵다.」고 판시하였고,[53] 「'후보자가 되고자 하는 자'는 후보자 의사를 인정할 수 있는 객관적 징표 등을 고려하여 그 해당 여부를 판단하고, 법 제112조(기부행위의 정의 등)는 기부행위의 개념을 정의하고 예외적으로 허용되는 기부행위를 상세히 규정하고 있으므로 이 사건 기부행위 금지조항은 죄형법정주의의 명확성 원칙에 위배되지 않는다. 이 사건 기부행위금지 조항은 부정한 경제적 이익이 유권자의 자유의사를 왜곡시키는 것을 방지함으로써 선거의 공정성을 보장하기 위한 규정으로, 객관적

---

51) 2005. 12. 22. 선고 2004도7116 판결, 2005. 1. 13. 선고 2004도7360 판결, 2007. 4. 26. 선고 2007도736 판결, 2007. 6. 29. 선고 2007도3211 판결, 2013. 11. 14. 선고 2013도2190 판결 등

52) 1975. 7. 22. 선고 75도1659 판결, 1996. 9. 10. 선고 96도976 판결 등

53) 2009. 4. 30. 선고 2007헌바29·86(병합) 전원재판부 결정(위 다수의견에 대하여 김종대 등 4명의 재판관은 「'후보자가 되고자 하는 자'부분이 당해 선거에서 후보자가 되고자 하는 자로 한정하는 것인지, 당해 선거의 후보자에 한정하고 있지 않은 것인지 모호하다. 만일 당해 선거의 후보자, 즉 기부행위 시부터 가장 근접한 선거의 후보자를 의미한다면, 그 선거가 국회의원선거, 지방의회선거, 지방자치단체의 장 선거 중 가장 근접한 선거 하나만을 말하는지, 아니면 각 선거별로 가장 근접한 선거를 말하는지가 명확하지 않다. 더구나 당해 선거의 후보자로 한정하지 않는다면, 차차기 선거를 포함한 장래의 각종 선거가 이에 포함됨으로써, 공직선거법이 규제하는 기부행위를 한 자는 영원히 선거 후보자가 될 수 없다는 모순에 도달하게 된다. 이처럼 공직선거는 그 종류가 다양할 뿐 아니라 반복적·지속적으로 이루어지기 때문에, 아무런 제한 없이 단순히 '후보자가 되고자 하는 자'라고 규정한 것은, 수범자인 일반 국민으로 하여금 금지 또는 처벌하고자 하는 행위의 시기적·종류적 범위를 예측하기 어렵게 하고, 법집행기관의 자의적 해석·집행의 가능성을 열어 놓음으로써, 헌법상 명확성의 원칙에 위배된다고 할 것이다.」고 반대의견을 피력하였다.)

으로 후보자 의사가 표출되기 전에 이루어진 기부행위는 적용대상에서 배제되고, 법 제112조(기부행위의 정의 등) 제2항 및 대법원 판례가 선거운동 내지 선거와 무관한 기부행위, 일응 선거와 유관해 보이더라도 사회상규에 위배되지 않는 기부행위를 처벌대상에서 제외하고 있으므로, 이 사건 기부행위금지 조항은 과잉금지원칙에 위배되어 선거운동의 자유를 침해하지 않는다.」고 판시하였다.[54)]

당내 경선에서 사퇴할 의사를 명백히 한 경우,[55)] 17대 국회의원 선거에서 낙선 이후 지역구 관리를 특별히 하지 않았고 18대 국회의원 선거에서 출마의사를 밝힌 바 없어 입후보 의사를 가진 것으로 객관적으로 인식할 정도에 이르지 않은 경우[56)]는 '후보자가 되고자 하는 자'에 해당하지 않는다.

제4장 후보자

1. 의의 및 신분보장

후보자란 특정선거에 관하여 관할선거구선거관리위원회에 후보자등록을 마친 자를 말한다. 후보자 신분의 취득은 후보자등록신청서가 접수된 때부터이고 후보자등록신청서가 제출되었으나 요건미비 등으로 그 신청이 수리되지 않거나 등록이 무효가 되면 후보자가 될 수 없다.

대통령선거의 후보자는 후보자의 등록이 끝난 때부터 개표종료시까지 사형·무기 또는 장기 7년 이상의 징역이나 금고에 해당하는 죄를 범한 경우를 제외하고는 현행범인이 아니면 체포 또는 구속되지 아니하며, 병역소집의 유예를 받는다(법§11①). 국회의원선거, 지방의회의원 및 지방자치단체의 장의 선거의 후보자는 후보자의 등록이 끝난 때부터 개표종료시까지 사형·무기 또는 장기 5년 이상의 징역이나 금고에 해당하는 죄를 범하였거나 법 제16장 벌칙에 규정된 죄를 범한 경우를 제외하고는 현행범인이 아니면 체포 또는 구속되지 아니하며, 병역소집의 유예를 받는다(법§11②).

신분보장기간 전에 범죄를 범하여 이미 체포 또는 구속된 때에는 이미 행한 강제처분은 영향을 받지 아니한다. 현행범인은 범죄의 실행 중이거나 실행의 직후인 자이고, 범인으로 호칭되어 추적되고 있는 때·장물이나 범죄에 사용되었다고 인정함에 충분한 흉기 기타의

54) 2021. 2. 25. 선고 2018헌바223 결정
55) 2005. 12. 22. 선고 2004도7116 판결
56) 2008. 10. 23. 선고 2008도6776 판결

물건을 소지하고 있는 때·신체 또는 의복류에 현저한 증적이 있는 때·누구임을 물음에 대하여 도망하려 하는 때에 해당하는 자도 현행범인으로 간주한다(형사소송법§211). 병역소집이란 「병역법」상 징집과 소집 등을 총칭한다.

2. 후보자추천

가. 정당의 후보자추천

(1) 의의

정당은 선거에 있어 선거구별로 선거할 정수 범위 안에서 그 소속당원을 후보자(이하 "정당추천후보자"라 한다)로 추천할 수 있다. 다만, 비례대표자치구·시·군의원의 경우에는 그 정수 범위를 초과하여 추천할 수 있다(법§47①).[57] 정당의 후보자추천은 유권자들이 선거권을 행사함에 있어 참고할 중요한 사항을 제공하고 국민의 정치적 의사형성에 참여하는 정당의 활동을 효과적으로 보장하기 위한 것으로, 이를 통해 선거권자들이 후보자의 소속 정당과 정치적 성향을 알 수 있게 된다는 점 등에서 합리적인 수단이라고 할 수 있다. 아울러 정당의 후보자추천제는 선거제도에 관한 기본틀의 하나로서 특정 후보자를 우대하거나 불리하게 하기 위한 것이 아니고, 이로 인해 정당의 추천을 받지 않는 후보자가 정당의 추천과 지지를 받는 후보자와 힘들게 경쟁하게 된다고 하더라도 정당의 후보자추천제도의 공익적 기능은 그로 인하여 침해되는 사익보다 훨씬 크다.[58][59]

(2) 추천방법

법 제47조(정당의 후보자추천)는 정당의 공직선거 후보자 추천 권한에 관하여 규정하고 있는데, 정당의 후보자 추천 절차와 직접적인 관련이 없는 정당의 목적, 조직, 활동 등 다른 사유로 정당의 후보자 추천을 제한하고 있지는 않고 있다.[60]

---

57) 통상적으로 정당의 공직후보자추천을 "공천"이라고 약칭한다.

58) 2011. 3. 31. 선고 2009헌마286 결정, 2007. 11. 29. 선고 2005헌마977 결정

59) 헌법재판소는, 자치구·시·군의원의 정당추천제에 대하여, '정당이 기초의원 후보자를 추천할 수 있도록 하는 제도의 목적은 유권자들이 선거권을 행사함에 있어 참고할 중요한 사항을 제공하고, 국민의 정치적 의사형성에 참여하는 정당의 활동을 효과적으로 보장하기 위한 것이다. 정당의 기초의원 후보자 추천제도를 통하여, 선거권자들은 기초의원 후보자의 소속정당과 정치적 성향을 알 수 있게 되고, 정당은 정치적 의사형성 기능을 기초의원선거에서도 발휘될 수 있게 된다. 따라서 정당의 후보자추천제도는 입법목적을 달성하기 위한 합리적인 수단이다. 정당이 중앙당과 시·도당으로 구성된다고 하더라도 정당이 기초의원을 추천함에 있어 당해 기초의원을 선출하는 지역구 주민의사를 반영하지 못할 것이라고 단정하기 어려운 점 등을 종합하면, 기초의원 후보자에 대한 정당추천제도가 지방자치제도나 지방의회제도의 본질을 훼손하여 헌법에 위반된다고 단정하기 어렵다.'고 판시하였다(2007. 11. 29. 선고 2005헌마977 결정).

60) 2021. 12. 30. 선고 2020수5011 판결

정당이 후보자를 추천하는 때에는 민주적인 절차에 따라야 한다(법§47②).[61][62]

정당이 비례대표국회의원선거[63] 및 비례대표지방의회의원선거에 후보자를 추천하는 때에는 그 후보자 중 100분의 50 이상을 여성으로 추천하되, 그 후보자명부의 순위의 매 홀수에는 여성을 추천하여야 한다(법§47③). 정당이 임기만료에 따른 지역구국회의원선거 및 지역구지방의회의원선거에 후보자를 추천하는 때에는 각각 전국지역구총수의 100분의 30 이상을 여성으로 추천하도록 노력하여야 한다(법§47④).

정당이 임기만료에 따른 지역구지방의회의원선거에 후보자를 추천하는 때에는 지역구시·도의원선거 또는 지역구자치구·시·군의원선거 중 어느 하나의 선거에 국회의원지역구(군지역을 제외하며, 자치구의 일부지역이 다른 자치구 또는 군지역과 합하여 하나의 국회의원지역구로 된 경우에는 그 자치구의 일부지역도 제외한다)마다 1명 이상을 여성으로 추천하여야 한다(법§47⑤).

법 제47조(정당의 후보자추천) 제1항은 정당은 선거에 있어 소속 당원을 후보자로 추천할 수 있다고 규정하고 있으므로 공천을 신청하려는 자는 먼저 당원의 자격을 갖추어야 한다.[64] 「정당법」 제23조(입당) 제1항, 제2항, 제3항, 「정당사무관리규칙」 제16조(중앙당 또는 그 창당준비위원회의 입당원서의 처리)의 각 규정에 의하여, 당원이 되고자 하는 자는 자신이 서명 또는 날인한 입당원서나 「전자서명법」 제2조(정의) 제2호에 따른 전자서명(서명자의 실지명

---

61) 정당추천 후보자등록의 경우 관할선거관리위원회가 정당추천의 구체적 절차와 근거 또는 그 정당성에 관하여 심사하지 아니하였다고 하더라도, 이를 들어 후보자등록과 관련한 하자가 있어 선거무효 사유로 된다고 할 수 없고, 오히려 이에 대하여 선거관리위원회가 심사할 수 있는 근거규정이 따로 마련되어 있지 아니한 이상, 실질적인 추천의 당부에 관한 심사 자체가 허용되지 아니한다고 볼 수밖에 없다(2000. 10. 13. 선고 2000수87 판결).

62) 구 공직선거법(2020. 12. 29. 법률 제17813호로 개정되기 전의 것) 제47조(정당의 후보자추천) 제2항은 비례대표국회의원선거 후보자 추천절차를 구체적으로 규정하여 법정화하고 있었으나, 2020. 12. 29. 법률 제17813호로 개정하면서 이를 폐지하였다.

63) 구 공직선거법(2020. 12. 29. 법률 제17813호로 개정되기 전의 것) 제47조(정당의 후보자추천) 제2항 제1호, 제2호는 비례대표국회의원선거 후보자 추천절차를 구체적으로 규정하여 법정화하고 있었는바, 이와 관련하여 대법원은 "비례대표국회의원 후보자추천에 관하여 정당은 후보자 추천절차의 구체적인 사항을 당헌 또는 당규로 정하여 그 당헌 또는 당규에 따라 민주적 심사절차를 거쳐 대의원·당원 등으로 구성된 선거인단의 민주적 투표 절차에 따라 추천할 후보자를 결정하여야 하고, 관할 선거관리위원회인 중앙선거관리위원회 위원장은 정당이 제출한 비례대표국회의원 선거의 후보자추천절차에 관한 자료를 심사하여 정당이 구 공직선거법(2020. 12. 29. 법률 제17813호로 개정되기 전의 것) 제47조(정당의 후보자추천) 제2항 제1호, 제2호 전단에 따라 민주적 심사를 거쳐 대의원·당원 등으로 구성된 선거인단의 민주적 투표절차에 따라 후보자를 결정하였는지, 후보자추천절차의 구체적 사항을 당헌·당규로 정하고 그에 따라 후보자를 결정하였는지를 심사하여야 하며, 그와 같은 방법으로 후보자가 결정되지 아니하였다고 인정하는 경우 후보자등록 수리를 거부하거나 후보자등록을 무효로 하는 조치를 취하여야 한다. 또한 이와 같은 비례대표국회의원 후보자추천을 위한 심사 및 대의원·당원 등으로 구성된 선거인단에 의한 투표절차는 '민주적'일 것, 즉 비례대표국회의원 후보자 결정을 위한 심사·투표 절차에 당원의 의사가 반영될 수 있는 방식일 것이 요구된다."고 판시하였다(2021. 12. 30. 선고 2020수5011 판결).

64) 정당이 그 당원이 아닌 자를 대통령후보로 지명하였다고 하더라도 후보자등록시에 그 정당의 당원인 이상 그 추천은 유효하다(1965. 3. 25. 선고 63수3 판결).

의를 확인할 수 있는 것을 말한다)이 있는 전자문서로 입당원서를 시·도당 또는 그 창당준비위원회에 제출하여 입당신청을 하여야 한다. 이 경우 18세 미만인 사람이 입당신청을 하는 때에는 법정대리인의 동의서를 함께 제출하여야 한다. 그 경우 입당의 효력은 당원자격심사기관의 심의와 입당허가결정 후 입당신청인이 당원명부에 등재된 때에 발생하며, 다만, 시·도당이 입당원서의 접수를 거부하거나 또는 정당한 이유 없이 입당심의를 지연하거나 입당을 허가 하지 아니하는 사유로 중앙당에 입당원서를 제출하는 경우, 중앙당이 입당허가 여부심사와 입당허가의 상당성을 인정하여 해당 지구당에 신청인을 당원명부에 등재하도록 명하는데, 이 경우 입당의 효력은 입당원서가 중앙당에 접수한 때에 발생하게 되고, 한편「정당법」제25조(탈당),「정당사무관리규칙」제17조(중앙당의 탈당신고서의 처리)의 각 규정에 따라, 당원이 탈당하고자 하는 때에는 탈당신고서를 소속 시·도당에 제출하여야 하며, 소속 시·도당에 제출할 수 없을 때에는 중앙당에 제출할 수 있고, 탈당의 효력은 탈당신고서가 소속 시·도당 또는 중앙당에 접수된 때에 발생하게 되는 것이므로, 정당에의 가입이나 탈퇴는 단순한 의사표시만으로는 부족하고 입당원서나 탈당신고서 제출 그리고 입당의 경우는 당원자격심사와 당원명부의 등재까지 이루어져야 하기에 형식성·명확성·일관성 등이 요구되는 것으로 조건에 친하지 아니한 법률행위이다.[65]

후보자를 추천할 수 있는 정당에 창당준비위원회는 포함되지 아니한다.[66]

<**컷오프**(Cut off)**제도**>

컷오프제도란 일반적으로 정당이 소속 현역 국회의원 중 경쟁력 등이 부족한 일정 범위의 하위 순위자를 공천에서 원칙적으로 배제하는 제도를 말한다.

법원은, 갑 정당 소속 현역 국회의원인 을이 제19대 국회의원선거에서 선거구 후보로 출마하고자 갑 정당 산하 중앙당 공직후보자추천위원회에 후보자 추천을 신청하였으나 갑 정당이 경쟁력 등이 부족한 하위 약 25%를 공천에서 원칙적으로 배제하는 컷오프제도에 따라 을을 공천대상에서 제외하고 병을 후보자로 결정한 사안에서,「정당의 자율성은 최대한 보장되어야 하고(헌법 제8조, 정당법 제37조), 정당의 공천과정 및 공천후보자 결정은 기본적으로 정당의 자치규범인 당헌과 당규에 따라 정당이 자치적이고 자율적으로 결정하여야 할

65) 2001. 3. 9. 선고 2000수124 판결(중앙당에 비공개공천신청시 제출한 입당원서에 표시된 입당의사는 확정적인 의사표시이지 공천을 정지조건으로 하는 의사표시라거나 공천탈락을 해제조건으로 하는 의사표시라고 할 수 없고, 중앙당에 비공개신청과 동시에 제출하기 위하여 지구당에 입당원서를 제출하지 않은 채로 바로 중앙당에 입당원서를 제출하여 법정절차를 거쳐 관할 지구당 당원명부에 등재까지 된 입당신청인이 스스로 그 제출이 무효라고 다투는 것은 신의칙에 위반되어 허용되지 아니한다고 한 사례)

66) 2005. 12. 28. 중앙선관위 질의회답

사항으로 거기에는 어느 정도 정치적인 요소가 포함될 수밖에 없으므로, 정당의 공천결정 등이 당헌과 당규에 따른 것이어서 정당의 민주주의 원칙이나 헌법, 정당법 등에 위배되어 적법성과 합리성이 결여된 것이 아닌 한 그 효력을 부인할 수 없다. 또한 이 사건 컷오프제도는, 갑 정당이 제19대 국회의원 선거에서의 경쟁력 향상 및 정치신인 등에 대한 배려·집권정당의 자기반성 등 다양한 목적에서 여러 차례 논의 끝에 도입된 제도로서, 아직 관련 법령이나 당헌·당규에 이에 관한 직접적인 규정이 존재하지 않는다. 따라서 이 사건 결정의 위법 여부를 판단함에 있어서는 위와 같은 정당의 자율성이나 이 사건 컷오프 제도의 도입배경 등을 아울러 고려할 필요가 있다. 기록 및 심문 전체의 취지를 종합하여 보건대, 이 사건 컷오프제도의 취지 자체는 앞서 본 것처럼 정당해 보이고, 현역 국회의원만을 심사대상으로 삼아 일정 비율에 해당하는 의원(또는 일정 인원수)을 특별한 사정이 없는 한 일괄하여 공천에서 제외하는 현행 방식 역시 갑 정당이 도입할 재량이 있는 여러 방식 중 하나이다. 또한 구체적인 컷오프의 기준 및 심사절차 예컨대, 공천배제를 할 현역 국회의원의 비율이나 숫자, 컷오프의 구체적인 심사요소 및 세부배점, 심사를 위한 조사방법, 심사과정에서 개개의 지원자에게 면접 또는 소명 기회를 부여할 것인지 여부, 심사자료 공개 여부 등은, 그것이 별다른 합리적인 이유 없이 정해졌다거나 외부에 공표된 것과는 달리 실제로는 현저히 자의적으로 적용되었다는 등 민주적 절차 또는 적법절차에 반하는 것으로 볼 만한 특별한 사정이 존재하지 않는 이상, 갑 정당이 스스로 정할 수 있는 자율적 영역에 속한다. 이 사건에서 조사대상 현역 국회의원을 몇 명으로 할 것인지, '비율(예컨대 25%)'과 '인원수(예컨대 32명)' 중 무엇이 기준인지 등 갑 정당의 입장에 불분명한 점이 없지 아니하였고, 이 사건 컷오프 평가항목 역시 신청인의 주장처럼 합리성이 부족해 보이는 부분이 없지 않으나, 이는 선거를 통하여 국민의 정치적 의사형성에 참여하는 정당의 공천이라는 정치적 행위의 속성상 일부 불가피한 면이 있는 점 등 기록 및 심문선제의 취지에 비추어 인정되는 여러 사정을 고려하면, 위와 같은 점만으로는 을을 이 사건 컷오프 대상으로 삼아 공천에서 제외하고 병을 공천한 이 사건 결정이 그 기준이나 운영과정이 민주적 절차 또는 적법절차에 반하여 무효로 된다고 단정하기에는 부족하다.」고 판시하였다.[67]

67) 서울남부지방법원 2012. 3. 20.자 2012카합177 결정

<전략공천>

전략공천이란 일반적으로 정당이 당선이 유력한 후보를 경선 과정 없이 공천하는 것을 말한다. 지명도가 있거나 정당의 정치적 입장을 표방하는데 있어 상징적인 의미를 가질 수 있는 인물을 경선 과정 없이 입당절차만으로 공천하거나, 상대 정당의 당선 가능성이 높은 유력 후보자를 상대하여 패퇴시킬 목적으로 경선 없이 당내 유력 인사를 의도적으로 공천하는 경우 등이 이에 해당한다. 통상 당해 지역구의 현역 의원이나 기존 공천신청자들을 배제하고 정략적으로 공천이 이루어진다.

법원은 「정당이 후보자를 추천하는 방법으로 반드시 경선을 실시하여야 하는 것은 아니며 전략공천을 통하여 후보자를 추천할 수도 있는데 그 전략공천이 민주적 절차를 통하여 이루어지는 것이라면 이는 경선과 마찬가지라고 보아야 할 것이고, 공직선거법은 정당이 후보자 선출을 위하여 경선을 실시할 수 있으며 이 경우 경선후보자로서 당해 정당의 후보자로 선출되지 아니한 자는 당해 선거의 같은 선거구에서 후보자로 등록될 수 없다고 규정하여(법 제52조의2) 경선 결과에 승복할 것을 법으로 정하고 있는 바, 그렇다면 전략공천의 방법으로 후보자가 선출되는 경우 역시 공천에서 탈락한 후보자는 그 공천결과에 승복하여야 함이 타당하고, 그 공천 결과 부적격한 후보자가 공천되었거나, 공천심사과정에서 절차위반의 하자가 있는 것이 아닌 이상 단지 경선만이 민주적인 절차임을 주장하면서 전략공천결정 자체에 불복할 수 없다.」고 판시하였다.[68)][69)]

---

68) 청주지방법원 2006. 4. 28.자 2006카합305 결정

69) 정당이 현직 도지사를 '전략공천'한 것이 민주적 절차에 위배되는지 여부와 관련하여, 법원은 '당헌 제92조는 전략지역 및 인재영입지역의 선정에 관하여만 규정하고 있을 뿐, 반드시 정당지지도가 낮은 취약지역만을 그 대상으로 제한하고 있지는 않고, 오히려 공직후보자추천규정 제8조 제4항, 제5항에 의하면 취약지역을 포함하여 경선을 실시하지 않을 수 있도록 하고, 공모, 서류심사 및 여론조사 등의 절차 진행에도 불구하고 전략지역 및 인재영입지역으로의 후보자 선정이 가능한 것으로 규정하고 있으며, 여기에 이 사건 기록에 나타난 다음과 같은 사정 즉, 이 사건 선거구는 현직 도지사가 재출마를 하는 지역으로서 그 현직 도지사의 4년간의 행정에 대한 선거구민들의 여론이 좋을 경우 통상 다른 후보자들과의 지지율에 있어 현저한 차이를 보이기 때문에 경선이라는 절차가 무의미해 질 수 있는 점, 전략지역 및 인재영입지역의 선정 자체가 정당의 자율성에 기한 고도의 정치적 행위로서의 성격이 강한 점, 또한 피신청인은 이 사건 선거구를 전략지역 및 인재영입지역으로 선정하기 이전에 TV토론을 실시하고 나름대로 자체 여론조사 등의 절차를 거쳤기 때문에 오로지 B후보가 현직 도지사라는 점만을 가지고 전략지역으로 선정하였다고 보기는 어렵고, 이 사건 의결 당시 이 사건 선거구 외에 다른 광역단체장 선거구에 대하여도 전략지역으로 선정된 점 등에 비추어 보면 피신청인의 이 사건 의결이 정당의 자율성을 넘어 다른 공천신청자나 해당 당원의 민주적 절차에 관한 권리를 근본적으로 침해하여 그 절차가 현저히 불공정함으로써 민주주의 원칙에 관한 헌법, 공선법 등의 제반규정을 명백히 위반하였다고 볼 수 없다.'고 판시하였다(서울남부지방법원 2006. 5. 15. 선고 2006카합1149 결정).

(3) 정당의 후보자추천 관련 금품수수금지

(가) 금지규정

누구든지 정당이 특정인을 후보자로 추천하는 일과 관련하여 금품이나 그 밖의 재산상의 이익 또는 공사의 직을 제공하거나 그 제공의 의사를 표시하거나 그 제공을 약속하는 행위를 하거나, 그 제공을 받거나 그 제공의 의사표시를 승낙할 수 없다. 이 경우 후보자(후보자가 되려는 사람을 포함한다)와 그 배우자(이하 "후보자등"이라 한다), 후보자등의 직계존비속과 형제자매가 선거일 전 150일부터 선거일 후 60일까지 「정치자금법」에 따라 후원금을 기부하거나 당비를 납부하는 외에 정당 또는 국회의원(「정당법」 제37조(활동의 사유) 제3항에 따른 국회의원지역구 또는 자치구·시·군의 당원협의회 대표자를 포함하며, 이하 "국회의원등"이라 한다), 국회의원등의 배우자, 국회의원등 또는 그 배우자의 직계존비속과 형제자매에게 채무의 변제, 대여 등 명목여하를 불문하고 금품이나 그 밖의 재산상의 이익을 제공한 때에는 정당이 특정인을 후보자로 추천하는 일과 관련하여 제공한 것으로 본다(법§47의2①). 누구든지 이러한 행위에 관하여 지시·권유 또는 요구하거나 알선하여서는 아니 된다(법§47의2②).

(나) 입법취지

정당의 후보자추천 관련 금품수수금지 조항은 공직선거 후보자추천과 관련된 모든 형태의 금품수수행위를 근절시킴으로써 정당공천의 공정성과 정당운영의 투명성을 제고하기 위하여 2008. 2. 29. 법률 제8879호로 일부 개정된 공직선거법에서 처음 규정되었다. 이 조항은 소위 '공천헌금'이 특별당비나 후원금 또는 대여금 등의 위장된 형태로 탈법적으로 수수되는 현실을 고려하여 정당의 후보자 추천과 관련성이 있는 금품이나 재산상 이익 등의 수수행위에 대하여는 그것이 '어떠한 명목으로 수수되었든지 간에' 이를 금지하고, 위반 시 형사처벌함으로써 공천의 투명성을 통한 당내민주주의를 확립하는데 그 의의가 있다.[70)]

본 조항은 공직선거에서 후보자 추천단계에서부터 금권의 영향력을 원천적으로 봉쇄함으로써 궁극적으로는 공명정대한 선거를 만들기 위하여 마련된 것이라는 점에서 그 입법목적의 정당성이 인정된다. 나아가 그 제한은 공직선거의 자유와 공정을 보장하기 위한 제도적 장치로서의 의미가 있고, 공직선거에서 '정당이 특정인을 후보자로 추천하는 일과 관련하여' 라는 전제 아래 그 제한이 이루어지며, 공직선거의 후보자 추천과 관련하여 금품 등을 제공하거나 제공받는 것을 금지하는 것 외에 폐해방지를 위한 효과적 수단을 상정하기 어렵다. 이러한 점들을 종합하여 볼 때, 정당의 공직선거와 관련하여 금품이나 재산상 이익 등을 수

---

70) 2009. 10. 29. 선고 2008헌바146·158·163(병합) 전원재판부 결정, 2018. 2. 8. 선고 2017도17838 판결, 2009. 5. 14. 선고 2008도11040 판결, 서울고등법원 2014. 12. 4. 선고 2014노2819 판결

수하는 행위를 처벌한다고 하여 그것이 헌법상 보장된 정당활동 자유의 본질적 내용을 침해하여 비례의 원칙에 위배된다고 할 수 없다.[71)]

(다) 구성요건

1) **주체**

누구든지 그 주체가 될 수 있다. '누구든지'란 일정한 신분이나 지위 등에 의하여 제한되는 것이 아닌 공직선거에 후보를 추천하는 정당을 포함한 모든 사람이나 단체를 의미한다.[72)] 정당의 공직선거와 관련하여 금품이나 그 밖의 재산상 이익을 제공받은 당사자가 정당인 경우에는 자연인인 기관이 그 업무를 수행하는 것이므로, 법 제47조의2(정당의 후보자추천 관련 금품수수금지) 제1항의 규정에 위반한 자란 정당인 경우 업무를 수행하는 정당의 기관인 자연인을 의미한다.[73)] 이는 이미 성립한 정당이 아닌 창당준비위원회의 경우도 마찬가지이다.[74)]

2) **행위**

본죄의 행위는 정당이 특정인을 후보자로 추천하는 일과 관련하여, 금품이나 그 밖의 재산상의 이익 또는 공사의 직을 제공하거나 제공의 의사를 표시하거나 그 제공을 약속하는 행위를 하거나, 그 제공을 받거나 그 제공의 의사표시를 승낙하거나, 그러한 행위에 관하여 지시·권유 또는 요구하거나 알선하는 것이다.

「특정인을 후보자로 추천하는 일과 관련하여」란 금품 또는 재산상 이익의 제공이 후보자 추천의 대가 또는 사례에 해당하거나, 그렇지 않다 하더라도 후보자 추천에 있어서 금품 또는 재산상 이익의 제공이 어떠한 형태로든 영향을 미칠 수 있는 경우를 의미한다.[75)] 이에 해당하는지 여부는 금품 등의 수수와 관련된 당사자들의 사회적 지위, 금품 등의 수수 당시

71) 2013. 12. 12. 선고 2013도9515 판결, 2009. 5. 14. 선고 2008도11040 판결

72) 헌법재판소는, 법 제47조의2(정당의 후보자추천 관련 금품수수금지) 제1항의 "누구든지"와 관련하여, '법률이 일정한 행위를 금지하는 금지규정의 수범자를 그 입법취지에 따라 일정한 신분이 있는 사람으로 제한하지 않고 국민 일반에 대하여 해당 행위를 금지하는 경우에 그 수범자를 "누구든지"라고 규정하는 것은 통상적인 입법례라 할 것이다. 나아가 금지규정의 수범자에 관한 규정은 해당 규정이 금지하는 행위와 결합되어 파악되어야 할 것인 바, 위 조항의 구성요건이 금품수수행위와 공천과 관련성을 요구하고 있기 때문에 금품수수행위를 한 사람의 신분이나 지위, 금품을 수수한 사람의 관계 등은 공천과의 관련성 정도에 따라 한정적으로 해석될 수 있으므로 위 규정이 범죄의 주체를 무한정 확대하고 있다고 할 수도 없다. 특히 위 조항의 입법취지가 정당의 후보자 추천과정에서 금권이 개입하여 공정한 추천이 이루어지지 아니하는 부조리를 척결하기 위한 것이라는 점을 감안하면, 후보자 추천에 대한 실질적인 권한을 가지고 있는 정당의 대표자 등이 위 조항의 수범자에서 제외된다고 보기 어렵다.'고 판시하였다(2009. 10. 29. 선고 2008헌바146·158·163(병합) 전원재판부 결정).

73) 2009. 5. 14. 선고 2008도11040 판결

74) 2018. 2. 8. 선고 2017도17838 판결

75) 2013. 12. 12. 선고 2013도9515 판결, 2013. 9. 26. 선고 2013도7876 판결, 2009. 5. 14. 선고 2008도11040 판결, 2009. 4. 23. 선고 2009도834 판결

당해 정당의 후보자 추천절차와 그 결과, 금품 등 수수 당시의 시기적 상황, 수수의 경위와 그 금액 및 전달방법, 금품 등의 수수를 전후한 당사자들의 언행 등 여러 사정들을 종합하여 사회통념에 비추어 합리적으로 판단하여야 한다.[76)][77)] 공천관리위원장의 배우자에게 시장 공천과 관련하여 시장 예비후보로 등록하였던 사람과 경선을 할 수 있도록 공천관리위원장에게 잘 말하여달라는 취지로 1억원을 제공한 것은 본죄에 해당한다.[78)]

'정당이 특정인을 후보자로 추천하는 일'에는 '창당준비위원회의 활동 결과 장차 성립될 정당 또는 아직 구체적인 후보자 추천절차가 존재하지 아니하는 정당이 특정인을 후보로 추천하는 일'도 포함된다. 정당을 설립하기 위한 창당준비위원회가 장차 정당의 성립 이후 치러질 공직선거에서 특정인을 후보로 추천하는 일과 관련하여 그 창당을 위한 활동과정에서 특정인으로부터 금품 등을 제공받는 행위가 민주주의의 근간인 공직선거·정당공천의 공정성과 투명성에 미칠 해악은 정당 설립 이후에 후보자 추천과 관련하여 금품 등을 제공받는 것과 본질적으로 차이가 없고, 본 조항은 선거권자가 아닌 '정당이' 추천하는 후보자와 관련될 것을 요건으로 규정하고 있을 뿐 '재산상의 이익 등을 수수할 당시 이미 성립되어 있거나 구체적인 후보자 추천절차가 존재하는 정당'이라고 한정하여 규정하고 있지 않기 때문이다.[79)]

「제공」은 반드시 금품을 상대방에게 귀속시키는 것만을 뜻하는 것으로 한정 해석할 것은 아니고, 중간자에게 금품을 주는 경우라 하더라도 그 중간자가 단순한 보관자이거나 특정인에게 특정금품을 전달하기 위하여 심부름을 하는 사자에 불과한 자가 아니고 그에게 금품배분의 대상이나 방법, 배분액수 등에 대한 어느 정도의 판단과 재량의 여지가 있는 한 비록 그에게 귀속될 부분이 지정되어 있지 않은 경우라 하더라도 「제공」에 포함된다고 해석함이

76) 2021. 4. 29. 선고 2019도9494 판결(지역위원회 위원장인 피고인이 도당위원장이자 국회의원이던 공소외 2와 식사를 하면서 친분관계를 쌓게 되면 피고인과 공소외 1이 2018. 6. 13. 지방선거에서 도의원후보자로 공천을 받는데 도움이 된다면서 식사비 명목으로 공소외 1로부터 45만원을 제공받은 사안에서, 도의원후보자 공천은 당내 경선으로 이루어지고 도당위원장이나 지역위원장이 후보자 공천과 관련된 당원들의 의사형성과정에 정치적 영향을 미칠 가능성이 어떤 경우에도 늘 존재한다고 단정할 근거가 없고, 공소외 1은 피고인이 공소외 2와 친분관계를 쌓게 되면 그것이 자신의 향후 공천에 도움이 될 수 있을 것이라는 막연한 기대감에서 위 둘이 친분관계를 쌓을 식사자리 비용 명목으로 위 돈을 피고인에게 지급하였다고 볼 수 있을 뿐이고, 피고인이 받은 돈의 규모, 그 돈을 받은 시점이 이 사건 후보자 공천을 위한 경선일부터는 약 7개월 전이고 이 사건 후보자 추천절차가 시작되는 검증신청자 접수일로부터는 약 6개월 전인 점, 그 당시 공소외 1은 이 사건 후보자로 나설 것을 계획하고 있었을 뿐 출마의사를 확정적으로 공표하지는 않았던 점 등을 고려하면 공소외 1이 피고인에게 제공한 돈이 그 자체로 정당의 후보자 추천과 관련된 것으로 평가하기 어렵다고 한 사례)

77) 헌법재판소는 「'정당이 특정인을 후보자로 추천하는 일과 관련하여'라는 요건은 규제의 범위를 제한하는 요소이지, 유상대여와 무상대여를 자의적으로 차별하기 위한 기준에 해당한다고 볼 수 없으므로 평등원칙에 위배되지 아니한다.」고 판시하였다(2009. 10. 29. 선고 2008헌바146·158·163(병합) 전원재판부 결정).

78) 2015. 2. 26. 선고 2014도17374 판결(수원지방법원 여주지원 2014. 9. 12. 선고 2014고합35 판결)

79) 2018. 2. 8. 선고 2017도17838 판결

상당하다.[80)]

「금품이나 그 밖의 재산상의 이익 또는 공사의 직을 제공하거나 제공의 의사를 표시하거나 그 제공을 약속하는 행위」는 구두에 의하여 할 수도 있고 그 방식에 특별한 제한은 없는 것이지만, 그 약속 또는 의사표시가 사회통념상 쉽게 이를 철회하기 어려울 정도로 당사자의 진정한 의지가 담긴 것으로서 외부적·객관적으로 나타나는 정도에 이르러야만 비로소 이에 해당한다.[81)] 금품에 후보자 추천의 대가 또는 사례로서의 성질과 그 외의 성질이 불가분적으로 결합되어 있는 경우에는 그 금품 전부가 불가분적으로 후보자 추천의 대가 또는 사례로서의 성질을 가진다.[82)]

(라) 주관적 요건

특정인을 후보자로 추천하는 일과 관련하여 금품을 수수한다는 것은 영득의 의사로 금품을 수수하는 것을 말하므로, 기부자가 일방적으로 금품을 두고 가므로 후일 기회를 보아 반환할 의사로 어쩔 수 없이 일시 보관하다가 반환하는 등 그 영득의 의사가 없었다고 인정되는 경우라면 금품을 수수하였다고 할 수 없겠지만, 일단 피고인이 영득의 의사로 금품을 수수한 이상 나중에 이를 반환하겠다고 하더라도 공직선거법위반죄의 성립에는 영향이 없으며, 영득할 의사로 금품을 수령한 것인지 여부를 판단함에 있어서는 금품을 교부받은 경위, 언제든지 반환할 기회가 있었는데도 반환하지 아니하였는지 여부, 금품을 반환하게 된 경위 등을 고려하여야 한다.[83)]

(마) 처벌

법 제47조의2(정당의 후보자추천 관련 금품수수금지) 제1항 또는 제2항을 위반하여, 정당이 특정인을 후보자로 추천하는 일과 관련하여, 금품이나 그 밖의 재산상의 이익 또는 공사의 직을 제공하거나 제공의 의사를 표시하거나 그 제공을 약속하는 행위를 하거나, 그 제공을 받거나 그 제공의 의사표시를 승낙하거나, 이에 관하여 지시·권유 또는 요구한 자는 5년 이하의 징역 또는 500만원 이하의 벌금에 처한다(법§230⑥).

본죄는 재정신청대상 중요 선거범죄이다(법§273①).

80) 2002. 2. 21. 선고 2001도2819 전원합의체 판결, 대전고등법원 2019. 5. 9. 선고 2019노56 판결
81) 2013. 12. 12. 선고 2013도9515 판결, 2006. 4. 27 선고 2004도4987 판결
82) 2012. 1. 12. 선고 2011도12642 판결
83) 2012. 8. 23. 선고 2010도6504 판결, 2015. 2. 26. 선고 2014도17375 판결

(바) 죄수

본죄는 선거와 관련한 부정 방지 및 공정한 선거의 시행을 그 보호법익으로 하는 반면, 「정치자금법」 제45조(정치자금부정수수죄) 제2항 제5호, 제32조에서 규정하고 있는 정치자금부정수수죄는 정치자금의 투명성을 확보하고 정치자금과 관련한 부정의 방지를 통한 민주정치의 발전을 목적으로 하고 있어 그 보호법익이 다르다. 또한 본죄는 행위의 주체에 제한을 두지 않는 대신 정당이 후보자 추천하는 일과 관련하여 금품이나 그 밖의 재산상 이익뿐만 아니라 공사의 직을 제공하는 등의 행위를 구성요건으로 하는 반면, 정치자금부정수수죄는 공직선거 후보자 추천의 주체가 누구든 상관없이 이와 관련하여 정치자금을 기부하거나 받는 행위를 구성요건으로 하고 있어 그 구성요건의 내용도 어느 한쪽이 다른 한쪽을 전부 포함한다고 할 수 없다. 따라서 본죄와 정치자금부정수수죄는 보호법익 및 구성요건의 내용이 서로 다른 범죄로서 상상적 경합관계에 있다.[84)]

그러나 공직선거에서 특정인을 후보자로 추천하는 행위와 관련하여 금전이 수수되었다 하여도 그것이 정치활동을 위하여 제공된 것이 아니라면, 「정치자금법」 제45조(정치자금부정수수죄) 제1항 위반죄가 될 수 없다.[85)]

정당의 공천을 받게 하여 줄 의사나 능력이 없음에도 이를 해 줄 수 있는 것처럼 기망하여 공천과 관련하여 금품을 받은 경우, 본죄와 사기죄가 모두 성립하고 양자는 상상적 경합관계에 있다.[86)]

본죄와 기부행위제한위반죄는 구성요건과 입법취지를 달리하고 있어, 본죄가 기부행위제한위반죄에 대하여 특별관계에 있다고 볼 수 없다.[87)]

(4) 정당의 교육감후보자 추천 금지

정당은 교육감선거에 후보자를 추천할 수 없다(교육자치법§46①). 이를 위반한 자는 2년 이하의 징역 또는 2천만원 이하의 벌금에 처한다(교육자치법§59).

나. 선거권자의 후보자추천(무소속후보자 추천)

(1) 의의

관할선거구 안에 주민등록이 된 선거권자는 각 선거(비례대표국회의원선거 및 비례대표지방의회의원선거를 제외한다)별로 정당의 당원이 아닌 자를 당해 선거구의 후보자(이하 "무소속 후보자"라 한다)로 추천할 수 있다(법§48①). 무소속후보자의 입후보에 선거권자의 추천을 받도록

84) 2009. 5. 14. 선고 2008도11040 판결
85) 2013. 9. 26. 선고 2013도7876 판결
86) 2013. 9. 26. 선고 2013도7876 판결, 2009. 4. 23. 선고 2009도834 판결
87) 2009. 4. 23. 선고 2009도834 판결

하고 있는 것은 국민인 선거권자의 추천에 의한 일정한 자격을 갖추게 하여 후보자가 난립하는 현상을 방지하는 한편, 후보자등록 단계에서부터 국민의 의사가 반영되도록 함으로써 국민의 정치적 의사가 효과적으로 국정에 반영되도록 하기 위한 것이고, 이에 반하여 일정한 정강정책을 내세워 공직선거에 있어서 후보자를 추천함으로써 국민의 정치적 의사형성에 참여함을 목적으로 하는 정치적 조직인 정당이 후보자를 추천하는 행위에는 정치적 의사나 이해를 집약한 정강정책을 후보자를 통하여 제시하는 의미가 포함되는 것이어서 무소속후보자의 경우와 같이 선거권자의 추천을 따라 받을 필요가 없으므로 무소속후보자에만 선거권자의 추천을 받도록 한 것이 정당후보자와 불합리한 차별을 하는 것이라고 할 수 없다.[88]

(2) 절차와 방법

무소속후보자가 되고자 하는 자는 관할선거구선거관리위원회가 후보자등록신청개시일 전 5일(대통령의 임기만료에 의한 선거에 있어서는 후보자등록신청개시일 전 30일, 대통령의 궐위로 인한 선거 등에 있어서는 그 사유가 확정된 후 3일)부터 검인하여 교부하는 추천장을 사용하여 다음 각 호에 의하여 선거권자의 추천을 받아야 한다(법§48②).

1. 대통령선거 : 5 이상의 시·도에 나누어 하나의 시·도에 주민등록이 되어 있는 선거권자의 수를 700인 이상으로 한 3천500인 이상 6천인 이하
2. 지역구국회의원선거 및 자치구·시·군의 장 선거 : 300인 이상 500인 이하
3. 지역구시·도의원선거 : 100인 이상 200인 이하
4. 시·도지사 : 당해 시·도 안의 3분의 1 이상의 자치구·시·군에 나누어 하나의 자치구·시·군에 주민등록이 되어 있는 선거권자의 수를 50인 이상으로 한 1천인 이상 2천인 이하
5. 지역구자치구·시·군의원선거 : 50인 이상 100인 이하. 다만, 인구 1천인 미만의 선거구에 있어서는 30인 이상 50인 이하

선거권자의 추천장의 검인은 관할선거구선거관리위원회의 청인을 날인하는 것으로 하되, 관할선거구선거관리위원회가 선거권자의 추천장을 인쇄하여 교부하는 때의 검인의 청인날인은 인쇄날인으로 갈음할 수 있다(규칙§19①). 관할선거구선거관리위원회가 무소속후보자가 되고자 하는 자로부터 추천장의 검인을 신청받은 때에는 후보자가 되고자 하는 자의 해당 선거구명·주소·성명 및 생년월일이 기재된 추천장만을 검인하여야 하며, 인쇄된 추천장을 교부하는 때에는 추천장에 그 기재사항을 기재하여 교부하되, 검인 또는 교부 매수는 추천인수의 상한수의 추천이 가능한 매수 이내로 한다. 다만, 검인 또는 교부받은 추천장이 오손 또는 파손 등으로 사용할 수 없게 된 때에는 그 사용할 수 없게 된 추천장과 교환으로 새로

88) 1996. 8. 29. 선고 96헌마99 전원재판부 결정

운 추천장을 검인 또는 교부하여야 한다(규칙§19②).

추천장 검인·교부신청은 공휴일에도 불구하고 매일 오전 9시부터 오후 6시까지 할 수 있다(법§48④).

다. 선거권자의 후보자추천 행위 제한

(1) 후보자추천 금지행위

무소속후보자가 되고자 하는 자는 다음 각 호의 어느 하나에 해당하는 행위를 하여서는 아니된다(법§48③).

1. 검인되지 아니한 추천장에 의하여 추천을 받는 행위
2. 추천선거권자수의 상한수를 넘어 추천을 받는 행위
3. 추천선거권자의 서명이나 인영을 위조·변조하는 등의 방법으로 허위의 추천을 받는 행위

법 제106조(호별방문의 제한) 제1항에서 호별방문을 제한하고 있는 것은 선거운동을 위한 경우 등으로 한정하고 있을 뿐 후보자추천을 받기 위한 호별방문은 허용된다.[89] 후보자가 되고자 하는 자만이 선거권자의 추천을 받아야 하는 것은 아니므로 자원봉사자가 추천을 받기 위하여 선거구민의 가정을 방문하는 행위도 무방하다.[90] 추천장은 '후보자가 되려는 자' 만이 받아야 한다는 제한규정이 없으므로 공무원이 추천장에 기명·날인하여도 무방하다.[91]

(2) 벌칙

법 제48조(선거권자의 후보자추천) 제3항 제1호를 위반하여 검인되지 아니한 추천장에 의하여 선거권자의 추천을 받거나 받게 한 사람, 같은 항 제2호를 위반하여 선거운동을 위하여 추천선거권자수의 상한수를 넘어 선거권자의 추천을 받거나 받게 한 사람, 같은 항 제3호를 위반하여 허위의 추천을 받거나 받게 한 사람은 1년 이하의 징역 또는 200만원 이하의 벌금에 처한다(법§256⑤1.)

검인 없는 추천장에 의하여 추천을 받는 행위에는 선거운동의 목적이 있음을 요하지 아니하나, 추천권자수의 상한수를 넘어 추천을 받는 행위에는 선거운동을 위하여 할 것을 요한다. 추천권자의 서명이나 인영을 위조·변조하여 추천을 받는 경우에는 본죄 외에 별도로 사인등위조죄 등이 성립한다.

---

89) 2009. 9. 24. 선고 2008헌마265 전원재판부 결정
90) 2008. 3. 14. 중앙선관위 질의회답
91) 1972. 11. 28. 중앙선관위 질의회답

3. 정당의 후보자추천을 위한 당내경선

가. 의의

정당은 공직선거후보자를 추천하기 위하여 경선(이하 "당내경선"이라 한다)을 실시할 수 있다(법§57의2①). '당내경선'이라 함은 정당이 당내경선의 후보자로 등재된 자를 대상으로 공직선거후보자를 추천하기 위하여 당원 또는 당원이 아닌 자에게 투표권을 부여하여 실시하는 선거와 정당의 당헌·당규 또는 경선후보자간의 서면합의에 따라 실시하는 당내경선을 대체하는 여론조사를 말한다.[92] 정당은 정치적 주장이나 정책을 추진하고 공직선거에의 후보자를 추천 또는 지지함으로써 국민의 정치적 의사형성에 참여함을 목적으로 하는 국민의 자발적 조직으로서, 정당의 공직선거 후보자 선출은 자발적 조직 내부의 의사결정에 지나지 아니한다. 따라서 정당의 내부경선에 참여할 권리는 헌법이 보장하는 공무담임권의 내용에 포함된다고 보기 어렵고, 정당이 당내경선을 실시하지 않는다고 하여 공직선거의 후보자로 출마할 수 없는 것은 아니다. 당내경선 실시 여부를 정당 스스로 정할 수 있도록 하였다는 사정만으로 기성 정치인과 정치 신인을 차별하는 것으로도 볼 수 없다.[93]

나. 유형

당내경선에는 여성이나 장애인 등에 대하여 당헌·당규에 따라 가산점 등을 부여하여 실시하는 경우와 경선후보자를 대상으로 정당의 당헌·당규 또는 경선후보자간의 서면합의에 따라 실시한 당내경선을 대체하는 여론조사를 포함한다(법§57의2②).[94] 당내경선을 대체하는 여론조사를 실시하는 경우 '경선후보자간의 서면합의'는 경선후보자 모두가 동의하여 실시하는 여론조사를 말한다.[95] 법 제57조의2(당내경선의 실시)의 규정에 따라 입후보가 제한되는 당내경선은 정당이 공직선거후보자를 추천하기 위하여 2 이상의 경선후보자를 대상으로 당해 정당의 당헌·당규가 정하는 바에 따라 선거권자로 구성된 선거인단의 선거를 통하여 선

---

92) 2009. 11. 4. 중앙선관위 질의회답

93) 2014. 11. 27. 선고 2013헌마814 결정

94) 헌법재판소는, 2007. 8. 19. 실시한 한나라당 대통령선거 후보경선에서 여론조사결과를 반영한 것이 공권력의 행사에 해당하는지 여부와 관련하여, '정당은 국민의 이익을 위하여 책임 있는 정치적 주장이나 정책을 추진하고 공직선거의 후보자를 추천 또는 지지함으로써 국민의 정치적 의사형성에 참여함을 목적으로 하는 국민의 자발적 조직으로(「정당법」 제2조), 그 법적 성격은 일반적으로 사적·정치적 결사 내지는 법인격 없는 사단으로 파악되고 있고, 이러한 정당의 법률관계에 대하여는 정당법의 관계 조문 이외에 일반 사법이 적용되므로, 정당은 공권력 행사의 주체가 아니다. 정당이 공권력 행사의 주체가 아니고, 정당의 대통령선거 후보선출은 자발적 조직 내부의 의사결정에 지나지 아니하므로, 청구인들 주장과 같이 한나라당이 대통령선거 후보경선과정에서 여론조사 결과를 반영한 것을 일컬어 헌법소원심판의 대상이 되는 공권력 행사에 해당한다 할 수 없다.'고 판시하였다(2007. 10. 30. 선고 2007헌마1128 결정).

95) 2006. 4. 4. 중앙선관위 질의회답

출하는 방법(정당의 당헌·당규 또는 경선후보자간의 서면합의에 따라 실시한 당내경선을 대체하는 여론조사를 포함)에 한정되는바, 면접 또는 후보자간 토론회 등의 방법은 위의 '당내경선'으로 볼 수 없고,[96] 법 제57조의2(당내경선의 실시) 제2항의 규정에 따라 당내경선을 대체하는 여론조사는 경선후보자간의 서면합의에 따라 실시하는 경우뿐만 아니라 해당 정당의 당헌·당규에 따라 실시하는 여론조사도 해당되며, 정당의 당헌·당규에 따라 당내경선을 실시한다면 그 당내경선이 경선후보자의 의사와 다르다 하더라도 무효라고 할 수는 없다.[97]

당내경선은 당원과 당원이 아닌 자에도 투표권을 부여하는 '개방형 당내경선'과 당원에게만 투표권을 부여하는 '폐쇄형 당내경선'으로 나누어진다. 당내경선에 관한 당헌·당규에 선거인단 구성비율은 기간당원 50%, 일반국민 50%(다만, 일반국민은 여론조사를 포함함)로 되어 있으나, 일반국민선거인단을 여론조사로 대체하고 실제로 경선일에 투표권을 부여받는 일반국민은 한 사람도 없게 되어 당원만이 투표권을 갖게 되는 경우 이는 당원에게만 투표권을 부여하는 당내경선에 해당된다.[98] 정당이 공직선거후보자를 추천하기 위하여 2인 이상의 경선후보자를 대상으로 해당 정당의 당헌·당규에 따라 적정규모의 인원으로 선거인단을 구성하고 이들의 투표를 통하여 후보자를 결정하는 것은 법 제57조의2(당내경선의 실시) 제2항에 따라 입후보가 제한되는 당내경선에 해당한다.[99] 법 제57조의2(당내경선의 실시)에 따라 입후보가 제한되는 당내경선은 2 이상의 경선후보자를 대상으로 선거인단의 선거를 통하여 선출하는 것을 의미하므로 1인을 대상으로 한 찬반투표는 당내경선에 해당하지 아니한다.[100] 당내경선은 정당이 실시하는 것이므로, 중앙당이나 시·도당이 아닌 당원협의회가 자체적으로 공직선거후보자를 추천하기 위한 당내경선을 실시할 수는 없다.[101]

개방형 당내경선은 당내경선운동의 규제대상이 된다(법§57의3①).

다. 당내경선사무의 위탁

「정치자금법」 제27조(보조금의 배분)의 규정에 따라 보조금의 배분대상이 되는 정당은 당내경선사무 중 경선운동, 투표 및 개표에 관한 사무의 관리를 당해 선거의 관할선거구선거관리위원회에 위탁할 수 있다(법§57의4①). 관할선거구선거관리위원회가 당내경선의 투표 및 개표에 관한 사무를 수탁관리하는 경우에는 그 비용은 국가가 부담한다. 다만, 투표 및 개표참관인의 수당은 당해 정당이 부담한다(법§57의4②). 정당이 당내경선사무를 위탁하는 경우

96) 2005. 12. 2. 중앙선관위 질의회답
97) 2006. 3. 30. 중앙선관위 질의회답
98) 2006. 3. 30. 중앙선관위 질의회답
99) 2010. 1. 14. 중앙선관위 질의회답
100) 2010. 4. 7. 중앙선관위 질의회답
101) 2012. 9. 21. 중앙선관위 질의회답

에 위탁사무수행을 위한 구체적인 절차 및 필요한 사항은 「당내경선 위탁사무 관리규칙」에 따른다.(법§57의4③). 정당이 법 제57조의4(당내경선사무의 위탁)에 따라 당내경선을 위탁하여 실시하는 경우에는 그 경선 및 선출의 효력에 대한 이의제기는 당해 정당에 하여야 한다(법§57의7).

정당의 후보자추천을 위한 당내경선에 관한 법 제57조의2(당내경선의 실시) 제1항, 제57조의4(당내경선사무의 위탁) 제1항, 제57조의7(위탁하는 당내경선에서의 이의제기) 규정의 입법취지는, 공정한 당내경선이 이루어지도록 하기 위하여 선거사무에 관하여 전문적인 지식과 경험을 갖춘 관할선거구선거관리위원회가 당내경선사무 중 경선운동, 투표 및 개표에 관한 사무의 관리를 위탁받을 수 있는 법적 근거를 마련하는 한편, 그 경선 및 선출의 효력에 대한 이의제기는 당해 정당에 하도록 규정함으로써 정당의 민주적 활동의 자유를 보호하기 위한 핵심요소에 해당하는 정당의 자율성을 보장하려는데 있다고 해석하는 것이 타당하다. 따라서 위와 같은 법의 내용, 형식 및 입법취지 등에 비추어 보면, 관할선거구선거관리위원회가 당내경선사무 중 경선운동, 투표 및 개표에 관한 사무의 관리를 위탁받아 시행한 당내경선이나 후보자선출과정에 어떠한 하자가 있다고 하여 특별한 사정이 없는 이상 곧바로 그 경선을 통해 정당의 추천을 받은 후보자가 입후보하여 당선된 선거가 무효라고 할 수 없다.[102)]

합당으로 신설 또는 존속하는 정당은 합당 전 정당의 권리·의무를 승계하므로 합당 전 정당이 법 제57조의4(당내경선사무의 위탁) 및 「당내경선 위탁사무 관리규칙」 제5조(경선사무의 위탁)에 따라 관할선거구선거관리위원회에 경선사무의 위탁관리를 신청한 경우 그 신청은 합당 후에도 유효하며, 이 경우 합당으로 신설 또는 존속하는 정당은 종전의 신청을 취소·변경하거나 새로이 신청할 것인지 여부 등을 지체 없이 결정하여 그 뜻을 관할선거구선거관리위원회에 서면으로 제출하여야 한다.[103)] 법 제57조의4(당내경선사무의 위탁)에 따라 관할선거구선거관리위원회에 위탁하는 당내경선에 있어서 "경선기간개시일"은 「당내경선 위탁사무 관리규칙」 제2조(정의) 제4호[104)]에 따라 정당이 따로 정하여 위탁할 수 있으나, "경선기간"은 같은 규칙 제4조(경선의 실시) 제2항[105)]에 규정된 경선기간 이내에서 당헌·당규로 정하여

102) 2013. 3. 28. 선고 2012수59 판결

103) 2007. 7. 16. 중앙선관위 질의회답

104) 「당내경선 위탁사무 관리규칙」 제2조(정의) 이 규칙에서 사용하는 용어의 정의는 다음과 같다.

4. "경선기간"이라 함은 경선후보자등록마감일 다음 날(경선기간개시일을 당헌·당규에서 정하고 있거나 이를 정당이 따로 정하여 위탁한 경우에는 해당 경선기간개시일)부터 경선일까지를 말한다.

105) 「당내경선 위탁사무 관리규칙」 제4조(경선의 실시) ② 제1항에 따른 본선거별 경선기간은 다음 각 호의 기간의 범위 안에서 당헌 또는 당규로 정한다.

1. 대통령선거는 30일
2. 특별시장·광역시장·도지사·특별자치도지사(이하 "시·도지사"라 한다)선거와 비례대표국회의원선거는 15일
3. 지역구국회의원선거, 특별시·광역시·도·특별자치도(이하 "시·도"라 한다) 의회의원선거, 자치구·시·군

야 하고, 법 제57조의4(당내경선사무의 위탁) 및 「당내경선 위탁사무 관리규칙」 제3조(경선사무의 관리)[106]에 따라 정당이 투표 및 개표 외에 경선운동에 관한 사무를 포함하여 관할선거구선거관리위원회에 위탁하는 경우에는 같은 규칙 제4조(경선의 실시) 제3항[107]에 따라 경선기간 중에 경선운동을 실시하여야 할 것이나, 경선운동에 관한 사무를 위탁하지 아니하는 경우에는 정당이 당헌·당규에 따라 자율적으로 기간을 정하여 경선운동을 실시할 수 있다.[108]

라. 경선선거인

경선선거인이라 함은 경선의 투표권이 있는 자로서 경선선거인명부에 올라 있는 자를 말한다(당내경선 위탁사무 관리규칙§2 2.). 「정당법」 제22조(발기인 및 당원의 자격)의 규정에 따라 당원이 될 수 없는 자는 당내경선의 선거인이 될 수 없다(법§57의2③). 당원의 자격이 정지된 자도 선거인이 될 수 없다. 「정당법」 제31조(당비) 제2항[109]의 규정에 따라 타인의 당비를 부담하거나 타인으로 하여금 자신의 당비를 부담하게 한 자는 1년간 당원자격이 정지되는 바, 당원자격이 정지되는 시기는 당헌·당규 등에서 정한 절차에 따라 객관적인 자료·사실관계 등에 의하여 당해 정당이 그 사실을 확인한 날이다.[110]

의원 및 장의 선거는 10일

106) 「당내경선 위탁사무 관리규칙」 제3조(경선사무의 관리) ① 법 제57조의4 제1항에 따라 관할선거구위원회가 당내경선사무 중 경선운동, 투표 및 개표에 관한 사무(이하 "경선사무"라 한다)를 수탁관리하는 경우 그 경선사무의 관리는 법 및 이 규칙에 특별한 규정이 있는 경우를 제외하고는 관할선거구위원회가 해당 정당과 협의하여 정하는 바에 따르되, 협의가 이루어지지 아니하는 사항에 관하여는 그 성질에 반하지 아니하는 범위 안에서 법 및 「공직선거관리규칙」의 본선거의 관련규정을 준용한다.
② 경선투·개표관리위원회는 경선사무를 관리하기 위하여 소속 직원을 경선관리관으로 위촉할 수 있다.

107) 「당내경선 위탁사무 관리규칙」 제4조(경선의 실시) ③ 정당이 관할선거구위원회에 경선사무의 관리를 위탁하는 경우 그 경선사무일정은 제2항에서 정한 기간의 범위 안에서 관할선거구위원회가 해당 정당과 협의하여 정한다.

108) 2014. 3. 26. 중앙선관위 질의회답

109) 「정당법」 제31조(당비) ② 정당의 당원은 같은 정당의 타인의 당비를 부담할 수 없으며, 타인의 당비를 부담한 자와 타인으로 하여금 자신의 당비를 부담하게 한 자는 당비를 낸 것이 확인된 날부터 1년간 당해 정당의 당원자격이 정지된다.

110) 2006. 5. 2. 중앙선관위 질의회답

마. 당내경선 등을 위한 휴대전화 가상번호의 제공[111)]

(1) 휴대전화 가상번호의 제공요청

국회에 의석을 가진 정당은 ① 법 제57조의2(당내경선의 실시) 제1항에 따른 당내경선의 경선선거인이 되려는 사람을 모집하거나 당내경선을 위한 여론조사를 실시하는 경우, ② 그 밖에 정당활동을 위하여 여론수렴이 필요한 경우에는 관할선거관리위원회를 경유하여 이동통신사업자에게 이용자의 이동전화번호가 노출되지 아니하도록 생성한 번호(이하 "휴대전화 가상번호"라 한다)를 제공하여 줄 것을 "휴대전화 가상번호 제공 요청서"로 요청할 수 있다(법§57의8①, 규칙§25의4①,②).

관할선거관리위원회는 정당의 중앙당이 요청하는 경우에는 중앙선거관리위원회, 정당의 시·도당이 요청하는 경우에는 시·도선거관리위원회이다(규칙§25의4②). 중앙선거관리위원회는 휴대전화 가상번호의 요청건수 및 요청시기 등을 종합적으로 고려하여 관할선거관리위원회를 조정할 수 있다(규칙§25의4⑧).

정당은 ① 당내경선의 경우에는 해당 당내경선 선거일 전 23일까지, ② 여론수렴의 경우에는 해당 여론수렴 기간 개시일 전 10일까지 관할선거관리위원회에 휴대전화 가상번호 제공요청서를 제출하여야 한다(법§57의8②).

휴대전화 가상번호 제공요청서에는 ① 당내경선의 경우에는 당내경선의 선거명·선거구명, 당내경선의 선거일, 당내경선 실시지역 및 경선선거인(당내경선을 위한 여론조사를 실시하는 경우에는 표본을 말한다) 수, 이동통신사업자별로 제공하여야 하는 성별·연령별·지역별 휴대전화 가상번호 수(이 경우 제공을 요청할 수 있는 휴대전화 가상번호의 총수는 경선선거인 수의 30배수를 초과할 수 없다)를 기재하고, ② 여론수렴의 경우에는 여론수렴의 목적·내용 및 기간, 여론수렴 대상지역 및 대상자 수, 이동통신사업자별로 제공하여야 하는 성별·연령별·지역별 휴대전화 가상번호 수(이 경우 제공을 요청할 수 있는 휴대전화 가상번호의 총수는 대상자 수의 30배수를 초과할 수 없다)를 적어야 한다(법§57의8③).

(2) 관할선거관리위원회의 심사 및 송부

관할선거관리위원회는 제출된 휴대전화 가상번호 제공요청서의 기재사항이 누락되었거나

111) 당내경선을 위한 휴대전화 가상번호 제도는, 2015. 2. 중앙선거관리위원회가 공직선거법의 개정의견을 제출하여 '민주성 강화를 위한 완전국민경선제도'를 제안하고 완전국민경선제도의 예상되는 문제점을 보완하기 위하여 '안심번호'를 도입한 휴대전화 여론조사방안을 제시함으로써(오호택·김재선, 「국회의원선거 공천제도 개선에 관한 연구 – 미국의 제도와 시사점을 중심으로 –」, 미국헌법연구 제26권 제3호, 52–53쪽), 2016. 1. 15. 법률 제13755호로 공직선거법을 개정하면서 도입되었다. 당시에는 '안심번호'라는 용어를 사용하였으나, 2017. 2. 8. 법률 제14556호로 개정하면서 '휴대전화 가상번호'로 바뀌었다.

심사를 위하여 추가로 자료가 필요하다고 판단되는 때에는 해당 정당에 휴대전화 가상번호 제공요청서의 보완 또는 자료의 제출을 요구할 수 있으며, 그 요구를 받은 정당은 지체 없이 이에 따라야 한다(법§57의8④). 관할선거관리위원회는 해당 요청서의 기재사항을 심사한 후 제출받은 날부터 3일 이내에 해당 요청서를 이동통신사업자에게 송부하여야 한다(법§57의8②, 규칙§25의4③).

(3) 이동통신사업자의 휴대전화 가상번호 생성 및 제공

(가) 휴대전화 가상번호의 생성

이동통신사업자가 휴대진화 가상번호 제공요청서에 따라 휴대전화 가상번호를 생성하는 때에는 해당 이동통신사업자가 보유한 이용자의 최신 정보를 기준으로 한다(규칙§25의6①). 휴대전화 가상번호 제공을 요청한 정당의 대표자가 휴대전화 가상번호를 생성하는 과정에 참관인 1명을 지정하여 참관을 요청하는 경우 이동통신사업자는 그 참관을 보장하여야 한다. 이 경우 이동통신사업자가 지정한 시각까지 참관인이 참석하지 아니한 때에는 참관을 포기한 것으로 본다(규칙§25의6②). 휴대전화 가상번호와 함께 제공되는 정보는 다음의 각 호와 같다(규칙§25의7).

1. 성 : 남성 또는 여성
2. 연령 : 20대(18세 및 19세를 포함한다), 30대, 40대, 50대, 60대, 70대 이상
3. 거주지역

가. 대통령선거 및 비례대표국회의원선거 : 시 · 도 단위

나. 비례대표시 · 도의원선거 및 시 · 도지사선거 : 자치구 · 시 · 군 단위

다. 지역구국회의원선거, 비례대표자치구 · 시 · 군의원선거 및 자치구 · 시 · 군의 장선거 :선거구 또는 자치구 · 시 · 군 단위

라. 지역구지방의회의원선거 : 선거구 단위

마. 여론수렴 : 시 · 도 또는 자치구 · 시 · 군 단위

(나) 휴대전화 가상번호의 제공

이동통신사업자는 휴대전화 가상번호 제공을 요청받은 때에는 그 요청을 받은 날부터 7일 이내에 휴대전화 가상번호 제공요청서에 따라 휴대전화 가상번호를 생성하여 유효기간을 설정한 다음 관할선거관리위원회를 경유하여 해당 정당에 제공하여야 한다. 다만, 이동통신사업자는 이용자 수의 부족 등으로 제공할 수 있는 휴대전화 가상번호 수가 제공하여야 하는 휴대전화 가상번호 수 보다 적은 때에는 지체 없이 관할선거관리위원회에 통보하여야 하고, 관할선거관리위원회는 해당 정당과 협의하여 제공하여야 하는 휴대전화 가상번호 수를 조정

할 수 있다(법§57의8⑤). 관할선거관리위원회는 해당 정당에 통보기한을 정하여 그 조정을 요청하여야 하고 해당 정당이 조정된 휴대전화 가상번호 제공 수를 통보한 경우 지체 없이 해당 이동통신사업자에게 알려야 한다. 다만, 관할선거관리위원회가 지정한 통보기한까지 해당 정당이 조정된 휴대전화 가상번호 제공 수를 통보하지 아니한 경우 관할선거관리위원회는 그 사실을 해당 이동통신사업자에게 알려야 하고, 이에 따라 이동통신사업자는 정당의 요청에 따라 제공하여야 하는 휴대전화 가상번호 수에도 불구하고 이동통신사업자가 제공할 수 있는 휴대전화 가상번호의 최대수를 제공하여야 한다(규칙§25의4④,⑤,⑥). 제공받은 휴대전화 가상번호의 수가 요청한 휴대전화 가상번호의 수보다 적은 때에는 해당 정당은 통보받은 날부터 2일 이내에 관할 선거관리위원회에 다른 이동통신사업자의 휴대전화 가상번호 제공을 요청할 수 있다(규칙§25의4⑦).

이동통신사업자가 휴대전화 가상번호를 제공하는 경우 규칙에서 정하는 서식[112]에 따라야 하고(규칙§25의8①), 이동통신사업자는 생성한 휴대전화 가상번호 1부를 정보저장매체에 암호화하여 저장·봉인한 후 관할선거관리위원회를 경유하여 휴대전화 가상번호를 요청한 정당에 제공하여야 한다. 이 경우 관할선거관리위원회 경유는 위 서식의 표지를 해당 관할선거관리위원회에 송부하는 것으로 갈음할 수 있다(규칙§25의8②). 관할선거관리위원회는 이동통신사업자가 휴대전화 가상번호를 정당에 제공하는 때에는 그 제공할 장소를 지정할 수 있다(규칙§25의8③).

(다) 이용자에 대한 고지와 제공거부

이동통신사업자는 임기만료에 따른 선거가 있을 때마다 그 선거의 예비후보자등록신청개시일 전 1개월부터 예비후보자등록신청개시일 전일까지(이하 "휴대전화 가상번호의 제공기간"이라 한다) 선거일 현재 18세 이상의 이용자에게 정당의 당내경선이나 여론수렴 등을 위하여 본인의 이동전화번호가 정당에 휴대전화 가상번호로 제공된다는 사실과 그 제공을 거부할 수 있다는 사실을 ① 이동통신사업자 홈페이지(이동통신단말장치 응용프로그램을 포함한다) 게시 ② 전자우편 전송 ③ 우편물 발송의 각 방법 중 둘 이상의 방법으로 알려야 한다(법§57의8⑥, 규칙§25의5①).

본인의 이동전화번호가 정당에 휴대전화 가상번호로 제공되는 것을 거부하려는 이용자는 휴대전화 가상번호의 제공 고지기간이 만료된 다음날부터 20일 이내에 해당 이동통신사업자에게 명시적으로 그 의사를 표시하여야 한다(규칙§25의5②). 이동통신사업자는 휴대전화 가상번호를 제공한 후 선정된 이용자가 휴대전화 가상번호 활용에 대한 거부의 의사를 표시할 경우 그 후에 휴대전화 가상번호를 생성하는 때에는 해당 이용자가 포함되지 아니하도록 필

112) 규칙 별지 제15호의2 서식의 (마) 휴대전화 가상번호 명부

요한 조치를 하여야 한다. 다만, 불가피한 사정이 있는 경우에는 그러하지 아니하다(규칙§25의5③). 이용자의 거부의 의사표시 방법은 이동통신사업자가 정하되, 그 의사표시에 소요되는 비용을 이용자가 부담하지 않도록 필요한 조치를 하여야 한다(규칙§25의5④).

(4) 이동통신사업자의 금지행위

(가) 금지행위

이동통신사업자(그 대표자 및 구성원을 포함한다)가 휴대전화 가상번호를 제공할 때에는 다음 각 호의 어느 하나에 해당하는 행위를 하여서는 아니 된다(법§57의8⑦).

1. 휴대전화 가상번호에 유효기간을 설정하지 아니하고 제공하거나 휴대전화 가상번호를 제공하는 날부터 당내경선의 선거일까지의 기간(당내경선을 위한 여론조사를 실시하는 경우에는 그 여론조사기간을 말한다)이나 여론수렴 기간을 초과하는 유효기간을 설정하여 제공하는 행위
2. 요청받은 휴대전화 가상번호 수를 초과하여 휴대전화 가상번호를 제공하는 행위
3. 휴대전화 가상번호, 이용자의 성·연령·거주지역 정보 외에 정보를 제공하는 행위. 이 경우 연령과 거주지역 정보의 범위에 대하여는 규칙으로 정한 범위(규칙§25의7)
4. 휴대전화 가상번호의 제공을 요청한 정당 외의 자에게 휴대전화 가상번호를 제공하는 행위
5. 이동통신사업자로부터 고지를 받고 명시적으로 거부의사를 밝힌 이용자의 휴대전화 가상번호를 제공하는 행위
6. 여론조사의 결과에 영향을 미치게 하기 위하여 특정 정당 또는 후보자가 되려는 사람에게 유리 또는 불리하도록 휴대전화 가상번호를 생성하여 제공하여 행위

(나) 벌칙

법 제57조의8(당내경선 등을 위한 휴대전화 가상번호의 제공) 제7항 제3호를 위반하여 휴대전화 가상번호, 이용자의 성, 연령, 거주지역 정보 외의 이용자의 정보를 제공한 자, 제4호를 위반하여 해당 정당 또는 선거여론조사기관 외의 자에게 휴대전화 가상번호를 제공한 자, 제5호를 위반하여 명시적으로 거부의사를 밝힌 이용자의 휴대전화 가상번호를 제공한 자 또는 제6호를 위반하여 여론조사의 결과에 영향을 미치게 하기 위하여 특정 정당 또는 후보자가 되려는 사람에게 유리 또는 불리하도록 휴대전화 가상번호를 생성하여 제공한 자는 3년 이하의 징역 또는 600만원 이하의 벌금에 처한다(법§256①1.).

법 제58조의8(당내경선 등을 위한 휴대전화 가상번호의 제공) 제7항 제1호를 위반하여 휴대전화 가상번호에 유효기간을 설정하지 아니하고 제공하거나 휴대전화 가상번호를 제공하는 날

부터 당내경선의 선거일까지의 기간, 여론수렴 기간 또는 여론조사 기간을 초과하는 유효기간을 설정하여 제공한 자 또는 제2호를 위반하여 요청받은 휴대전화 가상번호 수를 초과하여 휴대전화 가상번호를 제공한 자는 2년 이하의 징역 또는 400만원 이하의 벌금에 처한다(법§256③1.하.).

(5) 정당의 휴대전화 가상번호 활용

정당은 당내경선을 위한 여론조사를 실시하거나 정당활동을 위한 여론수렴을 하기 위하여 여론조사기관·단체에 이동통신사업자로부터 제공받은 휴대전화 가상번호를 제공할 수 있다(법§57의8⑧).

정당이 당내경선을 위하여 휴대전화 가상번호를 제공받은 경우에는 휴대전화 가상번호를 제공받은 날부터 그 당내경선의 선거일(당내경선에서 정당이 정하는 바에 따라 결선투표를 실시하는 경우에는 그 결선투표일을 말한다)까지 경선 선거인으로 선정된 사람에 한정하여 ① 경선일정에 관한 안내 ② 투표참여에 관한 홍보 ③ 경선 여론조사에 응답하도록 권유 등의 용도로 해당 휴대전화 가상번호를 활용할 수 있다(규칙§25의8④). 국회에 의석을 가진 정당이 정당활동을 위한 여론수렴을 위하여 ① 투표참여 의사(여론조사 대상자 선정), ② 정당 추천 후보자 지지도 조사, ③ 야권후보 단일화시 여·야후보자 지지도 조사, ④ 후보단일화를 위한 적합도 조사, ⑤ 정당 지지도·호감도 조사, ⑥ 자당추천 후보자 인지도·호감도 조사와 같은 내용의 여론조사를 하는 경우에는 법 제57조의8(당내경선 등을 위한 휴대전화 가상번호의 제공)에 따라 휴대전화 가상번호를 제공하여 줄 것을 요청할 수 있다.[113]

누구든지 휴대전화 가상번호를 제공한 이동통신사업자에게 당내 경선의 결과·효력이나 여론수렴의 결과에 대하여 이의를 제기할 수 없다(법§57의8⑫).

(6) 정당 및 여론조사기관·단체의 금지행위

(가) 금지행위

휴대전화 가상번호를 제공받은 정당(그 대표자 및 구성원을 포함한다) 또는 여론조사기관·단체(그 대표자 및 구성원을 포함한다)는 다음 각 호의 행위를 하여서는 아니 된다(법§57의8⑨).

1. 제공받은 휴대전화 가상번호를 법 제57조의8(당내경선 등을 위한 휴대전화 가상번호의 제공) 제1항에 따른 여론조사를 실시하거나 여론수렴을 하기 위한 목적 외의 다른 목적으로 사용하는 행위
2. 제공받은 휴대전화 가상번호를 다른 자에게 제공하는 행위

---

113) 2016. 1. 27. 중앙선관위 질의회답

(나) 벌칙

법 제57조의8(당내경선을 위한 휴대전화 가상번호의 제공) 제9항 제1호를 위반하여 휴대전화 가상번호를 법 제57조의8(당내경선을 위한 휴대전화 가상번호의 제공) 제1항에 따른 여론조사·여론수렴이 아닌 목적으로 사용하거나, 법 제57조의8(당내경선을 위한 휴대전화 가상번호의 제공) 제9항 제2호를 위반하여 제공받은 휴대전화 가상번호를 다른 자에게 제공한 자는 3년 이하의 징역 또는 600만원 이하의 벌금에 처한다(법§256①2.).

(7) 휴대전화 가상번호의 반납

정당은 휴대전화 가상번호 유효기관 만료 전에 이동통신사업자에게 휴대전화 가상번호를 반납할 수 있다. 이 경우 해당 이동통신사업자가 제공한 휴대전화 가상번호를 모두 반납하여야 한다(규칙§25의8⑥). 여론수렴을 위한 휴대전화 가상번호의 유효기간은 10일을 넘을 수 없다(규칙§25의8⑤).

(8) 휴대전화 가상번호의 폐기

(가) 폐기

휴대전화 가상번호를 제공받은 자(그 대표자 및 구성원을 포함한다)는 유효기간이 지난 휴대전화 가상번호를 즉시 폐기하여야 한다(법§57의8⑩).

(나) 벌칙

법 제57조의8(당내경선 등을 위한 휴대전화 가상번호의 제공) 제10항을 위반하여 유효기간이 지난 휴대전화 가상번호를 즉시 폐기하지 아니한 자는 3년 이하의 징역 또는 600만원 이하의 벌금에 처한다(법§256①3.).

(9) 휴대전화 가상번호의 비용

이동통신사업자가 휴대전화 가상번호를 생성하여 제공하는데 소요되는 비용은 휴대전화 가상번호의 제공을 요청한 해당 정당이 부담한다. 이 경우 이동통신사업자는 휴대전화 가상번호 생성·제공에 소요되는 최소한의 비용을 청구하여야 한다(법§57의8⑪).

이동통신사업자는 휴대전화 가상번호의 생성에 소요되는 비용(휴대전화 가상번호 1개를 20일 동안 사용하는 경우를 기준으로 정당이 부담하여야 하는 비용을 말한다. 이하 "휴대전화 가상번호의 비용"이라 한다)을 규칙에서 정한 서식[114]에 따라 매년 12월 말까지 중앙선거관리위원회에 통보하여야 한다(규칙§25의9①). 중앙선거관리위원회는 휴대전화 가상번호의 비용을 통보받은 후

114) 규칙 별지 제15호의2 서식의 (바) 휴대전화 가상번호 비용 통보

지체 없이 규칙에서 정한 서식[115]에 따라 공고하고 이를 국회에 의석을 가진 정당에게 통지하여야 한다. 이 경우 통지는 공고문의 사본 교부로 갈음할 수 있다(규칙§25의9②). 이동통신사업자는 휴대전화 가상번호를 생성한 후 그에 따른 휴대전화 가상번호의 비용을 해당 정당에 청구할 수 있고, 해당 정당은 휴대전화 가상번호를 제공받기 전까지 이를 납부하여야 한다(규칙§25의9③). 휴대전화 가상번호의 유효기간이 20일보다 짧은 경우에 그 휴대전화 가상번호의 비용은 일할(日割)하여 계산한다(규칙§25의9④). 이동통신사업자는 휴대전화 가상번호의 비용·납부방법 등을 해당 이동통신사업자 홈페이지에 게시하는 등 정당이 쉽게 알 수 있도록 필요한 조치를 하여야 한다(규칙§25의9⑤).

4. 당내경선운동

가. 경선운동의 의의

당내경선운동이란 당내경선에서 특정 당내경선후보자의 당선 또는 낙선을 도모한다는 목적의사가 객관적으로 인정될 수 있는 행위를 말한다. 법원은 「법 제58조(정의 등) 제1항 본문과 제2항 및 제57조의2(당내경선의 실시) 제1항과 제57조의3(당내경선운동) 제1항 본문의 내용, 체제, 입법취지 등을 종합하면, '선거운동'은 공직선거에서의 당선 또는 낙선을 위한 행위를 말하고, 공직선거에 출마할 정당추천후보자를 선출하기 위한 당내경선에서의 당선 또는 낙선을 위한 행위는 '선거운동'에는 해당하지 아니하며, 다만 당내경선에서의 당선 또는 낙선을 위한 행위라는 구실로 실질적으로는 공직선거에서의 당선 또는 낙선을 위한 행위를 하는 것으로 평가될 수 있는 예외적인 경우에 한하여 그 범위 내에서 '선거운동'으로 볼 수 있다.[116] 나아가 법 제57조의3(당내경선운동) 제1항은 '정당이 당원과 당원이 아닌 자에게 투표권을 부여하여 실시하는 당내경선에서는 다음 각 호의 어느 하나에 해당하는 방법 외의 방법으로 경선운동을 할 수 없다'고 규정함으로써 제한적으로나마 당내경선 과정에서 당원뿐만 아니라 경선선거인단으로 등록될 가능성이 있는 당원 아닌 일반 유권자를 상대로 한 경선운동을 허용하고 있는 점을 고려하면, 당내경선에서의 당선 또는 낙선을 위한 행위에 부수적으로 공직선거에서의 당선 또는 낙선을 도모하고자 하는 의사가 포함되어 있다는 사정만으로 그와 같은 행위가 '선거운동'에 해당하는 것으로 섣불리 단정하여서는 아니 된다.」고 판시하여[117] 선거운동과 당내경선운동을 구별하고 있다.[118]

115) 규칙 별지 제15호의2 서식의 (사) 휴대전화 가상번호 비용 공고
116) 2012. 4. 13. 선고 2011도17437 판결, 2003. 7. 8. 선고 2003도305 판결
117) 2013. 5. 9. 선고 2012도12172 판결, 2013. 11. 14. 선고 2013도6620 판결
118) 서울고등법원 2017. 1. 6. 선고 2016노3684 판결(갑 고등학교 총동창회 총무국장인 피고인이 인터넷 대량문자발송 서비스를 이용하여 동문들에게 "공직선거후보자 추천을 위한 을 정당 당내경선 후보자 여론조사

나. 경선운동의 판단기준

'선거운동'은 특정선거에서 특정 후보자의 당선 또는 낙선을 도모한다는 목적의사가 객관적으로 인정될 수 있는 행위를 말하는데, 이에 해당하는지는 행위를 하는 주체 내부의 의사가 아니라 외부에 표시된 행위를 대상으로 객관적으로 판단하여야 한다.[119] 이러한 기준은 어떠한 행위가 법 제57조의3(당내경선운동) 제1항 소정의 '경선운동'에 해당하는지 여부를 판단함에 있어서도 마찬가지로 적용된다.[120] 따라서 당내경선기간 이전이라 할지라도 특정후보자의 당선을 위하여 법이 허용하는 범위를 넘어서 경선운동을 한 경우에는 당내경선운동 위반행위에 해당하고,[121] 당내경선의 실시 여부가 확정되지 아니하였다거나 예비후보자로 등록하기 이전이라 할지라도, 당내경선에 참여하려는 사람이 당내경선에 대비하여 법이 허용하는 범위를 넘어서 경선운동을 한 경우에는 당내경선운동 위반행위에 해당한다.[122] 당내경선의 규칙이 확정되기 이전이라 할지라도, 당내경선에 대비하여 특정 후보자를 지지할 당원을 모집한 것은 법이 허용하는 범위를 넘어서는 당내경선운동에 해당한다.[123] ○○당 ◇◇시장 후보자리를 놓고 권□□와 허△△이 서로 각축을 벌이고 있는 상황에서 권□□선거캠프를 돕고 있던 피고인이 '○○당 인터넷 홈페이지 2030 게시판'에 허△△이 ○○당 ◇◇시장 후보로 선정되어서는 안 된다는 취지의 허△△를 비난하는 내용의 글을 게시한 행위는 법 제58조(정의 등) 제1항의 선거운동의 하나인 법 제93조(탈법방법에 의한 문서·도화의 배부·게시 등 금지) 제1항의 선거에 영향을 미치게 하기 위한 문서 등의 게시에 해당한다고 보기 어렵다.[124]

법 제57조의2(당내경선의 실시) 제2항은 경선후보자간의 서면합의에 따라 실시한 당내경선을 대체하는 여론조사를 당내경선에 포함되는 것으로 규정함으로써 당원이 아닌 일반 유권

에서 동문인 병을 지지해 달라."는 내용이 문자메시지를 전송함으로써 선거운동기간 전에 단체의 명의로 법에서 정한 방법 외의 방법으로 공직선거 예비후보자이자 을 정당 경선후보인 병을 위한 경선운동 및 선거운동을 하였다고 하여 공직선거법위반으로 기소된 사안에서, 공소사실 중 피고인이 당내경선을 대체하는 여론조사 당일 법상 허용되지 않는 방법으로 '경선운동'을 한 부분을 유죄로 인정하고, 나머지 공소사실에 대하여는 문자메시지 발송 시점이나 경위, 문자메시지에 표시된 병의 지위 및 문자 자체의 내용, 당내경선에서 후보자들 간의 경쟁구도 및 치열한 경선상황 등을 종합하면, 피고인의 행위는 병의 '당내경선'에서의 당선을 주된 목적으로 하는 것으로서 '공직선거'에서의 병의 당선을 도모하고자 하는 의사가 포함되어 있었다고 하더라도 부수적인 것에 불과하여 '선거운동'에 해당하거나 '선거'에 영향을 미치기 위한 행위라고 단정할 수 없다고 한 사례)

119) 2016. 8. 26. 선고 2015도11812 전원합의체 판결

120) 2008. 9. 25. 선고 2008도6232 판결

121) 2008. 9. 25. 선고 2008도6232 판결

122) 2007. 3. 15. 선고 2006도8869 판결

123) 2022. 4. 14. 선고 2022도196 판결(광주고등법원 2021. 12. 23. 선고 2018노428 판결)

124) 2007. 4. 26. 선고 2007도1078 판결

자를 대상으로 한 여론조사에 의한 당내경선 방식을 허용하고 있는 이상, 그러한 당내경선에서 당선되기 위한 행위가 일반 유권자를 상대로 한 것이라고 하더라도, 그러한 행위가 법 제57조의3(당내경선운동) 제1항 각 호에서 제한적으로 허용하고 있는 적법한 경선운동인지 아니면 법에서 허용하지 않는 위법한 경선운동인지 여부는 별론으로 하고, 그 행위의 동기, 시기, 장소, 방법 등을 고려할 것도 없이 당연히 본선거인 공직선거에서의 당선을 도모하는 목적의사가 있는 선거운동이라고 평가할 수는 없다. 또 위와 같은 여론조사에 의한 당내경선 방식에서는 사전에 특정한 선거인단이 구성되지 않는다는 사정만으로 그러한 당내경선에서 당선되기 위한 행위에 당연히 본선거인 공직선거에서의 당선을 도모하는 목적의사가 있다고 평가할 수도 없다(당원인 사람과 당원 아닌 사람으로 구성되어 특정된 선거인단이 실시하는 당내경선에서도 그 정도의 차이가 있을 뿐, 장래 실시될 본선거에서 선거권을 행사하게 되는 일반 유권자를 상대로 자신에 대한 지지를 호소하는 등 경선운동이 이루어지게 되고, 그러한 경선운동이 본선거에 일부 영향을 미치게 되는 것은 대의민주주의의 핵심인 국민의 선거기회참여를 보다 확대하는 한편 국민의 의사를 정당의 후보자 추천 절차에 직접적으로 반영한다는 취지에서 공직선거법에 도입한 당내경선제도에 따른 부득이한 결과로 보아야 한다). 이와 같이 여론조사방식에 의한 당내경선에서 당선을 위한 행위를 한 경우에는 법 제57조의3(당내경선운동) 제1항이 허용하지 않는 경선운동을 한 것으로 인하여 경선운동방법 위반죄에 해당하는 것이지, 곧바로 그 행위가 '선거운동'에 해당한다고 해석할 수는 없다. 여론조사방식의 당내경선의 경우 경선운동의 상대방이 일반 유권자라는 측면에서 경선운동과 선거운동을 명확히 구별하기 어려운 측면이 있고, 그러한 경선운동이 사실상 선거운동의 성격도 아울러 가지게 된다는 것을 부정하기는 어렵지만, 이는 당내경선에 당원이 아닌 일반 유권자의 참여를 허용한 것에 따른 부득이한 결과이고, 수사기관이나 법원으로서는 여러 증거자료를 통하여 그 목적의사를 밝혀냄으로써 그 행위가 경선운동인지 아니면 경선운동을 구실로 한 선거운동인지를 분별하여 그에 맞는 법적용을 하여야 하는 것이지, 그 경계가 명확하지 아니하여 경선운동과 선거운동의 구별이 어렵다는 이유만으로 여론조사방식의 당내경선에서 당선을 위하여 일반 유권자를 상대로 한 행위가 곧바로 본선거인 공직선거에서의 당선을 도모한다는 목적의사가 있다고 평가할 수는 없다.[125] 당내경선의 실시여부가 확정되지 않은 상태였고 실제로 그 후 당내경선이 실시되지 않았다고 하더라도, 경선실시예정일 약 1년 전에 장차 있을지 모를 당내경선에 대비하여 후보자를 지지할 당원을 모집하는 행위는 경선운동에 해당한다.[126] 중앙당 차원에서 1년여 후에 실시

125) 대구고등법원 2014. 12. 4. 선고 2014노564 판결(ㅇㅇ당 ◇◇시장 후보 추천을 위한 경선여론조사 직전에, 성ㅁㅁ과 이△△이 다른 후보자들에 비하여 압도적 지지를 받고 있어 양자가 경쟁하는 구도에서, 성ㅁㅁ를 위하여 ◇◇시민들을 상대로 홍보전화를 한 것은 경선운동에 해당한다고 한 사례)

126) 2013. 4. 11. 선고 2013도1836 판결, 2015. 9. 10. 선고 2014도13154 판결(광주고등법원 2014. 9. 25. 선고 2014노266 판결)

될 전국동시지방선거를 준비하기 위하여 '당원배가운동'을 실시하고 있는 기회에 지역선거구에서 권리당원을 모집한 행위는 경선운동에 해당한다고 보기 어렵고, 선거철에 통상 행하여지는 '지인찾기'는 선거운동기간에 문자를 발송하기 위하여 미리 명단을 확보하는 것으로서 선거캠프의 관계자들이 지인명단을 제출하고 이를 취합하여 정리하는 방식으로 이루어지고 이는 단순히 연락처를 모으는 것에 불과하여 위와 같은 행위는 경선운동을 위한 준비행위로 볼 수 있으나, '1만 서포터즈 모집'행위는 선거운동의 효과를 배가시키기 위하여 이○○에 대한 우호적인 사람들의 명단을 정리할 필요성이 있다는 점에서 시작된 것으로서 지역특보나 당직자들이 지인들을 직접 만나서 이○○에 대하여 우호적인 사람인지를 확인하고 이○○에게 우호적인 사람들에게 이○○의 지지를 호소하면서 성명, 연락처, 주소 등을 확보하여 제출하면 담당자가 이를 취합하여 정리하는 것으로, 이는 이○○를 공직선거의 후보자로 선출되게 하려는 목적이 객관적으로 인정될 수 있는 행동으로 경선운동에 해당한다.[127] 경선후보자 지지단체를 결성하고 경선후보의 경선선거인단을 모집하는 행위는 경선운동에 해당한다.[128] 책임당원들을 찾아가 모바일투표에 응하도록 독려하고 도우미로 하여금 모바일투표를 대리하도록 한 경우는 경선운동에 해당한다.[129] 예비후보자가 아님에도 선거관리위원회에 신고되지 않은 전화번호를 이용하여 선거운동정보에 해당하는 사실을 명시하지 않고 8회를 초과하여 경선후보자에 대한 지지를 호소하는 내용의 문자메시지를 자동동보통신의 방법으로 전송하고, 책임당원들에게 전화하여 모바일투표를 도와주겠다며 지지를 부탁하는 행위는 경선운동에 해당한다.[130] 피고인이 당내경선 후보자A에게 당내경선의 상대후보자B의 비위 등을 담은 진정서를 전달한 행위는 ① 외부에 공표되는 절차가 수반되지 않아 선거인에게 작용하여 선거인의 의사에 영향을 미친다고 보기 어려운 점, ② A가 위 진정서를 실제 활용하였는지 여부와 관계없이 위 행위를 A가 당내에서 공천되거나 경선에서 유리하도록 하여 경선 결과에 영향을 미치는 행위로 보더라도, 그러한 사정만으로는 경선선거인에게 작용하여 경선 선거인의 의사에 어떠한 영향을 미쳤다고 볼 수는 없는 점 등에 비추어 선거운동 또는 당내경선운동에 해당한다고 단정하기 부족하다.[131] 당내경선이 사실상 특정 선거구와 불가분의 관계에 있다고 해석한다 하더라도, 법 제57조의3(당내경선운동) 제1항의 입법취지에 비추어 보면, 공직선거법은 당해 선거에서의 선거구가 확정되기 전이라 하더라도 출마가 예상되는 지역구에서 그 예상되는 지역구의 당내경선에 참여하려고 하는

---

127) 2015. 6. 11. 선고 2015도3953 판결(광주고등법원 2015. 2. 12. 선고 2014노277－1(분리), 2015노25(병합) 판결)

128) 2019. 7. 4. 선고 2019도1441 판결(서울고등법원 2019. 1. 17. 선고 2018노2067 판결)

129) 대구고등법원 2019. 1. 17. 선고 2018노513 판결

130) 대구지방법원 2019. 1. 30. 선고 2018고합539 판결

131) 2022. 12. 15. 선고 2022도10452 판결(서울고등법원 2022. 8. 12. 선고 2022노594 판결)

사람이 당내경선에 대비하여 공직선거법이 허용하는 범위를 넘어서 경선운동을 하는 것을 금지할 목적으로 위 규정을 둔 것이라고 할 것이므로, 공직선거법에서 규정한 당내경선과 관련한 선거구는 기존에 실시된 선거에 관한 선거구 또한 확정된 선거구를 전제로 하는 개념이 아니라 해당 당내경선운동행위가 영향을 미칠 수 있는 향후 예정된 선거에서의 선거구를 의미하는 것으로 보아야 한다. 이와 달리 당내경선 결과 보호 등에 그 취지가 있는 법 제57조의2(당내경선의 실시) 제2항을 근거로 구 공직선거법상 지역선거구구역표가 그 효력을 상실하여 새로 당해 선거의 선거구가 확정되기 전에는 아무런 제한 없이 당내경선운동이 허용된다고 해석할 수는 없다.[132)]

다. 경선운동 방법

(1) 경선운동의 제한

정당의 당원과 당원이 아닌 자에게 투표권을 부여하여 실시하는 당내경선에서는 법 제57조의3(당내경선운동) 제1항 각호의 어느 하나에 해당하는 방법 외의 방법으로 경선운동을 할 수 없다(법§57의3①).[133)][134)] 이와 같이 당내경선운동방법을 제한하는 취지는, 당내경선운동의

---

132) 서울고등법원 2017. 2. 16. 선고 2016노3486 판결(춘천지방법원 강릉지원 2016. 10. 27. 선고 2016고합67 판결)

133) 헌법재판소는, 법 제57조의3(당내경선운동) 제1항과 관련하여, '정당제 민주주의에서의 당내경선의 의미에 비추어 볼 때, 당내경선 과정에서의 공정성은 반드시 관철되어야 하고, 혼탁한 당내경선이나 과열된 경선운동으로 인한 부작용을 최소화할 필요가 있다. 경선운동방법 제한조항에 의하면, 경선후보자는 선거사무소를 설치하거나 그 선거사무소에 간판·현판, 현수막을 설치·게시하는 방법으로 선거운동을 할 수 있고, 유권자들과 개별적·직접적으로 대면하여 명함을 주거나 지지를 호소할 수 있다. 또한 정당을 통해 홍보물을 발송할 수 있고, 정당이 개최하는 합동연설회 또는 합동토론회 장소에 경선후보자의 홍보에 필요한 현수막 등 시설물을 설치·게시할 수 있으며, 합동연설회 또는 합동토론회에서 자신의 공약 및 정치적 의견을 경선선거인들에게 알릴 수도 있다. 한편, 당원과 당원이 아닌 자에게 투표권을 부여하여 실시하는 당내 경선에 있어 경선후보자가 지지호소를 위해 확성장치를 사용하게 되면, 경선운동과정에서 일반 국민들에게까지 심각한 소음 공해를 발생시켜 공공의 안녕과 질서에 직접적인 위해를 가져올 수 있다. 통상적으로 당내경선은 본 선거에 비해 상대적으로 소수의 경선선거인이 참여하므로, 확성장치의 사용을 반드시 허용해야 할 필요성도 크지 않다. 이처럼 확성장치를 사용한 지지호소 행위가 금지되는 것을 비롯하여 경선운동방법이 엄격하게 제한되고 있기는 하나, 허용되는 방법을 통해서도 충분히 경선후보자가 자신의 능력이나 자질, 공약 등을 알릴 수 있는 기회가 보장되어 있으므로, 경선운동방법 조항들이 과잉금지원칙을 위반하여 정치적 표현의 자유를 침해한다고 볼 수 없다.'고 판시하였다(2019. 4. 11. 선고 2016헌바458,2017헌바219(병합) 결정).

134) 헌법재판소는, 정당이 당원과 당원이 아닌 자에게 투표권을 부여하여 실시하는 당내경선에서 '선거사무소를 설치하거나 그 선거사무소에 간판·현판 또는 현수막을 설치·게시하는 행위, 자신의 성명 등을 게시한 명함을 직접 주거나 지지를 호소하는 행위, 정당이 경선후보자가 작성한 1종의 홍보물을 1회에 한하여 발송하는 방법, 정당이 합동연설회 또는 합동토론회를 옥내에서 개최하는 방법' 외의 방법으로 경선운동을 한 경우 형사처벌하는 법 제57조의3(당내경선운동) 제1항, 제255조(부정선거운동죄) 제2항 제3호(이하 '경선운동방법조항'이라 한다)에 관하여, "경선운동방법조항에서의 '경선운동'이란 정당이 공직선거에 추천할 후보자를 선출하기 위하여 실시하는 선거에서 특정인을 당선되게 하거나 당선되지 못하게 하기 위해 힘쓰는 일로 해석되므로, 명확성원칙에 위반되지 아니한다."고 판시하였다(2021. 8. 31. 선고 2018헌바149 결정).

과열을 막아 질서 있는 경선을 도모함과 아울러 당내경선운동이 선거운동으로 변질되어 실질적으로 사전선거운동 금지규정 등을 회피하는 탈법적 수단으로 악용되는 것을 막기 위한 것이다.[135] 정당제 민주주의에서의 당내경선이 의미에 비추어 볼 때, 당내경선 과정에서의 공정성은 반드시 관철되어야 하고, 혼탁한 당내경선이나 과열된 경선운동으로 인한 부작용을 최소화할 필요가 있다. 당원과 당원이 아닌 자에게 투표권을 부여하여 실시하는 방식의 당내경선이 실시되는 정당 소속 후보자에게는 사실상 선거운동기간 이전에도 선거구민을 상대로 홍보의 기회가 주어지는바, 경선운동방법 제한조항은 무소속 후보자와의 불평등 문제를 최소화하기 위해서도 원칙적으로 경선운동을 금지하고 제한된 범위 내에서만 이를 허용하는 것이다.[136]

당내경선에서 투표란 누가 선거의 후보자가 되어야 하는지에 관한 선택의 의사를 표시하게 하는 것이고, 그 투표권을 행사하는 방식은 반드시 투표용지에 기표하는 방법으로 제한되는 것이 아니므로, 특별한 사정이 없는 한 '여론조사 방식을 통하여 위와 같은 선택의 의사표시를 하도록 하는 방법'도 당내경선의 '투표'에 포함된다. 따라서 '여론조사 방식에 의한 당내경선'도 법 제57조의3(당내경선운동) 제1항의 '투표권을 부여하여 실시하는 당내경선'에 해당한다.[137] 정당이 당원과 당원이 아닌 자를 일정한 비율로 나누지 아니하고 일반 국민을 대상으로 100%여론조사로 실시하는 당내경선도 법 제57조의3(당내경선운동) 제1항에 포함되는 것이므로, 같은 항 각 호에 규정된 당내경선운동방법 외의 다른 방법은 허용되지 아니한다고 보아야 한다.[138] 정당이 당원과 당원이 아닌 자에게 투표권을 부여하여 실시하는 당내경선에서는 법 제57조의3(당내경선운동)에 규정된 방법 외의 방법으로는 경선운동을 할 수 없으나, 당원에게만 투표권을 부여하여 실시하는 당내경선에서는 당해 정당의 당헌·당규가 정하는 바에 따라 당원을 대상으로 경선운동을 할 수 있다. 경선기간 중 중앙당 또는 시·도당 홈페이지에 경선후보자가 제출한 전자공보를 게시하거나 경선후보자를 소개·홍보하는 행위

---

135) 2008. 9. 25. 선고 2008도6232 판결, 2007. 3. 15. 선고 2006도8869 판결

136) 2022. 10. 27. 선고 2021헌바125 결정(경선운동방법 제한조항은 경선운동의 방법으로 경선후보자가 선거사무소를 설치하거나 그 선거사무소에 간판·현판, 현수막을 설치·게시하는 방법, 유권자들과 개별적·직접적으로 대면하여 명함을 주거나 지지를 호소하는 방법 등을 허용하고 있다. 나아가 대법원은 선거운동기간의 여부와 관계없이 선거운동방법으로 허용되는 법 제59조(선거운동기간) 각 호의 행위가 공직선거법에서 허용하는 경선운동방법에 해당한다는 취지로 판시하고 있어 기본권 침해를 최소화하고 있다. 언론사의 영향력을 전제로 한 경선운동방법을 허용할 경우 언론사에의 접근 용이성 차이에 따른 불공정한 결과가 야기될 우려가 크므로, 당해 사건에서 문제된 '인터넷뉴스 홈페이지에 기사 형식을 글을 작성하여 게재하는 방법'으로 당내 경선운동을 하는 것을 허용할 경우 심판대상조항과 동일한 수준으로 입법목적을 달성할 수 있다고 단정하기 어렵다. 한편, 위와 같은 당내경선에 있어 경선운동방법을 제한함으로써 보장되는 당내경선의 평온과 공정 등의 공익은 경선후보자 등이 제한받는 사익보다 훨씬 크다. 따라서 심판대상조항은 과잉금지원칙을 위반하여 경선후보자 등 당내경선운동을 하려는 사람의 정치적 표현의 자유를 침해하지 않는다.)

137) 2019. 10. 31. 선고 2019도8815 판결

138) 2021. 9. 30. 선고 2021도7253 판결(부산고등법원 2021. 5. 26. 선고 2021노65 판결)

와 중앙당 또는 시·도당 홈페이지를 통하여 합동토론회 및 합동연설회를 생중계하거나 동영상 자료로 게시하는 행위는 통상적인 정당활동으로 본다.[139]

(2) 경선운동의 방법

(가) 제60조의3(예비후보자 등의 선거운동) 제1항 제1호·제2호에 따른 방법

1) **선거사무소 등 설치행위**(§60의3①1.)

경선후보자는 제61조(선거운동기구의 설치) 제1항 및 제6항 단서의 규정에 의하여 선거사무소를 설치하거나 그 선거사무소에 간판·현판 또는 현수막을 설치·게시하는 행위를 할 수 있다(법§60의3①1.) 이미 예비후보자선거사무소 1개소를 둔 예비후보자가 별도로 당내경선 준비활동을 위한 사무소를 설치하는 것이 가능한지 여부와 관련하여, 법에 명문의 규정을 두고 있지 아니하나 법의 규정취지에 비추어 볼 때 정당의 공천신청자가 순수하게 당내경선의 준비활동을 위한 사무소를 개설하는 정도는 가능하다고 할 것이나, 이 경우 사무소에 간판 등 시설물을 설치·게시하거나 사무소 개소식을 하는 등의 행위는 경선활동으로 간주되어 허용되지 아니한다.[140] 당내경선선거사무소와 예비후보자선거사무소를 다른 장소에 각각 설치하거나 같은 장소에 공동으로 설치하는 것은 가능하나, 당내경선선거사무소와 예비후보자의 공동사무소 1개소를 설치하는 경우 공동사무소의 공간부족으로 다른 장소의 건물에 별도의 공동사무소를 하나 더 설치하는 것은 당내경선선거사무소와 예비후보자선거사무소를 각각 2개소를 설치하는 경우에 해당하여 허용되지 않는다.[141] 대통령선거의 후보자선출을 위한 당내경선에서 경선후보자가 경선사무소를 1개소 설치하는 외에 지역별 경선사무소를 설치하는 것은 허용되지 않는다.[142]

어떠한 기관·단체·시설이 특정 후보자의 '선거운동'을 목적으로 설치된 것이 아니고 그 후보자가 당내경선에서 후보자로 선출되게 하기 위한 목적으로 설치된 것이라면 법 제89조(유사기관의 설치금지) 제1항에 위배되는 것은 아니다.[143] 경선후보자가 경선운동 기타 경선에 관한 사무를 처리하기 위하여 설치한 사무소에서 경선운동과 관련이 없는 청소·다과접대·차량운행·경선후보자 경호 등 단순 노무에 종사하는 자에게 그 역무제공에 대한 정당한 대가를 지급하는 것은 부방하나, 경선운동의 기획·전략수립·공약개발 등 경선운동과 관계된 업무에 종사하는 자에게 대가를 제공하는 것은 법 제230조(매수 및 이행유도죄) 제7항 제2호에 위반된다.[144]

---

139) 2005. 10. 13. 중앙선관위 질의회답
140) 2006. 3. 22. 중앙선관위 질의회답
141) 2007. 4. 19. 중앙선관위 질의회답
142) 2007. 6. 29. 중앙선관위 질의회답
143) 2013. 5. 9. 선고 2012도12172 판결

2) **명함 직접 교부 및 지지호소 행위**(§60의3①2.)

경선후보자는 자신의 성명 · 사진 · 전화번호 · 학력(정규학력과 이에 준하는 외국의 교육과정을 이수한 학력을 말한다) · 경력, 그 밖에 홍보에 필요한 사항을 게재한 길이 9센티미터 너비 5센티미터 이내의 명함을 직접 주거나 지지를 호소하는 행위를 할 수 있다. 다만, 선박 · 정기여객자동차 · 열차 · 전동차 · 항공기의 안과 그 터미널 · 역 · 공항의 개찰구 안, 병원 · 종교시설 · 극장의 옥내(대관 등으로 해당 시설이 본래의 용도 외의 용도로 이용되는 경우는 제외한다)에서 주거나 지지를 호소하는 행위는 그러하지 아니하다(법§60의3①2.). 경선후보자가 자신의 명함을 직접 주거나 지지를 호소하는 방법의 경선운동은 당내 경선의 선거일 투표개시시각부터 투표마감시각까지는 이를 할 수 없다(규칙§25의2①).

당내경선운동 과정에서의 명함교부와 관련하여 경선후보자의 배우자 등도 명함을 교부할 수 있는지 여부가 문제된다. 즉, 예비후보자의 선거운동을 규정하고 있는 법 제60조의3(예비후보자 등의 선거운동) 제2항은 예비후보자 본인뿐만 아니라 그와 함께 다니는 사람 중에서 지정한 1명과 예비후보자의 배우자(배우자가 없는 경우 예비후보자가 지정한 1명)와 직계존비속, 예비후보자와 함께 다니는 선거사무장 · 선거사무원 및 법 제62조(선거사무관계자의 선임) 제4항에 따른 활동보조인도 명함을 직접 주거나 지시를 호소하는 행위를 할 수 있다고 규정하고 있는 반면에, 경선후보자의 경우에는 법 제60조의3(예비후보자 등의 선거운동) 제1항 제2호에 따른 방법만을 규정하고 있어, 경선후보자의 배우자 등도 법 제60조의3(예비후보자 등의 선거운동) 제2항에 따라 명함을 직접 주거나 지지를 호소하는 행위를 할 수 있는지가 문제되나, 법 제57조의3(당내경선운동) 제1항 제1호가 법 제60조의3(예비후보자 등의 선거운동) 제1항 제2호만을 원용하고 있는 있어, 명문 해석상 경선후보자의 배우자 등은 명함을 직접 주거나 지지를 호소하는 행위를 할 수 없다고 봄이 상당하다.[145] 법 제60조의3(예비후보자 등의 선거운동) 제1항 제2호에서 '명함을 직접 주는 행위'와 '지지호소 행위'가 병렬적으로 규정되어 있다고 하더라도, 위 규정의 본문과 단서의 내용, 입법취지 등을 종합하면, 법 제60조의3(예비후보자 등의 선거운동) 제1항 제2호에서 명함교부행위와 병렬적으로 나열된 지지호소 행위 역시 악수를 청하면서 경선후보자에 대한 지지를 호소하는 등의 개별적인 지지호소 행위에 한정된다고 해석하는 것이 타당하므로, 피고인이 약 100여 명의 당원 및 선거구민이 참석한 자리에서 지지호소 발언을 한 것은 개별적 지지호소에 그치는 것이 아니라 집단적으로 지지를 호소하는 행위라고 보아야 한다는 이유로 법상 경선후보자에게 허용되는 당내경선운동에 해당하지 않는다.[146]

---

144) 2007. 1. 19. 중앙선관위 질의회답

145) 대검찰청, 『공직선거법 벌칙해설(제9개정판)』, 564쪽

146) 2021. 7. 8. 선고 2021도5434 판결(부산고등법원 2021. 4. 14. 선고 2021노2 판결)

법원은 구 공직선거법(2020. 12. 29. 법률 제17813호로 개정되기 전의 것)에서는 예비후보자로 등록하였다고 하더라도 송·수화자 간 직접 통화하는 방식으로 경선운동을 하는 것은 허용되지 아니한다고 판시하였으나,[147] 공직선거법이 2020. 12. 29. 법률 제17813호로 개정되어 '선거일이 아닌 때에 송·수화자 간 직접 통화하는 방식(컴퓨터를 이용한 자동 송신장치를 설치한 전화는 제외한다)을 이용하여 선거운동을 하는 것'은 누구에게나 허용되도록 하는 내용의 법 제59조(선거운동기간) 제4호가 신설됨으로써, 송·수화자 간 직접 통화하는 방식으로 경선운동을 하는 것은 허용되었다. 선거인단 등록 인증번호를 전송받아 전화를 이용하여 ARS경선투표 참여 독려 등 경선후보자의 지지를 호소한 행위는 단지 일상적이거나 의례적인 인사를 한 정도에 불과한 것으로 볼 수 없다.[148]

법 제57조의3(당내경선운동) 제1항 제1호의 경선운동은 당내경선운동을 하는 자가 반드시 예비후보자로 등록한 경우에만 적용되는 것은 아니다.[149]

(나) 정당이 경선후보자가 작성한 1종의 홍보물(이하 "경선홍보물"이라 한다)을 1회에 한하여 발송하는 방법

경선홍보물은 해당 정당이 정한 경선선거인수에 그 100분의 3에 상당하는 수를 더한 수 이내의 수량으로 작성하여야 한다. 이 경우 작성할 수 있는 총수량의 단수가 100미만인 때에는 100매로 한다. 경선홍보물은 길이 27센티미터 너비 19센티미터 이내에서 4면(대통령 및 시·도지사선거의 당내경선의 경우에는 8면) 이내의 규격으로 작성하여야 한다. 경선홍보물에는 작성근거, 인쇄소의 명칭·주소·전화번호를 표시하여야 하며, 앞면에는 "경선후보자 홍보물"이라 표시하여야 한다. 정당이 경선홍보물을 발송하고자 하는 때에는 규칙에서 정한 발송용 봉투[150]를 사용하여야 하며, 「우편법 시행령」 제25조(우편요금등의 별납)의 규정에 따라 우편요금 등을 따로 납부하는 방법으로 하여야 한다. 정당이 경선홍보물을 발송하고자 하는 때에는 발송일 전 2일까지 경선후보자별홍보물 4부씩을 첨부하여 규칙이 정한 서식[151]에 의하여 관할선거구선거관리위원회에 신고하여야 한다(법§57의3②, 규칙§25의2②).

당내경선후보자 홍보물에 게재할 수 있는 홍보사항의 범위와 관련하여, 당해 정당의 당원으로서 경선운동을 할 수 있는 제3자(공무원 기타 정치적 중립을 지켜야 하는 자를 제외한다)가 경선후보자를 지지·추천하는 내용을 게재하는 것은 무방하다.[152]

---

147) 2018. 10. 12. 선고 2018도6252 판결, 서울고등법원 2018. 4. 16. 선고 2017노1182 판결
148) 서울고등법원 2018. 11. 14. 선고 2017노3852 판결
149) 서울고등법원 2006. 11. 5. 선고 2006노1984 판결
150) 규칙 별지 제15호의2 서식의 (가) 경선홍보물 발송용 봉투
151) 규칙 별지 제15호의2 서식의 (나) 경선홍보물 발송 신고서
152) 2006. 1. 26. 중앙선관위 질의회답

(다) 정당이 합동연설회 또는 합동토론회를 옥내에서 개최하는 방법(경선후보자가 규칙으로 정하는 바에 따라 그 개최 장소에 경선후보자의 홍보에 필요한 현수막 등 시설물을 설치·게시하는 방법을 포함한다)

경선후보자는 합동연설회나 합동토론회가 개최되는 시설의 입구나 담장 또는 그 구내(옥외를 말한다)에 다음 각 호에 따라 자신의 홍보에 필요한 현판과 현수막을 각 2개 이내에 설치·게시할 수 있다. 다만, 애드벌룬이나 기구류를 이용한 방법으로는 설치·게시할 수 없다(규칙§25의2③).

1. 규격 : 대통령선거는 20제곱미터 이내, 국회의원선거·지방의회의원선거 및 지방자치단체의 장선거는 10제곱미터 이내
3. 설치·게시기간 : 합동연설회 또는 합동토론회 개최일 전일부터 개최일까지

정당이 합동연설회 또는 합동토론회를 개최하는 때에는 개최일 전일까지 관할선거구선거관리위원회에 규칙에서 정한 서식[153]에 의하여 신고하여야 한다. 이 경우 신고사항에 변경이 있는 때에는 개최시각 전까지 그 변경사항을 신고하여야 한다(법§57의3②, 규칙§25의2④).

정당이 경선후보자 합동토론회를 개최하고 언론기관이 이를 중계하는 것은 무방하나, 그 토론회 중계에 소요되는 비용은 언론기관이 부담하여야 하고, 합동토론회의 일시·장소 등을 포털사이트 또는 인터넷언론사 홈페이지에 배너광고를 게재하는 방법으로 경선선거인에게 단순히 고지하는 것은 허용되나, 특정 정당이나 공직선거의 후보자가 되고자 하는 자를 지지·선전하는 등 선거에 영향을 미치는 내용이 부가되어서는 안 된다.[154]

(라) 기타

문자메시지를 전송하는 방법으로 선거운동을 하는 경우[155]와 인터넷 홈페이지 또는 그 게시판·대화방 등에 글이나 동영상 등을 게시하거나 전자우편을 전송하는 방법으로 선거운동을 하는 경우, 전화(송·수화자 간 직접 통화하는 방식에 한정하며, 컴퓨터를 이용한 자동 송신장치를 설치한 전화는 제외한다)를 이용하거나 말(확성장치를 사용하거나 옥외집회에서 다중을 대상으로 하는 경우를 제외한다)로 선거운동을 하는 경우 선거운동의 주체나 선거기간의 제한이 없으므로(법§59 2.전문, 3.전문, 4.), 경선후보자도 당연히 할 수 있다. 또한 후보자가 되려는 사람이 선거일 전 180일(대통령선거의 경우 선거일 전 240일을 말한다)부터 해당 선거의 예비후보자등록신청 전까지 법 제60조의3(예비후보자 등의 선거운동) 제1항 제2호의 방법(같은 호 단서를 포함한다)으로 자신의 명함을 직접 주는 경우는 제한이 없으므로, 경선후보자도 선거일 전 180일(대통령선거의 경우 선거일 전 240일을 말한다)부터 해당 선거의 예비후보자등록신청전까지 명함

153) 규칙 별지 제15호의2 서식의 (다) 당선경선 (합동연설회)·(합동토론회)개최신고서
154) 2007. 8. 21. 중앙선관위 질의회답
155) 2012. 12. 27. 선고 2012도12241 판결

을 이용한 선거운동을 할 수 있다.

정당이 자당의 선전에 이르지 아니하는 범위 안에서 단순히 당내경선의 모바일선거 참여 신청 및 투표 방법을 신문에 광고하는 것은 허용되나, 선거일 전 90일(보궐선거등에 있어서는 그 선거의 실시사유가 확정된 때)부터는 법 제137조(정강·정책의 신문광고 등의 제한)에 따라야 한다.[156] 정당이 당내경선의 선거인단 모집을 위하여 네이버, 다음, 야후, 네이트 등 포털사이트에 배너광고를 하는 것은 무방하다.[157] 당내경선의 선거일 투표개시시각부터 투표마감시각까지는 경선후보자가 자신의 명함을 직접 주거나 지지를 호소하는 방법의 경선운동을 금지하는 것(규칙§25의2①) 외에 경선운동을 제한하거나 금지하는 규정이 없으므로, 당내경선 선거일에도 법 제57조의3(당내경선운동) 제1항 각 호에 해당하는 방법으로 경선운동을 하는 것은 허용된다.[158]

선거관리위원회가 수탁하여 관리하는 당내경선에 있어 경선후보자는 경선선거인으로서 투표하기 위하여 투표소에 들어가는 외에는 「당내경선 위탁사무 관리규칙」 제3조(경선사무의 관리)[159]에 의하여 준용되는 법 제163조(투표소 등의 출입제한)에 따라 투표소에 들어갈 수 없다.[160]

(3) 당내경선운동 위반 벌칙

법 제57조의3(당내경선운동) 제1항의 규정을 위반하여, 정당이 당원과 당원이 아닌 자에게 투표권을 부여하여 실시하는 당내경선에서 법 제60조의3(예비후보자 등의 선거운동) 제1항 제1호·제2호에 따른 방법에 의하지 아니하는 방법으로 경선운동을 하거나, 정당이 경선후보자가 작성한 경선홍보물을 1회에 한하여 발송하는 방법이 아닌 방법으로 경선운동을 하거나, 정당이 합동연설회 또는 합동토론회를 옥내에서 개최하는 방법이 아닌 방법으로 경선운동을 한 자는 2년 이하의 징역 또는 400만원 이하의 벌금에 처한다(법§255②3.).

---

156) 2007. 9. 14. 중앙선관위 질의회답

157) 2007. 9. 3. 중앙선관위 질의회답

158) 2007. 9. 19. 중앙선관위 질의회답

159) 「당내경선 위탁사무 관리규칙」 제3조(경선사무의 관리) 법 제57조의4 제1항에 따라 관할선거구위원회가 당내경선사무 중 경선운동, 투표 및 개표에 관한 사무(이하 "경선사무"라 한다)를 수탁관리하는 경우 그 경선사무의 관리는 법 및 이 규칙에 특별한 규정이 있는 경우를 제외하고는 관할선거구위원회가 해당 정당과 협의하여 정하는 바에 따르되, 협의가 이루어지지 아니하는 사항에 관하여는 그 성질에 반하지 아니하는 범위 안에서 법 및 「공직선거관리규칙」의 본선거의 관련규정을 준용한다.

160) 2007. 9. 19. 중앙선관위 질의회답

(4) 공무원 등의 당내경선운동 금지

(가) 선거운동을 할 수 없는 자의 경선운동 금지

1) **경선운동 금지**

법 제60조(선거운동을 할 수 없는 자) 제1항에 따라 선거운동을 할 수 없는 사람(법 제60조(선거운동을 할 수 없는 자) 제1항 제5호의 경우에는 「지방공기업법」 제2조(적용범위)에 규정된 지방공사와 지방공단의 상근직원은 제외한다)은 당내경선에서 경선운동을 할 수 없다.[161] 다만, 소속 당원만을 대상으로 하는 당내경선에서 당원이 될 수 있는 사람이 경선운동을 하는 경우에는 그러하지 아니하다(법§57의6①).

경선운동을 할 수 없는 사람은 공무원[162], 외국인, 미성년자, 특별법 관련자 등이다(법§60

---

161) 헌법재판소는, 광주광역시 광산구 시설관리공단의 상근직원이 당원이 아닌 자에게도 투표권을 부여하는 당내경선에서 경선운동을 할 수 없도록 금지·처벌하였던 구 공직선거법(2023. 8. 30. 법률 제19696호로 개정되기 전의 것) 제57조의6(공무원 등의 당내경선운동 금지) 제1항 본문의 '제60조(선거운동을 할 수 없는 자) 제1항 제5호 중 제53조(공무원 등의 입후보) 제1항 제6호 가운데 지방공기업법 제2조(적용범위)에 규정된 지방공단인 광주광역시광산구시설관리공단의 상근직원'에 관한 부분 및 법 제255조(부정선거운동죄) 제1항 제1호 중 해당부분과 관련하여, '이 사건 공단의 상근직원은 이 사건 공단의 경영에 관여하거나 실질적인 영향력을 미칠 수 있는 권한을 가지고 있지 아니하므로, 경선운동을 한다고 하여 그로 인한 부작용과 폐해가 크다고 보기 어렵다. 또한 공직선거법은 이미 이 사건 공단의 상근직원이 당내경선에 직·간접적으로 영향력을 행사하는 행위들을 금지·처벌하는 규정들을 마련하고 있다. 이 사건 공단의 상근직원이 그 지위를 이용하여 경선운동을 하는 행위를 금지·처벌하는 규정을 두는 것은 별론으로 하고, 이 사건 공단의 상근직원의 경선운동을 일률적으로 금지·처벌하는 것은 정치적 표현의 자유를 과도하게 제한하는 것이다. 정치적 표현의 자유의 중대한 제한에 비하여, 이 사건 공단의 상근직원이 당내경선에서 공무원에 준하는 영향력이 있다고 볼 수 없는 점 등을 고려하면 심판대상조항이 당내경선의 형평성과 공정성의 확보라는 공익에 기여하는 바가 크다고 보기 어렵다. 따라서 심판대상조항은 과잉금지원칙에 반하여 정치적 표현의 자유를 침해한다.'고 판시하여 위헌결정을 하였다(2021. 4. 29. 선고 2019헌가11 결정). 이에 따라 2023. 8. 30. 법률 제19696호로 공직선거법 제57조의6(공무원 등의 당내경선운동 금지) 제1항을 개정하여 지방공사·공단의 상근직원의 당내경선운동을 허용하였다.

162) 헌법재판소는, 공무원이 당내경선에서 경선운동을 한 경우 형사처벌하는 법 제57조의6(공무원 등의 당내경선운동 금지) 제1항 본문 중 제60조(선거운동을 할 수 없는 자) 제1항 제4호에 관한 부분, 제255조(부정선거운동죄) 제1항 제1호 중 제57조의6(공무원 등의 당내경선운동 금지) 제1항 본문 가운데 제60조(선거운동을 할 수 없는 자) 제1항 제4호에 관한 부분(이하 '경선운동금지조항'이라 한다)에 관하여, "경선운동금지조항에서의 '경선운동'이란 정당이 공직선거에 추천할 후보자를 선출하기 위해 실시하는 선거에서 특정인을 당선되게 하거나 되지 못하게 하기 위해 힘쓰는 일로 해석되므로, 명확성원칙에 위반되지 아니한다."고 판시하였다(2021. 8. 31. 선고 2018헌바149 결정 ; 위 결정에서 재판관 이석태, 김기영, 이미선은 "헌법 제7조 제2항이 선언한 정치적 중립성 보장을 위해 공무원의 정치적 기본권이 제한될 수 있더라도 그 제한은 최소한에 그쳐야 한다. 헌법재판소는 2008. 5. 29. 2006헌마1096 결정에서, 공무원의 선거운동 기획행위를 금지한 공직선거법조항을 '공무원의 지위를 이용하지 아니한 행위에 대하여 적용하는 한 헌법에 위반된다.'라고 결정하였다. 선거의 공정성 확보를 위하여 공무원의 중립의무를 실현하고자 한다면 공무원이 '그 지위를 이용하는' 선거운동의 기획행위를 막는 것으로 충분하다는 것이 그 취지이다. 공무원의 정치적 중립성과 선거의 공정성을 확보하고자 한다면 정당가입권유금지조항의 경우에도 '그 지위를 이용하여' 정당가입 권유를 금지하거나 '선거기간 중'에 권유하는 것을 금지하는 것만으로 충분하며, 공무원이 그 지위를 이용함이 없이

①).[163] 공직선거법위반죄로 벌금 100만원을 선고받아 확정된 후 5년이 경과되지 않아 선거권이 없는 자는 경선운동을 할 수 없다.[164] 공무원이 당내경선에서 특정후보자를 지지해줄 권리당원 모집행위를 하는 것은 본죄에 해당한다.[165]

정당의 후보자 선출을 위한 당내경선이 「국가공무원법」 제65조(정치운동의 금지) 제2항에서 금지하는 '선거'의 범위에 포함되는지 여부에 대하여, 법원은 「국가공무원법 제65조(정치운동의 금지) 제1항은 "공무원은 정당이나 그 밖의 정치단체의 결성에 관여하거나 이에 가입할 수 없다."라고 정하고 있고, 제2항은 "공무원은 선거에서 특정정당 또는 특정인을 지지하거나 반대하기 위한 다음의 행위를 하여서는 아니 된다."라고 정하면서 제5호에서 "타인에게 정당이나 그 밖의 정치단체에 가입하게 하거나 가입하지 아니하도록 권유 운동을 하는 것"을 금지하고 있다. 공직선거법은 '선거'에 관한 정의규정을 별도로 두고 있지는 않으나, 2005. 8. 4. 법률 제7681호로 개정하면서 제6장의2를 신설하여 정당의 후보자 추천을 위한 당내경선에 관한 규정을 두고 있다. 한편, 지방공무원법은 국가공무원법과 마찬가지로 공무원의 정치운동을 금지하는 규정을 두고 있는데, 제57조(정치운동의 금지) 제2항 제5호는 "타인에게 정당이나 그 밖의 정치단체에 가입하게 하거나 가입하지 아니하도록 권유하는 것"을 금지하고 있다. 위와 같은 국가공무원법, 지방공무원법, 공직선거법 등의 체계와 내용, 국가공무원법이 공무원의 정치적 중립성을 선언한 취지에 비추어 보면, 정당의 후보자 선출을 위한 당내경선도 국가공무원법 제65조(정치운동의 금지) 제2항에서 금지하는 '선거'의 범위에 포함되고, 국가공무원이 타인에게 정당이나 그 밖의 정치단체에 가입하게 하거나 가입하지 않도록 권유하는 것을 넘어서 조직적·계획적으로 위와 같은 행위를 해야만 위 규정에 위반되는 것은 아니다. 위와 같은 행위를 하면서 반드시 공무원의 지위를 이용해야만 하는 것도 아니다. 공직선거법 제57조의3(당내경선운동) 제1항은 "정당이 당원과 당원이 아닌 자에게 투표권을 부여하여 실시하는 당내경선에서는 다음 각 호의 어느 하나에 해당하는 방법 외의 방법으로 경선운동을 할 수 없다."라고 정하여 당내경선운동의 방법을 제한하고 있다. 공직선거법 제57조의6(공무원 등의 당내경선운동 금지) 제1항 본문은 "제60조(선거운동을 할 수 없는

사인의 지위에서 정당가입을 권유한다고 해서 그것이 공무원의 정치적 중립성과 선거의 공정성에 부정적 영향을 미친다고 보기 어렵다. 공무원의 정치적 중립성과 선거의 공정성 확보는 공무원이 그 지위를 이용하여 정당가입 권유하는 것을 금지하고 이에 대한 철저한 단속과 엄격한 법집행으로 효과적으로 달성할 수 있음에도 불구하고, 정당가입권유금지조항은 이러한 제반사정을 고려하지 아니한 채 일체의 정당가입권유를 금지하고 있으므로, 과잉금지원칙에 반하여 공무원의 정치적 표현의 자유를 침해한다."고 반대의견을 표시하였다.).

163) 법 제60조(선거운동을 할 수 없는 자) 제1항의 선거운동을 할 수 없는 사람에 대하여는 제10편 선거운동의 주체의 제한에서 상술한다.

164) 광주고등법원 2014. 10. 30. 선고 2014노277 판결

165) 2019. 4. 23. 선고 2019도1197 판결(대전고등법원 2019. 1. 10. 선고 (청주)2018노176 판결), 서울고등법원 2019. 5. 3. 선고 2019노505 판결

자) 제1항에 따라 선거운동을 할 수 없는 사람은 당내경선에서 경선운동을 할 수 없다."라고 정하고 있고, 제60조(선거운동을 할 수 없는 자) 제1항 제4호는 국가공무원법 제2조(공무원의 구분)에 규정된 국가공무원과 지방공무원법 제2조(공무원의 구분)에 규정된 지방공무원은 원칙적으로 선거운동을 할 수 없다고 정함으로써 공무원의 당내경선운동을 원칙적으로 금지하고 있다. 한편 공직선거법 제6장의2에서는 정당의 후보자추천을 위한 당내경선에 관한 규정을 두면서 당내경선방식을 제한하는 규정을 두고 있지 않다. 위와 같은 공직선거법의 규정을 종합적으로 고려하면, 정치운동이 금지되는 국가공무원은 '선거'에 해당하는 당내경선운동을 할 수 없고, 그 형식이 여론조사방식에 의한 당내경선이라고 하여 달리 볼 수는 없으며, 당내경선운동기간전에 당내경신운동을 한 경우에는 당내경선운동방법을 위반한 경우에 해당한다.」고 판시하였다.[166]

지방자치단체장이 그 직을 가지고 정당의 당내경선에 입후보하는 경우에는 법 제57조의6(공무원 등의 당내경선운동 금지) 제1항에 불구하고 경선운동을 할 수 있다.[167]

2) **벌칙**

선거운동을 할 수 없는 자의 경선운동 금지에 위반하여 당내경선에서 경선운동을 한 사람은 3년 이하의 징역 또는 600만원 이하의 벌금에 처한다(법§255①1.).

본죄는 재정신청 대상 중요 선거범죄에 해당한다(법§273①).

(나) 공무원의 지위이용 당내경선운동 금지

1) **의의**

공무원은 그 지위를 이용하여 당내경선에서 경선운동을 할 수 없다(법§57의6②). 공무원이 그 지위를 이용하여 경선운동을 하였을 때에 단순히 법 제57조의6(공무원 등의 당내경선운동 금지) 제1항을 위반하였을 때보다 가중처벌하도록 한 법의 취지는 공무원이 그 지위를 이용하여 경선운동을 할 때에는 공정한 경선분위기를 해치는 것이 일반인이 경선운동을 하는 경우보다 영향이 클 것이라는데 있다.[168] 이와 같이 공무원이 그 지위를 이용해서 경선운동을 하는 것을 엄격히 금지하는 이유는 이른바 관권선거 또는 공적지위에 있는 자의 당내경선개입 여지를 차단함으로써 경선의 공정성을 확보하기 위한 것이다.[169]

2) **주체**

공무원은 「국가공무원법」과 「지방공무원법」에 의한 공무원뿐만 아니라 벌칙 적용과 관련하여 다른 법령의 규정에 의하여 공무원으로 의제되는 자를 포함한다. 다만, 이 경우 「한국

166) 2018. 5. 11. 선고 2018도4075 판결
167) 2012. 5. 21. 중앙선관위 질의회답
168) 1969. 7. 22. 선고 69도195 판결 참조
169) 2018. 4. 19. 선고 2017도14322 전원합의체 판결

은행법」 제106조(벌칙 적용에서 공무원 의제) 제1항 "금융통화위원회 위원과 한국은행의 부총재보·감사 및 직원은 「형법」이나 그 밖의 법률에 따른 벌칙을 적용할 때는 공무원으로 본다."라는 식으로 의제되어 있는 경우에 한한다. 「한국은행법 시행령」 제19조(벌칙 적용에 있어서의 공무원 의제) 단서와 같이 "「형법」 제129조(수뢰, 사전수뢰) 내지 제132조(알선수뢰)의 규정의 적용에 있어서는 모든 한국은행직원을 공무원으로 본다."라는 등 그 행위자를 공무원으로 의제하는 대상범죄가 형법상의 특정범죄에 한정되는 것으로 규정되어 있는 경우에는 본죄의 공무원에 해당하지 않는다.

3) **행위**

'공무원의 지위를 이용하여' 경선운동을 하여야 한다. '공무원의 지위를 이용하여'라는 개념은 공무원이 개인의 자격으로서가 아니라 공무원의 지위와 결부되어 경선운동을 하는 행위를 뜻한다. 공무원의 지위에 있기 때문에 특히 경선운동을 효과적으로 할 수 있는 영향력 또는 편익을 이용하는 것을 의미하고, 구체적으로는 그 지위에 수반되는 신분상의 지휘감독권, 직무권한, 담당사무 등과 관련하여 공무원이 직무를 수행하는 사무소 내부 또는 외부의 사람에게 작용하는 것도 포함된다.[170] 공무원이 그 직무를 집행함에 즈음하여 경선운동을 한 경우는 물론 공무원으로서 신분상 또는 직무상의 지휘감독권이 미치는 사람에게 경선운동을 하였거나 외견상 그 직무에 관련한 행위에 편승하여 경선운동을 함으로써 경선 선거인에게 영향력을 줄 수 있는 경우도 포함한다.[171]

4) **법 제57조의6(공무원 등의 당내경선운동 금지) 제1항과 같은 조 제2항의 관계**

공무원이 당내경선에서 경선운동을 한 경우 만약 공무원의 지위를 이용한 점이 인정되는 때에는 법 제57조의6(공무원 등의 당내경선운동 금지) 제2항 위반이 되고, 공무원의 지위를 이용한 점이 인정되지 않는 때에는 법 제57조의6(공무원 등의 당내경선운동 금지) 제1항 위반이 된다. 따라서 제57조의6(공무원 등의 당내경선운동 금지) 제2항은 같은 조 제1항의 특별규정에 해당한다.

5) **벌칙**

법 제57조의6(공무원 등의 당내경선운동 금지) 제2항을 위반하여, 공무원이 그 지위를 이용하여 당내경선에서 경선운동을 한 때에는 5년 이하의 징역에 처한다(법§255③1.).

본죄는 재정신청 대상 중요 선거범죄에 해당한다(법§273①).

라. 당내경선 실시의 효과

정당이 당내경선을 실시하는 경우 경선후보자로서 당해 정당의 후보자로 선출되지 아니한

170) 2018. 4. 19. 선고 2017도14322 전원합의체 판결, 2013. 11. 28. 선고 2010도12244 판결
171) 1969. 7. 22. 선고 69도195 판결

자는 당해 선거의 같은 선거구에서는 후보자로 등록될 수 없다(법§57의2②본문). 다만, 후보자로 선출된 자가 사퇴·사망·피선거권 상실 또는 당적의 이탈·변경 등으로 그 자격을 상실한 때에는 그러하지 아니하다(법§57의2②단서).

법 제57조의2(당내경선의 실시) 제2항에 위반하여 후보자등록을 한 경우 그 후보자등록은 무효가 된다(법§52①8.).

여기서 '당해 선거'란 같은 종류의 선거를 의미하고, '같은 선거구'란 같은 종류의 선거 내에서의 동일한 선거구를 말한다. 또 '같은 종류의 선거'란 동일한 시기에 임기가 만료하는 동일한 직을 가지는 선거를 말하고, 대통령선거, 국회의원선거, 기초자치단체장선거, 광역자치단체장선거, 기초의원선거, 광역의원선거는 각각 같은 종류의 선거가 된다.

정당은 소속 정당추천후보자가 당적을 이탈·변경하거나 2 이상의 당적을 가지고 있는 경우에는 지체 없이 그 사실을 규칙이 정하는 서식[172]에 의하여 관할선거구선거관리위원회에 통보하여야 한다(규칙§22①). 정당이 법 제57조의2(당내경선의 실시) 제2항의 규정에 따른 당내경선을 실시한 경우에는 지체 없이 경선후보자의 명단, 경선방법, 경선결과 순위, 경선후보자의 자격상실 여부 및 그 사유 등(이하 "당내경선결과"라 한다)을 규칙이 정하는 서식[173]에 의하여 관할선거구선거관리위원회에 통보하여야 한다. 이 경우 중앙당이 당내경선을 실시한 때에는 중앙선거관리위원회에, 시·도당이 당내경선을 실시한 때에는 해당 시·도선거관리위원회에 통보하는 것으로 갈음할 수 있으며, 당내경선결과를 통보받은 중앙선거관리위원회 또는 시·도선거관리위원회는 지체 없이 이를 관할선거구선거관리위원회에 통지하여야 한다(규칙§22②). 정당이 당내경선결과를 통보한 후 후보자로 선출된 자가 사퇴·사망·피선거권 상실 또는 당적의 이탈·변경 등으로 그 자격을 상실한 때에는 지체 없이 그 사실을 규칙이 정하는 서식[174]에 의하여 관할선거구선거관리위원회에 통보하여야 한다(규칙§22③). 관할선거구선거관리위원회는 당내경선 결과나 후보자로 선출된 자의 자격상실 여부 등을 해당 정당에 조회할 수 있으며, 정당은 그 결과나 자격상실 여부 등을 지체 없이 관할선거구선거관리위원회에 회보하여야 한다(규칙§22④).

당내경선의 후보자로 등재된 이후에는 경선에 참여하지 않겠다는 의사표시를 서면으로 제출하더라도 후보자로 등록할 수 없다.[175] 정당의 당헌에 규정된 공천심사기구의 심사를 거쳐 당내경선의 후보자(경선참여자)로 결정된 자가 자의로 당내경선의 후보자로 등재(등록)를 하지 않은 경우 당내경선의 후보자로 등재된 자(경선후보자)가 아니므로 당해 선거의 같은 선거구에 후보자로 등록할 수 있고, 당해 정당의 당헌이 정하는 바에 따라 경선후보자의 등록

172) 규칙 별지 제14호 서식 정당추천후보자의 당적변동 통보
173) 규칙 별지 제14호의2 서식 당내경선 결과 통보
174) 규칙 별지 제14호의3 서식 후보자로 선출된 자의 자격상실 통보
175) 2006. 4. 4. 중앙선관위 질의회답

이 무효로 되거나 취소된 때에는 당해 선거의 같은 선거구에 후보자로 등록할 수 있다.[176] 정당이 당헌에 의거 공천후보자 접수 후 후보자간 서면합의를 통해 여론조사방식으로 경선방법을 결정하고 여론조사를 실시하였으나 그 결과를 발표하지 않고 그와 관계없이 전략공천지역으로 결정하여 당초 공천신청자가 아닌 제3의 후보자를 공천하였을 경우 여론조사에서 1위를 한 자는 무소속으로 출마할 수 있다.[177] 정당의 당내경선에 있어 절차상의 하자 또는 부정행위가 경선 무효사유에 해당하는지 여부는 당해 정당이 판단하여야 한다.[178] 경선후보자간의 서면합의에 따라 당내경선을 대체하는 여론조사를 실시한 정당이 경선과정에서 경선후보자간의 합의내용에 따른 여론조사로 보기 어려울 정도의 중대하고도 명백한 절차상 하자 또는 경선결과와 다른 결과가 발생하였을지도 모른다고 인정될 만한 정도의 부정행위가 있었음을 이유로 당헌·당규의 규정에 따라 그 경선을 무효로 하는 때에는 당초의 당내경선의 효력은 소멸된 것으로 보아야 하는바, 정당의 후보자추천취소 결정이 이와 같은 하자 등을 이유로 한 당내경선의 무효를 의미하는 것이라면 다시 실시한 당내경선에서 후보자로 선출된 자를 당의 공직선거후보자로 추천할 수 있다.[179] 당내경선에서 선출된 자가 공천심사위원회에서 공천이 탈락된 경우 탈당하여 타당후보 또는 무소속 후보로 출마할 수 있으며, 당초 당내경선에서 선출된 자가 탈당한 경우에는 그 당내경선에서 탈락한 다른 경선후보자들도 탈당하여 타당후보 또는 무소속후보로 출마할 수 있다.[180] 정당이 의원정수가 2명 이상인 하나의 선거구에서 정수의 일부에 대하여 당내경선을 대체하는 여론조사를 실시하는 경우 그 당내경선의 후보자로 등재된 자로서 당해 정당의 후보자로 선출되지 아니한 자는 당해 선거의 같은 선거구에서 후보자로 등록될 수 없다.[181] 신설합당 전에 실시된 당내경선의 효력은 합당으로 승계되는 것이 아니므로 그 당내경선에서 후보자로 선출되지 아니한 사람이 당해 선거의 같은 선거구에 후보자로 등록하는 것은 제한되지 않는다.[182] 정당의 당헌·당규에 따라 실시한 당내경선의 후보자로 등재되었다면 그 후 사퇴로 인하여 1인에 대한 찬반투표의 방법으로 공직선거후보자를 선출한 경우라 하더라도 법 제57조의2(당내경선의 실시) 제2항에 따른 입후보가 제한되는 당내경선에 해당하여 사퇴한 경선후보자는 해당 선거의 같은 선거구에는 입후보할 수 없다.[183] 정당의 당헌·당규나 경선후보자 모두의 서면동의에 따라 가산점 또는 감산점을 부여하여 실시하는 당내경선은 법 제57조의2(당내경선의 실시)

176) 2005. 10. 13. 중앙선관위 질의회답
177) 2006. 5. 2. 중앙선관위 질의회답
178) 2006. 5. 15. 중앙선관위 질의회답
179) 2006. 5. 11. 중앙선관위 질의회답
180) 2006. 5. 12. 중앙선관위 질의회답
181) 2010. 5. 10. 중앙선관위 질의회답
182) 2012. 1. 16. 중앙선관위 질의회답
183) 2014. 2. 12. 중앙선관위 질의회답

제2항에 따라 후보자등록이 금지되는 당내경선에 해당한다.[184] 정당의 당헌·당규 또는 경선후보자간의 서면합의에 따라 1차경선 실시 후 1·2위 후보자간 결선 경선으로 후보자를 선출하는 방법은 법 제57조의2(당내경선의 실시) 제2항에 따라 후보자등록이 제한되는 당내경선에 해당한다.[185]

5. 당내 경선 관련 매수 및 이해유도죄

가. 당원 등 매수금지 위반

(1) 의의

누구든지 당내경선에 있어 후보자로 선출되거나 되게 하거나 되게 하지 못하게 할 목적으로 경선선거인(당내경선의 선거인명부에 등재된 자를 말한다) 또는 그의 배우자나 직계존·비속에게 명목여하를 불문하고 금품 그 밖의 재산상의 이익 또는 공사의 직을 제공하거나 그 제공의 의사를 표시하거나 그 제공을 약속하는 행위를 할 수 없다(법§57의5①). 후보자로 선출되거나 되게 하거나 되지 못하게 하거나, 경선선거인으로 하여금 투표를 하게 하거나 하지 못하게 할 목적으로 경선후보자·경선운동관계자·경선선거인 또는 참관인에게 금품·향응 그 밖의 재산상의 이익이나 공사의 직을 제공하거나 그 제공의 의사를 표시하거나 그 제공을 약속하지 못한다(법§230⑦2.).

본 조항은 당내경선에서 특정 후보자의 당락이나 경선선거인의 자유로운 투표의사에 영향을 미치게 할 목적으로 경선선거인, 그 배우자나 직계존·비속, 경선후보자, 경선운동관계자, 참관인 등을 매수하는 행위를 처벌함으로써 당내경선의 공정을 보장하기 위한 규정이다.

(2) 주체

본죄의 주체에는 아무런 제한이 없다. 경선운동관계자에 한하지 않고, 선거권이나 피선거권 유무, 당원인지 여부도 불문한다.

(3) 객체

법 제57조의5(당원 등 매수금지) 제1항 위반의 상대방은 경선선거인 또는 그의 배우자나 직계존·비속이고, 제230조(매수 및 이해유도죄) 제7항 제2호 위반의 상대방은 경선후보자·경선운동관계자·경선선거인 또는 참관인이다.

'경선선거인'은 당내경선의 선거인명부에 등재된 자로 한정된다. 법 제230조(매수 및 이해

184) 2016. 1. 29. 중앙선관위 질의회답
185) 2016. 3. 16. 중앙선관위 질의회답

유도죄) 제1항 제1호 매수죄의 경우에 선거인명부 또는 재외선거인명부등을 작성하기 전에 그 선거인 또는 재외선거인명부에 오를 자격이 있는 자를 선거인에 포함하고 있는 것과 다르다.

'경선후보자'는 등록된 후보자만을 의미하고 후보자가 되고자하는 자는 포함되지 않는다. 법 제57조의2(당내경선의 실시) 제2항은 후보자의 개념에 '후보자가 되고자 하는 자'를 포함한다는 것을 명문으로 규정하고 있으나, 본 조항에는 그러한 규정이 없다.

'경선운동관계자'란 널리 당내경선운동에 관여하거나 기타 당내경선에 관한 사무를 담당하고 처리하는 자를 포괄적으로 지칭하는 것으로 해석하여야 할 것이어서, 직접적으로 당내경선사무에 종사하거나 그 절차에 관여하는 자 및 다른 경선후보자의 경선운동관계자는 물론, 행위자가 어떤 특정 경선후보자의 선출을 돕기 위하여 금품 제공 등의 행위에 나아간 경우 해당 경선후보자의 경선운동관계자 역시 이에 포함되는 것으로 해석된다.[186)]

(4) 행위

당내경선과 관련하여, 명목 여하를 불문하고 금품 그 밖의 재산상 이익 또는 공사의 직을 제공하거나 그 제공의 의사표시를 하거나 그 제공을 약속하거나(법§57의5①), 금품·향응·그 밖의 재산상 이익이나 공사의 직을 제공하거나 그 제공의 의사를 표시하거나 그 제공을 약속(법§230⑦2.)하는 것이다.[187)]

한편, 위와 같은 행위를 하여서는 아니 되지만, 규칙 제25조의3(당원 등 매수금지의 예외)에서 정한 의례적인 행위는 허용된다(법§57의5①단서).

법 제57조의5(당원 등 매수금지) 제1항 단서에서 "의례적인 행위"라 함은 다음 각 호의 어느 하나에 해당하는 행위를 말한다(규칙§25의3①).

1. 경선후보자의 경선운동기구를 방문하는 자나 경선운동기구의 개소식에 참석한 자에게 통상적인 범위 안에서 다과류의 음식물(주류를 제외한다)을 제공하는 행위
2. 경선후보자와 함께 다니는 자와 경선운동기구에서 경선사무에 종사하는 자를 합하여 다음 각 목에 해당하는 수(법 제10조(사회단체등의 공명선거추진활동) 제1항 제3호의 규정에 따른 가족은 그 수에 산입하지 아니한다) 이내에서 통상적인 범위 안의 식사류의 음식물을 제공하는 행위

가. 대통령선거의 당내경선에 있어서는 30인

나. 시·도지사선거의 당내경선에 있어서는 15인

다. 국회의원선거, 자치구의 구청장 및 시장·군수(이하 "자치구·시·군의 장"이라 한다)

---

186) 2007. 6. 1. 선고 2006도8134 판결

187) 본죄의 행위유형에 대하여는 법 제230조(매수 및 이해유도죄) 제1항 제1호의 매수죄에서 상술한다.

선거의 당내경선에 있어서는 10인

라. 지방의회의원선거의 당내경선에 있어서는 5인

3. 그 밖에 위 각 호의 어느 하나에 준하는 것으로서 중앙선거관리위원회가 정하는 행위

규칙 제25조의3(당원 등 매수금지의 예외) 제1항의 규정에 따라 통상적인 범위 안에서 1인에게 제공할 수 있는 음식물의 가액범위는 식사류는 1만원 이하로, 다과류는 3천원 이하로, 음료는 1천원 이하로 한다(규칙§25의3②, §50⑥).

(5) 목적

법 제57조의5(당원 등 매수금지) 제1항은 '당내경선에 있어 후보자로 선출되거나 되게 하거나 되지 못하게 할 목적'이 있어야 하고, 제230조(매수 및 이해유도죄) 제7항 제2호는 위 목적 또는 '경선선거인으로 하여금 투표를 하게 하거나 하지 아니하게 할 목적'이 있어야 한다. 목적의 달성 여부는 본죄의 성립에 영향이 없다.

(6) 벌칙

본죄를 범한 자는 3년 이하의 징역 또는 1천만원 이하의 벌금에 처한다(법§230⑦1., 2.). 본죄를 범한 자가 받은 이익은 이를 몰수한다. 다만, 그 전부 또는 일부를 몰수할 수 없는 때에는 그 가액을 추징한다(법§236).

본죄는 재정신청 대상 중요 선거범죄에 해당한다(법§273①).

나. 후보자에 대한 매수 및 이해유도죄

(1) 의의

누구든지 당내경선에 있어 후보자가 되지 아니하게 하거나 후보자가 된 것을 사퇴하게 할 목적으로 후보자(후보자가 되고자 하는 자를 포함)에게 이익제공행위 등을 하여서는 아니 되며, 후보자는 그 이익이나 직의 제공을 받거나 제공의 의사표시를 승낙하여서는 아니 된다(법§57의5②). 본 조항은 당내경선에서 후보자가 되고자 하는 자 및 후보자 등에게 입후보와 관련된 사전·사후의 매수행위를 하거나, 매수행위를 받아들인 자를 처벌하여 피선거권 행사의 공정성과 그 불가매수성을 보장하여 당내 경선의 공정성을 기하기 위한 규정이다.

(2) 주체

아무런 제한이 없다.

(3) 객체

법 제57조의5(당원 등 매수금지) 제2항 전단의 경우는 후보자 및 후보자가 되고자 하는 자가 상대방이다. 후보자는 경선후보자로 당헌·당규에 따라 후보자 등록을 한 자를 의미한다. 후보자가 되고자 하는 자는 후보자등록을 하지 않았으나 후보자가 될 의사를 가지고 있는 자를 말하고, 당내경선에 입후보할 의사를 가지고 있는 자이면 족하고 그 의사가 확정적일 것까지 요구하는 것은 아니다.

법 제57조의5(당원 등 매수금지) 제2항 후단의 상대방은 제한이 없다.

(4) 행위

당내경선과 관련하여, 법 제57조의5(당원 등 매수금지) 제1항의 규정에 따른 이익제공행위 등을 하거나(법§57의5②전단), 그 이익이나 직의 제공을 받거나 제공의 의사표시를 승낙(법§57의5②후단)하는 것이다.[188]

(5) 목적

당내경선에 있어 후보자가 되지 아니하게 하거나 후보자가 된 것을 사퇴하게 할 목적이 있어야 한다. '후보자가 되지 아니하게 할 목적'이란 후보자등록 이전에 그의 입후보를 포기하게 할 목적을 말하고, '후보자가 된 것을 사퇴하게 할 목적'은 이미 후보자등록을 하여 후보자가 된 자의 입후보 의사를 철회하게 할 목적을 말한다. 위와 같은 목적이 있으면 족하고 목적한 결과가 발생할 것을 요하지는 않는다.

(6) 벌칙

본죄를 범한 자는 3년 이하의 징역 또는 1천만원 이하의 벌금에 처한다(법§230⑦1.). 본죄를 범한 자가 받은 이익은 이를 몰수한다. 다만, 그 전부 또는 일부를 몰수할 수 없는 때에는 그 가액을 추징한다(법§236).

본죄는 재정신청 대상 중요 선거범죄에 해당한다(법§273①).

다. 매수를 받는 죄

(1) 의의

법 제57조의5(당원 등 매수금지) 제1항 또는 제2항에 규정된 이익이나 직의 제공을 받거나 그 제공의 의사표시를 승낙한 자는 처벌된다(법§230⑦3.). 법 제230조(매수 및 이해유도죄) 제7

188) 본죄의 행위유형에 대하여는 법 제230조(매수 및 이해유도죄) 제1항 제1호의 매수죄에서 상술한다.

항 제1호, 제2호, 제57조의5(당원 등 매수금지) 제1항, 제2항 전단의 죄는 매수 또는 이해유도를 행하는 자에 대하여 성립하는 범죄이나, 본호의 죄는 그러한 매수를 받은 자를 처벌하는 규정이다. 다만, 법문상 법 제57조의5(당원 등 매수금지) 제1항 또는 제2항에 규정된 이익이나 직의 제공을 받거나 그 제공의 의사표시를 승낙한 자만 처벌하도록 규정되어 있으므로, 법 제230조(매수 및 이해유도죄) 제7항 제2호의 규정에 위반하여 제공된 이익을 취득한 자에 대하여는 본죄로 처벌할 수 없다.

(2) 주체

법 제57조의5(당원 등 매수금지) 제1항, 제2항에 따른 행위의 상대방이 본죄의 주체이다. 제3자를 통해 이익 등을 제공받는 것도 가능하다.

(3) 행위

당내경선과 관련하여, 법 제57조의5(당원 등 매수금지) 제1항, 제2항에 규정된 이익이나 직의 제공을 받거나 제공의 의사표시를 승낙하는 것이다.[189)]

(4) 벌칙

본죄를 범한 자는 3년 이하의 징역 또는 1천만원 이하의 벌금에 처한다(법§230⑦1.). 본죄를 범한 자가 받은 이익은 이를 몰수한다. 다만, 그 전부 또는 일부를 몰수할 수 없는 때에는 그 가액을 추징한다(법§236). 본죄는 재정신청 대상 중요 선거범죄에 해당한다(법§273①).

라. 지시·권유·요구 및 알선죄

(1) 의의

법 제230조(매수 및 이해유도죄) 제7항 제2호·제3호에 규정된 행위에 관하여 지시·권유·요구하거나 알선한 자 또는 법 제57조의5(당원 등 매수금지) 제1항, 제2항에 규정된 행위에 관하여 지시·권유 또는 요구를 하는 자는 처벌된다(법§230⑧). 본 조항은 당내경선 관련 매수 및 이해유도죄 등의 방조 또는 교사에 유사한 행위를 독립한 범죄로 하여 가중처벌하는 규정이다.

(2) 주체

아무런 제한이 없다.

---

189) 본죄의 행위유형에 대하여는 법 제230조(매수 및 이해유도죄) 제1항 제1호의 매수죄에서 상술한다.

(3) 행위

법 제230조(매수 및 이해유도죄) 제7항 제2호·제3호에 규정된 행위에 관하여 지시·권유·요구 또는 알선하거나, 법 제57조의5(당원 등 매수금지) 제1항, 제2항에 규정된 행위에 관하여 지시·권유 또는 요구하는 것이다.[190] 당원이 공직선거후보자에게 수십 회에 걸쳐 전화로 '선거에서 도와줄 테니'라는 취지의 말을 하면서 금원을 달라고 요구한 것이 공직선거와 관련하여 후보자를 당선되게 할 목적으로 금품을 요구한 것으로 볼 수 있고, 당원이 경선후보자에게 '경선에서 밀어줄 테니 금원 상당액을 빌려 달라.'는 취지의 말을 하면서 금원을 요구한 것이 당내경선과 관련하여 후보자를 선출되게 할 목적으로 금품을 요구한 것으로 볼 수 있다.[191]

후보자의 난립방지 또는 후보자선출대회비용으로 충당할 목적으로 당내 후보자선출대회에 참여한 입후보자로부터 사회통념상 인정될 수 있는 범위 안에서 공탁금을 납부받는 것은 허용된다.[192]

(4) 벌칙

본죄를 범한 자는 5년 이하의 징역 또는 3천만원 이하의 벌금에 처한다(법§230⑦1.). 본죄를 범한 자가 받은 이익은 이를 몰수한다. 다만, 그 전부 또는 일부를 몰수할 수 없는 때에는 그 가액을 추징한다(법§236). 본죄는 재정신청 대상 중요 선거범죄에 해당한다(법§273①).

5-1. 정당의 공직후보자추천에 대한 사법심사

「헌법」 제8조 제2항은 정당은 그 목적·조직과 활동이 민주적이어야 하며 국민의 정치적 의사형성에 필요한 조직을 가져야 한다고 규정하고 있고, 「헌법」 제8조 제4항은 정당의 목적이나 활동이 민주적 기본질서에 위배될 때에는 정부는 헌법재판소에 그 해산을 제소할 수 있고, 정당은 헌법재판소의 심판에 의하여 해산된다고 규정하고 있으며, 법 제47조(정당의 후보자추천) 제2항도 정당이 후보자를 추천하는 때에는 민주적 절차를 따라야 한다고 규정하고 있다. 따라서 정당의 각종 선거에서의 후보자추천(이하 "공천"이라 한다)은 정당 내부의 행위로서 정당의 자율성이 보장되는 영역이나, 국민의 정치적 의사형성에 있어 필수적인 부분으로서 공직선거라는 국가정치과정의 연장선에 있는 공적인 성격을 갖기 때문에 민주적인 절

190) 본죄의 행위유형에 대하여는 제25편 제1장 8. 지시·권유·요구 및 알선죄에서 상술한다.
191) 2014. 12. 5. 선고 2014도14295 판결
192) 1998. 5. 12. 중앙선관위 질의회답

차에 의하여 이루어져야 한다. 정당의 공천이 민주주의 원칙에 관한「헌법」,「정당법」, 공직선거법 등의 규정에 위배되거나 그 절차가 현저하게 불공정하거나 정당 스스로가 정한 내부규정에 위배되는 경우에는 사법심사의 대상이 된다.[193] 따라서 국회의원 비례대표 후보자 명단을 확정하기 위한 당내 경선은 정당의 대표자나 대의원을 선출하는 절차와 달리 국회의원 당선으로 연결될 수 있는 중요한 절차로서 직접투표의 원칙이 그러한 경선절차의 민주성을 확보하기 위한 최소한의 기준이 된다고 할 수 있는 점 등 제반사정을 종합할 때, 당내 경선에도 직접·평등·비밀투표 등 일반적인 선거원칙이 그대로 적용된다.[194][195]

다만, 정당은 국민의 정치적 의사를 형성하고 결집·전달하는 기능을 수행하고, 각종 선거의 입후보자 추천과 선거활동에서 주도적인 역할을 한다. 정당이 이러한 기능을 충실하게 수행할 수 있도록 하기 위해서는, 헌법과 민주적 기본질서에 어긋나지 않는 범위 내에서 자유로운 활동이 최대한 보장되어야 한다. 특히 정당의 내부질서에 대한 지나친 관여는 정당활동의 자유를 침해할 위험성이 있으므로 필요최소한의 범위에 그쳐야 한다. 그중에서도 정당의 정치적 의사의 결정 및 활동, 내부 조직의 구성과 운영에 관한 사항은 정당의 정치적 활동의 자율성에 직결되는 부분이므로 그에 대한 관여는 더욱 신중하게 이루어져야 한다.[196]

실무상 정당의 공천에 대한 법적 다툼은 통상적으로 공천의 효력을 정지시키는 가처분, 즉 "공천효력정지가처분"의 형태로 이루어진다. 이론적으로는 본안 소송인 "공천무효확인"을 구하는 소송이 가능하지만, 공천은 공직선거를 1 내지 2개월 앞두고 진행되는 것이 일반적이므로 본안 소송의 단계에서는 이미 공직선거에서 선거절차가 이미 종료되어 정당의 공

---

193) 서울남부지방법원 2006. 5. 1. 선고 2006카합841 결정

194) 2013. 11. 28. 선고 2013도5117 판결(갑 정당의 제19대 국회의원 비례대표 후보자 추천을 위한 당내 경선과정에서 피고인들이 선거권자들로부터 인증번호만을 전달받은 뒤 그들 명의로 특정 후보자에게 전자투표를 함으로써 위계로써 갑 정당의 경선관리 업무를 방해하였다고 기소된 사안에서, 당내 경선에도 직접·평등·비밀투표 등 일반적인 선거원칙이 그대로 적용되고 대리투표는 허용되지 않는다는 이유로 피고인들에게 유죄를 인정한 사례)

195) '현행 법제상으로는 당내 경선에 관하여 "민주적" 절차에 의하여 선출되어야 한다는 점과 경선에서 낙선한 후보자는 탈당 등의 방법으로 본선에 입후보할 수 없다고만 규정하고 있어, 당내 경선에 관하여는 최소한의 수준으로만 규정하고 있다. 따라서 헌법상의 정당의 자유에 비추어 공직선거에서의 후보자 선출도 정당의 자율에 맡겨져 있다고 볼 수 있다. 국민의 직접·보통·평등 선거에 의한 국회의원선출이라는 헌법 제41조 제1항이 정당 내부의 경선에까지 적용되는 것이라면 "전략공천"이라는 제도 자체가 금지되어야만 할 것이다. 전략공천은 직접선거의 원칙에 정면으로 반하는 것이기 때문이다. 직접·보통·평등 선거를 하기 싫다고 모든 후보자를 전략공천하더라도 합헌적이고 합법적인 반면, 모든 후보자를 경선에 의하여 공천하면서 일부 대리투표(특히 위임하는 자의 의사에 반하지 않는 대리투표도 생각해 볼 수 있다!)가 있었던 경우는 위헌적이고 위법이 되는 모순을 설명할 방법이 없다.'고 하면서 당내 경선에는 선거의 기본원칙이 적용되지 않는다는 견해가 있다(김래영,「선거의 기본원칙은 당내경선에 적용되는가?」, 한양법학 제25권 제3집(2014. 8.), 222－225쪽).

196) 2017. 5. 17. 선고 2016수19 판결

천의 위법을 확인을 구할 소의 이익이 없기 때문이다.[197]

공천효력정지가처분을 신청할 때의 피보전권리는 "공천무효확인청구권"이고, 신청원인은 공직선거법에서 정한 공천의 민주적인 절차 위반이나 정당의 당헌·당규로 정한 민주적 절차 위반에 해당하는 사항이다(법§47 등).[198] 보전의 필요성과 관련하여, 공천은 그 효력을 정지시키지 아니하면 공천대상자가 정당의 후보자로 등록되어 가처분신청인이 정당의 후보자로 등록될 수 없기 때문에 피보전권리에 대한 소명이 이루어지면, 가처분결정 당시에 정당의 공천 후보자가 등록되거나 등록되지 않았다고 하더라도 공천과 후보자 등록기간이 근접하여 통상의 정당 후보자추천절차로는 새로운 후보자를 선정할 수 없는 등의 특별한 사정이 없는 한 보전의 필요성은 소명되었다고 본다.[199]

6. 후보자 등록

가. 의의

선거에 출마한 자는 후보자등록 절차를 마침으로써 후보자가 된다. 즉, 선거출마자는 후보자등록기간에 관할선거관리위원회에 후보자등록 신청을 하고 이것이 수리되어 등록이 됨으로써 비로소 후보자가 되는 것이다.

나. 후보자등록신청권자

(1) 정당추천후보자의 경우

정당추천후보자의 등록은 대통령선거와 비례대표국회의원선거 및 비례대표지방의회의원선거에 있어서는 그 추천정당이, 지역구국회의원선거와 지역구지방의회의원 및 지방자치단체의 장의 선거에 있어서는 정당추천후보자가 되고자 하는 자가 신청하되, 추천정당의 당인 및 그 대표자의 직인이 날인된 추천서와 본인승낙서(대통령선거와 비례대표국회의원선거 및 비례대표지방의회의원선거에 한한다)를 등록신청서에 첨부하여야 한다. 이 경우 비례대표국회의원후

---

197) 서울남부지방법원 2006. 9. 8. 선고 2006카합7557 결정(지방자치단체의 장의 선거가 정당 등의 후보자추천과 후보자등록을 거쳐 실시된 뒤 당선자까지 확정되어 그 선거절차가 종료한 경우 위 지방선거 절차 중 하나인 정당의 후보자 공천의 위법 여부는 과거의 법률관계에 불과하여 그 확인을 구할 소의 이익이 없다.)

198) 법원은, 갑 정당 소속 현역 국회의원인 을이 제19대 국회의원선거에서 선거구 후보로 출마하고자 갑 정당 산하 중앙당 공직후보자추천위원회에 후보자 추천을 신청하였으나 갑 정당이 컷오프제도에 따라 을을 공천대상에서 제외하고 병을 후보자로 추천하는 결정을 한 사안에서, 정당의 자율성이나 컷오프제도의 도입배경 등 여러 사정을 고려해 보면 을을 컷오프대상으로 삼아 공천에서 제외하고 병을 후보자로 추천하는 결정이 민주적 절차 또는 적법절차에 반하여 무효라고 보기 어렵다고 하였다(서울남부지방법원 2012. 3. 20.자 2012카합177 결정).

199) 김철, 「정당의 공직후보자 추천에 관한 소송에 대하여」, 법률신문 2016. 3. 10.자

보자와 비례대표지방의회의원후보자의 등록은 추천정당이 그 순위를 정한 후보자명부를 함께 첨부하여야 한다(법§49②).

(2) 무소속후보자의 경우

무소속후보자의 경우는 무소속후보자 본인이 등록신청권자이다. 무소속후보자가 되고자 하는 자는 법 제48조(선거권자의 후보자추천)에 따라 선거권자가 기명하고 날인(무인을 허용하지 아니한다)하거나 서명한 추천장(단기 또는 연기로 하며 간인을 요하지 아니한다)을 등록신청서에 첨부하여야 한다(법§49③).[200]

다. 후보자등록 신청 및 신청시 제출서류

(1) 후보자등록 신청

후보자의 등록은 대통령선거에서는 선거일 전 24일, 국회의원선거와 지방자치단체의 의회의원 및 장의 선거에서는 선거일 전 20일(후보자등록신청개시일)부터 2일간(후보자등록기간) 관할선거구선거관리위원회에 서면으로 신청하여야 한다(법§49①).

정당의 당원인 자는 무소속후보자로 등록할 수 없으며, 후보자등록기간 중(후보자등록신청시를 포함한다) 당적을 이탈·변경하거나 2 이상의 당적을 가지고 있는 때에는 당해 선거에 후보자로 등록할 수 없다. 소속 정당의 해산이나 그 등록의 취소 또는 중앙당의 시·도당창당승인취소로 인하여 당원자격이 상실된 경우에도 또한 같다(법§49⑥).

후보자등록신청서의 접수는 공휴일에 불구하고 매일 오전 9시부터 오후 6시까지로 한다(법§49⑦). 후보자등록기간을 계산할 때에는 초일을 산입한다.[201] 우편에 의한 후보자등록신청도 가능하고, 이 경우 우편신청은 도달주의에 의한다.[202] 후보자등록 구비서류인 탈당증명

---

200) 헌법재판소는, 무소속후보자가 되고자 하는 자는 선거권자가 기명·날인한 추천장을 등록신청서에 첨부하도록 하면서 선거권자의 서명이나 무인은 허용하고 있지 아니하였던 구 공직선거법(2005. 8. 4. 법률 제7681호로 개정된 것) 제49조 제3항과 관련하여, '이 사건 법률조항이 추천장에 추천인의 기명·날인(무인은 제외)을 받도록 요구하는 것은 부정한 방법에 의한 추천장 작성을 방지하여 추천의 진정성을 확보하고 궁극적으로 선거의 신뢰성과 공정성을 확보하기 위한 것이므로 그 입법목적의 정당성이 인정되며, 이와 같이 추천의 진정성을 확보하기 위하여 추천인으로 하여금 기명 후 추천인의 도장을 날인하도록 하는 방법을 채택한 것도 입법목적을 달성하기 위한 적절한 수단이라고 할 수 있다. 서명에 의한 추천을 허용할 경우에는 날인을 요구하는 경우에 비하여 추천인의 진의를 객관적으로 확인하기 어렵고, 허위의 서명에 의하여 추천서를 작성하기가 용이하다. 무인의 경우에는 특별한 감정절차 없이는 기명한 사람의 무인인지 여부를 식별하기가 곤란하므로 제3자가 임의로 무인을 하거나 간격을 두고 반복적으로 무인을 하더라도 이를 분별해 내기가 어렵다. 따라서 국회의원 후보자를 추천하는 선거권자의 날인 대신에 서명이나 무인을 허용하는 것이 이 사건 법률조항의 입법목적을 효과적으로 달성할 수 있는 방법이라고 보기도 어렵다.'고 판시하였으나(2009. 9. 24. 선고 2008헌마265 전원재판부 결정), 그 후 2015. 12. 24. 법률 제13617호로 공직선거법 제49조(후보자등록 등) 제3항이 개정되어 선거권자가 추천장에 '서명'하는 것도 허용되었다.

201) 1994. 7. 8. 중앙선관위 의결

서에 대신하여 우체국을 통하여 내용증명우편으로 제출한 탈당신고서 본문과 그에 대한 우체국발행의 송달증명서를 첨부하면 정당에 탈당여부를 조회할 필요 없이 입후보등록을 할 수 있다.[203)]

(2) 후보자등록 신청시 제출서류

후보자등록을 신청하는 자는 다음 각 호의 서류를 제출하여야 한다(법§49④).

1. 규칙이 정하는 피선거권에 관한 증명서류
2. 「공직자윤리법」 제10조의2(공직후보자 등의 재산공개) 제1항 규정에 의한 등록대상재산에 관한 신고서
3. 「공직자 등의 병역사항신고 및 공개에 관한 법률」 제9조(공직선거후보자의 병역사항신고 및 공개) 제1항의 규정에 의한 병역사항에 관한 신고서
4. 최근 5년간의 후보자, 그의 배우자와 직계존비속(혼인한 딸과 외조부모 및 외손자녀를 제외한다)의 소득세(「소득세법」 제127조(원천징수의무) 제1항에 따라 원천징수하는 소득세는 제출하려는 경우에 한정한다) · 재산세 · 종합부동산세의 납부 및 체납(10만원 이하 또는 3월 이내의 체납은 제외한다)에 관한 신고서.[204)] 이 경우 후보자의 직계존속은 자신의 세금납부 및 체납에 관한 신고를 거부할 수 있다.
5. 벌금 100만원 이상의 형의 범죄경력(실효된 형을 포함하며, 이하 "전과기록"이라 한다)에 관한 증명서류[205)]

---

202) 1972. 11. 30. 중앙선관위 질의회답

203) 1978. 11. 21. 중앙선관위 질의회답

204) 후보자와 그 가족 등의 세금납부 및 그 체납에 관한 신고 및 공개는 후보자와 그 가족의 세금납부사항을 선거인에게 공개함으로써 후보자등이 헌법상의 납세의무를 충실히 이행하였는지 여부를 알려 선거인의 적절한 투표권 행사에 도움을 주기 위한 것이다. 후보자가 성실하게 세금을 납부하였는지 여부에 대한 사실관계는 공직자로서의 소양을 검증하는데 필수적인 자료라고 할 수 있다. 특히 후보자등의 체납실적은 후보자의 사회적 활동에 대한 비판 내지 평가의 한 자료가 되어 그의 공직후보자로서의 자질, 준법성 및 공직적격성을 판단하는데 자료가 될 수 있는 것이므로 적절한 투표권을 행사하는데 필요하다(2000. 4. 25. 선고 99도4260 판결)

205) 헌법재판소는, 후보자등록신청 시에 '전과기록'을 제출하여야 하는 법 제49조(후보자등록 등) 제4항 제5호와 관련하여, '후보자의 실효된 형까지 포함한 범죄경력을 공개함으로써 국민의 알권리를 충족하고 공정하고 정당한 선거권 행사를 보장하고자 하는 이 사건 법률 조항의 입법목적은 정당하며, 이러한 입법목적을 달성하기 위하여는 선거권자가 후보자의 모든 범죄경력을 인지한 후 그 공직 적합성을 판단하는 것이 효과적이다. 또는 범죄경력에 실효된 형을 포함시키는 이유는 선거권자가 공직후보자의 자질과 적격성을 판단할 수 있도록 하기 위한 점, 전과기록은 통상 공개재판에서 이루어진 국가의 사법작용의 결과라는 점, 전과기록의 범위와 공개시기 등이 한정되어 있는 점 등을 종합하면, 이 사건 법률조항은 피해최소성의 원칙에 반한다고 볼 수 없고, 공익적 목적을 위하여 공직선거 후보자의 사생활의 비밀과 자유를 한정적으로 제한하는 것이어서 법익균형성의 원칙도 충족한다. 따라서 이 사건 법률 조항은 사생활의 비밀과 자유를 침해한다고 볼 수 없다. 이 사건 법률조항은 후보자에게 자격제한 등 법적 불이익을 가하고 있는 것이 아니며, 「형의 실효에 관한 법률」 제7조(형의 실효) 제1항에 의하여 형이 실효되었다고 하더라도 그 형의 선고가 있었다는 기왕의

6. 「초 · 중등교육법」 및 「고등교육법」에서 인정하는 정규학력(이하 "정규학력"이라 한다)에 관한 최종학력증명서와 국내 정규학력에 준하는 외국의 교육기관에서 이수한 학력에 관한 증명서(한글번역문을 첨부한다). 이 경우 증명서의 제출이 요구되는 학력은 제60조의3(예비후보자 등의 선거운동) 제1항 제4호의 예비후보자홍보물, 제60조의4(예비후보자공약집)의 예비후보자공약집, 제64조(선거벽보)의 선거벽보, 제65조(선거공보)의 선거공보(같은 조 제9항의 후보자정보공개자료를 포함한다), 제66조(선거공약서)의 선거공약서 및 후보자가 운영하는 인터넷 홈페이지에 게재하였거나 게재하고자 하는 학력에 한한다.
7. 대통령선거 · 국회의원선거 · 지방의회의원 및 지방자치단체의 장의 선거와 교육위원선거 및 교육감선거에 후보자로 등록한 경력[선거가 실시된 연도, 선거명, 선거구명, 소속 정당명(정당의 후보자추천이 허용된 선거에 한정한다), 당선 또는 낙선 여부를 말한다]에 관한 신고서

후보자등록을 신청하는 때에는 법 제49조(후보자등록 등) 제2항부터 제4항까지의 규정에 따른 등록신청관계서류 외에 피선거권에 관한 증명서류로서 후보자가 되려는 사람의 주민등록표 초본, 「가족관계의 등록 등에 관한 법률」 제15조(증명서의 종류 및 기록사항) 제1항 제1호에 따른 가족관계증명서(이하 "가족관계증명서"라고 하며, 손자 또는 외손자 중 병역사항 신고대상자가 있는 때에는 그 손자 또는 외손자가 기록된 가족관계증명서를 포함한다) 및 재직증명서(법 제16조(피선거권) 제6항의 경우에 해당하는 지방자치단체의 장에 한한다)를 첨부하여야 한다. 이 경우 주민등록표 초본의 제출은 대통령선거, 지방의회의원선거 및 지방자치단체의 장선거에 한한다(규칙§20①).

법 제53조(공무원 등의 입후보) 제1항부터 제3항까지 또는 제5항 본문에 따라 그 직을 그만두고 입후보하려는 사람은 사직원접수증 또는 해임된 것을 증명하는 서류를 첨부하여야 한다(규칙§20②).

법 제49조(후보자등록 등) 제4항 제6호에서 "최종학력증명서"라 함은 재학증명서 · 재적증명서 · 졸업증명서(이를 발행할 수 없는 경우에는 졸업증 원본을 포함한다) · 수료증명서(이를 발행할 수 없는 경우에는 수료증원본을 포함한다) 기타 학교의 장이 발행한 최종학력을 증명하는 서류를 말한다(규칙§20⑨).

후보자등록신청서에 후보자의 성명을 한글로 기재함에 있어서는 해당후보자의 가족관계증명서에 기록된 성명을 그대로 기재하여야 하며, 관할선거구선거관리위원회가 후보자등록신

사실 자체까지 소멸하는 것은 아닌 이상, 실효된 금고 이상의 범죄경력이 있는 공직선거 후보자가 그 출마시까지 전경력을 공개하는데 있어서 금고 이상의 형의 범죄경력이 전혀 없는 후보자와 반드시 동일한 취급을 받아야 된다고 볼 수 없어 불합리한 차별이라고 볼 수 없다.'고 판시하였다(2008. 4. 24. 선고 2006헌마402 · 531(병합) 전원재판부 결정).

청서에 한글로 기재된 후보자의 성명이 가족관계증명서에 기록된 성명과 일치하지 아니한 것을 발견한 때에는 이를 후보자등록을 신청한 자에게 보완하게 하거나 직권으로 정정할 수 있다(규칙§20⑧).

후보자등록을 신청하는 자는 법 제60조의2(예비후보자등록) 제2항에 따라 예비후보자등록을 신청하는 때 제출한 서류는 법 제49조(후보자등록 등) 제4항에도 불구하고 제출하지 아니할 수 있다. 다만, 그 서류 중 변경사항이 있는 경우에는 후보자등록을 신청하는 때까지 추가하거나 보완하여야 한다(법§49⑤).

라. 조회 및 조사

후보자가 되고자 하는 자 또는 정당은 선거기간개시일 전 150일부터 본인 또는 후보자가 되고자 하는 소속 당원의 전과기록을 국가경찰관서의 장에게 조회할 수 있으며, 그 요청을 받은 국가경찰관서의 장은 지체 없이 그 전과기록을 회보하여야 한다. 이 경우 회보받은 전과기록은 후보자등록시 함께 제출하여야 하며 관할선거구선거관리위원회는 그 확인이 필요하다고 인정되는 후보자에 대하여는 후보자등록마감 후 지체 없이 해당 선거구를 관할하는 검찰청의 장에게 그 후보자의 전과기록을 조회할 수 있고, 당해 검찰청의 장은 그 전과기록의 진위여부를 지체 없이 회보하여야 한다(법§49⑩). 후보자가 되고자 하는 자와 그 소속 정당에게 전과기록을 조회할 권리를 부여하고 수사기관에 회보의무를 부과한 것은 단순히 유권자의 알권리 보호 등 공공일반의 이익만을 위한 것이 아니라, 그와 함께 후보자가 되고자 하는 자가 자신의 피선거권 유무를 정확하게 확인할 수 있게 하고, 정당이 후보자가 되고자 하는 자의 범죄경력을 파악함으로써 부적격자를 공천함으로 인하여 생길 수 있는 정당의 신뢰도 하락을 방지할 수 있게 하는 등 개별적인 이익도 보호하기 위한 것이다.[206]

후보자의 피선거권에 관한 증명서류가 첨부되지 아니한 경우에는 이를 수리하되, 당해 선거구선거관리위원회가 그 사항을 조사하여야 하며, 그 조사를 의뢰받은 기관 또는 단체는 지체 없이 그 사실을 확인하여 당해 선거구선거관리위원회에 회보하여야 한다(법§49⑧단서). 이에 따라 후보자의 피선거권에 관한 조사를 함에 있어서는 「가족관계의 등록 등에 관한 법률」 제10조(등록기준지의 결정) 제1항[207]에 따른 후보자의 등록기준지를 관할하는 구청장·시장(구가 설치되지 아니한 시의 시장을 말한다)·읍장·면장과 해당 선거구를 관할하는 검찰청의 장에게 조회하되, 법 제49조(후보자등록 등) 제10항 후단에 따라 전과기록을 조회하는 때에 함께 할 수 있다(규칙§20③).

---

206) 2011. 9. 8. 선고 2011다34521 판결

207) 「가족관계의 등록 등에 관한 법률」 제10조(등록기준지의 결정) ① 출생 또는 그 밖의 사유로 처음으로 등록을 하는 경우에는 등록기준지를 정하여 신고하여야 한다.

후보자들의 피선거권에 관한 조사를 함에 있어 후보자들의 본적지를 관할하는 구·시·읍·면의 장에게 금치산선고 여부와 함께 수형사실까지 조회하여 보았더라면 피선거권이 없는 사실을 통보받을 수 있었을 것인데도, 서울지방검찰청 검사장에게는 수형사실만을, 본적지를 관할하는 마산면장에게는 금치산선고 여부만을 조회함으로써 서울지방검찰청 검사장으로부터 해당인의 피선거권 결격사유에 해당하는 전과가 없다는 잘못된 통보를 받자 이를 그대로 믿고 해당자의 후보자등록을 유효한 것으로 보아 동인의 후보등록을 무효화하는 조치를 취하지 아니한 경우는 해당자의 피선거권 조사와 관련하여 선거사무 관리·집행상의 잘못이 있는 때에 해당한다.[208]

마. 후보자등록신청의 수리

관할선거구선거관리위원회는 후보자등록신청이 있는 때에는 즉시 이를 수리하여야 하되, 등록신청서·정당의 추천서와 본인승낙서·선거권자의 추천장·기탁금 및 법 제49조(후보자등록 등) 제4항 제2호 내지 제5호의 규정에 의한 서류를 갖추지 아니하거나 제47조(정당의 후보자추천) 제3항에 따른 여성후보자 추천의 비율과 순위를 위반한 등록신청은 이를 수리할 수 없다. 다만, 후보자의 피선거권에 관한 증명서류가 첨부되지 아니한 경우에는 이를 수리하되, 당해 선거구선거관리위원회가 그 사항을 조사하여야 하며, 그 조사를 의뢰받은 기관 또는 단체는 지체 없이 그 사실을 확인하여 당해 선거구선거관리위원회에 회보하여야 한다(법 §49⑧).

후보자등록신청이 수리되어 등록이 되면 그때부터 후보자의 신분을 취득하고, 신분보장을 받는다(법§11).

정당추천 후보자등록의 경우 관할선거관리위원회가 심사할 수 있는 근거규정이 따로 마련되어 있지 아니한 이상, 실질적인 추천의 당부에 관한 심사자체가 허용되지 아니한다.[209] 따라서 후보자등록신청을 접수한 때에는 법 제49조(후보자등록 등) 제1항 내지 제4항의 규정에 의한 등록신청서류가 그 형식적 요건을 구비하였는지 여부를 판단하여 이를 수리하여야 한다.[210] 후보자등록신청을 접수하여 이를 심사하는 과정에서 후보자의 등록신청서·추천서 또는 추천장·기탁금 등 법정사항의 불비가 발견된 때에는 등록마감일의 마감시각까지에 한하여 보완할 수 있으며, 이 시각까지 보완되지 아니하면 수리할 수 없다.[211] 공천효력정지가처분에 대한 인용결정이 있는 경우 공천의 효력은 본안 소송인 공천무효확인의 소 확정시까지 정지된 것으로 보아야 하므로 후보자등록신청마감시각까지 공천무효확인의 소가 확정되

208) 1996. 11. 22. 선고 96수59 판결
209) 2000. 10. 13. 선고 2000수87 판결
210) 2002. 6. 7. 중앙선관위 질의회답
211) 1992. 3. 6. 중앙선관위 질의회답

지 아니하는 때에는 그 후보자등록신청은 접수·수리할 수 없다.[212)]

후보자등록신청서의 기재중 직업란과 생년월일란이 전도되어 있고 생년월일란에 만 몇세의 기재가 누락되어 있는 경우에는 위 결함은 경미한 것으로 즉석에서 신청인으로 하여금 보완시켜 수리할 수도 있고 또 수리 후 추완케 하는 것이 법률취지에 합당하다 할 것이므로 위와 같은 결함을 이유로 하여 신청서를 반환하고 입후보자로 등록시키지 않았음은 위법하다.[213)] 후보자등록신청서류심사조서는 중앙선거관리위원회의 공직선거에 관한 사무처리예규(2004. 3. 12. 개정, 중앙선거관리위원회 예규 제26호)로서 그 형식과 내용에 비추어 선거구선거관리위원회 내부의 사무처리준칙에 불과하여 국민이나 법원을 구속하는 효력이 있는 공직선거법 소정의 선거에 관한 규정에 해당한다고 볼 수 없으므로 선거구선거관리위원회 직원들이 후보자정보공개자료등제출서의 기재사항과 증명서류와의 일치 여부를 제대로 심사하지 아니하여 당선인의 체납사실의 누락을 밝혀내지 못하였다거나 그 적정 여부를 위 심사조서에 기재하지 아니하는 등으로 위 심사조서의 심사사항을 위반하였다 하더라도 그러한 사유만으로 곧바로 선거구선거관리위원회가 선거에 관한 규정에 위반한 때에 해당한다고 할 수 없다.[214)]

개인용 및 공직선거 후보자용의 범죄경력조회 회보서의 발급업무를 담당하는 자가 서울지방경찰청장의 '입후보예정자의 범죄경력회보에 관한 업무지시'를 통해 공직선거 후보자용 범죄경력조회서에는 금고 이상의 형은 실효되었더라도 범죄경력조회자료란에 기재하여야 한다는 것을 알고 있음에도, 비례대표 후보예정자가 범죄경력조회를 신청하면서 신청서에 '공직후보자용'이라고 기재하였고 내부 전산망을 통해 비례대표 후보예정자에 대한 범죄경력자료를 조회하여 그가 공직선거 및 선거부정방지법위반죄로 실형을 선고받는 등 실효된 4건의 금고형 이상의 전과가 있음을 확인하고도 그의 공직선거 후보자용 범죄경력조회 회보서에 이를 기재하지 않은 경우, 이는 약간의 주의만 하였더라도 쉽게 위법한 결과를 피할 수 있음에도 거의 고의에 가까운 현저한 주의를 결여한 것으로 평가함이 상당하므로, 범죄경력조회 회보서의 발급업무를 담당하는 자에게 중대한 과실이 있어 그로인한 손해를 배상할 책임이 있다.[215)]

바. 후보자등록 신청서류의 공개

누구든지 선거기간 중 관할선거구선거관리위원회가 법 제49조(후보자등록 등) 제10항의 규정에 의하여 회보받은 전과기록을 열람할 수 있고(법§49⑪), 열람은 당해 선거구선거관리위

212) 2000. 3. 28. 중앙선관위 질의회답
213) 1958. 8. 14. 선고 289지선6 판결
214) 2005. 6. 9. 선고 2004수54 판결
215) 2011. 9. 8. 선고 2011다34521 판결

원회가 위원회 사무소 등 장소를 지정하여 열람하게 할 수 있다(규칙§20⑤). 전과기록의 열람 또는 공개는 후보자등록을 신청하는 자가 제출하는 서류에 의하되, 법 제49조(후보자등록 등) 제10항 후단에 따라 조회한 전과기록을 검찰청의 장으로부터 회보받은 경우에는 그에 의하여 수정된 사항을 열람하게 하거나 공개한다(규칙§20④). 관할선거구선거관리위원회는 법 제49조(후보자등록 등) 제4항 제2호부터 제7호까지와 제10항의 규정에 의하여 제출받거나 회보받은 서류를 선거구민이 알 수 있도록 공개하여야 한다. 다만, 선거일 후에는 이를 공개하여서는 아니 된다(법§49⑫). 후보자서류의 공개는 선거관리위원회의 인터넷 홈페이지에 게시하는 등 선거구민이 쉽게 알 수 있는 한다. 이 경우 제49조(후보자등록 등) 제4항 제3호·제5호·제6호 및 제7호의 서류의 공개는 「공직선거후보자의 병역사항신고 및 공개에 관한 규칙」에서 정한 서식[216]과 규칙에서 정한 서식[217]에 따른 신고서·제출서(첨부서류는 제외)를 공개하는 것으로 갈음할 수 있다(규칙§20⑥).

법 제49조(후보자등록 등) 제12항 소정의 후보자정보공개제도는 선거에 참여하는 정당·후보자 등의 공정경쟁의무에 터잡아 후보자의 직업, 학력, 경력등은 물론 재산상황, 병역사항, 최근 5년간 소득세·재산세·종합토지세 납부 및 체납실적, 전과기록 등에 관한 정보를 선거권자에게 공개함으로써 국민의 알권리와 국민의 선거권행사를 보장함에 입법취지가 있다.[218]

사. 후보자추천의 취소와 변경의 금지

정당은 후보자등록 후에는 등록된 후보자에 대한 추천을 취소 또는 변경할 수 없으며, 비례대표국회의원후보자명부(비례대표지방의회의원후보자명부를 포함한다)에 후보자를 추가하거나 그 순위를 변경할 수 없다. 다만, 후보자등록기간 중 정당추천후보자가 사퇴·사망하거나, 소속정당의 제명이나 중앙당의 시·도당창당승인취소 외의 사유로 인하여 등록이 무효로 된 때에는 예외로 하되, 비례대표국회의원후보자명부에 후보자를 추가할 경우에는 그 순위는 이미 등록된 자의 다음으로 한다(법§50①). 선거권자는 후보자에 대한 추천을 취소 또는 변경할 수 없다(법§50②).

등록을 마친 후보자가 사퇴한 후 다시 동일 정당의 추천을 받아 등록신청을 하여 왔을 때에는 이를 접수하여야 한다.[219] 국회의원등록서류를 당해 선거관리위원회가 접수한 연후에는 피선거권에 관한 서류의 보완요청중이라도 그 추천을 취소할 수 없다.[220]

216) 「공직선거후보자의 병역사항 신고 및 공개에 관한 규칙」 별지 제1호 서식 공직선거후보자병역사항신고서
217) 규칙 별지 제12호 서식의 (카) 전과기록증명에 관한 제출서, (타) 정규학력증명에 관한 제출서, (파) 공직선거 후보자등록 경력 신고서
218) 2005. 6. 9. 선고 2004수54 판결
219) 1968. 8. 31. 중앙선관위 질의회답

아. 대통령선거에 있어서의 예외적인 추가등록

대통령선거에 있어서 정당추천후보자가 후보자등록기간중 또는 후보자등록기간이 지난 후 사망한 때에는 후보자등록마감일후 5일까지 제47조(정당의 후보자추천) 및 제49조(후보자등록 등)의 규정에 의하여 후보자등록을 신청할 수 있다(법§51).

자. 후보자등록의 무효

(1) 등록무효사유

후보자등록 후에 다음 각 호의 어느 하나에 해당하는 사유가 있는 때에는 그 후보자의 등록은 무효로 한다(법§52①).

1. 후보자의 피선거권이 없는 것이 발견된 때
2. 제47조(정당의 후보자추천) 제1항 본문의 규정에 위반하여 선거구별로 선거할 정수범위를 넘어 추천하거나, 같은 조 제3항에 따른 여성후보자추천의 비율과 순위를 위반하거나, 제48조(선거권자의 후보자추천) 제2항의 규정에 의한 추천인수에 미달한 것이 발견된 때
3. 제49조(후보자등록 등) 제4항 제2호부터 제5호까지의 규정에 따른 서류를 제출하지 아니한 것이 발견된 때
4. 제49조(후보자등록 등) 제6항의 규정에 위반하여 등록된 것이 발견된 때
5. 제53조(공무원 등의 입후보) 제1항부터 제3항까지 또는 제5항을 위반하여 등록된 것이 발견된 때
6. 정당추천후보자가 당적을 이탈·변경하거나 2 이상의 당적을 가지고 있는 때(후보자등록신청시에 2 이상의 당적을 가진 경우를 포함한다), 소속 정당의 해산이나 그 등록의 취소 또는 중앙당의 시·도당창당승인 취소가 있는 때
7. 무소속후보자가 정당의 당원이 된 때
8. 제57조의2(당내경선의 실시) 제2항 또는 제266조(선거범죄로 인한 공무담임 등의 제한) 제2항·제3항을 위반하여 등록된 것이 발견된 때
9. 정당이 그 소속 당원이 아닌 사람이나 「정당법」 제22조(발기인 및 당원의 자격)에 따라 당원이 될 수 없는 사람을 추천한 것이 발견된 때
10. 다른 법률에 따라 공무담임이 제한되는 사람이나 후보자가 될 수 없는 사람에 해당하는 것이 발견된 때
11. 정당 또는 후보자가 정당한 사유 없이 제65조(선거공보) 제9항을 위반하여 후보자정보

---

220) 1971. 5. 6. 중앙선관위 질의회답

공개자료를 제출하지 아니한 것이 발견된 때

① '후보자의 피선거권이 없는 것이 발견된 때'에는 법 제19조(피선거권이 없는 자)에 따른 피선거권이 없는 자뿐만 아니라, 후보자가 사망한 경우도 포함한다. '후보자의 피선거권이 없는 것이 발견된 때'를 법 제19조(피선거권이 없는 자)의 피선거권이 없는 자에 한정하고 있지 아니하기 때문이다.[221] '피선거권이 없는 것'의 판단기준시점은 '선거일'이다(법§19). 따라서 후보자등록 신청시에는 선거권이 없었으나 선거일에는 선거권이 회복될 것이 확실한 경우(예를 들어, 피선거권 상실기간이 후보자등록 신청시에는 도과하지 않았으나 선거일에는 도과하는 것이 역수상 명백한 경우)에는 그 등록을 거부할 수 없다.

② 법 제47조(정당의 후보자추천) 제5항(지방의회의원선거에의 여성후보자 추천)을 위반하여 등록된 것이 발견된 때에는 그 정당이 추천한 해당 국회의원지역구의 지역구시·도의원후보자 및 지역구자치구·시·군의원후보자의 등록은 모두 무효로 한다. 다만, 제47조(정당의 후보자추천) 제5항에 따라 여성후보자를 추천하여야 하는 지역에서 해당 정당이 추천한 지역구시·도의원후보자의 수와 지역구자치구·시·군의원후보자의 수를 합한 수가 그 지역구시·도의원 정수와 지역구자치구·시·군의원 정수를 합한 수의 100분의 50에 해당하는 수(1미만의 단수는 1로 본다)에 미달하는 경우와 그 여성후보자의 등록이 무효로 된 경우에는 그러하지 아니하다(법§52②). '법 제47조(정당의 후보자추천) 제5항을 위반하여 등록된 것이 발견된 때'란 정당이 법 제47조(정당의 후보자추천) 제5항에 규정된 여성후보자 추천의무를 다하지 않은 경우를 의미한다. 다만, 정당이 이러한 규정의 문언을 악용하여 위 규정에 따라 여성후보자를 추천하였다고 하면서도 그것이 위 규정의 취지를 몰각시킬 정도로 극히 형식적인 것에 불과한 경우에는 여성후보자를 추천하지 아니한 것과 마찬가지로 보는 것이 타당하므로, 그와 같은 경우에는 법 제47조(정당의 후보자추천) 제5항의 추천이 있었다고 볼 수 없고, 그 정당이 추천한 해당 국회의원지역구의 지역구시·도의원후보자 및 지역구자치구·시·군의원후보자 등록은 모두 무효로 된다고 보아야 한다.[222] 정당이 적법하게 여성을 후보자로 추천하였으나, 그 추천을 받은 여성이 후보자로 등록하지 아니한 경우에는 등록무효사유에 해당하지 않는다.[223] 여성후보자가 선거운동기간 중 사퇴한 경우에도 마찬가지다.[224]

---

221) 부산고등법원 2006. 10. 20. 선고 2006수17 판결

222) 2011. 7. 14. 선고 2011우19 판결(갑 정당이 법 제47조(정당의 후보자추천) 제5항에 따라 여성인 을을 금천구의회의원선거에 후보자로 추천하였으나 을이 후보자등록을 하지 않는 바람에 금천구국회의원지역구 내에 갑 정당 추천으로 등록된 여성후보자가 없는 상태에서 지방의회의원선거가 실시된 결과, 갑 정당에서 추천한 병 등이 당선인으로 결정되자 정 등이 당선무효확인소송을 제기한 사안에서, 법 제52조(등록무효) 제2항 본문은 정당에서 추천받은 여성후보자가 스스로 등록을 하지 아니한 경우까지 포함한다고 볼 수 없다는 이유로 갑 정당이 추천한 위 후보자등록을 무효라고 할 수 없다고 본 사례)

223) 2010. 5. 4. 중앙선관위 의결

224) 2010. 3. 18. 중앙선관위 질의회답

③ 법 제52조(등록무효) 제1항 제3호, 제49조(후보자등록 등) 제4항 제2호에서 정한 '「공직자윤리법」 제10조의2(공직선거후보자 등의 재산공개) 제1항의 규정에 의한 등록대상재산에 관한 신고서를 제출하지 아니한 것'이라 함은 그 신고서 자체를 제출하지 아니한 경우는 물론, 형식상으로는 그 신고서를 제출하였더라도 등록대상재산을 등록하지 아니한 정도가 중대하여 국민에 대한 봉사자로서의 공직자 윤리의 확립과 선거권자의 알권리 및 선거권행사의 보장을 본질적으로 침해하는 것으로 볼 수 있어 실질적으로 신고서를 제출하였다고 볼 수 없는 경우까지를 포함하는 것으로 봄이 상당하고, 후보자가 등록대상재산을 등록하지 아니한 것이 법 제49조(후보자등록 등) 제4항 제2호 및 「공직자윤리법」 제10조의2(공직선거후보자 등의 재산공개) 제1항의 규정에 의한 등록대상재산 신고서를 제출하지 아니한 것에 해당하는지 여부는 등록대상재산의 내용과 종류 및 성질, 등록대상재산을 등록하지 아니한 경위와 방법, 등록하지 않은 재산의 범위와 규모 등을 종합하여 개별적으로 판단하여야 한다.[225] 등록대상재산신고서를 제출하였다면 재산등록신고사항 중 일부를 신고의 기준일과 다르게 신고하였다고 하여 후보자의 등록이 무효로 되는 것은 아니다.[226]

후보자등록 신청시 필요적으로 제출하여야 하는 서류 중 '피선거권에 관한 증명서류'와 '학력에 관한 증명서류'는 이를 제출하지 않더라도 등록무효사유가 아니다.

④ 후보자등록 후에 소속 정당으로부터 제명됨으로써 당적을 이탈한 경우에는 그 등록은 무효로 된다.[227] 정당추천후보자에 대한 등록 후 정당의 제명결정에 따른 등록무효의 경우 관할 선거관리위원회로서는 추천정당의 후보자에 대한 당적 이탈에 관한 제명통보서류의 제출여부와 그 제출서류의 형식적 사항의 구비여부를 심사한 결과 추천정당으로부터 제명되었음을 인정된 이상 이를 이유로 후보자등록을 무효로 처리할 수밖에 없다.[228]

⑤ 무소속 후보자가 '정당의 당원이 된 때'란 입당의 효력이 발생한 때를 말한다. 정당의 당원이 되고자 하는 자는 시·도당 또는 그 창당준비위원회에 입당신청을 하여야 하고(정당법§23①), 시·도당 또는 그 창당준비위원회는 당원자격 심사기관의 심의를 거쳐 입당허가 여부를 결정하여 당원명부에 등재하는데, 이 경우 입당의 효력은 입당신청인이 당원명부에 등재된 때에 발생한다(정당법§23②). 입당신청인은 시·도당 또는 그 창당준비위원회가 입당원서의 접수를 거부하거나 또는 정당한 사유 없이 입당심의를 지연하거나 입당을 허가하지 아니하는 경우에는 중앙당 또는 그 창당준비위원회에 입당원서를 제출할 수 있으며, 중앙당 또는 그 창당준비위원회는 입당허가 여부를 심사하여 입당을 허가함이 상당하다고 인정하는 때에는 해당 시·도당 또는 그 창당준비위원회에 입당신청인을 당원명부에 등재하도록 명하

225) 2005. 2. 18. 선고 2004수78 판결, 2005. 3. 24. 선고 2004수47 판결
226) 2000. 4. 10. 중앙선관위 질의회답
227) 1968. 5. 23. 선고 67수2 전원합의체 판결
228) 2006. 11. 29. 선고 2006수2 판결

여야 한다. 이 경우 입당의 효력은 입당원서가 중앙당 또는 그 창당준비위원회에 접수한 때에 발생한다(정당법§23③).

⑥ 법 제57조의2(당내경선의 실시) 제2항에서 정당이 당내경선을 실시하는 경우 원칙적으로 경선후보자로서 당해 정당의 후보자로 선출되지 아니한 자는 당해 선거의 같은 선거구에 후보자로 등록할 수 없다고 규정한 취지는, 정당에 당내경선의 실시 여부에 관한 자율성을 부여하는 한편 당내경선을 실시한 경우에는 경선에서 선출된 자를 후보자로 추천하도록 하고 후보자로 선출되지 아니한 경선후보자의 후보자등록을 제한함으로써 당내경선의 결과를 보호하고 나아가 정당의 공직선거후보자 추천이 민주적 절차와 방식에 이루어지도록 하려는데 있다. 정당이 당헌·당규에 따라 당내경선을 실시하고 후보자를 선정하였다면, 정당이 민주적 절차에 의하여 공직선거후보자를 추천하여야 한다고 규정한 법 제47조(정당의 후보자추천) 제2항의 입법취지를 형해화하고 일반적인 선거원칙의 본질을 침해할 정도로 후보자선정이 객관적으로 합리성과 타당성을 현저히 잃은 것으로 평가할 수 있는 등의 특별한 사정이 없는 이상 후보자선정과 이에 따른 후보자등록을 무효라고 볼 수 없다.[229)]

⑦ 후보자가 같은 선거의 다른 선거구나 다른 선거의 후보자로 등록된 때에는 그 등록은 모두 무효로 한다(§52③). 후보자가 같은 선거의 다른 선거구나 다른 선거의 후보자로 등록된 때 및 예비후보자가 같은 선거의 다른 선거구나 다른 선거의 예비후보자로 등록된 때에는 그 등록을 모두 무효로 처리하여야 할 것인바, 비례대표국회의원후보자가 지역구국회의원선거의 예비후보자로 등록된 때에는 등록무효사유에 해당되지 아니할 것이나, 후보자로 등록된 때에는 그 등록이 모두 무효로 된다.[230)]

위와 같이 법 제52조(등록무효) 제1항 내지 제3항은 후보자등록 무효 사유를 한정적으로 열거하고 있으므로, 관할선거구선거관리위원회로서는 위 조항에 열거되지 않은 사유를 이유로 후보자등록을 무효로 할 수 없다.[231)]

(2) 후보자등록무효의 기준시점

후보자등록무효사유가 발견되거나 그 사유가 발생하는 때의 기준시점은 '후보자등록 후부터 당선인결정 전까지'이다. 당선인이 결정되면 등록무효사유는 당선무효사유가 되기 때문이다. 다만, 정당의 당원인 자가 무소속후보자로 등록하거나, 정당추천후보자가 당적을 이탈·변경하거나 2 이상의 당적을 가지고 있는 때에는 '후보자등록신청기간부터 당선인결정 전까지'이다(법§49⑥). 선거구선거관리위원회가 등록신청서류를 수리하여 등록하고 공고한

229) 2015. 2. 12. 선고 2014수39 판결
230) 2005. 1. 17. 중앙선관위 의결
231) 2021. 12. 30. 선고 2020수5011 판결

후에 법규가 정한 경우를 제외하고는 그 등록을 취소 또는 무효로 할 수 없다고 해석할 것이니 명문으로 등록무효사유로 규정되지 아니한 사유가 원인이 되어 그 등록마감 기일이 경과한 뒤 그 등록이 취소 또는 무효로 처리된다면 그 후보자는 그 선거에서 등록을 보완할 기회를 일실하게 되어 회복할 수 없는 피해를 입게 되므로 보완불능이 명백한 때와 같은 특단의 사정이 있는 경우에 한하여 예외적으로 취소할 수 있다.[232)]

(3) 등록무효사유 통지

후보자의 등록이 무효로 된 때에는 관할선거구선거관리위원회는 지체 없이 그 후보자와 그를 추천한 정당에 등록무효의 사유를 명시하여 이를 통지하여야 한다(법§52④).

차. 후보자사퇴의 신고

후보자가 사퇴하고자 하는 때에는 자신이 직접 당해 선거구선거관리위원회에 가서 서면으로 신고하되, 정당추천후보자가 사퇴하는 때에는 추천정당의 사퇴승인서를 첨부하여야 한다(법§54). 본조는 입후보자 자신의 자유의사에 의한 사퇴임을 명백히 함과 동시에 선거과정에 있어서의 분규를 미리 방지하자는데 그 입법취지가 있다. 따라서 후보자가 입후보사퇴신고를 함에 있어 선거관리위원회에 가지 아니한 경우에는 선거관리위원회가 전화로 그 자유의사에 의한 것임을 확인하였다고 하여도 그 사퇴신고는 무효이고, 추천정당이란 중앙당을 의미한다.[233)] 후보자사퇴의 신고와 정당의 사퇴승인은 규칙이 정하는 서식[234)]에 의한다(규칙§23).

카. 후보자등록 등에 관한 공고

후보자가 등록·사퇴·사망하거나 등록이 무효로 된 때에는 당해 선거구선거관리위원회는 지체 없이 이를 공고하고, 상급선거관리위원회에 보고하여야 하며, 하급선거관리위원회에 통지하여야 한다(법§55). 후보자가 등록·사퇴·사망하거나 등록이 무효로 된 때의 공고는 선거구선거관리위원회의 게시판에 첩부하는 것으로 한다(규칙§23의2①). 지역구선거관리위원회

---

232) 2000. 5. 12. 선고 99우24 판결(정당추천 후보자가등록마감 시간 내에 등록에 필요한 서류를 모두 갖추어 제출하면서 그 서류 중의 하나인 정당추천서의 제출에 있어서는 그 정당추천서의 모사전송 사본을 제출하자 관할선거관리위원회가 그 추천서의 원본이 이미 적법하게 작성되어 있음을 확인한 후 그 날 오후 7시까지 원본을 제출하도록 지시하고서 그 등록이 유효한 것으로 의결하여 수리하였고 지정시간 내에 그 하자가 보완되자 그 다음날 후보자등록을 공고하였으며 그를 기초로 선거가 실시된 결과 위 후보자가 당선인으로 결정된 경우는 법정무효사유에 해당하지 아니하는 흠으로서 후보자 등록공고 전에 이미 보완된 등록절차상의 사유를 들어 그 선거의 결과에 영향을 미치었다고 볼 수 없다고 한 사례)

233) 1965. 2. 18. 선고 63수16 전원합의체 판결

234) 규칙 별지 제14호의4 서식 (예비후보자)·(후보자)·(당선인)사퇴신고서

가 그 결의 없이 상급 선거관리위원회의 지시에 따라 잘못된 입후보사퇴신고를 취소하는 공고를 하여도 위법은 아니다.[235] 법 제55조(후보자등록 등에 관한 공고)의 규정 중 '지체 없이' 라 함은 법 제52조(등록무효) 제1항 각 호 소정의 등록무효사유를 발견하고 이를 가능한 한 빨리 필요한 확인 등의 절차를 마친 후 즉시라는 뜻인 바, 일률적으로 그 시간적인 한계를 그을 수는 없고 구체적인 등록무효사유의 성격 · 내용과 정도, 객관적으로 발견가능한 시기, 선거관리위원회의 조사방법과 권한, 해당 후보자에 대한 소명기회를 제공하여야 할 필요성의 정도와 타당한 기간 등을 종합하여 개별적으로 판단할 수밖에 없다.[236] 국회의원입후보등록공고 가처분신청은 허용되지 아니한다.[237]

7. 기탁금

가. 의의

기탁금은 국회의원선거 등 선거에 후보자로 등록신청을 한 사람 또는 예비후보자로 등록신청을 한 사람이 관할선거구선거관리위원회에 납부하여야 하는 금전이다. 기탁금제도는 무분별한 후보난립을 방지하기 위한 제재금의 예납의 의미와 함께 법 위반행위에 대한 과태료 및 불법시설물 등에 대한 대집행비용과 부분적으로 선거벽보 및 선거공보의 작성비용에 대한 예납의 의미도 아울러 가지고 있다. 그 기탁금액이 지나치게 많지 않는 한 이를 위헌이라고 할 수 없다.[238] 기탁금의 액수는 불성실한 입후보를 차단하는데 필요한 최소한으로 정하여야지, 진지한 자세로 입후보하려는 국민의 피선거권을 제한하는 정도여서는 아니 된다.[239] 헌법재판소는 대통령선거의 기탁금 5억원[240]에 대하여는 헌법불합치를, 국회의원선거의 기탁금 2천만원[241]에 대하여는 위헌이라고 판시하였다.

---

235) 1965. 2. 18. 선고 63수16 전원합의체 판결

236) 2001. 3. 9. 선고 2000수124 판결

237) 1963. 11. 23. 선고 63주1 판결

238) 1995. 5. 25. 선고 92헌마269 · 299 · 305(병합) 전원재판부 결정, 1996. 8. 29. 선고 95헌마108 전원재판부 결정, 2016. 12. 29. 선고 2015헌마509 · 1160(병합) 결정

239) 2001. 7. 19. 선고 2000헌마91 · 112 · 134(병합) 전원재판부 결정, 2003. 8. 21. 선고 2001헌마687 · 691(병합) 전원재판부 결정

240) 2008. 11. 27. 선고 2007헌마1024 결정(기탁금 5억원은 개인에게 현저하게 과다한 부담을 초래하며, 이는 고액 재산의 다과에 의하여 공무담임권 행사기회를 비합리적으로 차별한다.)

241) 2001. 7. 19. 선고 2000헌마91 · 112 · 134(병합) 전원재판부 결정(국회의원 후보자의 기탁금 2천만원은 평균적인 일반국민의 경제력으로는 피선거권 행사를 위하여 손쉽게 조달할 수 있는 금액이라고 할 수 없으며, 이와 같은 과도한 기탁금은 기탁금을 마련할 자력이 없으면 아무리 훌륭한 자질을 지니고 있다 할지라도 국회의원 입후보를 사실상 봉쇄당하게 하며, 그로 말미암아 서민층과 젊은 세대를 대표할 자가 국민의 대표기관인 국회에 진출하지 못하게 하는 반면, 재력이 풍부하여 그 정도의 돈을 쉽게 조달·활용할 수 있는 사람들에게는 아무런 입후보 난립방지의 효과를 갖지 못하여 결국 후보자의 난립방지라는 목적으로 공평하고

나. 기탁금의 액수와 납부방법

후보자등록을 신청하는 자는 등록신청 시에 후보자 1명마다 다음 각 호의 기탁금을 규칙으로 정하는 바에 따라 관할선거구선거관리위원회에 납부하여야 한다. 이 경우 예비후보자가 해당 선거의 같은 선거구에 후보자등록을 신청하는 때에는 법 제60조의2(예비후보자등록) 제2항에 따라 납부한 기탁금을 제외한 나머지 금액을 납부하여야 한다(법§56①).

1. 대통령선거는 3억원[242]

2. 지역구국회의원선거는 1천500만원[243]

2의2. 비례대표국회의원선거는 500만원[244]

3. 시·도의원선거는 300만원[245]

4. 시·도지사선거는 5천만원[246]

적절히 달성하지도 못하면서, 진실된 입후보의 의사를 가진 많은 국민들로 하여금 입후보 등록을 포기하지 않을 수 없게 하고 있으므로 이들의 평등권과 피선거권, 이들을 뽑으려는 유권자들의 선택의 자유를 침해한다.) ; 이후 2001. 10. 8. 법률 제6518호로 공직선거법이 개정되어 기탁금이 1,500만원으로 하향조정되었다.

242) 헌법재판소는 대통령선거의 기탁금 3억원은 헌법에 합치한다고 결정하였다(1995. 5. 25. 선고 92헌마269·299·305(병합) 전원재판부 결정).

243) 헌법재판소는 지역구국회의원선거의 기탁금 1,500만원은 과다한 금액이 아니라고 하였다(2003. 8. 21. 선고 2001헌마687·691(병합) 전원재판부 결정).

244) 헌법재판소는, 비례대표국회의원 후보자 1인당 1,500만원의 기탁금을 납부하도록 한 구 공직선거법(2010. 1. 25. 법률 제9974호로 개정된 것) 제56조(기탁금) 제1항 제2호 중 '비례대표국회의원선거'에 관한 부분에 대하여, '정당에 대한 선거로서의 성격을 가지는 비례대표국회의원선거는 인물에 대한 선거로서의 성격을 가지는 지역구국회의원선거와 근본적으로 성격이 다르고, 공직선거법상 허용된 선거운동을 통하여 선거의 혼탁이나 과열을 초래할 여지가 지역구국회의원선거보다 훨씬 적다고 볼 수 있다. 또한 비례대표국회의원선거에서 실제 정당에게 부과된 전체 과태료 및 행정대집행비용의 액수는 후보자 1명에 대한 기탁금액인 1,500만원에도 현저히 미치지 못하는데, 후보자 수에 비례하여 기탁금을 증액하는 것은 지나치게 과다한 기탁금을 요구하는 것이다. 나아가 이러한 고액의 기탁금은 거대정당에게 일방적으로 유리하고, 다양해진 국민의 목소리를 제대로 대표하지 못하여 사표를 양산하는 다수대표제의 단점을 보완하기 위하여 도입된 비례대표제의 취지에도 반하는 것이다. 따라서 비례대표 기탁금 조항은 침해의 최소성원칙에 위반되며, 위 조항을 통해 달성하고자 하는 공익보다 제한되는 정당활동의 자유 등의 불이익이 크므로 법인의 균형성 원칙에도 위반된다. 그러므로 비례대표 기탁금 조항은 과잉금지원칙을 위반하여 정당활동의 자유 등을 침해한다.'고 하면서 헌법불합치결정을 하고, '위 법률조항은 입법자가 2018. 6. 30.까지 개정하지 아니하면 2018. 7. 1.부터 그 효력을 상실한다.'고 판시하였다(2016. 12. 29. 선고 2015헌마509·1160(병합) 결정).
이후 비례대표국회의원 후보자 1인당 1,500만원의 기탁금을 납부하는 조항은 실효되었다가, 2020. 3. 25. 법률 제17127호로 공직선거법이 개정되어 비례대표국회의원선거의 기탁금이 500만원으로 하향 조정되었다.

245) 헌법재판소는 구 「지방의회의원선거법」 제36조 제1항 중 시·도의회의원 후보자는 700만원의 기탁금을 납부하여야 한다는 부분은 그 액수가 과다하여 헌법에 합치하지 않는다고 결정하였다(1991. 3. 11. 선고 91헌마21 전원재판부 결정).

246) 1996. 8. 29. 선고 95헌마108 전원재판부 결정(5,000만원의 기탁금에 대하여 : 시·도지사선거의 경우 선거구의 규모 및 이에 따른 비용의 면에 있어서 국회의원선거나 다른 지방선거와의 차이가 크고, 성공적인 지방자치제도의 정착을 위하여는 민선 시·도지사의 역할이 매우 중대하며, 이에 따라 후보난립방지의 필요성도 절실하다는 점 등을 고려할 때, 그 기탁금을 다른 선거들에 비하여 많게 규정하고 있다고 하더라도 그것

5. 자치구·시·군의 장선거는 1천만원[247]

6. 자치구·시·군의원선거는 200만원[248]

청년과 장애인의 정치참여를 활성화하기 위하여 후보자등록을 하려는 사람이 장애인이거나 선거일 현재 29세 이하인 경우에는 위 각 호에 정해진 기탁금의 50%만 납부하고, 30세 이상 39세 이하인 경우에는 위 각 호에 정해진 기탁금을 70%만 납부한다(법§56①). 그러나 장애인 또는 39세 이하의 사람이 납부하는 기탁금의 감액비율은 중복하여 적용하지 아니한다(법§56④).[249] 후보자등록을 신청하려는 사람이 「장애인복지법」 제32조(장애인 등록)에 따라 등록된 장애인으로서 법 제56조(기탁금) 제1항에 따른 기탁금을 납부하려는 때에는 「장애인복지법」 및 「장애인복지법 시행규칙」에 따른 장애인등록증의 사본이나 장애인증명서 그 밖에 관공서가 발행한 것으로 장애인임을 증명할 수 있는 서류(이하 "장애인증명서"라 한다)를 제출하여야 한다. 다만, 예비후보자가 같은 선거구에 후보자등록을 신청하는 때에는 그 제출을 생략할 수 있다(규칙§24③).

기탁금의 납부는 선거구선거관리위원회가 기탁금의 예치를 위하여 개설한 금융기관(우체국을 포함한다)[250]의 예금계좌에 후보자등록 또는 예비후보자등록을 신청하는 자의 명의로 계좌입금하고 해당 금융기관의 발행한 입급표를 제출하는 것으로 한다. 다만, 부득이한 사유가 있는 경우에는 현금(금융기관이 발행한 자기앞수표를 포함한다)으로 납부할 수 있다(규칙§24①). 관할선거구선거관리위원회가 기탁금을 현금으로 받은 때에는 영수증을 교부하고 금융기관에 즉시 예치하여야 한다(규칙§24②).

다. 기탁금의 효과

기탁금은 체납처분이나 강제집행의 대상이 되지 아니한다(법§56②). 법 제261조(과태료의 부과·징수)에 따른 과태료 및 제271조(불법시설물 등에 대한 조치 및 대집행)에 따른 불법시설물 등에 대한 대집행비용은 기탁금에서 부담한다(법§56③).

만으로 다른 선거의 기탁금에 비하여 합리적인 이유 없이 지나치게 많은 것이라고는 할 수 없다.) ; 2019. 9. 26. 선고 2018헌마128·577·585(병합) 결정도 같은 취지

247) 헌법재판소는 자치구·시·군의 장선거시 1천만원의 기탁금은 통상적인 평균임금을 수령하는 도시근로자가 임금을 3~4개월 정도 저축하면 모을 수 있는 정도라고 볼 때, 그리고 자치구·시·군의 장의 역할과 그에 따른 후보난립방지의 필요성을 고려할 때 과도한 것이라고 할 수 없다고 하였다(2004. 3. 25. 선고 2002헌마383·396(병합) 전원재판부 결정).

248) 헌법재판소는 기초의회의원 후보자 기탁금 200만원은 과다하지 않다고 결정하였다(1995. 5. 25. 선고 91헌마44 전원재판부 결정).

249) 청년과 장애인의 정치참여를 활성화하기 위하여 2022. 4. 20. 법률 제18841호로 법 제56조(기탁금) 제1항을 개정하고, 같은 조 제4항을 신설하였다.

250) 새마을금고는 관할선거구선거관리위원회가 기탁금의 예치를 위하여 예금계좌를 개설할 수 있는 금융기관에 포함된다(2002. 6. 24. 중앙선관위 질의회답).

라. 기탁금의 반환

(1) 반환원칙

관할선거구선거관리위원회는 다음 각 호의 구분에 따른 금액을 선거일 후 30일 이내에 기탁자에게 반환한다. 이 경우 반환하지 아니하는 기탁금은 국가 또는 지방자치단체에 귀속한다(법§57①).

1. 대통령선거, 지역구국회의원선거, 지역구지방의회의원선거[251] 및 지방자치단체의 장선거[252]

가. 후보자가 당선되거나 사망한 경우와 유효투표총수의 100분의 15 이상(후보자가 「장애인복지법」 제32조(장애인 등록)에 따라 등록한 장애인이거나 선거일 현재 39세 이하인 경우에는 유효투표총수이 100분의 10 이상을 말한다)을 득표한 경우에는 기탁금 전액[253][254]

---

251) 헌법재판소는, 법 제57조(기탁금의 반환 등) 제1항 제1호 중 자치구·시·군의원선거와 관련하여, '중선거구제를 채택하고 있는 선거에서의 기탁금반환의 기준을 소선거구제를 채택하고 있는 다른 선거에 적용되는 기준보다 낮추는 방법을 상정할 수도 있으나, 우리의 정치문화와 선거풍토에서는 선거의 신뢰성과 공정성을 확보하고 이를 유지하는 것이 무엇보다 중요하고 시급한 과제로서, 기탁금의 반환기준을 낮출 경우 기초의회의원선거에 입후보하려는 자들이 늘어날 것임을 쉽게 예상할 수 있고, 이 경우 선거운동이 과열되고, 민주적 정당성이 약화되는 등의 문제가 발생할 가능성을 외면할 수 없다. 따라서 기탁금반환의 기준을 완화하여 반환해야 하는 금액을 확대하면 국민들의 경제적인 부담을 가중시키고, 정국의 불안정이나 정치에 대한 무관심으로 이어지는 등 부작용이 있을 수 있으므로, 중선거구제를 도입하였음에도 불구하고 종전과 마찬가지 수준의 기탁금반환기준을 유지함으로써 상대적으로 이러한 문제점을 완화시키려고 하였던 입법자의 판단을 두고 헌법에 위반된다고 단정하기는 어렵다.'고 판시하였다(2012. 3. 29. 선고 2010헌마673 결정, 2011. 6. 30. 선고 2010헌마542 결정).

252) 헌법재판소는, 법 제57조(기탁금의 반환 등) 제1항 제1호와 관련하여, "기탁금제도의 실효성을 확보하기 위해서는 기탁금 반환에 대하여 일정한 요건을 정하여야 하는데, 유권자의 의사가 반영된 유효투표총수를 기준으로 하는 것은 합리적인 방법이며, 유효투표총수의 100분의 10 또는 15 이상을 득표하도록 하는 것이 지나치게 높은 기준이라고 보기 어려우므로, 기탁금 반환조항은 청구인의 평등권을 침해하지 않는다."고 판시하였다(2021. 9. 30. 선고 2020헌마899 결정).

253) 헌법재판소는, 기탁금 반환의 기준을 유효투표총수의 100분의 20 이상으로 정하였던 구 공직선거 및 선거부정방지법(2001. 4. 27. 법률 제6388호로 개정되기 전의 것) 제57조(기탁금의 반환 등) 제1항에 대하여, '선거는 그 과정을 통하여 국민의 다양한 정치적 의사가 표출되는 장으로서 낙선한 후보자라고 하여 결과적으로 "난립후보"라고 보아 제재를 가하여서는 아니 되므로 기탁금 반환의 기준으로 득표율을 사용하고자 한다면 그 기준득표율은 유효투표총수의 미미한 수준에 머물러야 할 것인바, 공선법 제57조(기탁금의 반환 등) 제1항, 제2항은 지역구국회의원선거에 있어 후보자의 득표수가 유효투표총수를 후보자수로 나눈 수 이상이거나 유효투표총수의 100분의 20 이상인 때에 해당하지 않으면 기탁금을 반환하지 아니하고 국고에 귀속시키도록 하고 있는데, 이러한 기준은 과도하게 높아 진지한 입후보희망자의 입후보를 가로막고 있으며, 또한 일단 입후보한 자로서 진지하게 당선을 위한 노력을 다한 입후보자에게 선거결과에 따라 부당한 제재를 가하는 것이 되고, 특히 2, 3개의 거대정당이 존재하는 경우 군소정당이나 신생정당 후보자로서는 위 기준을 충족하기가 힘들게 될 것이므로 결국 이들의 정치참여 기회를 제약하는 효과를 낳게 된다 할 것이므로 위 조항은 국민의 피선거권을 침해하는 것이다.'라고 판시하였다(2001. 7. 19. 선고 2000헌마91·112·134(병합)

나. 후보자가 유효투표총수의 100분의 10 이상 100분의 15 미만(후보자가 「장애인복지법」 제32조(장애인 등록)에 따라 등록한 장애인이거나 선거일 현재 39세 이하인 경우에는 유효투표총수이 100분의 5 이상 100분의 10 미만을 말한다)[255]을 득표한 경우에는 기탁금의 100분의 50에 해당하는 금액[256]

다. 예비후보자가 사망하거나, 당헌·당규에 따라 소속 정당에 후보자로 추천하여 줄 것을 신청하였으나 해당 정당의 추천을 받지 못하여 후보자로 등록하지 않은 경우에는 제60조의2(예비후보자등록) 제2항에 따라 납부한 기탁금 전액[257][258][259]

2. 비례대표국회의원선거 및 비례대표지방의회의원선거

당해 후보자명부에 올라있는 후보자중 당선인이 있는 때에는 기탁금 전액. 다만, 제189조(비례대표국회의원의석의 배분과 당선인의 결정·공고·통지) 및 제190조의2(비례대표지방의회의

전원재판부 결정).

254) 헌법재판소는 지역구국회의원선거의 기탁금반환기준을 유효투표총수의 100분의 15 이상으로 정한 것이 현저히 불합리하거나 자의적인 기준이라고 보지 않았다(2003. 8. 21. 선고 2001헌마687·691(병합) 전원재판부 결정).

255) 청년과 장애인의 정치참여를 활성화하기 위하여 2022. 4. 20. 법률 제18841호로 법 제57조(기탁금의 반환 등) 제1항 제1호의 가., 나.목을 개정하였다.

256) 헌법재판소는 지역구지방의회의원선거에서 득표율 10% 내지 15%라는 기탁금 반환기준은 일반 국민의 경제력으로 피선권의 행사를 위하여 감내할 수 있는 정도라고 하였다(2011. 6. 30. 선고 2010헌마542 결정).

257) 헌법재판소는 '무소속 예비후보자는 후보자로 등록하는데 아무런 법률상 장애가 없으므로, 법률상 장애로 인하여 후보자로 등록하지 못하는 자에 대해서는 기탁금을 반환하는 한편, 법률상 장애가 없음에도 스스로 후보자등록을 하지 않은 자에 대해서는 기탁금을 반환하지 않도록 하는 것이 불합리한 차별이라고 보기 어렵다.'고 하였다(2010. 12. 28. 선고 2010헌마79 결정, 2013. 11. 28. 선고 2012헌마568 결정).

258) 헌법재판소는 '지역구국회의원선거 예비후보자의 기탁금 반환사유로 예비후보자가 당의 공천심사에서 탈락하고 후보자등록을 하지 않았을 경우를 규정하지 않는 것은 입법형성권의 범위를 벗어난 과도한 제한으로서 헌법에 합치되지 않는다.'고 하면서 2019. 6. 30.을 시한으로 개선입법을 하도록 하였다(2018. 1. 25. 선고 2015헌마541 결정). 이후 2020. 3. 25. 법률 제17127호로 현재와 같이 개정되었다.

259) 헌법재판소는, 지방자치단체의 장선거 예비후보자가 정당의 공천심사에서 탈락한 후 후보자등록을 하지 않은 경우를 기탁금 반환사유로 규정하지 않은 구 공직선거법(2010. 1. 25. 법률 제9974호로 개정되고, 2020. 3. 25. 법률 제17127호로 개정되기 전의 것) 제57조(기탁금의 반환 등) 제1항 중 제1호 다목의 '지방자치단체의 장선거'에 관한 부분과 관련하여, '지역구국회의원선거와 지방자치단체의 장선거는 헌법상 선거제도 규정 방식이나 선거대상의 지위와 성격, 기관의 직무 및 기능, 선거구 수 등에 있어 차이가 있을 뿐, 예비후보자의 무분별한 난립을 막고 책임성을 강화하며 그 성실성을 담보하고자 하는 기탁금제도의 취지 측면에서는 동일하므로, 헌법재판소의 2016헌마541 결정에서의 판단은 이 사건에서도 타당하고, 그 견해를 변경할 사정이 있다고 보기 어려우므로, 지방자치단체의 장선거에 있어 정당의 공천심사에서 탈락한 후 후보자등록을 하지 않은 경우를 기탁금 반환 사유로 규정하지 않은 심판대상조항은 과잉금지원칙에 반하여 헌법에 위반된다.'고 하면서 '심판대상조항에 대해 단순위헌결정을 하여 즉시 효력을 상실시킨다면, 개정법 시행 전의 지방자치단체의 장선거에 있어서는 예비후보자의 기탁금 납입조항(공직선거법 제60조의2(예비후보자등록) 제2항 후단)은 효력을 그대로 유지한 채 기탁금 반환의 근거규정만 사라지게 되어 법적 공백이 발생할 우려가 있다. 또한 2020. 3. 25. 법률 제17127호로 개정된 공직선거법 제57조(기탁금의 반환 등) 제1항 제1호 다목에서 정당의 공천심사에서 탈락한 후 후보자등록을 하지 않은 경우에도 기탁금을 반환받을 수 있도록 한 점과 제청신청인들의 구제 필요성 등을 고려할 때 심판대상조항에 대하여 단순위헌결정을 하는 대신 헌법불합치결정을 선고한다.'고 판시하였다(2020. 9. 24. 선고 2018헌가15,2019헌가5(병합) 결정).

원당선인의 결정·공고·통지)에 따른 당선인 결정 전에 사퇴하거나 등록이 무효로 된 후보자의 기탁금은 제외한다.

일정한 수준의 득표를 하지 못한 후보자의 기탁금을 국고에 귀속시키는 것은 기탁금제도의 본질적 요소이므로 기탁금제도의 정당성이 인정되는 이상 그 기탁금의 국고귀속규정도 정당성이 인정된다.[260] 기탁금반환의 기준은 입후보예정자가 기탁금을 반환받지 못하게 되는 부담에도 불구하고 선거에 입후보할 것인지의 여부를 진지하게 고려할 정도에 이르러야 하고, 지나치게 그 반환기준이 높아 진지하게 입후보를 고려하는 예정자가 입후보를 포기할 정도로 높아서는 안 될 헌법적 한계를 갖는다.[261] 그러나 기탁금은 선거의 결과 난립하는 후보자로 입증된 자에 대하여 경제적 제재를 가하는 수단적인 의미만이 있는 것이 아니라, 오히려 기탁금을 납부하도록 하고, 그 반환기준을 엄격히 한다는 것 자체로 후보자가 난립하는 것을 억제하며, 이를 통해 입후보자의 수를 적정한 범위로 제한하고자 하는 목적을 달성할 수 있으므로, 기탁금 반환기준이 엄격하면 할수록 이러한 목적달성에 기여하는 바가 더 크다고 할 수 있다.[262]

(2) 반환방법

기탁금의 반환은 법 제56조(기탁금) 제3항에 따라 기탁금에서 부담하는 비용을 공제한 금액을 기탁자의 금융기관 예금계좌에 무통장입금하고 공제명세서를 해당 기탁자에게 송부하는 것으로 한다. 다만, 부득이한 사유로 현금(금융기관이 발행한 자기앞수표를 포함한다)으로 반환하는 경우에는 영수증을 받아야 한다(규칙§25①).

(3) 비용납부 및 징수

법 제56조(기탁금) 제3항에 따라 기탁금에서 부담하여야 할 비용은 기탁금을 반환하는 때에 공제하되, 그 부담비용이 반환할 기탁금을 넘는 사람은 그 차액을, 기탁금 전액이 국가 또는 지방자치단체에 귀속되는 사람은 그 부담비용 전액을 해당 선거구선거관리위원회의 고지에 따라 그 고지를 받은 날로부터 10일 이내에 납부하여야 한다(법§57②). 관할선거구선거관리위원회는 납부기한까지 해당자가 그 금액을 납부하지 아니한 때에는 관할세무서장에게 징수를 위탁하고, 관할세무서장은 국세 체납처분의 예에 따라 이를 징수하여 국가 또는 해당 지방자치단체에 납입하여야 한다. 이 경우 법 제271조(불법시설물 등에 대한 조치 및 대집행)에 따른 불법시설물 등에 대한 대집행비용은 우선 해당 선거관리위원회가 지출한 후 관할세

---

260) 2001. 7. 19. 선고 2000헌마91·112·134(병합) 전원재판부 결정

261) 2003. 8. 21. 선고 2001헌마687·691(병합) 전원재판부 결정, 2004. 3. 25. 선고 2002헌마383·396(병합) 전원재판부 결정, 2011. 6. 30. 선고 2010헌마542 결정

262) 2012. 3. 29. 선고 2010헌마673 결정, 2011. 6. 30. 선고 2010헌마542 결정

무서장에게 그 징수를 위탁할 수 있다(법§57③). 관할선거구선거관리위원회위원장은 법 제57조(기탁금의 반환 등) 제1항 각호 외의 부분 후단에 따라 국가 또는 해당 지방자치단체에 귀속할 기탁금을 납입할 때에는 기탁자별로 정산하여 해당 기탁자에게 통지하고 선거일후 30일 이내에 대통령 및 국회의원선거에 있어서는 중앙선거관리위원회의 수입징수관에게, 지방의회의원 및 지방자치단체의 장의 선거에 있어서는 해당 지방자치단체의 징수관에게 납입하여야 한다(규칙§25②). 정당은 당헌·당규에 따라 소속 당원의 후보자(비례대표국회의원후보자 및 비례대표지방의회의원후보자를 제외한다) 추천신청을 받았으나 후보자로 추천하지 아니한 사람의 명단을 후보자등록마감일 후 지체 없이 규칙이 정하는 서식[263]에 따라 관할 선거구선거관리위원회에 통지하여야 한다. 이 경우 중앙당이 후보자 추천 신청을 받은 경우에는 중앙선거관리위원회에, 시·도당이 후보자 추천 신청을 받은 경우에는 해당 시·도선거관리위원회에 통지하는 것으로 갈음할 수 있으며, 해당 명단을 통지받은 중앙선거관리위원회 또는 시·도선거관리위원회는 지체 없이 이를 관할선거구선거관리위원회에 통지하여야 한다(규칙§25③). 관할선거구선거관리위원회는 법 제57조(기탁금의 반환 등) 제2항에 따라 납부하여야 할 부담비용을 선거일 후 15일까지 해당 기탁자에게 고지하여야 하며, 해당 기탁자가 이를 납부하지 아니하여 관할 세무서장이 이를 징수하는 때의 국가 또는 지방자치단체에의 납입절차에 관하여는 「국고금관리법 시행규칙」 또는 지방자치단체의 지방세 부과징수에 관한 관계규정을 준용한다(규칙§25④).

8. 공무원 등의 입후보 제한

가. 의의

공무원 및 공무원에 준하는 신분을 가진 사람은 선거에 출마하는 경우 후보자등록신청 전 일정기간까지 그 직에서 사퇴하여야 한다. 선거의 공정성과 형평성을 확보하고 공무원 등의 직무전념성을 보장하기 위해서는 공직후보자가 되려는 공무원 등으로 하여금 사직하게 할 필요성이 있다. 공무원 등이 그 직을 유지한 채 공직후보자로서 선거에 참가할 수 있다면 부적절하게 지위와 권한을 행사하거나 선거구민들에게 유리한 편파적인 행정이나 법집행을 행할 소지가 있기 때문이다.[264]

263) 규칙 별지 제15호 서식 후보자로 추천하지 않은 사람 명단 통보

264) 2014. 3. 27. 선고 2013헌마185 결정, 2008. 10. 30. 선고 2006헌마547 전원재판부 결정, 2006. 7. 27. 선고 2003헌마758,2005헌마72(병합) 전원재판부 결정

나. 입후보 제한을 받는 공무원 등의 범위와 그 사직시기

(1) 입후보 제한을 받는 공무원 등

다음 각 호의 어느 하나에 해당하는 사람으로서 후보자가 되려는 사람이다(법§53①).

1. 「국가공무원법」 제2조(공무원의 구분)에 규정된 국가공무원과 「지방공무원법」 제2조(공무원의 구분)에 규정된 지방공무원. 다만, 「정당법」 제22조(발기인 및 당원의 자격) 제1항 제1호 단서의 규정에 의하여 정당의 당원이 될 수 있는 공무원(정무직공무원을 제외한다)은 그러하지 아니하다.
2. 각급선거관리위원회위원 또는 교육위원회의 교육위원
3. 다른 법령의 규정에 의하여 공무원의 신분을 가진 자
4. 「공공기관의 운영에 관한 법률」 제4조(공공기관) 제1항 제3호에 해당하는 기관 중 정부가 100분의 50 이상의 지분을 가지고 있는 기관(한국은행을 포함한다)의 상근 임원
5. 「농업협동조합」·「수산업협동조합」·「산림조합법」·「엽연초생산협동조합」에 의하여 설립된 조합의 상근 임원과 이들 조합의 중앙회장
6. 「지방공기업법」 제2조(적용범위)에 규정된 지방공사와 지방공단의 상근 임원
7. 「정당법」 제22조(발기인 및 당원의 자격) 제1항 제2호의 규정에 의하여 정당의 당원이 될 수 없는 사립학교교원
8. 「신문 등의 진흥에 관한 법률」 제2조(정의)에 따른 신문 및 인터넷신문, 「잡지 등 정기간행물의 진흥에 관한 법률」 제2조(정의)에 따른 정기간행물, 「방송법」 제2조(용어의 정의)에 다른 방송사업을 발행·경영하는 자와 이에 상시 고용되어 편집·제작·취재·집필·보도의 업무에 종사하는 자로서 중앙선거관리위원회규칙으로 정하는 언론인[265)]
9. 특별법에 의하여 설립된 국민운동단체로서 국가 또는 지방자치단체의 출연 또는 보조를 받는 단체(바르게살기운동협의회·새마을운동협의회·한국자유총연맹을 말하며, 시·도

---

265) 헌법재판소는, 종전에 포괄적으로 규정하였던 구 공직선거법(2020. 12. 29. 법률 제17813호로 개정되기 전의 것) 제53조(공무원 등의 입후보) 제1항 제8호 부분(이하 "금지조항"이라 한다)와 관련하여, '금지조항은 "대통령령으로 정하는 언론인"이라고만 하여 "언론인"이라는 단어 외에 대통령령에서 정할 내용의 한계를 정하지 않았다. 관련조항들을 종합하여 보아도 방송, 신문, 뉴스통신 등과 같이 다양한 언론매체 중에서 어느 범위로 한정될지, 어떤 업무에 어느 정도 관여하는 자까지 언론인에 포함될 것인지 등을 예측하기 어렵다. 그러므로 금지조항은 포괄위임금지원칙을 위반한다. 언론의 선거개입으로 인한 문제는 언론매체를 통한 활동의 측면에서 즉, 언론인으로서의 지위를 이용하거나 그 지위에 기초한 활동으로 인해 발생 가능한 것이므로, 언론매체를 이용하지 아니한 언론인 개인의 선거운동까지 전면적으로 금지할 필요가 없다. 인터넷신문을 포함한 언론매체가 대폭 증가하고, 시민이 언론에 적극 참여하는 것이 보편화된 오늘날 심판대상조항들에 해당하는 언론인의 범위는 지나치게 광범위하다.'고 판시하여 위헌결정을 하였다(2016. 6. 30. 선고 2013헌가1 결정). 이러한 헌법재판소의 위헌결정에 따라 법은 2020. 12. 29. 법률 제17812호로 개정하여 법 제53조(공무원 등의 입후보) 제1항 제8호를 현행과 같이 변경하였다.

조직 및 구·시·군조직을 포함한다)의 대표자

① 「국가공무원법」 제2조(공무원의 구분)[266]의 국가공무원, 「지방공무원법」 제2조(공무원의 구분)[267]의 지방공무원은 입후보의 제한을 받는다. 「정당법」 제22조(발기인 및 당원의 자격) 제1항 제1호 단서[268]의 정당의 당원이 될 수 있는 공무원 중 정무직공무원도 입후보의 제한을

---

266) 「국가공무원법」 제2조(공무원의 구분) ① 국가공무원(이하 "공무원"이라 한다)은 경력직공무원과 특수경력직공무원으로 구분한다.

② "경력직공무원"이란 실적과 자격에 따라 임용되고 그 신분이 보장되며 평생 동안(근무기간을 정하여 임용하는 공무원의 경우에는 그 기간 동안을 말한다) 공무원으로 근무할 것이 예정되는 공무원을 말하며, 그 종류는 다음 각 호와 같다.

1. 일반직공무원 : 기술·연구 또는 행정 일반에 대한 업무를 담당하는 공무원
2. 특정직공무원 : 법관, 검사, 외무공무원, 경찰공무원, 소방공무원, 교육공무원, 군인, 군무원, 헌법재판소 헌법연구관, 국가정보원의 직원, 경호공무원과 특수분야의 업무를 담당하는 공무원으로서 다른 법률에서 특정직공무원으로 지정하는 공무원

③ "특수경력직공무원"이란 경력직공무원 외의 공무원을 말하며, 그 종류는 다음 각 호와 같다.

1. 정무직공무원
   가. 선거로 취임하거나 임명할 때 국회의 동의가 필요한 공무원
   나. 고도의 정책결정 업무를 담당하거나 이러한 업무를 보조하는 공무원으로서 법률이나 대통령령(대통령비서실 및 국가안보실의 조직에 관한 대통령령만 해당한다)에서 정무직으로 지정하는 공무원
2. 별정직공무원 : 비서관·비서 등 보좌업무 등을 수행하거나 특정한 업무수행을 위하여 법령에서 별정직으로 지정하는 공무원

③ 제3항에 따른 별정직공무원의 채용조건·임용절차·근무상한연령, 그 밖에 필요한 사항은 국회규칙, 대법원규칙, 헌법재판소규칙, 중앙선거관리위원회규칙 또는 대통령령(이하 "대통령령등"이라 한다)으로 정한다.

267) 「지방공무원법」 제2조(공무원의 구분) ① 지방자치단체의 공무원(지방자치단체가 경비를 부담하는 지방공무원을 말하며, 이하 "공무원"이라 한다)은 경력직공무원과 특수경력직공무원으로 구분한다.

② "경력직공무원"이란 실적과 자격에 따라 임용되고 그 신분이 보장되며 평생 동안(근무기간을 정하여 임용하는 공무원의 경우에는 그 기간 동안을 말한다) 공무원으로 근무할 것이 예정되는 공무원을 말하며, 그 종류는 다음 각 호와 같다.

1. 일반직공무원 : 기술·연구 또는 행정 일반에 대한 업무를 담당하는 공무원
2. 특정직공무원 : 공립대학 및 전문대학에 근무하는 교육공무원, 교육감 소속의 교육전문직원 및 자치경찰공무원과 그 밖에 특수분야의 업무를 담당하는 공무원으로서 다른 법률에서 특정직공무원으로 지정하는 공무원

③ "특수경력직공무원"이란 경력직공무원 외의 공무원을 말하며, 그 종류는 다음 각 호와 같다.

1. 정무직공무원
   가. 선거로 취임하거나 임명할 때 지방의회의 동의가 필요한 공무원
   나. 고도의 정책결정 업무를 담당하거나 이러한 업무를 보조하는 공무원으로서 법령이나 조례에서 정무직으로 지정하는 공무원
2. 별정직공무원 : 비서관·비서 등 보좌업무 등을 수행하거나 특정한 업무수행을 위하여 법령에서 별정직으로 지정하는 공무원

④ 제3항에 따른 별정직공무원의 임용조건, 임용절차, 근무 상한연령, 그 밖에 필요한 사항은 대통령령 또는 조례로 정한다.

268) 「정당법」 제22조(발기인 및 당원의 자격) ① 16세 이상의 국민은 공무원 그 밖에 그 신분을 이유로 정당가입이나 정치활동을 금지하는 다른 법령의 규정에 불구하고 누구든지 정당의 발기인 및 당원이 될 수 있다. 다만, 다음 각 호의 어느 하나에 해당하는 자는 그러하지 아니하다.

1. 「국가공무원법」 제2조(공무원의 구분) 또는 「지방공무원법」 제2조(공무원의 구분)에 규정된 공무원. 다만,

받는데, 여기에 해당하는 정무직 공무원은 대통령, 국무총리, 국무위원, 국회의원, 지방의회의원, 선거에 의하여 취임하는 지방자치단체의 장이다.

② 「선거관리위원회법」 제2조(설치)[269]에서 규정하고 있는 중앙선거관리위원회, 특별시·광역시·도선거관리위원회, 구·시·군선거관리위원회, 읍·면·동선거관리위원회의 위원은 입후보 제한을 받는다.

교육위원회는 2010. 2. 26. 법률 제10046호로 「지방교육자치에 관한 법률」이 개정되면서 폐지되었고, 2014. 6. 30. 임기가 만료된 교육위원의 선거는 이후 실시되지 않았다(위 법률 부칙 제2조).

③ 「공익법무관에 관한 법률」 제3조(신분)[270]에 따른 공익법무관, 「병역법」 제34조의2(병역판정검사전담의사의 신분 및 보수 등)[271]에 따른 병역판정검사전담의사, 「농어촌 등 보건의료를 위한 특별조치법」 제3조(공중보건의사의 신분)[272]에 따른 공중보건의사, 「공중방역수의사에 관한 법률」 제3조(공중방역수의사의 신분)[273]에 따른 공중방역수의사는 각 임기제공무원이고, 「진실·화해를 위한 과거사정리 기본법」 제4조(위원회의 구성)[274]에 따른 위원회의 위원장 및 상임위원은 정무직 공무원으로 입후보 제한을 받는다.[275]

대통령, 국무총리, 국무위원, 국회의원, 지방의회의원, 선거에 의하여 취임하는 지방자치단체의 장, 국회부의장의 수석비서관·비서관·비서·행정보조요원, 국회상임위원회·예산결산특별위원회·윤리특별위원회 위원장의 행정보조요원, 국회의원의 보좌관·비서관·비서, 국회 교섭단체대표의원의 행정비서관, 국회 교섭단체의 정책연구위원·행정보조요원과 「고등교육법」 제14조(교직원의 구분) 제1항·제2항에 따른 교원은 제외한다.

269) 「선거관리위원회법」 제2조(설치) ① 선거관리위원회의 종류와 위원회별 위원의 정수는 다음과 같다.
1. 중앙선거관리위원회 9인
2. 특별시·광역시·도선거관리위원회 9인
3. 구·시·군선거관리위원회 9인
4. 읍·면·동선거관리위원회 7인

270) 「공익법무관에 관한 법률」 제3조(신분) 공익법무관은 법무부에 소속된 「국가공무원법」 제26조의5에 따른 임기제공무원으로 한다.

271) 「병역법」 제34조의2(병역판정검사전담의사의 신분 및 보수 등) ① 병역판정검사전담의사는 병무청에 소속된 「국가공무원법」 제26조의5에 따른 임기제공무원으로 하고, 군인보수의 범위에서 보수와 직무수행에 필요한 여비 등을 지급하며, 지급기준 등에 필요한 사항은 대통령령으로 정한다.

272) 「농어촌 등 보건의료를 위한 특별조치법」 제3조(공중보건의사의 신분) ① 공중보건의사는 「국가공무원법」 제26조의5에 따른 임기제공무원으로 한다.

273) 「공중방역수의사에 관한 법률」 제3조(공중방역수의사의 신분) ① 공중방역수의사는 농림축산식품부에 소속된 「국가공무원법」 제26조의5에 따른 임기제공무원으로 한다.

274) 「진실·화해를 위한 과거사정리 기본법」 제4조(위원회의 구성) ① 위원회는 상임위원 3명을 포함한 9명의 위원으로 구성한다.
④ 위원장과 상임위원은 정무직으로 보한다.

275) 헌법재판소는 '국가인권위원회 위원'을 정무직 공무원으로 규정하여 공직선거에 출마할 수 없도록 한 「국가인권위원회법」 제11조는 합리적 이유 없이 다른 공직자와 차별대우하는 것으로 평등의 원칙에 위반되어 위헌이라고 결정하였다(2004. 1. 29. 선고 2002헌마788 전원재판부 결정).

④ 「공공기관의 운영에 관한 법률」 제4조(공공기관) 제1항 제3호[276]에 해당하는 기관 중 정부가 50% 이상의 지분을 갖는 기관(한국은행을 포함)의 상근 임원은 입후보 제한 대상이다. 위 기관의 지분은 수시로 변동할 수 있으므로 공직선거의 후보자가 되고자 하는 위 기관의 상근 임원은 사전에 이를 확인하여야 한다. 공공기관 현황 등은 "공공기관 경영정보공개시스템(http://www.alio.go.kr)"에서 확인할 수 있다.

⑤ 농업협동조합과 중앙회, 수산업협동조합과 중앙회, 산림조합, 엽연초생산협동조합의 상근 임원과 위 각 중앙회의 회장은 입후보가 제한된다.

⑥ 지방자치단체는 「지방공기업법」 제2조(적용범위)의 사업을 효율적으로 수행하기 위하여 지방공사와 지방공단을 설립할 수 있고(지방공기업법§49①, §76①), 그 임원으로는 사장을 포함한 이사(상임이사와 비상임이사로 구분) 및 감사가 있는데(지방공기업법§58①, §76②), 사장을 포함한 상임이사와 감사는 입후보의 제한을 받는다.[277]

⑦ 「고등교육법」 제14조(교직원의 구분) 제1항·제2항에 따른 교원인 총장, 학장, 교수·부교수·조교수 및 강사는 입후보의 제한을 받는다.

⑧ "중앙선거관리위원회규칙으로 정하는 언론인"이란 다음 각 호의 어느 하나에 해당하는 언론인을 말한다(규칙§22의2).

1. 「신문 등의 진흥에 관한 법률」 제9조(등록)에 따라 등록한 신문 및 인터넷신문과 「잡지 등 정기간행물의 진흥에 관한 법률」 제15조(등록)에 따라 등록하거나 같은 법 제16조(신고)에 따라 신고한 정기간행물(분기별 1회 이상 발생하는 것으로 등록된 것만 해당한다) 중 다음 각 목의 어느 하나에 해당하는 것을 제외한 신문, 인터넷신문 및 정기간행물을 발행·경영하는 자와 이에 상시 고용되어 편집·취재 또는 집필의 업무에 종사하는 자

가. 정당의 기관지와 「고등교육법」 제2조(학교의 종류)에 따른 대학, 산업대학, 교육대학, 전문대학, 원격대학, 기술대학 및 각종학교의 학보

나. 산업·경제·사회·과학·종교·교육·문화·체육 등 전문분야에 관한 순수한 학술 및 정보의 제공·교환을 목적으로 발행하는 것

다. 기업체가 소속원에게 그 동정 또는 공지사항을 알리거나 기업의 홍보 또는 제품의 소개를 위하여 발행하는 것

라. 법인·단체 등이 소속원에게 그 동정이나 공지사항을 알릴 목적으로 발행하는 것

---

276) 「공공기관의 운영에 관한 법률」 제4조(공공기관) ① 기획재정부장관은 국가·지방자치단체가 아닌 법인·단체 또는 기관(이하 "기관"이라 한다)으로서 다음 각 호의 어느 하나에 해당하는 기관을 공공기관으로 지정할 수 있다.

3. 정부가 100분의 50 이상의 지분을 가지고 있거나 100분의 30 이상의 지분을 가지고 임원 임명권한 행사 등을 통하여 해당 기관의 정책 결정에 사실상 지배력을 확보하고 있는 기관

마. 정치에 관한 보도·논평의 목적 없이 발행하는 것

바. 그 밖에 여론형성의 목적 없이 발행하는 것

2. 「방송법」에 따른 방송사업(방송채널사용사업은 보도에 관한 전문편성을 행하는 방송채널사용사업에 한정한다)을 경영하는 자와 이에 상시 고용되어 편집·제작·취재·집필 또는 보도의 업무에 종사하는 자

⑨ 바르게살기운동협의회·새마을운동협의회·한국자유총연맹의 대표자는 입후보 제한을 받는다.

(2) 사직시기

원칙적으로 입후보 제한을 받는 사람으로서 후보자가 되고자 하는 사람은 선거일 전 90일까지 그 직을 그만두어야 한다(법§53①본문).[278] 다만, 대통령선거와 국회의원선거에 있어서 국회의원이 그 직을 가지고 입후보하는 경우와 지방의회의원선거와 지방자치단체의 장의 선거에 있어서 당해 지방자치단체의 의회의원이나 장이 그 직을 가지고 입후보하는 경우에는 사직하지 않아도 된다(법§53①단서). 그러나 비례대표국회의원이 지역구국회의원 보궐선거등에 입후보하는 경우 및 비례대표지방의회의원이 해당 지방자치단체의 지역구지방의회의원 보궐선거등에 입후보하는 경우에는 후보자등록신청 전까지 그 직을 그만두어야 한다(법§53③).

법 제53조(공무원 등의 입후보) 제1항 본문에도 불구하고 다음 각 호의 어느 하나에 해당하는 경우에는 선거일 전 30일까지 그 직을 그만두어야 한다(법§53②).

1. 비례대표국회의원선거나 비례대표지방의원선거에 입후보하는 경우
2. 보궐선거등에 입후보하는 경우[279]
3. 국회의원이 지방자치단체의 장의 선거에 입후보하는 경우
4. 지방의회의원이 다른 지방자치단체의 의회의원이나 장의 선거에 입후보하는 경우

공무원 등은 그 소속기관의 장 또는 소속위원회에 사직원이 접수된 때에 그 직을 그만둔 것으로 본다(법§53④). 공무원이 공직선거의 후보자가 되기 위하여 법 제53조(공무원 등의 입후보) 제1항에서 정한 기한 내에 소속기관의 장 또는 소속위원회에 사직원을 제출하였다면

---

278) 헌법재판소는 선거일 전 60일까지 그 직을 그만두도록 한 구 공직선거법(2005. 8. 4. 법률 제7681호로 개정된 것) 제53조 제1항이 과도한 공무담임권의 제한이라고 볼 수 없다고 하였다(2008. 10. 30. 선고 2006헌마547 전원재판부 결정).

279) 헌법재판소는, 지방공무원이 국회의원재선거에 출마하는 경우 후보자등록신청 전까지 그 직에서 사퇴하도록 규정한 구 공직선거법(2010. 1. 25. 법률 제9974호로 개정된 것) 제53조(공무원 등의 입후보) 제2항 제2호와 관련하여, '선거의 공정성과 형평성을 확보하고 지방공무원의 직무전념성을 보장하기 위해서는 공직후보자가 되려는 지방공무원으로 하여금 선거일 전에 미리 사직하게 할 필요성이 인정되고, 하위직 지방공무원이라도 선거에 영향력을 행사할 가능성은 여전히 존재하므로 이러한 제한은 침해의 최소성에 위배되지 아니한다.'고 판시하였다(2014. 3. 27. 선고 2013헌마185 결정).

법 제53조(공무원 등의 입후보) 제4항에 따라 그 수리 여부와 관계없이 사직원 접수시점에 그 직을 그만둔 것으로 간주되므로, 그 이후로는 공무원이 해당 공직선거와 관련하여 정당의 추천을 받기 위하여 정당에 가입하거나 후보자등록을 할 수 있고, 후보자등록 당시까지 사직원이 수리되지 않았더라도 그 후보자등록에 법 제52조(등록무효) 제1항 제5호, 제9호 또는 제10호를 위반한 등록무효사유가 있다고는 볼 수 없다.[280) 「공무원임용령」 제6조(임용시기) 제1항 본문의 규정에 의하면 공무원의 임용시기에 관하여 공무원은 임용장 또는 임용통지서에 기재된 일자에 임용된 것으로 본다고 되어 있고 이는 임용장 또는 임용통지서에 기재된 일자에 임용의 효과가 발생함을 말하는 것이므로, 임용 중 면직의 경우(동령 제2조 제1호[281) 참조)에는 면직발령장 또는 면직통지서에 기재된 일자에 면직의 효과가 발생하여 그 날 영시(00:00)부터 공무원의 신분을 상실한다.[282)]

사직원제출이 늦어 부자격자인데도 이를 입후보자로 등록케 하여 시행한 선거에 대한 다툼은 당선자를 상대로 당선무효의 쟁송사유가 되고,[283) 구 「민의원의원공선법(1958. 1. 25. 법률 제470호)」 제37조(공무원과 선거위원회위원의 입후보) 제1항 소정의 공무원 등 입후보할 자의 법정기일전 해임 규정은 공무원이 보유하고 있는 고유의 피선거권의 행사에 가한 일종의 제한에 불과하고 소정 기일 내에 해임되지 아니한 채 입후보한 자의 피선거권을 박탈하는 것이 아니므로 이를 이유로 하는 당선소송은 당선인을 피고로 할 것이고 선거관리위원장을 피고로 할 것은 아니다.[284)]

다. 지방자치단체의 장에 대한 특칙

지방자치단체의 장은 선거구역이 당해 지방자치단체의 관할구역과 같거나 겹치는 지역구국회의원선거에 입후보하고자 하는 때에는 당해 선거의 선거일전 120일[285)]까지 그 직을 그만두어야 한다.[286)] 다만, 그 지방자치단체의 장이 임기가 만료된 후에 그 임기만료일로부터

280) 2021. 4. 29. 선고 2020수6304 판결
281) 「공무원임용령」 제2조(정의) 이 영에서 사용하는 용어의 뜻은 다음과 같다.
1. "임용"이란 신규채용, 승진임용, 전직, 전보, 겸임, 파견, 강임, 휴직, 직위해제, 정직, 강등, 복직, 면직, 해임 및 파면을 말한다.
282) 1985. 12. 24. 선고 85누531 판결
283) 1957. 12. 26. 선고 4289지선37 판결
284) 1958. 12. 29. 선고 4291선101판결
285) 구 공직선거법(2002. 2. 16. 법률 제6265호로 개정된 것)은 사퇴시한을 '선거일 전 180일까지'로 규정하고 있었으나, 헌법재판소는 지방자치단체장의 평등권과 공무담임권을 침해한다고 위헌결정을 하였다(2003. 9. 25. 선고 2003헌마106 전원재판부 결정). 위헌결정 후 2003. 10. 30. 법률 제6988호로 개정하여 현재와 같이 '선거일 전 120일까지'로 정하였다.
286) 헌법재판소는, 법 제53조(공무원 등의 입후보) 제5항에 대하여, '단체장은 지방자치단체의 행정기능을 총괄하며, 직원의 인사권과 주민의 복리에 관한 각종 사업의 기획·시행, 예산의 집행 등 지방자치단체의 운영에 있어서 막중한 지위와 권한을 가지므로 자신의 관할구역 국회의원선거에 입후보할 것에 대비하여 전시성

90일 후에 실시되는 지역구국회의원선거에 입후보하려는 경우에는 그러하지 아니하다(법§53⑤).

라. 교육감에 대한 특칙

(1) 교육감선거에의 공무원 등의 입후보 제한

법 제53조(공무원 등의 입후보) 제1항 각 호의 어느 하나에 해당하는 사람 중 후보자가 되려는 사람은 선거일 전 90일(「교육자치법」 제49조(공직선거법의 준용) 제1항에서 준용되는 법 제35조(보궐선거 등의 선거일) 제4항의 보궐선거등의 경우에는 후보자등록신청 전을 말한다)까지 그 직을 그만두어야 한다.[287] 다만, 교육감선거에서 해당 지방자치단체의 교육감이 그 직을 가지고 입

사업으로 예산을 낭비하거나 불공정한 선심행정을 행할 개연성이 다른 공무원에 비하여 상대적으로 더 높다. 단체장의 그러한 지위와 권한의 특수성을 감안할 때 이 사건 조항은 합리성을 벗어난 것이라 볼 수 없다. 이 사건 조항은 단체장의 평등권을 침해하지 아니하고, 공무담임권을 과도하게 제한하는 것으로 볼 수 없다.'고 하였다(2006. 7. 27. 선고 2003헌마758,2005헌마72(병합) 전원재판부 결정). ; 그와 반면에, '국회의원의 경우에는 의정활동보고회를 통하여 지속적으로 자신의 의정활동을 알리거나 홍보할 수 있는 수단을 이미 보유하고 있으므로 일방적으로 지방자치단체장에게만 자신의 관할구역 국회의원선거에 입후보할 것에 대비하여 전시성 사업으로 예산을 낭비하거나 불공정한 선심행정을 행할 개연성이 높다는 이유를 내세워 사임시기를 현저하게 차이나도록 규율하는 것은 평등권 및 공무담임권의 측면에서 납득하기 어렵다. 왜냐하면 국회의원이 지방자치단체장선거에 입후보하는 경우에는 후보자등록신청 전까지 사임하면 되지만, 지방자치단체장은 같은 구조에서 선거일 전 120일까지 그 직을 그만두어야 하기 때문이다. 이것은 거의 100여 일 정도 차이가 나는 입법구조를 보여주고 있다. 누가 보아도 국회의원에게 더욱 유리한 선거조건을 형성하고 있으며, 선거사유가 확정되지 않고 매우 뒤늦게 그 사유가 확정되는 경우에는 입후보 그 자체가 원천적으로 봉쇄된다는 점은 쉽게 예상할 수 있다. 입후보자의 입장에서 이 사안을 엄밀하게 분석해 보면, 국회의원과 지방자치단체장이라는 전혀 다른 공직으로 신분변경을 목적으로 한다는 점에서 합리적인 가치평가 없이 지나치게 차별적 구조를 만들었다는 점에 문제가 있다.'는 견해가 있다(김진곤, 「선거일의 헌법적 쟁점과 법정책적 과제에 관한 연구」, 법과 정책연구 제10집 제3호(2010. 12.), 1202－1203쪽).

287) 헌법재판소는, 공직선거 및 교육감선거 입후보 시 선거일 전 90일까지 교원직을 그만두도록 한 것과 관련하여, '입후보자 사직조항은 교원이 그 신분을 지니는 한 계속적으로 직무에 전념할 수 있도록 하기 위해 선거에 입후보하고자 하는 경우 선거일 전 90일까지 그 직을 그만두도록 한 것이므로, 입법목적의 정당성과 수단의 적절성이 인정된다. 학교가 정치의 장으로 변질되는 것을 막고 학생들의 수학권을 충실히 보장하기 위해 공직선거나 교육감선거 입후보 시 교직을 그만두도록 하는 것은 교원의 직무전념성을 담보하기 위한 것이므로 불가피한 측면이 있다. 입후보를 전제로 무급휴가나 일시휴직을 허용할 경우, 교육의 연속성이 저해되고, 학생들이 불안정한 교육환경에 방치되어 수학권을 효율적으로 보장받지 못할 우려가 있는 점, 공직선거법상 직무상 행위를 이용한 선거운동 등 금지규정만으로는 직무전념성 확보라는 목적을 충분히 달성할 수 없는 점, 선거운동기간과 예비후보자등록일 등을 종합적으로 고려할 때 선거일 전 90일을 사직 시점으로 둔 것이 불합리하다고 볼 수 없는 점, 학생들의 수학권이 침해될 우려가 있다는 점에서 교육감선거 역시 공직선거와 달리 볼 수 없는 점 등에 비추어 보면 침해의 최소성에 반하지 않는다. 교원의 직을 그만두어야 하는 사익 제한의 정도는 교원의 직무전념성 확보라는 공익에 비하여 현저히 크다고 볼 수 없으므로 법익의 균형성도 갖추었으므로 과잉금지원칙에 위배하여 공무담임권을 침해한다고 볼 수 없다. 또한 선거의 특수성, 직업정치인과 교원의 업무 내용상 차이, 직무내용이나 직급에 따른 구별 가능성 등에 비추어, 국회의원, 지방자치단체 의회의원이나 장, 정부투자기관의 직원 등과 비교하여 교원이 불합리하게 차별받는다고 볼 수 없으며, 수업 내용 및 학생에 미치는 영향력 등을 고려할 때 대학 교원과의 사이에서도 불합리한 차별이 발생한다고 보기 어렵다. 현직 교육감의 경우 교육감선거 입후보 시 그 직을 그만두도록 하면 임기가 사실상 줄어들게 되어, 업무의 연속성과 효율성이 저해될 우려가 크다는 점 등을 고려할 때, 현직 교육감과 비교하

후보하는 경우에는 그러하지 아니하다(교육자치법§47①). 이 경우 그 소속 기관·단체의 장 또는 소속 위원회에 사직원을 접수한 때에 그 직을 그만둔 것으로 본다(교육자치법§47②).

(2) 겸직의 제한

교육감은 ① 국회의원·지방의회의원, ②「국가공무원법」 제2조(공무원의 구분)에 규정된 국가공무원과 「지방공무원법」 제2조(공무원의 구분)에 규정된 지방공무원 및 「사립학교법」 제2조(정의)의 규정에 따른 사립학교의 교원, ③ 사립학교경영자 또는 사립학교를 설치·경영하는 법인의 임·직원에 해당하는 직을 겸할 수 없다(교육자치법§23①). 교육감이 당선 전부터 겸직이 금지된 직을 가진 경우에는 임기개시일 전일에 그 직에서 당연 퇴직된다(교육자치법§23①).

(3) 교육감의 퇴직

교육감이 ①「교육자치법」 제23조(겸직의 제한) 제1항의 겸임할 수 없는 직에 취임한 때, ② 피선거권이 없게 된 때(지방자치단체의 구역이 변경되거나, 지방자치단체가 없어지거나 합쳐진 경우 외의 다른 사유로 교육감이 그 지방자치단체의 구역 밖으로 주민등록을 이전함으로써 피선거권이 없게 된 때를 포함한다), ③ 정당의 당원이 된 때, ④「교육자치법」 제3조(「지방자치법」과의 관계)[288]에서 준용하는「지방자치법」 제110조(지방자치단체의 폐지·설치·분리·합병과 지방자치단체의 장)[289]에 따라 교육감 직을 상실할 때에는 그 직에서 퇴직된다(교육자치법§24의3).

더라도 교원인 청구인들의 평등권이 침해된다고 볼 수 없다.'고 판시하였다(2019. 11. 28. 선고 2018헌마222 결정).

288) 「교육자치법」 제3조(「지방자치법」과의 관계) 지방자치단체의 교육·학예에 관한 사무를 관장하는 기관의 설치와 그 조직 및 운영 등에 관하여 이 법에서 규정한 사항을 제외하고는 그 성질에 반하지 아니하는 범위에서 「지방자치법」의 관련 규정을 준용한다. 이 경우 "지방자치단체의 장" 또는 "시·도지사"는 "교육감"으로, "지방자치단체의 사무"는 "지방자치단체의 교육·학예에 관한 사무"로, "자치사무"는 "교육·학예에 관한 자치사무"로, "행정안전부장관"·"주무부장관" 및 "중앙행정기관의 장"은 "교육부장관"으로 본다.

289) 「지방자치법」 제110조(지방자치단체의 폐지·설치·분리·합병과 자방자치단체의 장) 지방자치단체를 폐지하거나 설치하거나 나누거나 합쳐 새로 지방자치단체의 장을 선출하여야 하는 경우에는 그 지방자치단체의 장이 선출될 때까지 시·도지사는 행정안전부장관이, 시장·군수 및 자치구의 구청장은 시·도지사가 각각 그 직무를 대행할 사람을 지정하여야 한다. 다만, 둘 이상의 동격의 지방자치단체를 통폐합하여 새로운 지방자치단체를 설치하는 경우에는 종전의 지방자치단체의 장 중에서 해당 지방자치단체의 장의 직무를 대행할 사람을 지정한다.

제8편 선거운동

제1장 선거운동의 의의

1. 의의

대의민주주의체제에서 선거는 국민주권과 주민자치의 원리 및 국민의 선거권과 공무담임권을 실질적으로 구현하는 요체이다. 선거결과의 민주적 정당성을 뒷받침하려면 선거인의 자유로운 선택이 전제되어야 하므로, 유권자는 공직후보자의 인격, 능력, 정책 등에 관하여 정확하고 충분한 정보를 알 수 있어야 하고, 정치인은 유권자에게 자신의 정치철학, 공직 수행에 필요한 능력, 각종 정책의 수립과 집행능력 등을 제대로 알릴 수 있어야 한다.[1] 이러한 선거운동은 유권자 및 정치인 개인이나 단체·정당의 정치적 의사를 표현하고 실행하는 행위의 핵심이다. 피선거권자로서는 선출직 공직에의 진출을 통하여 자신의 정치적 의사의 실현을 달성하기 위하여 정치적 표현의 자유, 집회 및 결사의 자유 등 헌법상 보장된 권리를 행사하는 경쟁의 과정이고, 선거권자로서는 정치적 표현의 자유, 집회 및 결사의 자유 등 헌법상 보장된 권리의 행사를 통하여 자신의 정치적 의사를 대변하는 정당이나 후보자를 선택하고 지지함으로써 궁극적으로는 자신의 정치적 의사를 실현하는 행위이다. 따라서 선거운동은 피선거권자 및 선거권자 모두가 정치적 의사를 구체적으로 표현하고 실현함으로써 각자의 정치적 목적을 이루는 수단이다.

모든 국민은 선거운동의 자유를 가진다. 선거운동의 자유는 자유선거의 원칙으로부터 도출된다. 자유선거 원칙은 선거 전 과정에서 요구되는 선거권자의 의사 형성 및 실현의 자유를 의미하며, 민주국가 선거제도에 내제하는 법원리로서 국민주권 원리, 의회민주주의 원리 및 참정권에 관한 규정에 근거를 두고 있다.[2] 이는 민주국가의 존립과 발전을 위한 기초가 되기 때문에 다른 자유권 보다 우월적 지위를 가지는 「헌법」 제21조 표현의 자유[3]의 핵심

1) 2016. 8. 26. 선고 2015도11812 전원합의체 판결
2) 2018. 4. 26. 선고 2016헌마611 결정

적 사항인 정치적 표현의 자유에 다름 아니며, 「헌법」 제24조 선거권의 중요한 내용을 이룬다.[4] 선거운동의 자유는 널리 선거과정에서 자유로이 의사를 표현할 자유의 일환이므로 이러한 정치적 표현의 자유는 선거과정에서의 선거운동을 통하여 국민이 정치적 의견을 자유로이 발표, 교환함으로써 비로소 그 기능을 다하게 된다 할 것이므로 선거운동의 자유는 헌법이 정한 언론·출판·집회·결사의 자유의 보장규정에 의한 보장을 받는다.[5][6]

선거운동의 자유는 다른 한편 선거의 공정이라는 또 다른 가치와의 균형이 요구된다. 선거운동의 지나친 자유는 선거의 공정을 해쳐 국민의 정치적 의사를 왜곡하고 훼손하는 결과를 가져오기 때문이다. 그러므로 선거는 그 과정과 절차가 자유롭고 공정해야 한다. 그러나 선거의 공정성이란 선서의 자유와 선거운동 등에 있어서의 기회의 균등이 담보되는 것을 의미하므로, 선거의 공정성 없이는 진정한 의미에서의 선거의 자유가 보장된다고 볼 수 없다. 따라서 대의민주주의에서 후보자나 정당 등에 관한 정치적 정보 및 의견을 자유롭게 발표하고 교환하는 것을 내용으로 하는 선거운동 즉 정치적 표현의 자유는 선거의 공정성을 전제로 인정되는 것이며, 선거의 공정성은 그러한 자유의 한정원리로 기능할 수 있다.[7] 선거의 공정성은 궁극적으로는 선거권자의 다양한 의사를 정확하게 반영하기 위한 것이기 때문에 선거운동의 자유를 전제로 하며, 이러한 자유가 정당·후보자 등 선거참여자에게 동등하게 보장될 것을 요구하므로, 선거의 공정성은 선거과정에서 나타난 정치적 경쟁의 공정성을 의미한다.[8] 대의민주주의의 실현을 위하여 선거운동의 자유가 충분히 보장될 것이 요청되지만 선거의 공정을 확보하려면 어느 정도 선거운동에 대한 규제를 하지 않을 수 없고,[9][10] 선거

---

3) 표현의 자유에 대한 규제가 헌법에 부합하는지 여부를 판단하면서 요구되는 합헌성판단의 기준은 다른 자유권의 규제보다 엄격하게 설정된다. 표현의 자유에 대한 합헌성 판단의 기준으로는 ① 언론·출판에 대한 사전검열제를 금지하는 사전억제금지의 이론, ② 명확성의 이론과 합헌성추정의 배제원칙, ③ 명백하고 현존하는 위험이 있어야 한다는 원칙, ④ 보다 덜 제한적인 수단을 선택하여야 한다는 필요최소한도의 규제수단의 선택에 관한 원칙, ⑤ 비교형량의 원칙 또는 이준기준의 원칙이 있다(성낙인, 『헌법학(제18판)』, 1185－1189쪽).

4) 보호영역으로서의 '선거운동의 자유'가 문제되는 경우, 표현의 자유 및 선거권과 일반적 행동자유권으로서의 행복추구권은 서로 특별관계에 있어 기본권의 내용상 특별성을 갖는 표현의 자유 및 선거권이 우선 적용된다(2004. 4. 29. 선고 2002헌마467 전원재판부 결정).

5) 2009. 3. 26. 선고 2006헌마526 전원재판부 결정, 2004. 4. 29. 선고 2002헌마467 전원재판부 결정, 1995. 4. 20. 선고 92헌바29 결정

6) 선거운동은 정당 및 정치인들이 통상적으로 수행하는 정치활동의 연장선이다. 통상의 정치활동에서 제시했던 노선과 정책에 대해 유권자들의 선택을 요청할 수 있는 공간이 선거이다. 그러므로 공직선거법이 제대로 된 기능을 발휘하기 위해서는 통상의 정치활동과 선거시기의 선거운동이 연속성을 가질 수 있도록 보장되어야 한다. 오히려 통상의 시기보다도 더욱 활성화된 정치적 표현이 가능한 선거운동시기가 가지는 특수성을 최대한 보장할 수 있어야만 한다(윤현식, 「공직선거법과 군소정당의 관계」, 민주법학 제61호(2016. 7.), 185쪽).

7) 2014. 4. 24. 선고 2011헌바17,2012헌바391(병합) 결정

8) 음선필, 「선거과정과 헌법재판소 － 선거운동 관련 판례의 분석 －」, 홍익법학 제12권 제1호(2011), 118쪽

9) 1996. 3. 28. 선고 96헌마9·77·84·90(병합) 전원재판부 결정(국민의 주권행사에 있어서 표현의 자유는

운동 등 정치적 표현의 자유는 그 제한이 과도하여 선거권 및 피선거권의 행사나 선거의 기능을 지나치게 제약하거나 왜곡하여서는 안 되고 기본권보장의 헌법이념과 헌법상의 제반원칙에 합치되도록 최대한 보장되어야 하나, 선거운동 등 정치적 표현의 자유가 선거의 공정성을 훼손할 경우에는 이를 제한하는 것이 헌법적으로 정당화될 수 있다.[11] 하지만, 선거운동의 자유는 대의제도를 채택할 때 인정되는 것이지만, 정치적 표현의 자유는 대의제도의 채택 여부 이전에 인정되는 기본권이므로, 선거운동에 대한 규제가 정치적 표현의 자유에 대한 규제로 변질되어서는 아니 된다.[12] 선거운동의 규제와 범위는 그 시대의 정치문화, 선거풍토, 민주주의와 시민의식의 성숙 정도와 밀접한 관련이 있다. 그런데 현행 선거법은 선거운동의 자유보다는 선거운동의 규제에 초점을 두고 있어 '선거운동규제법'이라고도 불리운다.[13][14] 선거운동의 지나친 규제는 언론 등에 의한 민주적 토론을 통한 선거인의 적극적인 선택을 방해하고 선거운동이 행정기관의 관리·감독 하에 후보자 중심으로 행하여지고 선거인은 단지 수동적 지위에 놓이게 되어 본래 선거의 주체이어야 하는 선거인의 적극적 참여를 억제시킴으로써 선거가 후보자들만의 폐쇄적 선거로 전락할 우려가 있다.[15]

우리나라는 민주화 이후 30년 이상이 지났다. 국민의식과 선거문화도 그 세월만큼이나 성

핵심이 되는 기본권이므로 후보자는 선거권자에게 자신을 자유롭게 알릴 수 있어야 하고 선거권자는 후보자에 대한 정보에 자유롭게 접근할 수 있어야 할 것이나, 선거의 공정성을 확보하기 위하여 어느 정도 선거운동에 대한 규제가 행하여지지 않을 수 없다.)

10) 자유의 원론적 보장에 집중하여 공정을 목표로 한 각종 규제의 정당성에 대한 부정적 평가가 일반적으로 전제되는 경향이 존재한다면, 설사 그러한 시각이 일면 이론적 만족감을 주는 것으로 여겨질 수 있다고 하더라도, 한층 더 나아가 시야를 넓혀서 규범의 도입과 착근, 그 인식과 실천이 야기하는 간극과 조화에 대한 사색을 더한다면 사물의 진상을 인식하고 실제 상황을 개선하는데 도움이 될 수 있다(허진성, 「선거의 공정성에 관한 고찰 – 규범의 인식과 실천이라는 관점에서 – 」, 언론과 법 제15권 제2호, 64쪽).

11) 2015. 4. 30. 선고 2011헌바163 결정, 2014. 4. 24. 선고 2011헌바17,2012헌바391(병합) 결정

12) 황성기, 「인터넷과 선거운동」, 언론과 법 제9권 제1호(2010), 186–187쪽

13) 성낙인, 앞의 책, 209쪽 ; 성낙인은 '갖가지 규제로 점철되어 있는 선거법에 자유의 바람을 불어넣어야 선거운동도 생명력을 갖게 된다. 규제를 통해서 후보를 묶어두는 선거가 아니라 자유를 통해서 후보를 풀어주는 선거법으로 거듭 태어나야 한다. 그래야 신진 정치세력에게도 개방된 선거가 될 수 있다.'고 한다(성낙인, 「선거제도와 선거운동」, 저스티스 통권 제130호, 32쪽).

14) 공직선거법은 비교법적으로도 그 유례를 찾아보기 어려울 정도로 선거운동의 주체, 기간, 방법 등을 매우 포괄적이고 세밀하게 제한함으로써 민주주의의 실질화에 대한 국민의 열망을 적극적으로 반영하지 못하고 규제중심의 틀에서 벗어나지 못하고 있다. 공직선거법의 현실은 선거운동의 자유에 대한 원칙 규정을 두고 있는 것이 무색할 만큼 그 원칙과 예외의 관계가 전도되어 있다(김일환·홍석한, 「선거운동의 규제에 관한 비교법적 고찰」, 미국헌법연구 제25권 제1호, 58쪽). ; 우리나라의 공직선거법은 입은 풀고 돈은 묶는다는 본래의 입법목적과는 달리 돈에 대한 규제는 미약한 반면 입에 대한 규제는 지나칠 정도로 과도하여 민주주의의 핵심 키워드가 되는 대중들의 '자기표현에 대한 가치(self–expressive value)'를 최소의 수준으로 묶어놓고 있는 실정이다(한상희, 「헌법과 정치 : 정치의 재구성을 위한 제언」, 민주법학 제53호(2013. 11.), 41쪽). ; 현행 선거법은 정치개혁을 일구어낼 수 있는 정치신인들의 정치권 진입을 철저하게 봉쇄하는 구조를 가지고 있다(이용훈, 「선거법의 현황과 과제」, 저스티스 통권 제66호, 72쪽).

15) 정만희, 「현행 선거법제의 문제점과 개선방안」, 저스티스 통권 제66호, 49쪽

숙되었다. 선거운동의 자유를 보다 확대함이 바람직하다.[16] 나아가 선거운동을 제한함에 있어서도, 선거운동의 자유가 다른 기본권보다 우월적 지위를 가지는 정치적 의사표현의 자유를 구현하는 것이므로 표현의 자유의 제한에 관한 헌법적 원리를 적용하여 최소한에 그쳐야 하고,[17] 다른 기본권과 마찬가지로 「헌법」 제37조 제2항에 따라 국가안전보장, 질서유지, 공공복리를 위하여 필요한 경우에 한하여 법률로 제한하여야 한다.[18]

공직선거법은 「누구든지 자유롭게 선거운동을 할 수 있다.」고 규정하면서(법§58②전문), 「그러나 이 법 또는 다른 법률의 규정에 의하여 금지 또는 제한되는 경우에는 그러하지 아니하다.」라고 한다(법§58②후문).

2. 정당·후보자 등의 공정경쟁의무

가. 정당·후보자 등의 공정경쟁의무

선거에 참여하는 정당·후보자(후보자가 되고자 하는 자를 포함한다) 및 후보자를 위하여 선거운동을 하는 자는 선거운동을 함에 있어 공직선거법을 준수하고 공정하게 경쟁하여야 하며, 정당의 정강·정책이나 후보자의 정견을 지지·선전하거나 이를 비판·반대함에 있어 선량한 풍속 기타 사회질서를 해하는 행위를 하여서는 아니 된다(법§7①).

나. 정책선거 촉진

각급선거관리위원회(읍·면·동선거관리위원회는 제외한다)는 정책선거의 촉진을 위하여 필요한 사항을 적극적으로 홍보하여야 하며, 중립적으로 정책선거 촉진활동을 추진하는 단체에 그 활동에 필요한 경비를 지원할 수 있다(법§7②).

3. 공무원의 중립의무

가. 공무원의 중립의무

공무원 기타 정치적 중립을 지켜야 하는 자(기관·단체를 포함한다)는 선거에 대한 부당한

---

16) 공직선거법은 부정선거라는 역사적인 산물로 모든 규정이 선거의 공정과 선거부정을 방지하는데 의의를 두고 있다. 그러나 선거가 국민의 표현의 자유를 보장하여 정보를 공유하게 하고, 국민의 알권리를 충족하게 하여 올바른 후보자를 선택하게 하기 위해서는 선거운동의 자유를 확대하여야 한다(박이석, 「공직선거법 제정 정책결정 사례연구」, 한국행정학회 학술발표논문집(2016. 6), 10쪽).

17) 양건, 「선거과정에서의 국민참여의 확대」, 사법행정(1991. 8), 11쪽(양건은 선거운동의 제한에 있어서도 표현의 자유의 제한에 관한 헌법적 원리가 적용되어야 하고, 그 가운데 특히 주목되어야 할 것은 최소제한수단의 원칙이라고 한다.)

18) 2011. 3. 31. 선고 2010헌마314 결정

영향력의 행사 기타 선거결과에 영향을 미치는 행위를 하여서는 아니 된다(법§9①).[19)]

선거에서의 공무원의 정치적 중립의무는 '국민전체의 봉사자'로서의 공무원의 지위를 규정하는 「헌법」 제7조 제1항, 자유선거원칙을 규정하는 「헌법」 제41조 제1항 및 제67조 제1항 및 정당의 기회균등을 보장하는 「헌법」 제116조 제1항에서 나오는 헌법적 요청이다. 법 제9조(공무원의 중립의무 등)는 이러한 헌법적 요청을 구체화하고 실현하는 법규정이다. 법 제9조(공무원의 중립의무 등)에서 공무원에 대하여 선거에서의 중립의무를 요구한 것은 헌법상 자유선거원칙의 요청, 정당의 기회균등의 원칙 및 「헌법」 제7조 제1항에 헌법적 근거를 둔 '선거에서의 공무원의 중립의무'를 선거법의 영역에서 공무원에 대하여 단지 구체화한 조항으로서, 선거에서의 정치적 중립의무가 요구될 수 없는 국회의원과 지방의회의원을 제외하는 것으로 해석하는 한, 헌법적으로 아무런 하자가 없다.[20)] 「국가공무원법」 조항은 정무직 공무원들의 일반적 정치활동을 허용하는데 반하여, 법 제9조(공무원의 중립의무 등) 제1항은 선거영역에서의 특별법으로서 일반법인 「국가공무원법」 조항에 우선하여 적용된다. 그리고 법 제9조(공무원의 중립의무 등) 제1항의 행위는 공직자가 공직상 부여되는 정치적 비중과 영향력을 국민 모두에 대하여 봉사하고 책임을 지는 그의 과제와 부합하지 않는 방법으로 사용하여 선거에서의 득표에 영향을 미치는 행위를 말한다. 법 제9조(공무원의 중립의무 등) 제1항이 규율하는 '행위'을 위와 같이 구체화할 수 있을 뿐만 아니라, 일반 공무원이 법 제9조(공무원의 중립의무 등) 제1항을 위반한 경우에는 직무상의 의무(다른 법령에서 공무원의 신분으로 인하여 부과된 의무 포함)위반이나 직무태만으로 징계사유가 되고(「국가공무원법」 제78조(징계사유) 제1항 제2호), 대통령의 경우 탄핵사유가 될 수 있으므로[21)] 위 법률조항의 위반에 대한 제재가 전혀 없다고 볼 수 없다. 따라서 위 법률조항이 구체적 법률효과를 발생시키지 않는

---

19) 헌법재판소는, 공무원이 선거에서 특정 정당 또는 특정인을 지지하기 위하여 타인에게 정당에 가입하도록 권유 운동을 한 경우 형사처벌하는 「국가공무원법」 제65조(정치운동의 금지) 제2항 제5호 중 정당 가입 권유에 관한 부분, 제84조(정치운동죄) 제1항 중 제65조(정치운동의 금지) 제2항 제5호의 정당 가입 권유에 관한 부분(이하 '정당가입권유금지조항'이라 한다)에 관하여, "정당가입권유금지조항은 선거에서 특정정당·특정인을 지지하기 위하여 정당가입을 권유하는 적극적·능동적 의사에 따른 행위만을 금지함으로써 공무원의 정치적 표현의 자유를 최소화하고 있고, 이러한 행위는 단순한 의견개진의 수준을 넘어 선거운동에 해당하므로 입법자는 「헌법」 제7조 제2항이 정한 공무원의 정치적 중립성 보장을 위해 이를 제한할 수 있다. 그러므로 정당가입권유금지조항은 과잉금지원칙에 반하여 정치적 표현의 자유를 침해하지 아니한다. 정당가입권유금지조항의 '선거'에는 공직선거는 물론 공직선거에 후보자를 추천하기 위한 당내경선도 포함되고, '권유 운동'은 타인에게 정당에 가입하도록 권하고 힘쓰는 것으로 해석되므로, 명확성원칙에 위반되지 아니한다. 정당가입권유금지조항이 수범자를 공무원에 한정한 것은 「헌법」이 정하고 있는 공무원의 정치적 중립성을 보장하기 위한 것으로 합리적 이유가 있어 평등원칙에 위반되지 아니하고, 관련규정의 행위태양과 죄질을 고려할 때 정당가입권유금지조항의 법정형은 형벌체계의 균형을 상실하지 아니하여 평등원칙에 위반되지 아니한다."고 판시하였다(2021. 8. 31. 선고 2018헌바149 결정).

20) 2004. 5. 14. 선고 2004헌나1 전원재판부 결정

21) 2004. 5. 14. 선고 2004헌나1 전원재판부 결정

단순한 선언적·주의적 규정이라고 볼 수 없다.[22)]

나. 공무원의 집단행위 금지

「국가공무원법」 제66조(집단행위의 금지) 제1항은 공무원이 '공무 외의 일을 위한 집단 행위'를 금지함으로써 공무원의 정치적 의사표현이 집단적으로 이루어지는 것을 허용하지 않고 있다. 「국가공무원법」이 공무원의 정치적 의사표현이 집단적으로 이루어지는 것을 금지하는 것은, 다수의 집단행동은 그 행위의 속성상 개인행동보다 공공의 안녕질서나 법적 평화와 마찰을 빚을 가능성이 크고, 공무원이 집단적으로 정치적 의사표현을 하는 경우에는 이것이 공무원이라는 집단의 이익을 대변하기 위한 것으로 비춰질 수 있으며, 정치적 중립성의 훼손으로 공무의 공정성과 객관성에 대한 신뢰를 저하시킬 수 있기 때문이다. 특히 우리나라의 정치 현실에서는 집단적으로 이루어지는 정부 정책에 대한 비판이나 반대가 특정 정당이나 정파 등을 지지하는 형태의 의사표시로 나타나지 않더라도 그러한 주장 자체로 현실정치에 개입하려 한다거나, 정파적 또는 당파적인 것으로 오해받을 소지가 크기 때문이다.[23)]

다. 선거범죄의 신속한 단속·수사

검사(군검사를 포함한다) 또는 경찰공무원(검찰수사관 및 군사법경찰관리를 포함한다)은 공직선거법의 규정에 위반한 행위가 있다고 인정되는 때에는 신속·공정하게 단속·수사하여야 한다(법§9②).

제2장 선거운동의 개념

1. 선거운동의 정의

법 제58조(정의 등)는 「이 법에서 선거운동이라 함은 당선되거나 되게 하거나 되지 못하게

---

22) 2008. 1. 17. 선고 2007헌마700 전원재판부 결정(법 제9조(공무원의 중립의무 등) 제1항은 주체나 행위에 대한 제한적인 해석이 가능하여 그 범위를 한정할 수 있고, 나아가 입법목적과 입법경위, 수범자의 범위 및 선거과정의 특정 등을 고려할 때, 그 수범자가 통상의 법감정과 합리적 상식에 기하여 그 구체적 의미를 충분히 예측하고 해석할 수 있으므로 명확성의 원칙에 반하지 않는다.) ; 2014. 2. 13. 법률 제12393호로 공직선거법이 개정되어, 공무원의 정치적 중립의무와 관련하여 제85조(공무원 등의 선거관여 등 금지) 제1항이 신설되었으며, 그에 대한 벌칙규정(제255조 제5항)도 신설되어 제85조(공무원 등의 선거관여 등 금지) 제1항을 위반한 자는 5년 이하의 징역 또는 2천만원 이하의 벌금에 처하게 되었다.

23) 2014. 8. 28. 선고 2011헌바32,2011헌가18,2012헌바185(병합) 결정

하기 위한 행위를 말한다.」고 정의하고, 단서에서 「다만, 다음 각 호의 어느 하나에 해당하는 행위는 선거운동으로 보지 아니한다.」면서 「1. 선거에 관한 단순한 의견개진 및 의사표시 2. 입후보와 선거운동을 위한 준비행위 3. 정당의 후보자추천에 관한 단순한 지지·반대의 의견개진 및 의사표시 4. 통상적인 정당활동 6. 설날·추석 등 명절 및 석가탄신일·기독탄신일 등에 하는 의례적인 인사말을 문자메시지(그림말·음성·화상·동영상 등을 포함한다. 이하 같다)로 전송하는 행위」를 예시하고 있다.

그동안 대법원은 「'선거운동'이란 특정선거에서 특정 후보자의 당선 내지 득표나 낙선을 위하여 필요하고도 유리한 모든 행위로서 당선 또는 낙선을 도모한다는 목적의사가 객관적으로 인정될 수 있는 능동적·계획적인 행위를 말한다.」고 판시하여 왔다.[24)]

이에 대하여 대법원 전원합의체 판결[25)]은, 종전의 대법원 판결들 가운데는 문제가 된 구체적 사실관계 하에서 당선이나 낙선에 필요하고도 유리한 행위라면 폭넓게 선거운동에 해당한다는 취지로 보이거나, 문제된 행위가 정치인의 인지도를 높인다거나 선거인에게 영향을 미칠 목적이 있다는 이유만으로 선거운동의 범위에 포함시켜야 한다는 판결례도 있었다고 하면서, 선거에 영향을 줄 수 있다는 등의 이유만으로 광범위하게 선거운동으로 규제하는 판결들은 대의민주주의에서 당연히 허용되어야 할 국민의 정치활동을 위축시키고, 공직선거법상 금지되는 선거운동과 허용되는 정치활동의 경계를 모호하게 하여 선별적·자의적인 법 적용을 초래할 우려가 있는 등의 문제점이 있다고 전제한 뒤, 선거제도에 관한 「헌법」과 공직선거법의 해당 규정과 근본취지에 입각하여, '선거운동'의 의미에 관한 종래 대법원 판례의 취지를 분명히 하고, 아울러 정치인의 사회활동과 정치활동을 어느 범위에서 공직선거법이 금지하는 선거운동으로 보아 처벌의 대상으로 삼아야 하는지에 관하여 보다 구체적인 기준을 제시할 필요가 있다고 하면서, 선거운동의 자유와 공정 및 기회균등을 꾀하고, 정치인의 통상적인 정치활동을 보장할 필요성, 죄형법정주의의 원칙에서 파생되는 형벌법규의 엄격해석의 원칙, 공직선거법의 전체적인 체계에서 선거운동이 차지하는 위치 및 다른 개별적 금지규정의 내용 등에 비추어 볼 때, 공직선거법상 선거운동의 의미와 금지되는 선거운동의 범위에 대하여 다음과 같이 구체적인 기준을 제시하였다.

「① '선거운동'은 특정선거에서 특정후보자의 당선 또는 낙선을 도모한다는 목적의사가 객관적으로 인정될 수 있는 행위를 말하는데, 이에 해당하는지는 행위를 하는 주체 내부의

24) 2005. 9. 9. 선고 2005도2014 판결, 2005. 10. 14. 선고 2005도301 판결, 2006. 8. 25. 선고 2005도5105 판결, 2007. 10. 11. 선고 2007도3468 판결, 2010. 6. 24. 선고 2010도3935 판결, 2010. 12. 9. 선고 2010도10451 판결, 2011. 8. 18. 선고 2011도3985 판결, 2015. 12. 23. 선고 2013도15113 판결 등

25) 2016. 8. 26. 선고 2015도11812 전원합의체 판결 : 2018. 7. 12. 선고 2014도3923 판결, 2018. 4. 10. 선고 2016도21388 판결, 2018. 2. 13. 선고 2017도15742 판결, 2017. 10. 31. 선고 2016도19447 판결, 2017. 4. 26. 선고 2017도1799 판결, 2016. 10. 27. 선고 2015도16764 판결(각 위 전원합의체 판결에 따른 같은 취지의 판결)

의사가 아니라 외부에 표시된 행위를 대상으로 객관적으로 판단하여야 한다.

② 선거 관련 국가기관이나 법률전문가의 관점에서 사후적·회고적인 방법이 아니라 일반인, 특히 선거인의 관점에서 행위 당시의 구체적인 상황에 기초하여 판단하여야 하므로, 개별적 행위들의 유기적 관계를 치밀하게 분석하거나 법률적 의미와 효과에 치중하기 보다는 문제된 행위를 경험한 선거인이 행위 당시의 상황에서 그러한 목적의사가 있음을 알 수 있는지를 살펴보아야 한다.

③ 목적의사가 있었다고 추단하려면, 단순히 선거와의 관련성을 추측할 수 있다거나 선거에 관한 사항을 동기로 하였다는 사정만으로는 부족하고 특정 선거에서의 당락을 도모하는 행위임을 선거인이 명백히 인식할 만한 객관적인 사정에 근거하여야 한다.[26)27)] 그러한 목적의사를 가지고 하는 행위인지는 단순히 행위의 명목뿐만 아니라 행위의 태양, 즉 행위가 행하여지는 시기·장소·방법 등을 종합적으로 관찰하여 판단하여야 한다. 특히, 행위를 한 시기가 선거일에 가까우면 가까울수록 명시적인 표현 없이도 다른 객관적 사정을 통하여 당해 선거에서의 당선 또는 낙선을 도모하는 의사가 있다고 인정할 수 있으나, 선거가 실시되기 오래전에 행해져서 시간적으로 멀리 떨어진 행위라면 단순히 선거와의 관련성을 추측할 수 있다는 것만으로 당해 선거에서의 당락을 도모하는 의사가 표시된 것으로 인정될 수 없다.[28)]

---

26) 김경호는 행위자의 목적의사를 선거인의 관점에서 판단해야 한다는 점은 동의하기 어렵다고 하면서, '행위의 목적성과 행위자의 목적의지는 주관적 요소이기 때문에 객관적으로 확인하기 어렵다. 문제는 특정행위가 계획되지 않고 의도되지 않은 상태에서 목적의사 없이 실천되었음에도 타자에 의해 당선 또는 낙선을 위한 행위, 목적의사로 인정될 수 있다는 점이다. "목적의사의 객관적 인정"을 "선거인이 명백하게 인정하는 것"이라고 한다면, 목적의사는 결국 행위를 바라보는 선거인의 주관적 판단에 달려있음을 의미한다. 이처럼 선거인의 판단에 따라 목적의사의 인정여부를 결정하게 되면 어느 쪽인지는 단언할 수 없지만, 행위당사자에게 유불리가 존재할 수 있는 개연성도 배제할 수 없다.'고 비판하였다(김경호, 「'선거운동'의 정의와 그 범위의 결정에 관한 연구 －대법원 2015도11812 전원합의체 판결을 중심으로－」, 언론과 법 제16권 제1호, 195－196쪽).

27) 김정연은 '대상판결의 다수의견은 선거운동의 개념을 해석함에 있어서 '엄격해석'의 원칙에 따라 제한적으로 해석하여야 한다고 설시하고 있는데, 엄밀한 의미에서는 해석의 근거기준 내지 해석방법이라기 보다는 해석의 결과라고 할 수 있다. 법학방법론상 이와 같은 해석은 선거의 자유 보장과 공정성 확보라는 공직선거법의 입법목적을 고려한 목적적해석으로서 다수의견은 선거의 공정성과 선거운동의 자유 중 선거운동의 자유를 고려한 해석으로 평가할 수 있다. 대상판결에 대해서는 선거운동의 자유를 보장하기 위한 헌법합치적 법률해석으로 평가하기도 하지만, 선거운동의 개념의 해석과 선거운동에 대한 현행법상 제한의 정당성 문제와는 구별되어야 한다. 따라서 선거운동의 규제방법이나 사전선거운동의 금지에 대해 위헌 여부를 다투거나 입법적인 해결방안을 모색하는 것이 바람직한 것이지 선거운동의 개념 자체를 제한적으로 해석하여 금지하는 선거운동이나 사전선거운동행위에 해당하지 않는 것으로 해석하는 방법은 타당하지 않다.'고 비판하였다(김정연, 「공직선거법상 선거운동의 개념으로서 목적의사와 목적범의 판단기준 －대법원 2015도11812 전원합의체 판결을 중심으로－」, 형사법연구 제31권 제2호, 119－125쪽).

28) 김경호는 '특정행위가 선거일로부터 떨어진 시점에 따라 선거인의 눈에 선거운동인지 아닌지 달리 보일 것이라는 가정은 증명된바 없다. 즉, 선거와 관련이 없는 일반인의 관점에서 선거일로부터 5개월 떨어진 시점, 6개월 남은 시점, 7개월 남은 시점 등 선거일자의 시간적 간격에 따라 특정 정치활동이 선거운동에 해

④ 선거운동은 대상인 선거가 특정되는 것이 중요한 개념표지이므로, 문제된 행위가 특정 선거를 위한 것임이 인정되어야만 선거운동에 해당되는데, 행위 당시의 상황에서 특정 선거의 실시에 대한 예측이나 확정 여부, 행위의 시기와 특정 선거일 간의 시간적 간격, 행위의 내용과 당시의 상황, 행위자와 후보자의 관계 등 여러 가지 객관적 사정을 종합하여 선거인의 관점에서 문제된 행위가 특정 선거를 대상으로 하였는지를 합리적으로 판단하여야 한다. 정치인은 누구나 기회가 오면 장래의 적절한 선거에 출마하여 당선될 것을 목표로 삼는 사람이고, 선거운동은 특정한 선거에서 당락을 목표로 하는 행위이므로, 문제된 행위가 특정 선거를 위한 것이라고 인정하려면, 단순히 어떤 선거에 나설 것이라는 예측할 수 있는 정도로는 부족하고, 특정 선거를 전제로 선거에서 당락을 도모하는 행위임을 선거인이 명백히 인식할 수 있는 객관적 사정이 있어야 한다.

⑤ 정치인이 일상적인 사회활동과 통상적인 정치활동의 일환으로 선거인과 접촉하여 자신의 인격에 대한 공감과 정치적 식견에 대한 찬성과 동의를 구하는 한편, 그들의 의견을 청취·수용하여 지지를 받을 수 있는 정책을 구상·수립하는 과정을 통하여 이른바 인지도와 긍정적 이미지를 제고하여 정치적 기반을 다지는 행위에도 위와 같은 판단기준이 그대로 적용되어야 한다. 따라서 그와 같은 일상적인 사회활동과 통상적인 정치활동에 인지도와 긍정적 이미지를 높이려는 목적이 있다 하여도 행위가 특정한 선거를 목적으로 하여 선거에서 특정인의 당선 또는 낙선을 도모하는 목적의사가 표시된 것으로 인정되지 아니하는 한 선거운동으로 볼 것은 아니다.

⑥ 문제된 행위가 단체 등을 통한 모습으로 나타나는 경우에는 단체 등의 설립 목적과 경위, 인적 구성, 활동의 시기, 방법, 내용과 규모 등을 추가적으로 고려하여 활동이 특정 선거에서 특정인의 당선 또는 낙선을 도모하는 목적의사에 따라 행해진 것이라는 점이 당해 선거인의 관점에서 객관적으로 인정되는지를 살펴보아야 한다. 단체 등의 목적 범위 내에서 통상적으로 행해지는 한도에서는 특별한 사정이 없는 한 그러한 활동이 특정인의 당선 또는 낙선을 목적으로 한 선거운동이라고 보아서는 아니 되고, 단체의 목적이나 활동내용이 정치 이외의 다른 전형적인 사회활동을 하는 단체가 갖는 특성에 딱 들어맞지 않는다는 이유만으로 단체의 활동을 선거운동에 해당한다고 단정하여서도 아니 된다.」고 판시하였다.[29][30][31]

당하는지를 차별적으로 구분하는 것은 이론에 불과하다. 선거운동을 규제하기 위해 시점을 미리 설정해 놓고, 그 시간적 간격에 따라 선거권자의 선거운동에 대한 판단이 다를 것이라고 주장하는 것은 타당성이 결여된 것으로 볼 수 있다. 특정행위가 발생한 시점과 선거일과의 시간적 거리에 따라 그 정치행위를 선거운동으로 판단하는 것은 정치적 의사의 표현이 선거시기와 관련해서 제한받을 수 있다는 것인데, 역설적으로 정치적 의사표현은 선거운동을 통해서 가장 잘 표현될 수 있다. 따라서 선거일과 가까운 시점에 선거운동을 포함한 정치적 의사표현은 그 어느 때보다 강하게 보장되어야 하는 것이 요구된다.'고 주장하였다(김경호, 앞의 논문, 196－197쪽).

29) 대법원 전원합의체는 위와 같은 선거운동에 관한 판단기준과 달리, 출판기념회 개최를 빙자하여 피고인의

전원합의체 판결은 선거운동의 개념에서 기존 판례와 큰 차이는 없으나, 목적의사의 판단 주체를 행위자의 입장에서가 아니라 선거인의 관점에서 판단할 것을 요구하고 있다. 또한 문제된 행위가 선거가 실시되기 오래전에 행해져서 시간적으로 멀리 떨어진 행위는 단순히 선거와의 관련성을 추측할 수 있다는 것만으로는 당해 선거에서 당락을 도모하는 의사가 표시된 것으로 인정할 수 없어 선거운동에 해당하지 않는다고 하였고, 정치인의 일상적인 사회활동과 통상적인 정치활동에 인지도와 긍정적 이미지를 높이려는 목적이 있다고 하여도 행위가 특정한 선거를 목표로 하여 선거에서 특정인의 당선 또는 낙선을 도모하는 목적의사가 표시되는 것으로 인정되지 않는 한 선거운동이 아니라고 판단하였다.

2. 선거운동의 개념

가. 선거의 특정

선거운동은 특정 선거에서 행하여지는 행위이다. 특정 선거란 그 행위가 선거운동이 되기 위해서는 그 대상이 되는 선거가 특정되어 있어야 한다는 의미이다. 선거운동은 대상인 선

인지도를 높였다는 이유만으로 사전선거운동에 해당한다는 취지의 대법원 2007. 8. 23. 선고 2007도3940 판결과 후보자가 되고자 하는 자가 선거인에게 영향을 미칠 목적으로 단체 등을 설립하였다면 선거운동의 목적이 있는 것으로 보아 공직선거법 제89조(유사기관의 설치금지) 제1항 본문의 유사기관에 해당한다고 판시한 대법원 2006. 6. 27. 선고 2005도303 판결 등은 위 전원합의체 판결의 견해에 배치되는 범위에서 변경하였다.

30) 전원합의체 판결의 다수의견에 대하여, 대법관 김용덕 등 3명은 '"당선 또는 낙선의 목적"은 목적범에서의 목적에 준하는 주관적 구성요소인 이상 그 실현에 대한 인식과 의욕여부는 구성요건적 고의나 목적범에서의 목적과 마찬가지로 당연히 행위자인 피고인을 기준으로 판단하여야 하고, 피고인에게 그와 같은 목적에 대한 인식이 있었음이 증명되는지에 따라 구성요건의 충족여부를 가려야 한다. 선거운동이란 목적의사가 "객관적"으로 인정될 수 있는 행위를 말한다고 해석하여 온 취지는 자체로는 주관적인 요소인 행위자의 목적의사를 인정하기 위해서는 행위의 능동성이나 계획성을 통하여 객관적으로 확인하고 파악하여야 함을 가리키는 것으로 이해하여야 하지, 목적의사가 "객관적"으로 인정되어야 한다고 하여 다수의견과 같이 반드시 선거인이 목적의사를 명백히 인식할 수 있어야 한다는 의미로 새길 수는 없다.'고 하면서 '행위가 이루어진 시기가 선거일로부터 상당한 시간적 간격을 두고 행하여졌더라도 행위자가 "후보자가 되고자 하는 자", 즉 선거에 입후보할 의사를 가진 것을 객관적으로 인식할 수 있을 정도에 이른 사람에 해당하고 문제되는 행위가 "후보자가 되고자 하는 자"로서 선거에서의 당선 또는 낙선을 목적으로 자신의 인지도를 높이기 위하여 다수의 선거인들을 접촉한 것이라면, 이러한 행위는 이미 통상적인 정치활동의 범주를 벗어난 것으로서 당선 또는 낙선을 도모하는 목적의사가 객관적으로 확인될 수 있고, 행위의 태양에 따라 당선 또는 낙선을 도모하는 목적의지를 수반하는 행위로서 선거운동에 해당할 수 있다.'고 반대의견을 밝혔다.

31) 전원합의체 판결은, 당선을 도모하고자 하는 목적의사가 명백하게 입증되지 않는 한 특정 행위를 선거운동으로 간주하여 형사처벌하는 것을 금지함으로써 정치적 의사표현으로서의 선거운동의 보장 범위를 확장하였다는 견해(김경호, 앞의 논문, 199쪽)가 있고, 민주적 정치과정의 구성적 요소인 선거운동의 자유를 보장하기 위한 헌법합치적 법률해석의 사례로 평가하는 견해(조동원, 「선거운동의 개념과 민주적 정치과정 – 대법원 2016. 8. 26. 선고 2015도11812 전원합의체 판결을 중심으로 –」, 이화여자대학교 법학논집 제21권 제4호(2017. 6.), 358쪽)도 있다.

거가 특정되는 것이 중요한 개념표지이므로, 문제된 행위가 특정 선거를 위한 것임이 인정되어야만 선거운동에 해당되는데, 행위 당시의 상황에서 특정 선거의 실시에 대한 예측이나 확정 여부, 행위의 시기와 특정 선거일 간의 시간적 간격, 행위의 내용과 당시의 상황, 행위자와 후보자의 관계 등 여러 가지 객관적 사정을 종합하여 선거인의 관점에서 문제된 행위가 특정 선거를 대상으로 하였는지를 합리적으로 판단하여야 한다. 정치인은 누구나 기회가 오면 장래의 적절한 선거에 출마하여 당선될 것을 목표로 삼는 사람이고, 선거운동은 특정한 선거에서 당락을 목표로 하는 행위이므로, 문제된 행위가 특정 선거를 위한 것이라고 인정하려면, 단순히 어떤 선거에 나설 것이라는 예측할 수 있는 정도로는 부족하고,[32] 특정 선거를 전제로 선거에서 당락을 도모하는 행위임을 선거인이 명백히 인식할 수 있는 객관적 사정이 있어야 한다.[33] 현재 선거일은 법정되어 있으나(법§34), 문제된 행위가 각종의 여러 선거 중 어떤 선거를 대상으로 하는 것인지 여부에 대하여는 위 기준에 따라 선거인의 관점에서 판단하여야 한다.

나. 후보자의 특정

법 제58조(정의 등) 제1항은 당선의 기준을 사용하여 선거운동의 개념을 정의함으로써, 후보자를 특정할 수 있는지의 여부를 선거운동의 요건으로 삼고 있다. 따라서 선거운동의 개념은 특정한 또는 적어도 특정될 수 있는 후보자의 당선이나 낙선을 위한 행위여야 한다는 것을 전제로 하고 있다. 물론, 특정 정당의 득표를 목적으로 하는 행위도 필연적으로 그 정당의 추천을 받은 지역구 후보자의 당선을 목표로 하는 행위를 의미한다는 점에서, 특정 정당을 지지하는 발언도 선거운동의 개념을 충족시킬 수 있으나, 이 경우에도 특정 정당에 대한 지지발언을 통하여 당선시키고자 하는 정당 후보자가 특정될 수 있어야 하고, 후보자의 특정이 이루어지지 않은 상태에서 특정 정당에 대한 지지발언은 선거운동에 해당한다고 볼 수 없다.[34] 특정 후보자란 후보자등록을 마친 후보자만을 가리키는 것이 아니다. 장래에 입

---

32) 2017. 4. 26. 선고 2017도1799 판결(피고인이 국회의원선거 약 1년 전에 자신의 경력사항을 포함하여 국회의원선거 당선을 호소하는 내용이 기재된 명함 약 300장을 지역구 내 아파트 지하주차장에 주차된 차량들의 앞 유리에 꽂아두는 방법으로 배부하여 사전선거운동을 하였다고 하여 공직선거법위반으로 기소된 사안에서, 명함을 배포하는 활동은 선거일에서 멀리 떨어진 시기에 이루어진 일이어서 피고인이 향후 어떤 선거에 나설지도 모른다는 예측을 주는 정도에 불과하며, 명함의 내용이나 명함 배부과정에서 명시적으로 국회의원선거에서 피고인에 대한 지지를 부탁하는 행위가 있었음이 인정되지 아니하고, 선거인의 관점에서 위 선거에서 피고인의 당선을 도모하려는 목적의사를 쉽게 추단할 수 있을 만한 객관적 사정도 부족하여 피고인이 선거운동을 목적으로 명함을 배부하였다고 보기 어렵고, 피고인이 자신의 인지도와 긍정적 이미지를 높이려는 의도에서 명함을 배부하였더라도 그 배부행위를 사전선거운동에 해당한다고 볼 수 없다고 한 사례)

33) 2016. 8. 26. 선고 2015도11812 전원합의체 판결, 2018. 11. 29. 선고 2017도2972 판결

34) 2004. 5. 14. 선고 2004헌나1 전원재판부 결정

후보할 것이 예정된 사람도 포함한다. 입후보할 것을 예정하면 족하지 입후보할 확정적 결의까지 요구되는 것은 아니다.[35] 후보자가 한 사람에 한정되는 것이 아니고 여러 사람인 경우에도 특정 후보자가 된다. 정당명부식 비례대표국회의원선거 및 지방의회의원선거나 중대선거구제인 기초의회의원선거에서 수인을 추천한 정당의 경우가 그러하다. 비례대표 국회의원선거라 하더라도 국민은 정당에 대한 지지를 통하여 종국적으로는 비례대표 '후보자'들의 당락을 결정하게 되는 것이고, 이와 같이 볼 때에만 비로소 비례대표제를 통하여서도 직접선거의 원칙이 충족될 수 있는 것인바, 비례대표 국회의원선거의 경우에도 이를 통해 향후 그 당락이 결정되는 후보자명부상 개별 후보자들의 존재를 전제하지 않고서는 선거운동의 개념을 논할 수 없다고 봄이 타당하다.[36]

그러나 법원은 비례대표국회의원선거의 특징과 법상 비례대표국회의원선거운동에 대한 규정들을 종합하여 보면, 비례대표국회의원선거에서 특정 정당을 지지한다는 취지의 행위가 법 제255조(부정선거운동죄) 제1항 제2호, 제60조(선거운동을 할 수 없는 자) 제1항, 법 제254조(선거운동기간위반죄) 제2항에 규정된 선거운동에 해당하는지는, 특정 정당 소속 후보자들의 당선을 도모한다는 목적의사가 객관적으로 인정될 수 있는 능동적·계획적 행위로 인정되는지에 따라 판단하여야 하고, 반드시 그 정당 소속 후보자들이 개별적으로 특정되어야 한다고 볼 수 없다고 판시한 사례도 있다.[37]

다. 당선 또는 낙선의 목적

선거운동은 당선을 목적으로 하는 당선운동과 낙선을 목적으로 하는 낙선운동으로 나눌 수 있고, 또 낙선운동은 당선을 목적으로 하여 운동하는 후보자측이 경쟁후보자의 낙선을 위하여 수행하는 낙선운동(후보자측의 낙선운동)과 당선의 목적 없이 오로지 특정 후보자의 낙선만을 목적으로 하여 후보자측 이외의 제3자가 벌이는 낙선운동(제3자의 낙선운동)으로 분류할 수 있다. 제3자의 낙선운동도 선거운동임에는 틀림없다.[38] 제3자가 당선의 목적 없이 오로지 특정 후보자의 낙선만을 목적으로 하여 벌이는 낙선운동은 특정인의 당선을 목적으로 함이 없이 부적격 후보자의 낙선만을 목적으로 하고 있다는 점에서 특정인의 당선을 목적으

35) 1975. 7. 22. 선고 75도1659 판결, 1996. 9. 10. 선고 96도976 판결

36) 2022. 4. 14. 선고 2022노1070 판결(서울고등법원 2022. 1. 13. 선고 2021노1110 판결)

37) 2022. 3. 17. 선고 2021도16335 판결

38) 2004. 11. 12. 선고 2003다52227 판결(시민단체가 특정 후보자에 대한 낙선운동을 한 행위는 그 낙선운동으로 인하여 후보자가 낙선하였는지 여부에 관계없이 후보자가 다른 후보자들과의 공정한 경쟁을 통하여 선거권자들에 의하여 평가받게 될 것이라는 후보자의 합리적인 기대를 침해한 것이고, 이러한 기대는 인격적 이익으로서 보호할 가치가 있다 할 것이므로, 그로 인하여 후보자가 입은 정신적 고통에 대하여 위자료를 지급할 의무가 있고, 시민단체의 특정 후보자에 대한 낙선운동이 시민불복종운동으로서 정당행위 또는 긴급피난에 해당한다고 볼 수 없다고 한 사례)

로 경쟁후보가 당선되지 못하게 하는 선거운동과 의미상으로는 일응 구별되기는 하지만, 그 주관적인 목적과는 관계없이 실제의 행동방식과 효과에 있어서는 다른 후보자의 당선을 위하여 하는 선거운동과 다를 것이 없다.[39] 경우에 따라서는 제3자편의 낙선운동이 그 명분 때문에 후보자편의 낙선운동보다도 훨씬 더 큰 영향을 미칠 수도 있어, 제3자편의 낙선운동은 후보자측이 자기의 당선을 위하여 경쟁 후보자에 대하여 벌이는 낙선운동과 조금도 다를 것이 없다.[40]

당선 또는 낙선의 목적이 있는지 여부는 선거관련 국가기관이나 법률전문가의 관점에서 사후적·회고적인 방법이 아니라 일반인, 특히 선거인의 관점에서 행위 당시의 구체적인 상황에 기초하여 판단하여야 한다. 위와 같은 목적의사가 있었다고 추단하려면, 단순히 선거와의 관련성을 추측할 수 있다거나 선거에 관한 사항을 동기로 하였다는 사정만으로는 부족하고 특정 선거에서의 당락을 도모하는 행위임을 선거인이 명백히 인식할 만한 객관적인 사정에 근거하여야 한다.[41][42] 그러한 목적의사를 가지고 하는 행위인지는 단순히 행위의 목적뿐만 아니라 행위의 태양, 즉 행위가 행하여지는 시기·장소·방법 등을 종합적으로 관찰하여 판단하여야 한다.[43][44] 여기서 그 행위의 능동성 및 계획성은 목적의지를 인식하는 중요한

39) 2004. 4. 27. 선고 2002도315 판결(시민단체의 특정 후보자에 대한 낙선운동은 위법한 행위로서 허용될 수 없고, 시민불복종운동으로서 헌법상의 기본권 행사 범위 내에 속하는 정당행위이거나 형법상 사회상규에 위반되지 아니하는 정당행위 내지 긴급피난의 요건을 갖춘 행위로 볼 수 없다고 한 사례), 2002. 2. 26. 선고 2000수162 판결(시민단체가 특정 후보자를 낙선대상자와 집중 낙선대상자로 선정 발표하면서 이를 언론에 보도되도록 한 행위 자체만으로는 후보자비방에 해당하지 않는 한 위법하다고 볼 수 없으나, 특정 후보자를 비방하는 내용의 가두행진·불법유인물 배포 등의 방법으로 특정 후보자의 낙선운동을 한 것은 위법한 행위에 해당한다고 한 사례)

40) 2001. 8. 30. 선고 2000헌마121·202(병합) 전원재판부 결정

41) 2018. 7. 12. 선고 2014도3923 판결(대학의 교수나 연구자가 특정한 역사적 사건과 인물, 사회적 현안이나 문화현상 등에 관하여 탐구하고 비판하며 교수하는 활동을 하는 경우, 어느 교수내용과 방법이 공직선거법이 금지하는 선거운동에 해당한다고 하려면, 해당 교수행위가 학문적 연구와 교수활동의 본래 기능과 한계를 현저히 벗어나 선거인의 관점에서 볼 때 학문적 연구결과의 전달이나 학문적 과정이라고 볼 수 없고 특정 후보자의 당선 또는 낙선을 도모하는 목적의사를 가진 행위라고 객관적으로 명백하게 인정되는 경우이어야 한다.)

42) 2020. 12. 24. 선고 2020도10916 판결(법상 선거운동을 할 수 없는 공무원인 교사가 '페이스북'과 같은 누리소통망(이른바 '소셜 네트워크 서비스')을 통해 자신의 정치적인 견해나 신념을 외부에 표출하였고, 그 내용이 선거와 관련성이 인정된다고 하더라도, 그 이유만으로 섣불리 선거운동에 해당한다고 속단해서는 아니 된다. 피고인은 '트위터'의 '리트윗' 기능을 이용하여 언론사 인터넷 기사와 다른 이용자들의 게시물을 그대로 저장 게시하거나 그와 관련한 자신의 짧은 의견을 덧붙여 왔는데, 이는 페이스북 타임라인에도 올라가기는 하나 수신자가 알림을 받고 자발적 적극적으로 클릭 한 경우에만 그 글을 수용하게 되며, 대부분 자기 의견을 부기함이 없이 원 게시글을 단순 공유한 것이고, 내용도 피고인의 의견 자체가 아니라는 사실을 읽는 사람이 쉽게 알 수 있는바, 피고인이 위 게시글을 게시한 행위가 객관적으로 특정 후보자의 당선 또는 낙선을 도모한다는 능동적·계획적 목적의사가 드러나는 것이라고 단정하기는 어렵다고 판시한 사례)

43) 2012. 11. 29. 선고 2010도9007 판결, 2019. 11. 28. 선고 2017도13629 판결(법 제60조(선거운동을 할 수 없는 자) 제1항에 따라 선거운동을 할 수 없는 사립학교 교원이 타인의 'E'와 같은 누리소통망(이른바 '소셜 네트워크서비스')의 게시물에 '공유하기'를 하였는바, 타인의 E 게시물에 대하여 자신의 의견을 표현하

기준으로 작용한다.[45]

행위를 한 시기가 선거일에 가까우면 가까울수록 명시적인 표현 없이도 다른 객관적인 사정을 통하여 당해 선거에서의 당선 또는 낙선을 도모하려는 의사가 있다고 인정할 수 있으나, 선거가 실시되기 오래전에 행해져서 시간적으로 멀리 떨어진 행위라면 단순히 선거와의 관련성을 추측할 수 있다는 것만으로 당해 선거에서의 당락을 도모하는 의사가 표시된 것으로 인정될 수는 없다.[46][47][48]

선거운동에 해당하는지는 행위를 하는 주체의 의사가 아니라 외부에 표시된 행위를 대상으로 객관적으로 판단하여야 하므로, 법상 선거운동을 할 수 없는 공립학교 교원이 '페이스북'과 같은 누리소통망(일명 '소셜 네트워크 시비스')을 통해 자신의 성지적 견해나 신념을 외부에 표출하였고, 그 내용이 선거와 관련성이 인정된다고 하더라도, 그 이유만으로 섣불리 선거운동에 해당한다고 속단해서는 아니 된다. 한편 타인의 페이스북 게시물을 공유하는 목적은 상당히 다양하고, '공유하기' 기능에는 정보확산의 측면과 단순 정보저장의 측면이 동시에 존재한다. 따라서 특별한 사정이 없는 한 언론의 인터넷 기사나 타인의 게시글을 단순히 '공유하기'한 행위만으로는 특정 선거에서 특정 후보자의 당선 또는 낙선을 도모하려는 목적

는 수단으로는 ① '좋아요' 버튼 누르기, ② 댓글 달기, ③ 공유하기의 세 가지가 있는데, 이용자가 다른 이용자의 E 게시물을 보다가 자신의 감정을 표현하고 싶을 때는 '좋아요'버튼을 누르고, 의견을 제시하고 싶을 때는 '댓글 달기' 기능을 이용하며, 게시물을 저장하고 싶을 때에는 '공유하기' 기능을 이용하는 경향성을 갖게 된다. 그런데 타인의 게시물을 공유하는 목적은 게시물에 나타난 의견에 찬성하기 때문일 수도 있지만 반대하기 때문일 수도 있고, 내용이 재미있거나 흥미롭기 때문일 수도 있으며, 자료수집이 필요하기 때문일 수도 있고, 내용을 당장 읽지 않고 나중에 읽어 볼 목적으로 일단 저장해두기 위한 것일 수도 있는 등 상당히 다양하고, '공유하기' 기능에는 정보확산의 측면과 단순 정보저장의 측면이 동시에 존재한다. 따라서 특별한 사정이 없는 한 언론의 인터넷 기사나 타인의 게시글을 단순히 '공유하기'한 행위만으로는 특정 선거에서 특정 후보자의 당선 또는 낙선을 도모하려는 목적의사가 명백히 드러났다고 단정할 수 없다고 한 사례)

44) 2018. 11. 29. 선고 2017도2972 판결(공직선거법상 선거운동을 할 수 없는 사립학교 교원이 '페이스북'과 같은 누리소통망(이른바 '소셜 네트워크 서비스')을 통해 자신의 정치적 견해나 신념을 외부에 표출하였고, 그 내용이 선거와 관련성이 인정된다고 하더라도, 그 이유만으로 섣불리 선거운동에 해당한다고 속단해서는 아니 된다. 아무런 글을 부기하지 않고 언론의 인터넷 기사를 단순히 1회 '공유하기'한 행위만으로는 특정 선거에서 특정 후보자의 당선 또는 낙선을 도모하려는 목적의사가 명백히 드러났다고 보기 어려운 경우가 일반적이라고 한 사례)

45) 2004. 5. 14. 선고 2004헌나1 전원재판부 결정

46) 2016. 8. 26. 선고 2015도11812 전원합의체 판결(대전시장 등이 2014. 6. 4. 실시된 제6회 전국동시지방선거일로부터 약 1년 6개월 전에 포럼을 설립하여 활동하였다는 사안에 대하여 유사기관설치 금지규정을 위반하고 사전선거운동을 하였다고 유죄를 선고한 원심을 파기)

47) 2017. 10. 31. 선고 2016도20658 판결(제20대 국회의원 선거일인 2016. 4. 13.보다 9개월 전인 2015. 7. 경 단체 사무실을 개소하고 주민 6만 명을 상대로 문자메시지를 전송하고 주민행사와 모임에 참여한 사안에 대하여 유사기관설치 금지규정을 위반하였다거나 사전선거운동을 하기 어렵다고 한 사례)

48) 2017. 10. 31. 선고 2016도19447 판결(예비후보자등록 약 1개월 전부터 선거일 약 2개월 전까지 문자메시지를 발송한 사안에서, 예비후보자등록 전의 문자메시지 발송 행위는 선거운동으로 보기 어려우나, 예비후보자등록 후의 문자메시지 발송 행위는 선거운동에 해당한다고 본 사례)

의사가 명백히 드러났다고 단정할 수 없다.[49] 개인 누리소통망 계정에 인터넷 기사나 타인의 게시물을 단순 공유한 경우, 그 행위가 선거운동에 해당하는지 여부는 게시물의 내용뿐 아니라, 누리소통망에 게시한 전체 게시물의 비중, 이전에도 유사한 내용의 게시물을 게시한 사실이 있는지, 선거일에 임박하여 계정을 개설하고 친구를 과다하게 추가하면서 비슷한 내용의 게시물을 이례적으로 연달아 작성, 공유하였다는 등 특정 선거에서 특정 후보자의 당선 또는 낙선을 도모하려는 목적의사가 명백히 드러난 행위로 볼 수 있는 사정이 있는지 등을 종합적으로 살펴야 한다.[50]

라. 상대방의 특정문제

선거운동은 기부행위와는 달리 그 상대방이 제한되어 있지 않으므로, 그 선거운동의 상대방이 당선 또는 낙선을 도모하는 특정 후보자의 선거구 안에 있거나 선거구민과 연고가 있는 사람이나 기관·단체·시설 등에 해당하지 않아도 된다.[51]

마. 선거운동과 경선운동

앞서 본 바와 같이 선거운동은 특정선거에서 특정후보자의 당선 또는 낙선을 도모한다는 목적의사가 객관적으로 인정될 수 있는 행위를 말하고, 이와 마찬가지로 경선운동은 특정 당내경선후보자의 당선 또는 낙선을 도모한다는 목적의사가 객관적으로 인정될 수 있는 행위를 의미한다. 어떤 행위가 경선운동에 해당하는지는 선거운동의 경우와 같이 행위를 하는 주체 내부의 의사가 아니라 외부에 표시된 행위를 대상으로 경선선거인의 입장에서 객관적으로 판단하여야 한다. 공직선거에 출마할 정당추천후보자를 선출하기 위한 당내경선에서의 당선 또는 낙선을 위한 행위는 선거운동에는 해당하지 아니하며, 다만 당내경선에서의 당선 또는 낙선을 위한 행위라는 구실로 실질적으로는 공직선거에서의 당선 또는 낙선을 위한 행위를 하는 것으로 평가될 수 있는 예외적인 경우에 한하여 그 범위 내에서 '선거운동'으로 볼 수 있다.[52] 나아가 당내경선에서의 당선 또는 낙선을 위한 행위에 부수적으로 공직선거

49) 2019. 11. 28. 선고 2017도13629 판결

50) 2020. 2. 27. 선고 2016헌마1071 결정(제20대 국회의원 선거를 앞둔 2016. 1. 15.경 청구인의 페이스북 계정에 특정 국회의원 예비후보자가 거짓말을 하고 있다는 내용의 인터넷매체의 게시물(게시글 및 동영상)을 공유하여 게시하였으나, 그 글에 대한 자신의 의견은 부기하지 않아, 특별한 사정이 없는 한 그 게시행위만으로는 특정 후보자의 낙선을 도모하기 위한 목적의사가 명백한 행위로 보기 부족하다. 그 외 청구인이 선거일에 임박하여 페이스북 계정을 개설하고 페이스북 친구를 과다하게 추가하면서 비슷한 내용의 게시물을 이례적으로 연달아 작성, 공유하였다는 등 그 목적의사를 추단할 수 있는 사정에 대한 증거는 확보되지 않았다. 이 사건 게시물의 내용과 수사과정에서 확인된 청구인의 페이스북 친구의 규모(4,583명) 및 청구인이 이 사건 게시행위 이외에 페이스북에 같은 날 특정 예비후보자에 관한 게시물을 1건 더 게시한 사실만으로는 청구인의 이 사건 게시행위가 '선거운동'에 해당한다고 인정하기 어렵다고 한 사례)

51) 2007. 3. 30. 선고 2006도9043 판결

에서의 당선 또는 낙선을 도모하고자 하는 의사가 포함되어 있다는 사정만으로 그와 같은 행위가 '선거운동'에 해당하는 것으로 섣불리 단정하여서는 아니 된다.[53)][54)] 결국 경선운동이 선거운동에도 해당하는지 여부는 당내경선행위라는 구실로 실질적으로는 공직선거에서의 선거운동행위를 하는지에 대하여 단순히 행위의 목적뿐만 아니라 행위의 태양, 즉 행위가 행하여지는 시기·장소·방법 등을 종합적으로 관찰하여 판단하여야 한다.[55)]

경선운동이 선거운동에도 해당된다면 양자는 상상적 경합관계에 있다.

바. '선거에 영향을 미치게 하기 위하여' 및 '선거운동과 관련하여'와 선거운동과의 관계

'선거에 영향을 미치는 행위'는 선거운동보다 넓은 개념으로 선거운동에까지 이르지 아니하였다고 하더라도 그 행위 자체가 선거에 간접적으로 영향을 미쳐 선거의 평온성과 공정성을 해함으로써 선거에 영향을 미칠 우려가 있는 행위이다. 따라서 비록 표면적으로는 선거와 무관한 것처럼 보이는 행위라 할지라도 그 행위가 이루어진 시기, 동기, 방법 등 제반사정을 종합하여 선거에 영향을 미칠 우려가 있는 행위로 평가된다면 이에 해당한다.[56)] '선거에 영향을 미치게 하기 위하여'는 초과주관적 요소로서 '선거 영향을 미치게 할 목적'을 범죄성립요건으로 하는데, 그 목적에 대하여는 적극적 의욕이나 확정적 인식을 필요로 하는 것이 아니라 미필적 인식만으로도 족하고, 그 목적이 있었는지 여부는 행위자의 사회적 지위, 행위자와 후보자·경쟁후보자 또는 정당과의 관계, 행위의 동기 및 경위와 수단 및 방법, 행위의 내용과 태양, 행위 당시의 사회상황 등 여러 사정을 종합하여 사회통념에 비추어 합리적으로 판단하여야 한다.[57)] '선거에 영향을 미치는 행위'가 규정된 조항으로는 법 제85조

---

52) 2003. 7. 8. 선고 2003도305 판결, 2012. 4. 13. 선고 2011도17437 판결

53) 2013. 5. 9. 선고 2012도12172 판결, 2013. 5. 9. 선고 2013도2681 판결, 2013. 11. 14. 선고 2013도6620 판결

54) 특정 정당의 후보로 선출되기만 하면 공직선거에서 당선될 가능성이 높은 선거구에서는 정작 선거운동보다 경선운동이 오히려 과열되고 혼탁해질 수 있으므로, 경선운동에 공직선거에서의 당선 또는 낙선을 도모하고자 하는 의사가 포함되어 있는 경우에도 이를 예외적으로만 선거운동으로 인정하여 선거운동의 성립범위를 제한한다면, 혼탁한 경선운동에 대하여 선거운동에 대한 규제에 못 미치는 대응을 하게 됨으로써 형평성에 어긋난다는 비판이 제기될 수 있으므로 이를 해결할 제도적 보완을 검토할 필요가 있다는 견해가 있으나(대검찰청, 앞의 책, 78쪽), 경선운동의 방법이 열거되어 있는 공직선거법만의 규제만으로도 경선운동의 자유가 상당한 정도로 제한되어 있는 현실에 비추어 위와 같은 견해는 규제 및 단속 중심의 사고에서 비롯된 것에 불과하다.

55) 2005. 10. 14. 선고 2005도301 판결(선거인단으로 특정되지 아니한 당원들 및 일반 유권자들을 대상으로 하여 당내경선후보자에 대한 적극적인 지지를 호소하는 내용이 담긴 문자메시지를 발송하는 행위는 당선을 도모하려는 목적의지가 수반되어 있음이 명백하여 선거운동에 해당한다고 한 사례)

56) 2006. 6. 27. 선고 2005도303 판결(지구당에서 국회의원 후보자로 선출되어 출마하고자 하는 사람이 자신의 낮은 인지도를 극복하기 위하여 당해 지역구 내에 단체를 설립하고 대입면접특강과 대학입시설명회를 개최한 사안에서, 그 시기·동기·행사의 대상자 등에 비추어 볼 때 선거에 영향을 미칠 우려가 있는 행위로 보기에 충분하다고 한 사례)

57) 2006. 3. 24. 선고 2004도8716 판결, 2011. 6. 24. 선고 2011도3447 판결, 2011. 10. 27. 선고 2011도5344

(공무원 등의 선거관여 등 금지) 제1항, 제89조(유사기관의 설치금지) 제2항, 제90조(시설물설치 등의 금지), 제93조(탈법방법에 의한 문서·도화의 배부·게시 등 금지) 제1항, 제101조(타연설회 등의 금지), 제103조(각종집회 등의 제한) 제2항 등이 있다.

'선거운동 관련 행위'는 '선거운동에 즈음하여, 선거운동에 관한 사항을 동기로 하여'라는 의미로서, '선거운동을 위하여'보다 광범위하며, 선거운동의 목적 또는 선거에 영향을 미칠 목적이 없었다 하더라도 그 행위 자체가 선거의 자유·공정을 침해할 우려가 높을 행위를 규제할 필요성에서 설정된 것이므로, 반드시 금품제공이 선거운동의 대가일 필요는 없고, 선거운동 관련 정보제공의 대가, 선거사무관계자 스카우트 비용 등과 같이 선거운동과 관련된 것이면 무엇이든 포함된다.[58] '선거운동과 관련하여'가 규정된 조항으로는 법 제135조(선거사무관계자에 대한 수당과 실비보상) 제3항이 있다.

제3장 선거운동이 아닌 행위

선거운동이 아닌 행위는 법 제58조(정의 등) 단서 각호에 규정된 ① 선거에 관한 단순한 의견개진 및 의사표시 ② 입후보와 선거운동을 위한 준비행위 ③ 정당의 후보자 추천에 관한 단순한 지지·반대의 의견개진 및 의사표시 ④ 통상적인 정당활동 ⑤ 설날·추석 등 명절 및 석가탄신일·기독탄신일 등에 하는 의례적인 인사말을 문자메시지(그림말·음성·화상·동영상 등을 포함한다)로전송하는 행위 및 법 제58조의2(투표참여 권유활동) 본문의 ⑥ 투표참여권유행위가 있다. 그 외 ⑦ 직무 또는 업무상 행위와 ⑧ 의례적 또는 사교적 행위도 선거운동이 아닌 것으로 법리상 인정된다.

1. 선거에 관한 단순한 의견개진 및 의사표시

선거에 관한 단순한 의견개진 및 의사표시는 특정후보자에 대한 지지·추천이나 반대에 관한 구체성이 결여된 표현을 단순하게 사용하거나 선거운동에 이르지 않을 정도로 정당 또

판결

58) 2005. 2. 18. 선고 2004도6795 판결, 2014. 1. 23. 선고 2013도4146 판결(국회의원선거에 출마한 갑 후보자의 회계책임자인 피고인이 을과 선거컨설팅 용역계약을 체결하고 선거운동과 관련하여 용역대금을 지급함으로써 선거비용을 초과 지출하였다고 하여 공직선거법위반으로 기소된 사안에서, 제반 사정에 비추어 을이 용역계약을 위하여 한 행위들 중 선거운동기간이 시작되기 전에 한 행위들, 즉 선거전략, 콘셉트, 기본공약에 관한 프리젠테이션을 실시하고, 선거사무소 개소식을 준비하고 사회를 보는 행위 등은 모두 선거운동을 위한 준비행위로서 거기에 소요되는 비용은 선거비용이라고 할 수 없다고 한 사례)

는 후보자에 대하여 지지·추천이나 반대의 의견 또는 의사를 표시하는 것으로,[59] 특정한 후보자를 위한 득표를 목적으로 한다는 주관적 요소의 개입이 없는 선거에 관련한 의견이나 의사를 밝히는 것이다.[60] 어떤 행위가 특정 정당 또는 후보자를 지지 혹은 반대하는 행위에 해당하는지 여부를 판단함에 있어서는 단순히 행위자가 행위의 명목으로 내세우는 사유뿐만 아니라 그 행위의 태양, 즉 그 행위가 행하여진 시기·장소·동기·방법·행위의 구체적인 내용 등을 종합적으로 관찰하여 특정 정당 또는 후보자를 지지 혹은 반대하기 위한 목적의지를 수반하는 행위인지 여부를 판단하여야 한다.[61] 중학교 교사가 학생들을 상대로 대통령선거에서 누가 당선되어야 할 것인가를 설문하여 후보자별로 지지율을 확인한 다음 특정후보자가 당선되어야 한다는 취지의 발언을 한 행위는, 그 발언이 모두 선거권이 없는 학생들을 상대로 한 것으로서 선거권자의 의사결정에 직접적으로 영향을 미칠 수 있는 행동으로 볼 수 없고 학생들을 통하여 선거권이 있는 학생들의 부모에게 선거운동을 하였다고 보기도 어려우며, 학생들에게 학부모를 설득하라고 종용하거나 권유한 바도 없으므로 위 행위는 결국 선거운동이라고 볼 수 없어 선거에 관하여 선거권이 없는 제자들 앞에서 자신의 입장을 표시한 단순한 의견개진에 불과하다.[62]

한편, 헌법재판소는, 선거운동을 정의한 법 제58조(정의 등) 제1항 본문 및 단서 제1호와 관련하여,「선거운동 정의조항에 따른 선거운동은 특정 후보자의 당선 내지 이를 위한 득표에 필요한 모든 행위 또는 특정 후보자의 낙선에 필요한 모든 행위 중 당선 또는 낙선을 위한 것이라는 목적의사가 객관적으로 인정될 수 있는 능동적, 계획적 행위를 말하는 것으로 풀이할 수 있다. 위와 같이 풀이한다면 법집행자의 자의를 허용할 소지를 제거할 수 있고, 건전한 상식과 통상적인 법감정을 가진 사람이면 누구나 그러한 표지를 갖춘 선거운동과 단순한 의견개진을 구분할 수 있으므로, 선거운동조항은 죄형법정주의의 명확성원칙에 위배되

59) 오윤식,『후보자와 정당을 위한 공직선거법 해설』, 피앤씨미디어(2016), 215쪽

60) 1992. 4. 28. 선고 92도344 판결(지방의회의원선거에 출마하려는 피고인이 신문배달소년을 시켜 지역주민들에게 자기 명의의 지역발전설문서 약 500매를 돌리게 한 사안에서, 위 설문서의 조사자로 되어 있는 지역발전연구소는 피고인이 지방의회의원후보자 등록일로부터 불과 한 달여 전에 당국에 설립신고를 하였다가 신고대상이 아니라는 이유로 반려된 것으로서 그 구성원, 사무소 등의 실체도 분명하지 않고, 또 설문서에 추첨으로 상품을 준다고 되어 있는 점 등에 비추어 보면 이는 피고인이 진실로 그와 같은 설문에 따른 조사를 하고자 함에 있었던 것이 아니고 단지 곧 있게 될 지방의회의원에 입후보하여 당선되기 위한 투표를 얻을 목적으로 사전에 주민들에게 자신의 이름을 널리 알려 득표에 유리하게 하려는 의도로서 한 것으로서 사전선거운동에 해당한다고 한 사례)

61) 2006. 3. 24. 선고 2005도2209 판결(전교조가 총선을 앞두고 기획·시행한 교사 서명운동 및 시국선언문이 비록 특정 정당을 직접 지칭하지는 않았다고 하더라도, 그 기획과정, 추진방법, 참가범위, 구체적인 표현 등에 비추어, 기존 정치세력에 반대하고 대안 세력으로서의 특정 정당을 지지하려는 목적의사가 객관적으로 인정될 수 있는 능동적이고 계획적인 행위로서 '선거에 관한 단순한 의견개진 및 의사표시'의 범위를 넘어섰다고 한 사례)

62) 창원지방법원 진주지원 1993. 2. 17. 선고 93고합282 판결

지 아니한다.」고 판시하였다.[63]

2. 입후보와 선거운동을 위한 준비행위

가. 입후보 준비행위

입후보 준비행위는 후보자의 당선 또는 낙선을 위하여 선거인에게 작용하는 행위가 아니고 후보자 또는 그 지지자의 내부행위 및 입후보를 위한 절차적 행위에 불과하므로 선거운동으로 보지 않는다. 입후보에 필요한 서류를 준비하는 행위, 기탁금이나 기타 자금을 마련하는 행위, 정당의 후보자추천을 위하여 정당간부 등 정당관계자를 만나는 행위, 비례대표추천을 받기 위해 해당 정당에 제출하는 자신의 정책 등이 담긴 추천서 양식을 선거구민에게 발송하는 행위, 선거구민과 만나 입후보에 필요한 추천을 부탁하며 추천을 받는 행위, 공무원의 경우 입후보를 위하여 사직하는 행위, 자치단체장이 통상적인 기자회견에서 출마의사를 표시하는 행위, 선거에서 사용할 로고송과 선거유니폼을 공모한 후 수상작을 가리기 위해 내부평가회를 개최하는 행위 등은 입후보 준비에 해당한다. 선거권자의 추천을 받을 때에 피추천자인 입후보예정자의 경력 또는 공적을 구두로 알리거나 소개하는 행위는 무방하나, 소개장이나 소책자 등을 작성·배부하는 행위는 사전선거운동에 해당한다.[64]

나. 선거운동 준비행위

선거운동 준비행위는 선거를 위한 행위이기는 하나 특정 후보자의 당선을 목적으로 투표를 얻기 위한 행위가 아니라 장래의 선거운동을 위한 내부적·절차적 행위에 불과하므로 선거운동으로 보지 않는다.[65] 어떠한 행위가 선거운동의 준비행위에 해당하는지 여부를 판단하기 위해서는 단순히 그 행위의 명목뿐만 아니라 그 행위의 태양, 즉 그 행위가 행하여지는 시기·장소·방법 등을 종합적으로 관찰하여 그것이 특정후보자의 당선 또는 낙선을 도모하는 목적의지를 수반하는 행위인지 여부를 판단하여야 한다.[66] 선거기획사나 컨설팅사와 자문계약을 체결하고 자문을 받는 행위,[67] 선거사무장 및 회계책임자, 선거사무원, 선거연설원, 선거운동 자원봉사자 등을 물색하고 교섭하는 행위, 선거사무실을 물색하여 임대차계약을 체결하고 그에 필요한 집기 및 시설 등의 임차행위, 선거운동용 차량·확성기 등의 임차

63) 2022. 11. 24. 선고 2021헌바301 결정

64) 1991. 5. 18. 중앙선관위 질의회답

65) 2005. 10. 27. 선고 2004헌바41 전원재판부 결정

66) 2005. 2. 18. 선고 2004도6795 판결

67) 2014. 1. 23. 선고 2013도4146 판결(디자인 전문업체인 '△△기획'을 운영하는 자가 선거운동기간이 시작되기 전에 한 행위들, 즉 선거전략, 콘셉트, 기본공약에 관한 프리젠테이션을 실시하고, 선거사무소 개소식을 준비하고 사회를 보는 행위 등은 모두 선거운동 준비행위라고 한 사례)

행위, 선거벽보 · 인쇄물 등 선전물의 사전 제작행위, 연설문 작성행위, 선거운동원들에게 선거법해설 강좌를 실시하는 행위,[68] 경선사무실의 청소 · 다과접대 · 차량운행 · 경선후보자 경호 등 단순노무에 종사하는 자에게 그 역무제공의 대가를 지급하는 행위 등이 이에 속한다.[69]

사무실을 별도로 마련하여 사무기기를 비치하고 선거운동원 등을 채용하여 선거운동대책을 수립하는 등의 행위는 특정후보자의 당선 등을 도모하는 목적의지가 뚜렷하여 선거운동 준비행위라고 할 수 없다.[70] 선거에서 정당이나 후보자 내지 후보예정자에 대한 지지도를 알아보기 위한 여론조사는 일반적으로는 허용되나, 그 여론조사의 목적이 후보자나 후보예정자에 대한 인지도를 높이고 그의 장점을 부각시켜 그에 대한 지지를 유도하기 위한 것이라면, 이는 선거운동에 해당된다.[71] 당내경선을 대비한 행위가 입후보와 선거운동의 준비행위나 통상적인 정당활동에 포함될 수 있는 내부적 · 절차적인 준비행위를 넘어서는 능동적 · 계획적인 행위에 이른 경우에는 선거운동에 해당한다.[72]

3. 정당의 후보자 추천에 관한 단순한 지지·반대의 의견개진 및 의사표시

정당의 후보자 추천에 관한 단순한 지지 · 반대의 의견개진 및 의사표시란 특정 입후보 예정자에 대한 지지나 반대에 관한 구체성이 결여된 표현을 단순하게 사용하거나 선거운동에 이르지 않을 정도로 그 의사를 표시하는 것이다. 이에 해당하는지 여부는 구체적 · 개별적 사례에 따라 행위태양 · 동기 · 방법 · 내용 등 제반사정을 종합하여 판단하여야 한다. 후보자추천에 관한 단순한 지지 · 반대의 의견개진 및 의사표시를 넘는 범위에서는 선거운동이 된다.[73]

공천반대 인사명단을 기자회견 등을 통해 공표하는 행위, 공천철회 대상 인사명단을 정당에 전달하거나 철회를 요청하는 행위, 공천대상자에 대한 정보를 수집하여 정당에 제공하는 행위 등은 정당의 후보자 추천에 관한 단순한 지지 · 반대의 의견개진이나 의사표시에 해당한다. A당 전당대회에 발언자로 참석한 상태에서, 청중이 어느 당을 선택해야 할지 묻자 "주님께 물어보면 주님이 응답하실 것입니다. A당 찍어야지."라고 발언한 것은, 정당의 후보자 추천에 관한 단순한 지지·반대의 의견개진 및 의사표시, 통상적인 정당활동에 해당한다.[74]

---

68) 1992. 2. 10. 중앙선관위 질의회답
69) 2005. 10. 27. 선고 2004헌바41 전원재판부 결정
70) 2005. 2. 18. 선고 2004도6795 판결
71) 2010. 6. 24. 선고 2010도3935 판결
72) 2006. 6. 27. 선고 2005도303 판결(지구당에서 국회의원 후보자로 선출되어 출마하고자 하는 사람이 당해 지역구 내에 단체를 설립 · 운영하고 선거구민에게 지지를 호소한 행위가 당내경선운동의 범위를 넘어선 것이라고 본 사례)
73) 2002. 2. 26. 선고 2000수162 판결, 2006. 3. 24. 선고 2005도3717 판결

그러나 시민단체가 낙천·낙선대상자 및 집중낙선대상자로 선정 발표하면서 이를 언론에 보도되도록 한 행위 자체만으로는 위법하다고 할 수 없으나, 특정 후보자를 비방하는 내용의 가두행진·불법유인물 배포 등의 방법으로 특정후보자의 낙선운동을 하는 것은 위법하다.[75)] 이른바 낙천운동이나 낙천대상자명단 발표에 의하여 낙천대상자로 지목된 사람에 대하여 자신이 그와 같이 낙천대상자에 포함된 것에 대한 해명할 기회를 보장해 주는 것이 형평성을 고려할 때 필요하다고 할지라도, 낙천대상자 선정에 대한 해명이나 반론은 결국, 자신이 정당의 후보자 추천이 되어야 하는 것에 관한 지지의 의견개진 및 의사표시로서의 성격을 가질 수밖에 없는 것이므로, 낙천운동이 정당의 후보자 추천에 관한 단순한 지지·반대의 의견개진 및 의사표시를 넘지 못하는 것과 마찬가지로, 이에 대한 해명이나 반론도 정당의 후보자 추천에 관한 단순한 지지·반대의 의견개진 및 의사표시를 넘지 않는 범위에서만 허용되고, 이를 초과하는 행위는 선거운동에 해당된다.[76)] 국회의원이 선거기간 개시일 이전에 하는 집회·보고서·컴퓨터·전화 등에 의한 의정활동보고는 순수한 의정활동보고일 뿐이고, 의정활동보고라는 명목하에 이루어지는 형태의 선거운동은 허용되지 않는다 할 것인 바, 국회의원이 선거일 전 180일부터 선거일까지의 기간에 의정보고서를 제작하여 선거구민들에게 배부함에 있어 그 내용 중 선거구활동 기타 업적의 홍보에 필요한 사항 등 의정활동보고의 범위를 벗어나서 선거에 영향을 미치게 하기 위하여 특정 정당이나 후보자를 지지·추천하거나 반대하는 내용이 포함되어 있다면 그 부분은 법 제93조(탈법방법에 의한 문서·도화의 배부·게시 등 금지) 제1항에서 금지하고 있는 탈법방법에 의한 문서배부행위에 해당되어 위법하다.[77)]

과거 전 정당 대표를 지지하는 인터넷 모임으로서 정치적 성향이 유사한 사람들을 회원으로 하는 인터넷 홈페이지에 특정 정당과 정치인을 비난하는 내용의 글들을 게재한 행위는 법 제93조(탈법방법에 의한 문서·도화의 배부·게시 등 금지) 제1항에 위반된다고 하였으나,[78)] 헌법재판소가 법 제93조(탈법방법에 의한 문서·도화의 배부·게시 등 금지) 제1항 소정의 '그 밖에 이와 유사한 것'에 정보통신망을 이용하여 인터넷 홈페이지 또는 그 게시판·대화방 등에 글이나 동영상 등 정보를 게시하거나 전자우편을 전송하는 방법이 포함되는 것으로 해석하는 한 헌법에 위반된다고 결정한 이후,[79)] 법이 개정됨으로써 인터넷을 이용한 선거운동이

74) 2022. 3. 17. 선고 2021도16335 판결
75) 2002. 2. 26. 선고 2000수162 판결
76) 2006. 3. 24. 선고 2005도3717 판결(시민단체의 낙천운동에 의하여 낙천대상자로 선정된 국회의원이 이에 대한 반론 보도를 게재한 의정보고서를 제작·배포한 경우, 법 제93조 제1항에서 금지하는 탈법방법에 의한 문서배부행위에 해당한다고 한 사례)
77) 2006. 3. 24. 선고 2005도3717 판결
78) 2006. 3. 24. 선고 2004도8716 판결
79) 2011. 12. 29. 선고 2007헌마1001,2010헌바88,2010헌마173·191(병합) 결정

상시 허용되게 되었다(법§59 3.).

단체는, 특정 정당이나 후보자에 대한 지지·반대나 그 권유행위를 명시하지 않고, 단지 그 설립목적과 밀접한 관련이 있는 사항에 관하여 자신의 정치적·정책적 주장을 개진하거나 그러한 주장에 동조하는 정당이나 후보자를 지지한다는 일반적인 논평을 내는 것은 얼마든지 할 수 있다.[80] 단체가 선거 이전부터 지지·반대하여 온 특정 정책이, 각 정당 및 선거에 출마하고자 하는 입후보예정자들이 공약으로 채택하거나 정당·후보자 간 쟁점으로 부각된 정치적·사회적 현안을 말하는 이른바 '선거쟁점'에 해당하게 되었더라도, 그러한 사정만으로 특정 정책에 대한 단체의 지지·반대활동이 전부 법에 의한 규제대상이 된다고 할 수 없다. 특정 정당이나 후보자 또는 입후보예정자와 특정 정책의 관련성을 나타내지 않고 정책 자체에 대한 지지·반대의사를 표현하는 단체의 활동이 '선거에 영향을 미치게 할 목적의 탈법행위' 또는 '선거운동'에 해당하는지는 그 정책이 '선거쟁점'이 되었는지에 따라 일률적으로 결정될 수 없고, 일정한 판단 기준에 따라 개별적으로 판단되어야 한다. 또한 이러한 법리는, 선거쟁점이 된 특정 정책에 대한 단체의 지지·반대활동이 결과적으로 그 정책에 찬성하거나 반대하는 정당, 후보자, 입후보예정자에게 유·불리한 영향을 미치게 하는 경우에도 마찬가지이다.[81]

4. 통상적인 정당활동

정당이라 함은 국민의 이익을 위하여 책임 있는 정치적 주장이나 정책을 추진하고 공직선

80) 1995. 5. 25. 선고 95헌마105 전원재판부 결정

81) 2011. 6. 24. 선고 2011도3447 판결(지역 환경운동연합의 사무국장과 간사인 피고인들이 2010. 6. 2. 실시된 제5회 전국동시지방선거를 앞두고 선거쟁점인 이른바 '4대강 사업'에 반대하는 활동을 하였다고 하여 공직선거법위반으로 기소된 사안에서, 위 사실만으로는 피고인들에게 위 지방선거에서 특정 정당 또는 후보자에 대한 낙선운동의 목적이 있었다거나 기타 선거운동 목적 또는 선거에 영향을 미치게 할 목적이 있었다고 곧바로 단정할 수 없다고 한 사례), 2011. 10. 27. 선고 2011도5344 판결(지역 환경운동연합 사무국장인 피고인이 제5회 전국동시지방선거를 앞두고 선거쟁점으로 부각된 이른바 '4대강 정비사업'에 반대하는 활동을 하면서 선거에 영향을 미치게 하기 위하여 광고물을 게시·배부하고, 선거운동을 위하여 선거구민의 서명을 받았다고 하여 공직선거법위반으로 기소된 사안에서, 특정 정당 소속 후보자에 대한 낙선 기타 선거운동 목적 또는 선거에 영향을 미치게 할 의사가 있었다고 단정하기 어렵다고 한 사례), 2011. 10. 27. 선고 2011도9243 판결('친환경 무상급식 풀뿌리 국민연대' 대표인 피고인이 제5회 전국동시지방선거를 앞두고 선거쟁점으로 부각된 '학교 무상급식 정책'을 지지하는 활동을 하였다고 하여 공직선거법위반으로 기소된 사안에서, 공소사실 중 무상급식 정책에 찬성·반대하는 특정 정당 또는 특정 후보자를 직·간접적으로 언급하면서 이를 지지·비판한 행위에 대하여는 특정 정당에 대한 지지나 반대 또는 특정 후보자의 당선이나 낙선을 도모하고 선거에 영향을 미치게 하기 위한 목적의지가 인정된다고 보아 유죄로 판단한 반면, 종전부터 주장하여 왔던 무상급식 정책을 지지하는 내용의 행사일 뿐 선거나 특정 정당 또는 특정 후보자와의 관련성을 나타내면서 무상급식 정책을 지지한 것으로 볼 수 없는 나머지 각 행위에 대하여는 선거관련성을 인정할 수 없다고 보아 무죄로 판단한 사례)

거의 후보자를 추천 또는 지지함으로써 국민의 정치적 의사형성에 참여함을 목적으로 하는 국민의 자발적 조직을 말한다(정당법§2).[82] 「헌법」 제8조 제1항은 이러한 정당에 대하여 그 설립의 자유를 보장하고 있는데, 이에 근거하여 정당 활동의 자유가 보장된다(정당법§37).[83][84] 이에 따라 통상적인 정당활동은 정당이 그 목적을 달성하기 위하여 행하는 당원의 모집, 정책의 개발·보급, 당원교육 등 선거시기에 관계없이 정당이 존속하는 한 지속적으로 추진하여야 하는 정당 본연의 활동으로서, 우리 헌법상의 정당제 민주주의 관련 조항과 정당의 중요한 공적 기능에 비추어 볼 때 이는 자유로이 허용되어야 한다.[85] 정당이 특정 정당이나 공직선거의 후보자(후보자가 되고자 하는 자를 포함한다)를 지지·추천하거나 반대함이 없이 자당의 정책이나 정치적 현안에 대한 입장을 인쇄물·시설물·광고 등을 이용하여 홍보하는 행위와 당원을 모집하기 위한 활동(호별방문을 제외한다)은 통상적인 정당활동으로 보장되어야 한다(정당법§37②). 그러나 법 제93조(탈법방법에 의한 문서·도화의 배부·게시 등 금지) 제1항에 의하여 금지되는 탈법방법에 의한 문서·도화의 배부·게시 등 행위에는 통상적인 정당활동은 포함되지 아니한다고 보아야 한다.[86] 구체적·개별적으로 법 제93조(탈법방법에 의한 문서·도화의 배부·게시 등 금지) 제1항에 규정된 문서·도화의 배부·게시 등의 행위가 통상적인 정당활동에 해당하는지 여부는 그 행위의 시기, 내용, 방법, 대상, 형태 등을 종합하여 총체적으로 판단하여야 한다.[87] 선거인에게 입당을 권유함에 있어 정당의 정강, 정책이나 정당

82) 2004. 3. 25. 선고 2001헌마710 결정(정당은 국민과 국가의 중재자로서 정치적 도관(導管)의 기능을 수행하며 주체적·능동적으로 국민의 다원적 정치의사를 유도·통합함으로써 국가정책의 결정에 직접 영향을 미칠 수 있는 규모의 정치적 의사를 형성하고 있다. 이와 같이 정당은 오늘날 대중민주주의에 있어서 국민의 정치의사형성의 담당자이며 매개자이자 민주주의에 있어서 필수불가결한 요소이기 때문에, 정당의 자유로운 설립과 활동은 민주주의 실현의 전제조건이라 할 수 있다.)

83) 양건, 『헌법강의(제7판)』, 법문사, 183쪽

84) 2006. 3. 30. 선고 2004헌마246 결정(헌법 제8조 제1항 전단의 정당설립의 자유는 정당설립의 자유만이 아니라 정당활동의 자유를 포함한다. 즉, 헌법 제8조 제1항은 정당설립의 자유만을 명시적으로 규정하고 있지만, 정당설립의 자유만이 아니라 누구나 국가의 간섭을 받지 아니하고 자유롭게 정당에 가입하고 정당으로부터 탈퇴할 수 있는 자유를 함께 보장한다. 정당의 설립만이 보장될 뿐 설립된 정당이 언제든지 다시 금지될 수 있거나 정당의 활동이 임의로 제한될 수 있다면, 정당설립의 자유는 사실상 아무런 의미가 없기 때문이다. 따라서 정당설립의 자유는 당연히 정당의 존속과 정당활동의 자유도 보장하는 것이다.)

85) 2001. 10. 25. 선고 2000헌마193 전원재판부 결정(법 제58조(정의 등) 제1항 단서 제4호가 통상적인 정당활동을 선거운동에서 제외함으로써 무소속 후보자와 정당후보자간에 차별이 생긴다 하더라도 그것을 불합리한 차별로서 평등권을 침해한다고 볼 수 없고, 또한 위 규정은 무소속 후보자의 선거운동의 준비행위를 금지하거나 법정 선거운동을 제한하는 것이 아니고 무소속 후보자의 당선기회를 봉쇄하는 것도 아니므로 공무담임권을 침해한다고도 볼 수 없다.)

86) 정당의 궁극적인 목적이 선거에 참여함으로써 국민의 다수를 획득하는 것이라는 점을 고려해보면, 통상적인 정당활동과 선거운동의 구별은 가능하지 않다는 견해가 있다(이욱한, 「공직선거 및 선거부정방지법 제59조 및 제87조의 위헌성에 관한 연구」, 헌법판례연구 2권(2000. 8.), 344−347쪽).

87) 수원지방법원 2010. 10. 29. 선고 2010고합382 판결(갑 정당의 경기도당 조직부장으로 활동하는 피고인이 선거에 영향을 미치게 하기 위하여 인터넷 다음 사이트 내 '갑 정당 경기도당 20대 당원모임'이란 카페의 자유게시판에 갑 정당 경기도지사 예비후보자 을을지지·추천하는 내용이 포함되어 있거나 을의 성명을 나

구성원의 소개 등을 하는 것은 통상의 정당활동에 속하는 것이나, 이러한 범위를 넘어서 특정 후보예정자 개인에 대한 지지를 호소하는 행위는 선거운동에 해당한다.[88] 선거운동의 목적으로 입당을 권유하고, 당원이 아닌 자를 단합대회에 참석시키거나, 당원만을 대상으로 하는 연수교육이라 하더라도 행사의 실제내용에 연수나 교육은 포함되어 있지 아니하거나 형식적인 것에 그치고 오로지 자기 당의 후보를 당선시키기 위한 선거운동을 목적으로 관광이나 의례적인 기념품의 정도를 넘어서는 선물을 제공하는 것은 정당의 통상적인 활동이라고 볼 수 없다.[89] 정당이 정강·정책 등을 홍보·교육하기 위하여 제작한 홍보물이라면 소속 후보자를 선전하는 내용이 일부 포함되었더라도 당원용이라 명기하여 소속당원에게만 배부하는 것은 정당활동에 해당한다.[90] 정당이 지역구 조기축구회와 연예인 팀의 축구경기를 주최 또는 후원 명칭을 사용하거나 정당이 주최 또는 후원하는 것으로 추정되는 방법으로 행사를 개최하는 것은 통상적인 정당활동이 아니다.[91] 정당이 선거기간이 아닌 때에 정치적 현안에 대한 자당의 입장을 일반 국민에게 알리기 위하여 선거와 무관하게 강연회를 개최하는 것은 통상적인 정당활동으로 보아 무방하나, 선거가 임박한 시기에 선거에 영향을 미치게 할 목적으로 일반 국민을 대상으로 전국을 순회하면서 계속적으로 개최하거나, 대통령선거의 예비후보자가 계속적으로 그 강연회의 연사로 참여하여 자신의 정견 등을 홍보하는 것은 사전선거운동에 해당한다.[92] 정당의 대표자 선출을 위한 경선에 출마하려는 자가 경선에 유리하도록 그 소속당원들에게 홍보물을 배부하는 것은 제한되지 않는다.[93] 정당이 일반 선거구민을 대상으로 설명회를 개최하거나 의정보고서에 부수적으로 기재하는 방법으로 대선후보자 선거인단 모집을 홍보하는 것은 허용된다.[94] 정당의 정책연구소가 정책의 개발·연구활동을 촉진하기 위하여 옥내 및 옥외에서 정책토론회를 개최하는 것은 공직선거법에 위반되지 아니하나, 선거가 임박한 시기에 다수인이 왕래하는 공개된 장소에서 정책토론회를 개최하는 것은 정책의 개발·연구활동이라는 정책연구소의 본래 목적을 벗어나 그 정당 또는 소속후보자가 되려는 자를 선전하는 행위에 이르러 행위양태에 따라 사전선거운동에 해당될 수 있다.[95]

타내는 글을 작성·게시하였다는 공직선거법위반의 공소사실에 대하여, 피고인은 정당 당직자로서 업무의 연장선상에서 그와 같은 인식하에 위 글들을 위 게시판에 작성·게시한 것으로 판단되고, 통상적인 정당활동의 범위를 넘어 적극적·능동적으로 선거에 영향을 미칠 목적으로 위 글들을 작성·게시하였다고 보기는 어렵다는 이유로 무죄를 선고한 사례 ; 현재 인터넷을 이용한 선거운동은 제한 없이 할 수 있으므로, 위와 같은 사안은 당연 무죄에 해당한다.)

88) 서울고등법원 1996. 11. 26. 선고 96노1938 판결
89) 1994. 6. 14. 선고 94도903 판결
90) 1991. 12. 30. 중앙선관위 질의회답
91) 1999. 6. 28. 중앙선관위 질의회답
92) 2007. 5. 29. 중앙선관위 질의회답
93) 2010. 7. 16. 중앙선관위 질의회답
94) 2016. 10. 17. 중앙선관위 의결
95) 2017. 1. 2. 중앙선관위 질의회답

5. 설날·추석 등 명절 및 석가탄신일·기독탄신일 등에 하는 의례적인 인사말을 문자메시지로 전송하는 행위

설날·추석 등 명절 및 석가탄신일·기독탄신일 등에 인사말을 건네는 행위는 의례적·사교적 행위의 대표적인 경우이다. 이에 해당하는 행위인지 여부는 행위자와 상대방의 사회적 지위, 그들의 관계, 행위의 동기, 방법, 내용과 태양 등 여러 사정을 종합하여 사회통념에 비추어 판단하여야 한다.[96]

6. 직무 또는 업무상의 행위

직무상의 행위는 법령·조례 또는 행정관행·관례에 의하여 그 지위의 성질상 필요로 하는 정당한 행위 또는 활동을 말한다. 이러한 직무행위는 국회의원·지방의회의원·지방자치단체의 장 기타 공무원 등의 통상적인 업무수행행위의 일부분으로서 선거운동이 아니다.[97] 국회의원 또는 지방의회의원 및 지방자치단체의 장의 의정, 도·군정 보고행위는 직무상 행위에 속한다.[98]

업무상 행위라 함은 사회생활의 지위에 기하여 계속적·반복적으로 행하는 행위를 말한다. 이에는 업무수행에 필요한 행위와 업무수행과 밀접하게 관련되거나 부수적으로 업무수행에 필요한 행위가 포함된다. 법령에 의하여 지방자치단체장의 직무상 행위로 허용되어 작성·배부되는 전입안내문에 전입환영글귀를 게재하고 지방자치단체장의 직명, 성명, 사진을 덧붙인 경우, 이는 자신을 주민들에게 알릴 의도를 갖고 있었다기보다는 그 지역에 새로 전입한 주민들에게 생활에 필요한 정보를 제공하여 애향심과 정체성을 심어 주는 계기를 마련하기 위하여 그 발간사 형식으로 자신의 직명 등과 인사말을 게재하였다고 봄이 상당하다 할 것이고, 따라서 이러한 행위는 통상 허용되는 지방자치단체장으로서의 직무상 행위에 포함된다.[99] 지방자치단체가 당해 지방자치단체의 장이 선거당시 사용하였던 선거구호라 할지라도 이를 시정구호로 정하여 시정홍보지에 게재하는 것은 시정활동의 일환으로 본다.[100]

---

96) 2011. 7. 14. 선고 2011도3862 판결
97) 대검찰청, 앞의 책, 88쪽
98) 제11편 선거운동 방법의 제한 제8장 의정보고활동에서 상술한다.
99) 2002. 7. 26. 선고 2002도1792 판결
100) 1996. 10. 22. 중앙선관위 질의회답

7. 의례적 또는 사교적 행위

의례적·사교적 행위는 사회생활이나 사회적 교류 등에 필요하거나 요구되어지는 행위를 말하고, 통상의 시기에 통상의 방법에 의하여 통상의 내용으로써 행하여지는 한 선거운동에 해당하지 아니한다. 일상적·의례적·사교적 행위인지 여부는 그 행위자와 상대방의 사회적 지위, 그들 사이의 관계, 행위의 동기, 방법, 내용과 태양 등 제반사정을 종합하여 사회통념에 비추어 판단하여야 한다.[101] 명예퇴직을 앞둔 지방공무원교육원 교관이 피교육생으로서 고향 후배인 읍면장들과의 저녁 회식자리에서 한 "명예퇴직원을 제출하였으니 도와달라."는 등의 발언은 일상적·의례적인 행위로서 선거운동에 해당하지 아니한다.[102] 출마예정자의 처가 약국에 청심환 약을 사러갔다가 남편이 입후보한다는 이야기가 나와 그의 처로서 약사에게 잘 부탁한다는 취지의 말을 하였다면, 우리나라 사람들의 언어관행이나 예절에 비추어 볼 때 이는 의례적인 인사를 한 것이라고 볼 것이지 선거운동을 한 것이라고 보기 어렵다.[103]

8. 투표참여 권유활동

가. 의의

누구든지 투표참여를 권유하는 행위를 할 수 있다. 다만, 다음 각 호의 어느 하나에 해당하는 행위의 경우에는 그러하지 아니하다(법§58의2).

1. 호별로 방문하여 하는 경우
2. 사전투표소 또는 투표소로부터 100미터 안에서 하는 경우
3. 특정 정당 또는 후보자(후보자가 되려는 사람을 포함한다)를 지지·추천하거나 반대하는 내용을 포함하여 하는 경우
4. 현수막 등 시설물, 인쇄물, 확성장치·녹음기·녹화기(비디오 및 오디오 기기를 포함한다), 어깨띠, 표찰, 그 밖의 표시물을 사용하는 경우(정당의 명칭이나 후보자의 성명·사진 또는 그 명칭·성명을 유추할 수 있는 내용을 나타내어 하는 경우에 한정한다)

투표참여 권유활동은 선거에서 유권자로 하여금 투표에 참여할 것을 권유·호소·독려하는 활동을 말한다.

---

101) 2011. 7. 14. 선고 2011도3862 판결, 2005. 9. 9. 선고 2005도2014 판결, 2005. 8. 19. 선고 2005도2245 판결, 2002. 7. 26. 선고 2002도1792 판결, 1996. 4. 26. 선고 96도138 판결 등
102) 1996. 4. 26. 선고 96도138 판결
103) 1992. 10. 13. 선고 92도1268 판결

나. 투표참여 권유행위 제한 위반

(1) 의의

구 공직선거법(2014. 5. 14. 법률 제12583호로 개정되기 전의 것) 제58조(정의 등) 제1항 단서는 "다음 각 호의 어느 하나에 해당하는 행위는 선거운동으로 보지 아니한다."라고 규정하면서, 그 제5호에 '특정 정당 또는 후보자를 지지·추천하거나 반대하는 내용 없이 투표참여를 권유하는 행위(호별로 방문하는 경우 또는 선거일에 확성장치·녹음기·녹화기를 사용하거나 투표소로부터 100미터 안에서 하는 경우는 제외한다)'를 선거운동으로 보지 아니하는 행위로 열거하고 있었다. 그런데 선거운동기간이 아님에도 정당 또는 후보자 명의가 표시된 현수막 등을 사용한 투표참여 권유행위가 무분별하게 이루어지는 등 위 규정이 사실상 선거운동 제한의 탈법 수단으로 이용된다는 비판에 따라 2014. 5. 14. 법률 제12583호로 개정된 공직선거법은 제58조(정의 등) 제1항 단서 제5호를 삭제하는 대신, 제58조의2(투표참여 권유활동)를 신설하였고, 제256조(각종제한규정위반죄) 제3항 제3호에는 '이 법에 규정되지 아니한 방법으로 제58조의2(투표참여 권유활동) 단서를 위반하여 투표참여를 권유하는 행위를 한 자'를 처벌하도록 새롭게 규정하였다. 위와 같은 투표참여 권유행위에 관한 개정취지에 비추어 보면, 제58조의2(투표참여 권유활동) 단서 제1호, 제2호, 제4호에 해당하는 행위의 경우 투표매수 등 불법·부정 선거운동 또는 선거운동방법의 제한을 회피한 탈법방법에 의한 선거운동을 방지하거나 투표소 등의 질서를 유지하기 위한 목적에서 금지하는 것과 달리, 같은 조 단서 제3호는, 특정 정당 또는 후보자를 지지·추천하거나 반대하는 내용을 포함하는 행위인 경우 그 내용이 선거운동에 해당할 수 있다는 고려에서 규정된 것으로서 그 투표참여 권유행위 자체가 선거운동에 해당될 수 있기 때문에 나머지 각 호의 행위와 함께 규제대상에 포함시켰다고 봄이 상당하다.[104)]

(2) 주체

행위의 주체에 아무런 제한이 없다.

(3) 행위

① 호별로 방문하여 투표참여를 권유하는 행위는 허용하지 않는다.[105)]

② 투표참여 권유행위는 선거운동이 아니기 때문에 선거일 당일에도 가능하다. 그러나 사

---

104) 2017. 12. 22. 선고 2017도6050 판결

105) 호별방문에 대하여는 제11편 선거운동 방법의 제한 제4장 연설·집회 등의 제한 7.호별방문의 제한(법§106)에서 상술한다.

전투표소 또는 투표소로부터 100미터 안에서 투표참여 권유활동을 하는 것은 허용되지 아니한다. 이미 투표하려고 투표소에 가는 사람을 대상으로 하는 것인 경우가 대부분일 것으로 추정되므로 그 권유활동의 의도가 순수하지 않고, 또한 투표행위의 평온을 깨뜨릴 우려가 있기 때문에 허용되지 않는다. 후보자의 형제자매들이 투표소 입구로부터 약 20미터 떨어진 곳에서 그들을 잘 알고 있는 마을주민들을 상대로 "투표하러 가세요, 아이고 안녕하세요, 부탁합니다, 단디 보고 찍으세요."라는 등의 말을 하면서 허리를 숙여 인사를 하고 악수를 한 행위는 본죄에 해당한다.[106]

③ 특정 정당 또는 후보자를 지지·추천하거나 반대하는 내용을 포함하여 하는 투표참여 권유활동은 그 자체로 선거운동에 해당하기 때문에 허용되지 아니한다.[107] 따라서 위와 같은 투표참여 권유활동은 선거운동이 금지되는 선거기간개시일 전이나 선거일만 금지되고, 선거운동이 허용되는 선거기간개시일부터 선거일 전일까지의 선거운동기간 중에는 허용되어 그에 해당하는 투표참여 권유행위를 하였더라도 처벌할 수 없다고 보아야 한다. 이와 달리 선거운동기간 중에도 특정 정당 또는 후보자를 지지·추천하거나 반대하는 내용을 포함하여 하는 투표참여 권유행위가 금지된다고 본다면, 이는 선거운동 자체를 금지하는 것과 다를 바가 없고, 선거운동기간 중에는 법률에 의하여 금지 또는 제한되는 것이 아닌 한 누구든지 자유롭게 선거운동을 할 수 있도록 규정한 제58조(정의 등) 제2항, 제59조(선거운동기간)의 취지와 모순되어 부당하기 때문이다.[108] 즉, 법 제58조의2(투표참여 권유활동) 단서 제3호 및 법 제256조(각종제한규정위반죄) 제3항 제3호의 문언, 법률 개정의 경위와 취지 등에 비추어 보면, 위 각 조항에 의하여 금지·처벌되는 투표참여 권유행위는 '공직선거법상 허용되지 않는 방법으로 특정 정당 또는 후보자를 지지·추천·반대하는 내용을 포함하여 투표참여를 권유하는 행위로서, 그것이 공직선거법상 선거운동기간이 아닌 때에 이루어진 경우'를 의미한다.[109]

헌법재판소는 법 제58조의2(투표참여 권유활동) 단서 제3호와 관련하여, 「법 제58조의2(투표참여 권유활동) 단서 제3호의 특정 정당 또는 후보자를 지지·추천·반대하는 행위는 사실상

---

106) 창원지방법원 2019. 4. 12. 선고 2018고합97 판결

107) 헌법재판소는, 법 제58조의2(투표참여 권유활동) 단서 제3호와 관련하여, '심판대상조항은 사실상 투표참여 권유를 빙자한 선거운동이 방치되지 않도록 이를 금지함으로써 선거의 공정성을 제고하기 위한 것이고, 심판대상조항을 위반한 자를 형사처벌하는 것은 그 입법목적을 달성하기 위한 효과적인 수단이 되며, 선거운동을 제한하는 공직선거법 규정, 심판대상조항의 처벌 범위 및 법정형에 비추어 심판대상조항 신설로 정치적 표현의 자유가 과도하게 제한된다고 볼 수 없고, 심판대상조항으로 인한 정치적 표현의 자유의 제한정도가 그 제한으로 달성하려는 공익상 목적인 선거의 공정성 확보에 비하여 크지 않으므로, 심판대상조항은 과잉금지원칙에 위반되어 정치적 표현의 자유를 침해한다고 할 수 없다.'고 판시하였다(2018. 7. 26. 선고 2017헌가9 결정).

108) 2017. 12. 22. 선고 2017도6050 판결, 2019. 10. 17. 선고 2019도4835 판결

109) 2022. 5. 26. 선고 2020헌마1275 결정

선거운동에 해당한다고 볼 여지가 많으나, 그 문언에 비추어 선거운동과 같이 당선 또는 낙선을 도모하는 목적의사나 능동적, 계획적 행위에 이르지 않더라도 특정 정당 또는 후보자를 지지·추천·반대하는 것 역시 가능하다 할 것이므로 선거운동보다 더 넓은 정치적 표현행위라고 볼 수 있다. 특정 정당 또는 후보자를 지지·추천·반대하는 내용이 있다 하더라도 투표참여 권유행위가 이루어진 시기나 방법, 경위 등을 종합적으로 고려할 때 선거운동의 목적까지는 인정되지 않는 경우가 충분히 있을 수 있고, 이러한 행위들도 선거의 공정성을 침해할 우려가 있는 때에는 규제의 필요성이 인정된다. 이와 같은 점들에 비추어 보면, 법 제58조의2(투표참여 권유활동) 단서 제3호에서 규정한 특정 정당 또는 후보자를 지지·추천·반대하는 내용을 포함한 투표참여 권유행위가 '선거운동'에 해당하는 투표참여 권유행위에 한정된다고 볼 수 없다.」고 판시하였다.[110]

④ 현수막 등 시설물, 인쇄물, 확성장치·녹음기·녹화기(비디오 및 오디오 기기를 포함한다), 어깨띠, 표찰, 그 밖의 표시물에 정당의 명칭이나 후보자의 성명·사진 또는 그 명칭·성명을 유추할 수 있는 내용을 나타내어 하는 투표참여 권유활동은 허용되지 아니한다. 법원은 「법 제89조(유사기관의 설치금지) 제2항의 '그 명의를 유추할 수 있는 방법으로' 선전하는 행위라 함은, 단체 등이 그 설립이나 활동내용을 벽보 등의 매체를 이용하여 선전하면서 정당이나 후보자의 명의를 직접 명시하지 않아도 그 선전에 사용된 특정 문구나 기호, 이미지, 영상 등에 의하여 또는 그러한 정보들을 종합함으로써 일반 선거인들이 그 정당이나 후보자의 명의를 쉽게 유추할 수 있다고 인정되는 경우를 의미하고, 위와 같이 벽보 등을 이용한 단체 등의 선전행위가 정당이나 후보자의 명의를 쉽게 유추할 수 있는 방법에 해당하는지 여부는 그 단체 등의 회원이 아닌 일반 선거구민을 기준으로 판단하여야 한다.」고 판시하고 있는 바,[111] 이러한 법원의 태도는 본호에서 금지하고 있는 투표참여 권유활동에 대하여도 적용된다.[112]

전화를 이용한 투표참여 권유활동은 제한되지 아니하므로 선거일에도 후보자가 육성녹음 등 ARS전화나 육성통화를 이용하여 투표참여를 권유할 수 있다. 문자메시지나 인터넷홈페이지 및 전자우편, SNS를 통한 것도 마찬가지이다. 투표참여 권유활동으로서 페이스북 등 SNS 상의 이른바 '투표인증샷'의 유포는 그 자체나 그에 부가된 문구 등에 특정 정당 또는 후보자를 지지·반대하는 내용이 포함되어 있지 않는 것이라면 허용된다고 본다.

110) 2022. 5. 26. 선고 2020헌마1275 결정
111) 2011. 3. 10. 선고 2010도16996 판결
112) 박철, 「제20대 국회의원선거 법규해석 쟁점 고찰」, 법학논총 제40권 제2호, 39쪽

(4) 벌칙

이 법에 규정되지 아니한 방법으로 제58조의2(투표참여 권유활동) 단서를 위반하여 투표참여를 권유하는 행위를 한 자는 2년 이하의 징역 또는 400만원 이하의 벌금에 처한다(법§256③3.).

투표를 하게 하거나 하지 아니하게 할 목적으로 선거인(선거인명부 또는 재외선거인명부등을 작성하기 전에는 그 선거인명부 또는 재외선거인명부등에 오를 자격이 있는 사람을 포함한다) 또는 다른 정당이나 후보자(예비후보자를 포함한다)의 선거사무장 · 선거연락소장 · 선거사무원 · 회계책임자 · 연설원(제79조(공개장소에서의 연설 · 대담) 제1항 · 세2항에 따라 연설 · 대담을 하는 사람과 제81조(단체의 후보자등 초청 대담 · 토론회) 제1항 · 제82조(언론기관의 후보자등 초청 대담 · 토론회) 제1항 또는 제82조의2(선거방송토론위원회 주관 대담 · 토론회) 제1항 · 제2항에 따라 대담 · 토론을 하는 사람을 포함한다) 또는 참관인(투표참관인 · 사전투표참관인과 개표참관인을 말한다) · 선장 · 입회인에게 금전 · 물품 · 차마 · 향응 그 밖에 재산상의 이익이나 공사의 직을 제공하거나 그 제공의 의사를 표시하거나 제공을 약속한 자는 5년 이하의 징역 또는 3천만원 이하의 벌금에 처한다(법§230①1.).[113)]

113) 제25편 벌칙 제1장 매수 및 이해유도죄 5. 투표참여 권유행위대가 이익제공행위금지규정 위반에서 상술한다.

제9편 선거운동의 방법

제1장 선거운동기구 및 선거사무관계자

1. 선거운동기구의 설치

가. 의의

선거운동기구라 함은 선거운동 및 그 밖의 선거에 관한 사무를 처리하기 위하여 정당 또는 후보자, 예비후보자가 설치하는 선거사무소, 선거연락소, 선거대책기구를 말한다(법§61). 선거사무소 또는 선거연락소라 함은 그 명칭 여하를 불문하고 선거운동 기타 선거에 관한 사무를 처리하는 일체의 고정된 장소적 설비를 가리킨다.[1)]

선거사무소·선거연락사무소가 구 「정당법(2000. 2. 16. 법률 제6269호로 개정되기 전의 것)」 제3조(구성) 단서[2)] 소정의 정당연락소와 구별되는 차이점은 그 장소에서 취급하는 사무의 내용이 특정 선거에 관하여 특정 후보자의 당선을 목적으로 표를 얻거나 얻게 하기 위하여 직접 또는 간접으로 필요하고도 유익한 선거운동 기타 선거에 관련된 것인지 여부에 달려 있다고 할 것이고, 어떠한 구체적인 행위가 선거운동 기타 선거에 관련된 것인지 여부를 판단함에 있어서는 단지 그 행위의 명목에 의하여 형식적으로 결정하여서는 아니 되고, 그 행위가 행하여진 시기·장소·방법·대상 등을 종합적으로 파악하여 그것이 특정 후보를 위한 투표획득에 직접 또는 간접으로 필요하고도 유리한 행위인지 여부를 실질적으로 판단하여야 한다.[3)] 동연락소들이 모두 선거운동기간 개시일에 임박하여 설치하였다가 선거가 끝난 직후

1) 1999. 3. 9. 선고 98도3169 판결

2) 구 「정당법(2000. 2. 16. 법률 제6269호로 개정되기 전의 것)」 제3조(구성) '정당은 수도에 소재하는 중앙당과 국회의원지역선거구를 단위로 하는 지구당으로 구성한다. 다만, 필요한 경우에는 특별시·광역시·도에 당지부를, 구·시·군·읍·면·동에 당연락소를 둘 수 있다.'고 규정되어, 법정지구당제도를 두고 특별시·광역시·도에 당지부를, 구·시·군·읍·면·동에 당연락소를 둘 수 있도록 하였으나, 2003. 3. 12. 법률 제7190호로 고비용 저효율의 정당구조를 개선하기 위하여 지구당제도를 완전 폐지하고, 정당의 구성은 중앙당과 시·도당으로 하도록 내용으로 개정되었다.

「정당법」 제3조(구성) 정당은 수도에 소재하는 중앙당과 특별시·광역시·도에 각각 소재하는 시·도당(이하 "시·도당"이라 한다)으로 구성한다.

폐쇄되었고, 설치한 목적도 각 동별로 기동성 있고, 효율적인 선거운동을 하기 위한 것이었으며, 각 동연락소는 선거운동을 하는 동책들 또는 자원봉사자들이 선거운동에 관한 회의를 하거나 지시를 주고받고 연락을 하며 후보자의 명함이나 그에 대한 홍보물을 보관하였다가 동책들 또는 자원봉사자들에게 배부하는 장소로 이용되었다면, 위 각 동연락소는 실질적으로 법상의 선거연락소로 기능하였으므로 이는 선거연락소를 설치한 것이다.[4]

나. 선거운동기구의 설치 제한

(1) 선거운동기구의 설치

선거운동 및 그 밖의 선거에 관한 사무를 처리하기 위하여 정당 또는 후보자는 다음 각 호에 따라 선거사무소와 선거연락소를, 예비후보자는 선거사무소를, 정당은 중앙당 및 시·도당의 사무소에 선거대책기구 각 1개씩을 설치할 수 있다(법§61①).

1. 대통령선거

정당 또는 후보자가 설치하되, 선거사무소 1개소와 시·도 및 구·시·군(하나의 구·시·군이 2 이상의 국회의원지역구로 된 경우에는 국회의원지역구를 말한다)마다 선거연락소 1개소

2. 지역구국회의원선거

후보자가 설치하되, 당해 국회의원지역구안에 선거사무소 1개소. 다만, 하나의 국회의원지역구가 2 이상의 구·시·군으로 된 경우에는 선거사무소를 두지 아니하는 구·시·군마다 선거연락소 1개소

3. 비례대표국회의원선거 및 비례대표지방의회의원선거

정당이 설치하되, 선거사무소 1개소(비례대표시·도의원선거의 경우에는 비례대표시·도의원후보자명부를 제출한 시·도마다, 비례대표자치구·시·군의원선거의 경우에는 비례대표자치구·시·군의원후보자명부를 제출한 자치구·시·군마다 선거사무소 1개소)

4. 지역구지방의회의원선거

후보자가 설치하되, 당해 선거구 안에 선거사무소 1개소

---

3) 1998. 7. 10. 선고 98도477 판결, 1999. 3. 9. 선고 98도3169 판결

4) 1998. 6. 9. 선고 97도856 판결

5. 시·도지사선거

후보자가 설치하되, 당해 시·도 안에 선거사무소 1개소와 당해 시·도 안의 구·시·군마다 선거연락소 1개소

6. 자치구·시·군의 장 선거

후보자가 설치하되, 당해 자치구·시·군 안에 선거사무소 1개소. 다만, 자치구가 아닌 구가 설치된 시에 있어서는 선거사무소를 두지 아니하는 구마다 선거연락소 1개소를 둘 수 있으며, 하나의 구·시·군이 2개 이상의 국회의원지역구로 된 경우에는 선거사무소를 두지 아니하는 국회의원지역구마다 선거연락소 1개소를 둘 수 있다.

선거사무소 또는 선거연락소의 수를 제한하는 취지는 재력·위력 또는 권력 등에 좌우되지 아니하는 공정한 선거를 도모하고자 함에 있다.[5)]

예비후보자가 후보자등록을 마친 때에는 당해 예비후보자의 선거사무소는 후보자의 선거사무소로 본다(법§61④).

(2) 선거운동기구의 설치시기

선거사무소 등 운동기구의 설치시기에 대하여는 명문의 규정이 없으나, 선거사무소 등 운동기구를 설치할 수 있는 자는 정당, 후보자, 예비후보자에 한하므로, 예비후보자의 선거사무소는 예비후보자 등록을 한 이후, 후보자의 선거사무소는 후보자로 등록한 이후에 설치할 수 있다. 선거연락소는 본격적인 선거운동을 위한 기구이므로 선거운동기간 개시 이후에 설치할 수 있다는 견해가 있으나,[6)] 후보자는 선거연락소를 설치할 수 있다는 점과 광범위한 선거구역 내에 선거사무소를 두지 않는 지역에 선거연락소를 둘 수 있도록 한 법문의 해석상 후보자 등록 이후에는 선거연락소를 설치할 수 있다고 봄이 상당하다. 선거대책기구는 특별히 설치시기를 추정할 수 있는 규정이 없으나 기존에 이미 설치되어 있는 중앙당 및 시·도당의 사무소에 설치할 수 있다는 규정 취지에 비추어 볼 때 정당의 당헌·당규에 따라 임의로 설치할 수 있다고 본다.

(3) 선거운동기구의 설치 장소

선거사무소 또는 선거연락소는 시·도 또는 구·시·군의 사무소 소재지가 다른 시·도 또는 구·시·군의 구역 안에 있는 때에는 법 제61조(선거운동기구의 설치) 제1항의 규정에 불구하고 그 시·도 또는 구·시·군의 사무소 소재지를 관할하는 시·도 또는 구·시·군의 구역

5) 1999. 3. 9. 선고 98도3169 판결
6) 오윤식, 앞의 책, 294쪽

안에 설치할 수 있다(법§61②). 지역구지방의원선거 선거사무소도 그 구·시·군의 사무소 소재지를 관할하는 구·시·군의 구역 안에 설치할 수 있다.[7] 정당·정당추천후보자 또는 정당소속 예비후보자의 선거사무소와 선거연락소는 그에 대응하는 정당[제61조의2(정당선거사무소의 설치)의 규정에 의한 정당선거사무소를 포함한다]의 사무소가 있는 때에는 그 사무소에 둘 수 있다(법§61③). 선거사무소와 선거연락소는 고정된 장소 또는 시설에 두어야 하며, 「식품위생법」에 의한 식품접객영업소[8] 또는 「공중위생관리법」에 의한 공중위생영업소[9]안에 둘 수 없다(법§61⑤). 출판사사무실에 선거사무소를 같이 사용하는 것은 가능하다.[10] 같은 정당소속 예비후보자간에 선거구가 서로 겹치는 구역 안에서 선거사무소를 공동으로 설치하는 것은 무방하다.[11]

(4) 간판 등 설치

선거사무소, 선거연락소 및 선거대책기구에는 규칙으로 정하는 바에 따라 선거운동을 위한 간판·현판 및 현수막, 법 제64조(선거벽보)의 선거벽보, 제65조(선거공보)의 선거공보, 제66조(선거공약서)의 선거공약서 및 후보자의 사진을 첩부할 수 있다. 다만, 예비후보자의 선거사무소에는 간판·현판 및 현수막에 한하여 설치·게시할 수 있다(법§61⑥). 선거사무소, 선거연락소 및 선거대책기구에 설치·게시하는 간판·현판·현수막에는 법 제150조(투표용지의 정당·후보자의 게재순위 등)의 규정에 다른 기호가 결정되기 전이라도 정당 또는 후보자(예비후보자를 포함)가 자신의 기호를 알 수 있는 때에는 그 기호를 게재할 수 있다(규칙§27③). 간판·현판 및 현수막과 선거벽보·선거공보·선거공약서 및 후보자의 사진은 선거사무소, 선거연락소 및 선거대책기구가 있는 건물이나 그 담장을 벗어난 장소에 또는 애드벌룬을 이용한 방법으로 설치·게시할 수 없다(규칙§27④).

정당·후보자·선거사무장 또는 선거연락소장이 선거사무소와 선거연락소에 첩부할 수 있는 선거벽보·선거공보 및 선거공약서의 수량은 ① 대통령, 비례대표국회의원과 비례대표시·도의원 및 시·도지사의 선거의 선거사무소에 있어서는 각각 50매,② 지역구국회의원 및 자치구·시·군의 장의 선거의 선거사무소와 대통령 및 시·도지사의 선거의 선거연락소에 있어서는 각각 30매,③ 지역구국회의원 및 자치구·시·군의 장의 선거의 선거연락소와 지역구시·도의원선거 및 자치구·시·군의원선거의 선거사무소에 있어서는 각각 20매의 매수(책

7) 2006. 3. 14. 중앙선관위 질의회답
8) 식품접객업에는 휴게음식점영업, 일반음식점영업, 단란주점영업, 유흥주점영업, 위탁급식영업, 제과점영업이 있다(식품위생법§36, 식품위생법 시행령§21 8.).
9) 공중위생영업에는 숙박업·목욕장업·이용업·미용업·세탁업·건물위생관리업이 있다(공중위생관리법§2①1.).
10) 1995. 5. 19. 중앙선관위 질의회답
11) 2006. 4. 4. 중앙선관위 질의회답

자형 선거공보 및 선거공약서의 경우에는 부수를 말한다) 이내로 한다(규칙§27⑤).

선거사무소와 선거연락소에 첩부할 수 있는 후보자의 사진의 매수는 선거사무소와 선거연락소별 선거벽보의 첩부매수(비례대표국회의원선거 및 비례대표지방의회의원선거의 선거사무소의 경우에는 후보자마다 각 10매)범위 이내로 한다(규칙§27⑥).

(5) 예비후보자의 선거사무소 폐쇄

예비후보자가 그 신분을 상실한 때에는 법 제61조(선거운동기구의 설치) 제1항의 규정에 의하여 설치한 선거사무소를 폐쇄하여야 하며, 이를 폐쇄하지 아니한 경우 선거구선거관리위원회는 당해 예비후보자에게 즉시 선거사무소의 폐쇄를 명하여야 한다(법§61⑦).

(6) 설치 등 신고

정당·후보자 또는 예비후보자가 선거사무소와 선거연락소를 설치·변경한 때에는 지체없이 관할선거관리위원회에 규칙이 정하는 서식[12]에 따라, 대통령선거의 선거사무소의 설치·변경과 비례대표국회의원선거의 선거사무소의 설치·변경은 중앙선거관리위원회에, 대통령선거의 시·도선거연락소의 설치·변경과 비례대표시·도의원선거 및 시·도지사선거의 선거사무소의 설치·변경은 시·도선거관리위원회에, 지역구국회의원·지방의회의원(비례대표시·도의원을 제외) 및 자치구·시·군의 장의 선거의 선거사무소의 설치·변경은 선거구선거관리위원회인 구·시·군선거관리위원회에, 대통령 및 지역구국회의원의 선거와 시·도지사 및 자치구·시·군의 장의 선거의 구·시·군선거연락소의 설치·변경은 관할 구·시·군선거관리위원회에 각 신고하여야 한다(법§63①, 규칙§28①).

다. 벌칙

법 제61조(선거운동기구의 설치) 제1항의 규정에 위반하여 선거운동기구를 설치하거나 이를 설치하여 선거운동을 한 자, 즉 선거사무소와 선거연락소를 설치구역이나 개수를 위반하여 설치하거나 이를 설치하여 선거운동을 한 자는 3년 이하의 징역 또는 600만원 이하의 벌금에 처하고(법§255①3.), 법 제61조(선거운동기구의 설치) 제5항의 규정에 위반하여 선거사무소나 선거연락소를 설치한 자, 즉 선거사무소와 선거연락소를 고정된 장소 또는 시설에 두지 아니하거나 「식품위생법」에 의한 식품접객업소 또는 「공중위생법」에 의한 공중위생업소 안에 둔 자와 법 제61조(선거운동기구의 설치) 제7항의 규정에 의하여 선거사무소의 폐쇄명령을 받고도 이를 이행하지 아니한 자는 1년 이하의 징역 또는 200만원 이하의 벌금에 처한다(법§256⑤2., 2의2.).

12) 규칙 별지 제16호 서식의 (가) (선거사무소)·(선거연락소)의 (설치)·(공동설치)·(변경)신고서

한편, 법 제61조(선거운동기구의 설치) 제6항을 위반하여 선거사무소, 선거연락소 또는 선거대책기구에 간판·현판·현수막을 설치·게시하거나 하게 한 자는 100만원 이하의 과태료를 부과한다(법§261⑧2.가.),

2. 정당선거사무소의 설치

가. 의의

정당선거사무소는 당해 선거에 관한 정당의 사무를 처리하기 위하여 설치하는 사무소이다(법§61의2).[13]

2004. 3. 12. 법률 제7190호로 「정당법」이 개정되어 고비용·저효율의 정당구조를 개선하기 위하여 지구당제도를 완전 폐지함에 따라 선거에 관한 정당의 사무를 처리하기 위하여 한시적으로 구·시·군마다 1개소씩 정당선거사무소를 설치하고, 각 사무소에 유급사무원을 둘 수 있도록 하였다. 법 제61조(선거운동기구의 설치) 제1항의 선거대책기구가 중앙당과 시·도당 차원에서 선거를 총괄하도록 하기 위한 성격의 대책기구인 반면에 본조의 정당선거사무소는 지역 단위 현장에서 실무적으로 선거에 관한 정당의 사무를 처리하기 위한 사무소이다. 선거사무소 및 선거연락소와 정당선거사무소는 그 설치목적과 역할, 구성원 및 경비부담 주체 등이 서로 다른 별개의 기구이다. 선거사무소가 특정 후보자의 선거운동과 선거에 관

---

13) 헌법재판소는, 정당의 시·도당 하부조직의 운영을 위하여 당원협의회 등의 사무소를 두는 것을 금지한 「정당법」 제37조(활동의 자유) 제3항 단서와 관련하여, '심판대상조항은 임의기구인 당원협의회를 둘 수 있도록 하되, 과거 지구당 제도의 폐해가 되풀이 되는 것을 방지하고 고비용 저효율의 정당구조를 개선하기 위해 사무소를 설치할 수 없도록 하는 것이므로 그 입법목적은 정당하고, 수단도 적절성이 인정된다. 현재도 당원협의회 사무소 설치를 허용할 만큼 국민의 의식수준이나 정치환경이 변화되었다고 보기 어렵고, 현행 당원협의회는 정당의 임의기구로서 중앙선거관리위원회의 감독대상이 아니므로 사무소 설치를 허용한다면 과거 지구당제도 때보다 더 큰 폐해가 발생할 우려가 있다. 따라서 입법목적 달성을 위하여 사무소 설치를 전면적으로 금지하는 것 외에 다른 효과적인 대체수단을 발견하기 어렵다. 정당은 선거에 있어서 정당선거사무소를 설치·운영할 수 있고, 선거 이외에도 당원협의회 또는 지역위원회와 같은 당원들의 자발적인 지역조직을 이용하여 국민의 정치적 의사형성에 참여할 수 있다. 또한 오늘날 인터넷을 기반으로 한 정보통신기술의 발달로 사무소를 설치하지 않더라도 당원들을 중심으로 다양한 의견을 가진 유권자들과 소통하면서 당원협의회를 운영하는데 큰 어려움이 없을 것이므로, 심판대상조항이 당원협의회 사무소 설치를 금지하였다는 것만으로는 침해의 최소성원칙에 위배된다고 보기 어렵다. 심판대상조항으로 인해 침해되는 사익은 당원협의회 사무소를 설치하지 못하는 불이익에 불과한 반면, 심판대상조항이 달성하고자 하는 고비용 저효율의 정당구조 개선이라는 공익은 위와 같은 불이익에 비하여 결코 작다고 할 수 없어 심판대상조항은 법익균형성도 충족되었다.'고 판시하였다(2016. 3. 31. 선고 2013헌가22 결정 ; 박한철 등 2명의 재판관은 '심판대상조항이 당원협의회 사무소 설치를 금지하고 있음에도 불구하고, 현실적으로 각 정당은 음성화된 조직과 다양한 편법을 동원해서 사실상 당원협의회 사무소에 해당하는 공간을 운용하고 있다. 결국 심판대상조항은 정당구조의 고비용 저효율의 문제는 해결하지 못한 채 대중들의 정치참여의 통로만 봉쇄하는 결과를 초래하고 있다.'고 반대의견을 제시하였다.).

한 사무를 처리하는 후보자의 선거운동본부라고 한다면, 정당선거사무소는 특정 후보자의 선거운동과 무관하게 당해 선거에 관한 정당의 사무, 즉 정당홍보, 법률이 정하는 정당의 각종 신고·신청·제출·보고·추천 등의 업무를 처리하기 위하여 정당이 설치하는 정당의 하부당부라고 볼 수 있다. 선거사무소에는 선거운동을 할 수 있는 자 중에서 선거사무소장, 선거연락소장, 선거사무원 등(이하 "선거운동원등"이라 한다)을 선임할 수 있고, 정당선거사무소에는 당원 중에서 소장을 두고 그 외 유급사무직원을 둘 수 있다. 선거운동원등에게는 법정의 수당과 실비를 지급하는 외에 공명선거를 위해 일체의 금품 내지 이익제공이 금지되지만, 정당선거사무소장과 유급사무직원은 선거운동과 직접 관련이 없는 통상적인 정당업무를 수행하기 때문에 정당이 당헌·당규에 따라 보수 등을 지급한다. 이처럼 선거사무소는 후보자의 당선을 위한 선거운동기구로 그 활동은 선거운동에 해당하므로 선거사무소의 운영비는 법률이 정한 선거비용의 범위 내에서 후보자가 부담하는 반면, 정당선거사무소는 정당의 선거관련 사무를 처리하는 정당의 하급기구로서 그 활동은 선거운동이 아닌 통상적인 정당활동이므로 정당선거사무소의 운영비는 정당이 부담하여야 한다. 다만, 선거사무소를 정당선거사무소에 둘 수 있는데, 그 경우 법률에 아무런 규정이 없지만 입법취지에 비추어 볼 때, 양자의 운영비는 분리하여 회계처리하여야 한다.[14)]

나. 정당선거사무소의 설치 제한

(1) 정당선거사무소의 설치

정당은 선거에 있어서 당해 선거에 관한 정당의 사무를 처리하기 위하여 다음 각 호의 정하는 날(그 날 후에 실시사유가 확정된 보궐선거등에 있어서는 그 선거의 실시사유가 확정된 때)부터 선거일후 30일까지 선거구 안에 있는 구·시·군(하나의 구·시·군이 2 이상의 국회의원 지역구로 된 경우에는 국회의원지역구)마다 1개소의 정당선거사무소를 설치할 수 있다(법§61의2①).

1. 대통령선거
   선거일 전 240일
2. 국회의원선거 및 시·도지사선거
   선거일 전 120일
3. 지방의회의원선거 및 자치구·시·군의 장 선거
   선거기간개시일 전 60일

정당이 정당선거사무소를 설치·운영하는 중에 보궐선거등을 실시하게 되는 때에는 당해 보궐선거등의 선거일후 30일까지 이미 설치된 정당선거사무소외에 별도의 정당선거사무소를 설치할 수 없다. 이 경우 이미 설치된 정당선거사무소는 보궐선거등에 있어서 법 제61조의

14) 2011. 4. 28. 선고 2010헌바473 결정

2(정당선거사무소의 설치) 제3항의 규정에 따라 신고된 정당선거사무소로 본다(규칙§27의2②).

(2) 설치장소

정당선거사무소는 시·도 또는 구·시·군의 사무소 소재지가 다른 시·도 또는 구·시·군의 구역 안에 있는 때에는 그 시·도 또는 구·시·군의 사무소 소재지를 관할하는 시·도 또는 구·시·군의 구역 안에 설치할 수 있다(법§61의2⑦, §61②). 정당선거사무소는 고정된 장소 또는 시설에 두어야 하며, 「식품위생법」에 의한 식품접객영업소 또는 「공중위생관리법」에 의한 공중위생영업소안에 둘 수 없다(법§61의2⑦, §61⑤).

하나의 구·시·군이 2 이상의 국회의원지역구로 된 경우 정당은 정당선거사무소를 하나만 설치하여 해당 구·시·군의 선거에 관한 정당 사무를 처리하겠다는 뜻을 밝혀 정당선거사무소를 신고할 수 있으며, 그 정당선거사무소는 해당 구·시·군의 관할구역에서 당해 선거에 관한 정당의 사무를 처리할 수 있다.[15)]

(3) 소장 및 유급직원

정당선거사무소에는 당원 중에서 소장 1명을 두어야 하며, 2인 이내의 유급사무직원을 둘 수 있다(법§61의2②). 정당선거사무소의 소장은 공직선거법 또는 다른 법률의 규정에 의한 신고·신청·제출·보고·추천 등에 관하여 당해 정당을 대표한다(법§61의2⑤).

(4) 간판 등 설치

정당선거사무소는 규칙으로 정하는 바에 따라 정당의 홍보에 필요한 사항을 게재한 간판·현판·현수막을 설치·게시할 수 있다(법§61의2④). 정당선거사무소에 설치·게시하는 간판·현판·현수막에는 후보자(후보자가 되고자하는 자를 포함)의 성명·사진 또는 그 성명을 유추할 수 있는 내용을 게재하거나 후보자를 지지·추천하거나 반대하는 내용을 게재하여서는 아니 되고(규칙§27의2③), 정당선거사무소가 있는 건물이나 그 담장을 벗어난 장소에 또는 애드벌룬을 이용한 방법으로 설치·게시할 수 없다(규칙§27의2④).

(5) 폐쇄

정당은 선거일후 30일이 지난 때에는 정당선거사무소를 즉시 폐쇄하여야 한다(법§61의2⑥).

(6) 설치 등 신고

중앙당 또는 시·도당의 대표자는 정당선거사무소를 설치하는 때에는 지체 없이 관할선거

---

15) 2010. 2. 26. 중앙선관위 질의회답

관리위원회에 ① 설치연월일, ② 사무소의 소재지와 명칭, ③ 소장의 성명·주소·주민등록번호, ④ 사무소인(印)을 규칙이 정하는 서식[16]에 의하여 신고하여야 한다(법§61의2③전문, 규칙§27의2①). 이 경우 신고사항의 변경이 있는 때에는 지체 없이 그 변경사항을 신고하여야 한다(법§61의2③후문).

다. 벌칙

정당(당원협의회를 포함)이 법 제61조의2(정당선거사무소의 설치)제1항의 규정을 위반하여 정당선거사무소를 설치하거나, 동조 제2항의 규정을 위반하여 소장 또는 유급직원을 두는 행위를 한 때에는 해당 정당에 대하여는 1천만원 이하의 벌금에 처하고, 해당 정당의 대표자·간부 또는 소속 당원으로서 위반행위를 하거나 하게 한 자는 2년 이하의 징역 또는 400만원 이하의 벌금에 처한다(법§256④10.).

법 제61조의2(정당선거사무소의 설치) 제7항에서 준용하는 제61조(선거운동기구의 설치) 제5항을 위반하여 정당선거사무소를 설치한 자는 1년 이하의 징역 또는 200만원의 벌금에 처한다(법§256⑤2.).

한편, 법 제61조의2(정당선거사무소의 설치) 제4항의 규정을 위반하여 정당선거사무소에 간판·현판·현수막을 설치 또는 게시하거나 하게 한 자는 100만원 이하의 과태료를 부과한다(법§261⑧2.나.).

3. 선거사무관계자의 선임

가. 의의

선거사무관계자란 선거사무소와 선거연락소에서 근무하면서 선거운동을 할 수 있는 사람 중 선거에 관한 사무를 처리하는 선거사무장, 선거연락소장, 선거사무원 등을 말한다(법§62). 선거사무장·선거연락소장·선거사무원·회계책임자(예비후보자가 선임한 선거사무장·선거사무원 및 회계책임자는 제외)는 해당 신분을 취득한 때부터 개표종료시까지 사형·무기 또는 장기 3년 이상의 징역이나 금고에 해당하는 죄를 범하였거나 법 제230조(매수 및 이해유도죄)부터 제235조(방송·신문 등의 불법이용을 위한 매수죄)까지 및 제237조(선거의 자유방해죄)부터 제259조(선거범죄선동죄)까지의 죄를 범한 경우를 제외하고는 현행범인이 아니면 체포 또는 구속되지 아니하며, 병역소집의 유예를 받는다(법§11③). 징집영장이나 소집영장을 받은 후라도 선거운동원으로 신고된 후에는 유예를 받는다.[17]

---

16) 규칙 별지 제16호 서식의 (마) 정당선거사무소 (설치)·(변경) 신고서
17) 1958. 4. 15. 중앙선관위 질의회답

나. 선거사무장·선거연락소장의 선임

선거사무소와 선거연락소를 설치한 자(후보자·예비후보자·정당)는 선거운동을 할 수 있는 자 중에서 선거사무소에 선거사무장 1인을, 선거연락소에 선거연락소장 1인을 두어야 한다(법§62①). 선거사무장을 두지 아니한 경우에는 후보자(대통령선거, 비례대표국회의원선거, 비례대표시·도의원선거 및 비례대표자치구·시·군의원선거의 정당의 회계책임자) 또는 예비후보자가 선거사무장을 겸한 것으로 본다(법§62⑥). 같은 선거에 있어서는 2 이상의 정당·예비후보자 또는 후보자가 동일인을 함께 선거사무장·선거연락소장으로 선임할 수 없다(법§62⑦). 예비후보자가 법 제49조(후보자등록 등)에 따라 해당 선거의 같은 선거구에 후보자등록을 마치고 선거사무장의 선임 신고를 하지 않은 경우에는 예비후보자의 선거사무장을 후보자의 선거사무장으로 본다(규칙§28⑤).

다. 유급선거사무원의 선임

선거사무장 또는 선거연락소장은 선거에 관한 사무를 처리하기 위하여 선거운동을 할 수 있는 자 중에서 다음 각 호에 의하여 선거사무원(법 제135조(선거사무관계자에 대한 수당과 실비보상) 제1항 본문에 따른 수당과 실비를 지급받는 선거사무원을 말한다)을 둘 수 있다(법§62②).

1. 대통령선거

   선거사무소에 시·도수의 6배수 이내와 시·도선거연락소에 당해 시·도 안의 구·시·군(하나의 구·시·군이 2 이상의 국회의원지역구로 된 경우에는 국회의원지역구를 말한다)수(그 구·시·군수가 10미만인 때에는 10인) 이내 및 구·시·군선거연락소에 당해 구·시·군 안의 읍·면·동(법 제148조(사전투표소의 설치) 제1항 제2호에 해당하는 경우에는 설치·폐지·분할·합병 직전의 읍·면·동을 말한다)수 이내

2. 지역구국회의원선거 및 자치구시·구·군의 장선거

   선거사무소와 선거연락소를 두는 구·시·군 안의 읍·면·동수의 3배수에 5를 더한 수 이내(선거연락소를 두지 아니하는 경우에는 선거연락소에 둘 수 있는 선거사무원의 수만큼 선거사무소에 더 둘 수 있다)

3. 비례대표국회의원선거

   선거사무소에 시·도수의 2배수 이내

4. 지역구시·도의원선거

   선거사무소에 10인 이내

5. 비례대표시·도의원선거

선거사무소에 당해 시 · 도 안의 구 · 시 · 군의 수(산정한 수가 20미만인 때에는 20인) 이내

6. 시 · 도지사선거
   선거사무소에 당해 시 · 도 안의 구 · 시 · 군의 수(그 구 · 시 · 군의 수가 10미만인 때에는 10인) 이내와 선거연락소에 당해 구 · 시 · 군 안의 읍 · 면 · 동수 이내
7. 지역구자치구 · 시 · 군의원선거
   선거사무소에 8명 이내
8. 비례대표자치구 · 시 · 군의원선거
   선거사무소에 당해 자치구 · 시 · 군 안의 읍 · 면 · 동수 이내

법 제135조(선거사무관계자에 대한 수당과 실비보상) 제1항 단서의 규정에 의하여 수당을 지급받을 수 없는 정당의 유급사무직원, 국회의원과 그 보좌관 · 선임비서관 · 비서관 또는 지방의회의원은 선거사무원이 된 경우에도 선거사무원수에는 산입하지 아니한다(법§62⑤). 정당의 정책연구소 유급사무직원은 정당의 유급사무직원이므로 법 제62조(선거사무관계자의 선임) 제5항이 적용되나, 국회 인턴보좌관과 국회교섭단체의 정책연구위원은 위 규정이 적용되지 아니한다.[18] 대통령선거에서 세종특별자치시에 설치하는 선거연락소의 선거사무원 수는 해당 세종특별자치시 안의 읍 · 면 · 동 수 이내이다.[19] 비례대표지방의회의원선거의 선거사무원은 법 제62조(선거사무관계자의 선임) 제2항 제5호 · 제8호에 따라 해당 선거사무소에 그 사무소의 선거사무를 처리하는 대가로서 수당 · 실비를 보상받는 사람이므로, 중앙당 선거대책기구의 업무처리와 선거운동을 하게하고 그에 대한 대가를 제공하는 때에는 법 제135조(선거사무관계자에 대한 수당과 실비보상)에 위반된다.[20]

장애인예비후보자 · 후보자의 활동을 보조하기 위한 활동보조인도 선거사무원수에 산입하지 아니한다(법§62④). 같은 선거에 있어서는 2 이상의 정당 · 예비후보자 · 후보자가 동일인을 함께 선거사무원으로 선임할 수 없다(법§62⑦). 법 제62조(선거사무관계자의 선임) 제2항 제2호에 따라 지역구국회의원선거 및 자치구 · 시 · 군의 장선거에서 그 읍 · 면 · 동수의 3배수 외에 추가로 둘 수 있는 5명 이내의 선거사무원은 선거사무소에 둔다(규칙§28②).

예비후보자는 선거운동을 할 수 있는 자 중에서 선거사무장을 포함하여 ① 대통령선거는 10인 이내, ② 시 · 도지사선거는 5인 이내, ③ 지역구국회의원선거 및 자치구 · 시 · 군의 장선거는 3인 이내, ④ 지역구지방의회의원선거는 2인 이내의 선거사무원을 둘 수 있다(법§62③).

18) 2007. 11. 25. 중앙선관위 질의회답
19) 2017. 4. 11. 중앙선관위 질의회답
20) 2018. 4. 26. 중앙선관위 질의회답

라. 활동보조인의 선임

장애인 예비후보자·후보자는 그의 활동을 보조하기 위하여 선거운동을 할 수 있는 사람 중에서 1명의 활동보조인을 둘 수 있다(법§62④전문). 활동보조인을 둘 수 있는 장애인 예비후보자·후보자는 「장애인복지법」 제32조(장애인 등록)에 따라 등록된 장애인으로서 「장애인복지법 시행규칙」 별표1에 따른 「장애인의 장애 정도」 중 ① 청각장애인 및 언어장애인의 경우는 모든 장애인, ② 그 밖의 장애인의 경우는 장애의 정도가 심한 장애인 중에 해당하는 사람이다(규칙§27의3①). 장애인 예비후보자·후보자가 활동보조인을 두려는 경우에는 법 제63조(선거운동기구 및 선거사무관계자의 신고) 제1항에 따라 활동보조인 선임신고를 하는 때에 위 각 장애인 중 어느 하나에 해당하는 장애인임을 증명할 수 있는 장애인증명서등을 제출하여야 하되, 규칙 제24조(기탁금의 납부) 제3항에 따라 기탁금을 납부하는 때에 제출한 경우에는 제출하지 아니할 수 있다(규칙§27의3②). 활동보조인은 선거사무원수에 산입하지 아니한다(법§62④후문).

「국가유공자 등 예우 및 지원에 관한 법률」에 따라 국가유공자로 등록된 예비후보자 또는 후보자가 규칙 제27조의3(활동보조인을 둘 수 있는 장애인 예비후보자·후보자의 범위) 제1항 각 호에 규정된 「장애인복지법」의 장애인에 준하는 경우에는 활동보조인을 지정할 수 있다.[21)]

마. 선거운동원의 모집 제한

누구든지 공직선거법에 규정되지 아니한 방법으로 인쇄물·시설물, 그 밖의 광고물을 이용하여 선거운동을 하는 사람을 모집할 수 없다(법§62⑧).

바. 선임 등 신고

(1) 선임신고

정당·후보자·예비후보자·선거사무장 또는 선거연락소장이 선거사무장·선거연락소장·선거사무원 또는 활동보조인(이하 "선거사무장등"이라 한다)을 선임·해임 및 교체(이하 "선임등"이라 한다)의 신고와 후보자의 배우자(배우자가 없는 경우에는 후보자가 지정한 1명) 및 직계존비속(이하 "후보자의 배우자등"이라 한다)의 신고는 규칙이 정하는 서식[22)]에 의하되, 대통령선거의 선거사무장 및 선거사무소에 두는 선거사무원의 선임등의 신고와 비례대표국회의원선거의 선거사무장 및 선거사무원의 선임등의 신고는 중앙선거관리위원회에, 대통령선거의 시·

21) 2011. 8. 4. 중앙선관위 질의회답
22) 규칙 별지 제16호 서식의 (나) (선거사무장)·(선거연락소장)·(선거사무원)·(활동보조인)·(배우자등)의 (선임)·(공동선임)·(해임)·(교체)신고서

도선거연락소장 및 시 · 도선거연락소에 두는 선거사무원의 선임등의 신고와 비례대표시 · 도의원선거 및 시 · 도지사선거의 선거사무장 및 선거사무소에 두는 선거사무원의 선임등 신고는 시 · 도선거관리위원회에, 지역구국회의원 · 지방의회의원(비례대표시 · 도의원을 제외) 및 자치구 · 시 · 군의 장의 선거의 선거사무장 및 선거사무소에 두는 선거사무원의 선임등 신고는 선거구선거관리위원회인 구 · 시 · 군선거관리위원회에, 대통령 및 지역구국회의원의 선거와 시 · 도지사 및 자치구 · 시 · 군의 장의 선거의 구 · 시 · 군선거연락소장 및 구 · 시 · 군선거연락소에 두는 선거사무원의 선임등의 신고는 관할구 · 시 · 군선거관리위원회에 각 신고하여야 한다(법§63①전단, 규칙§28①). 이 경우 교체선임할 수 있는 선거사무원수는 최초의 선임을 포함하여 법 제62조(선거사무관계자의 선임) 제2항 또는 제3항에 따른 선거사무원수의 2배수를 넘을 수 없다(법§63①후단).

선거사무장 선임신고는 일반도달주의의 법리에 따라 그 신고서가 해당 선거관리위원회에 제출된 때에 도달이 완성되어 그 효력이 발생하는 것이고, 그 담당 공무원이 신고서 접수사실을 접수대장에 기재한 여부나 그에 따른 선거사무장신분증명서를 발부한 여부는 위 신고의 효력발생에 아무런 소장을 가져오는 것이 아니다.[23] 유급사무원의 신분을 취득하기 위해서는 관할선거관리위원회에 신고를 하여야 한다.[24] 창당준비위원회는 정당으로 볼 수 없으므로 창당준비위원회의 명의로 제출된 선거운동관계자의 선임신고는 수리할 수 없다.[25]

무릇 적법한 선거사무원을 선임한 경우에 한하여 그 선임사실을 신고할 의무가 있고 법정 선거사무원수를 초과하여 선거사무원을 선임할 경우 그 선임사실을 신고할 의무는 없다고 할 것이다. 따라서 법정 선거사무원수를 초과하여 선거사무원을 선임한 경우 그 초과사실에 대하여 처벌하는 것과 별도로 선임사실 미신고 행위를 처벌할 수는 없다.[26]

규칙 제28조(선거운동기구 및 선거사무관계자의 신고등)에 의하면 후보자등록과는 달리 선거사무원등의 선임신고 접수시 전과 등으로 인한 그 결격사유를 조회한다는 규정을 두고 있지 아니한바, 그 취지는 통상적으로 후보자등이 선거사무원등을 선임신고하는 경우에는 그 결격 여부를 확인하여 결격사유가 없는 자를 선임신고할 것으로 보고, 선거관리위원회가 이들 선거사무원등 모두에 대하여 전과조회를 하는 것이 인력낭비, 부담가중, 시간낭비, 행정력 낭비 등을 초래하게 될 것이라는 이유에 기인한 것이라고 할 것이므로, 그 자격 여부에 관하여 의심할 만한 상당한 이유가 있는 등 특별한 사정이 없는 한, 선거관리위원회가 반드시 전과조회 등을 통하여 자격 여부를 확인하여야 할 의무가 있는 것은 아니다.[27]

---

23) 서울고등법원 1985. 6. 28. 선고 81노2596 판결
24) 2005. 1. 27. 선고 2004도7511 판결
25) 1966. 7. 8. 중앙선관위 질의회답
26) 서울고등법원 1997. 5. 13. 선고 96노2825 판결
27) 2001. 4. 27. 선고 2000수179 판결

(2) 표지

선거사무장등(회계책임자를 포함)은 해당 선거관리위원회가 교부하는 표지를 패용하고 선거운동을 하여야 한다(법§63②). 표지의 규격과 그 게재사항은 규칙이 정하는 서식[28]에 의하며, 선거사무장등의 선임신고와 후보자의 배우자등의 신고는 표지의 교부신청을 겸한 것으로 본다. 이 경우 관할선거관리위원회는 법 제63조(선거운동기구 및 선거사무관계자의 신고) 제1항에 따른 신고가 있는 때에는 신고된 선거사무장등과 후보자의 배우자등의 수에 해당하는 표지를 교부하여야 한다(규칙§28③).

예비후보자가 법 제49조(후보자등록 등)에 따라 해당 선거의 같은 선거구에 후보자등록을 마친 때에는 규칙 제26조의2(예비후보자 등의 선거운동) 제11항에 따라 신고된 예비후보자의 배우자등은 규칙 제28조(선거운동기구 및 선거사무관계자의 신고등)에 따라 신고된 후보자의 배우자등으로 보아 따로 신고하지 아니할 수 있으며, 후보자의 배우자등은 규칙 제28조(선거운동기구 및 선거사무관계자의 신고등) 제3항에 따라 교부된 표지를 늘 잘 보이도록 달고 선거운동을 하여야 한다(규칙§28④).

선거사무장등과 후보자의 배우자등이 표지를 분실한 때에는 분실일시와 장소, 분실사유 등을 적고 분실한 자와 그 선임권자가 함께 서명 또는 날인하여 해당 선거관리위원회에 규칙이 정하는 서식[29]에 따라 표지의 재교부를 신청할 수 있으며, 해당 선거관리위원회는 분실한 것으로 인정되는 때에는 표지의 빈자리에 "재교부"라고 표시하여 교부하여야 한다(규칙§28⑥).

선거관리위원회에 선거사무원으로 등록하였던 갑의 선거사무관계자신분증명서에 붙어 있던 갑의 사진을 떼어내고 그 자리에 다른 사람의 사진을 붙여 다른 사람에게 패용하게 한 경우는 공문서위조, 위조공문서행사에 해당한다.[30]

사. 벌칙

법 제62조(선거사무관계자의 선임) 제1항부터 제4항까지의 규정을 위반하여 선거사무장·선거연락소장·선거사무원 또는 활동보조인을 선임한 자, 즉 선임할 수 있는 인원을 위반하여 선거사무장 등을 선임한 자는 3년 이하의 징역 또는 600만원 이하의 벌금에 처한다(법§255①4.).

법 제62조(선거사무관계자의 선임) 제7항을 위반하여 선거사무장·선거연락소장 또는 선거사무원을 선임한 자, 즉 같은 선거에 있어 2 이상의 정당·예비후보자 또는 후보자가 동일인을

28) 규칙 별지 제16호 서식의 (다) 선거사무장 등의 표지
29) 규칙 별지 제16호 서식의 (라) 선거사무장 등의 표지 재교부신청서
30) 서울지방법원 의정부지원 2002. 10. 17. 선고 2002고합371 판결

함께 선거사무장 · 선거연락소장 또는 선거사무원으로 선임한 자 또는 같은 조 제8항을 위반하여 선거운동을 하는 자를 모집한 자, 즉 공직선거법에 규정되지 아니한 방법으로 인쇄물 · 시설물, 그 밖의 광고물을 이용하여 선거운동을 하는 사람을 모집한 자와 법 제63조(선거운동기구 및 선거사무관계자의 신고) 제1항 후단의 규정의 위반하여 선거사무원수의 2배수를 넘어 두거나 두게 한 자는 1년 이하의 징역 또는 200만원 이하의 벌금에 처한다(법§256⑤3., 4.).

자원봉사자들이 명목상만 자원봉사자들이지 실질은 일당을 받고 선거운동을 한 것이라면 일당제 선거사무원, 즉 유급 선거사무원이라고 볼 수 있고, 그 인원수가 법 제62조(선거사무관계자의 선임) 제2항, 제63조(선거운동기구 및 선거사무관계자의 신고) 제1항의 선거사무원수 또는 교체선임 선거사무원수를 초과하였다면 법 제255조(부정선거운동죄) 제1항 제4호, 제256조(각종제한규정위반죄) 제5항 제4호에 해당한다.[31]

한편, 법 제63조(선거운동기구 및 선거사무관계자의 신고) 제2항을 위반하여 표지를 패용하지 아니하고 선거운동을 하거나 하게 한 자는 100만원 이하의 과태료를 부과한다(법§261⑧2.다.).

3-1. 회계책임자의 선임

회계책임자의 선임과 그 신고에 대하여는 「정치자금법」에 규정되어 있다(정치자금법§34, §35).

가. 회계책임자의 선임

다음 각 호에 해당하는 자(이하 "선임권자"라 한다)는 정치자금의 수입과 지출을 담당하는 회계책임자 1인을 공직선거의 선거운동을 할 수 있는 자 중에서 선임하여 지체 없이 관할 선거관리위원회에 서면으로 신고하여야 한다(정치자금법§34①).

1. 정당(후원회를 둔 중앙당창당준비위원회, 정책연구소 및 정당선거사무소를 포함한다)의 대표자
2. 후원회의 대표자
3. 후원회를 둔 국회의원
4. 대통령선거경선후보자, 당대표경선후보자등
5. 공직선거의 후보자 · 예비후보자(선거사무소 및 선거연락소의 회계책임자를 선임하는 경우를 말한다). 이 경우 대통령선거의 정당추천후보자, 비례대표국회의원선거 및 비례대

31) 1996. 11. 29. 선고 96도500 판결(자원봉사자 명목으로 유급 선거사무직원을 과다 선임한 행위를 기부행위 금지위반으로 기소한 경우, 공소장변경 없이 선거사무원 과다선임죄로 처벌할 수 없다고 한 사례)

표지방의회의원선거에 있어서는 그 추천정당이 선임권자가 되며, 그 선거사무소 및 선거연락소의 회계책임자는 각각 정당의 회계책임자가 겸한다.

6. 선거연락소장(선거연락소의 회계책임자에 한한다)

누구든지 2 이상의 회계책임자가 될 수 없다. 다만, 후원회를 둔 국회의원이 대통령후보자등후원회·대통령선거경선후보자후원회 또는 당대표경선후보자등후원회를 두는 등 「정치자금사무관리규칙(이하 "정치자금규칙"이라 한다)」으로 정하는 경우에는 그러하지 아니하다(정치자금법§34②). 2 이상의 회계책임자를 겸임할 수 있는 경우는 다음과 같다(정치자금규칙§33).

1. 같은 사람이 2 이상의 후원회를 두는 경우
   가. 후원회간의 회계책임자
   나. 후원회지정권자의 회계책임자
2. 후원회를 둔 국회의원이 공직선거의 후보자·예비후보자, 대통령선거경선후보자, 당대표경선후보자등이 되는 경우 그 국회의원의 회계책임자와 공직선거의 후보자·예비후보자, 대통령선거경선후보자, 당대표경선후보자의 회계책임자
3. 정당의 대통령선거후보자로 선출된 예비후보자의 회계책임자와 해당 정당의 중앙당의 회계책임자
4. 대통령선거예비후보자가 대통령선거경선후보자가 되거나 대통령선거경선후보자가 대통령선거예비후보자가 되는 경우 대통령선거예비후보자의 회계책임자와 대통령선거경선후보자의 회계책임자

공직선거의 후보자·예비후보자 또는 그 선거사무장이나 선거연락소장은 회계책임자를 겸할 수 있다. 이 경우 그 뜻을 지체 없이 관할선거관리위원회에 서면으로 신고하여야 한다. 「정치자금법」 제34조(회계책임자의 선임신고 등) 제1항 제5호 후단 및 제2항 단서의 규정에 의하여 회계책임자를 겸하는 경우에도 또한 같다(정치자금법§34③).

나. 회계책임자의 선임 및 겸임 신고

회계책임자의 선임·겸임 신고는 정치자금규칙이 정하는 서식[32]에 의한다(정치자금규칙§32①). 회계책임자의 선임 또는 겸임신고는 ① 정당 및 후원회는 정당과 후원회의 등록신청·신고를 하는 때, ② 정책연구소는 정책연구소의 설립허가신청을 하는 때, ③ 정당선거사무소는 정당선거사무소의 설치신고를 하는 때, ④ 후원회를 둔 중앙당창당준비위원회 및 국회의원는 후원회의 등록신청을 하는 때, ⑤ 대통령선거경선후보자·당대표경선후보자등은 경선후보자등록신청 후 지체 없이, ⑥ 공직선거의 후보자·예비후보자는 후보자·예비후보자의 등록신청을 하는 때(다만, 예비후보자가 후보자등록을 신청하는 때에 회계책임자의 선임신고를 하

32) 정치자금규칙 별지 제27호 서식 회계책임자(선임)·(변경)신고서

지 아니하는 경우에는 예비후보자의 회계책임자를 선거사무소의 회계책임자로 본다) ⑦ 선거연락소는 선거연락소의 설치신고를 하는 때에 각 하여야 한다(정치자금규칙§32②).

회계책임자를 선임 또는 겸직신고를 하는 때에는 ① 정치자금의 수입 및 지출을 위한 예금계좌, ② 선거비용제한액 한도 내에서 회계책임자가 지출할 수 있는 금액의 최고액을 정하고 회계책임자와 선임권자가 함께 서명·날인한 약정서(선거사무소의 회계책임자에 한한다)를 첨부하여야 한다(정치자금법§34④). 예금계좌의 신고는 예금통장 사본을 첨부하는 것으로 갈음할 수 있다. 이 경우 예금계좌의 변경이 있는 때에는 지체 없이 변경신고를 하여야 하며, 예금계좌의 신고 및 변경신고는 정치자금규칙이 정하는 서식[33]에 의하여 하고(정치자금규칙§34①), 위 약정서는 정치자금규칙이 정하는 서식[34]에 의한다(정치자금규칙§34②).

다. 회계책임자의 변경신고

선임권자는 회계책임자의 변경이 있는 때에는 14일 이내에(「정치자금법」 제34조 제1항 제5호 및 제6호의 규정에 의한 선임권자는 지체 없이) 관할 선거관리위원회에 정치자금규칙이 정하는 서식[35]으로 변경신고를 하여야 한다(정치자금법§35①, 정치자금규칙§32①). 회계책임자의 변경이 있는 때에는 인계자와 인수자는 지체 없이 인계·인수서를 작성하여 서명·날인한 후 재산, 정치자금의 잔액과 회계장부, 예금통장·신용카드 및 후원회인·그 대표자 직인 등 인장 그 밖의 관계서류를 인계·인수하여야 한다(정치자금법§35②). 인계·인수서는 정치자금규칙이 정하는 서식[36]에 의한다(정치자금규칙§32③). 회계책임자의 변경신고를 하는 때에는 인계·인수서를 함께 제출하여야 한다(정치자금법§35③).

라. 벌칙

「정치자금법」 제34조(회계책임자의 선임신고 등) 제4항 제1호의 규정을 위반하여 정치자금의 수입·지출을 위한 예금계좌를 신고하지 아니한 자, 제35조(회계책임자의 변경신고 등) 제2항의 규정을 위반하여 재산 및 정치자금의 잔액 또는 회계장부 등을 인계·인수하지 아니한 자는 2년 이하의 징역 또는 400만원 이하의 벌금에 처한다(정치자금법§47①6., 7.).

「정치자금법」 제34조(회계책임자의 선임신고 등) 제1항·제4항 제1호 또는 제35조(회계책임자의 변경신고 등) 제1항의 규정에 위반하여 회계책임자·예금계좌를 신고하지 아니한 자는 2년 이하의 징역 또는 400만원 이하의 벌금에 처한다(정치자금법§49②2.).

한편, 「정치자금법」 제34조(회계책임자의 선임신고 등) 제1항·제3항 또는 제35조(회계책임자

---

33) 정치자금규칙 별지 제29호 서식 예금계좌 (신고)·(변경신고)서
34) 정치자금규칙 별지 제30호 서식 선거비용지출액 약정서
35) 정치자금규칙 별지 제27호 서식 회계책임자(선임)·(겸임)·(변경)신고서
36) 정치자금규칙 별지 제28호 서식 정치자금의 수입과 지출 인계·인수서

의 변경신고 등) 제1항의 규정에 위반하여 회계책임자의 선임·변경·겸임신고를 해태한 자, 제34조(회계책임자의 선임신고 등) 제4항 제2호의 규정에 의한 약정서를 제출하지 아니한 자, 제35조(회계책임자의 변경신고 등) 제2항의 규정을 위반하여 인계·인수서를 작성하지 아니한 자는 200만원 이하의 과태료에 처한다(정치자금법§49③1., 2., 3.).

제35조(회계책임자의 변경신고 등) 제2항의 규정을 위반하여 인계·인수를 지체한 자는 200만원 이하의 과태료에 처한다(정치자금법§51②1.).

제34조(회계책임자의 선임신고 등) 제1항·제3항, 제35조(회계책임자의 변경신고 등) 제1항을 위반하여 신고를 해태한 자, 제34조(회계책임자의 선임신고 등) 제2항 본문의 규정을 위반하여 회계책임자가 된 자는 100만원 이하의 과태료에 처한다(정치자금법§51③1., 6.).

4. 동시선거에 관한 특례

가. 선거운동기구의 설치 및 선거사무관계자의 선임에 관한 특례

(1) 선거운동기구의 공동 설치 및 선거사무관계자의 공동선임

동시선거에 있어서 같은 정당의 추천을 받은 2인 이상의 후보자(비례대표지방의회의원선거에 있어서는 후보자를 추천한 정당을 포함한다)는 선거사무소와 선거연락소를 공동으로 설치할 수 있다(법§205①). 동시선거에 있어서 같은 정당의 추천을 받은 2인 이상의 후보자는 선거사무장·선거연락소장 또는 선거사무원을 공동으로 선임할 수 있다(법§205②). 위 설치와 선임은 후보자가 각각 설치·선임한 것으로 보며, 그 설치·선임신고서에 그 사실을 명시하여야 하고 공동설치·선임에 따른 비용은 당해 후보자간의 약정에 의하여 분담할 수 있되, 그 분담내역을 설치·선임신고서에 명시하여야 한다(법§205③). 선거사무소와 선거연락소를 공동으로 설치하거나 선거사무장·선거연락소장 또는 선거사무원을 공동으로 선임한 때의 설치·선임의 신고(변경신고를 포함한다)는 공동으로 설치·선임한 자가 공동명의로 하여야 하며, 그 설치·선임의 신고와 선거사무관계자의 표지는 규칙이 정하는 서식[37]에 의한다. 이 경우 신고하는 관할선거관리위원회가 다른 때에는 해당 선거관리위원회마다 각각 신고하여야 한다(규칙§122①).

선거운동기구를 공동으로 설치한 경우 법 제61조(선거운동기구의 설치) 제6항에 따라 첩부·게시하는 선전물은 공동설치한 후보자마다 각각 첩부·게시하는 것으로 한다. 이 경우 책자형 선거공보를 공동으로 작성하는 경우에도 또한 같다(규칙§122②).

---

37) 규칙 별지 제16호 서식의 (가) (선거사무소)·(선거연락소)의 (설치)·(공동설치)·(변경)신고서, (나) (선거사무장)·(선거연락소장)·(선거사무원)·(활동보조인)·(배우자등)의 (선임)·(공동선임)·(해임)·(교체)신고서, (다) 선거사무장 등의 표지

(2) 후보자의 다른 선거의 선거사무관계자 겸임 금지

후보자는 다른 선거의 후보자의 선거사무장·선거연락소장·선거사무원 또는 회계책임자가 될 수 없다(법§205④).

기초자치단체장선거 후보자가 대통령선거 후보자의 선거연락소장으로 취임하여 그를 위하여 선거운동을 한 경우는 본조항에 위반된다.38)

나. 벌칙

법 제205조(선거운동기구의 설치 및 선거사무관계자의 선임에 관한 특례) 제4항의 규정에 위반하여 동시선거에 있어서 후보자가 다른 선거의 후보자의 선거사무장·선거연락소장·선거사무원 또는 회계책임자가 되거나 후보자로 하여금 그렇게 되게 한자는 3년 이하의 징역 또는 600만원 이하의 벌금에 처한다(법§255①2.).

한편, 법 제205조(선거운동기구의 설치 및 선거사무관계자의 선임에 관한 특례) 제3항의 규정에 위반하여 동시선거에 있어서 선거사무소와 선거연락소의 공동설치에 따른 비용의 분담내역을 선거사무소·선거연락소의 설치신고서에 명시하지 아니한 자와 동시선거에 있어서 같은 정당의 추천을 받은 2 이상의 후보자가 공동으로 선임한 선거사무장·선거연락소장 또는 선거사무원의 선임에 따른 비용의 분담내역을 선거사무장·선거연락소장·선거사무원의 선임신고서에 명시하지 아니한 자는 200만원 이하의 과태료를 부과한다(법§261⑦2.가., 나.).

제2장 인쇄물에 의한 선거운동

1. 선거벽보

가. 의의

선거벽보는 후보자의 사진·성명·기호·소속정당명·경력·정견 및 소속정당의 정강·정책 그 밖의 홍보에 필요한 사항을 게재하는 대표적인 선거운동홍보물이다. 법은 선거의 공정을 위하여 선거벽보의 작성·사용 등을 제한하고 있다.

나. 작성

선거벽보는 후보자(비례대표국회의원후보자와 비례대표지방의회의원후보자를 제외한다)와 대통령

38) 대구고등법원 2008. 9. 25. 선고 2008노334 판결(대구지방법원 2008. 7. 9. 선고 2008고합270 판결)

선거에 있어서 정당추천후보자의 경우에는 그 추천정당이 작성한다(법§64②).[39] 선거운동에 사용하는 선거벽보에는 후보자의 사진·성명·기호·소속정당명·경력·정견 및 소속정당의 정강·정책 그 밖의 홍보에 필요한 사항을 게재한다.

후보자의 사진은 후보자만의 사진을 말한다. 후보자 본인의 사진 중 다른 사진(異種) 2장을 동시에 사용하는 경우 후보자만의 사진이라면 무방하다.[40] 타인의 사진은 게재할 수 없으므로 군중이 운집한 배경사진은 게재할 수 없으나, 기타 홍보에 필요한 사항으로 뒷모습 사진이나 기호를 표시하는 손가락 사진을 게재하는 것은 무방하다.[41]

후보자의 성명은 후보자만의 성명을 말하고, 기호는 법 제150조(투표용지의 정당·후보자의 게재순위 등)에 따라 투표용지에 인쇄할 정당 또는 후보자의 게재순위를 말한다. 소속정당명은 정당추천후보자의 경우에 게재하고 무소속후보자는 "무소속"이라고 표시한다.

경력의 경우, 학력을 게재하는 경우에는 정규학력과 이에 준하는 외국의 교육과정을 이수한 학력 외에는 게재할 수 없다. 정규학력을 게재하는 경우에는 졸업 또는 수료당시의 학교명을 게재하고, 중퇴한 경우에는 수학기간을 함께 기재하여야 한다.[42] 정규학력에 준하는 외국의 교육과정을 이수한 학력을 게재하는 때에는 그 교육과정명과 수학기간 및 학위를 취득한 때의 취득학위명을 기재하여야 한다. 정규학력의 최종학력과 외국의 교육과정을 이수한 학력은 법 제49조(후보자등록 등) 제4항 제6호에 따라 학력증명서를 제출한 학력에 한하여

---

39) 헌법재판소는, 비례대표시·도의회의원에게 선거벽보를 허용하지 않는 법 제64조(선거벽보) 제2항에 대하여, '동시지방선거에서 상당히 많은 후보자들의 선거벽보를 첩부하고 있는 상황에서 추가적으로 정당마다 추천하는 비례대표시·도의회의원후보자에게 후보자별로 선거벽보를 첩부할 수 있도록 한다면, 지나치게 많은 선거벽보를 첩부하게 되어 물리적인 어려움이 발생하게 될 뿐만 아니라 유권자들이 후보자들을 구별하여 정보를 취득하는데 어려움이 초래되는 등 선거벽보를 통해 실현하고자 하는 선거운동효과를 제대로 얻을 수 없고, 오히려 선거관리에 많은 경비와 노력이 소요되어 지나친 사회경제적 손실을 초래하게 된다. 따라서 법 제64조(선거벽보) 제2항은 선거운동의 자유를 침해하지 않는다.'고 판시하였다(2011. 3. 31. 선고 2010헌마314 결정).

40) 2006. 5. 10. 중앙선관위 질의회답

41) 2000. 3. 28. 중앙선관위 질의회답

42) 헌법재판소는, 중퇴한 경우에 수학기간을 함께 기재하도록 한 것에 대하여, '학교를 졸업하고 수료한 경우에는 고교과정을 다 마친 것이므로 학교명을 기재하면 졸업 또는 수료 사실만 기재하더라도 학제에 따라 그 수학기간을 누구나 알 수 있다. 그러나 학교를 중퇴한 경우에는 실제로 수학한 기간을 알 수 없으므로 이를 별도로 밝혀야 구체적 학력을 알 수 있다. 학교를 중퇴한 경우 그 수학기간은 개인마다 천차만별일 것이므로 수학기간을 기재하지 않고 단순히 중퇴한 사실만 기재하면 수학기간 차이에 따른 학력차이를 비교할 수 없다(2010. 3. 25. 선고 2009헌바121 참조). 선거인이 후보자를 선택할 때 후보자의 학력이 어느 정도의 의미를 갖는 것인지, 학력과 수학기간은 어떤 관계가 있는지에 대한 판단 및 학력을 소개하면서 수학기간을 기재하지 않는 것이 후보자에 대한 올바른 선택에 어느 정도 부정적 영향을 미칠 수 있는지 등에 대한 판단은 일차적으로 입법자에게 있다. 또 중퇴학력을 기재하면서 수학기간을 기재하지 않은 행위를 처벌할 것인지, 처벌한다면 어느 정도 법정형으로 처벌할 것인지에 대한 판단 역시 기본적으로 입법형성의 자유에 속하는 영역이므로, 그에 관한 입법자의 판단이 현저히 불합리한 것으로 인정되지 않는 한 헌법에 위반되지 않는다.'고 판시하였다(2017. 12. 28. 선고 2015헌바232 결정).

게재할 수 있다.[43] 정규학력 이외의 학력은 경력으로도 게재할 수 없다.[44]

그 밖에 필요한 사항에는 지역구국회의원선거에 있어서는 비례대표국회의원후보자 명단을, 지역구시·도의원선거에 있어서는 비례대표시·도의원후보자 명단을, 지역구자치구·시·군의원선거에 있어서는 비례대표자치구·시·군의원후보자 명단을 포함하며, 후보자외의 자의 인물사진은 제외한다(법§64①). 책자형 선거공보 및 선거벽보에 QR코드[45] 인쇄 및 NFC[46]칩 부착은 부방하나, 선거관리위원회의 통상적인 방법의 선거벽보·선거공보의 취급 과정에서 NFC칩의 기능이 손상되지 않도록 작성하여야 한다.[47]

선거벽보를 인쇄하는 인쇄업자는 법 제64조(선거벽보) 제3항의 선거벽보의 수량 외에는 이를 인쇄하여 누구에게도 제공할 수 없다(법§64⑧).

다. 규격·수량

선거벽보는 후보자마다 1종으로 하고, 그 규격은 다음 각 호에 의하되, 길이를 상하로 하여 작성하여야 한다. 이 경우 선거벽보를 인쇄하는 종이는 100g/㎡이내의 종이로 한다(규칙§29①).

1. 대통령선거
   길이 76센티미터 너비52센티미터
2. 지역구국회의원·지역구지방의회의원 및 지방자치단체의 장의 선거
   길이 53센티미터 너비 38센티미터

선거벽보는 동에 있어서는 인구 500명에 1매, 읍에 있어서는 인구 250명에 1매, 면에 있어서는 인구 100명에 1매의 비율을 한도로 작성·첩부한다. 다만, 인구밀집상태 및 첩부장소 등을 감안하여 규칙으로 정하는 바에 따라 인구 1천명에 1매의 비율까지 조정할 수 있다(법

43) 헌법재판소는, 정규학력 외의 학력을 게재할 수 없도록 한 구 공직선거및선거부정방지법(법률 제5262호) 제64조(선거벽보)에 대하여, '선전벽보 등에 비정규학력을 게재할 경우 유권자들로 하여금 후보자의 학력을 과대평가하고 이로써 선거인의 투표에 관한 공정한 판단을 흐리게 할 수 있으므로 이를 방지하여 유권자들에게 후보자의 능력과 자질을 올바르게 판단할 수 있는 기회를 제공하고, 이로써 선거운동의 자유를 해치지 않으면서도 선거의 공정성을 확보하기 위한 것으로서 비정규학력을 정확히 게재하게 하는 입법수단과는 다른 입법적 효과를 가지고 있으며, 후보자의 선거운동의 자유, 표현의 자유, 공무담임권 등이 제한받는 효과가 발생하기는 하나, 이러한 제한효과와 민주절차의 중심이 되는 선거과정의 공정성을 확보한다는 공익과의 사이에 법익의 균형성이 인정되므로, 과잉금지의 원칙에 위반되지 아니한다.'고 판시하였다(2000. 11. 30. 선고 99헌바95 전원재판부 결정).

44) 학력에 대한 사항은 제25편 벌칙 제4장 허위사실공표 및 후보자비방죄 등 1.당선목적 허위사실공표죄에서 상술한다.

45) 2차원 바코드로 흰색과 검정색을 가로 세로 패턴으로 엮어서 숫자뿐만 아니라 알파벳 등 문자 데이터도 담을 수 있다. QR은 Quick Response의 약자이다.

46) 10㎝이내 거리의 근거리 정보통신 방식. 'Near Field Communication'의 앞글자를 따서 흔히 NFC라고 부른다. 교통카드, 스마트결제 등에 활용된다.

47) 2016. 2. 16. 중앙선관위 질의회답

§64①).

관할선거구선거관리위원회는 후보자가 작성하여 보관 또는 제출할 선거벽보의 수량을 선거기간개시일전 10일까지 공고하여야 한다(법§64③).

정당 또는 후보자가 제출할 선거벽보의 수량은 구·시·군선거관리위원회(지역구지방의회의원선거에 있어서는 관할선거구)별로 규칙 제29조(선거벽보) 제2항에 따라 산출한 수량에 그 100분의 5에 상당하는 매수를 더한 수량으로 하며, 보완첩부용으로 보관할 수량은 규칙 제29조(선거벽보) 제2항에 따라 산출한 수량의 100분의 30에 상당하는 매수로 한다. 이 경우 작성할 수 있는 총수량의 단수가 10미만인 때에는 10매로 한다(규칙§29③).

라. 선거벽보의 제출

선거벽보의 제출은, 대통령선거의 경우 후보자등록마감일 후 3일까지, 법 제51조(추가등록)에 따른 추가등록의 경우에는 추가등록마감일 후 2일 이내에 첩부할 지역을 관할하는 구·시·군선거관리위원회에 하고, 국회의원선거와 지방자치단체의 의회의원 및 장의 선거는 후보자등록마감일 후 5일까지 첩부할 지역을 관할하는 구·시·군선거관리위원회에 한다(법§64②). 정당 또는 후보자가 관할구·시·군선거관리위원회에 선거벽보를 제출하는 때에는 규칙이 정하는 서식[48]에 의하되, 관할구·시·군선거관리위원회는 법 제64조(선거벽보) 제3항에 따라 공고된 수량의 범위 안에서 미리 읍·면·동선거관리위원회별로 제출할 매수와 장소를 정하여 정당 또는 후보자로 하여금 그 지정장소에 제출하게 할 수 있다(규칙§29④).

해당 선거관리위원회는 법 제64조(선거벽보) 제1항부터 제4항까지(종수·규격·수량 및 제출기한을 말한다)의 규정에 위반하지 아니하는 한 선거벽보의 접수를 거부할 수 없으며, 법 제64조(선거벽보) 제6항에 따른 이의제기나 제7항에 따른 고발은 선거벽보의 제출·접수 또는 첩부의 계속진행에 영향을 주지 아니한다(규칙§29⑨).

마. 선거벽보의 첩부

선거벽보는 해당 시·구·군선거관리위원회가 선거벽보 제출마감일후 2일(대통령선거와 산간오지지역의 경우는 3일)까지 첩부한다. 선거벽보의 일부를 제출하지 아니할 때에는 선거벽보를 첩부하지 아니할 지역(투표구를 단위로 한다)을 지정하여 선거벽보의 제출 시에 서면으로 신고하여야 하고, 선거벽보를 첩부하지 아니할 지역을 신고하지 아니한 때에는 해당 구·시·군선거관리위원회가 그 지역을 지정한다(법§64②).

후보자가 제출마감일까지 선거벽보를 제출하지 아니한 때와 규격을 넘거나 미달하는 선거벽보를 제출한 때에는 그 선거벽보는 첩부하지 아니한다(법§64④).

---

48) 규칙 별지 제17호 서식의 (나) (선거벽보)·(선거공보)·(후보자정보공개자료)제출서

구·시·군선거관리위원회가 첩부하는 선거벽보는 읍·면·동을 단위로 다음 각 호의 비율을 한도로 균등하게 후보자의 기호순으로 길이를 상하로 하여 동시에 같은 장소에 첩부하여야 한다. 이 경우 다음 각 호에 따라 산출한 매수가 5매 미만인 경우에는 5매로 한다(규칙§29②).

1. 읍, 동 및 2만명 이상인 면은 인구 1천인에 1매
2. 인구 5천명 이상 2만명 미만인 면은 50매에 5천명을 넘는 매 1천명까지 마다 1매를 더한 매수
3. 인구 5천명 미만인 면은 인구 100인에 1매

선거벽보는 다수의 통행인이 보기 쉬운 건물 또는 게시판 등에 첩부하여야 한다. 이 경우 해당 건물 또는 게시판 등의 소유자 또는 관리자와 미리 협의하여야 한다(법§64⑩).[49] 선거벽보를 첩부할 마땅한 장소가 없는 때에는 지역구지방의회의원 및 지방자치단체의 장의 선거에 있어서는 해당 지방자치단체가, 대통령 및 지역구국회의원의 선거에 있어서는 관할구·시·군선거관리위원회가 선거벽보를 첩부할 벽보판을 제작·설치하여야 한다(규칙§29⑤). 선거벽보를 첩부하는 경우에 첩부장소가 있는 토지·건물 그 밖의 시설물의 소유자 또는 관리자는 선거벽보의 첩부가 해당 시설물을 심각하게 훼손하거나 자신의 사생활을 침해하는 등 특별한 사유가 없는 한 선거벽보의 첩부에 협조하여야 한다(법§64⑪).

후보자는 관할구·시·군선거관리위원회가 첩부한 선거벽보가 오손되거나 훼손되어 보완첩부하고자 하는 때에는 공고된 수량의 범위에서 그 선거벽보 위에 덧붙여야 한다(법§64⑨).

바. 선거벽보의 정정·삭제 등

제출된 선거벽보는 정정 또는 철회할 수 없다. 다만, 후보자는 선거벽보에 게재된 후보자의 성명·기호·소속정당명과 경력·학력·학위·상벌(이하 "경력등"이라 한다)이 거짓으로 게재되어 있거나 법에 위반되는 내용이 게재되어 있음을 이유로 해당 선거구선거관리위원회에 규칙이 정하는 서식[50]에 의하여 정정 또는 삭제를 요청할 수 있으며, 그 요청을 받은 선거구선거관리위원회는 선거벽보 제출마감일까지 그 내용을 정정 또는 삭제하게 할 수 있다. 이 경우 해당 내용을 정정 또는 삭제하는 외에 새로운 내용을 추가하거나 종전의 배열방법·색상·규격 등을 변경할 수 없다(법§64⑤, 규칙§29⑩).

사. 이의제기 및 고발

누구든지 선거벽보의 내용 중 경력등에 관한 거짓 사실을 게재를 이유로 이의제기를 하는

49) 공직선거법은 2020. 12. 29. 법률 제17813호로 개정하고 법 제64조(선거벽보) 제10항을 신설하여 선거벽보 첩부 시 소유자 등과 협의 절차를 법률에 명시하였다.

50) 규칙 별지 제17호 서식의 (라) (선거벽보)·(선거공보)·(후보자정보공개자료) 정정·삭제 요청서

때에는 해당 선거구선거관리위원회를 거쳐 직근 상급선거관리위원회에 규칙이 정하는 서식[51]에 따라야 하고, 이의제기를 받은 상급선거관리위원회는 후보자와 이의제기자에게 그 증명서류의 제출을 요구할 수 있으며, 이의제기에 대한 증명서류의 제출을 요구받은 이의제기자·정당 또는 후보자는 그 요구를 받은 날로부터 3일 이내에 관련증명서류를 제출하여야 하고, 그 증명서류의 제출이 없거나 거짓 사실임이 판명된 때에는 그 사실을 공고하여야 한다(법§64⑥, 규칙§29⑦).

관할선거구선거관리위원회는 선거벽보에 다른 후보자, 그의 배우자 또는 직계존·비속이나 형제자매의 사생활에 대한 사실을 적시하여 비방하는 내용이 공직선거법에 위반된다고 인정하는 때에는 이를 고발하고 공고하여야 한다(법§64⑦).

상급선거관리위원회는 법 제64조(선거벽보) 제6항에 따라 경력등의 허위게재사실을 공고한 때에는 그 공고문사본을 관할선거구선거관리위원회에 송부하여야 하며, 관할선거구선거관리위원회는 상급선거관리위원회로부터 허위게재사실의 공고문사본을 송부받거나 법 제64조(선거벽보) 제7항에 따라 사생활에 대한 비방으로 인한 고발사실을 공고한 때에는 동 공고문사본을 통행인이 쉽게 알아볼 수 있도록 길이 53세티미터 너비 38센티미터로 작성하여 투표구마다 5매를 첩부하고 사전투표기간 및 선거일에는 사전투표소와 투표소 입구에 각 1매를 추가로 첩부하되, 해당 후보자가 입후보한 선거의 선거구 안에만 첩부한다. 이 경우 상급선거관리위원회 및 해당 선거구선거관리위원회의 청인날인은 생략할 수 있다(규칙§29⑧).

아. 동시선거에 관한 특례

동시선거를 실시하는 때의 선거벽보의 매수는 2개의 선거를 동시에 실시하는 때에는 법 제64조(선거벽보) 제1항에 따른 기준매수의 3분의 2, 3개 이상의 선거를 동시에 실시하는 때에는 기준매수의 2분의 1에 각 상당하는 수로 한다(법§206). 동시선거에 있어서 같은 장소에 2이상의 선거의 선거벽보를 첩부하는 때에는 선거별로 명확히 구분되도록 사이를 두어 첩부하여야 한다(규칙§123).

2. 선거공보

가. 의의

선거공보는 후보자의 사진·성명·기호·소속정당명·경력·정견 및 소속정당의 정강·정책 그 밖의 홍보에 필요한 사항을 게재하는 선거운동홍보물로서 책자형과 전단형, 점자형으로 작성되어 선거인에게 발송하는 것이다. 법은 선거의 공정을 위하여 선거공보의 작성·사

51) 규칙 별지 제17호 서식의 (마) (선거벽보)·(선거공보)의 내용 중 경력등에 관한 이의제기서

용 등을 제한하고 있다.

나. 작성

후보자(대통령선거에 있어서 정당추천후보자와 비례대표국회의원선거 및 비례대표지방의회의원선거의 경우에는 그 추천정당[52]을 말한다)는 선거운동을 위하여 책자형 선거공보 1종[53](대통령선거에서는 전단형 선거공보 1종을 포함한다)을 작성할 수 있다. 이 경우 비례대표국회의원선거 및 비례대표지방의회의원선거에서는 해당 정당이 추천한 후보자 모두의 사진·성명·학력·경력을 추천순위에 따라 게재하여야 한다(법§65①, 규칙§30⑩).

책자형 선거공보는 대통령선거에 있어서는 16면 이내로, 국회의원선거 및 지방자치단체의 장선거에 있어서는 12면 이내로, 지방의회의원선거에 있어서는 8면 이내로 작성하고, 전단형 선고공보는 1매(양면에 게재할 수 있다)로 작성한다(법§65②).

후보자는 책자형 선고공보 및 전단형 선거공보 외에 시각장애선거인(선거인으로서 「장애인복지법」 제32조(장애인 등록)에 따라 등록된 시각장애인을 말한다)을 위한 선거공보(이하 "점자형 선거공보"라 한다) 1종을 법 제65조(선거공보) 제2항에 따른 책자형 선거공보의 면수의 두배 이내에서 작성할 수 있다. 다만, 대통령선거·지역구국회의원선거 및 지방자치단체의 장선거의 후보자는 점자형 선거공보를 작성·제출하여야 하되, 책자형 선거공보에 그 내용이 음성·점자 등으로 출력되는 인쇄물 접근성 바코드를 표시하는 것으로 대신할 수 있다(법§65④).[54]

---

52) 헌법재판소는, 비례대표후보자의 선거공보를 후보자 개인이 아닌 추천정당이 일괄 작성하도록 하고 있는 이유에 대하여, '비례대표시·도의원후보자의 당선여부는 추천정당이 얼마나 많은 득표를 하는지에 달려있으므로 비례대표시·도의원선거는 정당에 대한 선거로서의 성격이 강하다. 물론 비례대표시·도의원선거에 있어서 비례대표시·도의원후보자가 중요한 이해관계자이기는 하나, 비례대표시·도의원후보자명부를 추천정당에서 일방적으로 작성하고 추천정당의 득표율에 따라 후보자의 당선여부가 결정되는 비례대표시·도의원선거에 있어서 가장 밀접한 이해관계를 가지고 있는 것은 추천정당이다. 이와 같은 비례대표시·도의원선거의 성격과 추천정당의 이해관계를 고려하면, 비례대표시·도의원후보자의 선거공보는 정당차원의 전략에 따라 작성되어야 하고, 후보자 개개인의 이해득실을 고려하기 보다는 추천정당의 전체적인 이해득실을 고려하여 선거공보의 내용을 결정하여야 하는 것이다. 따라서 이러한 방식으로 비례대표시·도의원후보자의 선거공보를 작성하도록 하기 위하여 추천정당이 주체가 되어 선거공보를 작성하도록 한 법 제65조(선거공보) 제1항은 합리적 규정이라 할 것이다.'라고 판시하였다(2011. 3. 31. 선고 2010헌마314 결정).

53) 2008. 11. 13. 선고 2008수52 판결(처음 제출한 부재자용 책자형 선거공보에 후보자정보공개자료에 포함되지 않은 경력 및 학력이 기재되어 있는 것이 문제되자 그와 같은 경력 및 학력이 기재되어 있던 선거공보 제2면 윗부분을 흰색종이로 붙여 가리고, 다시 매세대용 책자형 선거공보를 수정하면서 문제가 되었던 최초의 선거공보 2면 윗부분을 아예 삭제하고 아랫부분을 위쪽으로 끌어올려 제작한 사안에서, 기왕의 선거공보에 다른 내용을 추가한 것이 아니라 위법한 부분을 삭제하여 수정제작한 것에 불과한 경우는 선거공보의 배열방법·내용에 변함이 없는 같은 1종으로 보아야지 이를 2종의 선거공보를 제작한 것으로 볼 수 없다.)

54) 헌법재판소는, 후보자가 시각장애인을 위한 점자형 선거공보 1종을 책자형 선고공보 면수 이내에서 임의로 작성할 수 있도록 한 법 제65조(선거공보) 제4항과 관련하여, '심판대상조항은 점자형 선거공보의 작성을

중앙선거관리위원회는 후보자가 인쇄물 접근성 바코드를 표시할 수 있도록 기술적 조치를 하여야 한다(규칙§30④). 구·시·군의 장은 시각장애선거인과 그 세대주의 성명·주소를 조사하여 선거기간개시일 전 20일까지 관할구·시·군선거관리위원회에 통보하여야 한다(법§65⑦). 구·시·군의 장이 관할구·시·군선거관리위원회에 통보하여야 하는 시각장애선거인은 「장애인복지법 시행규칙」 별표 1 「장애인의 장애 정도」에 따른 "장애의 정도가 심한 장애인"에 해당하는 사람과 해당 구·시·군의 장이 "장애의 정도가 심하지 않은 장애인" 중 점자형 선거공보가 필요하다고 인정하는 사람으로 한다(규칙§30⑥).

대통령선거, 지역구국회의원선거, 지역구지방의회의원선거 및 지방자치단체의 장선거에서 책자형 선거공보(점자형 선거공보를 포함한다)를 제출하는 경우에는 규칙으로 정하는 바에 따라 다음 각 호에 따른 내용(이하 "후보자정보공개자료"라 한다)을 그 둘째 면에 게재하여야 하며, 후보자정보공개자료에 대하여 소명이 필요한 사항은 그 소명자료를 함께 게재할 수 있다. 이 경우 그 둘째 면에는 후보자정보공개자료와 그 소명자료만을 게재하여야 하며, 점자형 선거공보에 게재하는 후보자정보공개자료의 내용은 책자형 선거공보에 게재하는 내용과 똑같아야 한다(법§65⑧).

1. 재산상황

   후보자, 후보자의 배우자 및 직계존·비속(혼인한 딸과 외조부모 및 외손자녀를 제외한다)의 각 재산총액

2. 병역사항

   후보자 및 후보자의 직계비속의 군별·계급·복무기간·복무분야·병역처분사항 및 병역처분사유(「공직자 등의 병역사항 신고 및 공개에 관한 법률」 제8조(병역사항의 공개 및 이의신청) 제3항[55]의 규정에 따라 질병명 또는 심신장애내용의 비공개를 요구하는 경우

후보자의 재량사항으로 규정함으로써 점자형 선거공보를 제작하는 후보자나 정당이 적어 시각장애인들이 선거정보를 파악하기 어려웠다는 점을 감안하여, 후보자가 의무적으로 점자형 선거공보를 작성·제출하도록 개정된 조항이다. 입법자는 그와 같은 입법 개선의 과정에서 발생할 수 있는 인쇄기술상·비용상의 어려움 등을 고려하여 선거정보 접근권을 보장하기 위한 조화롭고 다양한 방법을 모색할 수 있는 입법형성의 자유를 가진다. 현행 공직선거법상 선거공보 외에 시각장애선거인이 선거정보를 습득할 수 있는 다른 다양한 수단들도 존재하므로, 심판대상조항이 입법재량의 한계를 벗어나 시각장애선거인의 선거권을 침해한다고 보기 어렵다. 점자형 선거공보와 책자형 선거공보가 함께 작성·제출되는 경우에 비시각장애선거인과의 차별이 발생할 수는 있으나, 심판대상조항의 입법목적 등을 고려할 때 자의적으로 시각장애선거인의 평등권을 침해한다고 보기 어렵다.'고 판시하였다(2016. 12. 29. 선고 2016헌마548 결정). ; 2014. 5. 29. 선고 2012헌마913 결정, 2020. 8. 28. 선고 2017헌마813 결정도 같은 취지

55) 「공직자등의 병역사항 신고 및 공개에 관한 법률」 제8조(병역사항의 공개 및 이의신청 등) ③ 신고의무자는 신고대상자가 대통령령으로 정하는 질병·심신장애 또는 처분사유로 다음 각 호의 어느 하나에 해당하면 병적증명서 발급을 신청하거나 병역사항 또는 변동사항을 신고할 때에 질병명·심신장애내용 또는 처분사유의 비공개를 요구할 수 있다. 이 경우 병무청장은 그 질병명·심신장애내용 또는 처분사유를 공개하여서는 아니 된다.

1. 전시근로역에 편입된 경우

에는 이를 제외한다)[56)]

3. 최근 5년간 소득세 · 재산세 · 종합부동산세 납부 및 체납실적
   후보자, 후보자의 배우자 및 직계존 · 비속의 연도별 납부액, 연도별 체납액(10만원 이하 또는 3개월 이내의 체납은 제외한다) 및 완납시기[제49조(후보자등록 등) 제4항 제4호의 규정에 따라 제출한 원천징수소득세를 포함하되, 증명서의 제출을 거부한 후보자의 직계존속의 납부 및 체납실적은 제외한다]
4. 전과기록
   죄명과 그 형 및 확정일자
5. 직업 · 학력 · 경력 등 인적사항
   후보자등록신청서에 기재된 사항

후보자가 책자형 선고공보 제출수량 전부 또는 일부를 제출하지 아니하는 때에는 후보자정보공개자료를 별도로 작성한다(법§65⑨). 후보자정보공개자료는 규칙이 정하는 서식[57)]에 따라 작성한다(규칙§30⑦). 후보자정보공개자료에는 선거벽보 · 선거공보 · 선거공약서 및 후보자가 운영하는 인터넷 홈페이지에 적었거나 적고자 하는 학력을 2개 이내로 적는다(규칙§30⑧).

선거공보를 인쇄하는 인쇄업자는 법 제65조(선거공보) 제3항의 선고공보의 수량 외에는 이를 인쇄하여 누구에게도 제공할 수 없다(법§65⑬, §64⑧).[58)]

다. 규격 · 수량

책자형 선거공보, 전단형 선거공보, 점자형 선거공보, 후보자정보공개자료는(이하 "선거공보등"이라 한다)는 각각 1종으로 하며, 그 규격은 다음 각 호에 따른다(규칙§30①).

1. 책자형 선거공보, 점자형 선거공보, 후보자정보공개자료
   길이 27센티미터 너비19센티미터
2. 전단형 선거공보

---

2. 병역이 면제된 경우

56) 헌법재판소는, 4급 이상 공무원들의 병역면제사유를 공개하도록 한 구 「공직자등의 병역사항 신고 및 공개에 관한 법률(2004. 12. 31. 법률 제7268호로 개정된 것)」 제8조(신고사항의 공개 및 이의신청 등) 제1항에 대하여, '그 공개 시 인격이나 사생활의 심각한 침해를 초래할 수 있는 질병이나 심신장애내용까지도 예외 없이 공개함으로써 신고의무자인 공무원의 사생활의 비밀을 심각하게 침해하고 있다.'면서 위헌 결정을 하였다(2007. 5. 31. 선고 2005헌마1139 전원재판부 결정).

57) 규칙 별지 제17호 서식의 (다) 후보자정보공개자료

58) 광주지방법원 2014. 12. 5. 선고 2014고합486 판결(예비후보자 시절 선거사무장 A로부터 후보자의 선거공보수량 15,700부를 인쇄하여 달라는 요청을 받고 요청받은 부수보다 200부 많게 인쇄한 다음 후보자의 선거사무장 B에게 선관위 공고수량 15,700부 외에 추가로 인쇄한 200부를 제공한 사안을 유죄로 인정한 사례)

길이 38센티미터 너비 27센티미터 이내 또는 길이 54센티미터 너비 19센티미터 이내

선거공보등에는 다음 각 호의 사항을 적되, 점자형 선거공보에는 해당 사항을 한글과 점자로 함께 적어야 한다(규칙§30②).

1. 책자형 선거공보와 전단형 선고공보의 앞면
   명칭("책자형 선거공보" 또는 "전단형 선거공보"라 적는다), 선거명, 선거구명
2. 점자형 선거공보의 앞면
   선거명, 선거구명, 후보자성명

책자형 선거공보는 법 제65조(선거공보) 제2항 및 규칙 제30조(선거공보) 제1항에 따른 규격과 면수 이내에서 병풍형태로 작성할 수 있다.[59]

책자형 선거공보의 수량은 당해 선거구 안의 세대수와 예상 거수투표신고인수 및 법 제65조(선거공보) 제5항에 따른 예상신청자수를 합한 수에 상당하는 수 이내로, 전단형 선거공보의 수량은 당해 선거구 안의 세대수에 상당하는 수 이내로 한다(법§65③).

관할선거구선거관리위원회는 후보자가 작성하여 보관 또는 제출할 선거공보의 수량을 선거기간개시일전 10일까지 공고하여야 한다(법§65⑬, §64③). 정당 또는 후보자가 제출할 선거공보의 수량은 규칙 제2조(인구수등의 통보등)에 따른 인구의 기준일 현재 구·시·군선거관리위원회(지역구지방의회의원선거의 경우에는 선거구를 말한다)별 세대수(이하 "세대수"라 한다) 등을 기준으로 다음 각 호에 따라 산출한 수에 각각 그 100분의 5를 더한 수로 한다. 이 경우 제출할 수량의 단수가 10미만인 때에는 10매로 하고, 법과 규칙에 따라 작성할 수 있는 총수량의 단수가 100미만인 때에는 100매로 한다(규칙§30③).

1. 책자형 선거공보
   세대수와 예상 거소투표신고인수 및 법 제65조(선거공보) 제5항에 따른 예상 신청자수를 합한 수
2. 점자형 선거공보
   법 제65조(선거공보) 제7항에 따라 통보받은 시각장애인선거인수(이하 "시각장애선거인수"라 한다)
3. 전단형 선거공보
   세대수
4. 후보자정보공개자료
   제출하여야 할 책자형 선거공보의 매수에서 제출한 책자형 선거공보의 매수를 뺀 수

59) 2014. 3. 25. 중앙선관위 질의회답

라. 선거공보의 제출과 발송

구·시·군선거관리위원회는 법 제65조(선거공보) 제8항을 위반하여 책자형 선거공보(점자형 선거공보를 제외한다)에 후보자정보공개자료를 게재하지 아니하거나, 책자형 선거공보의 둘째 면이 아닌 다른 면(둘째 면이 부족하여 셋째 면에 연이어 게재한 경우는 제외한다)에 후보자정보공개자료를 게재하거나, 그 둘째 면에 후보자정보공개자료와 그 소명자료 외에 다른 내용을 게재하거나, 선거공보의 규격·제출기한을 위반한 때에는 이를 접수하지 아니한다(법§65⑫).

선거공보의 일부를 제출하지 아니할 때에는 선거공보를 발송하지 아니할 대상 및 지역(투표구를 단위로 한다)을 지정하여 선거공보의 제출 시에 서면으로 신고하여야 하고, 선거공보를 발송하지 아니할 지역을 신고하지 아니한 때에는 해당 구·시·군선거관리위원회가 그 지역을 지정한다(법§65⑬, §64②).

후보자가 제출마감일까지 선거공보를 제출하지 아니한 때와 규격을 넘는 선거공보를 제출한 때에는 그 선거공보를 발송하지 아니한다(법§65⑬, §64④).

해당 선거관리위원회는 종수·규격·수량 및 제출기한에 위반하지 아니하는 한 선거공보 등의 접수를 거부할 수 없으며, 이의제기나 고발은 선거공보 등의 제출·접수 또는 발송의 계속진행에 영향을 주지 아니한다(규칙§30⑫, §29⑨).

선거공보의 제출과 발송은 다음 각 호에 따른다(법§65⑥).

1. 대통령선거

가. 책자형 선거공보(점자형 선거공보를 포함한다)

후보자가 후보자등록마감일 후 6일(제51조(추가등록)에 따른 추가등록의 경우에는 추가등록마감일 후 2일)까지 배부할 지역을 관할하는 구·시·군선거관리위원회에 제출하고 당해 선거관리위원회가 이를 확인하여 관할구역 안의 매세대에는 제출마감일 후 3일까지, 제5항에 따른 발송신청자에게는 선거일 전 10일까지 각각 우편으로 발송하고, 거소투표신고인명부에 올라있는 선거인에게는 제154조(거소투표자에 대한 투표용지의 발송)에 따라 거소투표용지를 발송하는 때에 동봉하여 발송한다.

나. 전단형 선거공보

후보자가 후보자등록마감일 후 10일까지 배부할 지역을 관할하는 구·시·군선거관리위원회에 제출하고 당해 선거관리위원회가 이를 확인하여 제153조(투표안내문의 발송)의 규정에 따른 투표안내문을 발송하는 때에 이를 동봉하여 발송한다. 이 경우 선거인명부 확정결과 책자형 선거공보를 발송하지 아니한 세대가 있는 때에는 그 세대에 이를 전단형 선거공보와 함께 추가로 발송한다.

2. 국회의원선거, 지방자치단체의 의회의원 및 장의 선거

후보자가 후보자등록마감일 후 7일까지 배부할 지역을 관할하는 구·시·군선거관리위원회에 제출하고 해당 선거관리위원회가 이를 확인하여 제5항에 따른 발송신청자에게는 선거일 전 10일까지 우편으로 발송하고, 매세대에는 제153조(투표안내문의 발송)에 따라 투표안내문을 발송하는 때에, 거소투표신고인명부에 올라있는 선거인에게는 제154조(거소투표자에 대한 투표용지의 발송)에 따라 거소투표용지를 발송하는 때에 각각 동봉하여 발송한다.

사전투표소에서 투표할 수 있는 선거인 중 법령에 따라 영내 또는 함정에 장기 기거하는 군인이나 경찰공무원은 선거인명부작성기간 중 관할구·시·군선거관리위원회에 자신의 거주지로 책자형 선거공보를 발송해 줄 것을 서면이나 중앙선기관리위원회 홈페이지를 통하여 신청할 수 있다. 이 경우 부대장·경찰관서의 장은 선거인명부작성기간 개시일 전일까지 소속 군인·경찰공무원에게 규칙이 정하는 서식[60]에 따라 선거공보의 발송 신청을 할 수 있다는 사실을 알려야 한다(법§65⑤, 규칙§30⑤).

정당 또는 후보자가 관할구·시·군선거관리위원회에 선거공보등을 제출하는 경우에는 규칙이 정하는 서식[61]에 의하되, 관할구·시·군선거관리위원회는 미리 매세대에 발송할 선거공보등은 읍·면·동위원회별로 제출할 매수와 장소를 정하여 정당 또는 후보자로 하여금 그 지정장소에 제출하게 할 수 있으며, 거소투표신고인명부 확정 및 법 제65조(선거공보) 제5항에 따른 책자형 선거공보 발송신청 접수 결과 거소투표신고인 및 신청자에게 발송하여야 할 선거공보등의 수량이 제3항에 따른 제출수량을 초과하는 때에는 정당 또는 후보자에게 그 초과수량을 제출하게 할 수 있다. 이 경우 우편에 의한 책자형 선거공보의 발송신청은 등기우편으로 처리하되, 그 우편요금은 국가 또는 지방자치단체가 부담한다(규칙§30⑤).

후보자가 관할선거구선거관리위원회가 공고한 책자형 선거공보 제출수량의 전부 또는 일부를 제출하지 아니하는 때에는 후보자정보공개자료를 별도로 작성하여 책자형 선거공보의 제출마감일까지 제출하여야 하며, 제출받은 후보자정보공개자료는 책자형 선거공보를 발송하는 때에 함께 발송한다. 이 경우 별도로 작성한 후보자정보공개자료를 그 제출마감일까지 제출하지 못한 정당한 사유가 있는 때에는 책자형 선거공보의 발송전까지 이를 제출할 수 있다(법§65⑨). 관할선거구선거관리위원회는 후보자로 하여금 책자형 선거공보 원고를 법 제49조(후보자등록 등)의 규정에 따라 후보자등록을 신청하는 때에 당해 선거관리위원회가 제공하는 서식에 따라 컴퓨터의 자기디스크 그 밖에 이와 유사한 매체에 기록하여 제출하게 하거나 당해 선거관리위원회가 지정하는 인터넷홈페이지에 입력하는 방법으로 제출하게 한 후 법 제150조(투표용지의 정당·후보자의 게재순위등)의 규정에 따라 투표용지에 게재할 후보자의

---

60) 규칙 별지 제17호 서식의 (바) 선거공보 발송 신청서
61) 규칙 별지 제17호 서식의 (나) (선거벽보)·(선거공보)·(후보자정보공개자료)제출서

기호순에 따라 선거공보를 1책으로 작성하여 발송할 수 있다. 이 경우 선거공보의 인쇄비용은 후보자가 부담하여야 한다(법§65⑩).

후보자가 시각장애선거인에게 제공하기 위하여 책자형 선거공보의 내용을 음성·점자 등으로 출력되는 디지털 파일로 전환하여 저장한 저장매체를 책자형 선거공보(점자형 선거공보를 포함한다)와 같이 제출하는 경우 배부할 지역을 관할하는 구·시·군선거관리위원회는 이를 함께 발송하여야 한다(법§65⑪).

마. 선거공보의 정정·삭제 등

제출된 선거공보는 정정 또는 철회할 수 없다. 다만, 후보자는 선거공보에 게재된 후보자의 성명·기호·소속정당명과 경력등이나 후보자정보공개자료가 거짓으로 게재되어 있거나 법에 위반되는 내용이 게재되어 있음을 이유로 해당 선거구선거관리위원회에 규칙이 정하는 서식[62]에 의하여 정정 또는 삭제를 요청할 수 있으며, 그 요청을 받은 선거구선거관리위원회는 선거공보 제출마감일까지 그 내용을 정정 또는 삭제하게 할 수 있다. 이 경우 해당 내용을 정정 또는 삭제하는 외에 새로운 내용을 추가하거나 종전의 배열방법·색상·규격 등을 변경할 수 없다(법§65⑬, §64⑤, 규칙§30⑫, §29⑩).

바. 이의제기 및 고발

누구든지 선거공보의 내용 중 경력등이나 후보자정보공개자료에 관한 거짓 사실의 게재를 이유로 이의제기를 하는 때에는 해당 선거구선거관리위원회를 거쳐 직근 상급선거관리위원회에 규칙이 정하는 서식[63]에 따라야 하고, 이의제기를 받은 상급선거관리위원회는 후보자와 이의제기자에게 그 증명서류의 제출을 요구할 수 있으며, 이의제기에 대한 증명서류의 제출을 요구받은 이의제기자·정당 또는 후보자는 그 요구를 받은 날로부터 3일 이내에 관련증명서류를 제출하여야 하고, 그 증명서류의 제출이 없거나 거짓 사실임이 판명된 때에는 그 사실을 공고하여야 한다(법§65⑬, §64⑥, 규칙§30⑫, §29⑦).

관할선거구선거관리위원회는 선거공보에 다른 후보자, 그의 배우자 또는 직계존·비속이나 형제자매의 사생활에 대한 사실을 적시하여 비방하는 내용이 이 법에 위반된다고 인정하는 때에는 이를 고발하고 공고하여야 한다(법§65⑬, §64⑦).

상급선거관리위원회는 경력등이나 후보자정보공개자료의 허위게재사실을 공고한 때에는 그 공고문사본을 관할선거구선거관리위원회에 송부하여야 하며, 관할선거구선거관리위원회는 상급선거관리위원회로부터 허위게재사실의 공고문사본을 송부받거나 사생활에 대한 비방

62) 규칙 별지 제17호 서식의 (라) (선거벽보)·(선거공보)·(후보자정보공개자료) 정정·삭제 요청서
63) 규칙 별지 제17호 서식의 (마) (선거벽보)·(선거공보)의 내용 중 경력등에 관한 이의제기서

으로 인한 고발사실을 공고한 때에는 동 공고문사본을 통행인이 쉽게 알아볼 수 있도록 길이 53센티미터 너비 38센티미터로 작성하여 투표구마다 5매를 첩부하고 사전투표기간 및 선거일에는 사전투표소와 투표소 입구에 각 1매를 추가로 첩부하되, 해당 후보자가 입후보한 선거의 선거구 안에만 첩부한다. 이 경우 상급선거관리위원회 및 해당 선거구선거관리위원회의 청인날인은 생략할 수 있다(규칙§30⑫, §29⑧).

사. 동시선거에 관한 특례

(1) 책자형 선거공보에 관한 특례

동시신거에 있어서 같은 정당의 추천을 받은 2인 이상의 후보자(대통령선거의 정당추천후보자와 비례대표국회의원선거 및 비례대표지방의회의원선거에 있어서는 후보자를 추천한 정당을 말한다)는 법 제65조(선거공보)의 규정에 따른 책자형 선거공보를 공동으로 작성할 수 있으며, 책자형 선거공보를 작성한 때에는 후보자마다 각각 1종을 작성한 것으로 본다(법§207①). 관할구역이 큰 선거구의 후보자가 책자형 선거공보의 일부 지면에 작은 선거구의 후보자에 관한 내용을 선거구에 따라 달리 게재하는 방법으로 공동작성하였을 경우 큰 선거구의 후보자에 관한 내용이 동일한 책자형 선거공보는 1종으로 본다(법§207②). 전국동시지방선거와 관련 법 제207조(책자형 선거공보에 관한 특례)의 규정에 의한 책자형 선거공보를 공동작성함에 있어 같은 정당의 추천을 받은 자치구·시·군의 장선거 후보와 지역구시·도·군의원선거후보 및 자치구·시·군의원선거후보 등 전 후보자가 공동으로 1개의 책자형 선거공보를 작성할 때 지방자치단체의 장선거의 작성면수인 12면 이내로 작성할 수 있다. 이 경우 후보자정보공개자료는 둘째 면에 게재하되 그 면을 초과하는 경우에는 다음 면에 연이어 게재할 수 있으며 이 경우 후보자정보공개자료를 게재한 면에는 다른 홍보 내용을 게재하여서는 아니 된다.[64] 동시지방선거에서 시·도지사선거의 후보자가 자신의 책자형 선거공보에 같은 정당의 추천을 받은 비례대표시·도의원선거 후보자를 홍보하는 내용을 게재하는 것은 무방하다.[65]

책자형 선거공보를 공동으로 작성하는 경우에는 후보자간의 약정에 의하여 그 비용을 분담할 수 있다. 이 경우 그 분담내역을 관할구·시·군선거관리위원회에 책자형 선거공보를 제출하는 때에 각각 규칙이 정하는 서식[66]에 의하여 신고하여야 한다(법§207③, 규칙§124). 책자형 선거공보를 공동으로 작성한 경우에는 공동으로 작성한 후보자마다 각각 발송하는 것으로 한다(규칙§122②).

64) 2006. 3. 30. 중앙선관위 질의회답
65) 2006. 5. 16. 중앙선관위 질의회답
66) 규칙 별지 제17호 서식의 (나) (선거벽보)·(선거공보)·(후보자정보공개자료)제출서

(2) 제재

법 제207조(책자형 선거공보에 관한 특례) 제3항 후단의 규정을 위반하여 책자형 선거공보를 공동으로 작성하는 경우에 그 비용의 분담내역을 관할구·시·군선거관리위원회에 책자형 선거공보를 제출하는 때에 서면으로 신고하지 아니한 자는 200만원 이하의 과태료를 부과한다(법§261⑦2.다.).

3. 선거공약서

가. 의의

선거공약서는 대통령선거 및 지방자치단체의 장선거의 후보자 및 정당이 선거운동을 위하여 선거공약 및 그 추진계획을 게재한 인쇄물로서 선거운동홍보물이다. 법은 선거의 공정을 위하여 선거공약서의 작성·사용 등을 제한하고 있다.

나. 작성

대통령선거 및 지방자치단체의 장선거의 후보자(대통령선거에 있어서 정당추천후보자의 경우에는 그 추천정당을 말한다)는 선거운동을 위하여 선거공약 및 그 추진계획을 게재한 선거공약서 1종을 작성할 수 있다(법§66①). 선거공약서(점자형 선거공약서를 포함한다)는 길이 27센티미터 너비 19센티미터 이내로 작성하여야 한다(규칙§31①).

선거공약서에는 선거공약 및 이에 대한 추진계획으로 각 사업의 목표·우선순위·이행절차·이행기한·재원조달방안을 게재하여야 하며, 다른 정당이나 후보자에 관한 사항을 게재할 수 없다. 이 경우 후보자의 성명·기호와 선거공약 및 그 추진계획에 관한 사항 외에 후보자의 사진·학력·경력, 그 밖에 홍보에 필요한 사항은 작성 면수 중 1면 이내에서 게재할 수 있다(법§66②). 선거공약서의 앞면에는 "선거공약서"라고 표시하고, 선거명, 후보자성명, 정당추천후보자의 소속정당명(무소속후보자는 "무소속"이라 표시한다)을 한글로 게재하여야 하며, 선거공약서의 뒷면에는 "이 선거공약서는 「공직선거법」 제66조의 규정에 따른 것입니다."라고 표시하고, 인쇄소의 명칭·주소·전화번호를 게재하여야 한다(규칙§31②).

선거공약서는 대통령선거에 있어서는 32면 이내로, 시·도지사선거에 있어서는 16면 이내로, 자치구·시·군의 장선거에 있어서는 12면 이내로 작성한다(법§66③). 후보자는 시각장애인을 위한 선거공약서(이하 "점자형 선거공약서"라 한다) 1종을 선거공약서의 면수의 두배 이내에서 작성할 수 있다. 다만, 대통령선거·지역구국회의원선거 및 지방자치단체의 장선거의 후보자는 점자형 선거공약서를 작성·제출하여야 하되, 선거공약서에 그 내용이 음성·점자

등으로 출력되는 인쇄물 접근성 바코드를 표시하는 것으로 대신할 수 있다(법§66⑧, §65④).

다. 수량

선거공약서의 수량은 해당 선거구 안에 있는 세대수의 100분의 10에 해당하는 수 이내로 한다(법§66④). 관할선거구선거관리위원회는 후보자가 작성할 선거공약서의 수량을 선거기간 개시일전 10일까지 공고하여야 한다(법§66⑧, §64③).

선거공약서를 인쇄하는 인쇄업자는 선거공약서의 수량 외에는 이를 인쇄하여 누구에게도 제공할 수 없다(§66⑧, §64⑧).

라. 제출 및 배부

(1) 선거공약서 제출

후보자가 선거공약서를 배부하고자 하는 때에는 배부일 전일까지 2부를 첨부하여 작성수량·작성비용 및 배부방법 등을 관할선거구선거관리위원회에 규칙이 정하는 서식[67]에 의하여 신고하여야 하며, 배부 전까지 배부할 지역을 관할하는 구·시·군선거관리위원회에 각 2부를 제출하여야 한다(법§66⑥, 규칙§31⑤).

(2) 선거공약서 배부

후보자와 그 가족, 선거사무장, 선거연락소장, 선거사무원, 회계책임자 및 후보자와 함께 다니는 활동보조인은 선거공약서를 배부할 수 있다.[68] 다만, 우편발송(점자형 선거공약서는 제외한다)·호별방문이나 살포(특정 장소에 비치하는 방법을 포함한다)의 방법으로 선거공약서를 배포할 수 없다(법§66⑤). ○○도지사 후보자 B의 선거사무원이 B의 선거사무원이 아닌 C 등에게 B의 선거공약서 약 1,160매를 아파트 우편함에 투입하게 하고, △△시장 후보자 D의 선거사무원이 아닌 E 등에게 D의 선거공약서 약 580매를 아파트 우편함에 투입하게 한 것은 본조항에 위반하여 선거공약서 배부주체를 위반하여 선거공약서를 배부한 경우에 해당한다.[69]

후보자가 점자형 선거공약서를 우편으로 발송하려는 경우에는 규칙이 정하는 서식에 의한 발송용 봉투를 사용하여야 하며, 「우편법 시행령」 제25조(우편요금등의 별납)에 따라 우편요금 등을 따로 납부하는 방법으로 하여야 한다(규칙§31③).

---

67) 규칙 별지 제17호의2 서식의 (가) 선거공약서 (배부신고서)·(제출서)

68) 서울고등법원 2019. 2. 14. 선고 2018노3419 판결(선거사무원이 선거사무원이 아닌 자에게 후보자의 선거공약서를 배부하게 한 사안에서 선거공약서 배부주체를 위반하여 선거공약서를 배부하였다고 유죄를 인정한 사례)

69) 서울고등법원 2019. 2. 14. 선고 2018노3419 판결

점자형 선거공약서를 우편으로 발송하려는 후보자는 선거일 전 5일까지 구·시·군의 장에게 시각장애선거인과 그 세대주의 성명·주소의 교부를 신청할 수 있으며, 신청을 받은 구·시·군의 장은 지체 없이 이를 교부하여야 한다(규칙§31④). 구·시·군의 장이 교부하여야 할 시각장애선거인은 「장애인복지법 시행규칙」 별표 1 「장애인의 장애 정도」에 따른 "장애의 정도가 심한 장애인"에 해당하는 사람과 해당 구·시·군의 장이 "장애의 정도가 심하지 않은 장애인" 중 점자형 선거공약서가 필요하다고 인정하는 사람으로 한다(규칙§31④, §30⑥).

(3) 인터넷 홈페이지 게시

관할선거구선거관리위원회는 선거공약서를 선거관리위원회의 인터넷홈페이지에 게시하는 등 선거구민이 알 수 있도록 이를 공개할 수 있으며, 당선인 결정 후에는 당선인의 선거공약서를 그 임기만료일까지 선거관리위원회의 인터넷홈페이지 또는 중앙선거관리위원회가 지정하는 인터넷홈페이지에 게시할 수 있다. 이 경우 후보자로 하여금 그 전산자료 복사본을 제출하게 하거나 그 내용을 요약하여 제출하게 할 수 있다(법§66⑦). 선거공약서의 전산자료복사본 또는 그 요약본의 제출은 규칙이 정하는 서식[70]에 의한다(규칙§31⑥).

4. 벌칙

법 제64조(선거벽보) 제1항·제9항, 제65조(선거공보) 제1항·제2항, 제66조(선거공약서) 제1항부터 제5항까지를 위반하여 선거벽보·선거공보 또는 선거공약서를 선거운동을 위하여 작성·사용하거나 하게 한 자는 2년 이하의 징역 또는 400만원 이하의 벌금에 처한다(법§255② 1의3.).

법 제64조(선거벽보) 제8항(제65조(선거공보) 제12항 및 제66조(선거공약서) 제8항에서 준용하는 경우를 포함한다)을 위반하여 선거벽보·선거공보 또는 선거공약서의 수량을 넘게 인쇄하여 제공한 자는 1년 이하의 징역 또는 200만원 이하의 벌금에 처한다(법§256⑤5.).[71]

---

70) 규칙 별지 제17호의2 서식의 (나) 선거공약서 제출 및 공개 승낙서

71) 구 공직선거및선거부정방지법(1995. 5. 10. 시행 법률 제4949호) 제66조(소형인쇄물)에는 후보자의 사진·성명·기호·정당추천후보자의 소속정당명·경력·정견 및 소속정당의 정강·정책 기타 홍보에 필요한 사항을 게시하는 소형인쇄물(전단형, 명함형, 책자형)에 대한 작성, 배부 방법 등에 관하여 규정하고 있었는데, 제1차로 제작한 명함형 소형 인쇄물의 뒷면에 후보자의 기호가 빠져 있던 것을 집어넣어 보충하고, 뒷면의 약력 및 경력란에 '시의회 산업건설분과 위원'으로 잘못 기재되어 있던 것을 '시의회 산업건설분과 위원장'으로 바로 잡아 제2차로 명함형 인쇄물을 작성하면서 동시에 '열심히 일한, 일할 사람'이라는 구호가 앞면 아래쪽에 위치하고 있던 것을 앞면 위쪽으로 배치를 변경한 사안에서, 법원은 '명함형 소형인쇄물을 작성한 후 그 내용에 오류가 있음을 발견하고 이를 수정하여 새로 명함형 소형인쇄물을 작성하는 경우 그것이 같은 종류인가 다른 종류인가 하는 것은 사회통념에 비추어 그 수정으로 인하여 원래의 소형인쇄물의 동일성이 깨어졌는가 하는 점을 기준으로 판단하여야 한다.'면서 '위 변경 전후의 명함형 소형인쇄물의 내용을

법 제64조(선거벽보) 제8항 위반죄는 재정신청 대상 중요선거범죄이다(법§273①).

한편, 법 제65조(선거공보) 제4항 단서를 위반하여 점자형 선거공보의 전부 또는 일부를 제출하지 아니한 사람은 1천만원 이하의 과태료를 부과하고(법§261③3.), 법 제66조(선거공약서) 제6항을 위반하여 선거공약서를 제출하지 아니한 자는 100만원 이하의 과태료를 부과한다(법§261⑧2의2.나.).

제3장 시설물에 의한 선거운동

1. 현수막

가. 의의

후보자(비례대표국회의원후보자 및 비례대표지방의회의원후보자를 제외하며, 대통령선거에 있어서 정당추천후보자의 경우에는 그 추천정당을 말한다)는 선거운동을 위하여 현수막을 게시할 수 있다(법§67①). 현수막은 후보자의 사진·성명·기호·소속정당명이나 그 밖의 홍보에 필요한 사항을 게재하는 대표적인 선거운동홍보물이다. 법은 선거의 공정을 위하여 그 규격 및 게시방법 등을 제한하고 있다.

나. 게시 수량

후보자는 해당 선거구안의 읍·면·동 수의 2배 이내의 현수막을 게시할 수 있다(법§67①). 1면으로 된 현수막에 후보자의 기호·성명·소속정당명을 두 번씩 기재할 수 있고, 현수막 매수의 산정에 있어서는 규격에 맞는 백색천 2매를 겹으로 완전하게 누비어 양면에 동일하게 후보자의 기호·성명·소속정당을 게재하였을 경우에는 1매로 산정한다.[72]

전체적으로 관찰할 때 그 동일성이 유지되고 있다고 할 수 있으므로 제2차로 작성한 명함형 소형인쇄물 6,000매가 제1차로 작성한 명함형 소형인쇄물과 다른 종류의 소형인쇄물이라고 볼 수 없다.'고 한 다음, '제1차로 1,400매의 명함형 소형인쇄물을 작성하였고, 그 수량이 선거구 내의 선거권자 수인 11,262보다 많은 이상 그 이후 그 내용에 오류가 있음을 발견하고 배부를 중단하였다는 사정이 있다하여도 위 14,000매의 명함형 소형인쇄물을 작성한 것이 선거운동을 위하여 작성한 것이 아니라고 할 수 없으므로 제1차로 14,000매의 명함형 소형인쇄물을 작성한 것이나, 추가하여 제2차로 6,000매의 명함형 소형인쇄물을 작성한 것은 위 법 제66조(소형인쇄물) 제3항의 규정에 위반하여 소형인쇄물을 선거운동을 위하여 작성한 것이라고 보아야 한다.'고 판시하였다(1996. 7. 30. 선고 96도1257 판결).

72) 2008. 3. 19. 및 1978. 12. 10. 중앙선관위 질의회답

다. 규격 및 게시

(1) 규격

현수막은 천으로 제작하되, 그 규격은 10제곱미터 이내로 한다(규칙§32①). 현수막을 천에 비닐재질을 덧붙여 제작·게시하는 것은 그 현수막을 천으로 제작하도록 규정하고 있는 법 제67조(현수막) 및 규칙 제32조(현수막)에 위반된다.[73]

(2) 게시

후보자는 현수막을 내걸기 전에 관할구·시·군선거관리위원회에 규칙이 정하는 서식[74]에 따라 그 표지를 신청하여야 하며, 현수막을 내거는 때에는 관할구·시·군선거관리위원회가 내어준 규칙이 정하는 양식[75]의 표지를 붙여야 한다. 이 경우 내건 현수막을 바꿀 때에는 종전의 현수막에 붙였던 표지를 새로운 현수막에 붙여야 한다(규칙§32②). 후보자가 표지를 잃어버린 때에는 관할 구·시·군선거관리위원회에 규칙이 정하는 서식[76]에 따라 표지를 다시 신청할 수 있다(규칙§32③).

현수막은 일정한 장소·시설에 고정하여 내걸어야 하며, 다음 각 호의 어느 하나에 해당하는 방법으로는 내걸 수 없다(규칙§32④).

1. 애드벌룬·네온사인·형광 그 밖에 전광으로 표시하는 방법
2. 다른 후보자의 현수막이나 「도로교통법」 제2조(정의)에 따른 신호기 또는 안전표지[77]를 가리는 방법
3. 「도로교통법」 제2조(정의)에 따른 도로[78]를 가로지르는 방법

---

73) 2008. 3. 6. 중앙선관위 질의회답
74) 규칙 별지 제18호 서식 표지교부신청서
75) 규칙 별지 제19호의3 양식 현수막·자동차·선박·확성장치의 표지
76) 규칙 별지 제18호의2 서식 현수막 등 표지 재교부신청서
77) 「도로교통법」 제2조(정의) 이 법에서 사용하는 용어의 뜻은 다음과 같다.
  15. "신호기"란 도로교통에서 문자·기호 또는 등화(燈火)를 사용하여 진행·정지·방향전환·주의 등의 신호를 표시하기 위하여 사람이나 전기의 힘으로 조작하는 장치를 말한다.
  16. "안전표지"란 교통안전에 필요한 주의·규제·지시 등을 표시하는 표지판이나 도로의 바닥에 표시하는 기호·문자 또는 선 등을 말한다.
78) 「도로교통법」 제2조(정의) 이 법에서 사용하는 용어의 뜻은 다음과 같다.
  1. "도로"란 다음 각 목에 해당하는 곳을 말한다.
  가. 「도로법」에 따른 도로
  나. 「유료도로법」에 따른 유료도로
  다. 「농어촌도로정비법」에 따른 농어촌도로
  라. 그 밖에 현실적으로 불특정 다수의 사람 또는 차마가 통행할 수 있도록 공개된 장소로서 안전하고 원활한 교통을 확보할 필요가 있는 장소

4. 사전투표기간 및 선거일에 사전투표소와 투표소가 설치된 시설의 담장이나 입구 또는 그 안에 내걸리게 하는 방법

현수막은 법정수량의 범위 안에서 장소를 옮겨 게시할 수 있다. 다만, 규칙 제32조(현수막) 제4항에 의하여 일정한 장소·시설에 고정게시하여야 하므로 이를 게시한 채로 이동할 수는 없다.[79] 현수막을 게시용 틀을 이용하여 일정한 장소에 옮길 수 없도록 고정하여 게시하는 경우에는 「옥외광고물 등의 관리와 옥외광고산업 진흥에 관한 법률」 등 다른 법률에 위반되는지 여부는 별론으로 하고 공직선거법상 무방하다.[80] 현수막 설치 시 노출의 효과를 높이기 위하여 재래시장 내 천정에 고정시킨 후 전기 모터를 사용하여 롤러봉을 구동시켜 상하 움직이는 현수막을 사용하는 것은 허용된다.[81]

현수막은 법 제67조(현수막) 및 규칙 제32조(현수막)에 현수막의 소재, 규격, 게시절차, 게시장소 및 금지사항 등이 구체적으로 명시되어 있으므로, 「옥외광고물 등의 관리와 옥외광고산업진흥에 관한 법률 시행령」 제24조(광고물등의 표시가 금지되는 지역·장소 또는 물건)의 적용을 받지 않고 공직선거법에 따라 게시가 가능하다.[82] 현수막은 도로 위에 설치된 육교에는 게시할 수 없다.[83]

라. 벌칙

법 제67조(현수막) 규정에 위반하여 현수막을 게시한 자는 2년 이하의 징역 또는 400만원 이하의 벌금에 처한다(법§256③1.가.).

2. 어깨띠 등 소품

가. 의의

후보자와 그 배우자(배우자 대신 후보자가 그의 직계존비속 중에서 신고한 1인을 포함한다), 선거사무장, 선거연락소장, 선거사무원, 후보자와 함께 다니는 활동보조인 및 회계책임자는 선거운동기간 중 후보자의 사진·성명·기호 및 소속정당명, 그 밖의 홍보에 필요한 사항을 게재한 어깨띠나 규칙으로 정하는 규격 또는 금액 범위의 윗옷·표찰·수기·마스코트, 그 밖의 소품(이하 "소품등"이라 한다)을 붙이거나 입거나 지니고 선거운동을 할 수 있다(법§68①).[84]

79) 1994. 12. 30. 중앙선관위 질의회답
80) 2009. 2. 24. 중앙선관위 질의회답
81) 2010. 4. 7. 중앙선관위 질의회답
82) 2014. 5. 15. 중앙선관위 질의회답
83) 2006. 5. 13. 중앙선관위 질의회답
84) 2009. 1. 30. 선고 2008도8419 판결, 2007. 8. 23. 선고 2007도3940 판결(선거운동기간 전에 '시장 예비후보' 등의 문구가 기재된 어깨띠를 두르고 지나가는 사람들에게 명함을 배부하면서 지지를 부탁한 행위가,

선거운동을 할 수 있는 사람은 선거운동기간 중 규칙으로 정하는 규격 범위의 소형의 소품등을 본인의 부담으로 제작 또는 구입하여 몸에 붙이거나 지니고 선거운동을 할 수 있다(법§68②).[85)]

나. 어깨띠 등 소품의 규격 및 금액

법 제68조(어깨띠 등 소품) 제1항에 따른 어깨띠 등 소품의 규격 또는 금액은 다음 각 호에 따른다(규칙§33①).

1. 어깨띠
   길이 240센티미터 너비 20센티미터 이내(규칙§26의2⑧1.)
2. 윗옷
   선거사무원 수당의 기준금액 6만원 이내(법§135②5.)
3. 마스코트, 표찰 · 수기 그 밖의 소품
   옷에 붙이거나 사람이 입거나 한 손으로 지닐 수 있는 정도의 크기

다. 벌칙

법 제68조(어깨띠 등 소품) 제2항 또는 제3항(소품등의 규격을 말한다)을 위반하여 소품등을 사용하여 선거운동을 한 사람은 3년 이하의 징역 또는 600만원 이하의 벌금에 처한다(법§255①5.).

일정한 경우 외에는 선거운동을 위하여 어깨띠를 착용하는 것을 금지하는 법 제68조(어깨띠 등 소품) 제2항에 위배된다고 한 사례)

85) 구 공직선거법(2023. 8. 30. 법률 제19696호로 개정되기 전의 것) 제68조(어깨띠 등 소품) 제2항은 '누구든지 제1항의 경우를 제외하고는 선거운동기간 중 어깨띠, 모양과 색상이 동일한 모자나 옷, 표찰 · 수기 · 마스코트 · 소품, 그 밖의 표시물을 사용하여 선거운동을 할 수 없다.'고 규정하고 있었는바, 이에 대하여 헌법재판소는「심판대상조항은 선거에서의 균등한 기회를 보장하고 선거의 공정성을 확보하기 위한 것으로서 정당한 목적 달성을 위한 적합한 수단에 해당한다. 그러나 공직선거법상 선거비용 제한 규정이나 표시물의 가액, 종류, 사용방법 등에 대한 제한 수단 마련을 통해 선거에서의 기회균등이라는 목적달성이 가능하며, 그 밖에 공직선거법상 후보자비방금지 규정 등에 비추어 심판대상조항이 무분별한 흑색선전방지 등을 위한 불가피한 수단이라고 보기도 어려우므로, 심판대상조항은 필요한 범위를 넘어 표시물을 사용한 선거운동을 포괄적으로 금지 · 처벌하는 것으로서 침해의 최소성에 반한다. 또한 심판대상조항으로 인하여 일반 유권자나 후보자가 받는 정치적 표현의 자유에 대한 제약이 달성되는 공익보다 중대하므로 심판대상조항은 법익의 균형성에도 위배된다. 따라서 심판대상조항은 과잉금지원칙에 반하여 정치적 표현의 자유를 침해한다.」고 판시하여 헌법에 합치되지 아니한다고 결정하였다(2022. 7. 21. 선고 2017헌가4 결정). 이에 따라 2023. 8. 30. 법률 제19696호로 공직선거법 제68조 제2항이 현행과 같이 개정하여 일반 유권자가 선거운동기간 중 규칙으로 정하는 규격 범위의 소형 소품등을 본인의 부담으로 제작 또는 구입하여 몸에 붙이거나 지니고 선거운동을 할 수 있도록 하여 정치적 표현의 자유를 확대하였다.

제4장 신문·방송에 의한 선거운동

1. 신문 및 방송 등 광고

가. 신문광고

(1) 의의

선거운동을 위한 신문광고는 후보자나 정당이 선거기간개시일부터 선거일전 2일까지 소속정당의 정강·정책이나 후보자의 정견, 정치자금모금 기타 홍보에 필요한 사항을 일간신문에 게재하는 것을 말한다(법§69①). 선거가 임박한 시기에 하는 정당의 신문광고는 법 제137조(정강·정책의 신문광고 등의 제한)에서 별도로 정하고 있다. 신문광고는 정당 또는 후보자의 선거운동을 위한 신문광고 기회를 부여한 것에 지나지 않을 뿐 그에 따라 신문사가 반드시 광고를 게재하여야 할 의무를 부과한 것은 아니어서 신문사의 게재거부행위가 곧 위계·사술 기타 부정한 방법으로 선거의 자유를 방해한 행위에 해당한다고 볼 수 없다.[86]

(2) 광고의 기간 및 횟수

선거운동을 위한 신문광고는 후보자(대통령선거에 있어서 정당추천후보자와 비례대표국회의원선거의 경우에는 후보자를 추천한 정당을 말한다)가 다음 각 호에 의하여 선거기간개시일부터 선거일 전 2일까지 소속정당의 정강·정책이나 후보자의 정견, 정치자금모금(대통령선거에 한한다) 기타 홍보에 필요한 사항을 「신문 등 진흥에 관한 법률」 제2조(정의) 제1호 가목 및 나목[87]에 따른 일간신문에 게재할 수 있다. 이 경우 일간신문에의 광고회수의 계산에 있어서는 하나의 일간신문에 1회 광고하는 것을 1회로 본다(법§69①).

1. 대통령선거
   총 70회 이내
2. 비례대표국회의원선거
   총 20회 이내

---

86) 1992. 12. 8. 중앙선관위 질의회답

87) 「신문 등 진흥에 관한 법률」 제2조 이 법에서 사용하는 용어의 정의는 다음과 같다.
1. "신문"이란 정치·경제·사회·문화·산업·과학·종교·교육·체육 등 전체 분야 또는 특정 분야에 관한 보도·논평·여론 및 정보 등을 전파하기 위하여 같은 명칭으로 월 2회 이상 발행하는 간행물로서 다음 각 목의 것을 말한다.
가. 일반일간신문 : 정치·경제·사회·문화 등에 관한 보도·논평 및 여론 등을 전파하기 위하여 매일 발행하는 간행물
나. 특수일간신문 : 산업·과학·종교·교육 또는 체육 등 특정 분야(정치를 제외한다)에 국한된 사항의 보도·논평 및 여론 등을 전파하기 위하여 매일 발행하는 간행물

3. 시 · 도지사선거

총 5회 이내. 다만, 인구 300만이 넘는 시 · 도에 있어서는 300만을 넘는 매 100만까지 마다 1회를 더한다.

같은 날에 발행되는 일간신문이 배달되는 지역에 따라 각각 다르게 발행일자가 표시되었더라도 그 신문에 게재된 광고의 횟수는 1회로 본다(규칙§34④). 당일 신문에 광고문이 단절됨이 없이 연결되어 있는 광고(예를 들면, 2페이지에 걸친 양 전면을 펼친 광고)는 1회로 보나, 형식상 상호 단절된 광고(1면, 3면, 5면 차례로 하는 광고)는 각 1회에 해당하여 총 3회에 해당한다.[88)]

(3) 광고방법

광고에는 광고근거와 광고주명을 표시하여야 하고(법§69②), "이 신문광고에는「공직선거법」제69조의 규정에 따른 광고입니다."라고 표시하여야 한다(규칙§34①).

후보자가 광고를 하고자 하는 때에는 광고전에 법에 의한 광고임을 인정하는 관할선거구선거관리위원회의 인증서를 교부받아 광고를 하여야 하며, 일간신문을 경영 · 관리하는 자 또는 광고업무를 담당하는 자는 인증서가 첨부되지 아니한 후보자의 광고를 게재하여서는 아니 된다(법§69⑤). 인증서의 교부신청 및 인증서의 서식은 규칙이 정하는 서식[89)]에 따른다(규칙§34②).

시 · 도지사선거에 있어서 같은 정당의 추천을 받은 2인 이상의 후보자는 합동으로 광고를 할 수 있다. 이 경우 광고횟수는 해당 후보자가 각각 1회의 광고를 한 것으로 보며, 그 비용은 해당 후보자 간의 약정에 의하여 분담하되, 그 분담내역을 광고계약서에 명시하여야 한다(법§69③).

(4) 비용

신문광고를 게재하는 일간신문을 경영 · 관리하는 자는 그 광고비용을 산정함에 있어 선거기간 중에 같은 지면에 같은 규격으로 게재하는 상업 · 문화 기타 각종 광고의 요금 중 최저요금을 초과하여 후보자에게 청구하거나 받을 수 없다(법§69⑧).

(5) 벌칙

법 제69조(신문광고) 제1항의 횟수에 관한 규정을 위반하지 아니하였으나, 같은 조 제5항을 위반하여 인증서를 교부받지 아니하고 광고를 하거나 인정서가 첨부되지 아니한 광고를

---

88) 2010. 5. 3. 중앙선관위 질의회답

89) 규칙 별지 제18호의3 서식 신문광고게재인증서의 교부신청서, 제20호 서식의 (나) 광고게재의 인증

게재한 사람은 1년 이하의 징역 또는 200만원 이하의 벌금에 처한다(법§256⑤6.).

한편, 법 제69조(신문광고) 제3항 후단의 규정에 위반하여 시·도지사선거에 있어서 같은 정당의 추천을 받은 2인 이상의 후보자가 합동으로 광고를 하는 경우 그 비용의 분담내역을 광고계약서에 명시하지 아니한 자는 200만원 이하의 과태료를 부과한다(법§261⑦2.마.).

나. 방송광고

(1) 의의

방송광고는 후보자나 정당이 선거운동기간 중 소속정당의 정강·정책이나 후보자의 정견 그 밖의 홍보에 필요한 사항을 텔레비전 및 라디오 방송시설을 이용하여 광고하는 것을 말한다(법§70①).

(2) 방송 시설

선거운동을 위한 방송광고를 할 수 있는 방송시설은 텔레비전 및 라디오 방송시설로서, 「방송법」에 의한 방송사업자가 관리·운영하는 무선국 및 종합유선방송국(종합편성[90] 또는 보도전문편성의 방송채널사용사업자의 채널을 포함한다)이다(법§70①). 방송사업자에는 지상파방송사업자, 종합유선방송사업자, 위성방송사업자, 방송채널사용사업자, 공동체라디오방송사업자가 있다(방송법§2. 3.). 인터넷 멀티미디어 방송제공사업자(IPTV)가 「인터넷 멀티미디어 방송사업법」에 따라 내용과 편성에 변경을 가하지 아니하고 방송사업자가 편성하여 제공하는 방송광고를 재송신하는 것은 가능하다.[91]

(3) 광고시간 및 횟수

선거운동을 위한 방송광고는 후보자(대통령선거에 있어서 정당추천후보자와 비례대표국회의원선거의 경우에는 후보자를 추천한 정당을 말한다)가 다음 각 호에 따라 선거운동기간 중 소속정당의 정강·정책이나 후보자의 정견 그 밖의 홍보에 필요한 사항을 텔레비전 및 라디오방송시설을 이용하여 실시할 수 있되, 광고시간은 1회에 1분을 초과할 수 없다. 이 경우 광고회수의 계산에 있어서는 재방송을 포함하되, 하나의 텔레비전 또는 라디오 방송시설을 선정하여

---

90) 종합편성채널의 경우 뉴스보도를 포함한 모든 분야의 방송프로그램을 편성할 수 있다는 점에서 지상파채널과 큰 차이가 없고, 시청률 역시 종합편성채널 도입 당시에 비하여 크게 상승하였다는 점에서 유권자의 알 권리를 보장하기 위하여 구 공직선거법(2022. 1. 21. 법률 제18791호로 개정되기 전의 것)에서 금지되고 있던 광고방송을 허용하기 위하여 공직선거법을 2022. 1. 21. 법률 제18791호로 개정하여 법 제70조(방송광고) 제1항을 수정함으로써 종합편성채널을 이용하여 방송광고를 할 수 있도록 하였다. 이로써 종합편성채널인 JTBC, TV조선, 채널A, MBN 등에서도 방송광고를 할 수 있게 되었다.

91) 2014. 3. 31. 중앙선관위 질의회답

당해 방송망을 동시에 이용하는 것은 1회로 본다(법§70①).

1. 대통령선거
   텔레비전 및 라디오 방송별로 각 30회 이내
2. 비례대표국회의원선거
   텔레비전 및 라디오 방송별로 각 15회 이내
3. 시 · 도지사선거
   지역방송시설을 이용하여 텔레비전 및 라디오 방송별로 각 5회 이내

선거구역을 방송권역으로 하는 2 이상의 지역방송국을 이용하여 동시에 방송하는 것은 1회로 계산한다. 이 경우 동일한 광고시간대에 하는 방송광고는 방송시각에 차이가 있더라도 동시에 방송하는 것으로 보아야 한다.[92] 해외송출업체가 연합뉴스TV의 방송을 변경 없이 송출한 결과로 인하여 선거운동을 위한 광고가 방송되는 경우에는 법 제70조(방송광고)의 방송광고의 횟수에 포함되지 아니한다. 다만, 재외선거권자를 대상으로 선거운동을 하기 위한 방송광고에 이르는 때에는 법 제218조의14(국외선거운동방법에 관한 특례)에 위반될 수도 있다.[93]

(4) 광고 방법

광고를 실시하는 방송시설의 경영자는 방송광고의 일시와 광고내용 등을 규칙이 정하는 서식[94]에 의하여 관할선거구선거관리위원회에 그 광고의 방송 · 방영일 전일까지 통보하여야 한다(법§70③, 규칙§35①). 방송광고를 실시하는 방송시설의 경영자는 관할선거구선거관리위원회로부터 그 방송광고내용의 녹음 · 녹화물의 제출요구가 있는 때에는 이에 협조하여야 한다(규칙§35②).

방송광고는 「방송법」 제73조(방송광고등) 제2항[95] 및 「방송광고판매대행 등에 관한 법률」

---

92) 2010. 4. 29. 중앙선관위 질의회답

93) 2017. 4. 17. 중앙선관위 질의회답

94) 규칙 별지 제21호 서식 방송광고 실시통보

95) 「방송법」 제73조(방송광고등) ② 방송광고의 종류는 다음 각 호와 같고, 방송광고의 허용범위 · 시간 · 횟수 또는 방법 등에 관하여 필요한 사항은 대통령령으로 정한다.
1. 방송프로그램광고 : 방송프로그램의 전후(방송프로그램 시작타이틀 고지 후부터 본방송프로그램 시작 전까지 및 본방송프로그램 종료 후부터 방송프로그램 종료타이틀 고지 전까지를 말한다)에 편성되는 광고
2. 중간광고 : 1개의 동일한 방송프로그램이 시작한 후부터 종료되기 전까지 사이에 그 방송프로그램을 중단하고 편성되는 광고
3. 토막광고 : 방송프로그램과 방송프로그램 사이에 편성되는 광고
4. 자막광고 : 방송프로그램과 관계없이 문자 또는 그림으로 나타내는 광고
5. 시보광고 : 현재시간 고지 시 함께 방송되는 광고
6. 가상광고 : 방송프로그램에 컴퓨터 그래픽을 이용하여 만든 가상의 이미지를 삽입하는 형태의 광고

제5조(방송광고의 판매대행)[96]의 규정을 적용하지 아니한다(법§70④). 따라서 방송광고의 종류에 따른 허용범위·시간·횟수·방법에 관한 「방송법」의 제한을 받지 않고 광고를 할 수 있고, 또한 한국방송광고진흥공사 등 방송광고판매대행업자를 거치지 아니하고 방송광고를 할 수 있다.

방송시설을 경영 또는 관리하는 자는 방송광고를 함에 있어서 방송시간대와 방송권역 등을 고려하여 모든 후보자에게 공평하게 하여야 하며, 후보자가 신청한 방송시설의 이용일시가 서로 중첩되는 경우에 방송일시의 조정은 당해방송시설을 경영 또는 관리하는 자가 신청을 받은 순서에 의하고, 신청순서가 같은 때에는 그 방송시설의 이용횟수(계약이 이루어진 횟수를 포함한다)가 적은 신청인의 순서에 의하며, 신청순서와 이용횟수가 같을 경우에는 신청인 또는 그 대리인의 참여하에 추첨에 의하여 정하여야 한다(법§70⑤, 규칙§35③).

후보자는 방송광고에 있어서 청각장애선거인을 위한 한국수화언어(이하 "한국수어"라 한다) 자막을 방영할 수 있다(법§70⑥).[97]

(5) 비용

방송광고를 행하는 방송시설을 경영·관리하는 자는 그 광고비용을 산정함에 있어 선거기간 중 같은 방송시간대에 광고하는 상업·문화 기타 각종 광고의 요금 중 최저요금을 초과하여 후보자에게 청구하거나 받을 수 없다(법§70⑧).

(6) 제재

법 제70조(방송광고) 제3항을 위반하여 방송광고의 일시와 광고내용 등을 관할선거구선거

---

7. 간접광고 : 방송프로그램 안에서 상품, 상표, 회사나 서비스의 명칭이나 로고 등을 노출시키는 형태의 광고

96) 「방송광고판매대행 등에 관한 법률」 제5조(방송광고의 판매대행) ① 지방파방송사업자, 지방파방송채널사업자 또는 종합편성방송채널사용사업자(이하 "방송사업자"라 한다)는 광고판매대행자가 위탁하는 방송광고 외에는 방송광고를 할 수 없다. 다만, 대통령령으로 정하는 방송광고에 대해서는 그러하지 아니하다. ② 제1항 본문에도 불구하고 「방송법」에 따른 한국방송공사, 「방송문화진흥회법」에 따라 설립된 방송문화진흥회가 최다출자자인 방송사업자 및 「한국교육방송공사법」에 따른 한국교육방송공사는 제24조에 따른 한국방송광고진흥공사가 위탁하는 방송광고에 한하여 방송광고를 할 수 있다.

97) 헌법재판소는, 수화방송 등을 의무사항으로 규정하지 않은 법 제70조(방송광고) 제6항과 관련하여, '수화방송 등을 의무사항으로 규정하지 아니한 취지는 수화방송 등이 원칙적으로 실시되어야 함을 부정하는 의미가 아니라 방송사업자 등의 시설장비나 기술수준 등에서 비롯되는 불가피한 사유로 말미암아 수화방송 등을 적시에 실시할 수 없는 경우도 있을 수 있다는 사정을 고려하였기 때문이라고 보이는 점, 현 단계에서 수화방송 등을 어떠한 예외도 없이 반드시 실시하여야 하는 의무사항으로 규정할 경우 후보자의 선거운동의 자유와 방송사업자의 보도·편성의 자유를 제한하는 문제가 있을 수 있다는 점 등을 종합하면, 법 제70조(방송광고) 제6항은 입법자의 입법형성의 범위를 벗어난 것이 아니다.'고 판시하였다(2009. 5. 28. 선고 2006헌마285 결정).

관리위원회에 통보하지 아니한 자는 300만원 이하의 과태료를 부과한다(법§261⑥1.).

다. 인터넷광고

(1) 의의

인터넷광고란 후보자(대통령선거의 정당추천후보자와 비례대표국회의원선거 및 비례대표지방의회의원선거에 있어서는 후보자를 추천한 정당을 말한다)가 인터넷언론사의 인터넷 홈페이지에 하는 선거운동을 위한 광고를 말한다(법§82의7①).

(2) 매체

인터넷언론사는 「신문 등의 진흥에 관한 법률」 제2조(정의) 제4호에 따른 인터넷신문사업자 그 밖에 정치·경제·사회·문화·시사 등에 관한 보도·논평·여론 및 정보 등을 전파할 목적으로 취재·편집·집필한 기사를 인터넷을 통하여 보도·제공하거나 매개하는 인터넷홈페이지를 경영·관리하는 자와 이와 유사한 언론의 기능을 행하는 인터넷홈페이지를 경영·관리하는 자를 말한다(법§8의5①).

즉, 독자적인 기사 생산과 지속적인 발행을 하는 「신문 등의 진흥에 관한 법률」 제2조(정의) 제4호의 인터넷신문사업자와 「인터넷 멀티미디어 방송사업법」 제2조(정의) 제5호의 인터넷 멀티미디어 방송사업자가 운영하는 인터넷 홈페이지, 신문 및 방송사업자 등이 직접 운영하거나 별도 법인으로 운영하는 인터넷 홈페이지로서 「신문 등의 진흥에 관한 법률」 제2조(정의) 제3호의 신문사업자가 운영하는 인터넷 홈페이지, 「방송법」 제2조(용어의 정의) 제3호의 방송사업자가 운영하는 인터넷 홈페이지, 「잡지 등 정기간행물의 진흥에 관한 법률」 제2조(정의) 제2호의 정기간행물사업자가 운영하는 인터넷 홈페이지, 「뉴스통신 진흥에 관한 법률」 제2조(정의) 제3호의 뉴스통신사업자가 운영하는 인터넷 홈페이지, 위에서 열거한 인터넷언론사로부터 제공받은 기사를 인터넷을 통하여 계속적으로 제공하거나 매개하는 「신문 등의 진흥에 관한 법률」 제2조(정의) 제6호의 인터넷뉴스서비스사업자가 운영하는 인터넷 홈페이지, 그 밖에 위 인터넷언론사와 유사한 기능을 행하는 인터넷 홈페이지를 경영·관리하는 자가 운영하는 인터넷 홈페이지로서 인터넷선거보도심의위원회가 정하는 인터넷 홈페이지가 이에 해당한다[인터넷선거보도심의위원회의 구성 및 운영에 관한 규칙(이하 "인터넷선거보도심의위원회규칙"이라 한다)§2①]. 디지털 조선일보, 조인스닷컴, 연합뉴스, 인터넷한겨레 및 인터넷포털사이트의 홈페이지는 인터넷광고를 할 수 있는 인터넷언론사의 인터넷 홈페이지에 해당한다.[98]

그러나 정당 또는 후보자(후보자가 되고자하는 자를 포함한다)가 설치·운영하는 인터넷 홈페

98) 2005. 10. 5. 중앙선관위 질의회답

이지, 선거운동을 하는 기관·단체가 설치·운영하는 인터넷 홈페이지, 그 밖의 인터넷선거보도심의위원회가 인터넷 홈페이지에 게재된 보도내용 및 운영양태 등을 고려하여 인터넷언론사로 인정하지 아니하는 인터넷 홈페이지는 인터넷언론사로 보지 아니한다(인터넷선거보도심의위원회규칙§2②).[99)]

(3) 방법

인터넷광고에는 광고근거와 광고주명을 표시하고(법§82의7②), "선거광고"라고 표시하여야 한다(규칙§45의5). 같은 정당의 추천을 받은 2인 이상의 후보자는 합동으로 인터넷광고를 할 수 있다. 이 경우 그 비용은 당해 후보자간의 약정에 따라 분담하되, 그 분담내역을 광고계약서에 명시하여야 한다(법§82의7③).

인터넷광고의 크기(용량)·광고비용은 이를 제한하고 있지 아니하다. 그러나 법 제122조(선거비용제한액의 공고)에 따라 공고된 선거비용제한액을 초과하지 않아야 한다.[100)] 인터넷포털사이트에서 키워드를 구매하여 키워드검색으로 "충청남도지사후보"를 검색시 "충청남도지사후보"가 검색되고 이곳을 클릭하였을 때 후보자의 홈페이지로 이동되는 키워드 광고는 인터넷광고에 해당되고,[101)] 예비후보자나 후보자가 일반인이 회원으로 가입하면 동영상을 올릴 수 있는 미니홈피가 무료로 개설되는 인터넷 홈페이지에 미니홈피를 개설하여 선거운동을 위한 동영상을 올리는 것도 가능하다.[102)]

(4) 인터넷광고의 포괄적 금지

누구든지 법 제87조의7(인터넷 광고) 제1항의 경우를 제외하고는 선거운동을 위한 인터넷광고를 할 수 없다(법§82의7⑤).[103)]

---

99) 최인화는 '인터넷언론사의 인터넷홈페이지가 아닌 유튜브(인터넷언론사의 유튜브 채널을 포함함), 인스타그램, 페이스북에 선거운동을 위한 광고를 하는 것은 행위시기 및 양태에 따라 「공직선거법」 제93조(탈법방법에 의한 문서·도화의 배부·게시 등 금지) 또는 제254조(선거운동기간위반죄)에 위반된다고 보아야 한다. 그러나 법적으로 유튜브 선거운동은 인터넷 언론사에 해당하지 않는다는 이유로 자유롭게 허용하면서 선거광고의 경우 인터넷언론사 외의 유튜브 등 인터넷 매체에서는 금지하고 있는 것은 사회변화의 흐름에 부합되지 않는 것으로 생각된다.'고 주장한다(최인화, 「온라인 선거운동 규제에 대한 연구」, 유럽헌법연구 제34호(2020. 12월), 237－238쪽).

100) 2006. 1. 18. 중앙선관위 질의회답

101) 2006. 4. 18. 중앙선관위 질의회답

102) 2006. 5. 15. 중앙선관위 질의회답

103) 창원지방법원 진주지원 2014. 11. 7. 선고 2014고합108 판결(피고인이 운영하는 인터넷뉴스 홈페이지 하단 "6. 4.지방선거 후보자란"에 사천시의원 예비후보자의 명함 앞·뒷면을 스캔하여 사진과 약력을 배너로 제작한 후 약 10일간 게시함으로써 후보자가 아님에도 인터넷언론사의 인터넷홈페이지에 선거운동을 위한 광고를 하고 사전선거운동을 하였다고 인정한 사례)

(5) 벌칙

법 제82조의7(인터넷 광고) 제5항의 규정에 위반하여 인터넷언론사의 인터넷홈페지에 의하지 아니하고 인터넷광고를 한 자는 3년 이하의 징역 또는 600만원 이하의 벌금에 처한다(법§252③).

한편, 법 제82조의7(인터넷 광고) 제3항 후단의 규정에 위반하여 같은 정당의 추천을 받은 2인 이상의 후보자가 인터넷광고를 함에 있어 그 비용의 분담내역을 광고계약서에 명시하지 아니한 자는 200만원 이하의 과태료를 부과한다(법§261⑦2.마.).

라. 딥페이크영상등을 이용한 선거운동[104)]

(1) 의의

딥페이크영상등이란 인공지능 기술 등을 이용하여 만든 실제와 구분하기 어려운 가상의 음향, 이미지 또는 영상등을 말한다(법§82의8①). 선거운동을 위하여 딥페이크영상등을 제작·편집·유포·상영·게시하는 행위가 규제의 대상이다.

(2) 인공지능 기술 등

인공지능 기술 등이라 함은, 인간의 학습·추론·지각능력 및 자연언어 이해능력 등 지적 능력의 일부 또는 전부를 전자적 방법으로 구현해내는 하드웨어 또는 소프트웨어 기술이나 결과물을 말하며, 통상 포토샵·그림판과 같이 사용자의 직접적인 조작을 요하는 프로그램의 경우 법 제82조의8(딥페이크영상등을 이용한 선거운동)에서 제한하는 인공지능 기술에 포함된다고 볼 수 없다.[105)]

(3) 실제와 구분하기 어려운 가상의 음향, 이미지 또는 영상

법 제82조의8(딥페이크영상등을 이용한 선거운동) 제1항에 따라 제한되는 딥페이크영상등은 인공지능 기술 등을 이용하여 만든 가상의 음향, 이미지, 영상 또는 이에 준하는 것을 포함하는 것으로서, 텍스트(문자로만 이루어진 것)로만 이루어진 것은 포함되지 아니한다.[106)]

---

104) 2023. 12. 28. 법률 제19855호로 개정된 공직선거법은 누구든지 선거일 전 90일부터 선거일까지 선거운동을 위하여 딥페이크 영상 등을 제작·편집·유포·상영 또는 게시하는 행위를 금지하고, 누구든지 선거일 전 90일부터 선거일까지의 기간이 아닌 때에 선거운동을 위하여 딥페이크 영상 등을 제작·편집·유포·상영 또는 게시하는 경우에는 해당 정보가 가상의 정보라는 사실을 명확하게 인식할 수 있도록 중앙선거관리위원회규칙으로 정하는 바에 따라 해당 사항을 딥페이크 영상 등에 표시하도록 하는 등 현행 제도의 운영상 나타난 일부 미비점을 개선·보완하기 위한 규정들을 신설하였다.

105) 2024. 1. 16. 중앙선관위 딥페이크영상등을 이용한 선거운동 관련 법규운용기준

106) 2024. 1. 16. 중앙선관위 딥페이크영상등을 이용한 선거운동 관련 법규운용기준

(4) 기간제한

누구든지 선거일 전 90일부터 선거일까지 선거운동을 위하여 딥페이크영상등을 제작·편집·유포·상영 또는 게시하는 행위를 하여서는 아니 된다(법§82의8①). 즉, 딥페이크영상등을 이용한 선거운동은 선거일 전 90일 전까지만 가능하다.

(5) 표시의무

딥페이크영상등을 이용하여 선거운동을 하는 경우에는 규칙으로 정하는 사항을 딥페이크영상등에 표시하여야 한다(법§82의8②). 이에 따른 표시 방법은 규칙 별표 1의3[107]과 같다(규칙§45의6).

(6) 벌칙 및 제재

법 제82조의8(딥페이크영상등을 이용한 선거운동) 제1항을 위반하여 선거일 전 90일부터 선거일까지 선거운동을 위하여 딥페이크영상등을 제작·편집·유포·상영 또는 게시하는 행위를 한 자는 7년 이하의 징역 또는 1천만원 이상 5천만원 이하의 벌금에 처한다(법§255⑤).

법 제82조의8(딥페이크영상등을 이용한 선거운동) 제2항을 위반하여 규칙으로 정하는 사항을 딥페이크영상등에 표시하지 아니한 자에게는 1천만원 이하의 과태료를 부과한다(법§261③4).

---

107) 규칙 별표 1의3 딥페이크영상등 표시사항 및 표시방법

구분		내용
1. 음향	표시사항	이 음향은 실제가 아닌 인공지능 기술 등을 이용하여 만든 가상의 정보입니다.
	표시방법	누구든지 쉽게 인식할 수 있도록 시작과 끝부분에 음성으로 각각 표시한다. 이 경우 재생 시간이 5분을 초과하는 때에는 5분마다 1회씩 전단의 표시를 추가하되 음향 중간에 적절히 표시하여야 한다.
2. 이미지	표시사항	이 이미지는 실제가 아닌 인공지능 기술 등을 이용하여 만든 가상의 정보입니다.
	표시방법	누구든지 쉽게 인식할 수 있도록 전체크기의 100분의 10 이상의 테두리 안에 배경과 구분되도록 표시한다. 이 경우 테두리 안에는 표시사항 이외에는 표시할 수 없으며, 음향을 포함한 경우 제1호의 표시를 추가하여야 한다(이하 제3호에서 같다).
3. 영상	표시사항	이 영상은 실제가 아닌 인공지능 기술 등을 이용하여 만든 가상의 정보입니다.
	표시방법	누구든지 쉽게 인식할 수 있도록 전체크기의 100분의 10 이상의 테두리 안에 배경과 구분되도록 상시 표시한다.
4. 기타		해당 정보가 인공지능 기술 등을 이용하여 만든 가상의 정보라는 사실을 누구든지 쉽게 인식할 수 있도록 위에 준하는 방법으로 표시한다.

한편, 법 제82조의8(딥페이크영상등을 이용한 선거운동) 제2항을 위반하여 규칙으로 정하는 사항을 딥페이크영상등에 표시하지 아니하고 법 제250조(허위사실공표죄) 제1항에 규정된 행위(당선목적 허위사실공표)를 한 자는 5년 이하의 징역 또는 5천만원 이하의 벌금에, 제2항에 규정된 행위(낙선목적 허위사실공표)를 한 자는 7년 이하의 징역 또는 1천만원 이상 5천만원 이하의 벌금에 처한다.

2. 방송연설

가. 의의

방송연설은 후보자와 후보자가 지명하는 연설원이 소속정당의 정강·정책이나 후보자의 정견 기타 홍보에 필요한 사항을 발표하기 위하여 선거운동기간 중 텔레비전 및 라디오 방송시설을 이용한 연설을 말한다(법§71①).

나. 방송시설

텔레비전 및 라디오 방송시설이란 법 제70조(방송광고) 제1항의 규정에 의한 방송시설을 말한다(법§71①). 지역방송시설이란 해당 시·도의 관할구역 안에 있는 방송시설(도의 경우 해당 도의 구역을 방송권역으로 하는 인접한 특별시 또는 광역시 안에 있는 방송시설을 포함한다)을 말하며, 해당 시·도의 관할 구역 안에 있는 지역방송시설이 없는 시·도로서 서울특별시에 인접한 시·도의 경우 서울특별시 안에 있는 방송시설을 말한다(법§71②). 지역방송시설과 관련하여 관할구역 안에 「방송법 시행령」 제1조의2(용어의 정의) 제1호의 규정에 따른 지상파텔레비전방송사업자의 방송시설이 없는 광역시의 경우 해당 광역시의 구역을 방송권역으로 하는 인접한 특별시 또는 도의 안에 있는 지상파텔레비전방송사업자의 방송시설을 포함하는 것으로 본다(규칙§36⑨).

법 제71조(후보자 등의 방송연설)에 따른 방송연설은 방송법에 의한 방송사업자가 관리·운영하는 무선국 또는 종합유선방송국(종합편성 또는 보도전문편성의 방송채널사용사업자의 채널 포함)이 제작하여 방송하여야 할 것이므로, 외부 업체가 제작한 후보자 또는 연설원의 연설내용을 방송할 수는 없다.[108]

다. 방송연설의 횟수와 분량

후보자와 후보자가 지명하는 연설원은 소속정당의 정강·정책이나 후보자의 정견 기타 홍보에 필요한 사항을 발표하기 위하여 다음 각 호에 의하여 선거운동기간 중 텔레비전 및 라

108) 2008. 1. 14. 중앙선관위 질의회답

디오 방송시설을 이용한 연설을 할 수 있다(법§71①). 이 경우 연설회수의 계산에 있어서는 재방송을 포함하되, 하나의 텔레비전 또는 라디오 방송시설을 선정하여 당해 방송망을 동시에 이용하는 것은 1회로 본다(법§71③, §70①후단).

1. 대통령선거
   후보자와 후보자가 지명한 연설원이 각각 1회 20분 이내에서 텔레비전 및 라디오 방송별 각 11회 이내
2. 비례대표국회의원선거
   정당별로 비례대표국회의원후보자 중에서 선임된 대표 2인이 각각 1회 10분 이내에서 텔레비전 및 라디오 방송별 각 1회
3. 지역구국회의원선거 및 자치구·시·군의 장 선거
   후보자가 1회 10분 이내에서 지역방송시설을 이용하여 텔레비전 및 라디오 방송별 각 2회 이내
4. 비례대표시·도의원선거
   정당별로 비례대표시·도의원선거구마다 당해 선거의 후보자 중에서 선임된 대표 1인이 10분 이내에서 지역방송시설을 이용하여 텔레비전 및 라디오 방송별 각 1회
5. 시·도지사선거
   후보자가 1회 10분 이내에서 지역방송시설을 이용하여 텔레비전 및 라디오 방송별 각 5회 이내

대통령선거에 있어서 후보자 또는 연설원이 지정된 방송연설일시에 방송연설을 하지 아니한 경우에도 그 횟수로 산입한다(규칙§36⑥).

법 제71조(후보자 등의 방송연설) 제1항 제1호에 의한 방송연설횟수를 산정함에 있어 연설원 1인이 20분 이내에서 1회 방송연설하는 경우를 1회로 보아야 할 것이므로, 1회 방송연설에 2인 이상의 연설원이 출연할 수는 없다.[109]

라. 방송연설 신청 및 순서

(1) 방송연설 사전 신고

방송시설을 경영 또는 관리하는 자는 후보자 또는 연설원의 연설을 위한 방송시설명·이용일시·시간대 등을 선거일전 30일(보궐선거 등에 있어서는 후보자등록신청개시일 전 3일)까지 관할 선거구선거관리위원회에 통보하여야 한다(법§71⑤). 방송시설명·이용일시·시간대 등의 통보는 규칙이 정하는 서식[110]에 의하며, 방송시설을 경영 또는 관리하는 자는 특별한 사유

109) 2007. 11. 14. 중앙선관위 질의회답
110) 규칙 별지 제22호 서식의 (가) 후보자등이 이용할 방송시설의 통보

가 없는 한 통보한 내용을 변경할 수 없다(규칙§36①).

선거구선거관리위원회는 후보자등록신청개시일전 3일(보궐선거등에 있어서는 후보자등록신청개시일 전일)까지 연설에 이용할 수 있는 방송시설과 일정을 선거구단위로 미리 지정·공고하고 후보자등록신청시 후보자에게 통지하여야 한다(법§71⑥).

법 제71조(후보자 등의 방송연설)의 규정에 의하여 후보자가 방송연설할 방송시설 및 일정을 지정·공고한 후, 당초 공고한 방송연설일정의 변경 없이 새로이 발송일정을 추가 공고하고자 하는 때에는 모든 후보자에게 공평한 기회가 보장될 수 있는 경우(모든 후보자가 어느 한 방송사와도 계약을 하지 아니한 경우 등)에 한하여 허용된다.[111)]

대통령선거에 있어서 후보자가 방송시설을 이용한 연설을 하고자 하는 때에는 이용할 방송시설명·이용일시·연설할 사람의 성명·소요시간·이용방법 등을 기재한 신청서를 후보자등록마감일후 3일(추가등록의 경우에는 추가등록마감일)까지 중앙선거관리위원회에 규칙이 정하는 서식[112)]에 의한 서면을 제출하여야 한다(법§71⑦, 규칙§36②본문). 다만, 추가등록의 경우에는 당해 정당이 추천하였던 종전의 후보자의 방송연설신청에 의하고, 종전의 후보자의 방송연설신청이 없었던 때에는 다른 후보자가 신청하여 확정된 방송연설일시와 중첩되지 아니하는 범위 안에서 추가등록마감일까지 방송연설을 신청할 수 있다(규칙§36②단서). 국회의원선거, 비례대표시·도의원선거, 지방자치단체의 장선거에 있어서 후보자가 방송시설을 이용한 연설을 하고자 하는 때에는 당해 방송시설을 경영 또는 관리하는 자와 체결한 방송시설이용계약서 사본을 첨부하여 이용할 방송시설명·이용일시·소요시간·이용방법 등을 방송일전 3일까지 당해 선거구선거관리위원회에 규칙이 정하는 서식[113)]에 의하여 신고하여야 한다(법§71⑩, 규칙§36⑦).

방송연설의 사전신고절차는 선거관리위원회로 하여금 해당 선거운동이 예정되어 있음을 명확히 인식함으로써 방송연설의 사전·실행 중 또는 사후에 그 적법성과 공정성을 효율적으로 관리·통제할 수 있도록 하기 위하여 마련된 것으로 보인다. 따라서 방송연설에서 사전신고는 해당 선거운동 자체의 적법성을 이루는 요소가 된다고 보아야 하므로, 사전신고절차를 거치지 아니한 방송연설은 공직선거법을 위반한 선거운동에 해당한다.[114)]

(2) 방송연설일시 및 순서

중앙선거관리위원회는 방송연설신청서를 받은 때에는 방송연설신청서 제출마감일후 2일 이내에 다음 각 호에 의하여 방송연설일시를 결정한다(규칙§36③).

---

111) 2004. 3. 27. 중앙선관위 질의회답
112) 규칙 별지 제22호 서식의 (나) 방송시설을 이용한 연설신청서
113) 규칙 별지 제22호 서식의 (라) (후보자)·(정당)의 방송연설신고서
114) 2010. 11. 25. 선고 2008두1078 판결

1. 방송연설일시가 중첩되지 아니하는 때에는 그 신청한 일시로 한다.
2. 방송연설의 일시가 중첩되는 경우의 일시의 조정은 다음 각 목에 의한다.
가. 텔레비전방송시설과 라디오방송시설별로 후보자와 연설원을 구분(후보자와 연설원간에 중첩되는 경우에는 후보자가 우선한다)하여 먼저 후보자의 방송연설일시를 모두 지정한 다음 연설원의 방송연설일시를 지정한다.
나. 중첩되는 시간대의 방송연설일시의 조정은 선거일에 가까운 일자부터 일자별로 중첩되는 시간대에 연설할 자를 추첨으로 우선 지정하고, 지정받지 못한 자의 방송연설 일시는 같은 방송시설의 같은 일자의 다른 이용가능한 시간대를 배정함을 원칙으로 하되 지정받지 못한 자와 같은 일자의 다른 이용가능한 시간대가 각 복수로서 동일수인 경우에는 추첨에 의하여 각 시간대를 배정하고, 지정받지 못한 자의 수가 다른 이용가능한 시간대의 수보다 적을 때에는 이용가능한 시간대를 추출하여 지정받지 못한 자의 수와 동일하게 한 뒤 추첨에 의하여 각 시간대를 배정하며, 지정받지 못한 자의 수가 다른 이용가능한 시간대의 수보다 많을 때에는 신청일과 가까운 일자(신청일자의 후일자를 우선으로 한다)의 이용가능한 시간대를 추출하여 지방받지 못한 자의 수와 동일하게 한 뒤 추첨에 의하여 각 시간대를 배정한다.
다. 나목의 추첨이 모두 끝난 후 당해방송시설의 이용가능한 시간대가 부족하여 방송연설일시를 지정받지 못하는 자가 있는 때에는 이들로부터 방송시설별로 방송연설신청을 다시 받아 나목에 의한 추첨방법에 따라 지정한다.
라. 나목과 다목의 추첨은 후보자 기호순에 의하여 추첨순위를 추첨하고 추첨순위에 의하여 시간대를 추첨한다. 이 경우 추첨순위는 모두 후보자를 대상으로 일회 추첨에 의하여 정한다.
마. 나목과 다목의 추첨에 있어 후보자가 그 대리인으로 하여금 추첨하게 하는 때에는 위임장을 제출하여야 하며, 추첨개시시간까지 후보자 또는 그 대리인이 참여하지 아니하는 경우에는 중앙선거관리위원회위원장이 지명하는 자가 그 후보자를 대리하여 추첨할 수 있다.

후보자(정당추천후보자는 그 추천정당을 말한다)가 신청한 방송시설의 이용일시가 서로 중첩되는 경우에는 중앙선거관리위원회가 그 일시를 정하되, 그 일시는 모든 후보자에게 공평하여야 한다. 이 경우 후보자가 그 지정된 일시의 24시간 전까지 방송시설이용계약을 하지 아니한 때에는 당해 방송시설을 경영·관리하는 자는 그 시간대에 다른 방송을 할 수 있다(법§71⑧). 중앙선거관리위원회가 위와 같이 방송일시를 결정한 때에는 지체 없이 이를 공고하고, 정당 또는 후보자와 당해 방송시설을 경영 또는 관리하는 자에게 통지하여야 한다(법§71⑨, 규칙§36④).

국회의원과 비례대표시 · 도의원 및 지방자치단체의 장의 선거에 있어서 방송연설일시가 중첩되는 경우의 일시와 순서의 조정은 방송시설을 경영 또는 관리하는 자가 정하되, 모든 후보자에게 공평하여야 한다(규칙§36⑧).

마. 방송연설 방법

텔레비전 방송시설을 이용한 방송연설을 하는 경우에는 후보자 또는 연설원이 연설하는 모습, 후보자의 성명 · 기호 · 소속정당명(해당 정당을 상징하는 마크나 심벌의 표시를 포함한다) · 경력, 연설요지 및 통계자료 외에 다른 내용이 방영되게 하여서는 아니 되며, 후보자 또는 연설원이 방송연설을 녹화하여 방송하고자 하는 때에는 당해 방송시설을 이용하여야 한다(법§71④).

대통령선거에 있어서 정당 또는 후보자가 연설원을 교체하고자 하는 때에는 그 연설원의 방송연설일전 2일까지 중앙선거관리위원회에 규칙이 정하는 서식[115]에 의하여 신고하여야 하며, 중앙선거관리위원회는 이를 당해 방송시설을 경영 또는 관리하는 자에게 통지하여야 한다(규칙§36⑤).

방송시설을 경영 또는 관리하는 자는 방송시설을 이용한 연설에 협조하여야 하며, 방송시간대와 방송권역 등을 고려하여 모든 후보자에게 공평하게 하여야 한다(법§71⑪). 「방송법」에 따른 종합유선방송사업자(종합편성 또는 보도전문편성의 방송채널사용사업자를 포함한다) · 중계유선방송사업자 및 인터넷언론사는 후보자 등의 방송연설을 중계방송할 수 있다. 이 경우 방송연설을 행한 모든 후보자에게 공평하게 하여야 한다(법§71⑫).

후보자 등의 방송연설을 실시하는 방송시설의 경영자는 관할선거구선거관리위원회로부터 그 방송연설내용의 녹음 · 녹화물의 제출요구가 있는 때에는 이에 협조하여야 한다(규칙§36⑪, §35②). 후보자는 방송연설에 있어서 청각장애선거인을 위한 한국수어 또는 자막을 방영할 수 있다(법§71③, §70⑥).

바. 비용

후보자 등의 방송연설을 행하는 방송시설을 경영 · 관리하는 자는 그 연설비용을 산정함에 있어 선거기간 중 같은 방송시간대에 연설하는 상업 · 문화 기타 각종 연설의 요금 중 최저요금을 초과하여 후보자에게 청구하거나 받을 수 없다((법§71③, §70⑧).

115) 규칙 별지 제22호 서식의 (다) 방송연설원교체신고서

사. 벌칙

법 제71조(후보자 등의 방송연설) 제12항의 규정을 위반하여 종합유선방송사업자(종합편성 또는 보도전문편성의 방송채널사업자를 포함)가 후보자 등의 방송연설을 중계방송하지 아니하거나 공평하게 하지 아니한 경우에는 2년 이하의 징역 또는 400만원 이하의 벌금에 처한다(법§252④).

한편, 법 제71조(후보자 등의 방송연설) 제10항의 규정을 위반하여 국회의원선거, 비례대표시·도의원선거, 지방자치단체의 장 선거에 있어서 후보자가 방송시설을 이용한 연설을 하고자 하는 때에 당해 방송시설을 경영 또는 관리하는 자와 체결한 방송시실이용계약서 사본을 첨부하여 이용할 방송시설명·이용일시·소요시간·이용방법 등을 방송일전 3일까지 당해 선거거선거관리위원회에 서면으로 신고하지 아니한 자는 300만원 이하의 과태료를 부과한다(법§261⑥1.).

3. 방송시설주관 후보자연설의 방송

가. 의의

방송시설주관 후보자연설의 방송은 텔레비전 또는 라디오 방송시설이 그의 부담으로 정당 또는 후보자를 선거인에게 알리기 위해 후보자(비례대표국회의원선거 및 비례대표지방의회의원선거에 있어서는 그 추천정당이 당해 선거의 후보자 중에서 선임한 자를 말한다)의 연설을 편집하지 아니한 상태에서 방송하는 것을 말한다(법§72①).

나. 방송시설

방송시설은 법 제70조(방송광고) 제1항의 규정에 의한 방송시설을 말한다. 즉, 텔레비전 및 라디오 방송시설로서, 「방송법」에 의한 방송사업자가 관리·운영하는 무선국 및 종합유선방송국(종합편성 또는 보도전문편성의 방송채널사용사업자의 채널을 포함한다)이다. 중계유선방송은 방송시설주관 후보자연설의 방송을 주관할 수 있는 방송시설이 아니다.[116]

다. 절차

방송시설을 경영 또는 관리하는 자가 후보자의 연설을 방송하고자 하는 때에는, 그 방송일전 2일까지 방송시설명·방송일시·소요시간 등을 규칙이 정하는 서식[117]에 의하여 관할

116) 1998. 5. 19. 중앙선관위 질의회답
117) 규칙 별지 제23호 서식 후보자연설의 방송실시 통보

선거구선거관리위원회에 통보하여야 하고(법§72③, 규칙§37②), 방송시설명 · 이용일시 · 시간대와 후보자 1인의 방송연설시간을 정하여 선거구단위로 모든 후보자(비례대표국회의원선거 및 비례대표지방의회의원선거에 있어서는 후보자를 추천한 정당을 말한다)에게 통지하여야 한다(규칙§37①). 방송시설주관 후보자연설의 방송을 실시하는 방송시설의 경영자는 관할선거구선거관리위원회로부터 그 방송광고내용의 녹음 · 녹화물의 제출요구가 있는 때에는 이에 협조하여야 한다(규칙§37③, §35②).

라. 방법

후보자의 연설을 방송하고자 하는 때에는 그 내용을 편집하지 아니한 상태에서 방송하여야 하며, 선거구 단위로 모든 정당 또는 후보자에게 공평하게 하여야 한다. 다만, 정당 또는 후보자가 그 연설을 포기한 때에는 그러하지 아니하다(법§72①). 후보자 연설의 방송에 있어서는 청각장애선거인을 위하여 한국수어 또는 자막을 방영할 수 있다(법§72②).[118]

---

118) 헌법재판소는, 방송광고, 후보자 등의 방송연설, 방송시설주관 후보자연설의 방송, 선거방송토론위원회 주관 대담·토론회의 방송(이하 '이 사건 선거방송'이라 한다)에서 한국수화언어(이하 '한국수어'라 한다) 또는 자막의 방영을 재량사항으로 규정한 법 제70조(방송광고) 제6항, 제71조(후보자 등의 방송연설) 제3항 중 제70조(방송광고) 제6항에 관한 부분, 제72조(방송시설주관 후보자연설의 방송) 제2항, 제82조의2(선거방송토론위원회 주관 대담·토론회) 제12항(이하 위 조항들을 합하여 '이 사건 한국수어·자막조항'이라 한다)과 관련하여, "이 사건 한국수어·자막조항은 실제로 방송사업자 등이 한국수어·자막방송을 할 수 있는 인력, 장비 및 기술수준 등을 갖출 수 있는지 여부에 따라 한국수어·자막방송 여부가 결정되는 점, 이를 의무사항으로 규정할 경우 선거비용이 과다하게 소요될 수 있고, 방송사업자의 보도·편성의 자유와 후보자·정당의 선거운동의 자유를 제한할 여지가 있는 점을 고려하여, 한국수어 또는 자막의 방영을 재량사항으로 규정한 것이다. 방송법, 장애인복지법, '장애인차별금지 및 권리구제 등에 관한 법률(이하 '장애인차별금지법'이라 한다)' 및 그 하위규범을 통하여, 청각장애인에 대한 선거정보의 제공 의무화가 특히 자막방송의 경우에는 규범적으로 상당 부분 구현되어 있다. 지상파방송사업자, 위성방송사업자, 종합편성·보도전문편성의 방송채널사용사업자, 그리고 종합유선방송사업자·방송채널사용사업자로서 해당 사업자의 매출액, 시청점유율 등을 고려하여 방송통신위원회가 고시하는 사업자는 방송법 제69조(방송프로그램의 편성등) 제8항, 제9항, 같은 법 시행령 제52조(장애인의 시청지원)에 따라 이 사건 선거방송에서 한국수어·폐쇄자막·화면해설 등을 이용한 방송을 할 의무를 부담한다. 지상파방송사업자, 종합편성·보도전문편성의 방송체널사용사업자는 '장애인방송 편성 및 제공 등 장애인 방송접근권 방장에 관한 고시(이하 '장애인방송고시'라 한다)'에 따라 이 사건 선거방송 중 후보자 등의 방송연설, 방송시설주관 후보자 연설의 방송, 선거방송토론위원회 주관 대담·토론회에서 반드시 폐쇄자막방송을 하여야 한다. 장애인복지법 제22조(정보에의 접근), 같은 법 시행령 제14조(한국수어·폐쇄자막 또는 화면해설방영 방송프로그램의 범위)는 국가와 지방자치단체가 방송국의 장 등 민간 사업자에게 이 사건 선거방송에 청각장애인을 위한 한국수어 또는 폐쇄자막 등을 방영하도록 요청하여야 하고, 그 요청을 받은 방송국의 장 등 민간 사업자는 정당한 사유가 없으면 그 요청에 따라야 한다고 규정하고 있다. 또한 한국수어·자막방송은 청각장애인의 선거정보 획득의 기회를 확대하는 방향으로 지속적·단계적으로 개선되고 있다. 장애인방송고시는 방송사업자의 종류, 규모, 장애인방송 제작여건, 시청자의 수요, 채널의 성격, 장애인방송의 종류와 소요 비용 등에 따라 장애인방송 편성비율 목표치 및 목표달성 시점을 달리 정하여 2012년부터 2016년까지 장애인방송 편성비율을 꾸준히 높여왔다. 한편 장애인방송고시에서 한국수어방송의 편성비율을 낮게 정한 것은 대부분 방송영상과 한국수어양상이 합성되어 송출되는 형태로 한국수어방송이 이루어지고 있기 때문에 한국수어방송이 모든 시청자에게 보이게 되어 방송영상의 중

「방송법」에 따른 종합유선방송사업자(종합편성 또는 보도전문편성의 방송채널사용사업자를 포함한다)·중계유선방송사업자 및 인터넷언론사는 후보자 등의 방송연설을 중계방송할 수 있다. 이 경우 방송연설을 행한 모든 후보자에게 공평하게 하여야 한다(법§72④, §71⑫).

마. 벌칙

법 제72조(방송시설주관 후보자연설의 방송) 제4항에서 준용하는 법 제71조(후보자 등의 방송연설) 제12항의 규정을 위반하여 방송시설주관 후보자연설의 방송을 모든 후보자에게 공평하게 하지 아니한 자는 2년 이하의 징역 또는 400만원 이하의 벌금에 처한다(법§252④).

한편, 법 제72조(방송시설주관 후보자연설의 방송) 제3항의 규정을 위반하여 방송시설주관 후보자연설의 방송을 그 방송일전 2일까지 방송시설명·방송일시·소요시간 등을 규칙이 정하는 바에 따라 관할선거구선거관리위원회에 통보하지 아니한 자는 300만원 이하의 과태료를 부과한다(법§261⑥1.).

4. 경력방송

가. 의의

경력방송은 한국방송공사가 대통령선거·국회의원선거 및 지방자치단체의 장 선거에 있어서 선거운동기간 중 텔레비전과 라디오방송시설을 이용하여 후보자마다 매회 2분 이내에 범위 안에서 관할선거구선거관리위원회가 제공하는 후보자의 사진·성명·기호·연령·소속정당명(무소속후보자는 "무소속"이라 한다) 및 직업 기타 주요한 경력을 선거인에게 알리기 위해 하는 방송을 말한다(법§73①).

나. 경력방송의 주체

경력방송은 한국방송공사가 한다. 이 경우 대통령선거가 아닌 국회의원선거 및 지방자치

요한 부분을 가리는 점 등을 고려한 것이다. 이에 수어영상의 크기, 위치 조정 및 삭제가 가능한 한국스마트수어방송을 2014년 개발하여 2019년부터 실시하고 있다. 적어도 최근 전국단위 주요 선거에서 선거방송토론위원회 주관 대담·토론회 방송은 100% 한국수어방송을 하고 있다는 점도 고려되어야 한다. 이에 더하여 청각장애인이 선거정보를 획득할 수 있는 다양한 수단들이 존재하는 점 등을 종합적으로 고려하면, 이 사건 한국수어·자막조항이 청구인의 선거권을 침해한다고 보기 어렵다. 한국수어·자막방송을 할 수 있는 인력, 장비 및 기술수준 등을 갖출 수 있는지 여부에 따라 한국수어·자막방송 여부가 결정되는 점, 이를 의무사항으로 규정할 경우 선거비용이 과다하게 소요될 수 있는 점, 방송사업자의 보도·편성의 자유와 후보자·정당의 선거운동의 자유를 제한할 여지가 있는 점 등을 고려하면, 이 사건 한국수어·자막조항이 자의적으로 비청각장애인과 청구인을 달리 취급하여 청구인의 평등권을 침해한다고 보기 어렵다."고 판시하였다(2020. 8. 28. 선고 2017헌마813 결정).

단체의 장선거에 있어서는 그 지역방송시설을 이용하여 실시할 수 있다(법§73①). 한국방송공사는 지역방송국을 이용한 경력방송을 하고자 하는 때에는 선거구단위로 경력방송을 행할 지역방송국을 지정하여 법 제71조(후보자 등의 방송연설) 제5항의 규정에 의하여 후보자등의 연설을 위한 방송시설명·이용일시·시간대 등을 통보하는 때에 함께 규칙이 정하는 서식[119]에 의하여 중앙선거관리위원회에 통보하여야 한다(규칙§38①).

다. 횟수

경력방송은 텔레비전 및 라디오 방송별로 대통령선거는 각 8회 이상, 국회의원선거 및 자치구·시·군의 장선거는 각 2회 이상, 시·도지사선거는 각 3회 이상 한다(법§73②).

라. 절차

한국방송공사는 후보자의 경력방송의 일정을 결정한 때에는 이를 규칙이 정하는 서식[120]에 의하여 관할선거구선거관리위원회에 통보하여야 한다. 다만, 한국방송공사는 경력방송의 일정을 시·도단위로 일괄통보하는 때에는 시·도선거관리위원회에, 전국단위로 일괄통보하는 때에는 중앙선거관리위원회에 통보할 수 있다(규칙§38⑥).

관할선거구선거관리위원회는 후보자가 사퇴·사망하거나 등록이 무효로 된 때에는 지체없이 이를 한국방송공사에 통보하여야 한다(규칙§38⑦).

경력방송을 실시하는 방송시설의 경영자는 관할선거구선거관리위원회로부터 그 방송광고내용의 녹음·녹화물의 제출요구가 있는 때에는 이에 협조하여야 한다(규칙§38⑧, §35②).

마. 방법

경력방송을 하는 때에는 그 횟수와 내용이 선거구 단위로 모든 후보자에게 공평하게 하여야 하며, 그 비용은 한국방송공사가 부담한다(법§73③).

후보자는 경력방송의 원고를 후보자등록마감일까지(대통령선거에 있어서 추가등록의 경우에는 추가등록과 동시에) 규칙이 정하는 서식[121]에 의하여 관할선거구선거관리위원회에 제출하여야 하며, 관할선거구선거관리위원회는 후보자등록마감일후 3일(대통령선거에 있어서 추가등록의 경우에는 추가등록마감일의 다음날)까지 한국방송공사(지역방송국을 이용하는 때에는 지역방송국을 말한다)에 송부하여야 한다. 이 경우 후보자가 사진을 제출하지 아니한 때에는 그 후보자는 사진의 방영을 포기한 것으로 본다(규칙§38②). 후보자가 관할선거구선거관리위원회에 제출하

---

119) 규칙 별지 제24호 서식의 (가) 경력방송을 행할 지역방송국의 지정통보
120) 규칙 별지 제24호 서식의 (다) 후보자의 경력방송일정 통보
121) 규칙 별지 제24호 서식의 (나) 경력방송원고(텔레비전용·라디오용)제출서

는 경력방송원고의 자수는 100자를 넘을 수 없으며, 그 넘는 부분은 이를 방송하지 아니할 수 있다. 이 경우 구두점, 그 밖의 문장부호도 자수에 산입한다(규칙§38③). 후보자가 경력방송의 원고제출마감일까지 경력방송의 원고를 제출하지 아니한 때에는 관할선거구선거관리위원회가 후보자등록신청서에 의하여 경력방송원고를 작성하여 한국방송공사에 송부하여야 한다. 이 경우 후보자가 사진을 제출하지 아니한 때에는 그 후보자는 사진의 방영을 포기한 것으로 본다(규칙§38④).

한국방송공사가 후보자의 경력방송을 하는 때에는 선거구단위로 하되, 후보자의 기호순에 의하여야 한다(규칙§38⑤). 경력방송에 있어서는 청각장애선거인을 위하여 한국수어 또는 자막을 방영할 수 있다(법§73④, §72②). 「방송법」에 따른 종합유선방송사업자(종합편성 또는 보도전문편성의 방송채널사용사업자를 포함한다)·중계유선방송사업자 및 인터넷언론사는 후보자의 경력방송을 중계방송할 수 있다. 이 경우 경력방송을 행한 모든 후보자에게 공평하게 하여야 한다(법§73④, §71⑫).

바. 벌칙

법 제73조(경력방송) 제4항에서 준용하는 법 제71조(후보자 등의 방송연설) 제12항의 규정을 위반하여 경력방송을 모든 후보자에게 공평하게 하지 아니한 자는 2년 이하의 징역 또는 400만원 이하의 벌금에 처한다(법§252④).

한편, 법 제73조(경력방송) 제1항(관할선거구선거관리위원회가 제공하는 내용에 한한다) 및 제2항의 규정을 위반하여 후보자마다 매회 2분 이내의 범위안에서 경력방송을 하지 아니거나 횟수를 위반하여 경력방송을 한 자는 300만원 이하의 과태료를 부과한다(법§261⑥1.).

5. 방송시설주관 경력방송

가. 의의

방송시설주관 경력방송은 한국방송공사외의 텔레비전과 라디오 방송시설이 대통령선거·국회의원선거 및 지방자치단체의 장선거에 있어서 그의 부담으로 후보자의 경력을 방송하는 것을 말한다(법§74①).

나. 주체

한국방송공사외의 법 제70조(방송광고) 제1항의 규정에 의한 방송시설이 경력방송을 주관한다(법§74①). 즉 방송시설은 텔레비전 및 라디오 방송시설로서, 「방송법」에 의한 방송사업자가 관리·운영하는 무선국 및 종합유선방송국(종합편성 또는 보도전문편성의 방송채널사용사업자의 채널을 포함한다)이다.

다. 절차

관할선거구선거관리위원회는 한국방송공사외의 방송시설을 경영 또는 관리하는 자로부터 후보자의 경력방송을 위한 원고의 제공을 요청받은 때에는 지체 없이 규칙 제38조(한국방송공사의 경력방송) 제2항 또는 제4항의 규정에 의한 경력방송의 원고를 당해방송시설을 경영 또는 관리하는 자에게 제공하여야 한다(규칙§39①).

방송시설을 경영 또는 관리하는 자가 후보자의 경력을 방송하고자 하는 때에는 그 방송일 전 2일까지 방송시설명 · 방송일시 · 소요시간 등을 규칙이 정하는 서식[122]에 의하여 통보하여야 한다(법§74②, §72③, 규칙§39②).

경력방송을 실시하는 방송시설의 경영자는 관할선거구선거관리위원회로부터 그 경력방송 내용의 녹음 · 녹화물의 제출요구가 있는 때에는 이에 협조하여야 한다(규칙§39③, §35②).

라. 방법

후보자의 경력을 방송하고자 하는 때에는 관할선거구선거관리위원회가 제공하는 내용에 의하되, 선거구 단위로 모든 후보자에게 공평하게 하여야 한다(법§74①). 경력방송에 있어서는 청각장애선거인을 위하여 한국수어 또는 자막을 방영할 수 있다(법§74②, §72②).

「방송법」에 따른 종합유선방송사업자(종합편성 또는 보도전문편성의 방송채널사용사업자를 포함한다) · 중계유선방송사업자 및 인터넷언론사는 후보자의 경력방송을 중계방송할 수 있다. 이 경우 경력방송을 행한 모든 후보자에게 공평하게 하여야 한다(법§74②, §71⑫).

마. 벌칙

법 제74조(방송시설주관 경력방송) 제2항에서 준용하는 법 제71조(후보자 등의 방송연설) 제12항의 규정을 위반하여 경력방송을 모든 후보자에게 공평하게 하지 아니한 자는 2년 이하의 징역 또는 400만원 이하의 벌금에 처한다(법§252④).

한편, 법 제74조(방송시설주관 경력방송) 제2항에서 준용하는 법 제72조(방송시설주관 후보자 연설의 방송) 제3항의 규정을 위반하여 경력방송을 그 방송일전 2일까지 방송시설명 · 방송일시 · 소요시간 등을 규칙이 정하는 바에 따라 관할선거관리위원회에 통보하지 아니한 자는 300만원 이하의 과태료를 부과한다(법§261⑥1.).

122) 규칙 별지 제24호 서식의 (다) 후보자의 경력방송일정 통보

제5장 집회를 이용한 선거운동

1. 공개장소에서의 연설·대담

가. 의의

후보자(비례대표국회의원후보자 및 비례대표지방의회의원후보자는 제외한다[123])는 선거운동기간 중에 소속 정당의 정강·정책이나 후보자의 정견, 그 밖에 필요한 사항을 홍보하기 위하여 공개장소에서의 연설·대담을 할 수 있다(법§79①). "공개장소에서의 연설·대담"이라 함은 후보자·선거사무장·선거연락소장·선거사무원(이하 "후보자등"이라 한다)과 후보자등이 선거운동을 할 수 있는 사람 중에서 지정한 사람이 도로변·광장·공터·주민회관·시장 또는 점포, 그 밖에 규칙으로 정하는 다수인이 왕래하는 공개장소를 방문하여 정당이나 후보자에 대한 지지를 호소하는 연설을 하거나 청중의 질문에 대답하는 방식으로 대담하는 것을 말한다(법§79②).

나. 연설·대담을 할 수 있는 공개장소

연설·대담을 할 수 있는 장소는 도로변·광장·공터·주민회관·시장 또는 점포, 공원·운동장·주차장·선착장·방파제·대합실(검표원에게 개표하기 전의 대기장소를 말한다) 또는 경로당 등 누구나 오갈 수 있는 공개된 장소를 말한다(법§79①, 규칙§43①). 그러나 다음 각 호의 1에 해당하는 시설이나 장소에서는 연설·대담을 할 수 없다(법§80).

1. 국가 또는 지방자치단체가 소유하거나 관리하는 건물·시설. 다만, 공원·문화원·시장·운동장·주민회관·체육관·도로변·광장 또는 학교 기타 다수인이 왕래하는 공개된 장소는 그러하지 아니하다.
2. 선박·정기여객자동차·열차·전동차·항공기의 안과 그 터미널구내 및 지하철역구내
3. 병원·진료소·도서관·연구소 또는 시험소 기타 의료·연구시설

공개장소에서의 연설·대담은 다른 후보자 등의 공개장소에서의 연설·대담장과의 거리에 관계없이 실시할 수 있다.[124] 공개장소 연설·대담을 할 수 있는 사람은 연설·대담 차량의 이동 중에도 연설할 수 있다.[125]

---

123) 헌법재판소는 비례대표국회의원후보자가 공개장소에서 연설·대담하는 것을 허용하지 아니한 것은 선거운동의 자유를 침해하는 것이 아니라고 하였다(2016. 12. 29. 선고 2015헌마509·1160(병합) 결정, 2013. 10. 24. 선고 2012헌마311 결정, 2006. 7. 27. 선고 2004헌마217 결정).

124) 1995. 1. 13. 중앙선관위 질의회답

125) 2007. 11. 20. 중앙선관위 질의회답

다. 확성장치의 사용

공직선거법에서 선거운동을 위하여 확성장치를 사용할 수 있도록 한 것은 공직선거의 후보자에 관한 정보를 선거인들에게 효율적으로 알려서 공직선거의 목적을 온전히 성취하려는 것이므로 공공복리를 위한 필요성이 인정된다고 할 것이고, 그러한 입법목적을 달성하기 위하여 확성장치를 사용할 수 있도록 허용한 것은 필요하고도 적절한 수단이다.[126)]

(1) 자동차 및 확성장치의 사용

공개장소에서의 연설·대담을 위하여 다음 각 호의 구분에 따라 자동차와 이에 부착된 확성장치 및 휴대용 확성장치를 각각 사용할 수 있다(법§79③).

1. 대통령선거
   후보자와 시·도 및 구·시·군선거연락소마다 각 1대·각 1조
2. 지역구국회의원선거 및 시·도지사선거
   후보자와 구·시·군선거연락소마다 각 1대·각 1조
3. 지역구지방의회의원선거 및 자치구·시·군의 장선거
   후보자마다 1대·1조

시·도 및 구·시·군선거연락소의 자동차, 확성장치, 녹음기 및 녹화기는 당해 시·도 및 구·시·군선거연락소의 관할구역안에서 사용하여야 한다(규칙§43⑦). 공개장소 연설·대담용 자동차와 확성장치는 구·시·군선거연락소마다 각 1대·1조를 사용할 수 있으므로 구·시·군선거연락소를 설치하지 아니한 구·시·군의 구역에서는 사용할 수 없을 것이나, 구·시·군연락소를 공동으로 설치한 경우에는 관할하는 구·시·군선거관리위원회로부터 교부받은 표지를 자동차와 확성장치에 부착한 후 공동선거연락소의 관할구역 안에서 사용할 수 있다.[127)]

확성장치는 연설·대담을 하는 경우에만 사용할 수 있으며, 휴대용 확성장치는 연설·대담용 차량이 정차한 외에 다른 지역에서 사용할 수 없다. 이 경우 차량 부착용 확성장치와 동시에 사용할 수 없다(법§79④). '휴대용 확성장치를 차량부착용 확성장치와 동시에 사용할 수 없다.'함은 같은 시각에 사용할 수 없다는 의미이고, 차량 부착용 확성장치에 연결된 확성장치는 휴대용 확성장치로 볼 수 없다.[128)] 자동차에 부착된 확성장치를 사용함에 있어 확성나발의 수는 1개를 넘을 수 없다(법§79⑤).

피견인 자동차를 공개장소에서의 연설·대담을 위한 자동차로 사용하는 것은 제한이 없으

126) 2008. 7. 31. 선고 2006헌마711 결정
127) 1997. 11. 19. 중앙선관위 질의회답
128) 1994. 12. 30. 중앙선관위 질의회답

나 이 경우 견인하는 자동차는 연설·대담을 위한 자동차에 해당하지 않는다.[129] 공개장소에서의 연설·대담을 위한 자동차에 연설·대담을 위하여 필요한 설비를 하는 것은 무방하나, 첨단로봇 유세차량의 유세로봇이 효과음·연설 등의 소리를 내거나 연설·대담을 하지 아니하는 때에 인사를 하는 등의 동작을 하는 경우에는 법 제90조(시설물설치 등의 금지) 또는 제100조(녹음기 등의 사용금지)의 규정에 위반된다.[130] 공개장소에서의 연설·대담용 차량 대신에 말이 끄는 마차를 사용할 수 있다.[131] 같은 선거(기초의원선거의 같은 선거구에 같은 정당의 추천을 받은 2 이상의 후보자)에 있어서는 공개장소에서의 연설·대담차량을 공동으로 제작할 수 없다.[132]

휴대용 확성장치라 함은 말 그대로 휴대하여 사용할 수 있는 확성장치를 말한다는 바, 개인이 휴대할 수 없을 정도로 크거나 무거워서 자전거와 오토바이 등에 싣고 다니는 확성장치는 휴대용으로 볼 수 없으며, 배터리가 장착되지 않고 따로 분리해서 사용하는 것도 개인이 확성장치와 함께 몸에 지닐 수 없다면 휴대용 확성장치로 볼 수 없다. 다만, 지게나 배낭을 이용하여 스스로의 힘으로 휴대할 수 있을 때에는 휴대용으로 인정한다.[133] 확성나발은 그 형태가 나발모양이든 사각형 모양이든지 불문하고 일반 오디오기기에서 사용하는 스피커를 사용할 수도 있다.[134]

(2) 옥내 연설·대담

후보자등은 다른 사람이 개최한 옥내모임에 일시적으로 참석하여 연설·대담을 할 수 있으며, 이 경우 그 장소에 설치된 확성장치를 사용하거나 휴대용 확성장치를 사용할 수 있다(법§79⑦). '옥내'라 함은 지붕이 있고 기둥과 벽이 있는 건물의 안을 말한다.[135]

(3) 확성장치의 소음기준

확성장치는 다음 각 호의 구분에 따른 소음기준을 초과할 수 없다(법§79⑧).

1. 자동차에 부착된 확성장치
   정격출력 3킬로와트 및 음압수준 127데시벨. 다만, 제3항 제1호에 따른 대통령선거 후보자용 또는 같은 항 제2호에 따른 시·도지사선거 후보자용의 경우에는 정격출력 40킬로와트 및 음압수준 150데시벨

129) 2004. 2. 16. 중앙선관위 질의회답
130) 2004. 3. 25. 중앙선관위 질의회답
131) 2006. 5. 8. 중앙선관위 질의회답
132) 2006. 5. 10. 중앙선관위 질의회답
133) 1995. 5. 19. 중앙선관위 질의회답
134) 2000. 3. 29. 중앙선관위 질의회답
135) 1994. 12. 22. 중앙선관위 질의회답

2. 휴대용 확성장치

정격출력 30와트. 다만, 제3항 제1호에 따른 대통령선거 후보자용 또는 같은 항 제2호에 따른 시·도지사선거 후보자용의 경우에는 정격출력 3킬로와트

구 공직선거법(2022. 1. 18. 법률 제18790호로 개정되기 전의 것)에는 주거지역과 같은 정온환 생활환경을 유지할 필요성이 높은 지역에 대한 확성장치의 최고출력 내지 소음규제기준이 마련되어 있지 아니하여 과소보호금지원칙에 부합하면서 선거운동을 위해 필요한 범위 내에서 합리적인 최고출력 내지 소음 규제기준을 정할 필요가 있어 2022. 1. 18. 법률 제18790호로 법을 개정하여 법 제79조(공개장소의 연설·대담) 제8호를 신설하였다.[136]

라. 녹음기·녹화기의 사용

후보자등이 공개장소에서의 연설·대담을 하는 때(후보자등이 연설·대담을 하기 위하여 자동차를 타고 이동하거나 해당 자동차 주위에서 준비 또는 대기하고 있는 경우를 포함한다)에는 후보자와 선거연락소(대통령선거, 지역구국회의원선거, 시·도지사선거의 선거연락소에 한정한다)마다 각 1대의 녹음기 또는 녹화기(비디오 및 오디오 기기를 포함한다)를 사용하여 선거운동을 위한 음악 또는 선거운동에 관한 내용을 방송할 수 있다(법§79⑩).

---

136) 헌법재판소는 구 공직선거법(2022. 1. 18. 법률 제18790호로 개정되기 전의 것) 제79조(공개장소에서의 연설·대담) 제3항 제2호 중 '시·도지사 선거'부분, 제3호 및 법 제216조(4개 이상 선거의 동시실시에 관한 특례) 제1항과 관련하여, 「공직선거법에는 확성장치를 사용함에 있어 자동차에 부착하는 확성장치 및 휴대용 확성장치의 수는 '시·도지사선거는 후보자와 구·시·군선거연락소마다 각 1대·각1조, 지역구지방의회의원 선거 및 자치구·시·군의 장선거는 후보자마다 1대·1조를 넘을 수 없다.'는 규정만 있을 뿐 확성장치의 최고출력 내지 소음 규제기준이 마련되어 있지 아니하다. 기본권의 과소보호금지원칙에 부합하면서 선거운동을 위해 필요한 범위 내에서 합리적인 최고출력 내지 소음 규제기준을 정할 필요가 있다. 공직선거법에는 야간 연설 및 대담을 제한하는 규정만 있다. 그러나 대다수의 직장과 학교는 그 근무 및 학업시간대를 오전 9시부터 오후 6시까지로 하고 있어 그 전후 시간대의 주거지역에서는 정온한 환경이 더욱더 요구된다. 그러므로 출근 또는 등교 시간대 이전인 오전 6시부터 7시까지, 퇴근 또는 하교 시간대 이후인 오후 7시부터 11시까지에도 확성장치의 사용을 제한할 필요가 있다. 공직선거법에는 주거지역과 같은 정온한 생활환경을 유지할 필요성이 높은 지역에 대한 규제기준이 마련되어 있지 아니하다. 예컨대 「소음·진동관리법」, 「집회 및 시위에 관한 법률」 등에서 대상지역 및 시간대별로 구체적인 소음기준을 정한 것과 같이, 공직선거법에도 이에 준하는 규정을 둘 수 있다. 따라서 심판대상조항이 선거운동의 자유를 감안하여 선거운동을 위한 확성장치를 허용할 공익적 필요성이 인정된다고 하더라도 정온한 생활환경이 보장되어야 할 주거지역에서 출근 또는 등교 이전 및 퇴근 또는 하교 이후 시간대에 확성장치의 최고출력 내지 소음을 제한하는 등 사용시간과 사용지역에 따른 수인한도 내에서 확성장치의 최고출력 내지 소음 규제기준에 관한 규정을 두지 아니한 것은, 국민이 건강하고 쾌적하게 생활할 수 있는 양호한 주거환경을 위하여 노력하여야 할 국가의 의무를 부과한 「헌법」 제35조 제3항에 비추어 보면, 적절하고 효율적인 최소한의 보호조치를 취하지 아니하여 국가의 기본권 보호의무를 과소하게 이행한 것으로서, 청구인인의 건강하고 쾌적한 환경에서 생활할 권리를 침해하므로 헌법에 위반된다.」고 판시하면서 위헌결정을 하였다(2019. 12. 27. 선고 2018헌마730 결정). 이로서 과거 심판대상조항이 헌법에 위반되지 않는다고 한 2008. 7. 31. 선고 2006헌마711 전원재판부 결정은 변경되었으며, 공직선거법이 2022. 1. 18. 법률 제18790호로 개정되어 법 제79조(공개장소에서의 연설·대담) 제8호가 신설되었다.

후보자등이 공개장소에서의 연설·대담에서 사용할 수 있는 녹화기의 화면의 규격은 대통령선거에 있어서 후보자가 사용하는 녹화기 외에는 다음 각 호에 의한다(규칙§43⑧).

1. 대통령선거의 시·도선거연락소용 및 시·도지사선거의 후보자용
   10제곱미터 이내
2. 대통령선거와 지역구국회의원선거 및 시·도지사선거의 구·시·군선거연락소용, 지역구국회의원선거 및 자치구·시·군의 장선거의 후보자용
   5제곱미터 이내
3. 지역구지방의회의원선거의 후보자용
   3제곱미터 이내

공개장소에서의 연설·대담에 있어서 연설·대담용 자동차 외에 점보트론과 같이 녹화기와 자동차가 합성체로 된 경우 차량대수에 포함하지 않고 녹화기로 볼 수 있다.[137] 지역구국회의원선거에 있어 연설·대담에 사용하는 녹화기가 3면(방향)의 화면으로 구성되어 연결된 경우 그 화면을 모두 합한 규격이 5제곱미터 이내라면 무방하다.[138] 녹음기 또는 녹화기의 음량이 적은 경우 공개장소 연설·대담차량 부착용 확성장치나 휴대용 확성장치 외에 별도의 확성장치를 녹음기·녹화기에 설치할 수 없다.[139] 애드빔(ADBEAM),[140] 멀티비전모니터, 전광판, 영사기,[141] 로고젝트(Logojector)[142]를 선거기간 중에 공개장소에서의 연설·대담용 녹화기로 사용하는 것은 무방하다. 법 제79조(공개장소에서의 연설·대담)의 공개장소에서의 연설·대담 시 후보자의 연설·대담 내용을 무궁화 인공위성의 다지점 중계통신망을 이용하여 후보자용 공개장소 연설·대담 차량과 시·도 및 구·시·군선거연락소마다 사용하는 공개장소 연설·대담차량의 녹음기·녹화기를 통하여 동시에 생중계하는 것은 무방하다.[143] 3면의 화면으로 구성된 녹화기 1대가 탑재된 손수레를 공개장소 연설·대담용 차량을 대신하여 사용하거나 녹화기로 사용하는 것은 무방하다.[144]

공개장소 연설·대담 차량 녹화기로 후보자영상물을 방영할 경우 화면 오른쪽 하단에 수화통역을 방영하거나, 공개장소 연설·대담 차량에서 후보자가 연설하는 경우 수화통역사가 함께 탑승하여 수화통역을 하는 것은 무방하고, 이 경우 수화통역사에게 그 역무제공에 상응하는 통상의 인건비를 지급하는 경우 그 비용은 보전대상인 선거비용에 해당된다.[145] '후

137) 1997. 11. 19. 중앙선관위 질의회답
138) 2004. 4. 7. 중앙선관위 질의회답
139) 2006. 5. 15. 중앙선관위 질의회답
140) 2000. 1. 8. 중앙선관위 질의회답
141) 2004. 4. 7. 중앙선관위 질의회답
142) 2016. 2. 5. 중앙선관위 질의회답 ; 로고젝트(Logojector)는 전봇대, 가로등 등에 설치하여 바닥에 특정 로고나 문구를 투영해 주는 장치로, 로고와 프로젝트의 합성어이다.
143) 2007. 10. 15. 중앙선관위 질의회답
144) 2016. 3. 19. 중앙선관위 질의회답

보자등'외에도 선거운동을 할 수 있는 사람이 녹화기에 출연하여 소속정당의 정강·정책이나 후보자의 경력·정견·활동상황을 홍보하는 영상물을 녹화기로 방영하는 것은 무방하다.[146)]

마. 자동차 등에 홍보사항 표시 및 필요설비 설치

자동차·확성장치 및 녹음기·녹화기에는 정당 또는 후보자의 홍보에 필요한 사항을 표시하거나 연설·대담을 위하여 필요한 설비를 할 수 있다. 이 경우 자동차, 확성장치, 녹음기 및 녹화기에는 규칙이 정하는 양식[147)]에 따른 표지를 붙여야 하며, 그 표지는 규칙이 정하는 서식[148)]에 따라 다음 각 호의 관할선거관리위원회에 신청하되, 교부받은 표지를 잃어버리거나 못쓰게 된 때에는 관할선거관리위원회에 규칙이 정하는 서식[149)]에 따라 표지를 다시 신청할 수 있다(법§79⑥,⑩, 규칙§43②).

1. 휴대용은 관할선거구선거관리위원회
2. 대통령선거와 지역구국회의원선거 및 시·도지사선거의 선거연락소용은 그 선거연락소를 관할하는 시·도선거관리위원회 또는 구·시·군선거관리위원회

자동차와 확성장치에는 규칙으로 정하는 바에 따라 표지를 부착하여야 하고, 제64조(선거벽보)의 선거벽보, 제65조(선거공보)의 선거공보, 제66조(선거공약서)의 선거공약서 및 후보자의 사진을 붙일 수 있다(법§79⑥). 법 제64조(선거벽보) 제3항, 제65조(선거공보) 제12항 및 제66조(선거공약서) 제8항에 따라 관할 선거구선거관리위원회가 선거벽보·선거공보 및 선거공약서의 작성수량을 공고하는 때에는 규칙 제29조(선거벽보) 제3항·제30조(선거공보) 제3항 및 법 제66조(선거공약서) 제4항에 따라 산출한 수에 법 제79조(공개장소에서의 연설·대담) 제6항에 따라 자동차와 확성장치에 붙일 수 있는 적정한 수량을 더하여야 한다(규칙§43④). 선거벽보, 선거공보 및 선거공약서, 후보자의 사진 외에 홍보에 필요한 사항으로 정견·정책·선전구호 등을 그림(캐리커쳐를 포함)이나 문자에 의하여 게재할 수 있다.[150)] 삼각막대의 광고판을 전기장치를 이용하여 내용이 변하게 하는 광고물,[151)] 춤추는 인형,[152)] 문자 LED[153)]를 연설·대담용 차량에 설치할 수 있다. 연설·대담용 차량에는 정당 또는 후보자의 홍보에 필요한 사항을 표시하거나 연설·대담을 위하여 필요한 설비를 할 수 있으므로, 「자동차관리법」 제34조(자동차의 튜닝), 제37조(점검 등 정비명령 등) 등 자동차의 부착물·설비 등에 관한 규정

145) 2008. 3. 26. 중앙선관위 질의회답
146) 2013. 9. 16. 공직선거법 운용기준
147) 규칙 별지 제18호의3 양식 현수막·자동차·선박·확성장치의 표지
148) 규칙 별지 제18호 서식 표지교부신청서
149) 규칙 별지 제18호의2 서식 현수막 등 표지 재교부신청서
150) 1996. 3. 21. 중앙선관위 질의회답
151) 1998. 4. 29. 중앙선관위 질의회답
152) 2000. 3. 13. 중앙선관위 질의회답
153) 2008. 2. 27. 중앙선관위 질의회답

의 적용을 받지 아니한다.[154)]

바. 벌칙

법 제79조(공개장소에서의 연설·대담) 제1항·제3항부터 제5항까지·제6항(표지를 부착하지 아니한 경우는 제외한다)·제7항을 위반하여 공개장소에서의 연설·대담의 방법에 따르지 아니하고 연설·대담을 한 자는 1년 이하의 징역 또는 200만원 이하의 벌금에 처한다(법§256⑤8.).

법 제79조(공개장소에서의 연설·대담) 제10항에 따른 녹음기 또는 녹화기의 사용대수를 초과하여 사용한 사람은 2년 이하의 징역 또는 400만원 이하의 벌금에 처한다(법§256③1.다.).

법 제79조(공개장소에서의 연설·대담) 제5항의 규정을 위반하였다고 처벌하기 위해서는 자동차에 확성나발의 수가 2개 이상되는 확성장치를 부착하였을 뿐만 아니라 그와 같은 확성장치를 사용하여 공개장소에서 연설·대담을 하였을 것이 요구되고, 자동차에 부착된 확성장치에 확성나발의 수를 2개 이상 사용하였다는 것만으로는 법 제256조(각종제한규정위반죄) 제5항 제8호를 위반하였다고 볼 수 없다.[155)] 특정 자동차에 확성장치를 장착하고 선거벽보 등을 붙인 채 공개장소에서의 연설·대담을 위한 이동 및 연설·대담 등에 상시 사용하고 있는 상태에서 다른 자동차 또는 확성장치를 공개장소에서의 연설·대담을 위한 도구로 직접 사용하였다면, 특별한 사정이 없는 한 자동차와 이에 부착된 확성장치를 후보자와 시·도 및 구·시·군선거연락소 마다 각 1대·각 1조만 사용할 수 있도록 제한한 제79조(공개장소에서의 연설·대담) 제3항의 규정을 위반하여 연설·대담한 경우에 해당한다.[156)]

법 제80조(연설금지장소)의 규정에 위반하여 선거운동을 위한 연설·대담을 한 자는 3년 이하의 징역 또는 600만원 이하의 벌금에 처한다(법§255①6.).

한편, 법 제79조(공개장소에서의 연설·대담) 제6항 또는 제10항 후단을 위반하여 자동차, 확성장치, 녹음기 또는 녹화기에 표지를 부착하지 아니하고 연설·대담을 한 사람은 100만원 이하의 과태료를 부과한다(법§261⑧2.라.).

---

154) 2017. 5. 9. 중앙선관위 질의회답

155) 1999. 5. 11. 선고 99도499 판결(도의원후보자가 자동차에 부착된 확성장치에 확성나발 2개를 사용하였다고 기소된 사안에서, 위 확성장치를 사용하여 공개장소에서 연설·대담을 한 사실을 인정할 증거가 없다는 이유로 무죄를 선고한 사례)

156) 2008. 12. 11. 선고 2008도8859 판결(1차량을 선거연락소의 연설·대담용 확성장치 부착 자동차로 신고하여 그 표지와 선거벽보 등을 부착하고 공개장소에서의 연설·대담을 위한 이동과 연설·대담에 상시 사용하고 있는데, 피고인이 연설장소에 1차량과 2차량을 함께 배치한 채 2차량에 설치된 연설대에 올라가 그 차량에 부착된 확성장치를 이용하여 연설을 한 사안에서, 선거연락소 마다 각 1대· 각 1조만 사용하도록 제한한 법 제79조(공개장소에서의 연설·대담) 제3항을 위반하였다고 유죄를 인정한 사례)

2. 동시선거에 있어서 연설·대담에 관한 특례

가. 공개장소에서의 연설·대담에 관한 특례

동시선거에 있어서 같은 정당의 추천을 받은 2인 이상의 후보자는 한 장소에서 법 제79조(공개장소에서의 연설·대담)에 따른 공개장소에서의 연설·대담을 공동으로 할 수 있다(법§209). 같은 정당의 추천을 받은 다른 선거의 후보자(지방자치단체장선거 또는 광역의회의원선거 후보자)와 기초의회의원선거 후보자가 기초의회의원선거구의 한 장소에서 공개 장소에서의 연설·대담을 공동으로 하는 경우, 기초의회의원선거 후보자가 공동으로 연설·대담을 하는 다른 선거 후보자(지방자치단체장선거 또는 광역의회의원선거 후보자)의 연설·대담 차량에 설치된 확성장치를 사용하여 자신을 지지하는 연설·대담을 할 수 있다.[157)]

나. 4개 이상 선거의 동시실시에 관한 특례

4개 이상 동시선거에 있어 지역구자치구·시·군의원선거의 후보자는 법 제79조(공개장소에서의 연설·대담)의 연설·대담을 위하여 자동차 1대와 휴대용 확성장치 1조를 사용할 수 있다. 이 경우 휴대용 확성장치는 법 제79조(공개장소에서의 연설·대담) 제8항 제2호 본문에 따른 소음기준을 초과할 수 없다(법§216①).[158)]

제6장 대담·토론회를 이용한 선거운동

1. 단체의 후보자등 초청 대담·토론회

가. 의의

선거운동금지 단체가 아닌 단체는 후보자 등을 1인 또는 수인을 초청하여 소속정당의 정강·정책이나 후보자의 정견 기타 사항을 알아보기 위한 대담·토론회를 옥내에서 개최할 수 있다(법§81①).

나. 대담·토론회의 주체

법 제87조(단체의 선거운동금지) 제1항 제1호 내지 제6호의 규정에 해당하지 아니하는 단체

157) 2010. 5. 19. 중앙선관위 질의회답

158) 공직선거법이 2022. 1. 18. 법률 제18790호로 개정되어 법 제216조(4개 이상 선거의 동시실시에 관한 특례) 제1항에 소음기준에 관한 내용이 신설되었다.

가 대담·토론회를 주최할 수 있다. 즉, ① 국가·지방자치단체 ② 제53조(공무원 등의 입후보) 제1항 제4호 내지 제6호에 규정된 기관·단체 ③ 향우회·종친회·동창회, 산악회 등 동호인회, 계모임 등 개인간의 사적모임 ④ 특별법에 의하여 설립된 국민운동단체로서 국가 또는 지방자치단체의 출연 또는 보조를 받는 단체(바르게살기운동협의회·새마을운동협의회·한국자유총연맹을 말한다) ⑤ 법령에 의하여 정치활동이나 공직선거에의 관여가 금지된 단체 ⑥ 후보자 또는 후보자의 가족(이하 "후보자등"이라 한다)이 임원으로 있거나 후보자등의 재산을 출연하여 설립하거나, 후보자등이 운영경비를 부담하거나 관계법규나 규약에 의하여 의사결정에 실질적으로 영향력을 행사하는 기관·단체에 해당하지 아니하는 단체는 대담·토론회를 개최할 수 있다. 다만, 법 제10조(사회단체 등의 공명선거추진 활동) 제1항 제6호의 선거운동을 하거나 할 것을 표방한 노동조합 또는 단체는 대담·토론회를 주최하지 못한다(법§81①).

대담·토론회를 개최할 수 있는 단체는 법인등록 여부를 기준으로 하는 것은 아니다.[159] 군농민회[160]와 대학교 총학생회[161]는 각각 후보자등 초청 대담·토론회를 개최할 수 있다. 정당은 후보자를 단일화하는 방법의 하나로 후보자들이 참여하는 토론회를 개최할 수 있다.[162]

선거운동을 할 수 없고 정치운동이 금지되는 공무원으로 구성된 공무원직장협의회 또는 그 연합단체(공무원노동조합으로 출범 여부를 불문)는 그 설치근거법령에 정치활동을 금지하는 규정의 유무에 불구하고 정치활동이 금지된 단체로 보아야 할 것이므로 법 제81조(단체의 후보자등 초청 대담·토론회)의 규정에 의한 초청 대담·토론회를 개최할 수 없다.[163] 단체의 설립목적의 범위 안에서 선거와 무관하게 정책토론회를 개최하는 것은 무방하나, 단체가 후보자가 되고자 하는 자를 초청하여 정책토론회를 개최하는 경우에는 선거기간 전에는 법 제81조(단체의 후보자등 초청 대담·토론회)의 규정에 의하여 이를 개최할 수 없으며, 선거기간 중이

---

159) 2000. 3. 22. 중앙선관위 질의회답

160) 2002. 3. 12. 선고 2001도6511 판결(군농민회가 후보자 초청 대담·토론회를 개회한 후 지지할 후보자를 정한 후 '농민특보'라는 소식지를 발간하여 농민회원 외에 주민들에게도 배포한 사안에서, 법 제87조(단체의 선거운동금지) 단서 및 제81조(단체의 후보자등 초청 대담·토론회)의 입법취지를 감안하면 선거운동허용단체인 군농민회가 법상 허용되는 대담·토론회를 개최하여 총회 등 단체의사를 결정할 수 있는 절차를 거쳐 그 지지 등의 의사를 결정한 다음 이를 단체구성원에게 유인물을 통하여 배포할 수 있을 뿐이고, 특정 후보에 대한 지지를 결정한 내용이 포함된 유인물을 단체구성원이 아닌 불특정 다수인에게 배포한 경우 및 지지후보 결정내용이 포함되지 아니한 채 특정 후보에 대한지지·반대의 내용이 담긴 유인물을 소속구성원과 불특정 다수인에게 배포한 경우는 특정 후보의 지지 등이 허용되는 단체라고 하여도 위법한 선거운동방법이라고 한 사례)

161) 2012. 3. 30. 중앙선관위 질의회답

162) 2004. 5. 31. 선고 2003수26 판결(정당은 정권을 획득하고 이를 통하여 자당의 정강·정책을 실현하는 집단이므로 정권을 획득하기 위하여 선거에서 정당 간에 연대하거나 합의에 따라 후보자를 단일화하는 것 역시 정당 본래의 설립목적과 기능에서 연유하는 선거전략의 일환이다. 그리고 공직선거법 등 관계법령의 규정에 위반되지 아니하는 이상 정당이 후보자를 단일화하는 방법의 하나로 후보자들이 참여하는 토론회를 개최한 다음 그를 기초로 한 여론조사 결과에 따라 후보자를 단일화하는 것 역시 허용된다고 한 사례)

163) 2002. 4. 15. 중앙선관위 질의회답

라도 후보자가 설립하거나 운영하고 있는 단체는 후보자 등 초청 대담·토론회를 개최할 수 없다.[164] 「정치자금법」상의 후원회는 후보자 등 초청 대담·토론회를 개최할 수 없다.[165] 법 제81조(단체의 후보자등 초청 대담·토론회) 및 제87조(단체의 선거운동금지) 제1항에 따라 법령에 의하여 공직선거에의 관여가 금지된 단체는 후보자 등을 초청하여 소속정당의 정강·정책이나 후보자의 정견 기타 사항을 알아보기 위한 대담·토론회를 개최할 수 없는바, 지방자치단체의 장은 법 제9조(공무원의 중립의무 등)에 의하여 선거에서의 중립이 요구되는 자로서 공직선거에의 관여가 금지되므로, 이러한 신분을 가진 자로 구성된 전국시·도지사협의회는 법 제81조(단체의 후보자등 초청 대담·토론회)에 의한 후보자 등 초청 대담·토론회를 개최할 수 없다.[166] 상공회의소 또는 대한상공회의소,[167] 중소기업중앙회[168]는 후보자 등 초청 대담·토론회를 개최할 수 없다. 한국교총이 선거운동기간 전에 예비후보자를 초청하여 소속정당의 정강·정책이나 예비후보자의 정견 등을 알아보기 위한 대담·토론회를 개최하는 것은 허용되지 않으나, 언론기관과 공동으로 법 제82조(언론기관의 후보자등 초청 대담·토론회)에 따라 대담·토론회를 개최하는 것은 허용된다.[169]

선거운동을 할 수 있는 단체가 후보자 초청 대담·토론회를 개최하고 그 결과를 평가하여 정책상 지지나 특정 후보자에 대한 지지의사를 천명하는 것은 허용된다.[170]

다. 대담·토론회의 초청대상자

대담·토론회의 초청대상자는 후보자(비례대표국회의원선거 및 비례대표지방의회의원선거에 있어서는 그 추천정당이 당해 선거의 후보자 중에서 선임한 자를 말한다) 1인 또는 수인이고, 정당 또는 후보자가 선거운동을 할 수 있는 자 중에서 선거사무소 또는 선거연락소마다 지명한 1인인 대담·토론자(대통령선거 및 시·도지사선거의 경우에 한한다) 1인 또는 수인이다(법§81①. 규칙 §44①).

라. 절차

대담·토론회를 개최하고자 하는 단체는 주최단체명·대표자성명·사무소 소재지·회원수·설립근거 등 단체에 관한 사항과 초청할 후보자 또는 대담·토론자의 성명, 대담 또는 토론의 주제, 사회자의 성명, 진행방법, 개최일시와 장소 및 참석예정자수 등을 개최일 전 2

164) 2004. 2. 13. 중앙선관위 질의회답
165) 2004. 10. 16. 중앙선관위 질의회답
166) 2007. 4. 5. 중앙선관위 질의회답
167) 2007. 5. 29. 중앙선관위 질의회답
168) 2007. 9. 21. 중앙선관위 질의회답
169) 2007. 11. 23. 중앙선관위 질의회답
170) 2002. 5. 23. 중앙선관위 질의회답

일까지 관할선거구선거관리위원회 또는 그 개최장소의 소재지를 관할하는 구·시·군선거관리위원회에 서면으로 신고하여야 한다. 이 경우 초청할 후보자 또는 대담·토론자의 참석승낙서를 첨부하여야 한다. 후보자(비례대표국회의원선거 및 비례대표지방의회의원선거에 있어서는 그 추천정당이 당해 선거의 후보자 중에서 선임한 자를 말한다) 또는 대담·토론자(이하 "후보자등"이라 한다) 초청 대담·토론회 개최신고와 후보자등의 참석승낙서는 규칙이 정한 서식[171]에 의한다(규칙§44①).

단체가 후보자등 초청 대담·토론회를 개최함에 있어서 선거구단위로 모든 후보자등을 초청하여 개최하지 아니하고 1인 또는 2인 이상의 후보자등을 먼저 초청하여 대담·토론을 실시한 다음에 나머지 후보자등을 초청하거나 1회에 1인 또는 2인 이상의 후보자씩 순번에 따라 후보자등을 초청하여 대담·토론회를 개최하고자 하는 때에는 당해 단체의 후보자등 초청 대담·토론회 개최계획을 맨 먼저 개최할 후보자등 초청 대담·토론회의 개최신고시에 함께 제출하여야 한다(규칙§44④).

대담·토론회를 개최하는 때에는 대담·토론회임을 표시하는 표지를 게시 또는 첩부하여야 한다(법§81④). 대담·토론회임을 표시하는 표지는 2개 이내로 하되, 그 규격과 게재사항은 규칙이 정하는 양식[172]에 의한다(규칙§44②). 후보자등 초청 대담·토론회의 개최장소는 공개되어야 하며, 그 개최장소에는 특정 정당이나 후보자를 지지·추천하거나 반대하는 내용의 시설물·인쇄물 기타 선전물을 설치·게시 또는 첩부할 수 없다(규칙§44⑤). 후보자의 프로필 및 정견 등을 담은 비디오테이프는 대담·토론의 취지에 어긋나므로 상영할 수 없다.[173]

정당, 후보자, 대담·토론자, 선거사무장, 선거연락소장, 선거사무원, 회계책임자 또는 제114조(정당 및 후보자의 가족 등의 기부행위제한) 제2항의 후보자 또는 그 가족과 관계있는 회사등은 대담·토론회와 관련하여 대담·토론회를 주최하는 단체 또는 사회자에게 금품·향응 기타의 이익을 제공하거나 제공할 의사를 표시 또는 그 제공의 약속을 할 수 없다(법§81⑥).

마. 방법

'대담'이라 함은 1인의 후보자 또는 대담자가 소속정당의 정강·정책이나 후보자의 정견 기타 사항에 관하여 사회자 또는 질문자의 질문에 답변하는 것을 말하고, '토론'이라 함은 2인 이상의 후보자 또는 토론자가 사회자의 주관 하에 소속정당의 정강·정책이나 후보자의 정견 기타 사항에 관한 주제에 대하여 사회자를 통하여 질문·답변하는 것을 말한다(법§81②).

후보자등 초청 대담·토론회를 개최하고자 하는 때에는 선거구단위로 모든 후보자등(비례

---

171) 규칙 별지 제30호 서식의 (가) 후보자등초청대담·토론회개최신고서, 제30호 서식의 (나) 대담·토론회참석승낙서

172) 규칙 별지 제31호 양식 후보자 등 초청대담·토론회장 표지

173) 1995. 4. 6. 중앙선관위 질의회답

대표국회의원선거 및 비례대표지방의회의원선거에 있어서는 그 추천정당을 포함한다)에게 미리 통지하여 참석할 수 있는 기회를 주어야 하며, 대담·토론을 하는 때에는 질문과 답변의 횟수와 시간은 대담·토론에 참석한 모든 후보자등에게 공정하게 하여야 한다. 다만, 하나의 단체가 특정 후보자등만을 계속적으로 초청하여 대담·토론회를 개최하는 것은 후보자간의 형평을 잃은 것으로 본다(규칙§44③). 대담·토론은 모든 후보자에게 공평하게 실시하여야 하되, 후보자가 초청을 수락하지 아니한 경우에는 그러하지 아니하며, 대담·토론회를 개최하는 단체는 대담·토론이 공정하게 진행되도록 하여야 한다(법§81⑤).

후보자등 초청 대담·토론회에서 사회자는 참가한 후보자등이 선량한 풍속 기타 사회질서를 해하는 발언을 하거나 법 제110조(후보자 등의 비방금지)에 따라 금지된 허위사실의 공표, 사생활에 대한 비방, 특정 지역·지역인 또는 성별에 대한 비하·모욕을 하는 때에는 이를 제지하고 재발방지를 위한 경고를 하여야 한다(규칙§44⑥).

「방송법」에 따른 종합유선방송사업자(종합편성 또는 보도전문편성의 방송채널사용사업자를 포함한다)·중계유선방송사업자 및 인터넷언론사는 후보자 등 초청 대담·토론회를 중계방송할 수 있다. 이 경우 대담·토론회를 행한 모든 후보자등에게 공평하게 하여야 한다(법§81⑧, §71⑫).

대담·토론회를 개최하는 단체는 그 비용을 후보자에게 부담시킬 수 없다(법§81⑦).

법 제81조(단체의 후보자등 초청 대담·토론회) 또는 제82조(언론기관의 후보자등 초청 대담·토론회)의 규정에 의하여 개최하는 단체 또는 언론기관의 후보자 초청 대담·토론회에는 일반선거구민도 참석할 수 있으며, 법 제81조(단체의 후보자등 초청 대담·토론회)의 규정에 의한 단체의 후보자 초청 대담·토론회는 옥내에서 개최하여야 한다.[174)]

바. 벌칙

법 제81조(단체의 후보자등 초청 대담·토론회) 제1항의 규정을 위반하여 후보자등 초청 대담·토론회를 개최할 없는 단체가 후보자등 초청 대담·토론회를 개최하거나 옥외에서 이를 개최한 자와 법 제81조(단체의 후보자등 초청 대담·토론회) 제7항의 규정에 위반하여 그 비용을 후보자에게 부담하는 대담·토론회를 개최한 자는 3년 이하의 징역 또는 600만원 이하의 벌금에 처한다(법§255①7., 8.).

법 제81조(단체의 후보자등 초청 대담·토론회) 제8항에서 준용하는 법 제71조(후보자 등의 방송연설) 제12항의 규정에 위반하여 대담·토론회의 중계방송을 모든 후보자에게 공평하게 하지 아니한 자는 2년 이하의 징역 또는 400만원 이하의 벌금에 처한다(법§252④).

법 제81조(단체의 후보자등 초청 대담·토론회) 제3항 또는 제4항의 규정에 위반하여 대담·토

174) 2003. 12. 30. 중앙선관위 질의회답

론회의 개최신고를 하지 아니하거나 표지를 게시 또는 첩부하지 아니한 자는 1년 이하의 징역 또는 200만원 이하의 벌금에 처한다(법§256⑤9.).

법 제81조(단체의 후보자등 초청 대담·토론회) 제6항의 규정을 위반하여 대담·토론회와 관련하여 대담·토론회를 주최하는 단체 또는 사회자에게 금품·향응 기타의 이익을 제공하거나 제공할 의사의 표시 또는 그 제공의 약속을 한 자는 5년 이하의 징역 또는 1천만원 이하의 벌금에 처한다(법§257①2.). 본죄는 재정신청대상 주요 선거범죄이다(법§273①).

2. 언론기관의 후보자등 초청 대담·토론회

가. 의의

언론기관은 선거운동기간 중 후보자 또는 대담·토론자(후보자가 선거운동을 할 수 있는 자 중에서 지정한 자를 말한다)에 대하여 후보자의 승낙을 받아 1명 또는 여러 명을 초청하여 소속 정당의 정강·정책이나 후보자의 정견, 그 밖의 사항을 알아보기 위한 대담·토론회를 개최하고 이를 보도할 수 있다(법§82①).

나. 언론기관

언론기관이란 텔레비전 및 라디오 방송시설(제70조(방송광고) 제1항에 따른 방송시설을 말한다)·「신문 등의 진흥에 관한 법률」 제2조(정의) 제3호에 따른 신문사업자·「잡지 등 정기간행물의 진흥에 관한 법률」 제2조(정의) 제2호에 따른 정기간행물사업자(정보간행물·전자간행물·기타간행물을 발행하는 자를 제외한다)·「뉴스통신진흥에 관한 법률」 제2조(정의) 제3호에 따른 뉴스통신사업자 및 인터넷언론사를 말한다.

방송사는 선거일전 60일 후에 지방자치단체의 장선거의 입후보예정자를 초청하여 대담·토론회를 개최함에 있어 지역신문사 또는 시민단체와 공동으로 개최할 수 있다.[175] 「방송법」에 의한 지상파방송사와 방송채널사용사업자가 대통령선거의 입후보예정자를 초청하여 공동으로 토론회를 개최하고, 각각 당해 방송시설을 이용하여 방송하는 것은 허용된다.[176] 종합유선방송사 또는 그들이 연합하여 대통령후보자 등 초청 대담·토론회를 개최하고 이를 보도하는 것은 무방하다.[177] 정기간행물사업자는 법 제82조(언론기관의 후보자등 초청 대담·토론회) 제1항 단서에 의하여 지방자치단체의 장선거의 선거일 전 60일부터 선거기간개시일 전일까지 후보자가 되고자하는 자를 초청하여 대담·토론회를 개최하고 이를 보도할 수 있

175) 2002. 4. 8. 중앙선관위 질의회답
176) 2002. 10. 29. 중앙선관위 질의회답
177) 2007. 11. 14. 중앙선관위 질의회답

으며, 주민자치위원 및 구독자에게 단순히 대담·토론회 안내 이메일을 전송하는 것은 법에 위반되지 않는다.[178)]

다. 대담·토론회의 초청대상자

언론기관의 후보자등 대담·토론회의 초청대상자는 원칙적으로 후보자 또는 대담·토론자(후보자가 선거운동을 할 수 있는 자 중에서 지정하는 자를 말한다) 1명 또는 여러 명이나, 대통령선거, 국회의원선거 및 지방자치단체의 장선거에 있어서는 후보자가 되고자 하는 자도 초청대상자이다(법§82①). 후보자등 초청 대담·토론회의 개최·보도는 언론기관의 자율에 맡겨져 있기 때문에(법§82②), 방송시간·신문의 지면 등을 고려하여 언론기관이 자율적으로 후보자 등의 초청범위에 제한을 두는 것이 가능하다.[179)] 즉 특정 후보자만을 유리하게 하는 방법이 아닌 한 당선가능성이 있는 후보자만을 초청할 수 있다.[180)] 그러나 법원은 언론기관이 후보자등 초청 토론회를 개최함에 있어서 대상자 선정에 관한 언론기관의 재량에 일정한 한계를 설정한 필요가 있다고 하면서 그 판단기준을 제시하고 있다. 즉, 「언론기관이 후보자등 초청 대담·토론회를 개최함에 있어서는 그 횟수, 형식, 내용구성에 있어서뿐만 아니라 대상자의 선정에 있어서도 폭넓은 재량이 인정된다고 볼 여지가 있고, 방송토론회의 효과를 극대화하기 위하여 당성가능성이 있는 후보자들로 토론대상자를 제한하는 것은 일응 그 정당성이 있어 보이나, 한편 방송토론회는 후보자가 동시에 광범위한 유권자들에게 접근하여 자신의 공약, 정견, 비전 등을 제시하며 지지를 호소하고 상대 후보자와의 차별성을 부각시켜 자신의 장점을 드러내는 것을 가능하게 하는 효율적이고 중요한 선거운동이고, 유권자들로서도 가까이에서 후보자를 지켜보는 듯한 생생한 느낌으로 후보자의 정책, 정견 등을 듣고 토론과정을 지켜보면서 한 자리에서 후보자들을 상호 비교평가하여 지지 후보를 선택할 수 있게 되는 점에서, 선거에 있어 그 중요성은 실로 막대하다고 할 것인 바, 이와 같은 방송토론회의 중요성에 비추어 볼 때, 언론기관 주관 토론회의 경우에도 대상자 선정에 관한 언론기관의 재량에는 일정한 한계가 설정되어야 하고, 그 한계는 우리나라의 정치현실, 법 제82조의 2(선거방송토론위원회 주관 대담·토론회) 제4항의 규정 취지 외에도 토론회를 주관하는 언론기

178) 2014. 3. 16. 중앙선관위 질의회답

179) 헌법재판소는 '법 제82조(언론기관의 후보자등 초청 대담·토론회) 제2항에 의하여 언론기관은 후보자의 당선가능성, 선거권자의 관심도, 유력한 주요정당의 추천을 받았는지 여부 등을 참작하여 선거권자의 알권리를 충족함에 필요한 범위 내에서 자율적인 판단에 따라 후보자등의 일부만을 초청하여 대담·토론회를 개최하고 이를 보도 할 수 있으므로, 초청받은 후보자는 초청받지 못한 후보자에 비하여 선거운동에 있어 더 유리하게 되는 결과가 초래될 수 있으나, 그러한 차별은 대담·토론회를 활성화하고 선거권자에게 선거에 관한 유용한 정보를 제공하기 위한 합리적이고 상대적인 차별'이라고 판시하였다(1999. 1. 28. 선고 98헌마172 전원재판부 결정).

180) 1995. 2. 24. 중앙선관의 질의회답

관의 성격, 토론회의 개최시점 및 토론회의 영향력 내지 파급효과 등을 종합적으로 고려하여 구체적 상황에 따라 개별적으로 판단하여야 한다.」고 판시하였다.[181] 언론기관은 대담·토론회에 특정 후보자 또는 그 대담·토론자 1인만을 계속적으로 초청하여서는 아니 된다(규칙§45①). 언론기관은 지방자치단체의 장선거에서 선거일 전 60일부터 선거기간개시일 전일까지 후보자가 되고자 하는 자를 초청하여 토론회를 개최할 수 있으므로, 후보자가 되고자 하는 자인 지방자치단체의 장은 그 토론회에 참여할 수 있다.[182]

라. 개최시기

언론기관의 후보자등 초청 대담·토론회는 원칙적으로 선거운동기간 중에 개최하여야 하나, 대통령선거에서는 선거일전 1년부터, 국회의원선거 또는 지방자치단체의 장선거에 있어서는 선거일전 60일부터 선거기간개시일 전일까지 후보자가 되고자 하는 자를 초청하여 대담·토론회를 개최하고 이를 보도할 수 있다(법§82①).

언론기관이 국회의원선거의 60일 전에는 정당의 경선후보자를 초청하여 대담·토론회를 개최할 수 없을 것이나, 정당이 개최하는 당내 경선후보자의 정책토론회를 보도하는 것은 허용된다.[183]

마. 절차

언론기관의 후보자등 초청 대담·토론회는 언론기관이 방송시간·신문의 지면 등을 고려하여 자율적으로 개최한다(법§82②). 방송시설이 대담·토론회를 개최하고 이를 방송하고자 하는 때에는 대담·토론회의 방송일시와 진행방법 등을 관할선거구선거관리위원회에 통보하여야 한다(법§82①). 방송시설을 경영 또는 관리하는 자가 대담·토론회의 방송일시와 진행방법 등을 통보하는 때에는 규칙이 정하는 서식[184]에 의하여 대담·토론회의 개최일 전일까지 관할선거구선거관리위원회(대통령선거에 있어서 지역방송시설이 대담·토론회를 개최하는 때에는 관할시·도선거관리위원회를 포함한다)에 통보하여야 한다(규칙§45④).

대담·토론회를 개최하는 방송시설의 경영자는 관할선거구선거관리위원회로부터 그 대담·토론회의 녹음·녹화물의 제출요구가 있는 때에는 이에 협조하여야 한다(규칙§45⑤, §35②).

정당, 후보자, 대담·토론자, 선거사무장, 선거연락소장, 선거사무원, 회계책임자 또는 제

---

181) 서울남부지방법원 2007. 11. 30.자 2007카합3394 결정(언론기관이 제17대 대선후보 합동토론회를 개최함에 있어 초청대상자를 최근 여론조사 결과 평균지지율 10% 이상인 후보로만 한정한 것은 제한된 전파자원 및 토론의 효율성 측면을 감안하더라도 그 정당성을 수긍하기 어려워 재량의 한계를 일탈하였다고 본 사례)
182) 2014. 4. 21. 중앙선관위 질의회답
183) 2004. 1. 19. 중앙선관위 질의회답
184) 규칙 별지 제31호의2 서식 대담·토론회개최통보서

114조(정당 및 후보자의 가족 등의 기부행위제한) 제2항의 후보자 또는 그 가족과 관계있는 회사 등은 대담·토론회와 관련하여 대담·토론회를 주최하는 언론기관 또는 사회자에게 금품·향응 기타의 이익을 제공하거나 제공할 의사를 표시 또는 그 제공의 약속을 할 수 없다(법§82④, §81⑥).

바. 방법

언론기관의 후보자등 초청 대담·토론회의 진행은 공정해야 한다(법§82③). 언론기관은 대담·토론회를 개최하고 이를 보도하는 때에는 신문지면·화면 및 녹음구성이 토론자간에 형평이 유지되도록 하여야 한다(규칙§45③). 보도에는 중계 또는 녹화방송이 포함된다.[185)]

언론기관이 대담·토론회를 개최하는 때에는 그 대담·토론회에 참가하는 후보자 또는 대담·토론자(이하 "토론자"라 한다)별로 주제발표시간(주제발표를 하게 하는 경우에 한한다) 및 맺음말을 하는 시간(맺음말을 하게 하는 경우에 한한다), 질문과 답변 또는 보충질문과 보충답변의 시간, 질문 및 답변의 순서, 사회자의 선정방법 기타 그 대담·토론회의 공정한 진행을 위한 절차와 방법을 토론자에게 알려야 한다(규칙§45②).

방송시설이 대담·토론회를 개최하고 이를 방송하고자 하는 때에는 내용을 편집하지 않은 상태에서 방송하여야 한다(법§82①). 대담·토론회의 방송에 있어서는 청각장애선거인을 위하여 한국수어 또는 자막을 방영할 수 있다(법§82④, §72②).

「방송법」에 따른 종합유선방송사업자(종합편성 또는 보도전문편성의 방송채널사용사업자를 포함한다)·중계유선방송사업자 및 인터넷언론사는 후보자등의 대담·토론회를 중계방송할 수 있다. 이 경우 대담·토론을 행한 모든 후보자에게 공평하게 하여야 한다(법§82④, §71⑫). 대담·토론회를 중계방송하는 인터넷언론사는 그 토론회를 신고할 의무가 없다.[186)]

'대담' 및 '토론'의 의미에 관하여는 법 제81조(단체의 후보자등 초청 대담·토론회) 제2항에서 보는 바와 같다(법§82④, §81②). 단순한 전화인터뷰, 신문지상 인터뷰(서면질의에 대한 서면답변을 게재하는 것을 말함), 인터넷 문자통신 또는 대선 입후보예정자의 일정을 따라다니면서 하는 동행 취재는 '대담'에 해당하지 않고,[187)] 방문인터뷰나 화상인터뷰도 전화인터뷰와 실질이 다르지 아니하므로 '대담'에 해당하지 않는다. 국회의원·지방자치단체장 등으로서 직무와 관련된 특정 현안 등 선거와 무관한 인터뷰는 직무행위의 일환으로 '대담'에 해당되지 아니한다.[188)]

위성방송사업자와 지역민방 등이 공동주최하는 후보자 초청 대담·토론회 진행 중 각 후

185) 1995. 4. 25. 중앙선관위 질의회답
186) 2006. 4. 20. 중앙선관위 질의회답
187) 2006. 12. 21. 중앙선관위 의결
188) 2014. 4. 16. 중앙선관위 의결

보자들의 토론 내용에 대한 시청자들의 후보별 선호도를 통신을 통해 실시간으로 받아 그 선호도를 실시간으로 방송하는 경우 선거에 관한 여론조사 결과를 공표·보도하는 것은 당해 조사대상의 전 계층을 대표할 수 있는 피조사자 선정이나 표본오차율·응답율 등을 산출할 수 없으므로 법 제108조(여론조사의 결과공표금지 등)에 위반되고, 후보자 초청 대담·토론회 중간에 사전에 제작한 후보자 인터뷰 영상을 방영하는 경우 대담·토론회 진행의 공정성과 화면구성 등에 있어 후보자간 형평성이 유지되는 경우에는 무방하다.[189)]

대담·토론회를 개최하는 언론기관은 그 비용을 후보자에게 부담시킬 수 없다(법§82④, §81⑦).

사. 벌칙

법 제82조(언론기관의 후보자등 초청 대담·토론회) 제4항에서 준용하는 제81조(단체의 후보자등 초청 대담·토론회) 제7항의 규정에 위반하여 후보자가 그 비용을 부담하는 대담·토론회를 개최한 자는 3년 이하의 징역 또는 600만원 이하의 벌금에 처한다(법§255①8.).

법 제82조(언론기관의 후보자등 초청 대담·토론회) 제4항에서 준용하는 법 제71조(후보자 등의 방송연설) 제12항의 규정에 위반하여 모든 후보자에게 공평하게 하지 아니한 자는 2년 이하의 징역 또는 400만원 이하의 벌금에 처한다(법§252④).

법 제82조(언론기관의 후보자등 초청 대담·토론회) 제4항에서 준용하는 제81조(단체의 후보자등 초청 대담·토론회) 제6항의 규정을 위반하여 대담·토론회와 관련하여 대담·토론회를 주최하는 단체 또는 사회자에게 금품·향응 기타의 이익을 제공하거나 제공할 의사의 표시 또는 그 제공의 약속을 한 자는 5년 이하의 징역 또는 1천만원 이하의 벌금에 처한다(법§257① 2.). 본죄는 재정신청대상 주요 선거범죄이다(법§273①).

3. 선거방송토론위원회 주관 대담·토론회

가. 선거방송토론위원회

(1) 의의

각급선거관리위원회(읍·면·동선거관리위원회는 제외한다)는 법 제82조의2(선거방송토론위원회 주관 대담·토론회)의 규정에 의한 대담·토론회와 제82조의3(선거방송토론위원회 주관 정책토론회)의 규정에 의한 정책토론회(이하 "대담·토론회등"이라 한다)를 공정하게 주관·진행하기 위하여 각각 선거방송토론위원회(이하 "각급선거방송토론위원회"라 한다)를 설치·운영하여야 한

189) 2007. 11. 25. 중앙선관위 질의회답

다. 다만, 구·시·군선거관리위원회에 설치하는 구·시·군선거방송토론위원회(이하 "구·시·군선거방송토론위원회"라 한다)는 지역구국회의원선거구단위 또는 「방송법」에 의한 종합유선방송사업자의 방송권역단위로 설치·운영할 수 있다[법§8의7①, 선거방송토론위원회의 구성 및 운영에 관한 규칙(이하 "선거방송토론위원회규칙"이라 한다)§4①].

각급선거방송토론위원회는 텔레비전 방송을 통한 선거방송토론을 개최·관리하기 위하여 각급 선거관리위원회가 그 산하에 설치하는 위원회로서, 선거방송토론과 관련하여 선거관리업무를 담당하는 합의체 행정관청으로서의 법적 지위를 가진다.[190] 따라서 선거방송토론을 주관·진행하는 행정관청인 선거방송토론위원회가 법 제82조의2(선거방송토론위원회 주관 대담·토론회) 및 선거방송토론위원회규칙 제23조(대담·토론회)에 따라 선거방송토론의 초청대상 후보자를 결정하는 것은 개별 구체적인 행정처분으로서의 법적 성격을 가지며, 「행정소송법」 제2조(정의) 제1항 제1호가 정하는 행정소송의 대상인 처분에 해당된다.[191]

(2) 구성 및 위원

(가) 구성

각급선거방송토론위원회는 다음 각 호에 따라 구성하며, 위원의 임기는 제2호 후단의 경우를 제외하고는 3년으로 한다. 이 경우 각급선거방송토론위원회를 구성한 후에 국회에 교섭단체를 구성한 정당의 수가 증가하여 위원정수를 초과하게 되는 경우에는 현원을 위원정수로 본다(법§8의7②, §8의2②후단, 선거방송토론위원회규칙§4①).[192]

1. 중앙선거관리위원회에 설치하는 중앙선거방송토론위원회(이하 "중앙선거방송토론위원회"라 한다)
   국회가 교섭단체를 구성한 정당과 공영방송사(한국방송공사와 「방송문화진흥회법」에 따른 방송문화진흥회가 최다출자자인 방송사업자를 말한다), 지상파방송사(공영방송사가 아닌 지상파방송사업자로서 중앙선거관리위원회규칙으로 정하는 방송사업자를 말한다. 이하 같다)가 포함된 단체로서 중앙선거관리위원회규칙으로 정하는 단체가 각 추천하는 각 1명, 방송통신심의위원회·학계·법조계·시민단체가 추천하는 사람 등 학식과 덕망이 있는 사람 중에서 중앙선거관리위원회가 위촉하는 사람을 포함하여 11명 이내의 위원

1의2. 특별시·광역시·특별자치시·도·특별자치도(이하 "시·도"라 한다)선거관리위원회

190) 2011. 5. 26. 선고 2010헌마451 결정
191) 2006. 6. 29. 선고 2005헌마415 전원재판부 결정
192) 구 공직선거법(2022. 1. 21. 법률 제18791호로 개정되기 전의 것)은 지상파방송사는 선거방송토론위원회의 위원을 추천할 수 없었으나, 2022. 1. 21. 법률 제18791호로 법 제8조의7(선거방송토론위원회) 제2항을 개정하여 지상파방송사도 선거방송토론위원회의 위원을 추천할 수 있도록 하였다.

에 설치하는 시 · 도선거방송토론위원회(이하 "시 · 도선거방송토론위원회"라 한다)
국회에 교섭단체를 구성한 정당, 공영방송사, 지상파방송사가 추천하는 각 1명, 방송통신심의위원회 · 학계 · 법조계 · 시민단체가 추천하는 사람 등 학식과 덕망이 있는 사람 중에서 시 · 도선거관리위원회가 위촉하는 사람을 포함하여 9명 이내의 위원

2. 구 · 시 · 군선거방송토론위원회
해당 구 · 시 · 군선거관리위원회의 위원장 및 정당추천위원을 포함한 위원 3명(정당추천위원의 수가 3명 이상인 경우에는 그 위원을 모두 포함한 수를 말한다), 학계 · 법조계 · 시민단체 · 전문언론인 중에서 해당 구 · 시 · 군선거관리위원회가 위촉하는 사람을 포함하여 9명 이내의 위원. 이 경우 구 · 시 · 군선거관리위원회 위원을 겸하는 위원의 임기는 「선거관리위원회법」 제8조(위원의 임기)[193]에 따른 재임기간으로 한다.

법 제8조의7(선거방송토론위원회) 제2항 제1호에 따라 중앙선거관리위원회 규칙으로 정하는 지방파방송사 및 지상파방송사가 포함된 단체는 다음 각 호와 같다(선거방송토론위원회규칙§2의2).

1. 지상파방송사 : 「방송법」 제2조(정의) 및 「방송법 시행령」 제1조의2(용어의 정의)에 따른 지상파텔레비전방송사업자(한국교육방송공사를 제외한다)
2. 지상파방송사가 포함된 단체 : 제1호에 따른 지상파방송사만을 회원으로 하는 비영리단체. 이 경우 해당 단체가 둘 이상인 때에는 회원수가 많은 단체를 말한다.

(나) 명칭

시 · 도선거방송토론위원회와 구 · 시 · 군선거방송토론위원회의 명칭은 "선거방송토론위원회" 앞에 해당 행정구역명을 붙여 표시한다(선거방송토론위원회규칙§4②).

(다) 위원장

각급선거방송토론위원회에 위원장 1인을 두되, 위원장은 위원 중에서 호선한다. 다만, 구 · 시 · 군선거방송토론위원회 위원장은 해당 구 · 시 · 군선거관리위원회 위원장이 겸한다(법§8의7③). 위원장은 선거방송토론위원회를 대표하고 그 사무를 통할한다(선거방송토론위원회규칙§7①). 위원장이 궐위되거나 사고가 있을 때에는 정당추천위원이 아닌 위원 중에서 연장자순으로 그 직무를 대행한다. 다만, 중앙선거방송토론위원회의 경우에는 상임위원이 그 직무를 대행한다(선거방송토론위원회규칙§7②).

193) 「선거관리위원회법」 제8조(위원의 임기) 각급선거관리위원회 위원의 임기는 6년으로 한다. 다만, 구·시·군선거관리위원회 위원의 임기는 3년으로 하되, 한 차례만 연임할 수 있다.

(라) 상임위원

중앙선거방송토론위원회에 위원장을 보좌하고 그 명을 받아 사무국의 사무를 감독하게 하기 위하여 상임위원 1인을 두되, 중앙선거관리위원회가 중앙선거방송토론위원회의 위원 중에서 지명한다(법§8의7④, 선거방송토론위원회규칙§8①). 상임위원은 1급인 일반직국가공무원(「국가공무원법」 제26조의5(근무기간을 정하여 임용하는 공무원)에 따라 임용된 임기제공무원을 포함한다)으로 하고, 중앙선거방송토론위원회 위원 중 ① 방송사에서 부장급 이상으로 5년 이상 근무한 자 ② 대학에서 신문방송학·행정학·정치학 또는 법률학을 담당한 교수의 직에 3년 이상 근무한 자 ③ 3급 이상 공무원으로서 2년 이상 근무한 자 중의 어느 하나에 해당하고 선거 및 정당사무에 관한 식견이 풍부한 자 중에서 중앙선거관리위원회가 지명한다(선거방송토론위원회규칙§8②,③). 상임위원의 지명기간은 3년으로 한다(선거방송토론위원회규칙§9②).

(마) 위원의 위촉

해당 선거관리위원회는 법 제8조의7(선거방송토론위원회) 제2항에 따라 각급선거방송토론위원회의 위원을 위촉한다(선거방송토론위원회규칙§6①). 각급선거관리위원회로부터 선거방송토론위원회의 위원을 추천을 의뢰받은 정당·공영방송사등 및 방송통신심의위원회·학계·법조계·시민단체 등은 공정성과 전문성을 고려하여 위원을 추천하여야 한다(선거방송토론위원회규칙§6②). 정당의 당원은 선거방송토론위원회의 위원이 될 수 없다(법§8의7⑤). 법 제8조의7(선거방송토론위원회) 제2항 제1호에 따라 위원을 추천하는 지상파방송사는 해당 시·도선거방송토론위원회의 관할구역(이하 "관할구역"이라 한다)을 주된 방송구역으로 하는 방송사를 말한다. 이 경우 해당 관할구역을 주된 방송구역으로 하는 지상파방송사가 둘 이상인 때에는 그 관할구역 안의 방송구역이 넓은 방송사가 추천하되, 방송구역이 같은 때에는 지상파방송사간 합의에 의한다(선거방송토론위원회규칙§6의2).

각급선거방송토론위원회의 위원을 추천하는 경우에는 선거방송토론위원회규칙이 정하는 서식[194]에 의하며, 위원으로 위촉되는 자는 선거방송토론위원회규칙이 정하는 서식[195]에 의한 본인승낙 및 비당원확인서를 제출하여야 한다(선거방송토론위원회규칙§6③). 각급선거관리위원회가 당해 선거방송토론위원회의 위원을 위촉할 때에는 위촉장을 교부하여야 하며, 위원발령대장 및 위원명부를 비치하고 기록·관리하여야 한다. 이 경우 위촉장·위원발령대장 및 위원명부의 서식에 대하여는 「선거관리위원회법 시행규칙」의 관련서식을 준용한다(선거방송토론위원회규칙§6⑤).

각급선거방송토론위원회 위원은 연임할 수 있다(선거방송토론위원회규칙§9①).

194) 선거방송토론위원회규칙 별지 제1호 서식 추천서
195) 선거방송토론위원회규칙 별지 제2호 서식 본인승낙 및 비당원확인서

(바) 위원의 해촉

각급선거방송토론위원회의 위원은 ① 정당에 가입하거나 정치에 관여한 때, ② 금고 이상의 형의 선고를 받은 때, ③ 직무수행에 있어서 공정성이나 중립성을 현저히 저해한 때, ④ 중앙 및 시·도선거방송토론위원회의 정당추천위원으로서 그 추천정당이 국회에 교섭단체를 구성할 수 없게 된 때, ⑤ 공영방송사등이 추천한 위원으로서 그 추천공영방송사등의 요구가 있는 때, ⑥ 법 제8조의7(선거방송토론위원회) 제2항 제2호에 따라 구·시·군선거방송토론위원회의 위원을 겸하는 해당 선거관리위원이 「선거관리위원회법」 및 같은 법 시행규칙에 따라 해임·해촉 또는 파면된 때, ⑦ 상임위원인 위원으로서 「국가공무원법」 제33조(결격사유) 각 호의 어느 하나 또는 같은 법 제74조(정년) 세1항[196]에 해당하는 때의 어느 하나에 해당하는 경우를 제외하고는 해임·해촉 또는 파면되지 아니한다(선거방송토론위원회규칙§10). 각급선거관리위원회가 당해 선거방송토론위원회의 위원을 해촉·해임하는 때에는 본인의 사직원이나 선거방송토론위원회규칙 제10조(위원의 해임사유)에 규정된 해임사유를 증명하는 서류가 있어야 한다(선거방송토론위원회규칙§6④).

합당으로 흡수된 합당 전 정당이 추천한 각급선거방송토론위원회 위원은 선거방송토론위원회규칙 제10조(위원의 해임사유) 제4호의 해촉사유에 해당하므로 해촉되어야 하고, 합당으로 존속하는 정당은 「선거방송토론위원회규칙」 제6조(위원의 위촉 및 해촉)에 따라 위원을 추천하여야 한다. 합당으로 존속하는 합당 전 정당이 추천한 각급선거방송토론회 위원은 그 신분을 유지한다.[197]

(사) 위원의 의무와 권한 및 대우

각급선거방송토론위원회의 위원은 직무를 공정하고 성실하게 수행하여야 한다(선거방송토론위원회규칙§12①). 각급선거방송토론위원회의 위원은 임기 중 직무상 외부의 어떤 지시나 간섭도 받지 아니한다(선거방송토론위원회규칙§12②).

각급선거방송토론위원회의 상임위원이 아닌 위원은 명예직으로 한다. 다만, 수당·여비 그 밖의 실비보상을 받을 수 있다(선거방송토론위원회규칙§11①).

(3) 직무

(가) 사무

중앙선거방송토론위원회는 ① 대통령선거와 비례대표국회의원선거의 대담·토론회에 관한

196) 「국가공무원법」 제74조(정년) ① 공무원의 정년은 다른 법률에 특별한 규정이 있는 경우를 제외하고는 60세로 한다.

197) 2007. 8. 17. 중앙선관위 질의회답

사무 ② 임기만료에 의한 선거(대통령의 궐위로 인한 선거 및 재선거를 포함한다)의 정책토론회에 관한 사무 ③「정당법」 제39조(정책토론회)에 규정에 따른 정책토론회에 관한 사무를 행하며, 시 · 도 및 구 · 시 · 군선거방송토론위원회의 사무를 지휘 · 감독한다(선거방송토론위원회규칙§5①). 중앙선거방송토론위원회는 대담 · 토론회 등의 주관 · 진행 기타 공정성을 보장하기 위하여 필요한 사항을 정하여 공표하여야 한다(법§8의7⑥).

시 · 도선거방송토론위원회는 시 · 도지사선거 및 비례대표시 · 도의원선거의 대담 · 토론회에 관한 사무를 행하며, 구 · 시 · 군선거방송토론위원회에 관한 사무를 지휘 · 감독한다(선거방송토론위원회규칙§5②).

구 · 시 · 군선거방송토론위원회는 지역구국회의원선거 및 자치구 · 시 · 군의 장선거의 대담 · 토론회 또는 합동방송연설회에 관한 사무를 행한다. 이 경우 자치구 · 시 · 군의 장선거에 있어 구 · 시 · 군선거관리위원회에 선거방송토론위원회를 설치하지 아니한 때에는 국회의원지역구선거구를 관할하는 구 · 시 · 군선거관리위원회에 설치된 선거방송토론위원회가, 시장선거에 있어 1개의 선거구의 구역 안에 2이상의 선거방송토론위원회가 있는 때에는「선거관리위원회법 시행규칙」 별표 2의3 <구가 설치된 시의 시장선거구 및 비례대표시의원선거구 관할선거관리위원회표>에 따라서 시장선거구를 관할하는 구선거관리위원회에 설치된 선거방송토론위원회가 그 사무를 행한다(선거방송토론위원회규칙§5③).

각급선거방송토론위원회는 대담 · 토론회 등의 업무수행을 위하여 필요한 때에는 공영방송사 또는 관련 기관 · 단체 등에 대하여 협조요구를 할 수 있으며, 그 협조요구를 받은 공영방송사는 우선적으로 이에 응하여야 한다(법§8의7⑦). 각급선거방송토론위원회는 직무수행을 위하여 인력 · 기술 등의 지원이 필요한 경우에는 법 제8조의7(선거방송토론위원회) 제2항의 규정에 의한 공영방송사 및 지상파방송사(이하 "공영방송사등"이라 한다),「방송통신위원회의 설치 및 운영에 관한 법률」 제18조(방송통신심의위원회의 설치 등)에 따른 방송통신심의위원회(이하 "방송통신심의위원회"라 한다) 기타 관련기관 · 단체에 대하여 협조요구를 할 수 있다(선거방송토론위원회규칙§3①). 협조요구를 받은 공영방송사등과 관련기관 · 단체는 우선적으로 이에 응하여야 한다(선거방송토론위원회규칙§3②).

(나) 사무의 대행

국회의원지역선거구를 관할하는 구 · 시 · 군선거방송토론위원회는 그 관할구역 안의 선거방송토론위원회를 설치하지 아니한 다른 구 · 시 · 군선거관리위원회가 관리하는 자치구 · 시 · 군의 장선거의 대담 · 토론회 또는 합동방송연설회를 개최하는 경우에는 소위원회를 구성하여 주관 · 진행하게 할 수 있다(선거방송토론위원회규칙§5의2①).

소위원회는 해당 구 · 시 · 군선거방송토론위원회로 보며, 선거방송토론위원회가 설치되지 아니한 구·시·군선거관리위원회의 소속공무원으로 하여금 해당 선거방송토론위원회가 정하는 바에 따라 그 사무를 행하게 할 수 있다(선거방송토론위원회규칙§5의2②).

시·도선거방송토론위원회는 법 제82조의2(선거방송토론위원회 주관 대담·토론회) 제4항의 초청대상에 포함되지 아니한 후보자를 대상으로 구·시·군선거방송토론위원회가 개최할 대담·토론회(합동연설회를 포함한다)의 주관·진행을 위하여 필요하다고 인정하는 경우에는 직접 그 사무를 대행하거나 인근 구·시·군선거방송토론위원회로 하여금 그 사무를 대행하게 할 수 있다(선거방송토론위원회규칙§5의2③).

(다) 위원회 회의

각급선거방송토론위원회의 회의는 당해 위원장이 소집한다. 다만, 재적위원의 3분의 1 이상의 요구가 있는 경우에는 위원장은 회의를 소집하여야 한다(선거방송토론위원회규칙§13①). 법령의 개정 또는 위원의 임기만료 등으로 새로이 구성된 위원회의 최초의 회의소집에 관하여는 중앙선거방송토론위원회는 상임위원이, 시·도선거방송토론위원회는 해당 선거관리위원회의 사무처장이, 구·시·군선거방송토론위원회는 해당 선거관리위원회의 사무국장 또는 사무과장이 각각 이를 대행한다(선거방송토론위원회규칙§13②).

각급선거방송토론위원회의 의안은 의결사항과 보고사항으로 구분하고 의결사항은 연도별 일련번호를 붙이며 의안대장에 등재하여야 한다(선거방송토론위원회규칙§14①). 의결사항으로서 긴급하거나 경미한 사항은 서면으로 의결할 수 있다(선거방송토론위원회규칙§14②).

각급선거방송토론위원회의 회의는 공개하여야 한다. 다만, 각급선거방송토론위원회가 필요하다고 결정하는 경우에는 회의를 공개하지 아니할 수 있다(선거방송토론위원회규칙§15). 각급선거방송토론위원회는 재적위원 과반수의 출석과 출석위원 과반수의 찬성으로 의결한다(선거방송토론위원회규칙§16).

각급선거방송토론위원회는 ① 토론회 등의 세부운영 및 평가에 관한 사항 ② 대담·토론의 진행방식, 주제·질문에 관한 사항 ③「선거방송토론위원회규칙」 제5조의2(사무의 대행) 제1항의 규정에 따른 대담·토론회 또는 합동방송연설회의 주관·진행에 관한 사항 ④ 그 밖에 선거방송토론위원회가 정한 사항 중 어느 하나에 해당하는 사항을 처리하기 위하여 필요하다고 인정하는 경우에는 소위원회를 둘 수 있다(선거방송토론위원회규칙§17①).

소위원회는 5인 이내의 위원으로 구성하고(선거방송토론위원회규칙§17②), 소위원회의 위원은 위원 중에서 해당 선거방송토론위원회의 위원장이 지명한다(선거방송토론위원회규칙§17③). 소위원회는 그 운영결과를 지체없이 당해 선거방송토론위원회에 보고하여야 한다(선거방송토론위원회규칙§17④).

(4) 사무국

중앙선거방송토론위원회 또는 시 · 도선거방송토론위원회에 그 사무를 처리하기 위하여 선거관리위원회 소속 공무원으로 구성하는 사무국을 둔다(법§8의7⑧, 선거방송토론위원회규칙§19, §20, §21).

선거방송토론위원회는 업무수행을 위하여 필요하다고 인정하는 때에는 관계 행정기관 또는 관련 기관 · 단체 등의 장과 협의하여 그 소속 공무원 또는 임 · 직원을 파견받거나 관계 행정기관 소속 공무원으로 하여금 사무국의 소속 공무원의 직을 겸임하게 할 수 있다(법§8의7⑨).

나. 선거방송토론위원회 주관 대담 · 토론회

(1) 의의

각급 선거방송토론위원회는 선거운동기간 중 후보자를 초청하여 대담 · 토론회를 개최하여야 한다(법§82의2①,②,③).

(2) 횟수

(가) 중앙선거방송토론위원회

중앙선거방송토론위원회는 대통령선거 및 비례대표국회의원선거에 있어서 선거운동기간 중 다음 각 호의 정하는 바에 따라 대담 · 토론회를 개최하여야 한다(법§82의2①).

1. 대통령선거
   후보자 중에서 1인 또는 수인을 초청하여 3회 이상
2. 비례대표국회의원선거
   해당 정당의 대표자가 비례대표국회의원후보자 또는 선거운동을 할 수 있는 사람(지역구국회의원후보자는 제외한다) 중에서 지정하는 1명 또는 여러 명을 초청하여 2회 이상

(나) 시 · 도선거방송토론위원회

시 · 도선거방송토론위원회는 시 · 도지사선거 및 비례대표시 · 도의원선거에 있어서 선거운동기간 중 다음 각 호에서 정하는 바에 따라 대담 · 토론회를 개최하여야 한다(법§82의2②).

1. 시 · 도지사선거
   후보자 중에서 1인 또는 수인을 초청하여 1회 이상
2. 비례대표시 · 도의원선거
   해당 정당의 대표자가 비례대표시 · 도의원후보자 또는 선거운동을 할 수 있는 사람(지

역구시 · 도의원후보자는 제외한다) 중에서 지정하는 1 명 또는 여러 명을 초청하여 1회 이상

(다) 구 · 시 · 군선거방송토론위원회

구 · 시 · 군선거방송토론위원회는 선거운동기간 중 지역구국회의원선거 및 자치구 · 시 · 군의 장선거의 후보자를 초청하여 1회 이상 대담 · 토론회 또는 합동방송연설회를 개최하여야 한다. 이 경우 합동방송연설회의 연설시간은 후보자마다 10분 이내에서 균등하게 배정하여야 한다(법§82의2③).

(3) 초청대상

각급선거방송토론위원회가 대담 · 토론회를 개최하는 때에는 다음 각 호의 어느 하나에 해당하는 후보자를 대상으로 개최한다. 이 경우 각급선거방송토론위원회로부터 초청받은 후보자는 정당한 사유가 없는 한 그 대담 · 토론회에 참석하여야 한다(법§82의2④).

1. 대통령선거

가. 국회에 5인 이상의 소속의원을 가진 정당이 추천한 후보자

나. 직전 대통령선거, 비례대표국회의원선거, 비례대표시 · 도의원선거 또는 비례대표자치구 · 시 · 군의원선거에서 전국유효투표총수의 100분의 3 이상을 득표한 정당이 추천한 후보자

다. 선거방송토론위원회규칙이 정하는 바에 따라 언론기관이 선거기간개시일전 30일부터 선거기간개시일전일까지의 사이에 실시하여 공표한 여론조사결과를 평균한 지지율이 100분의 5 이상인 후보자

2. 비례대표국회의원선거 및 비례대표시 · 도의원선거

가. 제1호 가목 또는 나목에 해당하는 정당의 대표자가 지정한 후보자

나. 제1호 다목에 의한 여론조사결과를 평균하여 100분의 5 이상의 지지를 얻은 정당의 대표자가 지정한 후보자

3. 지역구국회의원선거 및 지방자치단체의 장선거

가. 제1호 가목 또는 나목에 해당하는 정당이 추천한 후보자

나. 최근 4년 이내에 해당 선거구(선거구의 구역이 변경되어 변경된 구역이 직전 선거의 구역과 겹치는 경우를 포함한다)에서 실시된 대통령선거, 지역구국회의원선거 또는 지방자치단체의 장선거(그 보궐선거등을 포함한다)에 입후보하여 유효투표총수의 100분의 10 이상을 득표한 후보자

다. 제1호 다목에 의한 여론조사결과를 평균한 지지율이 100분의 5 이상인 후보자

선거방송토론위원회 주관 대담·토론회 초청 대상 후보자 선정기준과 관련하여 "평균"이란 수의 개수나 양의 크고 작은 없이 고르게 한 것을 말하는 것으로 1개의 언론기관에서 실시한 여론조사라도 다른 언론기관에서 조사한 여론조사 결과가 없다면 그 조사결과의 지지율이 평균이 된다.[198] "여론조사결과를 평균한 지지율"이란 선거에 관하여 정당에 대한 지지도나 당선인을 예상하게 하는 여론조사결과만을 지지율로 보아야 하고, "호감도나 선호도 등"을 묻는 여론조사는 포함되지 않는다.[199]

언론기관의 범위는 다음 각 호와 같다(선거방송토론위원회규칙§22).

1. 대통령선거 및 비례대표국회의원선거
   가. 「방송법」 제2조(용어의 정의) 제3호 가목에 따른 지상파텔레비전방송사업자(공영방송사와 서울특별시의 안에 있는 지역방송사업자에 한한다) 및 같은 호 라목에 따른 방송채널사용사업자 중 보도전문편성의 방송채널사용사업자
   나. 전국을 보급지역으로 하는 「신문 등의 진흥에 관한 법률」 제2조(정의) 제1호 가목에 따른 일반일간신문을 발행하는 법인
2. 지역구국회의원선거, 시·도지사선거, 비례대표시·도의원선거 및 자치구·시·군의 장 선거
   가. 해당 선거구역을 방송권역으로 하는 「방송법」 제2조(정의) 제3호 가목에 따른 지상파텔레비전방송사업자 및 같은 호 라목에 따른 방송채널사용사업자 중 보도전문편성의 방송채널사용사업자
   나. 해당 선거구역을 보급지역으로 하는 「신문 등의 진흥에 관한 법률」 제2조(정의) 제1호 가목에 따른 일반일간신문을 발행하는 법인

각급선거방송토론위원회는 초청대상에 포함되지 아니하는 후보자를 대상으로 대담·토론회를 개최할 수 있다. 이 경우 대담·토론회의 시간이나 횟수는 선거방송토론위원회규칙이 정하는 바에 따라 초청대상 후보자의 대담·토론회와 다르게 정할 수 있다(법§82의2⑤). 각급선거방송토론위원회는 정당한 사유 없이 대담·토론회에 참석하지 아니한 초청 후보자가 있는 때에는 그 사실을 선거인이 알 수 있도록 당해 후보자의 소속 정당명(무소속후보자는 "무소속"이라 한다)·기호·성명과 불참사실을 중계방송을 시작하는 때에 방송하게 하고, 선거방송토론위원회규칙으로 정하는 인터넷홈페이지에 게시하여야 한다(법§82의2⑥).

헌법재판소는 후보자의 초청자격을 제한하고 있는 법 제82조의2(선거방송토론위원회 주관 대담·토론회) 제4항의 입법목적은 「선거운동수단인 선거방송 토론회의 자격을 후보자의 지지율 등에 따라 제한함으로써 유권자들의 관심이 큰 후보자들의 정책토론을 통해 정책검증의

198) 2005. 4. 20. 중앙선관위 질의회답
199) 2016. 1. 25. 중앙선관위 질의회답

기회를 마련하는 등 선거방송토론회를 효율적으로 운영하기 위한 것이다.」라고 하면서,[200)]「방송매체를 이용한 대담·토론회에 참여할 수 있는 후보자를 아무런 제한 없이 할 경우 실질적인 대담이나 토론이 이루어질 수 없어 정견발표회 수준으로 전락할 수 있고, 후보자들 간의 자질과 정치적인 능력의 비교가 불가능해질 개연성이 있고, 전파자원 역시 한정되어 있는 바, 대담·토론회에 참여할 수 있는 후보자를 일정한 범위로 제한하는 것은 위와 같은 입법자의 합리적 판단에 기인한 것이라고 볼 수 있다. 또한 그 제한기준은 주요 정당의 추천 여부나 후보자의 당선가능성 및 후보자에 대한 국민적 관심도 등을 살펴 일정 수준 이상의 자로 한정하고, 이에 따라 후보자의 정책에 대한 대담·토론이 효과적이고 실증적인 기능을 발휘하도록 하여야 할 것인 바, 이 사건 법률조항이 국회에 5인 이상의 소속의원을 가진 정당 또는 직전 선거에서 3% 이상을 득표한 정당이 추천한 후보자, 최근 4년 이내 선거에서 10% 이상을 득표하였거나 여론조사결과 5% 이상의 지지율을 보여주는 후보자로 그 초청대상을 한정하고 있는 것을 두고 특별히 자의적인 기준이라거나 지나치게 엄격한 기준이라고 보기 어렵다 할 것이다. 아울러 비초청대상 후보자의 경우 이들을 대상으로 한 대담·토론회가 개최될 수 있도록 규정하여 방송토론회를 통해 선거운동을 할 수 있는 기회를 제공하고 있는 점 등을 고려한다면, 이 사건 법률조항은 대담·토론회의 기능의 활성화를 위하여 적당한 수의 후보자만을 초청하여야 한다는 요청과 선거운동에서의 기회의 균등보장이라는 서로 대립하는 이익을 적절히 비교 형량한 합리적인 것으로서 이와 같은 취급을 두고 자의적인 차별로서 평등권을 침해하였다고 하기는 어렵다.」고 판시하였다.[201)]

(4) 절차

대담·토론회를 개최하는 각급선거방송토론위원회는 대담·토론회의 일시·장소 및 중계방송사(법 제82조의2(선거방송토론위원회 주관 대담·토론회) 제10항 및 제11항에 따라 중계방송을 하는 방송사업자를 말한다) 등을 정하여 선거기간개시일까지 해당 선거관리위원회·중계방송사 및 제82조의2(선거방송토론위원회 주관 대담·토론회) 제4항 각 호의 어느 하나에 해당하는 후보자(비례대표국회의원선거 및 비례대표시·도의원선거에서는 법 제82조의2(선거방송토론위원회

200) 2009. 3. 26. 선고 2007헌마1327,2008헌마437(병합) 전원재판부 결정

201) 2011. 5. 26. 선고 2010헌마451 결정 ; 위 헌법재판소의 결정과 관련하여, '법 제82조의2 제4항, 제5항에 따라 제18대 대통령선거에서 유력 후보자들의 토론회는 총 3회 개최되었으나 그렇지 않은 후보자들의 토론회는 1회만 열렸는데, 이는 각 후보자들을 동등하게 대우하지 않은 것일 뿐만 아니라, 군소후보들의 선거운동 기회 역시 봉쇄한 것이었다. 또한 토론회를 구분하여 실시하는 그 자체만으로 주류와 비주류로 자연스럽게 구분되어 소수세력의 정책은 사장되는 효과를 갖게 되고, 결국 시민들이 다른 정보를 접할 기회를 잃어버리는 문제가 발생하기도 한다. 더 나아가 이들이 대표하려는 세력의 발언권을 축소시키는 셈이므로 참여(포괄성)의 측면에도 커다란 제약을 받게 된다.'는 견해도 있다(이호영, 「민주주의와 선거 -로버트 달의 이론을 중심으로-」, 민주법학 제54호(2014. 3.), 175-176쪽).

주관 대담·토론회) 제1항 제2호 및 제2항 제2호에 따라 후보자 등을 지정할 정당을 말한다)에게 이를 통지하여야 한다(선거방송토론위원회규칙§23①). 위 통지를 받은 후보자는 선거기간개시일의 다음 날까지 참석여부에 따라 선거방송토론위원회규칙이 정하는 서식[202]에 의한 참석확인서 또는 불참사유서를 해당 선거방송토론위원회에 제출하여야 한다. 이 경우 참석확인서를 제출하지 아니한 때에는 참석을 포기한 것으로 보며, 참석확인서를 제출한 후보자가 대담·토론회에 참석하지 아니한 때에는 대담·토론회 개최일의 다음 날까지 선거방송토론위원회규칙이 정하는 서식[203]에 의한 불참사유서를 제출하여야 한다(선거방송토론위원회규칙§23②).

각급선거방송토론위원회는 등록된 후보자(비례대표국회의원선거 및 비례대표시·도의원선거에서는 후보자명부를 제출한 정당을 말한다)의 총수가 2명 이상 4명 이하인 경우에 참석확인서를 제출한 모든 후보자등이 동의하는 때에는 그 초청대상에 포함되지 아니하는 후보자등을 참석하게 하여 대담·토론회를 개최할 수 있다(선거방송토론위원회규칙§23⑦). 각급선거방송토론위원회는 법 제82조의2(선거방송토론위원회 주관 대담·토론회) 제1항부터 제3항까지의 규정에 따른 대담·토론회의 초청대상에 포함되지 아니하는 후보자(이하 "초청외 후보자"라 한다)를 대상으로 법 제82조(선거방송토론위원회 주관 대담·토론회) 제1항부터 제3항까지의 규정에 따른 대담·토론회를 1회 이상 개최할 수 있다. 다만, 구·시·군선거방송토론위원회는 지역구국회의원선거와 자치구·시·군의 장선거에 있어서 모든 초청외 후보자가 동의하거나 초청외 후보자가 1인일 때에는 합동방송연설회를 개최할 수 있다(선거방송토론위원회규칙§23⑧).

각급선거방송토론위원회가 법 제82조의2(선거방송토론위원회 주관 대담·토론회) 제6항에 따라 대담·토론회에 참석하지 아니한 후보자의 소속정당명(무소속후보자는 "무소속"이라 표시한다)·기호·성명과 불참사실을 게시하여야 하는 인터넷홈페이지는 각급선거방송토론위원회를 두는 선거관리위원회의 인터넷 홈페이지 또는 중앙선거방송토론위원회가 지정하는 인터넷 홈페이지로 한다(선거방송토론위원회규칙§23⑨).

(5) 개최시간

토론회 등의 1회 개최시간은 120분 이내로 한다. 다만 선거방송토론위원회규칙 제23조(대담·토론회) 제8항의 규정에 따른 대담·토론회 또는 합동방송연설회의 개최시간은 법 제82조의2(선거방송토론위원회 주관 대담·토론회) 제4항의 규정에 따른 대담·토론회의 개최시간 이내에서 초청 대상 후보자 수를 고려하여 당해 선거방송토론위원회가 정한다(선거방송토론위원회규칙§26).

---

202) 선거방송토론위원회규칙 별지 제3호 서식 대담·토론회 참석확인서
203) 선거방송토론위원회규칙 별지 제4호 서식 대담·토론회 불참사유서

(6) 방법

각급선거방송토론위원회는 대담·토론회(합동방송연설회를 포함한다)를 개최하는 때에는 공정하게 하여야 하고(법§82의2⑦), 대담·토론회의 사회자·질문자를 정당의 당원이 아닌 자 중에서 공정한 자로 선정한다(선거방송토론위원회규칙§23③).

대담·토론의 주제와 질문사항은 당해 토론위원회가 언론사·학계·법조계 및 시민단체 등으로부터 이를 수집하여 선정한다. 이 경우 시·도 또는 구·시·군선거방송토론위원회는 중앙 또는 시·도선거방송토론위원회가 제시하는 주제와 질문사항 중에서 이를 선정할 수 있다(선거방송토론위원회규칙§23④).

대담·토론회에 참석하는 후보자(비례대표국회의원선거 및 비례대표시·도의원선거에서는 정당의 대표자가 법 제82조의2(선거방송토론위원회 주관 대담·토론회) 제1항 제2호 및 제2항 제2호에 따라 지정한 사람을 포함하며, 이하 "후보자등"이라 한다)의 좌석과 발언순서는 추첨에 의하여 정한다. 이 경우 후보자등이 대리인에게 추첨하게 하는 경우에는 위임장을 제출하여야 하며, 후보자등 또는 그 대리인이 추첨시각까지 참석하지 아니한 때에는 이를 포기한 것으로 보고 해당 선거방송토론위원회위원장이 지명한 사람이 그 후보자등을 대리하여 추첨할 수 있다(선거방송토론위원회규칙§23⑤).

대담·토론회는 사회자가 질문한 후 후보자등이 답변하는 형식과 사회자를 통하여 후보자등간 상호 질문·답변하는 형식 등으로 진행한다. 이 경우 구체적인 대담·토론회의 진행방법은 해당 선거방송토론위원회가 정한다(선거방송토론위원회규칙§23⑥). 각급선거방송토론위원회위원장 또는 그가 미리 지명한 위원은 대담·토론회에서 후보자가 공직선거법에 위반되는 내용을 발표하거나 배정된 시간을 초과하여 발언하는 때에는 사회자로 하여금 이를 제지하거나 중지를 명하도록 하고, 자막안내하는 등 필요한 조치를 할 수 있다(법§82의2⑧, 선거방송토론위원회규칙§30②).

각급선거방송토론위원회위원장 또는 그가 미리 지명한 위원이나 사회자는 대담·토론회장에서 진행을 방해하거나 질서를 문란하게 하는 자가 있는 때에는 그 중지를 명하고, 그 명령에 불응하는 때에는 대담·토론회장 밖으로 퇴장시킬 수 있다(법§82의2⑨, 선거방송토론위원회규칙§30③). 토론회 등의 사회자는 참석 후보자등이 배정된 시간을 초과하여 발언 또는 연설하는 때에는 당해 선거방송토론위원회가 정하는 바에 따라 이의 중지를 명하여야 하고 그 명령에 불응하는 경우에는 발언 또는 연설의 중지 또는 필요한 조치를 취하여야 한다(선거방송토론위원회규칙§30①).

각급선거방송토론위원회는 대담·토론회를 개최하는 때에는 청각장애선거인을 위하여 자막방송 또는 한국수어통역을 하여야 한다(법§82의2⑫).

(7) 합동방송연설회

구 · 시 · 군선거방송토론위원회는 지역구국회의원 및 자치구 · 시 · 군의 장선거에 있어서 다음 각 호의 어느 하나에 해당하는 경우에는 대담 · 토론회를 개최하지 아니하고 모든 후보자를 대상으로 합동방송연설회를 개최할 수 있다(선거방송토론위원회규칙§24①).

1. 법 제82조의2(선거방송토론위원회 주관 대담 · 토론회) 제4항 제3호의 규정에 해당하는 후보자의 수가 1인뿐이거나 5인 이상인 경우
2. 선거방송토론위원회규칙 제23조(대담 · 토론회) 제2항에 따른 참석확인서를 제출한 후보자가 법 제82조의2(선거방송토론위원회 주관 대담 · 토론회) 제4항 제3호의 규정에 해당하는 후보자수의 과반수에 미달하는 경우
3. 그 밖에 대담 · 토론회의 개최 · 진행이 현저히 곤란하다고 인정되는 경우

구 · 시 · 군선거방송토론위원회가 합동방송연설회를 개최하기로 결정한 경우에는 그 일시 · 장소 및 중계방송사 등을 지체 없이 당해 선거관리위원회 · 후보자 및 중계방송사에 통지하여야 한다. 이 경우 합동방송연설의 일시 및 중계방송사는 선거방송토론위원회규칙 제23조(대담 · 토론회) 제1항의 규정에 의하여 정한 일시 및 중계방송사로 하되, 일시는 조정할 수 있다(선거방송토론위원회규칙§24②).

합동방송연설회에서 후보자의 연설순위는 추첨에 의하여 정하며(선거방송토론위원회규칙§24③), 후보자가 대리인에게 추첨하게 하는 경우에는 위임장을 제출하여야 하며, 후보자 또는 그 대리인이 추첨시각까지 참석하지 아니한 때에는 이를 포기한 것으로 보고 해당 선거방송토론위원회위원장이 지명한 사람이 그 후보자를 대리하여 추첨할 수 있다(선거방송토론위원회규칙§24④, §23⑤후단). 후보자가 자기의 연설순위의 시각까지 참석하지 아니한 경우에는 연설을 포기한 것으로 본다(선거방송토론위원회규칙§24③).

각급선거방송토론위원회는 합동방송연설의 사회자 · 질문자를 정당의 당원이 아닌 자 중에서 공정한 자로 선정한다(선거방송토론위원회규칙§24④, §23③).

(8) 중계방송

공영방송사와 지상파방송사는 그의 부담으로 대담 · 토론회를 텔레비전방송을 통하여 중계방송하여야 하되, 대통령선거에 있어서 중앙선거방송토론위원회가 주관하는 대담 · 토론회는 오후 8시부터 당일 오후 11시까지의 사이에 중계방송하여야 한다. 다만, 지역구국회의원선거 및 자치구 · 시 · 군의 장 선거에 있어서 전국을 방송권역으로 하는 등 정당한 사유가 있는 경우에는 그러하지 아니하다(법§82의2⑩). 구 · 시 · 군선거방송토론위원회는 지역구국회의원선거 및 자치구 · 시 · 군의 장선거에 있어서 법 제82조의2(선거방송토론위원회 주관 대담 · 토론회)

제10항 단서의 규정에 의하여 공영방송사 또는 지상파방송사가 중계방송을 할 수 없는 때에는 다른 종합유선방송사업자의 방송시설을 이용하여 대담·토론회를 텔레비전방송을 통하여 중계방송하게 할 수 있다. 이 경우 그 방송시설이용료는 국가 또는 당해 지방자치단체가 부담한다(법§82의2⑪).

「방송법」 제2조(용어의 정의)의 규정에 의한 방송사업자·중계유선방송사업자 및 인터넷언론사는 그의 부담으로 대담·토론회를 중계방송할 수 있다. 이 경우 편집 없이 중계방송하여야 한다(법§82의2⑬).

중계방송사는 토론회 등을 중계방송하는 때에는 생방송으로 하여야 한다. 다만, 부득이한 사유가 있는 경우에는 편집 없이 녹화방송할 수 있다(선거방송토론위원회규칙§27①).

공영방송사등은 협의에 의하여 대담·토론회의 중계방송을 위한 방송시설명·이용일자 및 시간대를 선거일 전 30일(보궐선거 등에 있어서는 선거인명부작성기간개시일)까지 선거구단위로 정하여 당해 선거방송토론위원회에 선거방송토론위원회규칙이 정하는 서식[204]에 의하여 통보하여야 한다(선거방송토론위원회규칙§27②,⑥). 법 제82조의2(선거방송토론위원회 주관 대담·토론회) 제11항에 따라 대담·토론회를 중계방송하는 종합유선방송사업자는 선거일 전 20일(보궐선거 등에서는 선거인명부작성기간만료일)까지 해당 선거방송토론위원회에 방송시설명·이용일자·시간대 등을 선거방송토론위원회규칙이 정하는 서식[205]에 의하여 통보하여야 한다(선거방송토론위원회규칙§27③,⑥).

중계방송사가 합동방송연설회를 중계방송할 때에는 후보자가 연설하는 모습 외의 다른 내용이 방영되게 하여서는 아니 된다(선거방송토론위원회규칙§27⑤).

(9) 공표·홍보

각급선거방송토론위원회는 토론회 등의 개최일시·장소, 중계방송사명·중계방송일시, 참석후보자의 성명, 사회자의 성명, 대담·토론의 주제 및 공정한 진행을 위한 절차와 방법 등을 정하여 개최일 전일까지 공표하고 당해 선거관리위원회와 정당 또는 후보자에게 통지하여야 한다(선거방송토론위원회규칙§28①).

각급선거관리위원회 또는 각급선거방송토론위원회는 토론회 등의 개최일시·장소 등을 선거인이 알 수 있도록 홍보·안내하여야 한다(선거방송토론위원회규칙§28②). 중계방송사는 토론회 등의 개최일시·장소 등을 광고 또는 자막방송을 통하여 홍보하여야 한다(선거방송토론위원회규칙§28③).

---

204) 선거방송토론위원회규칙 별지 제6호 서식 대담·토론회 중계방송시설의 통보
205) 선거방송토론위원회규칙 별지 제6호 서식 대담·토론회 중계방송시설의 통보

(10) 방송시설이용료의 지급

법 제82조의2(선거방송토론위원회 주관 대담·토론회) 제11항 후단에 따른 방송시설이용료는 당해 종합유선방송사업자의 청구를 받아 지급하되, 다음 각 호에 의한 금액(대담·토론회를 중계방송한 경우의 금액을 말하며, 합동방송연설회를 중계방송한 경우에는 그 금액의 100분의 80에 해당하는 금액을 말한다)의 범위 안에서 지급하여야 한다. 이 경우 기존의 시설·장비나 무대를 사용하는 등의 사유가 있는 때에는 감액하여 지급할 수 있다(선거방송토론위원회규칙§29①)

1. 삭제
2. 종합유선방송사업자의 방송시설이용료

「방송법」 제64조(텔레비전수상기의 등록과 수신료 납부)에 따른 텔레비전방송수신료를 30으로 나눈 값(10미만의 단수는 10으로 본다)에 당해 선거구의 세대수(그 수가 7만 미만인 경우에는 7만으로 한다)를 곱한 금액의 100분의 80에 해당하는 금액

방송시설이용료의 청구는 ① 방송제작비용 : 시설·장비사용료, 무대설치비, 타이틀제작료 및 연출 등 인건비 ② 방송비용 : 송출료의 비용에 의한다(선거방송토론위원회규칙§29②).

(11) 벌칙

법 제82조의2(선거방송토론위원회 주관 대담·토론회) 제13항 후단의 규정에 위반하여 대담·토론회를 편집하여 중계방송한 자는 2년 이하의 징역 또는 400만원 이하의 벌금에 처한다(법§252④).

한편, 법 제82조의2(선거방송토론위원회 주관 대담·토론회) 제4항 각 호 외의 부분 후단을 위반하여 정당한 사유 없이 대담·토론회에 참석하지 아니한 사람은 1천만원 이하의 과태료를 부과한다(법§261③3의2.).

법원은, 방송매체에 의한 합동토론회에서의 표현이 자유의 한계 즉, 토론회에서의 주장사실 중 일부가 허위사실로 밝혀진 경우 이에 대한 허위사실공표죄의 처벌 여부와 관련하여, 「방송매체에 의한 합동토론회는 종래 일방적인 연설회가 의견전달에 있어서 여건상 제한적이고, 자질의 상호 대비와 검증에 있어서 비효율적인 점을 시정하여 실시간 선거인의 면전에서 영상과 음성으로 상대후보와의 토론을 통하여 후보자들의 능력과 자질을 대비·검증하는 새로운 선거정보제공 방식으로 채택된 것으로서, 토론회에 있어서는 자신의 것이거나 상대후보에 관한 것이거나를 막론하고, 각 후보자는 진실에 부합하는 것만을 토론자료로 제시하여야 함이 원칙이나, 뚜렷하고 객관적인 근거를 완벽하게 구비한 명백한 진실만을 제시하여야 한다면, 상대후보의 반론의 여지가 사라지게 되어 후보자간의 자질을 대비·검증하기 위한 합동토론은 그 의미를 상당부분 잃게 된다고 보여질 뿐 아니라 합동토론에 있어서는

상대후보가 반론을 통하여 그 주장 또는 의견(의혹)의 진실여부를 즉시 반박할 수 있고, 이와 같은 사정은 선거인에게도 그대로 드러나 부정확한 주장 또는 의견을 제시한 자의 부담으로 작용할 것이어서 토론에 임하는 후보자가 당해 시점에서 입수 가능한 모든 자료를 최선을 다하여 성실하게 확보·검증하여 주장 또는 의혹이 진실이라고 믿을 만한 상당한 근거를 가지고 상대후보에 대한 비방과 부당한 공격이 아니라 현안이 된 정책과 후보자로서의 자질과 능력에 대한 주장 또는 의견(의혹)을 제시함으로써 공익의 관점에서 선거인에게 공정한 후보선택의 기회를 제공한 경우에는 비록 그 주장 또는 의견(의혹) 중 추후 진실이 아닌 것으로 밝혀질 부분이 일부 포함되어 있다고 할지라도 토론회에 있어 표현의 자유를 보장하여야 한다는 기본원칙에 따라 이를 벌할 수 없다고 보는 것이 선거과정에서의 표현의 자유를 보장함으로서 선거인으로 하여금 후보자의 적격성을 선별할 기회를 제공하자는 공직선거법의 합동토론회 규정 취지에도 부합한다.」고 판시하여,[206] 진실이라고 믿을 만한 상당한 근거를 가지고 현안이 된 정책과 후보자의 자질과 능력에 대한 주장 또는 의견을 제시함으로써 공익의 관점에서 선거인에게 공정한 후보선택의 기회를 제공한 경우에는 비록 그 주장 또는 의견의 일부가 사실이 아닌 것이 포함되어 있더라도 처벌할 수 없다고 보았다.

4. 선거방송토론위원회 주관 정책토론회

가. 의의

중앙선거방송토론위원회는 정당이 방송을 통하여 정강·정책을 알릴 수 있도록 하기 위하여 임기만료에 의한 선거(대통령 궐위로 인한 선거 및 재선거를 포함한다)에서 정당의 대표자 등을 초청하여 정책토론회를 개최하여야 한다(법§82의3①).

나. 초청대상

국회에 5인 이상의 소속의원을 가진 정당과 직전 대통령선거, 비례대표국회의원선거 또는 비례대표시·도의원선거에서 전국 유효투표총수의 100분의 3 이상을 득표한 정당의 대표자 또는 그가 지정한 자가 정책토론회의 초청대상이다(법§82의3①).

다. 개최횟수 및 개최시기

개최횟수는 월 1회 이상이고, 개최시기는 임기만료에 의한 선거의 선거일 전 90일(대통령의 궐위로 인한 선거 및 재선거에 있어서는 그 선거의 실시사유가 확정된 날의 다음날)부터 후보자등록신청개시일전일까지이다(법§82의3①).

---

206) 부산고등법원 2005. 8. 17. 선고 2005노218 판결

라. 개최절차

중앙선거방송토론위원회가 정책토론회를 개최하는 때에는 개최일 전 7일까지 일시·장소 및 중계방송사 등을 정하여 중앙선거관리위원회와 법 제82조의3(선거방송토론위원회 주관 정책토론회) 제1항의 규정에 해당하는 정당에 통지하여야 한다(선거방송토론위원회규칙§25①). 위 통지를 받은 정당은 정책토론회 개최일전 3일까지 선거방송토론위원회규칙이 정하는 서식[207]에 의하여 정당의 대표자, 정책연구소의 소장(「정당법」 제39조(정책토론회)에 따른 정책토론회에 한한다) 또는 정당의 대표자가 지정하는 자(이하 "정당의 대표자등"이라 한다)의 참석승낙서를 중앙선거방송토론위원회에 제출하여야 한다(선거방송토론위원회규칙§25②). 이 경우 참석승낙서를 제출하지 아니한 때에는 참석을 포기한 것으로 보며, 참석승낙서를 제출한 정당의 대표자등이 정책토론회에 참석하지 아니한 때에는 정책토론회의 개최일 다음 날까지 선거방송토론위원회규칙이 정하는 서식[208]에 의한 불참사유서를 제출하여야 한다(선거방송토론위원회규칙§25③, §23②본문).

중앙선거방송토론위원회는 정책토론회의 사회자·질문자를 정당의 당원이 아닌 자 중에서 공정한 자로 선정한다(선거방송토론위원회규칙§25③, §23③).

정책토론회에 참석하는 정당의 대표자등의 좌석과 발언순서는 추첨에 의하여 정한다. 이 경우 정당의 대표자등이 대리인에게 추첨하게 하는 경우에는 위임장을 제출하여야 하며, 정당의 대표자등 또는 그 대리인이 추첨시각까지 참석하지 아니한 때에는 이를 포기한 것으로 보고 중앙선거방송토론위원회 위원장이 지명한 사람이 그 정당의 대표자등을 대리하여 추첨할 수 있다(선거방송토론위원회규칙§25③, §23⑤).

마. 개최방법

중앙선거방송토론위원회가 정책토론회를 개최하는 때에는 공정하게 하여야 한다(법§82의3②, §82의2⑦).

정책토론회는 사회자가 질문한 후 정당의 대표자등이 답변하는 형식과 사회자를 통하여 정당의 대표자등간 상호 질문·답변하는 형식 등으로 진행한다. 이 경우 구체적인 정책토론회의 진행방법은 중앙선거방송토론위원회가 정한다(선거방송토론위원회규칙§25③, §23⑥).

중앙선거방송토론위원회 위원장 또는 그가 미리 지명한 위원은 정책토론회에서 정당의 대표자등이 공직선거법에 위반되는 내용을 발표하거나 배정된 시간을 초과하여 발언하는 때에는 이를 제지하거나 자막 안내하는 등 필요한 조치를 할 수 있다(법§82의3②, §82의2⑧). 중앙

---

207) 선거방송토론위원회규칙 별지 제5호 서식 정책토론회 참석승낙서
208) 선거방송토론위원회규칙 별지 제4호 서식 대담·토론 불참사유서

선거방송토론위원회 위원장 또는 그가 미리 지명한 위원은 정책토론회에서 진행을 방해하거나 질서를 문란하게 하는 자가 있는 때에는 그 중지를 명하고, 그 명령에 불응하는 때에는 정책토론회장 밖으로 퇴장시킬 수 있다(법§82의3②, §82의2⑨).

바. 중계방송

중앙선거방송토론위원회가 정책토론회를 개최하는 때에는 공영방송사등과 협의하여 정책토론회의 중계방송을 위한 방송시설명 · 이용일자 및 시간대를 정하여야 한다(선거방송토론위원회규칙§27④). 공영방송사와 지상파방송사는 그의 부담으로 정책토론회를 텔레비전방송을 통하여 중계방송하여야 하되, 대통령선거에 있어서 중앙선거방송토론위원회가 주관하는 정책토론회는 오후 8시부터 당일 오후 11시까지 사이에 중계방송하여야 한다(법§82의3②, §82의2⑩본문). 「방송법」 제2조(용어의 정의)의 규정에 의한 방송사업자 · 중계유선방송사업자 및 인터넷언론사는 그의 부담으로 정책토론회를 중계방송할 수 있다. 이 경우 편집없이 중계방송하여야 한다(법§82의3②, §82의2⑬).

중앙선거방송토론위원회는 정책토론회를 개최하는 때에는 청각장애선거인을 위하여 자막방송 또는 한국수어통역을 하여야 한다(법§82의3②, §82의2⑫).

사. 벌칙

법 제82조의3(선거방송토론위원회 주관 정책토론회) 제2항에서 준용하는 제82조의2(선거방송토론위원회 주관 대담 · 토론회) 제13항 후단의 규정을 위반하여 정책토론회를 편집하여 중계방송한 자는 2년 이하의 징역 또는 400만원 이하의 벌금에 처한다(법§252④).

제7장 정보통신망을 이용한 선거운동

1. 정보통신망을 이용한 선거운동

가. 정보통신망을 이용한 선거운동의 의의

인터넷홈페이지 또는 그 게시판 · 대화방 등에 글이나 선거운동을 위한 내용의 글이나 동영상 등 정보를 게시하거나 전자우편을 전송하는 방법을 통한 정보통신망을 이용한 선거운동은 선거운동기간뿐 아니라 선거운동기간전에도 허용된다(법§59 3.).[209]

---

209) 헌법재판소는 법 제93조(탈법방법에 의한 문서·도화의 배부·게시 등 금지) 제1항의 '기타 이와 유사한 것' 부분에 '정보통신망을 이용하여 인터넷홈페이지 또는 그 게시판·대화방 등에 글이나 동영상 등 정보를 게

나. 정보통신망을 이용한 선거운동의 허용취지 및 해석 시 고려사항

정보통신망을 이용한 선거운동이 선거운동기간뿐 아니라 선거운동기간전에도 허용되는 취지는 정치적 공론의 과정에서 기존 매체를 통한 일방적인 정보 전달을 넘어 인터넷을 통한 정치과정 참여의 기회와 범위가 넓어질수록 더 충실한 공론의 형성을 기대할 수 있을 것이므로, 실질적 민주주의의 구현을 위하여 인터넷상 일반 유권자의 정치적 표현의 자유가 적극 장려되어야 하는 측면을 고려한 것이다.[210] 따라서 정보통신망을 이용한 선거운동과 그 밖의 선거운동은 구분되어야 하며, 정보통신망을 통한 선거운동과 관련한 공직선거법 규정들은 이러한 정보통신망을 통한 선거운동의 특성 및 이를 폭넓게 허용한 입법취지 등을 고려하여 해석될 필요가 있다.[211]

다. 정보통신망을 이용한 허위사실유포 및 비방 금지

누구든지 「정보통신망 이용촉진 및 정보보호 등에 관한 법률」 제2조(정의) 제1항 제1호[212]

시하거나 전자우편을 전송하는 방법이 포함된다고 해석한다면, 과잉금지원칙에 위배하여 정치적 표현의 자유 내지 선거운동의 자유를 침해하여 위헌'이라고 판시하였다(2011. 12. 29. 선고 2007헌마1001, 2010헌바88, 2010헌마173·191(병합) 결정). 이에 따라 법 제59조(선거운동기간)가 개정되어 정보통신망을 이용한 선거운동에 대한 사전선거운동을 허용하여 선거운동기간에 제한을 두지 않게 되었다.

210) 헌법재판소는「인터넷은 누구나 손쉽게 접근 가능한 매체이고, 이를 이용하는 비용이 거의 발생하지 아니하거나 또는 적어도 상대적으로 매우 저렴하여 선거운동비용을 획기적으로 낮출 수 있는 정치공간으로 평가받고 있고, 오히려 매체의 특성 자체가 '기회의 균형성·투명성·저비용성의 제고'라는 공직선거법의 목적에 부합하고, 인터넷의 경우에는 정보를 접하는 수용자 또는 수신자가 그 의사에 반하여 이를 수용하게 되는 것이 아니고 자발적·적극적으로 이를 선택(클릭)한 경우에 정보를 수용하게 되며, 선거과정에서 발생하는 정치적 관심과 열정의 표출을 반드시 부정적으로 볼 것은 아니라는 점 등을 고려하면, 정보통신망을 이용한 선거운동을 금지하고 처벌하는 것은 후보자 간 경제력 차이에 따른 불균형 및 흑색선전을 통한 부당한 경쟁을 막고 선거의 평온과 공정을 해하는 결과를 방지하기 위한 적절한 수단이라고 할 수 없다.」고 하였다(2011. 12. 29. 선고 2007헌마1001,2010헌바88,2010헌마173·191(병합) 결정).

211) 2013. 11. 14. 선고 2013도2190 판결(인터넷공간에서의 선거활동을 목적으로 하여 인터넷 카페 등을 개설하고 인터넷 회원 등을 모집하여 일정한 모임의 틀을 갖추어 이를 운영하는 경우에, 이러한 인터넷상의 활동은 정보통신망을 통한 선거운동의 하나로서 허용되어야 하며, 이를 두고 공직선거법상 사조직에 해당한다고 보기 어렵다. 나아가 위와 같은 인터넷 카페 개설을 위하여 별도로 준비모임을 하거나 카페 개설 후 일부 회원들이 오프라인에서 모임을 개최하였다 하더라도, 그러한 모임이 인터넷 카페 개설 및 그 활동을 전제로 하면서 그에 수반되는 일시적이고 임시적인 성격을 갖는 것에 그친다면 역시 공직선거법상 사조직에 해당한다고 단정할 수 없고, 이를 넘어서서 인터넷상의 카페 활동과 구별되는 별도의 조직적인 활동으로서 공직선거법상 사조직을 갖춘 것으로 볼 수 있는지 여부는 해당 인터넷 카페 개설 경위와 시기, 구성원 및 온라인과 오프라인상 활동 내용 등 제반 사정들을 종합하여 판단하여야 한다. 그리고 이와 같은 해석은 특정 선거와 관련하여 후보자 또는 후보자가 되고자 하는 자를 위하여 인터넷상에 카페를 개설하는 경우에도 마찬가지이다.)

212) 「정보통신망 이용촉진 및 정보보호에 관한 법률」 제2조(정의) ①이 법에서 사용하는 용어의 뜻은 다음과 같다.

1. "정보통신망"이란 「전기통신사업법」 제2조 제2호에 따른 전기통신설비를 이용하거나 전기통신설비와 컴퓨터 및 컴퓨터의 이용기술을 활용하여 정보를 수집·가공·저장·검색·송신 또는 수신하는 정보통

에 따른 정보통신망(이하 "정보통신망"이라 한다)을 이용하여 후보자(후보자가 되려는 사람을 포함한다. 이하 같다), 그의 배우자 또는 직계존·비속이나 형제자매에 관하여 허위의 사실을 유포하여서는 아니 되며, 공연히 사실을 적시하여 이들을 비방하여서는 아니 된다. 다만, 진실한 사실로서 공공의 이익에 관한 때에는 그러하지 아니하다(법§82의4②).[213)]

라. 정보통신망의 불법정보 제한

(1) 정보통신망의 불법정보 제한 요청

각급선거관리위원회(읍·면·동선거관리위원회는 제외한다. 이하 같다) 또는 후보자는 공직선거법에 위반되는 정보가 인터넷 홈페이지 또는 그 게시판·대화방 등에 게시되거나, 정보통신망을 통하여 전송되는 사실을 발견한 때에는 당해 정보가 게시된 인터넷 홈페이지를 관리·운영하는 자에게 해당 정보의 삭제를 요청하거나, 전송되는 정보를 취급하는 인터넷 홈페이지의 관리·운영자 또는 「정보통신망 이용촉진 및 정보보호에 관한 법률」 제2조(정의) 제1항 제3호[214)]의 규정에 의한 정보통신서비스제공자(이하 "정보통신서비스제공자"라 한다)에게 그 취급의 거부·정지·제한을 요청할 수 있다. 이 경우 인터넷 홈페이지 관리·운영자 또는 정보통신서비스제공자가 후보자의 요청에 따르지 아니하는 때에는 해당 후보자는 관할 선거구선거관리위원회에 서면으로 그 사실을 통보할 수 있으며, 관할 선거구선거관리위원회는 후보자가 삭제요청 또는 취급의 거부·정지·제한을 요청한 정보가 공직선거법에 위반된다고 인정되는 때에는 해당 인터넷 홈페이지 관리·운영자 또는 정보통신서비스제공자에게 삭제요청 또는 취급의 거부·정지·제한을 요청할 수 있다(법§82의4③).[215)]

각급선거관리위원회가 공직선거법에 위반되는 정보의 삭제 또는 정보의 취급의 거부·정지·제한을 요청하는 때에는 다음 각 호의 사항을 기재한 서면(「선거관리위원회 사무관리규칙」 제3조(정의) 제5호의 규정에 의한 전자문서를 포함한다)으로 한다(규칙§45의3①).

1. 법에 위반되는 정보가 게시된 인터넷홈페이지나 그 게시판·대화방 등의 주소 또는 전송되는 전자우편의 주소

신체제를 말한다.

213) 이에 대하여는 허위사실공표죄(법§250)와 후보자비방죄(법§251)에서 상술한다.

214) 「정보통신망 이용촉진 및 정보보호에 관한 법률」 제2조(정의) ①이 법에서 사용하는 용어의 뜻은 다음과 같다.

3. "정보통신서비스제공자"란 「전기통신사업법」 제2조 제8호에 따른 전기통신사업자와 영리를 목적으로 하는 전기통신사업자의 전기통신역무를 이용하여 정보를 제공하거나 정보의 제공을 매개하는 자를 말한다.

215) '후보자가 정보통신서비스제공자에게 특정 게시물의 삭제 또는 취급의 거부·정지·제한을 요청하는 경우, 사업자는 사실상 국가 행정 및 사법 권력에 의해 이루어져야 하는 위법성 여부 판단의 부담을 부당하게 이행하게 된다.'는 견해가 있다(심우민, 「SNS 선거운동규제의 입법정책결정론적 검토」, 언론과 법 제11권 제2호(2012), 261쪽).

2. 법에 위반되는 정보의 내용
3. 요청근거 및 요청내용
4. 요청사항의 이행기간
5. 불응 시 조치사항
6. 이의신청의 절차와 방법 등

후보자가 공직선거법에 위반되는 정보의 삭제 또는 취급의 거부·정지·제한을 요청하는 때와 관할선거구선거관리위원회에 통보하는 때에는 규칙이 정하는 서식[216]에 따른다(규칙§45의3②).

선거관리위원회로부터 요청을 받은 인터넷 홈페이지 관리·운영자 또는 정보통신서비스제공자는 지체 없이 이에 따라야 한다(법§82의4④). 선거관리위원회로부터 요청을 받아 해당 정보의 삭제 또는 그 취급의 거부·제한·정지를 한 인터넷 홈페이지 관리자·운영자 또는 정보통신서비스제공자는 ① 선거관리위원회로부터 법 제82조의4(정보통신망을 이용한 선거운동) 제3항에 따른 요청이 있었다는 사실, ② 법 제82조의4(정보통신망을 이용한 선거운동) 제5항에 따라 이의신청을 할 수 있다는 사실에 따른 내용을 해당 인터넷 홈페이지 또는 그 게시판·대화방 등에 게시하는 방법 등으로 그 정보를 게시하거나 전송한 사람에게 알려야 한다(법§82의4⑥).

(2) 이의신청

선거관리위원회로부터 요청을 받은 인터넷 홈페이지 관리·운영자 또는 정보통신서비스제공자는 그 요청을 받은 날부터, 해당 정보를 게시하거나 전송한 자는 당해 정보가 삭제되거나 그 취급이 거부·정지 또는 제한된 날부터 3일 이내에 그 요청을 한 선거관리위원회에 이의신청을 할 수 있다(법§82의4⑤). 이의신청은 ① 이의신청인의 성명·주소·직업·생년월일, ② 이의신청내용을 기재하여 기명하고 날인한 서면으로 하여야 한다(규칙§45의3③).

(3) 이의신청의 처리

각급선거관리위원회는 이의신청이 이의신청기간을 지난 때에는 그 이의신청을 각하하고, 이의신청서에 기재사항이나 기명 또는 날인이 누락되었거나 명확하지 아니하다고 인정되는 경우에는 해당 이의신청인에게 보정기간을 정하여 보정을 요구할 수 있으며, 이의신청이 이유있다고 인정되는 때에는 해당 인터넷 홈페이지 관리·운영자 또는 정보통신서비스제공자에 대한 요청을 철회하고 이의신청인 및 관계선거관리위원회에 그 처리결과를, 이유없다고

216) 규칙 별지 제32호의3 서식의 (가) 위법게시물 등의 (삭제)·(취급의 거부·정지·제한) 요청서, 제32호의3 서식의 (나) 공직선거법 위반 게시물 삭제 등 요청상황 통보서

인정되는 때에는 이를 기각하고 이의신청인 및 관계선거관리위원회에 그 뜻을 각각 통지하여야 한다(규칙§45의3④).

(4) 벌칙

법 제82조의4(정보통신망을 이용한 선거운동) 제4항에 따라 선거관리위원회로부터 2회 이상 요청을 받고 이행하지 아니한 자는 2년 이하의 징역 또는 400만원 이하의 벌금에 처한다(법§256③1.마.).

한편, 법 제82조의4(정보통신망을 이용한 선거운동) 제4항을 위반하여 선거관리위원회의 요청을 이행하지 아니한 자(2회 이상 요청을 받고 이행하지 아니한 자는 제외)는 300만원 이하의 과태료를 부과한다(법§261⑥4.).

2. 선거운동정보의 전송제한

가. 의의

누구든지 정보수신자의 명시적인 수신거부의사에 반하여 선거운동 목적의 정보를 전송하여서는 아니 된다(법§82의5①). 누구든지 숫자·부호 또는 문자를 조합하여 전화번호·전자우편주소 등 수신자의 연락처를 자동으로 생성하는 프로그램 그 밖의 기술적 장치를 이용하여 선거운동정보를 전송하여서는 아니된다(법§82의5⑥).

나. 선거운동정보 취지 명시

예비후보자 또는 후보자가 법 제59조(선거운동기간) 제2호·제3호에 따라 선거운동 목적의 정보(이하 "선거운동정보"라 한다)를 자동 동보통신의 방법으로 문자메시지로 전송하거나 전송대행업체에 위탁하여 전자우편으로 전송하는 때에는 ① 선거운동정보에 해당하는 사실, ② 문자메시지를 전송하는 경우 그의 전화번호, ③ 불법수집정보 신고 전화번호, ④ 수신거부의 의사표시를 쉽게 할 수 있는 조치 및 방법에 관한 사항을 선거운동정보에 명시하여야 한다(법§82의5②). 이 경우 선거운동정보를 전송하는 경우에는 그 제목이 시작되는 부분에 "선거운동정보"라고 표시하여야 한다(규칙§45의4).

다. 조치의무

선거운동정보를 전송하는 자는 수신자의 수신거부를 회피하거나 방해할 목적으로 기술적 조치를 하여서는 아니 되고(법§82의5④), 수신자가 수신거부를 할 때 발생하는 전화요금 기타 금전적 비용을 수신자가 부담하지 아니하도록 필요한 조치를 하여야 한다(법§82의5⑤).

인터넷 전자우편(e-Mail)주소를 인터넷상에서 자동으로 수집할 수 있는 프로그램을 이용하여 전자우편 주소를 수집하는 행위는 「정보통신망이용촉진 및 정보보호 등에 관한 법률」 등 다른 법률에 위반되는지 여부는 별론으로 하고 공직선거법상 무방하나, 숫자·부호 또는 문자를 조합하여 전화번호·전자우편주소 등 수신자의 연락처를 자동으로 생성하는 프로그램, 그 밖의 기술적 장치를 이용하여 선거운동정보를 전송하는 것은 법 제82조의5(선거운동정보의 전송제한)의 규정에 위반된다.[217)]

라. 벌칙

법 제82조의5(선거운동정보의 전송제한) 제1항의 규정을 위반하여 선거운동정보를 전송한 자, 제2항의 규정을 위반하여 선거운동정보에 해당하는 사실 등을 선거운동정보에 명시하지 아니하거나 허위로 명시한 자, 제4항의 규정에 위반하여 기술적 조치를 한 자, 제5항의 규정을 위반하여 비용을 수신자에게 부담하도록 한 자, 제6항의 규정을 위반하여 선거운동정보를 전송한 자는 1년 이하의 징역 또는 100만원 이하의 벌금에 처한다(법§255④).

3. 인터넷언론사 게시판·대화방 등의 실명확인

가. 의의

구 공직선거법(2023. 8. 30. 법률 제19696호로 개정되기 전의 것) 제86조의6(인터넷언론사 게시판·대화방 등의 실명확인)은 「인터넷언론사는 선거운동기간 중 당해 인터넷 홈페이지의 게시판·대화방 등에 정당·후보자에 대한 지지·반대의 문자·음성·화상 또는 동영상 등의 정보(이하 "정보등"이라 한다)를 게시할 수 있도록 하는 경우[218)]에는 행정안전부장관 또는 「신용정보의 이용 및 보호에 관한 법률」 제2조(정의) 제5호 가목[219)]에 따른 개인신용평가회사가

---

217) 2004. 4. 5. 중앙선관위 질의회답

218) 헌법재판소는, 법 제82조의6(인터넷 게시판·대화방 등의 실명확인) 제1항의 "지지·반대의 글"과 관련하여, '선거운동의 개념, 허위사실유포나 비방의 발생이 빈번한 인터넷 홈페이지에서 책임 있는 글쓰기를 유도하려는 입법취지와 목적, 공직선거법 관련조항과의 관계와 용어의 구분 등을 고려하면, "지지·반대의 글"은 선거운동에 이르는 글을 포함하면서, 그에 이르지 아니한다고 하더라도 정당·후보자에 대하여 찬동하여 원조하거나 찬성하지 않고 맞서서 거스르는 글을 의미하고, 건전한 상식과 통상적인 법감정을 가진 사람이면 자신의 글이 이에 해당하는지를 충분히 알 수 있다고 할 것이므로 헌법이 요구하는 명확성의 원칙에 위배된다고 할 수 없다.'고 판시하였다(2010. 2. 25. 선고 2008헌마324,2009헌마31(병합) 결정). ; 2021. 1. 28. 선고 2018헌마456,2020헌마406,2018헌가16(병합) 결정도 같은 취지

219) 「신용정보의 이용 및 보호에 관한 법률」 제2조(정의) 이 법에서 사용하는 용어의 뜻은 다음과 같다.

5. "신용정보회사"란 제4호 각 목의 신용정보업에 대하여 금융위원회의 허가를 받은 자로서 다음 각 목의 어느 하나에 해당하는 자를 말한다.

가. 개인신용평가회사 : 개인신용평가업 허가를 받은 자

제공하는 실명인증방법으로 실명을 확인받도록 기술적 조치를 하여야 하고(법§82의6①, ④), 행정안전부장관 및 신용정보업자는 실명인증자료를 관리하고 중앙선거관리위원회가 요구하는 경우 지체 없이 그 자료를 제출해야 하며(법§82의6③), 인터넷언론사는 실명인증의 표시가 없는 정보를 지체 없이 삭제하여야 한다(법§82의6⑤, ⑥).」고 규정하고 있다.

나. 헌법재판소의 위헌 결정

헌법재판소는 인터넷언론사의 실명확인 조항을 비롯하여 행정안전부장관 및 신용정보업자는 실명인증자료를 관리하고 중앙선거관리위원회가 요구하는 경우 지체 없이 그 자료를 제출해야 하며, 실명확인을 위한 기술적 조치를 하지 아니하거나 실명인증의 표시가 없는 정보를 삭제하지 않는 경우 과태료를 부과하도록 하는 법 제82조의6(인터넷 게시판·대화방 등의 실명확인) 제1항, 제3항, 제4항, 제6항, 제7항과 제261조(과태료의 부과·징수 등) 제3항 제4호, 제6항 제6호가 게시판 등 이용자의 익명표현의 자유 및 개인정보자기결정권과 인터넷언론사의 언론의 자유를 침해하는지 여부에 관하여, 「심판대상조항과 같은 인터넷홈페이지의 게시판 등에서 이루어지는 정치적 익명표현을 규제하는 것은 인터넷이 형성한 '사상의 자유시장'에서의 다양한 의견 교환을 억제하고, 이로써 국민의 의사표현 자체가 위축될 수 있으며, 민주주의의 근간을 이루는 자유로운 여론 형성이 방해될 수 있다. 선거운동기간 중 정치적 익명표현의 부정적 효과는 익명성 외에도 해당 익명표현의 내용과 함께 정치적 표현행위를 규제하는 관련 제도, 정치적·사회적 상황의 여러 조건들이 아울러 작용하여 발생하므로, 모든 익명표현을 사전적·포괄적으로 규율하는 것은 표현의 자유보다 행정편의와 단속편의를 우선함으로써 익명표현의 자유와 개인정보자기결정권 등을 지나치게 제한한다. 정치적 의사표현을 자유롭게 할 수 있는 핵심적 기간이라 볼 수 있는 선거운동기간 중 익명표현의 제한이 구체적 위험에 기초한 것이 아니라 심판대상조항으로 인하여 위법한 표현행위가 감소할 것이라는 추상적 가능성에 의존하고 있는 점, 심판대상조항의 적용대상인 "인터넷언론사"의 범위가 광범위하다는 점까지 고려하면 심판대상조항으로 인한 기본권 제한의 정도는 결코 작다고 볼 수 없다. 실명확인제가 표방하고 있는 선거의 공정성이라는 목적은 인터넷 이용자의 표현의 자유나 개인정보결정권을 제약하지 않는 다른 수단에 의해서도 충분히 달성할 수 있다. 공직선거법은 정보통신망을 이용한 선거운동 규제를 통하여 공직선거법에 위반되는 정보의 유통을 제한하고 있고, '정보통신망 이용촉진 및 정보보호 등에 관한 법률'상 사생활 침해나 명예훼손 등의 침해를 받은 사람에게 인정되는 삭제요청 등의 수단이나 임시조치 등이 활용될 수도 있으며, 인터넷 이용자의 표현의 자유나 개인정보자기결정권을 억제하지 않고도 허위 정보로 인한 여론 왜곡을 방지하여 선거의 공정성을 확보하는 새로운 수단을 도입할 수도 있다. 인터넷을 이용한 선거범죄에 대하여는 명예훼손죄나 후보자비방죄 등 여러 사후적 제재수단이 이미 마련되어 있다. 현재 기술 수준에서 공직선거법에 규정된 수단을 통하여서도 정보통신망을 이용한 행위로서 공적선거법에 위반되는 행위를 한 사람의 인적사항을 특정하고, 궁극적으로 선거의 공정성을 확보할 수 있다. 심판대상조항은 정치적 의사표현이 가장 긴요한 선거운동기간 중에 인터넷언론사 홈페이지 게시판 등 이용자로 하여금 실명확인을 하도록 강제함으로써 익명표현의 자유와 언론의 자유를 제한하고, 모든 익명표현을 규제함으로써 대다수 국민의 개인정보자기결정권도 광범위하게 제한하고 있다는 점에서 이와 같은 불이익은 선거의 공정성 유지라는 공익보다 결코 과소평가될 수 없다. 그러므로 심판대상조항은 과잉금지원칙에 반하여 인터넷언론사 홈페이지 게시판 등 이용자의 익명표현의 자유와 개인정보자기결정권, 인터넷언론사의 언론의 자유를 침해한다.」고 판시하면서 단순 위헌결정을 하였다.[220][221][222][223] 이에 따라 인터넷언론사 홈페이지 게시판 등

---

220) 2021. 1. 28. 선고 2018헌마456,2020헌마406,2018헌가16(병합) 결정

221) 2021. 1. 28. 선고 2018헌마456,2020헌마406,2018헌가16(병합) 결정으로 인하여 법 제82조의6(인터넷언론사 게시판·대화방 등의 실명확인)이 게시판 이용자의 정치적 익명표현의 자유, 개인정보자기결정권 및 인터넷 언론사의 언론의 자유를 침해하지 않는다고 판시하였던 2015. 7. 30. 선고 2012헌마734,2013헌마338(병합) 결정과 동조항이 사전검열원칙에 위배되지 않고 인터넷언론사의 공개된 게시판·대화방에서 스스로의 의사에 의하여 정당·후보자에 대한 지지·반대의 글을 게시하는 행위가 양심의 자유나 사생활 비밀의 자유에 의하여 보호되는 영역이라고 할 수 없다고 판시하였던 2010. 2. 25. 선고 2008헌마324,2009헌바31(병합) 결정 및 실명인증자료의 보관 및 제출의무는 개인의 인적정보를 수집할 목적으로 규정된 조항이 아니므로 개인정보를 대상으로 한 개인정보자기결정권에 대한 제한이 아니라고 판시하였던 2010. 2. 25. 선고 2008헌마324,2009헌바31(병합) 결정은 변경되었다.

222) 장영수는, 위 헌법재판소의 위헌결정에 대하여, '인터넷 공간에서의 익명성이 의사소통의 자유에 도움이 된다는 점은 부인하기 어렵다. 그러나 그로 인하여 발생하는 피해 또한 만만치 않다. 익명의 그늘 하에서 허위의 사실을 유포하여 개인의 명예나 사생활을 침해하는 경우는 물론, 각종 신상털기, 스토킹 등의 수단으로 악용되는 경우가 적지 않으며, 심지어 인터넷 게시판 및 각종 댓글을 이용한 여론조작의 폐해는 그 파급효가 어디까지 미치고 있는지 확인조차 어렵다. 더욱이 인터넷 선거운동에서의 익명성은 당선을 위해 무슨 일도 마다하지 않는 공직선거 후보자들 및 그 지지세력들에 의해 흑색선전의 온상이 될 우려가 매우 크다. 이미 지난 두 차례의 대통령선거에서 국정원의 댓글조작사건, 민주당의 여론조작사건(이른바 '드루킹 사건') 등이 발생하면서 그 위험성이 널리 인정되고 있는데, 헌법재판소에서 선거운동기간 중 인터넷게시판 실명제에 대해 위헌이라 판시한 것은 납득하기 어렵다.'고 주장한다(장영수, 「선거운동기간 중 인터넷게시판 실명제의 의미와 기능 - 헌법재판소 2021. 1. 28. 선고 2018헌마456 등 결정 -」, 법률신문, 2021. 8. 26.자)

223) 한편, 인터넷게시판을 설치·운영하는 정보통신서비스제공자에게 본인확인의무를 부과하여 게시판 이용자로 하여금 본인확인절차를 거쳐야만 게시판을 이용할 수 있도록 하는 본인확인제를 규정한 구 「정보통신망 이용촉진 및 이용보호에 관한 법률(2008. 6. 13. 법률 제9119호로 개정된 것)」 제44조의5(게시판 이용자의 본인확인) 제1항 제2호, 구 「동법 시행령(2009. 1. 28. 대통령령 제21278호로 개정된 것) 제29조(본인확인조치), 제30조(정보통신서비스제공자 중 본인확인조치의무자의 범위) 제1항에 대하여, 헌법재판소는 '인터넷의 특성을 고려하지 아니한 채 본인확인제의 적용범위를 광범위하게 정하여 법집행자에게 자의적인 집행의 여지를 부여하고, 목적달성에 필요한 범위를 넘는 과도한 기본권 제한을 하고 있고, 국내 인터넷 이용자들의 해외 사이트로의 도피, 국내 사업자와 해외 사업자 사이의 차별 내지 자의적 법집행의 시비로 인한 집행 곤란의 문제를 야기하고 있고, 게시판 이용자의 표현의 자유를 사전에 제한하여 의사표현 자체를 위축시킴으로써 자유로운 여론의 형성을 방해하는 등 과잉금지원칙에 위배하여 인터넷 이용자의 표현의 자유, 개인정보자기결정권 및 인터넷게시판을 운영하는 정보통신서비스 제공자의 언론의 자유를 침해한다.'고 판시하여

이용자의 익명표현의 자유와 개인정보자기결정권, 인터넷언론사의 언론의 자유를 보장하기 위하여, 2023. 8. 30. 법률 제19696호로 공직선거법이 개정되어 구 공직선거법(2023. 8. 30. 법률 제19696호로 개정되기 전의 것) 제82조의6(인터넷언론사 게시판·대화방 등의 실명확인)과 제261조(과태료의 부과·징수 등) 제3항 제4호, 같은 조 제6항 제6호가 삭제되었다.

제8장 선전물 등의 철거 및 활용

1. 선거일후 선전물 등의 철거

선거운동을 위하여 선전물이나 시설물을 첩부·게시 또는 설치한 자는 선거일 후 지체 없이 이를 철거하여야 한다(법§276).

2. 정당·후보자의 선전물의 공익목적 활용 등

각급선거관리위원회(읍·면·동선거관리위원회는 제외한다)는 정당 또는 후보자(후보자가 되려는 자를 포함한다)가 선거관리위원회에 제출한 벽보·공보·소형인쇄물 등 각종 인쇄물, 광고, 사진, 그 밖의 선전물을 공익을 목적으로 출판·전시하거나 인터넷홈페이지에 게시, 그 밖의 방법으로 활용할 수 있다(법§279①). 각급선거관리위원회가 공익을 목적으로 활용하는 정당 또는 후보자의 벽보·공보·소형인쇄물 등 각종 인쇄물, 광고, 사진, 그 밖의 선전물에 대하여는 누구든지 각급선거관리위원회에 대하여 「저작권법」상의 권리를 주장할 수 없다(법§279②).

위헌결정을 하였다(2012. 8. 23. 선고 2010헌마47·252(병합) 결정).

제10편 선거운동 주체의 제한

제1장 선거운동 주체의 제한

1. 선거운동을 할 수 없는 자

가. 선거운동을 할 수 없는 자의 범위

(1) 의의

다음 각 호의 어느 하나에 해당하는 사람은 선거운동을 할 수 없다(법§60①본문). 다만, 제1호에 해당하는 사람이 예비후보자·후보자의 배우자인 경우와 제4호부터 제8호까지의 규정에 해당하는 사람이 예비후보자·후보자의 배우자이거나 후보자의 직계존비속인 경우에는 그러하지 아니하다(법§60①단서).

1. 대한민국 국민이 아닌 자. 다만, 제15조(선거권) 제2항 제3호에 따른 외국인이 해당 선거에서 선거운동을 하는 경우에는 그러하지 아니하다.
2. 미성년자(18세 미만의 자를 말한다. 이하 같다)
3. 제18조(선거권이 없는 자) 제1항의 규정에 의하여 선거권이 없는 자[1]
4. 「국가공무원법」 제2조(공무원의 구분)에 규정된 국가공무원과 「지방공무원법」 제2조(공무원의 구분)에 규정된 지방공무원.[2] 다만, 「정당법」 제22조(발기인 및 당원의 자격)

---

1) 헌법재판소는, 법 제60조(선거운동을 할 수 없는 자) 제1항 제3호와 관련하여, '선거운동제한조항은 선거의 공정성을 확보하기 위한 것으로서, 선거운동 제한의 대상과 요건, 기간이 제한적인 점, 선거의 공정성을 해친 바 있는 선거범으로부터 부정선거의 소지를 차단하여 공정한 선거가 이루어지도록 하기 위하여는 선거운동을 제한하는 것이 효과적인 방법인 점, 법원이 선거범에 대한 형량을 결정함에 있어서 양형의 조건뿐만 아니라 선거운동의 제한 여부에 대하여도 합리적 평가를 하게 되는 점, 공직선거의 빈도 등을 감안할 때 선거운동의 제한기간이 지나치게 장기간이라고 보기 어려운 점 등을 종합하면, 선거운동제한조항은 선거운동의 자유를 침해한다고 볼 수 없다.'고 판시하였다(2018. 1. 25. 선고 2015헌마821·834·917(병합) 결정 ; 김이수 등 5명의 재판관은 '선거운동은 국민주권 행사의 일환일 뿐만 아니라 정치적 표현의 자유의 한 형태임을 감안하면, 그 제한은 필요 최소한에 그쳐야 한다. 선거운동제한조항은 불법성 및 비난가능성에 따라 덜 침해적인 방법을 상정할 수 있음에도 공직선거법상 모든 선거범을 대상으로 하여 일률적으로 일정기간 선거운동을 제한하고, 벌금 100만원 이상이라는 기준도 지나치게 낮은 것으로, 비록 선거범에 대한 제재라 하더라도 이는 과도한 제한으로서 선거운동의 자유를 침해한다.'고 위헌의견을 제시하였다.)

제1항 제1호 단서의 규정에 의하여 정당의 당원이 될 수 있는 공무원(국회의원과 지방의회의의원 외의 정무직공무원을 제외한다)은 그러하지 아니하다.[3)]

5. 제53조(공무원 등의 입후보) 제1항 제2호 내지 제7호에 해당하는 자(제5호 및 제6호의 경우에는 그 상근직원을 포함한다)[4)]
6. 예비군 중대장급 이상의 간부
7. 통·리·반의 장 및 읍·면·동주민자치센터(그 명칭에 관계없이 읍·면·동사무소 기능전환의 일환으로 조례에 의하여 설치된 각종 문화·복지·편익시설을 총칭한다. 이하 같다)에 설치된 주민자치위원회(주민자치센터의 운영을 위하여 조례에 의하여 읍·면·동사무소의 관할구역별로 두는 위원회를 말한다. 이하 같다)위원
8. 특별법에 의하여 설립된 국민운동단체로서 국가 또는 지방자치단체의 출연 또는 보조를 받는 단체(바르게살기운동협의회·새마을운동협의회·한국자유총연맹을 말한다)의 상근 임·직원 및 이들 단체 등(시·도조직 및 구·시·군조직을 포함한다)의 대표자
9. 선상투표신고를 한 선원이 승선하고 있는 선박의 선장

(2) 구체적 내용

① 대한민국 국민이 아닌 자는 선거운동을 할 수 없다.[5)] 다만, 대한민국 국민이 아닌 자

---

2) 헌법재판소는, 공직선거 및 교육감선거에서 교육공무원의 선거운동을 금지하는 법 제60조(선거운동을 할 수 없는 자) 제1항 제4호와 관련하여, '교육공무원 선거운동 금지조항은 공무원의 정치적 중립성, 교육의 정치적 중립성을 확보하기 위한 것으로 입법목적의 정당성 및 수단의 적합성이 인정된다. 선거에 영향을 줄 수 있는 개별 행위들을 일일이 규정하기란 입법기술상 불가능하고, 근무시간 내외를 불문하고 학생들의 인격 및 기본생활습관 형성 등에 중요한 영향을 끼칠 수 있는 교육공무원의 특성 등에 비추어 침해의 최소성에도 어긋나지 않는다. 교육의 정치적 중립성 확보라는 공익은 선거운동의 자유에 비해 높은 가치를 지니고 있으므로 법익의 균형성도 충족한다. 지방교육자치에도 교육의 자주성·전문성·정치적 중립성이 요구되는 점에 비추어 교육감선거에 있어 선거운동을 제한하더라도 과도한 제한으로 볼 수 없으므로, 교육공무원에 대한 선거운동금지가 과잉금지원칙에 위반되지 않는다고 본 헌법재판소의 2012. 7. 26. 2009헌바298 결정은 이 사건에서도 그대로 타당하고, 대학교원과 비교하여서도 앞서 본 바와 같은 이유에서 평등권을 침해한다고 볼 수 없다.'고 판시하였다(2019. 11. 28. 선고 2018헌마222 결정).

3) 헌법재판소는, 지방자치단체의 장의 선거운동을 금지하는 법 제60조(선거운동을 할 수 없는 자) 제1항 제4호와 관련하여, '심판대상조항은, 지방자치단체의 장의 업무전념성, 지방자치단체의 장과 해당 지방자치단체 소속 공무원의 정치적 중립성, 선거의 공정성을 확보하기 위한 것으로 정당한 목적달성을 위한 적합한 수단에 해당한다. 지방자치단체의 장은 지방자치단체의 대표로서 그 사무를 총괄하고, 공직선거법상 일정한 선거사무를 맡고 있으며, 지역 내 광범위한 권한 행사와 관련하여 사인으로서의 활동과 직무상 활동이 구분되기 어려운 점 등을 고려할 때 심판대상조항이 입법목적 달성을 위하여 필요한 범위를 벗어난 제한이라 보기 어렵고, 심판대상조항에 의하여 보호되는 선거의 공정성 등 공익과 제한되는 사익 사이에 불균형이 있다고 보기도 어렵다. 따라서 심판대상조항은 과잉금지원칙에 위배하여 선거운동의 자유를 침해한다고 볼 수 없다.'고 판시하였다(2020. 3. 26. 선고 2018헌바90 결정).

4) 언론인의 범위를 포괄적으로 규정한 법 제53조(공무원 등의 입후보) 제1항 제8호에 대한 위헌결정으로 인하여, 2020. 12. 29. 법률 제17813호로 개정되어 법 제60조(선거운동을 할 수 없는 자) 제1항 제5호 중 '제8호'를 '제7호'로 변경하였다.

가 예비후보자·후보자의 배우자인 경우에는 선거운동을 할 수 있다(법§60①단서).

② 18세 미만의 미성년자는 선거운동을 할 수 없다.[6] 선거운동에 있어 미성년자인지 여부는 선거일이 아니라 행위시를 기준으로 한다. 민법상 미성년자가 혼인을 한 때는 성년자로 의제되지만(민법§826의2), 그렇더라도 18세 미만의 미성년자는 선거운동을 할 수 없다.

전국동시지방선거 군수선거 후보자의 선거운동을 돕기 위하여 미성년자 30여 명으로 하여금 후보자가 연설을 할 때 박수치고 후보자의 이름을 연호하게 한 경우는 본조항에 위반된다.[7] 미성년자가 직업적 또는 단순한 모델로 출연하여 촬영한 사진이나, 예비후보자가 과거에 미성년자와 함께 찍은 활동사진을 게재하는 것은 허용된다.[8]

③ 선거권이 없는 자(법§18①)도 선거운동을 할 수 없다.[9]

공직선거법위반죄로 벌금 150만원을 선고받고 그 형이 확정된 후 5년이 경과되지 아니한 자가 무소속후보자 선거사무소 개소식에 참석하여 약 50여 명이 모인 가운데 무소속후보자를 지지·호소하는 내용의 연설을 하는 경우,[10] 선거범으로 100만원 이상의 벌금을 선고받고 5년이 경과되지 아니한 자가 시장후보자의 선거운동원 3명과 나란히 서서 시민들에게 인사하고 후보자의 명함을 배부하며 지지를 호소한 경우[11]는 본조항에 위반된다.

④「국가공무원법」 제2조(공무원의 구분)의 국가공무원,「지방공무원법」 제2조(공무원의 구분)의 지방공무원[12]과「정당법」 제22조(발기인 및 당원의 자격) 제1항 제1호 단서의 정당의 당

---

5) 대한민국 국민에 대하여는 제2편 선거권자 제2장 선거권자 2. 대한민국 국민에서 상술한다.

6) 미성년자에 대하여는 제2편 선거권자 제2장 선거권자 1. 선거권 연령에서 상술한다.

7) 창원지방법원 마산지원 2019. 2. 8. 선고 2018고합95 판결

8) 2011. 12. 30. 중앙선관위 질의회답

9) 선거권이 없는 자에 대하여는 제2편 선거권자 제3장 선거권이 없는 자에서 상술한다.

10) 서울고등법원 2013. 3. 8. 선고 2013노302 판결(서울중앙지방법원 2013. 1. 11. 선고 2012고합1215 판결)

11) 수원지방법원 안양지원 2019. 3. 29. 선고 2018고합159 판결

12) 헌법재판소는, 법 제60조(선거운동을 할 수 없는 자) 제1항 제4호 본문 중 '「국가공무원법」 제2조(공무원의 구분) 제2항 제1호 및「지방공무원법」 제2조(공무원의 구분) 제2항 제1호의 일반직공무원'에 관한 부분(이하 '선거운동금지조항'이라 한다)와 관련하여, "헌법재판소는 2004헌바47 결정 등에서 초·중등학교의 교육공무원, 지방공무원 등의 선거운동을 금지하는 것이 헌법에 위반되지 않는다고 판단하였다. 그 요지는, 공무원의 선거운동을 금지하는 것은 선거의 형평성과 공정성을 보장하기 위한 것으로서 선거운동의 방법이나 태양을 제한하는 방법 내지 지위를 이용한 선거운동을 금지하는 등의 방법만으로는 선거의 형평성과 공정성을 충분히 확보할 것인지는 불분명하므로 과잉금지원칙에 위배되지 않는다는 것이다. 이러한 논거는 일반직공무원에게도 그대로 적용될 수 있으므로 선거운동금지조항이 선거운동의 자유를 침해한다고 볼 수 없다."고 판시하였다(2022. 10. 27. 선고 2019헌마1271 결정 ; 위 결정에서 재판관 이석태, 김기영, 이미선은 "우리는 2019. 11. 28. 2018헌마222 결정에서 교육공무원의 공직 선거운동을 금지하는 것이 과잉금지원칙에 위배되어 교육공무원의 선거운동의 자유를 침해한다고 보았다. 그 요지는, 정치적 중립을 확보하기 위하여 교육공무원의 선거운동을 전면적·포괄적으로 제한하는 것은 목적달성에 적합하지 못하고, 선거운동의 자유의 본질적 내용이 형해화되며, 관계 법령이나 공직수행과 관련된 영역에서의 선거운동 금지 등의 방법으로도 충분하므로 교육공무원의 선거운동을 금지하는 것은 과잉금지원칙에 위배된다는 것이다. 마찬가지 이유로 선거운동금지조항은 일반직공무원인 청구인들의 선거운동의 자유를 침해한다"고 반대의견을 표시하였다.)

원이 될 수 있는 공무원 중 국회의원과 지방의회의원 외의 정무직공무원은 선거운동을 할 수 없다.[13)14)]

공무원 중 국회의원, 지방의회의원과 국회의원의 보좌관·비서관·비서 및 국회교섭단체의 정책연구위원, 대학의 총장·학장·교수·부교수·조교수 및 강사는 선거운동을 할 수 있다. 대통령특별보좌관 및 자문위원은 무보수명예직(대통령비서실 직제§8③)이기 때문에 선거운동을 할 수 있다.

선거에 의하여 취임하는 지방자치단체장은 정무직공무원으로서 정당에는 가입할 수 있으나 선거운동은 할 수 없다.[15)16)] 국회의원도 국무위원을 겸직하고 있으면 선거운동을 할 수

---

13) 헌법재판소는, 병역의무를 이행하는 병(兵)에 대하여 정치적 중립의무를 부과하면서 선거운동을 할 수 없도록 한 법 제60조(선거운동을 할 수 없는 자) 제1항 제4호, 「국가공무원법」 제65조(정치운동의 금지) 제2항, 「군형법」 제94조(정치관여) 제1항 제4호, 제5호, 「군인의 지위 및 복무에 관한 기본법」 제33조(정치운동의 금지) 제2항과 관련하여, '병은 군인의 다수를 차지하므로, 만약 병이 선거운동을 하여 선거에서 특정 후보나 정당을 지지하는 경향을 드러내는 경우, 그것이 국군 전체의 의사로 오도될 가능성이 있고 국군의 정치적 중립성이 크게 흔들릴 수 있다. 또한, 병은 원칙적으로 다른 병과 함께 집단생활을 하므로 생활 전반에 걸쳐 병 사이의 밀착 정도가 매우 높아, 어느 병의 선거운동은 다른 병의 선거와 관련한 의사 형성이나 고유의 직무 수행에 부당한 영향을 미칠 수 있다. 비록 병이 군의 지휘체계에서 가장 하부에 위치하지만, 병이 취급하는 정보 중에서도 국가안보와 직결된 민감한 군사비밀이 있고, 특정 후보나 정당과 밀착하여 선거에 영향을 줄 수 있는 비밀을 유출하는 경우 국군의 정치적 중립성은 물론 국가안보에도 위협이 될 수 있다. 또한, 병이 영외에 있더라도 군인이라는 신분은 계속 유지되며 정치적 중립 요구를 받는다는 점에도 변함이 없으므로, 이를 구별하여 휴가기간에만 선거운동을 허용할 것도 아니다. 심판대상조항이 병의 선거운동의 자유를 전면적으로 제한하고 있으나, 위와 같은 사정을 고려하면 병이 국토방위라는 본연의 업무에 전념할 수 있도록 하고, 헌법이 요구하는 공무원과 국군의 정치적 중립성을 확보하며, 선거의 공정성과 형평성을 확보하기 위하여 반드시 필요한 제한이라고 할 수 있다. 따라서 심판대상조항은 과잉금지원칙에 위배되어 청구인의 선거운동의 자유를 침해하지 않는다. 병이 업무를 담당하는 동안은 "국민전체의 봉사자"이자 "국군의 일원"으로서 공무에 전념한다는 점에서는 차이가 없다. 또한, 병이 상명하복의 지휘체계에서 최하단에 있다고 하여 그 업무가 직업군인에 비하여 경미하다고 일률적으로 말할 수 없으며, 병의 업무와 직업군인의 업무가 명확히 구별되는 것도 아니다. 이처럼 병이 직업군인 등 직업공무원과 본질적으로 다르다고 할 수 없으므로, 심판대상조항이 선거와 관련하여 병에게 직업군인 등 직업공무원과 동일한 정치적 중립 의무를 부과하는 것은 청구인의 평등권을 침해하지 않는다.'고 판시하였다(2018. 4. 26. 선고 2016헌마611 결정).

14) 공무원의 선거운동과 관련하여, 소셜미디어의 활용이 활발해지면서 선거에서 이를 활용한 홍보 목적의 광고게시, 정치적 목적의 의견개진 등이 더욱 증가해짐에 따라 공무원의 위반사례도 급증하고 있는데, 공무원이라 할지라도 직무와 관련 없는 내용의 경우 공무원이 아닌 사인으로서 표현의 자유를 보호할 필요가 있으므로, 보다 구체적이고 명확한 판단기준을 제안할 필요성이 있다는 견해가 있다(김재선, 「공무원의 소셜미디어를 활용한 의사표현의 허용범위에 관한 고찰 - 공무원의 정치적 중립 논의를 중심으로 -」, 법조 Vol.68-1(2019. 2.), 61쪽).

15) 2011. 7. 14. 선고 2011도3862 판결

16) 헌법재판소는, 법 제60조(선거운동을 할 수 없는 자) 제1항 제4호 중 '선거에 의하여 취임하는 지방자치단체의 장' 부분과 관련하여, "심판대상조항은, 지방자치단체의 장의 업무전념성, 지방자치단체의 장과 해당 지방자치단체 소속 공무원의 정치적 중립성, 선거의 공정성을 확보하기 위한 것으로 정당한 목적달성을 위한 적합한 수단에 해당한다. 지방자치단체의 장은 지방자치단체의 대표로서 그 사무를 총괄하고, 공직선거법상 일정한 선거사무를 맡고 있으며, 지역 내 광범위한 권한 행사와 관련하여 사인으로서의 활동과 직무

없다.[17] 이북5도의 미수복지 명예시장 · 군수 및 읍 · 면장은 법 제60조(선거운동을 할 수 없는 자) 각 호의 1에 해당하는 자가 아니므로 선거운동을 할 수 있다.[18]

그러나 국가공무원, 지방공무원 등이 예비후보자 · 후보자의 배우자이거나 후보자의 직계존비속인 경우에는 선거운동을 할 수 있다(법§60①단서). 직계존비속의 경우, 공무원이 후보자의 직계존비속인 때에만 선거운동이 허용되므로, 후보자로 등록되기 전의 예비후보자의 직계존비속인 공무원은 선거운동을 할 수 없다.

공무원이 선거운동기간 전에 카카오톡 문자메시지를 전송하는 방법으로 선거운동을 한 경우에, 일반인에게 허용되는 문자메시지를 단순히 전송하는 방법으로 선거운동을 한 것은 공무원 등의 선거운동제한 위반에 해당할 뿐, 사전선거운동으로는 처벌되지 않는다.[19] 공무원 노조 홈페이지에 특정 정당을 지지하고 그 소속 후보자에게 투표를 하도록 권유하는 내용의 특별결의문을 게시한 것은 본조항에 위반된다.[20] 면장으로 근무하는 사람이 면사무소에서 초 · 중 · 고등학교 동기인 친구에게 전화하여 후보자의 거리선거유세에 참석하여 지지해달라고 말한 경우는 본조항에 위반된다.[21] 공무원이 ○○유림의 △△후보자에 대한 지지선언에 있어 그 선언자들이 ○○유림의 대표자격이 없다거나 ○○유림은 선거중립을 지켜야 한다는 것을 널리 알려달라고 부탁한 것은 선거운동에 해당한다고 볼 수 없다.[22] 특정 정당이 내세운 여러 정강, 정책 중 일부에 대해 공감한다는 취지의 게시물을 게시하였다고 하더라도 이를 곧바로 특정 정당에 대한 지지의사로 추단하거나, 나아가 그 정당 소속 후보자(비례대표후보자나 지역구후보자)들 전체의 당선을 도모한다는 목적의사가 객관적으로 인정되는 행위라고 단정할 수 없다. 이는 특정 정당을 지지하지 않으면서도 그 정당의 극히 일부의 정강, 정책에 대해서는 공감을 표한다는 것이 충분히 가능하기 때문이다. 교육공무원이 □□당의 창당선언 영상 중에서 공감하는 부분이 있어 그 영상물을 공유하여 게시한 행위는 선거운동에 해당하지 아니한다.[23] 사립학교 교원이 페이스북과 같은 누리소통망(이른바, "소셜

상 활동이 구분되기 어려운 점 등을 고려할 때 심판대상조항이 입법목적 달성을 위하여 필요한 범위를 벗어난 제한이라 보기 어렵고, 심판대상조항에 의하여 보호되는 선거의 공정성 등 공익과 제한되는 사익 사이에 불균형이 있다고 보기도 어렵다. 따라서 심판대상조항은 과잉금지원칙에 위배하여 선거운동의 자유를 침해한다고 볼 수 없다. 국회의원이나 지방의회의원은 그 지휘 · 감독을 받는 공무원 조직이 없어 공무원의 선거관리에 영향을 미칠 가능성이 높지 않으므로 국회의원과 지방의회의원이 지방자치단체의 장과 달리 심판대상조항의 적용을 받지 않는 것은 합리적인 차별이라고 할 것이어서, 심판대상조항은 평등원칙에 반하지 않는다."고 판시하였다(2020. 3. 26. 선고 2018헌바90 결정).

17) 1994. 12. 22. 중앙선관위 질의회답
18) 1995. 6. 15. 중앙선관위 질의회답
19) 2015. 3. 12. 선고 2014도17957 판결
20) 2005. 7. 29. 선고 2004도6166 판결
21) 대구고등법원 2019. 5. 2. 선고 2019노168 판결
22) 부산고등법원 2015. 2. 11. 선고 (창원)2014노399 판결
23) 2017. 7. 11. 선고 2017도6988 판결(대전고등법원 2017. 5. 1. 선고 2017노10 판결)

네트워크 서비스")을 통해 자신의 정치적 견해나 신념을 외부에 표출하였고 그 내용이 선거와 관련성이 인정된다고 하더라도 그 이유만으로 섣불리 선거운동이라고 속단하여서는 아니 되는바, 사립학교 교원이 "새누리 정책 아이디어 고갈"이라는 기사를 공유한 행위는 선거운동에 해당하지 않는다.[24] 페이스북은 다른 이용자들과 소통하는 사회적 공간으로서의 성격뿐만 아니라 개인의 일상과 감정을 공유하고 기록하는 사적 공간의 성격을 함께 가지고 있는바, 페이스북에 가입한 이래 정치사회분야를 비롯하여 다양한 분야의 글이나 기사를 공유하거나 이에 대한 의견을 작성하여 온 피고인이 □□당의 교육감 직선제 폐지공약에 대한 비판적 의견을 표명하고 이에 대한 우려의 감정을 나타낸 것은 특정인의 당락을 도모하는 행위가 아니어서 선거운동에 해당하지 않는다.[25] 「병역법」 제33조(사회복무요원의 연장복무 등) 제2항 제2호[26]는 사회복무요원이 선거운동을 할 경우 경고처분 및 연장복무를 하게 하도록 규정하여 사회복무요원의 선거운동을 제한하고 있다.[27]

공무원의 선거운동을 금지하는 이유는 그들이 그 직을 유지한 채 선거운동을 할 수 있는 경우 자신들의 지위와 권한을 특정 개인을 위한 선거운동에 남용될 소지가 많게 되고, 자신의 선거운동에 유리한 방향으로 편파적으로 직무를 집행하거나 관련 법규를 적용할 가능성도 있는 등 그로 인한 부작용과 폐해가 선거결과에 지대한 영향을 미치게 될 것이기 때문인바, 선거의 형평성과 공정성을 보장하기 위하여 공무원들로 하여금 선거운동에 관여하지 못하도록 하는 것은 입법자의 불가피한 조치라고 할 것이므로, 선거운동의 자유 등을 침해하거나 헌법에 위반되지 않는다.[28]

⑤ 법 제53조(공무원 등의 입후보) 제1항 제2호 내지 제7호에 해당하는 자는 선거운동을 할 수 없다. 즉, 각급선거관리위원회위원 또는 교육위원회의 교육위원(법§53①2.), 다른 법령의 규정에 의하여 공무원의 신분을 가진 자(법§53①3.), 「공공기관의 운영에 관한 법률」 제4조(공공기관) 제1항 제3호에 해당하는 기관 중 정부가 100분의 50 이상의 지분을 가지고 있는 기관(한국은행을 포함한다)의 상근 임·직원(법§53①4.),[29] 「농업협동조합」·「수산업협동조합」·

---

24) 2018. 11. 29. 선고 2017도2972 판결

25) 서울고등법원 2019. 1. 25. 선고 2017노182 판결

26) 「병역법」 제33조(사회복무요원의 연장복무 등) ② 사회복무요원이 다음 각 호의 어느 하나에 해당하는 경우에는 경고처분하되, 경고처분 횟수가 더하여질 때마다 5일을 연장하여 복무한다. 다만, 제89조의3 각 호의 어느 하나에 해당하는 사람의 경우에는 복무기간을 연장하지 아니한다.
2. 정당이나 그 밖의 정치단체에 가입하는 등 정치적 목적을 지닌 행위를 한 경우

27) 헌법재판소는, 「병역법」 제33조(사회복무요원의 연장복무 등) 제2항 제2호와 관련하여, '사회복무요원은 공무원은 아니지만 병역의무를 이행하고 공무를 수행하는 사람으로서 공무원에 준하는 공적지위를 가지므로 그 지위 및 직무의 성질상 정치적 중립성이 보장되어야 하기 때문에 병역법 제33조(사회복무요원의 연장복무 등) 제2항 제2호는 사회복무요원의 선거운동의 자유를 침해하지 않는다.'고 판시하였다(2016. 10. 27. 선고 2016헌마252 결정).

28) 2008. 4. 24. 선고 2004헌바47 전원재판부 결정, 2009. 3. 16. 선고 2006헌마526 결정, 2012. 7. 26. 선고 2009헌바298 결정

「산림조합법」·「엽연초생산협동조합」에 의하여 설립된 조합의 상근 임원[30]과 이들 조합의 중앙회장(법§53①5.), 「지방공기업법」 제2조(적용범위)에 규정된 지방공사와 지방공단의 상근 임원(법§53①6.), 「정당법」 제22조(발기인 및 당원의 자격) 제1항 제2호의 규정에 의하여 정당의 당원이 될 수 없는 사립학교교원(법§53①7.)[31]은 각각 선거운동을 할 수 없다.

---

29) 헌법재판소는, 국민건강보험공단 직원의 선거운동금지와 관련하여, '국민건강보험공단 직원의 업무가 일반 보험회사의 직원이 담당하는 보험업무와 내용상 크게 다르지 않다 하더라도 그 신분상의 특수성과 조직의 규모, 개인정보 지득의 정도, 선거개입시 예상되는 부작용 등이 사보험업체 직원이나 다른 공단의 직원의 경우와 현저히 차이가 나는 이상 그 선거운동 금지는 정당한 차별목적을 위한 합리적인 수단을 강구한 것으로서 합헌이다.'고 판시하였다(2004. 4. 29. 선고 2002헌마467 전원재판부 결정).

30) 헌법재판소는, 농업협동조합법·수산업협동조합법에 의하여 설립된 조합(이하 '협동조합'이라 한다)의 상근 직원에 대하여 선거운동을 금지하는 법 제60조(선거운동을 할 수 없는 자) 제1항 제5호 중 법 제53조(공무원 등의 입후보) 제1항 제5호 가운데 '농업협동조합법·수산업협동조합법에 의하여 설립된 조합의 상근직원'에 관한 부분(이하 '심판대상조항'이라 한다)에 관하여, "심판대상조항이 협동조합 상근직원의 선거운동을 원칙적으로 금지하는 것은 선거의 형평성과 공정성을 확보하려는 것으로서, 입법목적의 정당성 및 수단의 적합성이 인정된다. 협동조합이 가지는 공법인적 특성과 기능적 공공성에 더하여, 협동조합의 상근직원이 각 지역 주민들의 생활에 매우 밀접한 직무를 수행하고 있는 점 등을 고려해볼 때, 협동조합의 상근직원이 그 직을 그대로 유지한 채 선거운동을 할 경우에는 선거의 공정성·형평성이 저해될 우려가 있다. 한편, 공직선거법과 농업협동조합법·수산업협동조합법에는 협동조합의 상근직원이 그의 지위와 권한을 선거운동에 남용하지 못하도록 제한하는 규정들이 일부 존재하나, 그러한 규정들만으로 선거의 공정성·형평성이 충분히 확보될 수 있는지 불문명하고, 달리 입법목적을 달성할 수 있는 효과적인 대안을 상정하기도 어렵다. 심판대상조항은 정치적 의사표현 중 당선 또는 낙선을 위한 직접적인 활동만을 금지할 뿐이므로, 협동조합의 상근직원은 여전히 선거와 관련하여 일정 범위 내에서는 자유롭게 자신의 정치적 의사를 표현하면서 후보자에 대한 정보를 충분히 교환할 수 있다. 따라서 심판대상조항은 침해의 최소성 및 법익의 균형성을 충족한다. 결국 심판대상조항은 과잉금지원칙에 반하여 청구인들의 선거운동의 자유를 침해하지 않는다."고 판시하였다(2022. 11. 24. 선고 2020헌마417 결정 ; 위 결정에서 재판관 유남석, 이석태, 김기영, 문형배, 이미선은 "협동조합은 일부 공법인적 특성을 가지고 있기는 하지만, 그 존립목적이나 설립·관리의 측면에서 볼 때 자주적 단체로서 기본적으로 사법인에 가깝다고 할 수 있다. 또한 협동조합의 상근직원이 수행하는 직무 내용은 일반 사기업 직원의 직무와 크게 다르지 않으며, 이들에게 정치적 중립성이 요구된다거나, 선거운동에 부당하게 동원할 우려가 있는 권력적 요소 내지 영향력이 있다고 볼 수도 없다. 이러한 점을 종합하여 볼 때, 특별히 협동조합의 상근직원에 대하여 선거운동을 원칙적으로 금지할 필요가 있다고 보기 어렵다. 게다가 공직선거법과 농업협동조합법·수산업협동조합법은 이미 협동조합의 상근직원이 그의 지위와 권한을 선거운동에 남용하지 못하도록 제한하는 규정들을 충분히 마련하고 있다. 설령 이러한 제반 규정들만으로 선거의 공정성을 담보하기 부족하다고 하더라도, 협동조합 상근직원 중 선거운동이 제한되는 주체의 범위를 최소화하거나, 제한되는 선거운동의 범위를 최소화하려는 노력 없이, 일률적으로 모든 상근직원에 대하여 일체의 선거운동을 금지하는 것은 선거운동의 자유를 과도하게 제한하는 것이다. 따라서 심판대상조항은 과잉금지원칙에 반하여 청구인들의 선거운동의 자유를 침해한다."고 반대의견을 표시하였다.)

31) 헌법재판소는, 초·중등학교 교원의 선거운동금지와 관련하여, '초·중등학교 교원의 정당가입 및 선거운동의 자유를 금지함으로써 정치적 기본권을 제한하는 측면이 있는 것은 사실이나, 공무원의 정치적 중립성 등을 규정한 헌법 제7조 제1항·제2항, 교육의 정치적 중립성을 규정한 헌법 제31조 제4항의 규정취지에 비추어 보면, 감수성과 모방성 그리고 수용성이 왕성한 초·중등학교 학생들에게 교원이 미치는 영향은 매우 크고, 교원의 활동은 근무시간 내외를 불문하고 학생들의 인격 및 기본생활습관 형성 등에 중요한 영향을 끼치는 잠재적 교육과정의 일부분인 점을 고려하고, 교원의 정치활동은 교육수혜자인 학생의 입장에서는 수업권의 침해로 받아들여질 수 있다는 점에서 현 시점에서는 국민의 교육기본권을 더욱 보장함으로써

그러나 헌법재판소는, 법 제53조(공무원 등의 입후보) 제1항 제4호 가운데 한국철도공사의 상근직원에 대하여 선거운동을 금지하는 것은 선거운동의 자유를 과도하게 제한한다는 이유로 위헌결정을 하였고,[32] 법 제60조(선거운동을 할 수 없는 자) 제1항 제5호 중 법 제53조(공무원 등의 입후보) 제1항 제6호 가운데 「지방공기업법」 제2조(적용범위)에 규정된 지방공사인 서울교통공사의 상근직원의 경선운동과 관련하여, 「서울교통공사의 상근직원은 서울교통공사의 경영에 관여하거나 실질적인 영향력을 미칠 수 있는 권한을 가지고 있지 아니하므로, 경선운동을 한다고 하여 그로 인한 부작용과 폐해가 크다고 보기 어렵다. 또한 공직선거법은 이미 서울교통공사의 상근직원이 당내경선에 직·간접적으로 영향력을 행사하는 행위들을 금지·처벌하는 규정들을 마련하고 있다. 서울교통공사의 상근식원이 그 지위를 이용하여 경선운동을 하는 행위를 금지·처벌하는 규정을 두는 것은 별론으로 하고, 경선운동을 일률적으로 금지·처벌하는 것은 정치적 표현의 자유를 과도하게 제한하는 것이다. 정치적 표현의 자유의 중대한 제한에 비하여, 서울교통공사의 상근직원이 당내경선에서 공무원에 준하는 영향력이 있다고 볼 수 없는 점 등을 고려하면 심판대상조항이 당내경선의 형평성과 공정서의 확보라는 공익에 기여하는 바가 크다고 보기 어렵다. 따라서 심판대상조항은 과잉금지원칙에 반하여 정치적 표현의 자유를 침해한다.」고 판시하였으며,[33] 법 제60조(선거운동을 할

얻을 수 있는 공익을 우선시해야 할 것이라는 점 등을 종합적으로 감안할 때, 초·중등학교 교육공무원의 정당가입 및 선거운동의 자유를 제한하는 것은 헌법적으로 정당화될 수 있다. 현행 교육법령은, 초·중등학교의 교원 즉 교사는 법령이 정하는 바에 따라 학생을 교육하는 자이고(「교육기본법」 제9조(학교교육), 「초·중등교육법」 제20조(교직원의 임무) 제3항), 반면에 대학의 교원은 학생을 교육·지도하고 학문을 연구하되 학문연구만을 전담할 수 있다(「고등교육법」 제15조(교직원의 임무) 제2항)고 하여 양자의 직무를 달리 규정하고 있다. 뿐만 아니라, 초·중등학교의 교육은 일반적으로 승인된 기초적인 지식의 전달에 중점이 있는데 비하여, 대학의 교육은 학문의 연구·활동과 교수기능을 유기적으로 결합하여 학문의 발전과 피교육자인 대학생들에 대한 교육의 질을 높일 수 있는 능력을 갖출 것이 요구된다. 그렇다면 초·중등학교 교원에 대해서는 정당가입과 선거운동의 자유를 금지하면서 대학교원에게는 이를 허용한다 하더라도, 이는 양자간 직무의 본질이나 내용 그리고 근무태양이 다른 점을 고려할 때 합리적인 차별이라고 할 것이므로 헌법상의 평등권을 침해한 것이라고 할 수 없다.'고 판시하였다(2004. 3. 25. 선고 2001헌마710 전원재판부 결정). ; 2012. 7. 26. 선고 2009헌바298 결정도 같은 취지

32) 헌법재판소는, 한국철도공사 상근직원의 선거운동금지와 관련하여, '한국철도공사 상근직원의 지위와 권한에 비추어볼 때, 특정 개인이나 정당을 위한 선거운동을 한다고 하여 그로 인한 부작용과 폐해가 일반 사기업 직원의 경우보다 크다고 보기 어려우므로, 직급이나 직무의 성격에 대한 검토 없이 일률적으로 모든 상근 직원에게 선거운동을 전면적으로 금지하고 이에 위반한 경우 처벌하는 것은 선거운동의 자유를 지나치게 제한하는 것이다. 더욱이 그 직을 유지한 채 공직선거에 입후보할 수 있는 상근임원과 달리, 한국철도공사의 상근직원은 그 직을 유지한 채 공직선거에 입후보하여 자신을 위한 선거운동을 할 수 있음에도 타인을 위한 선거운동을 전면적으로 금지하는 것은 과도한 제한이다.'고 판시하여 위헌결정을 하였다(2018. 2. 22. 선고 2015헌바124 결정).

33) 2022. 6. 30. 선고 2021헌가24 결정(재판관 이종석, 이영진은 '서울교통공사는 「지방공기업법」에 따라 설립된 지방공사로서, 그 사업의 공공적 성격이 강하고 조직·운영 등에도 공법적 특수성이 인정된다. 서울교통공사의 상근직원은 형법상 뇌물죄와 관련하여 공무원으로 간주되는 등 그 직무의 공공성이 인정되고, 당내경선에서 경선운동을 할 경우 관련 업무의 집행에 부당한 영향력을 행사할 가능성이 있다. 따라서 심

수 없는 자) 제1항 제5호 중 법 제53조(공무원 등의 입후보) 제1항 제6호 가운데 「지방공기업법」 제2조(적용범위)에 규정된 지방공단인 안성시시설관리공단의 상근직원에 관한 부분도 같은 취지로 정치적 표현의 자유를 침해한다고 판시하였다.[34)]

사립학교 교원이 특정 정당에 불리한 일부 기사를 발췌·편집하여 다수의 교인들이 출입하는 교회 입구 게시판이나 성미통에 게시, 비치한 행위는 본조항에 위반된다.[35)] 사립학교 교원이 선거일 약 50일을 앞두고 '학교급식 정상화를 위한 대토론회'에 참석하여 현직시장 및 그의 정치성향과 궤를 같이하는 정치세력을 비판하고 반대하는 의사를 명백히 하는 내용의 발언을 한 경우는 본조항에 위반된다.[36)]

각급선거관리위원회 위원 등이 예비후보자·후보자의 배우자이거나 후보자의 직계존비속인 경우에는 선거운동을 할 수 있다(법§60①단서).

⑥ 예비군은 지역예비군과 직장예비군으로 편성하되, 지역예비군은 거주지를 단위로 하여 연대·대대·지역대·중대·소대·분대로 편성하고, 직장예비군은 직장을 단위로 그 소속 예비군자원으로 여단·연대·대대·중대·소대·분대로 편성한다(「예비군법」 §3의2①, 「예비군법 시행령」 §5②,⑤). 이들 지역예비군 및 직장예비군의 중대장급 이상의 간부인 여단장·연대장·대대장·지역대장·중대장은 선거운동을 할 수 없다.

위 중대장 이상의 간부가 예비후보자·후보자의 배우자이거나 후보자의 직계존비속인 경우에는 선거운동을 할 수 있다(법§60①단서).

⑦ 통장·이장·반장 및 주민자치위원회 위원은 선거운동을 할 수 없다. 주민자치위원회는 주민자치센터의 운영을 위하여 조례에 의하여 읍·면·동사무소의 관할구역별로 두는 위원회를 말한다.

「지방자치분권 및 지방행정체제개편에 관한 특별법」 제27조(주민자치회의 설치), 제29조(주민자치회의 구성 등)에 근거하여 지방자치단체의 조례에 따라 시범적으로 설치·운영하는 '주민자치회' 및 그 위원은 공직선거법상 주민자치위원회 및 그 위원에 관한 규정(법 제60조(선거운동을 할 수 없는 자) 제1항, 제86조(공무원 등의 선거에 영향을 미치는 행위금지) 제1항, 제103조(각종집회 등의 제한) 제2항 등)이 적용된다.[37)]

주민자치위원회 위원이 후보자와 동행하면서 후보자가 선거권자들을 상대로 "○○○입니다. 잘 부탁합니다."라고 말하는 동안 선거권자들과 손을 잡거나 목례를 하면서 잘 부탁한다

판대상조항이 서울교통공사의 상근직원 모두에 대하여 당원이 아닌 자에게도 투표권을 부여하여 실시하는 당내경선에서 경선운동을 금지하는 것이 과도하다고 보기 어렵다.'는 이유로 반대의견을 표시하였다.)

34) 2022. 12. 22. 선고 2021헌가36 결정(재판관 이종석, 이영진은 2022. 6. 30. 선고 2021헌가24 결정에서와 마찬가지로 반대의견을 표시하였다.)

35) 서울고등법원 2004. 10. 19. 선고 2004노1868 판결

36) 2015. 7. 23. 선고 2015도6384 판결

37) 2019. 6. 24. 중앙선관위 질의회답

는 말을 하는 방법으로 후보자를 위하여 선거운동을 한 것은 본조항에 위반된다.[38] 주민자치위원회 위원이 주민자치센터에 설치된 공무용 컴퓨터 문자메시지 전송서비스에 접속하여 국회의원의 의정보고회 개최일정 등에 관한 문자메시지를 보낸 경우는 본조항에 위반된다.[39] 반장이 후보자의 선거사무원들과 유사한 복장을 입고 선거구민에게 "잘 부탁합니다."라고 인사를 한 경우는 본조항에 위반된다.[40]

통장 등이 예비후보자·후보자의 배우자이거나 후보자의 직계존비속인 경우에는 선거운동을 할 수 있다(법§60①단서).

⑧ 바르게살기운동협의회·새마을운동협의회·한국자유총연맹의 상근 임·직원 및 대표자(시·도조직 및 구·시·군조직을 포함)는 선거운동을 할 수 없다.

새마을운동중앙회는 법 제60조(선거운동을 할 수 없는 자) 제1항 제8호의 '특별법에 의하여 설립된 국민운동단체로서 국가 또는 지방자치단체의 출연 또는 보조를 받는 단체(바르게살기운동협의회·새마을운동협의회·한국자유총연맹을 말한다)에 해당한다고 해석함이 상당하고, 새마을운동중앙회 및 시 새마을회가 비록 민법에 의하여 설립된 사단법인의 형태를 지니고 있다고 하더라도 이와 같은 해석에 방해가 되거나 위 해석이 유추해석으로서 죄형법정주의에 위배되는 것은 아니다.[41]

바르게살기운동협의회 등의 상근 임·직원 등이 예비후보자·후보자의 배우자이거나 후보자의 직계존비속인 경우에는 선거운동을 할 수 있다(법§60①단서).

⑨ 법 제38조(거소·선상투표신고)에 따라 선상투표신고를 한 선원이 승선하고 있는 선박의 선장은 선거운동을 할 수 없다.

나. 각급선거관리위원회위원 등의 선거사무장 등 직무수행 시 사직

각급선거관리위원회위원·예비군 중대장급 이상의 간부·주민자치위원회위원 및 통·리·반의 장이 선거사무장, 선거연락소장, 선거사무원, 법 제62조(선거사무관계자의 선임) 제4항에 따른 활동보조인, 회계책임자, 연설원, 대담·토론자 또는 투표참관인이나 사전투표참관인이 되고자 하는 때에는 선거일 전 90일(선거일 전 90일 후에 실시사유가 확정된 보궐선거등에서는 그 선거의 실시사유가 확정된 때부터 5일 이내에)까지 그 직을 그만두어야 하며, 선거일 후 6월 이내(주민자치위원회위원은 선거일까지)에는 종전의 직에 복직할 수 없다(법§60②전문).

---

38) 서울고등법원 2004. 10. 19. 선고 2004노1844 판결(서울동부지방법원 2004. 6. 25. 선고 2004고합162 판결)
39) 울산지방법원 2008. 9. 9. 선고 2008고합170 판결
40) 대구고등법원 2009. 12. 10. 선고 2009노486 판결
41) 2010. 5. 13. 선고 2009도327 판결(포천시 새마을회는 새마을운동중앙회의 시조직이라고 할 것이어서, 지방의회의원이자 시 새마을회의 대표자인 피고인은 법 제60조(선거운동을 할 수 없는 자) 제1항 제8호의 '특별법에 의하여 설립된 국민운동단체로서 국가 또는 지방자치단체의 출연 또는 보조를 받는 단체인 새마을운동협의회의 시조직의 대표자'로서 선거운동을 할 수 없다고 한 사례)

이 경우 그만둔 것으로 보는 시기에 관하여는 그 소속기관의 장 또는 소속위원회에 사직원을 접수된 때에 그 직을 그만둔 것으로 본다(법§60②후문, §53④).

주민자치위원회 위원이 선거사무장, 투표참관인 등이 되고자 하는 때에는 선거일전 90일까지 그 직을 그만두어야 함에도 선거일전 90일까지 주민자치위원회 위원을 그만두지 아니하고 후보자의 선거사무장으로 등록한 경우는 본조항에 위반된다.[42)]

다. 선거운동주체 제한 위반

법 제60조(선거운동을 할 수 없는 자) 제1항에 위반하여 선거운동을 할 수 없는 자가 선거운동을 하거나 하게 한 자와 같은 조 제2항에 위반하여 각급선거관리위원회위원 등이 선거일전 90일(선거일 전 90일 후에 실시사유가 확정된 보궐선거등에서는 그 선거의 실시사유가 확정된 때로부터 5일 이내)까지 그 직을 그만두지 아니하고 선거사무장 등이 되거나 되게 한 자는 3년 이하의 징역 또는 600만원 이하의 벌금에 처한다(법§255①2.). 본죄는 재정신청 대상 중요 선거범죄에 해당한다(법§273①).

라. 교육감선거에서의 정당의 선거관여행위 금지

(1) 정당의 선거관여행위 금지

교육감선거에 있어서는 정당의 대표자·간부(「정당법」 제12조(중앙당의 등록신청)부터 제14조(변경등록)[43)]까지의 규정에 따라 등록된 대표자·간부를 말한다) 및 유급사무직원은 특정 후보자(후

---

42) 광주지방법원 순천지원 2007. 1. 9. 선고 2006고합313 판결

43) 「정당법」 제12조(중앙당의 등록신청) ① 중앙당의 등록신청사항은 다음 각 호와 같다.
1. 정당의 명칭(약칭을 정한 때에는 약칭을 포함한다)
2. 사무소의 소재지
3. 강령(또는 기본정책)과 당헌
4. 대표자·간부의 성명·주소
5. 당원의 수
6. 당인 및 그 대표자의 직인의 인영
7. 시·도당의 소재지와 명칭
8. 시·도당의 대표자의 성명·주소
② 제1항의 등록신청에는 대표자 및 간부의 취임동의서와 제10조(창당집회의 공개) 제2항의 규정에 의한 신문공고에 관한 증빙자료 및 창당대회 회의록 사본을 첨부하여야 한다.
③ 제1항 제4호의 간부의 범위는 중앙선거관리위원회규칙으로 정한다.
제13조(시·도당의 등록신청사항) ① 시·도당의 등록신청사항은 다음 각 호와 같다.
1. 정당의 명칭
2. 사무소의 소재지
3. 대표자·간부의 성명·주소
4. 당원의 수
5. 당인 및 그 대표자 직인의 인영

보자가 되려는 사람을 포함한다)를 지지·반대하는 등 선거에 영향을 미치게 하기 위하여 선거에 관여하는 행위(이하 "선거관여행위"라 한다)를 할 수 없으며, 그 밖의 당원은 소속 정당의 명칭을 밝히거나 추정할 수 있는 방법으로 선거관여행위를 할 수 없다(교육자치법§46②).

(2) 벌칙

「교육자치법」 제46조(정당의 선거관여행위 금지 등) 제2항을 위반하여 정당의 대표자 등이 선거관여행위를 한 경우에는 2년 이하의 징역 또는 2천만원 이하의 벌금에 처한다(교육자치법§59).

2. 무소속후보자의 정당표방 제한

가. 의의

무소속후보자는 특정 정당으로부터의 지지 또는 추천받음을 표방할 수 없다. 다만, 다음 각 호의 어느 하나에 해당하는 경우에는 그러하지 아니하다(법§84).

1. 정당의 당원경력을 표시하는 행위
2. 해당 선거구에 후보자를 추천하지 아니한 정당이 무소속후보자를 지지하거나 지원하는 경우 그 사실을 표방하는 행위

후보자가 소속 정당으로부터 지지·추천을 받은 사실을 표방하는 것은 유권자들에게 자신의 자질과 능력이 소속 정당에 의해 검증되었고 자신의 정치적 신념, 지향하는 정책노선과 실천적 복안 등이 소속 정당이 내세운 정강·정책과 궤를 같이 한다는 것을 알리면서 동시에 자신을 지지해 달라는 의사를 표현하기 위한 것이다.[44] 이러한 정당표방의 취지에 위배

---

② 제1항의 등록신청에는 대표자 및 간부의 취임동의서, 중앙당 또는 그 창당준비위원회의 창당승인서, 법정당원수에 해당하는 수의 당원의 입당원서 사본(18세 미만의 당원인 경우 법정대리인의 동의서 사본을 포함한다) 및 창당대회 회의록 사본을 첨부하여야 한다.

③ 제1항 제3호의 간부의 범위는 중앙선거관리위원회규칙으로 정한다.

제14조(변경등록) 제12조(중앙당의 등록신청사항) 및 제13조(시·도당의 등록신청사항)의 등록신청사항 중 다음 각 호의 어느 하나에 변경이 생긴 때에는 14일 이내에 관할 선거관리위원회에 변경등록을 신청하여야 한다.

1. 정당의 명칭(약칭을 포함한다)
2. 사무소(중앙당의 경우 당해 사무소에 한한다)의 소재지
3. 강령(또는 기본정책)과 당헌
4. 대표자·간부의 성명·주소
5. 당인 및 그 대표자 직인의 인영

44) 헌법재판소는, 기초의회의원선거 후보자로 하여금 특정 정당으로부터의 지지 또는 추천 받음을 표방할 수 없도록 한 구 공직선거 및 선거부정방지법(2000. 2. 16. 법률 제6265호로 개정되기 전의 것) 제84조(무소속후보자등의 정당표방금지)와 관련하여, '선거에 당하여 정당이냐 아니면 인물이냐에 대한 선택은 궁극적

하여 무소속후보자가 특정 정당으로부터 지지·추천을 받고 있음을 표방하는 것은 선거권자의 판단을 흐리게 함으로써 선거의 공정을 침해할 우려가 있기 때문에 법은 원칙적으로 이를 금지하고 있다.[45]

으로 주권자인 국민의 몫이고, 입법자가 후견적 시각에서 입법을 통하여 그러한 국민의 선택을 대신하거나 간섭하는 것은 민주주의 이념에 비추어 바람직하지 않기 때문에, 기초의회의원선거에서 정당의 영향을 배제하고 인물 본위의 투표가 이루어지도록 하겠다는 구체적 입법의도는 그 정당성이 의심스럽다. 후보자가 정당의 지지·추천을 받았는지 여부를 유권자가 알았다고 하여 이것이 곧 지방분권 및 지방의 자율성 저해를 가져올 것이라고 보기에는 그 인과관계가 지나치게 막연하므로, 법 제84조(무소속후보자등의 정당표방금지)의 규율내용이 과연 지방분권 및 지방의 자율성 확보라는 목적의 달성에 실효성이 있는지도 매우 의심스럽다. 나아가 법 제84조(무소속후보자등의 정당표방금지)가 지방자치 본래의 취지 구현이라는 입법목적의 달성에 기여하는 효과가 매우 불확실하거나 미미한 반면에, 이 조항으로 인해 기본권이 제한되는 정도는 현저하다. 즉, 후보자로서는 심지어 정당의지지·추천 여부를 물어오는 유권자들에 대해서도 침묵하지 않으면 안 되는 바, 이는 정당을 통해 정계에 입문하려는 기초의회의원 후보자에게 지나치게 가혹하다. 또한, 지방의회의원 선거의 선거기간이 14일로 규정되어 있고 사전선거운동이 금지되는 등 선거의 공정성을 담보하는 각종의 규제들이 마련되어 있어서 실제로 유권자들이 기초의회의원 후보자와 접촉할 수 있는 기회는 그리 많지 않은데다가 지방선거가 동시에 실시되고 있는 탓으로 유권자들이 후보자들 개개인의 자질과 능력을 일일이 분석·평가하기란 매우 힘든 실정이므로 현실적으로 후보자에 대한 정당의지지·추천 여부는 유권자들이 선거권을 행사함에 있어서 중요한 참고사항이 될 수밖에 없는데도 불구하고, 무리하게 후보자의 정당표방을 금지하는 경우에는 유권자들은 누가 누구이고 어느 후보가 어떠한 정치적 성향을 가졌는지도 모르는 상태에서 투표를 하거나 아니면 선거에 무관심하게 되어 아예 투표 자체를 포기할 수도 있다. 이러한 점들을 종합할 때, 정당표방을 금지함으로써 얻는 공익적 성과와 그로부터 초래되는 부정적인 효과 사이에 합리적인 비례관계를 인정하기 어려워, 법익의 균형성을 현저히 잃고 있다고 판단된다. 이에 덧붙여, 법 제84조(무소속후보자등의 정당표방금지) 단서에서는 후보자의 당원경력의 표시를 허용하고 있는데, 이러한 당원경력의 표시는 사실상 정당표방의 일환으로 행해지는 것이 통상적이어서 법 제84조(무소속후보자등의 정당표방금지)와 단서는 서로 중첩되는 규율영역을 가지게 되는바, 이로 말미암아 법 제84조(무소속후보자등의 정당표방금지)는 기초의회의원 후보자로 하여금 선거운동 과정에서 소속 정당에 관한 정보를 어느 만큼 표방해도 좋은지 예측하기 힘들게 하고 국가형벌권의 자의적 행사의 빌미마저 제공하고 있으므로 명확성원칙에 위배되는 측면이 있다. 그렇다면, 법 제84조(무소속후보자등의 정당표방금지)는 불확실한 입법목적을 실현하기 위하여 그다지 실효성도 없고 불분명한 방법으로 과잉금지원칙에 위배하여 후보자의 정치적 표현의 자유를 과도하게 침해하고 있다고 할 것이다. 법 제84조(무소속후보자등의 정당표방금지)의 의미와 목적이 정당의 영향을 배제하고 인물 본위의 선거가 이루어지도록 하여 지방분권 및 지방의 자율성을 확립시키겠다는 것이라면, 이는 기초의회의원뿐만 아니라 광역의회의원선거, 광역자치단체장선거 및 기초자치단체장선거에서도 함께 통용될 수 있다. 그러나, 기초의회의원선거를 그 외의 지방선거와 다르게 취급을 할 만한 본질적인 차이점이 있는가를 볼 때 그러한 차별성을 발견할 수 없다. 그렇다면, 위 조항은 아무런 합리적 이유 없이 유독 기초의회의원 후보자만을 다른 지방선거의 후보자에 비해 불리하게 차별하고 있으므로 평등원칙에 위배된다.'고 판시하면서 위헌결정을 하였다(2003. 1. 30. 선고 2001헌가4 전원재판부 결정).

위 위헌결정으로 2004. 3. 12. 법률 제7189호로 공직선거법이 개정되어 기초의회의원의 정당표방금지가 삭제되었다.

45) 법원은 '법 제84조(무소속후보자등의 정당표방제한)가 정당표방행위의 유형을 개별적·구체적으로 규정하지 아니하였다 하더라도, 어떠한 표현이 같은 조가 금지하는 정당표방행위에 해당하는지, 해당하지 않는지를 객관적으로 판단하는 것은 가능하다 할 것이고, 제256조(각종제한규정위반죄) 제1항 제1호 (라)목, 제84조(무소속후보자등의 정당표방제한)가 규율하려고 하는 범죄의 구성요건이 지나치게 추상적이고, 모호하여 그 적용범위가 지나치게 광범위하고 불명확하게 되어 국가형벌권의 자의적인 행사가 가능하게 되기 때

그러나 법 제84조(무소속후보자등의 정당표방제한) 단서에서 보는 바와 같이, 후보자의 당원 경력의 표시를 허용함으로써 유권자들이 정당의 지지·추천 여부를 알 수 있는 우회적 통로를 만들어 놓고 있고, 후보자가 정당에 대한 지지를 표방하거나 정당이 후보자에 대한 지지를 밝히는 행위 혹은 후보자가 당선 후에 소속 정당을 위해 의정활동을 벌이는 행위 등에 대해서는 이를 규제할 법적 근거가 없는 상황에서, 단지 무소속후보자가 유권자들에게 정당으로부터의 지지·추천 받음을 알리지 않는다고 하여 과연 그것이 선거권자의 판단에 영향을 미쳐 선거의 공정을 해할지는 의문이다. 나아가 무소속후보자의 정치적 성향을 어느 정도 감안할 것인지의 선택은 궁극적으로 유권자의 몫이므로, 입법자가 후견적 시각에서 정당표방은 유권자의 판단이 왜곡될 것이라고 미리 단정하고 이를 방지하겠다는 것은 정치적 표현의 자유를 핵심적 가치로 하는 민주주의 이념에 비추어 바람직하지도 않다. 따라서 법 제84조(무소속후보자등의 정당표방제한) 단서와 같은 정당표방금지의 예외를 두고 있는 상황에서 무소속후보자의 정당표방을 금지하는 것은 무의미하므로 이를 폐지하는 것이 바람직하다.[46)]

나. 정당표방제한의 원칙

무소속 후보자는 특정 정당으로부터의 지지 또는 추천받음을 표방할 수 없다(법§84본문). '표방'이라는 말의 사전적 의미는 어떠한 생각이나 의견 혹은 주의나 주장 따위를 공공연하게 밖으로 드러내어 내세우는 것이므로, 무소속후보자의 정당표방이란 무소속후보자가 특정 정당으로부터 지지를 받고 있다는 점 혹은 특정 정당으로부터 후보자로 추천을 받았다는 점을 유권자들에게 드러내어 내세우는 일체의 행위를 의미한다.[47)] 그러나 지지·추천의 의사표시의 방향이 정당으로부터 후보자에게로 향해진 것을 말하므로, 후보자가 특정 정당을 지지한다는 사실을 공표하는 것은 적용대상에 해당하지 않는다.[48)]

정당표방행위라 함은 문제된 행위를 표현 당시의 상황에서 객관적으로 보아 정당으로부터 지지 또는 추천을 받는 것으로 인식될 말한 방법으로 자신의 정당과의 그러한 관계를 내세

문에 법의 위 각 조항이 헌법의 죄형법정주의의 원칙에 위배된다고 할 수 없다.'고 하였다(1999. 5. 25. 선고 99도279 판결).

46) '특정한 정당이나 정치세력의 표방을 금지하는 것은 무의미할 뿐만 아니라 그 실효적 규제가 불가능하다. 예컨대 지난 2008년에 실시된 국회의원 총선거에서 한나라당에서 낙천된 인사들이 "친박연대"라는 정당을 창당하기도 하고 또는 무소속으로 출마하면서 실질적으로 친박임을 강조하여 다수의 당선자를 배출한 적이 있다. 그런 현실에서 본다면 제84조(무소속후보자등의 정당표방제한)의 규정은 아무런 의미가 없는 규제에 불과하다.'는 견해가 있다(성낙인, 「선거제도와 선거운동」, 저스티스 통권 제130호(2012. 6.), 28쪽).

47) 1999. 5. 25. 선고 99도279 판결, 1999. 10. 8. 선고 99도2314 판결, 1999. 5. 11. 선고 99도556 판결(피고인이 의도적으로 선거공고물에 새정치국민회의 지구당위원장과 함께 찍은 사진과 그 명의의 임명장 등을 수록하고 위 정당의 당원경력을 표시함과 아울러 '엄선하여 추천된 후보입니다.'라고 표시한 행위는 정당표방행위에 해당한다고 한 사례)

48) 1999. 1. 15. 선고 98도3648 판결

우는 것을 말하는 것이므로 구체적 상황에서 모든 관련 사정을 종합적으로 고려하여 판단하여야 한다.[49] 구체적으로 어떠한 행위가 정당표방행위에 해당하는지 여부를 결정함에 있어서는 그 표현행위가 행하여지는 시기적, 지리적 여건과 행위자의 의도 등을 종합적으로 고려하여 그 시기, 그 선거구의 일반적인 유권자들이 그 표현을 접할 때에 특정 정당이 당해 후보자를 지지하고 있거나, 혹은 특정 정당이 당해 후보자를 추천하였다는 뜻을 표시하고 있는 것으로 받아들일 것인지 여부에 따라야 한다.[50]

후보자가 선거벽보의 후보자 이름 바로 위에 다른 경력의 기재보다 큰 글자로 특정 정당의 지방자치위원장이라고 기재하고 그 둘레에 색을 넣어 박스처리한 경우,[51] 의도적으로 선거공보물에 새정치국민회의의 지구당위원장과 함께 찍은 사진과 그 명의의 임명장 등을 수록하고 위 정당의 당원경력을 표시함과 아울러 '엄선하여 추천된 후보입니다.'라고 표시한 행위,[52] 선거벽보와 선거공보, 명함의 각 경력란에 다른 경력 기재의 글씨보다 크게 '한나라당 중앙농수산해양위원회 부위원장'이라고 기재한 경우[53]는 정당표방행위에 해당한다. 색깔을 사용하는 것만으로 특정 정당으로부터 지지 또는 추천받음을 표방하는 것으로 볼 수 없을 것이나, 특정 색깔을 사용하여 표현하는 방법이 특정 정당으로부터 지지 또는 추천받음을 표방함에 이르러서는 아니 된다.[54]

다. 정당표방제한의 예외

무소속후보자가 정당의 당원경력을 표시하는 행위[55]를 하거나, 해당 선거구에 후보자를

---

49) 2003. 5. 16. 선고 2003도928 판결

50) 1999. 10. 8. 선고 99도2314 판결(무소속 후보자의 합동연설회에서 연설내용과 특정 정당의 당기 사용, 개인연설회에서의 찬조연사의 연설 내용 및 특정 정당의 도지사 후보 선거운동용 차량에의 사진 부착 등이 모두 정당표방행위에 해당한다고 한 사례), 1999. 5. 25. 선고 99도279 판결(목포시의회 의원 후보자로 출마하여 선거공보의 ① 1면에, 새정치국민회의의 목포시·신안군 갑지구당의 추천을 받아 출마한 시장후보와 도의원후보와 같이 1면에 새모양의 초록색 바탕에 후보자인 피고인의 사진을 게재하고, 새정치국민회의 목포시·신안군 갑지구당의 추천을 받아 출마한 도의원후보와 같이 같은 면 하단부에는 새모양의 노란색 바탕에 기호와 성명을 표시한 점, ② 2면에, 새정치국민회의 목포시·신안군 갑지구당 위원장인 김홍일 국회의원과 촬영한 사진을 게재한 점, ③ 4면의 약력 부분에는 새정치국민회의 목포시·신안군 갑지구당에서 시의원 후보자들에게 통일되게 부여한 새정치국민회의 '현 목포시·신안군 갑지구당 북교동 지방자치위원장'이라는 당직을 게재한 점 등을 종합하여 정당표방행위를 하였다고 인정한 사례), 2005. 5. 30. 선고 2000도734 판결(선거운동기간 중 사무실 외벽에 소속 정당의 상징마크를 새긴 현수막을 게시하고 자신의 명함에 소속 정당의 상징마크를 새기고 당원경력을 표시한 경우 정당표방행위에 해당한다고 인정한 사례)

51) 1999. 1. 15. 선고 98도3648 판결

52) 1999. 5. 11. 선고 99도556 판결

53) 2003. 5. 16. 선고 2003도928 판결

54) 1995. 5. 31. 중앙선관위 의결

55) 「지방교육자치에 관한 법률」 제46조(정당의 선거관여행위 금지 등) 제3항은 「후보자는 특정 정당을 지지·반대하거나 특정 정당으로부터 지지·추천받고 있음을 표방(당원 경력의 표시를 포함한다)하여서는 아니 된다.」고 규정하여 교육감선거에 있어서는 '당원 경력'도 표방할 수 없도록 하고 있다.

추천하지 아니한 정당이 무소속후보자를 지지하거나 지원하는 경우 그 사실을 표방하는 행위는 허용된다(법§84단서). 따라서 무소속후보자가 정당에 대한 지지를 표방하거나 단순히 과거 정당활동경력 및 당시 같이 활동했던 동료, 정당 대표자, 전·현직 국회의원이나 대통령 등과 함께 찍은 사진을 인쇄물에 게재하는 것은 허용된다.[56] 또한 정당이 무소속후보자에 대한 지지를 밝히는 행위도 허용되므로 정당의 창당준비위원회의 간부가 연설 등의 방법으로 무소속후보자를 지원하는 것도 허용된다. 대통령선거에 후보를 추천하지 아니하는 정당이 기자회견·당원집회 등 공직선거법에서 제한·금지되지 아니한 방법으로 다른 정당 소속 후보에 대한 지지를 표명하는 것은 허용된다.[57] 대통령선거에서 정당간에 또는 정당과 무소속 후보자간에 선거공조를 위하여 후보자를 단일화하는 경우 사퇴한 후보자나 그 정당의 대표자 또는 간부 등이 단일화된 후보자나 그 정당의 선거대채기구의 간부나 구성원이 되는 것은 법 제84조(무소속후보자등의 정당표방제한) 및 제88조(타후보자를 위한 선거운동금지)에 위반되지 않는다.[58]

라. 벌칙

무소속후보자가 법 제84조(무소속후보자등의 정당표방제한)를 위반하여 특정 정당으로부터 지지 또는 추천받음을 표방한 경우 2년 이하의 징역 또는 400만원 이하의 벌금에 처한다(법 §256③1.나.).

위 조항에 대하여, 헌법재판소는 '교육감선거운동과정에서 후보자의 과거 당원경력표시를 금지시킴으로써 유권자들이 특정 후보자가 해당 정당으로부터 지지받고 있다거나 해당 정당의 정치적 신조와 관련되어 있다고 오해함으로써 유권자의 의사가 왜곡되지 못하게 하고, 이와 같이 교육감 선출과정에 정당의 영향력이 간접적으로 나타나는 현상을 미연에 방지함으로써 교육의 정치적 중립성을 확보하고자 하는 것이고, "당원경력"은 일단 표시되면 전파성이 매우 강하고 그것이 암시하는 "정당관여효과" 내지 "유권자의 의사왜곡효과"를 돌이키기란 불가능에 가까우며, 유권자들로서는 후보자의 자질을 교육전문성이 아니라 그의 당원경력 기간의 장단 및 직위의 고하에 따라 정치적 입장에 기하여 판단할 가능성이 그만큼 커지게 되므로, 표현의 경위나 양태, 표현이 전달되는 매체, 표현행위가 이루어지는 장소, 기간 등에 따라 차등규제할 수도 없어, "당원경력의 표시"일체를 금지시키는 방법 외에는 의미있는 대안을 찾기 어렵고, 자신의 정치적 견해를 특정한 정당의 "당원경력의 표시"라는 간단한 방법으로 알리지 못함으로써 교육감선거후보자가 침해받은 사익은 교육감선거과정에서 정당의 관여를 철저히 배제함으로써 교육의 정치적 중립성을 확보하려는 공익에 비하여 크지 않아, 교육감후보자의 정치적 표현의 자유를 침해하지 아니한다.'고 판시하였다(2011. 12. 29. 선고 2010헌마285 결정).

56) 1995. 4. 26. 중앙선관위 의결

57) 2007. 7. 4. 중앙선관위 질의회답

58) 2007. 12. 6. 및 2009. 4. 20. 중앙선관위 의결

마. 교육감후보자의 정당 표방행위 금지

(1) 정당 표방행위 금지

교육감선거에 있어서 교육감후보자는 특정 정당을 지지·반대하거나 특정 정당으로부터 지지·추천을 받고 있음을 표방(당원경력의 표시를 포함한다)하여서는 아니 된다(교육자치법§46③). 점퍼의 색상과 디자인이 특정 정당 소속 후보자들과 동일하거나 유사하여 유권자들이 특정 정당으로부터 지지·추천받고 있는 것으로 받아들일 수 있는 때에는 「교육자치법」 제46조(정당의 선거관여행위 금지 등) 제3항에 위반된다.[59]

(2) 벌칙

「교육자치법」 제46조(정당의 선거관여행위 금지 등) 제3항을 위반하여 특정 정당을 지지·반대하거나 특정 정당으로부터 지지·추천받고 있음을 표방(당원경력의 표시를 포함)한 자는 2년 이하의 징역 또는 2천만원 이하의 벌금에 처한다(교육자치법§59).

제2장 공무원의 선거관여 등 금지

1. 공무원 지위이용 영향력 행사 금지

가. 의의

공무원 등 법령에 따라 정치적 중립을 지켜야 하는 자는 직무와 관련하여 또는 지위를 이용하여 선거에 부당한 영향력을 행사하는 등 선거에 영향을 미치는 행위를 할 수 없다(법§85①). 선거에서의 공무원의 정치적 중립의무는 '국민전체의 봉사자'로서의 공무원의 지위를 규정하는 「헌법」 제7조 제1항, 자유선거원칙을 규정하는 「헌법」 제41조 제1항 및 제67조 제1항과 정당의 기회균등을 보장하는 「헌법」 제116조 제1항으로부터 나오는 헌법적 요청이다. 법 제9조(공무원의 중립의무 등)는 이러한 헌법적 요청을 구체화하고 실현하는 법규정이다.[60] 본조항은 위와 같은 헌법적 요청을 구체화하고 실현하는 법 제9조(공무원의 중립의무 등)의 정치적 중립의무를 위반하여 선거에 영향력을 행사하는 행위를 금지하고자 규정한 것이다. 본조항은 2012년 제18대 대통령선거와 관련하여 국가정보원의 선거개입 여부에 대한 논란으로 인해 공무원의 정치적 중립에 대한 사회적 관심과 국민의 요구가 높아졌고, 공무원의 선

59) 2010. 3. 22. 중앙선관위 질의회답
60) 2004. 5. 14. 선고 2004헌나1 전원재판부 결정

거관여에 대한 처벌 강화의 목소리도 커진 상황에서 공무원의 선거관여, 즉 직무와 관련되거나 공무원의 지위를 이용하여 선거에 부당한 영향력을 행사하는 등의 방법으로 선거에 영향을 미치는 행위를 금지 및 처벌하기 위하여 2014. 2. 13. 법률 제12393호로 개정된 공직선거법에서 신설되었다.

법 제86조(공무원 등의 선거에 영향을 미치는 행위금지) 제1항과 제255조(부정선거운동죄) 제1항 제10호, 제256조(각종제한규정위반죄) 제3항 제1호 바목이 공무원의 선거에 영향을 미치는 대표적인 행위유형을 나열하여 그러한 행위만을 금지 및 처벌하였던 것과는 달리, 본조항은 공무원이 직무와 관련하여 그 지위를 이용하여 선거에 부당한 영향력을 행사하는 등 선거에 영향을 미치는 행위를 한 경우 이를 포괄적으로 금지 및 처벌하므로 법 제86조(공무원 등의 선거에 영향을 미치는 행위금지) 제1항에 비하여 적용범위가 상대적으로 넓다. 이는 공무원의 행위가 선거에 영향을 미칠 우려가 있는 경우라도 특정 후보자의 당선 또는 낙선을 위한 것이라는 목적의사가 객관적으로 인정될 수 있는 능동적이고 계획적 행위, 즉 선거운동에 해당하지 않는 경우에는 법 제86조(공무원 등의 선거에 영향을 미치는 행위금지) 제1항 각 호의 행위유형에 포섭되지 않는 이상 제86조(공무원 등의 선거에 영향을 미치는 행위금지) 제1항 위반으로 처벌을 할 수 없게 되어 처벌의 공백이 발생하고, 공무원이 그 지위를 이용하여 선거에 영향을 미치는 경우 일반인에 비하여 선거의 공정과 자유를 크게 저해하고 그로 인한 부작용과 폐해가 크다는 점을 고려한 것이다.[61]

나. 공무원 등 법령에 따라 정치적 중립을 지켜야 하는 자의 의미

법 제85조(공무원 등의 선거관여 등 금지) 제1항의 '공무원'이란 선거에서의 중립의무가 부과되어야 하는 모든 공무원 즉, 구체적으로 '자유선거원칙'과 '선거에서의 정당의 기회균등'을 위협할 수 있는 모든 공무원을 의미한다. 그런데 사실상 모든 공무원이 그 직무의 행사를 통하여 선거에 부당한 영향력을 행사할 수 있는 지위에 있으므로, 여기서의 공무원이란 원칙적으로 국가와 지방자치단체의 모든 공무원, 즉 좁은 의미의 직업공무원은 물론이고, 적극적인 정치활동을 통하여 국가에 봉사하는 정치적 공무원을 포함한다. 다만, 국회의원과 지방의회의원은 정당의 대표자이자 선거운동의 주체로서의 지위로 말미암아 선거에서의 정치적 중립성이 요구될 수 없으므로, 이에 해당하지 않는다.[62] 구체적으로 「국가공무원법」 제2조(공무원의 구분), 「지방공무원법」 제2조(공무원의 구분)에 따른 국가공무원 및 지방공무원뿐만 아니라 '공무원이 아닌 위원회의 위원 또는 직원은 형법 그 밖의 법률에 의한 벌칙의 적용에 있어서는 이를 공무원으로 본다.'라고 규정한 「진실·화해를 위한 과거사정리 기본법」 제44

61) 2016. 7. 28. 선고 2015헌바6 결정
62) 2004. 5. 14. 선고 2004헌나1 전원재판부 결정

조(벌칙 적용에서의 공무원 의제)에서 보는 바와 같이, 벌칙 적용과 관련하여 다른 법령의 규정에 의하여 공무원의 신분을 부여받은 자를 포함한다.

'법령에 따라 정치적 중립을 지켜야 하는 자'에는 대표적으로 「상공회의소법」 제55조의2(정치적 중립)[63]에 따른 상공회의소와 대한상공회의소가 있다. 한편, 법 제9조(공무원의 중립의무 등) 제1항에서는 '정치적 중립을 지켜야 하는 자'에 '기관·단체'를 포함한다고 명시적으로 규정하고 있으나, 법 제85조(공무원 등의 선거관여 등 금지) 제1항에서는 그러한 규정이 없다. 이에 대하여 법 제85조(공무원 등의 선거관여 등 금지) 제1항의 내용·구조가 법 제9조(공무원의 중립의무 등)와 거의 동일한 점, 입법취지상 정치적 중립의무가 있는 개인뿐만 아니라 기관·단체의 위반행위에 대해서도 처벌할 필요성이 있는 점 등을 고려할 때 '정치적 중립을 지켜야 하는 자'에는 '기관·단체'도 포함되는 것으로 보아야 한다는 견해가 있다.[64] 그러나 죄형법정주의에 따른 형벌법규의 엄격해석원칙 및 유추해석금지의 원칙 등에 비추어, 법 제85조(공무원 등의 선거관여 등 금지) 제1항에 '기관·단체'가 포함되어 있지 않음이 법문상 명백하므로 '기관·단체'는 '정치적 중립을 지켜야 하는 자'에 포함되지 않는다고 보아야 한다.

다. 금지되는 행위

금지되는 행위는 직무와 관련하여 또는 지위를 이용하여 선거에 부당한 영향력을 행사하는 등 선거에 영향을 미치는 행위이다.

'직무와 관련하여'에서 '직무'는 법령상 관장하는 직무뿐만 아니라 그 직무와 밀접한 관계가 있는 행위 또는 관례상이나 사실상 관여하는 직무행위도 포함된다. 구체적인 행위가 공무원의 직무에 속하는지는 그것이 공무의 일환으로 행하여졌는가 하는 형식적인 측면과 함께 공무원이 수행하여야 할 직무와의 관계에서 합리적으로 필요하다고 인정되는 것인가 하는 실질적인 측면을 아울러 고려하여 결정하여야 한다.[65]

'지위를 이용하여'는 개인의 자격으로서가 아니라 그 지위와 결부되어 하는 행위를 뜻한다. 그 지위에 있기 때문에 특히 행사할 수 있는 영향력 또는 편익을 이용하는 것을 의미하고, 구체적으로는 그 지위에 수반되는 신분상의 지휘감독권, 직무권한, 담당사무 등과 관련하여 그 직무를 수행하는 사무소 내부 또는 외부의 사람에게 작용하는 것도 포함된다.[66]

---

63) 「상공회의소법」 제55조의2(정치적 중립) ① 상공회의소와 대한상공회의소는 그 사업을 수행할 때에 정치적 중립을 지켜야 하고, 정치활동을 목적으로 하는 단체의 구성원이 되어서는 아니 된다.

64) 대검찰청, 『공직선거법 해설(제9개정판)』, 602쪽

65) 2011. 5. 26. 선고 2009도2453 판결, 2002. 5. 31. 선고 2001도670 판결 ; 헌법재판소는 헌법 제61조에 규정된 '직무집행에 있어서'의 '직무'란 '법제상 소관 직무에 속하는 고유 업무 및 통념상 이와 관련된 업무를 말한다. 따라서 직무상 행위란 법령·조례 또는 행정관행·관례에 의하여 그 지위의 성질상 필요로 하거나 수반되는 모든 행위나 활동을 의미한다.'고 판시하였다(2004. 5. 14. 선고 2004헌나1 전원재판부 결정).

66) 2018. 4. 19. 선고 2017도14322 전원합의체 판결, 2013. 11. 28. 선고 2010도12244 판결

'선거에 영향을 미치는 행위'[67]는 선거운동보다 넓은 개념으로 선거운동에까지 이르지 아니하였다고 하더라도 그 행위 자체가 선거에 간접적으로 영향을 미쳐 선거의 평온성과 공정성을 해함으로써 선거에 영향을 미칠 우려가 있는 행위이다. 즉, 공직선거법이 적용되는 선거에 있어 선거과정 및 선거결과에 변화를 주거나 그러한 영향을 미칠 우려가 있는 일체의 행동으로,[68] 구체적 사건에서 비록 표면적으로는 선거와 무관한 것처럼 보이는 행위라 할지라도 그 행위가 이루어진 시기, 동기, 방법 등 제반사정을 종합하여 선거에 영향을 미칠 우려가 있는 행위로 평가된다면 이에 해당한다.[69]

'선거에 영향을 미치게 하기 위하여'는 초과주관적 요소로서 '선거에 영향을 미치게 할 목적'을 범죄성립요건으로 하는데, 그 목적에 대하여는 적극적 의욕이나 확정적 인식을 필요로 하는 것이 아니라 미필적 인식만으로도 족하고, 그 목적이 있었는지 여부는 행위자의 사회적 지위, 행위자와 후보자·경쟁후보자 또는 정당과의 관계, 행위의 동기 및 경위와 수단 및 방법, 행위의 내용과 태양, 행위 당시의 사회상황 등 여러 사정을 종합하여 사회통념에 비추어 합리적으로 판단하여야 한다.[70] '부당한 영향력의 행사'는 '선거에 영향을 미치는 행위'의 대표적인 예시이다.[71]

□□군청 축산정책팀장으로 근무하는 공무원이 군청내 공무원들만 접속할 수 있는 전자문서인 '주관행사계획' 등에 기재되어 있는 각종 행사일정 및 참석예상인원 등을 □□군수 후보자에게 알려준 경우는 공무원의 지위를 이용하여 선거에 부당한 영향력을 행사한 경우에 해당한다.[72]

라. 벌칙

법 제85조(공무원 등의 선거관여 등 금지) 제1항을 위반하여 직무와 관련하여 또는 지위를 이용하여 선거에 부당한 영향력을 행사하는 등 선거에 영향을 미치는 행위를 한 자는 5년 이

67) 헌법재판소는 '선거에 영향을 미치는 행위'란 공직선거법이 적용되는 선거에 있어 선거과정과 선거결과에 변화를 주거나 그러한 영향을 미칠 우려가 있는 일체의 행동으로 해석할 수 있고, 구체적인 사건에서 그 행위가 이루어진 시기, 동기, 방법 등 제반사정을 종합하여 그 내용을 판단할 수 있으므로 죄형법정주의의 명확성원칙에 위배되지 않는다고 판시하였다(2016. 7. 28. 선고 2015헌바6 결정).

68) 2016. 7. 28. 선고 2015헌바6 결정

69) 2006. 6. 27. 선고 2005도303 판결

70) 2006. 3. 24. 선고 2004도8716 판결, 2011. 6. 24. 선고 2011도3447 판결, 2011. 10. 27. 선고 2011도5344 판결

71) 2004. 5. 14. 선고 2004헌나1 전원재판부 결정(선거에 임박한 시기이기 때문에 공무원의 정치적 중립성이 어느 때보다도 요청되는 때에, 공정한 선거관리의 궁극적 책임을 지는 대통령이 기자회견에서 전 국민을 상대로, 대통령직의 정치적 비중과 영향력을 이용하여 특정 정당을 지지하는 발언을 한 것은, 대통령의 지위를 이용하여 선거에 부당한 영향력을 행사하고 이로써 선거의 결과에 영향을 미치는 행위를 한 것이므로, 선거에서의 중립의무를 위반하였다.)

72) 2019. 4. 23. 선고 2019도1197 판결(대전고등법원 2019. 1. 10. 선고 (청주)2018노176 판결)

하의 징역 또는 2천만원 이하의 벌금에 처한다(법§255⑤).[73] 본죄는 재정신청 대상 중요 선거범죄에 해당한다(법§273①).

2. 공무원 지위이용 선거운동 금지

가. 의의

공무원은 그 지위를 이용하여 선거운동을 할 수 없다(법§85②전문). 공무원이 그 지위를 이용해서 선거운동을 하는 것을 엄격히 금지하는 이유는 이른바 관권선거 또는 공적지위에 있는 자의 선거개입 여지를 철저히 차단함으로써 선거의 공정성을 확보하고,[74] 공무원이 직무와 밀접한 관련이 있는 권한행사를 통하여 선거인에게 이익 또는 불이익을 미칠 수 있는 입장에 있음을 이용하여 선거운동을 하는 경우 일반인이 선거운동을 하는 경우보다 선거의 공정을 크게 저해한다는 점에서 이를 가중처벌하기 위한 것이다.[75]

나. 행위

공무원의 지위를 이용하여 선거운동을 하여야 한다. 공무원의 의미에 관하여는 앞서 본 바와 같다. 법 제85조(공무원 등의 선거관여 등 금지) 제2항의 공무원에는 지방의회의원도 포함된다.[76][77]

---

73) 헌법재판소는 공무원의 지위를 이용하여 선거에 영향을 미치는 행위에 대하여 1년 이상 10년 이하의 징역 또는 1천만원 이상 5천만원 이하의 벌금에 처하도록 규정한 구 공직선거법(2014. 2. 13. 법률 제12393호로 개정된 것) 제255조(부정선거운동죄) 제5항 중 제85조(공무원 등의 선거관여 등 금지) 제1항의 "공무원이 지위를 이용하여 선거에 영향을 미치는 행위"부분은 공직선거법상 다른 조항과의 상호 관련성 및 형벌체계상의 균형에 대한 진지한 고민 없이 중한 법정형을 규정하여 형의 불균형을 야기하고 있으므로, 형벌체계상의 균형을 현저히 상실하였다고 위헌결정을 하였다(2016. 7. 28. 선고 2015헌바6 결정). 이에 따라 2017. 2. 8. 법률 제14556호로 현재와 같이 개정되었다.

74) 2018. 4. 19. 선고 2017도14322 전원합의체 판결

75) 2006. 12. 21. 선고 2005두1314 판결

76) 2017. 12. 22. 선고 2017도17136 판결(광주고등법원 2017. 9. 26. 선고 (전주)2017노86 판결 ; 법 제60조(선거운동을 할 수 없는 자) 제1항 제4호 단서에 의하여 지방의회의원에게 선거운동이 허용된다고 하더라도, ① 법 제85조(공무원 등의 선거관여 등 금지) 제2항은 제60조(선거운동을 할 수 없는 자) 제1항 제4호 단서와 달리 지방의회의원을 '지위를 이용하여 선거운동을 할 수 없는 사람'에서 제외하고 있지 아니한 점, ② 법 제85조(공무원 등의 선거관여 등 금지) 제3항은 "누구든지 교육적·종교적 또는 직업적인 기관·단체 등의 조직 내에서의 직무상 행위를 이용하여 그 구성원에 대하여 선거운동을 하거나 하게 하거나, 계열화나 하도급 등 거래상 특수한 지위를 이용하여 기업조직·기업체 또는 그 구성원에 대하여 선거운동을 하거나 하게 할 수 없다."고 규정하고, 제255조(부정선거운동죄) 제1항 제9호는 제85조(공무원 등의 선거관여 등 금지) 제3항을 위반한 사람을 처벌하도록 규정함으로써 공무원이 아닌 사람이 일정한 지위를 이용하여 선거운동을 하는 것도 제한하고 있는 점, ③ 선거운동이 허용되는 공무원이 법 제85조(공무원 등의 선거관여 등 금지) 제2항의 공무원에서 제외된다고 해석할 경우 법 제60조(선거운동을 할 수 없는 자) 제1항 단서에 의하여 선거운동이 허용되는 공무원인 예비후보자·후보자의 배우자도 공무원의 지위를 이용하여

'공무원의 지위를 이용하여'라는 개념은 공무원이 개인의 자격으로서가 아니라 공무원의 지위와 결부되어 선거운동을 하는 행위를 뜻한다. 공무원의 지위에 있기 때문에 특히 선거운동을 효과적으로 할 수 있는 영향력 또는 편익을 이용하는 것을 의미하고, 구체적으로는 그 지위에 수반되는 신분상의 지휘감독권, 직무권한, 담당사무 등과 관련하여 공무원이 직무를 수행하는 사무소 내부 또는 외부의 사람에게 작용하는 것도 포함된다.[78] 공무원이 그 직무를 집행함에 즈음하여 선거운동을 한 경우는 물론 공무원이 공무원으로서 신분상 또는 직무상의 지휘감독권이 미치는 사람에게 선거운동을 하였거나 외견상 그 직무에 관련한 행위

선거운동을 할 수 있다고 해석하여야 할 것인데, 그와 같은 해석은 법 제85조(공무원 등의 선거관여 등 금지) 제2항의 입법취지에 반하는 것으로 보이는 점을 종합하면, 법 제85조(공무원 등의 선거관여 등 금지) 제2항의 공무원에는 지방의회의원도 포함된다.)

77) 헌법재판소는, 구 공직선거법(2014. 12. 30. 법률 제12946호로 개정되고, 2019. 12. 3. 법률 제16671호로 개정되기 전의 것) 제85조(공무원 등의 선거관여 등 금지) 제2항의 공무원에 지방의회의원을 명시적으로 배제하지 않고 있는 것과 관련하여, '지방의회의원이 정당을 대표하며, 선거운동의 주체로서 그에게는 선거에서의 정치적 중립성이 요구될 수 없으므로, 선거결과에 영향을 미치는 행위를 금지하는 법 제9조(공무원의 중립의무 등)의 공무원에 포함되지 않는다고 해석된다고 하여, 법 제85조(공무원 등의 선거관여 등 금지) 제2항이 지방의회의원에 대한 명시적인 배제규정을 두고 있지 않음에도 불구하고, 공무원의 지위를 이용한 선거운동이 금지되는 대상에서 지방의회의원이 제외된다고 해석할 수 없다. 선거의 공정성은 자유선거원칙을 규정하는 「헌법」 제41조 제1항, 제67조 제1항 및 선거운동의 기회균등을 보장하는 「헌법」 제116조 제1항에 근거를 두고 있는 반면, 공무원의 직무영역에서 일반적으로 요구되는 정치적 중립의무는 「헌법」 제7조 제2항에 근거를 둔 것으로 직무 전념성을 보장하고 엽관제를 지양하는 직업공무원제도 보장에 초점이 있다. 정치적 중립의무를 지지 않는 지방의회의원에게도 선거의 공정성은 준수할 것이 요구된다. 법 제85조(공무원 등의 선거관여 등 금지) 제2항이 확보하고자 하는 선거의 공정성은 정치적 중립성과는 별개의 보호법익으로서 누구든지 준수해야 하기 때문이다. 법 제85조(공무원 등의 선거관여 등 금지) 제2항의 입법취지, 공무원의 선거운동 등 금지범위에 관한 공직선거법의 조문 체계, 정치적 중립의무와 선거의 공정성 간의 관계 등을 종합하여 보면, 건전한 상식과 통상적인 법 감정을 가진 사람이면 공무원의 지위를 이용한 선거운동을 금지하는 법 제85조(공무원 등의 선거관여 등 금지) 제2항에서의 공무원에 지방의회의원도 포함됨을 알 수 있다. 따라서 공무원 지위이용 선거운동죄 조항은 죄형법정주의의 명확성원칙에 위반하지 아니한다.'고 판시하면서, '지방의회의원에게는 선거에 있어서는 정무직공무원의 지위와 부여받은 공적 권한을 주민 전체의 복리추구라는 공익실현을 위하여 사용하여야 하는 국민에 대한 봉사자로서의 지위 간의 균형이 요구되고, 선거의 공정성을 준수할 의무가 있다. 그런데 지방의회의원이 선거운동을 함에 있어 지방의회의원의 지위를 이용하면, 이는 주민 전체의 복리를 위해 행사하도록 부여된 자원과 권한을 일방적으로 특정 정당과 개인을 위하여 남용하는 것이고, 그로 인해 선거의 공정성을 해칠 우려뿐 아니라 공직에 대한 국민의 신뢰 실추라는 폐해도 발생한다. 공무원 지위이용 선거운동을 포괄적으로 금지하는 방식 대신 금지되는 특정 방법이나 태양을 구체적으로 나열하는 방법으로는 입법목적을 달성하기 어렵다. 공직선거법상 공무원이 단순히 그 지위를 가지고 선거운동을 하는 경우를 처벌하는 조항의 법정형이 3년 이하 징역 또는 600만원 이하 벌금임을 고려하면, 그보다 비난가능성과 선거의 공정에 끼치는 폐해가 더욱 큰 공무원 지위이용 선거운동죄의 법정형으로 더 무거운 5년 이하의 징역형만을 규정하여 벌금형을 두지 않은 것은 죄질 및 행위자의 책임에 비하여 지나치게 과중한 형이라 볼 수 없다. 지방의회의원이 공무원 지위이용 선거운동죄로 금고 이상의 형을 선고받으면 지방의회의원직을 상실하게 되는 불이익이 있으나, 이는 위 조항이 아니라 피선거권의 제한요건을 규율한 법 제19조(피선거권이 없는 자) 제2호라는 다른 관련규정에 근거하여 발생하는 것이다. 따라서 공무원 지위이용 선거운동죄 조항은 과잉금지원칙을 위반하여 청구인의 정치적 표현의 자유를 침해하지 아니한다.'고 판시하였다(2020. 3. 26. 선고 2018헌바3 결정).

78) 2018. 4. 19. 선고 2017도14322 전원합의체 판결, 2013. 11. 28. 선고 2010도12244 판결

에 편승하여 선거운동을 함으로써 선거인에게 영향력을 줄 수 있는 경우도 포함하고,[79] 공무원이 그 소속 직원을 대상으로 한 선거운동은 그 지위를 이용하여 하는 선거운동으로 간주된다.[80]

그러나 현실적으로 공무원이 선거운동을 함에 있어 그 지위를 이용하였는지 여부가 명확하지 않은 경우가 많은 점을 고려하여, 법은 공무원이 그 소속직원이나 제53조(공무원 등의 입후보) 제1항 제4호부터 제6호까지에 규정된 기관 등의 임직원 또는 「공직자윤리법」 제17조(퇴직공직자의 취업제한)[81]에 따른 취업심사대상기관의 임·직원을 대상으로 한 선거운동은

---

79) 2004. 4. 27. 선고 2003도6653 판결, 1969. 7. 22. 선고 69도195 판결

80) 2006. 12. 21. 선고 2006도7814 판결

81) 「공직자윤리법」 제17조(퇴직공직자의 취업제한) ① 제3조 제1항 제1호부터 제12호까지의 어느 하나에 해당하는 공직자와 부당한 영향력 행사 가능성 및 공정한 직무수행을 저해할 가능성 등을 고려하여 국회규칙, 대법원규칙, 중앙선거관리위원회규칙 또는 대통령령으로 정하는 공무원과 공직유관단체의 직원(이하 이 장에서 "취업심사대상자"라 한다)는 퇴직일로부터 3년간 다음 각 호의 어느 하나에 해당하는 기관(이하 "취업심사대상기관"이라 한다)에 취업할 수 없다. 다만, 관할 공직자윤리위원회로부터 취업심사대상자가 퇴직 전 5년 동안 소속하였던 부서 또는 기관의 업무와 취업심사대상기관 간에 밀접한 관련성이 없다는 확인을 받거나 취업승인을 받은 때에는 취업할 수 있다.

1. 자본금과 연간 외형거래액(「부가가치세법」 제29조에 따른 공급가액을 말한다. 이하 같다)이 일정 규모 이상인 영리를 목적으로 하는 사기업체
2. 제1호에 따른 사기업체의 공동이익과 상호협력 등을 위하여 설립된 법인·단체
3. 연간 외형거래액이 일정 규모 이상인 「변호사법」 제40조에 따른 법무법인, 같은 법 제58조의2에 따른 법무법인(유한), 같은 법 제58조의18에 따른 법무조합, 같은 법 제89조의6 제3항에 따른 법률사무소(이하 "법무법인등"이라 한다)
4. 연간 외형거래액이 일정 규모 이상인 「공인회계사법」 제23조 제1항에 따른 회계법인
5. 연간 외형거래액이 일정 규모 이상인 「세무사법」 제16조의3 제1항에 따른 세무법인
6. 연간 외형거래액이 일정 규모 이상인 「외국법자문사법」 제2조 제4호에 따른 외국법자문법률사무소 및 제9호에 따른 합작법무법인
7. 「공공기관의 운영에 관한 법률」 제5조 제3항 제1호 가목에 따른 시장형 공기업
8. 안전 감독 업무, 인·허가 규제 업무 또는 조달 업무 등 대통령령으로 정하는 업무를 수행하는 공직유관단체
9. 「초·중등교육법」 제2조 각 호 및 「고등교육법」 제2조 각 호에 따른 학교를 설립·경영하는 학교법인과 학교법인이 설립·경영하는 사립학교. 다만, 취업심사대상자가 대통령령으로 정하는 교원으로 취업하는 경우 해당 학교법인 또는 학교는 제외한다.
10. 「의료법」 제3조의3에 따른 종합병원과 종합병원을 개설한 다음 각 목의 어느 하나에 해당하는 법인

가. 「의료법」 제33조 제2항 제3호에 따른 의료법인

나. 「의료법」 제33조 제2항 제4호에 따른 비영리법인

11. 기본재산이 일정 규모 이상인 다음 각 목의 어느 하나에 해당하는 법인

가. 「사회복지사업법」 제2조 제3호에 따른 사회복지법인

나. 「사회복지사업법」 제2조 제4호에 따른 사회복지시설을 운영하는 가목 외의 비영리법인

12. 다음 각 목의 어느 하나에 해당하는 사기업체 또는 법인·단체로서 대통령령으로 정하는 기준에 해당하는 사기업체 또는 법인·단체

가. 방위산업분야의 사기업체 또는 법인·단체

나. 식품 등 국민안전에 관련된 인증·검사 등의 업무를 수행하는 사기업체 또는 법인·단체

② 제1항 단서의 밀접한 관련성의 범위는 취업심사대상자가 퇴직 전 5년 동안 소속하였던 부서의 업무가

다음 각 호의 어느 하나에 해당하는 업무인 경우를 말한다.
1. 직접 또는 간접으로 보조금·장려금·조성금 등을 배정·지급하는 등 재정보조를 제공하는 업무
2. 인가·허가·면허·특허·승인 등에 직접 관계되는 업무
3. 생산방식·규격·경리 등에 대한 검사·감사에 직접 관계되는 업무
4. 조세의 조사·부과·징수에 직접 관계되는 업무
5. 공사, 용역 또는 물품구입의 계약·검사·검수에 직접 관계되는 업무
6. 법령에 근거하여 직접 감독하는 업무
7. 취업심사대상기관이 당사자이거나 직접적인 이해관계를 가지는 사건의 수사 및 심리·심판과 관계되는 업무
8. 그 밖에 국회규칙, 대법원규칙, 헌법재판소규칙, 중앙선거관리위원회규칙 또는 대통령령으로 정하는 업무
③ 제2항에도 불구하고 다음 각 호의 어느 하나에 해당하는 취업심사대상자(이하 "기관업무기준취업심사대상자"라 한다)에 대하여는 퇴직 전 5년간 소속하였던 기관의 업무가 제2항 각 호의 어느 하나에 해당하는 경우에 밀접한 관련성이 있는 것으로 본다.
1. 제10조 제1항 각 호에 따른 공개대상자
2. 고위공무원단에 속하는 공무원 중 제1호에 따른 공개대상자 외의 공무원
3. 2급 이상의 공무원
4. 공직유관단체의 임원
5. 그 밖에 국회규칙, 대법원규칙, 중앙선거관리위원회규칙 또는 대통령령으로 정하는 특정분야의 공무원과 공직유관단체의 직원
④ 제1항의 취업 여부를 판단하는 경우에 「상법」에 따른 사외이사나 고문 또는 자문위원 등 직위나 직책 여부 또는 계약의 형식에 관계없이 취업심사대상기관의 업무를 처리하거나 취업심사대상기관에 조언·자문하는 등의 지원을 하고 주기적으로 또는 기간을 정하여 그 대가로서 임금·봉급 등을 받는 경우에는 이를 취업한 것으로 본다.
⑤ 취업심사대상자가 퇴직 전 5년 동안 처리하였거나 의사결정 과정에 참여한 제2항 각 호의 업무와 관련하여 다음 각 호의 어느 하나에 해당하는 경우 그 취업심사대상자가 소속하였던 부서의 업무는 해당 법무법인등, 회계법인, 외국법자문법률사무소 또는 합작법무법인의 업무와 제1항 단서에 따른 밀접한 관련성이 있는 것으로 본다.
1. 법무법인등이 사건을 수임(「변호사법」 제31조 제4항 각 호에 해당하는 수임을 포함한다)한 경우
2. 회계법인이 「공인회계사법」 제2조 각 호에 따라 업무를 수행하는 경우
3. 세무법인이 「세무사법」 제2조에 각 호에 따라 업무를 수행하는 경우
4. 외국법자문법률사무소가 「외국법자문사법」 제24조 각 호에 따라 업무를 수행하는 경우
5. 합작법무법인이 「외국법자문사법」 제35조의19에 따라 업무를 수행하는 경우
⑥ 공직자윤리위원회는 제2항 및 제3항의 밀접한 관련성 여부를 판단하는 경우에 퇴직공직자의 자유 및 권리 등 사익과 퇴직공직자의 부당한 영향력 행사방지를 통한 공익 간의 균형을 유지하여야 하며, 제3항 및 제5항에 따라 업무관련성이 있는 것으로 보는 퇴직공직자에 대하여 제1항 각 호 외의 부분 단서에 따라 취업 승인 여부를 심사·결정하는 경우에 해당 업무 처리 등의 건수, 업무의 빈도 및 비중 등을 고려하여 해당 취업심사대상자의 권리가 불합리하게 제한되지 아니하도록 하여야 한다.
⑦ 제1항부터 제3항까지의 규정에도 불구하고 제10조 제1항 각 호에 따른 공개대상자가 아닌 취업심사대상자 중 「변호사법」 제4조에 따른 변호사는 법무법인등과 합작법무법인에, 「공인회계사법」 제3조에 따른 공인회계사는 회계법인에, 「세무사법」 제3조에 따른 세무사는 세무법인에 각각 취업할 수 있다.
⑧ 제1항의 경우 부서 또는 기관의 범위, 취업심사대상기관의 규모 및 범위 등에 관하여는 국회규칙, 대법원규칙, 헌법재판소규칙, 중앙선거관리위원회규칙 또는 대통령령으로 정한다.
⑨ 제1항부터 제3항까지의 규정에도 불구하고 취업심사대상자가 다음 각 호의 업무를 수행하기 위하여 취업하는 경우 제1항 단서에 따른 밀접한 관련성이 없는 것으로 본다.
1. 「비상대비자원 관리법」에 따른 비상대비업무

그 지위를 이용하여 하는 선거운동으로 간주하고 있다(법§85②후문).

현직군수가 전국동시지방선거 재출마하기 위하여 예비후보자등록을 하던 당일 군 내 각 실·과·소장급 공무원 및 읍·면장 등이 참석한 오찬모임에서 참석자들에게 "오늘 이후부터는 선거전에 제가 몰입합니다. 주민에게 서비스를 제공하고 초심으로 돌아가는 것이죠. 여러분도 유권자이고, 또 여러분들 자신이 저를 다시, 동료이지만 또 여러분의 한 표 한 표가 중요하기 때문에 감사의 인사와 부탁의 인사를 드립니다."라고 한 경우는 본죄에 해당한다.[82] 만년 6급 주사로 재직하고 있다가 5급 공무원이 보임되는 직위인 △△동장 직무대리로 인사발령을 받자, 인사권자인 ○○시장에게 이에 보답하기 위하여 자신이 개인적으로 잘 아는 사람들에게 ○○시장을 위하여 운동하였다는 등 자신의 행동을 과장한 내용의 이메일("저가 총력을 다해서 ○○인, 출향인, 전국을 통틀어 한사람 한사람 규합해서 총 2,000명 정도를 시장님 편으로 끌어들이겠습니다. 혼신을 다해 목숨을 걸고서 일을 하겠습니다."라고 이메일 말미에 기재됨)을 보낸 경우, 위 이메일 기재내용이 동장의 직무에 편승하여 선거운동을 하였다고는 보기 어렵다.[83] 현직 시장인 강○○이 취임 후 설치된 뉴미디어팀장인 □□시와 □□시장의 홍보업무를 담당하는 공무원으로서 인터넷 포털사이트에서 강○○에게 유해하거나 비판적인 글이 노출되면 이를 물타기할 보도자료를 유포하여 유해기사를 뒤로 밀어내는 행위(이하 "밀어내기"라 한다)를 하여 강○○을 □□시장 선거에 유리하게 하기 위하여, 홍보업무와 긴밀한 관계를 유지하고 있는 인터넷 언론사들을 통해 밀어내기를 효과적으로 할 수 있는 편익 등을 이용한 행위는 공무원의 지위를 이용한 경우에 해당한다.[84] 도청의 여성가족정책관이 휴대전화 카카오톡을 이용하여 여성단체협의회 회장 및 회원들에게 특정 정당 대통령후보자의 사진·기호 등 선거운동 정보가 포함된 유세일정을 전송한 행위,[85] 국정원 심리전단 산하 사이버팀 직원들이 특정 후보자나 특정정당을 지지하는 인터넷 게시물을 게재하는 행위[86]는 공무원의 지위를 이용한 선거운동에 해당한다.

남해군청 공보팀장의 업무는 그 소속 지방자치단체인 남해군의 추진사업이나 행사 등에 대한 홍보를 하는 것이지, 남해군수 개인에 대한 평가나 개인적인 경력, 업적 등과 관련된 문서, 선거운동과 관련된 행사일정 등을 언론사 기자에게 배포하는 것은 남해군청 공보팀장의 업무에 포함된다고 볼 수 없어, 평소 친분이 있는 경남매일 주재기자의 지방선거 관련 자료의 제공요청을 받고 위 문서 등을 기자들의 취재자료로 제공한 행위는 공보팀장의 직무집

---

2. 「예비군법」에 따른 예비군부대의 지휘관업무
3. 그 밖에 단순 집행적 업무로서 업무 관련성이 없다고 관할 공직자윤리위원회가 고시하는 업무

82) 2006. 12. 21. 선고 2006도7814 판결
83) 2013. 11. 28. 선고 2010도12244 판결(부산고등법원 2010. 9. 8. 선고 2010노548 판결)
84) 2015. 9. 10. 선고 2014도13154 판결(광주고등법원 2014. 9. 25. 선고 2014노266 판결)
85) 2018. 12. 27. 선고 2018도13392 판결(부산고등법원 2018. 8. 29. 선고 (창원)2018노128 판결)
86) 2018. 4. 19. 선고 2017도14322 전원합의체 판결

행에 즈음하여 선거운동을 함으로써 선거구민에게 영향을 준 경우에 해당한다거나 직무에 편승하여 선거운동을 함으로써 선거구민에게 영향을 준 경우라고 볼 수 없다.[87)]

다. 벌칙

법 제85조(공무원 등의 선거관여 등 금지) 제2항을 위반하여 공무원의 지위를 이용하여 선거운동을 한 사람은 5년 이하의 징역에 처한다(법§255③2.). 본죄는 재정신청 대상 중요 선거범죄에 해당한다(법§273①).

법 제85조(공무원 등의 선거관여 등 금지) 제2항의 '선거운동'은 전항(법§85①)의 '선거에 영향을 미치는 행위'보다 좁은 개념이고 법정형도 중하므로 전항에 내하여 특별조항(법조경합)으로 봄이 상당하고, 공무원의 지위이용행위가 '선거운동'에 해당한다고 보기 어려우나 '선거에 영향을 미치는 행위'로는 볼 수 있는 경우에는 전항만이 적용된다.

3. 특수지위 이용 선거운동 금지

가. 의의

누구든지 교육적·종교적 또는 직업적인 기관·단체 등의 조직내에서의 직무상 행위를 이용하여 그 구성원에 대하여 선거운동을 하거나 하게 하거나, 계열화나 하도급 등 거래상 특수한 지위를 이용하여 기업조직·기업체 또는 그 구성원에 대하여 선거운동을 하거나 하게 할 수 없다(법§85③). 누구든지 교육적인 특수관계에 있는 선거권이 없는 자에 대하여 교육상의 행위를 이용하여 선거운동을 할 수 없다(법§85④).

본조항은 교육적·종교적·직업적 단체에 대한 특수관계를 이용한 선거운동을 허용할 경우 정리나 상명하복관계 등의 불합리한 요인이 작용하여 각자의 정치적 견해에 따라서 자유롭게 이루어져야 할 투표권의 행사가 왜곡되고 후보자간의 기회균등을 저해하여 공명선거를 해하는 것을 방지하기 위한 규정으로서 선거운동에 있어 균등한 기회가 보장되어야 한다고 규정한 「헌법」 제116조 제1항에 충실한 규정이다.[88)]

나. 조직내에서의 직무상 행위 이용 금지

누구든지 교육적·또는 직업적인 기관·단체 등의 조직내에서의 직무상 행위를 이용하여 그 구성원에 대하여 선거운동을 하거나 하게 하지 못한다.[89)] '직무상 행위를 이용한다.'라고

87) 부산고등법원 2006. 11. 22. 선고 2006노663 판결

88) 1995. 5. 25. 선고 93헌바23 전원재판부 결정

89) 헌법재판소는 '누구든지 교육기관이나 종교적·직업적 단체 등에 대한 특수관계를 이용하여 선거운동을 할 수 없다.'고 규정한 구 대통령선거법 제60조(특수관계를 이용한 선거운동금지) 제2항에 대하여 '죄형법정

함은 직무상의 행위를 수행하는 기회에 또는 직무상 행위를 수행하기 때문에 특히 선거운동을 효과적으로 행할 수 있는 영향력이나 편익을 이용하는 것이다. 구체적으로 어떠한 행위가 조직내에서의 직무상 행위를 이용한 것인지를 판단할 때에는 조직에서 차지하고 있는 지위에 기하여 취급하는 직무내용은 물론 행위가 행하여지는 시기·장소·방법 등 여러 사정을 종합적으로 관철하여 직무와 관련된 행위인지를 판단하여야 한다.[90)]

카톨릭 신부가 미사집전 중 강론시간에 신자들을 상대로 자신이 지지하지 않는 대통령후보자를 비난하고 그 후보자를 지지하는 나이든 신자들을 선거일에 성지순례를 보내겠다고 농담조로 말을 한 경우,[91)] 전체 신도가 약 10만명에 이르는 교회의 담임목사가 신도들을 상대로 특정 후보자를 지지하는 내용의 설교를 하는 경우,[92)] 교회의 담임목사가 "지역구는 N번 찍으세요, 비례대표에서는 A당 찍으시고"라는 발언을 한 경우,[93)] 종교집회를 주관·개최하거나 진행하는 자가 동 집회를 개최하면서 참석한 선거구민인 신도들을 대상으로 단순히 동정의 소개를 넘어 특정 후보자를 지지·선전하는 행위가 부가되는 경우[94)]는 종교적 지위를 이용하여 그 구성원들을 상대로 선거운동을 한 경우에 해당하고, 회사의 부사장으로 재직하면서 직원채용, 채용된 근로자들과 관련된 노무관리 등의 업무를 담당하는 자가 회사의 직원들을 격려한다는 명목으로 모이게 하여 그들에게 자신이 광역시의원 후보로 지방선거에 출마한다는 사실을 알리고 지지를 호소한 행위,[95)] 조합장이 조합회의실에 모인 조합원들을 상대로 특정 후보자로 하여금 선거운동을 하게하고 위 후보자를 지지·호소하는 행위를 한 경우,[96)] 중학교의 학교운영위원장이 중학교 학부모운영위원회 회원 등 25명이 상견례 및 학교 건의사항 청취 등 위원회의 직무에 관하여 만나는 자리에 특정 후보자를 오게 하여 그에 대한 지지를 호소한 행위,[97)] 출판사를 경영하는 후보자가 그 출판사 직원들을 선거사무장·회계책임자 또는 선거사무원으로 선임하여 선거운동을 하게 하는 경우[98)]는 조직내에서의 직

주의의 명확성의 원칙에 위배되지 않는다.'고 판시하였다(1995. 5. 25. 선고 93헌바23 전원재판부 결정).

90) 2011. 4. 28. 선고 2011도1925 판결(한국관광공사 감사인 피고인이 자신의 비서를 통해 소속 직원 3명을 감사실에 개별적으로 불러 이들과 같은 선거구에서 실시되는 국회의원 재선거에 출마한 특정 후보의 지지를 부탁한 사안에서, 피고인이 공사 내에서 감사로서 가지고 있는 권한의 내용, 소속 직원들을 감사실로 불러 특정후보의 지지를 부탁하는 발언을 하게 된 경위와 시기·장소·방법 등을 종합할 때, 위 행위가 '기관·단체 등의 조직 내에서의 직무상 행위를 이용하여 그 구성원에 대하여 선거운동을 한 경우'에 해당한다고 한 사례)

91) 서울고등법원 2003. 8. 6. 선고 2003노1347 판결

92) 서울고등법원 2008. 4. 16. 선고 2008노645 판결

93) 2021. 9. 30. 선고 2021도9669 판결(서울고등법원 2021. 7. 8. 선고 2020노2046, 2021초기8 판결)

94) 1996. 2. 29. 중앙선관위 의결

95) 2007. 3. 30. 선고 2006도9043 판결(광주고등법원 2006. 12. 7. 선고 2006노323 판결)

96) 춘천지방법원 강릉지원 2011. 1. 20. 선고 2010고합89 판결

97) 대전고등법원 2019. 5. 9. 선고 2019노62 판결

98) 1995. 5. 19. 중앙선관위 의결

무상 행위를 이용하여 그 구성원들에게 선거운동을 한 경우에 해당한다.

유사기관을 설치하고 그 유사기관에 사람을 고용하여 선거운동을 하게 한 경우는 직무상 행위를 이용하여 선거운동을 하게 한 경우에 해당하지 않는다.[99]

다. 거래상 특수지위 이용 행위 금지

누구든지 계열화나 하도급 등 거래상 특수한 지위를 이용하여 기업조직·기업체 또는 그 구성원에 대하여 선거운동을 하거나 하게 할 수 없다. '거래상 특수한 지위를 이용'한다는 것은 계열화나 하도급 등 소유 및 경영관계, 거래상의 지위 등에 비추어 관련 기업조직·기업체 또는 그 구성원에 대하여 어떤 형태로든 이익 또는 불이익을 줄 수 있는 자가 그 지위에 수반되는 영향력을 행사하는 것을 의미한다.[100]

라. 교육상의 행위 이용 금지

누구든지 교육적인 특수관계에 있는 선거권이 없는 자에 대하여 교육상의 행위를 이용하여 선거운동을 할 수 없다. 여기에는 초·중등학교의 교사가 자신이 지도·교육하는 미성년의 학생을 통하여 그 부모에게 특정 후보자에 대한 지지·반대 등을 하도록 유도하는 등의 선거운동을 하는 행위가 대표적이다. 고등학교 수학교사가 남편인 국회의원 예비후보자를 위하여 선거권이 없는 미성년자인 학생들에게 전화를 걸어 '자신의 남편을 뽑아달라고 엄마에게 이야기하라.'고 통화한 행위가 이에 해당한다.[101]

마. 벌칙

법 제85조(공무원 등의 선거관여 등 금지) 제3항 또는 제4항에 위반하여 교육적·종교적 또는 직업적인 기관·단체 등의 조직내에서의 직무상 행위를 이용하여 그 구성원에 대하여 선거운동을 하거나 하게 하거나, 계열화나 하도급 등 거래상 특수한 지위를 이용하여 기업조직·기업체 또는 그 구성원에 대하여 선거운동을 하거나 하게 하거나, 교육적인 특수관계에 있는 선거권이 없는 자에 대하여 교육상의 행위를 이용하여 선거운동을 하거나 하게 한 자는 3년 이하의 징역 또는 600만원 이하의 벌금에 처한다(법§255①9.).

한편, 교육공무원이 그 지위를 이용하여 본조항의 금지행위를 한 경우에는 법 제85조(공무원 등의 선거관여 등 금지) 제2항의 위반행위에도 해당되나, 법 제85조(공무원 등의 선거관여 등 금지) 제2항의 위반행위는 본조항 위반행위에 비하여 가중처벌하고 있어(법§255③2.), 법조경

99) 2013. 12. 26. 선고 2013도10896 판결
100) 1995. 5. 25. 선고 93헌바23 전원재판부 결정
101) 대전지방법원 2004. 10. 20. 선고 2004고합312 판결

합관계이므로 법 제85조(공무원 등의 선거관여 등 금지) 제3항 또는 제4항은 적용되지 않는다.

4. 공무원 등의 선거에 영향을 미치는 행위금지

가. 의의

공무원(국회의원과 그 보좌관 · 선임비서관 · 비서관 및 지방의회의원을 제외한다), 선상투표신고를 한 선원이 승선하고 있는 선박의 선장, 법 제53조(공무원 등의 입후보) 제1항 제4호에 규정된 기관 등의 상근 임원과 같은 항 제6호에 규정된 기관 등의 상근 임직원, 통 · 리 · 반의 장, 주민자치위원회위원과 예비군중대장급 이상의 간부, 특별법에 설립된 국민운동단체로서 국가나 지방자치단체의 출연 또는 보조를 받는 단체(바르게살기운동협의회 · 새마을운동협의회 · 한국자유총연맹을 말한다)의 상근 임 · 직원 및 이들 단체 등(시 · 도조직 및 구 · 시 · 군조직을 포함한다)의 대표자는 다음 각 호의 어느 하나에 해당하는 행위를 하여서는 아니 된다(법§86①).

1. 소속직원 또는 선거구민에게 교육 기타 명목여하를 불문하고 특정 정당이나 후보자(후보자가 되고자 하는 자를 포함한다)의 업적을 홍보하는 행위
2. 지위를 이용하여 선거운동의 기획에 참여하거나 그 기획의 실시에 관여하는 행위
3. 정당 또는 후보자에 대한 선거권자의 지지도를 조사하거나 이를 발표하는 행위
4. 삭제
5. 선거기간 중 국가 또는 지방자치단체의 예산으로 시행하는 사업 중 즉시 공사를 진행하지 아니할 사업의 기공식을 거행하는 행위
6. 선거기간 중 정상적인 업무외의 출장을 하는 행위
7. 선거기간 중 휴가기간에 그 업무와 관련된 기관이나 시설을 방문하는 행위

법 제86조(공무원 등의 선거에 영향을 미치는 행위금지) 제1항은 공무원 등 공적지위에 있는 자들에 대하여 선거운동에까지는 이르지 아니하지만 선거에 영향을 미치는 행위를 하지 못하도록 규제함으로써 소위 관권선거나 공적 지위에 있는 자의 선거개입의 여지를 철저히 불식시킴으로써 선거의 공정성을 확보하기 위하는데 그 목적이 있다.[102)]

나. 행위의 주체

공무원이나 선상투표신고를 한 선원이 승선하고 있는 선박의 선장, 공공기관의 상근 임 · 직원, 통 · 리 · 반의 장과 주민자치위원회위원과 예비군중대장급 이상의 간부, 바르게살기운동협의회 · 새마을운동협의회 · 한국자유총연맹의 상근 임 · 직원 및 이들 단체 등(시 · 도조직 및 구 · 시 · 군조직 포함)의 대표자는 선거에 영향을 미치는 행위를 하여서는 아니 된다.

---

102) 2008. 5. 29. 선고 2006헌마1096 전원재판부 결정

공무원은 법 제60조(선거운동을 할 수 없는 자)에 의하여 선거운동이 금지되는 공무원의 범위와 같으므로 「국가공무원법」 제2조(공무원의 구분)에 의한 국가공무원과 「지방공무원법」 제2조(공무원의 구분)에 의한 지방공무원이 이에 해당한다. 한편 법 제60조(선거운동을 할 수 없는 자) 제1항 제4호에서, 「정당법」 제22조(발기인 및 당원의 자격) 제1항 제1호 단서의 규정에 의하여 정당의 당원이 될 수 있는 공무원(국회의원과 지방의회의원 외의 정무직 공무원을 제외)은 선거운동을 할 수 있다고 규정함에 따라 국회의원, 지방의회의원, 국회의원의 보좌관·선임비서관·비서관 등은 선거운동을 할 수 있으며, 다만 선거에 의하여 취임하는 지방자치단체의 장은 정무직공무원으로서 정당에는 가입할 수 있으나 선거운동은 할 수 없다. 이처럼 선거운동이 허용되는 국회의원과 보좌관·선임비서관·비서관 및 지방의회의원은 법 제86조(공무원 등의 선거에 영향을 미치는 행위금지) 제1항의 적용대상에서 제외되고 있으나, 선거운동이 금지되는 지방자치단체의 장은 법 제86조(공무원 등의 선거에 영향을 미치는 행위금지) 제1항의 적용제외대상에 해당하지 않는다.[103] 법 제86조(공무원 등의 선거에 영향을 미치는 행위금지) 제1항은 공무원 등 공적지위에 있는 자가 선거에 영향을 미치는 행위를 금지하려는 것으로서 그 주체가 '공무원 등 공적지위에 있는 자'라는 점에 주안을 두는 것이지, '공무원 등 공직지위에 있는 자'로 하여금 선거에 영향을 미치는 행위를 하게 하는 행위 주체까지 '공무원 등 공적지위에 있는 자'로 한정하는 것은 아니라고 보는 것이 타당하다. 따라서 공무원 등 공적지위에 있는 자로 하여금 선거에 영향을 미치는 행위를 하게 한 자는 공무원 등 공적지위에 있는지를 불문하고 누구든지 법 제86조(공무원 등의 선거에 영향을 미치는 행위금지) 제1항의 행위주체가 된다.[104] 공무원 본인이 공직선거의 후보자가 되는 경우에도 법 제86조(공무원 등의 선거에 영향을 미치는 행위금지) 제1항의 주체가 된다고 본다.[105]

---

103) 2011. 7. 14. 선고 2011도3862 판결

104) 2011. 4. 28. 선고 2010도17828 판결(차기 지방선거에 입후보 예정인 현직시장인 피고인이 읍·면·동장 등 공무원 조직을 이용하여 선거구민에게 자신의 업적을 홍보하게 하였다고 기소된 사안에서, 이는 피고인이 공무원의 지위에 있다거나 스스로 자신의 업적을 홍보한 행위를 하였다는 것이 아니라, 공무원인 읍·면·동장으로 하여금 피고인의 업적을 홍보하게 하였다는 것이고, 피고인이 공무원 등 공적지위에 있는지는 범죄성립에 아무런 영향이 없다는 이유로 유죄를 선고한 사례)

105) 이와 관련하여, '공직선거법 제53조(공무원 등의 입후보) 제1항 단서에 의하여 공무원이 공무원의 신분을 유지한 채로 공직선거의 후보자로 될 수 있는 경우에, 그러한 후보자로 되었거나 되고자 하는 공무원(이하 "후보자 공무원"이라 한다)이 자신의 선거에 관하여 선거운동을 기획하고 그 기획을 실시하는 행위는 공직선거법 제58조(정의 등) 제1항 제2호의 "입후보와 선거운동을 위한 준비행위"로서 당연히 허용된다고 보아야 한다. 후보자 공무원이 자신의 선거에 관하여 선거운동을 기획하거나 그 기획을 실시하는 행위는, 자신의 선거에 관하여 선거운동을 준비하는 행위로서 선거운동에 해당되지 않을 것이고, 설사 선거운동에 해당되는 경우가 있더라도 그러한 선거운동을 처벌하는 규정이 따로 있는 경우에 그 규정에 의하여 처벌할 수 있을 뿐이고 법 제86조(공무원 등의 선거에 영향을 미치는 행위금지) 제1항에 의하여 처벌할 수는 없다. 후보자 공무원이 자신의 선거에 관하여 선거운동을 기획하거나 그 기획을 실시하면서 다른 공무원을 참여시키거나 관여시키는 경우에는, 그와 같이 참여·관여한 공무원(후보자가 아닌 공무원)은 법 제86조(공무원 등의 선거에 영향을 미치는 행위금지) 제1항에 의하여 처벌할 수 있지만, 후보자 공무원은 자신의 선거운동을

다. 선거에 영향을 미치는 행위

(1) 정당 또는 후보자의 업적 홍보 행위

공무원 등 공적지위에 있는 자는 소속직원 또는 선거구민에게 교육 기타 명목 여하를 불문하고 특정 정당이나 후보자(후보자가 되고자 하는 자를 포함)의 업적을 홍보하는 행위를 하여서는 아니 된다(법§86①1.).

선거와 관련하여 공무원 등 공적지위에 있는 자는 그의 공적기능을 이용하여 특정 정당이나 후보자를 지지하거나 반대하여서는 아니 되며, 특히 선거운동을 통하여 유권자의 결정에 영향을 미쳐서는 아니 된다. 공무원 등 공적지위에 있는 자가 편파적으로 특정 정당이나 후보자에게 유리하게 또는 불리하게 선거운동에 영향력을 행사한다면 이는 선거에서의 중립의무와 기회균등의 원칙에 위배되기 때문이다. 따라서 공무원 등 공적지위에 있는 자가 선거에 있어서 편파적으로 영향력을 행사하는 것은 홍보활동의 형태로도 허용되지 않는다.[106]

'업적'이라 함은 선거에서 긍정적 평가자료가 될 수 있는 일체의 사회적 행위로 해석함이 상당하다.[107][108] '업적의 홍보'에 해당하는지 여부는 그 홍보의 대상이 되는 일반인, 특히 선거인의 관점에서 행위 당시의 구체적인 상황에 기초하여 판단하여야 할 것이고, 행위 당시의 상황에서 특정 선거의 실시에 대한 예측이나 확정 여부, 행위의 시기와 특정 선거일 간의 시간적 간격, 행위의 내용과 당시의 상황, 행위자와 후보자의 관계 등 여러 객관적 사정을 종합하여 선거인의 관점에서 문제된 진술이 특정 선거와 관련하여 그 후보자에게 긍정적 평가자료가 될 수 있는 사회적 행위나 활동에 관한 것으로 그 진술이 선거에 영향을 미칠 수 있는 행위에 해당한다고 할 경우에 업적의 홍보에 해당될 수 있다.[109]

미담사례를 발굴·소개하려는 취지이었다 하여 홍보에 해당되지 않는다고 볼 수 없다. 따라서 언론에 보도된 기사를 그대로 게시하였다고 하더라도 그것이 특정 후보자의 업적과 관련된 내용을 포함하고 있다면 이는 특정 후보자의 업적을 홍보하는 행위에 해당한다. 또한 게시한 기사에 지방자치단체의 사업계획·사업추진실적 등의 내용과 함께 후보자이거나 후

기획하였다는 이유로 법 제86조(공무원 등의 선거에 영향을 미치는 행위금지) 제1항에 의하여 처벌할 수 없다(공범의 성립 여부는 별론으로 한다).'는 견해가 있다(2008. 5. 29. 선고 2006헌마1096 전원재판부 결정에서의 재판관 조대현의 별개의견).

106) 1995. 5. 27. 선고 98헌마214 전원재판부 결정

107) 1997. 4. 25. 선고 97도320 판결(특정 국회의원의 의정활동 내용 등을 수록한 책자 220권을 금천구청 관내 동사무소 및 구청 각 부서에 무료로 배포하고, 새정치국민회의 금천지구당의 연말불우이웃돕기 사실을 금천구청 소식지에 게재한 사례)

108) 2011. 7. 14. 선고 2011도3862 판결(구청장인 피고인이 "성동고 자율형 공립고 선정! 우리 중구 명문학교 만들기의 결실입니다! 중구청장 피고인!"이라는 내용의 문자메시지를 선거구민들에게 발송한 것은 법 제86조(공무원 등의 선거에 영향을 미치는 행위금지) 제1항에 위배된다고 판단한 사례)

109) 광주고등법원 2019. 5. 14. 선고 (전주)2019노27 판결

보자가 되고자 하는 지방자치단체장과 관련된 내용이 혼재되어 있는 경우에는, 지방자치단체장이 지방자치단체의 그러한 활동에 기여하였는지 여부와 구체적인 기여내용이 직접적으로 기술되어 있는지 여부, 지방자치단체장의 성명, 사진, 발언 등이 포함되어 있는지 여부, 사진에 담긴 지방자치단체장의 크기, 모습 등을 종합하여 전체적인 표현내용 중에서 지방자치단체장 개인의 구체적인 기여나 행위가 드러난다면, 이는 단순히 지방자치단체의 실적과 활동상황을 홍보하는 것을 넘어 지방자치단체장의 업적을 홍보하는 것이 되므로 법 제86조(공무원 등의 선거에 영향을 미치는 행위금지) 제1항 제1호에 위반된다.110)

한국자유총연맹 시·군조직 대표자가 입후보예정자의 출판기념회에 참석하여 그의 업적을 홍보한 행위,111) 공무원이 지방선기의 입후보예정자인 군수의 출판기념회 홍보를 위하여 군수의 업적을 찬양하는 보도자료를 작성하여 배포한 행위,112) 네이버밴드 등에 후보자가 되고자 하는 지방자치단체장의 업적을 홍보하는 내용이 게재된 기사를 게시하는 행위,113) 후보자가 되고자 하는 지방자치단체의 장이 자신의 업적과 관련된 내용이 포함된 언론기사를 페이스북에 게시하는 행위,114) 전국동시지방선거의 ○○시 후보자인 ○○시장이 △△군 예비후보자의 선거사무소의 개소식에 참석하여 자신과 △△군 예비후보자의 업적을 홍보하는 행위,115) 지방자치단체장이 페이스북에 자신의 업적을 홍보하는 내용의 글을 '공유하기'방식으로 게시하는 행위,116) 지방자치단체장의 사진, 활동상황을 포함시키면서 지방자치단체의 장 개인의 다짐이나 의지에 대한 내용을 부각시키는 내용의 글 등을 네이버밴드에 게시하는

110) 2015. 7. 23. 선고 2015도7628 판결(대전고등법원 2015. 5. 4. 선고 2015노20 판결)
111) 대전지방법원 홍성지원 2014. 6. 26. 선고 2014고합41 판결
112) 광주지방법원 장흥지원 2014. 9. 1. 선고 2014고합7 판결
113) 2015. 7. 23. 선고 2015도7628 판결(대전고등법원 2015. 5. 4. 선고 2015노20 판결)
114) 2015. 8. 27. 선고 2015도8395 판결(대전고등법원 2015. 5. 18. 선고 2015노19 판결 : 공직선거법에서 정한 다른 선거운동과 달리 인터넷 홈페이지 또는 그 게시판·대화방 등에 선거운동을 위한 내용의 글이나 동영상 등 정보를 게시하거나 전자우편을 전송하는 방법을 통한 정보통신망을 이용한 선거운동은 선거운동기간뿐 아니라 선거운동기간 전에도 허용된다. 이는 정치적 공론의 과정에서 기존 매체를 통한 일방적인 정보전달을 넘어 인터넷을 통한 정치과정 참여의 기회와 범위가 넓어질수록 더 충실한 공론의 형성을 기대할 수 있을 것이므로, 실질적 민주주의의 구현을 위하여 인터넷상 일반 유권자의 정치적 표현의 자유가 적극 장려되어야 하는 측면을 고려한 것이다. 따라서 정보통신망을 통한 선거운동과 그 밖의 선거운동은 구분되어야 하며, 정보통신망을 통한 선거운동과 관련한 공직선거법의 규정들은 이러한 정보통신망을 통한 선거운동의 특성 및 이를 폭넓게 허용한 입법취지 등을 고려하여 해석될 필요가 있다. 이와 관련하여 다수의 지방자치단체장들이 개인 명의의 페이스북을 통해 정치적 신념, 정치적 현안에 대한 의견이나 평가, 자신의 소소한 일상 등을 대중에게 알리는 현상이 증가하고 있는데, 이는 헌법상 보장된 개인의 정치적 표현의 자유로서 규제의 대상으로 삼을 수 없다. 그러나 그와 같은 정치적 표현의 자유를 넘어서 지방자치단체장이나 공무원이 인터넷 등을 통해 소속 직원이나 선거구민에게 공직선거의 후보자가 되고자 하는 사람의 업적을 홍보하는 행위에까지 나아간다면, 이는 선거의 공정성과 공무원의 정치적 중립성을 훼손시키는 결과가 되므로 마땅히 규제의 대상으로 삼을 수밖에 없다고 한 사례)
115) 대구고등법원 2019. 1. 17. 선고 2018노527 판결(대구지방법원 2018. 11. 14. 선고 2018고합372 판결)
116) 광주고등법원 2019. 5. 20. 선고 2019노41 판결

행위,[117] '전임군수 시절에 부담하게 된 채무를 (자신의 임기 중에) 상당 부분 변제하였다.'는 취지의 발언을 하는 행위[118]는 본조항에 위반된다. 법 제86조(공무원 등의 선거에 영향을 미치는 행위금지) 제1항 제1호는 법 제93조(탈법방법에 의한 문서 · 도화의 배부 · 게시 등 금지) 제1항과 달리 '업적 홍보물의 배부 · 첩부 · 살포 · 상영 또는 게시'를 금지하는 것이 아니라 '업적을 홍보하는 행위'를 금지하면서 그 금지대상인 '홍보하는 행위'에 관하여 별다른 제한을 두고 있지 않고, 인터넷에서 특정 인터넷 링크를 클릭하면 링크된 동영상이나 게시물로 직접 연결되어 해당 동영상을 시청하거나 게시물을 볼 수 있도록 하는 것은 인터넷 상에서 흔히 이루어지는 '홍보'의 한 방법이고 이는 인터넷과 연결되는 기능이 제공되는 휴대전화(이른바 "스마트폰")에서도 마찬가지이므로 지방자치단체장이 자신의 업적 홍보 동영상의 링크가 포함된 명절인사 문자메시지를 발송한 행위[119]는 본조항에 위반된다.

지방자치단체가 자체적으로 또는 매니페스토평가단과 공동으로 당해 지방자치단체장의 공약이행결과를 공정하고 객관적으로 평가하여 법 제86조(공무원 등의 선거에 영향을 미치는 행위금지) 제2항 제4호의 규정에 따른 제한기간이 아닌 때에 당해 지방자치단체장을 선전함이 없이 공약추진과 관련 있는 자나 이해관계자 등을 대상으로 평가보고회를 개최하는 것은 무방하나, 그 제한된 범위를 벗어나 일반선거구민을 참석하게 하거나 반복하여 개최하는 등 후보자가 되고자 하는 당해 지방자치단체장 또는 그의 업적을 홍보 · 선전하는 경우에는 법 제86조(공무원 등의 선거에 영향을 미치는 행위금지) 제1항 또는 제254조(선거운동기간위반죄)에 위반된다.[120]

(2) 선거운동의 기획에 참여하거나 실시하는 행위

공무원 등 공적지위에 있는 자는 지위를 이용하여[121] 선거운동의 기획에 참여하거나 그 기획의 실시에 관여하는 행위를 하여서는 아니 된다(법§85①2.).[122] 법 제86조(공무원 등의 선

117) 부산고등법원 2019. 5. 8. 선고 2019노154 판결

118) 춘천지방법원 2019. 5. 30. 선고 2018고합50 판결

119) 광주고등법원 2019. 5. 14. 선고 (전주)2019노27 판결

120) 2007. 7. 2. 중앙선관위 질의회답

121) 구 공직선거법(2005. 8. 4. 법률 제7681호로 개정된 것) 제86조(공무원 등의 선거에 영향을 미치는 행위금지) 제1항 제2호는 '선거운동의 기획에 참여하거나 그 기획의 실시에 관여하는 행위'라고 규정하여, '지위를 이용하여'라는 문구가 없었다. 이에 대하여 헌법재판소는 '이 사건 법률조항은 공무원이 그 지위를 이용하여 하는 선거운동의 기획행위 외에 사적인 지위에서 하는 선거운동의 기획행위까지 포괄적으로 금지하는 것에서 비롯된 것이므로 헌법에 위반된다.'고 하였다(2008. 5. 29. 선고 2006헌마1096 전원재판부 결정).

122) 헌법재판소는, 법 제86조(공무원 등의 선거에 영향을 미치는 행위금지) 제1항 제2호와 관련하여, '이 사건 법률조항은 소위 관권선거나 공적 지위에 있는 자의 선거개입의 여지를 철저히 불식시킴으로써 선거의 공정성을 확보하기 위하여 공무원에 대하여 선거에 영향을 미치는 행위까지 금지하고 있는바, 그 입법목적의 정당성과 수단의 적정성이 인정되며, 선거의 공정성과 형평성을 확보하고 업무전념성을 보장하기 위하여 선거운동이 금지되는 공무원에 대하여 선거운동의 기획에 참여하는 행위 등을 금지하는 것은 당연한 귀결이

거에 영향을 미치는 행위금지) 제1항 제2호는 공무원 등 공적지위에 있는 자가 선거운동의 효율적 수행을 위한 일체의 계획수립에 참여하는 행위 또는 그 계획을 직접 실시하거나 실시에 관하여 지시·지도하는 행위를 함으로써 선거에 영향을 미치는 것을 금지하는 것이다.

'지위를 이용하여'라는 개념은 공무원 등 공적지위에 있는 자가 개인의 자격으로서가 아니라 공무원 등 공적지위에 있는 자의 지위와 결부되어 선거운동의 기획에 참여하거나 그 기획의 실시에 관여하는 행위를 뜻하는 것으로, 공무원 등 공적지위에 있는 자의 지위에 있기 때문에 특히 선거운동의 기획행위를 효과적으로 할 수 있는 영향력 또는 편익을 이용하는 것을 의미하고,[123] 구체적으로는 그 지위에 수반되는 신분상의 지휘감독권, 직무권한, 담당사무 등과 관련하여 공무원이 직무를 행하는 사무소 내부 또는 외부의 사람에게 작용하는 것도 포함된다.[124]

'기획'이란 일을 계획하는 것을 의미하고, '참여'란 참가하여 관계함을 뜻하며, '관여'란 관계하여 참여함이 그 사전적 의미이다.[125] 따라서 '선거운동의 기획에 참여하거나 그 기획의 실시에 관여하는 행위'는 당선되게 하거나 되지 못하게 하기 위한 선거운동에는 이르지 아니한 것으로서 선거운동의 효율적 수행을 위한 일체의 계획 수립에 참여하는 행위[126] 또는 그 계획을 직접 실시하거나 실시에 관하여 지시·지도하는 행위를 말하는 것으로 해석하여야 하고,[127] 반드시 구체적인 선거운동을 염두에 두고 선거운동을 할 목적으로 그에 대한 기획에 참여하는 행위만을 의미하는 것으로 볼 수는 없고,[128] 공무원이 선거운동의 기획에 참여하거나 그 기획의 실시에 관여하는 행위가 선거운동의 준비행위에 불과하더라도 법 제86조(공무원 등의 선거에 영향을 미치는 행위금지) 제1항 제2호에 의하여 금지된다.[129]

라고 볼 수 있다. 선거운동 참여시 특히 폐해가 심할 것으로 명백히 예상되는 공무원에 대하여 선거운동의 기획에 참여하는 행위 등을 금지함으로써 정치적 표현의 자유 중 일부인 선거운동의 자유를 제한하였다고 하여 그로 인해 보호되는 공익과 제한되는 기본권 사이에 현저히 불균형이 있다고는 볼 수 없다. 국회의원과 지방의회의원은 선거에서의 정치적 중립의무가 요구되지 않으므로 선거운동이 금지되는 주체에서도 제외되나, 지방자치단체의 장은 선거에서의 정치적 중립성이 엄격히 요구됨에 따라 선거운동이 금지된다. 이 사건 법률조항에서 국회의원과 지방의회의원을 선거에 영향을 미치는 행위가 금지되는 주체에서 제외하면서 지방자치단체 장을 제외하지 않은 것은 선거에서 정치적 중립의무가 요구되는 정도에 따른 것이므로 합리적인 근거 없는 차별로서 평등원칙에 위배된다고 볼 수 없다.'고 판시하였다(2005. 6. 30. 선고 2004헌바33 전원재판부 결정).

123) 2022. 8. 31. 선고 2018헌바440 결정(법 제86조(공무원 등의 선거에 영향을 미치는 행위금지) 제1항 제2호 중 '공무원이 지위를 이용하여'에 관한 부분이 죄형법정주의의 명확성원칙에 위배되지 않는다고 판시하였다.)

124) 2011. 5. 13. 선고 2011도2996 판결

125) 2008. 5. 29. 선고 2006헌마1096 전원재판부 결정, 2005. 6. 30. 선고 2004헌바33 전원재판부 결정

126) 2011. 5. 13. 선고 2011도2996 판결

127) 2007. 3. 29. 선고 2006도9392 판결, 2005. 6. 30. 선고 2004헌바33 전원재판부 결정

128) 2011. 2. 24. 선고 2010도16650 판결, 2007. 10. 25. 선고 2007도4069 판결(지방자치단체장 선거와 관련하여 지방자치단체 소속 공무원들이 선거에 출마한 현직 단체장인 후보자의 인터뷰 자료와 토론회 자료의 작성에 관여하거나 선거용 프로필을 작성한 행위가 '선거운동의 기획에 참여하거나 그 기획의 실시에 관여하는 행위'에 해당한다고 한 사례)

선거에 출마한 후보자가 후보자의 자질과 정책을 검증하기 위하여 열리는 토론회에 참석하는 것은 선거운동의 일환으로 보아야 할 것이므로, 그 토론회에 대비하기 위한 자료를 수집하는 행위,[130] 전국동시지방선거에 출마예정인 현직 시장의 출판기념회를 위하여 '○○시장 출판기념회 행사계획(안)'을 작성하여 출판기념회를 준비하는 ○○시장의 지지자들에게 나누어주고 출판기념회를 준비하면서 그에 필요한 각종 자료를 작성하고 준비하는 행위,[131] 교육감선거 후보예정자를 위하여 다수의 교육정책 관련 자료를 수집하여 선거공약과 선거공보를 작성하는 행위,[132] 전국동시지방선거의 후보예정자를 위하여 담당 업무와 경험을 이용하여 선거공보와 선거공약서의 작성에 관여하고 선거홍보 영상제작 등에 참여하는 행위,[133] 대통령이 정무수석비서관실을 통해 제20대 총선이 실시되기 전에 미리 지지율이 많이 나오는 인물이 누구인지, 그 규모는 어느 정도 되는지 등을 파악하여 그러한 인물들을 소속 당 후보자로 출마시켜 당선시킬 목적으로 그와 같은 전략을 수립하면서 그 전략수립의 기초 자료로 사용하기 위하여 여론조사를 실시하는 행위[134]는 선거운동에 필요한 계획을 수립하거나 그 계획을 실시하는 것으로서 '선거운동의 기획 또는 그 기획의 실시'에 해당한다.

그러나, 공무원 등 공적지위에 있는 자가 선거운동의 기획에 참여하였다고 하기 위해서는 그러한 선거운동방안의 제시 등으로 후보자의 선거운동계획 수립에 직접적·간접적으로 관여하였음이 증명되어야 하고, 단지 공무원 등 공적지위에 있는 자가 개인적으로 후보자를 위한 선거운동에 관한 의견을 표명하였다는 사정만으로 선거운동의 효율적 수행을 위한 일체의 계획 수립에 참여하였다고 단정할 수 없다.[135]

공무원 등 공적지위에 있는 자가 그 지위를 이용하여야 하므로, 공무원 등 공적지위에 있

---

129) 2005. 6. 30. 선고 2004헌바33 전원재판부 결정

130) 대전고등법원 2002. 11. 15. 선고 2002노565 판결(공무원이 지방선거 후보자의 선거사무실에 제공할 의도로 그 후보자가 참석하기로 예정된 '후보자 초청 토론회'의 질문자에게 전화로 위 토론회에서 할 질문 내용을 미리 송부하여 달라고 부탁한 것은 법 제86조(공무원 등의 선거에 영향을 미치는 행위금지) 제1항 제2호에 위반된다고 한 사례)

131) 대전지방법원 2015. 1. 30. 선고 2014고합122 판결

132) 대구고등법원 2015. 4. 9. 선고 2015노88 판결

133) 서울고등법원 2015. 5. 1. 선고 2015노730 판결

134) 서울중앙지방법원 2018. 7. 30. 선고 2018고합119 판결

135) 2013. 11. 28. 선고 2010도12244 판결(인사권자인 시장에게 선거운동방안을 정리하여 일방적으로 전자우편을 보냈으나, 시장은 그 전자우편을 수신하였을 뿐 이에 대하여 간단한 인사말 외에는 실질적으로 답변하거나 선거운동방안을 지시·요구하였다거나 전자우편의 내용을 기초로 선거운동의 계획을 수립하였다거나 이를 검토하여 활용하였다고 볼 만한 증거가 없다는 이유로 '선거운동의 기획에 참여'한 것으로 볼 수 없다고 한 사례), 2017. 8. 24. 선고 2015도11434 판결(서울시교육청 공무원인 피고인이 서울시교육감 선거와 관련하여 당시 교육감이던 후보자 갑의 선거운동의 일환인 초등학교 방문행사 준비를 지시받고 장학사 을을 통해 해당 초등학교에 준비를 지시한 후 초등학교측으로부터 방문행사 관련 보고를 받고 지시를 하는 등 그 지위를 이용하여 갑의 선거운동기획에 참여하거나 그 기획의 실시에 관여하였다고 하여 기소된 사안에서, 피고인이 보인 일련의 행위들만으로는 피고인이 갑의 초등학교 방문행사의 기획에 참여하였다거나 그 기획의 실시에 관여하였다고 단정하기 어렵다고 한 사례)

는 자가 그 지위를 이용함이 없이 개인으로서 새로운 공직선거에 출마하거나 배우자, 친지 등의 선거운동의 기획행위를 도와주는 경우에는 허용된다고 본다.[136] 또한 공무원이 자신을 위한 선거운동의 기획에 다른 공무원이 참여하는 행위를 단순히 묵인하였다거나 소극적으로 이익을 누린 사실만으로는 법 제86조(공무원 등의 선거에 영향을 미치는 행위금지) 제1항 제2호의 위반행위에 해당하지 않는다.[137]

(3) 지지도 조사·발표행위

공무원 등 공적지위에 있는 자는 정당 또는 후보자에 대한 선거권자의 지지도를 조사하거나 이를 발표하는 행위를 하여서는 아니 된디(법§86①3.) 이는 선거권자의 지지도에 관한 정보 자체가 선거권자의 의사결정에 미치는 영향이 매우 큰 점을 고려하여 공무원으로 하여금 선거권자의 지지도에 관한 정보를 생성하거나 전달하는 행위를 일률적으로 금지하여 관권선거나 공적 지위에 있는 자의 선거 개입 여지를 철저히 불식시키고자 하는데 그 취지가 있다.[138]

'발표'는 전송·게시 이외의 방법으로 불특정 다수인에게 널리 알린다는 의미로 좁게 해석하여서는 아니 되고, 공직선거법상 '공표'와 마찬가지로 그 수단이나 방법의 여하를 불문하고 불특정 또는 다수인에게 사실을 알리는 것으로 해석해야 한다.[139] '발표'의 사전적 의미는 '일의 결과나 어떤 사실 따위를 세상에 널리 드러내어 알림'이기 때문에 그 의미 속에 발표되는 내용이 새로운 정보이어야 한다는 요소가 포함되어 있다고 보기는 어렵다. 따라서 이미 언론에 보도된 지지도라 하더라도 이를 여러 사람에게 메시지를 알리는 것도 포함된다.[140] ○○시장의 지지도에 대한 여론조사결과를 다수인에게 문자로 전송하고 읍·면·동장 총 14명이 참여하고 있는 단체 카카오톡 채팅방에 게시한 행위는 후보자에 대한 선거권자의 지지도를 발표하는 행위에 해당한다.[141]

대통령이 정무수석비서관실을 통해 제20대 총선을 앞두고 소속 당의 총선 및 경선 후보자로 예정되는 사람들의 지지도에 관하여 약 100회 이상 여론조사를 실시한 경우는 본조항에 위반된다.[142] 시정 주요정책 모니터링을 위한 여론조사에 '특정 지방자치단체장의 재선 여부'나 '현재 지지하는 정당' 등을 직접적으로 묻는 설문 문항이 포함되어 있다면 이는 실질적으로 정당 또는 후보자에 대한 지지도 조사에 해당한다.[143] 대통령선거의 후보자가 되고

---

136) 2008. 5. 29. 선고 2006헌마1096 전원재판부 결정
137) 2007. 11. 25. 선고 2007도3061 전원합의체 판결
138) 대구고등법원 2019. 5. 2. 선고 2019노157 판결
139) 대구고등법원 2019. 5. 2. 선고 2019노157 판결
140) 대검찰청, 앞의 책, 509쪽
141) 대구고등법원 2019. 5. 2. 선고 2019노157 판결
142) 서울중앙지방법원 2018. 7. 30. 선고 2018고합119 판결

자 하는 시장의 중도퇴임과 관련하여 시민여론조사를 하는 것은 정당 또는 후보자에 대한 선거권자의 지지도를 조사하는 행위에 해당한다.[144] 그러나 공무원협의회가 소속 회원들을 대상으로 해당 지방자치단체의 의회의원의 의정활동에 관하여 여론조사를 하고 그 여론조사 결과를 당해 단체의 인터넷 홈페이지에 게시하여 두는 것은 허용된다.[145]

(4) 선거기간 중 예산사업 중 불요불급한 기공식 거행행위

공무원 등 공적지위에 있는 자는 선거기간 중 국가 또는 지방자치단체의 예산으로 시행하는 사업 중 즉시 공사를 진행하지 아니할 사업의 기공식을 거행하는 행위를 하여서는 아니 된다(법§86①5.).

(5) 선거기간 중 정상적 업무 외의 출장행위

공무원 등 공적지위에 있는 자는 선거기간 중 정상적 업무외의 출장을 하는 행위를 하여서는 아니 된다(법§86①6.).[146]

'정상적인 업무'라 함은 법령 · 조례 또는 행정관행 · 관례에 의하여 그 지위의 성질상 필요로 하는 정당한 행위 또는 활동, 즉 직무상의 행위를 말한다.[147]

'선거기간 중 정상적 업무 외의 출장행위'에 해당하기 위해서는 그 행위가 명목상, 형식상이나마 당해 공무원 등 공적지위에 있는 자의 업무와 관련된 출장행위의 외관을 지니고 있음을 전제로, 그 실질에 있어서 통상적인 업무수행의 일환으로 인정되지 아니하는 경우라야 한다.[148]

---

143) 2015. 12. 10. 선고 2015도1519 판결(서울고등법원 2015. 9. 25. 선고 2015노1379 판결)

144) 1997. 9. 11. 중앙선관위 질의회답

145) 2004. 9. 4. 중앙선관위 질의회답

146) 법 제86조(공무원 등의 선거에 영향을 미치는 행위금지) 제1항 제6호에 대하여, '공무원이 선거에 영향을 미치는 행위가 사적인 지위에 의한 것인지 혹은 공무원의 지위를 이용한 것인지에 대한 구별이 행해져야 하며, 단순히 사적인 지위에서 행해지는 경우까지 규제하는 것은 공익에 미치는 영향을 고려하더라도 정치적 표현의 자유에 대한 지나친 제한으로 판단될 수 있다.'면서, '공무원의 지위를 이용한 행위 이외에도 일체의 정상적 업무 이외의 출장을 하는 행위를 금지하는 것은 타당하지 않다.'는 견해가 있다(최희경, 「정치적 표현에 관한 헌법적 고찰 –선거운동의 자유를 중심으로–」, 법학논집 제15권 제1호(2010. 9.), 265쪽).

147) 2005. 10. 27. 선고 2004헌바41 전원재판부 결정(법 제86조(공무원 등의 선거에 영향을 미치는 행위금지) 제1항 제6호의 선거기간 중 정상적인 업무외의 출장금지와 관련하여, 공무원의 모든 출장행위를 처벌하는 것이 아니라 선거기간 중에 선거운동과 관련하여 이루어진 경우에 한하여 처벌하는 규정이므로 죄형법정주의의 명확성의 원칙에 위배된다고 할 수 없다.)

148) 2005. 8. 19. 선고 2005도2690 판결(한국조폐공사 감사로 재직 중인 피고인이 근무시간 중에 위 감사직 취임 이전 소속 정당의 지구당 선거사무실 개소식에 들러 그 직함과 이름이 소개되도록 하고 관용차를 이용하여 귀사한 행위가 위 감사로서의 업무와 전혀 무관하게 단지 위 선거사무실 개소식을 축하한다고 하는 개인적 차원에서 이루어진 것으로서 법 제86조(공무원 등의 선거에 영향을 미치는 행위금지) 제1항 제6호 위반 행위에 해당하지 않는다고 한 사례)

(6) 선거기간 중 휴가기간에 업무유관 기관 등 방문 행위

공무원 등 공적지위에 있는 자는 선거기간 중 휴가기간에 그 업무와 관련된 기관이나 시설을 방문하는 행위를 하여서는 아니 된다(법§86①7.).

라. 주관적 요건

법 제86조(공무원 등의 선거에 영향을 미치는 행위금지)는 공무원 등 공적지위에 있는 자들에 대해 선거운동에 이르지 아니하여도 선거에 영향을 미칠 우려가 있는 행위를 금지하면서 '선거운동'보다 개념이 넓은 '선거에 영향을 미치는 행위'유형을 예시하여 규정하고 있으므로, 선거운동의 목적을 요하지 아니하며 공무원 등에 의하여 위와 같은 행위가 있을 때 바로 본조에 해당한다.[149]

마. 벌칙

공무원 등 공적지위에 있는 자의 선거에 영향을 미치는 행위 중 보다 직접적인 영향력있는 행위인 제86조(공무원 등 선거에 영향을 미치는 행위금지) 제1항 제1호부터 제3호까지를 위반한 행위에 대하여는 부정선거운동죄로 의율하여 3년 이하의 징역 또는 600만원 이하의 벌금에 처하고(법§255①10.), 법 제86조(공무원 등 선거에 영향을 미치는 행위금지) 제1항 제5호부터 제7호까지를 위반한 행위는 공무원 등 공적지위에 있는 자의 통상적인 업무수행의 행태에 속하지 아니함에도 업무를 빙자하거나 업무와 관련 있는 기관이나 시설을 방문하는 등의 방법으로 선거기간 중에 접촉하는 불요불급한 행위를 통해 상대방의 공정한 선거권 행사에 지장을 초래하고 관권선거의 시비를 불러일으킬 우려가 있음을 감안하여 그 중 대표적이고 전형적인 행위유형을 특정하여 이를 위반하면 별도의 입증 없어도 선거에 영향을 미쳤다고 하는 점에 대한 소명이 된 것으로 간주하고,[150] 이를 위반한 행위에 대하여는 각종제한규정위반죄로 의율하여 2년 이하의 징역 또는 400만원 이하의 벌금에 처한다(법§256③1.바.).

법 제86조(공무원 등 선거에 영향을 미치는 행위금지) 제1항 제1호부터 제3호까지를 위반한 죄는 재정신청 대상 중요 선거범죄에 해당한다(법§273①).

법 제86조(공무원 등 선거에 영향을 미치는 행위금지) 제1항 제2호는 공무원 등 공적지위에 있는 자들이 선거운동의 기획에 참여하거나 그 기획의 실시에 관여하는 행위를 금지하면서, 제255조(부정선거운동죄) 제1항 제10호는 '제86조(공무원 등 선거에 영향을 미치는 행위금지) 제1항 제2호에 위반한 행위를 하거나 하게 한 자'를 처벌대상으로 삼고 있는 바, 공무원 등 공

149) 2007. 3. 29. 선고 2006도9392 판결, 2004. 3. 25. 선고 2003도2932 판결
150) 2005. 8. 19. 선고 2005도2690 판결

적지위에 있는 자가 아니라고 하더라도 공무원 등 공적지위에 있는 자의 선거운동 기획에 참여하는 행위에 공동 가공하는 경우에는 제255조(부정선거운동죄) 제1항 제10호 위반의 공동정범으로서 죄책을 면할 수 없는 것이고, 이는 공무원 자신이 자기 자신을 위한 다른 공무원의 선거운동 기획 참여행위에 공동 가공하는 경우에도 마찬가지이다.[151]

5. 지방자치단체장의 선거에 영향을 미치는 행위 금지

가. 선거에 영향을 미치는 행위 제한

(1) 의의

지방자치단체의 장(제4호의 경우 소속 공무원을 포함한다)은 선거일전 60일(선거일전 60일후에 실시사유가 확정된 보궐선거등에 있어서는 선거의 실시사유가 확정된 때)부터 선거일까지 다음 각 호의 어느 하나에 해당하는 행위를 하여서는 아니 된다(법§86②).

1. 삭제
2. 정당의 정강·정책과 주의·주장을 선거구민을 상대로 홍보·선전하는 행위. 다만, 당해 지방자치단체의 장의 선거에 예비후보자 또는 후보자가 되는 경우에는 그러하지 아니하다.
3. 창당대회·합당대회·개편대회 및 후보자선출대회를 제외하고는 정당이 개최하는 시국강연회, 정견·정책발표회, 당원연수·단합대회 등 일체의 정치행사에 참석하거나 선거대책기구, 선거사무소, 선거연락소를 방문하는 행위. 다만, 해당 지방자치단체의 장선거에 예비후보자 또는 후보자가 된 경우와 당원으로서 소속 정당이 당원만을 대상으로 개최하는 정당의 공개행사에 의례적으로 방문하는 경우에는 그러하지 아니하다.
4. 다음 각 목의 1을 제외하고는 교양강좌, 사업설명회, 공청회, 직능단체모임, 체육대회, 경로행사, 민원상담 기타 각종 행사를 개최하거나 후원하는 행위

가. 법령에 의하여 개최하거나 후원하도록 규정된 행사를 개최·후원하는 행위
나. 특정일·특정시기에 개최하지 아니하면 그 목적을 달성할 수 없는 행사
다. 천재·지변 기타 재해의 구호·복구를 위한 행위
라. 직업지원교육 또는 유상으로 실시하는 교양강좌를 개최·후원하는 행위 또는 주민자치센터가 개최하는 교양강좌를 후원하는 행위. 다만, 종전의 범위를 넘는 새로운 강좌를 개설하거나 수강생을 증원하거나 장소를 이전하여 실시하는 주민자치센터의 교양강좌를 후원하는 행위를 제외한다.
마. 집단민원 또는 긴급한 민원이 발생하였을 때 이를 해결하기 위한 행위
바. 가목 내지 마목에 준하는 행위로서 규칙으로 정한 행위

---

151) 2007. 10. 25. 선고 2007도4069 판결

5. 통·리·반장의 회의에 참석하는 행위. 다만, 천재·지변 기타 재해가 있거나 집단민원 또는 긴급한 민원이 발생하였을 때는 그러하지 아니하다.

(2) 구체적 내용

(가) 정당의 정강·정책 등을 홍보·선전하는 행위

지방자치단체의 장은 선거일전 60일(선거일전 60일후에 실시사유가 확정된 보궐선거등에 있어서는 선거의 실시사유가 확정된 때, 이하 같다)부터 선거일까지 정당의 정강·정책과 주의·주장을 당해 지방자치단체의 선거구민을 대상으로 홍보하거나 선전하는 행위를 하여서는 아니 된다(법§86②2.). 그러나 당해 지방자치단체의 장 선거에 예비후보자 또는 후보지기 되는 경우에는 그러하지 아니하다.

(나) 정당 개최의 정치행사에 참석하거나 선거사무소 등의 방문행위

지방자치단체의 장은 선거일전 60일부터 선거일까지 정당이 개최하는 시국강연회, 정견·정책발표회, 당원연수·단합대회 등 일체의 정치행사에 참석하거나 선거대책기구, 선거사무소, 선거연락소를 방문하여서는 아니 된다(법§86②3.). 다만, 창당대회·합당대회·개편대회 및 후보자선출대회에 참석하거나, 해당 지방자치단체의 장선거에 예비후보자 또는 후보자가 되어 참석 및 방문하는 경우와 당원으로서 소속 정당이 당원만을 대상으로 개최하는 정당의 공개행사에 의례적으로 방문하는 경우에는 그러하지 아니하다.

'일체의 정치행사'는 정당이 개최하는 각종 집회나 회의를 불문한다. '공개행사'란 그 행사 일정이나 절차가 외부 언론과 일반인에게 알려진 것을 말하고, '의례적 방문'이란 당원으로서 당과 다른 당원들과의 교류나 친목도모 및 예의상 하는 방문행위를 의미한다.

(다) 각종 행사를 개최하거나 후원하는 행위

지방자치단체의 장은 선거일전 60일부터 선거일까지 교양강좌, 사업설명회, 공청회, 직능단체모임, 체육대회, 경로행사, 민원상담 기타 각종 행사를 개최하거나 후원하는 행위를 하여서는 아니 된다. 소속 공무원도 위와 같은 행위를 하여서는 아니 된다(법§86②4.).

다만, 지방자치단체장과 소속 공무원은 선거일전 60일부터 선거일까지의 기간 중에도 아래의 행위는 예외적으로 할 수 있다.

① 법령에 의하여 개최하거나 후원하도록 규정된 행사를 개최·후원하는 행위는 할 수 있다(법§86②4.가.). 법령에 의한다는 것은 법률·규칙·예규 등을 근거로 하거나 행정부의 지침 등을 근거하는 것을 포함한다.

② 특정일·특정시기에 개최하지 아니하면 그 목적을 달성할 수 없는 행사는 할 수 있다

(법§86②4.나.). 지역 홍보나 관광을 위해 매년 개최되는 단오제, 군항제, 철쭉제 등 지역축제, 문화제, 구·시·군민의 날 행사, 조례에 의하여 설치된 지방자치단체 예술단의 공연행위 등이 이에 해당한다.

③ 천재·지변 기타 재해의 구호·복구를 위한 행위는 할 수 있다(법§86②4.다.).

④ 직업지원교육 또는 유상으로 실시하는 교양강좌를 개최·후원하는 행위 또는 주민자치센터가 개최하는 교양강좌를 후원하는 행위는 할 수 있다(법§86②4.라.). 지방자치단체는 「직업교육훈련촉진법」 제4조(직업교육훈련 기본계획의 수립·시행)에 의하여 국가가 수립한 직업교육훈련기본계획에 따라 연도별 세부실천계획을 수립·시행하여야 하고, 「산업교육진흥 및 산학연협력촉진에 관한 법률」 제5조(기본계획의 수립 등)에 의하여 교육부장관이 수립한 산업교육 및 산학연협력 기본계획에 따라 연도별 시행계획을 수립·추진하여야 하고, 「평생교육법」 제5조(국가 및 지방자치단체의 임무)에 따라 평생교육진흥정책을 수립·추진하여야 한다. 그러나 종전의 범위를 넘는 새로운 강좌를 개설하거나 수강생을 증원하거나 장소를 이전하여 실시하는 주민자치센터의 교양강좌를 후원하는 행위는 할 수 없다. 지방자치단체가 인터넷방송국을 개국하여 수능방송·정보화교육·어학강좌·교양강좌 등을 개설·운영하는 것은 「평생교육법」 제33조(원격대학형태의 평생교육시설)에 의하여 실시하는 것으로 볼 수 있으므로 가능하다.[152] 주민자치센터의 일부 강좌가 새로 신설되어 기초반만 운영되어온 경우 선거일 전 60일 이후에 기초반의 정규과정이 종료됨에 따라 기초반 외에 계속반을 운영하는 것은 가능하다.[153] 지방자치단체가 「소상공인 보호 및 지원에 관한 법률」 및 동법 시행령에 따라 설치한 소상공인지원센터 및 소상공인지원센터 위탁운영에 관한 협약을 체결한 신용보증재단과 공동으로 소상공인 창업강좌(예비창업자들과 소상공인들의 창업성공률을 높이기 위한 강좌)를 개최하는 것은 법 제86조(공무원 등의 선거에 영향을 미치는 행위금지) 제2항 제4호 가목 또는 라목에 해당되어 시기에 관계없이 가능하고, 이 경우 지방자치단체장이 창업교육에 참석하여 지방자치단체장의 지위에서 교육생을 대상으로 의례적인 인사말을 할 수 있다.[154]

지방자치단체의 장이 읍·면·동별로 개최되는 영농교육장 전체를 빠짐없이 일자별로 참석하여 영농시책을 설명하거나 의례적인 인사말을 하는 것은 직무상의 행위로서 무방하나, 긴급한 현안 없이 영농교육장을 순회방문하면서 영농교육의 목적범위에서 벗어나 당해 지방자치단체의 업적 또는 시책을 홍보하는 설명이나 격려사를 하는 것은 행위 시기 및 양태에 따라 법 제86조(공무원 등의 선거에 영향을 미치는 행위금지)나 제254조(선거운동기간위반죄)에 위반된다.[155]

152) 2005. 3. 25. 중앙선관위 질의회답
153) 2006. 4. 4. 중앙선관위 질의회답
154) 2009. 7. 8. 중앙선관위 질의회답
155) 2005. 1. 20. 중앙선관위 질의회답

⑤ 집단민원 또는 긴급한 민원이 발생하였을 때 이를 해결하기 위한 행위는 할 수 있다(법§86②4.마.). 민원이란 민원인이 행정기관에 대하여 처분 등 특정한 행위를 요구하는 것을 말하고, 집단민원을 뜻하는 다수인관련민원은 5세대 이상의 공동이해와 관련되어 5명 이상이 연명으로 제출하는 민원을 말한다.[156] 긴급한 민원이란 민원처리기간(민원처리에 관한 법률§17－§19)에 관계없이 긴급하게 처리하여야 할 민원을 가리킨다.

⑥ 국가유공자의 위령제, 국경일의 기념식.「각종기념일 등에 관한 규정」제2조(기념일등)에 의하여 시행하는 기념행사를 개최·후원하는 행위는 할 수 있다(규칙§47②1.).

⑦ 법령·조례에 의하여 주민의 동의를 필요로 하는 사업의 시행을 위하여 사업설명회를 개최하는 행위는 할 수 있다(규칙§47②2.).

⑧ 읍·면·동이상의 행정구역 단위의 정기적인 종합주민체육대회나 전래적인 고유축제를 개최·후원하는 행위는 할 수 있다(규칙§47②3.).

⑨ 정부가 주관하는 공공행사에 인력·시설·장비 등을 지원하는 행위도 할 수 있다(규칙§47②4.).

(라) 통·리·반장 회의에 참석하는 행위

지방자치단체의 장은 선거일전 60일부터 선거일까지 통·리·반장 회의에 참석하여서는 아니 된다(법§86②5.). 다만, 천재·지변 기타 재해가 있거나 집단민원 또는 긴급한 민원이 발생하였을 때는 그러하지 아니하다.

나. 지방자치단체 홍보물의 발행·배부 제한

(1) 의의

지방자치단체의 장(소속 공무원을 포함한다)은 다음 각 호의 어느 하나에 해당하는 경우를 제외하고는 지방자치단체의 사업계획·추진실적 그 밖에 지방자치단체의 활동상황을 알리기 위한 홍보물(홍보지·소식지·간행물·시설물·녹음물·녹화물 그 밖의 홍보물 및 신문·방송을 이용하여 행하는 경우를 포함한다)을 분기별로 1종 1회를 초과하여 발행·배부 또는 방송하여서는 아니 되며 당해 지방자치단체의 장의 선거의 선거일전 180일(보궐선거 등에 있어서는 그 선거의 실시사유가 확정된 때)부터 선거일까지는 홍보물을 발행·배부 또는 방송할 수 없다(법§86⑤).

1. 법령에 의하여 발행·배부 또는 방송하도록 규정된 홍보물을 발행·배부 또는 방송하는 행위
2. 특정사업을 추진하기 위하여 그 사업과 이해관계가 있는 자나 관계주민의 동의를 얻기

156)「민원처리에 관한 법률」제2조 제1호, 제6호

위한 행위

3. 집단민원 또는 긴급한 민원이 발생하였을 때 이를 해결하기 위한 행위

4. 기타 위 각호의 1에 준하는 행위로서 규칙이 정하는 행위

법 제86조(공무원 등의 선거에 영향을 미치는 행위금지) 제5항은 법에서 허용되는 것이 아니면 그 형태 · 대상 · 시기에 관계없이 그 내용에 지방자치단체의 사업계획 · 추진실적 기타 지방자치단체의 활동상황이 포함되어 있으면 분기별로 1종 1회로 발행 · 배부 또는 방송이 제한되고, 당해 지방자치단체의 장의 선거에 있어서는 선거일전 180일부터 선거일까지는 발행 · 배부 또는 방송이 허용되지 않는다는 것이다. 이는 지방자치단체의 홍보물이 그 내용에 있어서 지방자치단체의 사업계획 · 추진실적과 같이 주민에게 필요한 객관적인 정보에 제한되더라도, 정보의 내용이 지방자치단체의 업적과 성공사례에 관한 한, 항상 그의 대표기관이자 집행기관인 지방자치단체의 장에게 유리한 효과를 수반한다고 볼 수 있기 때문이다. 지방자치단체가 빈번하게 자신의 업적을 홍보하는 것은 간접적으로 지방자치단체의 장의 홍보로 이어질 수 있기 때문에 분기별로 1종 1회로 제한한 것이다. 또한 선거일이나 선거기간이 가까워질수록 홍보활동이 선거의 결과에 영향을 미칠 가능성은 더욱 많으므로, 이러한 시기에는 주민에게 과거의 활동상황이나 업적에 관하여 객관적으로 보도해야 할 지방자치단체의 과제보다도 가능하면 공권력의 영향으로부터 자유로운 가운데 지역주민의 정치적 의사형성이 이루어지도록 해야 할 지방자치단체의 의무가 우선한다고 보아야 하기 때문에 선거일전 180일부터는 지방자치단체 본연의 직무수행을 위한 홍보물의 발행을 계속 허용하면서 소위 '실적찬양성 홍보물'의 발행을 금지한 것이다.[157]

(2) 구체적 내용

지방자치단체의 장과 소속 공무원은 지방자치단체의 사업계획 · 추진실적 그 밖에 지방자치단체의 활동상황을 알리기 위한 것으로 그 종류나 명칭을 불문하고 홍보물을 분기별로 1종 1회를 초과하여 발행 · 배부 또는 방송하여서는 아니 되고,[158] 당해 지방자치단체의 장의

157) 1999. 5. 27. 선고 98헌마214 전원재판부 결정(법 제86조(공무원 등의 선거에 영향을 미치는 행위금지) 제5항은 지방행정에 관한 지방자치단체의 장의 표현을 자유를 과도하게 제한하는 것이 아니라고 판시하였다.)

158) 2007. 8. 24. 선고 2007도4294 판결(피고인이 수원시장으로 재직하던 2002. 7. 3.부터 2005. 11. 23.까지 매월 3일, 13일, 23일 마다 '늘푸른수원' 소식지를 각 5만부씩 발행하여 이를 수원시내 주요 기관·단체 및 일반인들에게 배부하는 방법으로 총 104회에 걸쳐 홍보물을 발행하여 발행횟수제한위반이 인정된 사례), 대구고등법원 2010. 4. 22. 선고 2010노99 판결(차기 지방자치단체장 선거에 입후보 예정인 현직 시장이 당해 지방자치단체의 역점추진사업을 소개하거나 사업추진실적을 홍보하는 내용의 홍보물인 '경산소식' 등을 대략 1년 동안 13회에 걸쳐 발행·배부함으로써 분기별 1종 1회를 초과하여 발행·배부하였다는 공소사실에 대하여, '경산소식' 등의 홍보물은 모두 국·과장 전결사항인데, 무릇 전결사항이란 행정사무를 신속하고 간편하게 처리하기 위하여 그 중요도 등을 고려하여 내부적인 결재권한을 분배한 것으로서, 지방자치법 제101조(지방자치단체의 통할대표권), 제103조(사무의 관리 및 집행권)에 따르면 전결사항에 대해서도 그 사무집

선거의 선거일전 180일부터 선거일까지는 그러한 홍보물을 발행·배부 또는 방송할 수 없다(법§86⑤).

다만, 지방자치단체장과 소속 공무원은 기간 및 발행횟수에 제한을 받지 아니하고, 아래의 행위를 할 수 있다. 즉,

① 법령에 의하여 발행·배부 또는 방송하도록 규정된 홍보물을 발행·배부 또는 방송하는 행위(법§86⑤1.), ② 특정사업을 추진하기 위하여 그 사업과 이해관계가 있는 자나 관계주민의 동의를 얻기 위한 행위(법§86⑤2.), ③ 집단민원 또는 긴급한 민원이 발생하였을 때 이를 해결하기 위한 행위(법§86⑤3.)를 할 수 있고, ④ ⅰ) 소속직원의 직무교육이나 업무추진을 위한 홍보물, ⅱ) 각종 통계·정보 등을 알리기 위하여 정기적으로 발행하는 백서·연감 또는 총람 등의 홍보물, ⅲ) 지방자치단체가 개최하는 사업설명회·교양강좌·공청회·체육대회·기념일·고유축제 등 각종행사를 안내하기 위한 홍보물(지방자치단체의 장의 성명·사진·활동상황·공약실천사항 기타 업적이 게재된 홍보물을 제외), ⅳ) 환경·의료·교통·조세·건축 등에 대한 민원안내서 또는 반상화보 등 주민의 일상생활에 필요한 정보제공을 위한 홍보물, ⅴ) 역사·지리·문화·특산물·관광명소 등을 안내하기 위한 홍보물[159], ⅵ) 재난관리·안전사고의 예방을 위한 홍보물, ⅶ) 지방자치단체의 청사의 입구, 외벽면 또는 담장에 게시하는 홍보물(지방자치단체의 장의 직명이 게재된 홍보물을 제외)은 발행·배부할 수 있다(규칙§47④).

지방자치단체장이 폐기물처리시설의 설치·운영에 따른 분쟁과 관련하여 주민설득차원의 서한문을 해당 지역 주민에게 발송하거나, 홈페이지 공지사항에 게시하는 것은 법 제86조(공무원 등의 선거에 영향을 미치는 행위금지) 제5항 제2호에서 규정하고 있는 특정사업을 추진하기 위하여 그 사업과 이해관계가 있는 자나 관계주민의 동의를 얻기 위한 행위 또는 직무상 행위에 해당한다. 다만, 선거일전 180일부터 선거일까지 후보자가 되고자 하는 지방자치단체장의 성명을 나타내어 서한문을 발송하는 때에는 법 제93조(탈법방법에 의한 문서·도화의 배부·게시 등 금지)에 위반된다.[160] 지방자치단체가 사업계획·추진실적 기타 지방자치단체의 활동상황을 알리기 위한 영상홍보물을 제작하여 IPTV(Internet Protocol Television)의 '시정안내'채널을 통하여 VOD형태로 시청할 수 있도록 하는 것은 법 제86조(공무원 등의 선거에 영향을 미치는 행위금지) 제5항에 따라 횟수가 제한되는 홍보물의 발행·배부 또는 방송에 해당

행의 주체는 지방자치단체장이 되는 것은 사실이나, 이는 전결사항에 관한 행정적, 민사적인 책임의 소재가 지방자치단체장이 된다는 것을 의미할 뿐, 자기책임의 원칙이 지배하는 형사책임의 영역에서는 그대로 적용될 수 없다고 하면서, 비록 '경산소식'의 경우 매달 발간되면 그 발행을 담당한 직원이 시장 비서실에 이를 한 부씩 넣어준 사실은 인정되나, 그러한 사정만으로 피고인이 '경산소식'을 읽어보았다거나 홍보내용이 실려 있다는 사실을 알고도 이를 묵인하였다고 보기 어렵다는 이유로 무죄를 선고한 사례)

159) 2007. 8. 24. 선고 2007도4294 판결(관광객이나 기업체를 유치하기 위하여 수원시를 살기 좋은 곳으로 외부에 소개하고 그 이미지를 제고하려는 내용의 홍보영상물은 '실적 찬양성 홍보물'이 아니라고 한 사례)

160) 2009. 5. 12. 중앙선관위 질의회답

한다.[161)]

다. 각종 행사 참석 제한

(1) 의의

지방자치단체의 장은 당해 지방자치단체의 장의 선거의 선거일전 180일부터 선거일까지 주민자치센터가 개최하는 교양강좌에 참석할 수 없으며, 근무시간 중에 공공기관이 아닌 단체 등이 주최하는 행사(해당 지방자치단체의 청사에서 개최하는 행사를 포함한다)에는 참석할 수 없다. 다만, 법 제86조(공무원 등의 선거에 영향을 미치는 행위금지) 제2항 제3호에 따라 참석 또는 방문할 수 있는 행사의 경우에는 그러하지 아니하다(법§86⑥). 지방자치단체의 장이 근무시간 중 공공기관이 아닌 단체 등이 주최하는 행사에 참석할 수 없도록 규정한 것은 지방자치단체의 장이 근무시간 중 선거구민의 관혼상제 기타 경조사는 물론 사적인 행사에 참석하는 것을 제한하기 위한 것이다.

(2) 구체적 내용

지방자치단체의 장은 당해 지방자치단체의 장의 선거의 선거일전 180일부터 선거일까지 주민자치센터가 개최하는 교양강좌에 참석할 수 없으며, 근무시간 중에 공공기관이 아닌 단체 등이 주최하는 행사에는 참석할 수 없다.

여기서 공공기관이란 ① 국가기관·지방자치단체, ②「공공기관의 운영에 관한 법률」제4조(공공기관)에 따라 기획재정부장관이 지정한 공공기관, ③「공공기관의 정보공개에 관한 법률」제2조(정의) 및 같은 법 시행령 제2조(공공기관의 범위)에 따른 기관, ④ 한국은행, ⑤「농업협동조합법」·「수산업협동조합법」·「산림조합법」·「엽연초생산협동조합법」에 따라 설립된 조합과 그 중앙회, ⑥「지방공기업법」에 의한 지방공사 및 지방공단, ⑦ 특별법에 설립된 국민운동단체로서 국가 또는 지방자치단체의 출연 또는 보조를 받는 단체(바르게살기운동협의회·새마을운동협의회·한국자유총연맹을 말하며, 시·도조직 및 구·시·군조직을 포함), ⑧ 법령·조례에 의하여 지방자치단체의 장이 당연직으로 대표자 또는 임원이 되는 기관, ⑨ 중앙행정기관의 장 또는 지방자치단체의 장이 임원을 선임하거나 선임의 승인을 하는 기관, ⑩ 그 밖에 위 각 호의 어느 하나에 준하는 기관이다(규칙§47⑤).

그러나, 해당 지방자치단체의 장 선거에 예비후보자 또는 후보자가 된 경우와 당원으로서 소속 정당이 당원만을 대상으로 개최하는 정당의 공개행사에 의례적으로 방문하는 경우에는 허용된다(법§86②3.).

'근무시간 중'과 관련하여, 연가를 낸 경우 연가기간 중의 정규근무시간에 해당하는 시간

---

161) 2009. 3. 10. 중앙선관위 질의회답

은 본조항에서 말하는 근무시간 중이라고 볼 수 없다.

라. 광고 출연 행위 제한

(1) 의의

지방자치단체의 장은 소관 사무나 그 명목 여하를 불문하고 방송·신문·잡지나 그 밖의 광고에 출연할 수 없다(법§86⑦). 법 제86조(공무원 등의 선거에 영향을 미치는 행위금지) 제7항은 지방자치단체의 장이 방송 등에 경쟁적으로 출연하여 선거구민에게 얼굴을 알리면서 사실상 선거운동을 하는 부작용을 막기 위한 것이다.

(2) 구체적 내용

광고출연 매체는 방송·신문·잡지 외에 그 종류나 방법의 제한이 없다. 홍보포스터, 현수막, 벽보 등을 통한 광고출연도 제한된다. 언론사가 주최하는 지방자치단체장 초청 특강 홍보 포스터 및 현수막에 지방자치단체장의 사진을 게시하는 행위,[162] 지방자치단체에서 주관하는 행사에서 와이파이서비스를 제공하면서 와이파이 접속 첫 화면에 지방자치단체장의 얼굴이나 인사말을 올리는 경우[163]도 금지된다. 법 제86조(공무원 등의 선거에 영향을 미치는 행위금지) 제5항에 따라 허용되는 홍보물 중 방송·신문·잡지·시설물 등 통상적인 광고매체에 지방자치단체장이 출연하는 경우에도 법 제86조(공무원 등의 선거에 영향을 미치는 행위금지) 제7항에 의하여 제한된다. 지방자치단체장이 4대 사회악 근절을 위하여 불특정 다수의 주민들에게 홍보하기 위한 홍보 동영상에 출연하는 것은 소관 사무나 그 밖의 명목 여하를 불문하고 광고에 출연할 수 없도록 규정한 법 제86조(공무원 등의 선거에 영향을 미치는 행위금지) 제7항에 위반된다.[164]

마. 벌칙

법 제86조(공무원 등의 선거에 영향을 미치는 행위금지) 제2항 또는 제5항을 위반하여 선거에 영향을 미치는 행위를 하거나 지방자치단체 홍보물을 발행·배부한 사람 또는 제6항을 위반하여 각종 행사에 참석하는 행위를 한 사람은 3년 이하의 징역 또는 600만원 이하의 벌금에 처하고(법§255①10.), 법 제86조(공무원 등의 선거에 영향을 미치는 행위금지) 제7항을 위반하여 광고출연 행위를 한 사람은 2년 이하의 징역 또는 400만원 이하의 벌금에 처한다(법§256③1.바.).

---

162) 2014. 1. 10. 중앙선관위 질의회답
163) 2015. 12. 14. 중앙선관위 질의회답
164) 2013. 10. 4. 중앙선관위 질의회답

제3장 단체의 선거운동금지

1. 의의

일정한 기관 또는 단체는 그의 명의로 선거운동을 할 수 없거나 선거운동을 위한 사조직 기타 단체를 설립하거나 설치할 수 없다(법§87).

헌법재판소는「공직선거에 있어서 후보자를 추천하거나 이를 지지 또는 반대하는 등 선거활동을 함에 있어서 "정당"과 "정당이 아닌 기타의 단체"에 대하여 그 보호와 규제를 달리 한다 하더라도 이는 일응 헌법에 근거를 둔 합리적인 차별이라 보아야 하고, 따라서 정당이 아닌 단체에게 정당만큼의 선거운동이나 정치활동을 허용하지 아니하였다 하여 곧 그것이 그러한 단체의 평등권이나 정치적 의사표현의 자유를 제한한 것이라고는 말할 수 없는 점, 공직선거법 제87조(단체의 선거운동금지)는 단체에 대하여 특정 정당이나 후보자에 대한 명시적인 지지나 반대 등의 행위만 금지하고 있을 뿐 단체의 정치적 의사표현의 자유를 더 제한한 것은 아니고 제81조(단체의 후보자등 초청 대담·토론회)와 제82조(언론기관의 후보자등 초청 대담·토론회)에서 단체가 후보자에 대한 객관적 평가에 접할 기회를 보장함으로써 그 자신의 정치적, 정책적인 의견개진 등에 있어서 참고로 할 정보수집의 기회를 주고 있는 점, 위 법은 유권자인 개인국민과 정당에 대하여도 그 선거운동의 주체·방법·기간 및 비용의 측면에서 여러 가지 까다로운 규제를 하고 있는데, 개인국민과 달리 선거권과 피선거권이 없으며 정당과는 달리 헌법상 그 지위와 활동에 관하여 특별한 보호나 보장을 받지 못하는 일반 단체에게 공직선거에 있어서 특정 정당이나 후보자에 대한 지지·반대 등의 선거운동을 허용한다면, 이는 개인국민과 정당의 선거운동에 대한 규제와의 사이에 균형이 맞지 않는 점, 오늘날 우리나라의 기존 정당들이 국민의 정치·경제·사회·문화적 욕구를 제대로 충족시켜 주지 못한다 하더라도, 그것이 곧 정당이 아닌 각종 시민단체나 사회단체에게 정당과 같은 정도의 정치활동이나 선거운동을 허용할 합리적인 이유는 될 수 없는 점 등을 모두 종합하여 보면, 단체의 선거운동 금지를 규정한 위 법 제87조(단체의 선거운동금지)가 평등권이나 정치적 의사표현의 자유의 본질적 내용을 침해하였거나 이를 과도하게 제한한 것이라고 보기 어렵다」고 판시하였다.[165][166]

---

165) 1995. 5. 25. 선고 95헌마105 전원재판부 결정

166) 정종섭은 '국민주권원리에 의할 때 주권자의 지위는 자연인만이 전속적으로 향유하는 것이고, 이런 국민주권의 실현의 한 방법으로 선거권이 부여된 것이므로 단체의 정치적 의사표현이 단체를 결성하지 못한 다수 유권자 개개인의 선거권행사나 정치적 의사표현의 자유를 제약하는 하는 것이 되면 이것을 제한할 수밖에 없다. 자기의 의사표시를 광범하게 전파할 수 있는 수단을 장악하고 있고 그러한 수단의 동원에 엄청난 자금이 동원되는 경우 개개인의 유권자는 이와 경쟁하면서 자기의 정치적 의사를 표현하는 것은 어렵기 때문이다.'라고 주장한다(정종섭,「단체의 선거운동제한의 위헌 여부 – 공직선거 및 선거부정방지법 제87조를

2. 기관·단체 및 그 대표 명의 선거운동금지

가. 의의

다음 각 호의 어느 하나에 해당하는 기관·단체(그 대표자와 임직원 또는 구성원을 포함한다)는 그 기관·단체의 명의 또는 그 대표의 명의로 선거운동을 할 수 없다(법§87①).

1. 국가·지방자치단체
2. 제53조(공무원 등의 입후보) 제1항 제4호 내지 제6호에 규정된 기관·단체
3. 향우회·종친회·동창회, 산악회 등 동호인회, 계모임 등 개인간의 사적모임
4. 특별법에 의하여 설립된 국민운동단체로서 국가 지방자치단체의 출연 또는 보조를 받는 단체(바르게살기운동협의회·새마을운동협의회·한국자유총연맹을 말한다)
5. 법령에 의하여 정치활동이나 공직선거에의 관여가 금지된 단체
6. 후보자 또는 후보자의 가족(이하 "후보자등"이라 한다)이 임원으로 있거나, 후보자등의 재산을 출연하여 설립하거나, 후보자등이 운영경비를 부담하거나 관계법규나 규약에 의하여 의사결정에 실질적으로 영향력을 행사하는 기관·단체
8. 구성원의 과반수가 선거운동을 할 수 없는 자로 이루어진 기관·단체

선거운동이 허용되지 않는 단체는 사단·재단 그 명칭 여하를 불문하고 그 명의 또는 대표의 명의로 특정 정당이나 후보자를 지지·반대하는 행위 등 일체의 선거운동을 할 수 없다. 단체의 선거운동이란 단체, 그 대표자와 임직원 또는 구성원이 단체의 명의 또는 대표 명의를 직접 명시하거나 직접 명시하지 않아도 일반 선거인들이 단체의 명의 또는 대표의 명의로 선거운동을 한다고 쉽게 인식할 수 있는 방법으로 선거운동을 하는 것을 의미한다.[167] 단체의 명의 또는 그 대표의 명의로 하는 지지·반대행위 등을 금지하고 있으므로 단체의 구성원이 개인적으로 하는 선거운동은 단체의 선거운동으로 볼 수 없다.

법 제87조(단체의 선거운동금지) 제1항 각 호에서 정한 기관·단체가 아닌 경우에는 선거운동이 허용된다. 특정 후보의 지지 등이 허용되는 단체라고 하더라도 법 제1조(목적)에서 나타난 입법취지 및 후보자 자신도 법에 의하여 허용되는 범위 내에서만 선거운동이 허용되는 점에 비추어 볼 때 아무런 제한 없이 특정 후보자를 지지·반대하는 선거운동을 할 수 있다고 볼 수는 없고 그러한 선거운동을 하는 경우에도 법에서 허용하는 방법에 따라야 한다.[168] 따라서 선거운동이 허용되는 기간은 선거운동기간 내라야 하므로 그 행위 시점이 선거운동기간 개시 전이면 사전선거운동에 해당하여 위법하며, 또한 선거운동의 방법에 있어

중심으로 」, 헌법판례연구(2000. 8.), 289쪽).

167) 2011. 12. 27. 선고 2011도13285 판결

168) 2003. 4. 25. 선고 2003도782 판결

서도 법 제7장 선거운동에 관한 관련 규정 등에 의해 정당이나 후보자등에게 금지되는 방법으로 할 수 없고, 허용되는 방법의 경우에도 그 기간·횟수·정도·장소·세부적인 방법 등은 그 개별적·구체적인 기준에 준하여 하여야 하며, 그 정도를 넘어선 행위는 위법한 선거운동으로 허용되지 아니한다.[169] 선거운동이 허용되는 기관·단체는 내부적인 의사결정 과정을 거쳤는지 여부를 불문하고 그 명의 또는 그 대표 명의로 선거운동을 할 수 있다.[170]

특정 정당 또는 후보자의 지지 등이 허용되는 단체라고 하더라도 아무런 제한 없이 특정 정당 또는 후보자를 지지·반대하는 선거운동을 할 수 있다고 볼 수는 없고 마땅히 법에서 정하는 방법에 의하여야 한다. 선거운동이 허용되는 단체가 그 단체구성원을 상대로 인쇄물을 배부하는 행위와 관련하여, 위 단체가 총회 등 그 단체의 의사를 결정할 수 있는 절차를 거쳐 특정 정당 또는 후보자를 지지 또는 반대하는 의사를 결정한 직후 그 결의사실을 알리는 내용을 담은 문서·도화 등을 이를 알지 못하는 구성원들에게 배부하는 행위가 사회상규에 위배되지 아니하는 행위로서 허용될 수 있음은 별론으로 하고, 위 단체가 새삼스럽게 선거일에 임박하여 구성원들에게 특정 정당 또는 후보자를 지지·추천하거나 반대하는 내용이 포함되어 있거나 특정 정당의 명칭 또는 후보자의 이름을 나타내는 문서·도화 등을 배부하는 행위는 다른 규정에 의하여 허용되는 경우를 제외하고는 설사 그 문서·도화 등의 내용에 결의사실을 알리는 내용이 일부 포함되어 있다 할지라도 허용되지 아니한다.[171] 나아가 선거운동이 허용되는 단체가 그 구성원 개개인에 대하여 단체의 결의 내용에 따르도록 권고하거나 설득하는 정도를 넘어서 이를 강제하는 것은 허용되지 아니한다.[172] 선거운동을 할 수 있는 단체가 구성원을 대상으로 내부규약 등에서 정한 통상적인 의사결정방법과 절차에 따라 지지할 후보자(후보자가 되려는 사람을 포함)를 결정하는 과정에 정당 소속 후보자가 되려는 사람을 포함시키는 것은 무방하나, 일반 선거구민을 선거인단으로 모집하여 이들을 대상으로 투표를 통해 지지할 단일 후보자를 결정하거나, 후보자가 되려는 사람으로 하여금 선거인단을 대상으로 TV토론, 인터넷방송 토론, 인쇄물 배부, 합동유세, 웹진 배포 등 방법의 선거운동을 하도록 하는 때에는 행위양태에 따라 법 제93조(탈법방법에 의한 문서·도화의 배부·게시 등 금지) 및 제254조(선거운동기간위반죄) 등의 제한·금지규정에 위반된다.[173] 선거운

169) 2002. 2. 26. 선고 2000수162 판결

170) 2007. 3. 30. 선고 2006도3025 판결 : 위 2006도3025 판결로 인하여 '특정 후보의 지지 등이 허용되는 단체는 총회 등 단체의사를 결정할 수 있는 절차를 거쳐 그 지지·반대의 의사를 결정한 다음 이를 단체 구성원에게 유인물을 통하여 배포할 수 있을 뿐이다'라고 판시한 2003. 4. 25. 선고 2003도782 판결은 사실상 변경된 것으로 보인다.

171) 2005. 5. 13. 선고 2004도3385 판결(노동조합이 정식 기관지가 아니라 선거용으로 선거직전에 발행한 특보를 소속 조합원들에게 배부하는 것은 허용되지 않는 행위라고 한 사례)

172) 2005. 1. 28. 선고 2004도227 판결

173) 2010. 4. 2. 중앙선관위 질의회답

동을 할 수 있는 단체가 연합하여 교육감 후보자를 추대하기 위한 추대위원회를 구성하고 그 위원회가 내부회원만을 대상으로 내부규약 등에서 정한 통상적인 의사결정 방법과 절차에 따라 추대할 후보자를 결정하는 것은 무방하고, 현직 교사나 공무원이 그 추대위원회의 내부 경선에 후보자로 참여하는 것은 제한되지 아니한다.[174)]

단체가 선거 이전부터 지지·반대하여 온 특정 정책이, 각 정당 및 선거에 출마하고자 하는 입후보예정자들이 공약으로 채택하거나 정당·후보자 간 쟁점으로 부각된 정치적·사회적 현안을 말하는 이른바 '선거쟁점'에 해당하게 되었더라도, 그러한 사정만으로 특정 정책에 대한 단체의 지지·반대 활동이 전부 규제대상이 된다고 할 수는 없다. 특정정당이나 후보자 또는 입후보예정자와 특정 정책 사이의 관련성을 나타내지 않고 정책 자체에 대한 지지·반대 의사를 표현하는 단체의 활동이 '선거에 영향을 미치게 하기 위한 목적의 탈법행위' 또는 '선거운동'에 해당하는지 여부는 그 정책이 '선거쟁점'이 되었는지에 따라 일률적으로 결정될 수 없고, 이에 관한 일반적인 판단기준에 따라 판단되어야 한다. 또한 이러한 법리는, 선거쟁점이 된 특정 정책에 대한 단체의 지지·반대활동이 결과적으로 그 정책에 찬성하거나 반대하는 정당, 후보자, 입후보예정자에게 유·불리한 영향을 미치게 되는 경우에도 마찬가지이다.[175)]

나. 구체적 내용

(1) 국가·지방자치단체 및 공공기관 등

국가·지방자치단체(법§87①1.)와 「공공기관의 운영에 관한 법률」 제4조(공공기관) 제1항 제3호에 해당하는 기관 중 정부가 100분의 50 이상의 지분을 가지고 있는 기관(한국은행 포함), 「농업협동조합법」·「수산업협동조합법」·「산림조합법」·「엽연초생산협동조합법」에 의하여 설립

174) 2013. 7. 25. 중앙선관위 질의회답

175) 2011. 10. 27. 선고 2011도9243 판결('친환경 무상급식 풀뿌리 국민연대'대표인 피고인이 제5회 전국동시지방선거를 앞두고 선거쟁점으로 부각된 '학교 무상급식 정책'을 지지하는 활동을 하였다고 하여 공직선거법 위반으로 기소된 사안에서, 공소사실 중 무상급식 정책에 찬성·반대하는 특정 정당 또는 특정 후보자를 직·간접적으로 언급하면서 이를 지지·비판한 행위에 대하여는 특정 정당에 대한 지지나 반대 또는 특정 후보자의 당선이나 낙선을 도모하고 선거에 영향을 미치게 하기 위한 목적의지가 인정된다고 보아 유죄로 판단한 반면, 종전부터 주장하여 왔던 무상급식 정책을 지지하는 내용의 행사일 뿐 선거나 특정 정당 또는 특정 후보자와의 관련성을 나타내면서 무상급식 정책을 지지한 것으로 볼 수 없는 나머지 각 행위에 대하여는 선거관련성을 인정할 수 없다고 보아 무죄로 판단한 사례), 2011. 6. 24. 선고 2011도3447 판결(지역 환경운동연합의 사무국장과 간사인 피고인들이 2016. 6. 2. 실시된 제5회 전국동시지방선거를 앞두고 선거쟁점인 이른바 '4대강 사업'에 반대하는 활동을 하였다고 하여 공직선거법 위반으로 기소된 사안에서, 위 사실만으로는 피고인들에게 위 지방선거에서 특정 정당 또는 후보자에 대한 낙선운동의 목적이 있었다거나 기타 선거운동 목적 또는 선거에 영향을 미치게 할 목적이 있었다고 곧바로 단정할 수 없고, 검사 제출 증거만으로는 피고인들이 선거운동 목적 또는 선거에 영향을 미치게 할 목적으로 '4대강 사업'반대와 관련된 행위를 하였다고 인정하기 부족하다는 이유로 무죄로 판단한 사례)

된 조합과 이들 조합의 중앙회, 「지방공기업법」 제2조(적용범위)에 규정된 지방공사와 지방공단(법§87①2., §53①4.-6.)은 그 기관·단체의 명의 또는 그 대표의 명의로 선거운동을 할 수 없다.

(2) 개인간의 사적모임

향우회·종친회·동창회, 산악회 등 동호인회, 계모임 등 개인간의 사적모임(법§87①3.)은 그 단체의 명의 또는 그 대표의 명의로 선거운동을 할 수 없다.176) 사적모임은 개인간의 친분이나 친목을 다지거나 그 교류를 위한 것으로 단체나 조직에 비하여 그 구성원들간의 결합정도가 낮은 것이 보통이다.

정관이나 회비, 회칙, 정기모임 등은 없고 필요한 경우에 비정기적으로 만남을 가지는 등 피고인이 개인적으로 운영하는 단체인 ○○노사발전연구원 명의의 '△△중구청장 후보 지지선언'이라는 현수막을 걸고, '노사화합의 달인 △△중구청장 후보 지지선언'이라는 제목으로 기자회견을 하면서 상대후보를 비방하는 행위를 하는 것은 ○○노사발전연구원이라는 단체의 명의로 선거운동을 한 경우에 해당한다.177) 사적모임인 '청년회' 회장이 전국동시지방선거 도의회의원선거 후보자 이○○의 선거사무소 개소식에서 '청년회' 전임 회장인 이○○를 호칭하면서 지지를 호소한 행위는 사적 모임 단체의 대표 명의로 선거운동을 한 경우에 해당한다.178) 파주시축구협회 수석부회장이 파주시 지역의 19개 축구 동호인회의 명의로 전국동시지방선거 파주시장 □□당 예비후보자 A를 지지한다는 내용의 보도자료를 작성하여 인터넷신문 '파주타임즈'에 게재하게 한 것은 동호인회에 해당하는 단체의 명의로 선거운동을 한 경우에 해당한다.179) 동창회 내부에서 단순히 후보단일화를 위한 설문조사를 실시하는 것만으로는 법에 위반되지 아니한다.180)

---

176) 2011. 12. 27. 선고 2011도13285 판결(인터넷 포털사이트에 개설된 카페로서 특정 정당 전 대표에 대한 지지활동을 하는 '박근혜를 사랑하는 모임'(이하 '박사모'라고 한다)의 대표자인 피고인이 국회의원 재보궐선거와 관련하여 특정 후보를 낙선시킬 목적으로 공직선거법상 금지되는 '단체의 선거운동'을 하였다는 내용으로 기소된 사안에서, 피고인을 비롯한 모임의 일부 회원들이 해당 선거구 내 시장, 지하철역 일대 상가와 점포를 방문하여 투표참여를 독려하는 어깨띠를 착용하고 특정 후보를 낙선시켜야 한다는 취지의 말을 한 사실은 인정되나, '박사모' 중앙본부는 선거와 관련하여 특정 후보 낙선운동을 전개하려다가 선거관리위원회로부터 법에 저촉된다는 답변을 듣고 미리 행사를 취소하였고, 그럼에도 일부 회원들이 지방에서 상경하자 피고인이 그들에게 '박사모'구호를 외치거나 낙선운동 및 불법행위를 하지 말라는 취지의 말을 하였던 점, 당시의 제반 정황상 회원들이 '박사모'단체의 명의 또는 대표 명의를 표시하였다고 보기 어렵고, 당시 일반 선거인들 입장에서 '박사모'단체의 명의 또는 대표 명의를 인식할 수 있는 어떤 표지가 있었다고도 볼 수 없는 점 등을 종합할 때 피고인이 회원들과 공모하거나 회원들에게 지시하여 '박사모'단체의 명의 또는 대표 명의로 선거운동을 하였다고 볼 수 없고, 달리 이를 인정할 증거가 없다는 이유로 무죄로 판단한 사례)

177) 2019. 4. 2. 선고 2019도3213 판결(부산고등법원 2019. 2. 12. 선고 2019노12 판결)

178) 대구지방법원 포항지원 2019. 1. 10. 선고 2018고합110 판결

179) 의정부지방법원 고양지원 2018. 12. 18. 선고 2018고합262 판결

180) 2006. 2. 9. 중앙선관위 질의회답

(3) 특별법에 의하여 설립된 단체 및 정치활동금지단체

특별법에 의하여 설립된 국민운동단체로서 국가 또는 지방자치단체의 출연 또는 보조를 받는 바르게살기운동협의회 · 새마을운동협의회 · 한국자유총연맹(법§87①4.)과 법령에 의하여 정치활동이나 공직선거에의 관여가 금지된 단체(법§87①5.)인 상공회의소와 대한상공회의소(상공회의소법§55의2), 교원의 노동조합(교원의 노동조합 설립 및 운영 등에 관한 법률§3)[181] 및 공무원의 노동조합(공무원의 노동조합 설립 및 운영 등에 관한 법률§4)은그 기관 · 단체의 명의 또는 그 대표의 명의로 선거운동을 할 수 없다.

(4) 후보자등의 실질적 지배하에 있는 단체

후보자등이 임원으로 있거나, 후보자등의 재산을 출연하여 설립하거나, 후보자등이 운영경비를 부담하거나 관계법규나 규약에 의하여 의사결정에 실질적으로 영향력을 행사하는 기관 · 단체(법§87①6.)는 그 기관 · 단체의 명의 또는 그 대표의 명의로 선거운동을 할 수 없다.

△△면체육회는 전국동시지방선거에서 ○○시장 후보로 출마한 B(당선자)가 회장으로 있는 ○○시체육회의 지회로 등록되어 있고, ○○시체육회로부터 지원금을 받고 있으며, ○○시체육회 규약, 전라북도체육회 규약, 대한체육회정관에 따라 조직 및 운영, 임원의 취임, 회계감사, 징계 등과 관련하여 ○○시체육회로부터 직접적인 관리 · 감독을 받고 있어 ○○시장 후보자인 B가 운영경비를 부담하거나 관계법규나 규약에 의하여 의사결정에 실질적으로 영향을 행사하는 단체에 해당하므로 △△면체육회 명의로 선거운동을 할 수 없음에도, B를 위하여 △△면체육회 명의로 선거운동을 한 경우는 법 제87조(단체의 선거운동금지) 제1항 제6호에 위반된다.[182]

(5) 과반수가 선거운동을 할 수 없는 자로 구성된 단체

구성원의 과반수가 선거운동을 할 수 없는 자로 이루어진 기관 · 단체(법§87①7.)는 그 기관 · 단체의 명의 또는 그 대표의 명의로 선거운동을 할 수 없다.[183] 「교육기본법」 제15조(교

---

181) 헌법재판소는, '교원의 노동조합은 어떠한 정치활동도 하여서는 아니 된다.'고 규정한 「교원의 노동조합 설립 및 운영 등에 관한 법률」 제3조(정치활동의 금지)와 관련하여, '교원의 행위는 교육을 통해 건전한 인격체로 성장해 가는 과정에 있는 미성숙한 학생들의 인격형성에 지대한 영향을 미칠 수 있는 점, 교원의 정치적 표현행위가 교원노조와 같은 단체의 이름으로 교원의 지위를 전면에 드러낸 채 대규모로 행해지는 경우 다양한 가치관을 조화롭게 소화하여 건전한 세계관 · 인생관을 형성할 능력이 미숙한 학생들에게 편향된 가치관을 갖게 할 우려가 있는 점, 교원노조에게 일반적인 정치활동을 허용할 경우 교육을 통해 책임감 있고 건전한 인격체로 성장해 가야할 학생들의 교육을 받을 권리는 중대한 침해를 받을 수 있는 점 등에 비추어 보면, 교원노조라는 집단성을 이용하여 행하는 정치활동을 금지하는 것이 과잉금지의 원칙에 위반된다고 볼 수 없다.'고 판시하였다(2014. 8. 28. 선고 2011헌바32,2011헌가18,2012헌바185(병합) 결정).

182) 전주지방법원 군산지원 2019. 2. 14. 선고 2018고합111 판결

원단체)에 따른 한국교원단체총연합회, 「공무원직장협의회의 설립·운영에 관한 법률」 제2조(설립)에 따라 설립된 공무원직장협의회는 그 조직원이 교원 또는 공무원으로서 선거운동을 할 수 없는 자들로 구성되어 있으므로 단체 또는 그 대표의 명의로 선거운동을 할 수 없다.

3. 사조직 기타 단체의 설립·설치 금지

가. 의의

누구든지 선거에 있어서 후보자(후보자가 되고자 하는 자를 포함한다)의 선거운동을 위하여 연구소·동우회·향우회·산악회·조기축구회, 정당의 외곽단체 등 그 명칭이나 표방하는 목적 여하를 불문하고 사조직 기타 단체를 설립하거나 설치할 수 없다(법§87②). 법 제87조(단체의 선거운동금지) 제2항은 후보자간 선거운동기구의 형평성을 유지하고 각종 형태의 선거운동기구의 난립으로 인한 과열경쟁 및 낭비를 방지하기 위한 규정이다.[184)]

나. 내용

(1) '선거에 있어서 후보자의 선거운동을 위하여'의 의미

'선거에 있어서'는 '선거와 관련하여'와 동일한 개념이다. 사조직은 '후보자의 선거운동을 위하여 설립 또는 설치하는 것이다. 선거운동이 단체 등을 통한 모습으로 나타나는 경우에는 단체 등의 설립 목적과 경위, 인적 구성, 활동의 시기, 방법, 내용과 규모 등을 추가적으로 고려하여 활동이 특정 선거에서 특정인의 당선 또는 낙선을 도모하는 목적의사에 따라 행해진 것이라는 점이 당해 선거인의 관점에서 객관적으로 인정되는지를 살펴보아야 한다. 단체 등의 목적 범위 내에서 통상적으로 행해지는 한도에서는 특별한 사정이 없는 한 그러한 활동이 특정인의 당선 또는 낙선을 목적으로 한 선거운동이라고 보아서는 아니 되고, 단체의 목적이나 활동내용이 정치 이외의 다른 전형적인 사회활동을 하는 단체가 갖는 특성에 딱 들어맞지 않는다는 이유만으로 단체의 활동을 선거운동에 해당한다고 단정하여서도 아니 된다.[185)]

---

183) 2008. 4. 24. 선고 2004헌바47 전원재판부 결정(공무원의 선거운동 자체가 금지되는 것은 헌법에 위반되지 않는다고 본 이상, 공무원이 다수를 차지하는 단체의 선거운동을 금지하는 것은 공무원의 선거운동을 제한하는데 따른 불가피한 후속조치라고 볼 수 있으며, 처벌내용이 행위에 비하여 가혹한 것이라거나 입법재량의 범위를 벗어난 과도한 것이라고 볼 수 없다.)

184) 2008. 3. 13. 선고 2007도7902 판결

185) 2016. 8. 26. 선고 2015도11812 전원합의체 판결

(2) 사조직의 의미

사조직은 선거에 있어서 후보자나 후보자가 되고자 하는 자를 위하여 그 명칭이나 표방하는 목적 여하를 불문하고 법정 선거운동기구 이외에 설립하거나 설치하는 일체의 사조직을 의미하므로, 설사 회칙이 없고 조직과 임원 및 재정 등에 관하여 구체적으로 정한 바가 없더라도 사조직에 해당한다.186)

인터넷 공간에서의 선거활동을 목적으로 하여 인터넷 카페 등을 개설하고 인터넷 회원 등을 모집하여 일정한 모임의 틀을 갖추어 이를 운영하는 경우에, 이러한 인터넷상의 활동은 정보통신망을 통한 선거운동의 하나로서 허용되어야 하며, 이를 두고 사조직에 해당한다고 보기 어렵다. 나아가 위와 같은 인터넷 카페 개설을 위하여 별도로 준비모임을 갖거나 카페 개설 후 일부 회원들이 오프라인에서 모임을 개최하였다 하더라도, 그러한 모임이 인터넷 카페 개설 및 그 활동을 전제로 하면서 그에 수반되는 일시적이고 임시적인 성격을 갖는 것에 그친다면 역시 사조직에 해당한다고 단정할 수 없고, 이를 넘어서서 인터넷상의 카페 활동과 구별되는 별도의 조직적인 활동으로서 사조직을 갖춘 것으로 볼 수 있는지 여부는 해당 인터넷 카페의 개설 경위와 시기, 구성원 및 온라인과 오프라인상 활동내용 등 제반사정을 종합하여 판단하여야 한다. 그리고 이와 같은 해석은 특정 선거와 관련하여 후보자 또는 후보자가 되고자 하는 자를 위하여 인터넷상에 카페를 개설하는 경우에도 마찬가지이다.187) 트위터나 페이스북 등을 통한 SNS활동은 온라인상의 인맥 등을 기초로 이루어지므로 그러한 인맥 등이 존재한다거나 SNS활동을 전제로 그에 수반되는 일시적이고 임시적인 오프라인 모임을 가졌다고 하여 법상 금지되는 사조직이 설립되었다고 할 수는 없다. 다만, 모임의 개설 경위와 시기, 구성원, 온라인 및 오프라인 상의 활동 내용 등 제반 사정들을 종합하여 선거운동을 목적으로 하는 별도의 사조직이 설립되었다고 볼 수 있는 경우는 법 제87조 제2항의 위반행위로 의율할 수 있다.188)

---

186) 2013. 11. 14. 선고 2013도2190 판결, 2008. 3. 13. 선고 2007도7902 판결, 2002. 6. 25. 선고 2002도45 판결('사조직'은 그 문언적 의미가 명확하지 않다고 볼 수 없다.)

187) 2013. 11. 14. 선고 2013도2190 판결(공직선거법에서 정한 다른 선거운동과 달리 인터넷 홈페이지 또는 그 게시판·대화방 등에 선거운동을 위한 내용의 글이나 동영상 등 정보를 게시하거나 전자우편을 전송하는 방법을 통한 정보통신망을 이용한 선거운동은 선거운동기간뿐 아니라 선거운동기간 전에도 허용된다(공직선거법 제82조의4(정보통신망을 이용한 선거운동) 및 헌법재판소 2011. 12. 29. 선고 2007헌마1001 등 전원재판부 결정 참조). 이는 정치적 공론의 과정에서 기존 매체를 통한 일방적인 정보 전달을 넘어 인터넷을 통한 정치과정 참여의 기회와 범위가 넓어질수록 더 충실한 공론의 형성을 기대할 수 있을 것이므로, 실질적 민주주의의 구현을 위하여 인터넷상 일반 유권자의 정치적 표현의 자유가 적극 장려되어야 하는 측면을 고려한 것이다. 따라서 정보통신망을 통한 선거운동과 그 밖의 선거운동은 구분되어야 하며, 정보통신망을 통한 선거운동과 관련한 공직선거법 규정들은 이러한 정보통신망을 통한 선거운동의 특성 및 이를 폭넓게 허용한 입법 취지 등을 고려하여 해석될 필요가 있다.

188) 서울고등법원 2014. 6. 2. 선고 2014노431 판결

법 제87조(단체의 선거운동금지) 제2항은 사조직의 설립 또는 설치 행위만을 금지하고 있을 뿐 이미 설립된 사조직을 이용하는 행위에 대해서는 금지하고 있지 않으므로, 특정 선거 후보자의 지시나 공모 없이 회원들이 자발적으로 모여 사조직을 만들었다면, 그 조직의 설립 후에 특정 후보자가 여러 차례 모임에 참석하였다는 사실만으로는 그 후보자가 사조직을 설립 또는 설치하였다거나 그에 공모하였다고 인정할 수 없다.[189]

선거일을 불과 180일도 남겨놓지 않은 선거가 임박한 시점에 후보자가 선거구민들만 따로 모아 명단을 관리하면서 선거구에서 발대식을 거쳐 설립한 '중학교 무상교육 추진운동본부'는 선거에 있어서 후보자의 선거운동을 위하여 설립한 사조직에 해당한다.[190] 전략기획팀(선거캠프와의 업무협의 및 일일 키 메시지 기획), 메시지팀(SNS용 일일 메시지 생산 및 파워트위터리안과의 트위터상 연계), 실무지원팀(일일 메시지 전파 및 진행사항 점검, 반응 모니터링)으로 구성되어 각 팀별 업무를 분담하여 활동하는 국회의원보좌관 약 27명을 구성원으로 하는 '국회SNS기동대'를 조직한 것은 선거에 있어 후보자의 선거운동을 위하여 사조직을 설치한 경우에 해당한다.[191] 제19대 대통령선거에서 □□당 경선 후보인 ○○○을 지지하고 이 후 계속적인 활동을 통해 대선승리를 목적으로 활동하기 위하여 약 60명의 핵심 회원으로 상임의장, 조직본부장, 사무총장, 홍보본부장, 상황본부장, 대변인 및 법률지원본부장 등을 임명하여 중앙조직을 정비하여 '더불어희망'이라는 사조직을 만들어 대선운동행위를 한 경우는 법 제87조(단체의 선거운동금지) 제2항에 위반된다.[192] 표방하는 목적 여하를 불문하고 후보자(후보자가 되고자 하는 자를 포함한다)의 선거운동을 위하여 포럼을 설립하는 때에는 법 제87조(단체의 선거운동금지) 제2항에서 금지하는 사조직에 해당하나, 설립이 금지된 조직에 해당되지 아니하는 경우에는 국회의원이 그 포럼의 대표가 되거나, 설립목적의 범위 안에서 선거와 무관하게 후보자가 되고자 하는 자를 초청하여 단순히 강연을 듣는 것은 무방하다.[193] 국회의원이 의정활동과 관련하여 선거운동의 목적 없이 통상적인 범위 안에서 자원봉사 명예보좌관을 모집·운영하는 것에 대하여 법상 제한하는 규정은 없으나, 지나치게 많은 수의 명예보좌관을 두거나 이들을 조직화하는 것은 법 제87조(단체의 선거운동금지)에 위반될 수 있다.[194]

189) 2008. 3. 13. 선고 2007도7902 판결
190) 2002. 6. 25. 선고 2002도45 판결(서울고등법원 2001. 12. 11. 선고 2001노2141 판결)
191) 서울고등법원 2014. 6. 2. 선고 2014노431 판결
192) 2019. 7. 4. 선고 2019도1441 판결(서울고등법원 2019. 1. 17. 선고 2018노2067 판결)
193) 2007. 2. 26. 중앙선관위 질의회답
194) 2011. 6. 29. 중앙선관위 질의회답

4. 벌칙

법 제87조(단체의 선거운동금지) 제1항의 규정을 위반하여 기관·단체 및 그 대표 명의로 선거운동을 하거나 하게한 자 또는 동조 제2항의 규정을 위반하여 사조직 기타 단체를 설립·설치하거나 하게 한 자는 3년 이하의 징역 또는 600만원 이하의 벌금에 처한다(법§255①11.). 본죄는 재정신청 대상 중요 선거범죄이다(법§273①).

법 제87조(단체의 선거운동금지) 제2항에서 금지하는 사조직을 설립함으로써 제255조(부정선거운동죄) 제1항 제11호에 의하여 처벌의 대상이 되는 피고인이 나아가 해당 사조직에 금전·물품·기타 재산상의 이익을 제공한 경우, 제230조(매수 및 이해유도죄) 제1항 제2호(이해유도죄)나 제115조(제3자의 기부행위제한)의 적용대상에서 언제나 제외되는 것은 아니다. 다만, 그와 같은 사조직의 설립경위, 피고인이 그 설립에 관여한 정도, 피고인과 해당 사조직과의 관계 내지 피고인의 직책, 피고인이 해당 사조직에 재산상 이익 등을 제공한 시기, 경위, 재산상 이익 등의 가액 정도, 해당 재산상 이익의 사용처, 기타 제반 사정들을 종합적으로 고려할 때, 그러한 행위가 해당 사조직을 설립하는 일련의 행위 자체에 통상적으로 포섭되는 것이어서 사조직 설립행위와 별도로 처벌할 필요성이 없는 경우에 해당하거나, 해당 사조직의 구성원으로서 사조직의 내부규정 또는 운영관례상 의무에 기하여 그 운영경비 등에 쓸 자금에 충당하기 위한 회비 등을 납부하기 위하여 통상적·합리적으로 수긍할 수 있는 가액범위 내에서 금전·물품·기타 재산상 이익을 제공한 행위에 해당한다면, 제230조(매수 및 이해유도죄) 제1항 제2호나 제115조(제3자의 기부행위제한)를 적용할 수 없다.[195]

제4장 타후보자를 위한 선거운동금지

1. 의의

후보자, 선거사무장, 선거연락소장, 선거사무원, 회계책임자, 연설원, 대담·토론자는 다른 정당이나 선거구가 같거나 일부 겹치는 다른 후보자를 위한 선거운동을 할 수 없다. 다만, 정당이나 후보자를 위한 선거운동을 함에 있어서 그 일부가 다른 정당이나 후보자의 선거운동에 이른 경우와 같은 정당이나 같은 정당의 추천후보자를 지원하는 경우 및 공직선거법의 규정에 의하여 공동선임된 선거사무장 등이 선거운동을 하는 경우에는 그러하지 아니하다(법§88).

195) 2008. 11. 13. 선고 2008도6228 판결

법 제88조(타후보자를 위한 선거운동금지)는 후보자간의 담합행위 및 매수가능성을 사전에 차단하여 선거권자의 판단에 혼선을 가져오지 않게 하기 위한 규정인데, 정당의 활동을 보장하기 위한 예외규정을 둠으로써 무소속후보자에게는 정당의 추천후보자에 비하여 선거운동의 자유가 상대적으로 제한되었다고 볼 수도 있으나, 그러한 차별은 정당의 본질적 기능과 기본적 활동을 보장하기 위한 합리적이고 상대적인 차별이다.[196)]

2. 금지되는 경우와 예외

후보자, 선거사무장, 선거연락소장, 선거사무원, 회계책임자, 연설원, 대담·토론자는 다른 정당이나 선거구가 같거나 일부 겹치는 다른 후보자를 위한 선거운동을 할 수 없다(법§88본문). '선거구가 같은 경우'는 선거구가 일치하여 같거나 다른 종류의 선거에서 선거구가 지역적으로 일치하는 경우를 말하고, '선거구가 일부 겹치는 경우'란 같거나 다른 종류의 선거에서 선거구가 일부 지역에서 중복되는 경우를 말한다.

다만, 정당이나 후보자를 위한 선거운동을 함에 있어서 그 일부가 다른 정당이나 후보자의 선거운동에 이른 경우와 같은 정당의 추천후보자를 지원하는 경우 및 공직선거법의 규정에 의하여 공동선임된 선거사무장 등이 선거운동을 하는 경우에는 허용된다(법§88단서).

한편, 정당은 국민의 이익을 위하여 책임있는 정치적 주장이나 정책을 추진하고 공직선거의 후보자를 추천 또는 지지함으로써 국민의 정치적 의사형성에 참여함을 목적으로 하는 국민의 자발적 조직이므로(정당법§2), 그 정당이 추구하는 정치적 주장이나 정책을 실현하기 위하여 자당의 후보자를 추천하는 것은 물론 자당의 후보자를 추천하지 않고 다른 정당의 추천후보자나 무소속후보자를 지지·지원하는 것 또한 정당의 본래의 기능에 속한다. 또한 법 제88조(타후보자를 위한 선거운동금지)가 다른 정당이나 선거구가 같거나 일부 겹치는 다른 후보자를 위한 선거운동을 할 수 없는 자를 후보자·선거사무장 등으로 제한하면서 정당이나 정당의 당직자·당원 등을 다른 정당이나 다른 정당 소속 후보자를 위하여 자유롭게 선거운동을 할 수 있도록 허용하고 있는 점에 비추어, 정당이 정권을 획득하기 위하여 정당 간 정책연합이나 선거공조를 하는 것도 가능하다.[197)]

동시선거에 있어서 시장후보자가 같은 정당의 도지사 후보자의 연설원 또는 대담·토론자가 되는 것은 허용되고,[198)] 후보자, 선거사무장으로 등록하지 아니한 정당의 대표자 또는 간부가 타정당 추천후보자의 찬조(지원)연설을 하는 것은 가능하고,[199)] 동시선거에 있어서 같

196) 1999. 1. 28. 선고 98헌마172 전원재판부 결정
197) 2021. 12. 30. 선고 2020수5011 판결
198) 1995. 5. 9. 중앙선관위 질의회답
199) 1995. 6. 19. 중앙선관위 질의회답

은 정당의 추천을 받은 2인 이상의 후보자는 선거사무원 등을 공동으로 선임할 수 있으나, 무소속후보자와 자치구·시·군의원 후보자는 공동으로 선거사무원을 선임할 수 없다.[200]

법 제88조(타후보자를 위한 선거운동금지)가 문제되는 경우는 후보단일화의 경우이다. 정당이라 함은 국민의 이익을 위하여 책임있는 정치적 주장이나 정책을 추진하고 공직선거의 후보자를 추천 또는 지지함으로써 국민의 정치적 의사형성에 참여함을 목적으로 하는 국민의 자발적 조직이므로(정당법 제2조), 그 정당이 추구하는 정치적 주장이나 정책을 실현하기 위하여 자당의 후보자를 추천하는 것은 물론 자당의 후보자를 추천하지 않고 다른 정당의 추천후보자나 무소속후보자를 지지·지원하는 것 또한 정당의 본래의 기능에 속한다고 할 것이고,[201] 정당은 정권을 획득하고 이를 통하여 자당의 정강·정책을 실현하는 집단이므로 정권을 획득하기 위하여 선거에서 정당 간에 연대하거나 합의에 따라 후보자를 단일화하는 것 역시 정당 본래의 설립목적과 기능에서 연유하는 선거전략의 일환이다. 그리고 선거법 등 관계 법령에 위반되지 아니하는 이상 정당이 후보자를 단일화하는 방법의 하나로 후보자들이 참여하는 토론회를 개최한 다음 그를 기초로 한 여론조사 결과에 따라 후보자를 단일화하는 것 역시 허용된다.[202] 정당 간 또는 정당과 무소속 후보자 간 단일화가 된 경우 사퇴한 후보자나 그 정당의 대표자 또는 간부 등이 단일후보자나 그 정당의 선거대책기구의 간부나 구성원 또는 연설원이 되는 것은 법 제88조(타후보자를 위한 선거운동금지) 위반에 해당하지 않는다.[203] 정당의 당원이 무소속후보자의 자원봉사자 또는 선거사무원이 되거나, 해당선거구에 후보자를 추천하지 아니한 정당이 무소속후보자를 지지하거나 지원하는 경우 정당의 대표자 또는 간부가 무소속후보자의 선거사무장 또는 선거연락소장이 되는 것도 허용된다.[204] 정당 간 한 선거구에서 한 정당의 후보로 단일화한 경우 단일화된 정당 소속 예비후보자 또는 후보자가 단일화에 참여했던 다른 정당의 지지를 받고 있다는 사실을 선거사무소 외벽 현수막, (예비)후보자 명함, 예비후보자 홍보물 등의 방법으로 선전하는 것은 무방하다.[205]

무소속후보자들이 무소속후보자연대를 결성하여 상호 공모하여 선거공보 등 홍보물에 무소속연대라는 명칭을 게재하거나, 동일한 색상과 모양·문안이 게재된 모자나 옷을 착용하고 선거운동을 하는 때에는 그 양태에 따라 다른 후보자에 대한 선거운동에 이르게 될 수 있을 것이므로 법 제88조(타후보자를 위한 선거운동금지)에 위반되고, 무소속 출마자들이 각자 회원이 되어 모임을 구성하고 정해진 회비를 부담하여 선거운동이 아닌 공약개발, 자료 수집, 토

200) 1998. 5. 19. 중앙선관위 질의회답
201) 2021. 12. 30. 선고 2020수5011 판결
202) 2004. 5. 31. 선고 2003수26 판결
203) 2007. 12. 6. 중앙선관위 의결
204) 2011. 10. 14. 중앙선관위 질의회답
205) 2010. 3. 22. 중앙선관위 질의회답

론회(회원들 간의 토론회를 말하며, 필요한 경우 전문가를 초빙하여 의견을 들을 수 있음) 개최 등을 운영하는 것은 무방하다.[206)]

3. 벌칙

법 제88조(타후보자를 위한 선거운동금지) 본문의 규정에 위반하여 다른 정당이나 후보자를 위한 선거운동을 한 자는 3년 이하의 징역 또는 600만원 이하의 벌금에 처한다(법§255①12.).

206) 2006. 4. 27. 중앙선관위 질의회답

제11편 선거운동 방법의 제한

제1장 선거운동기구의 사용 제한

1. 유사기관설치의 금지

가. 의의

누구든지 선거사무소, 선거연락소 및 선거대책기구 외에는 후보자 또는 후보자가 되려는 사람을 위하여 선거추진위원회·후원회·연구소·상담소 또는 휴게소 기타 명칭의 여하를 불문하고 이와 유사한 기관·단체·조직 또는 시설을 새로이 설립 또는 설치하거나 기존의 기관·단체·조직 또는 시설을 이용할 수 없다(법§89①본문). 법 제89조(유사기관의 설치금지) 제1항 본문은 법정 선거운동기구 이외의 선거운동기구의 난립으로 야기될 과열경쟁과 낭비를 방지하고 후보자 간의 균등한 기회를 보장함으로써 선거의 공정성을 확보하는데 그 입법목적이 있다.[1]

나. 유사기관의 의미

유사기관이란 선거사무소, 선거연락소, 선거대책기구 등 법정선거운동기구 외의 선거추진위원회·후원회·연구소·상담소 또는 휴게소 기타 명칭의 여하를 불문하고 이와 유사한 기관·단체·조직 또는 시설로서 후보자 또는 후보자가 되려는 사람을 위한 것을 의미한다(법§89①본문).

어떤 단체 등이 유사기관에 해당하는지는 선거운동의 목적의 유무에 의하여 결정된다.[2] 따라서 특정 후보자의 선거운동을 목적으로 설치된 것이 아니라면 유사기관에 해당하지 아니하므로, 후보자가 되고자 하는 자가 선거운동의 목적이 아닌 순수한 선거 준비행위의 차

1) 1999. 1. 28. 선고 98헌마172 전원재판부 결정, 2006. 5. 25. 선고 2005헌바15 전원재판부 결정, 2013. 12. 26. 선고 2013도10896 판결, 2005. 1. 27. 선고 2004도7511 판결

2) 2013. 12. 26. 선고 2013도10896 판결, 2013. 5. 9. 선고 2012도12172 판결, 2013. 2. 28. 선고 2012도15689 판결, 2005. 1. 27. 선고 2004도7511 판결, 1997. 12. 26. 선고 97도2249 판결

원에서 선거인에게 영향을 미치지 않는 내부적 행위로서 기관·단체 또는 시설을 설립하거나 설치하였다면 이는 법 제89조(유사기관의 설치금지) 제1항 본문 소정의 유사기관의 설치금지위반에 해당하지 않고,[3] 후보자가 되고자 하는 자가 내부적 선거준비행위의 차원을 넘어 선거인에게 영향을 미칠 목적으로 단체 등을 설립하였다면 이는 법 제89조(유사기관의 설치금지) 제1항 본문 소정의 유사기관에 해당한다.[4] 즉, 어떠한 기관·단체·조직 또는 시설이 선거운동을 목적으로 설립되었고 그것이 선거사무소 또는 선거연락소처럼 이용되는 정도에 이르렀다면 유사기관이 되는 것이지, 반드시 그 선거운동이 공직선거법상 허용되지 않는 선거운동이어야만 하는 것은 아니다.[5] 나아가 어떠한 기관·단체·시설이 특정 후보자의 선거운동을 목적으로 설치된 것이 아니고 그 후보자가 당내경선에서 후보자로 선출되게 하기 위한 목적으로 설치된 것이라면 유사기관이 아니다.[6][7]

선거운동의 목적 유무와 관련하여, 문제된 행위가 단체 등을 통한 모습으로 나타나는 경우에는 단체 등의 설립 목적과 경위, 인적 구성, 활동의 시기, 방법, 내용과 규모 등을 추가적으로 고려하여 활동이 특정 선거에서 특정인의 당선 또는 낙선을 도모하는 목적의사에 따라 행해진 것이라는 점이 당해 선거인의 관점에서 객관적으로 인정되는지를 살펴보아야 한다. 단체 등의 목적 범위 내에서 통상적으로 행해지는 한도에서는 특별한 사정이 없는 한 그러한 활동이 특정인의 당선 또는 낙선을 목적으로 한 선거운동이라고 보아서는 아니 되고, 단체의 목적이나 활동내용이 정치 이외의 다른 전형적인 사회활동을 하는 단체가 갖는 특성에 딱 들어맞지 않는다는 이유만으로 단체의 활동을 선거운동에 해당한다고 단정하여서도 아니 되는바,[8] 단체의 설립 및 활동 시기와 선거일과의 간격, 단체의 목적, 활동내용 등을 당시 선거인의 관점에서 보아 당선을 도모하려는 목적 의사가 쉽게 추단되지 않는 경우에는 유사기관이라고 볼 수 없다.[9] 특정 후보자를 위한 자원봉사자들의 교육장소를 별도로 설치

3) 2013. 12. 26. 선고 2013도10896 판결, 2005. 1. 27. 선고 2004도7511 판결, 1997. 12. 26. 선고 97도2249 판결

4) 2013. 2. 28. 선고 2012도15689 판결, 2010. 5. 13. 선고 2010도2095 판결, 2006. 6. 27. 선고 2005도303 판결

5) 2013. 12. 26. 선고 2013도10896 판결

6) 2013. 11. 14. 선고 2013도6620 판결, 2013. 5. 9. 선고 2012도12172 판결, 2013. 5. 9. 선고 2013도2681 판결(2012. 4. 11. 실시될 광주 동구 국회의원선거에 후보자를 추천하기 위하여 이른바 '모바일경선인단'을 모집하여 모바일투표방법으로 하기로 한 당내경선을 위하여 광주 동구 13개 동마다 '경선대책위'를 만들어 활동한 사안에서, 유사기관에 해당하지 아니한다고 한 사례),

7) 2021. 10. 28. 선고 2021도9923 판결(광주고등법원 2021. 7. 8. 선고 2021노121 판결 ; 사무실의 활동 보고 내용이 '신규 입당자 현황, 임명장 발굴 및 배부, 입당 권유, 후보자 홍보, 지역주민 면담이나 산악회 참가 독려'등이었다면 유사기관이라고 보기 어렵다고 한 사례)

8) 2016. 8. 26. 선고 2015도11812 전원합의체 판결

9) 2017. 10. 31. 선고 2016도20658 판결(2016. 4. 13.실시되는 제20대 국회의원선거 약 9개월 전인 2015. 7. 경 개설된 단체에 가입한 후보자의 인지도를 높이기 위한 행사를 2015. 12.까지 18차례 걸쳐 개최한 사안에서, 선거인의 관점에서 후보자의 당선을 도모하려는 목적의사를 쉽게 단정할 수 없다고 한 사례)

하는 것은 유사시설을 설치한 것으로 금지된다.[10)]

다. 유사기관의 설립 또는 설치

후원회 등 유사기관이 '설치'에 이르렀다고 하기 위해서는 적어도 일정한 목적을 가진 사람들의 인적결합이 이루어지거나 그러한 목적을 가진 사람들이 회원으로 가입할 수 있는 정도에는 이르러야 한다.[11)]

산악회가 등산을 목적으로 이루어진 조직체로서 관광버스 임차 등 등산에 소요되는 제경비를 회원들의 회비에 의하여 충당한다면 비록 후보자가 되고자 하는 자가 그 산악회활동을 주도한다 하더라도 무방할 것이나, 동 산악회의 운영형태 · 회원의 규모 · 행사내용 등을 종합하여 볼 때 특정선거의 후보자가 되고자 하는 자의 당선을 유리하게 하기 위한 목적을 가진 조직이라면 그 운영경비를 누가 부담하는가에 관계없이 후보자 또는 후보자가 되고자 하는 자를 위한 이른바 그 설치가 금지된 유사기관에 해당한다.[12)]

후보자가 관할선거관리위원회에 선거사무소 또는 선거연락사무소를 신고한 경우에 그 범위는 법 제89조(유사기관의 설치금지) 제1항 유사기구설치금지의 입법목적을 전제로 일반인이 통상 생각할 수 있는 공간 및 구획을 특정하여 합리적으로 판단하여야 한다. 그렇게 판단하지 않으면 선거사무소 또는 선거연락소를 신고할 때 그 범위를 포괄적이고 모호하게 신고한 사람이 구체적이고 명확하게 신고한 사람보다 부당하게 유리하게 되어 형평에 어긋남은 물론 선거운동기구가 난립하는 폐해를 막기 어려워질 수밖에 없다. 따라서 선거사무소가 이미 설치된 같은 건물 같은 층에 있더라도 별도로 구획된 시설에 추가로 선거사무소와 유사한 기구를 설치한 경우는 유사기관 설치에 해당한다.[13)] 아르바이트 홍보요원들을 선거사무소 외의 장소인 모텔에 상근시키면서 휴대전화 2대로 선거구민들에게 홍보전화를 하도록 하게

---

10) 1997. 3. 11. 선고 96도3220 판결

11) 2005. 7. 29. 선고 2005도1688 판결(광주고등법원 2005. 2. 27. 선고 2004노667 판결 : 이 사건 후원회는 아직 단 1명의 회원도 가입되어 있지 않아 후원회로서의 인적결합이 이루어지지 않은 상태이고, 인터넷상의 후원회라는 특수성을 감안하더라도 아직 누구도 회원으로 가입할 수는 없는 단계에 있었으므로 아직 '설치'에는 이르지 아니하였다고 한 사례)

12) 1994. 6. 28. 중앙선관위 질의회답

13) 대전고등법원 2006. 10. 13. 선고 2006노344 판결(선거사무소로 신고한 건물 3층은 선거사무소로 사용하던 부분과 병원시설로 사용하던 부분으로 구획이 나누어져 있고 출입문도 서로 다른 곳에 설치되어 있고, 선거사무소를 신고하면서 건물 3층이라고 신고하였으나, 실제로는 내부를 선거사무소로 꾸며 놓은 약 100평 정도의 사무실만을 선거사무소로 사용하였고, 그 후 건물의 소유자나 임대인의 동의를 받지 않고 당초 선거사무소로 사용하지 않던 병원시설 안에 전화기 6대와 전화홍보요원 12명을 채용하여 전화로 홍보활동을 하는 등 선거운동을 한 사안에서, 당초 선거사무소로 사용하려고 마음먹고 그에 필요한 시설을 하고 이를 바탕으로 관할 선거관리위원회에 신고한 공간을 벗어나, 비록 같은 건물의 같은 층에 있다고 할지라도 별도로 구획된 시설부분에 추가로 선거사무소와 유사한 기구를 설치하면 이는 유시기구의 설치에 해당한다고 한 사례)

한 행위도 유사기관의 설치에 해당하고,[14] 선거사무소 외에 컨테이너를 임차하여 집기와 비품을 갖추고 선거구민들에게 음료수 등을 제공하고 지지를 호소한 행위도 유사기관의 설치에 해당한다.[15] 선거기간 중 후보자의 집에서 자원봉사자가 전화홍보를 할 수 있으나, 선거사무소 또는 선거연락소로 신고되지 아니한 후보자의 집에 선거운동을 위한 전화를 증설하고 증설된 전화를 이용하여 선거운동자원봉사자가 선거운동을 하는 경우에는 설치가 금지된 유사기관에 해당한다.[16]

라. 기존의 기관·단체·조직 또는 시설을 이용

'기존의 기관·단체·조직 또는 시설을 이용하는 행위'와 관련하여, 비록 행위자의 행위가 외관상 후보자를 위하여 기존의 기관·단체·조직 또는 시설을 이용하는 것처럼 보인다 할지라도 실질적으로 기존의 기관·단체·조직 또는 시설을 선거사무소 또는 선거연락소처럼 이용하는 정도에 이르지 아니하는 것이라면 유사기관을 이용하는 행위라고 할 수 없다.[17][18] 단체가 선거운동기간 중에 특정 정당 또는 후보자의 선거운동을 하면서 필요한 경우 그 단체의 사무소를 단순히 선거운동을 위한 단체구성원의 연락장소로 이용하거나 당해 단체의 회원이 자신이 지지하는 정당이나 후보자를 위하여 사무소에 설치된 전화·컴퓨터 등을 이용하여 선거운동을 하는 것은 무방하나, 단체의 사무소에 별도의 전화·컴퓨터 등을 증설하여 선거운동을 하는 것은 유사기관을 설치하는 행위에 해당한다.[19] 단체가 선거운동기간 중에 특정 정당 또는 후보자의 선거운동을 하면서 필요한 경우 그 단체의 사무소를 단순히 선거운동을 위한 단체 구성원의 연락의 장소로 이용하거나, 당해 단체의 회원이 자신이 지지하는 정당이나 후보자를 위하여 사무소에 설치된 전화·컴퓨터 등을 이용하여 선거운동을 하는 것은 무방하나, 단체의 사무소에 별도의 전화·컴퓨터 등을 증설하여 선거운동을 하는 것

---

14) 2007. 6. 29. 선고 2006도8747 판결

15) 2007. 11. 16. 선고 2007도7492 판결

16) 1995. 1. 27. 중앙선관위 질의회답

17) 2007. 3. 30. 선고 2006도3025 판결(의사로서 국회의원선거에 출마한 후보자의 당선을 위하여 대한의사협회 간부들이 자신의 전화를 이용하여 의사들에게 후보자의 지지를 부탁하고 유세장에 참석한 정도의 행위가 기존 대한의사협회를 실질적으로 선거활동 기타 선거에 관한 사무를 처리하는 선거사무소나 선거연락소처럼 이용한 것에 해당한다고 보기 어렵다고 한 사례)

18) 서울고등법원 2004. 9. 7. 선고 2004노1343 판결(○○교육문화연구소는 사단법인 환경과 생명의 부설연구소로서 지역현안과 직접적으로 관련된 청소년 교육환경, 문화환경 등을 중심으로 음란물 추방운동이나 교육환경 등에 대한 지역여론조사, 시화호 등 환경오염문제에 대한 조사 등을 하여 정책보고서를 만드는 일을 사업목적으로 설립되었는데, 후보자가 되고자 한 피고인이 박◇◇을 위 연구소의 기획실장으로 근무하게 하면서 조사부장, 조직부장, 간사로 구성된 조직을 이용하여 선거구민들을 대상으로 한 피고인의 홍보활동에 활용토록 하였고 위 연구소 내에서 수시로 선거와 관련된 회의를 개최한 사안에서, 후보자가 되고자 하는 피고인을 위하여 위 연구소가 이용되었다고 인정한 사례)

19) 2004. 6. 18. 중앙선관위 질의회답

은 법 제89조(유사기관의 설치금지) 제1항에 위반된다.[20] 정당이 후보단일화 등 선거업무의 조율을 위한 정당 간의 공동기구를 구성하는 것은 무방하나, 노동조합·시민단체와 공동으로 구성하는 경우,[21] 정당과 시민단체 또는 일반시민들이 공동후보자를 선출하고 그 선출된 후보자의 선거운동을 하기 위하여 별도의 기구를 구성하는 경우[22]에는 법 제89조(유사기관의 설치금지) 1항에 위반된다.

마. 유사기관의 예외

후보자 또는 예비후보자의 선거사무소에 설치되는 1개의 선거대책기구 및 「정치자금법」에 의한 후원회는 유사기관으로 보지 않는다(법§89①단서).

후보자 또는 예비후보자의 선거사무소에 설치되는 1개의 선거대책기구란 후보자 또는 예비후보자의 선거사무소에 설치되어 내부적 선거준비행위를 하는 기구만을 말하고 이를 넘어 선거인에게 영향을 미칠 목적으로 설치된 것은 포함되지 아니한다.[23] 정당이 정권을 획득하기 위하여 정당 간 정책연합이나 선거공조를 하는 경우에 국민에게 제시할 선거공약을 정당 간에 조율하고 선거에서의 승리를 위한 선거대책의 수립과 집행을 위하여 정당 간의 선거공조기구를 둘 수 있고, 이러한 정당 간 선거공조기구는 정당 간 대등한 입장에서 구성되기 때문에 정당내부기구로서의 선거대책기구와는 달리 정당의 당원이 당적을 가지고 선거공조기구에 참여할 수 있다.[24]

바. 벌칙

법 제89조(유사기관의 설치금지) 제1항 본문의 규정을 위반하여 유사기관을 설립·설치하거나 기존의 기관·단체·조직 또는 시설을 이용한 자는 3년 이하의 징역 또는 600만원 이하

20) 2000. 4. 5. 중앙선관위 질의회답

21) 2009. 3. 17. 중앙선관위 질의회답

22) 2009. 12. 28. 중앙선관위 질의회답

23) 2013. 2. 28. 선고 2012도15689 판결(2011. 10. 26. 실시되는 함양군수 재선거를 앞두고 '피고인을 사랑하는 모임'이라는 명칭아래 약 50명의 선거운동원을 모집한데 이어 2011. 9. 17. 상견례와 홍보물을 돌려보게 하고, 2011. 9. 20. 체육관에서 7개팀으로 선거운동원들을 분류한 후 2011. 10. 12.까지 매일 오전 체육관에 모여 율동연습을 하고 오후에는 함양군내 음식점, 장터, 찜질방 등을 돌아다니며 홍보 등의 활동을 하게 한 것은 유사기관을 설립한 것이고 선거대책기구에 해당한다고 볼 수 없다고 한 사례)

24) 2004. 5. 31. 선고 2003수26 판결(민주당과 국민통합21이 노후보와 정후보의 후보단일화를 추진함에 있어서 '단일후보가 되지 않은 사람이 공동선거대책위원회를 구성하여 그 위원장을 맡는 등 단일후보의 대선승리를 위해 최선을 다한다.'는 취지로 합의를 한 사안에서, 이와 같이 민주당과 국민통합21이 선거공조를 위한 합의를 하고 이에 따라 양당의 후보자를 단일화하는 과정에서 단일후보가 되지 아니한 정당의 후보자가 공동선거대책위원회 위원장을 맡도록 한 것은 정당 간의 선거공조방법의 하나일 뿐이고, 이를 후보자가 되지 아니하게 할 목적으로 또는 후보자가 되고자 하는 것을 중지하게 할 목적으로 대가를 제공한 것으로서 「정당법」 제19조(합당) 제2항이나 공직선거법 제232조(후보자에 대한 매수 및 이해유도죄) 제1항, 제230조(매수 및 이해유도죄) 제1항 제1호에 위반된다고 할 수 없다고 한 사례)

의 벌금에 처한다(법§255①13.).

2. 유사기관의 활동 제한

가. 의의

정당이나 후보자(후보자가 되려는 사람을 포함한다)가 설립·운영하는 기관·단체·조직 또는 시설은 선거일전 180일(보궐선거 등에 있어서는 그 선거의 실시사유가 확정된 때)부터 선거일까지 당해 선거구민을 대상으로 선거에 영향을 미치는 행위를 하거나, 그 기관·단체 또는 시설의 설립이나 활동내용을 선거구민에게 알리기 위하여 정당 또는 후보자의 명의나 그 명의를 유추할 수 있는 방법으로 벽보·현수막·방송·신문·통신·잡지 또는 인쇄물을 이용하거나 그 밖의 방법으로 선전할 수 없다(법§89②). 법 제89조(유사기관의 설치금지) 제2항은 정당이나 후보자가 설립·운용하는 기관·단체 등을 이용한 과당경쟁과 낭비를 방지하고 선거운동의 균등한 기회를 보장함으로써 선거의 공정성을 확보하고자 하는 것이다.[25]

나. '선거에 영향을 미치는 행위'의 의미

'선거에 영향을 미치는 행위'는 선거운동보다 넓은 개념으로 선거운동에 이르지 아니하였다고 하더라도 선거에 간접적으로 영향을 미쳐 선거의 공정을 해함으로써 선거에 영향을 미칠 우려가 있는 행위도 포함되는 것이고, 따라서 비록 표면적으로는 선거와 무관한 것처럼 보이는 행위라 할지라도 그 행위가 이루어진 시기, 동기, 방법 등 제반사정을 종합하여 선거에 영향을 미칠 우려가 있는 행위로 평가된다면 본조항에서 정한 선거에 영향을 미치는 행위로 보아야 한다.[26]

다. '그 명의를 유추할 수 있는 방법으로 선전하는 행위'의 의미

'그 명의를 유추할 수 있는 방법으로 선전하는 행위'라 함은 단체 등이 그 설립이나 활동내용을 벽보 등의 매체를 이용하여 선전하면서 정당이나 후보자의 명의를 직접 명시하지 않아도 그 선전에 사용된 특정문구나 기호, 이미지, 영상 등에 의하여 또는 그러한 정보들을

25) 2001. 10. 25. 선고 2000헌마193 전원재판부 결정

26) 2006. 6. 27. 선고 2005도303 판결(지구당에서 국회의원 후보자로 선출되어 출마하고자 하는 사람이 자신의 낮은 인지도를 극복하기 위하여 당해 지역구 내에 단체를 설립하고 대입면접특강과 대학입시설명회를 개최한 사안에서 그 시기, 동기, 행사의 대상자 등에 비추어 볼 때 선거에 영향을 미칠 우려가 있는 행위로 보기에 충분하다고 한 사례), 2008. 2. 14. 선고 2006도6967 판결(지역 선거구 후보자가 자신의 인지도를 높이기 위하여 '○○사랑운동본부'라는 단체를 설립하고, 이 단체의 주관으로 대입면접특강과 대학입시설명회를 개최한 행위는 그 시기, 동기, 행사의 대상자 등에 비추어 볼 때 선거에 영향을 미칠 우려가 있는 행위로 보기에 충분하다고 한 사례)

종합함으로써 일반 선거인들이 그 정당이나 후보자의 명의를 쉽게 유추할 수 있다고 인정되는 경우를 의미하고, 위와 같이 벽보 등을 이용한 단체 등의 선전행위가 정당이나 후보자의 명의를 쉽게 유추할 수 있는 방법에 해당하는지 여부는 그 단체 등의 회원이 아닌 일반 선거구민을 기준으로 판단하여야 한다.[27]

라. 예외적인 행위

선거일전 180일부터 선거일까지 기간 중이라도「정치자금법」제15조(후원금 모집 등의 고지·광고)의 규정에 따른 모금을 위한 고지·광고는 할 수 있다(법§89②단서).

즉, 후원회는 회원모집 또는 후원금 모금을 위하여 인쇄물·시설물 등을 이용하여 후원회명, 후원금 모금의 목적, 기부처, 기부방법, 해당 후원회지정권자의 사진·학력(정규학력과 이에 준하는 외국의 교육과정을 이수한 학력에 한한다)·경력·업적·공약과 그 밖에 홍보에 필요한 사항을 알릴 수 있고(정치자금법§15①본문),「신문 등의 진흥에 관한 법률」제2조(정의)에 따른 신문 및「잡지 등 정기간행물의 진흥에 관한 법률」제2조(정의)에 따른 정기간행물을 이용하여 분기별 4회 이내에서 후원금의 모금과 회원의 모집 등을 위하여 위 홍보에 필요한 사항을 광고할 수 있다(정치자금법§15②전문).

마. 벌칙

선거운동과 관련하여, 법 제89조(유사기관의 설치금지) 제2항의 규정에 위반하여 선거에 영향을 미치는 행위 또는 선전행위를 하거나 하게 한 자는 2년 이하의 징역 또는 400만원 이하의 벌금에 처한다(법§256③1.사.).

3. 시설물설치 등의 금지

가. 의의

누구든지 선거일 전 120일[28](보궐선거등에서는 그 선거의 실시사유가 확정된 때)부터 선거일까

---

27) 2011. 3. 10. 선고 2010도16996 판결(석산 개발을 반대하거나 지하철 유치 예비타당성 검토방침을 환영한다는 취지의 본문과 함께 지방선거에 출마한 후보자가 설립한 추진위원회와 그 후보자가 개설한 인터넷카페의 명칭 및 그 카페 인터넷 주소가 표시된 현수막을 게시한 사안에서, 위 현수막이 후보자의 명의를 유추할 수 있는 방법으로 이용되지 않았다고 본 사례)

28) 구 공직선거법(2023. 8. 30. 법률 제19696호로 개정되기 전의 것) 제90조(시설물설치 등의 금지) 제1항은 시설물설치 금지기간을 '선거일 전 180일'로 정하고 있었으나, 이에 대하여 헌법재판소는「시설물설치 등 금지조항은 선거에서의 균등한 기회보장과 선거의 공정성 확보를 위한 것이다. 그러나 선거에서의 기회 불균형 등의 문제는 선거비용 제한·보전 제도 등 공직선거법상의 기존의 규제와 매체의 종류, 비용 등을 제한하는 수단을 통해서도 방지할 수 있으며, 무분별한 흑색선전, 허위사실유포 등에 대한 규제도 공직선거

지 선거에 영향을 미치게 하기 위하여 공직선거법의 규정에 의한 것을 제외하고는 '광고물이나 광고시설의 설치·진열·게시·배부하는 행위'나 '표찰이나 그 밖의 표시물을 착용 또는 배부하는 행위', '후보자를 상징하는 인형·마스코트 등 상징물을 제작·판매하는 행위'를 할 수 없다(법§90①). 이는 선거의 부당한 과열경쟁으로 인한 사회경제적 손실을 막고 후보자간의 실질적인 기회균등을 보장함과 동시에 탈법적인 선거운동으로 인하여 선거의 공정과 평온이 침해되는 것을 방지하고자 하는 규정이다.[29)]

나. 금지되는 행위

누구든지 선거일 전 120일부터 선거일까지 선거에 영향을 미치게 하기 위하여 다음 각 호의 어느 하나에 해당하는 행위를 할 수 없다(법§90① 본문).

1. 화환·풍선·간판·현수막·애드벌룬·기구류 또는 선전탑, 그 밖의 광고물이나 광고시설을 설치·진열·게시·배부하는 행위
2. 표찰이나 그 밖의 표시물을 착용 또는 배부하는 행위
3. 후보자를 상징하는 인형·마스코트 등 상징물을 제작·판매하는 행위

'기타 광고물'은 「옥외광고물 등의 관리와 옥외광고산업 진흥에 관한 법률(약칭 : 옥외광고물법)」 제2조(정의) 제1호[30)] 소정의 '옥외광고물'에 대한 정의 규정에 따라 해석할 수는 없다. 「옥외광고물법」과 공직선거법의 입법취지가 전혀 다르고, 법 제90조(시설물설치 등의 금지)는 '화환·풍선'을 광고물의 하나로 예시하고 있는데 이는 「옥외광고물법」상의 광고물에 대한 정의에 따를 경우 광고물에 해당한다고 볼 수 없기 때문이다.[31)]

법에 이미 도입되어 있는바, 시설물설치 등 금지조항은 입법목적 달성을 위하여 필요한 범위를 넘어 현수막, 화환, 그 밖의 광고물의 게시 및 그 밖의 표시물 착용을 통한 정치적 표현을 장기간 동안 포괄적으로 금지·처벌하고 있으므로 침해의 최소성에 반한다. 또한 시설물설치 등 금지조항으로 인하여 유권자나 후보자가 받는 정치적 표현의 자유에 대한 제약이 달성되는 공익보다 중대하므로 법익의 균형성에도 위배된다. 따라서 시설물설치 등 금지조항은 과잉금지원칙에 반하여 정치적 표현의 자유를 침해한다.」고 판시하면서 헌법불합치 결정을 하였다(2022. 7. 21. 선고 2018헌바357,2021헌가7(병합) 결정, 2023. 6. 29. 선고 2023헌가12 결정, 2022. 7. 21. 선고 2017헌가1 결정, 2022. 7. 21. 선고 2017헌바100, 2021헌가5,6, 2021헌바 19,207,232,298(병합) 결정, 2022. 11. 24. 선고 2021헌바301 결정). 이에 따라 2023. 8. 30. 법률 제19696호로 공직선거법 제90조 제1항을 개정하여, 시설물설치 등의 금지기간을 '선거일 전 120일'로 변경하였다.

29) 2001. 12. 20. 선고 2000헌바96,2001헌바57(병합) 전원재판부 결정, 2015. 4. 30. 선고 2011헌바163 결정, 2005. 1. 13. 선고 2004도7360 판결

30) 「옥외광고물 등의 관리와 옥외광고산업 진흥에 관한 법률」 제2조(정의) 이 법에서 사용하는 용어의 뜻은 다음과 같다.
   1. "옥외광고물"이란 공중에게 항상 또는 일정기간 계속 노출되어 공중이 자유로이 통행하는 장소에서 볼 수 있는 것(대통령령으로 정하는 교통시설 또는 교통수단에 표시되는 것을 포함한다)으로서 간판·디지털광고물(디지털디스플레이를 이용하여 정보·광고를 제공하는 것으로서 대통령령으로 정하는 것을 말한다)·입간판·현수막·벽보·전단과 그 밖에 이와 유사한 것을 말한다.

선거준비사무소 유리창에 선팅지를 이용하여 붙인, 후보자의 이름과 '선거사무소'를 병기한 문구는 선거사무소를 알리기 위한 표지로서 '간판'에 해당한다.[32] '상징물'이라 함은 후보자 개인의 외형적 이미지를 형상화한 것에 국한되는 것이 아니라 널리 후보자의 사고와 주장을 표상할 수 있는 물건까지 포함하는 것으로서, 후보자의 외형적·내면적 이미지를 형상화하여 일반 공중에게 후보자를 연상시킬 수 있는 물건을 말한다.[33]

'게시'의 사전적 의미는 '여러 사람에게 알리기 위하여 내붙이거나 내걸어 두루 보게 하는 것'으로, 그 문언 자체만 보면 게시물이 움직이지 않는 물체의 표면에 고정될 것을 요건으로 하는 것처럼 보이기는 하나, 일상적인 언어생활에서 사용되는 '게시'의 개념은 불특정 다수가 쉽게 볼 수 있는 방법으로 게시물을 현출하는 행위를 의미할 뿐, 반드시 게시물이 일정한 장소나 물체의 표면에 고정될 것을 전제로 하지 않는다고 할 것이므로 '내붙이거나 내걸어 두는 것'은 게시물의 현출 방법 중의 하나라고 보는 것이 타당하다. 따라서 광고물을 손으로 들고 있는 행위도 '게시'에 해당한다.[34] 피켓을 드는 행위도 광고물을 게시하는 것에 해당한다.[35]

다. 선거에 영향을 미치게 하기 위한 행위

정당(창당준비위원회를 포함한다)의 명칭이나 후보자(후보자가 되고자 하는 자를 포함한다)의 성명·사진 또는 그 명칭·성명을 유추할 수 있는 내용을 명시한 것은 선거에 영향을 미치게 하기 위한 것으로 본다(법§90① 후문). 따라서 특정 정당의 명칭이나 후보자의 성명·사진을

31) 대전고등법원 2003. 11. 7. 선고 2003노438 판결(대통령선거과정에서 후보자가 소속된 정당과 후보자를 지지하는 모임의 회원들이 일반 시민들에게 교부한 '희망돼지 저금통'이 후보자를 널리 알리는데 사용된 물건이라고 보지 않을 수 없어 법 제90조(시설물설치 등 금지)의 '기타의 광고물'에 해당한다고 한 사례)

32) 2005. 1. 13. 선고 2004도7360 판결(선거준비사무소 유리창에 선팅지를 이용하여 가로 20미터, 세로 1미터 및 가로 8미터, 세로 1미터 규격의 '선거사무소(후보자의 이름 생략)'라는 문구를 붙인 것은 간판에 해당한다고 한 사례)

33) 2004. 10. 28. 선고 2004도4355 판결, 2004. 7. 22. 선고 2004도1550 판결

34) 2018. 8. 30. 선고 2018도9299 판결, 서울고등법원 2018. 7. 18. 선고 2017노3849 판결(후보자의 선거사무소 앞에서 "2016 총선시민네트워크 낙선투어 기자회견. 이것도 모르고 찍지 마오. 이런 후보 찍지 마오."라는 내용의 현수막을 일시적으로 들고 있었던 사안에서, 광고물을 게시하였다고 인정한 사례)

35) 2017. 9. 12. 선고 2017도6155 판결(대구고등법원 2017. 4. 6. 선고 2017도65 판결 : 일반적으로 피켓을 드는 행위는 현수막의 게시 등 법 제90조(시설물설치 등의 금지) 제1항에서 구체적으로 규정하고 있는 다른 수단 및 행위들과 결합하여 선거의 공정성과 평온성을 해치는 경우가 많으므로 함께 규제할 필요성이 큰 점, 실제로 피고인들은 원심 판시 각 범죄사실 기재 일시, 장소에서 현수막을 펼쳐 양 끝에서 손을 잡고, 현수막 뒤나 옆에서 피켓을 들고 서있었던 점, 현수막의 경우에도 사람이 잡고 펼쳐 보이는 것과 어떤 장소나 시설물에 고정하여 설치하는 것과의 사이에 행위 태양이나 효과 등에서 아무런 차이가 없어 모두 게시에 해당한다고 판단되는 점, 게시의 사전적 의미는 '여러 사람에게 알리기 위하여 내붙이거나 내걸어 두루 보게 함'인데, 피켓을 드는 행위를 불특정 다수인이 내붙이거나 내걸어 두는 것으로 해석하더라도 무리가 없는 점 등의 사정을 종합하면, 피고인들이 피켓을 든 행위는 법 제90조(시설물설치 등의 금지) 제1항 제1호에서 정한 광고물을 게시한 것에 해당한다고 봄이 상당하다고 한 사례)

명시한 경우에는 특별한 사정이 없는 한 '선거에 영향을 미치게 하기 위한 목적'이 있다고 보아야 한다.[36)]

법 제90조(시설물설치 등의 금지) 제1항에서 '선거에 영향을 미치게 하기 위하여'라는 전제 아래 그에 정한 행위를 제한하고 있는 것은 고의 이외에 초과주관적 요소로서 '선거에 영향을 미치게 하기 위한 목적'을 범죄성립요건으로 규정한 것이므로, 비록 그 목적에 대한 적극적 의욕이나 확정적 인식을 요하지 아니하고 미필적 인식으로 충분하다고 하더라도, 그러한 목적이 있는지 여부는 위 규정의 입법목적이 선거의 공정성과 평온성을 침해하는 탈법적인 행위를 차단함으로써 공공의 이익을 도모하는 것임을 염두에 두고 행위자의 사회적 지위, 행위자와 후보자·경쟁후보자 또는 정당과의 관계, 행위의 동기 및 경위와 수단 및 방법, 행위의 내용과 태양, 행위 당시의 사회상황 등을 종합하여 사회통념에 비추어 합리적으로 판단하여야 한다.[37)] 위와 같은 판단기준은 개인뿐 아니라 단체의 행위에 대해서도 그대로 적용되어야 할 것이므로, 단체가 그 지향하는 목적에 따라 주최한 집회와 활동이 그 단체가 기존에 행하던 활동의 연장선상에서 이루어진 것이라 하더라도 그 활동이 선거에 영향을 미치게 하기 위한 목적이 인정된다면 법 제90조(시설물설치 등의 금지) 제1항의 규제를 받는다.[38)] 한편, 단체가 선거 이전부터 지지·반대하여 온 특정 정책이, 각 정당 및 선거에 출마하고자 하는 입후보예정자들이 공약으로 채택하거나 정당·후보자 간 쟁점으로 부각된 정치적·사회적 현안을 말하는 이른바 '선거쟁점'에 해당하게 되었다 하더라도, 그러한 사정만으로 그 특정 정책에 대한 단체의 지지·반대의 의사를 표현하는 단체의 활동이 '선거에 영향을 미치게 할 목적의 탈법행위' 또는 선거운동에 해당하는지 여부는 그 정책이 '선거쟁점'이 되었는지 여부에 따라 일률적으로 결정될 수 없고, 위에서 본 판단기준에 따라 개별적으로 판단되어야 한다. 또한 이러한 법리는, 선거쟁점이 된 특정 정책에 대한 단체의 지지·반대활동이 결과적으로 그 정책에 찬성하거나 반대하는 정당, 후보자, 입후보예정자에게 유·불리한 영향을 미치게 되는 경우에도 마찬가지이다.[39)]

국회의원선거의 후보자가 선거운동기간 개시일 두세시간 전에 후보자 명의의 선거운동현수막 4개를 설치하고 3개의 설치를 지시한 경우,[40)] 「인천광역시 도시 및 환경정비 조례」의

---

36) 광주고등법원 2015. 2. 5. 선고 2014노539 판결

37) 2013. 7. 25. 선고 2013도4074 판결, 2011. 10. 27. 선고 2011도5344 판결, 2011. 10. 27. 선고 2011도9243 판결, 2009. 5. 28. 선고 2009도1937 판결, 2006. 3. 24. 선고 2004도8716 판결

38) 2011. 10. 27. 선고 2011도9243 판결

39) 2011. 6. 24. 선고 2011도3447 판결, 2011. 10. 27. 선고 2011도5344 판결(지역 환경운동연합 사무국장인 피고인이 제5회 전국동시지방선거를 앞두고 선거쟁점으로 부각된 이른바 '4대강 정비사업'에 반대하는 활동을 하면서 선거에 영향을 미치게 하기 위하여 광고물을 게시·배부하고 선거구민의 서명을 받은 사안에서, 일부 선거에 영향을 미치게 할 의사가 있었다고 단정하기 어려운 부분이 있다고 한 사례)

40) 서울고등법원 2017. 3. 9. 선고 2016노3887 판결

노후·불량건축물에 대한 정비계획수립대상구역 설정요건을 완화하는 등 주민이주대책과 관련한 조례의 개정에 공이 있는 구청장입후보예정자를 위하여 아파트 정·후문 등에 "3차례 시조례 개정으로 아파트 이주의 법적 요건을 충족시킨 노○○의원 감사합니다."라고 기재된 현수막을 게시한 경우,[41] 구청장예비후보자 공약집에 대한 출판기념회를 개최하면서 건물외벽에 예비후보자의 사진과 공약 등이 게재된 현수막을 설치한 경우,[42] 민주노총 산하 각 사업장 내 또는 외벽에 특정후보자를 지지하는 현수막을 게시한 경우,[43] 선거사무소앞에 "□□당 관악갑지역위원장 부도덕한 ○○○임대료 반환하라."라고 기재된 현수막을 게시한 경우,[44] 정당의 당사 앞에 정당의 명칭과 후보자의 성명이 기재된 대통령후보자를 비난하는 내용의 현수막을 게시한 경우,[45] 승합차의 후면 유리에 서울시장선거에 후보자가 되려는 박○○을 지칭하는 "유튜브 박○○ OUT"이라고 기재된 LED전광판을 부착하고 운행한 행위,[46] 공사대금의 지급을 불이행한 후보자의 명의를 기재하여 대금지급을 촉구하는 현수막을 당해 선거구 안이나 선거구 밖이라도 다수의 선거구민이 왕래하는 장소에 게시하는 경우,[47] 특정후보자가 자신의 상징구호로 사용하고 있는 별명(포청천)이 새겨진 티셔츠를 선거기간 중에 선거구 안에서 판매하거나 특정 후보자의 성명을 넣은 문구를 붙여놓거나 특정후보자를 선전하면서 위와 같은 인형을 판매하는 경우,[48] 후보자가 되고자하는 국회의원이 자신의 지역활동을 선전하는 문구(예시 : '동네 한 바퀴', '○○○의 동네 한 바퀴')가 게재된 의상이나 깃발 등을 착용하거나 자전거에 부착하여 입후보예정지역 등을 순회하는 경우,[49] 선거사무소의 외벽면에 영상장치를 이용하여 후보자의 이미지, 선거구호 등을 표출하는 경우[50], '총선은 한일전이다', '토착왜구 청산하자', '100년 친일 청산하자' 등의 피켓 문구에 특정 정당이나 후보자가 기재되어 있지 아니하나 해당 선거에서 A정당 소속 국회의원 후보의 낙선을 원하는 사람들 중 일부가 A정당을 '친일세력'으로 규정하며 반대운동을 벌인 바 있고, 피고인이 선거 직전 A정당 B후보자 현수막 아래 '100년 친일 청산하자'라는 내용의 현수막을 게시한 것으로 보아 선거인의 입장에서 위 문구들이 A정당이나 그 후보자를 반대하는 내용으로 인식되는 경우[51]는 선거에 영향을 미치게 하기 위한 행위이다.

---

41) 서울고등법원 2010. 8. 19. 선고 2010노1856 판결(수원지방법원 2010. 4. 30. 선고 2010고합117 판결)
42) 서울동부지방법원 2014. 10. 17. 선고 2014고합289 판결
43) 부산고등법원 2004. 11. 17. 선고 2004노787 판결(창원지방법원 진주지원 2004. 9. 10. 선고 2004고합83 판결)
44) 2019. 4. 26. 선고 2019도3115 판결(서울고등법원 2019. 2. 14. 선고 2018노3365 판결)
45) 2019. 6. 13. 선고 2019도4269 판결(서울고등법원 2019. 3. 27. 선고 2018노2940 판결)
46) 서울남부지방법원 2014. 10. 30. 선고 2014고합230 판결
47) 2000. 3. 29. 중앙선관위 질의회답
48) 1995. 6. 23. 중앙선관위 질의회답
49) 2015. 4. 16. 중앙선관위 질의회답
50) 2016. 4. 1. 중앙선관위 질의회답

라. 선거에 영향을 미치게 하기 위한 것으로 보지 않는 행위

다음 각 호의 어느 하나에 해당하는 행위는 선거에 영향을 미치게 하기 위한 행위로 보지 아니한다(법§90②).

1. 선거기간이 아닌 때에 행하는 「정당법」 제37조(활동의 자유) 제2항에 따른 통상적인 정당활동
2. 의례적이거나 직무상·업무상의 행위 또는 통상적인 정당활동으로서 규칙으로 정하는 행위

통상적인 정당활동이란 정당이 특정 정당이나 공직신거의 후보자(후보자가 되고자 하는 자를 포함한다)를 지지·추천하거나 반대함이 없이 자당의 정책이나 정치적 현안에 대한 입장을 인쇄물·시설물·광고 등을 이용하여 홍보하는 행위와 당원을 모집하기 위한 활동(호별방문을 제외한다)을 말한다(정당법§37②).

다음 각 호의 어느 하나에 해당하는 행위는 법 제90조(시설물설치 등의 금지) 제2항 제2호에 따라 선거에 영향을 미치게 하기 위한 것으로 보지 아니한다. 다만, 집회나 행사의 안내 등을 위하여 시설물 등을 설치·게시한 경우 동 집회나 행사의 종료 후 지체 없이 이를 철거하지 아니한 때에는 그러하지 아니하다(규칙§47의2).

1. 통상적인 정당활동과 관련한 행위

가. 정당(창당준비위원회를 포함한다)이 정강·정책구호 기타 정당의 홍보에 필요한 사항과 당해 정당명 및 그 대표자 성명을 게재한 간판·현판 또는 현수막(이하 "간판등"이라 한다)을 중앙당과 시·도당의 당사의 건물이나 그 담장에 설치·게시하는 행위. 다만, 후보자(후보자가 되고자 하는 자를 포함한다)의 사진을 게재하거나 후보자를 지지·추천하거나 반대하는 내용을 게재하는 행위는 제외한다. 이하 마목에서 같다.

나. 삭제

다. 정당이 민원상담을 행하는 당사에 민원상담에 관한 안내사항과 정당명을 게재한 간판등을 게시하는 행위

라. 정당의 업무용 자동차에 정당명·전화번호·정책구호 등을 표시하여 운행하는 행위

마. 정당이 소속당원만을 대상으로 당원집회를 개최하는 때에 동 집회장소임을 알리는 현수막을 주최 당부명의로 설치·게시하는 행위

바. 정당이 책임있는 정치적 주장을 펴기 위하여 정강·정책의 설명회·토론회·강연회(선거기간 중에는 법에 규정된 방법에 한한다)를 개최하면서 현판·현수막을 주최 당부명의로 개최장소에 설치·게시하는 행위

---

51) 2021. 10. 28. 선고 2021도8421 판결(서울고등법원(춘천) 2021. 6. 9. 선고 2021노43 판결)

사. 정당이 자연보호활동 또는 대민봉사활동 등을 하면서 그 행사장소에 정당명과 행사명을 게재한 현수막을 설치·게시하는 행위

아. 정당의 당원이 소속정당의 배지(달고 다닐 수 있도록 배지형태로 제작된 소형의 상징마크나 마스코트를 포함한다)를 달고 다니는 행위

2. 직무상·업무상행위

가. 지방자치단체의 장이 선거일 전 60일(선거일 전 60일후에 실시사유가 확정된 보궐선거등에 있어서는 그 선거의 실시사유과 확정된 날)전에 법 제86조(공무원 등의 선거에 영향을 미치는 행위금지) 제2항 제4호에 규정된 행사를 개최하면서 그 행사장소에 개최자의 직명을 표시한 현판·현수막을 설치·게시하는 행위

나. 특정 정당이나 후보자를 지지·추천하거나 반대함이 없이 개최하는 학술·문화·체육·예술·종교 기타 이에 준하는 각종집회를 개최하면서 그 개최장소에 주관단체명 또는 그 단체대표자의 직명을 표시한 간판 등을 설치·게시하는 행위

다. 직업상의 사무소나 업소에 그 대표자의 성명이 표시된 간판을 게시하는 행위

라. 국회의원 및 지방의회의원이 자신의 직무 또는 업무를 수행하는 법 제112조(기부행위의 정의 등) 제2항 제4호 사목에 따른 사무소 또는 장소에 그 직명·성명과 업무 및 민원상담에 관한 안내사항이 게재된 간판 등을 게시하는 행위

3. 의례적인 행위

가. 민속절·국경일 그 밖에 기념일, 사무소의 개소·이전 그 밖에 관계있는 행사나 사업의 축하등을 위하여 정당·기관·단체·시설이 그 명의(정당의 경우 그 대표자의 성명을 포함한다)를 표시한 간판 등을 해당 사무소에 설치·게시하는 행위

나. 정당 또는 기관·단체·시설의 장이 이·취임식장이나 이들의 하급당부(정당선거사무소를 포함한다)나 기관·단체·시설방문 시에 그 방문 행사장소에 직·성명을 표시한 현수막을 설치·게시하는 행위

4. 그 밖에 위 각 호의 어느 하나에 준하는 행위로서 중앙선거관리위원회가 정하는 행위

지역단위정책도 「정당법」 제37조(활동의 자유) 제2항의 규정에 따른 정당의 정책에 포함된다.[52] 정당이 선거기간이 아닌 때에 시내버스 및 지하철 광고를 이용하여 「정당법」 제37조(활동의 자유) 제2항에 따른 정강·정책을 홍보하는 것은 무방하다.[53] 정당이 선거일 전 180일부터 선거기간개시일 전일까지 정당명의(로고 포함)로 특정 정당이나 공직선거의 후보자(후보자가 되고자 하는 자를 포함)를 지지·추천하거나 반대함이 없이 당원모집 및 정당이 정책으로 추진하여 국회에서 의결된 법률안의 홍보현수막을 거리에 게시하는 것은 무방하나, 선거일 전 180일부터 선거기간개시일 전일까지 공직선거후보자 선출을 위한 당내경선 선거인단

52) 2005. 9. 28. 중앙선관위 질의회답
53) 2010. 1. 25. 중앙선관위 질의회답

모집, 당명개정을 위한 현상공모 고지, 공직선거후보자 지망생 모집, 정책토론회 개최 사실 홍보를 위한 정당명의(로고 포함)의 현수막을 게시하는 것은 「정당법」 제37조(활동의 자유) 제2항에 따른 통상적인 정당활동의 범위를 벗어난 행위로서 법 제90조(시설물설치 등의 금지)에 위반된다. 다만, 정책이나 정치적 현안에 대한 입장을 홍보하면서 부수적으로 그와 같은 사항을 홍보하는 것은 무방하다.[54] 당원협의회가 특정 정당이나 후보자(후보자가 되려는 자를 포함)를 지지·추천하거나 반대함이 없이 정당의 계획에 따라 정당의 경비로 지역 현안 성사에 따른 의례적인 내용의 축하 현수막을 제작하여 선거기간이 아닌 때에 관할구역에 게시하거나, 지역 현안 성사에 따른 의례적인 내용의 축하 현수막을 국회의원명의로 국회의원사무소 외벽에 게시하는 것은 무방하다.[55]

국회의원의 지역사무실 외벽에 주최자인 국회의원 명의의 정책토론회(개최장소 : 지역구) 안내 또는 의정활동의 결과물인 "경찰서 신설 예산확보" 등 당해 국회의원의 업무에 관한 안내사항이 게재된 현수막을 게시하는 것은 무방하다.[56] 당원협의회의 대표자가 선거일 전 180일 전에 선거구민의 조사에 자신의 직명 및 성명이 표시된 근조기를 게시하는 것은 무방하나, 선거일 전 180일부터 선거일까지 평소 지면이나 친교가 없는 선거구민의 조사에 이를 게시하는 경우에는 법 제90조(시설물설치 등의 금지)에 위반된다.[57]

마. 벌칙

선거운동과 관련하여, 법 제90조(시설물설치 등의 금지)의 규정에 위반하여 선전물을 설치·진열·게시·배부하거나 하게 한 자 또는 상징물을 제작·판매하거나 하게 한 자는 2년 이하의 징역 또는 400만원 이하의 벌금에 처한다(법§256③1.아.).

'선거운동과 관련하여'는 '선거운동에 즈음하여, 선거운동에 관한 사항을 동기로 하여'라는 의미로서 '선거운동을 위하여'보다 광범위하며, 선거운동의 목적 또는 선거에 영향을 미치게 할 목적이 없었다 하더라도 그 행위 자체가 선거의 자유·공정을 침해할 우려가 높은 행위를 규제할 필요성에서 설정된 것으로 보고 있다. 이러한 점에 비추어 보면, 법 제256조(각종제한규정위반죄) 제3항 제1호의 '선거운동과 관련하여'는 '선거운동에 즈음하여, 선거운동에 관한 사항을 동기로 하여'라는 의미로서 '선거운동을 위하여'보다 광범위한 개념으로 봄이 타당하므로, 위 조항에서 금지되는 행위가 선거운동에 해당하여야 위 조항에 따라 처벌할 수 있다고 보기는 어렵다.[58]

54) 2010. 2. 26. 중앙선관위 질의회답
55) 2011. 3. 3. 중앙선관위 질의회답
56) 2007. 1. 31. 중앙선관위 질의회답
57) 2016. 10. 19. 중앙선관위 질의회답
58) 2018. 2. 28. 선고 2017도13103 판결(피고인이 현직 국회의원으로서 차기 국회의원 선거에 갑 정당의 후보

'선전물'이라 함은 법 제90조(시설물설치 등의 금지)에 규정된 광고물, 광고시설, 표찰 기타 표시물을 포함하는 개념으로서, 반드시 후보자의 성명이나 외모가 기재·묘사되거나 특징 등이 화체되어 있지 아니하더라도 선거운동에 있어 특정 후보자의 인지도를 상승시키거나 이미지를 고양시키기 위하여 사용되는 제반 시설물과 용구를 총칭하는 것으로 보아야 하고, 특정 물건의 본래 용도가 사적인 장소에 비치되어 사용되는 것이더라도 선거에 영향을 미치게 할 의도로 이를 대량으로 제작하여 일반 공중에게 배부함으로써 특정 후보자를 일반 공중에게 널리 알려 그 인지도를 상승시키고 이미지를 고양시키는 데에 사용되었다면 '선전물'에 해당한다.[59)]

4. 확성장치와 자동차 등의 사용제한

가. 의의

누구든지 공개장소에서의 연설·대담장소 또는 대담토론회장에서 연설·대담·토론용으로 사용하는 경우를 제외하고는 선거운동을 위하여 확성장치를 사용할 수 없고, 일정한 경우를 제외하고는 자동차를 사용하여 선거운동을 할 수 없다(법§91①, ③).

법 제91조(확성장치와 자동차 등의 사용제한) 제1항 및 제3항은 선거운동을 함에 있어 확성장치와 자동차의 무제한적 사용은 심각한 소음 공해와 도로교통의 무질서 등 공공의 안녕과 질서에 직접적인 위해를 가져오고 또한 선거비용의 과다 지출을 가져오므로 후보자등 한정된 범위에 한하여서만 일부 허용하고 그 외의 사용은 이를 제한하고 있는 규정인 바, 위와 같은 목적을 달성하기 위하여 확성장치와 자동차의 사용을 제한하는 것 외에 달리 효과적인 수단을 상정할 수 없고, 그 제한이 국민생활의 안녕과 질서에 위해가 될 우려가 크다고 인정되는 확성장치 및 자동차등에 의한 선거운동방법에만 국한되는 부분적인 제한에 불과하며, 후보자등 일정범위에 한하여서는 사용을 일부 허용하고 있으므로, 이러한 제한이 표현의 자유 등을 침해하는 것이라 할 수 없다.[60)]

자로 출마 예정인 을의 공천을 반대하는 문구와 을의 성명이 기재되고 을의 사진이 부착된 피켓을 들고 1인 시위를 함으로써 선거에 영향을 미치게 하기 위하여 광고물을 게시하였다는 내용의 공직선거법 위반으로 기소된 사안에서, 피고인의 1인 시위가 '선거운동'에 해당하지 아니하더라도 피고인에게는 공직선거법 제256조(각종제한규정위반죄) 제3항 제1호 (아)목, 제90조(시설물설치 등의 금지) 제1항 위반죄가 성립한다고 한 사례)

59) 2004. 3. 11. 선고 2003도6650 판결, 2004. 4. 23. 선고 2004도1242 판결(돼지저금통의 본래 용도가 가정 등 일반 공중이 볼 수 없는 장소에 비치되어 돈을 모으는 데에 사용되는 것이더라도 대통령 선거에서 특정 후보자를 위하여 배부한 이른바 '희망돼지'라는 이름의 돼지저금통은 선전물에 해당한다고 한 사례)

60) 2001. 12. 20. 선고 2000헌바96,2001헌바57(병합) 전원재판부 결정

나. 확성장치 사용제한

누구든지 공직선거법의 규정에 의한 공개장소에서의 연설·대담장소 또는 대담·토론회장에서 연설·대담·토론용으로 사용하는 경우를 제외하고는 선거운동을 위하여 확성장치를 사용할 수 없다(법§91①).[61)]

마을회관에 설치된 확성기[62)]나 개인집에 설치된 마을 어촌계의 확성기[63)]도 확성장치에 해당한다.

시민단체가 후보자의 선거사무소 앞에서 확성장치를 사용하여 후보자들의 실명을 적시하고 후보자 및 그 소속 정당의 정책 등에 반대의사를 표명하여 이들에게 표를 줄 수 없다는 취지의 발언을 한 경우,[64)] 후보자의 자원봉사자가 화물차에 확성장치 1대를 설치하고 태진아의 '사랑은 아무나 하나'의 가사를 '기호 4번 △△당 △△당'으로 바꾼 로고송을 방송하면서 약 3킬로미터 가량 운행한 경우[65)]는 선거운동을 위하여 확성장치를 사용한 것에 해당한다.

---

61) 헌법재판소는 법 제91조(확성장치와 자동차 등의 사용제한) 제1항과 관련하여, "확성장치에 의한 기계적인 소음은 다수의 사람들이 건강하고 쾌적한 환경에서 생활할 권리에 직접적인 영향을 미치며, 경쟁적인 사용으로 인한 피해 확산의 우려도 있으므로, 확성장치사용 금지조항은 입법목적의 정당성과 수단의 적합성이 인정된다. 확성장치에 의해 기계적으로 유발되는 소음은 자연적으로 발생하는 생활소음에 비하여 상대적으로 큰 피해를 유발할 가능성이 높고, 모든 종류의 공직선거 때마다 확성장치로 인한 소음을 감내할 것을 요구한다면 선거 전반에의 혐오감을 야기시킬 우려가 있다. 반면, 선거운동에서 다소 전통적인 수단이라 할 수 있는 확성장치의 사용을 규제한다고 하더라도 후보자는 보다 접근이 용이한 다른 선거운동방법을 활용할 수 있고, 확성장치의 출력수나 사용시간을 규제하는 입법은 확성장치사용 자체를 제한하는 방안과 동등하거나 유사한 효과가 있다고 볼 수도 없으므로 확성장치사용 금지조항은 침해의 최소성에 어긋나지 않는다. 또한 확성장치 사용을 제한함으로써 달성할 수 있는 공익이 그로 인하여 제한되는 정치적 표현의 자유보다 작다고 할 수 없으므로 확성장치사용 금지조항은 법익의 균형성에도 반하지 않는다. 따라서 확성장치사용 금지조항은 과잉금지원칙에 반하여 정치적 표현의 자유를 침해하지 않는다."고 판시하였다(2022. 7. 21. 선고 2018헌바357, 2021헌가7(병합) 결정). ; 2022. 7. 21. 선고 2017헌바100, 2021헌가5,6, 2021헌바19,207,232,298(병합) 결정도 같은 취지

62) 광주지방법원 순천지원 2008. 9. 11. 선고 2008고합114 판결(마을회관에 설치된 확성기를 사용하여 "통합민주당 대표님이 우리 마을에 오시니 마을 주민 여러분께서는 특별한 일이 없으시면 바쁘시더라도 부디 참석해 주셨으면 감사하겠습니다."라고 방송한 사안에서, 선거운동을 위하여 확성장치를 사용하였다고 인정한 사례)

63) 창원지방법원 1995. 10. 19. 선고 95고합299 판결(피고인의 집에 설치된 어촌계의 확성기를 사용하여 "진해수협조합장이 이번 도의회의원선거에 출마할 예정인데 주민 여러분을 만나기 위해 올 예정이니 주민 여러분은 모두 참석하여 주십시오."라고 방송한 사안에서, 확성장치를 이용하여 선거운동을 하였다고 인정한 사례)

64) 서울고등법원 2018. 7. 18. 선고 2017노3849 판결(2016총선네트워크에서 선정한 낙선대상 후보자의 낙선을 도모하기 위하여 낙선대상자로 선정된 각 후보자의 선거사무소 앞에서 '낙선투어 기자회견'을 하면서 확성장치를 사용하여 후보자의 실명을 적시하고 후보자 및 그 소속 정당의 정책 등에 대한 반대의사를 표명하고 이들에게 표를 줄 수 없다는 취지의 발언을 한 사례)

65) 서울북부지방법원 2004. 6. 25. 선고 2004고합223 판결

다. 자동차 등 사용제한

누구든지 자동차를 사용하여 선거운동을 할 수 없다. 다만, 제79조(공개장소에서의 연설·대담)에 따른 연설·대담장소에서 자동차에 승차하여 선거운동을 하는 경우와 같은 조 제6항에 따른 선거벽보 등을 자동차에 부착하여 사용하는 경우에는 그러하지 아니하다(법§91③). 정당·후보자·선거사무장 또는 선거연락소장은 위 단서에 따른 경우 외에 다음 각 호에 따른 수 이내에서 관할선거관리위원회가 교부한 표지를 부착한 자동차와 선박에 제64조(선거벽보)의 선거벽보, 제65조(선거공보)의 선거공보 및 제66조(선거공약서)의 선거공약서를 부착하여 운행하거나 운행하게 할 수 있다(법§91④).

1. 대통령선거와 시·도지사선거
   선거사무소와 선거연락소마다 각 5대·5척 이내
2. 지역구국회의원선거와 자치구·시·군의 장선거
   후보자마다 각 5대·5척 이내
3. 지역구시·도의원선거
   후보자마다 각 2대·2척 이내
4. 지역구자치구·시·군의원선거
   후보자마다 각 1대·1척

선거벽보·선거공보 및 선거공약서(이하 "선거벽보등"이라 한다)를 부착하여 운행하는 자동차와 선박에는 규칙이 정하는 양식[66]에 의한 표지를 부착하여야 한다(규칙§48①). 정당·후보자·선거사무장 또는 선거연락소장은 선거벽보등을 자동차와 선박에 부착하여 운행하고자 하는 때에는 관할선거관리위원회에 규칙이 정하는 서식[67]에 따라 그 표지의 교부를 신청하여야 하며, 자동차와 선박에 부착할 수 있는 선거벽보등의 수량은 자동차 1대마다 각 5매 이내와 선박 1척마다 각 10매 이내로 한다(규칙§48②).

정당·후보자·선거사무장 또는 선거연락소장은 교부받은 표지를 잃어버리거나 못쓰게 된 때에는 관할선거관리위원회에 규칙이 정하는 서식[68]에 따라 표지를 다시 신청할 수 있다(규칙§48③).

자동차를 선거운동을 위해 사용한다는 것은 선거운동의 직접적인 도구로서 자동차를 이용하는 것을 의미하므로 선거사무소에서 연설회장으로 이동하기 위해 사용하는 등 자동차의 일반적인 이용방법에 따라 사용하는 경우에는 이에 해당하지 아니한다. 영업중인 여객선은 선거벽보 등을 부착하여 운행할 수 있는 선박의 범위에 포함되지 않는다.[69]

---

66) 규칙 별지 제19호의3 양식(현수막·자동차·선박·확성장치의 표지)
67) 규칙 별지 제18호 서식(표지교부신청서)
68) 규칙 별지 제18호의2 서식(현수막 등 표지 재교부신청서)

라. 4개 이상 선거의 동시실시에 관한 특례

4개 이상 동시선거에 있어 지역구자치구·시·군의원선거의 후보자는 법 제79조(공개장소에서의 연설·대담)의 연설·대담을 위하여 자동차 1대와 휴대용 확성장치 1조를 사용할 수 있다. 이 경우 휴대용 확성장치는 제79조(공개장소에서의 연설·대담) 제8항 제2호 본문에 따른 소음기준을 초과할 수 없다(법§216①).

구 공직선거법(2022. 1. 18. 법률 제18790호로 개정되기 전의 것)에는 주거지역과 같은 정온환 생활환경을 유지할 필요성이 높은 지역에 대한 확성장치의 최고출력 내지 소음규제기준이 마련되어 있지 아니하여 과소보호금지원칙에 부합하면서 선거운동을 위해 필요한 범위 내에서 합리적인 최고출력 내지 소음 규제기준을 정할 필요가 있어 2022. 1. 18. 법률 제18790호로 법을 개정하여 법 제79조(공개장소의 연설·대담) 제8호를 신설하면서 법 제216조(4개 이상 선거의 동시실시에 관한 특례) 제1항도 현행과 같이 변경하였다.[70]

---

69) 2010. 3. 11. 중앙선관위 질의회답

70) 헌법재판소는 구 공직선거법(2022. 1. 18. 법률 제18790호로 개정되기 전의 것) 제79조(공개장소에서의 연설·대담) 제3항 제2호 중 '시·도지사 선거'부분, 제3호 및 법 제216조(4개 이상 선거의 동시실시에 관한 특례) 제1항과 관련하여, 「공직선거법에는 확성장치를 사용함에 있어 자동차에 부착하는 확성장치 및 휴대용 확성장치의 수는 '시·도지사선거는 후보자와 구·시·군선거연락소마다 각 1대·각 1조, 지역구지방의회의원선거 및 자치구·시·군의 장선거는 후보자마다 1대·1조를 넘을 수 없다.'는 규정만 있을 뿐 확성장치의 최고출력 내지 소음 규제기준이 마련되어 있지 아니하다. 기본권의 과소보호금지원칙에 부합하면서 선거운동을 위해 필요한 범위 내에서 합리적인 최고출력 내지 소음 규제기준을 정할 필요가 있다. 공직선거법에는 야간 연설 및 대담을 제한하는 규정만 있다. 그러나 대다수의 직장과 학교는 그 근무 및 학업시간대를 오전 9시부터 오후 6시까지로 하고 있어 그 전후 시간대의 주거지역에서는 정온한 환경이 더욱더 요구된다. 그러므로 출근 또는 등교 시간대 이전인 오전 6시부터 7시까지, 퇴근 또는 하교 시간대 이후인 오후 7시부터 11시까지에도 확성장치의 사용을 제한할 필요가 있다. 공직선거법에는 주거지역과 같은 정온한 생활환경을 유지할 필요성이 높은 지역에 대한 규제기준이 마련되어 있지 아니하다. 예컨대 「소음·진동관리법」, 「집회 및 시위에 관한 법률」 등에서 대상지역 및 시간대별로 구체적인 소음기준을 정한 것과 같이, 공직선거법에도 이에 준하는 규정을 둘 수 있다. 따라서 심판대상조항이 선거운동의 자유를 감안하여 선거운동을 위한 확성장치를 허용할 공익적 필요성이 인정된다고 하더라도 정온한 생활환경이 보장되어야 할 주거지역에서 출근 또는 등교 이전 및 퇴근 또는 하교 이후 시간대에 확성장치의 최고출력 내지 소음을 제한하는 등 사용시간과 사용지역에 따른 수인한도 내에서 확성장치의 최고출력 내지 소음 규제기준에 관한 규정을 두지 아니한 것은, 국민이 건강하고 쾌적하게 생활할 수 있는 양호한 주거환경을 위하여 노력하여야 할 국가의 의무를 부과한 「헌법」 제35조 제3항에 비추어 보면, 적절하고 효율적인 최소한의 보호조치를 취하지 아니하여 국가의 기본권 보호의무를 과소하게 이행한 것으로서, 청구인인의 건강하고 쾌적한 환경에서 생활할 권리를 침해하므로 헌법에 위반된다.」고 판시하면서 위헌결정을 하였다(2019. 12. 27. 선고 2018헌마730 결정). 이로서 과거 심판대상조항이 헌법에 위반되지 않는다고 한 2008. 7. 31. 선고 2006헌마711 전원재판부 결정은 변경되었으며, 공직선거법이 2022. 1. 18. 법률 제18790호로 개정되어 법 제79조(공개장소에서의 연설·대담) 제8호가 신설되었고, 제216조(4개 이상 선거의 동시실시에 관한 특례) 제1항 후문이 추가되었다.

마. 벌칙

법 제91조(확성장치와 자동차 등의 사용제한) 제1항 · 제3항 또는 제216조(4개 이상 선거의 동시 실시에 관한 특례) 제1항의 규정에 위반하여 확성장치나 자동차를 사용하여 선거운동을 하거나 하게 한 자는 2년 이하의 징역 또는 400만원 이하의 벌금에 처한다(법§255②4.).

선거홍보차량에 설치된 비디오재생기와 확성장치를 이용하여 선거운동 동영상 등의 영상과 음성을 출력한 경우, 이는 확성장치사용제한위반죄와 비디오기기사용제한위반죄의 실체적 경합에 해당한다.[71]

한편, 제91조(확성장치와 자동차 등의 사용제한) 제4항의 규정에 위반하여 표지를 부착하지 아니하고 자동차 또는 선박을 운행한 자는 100만원 이하의 과태료를 부과한다(법§261⑧2.마.).

5. 영화 등을 이용한 선거운동금지

가. 의의

누구든지 선거기간 중에는 선거운동을 위하여 저술 · 연예 · 연극 · 영화 또는 사진을 법에 규정되지 아니한 방법으로 배부 · 공연 · 상연 · 상영 또는 게시할 수 없다(법§92).

나. 벌칙

법 제92조(영화 등을 이용한 선거운동금지)의 규정에 위반하여 선거기간 중에 선거운동을 위하여 저술 · 연예 · 연극 · 영화나 사진을 배부 · 공연 · 상연 · 상영 또는 게시하거나 하게 한 자는 3년 이하의 징역 또는 600만원 이하의 벌금에 처한다(법§255①15.).

제2장 탈법방법에 의한 문서 · 도화의 배부 · 게시 등 금지

1. 탈법방법에 의한 문서 · 도화의 배부 · 게시 등 금지

가. 의의

누구든지 선거일전 120일(보궐선거등에 있어서는 그 선거의 실시사유가 확정된 때)부터 선거일까지 선거에 영향을 미치게 하기 위하여 공직선거법의 규정에 의하지 아니하고는 정당(창당

---

71) 2011. 3. 24. 선고 2010도15937 판결

준비위원회와 정당의 정강 · 정책을 포함한다) 또는 후보자(후보자가 되고자 하는 자를 포함한다)를 지지 · 추천하거나 반대하는 내용이 포함되어 있거나 정당의 명칭 또는 후보자의 성명을 나타내는 광고, 인사장, 벽보, 사진, 문서 · 도화, 인쇄물이나 녹음 · 녹화테이프 그 밖에 이와 유사한 것을 배부 · 첩부 · 살포 · 상영 또는 게시할 수 없다(법§93①본문).

법 제93조(탈법방법에 의한 문서 · 도화의 배부 · 게시 등 금지) 제1항은 법 제90조(시설물설치 등의 금지)와 더불어 선거운동의 자유에 대한 포괄적 금지조항이다.[72)][73)]

---

72) 법 제93조(탈법방법에 의한 문서 · 도화의 배부 · 게시 등 금지) 제1항의 포괄적 금지조항으로서의 성격과 관련하여, '후보자를 지지 · 추천 · 반대하거나 후보자의 성명을 홍보하는 방법으로 선거에 영향을 미치게 하기 위한 행위는 필연적으로 후보자의 낭락에 영향을 미치려는 것일 수밖에 없으며 결국 제93조(탈법방법에 의한 문서 · 도화의 배부 · 게시 등 금지)의 행위양태는 제58조(정의 등) 제1항이 정의하고 있는 선거운동의 개념과 본질적으로 구별되지 않는다는 이중의 불명확성을 갖게 된다. 따라서 선거일 전 180일부터 선거운동기간 개시전까지 인쇄물 등을 이용하여 제93조(탈법방법에 의한 문서 · 도화의 배부 · 게시 등 금지) 제1항에 열거된 행위를 하는 경우, 제93조(탈법방법에 의한 문서 · 도화의 배부 · 게시 등 금지) 제1항 위반을 이유로 하는 제255조(부정선거운동죄) 제2항 제5호의 부정선거운동죄가 성립할 뿐만 아니라 동시에 제59조(선거운동기간) 위반을 처벌하는 제254조(선거운동기간위반죄) 제2항에 의해 선거운동기간위반죄에도 해당하게 된다. 그런데 두 조항은 모두 2년 이하의 징역 또는 400만원 이하의 벌금형을 법정형으로 동일하게 규정하고 있다. 제254조(선거운동기간위반죄) 제2항의 선거운동기간위반죄는 그 행위양태로 "각종 인쇄물" 등을 구체적으로 적시하고 있기까지 하다. 그러므로 법리적으로 선거일 180일 전부터 선거운동기간 개시전까지는 제93조(탈법방법에 의한 문서 · 도화의 배부 · 게시 등 금지) 제1항의 구성요건이 적용될 가능성이 거의 없다. 그런데 선거운동기간 중이라고 하더라도 인쇄물 등을 이용한 선거운동 즉, 선거벽보, 선거공보 또는 선거공약서 등은 제64조(선거벽보) 내지 제66조(선거공약서)에 정해진 엄격한 기준을 준수하는 경우에만 적법한 선거운동이 된다. 해당 규정들의 내용상 선거벽보 등은 후보자에 의하여 작성 · 이용되는 것이어서 일반인은 선거운동기간 중이라 하더라도 인쇄물을 배부하거나 첨부하는 등의 방법에 의한 선거운동을 할 수 없게 되는 것이다. 또한 제64조(선거벽보) 내지 제66조(선거공약서)를 위반하는 경우에는 제255조(부정선거운동죄) 제2항에 의하여 2년 이하의 징역 또는 400만원 이하의 벌금으로 처벌된다. 따라서 이 경우에도 제93조(탈법방법에 의한 문서 · 도화의 배부 · 게시 등 금지) 제1항은 사실상 실익이 크지 않은 것으로 보인다. 제109조(서신 · 전보 등에 의한 선거운동의 금지) 제1항은 선거기간 중 특히 "전기통신의 방법"을 이용한 선거운동은 오직 법이 정한 방법을 따르는 경우에만 허용하고 있다. 「전기통신사업법」 제2조(정의) 제1호에 따르면 "전기통신"이란 "전자적 방식으로 부호 · 문언 · 음향 또는 영상을 송신하거나 수신하는 것"을 의미하며 인터넷을 이용한 선거운동은 선거운동기간이라 하더라도 제109조(서신 · 전보 등에 의한 선거운동의 금지) 제1항에 의해 예외적으로 허용하는 규정이 있는 경우에만 가능한 것이 된다. 제109조(서신 · 전보 등에 의한 선거운동의 금지) 제1항을 위반한 경우 역시 제255조(부정선거운동죄) 제1항에서 3년 이하의 징역 또는 600만원 이하의 벌금으로 처벌된다. 결국 제93조(탈법방법에 의한 문서 · 도화의 배부 · 게시 등 금지) 제1항의 구성요건은 사실상 선거운동기간 중에 이루어진 탈법방법에 의한 선거운동에도 거의 적용될 가능성이 없다. 이러한 의미에서 제93조(탈법방법에 의한 문서 · 도화의 배부 · 게시 등 금지) 제1항은 불필요한 것으로 다만 법이 의도치 않은 흠결로 인하여 미처 금지하지 못한 형태의 선거운동이 있다면 이마저도 빠짐없이 원칙적 · 포괄적으로 금지하겠다는 선언적 기능만을 갖고 있는 구성요건으로 해석된다. 그런데 선거운동의 본질이 특정한 후보의 당락을 유도하기 위한 활동이며 이러한 활동은 당연히 의사표시를 통해서 이루어진다. 그런데 제93조(탈법방법에 의한 문서 · 도화의 배부 · 게시 등 금지) 제1항의 불명확한 행위양태는 전파가 가능한 거의 모든 의사표시행위방법에 적용될 수 있는 것이기 때문에 사실상 제93조(탈법방법에 의한 문서 · 도화의 배부 · 게시 등 금지) 제1항은 육성(肉聲)을 이용한 선거운동 이외의 선거운동을 대부분 금지하는 규정으로 해석될 수밖에 없다. 결국 제58조(정의 등) 제2항이 선거운동의 자유를 원칙으로 선언하고 있음에도 불구하고 제93조(탈법방법에 의한 문서 · 도화의 배부 · 게시 등 금지) 제

한편, 탈법방법에 의한 문서·도화의 배부·게시 등 금지기간을 '선거일 전 180일'로 정하고 있었던 구 공직선거법(2023. 8. 30. 법률 제19696호로 개정되기 전의 것) 제93조(탈법방법에 의한 문서·도화의 배부·게시 등 금지) 제1항에 대하여, 헌법재판소와 대법원은「법 제93조(탈법방법에 의한 문서·도화의 배부·게시 등 금지) 제1항의 취지는 선거에서 후보자의 조건을 공정, 평등하게 하기 위하여 사실상 선거운동의 성격을 가진 문서와 같은 인쇄물 등이 무제한적으로 배부되어 선거운동에 부당한 경쟁을 초래함으로써 선거의 공정을 해치는 것을 막고, 법 제64조(선거벽보) 내지 제66조(선거공약서)가 문서의 경우 선거벽보, 선거공보, 선거공약서 등에 의한 선거운동만을 허용하면서 이에 대하여도 일정한 제한을 가하는 등 엄격한 규제를 하고 있는 의미가 상실되는 것을 방지하기 위한 것이다. 이는「헌법」제116조 제1항이 규정하는 선거운동의 기회균등보장의 원칙에 입각하여 선거운동의 부당한 경쟁 및 후보자들 사이의 경제력 차이에 따른 불균형이라는 폐해를 막고, 비용이 적게 드는 선거운동을 통하여 후보자의 기회균등을 보장하고 선거의 평온과 공정을 해하는 결과의 발생을 방지함으로써 공정한 선거를 도모함에 그 입법 목적이 있다.[74] 본조항이 선거와 관련하여 그 소정의 행위를 제한하고 있는 것은 선거의 자유와 공정을 보장하여 선거관계자를 포함한 선거구민 내지는 국민 전체의 공동이익을 위한다는 합목적적 제한이므로 그 입법목적의 정당성이 인정되고,[75] 그 제한은 참된 의미의 선거의 자유와 공정을 보장하기 위한 제도적 장치로서의 의미를 가질 뿐만 아니라 폐해방지를 위하여는 일정 기간 행위를 금지하는 것 외에 달리 효과적인 수단을 상정하기 어렵고 특히 '선거에 영향을 미치게 하기 위하여'라는 전제하에 그 제한이 이루어진다는 점에서 수단의 상당성 내지 적정성이 인정되며, 이러한 제한은 선거의 공정성 확보를 위한 필요·최소한의 불가피한 규제로서 최소 침해의 원칙에도 위반되지 아니하고, 보호되는 공익과 제한되는 표현의 자유, 공무담임권 등 기본권과의 사이에 현저한 불균형이 있다고는 볼 수 없어 균형의 원칙에도 어긋나지 아니하므로[76] 법 제93조(탈법방법에

1항에 의하여 선거운동방법 선택의 자유는 극단적으로 제한되며 예외적으로 허용하는 별도의 규정이 없는 한 거의 모든 선거운동은 원칙적으로 금지되는 것이 된다.'는 견해가 있다(지영환·전현욱,「SNS상의 선거운동에 대한 형사법적 규율」, 경희법학 제48권 제4호(2013), 89－91쪽).

73) 법 제59조(선거운동기간)에서 규정하는 '선거운동'과 법 제93조(탈법방법에 의한 문서·도화의 배부·게시 등 금지) 제1항에서 규정하는 '배부·게시 행위'는 서로의 특유의 규율이 분명히 존재함에도, 법원·검찰·헌법재판소 등 기존의 유권해석기관들에서는 선거운동이 배부·게시 행위에 포함되거나 양자가 동일한 것으로 파악해 오고 있었는데, 이러한 태도는 허용되어야 할 마땅한 정치적 의사표현까지 과도하게 제한하고 현행법 체계와도 맞지 않는 문제가 있으므로, 유권해석기관들이 좀 더 정교하게 두 개념을 해석함으로써 양자의 규율영역을 분명히 할 필요가 있고, 이를 위해서는 법조문을 명확하게 개정하여야 한다는 견해가 있다(임효준,「공직선거법 제59조와 제93조 제1항의 관계 고찰 － '매체를 이용한 정치적 의사표현'의 충분한 시기 보장을 위하여 －」, 민주법학 제51호(2013. 3.), 81－82쪽).

74) 서울중앙지방법원 2008. 3. 7. 선고 2008고합33 판결

75) 2009. 7. 30. 선고 2007헌마718 전원재판부 결정

76) 2002. 6. 25. 선고 2002도45 판결

의한 문서·도화의 배부·게시 등 금지) 제1항은 과잉금지의 원칙에 반하지 아니할 뿐만 아니라 이로써 선거운동의 자유 내지 언론의 자유가 전혀 무의미해지거나 형해화된다고 단정할 수 없어 그 기본권의 본질적 내용을 침해한다고는 볼 수 없다. 자신의 인격권이나 명예권을 보호하기 위하여 대외적으로 해명을 하는 행위는 표현의 자유에 속하는 영역일 뿐 이미 사생활의 자유에 의하여 보호되는 범주를 벗어난 행위이고, 또한 자신의 태도나 입장을 외부에 설명하거나 해명하는 행위는 진지한 윤리적 결정에 관계된 행위라기보다는 단순한 생각이나 의견, 사상이나 확신 등의 표현행위라고 볼 수 있어, 그 행위가 선거에 영향을 미치게 하기 위한 것이라는 이유로 이를 하지 못하게 된다 하더라도 내면적으로 구축된 인간의 양심이 왜곡·굴절된다고는 할 수 없다는 점에서 양심의 자유의 보호영역에 포괄되지 아니하므로 법 제93조(탈법방법에 의한 문서·도화의 배부·게시 등 금지) 제1항은 사생활의 자유나 양심의 자유를 침해하지 아니한다. 법 제93조(탈법방법에 의한 문서·도화의 배부·게시 등 금지) 제1항은 선거에 영향을 미치게 하기 위하여 공직선거법에 규정되어 있지 아니한 문서 등의 배부, 첩부 등 일정한 행위를 금지하고 있는 것일 뿐 통상의 인사장 교환이나 일체의 해명행위를 금지하는 것이 아니고, 법 제93조(탈법방법에 의한 문서·도화의 배부·게시 등 금지) 제1항에 의하여 언론의 자유가 침해되는 것이 아니라고 판단하는 이상, 이로 인하여 인간으로서의 존엄과 가치가 훼손되거나 행복추구권이 침해되는 일은 있을 수 없으며, 본조항은 탈법적인 선거운동행위를 규제하여 선거의 공정성을 확보하는 데에 그 입법목적이 있다는 점에서 "모든 사회적 폐습과 불의를 타파"한다는 헌법 전문의 내용에도 부합하는 법조항이다.77) 또한 법 제93조(탈법방법에 의한 문서·도화의 배부·게시 등 금지) 제1항이 우리나라 선거문화의 특성을 고려하여 선거의 과열을 방지하고 선거의 공정성을 확보하기 위하여 이미 사실상 선거운동의 계획 및 준비가 시작되는 시점인 선거일 전 180일부터 선거일까지의 기간 동안 선거에 영향을 미칠 목적으로 이루어지는 '선거운동에 준하는 내용의 표현행위'만을 규제하고 있다는 점, 문서·도화, 인쇄물은 정보의 전달 및 수용이 일방적, 수동적으로 이루어지며 전달되는 정보 및 의견에 대한 즉시 교정이 가능하지 않아 선거의 평온과 공정에 미치는 영향이 인터넷과 다르다는 점, 인쇄물은 손쉽게 제작, 배부될 수 있어 후보자에 대한 선거비용 규제만으로 그 폐해를 실효적으로 예방하거나 규제하기 어렵다는 사정까지 보태어 보면, 법 제93조(탈법방법에 의한 문서·도화의 배부·게시 등 금지) 제1항은 선거운동 등 정치적 표현의 자유를 침해하지 아니한다. 나아가 법 제93조(탈법방법에 의한 문서·도화의 배부·게시 등 금지) 제1항의 '광고'에 대하여도 '광고'는 일방적으로 배부되고 불특정 다수의 사람들이 그들의 의도와 상관없이 광고에 노출된다는 점에서 문서, 인쇄물 등 다른 방식과 마찬가지이지만, 대중매체를 이용할 경우 광범위한 표현의 상대방을 두기 때문에 그 파급효과가 문서, 인쇄물

77) 2001. 8. 30. 선고 99헌바92,2000헌바39,2000헌마167·168·199·205·280(병합) 전원재판부 결정

등 다른 방식에 비하여 훨씬 크다. 또한 광고는 표현 방법을 금전적으로 구매하는 것이기 때문에 문서, 인쇄물 등 다른 방식에 비하여 후보자 본인의 특별한 노력은 필요로 하지 않으면서 비용은 많이 드는 매체이므로, 경제력에 따라 그 이용 가능성에 큰 차이가 있을 수 있다. 이와 같은 사정 등을 종합하여 볼 때, 광고는 문서, 인쇄물 등 다른 방식에 비하여 선거의 공정성을 훼손할 우려가 더 크다고 할 것이므로, 탈법방법에 의한 광고의 배부를 금지하는 것은 과잉금지원칙에 위배되어 선거운동의 자유 및 정치적 표현의 자유를 침해한다고 볼 수 없다.」고 판시하여 왔으나,[78)79)80)]

---

78) 2016. 6. 30. 선고 2014헌바253 결정, 2015. 4. 30. 선고 2011헌바163 결정, 2014. 4. 24. 선고 2011헌바17, 2012헌바391(병합) 결정, 2018. 4. 26. 선고 2017헌가2 결정(이진성 등 재판관 5명은 다수의견에 반대하여, '인쇄물배부금지조항은 '선거일전 180일'부터 일반 유권자의 문서에 의한 정치적 표현을 제한하므로 제한기간이 지나치게 길다. 후보자들 간의 경제력 차이에 따른 불균형이나 흑색선전으로 인한 선거의 공정성 저해는 선거운동관리조직 및 선거운동비용에 관한 규제나 허위사실 유포 및 비방행위의 처벌로도 그 폐해를 충분히 방지할 수 있다. 문서라는 매체 역시 받는 사람이 적극적으로 읽어야 정보를 수용하게 되므로 문서를 통해서도 반론, 토론, 교정의 과정이 이루어질 수 있다. 실질적 민주주의의 구현을 위해서는 일반 유권자의 정치적 표현의 자유가 장려되어야 하는데, 인쇄물배부금지조항은 장기간 동안 이를 일반적·전면적으로 제한하여 정치적 표현의 자유를 침해한다.'고 위헌의견을 밝혔다)

79) 법 제93조(탈법방법에 의한 문서·도화의 배부·게시 등 금지) 제1항의 위헌성에 대하여는 아래와 같은 견해도 있다(김래영, 「공직선거법 제93조 제1항의 위헌성」, 공법학연구 제12권 제2호, 166-177쪽). 즉, 김래영은 '선거는 후보자 사이에 경쟁의 장으로서 나타난다. 선거에 있어서는 금권이나 관권 등의 부정한 무기는 허용될 수 없고, 정당한 무기인 언론전은 광범위하게 보장되어야만 공정한 경쟁원리가 확립될 수 있다.'는 전제 아래, '표현의 자유에 대한 제한은 표현의 내용에 근거한 제한(content-based regulations)과 표현 내용과 무관한 내용중립적 제한(content-neutral regulations)으로 구별할 수 있다. 미국 판례에 따르면 내용에 근거한 제한에 대하여는 엄격한 심사기준(strict-scrutiny test)이 적용된다. 즉 긴절한 이익(compelling interest)를 달성하기 위하여 필요한(necessary) 제한에 대해서만 합헌성이 인정된다. 또한 내용에 근거한 제한은 위헌으로 추정된다. 즉 입증책임은 제한하는 정부측이 부담한다. 반면 표현의 내용이 아니라 표현의 시간·장소 또는 수단·방법을 제한하는 내용중립적 제한에 대해서는 중간심사기준(intermediate scrutiny test)이 적용된다. 즉 표현내용이 규제와 무관한 중대한 이익(important interest)을 증진시키고 그 이익증진에 필요한 정도보다 상당히 더(substantially more) 제한하지 않을 때에만 합헌성이 인정된다. 법 제93조(탈법방법에 의한 문서·도화의 배부·게시 등 금지) 제1항을 살펴보면, 동 규정이 표현의 시간·장소·방법 등 표현의 내용과는 무관한 내용중립규제가 아닌 내용근거규제임을 쉽사리 알 수 있다. 이는 법문상 명백히 정당의 정강·정책에 토론이 배제되어 있는데서 보다 명백히 알 수 있다. 또한 선거에 영향을 미치게 하기 위하여라는 주관적 구성요건요소가 정당의 정강·정책과 결합하여 "특정 정당이 특정 사안은 선거쟁점이 아닙니다."라고 립서비스를 하면 이에 대해서는 아무런 제한 없이 선거기간 중 반대집회 등이 가능하다는 점은 비판받아 마땅하다. 즉 집권여당이나 중앙선거관리위원회의 이익에 따라 자의적인 법해석 및 적용이 가능하다.'고 보았다.

80) 2016. 3. 31. 선고 2013헌바26 결정(이진성 등 재판관 3명은 다수의견에 반대하여, '광고에도 다양한 유형이 있고 그중에는 인터넷광고와 같이 상대적으로 비용이 저렴한 광고도 있으며, 일반 유권자의 정치광고도 그 비용이나 기간, 횟수 등을 적절하게 규제하는 방법으로 얼마든지 허용할 수 있다. 또한 광고에 의한 정보의 전달 방식이 반드시 일방적·수동적인 것은 아니고, 광고에 담긴 정보에 대한 반론과 토론 및 교정의 과정은 다른 광고나 매체를 통해 충분히 이루어질 수 있다. 이와 같은 점에 비추어 볼 때, 광고를 통한 유권자의 정치적 표현을 원천적으로 봉쇄하는 것은 불필요하고 과도한 기본권 제한이다.'고 주장하였다) ; 위헌법재판소 결정의 소수의견에 동조하여, '흑색선전을 비롯한 부당한 표현 등 표현행위 자체로 인한 제반 문제들은 표현의 자유의 일반적 문제이지, 선거에서 전체 유권자가 가지는 표현의 기회를 원천적으로 탈법

그 후 헌법재판소는 법 제93조(탈법방법에 위한 문서 · 도화의 배부 · 게시 등 금지) 제1항 본문 중 '광고, 문서 · 도화 첩부 · 게시'에 관한 부분(이하 '문서 · 도화게시 등 금지조항'이라 한다)과 관련하여, 「문서 · 도화게시 등 금지조항은 선거에서의 균등한 기회보장과 선거의 공정성 확보를 위한 것이다. 그러나 광고, 문서 · 도화는 시설물 등과 비교하여 보더라도 투입되는 비용이 상대적으로 적어 경제력 차이로 인한 선거 기회 불균형의 문제가 크지 않고, 선거 기회의 불균형에 대한 우려는 공직선거법상 선거비용 제한 · 보전 제도나 광고, 문서 · 도화의 종류나 금액 등을 제한하는 수단을 마련하여 방지할 수 있으며, 무분별한 흑색선전, 허위사실유포 등에 대한 규제도 공직선거법에 이미 도입되어 있다. 광고, 문서 · 도화에 담긴 정보가 반드시 일방적 · 수동적으로 전달되거나 수용되는 것은 아니므로 매체의 특성만을 이유로 광범위한 규정을 정당화할 수 없는바, 문서 · 도화게시 등 금지조항은 입법목적 달성을 위하여 필요한 범위를 넘어 광고, 문서 · 도화의 첩부 · 게시를 통한 정치적 표현을 장기간 동안 포괄적으로 금지 · 처벌하고 있으므로 침해의 최소성에도 반한다. 또한 문서 · 도화게시 등 금지조항으로 인하여 유권자나 후보자가 받는 정치적 표현의 자유에 대한 제약이 달성되는 공익보다 중대하므로 법익의 균형성에도 위배된다. 따라서 문서 · 도화게시 등 금지조항은 과잉금지원칙에 반하여 정치적 표현의 자유를 침해한다.」고 판시하였고,[81] 법 제93조(탈법방법에 위한 문서 · 도화의 배부 · 게시 등 금지) 제1항 본문 중 '인쇄물 살포'에 관한 부분과 관련하여, 「심판대상조항은 선거에서의 균등한 기회를 보장하고 선거의 공정성을 확보하기 위한 것으로서 입법목적의 정당성 및 수단의 적합성이 인정된다. 그러나 인쇄물은 시설물 등과 비교하여 보더라도 투입되는 비용이 상대적으로 적어 경제력 차이로 인한 선거 기회 불균형의 문제가 크지 않고, 그러한 우려도 공직선거법상 선거비용 규제나 인쇄물의 종류 또는 금액을 제한하는 수단을 통해서 방지할 수 있다. 또한 공직선거법상 후보자 비방 금지 규정이나 허위사실공표 금지 규정 등을 통해 무분별한 흑색선전 등의 방지도 가능한 점을 종합하면, 심판대상조항은 목적 달성에 필요한 범위를 넘어 장기간 동안 인쇄물 살포를 금지 · 처벌하는 것으로서 침해의 최소성에 반한다. 또한 심판대상조항으로 인하여 일반 유권자나 후보자가 받는 정치적 표현의 자유에 대한 제약이 위 조항을 통하여 달성되는 공익보다 중대하므로 심판대상조항은 법익의 균형성에도 위배된다. 따라서 심판대상조항은 과잉금지원칙에 반하여 정치적 표현의 자유를 침해한다.」고 판시하였으며,[82] 나아가 법 제93조(탈법방법에 위한 문서 · 도화

으로 규정하여 규제하여야 할 근거가 될 수 없다.'는 견해도 있다(장철준, 「공직선거법상 탈법방법에 의한 광고의 배부금지 –헌법재판소 결정에 대한 비판을 중심으로–」, 법학논총 제40권 제2호, 17쪽).

81) 2022. 7. 21. 선고 2018헌바357,2021헌가7(병합) 결정 ; 헌법재판소는 위와 같이 법 제93조(탈법방법에 의한 문서 · 도화의 배부 · 게시 등 금지) 제1항 본문 중 '광고, 문서 · 도화 첩부 · 게시'에 관한 부분, 법 제255조(부정선거운동죄) 제2항 제5호 중 '제93조(탈법방법에 의한 문서 · 도화의 배부 · 게시 등 금지) 제1항 본문의 광고, 문서 · 도화 첩부 · 게시'에 관한 부분에 대하여 헌법불합치 결정을 하면서, 위 법률조항들은 2023. 7. 31.을 시한으로 입법자가 개정할 때까지 계속 적용된다고 판시하였다.

의 배부 · 게시 등 금지) 제1항 본문 중 '벽보 게시, 인쇄물 배부 · 게시'에 관한 부분(인쇄물배부 등 금지조항)과 관련하여서도 위와 같은 이유로 정치적 표현의 자유를 침해한다고 판시하면서 각 헌법불합치 결정을 하였다.[83] 이에 따라 2023. 8. 30. 법률 제19696호로 법 제93조(탈법방법에 의한 문서 · 도화의 배부 · 게시 등 금지) 제1항을 개정하여 탈법방법에 의한 문서 · 도화의 배부 · 게시 등 금지기간을 '선거일 전 180일'에서 '선거일 전 120일'로 변경하였다.

나. 금지시기

선거일전 120일(보궐선거등에 있어서는 그 선거의 실시사유가 확정된 때)부터 선거일까지이다(법 §93①본문).

다. 선거에 영향을 미치게 하기 위한 행위

'선거에 영향을 미치게 하기 위하여'라는 개념은 후보자나 정당이 선거에 승리하기 위한 계획을 수립하고 준비를 시작할 것으로 예상되는 '선거일 전 120일'부터 '선거일'까지 사이에 선거의 준비과정 및 선거운동, 선거결과 등에 실질적으로 선거운동에 준하는 작용을 하려는 의도를 가리키는 것으로서,[84] 법 제93조(탈법방법에 의한 문서 · 도화의 배부 · 게시 등 금지) 제1항의 입법목적, 공직선거법에 규정된 다른 규제 조항들과의 전체적 구조, 법 제93조(탈법방법에 의한 문서 · 도화의 배부 · 게시 등 금지) 제1항의 내용 등을 고려하면 이는 선거의 준비과정 및 선거운동, 선거결과 등에 어떤 작용을 하려는 의도를 가리키는 것으로 해석할 수 있을 뿐 아니라, 그 인정에 있어서는 법 제93조(탈법방법에 의한 문서 · 도화의 배부 · 게시 등 금지) 제1항 소정의 문서 · 도화 등의 배부 · 첩부 등 행위 그 자체, 행위 당시의 정황, 행위의 방법 및 결과, 전후 사정 등 전체적 과정을 참작할 수 있다고 보아야 하므로, 건전한 상식과 통상적인 법 감정을 가진 사람이라면 누구나 선거에 영향을 미치게 하기 위한 의사 하에 이루어지는 행위와 선거와 관계없이 단순한 의사표현으로서 이루어지는 행위를 구분할 수 있을 뿐 아니라 법률적용자에 대한 관계에도 자의가 허용될 소지가 없다.[85]

법 제93조(탈법방법에 의한 문서 · 도화의 배부 · 게시 등 금지) 제1항에서 '선거에 영향을 미치게 하기 위하여'라는 전제 아래 그에 정한 행위를 제한하고 있는 것은 고의 이외에 초과주관적 요소로서 '선거에 영향을 미치게 할 목적'을 범죄성립요건으로 하는 목적범으로 규정한 것이라 할 것인 바, 그 목적에 대하여는 적극적 의욕이나 확정적 인식을 필요로 하는 것이 아니라 미필적 인식만으로도 족하고, 그 목적이 있었는지 여부는 피고인의 사회적 지위, 피고인

---

82) 2023. 3. 23. 선고 2023헌가4 결정
83) 2022. 7. 21. 선고 2017헌바100,2021헌가5 · 6,2021헌바19 · 207 · 232 · 298(병합) 결정
84) 2014. 4. 24. 선고 2011헌바17,2012헌바391(병합) 결정
85) 2001. 8. 30. 선고 99헌바92,2000헌바39,2000헌마167 · 168 · 199 · 205 · 280(병합) 전원재판부 결정

과 후보자·경쟁후보자 또는 정당과의 관계, 행위의 동기 및 경위와 수단 및 방법, 행위의 내용과 태양, 행위 당시의 사회상황 등 여러 사정을 종합하여 사회통념에 비추어 합리적으로 판단하여야 한다.86)

법 제93조(탈법방법에 의한 문서·도화의 배부·게시 등 금지) 제1항에 규정된 문서·도화의 배부·게시 등 행위가 일상적·의례적·사교적 행위에 불과한 것인지 아니면 선거에 영향을 미치게 하기 위한 목적을 가진 탈법행위인지 여부를 판단할 때에는, 법 제93조(탈법방법에 의한 문서·도화의 배부·게시 등 금지) 제1항의 입법목적이 그에 정한 행위가 비록 선거운동에까지는 이르지 않더라도 선거의 공정성과 평온성을 침해하므로 그러한 탈법적인 행위를 차단함으로써 공공의 이익을 도모하려는 것임을 염두에 두고, 행위의 시기, 동기, 경위와 수단 및 방법, 행위의 내용과 태양, 행위 당시의 상황 등 모든 사정을 종합하여 사회통념에 비추어 합리적으로 판단하여야 한다.87)

후보자가 되고자 하는 작가가 선거와 무관하게 종전부터 집필하여 온 신문 연재소설을 선거에 관한 내용 없이 집필하고 신문사가 그 소설을 작가에 대한 지지·추천·반대하는 행위 없이 종전과 같은 양태로 연재하는 것만으로는 법 제93조(탈법방법에 의한 문서·도화의 배부·게시 등 금지)에 위반된다고 보기 어렵다.88) 구의원 선거 후보자 공천과정에서 경쟁후보자를 비난하는 내용의 명함을 작성하여 살포한 행위,89) ○○시와 관련된 피고인의 정치적 행보를 홍보하는 내용이 포함된 연하장을 ○○시와 관련이 있거나 피고인이 정치활동 중 만난 사람들에게 발송한 행위는 그들이 ○○시에 거주하지 않는다고 하더라도 선거에 영향을 미치게 하기 위한 행위에 해당한다.90)

라. 금지되는 내용

정당(창당준비위원회와 정당의 정강·정책을 포함한다) 또는 후보자(후보자가 되고자 하는 자를 포함한다)를 지지·추천하거나 반대하는 내용이 포함되어 있거나 정당의 명칭 또는 후보자의 성명을 나타내는 것이어야 한다(법§93①).

---

86) 2011. 6. 24. 선고 2011도3447 판결, 2009. 5. 28. 선고 2008도11857 판결, 2007. 6. 15. 선고 2007도175 판결, 2006. 3. 24. 선고 2004도8716 판결

87) 2009. 5. 28. 선고 2009도1937 판결(국회의원 예비후보자의 선거사무실 개소식을 알리는 내용이 문자메시지를 위 후보자나 개소식과 직접 관련 없는 사람들을 포함한 수천 명의 선거구민들에게 대량으로 발송한 행위가, 문자메시지 발송시기, 동기, 방법, 내용과 태양 등 제반 사정을 종합하여 볼 때 사회생활상의 일상적·의례적·사교적인 행위에 불과하다고 보기 어렵고, 오히려 위 후보자의 인지도를 높이고 지지를 이끌어 냄으로써 그 당선이나 선거에서 유리한 입지를 확보하게 하는, 선거에 영향을 미치기 위한 행위에 해당한다고 한 사례)

88) 2006. 4. 3. 중앙선관위 질의회답

89) 서울고등법원 2019. 6. 10. 선고 2018노3198 판결

90) 대전고등법원 2019. 4. 11. 선고 2019노49 판결

법 제93조(탈법방법에 의한 문서·도화의 배부·게시 등 금지) 제1항에서 특정 정당 또는 후보자를 지지 혹은 반대하는 행위에 해당하는지 여부를 판단함에 있어서는 단순히 행위자가 행위의 명목으로 내세우는 사유뿐만 아니라 그 행위의 태양, 즉 그 행위가 행하여진 시기·장소·동기·방법·행위의 구체적인 내용 등을 종합적으로 관찰하여 그것이 법 제93조(탈법방법에 의한 문서·도화의 배부·게시 등 금지) 제1항에서 금지하고 있는 특정 정당 또는 후보자를 지지 혹은 반대하기 위한 목적의지를 수반하는 행위인지 여부를 판단하여야 한다.[91]

법 제93조(탈법방법에 의한 문서·도화의 배부·게시 등 금지) 제1항에 정한 탈법방법에 의한 문서·도화의 배부·게시 등 금지규정위반죄가 성립하기 위하여는 그 표현에 지지·추천·반대하는 특정인의 명칭이 드러나 있을 필요는 없지만, 그 표현의 객관적 내용, 사용된 어휘의 통상적인 의미, 표현의 전체적인 흐름, 문구의 연결방법, 그 표현의 배경이 되는 사회적 맥락, 그 표현이 선거인에게 주는 전체적인 인상 등을 종합적으로 고려하여 판단할 때, 그 표현이 특정인을 지지·추천·반대하는 것이 명백한 경우이어야 한다.[92][93]

마. 인쇄물 등 금지대상

정당 또는 후보자를 지지·추천하거나 반대하는 내용이 포함되어 있거나 정당의 명칭 또는 후보자의 성명을 나타내는 광고, 인사장, 벽보, 사진, 문서·도화, 인쇄물이나 녹음·녹화테이프 그 밖에 이와 유사한 것이 이에 해당한다(법§93①).

전국동시지방선거의 시장 후보자가 되고자 하는 자가 그 성명 등을 나타내고 지지를 호소하는 내용의 연하장을 선거구민에게 발송한 행위,[94] 국회의원선거 후보자가 자신에 대한 지지를 호소하는 내용이 포함된 선거사무소 개소식 초청장을 발송한 행위,[95] 시장선거 후보자가 자신의 경력, 홍보 및 지지를 호소하는 내용이 게재된 선거사무소 개소식 초청장을 발송

91) 2006. 5. 12. 선고 2005도4513 판결, 2006. 3. 24. 선고 2005도2209 판결(전교조가 총선을 앞두고 기획·시행한 교사 서명운동 및 시국선언문이 비록 특정 정당을 직접 지칭하지는 않았다고 하더라도, 그 기획 과정, 추진방법, 참가 범위, 구체적인 표현 등에 비추어, 기존 정치세력에 반대하고 대안세력으로서의 특정 정당을 지지하려는 목적의사가 객관적으로 인정된다고 한 사례)

92) 2008. 9. 11. 선고 2008도5178 판결(대통령선거와 관련하여 인터넷 포털사이트 게시판에 '위장전입, 땅 투기, 탈세, 주가조작'이라는 공통적인 문구를 사용하여 특정 후보에 대한 비난의 글을 게시한 사안에서, 그러한 표현이 배경이 되는 당시의 사회적 맥락, 선거인에게 주는 전체적인 인상 등을 종합하여 판단할 때 대상자가 명백히 특정된다고 한 사례)

93) 2003. 1. 24. 선고 2002도5982 판결(광주고등법원 2002. 10. 17. 선고 2002노433 판결 : 피고인이 횃불13호를 발행함에 있어 "이런 군수후보자는 선거에서 절대 뽑지 맙시다."라는 제목 아래 ○○군수의 언행과 관련된 것들인 사실을 게재한 사안에서, 피고인이 비록 게재한 글 중에 ○○군수의 실명을 거명하지는 않았지만 일반인이 위 글을 읽을 때 누구를 지칭하여 비판하는 것인지 쉽게 파악할 수 있는 점에 비추어 보면 횃불 13호의 게재 내용이 군수를 선거함에 있어 기피하여야 할 후보자를 판별하기 위한 일반적인 기준을 제시한 것이라거나 선거에 관한 단순한 의견개진 및 의사표시에 불과한 것이라고 볼 수 없다고 한 사례)

94) 2007. 2. 9. 선고 2006도7417 판결

95) 2009. 9. 10. 선고 2009도5457 판결

하는 행위,[96] 출판기념회에는 출판기념회라는 명목 하에 이루어지는 형태의 선거운동은 포함되지 않음에도, 시장 예비후보자로 등록되기 전에 출판기념회 개최장소의 수용인원이 700여명 정도에 불과함에도 12,000명이 넘는 사람을 선정하여 당적, 직책 등이 기재된 초청장을 발송한 행위[97]는 법 제93조(탈법방법에 의한 문서·도화의 배부·게시 등 금지) 제1항에 위반된다. 국회의원이 탈당을 하면서 탈당성명서를 당해 국회의원후원회의 회원이나 탈당 전 지구당의 당직자 등 한정된 범위의 인사들에게 우송하는 것은 무방하나, 선거가 임박한 시기에 탈당 전 지구당의 당원을 포함한 선거구민을 대상으로 우송하는 때에는 법 제93조(탈법방법에 의한 문서·도화의 배부·게시 등 금지) 제1항에 위반된다.[98]

고고도 미사일 방어체계(THAAD, 이하 "사드"라 한다)가 대한민국의 평화를 위협한다는 메시지 뿐 아니라 사드 배치에 찬성하는 대선 후보자들의 사진이 인쇄된 벽보를 첩부한 행위,[99] 특정 후보에 대한 지지를 호소하는 내용이 담긴 것으로 노조의 정기간행물이 아닌 '현장제조직 공동유인물'을 선거일 1주일 전에 발행한 경우,[100] 특정회사를 상대로 집회를 개최하는 중에 근로자들의 출퇴근 시간대에 국회의원 선거일로부터 약 2개월 밖에 남지 않은 시기에 국회의원 출마예정자를 비난하는 내용의 영상을 상영하는 행위,[101] △△중·고 총동문회가 □□시장 선거에서 ○○○후보를 지지하는 의사표명을 한 사실이 없는데도 '△△중·고 3만여 동문들이 ○○○후보를 공개 지지한다.'는 내용의 성명서를 작성하고 이를 보도자료로 배포하여 인터넷뉴스에 게재하게 한 경우[102]는 법 제93조(탈법방법에 의한 문서·도화의 배부·게시 등 금지) 제1항에 위반된다.

전국동시지방선거 구청장 선거 후보자의 선거운동 동영상을 편집하여 '타겟설정'이 이루어진 게시물을 다수의 페이스북 이용자들에게 의도적으로 노출시키기 위한 유료광고인 '페이스북 스폰서 광고'를 이용하여 게시한 때에는 유료광고의 이용이 언론사의 인지도나 기사 열독율을 높이기 위한 영업활동의 일환으로 활용되어 온 바가 있다고 하더라도 그 동영상 게시가 광고가 아니라고 할 수 없고, 동영상의 편집방향도 후보자에 대한 홍보문구를 자막처리하여 특정후보자를 소개하는 내용을 강조한 것에 불과하여 위 동영상은 기사[103]가 아닌

96) 대구지방법원 상주지원 2014. 11. 13. 선고 2014고합33 판결
97) 2015. 5. 14. 선고 2015도1921 판결
98) 2002. 11. 7. 중앙선관위 질의회답
99) 2018. 12. 13. 선고 2018도17212 판결(서울고등법원 2018. 10. 24. 선고 2017노3670 판결)
100) 2017. 12. 22. 선고 2017도12584 판결(부산고등법원 2017. 7. 26. 선고 2017노186 판결)
101) 부산고등법원 2016. 12. 14. 선고 2016노611 판결(울산지방법원 2016. 9. 2. 선고 2016고합177 판결)
102) 2011. 3. 10. 선고 2010도16942 판결
103) 광고란 널리 불특정 다수의 일반인에게 알릴 목적으로 이루어지는 일체의 수단을 말한다. 그런데 실질은 광고이지만 기사의 형식을 빌린 이른바 '기사형 광고'도 광고의 일종이다. 이러한 기사형 광고는 그 구성이나 내용, 편집 방법 등에 따라서는 일반 독자로 하여금 '광고'가 아닌 '보도기사'로 쉽게 오인하게 할 수 있다. 즉, 일반 독자는 광고를 보도기사로 알고 신문사나 인터넷신문사 등이 그 정보 수집 능력을 토대로 보도기

광고로 봄이 상당하므로 법 제93조(탈법방법에 의한 문서·도화의 배부·게시 등 금지) 제1항 위반에 해당한다.[104] 국회의원 등 정치인의 팬클럽이 인터넷 포털사이트에 특정 검색어를 입력하면 홈페이지의 명칭·주소 및 소개 등 관련 정보가 노출되는 형태의 검색광고를 이용하여 자신의 홈페이지를 광고하는 것만으로는 해당 후보자가 되려는 사람을 위한 선거운동이나 선거에 영향을 미치게 하는 행위로 보기 어려우나, 후보자가 선거운동기간 중에 법 제82조의7(인터넷광고)에 따라 자신의 홈페이지를 광고하는 경우를 제외하고는 누구든지 위와 같은 검색광고를 이용하여 후보자 또는 후보자가 되려는 사람의 홈페이지를 광고하는 것은 그 시기 및 양태에 따라 법 제82조의7(인터넷광고), 제93조(탈법방법에 의한 문서·도화의 배부·게시 등 금지) 또는 제254조(선거운동기간위반죄)에 위반된다.[105]

선거에 영향을 미치는 탈법적인 행위의 수단이 되는 매체를 정하는 문제는 사회적, 정치적 상황의 변화, 다양한 매체의 발전 속도 등에 따라 탄력적, 유동적으로 규율할 필요가 크다. 따라서 법률조항에서 선거에 영향을 미치는 행위에 사용되는 모든 매체를 개별적, 구체적으로 상세히 규율하는 것이 반드시 바람직하다고 볼 수는 없다. 선거의 공정성을 담보하기 위해서는 본 조항에서 구체적으로 열거하고 있는 문서, 도화 등과 같은 전형적인 매체들에 의한 탈법행위를 금지할 필요성도 있지만, 정보통신기술의 발달에 의해 새롭게 등장한 매체들이 그 전파의 범위나 강도, 접근에 대한 용이성 등의 측면에서 법 제93조(탈법방법에 의한 문서·도화의 배부·게시 등 금지) 제1항에서 열거하고 있는 매체들과 유사한 정도의 기능과 역할을 한다면, 이 역시 규제의 필요성이 있다. 이에 법 제93조(탈법방법에 의한 문서·도화의 배부·게시 등 금지) 제1항은 금지되는 행위 태양을 열거적인 폐쇄적 형태로 규정하지 않고 '기타 이와 유사한 것'[106]이라는 일반조항을 두어 새로운 매체에 대한 금지 가능성을 열어놓고 있다.[107] 법 제93조(탈법방법에 의한 문서·도화의 배부·게시 등 금지) 제1항은 매체의 형식에 중점을 두고 있는 것이 아니라 사람의 관념이나 의사를 시각이나 청각 또는 시청각에 호소하는 방법으로 다른 사람에게 전달하는 것에 중점을 두고 있는 것이고, 일반조항으로서의 '기타 이와 유사한 것'은 선거에 영향을 미치게 하기 위하여 정당 또는 후보자를 지지, 추천하거나 반대하는 내용을 포함할 수 있는 가독성 내지 가청성을 가진 법 제93조(탈법방법에 의

사 작성에 필요한 직무상 주의의무를 다하여 그 내용을 작성한 것으로 신뢰하고 이를 사실로 받아들일 가능성이 크다. 「신문 등의 진흥에 관한 법률」 제6조(독자의 권리보호) 제3항에서 "신문·인터넷신문의 편집인 및 인터넷뉴스서비스의 기사배열책임자는 독자가 기사와 광고를 혼동하지 아니하도록 명확하게 구분하여 편집하여야 한다."고 규정하고 있는 것도 위와 같은 오인이나 혼동을 방지하여 독자의 권익을 보호하기 위한 취지이다(2018. 1. 25. 선고 2015다210231 판결).

104) 서울서부지방법원 2019. 6. 5. 선고 2019고합82 판결

105) 2013. 12. 18. 중앙선관위 질의회답

106) '기타 이와 유사한 것'은 2010. 1. 25. 법률 제9974호로 공직선거법이 개정되면서 '그 밖에 이와 유사한 것'으로 변경되었다.

107) 2009. 5. 28. 선고 2007헌바24 전원재판부 결정

한 문서·도화의 배부·게시 등 금지) 제1항에 열거된 매체와 유사한 매체, 관념이나 의사전달의 기능을 가진 매체나 수단을 의미하는 것으로 볼 수 있다.[108] 로드프린터(물을 이용하여 도로 등의 표면에 문자나 숫자 등을 표시하는 기술)를 자전거·전동손수레·자동차 등에 장착하여 운행하면서 기호 등 후보자의 정보를 도로 등의 표면에 표시되게 하는 방법으로 선거운동을 하는 것은 법 제93조(탈법방법에 의한 문서·도화의 배부·게시 등 금지) 제1항에 위반된다.[109] 국회의원이 일상적·통상적인 전화통화시 영상레터링을 이용하여 수신자의 휴대전화 화면에 "똑바른 정치, 제대로 된 정치, 희망의 정치, 똑바로, 희망의 정치, 제대로, 오직 나라와 국민만 생각하겠습니다."라는 정치구호를 포함하는 경우는 법 제93조(탈법방법에 의한 문서·도화의 배부·게시 등 금지) 또는 제254조(선거운동기간위반죄)에 위반되지 않는다.[110]

한편, 헌법재판소는 '기타 이와 유사한 것'부분에 '정보통신망을 이용하여 인터넷홈페이지 또는 그 게시판·대화방 등에 글이나 동영상 등 정보를 게시하거나 전자우편을 전송하는 방법'이 포함된다고 해석한다면, 과잉금지원칙에 위배하여 정치적 표현의 자유 내지 선거운동의 자유를 침해한다고 위헌결정을 하였다.[111][112] 따라서 '기타 이와 유사한 것'에는 '정보통

---

108) 2009. 5. 28. 선고 2007헌바24 전원재판부 결정, 2009. 7. 30. 선고 2007헌마718 전원재판부 결정

109) 2013. 7. 19. 중앙선관위 질의회답

110) 2016. 10. 17. 중앙선관위 의결

111) 2011. 12. 29. 선고 2007헌마1001,2010헌바88,2010헌마173·191(병합) 결정(인터넷은 누구나 손쉽게 접근 가능한 매체이고, 이를 이용하는 비용이 거의 발생하지 아니하거나 또는 적어도 상대적으로 매우 저렴하여 선거운동비용을 획기적으로 낮출 수 있는 정치공간으로 평가받고 있고, 오히려 매체의 특성 자체가 '기회의 균형성·투명성·저비용성의 제고'라는 공직선거법의 목적에 부합하는 것이라고 볼 수 있는 점, 후보자에 대한 인신공격적 비난이나 허위사실 적시를 통한 비방 등을 직접적으로 금지하고 처벌하는 법률규정은 이미 도입되어 있고 모두 이 사건 법률조항보다 법정형이 높으므로, 결국 허위사실, 비방 등이 포함되지 아니한 정치적 표현만 이 사건 법률조항에 의하여 처벌되는 점, 인터넷의 경우에는 정보를 접하는 수용자 또는 수신자가 그 의사에 반하여 이를 수용하게 되는 것이 아니고 자발적·적극적으로 이를 선택(클릭)한 경우에 정보를 수용하게 되며, 선거과정에서 발생하는 정치적 관심과 열정의 표출을 반드시 부정적으로 볼 것은 아니라는 점 등을 고려하면, 이 사건 법률조항에서 선거일전 180일부터 선거일까지 인터넷상 선거와 관련한 정치적 표현 및 선거운동을 금지하고 처벌하는 것은 후보자 간 경제력 차이에 따른 불균형 및 흑색선전을 통한 부당한 경쟁을 막고, 선거의 평온과 공정을 해하는 결과를 방지한다는 입법목적 달성을 위하여 적합한 수단이라고 할 수 없다. 또한 대통령선거, 국회의원선거, 지방선거가 순차적으로 맞물려 돌아가는 현실에 비추어 보면, 기본권 제한의 기간이 지나치게 길고, 그 기간 '통상적인 정당활동'은 선거운동에서 제외됨으로써 정당의 정보제공 및 홍보는 계속되는 가운데, 정당의 정강·정책 등에 대한 지지, 반대 등 의사표현을 금지하는 것은 일반국민의 정당이나 정부의 정책에 대한 비판을 봉쇄하여 정당정치나 책임정치의 구현이라는 대의제도의 이념적 기반을 약화시킬 우려가 있다는 점, 사이버선거부정감시단의 상시적 운영, 선거관리위원회의 공직선거법 위반 정보 삭제요청 등 인터넷상에서 선거운동을 할 수 없는 자의 선거운동, 비방이나 허위사실 공표의 확산을 막기 위한 사전적 조치는 이미 별도로 입법화되어 있고, 선거관리의 주체인 중앙선거관리위원회도 인터넷상 선거운동의 상시화 방안을 지속적으로 제시해오고 있는 점, 일정한 정치적 표현 내지 선거운동 속에 비방·흑색선전 등의 부정적 요소가 개입될 여지가 있다 하여 일정한 기간 이를 일률적·전면적으로 금지하고 처벌하는 것은 과도하다고 볼 수밖에 없는 점 등을 감안하면, 최소침해성의 요건도 충족하지 못한다. 한편, 이 사건 법률조항에 대한 법익균형성 판단에는 국민의 선거참여를 통한 민주주의의 발전 및 민주적 정당성의 제고라는 공익 또한 감안하여야 할 것인데, 인터넷상 정치적 표현 내지 선거운동

신망을 이용하여 인터넷홈페이지 또는 그 게시판 · 대화방 등에 글이나 동영상 등 정보를 게시하거나 전자우편을 전송하는 방법'은 해당하지 아니게 되었다.[113] 즉, 문자메시지 전송, 인터넷 홈페이지 또는 그 게시판, 대화방에 글 또는 동영상 게시 및 전자우편(컴퓨터 이용자끼리 네트워크를 통하여 문자 · 음성 · 화상 또는 동영상 등의 정보를 주고받는 통신시스템) 전송에 의한 선거운동, 즉 정보통신망에 의한 선거운동은 상시적으로 허용된다.

다만, 선거일 전 120일부터 선거일까지 선거에 영향을 미치게 하기 위하여 법 제59조(선거운동기간) 제2호에서 정한 제한을 어겨 자동 동보통신의 방법으로 문자메시지를 대량으로 전송하는 행위는 그것이 선거운동에 이르지 않더라도 법 제93조(탈법방법에 의한 문서 · 도화의 배부 · 게시 등 금지) 제1항에 위반된다.[114] 국회의원 후보 공천과정에서 특정 예비후보자를 홍보하는 내용의 문자메시지를 대량으로 발송한 행위,[115] 국회의원 예비후보자의 선거사무실 개소식을 알리는 내용의 문자메시지를 후보자 개소식과 직접 관련 없는 사람들을 포함한 수천 명의 선거구민들에게 대량으로 발송한 행위,[116] 지방공무원들이 시장선거 예비후보자의 출판기념회 홍보 문자메시지를 대량으로 발송한 행위,[117] 교육감선거에서 후보자 및 예비후보자로 등록하기 전에 선거구민들에게 대량의 문자메시지를 발송한 행위,[118] 국회의원선거에

을 금지함으로써 얻어지는 선거의 공정성은 명백하거나 구체적이지 못한 반면, 인터넷을 이용한 의사소통이 보편화되고 각종 선거가 빈번한 현실에서 선거일 전 180일부터 선거일까지 장기간 동안 인터넷상 정치적 표현의 자유 내지 선거운동의 자유를 전면적으로 제한함으로써 생기는 불이익 내지 피해는 매우 크다 할 것이므로, 이 사건 법률조항은 법익균형성의 요건도 갖추지 못하였다.) 위 결정으로 인하여 '기타 이와 유사한 것'에 'UCC(이용자제작콘텐츠)'가 포함되어 이의 배포를 금지하는 것은 합헌이라고 결정하였던 2009. 7. 30. 선고 2007헌마718 전원재판부 결정은 변경되었다.

인터넷 홈페이지에 'UCC(이용자제작콘텐츠)'를 게시한 행위가 법 제93조(탈법방법에 의한 문서 · 도화의 배부 · 게시 등 금지) 제1항에 위반된다고 판시하였던 2008. 9. 25. 선고 2008도6555 판결도 변경되어야 한다.

112) 박진우는 '헌법재판소가 인터넷 서비스에 대하여 선거운동기간 전 선거운동을 허용한 취지는 유튜브 채널에서도 마찬가지로 적용될 수 있다는 점 등을 고려한다면, 유튜브 채널을 활용한 선거운동방식을 선거운동기간 개시전이라도 허용할 필요성은 충분히 긍정된다. 인터넷 홈페이지나 전자우편에 대하여 사전선거운동을 합법화하면서 유튜브 채널에 대해서는 이를 허용하는 명시적 규정이 없는 것은 중대한 입법적 흠결이라 할 수 있다. 따라서 유튜브 채널에 대해서도 인터넷홈페이지 등을 통한 선거운동처럼 사전선거운동을 허용하는 전향적 공직선거법의 개정이 요구된다고 할 것이다'라고 주장하였다.(박진우, 「유튜브 채널과 관련한 현행 공직선거법의 문제점과 개선방안에 대한 연구」, 법학연구 제31권 제2호(2020. 5월), 196－197쪽).

113) 정보통신망을 이용한 선거운동과 관련하여, '현재의 전화기를 통한 문자메시지, 인터넷홈페이지, 전자우편이라는 매체 중심의 규정체계를 보다 포괄적인 형태, 예를 들면 "정보통신망을 이용한 선거운동"으로 바꾸고 과다한 비용이나 정보수용자측의 불편이 발생할 우려가 있는 부분을 예외적으로 제한하는 방식을 취하는 것이 바람직하다.'는 견해가 있다(김주영, 「새로운 커뮤니케이션 환경하에서의 선거운동 규제의 적절성 검토 －공직선거법 제59조를 중심으로－」, 과학기술법연구 제20집 제1호, 112쪽).

114) 2017. 10. 31. 선고 2016도19447 판결, 2015. 8. 19. 선고 2015도5789 판결

115) 2009. 3. 12. 선고 2009도445 판결

116) 2009. 5. 28. 선고 2009도1937 판결

117) 대구지방법원 안동지원 2014. 10. 2. 선고 2014고합45 판결

118) 2015. 9. 10. 선고 2014도17290 판결

예비후보자 등록 약 1개월전부터 선거일 약 2개월 전까지 자동 동보통신의 방법으로 선거구민들을 상대로 횟수를 초과하여 문자메시지를 전송한 행위[119]는 법 제93조(탈법방법에 의한 문서·도화의 배부·게시 등 금지) 제1항에 위반된다.

'문서'라 함은 문자 또는 기타 문자에 대신할 수 있는 가독적 부호로써 계속적으로 물체상에 기재된 의사 또는 개념의 표시를 말하며, 그중 상형적 부호로써 의사표시 또는 내용을 판단할 수 있도록 기재한 물체를 '도화'라고 한다. 문서·도화를 범인 자신이 작성 또는 배부·게시할 것을 요하지 아니하므로 타전을 의뢰하여 계원이 작성, 배달한 전보도 문서가 된다.[120] 법 제95조(신문·잡지 등의 통상방법 외의 배부 등 금지) 제1항의 규율대상인 신문·통신·잡지 등의 경우 법 제93조(탈법방법에 의한 문서·도화의 배부·게시 등 금지)의 규율대상인 일반적인 문서·도화와 비교할 때 일정한 격식을 갖추어 주로 정기적으로 발행되고, 통상 객관적인 사실에 관한 보도와 논평으로 구성되는바, 법 제95조(신문·잡지 등의 통상방법 외의 배부 등 금지) 제1항이 신문·통신·잡지 등에 대하여 통상의 방법이 아닌 방법으로 배포하는 등의 행위를 금지하고 이를 처벌하는 것은 선거에 관한 보도와 논평의 자유를 보호하는 차원에서 통상방법으로 발행·배부하는 행위에 대해서는 법 제93조(탈법방법에 의한 문서·도화의 배부·게시 등 금지) 위반죄로 처벌하지 않는다는 뜻도 포함하고 있다. 따라서 선거에 관한 기사를 게재한 신문·통신·잡지 등의 배부행위에 대하여는 법 제93조(탈법방법에 의한 문서·도화의 배부·게시 등 금지)가 적용될 여지가 없다.[121]

'광고'란 널리 불특정 다수의 일반인에게 알릴 목적으로 이루어지는 일체의 수단을 말하는바, 실질은 광고이지만 기사의 형식을 빌린 이른바 '기사형 광고'도 광고의 일종이다.[122] 언론사 페이스북에 기사형 유료광고를 게재하는 것은 법 제93조(탈법방법에 의한 문서·도화의 배부·게시 등 금지) 제1항에 해당한다.[123]

'인사장'이란 처음 만나는 사람이 성명을 통하여 자기를 소개하는 내용, 사람이 서로 만나거나 헤어질 때 예의로서 안부를 묻거나 안녕을 비는 내용, 또는 감사하거나 축하하거나 기타 격식을 차려야 할 일 등에 예의로서 상대방에 대하여 어떤 의사표시를 하는 내용 등의 글이 적힌 문서를 의미한다.[124] 후보자가 되고자 하는 자가 그 성명 등을 나타내고 지지를 호소하는 내용의 인사장 등을 배부하는 행위는 법 제93조(탈법방법에 의한 문서·도화의 배부·게시 등 금지) 제1항의 탈법방법에 의한 문서의 배부에 해당한다.[125] 국회의원 후보자가 선거

119) 2017. 10. 31. 선고 2016도19447 판결
120) 일본 동경고등재판소 1962. 10. 15. 고검속보 1035호(대검찰청, 앞의 책, 573쪽에서 재인용)
121) 2022. 5. 26. 선고 2020헌마1275 결정
122) 2018. 1. 25. 선고 2015다210231 판결
123) 서울서부지방법원 2019. 6. 5. 선고 2019고합82 판결
124) 2001. 8. 30. 선고 99헌바92,2000헌바39,2000헌마167·168·199·205·280(병합) 전원재판부 결정
125) 2007. 2. 9. 선고 2006도7417 판결

사무소 개소식 초청장에 의례적인 초청문구를 넘어 지방자치단체장 재직 시의 치적사항, 지지 호소 문구 등을 기재하여 선거인들에게 발송한 행위,[126] 자신에 대한 지지를 부탁하는 내용이 포함된 연하장을 배부한 행위,[127] 선거사무소 개소식 초청장에 자신에 대한 지지를 부탁하는 내용을 게재하여 배부한 행위[128]도 탈법방법에 의한 문서배부에 해당한다. 출판기념회의 개최를 알리기 위한 일상적·의례적·사교적 행위를 넘어서, 선거에 영향을 미치게 하기 위하여 후보자 또는 후보자가 되고자 하는 자의 성명을 나타내는 출판기념회 초청장을 배부하는 것도 이에 해당한다.[129]

'사드가 대한민국의 평화를 위협한다.'라는 메시지뿐만 아니라 사드 배치에 찬성하는 대선 후보들의 사진을 명시한 벽보를 첩부한 행위는 선거에 영향을 미치게 하기 위한 벽보 등의 첩부행위에 해당한다.[130]

국회의원이 선거일 전 120일부터 선거일까지의 기간에 의정보고서를 제작하여 선거구민들에게 배부함에 있어 그 내용 중 선거구활동 기타 업적의 홍보에 필요한 사항 등 의정활동보고의 범위를 벗어나서 선거에 영향을 미치게 하기 위하여 특정 정당이나 후보자를 지지·추천하거나 반대하는 내용이 포함되어 있다면 그 부분은 법 제93조(탈법방법에 의한 문서·도화의 배부·게시 등 금지) 제1항에서 금지하는 탈법방법에 의한 문서배부행위에 해당한다.[131] 지방의회의원이 임기가 만료될 무렵에 의정활동보고서에다 자신의 의정활동에 관한 보고와 의례적인 인사말을 게재하는 것을 넘어서 다음 임기에 다루어져야 할 구체적인 사안에 대한 공약을 게재하여 배부하는 행위는 의정활동보고의 범위를 벗어나는 것으로 그러한 행위도 이에 해당한다.[132] '의정보고서 부록'이라는 형식을 취하고 있지만 그 내용으로 보아 국회의원으로서의 의정활동에 관한 것이라고는 볼 수 없는 인쇄물을 배부한 것도 법 제93조(탈법방법에 의한 문서·도화의 배부·게시 등 금지) 제1항에 위반된다.[133]

바. 금지되는 행위의 태양

위와 같은 인쇄물 등을 배부·첩부·살포·상영 또는 게시하는 행위이다(법§93①).

'배부'는 불특정·다수인에게 교부하는 행위를 지칭하며 그 성질상 무상이 대부분이나 유

126) 대구고등법원 2009. 6. 11. 선고 2008노591 판결
127) 2007. 2. 9. 선고 2006도7417 판결
128) 2009. 9. 10. 선고 2009도5457 판결
129) 2015. 5. 14. 선고 2015도1921 판결
130) 2018. 12. 13. 선고 2018도17212 판결
131) 2006. 3. 24. 선고 2005도3717 판결(시민단체의 낙천운동에 의하여 낙천대상자로 선정된 국회의원이 이에 대한 반론 보도를 게재한 의정보고서를 제작·배부한 경우, 법 제93조(탈법방법에 의한 문서·도화의 배부·게시 등 금지) 제1항에서 금지하는 탈법방법에 의한 문서배부행위에 해당한다고 한 사례)
132) 2000. 4. 25. 선고 98도4490 판결
133) 1997. 9. 5. 선고 97도1294 판결

상인 경우도 가능하고, '첩부'는 광고판 등에 붙이는 것, '살포'는 불특정·다수인을 상대로 뿌리는 행위를 지칭하고, '게시'는 공중에게 알리기 위하여 내걸거나 붙여두는 것을 의미하고, '상영'은 녹화테이프나 동영상 등을 보여주는 것을 말한다.

'배부행위'라 함은 문서·도화 등을 불특정 다수인에게 교부하는 행위를 말하지만, 문서·도화 등을 개별적으로 어느 한 사람에게 교부하였더라도 그로부터 불특정 다수인에게 그 문서·도화 등이 전파될 가능성이 있다면 교부행위의 요건은 충족된다.[134] '배부행위'란 문언의 의미에 비추어 보면, 직접 배부행위의 상대방에게 문서·도화 등이 도달되지 않는 이상 배부행위자의 사자 또는 그 내용을 모르는 운송기관 등에게 교부된 것만으로는 배부행위가 기수에 이르렀다고 할 수 없다.[135] 선기일 전 120일부터 선거일까지 선거에 영향을 미치게 하기 위하여 법 제59조(선거운동기간) 제2호에서 정한 제한을 어겨 자동 동보통신의 방법으로 문자메시지를 대량으로 전송한 행위는 법 제93조(탈법방법에 의한 문서·도화의 배부·게시 등 금지) 제1항의 탈법방법에 의한 문서배부죄의 구성요건에 해당하고,[136] 그것이 선거운동에까지 이르지 않더라도 마찬가지다.[137] 한편, 인터넷 링크(Internet link)는 인터넷에서 링크하고자 하는 웹페이지나 웹사이트 등의 서버에 저장된 개개의 게시물 등의 웹 위치 정보나 경로를 나타낸 것에 불과하여, 인터넷 이용자가 링크부분을 클릭함으로써 링크된 웹페이지나 개개의 게시물에 직접 연결된다 하더라도 링크를 하는 행위는 게시물의 전송에 해당하지 아니한다. 이러한 법리는 휴대전화 문자메시지에 링크 글을 기재함으로써 수신자가 링크 부분을 클릭하면 링크된 게시물에 연결되도록 하였다고 하더라도 마찬가지로 적용된다.[138]

선거운동원이 아닌 산악회 회원이 후보자의 명함을 노상에 뿌린 행위(살포)는 법 제93조(탈법방법에 의한 문서·도화의 배부·게시 등 금지) 제1항에 위반된다.[139]

---

134) 2002. 1. 25. 선고 2000도1696 판결

135) 2009. 5. 14. 선고 2009도1938 판결(피고인들이 발송의뢰한 문서가 선거인들에게 도달되기 이전에 우체국에서 선거관리위원회의 우송중지요청에 의하여 우송이 중지되고 압수된 경우, 법 제93조(탈법방법에 의한 문서·도화의 배부·게시 등 금지) 제1항에서 금지하는 '배송행위'에 해당하지 않는다고 한 사례)

136) 2007. 8. 23. 선고 2007도3940 판결, 2007. 2. 22. 선고 2006도7847 판결, 2009. 3. 12. 선고 2009도445 판결, 2015. 8. 19. 선고 2015도5789 판결

137) 2017. 10. 31. 선고 2016도19447 판결(예비후보자 등록 약 1개월 전부터 선거일 약 2개월 전까지 자동 동보통신의 방법으로 선거구민들을 상대로 횟수를 초과하여 문자메시지를 전송한 사안에서, 문자메시지의 문구 중에 국회의원선거에서 지지해 달라는 직접적인 표현이 포함되어 있다고 보기는 어려우나, 문자메시지 전송행위의 시점과 방법, 경위, 상대방 등을 종합할 때 적어도 예비후보자 등록을 마친 이후의 문자메시지 전송행위 부분은 선거인의 관점에서 국회의원선거에서 피고인의 당선을 도모하는 목적의사에 따라 한 것이라고 객관적으로 인정할 수 있어 법 제256조(각종제한규정위반죄) 제3항 제1호, 제254조(선거운동기간위반죄) 제2항에서 말하는 선거운동에 해당하고, 선거운동에 이르지 않는 행위가 일부 포함되어 있더라도 문자메시지의 전송시기, 회수, 내용과 상대방 등을 종합하면 문자메시지의 전송행위는 선거에 간접적으로 영향을 미쳐 선거의 공정을 침해함으로써 선거에 영향을 미칠 우려가 있는 행위로서 '선거에 영향을 미치게 하기 위한 행위'로 보기에 충분하다고 한 사례)

138) 2015. 8. 19. 선고 2015도5789 판결

사. 금지되는 행위의 예외

다음 각 호의 어느 하나에 해당하는 행위는 허용된다(법§93①단서).

1. 선거운동기간 중 후보자, 법 제60조의3(예비후보자 등의 선거운동) 제2항 각 호의 어느 하나에 해당하는 사람(같은 항 제2호의 경우 선거연락소장을 포함하며, 이 경우 "예비후보자"는 "후보자"로 본다)이 법 제60조의3(예비후보자 등의 선거운동) 제1항 제2호에 따른 후보자의 명함을 직접 주는 행위
2. 선거기간이 아닌 때에 행하는「정당법」제37조(활동의 자유) 제2항에 따른 통상적인 정당활동

(1) 명함배부행위

선거운동기간 중에 후보자와 후보자의 배우자(배우자가 없는 경우 후보자가 지정한 1명)와 직계존비속, 후보자와 함께 다니는 선거사무장 · 선거연락소장 · 선거사무원 및 활동보조인, 후보자가 그와 함께 다니는 사람 중에서 지정한 1명은 후보자의 명함을 직접 줄 수 있다. 위에서 열거한 사람 이외에 다른 사람이 명함을 주거나, 위에서 열거한 사람이라도 선거운동기간이 아닌 때에 명함을 주는 것은 법 제93조(탈법방법에 의한 문서 · 도화의 배부 · 게시 등 금지) 제1항의 본문에 따라 허용되지 아니한다. 중증장애인 후보자 또는 그의 배우자가 명함을 배포함에 있어 활동보조인의 보조는 당연히 예상할 수 있고 이때 활동보조인이 그들의 수족이 되어 기계적으로 명함을 나누어 주는 행위는 후보자 또는 배우자가 이를 직접 주는 것과 동일하게 평가할 수 있고 따라서 법 제93조(탈법방법에 의한 문서 · 도화의 배부 · 게시 등 금지) 제1항 단서에 '활동보조인을 포함한다.'는 점이 명기되어 있지 않더라도 당연히 중증장애인인 후보자 또는 후보자의 배우자의 경우에는 활동보조인도 포함되어 있다고 보아야 한다.[140)]

'명함'은 상대방을 만난 자리에서 자신을 소개하고 근황을 전하기 위하여 직접 주는 것이 통례인데, 일반 유권자가 후보자가 되고자 하는 자의 명함을 배부하는 것을 허용하면 선거의 조기과열 및 유급 선거운동원의 고용에 따른 폐해를 피하기 어렵고, 선거운동원을 영입하는 데 있어 정치 · 경제력의 차이에 따른 불균등이 심화될 수 있다. 이에 법 제60조의3(예비후보자 등의 선거운동) 제1항 제2호, 같은 조 제2항은 명함의 본래의 기능에 충실한 방법으로 명함을 교부하는 선거운동의 자유를 보장하면서도, 선거의 조기과열과 기회불균등을 방

---

139) 서울북부지방법원 2014. 7. 18. 선고 2014고합200 판결

140) 2009. 2. 26. 선고 2006헌마626 전원재판부 결정(명함을 배포할 수 있는 자를 제한한 법 제93조(탈법방법에 의한 문서 · 도화의 배부 · 게시 등 금지) 제1항 단서가 중증장애인 후보자의 기본권을 침해할 가능성은 없고, 법 제93조(탈법방법에 의한 문서 · 도화의 배부 · 게시 등 금지) 제1항 본문이 언어장애를 가진 후보자의 평등권을 침해한다고 볼 수 없다.)

지하기 위하여 일정한 제한을 가하고 있다. 법 제93조(탈법방법에 의한 문서 · 도화의 배부 · 게시 등 금지) 제1항은 이와 같은 명함을 이용한 선거운동에 대한 규제를 전제로 하여 허용되지 않는 명함의 배부를 금지 · 처벌하는 조항이므로, 과잉금지원칙에 반하여 선거운동의 자유 및 정치적 표현의 자유를 침해한다고 볼 수 없다.[141)]

선거기간 중 후보자 본인이 명함을 선거구민의 아파트 현관의 세대별 우편함에 넣어두거나 아파트 출입문 틈새 사이로 밀어 넣어 안으로 투입하거나 틈새 사이에 끼워 놓은 경우에는 설령 그 투입행위 자체를 후보자 본인이 하였다고 하더라도 명함을 직접 준 것과 동일시할 수 없으므로 법 제93조(탈법방법에 의한 문서 · 도화의 배부 · 게시 등 금지) 제1항 본문 위반행위에 해당한다.[142)] 선거일로부터 2개월 반 가량 남은 시점에 정당의 지구당 위원장으로 선출된 자가 선거구 내의 동사무소를 방문하여 소속 정당의 마크와 지구당 표시가 있는 명함을 교부한 행위,[143)] 선거운동원이 아닌 자가 후보자의 명함을 노상에 뿌린 행위,[144)] 정당을 탈당하지 아니한 상태에서 선거구민 거주자 우편함에 피고인의 이름과 '무소속'이 기재된 명함을 투입한 행위,[145)] 목욕탕 카운터 책상위에 명함을 놓아두는 행위,[146)] 아파트 관리비 고지서 사이에 도의원 후보자의 성명, 사진, 전화번호, 학력 등이 인쇄된 명함을 끼워두는 행위[147)]는 법 제93조(탈법방법에 의한 문서 · 도화의 배부 · 게시 등 금지) 제1항에 위배된다.

후보자가 되고자 하는 국회의원이 (새해인사를 하는 사진과 재래시장 사랑 홍보내용이 포함된) 명함을 제작하여 통상적으로 상대방에게 인사 시 교부하는 것은 무방하나, 재래시장 상인 및 장을 보러오는 선거구민에게 캠페인을 전개하면서 나누어 주는 것은 의례적인 명함교부를 벗어나 자신을 선전하는 행위에 해당되므로 허용되지 아니한다.[148)] 후보자가 그와 함께 다니는 자 중 지정한 1인은 선거운동을 하는 후보자를 수행하면서 후보자를 대신하여 그의

---

141) 2018. 7. 26. 선고 2017헌가11 결정(이진성 등 재판관 5명은 다수의견에 반대하여, '명함은 선거에서는 후보자가 되고자 하는 자에 대한 정보와 출마 예정 사실을 간명하고 정확하게 알리는 방법으로서 의미가 있는 것이므로, 일반 유권자의 정치적 표현을 허용할 필요성이 낮다고 볼 없다. 또한 유급 선거운동원의 고용에 따른 폐해와 선거운동원 영입에서의 기회 불균등은 선거운동 관련 이익제공 금지조항, 기부행위 금지조항 등 다른 규정에 의하여 방지될 수 있다. 명함을 배부하는 방법은 그 효과에 비하여 비용이 저렴하고, 명함 배부에 의한 정보의 전달 방식이 반드시 일방적·수동적인 것은 아니며, 명함에 허위의 사실을 기재하는 행위에 대한 별도의 금지·처벌조항도 존재한다. 이와 같은 점에 비추어 볼 때 명함 배부를 통한 일반 유권자의 정치적 표현을 원천적으로 봉쇄하는 것은 불필요하고도 과도한 기본권 제한이다.'라고 위헌의견을 밝혔다)

142) 2004. 8. 16. 선고 2004도3062 판결

143) 2002. 5. 24. 선고 2002도39 판결

144) 서울북부지방법원 2014. 7. 18. 선고 2014고합200 판결

145) 2015. 3. 27. 선고 2015도2426 판결(인천지방법원 2014. 10. 31. 선고 2014고합619 판결 ; 본 사안은 법 제93조(탈법방법에 의한 문서·도화의 배부·게시 등 금지) 제1항의 탈법방법에 의한 문서배부 뿐만 아니라 허위사실공표에도 해당한다.)

146) 인천지방법원 부천지원 2019. 5. 24. 선고 2018고합268 판결

147) 창원지방법원 2019. 1. 17. 선고 2018고합209 판결

148) 2007. 2. 14. 중앙선관위 질의회답

명함을 배부할 수 있으나, 공개장소 연설 · 대담차량에서 후보자가 연설하는 동안에는 명함을 배부할 수 없다.[149] 국회의원이 당원모집 내용의 문구를 게재한 명함을 선거기간이 아닌 때에 통상적인 수교방법으로 교부하는 것은 제한되지 않으나, 통상적인 수교방법을 벗어나 불특정 다수의 선거구민에게 교부하는 경우에는 행위시기 및 양태에 따라 법 제93조(탈법방법에 의한 문서 · 도화의 배부 · 게시 등 금지) 제1항에 위반되고, 선거기간 중 배부하는 경우에는 법 제144조(정당의 당원모집 등의 제한)에 위반된다.[150] 국회의원선거의 입후보예정자가 통상적으로 사용하는 업무용 명함에 대통령과 함께 찍은 사진 및 경력을 게재하여 선거일 전 120일 전에 통상적인 수교방법으로 교부하는 것은 허용되나, 선거일 전 120일부터 선거일까지 업무용 명함에 대통령과 함께 찍은 사진을 게재하여 배부하는 때에는 행위양태에 따라 법 제93조(탈법방법에 의한 문서 · 도화의 배부 · 게시 등 금지) 제1항에 위반될 수 있다.[151]

(2) 통상적인 정당활동

법 제93조(탈법방법에 의한 문서 · 도화의 배부 · 게시 등 금지) 제1항에 의하여 금지되는 탈법방법에 의한 문서 · 도화의 배부 · 게시 등 행위에는 통상적인 정당활동이 포함되지 아니하는바, 구체적 개별적으로 법 제93조(탈법방법에 의한 문서 · 도화의 배부 · 게시 등 금지) 제1항에 규정된 문서 · 도화의 배부 · 게시 등 행위가 통상적인 정당활동에 해당하는지 여부는 그 행위의 시기, 내용, 방법, 대상, 형태 등을 종합하여 총체적으로 판단하여야 한다.[152]

정당이 공직선거 후보자를 추천하기 위하여 당원과 당원이 아닌 자에게 투표권을 부여하여 실시하는 당내경선의 선거인단 모집기간 중에 거리에 벽보를 첩부하거나 인쇄물을 배부하는 등의 방법으로 경선 선거인단 모집을 홍보하는 것은 선거운동이나 선거에 영향을 미치게 하기 위한 행위에 해당하지 아니하나, 정당의 명칭이 포함된 현수막 등 시설물을 이용하여 경선 선거인단 모집을 홍보하는 것은 법 제90조(시설물설치 등의 금지)에 따라 선거에 영향을 미치게 하기 위한 것으로 간주되므로 선거일 전 120일부터는 금지된다.[153] 또한 정당이 통상적인 정당활동의 일환으로 선거기간이 아닌 때에 당명개정 현상공모 및 전당대회(창당 · 합당 · 개편 · 후보자선출대회 포함)를 고지하기 위하여 인터넷 배너광고를 하는 것은 허용되나,

149) 2008. 4. 2. 중앙선관위 질의회답
150) 2015. 4. 14. 중앙선관위 질의회답
151) 2019. 9. 10. 중앙선관위 질의회답
152) 2009. 6. 23. 선고 2009도2903 판결, 2004. 7. 9. 선고 2004도1236 판결(정당 산하 선거운동본부 출범식 행사에서 찬조연설을 하는 모습이 담긴 동영상 파일을 정당 홈페이지에 올려 둔 행위는 통상적인 정당활동범위를 넘지 않는 것이고, 위 동영상의 주소를 다른 게시판에 올린 행위에 대하여도 방조의 죄책을 물을 수 없다고 한 사례), 2002. 1. 22. 선고 2001도822 판결(정당원을 상대로 배포된 책자 및 지역구 유권자들에게 우송된 지구당보의 내용, 배포된 시기 및 방법과 배포의 대상 등을 종합하여 볼 때 선거홍보용 책자 및 지구당보의 배포행위가 통상적인 정당활동의 범주에 속하는 행위라 볼 수 없다고 한 사례)
153) 2013. 11. 18. 중앙선관위 의결

정당 또는 후보자가 되려는 사람을 선전하는 등 선거운동에 이르는 내용을 게재하는 것은 제한된다.[154] 정당의 대표자가 의례적인 내용의 연하장 또는 생일축전을 그 명의로 소속 당원들에게 발송하는 것은 허용된다.[155] 정당이 주최하여 지역의 발전전략에 관한 정책강연회 및 간담회를 지역당원협의회가 주관하는 경우 이해관계가 있는 제한된 범위 안의 참석대상자에게 공직선거의 후보자가 되고자 하는 당원협의회장의 성명을 게재하여 안내장을 발송하는 것은 법 제93조(탈법방법에 의한 문서 · 도화의 배부 · 게시 등 금지)에 위반되지 않는다.[156]

아. 벌칙

법 제93조(탈법방법에 의한 문서 · 도화의 배부 · 게시 등 금지) 제1항의 규정에 위반하여 문서 · 도화 등을 배부 · 첩부 · 살포 · 게시 · 상영하거나 하게 한 자는 2년 이하의 징역 또는 400만원 이하의 벌금에 처한다(법§255②5.).

법 제59조(선거운동기간) 제2호에 의하여 제한되는 행위를 선거일 전 120일부터 선거일까지 선거에 영향을 미치게 하기 위하여 한 경우에는 제93조(탈법방법에 의한 문서 · 도화의 배부 · 게시 등 금지) 제1항에서 정한 탈법방법에 의한 문서배부행위로서 제256조(각종제한규정위반죄) 제3항 제1호 (나)목 위반죄와 별도로 제255조(부정선거운동죄) 제2항 제5호 위반죄가 성립하고,[157] 법 제256조(각종제한규정위반죄) 제3항 제1호 (나)목 위반죄가 성립하지 않는 경우에도 제93조(탈법방법에 의한 문서 · 도화의 배부 · 게시 등 금지) 제1항에서 정한 탈법방법에 의한 문서배부행위로서 제255조(부정선거운동죄) 제2항 제5호 위반죄가 성립한다.[158]

공직선거에 관한 기사를 게재한 신문 · 통신 · 잡지 등을 통상방법 외의 방법으로 배부하거나 그 기사를 복사하여 배부한 경우에 법 제95조(신문 · 잡지 등의 통상방법 외의 배부 등 금지) 위반죄로 처벌할 수 있음은 별론으로 하더라도, 그러한 배부행위에 대하여 법 제93조(탈법방법에 의한 문서 · 도화의 배부 · 게시 등 금지)가 적용될 여지는 없다.[159]

광역시의회 의원이 선거구민들에게 의정보고서를 배부하기에 앞서 미리 관할선거관리위원

---

154) 2013. 11. 26. 중앙선관위 운용기준

155) 2016. 10. 17. 중앙선관위 의결

156) 2017. 12. 19. 대법원의 선거운동 판단기준 변경에 따른 중앙선관위의 선례정비

157) 2015. 9. 10. 선고 2014도17290 판결

158) 2015. 10. 15. 선고 2015도1098 판결(제주특별자치도의회 교육위원선거에 후보자로 등록한 피고인이 규칙에 따라 신고하지 아니한 전화번호를 사용하여 선거일 전 180일부터 선거일까지 3차례에 걸쳐 총 1,955명의 학부모에게 자동 동보통신의 방법으로 문자메시지를 전송하여 공직선거법위반으로 기소된 사안에서, 피고인의 문자메시지 전송행위는 법 제59조(선거운동기간) 제2호에서 정하고 있는 제한 중 매회 전송하는 때마다 신고한 1개의 전화번호만을 사용하여야 하는 제한을 위반한 경우이므로, 법 제93조(탈법방법에 의한 문서 · 도화의 배부 · 게시 등 금지) 제1항에서 금지하고 있는 '법의 규정에 의하지 아니한' 선거운동으로서 법 제255조(부정선거운동죄) 제2항 제5호에서 규정한 탈법방법에 의한 문서배부죄가 성립한다고 한 사례)

159) 2005. 6. 23. 선고 2004도8969 판결, 2002. 4. 9. 선고 2000도4469 판결

회 소속 공무원들에게 자문을 구하고 그들의 지적에 따라 수정된 의정보고서를 배부한 경우는 형법 제16조(법률의 착오)의 자신의 행위가 법령에 의하여 죄가 되지 아니하는 것으로 오인한 행위로서 정당한 이유가 있어 벌할 수 없다.[160)]

2. 후보자 명의에 의한 광고 등 금지

가. 의의

누구든지 선거일전 90일부터 선거일까지는 정당 또는 후보자의 명의를 나타내는 저술·연예·연극·영화·사진 그 밖의 물품을 공직선거법에 규정되지 아니한 방법으로 광고할 수 없으며, 후보자는 방송·신문·잡지 기타의 광고에 출연할 수 없다(법§93②본문).

나. 금지시기

선거일 전 90일부터 선거일까지이다(법§93②).

다. 금지되는 행위

정당 또는 후보자의 명의를 나타내는 저술·연예·연극·영화·사진 그 밖의 물품을 공직선거법에 규정되지 아니한 방법으로 광고하는 행위와 후보자가 방송·신문·잡지 기타의 광고에 출연하는 행위이다(법§93②).

법 제93조(탈법방법에 의한 문서·도화의 배부·게시 등 금지) 제2항의 '사진'은 통상적인 의미의 사진을 의미하고 작품사진에 준하는 대중성과 유통성을 가진 것에 한정하는 것은 아니다.[161)] 특정 정당의 비례대표국회의원후보자가 선거일 전 90일부터 선거일까지 특정기업이 제조한 물품 등의 판매를 위한 제품광고에 출연하는 것은 허용되지 아니한다.[162)] 선거일 전 90일부터 선거일까지 후보자 또는 후보자가 되고자 하는 자가 지방업체의 상품방송광고에 출연하는 것은 선거구민과 연고가 없는 지역을 주된 방송권역으로 하는 지역케이블TV에 출연하더라도 법 제93조(탈법방법에 의한 문서·도화의 배부·게시 등 금지) 제2항에 위반된다.[163)]

라. 금지되는 행위의 예외

선거기간이 아닌 때에 「신문 등의 진흥에 관한 법률」 제2조(정의) 제1호에 따른 신문 또는 「잡지 등 정기간행물의 진흥에 관한 법률」 제2조(정의)에 따른 정기간행물의 판매를 위하여

160) 2005. 6. 10. 선고 2005도835 판결
161) 대전고등법원 2019. 1. 7. 선고 2018노420 판결
162) 2004. 1. 16. 중앙선관위 질의회답
163) 2008. 1. 16. 중앙선관위 질의회답

통상적인 방법으로 광고하는 경우에는 허용된다(법§93②단서).

마. 벌칙

법 제93조(탈법방법에 의한 문서·도화의 배부·게시 등 금지) 제2항의 규정에 위반하여 광고 또는 출연을 하거나 하게 한 자는 2년 이하의 징역 또는 400만원 이하의 벌금에 처한다(법§255②5.).

3. 선거운동 권유 등을 위한 인쇄물 징구 등 금지

가. 의의

누구든지 선거운동을 하도록 권유·약속하기 위하여 선거구민에 대하여 신분증명서·문서 기타 인쇄물을 발급·배부 또는 징구하거나 하게 할 수 없다(법§93③).

선거운동용신분증명서 등의 발급을 금지한 것은 자원봉사자의 모집 등을 빙자하여 자원봉사자증명서 기타 인쇄물을 발급하는 등의 탈법적 방법으로 선거운동을 하는 것을 방지하여 선거운동의 공정을 확보하기 위한 것으로 그 목적이 정당하고, 그로 인하여 무소속후보자의 운동원이 후보자와 갖는 유대감이 상대적으로 약하고 활동이 위축될 수 있다는 것은 법의 오해 등에서 비롯된 심리상태에 불과하며, 결국 무소속후보자에게 선거운동용신분증명서 등의 발급을 허용할 것인지의 여부는 입법자의 입법형성의 자유에 속하는 사항이므로 평등권을 침해한다고 볼 수 없고 그 규제방법 역시 상당하므로 표현의 자유를 침해한다고 볼 수도 없다.[164]

나. 금지시기

상시적으로 금지된다.

다. 금지되는 행위

선거운동을 하도록 권유·약속하기 위하여 선거구민에 대하여 신분증명서·문서 기타 인쇄물을 발급·배부 또는 징구하거나 하게 하는 행위이다(법§93③). 예비후보자가 자신의 선거사무실에서 선거구민에게 선거운동을 하도록 권유·약속하기 위해 '예비후보자의 자문위원, 고문으로 위촉한다.'는 내용이 기재된 임명장을 수여한 경우 법 제93조(탈법방법에 의한 문서·도화의 배부·게시 등 금지) 제3항에 위반된다.[165]

---

164) 1996. 3. 28. 선고 96헌마9·77·84·90(병합) 전원재판부 결정
165) 인천지방법원 부천지원 2012. 11. 30. 선고 2012고합337 판결

라. 벌칙

법 제93조(탈법방법에 의한 문서 · 도화의 배부 · 게시 등 금지) 제3항의 규정에 위반하여 신분증명서 · 문서 기타 인쇄물을 발급 · 배부 또는 징구하거나 하게 한 자는 2년 이하의 징역 또는 400만원 이하의 벌금에 처한다(법§255②5.).

제3장 방송 · 신문 등의 이용 제한

1. 방송 · 신문 등에 의한 광고의 금지

가. 의의

누구든지 선거운동기간 중 선거운동을 위하여 공직선거법에 규정되지 아니한 방법으로 방송 · 신문 · 통신 또는 잡지 기타의 간행물 등 언론매체를 통하여 광고할 수 없다(법§94). 법 제94조(방송 · 신문 등에 의한 광고 금지)는 언론매체를 통한 선거운동을 일정범위로 제한함으로써 선거운동의 과열 · 혼탁을 방지하고 선거의 공정을 보장하기 위한 규정이다.

나. 선거기간 중 선거운동을 위하여

선거기간이란 대통령선거는 후보자등록마감일의 다음날부터 선거일까지, 국회의원선거와 지방자치단체의 의회의원 및 장의 선거는 후보자등록마감일 후 6일부터 선거일까지이다(법§33③). 선거운동은 원칙적으로 선거기간개시일부터 선거일 전일까지에 한하여 할 수 있다(법§59). 따라서 선거기간개시일 전일까지의 신문 등을 이용한 선거운동행위는 법 제254조(선거운동기간위반죄) 제2항의 사전선거운동죄가 성립하고, 선거기간개시일부터 선거일 전일까지는 법 제94조(방송 · 신문 등에 의한 광고 금지)위반죄만 성립하며, 선거일 당일의 행위는 법 제94조(방송 · 신문 등에 의한 광고 금지)위반과 법 제254조(선거운동기간위반죄) 제1항의 선거당일 선거운동죄가 함께 성립하여 상상적 경합이 된다.

다. 공직선거법에 규정되지 아니한 방법

언론매체를 통한 선거운동방법에 관하여 현행법은 신문광고(법§69), 방송광고(법§70), 인터넷광고(법§82의7), 정강 · 정책의 신문광고(법§137) 등을 규정하고 있다. 따라서 위 각 규정에 의하지 아니한 방법으로 언론매체를 통하여 광고를 하는 행위는 법 제94조(방송 · 신문 등에 의한 광고 금지)에 위반된다.

'공개질의서' 형식으로 신문광고를 하는 것은 허용되지 아니하고,[166] 투표참여 독려차원을 넘어 탄핵소추결의를 주도한 정당에 반대 또는 상대 정당을 지지하는 신문광고도 허용되지 않는다.[167] 신문사 기획조정실장이 후보자를 위하여 신문광고를 하는 것도 법 제94조(방송·신문 등에 의한 광고 금지)의 위반에 해당한다.[168]

라. 방송·신문·통신 또는 잡지 기타의 간행물 등 언론매체

'방송'이란 방송프로그램을 기획·편성 또는 제작하여 이를 공중에게 전기통신설비에 의하여 송신하는 것으로 텔레비전방송, 라디오방송, 데이터방송, 이동멀티미디어방송을 말한다(방송법§2 1.). '신문'이란 정치·경제·사회·문화·산업·과학·종교·교육·체육 등 전체 분야 또는 특정분야에 관한 보도·논평·여론 및 정보 등을 전파하기 위하여 같은 명칭으로 월 2회 이상 발행하는 간행물로서 일반일간신문, 특수일간신문, 일반주간신문, 특수주간신문을 말한다(신문 등의 진흥에 관한 법률§2 1.). '통신'이란 「전파법」에 따라 무선국의 허가를 받거나 그 밖의 정보통신기술을 이용하여 외국의 뉴스통신사와 뉴스통신계약을 체결하고 국내외의 정치·경제·사회·문화·시사 등에 관한 보도·논평 및 여론 등을 전파하는 것을 목적으로 하는 유무선을 포괄한 송수신 또는 이를 목적으로 발행하는 간행물을 말한다(뉴스통신 진흥에 관한 법률§2 1.). '잡지'란 정치·경제·사회·문화·시사·산업·과학·종교·교육·체육 등 전체 분야 또는 특정분야에 관한 보도·논평·여론 및 정보 등을 전파하기 위하여 동일한 제호로 월 1회 이하 정기적으로 발행하는 책자 형태의 간행물을 말한다(잡지 등 정기간행물의 진흥에 관한 법률§2 1.가.). '기타의 간행물'은 인쇄·발행하여 불특정·다수인에게 널리 반포되는 출판물로서 단순히 손으로 쓴 것이거나 프린트한 것은 이에 해당하지 않고 반드시 등록을 요하는 것은 아니다.

---

166) 서울고등법원 2002. 10. 23. 선고 2002노2675 판결(수원지방법원 2002. 9. 27. 선고 2002고합646 판결 : 중앙일보 4면 하단에 "이○○국회의원께 드리는 공개질문서"라는 제목으로 광고한 것은 선거구민들에게 박△△의 석수3동 재건축 공약이 실현불가능한 것처럼 알림으로서 이○○의 선거운동을 위하여 선거기간 중 신문을 통하여 광고한 것이라고 한 사례)

167) 부산고등법원 2004. 10. 27. 선고 2004노637 판결(부산지방법원 2004. 7. 30. 선고 2004고합448 판결 : 열린우리당 당원으로서 이 사건 광고를 선거일을 불과 이틀 앞둔 시점에 부산일보에 게재한 점, 광고문 내용 중 "2004. 3. 12. 그날은 피와 눈물로 지켜온 이 나라 민주주의와 우리 국민이 탄핵 당한 날입니다. 지역주의 망령과 싹쓸이가 부활하고 있습니다!…우리의 대표가 되어서는 안 되는 사람들입니다. 낡은 정치·부패정치·지역주의정치, 투표참여로 청산해 주십시오! 이번 총선은 낡은 정치와 새로운 정치, 부패정치와 깨끗한 정치의 전면 승부입니다."라는 부분 등은 특정 정당과는 무관하게 단순히 시민의 투표참여를 독려하는 내용의 글이라고 볼 수 없는 점 등을 종합하면 선거운동에 해당한다고 인정한 사례)

168) 대전고등법원 2006. 12. 1. 선고 2006노439 판결(충청신문 기획조정실장으로서 충청남도 도의회의원선거에 출마한 후보자를 위하여 신문광고를 한 사례)

마. 광고

광고는 특정한 내용을 불특정·다수인에게 널리 알리는 것을 말하는 것으로서 일반공중에게 널리 알려질 수 있는 상태에 놓이는 것으로 족하다.[169)]

바. 벌칙

법 제94조(방송·신문 등에 의한 광고 금지)의 규정에 위반하여 선거기간 중 선거운동을 위하여 공직선거법에 규정되지 아니한 방법으로 방송·신문·통신 또는 잡지 기타의 간행물 등 언론매체를 통하여 광고한 자는 3년 이하의 징역 또는 600만원 이하의 벌금에 처한다(법§252③).

2. 신문·잡지 등의 통상방법 외의 배부 등 금지

가. 의의

누구든지 공직선거법의 규정에 의한 경우를 제외하고는 선거에 관한 기사를 게재한 신문·통신·잡지 또는 기관·단체·시설의 기관지 기타 간행물을 통상방법외의 방법으로 배부·살포·게시·첩부하거나 그 기사를 복사하여 배부·살포·게시·첩부할 수 없다(법§95①). 법 제95조(신문·잡지 등의 통상방법 외의 배부 등 금지) 제1항은 선거의 공정성을 확보하기 위한 규정이며, 법에 규정된 방식에 의하지 아니한 절차적 측면에서의 탈법행위에 의한 선거운동을 규제하기 위한 것이다.[170)]

나. 선거에 관한 기사

'선거에 관한 기사'라 함은 후보자(후보자가 되려는 사람을 포함한다)의 당락이나 특정 정당(창당준비위원회를 포함한다)에 유리 또는 불리한 기사를 말하고(법§95②전단), 단순한 선거 관련 뉴스나 객관적인 사실보도는 이에 해당되지 않는다.[171)] 특정 후보자를 인터뷰하여 출마배경, 당선되어야 하는 이유, 공약, 소견 등에 관하여 전달하는 보도의 경우, 가치판단이 배제되어 있다고 하더라도 특정 후보자를 홍보하는 기능을 통해 후보자의 당락에 유리하게 작용할 수 있으므로 '선거에 관한 기사'에 해당한다.[172)] '기사'는 보도와 논평을 포함하는 것으로 보도란 객관적인 사실의 전달을 말하고 논평이란 정당 후보자 등의 정강·정책·정견·언

169) 2004. 11. 12. 선고 2004도6010 판결
170) 2007. 10. 25. 선고 2007도3601 판결
171) 광주고등법원 2007. 4. 26. 선고 2007노69 판결
172) 2022. 7. 28. 선고 2022도1274 판결(광주고등법원 2022. 1. 13. 선고 2021노63 판결).

동 등을 대상으로 이를 논의 · 비판하는 것을 말한다.[173] '선거에 관한 기사'의 내용이 진실하지 않은 경우에만 법 제95조(신문 · 잡지 등의 통상방법 외의 배부 등 금지)의 규제대상이 되는 것은 아니다.[174]

다. 신문 · 통신 · 잡지 또는 기관 · 단체 · 시설의 기관지 기타 간행물

법 제95조(신문 · 잡지 등의 통상방법 외의 배부 등 금지) 제1항에서 '신문 · 통신 · 잡지 또는 기관 · 단체 · 시설의 기관지 기타 간행물(이하 "신문등"이라 한다)'이라 함은 단순한 문서 · 도화의 수준을 넘어서서 상당한 기간 반복적으로 제호, 발행인, 발행일 등을 표기하면서 일정한 격식을 갖추어 발행되는 것에 한정되고, 비록 신문 · 잡지의 형식을 취하였다고 하더라도 통상방법에 의한 배부인지 여부를 판단할 수 있을 정도로 상당한 기간 반복적으로 발행 · 배부되어 오던 것이 아니라면 법 제93조(탈법방법에 의한 문서 · 도화의 배부 · 게시 등 금지) 제1항에 규정된 '문서 · 도화 · 인쇄물 등'에 해당할 뿐 이에는 해당하지 않는다.[175] 특히 신문 · 통신 · 방송과 같은 언론기관의 경우 공직선거법 등 관련법에 의하여 그 보도내용의 공정성에 관한 규제를 받고 있음에 반하여 그와 같은 심의절차조차 마련되어 있지 아니한 일반 기관 · 단체 · 시설에서 종래 계속적으로 발행해오던 정규 기관지도 아닌 호외성 간행물 또는 임시호를 발행하여 배부하는 경우까지 제95조(신문 · 잡지 등의 통상방법 외의 배부 등 금지)의 해석에 의하여 허용된다고 볼 수는 없다.[176] 인쇄물이 법 제95조(신문 · 잡지 등의 통상방법 외의 배부 등 금지)의 기관지와 같은 표제, 제호, 발행인 등을 사용하여 발행되었다고 하더라도, 다른 제호와 발행부수에서 차이가 날 뿐 아니라 그 지면의 수, 지질, 색상의 크기, 기사 내용과 편집도 확연히 차이가 있어서 호외호 또는 임시호의 외관을 나타내고 있는 점을 종합하여 볼 때, 그 형식과 내용을 달리하는 호외성 간행물 또는 임시호에 불과한 경우 그 인쇄물은 법 제95조(신문 · 잡지 등의 통상방법 외의 배부 등 금지)의 '기관지 기타 간행물'에 해당한다고 볼 수 없다.[177]

---

173) 2002. 4. 9. 선고 2000도4469 판결

174) 2007. 10. 25. 선고 2007도3601 판결

175) 2005. 5. 13. 선고 2005도836 판결(국회의원선거에 관한 기사가 게재된 유가 잡지의 창간호를 무료로 배부한 사안에서, 위 잡지가 창간호로서 통상의 방법에 의한 배부인지 여부를 판단할 수 있을 정도로 상당한 기간 반복적으로 발행·배부되어 오던 것이 아니라는 이유로 법 제95조(신문·잡지 등의 통상방법 외의 배부 등 금지) 제1항에 규정된 '신문등'에 해당하지 않는다고 한 사례)

176) 2005. 5. 13. 선고 2004도3385 판결, 2015. 7. 23. 선고 2015도6244(창원지방법원 2015. 2. 12. 선고 2014고합236 판결 : 노동조합의 기관지와 같은 표제, 제호, 발행인 등을 사용하여 발행되었으나 호외성 간행물 또는 임시호의 외관을 보이고 있어 '기관지 기타 간행물'에 해당하지 않는다고 한 사례)

177) 부산고등법원 2015. 4. 22. 선고 2015노96 판결

라. 통상방법외의 방법으로 배부·살포·게시·첩부

'통상방법에 의한 배부'라 함은 종전의 방법과 범위 안에서 발행·배부하는 것을 말한다(법§95②후단). '통상방법외의 방법'에 해당하기 위해서는 간행물 본래의 발행목적 수행을 위하여 평소 실시되던 본래의 방법과 범위에서 일탈하여 간행물을 선거홍보물화하는 이례적인 배부방법으로 볼 수 있을 정도에 이르러야 한다.[178] 설령 신문 등의 발행인에게 사세확장 기타의 사유로 발행부수를 늘리려고 하는 의도가 일부 있다고 하더라도, 당해 신문에 게재된 기사의 내용, 증간부수 및 경위, 배부처 기타 제반사정에 비추어 그 행위가 전체적으로 보아 종전의 방법과 범위 안에서 발행·배부한 것으로 볼 수 없는 경우에는 법 제95조(신문·잡지 등의 통상방법 외의 배부 등 금지) 제1항이 금지하고 있는 선거에 관한 기사를 게재한 신문을 통상방법 외의 방법으로 배부한 것에 해당한다고 보아야 한다.[179]

선거에 관한 기사를 게재한 신문·잡지 등의 간행물을 평소에 실시되던 배부방법 및 범위와 다른 이례적인 방법으로 배부하는 행위는 그것이 공직선거법이 정한 선거운동기간 중에 이루어진 것이든 아니면 선거운동기간이 아닌 기간 동안에 이루어진 것이든 구분 없이 모두 법 제95조(신문·잡지 등의 통상방법 외의 배부 등 금지) 제1항의 금지대상에 포함된다.[180]

법 제95조(신문·잡지 등의 통상방법 외의 배부 등 금지) 제1항에서의 '배부행위'라 함은 같은

---

178) 2005. 6. 23. 선고 2004도8969 판결, 2001. 1. 19. 선고 2000도3877 판결, 광주고등법원 2007. 4. 26. 선고 2007노69 판결, 청주지방법원 충주지원 2010. 8. 20. 선고 2010고합38 판결('2010. 6. 2. 지방선거' 시·도지사 출마가 예상되는 특정인에게 불리한 기사가 게재된 신문을 평소 발행부수인 2,000부 내지 3,000부보다 많은 10,000부를 발행하여 무상배부한 사안에서, 이전에도 몇 차례 동일 부수의 신문을 발행하여 배부한 적이 있고, 위 기사 게재 신문의 경우 평소보다 3배 가량 많은 광고비가 들어왔으며, 구독료를 납부하는 사람이 50명 정도에 불과하여 신문의 대부분을 무상으로 배부하여 왔던 점에 비추어, 평소 실시하던 배부방법과 범위를 일탈하여 간행물 등을 선거홍보물화하는 이례적인 배부방법이라고 단정할 수 없다고 한 사례)

179) 2000. 12. 8. 선고 2000도4600 판결, 2005. 3. 25. 선고 2005도39 판결, 2011. 1. 27. 선고 2010도14940 판결(지역신문의 발행인이 지방자치단체장 선거 입후보 예정자들에게 불리한 내용이 전체 지면의 3분의 1 이상 채워져 있는 신문을 평소 발행부수보다 3배 이상 배부한 행위가 공직선거법상 '선거에 관한 기사를 게재한 신문을 통상방법 외의 방법으로 배부한 경우'에 해당한다고 한 사례), 2015. 10. 29. 선고 2015도11806 판결(○○지역신문은 무가지인 지역신문으로서 광고주를 통하여 수입을 얻을 수밖에 없고 평소 경영난에 시달려 발행 횟수나 부수를 일정하게 유지할 수 없었던 상황이어서 과거 지역 주민의 관심이 집중되는 국회의원선거, 지방선거 등 정치적 현안 또는 재개발, 재건축 등 지역적 현안이 있는 경우와 광고주의 특별한 요청이 있는 경우에는 평균보다 발행부수를 늘려 15,000부 내지 20,000부, 50,000부가 발행되기도 하였으므로, 이 사건 선거전의 2014. 3. 20.자 20,000부, 이 사건 기사가 게재된 2014. 5. 3.자 및 2014. 6. 2.자 각 20,000부의 ○○지역신문 발행은 평소보다 발행·배포 부수가 증가한 것이라고 볼 수 없고, 배부방법도 평소와 같고, 기사 내용도 기자회견내용과 선거공보내용을 취재하여 그대로 보도한 것으로 상대 후보자측의 해명과 반박내용을 함께 게재하여 비교적 객관적으로 보도한 점 등에 비추어, 통상방법 외의 방법으로 ○○지역신문을 배부하였다고 보기 어렵다고 한 사례)

180) 2008. 8. 21. 선고 2008도4492 판결(선거운동기간 전에 개최된 걷기대회에서 지방자치단체장 선거 출마예비자가 홍보성 기사가 게재된 잡지를 참가자들에게 배부한 행위가 법 제95조(신문·잡지 등의 통상방법 외의 배부 등 금지) 제1항에서 금지하는 선거에 관한 간행물의 통상방법외의 배부행위에 해당한다고 한 사례)

조항에 규정된 선거에 관한 기사를 게재한 신문 등을 불특정 또는 다수인에게 교부하거나 신문 등을 개별적으로 어느 한 사람에게 교부한 경우라 할지라도 그것이 불특정 또는 다수인에게 교부될 것이라는 점을 예견할 수 있는 특별한 정황 아래에서 교부하는 것을 말한다.[181]

'통상방법 외의 방법'은 반드시 특정인에 대한 지지를 유도하기 위한 선거홍보물의 일종으로 배부하는 경우만을 의미하는 것은 아니다.[182] 일간신문 배달원에게 선거에 관한 기사가 게재된 정당의 당보를 신문 간지에 끼워서 구독자들에게 배부하게 한 경우,[183] 국회의원선거 후보자에 대한 불리한 기사를 게재한 신문을 평소 발행부수보다 많이 발행하여 평소 배부처가 아니었던 정당 지구당에 배부한 외에 종전에 배부하던 곳에도 많은 양의 신문을 배부한 경우[184]는 통상방법 외의 방법으로 배부한 것에 해당한다. 정당이 단독 또는 시민단체와 공동으로 특정 정당이나 후보자가 되고자 하는 자를 지지·추천하거나 반대함이 없이 시국현안에 관한 집회를 개최하면서 참석자들에게 시국현안관련 해당 정당의 정책 및 입장을 알리는 당보를 배부하는 것은 무방하나, 시민단체가 단독으로 그와 같은 집회를 개최하면서 정당의 당보를 배부하는 때에는 법 제95조(신문·잡지 등의 통상방법 외의 배부 등 금지)에 위반된다.[185]

지방의회가 현직의원의 수상내역·지역활동 등 후보자가 되려는 지방의회의원의 당락에 유리 또는 불리한 기사를 게재한 기관잡지형태인 의회소식지를 유관단체에 배부하는 것은 직무상 행위로서 무방하나, 통·리·반장이나 일반주민에게 배부하는 경우와 지방의회의원이 구독신청자를 모집하여 지방의회에 구독신청자 명단을 제공하는 방법으로 의회소식지를 배부하는 경우, 반상회보 등에 구독신청요령을 게재하여 구독신청방법을 안내하도록 하거나 통·리·반장에게 구독신청방법을 안내하도록 협조요청하거나 반상회 등 마을주민 모임 시 주민센터직원이 구독신청방법을 설명하는 방식 등 반상회보, 통·리·반장, 주민센터 공무원을 이용하여 구독신청방법을 홍보하는 것은 법 제95조(신문·잡지 등의 통상방법 외의 배부 등 금지)에 위반된다.[186] 후보자 또는 후보자가 되고자 하는 자가 당락이나 특정 정당에 유리 또는 불리한 기사를 게재한 의회기관지를 선거구민에게 배부하는 것도 마찬가지이다.[187] 선

---

181) 2002. 1. 25. 선고 2000도1696 판결, 2009. 5. 14. 선고 2009도1938 판결, 2011. 2. 24. 선고 2010도17081 판결, 광주지방법원 2015. 3. 26. 선고 2014고합169 판결

182) 2005. 6. 23. 선고 2004도8969 판결, 2011. 1. 27. 선고 2010도14940 판결, 2017. 5. 11. 선고 2017도4053 판결(광주고등법원 2017. 2. 16. 선고 2016노564 판결 : 1년 넘게 발행된 적이 없는 신문을 선거일 즈음에 다시 발행하고, 이를 일반대중보다 정치적 관심도가 높은 사람들이 참석할 것으로 보이는 의원의 의정보고회 행사장 접수대 등에 놓아둔 것은 그 방법과 범위를 일탈한 경우에 해당한다고 한 사례)

183) 1997. 5. 9. 선고 97도729 판결

184) 2000. 12. 8. 선고 2000도4600 판결

185) 2006. 11. 10. 중앙선관위 질의회답

186) 2015. 1. 16. 중앙선관위 질의회답

거에 관한 기사가 담긴 신문을 발송하지 않았더라도 불특정 또는 다수의 선거구민들이 쉽게 가져갈 수 있도록 선거사무소에 비치해두거나, 주민이 오면 '이것 보시고 갖고 가서 홍보 좀 해주쇼'라고 말하는 등의 방법을 통하여 결국 불특정 또는 다수의 선거구민들이 가져가도록 한 것도 '통상방법 외의 방법으로 배부'에 해당한다.[188)]

마. 그 기사를 복사하여 배부·살포·게시·첩부

시간강사로서 강의시간에 특정 정당의 대선후보자에 대한 부정적인 기사를 복사하여 배부하면서 그 후보자에 대하여 부정적인 취지의 말을 하였다고 하더라도 그러한 행위가 선거운동에 해당한다는 것이 객관적으로 명백하다고 보기 어려운 상황에서, 대학교수의 핵심행위인 교수행위의 일환으로 또는 이에 수반하여 강의자료로 신문기사를 복사하여 학생들에게 나누어 준 행위를 일컬어 법 제95조(신문·잡지 등의 통상방법 외의 배부 등 금지) 제1항이 금지하는 신문 등의 통상방법 외의 방법에 의한 배부행위에 해당한다고 볼 수 없다.[189)] 인터넷

---

187) 1994. 7. 8. 중앙선관의 질의회답

188) 2022. 7. 28. 선고 2022도1274 판결(광주고등법원 2022. 1. 13. 선고 2021노63 판결).

189) 2018. 7. 12. 선고 2014도3923 판결(원심인 대구고등법원 2014. 3. 12. 선고 2013노694 판결은 통상방법 외의 방법에 의한 배부라고 인정하였었다) ; 위 대법원 판결은 이 사건을 선거운동으로 보지 않는 이유에 대한 이론적 근거를 아래와 같이 제시하였다. 즉, '교수의 자유는 대학 등 고등교육기관에서 교수 및 연구자가 자신의 학문적 연구와 성과에 따라 가르치고 강의를 할 수 있는 자유로서 교수의 내용과 방법 등에 있어 어떠한 지시나 간섭·통제를 받지 아니할 자유를 의미한다. 이러한 교수의 자유는 「헌법」 제22조 제1항이 보장하는 학문의 자유의 한 내용으로서 보호되고, 「헌법」 제31조 제4항도 학문적 연구와 교수의 자유의 기초가 되는 대학의 자율성을 보장하고 있다. 정신적 자유의 핵심인 학문의 자유는 기존의 인식과 방법을 답습하지 아니하고 끊임없이 문제를 제기하거나 비판을 가함으로써 새로운 인식을 얻기 위한 활동을 보장하는 데에 그 본질이 있다. 교수의 자유는 이러한 학문적 자유의 근간을 이루는 것으로, 교수행위는 연구결과를 전달하고 학술적 대화와 토론을 통해 새롭고 다양한 비판과 자극을 받아들여 연구성과를 발전시키는 행위로서 그 자체가 진리를 탐구하는 학문적 과정이며 이러한 과정을 자유롭게 거칠 수 있어야만 궁극적으로 학문이 발전할 수 있다. 헌법이 대학에서의 학문의 자유와 교수의 자유를 특별히 보호하고 있는 취지에 비추어 보면 교수의 자유에 대한 제한은 필요 최소한에 그쳐야 한다. 따라서 어느 교수행위의 내용과 방법이 기존의 관행과 질서에서 다소 벗어나는 것으로 보이더라도 함부로 위법한 행위로 평가하여서는 아니 되고, 그 교수행위가 객관적으로 보아 외형만 교수행위의 모습을 띠고 있을 뿐 그 내용과 방법이 학문적 연구결과의 전달이나 학문적 과정이라고 볼 수 없음이 명백하다는 등의 특별한 사정이 없는 한 원칙적으로 학문적 연구와 교수를 위한 정당한 행위로 보는 것이 타당하다. 대학의 교수나 연구자가 특정한 역사적 사건과 인물, 사회적 현안이나 문화현상 등에 관하여 탐구하고 비판하며 교수하는 활동은 교수의 자유로서 널리 보장되어야 한다. 이러한 경우 특정인이 특정한 선거에 출마하였거나 출마할 예정이라고 하여 그와 관련한 역사적 사건과 인물 등에 대한 평가나 비판 등의 연구결과를 발표하거나 교수하는 행위를 모두 선거운동으로 보게 되면 선거운동 금지기간에는 그러한 역사적 사건과 인물 등에 관한 학문연구와 교수행위를 사실상 금지하는 결과가 되어 학문적 연구와 교수의 자유를 중대하게 침해할 수 있다. 따라서 어느 교수내용과 방법이 공직선거법이 금지하는 선거운동에 해당한다고 하려면, 해당 교수의 행위가 학문적 연구와 교수활동의 본래 기능과 한계를 현저히 벗어나 선거인의 관점에서 볼 때 학문적 연구결과의 전달이나 학문적 과정이라고 볼 수 없고 특정 후보자의 당선 또는 낙선을 도모하는 목적의사를 가진 행위라고 객관적으로 명백하게 인정되는 경우이어야 한다.'

웹사이트에 자신의 글을 게시하면서 그 게시물에 인터넷 웹페이지나 웹사이트 등의 서버에 저장된 신문기사의 웹위치 정보를 나타내는 것에 불과한 인터넷 링크를 하여 두었다가 신문기사 전문을 복사하여 첨부한 것만으로는 그것이 법 제95조(신문·잡지 등의 통상방법 외의 배부 등 금지) 제1항에 규정된 신문 등을 배부한 경우에 해당한다고 할 수 없다.[190]

구 공직선거법 제66조의 소형인쇄물(현재의 "선거공약서")에는 후보자의 경력 뿐 아니라 정견 및 소속정당의 정강·정책·기타 홍보에 필요한 사항을 폭넓게 게재할 수 있고, 그 내용이 다른 후보자, 그의 배우자 또는 직계존비속이나 형제자매의 사생활에 대한 사실을 적시하여 비방하는 경우에 해당하는 때에는 선거관리위원회가 이를 고발하고 공고할 의무가 부여되어 있는 등 인쇄물의 내용에 대해서는 일정한 제한이 있으나, 그 내용의 표현방법에 있어서는 아무런 제한이 없으므로 선거에 관한 기사를 복사·인쇄하여 선거홍보물에 게재하는 것 역시 하나의 표현방법으로서 허용된다고 보아야 할 뿐 아니라 이처럼 모든 후보자들이 공평하게 이용할 수 있도록 보장되어 있는 소형인쇄물 등 선거홍보물에 신문 등의 기사를 게재할 수 있도록 허용하는 것이 법 제95조(신문·잡지 등의 통상방법 외의 배부 등 금지)의 입법취지에 반하지도 않는다고 할 것이므로, 지방자치단체장 선거 입후보자가 책자형 소형인쇄물을 제작하여 선거관리위원회로 하여금 선거구민들에게 배부함에 있어 상대후보자의 공직수행 중의 실정을 다룬 기사를 책자형 소형인쇄물에 복사·인쇄한 행위는 법 제66조에 의하여 허용되는 것으로서 법 제95조(신문·잡지 등의 통상방법 외의 배부 등 금지) 제1항에서 규정한 '이 법의 규정에 의한 경우'에 해당한다.[191] 선거에 관한 기사를 복사하여 신년인사장에 동봉하여 배부하는 것은 법 제95조(신문·잡지 등의 통상방법 외의 배부 등 금지)에 위반된다.[192] 예비후보자나 선거운동을 할 수 있는 사람이 일간신문(인터넷신문 포함)에 보도된 기사를 복사하여 인터넷 홈페이지에 게시하거나 전자우편 또는 문자메시지를 이용하여 유권자들에게 전송하는 것은 허용된다.[193]

바. 벌칙

법 제95조(신문·잡지 등의 통상방법 외의 배부 등 금지) 제1항의 규정에 위반하여 선거에 관한 기사를 게재한 신문·통신·잡지 또는 기관·단체·시설의 기관지 기타 간행물을 통상방법외의 방법으로 배부·살포·게시·첩부하거나 그 기사를 복사하여 배부·살포·게시·첩부한 자는 3년 이하의 징역 또는 600만원 이하의 벌금에 처한다(법§252③). 이는 신문등이 일정한 격식을 갖추어 주로 정기적으로 발행되고 통상 객관적인 사실에 관한 보도와 논평으로 구성

190) 2011. 2. 24. 선고 2010도17081 판결
191) 2000. 12. 12. 선고 99도3097 판결
192) 2010. 1. 25. 중앙선관위 질의회답
193) 2012. 3. 19. 중앙선관위 질의회답

되어 있는 점을 고려하여 선거에 관한 보도와 논평의 자유를 보호하는 차원에서 선거에 관한 기사를 게재한 신문등의 통상적인 배부행위에 대해서는 법 제93조(신문·잡지 등의 통상방법 외의 배부 등 금지)를 적용하여 처벌하지 않는 대신에, 그 배부행위가 통상적인 방법을 벗어나 악용되는 때에는 선거에 미치는 영향이 일반적인 문서·도화에 비하여 훨씬 크다는 점에서 법 제93조(탈법방법에 의한 문서·도화의 배부·게시 등 금지) 위반의 경우보다 더 높은 형으로 처벌하겠다는 취지이다.[194)]

공직선거에 관한 기사를 게재한 신문등을 통상방법 외의 방법으로 배부하거나 그 기사를 복사하여 배부한 경우에 법 제95조(신문·잡지 등의 통상방법 외의 배부 등 금지) 위반죄로 처벌할 수 있음은 별론으로 하더라도, 그러한 배부행위에 대하여 법 제93조(탈법방법에 의한 문서·도화의 배부·게시 등 금지)가 적용될 여지는 없다.[195)] 선거에 관한 기사를 게재한 노동조합의 기관지는 이를 통상의 방법 외의 방법으로 배부한 경우에 법 제95조(신문·잡지 등의 통상방법 외의 배부 등 금지) 위반으로 처벌할 수 있음은 별론으로 하더라도, 법 제93조(탈법방법에 의한 문서·도화의 배부·게시 등 금지) 위반행위인 법의 규정에 의하지 아니하고 문서·도화 등을 배포·게시하는 방법으로 선거운동을 하는 행위에는 포함되지 않는다.[196)]

3. 허위논평·보도 등 금지

가. 여론조사결과의 왜곡보도 등 금지

(1) 의의

누구든지 선거에 관한 여론조사결과를 왜곡하여 공표 또는 보도할 수 없다(법§96①). 이는 여론조사의 객관성·공정성에 대한 신뢰를 이용하여 선거인의 판단에 잘못된 영향을 미치는 행위를 처벌함으로써 선거의 공정성을 보장하려는 규정이다.[197)]

(2) 선거에 관하여

'선거에 관하여'라 함은 당해 선거를 위한 선거운동이 되지 않더라도 당해 선거를 동기로 하거나 빌미로 하는 등 당해 선거와 관련이 있는 경우를 말한다.[198)]

---

194) 2005. 5. 13. 선고 2004도395 판결, 2005. 5. 13. 선고 2004도3385 판결, 2005. 5. 13. 선고 2005도836 판결

195) 2005. 6. 23. 선고 2004도8969 판결(대통령탄핵 지지자들의 인터넷카페의 운영자가 인터넷 신문의 공직선거에 관한 기사를 복사하여 그 회원들에게 이메일로 발송한 행위가 법 제95조(신문·잡지 등의 통상방법 외의 배부 등의 금지) 제2항 위반행위에 해당한다고 한 사례)

196) 2002. 4. 9. 선고 2000도4469 판결

197) 2018. 11. 29. 선고 2017도8822 판결, 2021. 6. 24. 선고 2019도13687 판결

198) 2003. 9. 26. 선고 2003도2230 판결

(3) 왜곡

'왜곡'의 사전적 의미는 '사실과 다르게 해석하거나 그릇되게 함'이고 '그릇되다'의 사전적 의미는 '어떤 일이 사리에 맞지 아니하다.'이다. 사실에 대한 왜곡은 일부 사실을 숨기거나 허위의 사실을 덧붙이거나 과장, 윤색하거나 조작하여 전체적으로 진실이라 할 수 없는 사실을 표현하는 방법으로 이루어진다. 즉, 왜곡이란 객관적으로 보아 허위의 사실에 이르지 아니하더라도 어떤 사실에 있어 그 일부를 은폐하거나 반대로 허위의 사실을 부가하거나 혹은 분식·과장·윤색하는 등으로 선거인의 공정한 판단을 그르치게 할 정도로서 전체적으로 보아 진실이라고 말할 수 없는 사실을 표현하는 것을 의미한다.[199)]

여론조사결과를 왜곡하는 행위에는 이미 존재하는 여론조사결과를 인위적으로 조작·변경하거나 실시 중인 여론조사에 인위적인 조작을 가하여 그릇된 여론조사결과를 만들어 내는 경우뿐만 아니라 실제여론조사가 실시되지 않았음에도 마치 실시된 것처럼 결과를 만들어 내는 행위도 포함된다. 타인이 위와 같이 여론조사결과를 왜곡한 것을 그러한 사정을 알면서 그대로 전달받아 공표하는 경우도 여론조사결과를 왜곡하여 공표한 경우에 해당하고, 위와 같은 인식은 미필적인 것으로도 족하다.[200)] 따라서 공표행위자가 실체가 없는 허위 내용인 여론조사결과를 제3자로부터 전달받아 단순히 공표하는 행위만 한 경우는 여론조사결과를 왜곡하여 공표한 것으로 볼 수 없다.[201)]

선거에 관한 여론조사는 실제 유권자의 투표에 영향을 미칠 수 있기 때문에 조사 목적에 맞게 제대로 된 응답을 얻을 수 있는 설문지가 만들어져야 하고, 설문에 대한 답은 찬성(긍정/동의)과 반대(부정/부동의)가 대칭을 이루어야 한다. 특히 ARS전화방식의 경우 이른바 '순서효과'가 발생하여 먼저 들은 항목을 선택할 가능성이 높고, 설문을 끝까지 듣지 않고 중간에 응답버튼을 누를 가능성도 크다. 각 질문에 대한 찬성(긍정/동의)의 답은 2개로 구성되어 먼저 제시되는 반면에 반대(부정/부동의)의 답은 1개로 구성되어 나중에 제시되고 있어, 찬성의 내용을 우선적으로 반복하여 들은 피조사자는 찬성한다는 답변을 할 가능성이 높아 응답을 유도할 가능성이 큰 조사방식에 해당하는 여론조사에서, ① '잘 모르겠다.'고 대답한 응답률을 전체 응답률에서 무응답으로 배제한 것은, 일반적으로 통계나 여론조사에서 '모름'이나 '응답거절'을 방치하지 않고 '무응답 보정'의 통계적 처리를 하거나 그것이 불가능할 경

199) 부산고등법원 2003. 3. 26. 선고 2000노941 판결(창원지방법원 거창지원 2002. 11. 22. 선고 2002고합32 판결 : 합천지역의 주간신문 발행인 및 편집인으로서 경남도의원선거에서 한나라당의 공천을 받지 못하여 무소속으로 출마하게 된 것을 기화로, 한나라당 합천군수 및 경남도의원 공천이 당규에 따라 운영위원회에서 정상적으로 결정된 것임에도, 위 공천이 밀실공천이고, 돈으로 이루어진 것이라는 내용으로 사실을 왜곡하여 보도·논평하는 기사를 게재한 사례)

200) 2018. 11. 29. 선고 2017도8822 판결

201) 서울고등법원 2017. 6. 2. 선고 2017노219 판결

우에는 그 비율을 공개하여 공표하는 것을 원칙으로 하고 있음에 비추어 볼 때 고의적으로 긍정적인 평가에 대한 비율을 높여 긍정적인 평가에 대한 비율이 객관적으로 어느 정도 되는지를 쉽사리 알 수 없게 한 것으로 보지 않을 수 없고, ② '보통 정도이다.'라는 답변은 응당 항목의 서열에서 중립적 평가에 해당하고 주관적인 해석으로 달리 분류할 사항이 아님에도, 여론조사를 보도하면서 자의적으로 '보통 정도이다.'를 긍정적인 답변으로 평가하여 머리기사의 제호로 내세운 것은 신문의 구독자로 하여금 후보자에 대한 긍정적인 평가가 압도적으로 높다는 인식을 심어주려고 한 것으로 여론조사결과의 왜곡보도에 해당한다.[202]

(4) 공표 또는 보도

공표는 불특정 또는 다수인에게 알리는 것을 말하는 것으로 그 수단이나 방법의 여하를 불문한다. 단 한사람에게 알리더라도 그것이 다른 사람에게 알려질 것이 예견될 때에는 공표에 해당한다. 즉, 개별적으로 한 사람에게 여론조사결과를 왜곡하여 발언하는 경우에는 그 발언이 전파가능성이 있어야 할 뿐 아니라 발언자에게 전파가능성을 인식하고 그 위험을 용인하는 내심의 의사가 있었음이 인정되어야 비로소 여론조사결과의 왜곡공표행위가 성립한다.[203] 불특정 또는 다수인이 알 수 있을 상태에 도달하면 족하고 반드시 그들이 알게 되는 것을 요하지 아니한다. 전파될 가능성에 관하여서는 검사의 엄격한 증명이 필요하다.[204] 법 제96조(허위논평·보도 등 금지) 제1항의 입법 취지에 비추어 법 제96조(허위논평·보도 등 금지) 제1항에 따라 공표 또는 보도가 금지되는 '왜곡된 여론조사결과'는 선거인으로 하여금 객관성·공정성을 신뢰할 만한 수준의 여론조사가 실제 이루어진 결과에 해당한다고 믿게 할 정도의 구체성을 가지는 정보로서 그것이 공표 또는 보도될 경우 선거인의 판단에 잘못된 영향을 미치고 선거의 공정성을 저해할 개연성이 있는 내용일 것을 요한다. 따라서 전파가능성을 이유로 개별적으로 한 사람에게 알리는 행위가 '왜곡된 여론조사결과의 공표'에 해당한다고 하기 위해서는 그 한 사람을 통하여 '왜곡된 여론조사결과'로 인정될 수 있을 정도의 구체성이 있는 정보가 불특정 또는 다수인에게 전파될 가능성이 있다는 점이 인정되어야 한다.[205]

---

202) 광주고등법원 2015. 2. 5. 선고 2014노391 판결
203) 2017. 11. 23. 선고 2017도13212 판결
204) 2021. 6. 24. 선고 2019도13687 판결
205) 2021. 6. 24. 선고 2019도13687 판결(2018. 6. 23. 제주도의회의원 지방선거에서 제주시 선거구에 후보자로 출마한 피고인이, 선거구후보자들에 대한 여론조사가 실시된 사실이 없음에도, 2018. 6. 4. 선거구민인 공소외 1에게 전화를 걸어 "우리 자체 여론조사 했는데 28포인트 앞서고 있다. 거의 30퍼센트, 28.5퍼센트 이긴 걸로 나왔다. 이제는 이미 기울어진 운동장이다. 성당은 몰표야. 거기는 거의 80프로 이상 먹어"라고 말함으로써 여론조사결과를 왜곡하여 공표하였다고 기소된 사안에서, 위 제주시 선거구에 출마한 후보자는 피고인과 공소외 2뿐으로 2명이었고, 공소외 1은 평소에 통화 내용을 녹음하지 않는데 이 사건 무렵 건물 공사와 관련한 시공사와의 문제로 인하여 통화 내용이 자동으로 녹음되도록 설정해 둠으로써 우연히 피고인과의

'보도'란 객관적인 사실의 전달을 말한다.[206]

(5) 벌칙

법 제96조(허위논평 · 보도 등 금지) 제1항을 위반하여 선거에 관한 여론조사결과를 왜곡하여 공표 또는 보도한 자는 5년 이하의 징역 또는 300만원 이상 2천만원 이하의 벌금에 처한다(법§252②).

나. 허위보도·논평 등 금지

(1) 의의

방송 · 신문 · 통신 · 잡지, 그 밖의 간행물을 경영 · 관리하는 자 또는 편집 · 취재 · 집필 · 보도하는 자는 다음 각 호의 어느 하나에 해당하는 행위를 할 수 없다(법§96②).

1. 특정 후보자를 당선되게 하거나 되지 못하게 할 목적으로 선거에 관하여 허위의 사실을 보도하거나 사실을 왜곡하여 보도 또는 논평을 하는 행위
2. 여론조사결과 등과 같은 객관적 자료를 제시하지 아니하고 선거결과를 예측하는 보도를 하는 행위

본조항은 선거의 공정성을 확보하고 논평이나 보도의 내용에 대한 규제를 하기 위한 규정이다.[207]

(2) '방송·신문·통신·잡지 기타의 간행물'을 '경영·관리하는 자' 또는 '편집·취재·집필·보도하는 자'

'방송 · 신문 · 통신 · 잡지 기타의 간행물'은 「방송 · 신문 등에 의한 광고의 금지(법§94조)」에서 살펴본 바와 같다. '경영 · 관리하는 자'는 경영자 및 발행인 등 책임자에 한하지 아니하고 사실상 간행물 등을 경영 및 관리하는 업무에 종사하여 그 간행물 등의 내용에 영향을 미칠 수 있는 모든 자를 포함하고, '편집 · 취재 · 집필 · 보도하는 자'는 편집인 · 기자 · 논설위

전화통화 내용이 녹음되었고, 공소외 1은 사건 당일 저녁 공소외 3 제주도지사 후보 유세현장에서 공소외 4와 공소외 2에게 녹음 내용을 들려주었다는 사실을 확정한 다음 피고인은 공소외 1에게 전화를 걸어 안부인사 겸 지지를 부탁하면서 구두로 공소사실 기재와 같은 말을 하였을 뿐이고, 통상적으로 구두에 의한 정보의 전달은 그것이 활자화되거나 녹음·녹화되지 않는 이상 구체성이 그대로 유지되어 전파되기 어렵고, 공소외 1이 피고인과의 통화내용을 녹음한 것은 우연한 사정에 불과하고, 더구나 피고인이 공소외 1의 녹음사실을 알았거나 예상할 수 있었다고 보이지 않는바, 피고인이 공소외 1에게 전화통화를 하면서 공소사실 기재와 같은 발언을 하였다는 사실만으로는 선거인의 판단에 잘못된 영향을 미치고 선거의 공정성을 저해할 개연성이 있는 구체적인 정보가 전파될 가능성이 있어 피고인에게 불특정 또는 다수인에게 왜곡된 여론조사결과를 공표할 고의가 있었다고 보기 어렵다고 한 사례)

206) 2002. 4. 9. 선고 2000도4469 판결

207) 2007. 10. 25. 선고 2007도3601 판결

원 등 간행물 등의 내부인사뿐만 아니라 외부기자 등도 포함된다.[208]

(3) 선거에 관하여

'선거에 관하여'라 함은 당해 선거를 위한 선거운동이 되지 않더라도 당해 선거를 동기로 하거나 빌미로 하는 등 당해 선거와 관련이 있는 경우를 말하므로 법 제96조(허위논평·보도 등 금지) 제2항에서의 '선거에 관하여'라 함은 당해 선거를 위한 선거운동이 되지 않더라도 당해 선거를 동기로 하거나 빌미로 하는 등 당해 선거와 관련된 모든 사항에 대한 보도와 논평을 가리킨다.[209]

(4) 허위사실

'허위사실'이라 함은 진실에 부합하지 않은 사항으로서 선거인으로 하여금 후보자에 대한 정확한 판단을 그르치게 할 수 있을 정도로 구체성을 가진 것이면 충분하다.[210][211]

(5) 특정 후보자를 당선되게 하거나 되지 못하게 할 목적

법 제96조(허위논평·보도 등 금지) 제2항 제1호의 경우에는 특정 후보자(후보자가 되고자 하는 자를 포함한다)를 당선되게 하거나 되지 못하게 할 목적을 요한다. 반드시 확정적이거나 유일한 목적일 필요는 없다. 목적은 그 인식만 있으면 족하고 그 결과 발생을 적극적으로 의욕하거나 희망하는 것을 요하지 아니한다. 그 목적이 있었는지 여부는 행위자의 사회적 지위, 후보자 또는 경쟁 후보자와의 관계, 행위의 동기 및 수단, 방법, 행위의 내용과 태양, 행위당시의 상황 등 여러 사정을 종합하여 사회통념에 비추어 합리적으로 판단하여야 한다.

(6) 보도·논평

'보도'란 객관적인 사실의 전달을 말하고, '논평'이란 정당·후보자 등의 정강, 정책, 정견, 언동 등을 대상으로 이를 논의·비판하는 것을 말한다.[212] 보도 또는 논평은 특정후보자의 당락에 영향을 줄 수 있는 내용에 한하지 아니하고 당해 선거와 관련된 모든 사항에 대한 보도와 논평을 가리킨다.[213]

---

208) 대검찰청, 앞의 책, 262쪽
209) 2003. 9. 26. 선고 2003도2230 판결
210) 2003. 3. 28. 선고 2003도502 판결, 2003. 2. 20. 선고 2001도6138 전원합의체 판결, 2003. 9. 26. 선고 2003도2230 판결
211) '허위사실'에 대하여는 법 제250조 허위사실공표에서 상술한다.
212) 2002. 4. 9. 선고 2000도4469 판결
213) 2003. 9. 26. 선고 2003도2230 판결

(7) '여론조사결과 등과 같은 객관적 자료 제시', '선거결과예측'

여론조사결과 등과 같은 객관적 자료는 선거결과를 예측하는데 근거가 되는 객관성이 보장된 자료를 의미한다. 따라서 특정인 몇몇에 대한 인터뷰 자료나 '민심', '정치상황' 등 막연하고 검증하기 어려운 주관적인 판단자료는 객관적 자료로 볼 수 없다. 선거결과를 예측하는 것은 특정 후보자의 당선 또는 낙선을 예상하는 것을 의미하고 특정 후보자의 당선 또는 낙선이 확정적인 것으로 표현하여 보도하는 것은 물론 '유력', '우세' 등 선거결과를 미루어 짐작하게 하는 표현으로 보도하는 것도 포함된다.[214)]

(8) 벌칙

법 제96조(허위논평·보도 등 금지) 제2항을 위반하여 특정 후보자를 당선되게 하거나 되지 못하게 할 목적으로 선거에 관하여 허위의 사실을 보도하거나 사실을 왜곡하여 보도 또는 논평을 하거나, 여론조사결과 등과 같은 객관적 자료를 제시하지 아니하고 선거결과를 예측하는 보도를 한 자는 7년 이하의 징역 또는 500만원 이상 3천만원 이하의 벌금에 처한다(법§252①).

4. 방송·신문의 불법이용을 위한 행위 등 제한

가. 선거운동을 위한 언론매체종사자에 대한 금품 등 제공 금지

(1) 의의

누구든지 선거운동을 위하여 방송·신문·통신·잡지 기타의 간행물을 경영·관리하는 자 또는 편집·취재·집필·보도하는 자에게 금품·향응 기타의 이익을 제공하거나 제공할 의사의 표시 또는 그 제공을 약속할 수 없다(법§97①). 법 제97조(방송·신문의 불법이용을 위한 행위 등의 제한) 제1항은 선거에 관한 보도·논평 등에 종사하는 언론인의 직무의 순수성을 보호하기 위해 만들어졌다.[215)]

(2) 선거운동을 위하여

법 제97조(방송·신문의 불법이용을 위한 행위 등의 제한) 제1항의 '선거운동을 위하여'는 선거에서 당선을 위한 유리한 보도를 하게 하려는 적극적인 목적뿐만 아니라 불리한 보도를 회피하려는 소극적인 목적도 포함된다.[216)]

---

214) 대검찰청, 앞의 책, 436쪽

215) 2019. 4. 30. 선고 2019도2567 판결(광주고등법원 2019. 1. 29. 선고 (전주)2018노193 판결)

지방자치단체장이 시기적으로 멀리 떨어진 시기에 10만원 내지 50만원을 기자들에게 제공한 경우 선거운동을 위하여 금품을 제공한 것이라고 보기 어렵다.[217)]

(3) 금지행위의 상대방

방송 · 신문 · 통신 · 잡지 기타의 간행물을 경영 · 관리하는 자 또는 편집 · 취재 · 집필 · 보도하는 자이다. '방송 · 신문 · 통신 · 잡지 기타의 간행물'과 '경영 · 관리하는 자' 또는 '편집 · 취재 · 집필 · 보도하는 자'에 대하여는 앞서 본 바와 같다.

(4) 금지되는 행위

금지되는 행위는 금품 · 향응 기타의 이익을 제공하거나 제공할 의사의 표시 또는 그 제공을 약속하는 것이다.

갑 신문사 소속 기자인 피고인이 을 신문사 소속 기자 병에게 지방자치단체장 선거 후보자 정을 홍보하는 기사 게재를 요청하면서, 병에게 돈을 전달하기 직전에 기사 게재를 부탁하고 돈을 결혼 축의금 봉투에 넣어 전달하였으며, 돈을 전달한 직후에 기사 게재를 재차 부탁한 경우는 법 제97조(방송 · 신문의 불법이용을 위한 행위 등의 제한) 제1항 위반에 해당한다.[218)]

(5) 벌칙

법 제97조(방송 · 신문의 불법이용을 위한 행위 등의 제한) 제1항의 규정에 위반하여 선거운동을 위하여 방송 · 신문 · 통신 · 잡지 기타의 간행물을 경영 · 관리하는 자 또는 편집 · 취재 · 집필 · 보도하는 자에게 금품 · 향응 기타의 이익을 제공하거나 제공할 의사의 표시 또는 그 제공을 약속한 자는 5년 이하의 징역 또는 1천만원 이하의 벌금에 처한다(법§235①).

법 제97조(방송 · 신문의 불법이용을 위한 행위 등의 제한) 제1항 위반죄가 법 제113조(후보자 등의 기부행위제한) 제1항 위반죄에 대하여 특별법 관계에 있다고 볼 수 없고, 위 죄는 각각 독

216) 2010. 12. 9. 선고 2010도10451 판결(전 · 현직의 기초자치단체장, 광역의회 · 기초의회 의원으로서 차기 지방선거에 입후보할 의사가 있는 피고인들이 지역신문사 대표 및 편집국장의 요구에 의하여 여론조사비용 명목의 돈을 교부한 사안에서, 자유의사가 억압된 상태에서 이루어진 것이 아닌 이상, 이를 '선거운동을 위하여' 한 것으로 보는데 아무런 지장이 없다고 한 사례)

217) 2011. 4. 14. 선고 2010도12313 판결(부산고등법원 2010. 9. 8. 선고 2010노495 판결 : ① 기자들에게 한 번에 제공한 금원은 10만원 내지 50만원으로, 가장 많은 금원을 받은 기자가 3회에 걸쳐 90만원을 받아 개개인의 기자가 취득한 금원의 액수가 크지 않은 점, ② 금원을 제공한 일시가 크게 2009. 7.경부터 같은 해 10.경 사이이거나 2009. 12.말경부터 2010. 2.말경까지 사이로 시기적으로 2010. 6.에 있었던 선거와는 상당히 떨어져 있는 점, ③ 기초자치단체장으로서 자치단체가 원활하게 운영되도록 할 목적에서 기자들에게 금원을 제공한 것으로 보이는 점, ④ 금원을 교부받은 기자들은 모두 피고인과 잘 아는 기자들로 피고인이 특별한 목적을 가지고 금원을 제공한 것으로 받아들이지 않고 있는 점 등에 비추어 볼 때, 피고인이 교부한 금원의 지급행위가 '선거운동을 위하여' 제공된 것이라고 인정하기 어렵다고 한 사례)

218) 부산고등법원 2014. 11. 5. 선고 (창원)2014노268 판결

립된 별개의 구성요건으로서 1개의 행위가 각 구성요건을 충족하는 경우 상상적 경합관계에 있다.[219)]

나. 정당·후보자 등의 언론매체종사자에 대한 금품 등 제공 금지

(1) 의의

정당, 후보자, 선거사무장, 선거연락소장, 선거사무원, 회계책임자, 연설원, 대담·토론자 또는 법 제114조(정당 및 후보자의 가족 등의 기부행위제한) 제2항의 후보자 또는 그 가족과 관계있는 회사 등은 선거에 관한 보도·논평이나 대담·토론과 관련하여 당해 방송·신문·통신·잡지 기타 간행물을 경영·관리하거나 편집·취재·집필·보도하는 자 또는 그 보조자에게 금품·향응 기타 이익을 제공하거나 제공할 의사를 표시 또는 그 제공을 약속할 수 없다(법§97②). 법 제97조(방송·신문의 불법이용을 위한 행위 등의 제한) 제2항은 선거에 관한 보도·논평 등에 종사하는 언론인의 직무의 불가매수성을 그 보호법익으로 한다.[220)]

(2) 행위의 주체

정당, 후보자, 선거사무장, 선거연락소장, 선거사무원, 회계책임자, 연설원, 대담·토론자 또는 법 제114조(정당 및 후보자의 가족 등의 기부행위제한) 제2항의 후보자 또는 그 가족과 관계있는 회사가 법 제97조(방송·신문의 불법이용을 위한 행위 등의 제한) 제2항의 행위의 주체이다. 후보자에는 후보자가 되고자 하는 자를 포함한다(법§95②).

(3) 행위의 상대방

방송·신문·통신·잡지 기타 간행물을 경영·관리하거나 편집·취재·집필·보도하는 자 또는 그 보조자가 행위의 상대방이다. 보조자는 반드시 직제상 보조자로 되어 있을 필요는 없고 현실적으로 보조하는 일을 맡고 있는 것으로 족하고, 보조자의 업무는 선거에 관한 보도·논평이나 대담·토론에 관한 것이어야 하며, 기술·편집·제작 등 어떠한 분야의 것이든지 상관이 없다.[221)][222)]

---

219) 2010. 12. 9. 선고 2010도10451 판결

220) 2019. 4. 30. 선고 2019도2567 판결(광주고등법원 2019. 1. 29. 선고 (전주)2018노193 판결)

221) 대검찰청, 앞의 책, 265쪽

222) 2021. 4. 8. 선고 2021도1177 판결('인터넷 신문' 또는 '인터넷 언론사'인 'K'를 운영하던 피고인이 법 제97조(방송·신문의 불법이용을 위한 행위 등의 제한) 제2항, 제3항에서 정한 '방송·신문·통신 · 잡지 기타 간행물을 경영·관리하거나 편집·취재·집필·보도하는 자'에 해당한다고 보아 피고인에 대한 공소사실을 유죄로 판단한 사례)

(4) 금지되는 행위

금지되는 행위는 '선거에 관한 보도·논평이나 대담·토론과 관련하여' 금품·향응 기타 이익을 제공하거나 제공할 의사를 표시 또는 그 제공을 약속하는 것이다.

'선거에 관한 보도·논평이나 대담·토론과 관련하여'의 의미는 보도·논평이나 대담·토론이 선거와 관련 있는 내용이라는 의미이고, 반드시 특정 후보자에게 유리하거나 불리한 내용을 포함하고 있어야 하는 것을 의미하지는 않으므로, 객관적이고 중립적인 내용이라 하더라도 금품 등의 제공이 그 보도·논평 또는 대담·토론과 관련성이 있다면 '선거에 관한 것'으로 볼 수 있으며, 이는 보도·논평이나 대담·토론의 내용이 선거결과에 영향을 미치지 않았다거나 금품 등의 제공자가 자신에게 유리하거나 다른 후보자에게 불리한 내용의 보도 등을 요청하는 청탁을 하지 않았다고 하더라도 달라지지 않는다. 이는 법 제97조(방송·신문의 불법이용을 위한 행위 등의 제한) 제2항이 선거에 관한 보도·논평 등에 종사하는 언론인의 직무의 순수성을 보호하기 위해 만들어졌기 때문이다.[223]

선거사무장이 2014. 6. 4. 실시된 제6회 전국동시지방선거를 앞두고 인터넷 언론사의 뉴스에 후보자의 음주운전 전력이 게재되자 기사를 내려달라는 요구를 하면서 인터넷 광고비 명목으로 30만원의 지급을 약속한 경우,[224] 자치단체장 후보자가 지역신문에 홍보성기사를 내주는 대가로 200만원을 지급하기로 약속하고 홍보성기사가 게재되자 광고비 명목으로 200만원을 지급한 경우,[225] 후보자의 선거사무원이 지역신문사의 전산실장에게 후보자의 신문게재용 약력서와 사진들을 제출하면서 위 신문사 취재부장에게 전해달라며 10만원을 제공한 경우[226]는 법 제97조(방송·신문의 불법이용을 위한 행위 등의 제한) 제2항의 위반에 해당된다.

(5) 벌칙

법 제97조(방송·신문의 불법이용을 위한 행위 등의 제한) 제2항의 규정에 위반하여 선거에 관한 보도·논평이나 대담·토론과 관련하여 당해 방송·신문·통신·잡지 기타 간행물을 경영·관리하거나 편집·취재·집필·보도하는 자 또는 그 보조자에게 금품·향응 기타 이익을 제공하거나 제공할 의사를 표시 또는 그 제공을 약속한 자는 7년 이하의 징역 또는 2천만원 이하의 벌금에 처한다(법§235②).

---

223) 2019. 4. 30. 선고 2019도2567 판결(광주고등법원 2019. 1. 29. 선고 (전주)2018노193 판결)
224) 인천지방법원 부천지원 2014. 10. 16. 선고 2014고합163 판결
225) 서울고등법원 2019. 1. 31. 선고 2018노3183 판결
226) 창원지방법원 1995. 9. 21. 선고 95고합259 판결

다. 언론매체종사자의 금품 등 수수 금지

(1) 의의

방송·신문·통신·잡지 기타 간행물을 경영·관리하거나 편집·취재·집필·보도하는 자는 법 제97조(방송·신문의 불법이용을 위한 행위 등의 제한) 제1항 및 제2항의 규정에 의한 금품·향응 기타의 이익을 받거나 권유·요구 또는 약속할 수 없다(법§97③). 이는 선거에 관한 보도·논평 등에 종사하는 언론인의 직무의 불가매수성을 보호하기 위한 것이다.

(2) 행위의 주체

금품수수 등 행위의 주체는 방송·신문·통신·잡지 기타 간행물을 경영·관리하거나 편집·취재·집필·보도하는 자이다.

(3) 금지되는 행위

선거운동을 위하여 제공되거나, 선거에 관한 보도·논평이나 대담·토론과 관련하여 제공되는 금품·향응 기타의 이익을 받거나 권유·요구 또는 약속하는 것이다.

지방신문사 편집국장이 지방의회의원 입후보예정자에 대하여 그들이 지방의회의원으로서 적격자인 것처럼 기사를 게재하여 관내 주민들에게 배포하고 그들에게 지방신문을 일정금액으로 매도하여 배포하도록 하고 금품을 수령한 행위는 이에 해당한다.[227]

(4) 벌칙

법 제97조(방송·신문의 불법이용을 위한 행위 등의 제한) 제3항의 규정에 위반하여 선거운동을 위하여 제공되거나, 선거에 관한 보도·논평이나 대담·토론과 관련하여 제공되는 금품·향응 기타의 이익을 받거나 권유·요구 또는 약속한 자는 5년 이하의 징역 또는 1천만원 이하의 벌금에 처한다(법§235①).

법 제235조(방송·신문 등의 불법이용을 위한 매수죄)의 죄를 범한 자가 받은 이익은 이를 몰수한다. 다만, 그 전부 또는 일부를 몰수할 수 없는 때에는 그 가액을 추징한다(법§236).

---

227) 1992. 10. 27. 선고 92도2136 판결

5. 선거운동을 위한 방송이용의 제한

가. 의의

누구든지 공직선거법의 규정에 의하지 아니하고는 그 방법의 여하를 불문하고 방송시설을 이용하여 선거운동을 위한 방송을 하거나 하게 할 수 없다(법§98).

나. 공직선거법의 규정에 의하지 아니하고

현행법은 방송시설을 이용한 선거운동의 방법으로 방송광고(법§70), 후보자등의 방송연설(법§71), 방송시설주관 후보자연설의 방송(법§72), 경력방송(법§73), 방송시설주관 경력방송(법§74), 언론기관의 후보자등 초청 대담·토론회(법§82), 선거방송토론위원회 주관 대담·토론회(법§82의2), 선거방송토론위원회 주관 정책토론회(법§82의3) 등을 규정하고 있다. 따라서 위 각 규정에 의한 절차나 방법에 의하지 아니하고 방송시설을 이용하여 선거운동을 위한 방송을 하거나 하게 하여서는 아니 된다.

다. 방송시설을 이용하여 선거운동을 위한 방송을 하거나 하게 하는 것

방송시설은 텔레비전 및 라디오 방송시설로서, 「방송법」에 의한 방송사업자가 관리·운영하는 무선국 및 종합유선방송국(종합편성 또는 보도전문편성의 방송채널사용사업자의 채널을 포함한다)이다(법§70①).

선거운동을 위한 방송이란 특정 정당이나 후보자의 당락을 목적으로 하는 방송으로 특정 정당이나 후보자의 유·불리를 막론한다. 언론기관이 취재·보도의 일환으로 지방의회의 의정활동을 중계방송하는 것은 무방하나, 지방의회가 중계방송 비용을 부담하면서 지방의회의원의 활동상황을 방송하도록 하는 때에는 언론사의 통상적인 취재·보도 방법의 범위를 벗어나 후보자가 되고자 하는 자의 활동상황을 선거구민에게 알리는 선거운동에 이르게 되어 제98조(선거운동을 위한 방송이용의 제한)에 위반된다.[228]

라. 벌칙

법 제98조(선거운동을 위한 방송이용의 제한)의 규정에 위반하여 방송시설을 이용하여 선거운동을 위한 방송을 하거나 하게 한 자는 3년 이하의 징역 또는 600만원 이하의 벌금에 처한다(법§252③).

---

228) 2002. 8. 19. 중앙선관위 질의회답

6. 구내방송 등에 의한 선거운동 금지

가. 의의

누구든지 공직선거법의 규정에 의하지 아니하고는 선거기간 중 교통수단·건물 또는 시설 안의 방송시설을 이용하여 선거운동을 할 수 없다(법§99).

나. 공직선거법의 규정에 의하지 아니하고

현행법상 차내방송 또는 구내방송을 허용하는 규정은 없다. 따라서 선거기간 중에 차내방송 또는 구내방송을 할 수 있는 방법이 전혀 없다.

다. 선거기간 중 교통수단·건물 또는 시설 안의 방송시설을 이용 선거운동

선거기간은 대통령선거의 경우 후보자등록마감일의 다음날부터 선거일까지, 국회의원선거와 지방자치단체의 의회의원 및 장의 선거는 후보자등록마감일 후 6일부터 선거일까지를 말한다(법§33②).

교통수단·건물 또는 시설 안의 방송시설을 이용하여 선거운동하는 것은 기차나 버스 등 불특정·다수의 승객들을 대상으로 차내방송을 하거나, 회사나 단체의 구성원들을 상대로 구내방송을 하여 특정 정당이나 후보자의 당락을 지지·반대하는 행위를 말한다. 선거기간 중이자 사전투표기간에 아파트관리사무소 구내방송시설을 이용하여 727세대 아파트 입주민들에게 아파트 단지 내 아스콘 공사에 시의원이 도움을 주어 감사하다는 내용의 방송을 한 경우가 이에 해당한다.[229]

라. 벌칙

법 제99조(구내방송 등에 의한 선거운동 금지)의 규정에 위반하여 선거기간 중 교통수단·건물 또는 시설안의 방송시설을 이용하여 선거운동을 한 자는 3년 이하의 징역 또는 600만원 이하의 벌금에 처한다(법§252③).

229) 전주지방법원 군산지원 2019. 4. 18. 선고 2018고합106 판결

제4장 연설·집회 등의 제한

1. 녹음기 등의 사용금지

가. 의의

누구든지 선거기간 중 공직선거법의 규정에 의하지 아니하고는 녹음기나 녹화기(비디오 및 오디오기기를 포함한다)를 사용하여 선거운동을 할 수 없다(법§100).

나. 공직선거법의 규정에 의하지 아니하고

현행법 상 녹음기 또는 녹화기를 사용하여 선거운동을 할 수 있는 때에는 공개장소에서의 연설·대담(§79⑩)을 하는 경우뿐이다.

다. 녹음기나 녹화기를 사용하여 선거운동

금지되는 행위는 선거기간 중 녹음기나 녹화기(비디오 및 오디오기기를 포함한다)를 사용하여 선거운동을 하는 것이다. 비디오카메라로 촬영한 것을 입력시켜 영상을 표출하게 하는 비디오전광판은 녹화기의 일종이다.[230] 선거운동을 할 수 있는 언어장애인이 선거운동기간 중 지지연설 또는 지지호소를 위하여 입력한 문자를 음성으로 읽어 들려주는 의사소통보조기기[231]를 사용하는 것은 허용되나, 언어장애인이 아닌 사람이 선거운동에 사용하는 때에는 법 제100조(녹음기 등의 사용금지)에 위반된다.[232] 후보자가 공개장소에서 연설을 할 때 선거관리위원회에 선거운동용으로 신고되지 않은 트럭에 부착된 녹음기와 오디오기기를 이용하여 미리 녹음된 불특정 다수인의 박수소리를 튼 경우는 법 제100조(녹음기 등의 사용금지)에 위반된다.[233]

라. 벌칙

법 제100조(녹음기 등의 사용금지)의 규정을 위반하여 녹음기 또는 녹화기를 사용하여 선거운동을 하거나 하게 한 자는 2년 이하의 징역 또는 400만원 이하의 벌금에 처한다(법§255②6.).

구청장선거에 입후보한 후보자 갑이 선거홍보차량에 설치된 비디오재생기와 확성장치를

230) 1995. 2. 24. 중앙선관위 질의회답

231) 의사소통보조기기란 텍스트파일을 입력하면 문자를 음성으로 변환시켜주는 프로그램 및 기기로 뇌병변·언어장애인, 지적발달장애인들의 원활한 의사소통을 위해 개발되었으며, 이외에도 최근에는 휴대폰 애플리케이션(진소리, 나의 AAC 등)이 많이 사용되고 있다.

232) 2017. 4. 11. 중앙선관위 질의회답

233) 부산고등법원 2019 1. 16. 선고 (창원)2018노326 판결

이용하여 선거운동 동영상 등의 영상과 음성을 출력한 경우, 확성장치의 사용제한위반(법§91①)과 비디오기기 사용제한위반(법§100)이 실체적 경합관계에 있다.[234]

2. 타연설회 등의 금지

가. 의의

누구든지 선거기간 중 선거에 영향을 미치게 하기 위하여 공직선거법의 규정에 의한 연설·대담 또는 대담·토론회를 제외하고는 다수인을 모이게 하여 개인정견발표회·시국강연회·좌담회 또는 토론회 기타의 연실회나 대담·토론회를 개최할 수 없다(법§101).

나. 공직선거법의 규정에 의한 연설·대담 또는 대담·토론회

현행법이 인정하고 있는 연설·대담 또는 대담·토론회는 공개장소에서의 연설·대담(법§79), 단체의 후보자등 초청 대담·토론회(법§81), 언론기관의 후보자등 초청 대담·토론회(법§82), 선거방송토론위원회 주관 대담·토론회(법§82의2)이다. 위 각 규정에 의한 대담·토론회를 제외하고는 연설회나 대담·토론회를 개최할 수 없다.

다. 선거에 영향을 미치게 하기 위하여

선거기간 중에 선거와 무관함을 표방한 집회의 개최라도 그 집회에서 선거에 관한 연설을 하거나, 선거에 영향을 미칠 우려가 있는 일반선거구민 상대의 대중집회를 연속 또는 순회 개최하는 때에는 선거운동의 목적이 있다고 본다.[235] 정당의 대표자 또는 간부가 선거운동기간 중에 선거와 관련이 없는 기관·단체 등이 주관하는 행사에 초청되어 선거와 관련이 없는 내용의 강연 또는 연설을 하는 것은 무방하나, 그것이 선거에 영향을 미치게 하는 행위에 이르러서는 안 된다.[236] 케이블 텔레비전 여성 채널인 동아텔레비전이 방송프로그램공급을 위하여 방송프로그램제작 목적 범위 안에서 중앙당의 여성국장을 참여하게 하여 정당의 여성에 관한 정강·정책에 관한 대담·토론을 행하게 하는 것은 프로그램공급을 위한 영업행위로서 무방하나, 선거기간 중에 방송프로그램공급과 무관하게 다수의 선거구민을 대상으로 특정 정당의 정책 등을 발표하게 하는 세미나를 개최하는 것은 선거에 영향을 미치게 하기 위한 집회의 개최에 해당하여 법 제101조(타연설회 등의 금지)에 위반된다.[237] 사회단체가 중립적인 입장에서 후보자의 공약을 공정하고 객관적인 기준에 따라 평가하는 경우 여론조사

234) 2011. 3. 24. 선고 2010도15937 판결
235) 1991. 3. 6. 중앙선관위 지방의회의원선거법 운용에 관한 결정
236) 1995. 6. 9. 중앙선관위 질의회답
237) 1995. 6. 4. 중앙선관위 질의회답

결과 일정 지지율 이상인 자 또는 여당과 제1야당 후보만을 평가대상자로 선정하는 것은 허용되나, 선거기간 중 후보자의 공약평가발표회를 개최하는 것은 선거에 영향을 미치게 하는 행위가 되어 법 제101조(타연설회 등의 금지)에 위반된다.[238)]

라. 금지 행위

금지되는 행위는 선거기간 중 공직선거법에 규정되지 아니한 방법으로 다수인을 모이게 하여 개인정견발표회·시국강연회·좌담회 또는 토론회 기타의 연설회나 대담·토론회를 개최하는 것이다. 선거기간 중에만 적용되며, 개인정견발표회·시국강연회·좌담회연설회는 예시에 불과하고 그 명칭여하를 불문한다. 공직선거법에서 허용되는 경우를 제외하고는 합법·불법을 불문할 뿐만 아니라 실내·외를 가리지 않고 다수인을 모이게 하여 연설회 등을 하면 법 제101조(타연설회 등의 금지)에 위반된다.

국회의원연구단체와 국회의원이 대통령선거기간 중에 선거와 무관하게 사회현안에 관한 시민공청회를 공동으로 개최하는 경우,[239)] 국회의원이 대통령선거기간 중에 선거와 무관하게 직무상 행위의 일환으로 다문화 여성으로 구성된 자조모임을 방문하여 다문화정책에 관한 의견을 청취하는 경우는 허용된다.[240)] 선거기간 중 재향군인회관에서 특별기도회를 열어 뉴라이트기독연합 회원 500명을 참석하게 하여 특정 대선후보자의 지지를 호소하는 연설을 한 경우는 법 제101조(타연설회 등의 금지)에 위반된다.[241)]

마. 벌칙

선거운동과 관련하여, 법 제101조(타연설회 등의 금지)의 규정에 위반하여 선거기간 중 선거에 영향을 미치게 하기 위하여 공직선거법의 규정에 의한 연설·대담 또는 타연설회를 개최하거나 하게 한 자는 2년 이하의 징역 또는 400만원 이하의 벌금에 처한다(법§256③1.자.).

3. 야간연설 등의 제한

가. 연설·대담 또는 대담·토론회의 야간 개최 제한

(1) 야간 개최 제한

공직선거법의 규정에 의한 연설·대담과 대담·토론회(방송시설을 이용하는 경우를 제외한다)

238) 2007. 9. 3. 중앙선관위 질의회답
239) 2012. 11. 9. 중앙선관위 질의회답
240) 2012. 11. 26. 중앙선관위 질의회답
241) 서울중앙지방법원 2008. 7. 11. 선고 2008고합627 판결

는 오후 11시부터 다음날 오전 6시까지는 개최할 수 없으며, 공개장소에서의 연설·대담은 오후 11시부터 다음날 오전 7시까지는 이를 할 수 없다. 다만, 공개장소에서의 연설·대담을 하는 경우 자동차에 부착된 확성장치 또는 휴대용 확성장치는 오전 7시부터 오후 9시까지 할 수 있다(법§102①).[242)]

현행법에서 허용하고 있는 연설·대담과 대담·토론회는 공개장소에서의 연설·대담(법§79), 단체의 후보자등 초청 대담·토론회(법§81), 언론기관의 후보자등 초청 대담·토론회(법§82), 선거방송토론위원회 주관 대담·토론회(법§82의2)이다. 위와 같이 허용된 대담·토론회도 방송시설을 이용하는 경우를 제외하고는 오후 11시부터 다음날 오전 6시까지 개최할 수 없고, 공개장소에서의 연설·대담은 오후 11시부터 다음날 오전 7시까지는 할 수 없다. 다만, 공개장소에서의 연설·대담을 하는 경우 자동차에 부착된 확성장치 또는 휴대용 확성장치는 오전 7시부터 오후 9시까지 할 수 있다.

(2) 벌칙

선거운동과 관련하여, 법 제102조(야간연설 등의 제한) 제1항을 위반하여 연설·대담 또는 대담·토론회를 개최한 자는 2년 이하의 징역 또는 400만원 이하의 벌금에 처한다(법§256③ 1.차.).

나. 녹음기·녹화기의 야간 사용 제한

(1) 야간 사용 제한

법 제79조(공개장소에서의 연설·대담)에 따른 공개장소에서의 연설·대담을 하는 경우 오후 9시부터 다음 날 오전 7시까지 같은 조 제10항에 따른 녹음기와 녹화기(비디오 및 오디오 기기를 포함한다)를 사용할 수 없다. 다만, 녹화기는 소리의 출력 없이 화면만을 표출하는 경우에 한정하여 오후 11시까지 사용할 수 있다(법§102②).[243)]

---

242) 구 공직선거법(2022. 1. 18. 법률 제18790호로 개정되기 전의 것) 제102조(야간연설 등의 제한) 제1항은 "연설·대담과 대담·토론회를 '오후 11시부터 다음날 오전 6시까지' 금지하고, 공개장소에서의 연설·대담을 '오후 11시부터 다음날 오전 6시까지' 금지하였으며, 공개장소에서의 연설·대담에 있어서 휴대용 확성장치만을 사용하는 경우에는 '오전 6시부터 오후 11시까지' 할 수 있도록 하였으나", 시민의 건강하고 쾌적한 환경에서 생활할 권리와 선거운동의 자유를 합리적으로 보장하기 위하여 2022. 1. 18. 법률 제18790호로 법을 개정하여 법 제102조(야간연설 등의 제한) 제1항을 현행과 같이 변경하였다.

243) 구 공직선거법(2022. 1. 18. 법률 제18790호로 개정되기 전의 것) 제102조(야간연설 등의 제한) 제2항은 '소리의 출력 없이 화면만을 표출하는 경우'에는 이를 허용하지 않았으나, '소리의 출력 없이 화면만을 표출하는 경우'의 선거운동의 자유를 합리적으로 보장하기 위하여 2022. 1. 18. 법률 제18790호로 개정하여 법 제102조(야간연설 등의 제한) 제2항 단서를 신설하였다.

(2) 벌칙 및 제재

법 제102조(타연설회 등의 금지) 제2항을 위반하여 녹음기 또는 녹화기를 사용한 자는 1년 이하의 징역 또는 200만원 이하의 벌금에 처한다. 다만 오후 9시부터 오후 11시까지의 사이에 소리를 출력하여 녹화기를 사용한 자는 제외한다(법§256⑤10.).

법 제102조(타연설회 등의 금지) 제2항 단서를 위반하여 오후 9시부터 오후 11시까지 사이에 소리를 출력하여 녹화기를 사용한 자는 1천만원 이하의 과태료를 부과한다(법§261③4의2.).

4. 각종집회 등의 제한

가. 선거기간 중 집회 제한

(1) 의의

누구든지 선거기간 중 선거운동을 위하여 공직선거법에 규정된 것을 제외하고는 명칭 여하를 불문하고 집회나 모임을 개최할 수 없다(법§103①).

(2) 선거기간 중 공직선거법에 규정된 것을 제외한 일체의 집회 및 모임 금지

헌법재판소는 구 공직선거법(2023. 8. 30. 법률 제19696호로 개정되기 전의 것) 제103조(각종집회 등의 제한) 제3항 중 '누구든지 선거기간 중 선거에 영향을 미치게 하기 위하여 "그 밖의 집회나 모임"을 개최할 수 없다'는 부분(이하, '집회개최 금지조항'이라 한다)과 관련하여, 「집회개최 금지조항은 선거에서의 균등한 기회보장과 선거이 공정성 확보를 위한 것으로서 정당한 목적 달성을 위한 적합한 수단이나, 선거기간 중 선거에 영향을 미치게 하기 위한 집회나 모임이라면 선거의 공정과 평온에 대한 위험이 구체적으로 존재하지 않는 경우까지도 예외없이 개최를 금지하고 있다. 선거의 평온이라는 입법목적은 '집회 및 시위에 관한 법률'의 다양한 규제수단들이나 형사법상의 처벌조항 등으로 달성할 수 있고, 선거에서의 기회 불균형 등의 문제는 선거비용 제한·보전 제도, 기부행위 금지 등 기존의 공직선거법상의 규제들이나 일정한 집회나 모임의 개최만을 한정적으로 금지하는 방법 등에 의해서도 방지할 수 있으며, 무분별한 흑색선전, 허위사실유포 등에 대한 규제도 공직선거법에 이미 도입되어 있는바, 집회개최 금지조항은 입법목적 달성을 위하여 필요한 범위를 넘어 선거기간 중 선거에 영향을 미치게 하기 위한 유권자의 집회나 모임을 일률적으로 금지·처벌하고 있으므로 침해의 최소성에 반한다. 또한 집회개최 금지조항으로 인하여 일반 유권자가 받는 집회의 자유, 정치적 표현의 자유에 대한 제약이 달성되는 공익보다 중대하므로 법익의 균형성에도 위배된다. 따라서 집회개최 금지조항은 과잉금지원칙에 반하여 집회의 자유, 정치적 표현의 자유를 침해한다.」고 판시하면서 위헌결정을 하였다.[244] 이에 따라 2023. 8. 30. 법률 제19696호로 법 제103조(각종집회 등의 제한) 제3항을 개정하여 선거에 영향을 미치게 하기 위한 집회나 모임의 경우, 향우회·종친회·동창회·단합대회·야유회 또는 참가 인원이 25명을 초과하는 집회나 모임의 개최만을 한정적으로 금지하는 대신에, 선거기간 중 선거운동을 위한 집회나 모임은 모두 금지하는 것을 내용으로 하는 법 제103조(각종집회 등의 제한) 제1항을 신설하였다.

법 제103조(각종집회 등의 제한) 제1항은 '선거운동을 위한' 집회나 모임의 개최를 금지하는 것을 내용으로 한다. 따라서 '선거운동을 위한' 것이 아니라, 단지 '선거에 영향을 미치게 하기 위한' 것에 불과한 집회나 모임을 개최하는 경우에는 이에 해당하지 아니한다.

나. 국민운동단체 등의 집회 제한

(1) 의의

특별법에 따라 설립된 국민운동단체로서 국가나 지방자치단체의 출연 또는 보조를 받는 단체(바르게살기운동협의회·새마을운동협의회·한국자유총연맹을 말한다) 및 주민자치위원회는 선거기간 중 회의 그 밖의 어떠한 명칭의 모임도 개최할 수 없다(법§103②).

과거 여러 선거에서 선거기간 중 개최된 각종 집회에 후보자들이 참석하는 등으로 사실상 특정후보에 대한 선거운동이 이루어졌고, 이러한 집회를 통하여 후보자측에게 금품을 요구하는 등 선거분위기의 과열·타락이 조장되는 사례가 빈발하였는데, 특히 국가나 지방자치단체와 관련된 단체의 경우 그 영향력이 더 크다는 점에서 폐해가 지적되어 왔다. 법 제103조(각종집회 등의 제한) 제2항은 이러한 과거의 선거현실에 대한 반성의 산물로서, 특별법에 의하여 설립된 국민운동단체로서 국가나 지방자치단체의 출연 또는 보조를 받는 단체인 바르게살기운동협의회 등이 선거기간 중 모임을 개최하는 경우 그 모임의 성격, 개최장소, 개최목적, 모임의 내용 등을 불문하고 선거에 영향을 미친다고 보고 그 모임을 개최한 자를 처벌하기 위한 규정이다.[245]

---

244) 2022. 7. 21. 선고 2018헌바357,2021헌가7(병합) 결정(재판관 이선애, 이종석, 이영진은 "집회개최 금지조항은 '선거에 영향을 미치게 하기 위한 목적'이 있는 집회나 모임의 개최에 한정하여 이를 금지한다. 집회나 모임은 홍보 효과가 크고, 투입되는 비용에 따라 유권자에게 미치는 영향력에도 상당한 차이가 발생하므로 이를 제한하지 않으면 선거운동 등에서의 불균형이 두드러지게 되며, 이를 이용한 무분별한 흑색선전으로 인하여 선거의 평온과 공정이 심각한 위협을 받게 될 우려가 크다. 공직선거법상 선거비용제한 등을 통한 규제의 한계 등에 비추어 보면, 집회개최 금지조항은 선거에서의 기회균등 및 선거의 공정성 확보를 위한 가장 효과적인 수단이며, 집회개최 금지조항은 금지기간을 '선거기간 중'으로 한정하고 있으므로 침해의 최소성에 위반된다고 볼 수 없다. 집회개최 금지조항으로 인하여 제한되는 정치적 표현의 자유와 집회의 자유가 그로 인하여 달성할 수 있는 공익보다 더 크다고 보기도 어렵다. 따라서 집회개최 금지조항은 과잉금지원칙에 반하여 정치적 표현의 자유, 집회의 자유를 침해하는 것이라고 할 수 없다."고 반대의견을 표시하였다.) ; 2022. 7. 21. 선고 2018헌바164 결정도 같은 취지

(2) 각종 모임 개최 금지

바르게살기운동협의회 · 새마을운동협의회 · 한국자유총연맹 및 주민자치위원회는 선거기간 중 회의 그 밖의 어떠한 명칭의 모임도 개최할 수 없다. 바르게살기운동협의회 등은 모임의 성격, 개최장소, 개최목적, 모임의 내용 등을 불문하고 어떠한 명칭의 모임도 선거기간 중에는 개최할 수 없다.

선거운동에 영향을 미치거나 선거운동을 위한다는 초과주관적 요소인 목적도 요구되지 않는다. 이는 위 단체가 개최하는 모임의 성격상 특정 정당이나 후보자의 당선 또는 낙선에 유리 또는 불리한 결과를 초래하게 되어 당연히 선거에 영향을 미친다고 보기 때문이다.

한국자유총연맹이 개최하는 전국자유수호웅변대회 예선 및 본선은 선거기간 중에는 개최할 수 없고,[246] 새마을운동협의회도 선거기간 중에는 사랑의 김장담가주기 및 연탄(쌀)나누기 행사나 시 · 군 새마을회장 수련회를 개최할 수 없다.[247] 새마을운동중앙회(시 · 도, 시 · 군 · 구조직 포함)가 선거기간 중에 새마을의 날 기념식 및 관련 기념행사를 개최하는 것은 법 제103조(각종집회 등의 제한) 제2항에 위반되나, 새마을운동중앙회의 상근직원이 참석하는 내부행사로 개최하거나 선거기간 중 선거가 실시되지 아니하는 지역에서 선거구민을 제외하고 행사를 개최하는 것은 허용된다.[248] 한국자유총연맹 강릉시지회의 분회장 및 산악회 회장이 선거기간 중에 한국자유총연맹 회원으로 구성된 산악회 회원 10여 명이 참석한 산악회창립총회를 개최한 경우는 법 제103조(각종집회 등의 제한) 제2항에 위반된다.[249]

(3) 벌칙

법 제103조(각종집회 등의 제한) 제2항을 위반하여 모임을 개최한 자는 3년 이하의 징역 또는 600만원 이하의 벌금에 처한다(법§256①4.).

245) 2013. 12. 26. 선고 2010헌가90 결정(법 103조 제2항은 다른 시기에 개최할 수도 있는 모임을 굳이 본격적인 선거운동이 이루어지는 선거기간 중에 개최하는 경우에는 그 모임을 개최하는 행위 자체가 선거에 영향을 미치는 것으로 보고 그 모임을 개최한 자를 처벌하는 것이고, 모임 개최가 금지되는 기간이 대통령선거의 경우 23일, 국회의원 등 선거의 경우 14일 등으로 비교적 짧고 그 기간이 예정되어 있는 점, 모임 개최를 금지함으로써 얻는 관권 개입이나 탈법행위의 위험성 차단이라는 공익이 큰 점을 고려하면, 과잉금지원칙에 위반된다고 볼 수 없고, 일반단체와 달리 취급하는 데에는 위와 같은 합리적인 이유가 있으므로 평등원칙에 반하지 않는다.) ; 2001. 12. 20. 선고 2000헌바96,2001헌바57(병합) 전원재판부 결정도 같은 취지

246) 2002. 4. 15. 중앙선관위 질의회답

247) 2007. 10. 30. 중앙선관위 질의회답

248) 2011. 4. 11. 중앙선관위 질의회답

249) 춘천지방법원 강릉지원 2010. 4. 22. 선고 2010고합25 판결

다. 집회·모임, 반상회, 출판기념회 개최 제한

(1) 의의

누구든지 선거기간 중 선거에 영향을 미치게 하기 위하여[250] 향우회·종친회·동창회·단합대회·야유회 또는 참가인원이 25명을 초과하는 그 밖의 집회나 모임을 개최할 수 없고(법§103③), 선거기간 중에는 특별한 사정이 없는 한 반상회를 개최할 수 없으며(법§103④), 누구든지 선거일전 90일(선거일전 90일 후에 실시사유가 확정된 보궐선거등에 있어서는 그 선거의 실시사유가 확정된 때)부터 선거일까지 후보자(후보자가 되고자 하는 자를 포함한다)와 관련 있는 저서의 출판기념회를 개최할 수 없다(법§103⑤).

(2) 향우회 등 집회 및 모임 개최 제한

집회나 모임은 여러 사람이 특정 목적을 위하여 일시적으로 모이는 것을 말한다. 개최 주체나 그 명칭 여하, 집회나 모임의 계속성 여부를 불문하고 선거기간 중에 선거에 영향을 미치게 하기 위한 집회나 모임은 금지된다. 따라서 선거기간 중이라도 선거운동과 관계없이, 선거에 영향을 미치게 하지 않는 집회나 모임은 허용된다.

초등학교 동기들 중 극히 일부를 회원으로 하여 구성된 모임이 선거기간 중 동창회를 개최한 사안에서, 총 회원 수나 당일 참가인원이 선거에 영향을 미치기 어려울 정도로 적고, 이전부터 정기적으로 가져왔던 모임으로서 그 목적이 선거와 무관하게 실질적으로 회원들 사이의 친목을 도모하는데 있는 등 위 개최행위가 사회통념상 허용될 만한 정도의 상당성이 있는 경우에는 위법성이 없다.[251] 택지개발주민대책위원회 위원장이 선거기간 중 현시가보상대회를 개최하여 참가자 70여 명과 같이 현시장인 후보자를 비난하는 구호를 외치고 집회를 개최한 경우,[252] 선거기간 중에 당원협의회 운영위원회를 개최하여 운영위원 등 선거구민 18명이 모인 식사자리에서 후보자의 배우자로 하여금 후보자의 당선을 지지호소하게 한 경우[253]는 법 제103조(각종집회 등의 제한) 제3항에 위반된다. 선거기간 중 후보자가 되고자

---

250) 헌법재판소는 법 제103조(각종집회 등의 제한) 제3항 중 '선거에 영향을 미치는 행위'와 관련하여, "'선거에 영향을 미치는 행위'란 '선거과정 및 선거결과에 변화를 주거나 그러한 영향을 미칠 우려가 있는 일체의 행동'으로 해석할 수 있고, 구체적인 사건에서 그 행위가 이루어진 시기, 동기, 방법 등 제반 사정을 종합하여 그 내용을 판단할 수 있다. 대법원 판례에 나타난 구체적 사례에 관한 해석 기준을 바탕으로 하면, 건전한 상식과 통상적인 법 감정을 가진 사람이라면 누구나, 선거에 영향을 미치게 하기 위한 의사에 따라 이루어지는 행위와, 선거와 관계없이 단순한 의사표현으로서 이루어지는 행위를 구분할 수 있다. 또한 심판대상조항은 '향우회·종친회·동창회·단합대회 또는 야유회'를 제외한 '모든 집회나 모임'의 개최를 금지하는 것이 명확하다. 그렇다면 심판대상조항은 죄형법정주의의 명확성원칙에 위배되지 않는다."고 판시하였다(2022. 7. 21. 선고 2018헌바164 결정).

251) 대구지방법원 2007. 9. 12. 선고 2007고합343 판결

252) 수원지방법원 2002. 11. 22. 선고 2002고합741 판결

하는 자가 임원으로 있는 단체가 회원단합대회 또는 경로잔치행사를 개최하는 것은 특별한 사유가 없는 한 후보자가 되고자 하는 임원을 위하는 행위 또는 선거에 영향을 미치기 위한 행위로 보아야 한다.[254)]

(3) 반상회 개최 제한

특별한 사유가 없는 한 선거기간 중에는 반상회를 개최할 수 없다.

'특별한 사유'란 선거와 무관한 주민생활상 요청에 의하여 시급히 개최되어야 할 필요가 있는 사유라 할 것이므로, 홍수 등 천재지변이나 전쟁 등에 대한 대처방안 등을 논의하기 위한 경우가 이에 해당한다. 총기탈취사건과 관련하여 용의자 몽타주 배부 및 주민신고 요령 등 홍보를 위하여 임시반상회를 개최하는 것은 특별한 사유가 있는 경우에 해당한다.[255)]

(4) 출판기념회 개최 제한

선거일전 90일(선거일전 90일 후에 실시사유가 확정된 보궐선거등에 있어서는 그 선거의 실시사유가 확정된 때)부터 선거일까지 후보자 또는 후보자가 되고자 하는 자와 관련 있는 저서의 출판기념회를 개최하는 것은 금지된다. 따라서 선거일전 90일 이전에 출판기념회를 개최하는 것은 허용된다.

그러나 선거일 전 90일 이전에 개최하더라도 출판기념회 개최를 알리기 위한 일상적 · 의례적 · 사교적 행위를 넘어서 출판기념회라는 명목 아래 선거에 영향을 미치게 하기 위하여 후보자 또는 후보자가 되고자 하는 자의 성명을 나타내는 출판기념회 초청장 등을 배부하는 경우에는 법 제93조(탈법방법에 의한 문서 · 도화의 배부 · 게시 등 금지) 제1항의 탈법방법에 의한 문서배부에 해당한다. 후보자가 되려는 자의 일반 저서의 사인회는 법 제103조(각종집회 등의 제한) 제5항의 출판기념회에 해당하지 아니하므로 선거기간이 아닌 때에 출판기념회에 이르지 아니하는 방법으로 사인회를 개최하는 것은 허용된다. 다만, 저서 사인회의 개최시기 · 횟수 · 방법 등이 출판업계에서 일반적으로 이루어지는 범위를 벗어나 후보자가 되려는 자를 선전하는 행사에 이르는 때에는 법 제254조(선거운동기간위반죄) 위반이 된다.[256)]

(5) 벌칙

선거운동과 관련하여, 법 제103조(각종집회 등의 제한) 제1항 및 제3항 내지 제5항의 규정에 위반하여 각종집회 등을 개최하거나 하게 한 자는 2년 이하의 징역 또는 400만원 이하의 벌

253) 부산지방법원 2008. 7. 8. 선고 2008고합293 판결
254) 1994. 10. 27. 중앙선관위 질의회답
255) 2007. 12. 10. 중앙선관위 질의회답
256) 2010. 4. 28. 중앙선관위 질의회답

금에 처한다(법§256③1.카.).

5. 연설회장에서의 소란행위 등의 금지

가. 의의

누구든지 공직선거법의 규정에 의한 공개장소에서의 연설 · 대담장소, 대담 · 토론회장 또는 정당의 집회장소에서 폭행 · 협박 기타 어떠한 방법[257]으로도 연설 · 대담장소 등의 질서를 문란하게 하거나 그 진행을 방해할 수 없으며, 연설 · 대담 등의 주관자가 연단과 그 주변의 조명을 위하여 사용하는 경우를 제외하고는 횃불을 사용할 수 없다(법§104).[258]

나. 금지행위

'폭행 · 협박 기타의 방법으로 연설 · 대담장소 등의 질서를 문란하게 하거나 그 진행을 방해'하거나, '연설 · 대담 등의 주관자가 연단과 그 주변의 조명을 위하여 사용하는 경우를 제외하고 횃불을 사용'하는 행위는 금지된다.

후보자의 연설 · 대담용 차량에 접근하여 선거운동원들에게 욕설하면서 차량에 있던 연설용 계단을 밀치고 연설용 엠프를 끌려고 한 경우,[259] 평화통일가정당 소속 후보자의 공개장소 연설 · 대담장소에서 "통일교 미쳤다. 문선명 미쳤다."라고 소리치며 토스트와 250㎖우유팩을 선거유세차량을 향해 집어던진 경우[260]는 연설 · 대담장소의 질서를 문란하게 한 때에 해당하고, 정당 후보자의 유세차량에 연설원이 탑승하여 주민을 상대로 지지를 호소하는 연설을 하자 "왜 남의 집 앞에서 시끄럽게 하나, 마이크를 끄고 빨리 꺼져라."고 말하면서 연

---

257) 헌법재판소는 법 제104조(연설회장에서의 소란행위 등의 금지) 중 '기타 어떠한 방법으로도'와 관련하여, "연설 · 대담을 방해할 정도에 이르지 않더라도 자유롭고 평온한 분위기를 깨뜨려 후보자 등과 선거인 사이에 원활한 소통을 저해하거나 사고가 발생할 우려가 있는 모든 행위태양을 의미한다는 것을 알 수 있다. 따라서 심판대상조항은 죄형법정주의의 명확성원칙에 위배되지 않는다."고 판시하였다(2023. 5. 25. 선고 2019헌가13 결정).

258) 헌법재판소는 법 제104조(연설회장에서의 소란행위 등의 금지)에 관하여, "심판대상조항은 공개장소에서의 연설 · 대담의 원활한 진행과 연설 · 대담장소에서의 안전과 질서를 확보하여 자유로운 선거운동의 기회를 보장하고 선거의 공정성을 달성하기 위한 것이다. 공개장소에서의 연설 · 대담은 후보자 등이 직접 선거인들을 만나 자신의 식견이나 자질, 정견, 정책 등을 알릴 수 있는 기회이므로, 만약 연설 자체를 방해하는 정도에 이르지 않는다는 이유로 질서문란행위가 허용된다면, 원활한 연설이나 대담을 확보할 수 없을 뿐만 아니라 경우에 따라서는 선거운동을 방해하는 수단으로 악용될 우려가 있다. 심판대상조항은 질서문란행위만을 금지하고 질서를 문란하게 하지 않는 범위 내에서는 다소 소음을 유발하거나 후보자나 정당에 대한 부정적인 견해나 비판적인 의사표현도 가능하다. 따라서 심판대상조항이 과잉금지원칙에 위배되어 정치적 표현의 자유를 침해한다고 보기 어렵다."고 판시하였다(2023. 5. 25. 선고 2019헌가13 결정).

259) 부산지방법원 2006. 8. 1. 선고 2006고합332 판결

260) 서울고등법원 2008. 11. 21. 선고 2008노2591 판결(서울중앙지방법원 2008. 9. 26. 선고 2008고합945 판결)

설원의 마이크를 빼앗으려고 하는 등 소란을 피워 연설을 중단되고 하여 정당의 선거사무원으로부터 제지당하자 선거사무원의 멱살을 잡고 뒤로 밀치는 등 폭행을 한 때는 연설회의 진행을 방해한 경우에 해당한다.[261]

다. 벌칙

선거운동과 관련하여, 법 제104조(연설회장에서의 소란행위 등의 금지)의 규정에 위반하여 연설·대담장소 등에서 질서를 문란하게 하거나 횃불을 사용하거나 사용하게 한 자는 2년 이하의 징역 또는 400만원 이하의 벌금에 처한다(법§256③1.타.).

6. 행렬 등의 금지

가. 의의

누구든지 선거운동을 위하여 5명(후보자와 함께 있는 경우에는 후보자를 포함하여 10명)을 초과하여 무리를 지어 ① 거리를 행진하는 행위, ② 다수의 선거구민에게 인사하는 행위, ③ 연달아 소리지르는 행위를 할 수 없다(법§105①).

법 제105조(행렬 등의 금지) 제1항의 행진과 연호행위는 후보자들 간의 치열한 경쟁이 전개되는 선거의 현실에서 행진과 연호행위를 무제한으로 허용할 경우 선거운동의 부당한 경쟁을 초래하여 후보자들 간의 경제력의 차이에 따른 불균형이 두드러지게 될 뿐 아니라 무분별한 흑색선전으로 인하여 선거의 평온과 공정이 심각한 위협을 받게 될 것이고, 법이 정한 여타의 금지규정을 회피하는 수단으로까지 이용되는 등 폐해가 발생할 우려가 큼이 자명하므로 이에 대한 적절한 제한은 참된 의미의 선거의 자유와 공정을 보장하기 위한 제도적 장치로서의 의미를 가지고, 법 제105조(행렬 등의 금지) 제1항의 인사조항은 다수에 의하여 발생하는 시민의 통행권과 평온한 사생활에 대한 침해를 방지함으로써 질서를 유지하고 무분별한 경쟁으로 인한 후보자들 간의 선거의 자유와 공정의 보장을 도모하여 선거관계자를 포함한 선거구민 내지는 국민 전체의 공동이익을 위한 것이고 인사행위에 참여하는 선거운동원의 수를 무제한으로 허용할 경우 주민이나 행인들의 통행을 방해하고 소음으로 말미암아 생활의 평온을 해치며 선거운동이 과열될 수 있으므로, 인사행위자를 일정하게 제한하면 이러한 폐해를 막을 수 있고, 제한 없이 다수에 의한 인사행위가 가능해지면 당해 운동원들이 인사 이후 이동하거나 인사말을 연이어 함으로써 행진이나 연호행위를 하는 것과 같은 효과를 얻을 수 있어 금지규정을 회피하는 수단으로 사용할 수 있으므로, 인사행위에 대한 참여자의 수를 제한하면 이러한 금지된 행위로 변질되는 폐해 역시 방지할 수 있는 데 그 입법

261) 대구고등법원 2008. 4. 10. 선고 2008노74 판결(대구지방법원 안동지원 2008. 1. 25. 선고 2007고합57 판결)

목적이 있다.[262]

나. 금지행위

(1) 거리를 행진하는 행위

'무리를 지어'란 오와 열을 맞추는 것을 요하지 아니하므로, '무리를 지어 거리를 행진하는 행위'는 다수인의 행위가 일정한 방향으로 행진하면 이에 해당한다.[263] 후보자의 선거사무장이 후보자의 이름이 적힌 표찰을 부착한 자원봉사자 10명으로 하여금 자전거를 타고 2인 1조로 열을 지어 다니며 "○○○후보를 부탁합니다."라는 구호를 외치고 후보자의 명함을 배부하게 한 경우는 무리를 지어 거리를 행진하면서 소리를 지르게 한 것에 해당한다.[264] 선거사무원 등 총 20여 명과 함께 후보자 이름이 기재되어 있는 점퍼를 착용하거나 피켓을 들고 약 800미터를 걸어간 것은 무리를 지어 거리를 행진하는 행위에 해당한다.[265] 유세차량에 탑승하거나 유세차량 주위에 서서 선두에 위치한 채 선거운동원, 선거구민 약 100여 명을 향해 손을 흔들며 구호를 외치고 이동하고 선거운동원과 선거구민들은 위 유세차량을 따라 이동하며 박수를 치고 구호를 제창하면서 약 35분간 1킬로미터를 행진한 경우는 무리를 지어 행진하고 연달아 소리를 지르는 행위에 해당한다.[266]

(2) 다수의 선거구민에게 인사하는 행위

'다수의 선거구민에게 인사하는 행위'도 무리를 지은 후보자 등이 다수의 선거구민들에게 인사를 하면 이에 해당한다. '다수의 선거구민에게 인사하는 행위'를 하는 경우에는 후보자와 그 배우자(배우자 대신 후보자가 그의 직계존비속 중에서 신고한 1인을 포함한다), 선거사무장, 선거연락소장, 선거사무원, 후보자와 함께 있는 활동보조인 및 회계책임자는 인사를 하는 사람의 수에 산입하지 아니한다(법§105①단서).

후보자가 선거운동기간 중에 어깨띠를 두르고 아무런 표시가 없는 장구와 북을 치는 선거사무원 2명과 함께 낮에 거리를 걸으면서 행인들에게 지지를 부탁하거나, 아무런 표시가 없는 기타와 휴대용 봉고를 치는 선거사무원 2인과 함께 밤에 공중이 출입하는 장소(법에 의하여 금지되지 않는 장소)에 들어가 사람들에게 지지를 부탁하는 것은 법 제92조(영화 등을 이용한 선거운동금지) 및 제113조(후보자등의 기부행위제한)에서 금지하는 연예의 공연에 이르지 아니하는 경우에는 이를 제한하지 아니한다.[267]

---

262) 2006. 7. 27. 선고 2004헌마215 전원재판부 결정
263) 대전지방법원 2019. 4. 25. 선고 2018고합470 판결
264) 창원지방법원 1995. 12. 7. 선고 95고합370 판결
265) 울산지방법원 2014. 9. 5. 선고 2014고합213 판결
266) 창원지방법원 마산지원 2019. 2. 8. 선고 2018고합103 판결

(3) 연달아 소리지르는 행위

'연달아 소리지르는 행위'는 동일 내용을 반복하거나 다른 내용을 반복하거나를 불문하고 호창자가 1명이라도 이는 금지되는 행위에 해당한다. 다만, 법 제79조(공개장소에서의 연설·대담)의 규정에 의한 공개장소에서의 연설·대담에서 당해 정당 또는 후보자에 대한 지지를 나타내기 위하여 연달아 소리지르는 경우는 허용된다(법§105①3.단서).

후보자가 연설하는 유세차 옆에서 음악에 맞춰 단체율동을 한 경우는 공개장소에서의 연설에서 당해 정당 또는 후보자에 대한 지지를 나타내기 위하여 한 행위로서 법 제105조(행렬 등의 금지) 제1항 제3호 단서에 해당한다.[268]

다. 벌칙

법 제105조(행렬 등의 금지) 제1항의 규정에 위반하여 무리를 지어 거리행진·인사 또는 연달아 소리지르는 행위를 한 사람은 3년 이하의 징역 또는 600만원 이하의 벌금에 처한다(법§255①16.).

7. 호별방문의 제한

가. 의의

누구든지 선거운동을 위하여 또는 선거기간 중 입당의 권유를 위하여 호별로 방문하거나, 선거기간 중 공개장소에서의 연설·대담의 통지를 위하여 호별로 방문할 수 없다(법§106①,③).

호별방문을 금지하는 취지는 첫째, 일반 공중의 눈에 띄지 않는 장소에서의 대화가 의리나 인정 등 다분히 정서적이고 비본질적인 요소에 치우쳐 선거인의 냉정하고 합리적인 판단을 방해할 우려가 있고, 둘째, 비공개적인 장소에서의 만남을 통하여 매수 및 이해유도죄 등의 부정행위가 행하여질 개연성이 상존하며, 셋째, 선거인의 입장에서는 전혀 모르는 후보자측의 예기치 않은 방문을 받게 되어 사생활의 평온이 침해될 우려가 있고, 넷째, 후보자측의 입장에서도 필요 이상으로 호별방문의 유혹에 빠지게 됨으로써 경제력이나 선거운동원의 동원력이 뛰어난 후보자에게 유리하게 되는 등 후보자 간의 선거운동의 실질적 평등을 보장하기 어려운 폐해가 예상되기 때문이다.[269] 헌법재판소는 '호별방문금지조항은 선거의 공정 및

267) 2008. 3. 25. 중앙선관위 질의회답
268) 2000. 6. 9. 선고 2004수54 판결
269) 대구고등법원 2007. 3. 15. 선고 2007노38 판결

유권자의 사생활의 평온 등을 보장하기 위한 것으로서, 불법선거, 금권선거 등이 잔존하는 선거역사 및 정치현실, 호별방문 방법 자체에 내재된 선거 공정을 깨뜨릴 우려, 선거 특성에 적합한 다른 선거운동방법의 존재 등을 고려할 때 이를 지나친 제한이라고 할 수 없고, 선거의 공정과 사생활의 평온이라는 공익보다 선거운동의 자유 등 제한되는 사익이 크다고 할 수 없다. 따라서 호별방문금지조항은 선거운동의 자유 등을 침해하지 아니한다.'고 판시하였고,[270] 법원도 같은 태도를 보이고 있다.[271][272]

---

270) 2016. 12. 29. 선고 2015헌마509·1160(병합) 결정, 2019. 5. 30. 선고 2017헌바458 결정

271) 수원지방법원 여주지원 2002. 11. 29.자 2002초기50 결정(선거의 공정을 기하기 위하여 선거운동 방법의 규제로서 호별방문을 금지한 법 제106조(호별방문의 제한) 제1항은 많은 폐해가 우려되는 선거운동을 방지함으로써 선거의 공정성을 확보함과 동시에 과당경쟁으로 인한 막대한 선거비용이 지출을 방지하기 위한 규정임이 분명하므로, 비록 표현의 자유 및 선거의 자유 등에 어느 정도 제약을 가져오는 일이 있다고 하더라도 그 입법목적이 정당함은 물론이고, 선거의 자유·공정성을 확보하기 위한 필요하고도 합리적인 규제로서, 표현의 자유를 규정하고 있는 「헌법」 제21조 및 자유선거원칙에 위반되는 규정이라고 할 수 없고, 아울러 호별방문금지의 목적, 그 금지가 해당 목적을 달성하는 수단으로서 가지는 필요성·유효성 및 이러한 금지에 의하여 얻어지는 이익과 그것을 취함으로써 잃어버리는 이익과의 균형 등을 두루 살펴보면, 호별방문을 금지하면서 이를 위반할 경우 처벌하는 규정을 두고 있다고 하여 이를 두고 입법자가 헌법상 기본권 제한에 있어 피해의 최소성 또는 법익의 균형성 요청 등 과잉금지의 원칙에 위반하여 기본권을 침해하였다고 보기는 어려워, 결국 법 제106조(호별방문의 제한) 제1항, 제255조(부정선거운동죄) 제1항 제17호는 표현의 자유 및 자유선거의 원칙을 표방하는 헌법에 위반된다고 할 수 없다.)

272) '선거운동의 제한의 방편인 호별방문의 전면금지제도는, 우리나라가 선거법을 계수한 일본에서 1925년(大正 14년)의 이른바 보통선거법에 의해 성립되었다. 당시 호별방문을 금지한 이유로는 ① 선거인의 투표가 정실에 의해 좌우되고 ② 후보자품위를 손상하게 되며 ③ 선거의 사사화로 선거의 공정을 상실할 우려가 있으며 ④ 매수 등의 부정행위를 조성하는 계기가 된다는 것이다. 일본의 구헌법에 있어서 천황주권원리는 시민을 본질적으로 통치권의 객체 이상의 것으로 보지 않았기 때문에 이 원리의 근본에는 시민에게 어떠한 국정참여의 기회를 부여할 것인가는 순수하게 국가의 재량사항이었다. 이렇게 볼 때 당시의 선거운동규제는 선거권의 대중화의 결과 무산대중 정당의 신장과 국민의 정치적 자각이 고양하게 됨으로써 천황제 질서가 동요하는 것을 방지하기 위한 의도로 취해진 것이라는 정치체제상의 배경도 간과할 수 없다. 이러한 천황주권시대의 호별방문금지제도의 도입취지를 현재의 우리나라에서 그대로 주장하고 시행한다는 것은 시대착오적이라고 보여 진다. 호별방문은 선거인의 생활의 장에 있어서 개개의 직접적인 대화 가운데에 선거인에 대하여 판단의 재료를 제공하고 설득활동을 본질로 하는 것이기 때문에 가장 생활에 밀착된 기초적인 선거운동이고 재력의 다과를 묻지 않고 모든 후보자, 선거운동자들에게 평등하게 주어진 가장 중요한 선거운동수단으로서 다른 어떠한 선거운동의 수단보다도 그 자유가 보장되어야 한다. 영국이나 미국에서 호별방문을 비롯한 개인적인 투표권유운동은 Canvass 또는 Canvassing이라 칭하며 선거운동의 가장 유력한 방법이다. 호별방문행위는 인간의 사교상의 기본수단으로서 당연한 자유에 속하는 것으로서 그 행위자체는 위법성을 갖는 것이 아니며 그것은 선거운동의 방법으로서도 극히 자연스러운 것이다. 그것이 선거 시에 한하여 범죄행위로 된다는 것은 불합리하다. 오히려 선거 시에 주권자인 국민은 누구든지 자기의 견해와 주장을 선전하고 의견을 상호교환하는 것이 가능하도록 최대한의 자유를 보장하여야 하므로 호별방문금지제도는 폐지함이 마땅하다.'는 견해가 있다(정만희, 「선거운동의 자유와 호별방문금지 －일본에서의 학설·판례의 경향을 중심으로－」, 동아법학 제3호, 156－164쪽).

나. 호별방문의 목적

본조의 호별방문의 제한은 '선거운동을 위하여'하거나 선기기간 중 '입당의 권유'를 위하여 하거나 '공개장소에서의 연설·대담의 통지'를 위하여 행하여 질 것을 요한다. 호별방문이라고 하더라도 이러한 목적을 위하여 행하여진 행위가 아닌 이상 제한되지 아니한다.

법원 및 검찰청의 다른 사무실을 방문하기 위해 기관장의 양해를 구하고 인사를 하기 위한 목적으로 법원의 지원장실과 검찰의 지청장실의 각 부속실에 지원장과 지청장을 방문하였다고 하더라도, 그 자체로서 후보자로서 이름을 알리는 한편 선거운동의 편의를 제공받기 위한 것이므로 선거운동을 위한 방문행위에 해당한다.[273] 국회의원 후보자로 출마할 것을 공식 선언하는 기자회견 직후 선거운동을 위하여 관공서 사무실을 방문한 행위는 호별방문 행위에 해당하고, 그 후 이루어진 선거구의 획정 또는 변경은 호별방문으로 인한 공직선거법위반죄의 성립에 영향이 없다.[274]

호별방문금지행위의 장소와 대상 등에 아무런 제한이 없으므로 선거기간 중 입당권유를 위한 호별방문금지를 특정 선거구 내로 제한할 별다른 근거가 없으므로 선거운동을 위한 호별방문금지 또한 후보자가 출마한 당해 선거구 내에서의 행위만을 금지하는 것으로 좁게 해석할 이유가 없다.[275]

당원이 선거운동기간 중 입당원서를 받기 위해 호별방문하는 것은 특단의 사정이 없는 한 선거운동을 하기 위하여 호별방문하는 것으로 봄이 상당하다.[276]

다. 호별방문의 요건

(1) 호

호는 법 제106조(호별방문의 제한)의 규정 형식 및 선거운동을 위하여 공개되지 아니한 장소에서 선거권자를 만날 경우 생길 수 있는 투표매수 등 불법·부정선거 조장 위험 등을 방지하고자 하는 호별방문죄의 입법 취지와 보호법익에 비추어 볼 때, 일상생활을 영위하는 거택은 물론이고 널리 주거나 업무 등을 위한 장소 혹은 그에 부속하는 장소라면 이에 해당한다.[277] 즉, 호는 일상생활을 영위하는 거택에 한정되지 않고 일반인의 자유로운 출입이 가능하도록 공개되지 아니한 곳으로서 널리 주거나 업무 등을 위한 장소 혹은 그에 부속하는 장소라면 이에 해당할 수 있다. 호에 해당하는지 여부는 주거 혹은 업무용 건축물 등의 존재

---

273) 2015. 9. 10. 선고 2014도17290 판결
274) 서울고등법원 2018. 4. 26. 선고 2017노6354 판결
275) 서울고등법원 2017. 2. 15. 선고 2016노3845 판결
276) 1973. 2. 6. 중앙선관위 질의회답
277) 2015. 9. 10. 선고 2014도17290 판결

여부, 그 장소의 구조, 사용관계와 공개성 및 접근성 여부, 그에 대한 점유자의 구체적인 지배·관리형태 등 여러 사정을 종합적으로 고려하여 판단하여야 한다.[278]

호는 피방문자가 일시적으로 거주하는 경우라도 불특정·다수인의 자유로운 출입이 제한된 비공개장소도 포함된다.[279] 공무원들이 소관부서의 업무를 처리하는 업무용 사무공간으로서 민원인이 보통 민원 업무를 전담하는 민원봉사실에서 민원을 해결하지 못한 경우에 그 담당직원의 안내 등을 거쳐 예외적으로 방문하는 경우가 있을 뿐인 사무실은 호별방문금지 대상의 호에 해당한다.[280] 병원 입원실도 호에 해당하므로 선거운동을 위하여 입원실을 방문하는 행위는 호별방문에 해당한다.[281] 학교의 사무실은 업무 등을 위하여 마련된 건물 내의 사무실로서 호에 해당하고 일반인의 통상적인 출입이 원칙적으로 제한된 장소여서 다수인이 왕래하는 공개된 장소라고 할 수 없다.[282] 선박의 객실도 호에 해당한다.[283] 집으로부터 약 100미터 떨어진 고추밭은 호가 아니다.[284]

(2) 연속적 방문

호별방문은 연속적으로 두 집 이상을 방문함으로써 성립하고,[285] 각 집의 방문이 연속적인 것으로 인정되기 위해서는 반드시 집집을 중단 없이 방문하여야 하거나 동일한 일시 및 기회에 각 집을 방문하여야 하는 것은 아니지만, 각 방문행위 사이에는 어느 정도의 시간적 근접성이 있어야 한다. 이러한 시간적 근접성이 없다면 연속적인 것으로 인정될 수 없다.[286]

갑의 집을 방문한 것은 을의 집과 병의 집을 방문한 때로부터 3개월 내지 4개월 전이고, 정의 집을 방문한 것은 을의 집과 병의 집을 방문한 때로부터 다시 6개월 내지 7개월 후로서 시간적 간격이 매우 크므로 갑의 집과 정의 집을 각 방문한 행위와 을의 집과 병의 집을 각 방문한 행위 사이에는 시간적 근접성이 있다고 하기는 어려워 호별방문에 해당하지 않는다.[287]

그러나, 반드시 각 호를 중단 없이 방문하여야 하거나 동일한 일시 및 기회에 방문하여야 하는 것은 아니므로 해당 선거의 시점과 법정 선거운동기간, 호별방문의 경위와 장소, 시간, 거주자와의 관계 등 제반사정을 종합하여 단일한 선거운동의 목적으로 둘 이상 호를 계속해

---

278) 2015. 11. 26. 선고 2015도9847 판결, 2015. 9. 10. 선고 2015도8605 판결, 2010. 7. 8. 선고 2009도14558 판결
279) 대구고등법원 2007. 3. 15. 선고 2007노38 판결
280) 2015. 9. 10. 선고 2015도8605 판결, 2015. 11. 26. 선고 2015도9847 판결
281) 대구고등법원 2007. 3. 15. 선고 2007노38 판결
282) 2015. 9. 10. 선고 2014도17290 판결
283) 광주고등법원 2017. 6. 29. 선고 (전주)2017노28 판결
284) 대구지방법원 영덕지원 2006. 10. 2. 선고 2006고합32 판결
285) 1979. 11. 27. 선고 79도2115 판결
286) 2007. 3. 15. 선고 2006도9042 판결
287) 2007. 3. 15. 선고 2006도9042 판결

서 방문한 것으로 볼 수 있으면 그 성립이 인정된다.[288] 집을 한 곳만 방문한 경우는 호별방문에 해당하지 아니한다.[289]

(3) 방문의 의미

호별방문의 성립여부는 방문시기, 방문자 또는 피방문자의 수, 범위, 방문자와 피방문자와의 관계, 방문장소에서의 언동 등 제반 정황을 고려하여, 사회통념상 방문취지가 선거운동을 위한 것으로 볼 수 있어야 한다.[290]

타인과 면담하기 위하여 그 거택 등에 들어간 경우는 물론 타인을 면담하기 위하여 방문하였으나 피방문자가 부재중이어서 들어가지 못한 경우에도 성립한다.[291] 반드시 그 거택 등에 들어가야 하는 것은 아니므로, 방문한 세대수가 3세대에 불과하다거나 출입문 안으로 들어가지 아니한 채 대문 밖에 서서 인사를 하였다는 이유만으로 가벌적 위법성이 없다고 할 수 없다.[292] 선거운동을 목적으로 하여 선거인을 방문하여 면회를 구하면 족하다.[293] 아파트 인터폰을 누른 후 문을 열어주지 않자 인터폰을 통하여 거주자에게 후보자의 지지를 호소하는 등 아파트 11세대를 돌아다니면서 인터폰상으로 또는 인터폰을 통하여 밖으로 나오게 한 후 후보자의 지지를 호소한 것은 선거운동을 위한 호별방문에 해당한다.[294] 음식배달원 등이 고객(유권자)이 주문한 음식을 배달하면서 특정 후보의 선거공약서를 음식 위에 놓았거나 전달했다면 호별방문에 해당한다.[295]

(4) 호별방문의 예외

선거운동을 할 수 있는 자는 호별방문의 제한에도 불구하고 관혼상제의 의식이 거행되는 장소와 도로 · 시장 · 점포 · 다방 · 대합실 기타 다수인이 왕래하는 공개된 장소에서 정당 또는 후보자에 대한 지지를 호소할 수 있다(법§106②).

'점포'라 함은 가게를 벌인 집 즉, 가겟집을 말하는바, 상가가 점포와 다른 용도의 부분 즉, 주거나 사무실과 함께 구성되어 있다면 방문하여 선거운동을 할 수 있는 부분은 점포에 한정된다.[296] '기타 다수인이 왕래하는 공개된 장소'란 해당 장소의 구조와 용도, 외부로부터의 접근성 및 개방성의 정도 등을 종합적으로 고려할 때 '관혼상제의 의식이 거행되는 장

288) 2010. 7. 8. 선고 2009도14558 판결
289) 2007. 6. 14. 선고 2007도2940 판결
290) 대구고등법원 2007. 3. 15. 선고 2007노38 판결
291) 2007. 3. 15. 선고 2006도9042 판결, 1999. 11. 12. 선고 99도2315 판결
292) 2000. 2. 25. 선고 99도4330 판결
293) 1975. 7. 22. 선고 75도 1659 판결
294) 서울지방법원 북부지원 2002. 8 30. 선고 2002고합308 판결
295) 1995. 5. 19. 중앙선관위 질의회답
296) 1994. 12. 22. 중앙선관위 질의회답

소와 도로 · 시장 · 점포 · 다방 · 대합실'과 유사하거나 이에 준하는 일반인의 자유로운 출입이 가능한 개방된 곳을 의미한다.[297] 호에 해당하더라도 일반인의 자유로운 출입이 가능하여 다수인이 왕래하는 공개된 장소라면 선거운동 등을 위하여 방문할 수 있다. 일반인의 자유로운 출입이 가능하도록 공개된 장소인지는 장소의 구조, 사용관계와 공개성 및 접근성 여부, 그에 대한 선거권자의 구체적인 지배 · 관리형태 등 여러 사정을 종합적으로 고려하여 판단하여야 한다.[298]

관공서 등의 사무실이 '기타 다수인이 왕래하는 공개된 장소'라고 보기 위해서는 그 사무실이 내부 공간의 용도와 구조 및 접근성 등에 비추어 일반적 · 통상적으로 민원인을 위하여 개방된 장소나 공간이라고 인정될 수 있는 경우여야 한다.[299] 즉, 관공서 사무실이 다수인이 왕래하는 공개된 장소라고 인정하기 위해서는 일반인의 출입 가능성만을 가지고 단정할 것은 아니며, 사무실이 민원인을 위하여 설치되거나 그 안에 민원 사무 처리를 위한 전용 공간이 설치되어 있는 경우 등과 같이 사무실의 내부공간의 용도와 구조 및 접근성 등에 비추어 일반적 · 통상적으로 민원인을 위하여 개방된 장소나 공간이라고 구체적으로 인정할 수 있어야 그곳에서 선거운동을 하는 것이 허용된다고 볼 수 있다.[300]

라. 벌칙 및 죄수

법 제106조(호별방문의 제한) 제1항 또는 제3항의 규정에 위반하여 호별로 방문하거나 하게 한 자는 3년 이하의 징역 또는 600만원 이하의 벌금에 처한다(법§255①17.).

호별방문죄는 두 집 이상을 방문함으로써 성립하는 범죄로서, 선거운동을 위하여 다수의 선거인을 호별로 방문한 때에는 포괄일죄로 보아야 한다.[301]

8. 서명 · 날인운동의 금지

가. 의의

누구든지 선거운동을 위하여 선거구민에 대하여 서명이나 날인을 받을 수 없다(법§107).

법 제107조(서명 · 날인운동의 금지)는 서명 · 날인에 의한 선거운동의 특수성과 그러한 방법의 선거운동이 우리의 선거현실에 미친 영향 등을 고려하여 입법한 것으로 선거의 공정성 확보를 위한 것이다. 서명운동금지조항이 모든 정치적 사안에 대한 서명 · 날인을 받는 행위

297) 2019. 5. 30. 선고 2017헌바458 결정
298) 2015. 9. 10. 선고 2014도17290 판결
299) 2015. 9. 10. 선고 2015도8605 판결, 2015. 11. 26. 선고 2015도9847 판결
300) 2015. 9. 10. 선고 2014도17290 판결
301) 2003. 6. 13. 선고 2003도889 판결

를 금지하는 것이 아니라 선거운동을 위하여 서명·날인을 받는 경우만을 규제한다는 점, 선거구민에 대해 선거운동을 위한 서명·날인을 받는 행위를 금지하고 있을 뿐이므로 선거구민이 아닌 다른 사람에게는 서명·날인을 받을 수 있다는 점을 고려하면, 서명운동금지조항이 정치적 표현의 자유를 침해한다고 볼 수 없다.[302)]

나. 내용

서명·날인은 특정 사람이 자기를 표상하는 문자로써 성명 기타 호칭을 기재한 것을 가리키는 것이다. 본명뿐만 아니라 아호·낙관 등도 이에 포함된다.[303)] 선거구민에 대해 선거운동을 위한 서명·날인을 받는 행위를 금지하고 있을 뿐이므로 선거구민이 아닌 다른 사람에게는 서명·날인을 받을 수 있다.[304)]

노조위원장이 특정 후보의 선거운동에 활용할 목적으로 공장 휴게실에 특정 후보 지지 명부를 비치하고 노조원들에게 서명을 받은 경우는 법 제107조(서명·날인운동의 금지)에 위반된다.[305)] 특정인의 사면복권을 요구하는 모임이 단순히 특정인의 특별사면복권만을 위하여 서명운동을 전개하는 경우는 허용되고,[306)] 단체가 단순히 소속원 중 1인을 특정 정당의 비례대표국회의원후보자로 추천되게 하기 위한 추천서를 당해 정당에 제출하기 위하여 그 소속원으로부터 서명을 받는 것은 정당의 후보자 추천에 관하여 의견개진 및 의사표시를 위한 준비행위에 해당한다.[307)]

다. 벌칙

법 제107조(서명·날인운동의 금지)의 규정에 위반하여 서명이나 날인을 받거나 받게한 자는 3년 이하의 징역 또는 600만원 이하의 벌금에 처한다(법§255①18.).

---

302) 2015. 4. 30. 선고 2011헌바163 결정(박한철 등 재판관 3명은 '유권자가 투표 전에 어떤 내용의 글에 서명이나 날인을 하였더라도 선거에 임하여서는 자신이 한 서명날인과 관계없이 자유롭게 투표할 수 있으므로 서명날인이 유권자의 자유로운 의사에 따른 공정한 투표를 방해한다고 보기 어렵다. 공정한 투표를 위하여 선거와 관련된 서명날인을 금지할 필요가 있다고 하더라도, 서명날인운동이 금지되는 시기를 선거에 영향을 줄 가능성이 있는 합리적 시점 이후로 한정함으로써 충분히 그 목적을 이룰 수 있고, 기존에 해 오던 서명날인운동도 처벌의 대상이 될 수 있으므로 표현의 자유에 대한 지나친 제약이 될 수밖에 없다. 결국, 서명운동금지조항이 서명날인운동에 의한 정치적 표현을 상시적·전면적으로 금지하고 처벌하는 것은 과잉금지원칙을 위반하여 정치적 표현의 자유를 침해한다.'고 반대의견을 밝혔다.)

303) 대검찰청, 앞의 책, 543쪽

304) 2015. 4. 30. 선고 2011헌바163 결정

305) 전주지방법원 2010. 6. 29. 선고 2010고합68 판결

306) 2000. 1. 20. 중앙선관위 질의회답

307) 2000. 3. 14. 중앙선관위 질의회답

제5장 여론조사의 결과공표금지 등

1. 선거여론조사심의위원회

가. 선거여론조사심의위원회의 구성과 직무

(1) 구성 및 위원

(가) 구성

중앙선거관리위원회와 시·도선거관리위원회는 선거에 관한 여론조사의 객관싱·신뢰성을 확보하기 위하여 선거여론조사심의위원회를 각각 설치·운영하여야 한다(법§8의8①).

중앙선거관리위원회에 설치하는 선거여론조사심의위원회(이하 "중앙선거여론조사심의위원회"라 한다) 및 시·도선거관리위원회에 설치하는 선거여론조사심의위원회(이하 "시·도선거여론조사심의위원회"라 한다)는 국회에 교섭단체를 구성한 정당이 추천하는 각 1명과 학계, 법조계, 여론조사 관련 기관·단체의 전문가 등을 포함하여 중립적이고 공정한 사람 중에서 중앙선거관리위원회 또는 시·도선거관리위원회가 위촉하는 사람으로 총 9명 이내의 위원으로 각각 구성하며, 위원의 임기는 3년으로 한다. 이 경우 선거여론조사심의위원회를 구성한 후에 국회의 교섭단체를 구성한 정당의 수가 증가하여 위원정수를 초과하게 되는 경우에는 현원을 위원정수로 본다(법§8의8②).

시·도선거관리위원회에 설치하는 선거여론조사심의위원회의 명칭은 "선거여론조사심의위원회"앞에 해당 시·도의 명칭을 붙여 표시한다[선거여론조사심의위원회의 구성 및 운영에 관한 규칙(이하 "선거여론조사심의위원회규칙"이라 한다)§2].

(나) 위원장, 상임위원

선거여론조사심의위원회에 위원장 1명을 두되, 위원장은 위원 중에서 호선한다(법§8의8③). 위원장은 선거여론조사심의위원회를 대표하고 그 사무를 통할한다(선거여론조사심의위원회규칙§5①). 위원장이 궐위되거나 사고가 있을 때에는 중앙선거여론조사심의위원회는 상임위원이, 시·도선거여론조사심의위원회는 정당추천위원이 아닌 위원 중에서 연장자순으로 그 직무를 대행한다(선거여론조사심의위원회규칙§5②).

중앙선거조사심의위원회에 위원장을 보좌하고, 그 명을 받아 사무국의 사무를 감독하게 하기 위하여 중앙선거여론조사심의위원회에 상임위원 1명을 두되, 중앙선거관리위원회가 중앙선거여론조사심의위원회의 위원 중에서 지명한다(법§8의8④, 선거여론조사심의위원회규칙§6①). 상임위원은 중앙선거여론조사심의위원회의 위원 중 ① 법관·검사 또는 변호사의 직에 5년 이상 근무한 사람 ② 대학에서 행정학·정치학·통계학·사회학 또는 법률학을 담당한 교수의 직에 5년 이상 근무한 사람 중 어느 하나에 해당하고 선거 및 정당 사무에 관한 식견이 풍부한 사람 중에서 중앙선거관리위원회가 지명한다(선거여론조사심의위원회규칙§6③). 상임위원은 1급인 일반직국가공무원(「국가공무원법」 제26조의5(근무기간을 정하여 임용하는 공무원)에 따라 임용된 임기제공무원을 포함한다)으로 한다(선거여론조사심의위원회규칙§6②). 상임위원의 지명기간은 2년으로 한다(선거여론조사심의위원회규칙§7②).

(다) 위원의 위촉 및 해촉

중앙선거관리위원회 및 시·도선거관리위원회는 학계, 법조계, 여론조사 관련 기관·단체 등에 선거여론조사심의위원회의 위원을 추천하여 줄 것을 요청할 수 있다(선거여론조사심의위원회규칙§4①). 위 단체 등이 선거여론조사심의위원회의 위원을 추천할 때에는 정치적 중립성, 공정성 및 전문성을 갖춘 사람 중에서 추천하여야 한다(선거여론조사심의위원회규칙§4②). 정당의 당원은 선거여론조사심의위원회의 위원이 될 수 없다(법§8의8⑤).

정당과 위 단체 등이 선거여론조사심의위원회의 위원을 추천할 때에는 선거여론조사심의위원회규칙에서 정하는 서식[308]에 따르며, 위원으로 위촉되는 사람은 선거여론조사심의위원회규칙에서 정하는 서식[309]에 의한 본인승낙 및 비당원확인서를 제출하여야 한다(선거여론조사심의위원회규칙§4③). 중앙선거관리위원회 및 시·도선거관리위원회가 해당 선거여론조사심의위원회의 위원을 위촉할 때에는 위촉장을 교부하여야 하며, 위원발령대장 및 위원명부를 비치하고 기록·관리하여야 한다. 이 경우 위촉장·위원발령대장 및 위원명부의 서식은 「선거관리위원회법 시행규칙」의 관련서식을 준용한다(선거여론조사심의위원회규칙§4④).

중앙선거관리위원회 및 시·도선거관리위원회가 해당 선거여론조사심의위원회의 위원을 해촉·해임할 때에는 본인의 사직원이나 선거여론조사심의위원회규칙 제8조(위원의 해임사유)의 해임사유를 증명하는 서류가 있어야 한다(선거여론조사심의위원회규칙§4⑤). 선거여론조사심의위원회 위원은 ① 정당에 가입하거나 정치에 관여한 때, ② 금고 이상의 형의 선고를 받은 때, ③ 직무수행에 있어서 중립성이나 공정성을 현저히 저해한 때, ④ 정당추천위원으로서 그 추천정당이 국회에 교섭단체를 구성할 수 없게 된 때, ⑤ 상임위원인 위원으로서 「국가공무원법」 제33조(결격사유) 각 호의 어느 하나 또는 같은 법 제74조(정년) 제1항에 해당한 때에 해당하는 경우를 제외하고는 해촉·해임 또는 파면되지 아니한다(선거여론조사심의위원회규칙§8).

---

308) 선거여론조사심의위원회규칙 별지 제1호 서식 추천서
309) 선거여론조사심의위원회규칙 별지 제2호 서식 본인승낙 및 비당원확인서

(라) 위원의 의무 및 대우

위원은 그 직무를 공정하고 성실하게 수행하여야 한다(선거여론조사심의위원회규칙§10①).

위원은 임기 중 직무상 어떠한 지시나 간섭도 받지 아니한다(선거여론조사심의위원회규칙§10②). 위원은 연임할 수 있다(선거여론조사심의위원회규칙§7①). 상임위원이 아닌 위원은 명예직으로 한다. 다만, 수당·여비, 그 밖의 실비보상을 받을 수 있다(선거여론조사심의위원회규칙§9①).

(2) 직무

(가) 일반적 직무

선거여론조사심의위원회의 직무는 다음 각 호와 같나(법§8의8⑦).

1. 법 제108조(여론조사의 결과공표금지 등) 제4항에 따른 이의신청에 대한 심의 및 같은 조 제7항에 따른 등록처리
2. 선거에 관한 여론조사가 공직선거법 또는 선거여론조사기준을 위반하였는지 여부에 대한 심의 및 조치
3. 법 제8조의9(여론조사 기관·단체의 등록 등)에 따른 선거여론조사기관 등록 등 처리

선거여론조사심의위원회는 업무수행을 위하여 필요하다고 인정하는 때에는 관계 공무원 또는 전문가를 초청하여 의견을 듣거나 관련 기관·단체 등에 자료 및 의견 제출 등 협조를 요청할 수 있다(법§8의8⑫).

(나) 중앙선거여론조사심의위원회의 직무

중앙선거여론조사심의위원회는 다음 각 호의 사무를 행하며, 시·도선거여론조사심의위원회의 사무를 지휘·감독한다(선거여론조사심의위원회규칙§3①).

1. 법 제8조의8(선거여론조사심의위원회) 제6항에 따른 선거여론조사기준의 제정·개정 및 공표에 관한 사무
2. 관할 여론조사의 법 제8조의8(선거여론조사심의위원회) 제7항 제2호에 따른 심의 및 조치에 관한 사무
3. 삭제

3의2. 법 제108조(여론조사의 결과공표금지 등) 제3항에 따른 신고 처리에 관한 사무

4. 관할 여론조사의 법 제108조(여론조사의 결과공표금지 등) 제4항 및 같은 조 제9항 제2호에 따른 이의신청에 대한 심의에 관한 사무
5. 법 제108조(여론조사의 결과공표금지 등) 제7항에 따른 등록 처리에 관한 사무

5의2. 법 제108조의2(선거여론조사를 위한 휴대전화 가상번호의 제공)에 따른 휴대전화 가상번호의 제공에 관한 사무

6. 그 밖에 선거에 관한 여론조사의 객관성·신뢰성 확보를 위하여 필요하다고 인정하는 사무

(다) 시·도선거여론조사심의위원회의 직무

시·도선거여론조사심의위원회는 다음 각 호의 사무를 행한다(선거여론조사심의위원회규칙§3②).

1. 관할 여론조사의 법 제8조의8(선거여론조사심의위원회) 제7항 제2호에 따른 심의 및 조치에 관한 사무
2. 삭제

2의2. 법 제8조의9(여론조사 기관·단체의 등록 등)에 따른 선거여론조사기관의 등록 등 처리에 관한 사무

2의3. 법 제108조(여론조사의 결과공표금지 등) 제3항에 따른 신고 처리에 관한 사무

3. 관할 여론조사의 법 제108조(여론조사의 결과공표금지 등) 제4항 및 같은 조 제9항 제2호에 따른 이의신청에 대한 심의에 관한 사무

3의2. 법 제108조의2(선거여론조사를 위한 휴대전화 가상번호의 제공)에 따른 휴대전화 가상번호의 제공에 관한 사무

4. 그 밖에 선거에 관한 여론조사의 객관성·신뢰성 확보를 위하여 중앙선거여론조사심의위원회가 정하는 사무

(3) 위원회 회의

(가) 회의소집

선거여론조사심의위원회의 회의는 해당 위원장이 소집한다. 다만, 재적위원 3분의 1 이상의 요구가 있을 때에는 위원장은 회의를 소집하여야 한다(선거여론조사심의위원회규칙§11①). 법률의 개정 또는 위원의 임기만료 등으로 새로이 구성된 위원회의 최초의 회의소집은 중앙선거여론조사심의위원회는 상임위원이, 시·도선거여론조사심의위원회는 해당 선거관리위원회의 사무처장이 각각 이를 대행한다(선거여론조사심의위원회규칙§11②).

(나) 의결

선거여론조사심의위원회의 의안은 의결사항과 보고사항으로 구분하고 의결사항은 연도별 일련번호를 붙여 의안대장에 등재하여야 한다(선거여론조사심의위원회규칙§12①). 의결사항 중 긴급하거나 경미한 사항은 서면으로 의결할 수 있다(선거여론조사심의위원회규칙§12②). 위원은 심의가 필요하다고 인정하는 사안을 심의안건으로 상정할 수 있다(선거여론조사심의위원회규칙§12③). 의안표지·의안대장·의결록 및 회의록의 서식은 「선거관리위원회법 시행규칙」의 관

련 서식을 준용한다(선거여론조사심의위원회규칙§12④).

선거여론조사심의위원회의 회의는 비공개로 한다. 다만, 해당 선거여론조사심의위원회가 필요하다고 결정한 때에는 공개할 수 있다(선거여론조사심의위원회규칙§13). 선거여론조사심의위원회는 재적위원 과반수의 출석과 출석위원 과반수의 찬성으로 의결한다(선거여론조사심의위원회규칙§14).

(다) 소위원회 및 검토위원

선거여론조사심의위원회는 안건을 효율적으로 처리하기 위하여 필요한 경우 소위원회 또는 검토위원을 둘 수 있다(선거여론조사심의위원회규칙§15①). 소위원회는 3명 이내의 위원으로 구성한다(선거여론조사심의위원회규칙§15②). 소위원회의 위원 및 검토위원은 위원 중에서 해당 선거여론조사심의위원회의 위원장이 지명한다(선거여론조사심의위원회규칙§15③).

소위원회의는 그 운영결과를, 검토위원은 안건의 검토결과를 지체 없이 선거여론조사심의위원회에 보고하여야 한다(선거여론조사심의위원회규칙§15④).

(4) 사무국

선거여론조사심의위원회에 그 사무를 처리하기 위하여 선거관리위원회 소속 공무원으로 구성하는 사무국을 둘 수 있다(법§8의8⑬, 선거여론조사심의위원회규칙§17).

나. 선거여론조사기준의 공표

(1) 선거여론조사기준의 공표

중앙선거여론조사심의위원회는 공표 또는 보도를 목적으로 하는 선거에 관한 여론조사의 객관성·신뢰성을 확보하기 위하여 필요한 사항(이하 "「선거여론조사기준」"이라 한다)을 정하여 공표하여야 한다(법§8의8⑥).

중앙선거여론조사심의위원회가 「선거여론조사기준」을 제정·개정한 때에는 관보에 고시하는 방법으로 이를 공표하여야 한다(선거여론조사심의위원회규칙§18).

(2) 「선거여론조사기준」

중앙선거여론조사위원회는 2014. 3. 25. 고시 제2014－1호로 「선거여론조사기준」을 제정하고 수차례 개정을 거쳐 2021. 12. 15. 제2021－2호로 개정안을 고시하였다.

「선거여론조사기준」의 제2장 제4조부터 제7조까지의 「일반기준」은 아래와 같다.

<제2장 일반기준>

제4조(신뢰성과 객관성) ① 선거여론조사는 그 결과에 대한 신뢰성을 확보하기 위하여 객관적이고 공정하게 이루어져야 한다.

② 누구든지 선거여론조사를 실시할 때에는 조사대상 전체에 대한 대표성을 확보할 수 있도록 피조사자를 선정하여야 한다.

③ 누구든지 선거여론조사를 실시할 때에는 피조사자 선정과정을 거치지 아니한 조사대상자가 자발적 의사에 따라 응답자로 참여하는 조사방법을 사용해서는 아니 된다.

④ 누구든지 특정 정당(창당준비위원회를 포함한다. 이하 같다) 또는 특정 후보자(후보자가 되고자 하는 자를 포함한다. 이하 같다)에게 유리하거나 불리한 결과를 가져올 수 있는 표본추출틀을 사용하여서는 아니 된다.

⑤ 누구든지 후보자가 구축하거나 제공한 데이터베이스를 표본추출틀로 사용하여서는 아니 된다.

⑥ 누구든지 과다한 표본을 조사하여서는 아니 되며, 표본의 크기가 다음 각 호의 수보다 작은 선거여론조사 결과를 공표·보도하여서는 아니 된다.

1. 대통령선거〔2개 이상의 특별시 · 광역시 · 특별자치시 · 도 · 특별자치도(이하 "시·도"라 한다)를 대상으로 하는 여론조사에 한정한다〕또는 전국단위 조사 : 1,000명
2. 광역단체장선거(2개 이상 자치구·시·군을 대상으로 하는 여론조사에 한정한다) 또는 시·도 단위 조사 : 800명
3. 지역구국회의원선거 또는 자치구·시·군 단위 조사 : 500명
4. 지역구지방의회의원 선거 : 300명

⑦ 누구든지 선거여론조사를 실시할 때에는 피조사자에게 응답을 강요하거나 조사자의 의도에 따라 특정 응답을 유도하는 방법으로 질문하거나 피조사자의 의사를 왜곡하는 행위를 하여서는 아니 된다.

⑧ 누구든지 선거여론조사를 실시할 때에는 그 결과를 왜곡할 수 있는 조사방법이나 분석방법을 사용하여서는 아니 된다.

제5조(가중값 배율) ① 누구든지 선거여론조사를 실시할 때에는 조사지역 전체 유권자의 성별, 연령대별(연령대의 구분은 별지 제2호 서식에 따른다), 지역별 구성 비율 등을 기준으로 한 가중값 배율을 밝혀야 하며, 가중값 배율이 다음 각 호의 범위 내에 있지 않은 선거여론조사 결과를 공표·보도하여서는 아니 된다.

1. 성별 : 0.7 ~ 1.5
2. 연령대별 : 0.7 ~ 1.5
3. 지역별 : 0.7 ~ 1.5

② 제1항에도 불구하고 제4조 제6항에 따른 최소 표본의 크기 및 제1항에 따른 가중값 배율의 범위를 충족한 선거여론조사 결과를 각각 합쳐서 하나의 선거여론조사 결과로 분석한 경우

에는 제1항에 따른 가중값 배율 범위를 적용하지 아니한다. 다만, 그 선거여론조사 결과를 공표·보도하는 경우에는 분석 경위와 방법을 밝혀야 한다.

제6조(질문지의 작성 등) ① 누구든지 피조사자의 응답이 특정 정당 또는 후보자에게 편향될 수 있는 다음 각 호의 내용으로 질문지를 작성하거나 질문하여서는 아니 된다.

1. 주관적 판단이나 편견이 개입된 어휘나 표현
2. 특정 정당 또는 후보자에 대하여 긍정적 또는 부정적 이미지를 유발할 수 있는 내용
3. 선거운동을 목적으로 특정 정당 또는 후보자의 정책 · 정견 · 경력 등을 홍보하는 내용
4. 특정 정당 또는 후보자를 비방하는 내용
5. 특정 정당 또는 후보자에 관한 허위의 사실
6. 그 밖에 제1호부터 제5호까지의 어느 하나에 준하는 표현이나 내용

② 누구든지 선거여론조사를 실시할 때에는 편향된 응답을 유도할 수 있도록 질문순서를 정하거나 응답항목을 구성하여서는 아니 되며, 정당 또는 후보자에 대한 지지도(적합도, 선호도 등을 포함한다. 이하 같다) 등을 질문하는 경우에는 지지하는 정당이나 후보자가 없음을 선택하는 항목을 별도의 항목으로 구성하여야 한다.

③ 누구든지 선거여론조사를 실시할 때에는 정당의 명칭이나 후보자의 성명을 일정한 간격에 따라 순환하는 방식으로 하여야 한다. 다만, 정당의 명칭이나 후보자 성명의 가나다순 또는 소속 정당의 국회의원 의석수(같은 의석을 가진 정당이 둘이상인 때에는 그 정당 명칭의 가나다순)에 따른 조사임을 밝힌 경우 및 법 제49조제1항에 따른 후보자등록기간 종료 후에 후보자의 기호 순으로 실시하는 경우에는 그러하지 아니하다.

④ 누구든지 선거여론조사를 실시할 때에는 경력 등 후보자에 관한 사항을 특정 후보자에게 유리 또는 불리하게 질문하여서는 아니 된다. 이 경우 예비후보자 및 후보자의 경력은 법 제60조의2 제1항 또는 법 제49조 제1항에 따라 제출한 직업이나 주요 경력을 사용하되 후보자별로 공정하게 구성해야 한다.

제7조(조사대상자의 권리 보호) ① 누구든지 선거여론조사를 실시할 때에는 질문을 하기 전에 선거여론조사기관(법 제8조의9 제3항에 따라 관할 선거여론조사심의위원회로부터 등록증을 교부받은 여론조사기관·단체를 말한다. 이하 같다)의 명칭과 전화번호를 밝혀야 한다.

② 누구든지 선거여론조사를 실시할 때에는 조사대상자의 수치심을 유발하게 하거나 조사대상자를 모욕하는 행위를 하여서는 아니 된다.

③ 누구든지 선거여론조사와 관련하여 조사대상자의 성명이나 성명을 유추할 수 있는 내용을 공개하는 행위를 하여서는 아니 된다.

(3) 선거여론조사심의위원회 관할 여론조사

선거여론조사심의위원회가 심의하는 관할 여론조사는 다음 각 호와 같다(법§8의8⑨).

1. 중앙선거여론조사심의위원회 : 전국 또는 2 이상 시·도의 선거구민을 대상으로 하는 여론조사
2. 시·도선거여론조사심의위원회 : 해당 시·도의 선거구민을 대상으로 하는 여론조사

'선거에 관한[310] 여론조사'는 ㉠ 선거에 관하여 정당 또는 후보자(후보자가 되려는 사람 포함)에 대한 지지도·인지도·선호도에 관한 여론조사 및 당선인을 예상하게 하는 여론조사, ㉡ 정당의 당내경선 및 정당 간 후보자 단일화를 위한 여론조사, ㉢ 정당 또는 후보자가 제시한 선거공약·정책에 대한 지지·반대 등에 관한 여론조사, ㉣ 정당(창당준비위원회 포함)의 명칭(약칭 포함) 또는 후보자의 성명을 나타내어 실시하는 선거공약·정책 개발을 위한 여론조사가 이에 해당한다.[311]

'선거에 관한 여론조사'로 보지 아니하는 여론조사에는 ① 정당이 그 대표자 등 당직자를 선출하기 위한 여론조사, ② 후보자(후보자가 되려는 사람을 포함한다)의 성명이나 정당(창당준비위원회를 포함한다)의 명칭을 나타내지 아니하고 정책·공약 개발을 위하여 실시하는 여론조사, ③ 국회의원 및 지방의회의원이 의정활동과 관련하여 실시하는 여론조사(다만, 제60조의2(예비후보자등록) 제1항에 따른 해당 선거의 예비후보자등록신청개시일부터 선거일까지 실시하는 여론조사는 제외한다) ④ 정치, 선거 등 분야에서 순수한 학술·연구 목적으로 실시하는 여론조사, ⑤ 단체 등이 의사결정을 위하여 그 구성원만을 대상으로 실시하는 여론조사 여론조사가 있다(법§8의8⑧).

① 정당의 '당직자를 선출하기 위한 여론조사'란 해당 정당의 당헌·당규에 따라 대표자·최고위원·원내대표 등 당직자를 선출하기 위한 여론조사를 말하고, ② 정책·공약개발을 위한 여론조사의 경우 그 실시주체를 불문하고 후보자(후보자가 되려는 사람 포함)의 성명, 정당(창당준비위원회 포함)의 명칭(약칭 포함)이 나타나지 않는다면 선거에 관한 여론조사에 해당하지 아니하고, ③ 정치, 선거 등 분야에서 순수한 학술·연구 목적으로 실시하는 여론조사의 경우 정당·후보자에 대한 지지도·선호도 조사 등을 포함하더라도 선거에 관한 여론조사에 해당하지 아니한다. 다만, 학술·연구 본래의 목적 범위를 벗어나 여론조사 내용 중 정당 또는 후보자에 대한 지지도 등을 별도로 공표하는 등의 경우에는 선거에 관한 여론조사에 해당할 수 있고, ④ 단체에서 구성원만을 대상으로 지지·반대할 후보자 또는 정당을 결정하는

310) "선거에 관하여"란 널리 선거에 즈음하여 선거운동, 투표, 당선 등 선거에 관한 사항을 동기로 하여 이루어지는 등 그 행위의 동기가 선거와 관계있는 사항에 기인하는 한 이에 해당한다고 보아야 한다(1996. 6. 14. 선고 96도405 판결).

311) 2017. 2. 24. 중앙선관위 선거여론조사 관련 운용기준

등 의사결정을 위하여 실시하는 여론조사(투표방법에 의하는 경우 포함)는 선거에 관한 여론조사에 해당하지 아니하고, ⑤ 국회의원 및 지방의회의원이 본인이 입후보하려는 선거의 예비후보자등록신청개시일부터 선거일까지의 기간에 실시하는 의정활동관련 여론조사의 경우에는 선거에 관한 여론조사에 해당하는 지 여부가 법문상 명확하지 아니하므로 사안에 따라 구체적 · 개별적으로 판단하여야 한다.[312][313]

다. 선거여론조사의 심의, 조치 및 결과 통지, 재심

(1) 심의

선거여론조사심의위원회가 심의를 위하여 필요하다고 인정되는 때에는 정당 · 후보자나 여론조사실시 · 공표 · 보도에 관여하는 자 또는 그 대리인(이하 "당사자"라 한다)에게 의견진술의 기회를 줄 수 있다. 이 경우 의견진술은 구두 또는 서면으로 할 수 있으며, 당사자가 이에 응하지 아니한 때에는 의견진술을 포기한 것으로 본다(선거여론조사심의위원회규칙§21).

(2) 조치 및 결과 통보 등

선거여론조사심의위원회는 선거에 관한 여론조사가 공직선거법 또는 선거여론조사기준을 위반하였다고 인정되는 때에는 그 위반행위를 한 자에게 시정명령 · 경고 · 정정보도문의 게재명령 등 필요한 조치를 하되, 그 위반행위가 선거의 공정성을 현저하게 해치는 것으로 인정되거나 시정명령 · 정정보도문의 게재명령을 불이행한 때에는 고발 등 필요한 조치를 하여야 하고 이를 관할선거구선거관리위원회에 통보하여야 한다(법§8의8⑩).

선거여론조사심의위원회가 법 제8조의8(선거여론조사심의위원회) 제10항에 따른 조치를 결정한 경우에는 해당 결정 내용 등을 중앙여론조사심의위원회 홈페이지에 게시하여 공개할 수 있다(선거여론조사심의위원회규칙§18의2①). 선거여론조사심의위원회는 법 제8조의8(선거여론조사심의위원회) 제10항에 따라 고발되거나 기소된 선거여론조사기관이 실시한 선거에 관한 여론조사 결과는 법 제108조(여론조사의 결과공표금지 등) 제12항에 따라 해당 선거일의 투표마감시각까지 공표 · 보도할 수 없다는 사실을 중앙선거여론조사심의위원회 홈페이지에 게시하여 공개할 수 있다(선거여론조사심의위원회규칙§18의2②). 선거여론조사심의위원회가 심의 · 의결을 한 때에는 그 결과를 이의신청자 등에게 통지하여야 한다(선거여론조사심의위원회규칙§22).

312) 2017. 2. 24. 중앙선관위 선거여론조사 관련 운용기준

313) 국회의원 및 지방의회의원이 입후보하려는 선거의 예비후보자등록신청개시일부터 선거일까지 그 명의로 실시하는 의정활동에 대한 여론조사가 선거에 관한 여론조사에 해당하는 경우에는 선거일 전 60일부터 선거일까지는 실시할 수 없다(법§108②).

(3) 재심

선거여론조사심의위원회의 법 제8조의8(선거여론조사심의위원회) 제10항에 따른 시정명령·경고·정정보도문 게재명령 등의 조치 결정에 이의가 있는 당사자 또는 그 대리인은 해당 결정을 통지받은 날로부터 3일 이내에 해당 선거여론조사심의위원회에 재심을 청구할 수 있다. 다만, 재심은 한 차례만 청구할 수 있다(선거여론조사심의위원회규칙§18의3①).

선거여론조사심의위원회는 재심의 청구를 받은 때에는 지체 없이 이를 심의·의결하고 그 결과를 청구인 등에게 통지하여야 한다(선거여론조사심의위원회규칙§18의3②). 재심결정에 대해서는 다시 재심을 청구할 수 없다(선거여론조사심의위원회규칙§18의3③).

재심청구는 원심결정의 효력이나 집행 또는 절차의 속행에 영향을 주지 아니한다(선거여론조사심의위원회규칙§18의3④).

라. 선거여론조사에 대한 조사

(1) 조사 및 자료제출요구

선거여론조사심의위원회 위원·직원은 선거에 관한 여론조사에 있어서 공직선거법 또는 선거여론조사기준 위반행위(이하 "선거여론조사기준 위반행위"라 한다)에 관하여 그 선거여론조사기준 위반행위의 혐의가 있다고 인정되거나, 후보자(경선후보자를 포함한다)·예비후보자·선거사무장·선거연락소장 또는 선거사무원이 제기한 선거여론조사기준 위반행위의 혐의가 있다는 소명이 이유 있다고 인정되는 경우 또는 현행범의 신고를 받은 경우에는 그 장소에 출입하여 관계인에 대하여 질문·조사를 하거나 관련서류 기타 조사에 필요한 자료의 제출을 요구할 수 있다(법§8의8⑪, §272의2①).

후보자·예비후보자·선거사무장·선거연락소장 및 선거사무원이 선거여론조사기준 위반행위의 혐의를 제기하는 때에는 그 선거여론조사기준 위반행위의 혐의에 관한 소명자료를 첨부하여 규칙이 정하는 소명서[314]를 선거여론조사심의위원회에 제출하여야 한다(규칙§146의2①). 선거여론조사심의위원회의 위원·직원은 위 소명이 이유있다고 인정되는 때에는 당해 선거여론조사기준 위반행위사실을 조사하여 그에 상응하는 처분을 하고 그 처분결과를, 이유 없다고 인정되는 때에는 그 뜻을 각 소명서를 제출한 자에게 통지하여야 한다(규칙§146의2②).

누구든지 법 제272조의2(선거범죄의 조사 등) 제1항의 규정에 의한 장소의 출입을 방해하여서는 아니 되며 질문·조사를 받거나 자료의 제출을 요구받은 자는 이에 응하여야 한다(법§8의8⑪, §272의2③). 선거여론조사심의위원회의 위원·직원이 법 제272조의2(선거범죄의 조사 등)

314) 규칙 별지 제62호 서식의 (가)「공직선거법」위반혐의 소명서

제1항의 규정에 의한 장소에 출입하여 관계인에 대하여 자료제출을 요구함에 있어서 정당한 사유 없이 출입을 방해하거나 자료의 제출요구에 불응하거나 허위의 자료를 제출하는 때에는 법 제256조(각종제한규정위반죄) 제5항 제12호에 따라 처벌받을 수 있음을 알려야 한다(규칙§146의3①).선거여론조사심의위원회 위원·직원이 위 장소에 출입하거나 질문·조사·자료의 제출을 요구하는 경우에는 관계인에게 그 신분을 표시하는 증표를 제시하고 소속과 성명을 밝히고 그 목적과 이유를 설명하여야 한다(법§8의8⑪, §272의2⑥).

선거여론조사심의위원회 위원·직원의 신분을 표시하는 증표는 규칙이 정하는 양식[315]에 의하되 선거여론조사심의위원회가 발행하는 위원신분증 또는 공무원증으로 갈음할 수 있다(규칙§146의3⑧).

선거여론조사심의위원회 위원·직원은 직접 방문하여 조사하는 경우 외에 필요하다고 인정되는 때에는 서면답변 또는 자료의 제출을 요구할 수 있다(규칙§146의3④).

(2) 증거수집 및 현장보존

선거여론조사심의위원회 위원·직원은 선거여론조사기준 위반행위 현장에서 선거여론조사기준 위반행위에 사용된 증거물품으로서 증거인멸의 우려가 있다고 인정되는 때에는 조사에 필요한 범위 안에서 현장에서 이를 수거할 수 있다. 이 경우 당해 선거여론조사심의위원회 위원·직원은 수거한 증거물품을 그 관련된 선거여론조사기준 위반행위에 대하여 고발 또는 수사의뢰한 때에는 관계수사기관에 송부하고, 그러하지 아니한 때에는 그 소유·점유·관리하는 자에게 지체 없이 반환하여야 한다(법§8의8⑪, §272의2②). 선거여론조사심의위원회 위원·직원은 법 제272의2조(선거범죄의 조사 등) 제2항의 규정에 의하여 선거여론조사기준 위반행위에 사용된 증거물품을 수거한 때에는 그 목록 2부를 작성하여 그중 1부를 당해 물품을 소유·점유 또는 관리하는 자에게 교부하고, 나머지 1부는 당해 선거여론조사심의위원회에 제출하여야 한다(규칙§146의3⑤).

선거여론조사심의위원회 위원·직원은 선거의 자유와 공정을 현저히 해할 우려가 있는 공직선거법에 위반되는 행위가 눈앞에 행하여지고 있거나, 행하여질 것이 명백하다고 인정되는 경우에는 그 현장에서 행위의 중단 또는 예방에 필요한 조치를 할 수 있다(법§8의8⑪, §272의2⑤).

(3) 동행·출석 요구

선거여론조사심의위원회 위원·직원은 선거여론조사기준 위반행위 조사와 관련하여 관계자에게 질문·조사하기 위하여 필요하다고 인정되는 때에는 선거여론조사심의위원회에 동행

315) 규칙 별지 제63호 양식 신분증명서

또는 출석할 것을 요구할 수 있다. 다만, 선거기간 중 후보자에 대하여는 동행 또는 출석을 요구할 수 없다(법§8의8⑪, §272의2④). 선거여론조사심의위원회 위원·직원이 관계자에게 동행을 요구하는 때에는 구두로 할 수 있으며, 출석을 요구하는 때에는 규칙이 정하는 서식[316]에 따른다. 이 경우 「형사소송법」 제211조(현행범인과 준현행범인)에 규정된 현행범인 또는 준현행범인에 해당하는 관계자에게 동행요구를 함에 있어서 정당한 사유 없이 동행요구에 응하지 아니한 때에는 법 제261조(과태료의 부과·징수 등) 제6항 제2호에 따라 과태료에 처할 수 있음을 알려야 한다(규칙§146의3⑥).

선거여론조사심의위원회는 중앙선거여론조사심의위원회 위원장이 정하는 바에 따라 선거여론조사기준 위반행위 조사와 관련하여 동행 또는 출석한 관계자에게 예산의 범위 안에서 여비·일당을 지급할 수 있다(규칙§146의3⑦).

(4) 조사

선거여론조사심의위원회 위원·직원이 피조사자에 대하여 질문·조사를 하는 경우 질문·조사를 하기 전에 피조사자에게 진술을 거부할 권리 및 변호인의 조력을 받을 권리가 있음을 알리고, 문답서에 이에 대한 답변을 기재하여야 한다(법§8의8⑪, §272의2⑦). 선거여론조사심의위원회 위원·직원은 피조사자가 변호인의 조력을 받으려는 의사를 밝힌 경우 지체 없이 변호인(변호인이 되려는 자를 포함한다)으로 하여금 조사에 참여하게 하거나 의견을 진술하게 하여야 한다(법§8의8⑪, §272의2⑧). 피조사자가 변호인의 조력을 받으려는 의사를 밝혔으나 변호인이 상당한 시간 안에 출석하지 아니하거나 출석할 수 없는 경우에는 피조사자의 의사를 확인한 후 변호인의 참여 없이 피조사자에 대하여 질문·조사할 수 있다(규칙§146의3⑨).

선거여론조사심의위원회 위원·직원은 조사업무 수행 중 필요하다고 인정되는 때에는 질문답변내용의 기록, 녹음·녹화, 사진촬영, 선거여론조사기준 위반행위와 관련 있는 서류의 복사 또는 수집 기타 필요한 조치를 취할 수 있다(규칙§146의3③).

(5) 업무원조요구

조사업무에 필요하다고 인정되는 때에는 법 제5조(선거사무협조)의 규정에 의하여 경찰공무원·경찰관서의 장이나 행정기관의 장에게 원조를 요구할 수 있다(규칙§146의3②).

마. 업무협조요청

선거여론조사심의위원회는 업무수행을 위하여 필요하다고 인정하는 때에는 관계 공무원

---

316) 규칙 별지 제62호 서식의 (나) 출석요구

또는 전문가를 초청하여 의견을 듣거나 관련 기관·단체 등에 자료 및 의견 제출 등 협조를 요청할 수 있다(법§8의8⑫).

바. 벌칙

법 제8조의8(선거여론조사심의위원회) 제11항에서 준용하는 법 제272조의2(선거범죄의 조사 등) 제3항을 위반하여 출입을 방해하거나 자료제출요구에 응하지 아니한 자 또는 허위의 자료를 제출한 자는 1년 이하의 징역 또는 200만원 이하의 벌금에 처한다(법§256⑤12.).

한편, 법 제8조의8(선거여론조사심의위원회) 제10항에 따른 시정명령·정정보도문의 게재명령을 통보받고 이를 이행하지 아니한 자에게는 3천만원 이하의 과태료를 부과한다(법§261② 1.). 「형사소송법」 제211조(현행범인과 준현행범인)에 규정된 현행범인 또는 준현행범인으로서 법 제8조의8(선거여론조사심의위원회) 제11항에서 준용하는 법 제272조의2(선거범죄의 조사 등) 제4항에 따른 동행요구에 응하지 아니한 자는 300만원 이하의 과태료를 부과한다(법§261⑥ 2.). 법 제8조의9(여론조사 기관·단체의 등록 등) 제4항을 위반하여 변경등록신청을 제때 하지 아니한 자는 100만원 이하의 과태료를 부과한다(법§261⑧1의2.). 법 제8조의8(선거여론조사심의위원회) 제11항에서 준용하는 제272조의2(선거범죄의 조사 등) 제4항에 따른 출석요구에 정당한 사유 없이 응하지 아니한 자는 100만원 이하의 과태료를 부과한다(법§261⑧6.).

2. 여론조사 기관·단체의 등록 등

가. 등록신청

여론조사 기관·단체가 공표 또는 보도를 목적으로 선거에 관한 여론조사를 실시하려는 때에는 조사시스템, 분석전문인력, 그 밖에 규칙으로 정하는 요건을 갖추어 관할 선거여론조사심의위원회에 서면으로 그 등록을 신청하여야 한다(법§8의9①). 등록신청은 규칙이 정하는 서식[317]에 따라 해당 여론조사 기관·단체의 사무소의 소재지를 관할하는 시·도선거여론조사심의위원회에 한다(규칙§2의2①).

중앙선거여론조사심의위원회는 여론조사 기관·단체의 등록신청 건수 및 신청 시기 등을 종합적으로 고려하여 등록사무를 대행할 선거여론조사심의위원회를 정할 수 있다. 이 경우 그 대행하는 선거여론조사심의위원회에 등록신청을 하여야 한다(규칙§2의2②).

등록신청을 하려는 때에는 다음 각 호에서 정하는 요건을 모두 갖추어야 한다(규칙§2의2③).

1. 전화면접조사시스템 또는 전화자동응답시스템
2. 분석전문인력(사회조사분석사 자격증을 보유하거나 여론조사 기관·단체에서 여론조사

317) 규칙 별지 제1호의2 서식의 (가) 선거여론조사기관 등록신청서

의 실시 · 결과분석 등 여론조사와 직접 관련된 업무를 2년 이상 수행한 사람을 말한다) 1명 이상을 포함한 3명 이상의 상근 직원

3. 여론조사 실시 실적 또는 매출액

가. 여론조사 실시 실적 10회 이상. 다만, 등록신청일 현재 설립된 지 1년 미만인 여론조사 기관 · 단체의 경우에는 3회(선거에 관한 여론조사는 그 횟수에 산입하지 아니한다) 이상의 여론조사 실시 실적으로 한다.

나. 등록신청일을 기준으로 최근 1년 이내 여론조사 실시 매출액 5천만원 이상

4. 조사시스템과 상근 직원을 수용할 수 있는 사무소

나. 등록

등록신청을 받은 관할 선거여론조사심의위원회는 그 신청을 접수한 날로부터 7일 이내에 등록을 수리하고 등록증을 교부하여야 한다(법§8의9②). 등록신청을 받은 관할 선거여론조사심의위원회는 여론조사 기관 · 단체가 등록요건을 갖추었는지 확인한 후 등록을 수리하고, 규칙이 정하는 서식[318]에 따른 등록증을 교부하여야 한다(규칙§2의2④).

선거여론조사심의위원회는 등록증을 교부한 여론조사기관 · 단체(이하 "선거여론조사기관"이라 한다)에 관한 정보로서 ① 명칭 ② 사무소의 소재지 및 전화번호 ③ 대표자의 성명 ④ 등록연월일을 지체 없이 중앙선거여론조사심의위원회 홈페이지에 공개하여야 한다(법§8의9③, 규칙§2의2⑤).

등록신청 사항 중 변경이 생긴 때에는 선거여론조사기관은 14일 이내에 관할 선거여론조사심의위원회에 규칙이 정하는 서식[319]에 따라 변경등록을 신청하여야 한다(법§8의9④, 규칙§2의2⑥). 변경등록신청을 받은 관할선거여론조사심의위원회는 그 신청을 접수한 날로부터 7일 이내에 변경등록을 수리하고, 등록증의 기재사항에 변경이 있는 경우 등록증을 다시 교부하여야 한다(규칙§2의2⑦).

다. 등록취소

선거여론조사기관(그 대표자 및 구성원을 포함한다)이 ① 거짓이나 그 밖의 부정한 방법으로 등록한 경우, ② 등록 요건을 갖추지 못하게 된 경우, ③ 선거에 관한 여론조사와 관련된 죄를 범하여 징역형 또는 100만원 이상의 벌금형의 선고를 받은 경우에 해당하는 경우 관할선거여론조사심의위원회는 해당 선거여론조사기관의 등록을 취소한다. 이 경우 ③호에 해당하여 등록이 취소된 선거여론조사기관은 그 등록이 취소된 날로부터 1년 이내에는 등록을 신

318) 규칙 별지 제1호의2 서식의 (나) 선거여론조사기관 등록증
319) 규칙 별지 제1호의2 서식의 (다) 선거여론조사기관 변경등록 신청서

청할 수 없다(법§8의8⑤).

관할선거여론조사심의위원회가 선거여론조사기관의 등록을 취소한 때에는 중앙선거여론조사심의위원회 홈페이지에 그 사실을 알려야 한다(규칙§2의2⑧).

3. 여론조사의 결과공표금지 등

가. 선거와 여론조사의 관계

현대 민주국가에 있어서 선거는 국가권력에 대하여 민주적 정당성을 부여하고 국민을 정치적으로 통합하는 중요한 방식이라고 할 수 있다. 그런데 선거의 결과는 여론의 실체인 국민의 의사가 표명된 것이기 때문에 민주국가에서 여론의 중요성은 특별한 의미를 가진다. 민주국가에서 여론이란 국민이 그들에게 공통되고 중요한 문제에 관하여 표명하는 의견의 집합체를 말하는데, 이와 같이 여론을 정확히 파악하여 표출시키는 것을 목적으로 하는 여론조사는 선거와 밀접한 관련을 갖고 있다. 우선 여론조사를 통하여 국민은 정당이나 정치인의 정책에 대한 자신의 의사를 표명할 기회를 갖게 됨으로써 간접적이나마 국가정책에 참여할 수 있고, 정당이나 정치인들은 자신들이 추진하고 있는 정책에 대한 지지도를 파악하여 국민이 거부하는 정책을 시정할 수 있으므로, 선거와 선거 사이의 공백이나 선거의 결과가 정책보다는 후보자의 개인적인 인기에 좌우되기 쉽다는 선거의 문제점을 어느 정도 보완할 수 있게 된다. 또한 여론조사는 선거와 관련하여 예비선거의 기능을 수행하고, 무엇보다도 선거에 대한 국민의 관심을 높여주는 구실을 한다. 이와 같은 여론조사는 민주정치의 구현수단으로서 긍정적인 측면을 갖고 있지만 부정적인 측면도 가지고 있다. 여론조사는 불공정·부정확하게 행하여지기 쉽고 그러한 여론조사결과의 공표는 많은 폐해를 낳을 수 있다. 여론조사의 긍정적 기능도 여론조사가 공정하고 정확하게 이루어지는 것을 전제로 한 것이므로, 만일 여론조사가 의도적이든 그렇지 아니하든 불공정하거나 부정확하게 이루어지고 그러한 여론조사의 결과가 공표된다면 국민을 오도하는 결과가 되어 오히려 역기능을 초래하게 될 것이다. 일정한 응답을 유도하는 방향으로 설문을 조작하거나 표본을 편파적으로 추출하면 여론조사결과는 얼마든지 조작이 가능하고, 의도적으로 그렇게 하지 아니하더라도 조사기법의 숙련도 혹은 시간과 경비의 차이에서 비롯될 수 있는 조사기간, 조사대상의 범위, 표본추출방법, 자료수집방법, 질문방식 등에 따라 그 결과가 각기 달리 나타나거나 정확도에서 많이 차이가 날 수도 있다. 따라서 여론조사의 실시 및 그 공표에 있어서 객관성 및 정확성을 확보하는 문제는 여론조사의 가치를 가름하는 관건이 되는 중요한 문제이다. 이를 해결하기 위해서는 여론조사를 담당할 우수인력 및 충분한 조사비용의 확보, 세련된 조사기법의 축척 등이 필요함은 물론이지만, 법령 등을 통하여 여론조사의 공정성과 정확성을 담

보하기 위한 제도적 장치를 갖출 필요도 있다.[320][321]

나. 여론조사의 결과공표 금지기간

누구든지 선거일 전 6일부터 선거일의 투표마감시각까지 선거에 관하여 정당에 대한 지지도나 당선인을 예상하게 하는 여론조사(모의투표나 인기투표에 의한 경우를 포함한다)의 경위와 그 결과를 공표하거나 인용하여 보도할 수 없다(법§108①).

법 제108조(여론조사의 결과공표금지 등) 제1항과 관련하여, 헌법재판소는 「여론조사는 그것이 공정하고 정확하게 이루어졌다 하더라도 그 결과가 공표되면 투표자로 하여금 승산이 있는 쪽으로 가담하도록 만드는 이른바 밴드왜곤효과(bandwagon effect)나 이와 반대로 불리한 편을 동정하여 열세에 놓여 있는 쪽으로 기울게 하는 이른바 열세자효과(underdog effect)가 나타나게 됨으로써 선거에 영향을 미쳐 국민의 진의를 왜곡하고 선거의 공정성을 저해할 우려가 있다. 더구나 선거일에 가까워질수록 여론조사결과의 공표가 갖는 부정적 효과는 극대화되고, 특히 불공정하거나 부정확한 여론조사결과가 공표될 때에는 선거의 공정성을 결정적으로 해칠 가능성이 높지만 이를 반박하고 시정할 수 있는 가능성은 점점 희박해진다. 따라서 선거의 공정을 위하여 선거일을 앞두고 어느 정도의 기간 동안 선거에 관한 여론조사결과의 공표를 금지하는 것 자체는 그 금지기간이 지나치게 길지 않는 한 위헌이라고 할 수 없다.」고 하였다.[322]

---

320) 2015. 4. 30. 선고 2014헌마360 결정

321) 조소영은 선거여론조사의 기능을 다음과 같이 구체적으로 제시하고 있다. 즉, '첫째, 선거여론조사는 부정선거의 가능성을 희석하는 검증적 기능을 할 수 있다. 둘째, 제도화된 선거여론조사결과의 계속적인 공표는 선거 이후에 후보자와 지지자들 간에 선거결과를 신뢰하고 승복하는 선거문화를 확립시키는 견인차 기능을 한다. 셋째, 선거여론조사는 투표권이 있는 조사대상자 전체를 모집단으로 하여 표본을 추출하기 때문에 투표 여부와 상관없이 전 국민의 의견을 추론해 볼 수 있는 기능을 할 수 있다. 넷째, 선거운동기간 중에 해당 후보자의 당락가능성이 주기적으로 조사되고 발표되면 각 후보자들은 자신들의 선거정책과 전략을 보다 많은 공감대를 이끌 수 있는 방향으로 지속적인 수정작업을 할 수 있게 된다. 이는 또한 유권자들의 입장에서도 자신이 지지하는 후보자의 정책에 대한 객관적인 측량과 판단을 해볼 수 있는 기회를 제공해 주는 역할을 한다. 선거여론조사의 기능 중에서 민주주의와 관련하여 가장 중요한 부분은 선거여론조사결과가 그 내용적인 특성상 유권자의 정치적이고 이념적인 위상에 대한 정보, 유권자가 특정 후보 또는 정당의 정치적 입장과 자신의 입장 차이를 확인할 수 있는 정보, 그리고 후보자나 정당에 대한 지지도에 대한 정보 등을 제공함으로써 유권자가 어떤 정치적 선택을 하는 것이 자신의 권리를 행사하는데 가장 바람직한 결과가 될 것인지 유권자 스스로 결정할 수 있게 도와주는 역할을 한다는 점이다.'라고 한다(조소영, 「선거여론조사를 해방시키기 위한 헌법적 검토」, 공법학연구 제6권 제3호, 138－139쪽).

322) 1995. 7. 21. 선고 92헌마177·199(병합) 전원재판부 결정, 1998. 5. 28. 선고 97헌마362·394(병합) 전원재판부 결정, 1999. 1. 28. 선고 98헌바64 전원재판부 결정(이영모 재판관은 '법 제108조(여론조사의 결과공표금지 등) 제1항은 국내에 있는 신문·방송 등 언론매체만 규제할 수 있을 뿐 외국의 언론매체와 인터넷 등에는 대응하지 못하므로 오늘날의 국제화·정보화 시대에 더욱 맞지 아니한 약점을 안고 있어 실질적인 효력면에서 의문이 있다. 더욱이 민주주의는 자유로운 의견교환을 필요·불가결한 조건으로 하고 있는 점, 선거는 대의민주제의 근간이고 여론조사결과의 공표는 선거기간에 유권자들의 정당·후보자에 대한 지지도와

그러나, 헌번재판소의 결정은 선거여론조사결과는 어디까지나 결과일 뿐이므로 그 공표는 이미 존재하는 여론을 공표·보도하는 것에 지나지 않음에도 마치 그 공표가 여론을 결정하는 것처럼 오인한 것에서 비롯된 것으로 보인다. 또한 유권자가 어떤 정치적 선택을 하는 것이 가장 바람직한지에 대한 유권자 스스로의 결정을 도와주는 역할을 하는 선거여론조사의 기능에 비추어 볼 때, 선거여론조사결과의 공표를 금지하는 것은 이른바 '깜깜이 선거'를 초래하여 유권자의 알권리를 침해하는 데서 더 나아가 유권자는 그러한 결정을 할 능력이 없다고 보는 것과 같으므로 타당하지 않다.[323]

그 지지도의 변화과정을 알 수 있는 유일한 수단이라는 점 등을 헤아려보면, 여론조사결과의 공표금지는 헌법이 보장하는 국민의 알권리·표현의 자유의 핵심부분을 제한함으로써 여론형성을 제대로 못하게 막고 국민의 올바른 참정권행사를 침해하게 된다.'고 반대의견을 제시하였다.)

323) 김래영은, 헌법재판소의 합헌결정에 대하여, '밴드왜곤 효과나 열세자 효과가 있다고 하더라도, 수학적 계산에 의하면 합이 0이 되거나 그 합을 알 수 없어, 어느 후보자 혹은 정당에게 유리한지 알 수 없다. 일반 국민으로서는 여론조사결과의 추이(지지도의 변화)에 따라 자신의 투표권 행사 여부를 결정하거나 투표할 후보자(혹은 정당)를 바꿀 수 있는 것이기 때문에 여론조사결과의 추이를 안다는 것은 알 권리 뿐만 아니라 선거권(혹은 투표권)과 직결된다.'고 하면서, 엄격심사기준을 대입한 본조항의 위헌성에 대하여 'ⅰ) 목적의 정당성 혹은 긴절한 목적(compelling interest)이 있는지 여부이다. 합헌론자들이나 헌법재판소는 여론의 추이에 따라 부동층(浮動層) 유권자들이 현혹된다고 하는데, 현혹된다는 실증적 증거는 전혀 없다. 오로지 추측에 의한 것뿐이다. 가사 현혹된다고 하더라도 그게 나쁜 것인가? 아주 쉬운 선거현장의 말로 표현하면 밴드왜곤 효과는 "될 놈 밀어주자."이고, 열세자 효과는 "미워도 다시 한 번"인데, 그게 국민의 뜻이라면 국민의 뜻을 그 자체로 받아들여야 하지 않을까? 우매한 국민의 의사를 정부가 바로 잡는다는 것은 전체주의 발상일 따름이다. ⅱ) 수단의 적절성, 효과성 혹은 필요성 관점이다. 과연 여론조사결과의 공표를 금지한다고 하여 오도된(정확히 표현하면 오도된다고 하는) 국민의 의사를 바로 잡을 수 있을까? 위 조항의 입법목적이 정당하거나 간절하다면, 여론조사와 관련된 사항(조사대상의 수, 지역분포, 연령분포 등)의 정확한 공표를 요구하거나, 아예 특정 지역이나 연령에 치우친 여론조사결과의 공표를 금지하면 된다. 즉 "보다 덜 제한적인 수단(less restrictive alternative)"이 존재하는 데도 굳이 7일(선거일 포함) 동안 여론조사결과의 공표를 금지하는 것은 피해의 최소성 원칙에 반하여 선거운동의 자유, 알권리를 위헌적으로 침해한다.'고 주장한다(김래영, 「제6회 지방선거와 관련한 공직선거법 상의 몇가지 쟁점」, 법학논총 제38권 제3호, 561－563쪽). ; 김래영, 「선거여론조사결과 공표금지조항의 위헌성 여부에 관한 연구」, 변호사 제33집(2003. 1.) 및 「선거여론조사결과 공표금지조항에 관한 헌법재판소 결정 비판 － 헌재 1999. 1. 28. 98헌바64, 헌재 1995. 7. 21. 92헌마177등(병합)－」, 법조 2012. 4(Vol.667)도 위와 같은 취지 : 조소영은 '선거여론조사는 의견의 주관성을 사실의 객관성으로 변화시키는 마술이며, 여론(public opinion)이 무엇인가라는 난해한 질문에 대한 탈출구로 고려되어 온 것이다.'라면서, '여론조사에 대한 신뢰는 선거여론조사과정을 엄격하게 통제하고 관리하는 방법론과 기술론으로 해결해야 하는 것이며, 유권자의 알권리를 제한하는 형태인 선거여론조사 결과공표 금지의 방법으로는 대안이 될 수 없다.'고 주장하였다(조소영, 「선거여론조사를 해방시키기 위한 헌법적 검토」, 공법학연구 제6권 제3호, 138－139쪽). : 이희훈은 '우리나라 국민은 선거에 있어 성숙한 지적 능력과 독자적 의사결정 능력을 갖추고 있으므로 여론조사결과를 무조건 수용하여 그에 동조해서 투표하지는 않을 것으로 생각한다. 따라서 선거당일 전까지 선거에 관한 여론조사의 결과가 공표될 수 있도록 하여야 한다.'고 주장하였다(이희훈, 「미국 대통령 선거가 주는 교훈 －알권리와 선거 전 여론조사결과 공표 금지규정을 중심으로－」, 법학연구(2004), 217쪽). : 성낙인은 '인터넷 시대에 외국언론사에서는 충분히 보도되고 있고, 또 국내의 여론조사기관이나 당사자 및 언론기관 종사자는 다 알고 있는 공지의 사실이 일반 국민들만 까막눈을 만드는 규제라는 점에서 적어도 선거일 2일 전까지로 확대되어야 한다. 실제로 프랑스 같은 경우에 법제상으로는 2일전까지로 제한하고 있음에도 불구하고 현실적으로 이것조차 제대로 지켜지지 않고 있다는 점에서 이와 같은 제한이 사실상 무의미한 상태이다.'라고 주장하였다(성낙인, 「선거제도와 선거운

법 제108조(여론조사의 결과공표금지 등) 제1항은 선거일 전 6일부터 선거일의 투표마감시각까지 여론조사의 경위와 그 결과를 공표하거나 인용하여 보도하는 것을 금지하는 규정이므로 그 금지기간 전에 공표된 여론조사결과를 인용보도하거나 선거일 전 6일 전에 조사한 것임을 명시하여 공표하는 것을 제한하는 것은 아니다.[324]

선거 2일 전에 스마트폰을 이용하여 "실제, 본보 및 도내 언론사가 최근 발표한 언론조사 결과들을 종합 분석해 보면 ○○시장과 □□군수의 경우 오차범위 내이지만 ▲▲당과 무소속 후보가 ▼▼당 후보를 앞선 것으로 나타났고, 군수 역시 무소속 후보가 격차를 벌여가며 강세를 보이고 있는 것으로 조사됐었다."라는 문구를 "전라일보 6월 11일자 신문에서 발취한 기사내용입니다."라는 소개와 함께 □□군수 후보자A의 페이스북에 게시한 경우는 법 제108조(여론조사의 결과공표금지 등) 제1항 위반에 해당한다.[325]

여론조사의 경위와 그 결과의 공표시기는 일반서점 및 가판대에 배포되어 실제로 불특정 다수인이 볼 수 있는 상태에 이른 때를 의미한다고 보아야 하므로 간행물에 표시된 발행일자에 불구하고 실제발행배부일을 기준으로 하여야 한다.[326] 금지기간 중에 외국인에게 그 여론조사결과를 알리는 경우 불특정 또는 다수의 선거구민에게 전파될 가능성이 없는 경우에는 무방하다.[327] 방송사가 인터넷 포털사이트 · SNS 등을 통하여 선거에 관한 여론조사(모의투표나 인기투표에 의한 경우를 포함한다)의 결과에 해당하지 아니하는 빅데이터를 수집 · 분석하여 후보자에 대한 관심도나 선호도를 보도하는 것은 허용된다.[328]

다. 여론조사 기간

누구든지 선거일전 60일(선거일전 60일 후에 실시사유가 확정된 보궐선거등에서는 그 선거의 실시사유가 확정된 때)부터 선거일까지 선거에 관한 여론조사를 투표용지와 유사한 모형에 의한 방법을 사용하거나 후보자(후보자가 되고자 하는 자를 포함한다)의 명의로 여론조사를 할 수 없다. 다만, 제57조의2(당내경선의 실시) 제2항에 따른 여론조사는 그러하지 아니하다(법§108②).

무소속 국회의원의 지역사무소에서 지방선거의 판세나 지원할 후보를 판단하기 위하여 특정 입후보예정자의 선거운동에 이르거나 법 제108조(여론조사의 결과공표금지 등)의 규정에 위

동」, 저스티스 통권 제130호(2012. 6.), 31쪽). : 이태희는 '선거기간 중 여론의 향방은 유권자들이 가장 관심을 기울이는 정치정보이며, 미디어의 입장에서는 선거기간 중 여론조사 관련 보도가 가장 핵심적이고 선호하는 뉴스아이템이다. 따라서 이를 금지하는 것은 언론의 자유에 대한 중대한 제한이 아닐 수 없다.'고 주장하였다(이태희, 「선거여론조사결과 공표금지에 대한 비판적 분석」, 중앙법학 제16집 제1호(2014. 3.), 23쪽).

324) 1997. 12. 1. 중앙선관위 의결
325) 광주고등법원 2019. 6. 4. 선고 (전주)2019노33 판결
326) 1996. 3. 14. 중앙선관위 질의회답
327) 2008. 3. 14. 중앙선관위 질의회답
328) 2017. 2. 21. 중앙선관위 질의회답

반되지 아니하는 방법으로 여론조사를 실시하는 경우,[329] 국회의원이 소속 정당으로부터의 탈당을 결정하기 위하여 지역주민들을 대상으로 선거운동에 이르거나 법 제108조(여론조사의 결과공표금지 등)의 규정에 위반되지 아니하는 방법으로 여론조사를 하는 경우는 허용된다.[330] 국회의원이 입법활동 등 의정활동에 선거구민의 의견과 여론을 반영하기 위하여 선거와 무관하게 의정활동과 관련된 내용으로 통상적으로 여론조사를 하는 경우 자신의 육성녹음으로 여론조사를 하더라도 이는 직무상 행위의 일환으로 보아 무방할 것이나, 후보자가 되고자 하는 자(국회의원 여부를 불문한다)가 선거에 임박한 시기에 선거구민들을 대상으로 자신의 육성녹음으로 선거에 관련된 여론조사를 하는 것은 통상적인 여론조사라기보다는 자신의 인지도를 높여 선거에서 유리하게 하려는 행위로 보아 허용되지 않는다.[331] 당헌·당규 등에 따른 정당의 의사결정절차에 따라 2 이상의 정당이 후보자를 단일화하기 위하여 그 정당의 인터넷홈페이지를 통하여 자발적으로 신청한 선거인단을 대상으로 휴대전화를 이용하여 투표하는 방법으로 후보자를 결정하는 경우 그 선거인에게 해당 정당 또는 후보자가 되고자 하는 자를 선전하는 등 선거운동에 이르는 행위가 부가되지 아니하고 법 제108조(여론조사의 결과공표금지 등) 제2항에도 위반되지 아니하는 방법으로 하는 것은 허용된다.[332] 여론조사기관이 선거구민의 휴대전화로 설문조사 내용을 문자로 송부하면 그 선거구민이 문자발송으로 설문조사에 응답하는 방식의 모바일 설문조사를 하는 경우 선거에 영향을 미치게 함이 없이 통상적인 여론조사의 목적범위 안에서 하는 것은 허용된다.[333] 법 제108조(여론조사의 결과공표금지 등) 제1항 또는 제12항에 따라 공표·보도할 수 없는 다수의 선거에 관한 여론조사결과를 자료로 여론조사기관의 편향성 등을 감안하여 보정한 분석결과를 그 제한기간에 공표·보도하는 경우에는 같은 조항에 각각 위반되지만, 공표·보도된 선거에 관한 여론조사를 대상으로 하는 경우에는 법 제108조(여론조사의 결과공표금지 등) 제6항 전단에 따라 「선거여론조사기준」으로 정한 사항 및 그 분석 경위와 방법을 함께 공표·보도하여야 한다.[334]

329) 2006. 2. 22. 중앙선관위 질의회답
330) 2007. 7. 25. 중앙선관위 질의회답
331) 2008. 1. 28. 중앙선관위 질의회답
332) 2007. 11. 6. 중앙선관위 질의회답
333) 2008. 1. 28. 중앙선관위 질의회답
334) 2017. 3. 17. 중앙선관위 질의회답

라. 여론조사의 신고 및 이의신청

(1) 여론조사 신고

다음 각 호의 어느 하나에 해당하는 자를 제외하고는 누구든지 선거에 관한 여론조사를 실시하려면 여론조사의 목적, 표본의 크기, 조사지역 · 일시 · 방법, 전체 설문내용 등 규칙으로 정하는 사항을 여론조사 개시일 전 2일까지 관할 선거여론조사심의위원회에 서면으로 신고하여야 한다(법§108③).

1. 제3자로부터 여론조사를 의뢰받은 여론조사 기관 · 단체(제3자의 의뢰 없이 직접 하는 경우는 제외한다)
2. 정당[창당준비위원회와 「정당법」 제38조(정책연구소의 설치 · 운영)에 따른 정책연구소를 포함한다]
3. 「방송법」 제2조(용어의 정의)에 따른 방송사업자
4. 전국 또는 시 · 도를 보급지역으로 하는 「신문 등의 진흥에 관한 법률」 제2조(정의)에 따른 신문사업자 및 「잡지 등 정기간행물의 진흥에 관한 법률」 제2조(정의)에 따른 정기간행물사업자[335]
5. 「뉴스통신 진흥에 관한 법률」 제2조(정의)에 따른 뉴스통신사업자
6. 제3호부터 제5호까지의 사업자가 관리 · 운영하는 인터넷언론사
7. 전년도 말 기준 직전 3개월간의 일일 평균 이용자 수 10만명 이상인 인터넷언론사[336]

법 제108조(여론조사의 결과공표금지 등) 제3항 제4호에 따른 '시 · 도를 보급지역으로 하는 「신문 등의 진흥에 관한 법률」 제2조(정의)에 따른 신문사업자'의 범위는 해당 신문사업자가 「신문 등 진흥에 관한 법률」 제9조(등록)에 따라 관계기관에 제출한 등록신청서에 기재된 보급지역에 따르고, 법 제108조(여론조사의 결과공표금지 등) 제3항 제7호에 따른 '전년도 말 기준 직전 3개월간의 일일 평균 이용자 수 10만명 이상인 인터넷언론사'는 중앙선거여론조사심의위원회가 매년 1월 중 결정하여 공표한다.[337]

---

335) 헌법재판소는 법 제108조(여론조사의 결과공표금지 등) 제3항 제4호와 관련하여, '시·군·구 또는 그 이하의 지역단위에서는 지역신문 이외에 해당 지역의 여론을 형성하는 기관이 거의 없고, 여론을 형성하는 집단의 규모가 작아서 선거여론조사 과정에서 특정한 방향으로 여론을 조작하기도 상대적으로 수월하다. 후보자들 역시 인지도가 대체로 낮기 때문에 자신을 홍보하는 수단으로 선거여론조사를 실시하고자 하는 유인도 상대적으로 크다. 따라서 시·군·구 또는 그보다 좁은 단위의 지역을 보급지역으로 하는 신문사들에게만 신고의무를 부과하는 것이 현저히 자의적이거나 불합리하다고 볼 수 없다.'고 판시하였다(2015. 4. 30. 선고 2014헌마360 결정).

336) 헌법재판소는, 법 제108조(여론조사의 결과공표금지 등) 제3항 제7호와 관련하여, '군소 인터넷언론사들 중 상당수는 검증되지 않은 여론조사기관들에게 여론조사를 의뢰하고 그 결과를 공표·보도하여 왔다는 점에서, 인터넷언론사의 일일 평균 이용자수를 기준으로 선거여론조사 실시에 대한 신고의무의 부과여부를 달리하는 것은 현저히 불합리하다고 볼 수 없다.'고 판시하였다(2015. 4. 30. 선고 2014헌마360 결정).

법 제108조(여론조사의 결과공표금지 등) 제3항은 선거여론조사의 실시에 대한 효과적인 관리 및 감독이 가능하도록 함으로써 선거여론조사가 특정 후보자의 선거운동 수단으로 악용되는 것을 방지하고 선거여론조사의 공정성, 정확성 및 신뢰성을 확보하고자 하는 것으로서, 법 제108조(여론조사의 결과공표금지 등) 제3항에 따라 신고하여야 하는 사항은 여론조사의 공정성, 정확성 및 신뢰성을 판단할 수 있는 기초적이고 필수적인 자료이다. 신고를 받은 선거여론조사심의위원회가 보완요구권을 갖는 점을 감안하더라도, 신고의무의 부과가 큰 부담이 된다고 보기는 어렵다. 선거여론조사결과를 등록하는 것만으로는 여론조사의 실시단계에서 발생하는 문제들을 예방할 수 없다. 여론조사결과가 공표·보도된 이후에는 선거여론조사심의위원회가 사후심의를 할 수 있고, 형벌, 과태료의 사후적 제재도 가능하나, 여론조사결과가 일단 공표·보도되면 매우 빠른 속도로 유권자의 의사에 영향을 미쳐 선거를 왜곡할 수 있으므로, 위와 같은 사후적 조치만으로는 불공정·부정확한 여론조사의 폐해를 실효적으로 제거하기 어렵다는 점에서 법 제108조(여론조사의 결과공표금지 등) 제3항의 필요성이 있다.[338]

여론조사신고에 대한 관할 선거여론조사심의위원회는 ① 전국 또는 2 이상의 시·도의 선거구민을 대상으로 하는 여론조사는 중앙선거여론조사심의위원회이고, ② 하나의 시·도의 선거구민을 대상으로 하는 여론조사는 관할 시·도선거여론조사심의위원회이다(규칙 §48의4①).

여론조사신고는 규칙이 정하는 서식[339]에 따른다. 이 경우 신고 후 신고내용을 변경하려는 때에는 변경사항을 여론조사실시 전까지 다시 신고하여야 한다(규칙§48의4②). 선거여론조사 실시 신고의 세부기준은 중앙선거여론조사심의위원회가 고시한 「선거여론조사기준」 제3장 세부기준 제1절 선거여론조사 실시신고[340]에 따른다.

---

337) 선거여론조사기준(중앙선거여론조사심의위원회고시 제2021－2호) 제20조(선거여론조사 신고 제외 대상 결정 등)

338) 2015. 4. 30. 선고 2014헌마360 결정

339) 규칙 별지 제33호 서식 여론조사 실시(변경) 신고서

340) 선거여론조사기준(중앙선거여론조사심의위원회고시 제2021－2호)
제3장 세부기준
제1절 선거여론조사 실시신고
제8조(신고사항) ① 법 제108조 제3항 각 호의 어느 하나에 해당하지 아니하는 자는 누구든지 선거여론조사를 실시하려면 다음 각 호의 사항을 해당 선거여론조사 개시일 전 2일까지 관할 선거여론조사심의위원회에 「공직선거관리규칙」 별지 제33호 서식에 따라 신고하여야 한다.
1. 신고인 인적사항(성명, 생년월일, 주소, 전화번호, 공직선거법상 신분)
2. 조사기관 · 단체[기관 · 단체명, 대표자 성명, 사무소 소재지(주소, 전화번호)]
3. 조사목적
4. 조사방법 등(조사지역, 조사일시, 조사방법, 표본의 크기, 피조사자 선정방법, 선거여론조사 결과의 공표 · 보도 여부)
5. 전체 설문내용(표적집단면접조사의 경우 조사의 주제 등을 말한다)
② 제1항에 따른 신고를 할 때 특정 지역 또는 집단만을 조사대상으로 하는 경우에는 그 지역 또는 집단이

(2) 신고내용 보완요구

관할 선거여론조사심의위원회는 신고내용이 공직선거법 또는 「선거여론조사기준」을 충족하지 못한다고 판단되는 때에는 여론조사실시 전까지 보완할 것을 요구할 수 있다(법§108④ 전문).

(3) 이의신청

관할 선거여론조사심의위원회의 신고내용의 보완요구에 이의가 있는 때에는 관할 선거여론조사심의위원회에 선거여론조사심의위원회규칙이 정하는 서식[341]에 따라 이의신청을 할 수 있다(법§108④후문, 선거여론조사심의위원회규칙§19①).

무엇인 지를 "기타" 칸에 구체적으로 기재하여야 한다.

③ 제1항에 따른 선거여론조사신고 후 신고내용을 변경하려는 때에는 변경사항을 선거여론조사 실시 전까지 다시 신고하여야 한다

제9조(조사목적, 조사지역 및 조사일시 신고) ① 조사목적은 해당 선거여론조사를 실시할 대상이 되는 선거명과 선거구명을 포함하여 기재하여야 한다.

② 조사지역은 해당 선거여론조사를 실시할 지역의 행정구역 명칭을 기재하여야 한다.

③ 조사일시는 해당 선거여론조사를 실시할 일자별 시작시각과 종료시각을 기재하여야 하며, 조사지역별 조사일시가 다른 경우에는 각각 구분하여 기재하여야 한다.

제10조(조사방법 신고) 조사방법은 해당 선거여론조사를 실시할 때 사용할 다음 각 호의 방법을 구체적으로 기재하되, 두 가지 이상의 조사방법을 병행할 때는 그 방법을 모두 기재하여야 한다.

1. 직접(대인)면접조사
2. 전화면접조사(유선전화, 무선전화, 유 · 무선전화 병행 등으로 구분한다)
3. 전화자동응답(ARS)조사(유선전화, 무선전화, 유 · 무선전화 병행 등으로 구분한다)
4. 우편조사
5. 표적집단면접조사
6. 인터넷조사[전자우편조사, 웹조사(web－based survey) 등으로 구분한다]
7. 스마트폰 어플리케이션을 이용한 조사
8. 그 밖의 조사방법

제11조(표본의 크기 및 피조사자 선정방법 신고) ① 표본의 크기에는 해당 선거여론조사에서 목표로 하는 표본의 크기를 기재하여야 한다.

② 피조사자 선정방법에는 해당 선거여론조사의 피조사자를 표본 추출하는 과정을 구체적으로 기재하여야 한다. 이 경우 제10조 제2호·제3호에 따른 조사 및 특정 표본추출틀(패널 등을 포함하며, 이하 같다)을 활용하여 조사할 때에는 다음 각 호에 따른다.

1. 제10조 제2호·제3호에 따른 조사의 경우 피조사자 선정을 위한 휴대전화 가상번호, 전화번호부 데이터베이스 또는 무작위 전화걸기(RDD) 방식 사용 여부 등을 기재하여야 하며, 유선과 무선 전화를 병행하여 조사할 경우에는 각각에 대하여 피조사자 선정방법을 기재하여야 한다.
2. 특정 표본추출틀을 활용한 조사의 경우 해당 표본추출틀의 전체 규모와 구축방법 및 피조사자 선정방법을 기재하여야 한다.

341) 선거여론조사심의위원회규칙 별지 제4호 서식 여론조사 결과의 객관성·신뢰성에 대한 이의신청서

마. 여론조사의 방법 등

(1) 여론조사의 방법

누구든지 선거에 관한 여론조사를 하는 경우에는 피조사자에게 질문을 하기 전에 여론조사 기관·단체의 명칭과 전화번호를 밝혀야 하고, 해당 조사대상의 전계층을 대표할 수 있도록 피조사자를 선정하여야 하며, 다음 각 호의 어느 하나에 해당하는 행위를 하여서는 아니 된다(법§108⑤).

1. 특정 정당 또는 후보자에게 편향되도록 하는 어휘나 문장을 사용하여 질문하는 행위
2. 피조사자에게 응답을 강요하거나 조사자의 의도에 따라 응답을 유도하는 방법으로 질문하거나, 피조사자의 의사를 왜곡하는 행위
3. 오락 기타 사행성을 조장할 수 있는 방법으로 조사하거나 전화요금 할인 혜택을 초과하여 제공하는 행위
4. 피조사자의 성명이나 성명을 유추할 수 있는 내용을 공개하는 행위

전화 및 자동응답시스템(ARS)을 이용하여 안산시장 선거구 선거인 1,093명을 상대로 여론조사를 실시하면서 세월호침몰사건에 대한 정부의 대처가 미흡했다는 취지와 안산시장 출마예정자가 위 사건에 관하여 유가족 지원 및 수습활동에 적극적으로 나선 점을 부각하는 취지가 포함된 내용을 질문하는 경우는 법 제108조(여론조사의 결과공표금지 등) 제5항에 위반된다.[342] 여론조사 설문지에 '야권단일후보'라는 표현을 사용한 것은 특정 후보자에게 편향되도록 하는 어휘를 사용하여 질문하였다고 보기 어렵다.[343] 선거에 관한 여론조사는 실제 유

342) 수원지방법원 안산지원 2014. 11. 21. 선고 2014고합328 판결(질문사항 중 「3. '세월호'가 침몰한 직후부터 현재까지 단 한 명의 생존자도 구조하지 못하는 어처구니없는 상황과 관련하여 선생님께서는 박근혜 대통령과 청와대가 인명구조와 사고수습을 위한 대처를 잘했다고 보십니까. 아니면 잘못했다고 생각하십니까? ①번, 잘했다 ②번, 잘못했다. 기타 의견이시면 ③번을 눌러주세요 [새누리당 지지층 제외] 7-① 새정치민주연합이 사고 직후부터 진도 팽목항에서 유가족 지원과 사태수습에 여념이 없던 ○○○안산시장을 배제하고 □□□씨를 전략공천했습니다. 선생님께서는 새정치민주연합 중앙당의 이 같은 결정에 대해 어떻게 생각하십니까? ①번, 잘했다. ②번, 잘못했다. 기타 의견이시면 ③번을 눌러주세요.」가 특정 정당 또는 후보자에게 편향되도록 어휘나 문장을 사용하여 질문하는 행위에 해당한다고 한 사례)

343) 2015. 9. 15. 선고 2015도6343 판결(부산고등법원 2015. 4. 15. 선고 2014노930 판결 : 편향의 사전적 의미는 한쪽으로 치우침을 의미하는데, '야권단일후보'라는 어휘는 현재 정권을 잡고 있는 정당의 후보자 외 다른 후보자들이 단일화를 이루었다는 사실을 의미할 뿐 달리 주관적인 판단이 개입된 표현이 아닌 점, 법 제150조(투표용지의 정당·후보자의 게재순위 등)에 따라 여당인 새누리당의 후보자가 기호1번이라는 사실은 일반인이 충분히 인식할 수 있다는 점에서 후보자에 대한 수식어인 '야권단일후보 무소속 기호4'는 후보자에 대한 수식어인 '새누리당 기호1번'과 동격에 해당하는 것으로 보일 뿐이므로, '야권단일후보'라는 어휘가 특정 후보자에게 유리하다고 보이지 않는 점, 답변항목에서의 후보자 순서는 순차로 교대되고 있던 점, 최근 선거에서 여론조사가 차지하는 비중과 영향력이 매우 크고 특정인에 대한 인지도는 호감도와 지지도를 높이는 바탕이 된다는 점에서 '특정 후보자가 후보자 단일화를 이루었다.'는 내용이 유권자들의 특정 후보자에 대한 인지도를 높여준다는 측면이 있으나, 공직선거법에서는 선거권자의 향방을 확인하고 선거운동방안

권자의 투표에 영향을 미칠 수 있기 때문에 조사목적에 맞게 제대로 된 응답을 얻을 수 있는 설문지가 만들어져야 하고, 설문에 대한 답은 찬성(긍정/동의)과 반대(부정/부동의)가 대칭을 이루어야 한다. 특히 ARS전화방식의 경우 이른바 '순서효과'가 발생하여 먼저 들은 항목을 선택할 가능성이 높고, 설문을 끝까지 듣지 않고 중간에 응답버튼을 누를 가능성도 크다. 그런데 각 질문에 대한 찬성(긍정/동의)의 답은 2개로 구성되어 먼저 제시되는 반면에 반대(부정/부동의)의 답은 1개로 구성되어 나중에 제시되고 있는 경우, 찬성의 내용을 우선적으로 반복하여 들은 피조사자는 찬성한다는 답변을 할 가능성이 높은 경우에는 설문조사가 응답을 유도할 우려가 큰 조사방식에 해당한다.[344)]

법 제108조(여론조사의 결과공표금지 등) 제5항의 '선거에 관한 여론조사'에는 '당내경선에 관한 여론조사'도 포함된다.[345)] 선거에서 정당이나 후보자 내지 후보예정자에 대한 지지도를 알아보기 위한 여론조사는 일반적으로 허용되나, 그 여론조사의 목적이 후보자나 후보예정자에 대한 인지도를 높이고 그의 장점을 부각시켜 그에 대한 지지를 유도하기 위한 것이라면, 이는 사전선거운동에 해당하여 허용되지 않는다.[346)] 당원들을 상대로 전화여론조사를 실시하여 특정 후보자의 지지도를 확인하고 특정 후보자를 지지하는 당원들에게 경선참여를 독려할 것이라는 사실을 알고 위 전화여론조사를 실시하는 사람들에게 휴대전화 유심칩을 가져다주어 위 전화여론조사자들이 당원들에게 여론조사기관, 단체의 명칭과 전화번호를 밝히지 않은 채 지지하는 후보가 누구인지 질문하고 특정 후보자를 지지한다고 응답한 당원에게만 경선 모바일투표 및 현장투표절차를 안내한 경우, 유심칩을 가져다준 것은 여론조사방법 위반행위의 방조에 해당한다.[347)]

○○당 책임당원들에게 전화하여 '○○시장 □□당 후보들 중에서 누구를 지지하십니까? ①A, ②E, ③G, ④지지자 없음'이라는 내용의 설문으로 여론조사를 실시하였고, A를 지지한다고 응답한 사람에게만 경선 모바일투표 및 현장투표 절차를 안내하고, 타 후보를 지지하는 사람에게는 즉시 통화를 종료한 경우는 일종의 불법 경선운동에 해당하는 행위로서 이를 두고 법 제108조(여론조사의 결과공표금지 등) 제5항 제1호의 '특정 후보자에게 편향되도록 하는 어휘나 문장을 사용하여 질문하는 행위'로 볼 수 없다.[348)]

을 수립하기 위한 여론조사도 허용되고, 신뢰성 있는 여론조사가 되기 위해서는 가치중립적인 표현에 의한 사실의 고지도 필요하다고 보이는 점 등을 종합하여 보면, 피고인들이 여론조사를 함에 있어 특정 후보자에게 편향되도록 하는 어휘를 사용하여 질문하였다고 보기 어렵다고 한 사례)

344) 광주고등법원 2015. 2. 5. 선고 2014노391 판결

345) 2019. 10. 31. 선고 2019도8815 판결

346) 2010. 6. 24. 선고 2010도3935 판결, 1998. 6. 9. 선고 97도856 판결

347) 대구고등법원 2019. 1. 24. 선고 2018노557 판결

348) 대구고등법원 2019. 1. 31. 선고 2018노597 판결

(2) 금지행위

(가) 야간조사금지

누구든지 야간(오후 10시부터 다음 날 오전 7시까지를 말한다)에는 전화를 이용하여 선거에 관한 여론조사를 실시할 수 없다(법§108⑩).

(나) 응답 유도 등 금지

누구든지 다음 각 호의 어느 하나에 해당하는 행위를 하여서는 아니 된다(법§108⑪).

1. 법 제52조의2(당내경선의 실시) 제1항에 따른 당내경선을 위한 여론조사의 결과에 영향을 미치게 하기 위하여 다수의 선거구민을 대상으로 성별·연령 등을 거짓으로 응답하도록 지시·권유·유도하는 행위
2. 선거에 관한 여론조사의 결과에 영향을 미치게 하기 위하여 둘 이상의 전화번호를 착신 전환 등의 조치를 하여 같은 사람이 두 차례 이상 응답하거나 이를 지시·권유·유도하는 행위

법 제108조(여론조사의 결과공표금지 등) 제11항 제1호는 성별과 연령을 예시적으로 열거하고 여론조사결과에 영향을 미칠 수 있는 다른 요소들을 '등'에 포섭될 수 있도록 한 것으로 '지지정당'은 '등'에 포함된다.[349] 법 제108조(여론조사의 결과공표금지 등) 제11항 제2호의 '선거에 관한'은 '선거에 관한 사항을 동기로 하여'라는 의미로서, '선거를 위한'보다 광범위한 개념으로 볼 수 있고,[350] '선거에 관한 여론조사'는 특정 후보자의 당선·낙선과 직접 관련이 있거나 이를 위한 선거운동을 목적으로 하는 여론조사 즉 '선거운동에 관한 여론조사'와 당연히 구분되는 것으로, '특정한 선거에 있어서 투표 또는 선거운동, 당선 등 선거에 관한 사항을 동기로 하거나 빌미로 하는 여론조사'로 해석함이 타당한 바,[351] '선거에 관한 여론조사'는 선거에 관한 사항을 동기로 하는 여론조사를 포괄하는 개념으로서, 정당이 공직선거 후보자를 최종 추천하는 당내경선은 공직선거에 관한 사항을 동기로 하고 있으므로, 당내경선 역시 위 '선거에 관한' 사항에 포함된다.[352][353]

---

349) 2017. 6. 19. 선고 2017도4354 판결(광주고등법원 제주지부 2017. 3. 15. 선고 2016노103 판결)

350) 2006. 2. 9. 선고 2005도3932 판결

351) 서울고등법원 2017. 12. 9. 선고 2017노2632 판결

352) 대구고등법원 2019. 1. 17. 선고 2018노513 판결

353) 대법원 2021. 10. 14. 선고 2021도9850 판결(부산고등법원(창원) 2021. 7. 16. 선고 2021노3 판결 ; '선거에 관한 여론조사'에 '당내경선과 관련된 여론조사'도 포함됨을 전제로, 기자회견에서 기자의 질문에 답하여 "제가 1등으로 거의 나온 걸로 알고 있습니다", "다른 사람들보다 많이 앞선다 말씀드립니다."라고 말한 것은 기자들에게 여론조사결과를 구체적으로 공표한 것에 해당하고 질문에 대하여 소극적으로 답변한 것에 불과하다고 할 수 없다고 한 사례)

(3) 전화요금 부담

선거에 관한 여론조사에 성실하게 응답한 사람에게는 전화요금 할인 혜택을 제공할 수 있다. 이 경우 전화요금 활인에 소요되는 비용은 해당 여론조사를 실시하는 자가 부담한다(법§108⑬). 선거에 관한 여론조사를 실시한 자가 전화요금 할인 혜택을 제공하는 경우 해당 여론조사에 관한 질문에 모두 응답한 사람에게 1회 응답 시 1천원의 범위에서 전화요금 할인 혜택을 제공할 수 있다. 이 경우 피조사자에게 질문을 하기 전에 전화요금 할인 혜택을 제공받을 수 있다는 사실을 알려야 한다(규칙§48의4④). 전화요금 할인 혜택제공에 관한 구체적인 절차 및 그 밖에 필요한 사항은 선거에 관한 여론조사를 실시하는 자와「전기통신사업법」제2조(정의) 제8호에 따른 전기통신사업자가 협의하여 정한다(규칙§48의4⑤).

바. 여론조사 결과 공표·보도 및 자료보관 등

(1) 선거여론조사기준 등록

선거에 관한 여론조사 결과를 공표·보도하려는 때에는 그 결과의 공표·보도 전에 해당 여론조사를 실시한 선거여론조사기관이 선거여론조사기준으로 정한 사항을 중앙선거여론조사심의위원회 홈페이지에 등록하여야 한다. 이 경우 선거여론조사기관이 제3자로부터 의뢰를 받아 여론조사를 실시한 때에는 해당 여론조사를 의뢰한 자는 선거여론조사기관에 해당 여론조사 결과의 공표·보도 예정일시를 통보하여야 하며, 선거여론조사기관은 통보받은 공표·보도 예정일시 전에 해당 사항을 등록하여야 한다(법§108⑦). 선거여론조사 결과 홈페이지 등록의 세부기준은 중앙선거여론조사심의위원회가 고시한「선거여론조사기준」제3장 세부기준 제2절 선거여론조사 결과 홈페이지 등록[354]에 따른다.

---

354) 선거여론조사기준(중앙선거여론조사심의위원회고시 제2021－2호)
제2절 선거여론조사 결과 홈페이지 등록
제12조(등록사항) ① 선거여론조사 결과를 공표·보도하려는 때에는 그 결과의 공표·보도 전에 해당 여론조사를 실시한 선거여론조사기관이 다음 각 호의 사항(제9호는 별지 제1호 서식에, 제16호는 별지 제2호 서식에 의한다)을 중앙심의위원회 홈페이지에 등록하여야 한다.
1. 선거여론조사의 명칭
2. 조사의뢰자
3. 선거여론조사기관
4. 조사지역
5. 조사일시
6. 조사대상
7. 조사방법
8. 표본의 크기
9. 피조사자 선정방법(휴대전화 가상번호를 사용할 경우 그 사실 및 사용 비율을 포함한다)
10. 피조사자 접촉 현황(비적격 사례수는 결번과 그 외의 비적격 사례로 구분하여 등록한다)

여론조사기준으로 정하는 사항을 중앙선거여론조사심의위원회 홈페이지에 등록하여야 하는 자는 여론조사를 실제로 행한 기관·단체를 말한다.[355] 선거에 관한 여론조사의 결과를 해당 선거일의 투표마감시각 후에 공표·보도하는 경우에는 「선거여론조사기준」으로 정한 사항의 공표·보도 및 등록을 하지 아니하여도 된다.[356]

---

11. 접촉률
12. 응답률
13. 가중값 산출 및 적용방법
14. 표본오차
15. 전체 질문지
16. 결과분석(지지도 결과는 모두 등록한다)
17. 최초 공표·보도 예정일시

② 제1항 각 호의 사항에 관하여 사실과 다르게 중앙심의위원회 홈페이지에 등록하여서는 아니 된다.

제13조(등록방법) ① 선거여론조사기관이 제12조 제1항에 따라 중앙심의위원회 홈페이지에 등록할 때에는 해당 홈페이지에서 요구하는 방식에 따라 직접 입력 또는 서류 첨부 등의 방법으로 하여야 한다.

② 표본의 크기를 등록할 때에는 전체 표본의 크기와 함께 성별, 연령대별 및 지역별로 표본의 크기가 구분되도록 하여야 하며, 제11조 제1항에 따라 신고한 표본의 크기와 실제 조사한 표본의 크기를 함께 등록하여야 한다.

③ 하나의 선거여론조사 결과를 나누어 공표 또는 보도하려는 때에는 그때마다 공표·보도 전에 중앙심의위원회 홈페이지에 등록하되 결과분석에 관한 자료는 나누어 등록할 수 있다. 다만, 지지도 결과는 모두 등록하여야 한다.

제14조(가중값 산출 및 적용 방법 등의 등록) ① 가중값 산출 및 적용 방법을 등록할 때에는 조사지역 전체 유권자의 인구 구성에 따른 성별, 연령대별, 지역별 비율과 가중값 산출 및 적용 방법에 사용된 모집단 정보의 출처를 기재하여야 한다.

② 선거결과 예측 지지율 산출을 위해 제1항의 가중값 산출 및 적용 방법 외에 과거 선거 투표율 보정, 과거 선거 후보자 득표율 보정, 응답유보층 분석 등을 추가적으로 수행할 경우에는 가중값 산출 및 적용 방법과 이에 사용된 기준 정보의 출처 등 모든 관련 정보를 등록하여야 한다.

③ 선거결과 예측 지지율 산출을 위해 과거 선거의 투표율 등을 사용하여 추가적으로 결과를 보정한 경우에는 제1항과 제2항에 따른 결과분석 자료를 각각 등록하여야 한다.

제15조(등록자료 대외 공개) ① 중앙심의위원회는 중앙심의위원회 홈페이지에 등록된 사항 중 제12조 제1항 제1호부터 제14호까지 및 제17호의 사항은 선거여론조사를 실시한 선거여론조사기관이 지정한 최초 공표·보도 예정일시에 공개하고, 제12조 제15호 및 제16호의 사항은 최초 공표·보도 예정일시로부터 24시간(「잡지 등 정기간행물의 진흥에 관한 법률」 제2조에 따른 정기간행물의 경우에는 48시간을 말한다) 이후에 공개한다. 이 경우 최초 공표·보도 예정일시 전에 공표·보도된 경우에는 그 공표·보도된 때를 최초 공표·보도 예정일시로 본다.

② 선거여론조사를 의뢰한 자는 해당 선거여론조사를 실시한 선거여론조사기관에 최초 공표·보도 예정일시를 공표·보도 전에 통보하여야 한다. 이 경우 통보된 최초 공표·보도 예정일시를 변경하려는 때에는 지체 없이 변경사항을 통보하여야 한다.

제16조(준용규정) 선거여론조사 결과의 중앙심의위원회 홈페이지 등록에 관하여는 제9조, 제10조 및 제11조 제2항을 준용한다. 이 경우 "실시할"은 "실시한"으로, "기재"는 "중앙심의위원회 홈페이지에 등록"으로, "병행할"은 "병행한"으로, "조사할"은 "조사한"으로 본다.

355) 2014. 3. 20. 중앙선관위 질의회답
356) 2016. 4. 10. 중앙선관위 질의회답

(2) 여론조사결과 공표·보도 및 자료보관

누구든지 선거에 관한 여론조사의 결과를 공표 또는 보도하는 때에는 선거여론조사기준으로 정한 사항을 함께 공표 또는 보도하여야 하며, 선거에 관한 여론조사를 실시한 기관·단체는 조사설계서·피조사자선정·표본추출·질문지작성·결과분석 등 조사의 신뢰성과 객관성의 입증에 필요한 자료와 수집된 설문지 및 결과분석자료 등 해당 여론조사와 관련 있는 자료일체를 해당 선거의 선거일 후 6개월까지 보관하여야 한다(법§108⑥). 선거여론조사 결과 공표·보도의 세부기준은 중앙선거여론조사심의위원회가 고시한 「선거여론조사기준」 제3장 세부기준 제3절 선거여론조사 결과 공표·보도[357]에 따른다.

---

357) 선거여론조사기준(중앙선거여론조사심의위원회고시 제2021－2호)
제3절 선거여론조사 결과 공표·보도
제17조(선거여론조사 결과의 공표·보도) 누구든지 선거여론조사 결과를 공표 또는 보도(최초의 공표·보도를 인용하여 공표·보도하는 경우를 포함한다. 이하 이 조에서 같다)할 때에는 중앙심의위원회 홈페이지에 등록된 선거여론조사 결과만을 공표·보도하여야 한다. 다만, 관할 선거여론조사심의위원회가 위법하다고 결정한 선거여론조사 결과는 공표·보도할 수 없다.
제18조(함께 공표·보도하여야 할 사항) ① 누구든지 선거여론조사의 결과를 공표 또는 보도할 때에는 다음 각 호의 사항도 함께 공표 또는 보도하여야 한다.
1. 조사의뢰자
2. 선거여론조사기관
3. 조사지역
4. 조사일시
5. 조사대상
6. 조사방법
7. 표본의 크기
8. 피조사자 선정방법(휴대전화 가상번호를 사용한 경우 그 사실 및 사용 비율을 포함한다)
9. 응답률
10. 가중값 산출 및 적용 방법
11. 표본오차
12. 질문내용
② 제14조에 따라 구분 등록한 경우에는 각각의 가중값 산출 및 적용 방법과 그 결과분석(후보자 지지율 등) 자료를 구분하여 공표·보도하여야 한다.
③ 제1항에도 불구하고 누구든지 공표 또는 보도된 선거여론조사의 결과를 인용하여 공표·보도할 때에는 다음 각 호의 사항을 함께 공표·보도하여야 한다. 다만, 방송(「방송법」 제2조 제3호의 방송사업자가 운영하는 방송을 말한다)에 출연한 자(진행자는 제외한다), 연설·대담 또는 토론회 등에 참석한 자가 해당 선거여론조사가 특정될 수 있도록 그 결과를 인용하여 공표·보도하는 때에는 각 호의 전부 또는 일부를 함께 공표·보도하지 아니할 수 있다.
1. 조사의뢰자, 선거여론조사기관, 조사일시
2. 그 밖의 사항은 중앙선거여론조사심의위원회 홈페이지 참조
제18조의2(다수의 선거여론조사 분석결과의 공표·보도) 제18조 제1항에도 불구하고 누구든지 공표 또는 보도된 다수의 선거에 관한 여론조사결과를 분석하여 정당 또는 후보자의 지지도 등을 추정한 결과를 공표·보도할 때에는 다음 각 호의 사항을 함께 공표·보도하여야 한다. 이 경우 분석결과의 객관성·공정성을 확인할 수 없는 어휘나 문장을 사용하여서는 아니 된다.

법 제108조(여론조사의 결과공표금지 등) 제6항은 선거와 관련된 여론조사의 결과를 공표함에 있어서 그 객관성과 신뢰성을 유지할 수 있도록 하기 위한 것으로서, '누구든지 선거에 관한 여론조사의 결과를 공표 또는 보도하는 때에는'이라고 규정하여 그 행위 주체에 아무런 제한을 두고 있지 아니하므로, 위 규정이 여론조사의 결과를 최초로 공표 또는 보도하는 자에 한하여 적용된다고는 할 수 없다.358) '공표'란 그 수단이나 방법 여하를 불문하고 불특정 또는 다수인에게 어떠한 사실을 알리는 것을 의미하므로359) 구체적인 수치를 적시하여야만 '공표'에 해당한다고 볼 수는 없고, '우세, 경합, 추격' 등 선거 판세에 관한 공표라고 하더라도 여론조사 결과를 원용하여 공표한 경우에는 여론조사 결과의 공표에 해당한다.360)

여론조사를 실시하면서 수집된 설문지를 쓰레기 분리수거함에 버려 선거일후 6개월까지 보관하지 않은 경우 법 제108조(여론조사의 결과공표금지 등) 제6항에 위반된다.361)

(3) 여론조사결과 공표·보도 제한

누구든지 다음 각 호의 어느 하나에 해당하는 선거에 관한 여론조사의 결과를 해당 선거일의 투표마감시각까지 공표 또는 보도할 수 없다. 다만, 제2호의 경우 해당 선거여론조사기관에 대하여 불송치결정 또는 불기소 처분이 있거나 무죄의 판결이 확정된 때에는 그러하지 아니하다(법§108⑫).

1. 정당 또는 후보자가 실시한 해당 선거에 관한 여론조사
2. 제8조의8(선거여론조사심의위원회) 제10항에 따라 고발되거나 이 법에 따른 여론조사에 관한 범죄로 기소된 선거여론조사기관이 실시한 선거에 관한 여론조사
3. 선거여론조사기관이 아닌 여론조사기관·단체가 실시한 선거에 관한 여론조사

정책연구소는 법 제108조(여론조사의 결과공표금지 등) 제12항 제1호에 따라 그 결과를 공표 또는 보도할 수 없는 선거에 관한 여론조사의 실시주체인 정당에 포함되지 않는다.362)

---

1. 분석의뢰자
2. 분석기관 · 단체
3. 분석대상(기간, 건수, 출처)
4. 분석방법
5. 각 여론조사 내용은 중앙선거여론조사심의위원회 홈페이지 참조

제19조(준용규정) 선거여론조사 결과의 공표 · 보도에 관하여는 제9조, 제10조, 제11조 제2항 및 제13조 제2항의 규정을 준용한다. 이 경우 "실시할"은 "실시한"으로, "기재" 또는 "등록"은 "함께 공표 또는 보도"로, "병행할"은 "병행한"으로, "조사할"은 "조사한"으로 본다.

358) 2007. 6. 14. 선고 2007도2741 판결
359) 1998. 9. 22. 선고 98도1992 판결, 2003. 11. 28. 선고 2003도5279 판결
360) 서울남부지방법원 2019. 6. 3. 선고 2018과40 결정
361) 부산고등법원 2006. 12. 27. 선고 2006노744 판결(울산지방법원 2006. 10. 24. 선고 2006고합165 판결)
362) 2017. 4. 30. 중앙선관위 질의회답

(4) 여론조사결과 공표·보도 금지

누구든지 다음 각 호의 어느 하나에 해당하는 행위를 하여서는 아니 된다(법§108⑧).

1. 중앙선거여론조사심의위원회 홈페이지에 등록되지 아니한 선거에 관한 여론조사 결과를 공표 또는 보도하는 행위
2. 선거여론조사기준을 따르지 아니하고 공표 또는 보도를 목적으로 선거에 관한 여론조사를 하거나 그 결과를 공표 또는 보도하는 행위

중앙선거여론조사심의위원회 홈페이지에 등록되지 아니한 여론조사결과를 군청 홈페이지 자유게시판에 게시하고, 팬카페 홈페이지에 게시한 경우도 법 제108조(여론조사의 결과공표금지 등) 제8항에 위반된다.[363] 정당의 정책연구소 연구원이 법 제108조(여론조사의 결과공표금지 등) 제7항에 따른 선거여론조사기준으로 정한 사항을 중앙선거여론조사심의위원회 홈페이지에 등록하지 않은 채 실시한 여론조사 결과를 언급하면서, 소속 정당 후보자의 지지율이 상대 정당 후보자의 지지율보다 10% 이상 높다거나 소속 정당 후보가 상대 정당 후보를 앞선다는 취지로 이야기 한 것은 유권자들의 의사결정에 영향을 미칠 수 있는 선거 판세에 관한 여론조사 결과를 공표한 행위로서 법 제108조(여론조사의 결과공표금지 등) 제8항을 위반한 행위에 해당한다.[364]

'표본오차'는 표본조사를 통해서 추정한 결과와 모집단 전체를 조사하여 얻은 결과 사이에 나타나는 차이의 정도를 일컫는 통계학상의 용어로서, 이는 표본조사에 따른 결과를 객관적이고 정확하게 측정하였음을 전제로 하는 것이고, 통계처리에 있어서 임의적인 수치조작이 허용되는 범위를 뜻하는 것은 아니므로, 객관적으로 유효한 표본이 될 수 있는 최대 수치를 초과하는 자의적인 표본수를 토대로 하여 여론조사를 분석하는 것은 여론조사결과를 왜곡하는 것이다.[365] 실제로 여론조사를 실시하지도 않고, 임의로 설문조사결과를 만들고, 실제로 존재하지도 않는 전북MK리서치연구소 소장이라고 기재된 명함을 만든 후, 전주일보 정치부장에게 위 명함과 설문조사결과를 제시하면서 언론보도를 부탁한 후 보도하게 하여 실제로 이루어지지 않은 여론조사결과를 위와 같은 여론조사결과가 있었던 것처럼 허위보도함과 동시에 조사의뢰자, 피조사자의 선정방법, 표본오차율, 응답율 등에 대한 보도 없이 여론조사 결과를 보도한 경우는 허위사실공표와 법 제108조(여론조사의 결과공표금지 등) 제8항의 위반에 해당한다.[366] 울산지역에 거주하는 피조사자 500명을 상대로 여론조사를 실시함에 있어, 성별, 연령대, 지역, 학력, 직업 등 전계층을 대표할 수 있도록 피조사자를 선정하지 않고 조

363) 서울고등법원 2015. 1. 28. 선고 (춘천)2014노23 판결
364) 서울남부지방법원 2019. 6. 3. 선고 2018과40 결정
365) 2016. 8. 26. 선고 2016도8451(서울고등법원 2016. 5. 25. 선고 2015노1833 판결)
366) 전주지방법원 2002. 8. 30. 선고 2002고합94 판결

사원들로 하여금 임의로 피조사자를 선정하여 여론조사를 하게 한 후, 여론조사결과분석서에 피조사자의 성별, 연령별, 지역별, 학력별, 직업별 비율을 허위로 기재한 경우 제108조(여론조사의 결과공표금지 등) 제8항에 위반된다.[367)]

사. 자료제출

다음 각 호의 어느 하나에 해당하는 때에는 해당 여론조사를 실시한 기관·단체에 보관중인 여론조사와 관련된 자료의 제출을 요구할 수 있으며, 그 요구를 받은 기관·단체는 지체없이 이에 따라야 한다(법§108⑨).

1. 관할선거구선거관리위원회가 공표 또는 보도된 여론조사와 관련하여 공직선거법을 위반하였다고 인정할 만한 상당한 이유가 있다고 판단되는 때
2. 선거여론조사심의위원회가 공표 또는 보도된 여론조사결과의 객관성·신뢰성에 대하여 정당 또는 후보자로부터 서면으로 이의신청을 받거나 법 제8조의8(선거여론조사심의위원회) 제7항 제2호에 따른 심의를 위하여 필요하다고 판단되는 때

선거구선거관리위원회가 여론조사와 관련된 자료의 제출을 요구하는 때에는 요구근거, 제출할 자료 및 제출기한 등을 기재한 서면으로 한다(규칙§48의4③). 정당 또는 후보자가 법 제108조(여론조사의 결과공표금지 등) 제9항 제2호에 따른 이의신청을 할 때에는 선거여론조사심의위원회규칙이 정하는 서식[368)]에 따르되, 그 이유를 소명하는 증빙자료를 첨부하여야 한다(선거여론조사심의위원회규칙§19②). 선거여론조사심의위원회가 법 제108조(여론조사의 결과공표금지 등) 제9항 제2호에 따른 여론조사와 관련한 자료의 제출을 요구할 때에는 요구근거, 제출할 자료 및 제출기한 등을 기재한 서면으로 한다(선거여론조사심의위원회규칙§20).

임의로 수집된 사례 및 그 응답값을 삭제하거나 추가하는 방법으로 수정된 여론조사결과를 언론사에게 전달한 후, 선거여론조사심의위원회의 자료제출요구에 허위의 자료를 제출한 경우 법 제108조(여론조사의 결과공표금지 등) 제9항에 위반된다.[369)]

---

367) 부산고등법원 2006. 12. 27. 선고 2006노744 판결(울산지방법원 2006. 10. 24. 선고 2006고합165 판결)

368) 선거여론조사심의위원회규칙 별지 제4호 서식 여론조사 결과의 객관성·신뢰성에 대한 이의신청서

369) 2015. 7. 23. 선고 2015도7354 판결(창원지방법원 2015. 2. 12. 선고 2014고합260 판결 : CATI RDD (Computer Assisted Telephone Inerviewing Random Digit Dialing)방식에 의한 전화면접조사 여론조사를 실시하여 1,104개의 사례를 조사한 후, 피고인 2는 임의로 수집된 사례 및 그 응답값을 삭제하거나 추가하는 방법으로 "③번 잘모름"으로 선택한 응답값 중 43건을 "①번"으로 수정하여 관련 데이터 1,000개를 피고인 1에게 건네주고, 피고인 1은 이와 같은 사실을 알면서도 해당 여론조사가 성, 연령, 지역별 인구비의 특성이 정확하게 반영된 '층화강제할당 무선표본추출'방식으로 조사한 결과 A대 B가 28.1%대 30.9%의 차이로 오차범위 내에 있다는 취지의 분석결과를 신문사에 제공하여 보도하게 하여, 후보자로부터 이의제기가 있어 선거관리위원회로부터 'Raw Data, 표본추출 등 위 여론조사의 객관성, 신뢰성 심의를 위한 자료일체'의 제출을 요구받자 2회에 걸쳐 일부 Data가 누락된 자료를 제출한 사례)

아. 벌칙

(1) 법 제256조(각종제한규정위반죄) 제1항 제5호에 해당하는 죄

법 제108조(여론조사의 결과공표금지 등) 제5항을 위반하여 피조사자에게 질문을 하기 전에 여론조사기관·단체의 명칭과 전화번호를 밝히지 아니하거나, 해당 조사대상의 전계층을 대표할 수 있도록 피조사자를 선정하지 아니하거나, 특정 정당 또는 후보자에게 편향되도록 하는 어휘나 문장을 사용하여 질문하는 행위, 피조사자에게 응답을 강요하거나 조사자의 의도에 따라 응답을 유도하는 방법으로 질문하거나 피조사자의 의사를 왜곡하는 행위, 오락 기타 사행성을 조작할 수 있는 방법으로 조사하거나 전화요금 할인혜택을 초과하여 제공하는 행위, 피조사자의 성명이나 성명을 유추할 수 있는 내용을 공개하는 행위로 여론조사를 한 자, 법 제108조(여론조사의 결과공표금지 등) 제9항에 따라 관할 선거구선거관리위원회가 공표 또는 보도된 여론조사와 관련하여 공직선거법을 위반하였다고 인정할 만한 상당한 이유가 있다고 판단되는 때 및 선거여론조사심의위원회가 공표 또는 보도된 여론조사결과의 객관성·신뢰성에 대하여 정당 또는 후보자로부터 서면으로 이의신청을 받거나 심의를 위하여 필요하다고 판단되는 때에 보관 중인 여론조사와 관련된 자료의 제출의 요구를 받고 거짓의 자료를 제출한 자, 법 제108조(여론조사의 결과공표금지 등) 제11항 제1호를 위반하여 당내경선을 위한 여론조사의 결과에 영향을 미치게 하기 위하여 다수의 선거구민을 대상으로 성별·연령 등을 거짓으로 응답하도록 지시·권유·유도한 자, 법 제108조(여론조사의 결과공표금지 등) 제11항 제2호를 위반하여 선거에 관한 여론조사의 결과에 영향을 미치게 하기 위하여 둘 이상의 전화번호를 착신 전환 등의 조치를 하여 같은 사람이 두 차례 이상 응답하거나 이를 지시·권유·유도한 자, 같은 조 제12항을 위반하여 정당 또는 후보자가 실시한 해당 선거에 관한 여론조사나 고발되거나 공직선거법에 따른 여론조사에 관한 범죄로 기소된 선거여론조사기관이 실시한 선거에 관한 여론조사의 결과를 공표·보도한 자는 3년 이하의 징역 또는 600만원 이하의 벌금에 처한다(법§256①5.).

(2) 법 제256조(각종제한규정위반죄) 제3항 제1호 파목에 해당하는 죄

법 제108조(여론조사의 결과공표금지 등) 제1항을 위반하여 선거일 전 6일부터 선거일의 투표마감시각까지 선거에 관하여 정당에 대한 지지도나 당선인을 예상하게 하는 여론조사(모의투표나 인기투표에 의한 경우를 포함한다)의 경위와 그 결과를 공표 또는 인용하여 보도한 자, 법 제108조(여론조사의 결과공표금지 등) 제2항을 위반하여 선거일 전 60일(선거일 전 60일 후에 실시사유가 확정된 보궐선거등에서는 그 선거의 실시사유가 확정된 때)부터 선거일까지 선거에 관한 여론조사를 투표용지와 유사한 모형에 의한 방법을 사용하거나 후보자(후보자가 되고자 하는 자를 포함한다) 또는 정당(창당준비위원회를 포함한다)의 명의로 선거에 관한 여론조사를 한 자, 법 제108조(여론조사의 결과공표금지 등) 제6항을 위반하여 여론조사와 관련 있는 자료일체를 해당 선거의 선거일 후 6개월까지 보관하지 아니한 자, 법 제108조(여론조사의 결과공표금지 등) 제9항을 위반하여 정당한 사유 없이 여론조사와 관련된 자료를 제출하지 아니한 자 또는 법 제108조(여론조사의 결과공표금지 등) 제10항을 위반하여 야간(오후 10시부터 다음 날 오전 7시까지를 말한다)에 전화를 이용하여 선거에 관한 여론조사를 한 자는 2년 이하의 징역 또는 400만원 이하의 벌금에 처한다(법§256③1.파.).

(3) 과태료

법 제108조(여론조사의 결과공표금지 등) 제6항을 위반하여 「선거여론조사기준」으로 정한 사항을 함께 공표 또는 보도하지 아니한 자, 법 제108조(여론조사의 결과공표금지 등) 제7항을 위반하여 「선거여론조사기준」으로 정한 사항을 등록하지 아니한 자(이 경우 해당 여론조사를 의뢰한 자가 여론조사 결과의 공표·보도 예정일시를 통보하지 아니하여 등록하지 못한 때에는 그 여론조사 의뢰자를 말한다), 법 제108조(여론조사의 결과공표금지 등) 제8항을 위반하여 중앙선거여론조사심의위원회 홈페이지에 등록되지 아니한 선거에 관한 여론조사 결과를 공표 또는 보도하는 행위를 하거나 「선거여론조사기준」을 따르지 아니하고 공표 또는 보도를 목적으로 선거에 관한 여론조사를 실시하거나 그 결과를 공표 또는 보도한 자에게는 3천만원 이하의 과태료를 부과한다(법§261②2., 3., 4.).

법 제108조(여론조사의 결과공표금지 등) 제3항을 위반하여 여론조사의 목적, 표본의 크기, 조사지역, 일시·방법, 전체 설문내용 등 규칙으로 정하는 사항을 여론조사 개시일 전 2일까지 관할 선거여론조사심의위원회에 신고하지 아니하거나 신고내용과 다르게 여론조사를 실시하거나, 법 제108조(여론조사의 결과공표금지 등) 제4항을 위반하여 관할 선거여론조사심의위원회로부터 보완요구를 받은 보완사항을 보완하지 아니하고 여론조사를 실시한 자에게는 1천만원 이하의 과태료를 부과한다(법§261③5.).

자. 선거여론조사를 위한 휴대전화 가상번호의 제공

(1) 휴대전화 가상번호를 사용하는 여론조사

선거여론조사기관이 공표 또는 보도를 목적으로 전화를 이용하여 선거에 관한 여론조사를 실시하는 경우 휴대전화 가상번호를 사용할 수 있다(법§108의2①).

(2) 휴대전화 가상번호 제공 요청

선거여론조사기관이 휴대전화 가상번호를 사용하여 여론조사를 실시하는 경우에는 관할선거여론조사심의위원회를 경유하여 이동통신사업자에게 휴대전화 가상번호를 제공하여 줄 것을 요청할 수 있다(법§108의2②). 휴대전화 가상번호를 사용하고자 하는 선거여론조사기관은 해당 여론조사 개시일 전 10일까지 관할선거여론조사심의위원회에 휴대전화 가상번호 제공 요청서를 제출하여야 하고, 관할선거여론조사심의위원회는 해당 요청서의 기재사항을 심사한 후 제출받은 날로부터 3일 이내에 해당 요청서를 이동통신사업자에게 송부하여야 한다(법§108의2③). 휴대전화 가상번호 제공요청서는 규칙이 정하는 서식[370]에 따르고(규칙§48의5①), 휴대전화 가상번호 제공 요청서에는 ① 여론조사의 목적 · 내용 및 기간, ② 여론조사 대상 지역 및 대상자 수, ③ 이동통신사업자별로 제공하여야 하는 성별 · 연령별 · 지역별 휴대전화 가상번호 수(이 경우 제공을 요청할 수 있는 휴대전화 가상번호의 총수는 대상자 수의 30배수를 초과할 수 없다), ④ 그 밖에 규칙으로 정하는 사항을 적어야 한다(법§108의2④).

휴대전화 가상번호를 사용한 여론조사의 관할선거여론조사심의위원회는 ① 전국 또는 2 이상의 시 · 도의 선거구민을 대상으로 하는 여론조사는 중앙선거여론조사심의위원회, ② 하나의 시 · 도의 선거구민을 대상으로 하는 여론조사는 관할시 · 도선거여론조사심의위원회이다(규칙§48의5②). 중앙선거여론조사심의위원회는 휴대전화 가상번호의 요청건수 및 요청시기 등을 종합적으로 고려하여 관할선거여론조사심의위원회를 조정할 수 있다(규칙§48의5③, §25의4⑧).

(3) 관할선거여론조사심의위원회의 심사 및 송부

관할선거여론조사심의위원회는 제출된 휴대전화 가상번호 제공 요청서에 기재사항이 누락되었거나 심사를 위하여 추가로 자료가 필요하다고 판단되는 때에는 해당 선거여론조사기관에 휴대전화 가상번호 제공 요청서의 보완 또는 자료의 제출을 요구할 수 있으며, 그 요구를 받은 선거여론조사기관은 지체 없이 이에 따라야 한다(법§108의2⑤, §57의8④). 선거여론조사기관이 휴대전화 가상번호 제공 요청서를 제출한 경우에는 관할선거여론조사심의위원회가 기재사항, 여론수렴 대상자 수의 30배수의 초과 여부 등을 확인한 다음 선거여론조사기관이 제출한 휴대전화 가상번호 제공 요청서를 해당 이동통신사업자에게 보낸다(규칙§48의5③, §25의4③).

(4) 이동통신사업자의 휴대전화 가상번호 생성 및 제공

(가) 휴대전화 가상번호의 생성

이동통신사업자가 휴대전화 가상번호 제공요청서에 따라 휴대전화 가상번호를 생성하는 때에는 해당 이동통신사업자가 보유한 이용자의 최신 정보를 기준으로 한다(규칙§48의5③,

370) 규칙 별지 제15호의2 서식의 (라) 휴대전화 가상번호 제공 요청서

§25의6①). 휴대전화 가상번호와 함께 제공되는 정보는 다음의 각 호와 같다(규칙§48의5③, §25의7).

1. 성 : 남성 또는 여성
2. 연령 : 20대(18세 및 19세를 포함한다), 30대, 40대, 50대, 60대, 70대 이상
3. 거주지역

가. 대통령선거 및 비례대표국회의원선거 : 시·도 단위

나. 비례대표시·도의원선거 및 시·도지사선거 : 자치구·시·군 단위

다. 지역구국회의원선거, 비례대표자치구·시·군의원선거 및 자치구·시·군의 장 선거 : 선거구 또는 자치구·시·군 단위

라. 지역구지방의회의원선거 : 선거구 단위

(나) 휴대전화 가상번호의 제공

이동통신사업자는 휴대전화 가상번호 제공을 요청받은 때에는 그 요청을 받은 날부터 7일 이내에 휴대전화 가상번호 제공요청서에 따라 휴대전화 가상번호를 생성하여 유효기간을 설정한 다음 관할선거여론조사심의위원회를 경유하여 해당 선거여론조사기관에 제공하여야 한다. 다만, 이동통신사업자는 이용자 수의 부족 등으로 제공할 수 있는 휴대전화 가상번호 수가 제공하여야 하는 휴대전화 가상번호 수 보다 적은 때에는 지체 없이 관할선거여론조사심의위원회에 통보하여야 하고, 관할선거여론조사심의위원회는 해당 선거여론조사기관과 협의하여 제공하여야 하는 휴대전화 가상번호 수를 조정할 수 있다(법108의2⑤, §57의8⑤).

관할선거여론조사심의위원회는 해당 선거여론조사기관에 통보기한을 정하여 그 조정을 요청하여야 하고 해당 선거여론조사기관이 조정된 휴대전화 가상번호 제공 수를 통보한 경우 지체 없이 해당 이동통신사업자에게 알려야 한다. 다만, 관할선거여론조사심의위원회가 지정한 통보기한까지 해당 선거여론조사기관이 조정된 휴대전화 가상번호 제공 수를 통보하지 아니한 경우 관할선거여론조사심의위원회는 그 사실을 해당 이동통신사업자에게 알려야 하고, 이에 따라 이동통신사업자는 선거여론조사기관의 요청에 따라 제공하여야 하는 휴대전화 가상번호 수에도 불구하고 이동통신사업자가 제공할 수 있는 휴대전화 가상번호의 최대 수를 제공하여야 한다(규칙§48의5③, §25의4④,⑤,⑥). 제공받은 휴대전화 가상번호의 수가 요청한 휴대전화 가상번호의 수보다 적은 때에는 해당 선거여론조사기관은 통보받은 날부터 2일 이내에 관할선거여론조사심의위원회에 다른 이동통신사업자의 휴대전화 가상번호 제공을 요청할 수 있다(규칙§48의5③, §25의4⑦).

이동통신사업자가 휴대전화 가상번호를 제공하는 경우 규칙에서 정하는 서식[371]에 따라야

371) 규칙 별지 제15호의2 서식의 (마) 휴대전화 가상번호 명부

하고(규칙§48의5③, §25의8①), 이동통신사업자는 생성한 휴대전화 가상번호 1부를 정보저장매체에 암호화하여 저장·봉인한 후 관할선거여론조사심의위원회를 경유하여 휴대전화 가상번호를 요청한 선거여론조사기관에 제공하여야 한다. 이 경우 관할선거여론조사심의위원회 경유는 위 서식의 표지를 해당 관할선거여론조사심의위원회에 송부하는 것으로 갈음할 수 있다(규칙§48의5③, §25의8②). 관할선거여론조사심의위원회는 이동통신사업자가 휴대전화 가상번호를 선거여론조사기관에 제공하는 때에는 그 제공할 장소를 지정할 수 있다(규칙§48의5③, §25의8③).

(다) 이용자에 대한 고지와 제공거부

이동통신사업자는 임기만료에 따른 선거가 있을 때마다 그 선거의 예비후보자등록신청개시일 전 1개월부터 예비후보자등록신청개시일 전일까지(이하 "휴대전화 가상번호의 제공기간"이라 한다) 선거일 현재 18세 이상의 이용자에게 정당의 당내경선이나 여론수렴 등을 위하여 본인의 이동전화번호가 선거여론조사기관에 휴대전화 가상번호로 제공된다는 사실과 그 제공을 거부할 수 있다는 사실을 ① 이동통신사업자 홈페이지(이동통신단말장치 응용프로그램을 포함한다) 게시 ② 전자우편 전송 ③ 우편물 발송의 각 방법 중 둘 이상의 방법으로 알려야 한다(법§108의2⑤, §57의8⑥, 규칙§48의5③, §25의5①).

본인의 이동전화번호가 선거여론조사기관에 휴대전화 가상번호로 제공되는 것을 거부하려는 이용자는 휴대전화 가상번호의 제공 고지기간이 만료된 다음날부터 20일 이내에 해당 이동통신사업자에게 명시적으로 그 의사를 표시하여야 한다(규칙§48의5③, §25의5②). 이동통신사업자는 휴대전화 가상번호를 제공한 후 선정된 이용자가 휴대전화 가상번호 활용에 대한 거부의 의사를 표시할 경우 그 후에 휴대전화 가상번호를 생성하는 때에는 해당 이용자가 포함되지 아니하도록 필요한 조치를 하여야 한다. 다만, 불가피한 사정이 있는 경우에는 그러하지 아니하다(규칙§48의5③, §25의5③). 이용자의 거부의 의사표시 방법은 이동통신사업자가 정하되, 그 의사표시에 소요되는 비용을 이용자가 부담하지 않도록 필요한 조치를 하여야 한다(규칙§48의5③, §25의5④).

(5) 이동통신사업자의 금지행위

(가) 금지행위

이동통신사업자(그 대표자 및 구성원을 포함한다)가 휴대전화 가상번호를 제공할 때에는 다음 각 호의 어느 하나에 해당하는 행위를 하여서는 아니 된다(법§108의2⑤, §57의8⑦).

1. 휴대전화 가상번호에 유효기간을 설정하지 아니하고 제공하거나 휴대전화 가상번호를 제공하는 날부터 당내경선의 선거일까지의 기간(당내경선을 위한 여론조사를 실시하는

경우에는 그 여론조사기간을 말한다)이나 여론수렴 기간을 초과하는 유효기간을 설정하여 제공하는 행위

2. 요청받은 휴대전화 가상번호 수를 초과하여 휴대전화 가상번호를 제공하는 행위
3. 휴대전화 가상번호, 이용자의 성 · 연령 · 거주지역 정보 외에 정보를 제공하는 행위. 이 경우 연령과 거주지역 정보의 범위에 대하여는 규칙으로 정한 범위(규칙§25의7)
4. 휴대전화 가상번호의 제공을 요청한 선거여론조사기관 외의 자에게 휴대전화 가상번호를 제공하는 행위
5. 이동통신사업자로부터 고지를 받고 명시적으로 거부의사를 밝힌 이용자의 휴대전화 가상번호를 제공하는 행위
6. 여론조사의 결과에 영향을 미치게 하기 위하여 특정 정당 또는 후보자가 되려는 사람에게 유리 또는 불리하도록 휴대전화 가상번호를 생성하여 제공하여 행위

(나) 벌칙

법 제108조의2(선거여론조사를 위한 휴대전화 가상번호의 제공) 제5항에서 준용하는 법 제57조의8(당내경선 등을 위한 휴대전화 가상번호의 제공) 제7항 제3호를 위반하여 이용자의 정보를 제공한 자, 제4호를 위반하여 해당 선거여론조사기관 외의 자에게 휴대전화 가상번호를 제공한 자, 제5호를 위반하여 명시적으로 거부의사를 밝힌 이용자의 휴대전화 가상번호를 제공한 자 또는 제6호를 위반하여 휴대전화 가상번호를 생성하여 제공한 자는 3년 이하의 징역 또는 600만원 이하의 벌금에 처한다(법§256①1.).

법 제108조의2(선거여론조사를 위한 휴대전화 가상번호의 제공) 제5항에서 준용하는 법 제58조의8(당내경선 등을 위한 휴대전화 가상번호의 제공) 제7항 제1호를 위반하여 휴대전화 가상번호에 유효기간을 설정하지 아니하고 제공하거나 휴대전화 가상번호를 제공하는 날부터 당내경선의 선거일까지의 기간, 여론수렴 기간 또는 여론조사 기간을 초과하는 유효기간을 설정하여 제공한 자 또는 제2호를 위반하여 요청받은 휴대전화 가상번호 수를 초과하여 휴대전화 가상번호를 제공한 자는 2년 이하의 징역 또는 400만원 이하의 벌금에 처한다(법§256③1.하.).

(6) 여론조사기관 · 단체의 금지행위

(가) 금지행위

휴대전화 가상번호를 제공받은 여론조사기관 · 단체(그 대표자 및 구성원을 포함한다)는 다음 각 호의 행위를 하여서는 아니 된다(법§108의2⑤, §57의8⑨).

1. 제공받은 휴대전화 가상번호를 법 제57조의8(당내경선 등을 위한 휴대전화 가상번호의

제공) 제1항에 따른 여론조사를 실시하거나 여론수렴을 하기 위한 목적 외의 다른 목적으로 사용하는 행위

2. 제공받은 휴대전화 가상번호를 다른 자에게 제공하는 행위

(나) 벌칙

법 제108조의2(선거여론조사를 위한 휴대전화 가상번호의 제공) 제5항에서 준용하는 법 제57조의8(당내경선 등을 위한 휴대전화 가상번호의 제공) 제9항 제1호를 위반하여 휴대전화 가상번호를 제108조의2(선거여론조사를 위한 휴대전화 가상번호의 제공) 제1항에 따른 여론조사가 아닌 목적으로 사용하거나 법 제57조의8(당내경선 등을 위한 휴대전화 가상번호의 제공) 제9항 제2호를 위반하여 다른 자에게 제공한 자는 3년 이하의 징역 또는 600만원 이하의 벌금에 처한다(법§256①2.).

(7) 휴대전화 가상번호의 반납

선거여론조사기관은 휴대전화 가상번호 유효기관 만료 전에 이동통신사업자에게 휴대전화 가상번호를 반납할 수 있다. 이 경우 해당 이동통신사업자가 제공한 휴대전화 가상번호를 모두 반납하여야 한다(규칙§48의5③, §25의8⑥). 여론수렴을 위한 휴대전화 가상번호의 유효기간은 10일을 넘을 수 없다(규칙§48의5③, §25의8⑤).

(8) 휴대전화 가상번호의 폐기

(가) 폐기

휴대전화 가상번호를 제공받은 자(그 대표자 및 구성원을 포함한다)는 유효기간이 지난 휴대전화 가상번호를 즉시 폐기하여야 한다(법§108의2⑤, §57의8⑩).

(나) 벌칙

법 제108조의2(선거여론조사를 위한 휴대전화 가상번호의 제공) 제5항에서 준용하는 법 제57조의8(당내경선 등을 위한 휴대전화 가상번호의 제공) 제10항을 위반하여 유효기간이 지난 휴대전화 가상번호를 즉시 폐기하지 아니한 자는 3년 이하의 징역 또는 600만원 이하의 벌금에 처한다(법§256①3.).

(9) 휴대전화 가상번호의 비용

이동통신사업자가 휴대전화 가상번호를 생성하여 제공하는데 소요되는 비용은 휴대전화 가상번호의 제공을 요청한 해당 선거여론조사기관이 부담한다. 이 경우 이동통신사업자는

휴대전화 가상번호 생성·제공에 소요되는 최소한의 비용을 청구하여야 한다(법§108의2⑤, §57의8⑪).

이동통신사업자는 휴대전화 가상번호의 생성에 소요되는 비용(휴대전화 가상번호 1개를 20일 동안 사용하는 경우를 기준으로 선거여론조사기관이 부담하여야 하는 비용을 말한다. 이하 "휴대전화 가상번호의 비용"이라 한다)을 규칙에서 정한 서식[372]에 따라 매년 12월 말까지 중앙선거여론조사심의위원회에 통보하여야 한다(규칙§48의5③, §25의9①). 중앙선거여론조사심의위원회는 휴대전화 가상번호의 비용을 통보받은 후 지체 없이 규칙에서 정한 서식[373]에 따라 공고하고 이를 선거여론조사기관에게 통지하여야 한다. 이 경우 통지는 공고문의 사본 교부로 갈음할 수 있다(규칙§48의5③, §25의9②). 이동통신사업자는 휴대전화 가상번호를 생성한 후 그에 따른 휴대전화 가상번호의 비용을 해당 선거여론조사기관에 청구할 수 있고, 해당 선거여론조사기관은 휴대전화 가상번호를 제공받기 전까지 이를 납부하여야 한다(규칙§48의5③, §25의9③). 휴대전화 가상번호의 유효기간이 20일보다 짧은 경우에 그 휴대전화 가상번호의 비용은 일할(日割)하여 계산한다(규칙§48의5③, §25의9④).

이동통신사업자는 휴대전화 가상번호의 비용·납부방법 등을 해당 이동통신사업자 홈페이지에 게시하는 등 선거여론조사기관이 쉽게 알 수 있도록 필요한 조치를 하여야 한다(규칙§48의5③, §25의9⑤).

4. 정책·공약에 관한 비교평가결과의 공표제한 등

가. 의의

언론기관(법 제82조(언론기관의 후보자등 초청 대담·토론회)의 언론기관을 말한다) 및 법 제87조(단체의 선거운동금지) 제1항 각 호의 어느 하나에 해당하지 아니하는 단체(이하 "언론기관등"이라 한다)는 정당·후보자(후보자가 되려는 자를 포함한다. 이하 "후보자등"이라 한다)의 정책이나 공약에 관하여 비교평가하고 그 결과를 공표할 수 있다(법§108의3①).

나. 제한되는 행위

언론기관등이 후보자등의 정책이나 공약에 관한 비교평가를 하거나 그 결과를 공표하는 때에는 다음 각 호의 어느 하나에 해당하는 행위를 하여서는 아니 된다(법§108의3②).

1. 특정 후보자등에게 유리 또는 불리하게 평가단을 구성·운영하는 행위
2. 후보자등별로 점수부여 또는 순위나 등급을 정하는 등의 방법으로 서열화하는 행위

---

372) 규칙 별지 제15호의2 서식의 (바) 휴대전화 가상번호 비용 통보
373) 규칙 별지 제15호의2 서식의 (사) 휴대전화 가상번호 비용 공고

각 대선후보의 정책 및 정책 분야별로 예산이나 재원조달방안, 로드맵, 문제의식의 적합성 등을 분석해 '매우 구체적이고 현실적', '다소 구체적이고 현실적', '다소 모호하고 추상적', '매우 모호하고 추상적' 등으로 비교평가해 보도하는 것과 각 대선후보의 정책 및 정책분야별로 A, B, C 등급 또는 1, 2, 3 등급으로 분류해 보도하는 것은 후보자의 정책에 관한 비교평가 및 그 결과를 공표하는 때에 후보자별로 서열화하는 행위에 해당하여 법 제108조의3(정책·공약에 관한 비교평가결과의 공표제한 등) 제2항에 위반된다. 그러나 예산, 재원조달방안, 로드맵 등 각 후보들의 정책 및 정책분야별로 검증 요소들에 대한 비교평가를 시각적으로 구성해 표현하는 것은 허용된다.[374)]

다. 공표 및 자료보관

언론기관등이 후보자등의 정책이나 공약에 관한 비교평가의 결과를 공표하는 때에는 평가주체, 평가단 구성·운영, 평가지표·기준·방법 등 평가의 신뢰성·객관성을 입증할 수 있는 내용을 공표하여야 하며, 비교평가와 관련 있는 자료 일체를 해당 선거의 선거일 후 6개월까지 보관하여야 한다. 이 경우 선거운동을 하거나 할 것을 표방한 단체는 지지하는 후보자등과 함께 공표하여야 한다(법§108의3③).

대한의사협회가 국회의원선거 유력 후보자의 공약에 관한 비교평가결과를 기관지·내부문서 등 통상적으로 행하여 오던 고지·안내방법에 따라 소속 회원에게 알리거나, 해당 단체의 인터넷 홈페이지에 게시하거나, 보도자료 제공·기자회견의 방법으로 공표하거나, 선거운동기간 중에 법 제82조의5(선거운동정보의 전송제한)에 따른 선거운동정보의 전송제한 사항을 준수하여 전자우편이나 전화(컴퓨터를 이용한 자동송신장치를 설치한 전화를 제외하나, 제82조의4(정보통신망을 이용한 선거운동) 제1항에 따라 송·수화자 간 직접 통화하는 방식으로 하여야 함)를 이용하여 전송하는 것은 허용된다. 이 경우 법 제108조의3(정책·공약에 관한 비교평가결과의 공표제한 등) 제3항에 따라 그 평가의 신뢰성·객관성을 입증할 수 있는 내용을 함께 공표하여야 한다. 대한의사협회가 평가단을 내부인사로만 구성하는 것은 특정 정당·후보자에게 유리 또는 불리하게 평가단을 구성·운영하는 것이 아니라면 허용되고, 선거운동을 하거나 할 것은 표방한 대한의사협회가 특정 국회의원지역구 후보자의 공약을 비교평가하여 공표하는 때에는 법 제108조의3(정책·공약에 관한 비교평가결과의 공표제한 등) 제3항에 따라 그 선거구의 후보자 중 지지하는 후보자를 함께 공표하는 경우, 비교평가의 대상이 되는 선거공약별로 동 협회가 지지하는 후보자를 공표(정당은 공표하지 않음)하는 것은 허용된다.[375)] 각 대선후보가 토론회에서 한 발언들을 대상으로 근거와 예시의 사실 여부, 주장과의 맥락성 등을 분석해

374) 2017. 4. 3. 중앙선관위 질의회답
375) 2008. 3. 25. 중앙선관위 질의회답

대부분 진실, 진실에 가까움, 절반의 진실, 거짓에 가까움, 대부분 거짓 등으로 분류해 보도하는 것과 각 대선후보별로 팩트 인용 횟수, 진실/거짓 횟수 등을 집계 해 수치로 보여주거나 막대그래프 등 시각적으로 표현하는 것은 공정보도의무와 왜곡보도·논평을 금지하는 법 제8조(언론기관의 공정보도의무), 제96조(허위논평·보도 등 금지) 등 언론보도의 공정성·객관성 관련 규정을 준수하는 경우에는 허용된다.[376]

라. 벌칙

법 제108조의3(정책·공약에 관한 비교평가결과의 공표제한 등)을 위반하여 비교평가를 하거나 그 결과를 공표한 자 또는 비교평가와 관련 있는 자료 일체를 해당 선거의 선거일 후 6개월까지 보관하지 아니한 자는 2년 이하의 징역 또는 400만원 이하의 벌금에 처한다(법§256③1.거.).

제6장 서신·전보 등에 의한 선거운동의 금지

1. 의의

누구든지 선거기간 중 공직선거법에 규정되지 아니한 방법으로 선거권자에게 서신·전보·모사전송 그 밖에 전기통신의 방법을 이용하여 선거운동을 할 수 없다(법§109①).

법 제109조(서신·전보 등에 의한 선거운동의 금지) 제1항의 입법취지는 서신·전기통신의 방법은 일방적·편면적 행위로서, 이를 전면 허용할 경우 서신·전기통신의 대량 또는 무차별 송·수신으로 이어져 선거홍보물이 범람하고 선거운동의 과열과 혼탁을 초래할 위험성이 많으므로 이를 방지하고자 하는 데에 있다.[377] 헌법재판소는 「서신에 의한 선거운동은 후보자의 경제력의 차이에 따라 선거운동 규모의 차이가 현저하게 날 수 있는 점, 허무인 명의나 차명으로 서신이 작성·발송되어도 이를 단속하거나 제어할 방법이 없는 점, 현실적으로 자필서신 여부를 확인하기 어려운 점, 후보자에 대한 선거비용의 규제만으로는 그 폐해를 효과적으로 방지할 수 없는 점 등을 고려할 때 법 제109조(서신·전보 등에 의한 선거운동의 금지) 제1항이 적절성이나 상당성의 범위를 벗어났다고 보기 어렵다. 법 제109조(서신·전보 등에 의한 선거운동의 금지) 제1항에 의하여 제한되는 것은 선거운동 또는 의사표현의 내용 자체가 아니라 선거운동 내지 의사표현에 있어서의 특정한 수단과 방법에 한정되어 있다. 즉 모든 선거운동방법의 전반에 대한 전면적인 제한이 아니라 특히 폐해의 우려가 크다고 인정되는

---

376) 2017. 4. 3. 중앙선관위 질의회답

377) 2009. 4. 23. 선고 2009도1376 판결, 2005. 3. 11. 선고 2004도5446 판결

서신에 의한 선거운동방법을 제한하고 그 이외의 방법은 자유롭게 선택할 수 있는 여지를 남겨두고 있다. 따라서 법 제109조(서신 · 전보 등에 의한 선거운동의 금지) 제1항은 선거의 공정성과 기회균등을 위한 필요 · 최소한의 범위 내에서 선거운동의 자유를 제한하였다고 할 것이므로 침해의 최소성을 갖추었다. 법 제109조(서신 · 전보 등에 의한 선거운동의 금지) 제1항에 의하여 보호되는 선거의 실질적 자유와 공정의 확보라는 공공의 이익은 서신에 의한 선거운동의 금지라는 기본권의 제한에 비추어 결코 적다고 할 수 없으므로, 법익의 균형성을 갖추었다.」고 판시하였다.[378]

2. 서신 등에 의한 선거운동 금지

가. 선거기간 중

선거기간은 대통령선거는 후보자등록마감일의 다음 날부터 선거일까지, 국회의원선거와 지방자치단체의 의회의원 및 장의 선거는 후보자등록마감일 후 6일부터 선거일까지이다(법 §33③).

나. 공직선거법에 규정되지 아니한 방법

법 제59조(선거운동기간) 제2호 및 제3호는 문자메시지를 전송하는 방법으로 선거운동을 하는 경우와 정보통신망을 이용한 선거운동을 허용하고 있고, 법 제59조(선거운동기간) 제4호 전단은 '선거일이 아닌 때에 전화(송 · 수화자 간 직접 통화하는 방식에 한정하며, 컴퓨터를 이용한 자동 송신장치를 설치한 전화는 제외한다)를 이용한선거운동을 허용하고 있다. 따라서 위 경우 이외에는 서신 · 전보 · 모사전송 그 밖에 전기통신의 방법을 이용하여 선거운동을 할 수 없다.

---

378) 2007. 8. 30. 선고 2004헌바49 전원재판부 결정(조대현 등 재판관 2명은 '문서는 후보자를 가장 정확하게 알리고 가장 정확하게 파악할 수 있게 하는 선거운동방법이고, 정치적 표현의 자유로서 보장되어야 하는 것이다. 공직선거법은 문서에 의한 선거운동으로서 선전벽보(제64조 : 현재는 선거벽보), 선거공보(제65조), 소형인쇄물(제66조 : 현재는 선거공약서)을 허용하고 있지만, 어느 것이나 규격과 내용과 횟수가 제한되어 있어서 그 밖의 문서에 의한 선거운동을 허용할 필요가 없을 정도로 충분한 것이라고 보기 어렵다. 특히 서신은 상대방에 맞추어 내용과 시기를 선택할 수 있고 서로 주고받으면서 정보의 적절성과 정확성을 높일 수 있는 것이다. 그리고 서신에 의한 선거운동은 그 효력에 비하여 비용이 저렴하다고 할 수 있고, 그 횟수와 방법과 분량을 제한 없이 허용하더라도 선거의 공정을 해할 위험성이 크다고 보기 어렵다. 반드시 자필서신으로 제한할 필요도 없고, 컴퓨터, 복사기, 인쇄기 등을 이용한 서신도 제한할 필요가 있는지 의문이다. 단지 서신의 내용에 허위사실이 포함되지 않도록 규제할 필요가 있을 뿐이다. 서신에 의한 선거운동을 무제한 허용하면 사회경제적 손실이 생기고 경제력의 차이에 따른 선거운동기회의 불균형이 생겨 선거의 공정을 해칠 수 있다고 하지만, 서신에 의한 선거운동이 그 필요성과 효율성을 무시해도 좋을 만큼 사회경제적 손실을 초래하는 것인지 의문이고, 공직선거법은 선거운동비용의 총액을 규제하고 있으므로 그 총액의 한도에서 어떠한 선거운동방법을 선택할 것인지는 후보자에게 맡겨도 무방하다. 선거운동비용을 규제하기 위하여 서신에 의한 선거운동을 제한할 필요가 있다고 보기 어렵다.'고 반대의견을 제시하였다)

전화에 의한 선거운동은 선거구내외의 장소를 불문하며, 선거사무소나 선거연락소·정당의 당사·가정 기타 사무실에 이미 설치되어 있는 전화를 이용하여 선거운동을 할 수 있는 자는 누구든지 자유롭게 선거운동을 할 수 있다. 다만, 선거운동을 위하여 선거사무소나 선거연락소가 아닌 기존의 사무실이나 가정에 새로이 전화를 가설하거나 증설하는 경우에는 당해 시설은 공직선거법이 허용하지 않는 선거운동기구의 설치가 된다.[379]

다. 선거권자

법 제109조(서신·전보 등에 의한 선거운동의 금지) 제1항은 선거권자를 그 대상으로 한다. 그러나 수신인이 미성년자 등 선거권이 없는 자라도 행위자의 실질적 의도가 그를 통하여 선거권자에게 영향을 미치기 위한 경우에는 법 제109조(서신·전보 등에 의한 선거운동의 금지) 제1항에 해당한다.

라. 서신·전보·모사전송 그 밖에 전기통신을 이용한 선거운동

'전기통신'이라 함은 「전기통신기본법」에는 '유선·무선·광선 및 기타의 전자적 방식에 의하여 부호·문언·음향 또는 영상을 송신하거나 수신하는 것을 말한다.'고 규정되어 있고(전기통신기본법§2 1.), 「통신비밀보호법」에는 '전화·전자우편·회원제정보서비스·모사전송·무선호출 등과 같이 유선·무선·광선 및 기타의 전자적 방식에 의하여 모든 종류의 음향·문언·부호 또는 영상을 송신하거나 수신하는 것을 말한다.'고 규정되어 있는바(통신비밀보호법§2 3.), 「통신비밀보호법」에서 열거하고 있는 전화·전자우편·회원제정보서비스·모사전송·무선호출 등이 그것으로, 전화·컴퓨터통신·팩시밀리 등이 이에 속한다.

전화 등 전기통신의 방법을 이용하여 '선거운동'을 하여야 한다. 전화 등을 이용하더라도 선거운동에 이르지 아니하면 법 제109조(서신·전보 등에 의한 선거운동의 금지) 제1항 위반에 해당하지 아니한다.[380]

---

379) 1994. 8. 4. 중앙선관위 질의회답

380) 부산지방법원 2014. 12. 19. 선고 2014고합742 판결(선거구민들에게 전화하는 방법으로 공직선거에 관한 여론조사를 하면서 '야권단일후보' 등 특정후보자 갑에게 편향되는 어휘를 사용하여 질문함과 동시에 선거기간 중 공직선거법에 규정되지 아니한 방법으로 전화를 이용하여 선거운동을 하였다고 기소된 사안에서, '야권단일후보'라는 어휘는 현재 정권을 잡고 있는 정당의 후보자 외 다른 후보자들이 단일화를 이루었다는 사실을 의미할 뿐 달리 주관적인 판단이 개입된 표현이 아닌 점 등에 비추어 여론조사가 갑 후보자에게 편향되는 어휘를 사용하여 질문한 것으로 보기 어렵고, 제반 사정 즉, ① 공직선거법은 후보자가 선거권자의 향방을 확인하고 선거운동방안을 수립하기 위하여 여론조사를 하는 것을 허용하고 있고, ② 이 사건 여론조사가 갑 후보자에게 편향되도록 하는 어휘를 사용하여 질문한 것으로 보기 어렵고, ③ 이 사건 여론조사가 그 내용의 편향성에 대한 선거관리위원회의 지적에 따라 중단되어 여론조사 결과보고서가 없을 뿐이어서 여론조사가 명목에 불과하고 그 실질이 없다고 볼 수 없는 점 등을 종합할 때, 이 사건 여론조사가 객관적으로 선거운동의 실질을 갖춘 형태에 해당하지 아니한다는 등의 이유로 무죄를 선고한 사례)

국회의원이 대상을 한정하여 의례적인 범위 안에서 평소에 안면이 있는 당원이나 지인들에게 추석인사를 하기 위하여 그들의 명단(전화번호 포함)과 자신의 육성으로 녹음된 추석인사문을 KT에 제공하고 추석인사문(음성) 발송을 의뢰받은 KT가 국회의원의 단순한 추석인사문을 그들의 휴대폰(음성사서함)으로 발송하는 것은 허용된다.[381] 통신사업자가 선거운동기간 중에 후보자의 공약이나 홍보 동영상 등 선거관련정보를 컴퓨터 정보저장장치에 저장하여 두고 그 정보를 원하는 휴대폰 이용자가 휴대폰의 영상통화기능을 이용하여 볼 수 있도록 하는 것은 허용된다.[382] 선거벽보 등 법정홍보물에 게재된 QR코드를 스마트폰으로 스캔하면 후보자홈페이지 주소가 나타나고 이를 클릭하여 후보자의 홈페이지로 접속할 수 있도록 하는 것은 허용된다.[383]

부재자신고인에게 후보자를 홍보하는 서신을 발송한 경우는 법 제109조(서신 · 전보 등에 의한 선거운동의 금지) 제1항 위반에 해당한다.[384] 지방의회의원이 자신이 선출된 선거구가 아닌 입후보예정선거구민을 대상으로 자동송신장치를 설치한 전화를 이용하여 자신의 육성으로 의정활동에 반영하기 위한 여론조사를 하는 것은 후보자가 되고자 하는 자신을 선전하는 행위에 해당되어 행위시기에 따라 법 제109조(서신 · 전보 등에 의한 선거운동의 금지) 또는 제254조(선거운동기간위반죄)의 규정에 위반된다.[385] 전화를 이용하여 선거운동과 병행하여 송 · 수화자간 직접 통화하는 방식이 아닌 후보자의 육성녹음으로 투표참여 권유행위를 하는 것은 법 제109조(서신 · 전보 등에 의한 선거운동의 금지) 제1항에 위반된다.[386] 선거기간 중 후보자가 선거구민에게 ARS전화를 이용하여 문자메시지 수신거부 의사를 확인하기 위하여 '○○지역 국회의원 후보자 홍길동입니다. 제가 보내는 선거홍보메시지를 수신거부하시려면 1번을 눌러주시고 아니면 전화를 종료해주세요.'라는 내용으로 후보자 또는 성우의 육성 녹음메시지를 전송하는 것은 후보자 자신을 선전하는 행위가 되어 법 제109조(서신 · 전보 등에 의한 선거운동의 금지) 제1항에 위반된다.[387]

3. 전화이용 야간 선거운동 금지

법 제59조(선거운동기간) 제4호에 따른 전화를 이용한 선거운동은 야간(오후 11시부터 다음 날 오전 6시까지를 말한다)에는 이를 할 수 없다(법§109②). 05:35에 전화하여 후보자의 선거운동을

381) 2006. 9. 27. 중앙선관위 질의회답
382) 2007. 11. 12. 중앙선관위 질의회답
383) 2010. 4. 30. 중앙선관위 질의회답
384) 대전지방법원 2008. 7. 25. 선고 2008고합279 판결
385) 2005. 12. 9. 중앙선관위 질의회답
386) 2014. 7. 28. 중앙선관위 질의회답
387) 2016. 4. 3. 중앙선관위 질의회답

하는 경우는 법 제109조(서신·전보 등에 의한 선거운동의 금지) 제2항 위반에 해당한다.[388]

4. 후보자등에 대한 전화 등 이용 협박금지

누구든지 선거운동을 위하여 후보자, 선거사무장, 선거연락소장, 선거사무원, 회계책임자, 연설원, 대담·토론자 또는 선거권자 등을 전화 기타의 방법으로 협박할 수 없다(법§109③).

5. 벌칙

법 제109조(서신·전보 등에 의한 선거운동의 금지) 제1항 또는 제2항을 위반하여 서신·전보·모사전송·전화 그 밖에 전기통신의 방법을 이용하여 선거운동을 하거나 하게 한 자나 같은 조 제3항을 위반하여 협박하거나 협박하게 한 자는 3년 이하의 징역 또는 600만원 이하의 벌금에 처한다(법§255①19.).

제7장 후보자 등의 비방금지

1. 허위사실공표 및 비방

가. 의의

누구든지 선거운동을 위하여 후보자(후보자가 되고자 하는 자를 포함한다), 후보자의 배우자 또는 직계존비속이나 형제자매의 출생지·가족관계·신분·직업·경력등·재산·행위·소속단체, 특정인 또는 특정단체로부터의 지지여부 등에 관하여 허위의 사실을 공표할 수 없으며, 공연히 사실을 적시하여 사생활을 비방할 수 없다(법§110①).

나. 예외

사실을 적시하여 비방하는 경우에도 그것이 진실한 사실로서 공공의 이익에 관한 때에는 허용된다(법§110①단서).

388) 광주지방법원 해남지원 2008. 4. 30. 선고 2008고합13 판결

다. 내용 및 벌칙

허위사실공표 및 비방행위에 대하여는 허위사실공표죄(법§250), 후보자비방죄(법§251)에서 상술한다.[389)]

2. 특정지역 등 비방 금지

가. 의의

누구든지 선거운동을 위하여 정당, 후보자, 후보자의 배우자 또는 직계존비속이나 형제자매와 관련하여 특정지역·지역인 또는 성별을 공연히 비하·모욕하여서는 아니 된다(법§110②). 법 제110조(후보자 등의 비방금지) 제2항은 정당 또는 후보자 및 그 가족과 관련하여 특정지역·지역인 또는 성별 등을 비하·모욕하는 행위가 정도를 넘는 경우가 적지 않게 발생하는 것을 처벌하여 건전한 정치문화가 정착되도록 하려는 취지에서 2015. 12. 24. 법률 제13617호로 개정하면서 신설되었다.[390)]

나. 정당, 후보자 등과 관련하여

비하·모욕의 내용이 정당, 후보자, 후보자의 배우자 또는 직계존비속이나 형제자매와 관련이 있어야 한다. 비하나 모욕을 하더라도 정당, 후보자 등과 관련이 없는 내용이면 법 제110조(후보자 등의 비방금지) 제2항 위반에 해당하지 아니한다. 후보자에는 후보자가 되려는 자를 포함하고(법§110①), 배우자 또는 직계존비속이나 형제자매는 민법의 규정에 따른다.

---

389) 헌법재판소는, 법 제110조(후보자 등의 비방금지)의 재판의 전제성 유무 및 법 제251조(후보자비방죄)와의 관계에 대하여, '헌법재판소법 제68조 제2항에 의한 헌법소원심판청구는 심판대상조항의 위헌여부가 재판의 전제가 되어야만 적법하게 되는데, 재판의 전제가 된다는 것은 원칙적으로 구체적인 소송사건이 법원에 계속 중이어야 하고, 심판대상조항이 그 사건의 재판에 적용되는 것이어야 하며, 그 법률조항이 헌법에 위반되는지 여부에 따라 법원이 다른 내용의 재판을 하게 되는 경우를 말한다. 그런데 당해 사건에서 후보자비방의 점에 적용한 법률조항은 공직선거법 제251조(후보자비방죄)뿐이고, 당해 사건의 원심에서도 적용법조로는 공직선거법 제251조(후보자비방죄)만을 명시하고 있다. 또한, 공직선거법 제110조(후보자 등의 비방금지)는 사생활의 비방만을 금지하고 있으나, 같은 법 제251조(후보자비방죄)는 모든 비방행위를 처벌하고 있다는 점에서 제110조(후보자 등의 비방금지)에서 금지되는 행위를 모두 포섭하고 있으므로 후보자비방행위를 처벌함에 있어 제251조(후보자비방죄) 외에 제110조(후보자 등의 비방금지)를 적용해야 할 필요성도 없다. 그렇다면, 당해 사건에서 적용되는 법률조항은 공직선거법 제251조(후보자비방죄)뿐이고 제110조(후보자 등의 비방금지) 부분은 적용되지 아니하므로 제110조(후보자 등의 비방금지)에 대한 심판청구는 재판의 전제성이 인정되지 아니하여 부적법하다.'고 판시하였다(2010. 11. 25. 선고 2010헌바53 결정).

390) 법 제110조(후보자 등의 비방금지) 제2항에 대하여 국민의 표현의 자유를 침해할 소지가 매우 큰 과도한 입법이라는 견해가 있다(오윤식, 『후보자와 정당을 위한 공직선거법 해설』, 피앤씨미디어, 723쪽).

다. 특정 지역·지역인 또는 성별을 공연히 비하·모욕

비하·모욕의 대상은 '특정 지역·지역인 또는 성별'에 한정한다. 그 외의 사항에 대한 비하·모욕은 법 제110조(후보자 등의 비방금지) 제2항 위반에 해당하지 아니한다.

공연히 비하·모욕하여야 한다. '공연히'는 불특정 또는 다수인이 인식할 수 있는 상태이다. 1인에 대하여 하더라도 전파가능성이 있으면 공연성이 있다.

'비하'의 사전적 의미는 '업신여겨 낮춤'이라는 뜻으로 모욕과 마찬가지로 상대방에 대한 사회적 평가를 저하시킬 정도에 이르러야 한다. '모욕'은 특정 지역·지역인 또는 성별에 대한 사회적 평가를 저하시킬 만한 추상석 판단이나 경멸적 감정을 의미하고, 사실을 적시하거나 가치판단의 진부는 상관없다.

라. 선거운동을 위하여

'선거운동을 위하여' 정당, 후보자 등과 관련하여 특정 지역 등을 공연히 비하·모욕하여야 한다. 선거운동의 목적이 없으면 정당, 후보자 등과 관련하여 특정 지역 등을 공연히 비하·모욕하더라도 법 제110조(후보자 등의 비방금지) 제2항 위반에 해당하지 아니한다.

마. 벌칙

법 제110조(후보자 등의 비방금지) 제2항을 위반하여 특정지역·지역인 또는 성별을 공연히 비하·모욕한 자는 1년 이하의 징역 또는 200만원 이하의 벌금에 처한다(법§256⑤10의2.).

3. 허위사실 등에 대한 이의제기

가. 의의

누구든지 후보자 또는 예비후보자의 출생지·가족관계·신분·직업·경력등·재산·행위·소속단체, 특정인 또는 특정단체로부터의 지지여부 등에 관하여 공표된 사실이 거짓임을 이유로 해당 선거구선거관리위원회를 거쳐 직근 상급선거관리위원회에 규칙이 정하는 서식[391]에 따라 이의제기를 할 수 있다(법§110의2①, 규칙§48의6).

나. 자료제출

이의제기를 받은 직근 상급선거관리위원회는 후보자 또는 예비후보자, 소속정당, 이의제기자, 관련 국가기관·지방자치단체, 그 밖의 기관·단체에 대하여 증명서류 및 관련자료의

391) 규칙 별지 제17호 서식의 (마) (선거벽보)·(선거공보)의 내용 중 경력등에 관한 이의제기서

제출을 요구할 수 있다. 이 경우 제출요구를 받은 자는 정당한 사유가 없으면 지체 없이 이에 따라야 한다(법§110의2②).

다. 공고 및 공개

직근 상급선거관리위원회는 증명서류 및 관련자료의 제출이 없거나 제출한 증명서류 및 관련자료를 통하여 확인한 결과 공표된 사실이 거짓으로 판명된 때에는 이를 지체 없이 공고하여야 한다. 이 경우 이의제기서와 제출받은 서류·자료를 「개인정보법」을 위반하지 아니하는 범위에서 편집·수정 없이 선거관리위원회 홈페이지에 공개하여야 한다(법§110의2③). 공고문은 규칙이 정하는 서식표[392] 중 9.(선거벽보)·(선거공보)·(후보자정보공개자료)의 내용에 관한 공고 서식을 준용한다(규칙§48의6).

제8장 의정활동보고

1. 의의

국회의원 또는 지방의회의원은 보고회 등 집회, 보고서(인쇄물, 녹음·녹화물 및 전산자료 복사본을 포함한다), 인터넷, 문자메시지, 송·수화자간 직접 통화방식의 전화 또는 축사·인사말(게재하는 경우를 포함한다)을 통하여 의정활동(선거구활동·일정고지, 그 밖에 업적의 홍보에 필요한 사항을 포함한다)을 선거구민(행정구역 또는 선거구역의 변경으로 새로 편입된 구역의 선거구민을 포함한다)에게 보고할 수 있다. 다만, 대통령선거·국회의원선거·지방의회의원선거 및 지방자치단체의 장선거의 선거일전 90일부터 선거일까지 직무상의 행위 그 밖의 명목여하를 불문하고 의정활동을 인터넷 홈페이지 또는 그 게시판·대화방 등에 게시하거나 전자우편·문자메시지로 전송하는 외의 방법으로 의정활동을 보고할 수 없다(법§111①).

헌법재판소는, '선거기간개시일부터 선거일까지'만 의정활동보고를 하지 못하도록 규정한 구 공직선거 및 선거부정방지법(2000. 2. 16. 법률 제6265호로 개정된 것) 제111조(의정활동 보고) 제1항에 대하여, 「국회의원에게 선거운동기간 개시 전에 의정활동보고를 허용하는 것은, 국회의원이 국민의 대표로서의 지위에서 행하는 순수한 의정활동보고일 뿐이고 의정활동보고라는 명목 하에 이루어지는 형태의 선거운동이 아니며, 다만 후보자사이의 개별적인 정치활동이나 그 홍보의 기회라는 면에서 현실적인 불균형이 생겨날 가능성이 있으나 이는 국회의원이 가지는 고유한 기능과 자유를 가능한한 넓게 인정하고 보호하는 결과 생겨나는 사실적

392) 규칙 별표 4의 서식표 공고·보고·통지·통보 서식표

이고 반사적인 효과에 불과하므로 평등권 등을 침해한다고 할 수 없다.」고 판시하였다.[393] 그러나 국회의원신분을 가지고 있는 예비후보자는 의정활동보고 명목으로 사실상 사전선거운동을 할 수 있어 원외 예비후보자들과의 선거운동 기회에 있어서 불평등을 초래한다는 비판이 계속되자 2004. 3. 12. 법률 제7189호로 개정하여 '선거일전 90일부터 선거일까지' 의정활동보고를 할 수 없도록 하였다.

2. 의정활동보고의 기능 및 한계

국회의원의 의정활동보고는 국회의원이 국민의 대표자로서 행한 의회에서의 정치적 활동을 자신을 선출한 선거구민에게 직접 보고하는 행위로서 국회의원이 주권자인 국민의 의사를 대변하는 대의정치가 구현되도록 하는 기능을 가지는 것이다. 따라서 이는 국회의원의 정치적 책무이고 고유한 직무활동이므로 특별한 사정이 없는 한 자유롭게 허용됨이 상당하다.[394] 그러나 국회의원이 하는 집회 · 보고서 · 컴퓨터 · 전화 등에 의한 의정활동보고는 허용된다고 할 것이지만, 여기서 허용되는 것은 국회의원이 지역주민 대표자로서의 지위에서 행하는 순수한 의정보고활동일 뿐이고, 의정보고활동이라는 명목으로 이루어지는 형태의 선거운동은 허용되지 않는다할 것인 바, 국회의원이 선거일 전 90일부터 선거일까지의 기간에 의정보고서를 제작하여 선거구민에게 배부함에 있어 그 내용 중 선거구 활동 기타 업적의

393) 1996. 3. 28. 선고 96헌마18 · 37 · 64 · 66(병합) 전원재판부 결정, 1996. 3. 28. 선고 96헌마9 · 77 · 84 · 90(병합) 전원재판부 결정, 2001. 8. 30. 선고 99헌바92,2000헌바39,2000헌마167 · 168 · 199 · 205 · 280(병합) 전원재판부 결정, 2001. 8. 30. 선고 2000헌마121 · 202(병합) 전원재판부 결정(윤영철 등 재판관 4명은 '공직선거및선거부정방지법 제111조(의정활동 보고) 제1항에 의하면, 예비후보자의 지위를 겸한 국회의원은 국회의원이 아니어서 의정활동보고를 할 수 없고 선거기간 개시전의 사전선거운동이 엄격하게 제한되는 일반의 예비후보자에 비하여 사실상 더 긴 기간 동안 더 많은 선거운동의 기회를 갖게 되는 불균형이 생기는데, "선거의 공정을 해할 우려"라는 관점에 있어서 그 명목이 선거기간 개시 전의 의정활동보고라 하여 선거기간 개시 후의 본래의 선거운동과 실질적으로 다를 것이 없다. 더욱이 제111조(의정활동 보고) 제1항은 구 공직선거및선거부정방지법(1995. 12. 30. 법률 제5127호로 개정되기 전의 것, 이하 같다) 제111조(의정활동 보고)가 선거일 전 30일부터 선거일까지 의정활동보고를 금지하였던 것을 선거기간 개시일부터 선거일까지만 금지하는 것으로 단축하였는바, 국회의원인 예비후보자의 경우 구 공직선거및선거부정방지법 규정에 의하면 의정활동보고의 허용기간과 선거운동기간 사이에 일정한 간격(대개의 경우 14일)이 있었음에 반하여, 이 법의 규정에 의하면 이러한 간격이 없이(즉 통상 선거기간 개시일에 후보자 등록신청을 하게 되므로 선거기간 개시일의 전일까지는 의정활동보고라는 명목으로, 선거기간 개시일부터는 본래의 선거운동으로 계속하여 실질적인 선거운동을 할 수 있다는 점에서, 후보자등록기간(제49조 제1항)의 첫날 등록한 경우라도 16일의 선거운동기간 동안만 선거운동을 할 수 있는 원외후보자와의 사이에 사실상 선거운동의 출발시점을 달리하게 된다. 따라서 제111조(의정활동 보고) 제1항에 의하여 생겨나는 위와 같은 선거운동기회의 불균형은 일반의 예비후보자를 국회의원인 예비후보자에 비하여 합리적인 근거 없이 불리하게 차별대우하고 선거운동에 있어서의 기회균등을 박탈한 것이다.'라고 반대의견을 밝혔다)

394) 1996. 3. 28. 선고 96헌마18 · 37 · 64 · 66(병합) 전원재판부 결정, 2001. 8. 30. 선고 99헌바92,2000헌바39,2000헌마167 · 168 · 199 · 205 · 280(병합) 전원재판부 결정

홍보에 필요한 사항 등 의정활동보고의 범위를 벗어나서 선거에 영향을 미치게 하기 위하여 특정 정당이나 후보자를 지지·추천하거나 반대하는 내용이 포함되어 있다면 그 부분은 법 제93조(탈법방법에 의한 문서·도화의 배부·게시 등 금지) 제1항에서 금지하고 있는 탈법방법에 의한 문서배부행위에 해당되어 위법하다.[395]

3. 의정활동보고의 제한

가. 내용 및 주체

의정활동보고는 국회의원 또는 지방의회의원이 국회의원이나 지방의회의원으로서 선거구 활동·일정고지, 그 밖에 업적의 홍보에 필요한 사항을 포함하여 자신의 원내외의 의정활동의 내용을 선거구민(행정구역 또는 선거구역의 변경으로 새로 편입된 구역의 선거구민을 포함한다)에게 보고서나 인터넷 등을 통하여 보고하는 것을 말한다. 그 주체는 국회의원 또는 지방의회의원이고, 비례대표의원도 이에 포함된다. 비례대표의원은 전국을 대상으로 하거나 특정 지역을 대상으로 하여 의정활동을 보고할 수 있다.[396] 정당기관지에 소속 국회의원들의 의정활동보고내용을 게재하여 배부하는 것은 그 대상이 당원이라 하더라도 정당이 소속 국회의원의 의정활동을 보고하는 것이 되어 법 제111조(의정활동 보고) 제1항에 위반된다.[397]

의정보고서의 내용에 개인의 이력이나 경력, 의정활동과 관련된 정치적 소신 등을 게재하는 것은 무방하나, 차기 선거에서의 지지호소 등을 포함하는 때에는 의정활동보고의 범위를 벗어난 선거운동이 되어 법 제254조(선거운동기간위반죄)의 규정에 저촉되고, 의정보고서의 발간·배포횟수에 대해서는 제한이 없다.[398]

의정활동보고가 허용되는 것은 국회의원 또는 지방의회의원이 국민 또는 주민의 대표로서의 지위에서 행하는 순수한 의정활동보고일 뿐이고, 의정활동보고라는 명목하에 이루어지는 형태의 선거운동이 아니므로, 지방의회의원이 임기가 만료될 무렵에 의정활동보고서에다 자신의 의정활동에 관한 보고와 의례적인 인사말을 게재하는 것을 넘어서 다음 임기에 다루어져야 할 구체적인 사안에 대한 공약을 게재하여 배부하는 행위는 의정활동보고의 범위를 벗어난 것으로 그러한 행위는 법 제93조(탈법방법에 의한 문서·도화의 배부·게시 등 금지) 제1항에 해당한다.[399] 의정활동보고는 현역 의원이 국민의 대표로서 의회에서 행한 정치적 활동을 자신을 선출한 선거구민에게 직접 보고하는 행위에 한정되는 것이고 설령 의정보고의 형

395) 2006. 3. 24. 선고 2005도3717 판결
396) 1994. 5. 13. 중앙선관위 질의회답
397) 2006. 11. 27. 중앙선관위 의결
398) 1994. 5. 4. 중앙선관위 질의회답
399) 2000. 4. 25. 선고 98도4490 판결

식을 취하고 있지만 그 실질과 내용으로 보아 의정보고의 범위를 벗어나 선거에 출마하려는 자신 또는 제3자를 지지·추천하거나 그의 성명을 나타내는 등의 행위는 법 제93조(탈법방법에 의한 문서·도화의 배부·게시 등 금지) 제1항에 의하여 허용되지 않는다.[400] 시민단체에 의하여 낙천대상자로 선정된 국회의원이 그에 반박하는 반론사항을 게재한 의정보고서를 제작하여 배부한 경우는 법 제93조(탈법방법에 의한 문서·도화의 배부·게시 등 금지) 제1항에 위반된다.[401] 국회의원이 의정보고회를 개최하면서 선거구민에게 참석한 지구당 당직자를 의례적으로 인사시키는 것은 무방하고, 후보자가 되고자 하는 지구당 당직자로 하여금 참석자들에게 일일이 인사를 하게 하거나 정당의 후보자 추천 또는 입후보예정사실을 알리는 때에는 의정활동보고의 범위를 벗어나 후보자가 되고자 하는 자를 선전하는 행위가 되어 법 제254조(선거운동기간위반죄)의 규정에 위반되나, 후보자가 되고자 하는 당직자나 시의회의원이 국회의원 의정보고회에 단순히 수행하거나 의례적으로 참석하는 것은 무방하다.[402] 의정보고회에 타인의 축사·격려사가 사전선거운동에 해당하는지 여부는 의정보고회의 시기, 축사, 격려사의 내용 등을 종합하여 판단하여야 할 것이고, 이 경우 단순히 의례적인 내용의 축사·격려사는 사전선거운동에 해당하지 아니할 것이나 그 범위를 벗어나 지지, 선전하는 내용이 부가되는 등 선거에서 당선을 도모하는 목적의사가 표시되었다고 볼 수 있는 경우에는 법 제254조(선거운동기간위반죄)에 위반된다.[403]

나. 의정활동보고의 제한시기

대통령선거·국회의원선거·지방의회의원선거 및 지방자치단체의 장선거의 선거일전 90일부터 선거일까지 직무상의 행위 그 밖의 명목여하를 불문하고 의정활동을 보고할 수 없다(법

400) 2005. 3. 10. 선고 2004도8717 판결(피고인이 서대문구의회의원으로서 제17대 국회의원선거를 앞두고 의정활동보고서를 작성하여 2,500부 가량을 배포하였는데 그 의정활동보고서에는 피고인이 열린우리당에 입당하였다는 내용 뿐 아니라 위 당 소속 서대문을 국회의원출마예정자 박○○의 이름을 특정하여 "서대문구의회 6명의 현역 구의원들은 열린우리당 서대문을 지구당 당사에서 기자회견을 갖고 열린우리당 서대문을 지구당 박○○후보와 고뇌에 찬 토론을 거듭한 끝에 국민들이 바라는 정치개혁과 새로운 정치를 위해 입당을 결심하게 되었다고 밝혔다."는 내용과 함께 피고인 등 입당한 구의회의원들과 위 박○○이 열린우리당을 상징하는 노란색 옷을 입고 기자회견장에 있는 모습을 찍은 사진이 실려 있고 사진 아래에 "열린우리당 후보 박○○"이라는 문구가 기재되어 있는 경우, 의정활동보고의 범위를 벗어나 법 제93조(탈법방법에 의한 문서·도화의 배부·게시 등 금지) 제1항에 위반된다고 인정한 사례)

401) 2006. 3. 24. 선고 2005도3717 판결(피고인이 총선시민연대라는 단체에 의하여 낙천대상자로 선정된 사유는 정치자금법위반 등으로 피고인의 의정활동과는 무관한 것이며, 의정보고서의 기재된 글들은 다른 동료의원이나 네티즌들이 피고인의 낙천대상자로 선정된 것이 부당하다는 취지의 반론을 보도한 것인바, 이러한 내용을 의정보고서에 게재하여 배부하는 것은 법 제58조(정의 등) 제1항 제3호의 정당의 후보자 추천에 대한 단순한 지지·반대의 의견개진 및 의사표시의 범위를 넘은 것으로서 선거운동에 해당하여 의정활동보고의 범위를 넘은 것이라고 한 사례)

402) 2002. 5. 22. 중앙선관위 질의회답

403) 중앙선관위의 2016. 11. 23. 대법원의 선거운동 판단기준 변경에 따른 관련 선례 정비(제1차)

§111①단서). 선거일전 90일부터 선거일까지 의정활동보고를 금지하는 것은 의정활동보고가 선거운동의 방법과 횟수 등에 대하여 엄격한 제한을 가하고 있는 공직선거법의 제한규정을 회피하는 수단으로 악용되는 것을 차단하려는 데에 그 취지가 있다.[404] 다만, 위와 같이 제한되는 시기에도 인터넷 홈페이지 또는 그 게시판·대화방 등에 게시하거나 전자우편·문자메시지로 전송하는 방법으로 의정활동을 보고하는 것은 가능하다(법§111①단서).

지방의회의원이 자신의 의정활동보고서를 보여준 상대방이 자신의 자원봉사자들이고 그 목적이 자신이 의회에서 행한 의정활동을 정확하게 인식하고 선거운동에 임할 수 있도록 자원봉사자들을 교육시키는 것이었다고 하더라도, 선거구민들에게 자신의 의회의원으로서의 활동실적을 설명하는 행위는 법 제111조(의정활동 보고) 제1항에 위반된다.[405] 의정활동보고가 제한되는 기간 중에 재·보궐선거가 실시되어 의정보고서를 배부할 수 없는 선거구내 일부지역의 선거구민(당원여부를 불문함)에게 의정보고서를 배부하지 못한 이유를 설명하는 서신을 발송하는 것은 허용되지 아니한다.[406]

다. 의정활동보고의 방법

의정활동보고는 보고회 등 집회, 보고서(인쇄물, 녹음·녹화물 및 전산자료 복사본을 포함), 인터넷, 문자메시지, 송·수화자간 직접 통화방식의 전화 또는 축사·인사말(기재하는 경우를 포함)을 통하여 한다(법§111①).

집회에 의한 의정활동보고는 일정한 장소와 시간을 정하여 의정활동내용을 알고자 참석한 선거구민을 대상으로 하는 것으로서, 오고가는 사람들을 대상으로 거리에서 의정활동보고를 하는 것은 집회에 의한 통상적인 의정활동보고라기 보다는 법 제79조(공개장소에서의 연설·대담)의 공개장소에서의 연설과 유사한 선거운동이 되어 법 제254조(선거운동기간위반죄)의 규정에 저촉되고, 국회의원이 동사무소, 노인정, 교회 등의 장소를 이용해 의정보고회를 개최하는 경우 법 제106조(호별방문의 제한)의 규정에 의한 호별방문에 이르지 아니하는 범위 안에서 개최하는 것은 허용되나, 누구나 오갈 수 있는 공개된 장소가 아닌 당직자의 가정집에서 개최하는 경우에는 의정보고회 장소임을 알 수 있도록 법 제111조(의정활동 보고) 제2항의 규정에 의한 표지를 첩부 또는 게시하는 등 참석을 원하는 선거구민의 출입을 제한하여서는 아니 된다.[407] 집회에 의한 의정활동보고는 일정한 장소와 시간에 의정활동 내용을 알고자 참석한 선거구민을 대상으로 개최하는 것이므로 국회의원이 타인이 개최한 행사의 전후에 그 주최자의 승낙을 얻어 의정보고회를 개최하는 경우라도 다수인이 왕래하는 장소에서는

404) 2009. 4. 23. 선고 2009도832 판결
405) 1996. 9. 10. 선고 96도1469 판결
406) 2007. 3. 5. 중앙선관위 질의회답
407) 2000. 2. 21. 중앙선관위 의결

이를 개최할 수 없다.[408] 축사(인사말과 게재하는 경우를 포함함)를 통한 의정활동보고란 축사라는 형식의 범위 안에서 의정활동보고를 할 수 있도록 한 것으로 축사 중에 당해 행사와 관련이 없는 의정활동 내용이 일부 포함되더라도 전체적인 축사의 내용·시간(또는 분량)·방법 등이 통상적인 축사의 범위를 넘지 않는다면 허용된다.[409] 의정활동보고서를 벽보형태로 작성하여 첩부·게시하는 것은 통상적인 의정활동보고의 범위를 벗어나 입후보예정자를 선전하는 행위에 해당될 것이므로 허용되지 아니한다.[410] 국회의원이 예비후보자임을 표시함이 없이 그 직무상 행하는 의정활동보고는 자동 동보통신에 의하여 문자메시지를 전송하는 방법으로 할 수 있으며, 이 경우 전송횟수는 제한되지 아니하고, 제목 등에 "의정활동보고"라고 표시하지 않아도 무방하다.[411] 국회의원이나 지방의회의원이 선거일전 90일전에 자신의 순수한 의정활동내용이 게재된 업무용 명함을 통상적인 수교방법으로 교부하는 것은 허용된다.[412]

지방의회의원이 선거일전 90일전까지는 의정활동보고서를 통한 의정활동을 하는 것은 허용되고 그 목적의 범위 내에서는 의정활동보고서에 사진을 게재하는 것도 가능하다고 하여야 할 것이므로 그와 균형상 인사말과 단순히 의정활동보고회를 개최함을 알리는 내용이 초청장에 자신의 사진을 게재하는 것도 의정활동보고의 목적 범위내의 것으로 허용되어야 한다.[413] 의정활동보고서 작성·배부에 앞서 미리 관할 선거관리위원회 소속 공무원들에게 자문을 구하고 그들의 지적에 따라 수정한 의정활동보고서를 배부한 경우에는 법에 위반되지 않는다고 믿을 수밖에 없었고 그렇게 오인함에 있어서 정당한 사유가 있는 경우에 해당하여 처벌할 수 없다.[414] 국회의원이 의정보고회 장소에 소속 정당의 입당원서와 자신이 지정권자로 있는 후원회의 가입신청서를 비치하고 정당 또는 후원회에 가입하고자 하는 자가 입당원서 또는 후원회 가입신청서를 제출하는 경우에 이를 받아 당해 도당 또는 후원회에 전달하는 것은 허용된다.[415]

의정보고서와 함께 배부한 인쇄물에 자신이 공천대가로 수수한 돈의 명목을 변명하는 등

408) 2009. 2. 6. 중앙선관의 질의회답
409) 2009. 1. 15. 중앙선관위 질의회답
410) 1996. 7. 26. 중앙선관위 질의회답
411) 2012. 3. 14. 중앙선관위 질의회답
412) 2018. 7. 18. 중앙선관위의 국회의원의 업무용 명함에 자신의 의정활동 내용 게재에 관한 검토
413) 2000. 4. 25. 선고 98도4490 판결
414) 2005. 6. 10. 선고 2005도835 판결(의정보고서의 작성·배부에 앞서 선거관리위원회 지도계장으로부터 지지지수 조사결과를 법 제108조 제4항이 정하는 바에 따라 의정보고서에 게재하는 것은 무방하다는 취지의 자문을 받았고, 이어서 지지지수 조사결과가 게재된 의정보고서 초안을 작성하여 같은 선거관리위원회 지도담당관에게 보여준 후 지도담당관으로부터 제목 부분과 피고인의 이름 및 지지지수가 기재된 칸의 크기 및 글자의 크기를 다른 2명과 같은 정도로 하면 무방하다는 취지의 직접적인 답변을 듣고 지도담당관의 지적대로 수정한 의정보고서를 선거구민에게 배부한 사안에서 무죄를 선고한 사례)
415) 2005. 8. 26. 중앙선관위 질의회답

의 내용이 있는 경우 비록 의정보고서 부록이라는 형식을 취하고 있지만 의정활동에 관한 것이라고 볼 수 없다.[416] 전문연예인·예술인 또는 전문가적 수준의 공연 등 기부행위에 이르는 경우가 아니라면 의정보고회에서의 문화행사는 제한되지 아니한다.[417] 의정보고서의 내용을 3인칭 소설처럼 기술하여 배부하는 것은 자신이 직접 의정활동보고를 하는 것으로 볼 수 없어 그 행위 시기에 따라 법 제93조(탈법방법에 의한 문서·도화의 배부·게시 등 금지) 또는 제254조(선거운동기간위반죄)의 규정에 위반된다.[418]

라. 의정활동보고의 상대방

의정활동보고는 선거구민을 대상으로 하여야 한다. 선거구민에는 행정구역 또는 선거구역의 변경으로 새로 편입된 구역의 선거구민을 포함한다. 따라서 국회의원 또는 지방의회의원은 자신을 선출해준 선거구역이 포함된 새로운 선거구역의 선거구민 전체를 대상으로 의정활동보고를 할 수 있다.[419] 국회의원이 친분이 있는 재경향우회 회원 등에게 의정활동보고서(선거일 전 90일 전에 한함)를 발송하는 것은 허용된다.[420] 의정활동보고서를 선거구가 중첩된 국회의원과 구의원, 국회의원과 시의원, 시의원과 구의원이 서로에 대한 언급이 전혀 없이 각각 면을 달리하여 공동으로 작성하여 선거구가 중첩되는 지역에 국한하여 배부할 수 있다.[421]

입후보예정지역의 선거구민들에게 의정활동보고서를 배부하는 경우는 직무상의 활동이라기보다는 특정선거를 지향한 사전선거운동으로 보아야 한다.[422][423] 의정활동보고는 당해 국

416) 1997. 9. 5. 선고 97도1294 판결(의정보고서와 함께 배부한 인쇄물에는 피고인이 수수한 2천만원은 합법적인 정치자금이며 공천의 대가가 아니고, 이 사건의 배후에는 음모가 있으며 사법당국에 의하여 오히려 피고인의 청렴함이 밝혀질 것이라는 내용의 피고인 명의의 글과 금품수수에 대한 검찰의 수사는 표적수사라는 지적이 있으며 정치인에 대한 사정은 공정해야 한다는 내용의 신문기사 및 피고인 등의 학력과 경력 등을 좋게 평가하여 소개한 신문기사 등의 복사본, 피고인의 학력·경력·민주화투쟁경력을 상세히 나열한 글 등이 실려 있어, 이는 의정보고서 부록이라는 형식을 취하고 있지만 그 내용으로 보아 피고인의 국회의원으로서의 의정활동에 관한 것이라고는 볼 수 없으므로, 피고인이 위 인쇄물을 배부한 것은 정당한 의정보고행위라고 볼 수 없다고 한 사례)

417) 2018. 1. 26. 중앙선관위의 의정보고회 개최시의 문화행사에 관한 검토

418) 2002. 1. 19. 중앙선관위 질의회답

419) 2000. 2. 21., 2010. 2. 23. 중앙선관위 질의회답

420) 2013. 1. 31. 중앙선관위 질의회답

421) 1994. 11. 14. 중앙선관위 질의회답

422) 1995. 12. 27. 중앙선관위 질의회답

423) 2019. 8. 30. 선고 2019도8358 판결(피고인들이 2018. 1. 29.부터 2018. 2. 7.까지 사이에 의정보고서를 배부한 아산시 온양4동과 신창면은 2010. 6. 2. 실시된 제5회 전국동시지방선거에서 피고인 A의 선거구에 속해 있던 지역이다. 따라서 비록 아산시 온양4동과 신창면이 2014. 6. 4. 실시된 제6회 전국동시지방선거에서는 피고인 A의 선거구에서 제외되었다고 하더라도, 피고인 A를 충청남도 의회의원으로 선출한 경험이 있는 아산시 온양4동과 신창면의 선거인들로서는 피고인 A가 2018. 6. 13. 실시될 제7회 전국동시지방선거에 입후보할 의사로 의정보고서를 배부하였다고 인식할 수 있었다. 아산시 온양4동과 신창면이 아산시 제1선거구로

회의원이 직접 자신을 선출한 선거구민에게 하여야 할 것인바, 녹화물에 의한 의정활동보고를 함에 있어서도 본인이 직접 참석하지 아니하고 제3자로 하여금 의정활동보고용 녹화물을 선거구민에게 상영하여 주게 하는 것은 국회의원의 의정활동보고라기 보다는 후보자가 되고자 하는 자의 선전행위로 볼 수 있을 것이므로 법 제254조(선거운동기간위반죄)의 규정에 위반되나,[424] 국회의원이 의정보고용 녹화물을 상영하는 중에 의정보고회장을 떠나지 않으면 안될 부득이한 사유가 있어 일시적으로 의정보고회장을 떠나는 경우는 무방하다.[425]

마. 고지벽보와 장소표지 첩부

국회의원 또는 지방의회의원이 의정보고회를 개최하는 때에는 고지벽보와 의정보고회 장소표지를 첩부·게시할 수 있으며, 고지벽보와 표지에는 보고회명과 개최일시·장소 및 보고사항(후보자가 되고자 하는 자를 선전하는 내용을 제외한다)을 게재할 수 있다. 이 경우 의정보고회를 개최한 국회의원 또는 지방의회의원은 고지벽보와 표지를 의정보고회가 끝난 후 지체없이 철거하여야 한다(법§111②).

국회의원 또는 지방의회의원이 의정활동보고회를 개최하는 때에는 다음 각 호에서 정하는 방법에 따라 보고자명과 개최일시 및 장소를 알리는 벽보를 붙이거나 장소표지를 내걸 수 있다(규칙§49①).

1. 고지벽보
   의정활동보고회의 개최단위가 구·시·군인 때에는 1회 100매 이내, 읍·면·동인 때에는 1회 20매 이내, 통·리·반 또는 자연마을 단위인 때에는 1회 3매 이내로 하되, 그 규격은 길이 53센티미터 너비 38센티미터 이내로 하고, 의정활동보고회 개최일전 3일부터 보고일까지 붙일 수 있다.
2. 장소표지
   의정활동보고회 장소의 입구(의정보고회장을 벗어난 구역을 제외한다)에 1회 1매 이내에서 게시하여야 하고, 의정활동보고회 개최일에 한하여 그 의정활동보고회가 끝나는 때까지 게시할 수 있다.

지방의회의원이 의정활동보고회를 개최함에 있어 보고자의 직명·성명·개최일시·장소, 진행순서 등을 신문에 광고로 게재할 수 있고 의정활동보고자의 사진을 게재하는 것도 허용된다.[426] 고지벽보를 이용한 의정보고회 개최고지와 관련하여 아파트 엘리베이터 내에 설치

확정된 것은 2018. 3. 9. 법률 제15424호로 공직선거법 [별표2]가 개정됨에 따른 것으로 피고인들은 의정보고서 배부할 당시 아산시 온양4동과 신창면이 피고인 A의 선거구에 편입될 가능성이 높다고 판단하고 위 두 지역을 선택하여 배부한 것으로 볼 수 있다고 한 사례)

424) 1999. 12. 18. 중앙선관위 질의회답

425) 2003. 5. 13. 중앙선관위 질의회답

426) 1994. 10. 24. 중앙선관위 질의회답, 2017. 12. 19. 대법원의 선거운동 판단기준 변경에 따른 관련 선례 정비

되어 있는 LCD모니터를 이용하는 경우 규칙 제49조(의정활동보고회의 고지 등) 제1항 제1호에 따른 고지벽보의 첩부시기 · 수량 · 규격 범위에서 고지하는 것은 허용된다.[427]

바. 보고서 발송

의정활동보고서를 우편으로 발송하고자 하는 국회의원 또는 지방의회의원은 그 발송수량의 범위 안에서 선거구민인 세대주의 성명 · 주소(이하 “세대주명단”이라 한다)의 교부를 연 1회에 한하여 구 · 시 · 군의 장에게 서면으로 신청할 수 있으며, 신청을 받은 구 · 시 · 군의 장은 다른 법률의 규정에도 불구하고 지체 없이 그 세대주명단을 작성 · 교부하여야 한다(법§111③). 세대주명단의 교부를 신청하는 때에는 그 대상을 지역별 · 연령별 · 성별 등으로 정하여야 한다. 이 경우 교부신청은 규칙이 정하는 서식[428]에 의한다(규칙§49②, §26의2⑬).

구 · 시 · 군의 장은 국회의원 또는 지방의회의원이 신청한 발송대상의 범위 안에서 행정구역순, 지번순으로 세대주를 선정하여 세대주명단을 작성 · 교부하여야 한다. 이 경우 그 앞표지는 규칙이 정하는 서식[429]에 의한다(규칙§49②, §26의2⑭). 구 · 시 · 군의 장은 전산조직을 이용하여 세대주명단을 작성할 수 있으며, 세대주명단의 교부는 전산자료 복사본의 교부로 갈음할 수 있다(규칙§49②, §26의2⑮). 구 · 시 · 군의 장은 세대주명단의 동일성이 유지되도록 전산자료 복사본에 변조방지장치를 할 수 있다(규칙§49②, §26의2⑯, §18②). 구 · 시 · 군의 장은 매년 1월말까지 세대주명단의 작성비용을 규칙이 정하는 서식[430]에 의하여 공시하여야 한다(규칙§49③).

법 제111조(의정활동 보고)는 의정활동보고서의 배부방법에 관하여 제한하고 있지 아니하므로, 선거운동이 아닌 직무행위로서 행하여지는 의정보고서의 배부목적 범위 안에서 다른 관계규정에 위반되지 아니하다고 보여지는 방법으로서 대개 우편배달, 신문삽입배포, 우편함에 투입, 시장 · 가두 공개장소에서 배포, 공공기관 · 기업체의 민원실 · 마을회관에 비치와 같은 방법으로 배부할 수 있을 것이나, 가두에서 살포하거나 호별로 방문하여 배부하는 것은 법 제254조(선거운동기간위반죄) 또는 제255조(부정선거운동죄)의 규정에 저촉된다.[431]

(제3차)

427) 2010. 1. 29. 중앙선관위 질의회답

428) 규칙 별지 제15호의4 서식의 (가) 세대주명단 교부 신청서

429) 규칙 별지 제15호의4 서식의 (나) 세대주명단

430) 규칙 별지 제32호의2 서식 세대주명단 작성비용 공시

431) 1994. 7. 11. 중앙선관위 질의회답

사. 벌칙

법 제111조(의정활동 보고) 제1항 단서의 규정에 위반하여 선거일전 90일부터 선거일까지 의정활동을 보고한 자는 2년 이하의 징역 또는 400만원 이하의 벌금에 처한다(법§256③1.너.).

한편, 법 제111조(의정활동 보고) 제2항의 규정에 위반하여 고지벽보와 표지를 게시하거나, 의정보고회가 끝난 후 지체 없이 고지벽보와 표지를 철거하지 아니한 자는 100만원 이하의 과태료를 부과한다(법§261⑧3.).

제12편 정당활동의 제한

1. 정강·정책의 신문광고 등의 제한

가. 광고 횟수

선거가 임박한 시기에 있어서 정당이 행하는 「신문 등 진흥에 관한 법률」 제2조(정의) 제1호에 따른 신문과 「잡지 등 정기간행물의 진흥에 관한 법률」 제2조(정의) 제1호에 따른 정기간행물(이하 "일간신문 등"이라 한다)에 의한 정강·정책의 홍보, 당원·후보지망자의 모집, 당비모금, 정치자금모금(대통령선거에 한한다) 또는 선거에 있어 당해 정당이나 추천후보자가 사용할 구호·도안·정책 그 밖에 선거에 관한 의견수집을 위한 광고는 다음 각 호의 범위 안에서 하여야 하며, 그 선거기간 중에는 이를 할 수 없다(법§137①).

1. 임기만료선거
   정당의 중앙당에서 행하되, 선거일전 90일부터 선거기간개시일전일까지 일간신문 등에 총 70회 이내
2. 대통령 궐위로 인한 선거·재선거[제197조(선거의 일부무효로 인한 재선거)의 규정에 의한 재선거를 제외한다] 및 연기된 선거
   정당의 중앙당이 행하되, 그 선거의 실시사유가 확정된 때부터 선거기간개시일전일까지 일간신문 등에 총 20회 이내
3. 제2호 외의 보궐선거·재선거 및 연기된 선거
   정당의 중앙당이 행하되, 그 선거의 실시사유가 확정된 때부터 선거기간개시일전일까지 일간신문 등에 총 10회 이내

이 경우 광고기간의 기준은 당해 광고가 게재된 일간신문 등이 발행되는 날을 기준으로 한다(규칙§60①). 일간신문 등에의 광고회수의 계산에 있어서는 하나의 일간신문 등에 1회 광고하는 것을 1회로 보고(법§137③, §69①), 같은 날에 발행되는 일간신문 등이 배달되는 지역에 따라 각각 다르게 발행일자가 표시되었더라도 그 신문에 게재된 광고의 횟수는 1회로 본다(규칙§60②, §34④).

나. 광고의 방법

일간신문 등의 광고 1회의 규격은 가로 37센티미터 세로 17센티미터 이내로 하여야 하며, 후보자가 되고자 하는 자의 사진·성명(성명을 유추할 수 있는 내용을 포함한다) 기타 선거운동에 이르는 내용을 게재할 수 없다(법§137②). 광고에는 광고근거와 광고주명을 표시하여야 하고(법§137③, §69②), 신문광고에는 "이 신문광고는 「공직선거법」 제69조의 규정에 따른 광고입니다."라고 표시하여야 한다(규칙§60②, §34①).

정당이 국회의원선거에 대한 후보자 모집을 광고하는데 있어서 "법정선거비용 당에서 지원"이란 문구를 사용하는 것은 무방하다.[1)]

정당이 광고를 하고자 하는 때에는 광고전에 공직선거법에 의한 광고임을 인정하는 중앙선거관리위원회의 인증서를 교부받아 광고를 하여야 하며, 일간신문 등을 경영·관리하는 자 또는 광고업무를 담당하는 자는 인증서가 첨부되지 아니한 정당의 광고를 게재하여서는 아니 된다(법§137③, §69⑤). 인증서의 교부신청 및 인증서는 규칙이 정하는 서식[2)]에 따른다(규칙§60②, §34②).

다. 광고의 비용

신문광고를 게재하는 일간신문 등을 경영·관리하는 자는 그 광고비용을 산정함에 있어 선거기간 중에 같은 지면에 같은 규격으로 게재하는 상업·문화 기타 각종 광고의 요금 중 최저요금을 초과하여 정당에게 청구하거나 받을 수 없다(법§137③, §69⑧).

라. 벌칙

정당(당원협의회를 포함한다)이 법 제137조(정강·정책의 신문광고 등의 제한)의 규정에 위반하여 일간신문 등에 광고를 한 때에는 해당 정당에 대하여는 1천만원 이하의 벌금에 처하고, 해당 정당의 대표자·간부 또는 소속 당원으로서 위반행위를 하거나 하게 한 자는 2년 이하의 징역 또는 400만원 이하의 벌금에 처한다(법§256④1.).

2. 정강·정책의 방송연설의 제한

가. 방송연설 횟수

정당이 방송시설(법 제70조(방송광고) 제1항의 규정에 의한 방송시설을 말한다)을 이용하여

---

1) 2007. 11. 30. 중앙선관위 질의회답

2) 규칙 별지 제18호의3 서식 신문광고게재인증서의 교부신청서, 제20호 서식의 (나) 광고게재의 인증

정강·정책을 알리기 위한 방송연설을 하는 때에는 다음 각 호의 범위 안에서 하여야 한다(법§137의2①).

1. 임기만료에 의한 선거
   정당의 중앙당 대표자 또는 그가 선거운동을 할 수 있는 자 중에서 지명한 자가 행하되, 선거일전 90일이 속하는 달의 초일부터 선거기간개시일전일까지 1회 20분 이내에서 텔레비전 및 라디오방송별로 월 2회(선거기간개시일전일이 해당 달의 10일 이내에 해당하는 경우에는 1회) 이내
2. 대통령 궐위로 인한 선거, 재선거[제197조(선거의 일부무효로 인한 재선거)의 규정에 의한 재선거를 제외한다] 및 연기된 선거
   정당의 중앙당 대표자 또는 그가 선거운동을 할 수 있는 자 중에서 지명한 자가 행하되, 그 선거의 실시사유가 확정된 때부터 선거기간개시일전일까지 1회 10분 이내에서 텔레비전 및 라디오 방송별 각 5회 이내

이 경우 연설회수의 계산에 있어서는 재방송을 포함하되, 하나의 텔레비전 또는 라디오 방송시설을 선정하여 당해 방송망을 동시에 이용하는 것은 1회로 본다(법§137의2⑥, §70① 후단).

정당의 중앙당 대표자가 선거운동을 할 수 있는 자에 해당하는 자당 소속 "예비후보자"로 등록한 자를 지명하여 방송연설을 할 수 있다. 다만, 선거운동에 이르는 내용의 연설을 하여서는 아니 된다.[3]

나. 방송연설 방법

정당이 방송연설을 하고자 하는 때에는 당해 방송시설을 경영 또는 관리하는 자와 체결한 방송시설이용계약서 사본을 첨부하여 이를 이용할 방송시설명·이용일시·소요시간·이용방법 등을 방송일전 3일까지 중앙선거관리위원회에 규칙이 정하는 서식[4]에 의하여 서면으로 신고하여야 한다(법§137의2⑥, §71⑩, 규칙§60의2).

공영방송사가 부담하는 방송연설을 하고자 하는 경우 그 방송연설의 일시·시간대 기타 필요한 사항은 당해 공영방송사와 당해 정당이 협의하여 정한다(법§137의2⑤).

텔레비전 방송시설을 이용한 방송연설을 하는 때에는 연설하는 모습, 정당명(해당 정당을 상징하는 마크나 심벌을 포함한다), 연설의 요지 및 통계자료 외에 다른 내용이 방영되게 하여서는 아니 되며, 방송연설을 녹화하여 방송하고자 하는 때에는 당해 방송시설을 이용하여야 한다(법§137의2②). 방송연설을 함에 있어서는 선거운동에 이르는 내용의 연설을 하여서는 아

3) 2006. 4. 17. 중앙선관위 질의회답
4) 규칙 별지 제22호 서식의 (라) (후보자)·(정당)의 방송연설신고서

니 된다(법§137의2③).

정당은 방송연설에 있어서 청각장애선거인을 위한 한국수어 또는 자막을 방영할 수 있다(법§137의2⑥, §70⑥).

「방송법」에 따른 종합유선방송사업자(종합편성 또는 보도전문편성의 방송채널사용사업자를 포함한다)·중계유선방송사업자 및 인터넷언론사는 정당의 방송연설을 중계방송할 수 있다. 이 경우 방송연설을 행한 모든 정당에게 공평하게 하여야 한다(법§137의2⑥, §71⑫).

'대통령 방송연설'에 대하여 야당측이 반론권을 요청해옴에 따라 여야(원내 교섭단체) 합의하에 방송사가 초청하여 실시하는 '정당대표 방송연설'은 법 제137조의2(정강·정책의 방송연설의 제한)에 따른 정당의 정강·정책 방송연설에 해당하지 아니하고, 정부의 정책이 정당·후보자간선거의 쟁점이 될 것으로 예상되는 선거기간에 대통령이 정부정책에 대한 방송연설을 하는 것은 선거에 영향을 미칠 우려가 있으므로 자제되어야 한다.[5)]

다. 비용

방송연설의 비용은 당해 정당이 부담하되, 국회에 교섭단체를 구성한 정당이 공영방송사를 이용하여 방송연설을 하는 때에는 각 공영방송사마다 텔레비전 및 라디오 방송별로 행하는 월 1회의 방송연설비용(제작비용을 제외한다)은 당해 공영방송사가 이를 부담한다(법§137의2④). 방송연설을 행하는 방송시설을 경영·관리하는 자는 그 방송연설비용을 산정함에 있어 선거기간 중 같은 방송시간대에 광고하는 상업·문화 기타 각종 광고의 요금 중 최저요금을 초과하여 정당에게 청구하거나 받을 수 없다(법§137의2⑥, §70⑧).

'국회에 교섭단체를 구성한 정당'은 하나의 정당이 하나의 교섭단체를 구성한 경우의 정당을 말하는 것이므로, 「국회법」 제33조(교섭단체) 제1항 후문에 따라 둘 이상 정당의 소속의원들이 교섭단체를 구성하는 경우에는 이에 해당하지 아니한다.[6)]

라. 벌칙

정당(당원협의회를 포함한다)이 법 제137조의2(정강·정책의 방송연설의 제한) 제1항 내지 제3항의 규정에 위반하여 정강·정책의 방송연설을 한 때에는 해당 정당에 대하여는 1천만원 이하의 벌금에 처하고, 해당 정당의 대표자·간부 또는 소속 당원으로서 위반행위를 하거나 하게 한 자는 2년 이하의 징역 또는 400만원 이하의 벌금에 처한다(법§256④2.).

5) 2010. 3. 25. 중앙선관위 질의회답
6) 2018. 3. 21. 중앙선관위 의결

3. 정강·정책홍보물의 배부제한 등

가. 종류와 수량

정당이 선거기간 중에 후보자를 추천한 선거구의 소속당원에게 배부할 수 있는 정강·정책홍보물은 정당의 중앙당이 제작한 책자형 정강·정책홍보물 1종으로 한다(법§138①).

중앙당에서 지역별 특성에 맞게 정강·정책홍보물의 일부지면(1~2면 정도)을 지역판으로 할애하여 게재내용을 달리 작성하는 것은 1종(동일종류)으로 볼 수 있다.[7]

정강·정책홍보물을 배부할 수 있는 수량은 후보자를 추천한 선거구의 소속당원에 상당하는 수를 넘지 못한다(법§138②).

나. 작성

정강·정책홍보물에는 해당 정당이 추천한 후보자의 기호·성명·사진·경력 등을 제외하고 후보자와 관련된 사항을 게재할 수 없다(법§138⑤). 정강·정책홍보물은 길이 27센티미터 너비 19센티미터 이내에서 대통령선거의 경우에는 16면 이내로, 지역구국회의원선거, 지역구지방의회의원선거 및 지방자치단체의 장선거의 경우에는 8면 이내로 작성한다(법§138⑥).

정강·정책홍보물에는 작성근거, 제작정당명과 인쇄소의 명칭·주소·전화번호를 표시하여야 한다(규칙§61①).

다. 배부

정강·정책홍보물을 제작·배부하는 때에는 그 표지에 "당원용"이라 표시하여 한다(법§138③). 정강·정책홍보물을 배부하고자 하는 때에는 배부전까지 중앙선거관리위원회에 2부를 제출하여야 하되, 전자적 파일로 대신 제출할 수 있다(법§138④). 정강·정책홍보물의 중앙선거관리위원회에의 제출은 규칙이 정하는 서식[8]에 의한다(규칙§61③).

정당 소속 국회의원의 선거재판과 관련하여 대책위원회가 서명운동을 위하여 단순히 탄원하고자 하는 내용만을 게재한 대책위원회의 홍보물을 서명운동 시 통상적인 방법으로 배부하는 것은 무방하나, 정당의 기관지인 경우에는 당원이 아닌 일반 선거구민에게 배부하여서는 아니 된다.[9]

---

7) 1995. 4. 7. 중앙선관위 질의회답
8) 규칙 별지 제38호 서식 (정강·정책홍보물)·(정책공약집)·(정당기관지)제출서
9) 2005. 4. 29. 중앙선관위 질의회답

라. 벌칙

정당(당원협의회를 포함한다)이 법 제138조(정강·정책홍보물의 배부제한 등)의 규정(제4항을 제외한다)을 위반하여 정강·정책홍보물을 제작·배부한 때에는 해당 정당에 대하여는 1천만원 이하의 벌금에 처하고, 해당 정당의 대표자·간부 또는 소속 당원으로서 위반행위를 하거나 하게 한 자는 2년 이하의 징역 또는 400만원 이하의 벌금에 처한다(법§256④3.).

한편, 법 제138조(정강·정책홍보물의 배부제한 등) 제4항의 규정에 위반하여 정강·정책홍보물을 제출하지 아니한 자는 100만원 이하의 과태료를 부과한다(법§261⑧4.가.).

4. 정책공약집의 배부제한 등

가. 판매

정당이 자당의 정책과 선거에 있어서 공약을 게재한 정책공약집(도서형태로 발간된 것을 말하며, 이하 "정책공약집"이라 한다)을 배부하고자 하는 때에는 통상적인 방법으로 판매하여야 한다. 다만, 방문판매의 방법으로 정책공약집을 판매할 수 없다(법§138의2①). 통상적인 방법에 의한 판매 외에 해당 정당의 당사와 법 제79조(공개장소에서의 연설·대담)에 따라 소속 정당 추천후보자가 개최한 공개장소에서의 연설·대담장소에서 정책공약집을 판매할 수 있다. 이 경우 정당의 당사에서 판매할 때에는 공개된 장소에 별도의 판매대를 설치하는 등 정책공약집의 판매사실을 공개적으로 확인할 수 있는 방법으로 판매하여야 한다(법§138의2②).

정책공약집을 출판사에 위탁하여 제작·판매하는 것은 무방하고, 현금으로 판매하는 경우에는 판매수량·금액 등 판매내역을 알 수 있도록 증빙서류를 갖추어야 하고 판매수익금은 정당의 부대수입으로 회계처리하여야 한다.[10] 도서의 형태로 발간된 정책공약집의 전자파일을 그대로 전자우편으로 전송하는 것은 행위양태에 따라 법 제113조(후보자 등의 기부행위)부터 제115조(제3자의 기부행위제한)까지의 규정에 위반된다.[11]

정당이 정책공약집을 판매하고자 하는 때에는 발간 즉시 「정당법」의 규정에 따라 해당 정당의 등록사무를 처리하는 관할선거관리위원회에 2권을 제출하여야 하되, 전자적 파일로 대신 제출할 수 있다(§138의2③). 정책공약집의 관할선거관리위원회에의 제출은 규칙이 정하는 서식[12]에 의한다(규칙§61③).

---

10) 2007. 10. 25. 중앙선관위 질의회답

11) 2017. 4. 21. 중앙선관위 질의회답

12) 규칙 별지 제38호 서식 (정강·정책홍보물)·(정책공약집)·(정당기관지)제출서

나. 제작

정책공약집에는 후보자의 기호·성명·사진·학력·경력 등 후보자와 관련된 사항 및 다른 정당에 관한 사항을 게재할 수 없다(법§138의2④). 정책공약집의 앞면에는 "정책공약집"이라 표시하고, 정당명을 한글로 게재하여야 하며, 정책공약집의 뒷면에는 "이 정책공약집은 「공직선거법」 제138조의2의 규정에 따른 것입니다."라고 표시하고, 판매가격 및 인쇄소의 명칭·주소·전화번호를 게재하여야 한다(규칙§61②).

정책공약집의 여백을 이용하여 기업 등의 이미지 광고를 게재하고 통상적인 범위의 광고료를 받아 정당의 부대수입으로 회계처리하는 것은 무방하나, 통상적인 범위를 넘어 과도한 액수의 광고료를 받는 것은 「정치자금법」에 정하지 아니한 방법으로 정치자금을 수수하는 행위에 해당되어 「정치자금법」 제45조(정치자금부정수수죄)에 위반된다.[13] 정당이 정당의 선거공약이나 후보자가 되고자 하는 자를 선전하는 등 선거운동 기타 선거에 영향을 미치게 하기 위한 내용이 게재됨이 없이 단순히 당내경선과정을 기술한 자료라면 이를 저서로 출간하여 통상적인 방법과 가격으로 판매하는 것은 무방하나, 이 경우 그 책자의 판매에 관하여는 법 제138조의2(정책공약집의 배부제한 등)의 규정은 준용되지 아니한다.[14]

다. 벌칙

정당(당원협의회를 포함한다)이 법 제138조의2(정책공약집의 배부제한 등)의 규정(제3항을 제외한다)을 위반하여 정책공약집을 발간·배부한 때에는 해당 정당에 대하여는 1천만원 이하의 벌금에 처하고, 해당 정당의 대표자·간부 또는 소속 당원으로서 위반행위를 하거나 하게 한 자는 2년 이하의 징역 또는 400만원 이하의 벌금에 처한다(법§256④3의2.).

한편, 법 제138조의2(정책공약집의 배부제한 등) 제3항의 규정에 위반하여 정책공약집을 제출하지 아니한 자는 100만원 이하의 과태료를 부과한다(법§261⑧4.나.).

5. 정당기관지의 발행·배부제한

가. 배부

정당의 중앙당은 선거기간 중 기관지를 통상적인 방법외의 방법으로 발행·배부할 수 없다(법§139①본문). 다만, 선거기간 중 통상적인 주기에 의한 발행회수가 2회 미만인 때에는 2회(증보·호외·임시판을 포함하며, 배부되는 지역에 따라 게재내용 중 일부를 달리하더라도 동일한 것

---

13) 2007. 10. 29. 중앙선관위 질의회답
14) 2008. 1. 16. 중앙선관위 질의회답

으로 본다) 이내로 한다. 이 경우 정당의 중앙당 외의 당부가 발행하거나 공개장소에서의 연설·대담장소 또는 대담·토론회장에서의 배부, 거리에서의 판매·배부, 첩부, 게시, 살포는 통상적인 방법에 의한 배부로 보지 아니한다(법§139①단서).

국회의원선거에서 정당이 150페이지 지면으로 발행하는 정기간행물에 자당의 예비후보자(20~25명)와 관련한 사항으로 40~50페이지(한 명당 2페이지 정도)를 게재하여 중앙위원들을 주된 배부대상으로 하면서 일부를 소속 국회의원·지방자치단체장과 유관기관(청와대, 정부) 등에게 배부하는 것은 무방하다.[15]

나. 발행

정당의 기관지란 정당의 중앙당이 당해 정당의 정책방향과 활동상황 등을 당원들에게 알리기 위하여 발행하는 신문을 의미한다.[16] 기관지에는 당해 정당이 추천한 후보자의 기호·성명·사진·학력·경력 등외에 후보자의 홍보에 관한 사항을 게재할 수 없다(법§139②). 따라서 다른 정당이 추천한 후보자에 관한 사항은 이를 게재할 수 없다.[17]

기관지를 발행·배부하고자 하는 때에는 발행 즉시 2부를 중앙선거관리위원회에 제출하여야 하되, 전자적 파일로 대신 제출할 수 있다(법§139③). 정당기관지의 중앙선거관리위원회의 제출은 규칙이 정하는 서식[18]에 의한다(규칙§61③).

다. 벌칙

정당(당원협의회를 포함한다)이 법 제139조(정당기관지의 발행·배부 제한)의 규정(제3항을 제외한다)을 위반하여 정당기관지를 발행·배부한 때에는 해당 정당에 대하여는 1천만원 이하의 벌금에 처하고, 해당 정당의 대표자·간부 또는 소속 당원으로서 위반행위를 하거나 하게 한 자는 2년 이하의 징역 또는 400만원 이하의 벌금에 처한다(법§256④3의2.).

한편, 법 제139조(정당기관지의 발행·배부 제한) 제3항의 규정에 위반하여 기관지를 제출하지 아니한 자는 100만원 이하의 과태료를 부과한다(법§261⑧4.다.).

6. 창당대회 등의 개최와 고지의 제한

가. 개최

정당이 선거일전 120일(선거일전 120일후에 실시사유가 확정된 보궐선거 등에 있어서는 선거의 실

---

15) 2012. 2. 22. 중앙선관위 질의회답
16) 1994. 7. 8. 중앙선관위 질의회답
17) 2002. 11. 11. 중앙선관위 질의회답
18) 규칙 별지 제38호 서식 (정강·정책홍보물)·(정책공약집)·(정당기관지)제출서

시사유가 확정된 때)부터 선거일까지 창당대회·합당대회·개편대회 및 후보자선출대회(이하 "창당대회 등"이라 한다)를 개최하는 때에는 다수인이 왕래하는 공개된 장소가 아닌 장소에서 소속당원(후보자선출대회의 경우에는 당해 정당의 공직선거후보자를 선출하기 위한 투표권이 있는 당원이 아닌 자를 포함한다)만을 대상으로 개최하여야 하되, 사회통념상 인정되는 범위 안에서 당원이 아닌 자를 초청할 수 있다(법§140①). 이는 당원이 아닌 자를 사회통념상 인정되는 범위를 넘어서 초대한 상태에서 창당대회 등을 개최하는 것을 금지하고 그 위반행위를 처벌대상으로 삼고 있는 것일 뿐, 그와 같이 초대받은 사람이 창당대회 등에 참석할 것까지를 요건으로 하는 것은 아니다.[19]

창당대회 등의 개최가 금지되는 '다수인이 왕래하는 공개된 장소'라 함은 다수의 일반인이 오고가거나 관람이 용이한 장소를 말하는 것인바, 체육관·예식장·공연장 등 옥내장소나 종합운동장·축구경기장 등은 창당대회 등의 개최가 금지되는 장소에 해당하지 아니 한다.[20]

'개편대회'라 함은 정당의 대표자의 변경 등 당헌·당규상의 조직개편에 관한 안건을 처리하기 위하여 개최하는 당원총회 또는 그 대의기관의 회의 등 집회를 말하고, '후보자선출대회'라 함은 정당의 각급 당부가 공직선거법에 의한 선거의 당해 정당추천후보자를 선출하기 위하여 제57조의2(당내경선의 실시)의 규정에 의하여 개최하는 집회를 말한다(법§140③).

대통령선거와 관련하여 당원집회가 금지되는 기간 중에 정당이 당규에 따라 국회의원선거의 후보자선출대회를 개최하는 경우 법 제140조(창당대회 등의 개최와 고지의 제한)의 제한규정을 준수하여 개최하는 것은 무방하다.[21] 이미 당해 선거구의 당원의 직선으로 선거를 실시하여 후보자를 선출한 경우 중앙위원회이 인준 절차를 거치지 아니하였다고 하더라도 국회의원후보자 선출확정의 건으로 개최하는 당원총회는 법 제140조(창당대회 등의 개최와 고지의 제한)에 따른 '후보자선출대회'에 해당하지 않는다.[22]

법 제140조(창당대회 등의 개최와 고지의 제한) 제1항의 규정에 의한 창당대회 등의 참석당원에게 정당의 경비로 교재 기타 정당의 홍보인쇄물을 제공할 수 있는 바, 입후보예정자의 지지율에 관한 여론조사결과가 보도된 기사부분을 복사하여 개편대회에 참석한 당원에게만 교육자료 또는 홍보물로 배부하는 것은 무방하다.[23]

---

19) 2007. 2. 9. 선고 2006도7417 판결(창당대회 초청장 약 1,119장 가량을 당원이 아닌 동창생 또는 '재대전서천군민회'의 회원 등에게 발송한 후 창당대회를 개최한 이상, 설령 그 창당대회에는 당원만이 참석하였다고 하더라도 법 제256조(각종제한규정위반죄) 제4항 제5호, 제140조(창당대회 등의 개최와 고지의 제한) 제1항을 위반에 해당한다고 한 사례)
20) 2007. 7. 12. 중앙선관위 질의회답
21) 2007. 10. 16. 중앙선관위 질의회답
22) 2008. 3. 4. 중앙선관위 질의회답
23) 2000. 7. 11. 중앙선관위 질의회답

나. 공고 및 표지

창당대회 등을 주관하는 정당은 「정당법」 제10조(창당집회의 공개) 제2항의 신문공고를 하는 외에 창당대회 등의 장소에 5매 이내의 표지를 게시할 수 있다. 이 경우 신문공고·표지에는 후보자(후보자가 되고자 하는 자를 포함한다)의 사진·성명(성명을 유추할 수 있는 내용을 포함한다) 또는 선전구호 등 후보자를 선전하는 내용을 게재할 수 없다(법§140②). 중앙당창당준비위원회는 창당집회의 공개를 위하여 집회개시일 전 5일까지 「신문 등 진흥에 관한 법률」 제2조(정의)에 따른 일간신문에 집회개최공고를 하여야 한다(정당법§10②). 「정당법」 제10조(창당집회의 공개) 제2항의 규정에 의하여 창당집회를 그 집회개시일전 5일까지 일간신문에 공고하도록 한 것은 늦어도 집회개시일전 5일까지는 공고하여야 한다는 것일 뿐 광고횟수는 제한하고 있지 않다. 다만, 창당대회고지목적을 벗어나 선거에 영향을 미치는데 이르러서는 아니 된다.[24)]

정당의 창당대회 등에 사회통념상 인정되는 범위 안에서 당원이 아닌 자를 초청하기 위하여 초청장을 발송하는 경우에는 창당대회 등의 주최당부 명의로 하여야 한다(규칙§62①). 창당대회 등의 표지에는 대회명·개최일시·개최장소·주최당부명 그 밖에 정당의 홍보에 필요한 사항을 게재할 수 있다(규칙§62②). 표지는 당해 집회종료 후 지체 없이 주최자가 철거하여야 한다(법§140④).

창당대회 개최 후에 정치적 현안에 대한 시국강연회를 선거와 무관하게 일회성으로 일반선거구민을 대상으로 개최하는 것은 무방하나, 정당이 선거가 임박한 시기에 특별한 정치적 현안 없이 시국강연회를 일반선거구민을 대상으로 여러 지역을 순회·개최하는 것은 선거에 영향을 미치게 하거나 선거운동의 목적이 있는 것으로 볼 수 있고, 창당대회에 참석하기 위한 당원이 아닌 일반선거구민이 창당대회장소와 구분된 별도의 장소에 있는 경우에도 창당대회장의 내용을 들리게 하여서는 아니 되고, 창당대회와 시국강연회를 연이여 개최하는 경우 법 제140조(창당대회 등의 개최와 고지의 제한) 및 규칙 제62조(창당대회 등의 고지의 제한)의 규정에 의한 방법으로 동시에 고지할 수 있다.[25)]

다. 벌칙

정당(당원협의회를 포함한다)이 법 제140조(창당대회 등의 개최와 고지의 제한) 제1항 및 제2항의 규정을 위반하여 창당대회 등을 개최한 때에는 해당 정당에 대하여는 1천만원 이하의 벌금에 처하고, 해당 정당의 대표자·간부 또는 소속 당원으로서 위반행위를 하거나 하게 한

24) 2000. 1. 18. 중앙선관위 질의회답
25) 1996. 2. 7. 중앙선관위 질의회답

자는 2년 이하의 징역 또는 400만원 이하의 벌금에 처한다(법§256④5.).

한편, 법 제140조(창당대회 등의 개최와 고지의 제한) 제4항의 규정에 위반하여 창당대회 등의 표지를 철거하지 아니한 자는 100만원 이하의 과태료를 부과한다(법§261⑧4.라.).

7. 당원집회의 제한

가. 개최 시기

정당(당원협의회를 포함한다[26])은 선거일전 30일부터 선거일까지 소속당원의 단합·수련·연수·교육 그 밖에 명목여하를 불문하고 선거가 실시중인 선거구 안이나 선거구민인 당원을 대상으로 당원수련회 등(이하 "당원집회"라 한다)을 개최할 수 없다. 다만, 당무에 관한 연락·지시 등을 위하여 일시적으로 이루어지는 당원간의 면접은 당원집회로 보지 아니한다(법§141①).

정당이 당원연수교육을 하는 것은 일반적으로는 정당의 통상적인 활동으로 보아야 할 것이나 당원만을 대상으로 하는 연수교육이라고 하더라도 행사의 실제내용에 연수나 교육은 포함되어 있지 아니하거나 형식적인 것에 그치고 오로지 자기 당의 후보를 당선시키기 위한 선거운동을 목적으로 관광이나 의례적인 기념품의 정도를 넘어서는 선물을 제공하는 것은 정당의 통상적인 활동이라고 볼 수 없고 사전선거운동에 해당한다.[27] 당원연수교육을 명목으로 당원 아닌 지역주민들에게 무료로 관광을 시켜준다고 하여 이들에게 관광을 시켜주는 과정에서, 혹은 관광을 시켜준 후에 입당원서 작성을 권유하여 이들로부터 입당원서를 받는 방법으로, 당원이 아닌 자나 외형상 당원인 것 같이 보이나 실질은 당원이 아닌 자 등을 상대로 당원연수교육을 빙자하여 실제로 연수나 교육은 시키지 아니하고 오로지 관광을 시키고 식사 및 교통편의 등만을 제공한 행위는 정당의 통상적 활동이라 볼 수 없고, 헌법과 정당법이 보장한 정당한 행위라고 볼 수 없으므로 사전선거운동에 해당한다.[28] 지구당 조직부장이 중앙당 당원연수에 참석하겠다고 모인 사람들을 버스에 태우고 연수원으로 가는 도중 입당가입서만 받고 아직 당원명부에 등재되지 아니하여 입당의 효력이 발생하지 아니한 사

---

26) 대법원은 「'당원협의회'는 원칙적으로 시·도당 소속 하급기관에 불과할 뿐 법 구 공직선거법(2010. 1. 25. 법률 제9974호로 개정되기 전의 것) 제256조(각종제한규정위반죄) 제3항에 의하여 형사처벌 대상이 되는 당부에 해당한다고 볼 수 없으므로, 당원집회가 단순히 시·도당 소속 당원협의회 차원에서 개최된 것에 불과하다면 비록 그것이 간부나 당원에 의하여 개최되었다고 하더라도 위 법 제256조(각종제한규정위반죄) 제3항 제6호를 적용하여 처벌할 수 없다.」고 하였다(2009. 5. 14. 선고 2009도679 판결). 그 후 2010. 1. 25. 법률 제9974호로 공직선거법이 개정되어 '당원협의회'가 당원집회를 개최하는 주체로서 정당에 포함되었다.

27) 1994. 6. 14. 선고 94도903 판결

28) 1994. 11. 11. 선고 94도811 판결

람들을 연수에 참여시키고 연수과정의 강의 형식을 빌려 그들로 하여금 후보자를 위한 당선 결의문을 채택하고 구호를 외치게 하는 것은 사전선거운동에 해당한다.[29)]

정당의 내부행사인 당원단합대회에 일반 선거구민은 물론 관할기관장을 참석하게 하는 것은 법 제254조(선거운동기간위반죄)의 규정에 저촉될 수 있다.[30)] 법 제140조(창당대회 등의 개최와 고지의 제한)의 규정에 의한 후보자선출대회(경선을 하지 않고 후보자로 추대하는 추천대회를 포함)와 별도로 선거일전 30일부터 선거일까지 소속 당원들을 모이게 하여 후보자로 선출된 자에 대한 공천장 수여식이나 공천자 대회를 개최하는 것은 법 제141조(당원집회의 제한)의 규정에 위반된다. 다만, 공천장수여식은 지구당대표자가 개최하는 당직자회의에서 수여할 수도 있다.[31)] 정당이 소속 당원을 대상으로 개최하는 송년모임은 당원집회에 해당하므로 시·도당 당직자와 시·군지회 조직의 송년회 개최 시 법 제141조(당원집회의 제한)의 규정에 따라 개최하는 것은 무방하다.[32)] 법 제112조(기부행위의 정의 등) 제2항 제1호 바목의 중앙당 또는 시·도당의 대표자가 참석하는 당직자 회의는 당원집회 제한기간 중에도 개최할 수 있다.[33)] 정당이 인터넷 홈페이지를 통하여 선거에서 사용할 로고송과 선거유니폼을 공모한 후, 수상작을 가리기 위하여 응모자 등 제한된 범위 안의 관계자를 대상으로 내부 평가회(경연대회)를 개최하는 것은 무방하다.[34)]

나. 개최 신고 및 장소

정당이 선거일 전 90일(선거일 전 90일 후에 실시사유가 확정된 보궐선거 등에서는 그 선거의 실시사유가 확정된 때)부터 당원집회를 개최하는 때(중앙당이 그 연수시설에서 개최하는 경우를 제외한다)에는 개최지역을 관할하는 구·시·군선거관리위원회에 신고한 후 당해 정당의 사무소, 주민회관, 공공기관·단체의 사무소 그 밖의 공공시설 또는 다수인이 왕래하는 장소가 아닌 공개된 장소에서 개최하여야 한다(법§141②). 정당은 ① 정당의 사무소 및 당원연수시설에서 개최하는 당원집회 및 ② 법 제112조(기부행위의 정의 등) 제2항 제1호 바목에 따른 당직자회의를 제외하고는 법 제141조 제2항에 따라 당원집회를 개최하는 때에는 해당 당원집회의 개최일 전일까지 그 개최지역을 관할하는 구·시·군선거관리위원회에 규칙이 정하는 서식[35)]에 의하여 당원집회 신고를 하여야 한다(규칙§63①).

「정치자금법」 제27조(보조금의 배분)의 규정에 의하여 보조금의 배분대상이 되는 정당은 규

29) 서울고등법원 1996. 10. 8. 선고 96노1453 판결
30) 1994. 9. 8. 중앙선관위 질의회답
31) 1995. 6. 9. 중앙선관위 질의회답
32) 2004. 12. 6. 중앙선관위 질의회답
33) 2007. 4. 23. 중앙선관위 질의회답
34) 2007. 11. 15. 중앙선관위 질의회답
35) 규칙 별지 제40호 서식 당원집회개최신고서

칙이 정하는 바에 따라 국가 또는 지방자치단체[제53조(공무원의 입후보) 제1항 제4호 또는 제6호에 규정된 기관을 포함한다]가 소유하거나 관리하는 주민회관 · 체육관 또는 문화원 기타 다수인이 모일 수 있는 시설이나 장소를 당원집회의 장소로써 무료로 사용할 수 있다. 이 경우 시설의 손괴 또는 전력의 사용 등 재산상의 손실을 끼친 때에는 당해 정당이 보상하여야 한다(법§141③). 사용신청을 받은 공공시설의 관리자는 정당한 사유가 있는 경우를 제외하고는 그 사용을 거부할 수 없다(법§141⑤).

다. 개최 표지

당원집회 장소의 외부에는 공직선거법에 의한 당원집회임을 표시하는 표지를 첩부 또는 게시하여야 하되, 그 개최자는 집회종료 후에 지체 없이 철거하여야 한다. 이 경우 그 표지에는 후보자가 되고자 하는 자의 사진 · 성명 또는 선전구호 기타 후보자가 되고자 하는 자를 선전하는 내용을 게재하여서는 아니 된다(법§141④). 당원집회의 표지의 매수는 1매로 하고, 그 표지에는 집회명 · 일시 · 장소 · 주최당부명 · 참석대상 외의 사항을 게재할 수 없다(규칙§63②). 정당은 ① 정당의 사무소 및 당원연수시설에서 개최하는 당원집회 및 ② 법 제112조(기부행위의 정의 등) 제2항 제1호 바목에 따른 당직자회의 중 어느 하나에 해당하는 당원집회를 개최하는 때에는 표지를 첩부 또는 개시하지 아니할 수 있다(규칙§63③).

라. 벌칙

정당(당원협의회를 포함한다)이 법 제141조(당원집회의 제한) 제1항 및 제4항(철거하지 아니한 경우를 제외한다)의 규정을 위반하여 당원집회를 개최한 때에는 해당 정당에 대하여는 1천만원 이하의 벌금에 처하고, 해당 정당의 대표자 · 간부 또는 소속 당원으로서 위반행위를 하거나 하게 한 자는 2년 이하의 징역 또는 400만원 이하의 벌금에 처한다(법§256④6.).

한편, 법 제141조(당원집회의 제한) 제2항에 규정된 장소가 아닌 장소에서 당원집회를 개최하거나 동조 제4항의 규정에 위반하여 당원집회의 표지를 지체 없이 철거하지 아니한 자는 100만원 이하의 과태료를 부과한다(법§261⑧4.마.).

8. 정당의 당원모집 등의 제한

가. 당원모집 제한

정당은 선거기간 중 당원을 모집하거나 입당원서를 배부할 수 없다. 다만, 시 · 도당의 창당 또는 개편을 위하여 창당대회 · 개편대회를 개최하는 경우에는 그 집회일까지는 그러하지 아니하다(법§144①).

나. 벌칙

정당(당원협의회를 포함한다)이 법 제144조(정당의 당원모집 등의 제한) 제1항의 규정을 위반하여 당원을 모집하거나 입당원서를 배부한 때에는 해당 정당에 대하여는 1천만원 이하의 벌금에 처하고, 해당 정당의 대표자·간부 또는 소속 당원으로서 위반행위를 하거나 하게 한 자는 2년 이하의 징역 또는 400만원 이하의 벌금에 처한다(법§256④9.).

9. 당사게시 선전물 등의 제한

가. 당사의 간판 등

정당(법 제61조(선거운동기구의 설치) 제1항에 따라 해당 정당의 사무소에 선거대책기구를 설치한 정당은 제외한다)은 선거기간 중 구호, 그 밖에 정당의 홍보에 필요한 사항과 당해 당부명 및 그 대표자 성명, 해당 정당이 추천한 후보자의 기호·성명·사진·경력 등에 관한 사항을 게재한 간판·현판 또는 현수막(이하 "간판 등"이라 한다)을 규칙이 정하는 바에 따라 당해 당사의 외벽면 또는 옥상에 설치·게시할 수 있다(법§145①).[36] 간판 등은 해당 정당의 사무소가 있는 건물이나 그 담장을 벗어난 장소에 설치·게시할 수 없으며, 애드벌룬을 이용하는 방법으로 설치·게시할 수 없다(규칙§66①). 간판 등에는 법 또는 규칙의 규정에 의하지 아니하고는 후보자(후보자가 되려는 사람을 포함한다)를 지지·추천하거나 반대하는 내용을 게재하여서는 아니 된다(규칙§66②).

나. 후원회 사무소의 간판 등

「정치자금법」에 따른 후원회의 사무소에는 규칙으로 정하는 바에 따라 간판을 달 수 있다(법§145②). 간판은 해당 후원회의 사무소가 있는 건물이나 그 담장을 벗어난 장소에 설치·게시할 수 없으며, 애드벌룬을 이용하는 방법으로 설치·게시할 수 없다(규칙§66①). 간판에는 법 또는 규칙의 규정에 의하지 아니하고는 후보자(후보자가 되려는 사람을 포함한다)를 지지·추천하거나 반대하는 내용을 게재하여서는 아니 된다(규칙§66②).

---

36) 헌법재판소는, 구 공직선거및선거부정방지법(1995. 12. 30. 법률 제5127호로 개정된 것) 제145조(당사게시 선전물 등의 제한) 제1항과 관련하여, '정당은 책임 있는 정치적 주장이나 정책을 추진하고 공직선거의 후보자를 추천함으로써 국민의 정치적 의사형성에 참여함을 목적으로 하는 정치적 조직체로서 그 고유한 기능과 기본적·통상적 활동은 헌법과 법률에 의해 보장되고 정당이 당사에 선전물을 설치하는 것은 정당의 통상적인 활동이므로, 정당은 법 제145조(당사게시 선전물 등의 제한)의 규정에 의하여 선거기간 중은 물론 선거기간 전이라도 당사의 외벽면 등에 선전물을 설치할 수 있는데 반하여 무소속 후보자는 선거기간이 개시되어야 비로소 선거사무소 등 선거운동기구에 선전물을 설치할 수 있어 차별이 존재한다 하여도 이를 불합리한 차별이라고 할 수 없다.'고 판시하였다(1996. 8. 29. 선고 96헌마99 전원재판부 결정).

다. 제재

법 제145조(당사게시 선전물 등의 제한)의 규정에 위반하여 당사 또는 후원회의 사무소에 선전물 등을 설치·게시한 자는 100만원 이하의 과태료를 부과한다(법§261⑧4.사.).

10. 선거와 관련 있는 정당활동의 규제에 관한 동시선거특례

동시선거에 있어서 「법 제9장 선거와 관련 있는 정당활동의 규제」의 적용에 있어서 기준이 되는 선거는 동시에 실시하는 선거의 수에 불구하고 하나의 선거를 기준으로 하되, 임기만료에 의한 선거와 법 제35조(보궐선거 등의 선거일) 제2항 및 제3항의 보궐선거 등이나 법 제36조(연기된 선거 등의 선거일)의 연기된 선거를 동시에 실시하는 경우에는 임기만료에 의한 선거를 기준으로 하고, 법 제35조(보궐선거 등의 선거일) 제2항 및 제3항의 규정에 의한 보궐선거 등을 동시에 실시하는 때의 "그 선거의 실시사유가 확정된 때"는 "동시에 실시하는 보궐선거 등 가운데 최초로 그 선거의 실시사유가 확정된 보궐선거 등의 실시사유가 확정된 때"로 본다(법§210).

제13편 선거운동의 중지

1. 선거운동의 제한·중지

가. 의의

지역구국회의원선거, 지방의회의원선거 및 지방자치단체의 장선거에서 후보자등록마감 후 후보자가 사퇴·사망하거나 등록이 무효로 된 경우 해당 선거구의 후보자가 그 선거구에서 선거할 정수범위를 넘지 아니하게 되어 투표를 하지 아니하게 된 때에는 그 사유가 확정된 때부터 공직선거법에 의한 해당 지역구국회의원선거, 해당 지방의회의원선거 및 지방자치단체의 장선거의 선거운동은 이를 중지한다(법§275).

나. 제재

법 제275조(선거운동의 제한·중지)의 규정을 위반한 자는 300만원 이하의 과태료를 부과한다(법§261⑥1.).

2. 선거일 후 선전물 등의 철거

가. 의의

선거운동을 위하여 선전물이나 시설물을 첩부·게시 또는 설치한 자는 선거일 후 지체 없이 이를 철거하여야 한다(법§276).

나. 제재

법 제276조(선거일 후 선전물 등의 철거)의 규정에 위반하여 선전물 등을 철거하지 아니한 자는 200만원 이하의 과태료를 부과한다(법§261⑦6.).

제14편 공명선거추진활동 및 공정선거지원단

1. 사회단체 등의 공명선거추진활동

가. 공명선거추진활동 단체

사회단체 등은 선거부정을 감시하는 등 공명선거추진활동을 할 수 있다. 다만, 다음 각 호의 어느 하나에 해당하는 단체는 그 명의 또는 그 대표의 명의로 공명선거추진활동을 할 수 없다(법§10①).

1. 특별법에 의하여 설립된 국민운동단체로서 국가 또는 지방자치단체의 출연 또는 보조를 받는 단체(바르게살기운동협의회 · 새마을운동협의회 · 한국자유총연맹을 말한다)
2. 법령에 의하여 정치활동이나 공직선거에의 관여가 금지된 단체
3. 후보자(후보자가 되고자 하는 자를 포함한다), 후보자의 배우자와 후보자 또는 그 배우자의 직계존 · 비속과 형제자매나 후보자의 직계비속 및 형제자매의 배우자(이하 "후보자의 가족"이라 한다)가 설립하거나 운영하고 있는 단체
4. 특정 정당(창당준비위원회를 포함한다) 또는 후보자를 지원하기 위하여 설립된 단체
5. 삭제
6. 선거운동을 하거나 할 것을 표방한 노동조합 또는 단체

선거운동을 할 수 없고, 정치운동이 금지되는 공무원으로 구성된 공무원노동조합은 「공무원의 노동조합 설립 및 운영 등에 관한 법률」의 규정에 따라 공무원노동조합으로 설립신고가 되었는지 여부를 불문하고 정치활동을 할 수 없는 단체로 보아야 할 것이므로 시민단체와 공동으로 또는 개별적으로 ① 관권선거 등 불법선거행위에 대한 공동감시운동을 선언하고 이를 알리기 위해 보도자료를 배포하거나 기자회견을 개최하는 행위, ② 사무실에 불법선거신고센터를 개설하여 관권선거를 중심으로 불법선거운동 행위에 대해 신고를 받아 선거관리위원회 등에 이첩하는 활동 등 공명선거추진활동을 할 수 없다.[1] 정부나 지방자치단체가 공명선거추진계도를 실시하고자 하는 때에는 계도 기본목표, 주요추진사항을 헌법상의 선거관리 주무기관이고 「선거관리위원회법」 제14조(선거계도)에 의하여 선거에 관한 계도를

1) 2006. 4. 13. 중앙선관위 질의회답

주관하게 되어 있는 선거관리위원회와 사전에 협의하여 시행하는 것이 합당하다.[2)]

나. 공명선거추진활동

사회단체 등이 공명선거추진활동을 함에 있어서는 항상 공정한 자세를 견지하여야 하며, 특정 정당이나 후보자의 선거운동에 이르지 아니하도록 유의하여야 한다(법§10②). 각급선거관리위원회(읍·면·동선거관리위원회를 제외한다)는 사회단체 등이 불공정한 활동을 하는 때에는 경고·중지 또는 시정명령을 하여야 하며, 그 행위가 선거운동에 이르거나 선거관리위원회의 중지 또는 시정명령을 이행하지 아니하는 때에는 고발 등 필요한 조치를 하여야 한다(법§10③).

부패감시시민연대가 법 제10조(사회단체 등의 공명선거추진활동)에 따라 공명선거추진활동이 금지되지 아니하는 단체인 경우에는 공명선거추진활동의 일환으로 부패추방 및 클린 대선 시민걷기대회행사를 개최할 수 있다. 이 경우 특정 정당이나 후보자가 되고자 하는 자의 선거운동 또는 불공정한 활동에 이르지 아니하도록 유의하여야 한다.[3)] 흥사단 투명사회운동본부가 법 제10조(사회단체 등의 공명선거추진활동) 제1항 제6호 및 제87조(단체의 선거운동금지) 제1항 제1호 내지 제6호에 규정된 단체가 아니라면 제81조(단체의 후보자등 초청 대담·토론회)에 따른 후보자초청 대담·토론회를 개최할 수 있고, 공명선거추진활동을 하는 단체가 제81조(단체의 후보자등 초청 대담·토론회)에 따른 후보자초청 대담·토론회를 공정하게 개최하는 경우에는 제10조(사회단체 등의 공명선거추진활동) 제1항 제6호의 선거운동을 하거나 할 것을 표방한 단체에 해당하지 아니하여야 한다.[4)]

2. 공정선거지원단

가. 설치

각급선거관리위원회(읍·면·동선거관리위원회는 제외한다)는 선거부정을 감시하고 공정선거를 지원하기 위하여 공정선거지원단을 둔다(법§10의2①).

나. 구성

(1) 구성

공정선거지원단은 선거운동을 할 수 있는 자로서 정당의 당원이 아닌 중립적이고 공정한

---

2) 1992. 2. 18. 중앙선관위 질의회답
3) 2007. 6. 1. 중앙선관위 질의회답
4) 2014. 5. 12. 중앙선관위 질의회답

자 중에서 규칙으로 정하는 바에 따라 10명 이내로 구성한다(법§10의2②본문). 중앙선거관리위원회와 시 · 도선거관리위원회가 설치 · 운영하는 공정선거지원단은 10명 이내로 구성하고, 구 · 시 · 군선거관리위원회가 설치 · 운영하는 공정선거지원단의 수는 10명 이내에서 선거환경, 관할구역, 선거구수, 선거인수, 예상되는 선거의 종류와 실시시기, 지역특성과 그 밖의 사항을 고려하여 중앙선거관리위원회가 정하는 기준에 따라 해당 구 · 시 · 군선거관리위원회가 정한다(규칙§2의3①).

(2) 선거일 전 60일부터 선거일 후 10일까지의 구성

선거일 전 60일(선거일 전 60일 후에 실시사유가 확정된 보궐선거 등의 경우 그 선거의 실시사유가 확정된 때)부터 선거일 후 10일까지는 중앙선거관리위원회 및 시 · 도선거관리위원회는 10인 이내의, 구 · 시 · 군선거관리위원회는 20인 이내의 인원을 추가하여 구성할 수 있다(법§10의2②단서). 이에 따라 각급선거관리위원회(읍 · 면 · 동선거관리위원회는 제외한다)에 두는 공정선거지원단의 수는 다음 각 호에 따른다(규칙§2의3②).

1. 중앙선거관리위원회
   법 제34조(선거일) 제1항에 따른 임기만료에 의한 선거(법 제35조(보궐선거 등의 선거일) 제1항에 따른 대통령의 궐위로 인한 선거 및 재선거를 포함하며, 이하 "임기만료에 의한 선거"라 한다)가 실시되는 때에는 10명 이내, 그 밖의 선거가 실시되는 때에는 선거의 종류와 실시구역 등을 고려하여 중앙선거관리위원회가 정하는 인원
2. 시 · 도선거관리위원회
   임기만료에 의한 선거가 실시되는 때에는 10명 이내, 그 밖의 선거가 실시되는 때에는 선거의 종류와 실시구역 등을 고려하여 해당 시 · 도선거관리위원회가 정하는 인원
3. 구 · 시 · 군선거관리위원회
   임기만료에 의한 선거가 실시되거나 해당 구 · 시 · 군선거관리위원회의 관할구역 전역에서 선거가 실시되는 때에는 20명 이내, 그 밖의 선거가 실시되는 때에는 선거의 종류와 실시구역 등을 고려하여 해당 구 · 시 · 군선거관리위원회가 정하는 인원

(3) 공정선거지원단원

공정선거지원단원이 되려는 사람은 규칙이 정하는 서식[5]의 본인승낙 및 비당원확인서를 제출하여야 한다(규칙§2의3③). 각급선거관리위원회는 공정선거지원단원에게 규칙이 정하는 양식[6]의 신분증명서를 발급하여야 한다(규칙§2의3④). 공정선거지원단원은 임무를 수행함에

5) 규칙 별지 제1호의2 서식의 (라) 본인승낙 및 비당원확인서
6) 규칙 별지 제63호 양식 신분증명서

있어서 법규를 준수하고 성실하여야 하며, 소속된 선거관리위원회의 명령에 따라야 한다(규칙§2의3⑤).

각급선거관리위원회는 공정선거지원단원이 다음 각 호의 어느 하나에 해당하는 때에는 해촉할 수 있다(규칙§2의3⑦).

1. 법규를 위반하거나 그 임무를 수행함에 있어서 불공정한 행위를 하거나 할 우려가 있는 때
2. 정당한 사유 없이 소속된 선거관리위원회의 지휘명령에 따르지 아니하거나 그 임무를 게을리 한 때
3. 임무수행 중 입수한 자료를 유출하거나 알게 된 정보를 누설한 때
4. 공정선거지원단원이 그 품위를 손상하거나 선거관리위원회의 위신을 실추시킨 행위를 한 때
5. 건강 그 밖의 사유로 임무를 성실히 수행할 수 없다고 판단된 때

공정선거지원단원은 사직하거나 해촉된 때에는 지체 없이 그 신분증명서를 반환하여야 한다(규칙§2의3⑧).

다. 활동

공정선거지원단은 관할선거관리위원회의 지휘를 받아 공직선거법에 위반되는 행위에 대하여 증거자료를 수집하거나 조사활동을 할 수 있다(법§10의2⑥). 공정선거지원단원이 공직선거법에 위반되는 행위에 대하여 증거자료를 수집하거나 조사활동을 하는 때에는 관계인에게 신분증명서를 제시하고 소속과 신분을 밝혀야 하며, 그 목적과 이유를 알려야 한다(규칙§2의3⑥).

라. 수당 및 실비 지급

공정선거지원단의 소속원에 대하여는 예산의 범위 안에서 수당 또는 실비를 지급할 수 있다(법§10의2⑦). 공정선거지원단원에게 예산의 범위에서 수당을 지급할 때에는 「최저임금법」 제10조(최저임금의 고시와 효력발생)에 따라 고시된 최저임금액 이상으로 지급하고, 실비는 「공무원 여비규정」 별표2의 제2호[7]에 따라 산정된 금액을 지급한다. 이 경우 활동실적과 근무상황이 우수한 공정선거지원단원에게는 예산의 범위에서 추가로 성과수당을 지급할 수 있다(규칙§2의3⑨).

---

7) 공무원 여비규정 별표2의 제2호 : 철도운임－실비(일반실), 선박운임－실비(2등급), 항공운임－실비, 자동차운임－실비, 일비(1일당)－20,000원, 숙박비(1박당)－실비(상한액: 서울특별시 70,000원, 광역시 60,000원, 그 밖의 지역은 50,000원), 식비(1일당) 20,000원

3. 사이버공정선거지원단

가. 중앙선거관리위원회 사이버공정선거지원단

중앙선거관리위원회는 인터넷을 이용한 선거부정을 감시하고 공정선거를 지원하기 위하여 규칙으로 정하는 바에 따라 5인 이상 10인 이하로 구성된 사이버공정선거지원단을 설치·운영하여야 한다. 다만, 선거일 전 60일(선거일 전 60일 후에 실시사유가 확정된 보궐선거 등의 경우 그 선거의 실시사유가 확정된 때)부터 선거일 후 10일까지는 10인 이내의 인원을 추가하여 구성할 수 있다(법§10의3①). 중앙선거관리위원회가 설치·운영하는 사이버공정선거지원단은 10명 이내로 구성하며, 법 제10조의3(사이버공정선거지원단) 제1항 단서에 따라 중앙선거관리위원회가 추가로 구성하는 인원은 선거의 종류, 선거의 수, 선가가 실시되는 구역과 그 밖의 사항을 고려하여 선거를 실시할 때마다 중앙선거관리위원회가 정한다(규칙§2의4①).

나. 시·도선거관리위원회 사이버공정선거지원단

시·도선거관리위원회는 인터넷을 이용한 선거부정을 감시하고 공정선거를 지원하기 위하여 선거일전 120일(선거일전 120일 후에 실시사유가 확정된 보궐선거 등에 있어서는 그 선거의 실시사유가 확정된 후 5일)부터 선거일까지 30인 이내로 구성된 사이버공정선거지원단을 설치·운영하여야 한다(법§10의3②). 시·도선거관리위원회가 설치·운영하는 사이버공정선거지원단의 수는 선거의 종류, 선거의 수, 선거가 실시되는 구역과 그 밖의 사항을 고려하여 선거를 실시할 때마다 시·도선거관리위원회가 정한다(규칙§2의4①).

다. 사이버공정선거지원단원

사이버공정선거지원단은 정당의 당원이 아닌 중립적이고 공정한 자로 구성한다(법§10의3③).

사이버공정선거지원단원이 되려는 사람은 규칙이 정하는 서식[8]의 본인승낙 및 비당원확인서를 제출하여야 한다(규칙§2의4④, §2의3③). 중앙선거관리위원회 또는 시·도선거관리위원회는 사이버공정선거지원단원에게 규칙이 정하는 양식[9]의 신분증명서를 발급하여야 한다(규칙§2의4④, §2의3④). 사이버공정선거지원단원은 임무를 수행함에 있어서 법규를 준수하고 성실하여야 하며, 소속된 선거관리위원회의 명령에 따라야 한다(규칙§2의4④, §2의3⑤).

중앙선거관리위원회 또는 시·도선거관리위원회는 사이버공정선거지원단원이 다음 각 호의 어느 하나에 해당하는 때에는 해촉할 수 있다(규칙§2의4④, §2의3⑦).

---

8) 규칙 별지 제1호의2 서식의 (라) 본인승낙 및 비당원확인서
9) 규칙 별지 제63호 양식 신분증명서

1. 법규를 위반하거나 그 임무를 수행함에 있어서 불공정한 행위를 하거나 할 우려가 있는 때
2. 정당한 사유 없이 소속된 선거관리위원회의 지휘명령에 따르지 아니하거나 그 임무를 게을리 한 때
3. 임무수행 중 입수한 자료를 유출하거나 알게 된 정보를 누설한 때
4. 사이버공정선거지원단원이 그 품위를 손상하거나 선거관리위원회의 위신을 실추시킨 행위를 한 때
5. 건강 그 밖의 사유로 임무를 성실히 수행할 수 없다고 판단된 때

사이버공정선거지원단원은 사직하거나 해촉된 때에는 지체 없이 그 신분증명서를 반환하여야 한다(규칙§2의4④, §2의3⑧).

라. 활동

사이버공정선거지원단은 중앙선거관리위원회 또는 시·도선거관리위원회의 지휘를 받아 공직선거법에 위반되는 행위에 대하여 증거자료를 수집하거나 조사활동을 할 수 있다(법§10의3④, §10의2⑥). 사이버공정선거지원단원이 공직선거법에 위반되는 행위에 대하여 증거자료를 수집하거나 조사활동을 하는 때에는 관계인에게 신분증명서를 제시하고 소속과 신분을 밝혀야 하며, 그 목적과 이유를 알려야 한다(규칙§2의4④, §2의3⑥).

마. 수당 및 실비 지급

사이버공정선거지원단의 소속원에 대하여는 예산의 범위 안에서 수당 또는 실비를 지급할 수 있다(법§10의3④, §10의2⑦). 사이버공정선거지원단원에게 예산의 범위에서 수당을 지급할 때에는 「최저임금법」 제10조(최저임금의 고시와 효력발생)에 따라 고시된 최저임금액 이상으로 지급하고, 식비는 「국가재정법」 제44조(예산집행지침의 통보)에 따른 예산집행에 관한 지침의 특근매식비 지급단가에 따라 지급한다. 이 경우 활동실적과 근무상황이 우수한 사이버공정선거지원단원에게는 예산의 범위에서 추가로 성과수당을 지급할 수 있다(규칙§2의4②). 규칙 제2조의4(사이버공정선거지원단) 제2항 전단에도 불구하고 사이버선거범죄의 증거자료 분석 및 시스템 연구 등을 수행하기 위하여 전문인력으로 채용된 사이버공정선거지원단원에게는 예산의 범위에서 유사 직종이나 업무에 근무하는 근로자의 임금 수준에 상응하는 금액을 수당으로 지급할 수 있다(규칙§2의4③).

제15편 선거비용

1. 선거비용의 의의

가. 선거비용의 정의

'선거비용'이라 함은 당해 선거에서 선거운동을 위하여 소요되는 금전·물품 및 채무 그 밖에 모든 재산상의 가치가 있는 것으로서 당해 후보자(후보자가 되려는 사람을 포함하며, 대통령선거에 있어서 정당추천후보자와 비례대표국회의원선거 및 비례대표지방의회의원선거에 있어서는 그 추천정당을 포함한다)가 부담하는 비용을 말한다(법§119①).[1]

1) 정만희는 '선거법의 근본 과제로서 선거의 자유와 공정의 조화적 실현은 표현활동을 통한 선거운동을 최대한 보장하고 동시에 선거의 공정을 위해 선거비용에 대한 규제를 강화해야 한다. 선거과정의 부패와 불공정을 초래하는 원인은 표현활동을 통한 선거운동 그 자체에 있는 것이 아니라 선거운동의 수단으로 악용되는 선거자금에 있으므로 선거자금에 대한 철저한 규제가 행해질 때 비로소 선거의 공정과 부패방지를 실현할 수 있다.'고 하면서, '현행 공직선거법은 선거비용과 정치활동비용의 구별에 따른 문제점이 지적될 수 있다. 공직선거법상 선거비용 제한액은 법정선거기간 중에 지출할 수 있는 비용을 의미한다. 그러나 현직의원의 경우 선거기간이 시작되기 전 수개월 전부터 정치활동이라는 명목으로 사실상의 선거운동을 하게 되며 여기에 지출되는 정치활동자금은 법정선거비용의 몇 배에 해당하는 거액의 자금을 사용할 수 있다. 이러한 거액의 자금은 선거법에 규정하고 있는 법정선거비용의 제한액이라는 점에서 보면 선거법위반이 된다고 할 수 있다. 따라서 후보자는 자금을 장부상 선거운동비용과 정치활동자금으로 나누어서 사용하고 법으로 정한 범위 내에서 선거비용지출을 신고하게 된다. 즉 선거운동자금이 장부상 자유롭게 조작될 수 있다는 것이 된다. 또한 유권자측에서 보면 선거운동비용이든 정치활동비용이든 간에 당선목적에 필요한 비용이었다면 그것은 선거운동비용으로 볼 수밖에 없다. 여기에 법정선거비용규정의 문제점이 심각하게 지적되는 것이다. 이러한 법정선거비용제도는 기성 정치인에게 결정적으로 유리하며 신인 후보자에게 불리하게 작용하는 것으로 후보자간의 선거운동에 있어서의 기회균등에도 위배된다고 하지 않을 수 없다. 돈 안드는 깨끗한 선거의 확립은 현행의 법정선거비용규정만으로 기대할 수 있는 것이 아니며, 음성적으로 조달하고 지출하는 선거자금이 문제이므로 이러한 음성적이고 불법적인 자금조달을 막고 양성화된 투명한 선거자금에 의해 선거를 치르기 위해서는 법정선거기간의 선거비용뿐만 아니라 일상적인 정치자금에 대하여 그 공개제와 실명제 등의 법적규제를 강화하는 것이 필요하다. 즉 후보자와 정당은 선거기간 중 규제받는 선거비용의 경우와 마찬가지로 일상적인 정치자금의 수입과 지출도 선거관리위원회에 미리 신고한 예금계좌를 통해서만 할 수 있도록 하고, 선거관리위원회에 대한 회계보고에 있어서도 수입과 지출의 내역뿐만 아니라 일정액 이상 기부자의 인적사항도 공개함으로써 실질적인 정치자금실명제를 도입하는 것이 요구된다.'고 주장한다(정만희, 「현행 선거법제의 문제점과 개선방안」, 저스티스 통권 제66호, 53-66쪽).

나. 선거비용에 포함되는 비용

공직선거법은 선거비용에 대하여 위와 같이 포괄적으로 규정한 다음, 선거비용에 대한 제한을 보다 엄격하기 하기 위하여, 다음 각 호의 어느 하나에 해당되는 비용도 선거비용으로 간주하고 있다(법§119①).

1. 후보자가 공직선거법에 위반되는 선거운동을 위하여 지출한 비용과 기부행위제한규정을 위반하여 지출한 비용
2. 정당, 정당선거사무소의 소장, 후보자의 배우자 및 직계존비속, 선거사무장·선거연락소장·회계책임자가 해당 후보자의 선거운동(위법선거운농을 포함한다)을 위하여 지출한 비용과 기부행위제한규정을 위반하여 지출한 비용
3. 선거사무장·선거연락소장·회계책임자로 선임된 사람이 선임·신고되기 전까지 해당 후보자의 선거운동을 위하여 지출한 비용과 기부행위제한규정을 위반하여 지출한 비용
4. 제2호 및 제3호에 규정되지 아니한 사람이라도 누구든지 후보자, 제2호 또는 제3호에 규정된 자와 통모하여 해당 후보자의 선거운동을 위하여 지출한 비용과 기부행위제한규정을 위반하여 지출한 비용

법 제258조(선거비용부정지출 등 죄) 제1항 제1호에서 선거비용 제한액을 초과하는 행위를 처벌대상으로 규정하고 있으나, 선거비용의 범위에 관하여는 별도의 규정을 두고 있지 아니하므로, 거기에도 선거비용의 정의 규정인 법 제119조(선거비용 등의 정의) 제1항이 적용되고, 따라서 법 제119조(선거비용 등의 정의) 제1항에서 선거비용으로 규정하고 있는 선거사무소장 내지 회계책임자가 해당 후보자의 선거운동(위법선거운동을 포함한다)을 위하여 지출한 비용도 법 제258조(선거비용부정지출 등 죄) 제1항 제1호의 선거비용에 포함된다.[2] 법 제119조(선거비용 등의 정의) 제1항에서 규정하고 있는 사전선거운동 등 법에 위반된 선거운동을 위하여 지출된 비용도 법 제258조(선거비용부정지출 등 죄) 제1항 제1호의 선거비용에 포함된다.[3] 멀티비전 영상물 제작대금으로 2,200만원을 지출하였으나 그 멀티비전은 선거법규에 반하는 것으로서 그 사용을 금지하라는 선거관리위원회의 권고를 받아들여 이를 선거운동에 직접 사용한 바가 없는 경우, 위법한 선거운동 홍보물이라 하더라도 그 제작을 위하여 비용이 지출된 이상 실제 그 홍보물이 선거운동에 사용되었는가의 여부에 관계없이 그 제작비용은 선거관리위원회에 대한 사후보고의 대상이 되는 선거비용에 포함된다.[4] 실제 금품이 지급된 시기가 선거가 끝난 뒤라 하더라도 그 발생원인이 선거일 이전의 선거운동으로 인한 것이라면 이는 선거비용에 포함된다.[5] 선거사무소의 옥상에 현수막을 게시하기 위해 비계공사계약을

2) 2014. 7. 24. 선고 2013도6785 판결
3) 1999. 4. 9. 선고 98도1432 판결
4) 광주고등법원 1996. 11. 1. 선고 96노44 판결

체결하고 공사비 370만원을 지급하여 공사를 하여 설치된 비계에 현수막을 게시하고 사용한 후 선거사무소를 이전하면서 선거사무소를 이전받은 사람으로부터 비계양수비로 400만원을 받은 경우, 후보자가 선거에 관하여 실제로 향유한 이익만을 선거비용으로 제한하고 있지 아니하고, '지출'이라 함은 선거비용의 제공 · 교부 또는 그 약속을 말하므로, 비계공사비용으로 지출한 370만원은 선거비용에 포함된다.[6] 중앙당 또는 시 · 도지부의 자산으로 구입한 연설장치 · 확성기가 부착된 차량을 선거운동기간 중에 후보자의 공개장소에서의 연설 · 대담을 위한 선거유세차량으로 지원할 경우 그 사용일수 또는 사용기간에 따른 시중의 임차료에 상당하는 금액은 당해 후보자의 선거비용으로 산입하여야 한다.[7] 지구당의 청소, 차대접, 운전, 심부름 등 실제노무에 종사한 단순노무자에게 지급한 인부임은 선거비용으로 보지 아니하고, 후보자와 같이 다니는 자의 식사비용은 제3자가 후보자나 그 수행원과 통모함이 없이 제공한 경우라도 이는 후보자와 그 수행하는 자가 직접 소비한 것이므로 선거비용에 포함하여야 한다.[8] 법 제71조(후보자 등의 방송연설)의 연설원에게 그 연설에 상응하는 통상적인 사례금을 지급하는 것은 무방하며, 그 사례금은 선거비용에 해당한다.[9] 예비후보자의 홍보물을 발송하기 위하여 출력된 주소 라벨과 봉투 봉함작업을 위한 인부를 고용하고 역무제공에 상응하는 통상적인 인건비를 지급하는 것은 무방하고, 그 인건비는 선거비용에 해당한다.[10]

다. 선거비용으로 인정되지 아니하는 비용

다음 각 호의 어느 하나에 해당하는 비용은 공직선거법에 따른 선거비용으로 보지 아니한다(법§120).

1. 선거권자의 추천을 받는데 소요된 비용 등 선거운동을 위한 준비행위에 소요되는 비용
2. 정당의 후보자선출대회비용 기타 선거와 관련한 정당활동에 소요되는 정당비용
3. 선거에 관하여 국가 · 지방자치단체 또는 선거관리위원회에 납부하거나 지급하는 기탁금과 모든 납부금 및 수수료
4. 선거사무소와 선거연락소의 전화료 · 전기료 및 수도료 기타의 유지비로서 선거기간 전부터 정당 또는 후보자가 지출하여 온 경비
5. 선거사무소와 선거연락소의 설치 및 유지비용
6. 정당, 후보자, 선거사무장, 선거연락소장, 선거사무원, 회계책임자, 연설원 및 대담 · 토론자가 승용하는 자동차[법 제91조(확성장치와 자동차 등의 사용제한) 제4항의 규정에

5) 서울고등법원 1997. 8. 26. 선고 97노611 판결
6) 대전고등법원 2019. 3. 28. 선고 (청주)2019노41 판결
7) 1995. 6. 9. 중앙선관위 질의회답
8) 2000. 3. 29. 중앙선관위 질의회답
9) 2007. 11. 16. 중앙선관위 질의회답
10) 2008. 3. 25. 중앙선관위 질의회답

의한 자동차와 선박을 포함한다]의 운영비용

7. 제3자가 정당 · 후보자 · 선거사무장 · 선거연락소장 또는 회계책임자와 통모함이 없이 특정 후보자의 선거운동을 위하여 지출한 전신료 등의 비용
8. 법 제112조(기부행위의 정의 등) 제2항에 따라 기부행위로 보지 아니하는 행위에 소요되는 비용. 다만, 같은 항 제1호 마목(정당의 사무소를 방문하는 사람에게 제공하는 경우는 제외한다) 및 제2호 사목(후보자 · 예비후보자가 아닌 국회의원이 제공하는 경우는 제외한다)의 행위에 소요되는 비용은 선거비용으로 본다.
9. 선거일 후에 지출원인이 발생한 잔무정리비용
10. 후보자(후보자가 되려는 사람을 포함한다)가 선거에 관한 여론조사의 실시를 위하여 지출한 비용. 다만, 법 제60조의2(예비후보자등록) 제1항에 따른 예비후보자등록신청개시일부터 선거일까지의 기간 동안 4회를 초과하여 실시하는 선거에 관한 여론조사 비용은 선거비용으로 본다.

국회의원 선거에 출마한 갑 후보자의 회계책임자가 을과 선거컨설팅 용역계약을 체결하고 선거운동과 관련하여 용역대금을 지급한 경우, 을이 용역계약을 위하여 한 행위들 중 선거운동기간이 시작되기 전에 한 행위들, 즉 선거전략, 콘셉트, 기본공약에 관한 프리젠테이션을 실시하고 선거사무소 개소식을 준비하고 사회를 보는 행위 등은 모두 선거운동을 위한 준비행위로서 거기에 소요되는 비용은 선거비용이라고 할 수 없다.11) 방송연설의 시연에 소요되는 비용을 역무 등의 제공에 대한 정당한 대가의 범위 안에서 지급하는 것은 무방하나, 그 비용은 선거운동을 위한 준비행위에 소요되는 비용이므로 선거비용이 아니다.12) 선거사무원이 선거유세장으로 이동하기 위하여 승용한 자동차의 운전기사에게 그 운전의 대가로 지급된 금원은 법 제120조(선거비용으로 인정되지 아니하는 비용) 제6호에서 선거비용에 산입하지 아니하는 비용의 하나로 규정하고 있는 선거사무원 등이 승용차는 자동차의 운영경비에 해당하고, 그 승용자동차에 일부 선거사무원이 아닌 자가 동승하였다고 하더라도 이와 달리 볼 수 없다.13)

라. 수입, 지출, 회계책임자의 정의

'수입'이라 함은 선거비용의 충당을 위한 금전 및 금전으로 환가할 수 있는 물품 기타 재산상의 이익을 받거나 받기로 한 약속을 말한다(법§119②). '지출'이라 함은 선거비용의 제공 · 교부 또는 그 약속을 말한다(법§119③). '회계책임자'라 함은 「정치자금법」 제34조(회계책임자의 선임신고 등) 제1항 제5호 · 제6호 또는 제3항의 규정에 의하여 선임신고된 각각의 회

11) 2014. 1. 23. 선고 2013도4146 판결
12) 2007. 12. 3. 중앙선관위 질의회답
13) 1999. 4. 9. 선고 98도1432 판결

계책임자를 말한다(법§119④).

2. 선거비용제한액의 산정 및 공고

가. 선거비용제한액 산정기준

선거비용의 제한은 금권선거 및 후보자간의 경제력 차이에 따른 불공평을 방지함과 아울러 막대한 선거비용을 마련할 수 없는 유능하고 참신한 후보자의 입후보를 보장하기 위한 목적으로 규정된 것이다.[14] 선거비용제한액은 선거별로 다음 각 호에 의하여 산정되는 금액으로 한다. 이 경우 100만원 미만의 단수는 100만원으로 한다(법§121①).

1. 대통령선거
   인구수×950원
2. 지역구국회의원선거
   1억원+(인구수×200원)+(읍·면·동수×200만원). 이 경우 하나의 국회의원지역구가 둘 이상의 자치구·시·군으로 된 경우에는 하나를 초과하는 자치구·시·군마다 1천500만원을 가산한다.
3. 비례대표국회의원선거
   인구수×90원
4. 지역구시·도의원선거
   4천만원+(인구수×100원)
5. 비례대표시·도의원선거
   4천만원+(인구수×50원)
6. 시·도지사선거

가. 특별시장·광역시장·특별자치시장 선거
  4억원(인구수 200만 미만인 때에는 2억원)+(인구수×300원)

나. 도지사 선거
  8억원(인구구 100만 미만인 때에는 3억원)+(인구수×250원)

7. 지역구자치구·시·군의원선거
   3천500만원+(인구수×100원)
8. 비례대표자치구·시·군의원선거
   3천500만원+(인구수×50원)
9. 자치구·시·군의 장 선거

14) 대구고등법원 1997. 8. 12. 선고 97초12 결정

9천만원+(인구수×200원)+(읍·면·동수×100만원)

나. 선거비용제한액의 산정방법

선거비용제한액을 산정하는 때에는 당해 선거의 직전 임기만료에 의한 선거의 선거일이 속하는 달의 말일부터 법 제122조(선거비용제한액의 공고)의 규정에 의한 공고일이 속하는 달의 전전달 말일까지의 전국소비자물가변동률(「통계법」 제3조(정의)의 규정에 의하여 통계청장이 매년 고시하는 전국소비자물가변동률을 말한다)을 감안하여 정한 비율(이하 "제한액산정비율"이라 한다)을 적용하여 증감할 수 있다. 이 경우 그 제한액산정비율은 관할선거구선거관리위원회가 해당 선거 때마다 정한다(법§121②).

중앙선거관리위원회는 선거비용제한액 공고일이 속하는 달의 전달 15일까지 법 제121조(선거비용제한액의 산정) 제2항의 규정에 따른 선거비용제한액산정비율의 결정에 필요한 전국소비자물가변동률을 조사하여 선거구선거관리위원회에 통보하여야 한다(규칙§50의3①). 보궐선거등에서 선거비용제한액을 산정하는 경우에는 해당 선거의 직전에 실시한 임기만료에 따른 선거의 제한액산정비율을 적용한다(규칙§50의3②).

다. 선거비용제한액의 공고

선거구선거관리위원회는 선거별로 법 제121조(선거비용제한액의 산정)의 규정에 의하여 산정된 선거비용제한액을 규칙이 정하는 바에 따라 공고하여야 한다(법§122). 관할선거구선거관리위원회는 예비후보자등록신청개시일 전 10일(예비후보자등록개시일 전 10일 후에 실시사유가 확정된 보궐선거등에 있어서는 그 선거의 실시사유가 확정된 때부터 10일)까지 선거비용제한액을 공고하여야 한다(규칙§51①).

관할선거구선거관리위원회는 선거비용제한액을 공고한 때에는 이를 정당·정당선거사무소·예비후보자 및 후보자에게 통지하여야 한다. 이 경우 통지는 공고문의 사본교부로 갈음할 수 있다(규칙§51②). 관할선거구선거관리위원회는 선거비용제한액을 공고한 후 ① 선거구역이 변경된 때, ② 법 제121조(선거비용제한액의 산정) 제1항에 따른 선거비용제한액 산정기준이 변경된 때, ③ 법 제121조(선거비용제한액의 산정) 제2항에 따른 제한액산정비율이 변경된 때, ④ 규칙 제2조(인구수 등의 통보 등) 제3항에 따른 인구수가 현저하게 변경되는 등 부득이한 사유가 있는 때(이 경우 선거일 전 30일이 속하는 달의 전달 말일 후에는 선거비용제한액을 변경할 수 없다), ⑤ 법 제135조(선거사무관계자에 대한 수당과 실비보상) 제2항에 따른 선거사무장등의 수당의 금액이 인상된 때 중 어느 하나에 해당하는 사유가 발생한 때에는 선거비용제한액을 변경할 수 있으며, 관할선거구선거관리위원회가 선거비용제한액을 변경한 때에는 지체 없이 그 내용과 사유를 공고하고 이를 위 통지절차에 준하여 알려야 한다(규칙§51③).

라. 선거비용부정지출 등 죄

정당 · 후보자 · 선거사무소장 · 선거연락소장 · 회계책임자 또는 회계사무보조자가 법 제122조(선거비용제한액의 공고)의 규정에 의하여 공고한 선거비용제한액의 200분의 1 이상을 초과하여 선거비용을 지출한 때에는 5년 이하의 징역 또는 2천만원 이하의 벌금에 처한다(법§258①). 본죄는 재정신청대상 중요선거범죄이다(법§273①).

법 제258조(선거비용부정지출 등 죄) 제1항 제1호에서 선거비용 제한액을 초과하는 행위를 처벌대상으로 규정하고 있으나, 선거비용의 범위에 관하여는 별도의 규정을 두고 있지 아니하므로, 거기에도 선거비용의 정의규정인 법 제119조(선거비용 등의 정의) 제1항이 적용되고, 따라서 법 제119조(선거비용 등의 정의) 제1항에서 선거비용으로 규정하고 있는 선거사무소장 내지 회계책임자가 해당 후보자의 선거운동(위법선거운동을 포함한다)을 위하여 지출한 비용도 법 제258조(선거비용부정지출 등 죄) 제1항 제1호의 선거비용에 포함된다.[15)]

3. 선거비용 보전

가. 의의

선거구선거관리위원회는 후보자 및 정당이 선거운동을 위하여 지출한 선거비용을 후보자가 당선되거나 사망하거나, 일정비율 이상을 득표하는 등 일정한 경우에 국가 또는 지방자치단체의 부담으로 선거일 후에 후보자 또는 정당에게 보전해준다(법§122의2①).

헌법재판소는, 지역구국회의원선거에서 유효투표총수의 100분의 15 이상인 때에는 후보자가 지출한 선거비용의 전액을, 100분의 10 이상 100분의 15 미만인 때에는 후보자가 지출한 선거비용의 반액을 각 보전하도록 규정하고 있는 법 제122조의2(선거비용의 보전 등) 제1항 제1호 중 "지역구국회의원선거"부분과 관련하여, 「국가예산의 효율적 집행을 도모하고 후보자 난립 등으로 인한 부작용을 방지하기 위하여 일정 득표율을 기준으로 일정 선거비용만을 보전하여 주도록 하는 것은 그 목적이 정당하고 수단 역시 적정하다고 할 것이다. 또한 득표율을 기준으로 보전 여부를 결정하는 것이 합리적이고, 득표율이 10% 미만인 자는 당선가능성이 거의 없는 자이며, 지난 2008. 4. 9. 실시된 제18대 지역구국회의원선거에서 절반에 이르는 후보자가 선거비용을 보전 받았을 뿐 아니라 국가가 후보자들이 개인적으로 부담하는 선거비용 외에도 상당한 부분의 선거비용을 부담하고 있는 점 등을 고려하면, 이 사건 법률조항이 입법재량권의 한계를 일탈하여 자의적으로 평등권을 침해한다고 할 수 없다.」고 판시하였다.[16)][17)]

15) 1999. 4. 9. 선고 98도1432 판결, 2014. 7. 24. 선고 2013도6785 판결

나. 선거비용보전 비용의 부담 주체

선거비용의 보전은 선거구선거관리위원회에서 하나, 그 비용부담은 대통령선거와 국회의원선거에 있어서는 국가의 부담으로, 지방자치단체의 의회의원 및 장의 선거에 있어서는 당해 지방자치단체의 부담으로 한다(법§122의2①).

헌법재판소는, 지방자치단체가 지방의회의원 및 장의 선거비용을 부담하도록 한 법 제122조의2(선거비용의 보전 등) 제1항과 관련하여, 「우리 헌법은 제116조 제2항에서 '선거에 관한 경비는 법률이 정하는 경우를 제외하고는 정당 또는 후보자에게 부담시킬 수 없다.'고 규정하고 있는바, 이는 단지 선기공영제도를 천명하고 있는 것이므로 위 규정이 있다고 하여 각종 선거의 선거비용 부담 주체가 정당이나 후보자 이외에는 반드시 국가여야 한다는 것은 아니며, 선거의 성격이 무엇이냐에 그 경비 부담의 주체도 달라질 수 있다. 지방의회의원과 지방자치단체장을 선출하는 지방선거는 지방자치단체의 기관을 구성하고 그 기관의 각종 행위에 정당성을 부여하는 행위라 할 것이므로 지방선거사무는 지방자치단체의 존립을 위한 자치사무에 해당하고, 따라서 법률을 통하여 예외적으로 다른 행정주체에게 위임되지 않는 한, 원칙적으로 지방자치단체가 처리하고 그에 따른 비용도 지방자치단체가 부담하여야 한다.」고 판시하였다.[18)]

---

16) 2010. 5. 27. 선고 2008헌마491 결정(조대현 등 재판관 2명은 '이 사건 법률조항이 보전의 대상으로 규정한 선거비용은 선거에서 필수적인 비용이므로 선거경비의 공공부담 원칙에 비추어 국가가 부담함이 마땅함에도 불구하고, 10% 득표율이라는 과도한 기준을 설정함으로써 소수정당의 후보자나 무소속 후보자로 나서는 것을 주저하게 하여 민주정치의 발달에 부정적 영향을 미치고 선거경비 공공부담 원칙에 역행한다. 또한 후보자추천제도, 기탁금제도와 같이 후보자 난립을 방지하기 위한 유효적절한 장치가 있음에도 이러한 목적을 위하여 중첩적 장치를 둘 필요가 있다고 보기 어렵다.'고 반대의견을 제시하였다.) ; 2021. 9. 30. 선고 2020헌마899 결정도 같은 취지(법 제122조의2(선거비용의 보전등) 제1항 제1호 중 '지방자치단체의 장선거'에 관한 부분으로서 가목 가운데 '후보자의 득표수가 유효투표총수의 100분의 15 이상인 경우'에 관한 부분 및 나목은 청구인의 평등권을 침해하지 않는다.)

17) 이준일은 '선거비용을 정당이나 후보자에게 부담시키는 것은 선거와 관련된 기본권을 제한하는 것이므로 선거공용제에 대한 헌법적 예외를 구체화하는 법률에 대해서는 비례성의 원칙이 적용되어야 한다고 본다. 다시 말해 선거공영제에 대한 예외를 두어 정당이나 후보자에게 선거비용을 부담시키려는 정당한 공익적 목적이 존재해야 하고(목적의 정당성), 이러한 목적의 실현을 위하여 정당이나 후보자에 대한 선거비용의 부담이 효과적인 수단이 되어야 하며(수단의 적합성), 정당이나 후보자에 대한 선거비용의 부담은 그들의 선거에 관한 기본권을 최소한으로 침해해야 하고(피해의 최소성), 정당이나 후보자에 대한 선거비용의 부담으로 실현하려는 공익적 목적과 정당이나 후보자의 선거에 관한 기본권을 균형적으로 실현해야 한다(법익의 균형성). 선거에 입후보하려는 국민이 선거비용을 보전받기 위한 최저득표율 때문에 입후보하지 못한다면 이것은 선거에 관한 기본권을 침해하는 것이 된다.'고 주장한다(이준일, 「선거관리와 선거소송 -헌법적 쟁점을 중심으로-」, 저스티스 통권 제130호(2012. 6.), 45-46쪽).

18) 2008. 6. 26. 선고 2005헌라7 전원재판부 결정

다. 선거비용보전의 상대방

선거비용보전은 후보자와 대통령선거의 정당추천후보자와 비례대표국회의원선거 및 비례대표지방의회의원선거에 있어서는 후보자를 추천한 정당이 그 대상이다(법§122의2①).

라. 선거비용보전의 요건 및 보전액

선거구선거관리위원회는 다음 각 호의 규정에 따른 요건을 충족한 경우에 후보자나 정당에 선거비용을 보전한다(법§122의2①).

1. 대통령선거, 지역구국회의원선거, 지역구지방의회의원선거 및 지방자치단체의 장선거

가. 후보자가 당선되거나 사망한 경우 또는 후보자의 득표수가 유효투표총수의 100분의 15 이상인 경우

후보자가 지출한 선거비용의 전액

나. 후보자의 득표수가 유효투표총수의 100분의 10 이상 100분의 15 미만인 경우

후보자가 지출한 선거비용의 100분의 50에 해당하는 금액

2. 비례대표국회의원선거 및 비례대표지방의회의원선거

후보자명부에 올라 있는 후보자 중 당선인이 있는 경우에 당해 정당이 지출한 선거비용의 전액

마. 선거비용보전의 범위

후보자가 선거운동을 위하여 지출한 선거비용으로, 「정치자금법」 제40조(회계보고)의 규정에 따라 제출한 회계보고서에 보고된 선거비용으로서 정당하게 지출한 것으로 인정되는 선거비용이 그 보전대상이다(법§122의2①). 그러나 선거비용의 보전에 있어서 다음 각 호의 어느 하나에 해당하는 비용은 이를 보전하지 아니한다(법§122의2②).

1. 예비후보자의 선거비용[19)]

---

19) 헌법재판소는, 예비후보자의 선거비용을 보전대상에서 제외하고 있는 것에 대하여, '공직선거법은 예비후보자의 선거운동을 제한적으로만 허용하고 있고, 비용이 많이 들지 않는 선거운동에 한하여 허용하고 있다. 예비후보자로서는 선거비용을 후보자 개인의 자산이 아닌 후원회 기부금으로부터 지출할 수 있다. 우리나라 선거제도상 후보자로서는 예비후보자 기간 동안의 선거운동보다, 집중적인 선거운동이 이루어지는 선거일 전 14일 동안의 선거운동에 선거비용을 더 투입할 것으로 예상할 수 있다. 또한 선거비용의 상당부분을 공적으로 부담하고 있거나 선거비용액의 상한을 제한하여 전체적으로 후보자의 부담을 경감시켜주고 있는 점을 고려한다면 예비후보자 선거비용을 후보자가 부담한다고 하더라도 그것이 지나치게 다액이라서 선거공영제의 취지에 반하는 정도에 이른다고 할 수는 없다. 예비후보자 선거비용을 보전해줄 경우 선거가 조기에 과열되어 예비후보자 제도의 취지를 넘어서 악용될 수 있고, 탈법적인 선거운동 등을 단속하기 위한 행정력의 낭비도 증가할 수 있는 반면, 선거비용 보전 제한조항으로 인하여 후보자가 받는 불이익은 일부 경제적 부담을 지는 것인데, 후원금을 기부받아 선거비용을 지출할 수 있으므로 그 부담이 경감

2. 「정치자금법」 제40조(회계보고)의 규정에 따라 제출한 회계보고서에 보고하지 아니하거나 허위로 보고된 비용
3. 공직선거법에 위반되는 선거운동을 위하여[20][21] 또는 기부행위제한규정을 위반하여 지출된 비용
4. 법 제64조(선거벽보) 또는 제65조(선거공보)에 따라 선거벽보와 선거공보를 관할구·시·군선거관리위원회에 제출한 후 그 내용을 정정하거나 삭제하는데 소요되는 비용
5. 공직선거법에 따라 제공하는 경우 외에 선거운동과 관련하여 지출된 수당·실비 그 밖의 비용
6. 정당한 사유 없이 지출을 증빙하는 적법한 영수증 그 밖의 증빙서류가 첨부되지 아니한 비용
7. 후보자가 자신의 차량·장비·물품 등을 사용하거나 후보자의 가족·소속 정당 또는 제3자가 차량·장비·물품 등을 무상으로 제공 또는 대여받는 등 정당 또는 후보자가 실제로 지출하지 아니한 비용
8. 청구금액이 규칙으로 정하는 기준에 따라 산정한 통상적인 거래가격 또는 임차가격과 비교하여 정당한 사유 없이 현저하게 비싸다고 인정되는 경우 그 초과하는 가액의 비용
9. 선거운동에 사용하지 아니한 차량·장비·물품 등의 임차·구입·제작비용
10. 휴대전화 통화료와 정보이용요금. 다만, 후보자와 그 배우자, 선거사무장, 선거연락소

될 수 있다. 그러므로 선거비용보전 제한 조항은 선거운동의 자유를 침해하지 않는다.'고 판시하였다(2018. 7. 26. 선고 2016헌마524·537(병합) 결정).

20) 헌법재판소는, 법 제122조의2(선거비용의 보전 등) 제2항 제3호 중 "이 법에 위반되는 선거운동을 위하여 지출된 비용" 부분에 대하여, '이 사건 법률조항은 선거비용을 보전함에 있어 공직선거법의 규정을 위반한 사람들에게 일부의 제한을 가하겠다는 것인바, 후보자로서는 선거법규를 준수함으로써 이러한 부담을 얼마든지 피할 수 있으므로 그 내용 자체가 선거공영제의 취지에 반한다고 할 수 없고, 형사처벌의 대상으로 삼을 정도의 중대한 위법은 아니라고 하더라도 선거법규를 철저히 준수하도록 하기 위하여 이를 준수하지 않은 사람에게 일정한 정도의 불이익을 가하는 것이 필요하다는 입법자의 판단이 정당하지 않다고 할 수 없으며, 당해 위법사유가 있는 선거운동에 지출된 비용만을 보전하지 않음으로써 입법목적을 달성하기 위한 필요최소한의 기준을 설정하였다고 볼 수 있으므로 이를 선거공영제에 관한 입법형성권을 벗어난 자의적인 것이라고 할 수 없다. 위법한 선거운동에 지출된 비용을 보전해 주는 것은 국민의 법감정에 반하고 위법의 중대성 여부에 관한 세부적 기준을 세워 보전제외비용의 차등을 두기도 곤란하므로 이를 같이 취급하는 것이 자의적인 입법으로 평등권을 침해한다고 할 수 없다.'고 판시하였다(2012. 2. 23. 선고 2010헌바485 결정).

21) 법 제122조의2(선거비용의 보전 등) 제2항 제3호는 위법한 선거운동에 소요된 비용까지 공공부담으로 할 수 없음을 명확히 한 것으로, 선거가 국민의 자유로운 의사와 민주적인 절차에 의하여 공정히 행하여지도록 하고 선거와 관련한 부정을 방지하고자 마련된 공직선거법의 입법목적과 조화를 이루고 있을 뿐만 아니라, 국회가 선거운동의 적법성과 공정성 확보의 중요성을 고려하여 위법한 선거운동의 내용이나 모습, 위법성의 경중 등에 차별을 두지 아니하고 원칙적으로 모든 위법한 선거운동에 소요된 비용을 선거비용 보전대상에서 제외하고자 하는 정책적 결단을 취한 결과이다(2010. 11. 25. 선고 2008두1078 판결 : 법 제71조(후보자 등의 방송연설) 제10항의 사전신고 없이 한 방송연설에서 지출한 선거비용은 선거비용 보전대상에서 제외된다고 한 사례).

장 및 회계책임자가 선거운동기간 중 선거운동을 위하여 사용한 휴대전화 통화료 중 후보자가 부담하는 통화료는 보전한다.

11. 그 밖에 위 각 호의 어느 하나에 준하는 비용으로서 규칙으로 정하는 비용

법 제122조의2(선거비용의 보전 등) 제2항 제6호에서 "적법한 영수증"이란 「부가가치세법」 제32조(세금계산서 등)에 따라 세금계산서를 교부하여야 하는 사업자, 「소득세법」 제163조(계산서의 작성 · 발급 등)에 따라 계산서 또는 영수증을 교부하여야 하는 사업자 또는 「법인세법」 제121조(계산서의 작성 · 발급 등)에 따라 계산서를 교부하여야 하는 사업자로부터 재화 또는 용역을 공급받고 그 대가를 지출하는 경우 해당 사업자가 발급하여야 하는 세금계산서 · 계산서 또는 영수증을 말한다(규칙§51의2①). 법 제122조의2(선거비용의 보전 등) 제2항 제8호에 따른 통상적인 거래가격 또는 임차가격의 계산은 다음 각 호의 기준에 따른다. 다만 제1호와 제2호에 따라 계산한 가격이 서로 다른 경우에는 그 평균한 가격을 기준으로 한다(규칙§51의2②).

1. 정부고시가격 또는 정부의 기준요금(「국가재정법」 제29조(예산안편성지침의 통보) 제1항에 따른 예산안편성지침의 기준단가와 요금을 포함한다)
2. 「국가를 당사자로 하는 계약에 관한 법률 시행규칙」 제5조(거래실례가격 및 표준시장단가에 따른 예정가격의 결정)에 따른 전문가격조사기관이 조사하여 공표한 가격
3. 위 각 호의 어느 하나의 기준에 따라 계산할 수 없는 가격의 경우에는 「부가기치세법」 제8조(사업자등록)에 따라 등록된 해당 업종 3이상의 사업자가 계산한 견적가격을 평균한 가격 또는 최근 실시한 임기만료에 따른 선거에서 산정한 가격에 「통계법」 제3조(정의)에 따라 통계청장이 고시한 전국소비자물가변동률을 감안하여 중앙선거관리위원회가 정한 가격

법 제122조의2(선거비용의 보전 등) 제2항 제11호에서 "그 밖에 위 각 호의 어느 하나에 준하는 비용"이라 함은 다음 각 호의 어느 하나에 해당하는 비용을 말한다(규칙§51의2③).

1. 법 제59조(선거운동기간) 제3호에 따른 인터넷 홈페이지 또는 그 게시판 · 대화방 등에 글이나 동영상 등을 게시하는 방법의 선거운동에 소요된 비용과 선거운동기간이 아닌 때에 법 제59조(선거운동기간) 제2호 · 제3호에 따른 문자메시지 · 전자우편 전송에 의한 선거운동에 소요된 비용
2. 법 제112조(기부행위의 정의 등) 제2항 제1호 마목에 따른 선거사무소 또는 선거연락소를 방문하는 자에게 통상적인 범위에서 다과류의 음식물을 제공하는데 소요되는 비용

2의2. 법 제120조(선거비용으로 인정되지 아니하는 비용) 제10호 단서에 따라 4회를 초과하여 실시한 선거에 관한 여론조사비용

3. 「정치자금법」 제36조(회계책임자에 의한 수입 · 지출) 제2항을 위반하여 예금계좌를 통

하지 아니하고 지출한 비용

4. 그 밖에 위 각 호의 어느 하나에 준하는 비용으로서 중앙선거관리위원회가 정하는 비용

무투표당선인은 법률의 규정에 따라 선거운동을 하지 못한 경우이므로 법 제122조의2(선거비용의 보전 등) 제2항 제9호에 해당하지 아니하고, 후보자등록마감전에 이미 선거운동에 필요한 물품을 제작한 경우 그 제작사실을 입증하는 때에는 그 비용을 보전한다.[22] 로고송 및 성우녹음 제작업체가 전문성우의 음성으로 후보자의 공약·경력 등을 안내·설명하는 방법으로 제작한 녹음물을 법 제79조(공개장소에서의 연설·대담) 제10항에 따라 녹음기·녹화기를 사용하여 방송하거나 그 녹음기·녹화기를 연결한 공개장소 연설·대담용 확성장치를 사용한 경우 전문성우의 역무제공에 대한 통상적인 인건비, 녹음실 사용료 등 녹음에 소요되는 제작비는 보전대상인 선거비용에 해당한다.[23]

바. 선거비용보전의 제한

(1) 선거비용보전의 사전 제한

(가) 회계보고서 미제출의 경우

선거구선거관리위원회는 공직선거법의 규정에 의하여 선거비용을 보전함에 있어서 선거사무소의 회계책임자가 정당한 사유 없이 「정치자금법」 제40조(회계보고)의 규정에 따른 회계보고서를 그 제출마감일까지 제출하지 아니한 때에는 그 비용을 보전하지 아니한다(법§135의2①).

(나) 공직선거법 등의 유죄판결 및 선거비용제한액의 초과 지출의 경우

선거구선거관리위원회는 후보자·예비후보자·선거사무장 또는 선거사무소의 회계책임자가 당해 선거와 관련하여 공직선거법 또는 「정치자금법」 제49조(선거비용관련 위반행위에 관한 벌칙)에 규정된 죄를 범함으로 인하여 유죄의 판결이 확정되거나 선거비용제한액을 초과하여 지출한 경우에는 공직선거법의 규정에 의하여 보전할 비용 중 그 위법행위에 소요된 비용 또는 선거비용제한액을 초과하여 지출한 비용의 2배에 해당하는 금액은 이를 보전하지 아니한다(법§135의2②).

법 제135조의2(선거비용보전의 제한) 제2항의 규정에 의하여 보전하지 아니할 비용의 산정은 다음 각 호에 의한다(규칙§59의2①).

1. 적법한 행위에 위법행위가 부가된 때에는 그 부가된 일부의 위법행위에 소요된 비용의 2배에 상당하는 금액

---

22) 2006. 6. 7. 중앙선관위 질의회답
23) 2016. 2. 25. 중앙선관위 질의회답

2. 위법행위가 그 행위의 일부이더라도 당해 행위의 전부에 영향을 미치므로 인하여 그 행위의 전부가 위법행위에 이르렀다고 인정되는 때에는 그 모든 비용의 2배에 상당하는 금액

위법행위에 소요된 비용은 관련비용의 지급영수증·본인확인서 등의 관련자료에 의하여 산정하되, 위법행위자 등 관계자가 관련자료를 제출하지 아니하는 때에는 시중의 통상적인 소요비용을 계상하여 산정한다(규칙§59의2②).

법 제135조의2(선거비용보전의 제한) 제2항에 규정된 자가 당해 선거와 관련하여 공직선거법 또는「정치자금법」제49조(선거비용관련 위반행위에 관한 벌칙)에 규정된 죄를 범함으로 인하여 기소되거나 선거관리위원회에 의하여 고발된 때에는 판결이 확정될 때까지 그 위법행위에 소요된 비용의 2배에 해당하는 금액의 보전을 유예한다(법§135의2④). 법 제135조의2(선거비용보전의 제한) 제4항에 따라 보전을 미룬 선거비용은 유죄의 판결 또는 결정의 통지가 있는 때에는 20일 이내에 대통령선거 및 국회의원선거에서는 중앙선거관리위원회의 수입징수관에게, 지방자치단체의 의회의원 및 장의 선거에서는 해당 지방자치단체의 징수관에게 내고, 무죄의 판결 또는 결정의 통지가 있는 때에는 20일 이내에 해당 정당 또는 후보자에게 지급하여야 한다(규칙§59의2③). 규칙 제59조의2(선거비용보전의 제한) 제3항에 의하여 국가 또는 지방자치단체에 납입하거나 당해 정당 또는 후보자에게 지급하는 때에는 법원의 판결에 따라 정산하여야 한다(규칙§59의2④).

(다) 과태료를 부과받은 경우

선거구선거관리위원회는 법 제135조의2(선거비용보전의 제한) 제2항에도 불구하고 정당, 후보자(예비후보자를 포함한다) 및 그 가족, 선거사무소장, 선거연락소장, 선거사무원, 회계책임자 또는 연설원으로부터 기부를 받은 자가 법 제261조(과태료의 부과·징수 등) 제9항에 따른 과태료를 부과받은 경우 공직선거법에 따라 보전할 비용 중 그 기부행위에 사용된 비율의 5배에 해당하는 금액을 보전하지 아니한다(법§135의2③).

(2) 선거비용보전 금액의 반환

선거구선거관리위원회는 정당 또는 후보자에게 선거비용을 보전한 후에 법 제135조의2(선거비용보전의 제한) 제1항부터 제3항까지의 규정에 따라 보전하지 아니할 사유가 발견된 때에는 당해 정당 또는 후보자에게 그 사실을 통지하고, 보전비용액 중 법 제135조의2(선거비용보전의 제한) 제1항부터 제3항까지의 규정에 해당하는 금액의 반환을 명하여야 한다. 이 경우 정당 또는 후보자는 그 반환 명령을 받은 날부터 30일 이내에 당해 선거구선거관리위원회에 이를 반환하여야 한다(법§135의2⑤). 선거구선거관리위원회는 정당 또는 후보자가 기한 안에

해당금액을 반환하지 아니한 때에는 대통령선거와 국회의원선거에 있어서는 관할세무서장에게 징수를 위탁하고 관할세무서장이 국세체납처분의 예에 따라 이를 징수하여 국가에 납입하여야 하며, 지방자치단체의 의회의원 및 장의 선거에 있어서는 당해 지방자치단체의 장에게 징수를 위탁하고 지방자치단체의 장이 지방세체납처분의 예에 따라 이를 징수하여 지방자치단체에 납입하여야 한다(법§135의2⑥).

법 제135조의2(선거비용보전의 제한) 제5항에서 규정하고 있는 반환대상이 되는 "보전비용액 중"이란 법 제122조의2(선거비용의 보전 등) 제1항 각 호에 규정된 개별비용을 뜻하는 것은 아니며, 보전받은 비용의 총액범위 내에서 반환하여야 한다는 의미이고, 선거사무장으로 신고된 이후 당해 선거와 관련하여 공직선거법위반으로 유죄의 판결이 확정된 때에는 그 위법행위에 소요된 비용의 2배액을 반환하여야 한다.[24] 선거공보에 일부 허위의 사실이 게재되어 유죄의 확정판결을 받았다 하더라도 적법한 선거공보로 작성·배부된 것이라면 허위사실 게재에 따른 별도의 추가비용이 소요된 것이 아니므로 비용보전액의 반환대상에 해당하지 아니한다.[25] 당선자의 회계책임자가 회계보고서에 실제 현수막 제작·설치비용을 허위로 기재하여 「정치자금법」 제49조(선거비용관련 위반행위에 관한 벌칙) 제1항 및 제2항 제6호 위반으로 벌금 200만원의 확정판결을 받은 경우 후보자에게 현수막 제작·설치비용을 보전한 금액과 현수막 제작·설치에 소요된 실제비용의 차액을 반환하여야 한다.[26] 국회의원후보자의 회계책임자가 선거구선거관리위원회에 신고된 이후에는 선거일이 지났다 하더라도 당해 선거와 관련하여 공직선거법에 규정된 죄를 범함으로 인하여 유죄의 판결이 확정된 때에는 보전받은 금액 중 그 위법행위에 소요된 비용의 2배에 해당하는 금액을 반환하여야 한다.[27]

사. 선거비용보전 절차 및 보전요건 흠결시 보전금액의 반환

(1) 선거비용보전 절차

정당 또는 후보자는 법 제122조의2(선거비용의 보전 등) 제1항 각 호의 규정에 따라 선거비용을 보전받고자 하는 때에는 선거비용을 지출한 영수증·계약서·비용청구서 기타 증빙서류(규칙의 별표 1의2 <선거비용 보전청구 증빙자료>를 포함한다)를 첨부하여 선거일 후 10일(대통령선거에 있어서는 20일)까지 서면으로 관할선거구선거관리위원회에 청구하여야 한다. 이 경우 청구내역 중 누락된 사항에 대하여는 「정치자금법」 제40조(회계보고) 제1항의 규정에 따라 회계보고서를 제출하는 때에 추가로 청구할 수 있다(규칙§51의3①). 관할선거구선거관리위원회는 청구를 받은 때에는 그 청구내역을 검산 및 조사하여 선거일 후 60일(대통령선거에 있

24) 2001. 8. 8. 중앙선관위 질의회답
25) 2007. 3. 22. 중앙선관위 질의회답
26) 2011. 4. 29. 중앙선관위 질의회답
27) 2001. 7. 26. 중앙선관위 질의회답

어서는 70일)이내에 당해 정당 또는 후보자에게 보전하고 영수증을 받아야 한다. 이 경우 예금계좌를 통하여 지급한 때에는 그 입금표를 영수증으로 갈음할 수 있다(규칙§51의3②). 법 제122조의2(선거비용의 보전 등) 제3항 제2호·제3호 및 제3호의2에 따른 점자형 선거공보와 점자형 선거공약서의 작성비용 및 활동보조인의 수당, 실비 및 산재보험료에 대한 청구 및 지급은 위의 절차에 따른다(규칙§51의3③).

(2) 보전요건 흠결시 보전금액의 반환

관할선거구선거관리위원회는 정당 또는 후보자에게 선거비용을 보전한 후에 법 제122조의2(선거비용의 보전 등) 제2항의 규정에 따라 보전하지 아니할 사유가 발견된 때에는 해당 정당 또는 후보자에게 그 사실을 통지하고, 보전비용액 중 해당하는 금액의 반환을 명하여야 한다. 이 경우 정당 또는 후보자는 그 반환명령을 받은 날부터 30일 이내에 관할선거구선거관리위원회에 이를 반환하여야 한다(규칙§51의3④).

관할선거구선거관리위원회는 정당 또는 후보자가 위 기한까지 해당 금액을 반환하지 아니한 때에는 대통령선거와 국회의원선거에 있어서는 관할세무서장에게 징수를 위탁하고 관할세무서장이 국세체납처분의 예에 따라 이를 징수하여 국가에 납입하여야 하며, 지방자치단체의 의회의원 및 장의 선거에 있어서는 당해 지방자치단체의 장에게 징수를 위탁하고 지방자치단체의 장이 지방세체납처분의 예에 따라 이를 징수하여 지방자치단체에 납입하여야 한다(규칙§51의3⑤).

아. 국가 또는 지방자치단체가 부담하는 선거비용

다음 각 호의 어느 하나에 해당하는 비용은 국가 또는 지방자치단체가 후보자를 위하여 부담한다. 이 경우 제3호의2 및 제5호의 비용은 국가가 부담한다(법§122의2③).

1. 법 제64조(선거벽보)에 따른 선거벽보의 첩부 및 철거의 비용(첩부 및 철거로 인한 원상복구 비용을 포함한다)
2. 법 제65조(선고공보)에 따른 점자형 선거공보(같은 조 제11항에 따라 후보자가 제출하는 저장매체를 포함한다. 이하 이 항에서 같다)의 작성비용과 책자형 선거공보(점자형 선거공보 및 같은 조 제9항의 후보자정보공개자료를 포함한다) 및 전단형 선거공보의 발송비용과 우편요금
3. 법 제66조(선거공약서) 제8항의 규정에 따른 점자형 선거공약서의 작성비용

3의2. 활동보조인(예비후보자로서 선임하였던 활동보조인을 포함한다)의 수당, 실비 및 산재보험료

4. 법 제82조의2(선거방송토론위원회 주관 대담·토론회)의 규정에 의한 대담·토론회(합

동방송연설회를 포함한다)의 개최비용

5. 법 제82조의3(선거방송토론위원회 주관 정책토론회)의 규정에 의한 정책토론회의 개최비용
6. 법 제161조(투표참관)의 규정에 의한 투표참관인 및 제162조(사전투표참관)에 따른 사전투표참관인의 수당과 식비
7. 법 제181조(개표참관)의 규정에 의한 개표참관인의 수당과 식비

국가 또는 지방자치단체가 후보자를 위하여 부담하는 비용의 산정은 다음 각 호에 정한 기준에 따른다(규칙§51의2④).

1. 점자형 선거공보 등의 작성비용
   점자형 선거공보 및 점자형 선거공약서의 지대(150g/㎡ 이내의 백상지를 기준으로 한다)·인쇄 및 제본에 소요되는 비용과 법 제65조(선거공보) 제11항에 따라 후보자가 제출하는 저장매체(이하 이 항에서 "저장매체"라 한다)의 작성비용. 이 경우 선거공보와 점자형 선거공보를 같은 종이에 통합하여 작성한 경우에는 점자 인쇄비용에 한한다.

1의2. 선거공보 등의 발송비용
   선거공보(점자형 선거공보 및 저장매체를 포함한다) 및 후보자정보공개자료의 운반, 발송용 봉투의 제작·기재, 봉투에 투입·봉함 및 우체국에 넘겨주는데 드는 모든 비용

1의3. 활동보조인의 수당과 실비
   법 제135조(선거사무관계자에 대한 수당과 실비보상) 제2항 제5호에 따른 수당의 금액 및 규칙 제59조(선거사무관계자에 대한 실비보상) 제1항 제2호에 따른 실비의 금액

2. 투표참관인·사전투표참관인 및 개표참관인의 수당
   법 제122조의2(선거비용의 보전 등) 제4항에 따른 금액
3. 삭제
4. 투표참관인·사전투표참관인 및 개표참관인의 식비
   정부예산의 급식비 단가
5. 선거방송토론위원회 주관 대담·토론회(합동방송연설회를 포함한다. 이하 이호에서 같다) 또는 정책토론회 개최비용
   대담·토론회 또는 정책토론회의 준비·질문선정 및 진행에 소요되는 비용

4. 선거사무관계자에 대한 수당과 실비보상

가. 의의

선거사무장·선거연락소장·선거사무원·활동보조인 및 회계책임자(이하 "선거사무장등"이라

한다)에 대하여는 수당과 실비를 지급할 수 있다. 다만, 정당의 유급사무직원, 국회의원과 그 보좌관·선임비서관·비서관 또는 지방의회의원이 선거사무장등을 겸한 때에는 실비만을 보상할 수 있으며, 후보자등록신청개시일부터 선거기간개시일 전일까지는 후보자로서 신고한 선거사무장등에게 수당과 실비를 지급할 수 없다(법§135①). 선거사무장등에게 지급할 수 있는 실비의 종류와 금액은 규칙으로 정한다(법§135⑤).[28] 이는 선거운동과 관련하여 이익제공행위를 허용하면 과도한 선거운동으로 금권선거를 방지하기 힘들고, 선거운동원 등에게 이익이 제공되면 선거운동원들도 이익을 목적으로 선거운동을 하게 되어 과열선거운동이 행하여지고 종국적으로 공명선거를 행하기 어렵게 되기 때문이다. 따라서 선거운동과 관련하여 수당 또는 실비를 보상할 수 있는 경우에도 중앙선거관리위원회가 사회·경제적 상황에 따라 선거의 공정을 해하지 않는 범위 내에서 정한 종류와 금액이 적용되어야 하고, 입법 목적과 규율대상이 다른 「최저임금법」은 적용된다고 보기 어렵다.[29]

'정당의 유급당원'이라 함은 정당(중앙당)과 사이에 고용관계를 맺고 근로에 대한 대가로 정당이 지급하는 보수 내지 급료를 받는 당원을 말한다.[30] 후보자가 선거사무장을 겸임하는 경우 선거사무장 수당을 지급할 수 없다.[31]

나. 수당과 실비의 종류와 금액

선거사무장·선거연락소장 및 선거사무원·활동보조인(이하 "선거사무장등"이라 한다)의 실비의 종류와 금액은 다음 각 호와 같이 하되, 회계책임자의 실비는 해당 회계책임자가 소속된 선거사무소 또는 선거연락소의 선거사무장 또는 선거연락소장의 실비와 같은 금액으로 하고, 같은 사람이 회계책임자·선거사무장·선거연락소장 또는 선거사무원·활동보조인을 함

---

28) 헌법재판소는 공직선거법(2011. 7. 28. 법률 제10981호로 개정되고, 2014. 2. 13. 법률 제12393호로 개정되기 전의 것) 제135조(선거사무관계자에 대한 수당과 실비보상) 제2항이 선거사무관계자에게 지급할 수 있는 수당과 실비의 종류와 금액을 중앙선거관리위원회가 정하도록 한 것과 관련하여, '선거비용을 구성하는 항목인 구체적인 수당과 실비의 종류와 금액처럼 세부적이고 기술적·가변적 사항을 법률에서 구체적으로 규율하는 데에는 한계가 있고, 수당과 실비의 종류는 다양한 선거운동의 형태에 따라 달라질 수밖에 없으며, 수당과 실비의 금액은 물가수준을 고려하여야 하는데, 이에 대응하는 구체적인 종류와 금액을 법률로 정하기란 입법기술적으로 어렵기 때문에 선거비용을 비롯한 선거사무에 관하여 전문성과 독립성을 갖추고 있고 탄력적이고 신속한 대응이 가능한 중앙선거관리위원회가 선거사무관계자에 대하여 지급할 수 있는 수당·실비의 종류와 금액의 구체적 내용을 정하도록 할 필요성이 인정된다.'고 판시하였다(2015. 4. 30. 선고 2013헌바55 결정).

29) 2020. 1. 9. 선고 2019도12765 판결(이 사건에서 피고인은 선거사무관계자들에게 「공직선거법」에서 정한 수당 이외에 50만원씩을 추가로 지급하였는데, 그와 같은 금원 지급이 「공직선거법」에 위반하였다고 하더라도 결과적으로 「최저임금법」에 따른 수당을 지급한 이상 「공직선거법」 위반에 따른 형사책임을 지는 것은 부당하다고 주장하였다.)

30) 서울고등법원 1999. 4. 13. 선고 99노521 판결

31) 2006. 5. 17. 중앙선관위 질의회답

께 맡은 때에는 다음 각 호의 금액 중 많은 금액으로 한다(규칙§59①).

1. 대통령선거 및 비례대표국회의원선거의 선거사무장, 비례대표시·도의원선거와 시·도지사선거의 선거사무장, 대통령선거의 시·도선거연락소장은「공무원여비규정」별표 2의 제1호[32]에 해당하는 실비(숙박료를 제외한다. 이하 같다)
2. 지역구국회의원선거 및 자치구·시·군의 장선거의 선거사무장, 대통령선거 및 시·도지사선거의 구·시·군선거연락소장, 지역구시·도의원선거 및 자치구·시·군의원선거의 선거사무장, 지역구국회의원 및 자치구·시·군의 장선거의 선거연락소장, 선거사무원, 활동보조인은「공무원여비규정」별표 2의 제2호에 해당하는 실비
3. 삭제
4. 삭제
5. 삭제

회계책임자는 선거사무장등에게 식사 또는 교통편의를 제공한 때에는 지급될 실비의 금액에서 그 금액을 공제하고 지급하여야 한다(규칙§59②). 법 제135조(선거사무관계자에 대한 수당과 실비보상) 제1항의 규정에 따른 실비의 지급에 있어서 같은 정당의 추천을 받은 2인 이상의 후보자가 선거사무장등을 공동으로 선임한 경우에는 해당 후보자간의 약정에 따라 1후보자의 선거사무장등에 대한 실비금액만을 지급하여야 한다(규칙§59③).

다. 선거운동 관련 금품 제공 등 금지

(1) 의의

공직선거법의 규정에 의하여 수당·실비 기타 이익을 제공하는 경우를 제외하고는 수당·실비 기타 자원봉사에 대한 보상 등 명목여하를 불문하고 누구든지 선거운동과 관련하여 금품 기타 이익의 제공 또는 그 제공의 의사를 표시하거나 그 제공의 약속·지시·권유·알선·요구 또는 수령할 수 없다(법§135③).

법 제135조(선거사무관계자에 대한 수당과 실비보상) 제3항은 선거운동과 관련하여 이익제공행위를 허용하면, 과도한 선거운동으로 인하여 금권선거를 방지하기 힘들며, 선거운동원 등에게 이익이 제공되면 선거운동원들도 이익을 목적으로 선거운동을 하게 되어 과열선거운동이 행하여지고 종국적으로는 공명선거를 행하기 어렵게 되고, 또한 만약에 선거운동과 관련하여 이익제공행위에 대하여 기간의 제한을 두고 처벌하게 되면, 이러한 기간을 피하여 이익제공행위를 하여 매수행위를 하는 경우에는 처벌하기가 어려워서 과열선거운동의 방지와 공명선거를 기대하기 어렵게 되므로, 법 제135조(선거사무관계자에 대한 수당과 실비보상) 제3항

---

32) 공무원 여비규정 별표2의 제1호 : 철도운임－실비(특실), 선박운임－실비(1등급), 항공운임－실비, 자동차운임－실비, 일비(1일당)－20,000원, 숙박비(1박당)－실비, 식비(1일당)－25,000원

에 의한 제한은 선거운동의 자유와 공정을 보장하기 위한 제도적 장치로서의 의미를 가질 뿐만 아니라 폐해 방지를 위하여 선거운동과 관련한 이익제공을 금지하는 것으로 '선거운동과 관련하여'라는 전제하에 그 제한이 이루어지며, 그 제한은 선거운동방법의 전반에 대한 전면적인 제한이 아니라 선거운동과 관련하여 금품 등 재산상 이익을 제공하는 경우에만 국한되는 부분적인 제한에 불과하므로, 이로써 선거운동의 자유가 전혀 무의미해지거나 형해화된다고 단정할 수 없고,[33] 선거사무관계자에 대한 수당과 실비보상을 제외한 선거운동 관련 일체의 금품제공을 금지하고 이를 처벌하는 법 제135조(선거사무관계자에 대한 수당과 실비보상) 제3항과 제230조(매수 및 이해유도죄) 제1항 제4호 규정을 둔 것은 선거운동의 자유와 공정을 보장하기 위해서이다.[34]

(2) 주체 및 행위의 상대방

법 제135조(선거사무관계자에 대한 수당과 실비보상) 제3항의 행위의 주체와 상대방에는 아무런 제한이 없다. 즉, 법 제135조(선거사무관계자에 대한 수당과 실비보상) 제3항은 '누구든지' 선거운동과 관련하여 금품 기타 이익의 제공 또는 그 제공의 의사를 표시하거나 그 제공을 약속하는 것을 금지하고 있을 뿐, 그 주체를 후보자, 후보자가 되고자 하는 자, 후보자를 위하여 선거운동을 하는 자 등으로 제한하고 있지 않다. 따라서 법 제230조(매수 및 이해유도죄) 제1항 제4호, 제135조(선거사무관계자에 대한 수당과 실비보상) 제3항 위반죄는 금품 기타 이익의 제공, 그 제공의 의사표시 및 약속(이하 '이익의 제공 등'이라고 한다)이 특정 선거에서의 선거운동과 관련되어 있음이 인정되면 충분하다고 할 것이므로, 장래에 있을 선거에서의 선거운동과 관련하여 이익의 제공 등을 할 당시 선거운동의 대상인 후보자가 특정되어 있지 않더라도 장차 특정될 후보자를 위한 선거운동과 관련하여 이익의 제공 등을 한 경우에는 위 위반죄는 성립한다고 보아야 하고, 이익의 제공 등을 할 당시 반드시 특정 후보자가 존재하고 있어야 한다고 볼 수 없다.[35]

법 제230조(매수 및 이해유도죄) 제1항 제4호에 의하여 처벌되는 범죄행위에 있어서 행위의 상대방에 대하여는 아무런 제한이 없는 것으로서, 선거사무장 등에 대한 규칙에서 정한 수당과 실비 이외의 금품제공은 물론, 그 이외의 자에 대한 선거운동과 관련한 어떠한 명목의 금품제공도 모두 법 제135조(선거사무관계자에 대한 수당과 실비보상) 제3항에 위배되는 것으로 법 제230조(매수 및 이해유도죄) 제1항 제4호에 의하여 처벌된다.[36] 선거사무원으로 신고하지 않은 처, 자녀에게 선거사무원 수당 명목으로 금품을 제공한 경우에도 본죄는 성립한다.[37]

---

33) 2005. 1. 27. 선고 2004도7511 판결, 서울고등법원 2009. 6. 25. 선고 2009노726 판결
34) 2006. 5. 25. 선고 2005헌바15 전원재판부 결정, 2002. 4. 25. 선고 2001헌바26 전원재판부 결정
35) 2021. 7. 21. 선고 2020도16062 판결
36) 2005. 2. 18. 선고 2004도6795 판결

유급 선거사무원의 신분을 취득하기 위해서는 관할선거관리위원회에 신고하여야 한다.[38] 따라서 법 제135조(선거사무관계자에 대한 수당과 실비보상) 제1항에 의하여 수당과 실비를 지급받을 수 있는 선거사무장·선거연락소장·선거사무원 및 회계책임자는 관할선거관리위원회에 신고된 선거사무장·선거연락소장·선거사무원 및 회계책임자에 한한다고 할 것이고, 그 외의 자에게 선거운동과 관련하여 수당과 실비 명목으로 금품이나 이익을 제공하는 행위는 비록 그 자가 사실상 선거사무를 담당하였다고 하더라도 법 제135조(선거사무관계자에 대한 수당과 실비보상) 제3항에 위반된다.[39] 관할선거관리위원회에 신고된 선거사무장·선거연락소장·선거사무원 및 회계책임자에게도 그 선임신고를 한 날부터 해임신고를 하거나 그 활동이 종료한 날까지의 기간에 대해서만 수당과 실비를 지급할 수 있고, 그들에게 선거운동과 관련하여 이를 초과하는 금품이나 이익을 제공하는 행위는 법 제135조(선거사무관계자에 대한 수당과 실비보상) 제3항에 위반된다.[40]

(3) 선거운동과 관련하여

'선거운동과 관련하여'란 의미는 '선거운동에 즈음하여, 선거운동에 관한 사항을 동기로 하여'라는 의미이다. '선거운동과 관련하여'는 '선거운동을 위하여'보다 광범위하며, 선거운동의 목적이나 선거에 영향을 미치게 할 목적이 없었다 하더라도 그 행위 자체가 선거의 자유·공정을 침해할 우려가 높은 행위를 규제할 필요성에서 설정한 것이다. 현행 선거법상 반드시 선거운동의 대가일 필요는 없고, 선거운동 관련 정보제공의 대가, 선거사무관계자 스카우트비용 등과 같이 선거운동과 관련된 것이면 무엇이든 이에 포함된다.[41][42]

선거운동과 관련한 금품제공행위 등을 처벌하도록 한 법 제230조(매수 및 이해유도죄) 제1항 제4호, 제135조(선거사무관계자에 대한 수당과 실비보상) 제3항은 선거구의 존재를 그 구성요건으로 규정하고 있지 아니하므로, 국회의원 선거에 관한 선거구획정 지연으로 인하여 국회의원 지역선거구가 공백상태에 있었다고 하더라도 선거운동과 관련한 금품 제공행위는 위

---

37) 전주지방법원 군산지원 2017. 1. 19. 선고 2016고합133 판결
38) 2005. 1. 27. 선고 2004도7511 판결
39) 2005. 1. 27. 선고 2004도7511 판결, 2005. 2. 18. 선고 2004도6795 판결, 2006. 3. 10. 선고 2005도6316 판결
40) 2006. 3. 10. 선고 2005도6316 판결
41) 2011. 4. 28. 선고 2010헌바473 결정, 2002. 4. 25. 선고 2001헌바26 전원재판부 결정, 2017. 12. 5. 선고 2017도13458 판결, 2017. 2. 9. 선고 2016도17684 판결, 2014. 1. 23. 선고 2013도4146 판결, 2010. 12. 23. 선고 2010도9110 판결, 2006. 6. 27. 선고 2006도2370 판결, 2005. 2. 18. 선고 2004도6795 판결
42) 2021. 3. 25. 선고 2021도791 판결(후보자가 선거유세차량 업체와의 용역계약에 포함된 선거연설원들에게 별도로 대가를 지급한 사안에서, 이들의 인건비가 포함된 용역대금이 모두 지급되었다고 볼 수 없을 뿐만 아니라, 이들은 이 사건 선거 당시 피고인의 당선을 위한 선거운동을 하고 그 대가로 금전을 지급받은 것이므로, 피고인이 이들에게 지급한 금전은 선거운동과 관련한 것이라고 충분히 인정할 수 있다고 본 사례)

법조에 위반된다.[43]

사무실을 별도로 마련하여 사무기기를 비치하고 선거운동원 등을 채용하여 선거운동대책을 수립하는 등의 행위는 특정후보자의 당선 등을 도모하는 목적의지가 뚜렷하여 이를 단순히 선거운동을 위한 준비행위라거나 정당인으로서의 통상적인 정당활동이라고 할 수 없으므로, 위 선거운동원 등에게 금품 등을 제공한 것은 법 제135조(선거사무관계자에 대한 수당과 실비보상) 제3항에 위반한다.[44] 국회의원의 의정활동을 보조한다는 명목으로 채용된 사람이라고 할지라도 실질적으로는 다가올 선거에 입후보하려는 그 국회의원을 홍보하기 위하여 사조직을 설립·운영하는 업무를 수행하였다면 이는 후보자인 당해 국회의원의 당선을 도모하는 목적 하에서 이루어진 선거운동에 해당한다고 할 것이며, 그 활동과 관련하여 보수 명목으로 금전을 수수한 행위는 법 제230조(매수 및 이해유도죄) 제1항 제4호에 위반한 것으로서 선거운동관련 금품수수죄가 성립한다. 그리고 이는 당해 국회의원의 회계책임자가 구 「정치자금에관한법률(2004. 3. 12. 법률 제7189호로 개정되기 전의 것)」 제24조(회계보고) 제1항에 따른 회계보고를 함에 있어 위 선거운동원들에게 지급한 보수를 마치 정당한 의정활동보조자에게 지급한 급여인 것처럼 인건비 항목에 계상하였다거나, 그 선거운동원들이 위 법률 제3조(정의) 제8호에 의한 후원회 소속 직원으로 되어 있다고 하더라도 마찬가지이다.[45] 정당이 선거법위반행위 제보자에게 상품권 또는 기념품 등을 제공하는 것은 법 제135조(선거사무관계자에 대한 수당과 실비보상) 제3항에 위반된다.[46]

돈을 지급한 시점이 선거일 이후이고 그 궁극적 목적이 이들이 후보자의 선거운동과 관련하여 불리한 사항을 폭로하지 않도록 관리하고자 한 것이더라도, 선거운동기간 후보자의 사무실에 상주하면서 선거운동을 도운 사람들에게 '선거운동에 대한 대가' 명목으로 돈을 지급하였다면, 이는 당연히 '선거운동과 관련하여' 돈을 지급한 것으로 밖에 볼 수 없다. 공직선거법의 규정에 의하여 수당·실비 기타 이익을 제공하는 경우를 제외하고는 누구든지 명목여하를 불문하고 선거운동과 관련하여 금품 등을 제공할 수 없으며 이를 위반하는 경우 형사처벌을 받는다. 그럼에도 불구하고 이를 위반하는 사례가 발생하는 이유는, 법정수당을 지급받지 못하는 비공식 선거운동원을 자원봉사자라는 명목으로 둔 경우에 이들에게 대가를 지급하지 않는다면 선거운동기간 전에는 이들을 모집하기가 여의치 않고, 선거운동기간 중에는 중도 이탈할 우려가 있으며, 선거운동 이후에는 이들이 후보자의 사소한 잘못까지도 문제 삼을 가능성이 있는 등 각종 어려움이 예상되기 때문이다. 그런데 이런 각종 어려움을 막을 목적으로 돈을 지급한 경우에 그 궁극적인 목적에 방점을 두어 이를 선거운동과 관련

43) 2017. 2. 9. 선고 2016도17684 판결(대구고등법원 2016. 10. 28. 선고 2016노46 판결)
44) 2005. 2. 18. 선고 2004도6795 판결
45) 2005. 3. 25. 선고 2004도7650 판결
46) 2007. 3. 22. 중앙선관위 질의회답

한 금품제공에 해당하지 않는다고 본다면, 선거운동과 관련하여 금품이 제공되는 대부분의 경우를 처벌할 수 없게 되는 바, 이러한 해석은 매우 불합리하여 받아들일 수 없다.[47] 따라서 선거운동과 관련된 것이면 후보자에게 불리한 상황을 모면 내지 회피하려는 소극적 목적에 기인한 금품제공이라고 하더라도 법 제135조(선거사무관계자에 대한 수당과 실비보상) 제3항에 해당한다.

공직선거에 출마할 정당 추천 후보자를 선출하기 위한 당내 경선에서의 당선 또는 낙선을 위한 행위는 '선거운동과 관련된' 행위가 아니므로 그와 관련하여 금품 기타 이익의 제공을 받은 경우에는 법 제230조(매수 및 이해유도죄) 제1항 제4호 위반죄가 성립할 수 없고, 다만, 당내경선에서의 당선 또는 낙신을 위한 행위라는 구실로 실질적으로는 공직선거에서의 당선 또는 낙선을 위한 행위를 하는 것으로 평가할 수 있는 예외적인 경우에 한하여 그 범위 내에서 법 제230조(매수 및 이해유도죄) 제1항 제4호 위반죄가 성립할 수 있다.[48]

비록 여론조사의 형식을 내세웠다 하더라도 그것이 특정 후보자의 인지도를 높이고 그에 대한 지지를 유도하기 위한 것이라면 사전선거운동에 해당하고, 위 여론조사를 사전선거운동으로 평가하는 이상, 비록 여론조사의 대가 명목으로 금전이 수수되었다고 하더라도 이는 명목 여하를 불문하고 선거운동과 관련하여 금품의 수수를 원칙적으로 금한 법 제230조(매수 및 이해유도죄) 제1항 제4호에 정한 죄를 구성한다.[49]

다만, 국회의원선거 후보자가 되려는 A로부터 선거 준비를 도와달라는 제안을 받고 사무실에 출근하여 2개월 동안 일을 하고 그 대가로 월급을 받은 경우에도, 선거일로부터 약 6~8개월 전에 이루어진 것으로서 선거운동에 즈음하여 이루어졌다고 볼 수 없고, 수행한 업무의 내용도 A의 인지도를 향상하기 위한 통상적인 정치활동을 보좌하기 위한 것으로서 이것이 국회의원선거의 선거운동에 실질적이고 직접적으로 도움이 되는 준비행위라고 보기 어려운 경우에는, '선거운동과 관련하여' 이익을 제공하거나 제공받았다고 할 수 없다.[50]

---

47) 대구지방법원 상주지원 2019. 5. 10. 선고 2018고합50 판결
48) 2003. 7. 8. 선고 2003도305 판결(공직선거에 출마할 시장 후보 선출을 위한 당내 경선운동 과정에서 특정 후보자에 대한 선거운동을 하고 금품 기타 이익을 제공받은 행위에 대하여 법 제230조(매수 및 이해유도죄) 제1항 제4호 위반죄를 인정한 원심판결을 파기한 사례)
49) 2006. 11. 9. 선고 2006도5361 판결(대전고등법원 2006. 7. 21. 선고 2006노201 판결)
50) 2022. 10. 27.선고 2022도9510 판결(서울고등법원 2022. 7. 22. 선고 2021노2521 판결)

(4) 행위

(가) 금품 기타 이익[51)]

'금품 기타 이익'이란 유형의 금품뿐만 아니라, 재산상 이익을 포함한 일체의 이익을 뜻하는 것으로 후보자로 공천·공사의 직 제공 등도 포함하는 의미로 해석된다.[52)]

법 제135조(선거사무관계자에 대한 수당과 실비보상) 제1항은 그 단서에서 정당의 유급사무직원이 선거사무장 등을 겸하는 경우에는 실비만을 보상할 수 있다고 규정하고 있는바, 이는 유급사무직원은 소속 정당으로부터 선거운동과는 무관하게 유급사무직원으로서의 급여를 지급받을 수 있으므로 유급사무직원에게는 선거운동과 관련하여서는 급여와 같은 성질을 가진 수당을 제외한 실비만을 지급하도록 한 것일 뿐 유급사무직원으로서의 급여 자체를 지급하지 못하게 하는 것은 아니어서 유급사무직원인 선거사무장 등에 대하여 제공된 금원이 유급사무직원으로서 정하여진 급여와 선거사무장 등으로서의 실비를 합한 금액을 초과하지 아니한 경우에는 제135조(선거사무관계자에 대한 수당과 실비보상) 제3항을 위반하였다고 할 수 없다.[53)] 선거사무장은 선거운동과 관련하여서는 구 공직선거관리규칙(2022. 4. 20. 선거관리위원회규칙 제549호로 개정되기 전의 것) 제59조(선거사무관계자에 대한 수당과 실비보상) 제1항 제3호에 의한 수당과 실비 및 그 외 공직선거법이 허용하고 있는 이익 외에는 금품 기타 이익을 제공받을 수 없다고 할 것이고, 한편 선거사무장이 후보자와의 사이에 선거사무장이 되는 것 외에 별도로 역무를 제공하기 위한 계약을 체결하고 그에 따라 역무를 제공하고 그 대가

---

51) 헌법재판소는, 법 제135조(선거사무관계자에 대한 수당과 실비보상) 제3항의 "금품의 제공" 부분의 위헌여부에 대하여, 「법 제135조(선거사무관계자에 대한 수당과 실비보상) 제3항은 같은 조 제2항에서 허용하는 수당·실비 기타 이익을 제공하는 행위 이외의 금품제공행위를 처벌하는데, 위 제2항은 제공이 허용되는 수당과 실비의 종류와 금액을 '중앙선거관리위원회가 정한다.'고 규정하고 있으므로, 법 제135조(선거사무관계자에 대한 수당과 실비보상) 제3항의 "금품의 제공" 부분의 위헌여부는 제135조(선거사무관계자에 대한 수당과 실비보상) 제2항이 포괄위임입법금지의 원칙에 위배되는지 여부를 판단하여야 한다.」고 하면서, 「법 제135조(선거사무관계자에 대한 수당과 실비보상) 제2항은 중앙선거관리위원회가 정할 기본적 사항이 수당과 실비의 '종류와 금액'임을 법률로 정하였고, 수당과 실비의 사전적 의미, 선거의 공정성을 위하여 금권선거를 방지하고자 하는 위 조항의 입법취지, 공직선거법상 제공이 허용되는 수당·실비 기타 이익은 선거비용으로서 전부 또는 일부를 보전받을 수 있다는 점을 고려하면 수당의 범위는 사회·경제적 상황에 따라 선거의 공정성을 해하지 않는 범위 내에서 선거사무관계자의 사무종사에 대한 급여로서 제공할 수 있는 범위, 실비의 종류는 선거사무관계자가 선거운동과 관련하여 통상적으로 지출하는 비용인 교통비와 식사비, 기타 비용, 실비의 범위는 선거 종류에 따라 선거운동을 위한 지리적 이동거리, 선거운동의 규모에 따라 필요한 수준이 될 것임을 예측할 수 있다. 이처럼 제135조(선거사무관계자에 대한 수당과 실비보상) 제2항은 제공이 허용되는 수당과 실비의 종류와 금액을 중앙선거관리위원회 규칙에 위임할 필요성과 예측가능성을 인정할 수 있으므로, 그에 해당하지 않는 선거사무관계자에 대한 수당·실비를 제공하는 행위를 처벌하는 심판대상조항은 범죄의 구성요건을 규율함에 있어 포괄위임입법금지원칙에 위배되지 않는다.」고 판시하였다(2015. 4. 30. 선고 2013헌바55 결정).

52) 2002. 4. 25. 선고 2001헌바26 전원재판부 결정

53) 2009. 5. 14. 선고 2008도11040 판결

로 이익을 제공받는 것은, 그 역무의 제공이 선거운동과 관련된 것이고 그것이 적어도 관련 법령에 의하여 선거사무장이 받을 수 있는 이익이 엄격히 제한되고 있는 것을 회피하기 위한 것으로 인정되는 경우에는 법 제230조(매수 및 이해유도죄) 제1항 제4호, 제135조(선거사무관계자에 대한 수당과 실비보상) 제3항에 해당되어 위법하다.[54]

선거사무장 등이 수당·실비 기타 자원봉사에 대한 보상 등 명목여하를 불문하고 선거운동과 관련하여 금품 기타 이익을 제공하면 처벌되나, 후보자가 승용하는 자동차의 운영비용은 선거와 관련하여 지출하더라도 공직선거법에서 정한 규제를 받는 선거비용에 포함되지 아니하므로, 선거운동 과정에 후보자가 승용하는 자동차의 운영과 관련하여 그 비용을 제공하거나 이를 수령하는 행위는 법 제135조(선거사무관계자에 대한 수당과 실비보상) 제3항에서 금지하고 있는 선거운동과 관련한 금품 등의 제공이나 수령행위에 해당하지 아니한다 할 것이고, 여기서의 자동차 운영비용에는 선거운동을 위하여 후보자가 승용하는 자동차의 운전기사에게 그 운전의 대가로 지급한 금원도 포함된다.[55] 국회의원선거에 출마한 갑 후보자의 회계책임자가 을과 선거컨실팅용역계약을 체결하고 선거운동과 관련하여 용역대금을 지급한 경우, 을이 용역계약을 위하여 한 행위들 중 선거운동기간이 시작되기 전에 한 행위들, 즉 선거전략, 콘셉트, 기본공약에 관한 프리젠테이션을 실시하고, 선거사무소 개소식을 준비하고 사회를 보는 행위 등은 모두 선거운동을 위한 준비행위로서 거기에 소요되는 비용은 선거비용이라고 할 수 없다.[56]

(나) 제공하거나 제공의 의사를 표시하거나 그 제공을 약속

'제공'이라 함은 금전 등의 재산상 이익을 교부하여 주는 것을 말하고, 반드시 상대방의 소득에 귀속시킬 의사로 하여야 하는 것은 아니다. '제공의 의사표시'는 금전·물품·향응 등을 제공하겠다는 의사를 표시하고, 그 의사가 상대방에게 도달함으로써 성립한다. 의사표시는 문서에 의하든 구술에 의하든 무방하고, 명시적이든 묵시적이든 불문한다. '제공의 약속'은 재산상의 이익을 제공하고 이를 수령하는 것에 관하여 제공자와 수령자 사이에 의사가 합치되는 때에 기수가 된다. 제공의 약속은 행위자의 제공의사표시를 상대방이 승낙하는 경우와 상대방의 제공요구를 승낙하는 경우에 성립한다.[57]

법 제135조(선거사무관계자에 대한 수당과 실비보상) 제3항에서 정한 금품 기타 이익의 '제공'이라 함은 반드시 금품 등을 상대방에게 귀속시키는 것만을 뜻하는 것이 아니고, 그 금품 등을 지급받은 상대방이 금품 등의 귀속주체가 아닌 이른바 중간자라고 하더라도, 단순히 보

---

54) 2009. 9. 24. 선고 2009도6246 판결(서울고등법원 2009. 6. 25. 선고 2009노726 판결)
55) 대전고등법원 2011. 3. 18. 선고 2011노18 판결
56) 2014. 1. 23. 선고 2013도4146 판결
57) 2002. 4. 25. 선고 2001헌바26 전원재판부 결정

관자이거나 특정인에게 특정금품을 전달하기 위하여 심부름을 하는 사자에 불과한 자가 아니고 그에게 금품 등의 배분대상이나 방법, 배분액수 등에 대한 어느 정도의 판단과 재량의 여지가 있는 한, 비록 그에게 귀속될 부분이 지정되어 있지 않은 경우라 하더라도 그에게 금품 등을 주는 것은 위 규정에서 말하는 '제공'에 포함된다.[58] 따라서 후보자 등이 최종유권자가 아닌 중간자에게 금품을 주는 것이 '제공'에 해당하기 위하여는 그 중간자가 단순히 보관하거나 심부름하는 자가 아니라 중간자에게 선거운동의 대가 등으로 지급되든가 중간자로 하여금 불특정 다수의 선거인 등에게 나누어 주도록 제공된 것으로서 그 중간자에게 위와 같은 재량이 있으면 족한 것이고, 그가 금품을 받은 후 이를 모두 하부단계의 사람들에게 배분하여 주었는지, 그 전부 또는 일부를 그가 스스로 사용하였는지, 그 사용처가 모두 밝혀졌는지 여부 등은 이미 성립한 범죄에 아무런 영향이 없는 것이며, 한편 그 중간자가 후보자 등으로부터 금품을 받을 당시에 그에게 위와 같은 의미의 재량이 있었는지를 판단하기 위하여는 후보자 등과 그와의 관계, 금품 등을 수수한 동기와 경위, 그 당시 언급된 사용용도와 사용방법, 당시의 선거상황 등 제반 사정을 종합하여 판단하여야 한다.[59]

미등록 선거운동원에게 수당 등을 지급한 혐의로 선거관리위원회로부터 고발을 당해 검찰수사 중에 있어 변호사 비용이 필요하다는 취지로 돈을 달라는 요구를 받게 되자 변호사 선임비용 명목으로 300만원을 주겠다고 약속한 행위는 선거운동과 관련한 금품제공행위에 해당한다.[60] 선거운동기간 동안 선거사무소에 근무하는 선거사무관계자들 및 자원봉사자들이 식당에서 외상으로 식사를 한 뒤 차후에 선거사무소의 비용으로 그 식사대금을 일시에 결제하는 내용의 외상거래 계약을 체결하고 선거사무관계자들 및 자원봉사자들이 식사를 할 수 있게 하는 것은 선거운동과 관련한 금품제공행위에 해당한다.[61]

'금품 기타 이익의 제공의 의사를 표시하거나 그 제공을 약속'하는 행위는 구두에 의하여도 할 수 있고 그 방식에 제한은 없는 것이지만, 그 약속 또는 의사표시가 사회통념상 쉽게 철회하기 어려울 정도로 당사자의 진정한 의지가 담긴 것으로서 외부적·객관적으로 나타나는 정도에는 이르러야 법 제135조(선거사무관계자에 대한 수당과 실비보상) 제3항의 구성요건해당성이 있다고 할 것이지, 법 제135조(선거사무관계자에 대한 수당과 실비보상) 제3항에서 금지하고 있는 금품 기타 이익의 제공과 관련한 대화가 있었다고 하여, 단순히 의례적·사교적인

58) 2004. 11. 12. 선고 2004도5600 판결

59) 2006. 5. 12. 선고 2006도986 판결(국회의원 선거 후보자의 처로부터 금품을 전달받은 이른바 중간자의 위치 및 역할, 전달된 시기와 장소, 전달방법 등의 정황에 비추어 위 중간자에게 금품의 배분대상이나 방법, 배분액수 등에 대한 상당한 정도의 판단과 재량의 여지가 있었다고 보아 위 금품수수가 제230조(매수 및 이해유도죄) 제1항 제4호, 제135조(선거사무관계자에 대한 수당과 실비보상) 제3항이 정한 '제공'에 해당한다고 한 사례)

60) 2017. 9. 12. 선고 2017도9966 판결(광주고등법원 2017. 6. 29. 선고 (전주)2017노28 판결)

61) 전주지방법원 남원지원 2019. 2. 8. 선고 2018고합48 판결

덕담이나 정담, 또는 상대방을 격려하기 위한 인사치례의 표현까지 모두 법 제135조(선거사무관계자에 대한 수당과 실비보상) 제3항의 구성요건에 해당한다고 할 수는 없다.[62] 선거운동과 관련하여 금품을 제공하려 하였으나, 선거운동원이 금액이 너무 적다는 이유로 거절하는 경우 선거운동과 관련하여 금품제공의 의사표시를 한 것으로 인정된다.[63]

(다) 제공 시기

선거사무관계자에 대한 수당과 실비보상을 규정한 공직선거법이 제135조(선거사무관계자에 대한 수당과 실비보상) 제3항의 위반행위와 관련하여 그 시기에 제한을 두고 있지 않으므로 그 문리적 의미에 의하면 선거일 후의 위반행위에 대하여도 적용되는 것으로 보아야 하는 점, 선거일 후에 위반행위를 하더라도 처벌의 필요성이 있는 것으로 보아야 할 것인데 공직선거법에서 그에 관한 별도의 처벌규정을 두고 있지 않은 점 등에 비추어, 제135조(선거사무관계자에 대한 수당과 실비보상) 제3항이 선거일 전의 행위에 대하여만 적용되는 것으로 볼 수 없다.[64] 법 제135조(선거사무관계자에 대한 수당과 실비보상) 제3항, 제230조(매수 및 이해유도죄) 제1항 제4호 위반죄는 선거운동과 관련하여 금품 기타 이익의 제공 또는 그 제공의 의사를 표시하거나 그 제공을 약속하는 행위를 처벌대상으로 하는 것으로, 그 처벌대상은 선거운동기간 중의 금품제공 등에 한정되지 않는다.[65] 선거일 이후에도 공직선거법 제268조(공소시효)에 정해진 공소시효 만료일이 경과하기 이전에 선거운동과 관련하여 금품 등을 제공하는 행위도 법 제135조(선거사무관계자에 대한 수당과 실비보상) 제3항에 위반된다.[66]

(5) 위법성이 조각되는 경우

후보자의 회계책임자가 자원봉사자인 후보자의 배우자, 직계혈족 기타 친족에게 식사를 제공한 행위는 지극히 정상적인 생활형태의 하나로서 역사적으로 생성된 사회질서의 범위 안에 있는 것이어서 사회상규에 위배되지 아니하여 위법성이 조각된다.[67]

---

62) 2006. 4. 27. 선고 2004도4987 판결(갑이 국회의원선거에 출마하기 위하여 '갑 시민사회연구소'라는 선거사무소 유사기관을 설립할 무렵, 평소 '○○시민연대'활동을 하면서 잘 알고 있는 을과 병이 도와주겠다고 하자 그들을 위 연구소 홍보팀장 및 총무팀장으로 영입하면서 함께 열심히 일하고 선거에서 좋은 결과가 있으면 향후에도 국회의원 비서 또는 보좌관 등으로 같이 일해 보자는 취지의 대화를 나눈 사실이 있을 뿐인 경우, 단순한 의례적·사교적인 덕담이나 상대방을 격려하기 위한 인사치례의 표현에 불과하다고 한 사례)
63) 광주지방법원 2004. 11. 4. 선고 2004고합391 판결
64) 2007. 10. 25. 선고 2007도4069 판결, 2002. 1. 22. 선고 2001도4014 판결
65) 2017. 12. 5. 선고 2017도13458 판결, 2006. 6. 27. 선고 2006도2370 판결
66) 2002. 1. 22. 선고 2001도4014 판결
67) 1999. 10. 22. 선고 99도2971 판결

(6) 벌칙

(가) 벌칙

법 제135조(선거사무관계자에 대한 수당과 실비보상) 제3항의 규정에 위반하여 수당·실비 기타 자원봉사에 대한 보상 등 명목여하를 불문하고 선거운동과 관련하여 금품 기타 이익의 제공 또는 그 제공의 의사를 표시하거나 그 제공을 약속한 자는 5년 이하의 징역 또는 3천만원 이하의 벌금에 처한다(법§230①4.).[68]

법 제230조의 죄를 범한 자가 받은 이익은 몰수한다. 다만, 그 전부 또는 일부를 몰수할 수 없는 때에는 그 가액을 추징한다(법§236).

본죄는 재정신청대상 중요선거범죄이다(법§273①).

(나) 죄수

법 제230조(매수 및 이해유도죄) 제1항 제4호, 제135조(선거사무관계자에 대한 수당과 실비보상) 제3항에서 처벌대상으로 규정하고 있는 행위인 선거운동과 관련하여 금품 기타 이익을 제공하는 행위는 금품 등을 제공받은 상대방별로 죄가 성립하므로,[69] 공소사실에 금품 등을 제공받은 상대방을 특정하여야 한다. 공소사실이 특정되지 아니하였을 때에는 법원은 검사에게 석명을 구하여 공소사실의 특정을 요구하여야 하고, 그런데도 검사가 공소사실을 특정하지 아니하는 경우에는 그 특정되지 아니한 부분의 공소사실을 기각하여야 한다.[70] 선거운동과 관련하여 금품제공을 약속한 후 이를 제공한 경우 그 약속은 제공에 흡수되나, 금품제공을 약속한 후 실제로는 그 일부만을 제공한 경우에 있어서는 금품제공약속행위 전부가 금품제공행위에 흡수된다고 볼 수는 없고, 금품제공약속행위 전부와 금품제공행위를 포괄하여 법 제135조(선거사무관계자에 대한 수당과 실비보상) 제3항, 제230조(매수 및 이해유도죄) 제1항 제4호 위반죄의 1죄가 성립한다.[71]

(다) 공모관계

2인 이상이 공모하여 범죄에 공동 가공하는 공범관계의 경우 공모는 법률상 어떤 정형을 요구하는 것이 아니고 공범자 상호간에 직접 또는 간접으로 범죄의 공동실행에 관한 암묵적

---

68) 법 제135조(선거사무관계자에 대한 수당과 실비보상) 제3항의 '금품 기타 이익의 제공 또는 그 제공의 의사를 표시하거나 그 제공을 약속·지시·권유·알선·요구 또는 수령'행위 중 '지시·권유·알선·요구 또는 수령'행위, 법 제230조(매수 및 이해유도죄) 제2항, 제5항의 '정당·후보자 등 후보관계자와 선관위 직원 등 공무원의 가중처벌' 등에 대하여는 본서 제25편 벌칙 제1장 매수 및 이해유도죄에서 상술한다.

69) 1999. 4. 9. 선고 98도1432 판결

70) 2015. 11. 12. 선고 2015도10982 판결

71) 2013. 2. 28. 선고 2012도15689 판결

인 의사연락이 있으면 족하고, 이에 대한 직접증거가 없더라도 정황사실과 경험법칙에 의하여 이를 인정할 수 있다. 국회의원 후보자가 지구당 선거대책본부 간부들로부터 선거운동 자원봉사자들에게 법 제135조(선거사무관계자에 대한 수당과 실비보상)에 규정된 수당·실비 기타 이익이 아닌 정책개발비 명목의 선거활동비가 지급되리라는 것을 사전에 알았을 것으로 보이고, 그 지급 후에도 그들 명의로 된 정책개발비 영수증 등을 확인하고 출금전표에 결재한 점 등에 비추어 각 금원 제공의 점에 대하여 위 간부들과 공모하였다고 봄이 상당하다.[72]

72) 2002. 6. 28. 선고 2002도868 판결

제16편 투표

1. 투표제도의 의의

가. 의의

민주주의 정치의 절차적 핵심인 선거에서 투표행위는 선거의 요체이다. 콩도르세(Condorcet) 배심정리의 핵심적인 내용은 "올바른 결정을 할 수 있는 투표자의 수가 증가할수록 선거의 결과는 올바른 결정에 가까워질 수 있다."는 것이다.[1] 따라서 국민의 올바른 결정을 이끌어 내기 위해서는 선거권을 가진 국민들의 대다수가 투표에 참가할 수 있도록 하는 투표제도를 확립하는 것이 무엇보다 필요하다. 법은 선거권행사를 보장하고(법§6), 다른 자에게 고용된 사람의 투표시간을 보장(법§6의2)하는 등 보다 많은 유권자가 선거에 참여하여 투표할 수 있도록 하고 있다.

나. 유형

투표제도에는 ① 선거인이 정당한 사유 없이 투표를 하지 않을 경우 재산형 또는 공권의 박탈·정지 등을 부과하여 투표기권을 방지하고자 하는 '강제투표제'와 이에 반하여 투표를 선거인의 자유의사에 맡기는 '자유투표제 또는 임의투표제', ② 투표의 내용을 비밀로 하는 '비밀투표제'와 그 내용을 공개하는 '공개투표제', ③ 선거인이 투표용지에 투표할 후보자의 성명 등을 자필로 기재하는 '자서투표제'와 후보자의 성명 등이 기재되어 있는 투표용지에 기표도구 등으로 표시를 하는 '기표투표제', ④ 투표용지에 선거인의 성명을 기재하는 '기명투표제'와 이를 기재하지 아니하는 '무기명투표제', ⑤ 선거인이 후보자 1인만을 지명하여 투표하는 '단기투표제'와 2인 이상을 지명하는 '연기투표제' 등이 있다. 현재 우리나라의 공직선거 등에서는 아래에서 보는 바와 같이, 자유·비밀·기표·무기명·단기투표제를 채택하고 있다.

---

1) 손형섭, 「인터넷 선거운동의 자유화에 관한 법적 연구 – Condorcet의 배심정리를 적용하여 –」, 세계헌법연구 제16권 제3호, 292쪽

다. 투표시간보장

(1) 투표에 필요한 시간 청구 고지

고용주는 고용된 사람이 투표하기 위하여 필요한 시간을 청구할 수 있다는 사실을 선거일 전 7일부터 선거일 전 3일까지 인터넷 홈페이지, 사보, 사내게시판 등을 통하여 알려야 한다(법§6의2③).

(2) 투표에 필요한 시간 청구

다른 시람에게 고용된 사람이 사전투표기간 및 선거일에 모두 근무를 하는 경우에는 투표하기 위하여 필요한 시간을 고용주에게 청구할 수 있다(법§6의2①). 고용주는 위 청구가 있으면 고용된 사람이 투표하기 위하여 필요한 시간을 보장하여 주어야 한다(법§6의2②).

사전투표기간에 근무하지 아니하는 휴무일이 포함되어 있는 경우 사전투표를 하지 아니한 피고용인이 선거일에 투표하려는 때에는 법 제6조의2(다른 자에게 고용된 사람의 투표시간 보장)는 적용되지 아니하나, 이 경우에도 고용주는 법 제6조(선거권행사의 보장) 제3항에 따라 피고용인의 투표에 필요한 시간을 보장하여야 하며 이를 휴무 또는 휴업으로 보지 아니한다.[2)]

2. 투표소 설치

가. 투표관리관 및 사전투표관리관

(1) 투표관리관 등의 설치

구 · 시 · 군선거관리위원회는 투표에 관한 사무를 관리하게 하기 위하여 투표구마다 투표관리관 1명을, 사전투표소마다 사전투표관리관 1명을 각각 둔다(법§146의2①).

(2) 투표관리관 등의 위촉 및 지정

(가) 위촉 및 지정

투표관리관 및 사전투표관리관(이하 “투표관리관등”이라 한다)은 국가 또는 지방자치단체의 소속 공무원 또는 각급 학교의 교직원 중에서 위촉하며, 사전투표관리관은 위촉된 투표관리관 중에서 지정할 수 있다(법§146의2②). 국가기관 · 지방자치단체 및 각급 학교의 장이 선거관리위원회로부터 투표관리관 등의 추천 협조요구를 받은 때에는 우선적으로 이에 따라야 한다(법§146의2③).

---

2) 2014. 6. 1. 중앙선관위 질의회답

구 · 시 · 군선거관리위원회는 선거가 있을 때마다 선거일 전 60일(선거일 전 60일 후에 선거의 실시사유가 확정된 보궐선거 등에 있어서는 그 선거의 실시사유가 확정된 후 5일)부터 선거일 후 10일까지 투표관리관 등을 위촉 · 운영한다. 이 경우 사전투표관리관은 사전투표기간 중 일자별로 순번을 정하여 지정할 수 있다(규칙§67①). 투표관리관등이 되고자 하는 자는 규칙이 정하는 서식[3]에 따른 본인승낙서를 제출하여야 한다. 다만, 법 제146조의2(투표관리관 및 사전투표관리관) 제3항에 따라 국가기관 · 지방자치단체 및 각급 학교의 장이 「정당법」 제22조(발기인 및 당원의 자격)에 따라 당원이 될 수 없는 공무원 또는 교원을 추천하는 때에는 그 제출을 생략할 수 있다(규칙§67⑥).

(나) 제재

법 제146조의2(투표관리관 및 사전투표관리관) 제3항을 위반하여 정당한 사유 없이 선거관리위원회로부터 투표관리관 등의 추천 협조요구에 따르지 아니한 자는 200만원 이하의 과태료를 부과한다(법§261⑦2.사.).

(3) 투표관리관 등의 직무

투표관리관 등은 법규를 준수하고 성실하게 직무를 수행하여야 하며, 관할구 · 시 · 군선거관리위원회 및 읍 · 면 · 동선거관리위원회의 지시에 따라야 한다(규칙§67②). 투표관리관 등은 해당 투표구 또는 사전투표소의 투표사무원에 대하여 투표관리사무의 처리에 있어 필요한 지시 · 감독을 할 수 있다(규칙§67③).

구 · 시 · 군선거관리위원회는 투표구 또는 사전투표소마다 투표사무원 중에서 1인을 미리 지정하여 투표관리관 등이 유고 그 밖의 사유로 직무를 수행할 수 없게 된 때에는 그 직무를 행하게 할 수 있으며, 미리 지정한 투표사무원이 유고 그 밖의 사유로 직무를 수행할 수 없게 된 때에는 투표사무원 중 연장자순에 의하여 투표관리관 등의 직무를 행하게 할 수 있다(규칙§67④).

(4) 투표관리관 등의 해촉

구 · 시 · 군선거관리위원회는 투표관리관 등이 다음 각 호의 어느 하나에 에 해당하는 경우에는 해촉할 수 있다(규칙§67⑦).

1. 법규에 위반되거나 불공정한 행위를 한 경우
2. 정당한 사유 없이 관할구 · 시 · 군선거관리위원회 또는 읍 · 면 · 동선거관리위원회의 지시 · 명령에 불응하거나 그 임무를 게을리 한 경우

3) 규칙 별지 제40호의2 서식 본인승낙서

3. 건강 또는 그 밖의 사유로 임무를 수행하기 어렵다고 인정되는 경우

구·시·군선거관리위원회는 투표관리관 등이 규칙 제67조(투표관리관 및 사전투표관리관) 제7항 제1호 및 제2호에 해촉사유에 해당하는 행위를 한 때에는 그 소속 국가기관·지방자치단체·학교의 장에게 그 사실을 통보하여야 한다(규칙§67⑨).

(5) 투표관리관 등의 위촉·해촉 공고와 통보

구·시·군선거관리위원회가 투표관리관 등을 위촉 또는 해촉한 때에는 지체 없이 이를 공고하고 그가 소속된 국가기관·지방자치단체·학교의 장 및 관할읍·면·동선거관리위원회에 통보하여야 한다(규칙§67⑧).

나. 투표소의 설치

(1) 투표소 설치 구역

읍·면·동선거관리위원회는 선거일 전일까지 관할 구역 안의 투표구마다 투표소를 설치하여야 한다(법§147①).

(2) 투표소 설치 장소

(가) 설치장소

투표소는 투표구 안의 학교, 읍·면·동사무소 등 관공서, 공공기관·단체의 사무소, 주민회관 기타 선거인이 편리한 곳에 설치한다. 다만, 당해 투표구 안에 투표소를 설치할 적당한 장소가 없는 경우에는 인접한 다른 투표구 안에 설치할 수 있다(법§147②). 학교·관공서 및 공공기관·단체의 장은 선거관리위원회로부터 투표소 설치를 위한 장소사용 협조요구를 받은 때에는 우선적으로 이에 응하여야 한다(법§147③).

투표소는 고령자·장애인·임산부 등 이동약자(이하 "이동약자"라 한다)의 투표소 접근 편의를 위하여 1층 또는 승강기 등의 편의시설이 있는 곳에 설치하여야 한다. 다만, 원활한 투표관리를 위하여 적절한 장소가 없는 경우에는 그러하지 아니하다(규칙§67의2①). 위 단서에 따라 투표소를 설치하는 경우에는 투표소 입구에 이동약자를 보조할 투표사무원 등을 배치하거나 임시 기표소를 설치하는 등 이동약자가 투표하는데 지장이 없도록 필요한 조치를 취하여야 한다(규칙§67의2②).[4)]

---

4) 헌법재판소는, 공직선거법에 투표소 내 수화통역인을 배치하도록 하는 규정이 없는 것과 관련하여, '헌법에서 국회의원선거 당일 투표소 내에 수화통역인을 배치하도록 하는 내용의 구체적이고 명시적인 입법의무를 부여하였다고 볼 수 없고 다른 헌법 조항을 살펴보아도 위와 같은 사항에 대한 명시적인 입법위임은 존재하지 아니한다. 나아가 헌법 해석상 위와 같은 내용의 입법의무가 인정되려면 입법공백으로 인하여 선거권의 기본적이고 본질적인 내용이 침해될 우려가 있는 경우라야 할 것인데, 청구인과 같이 보행성 장애가

병영 안과 종교시설 안에는 투표소를 설치하지 못한다. 다만, 종교시설의 경우 투표소를 설치할 적합한 장소가 없는 부득이한 경우에는 그러하지 아니하다(법§147④).

투표소가 초등학교 내의 가교사 2개 교실 중 1교실에 설치되었으며 다만 동 투표소입구라는 표시만을 초등학교 정문에 부착한 경우, 위 초등학교 교정이 투표소에 포함된다고 볼 수 없고 특정된 제한구역만을 투표소로 보아야 하고,5) 투표소가 건물 2층에 설치되어 있었고, 선거 당일 1급 장애인인 선거인○○○이 휠체어를 타고 투표소가 설치된 건물로 가족들과 함께 나왔다가 다른 가족들은 투표를 마쳤으나 자신은 투표소로 올라가지 않은 상태에서 투표를 포기하고 되돌아간 경우, 이러한 투표 포기의 결과를 들어 그것이 바로 선거관리위원회의 선거법규에 위배된 선거관리상의 하자에 기인한 것으로서 선거의 결과에 영향을 미쳤다고 단정할 수 없다.6)

(나) 제재

법 제147조(투표소의 설치) 제3항을 위반하여 정당한 사유 없이 선거관리위원회로부터 투표소 설치를 위한 장소사용 협조요구에 따르지 아니한 자에게는 500만원 이하의 과태료를 부과한다(법§261④).

(3) 투표소의 설비

투표소에는 기표소 · 투표함 · 참관인 좌석 그 밖의 투표관리에 필요한 시설을 설비하여야 한다(법§147⑤). 읍 · 면 · 동선거관리위원회와 투표관리관은 선거일 전일까지 투표소에 ① 투표참관인의 좌석, ② 선거인명부의 대조와 투표용지의 교부에 필요한 시설, ③ 투표함, ④ 기표소, ⑤ 그 밖의 투표사무에 필요한 시설의 설비를 하여야 한다(규칙§67의2③).

기표소는 그 안을 다른 사람이 엿볼 수 없도록 설비하여야 하며 어떠한 표지도 하여서는 아니 된다(법§147⑥).

정당 · 후보자 · 선거사무장 또는 선거연락소장은 투표소의 설비에 대하여 그 시정을 요구할 수 있다(법§147⑦).

없는 청각장애인은 투표소까지의 이동에 아무런 불편이 없는 점, 공직선거법(2012. 2. 29. 법률 제11374호로 개정된 것) 제153조(투표안내문의 발송)에 따라 투표소의 위치, 투표시간, 투표시 필요한 지참물 등이 기재된 투표안내문이 발송될 뿐만 아니라, 각 투표소에 장애인을 위한 다수의 투표안내도우미 등이 배치되어 있고 투표소 내에 각종 시각적인 투표안내 정보가 존재하며 기표행위를 함에 있어 수화통역이 필수적이라고 보기 어려운 점 등을 종합하여 보면, 장애인 투표 편의를 위한 기존의 입법 외에 투표소 내에 수화통역인을 배치하도록 하는 내용의 구체적 · 개별적 사항에 대한 입법의무가 헌법해석상 도출된다고 볼 수 없다.'고 판시하였다(2013. 8. 29. 선고 2012헌마840 결정).

5) 대전지방법원 천안지원 1971. 7. 20. 선고 70고1590 판결

6) 2000. 10. 24. 선고 2000수25 판결

(4) 공고

투표소를 설치하는 때에는 읍·면·동선거관리위원회는 선거일 전 10일까지 그 명칭과 소재지를 공고하여야 한다. 다만, 천재·지변 기타 부득이한 사유가 있는 때에는 이를 변경할 수 있으며, 이 경우에는 즉시 공고하여 선거인에게 알려야 한다(법§147⑧).

(5) 투표사무원

(가) 투표사무원의 위촉

읍·면·동선거관리위원회는 투표사무를 보조하기 위하여 다음 각 호의 어느 하나에 해당하는 자 중에서 투표사무원을 위촉하여야 한다(법§147⑨).

1. 「국가공무원법」 제2조(공무원의 구분)에 규정된 국가공무원과 「지방공무원법」 제2조(공무원의 구분)에 규정된 지방공무원. 다만, 일반직공무원의 행정직군 중 교정·보호·검찰사무·마약수사·출입국관리·철도공안 직렬의 공무원과 교육공무원 외의 특정직공무원 및 정무직공무원을 제외한다.
2. 각급 학교의 교직원
3. 「은행법」 제2조(정의)의 규정에 의한 은행의 직원
4. 법 제53조(공무원 등의 입후보) 제1항 제4호 내지 제6호에 규정된 기관 등의 직원
5. 투표사무를 보조할 능력이 있는 공정하고 중립적인 자

위 제9항 제1호부터 제4호까지의 기관·단체의 장이 선거관리위원회로부터 투표사무원의 추천 협조요구를 받은 때에는 우선적으로 이에 따라야 한다(법§147⑩).

(나) 제재

법 제147조(투표소의 설치) 제9항의 규정에 의하여 투표사무원으로 위촉된 자가 정당한 사유 없이 그 직무수행을 거부·유기하거나 해태한 자는 100만원 이하의 과태료를 부과한다(법§261⑧2.바.). 법 제147조(투표소의 설치) 제10항을 위반하여 정당한 사유 없이 선거관리위원회로부터 투표사무원의 추천 협조요구에 따르지 아니한 자는 200만원 이하의 과태료를 부과한다(법§261⑦2.사.).

다. 사전투표소의 설치

(1) 사전투표소 설치장소

(가) 설치장소

구·시·군선거관리위원회는 선거일 전 5일부터 2일 동안[7](이하 "사전투표기간"이라 한다) 관

할구역(선거구가 해당 구·시·군의 관할구역보다 작은 경우에는 해당 선거구를 말한다)의 읍·면·동마다 1개소씩 사전투표소를 설치·운영하여야 한다. 다만, 다음 각 호의 어느 하나에 해당하는 경우에는 해당 지역에 사전투표소를 추가로 설치·운영할 수 있다(법§148①).[8)]

1. 읍·면·동 관할구역에 군부대 밀집지역 등이 있는 경우
2. 읍·면·동이 설치·폐지·분할·합병되어 관할구역의 총 읍·면·동의 수가 줄어든 경우
3. 읍·면·동 관할구역에 「감염병의 예방 및 관리에 관한 법률」 제36조(감염병관리기관의 지정 등) 제3항에 따른 감명병관리서설 또는 같은 법 제39조의3(감염병의심자 격리시설 지정) 제1항에 따른 감염병의심자 격리시설이 있는 경우
4. 천재지변 또는 전쟁·폭동, 그 밖에 부득이한 사유로 인하여 사전투표소를 추가로 설치·운영할 필요가 있다고 관할구·시·군선거관리위원회가 인정하는 경우

학교·관공서 및 공공기관·단체의 장은 선거관리위원회로부터 사전투표소 설치를 위한 장소사용 협조요구를 받은 때에는 우선적으로 이에 응하여야 한다(법§148④, §147③).

사전투표소는 이동약자의 사전투표소 접근 편의를 위하여 1층 또는 승강기 등의 편의시설이 있는 곳에 설치하여야 한다. 다만, 원활한 투표관리를 위하여 적절한 장소가 없는 경우에는 그러하지 아니하다(규칙§68①, §67의2①). 위 단서에 따라 사전투표소를 설치하는 경우에는 사전투표소 입구에 이동약자를 보조할 사전투표사무원 등을 배치하거나 임시 기표소를 설치하는 등 이동약자가 투표하는데 지장이 없도록 필요한 조치를 취하여야 한다(규칙§68①, §67의2②).

병영 안과 종교시설 안에는 사전투표소를 설치하지 못한다. 다만, 종교시설의 경우 사전투표소를 설치할 적합한 장소가 없는 부득이한 경우에는 그러하지 아니하다(법§148④, §147④).

---

7) 헌법재판소는, 부재자투표기간을 '선거일 전 6일부터 2일간'으로 정한 구 공직선거법(2005. 8. 4. 법률 제7681호로 개정된 것) 제148조(사전투표소의 설치) 제1항에 대하여, '위 조항에 따라 부재자투표소 투표자는 일반투표자에 비해 적어도 5일 먼저 후보자를 결정하여 투표해야 하므로 후보자에 관한 정보의 취득이나 선택에 필요한 숙려기간이 그만큼 단축되어 선거권과 평등권에 제한을 받게 되나 그 제한의 정도가 크지 않고, 선거 당일 투표 종료 직후 부재자투표를 포함한 모든 투표에 대해 개표하는 것은 공정한 선거관리를 위해 그 정당성을 충분히 인정할 수 있는 바, 현행 우편제도 하에서 전국의 모든 부재자투표소의 투표지가 전국의 각 구·시·군 선거관리위원회로 송달되는데 걸리는 시간을 고려하여 부재자투표소 투표를 선거일 5일 전까지 마치도록 한 것이 입법자의 합리적인 입법형성의 범위를 벗어난 것으로 보기 어렵다.' 고 판시하였다(2010. 4. 29. 선고 2008헌마438 결정).

8) 공직선거법은 2022. 1. 21. 법률 제18791호로 개정하여 2018. 6. 13. 이후 지방자치단체의 통합·개편으로 인하여 읍·면·동의 수가 감소한 지역에 사전투표소를 추가로 설치할 수 있도록 하기 위하여 법 제148조(사전투표소의 설치) 제1항 단서 제1호 및 제2호를 신설하였고, 2022. 2. 16. 법률 제18837호로 개정하여 사전투표기간과 선거일 사이에 코로나19 확진판정을 받거나 자가격리에 들어가는 유권자가 투표할 수 있도록 하기 위하여 법 제148조(사전투표소의 설치) 제1항 단서 제3호 및 제4호를 신설하였다.

(나) 제재

법 제148조(사전투표소의 설치) 제4항에 의하여 준용되는 제147조(투표소의 설치) 제3항을 위반하여 정당한 사유 없이 선거관리위원회로부터 사전투표소 설치를 위한 장소사용 협조요구에 따르지 아니한 자에게는 500만원 이하의 과태료를 부과한다(법§261④).

(2) 설비

사전투표소에는 기표소·투표함·참관인 좌석 그 밖의 투표관리에 필요한 시설을 설비하여야 한다(법§148④, §147⑤). 구·시·군선거관리위원회는 선거일 전 6일까지 사전투표소에 각각 ① 사전투표참관인의 좌석, ② 본인여부 확인 및 투표용지 발급에 필요한 전산설비 및 시설, ③ 사전투표함, ④ 기표소, ⑤ 그 밖의 사전투표사무에 필요한 시설의 설비를 하여야 한다(규칙§68④). 기표소는 그 안을 다른 사람이 엿볼 수 없도록 설비하여야 하며 어떠한 표지도 하여서는 아니된다(법§148④, §147⑥). 정당·후보자·선거사무장 또는 선거연락소장은 사전투표소의 설비에 대하여 그 시정을 요구할 수 있다(법§148④, §147⑦).

중앙선거관리위원회는 사전투표소에서 통합선거인명부를 사용하기 위한 선거전용통신망을 구축하여야 하며, 정보의 불법유출·위조·변조·삭제 등을 방지하기 위한 기술적 보호조치를 하여야 한다(법§148⑤).[9]

(3) 공고

구·시·군선거관리위원회는 사전투표소를 설치할 때에는 선거일 전 9일까지 그 명칭·소재지 및 설치·운영기간을 공고하고, 선거사무장 또는 선거연락소장에게 이를 통지하여야 하며, 관할구역 안의 투표구마다 5개소에 공고문을 첩부하여야 한다. 사전투표소의 설치장소를 변경한 때에도 또한 같다(법§148②). 관할구·시·군선거관리위원회는 사전투표소의 설치의 공고와 통지를 하는 때에는 관할구역 안에 설치한 사전투표소를 일괄하여 행한다. 이 경우 투표구마다 첩부하는 사전투표소 설치의 공고문에는 당해 선거관리위원회의 청인의 날인을 생략할 수 있다(규칙§68⑤).

(4) 사전투표사무원

(가) 사전투표사무원의 위촉

구·시·군선거관리위원회는 사전투표소의 투표사무를 보조하게 하기 위하여 법 제147조

9) 2021. 3. 26. 법률 제17981호로 법 제148조(사전투표소의 설치) 제5항을 개정하여, 사전투표관리에 대한 투명성을 강화하기 위하여 선거정보통신망에 정보의 불법유출 등을 방지하기 위한 기술적 보호조치를 시행하도록 명확히 하였다.

(투표소의 설치) 제9항 각 호의 어느 하나에 해당하는 사람 중에서 사전투표사무원을 두어야 한다(법§148③). 법 제147조(투표소의 설치) 제9항 제1호부터 제4호까지의 기관·단체의 장이 선거관리위원회로부터 사전투표사무원의 추천 협조요구를 받은 때에는 우선적으로 이에 따라야 한다(법§148④, §147⑩). 사전투표사무원으로 위촉된 자가 사전투표사무를 처리하는 때에는 사전투표관리관의 지시에 따라야 한다(규칙§68⑥).

(나) 제재

법 제148조(사전투표소의 설치) 제3항의 규정에 의하여 사전투표사무원으로 위촉된 자가 정당한 사유 없이 그 직무수행을 거부·유기하거나 해태한 자는 100만원 이하의 과태료를 부과한다(법§261⑧2.바.).

라. 기관·시설 안의 기표소

(1) 거소투표인수 등의 신고 및 공고

다음 각 호의 어느 하나에 해당하는 기관·시설(이하 "기관·시설"이라 한다)로서 법 제38조(거소·선상투표신고) 제1항의 거소투표신고인을 수용하고 있는 기관·시설의 장은 그 명칭과 소재지 및 거소투표신고인수 등을 선거인명부작성기간 만료일 후 3일까지 관할구·시·군선거관리위원회에 신고하여야 한다(법§149①).

1. 병원·요양소·수용소·교도소 및 구치소
2. 「장애인복지법」 제58조(장애인복지시설) 제1항 제1호에 따른 장애인 거주시설
3. 「감염병의 예방 및 관리에 관한 법률」 제36조(감염병관리기관의 지정 등) 제3항에 따른 감염병관리시설 또는 같은 법 제39조의3(감염병의심자 격리시설 지정) 제1항에 따른 감염병의심자 격리시설

신고를 받은 관할구·시·군선거관리위원회는 거소투표신고인을 수용하고 있는 기관·시설의 명칭과 소재지 및 거소투표인수 등을 공고하여야 한다(법§149②). 기관·시설의 명칭과 소재지 및 거소투표신고인수 등을 신고 받은 관할구·시·군선거관리위원회는 그 신고만료일의 다음 날까지 이를 공고하여야 한다(규칙§70②).

(2) 기표소 설치

(가) 기표소 설치 및 설치요구

10명 이상의 거소투표신고인을 수용하고 있는 기관·시설의 장은 일시·장소를 정하여 해당 신고인의 거소투표를 위한 기표소를 설치하여야 한다(법§149③).

후보자(대통령선거에서 정당추천후보자의 경우에는 그 추천정당을 말한다)·선거사무장 또는 선

거연락소장은 10명 미만의 거소투표신고인을 수용하고 있는 기관·시설의 장에게 법 제149조(기관·시설 안의 기표소) 제2항에 따른 공고일 후 2일 이내에 거소투표를 위한 기표소 설치를 요구할 수 있다. 이 경우 기관·시설의 장은 정당한 사유가 없는 한 이에 따라야 한다(법§149④). 법 제149조(기관·시설 안의 기표소) 제4항에 따른 정당·후보자·선거사무장 또는 선거연락소장(이하 "정당 등"이라 한다)의 기관·시설 안의 기표소 설치 요청은 규칙이 정하는 서식[10]에 따르며, 정당 등이 10명 미만의 거소투표신고인을 수용하고 있는 기관·시설의 장에게 기표소 설치를 요청한 때에는 지체 없이 그 요청서 사본을 관할구·시·군선거관리위원회에 제출하여야 한다(규칙§70③).

(나) 기표소 설치 신고 및 공고

기표소를 설치하는 기관·시설의 장은 기표소 설치·운영 일시 및 장소를 정하여 그 기표소 설치일 전 2일까지 관할구·시·군선거관리위원회에 신고하여야 하며, 신고를 받은 관할구·시·군선거관리위원회는 이를 공고하여야 한다(법§149⑤). 법 제149조(기관·시설 안의 기표소) 제1항·제5항에 따른 10명 이상의 거소투표신고인을 수용하고 있는 기관·시설 및 기표소 설치의 신고 및 10명 미만의 거소투표신고인을 수용하고 있는 기관·시설 및 기표소 설치의 신고는 규칙이 정하는 각 서식[11]에 따른다(규칙§70①). 기표소 설치·운영 일시 및 장소의 신고를 받은 관할구·시·군선거관리위원회는 기관·시설안의 기표소 설치일 전일까지 이를 공고하여야 한다(규칙§70④).

기관·시설의 장이 기표소 설치신고를 한 때에는 기표소의 설치·운영 일시 및 장소를 해당 거소투표신고인에게 안내하여야 한다(규칙§70⑤).

(다) 제재

법 제149조(기관·시설 안의 기표소) 제3항, 제4항을 위반하여 10명 이상의 거소투표신고인을 수용하고 있는 기관·시설의 장이 일시·장소를 정하여 해당 신고인의 거소투표를 위한 기표소를 설치하지 아니하거 10명 미만의 기관·시설의 장이 거소투표를 위한 기표소 설치를 요청받고도 정당한 사유 없이 이에 따르지 아니한 사람은 200만원 이하의 과태료를 부과한다(법§261⑦2.아.).

---

10) 규칙 별지 제41호 서식의 (바) 거소투표신고인을 위한 기표소 설치 요청

11) 규칙 별지 제41호 서식의 (다) 거소투표신고인 수용 기관·시설 및 기표소 설치 신고서, 제41호 서식의 (라) 거소투표신고인 수용 기관·시설 신고서, 제41호 서식의 (마) 거소투표신고인 수용 기관·시설 안의 기표소 설치·운영 신고서

(3) 설비

기관·시설의 장은 기표소를 설치하는 장소에 기표소·참관좌석, 그 밖에 필요한 시설을 설비하여야 한다(법§149⑦). 기관·시설의 장은 투표개시 전까지 기표소를 설치하는 장소에 ① 기표소, ② 투표참관에 필요한 좌석, ③ 그 밖의 기표에 필요한 시설의 설비를 하여야 한다(규칙§70⑥).

(4) 참관

후보자·선거사무장·선거연락소장은 선거권자 중에서 1명을 선정하여 기관·시설의 장이 설치·운영하는 기표소의 투표상황을 참관하게 할 수 있다(법§149⑥).

3. 투표용지의 정당·후보자의 게재순위

가. 투표용지의 표시

투표용지에는 후보자의 기호·정당추천후보자의 소속 정당명 및 성명을 표시하여야 한다. 다만, 무소속후보자는 후보자의 정당추천후보자의 소속 정당명의 란에 "무소속"으로 표시하고, 비례대표국회의원선거 및 비례대표지방의회의원선거에 있어서는 후보자를 추천한 정당의 기호와 정당명을 표시하여야 한다(법§150①). 기호는 투표용지에 게재할 정당 또는 후보자의 순위에 의하여 "1, 2, 3" 등으로 표시하여야 하며, 정당명과 후보자의 성명은 한글로 기재한다. 다만, 한글로 표시된 성명이 같은 후보자가 있는 경우에는 괄호 속에 한자를 함께 기재한다(법§150②).[12)]

12) 헌법재판소는, 투표용지의 후보자 기호를 순위에 따라 "1, 2, 3" 등의 아라비아 숫자로 표시하도록 규정한 법 제150조(투표용지의 정당·후보자의 게재순위 등) 제2항과 관련하여, '공직선거에서 후보자 기호에 관해서는 1947. 3. 18. 국회의원선거법 제정 당시 "1획, 2획, 3획" 등으로 표시하도록 규정하고, 1950. 4. 12. 국회의원선거법 개정과 1952. 7. 18. 대통령선거법 제정으로 "Ⅰ, Ⅱ, Ⅲ" 등의 로마자 숫자를 기호로 표시하도록 규정했으며, 1969. 1. 23. 위 각 법률의 개정을 통해 아라비아 숫자를 기호로 표시하도록 규정한 것이 이 사건 기호조항까지 이어진 것이다. 이는 보다 가독성 높은 기호를 사용하도록 함으로써 유권자의 혼동을 방지하고, 선거의 원활한 운영을 도모하기 위한 것으로 그 목적이 정당하다 할 것이고, 아라비아 숫자는 현재 가장 보편적으로 쓰이는 형태의 숫자로 다른 형태의 기호에 비하여 가독성이 매우 높아 이를 기호로 채택하는 것이 다른 기호 사용에 비하여 현저히 합리성을 상실한 기호 채택이라고 할 수 없다.'고 판시하였다(2020. 2. 27. 선고 2018헌마454 결정).

나. 정당 및 후보자의 게재순위

(1) 정당·후보자 게재순위

후보자의 게재순위를 정함에 있어서는 후보자등록마감일 현재 국회에서 의석을 갖고 있는 정당의 추천을 받은 후보자, 국회에서 의석을 갖고 있지 아니한 정당의 추천을 받은 후보자, 무소속후보자의 순으로 하고, 정당의 게재순위를 정함에 있어서는 후보자등록마감일 현재 국회에서 의석을 가지고 있는 정당, 국회에서 의석을 가지고 있지 아니한 정당의 순으로 한다(법§150③).[13] 국회에서 의석을 가지고 있는 정당의 게재순위를 정함에 있어 ① 국회에 5명 이상의 소속 지역구국회의원을 가진 정당, ② 직전 대통령선거, 비례대표국회의원선거 또

13) 헌법재판소는, 정당·의석수를 기준으로 한 기호배정에 관한 구 공직선거법(2005. 8. 4. 법률 제7681호로 개정된 것) 제150조(투표용지의 정당·후보자의 게재순위 등) 제4항에 대하여, '현행 정당·의석우선제도는 선거운동의 준비나 선거운동에 있어서 다수의석을 가진 정당후보자에게 유리하고, 소수의석을 가진 정당이나 의석이 없는 정당후보자 및 무소속후보자에게는 상대적으로 불리하여 차별을 두었다고 할 수 있다. 그러나 정당제민주주의에 바탕을 둔 우리 헌법은 정당설립의 자유와 복수정당제를 보장하고(헌법 제8조 제1항), 정당의 목적·조직·활동이 민주적인 한 법률이 정하는 바에 의하여 국가의 보호를 받으며, 정당운영에 필요한 자금도 보조받을 수 있도록 하는 등(같은 조 제2항 내지 제4항) 정당을 일반결사에 비하여 특별히 두텁게 보호하고 있다. 그리고 정당이 국민의 정치적 의사형성에 참여하는 가장 중요한 형태는 공직선거에 있어서 후보자를 추천·지지함으로써 행하는 선거를 통한 참여라고 할 것이고, 여기에 정당 본래의 존재의의가 있다 할 것이다. 따라서 공직선거에 있어서 정당후보자에게 무소속후보자보다 우선순위의 기호를 부여하는 제도는 정당제도의 존재 의의에 비추어 그 목적이 정당하다. 또 정당·의석을 우선함에 있어서도 국회에 의석을 가진 정당의 후보자, 의석이 없는 정당의 후보자, 무소속후보자 순으로 하고, 국회의 의석을 가진 정당후보자 사이에는 의석순으로 하며, 의석이 없는 정당후보자 및 무소속후보자 사이의 각 순위는 정당명의 "가, 나, 다"순 등 합리적 기준에 의하고 있으므로 그 방법도 상당하다. 그러므로 위 조항은 평등권을 침해한다고 볼 수 없다. 한편, 위 조항은 후보자 선택을 제한하거나 다수의석을 가진 정당후보자 이외의 후보자나 무소속후보자의 당선기회를 봉쇄하는 것이 아니며, 단지 후보자에 대한 투표용지 게재순위를 결정하는 방법에 관한 규정일 뿐, 공무담임권과는 직접적인 관련이 없다 할 것이므로 공무담임권을 침해하는 것이라고 볼 수 없다'고 판시하였다(2013. 11. 28. 선고 2013헌마17 결정, 2011. 3. 31. 선고 2009헌마286 결정, 2007. 10. 4. 선고 2006헌마364·587·791(병합) 전원재판부 결정, 2004. 2. 26. 선고 2003헌마601 결정, 1997. 10. 30. 선고 96헌마94 결정, 1996. 3. 28. 선고 96헌마9·77·84·90(병합) 전원재판부 결정, 2020. 2. 27. 선고 2018헌마454 결정). : 위 헌법재판소의 결정과 관련하여, 김래영은 '첫째, 후보자의 기호가 후보자의 당락에 결정적 영향을 줄 수 있다는 점에서 평등권과 공무담임권을 침해하는 위헌의 여지가 있고, 둘째, 헌법상 선거운동의 기회균등의 원칙에 어긋나게 공무담임권의 과도한 제한이라고 할 수밖에 없고, 셋째, 선거에 있어서 기호를 어떤 방식으로 배정할 것인가 하는 문제가 의회의 입법재량에 속한다고 할 수 없다. 교육감선거는 정당공천이 없어, 후보자들의 추첨에 의하여 기호를 배정받게 된다. 2014. 2. 13. 법률 제12394호로 개정된 「지방교육자치에 관한 법률」 제48조(투표용지의 후보자 게재순위 등)는 교육감선거에서 "교호순번제"를 도입하였다. 현행과 같은 의석수 기준, 정당 우선 기호배정제도가 정당의 활동을 보장하고, 유권자의 편익을 위한 것이라면, 기호 없이, 투표용지에 "A당 홍길동"이라고 표시하는 것만으로 입법목적을 충분히 달성할 수 있기 때문에, 현행제도는 무소속 또는 군소정당 후보자의 선거운동의 자유, 평등권을 과잉금지의 원칙(피해의 최소성)에 위반하여 침해하는 위헌이다. 교육감선거에서의 교호순번제 실험을 모든 선거로 확대하는 입법개선을 진지하게 검토하여야 한다.'고 주장한다(김래영, 「제6회 지방선거와 관련한 공직선거법 상의 몇 가지 쟁점」, 법학논총 제38권 제3호, 556쪽–560쪽).

는 비례대표지방의회의원선거에서 전국 유효투표총수의 100분의 3 이상을 득표한 정당에 해당하는 정당은 전국적으로 통일된 기호를 우선하여 부여한다(법§150④).

전국 통일기호 부여대상 정당이 후보자를 추천하지 아니한 경우에도 해당 정당에 대한 기호를 부여한다.[14] '전국적으로 통일된 기호를 우선하여 부여'한다는 의미는 전국에 걸쳐 여러 선거구에 한 정당에서 복수 이상의 후보가 출마하는 선거의 경우뿐만 아니라 전국이 단일 선거구인 대통령선거 후보자의 투표용지 게재순위를 정함에 있어서도 적용된다.[15]

관할선거구선거관리위원회가 정당 또는 후보자의 게재순위를 정함에 있어서는 다음 각 호에 따른다(법§150⑤).

1. 후보자등록마감일 현재 국회에 의석을 가지고 있는 정당이나 그 정당의 추천을 받은 후보자 사이의 게재순위는 국회에서의 다수의석순. 다만, 같은 의석을 가진 정당이 둘 이상인 때에는 최근에 실시된 비례대표국회의원선거에서의 득표수 순
2. 후보자등록마감일 현재 국회에서 의석을 가지고 있지 아니한 정당이나 그 정당의 추천을 받은 후보자 사이의 게재순위는 그 정당의 명칭의 가나다순
3. 무소속후보자 사이의 게재순위는 관할선거구선거관리위원회에서 추첨하여 결정하는 순

법 제150조(투표용지의 정당·후보자의 게재순위 등) 제5항 제2호의 "정당의 명칭"에는 정당의 약칭은 포함되지 아니한다.[16] 합당된 정당은 합당 전 정당의 권리·의무를 승계하므로 법 제150조(투표용지의 정당·후보자의 게재순위 등) 제5항 제1호 단서의 '최근에 실시된 비례대표국회의원선거에서의 득표수'에는 합당 전 정당들이 해당 선거에서 얻은 득표수가 포함된다.[17]

(2) 지역구자치구·시·군의원 후보자 게재순위

지역구자치구·시·군의원선거에서 정당이 같은 선거구에 2명 이상의 후보자를 추천한 경우 그 정당이 추천한 후보자 사이의 투표용지 게재순위는 해당 정당이 정한 순위에 따르되, 정당이 정하지 아니한 경우에는 관할선거구선거관리위원회에서 추첨하여 결정한다. 이 경우 그 게재순위는 "1－가, 1－나, 1－다" 등으로 표시한다(법§150⑦).[18] 지역구자치구·시·군의

---

14) 2010. 4. 16. 중앙선관위 질의회답
15) 2012. 11. 7. 중앙선관위 질의회답
16) 2012. 2. 15. 중앙선관위 질의회답
17) 2018. 3. 5. 중앙선관위 질의회답[민중연합당(최근 비례대표국회의원선거 참여) 및 새민중당(최근 비례대표국회의원선거 불참)이 신설합당한 민중당이 대한애국당과 국회의석수가 같으나 민중연합당의 비례대표국회의원선거에서의 득표수를 승계하여 투표용지 게재순위가 앞서는 사안]
18) 헌법재판소는, 지방선거에서 통일된 기호를 부여받은 정당이 같은 선거구에 2인 이상의 후보자를 추천하는 경우 후보자 성명의 가나다순 기준으로 기호를 배정하는 구 공직선거법(2005. 8. 4. 법률 제7681호로 개정된 것) 제150조(투표용지의 정당·후보자의 게재순위 등) 제5항 후문과 관련하여, '위 조항은 선거운동의 준비, 홍보효과 등의 점에 있어서 선순위 기호를 가진 후보자를 유리하게 하고, 후순위 기호를 가진 후보자를 상대적으로 불리하게 하는 등 차별을 두고 있으나, 정당이 복수의 후보자를 추천하는 경우 그 후보자

원선거에서 같은 정당추천후보자 사이의 투표용지 게재순위를 해당 정당이 정한 때에는 규칙이 정하는 서식[19]에 의한 후보자추천서에 그 순위를 게재하여야 한다(규칙§71④).

(3) 추첨에 의한 게재순위 결정

같은 게재순위에 해당하는 정당 또는 후보자가 2 이상이 있을 때에는 소속 정당의 대표자나 후보자 또는 그 대리인의 참여하에 관할선거구선거관리위원회에서 후보자등록마감후에 추첨하여 결정한다. 다만, 추천개시시각에 소속 정당의 대표자나 후보자 또는 그 대리인이 참여하지 아니하는 경우에는 관할선거구선거관리위원회위원장 또는 그가 지명한 자가 그 정당 또는 후보자를 대리하여 추첨할 수 있다(법§150⑥). 법 제150조(투표용지의 정당·후보자의 게재순위 등) 제5항 제3호 또는 같은 조 제7항에 따라 무소속후보자 또는 추천정당이 정하지 아니한 지역구·시·군의원후보자 사이의 투표용지 게재순위를 결정하기 위하여 추첨하는 경우 그 추첨방법은 법 제150조(투표용지의 정당·후보자의 게재순위 등) 제6항을 준용한다(규칙§71⑩).

(4) 추가등록의 게재순위

대통령선거에 있어서 법 제51조(추가등록)의 규정에 의한 추가등록이 있는 경우에 그 정당의 후보자의 게재순위는 이미 결정된 종전의 당해 정당추천후보자의 게재순위로 한다(법§150⑨).

간에 후보자 성명의 가나다순을 기준으로 기호를 배정하는 것은 기호배정과 관련하여 일정한 기준을 마련하고, 선거의 원활한 운영을 도모하기 위한 것이어서 그 입법목적이 정당하며, 입법목적 달성을 위한 방법 또한 추첨이나 당내경선에 의한 득표수순에 의한 방법과 비교하더라도 적정하다고 할 것이므로 위 조항은 청구인들의 평등권을 침해하지 않는다. 또한 위 조항은 같은 선거구에 등록한 동일한 정당의 후보자에 대하여 후보자 성명의 가나다순에 따라 기호배정을 하고 있는 것일 뿐 청구인들의 공무담임권 내지 성명권을 제한하는 것은 아니다.'고 판시하였다(2007. 10. 4. 선고 2006헌마364·587·791(병합) 전원재판부 결정). : 그러나 위 헌법재판소의 결정은 이른바 '초두효과'를 심각하게 고려하지 않는 점이 있어 보인다. 이와 관련하여, 기현석은 '초두효과란 투표용지상 맨 처음 위치한 후보자에게 유리한 투표결과가 발생한다는 정치학계의 이론이다. 이와 관련하여 정치학계의 대다수 연구자는 최소한 다음과 같은 내용에 동의하고 있다. 즉 "후보자에 관한 정보가 없으면서, 선거가 강제되는 경우"에는 게재순위의 효과가 실제 투표결과에 영향을 미친다는 것이다. 지역구 지방의원 선거의 경우 유권자가 후보자에 대한 정보가 많지 않음에도(정보부족) 광역자치단체장 선거와 같은 다른 선거에 참여하기 위해 동시에 투표하는 경우(투표강제)가 많아 초두효과가 발생하기 쉽다.'고 한다(기현석, 「공직선거에서 투표용지의 게재순위에 대한 헌법학적 연구 : 순위효과에 대한 헌법학적 고찰」, 법학논총 제33집 제1호(2016), 127－128쪽).

19) 규칙 별지 제12호 서식의 (다) 후보자추천서

다. 후보자의 사퇴·사망 또는 등록무효인 경우

후보자등록기간이 지난 후에 후보자가 사퇴·사망하거나 등록이 무효로 된 때라도 투표용지에서 그 기호·정당명 및 성명을 말소하지 아니한다(법§150⑧).

라. 교육감선거의 후보자 게재순위 특칙

(1) 후보자 게재순위의 추첨

선거구선거관리위원회는 후보자등록마감 후에 후보자나 그 대리인을 현장에 출석시켜 추첨으로 후보자의 투표용지 게재순위를 결정하되, 그 추첨을 시작하는 시각까지 후보자나 그 대리인이 현장에 출석하지 아니한 경우에는 해당 선거구선거관리위원회 위원장이 그가 지명한 사람이 해당 후보자를 대리하여 추첨한다(교육자치법§48②).

(2) 후보자 게재순위

투표용지의 후보자 게재순위는 「교육감선거 관리규칙」이 정하는 바에 따라 자치구·시·군의회의원지역선거구(제주특별자치도는 제주특별자치도의회의원지역선거구를, 세종특별자치시는 세종특별자치시의회의원지역선거구를 말한다)별로 후보자의 투표용지 게재순위가 공평하게 배정될 수 있도록 순차적으로 바꾸어 가는 순환배열 방식으로 결정한다(교육자치법§48③).

후보자의 투표용지 게재순위는 ① 「교육자치법」 제48조(투표용지의 후보자 게재순위 등) 제2항에 따라 추첨으로 투표용지 게재순위(이하 "기본순위"라 한다)를 정한다. ② 자치구·시·군의회의원지역선거구별 투표용지 게재순위는 공직선거법 제26조(지방의회의원선거구의 획정) 제2항에 따라 획정된 자치구·시·군의회의원지역선거구 순으로 기본순위가 순환배열되도록 한다. 이 경우 기본순위의 순환배열은 가장 앞 선 순위의 후보자를 맨 마지막 순위로 순차적으로 바꾸어 가는 방식을 말한다(교육감선거 관리규칙§3②).

4. 투표용지와 투표함

가. 투표용지 및 투표함의 송부 및 인계

투표용지와 투표함은 구·시·군선거관리위원회가 작성하여 선거일 전일까지 읍·면·동선거관리위원회에 송부하며, 이를 송부받은 읍·면·동선거관리위원회 위원장은 투표용지를 봉함하여 보관하였다가 투표함과 함께 투표관리관에게 인계하여야 한다(법§151①). 읍·면·동선거관리위원회는 구·시·군선거관리위원회로부터 투표용지를 송부받은 때에는 투표관리관으로 하여금 투표용지의 매수·청인날인·일련번호 그 밖의 인쇄상태의 이상 유무 등을 확인한 후 이를 봉인하여 투표함 등 견고한 용기에 넣고 그 자물쇠를 봉쇄·봉인하게 한 다음 법 제151조(투표용지와 투표함의 작성) 제1항의 규정에 따라 인계하는 때까지 이를 보관하여야 한다(규칙§83).

나. 투표함의 작성

투표함의 규격은 별표 2 <투표함부도>에 따른다(규칙§72①). 하나의 선거에 관한 투표에 있어서 투표구마다 선거구별로 동시에 2개의 투표함을 사용할 수 없다(법§151②). 사전투표소의 투표함(이하 "사전투표함"이라 한다)과 우편으로 접수한 투표를 보관하는 투표함(이하 "우편투표함"이라 한다)은 따로 작성하되, 그 수는 예상 사전투표수 및 거소투표신고인수·선상투표신고인수를 감안하여 당해 구·시·군선거관리위원회가 정한다(법§151③).

다. 투표용지의 작성

(1) 기호·정당 명· 후보자 성명

투표용지를 작성하는 때에는 각 정당칸 또는 후보자칸 사이에 여백을 두어야 한다(법§151⑦).[20]

선거구선거관리위원회가 정당 또는 후보자의 투표용지 게재순위를 정한 때에는 규칙이 정하는 서식[21]에 의한 투표용지의 인쇄원고를 작성하여 지체 없이 구·시·군선거관리위원회에 송부하여야 한다(규칙§71①). 투표용지는 규칙이 정하는 서식[22]에 의하여 작성한다. 이 경우 대통령선거에서 후보자가 1인인 경우에는 해당 후보자란만을 작성하며, 법 제150조(투표용지의 정당·후보자의 게재순위 등) 제4항에 따라 전국적으로 통일된 기호를 부여받은 정당이 후보자를 추천하지 아니한 경우에는 투표용지에 그 기호, 정당명, 후보자의 성명 및 기표란은 게재하지 아니한다(규칙§71②).

---

20) 헌법재판소는, 투표용지에 후보자들에 대한 '전부 거부' 표시방법을 마련하지 않은 법 제150조(투표용지의 정당·후보자의 게재순위 등), 제151조(투표용지와 투표함의 작성) 제8항, 규칙 제71조(투표용지)과 관련하여, 「이 사건 조항이 '전부 거부'를 규정하고 있지 않은 것은 국민의 선거권행사 자체와는 무관하고 선거권 행사를 제약하는 것도 아니다. '전부 거부'와 같은 투표제도를 추가적으로 마련할 것인지 여부는 입법자가 정책적 재량으로 결정할 수 있는 사항일 뿐이며, 이를 마련하지 않고 있는 것을 두고 입법자가 선거권 보장을 위한 입법의무를 제대로 하지 않았다고 볼 수 없다. 이 사건 조항이 선거권자로 하여금 '전부 거부' 방식에 의한 정치적 의사표시를 제공하지 않고 있는 것은, 선거권자의 그러한 의사표시를 금지하거나 제한하고자 하는 것이 아니라 국가가 선거제도에서 투표방식을 일정하게 규정한 결과일 뿐이다. 이 사건의 경우 표현의 자유의 보호범위에 "국가가 공직후보자들에 대한 유권자의 '전부 거부' 의사표시를 할 방법을 보장해 줄 것"까지 포함된다고 볼 수 없으므로, 선거권을 제한한다거나 표현의 자유를 제한한다고 할 수 없다.」고 판시하였다(2007. 8. 30. 선고 2005헌마975 전원재판부 결정).

21) 규칙 별지 제42호 서식의 (가) 투표용지

22) 규칙 별지 제42호 서식의 (가) 투표용지

투표용지에 「정당법」 제16조(등록·등록증의 교부 및 공고)에 따라 등록된 정당 명칭의 약칭을 게재하려는 정당의 중앙당은 후보자등록신청개시일 전일까지 중앙선거관리위원회에 서면으로 그 약칭의 게재를 요청할 수 있다(규칙§71③). 「정당법」 제12조(중앙당의 등록신청사항) 제1항의 규정에 의한 정당의 등록 시 약칭을 등록한 때에는 정당의 각급 당부에서 관계 선거관리위원회에 신청·신고하는 선거관계문서 및 공직선거법에 의한 선거벽보·선거공보 등 선거운동을 위한 선전물 및 경력방송 등에 정당의 명칭을 약칭으로 게재·사용할 수 있을 것이나, 투표용지에는 정당의 중앙당에서 중앙선거관리위원회에 약칭의 게재를 요청하여 온 경우에 한하여 약칭으로 인쇄할 수 있다.[23]

(2) 청인의 날인

투표용지에는 규칙으로 정하는 바에 따라 관할구·시·군선거관리위원회의 청인을 날인하여야 한다. 이 경우 그 청인의 날인은 인쇄날인으로 갈음할 수 있다(법§151④). 투표용지에 청인의 인영을 인쇄하지 아니하고 직접 날인하는 구·시·군선거관리위원회는 2개 이상의 청인을 사용할 수 있다(규칙§71⑤).

청인의 인영은 규칙이 정하는 서식[24]의 인영대장에 등록하고, 사용할 청인의 상부에는 인영대장에 등록된 일련번호를 표시하여야 하며, 투표용지에 날인하는 청인은 날인이 끝난 즉시 참여한 위원 전원이 봉인하여 보관하여야 한다(규칙§71⑥).

(3) 투표용지의 색도

대통령선거 및 임기만료에 따른 국회의원선거에서 투표용지의 색도는 별표 2의2 <투표용지의 색도>에 따른다. 다만, 해당 색도의 종이가 부족하거나 불가피한 사정이 있는 경우에는 중앙선거관리위원회가 투표용지의 색도를 달리 정할 수 있다(규칙§71⑧). 중앙선거관리위원회가 투표용지의 색도를 정한 때에는 후보자등록신청개시일전일까지 관할구·시·군선거관리위원회에 통지하여야 하며, 관할구·시·군선거관리위원회는 이를 정당과 후보자에게 통지하여야 한다(규칙§71⑨).

(4) 후보자의 사퇴·사망 또는 등록 무효의 경우

후보자가 사퇴·사망하거나 등록이 무효(이하 "사퇴등"이라 한다)로 된 경우에 투표용지의 인쇄 및 안내는 다음 각 호에 따른다(규칙§71⑦).

1. 인쇄소에서 작성하는 투표용지

---

23) 1996. 2. 28. 중앙선관위 질의회답
24) 규칙 별지 제43호 서식의 (나) 투표용지작성·관리록 <별지 제1호> 투표용지청인 및 위원장사인인영대장

가. 사퇴등의 시기가 후보자등록신청기간(대통령선거에서는 후보자 추가등록신청기간을 말한다)이 지난 후 투표용지 인쇄 전인 때 : 투표용지의 해당 정당 또는 후보자의 기표란에 "사퇴"·"사망" 또는 "등록무효"라고 인쇄한다.

나. 사퇴등의 시기가 투표용지를 인쇄한 후인 때 : 규칙이 정하는 서식[25]에 따라 투표소에 잘 보이게 게시한다. 이 경우 법 제154조(거소투표자에 대한 투표용지의 발송) 제5항에 따라 거소투표용지 발송 시에 동봉하는 선거에 관한 안내문을 인쇄하기 전인 때에는 위 서식에 준하여 이를 게재하여야 한다.

2. 투표용지 발급기로 인쇄하는 투표용지

가. 사퇴등의 시기가 후보자등록신청기간이 지난 후 사전투표개시일 전일까지인 때 : 제1호 가목과 같이 인쇄한다.

나. 사퇴등의 시기가 사전투표개시일 이후 사전투표종료 전인 때 : 사전투표소를 설치한 해당 읍·면·동을 선거구역에 포함하는 선거의 후보자에 한정하여 규칙이 정하는 서식[26]에 따라 사전투표소에 잘 보이게 게시한다.

(5) 시각장애선거인용 특수투표용지 및 투표보조용구

구·시·군선거관리위원회는 시각장애로 인하여 자신이 기표를 할 수 없는 선거인(이하 "시각장애선거인"이라 한다)을 위하여 필요한 경우에는 규칙이 정하는 바에 따라 특수투표용지 또는 투표보조용구를 제작·사용할 수 있다(법§151⑧). 구·시·군선거관리위원회가 시각장애선거인을 위한 특수투표용지를 작성하는 때에는 규칙 제71조(투표용지) 제2항의 규정에 의한 서식[27]에 의하되, 점자로 작성한다. 이 경우 후보자의 성명은 법 제150조(투표용지의 정당·후보자의 게재순위 등) 제2항 단서의 규정에 불구하고 한글점자로 표시한다(규칙§74①). 구·시·군선거관리위원회는 위 특수투표용지를 작성하지 아니하는 때에는 중앙선거관리위원회가 정하는 바에 따라 투표보조용구를 작성하여 사전투표관리관 또는 투표관리관이 사전투표소 또는 투표소에서 시각장애선거인에게 제공하게 할 수 있다(규칙§74②).

투표보조용구는 시각장애선거인이 투표용지의 기표란에 표를 하기 쉽도록 작성하여야 한다(규칙§74③).

(6) 교육감선거의 투표용지 작성의 특칙

교육감선거의 투표용지는 「교육감선거 관리규칙」이 정하는 서식[28]에 따라 작성한다(교육

25) 규칙 별지 제42호 서식의 (나) 후보자(사퇴)·(사망)·(등록무효)안내
26) 규칙 별지 제42호 서식의 (나) 후보자(사퇴)·(사망)·(등록무효)안내
27) 규칙 별지 제42호 서식의 (가) 투표용지
28) 교육감선거 관리규칙 별지 제4호 서식 투표용지

감선거 관리규칙§3①). 투표용지에는 후보자의 성명을 표시하여야 하며, 후보자의 성명은 왼쪽부터 오른쪽으로 열거하여 한글로 기재한다. 다만, 한글로 표시된 성명이 같은 후보자가 있는 경우에는 괄호 안에 한자를 함께 기재한다(교육자치법§48①). 관할선거구선거관리위원회가 투표용지의 인쇄원고를 작성하는 경우 후보자의 한글성명과 한자성명이 모두 일치하는 때에는 괄호 속에 후보자의 나이 또는 생년월일 등을 기재하여 후보자를 구분하도록 한다(교육감선거 관리규칙§3④).

후보자등록기간이 지난 후에 후보자가 사퇴·사망하거나 등록이 무효로 된 때라도 투표용지에 해당후보자의 성명은 그대로 둔다(교육자치법§48④). 투표용지에는 일련번호를 인쇄하여야 한다(교육자치법§48⑤).

교육감선거의 투표용지에 관하여는 규칙 제71조(투표용지) 제1항·제5항부터 제7항까지의 규정을 준용한다(교육감선거 관리규칙§3③).

라. 투표용지의 인쇄

(1) 인쇄소의 공고

구·시·군선거관리위원회는 투표용지를 인쇄할 인쇄소를 결정한 때에는 그 인쇄소의 명칭과 소재지를 공고하여야 한다(법§152②).

(2) 일련번호

투표용지에는 일련번호를 인쇄하여야 한다(법§150⑩).

(3) 인쇄시기

투표용지는 다음 각 호에서 정하는 날 후에 인쇄한다. 다만, 인쇄시설의 부족 등 선거관리에 지장이 있다고 인정되는 경우에는 해당 선거관리위원회의 의결로 그 날을 변경할 수 있다(규칙§71의2①).

1. 투표소에서 사용하는 투표용지
   가. 대통령선거 : 후보자등록마감일 후 13일
   나. 국회의원선거 : 후보자등록마감일 후 9일
   다. 지방의회의원 및 지방자치단체의 장의 선거 : 후보자등록마감일 후 2일
2. 거소투표신고인명부에 올라있는 선거인에게 발송하는 투표용지 : 후보자등록마감일 후 2일

위 제1항 제1호에도 불구하고 같은 호 나목 및 다목의 보궐선거등의 경우 투표용지는 후보자등록마감일 후 9일 후에 인쇄한다. 다만, 임기만료에 따른 선거와 동시에 실시할 때에는

임기만료에 따른 선거의 예에 따른다(규칙§71의2②).

(4) 사전투표소의 투표용지 발급기를 이용한 투표용지 작성

구·시·군선거관리위원회는 사전투표소에서 교부할 투표용지는 사전투표관리관이 사전투표소에서 투표용지 발급기를 이용하여 작성하게 하여야 한다. 이 경우 투표용지에 인쇄하는 일련번호는 바코드(컴퓨터가 인식할 수 있도록 표시한 막대모양의 기호를 말한다)의 형태로 표시하여야 하며, 바코드에는 선거명, 선거구명 및 관할 선거관리위원회명 및 일련번호를 제외한 그 밖의 정보를 담아서는 아니 된다(법§151⑥).

투표용지 발급기는 구·시·군선거관리위원회가 사전투표기간 개시일 전일까지 읍·면·동선거관리위원회에 송부하며, 이를 송부받은 읍·면·동선거관리위원회 위원장은 투표용지 발급기를 봉함·봉인하여 보관하였다가 투표함과 함께 사전투표관리관에게 인계하여야 한다. 이 경우 투표용지 발급기의 인계 후 사전투표기간 개시일 전일까지의 기간 동안 점검 등을 위해 봉함·봉인을 해제한 경우에는 사전투표관리관이 다시 봉함·봉인한다(규칙§72②).

마. 정당추천위원의 참여·입회

구·시·군선거관리위원회는 투표용지의 인쇄·납품 및 읍·면·동선거관리위원회에 송부하는 과정에, 읍·면·동선거관리위원회는 투표용지의 수령·보관 및 투표관리관에게 인계하는 과정에 당해 선거관리위원회의 정당추천위원이 각각 참여하여 입회할 수 있도록 하여야 한다. 이 경우 정당추천위원이 참여하지 아니한 때에는 입회를 포기한 것으로 본다(법§151⑤). 구·시·군선거관리위원회가 투표용지를 관할 읍·면·동선거관리위원회에 송부하는 경우 해당 구·시·군선거관리위원회의 정당추천위원은 자신이 입회하지 아니하는 다른 노선의 송부과정에 해당 읍·면·동선거관리위원회의 같은 정당의 추천위원 중 1인을 입회하게 할 수 있다(규칙§73①). 정당추천위원이 투표용지의 인쇄·납품 및 송부과정에 참여하여 입회하는 동안에는 신분증명서를 달아야 한다(규칙§73②).

구·시·군선거관리위원회는 투표용지 발급기의 읍·면·동선거관리위원회 송부과정에, 읍·면·동선거관리위원회는 투표용지 발급기의 수령·보관 및 사전투표관리관에게 인계하는 과정에 해당 선거관리위원회의 정당추천위원이 각각 참여하여 입회할 수 있도록 하여야 한다. 이 경우 정당추천위원이 참여하지 아니하는 때에는 입회를 포기한 것으로 본다(규칙§72③). 투표용지 발급기와 관련하여 구·시·군선거관리위원회 정당추천위원의 다른 노선의 송부과정 입회, 신분증명서 착용에 관하여는 규칙 제73조(정당추천위원의 참여·입회) 제1항 및 제2항을 준용한다(규칙§72④).

바. 투표용지작성·관리록

구·시·군선거관리위원회는 규칙이 정하는 서식[29]에 의한 투표용지작성·관리록을 비치하고 투표용지의 인쇄상황 및 정당추천위원의 참여·입회상황 그 밖의 투표용지의 작성에 관한 사항을 기재하여야 한다(규칙§73③).

사. 투표용지모형의 공고

(1) 공고

구·시·군선거관리위원회는 투표용지의 모형을 선거일 전 7일까지 공고하여야 한다(법§152①). 구·시·군선거관리위원회는 투표용지를 인쇄할 인쇄소를 결정한 때에는 지체 없이 그 인쇄소의 명칭과 소재지를 공고하여야 한다(법§152②).

투표용지모형공고문의 빈자리에는 중앙선거관리위원회가 정하는 바에 따라 투표절차에 관한 안내사항을 게재할 수 있다(규칙§75).

(2) 제재

법 제152조(투표용지모형 등의 공고) 제1항의 규정에 의하여 첩부한 투표용지모형을 훼손·오손한 자는 200만원 이하의 과태료를 부과한다(법§261⑦4.).

아. 투표안내문의 발송

(1) 투표안내문의 작성

구·시·군선거관리위원회는 세대별로 선거인의 성명·선거인명부등재번호·투표소의 위치·투표할 수 있는 시간·투표할 때 가지고 가야 할 지참물 그 밖에 투표참여를 권유하는 내용 등이 기재된 투표안내문을 작성하여야 한다(법§153①). 투표안내문의 서식·규격 및 그 게재사항 및 투표안내문의 발송용봉투의 규격 및 게재사항은 규칙이 정하는 각 양식[30]에 의하되, 투표안내문의 게재방법과 투표절차 기타 투표에 필요한 안내사항에 대하여는 선거가 있을 때마다 임기만료에 의한 선거에 있어서는 중앙선거관리위원회가, 보궐선거등에 있어서는 관할선거구선거관리위원회가 이를 정한다(규칙§76①).

구·시·군선거관리위원회는 투표안내문의 작성 및 발송을 위하여 필요하다고 인정하는 때에는 관할 읍·면·동의 장에게 자료의 제출·투표안내문 및 봉투의 기재 기타 필요한 사항의 협조를 요구할 수 있다(규칙§76②). 투표안내문의 작성은 전산조직에 의할 수 있다(법

29) 규칙 별지 제43호 서식의 (나) 투표용지작성·관리록
30) 규칙 별지 제44호 서식 ○○선거 투표안내문, 제45호 양식 투표안내문발송용봉투

§153③).

(2) 투표안내문의 발송

투표안내문은 선거인명부확정일 후 2일까지 관할구역안의 매세대에 발송하여야 한다. 이 경우 법 제65조(선거공보) 제7항에 따라 통보받은 세대에는 점자형 투표안내문을 동봉하여 발송하여야 한다(법§153①). 구·시·군선거관리위원회는 세대주의 주소·성명의 오기 등 착오로 인하여 투표안내문이 반송되어 온 때에는 이를 다시 발송하되, 다시 발송할 수 없는 경우에는 이를 따로 보관하여야 한다(규칙§76③).

「주민등록법」 제19조(국외이주신고 등) 제3항 또는 같은 법 제20조(사실조사와 직권조치) 제6항 단서에 따라 읍·면사무소 또는 동 주민센터의 주소가 행정상 관리주소인 사람에 대한 투표안내문(선거공보를 포함한다)의 발송은 해당 행정상 관리주소인 읍·면사무소 또는 동 주민센터에 보관하였다가 본인의 신청이 있는 경우 교부하는 방법으로 한다(규칙§76④).

투표안내문의 발송을 위한 우편요금은 국가 또는 당해 지방자치단체가 부담한다(법§153②).

법원은, 투표시간이 오기된 투표안내문이 발송된 것이 선거에 영향을 미쳤는지 여부와 관련하여, 「후보자간의 투표차가 6,083표인 선거에 있어서, 투표시간이 오기된 계도문이 발송되었다 해도, 구 국회의원선거법(1970. 12. 22. 법률 제2241호)상의 규정과 그 직전 선거에서도 투표시간이 같았고 정확한 투표시간이 표시된 계도벽보 및 계도문이 배포되었으며 정확한 투표시간이 방송되었다는 사실을 고려해 보면, 그 오기된 계도문의 발송으로 인하여 선거의 결과에 영향을 미칠 정도로 선거인이 선거권행사의 기회를 상실하였다고 할 수 없다.」고 판시하였다.[31)]

자. 동시선거의 특례

(1) 투표용지의 색도 또는 지질

동시선거에 있어서 투표용지는 색도 또는 지질 등을 달리하는 등 규칙이 정하는 바에 따라 선거별로 구분이 되도록 작성·교부할 수 있다(법§211①). 동시선거에서 선거별 투표용지의 색도는 별표 2의2 <투표용지의 색도>에 따르되, 임기만료에 따른 선거와 동시에 실시하지 아니하는 보궐선거등에서는 관할선거구선거관리위원회가 정한다. 다만, 해당 색도의 종이가 부족하거나 불가피한 사정이 있는 경우에는 중앙선거관리위원회가 투표용지의 색도를 달리 정할 수 있다(규칙§126①). 중앙선거관리위원회 또는 관할선거구선거관리위원회가 위와 같이 투표용지의 색도를 정한 때에는 후보자등록신청개시일 전일까지 관할시·도선거관리위원회 및 구·시·군선거관리위원회에 통지하여야 하며, 관할시·도선거관리위원회 및

31) 1972. 7. 25. 선고 71수23 판결

구 · 시 · 군선거관리위원회는 이를 정당과 후보자에게 통보하여야 한다(규칙§126②).

(2) 시·도지사선거 및 비례대표시·도의원선거의 투표용지

동시선거에 있어서 시 · 도지사선거 및 비례대표시 · 도의원선거의 투표용지는 제151조(투표용지와 투표함의 작성) 제1항의 규정에 불구하고 규칙이 정하는 바에 따라 당해 시 · 도선거관리위원회가 작성한다. 이 경우 투표용지에는 당해 시 · 도선거관리위원회의 청인을 날인하되, 인쇄날인으로 갈음할 수 있다(법§211③).

시 · 도지사선거 및 비례대표시 · 도의원선거의 투표용지를 시 · 도선거관리위원회가 작성하는 때에는 투표용지의 인쇄 · 납품 및 구 · 시 · 군선거관리위원회에 송부하는 과정에 해당 시 · 도선거관리위원회의 정당추천위원이 참여하여 입회할 수 있도록 하여야 한다. 이 경우 정당추천위원은 그 보조자를 두어 이를 입회하도록 할 수 있다(규칙§126③). 시 · 도선거관리위원회가 투표용지를 작성하는 경우에는 규칙 제84조(투표용지에의 날인)에도 불구하고 거소투표용지의 "투표관리관"칸에는 해당 시 · 도선거관리위원회 위원장 자신의 도장을 찍을 수 있다. 이 경우 도장의 날인은 인쇄날인으로 갈음할 수 있다(규칙§126⑤).

(3) 투표안내문

동시선거에 있어서 투표안내문(점자형 투표안내문을 포함한다)은 법 제153조(투표안내문의 발송)에도 불구하고 규칙이 정하는 바에 따라 하나의 투표안내문으로 할 수 있다(법§211④). 동시선거에 있어서 법 제153조(투표안내문의 발송)의 규정에 의한 투표안내문은 하나로 하며, 동시에 실시하는 선거의 종류와 선거구명, 선거별 투표용지의 구분, 투표진행절차 등 동시선거의 투표에 필요한 사항을 게재하여야 한다(규칙§127).

(4) 투표소 및 사전투표소의 설비

동시선거에 있어서 투표소에는 선거인명부 대조석, 선거별투표함 및 동시선거의 투표관리에 필요한 기표소, 투표참관인의 좌석, 투표용지교부에 필요한 시설 등을 설비하여야 한다(규칙§128①).

동시선거에서 사전투표소에는 동시선거의 사전투표관리에 필요한 기표소, 사전투표참관인의 좌석, 본인 여부 확인 및 투표용지 발급에 필요한 시설 등을 설비하여야 한다(규칙§128②).

(5) 4개 이상 선거의 동시실시에 관한 특례

(가) 투표관리관의 사인

4개 이상의 선거를 동시에 실시하는 경우에는 투료관리관은 투표용지에 날인할 사인을 2개 조각하여 규칙이 정하는 서식[32]의 인영대장에 등록하고 그 중 1개를 투표사무원 중에서 지정한 1인이 투표용지의 투표관리관 사인날인란에 날인하여 교부하게 하여야 한다(규칙 §133④).

(나) 투표함

4개 이상의 선거를 동시에 실시하는 경우 하나의 투표소에 설치하는 투표함의 수는 중앙선거관리위원회가 선거의 수, 투표소의 여건 등을 감안하여 정하되, 2개 이상으로 한다(규칙 §133⑤).

5. 거소투표자, 선상투표자에 대한 투표용지의 발송 및 전송

가. 거소투표자에 대한 투표용지의 발송

(1) 거소투표용지의 발송

거소투표신고인명부에 올라 있는 선거인(이하 "거소투표자"라 한다)에게 발송할 투표용지(이하 "거소투표용지"라 한다)는 구·시·군선거관리위원회에서 당해 구·시·군선거관리위원회 정당추천위원의 참여하에 투표용지의 일련번호를 절취한 후 바코드(거소투표의 접수에 필요한 거소투표자의 거소·성명·선거인명부등재번호 등이 기록되어 컴퓨터가 인식할 수 있도록 표시한 막대 모양의 기호를 말한다)가 표시된 회송용 봉투에 넣고 다시 발송용 봉투에 넣어 봉함한 후 선거일 전 10일까지 거소투표자에게 발송하여야 한다. 이 경우 정당추천위원이 그 시각까지 참석하지 아니한 때에는 참여를 포기한 것으로 본다(법§154①). 거소투표용지는 거소투표인명부에 따라 해당 구·시·군선거관리위원회의 관할구역을 관할하는 우체국을 통하여 발송하여야 한다. 이 경우 우체국장은 거소투표용지가 들어 있는 우편물의 발송과 회송을 다른 우편물보다 우선하여 취급하여야 한다(규칙§77①).

구·시·군선거관리위원회가 거소투표자에게 법 제65조(선거공보) 제6항에 따라 거소투표용지와 선거공보를 동봉하여 발송하는 경우 정당·후보자가 제출한 선거공보의 매수가 거소투표자수에 미달하는 때에는 투표구단위로 그 정당 또는 후보자가 지정한 거소투표자에게

---

32) 규칙 별지 제53호 서식 투표록 ＜별지 제3호＞ 투표관리관 사인 날인 인영대장

발송하고, 이를 지정하지 아니하는 때에는 발송작업순에 따라 제출매수에 달하는 순위자까지 발송한다(규칙§77③).

법 제154조(거소투표자에 대한 투표용지의 발송) 제1항에 따른 거소투표용지의 발송용과 회송용 봉투의 규격과 그 게재사항은 규칙이 정하는 양식[33]에 의한다(규칙§79).

(2) 거소투표용지의 미발송

구·시·군선거관리위원회는 거소투표용지의 발송전에 거소투표자 중 선거권이 없는 자나 사망자의 명단을 구·시·군의 장으로부터 통보를 받은 때에는 그 거소투표용지는 발송하지 아니한다(규칙§78①).

거소투표자가 다음 각 호의 어느 하나에 해당하는 경우 해당 거소투표자에게는 당해 구·시·군선거관리위원회의 의결로 거소투표용지를 발송하지 아니할 수 있다. 이 경우 기소투표 발송록에 그 사실을 기재하여야 한다(법§154②).[34]

1. 허위로 신고한 경우
2. 자신의 의사에 의하여 신고된 것으로 인정되지 아니한 경우
3. 격리자등이 법 제38조(거소·선상투표신고) 제1항 전단에 따라 신고한 후 거소투표용지 발송 전에 치료가 완료되거나 격리가 해제된 경우

구·시·군선거관리위원회는 법 제154조(거소투표자에 대한 투표용지의 발송) 제2항 제3호에 해당하는 거소투표자를 확인하기 위하여 관계기관의 장에게 필요한 사항을 조회하거나 자료의 제출을 요청할 수 있다. 이 경우 중앙선거관리위원회가 일괄하여 조회하거나 요청할 수 있다(규칙§78②).

구·시·군선거관리위원회는 법 제154조(거소투표자에 대한 투표용지의 발송) 제2항에 따라 거소투표자에게 거소투표용지를 발송하지 아니한 때에는 거소투표 등 발송·접수록에 그 사실을 기재하고 지체없이 당해 선거인에게 그 사유와 사전투표기간에 사전투표소에서 투표하거나 선거일에 주민등록지의 투표소에서 투표하여야 한다는 뜻을 통지하여야 한다(규칙§78③).

구·시·군선거관리위원회는 법 제154조(거소투표자에 대한 투표용지의 발송) 제2항의 규정에 의하여 거소투표용지를 발송하지 아니한 거소투표자와 선거일전 2일까지 반송된 거소투표자의 명단을 작성하여 선거일 전일까지 읍·면·동선거관리위원회에 통지하여야 하며, 읍·

---

33) 규칙 별지 제46호 양식의 (가) 거소투표 발송용 봉투, 제46호 양식의 (나) (거소투표)·(사전투표) 회송용 봉투

34) 거소투표의 대상 및 방법에 코로나 19 등으로 인해 격리 중인 유권자에 관한 사항을 명시적으로 규정되어 있지 않음을 보완하기 위하여 2022. 2. 16. 법률 제18837호로 법 제154조(거소투표자에 대한 투표용지의 발송) 제2항을 개정하였다.

면·동선거관리위원회는 지체 없이 이를 투표관리관에게 통지하여야 한다(법§154③). 법 제154조(거소투표자에 대한 투표용지의 발송) 제3항에 따른 거소투표자의 명단은 규칙이 정하는 서식[35]에 의하여 작성하되, 그 비고란에 "미발송" 또는 "반송"이라고 표시하여야 한다(규칙§78④).

(3) 거소투표 안내문

구·시·군선거관리위원회는 투표방법 기타 선거에 관한 안내문을 거소투표용지와 동봉하여 발송하여야 한다(법§154⑤). 법 제154조(거소투표자에 대한 투표용지의 발송) 제5항의 규정에 의한 투표방법 기타 선거에 관한 안내문의 규격·게재사항 등은 선거가 있을 때마다 임기만료에 의한 선거에 있어서는 중앙선거관리위원회가, 보궐선거등에 있어서는 관할선거구선거관리위원회가 이를 정한다(규칙§78⑤).

(4) 거소투표 등 발송·접수록

구·시·군선거관리위원회는 거소투표용지를 발송하거나 거소투표를 접수한 때에는 규칙이 정하는 서식[36]에 의한 거소투표 등 발송·접수록을 비치하고, 거소투표용지의 발송 및 거소투표 등의 접수상황을 기재하여야 한다(규칙§81).

(5) 우편요금

거소투표용지의 발송과 회송은 등기우편으로 하되, 그 우편요금은 국가 또는 당해 지방자치단체가 부담한다(법§154④).

(6) 동시선거의 특례

동시선거에 있어서 어느 한 선거의 투표를 실시하지 아니하게 된 경우 거소투표자에 대해 당해사실의 통지는 투표를 실시하는 선거의 거소투표용지를 발송하는 때에 규칙이 정하는 서식[37]에 의하여 함께 통지한다(규칙§136).

나. 선상투표자에 대한 투표용지의 전송

(1) 선상투표용지의 작성

구·시·군선거관리위원회는 선상투표용지를 작성할 때 표지부분과 투표부분을 구분하고,

---

35) 규칙 별표 4의 20. 서식 거소투표용지 미발송·반송자 명단 통지
36) 규칙 별지 제47호 서식 거소투표 등 발송·접수록
37) 규칙 별지 제59호 서식의 (가) 무투표통지

표지부분에는 선거인 확인란과 해당 선거구의 정당·후보자에 관한 정보를 열람할 수 있는 중앙선거관리위원회 인터넷 홈페이지 주소, 선상투표방법에 관한 사항 등을 게재하여야 한다(법§154의2②).

선상투표용지는 규칙이 정하는 서식[38]에 따른다(규칙§85①). 선상투표용지에는 일련번호를 표시하고, 관할구·시·군선거관리위원회의 청인과 해당 구·시·군선거관리위원회위원장 개인의 도장을 찍는다. 이 경우 일련번호는 바코드의 형태로 표시할 수 있다(규칙§85②). 선상투표용지의 작성, 일련번호의 표시 및 선상투표용지에의 날인은 전산조직을 이용한 인쇄의 방법으로 작성·표시·날인할 수 있으며, 같은 선상투표지의 2회 이상 접수여부를 확인할 수 있도록 하기 위하여 선상투표용지의 표지부분에 선상투표신고인명부에 올라 있는 선거인(이하 "선상투표자"라 한다)인 식별번호를 표시할 수 있다(규칙§85③).

(2) 선상투표용지의 전송

구·시·군선거관리위원회는 선상투표자에게 보낼 선상투표용지를 작성하여 해당 선상투표자가 승선하고 있는 선박의 선장(이하 "선장"이라 한다)에게 선거일 전 9일까지 팩시밀리를 이용하여 전송하여야 한다(법§154의2①전단). 구·시·군선거관리위원회는 선상투표용지를 선상투표신고서에 기재된 해당 선박의 팩시밀리로 전송하는 방법으로 송부하되, 중앙선거관리위원회가 운영하는 전산조직을 경유하게 할 수 있다. 이 경우 선상투표자가 수신하는 선상투표용지에는 일련번호가 표시되지 아니하도록 하여야 한다(규칙§85④).

선장이 선상투표용지를 받은 때에는 즉시 해당 선상투표자에게 인계하여야 한다(법§154의2③).

(3) 선상투표용지의 미전송

허위로 신고하거나 자신의 의사에 따라 신고된 것으로 인정되지 아니한 선상투표자에 대하여는 당해 구·시·군선거관리위원회의 의결로 선상투표용지를 전송하지 아니할 수 있다. 이 경우 선상투표발송록에 그 사실을 기재하여야 한다(법§154의2①후단, §154②). 구·시·군선거관리위원회는 위와 같이 선상투표용지를 전송하지 아니한 때에는 그 사실을 선상투표신고서에 기재된 해당 선박의 팩시밀리를 통해 해당 선상투표자에게 알려야 한다(규칙§85⑥).

구·시·군선거관리위원회는 선상투표용지의 발송전에 선상투표자 중 선거권이 없는 자나 사망자의 명단을 구·시·군의 장으로부터 통보를 받은 때에는 그 선상투표용지는 발송하지 아니한다(규칙§85⑧, §78①).

---

38) 규칙 별지 제42호 서식의 (다) 선상투표용지

(4) 후보자정보자료 작성·전송

중앙선거관리위원회는 선상투표자에게 후보자에 대한 정보를 알리기 위하여 후보자등록신청서에 따라 후보자정보자료를 작성하여 제공할 수 있다. 이 경우 후보자정보자료의 작성은 규칙이 정하는 서식[39]에 의한다(규칙§79의2).

(5) 정당추천위원의 참여

구·시·군선거관리위원회는 선상투표용지의 작성·송부과정에 해당 구·시·군선거관리위원회의 정당추천위원이 입회할 수 있게 하여야 한다. 이 경우 정당추천위원이 입회하지 아니한 때에는 이를 포기한 것으로 본다(규칙§85⑤).

(6) 선상투표 발송·접수 상황 등 기록

구·시·군선거관리위원회는 규칙이 정하는 서식[40]에 선상투표용지의 작성·관리 및 선상투표 발송·접수상황을 기록하여야 한다. 이 경우 선상투표용지의 팩시밀리 전송내역 기록을 첨부하여야 한다(규칙§85⑦).

다. 우편투표함의 비치

관할구·시·군선거관리위원회는 예상 사전투표자수 및 거소투표신고인수·선상투표신고인수를 감안하여 해당 선거관리위원회 사무소 안에 우편투표함을 비치하되, 투표함 안팎의 이상 유무에 관하여 정당추천위원의 참여하에 검사한 후 투표함의 자물쇠를 잠그고 정당추천위원이 봉인하여야 한다. 다만, 정당추천위원이 지정된 시각까지 참석하지 아니한 때에는 참여를 포기한 것으로 본다(규칙§80①).

관할구·시·군선거관리위원회는 관할구역 안에 2이상의 선거구가 있는 때에는 선거구별로 우편투표함을 비치하거나 우편투표함을 사전투표·거소투표 또는 선상투표의 접수용으로 각각 따로 비치할 수 있다(규칙§80②).

우편투표함의 설치, 우편투표지의 투입, 마감, 우편투표함의 봉인, 봉쇄절차에 선거관리위원장의 참여나 봉인이 없었거나 위원 과반수 이상의 참여가 없었다 하여도 그것으로 선거무효사유가 되지는 않는다.[41]

---

39) 규칙 별표 4 공고·보고·통지·통보 서식표 중 7. 후보자등록 공고에 관한 서식
40) 규칙 별지 제43호 서식의 (나) 투표용지작성·관리록, 제47호 서식 거소투표 등 발송·접수록
41) 1989. 5. 26. 선고 88수54 판결

라. 거소투표·사전투표의 투표용지 발송과 회송 등에 관한 동시선거 특례

동시선거에서 ① 거소투표자에 대한 투표용지의 발송 및 투표지 회송, ② 사전투표소에서 투표한 선거인의 투표지 회송에 해당하는 경우에는 해당 선거인마다 하나의 회송용 봉투 또는 발송용 봉투를 사용하여 행할 수 있다(법§212).

6. 투표시간

가. 투표소

투표소는 선거일[42] 오전 6시에 열고 오후 6시(보궐선거 등에 있어서는 오후 8시)에[43] 닫는다.[44] 다만, 마감할 때에 투표소에서 투표하기 위하여 대기하고 있는 선거인에게는 번호표

42) 헌법재판소는, 헌법상 선거일을 유급휴일로 정하여야 할 입법의무가 인정되는지 여부와 관련하여, '「헌법」 제1조 제2항, 제24조, 제34조 등의 규정만으로는 헌법이 투표일을 유급의 휴일로 하는 규정을 만들어야 할 명시적인 입법의무를 부여하였다고 보기 어렵고, 나아가 선거권 행사를 용이하게 하는 다양한 수단과 방법 중에 어떠한 방법을 채택할 것인지에 관하여는 입법자에게 일정한 형성의 자유가 인정되므로, 투표일을 유급의 휴일로 하는 규정을 만들어야 할 입법의무가 헌법의 해석상 곧바로 도출된다고 보기도 어렵다.'고 판시하였다(2013. 7. 25. 선고 2012헌마815·905(병합) 결정).

43) 헌법재판소는, 법 제155조(투표시간) 제1항 중 '오후 6시에' 부분과 관련하여, '선거결과의 확정 및 선거권의 행사를 보장하면서도 투표·개표관리에 소요되는 행정자원의 배분을 적정한 수준으로 유지하기 위한 것으로서 정당한 목적 달성을 위한 적합한 수단에 해당하고, 투표일 오전 6시에 투표소를 열도록 하여 일과 시작 전 투표를 할 수 있도록 하고 있고, 근로기준법(2012. 2. 1. 법률 제11270호로 개정된 것) 제10조(공민권 행사의 보장)는 근로자가 근로시간 중에 투표를 위하여 필요한 시간을 청구할 수 있도록 규정하고 있으며, 통합선거인명부제도가 시행됨에 따라 사전신고를 하지 않고도 부재자투표가 가능해진 점 등을 고려하면, 위 조항은 선거권 행사의 보장과 투표시간 한정의 필요성을 조화시키는 하나의 방안이 될 수 있다고 할 것이므로, 과잉금지의 원칙에 반하여 선거권을 침해한다고 볼 수 없다.'고 판시하였다(2013. 7. 25. 선고 2012헌마815·905(병합) 결정). : 이호영은, 위 헌법재판소의 결정에 대하여, '위 결정은 현행 투표시간 규정으로 인하여 투표기회를 잃어버리는 이들이 얼마나 되는지, 그리고 근로기준법상의 규정들이 제대로 적용되고 있는지와 같은 실제적인 문제들은 전혀 검토하지 않은 채 나온 것이다. 중앙선거관리위원회의 외부연구용역자료(한국정치학회, 「우리나라의 비정규직 근로자 투표참여실태조사에 관한 연구」, 2011. 5.)에는 비정규직 근로자의 투표참여율과 불참이유, 투표시간 유급휴무 인정여부, 근로기준법상 투표보장조항 인식여부 등이 조사되어 있다. 이 자료에 따르면, 제18대 총선을 기준으로 비정규직 678명 중 37.8%가 투표를 하지 않았고, 투표불참자 256명 중 64.1%는 불참이유로 참여가 불가능한 상황이었다고 답했으며, 참여가 불가능하다고 답한 164명 중 42.7%가 고용계약상 근무시간 중 외출금지, 26.8%는 임금감액을 이유로 들었다. 그리고 2010년 전국지방선거 당시 조사에 따르면, 근로기준법 제10조(공민권 행사의 보장)에 대한 규정을 알고 있는지에 대한 질문에서 응답자 840명 중 63.7%가 알지 못했다고 답변하였다. 결국 위에서 헌법재판소가 근로기준법을 언급하면서 합헌의 근거로 제기한 규범적 이유는 실제와 맞지 않는 것이며, 실태자료에서 드러난 것과 같이 현실적으로 상당수의 유권자들이 사회구조적 이유로 투표의 기회를 상실한 채 방치되고 있다.'고 비판하였다(이호영, 「민주주의와 선거 －로버트 달의 이론을 중심으로－」, 민주법학 제54호(2014. 3.), 172－173쪽).

44) 투표시간과 관련하여, '현행 공직선거법은 생활주기를 고려하지 못하는 투표시간 설정, 사전투표제 도입에 대한 소극적 접근 등으로 시간이 곧 생계인 사람들의 투표편의를 보장하지 못한다. 현행법이 임기만료선거

를 부여하여 투표하게 하여야 한 후에 닫아야 한다(법§155①).

투표를 개시하는 때에는 투표관리관은 투표함 및 기표소 내외에 이상 유무에 관하여 검사하여야 하며, 이에는 투표참관인이 참관하여야 한다. 다만, 투표개시기각까지 투표참관인이 참석하지 아니한 때에는 최초로 투표하러 온 선거인으로 하여금 참관하게 하여야 한다(법§155③).

법정시간을 위배한 투표에 있어서 투표방해를 당하였다고 인정되는 선거인수 및 법정시간 외에 한 투표수를 각 산정할 수 있는 경우 또는 위 각 수효를 산정할 수 없을 때에 해당 투표구의 선거인수가 선거결과의 이동에 영향을 미칠 경우에는 해당 투표구의 선기는 무효이다.[45]

나. 사전투표소

사전투표소는 사전투표기간 중 매일 오전 6시에 열고 오후 6시에 닫되,[46] 법 제148조(사전투표소의 설치) 제1항 제3호에 따라 설치하는 사전투표소는 관할구·시·군선거관리위원회가 예상 투표수 등을 고려하여 투표시간을 조정할 수 있다. 이 경우 법 제155조(투표시간) 제1항 단서의 규정은 사전투표소에 이를 준용한다(법§155②). 사전투표소에서 투표를 개시하는 때에는 사전투표관리관은 사전투표함 및 기표소 내외의 이상 유무에 관하여 검사하여야 하며, 이에는 사전투표관리관이 참여하여야 한다. 다만, 사전투표개시시각까지 사전투표참관인이 참석하지 아니한 때에는 최초로 투표하러 온 선거인으로 하여금 참관하게 하여야 한다(법§155④).

에서는 12시간, 보궐선거에서는 14시간의 투표시간을 규정하고 있는 것은 일견 상당한 시간을 보장하고 있는 것으로 보이지만, 비정규직 노동자들이나 출퇴근 시간이 오래 걸리는 원격지 노동자들까지 감안했다고 보기는 어렵다. 현행법상 투표권 행사는 주소지를 기준으로 하고 있는바, 주소지에 거주하는 시간이 오전 6시부터 오후 6시에 걸치지 않는 사람들에게 투표권의 행사는 사실상 어렵다.'고 하는 비판적 견해가 있다(윤현식, 「법제로 구조화된 전도된 '계급투표' –'전도된 전체주의'의 대안–」, 민주법학 제53호(2013. 11.), 79쪽).

45) 1959. 5. 28. 선고 4291선103 판결

46) 헌법재판소는, 부재자투표시간을 오전 10시부터 오후 4시까지로 정하고 있던 구 공직선거법(1994. 3. 16. 법률 제4739호로 제정된 것) 제155조(투표시간) 제2항 본문과 관련하여, 오후 4시의 투표종료시간에 대하여는 헌법에 합치되나, 오전 10시의 투표개시시간에 대하여는 '투표개시시간을 일과시간 이내인 오전 10부터로 정한 것은 투표시간을 줄인 만큼 투표관리의 효율성을 도모하고 행정부담을 줄이는데 있고, 그 밖에 부재자투표의 인계·발송절차의 지연위험 등과는 관련이 없다. 이에 반해 일과시간에 학업이나 직장업무를 하여야 하는 부재자투표자는 일과시간 이전에 투표소에 가서 투표할 수 없게 되어 사실상 선거권을 행사할 수 없게 되는 중대한 제한을 받는다. 따라서 이 사건 투표시간 조항 중 투표개시시간 부분은 과잉금지의 원칙에 위배하여 선거권과 평등권을 침해한다.'고 판시하였다(2012. 2. 23. 선고 2010헌마601 결정).
이에 따라 공직선거법은 2012. 10. 2. 법률 제11485호로 개정되어 부재자투표소 투표시간이 '오전 6시부터 오후 4시까지'로 변경되었으며, 그 후 2014. 2. 13. 법률 제12393호로 개정되어 사전투표소 투표시간이 '오전 6시부터 오후 6시까지'로 변경되었다.

다. 격리자등의 투표시간

법 제155조(투표시간) 제1항 본문 및 제2항 전단에도 불구하고 격리자등이 선거권을 행사할 수 있도록 격리자등에 한정하여서는 투표소를 오후 6시 30분(보궐선거등에 있어서는 오후 8시 30분)에 열고 오후 7시 30분(보궐선거등에 있어서는 오후 9시 30분)에 닫으며, 사전투표소(법 제148조(사전투표소의 설치) 제1항 제3호에 따라 설치하는 사전투표소를 제외하고 사전투표기간 중 둘째 날의 사전투표소에 한정한다)는 오후 6시 30분에 열고 오후 8시에 닫는다. 다만, 농산어촌 지역에 거주하는 고령자·장애인·임산부 등 교통약자인 격리자등은 관할 보건소로부터 일시적 외출의 필요성을 인정받은 경우 투표소 또는 사전투표소에서 오후 6시(보궐선거등에 있어서는 투표소에서 오후 8시) 전에도 투표할 수 있다(법§155⑥).[47]

라. 투표의 도착

사전투표·거소투표 및 선상투표는 선거일 오후 6시(보궐선거 등에 있어서는 오후 8시)까지 관할구·시·군선거관리위원회에 도착되어야 한다(법§155⑤). 법 제155조(투표시간) 제6항 본문에 따라 격리자 등이 투표하는 경우에는 선거일 오후 7시 30분(보궐선거 등에 있어서는 오후 9시 30분)까지 관할구·시·군선거관리위원회에 도착되어야 한다(법§155⑦).

7. 선거방법

가. 선거방법

(1) 선거방법

선거는 기표방법에 의한 투표로 한다(법§146①).

(2) 투표방법

투표는 직접 또는 우편으로 하되, 1인 1표로 한다. 다만, 국회의원선거, 시·도의원선거 및 자치구·시·군의원선거에 있어서는 지역구의원선거 및 비례대표의원선거마다 1인 1표로 한다(법§146②).[48]

---

47) 코로나 19로 인한 격리자등의 투표관리를 위한 준비시간을 확보하고자 사전투표 둘째 날에도 선거일 당일과 마찬가지로 격리자등의 투표시간을 연장하기 위하여 2022. 4. 20. 법률 제18841호로 공직선거법을 개정하여 법 제155조(투표시간) 제6항, 제7항을 신설하였다.

48) 헌법재판소는, 유권자에게 별도의 정당투표를 인정하지 않았던 구 공직선거법(2000. 2. 16. 법률 제6265호로 개정된 것) 제146조(선거방법) 제2항과 관련하여, '비례대표제를 채택하는 경우 직접선거의 원칙은 의원의 선출뿐만 아니라 정당의 비례적인 의석확보도 선거권자의 투표에 의하여 직접 결정될 것을 요구하는

투표를 함에 있어서는 선거인의 성명 기타 선거인을 추정할 수 있는 표시를 하여서는 아니 된다(법§146③).

법원은, '대리투표'와 관련하여, 「부친이 맹인임을 기화로 대리투표하려다 발각된 사실을 비롯하여 4차의 대리투표사건이 인정됨에 대하여 위와 같은 대리투표한 사실이 인정된다 하더라도 이는 동인 등이 선거사범에 해당할 뿐이고 선거관리위원회의 선거의 관리집행에 관한 위법이 있다 할 수 없으므로 선거무효사유가 아니다.」고 판시하였고,[49] '공개투표'와 관련하여, 「조직적이고 계획적으로 특정후보의 당선을 위하여 불법적인 선거운동과 유권자의 자유의사에 의한 투표권행사를 저해하는 행위를 하여 법이 보장하는 투표의 비밀을 공개함으로써 선거의 자유와 공정이 현저히 보장되지 못한 때에는 선거무효의 사유가 된다.」고 판시하였으며,[50] '당내경선에도 직접선거의 원칙이 적용'된다면서, 「국회의원 비례대표 후보자 명단을 확정하기 위한 당내경선은 정당의 대표자나 대의원을 선출하는 절차와 달리 국회의원 당선으로 연결될 수 있는 중요한 절차로서 직접투표의 원칙이 그러한 경선절차의 민주성을 확보하기위한 최소한의 기준이 된다고 할 수 있는 점 등 제반사정을 종합할 때, 당내경선에도 직접·평등·비밀투표 등 일반적인 선거원칙이 그대로 적용되고 대리투표는 허용되지 않는다.」고 판시하였다.[51]

나. 투표의 제한

선거인명부에 올라 있지 아니한 자는 투표할 수 없다. 다만, 법 제41조(이의신청과 결정) 제2항·제42조(불복신청과 결정) 제2항 또는 제43조(명부누락자의 구제) 제2항의 이유있다는 결정통지서를 가지고 온 자는 투표할 수 있다(법§156①). 선거인명부에 올라 있더라도 선거일에 선거권이 없는 자는 투표할 수 없다(법§156②).

거소투표자는 법 제158조의2(거소투표)에 따라 거소투표를 하여야 한다. 다만, 다음 각 호의 어느 하나에 해당하는 사람은 선거일에 해당 투표소에서 투표할 수 있다(법§156③).

1. 법 제154조(거소투표자에 대한 투표용지의 발송) 제2항에 해당하여 거소투표용지를 송부받지 못한 사람

바, 비례대표의원의 선거는 지역구의원의 선거와는 별도의 선거이므로 이에 관한 유권자의 별도의 의사표시, 즉 정당명부에 대한 별도의 투표가 있어야 함에도 현행제도는 정당명부에 대한 투표가 따로 없으므로 결국 비례대표의원의 선출에 있어서는 정당의 명부작성행위가 최종적·결정적인 의의를 지니게 되고, 선거권자들의 투표행위로써 비례대표의원의 선출을 직접·결정적으로 좌우할 수 없으므로 직접선거의 원칙에 위배된다.'고 판시하였다(2000. 7. 19. 선고 2000헌마91·112·134(병합) 전원재판부 결정). 이후 2002. 3. 7. 법률 제6663호로 제146조(선거방법) 제2항이 개정되었다.

49) 1969. 6. 27. 선고 67수199 판결

50) 1969. 7. 25. 선고 67수36 판결

51) 2013. 11. 28. 선고 2013도5117 판결

2. 거소투표용지가 반송되어 거소투표용지를 송부받지 못한 사람
3. 거소투표용지를 송부받았으나 거소투표를 하지 못한 사람으로서 선거일에 해당 투표소에서 투표관리관에게 거소투표용지와 회송용 봉투를 반납한 사람

위 단서에 따라 거소투표자가 선거일에 해당 투표소에서 투표하는 경우 투표관리관은 선거인명부 또는 법 제154조(거소투표자에 대한 투표용지의 발송) 제3항에 따라 통지받은 거소투표자의 명단과 대조·확인하고 선거인명부 비고란에 그 사실을 적어야 한다(법§156④).

다. 투표용지수령 및 기표절차

(1) 투표용지수령

(가) 선거인 본인확인[52)]

선거인은 자신이 투표소에 가서 투표참관인의 참관하에 주민등록증(주민등록증이 없는 경우에는 관공서 또는 공공기관이 발행한 증명서로서 사진이 첨부되어 본인임을 확인할 수 있는 여권·운전면허증·공무원증 또는 규칙으로 정하는 신분증명서를 말한다. 이하 "신분증명서"라 한다)을 제시하고 본인임을 확인받은 후 선거인명부에 서명이나 날인 또는 무인하고 투표용지를 받아야 한다(법§157①). 투표관리관은 법 제157조(투표용지수령 및 기표절차) 제1항의 규정에 의한 본인 여부의 확인을 함에 있어서 시간을 요하는 경우에는 이를 확인하는 동안에도 다른 선거인에 대하여는 계속하여 투표를 진행시켜야 한다(규칙§82①).

"규칙으로 정하는 신분증명서"라 함은 관공서 또는 공공기관이 발행한 증명서로서 사진이 첨부되어 본인임을 확인할 수 있는 국가유공자증·장애인등록증·외국인등록증·자격증 그 밖에 신분을 확인할 수 있는 증명서 또는 이들 기관이 기록·관리하는 것으로서 사진이 첨부되어 본인임을 확인할 수 있는 서류를 말한다(규칙§82②).

선거인명부에 선거인의 이름과 다른 인장이 날인되어 있다 하더라도 선거인 본인이 날인

---

52) 헌법재판소는, 구 공직선거및선거부정방지법(1998. 4. 30. 법률 제5537호로 개정된 것) 제157조(투표용지수령 및 기표절차) 제1항과 구 공직선거관리규칙(1998. 4. 30. 중앙선거관리위원회 규칙 제154호로 개정된 것) 제82조(투표의 계속진행) 제2항과 관련하여, '투표과정에 있어서 선거인 본인 확인은 위장투표, 대리투표 등의 투표부정행위를 방지하여 정확한 민의의 반영과 선거의 공정한 집행을 위한 필수적 절차라 할 것이고, 다만 그 신분확인을 어떠한 방법으로 할 것인지, 즉 그 방법을 다양하게 인정할 것인지 아니면 일정한 방법으로 한정할 것인지의 문제는 입법자가 그 나라의 역사, 전통과 문화, 국민의 의식수준, 정치적 사회적 영향 등 여러 가지 사항을 종합하여 결정하는 것이어서 이에 의한 제한은 선거권 자체의 제한이 아니고 선거권 행사에 있어 필수적인 절차인 신분확인의 제도상 요구되는 내재적 제한이라 할 것이다. 따라서 그 제한의 폭을 어느 범위로 정할 것인지는 입법정책에 속하는 문제이다. 그런데, 주민등록증은 만 17세에 달한 국민은 신청만 하면 발급받을 수 있고, 주민등록증 외에도 여권, 운전면허증, 자격증, 학생증 등 신분증명서로 인정될 수 있는 것들이 다수 있어 선거인으로서는 그 중 어느 하나의 신분증명서라도 제시하면 투표를 할 수 있으므로 이 사건 조항이 정하는 신분증명방법이 입법부에 주어진 합리적인 재량의 한계를 벗어난 것이라 할 수 없다.'고 판시하였다(2003. 7. 24. 선고 2002헌마508 전원재판부 결정).

한 사실이 인정된다면 그 선거인의 투표는 무효라고 할 수 없다.[53] 본적·주소·성명·생년월일 등을 종합적으로 판단, 본인임이 확인되는 경우에 한하여 투표용지를 교부할 수 있다.[54] 주민등록증이 없는 경우에는 관공서 또는 공공기관이 발행하는 증명서로서 사진이 첩부되어 본인임을 확인할 수 있는 여권·운전면허증·공무원증과 관공서 또는 공공기관이 발행한 경로우대증·장애인수첩·자격증 기타 사진이 첩부된 신분을 증명할 수 있는 증명서를 제시하고 투표할 수 있으며, 규칙 제82조(투표의 계속진행) 제2항의 본인여부를 확인할 수 있는 자격증 기타 신분을 확인할 수 있는 서류를 발행하거나 기록·관리하는 공공기관이라 함은 국가 또는 지방자치단체가 설립하거나 운영하는 기관, 법 제53조(공무원 등의 입후보) 제1항 제4호의「공공기관의 운영에 관한 법률」제4조(공공기관) 제1항 제3호에 해당하는 기관 중 정부가 100분의 50 이상의 지분을 가지고 있는 기관(한국은행 포함), 법 제53조(공무원 등의 입후보) 제1항 제5호에 농협·수협 등의 조합, 같은 항 제6호의「지방공기업법」제2조(적용범위)에 규정된 지방공사와 지방공단,「국민연금법」에 의하여 설립된 국민연금공단,「국민건강보험법」에 의하여 설립된 국민건강보험공단,「초·중등교육법」및「고등교육법」에 의하여 설립된 각종 학교 및 외국인학교, 기타 법규에 의하여 설립·운영하는 기관을 말한다. 따라서 동사무소에서 발행하는 주민등록등본에 사진을 첩부한 증명서는 본인임을 확인할 수 있는 신분증명서로 인정될 수 있을 것이나 사기업의 사원증이나 인우보증서의 제시만으로는 투표할 수 없다.[55]

(나) 투표용지에의 날인

거소투표용지의 "투표관리관"칸에는 구·시·군선거관리위원회 위원장 자신의 도장을 찍어야 한다. 이 경우 그 도장은 규칙이 정하는 서식[56]의 인영대장에 등록된 도장으로 하되, 구·시·군선거관리위원회 위원장은 2개 이상의 도장을 조각하여 인영대장에 등록하고 날인할 수 있다(규칙§84①). 구·시·군선거관리위원회 위원장이 거소투표용지에 자신의 도장을 찍거나 사전투표관리관이 투표용지에 자신의 도장의 찍는 경우 도장의 날인은 인쇄날인으로 갈음할 수 있다(규칙§84③)[57].

53) 1972. 9. 26. 선고 71수6 판결
54) 1969. 2. 26. 중앙선관위 지시
55) 2002. 4. 25. 중앙선관위 질의회답
56) 규칙 별지 제43호 서식의 (나) 투표용지작성·관리록의 <별지 제1호> 투표용지청인 및 위원장사인인영대장
57) 헌법재판소는 사전투표관리관이 투표용지에 자신의 도장을 찍는 경우 도장의 날인을 인쇄날인으로 갈음할 수 있도록 한 규칙(2014. 1. 17. 중앙선거관리위원회규칙 제400호로 개정된 것) 제84조(투표용지에의 날인) 제3항 중 '사전투표관리관이 투표용지에 자신의 도장을 찍는 경우 도장의 날인은 인쇄날인으로 갈음할 수 있다' 부분에 관하여, "하위법령에 규정된 내용이 법률상 근거가 있는지 여부를 판단함에 있어서는 관련 법령조항 전체를 유기적·체계적으로 고려하여 종합적으로 판단하여야 한다. 사전투표에 관하여 정하고 있는 법 제158조(사전투표) 제8항은 "전기통신 장애 등이 발생하는 경우 사전투표절차, 그 밖에 필요한 사

투표관리관 및 사전투표관리관은 법 제157조(투표용지수령 및 기표절차) 제2항 및 제158조(사전투표) 제3항에 따라 투표용지에 날인하는 도장의 인영을 규칙이 정하는 서식[58]의 인영대장에 등록하고, 그 도장에는 규칙이 정하는 양식[59]에 따라 등록된 도장임을 표시하는 고정된 표지를 하여야 한다(규칙§84②). 위 투표관리관 및 사전투표관리관의 도장과 인영대장은 날인이 끝날 때까지 해당 투표소 또는 사전투표소 밖으로 가지고 나갈 수 없다(규칙§84④).

(다) 투표용지 교부

투표관리관은 선거일에 선거인에게 투표용지를 교부하는 때에는 사인날인란에 사인을 날인한 후 선거인이 보는 앞에서 일련번호지를 떼어서 교부하되, 필요하다고 인정되는 때에는 100매 이내의 범위 안에서 그 사인을 미리 날인해 놓은 후 이를 교부할 수 있다(법§157②). 투표관리관은 신분증명서를 제시하지 아니한 선거인에게 투표용지를 교부하여서는 아니 된다(법§157③). 투표용지를 교부받은 후 그 선거인에게 책임이 있는 사유로 훼손 또는 오손된 때에는 다시 이를 교부하지 아니한다(법§157⑤).

(2) 기표절차

(가) 기표

선거인은 투표용지를 받은 후 기표소에 들어가 투표용지에 1인의 후보자(비례대표국회의원선거와 비례대표지방의회의원선거에 있어서는 하나의 정당을 말한다)를 선택하여 투표용지의 해당란에 기표한 후 그 자리에서 기표내용이 다른 사람에게 보이지 아니하게 접어 투표참관인의 앞에서 투표함에 넣어야 한다(법§157④).

선거인은 투표소의 질서를 해하지 아니하는 범위 안에서 초등학생 이하의 어린이와 함께 투표소(초등학생인 어린이의 경우에는 기표소를 제외한다) 안에 출입할 수 있다(법§157⑥전단).

항은 중앙선거관리위원회규칙으로 정한다."라고 규정하고 있고, 투표절차 일반에 관하여 정하고 있는 법 제151조(투표용지와 투표함의 작성) 제4항을 비롯하여 같은 조 제9항, 법 제157조(투표용지수령 및 기표절차) 제8항에 비추어, 법은 사전투표 또는 선거일 투표의 투표용지에 관한 사항을 규칙으로 정할 수 있도록 충분히 그 근거를 마련하고 있다. 사전투표가 선거일 투표와 비교하여 위조된 투표용지의 사용 가능성이 높다고 볼 수 없는 점, 사전투표는 선거인별 지정된 투표소가 없어 전국 어느 투표소에서든 투표가 가능하여 투표인원 수 등의 예측이 어렵다는 점을 고려하면, 사전투표의 원활한 진행을 위해서 사전투표용지에 사전투표관리관이 직접 도장을 날인하는 것 외의 방법을 사용할 수도 있다. 심판대상조항이 이러한 도장의 날인을 인쇄날인으로 갈음할 수 있도록 하고 있는 것은 그 날인을 선거일 투표와 달리해야 할 특별한 이유가 없음에 기인한 것으로서, 앞서 살펴본 법 조항들에 근거한 것으로 볼 수 있다. 따라서 심판대상조항이 법률유보원칙에 위배되어 청구인들의 선거권을 침해한다고 볼 수 없다."고 판시하였다(2023. 10. 26. 선고 2022헌마232, 239, 266(병합) 결정).

58) 규칙 별지 제50호 서식의 (가) 사전투표록 및 제53호 서식 투표록

59) 규칙 별지 제48호 양식 날인용인장표지

(나) 시각 또는 신체 장애선거인의 기표

시각 또는 신체의 장애로 인하여 자신이 기표할 수 없는 선거인은 그 가족 또는 본인이 지명한 2인을 동반하여 투표를 보조하게 할 수 있다(법§157⑥후단).[60] 위 경우를 제외하고는 같은 기표소 안에 2인 이상이 동시에 들어갈 수 없다(법§157⑦).

'시각 또는 신체의 장애로 인하여 자신이 기표할 수 없는 선거인'이라 함은 어느 후보자에 대하여 투표를 할 것인지에 대하여 의사결정을 할 수 있는 정신적 능력을 갖추었지만, 시력상실 등 시각 장애로 인하여 투표용지에 기표할 해당 후보자의 표시를 전혀 분간할 수 없기 때문에 스스로 기표행위를 할 수 없거나 또는 손 등 신체의 장애로 발미암아 직접 자신의 신체를 이용하여 해당 후보자의 란에 기표행위를 할 수 없는 상태에 있는 선거인을 뜻하는

60) 헌법재판소는, 공직선거법(2004. 3. 12. 법률 제7189호로 개정된 것) 제157조(투표용지수령 및 기표절차) 제6항 중 '신체장애로 인하여 자신이 기표할 수 없는 선거인은 본인이 지명한 2명을 동반하여 투표를 보조하게 할 수 있다'고 한 부분과 관련하여, '투표의 결과가 공개되는 범위를 최소화하기 위해 심판대상조항 대신 투표보조인을 1인만 동반하게 하면서도 투표보조의 요건과 절차를 엄격히 하는 방법을 고려해 볼 수 있지만, 이러한 방법을 사용하더라도 선거의 공정성을 해칠 가능성을 완전히 차단할 수 없고, 오히려 투표보조 제도를 활용하는 것을 어렵게 만들어 중증장애인들이 선거권행사를 포기하게 될 수 있으므로, 이를 심판대상조항과 동일한 수준으로 입법목적을 달성할 수 있는 대안이라고 볼 수 없다. 또한 근본적으로 신체에 장애가 있는 선거인이 투표보조인의 도움 없이 스스로 기표행위를 할 수 있도록 선거용 보조기구를 마련하도록 할 수도 있으나, 중증장애인들의 장애의 유형이나 정도에 따라 이들이 이용할 수 있는 선거용 보조기구를 모두 마련하는 것은 쉽지 않고, 새로운 보조기구를 도입하는 데에는 종합적인 고려가 필요하며, 이를 도입하더라도 여전히 보조인이 필요할 수 있으므로, 투표보조인의 보조를 통한 투표가 현재로서는 더 현실적인 방안이다. 나아가 심판대상조항은 선거인이 투표보조제도를 쉽게 활용하면서 투표의 비밀이 보다 유지되도록 투표보조인을 상호 견제가 가능한 최소한의 인원인 2인으로 한정하고 있고, 중앙선거관리위원회는 실무상 선거인이 투표보조인 2인을 동반하지 않은 경우 투표사무원 중에 추가로 투표보조인으로 선정하여 투표를 보조할 수 있도록 함으로써 선거권 행사를 지원하고 있으며, 공직선거법은 처벌규정을 통해 투표보조인이 비밀유지의무를 준수하도록 강제하고 있다. 따라서 심판대상조항은 침해의 최소원칙에 반하지 않는다. 심판대상조항이 달성하고자 공익은 중증장애인의 실질적인 선거권 보장과 선거의 공정성 확보로서 매우 중요한 반면, 심판대상조항으로 인해 청구인이 받는 불이익은 투표보조인이 가족이 아닌 2인을 동반해야 하므로, 투표보조인이 1인인 경우에 비하여 투표의 비밀이 더 유지되기 어렵고, 투표보조인을 추가로 섭외해야 한다는 불편에 불과하므로, 심판대상조항은 법익의 균형성원칙에 반하지 않는다. 그러므로 심판대상조항은 비밀선거의 원칙에 대한 예외를 두고 있지만 필요하고 불가피한 예외적인 경우에 한하고 있으므로, 과잉금지원칙에 반하여청구인의 선거권을 침해하지 않는다.'고 판시하였다(2020. 5. 27. 선고 2017헌마867 결정). : 위 헌법재판소의 결정에 대하여, 공진성은 "심판대상조항이 선거인 자신에게 필요한 투표보조인의 수를 스스로 결정할 수 없게 하고, 2인의 투표보조인에게 투표의 내용을 공개하도록 하는 것은 비밀선거에 대한 제한을 가중시킨다. 실무상 선거인이 투표보조인 2인을 동반하지 않는 경우 투표사무원 중에 추가로 투표보조인으로 선정하는 것은 선거인의 의사에 상관없이 신뢰관계가 없는 낯선 제3자에 대해 자신의 내밀한 정치적 의사가 노출되는 것이어서 비밀선거에 대한 중대한 제한에 해당한다. 또한 자유선거원칙은 비밀선거원칙을 전제로 보장되는 것인데, 비밀선거에 대한 제한이 중대할수록 그만큼 선거인은 위축되어 자유선거에 대한 제한도 커진다. 심판대상조항이 실현하고자 하는 보통선거원칙 및 선거의 공정성 확립이라는 공익을 고려하더라도, 위와 같은 비밀선거 및 자유선거에 대한 제한은 정당화되기 어려운 것으로 보인다."고 주장한다(공진성, 「공직선거법상 신체적 장애인을 위한 비가족투표보조인조항의 위헌성 -헌재 2020. 5. 27. 2017헌마867 결정에 대한 평석을 겸하여-」, 유럽헌법연구 제35호, 2021. 4., 202쪽).

것으로서, 시력에 장애가 있다고 하여도 스스로 투표용지의 후보자 란을 분간할 수 있거나 문맹으로 인하여 후보자의 성명 등을 해독할 수 없는 자, 손 등 신체의 일부에 장애가 있다고 하여도 다른 신체 부위를 사용하여 스스로 기표행위를 할 수 있는 자, 정신지체로 인하여 심신미약의 상태에 있다고 하더라도 신체상으로는 기표를 하는 데에 아무런 장애가 없는 자는 여기서 말하는 시각 또는 신체의 장애로 인하여 자신이 기표할 수 없는 선거인에 해당하지 아니한다. 법 제157조(투표용지수령 및 기표절차) 제6항이 시각 또는 신체의 장애로 인하여 자신이 기표할 수 없는 선거인으로 하여금 투표보조인의 보조를 받도록 한 것은 투표보조인을 통하여 본인의 의사에 따른 기표행위를 대신할 수 있도록 한 것으로서 선거인이 투표에 관한 의사를 표시함에 있어서 가장 중요하고도 핵심적인 부분이 위 기표행위이므로, 가족 외의 자를 보조인으로 동반할 경우에는 본인의 기표행위를 공정하게 대신하여 주도록 담보하기 위하여 반드시 보조인 2명을 지정하도록 하고 있지만, 가족을 투표보조인으로 동반할 경우에는 가족관계에 의하여 본인의 의사에 따른 기표행위가 담보된다고 보아 보조인의 수에 제한을 두고 있지 아니하므로 1명의 보조인으로도 무방하다고 봄이 상당하다.[61]

(3) 동시선거의 특례

(가) 동시선거 특례

동시선거에서 법 제157조(투표용지수령 및 기표절차) 제2항 및 제158조(사전투표) 제3항에 따라 선거인에게 투표용지를 교부하는 때에는 투표관리관 및 사전투표관리관은 동시에 실시하는 각 선거의 투표용지에 각각 자신의 도장을 날인하여 함께 선거인에게 교부하여야 하며, 투표용지를 교부받은 선거인은 각 기표용지에 각각 1인의 후보자(비례대표국회의원선거 및 비례대표지방의회의원선거에 있어서는 하나의 정당을 말한다)를 선택하는 표를 한 후 투표함에 투입하여야 한다(규칙§129①).

(나) 4개 이상 선거의 동시실시에 관한 특례

임기만료에 의한 지방자치단체의 의회의원 및 장의 선거를 동시에 실시하는 경우 법 제157조(투표용지수령 및 기표절차) 제2항에 따라 선거인에게 투표용지를 교부하는 때에는 투표관리관은 투표사무원 중에서 지정한 1명에게 자치구·시·군의원 및 자치구·시·군의 장의 선거의 투표용지에 그 투표관리관의 사인을 각각 날인하여 함께 선거인에게 교부하게 하고, 시·도의원 및 시·도지사의 선거의 투표용지에는 투표관리관이 사인을 각각 날인하여 함께 선거인에게 교부하여야 하되, 선거인은 자치구·시·군의원 및 자치구·시·군의 장의 선거의 투표용지에 각각 1명의 후보자(비례대표자치구·시·군의원선거에서는 하나의 정당을 말한다)를

61) 1999. 7. 13. 선고 99우48 판결

선택하는 표를 하여 투표함에 투입한 후 시·도의원 및 시·도지사의 선거의 투표용지를 교부받아 각각 1명의 후보자(비례대표시·도의원선거에서는 하나의 정당을 말한다)를 선택하는 표를 하여 투표함에 투입한 다음 투표소에서 퇴소하여야 한다. 다만, 임기만료에 의한 지방자치단체의 의회의원 및 장의 선거와 보궐선거등 또는 다른 법률에 따른 선거를 동시 실시하는 경우에는 중앙선거관리위원회가 투표용지 교부방법을 달리 정할 수 있다(규칙§133①). 위 경우를 제외하고 4개 이상의 선거를 동시에 실시하는 경우 투표용지의 교부는 선거구의 구역이 작은 선거부터 선거구의 구역이 큰 선거의 순(자치구·시·군의 장선거와 지역구국회의원선거의 구역이 같은 때에는 자치구·시·군의 장선거, 지역구국회의원선거순)으로 2회에 나누어 투표관리관이 투표사무원 중에서 지정한 1명이 먼저 교부하고, 나머지 투표용지는 투표관리관이 교부한다(규칙§133②).

라. 사전투표

(1) 의의

선거인(거소투표자와 선상투표자는 제외한다)은 누구든지 사전투표기간 중에 사전투표소에 가서 투표할 수 있다(법§158①).

(2) 방법

(가) 본인확인

사전투표를 하려는 선거인은 사전투표소에서 신분증명서를 제시하여 본인임을 확인받은 다음 전자적 방식으로 손도장을 찍거나 서명한 후 투표용지를 받아야 한다. 이 경우 중앙선거관리위원회는 해당 선거인에게 투표용지가 교부된 사실을 확인할 수 있도록 신분증명서의 일부를 전자적 이미지 형태로 저장하여 선거일의 투표마감시각까지 보관하여야 한다(법§158②). 사전투표소에서의 본인여부 확인을 위한 신분증명서에 관하여는 법 제157조(투표용지수령 및 기표절차) 제1항 및 규칙 제82조(투표의 계속진행) 제2항의 규정을 준용한다(규칙§86①). 법 제158조(사전투표) 제2항 후단에 따라 중앙선거관리위원회가 신분증명서의 일부를 전자적 이미지 형태로 저장할 때에는 성명, 생년월일 등을 통하여 해당 선거인의 신분증명서임을 확인할 수 있도록 하되, 저장된 전자적 이미지는 선거일 투표마감시각이 지난 후 지체 없이 삭제하여야 한다(규칙§86②).

(나) 투표용지 및 회송용 봉투 교부

사전투표관리관은 투표용지 발급기로 선거권이 있는 해당 선거의 투표용지를 인쇄하여 "사전투표관리관"칸에 자신의 도장을 찍은 후 일련번호를 떼지 아니하고 회송용 봉투와 함께 선거인에게 교부한다(법§158③)[62]. 사전투표관리관은 신분증명서를 제시하지 아니한 선거인에게 투표용지를 교부하여서는 아니 된다(법§158⑦, §157③). 투표용지를 교부받은 후 그 선거인에게 책임 있는 사유로 훼손 또는 오손된 때에는 다시 이를 교부하지 아니한다(법§158⑦, §157⑤).

(다) 기표방법

투표용지와 회송용 봉투를 받은 선거인은 기표소에 들어가 투표용지에 1명의 후보자(비례대표국회의원선거 및 비례대표지방의회의원선거에서는 하나의 정당을 말한다)를 선택하여 투표용지의 해당 칸에 기표한 다음 그 자리에서 기표내용이 다른 사람에게 보이지 아니하게 접어 이를 회송용 봉투에 넣어 봉함한 후 사전투표함에 넣어야 한다(법§158④).

법 제158조(사전투표) 제3항 및 제4항에도 불구하고 사전투표관리관은 규칙으로 정하는 구역의 선거인에게는 회송용 봉투를 교부하지 아니할 수 있다(법§158⑤). 법 제158조(사전투표) 제5항에 따라 회송용 봉투를 교부하지 아니하는 구역은 해당 구·시·군의 관할구역(하나의 구·시·군선거관리위원회 관할구역 안에서 2 이상의 지역구국회의원선거가 실시되는 경우에는 국회의원지역구를 말한다)으로 한다(규칙§86③).

선거인은 투표소의 질서를 해하지 아니하는 범위 안에서 초등학생 이하의 어린이와 함께 투표소(초등학생인 어린이의 경우에는 기표소를 제외한다) 안에 출입할 수 있으며, 시각 또는 신체의 장애로 인하여 자신이 기표할 수 없는 선거인은 그 가족 또는 본인이 지명한 2인을 동

---

62) 헌법재판소는 사전투표관리관이 투표용지의 일련번호를 떼지 아니하고 선거인에게 교부하도록 정한 법 제158조(사전투표) 제3항 중 '일련번호를 떼지 아니하고' 부분에 관하여, "2014년 법이 개정되어 사전투표제도를 도입하게 되면서 디지털 기기를 이용한 위조·복사 등의 위험성을 최소화하기 위하여 위조용지 식별이 보다 정확하고 용이한 바코드 방식 일련번호제도를 채택하게 되었다. 위조용지 식별을 용이하게 하기 위해서는 일련번호를 투표용지로부터 분리하지 않는 게 유리한데, 바코드 방식의 일련번호는 육안으로는 식별이 어렵기에 더 이상 숫자식 일련번호 방식에서와 같은 이유에서 비밀투표 침해를 막기 위한 목적으로 반드시 이를 떼어낼 필요는 없게 되었다. 사전투표의 경우 선거인별 지정된 사전투표소가 없어 전국 어느 투표소에서든 투표가 가능하므로, 각 사전투표소별 총 방문자 수 및 선거인의 대기시간을 예측하는 것이 어려워졌다. 이에 법 조항은 선거인의 대기시간을 단축함으로써 사전투표의 편의를 제고하기 위한 목적에서 사전투표용지의 일련번호를 절취하지 않고 이를 선거인에게 교부하도록 정하게 된 것이다. 한편, 일련번호를 절취하고 보관하는 방법 외에도 선거의 공정성을 담보하기 위한 다른 제도적 장치들이 존재한다. 게다가 바코드 방식의 일련번호는 육안으로 식별이 어려워 누군가가 바코드를 기억하는 방법으로 비밀투표 원칙에 위배되는 상황을 상정하기 어렵고, 법은 바코드에 선거인을 식별할 수 있는 개인정보가 들어가지 않도록 관리하므로, 바코드를 투표용지로부터 분리하지 않았다는 이유만으로 비밀투표원칙에 위배된다고 할 수 없다."고 판시하였다(2023. 10. 26. 선고 2022헌마231, 240, 267, 1595(병합) 결정).

반하여 투표를 보조하게 할 수 있다(법§158⑦, §157⑥). 법 제157조(투표용지수령 및 기표절차) 제6항의 경우를 제외하고는 같은 기표소 안에 2인 이상이 동시에 들어갈 수 없다(법§158⑦, §157⑦).

사전투표관리관은 선거인 자신이 기표한 투표지를 공개한 것을 발견한 때에는 사전투표참관인의 참관 하에 해당 선거인으로부터 그 투표지를 회수하여 앞면에 공개된 투표지라는 표시를 하고, 자신의 도장을 찍거나 서명한 다음 회송용 봉투에 넣어 봉함하고 사전투표함에 투입하여야 한다. 이 경우 법 제158조(사전투표) 제5항에 따라 회송용 봉투를 교부하지 아니한 선거인인 때에는 회수한 투표지 앞면에 공개된 투표지라는 표시를 하고, 자신의 도장을 찍거나 서명한 다음 그 투표지를 사전투표함에 투입한다(규칙§86⑦).

(라) 잠정투표

사전투표관리관은 전기통신 장애, 그 밖의 부득이한 사유로 해당 사전투표소에서 통합선거인명부를 사용하여 투표를 할 수 없는 경우에는 투표하러 온 선거인이 다른 사전투표소에서 투표할 수 있도록 하여야 한다(규칙§86④). 그럼에도 불구하고, 관할 구·시·군선거관리위원회는 전국 단위의 통합선거인명부 통신망의 장애가 발생하였거나 다른 사전투표소로 이동 및 투표마감시각까지 도착할 시간적 여유가 없는 때에는 사전투표관리관으로 하여금 신분증명서로 본인여부를 확인하고, 그 명단(이하 "잠정투표자명부"라 한다)을 별도로 작성한 다음 선거인에게 투표용지 발급기를 이용하여 출력한 투표용지와 회송용 봉투를 교부하여 투표(이하 "잠정투표"라 한다)하게 할 수 있다(규칙§86⑤).

관할구·시·군선거관리위원회는 잠정투표의 실시사유가 해소되면 지체 없이 잠정투표자명부를 통합선거인명부 운용시스템에 전송하게 하고 그 기록을 보관하여야 한다. 이 경우 그 해소 시기가 사전투표기간 중인 때에는 사전투표관리관이, 그 해소 시기가 사전투표기간 종료 후인 때에는 관할읍·면·동선거관리위원회가 사전투표관리관으로부터 잠정투표자명부를 인계받아 전송하게 하여야 한다(규칙§86⑥).

(3) 투표지 인계

사전투표관리관은 사전투표기간 중 매일의 사전투표마감 후 또는 사전투표기간 종료 후 투표지를 인계하는 경우에는 사전투표참관인의 참관 하에 다음 각 호에 따라 처리한다(법§158⑥).

1. 법 제158조(사전투표) 제3항 및 제4항에 따라 투표용지와 회송용 봉투를 함께 교부하여 투표하게 한 경우에는 사전투표함을 개함하고 사전투표자수를 계산한 후 관할 우체국장에게 인계하여 등기우편으로 발송한다. 이 경우 사전투표관리관은 후보자별로 사전투표

참관인 1명씩을 지정하여 해당 우체국까지 동행하여야 하며, 사전투표관리관이 지정한 사전투표참관인이 정당한 사유 없이 동행을 거부한 때에는 그 권한을 포기한 것으로 보고 투표록에 그 사유를 기재한다.

2. 법 제158조(사전투표) 제5항에 따라 회송용 봉투를 교부하지 아니하고 투표하게 한 경우에는 해당 사전투표함을 직접 관할구·시·군선거관리위원회에 인계한다. 이 경우 사전투표함 등의 송부에 관하여는 법 제170조(투표함 등의 송부)를 준용한다.

법 제158조(사전투표) 제6항 제2호에 따라 사전투표함을 직접 관할구·시·군선거관리위원회에 인계하는 경우 사전투표함의 봉쇄·봉인 및 송부에 관하여는 규칙 제92조의2(투표함등 봉쇄·봉인) 및 제94조(투표관계서류 등의 인계) 제2항을 준용한다. 이 경우 사전투표관리관은 미리 지정한 사전투표사무원이 관할구·시·군선거관리위원회에 인계하도록 할 수 있다(규칙 §86⑨).

법 제158조(사전투표) 제6항에 따라 사전투표기간 종료 후에 투표지를 인계하는 때에는 사전투표기간 첫째 날의 투표마감시각 후에 사전투표함의 투입구에 봉인지를 부착한 다음 사전투표관리관과 사전투표참관인이 봉인지에 서명 또는 날인하여 보관하고, 둘째 날 해당 사전투표함을 계속하여 사용하려는 경우에는 투표개시 전에 사전투표참관인의 참여 하에 봉함·봉인 상태의 이상 유무를 확인 한 후 봉인지를 떼어내어 사용한다(규칙§86⑩).

(4) 사전투표록, 사전투표관계서류 등의 인계

사전투표관리관은 규칙이 정하는 서식[63]에 의한 사전투표록을 비치하고 매일의 사전투표자수 등 사전투표관리에 관한 사항을 기재하여여 한다(규칙§86⑪). 사전투표관리관은 해당 사전투표소의 투표가 모두 끝난 후 사전투표관리에 관한 모든 서류, 장비 등을 관할구·시·군선거관리위원회에 인계하여야 한다(규칙§86⑫).

(5) 동시선거의 특례

(가) 투표용지의 출력 및 인계

동시선거에서 사전투표관리관은 법 제158조(사전투표) 제5항에 따라 회송용 봉투를 교부하지 아니하는 때에는 100매 이내의 범위에서 투표용지를 미리 출력할 수 있다(규칙§129②). 사전투표관리관이 투표용지를 미리 출력하는 때에는 사전투표참관인의 참관 하에 출력하되, 사전투표개시시각까지 사전투표참관인이 출석하지 아니한 때에는 최초로 투표하러 온 선거인으로 하여금 참관하게 하여야 한다(규칙§129③).

사전투표관리관은 미리 출력한 투표용지가 선거인에게 교부하고 남은 때에는 사전투표기

63) 규칙 별지 제50호 서식의 (가) 사전투표록

간 첫째 날에는 금고 등 안전한 곳에 보관하고, 사전투표기간 종료일에는 관할구·시·군선거관리위원회에 인계하여야 한다. 이 경우 사전투표기간 첫째 날에 남은 투표용지는 사전투표기간 둘째 날에 계속하여 교부할 수 있다(규칙§129④).

(나) 공개된 투표지 처리

동시선거에서 선거인이 사전투표소에서 일부의 투표지를 공개한 것을 발견한 때에는 사전투표관리관은 사전투표참관인의 참관 하에 공개된 투표지는 회수하여 앞면에 공개된 투표지라는 표시를 하고, 자신의 도장을 찍거나 서명한 다음 정상적인 투표지와 함께 회송용 봉투에 넣어 봉함하게 한 후 사선투표함에 투입하여야 한다. 이 경우 법 제158조(사전투표) 제5항에 따라 회송용 봉투를 교부하지 아니한 선거인인 때에는 회수한 투표지 앞면에 공개된 투표지라는 표시를 하고, 자신의 도장을 찍거나 서명한 다음 정상적인 투표지와 함께 사전투표함에 투입한다(규칙§130).

(다) 4개 이상 선거의 동시실시에 관한 특례

임기만료에 따른 지방자치단체의 의회의원 및 장의 선거를 동시에 실시하는 경우(임기만료에 따른 지방자치단체의 의회의원 및 장의 선거와 보궐선거등 또는 다른 법률에 따른 선거를 동시에 실시하는 경우를 포함한다) 법 제158조(사전투표) 제5항에 따라 회송용 봉투를 교부하지 아니하는 구역은 해당 자치구·시·군의원지역선거구(세종특별자치시와 제주특별자치도는 시·도의원지역선거구를 말하며, 이하 "선거구"라 한다)로 한다. 다만, 하나의 읍·면·동이 2 이상의 선거구로 되거나 읍·면·동의 일부가 다른 선거구에 속한 경우 해당 읍·면·동 및 그 읍·면·동의 일부가 속한 선거구는 읍·면·동선거관리위원회의 관할구역으로 할 수 있다(규칙§133③).

마. 거소투표

거소투표자는 관할구·시·군선거관리위원회로부터 송부받은 투표용지에 1명의 후보자(비례대표국회의원선거 및 비례대표지방의회의원선거에서는 하나의 정당을 말한다)를 선택하여 투표용지의 해당 칸에 기표한 다음 회송용 봉투에 넣어 봉함한 후 등기우편으로 발송하여야 한다(법§158의2).

바. 선상투표

(1) 투표일시의 지정 및 투표소 설치

선장은 선거일 전 8일부터 선거일 전 5일까지의 기간(이하 "선상투표기간"이라 한다) 중 해당 선박의 선상투표자의 수와 운항사정 등을 고려하여 선상투표를 할 수 있는 일시를 정하고,

해당 선박에 선상투표소를 설치하여야 한다. 이 경우 선장은 지체 없이 선상투표자에게 선상투표를 할 수 있는 일시와 선상투표소가 설치된 장소를 알려야 한다(법§158의3①). 선상투표를 할 수 있는 기간은 대한민국 표준시를 기준으로 정해지는 날짜에 상응하는 날짜로 한다(규칙§86의2①).

선장은 기상악화, 통신장애, 그 밖에 부득이한 사유로 당초 정한 일시에 선상투표를 할 수 없거나 모두 마치지 못한 때에는 새로운 투표일시를 정하여 선상투표를 할 수 있다. 이 경우 해당 선박의 선상투표자에게 즉시 그 사실을 알려야 한다(규칙§86의2②).

선장은 선상투표소를 설치할 때 선상투표자가 투표의 비밀이 보장된 상태에서 투표한 후 팩시밀리로 선상투표용지를 전송할 수 있도록 설비하여야 한다(법§158의3②). 선장은 선상투표소에 ① 선장 및 입회인이 서명하는데 필요한 좌석, ② 기표소(기표에 필요한 용구를 포함한다), ③ 선상투표지 전송석(팩시밀리를 포함한다), ④ 선상투표지 봉함석, ⑤ 그 밖에 선상투표에 필요한 시설의 설비를 하여야 한다(규칙§86의2③). 선상투표소에 설비하는 팩시밀리의 번호는 선상투표자가 선상투표신고서에 기재한 팩시밀리 번호와 일치하여야 한다(규칙§86의2④).

(2) 입회 및 투표용지 교부

선장은 선상투표가 진행되는 동안에는 해당 선박에 승선하고 있는 선원 중 대한민국 국민으로서 공정하고 중립적인 사람 1명 이상을 입회시켜야 한다. 다만, 해당 선박에 승선하고 있는 대한민국 국민이 1명뿐인 경우에는 그러하지 아니하다(법§158의3③). 선장은 투표일 전일까지 입회인을 선정하고, 이를 선상투표자에게 알려야 한다. 이 경우 2명 이상의 입회인을 선정하는 때에는 선상투표용지에 서명할 입회인 1명을 미리 지정하여야 한다(규칙§86의2⑤).

법 제158조의3(선상투표) 제3항 단서에 따라 입회인을 두지 아니한 때에는 선장이 선상투표용지에 기재된 내용에 따라 그 표시를 하여야 한다(규칙§86의2⑥).

선장은 선상투표소에서 선상투표자가 가져 온 선상투표용지의 해당 서명란에 입회인과 함께 서명한 다음 해당 선상투표자에게 교부하여야 한다. 이 경우 선상투표소에서 투표하기 전에 미리 기표하여 온 선상투표용지는 회수하여 별도의 봉투에 넣어 봉함한다(법§158의3④).

(3) 투표방법

선상투표용지를 받은 선상투표자는 선거인 확인란에 서명한 후 1명의 후보자(비례대표국회의원선거에서는 하나의 정당을 말한다)를 선택하여 선상투표용지의 해당란에 기표한 다음 선상투표소에 설치된 팩시밀리로 직접 해당 시·도선거관리위원회에 전송하여야 한다(법§158의3⑤). 전송을 마친 선상투표자는 선상투표지를 직접 봉투에 넣어 봉함한 후 선장에게 제출하여야 한다(법§158의3⑥). 선상투표자는 선상투표지를 넣은 봉투의 겉면에 자신의 성명과 생년월일을 기재하여 선장에게 제출하여야 한다(규칙§86의2⑦).

선장 및 입회인 서명란과 선거인 확인란에 선장·입회인·선거인이 서명이 아닌 본인의 인장을 날인한 투표지는 다른 무효사유가 없는 한 유효로 처리하여야 한다.[64]

(4) 선상투표용지 봉투의 봉인 및 선상투표관리기록부 작성·제출

선장은 해당 선박의 선상투표를 마친 후 입회인의 입회 아래 제출된 선상투표지 봉투와 선상투표용지 봉투를 구분하여 함께 포장한 다음 자신과 입회인이 각각 봉인한 후 보관하여야 한다(법§158의3⑦). 선장은 선상투표자가 선상투표소에서 투표하기 전에 선상투표용지에 미리 기표하여 오거나 선상투표자가 자신이 기표한 선상투표지를 공개한 것을 발견한 때에는 해당 선상투표용지 또는 선상투표지를 회수하여 앞면에 미리 기표된 투표용지 또는 공개된 투표지라는 표시를 하고 자신의 도장을 찍거나 서명한 다음 별도의 봉투에 넣고 봉함하여 보관한다. 이 경우 선상투표지를 전송한 후에 공개한 때에는 해당 시·도선거관리위원회에 그 사실을 지체 없이 알려야 한다(규칙§86의2⑧).

선장은 해당 선박의 선상투표를 마친 때에는 선상투표관리기록부를 작성하여 선거일 전일까지 해당 선박의 선박원부를 관리하는 지방해양항만청의 소재지(대한민국국적취득조건부 나용선의 경우 해당 선박회사의 등록지, 외국국적 선박은 선박관리업 등록을 한 지방해양항만청의 소재지를 말한다)를 관할하는 시·도선거관리위원회에 팩시밀리로 전송하고, 국내에 도착하는 즉시 선상투표관리기록부와 보관 중인 봉투를 해당 시·도선거관리위원회에 제출하여야 한다. 이 경우 국내에 도착하기 전이라도 외국에서 국제우편을 이용하여 제출할 수 있다(법§158의3⑧). 선상투표관리기록부는 규칙이 정하는 서식[65]에 따른다(규칙§86의2⑨).

(5) 선상투표지 수신·발송·보관 및 접수

(가) 선상투표지 수신 팩시밀리의 비밀보장 장치

중앙선거관리위원회는 선상투표자가 선상투표지를 편리하게 전송할 수 있도록 하기 위하여 중앙선거과리위원회가 운영하는 전산조직을 경유하여 시·도선거관리위원회로 전송하게 할 수 있다(규칙§86의3①).

시·도선거관리위원회는 선상투표지를 수신할 팩시밀리에 투표의 비밀을 보장될 수 있도록 기술적 장치를 하여야 한다(법§158의3⑨). 중앙선거관리위원회 및 시·도선거관리위원회는 팩시밀리에 투표의 비밀을 보장하기 위하여 ① 선상투표지의 표지부분에 선상투표지를 전송한 팩시밀리의 번호와 수신일시가 기재되도록 하는 장치, ② 출력된 선상투표지의 투표부분

---

64) 2012. 12. 14. 중앙선관위 질의회답

65) 규칙 별지 제50호 서식의 (다) 선상투표관리기록부

을 볼 수 없도록 하는 장치를 하여야 한다(규칙§86의3②).

(나) 선상투표지의 발송·보관 및 접수

1) **시·도선거관리위원회의 발송 및 보관**

시·도선거관리위원회는 수신된 선상투표지의 투표부분은 절취하여 봉투에 넣고, 표지부분은 그 봉투에 붙여서 봉함한 후 선상투표자의 주소지 관할구·시·군선거관리위원회에 보내야 한다. 이 경우 투표한 선거인을 알 수 없는 선상투표지는 봉투에 넣어 봉함한 후 그 사유를 적은 표지를 부착하여 보관한다(법§158의3⑩).

시·도선거관리위원회는 선상투표지를 수신하는 기간 동안 수신된 선상투표지를 매일 1회 이상 등기우편으로 해당 구·시·군선거관리위원회에 보내야 한다(규칙§86의3③). 시·도선거관리위원회는 규칙 제86조의2(선상투표) 제8항 후단에 따른 통지를 받은 때에는 해당 선상투표지를 넣은 봉투에 공개된 투표지라는 표시를 하고 구·시·군선거관리위원회에 보내야 한다(규칙§86의3④). 시·도선거관리위원회는 선상투표지의 수신·발송과정에 해당 시·도선거관리위원회의 정당추천위원이 입회할 수 있게 하여야 한다. 이 경우 정당추천위원이 입회하지 아니한 때에는 이를 포기한 것으로 본다(규칙§86의3⑤). 법 제158조의3(선상투표) 제10항 후단에 따른 표지는 규칙이 정하는 서식[66]에 따라 작성하되, 법 제158조의3(선상투표) 제10항 후단과 제4항에 따른 선상투표지를 넣은 봉투에는 그 선상투표지를 수신한 공무원이 자신의 도장을 찍거나 서명한다(규칙§86의3⑧). 법 제158조의3(선상투표) 제10항에 따라 선상투표지를 구·시·군선거관리위원회에 보내는데 사용하는 봉투는 규칙이 정하는 서식[67]에 따른다(규칙§86의3⑨전단).

시·도선거관리위원회는 선상투표지관리록에 선상투표지 수신상황과 발송상황을 적어야 한다(법§158의3⑪). 선상투표지관리록은 규칙이 정하는 서식[68]에 따른다. 이 경우 선상투표지관리록에는 선상투표지 팩시밀리 수신내역 기록을 첨부하여야 한다(규칙§86의3⑨후단).

2) **구·시·군선거관리위원회의 접수 및 처리**

구·시·군선거관리위원회는 선거일 투표마감시각까지 시·도선거관리위원회로부터 송부된 선상투표지를 접수하여 우편투표함에 투입하여야 한다(법§158의3⑫). 구·시·군선거관리위원회는 규칙 제96조(사전투표·거소투표의 접수)에 준하여 선상투표지를 접수하되, 표지부분에 표시된 팩시밀리 번호와 해당 선상투표자의 신고서에 기재된 팩시밀리 번호가 서로 다른 선상투표지가 발견된 때에는 그 사실을 기재한 붙임쪽지를 붙여 우편투표함에 투입한다(규칙

66) 규칙 별지 제50호 서식의 (나) 선거인을 알 수 없는 선상투표지의 표지
67) 규칙 별지 제46호 양식의 (나) (거소투표)·(사전투표) 회송용 봉투
68) 규칙 별지 제50호 서식의 (라) 선상투표지관리록

§86의3⑥).

구 · 시 · 군선거관리위원회는 같은 사람의 선상투표지가 2회 이상 접수된 경우에는 가장 먼저 접수된 선상투표지 외의 선상투표지는 우편투표함에 투입하지 아니하고 따로 보관하되, 그 사실을 규칙 제85조(선상투표용지의 작성 · 전송) 제7항에 따른 선상투표발송 · 접수상황에 기록하여야 한다(규칙§86의3⑦).

(6) 선상투표 관련 비용의 보전

선상투표신고를 한 선원이 승선한 선박의 선박회사는 선거일 후 40일까지 자신의 사무소 소재지를 관할하는 시 · 도선거관리위원회에 법 제158조의3(선상투표) 제8항에 따라 선상투표관리기록부와 봉투를 제출하는데 소요된 비용, 선상투표신고 또는 선상투표에 사용한 팩시밀리의 전송 · 수신기록과 통신요금 내역을 첨부하여 그 보전을 청구할 수 있다. 이 경우 팩시밀리의 전송 · 수신기록과 통신요금 내역을 첨부할 수 없는 때에는 시 · 도선거관리위원회가 제공하는 팩시밀리 전송 · 수신기록과 위성통신사별 통신요금 평균액에 따라 보전을 청구할 수 있다(규칙§86의4①). 위 청구를 받은 시 · 도선거관리위원회는 청구내역을 심사하여 선상투표관리기록부 등의 제출에 소요된 비용과 선상투표신고 또는 선상투표에 사용한 것으로 인정되는 범위에서 통신요금을 보전한다(규칙§86의4②).

(7) 국내투표

(가) 투표 신고

선상투표기간 개시일 전에 국내에 도착한 선상투표자는 규칙으로 정하는 서류를 첨부하여 관할구 · 시 · 군선거관리위원회에 신고한 후 선거일에 주소지를 관할하는 투표구에 설치된 투표소에서 투표할 수 있다. 이 경우 해당 선박에서 선상투표용지를 미리 교부받은 사람은 관할구 · 시 · 군선거관리위원회에 신고할 때에 그 투표용지를 반납하여야 한다(법§158의3⑬). 위 '규칙으로 정하는 서류'란 「선원법」 제45조(선원수첩)에 따른 선원수첩, 같은 법 제51조(승무경력증명서의 발급)에 따른 승무경력증명서, 그 밖에 관공서 또는 공공기관이 발행한 승선경력을 확인할 수 있는 서류를 말한다(규칙§86의5②). 선상귀국투표신고는 규칙이 정하는 서식[69]에 따른다(규칙§86의5①).

(나) 신고 접수 및 통보

관할구 · 시 · 군선거관리위원회가 선상귀국투표신고를 받은 경우에는 해당 신고서의 신고사항을 확인한 후 정당한 선상귀국투표신고인 때에는 접수하고, 해당 신고인에게 선거일에

---

69) 규칙 별지 제50호 서식의 (마) 선상투표자귀국투표신고서

주소지를 관할하는 투표구에 설치된 투표소에서 투표할 수 있다는 사실을 알려야 한다(규칙§86의5③). 관할구·시·군선거관리위원회는 신고를 접수한 경우에는 해당 읍·면·동선거관리위원회에 통보하여야 한다. 이 경우 선거인명부의 수정 등에 관하여는 규칙 제16조의2(통합선거인명부의 작성 등) 제6항 및 제7항을 준용한다(규칙§86의5④).

(다) 투표관리관의 투표록 기재

선상투표자가 선거일에 투표소에서 투표하는 경우 투표관리관은 투표록에 그 사실을 적어야 한다(규칙§86의5⑤).

(8) 벌칙

선장이 ① 법 제158조의3(선상투표) 제1항을 위반하여 선상투표의 일시와 장소를 선상투표자에게 알리지 아니하는 행위, ② 법 제158조의3(선상투표) 제1항을 위반하여 선상투표소를 설치하지 아니하거나 같은 조 제2항을 위반하여 선상투표소를 설비하는 행위, ③ 법 제158조의3(선상투표) 제3항을 위반하여 입회인을 입회시키지 아니하는 행위, ④ 법 제158조의3(선상투표) 제7항에 다른 선상투표지 봉투와 선상투표용지 봉투를 보관하지 아니하는 행위, ⑤ 법 제158조의3(선상투표) 제8항을 위반하여 선상투표관리기록부를 작성·전송하지 아니하거나 선상투표관리기록부와 제158조의3(선상투표) 제7항에 따른 선상투표지 봉투와 선상투표용지 봉투를 제출하지 아니하는 행위를 한 때에는 10년 이하의 징역 또는 500만원 이상 3천만원 이하의 벌금에 처한다(법§239의2②).

8. 투표절차

가. 기표방법

선거인이 투표용지에 기표를 하는 때에는 "㊤"표가 각인된 기표용구를 사용하여야 한다. 다만, 거소투표자가 거소투표(선상투표를 포함한다)를 하는 경우에는 "○"표를 할 수 있다(법§159).

나. 투표참관

(1) 의의

(가) 의의

투표관리관은 투표참관인으로 하여금 투표용지의 교부상황과 투표상황을 참관하게 하여야 한다(법§161①).

(나) 투표참관인 등의 신분보장

투표참관인·사전투표참관인은 해당 신분을 취득한 때부터 개표종료시까지 사형·무기 또는 장기 3년 이상의 징역이나 금고에 해당하는 죄를 범하였거나 법 제230조(매수 및 이해유도죄)부터 제235조(방송·신문 등의 불법이용을 위한 매수죄)까지 및 제237조(선거의 자유방해죄)부터 제259조(선거범죄선동죄)까지의 죄를 범한 경우를 제외하고는 현행범인이 아니면 체포 또는 구속되지 아니하며, 병역소집의 유예를 받는다(법§11③).

(2) 투표참관인의 선정 및 지정

(가) 투표참관인의 선정

투표참관인은 해당 투표소를 선거구역으로 포함하는 선거에 후보자를 추천한 정당이나 후보자·선거사무장·선거연락소장이 후보자마다 투표소별로 2인을 선정하여 선거일 전 2일까지 읍·면·동선거관리위원회에 규칙이 정하는 서식[70]에 의하여 서면으로 신고하여야 한다(법§161②, 규칙§88①). 법 제161조(투표참관) 제2항에 따른 투표참관인의 신고를 하는 때에는 그 신고서에 법 제161조(투표참관) 제4항에 따라 투표참관인을 지정하는 경우의 순위를 기재하여야 한다(규칙§88②).

대한민국 국민이 아닌 자·미성년자·법 제18조(선거권이 없는 자) 제1항 각 호의 1에 해당하는 자·법 제53조(공무원 등의 입후보) 제1항 각 호의 1에 해당하는 자·후보자 또는 후보자의 배우자는 투표참관인이 될 수 없다(법§161⑦).

(나) 투표참관인의 지정

1) **지정**

투표참관인인은 투표소마다 8명으로 하되, 선정·신고한 인원수가 8명을 넘는 때에는 읍·면·동선거관리위원회가 추첨에 의하여 지정한 자를 투표참관인으로 한다. 다만, 투표참관인의 선정이 없거나 선정·신고한 인원수가 4명에 미달하는 때에는 읍·면·동선거관리위원회가 그 투표구를 관할하는 구·시·군의 구역 안에 거주하는 선거권자 중에서 본인의 승낙을 얻어 4명에 달할 때까지 선정한 자를 투표참관인으로 한다(법§161③). 법 제161조(투표참관) 제3항 단서의 규정에 의하여 읍·면·동선거관리위원회가 선정한 투표참관인은 정당한 사유 없이 참관을 거부하거나 그 직을 사임할 수 없다(법§161⑥). 법 제161조(투표참관) 제3항 단서의 본인승낙은 규칙이 정하는 서식[71]에 의한다(규칙§88①).

읍·면·동선거관리위원회가 투표참관인을 지정하는 경우에 후보자수가 8명을 넘는 때에

70) 규칙 별지 제51호 서식의 (가) (투표참관인)·(사전투표참관인)신고서
71) 규칙 별지 제51호 서식의 (나) (투표참관인)·(사전투표참관인)승낙서

는 후보자별로 1명씩 우선 선정한 후 추첨에 의하여 8명을 지정하고, 후보자수가 8명에 미달하되 후보자가 선정·신고한 인원수가 8명을 넘는 때에는 후보자별로 1명씩 선정한 자를 우선 지정한 후 나머지 인원은 추첨에 의하여 지정한다(법§161④).

2) **제재**

법 제161조(투표참관) 제3항 단서에 따라 선거관리위원회가 선정한 참관인이 정당한 사유 없이 참관을 거부하거나 게을리 한 경우는 100만원 이하의 과태료를 부과한다(법§261⑧1.).

(다) 투표참관인의 교체

정당·후보자·선거사무장 또는 선거연락소장은 그가 선정한 투표참관인에 대하여는 필요한 경우에는 언제든지 읍·면·동선거관리위원회에 신고하고 교체할 수 있으며, 선거일에는 투표소에서 교체신고할 수 있다(법§161⑤).

(3) 투표참관 방법

투표관리관은 원활한 투표관리를 위하여 필요하다고 인정하는 경우에는 투표참관인을 교대로 참관하게 할 수 있다. 이 경우 정당·후보자별로 참관인 수의 2분의 1씩 교대하여 참관하게 하여야 한다(법§161⑧). 투표참관인은 투표용지의 교부상황과 투표상황을 쉽게 볼 수 있는 장소에 투표참관인석을 마련하여야 한다(법§161⑨).

투표참관인은 투표에 간섭하거나 투표를 권유하거나 기타 어떠한 방법으로든지 선거에 영향을 미치는 행위를 하여서는 아니 된다(법§161⑩). 투표참관인 등은 투표참관 도중에 선거인에 대하여 직접 질문하거나 투표 또는 투표사무를 방해·간섭·지연시키거나 특정한 정당이나 후보자의 지지 또는 반대를 권유하거나 기타 어떠한 방법으로든지 선거에 영향을 주는 행위를 하여서는 아니 된다(규칙§89①).

투표관리관은 투표참관인이 투표간섭 또는 부정투표 그 밖에 공직선거법의 규정에 위반되는 사실을 발견하고 그 시정을 요구한 경우에 그 요구가 정당하다고 인정하는 때에는 이를 시정하여야 한다(법§161⑪). 투표참관인 등은 투표참관 도중에 이의가 있을 경우에는 해당 투표관리관 또는 사전투표관리관에게 그 시정을 요구할 수 있다(규칙§89②).

투표참관인은 투표소 안에서 사고가 발생한 때에는 투표상황을 촬영할 수 있다(법§161⑫).

(4) 투표참관인의 식비

법 제122조의2(선거비용의 보전 등) 제3항 제6호에 따른 투표참관인과 사전투표참관인의 식비는 정부예산의 급식비단가 범위 이내로 한다(규칙§90).

(5) 사전투표참관

(가) 의의

사전투표관리관은 사전투표참관인으로 하여금 사전투표 상황을 참관하게 하고, 법 제158조(사전투표) 제6항 제1호에 따라 관할 우체국장에게 투표지를 인계하기까지 일련의 과정에 동행하게 하여야 한다(법§162①).

(나) 사전투표참관인의 선정

1) **선정**

사전투표참관인은 해당 사전투표소를 선거구역으로 포함하는 선거에 후보자를 추천한 정당이나 후보자·선거사무장·선거연락소장이 후보자마다 사전투표소별로 2명의 사전투표참관인을 선정하여 선거일 전 7일까지 구·시·군선거관리위원회에 규칙이 정하는 서식[72]에 의하여 서면으로 신고하여야 하고, 필요한 경우 언제든지 신고한 후 교체할 수 있으며 사전투표기간 중에는 사전투표소에서 교체신고를 할 수 있다(법§162②, 규칙§88①). 이에 따른 사전투표참관인의 선정이 없거나 한 후보자가 선정한 사전투표참관인 밖에 없는 때에는 관할 구·시·군선거관리위원회가 선거권자 중에서 본인의 승낙을 얻어 4인에 달할 때까지 선정한 자를 사전투표참관인으로 한다(법§162③). 법 제162조(사전투표참관) 제3항에 따른 본인승낙은 규칙이 정하는 서식[73]에 의한다(규칙§88①). 관할구·시·군선거관리위원회가 선정한 투표참관인은 정당한 사유 없이 참관을 거부하거나 그 직을 사임할 수 없다(법§162④, §161⑥).

대한민국 국민이 아닌 자·미성년자·법 제18조(선거권이 없는 자) 제1항 각 호의 1에 해당하는 자·법 제53조(공무원 등의 입후보) 제1항 각 호의 1에 해당하는 자·후보자 또는 후보자의 배우자는 투표참관인이 될 수 없다(법§162④, §161⑦).

2) **제재**

법 제162조(사전투표참관) 제3항에 따라 관할구·시·군선거관리위원회가 선정한 참관인이 정당한 사유 없이 참관을 거부하거나 게을리 한 경우는 100만원 이하의 과태료를 부과한다(법§261⑧1.).

(다) 투표참관 방법

사전투표관리관은 원활한 투표관리를 위하여 필요하다고 인정하는 경우에는 사전투표참관인을 교대로 참관하게 할 수 있다. 이 경우 정당·후보자별로 참관인 수의 2분의 1씩 교대하

72) 규칙 별지 제51호 서식의 (가) (투표참관인)·(사전투표참관인)신고서
73) 규칙 별지 제51호 서식의 (나) (투표참관인)·(사전투표참관인)승낙서

여 참관하게 하여야 한다(법§162④, §161⑧). 사전투표참관인은 투표용지의 교부상황과 투표상황을 쉽게 볼 수 있는 장소에 사전투표참관인석을 마련하여야 한다(법§162④, §161⑨).

사전투표참관인은 투표에 간섭하거나 투표를 권유하거나 기타 어떠한 방법으로든지 선거에 영향을 미치는 행위를 하여서는 아니 된다(법§162④, §161⑩). 투표참관인 등은 투표참관 도중에 선거인에 대하여 직접 질문하거나 투표 또는 투표사무를 방해 · 간섭 · 지연시키거나 특정한 정당이나 후보자의 지지 또는 반대를 권유하거나 기타 어떠한 방법으로든지 선거에 영향을 주는 행위를 하여서는 아니 된다(규칙§89①).

사전투표관리관은 사전투표참관인이 투표간섭 또는 부정투표 그 밖에 공직선거법의 규정에 위반되는 사실을 발견하고 그 시정을 요구한 경우에 그 요구가 정당하다고 인정하는 때에는 이를 시정하여야 한다(법§162④, §161⑪). 투표참관인 등은 투표참관 도중에 이의가 있을 경우에는 해당 투표관리관 또는 사전투표관리관에게 그 시정을 요구할 수 있다(규칙§89②).

사전투표참관인은 투표소 안에서 사고가 발생한 때에는 투표상황을 촬영할 수 있다(법§162④, §161⑫).

(6) 동시선거의 특례

(가) 동시선거의 투표참가인 선정 및 지정

동시선거에 있어 투표참관인은 법 제161조(투표참관) 제2항의 규정에 의한 선정 · 신고인원수에 불구하고 후보자를 추천한 정당과 무소속후보자마다 2인을 선정 · 신고하여야 한다(법§213①). 읍 · 면 · 동선거관리위원회가 투표참관인을 지정하는 경우에 정당 또는 후보자수가 8명을 넘는 때에는 정당 · 후보자별로 1명씩을 우선 선정한 후 추첨에 의하여 8명을 지정하고, 정당 또는 후보자수가 8명에 미달하되 정당 또는 후보자가 선정 · 신고한 인원수가 8명을 넘는 때에는 정당 · 후보자별로 1명씩 선정한 자를 우선 지정한 후 나머지 인원은 추첨에 의하여 지정한다(법§213②, §161④).

(나) 동시선거의 사전투표참관인 선정 및 지정

동시선거에서 사전투표참관인은 법 제162조(사전투표참관) 제2항에 따른 선정 · 신고인원수에 불구하고 당해 선거에 참여한 정당마다 2인을, 무소속후보자는 1인을 선정 · 신고하여야 한다(법§213③). 동시선거에 있어서 사전투표참관인은 8명 이내로 하되, 선정 · 신고한 인원수가 8명을 넘는 때에는 관할선거관리위원회는 정당이 선정 · 신고한 자를 우선 지정하고 나머지 인원은 무소속후보자가 선정 · 신고한 자 중에서 8명에 달할 때까지 추첨에 의하여 지정한다. 이 경우 정당이 선정 · 신고한 인원수가 8명을 넘는 때에는 법 제150조(투표용지의 정당 · 후보자의 게재순위 등) 제3항부터 제5항까지의 규정에 따른 정당순위의 앞순위의 정당이 선정·신고한 자부터 8명에 달할 때까지 지정한다(법§213④).

(6) 벌칙(투표참관인의 자격제한 위반)

법 제161조(투표참관) 제7항(제162조(사전투표참관) 4항에서 준용하는 경우를 포함한다)을 위반하여 투표참관인이나 사전투표참관인이 될 수 없는 자를 참관인이 되거나 되게 한 자는 2년 이하의 징역 또는 400만원 이하의 벌금에 처한다(법§256③2.라.).

다. 투표소 등의 출입제한 및 질서유지 등

(1) 투표소 등의 출입제한

(가) 출입제한

투표하려는 선거인·투표참관인·투표관리관, 읍·면·동선거관리위원회 및 그 상급선거관리위원회의 위원과 직원 및 투표사무원을 제외하고는 누구든지 투표소에 들어갈 수 없다(법§163①).

시의원이자 국회의원선거의 후보자의 선거사무장이 투표소에 들어가 참관인에게 인사한 것은 투표소에 출입할 권한이 없는 자가 투표소에 들어간 것으로 법 제163조(투표소 등의 출입제한) 제1항에 위반된다.[74] 지방의회의원선거의 입후보자가 투표소에 들어가 종사원들에게 인사를 한 것은 정당한 이유가 있다고 할 수 없어 법 제163조(투표소 등의 출입제한) 제1항에 위반된다.[75]

(나) 표지

선거관리위원회 위원·직원·투표관리관·투표사무원 및 투표참관인이 투표소에 출입하는 때에는 규칙이 정하는 바에 따라 표지를 달거나 붙여야 하며, 이 규정에 의한 표지 외에는 선거와 관련한 어떠한 표시물도 달거나 붙일 수 없다(법§163②). 위 표지는 다른 사람에게 양도·양여할 수 없다(법§163③). 투표소 또는 사전투표소에 출입하는 선거관리위원회 위원·직원·투표관리관·사전투표관리관·투표사무원·사전투표사무원·투표참관인·사전투표참관인의 표지는 늘 잘 보이도록 달아야 하며, 그 규격과 게재사항은 규칙이 정하는 양식[76]에 의한다. 이 경우 선거관리위원회 위원과 직원의 표지는 신분증명서 또는 공무원증으로 갈음할 수 있다(규칙§91).

---

74) 광주지방법원 2008. 7. 3. 선고 2008고합221 판결
75) 부산고등법원 1996. 2. 1. 선고 95노1086 판결
76) 규칙 별지 제52호 양식 투표소·사전투표소 및 개표소 출입자의 표지

(다) 사전투표소의 출입제한

사전투표소(법 제149조(기관·시설 안의 기표소)에 따라 기표소가 설치된 장소를 포함한다)의 출입제한에 관하여는 법 제163조(투표소 등의 출입제한) 제1항부터 제3항까지의 규정을 준용한다(법§163④).

(라) 벌칙

법 제163조(투표소 등의 출입제한)를 위반하여 투표소(법 제149조(기관·시설 안의 기표소) 제3항 및 제4항에 따른 기표소가 설치된 장소를 포함한다)에 들어가거나, 표지를 하지 아니하거나, 표지 외의 표시물을 달거나 붙이거나, 표지를 양도·양여하거나 하게 한 자는 2년 이하의 징역 또는 400만원 이하의 벌금에 처한다(법§256③2.마.).

(2) 투표소 등의 질서유지

(가) 질서유지를 위한 경찰공무원 등에의 원조 요구

투표관리관 또는 투표사무원은 투표소의 질서가 심히 문란하여 공정한 투표가 실시될 수 없다고 인정하는 때에는 투표소의 질서를 유지하기 위하여 정복을 한 경찰공무원 또는 경찰관서장에게 원조를 요구할 수 있다(법§164①). 원조요구를 받은 경찰공무원 또는 경찰관서장은 즉시 이에 따라야 한다(법§164②).

(나) 투표관리관의 지시 및 요구 준수

원조요구에 의하여 투표소 안에 들어간 경찰공무원 또는 경찰관서장은 투표관리관의 지시를 받아야 하며, 질서가 회복되거나 투표관리관의 요구가 있는 때에는 즉시 투표소 안에서 퇴거하여야 한다(법§164③).

(다) 사전투표소의 질서유지

사전투표소의 질서유지에 관하여도 위 (가), (나)항과 같다(법§164④).

(3) 무기나 흉기 등의 휴대금지

법 제164조(투표소 등의 질서유지) 제1항의 경우를 제외하고는 누구든지 투표소 안에서 무기나 흉기 또는 폭발물을 지닐 수 없다(법§165①). 사전투표소(법 제149조(기관·시설 안의 기표소)에 따라 기표소가 설치된 장소를 포함한다)에서의 무기나 흉기 등의 휴대금지에 관하여도 위와 같다(법§165②).

(4) 투표소 내외에서의 소란언동금지 등

(가) 소란언동자 제지 및 퇴거

투표소 안에서 또는 투표소로부터 100미터 안에서 소란한 언동을 하거나 특정 정당이나 후보자를 지지 또는 반대하는 언동을 하는 자가 있는 때에는 투표관리관 또는 투표사무원은 이를 제지하고, 그 명령에 불응하는 때에는 투표소 또는 그 제한거리 밖으로 퇴거하게 할 수 있다. 이 경우 투표관리관 또는 투표사무원은 필요하다고 인정하는 때에는 정복을 한 경찰공무원 또는 경찰관서장에게 원조를 요구할 수 있다(법§166①). 원조요구를 받은 경찰공무원 또는 경찰관서장은 즉시 이에 따라야 한다(법§166④, §164②). 원조요구에 의하여 투표소 안으로 들어간 경찰공무원 또는 경찰관서장은 투표관리관의 지시를 받아야 하며, 질서가 회복되거나 투표관리관의 요구가 있는 때에는 즉시 투표소 안에서 퇴거하여야 한다(법§166④, §164③).

'소란한 언동'이란 투표소 내외의 자유롭고 평온한 질서 및 분위기를 해할 정도의 시끄럽고 어수선한 말과 행동을 말하고,[77] 투표소 내외의 선거인에게 심리적인 영향을 미칠 수 있는 정도의 모든 언동을 의미하고 그러한 언동으로 인하여 투표업무에 지장을 초래할 정도에 이르러야 하는 것은 아니다.[78]

종합사회복지관 무료급식소에 설치된 투표소에 찾아와 신분증이 없는 자신의 형이 투표할 수 있게 해달라면서 선거인 약 40여 명이 투표를 하고 있는 상황에서 투표관리관 등에게 욕을 하고 투표소에서 약 4미터 떨어진 종합사회복지관 관리실 출입문을 발로 차는 등 소란한 언동을 하여 투표관리관으로부터 제지명령을 받고도 불응한 경우,[79] 시의원이자 국회의원 후보자의 선거사무원이 시의원 배지를 착용한 상태에서 투표소 안으로 들어가 투표참관인들 중 자신이 추천한 사람들과 인사를 나누어 투표관리관이 퇴거를 요구하자 '당 참관인의 격려차 방문한 것을 제재한다.'며 역정을 내고, 다시 퇴거를 요구받자 '건방이 하늘을 찌른다. 당신 같은 인간이 있기에 투표가 잘 진행되는지 확인하러 왔다.'는 등 소리를 치며 즉시 퇴

---

77) 2019. 5. 30. 선고 2017헌바358 결정('소란'은 공직선거법에서 특이하게 사용되어 별도의 독자적인 개념정의를 필요로 하는 용어가 아니라 일반인이 일상적으로 사용하는 일반적인 용어로서, 특별한 경우를 제외하고는 법관의 보충적 해석작용이 없더라도 일반인들도 그 대강의 법적 의미를 이해할 수 있는 표현에 불과하고 더욱이 공직선거법의 목적, 이 사건 법률조항의 입법취지, 공직선거법의 다른 규정 등을 종합하여 보면, '소란한 언동'이란 "투표소 내외의 자유롭고 평온한 질서 및 분위기를 해할 정도의 시끄럽고 어수선한 말과 행동"이라고 충분히 해석할 수 있으므로, 공직선거법 제166조(투표소내외에서의 소란언동금지 등) 제1항 중 '소란한 언동'에 관한 부분 및 제256조(각종제한규정위반죄) 제3항 제2호 바목 중 '제166조(투표소내외에서의 소란언동금지 등)에 따른 명령에 불응한 자'부분 가운데 위 해당 부분은 죄형법정주의의 명확성 원칙에 위배되지 않는다.)

78) 2017. 7. 18. 선고 2017도7403 판결(서울고등법원 2017. 5. 11. 선고 2017노593 판결)

79) 대구지방법원 2008. 4. 25. 선고 2008고합4 판결

거하지 않다가 2-3분 후에 퇴거한 경우[80], '투표함 자체가 위법하다, 부정투표다, 내가 사진 촬영을 해야겠다'며 고함을 지르며 소란을 피우고 퇴거를 요청받고도 불응한 경우[81]는 법 제166조(투표소내외에서의 소란언동금지 등) 제1항 위반에 해당한다. 사전투표관리관이 피고인에게 코로나19바이러스 감염증과 관련하여 마스크 착용을 요구하고 휴대폰 촬영에 대한 제지를 하였으나 피고인이 이에 응하지 않았을 뿐 다른 선거인들에 투표행위에 방해가 될 만한 시끄럽고 어수선한 언동을 하지 않은 경우, 각각의 행위가 소란한 언동에 해당한다고 보기 어렵고 그러한 행위를 적극적으로 제지하려는 명령이 있었음에도 불응한 것이라고 단정하기 어려우므로 '소란한 언동'에 해당하지 않는다.[82]

(나) 퇴거선거인의 투표

투표관리관 등에 의하여 퇴거당한 선거인은 최후에 투표하게 한다. 다만, 투표관리관은 투표소의 질서를 문란하게 할 우려가 없다고 인정하는 때에는 그 전에라도 투표하게 할 수 있다(법§166②).

(다) 완장 등 착용 금지

누구든지 제163조(투표소 등의 출입제한) 제2항의 규정에 의하여 표지를 달거나 붙이는 경우를 제외하고는 선거일에 완장·흉장 등의 착용 기타 방법으로 선거에 영향을 미칠 우려가 있는 표지를 할 수 없다(법§166③).

전국동시지방선거 사전투표소 안에서 선거관련 조끼를 입고 들어간 경우는 법 제166조(투표소내외에서의 소란언동금지 등) 제3항 위반에 해당한다.[83]

(라) 사전투표소

사전투표소 내외에서의 소란언동금지 등에 관하여는 법 제166조(투표소내외에서의 소란언동금지 등) 제1항부터 제4항까지의 규정을 준용한다(법§166⑤).

(마) 벌칙

법 제166조(투표소내외에서의 소란언동금지 등)에 따른 명령에 불응한 자 또는 같은 규정을 위반한 표지를 하거나 하게 한 자는 2년 이하의 징역 또는 400만원 이하의 벌금에 처한다

80) 2017. 7. 18. 선고 2017도7403 판결(서울고등법원 2017. 5. 11. 선고 2017노593 판결)
81) 2022. 5. 26. 선고 2022도1287 판결(서울고등법원 2022. 1. 21. 선고 2021노1902 판결)
82) 2022. 4. 14. 선고 2022도1073 판결(서울고등법원 2022. 1. 13. 선고 2021노1665 판결)
83) 서울고등법원 2015. 2. 11. 선고 2014노3996 판결(인천지방법원 부천지원 2014. 12. 12. 선고 2014고합231 판결)

(법§256③2.바.).

(5) 투표지 등의 촬영행위 금지

(가) 투표지 촬영 금지

누구든지 기표소 안에서 투표지를 촬영하여서는 아니 된다(법§166의2①). 투표관리관 또는 사전투표관리관은 선거인이 기표소 안에서 투표지를 촬영한 경우 해당 선거인으로부터 그 촬영물을 회수하고 투표록에 그 사유를 기록한다(법§166의2②).

기표소 안에서 투표지의 촬영을 제한한 것은 투표의 비밀을 유지하고 공정하고 평온한 투표 절차의 진행을 보장하기 위함이다.[84] 공직선거법은 제244조(선거사무관계자나 시설등에 대한 폭행·교란죄) 제1항에서 '투표용지·투표지'를 병렬적으로 규정하는 등 다수의 조항이 투표용지와 투표지를 명확히 구분하고 있으며, 사전투표 및 그 개표에 관한 법 제158조(사전투표) 제4항, 규칙 제98조(사전투표·거소투표 및 선상투표의 개표), 선상투표에 관한 법 제158조의3(선상투표) 제5항, 제6항에서 '투표지'를 선거인이 '기표'를 마친 '투표용지'를 지칭하는 용어로 사용하고 있고, '투표용지에 써넣거나 표시를 하는 행위'를 의미하는 '기표'의 사전적 의미에 비추어 보면, '투표지'는 '공직선거법령에 따라 제작된 투표용지에 선거인이 공직선거법령에서 정한 절차에 따라 기표절차를 마친 것'을 의미하므로, '투표용지'를 촬영하는 것은 본 조항의 '투표지' 촬영에 해당하지 아니한다.[85]

기표소 안에서 기표한 투표지를 휴대전화에 내장된 카메라로 촬영하고 촬영한 투표지 사진을 카카오톡 메신저를 이용하여 딸에게 전송한 것은 법 제166조의2(투표지 등의 촬영행위 금지) 제1항 및 투표의 비밀유지조항(법 제167조) 위반에 해당한다.[86]

(나) 벌칙

법 제166조의2(투표지 등의 촬영행위 금지) 제1항을 위반하여 투표지를 촬영한 사람은 2년 이하의 징역 또는 400만원 이하의 벌금에 처한다(법§256③2.사.).

(6) 투표의 비밀보장

(가) 투표의 비밀보장

투표의 비밀은 보장되어야 한다(법§167①). 선거인은 투표한 후보자의 성명이나 정당명을 누구에게도 또한 어떠한 경우에도 진술할 의무가 없으며, 누구든지 선거일의 투표마감시각

---

84) 창원지방법원 밀양지원 2013. 7. 12. 선고 2013고합19 판결
85) 수원지방법원 여주지원 2017. 11. 23. 선고 2017고합57 판결
86) 서울고등법원 2019. 4. 17. 선고 2018노3607 판결

까지 이를 질문하거나 그 진술을 요구할 수 없다(법§167②본문).

1) **투표의 비밀**

법 제167조(투표의 비밀보장) 제1항의 '투표의 비밀'은 선거인의 의사가 투표행위를 통하여 확정적으로 표시된 '투표의 결과'를 의미하므로, 마을이장이 거소투표자들로부터 투표의사에 대한 어떠한 승낙 없이 임의로 투표의사를 결정하여 기표한 경우는 거소투표자들의 의사가 투표행위를 통하여 전혀 표시된 바가 없으므로 그들의 '투표의 비밀'도 존재하지 아니하여 법 제241조(투표의 비밀침해죄)의 투표비밀침해죄가 성립될 수 없고, 마을이장이 거소투표자를 대신하여 기표하면서 특정 후보에게 기표할 것을 권유한 후 위 투표자가 명시적인 반대 의사를 표시하지 않자 직접 위 후보에게 기표한 경우는 그 기표에 위 거소투표자의 능동적인 의사가 반영되었다고 볼 수 없을뿐더러 위 투표행위의 실질적인 주체가 위 거소투표자라고 하더라도 그가 직접 기표행위를 하지 않은 이상 갑의 투표의 비밀이 성립되었다고 볼 수도 없으며, 가사 그렇지 않다고 하더라도 위 기표행위는 위 거소투표자의 투표의 비밀이 형성되는 과정에 조력한 것일 뿐 이를 침해한 것으로는 도저히 볼 수 없어 법 제241조(투표의 비밀침해죄)의 투표비밀침해죄는 성립될 수 없고, 법 제248조(사위투표죄)에 규정된 '기타 사위의 방법으로 투표하거나 투표하게 한 행위'에 해당한다.[87)]

2) **투표한 후보자의 성명이나 정당명에 대한 진술 요구**

'진술'은 구두에 의한 것이든 서면에 의한 것이든 불문하고, 반드시 이름을 명시할 필요는 없고 투표한 후보자나 정당이 누구라는 것을 추지할 수 있을 정도면 충분하다. 선거인에게 특정 후보를 찍었느냐고 물어보지 아니하고 '누구를 찍었느냐'고 물어보았다고 하더라도 이러한 행위 자체가 법 제167조(투표의 비밀보장) 제1항이 규정하는 투표의 비밀보장의무 위반에 해당한다.[88)]

(나) 출구조사

1) **출구조사의 주체**

텔레비전방송국·라디오방송국·「신문 등 진흥에 관한 법률」 제2조(정의) 제1호 가목 및 나목에 따른 일간신문사가 출구조사의 주체이다(법§167②단서). 「방송법」에 따라 방송통신위원회의 승인을 받은 종합편성방송채널사업자는 법 제167조(투표의 비밀보장) 제2항 단서에 따라 출구조사를 할 수 있는 텔레비전방송국에 해당한다.[89)]

---

87) 대구지방법원 2006. 11. 22. 선고 2006고합721 판결
88) 대구지방법원 경주지원 2009. 9. 18. 선고 2009고합29 판결
89) 2017. 2. 9. 중앙선관위 질의회답

2) **출구조사의 장소**

출구조사는 투표소로부터 50미터 밖에서 하여야 한다(법§167②단서).

학교에 투표소를 설치하는 때에는 원칙적으로 기표소, 투표함, 참관인 좌석 그 밖에 투표관리에 필요한 시설이 설비된 특정 교실 등을 투표소로 볼 수 있을 것이므로, 투표소 해당 교실 등의 출입구로부터 50미터 이내에서는 선거인에게 투표한 후보자의 성명이나 정당명을 질문하여서는 아니 된다.[90)]

3) **출구조사의 방법**

출구조사는 선거의 결과를 예상하기 위하여 선거일에 투표의 비밀이 침해되지 않는 방법으로 선거인이 투표한 후보자의 성명이나 정당명을 질문하는 방법으로 한다(법§167②단서).

「방송법」에 따라 방송통신위원회의 승인을 받은 종합편성방송채널사업자가 선거일에 앱이나 인터넷을 이용하여 투표의 비밀이 침해되지 않는 방법으로 질문하는 것은 법 제167조(투표의 비밀보장) 제2항에 위반되지 아니한다.[91)]

4) **출구조사 결과 등의 공표**

출구조사는 투표마감시각까지 그 경위와 결과를 공표할 수 없다(법§167②단서).

(다) 투표지 공개금지

선거인은 자신이 기표한 투표지를 공개할 수 없으며, 공개된 투표지는 무효로 한다(법§167③). 투표관리관은 선거인이 자신이 기표한 투표지를 공개한 것을 발견한 때에는 투표참관인의 참관하에 해당 선거인으로부터 그 투표지를 회수하여 앞면에 공개된 투표지라는 표시를 한 후 자신의 도장을 찍거나 서명한 다음 투표함에 투입한다(규칙§92).

(라) 벌칙

법 제167조(투표의 비밀보장)를 위반하여 투표의 비밀을 침해하거나 선거일의 투표마감시각 종료 이전에 선거인에 대하여 그 투표하고자 하는 정당이나 후보자 또는 투표한 정당이나 후보자의 표시를 요구한 자와 투표결과를 예상하기 위하여 투표소로부터 50미터 이내에서 질문하거나 투표마감시각 전에 그 경위와 결과를 공표한 자는 3년 이하의 징역 또는 600만원 이하의 벌금에 처한다(법§241①).

위 제241조(투표의 비밀침해죄) 제1항의 벌칙규정은 제167조(투표의 비밀보장)에 규정하고 있는 선거인이 투표를 한 후에 '투표한 후보자의 성명이나 정당명에 대한 질문을 하거나 진술을 요구'하는 것만을 규정하고 있는 것 외에 선거인이 투표를 하기 전에 '그 투표하고자 하

---

90) 2017. 3. 31. 중앙선관위 질의회답

91) 2017. 2. 9. 중앙선관위 질의회답

는 정당이나 후보자의 표시를 요구'하는 것도 금지하고 있다.

'표시'는 진술보다 광범위한 개념으로 표시의 방법에는 제한이 없다. 3선개헌을 반대하는 모의투표용지 반대란에 ○표를 찍은 인쇄물 약 500장을 남의 집안에 넣어서 배부한 경우, 이는 개헌반대운동으로 전개한 선전계도행위에 그치며 투표인에 대하여 투표하고자 하는 내용의 표시를 요구한 것이라고 볼 수 없다.[92)]

선거관리위원회 위원·직원, 선거사무에 관계있는 공무원, 검사, 경찰공무원(사법경찰관리를 포함한다) 또는 군인(군수사기관소속 군무원을 포함한다)이 법 제241조(투표의 비밀침해죄) 제1항에 규정된 행위를 하거나 하게 한 때에는 5년 이하의 징역에 처한다(법§241②).

라. 투표함 등의 봉쇄·봉인

(1) 의의

투표관리관은 투표소를 닫는 시각이 된 때에는 투표소의 입구를 닫아야 하며, 투표소 안에 있는 선거인의 투표가 끝나면 투표참관인의 참관하에 투표함의 투입구와 그 자물쇠를 봉쇄·봉인하여야 한다. 다만, 정당한 사유 없이 참관을 거부하는 투표참관인이 있는 때에는 그 권한을 포기한 것으로 보고, 투표록에 그 사유를 기재하여야 한다(법§168①). 투표함의 열쇠와 잔여투표용지 및 번호지는 위와 같이 각각 봉인하여야 한다(법§168②).

법 제168조(투표함 등의 봉쇄·봉인) 제1항의 입법취지는 투표함의 안전을 보장하고 선거부정의 개입을 방지하려는데 있으므로, 투표함의 봉쇄·봉인은 투표함의 안전보장이라는 목적을 달성하는데 적합한 기능을 갖추도록 행하여야야 한다.[93)]

투표함의 봉함·봉인 및 봉쇄의 훼손 등 투표함에 대한 선거관리집행의 위법이 있는 경우 선거가 무효로 된다.[94)] 투표종료 후 투표사무관계자들이 투표함과 함께 투표관계서류를 개표소로 인계하는 과정에서 개표에 필요한 투표록봉투만 개봉하여 접수하여야 함에도 착오로 잔여투표용지봉투와 선거인명부봉투 및 절취된 일련번호지봉투도 함께 개봉하여 접수한 경우, 잔여투표용지봉투 등의 미봉함이 선거결과에 영향을 미친 선거사무의 관리집행상의 하자가 있다고 할 수 없다.[95)]

(2) 봉쇄·봉인의 방법

(가) 투입구와 자물쇠의 봉쇄·봉인

법 제168조(투표함 등의 봉쇄·봉인) 제1항 본문에 따른 투표함의 투입구와 그 자물쇠의 봉

92) 1972. 2. 22. 선고 71도2300 판결
93) 2013. 4. 11. 선고 2012수35 판결
94) 1958. 2. 27. 선고 4289지선16 판결
95) 2004. 5. 31. 선고 2003수26 판결

쇄·봉인은 다음 각 호에 따른다(규칙§92의2①).

1. 투표함의 투입구
   투표함의 투입구(투입구를 봉쇄하는 별도의 장치가 있는 경우에는 그 투입구를 막는 장치를 말한다)에 봉인지를 부착한 다음 투표관리관 및 투표참관인이 봉인지에 각각 본인의 도장을 찍거나 서명하여야 한다.
2. 자물쇠
   투표함에 부착된 자물쇠(열쇠와 일체형으로 제작된 경우를 포함한다)마다 봉인지를 부착한 다음 투표관리관 및 투표참관인이 봉인지에 각각 본인의 도장을 찍거나 서명하여야 한다. 이 경우 열쇠가 있는 때에는 별도의 봉투를 넣어 봉함힌 후 투표함과 함께 구·시·군선거관리위원회에 인계하여야 한다.

(나) 투표참관인의 참여

투표관리관은 투표참관인 중에서 봉인지에 도장을 찍거나 서명할 사람을 후보자별로 1명씩 지정할 수 있다. 이 경우 법 제161조(투표참관) 제3항 단서에 따라 읍·면·동선거관리위원회가 투표참관인을 선정한 때에는 해당 투표참관인 중에서 지정할 수 있다(규칙§92의2②). 투표관리관이 지정한 투표참관인이 정당한 사유 없이 봉인지에 본인의 도장을 찍거나 서명하기를 거부한 때에는 그 권한을 포기한 것으로 보고, 투표록에 그 사유를 적는다(규칙§92의2③).

(다) 전자적 보안장치

투표함에는 중앙선거관리위원회가 정하는 바에 따라 전자적 보안장치를 할 수 있다(규칙§92의2④).

마. 투표록 작성, 투표함 등의 송부·투표관계서류의 인계

(1) 투표록 작성

투표관리관은 투표록을 작성하여 기명하고 서명 또는 날인하여야 한다(법§169). 투표록의 표준서식은 규칙이 정하는 서식[96]에 의한다(규칙§93).

(2) 투표함 등의 송부

투표관리관은 투표가 끝난 후 지체 없이 투표함 및 그 열쇠와 투표록 및 잔여투표용지를 관할구·시·군선거관리위원회에 송부하여야 한다(법§170①). 투표함을 송부하는 때에는 후보자별로 투표참관인 1인과 호송에 필요한 정복을 입은 경찰공무원 2인에 한하여 동반할 수

---

96) 규칙 별지 제53호 서식(투표록)

있다(법§170②).

법 제170조(투표함 등의 송부) 제2항의 입법취지는 투표함의 안전과 신뢰성을 확보하기 위하여 투표참관인들에게 투표함 송부과정에 동반할 수 있는 권한을 부여하려는데 있다고 보아야 한다.[97] 투표관리관은 선거일의 투표마감시각까지 투표함 송부과정에 동반할 투표참관인을 후보자별로 1인씩 지정할 수 있다. 이 경우 투표관리관이 지정한 투표참관인이 정당한 사유 없이 동반을 거부한 때에는 그 권한을 포기한 것으로 보고, 투표록에 그 사유를 기재한다(규칙§94②).

투표관리관 등이 투표함 송부과정에 동반할 수 있음을 알린 후 투표참관인들이 이를 거절하자 "집에 가셔도 좋습니다."라는 취지로 말한 경우는 투표참관인들이 투표함 송부과정에 동반할 권한의 행사를 방해하였다고 볼 수 없다.[98]

(3) 투표관계서류의 인계

투표관리관은 투표가 끝난 후 선거인명부 기타 선거에 관한 모든 서류를 관할구·시·군선거관리위원회위원장에게 인계하여야 한다(법§171). 투표관리관은 투표가 끝난 후 투표함 및 그 열쇠, 투표록 및 잔여투표용지를 관할구·시·군선거관리위원회에 송부할 때에는 선거인명부 및 투표용지의 절취된 일련번호지를 함께 송부하여야 한다(규칙§94①).

9. 전산조직에 의한 투표·개표

가. 투·개표 및 선거사무 전산화 추진

중앙선거관리위원회는 투표 및 개표 기타 선거사무의 정확하고 신속한 관리를 위하여 사무전산화를 추진하여야 한다(법§278①).[99] 투표사무관리의 전산화에 있어서는 투표의 비밀이 보장되고 선거인의 투표가 용이하여야 하며, 정당 또는 후보자의 참관이 보장되어야 하고, 기표착오의 시정, 무효표의 방지 기타 투표의 정확을 기할 수 있도록 하여야 한다(법§278②).

---

97) 2013. 4. 11. 선고 2012수35 판결

98) 2013. 4. 11. 선고 2012수35 판결

99) 공직선거법은 전자투표제도의 도입과 관련하여, 제278조(전산조직에 의한 투표·개표)에서 전산조직에 의한 투·개표에 관하여 이를 추후에 규정하는 방식을 채택하고 있는 반면에, 규칙에서는 특례규정을 두어 이를 규정하고 있는데, 이러한 규율방식과 관련하여, 법 제159조(기표방법)의 기표방법과 제278조(전산조직에 의한 투표·개표)의 내용상 충돌이 있으며, 제278조(전산조직에 의한 투표·개표)에 의하여 위임받은 공직선거관리규칙 제153조(투표방법에 관한 특례)에서는 '제159조(기표방법) 본문의 규정에도 불구하고' 이에 반하는 특례를 규정하고 있어 법체계상의 문제점이 있다고 하면서, 제159조(기표방법)를 개정하여 전산적 방법에 의해서도 기표할 수 있음을 추가적으로 규정하거나, 법률유보의 원칙에 반하여 규칙에 특례규정으로 규정된 전자투표방법을 법에 규정하여야 한다는 견해가 있다(김재선, 『21세기 전자정부와 전자투표제도』(2011.), 도서출판 오름, 229-230쪽).

개표사무관리의 전산화에 있어서는 정당 또는 후보자별 득표수의 계산이 정확하고, 투표결과를 검증할 수 있어야 하며, 정당 또는 후보자의 참관이 보장되어야 한다(법§278③).

나. 전자투표 실시여부 협의결정

중앙선거관리위원회는 투표 및 개표 사무관리를 전산화하여 실시하고자 하는 때에는 이를 선거인이 알 수 있도록 안내문 배부·언론매체를 이용한 광고 기타의 방법으로 홍보하여야 하며, 그 실시여부에 대하여는 국회에 교섭단체를 구성한 정당과 협의하여 결정하여야 한다. 다만, 법 제158조(사전투표) 제2항·제3항 및 제218조의19(재외선거의 투표절차) 제1항, 제2항에 따른 본인여부 확인장치 및 투표용지 발급기와 법 제178조(개표의 진행) 제2항에 따른 기계장치 또는 전산조직의 사용에 대하여는 그러하지 아니하다(법§278④).

중앙선거관리위원회는 법 제278조(전산조직에 의한 투표·개표) 제4항의 협의를 위하여 국회에 교섭단체를 구성한 정당이 참여하는 전자선거추진협의회[100]를 설치·운영할 수 있다(법§278⑤). 법 제278조(전산조직에 의한 투표·개표) 제4항의 규정에 의한 전자투표·개표 실시여부에 대한 국회에 교섭단체를 가지는 정당과의 협의는 국회교섭단체구성정당이 소속 국회의원 중에서 추천한 자가 전자선거추진협의회에 참여하는 방법으로 한다(전자선거추진협의회의 설치 및 운영에 관한 규칙§2②).

다. 전자투표 및 개표에 관한 특례

전자투표를 실시하기 위한 단초를 마련하기 위하여 2000. 2. 16. 법률 제6265호로 공직선거법이 개정되어 제278조(전산조직에 의한 투표·개표)가 신설되었고, 중앙선거관리위원회는 2000. 2. 16. 중앙선거관리위원회규칙 제168호로 규칙을 개정하여 「제16장의2 전자투표 및 개표에 관한 특례」를 신설하여 전자투표 및 개표에 관하여 필요한 사항을 구체적으로 정함으로써 투표·개표의 전산화 기준 및 그 실시에 관한 절차를 명확히 하였다.

그 후 터치스크린 전자투표기 및 개표시스템이 구축됨에 따라 동 시스템의 원활한 운용을 위한 기기의 운용체계 및 사용절차 등을 명확히 하고, '위탁선거' 등을 관리함에 있어 전산조직에 의한 투표 및 개표 사무에 필요한 사항을 정하기 위하여 2006. 12. 1. 중앙선거관리위원회 규칙 제266호로 「전산조직에 의한 투표 및 개표에 관한 규칙」이 제정·시행되게 되었다.

이하에는 규칙 제16장의2(전자투표 및 개표에 관한 특례)에 규정된 사항을 살펴보고, 다음 항

---

100) 전자선거추진협의회는 2005. 3. 3. 국회의원 5명, 관계부처 공무원 4명, 교수 4 등 13명을 위원으로 발족하였고, 2005. 3. 29. 중앙선거관리위원회 규칙 제233호로 「전자선거추진협의회 설치 및 운영에 관한 규칙」이 제정되어 정식으로 출범하였다. 위 규칙 제3조(구성 등) 제1항에 의하면, 전자선거추진협의회의 설치기간은 4년으로 하되, 중앙선거관리위원회 위원장이 필요한 경우 그 기간을 연장할 수 있도록 하였다.

에서는 「전산조직에 의한 투표 및 개표에 관한 규칙」 중 주요조항에 대하여 본다.

(1) 전자투표 및 개표의 정의, 실시 공고

(가) 전자투표 및 개표의 정의

"전자투표 및 개표"라 함은 전산조직에 의하여 투표(거소투표를 제외함)·개표를 실시하는 것을 말한다(규칙§148①). 전자투표 및 개표에 관하여 규칙 제16장의2 「전자투표 및 개표에 관한 특례」에서 규정된 경우를 제외하고는 공직선거법의 투표와 개표에 관한 규정을 준용한다(규칙§148②).

(나) 구·시·군선거관리위원회의 실시 공고

구·시·군선거관리위원회가 전자투표 및 개표를 하고자 하는 때에는 그 취지를 당해 선거의 선거인명부작성기준일전일까지 이를 공고하여야 한다(규칙§148③).

(2) 전자투표기의 설치

구·시·군선거관리위원회는 전자투표를 위하여 화상에 의한 투표용지·기표방법·집계방법 기타 투표 및 개표의 전산처리방법이 장치된 전산조직(이하 "전자투표기"라 한다)을 읍·면·동선거관리위원회에 송부하여야 한다. 이 경우 투표용지와 투표함은 별도로 작성하지 아니한다(규칙§149①). 구·시·군선거관리위원회는 위 전자투표기의 송부에 있어서 법 제151조(투표용지와 투표함의 작성) 제5항 및 규칙 제73조(정당추천위원의 참여·입회)의 규정에 따른 정당추천위원이 참여하게 하여야 한다(규칙§149②). 전자투표기의 설치는 투표소마다 2 이상 설비할 수 있다(규칙§149③).

(3) 투표용지모형의 공고·안내

법 제152조(투표용지등의 공고) 제1항의 규정에 의한 투표용지모형의 공고는 구·시·군선거관리위원회가 선거일전 7일까지 당해 구·시·군선거관리위원회 게시판에 공고하는 것으로 하며, 구·시·군선거관리위원회는 전자투표기에 의한 투표절차안내도를 투표구마다 5매씩 첩부하여야 한다(규칙§150①). 구·시·군선거관리위원회는 법 제153조(투표안내문의 발송) 제1항의 규정에 의한 투표안내문을 작성하는 때에는 전자투표기에 의한 투표절차 기타 안내가 필요한 사항을 포함하여 작성하여야 한다(규칙§150②).

(4) 투표함의 확인

투표를 개시하는 때에는 투표관리관은 전자투표기 및 기표소내외의 이상 유무에 관하여 검사하여야 하며, 이에는 투표참관인이 참관하여야 한다. 다만, 투표개시시각까지 투표관리관이 참석하지 아니한 때에는 최초로 투표하러 온 선거인으로 하여금 참관하게 하여야 한다(규칙§151, 법§155③).

(5) 전자투표기의 수령 및 기표절차

법 제151조(투표용지와 투표함의 작성) 제1항 및 규칙 제83조(투표용지의 봉인·보관 등)의 규정은 전자투표기의 수령·보관 및 관리에 이를 준용한다(규칙§152①).

투표관리관은 본인임이 확인되어 선거인명부에 서명 또는 날인한 선거인에게 선거인명부 등재번호표를 교부하여 투표하게 할 수 있다(규칙§152②).

(6) 투표방법

선거인이 기표하는 때에는 법 제159(기표방법) 본문의 규정에 불구하고 전자투표기에 장치된 기표방법에 의하여야 한다(규칙§153).

(7) 전자투표기의 봉쇄·봉인

법 제168조(투표함 등의 봉쇄·봉인) 제1항의 규정은 전자투표기 및 개표기의 봉쇄·봉인에 관하여 이를 준용한다. 이 경우 "투표함의 투입구와 그 자물쇠"를 "전자투표기안에 있는 투표집계저장디스켓과 기록보관함 및 전자투표기"로 한다(규칙§154).

(8) 전자투표기 등의 송부

투표관리관은 투표가 끝난 후 지체 없이 전자투표기와 투표집계저장디스켓 및 기록지보관함을 관할구·시·군선거관리위원회에 송부하여야 한다(규칙§155).

(9) 투표함 등 개함

전산조직에 의한 개표에 있어서 기록지보관함을 개함하고 일반투표소 투표집계저장디스켓을 개봉할 때에는 구·시·군선거관리위원회위원장은 그 뜻을 선포하고, 출석한 위원 전원과 함께 전자투표기 및 투표집계저장디스켓과 기록지보관함의 봉쇄와 봉인을 검사한 후 이를 열어야 한다(규칙§156①). 구·시·군선거관리위원회위원장은 전산조직에 의하여 투표구별 투표집계저장디스켓에 저장된 투표수를 전산출력하여 투표록에 기재된 투표용지교부수와 대조하여야 한다(규칙§156②).

(10) 개표진행

전산조직에 의한 개표에 있어서 투표집계저장디스켓의 불량으로 판독이 불가능할 경우에는 전자투표기에 저장된 자료에 의하고, 전자투표기의 불량으로 판독이 불가능할 경우에는 기록지보관함에 보관된 투표기록지에 의하여 개표한다(규칙§157).

(11) 투표지의 구분

전산조직에 의한 개표에 있어서 개표가 끝난 때에는 투표구별 투표집계저장디스켓은 별도 포장하여 구·시·군선거관리위원회위원장과 출석한 위원 전원이 봉인하여야 한다(규칙§158).

(12) 전자투표 및 개표에 관한 안내·홍보

선거구선거관리위원회는 전자투표 및 개표에 관하여 후보자등록마감 후 후보자 및 선거인에게 안내·홍보하여야 한다(규칙§159).

10. 「전산조직에 의한 투표 및 개표에 관한 규칙」

가. 목적 및 연혁

「전산조직에 의한 투표 및 개표에 관한 규칙(이하, "전산투·개표규칙"이라 한다)」은 각급 선거관리위원회가 위탁선거법 제69조(전자투표 및 개표) 제3항[101] 등 관계 법규에 따라 전산조직을 이용하여 투표 및 개표사무를 실시하는 경우에 투표 및 개표의 절차·방법, 그 밖에 필요한 사항을 규정함을 목적으로 하고 있다(전산투·개표규칙§1).

「전산투·개표규칙」은 터치스크린 전자투표기 및 개표시스템이 구축됨에 따라 동 시스템의 원활한 운용을 위한 기기의 운용체계 및 사용절차 등을 명확히 하고, '위탁선거' 등을 관리함에 있어 전산조직에 의한 투표 및 개표 사무에 필요한 사항을 정하기 위하여 2006. 12. 1. 중앙선거관리위원회규칙 제266호로 제정·시행되었다. 그 후 2010. 1. 25. 중앙선거관리위원회규칙 제324호로 개정되어 통합선거인명부확인시스템을 구축하여 운영할 경우 투표수 및 후보자별 득표수는 통합선거인명부확인시스템운영단위로 계산할 수 있도록 하고, 「공직선거법」의 투표지봉인절차에 대한 개정에 맞추어 개표를 마친 후 투표기록 전자저장매체와 투표기록지를 중앙선거관리위원회위원장이 봉인하도록 하였다. 그러나 기존의 「전산투·개

101) 「위탁선거법」 제69조(전자투표 및 개표) ③ 전자투표 및 개표를 실시하는 경우 투표 및 개표의 절차·방법, 그 밖에 필요한 사항은 중앙선거관리위원회규칙으로 정한다.

표규칙」은 터치스크린 전자투표 및 개표 방식만을 규정하고 있어 위탁선거 및 당대표경선 등에서 전산조직에 의한 투·개표를 실시하는 경우에 온라인투표시스템을 활용하고 있는 현실정에 맞지 아니하였다. 이에 따라 전자투·개표를 실시하는 경우에 온라인투표시스템을 이용할 수 있는 근거를 마련하는 한편, 온라인투표시스템을 이용한 투·개표방법, 절차 등 관련 사무수행에 필요한 사항을 규정하기 위하여 2021. 12. 20. 선거관리위원회규칙 제543호로 「전산투·개표규칙」이 전부 개정되었는바, ① 전산조직의 종류를 "터치스크린투표시스템"과 "온라인투표시스템"으로 하고, "웹투표", "문자투표", "PC현장투표" 등 온라인투표시스템에 의한 투·개표와 관련한 용어를 정의하고(§2), ② 전산조직에 의한 투·개표의 적용대상을 위탁선거, 주민투표·주민소환투표, 당내경선·당대표경선, 전자투·개표지원을 결정한 선거 또는 투표로 명확하게 규정하고(§3), ③ 전자투·개표 실시에 관하여 위탁단체등과 협의한 후 전자투·개표 실시에 필요한 사항을 규정한 협약서를 작성·교환하도록 하고(§6), ④ 기존 터치스크린투표시스템에 의한 투표 및 개표 규정을 정비하고(§8－§25), ⑤ 온라인투표시스템을 이용한 투표는 웹투표, 문자투표, PC현장투표 중에 위탁단체등과 협의하여 정하는 방법으로 실시하도록 하고, 각 투표방법의 투표절차를 구체적으로 규정하고(§28, §31), ⑥ 온라인투표시스템을 이용한 투표의 안내문은 우편발송, 문자메시지 또는 전자우편 전송 등 위탁단체등과 협의하여 정하는 방법으로 발송할 수 있도록 하고(§30), ⑦ 웹투표와 문자투표의 투표참관은 위탁단체등의 요청이 있는 경우에 한하여 투표자수, 투표율 등을 확인할 수 있는 온라인시스템 계정을 투표참관인에게 부여하여 투표진행상황을 참관하게 하는 방법으로 실시하고(§34), ⑧ 온라인투표시스템을 이용한 개표의 개표참관은 시스템운영자의 화면과 동일한 내용이 표출되는 별도의 화면을 통해 개표참관인이 개표소 안에서 개표진행, 개표결과 등 개표상황을 참관하는 방법으로 실시하고(§36), ⑨ 온라인투표시스템을 이용하여 실시한 전자투·개표 관련 자료는 별도의 전자저장장치에 저정하고 봉함·봉인하여 위탁선거는 당선인의 임기 중, 주민투표는 지방자치단체의 장의 임기 중, 주민소환투표는 해당 주민소환투표대상자의 임기 중, 당내경선 및 당대표경선은 정당과 협의하여 정하는 기간 동안 보관하도록 하고(§38), ⑩ 「전산투·개표규칙」에서 정한 사항을 제외하고 관계 법규에서 정하는 사항을 벗어나지 아니하는 범위에서 구체적인 전자투·개표의절차·방법, 그 밖에 필요한 사항을 중앙선거관리위원회위원장이 정할 수 있도록 하고(§40), ⑪ 전자투·개표 실시에 소요되는 경비는 관할위원회가 산출하여 해당 선거 또는 투표의 관리경비 또는 비용에 계상하도록 하고, 계상하지 못한 경비나 추가 납부사유가 발생한 경우에는 추가로 납부받아 집행할 수 있도록 하였다(§41). 이하에서는 「전산투·개표규칙」의 주요내용에 관하여 기술한다.

나. 정의

(1) 전산조직의 종류

중앙선거관리위원회(이하 "중앙위원회"라 한다)가 전자투표 및 개표(이하 "전자투·개표"라 한다)의 실시를 위하여 개발·운영하는 전산조직의 종류는 다음 각 목과 같다(전산투·개표규칙 §2 1.).

가. 터치스크린 전자투표 및 개표시스템(이하 "터치스크린투표시스템"이라 한다)

나. 온라인투표시스템

(2) 전자투표 및 개표

"전자투표"란 터치스크린투표시스템 또는 온라인투표시스템을 이용하여 투표하는 것을 말하고(전산투·개표규칙§2 2.), "전자개표"란 터치스크린투표시스템 또는 온라인투표시스템을 이용하여 전자투표를 판독하고 후보자(「전산투·개표규칙」 제3조(적용범위) 제1항 제3호의 당내경선 및 당대표경선에서는 경선후보자를 말한다. 이하 같다)별 또는 안건에 대한 선택사항별로 득표수를 집계하는 것을 말한다(전산투·개표규칙§2 3.).

(3) 터치스크린투표시스템

"터치스크린투표시스템"이란 터치스크린 전자투표기(투표기록 프린터를 포함한다), 통합선거인명부확인시스템, 전자개표시스템 및 전자검표시스템 등을 이용하여 명부의 조회·확인 및 투표권카드 발급, 전자투표, 전자개표 및 검표기능을 수행하는 일련의 기기 및 운영체계를 말한다(전산투·개표규칙§2 4.).

터치스크린투표시스템과 관련한 용어의 뜻은 다음과 같다(전산투·개표규칙§2 9.).

(가) 터치스크린 전자투표기

"터치스크린 전자투표기"란 선거인(「전산투·개표규칙」 제3조(적용범위) 제1항 제2호의 주민투표 및 주민소환투표와 같은 항 제4호의 단체선거등의 투표에서는 투표인을, 같은 항 제3호의 당내경선 및 당대표경선에서는 경선선거인을 말한다. 이하 같다)이 투표권카드를 투입하여 터치스크린 화면에 후보자 또는 안건에 대한 찬성·반대 등의 선택사항이 게재된 전자투표용지를 표출시키고, 투표할 경우 그 결과를 전자저장장치와 투표기록지에 실시간으로 저장·인쇄하는 기기 및 운영체계를 말한다(전산투·개표규칙§2 9.가.).

(나) 통합선거인명부확인시스템

"통합선거인명부확인시스템(통신망을 포함한다. 이하 같다)"이란 작성권자가 작성·제출한 2 이상의 선거인명부(「전산투·개표규칙」 제3조(적용범위) 제1항 제2호의 주민투표 및 주민소환투표와 같은 항 제4호의 단체선거등의 투표에서는 투표인명부를, 같은 항 제3호의 당내경선 및 당대표경선에서는 경선선거인명부를 말한다. 이하 같다)를 하나의 전자적 파일로 통합하여 투표소가 설치된 어디에서나 실시간으로 선거인을 검색하거나 투표여부를 확인할 수 있는 정보시스템을 말한다(전산투·개표규칙§2 9.나.).

(다) 선거인명부조회단말기

"선거인명부조회단말기"란 통합선거인명부서버에 접속하거나 기기 자체에 저장된 선거인명부의 전산자료 복사본을 이용하여 선거인이 정당한 선거권자 또는 투표권자인지 여부를 확인하여 투표권카드를 발급하는 기기 및 운영체계를 말한다(전산투·개표규칙§2 9.다.).

(라) 투표권카드

"투표권카드"란 선거인이 터치스크린 전자투표기로 투표할 수 있도록 발급하는 전자카드를 말한다(전산투·개표규칙§2 9.라.).

(마) 전자검표기

"전자검표기"란 터치스크린 전자투표기가 인쇄한 투표기록지를 판독하여 검증할 수 있는 기기 및 그 운영체제를 말한다(전산투·개표규칙§2 9.마.).

(바) 관리자카드

"관리자카드"란 관할위원회가 터치스크린투표시스템의 관리 권한이 있는 자에게 교부·승인한 전자카드를 말한다(전산투·개표규칙§2 9.바.).

(4) 온라인투표시스템

"온라인투표시스템"이란 인터넷에 연결된 컴퓨터 또는 이동통신단말장치를 이용한 명부의 조회·확인, 투·개표 미 검증기능을 수행하는 일련의 기기 및 운영체계를 말한다(전산투·개표규칙§2 5.).

온라인투표시스템과 관련한 용어의 뜻은 다음과 같다(전산투·개표규칙§2 10.).

(가) 웹투표

"웹투표"란 컴퓨터 또는 이동통신단말장치를 이용하여 개인별로 부여받은 웹페이지 주소(이하 "개인URL"이라 한다)로 접속하여 투표하는 것을 말한다(전산투 · 개표규칙§2 10.가.).

(나) 문자투표

"문자투표"란 이동통신단말장치에 수신된 투표안내 문자메시지에 대하여 문자메시지로 회신하는 방식으로 투표하는 것을 말한다(전산투 · 개표규칙§2 10.나.).

(다) PC현장투표

"PC현장투표"란 투표소에서 투표카드 또는 투표코드(이하 "투표카드등"이라 한다)를 발급받아 투표단말기를 이용하여 투표하는 것을 말한다(전산투 · 개표규칙§2 10.다.).

(라) 명부조회단말기

"명부조회단말기"란 투표소에서 온라인투표시스템에 등록된 선거인명부 전산자료 복사본을 이용하여 선거인 본인확인을 거쳐 투표카드등을 발급하는 기기 및 운영체계를 말한다(전산투 · 개표규칙§2 10.라.).

(마) 투표단말기

"투표단말기"란 투표소에서 전자투표용지에 투표할 수 있도록 하는 개인용 컴퓨터(PC) 및 운영체계를 말한다(전산투 · 개표규칙§2 10.마.).

(바) 투표카드

"투표카드"란 투표단말기를 이용하여 투표할 수 있도록 선거인에게 발급하는 전자카드를 말한다(전산투 · 개표규칙§2 10.바.).

(사) 투표코드

"투표코드"란 투표단말기를 이용하여 투표할 수 있도록 선거인에게 고유하게 부여하는 6자리의 숫자를 말한다(전산투 · 개표규칙§2 10.사.).

(5) 전자투표용지

"전자투표용지"란 터치스크린투표시스템 또는 온라인투표시스템을 이용하여 작성하는 투표용지로서 터치스크린 전자투표기, 컴퓨터 또는 이동통신단말장치에 표출되는 투표화면을 말한다(전산투 · 개표규칙§2 6.).

(6) 시스템운영자

"시스템운영자"란 해당 선거 또는 투표에 관한 사무를 주관하는 선거관리위원회를 말한다(전산투 · 개표규칙§2 7.).

(7) 관할위원회

"관할위원회"란 전자투 · 개표에 관한 사무를 주관하는 선거관리위원회를 말한다(전산투 · 개표규칙§2 8.).

다. 적용범위

「전산투 · 개표규칙」은 다음 각 호에 따른 선거 또는 투표에 적용한다(전산투 · 개표규칙§3①).

1. 위탁선거법 제69조(전자투표 및 개표) 제1항에 따라 전자투 · 개표를 실시하는 위탁선거(이하 "위탁선거"라 한다)
2. 「주민투표법」 제18조(투표방법 등) 제3항[102] 및 제18조의2(전자적 방법에 의한 투표 · 개표)[103] 에 따라 전자투 · 개표를 실시하는 주민투표(이하 "주민투표"라 한다) 및 「주민

---

102) 「주민투표법」 제18조(투표방법 등) ③ 투표 및 개표사무의 관리는 전산화하여 실시할 수 있다. 이 경우 전산화에 의한 투표 · 개표의 절차 · 방법 등에 관하여 필요한 사항은 중앙선거관리위원회규칙으로 정한다.

103) 「주민투표법」 제18조의2(전자적 방법에 의한 투표 · 개표) ① 제18조(투표방법 등)에도 불구하고 지방자치단체의 장은 다음 각 호의 어느 하나에 해당하는 경우에는 중앙선거관리위원회규칙으로 정하는 정보시스템을 사용하는 방법에 따라 투표(이하 이 조에서 "전자투표"라 한다) 및 개표(이하 이 조에서 "전자개표"라 한다)를 실시할 수 있다.
1. 청구인대표자가 요구하는 경우
2. 지방의회가 요구하는 경우
3. 지방자치단체의 장이 필요하다고 판단하는 경우
② 지방자치단체의 장은 제1항에 따른 전자투표 · 전자개표의 실시 여부 및 그 절차와 방법 등의 결정에 관하여 심의회의 심의 및 관할선거관리위원회와의 협의를 거쳐야 한다.
③ 제1항 및 제2항에 따라 전자투표를 실시하는 경우 지방자치단체의 장은 제13조(주민투표의 발의) 제2항에 따라 주민투표를 발의할 때 다음 각 호의 사항을 포함하여 공고하여야 한다.
1. 전자투표를 할 수 있는 정보시스템의 인터넷 주소
2. 휴대전화 등을 통한 본인인증에 따른 본인 여부 확인 등 전자투표의 방법
3. 그 밖에 전자투표에 필요한 기술적인 사항
④ 관할선거관리위원회는 제1항 및 제2항에 따른 전자투표를 실시하는 경우에도 제19조(투표 · 개표절차 등)에 따라 준용되는 「공직선거법」 제147조(투표소의 설치)에 따른 투표소를 설치 · 운영하여야 한다.
⑤ 누구든지 다음 각 호의 어느 하나의 방법으로 전자투표를 하거나 전자투표의 결과에 영향을 미쳐서는 아니 된다.
1. 해킹, 컴퓨터바이러스, 논리폭탄, 메일폭탄, 서비스거부 또는 고출력 전자기파 등의 방법
2. 「정보통신망 이용촉진 및 정보보호 등에 관한 법률」 제2조(정의) 제1항 제1호에 따른 정보통신망(이하 "정보통신망"이라 한다)의 정상적인 보호 · 인정절차를 우회하여 정보통신망에 접근할 수 있도록 하는 프로

소환에 관한 법률」 제27조(「주민투표법」의 준용 등) 제1항[104]에 따라 전자투·개표를 실시하는 주민소환투표(이하 "주민소환투표"라 한다)

3. 「당내경선 위탁사무 관리규칙」 제22조(전산조직에 의한 투·개표) 제2항[105]에 따라 전자투·개표를 실시하는 당내경선(이하 "당내경선"이라 한다) 및 「정당사무관리규칙」 제24조의15(전산조직에 의한 투·개표)[106]에 따라 전자투·개표를 실시하는 당대표경선(이하 "당대표경선"이라 한다)
4. 중앙위원회위원장이 정하는 바에 따라 관할위원회가 전자투·개표를 지원하기로 결정한 선거 또는 투표(이하 "단체선거등"이라 한다)

터치스크린투표시스템을 이용한 전자투·개표의 관리에 대하여는 「전산투·개표규칙」 제2장 터치스크린 투표시스템을 이용한 투표 및 개표를, 온라인투표시스템을 이용한 전자투·개표의 관리에 대하여는 「전산투·개표규칙」 제3장 온라인투표시스템에 의한 투표 및 개표를 각각 적용한다(전산투·개표규칙§3③).

그램이나 기술적 장치 등을 정보통신망 또는 이와 관련된 정보시스템에 설치하는 방법
⑥ 제1항부터 제5항까지에서 규정한 사항 외에 전자투표·전자개표의 절차·방법 등에 관하여 필요한 사항은 중앙선거관리위원회규칙으로 정한다.

104) 「주민소환에 관한 법률」 제27조(「주민투표법」의 준용 등) ① 주민소환투표와 관련하여 이 법에서 정한 사항을 제외하고는 「주민투표법」 제3조(주민투표사무의 관리) 제2항, 제4조(정보의 제공 등), 제10조(청구인대표자의 선정과 서명의 요청 등) 제1항 및 제2항, 제12조(청구인서명부의 심사·확인 등)(제8항을 제외한다), 제18조(투표방법 등), 제19조(투표·개표절차 등), 제23조(위법한 투표운동에 대한 중지·경고 등) 및 제26조(재투표 및 투표연기)의 규정을 준용한다. 이 경우 "주민투표관리기관"은 "주민소환투표관리기관"으로, "지방자치단체의 장"은 "관할선거관리위원회"로, "주민투표"는 "주민소환투표"로, "주민투표사무"는 "주민소환투표사무"로, "주민투표청구권자"는 "주민소환투표청구권자"로, "주민투표청구인대표자" 및 "청구인대표자"는 각각 "주민소환투표청구인대표자"로, "주민투표청구"는 "주민소환투표청구"로, "주민투표청구서"는 "주민소환투표청구서"로, "청구인대표자증명서"는 "소환청구인대표자증명서"로, "주민투표안"은 "주민소환투표안"으로, "지방자치단체의 조례" 및 "해당지방자치단체의 조례"는 각각 "대통령령"으로 보고, 같은 법 제10조(청구인대표자의 선정과 서명의 요청 등) 제1항 중 "제9조(주민투표의 실시요건) 제2항"은 "제7조(주민투표의 대상)"로, 같은 법 제12조(청구인서명부의 심사·확인 등) 제1항 중 "특별시·광역시 또는 도"는 "시·도지사"로, "자치구·시 또는 군"은 "시장·군수·자치구의 구청장, 지역구시·도의원 및 지역구자치구·시·군의원"으로, 같은 법 제26조(재투표 및 투표연기) 제3항 중 "지방자치단체의 장은 관할선거관리위원회와 협의하여"는 "관할선거관리위원회는"으로 본다.

105) 「당내경선 위탁사무 관리규칙」 제22조(전산조직에 의한 투·개표) ② 관할선거구위원회가 수탁관리하는 경선사무 중 투표 및 개표에 관한 사무는 해당 정당과 협의하여 온라인투표시스템을 이용하여 처리할 수 있다. 다만, 경선사무의 효율적인 관리를 위하여 필요하다고 인정되는 경우 중앙위원회는 직접 또는 중앙위원회가 지정한 시·도선거관리위원회로 하여금 해당 정당과 협의하는 바에 따라 온라인투표시스템을 이용하여 투표 및 개표사무에 관한 사무를 처리하거나 처리하게 할 수 있다.

106) 「정당사무관리규칙」 제24조의15(전산조직에 의한 투·개표) 당대표경선의 투표 및 개표를 전산조직으로 하려는 경우에는 「전산조직에 의한 투표 및 개표에 관한 규칙」에 따른다.

라. 터치스크린투표시스템 및 온라인투표시스템의 구비요건

터치스크린투표시스템 및 온라인투표시스템(이하 "시스템"이라 한다)은 다음 각 호의 장치 및 기능을 갖추어야 한다(전산투 · 개표규칙§5①).

1. 정당한 선거인임을 확인할 수 있는 장치 및 기능
2. 투표의 비밀과 선택의 자유를 보장하고 이중투표를 방지하는 장치 및 기능
3. 선거인이 자신의 기표를 확인하고 기표착오를 시정할 수 있으며, 투표종료 후 개표 및 객관적인 검증이 가능하도록 투표결과를 전자저장장치와 투표기록지에 기록하는 장치 및 기능
4. 무효투표를 방지하고 투표결과의 위조 · 변조 또는 제거 · 첨가를 방지하는 보안장치 및 기능
5. 투표결과를 검증할 수 있고 전자투 · 개표과정의 참관이 보장되는 장치 및 기능
6. 정당한 권한이 없는 자의 시스템 접근을 방지하는 장치 및 기능
7. 그 밖에 전자투 · 개표의 공정한 실시를 위하여 중앙위원회위원장이 필요하다고 인정하는 장치 및 기능

마. 전자투 · 개표 실시의 협의

(1) 협약서 체결

전자투 · 개표로 실시하려는 때에는 관할위원회는 위탁단체, 지방자치단체의 장, 정당, 기관 · 단체(이하 "위탁기관등"이라 한다)와 전자투 · 개표의 실시에 필요한 사항을 협의하고 그 결과를 협약서로 작성하여 교환하여야 한다(전산투 · 개표규칙§6①).

(2) 공고 · 보고 등

전자투 · 개표의 실시가 확정된 때에는 관할위원회는 전자투 · 개표 실시에 관한 사항을 지체 없이 공고하고 직근 상급선거관리위원회에 보고하여야 하며, 위탁단체등에게 통지하여야 한다. 이 경우 공고는 선거일(주민투표, 주민소환투표, 단체선거등의 투표에서는 투표일을, 당내경선 및 당대표경선에서는 경선일을 말한다. 이하 같다) 등을 공고하는 때에 함께 공고할 수 있으며, 단체선거등에서는 공고 및 보고를 생략할 수 있다(전산투 · 개표규칙§6②).

통지를 받은 위탁단체등은 해당 선거 또는 투표의 후보자(후보자가 되려는 사람을 포함한다), 주민투표청구인대표자 및 찬성 · 반대운동 대표단체, 주민소환투표청구인대표자 및 주민소환투표대상자 등에게 전자투 · 개표 실시와 관련된 사항을 안내하여야 한다(전산투 · 개표규칙§6③).

관할위원회와 위탁단체등은 선거인이 전자투표에 참여할 수 있도록 안내·홍보하여야 한다(전산투·개표규칙§6④).

바. 전자투·개표의 준비

전자투·개표의 실시가 확정된 때에는 관할위원회는 소속 직원 중 1인을 시스템운영자로 지정하여야 하며, 시스템운영자는 전자투·개표의 진행에 필요한 사항을 지체 없이 준비하여야 한다(전산투·개표규칙§7①). 관할위원회는 해당 전자투·개표에 관한 사무관리를 위하여 직근 상급선거관리위원회 소속 직원 또는 전산전문가를 운영보조자로 위촉할 수 있다(전산투·개표규칙§7②).

사. 터치스크린투표시스템에 의한 투표 및 개표

(1) 선거인명부 등의 작성·제출

터치스크린투표시스템을 이용하여 선거 또는 투표를 실시하려는 때에는 관할위원회는 위탁단체, 정당, 기관·단체로부터 후보자명부 및 선거인명부를, 구·시·군의 장으로부터 선거인명부를 제출받아야 한다. 이 경우 후보자명부는 위탁단체등이 작성하는 경우에 한정한다(전산투·개표규칙§8①). 관할위원회는 선거인명부 및 후보자명부의 작성·제출방법 등에 관하여 위탁기관등과 사전에 협의하여야 하고(전산투·개표규칙§8②), 협의사항에는 전자투표용지에 사용할 후보자의 사진규격(「전산투·개표규칙」 제3조(적용범위) 제1항 제2호 및 제4호에 따른 투표는 제외한다) 및 선거인의 신분확인을 위한 사항이 포함되어야 하며, 선거인의 신분별로 투표의 가치에 차등을 두고자 하는 경우에는 선거인명부에 별도의 항목을 설정하여 운용할 수 있다(전산투·개표규칙§8③).

(2) 통합선거인명부확인시스템의 구축

관할위원회는 위탁기관등과 협의를 거쳐 통합선거인명부확인시스템을 구축할 수 있다(전산투·개표규칙§10①). 통합선거인명부확인시스템은 관할위원회가 지정한 적정 장소에 설비하여야 한다(전산투·개표규칙§10②). 관할위원회는 그 소속 직원 또는 해당 선거관리위원회가 선정한 자를 전담관리자로 지정하여 관할위원회가 지정한 장소에서 통합선거인명부확인시스템을 구축·운영하게 하여야 한다. 이 경우 후보자 또는 참관인이 통합선거인명부확인시스템의 구축·운영에 참관을 요구할 때에는 이를 보장하여야 하며, 그 상황을 서면으로 기록하여야 한다(전산투·개표규칙§10③).

(3) 선거인명부 등의 목적외 사용금지

관할위원회에 제출된 선거인명부 및 후보자명부는 오로지 해당 전자투·개표를 위한 목적으로만 사용하여야 한다(전산투·개표규칙§9①). 관할위원회는 개표가 끝난 후 지체 없이 후보자 또는 참관인의 참관하에 통합선거인명부확인시스템 및 선거인명부조회단말기에 저장된 선거인명부를 휴대용 전자저장장치에 복사하여 봉함·보관하되, 통합선거인명부확인시스템 및 선거인명부조회단말기에 저장된 선거인명부는 해당 위탁단체등과 협의하여 삭제할 수 있다(전산투·개표규칙§9②).

(4) 전자투표용지의 작성·공고

관할위원회는 전자투표용지를 터치스크린 전자투표기에 입력하여 화면에 나타나게 하는 방법으로 작성하되, 일련번호, 청인날인 및 위원장 사인날인란은 작성하지 아니한다(전산투·개표규칙§11①). 전자투표용지의 규격 및 게재사항은 중앙위원회위원장이 따로 정하되, 선거인의 투표편의를 위하여 음성과 문자안내 및 투표보조용구에 관한 사항을 포함하여 정할 수 있다(전산투·개표규칙§11②).

관할위원회가 전자투표용지의 모형을 공고할 때에는 전자투표 절차에 관한 안내사항을 함께 게재하여야 한다. 이 경우 공고는 전자투표용지 모형을 투표안내문에 포함하여 선거인에게 발송하는 것으로 갈음할 수 있고, 단체선거등에 있어서는 공고를 생략할 수 있다(전산투·개표규칙§11③).

(5) 터치스크린 전자투표기의 송부

전자투표용지의 송부는 해당선거의 전자투표용지가 입력된 터치스크린 전자투표기와 투표권카드 및 관리자카드를 송부하는 것으로 갈음한다(전산투·개표규칙§12①). 관할위원회는 터치스크린 전자투표기와 투표권카드 및 관리자카드를 봉쇄·봉인하여 함께 해당 투표소의 책임자에게 인계하여야 한다(전산투·개표규칙§12②). 관할위원회는 터치스크린 전자투표기에 전자투표용지 입력, 터치스크린 전자투표기와 투표권카드 및 관리자카드의 봉쇄·봉인 및 송부과정에 참관인이 입회할 수 있도록 하여야 한다. 이 경우 참관인이 참여하지 아니한 때에는 입회를 포기한 것으로 본다(전산투·개표규칙§12③).

(6) 투표소의 설비

관할위원회는 선거일 전일까지 투표소에 적정한 수량의 터치스크린 전자투표기 및 선거인명부조회단말기 그 밖에 전자투표에 필요한 다음 각 호의 설비를 하여야 한다(전산투·개표규칙§13①).

1. 투표권카드 교부석
2. 투표권카드 회수석
3. 그 밖에 투표사무에 필요한 통신 및 전력설비 등

관할위원회는 투표소의 설비를 마친 후 중앙위원회위원장이 정하는 바에 따라 터치스크린 전자투표기 및 선거인명부조회단말기의 이상유무를 점검·확인하고 참관인의 참관하에 봉쇄·봉인하여야 한다(전산투·개표규칙§13②).

(7) 투표개시 전 터치스크린 전자투표기의 검사 및 봉쇄·봉인

관할위원회는 투표를 개시하기 전에 각 터치스크린 전자투표기의 이상유무를 검사한 후 투표기록지 및 전자저장장치의 투입구를 봉쇄·봉인하여야 한다. 다만, 투표 도중 터치스크린 전자투표기의 장애 등으로 봉쇄·봉인을 해제할 때에는 참관인의 참관하에 하여야 한다(전산투·개표규칙§14①). 터치스크린 전자투표기의 이상유무 검사는 터치스크린 전자투표기의 화면에 투표기록 전자저장장치에 투표기록이 존재하지 아니함을 표시하는 방법으로 실시하되, 투표기록지의 인쇄 여부도 확인하게 할 수 있다(전산투·개표규칙§14②).

(8) 투표절차 및 기표방법

선거인은 다음 각 호의 순서에 따라 투표를 실시한다(전산투·개표규칙§15①).

1. 선거인명부조회단말기로 정당한 선거인임을 확인받는다.
2. 선거인명부조회단말기의 선거인 전자서명창에 전자서명(선거인의 성명을 말한다) 또는 무인하고 투표권카드 1매를 교부받는다.
3. 터치스크린 전자투표기에 투표권카드를 삽입하여 전자투표용지를 터치스크린 전자투표기 화면에 나타나게 한다.
4. 후보자 또는 안건에 대한 찬성·반대 등의 선택사항란을 누르는 방법으로 투표하고, 투표내용이 투표기록지에 인쇄된 투표결과와 일치하는지를 확인한다.
5. 투표권카드를 터치스크린 전자투표기에서 회수하여 투표권카드 회수함에 반납하고 투표소에서 퇴장한다.

투표소관리관은 투표권카드를 교부받은 선거인이 터치스크린 전자투표기의 장애 등으로 투표를 할 수 없을 때에는 해당 선거인의 투표권카드를 회수한 후 다시 교부하고 투표록에 그 사실을 기재하여야 한다. 이 경우 그 선거인에게 책임이 있는 사유로 투표권카드가 훼손 또는 오손된 때에는 다시 교부하지 아니한다(전산투·개표규칙§15②).

(9) 잠정투표

관할위원회는 단체선거등(정당의 선거 또는 투표를 제외한다)에 한하여 선거인명부조회단말기로 정당한 선거인임을 확인할 수 없을 때에는 사진이 첨부되어 본인임을 확인할 수 있는 선거인의 신분증명서(「공직선거법」 제157조(투표용지수령 및 기표절차) 제1항[107]의 신분증명서 또는 기관·단체와 협의하여 정하는 본인확인정보나 증명서류를 말한다. 이하 같다)로 본인여부를 확인하고, 그 명단을 선거인명부조회단말기로 별도로 작성(이하 "잠정투표자 투표권카드 교부기록"이라 한다)한 다음 투표권카드를 교부하여 투표(이하 "잠정투표"라 한다)하게 할 수 있다(전산투·개표규칙§16①).

관할선거관리위원회는 잠정투표 실시사유가 해소되었을 때에는 지체 없이 잠정투표자 투표권카드 교부기록을 통합선거인명부확인시스템에 전송하고 그 기록을 보관하여야 한다(전산투·개표규칙§16②). 관할선거관리위원회의 통합선거인명부확인시스템 전담관리자는 투표종료 후에 잠정투표를 한 자가 이중투표 또는 대리투표를 하였는지 여부를 검색하여 그 결과를 해당 선거관리위원회에 통보하여야 한다(전산투·개표규칙§16③).

(10) 투표참관

투표관리관은 참관인으로 하여금 투표권카드의 교부상황과 투표상황을 참관하도록 하여야 한다(전산투·개표규칙§17).

(11) 투표종료 후 터치스크린 전자투표기의 봉쇄·봉인 및 투표기록 전자저장장치 등의 송부

투표관리관은 투표가 종료된 때에는 참관인의 참관하에 터치스크린 전자투표기의 투표권카드 투입구를 봉쇄·봉인하고, 터치스크린 전자투표기에서 전자저장장치 및 투표기록지를 분리하여 운반용기에 담아 봉인하여야 한다(전산투·개표규칙§18).

터치스크린 전자투표기 등의 봉쇄·봉인을 마친 투표관리관은 지체 없이 투표기록 전자저장장치, 투표기록지, 투표권카드 발급기록 전자저장장치 등을 관할위원회에 송부하여야 한다(전산투·개표규칙§19).

---

107) 「공직선거법」 제157조(투표용지수령 및 기표절차) ① 선거인은 자신이 투표소에 가서 투표참관인의 참관하에 주민등록증(주민등록증이 없는 경우에는 관공서 또는 공공기관이 발행한 증명서로서 사진이 첨부되어 본인임을 확인할 수 있는 여권·운전면허증·공무원증 또는 중앙선거관리위원회규칙으로 정하는 신분증명서를 말한다. 이하 "신분증명서"라 한다)을 제시하고 본인임을 확인받은 후 선거인명부에 서명이나 날인 또는 무인하고 투표용지를 받아야 한다.

(12) 개표소의 설비

관할위원회는 다음 각 호의 사항을 포함하여 개표소를 설비하여야 한다(전산투 · 개표규칙 §20).

1. 투표기록 전자저장장치의 판독 및 집계에 필요한 개표용 컴퓨터
2. 투표기록지를 검증할 수 있는 전자검표기
3. 개표결과를 직근 상급선거관리위원회 등에 전송할 수 있는 통신장비
4. 투표권카드 교부 내역 등을 조회할 수 있는 컴퓨터
5. 그 밖에 전자투표의 개표에 필요한 시설 및 설비

(13) 개표의 개시 및 진행

관할위원회가 개표를 개시할 때에는 전자저장장치 및 투표기록지 운반용기 봉인의 이상 유무를 검사하고 투표수와 투표권카드 교부수를 대조하여야 한다(전산투 · 개표규칙§21).

개표는 투표소별로 구분하여 투표수 및 후보자별 득표수(투표에서는 안건에 대한 선택사항별 득표수를 말한다. 이하 같다)를 계산한다. 다만, 「전산투 · 개표규칙」 제10조(통합선거인명부확인시스템의 구축) 제1항에 따라 통합선거인명부확인시스템을 구축하여 운영할 경우 투표수 및 후보자별 득표수는 통합선거인명부확인시스템 운영단위로 계산할 수 있다(전산투 · 개표규칙§22 ①). 투표기록 전자저장장치 원본의 판독이 불가능할 경우에는 참관인의 참관하에 해당 전자저장장치의 부본으로 개표할 수 있다. 이 경우 해당 전자저장장치 부본과 투표기록지를 서로 대조하여 그 결과의 동일성을 검증할 수 있다(전산투 · 개표규칙§22②). 선거결과 집계 및 개표상황표의 표준서식 등 전자개표에 필요한 서식은 중앙위원회위원장이 정하는 바에 따른다(전산투 · 개표규칙§22③).

(14) 투표기록 전자저장장치 등의 봉인 및 보관

관할위원회는 개표를 마친 후 투표기록 전자저장장치와 투표기록지를 관할위원회위원장이 봉인하도록 하여 보관한다(전산투 · 개표규칙§23①). 관할위원회는 해당선거 또는 투표에 관한 쟁송이 제기되지 아니한 때에는 그 제기기간의 만료일부터, 쟁송이 종료된 때에는 그 확정판결 또는 결정의 통지를 받은 날부터 1월 이후에 관할위원회의 결정으로 투표기록 전자저장장치와 투표기록지 등을 폐기할 수 있다(전산투 · 개표규칙§23②).

(15) 검표

개표결과에 이의가 있는 해당 위탁단체등은 선거일 후 7일까지 관할위원회에 터치스크린

전자투표기록의 전부 또는 일부를 지정하여 검표를 신청할 수 있다(전산투 · 개표규칙§24①). 관할위원회는 검표신청서 접수일로부터 7일 이내에 검표를 실시하되, 해당선거 또는 투표의 후보자 등 이해관계자에게 참석하도록 통지하여야 한다(전산투 · 개표규칙§24②). 검표는 전자검표기로 투표기록지를 판독하는 방식으로 하되, 전자검표기에 장애가 발생한 경우에는 수작업으로 검표할 수 있다(전산투 · 개표규칙§24③).

검표에 소요되는 비용(이해관계자의 출석에 소요되는 수당 및 실비를 포함한다. 이하 "검표비용"이라 한다)은 검표를 신청한 위탁단체등이 부담한다(전산투 · 개표규칙§25①). 검표를 신청한 위탁단체등은 검표신청서 제출일부터 2일 이내에 관할위원회가 정하는 바에 따라 검표비용을 납부하여야 하며, 검표비용을 납부하지 아니한 경우에는 검표신청을 취소한 것으로 본다(전산투 · 개표규칙§25②). 예납할 검표비용의 산정에 관하여는 「공직선거관리규칙」 제140조(선거소청비용) 제2항[108]의 규정을 준용한다(전산투 · 개표규칙§25③).

아. 온라인투표시스템에 의한 투표 및 개표

(1) 선거인명부 등의 작성 · 제출

위탁단체, 구 · 시 · 군의 장, 정당, 기관 · 단체가 온라인투표시스템을 이용한 전자투 · 개표의 실시를 위한 선거인명부를 작성하는 때에는 「전산투 · 개표규칙」이 정한 서식[109]에 따라 작성하고, 작성 · 확정된 선거인명부의 전산자료 복사본을 관할위원회에 제출하여야 한다(전산투 · 개표규칙§26①). 「전산투 · 개표규칙」 제3조(적용범위) 제1항에 따른 선거를 실시하는 경우에 위탁단체등(지방자치단체의 장을 제외한다) 또는 후보자는 후보자등록신청마감일 후 5일까지 온라인투표시스템 입력에 필요한 후보자의 기호 · 성명 · 사진 등의 정부를 기재한 자료(이하 "후보자정보자료"라 한다)를 관할위원회에 제출하여야 한다. 다만, 후보자의 기호 · 성명 · 사진 외에 추가 정보를 요하지 않는 경우에는 위탁단체등과 협의하여 그 제출을 생략하거나 후보자명부를 제출받는 것으로 갈음할 수 있다(전산투 · 개표규칙§26②). 선거인명부와 후보자정보자료의 서식, 작성 · 제출방법, 수정 그 밖에 필요한 사항은 중앙위원회위원장이 정하는 바에 따라 관할위원회와 위탁단체등이 협의하여 정할 수 있다(전산투 · 개표규칙§26③).

(2) 선거인명부 등의 목적외 사용금지

관할위원회에 제출된 선거인명부의 전산자료 복사본 및 후보자정보자료는 해당 전자투 ·

---

108) 「공직선거관리규칙」 제140조(선거소청비용) ② 제1항의 규정에 의하여 당사자가 예납하여야 할 비용의 산정에 있어서 「민사소송비용법」 제5조(법관등의 일당 · 여비)의 "법관등의 일당 · 여비"는 선거관리위원회의 위원 · 직원에 대한 일당 · 여비 기타의 실비보상으로 보며, 당해 위원회의 위원 · 직원에 대한 일당 · 여비 기타 실비보상은 「선거관리위원회법」 제12조(위원의 대우) 제3항과 「공무원여비규정」에 의한다.

109) 「전산투 · 개표규칙」 별지 제1호 서식 (선거인) · (투표인) · (경선선거인)명부(온라인투표용)

개표를 위한 목적으로만 사용하여야 한다(전산투 · 개표규칙§27).

(3) 투표방법

온라인투표시스템을 이용하여 실시하는 투표는 웹투표, 문자투표, PC현장투표의 방법 중 관할위원회와 위탁단체등이 협의하여 정하는 방법으로 실시하되, 각 투표방법의 세부사항은 중앙위원회위원장이 정하는 바에 따른다(전산투 · 개표규칙§28).

(4) 전자투표용지의 작성·공고

관할위원회는 전자투표용지를 온라인투표시스템을 이용하여 「전산투 · 개표규칙」이 정하는 서식[110]에 따라 작성하되, 일련번호 · 청인날인란 및 위원장 사인날인란은 작성하지 아니한다. 다만, 문자투표를 실시하는 때에는 투표안내 문자메시지를 작성하는 것으로 전자투표용지의 작성을 갈음한다(전산투 · 개표규칙§29①). 전자투표용지 게재사항 등 그 밖에 필요한 사항은 중앙위원회위원장이 정하는 바에 따른다. 이 경우 선거인의 투표편의를 위하여 음성과 문자안내 및 투표보조용구에 관한 사항을 포함하여 정할 수 있다(전산투 · 개표규칙§29②).

관할위원회는 전자투표용지의 모형을 공고하여야 한다. 이 경우 공고는 전자투표용지의 모형을 투표안내문에 포함하여 선거인에게 발송하는 것으로 갈음할 수 있고, 단체선거등에 있어서는 공고를 생략할 수 있다(전산투 · 개표규칙§29③).

(5) 투표안내문의 작성·발송

관할위원회가 온라인투표시스템을 이용한 전자투표의 투표안내문을 작성하는 때에는 「전산투 · 개표규칙」이 정하는 서식[111]에 따라 작성하되, 투표일시 · 방법 · 절차, 그 밖에 투표참여를 권유하는 내용 등을 기재하여야 한다(전산투 · 개표규칙§30①). 관할위원회가 투표안내문을 발송하는 때에는 우편발송, 문자메시지 또는 전자우편 전송 등 위탁단체등과 협의하여 정하는 방법으로 발송할 수 있다(전산투 · 개표규칙§30②).

(6) 투표절차

(가) 웹투표

웹투표는 다음 각 호의 순서에 따른다(전산투 · 개표규칙§31①).

1. 컴퓨터 또는 이동통신단말장치를 이용하여 문자메시지 또는 전자우편으로 수신한 개인

110) 「전산투 · 개표규칙」 별지 제2호 서식의 (가) 전자투표용지(사진 사용), 제2호 서식의 (나) 전자투표용지(사진 미사용)

111) 「전산투 · 개표규칙」 별지 제3호 서식의 (가) ○○○○(선거) · (투표) 투표안내문(웹투표용 · 문자투표용), 제3호 서식의 (나) ○○○○(선거) · (투표) 투표안내문(PC현장투표용)

URL을 통하여 온라인투표시스템에 접속한다.

2. 선거인 본인인증절차를 거쳐 정당한 선거인임을 확인받는다.
3. 컴퓨터 또는 이동통신단말장치의 화면에 표출된 전자투표용지의 후보자 또는 안건에 대한 찬성·반대 등의 선택사항란에 기표한다.

(나) 문자투표

문자투표는 다음 각 호의 순서에 따른다(전산투·개표규칙§31②).

1. 선거인의 이동통신단말장치로 전송된 문자투표 및 본인인증 안내 문자메시지를 확인한다.
2. 선거인 본인인증정보를 문자메시지로 회신하여 정당한 선거인임을 확인받는다.
3. 선거인 본인확인 후 전송되는 투표안내 문자메시지를 확인하고 후보자 또는 안건에 대한 찬성·반대 등 선택사항의 기호를 입력하여 문자메시지로 회신한다.

(다) PC현장투표

PC현장투표는 다음 각 호의 순서에 따른다(전산투·개표규칙§31③).

1. 선거인은 신분증명서를 제시하고 명부조회단말기로 본인임을 확인받은 후 투표카드등 1매를 교부받는다.
2. 투표단말기에 연결된 카드리더기에 투표카드를 인식하거나 투표단말기에 투표코드를 입력하여 전자투표용지가 투표단말기 화면에 표출되도록 한다.
3. 투표단말기 화면에 표출된 전자투표용지의 후보자 또는 안건에 대한 찬성·반대 등 선택사항란에 기표한다.
4. 투표카드등을 반납함에 넣고 투표소에서 퇴장한다.

관할위원회는 PC현장투표의 방법으로 투표를 실시하는 때에 전기통신 장애, 그 밖의 부득이한 사유로 해당 투표소에서 투표할 수 없는 경우에는 투표하러 온 선거인이 인접한 다른 투표소에서 투표하도록 할 수 있다(전산투·개표규칙§31④).

(7) 투표소의 설비

PC현장투표를 실시하는 때에는 관할위원회는 선거일 전일까지 투표소에 다음 각 호의 설비를 하여야 한다(전산투·개표규칙§32①).

1. 명부 조회 및 투표카드등 교부석(명부조회단말기를 포함한다)
2. 기표소(투표단말기를 포함한다)
3. 투표카드등 반납함
4. 그 밖에 투표사무에 필요한 통신 및 전력설비 등

관할위원회는 투표소의 설비를 마친 후 명부조회단말기 및 투표단말기의 이상 유무를 점검·확인하고 봉쇄·봉인하여야 한다(전산투·개표규칙§32②). 관할위원회는 명부조회단말기 및 투표단말기의 이상 유무 점검·확인과 봉쇄·봉인 과정에 참관인이 입회하도록 하여야 한다. 이 경우 참관인이 참여하지 아니한 때에는 입회를 포기한 것으로 본다(전산투·개표규칙§32③).

(8) 투표개시 전 명부조회단말기 등의 검사

PC현장투표를 실시하는 때에는 관할위원회는 참관인의 참관 하에 명부조회단말기 및 투표단말기의 정상 작동 여부와 투표카드등 발급수 초기 상태 등 이상유무를 검사하여야 한다. 이 경우 정당한 사유 없이 참관을 거부하는 투표참관인이 있는 때에는 그 권한을 포기한 것으로 보고, 투표록에 그 사유를 기재한다(전산투·개표규칙§33).

(9) 투표참관

웹투표 또는 문자투표를 실시하는 때에 투표참관은 위탁단체등의 요청이 있는 경우에 한하여 해당 선거 또는 투표의 투표자수, 투표율 등을 확인할 수 있는 온라인투표시스템 계정을 투표참관인에게 부여하여 투표진행상황을 참관하게 하는 방법으로 실시한다(전산투·개표규칙§34①).

PC현장투표를 실시하는 때에 투표참관은 투표참관인이 투표소 안에서 투표카드등의 교부상황과 투표상황을 참관하게 하는 방법으로 실시한다(전산투·개표규칙§34②).

(10) 개표소의 설치 및 설비

PC현장투표를 실시하는 때에는 관할위원회는 위탁단체등과 협의하여 투표소와 동일한 장소에 개표소를 설치할 수 있다(전산투·개표규칙§35①).

관할위원회는 다음 각 호의 사항을 포함하여 개표소를 설비하여야 한다(전산투·개표규칙§35②).

1. 전자개표를 위한 컴퓨터와 프린터 및 통신시설
2. 그 밖에 전자개표에 필요한 시설 및 설비

(11) 개표참관

온라인투표시스템을 이용한 전자개표를 실시하는 때에 개표참관은 관할위원회가 시스템운영자의 화면과 동일한 내용이 표출되는 별도의 화면을 통해 개표참관인이 개표소 안에서 개표진행, 개표결과 등 개표상황을 참관하게 하는 방법으로 실시한다(전산투·개표규칙§36①).

투표소에 개표소를 설치한 경우에 투표관리관은 해당 개표소의 개표를 총괄 관리하는 책임사무원(이하 "개표책임사무원"이라 한다)이 되고, 투표참관인은 해당 개표소의 개표참관인이 된다(전산투 · 개표규칙§36②).

(12) 개표의 진행

관할위원회는 투표를 마감한 후 온라인투표시스템을 이용하여 개표를 진행한다(전산투 · 개표규칙§37①). 개표결과 집계 등 전자개표와 관련하여 그 밖에 필요한 사항은 중앙위원회위원장이 정하는 바에 따른다(전산투 · 개표규칙§37②).

(13) 전자투 · 개표 자료의 저장 · 봉인 · 보관 · 폐기

관할위원회는 선거인명부의 전산자료 복사본 및 해당 선거 또는 투표의 시스템운영자 계정으로 제공하는 전자투 · 개표 관련 자료를 별도의 전자저장장치에 저장하고 봉함 · 봉인하여 다음 각 호에 해당하는 기간 동안 보관하여야 한다. 다만, 단체선거등의 전자투 · 개표 관련 자료는 그러하지 아니하다(전산투 · 개표규칙§38①1.).

1. 위탁선거 : 해당 선거의 당선인의 임기
2. 주민투표 : 해당 지방자치단체의 장의 임기
3. 주민소환투표 : 해당 주민소환투표대상자의 임기
4. 당내경선 또는 당대표경선 : 해당 정당과 협의하여 정하는 기간

전자투 · 개표 관련 자료는 다음 각 호의 사유에 해당하는 경우에는 관할위원회의 결정으로 폐기할 수 있다(전산투 · 개표규칙§38②1.).

1. 위탁선거 : 해당 선거에 관한 소송 등이 제기되지 아니할 것으로 예상되거나 소송 등이 종료된 때
2. 주민투표 또는 주민소환투표 : 해당 투표에 관한 소송 등이 제기되지 아니한 때에는 그 제기기한 만료일부터 1월이 경과한 때, 소송 등이 종료된 때에는 그 확정판결 또는 결정의 통지를 받은 날부터 1월이 경과한 때

자. 「위탁선거규칙」 등의 준용

전자투 · 개표와 관련하여 「전산투 · 개표규칙」에 규정된 것을 제외하고는 그 성질에 반하지 아니하는 범위에서 다음의 규칙을 각각 준용한다(전산투 · 개표규칙§39).

1. 위탁선거 : 「위탁선거규칙」
2. 주민투표 : 「주민투표관리규칙」
3. 주민소환투표 : 「주민소환관리규칙」

4. 당내경선 :「당내경선 위탁사무 관리규칙」
5. 당대표경선 :「정당사무관리규칙」

차. 경비의 산출

「전산투·개표규칙」 제3조(적용범위) 제1항 제1호부터 제3호까지의 선거 또는 투표의 전자투·개표 실시에 소요되는 경비는 중앙위원회위원장이 정하는 바에 따라 관할위원회가 산출하여 다음 각 호의 경비 또는 비용에 각각 계상한다(전산투·개표규칙§41①).

1. 위탁선거 :「위탁선거법」 제78조(선거관리경비)[112]의 선거관리경비
2. 주민투표 :「주민투표법」 제27조(주민투표경비)[113]의 주민투표관리경비

---

112)「위탁선거법」 제78조(선거관리경비) ① 위탁선거를 위한 다음 각 호의 경비는 해당 위탁단체가 부담하고 선거의 실시에 지장이 없도록 제1호의 경우에는 선거기간개시일 전 60일(재선거, 보궐선거, 위탁단체의 설립·분할 또는 합병으로 인한 선거의 경우에는 위탁신청을 한 날부터 10일까지, 제2호 및 제3호의 경우에는 위탁관리 결정의 통지를 받은 날(의무위탁선거의 경우에는 위탁신청을 한 날)부터 10일까지 관할위원회에 납부하여야 한다.
1. 위탁선거의 준비 및 관리에 필요한 경비
2. 위탁선거에 관한 계도·홍보에 필요한 경비
3. 위탁선거 위반행위의 단속 및 조사에 필요한 경비
② 동시조합장선거에서 제76조(위탁선거 위반행위 신고자에 대한 포상금 지급)에 따른 포상금지급에 필요한 경비는 해당 조합과 그 중앙회가 균분하여 부담하여야 한다.
③ 위탁선거의 관리에 필요한 다음 각 호의 경비는 국가가 부담한다.
1. 위탁선거에 관한 사무편람의 제정·개정에 필요한 경비
2. 그 밖에 위탁선거사무의 지도·감독 등 통일적인 업무수행을 위하여 필요한 경비
④ 중앙선거관리위원회는 위탁기관의 의견을 들어 선거관리경비 산출기준을 정하고 이를 관할위원회에 통지하여야 하며, 관할위원회는 그 산출기준에 따라 경비를 산출하여야 한다.
⑤ 관할위원회는 제52조(결선투표 등)에 따른 결선투표가 실시될 경우 그 선거관리경비를 제4항과 별도로 산출하여야 한다.
⑥ 관할위원회는 제4항에 따라 선거관리경비를 산출하는 때에는 예측할 수 없는 경비 또는 불가피한 사유로 산출기준을 초과하는 경비에 충당하기 위하여 산출한 선거관리경비 총액의 100분의 5 범위에서 부가경비를 계상하여야 한다.
⑦ 제1항에 따른 납부금은 체납처분이나 강제집행의 대상이 되지 아니하며 그 경비의 산출기준, 납부절차와 방법, 집행, 검사, 반환, 그 밖에 필요한 사항은 중앙선거관리위원회규칙으로 정한다.

113)「주민투표법」 제27조(주민투표경비) ① 주민투표사무에 필요한 다음 각 호의 경비는 주민투표를 발의한 지방자치단체의 장이 속하는 지방자치단체(제8조(국가정책에 관한 주민투표)의 규정에 의한 국가정책에 관한 주민투표인 경우에는 국가를 말한다)가 부담한다.
1. 주민투표의 준비·관리 및 실시에 필요한 경비
2. 주민투표공보의 발행, 설명회 등의 개최 및 불법투표운동의 단속에 필요한 경비
3. 주민투표에 관한 소청 및 소송과 관련한 경비
4. 주민투표결과에 대한 자료의 정리 그 밖에 주민투표사무의 관리를 위한 관할선거관리위원회의 운영 및 사무처리에 필요한 경비
② 지방지차단체는 제1항의 규정에 의한 경비를 주민투표발의일부터 3일 이내에 관할선거관리위원회에 납부하여야 한다.
③ 제1항의 규정에 의한 주민투표경비의 산출기준·납부절차·납부방법·집행·회계검사 및 반환 그 밖에 필

3. 주민소환투표 : 「주민소환에 관한 법률」 제26조(주민소환투표관리경비)[114]의 주민소환투표관리경비
4. 당내경선 : 「당내경선 위탁사무 관리규칙」 제23조(경선관리비용)[115]에 따른 비용
5. 당대표경선 : 「정당사무관리규칙」 제24조의16(당대표경선관리비용)[116]에 따른 비용

요한 사항은 중앙선거관리위원회규칙으로 정한다.

114) 「주민소환에 관한 법률」 제26조(주민소환투표관리경비) ① 주민소환투표사무의 관리에 필요한 다음 각 호의 비용은 당해 지방자치단체가 부담하되, 소환청구인대표자 및 주민소환투표대상자가 주민소환투표운동을 위하여 지출한 비용은 각자 부담한다.
1. 주민소환투표의 준비·관리 및 실시에 필요한 비용
2. 주민소환투표공보의 발행, 토론회 등의 개최 및 불법주민소환투표운동의 단속에 필요한 경비
3. 주민소환투표에 관한 소청 및 소송과 관련된 경비
4. 주민소환투표결과에 대한 자료의 정리, 그 밖에 주민소환투표사무의 관리를 위한 관할선거관리위원회의 운영 및 사무처리에 필요한 경비
② 지방자치단체는 제1항의 규정에 의한 경비를 주민소환투표 발의일부터 5일 이내에 관할선거관리위원회에 납부하여야 한다.
③ 제1항의 규정에 의한 주민소환투표경비의 산출기준·납부절차·납부방법·집행·회계 및 반환 그 밖의 필요한 사항은 중앙선거관리위원회규칙으로 정한다.

115) 「당내경선 위탁사무 관리규칙」 제23조(경선관리비용) ① 법 제57조의4(당내경선사무의 위탁)에 따라 관할선거구선거관리위원회가 당내경선의 투표와 개표에 관한 사무를 수탁하여 관리하는 경우에 국가가 부담할 경선관리비용은 다음 각 호와 같다.
1. 관할선거구위원회 및 경선투·개표관리위원회위원의 수당과 실비
2. 경선관리인, 투표 및 개표사무원의 수당과 실비
3. 경선선거인명부 분할·사본작성비용, 투표안내문 작성·발송비용
4. 투표용지 작성·관리비용
5. 투표 및 개표장소 임차비와 설비 및 유지비
6. 그 밖에 투표 및 개표사무관련 부대비용
② 제1항에 규정된 이외의 경선관리비용은 정당이 부담한다.
③ 중앙위원회는 국가가 부담하는 경선관리비용이 예산에 계상되지 아니한 경우에는 우선 본선거의 예산에서 지출하고 예비비로 신청할 수 있다.
④ 제2항의 규정에 따른 경선관리비용은 중앙위원회가 정하는 기준에 따라 관할선거구위원회가 산정하여 해당 정당에 별지 제8호 서식에 의하여 요구하여야 하며, 해당 정당은 경선기간개시일 전 5일까지 관할선거구위원회위원장에게 이를 납부하여야 한다.
⑤ 제4항의 규정에 따라 경선관리비용을 납부받은 관할선거구위원회는 국고금 회계처리절차에 준하여 지출하고 경선일 후 20일까지 이를 정산하여 해당 정당에 잔액을 반환하고 별지 제9호 서식에 의하여 통보하여야 한다.
⑥ 관할선거구위원회는 정당의 경선관리비용의 공개를 권고할 수 있다.

116) 「정당사무관리규칙」 제24조의16(당대표경선관리비용) ① 경선사무위탁정당이 부담할 당대표경선관리비용은 다음 각 호와 같다.
1. 중앙선거관리위원회 및 당대표경선투·개표관리위원회 위원의 수당과 실비
2. 투표사무원 및 개표사무원의 수당과 실비
3. 당대표경선선거인명부를 분철하거나 사본을 만드는데 소요되는 비용
4. 투표안내문을 만들거나 발송하는데 소요되는 비용
5. 투표용지를 만들거나 관리하는데 소요되는 비용
6. 투표 및 개표 장소 임차료와 그 설비 및 유지비

「전산투·개표규칙」 제3조(적용범위) 제1항 제4호의 단체선거등의 전자투·개표 실시에 소요되는 경비는 중앙위원회위원장이 정하는 바에 따라 관할위원회가 산출하고 해당 정당 또는 기관·단체로부터 납부받아 이를 집행한다(전산투·개표규칙§41②).

관할위원회는 전자투·개표와 관련하여 계상하지 못한 경비가 있거나 추가 납부사유가 발생한 경우에는 해당 위탁단체등으로부터 추가로 납부받아 이를 집행할 수 있다(전산투·개표규칙§41③).

---

7. 그 밖에 투표 및 개표 사무관련 부대비용
② 제1항에 따른 당대표경선관리비용은 중앙선거관리위원회가 산정하여 경사사무위탁정당에 별지 제14호의8 서식에 따라 요구하여야 하며, 경선사무위탁정당은 당대표경선기간개시일 전 5일까지 중앙선거관리위원회위원장에게 내야 한다.
③ 제2항에 따라 당대표경선관리비용을 받은 중앙선거관리위원회는 국고금 회계처리절차에 준하여 지출하고 당대표경선일 후 20일까지 정산하여 경선사무위탁정당에 잔액을 반환하고 별지 제14호의9 서식에 따라 알려야 한다.

제17편 개표

1. 개표관리, 개표소, 개표사무원

가. 개표관리

(1) 개표사무

개표사무는 구·시·군선거관리위원회가 이를 행한다(법§172①). 개표를 개시한 이후에는 개표소에 구·시·군선거관리위원회 재적위원(법 제173조(개표소) 제2항의 규정에 의하여 2개 이상의 개표소를 설치한 때에는 당해 개표소에 배치된 위원을 말한다)의 과반수가 참석하여야 한다(법§172③).

(2) 2개 이상의 개표소를 설치한 경우

법 제173조(개표소) 제2항의 규정에 의하여 2개 이상의 개표소를 설치하는 때에는 당해 구·시·군선거관리위원회 위원을 각 개표소에 비등하게 지정·배치하되, 공직선거법에 의한 개표관리에 관하여 당해 구·시·군선거관리위원회의 의결을 요하는 사항은 당해 개표소에 배치된 위원(「선거관리위원회법」 제4조(위원의 임명 및 위촉) 제13항의 규정에 의한 보조위원을 포함한다)수의 과반수의 의결로 결정하고, 구·시·군선거관리위원회위원장의 직무는 각각 당해 위원장과 부위원장 또는 위원장이 지명한 위원이 행한다(법§172②).

하나의 구·시·군선거관리위원회가 2개 이상의 개표소를 설치하는 경우 구·시·군선거관리위원회의 개표사무를 보조하기 위한 보조위원은 선거기간개시일 현재 국회에 교섭단체를 둔 정당이 개표소마다 각 3인 이내에서 추천한 자를 구·시·군선거관리위원회가 위촉한다. 이 경우 정당추천보조위원의 신분보장에 관하여는 「선거관리위원회법」 제13조(위원의 신분보장)의 규정을 준용하며, 그 근무기간·실비보상 및 위촉절차 기타 필요한 사항은 「선거관리위원회법 시행규칙」[1])으로 정한다(법§172④. 선거관리위원회법§4⑬).

---

1) 「선거관리위원회법 시행규칙」 제5조의2(보조위원) ① 법 제4조 제13항의 규정에 의한 보조위원은 당해 구·시·군선거관리위원회의 관할구역안에 거주하는 국회의원선거권이 있고 정당원이 아닌 자 중에서 법 같은 조 같은 항의 규정에 의한 정당의 당해 당부(당해 당부가 없을 때에는 그 상급 당부)가 추천한다.

구·시·군선거관리위원회는 법 제172조(개표관리) 제2항의 규정에 의하여 하나의 구·시·군선거관리위원회가 2개 이상의 개표소를 설치하는 경우의 선거관리를 위하여 「선거관리위원회법」 제4조(위원의 임명 및 위촉) 제3항의 위원정수에 불구하고 개표소마다 지방법원장 또는 지원장이 추천하는 법관 1인을 당해 구·시·군선거관리위원회 부위원장으로 위촉할 수 있다. 이 경우 근무기간·실비보상 및 위촉절차 기타 필요한 사항은 「선거관리위원회법 시행규칙」[2]으로 정한다(법§172④. 선거관리위원회법§5④).

나. 개표소

(1) 개표소의 설치

(가) 설치 및 공고

구·시·군선거관리위원회는 선거일 전 5일까지 그 구·시·군의 사무소 소재지 또는 당해 관할구역(당해 구역 안에 적정한 장소가 없는 때에는 인접한 다른 구역을 포함한다)안에 설치할 개표소를 공고하여야 한다. 다만, 천재·지변 기타 부득이한 사유가 있는 때에는 이를 변경할 수 있으며, 이 경우에는 즉시 공고하여야 한다(법§173①). 구·시·군선거관리위원회는 2개 이상의 개표소를 설치할 수 있다(법§173②).

학교·관공서 및 공공기관·단체의 장은 선거관리위원회로부터 개표소 설치를 위한 장소 사용 협조요구를 받은 때에는 우선적으로 이에 응하여야 한다(법§173③, §147③).

---

② 구·시·군선거관리위원회위원장은 선거일 전 12일까지 제1항의 당부에 보조위원의 추천을 의뢰하여야 한다.

③ 보조위원을 추천하는 때에는 별지 제2－2호 서식에 의한 추천서와 별지 제2－3호 서식에 의한 본인승낙 및 비당원확인서를 당해 구·시·군선거관리위원회에 선거일전 2일까지 제출하여야 하며 보조위원을 교체하고자 할 때에도 이와 같다.

④ 구·시·군선거관리위원회는 제1항이 규정에 의하여 보조위원으로 추천된 자에 대하여 제5조 제2항 본문의 규정에 의한 조사를 한 후 국회의원선거권이 있는 자를 당해 선거일 전일까지 위촉하여야 한다. 다만, 구·시·군선거관리위원회 관할구역 안의 구·시·군의 장이 작성한 당해 선거의 선거인명부에 등재되어 있는 자에 대하여는 동 조사를 아니 하고 위촉할 수 있다.

⑤ 보조위원의 근무기간은 당해 선거의 선거일 오후 6시부터 개표종료시까지로 한다.

⑥ 보조위원이 개표사무에 종사하거나 개표사무와 관련된 교육을 받은 때에는 예산의 범위 안에서 별표 4 중 구·시·군선거관리위원회 위원의 일비액에 상당하는 수당을 지급할 수 있다.

2) 「선거관리위원회법 시행규칙」 제5조의3(법관의 부위원장위촉) ① 법 제5조 제4항의 단서규정에 의하여 부위원장을 위촉하고자 하는 구·시·군선거관리위원회 위원장은 선거일전 12일까지 당해 지역을 관할하는 지방법원장 또는 지원장에게 법관 1인의 위원추천을 의뢰하고, 구·시·군선거관리위원회는 선거일 전 5일까지 위촉한다.

② 제1항의 규정에 의하여 위촉된 부위원장은 위촉된 날부터 당해 선거의 당선인이 결정되는 날까지 근무한다.

(나) 제재

법 제173조(개표소) 제3항에서 준용하는 제147조(투표소의 설치) 제3항을 위반하여 정당한 사유 없이 협조요구에 따르지 아니한 자에게는 500만원 이하의 과태료를 부과한다(법§261④).

(2) 개표소의 설비

(가) 설비

구·시·군선거관리위원회는 선거일전일까지 개표소에 투표함의 접수에 필요한 시설, 투표함의 개함과 투표지의 점검, 심사·집계 및 정리 등에 필요한 시설, 구·시·군선거관리위원회위원과 개표참관인의 좌석 및 일반인의 개표관람시설 기타 개표사무에 필요한 시설의 설비를 하여야 한다(규칙§95①).

(나) 2개 이상의 개표소를 설치하는 경우

구·시·군선거관리위원회가 법 제173조(개표소) 제2항의 규정에 의하여 개표소를 2개소 이상 설치하고 하는 때에는 같은 법 같은 조 제1항의 규정에 의하여 개표소를 공고하는 때에 개표소별로 개표할 선거명을 공고하고 선거사무장 또는 선거연락소장에게 통지하여야 한다(규칙§95②).

구·시·군선거관리위원회가 2개소 이상으로 나누어 설치한 개표소의 명칭은 각각 당해 구·시·군선거관리위원히 명칭 밑에 "제1개표소", "제2개표소" 등을 붙여 표시하며, 제1개표소는 당해 구·시·군선거관리위원회위원장이, 제2개표소 이상의 개표소에는 당해 구·시·군선거관리위원회 부위원장 또는 위원장이 지명한 위원이 개표사무를 관장한다(규칙§95③).

다. 개표사무원

(1) 개표사무원의 위촉

구·시·군선거관리위원회는 개표사무를 보조하게 하기 위하여 개표사무원을 두어야 한다(법§174①). 개표사무원은 법 제147조(투표소의 설치) 제9항 제1호 내지 제4호에 해당하는 자 또는 공정하고 중립적인 자중에서 위촉한다(법§174②).

법 제147조(투표소의 설치) 제9항 제1호부터 제4호까지의 기관·단체의 장이 선거관리위원회로부터 개표사무원의 추천 협조요구를 받은 때에는 우선적으로 이에 따라야 한다(법§174③).

(2) 제재

법 제174조(개표사무원) 제2항의 규정에 의하여 개표사무원으로 위촉된 자가 정당한 사유

없이 그 직무수행을 거부·유기하거나 해태한 자는 100만원 이하의 과태료를 부과한다(법§261⑧2.바.). 법 제174조(개표사무원) 제3항을 위반하여 정당한 사유 없이 협조요구에 따르지 아니한 자는 200만원 이하의 과태료를 부과한다(법§261⑦2.사.).

2. 개표절차

가. 개표개시

(1) 개표개시

개표는 개표소에 투표함이 도착되면 개시할 수 있다(규칙§95의2).

구·시·군선거관리위원회는 관할구역 안에 2이상의 선거구가 있는 경우에는 선거구 단위로 개표한다(법§175②).

(2) 동시선거의 특례

동시선거에 있어서 법 제175조(개표개시) 제2항의 규정에 의한 개표순서는 선거별 또는 그 선거구의 관할구역이 작은 선거구별로 구분하여 행한다(법§214). 2개 이상의 선거를 한 장소에서 동시에 개표하는 경우 개표하는 도중에 어느 한 선거의 개표가 중단된 경우라도 다른 선거의 개표는 계속하여 진행하여야 한다(규칙§133⑦).

나. 사전투표·거소투표 및 선상투표의 접수·개표

(1) 접수

구·시·군선거관리위원회는 우편으로 송부된 사전투표·거소투표 및 선상투표를 접수한 때에는 당해 구·시·군선거관리위원회의 정당추천위원의 참여하에 즉시 우편투표함에 투입·보관하여야 한다(법§176①). 구·시·군선거관리위원회가 우편으로 송부된 사전투표 또는 거소투표를 접수한 때에는 통합선거인명부 또는 거소투표신고인명부에 그 접수일시를 기재(전산조직으로 할 수 있다)한 후 정당추천위원의 참여하에 우편투표함에 투입하여야 한다. 다만, 정당추천위원은 사전투표 또는 거소투표를 투입한 때마다 투입구를 봉인하여야 하며, 정당한 사유없이 참여·봉인을 거부하는 정당추천위원이 있는 때에는 그 권한을 포기한 것으로 본다(규칙§96①).

구·시·군선거관리위원회는 법 제158조(사전투표) 제6항 제2호에 따라 사전투표함을 인계받은 때에는 해당 구·시·군선거관리위원회의 정당추천위원의 참여 하에 투표함의 봉함·봉인상태를 확인하고 보관하여야 한다(법§176②). 구·시·군선거관리위원회는 사전투표 종료

후 사전투표를 접수할 때까지 또는 거소투표용지를 발송한 후 거소투표를 접수할 때까지의 사이에 구 · 시 · 군의 장으로부터 선거권이 없는 자나 사망자의 명단을 통보받은 때에는 붙임쪽지에 선거권이 없는 자 또는 사망자라고 기재한 후 이를 회송용 봉투에 붙여 우편투표함에 투입하고 개표 시에 이를 무효로 처리하며, 사전투표 또는 거소투표를 접수한 후에 통보를 받은 때에는 개표 시에 해당 투표를 가려내어 무효로 처리한다. 이 경우 사전투표자 또는 거소투표자가 투표 후 사망한 것이 확인된 때에는 이를 유효로 처리한다(규칙§96②). 법 제155조(투표시간) 제5항에 따라 사전투표 · 거소투표 및 선상투표 접수마감시각 후 개표록 작성완료시까지 도착된 사전투표 · 거소투표 및 선상투표는 우편투표함에 투입하지 아니하고 이를 따로 보관하되, 그 사실을 개표록에 기재하고 기권으로 처리한다(규칙§96③).

회송용봉투에 발신인 주소지의 소인이 찍혀있지 않고 도착지 우체국의 소인이 찍혀 있다고 하여 이것만 가지고 그 우편투표지를 무효라고 할 수 없다.[3]

(2) 개표

구 · 시 · 군선거관리위원회는 우편투표함과 사전투표함을 「개인정보보호법」 제2조(정의) 제7호[4]에 따른 고정형 영상정보처리기기가 설치된 장소에 보관하여야 하고, 해당 영상정보는 해당 선거의 선거일 후 6개월까지 보관하여야 한다(법§176③). 우편투표함과 사전투표함은 개표참관인의 참관하에 선거일 오후 6시(보궐선거등에 있어서는 오후 8시)후에 개표소로 옮겨서 일반투표함의 투표지와 별도로 먼저 개표할 수 있다(법§176④). 구 · 시 · 군선거관리위원회가 법 제176조(사전투표 · 거소투표 및 선상투표의 접수 · 개표) 제4항에 따라 우편투표함등을 개표장으로 옮길 때에 참관하는 개표참관인은 정당 또는 후보자마다 1인으로 한다. 다만, 우편투표함등을 옮기는 시각까지 참여하지 아니하거나 정당한 사유 없이 참관을 거부하는 개표참관인은 그 권한을 포기한 것으로 본다(규칙§97).

구 · 시 · 군선거관리위원회위원장은 법 제176조(사전투표 · 거소투표 및 선상투표의 접수 · 개표) 제4항에 따라 우표투표함을 개함한 때에는 회송용봉투를 개봉하여 투표지를 꺼낸 다음, 사전투표함을 개함한 때에는 투표지를 꺼낸 다음 각각 일반투표함과는 별도로 개표한다. 이 경우 회송용봉투에 투표지가 들어있지 아니한 사전투표(우편투표함에 들어 있는 사전투표를 말한다) · 거소투표 및 선상투표는 기권으로 처리한다(규칙§98①). 법 제179조(무효투표) 제2항 각 호의 어느 하나에 해당하는 회송용봉투와 규칙 제96조(사전투표 · 거소투표의 정수) 제2항에 따른 무효투표는 개표참관인의 참관하에 개봉하여 투표지 앞면에 무효처리된 우편투표지라는

---

3) 1989. 3. 30. 선고 88수139 판결

4) 「개인정보보호법」 제2조(정의) 이 법에서 사용하는 용어의 뜻은 다음과 같다.

7. "영상정보처리기기"란 일정한 공간에 지속적으로 설치되어 사람 또는 사물의 영상 등을 촬영하거나 이를 유 · 무선망을 통하여 전송하는 장치로서 대통령령으로 정하는 장치를 말한다.

표시를 한 후 위원장(법 제173조(개표소) 제2항에 따라 2개소 이상의 개표소를 두는 경우에는 해당 선거의 개표사무를 관장하는 부위원장 또는 위원장이 지명하는 위원을 말한다)이 서명 또는 날인한다(규칙§98②). 개봉된 빈 회송용봉투는 포장하여 위원장이 봉인하여야 한다(규칙§98③).

다. 투표함의 개함

(1) 개함

투표함을 개함하는 때에는 구·시·군선거관리위원회위원장은 개표참관인의 참관하에 투표함의 봉쇄와 봉인을 검사한 후 이를 열어야 한다. 다만, 정당한 사유 없이 참관을 거부하는 개표참관인이 있는 때에는 그 권한을 포기한 것으로 보고, 개표록에 그 사유를 기재한다(법§177①).

투표함자물쇠의 봉인이 누락된 경우 바깥부분에 이상이 없다면 개표록에 동 사실을 기재하고 개함함이 타당하다.[5)]

(2) 투표수와 투표용지 교부수의 대조

구·시·군선거관리위원회위원장은 투표함을 개함한 후 투표수를 계산하여 투표록에 기재된 투표용지 교부수와 대조하여야 한다. 이 경우 정당한 사유 없이 개표사무를 지연시키는 위원이 있는 때에는 그 권한을 포기한 것으로 보고, 개표록에 그 사유를 기재한다(법§177②).

법원은, 투표용지교부수와 투표수의 불일치와 관련하여, 「유권자가 투표용지를 교부받았음에도 불구하고 투표함에 투함하지 않고 그대로 가지고 나오는 예가 있는 관계로 본건의 잔여투표용지의 매수가 85매 부족하게 되었다는 점과 개표록 중의 투표자수가 투표록 중의 투표자수보다 약 63명이 적다는 점과 선거인명부 중 투표자수가 개표록 기재중의 투표자수보다 결국 79명이 많다는 점이 인정된다고 하더라도, 위에서 말한바와 같이 선거인이 투표용지를 교부받고 투표를 하지 않고 그 용지를 가지고 나오는 예가 있다는 사실을 종합하면, 사위투표사실을 인정할 자료가 되지 못한다.」고 판시하였고,[6)] 개표기(투표지분류기)로 집계한 투표지 수와 투표용지 교부수와의 대조와 관련하여, 「투표구별로 일반투표지(부재자투표지는 제외)가 든 투표함을 개함한 다음 개표기를 통하여 후보자별로 투표지 수를 집계하는 한편, 개표기에 의하여 분류되지 아니한 투표지는 별도로 수작업을 통하여 후보자별로 투표지 수를 집계하여 당해 투표구의 유효투표지(후보자별)·무효투표지 등 총 투표지 수를 집계한 후, 위와 같이 집계된 투표지 수를 투표록상의 투표용지 교부수와 대조하는 방식을 취한 경우, 이와 같은 방식으로 투표지 수를 투표록상의 투표용지 교부수와 대조하였다고 하여 법 제

5) 1971. 5. 26. 중앙선관위 질의회답
6) 1969. 3. 12. 선고 67수41 판결

177조(투표함의 개함) 제2항 또는 제178조(개표의 진행)에 위배된다고 할 수 없다.」고 판시하였다.[7)]

라. 개표의 진행

(1) 개표방법

개표는 투표구별로 구분하여 투표수를 계산한다(법§178①).[8)] 구·시·군선거관리위원회는 개표사무를 보조하기 위하여 투표지를 유·무효별 또는 후보자(비례대표국회의원선거 및 비례대표지방의회의원선거에서는 정당을 말한다)별로 구분하거나 계산에 필요한 기계장치 또는 전산조직을 이용할 수 있다(법§178②).[9)]

---

7) 2004. 11. 12. 선고 2004수16 판결

8) 헌법재판소는, 동시계표 투표함 수에 제한을 두고 있지 않는 법 제178조(개표의 진행) 제1항과 관련하여, '종래 선거법에서 동시계표 투표함 수의 제한규정을 둔 것은 각 투표함의 표가 섞이는 것을 방지하고 투표용지의 조작·훼손 등 부정선거 가능성을 차단하여 개표의 투명성, 정확성, 공정성을 확보하기 위한 것이었다. 그런데 국민들의 의식수준이 높아지고 선거문화가 정착됨에 따라 부정선거의 폐단이 점차 줄어들고 동시계표 투표함의 개수를 엄격히 통제할 필요성이 낮아지면서 동시에 계표할 수 있는 투표함의 수가 4개까지 늘어났다. 그러다가 2002년부터 투표지분류기가 개표에 사용되면서 수작업에 의한 개표보다 신속하고 정확한 개표가 가능하게 되었고, 이에 따라 동시계표 투표함 수 제한이 폐지되었다. 다만, 동시선거에서 동시계표 투표함 수를 제한하는 공직선거법 제214조(투표함의 개함등에 관한 특례)는 개정되지 않은 채 그대로 남아 있었다. 그런데 이로 인해 개표사무가 지연된다는 문제점이 지적되었고, 이에 따라 동시계표 투표함 수를 투표지분류기의 개수에 맞추어 8개로 늘렸다가 결국 그 제한도 폐지되었다. 따라서 심판대상 조항은 직접적으로 동시계표 투표함의 개수를 제한 없이 허용함으로써 개표사무의 편의를 도모하고 개표에 소요되는 예산과 인력을 절감함으로써 효율적이고 신속한 개표를 하기 위하여 개정된 것이다. 나아가 향상된 개표기술을 토대로 신속하고 정확한 개표를 통하여 선거결과를 조속히 확정지음으로써 효율적이고 공정한 선거제도를 확립하고자 하는 측면도 있다. 이 사건 조항에 의하면, 신고된 개표참관인의 수가 많지 않을 경우 동시에 계표되는 투표함의 수에 비하여 상대적으로 적은 수의 개표참관인이 참관을 하게 될 수도 있다. 그러나 개표부정에 대하여 가장 큰 이해관계를 가진 정당 및 후보자들은 법이 허용하는 범위 내에서 스스로 개표참관인을 선정·신고함으로써 개표절차를 감시할 수 있고, 그 외에도 개표사무원을 중립적인 자들로 위촉하고, 개표관람을 실시하는 등 개표의 공정성을 확보하기 위해 다양한 조치들이 시행되고 있는 점에 비추어, 동시계표 투표함 수에 대한 제한을 두지 아니한 것은 입법자의 합리적 재량의 범위 안에 있는 것으로 인정되고, 일부 개표소에서 동시계표 투표함 수에 비하여 상대적으로 적은 수의 개표참관인이 선정될 수 있다는 사정만으로 입법자의 선택이 현저히 불합리 하거나 불공정하여 선거권이 침해되었다고 볼 수 없다.'고 판시하였다(2013. 8. 29. 선고 2012헌마326 결정).

9) 헌법재판소는, 개표를 보조하기 위하여 기계장치 등을 이용할 수 있도록 규정한 법 제178조(개표의 진행) 제2항과 관련하여, '이 사건 개표 조항은 개표사무에 소모되는 예산 및 인력 절감, 개표의 신속성과 정확성 제고를 위하여 마련된 조항이다. 선거관리위원회의 개표실무에 따르면, 이 사건 투표지분류기 등에 의하여 후보자 또는 정당별 분류된 투표지를 넘겨받은 개표사무원은 육안으로 잘못 분류된 투표지(혼표)나 무효표가 있는지 여부를 심사·확인하여 무효표와 후보별 유효표로 다시 분류하는 절차를 거치고, 다시 구·시·군선거관리위원회 위원 및 위원장이 육안으로 투표지 확인 및 득표수 검열을 한다. 따라서 이 사건 개표 조항에 근거하여 이 사건 투표지분류기 등을 이용한다고 하여 공직선거법상 육안에 의한 확인·심사·검열이 완전히 배제되는 것은 아니다. 또한 개표 이후에도 실물 투표지를 봉인하여 그 당선인의 임기 중 보관하도록 하고 있으므로(공직선거법 제184조(투표지의 구분), 제186조(투표지·개표록 및 선거록 등의 보

법원은, 투표지분류기의 사용과 관련하여, 「이 사건 개표기는 구 공직선거법(2014. 1. 17. 법률 제12267호로 개정되기 전의 것) 제178조(개표의 진행) 제4항과 그 위임에 의한 구 공직선거관리규칙(2014. 1. 17. 중앙선거관리위원회규칙 제400호로 개정되기 전의 것) 제99조(개표의 진행 등) 제3항에 규정되어 있는 "투표지를 유·무효별로 구분하거나 계산에 필요한 기계장치 또는 전산조직"으로서 심사집계부의 육안에 의한 확인·심사를 보조하기 위하여 기표된 투표지를 이미지로 인식하여 후보자별로 분류하거나 미분류투표지로 분류하고 미분류투표지를 제외한 후보자별 투표지를 집계하는 기계장치에 불과하므로 "전산조직에 의한 개표"에 관한 법 제278조(전산조직에 의한 투표·개표) 제3항에 근거한 것이라고 할 수 없고, 한편 심사집계부에서 이 사건 개표기에 의하여 후보자별로 분류된 투표지는 육안에 의한 확인·심사를 거쳐 혼표나 무효표로, 미분류투표지는 육안에 의한 확인·심사를 거쳐 무효표와 후보자별 유효표로 각 분류·심사하는 절차를 거치고, 다시 선거관리위원회 위원 및 위원장의 육안에 의한 투표지의 확인·검열절차를 거친 것이므로 이 사건 개표는 법 제172조(개표관리) 내지 제186조(투표지·개표록 및 선거록 등의 보관)에 규정되어 있는 개표에 해당한다.」고 판시하고,[10] 투표지분류기의 사용근거와 관련하여, 「이 사건 선거에 사용된 개표기는 기표된 투표지를 이미지로 인식하여 후보자별로 분류하거나 어느 후보자에게 기표한 것인지 여부를 분류하지 못한 투표지(이하 "미분류투표지")로 분류하는 기계장치인 본체와 후보자별 투표지를 인식하는 프로그램 및 미분류투표지를 제외한 후보자별 투표지를 자동적으로 집계하는 프로그램이 장착된 개표기 제어용 컴퓨터, 그리고 개표상황표를 출력하는 프린트로 구성되어 있는 사실을 인정할 수 있는바, 위 인정사실에 의하면 이 사건에 사용된 개표기는 구 공직선거법(2014. 1. 17. 법률 제12267호로 개정되기 전의 것) 제178조(개표의 진행) 제4항과 위 조항의 위임을 받은 구 공직선거관리규칙(2014. 1. 17. 중앙선거관리위원회규칙 제400호로 개정되기 전의 것) 제99조(개표의 진행 등) 제3항 소정의 "개표에 있어서 투표지를 유·무효별 또는 후보자별로 구분하거나 계산에 필요한 기계장치 또는 전산조직"인 개표기에 해당함이 분명하다. 참고로 법 제278조(전산조직에 의한 투표·개표) 및 규칙 제16장의2(전자투표 및 개표에 관한 특례)에 의한 전산조직에 투표·개표는 터치스크린방식의 전자투표기의 화상화면을 이용하여 투표를 하고, 개표는 전자투표기의 일부인 투표집계 저장디스켓으로 하여 투표종료와 동시에 후보자별 득표수를 알 수 있는 방식에 의한 것이다.」고 판시하였다.[11]

관)), 선거 이후에 실물 투표지를 통하여 충분히 투표결과를 검증할 수 있고, 공직선거법은 개표의 공정성을 확보하기 위하여 개표참관인, 관람인 등 여러 가지 제도를 두고 있다. 위와 같은 내용을 종합해 볼 때, 이 사건 개표 조항에서 개표사무를 보조하기 위하여 투표지를 구분하거나 계산에 필요한 기계장치 등을 이용할 수 있도록 한 입법자의 선택이 현저히 불합리하거나 불공정하여 선거권을 침해했다고 볼 수 없다.'고 판시하였다(2016. 3. 31. 선고 2015헌마1056·1172,2016헌마37(병합) 결정).

10) 2004. 5. 31. 선고 2003수26 판결

11) 부산고등법원 2012. 4. 27. 선고 2010수38,2012수18(병합) 판결 : 2014. 1. 17. 법률 제12267호로 개정되어

(2) 개표상황표

선거별 또는 선거구별로 투표함을 설치한 경우 잘못 투입된 투표지가 발견된 때에는 그 사실을 개표상황표에 기재하고 해당 선거의 투표수로 집계하여야 한다. 이 경우 그 투표지는 별도로 관리하여야 한다(규칙§99④). 개표상황표의 표준서식은 규칙이 정하는 서식[12]에 의한다(규칙§99⑤).

(3) 후보자별 득표수 공표

후보자별 득표수(비례대표국회의원선거 및 비례대표지방의회의원선거에 있어서는 정당별 득표수를 말한다)의 공표는 구·시·군선거관리위원회위원장이 투표구별로 집계·작성된 개표상황표에 의하여 투표구 단위로 하되, 출석한 구·시·군선거관리위원회위원 전원은 공표 전에 득표수를 검열하고 개표상황표에 서명하거나 날인하여야 한다. 다만, 정당한 사유 없이 개표사무를 지연시키는 위원이 있는 때에는 그 권한을 포기한 것으로 보고, 개표록에 그 사유를 기재한다(법§178③).

누구든지 후보자별 득표수의 공표 전에는 이를 보도할 수 없다. 다만, 선거관리위원회가 제공하는 개표상황 자료를 보도하는 경우에는 그러하지 아니하다(법§178④).

개표도중 도난표와 투표용지교부수와 실제 투표수의 차이표의 합계가 선거결과에 이동이 미칠 것이 명백한 때는 동 선거는 무효이다.[13] 개표에 이어 검산이 끝나고 개표결과를 발표할 직전에 투표용지와 투표함을 소각당한 경우에 있어서 투표의 결과를 확인할 수 있는 정확한 입증이 없으면 투표수 검산 단계에 있어서 그 정확성이 결여되어 있다고 아니할 수 없으므로 선거절차의 관리집행에 있어서 위법이 있는 경우에 해당하며 동 투표구의 선거인총수가 선거결과에 이동을 미칠 때에는 당해 투표구의 선거는 무효이다.[14] 선거구선거관리위원회가 중앙선거관리위원회의 지시를 어기고 재검표를 시행하였음은 선거의 관리집행에 위법이 있다고 할 것이나 그 위법은 선거무효의 원인이 될 수 있을 뿐 이미 시행한 재검표의 결과에는 영향이 없으며 선거구선거관리위원회가 후보자별 득표수를 공표한 후에도 정당한 사유가 있을 때에는 재검표를 할 수 있다.[15]

법 제178조(개표의 진행) 제2항에 투표지분류기 사용근거를 명시하고, 법 제278조(전산조직에 의한 투표·개표)에서 투표지분류기 사용 시에 정당과의 협의가 필요 없음을 명문화하였다.

12) 규칙 별지 제54호 서식(개표상황표)
13) 1959. 11. 4. 선고 4291선106 판결
14) 1961. 4. 4. 선고 4293선53 판결
15) 1959. 5. 13. 선고 4291선22 판결

(4) 동시선거의 특례

동시선거에 있어서 투표함에 잘못 투입된 투표지가 발견된 때에는 그 사실을 개표상황표에 기재하고 해당 선거의 투표수로 집계하여야 한다. 이 경우 그 투표지는 별도로 관리하여야 한다(규칙§132②).

임기만료에 의한 지방자치단체의 의회의원 및 장의 선거를 동시에 실시하는 경우 개표진행 및 결과공표는 법 제178조(개표의 진행) 제1항·제3항에도 불구하고 읍·면·동을 단위로 할 수 있다(법§216②). 읍·면·동단위로 개표하는 때에는 해당 선거와 동시에 실시하는 보궐선거등 또는 다른 법률에 따른 선거의 경우에도 읍·면·동을 단위로 개표하여야 하며, 후보자별 득표수는 구·시·군선거관리위원회 위원장(법 제173조(개표소) 제2항에 따라 2개 이상의 개표소를 두는 경우에는 해당 선거의 개표사무를 관장하는 부위원장 또는 위원장이 지명하는 위원을 말한다)이 읍·면·동별로 집계·작성된 개표상황표에 따라 공표한다(규칙§133⑧).

마. 개표참관

(1) 의의

(가) 의의

구·시·군선거관리위원회는 개표참관인으로 하여금 개표소 안에서 개표상황을 참관하게 하여야 한다(법§181①).

(나) 개표참관인의 신분보장

개표참관인은 해당 신분을 취득한 때부터 개표종료시까지 사형·무기 또는 장기 3년 이상의 징역이나 금고에 해당하는 죄를 범하였거나 법 제230조(매수 및 이해유도죄)부터 제235조(방송·신문 등의 불법이용을 위한 매수죄)까지 및 제237조(선거의 자유방해죄)부터 제259조(선거범죄선동죄)까지의 죄를 범한 경우를 제외하고는 현행범인이 아니면 체포 또는 구속되지 아니하며, 병역소집의 유예를 받는다(법§11③).

(2) 개표참관인의 신청 및 선정

(가) 개표참관인의 신청

개표참관인은 구·시·군선거관리위원회의 관할구역 안에서 실시되는 선거에 후보자를 추천하는 정당은 6인을, 무소속후보자는 3인을 선정하여 선거일 전 2일까지 당해 구·시·군선거관리위원회에 서면으로 신고하여 참관하게 하되, 신고 후 언제든지 교체할 수 있으며 개표일에는 개표소에서 교체신고를 할 수 있다(법§181②). 법 제173조(개표소) 제2항에 따라 개표소를 2개소 이상 설치하는 때에는 개표소마다 후보자를 추천한 해당 정당은 6명, 해당 무소속후보자는 3명의 개표참관인을 선정·신고할 수 있으며, 국회의원선거에 있어서 2개 이상의 국회의원지역구를 관할하는 구·시·군선거관리위원회가 하나의 개표소를 설치하는 때에는 후보자를 추천한 정당은 국회의원지역구마다 6명의 개표참관인을 선정·신고할 수 있다(규칙§102①). 법 제181조(개표참관) 제2항에 따른 개표참관인의 신고는 규칙이 정하는 서식[16]에 의한다(규칙§102④).

대한민국 국민이 아닌 사람·미성년자·법 제18조(선거권이 없는 자) 제1항 각 호의 어느 하나에 해당하는 사람·법 제53조(공무원 등의 입후보) 제1항 각 호의 어느 하나에 해당하는 사람은 개표참관인이 될 수 없다(법§181⑪).

(나) 개표참관인의 선정

1) **선정**

개표참관인의 신고가 없거나 한 정당 또는 한 후보자가 선정한 개표참관인밖에 없는 때에는 구·시·군선거관리위원회가 선거권자 중에서 본인의 승낙을 얻어 12인[지역구자치구·시·군의원선거에 있어서는 6인(한 정당이 선정한 개표참관인밖에 없는 때에는 9인)]에 달할 때까지 선정한 자를 개표참관인으로 한다(법§181③).

법 제181조(개표참관) 제3항의 규정에 의하여 구·시·군선거관리위원회가 선정한 개표참관인은 정당한 사유 없이 참관을 거부하거나 그 직을 사임할 수 없다(법§181④). 법 제181조(개표참관) 제3항에 따른 본인승낙은 규칙이 정하는 서식[17]에 의한다(규칙§102④).

구·시·군선거관리위원회는 법 제181조(개표참관) 제2항, 제3항에도 불구하고 개표장소, 선거인수 등을 고려하여 선거권자의 신청을 받아 법 제181조(개표참관) 제2항에 따라 정당 또는 후보자가 신고할 수 있는 개표참관인 수의 100분의 20 이내에서 개표참관인을 선정하여 참관하게 할 수 있다(법§181⑤). 개표참관인이 되고자 하는 선거권자는 중앙선거관리위원회가 정하는 방법으로 자신의 주소지(선거인명부에 적힌 주소지를 말한다)를 관할하는 구·시·군선거관리위원회가 설치하는 개표소에 한정하여 신청하여야 한다(규칙§102②).

2) **제재**

법 제181조(개표참관) 제3항에 따라 선거관리위원회가 선정한 참관인이 정당한 사유 없이 참관을 거부하거나 게을리 한 경우는 100만원 이하의 과태료를 부과한다(법§261⑧1.).

---

16) 규칙 별지 제55호 서식의 (가) 개표참관인신고서
17) 규칙 별지 제55호 서식의 (나) 개표참관인승낙서

(3) 개표참관 방법

개표참관인은 투표구에서 송부된 투표함의 인계·인수절차를 참관하고 투표함의 봉쇄·봉인을 검사하며 그 관리상황을 참관할 수 있다(법§181⑥).

구·시·군선거관리위원회는 개표참관인이 개표내용을 식별할 수 있는 가까운 거리(1미터 이상 2미터 이내)에서 참관할 수 있도록 개표참관인석을 마련하여야 한다(법§181⑦). 구·시·군선거관리위원회는 개표참관인이 개표에 관한 위법사항을 발견하여 그 시정을 요구한 경우에 그 요구가 정당하다고 인정되는 때에는 이를 시정하여야 한다(법§181⑧).

개표참관인은 개표소 안에서 개표상황을 언제든지 순회·감시 또는 촬영할 수 있으며, 당해 구·시·군선거관리위원회 위원장이 개표소안 또는 일반관람인석에 지정한 장소에 전화·컴퓨터 기타의 통신설비를 설치하고, 이를 이용하여 개표상황을 후보자 또는 정당에 통보할 수 있다(법§181⑨).

구·시·군선거관리위원회는 원활한 개표관리를 위하여 필요한 경우에는 개표참관인을 교대하여 참관하게 할 수 있다. 이 경우 정당·후보자별로 참관인수의 2분의 1씩 교대하여 참관하게 하여야 한다(법§181⑩).

개표참관인은 개표참관도중에 개표사무를 방해·지연시키거나 기타 어떠한 방법으로든지 법 및 규칙에 의하지 아니한 방법으로 개표의 진행에 지장을 주는 행위를 하여서는 아니 되며, 법 제181조(개표참관) 제8항에 따라 개표에 관한 사항의 시정을 요구하는 경우에는 당해 구·시·군선거관리위원회를 통하여서 요구하여야 한다(규칙§102③).

개표참관인은 개표소를 언제든지 순회·감시할 수 있고 선거관리위원회는 개표참관인이 개표에 관한 위법사항을 발견하여 그 시정을 요구한 경우에 그 요구가 정당하다고 인정한 때에는 이를 시정하여야 하지만, 개표를 참관하던 중 부정의 의혹이 있다는 투표지를 들고 이의를 제기하자 당해 선거관리위원회 위원장이 문제가 된 투표지는 선거관리위원회에 제출하고 그 투표지가 나온 투표함은 봉인하여 보존한 다음, 다른 투표함에 대하여 먼저 개표할 것을 지시하였음에도, 이에 따르지 아니하고 그 투표지를 들고 다니다가 이를 은닉하였으며, 그 용지가 나온 투표함을 끌어안고 개표탁자에 엎드려 개표종사자들에게 욕설을 하는 등 행패를 부려 약 8시간 동안 모든 개표가 중단되었는바, 이러한 행위는 그 경위와 방법에 비추어 개표소의 질서유지를 위한 선거관리위원회의 통제를 무시하고 개표소를 교란한 행위에 해당하며, 개표참관인에게 보장된 정당한 권리행사로 인정할 수 없다.[18] 개표소의 질서를 심히 문란하게 한 개표참관인의 강제퇴장 후 일부 참관인의 재입장 하에 개표를 진행한 경우 개표참관권을 박탈하였거나 참관을 배제하였다고 할 수 없다.[19]

---

18) 대구고등법원 1992. 10. 14. 선고 92노553 판결

(4) 개표참관인의 식비

법 제122조의2(선거비용의 보전 등) 제3항 제7호에 따른 개표참관인의 식비는 정부예산의 급식비 단가범위 이내로 한다(규칙§103).

(5) 동시선거의 특례

동시선거에 있어서 개표참관인은 법 제181조(개표참관) 제2항의 규정에 의한 선정 · 신고인원수에 불구하고 후보자를 추천한 정당마다 8인을, 무소속후보자는 2인을 선정 · 신고하여야 한다. 다만, 구 · 시 · 군선거관리위원회는 거소투표 · 선상투표 및 사전투표의 개표를 하는 때에는 정당 또는 후보자가 선정 · 신고한 자 중에서 정당은 4인씩을, 무소속후보자는 1인씩을 참관하게 한다(법§215①).

동시선거에서 법 제173조(개표소) 제2항에 따라 개표소를 2개소 이상 설치하는 때에는 규칙 제102조(개표참관인) 제1항에 따른 선정 · 신고인원수에도 불구하고 개표소마다 후보자를 추천한 해당 정당은 8명, 해당 무소속후보자는 2명의 개표참관인을 선정 · 신고할 수 있다(규칙§132의2).

바. 개표관람

(1) 개표관람

누구든지 구 · 시 · 군선거관리위원회가 발행하는 관람증을 받아 구획된 장소에서 개표상황을 관람할 수 있다(법§182①). 구 · 시 · 군선거관리위원회는 일반관람인석에 대하여 질서유지에 필요한 설비를 하여야 한다(법§182③).

개표관람증은 규칙이 정하는 양식[20]에 의한다(규칙§104). 관람증의 매수는 개표장소를 참

---

19) 1989. 3. 30. 선고 88수139 판결(투표가 끝난 후 총 투표함 54개 중 53개가 도착되어 적법하게 개표를 시작하였는데, 개표도중에 민주당 참관인이 수성2, 3가 제3투표소에 부정투표사례(대리투표 3명)가 있었다고 주장하면서 그 투표함의 수송을 못하게 하고 민주당의 윤○○후보는 개표중단을 요구하여, 피고가 투표함의 안전을 우려하여 경찰에 지원을 요청하여 위 투표소의 개표함을 개표소에 운반하였던 것이고 이에 야당참관인 등이 농성에 돌입하여 질서가 심히 문란하므로 피고가 장내질서를 회복하기 위하여 경찰을 투입하여 개표장내의 질서를 회복하여 개표를 재개하기에 이르렀는데 그러자 민주당 참관인 수명이 개표함에 걸터앉고 민주당 윤○○후보와 한겨레당의 이○○후보가 개표함을 점거하고 그 소속 정당참관인 및 일부당원까지 이에 합세하여 개표를 방해하므로 피고가 다시 경찰의 지원을 요청하여 개표함에 걸터앉은 윤, 이 후보를 퇴장시키자 야당참관인들이 동조하여 퇴장하였던 것이며 그렇게 하여 남아있는 참관인(주로 민정당 참관인)들만으로 개표를 재개하였던 것이고 개표가 재개된 후에는 일부 야당 참관인 등은 다시 입장하여 참관을 계속한 경우, 피고가 원고측의 개표참관권을 박탈하였거나 야당 참관인들의 참관을 배제하였다고 할 수 없다고 한 사례)

20) 규칙 별지 제56호 양식 개표관람증

작하여 적당한 수로 하되, 후보자별로 균등하게 배부되도록 하여야 한다(법§182②).

(2) 동시선거의 특례

동시선거에 있어서 관람증의 매수는 법 제182조(개표관람) 제2항의 규정에 불구하고 정당별로 균등하게 우선배부한 후 무소속후보자별로 균등하게 배부하되, 후보자마다 1매 이상 배부하여야 한다(법§215②).

사. 개표소의 출입제한과 질서유지

(1) 출입제한

구·시·군선거관리위원회와 그 상급선거관리위원회의 위원·직원, 개표사무원·개표사무협조요원 및 개표참관인을 제외하고는 누구든지 개표소에 들어갈 수 없다. 다만, 관람증을 배부받은 자와 방송·신문·통신의 취재·보도요원이 일반관람인석에 들어가는 경우에는 그러하지 아니하다(법§183①).

선거관리위원회 위원·직원, 개표사무원·개표사무협조요원 및 개표참관인이 개표소를 출입하는 때에는 규칙이 정하는 바에 따라 표지를 달거나 붙여야 하며, 이를 다른 사람에게 양도·양여할 수 없다(법§183②). 법 제182조(개표관람) 제1항의 규정에 의한 개표관람증과 법 제183조(개표소의 출입제한과 질서유지) 제2항의 규정에 의한 개표소에 출입하는 선거관리위원회의 위원·직원, 개표사무원·개표사무협조요원 및 개표참관인의 표지는 늘 잘 보이도록 달아야 하며, 표지의 규격 및 게재사항은 규칙이 정하는 양식[21]에 의한다. 이 경우 선거관리위원회(읍·면·동선거관리위원회를 제외한다) 위원·직원의 표지는 신분증명서 또는 공무원증으로 갈음할 수 있다(규칙§105①). 법 제183조(개표소의 출입제한과 질서유지) 제1항 단서의 규정에 의하여 일반인관람석에 들어가는 취재·보도요원은 관할구·시·군선거관리위원회가 발행하는 출입증을 늘 잘 보이도록 달아야 한다(규칙§105③).

(2) 질서유지

구·시·군선거관리위원회 위원장이나 위원은 개표소의 질서가 심히 문란하여 공정한 개표가 진행될 수 없다고 인정하는 때에는 개표소의 질서유지를 위하여 정복을 한 경찰공무원 또는 경찰관서장에게 원조를 요구할 수 있다(법§183③). 원조요구를 받은 경찰공무원 또는 경찰관서장은 즉시 이에 따라야 한다(법§183④).

원조요구에 의하여 개표소 안으로 들어간 경찰공무원 또는 경찰관서장은 구·시·군선거관리위원회 위원장의 지시를 받아야 하며, 질서가 회복되거나 위원장의 요구가 있는 때에는

---

21) 규칙 별지 제52호 양식 투표소·사전투표소 및 개표소 출입자의 표지

즉시 개표소에서 퇴거하여야 한다(법§183⑤). 법 제183조(개표소의 출입제한과 질서유지) 제3항의 경우를 제외하고는 누구든지 개표소 안에서 무기나 흉기 또는 폭발물을 지닐 수 없다(법§183⑥).

사복한 경찰관은 개표소에 들어갈 수 없고, 따라서 그는 개표소에 정당한 공무집행을 할 수 없는 처지에 있다 할 것이므로, 그에 대하여 장도칼로써 위협하였다 하여도 특수공무집행방해죄가 성립되지 아니한다.[22)]

(3) 벌칙

법 제183조(개표소의 출입제한과 질서유지) 제1항의 규정에 위반하여 개표소에 들어간 자 또는 같은 조 제2항의 규정에 위반하여 표지를 하지 아니하거나 표지 외의 표시물을 달거나 붙이거나 표지를 양도·양여하거나 하게 한 자는 2년 이하의 징역 또는 400만원 이하의 벌금에 처한다(법§256③2.아.).

3. 투표의 효력

가. 무효투표

(1) 일반적인 무효투표

다음의 어느 하나에 해당하는 투표, 즉 ① 정규의 투표용지를 사용하지 아니한 것, ② 어느 란에도 표를 하지 아니한 것, ③ 2란에 걸쳐서 표를 하거나 2 이상의 란에 표를 한 것, ④ 어느 란에 표를 한 것인지 식별할 수 없는 것, ⑤ ㉹표를 하지 아니하고 문자 또는 물형을 기입한 것, ⑥ ㉹표 외에 다른 사항을 기입한 것, ⑦ 선거관리위원회의 기표용구가 아닌 용구로 표를 한 것에 해당하는 투표는 무효로 한다(법§179①).

위 "정규의 투표용지"란 ① 관할구·시·군선거관리위원회가 작성하고 청인을 찍은 후 관할읍·면·동선거관리위원회에 송부하여 해당 투표관리관이 자신의 도장을 찍어 정당한 선거인에게 교부한 투표용지, ② 사전투표관리관이 투표용지 발급기로 시·도선거관리위원회 또는 구·시·군선거관리위원회의 청인이 날인된 투표용지를 인쇄하여 자신의 도장을 찍은 후 정당한 선거인에게 교부한 투표용지, ③ 관할시·도선거관리위원회 또는 구·시·군선거관리위원회가 작성하고 청인과 해당 구·시·군선거관리위원회 위원장 자신의 도장을 찍은 후 정당한 거소투표자 또는 선상투표자에게 발송 또는 전송한 투표용지, ④ 동시선거에서 관할시·도선거관리위원회가 작성하고 청인을 찍은 후 관할구·시·군선거관리위원회를 거

22) 대구고등법원 1980. 7. 31. 선고 79노1053 판결

쳐 관할읍·면·동선거관리위원회에 송부하여 해당 투표관리관이 자신의 도장을 찍어 정당한 선거인에게 교부한 시·도지사선거 및 비례대표시·도의원선거의 투표용지를 말한다(규칙§100①). 위 규정에도 불구하고 투표관리관·사전투표관리관 또는 관할 선거관리위원회 위원장 도장의 날인이 누락되어 있으나 관할선거관리위원회의 청인이 날인되어 있고 투표록 등에 도장의 날인이 누락된 사유가 기재되어 있는 투표용지는 정규의 투표용지로 본다. 이 경우 투표관리관 또는 사전투표관리관 도장의 날인 누락사유가 투표록 등에 기재되어 있지 아니하나 투표용지 교부매수와 투표수와의 대비, 투표록 등에 따라 투표관리관 또는 사전투표관리관이 선거인에게 정당하게 교부한 투표용지로 판명되는 것은 정규의 투표용지로 본다(규칙§100②).

법 제159조(기표방법)의 기표방법에 따른 기표용구가 아니더라도 선거관리위원회측이 그 기표용구를 기표소에 비치하고, 선거인이 그 기표용구를 사용하여 기표절차에 따라 기표한 이상 선거인의 의사를 존중하여 그 기표용구는 법 제179조(무효투표) 제1항 제7호의 '선거관리위원회의 기표용구'로 보아야 한다.[23][24] 투표지의 두 후보자란의 구분선상에 기표되어 있

---

23) 1997. 2. 25. 선고 96우85 판결(1995. 6. 27. 실시된 전국지방동시선거에서의 기표용구가 아닌 1992년도 제14대 대통령선거 당시의 기표용구에 의하여 기표한 사례)

24) 1996. 7. 12. 선고 96우23 판결도 같은 취지 ; 위 판결은 또한, '구 공직선거및선거부정방지법(1995. 5. 10. 법률 제4949호로 개정된 것) 제179조(무효투표) 제1호 소정의 '정규의 투표용지'라 함은 원칙적으로 관할 구·시·군선거관리위원회가 같은 법 제150조(투표용지의 정당·후보자의 게재순위 등)의 규정에 따른 내용과 제151조(투표용지와 투표함의 작성) 제1항, 제7항의 규격에 따라 작성하여 구·시·군선거관리위원회의 청인을 날인하고, 정당대리인의 가인(같은 법 제211조(투표용지·투표안내문 등에 관한 특례) 제4항, 공직선거관리규칙 제126조(투표용지의 작성) 제7항에 의하여 동시선거의 경우에는 정당대리인 가인란을 작성치 아니하게 되어 있으므로 1995. 6. 27. 전국지방동시선거에 있어서는 정당대리인의 가인은 필요하지 않다.) 후 관할 투표구선거관리위원회에 송부하여 투표구선거관리위원회에서 보관하였다가 투표개시시각 전까지 정당추천위원이 가인을 한 후 당해 투표구선거관리위원회 위원장이 사인을 날인하여 정당한 선거인에게 교부한 투표용지를 말한다.'라고 하면서, '위 공직선거및선거부정방지법상의 투표용지 작성에 직접적인 관계 규정만에 의하면 투표구선거관리위원회 위원장의 사인이 날인되지 않은 투표용지는 원칙적으로 정규의 투표용지라고 볼 수 없을 것처럼 보이나, 한편 같은 법 제180조(투표의 효력에 관한 이의에 대한 결정) 제2항은 "투표의 효력을 결정함에 있어서는 선거인의 의사가 존중되어야 한다."라고 규정하고 있으므로, 투표구선거관리위원회 위원장의 사인 날인이 누락된 투표용지라 하더라도 다른 자료에 의하여 그 투표용지가 투표구선거관리위원회에서 교부되었고 선거인이 적법한 투표절차에 의하여 투표한 것이 분명히 확인된 경우에는 선거인의 의사를 존중하는 측면에서 이해한다면 유효로 처리함이 상당하다. 구 공직선거관리규칙(1995. 12. 30. 중앙선거관리위원회규칙 제129호로 개정되기 전의 것) 제100조(정규의 투표용지 등) 제1항 단서는 바로 이와 같은 경우에 같은 법의 형식적 요건을 중시할 것이냐 아니면 선거인의 실질적인 의사를 존중할 것이냐에 관한 같은 법의 해석·적용의 기준을 제시함으로써 같은 법 제179조(무효투표) 제1항 소정의 정규의 투표용지 개념을 같은 법의 각 규정취지에 저촉되지 않는 한도 내에서 명확히 규정한 것이라고 할 것이므로, 이 규정이 관계 법령의 규정에 배치된다거나, 합리성이나 타당성을 결여한 규정이라고 볼 수 없다.'고 하였고, '위 규칙 제100조(정규의 투표용지 등) 제1항에 의하면, 투표구선거관리위원회 위원장의 사인 날인이 누락된 투표용지라도 투표록에 그 사유가 기재되어 있거나, 그 사인 날인의 누락사유가 투표록에 기재되어 있지 아니하더라도 구·시·군선거관리위원회의 청인, 정당대리인의 가인, 정당추천위원의 가인 등이 정당하게 되어 있는 경우에는 다른 무효사유가 없는 한 이를 정규의 투표용지로 보

어 어느 난에 표를 한 것인지 육안으로 보아서는 쉽게 알 수 없는 투표는 법 제179조(무효투표) 제1항 제4호에 따라 무효로 처리함이 마땅하다.[25] 투표지 좌측 상단에 숫자 91이 기입된 경우, 개표종사원이 숫자 91을 기입해 넣었다고 추정할 만한 아무런 자료도 없으므로 일응 투표자가 기입한 것으로 추정할 수밖에 없다할 것이어서 무효로 처리하여야 한다.[26] 지역선거구는 법으로 그 관할구역이 정하여져 있고, 법이 당해 지역구에 주민등록이 된 선거권자에게 선거인 자격을 부여하도록 하고 있는 취지에 비추어 보면, 다른 지역구에 주거를 가지고 있는 선거권자가 특정인을 당선시키기 위하여 오로지 투표권을 얻을 목적으로 형식적으로 주민등록만을 옮김으로써 선거인명부에 등재된 것이 명백한 경우에는 이는 사위의 방법으로 선거인명부에 등재하게 한 경우에 해당하여 위법이라고 보아야 할 것이고, 그의 투표권은 부정되어야 하고 그가 투표를 한 경우에는 이를 무효로 보아야 한다.[27] 2개의 기표란의 각 구분선상의 기표로서 그 형태와 위치로 볼 때 어느 후보의 기표란에 치우쳐 있는지가 육안으로 식별되지 아니하여 법 제179조(무효투표) 제1항 제4호에 해당하여 무효표임에도 개표시 이를 유효표로 집계한 것은 위법하다.[28] 기표란에 나타난 표시 부분이 어떠한 형태의 원형의 일부인지를 확인할 수 없을 정도여서 그로서 전체의 형태와 아울러 그것이 선거관리위원회의 기표용구에 의한 것임을 확인하기가 불가능하고, 따라서 선거인이 투표의 의사를 가지고 선거관리위원회의 기표용구에 의하여 날인한 것으로 인정할 수 없다면 그것은 무효로 판단한다.[29] 사퇴한 자에게 기표한 것은 무효로 처리한다.[30] 새마을금고의 임원선거에서 왼쪽으로 오른쪽으로 '입후보 부분', '기호', '성명', '기표란' 등 4개의 란으로 나누어진 투표지 중 '기표란'이 아니라 별도의 구분 없이 가운데 부분에 '이사장'이라는 글자만이 기재되

아야 하고, 한편 위 법 제157조(투표용지수령 및 기표절차) 제2항 및 위 규칙 제100조(정규의 투표용지 등) 제1항 단서의 규정취지에 비추어 보면, 투표구선거관리위원회 위원장 사인 날인과 정당추천위원의 가인(이 사건 전국지방동시선거에 있어서 정당대리인의 가인은 하지 않게 되어 있다)이 모두 누락된 투표용지의 경우에는 비록 투표구선거관리위원회 위원장의 사인 날인 누락사유가 투표록에 기재되어 있지 않다고 하더라도 정당추천위원이 가인을 포기하고 그 사유가 투표록에 기재되어 있다면 같은 법 소정의 투표용지 확인을 위한 가인절차를 거친 경우와 같은 효력을 갖는다고 보아야 할 것이므로 그 투표용지에 구·시·군선거관리위원회의 청인이 적법하게 날인되어 있는 이상 이는 정당추천위원의 가인이 되어 있고 투표구선거관리위원회 위원장의 사인 날인이 누락된 투표용지와 동일하게 취급하여 유효로 처리하여야 한다.' 고 판시하였다. : '정규의 투표용지'의 의미에 관하여는 1996. 7. 12. 선고 96우16 판결도 같은 취지 이후 1998. 4. 30. 법률 제5537호로 개정되어 정당추천위원의 투표용지 가인제도는 폐지되었고, 2005. 8. 4. 법률 제7681호로 개정되어 투표구선거관리위원회제도도 폐지되고 투표관리관 제도가 도입되었다.

25) 2000. 10. 6. 선고 2000수63 판결
26) 서울고등법원 2000. 2. 11. 선고 98수76 판결
27) 2000. 10. 6. 선고 2000수70 판결, 1989. 5. 26. 선고 88수122 판결, 1989. 5. 11. 선고 88수61 판결
28) 2004. 11. 12. 선고 2004수16 판결
29) 2019. 4. 5. 선고 2019우5010 판결(대전고등법원 2019. 1. 16. 선고 2018수18 판결), 2000. 10. 24. 선고 2000수25 판결
30) 1963. 10. 14. 중앙선관위 지시

어 있는 '입후보 부분'란의 '이사장' 기재 윗 부분에 기표한 투표지에 대하여, 비록 그 기표의 위치가 특정 입후보자의 기호나 성명란의 높이와 정확히 일치한다 하더라도, 이러한 사정만으로는 위 금고의 임원선거규약에서 유효투표로 구정하고 있는 '기표란 외에 기표된 것으로서 어느 후보자에게 기표한 것인지가 명확한 경우'이거나 '두 후보자란의 구분선상에 기표된 것으로서 어느 후보자에게 기표한 것인지가 명확한 경우'에 해당한다고 볼 수 없어 이는 무효표에 해당한다.[31]

투표구선거관리위원회 위원장의 사인 날인이 누락된 경우로서 그 누락사유가 투표록에 기재되어 있지 아니하더라도 관할구 · 시 · 군선거관리위원회의 청인이 날인되어 있으며 투표록에 기재된 투표용지 교부매수와 투표수와의 대비, 투표용지 작성 · 관리록 및 투표록 등에 의하여 투표구선거관리위원회 위원장이 선거인에게 정당하게 교부한 투표용지로 판단되는 이상 다른 무효사유가 없는 한 선거인의 의사를 존중하여 정규의 투표용지로 보아 유효로 처리하여야 하고, 이는 중앙선거관리위원회가 배포한 것으로 개표관리 및 투표용지의 유 · 무효를 가리는 업무에 종사하는 각급 선거관리위원회 직원 등에 대한 업무처리지침 내지 사무처리준칙에 불과할 뿐 국민이나 법원을 구속하는 효력이 없는 「개표관리요령」에 "정당추천위원의 가인과 투표구위원회 위원장의 사인이 모두 없는 것은 무효(투표구위원회의 확인절차 결여)"라고 기재되어 있다 하더라도 마찬가지이다.[32]

(2) 사전투표 및 거소투표의 무효투표

사전투표 및 거소투표의 경우에는 위 일반적인 무효투표 외에 ① 정규의 회송용 봉투를 사용하지 아니한 것, ② 회송용 봉투가 봉함되지 아니한 것도 무효로 한다(법§179②).

거소투표자의 기표 및 봉함이 투표자 본인의 의사에 따라 직접 행하여졌으나 그 회송용 겉봉투의 봉함 부분에 거소투표자의 사인 대신 당해 투표자들이 요양치료중인 정신병원장의 직인이 날인된 경우의 투표는 무효이다.[33]

(3) 선상투표의 무효투표

선상투표의 경우에는 위 일반적 무효투표 외에 ① 선상투표신고서에 기재된 팩시밀리 번호가 아닌 번호를 이용하여 전송되거나 전송한 팩시밀리 번호를 알 수 없는 것, ② 같은 선거인의 투표지가 2회 이상 수신된 경우 정상적으로 수신된 최초의 투표지 외의 것, ③ 선거인이나 선장 또는 입회인의 서명이 누락된 것(법 제158조의3(선상투표) 제3항 단서에 따라 입회인

---

31) 2006. 2. 10. 선고 2005다58359 판결
32) 1996. 7. 12. 선고 96우16 판결, 1997. 2. 25. 선고 96우85 판결
33) 2000. 10. 6. 선고 2000수63 판결

을 두지 아니한 경우 입회인의 서명이 누락된 것은 제외한다), ④ 표지부분에 후보자의 성명이나 정당의 명칭 또는 그 성명이나 명칭을 유추할 수 있는 내용이 표시된 것도 무효로 한다(법§179③).

(4) 무효로 하는 잠정투표

다음 어느 하나에 해당하는 규칙 제86조(사전투표) 제5항의 잠정투표, 즉 ① 같은 선거에서 한 사람이 2회 이상 투표를 한 경우 해당 선거에서 본인이 한 모든 투표, ② 선거인명부에 올라 있지 아니한 사람이 한 투표는 무효로 한다(규칙§100의2).

(5) 무효로 하지 않는 투표

다음의 어느 하나에 해당하는 투표, 즉 ① ㉥표가 일부분 표시되거나 ㉥표 안이 메워진 것으로서 선거관리위원회의 기표용구를 사용하여 기표를 한 것이 명확한 것, ② 한 후보자(비례대표국회의원선거 및 비례대표지방의회의원선거에 있어서는 정당을 말한다)란에만 2 이상 기표된 것, ③ 후보자란 외에 추가 기표되었으나 추가 기표된 것이 어느 후보자에게도 기표한 것으로 볼 수 없는 것, ④ 기표한 것이 전사된 것으로서 어느 후보자에게 기표한 것인지가 명확한 것, ⑤ 인육으로 오손되거나 훼손되었으나 정규의 투표용지임이 명백하고 어느 후보자에게 기표한 것인지가 명확한 것, ⑥ 거소투표(선상투표를 포함한다)의 경우 공직선거법에 규정된 방법 외에 다른 방법[인장(무인을 제외한다)의 날인 · 성명기재 등 누가 투표한 것인지 알 수 있는 것을 제외한다]으로 표를 하였으나 어느 후보자에게 기표한 것인지가 명확한 것, ⑦ 회송용 봉투에 성명 또는 거소가 기재되거나 사인이 날인된 것, ⑧ 거소투표자 또는 선상투표자가 투표 후 선거일의 투표개시 전에 사망한 경우 그 거소투표 또는 선상투표, ⑨ 사전투표소에서 투표한 선거인이 선거일의 투표개시 전에 사망한 경우 해당 선거인의 투표는 무효로 하지 아니한다(법§179④).

어느 투표용지의 기표가 어느 후보자의 기표란 밖에 표시된 것이라 하더라도 그 기표의 외곽선이 오로지 어느 특정 후보자의 기호란, 정당란, 성명란 또는 기표란 등에만 접선되어 있는 것이라면, 이는 그 접선된 후보자에게 기표한 것이 명확한 것으로서 유효표에 해당한다.[34] 투표지가 거의 절반으로 찢어진 것을 투명 테이프로 접착시킨 경우, 이는 정규의 투표용지로서 개표시 표 점검과정에서 찢어진 것을 개표사무에 있어서의 소정의 내부절차를 거쳐 테이프로 접착한 것으로 인정되므로, 개표과정에서 이를 유효표로 집계한 것은 정당하다.[35]

---

34) 1997. 2. 25. 선고 96우85 판결, 1996. 9. 6. 선고 96우54 판결
35) 2000. 10. 24. 선고 2000수25 판결

(6) 교육감선거에서의 정규의 투표용지에 관한 특칙

자치구·시·군의회의원지역선거구별 투표용지 게재순위가 서로 바뀌어 선거인에게 교부된 투표용지의 경우에도 규칙 제100조(정규의 투표용지 등)에 따른 정규의 투표용지로 본다(교육감선거 관리규칙§4③).

나. 투표의 효력에 관한 이의에 대한 결정

(1) 투표의 효력에 관한 이의에 대한 결정

투표의 효력에 관하여 이의가 있는 때에는 구·시·군선거관리위원회는 재적위원 과반수의 출석과 출석위원 과반수의 의결로 결정한다(법§180①). 투표의 효력을 결정함이 있어서는 선거인의 의사가 존중되어야 한다(법§180②).

투표의 유·무효는 개표의 관리권한이 있는 선거구선거관리위원회가 판정할 사항이므로 개표종사원이 입후보자별로 유효표로 선별하거나 이를 유효표로 확인하였을지라도 선거관리위원회의 판정이 있기 전에는 이를 유효득표로 산정할 수 없다 할 것이며 선거관리위원회의 판정 전에 어느 후보자의 득표가 도난당했다 하더라도 이를 그 후보자의 유효득표로 산정할 수 없다.[36]

(2) 결정 공고

구·시·군선거관리위원회위원장은 투표의 효력에 관한 이의에 대한 결정을 한 때에는 그 때마다 그 내용을 공표하여야 한다(규칙§101).

4. 투표지의 구분, 개표록 등의 작성·보관

가. 투표지의 구분

개표가 끝난 때에는 투표구별로 개표한 투표지를 유효·무효로 구분하고, 유효투표자는 다시 후보자(비례대표국회의원선거 및 비례대표지방의회의원선거에 있어서는 후보자를 추천한 정당을 말한다)별로 구분하여 각각 포장하여 구·시·군선거관리위원회 위원장이 봉인하여야 한다(법§184).

유효표가 무효표가 된다거나 무효표가 유효표가 된다든가 하는 문제는 선거소송에 있어서 가장 중요한 쟁점이 아닐 수 없고 더욱이 선거관리위원회의 처리를 전제로 하고 그 당부를

36) 1959. 11. 4. 선고 4291선106 판결

다투고 있는 선거소송에 있어서 무효표로 처리된 것을 어찌하여 유효표가 된다는 이유를 명시함이 없이 유효표로 판정한다는 것은 소송의 중요한 쟁점에 대하여 심리판단을 하지 않은 것과 같은 결과를 초래한다.[37)]

나. 개표록·집계록 및 선거록의 작성

(1) 개표록

구·시·군선거관리위원회는 개표결과를 즉시 공표하고 개표록을 작성하여 관할선거구선거관리위원회(대통령선거 및 비례대표국회의원선거에 있어서는 시·도선거관리위원회)에 송부하여야 한다(법§185①).

법 제173조(개표소) 제2항의 규정에 의하여 개표소를 2개소 이상 설치하여 개표하는 때의 개표록은 개표소마다 각각 작성하되, 구·시·군선거관리위원회 부위원장 또는 구·시·군선거관리위원회 위원장이 지명하는 위원은 자신이 관장하는 개표소에서 개표한 투표지·투표함·투표록 기타 선거에 관한 모든 서류를 관할구·시·군선거관리위원회 위원장에게 인계하여야 한다(규칙§106①).

(2) 선거록

법 제185조(개표록·집계록 및 선거록의 작성) 제1항의 개표록을 송부받은 관할선거구선거관리위원회는 지체 없이 후보자(비례대표지방의회의원선거에 있어서는 정당을 말한다)별 득표수를 계산·공표하고 선거록을 작성하여야 한다(법§185②).

중앙선거관리위원회가 법 제185조(개표록·집계록 및 선거록의 작성) 제3항의 집계록을 송부받은 때에는 대통령선거에 있어서는 후보자별 득표수를, 비례대표국회의원선거에 있어서는 정당별 득표수를 계산·공표하고, 선거록을 작성하여야 한다(법§185④).

(3) 집계록

시·도선거관리위원회가 법 제185조(개표록·집계록 및 선거록의 작성) 제1항의 개표록을 송부받은 때에는 대통령선거에 있어서는 후보자별 득표수를, 비례대표국회의원선거에 있어서는 정당별 득표수를 계산·공표하고 집계록을 작성하여 중앙선거관리위원회에 송부하여야 한다(법§185③).

(4) 개표록 등의 서명·날인 등

개표록·집계록 및 선거록에는 위원장과 출석하는 위원 전원이 기명하고 서명 또는 날인

37) 1979. 4. 24. 선고 78수1 판결

하여야 한다. 다만, 정당한 사유 없이 서명 또는 날인을 거부하는 위원이 있는 때에는 그 권한을 포기한 것으로 보고, 개표록·집계록 및 선거록에 그 사유를 기재한다(법§185⑤).

법 제185조(개표록·집계록 및 선거록의 작성)의 규정에 의한 개표록·집계록 및 선거록의 작성과 상급선거관리위원회의 보고 또는 송부는 전산조직에 의할 수 있으며, 그 표준서식은 규칙이 정하는 서식[38]에 의한다(규칙§106②).

(5) 동시선거의 특례

동시선거에 있어 투표록 및 개표록은 선거의 구분 없이 하나의 투표록 및 개표록으로 각각 작성할 수 있다(법§217). 동시선거에 있어서 투표록·개표록 또는 선거록의 표준서식은 각각 규칙이 정하는 서식[39]에 의한다(규칙§134).

다. 개표록·집계록 및 선거록의 보관

(1) 보관

구·시·군선거관리위원회는 투표지·투표함·투표록·개표록·선거록 기타 선거에 관한 모든 서류를, 시·도선거관리위원회는 집계록 및 선거록 기타 선거에 관한 모든 서류를, 중앙선거관리위원회는 선거록 기타 선거에 관한 모든 서류를 그 당선인의 임기 중 각각 보관하여야 한다. 다만, 법 제219조(선거소청)·제222조(선거소송)·제223조(당선소송)의 규정에 의한 선거에 관한 쟁송이 제기되지 아니하거나 계속되지 아니하게 된 때에는 규칙이 정하는 바에 따라 그 보존기간을 단축할 수 있다(법§186).

선거종료 후 투표함 보관의 잘못은 선거집행과 직접 관련성 있음을 인정할 수 없는 이상, 선거에 관한 소송의 자료로 할 수 없다.[40] 선거관리위원회가 투표함·투표지 등 선거관계서류를 법 규정에 맞추어 보관하여야 할 의무가 있음은 당연하나, 증거에 의하여 선거관리위원회가 부정개표결과에 맞추어 투표관계서류를 사후에 조작하였다고 인정할 수 없다면, 개표종료 후 그 선거관계서류를 잘못 보관하였다는 하자는 선거결과에 영향이 없다.[41] 국민투표 및 선거관계서류를 보관하고 있는 투표함의 개함여부와 개함 시 선거관리위원회 위원 및 직원 이외의 외부인의 참관을 허용할 것인지의 여부는 내용물 확인 필요성, 참관요구의 타

---

38) 규칙 별지 제57호 서식의 (가) 개표록, 제57호 서식의 (나) 선거록, 제57호 서식의 (다) 개표 및 선거록, 제57호 서식의 (라) 집계록, 제57호 서식의 (마) 년월일 실시 (대통령)·(시·도지사)선거 선거록, 제57호 서식의 (바) 년월일 실시 비례대표전국선거구국회의원선거 선거록, 제57호 서식의 (사) 년월일 실시 비례대표○○시·도의회의원선거 선거록, 제57호 서식의 (아) 년월일 실시 비례대표○○구·시 ·군의원선거 선거록

39) 규칙 별지 제53호 서식 투표록, 제57호 서식의 (가) 개표록, 제57호 서식의 (나) 선거록, 제57호 서식의 (다) 개표 및 선거록

40) 1958. 8. 30. 선고 4291선35 판결

41) 1989. 3. 14. 선고 88수252 판결

당성, 개함시의 질서유지 등 현지실정을 고려하여 당해 선거관리위원회의 책임하에 결정 · 시행하여야 할 것이며, 개함하는 때에는 그 경위 및 상황을 정확히 기록하고 재봉인에 철저를 기하여야 한다.[42)]

(2) 보존기간의 단축

법 제186조(투표지 · 개표록 및 선거록 등의 보관) 단서에 따라 다음 각 호의 선거 관계서류는 법 제219조(선거소청)에 따른 선거소청이나 법 제222조(선거소송) 또는 법 제223조(당선소송)에 따른 선거에 관한 소송이 제기되지 아니한 때에는 그 제기기한 만료일로부터 1월 이후에, 선거에 관한 쟁송이 종료된 때에는 그 확정판결 또는 결정의 통지를 받은 날로부터 1월 이후에 해당 구 · 시 · 군선거관리위원회의 결정에 의하여 폐기할 수 있다. 다만, 제5호의2의 통합선거인명부는 중앙선거관리위원회의 결정으로 폐기할 수 있다(규칙§107).

1. 투표지
2. 잔여투표용지
3. 절취된 일련번호지
4. 법 제37조(명부작성) 제4항에 따라 송부된 선거인명부의 전산자료 복사본과 법 제38조 제6항에 따라 송부된 거소 · 선상투표신고인명부 및 전산잔료 복사본
5. 규칙 제16조(명부확정상황의 통보 등) 제1항 후단에 따라 송부된 전산자료 복사본, 같은 조 제2항에 따라 송부된 거소 · 선상투표신고인면부 및 신고서

5의2. 규칙 제16조의2(통합선거인명부의 작성 등)에 따른 통합선거인명부 및 선거인명부

6. 반송된 선거공보 및 투표안내문
7. 반송되거나 법 제156조(투표의 제한) 제3항 제3호에 따라 반납된 거소투표용지(그 봉투를 포함한다) 및 법 제158조의3(선상투표) 제13항에 따라 반납된 선상투표용지
8. 접수마감시각 후 도착된 사전투표 · 거소투표 및 선상투표
9. 사전투표 · 거소투표 및 선상투표 회송용 봉투

42) 1985. 5. 10. 중앙선관위 질의회답

제18편 당선인

1. 대통령당선인의 결정·공고·통지

가. 당선인 결정·공고·통지

대통령선거에 있어서는 중앙선거관리위원회가 유효투표의 다수를 얻은 자를 당선인으로 결정하고, 이를 국회의장에게 통지하여야 한다. 다만, 후보자가 1인인 때에는 그 득표수가 선거권자총수의 3분의 1 이상에 달하여야 당선인으로 결정된다(법§187①). 최고득표자가 2인 이상인 때에는 중앙선거관리위원회의 통지에 의하여 국회는 재적의원 과반수가 출석한 공개회의에서 다수표를 얻은 자를 당선인으로 결정한다(법§187②).[1]

법 제187조(대통령당선인의 결정·공고·통지) 제1항의 규정에 의하여 당선인이 결정된 때에는 중앙선거관리위원회위원장이, 제2항의 규정에 의하여 당선인이 결정된 때에는 국회의장이 이를 공고하고, 지체 없이 당선인에게 당선증을 교부하여야 한다(법§187③). 당선인으로 결정된 자에게 교부하는 당선증은 규칙이 정하는 서식[2]에 의한다(규칙§108).

나. 개표를 모두 마치지 못한 경우의 당선인 결정

천재·지변 기타 부득이한 사유로 인하여 개표를 모두 마치지 못하였다 하더라도 개표를 마치지 못한 지역의 투표가 선거의 결과에 영향을 미칠 염려가 없다고 인정되는 때에는 중앙선거관리위원회는 우선 당선인을 결정할 수 있다(법§187④).

투표종료 후 당선인 결정전까지의 사이에 유효투표의 다수를 얻은 후보자가 사퇴하거나 사망한 경우 현행법상 차순위 득표자를 당선인으로 결정할 수 있는 규정이 없고 재선거 사

---

1) 「헌법」 제67조 ① 대통령은 국민의 보통·평등·직접·비밀선거에 의하여 선출한다.
② 제1항의 선거에 있어서 최고득표자가 2인 이상인 때에는 국회의 재적의원 과반수가 출석한 공개회의에서 다수표를 얻은 자를 당선인으로 한다.
③ 대통령후보자가 1인일 때에는 그 득표수가 선거권자 총수의 3분의 1 이상이 아니면 대통령으로 당선될 수 없다.

2) 규칙 별지 제58호 서식 당선증

유의 당선인이 없는 경우에 해당한다.[3)]

2. 지역구국회의원당선인의 결정·공고·통지

가. 당선인의 결정

(1) 다수 득표자

지역구국회의원선거에 있어서는 선거구선거관리위원회가 당해 국회의원지역구에서 유효투표의 다수를 얻은 자를 당선인으로 결정한다.[4)] 다만, 최고득표자가 2인 이상인 때에는 연장자를 낭선인으로 결정한다(법§188①).

(2) 후보자가 1인인 경우

후보자등록마감시각에 지역구국회의원후보자가 1인이거나 후보자등록마감후 선거일 투표개시시각전까지 지역구국회의원후보자가 사퇴·사망하거나 등록이 무효로 되어 지역구국회의원후보자수가 1인이 된 때에는 지역구국회의원후보자에 대한 투표를 실시하지 아니하고, 선거일에 그 후보자를 당선인으로 결정한다(법§188②).

---

3) 1992. 10. 28. 중앙선관위 질의회답

4) 헌법재판소는, 유효투표의 다수를 얻은 자를 당선인으로 결정하도록 한 법 제188조(지역구국회의원당선인의 결정·공고·통지) 제1항 본문과 관련하여, '「헌법」 제41조 제1항에 의한 선거원칙은 보통·평등·직접·비밀·자유선거인데, 공직선거법 제188조(지역구국회의원당선인의 결정·공고·통지)의 규정처럼 유효투표의 다수를 얻은 자를 당선인으로 결정하도록 하는 것이 헌법에서 선언된 위와 같은 선거원칙에 위반된다고 할 근거는 찾아볼 수 없다. 선거의 대표성 확보는 모든 선거권자들에게 차등 없이 투표참여의 기회를 부여하고, 그 투표에 참여한 선거권자들의 표를 동등한 가치로 평가하여 유효투표 중 다수의 득표를 얻은 자를 당선인으로 결정하는 현행 방식에 의해 충분히 구현된다고 해야 하는 것이다. 그리고 차등 없이 투표참여의 기회를 부여했음에도 불구하고 자발적으로 투표에 참가하지 않은 선거권자들의 의사도 존중해야 할 필요가 있다. 따라서 유효투표의 다수를 얻은 후보자를 당선으로 결정하게 한 공직선거법의 규정도 선거의 대표성의 본질이나 국민주권 원리를 침해하는 것이 아니다.'라고 판시하였고(2003. 11. 27. 선고 2003헌마259·250(병합) 전원재판부 결정), '소선거구 다수대표제는 다수의 사표가 발생할 수 있다는 문제점이 제기됨에도 불구하고 정치의 책임성과 안정성을 강화하고 인물 검증을 통해 당선자를 선출하는 등 장점을 가지며, 선거의 대표성이나 평등선거의 원칙 측면에서도 다른 선거제도와 비교하여 반드시 열등하다고 단정할 수 없다. 또한 비례대표선거를 통하여 소선거구 다수대표제를 채택함에 따라 발생하는 정당의 득표비율과 의석비율간의 차이를 보완하고 있다. 그리고 유권자들의 후보들에 대한 각기 다른 지지는 자연스러운 것이고, 선거제도상 모든 후보자들을 당선시키는 것은 불가능하므로 사표의 발생은 불가피한 측면이 있다. 이러한 점들을 고려하면, 선거권자들에게 성별, 재산 등에 의한 제한 없이 모두 투표참여의 기회를 부여하고(보통선거), 선거권자 1인의 투표를 1표로 계산하며(평등선거), 선거결과가 선거권자에 의해 직접 결정되고(직접선거), 투표의 비밀이 보장되며(비밀선거), 자유로운 투표를 보장함으로써(자유선거) 헌법상의 선거원칙은 모두 구현되는 것이므로, 이에 더하여 국회의원선거에서 사표를 줄이기 위해 소선거구 다수대표제를 배제하고 다른 선거제도를 채택할 것까지 요구할 수는 없다. 따라서 심판대상조항이 평등권과 선거권을 침해한다고 할 수 없다.'고 판시하였다(2016. 5. 26. 선고 2012헌마374 결정).

선거일의 투표개시시각부터 투표마감시각까지 지역구국회의원후보자가 사퇴·사망하거나 등록이 무효로 되어 지역구국회의원후보자수가 1인이 된 때에는 나머지 투표는 실시하지 아니하고 그 후보자를 당선인으로 결정한다(법§188③).

(3) 후보자가 사퇴·사망하거나 등록이 무효가 된 경우

선거일의 투표마감시각 후 당선인결정전까지 지역구국회의원후보자가 사퇴·사망하거나 등록이 무효로 된 경우에는 개표결과 유효투표의 다수를 얻은 자를 당선인으로 결정하되, 사퇴·사망하거나 등록이 무효로 된 자가 유효투표의 다수를 얻은 때에는 그 국회의원지역구는 당선인이 없는 것으로 한다(법§188④).

(4) 개표를 모두 마치지 못한 경우

천재·지변 기타 부득이한 사유로 인하여 개표를 모두 마치지 못하였다 하더라도 개표를 마치지 못한 지역의 투표가 선거의 결과에 영향을 미칠 염려가 없다고 인정되는 때에는 중앙선거관리위원회는 우선 당선인을 결정할 수 있다(법§188⑦, §187④).

풍랑으로 인하여 투표구의 일부인 도서에 거주하는 선거인이 투표하지 못한 경우에 있어 투표하지 못한 선거인수가 당선자와 차점자의 득표수보다 더 많을 때는 재투표사유에 해당하는 것인바, 당해 투표구에 대한 재투표를 시행하지 아니하고 당선인을 결정한 것은 위법이므로 당해 투표구의 선거는 무효이다.[5]

나. 공고 및 보고·통지

(1) 투표를 실시하지 아니하는 경우

(가) 공고, 상·하급선거관리위원회에의 보고 및 통지

법 제188조(지역구국회의원당선인의 결정·공고·통지) 제2항 및 제3항의 규정에 의하여 투표를 실시하지 아니하는 때에는 당해 선거구선거관리위원회는 지체 없이 이를 공고하고 상급선거관리위원회에 보고하여야 하며, 하급선거관리위원회에 통지하여야 한다(법§188⑤).

(나) 거소·선상투표선거인에의 통지

구·시·군선거관리위원회는 법 제188조(지역구국회의원당선인의 결정·공고·통지) 제2항에 따라 후보자등록마감시각에 지역구국회의원선거에서 후보자가 해당 선거구에서 선거할 정수를 넘지 아니하게 된 때에는 그 사실을 규칙이 정하는 서식[6]에 따라 선거일 전 10일까지 거

5) 1960. 12. 13. 선고 4293선38 판결
6) 규칙 별지 제59호 서식의 (가) 무투표용지

소 · 선상투표신고인명부에 올라 있는 선거인에게 통지하여야 한다(규칙§109①).

(다) 투표미실시 사유 게시

읍 · 면 · 동선거관리위원회는 법 제188조(지역구국회의원당선인의 결정 · 공고 · 통지) 제3항에 따라 선거일의 투표개시시각부터 투표마감시각까지 투표를 실시하지 아니할 사유가 발생된 때에는 규칙이 정하는 서식[7]에 의하여 선거당일에 그 사실을 투표소의 입구에 게시하여야 한다(규칙§109②).

(2) 당선인이 없는 경우

법 제188조(지역구국회의원당선인의 결정 · 공고 · 통지) 제4항에 따라 해당 선거구의 당선인이 없거나 그 의원정수에 미달하게 된 때에는 관할선거구선거관리위원회는 그 사실을 공고하고, 상급위원회에 보고하여야 하며, 해당 선거구의 모든 후보자와 하급선거관리위원회에 통지하여야 한다(규칙§109③).

(3) 당선인이 결정된 경우

법 제188조(지역구국회의원당선인의 결정 · 공고 · 통지) 제1항 내지 제4항의 규정에 의하여 국회의원지역구의 당선인이 결정된 때에는 당해 선거구선거관리위원회 위원장은 이를 공고하고 지체 없이 당선인에게 당선증을 교부하여야 하며, 상급선거관리위원회에 보고하여야 한다(법§188⑥).

3. 비례대표국회의원의석의 배분과 당선인의 결정 · 공고 · 통지

가. 비례대표국회의원의석 배분

(1) 의석할당정당

중앙선거관리위원회는 다음 각 호의 어느 하나에 해당하는 정당(이하 "의석할당정당"이라 한다)에 대하여 비례대표국회의원의석을 배분한다(법§189①).[8]

---

7) 규칙 별지 제59호 서식의 (나) 무투표실시안내

8) 이른바 저지조항(유효투표총수의 3% 이상을 득표한 정당이나 지역구국회의원선거에서 5석 이상의 의석을 차지한 정당에 대해서만 비례대표국회의원의석을 배분하는 것 : 독일은 5% 이상을 득표하거나 3선거구에서 1석 이상을 획득한 정당에 비례대표의석을 배분)과 관련하여, 독일헌법재판소는 '평등선거의 원칙은 투표의 성과가치에 대하여 일체의 차별을 배제하거나 모든 정당에 대하여 아무런 구별 없이 취급하는 것을 의미하지는 않는다. 일반적인 법적확신에 의하면 5%의 정족수가 의회에서 정당의 분열을 막고 선거의 통합적 기능을 보지하기 위하여 필요한 바이므로 이른바 파편정당을 헌법생활의 교란을 방지하기 위하여 의석배분에서 제외하는 것은 허용된다. 따라서 1956년 연방선거법 제26조 제4항에서 주명부에 의석을 배분

1. 임기만료에 따른 비례대표국회의원선거에서 전국 유효투표총수의 100분의 3 이상을 득표한 정당
2. 임기만료에 따른 지역구국회의원선거에서 5석 이상의 의석을 차지한 정당

(2) 배분 방법

비례대표국회의원의석은 다음 각 호에 따라 각 의석할당정당에 배분한다(법§189②).[9)]

1. 각 의석할당정당에 배분할 의석수(이하 "연동배분의석수"라 한다)는 다음 계산식에 따른 값을 소수점 첫째자리에서 반올림하여 산정한다. 이 경우 연동배분의석수가 1보다 작은 경우 연동배분의석수는 0으로 한다.

할 때에는 선거구 내에서 행하여진 유효투표의 최소한 5%를 득표한 정당이나 3선거구에서 1석을 획득한 정당만이 이에 해당한다는 규정은 기본법 제38조 제1항의 선거원칙에 반하지 아니한다.'고 판시하였다(독일헌법재판소 1957. 1. 23.).

9) 국회는 2020. 1. 14. 공직선거법을 법률 제16864호로 개정하면서, 그 부칙 제4조에 2020. 4. 15. 실시하는 된 제21대 국회의원선거에서만 적용되는 비례대표국회의원의석의 배분에 관한 특례규정을 두었다.
부칙 제4조(비례대표국회의원의석의 배분에 관한 특례)
① 2020. 4. 15. 실시하는 비례대표국회의원선거에서는 법 제189조 제2항의 개정규정에도 불구하고 비례대표국회의원 의석정수를 다음 각 호에 따라 의석할당정당에 배분한다.
1. 30석
가. 다음 계산식에 따른 값을 소수점 첫째자리에서 반올림하여 연동배분의석수를 산정하되, 연동배분의석수가 1보다 작은 경우 연동배분의석수는 0으로 한다.

연동배분의석수 = [(국회의원정수 − 의석할당정당이 추천하지 않은 지역구국회의원당선인수) × 해당 정당의 비례대표국회의원선거 득표비율 − 해당 정당의 지역구국회의원당선인수] ÷ 2

나. 가목에 따른 각 정당별 연동배분의석수의 합계가 30석에 미달할 경우 각 의석할당정당에 배분할 잔여의석수(이하 "잔여배분의석수"라 한다)는 다음 계산식에 따라 산정한다. 이 경우 정수의 의석을 먼저 배정하고 잔여의석은 소수점 이하 수가 큰 순으로 각 의석할당정당에 1석씩 배분하되, 그 수가 같은 때에는 해당 정당 사이의 추첨에 따른다.

잔여배분의석수 = (30 − 각 연동배분의석수의 합계) × 비례대표국회의원선거 득표비율

다. 가목에 따른 각 정당별 연동배분의석수의 합계가 30석을 초과하는 경우에는 가목 및 나목에도 불구하고 다음 계산식에 따라 산출된 수(이하 "조정의석수"라 한다)를 각 연동배분의석 할당정당의 의석으로 산정한다. 이 경우 산출방식에 관하여는 나목 후단을 준용한다.

조정의석수 = 30 × 연동배분의석수 ÷ 각 연동배분의석수의 합계

2. 비례대표국회의원 의석정수에서 30석을 뺀 수 : 각 의석할당정당의 비례대표국회의원선거 득표비율에 비례대표국회의원 의석정수에서 30석을 뺀 수를 곱하여 산출된 수의 정수의 의석을 해당 정당에 먼저 배분하고 잔여의석은 소수점 이하 수가 큰 순으로 각 정당에 1석씩 배분하되, 그 수가 같은 때에는 해당 정당 사이의 추첨에 따른다.

② 2020년 4월 15일 실시하는 비례대표국회의원선거에서 제189조 제6항, 제194조 제4항, 제197조 제7항의 개정 규정에 따라 의석을 배분하는 경우에는 제189조 제1항부터 제3항까지의 개정규정에도 불구하고 제1항에 따라 비례대표국회의원의석을 배분한다.

연동배분의석수 = [(국회의원정수 − 의석할당정당이 추천하지 않은 지역구국회의원당선인수) × 해당 정당의 비례대표국회의원선거 득표비율 − 해당 정당의 지역구국회의원당선인수] ÷ 2

2. 제1호에 따른 각 정당별 연동배분의석수의 합계가 비례대표국회의원 의석정수에 미달할 경우 각 의석할당정당에 배분할 잔여의석수(이하 "잔여배분의석수"라 한다)는 다음 계산식에 따라 산정한다. 이 경우 정수의 의석을 먼저 배정하고 잔여의석은 소수점 이하 수가 큰 순으로 각 의석할당정당에 1석씩 배분하되, 그 수가 같은 때에는 해당 정당 사이의 추첨에 따른다.

잔여배분의석수 = (비례대표국회의원 의석정수 − 각 연동배분의석수의 합계) × 비례대표국회의원선거 득표비율

3. 제1호에 따른 각 정당별 연동배분의석수의 합계가 비례대표국회의원 의석정수를 초과할 경우에는 제1호 및 제2호에도 불구하고 다음 계산식에 따라 산출된 수(이하 "조정의석수"라 한다)를 각 연동배분의석할당정당의 의석으로 산정한다. 이 경우 산출방식에 관하여는 제2호 후단을 적용한다.

조정의석수 = 비례대표국회의원 의석정수 × 연동배분의석수 ÷ 각 연동배분의석수의 합계

비례대표국회의원선거 득표비율은 각 의석할당정당의 득표수를 모든 의석할당정당의 득표수의 합계로 나누어 산출한다(법§189③).

나. 당선인 결정

(1) 일반적인 경우

중앙선거관리위원회는 제출된 정당별 비례대표국회의원후보자명부에 기재된 당선인으로 될 순위에 따라 정당에 배분된 비례대표국회의원의 당선인을 결정한다(법§189④). 정당에 배분된 비례대표국회의원의석수가 그 정당이 추천한 비례대표국회의원후보자수를 넘는 때에는 그 넘는 의석은 공석으로 한다(법§189⑤).

중앙선거관리위원회는 비례대표국회의원선거에 있어서 법 제198조(천재·지변 등으로 인한 재투표)의 규정에 의한 재투표 사유가 발생한 경우에는 그 투표구의 선거인수를 전국선거인수로 나눈 수에 비례대표국회의원 의석정수를 곱하여 얻은 수의 정수(1미만의 단수는 1로 본다)를 비례대표국회의원 의석정수에서 뺀 다음 법 제189조 제1항부터 제4항까지의 규정에 따라 비례대표국회의원의석을 배분하고 당선인을 결정한다. 다만, 재투표 결과에 따라 의석할당정당이 추가될 것으로 예상되는 경우에는 추가가 예상되는 정당마다 비례대표국회의원 의석정수의 100분의 3에 해당하는 정수(1미만의 단수는 1로 본다)의 의석을 별도로 빼야 한다(법§189⑥).

(2) 개표를 모두 마치지 못한 경우

천재·지변 기타 부득이한 사유로 인하여 개표를 모두 마치지 못하였다 하더라도 개표를 마치지 못한 지역의 투표가 선거의 결과에 영향을 미칠 염려가 없다고 인정되는 때에는 중앙선거관리위원회는 우선 당선인을 결정할 수 있다(법§189⑧, §187④).

다. 공고

비례대표국회의원의 당선인이 결정된 때에는 중앙선거관리위원회 위원장은 그 명단을 공고하고 지체 없이 각 정당에 통지하며, 당선인에게 당선증을 교부하여야 한다(법§189⑦).

4. 지역구지방의회의원당선인의 결정·공고·통지

가. 당선인의 결정

(1) 다수 득표자

지역구시·도의원 및 지역구자치구·시·군의원의 선거에 있어서는 선거구선거관리위원회가 당해 선거구에서 유효투표의 다수를 얻은 자(지역구자치구·시·군의원선거에 있어서는 유효투표의 다수를 얻은 자 순으로 의원정수에 이르는 자를 말한다)를 당선인으로 결정한다. 다만, 최고득표자가 2인 이상인 때에는 연장자순에 의하여 당선인을 결정한다(법§190①).

(2) 후보자가 의원정수를 넘지 아니한 경우

후보자등록마감시각에 후보자가 당해 선거구에서 선거할 의원정수를 넘지 아니하거나 후보자등록마감후 선거일 투표개시시각까지 후보자가 사퇴·사망하거나 등록이 무효로 되어 후보자수가 당해 선거구에서 선거할 의원정수를 넘지 아니하게 된 때에는 투표를 실시하지 아니하고, 선거일에 그 후보자를 당선인으로 결정한다(법§189②).

선거일의 투표개시시각부터 투표마감시각까지 지역구지방의회의원후보자가 사퇴·사망하거나 등록이 무효로 되어 지역구지방의회의원후보자수가 의원정수를 넘지 아니하게 된 때에는 나머지 투표는 실시하지 아니하고 그 후보자를 당선인으로 결정한다(법§190③, §188③).

(3) 후보자가 사퇴·사망하거나 등록이 무효가 된 경우

선거일의 투표마감시각 후 당선인결정전까지 지역구지방의회의원후보자가 사퇴·사망하거나 등록이 무효로 된 경우에는 개표결과 유효투표의 다수를 얻은 자를 당선인으로 결정하되, 사퇴·사망하거나 등록이 무효로 된 자가 유효투표의 다수를 얻은 때에는 그 선거구는 당선인이 없는 것으로 한다(법§190③, §188④).

(4) 개표를 모두 마치지 못한 경우

천재·지변 기타 부득이한 사유로 인하여 개표를 모두 마치지 못하였다 하더라도 개표를 마치지 못한 지역의 투표가 선거의 결과에 영향을 미칠 염려가 없다고 인정되는 때에는 중앙선거관리위원회는 우선 당선인을 결정할 수 있다(법§190③, §187④).

나. 공고 및 보고·통지

(1) 투표를 실시하지 아니하는 경우

(가) 공고, 상·하급선거관리위원회에의 보고 및 통지

법 제190조(지역구지방의회의원당선인의 결정·공고·통지) 제3항에서 준용하는 법 제188조(지역구국회의원당선인의 결정·공고·통지) 제2항 및 제3항의 규정에 의하여 투표를 실시하지 아니하는 때에는 당해 선거구선거관리위원회는 지체 없이 이를 공고하고 상급선거관리위원회에 보고하여야 하며, 하급선거관리위원회에 통지하여야 한다(법§190③, §188⑤).

(나) 거소·선상투표선거인에의 통지

구·시·군선거관리위원회는 법 제190조(지역구지방의회의원당선인의 결정·공고·통지) 제2항에 따라 후보자등록마감시각에 지역구지방의회의원선거에서 후보자가 해당 선거구에서 선거할 정수를 넘지 아니하게 된 때에는 그 사실을 규칙이 정하는 서식[10]에 따라 선거일 전 10일까지 거소·선상투표신고인명부에 올라 있는 선거인에게 통지하여야 한다(규칙§109①).

(다) 투표미실시 사유 게시

읍·면·동선거관리위원회는 법 제190조(지역구지방의회의원당선인의 결정·공고·통지) 제3항에 따라 선거일의 투표개시시각부터 투표마감시각까지 투표를 실시하지 아니할 사유가 발생된 때에는 규칙이 정하는 서식[11]에 의하여 선거당일에 그 사실을 투표소의 입구에 게시하여

10) 규칙 별지 제59호 서식의 (가) 무투표용지
11) 규칙 별지 제59호 서식의 (나) 무투표실시안내

야 한다(규칙§109②).

(2) 당선인이 없는 경우

법 제190조(지역구지방의회의원당선인의 결정 · 공고 · 통지) 제3항에 따라 해당 선거구의 당선인이 없거나 그 의원정수에 미달하게 된 때에는 관할선거구선거관리위원회는 그 사실을 공고하고, 상급위원회에 보고하여야 하며, 해당 선거구의 모든 후보자와 하급선거관리위원회에 통지하여야 한다(규칙§109③).

(3) 당선인이 결정된 경우

선거구의 당선인이 결정된 때에는 당해 선거구선거관리위원회 위원장은 이를 공고하고 지체 없이 당선인에게 당선증을 교부하여야 하며, 상급선거관리위원회에 보고하여야 한다(법§190③, §188⑥).

5. 비례대표지방의회의원 당선인의 결정 · 공고 · 통지

가. 의석 배분 방법

(1) 비례대표지방의회의원선거

비례대표지방의회의원선거에 있어서는 당해 선거구선거관리위원회가 유효투표총수의 100분의 5 이상을 득표한 각 정당(이하 "의석할당정당"이라 한다)에 대하여 당해 선거에서 얻은 득표비율에 비례대표지방의회의원정수를 곱하여 산출된 수의 정수의 의석을 그 정당에 먼저 배분하고 잔여의석은 단수가 큰 순으로 각 의석할당정당에 1석씩 배분하되, 같은 단수가 있는 때에는 그 득표수가 많은 정당에 배분하고 그 득표수가 같은 때에는 당해 정당 사이의 추첨에 의한다. 이 경우 득표비율은 각 의석할당정당의 득표수를 모든 의석할당정당의 득표수의 합계로 나누고 소수점 이하 제5위를 반올림하여 산출한다(법§190의2①).

(2) 비례대표시 · 도의원선거

비례대표시 · 도의원선거에 있어서 하나의 정당에 의석정수의 3분의 2 이상의 의석이 배분될 때에는 그 정당에 3분의 2에 해당하는 수의 정수의 의석을 먼저 배분하고, 잔여의석은 나머지 의석할당정당간의 득표비율에 잔여의석을 곱하여 산출된 수의 정수의 의석을 각 나머지 의석할당정당에 배분한 다음 잔여의석이 있는 때에는 그 단수가 큰 순위에 따라 각 나머지 의석할당정당에 1석씩 배분한다. 다만, 의석정수의 3분의 2에 해당하는 수의 정수에 해당하는 의석을 배분받는 정당 외에 의석할당정당이 없는 경우에는 의석할당정당이 아닌 정당간의 득표비율에 잔여의석을 곱하여 산출된 수의 정수의 의석을 먼저 그 정당에 배분하고 잔여의석이 있을 경우 단수가 큰 순으로 각 정당에 1석씩 배분한다. 이 경우 득표비율의 산출 및 같은 단수가 있는 경우의 의석배분은 법 제190조의2(비례대표지방의회의원당선인의 결정·공고·통지) 제1항을 준용한다(법§190의2②).

(3) 재투표 사유가 발생한 경우

관할선거구선거관리위원회는 비례대표지방의회의원선거에 있어서 법 제198조(천재·지변 등으로 인한 재투표)의 규정에 의한 재투표 사유가 발생한 때에는 그 투표구의 선거인수를 당해 선거구의 선거인수로 나눈 수에 비례대표지방의회의원의석정수를 곱하여 얻은 수의 정수(1미만의 단수는 1로 본다)를 비례대표지방의회의원의석정수에서 뺀 다음 법 제190조의2(비례대표지방의회의원당선인의 결정·공고·통지) 제1항 및 제2항의 규정에 따라 비례대표지방의회의원의석을 배분하고 당선인을 결정한다. 다만, 비례대표지방의회의원의석배분이 배제된 정당 중 재투표결과에 따라 의석할당정당이 추가될 것으로 예상되는 때에는 추가로 예상되는 정당마다 비례대표지방의회의원정수의 100분의 5에 해당하는 정수(1미만의 단수는 1로 본다)의 의석을 별도로 빼야 한다(법§190의2③).

나. 당선인 결정

(1) 일반적인 경우

관할선거구선거관리위원회는 제출된 정당별 비례대표지방의회의원후보자명부에 기재된 당선인으로 될 순위에 따라 정당에 배분된 비례대표지방의회의원의 당선인을 결정한다(법§190의2④, §189④). 정당에 배분된 비례대표지방의회의원의석수가 그 정당이 추천한 비례대표지방의회의원후보자수를 넘는 때에는 그 넘는 의석은 공석으로 한다(법§190의2④, §189⑤).

비례대표지방의원선거에 있어서 하나의 정당만이 후보자를 추천한 때에는 투표를 실시하지 아니하고 당선인을 결정한다.[12] 비례대표후보자가 관할 선거구선거관리위원회로부터 후보자등록무효결정 및 통지를 받은 후 법원에 당선무효소송을 제기하여 승소확정 판결을 받고 당선증을 교부받은 경우의 당선인 신분의 취득시기는 관할선거구선거관리위원회가 법 제194조(당선인의 재결정과 비례대표국회의원의석 및 비례대표지방의회의원의석의 재배분) 제2항에 따라 다시 당선인을 결정한 때부터이다.[13]

---

12) 2006. 5. 16. 중앙선관위 질의회답
13) 2019. 9. 4. 중앙선관위 질의회답

(2) 개표를 모두 마치지 못한 경우

천재 · 지변 기타 부득이한 사유로 인하여 개표를 모두 마치지 못하였다 하더라도 개표를 마치지 못한 지역의 투표가 선거의 결과에 영향을 미칠 염려가 없다고 인정되는 때에는 관할선거구선거관리위원회는 우선 당선인을 결정할 수 있다(법§190의2④, §187④).

다. 공고

비례대표지방의회의원의 당선인이 결정된 때에는 관할선거구선거관리위원회 위원장은 그 명단을 공고하고 지체 없이 각 정당에 통지하며, 당선인에게 당선증을 교부하여야 한다(법§190의2④, §189⑦).

6. 지방자치단체의 장의 당선인 결정 · 공고 · 통지

가. 당선인의 결정

(1) 다수 득표자

지방자치단체의 장 선거 있어서는 선거구선거관리위원회가 유효투표의 다수를 얻은 자를 당선인으로 결정하고, 이를 당해 지방의회의장에게 통지하여야 한다. 다만, 최고득표자가 2인 이상인 때에는 연장자를 당선인으로 결정한다(법§191①).

(2) 후보자가 1인인 경우

후보자등록마감시각에 지방자치단체의 장후보자가 1인이거나 후보자등록마감후 선거일 투표개시시각전까지 지방자치단체의 장후보자가 사퇴 · 사망하거나 등록이 무효로 되어 지방자치단체의 장후보자수가 1인이 된 때에는 지방자치단체의 장후보자에 대한 투표를 실시하지 아니하고, 선거일에 그 후보자를 당선인으로 결정한다(법§191③, §188②).[14]

---

14) 헌법재판소는, 법 제191조(지방자치단체의 장의 당선인의 결정 · 공고 · 통지) 제3항 중 제188조(지역구지방의회의원당선인의 결정 · 공고 · 통지) 제2항의 '후보자등록 마감시각에 지역구국회의원 후보자가 1인'인 된 때에 관한 부분을 준용하는 것에 대하여, '심판대상조항의 입법목적은 선거에 소요되는 여러 가지 절차를 간소화하여 행정적 편의를 도모하고 선거비용을 절감하는 등 선거제도의 효율성을 제고하기 위한 것으로 그 정당성을 인정할 수 있으며, 후보자등록기한까지 후보자가 1인일 경우 투표를 생략하고 해당 후보자를 당선자로 결정하는 것은 이러한 입법목적을 달성하기 위한 적절한 수단이라 할 수 있다. 지방자치단체의 장선거에 있어서는 "유효투표의 다수"를 얻은 자가 당선인으로 결정되는 것이 원칙이므로 후보자가 1인일 경우에는 단 1표를 얻더라도 출마한 후보자가 당선인이 된다. 다만, 후보자가 1명일 경우에도 투표를 실시하여 일정비율 이상의 득표를 할 경우에만 당선자로 인정하는 방법도 있겠으나, 당선자의 결정방식은 사회적, 경제적, 기술적 여건 등 여러 가지 요건을 종합적으로 고려하여 입법자가 결정할 사항으로 입법형성의

선거일의 투표개시시각부터 투표마감시각까지 지방자치단체의 장후보자가 사퇴·사망하거나 등록이 무효로 되어 지방자치단체의 장후보자수가 1인이 된 때에는 나머지 투표는 실시하지 아니하고 그 후보자를 당선인으로 결정한다(법§191③, §188③).

(3) 후보자가 사퇴·사망하거나 등록이 무효가 된 경우

선거일의 투표마감시각 후 당선인결정전까지 지방자치단체의 장후보자가 사퇴·사망하거나 등록이 무효로 된 경우에는 개표결과 유효투표의 다수를 얻은 자를 당선인으로 결정하되, 사퇴·사망하거나 등록이 무효로 된 자가 유효투표의 다수를 얻은 때에는 그 선거구는 당선인이 없는 것으로 한다(법§188④).

(4) 개표를 모두 마치지 못한 경우

천재·지변 기타 부득이한 사유로 인하여 개표를 모두 마치지 못하였다 하더라도 개표를 마치지 못한 지역의 투표가 선거의 결과에 영향을 미칠 염려가 없다고 인정되는 때에는 중앙선거관리위원회는 우선 당선인을 결정할 수 있다(법§191③, §187④).

나. 공고 및 보고·통지

(1) 투표를 실시하지 아니하는 경우

(가) 공고, 상·하급선거관리위원회에의 보고 및 통지

투표를 실시하지 아니하는 때에는 당해 선거구선거관리위원회는 지체 없이 이를 공고하고 상급선거관리위원회에 보고하여야 하며, 하급선거관리위원회에 통지하여야 한다(법§191③, §188⑤).

(나) 거소·선상투표선거인에의 통지

구·시·군선거관리위원회는 법 제191조(지방자치단체의 장의 당선인의 결정·공고·통지) 제3항에 따라 후보자등록마감시각에 지방자치단체의 장선거에서 후보자가 해당 선거구에서 선거할 정수를 넘지 아니하게 된 때에는 그 사실을 규칙이 정하는 서식[15]에 따라 선거일 전

자유가 인정되는 부분이며, 당선인이 반드시 일정비율 이상의 득표를 해야 민주적 정당성이나 대표성을 획득한다고 볼 수도 없다. 후보자가 1인일 경우에도 투표를 실시하도록 하면 당선자가 없어 재선거를 하게 되는 경우도 발생할 수 있는데 이 경우 재선거 실시에 따르는 새로운 후보자 확보 가능성의 문제, 행정적인 번거로움과 시간·비용의 낭비는 물론이고 지방자치단체의 장 업무의 공백 역시 필연적으로 뒤따르게 된다. 입법자가 위와 같은 사정을 고려하여 후보자가 1인일 경우 투표를 실시하지 않고 해당 후보자를 지방자치단체의 장 당선자로 정하도록 결단한 것은 입법목적 달성에 필요한 범위를 넘어 과도한 제한이라 할 수 없으므로 심판대상조항은 선거권을 침해하지 않는다.'고 판시하였다(2016. 10. 27. 선고 2014헌마797 결정).

10일까지 거소 · 선상투표신고인명부에 올라 있는 선거인에게 통지하여야 한다(규칙§109①).

(다) 투표미실시 사유 게시

읍 · 면 · 동선거관리위원회는 법 제191조(지방자치단체의 장의 당선인의 결정 · 공고 · 통지) 제3항에 따라 선거일의 투표개시시각부터 투표마감시각까지 투표를 실시하지 아니할 사유가 발생된 때에는 규칙이 정하는 서식[16]에 의하여 선거당일에 그 사실을 투표소의 입구에 게시하여야 한다(규칙§109②).

(2) 당선인이 없는 경우

법 제191조(지방자치단체의 장의 당선인의 결정 · 공고 · 통지) 제3항에 따라 해당 선거구의 당선인이 없거나 그 의원정수에 미달하게 된 때에는 관할선거구선거관리위원회는 그 사실을 공고하고, 상급선거관리위원회에 보고하여야 하며, 해당 선거구의 모든 후보자와 하급선거관리위원회에 통지하여야 한다(규칙§109③).

(3) 당선인이 결정된 경우

지방자치단체의 장의 당선인이 결정된 때에는 당해 선거구선거관리위원회 위원장은 이를 공고하고 지체 없이 당선인에게 당선증을 교부하여야 하며, 상급선거관리위원회에 보고하여야 한다(법§191③, §188⑥).

7. 임기개시, 당선인의 사퇴신고

가. 임기개시

(1) 대통령

대통령의 임기는 전임대통령의 임기만료일의 다음날 0시부터 개시된다. 다만, 전임자의 임기가 만료된 후에 실시하는 선거와 궐위로 인한 선거에 의한 대통령의 임기는 당선이 결정된 때부터 개시된다(법§14①).

(2) 국회의원과 지방의회의원

국회의원과 지방의회의원(이하 "의원"이라 한다)의 임기는 총선거에 의한 전임의원의 임기만료일의 다음 날부터 개시된다. 다만, 의원의 임기가 개시된 후에 실시하는 선거와 지방의회

15) 규칙 별지 제59호 서식의 (가) 무투표용지
16) 규칙 별지 제59호 서식의 (나) 무투표실시안내

의원의 증원선거에 의한 의원의 임기는 당선이 결정된 때부터 개시되며 전임자 또는 같은 종류의 의원의 잔임기간으로 한다(법§14②).

(3) 지방자치단체의 장

지방자치단체의 장의 임기는 전임지방자치단체의 장의 임기만료일의 다음 날부터 개시된다. 다만, 전임지방자치단체의 장의 임기가 만료된 후에 실시하는 선거와 법 제30조(지방자치단체의 폐치·분합시의 선거 등) 제1항 제1호 내지 제3호에 의하여 새로 선거를 실시하는 지방자치단체의 장의 임기는 당선이 결정된 때부터 개시되며 전임자 또는 같은 종류의 지방자치단체의 장의 잔임기간으로 한다(법§14③).

나. 당선인의 사퇴신고

당선인이 임기개시 전에 사퇴하려는 때에는 직접 해당 선거구선거관리위원회에 서면으로 신고하여야 하고, 비례대표국회의원선거 또는 비례대표지방의회의원선거의 당선인이 사퇴하려는 때에는 소속정당의 사퇴승인서를 첨부하여야 한다(법§191의2). 당선인의 사퇴신고와 정당의 사퇴승인은 규칙이 정하는 서식[17]을 따르되, 관할선거구선거관리위원회는 정당 추천 당선인의 사퇴신고를 접수한 때에는 지체 없이 해당 당선인의 추천 정당에 통보하여야 한다(규칙§109의2).

8. 당선무효·퇴직, 당선인결정의 착오시정, 당선인의 재결정과 의석 재배분

가. 당선무효

(1) 피선거권이 없는 경우

선거일에 피선거권이 없는 자는 당선인이 될 수 없다(법§192①). 당선인이 임기개시전에 피선거권이 없게 된 때에는 당선의 효력이 상실된다(법§192②).

(2) 당선무효사유에 해당하는 경우

당선인이 임기개시전에 다음 각 호의 어느 하나에 해당하는 때에는 그 당선을 무효로 한다(법§192③).

17) 규칙 별지 제14호의4 서식 (예비후보자)·(후보자)·(당선인)사퇴신고서

1. 당선인이 법 제192조(피선거권상실로 인한 당선무효 등) 제1항의 규정에 위반하여 당선된 것이 발견된 때
2. 당선인이 법 제52조(등록무효) 제1항 각 호의 어느 하나 또는 같은 조 제2항 및 제3항의 등록무효사유에 해당하는 사실이 발견된 때
3. 비례대표국회의원 또는 비례대표지방의회의원의 당선인이 소속정당의 합당·해산 또는 제명 외의 사유로 당적을 이탈·변경하거나 2 이상의 당적을 가지고 있는 때(당선인결정시 2 이상의 당적을 가진 자를 포함한다)

법 제52조(등록무효) 제1항 제1호는 후보자등록 후에 후보자의 피선거구권이 없는 것이 발견된 때에는 그 후보자의 등록은 무효로 한다고 규정하고 있는바, 후보자의 사망사실은 '피선거권이 없는 것'에 해당하고 그 사실이 당선인결정 후 임기개시 전에 발견된 사실은 '후보자등록 후에 그 사유가 발견된 때'에 해당하므로 법 제52조(등록무효) 제1항 제1호의 등록무효사유에 해당하고, 따라서 법 제192조(피선거권상실로 인한 당선무효 등) 제3항 제2호에 따라 후보자의 당선이 무효로 된다.[18] 공무원의 직에서 파면된 자가 공직선거에 입후보하여 당선인으로 된 후에 임기개시 전에 파면처분을 취소하는 판결이 확정되어 공무원의 신분을 회복하는 경우에는 법 제192조(피선거권상실로 인한 당선무효 등) 제3항의 규정에 따라 당선을 무효로 한다.[19]

(3) 공고 및 통지

법 제192조(피선거권상실로 인한 당선무효 등) 제2항 및 제3항의 경우 관할선거구선거관리위원회[제187조(대통령당선인의 결정·공고·통지) 제2항의 규정에 의하여 국회에서 대통령당선인을 결정한 경우에는 국회]는 그 사실을 공고하고 당해 당선인 및 그 당선인의 추천정당에 통지하여야 하며, 당선의 효력이 상실되거나 무효로 된 자가 대통령당선인 및 국회의원당선인인 때에는 국회의장에게, 지방자치단체의 의회의원 및 장의 당선인인 때에는 당해 지방의회의장에게 통지하여야 한다(법§192⑤).

(4) 당선무효결정

관할선거구선거관리위원회는 당선인이 그 임기개시전에 법 제192조(피선거권상실로 인한 당선무효 등) 제1항 내지 제3항에 해당되는 것이 확인된 때에는 지체 없이 그 당선을 무효로 결정하여야 한다(규칙§110).

---

18) 부산고등법원 2006. 10. 20. 선고 2006수17 판결
19) 2006. 3.28. 중앙선관위 질의회답

나. 비례대표국회의원 또는 비례대표지방의회의원의 퇴직

비례대표국회의원 또는 비례대표지방의회의원이 소속정당의 합당·해산 또는 제명 외의 사유로 당적을 이탈·변경하거나 2 이상의 당적을 가지고 있는 때에는 「국회법」 제136조(퇴직) 또는 「지방자치법」 제78조(의원의 퇴직)의 규정에 불구하고 퇴직된다. 다만, 비례대표국회의원이 국회의장으로 당선되어 「국회법」 규정에 의하여 당적을 이탈한 경우에는 그러하지 아니하다(법§192④).

법 제192조(피선거권상실로 인한 당선무효 등) 제4항의 의미는 정당이 스스로 해산하는 경우에 비례대표국회의원은 퇴직되지 않는다는 것으로서, 국회의원의 국민대표성과 정당기속성 사이의 긴장관계를 적절하게 조화시켜 규율하고 있다. 헌법재판소의 해산결정으로 정당이 해산하는 경우에 그 정당 소속 국회의원이 의원직을 상실하는지에 대하여 명문의 규정이 없으나, 정당해산심판제도의 본질은 민주적 기본질서에 위배되는 정당을 정치적 의사형성과정에서 배제함으로써 국민을 보호하는 데에 있는데 해산정당 소속 국회의원의 의원직을 상실시키지 않는 경우 정당해산결정의 실효성을 확보할 수 없게 되므로, 이러한 정당해산제도의 취지 등에 비추어 볼 때 헌법판소의 정당해산결정이 있는 경우 그 정당 소속 국회의원의 의원직은 당선방식을 불문하고 모두 상실되어야 한다.[20] 한편, 대법원은 같은 취지로 비례대표 국회의원은 헌법재판소의 위헌정당 해산결정에 의해 의원직을 상실한다고 판시하였으나[21], 비례대표 지방의회의원에 관하여는 법 제192조(피선거권상실로 인한 당선무효 등) 제4항은 소속 정당이 헌법재판소의 정당해산결정에 따라 해산된 경우 비례대표 지방의회의원의 퇴직을 규정하는 조항이라고는 할 수 없어, 헌법재판소의 위헌정당 해산결정에 따라 해산된 정당 소속 비례대표 지방의회의원은 지위를 상실하지 않았다고 판시[22]하여 비례대표 국회의원과 다르게 판단하고 있다.

비례대표국회의원이 소속하고 있는 정당이 다른 정당과 합당할 경우 합당에 동참할 뜻이 없어 합당한 정당에서 이탈한 경우에는 비례대표국회의원의 퇴직사유에 해당된다.[23] 비례대표국회의원이 소속정당으로부터 제명된 후 다른 정당에 입당한 경우에는 법 제192조(피선거권상실로 인한 당선무효 등) 제4항의 퇴직사유에 해당되지 아니하나, 제명된 후에 입당한 정당을 탈당하고 또 다른 정당에 입당한 때에는 법 제192조(피선거권상실로 인한 당선무효 등) 제4항의 퇴직사유에 해당한다.[24]

---

20) 2014. 12. 19. 선고 2013헌다1 결정
21) 2021. 4. 29. 선고 2016두39856 판결
22) 2021. 4. 29. 선고 2016두39825 판결
23) 1995. 4. 26. 중앙선관위 질의회답
24) 2007. 7. 4. 중앙선관위 질의회답

다. 당선인 결정의 착오시정

(1) 시정

선거구선거관리위원회[제187조(대통령당선인의 결정 · 공고 · 통지) 제2항의 규정에 의하여 국회에서 대통령당선인을 결정하는 경우에는 국회]는 당선인결정에 명백한 착오가 있는 것을 발견한 때에는 선거일후 10일 이내에 당선인의 결정을 시정하여야 한다(법§193①).

법 제193조(당선인결정의 착오시정)에서 정한 '명백한 착오'라 함은 인식과 대상 또는 생각과 사실이 일치하지 않는 것이 명백한 것으로 계산 또는 집계상의 착오, 갑후보를 당선인으로 결정한다는 것이 을후보로 잘못 결정하는 것을 말한다. 당선인 결정 후 당선인의 임기개시 전에 법 제192조(피선거권상실로 인한 당선무효 등) 제2항의 규정에 의하여 당선의 효력이 상실되거나 같은 조 제3항의 규정에 의하여 당선이 무효로 된 때에는 그에 따른 재선거 절차가 마련되어 있으므로 그 당선무효에 대하여 착오시정의 방법으로 차순위자를 당선인으로 결정하여서는 아니 된다.[25] 지방의회의원선거의 후보자로 등록된 자가 그 등록 전에 이미 사망하였음에도 불구하고 이를 알지 못한 채 선거가 이루어져 그 사망한 자가 당선인으로 결정된 경우에 있어서는, 그 사망한 자의 후보자등록은 피선거권 없는 자의 후보자등록으로서 무효이고, 그의 당선 역시 무효이므로 법 제195조(재선거) 제1항 제5호의 규정에 따라 재선거를 실시할 사유에 해당한다고 할 것이고, 법 제193조(당선인결정의 착오시정) 제1항 소정의 당선인결정의 착오시정은 후보자등록 및 선거가 유효함을 전제로 하는 것이므로 위와 같은 경우에 적용될 수 있는 것이 아니며, 그 사망사실이 선거 직후에 확인되었다고 하여 달리 볼 것도 아니다.[26]

(2) 심사

선거구선거관리위원회(중앙선거관리위원회를 제외한다)가 법 제193조(당선인결정의 착오시정) 제1항의 규정에 의한 시정을 하는 때에는 지역구국회의원선거, 비례대표시 · 도의원선거, 지역구세종특별자치시의회의원선거 및 시 · 도지사선거에 있어서는 중앙선거관리위원회에, 지역구시 · 도의원선거(지역구세종특별자치시의회의원선거는 제외한다) 및 자치구 · 시 · 군의 의회의원과 장의 선거에 있어서는 시 · 도선거관리위원회의 심사를 받아야 한다(법§193②).

25) 부산고등법원 2006. 10. 20. 선고 2006수17 판결
26) 2007. 9. 7. 선고 2006우15 판결

(3) 공고 및 통지

관할선거구선거관리위원회는 법 제193조(당선인결정의 착오시정)의 규정에 의하여 당선인의 결정을 시정한 때에는 이를 공고하고 당해 당선인과 그 소속정당에 통지하여야 한다(규칙 §111).

라. 당선인의 재결정과 비례대표 의석 재배분

(1) 당선인 재결정

법 제187조(대통령당선인의 결정 · 공고 · 통지) · 제188조(지역구국회의원당선인의 결정 · 공고 · 통지) · 제190조(지역구지방의회의원당선인의 결정 · 공고 · 통지) 제1항 내지 제3항 또는 제191조(지방자치단체의 장의 당선인의 결정 · 공고 · 통지)의 규정에 의한 당선인결정의 위법을 이유로 당선무효의 판결이나 결정이 확정된 때에는 당해 선거구선거관리위원회(제187조(대통령당선인의 결정 · 공고 · 통지) 제2항의 규정에 의하여 국회에서 대통령당선인을 결정하는 경우에는 국회)는 지체 없이 당선인을 다시 결정하여야 한다(법§194①).

법 제194조(당선인의 재결정과 비례대표국회의원의석 및 비례대표지방의회의원의석의 재분배)는 제188조(지역구국회의원당선인의 결정 · 공고 · 통지), 제190조(지역구지방의회의원당선인의 결정 · 공고 · 통지) 제1항 내지 제3항의 규정에 의한 당선인결정의 위법을 이유로 당선무효의 판결이나 결정이 확정된 때에 당해 선거구선거관리위원회가 당선인을 다시 결정하는 규정인데, 법 제188조(지역구국회의원당선인의 결정 · 공고 · 통지) 제3항은 선거일의 투표개시시각부터 투표마감시각까지 후보자가 사퇴 · 사망하거나 등록이 무효로 된 경우에, 법 제188조(지역구국회의원당선인의 결정 · 공고 · 통지) 제4항은 선거일의 투표마감시각 후 당선인결정 전까지 후보자가 사퇴 · 사망하거나 등록이 무효로 된 경우에, 법 제190조(지역구지방의회의원당선인의 결정 · 공고 · 통지) 제2항은 후보자등록마감 후 선거일 투표개시시각까지 후보자가 사퇴 · 사망하거나 등록이 무효로 된 경우에 각 이를 선거관리위원회에서 발견하여 알게 되었을 경우에 적용되는 규정이므로, 후보자등록 전 사망하였으나 당선인결정 후 임기개시 전에 등록무효사유가 발견된 경우에는 적용되지 아니한다.[27]

(2) 비례 의석 재배분 및 당선인 재결정

법 제189조(비례대표국회의원의석의 배분과 당선인의 결정 · 공고 · 통지) 및 제190조의2(비례대표지방의회의원당선인의 결정 · 공고 · 통지)의 규정에 따른 비례대표국회의원의석 또는 비례대표지방의회의원의석의 배분 및 그 당선인결정의 위법을 이유로 당선무효의 판결이나 결정이 있

---

27) 부산고등법원 2006. 10. 20. 선고 2006수17 판결

는 때 또는 법 제197조(선거의 일부무효로 인한 재선거)의 사유로 인한 재선거를 실시한 때에는 관할선거구선거관리위원회는 지체 없이 의석을 재배분하고 다시 당선인을 결정하여야 한다(법§194②).

선거구선거관리위원회는 비례대표국회의원선거 또는 비례대표지방의회의원선거의 당선인이 그 임기개시 전에 사퇴·사망하거나 법 제192조(피선거권상실로 인한 당선무효 등) 제2항의 규정에 의하여 당선의 효력이 상실되거나 같은 조 제3항의 규정에 의하여 당선이 무효로 된 때에는 그 선거 당시의 소속정당이 추천한 후보자를 비례대표국회의원후보자명부 또는 비례대표지방의회의원후보자명부에 기재된 순위에 따라 당선인으로 결정한다(법§194③).

선거구선거관리위원회는 비례대표국회의원선거 또는 비례대표지방의회의원선거에 있어서 법 제198조(천재·지변 등으로 인한 재투표)의 사유로 인한 재투표를 실시하는 때에는 당초 선거에서의 득표수와 재투표에서의 득표수를 합하여 득표비율을 산출하고 그 득표비율에 당해 선거구의 의석정수를 곱하여 얻은 수에 각 정당이 이미 배분받은 의석수를 뺀 수가 큰 순위에 따라 잔여의석을 배분하고 당선인을 결정한다. 이 경우 비례대표국회의원선거에 있어서는 법 제189조(비례대표국회의원의석의 배분과 당선인의 결정·공고·통지) 제1항부터 제5항까지의 규정을, 비례대표지방의회의원선거에 있어서는 법 제190조의2(비례대표지방의회의원당선인의 결정·공고·통지)의 규정을 준용한다(법§194④).

비례대표국회의원후보자 또는 비례대표시·도의원후보자가 소속정당의 제명 또는 다른 정당의 당적을 취득하여 당적을 이탈·변경하거나 2 이상의 당적을 가지는 때에는 법 제52조(등록무효) 제1항 제6호의 규정에 의하여 그 후보자의 등록이 무효로 되어 의석승계권이 상실되나, 창당준비위원회의 발기인 참여만으로는 당적이탈·변경 또는 이중당적에 해당되지 아니하므로 등록무효의 사유에 해당되지 아니한다.[28]

(3) 공고 및 통지

관할선거구선거관리위원회는 법 제194조(당선인의 재결정과 비례대표국회의원의석 및 비례대표지방의회의원의석의 재배분)의 규정에 의하여 당선인을 다시 결정하거나 비례대표국회의원 및 비례대표지방의회의원선거의 당선인을 결정한 때에는 이를 공고하고 당해 당선인과 그 소속정당에 통지하여야 한다(규칙§111).

28) 1995. 8. 9. 중앙선관위 질의회답

제19편 불공정선거보도에의 대응

1. 언론기관의 공정보도의무

방송·신문·통신·잡지 기타의 간행물을 경영·관리하거나 편집·취재·집필·보도하는 자와 법 제8조의5(인터넷선거보도심의위원회)제1항의 규정에 따른 인터넷언론사가 정당의 정강·정책이나 후보자(후보자가 되고자 하는 자를 포함한다)의 정견 기타 사항에 관하여 보도·논평하는 경우와 정당의 대표자나 후보자 또는 그의 대리인을 참여하게 하여 대담을 하거나 토론을 행하고 이를 방송·보도하는 경우에는 공정하게 하여야 한다(법§8).

불공정의 판단기준은 정견·정책이 아닌 인신공격성 질문, 특정 입후보예정자에게만 특히 유리·불리한 질문을 하거나 질문 또는 답변의 횟수·시간·내용 등에 있어서 공평한 방법과 균등한 기회의 부여에 반하는 것 등을 의미한다.[1]

언론기관이 선거와 관련된 국민적 관심 사안에 대하여 취재·보도하는 것은 그의 고유한 기능이며 누구를 대상으로 어떠한 형식으로 취재·보도하느냐는 언론의 자유와 국민의 알권리를 보장하는 차원에서 당해 언론기관의 자율에 속하는 사안이라 할 것이며, 언론기관의 취재·보도라 할지라도 선거운동의 기회균등과 선거보도의 공정성은 준수되어야 한다. 따라서 방송사 고유의 취재·보도 기능과 선거보도의 공정성을 고려할 때 후보단일화 토론방송은 중계방송의 형식으로 1회에 한하여 방송할 수 있을 것이며, 이를 초과하여 방송하고자 하는 때에는 합리적인 기준에 의하여 선정된 다른 입후보예정자들에게 참여할 기회를 부여할 경우에만 가능하고, 후보단일화에 관하여 그 이외의 일반적인 방법으로 취재·보도하는 것은 방송사의 자율에 속하는 사항이다.[2] 이에 따라 방송의 후보단일화 토론회의 현장중계를 한 행위에 대하여, 법원은 「민주당과 국민통합21이 후보단일화의 일환으로 토론회를 개최함에 있어 양당은 방송3사 등 TV방송사를 포함한 각 방송사에 대하여 현장중계를 요청한 사실, 이에 한국방송공사 사장은 2002. 11. 18. 피고에 대하여 위 후보단일화 토론회를 중계방송하는 것이 선거법에 위반되는지 여부를 질의한 사실, 피고는 같은 날 한국방송공사 사

---

1) 1995. 6. 1. 중앙선관위 질의회답
2) 2002. 11. 18. 중앙선관위 의결

장의 위 질의에 대하여 다른 정당이나 후보자를 부당하게 차별하지 않는 한 선거법 제8조(언론기관의 공정보도의무)에 규정되어 있는 공정보도의무를 위반한 것이라고 할 수 없다는 취지로 회답한 사실, 방송3사는 같은 해 11월 20일에 개최된 노·정 후보단일화 토론회를 현장 중계방송하고, 다시 뉴스시간에 토론회에 관한 소식을 보도한 사실 등을 인정할 수 있는바, 이와 같은 보도가 다른 정당이나 후보자를 부당하게 차별하는 등으로 선거방송심의에 관한 특별규정 제20조(정당 등에 의한 협찬 방송의 금지) 제1항 및 공직선거법 제8조(언론기관의 공정보도의무)에 위반된다고 할 수 없다.」고 판시하였다.[3]

2. 선거방송심의위원회

가. 설치

「방송통신위원회의 설치 및 운영에 관한 법률」 제18조(방송통신심의위원회의 설치 등) 제1항에 따른 방송통신심의위원회(이하 "방송통신심의위원회"라 한다)는 선거방송의 공정성을 유지하기 위하여 다음 각 호의 구분에 따른 기간 동안 선거방송심의위원회를 설치·운영하여야 한다[법§8의2①, 선거방송심의위원회의 구성 및 운영에 관한 규칙(이하 "선거방송심의위원회규칙"이라 한다)§3①].

1. 임기만료에 의한 선거
   법 제60조의2(예비후보자등록) 제1항에 따른 예비후보자등록신청개시일 전일부터 선거일 후 30일까지
2. 보궐선거등
   선거일 전 60일(선거일 전 60일 후에 실시사유가 확정된 보궐선거등의 경우에는 그 선거의 실시사유가 확정된 후 10일)부터 선거일 후 30일까지

소수의 선거구에서만 재·보궐선거가 치러지는 경우에도 선거방송심의위원회는 설치·운영하여야 한다.[4] 선거방송심의위원회의 설치·운영기간이 중첩되거나 연속되는 때에는 선거방송심의위원회를 통합하여 운영할 수 있다.[5]

---

3) 2004. 5. 31. 선고 2003수26 판결
4) 2011. 6. 8. 중앙선관위 질의회답
5) 2010. 2. 23. 중앙선관위 질의회답

나. 구성

(1) 위원회

선거방송심의위원회는 국회에 교섭단체를 구성한 정당[6]과 중앙선거관리위원회가 추천하는 각 1명, 방송사(법 제70조(방송광고) 제1항에 따른 방송시설을 경영 또는 관리하는 자를 말한다) · 방송학계 · 대한변호사협회 · 언론인단체 및 시민단체 등이 추천하는 사람을 포함하여 9명 이내의 위원으로 구성한다. 이 경우 선거방송심의위원회를 구성한 후에 국회에 교섭단체를 구성한 정당의 수가 증가하여 위원정수를 초과하게 되는 경우에는 현원을 위원정수로 본다(법§8의2②, 선거방송심의위원회규칙§3②).

(2) 위원

(가) 위촉

방송통신심의위원회는 심의위원의 추천을 의뢰함에 있어 추천단체의 대표성과 전문성을 감안하여야 하며, 심의위원의 결격사유 등을 고지하여야 한다(선거방송심의위원회규칙§3③). 선거방송심의위원회의 위원은 정당에 가입할 수 없다(법§8의2③).

방송통신심의위원회 위원장은 추천단체와 추천정당이 추천한 자의 심의위원 위촉 동의여부, 결격사유 유무 등을 확인한 후 방송통신심의위원회의 동의를 얻어 당해 선거방송의 심의에 필요한 기간을 정하여 심의위원을 위촉한다(선거방송심의위원회규칙§3④). 심의위원 중 결원이 생긴 때에는 선거방송심의위원회규칙 제3조 제2항의 규정에 의하여 그 보궐위원을 위촉할 수 있다(선거방송심의위원회규칙§3⑤).

심의위원은 명예직으로 한다. 다만, 방송통신심의위원회는 예산의 범위내에서 수당 · 여비 기타 실비를 지급할 수 있다(선거방송심의위원회규칙§8).

구 「방송법(2007. 7. 27. 법률 제8568호로 개정된 것)」의 방송위원회(현 방송통신심의위원회)가 자체 추천자를 선거방송심의위원회 위원으로 선임한 경우와 관련하여, 법원은 「법 제8조의2(선거방송심의위원회) 제2항은 "…추천하는 각 1인을 포함하여 9인 이내의 위원으로 구성한다."고 규정하고 있어 추천단체들의 추천에 의하여 위촉한 위원들만으로 선거방송심의위원회를 구성하도록 제한하고 있지 않은 점, 법 제8조의2(선거방송심의위원회) 제2항은 대한변호사협회와 교섭단체 구성 정당 외에는 방송사, 방송학계, 언론인단체, 시민단체 등으로 추천

---

6) 정당추천제와 관련하여, 성낙인은 '정당추천제처럼 선거방송심의위원회에 정당의 이해관계가 직접 작용할 수 있는 장치를 만들어 놓는 것은 위원회의 심의절차를 왜곡 · 변질시킬 가능성이 있다. 또한 이는 비교섭단체의 정당이나 무소속후보자를 차별적으로 취급하는 것이어서 언제나 형평성의 시비가 생길 소지가 다분하다. 이러한 점에서 선거방송심의위원회 위원의 정당추천제는 폐지되는 것이 바람직하다.'고 주장한다(성낙인, 『공직선거법과 선거방송심의』, 나남, 103쪽).

권한 있는 단체를 특정하지 않고 있어서 어느 단체에 추천을 의뢰할 것인지 여부도 피고에게 재량권이 부여되고 있는 점, 선거방송심의위원회 위원은 정당 가입을 금지하여 정치적 중립을 유지하도록 하고 있고, 방송위원회도 공무원, 정당원, 방송관련사업자, 공무원결격사유를 가진 자는 위원이 될 수 없고, 위원의 임기 중 직무상, 신분상 독립이 보장되는 등 고도의 정치적 중립성이 유지되고 있어 피고가 추천단체가 추천 없이 위촉한 위원이라고 하여 개인의 정치적 성향으로 인해 편향된 시각으로 직무를 수행할 위험성이 있다고 보기 어려운 점 등에 비추어 보면, 피고가 법령에 정한 단체의 추천을 받지 아니하고 ○○○을 선거방송심의위원회 위원으로 위촉한 이 사건 처분은 적법하다.」고 판시하였다.[7)]

선거방송심의위원회 위원이 선거기사심의위원회 위원을 겸직하는 것에 관하여는 법상 제한이 없다.[8)]

(나) 해촉

방송통신심의위원회 위원장은 심의위원이 ① 법 제8조의2(선거방송심의위원회) 제2항에 따른 정당추천위원으로서 그 추천정당이 국회에 교섭단체를 구성할 수 없게 된 경우, ② 법 제8조의2(선거방송심의위원회) 제3항을 위반하는 경우에 해당하는 경우 방송통신심의위원회의 동의를 얻어 해당 위원을 해촉할 수 있다(선거방송심의위원회규칙§3⑥).

(3) 위원장 등

선거방송심의위원회에 정·부위원장 각 1인을 둔다(선거방송심의위원회규칙§4①). 선거방송심의위원회의 위원장과 부위원장은 방송사 및 정당이 추천한 자 이외의 심의위원 중에서 호선한다(선거방송심의위원회규칙§4②). 선거방송심의위원회 위원장은 선거방송심의위원회 회의의 의장이 되며, 그 직무와 관련하여 사무를 통괄한다(선거방송심의위원회규칙§4③). 위원장, 부위원장 및 심의위원은 비상임으로 한다(선거방송심의위원회규칙§4④).

(4) 회의

(가) 회의소집

방송통신심의위원회 위원장은 선거방송심의위원회를 소집하며, 그 통보는 구두 등의 방법으로 할 수 있다(선거방송심의위원회규칙§6①).

선거방송심의위원회 회의는 정기회의와 임시회의로 구분하며, 그 일시와 횟수는 선거일정과 안건을 감안하여 선거방송심의위원회의 의결로 정한다(선거방송심의위원회규칙§6②). 임시

---

7) 서울행정법원 2008. 1. 17. 선고 2007구합361206 판결
8) 2007. 9. 27. 중앙선관위 질의회답

회의는 방송통신심의위원회 위원장이 필요하다고 인정하는 때와 선거방송심의위원회 위원장 또는 선거방송심의위원회 재적위원 3분의 1 이상의 요구가 있는 때에 소집한다(선거방송심의위원회규칙§6③).

방송통신심의위원회 위원장은 회의소집전 안건을 심의위원에게 미리 통보하여야 하며, 부득이한 사유로 안건을 통보하지 못한 경우에는 심의에 앞서 그 사유를 밝혀야 한다(선거방송심의위원회규칙§6④).

선거방송심의위원회는 공개를 원칙으로 하되, 선거방송심의위원회의 결정으로 비공개로 할 수 있다(선거방송심의위원회규칙§6⑤).

(나) 의결

선거방송심의위원회의 의사는 재적위원 3분의 2 이상의 출석과 출석위원 과반수의 찬성으로 의결한다(선거방송심의위원회규칙§7①). 의장은 표결권을 가지며, 가부동수인 때에는 부결된 것으로 본다(선거방송심의위원회규칙§7②).

다. 직무

선거방송심의위원회는 ① 법 제8조의2(선거방송심의위원회) 제5항에 규정된 사항의 심의·의결, ② 법 제8조의2(선거방송심의위원회) 제6항에 규정된 시정요구사항의 심의·의결, ③ 법 제8조의4(선거보도에 대한 반론보도청구) 제3항에 규정된 반론보도청구의 심의·의결, ④ 기타 선거방송과 관련한 사항 중 방송통신심의위원회위원장이 부의한 안건의 심의를 그 직무로 한다(선거방송심의위원회규칙§5①).

선거방송심의위원회는 선거방송의 정치적 중립성·형평성·객관성 및 제작기술상의 균형유지와 권리구제 기타 선거방송의 공정을 보장하기 위하여 필요한 사항을 정하여야 하며, 이를 방송통신심의위원회에 요청하여 공표한다(법§8의2④, 선거방송심의위원회규칙§5②).[9] 이에 따라 방송통신심의위원회는 선거방송심의위원회의 구체적 심의기준을 정한 「선거방송심의에 관한 특별규정」[10)11)]을 공표하였다.

---

9) '방송통신위원회가 제정한 규칙에 선거방송심의위원회가 얽매이도록 한 선거방송심의위원회규칙 제5조(심의위원회의 직무) 제2항은 선거방송심의위원회를 별도로 설치·운영하도록 한 공직선거법의 입법목적에 부합되기 어려운 것이라고 볼 수밖에 없다. 이는 법치주의의 한 내용인 법률우위의 원칙에도 위배될 소지가 있는 만큼, 동 조항은 조속히 개정되어야 할 것으로 본다.'는 견해가 있다(성낙인, 『공직선거법과 선거방송심의』, 나남, 114쪽).

10) 2020. 12. 28. 방송통신심의위원회 규칙 제149호

11) 선거방송심의위원회, 선거기사심의위원회, 인터넷선거보도심의위원회는 각각 공정성·객관성·형평성·정치적 중립성 등 자체적 심의기준을 정한 「선거방송심의에 관한 특별규정」, 「선거기사 심의기준에 관한 규정」, 「인터넷선거보도 심의기준 등에 관한 규정」을 각자 정하고 있다. 그러나 공직선거법에는 공정성 등 위 심의기준의 용어들에 대한 구체적 개념정의를 하고 있지 않을 뿐 아니라 보다 세부적인 세칙을 마련하

라. 심의 및 통지

(1) 심의 및 통지

선거방송 심의안건은 방송통신심의위원회 사무처가 작성한다(선거방송심의위원회규칙§10①). 선거방송심의위원회 위원은 필요하다고 인정하는 사안을 심의안건으로 상정할 수 있다(선거방송심의위원회규칙§11②).

선거방송심의위원회는 선거방송의 공정여부를 조사하여야 하고, 조사결과 선거방송의 내용이 공정하지 아니하다고 인정되는 경우에는 「방송법」 제100조(제재조치등) 제1항[12] 각 호에 따른 제재조치를 정하여 이를 「방송통신위원회의 설치 및 운영에 관한 법률」 제3조(위원회의 설치) 제1항에 따른 방송통신위원회에 통보하여야 한다(법§8의2⑤전단, 선거방송심의위원회규칙§11①).

선거방송심의위원회는 심의기준을 위반한 정도가 경미하다고 판단되는 경우 해당 사업자 또는 해당 방송프로그램의 책임자나 관계자에 대하여 권고를 하거나 의견을 제시할 수 있다(선거방송심의위원회규칙§11②).

선거방송심의위원회는 법 제8조의2(선거방송심의위원회) 제5항에 따라 「방송법」 제100조(제재조치등) 제1항 각 호에 규정된 제재조치를 정할 수 있으므로, 같은 조 제1항 각 호에 규정하고 있지 아니한 과징금 부과를 제재조치로 정할 수는 없다.[13]

고 있는 위 각 심의규정 조차도 다소 추상적 수준에서 이를 설명하고 있다. 이는 각각의 심의위원회의 위원 구성 및 위원의 성향에 따라 심의결과가 매우 상이하게 날 가능성을 초래할 우려가 있다. '방송과 인터넷', '신문과 인터넷'간의 중복심의가 발생할 우려가 큰 현제도에서는 그러한 가능성이 많다고 볼 수 있다. 따라서 형벌이라는 수단을 통해 제한하는 경우(공직선거법 제256조(각종제한규정위반죄) 제2항)는 그렇지 않은 경우보다 명확성이 더 엄격하게 요구되기 때문에 위 각 심의기준의 공정성·객관성·형평성 등은 헌법상 명확성의 원칙에 위반될 소지가 있다(최진호·이재진, 「선거보도 심의 및 심의기구에 대한 제도적 개선방안 연구 −2004년 이후 대선 및 총선보도에 대한 중복심의 논의를 중심으로−」, 언론과 법 제15권 제2호(2016), 11−12쪽).

12) 「방송법」 제100조(제재조치등) ① 방송통신위원회는 방송사업자·중계유선방송사업자·전광판방송사업자 또는 외주제작사가 제33조의 심의규정 및 제74조 제2항에 의한 협찬고지규칙을 위반한 경우에는 5천만원 이하의 과징금을 부과하거나 위반의 사유, 정도 및 횟수 등을 고려하여 다음 각 호의 제재조치를 명할 수 있다. 제35조에 따른 시청자불만처리의 결과에 따라 제재를 할 필요가 있다고 인정되는 경우에도 또한 같다. 다만, 방송통신심의위원회는 심의규정 등의 위반정도가 경미하여 제재조치를 명할 정도에 이르지 아니한 경우에는 해당 사업자·해당 방송프로그램 또는 해당 방송광고의 책임자나 관계자에 대하여 권고를 하거나 의견을 제시할 수 있다.
1. 삭제
2. 해당 방송프로그램 또는 해당 방송광고의 정정·수정 또는 중지
3. 방송편성책임자·해당 방송프로그램 또는 해당 방송광고의 관계자에 대한 징계
4. 주의 또는 경고

13) 2013. 6. 28. 중앙선관위 질의회답

(2) 당사자등의 의견진술

선거방송심의위원회가 선거방송심의위원회규칙 제11조(제재조치 등) 제1항 및 제14조(시정요구사항의 처리)의 제재조치 또는 시정요구를 정하고자 하는 경우에는 미리 당사자 또는 그 대리인(이하 "당사자등"이라 한다)에게 의견을 진술할 기회를 주어야 한다(선거방송심의위원회규칙§12①). 의견진술의 절차 등과 관련된 사항은 「방송심의에 관한 규정」 제61조(당사자등의 의견진술)[14]를 준용한다(선거방송심의위원회규칙§12②). 이에 불구하고, 선거방송심의위원회는 신속하고 원할한 심의를 위하여 의견진술절차를 별도로 정할 수 있다(선거방송심의위원회규칙§12③). 이에 따라, 방송통신심의위원회는 「선거방송심의에 관한 특별규정」[15]에 '의견진술지정일 7일전에 서면으로 통지를 함에 있어서 필요하다고 인정하는 경우에는 당사자등의 명시한 의사에 반하지 아니하는 한 위 조항에서 정한 기간의 여유를 두지 아니하고 의견진술일을 정할 수 있으며, 그 통지도 구두 등의 방법으로 할 수 있다.'고 규정하였다(선거방송심의에 관한 특별규정§27).

마. 후보자등의 시정요구

후보자 및 후보자가 되려는 사람(이하 "후보자등"이라 한다)은 선거방송심의위원회가 설치된

---

14) 「방송심의에 관한 규정(2020. 12. 28. 시행 방송통신심의위원회 제150호)」 제61조(당사자등의 의견진술)
① 법 제100조 제1항에 따른 제재조치를 정할 때에는 기구설치법 제25조 제2항에 따라 미리 당사자 또는 그 대리인(이하 "당사자등"이라 한다)에게 의견을 진술할 기회를 주어야 한다.
② 위원회가 제1항에 따른 의견진술의 기회를 줄 경우에는 의견진술일 7일전에 서면(전자문서를 포함한다)으로 당사자등에게 위반사실·의견진술일시 및 의견진술장소 등을 통지하여야 한다.
③ 제2항의 통지를 받은 당사자등이 위원회가 인정하는 부득이한 사유로 의견진술지정일에 출석하지 못할 경우에는 그 지정일 전에 1회에 한하여 서면으로 지정일의 변경을 요청할 수 있다.
④ 위원회는 당사자등으로부터 제3항에 따른 의견진술지정일의 변경요청을 받은 때에는 다시 의견진술일을 지정하여 7일전에 당사자등에게 서면으로 통지하여야 한다.
⑤ 제2항에 따른 통지에는 당사자등이 정당한 사유 없이 이에 응하지 아니한 때에는 의견진술의 기회를 포기한 것으로 본다는 뜻을 명시하여야 한다.
⑥ 제2항에 따라 통지를 받은 당사자등은 지정된 일시에 출석하여 진술하거나 서면으로 의견을 제출할 수 있으며, 출석하여 의견을 진술하였을 때에는 위원회는 진술요지를 서면으로 작성하여 진술한 당사자등으로 하여금 확인하게 한 후 서명·날인하도록 하여야 한다.
⑦ 의견진술을 대리할 대리인은 대리인임을 증명하는 서면을 제출하여야 한다.
⑧ 당사자등이 정당한 사유 없이 제1항에 따른 의견진술에 응하지 아니하는 경우에는 위원회는 당사자등의 의견진술을 듣지 아니하고 법 제100조 제1항의 제재조치를 정할 수 있다. 사업자등의 소재불명 등으로 의견진술의 기회를 줄 수 없는 경우에 위원회가 사업자등의 마지막 주된 사무소의 소재지로 제2항에 따른 통지를 한 때에도 또한 같다.
⑨의견진술과 관련하여 위 제2항부터 제8항까지에서 정한 것 이외의 사항에 대해서는 「행정절차법」의 규정을 준용한다.

15) 2020. 12. 28. 방송통신심의위원회 규칙 제149호

때부터 선거방송의 내용이 불공정하다고 인정되는 경우에는 선거방송심의위원회에 그 시정을 요구할 수 있고, 선거방송심의위원회는 지체 없이 이를 심의·의결하여야 한다(법§8의2⑥, 선거방송심의위원회규칙§14①,③). 후보자등이 선거방송심의위원회에 선거방송 내용의 시정을 요구하는 때에는 선거방송심의위원회규칙이 정하는 서식[16]의 시정요구서를 작성하여 선거방송심의위원회에 제출하여야 한다(선거방송심의위원회규칙§14②).

선거방송심의위원회는 시정의 요구를 받은 선거방송의 내용이 불공정하다고 판단하는 때에는 지체 없이 해당 방송사에 시정을 요구할 수 있다. 이 경우 선거방송심의위원회가 필요하다고 인정하는 때에는 「방송법」 제100조(제재조치 등) 제1항에 따른 제재조치를 정하여 방송통신위원회에 통보할 수 있다(선거방송심의위원회규칙§14④).

후보자등의 시정요구 사항에 대한 심의절차 등 그 밖에 필요한 사항은 선거방송심의위원회가 별도로 정할 수 있다(선거방송심의위원회규칙§14⑤).

바. 방송통신위원회의 조치

방송통신위원회는 불공정한 선거방송을 한 방송사에 대하여 선거방송심의위원회로부터 선거방송심의위원회규칙 제11조(제재조치 등) 제1항 또는 제14조(시정요구사항의 처리) 제4항의 결정을 통보받은 경우 「방송법」 제100조에서 정하고 있는 절차에 따라 지체 없이 해당 방송사에 제재조치를 명하여야 한다(법§8의2⑤후단, 선거방송심의위원회규칙§13).

사. 재심

(1) 재심청구 등

선거방송심의위원회규칙 제13조(방송통신위원회의 조치)에 따른 방송통신위원회의 제재조치 명령에 이의가 있는 당사자 또는 그 대리인은 해당 명령을 받은 날로부터 3일 이내에 방송통신위원회에 재심을 청구할 수 있다. 다만, 선거방송심의위원회의 재심결정에 대해서는 다시 재심을 청구할 수 없다(선거방송심의위원회규칙§14의2①).

방송사가 방송통신위원회에 재심을 청구하려는 때에는 선거방송심의위원회규칙이 정하는 서식[17]의 재심청구서를 작성하여 방송통신위원회에 제출하여야 한다. 이 경우 방송통신위원회는 지체 없이 선거방송심의위원회에 재심을 요청하여야 한다(선거방송심의위원회규칙§14의2②). 선거방송심의위원회가 방송통신위원회로부터 재심의 요청을 받은 때에는 지체 없이 이를 심의·의결하고 그 결정을 방송통신위원회에 통보하여야 한다(선거방송심의위원회규칙§14의2③).

---

16) 선거방송심의위원회규칙 별지 제1호 서식 시정요구서

17) 선거방송심의위원회규칙 별지 제2호 서식 재심청구서

선거방송심의위원회의 재심은 서면심의를 원칙으로 한다. 다만, 당사자 또는 그 대리인의 요청이 있거나, 선거방송심의위원회가 필요하다고 인정하는 때에는 구술심의를 할 수 있다(선거방송심의위원회규칙§14의2④).

선거방송심의위원회의 재심결정은 방송통신위원회가 당사자 또는 그 대리인에게 재심결과를 통지한 때부터 효력을 발생한다(선거방송심의위원회규칙§14의2⑤).

(2) 집행정지 등

재심청구는 원심결정의 효력이나 집행 또는 절차의 속행에 영향을 주지 아니한다(선거방송심의위원회규칙§14의3①). 그럼에도 불구하고, 당사자 또는 그 대리인의 요청이 있는 경우 방송통신위원회는 원심결정의 집행 또는 절차의 속행으로 인하여 생길 회복하기 어려운 손해를 예방하기 위하여 긴급한 필요가 있다고 인정될 때에는 원심결정의 효력이나 집행 또는 절차의 속행의 전부 또는 일부의 정지를 결정할 수 있다(선거방송심의위원회규칙§14의3②).

아. 벌칙

법 제8조의2(선거방송심의위원회) 제5항 및 제6항에 따른 제재조치 등을 통보받고 지체 없이 이를 이행하지 아니한 자는 2년 이하의 징역 또는 1천500만원 이하의 벌금에 처한다(법§256②1.).[18]

3. 선거기사심의위원회

가. 설치

「언론중재 및 피해구제 등에 관한 법률」 제7조(언론중재위원회의 설치)에 따른 언론중재위원회(이하 "언론중재위원회"라 한다)는 선거기사(사실·논평·광고 그 밖에 선거에 관한 내용을 포함한다)의 공정성을 유지하기 위하여 법 제8조의2(선거방송심의위원회) 제1항 각 호의 구분에 따른 기간 동안 선거기사심의위원회를 설치·운영하여야 한다(법§8의3①).

18) 성낙인은 '선거방송심의위원회의 결정에 대한 제재조치에 따르지 아니할 경우 2년 이하의 징역 또는 1천500만원 이하의 벌금에 처하도록 규정한 것은 언론의 자유를 지나치게 왜곡시킬 우려가 있을 뿐만 아니라, 이와 같은 심의위원회의 결정에 대하여 최종적인 사법적 판단이 이루어지기 전에 형사처벌을 꾀하는 것은 위헌적 소지가 있다.'고 주장한다(성낙인, 「선거법과 언론」, 서울대학교 법학 제43권 제3호, 237쪽).

나. 구성

(1) 위원회

선거기사심의위원회는 국회에 교섭단체를 구성한 정당과 중앙선거관리위원회가 추천하는 각 1명, 언론학계 · 대한변호사협회 · 언론인단체 및 시민단체 등이 추천하는 사람을 포함하여 9명 이내의 위원으로 구성한다. 이 경우 위원정수에 관하여는 법 제8조의2(선거방송심의위원회) 제2항 후단을 준용한다(법§8의3②).

(2) 위원

(가) 위촉

법 제8조의3(선거기사심의위원회) 제2항에 따른 국회에 교섭단체를 구성한 정당(이하 "추천정당"이라 한다)과 중앙선거관리위원회, 그리고 언론학계 · 대한변호사협회 · 언론인단체 및 시민단체 등(이하 "추천단체"라 한다)이 선거기사심의위원회 심의위원(이하 "심의위원"이라 한다)을 추천할 경우에는 「선거기사심의위원회규칙」이 정하는 서식[19]에 따른 추천서를 제출하여야 한다(선거기사심의위원회규칙§4①). 심의위원이 되려는 사람은 선거기사심의위원회규칙이 정하는 서식[20]에 따라 본인승낙서를 제출하여야 한다(선거기사심의위원회규칙§4②).

언론중재위원회는 심의위원을 추천을 의뢰할 경우 추천단체의 대표성과 전문성을 감안하여야 한다(선거기사심의위원회규칙§4③). 심의위원은 언론중재위원회 위원장이 결격사유 유무 등을 확인하여 위촉한다. 다만, 법 제8조의3(선거기사심의위원회) 제2항에 따른 경우를 제외한 피추천자는 운영위원회의 동의를 받아 위촉하여야 한다(선거기사심의위원회규칙§4④).

선거기사심의위원회의 위원은 정당에 가입할 수 없다(법§8의3⑥. §8의2③).

심의위원의 임기는 해당 선거와 관련하여 설치되는 선거기사심의위원회 운영기간으로 한다(선거기사심의위원회규칙§6①). 심의위원 중 결원이 생긴 때에는 선거기사심의위원회규칙 제4조(심의위원의 추천 및 위촉)에 따라 그 후임자를 위촉하며, 그 임기는 전임자 임기의 남은 임기로 한다(선거기사심의위원회규칙§6②).

심의위원은 명예직으로 한다. 다만, 언론중재위원회는 예산의 범위에서 수당, 여비, 그 밖의 실비를 지급할 수 있다(선거기사심의위원회규칙§11).

---

19) 선거기사심의위원회규칙 별지 제1호 서식 추천서

20) 선거기사심의위원회규칙 별지 제2호 서식 본인승낙서

(나) 해촉

심의위원이 ① 법 제8조의2(선거방송심의위원회) 제3항을 위반한 경우, ②「국가공무원법」 제33조(결격사유) 각 호에 해당하는 경우, ③ 정당추천위원으로서 그 추천정당이 국회에 교섭단체를 구성할 수 없게 된 경우 언론중재위원회 위원장은 운영위원회의 동의를 얻어 해당 위원을 해촉할 수 있다(선거기사심의위원회규칙§7).

(3) 위원장 등

선거기사심의위원회에 정·부위원장 각 1인을 두며, 언론인단체 및 정당이 추천한 사람 이외의 심의위원 중에서 호선한다(선거기사심의위원회규칙§5①). 선거기사심의위원회 위원장은 선거기사심의위원회 회의의 의장이 되며, 그 직무와 관련하여 사무를 통괄한다(선거기사심의위원회규칙§5②). 위원장이 부득이한 사유로 직무를 수행할 수 없을 때에는 부위원장이 그 직무를 대행한다(선거기사심의위원회규칙§5③). 위원장, 부위원장 및 심의위원은 비상임으로 한다(선거기사심의위원회규칙§5④).

(4) 회의

(가) 회의소집

선거기사심의위원회 회의는 언론중재위원회 위원장이 필요하다고 인정할 경우와 선거기사심의위원회 위원장 또는 재적위원 3분의 1 이상의 요구가 있을 경우에 소집한다(선거기사심의위원회규칙§9①).

선거기사심의위원회 위원장은 부득이한 사유로 인하여 회의 개최가 곤란한 경우 또는 신속한 피해구제를 위하여 필요하다고 인정되는 경우 서면으로 의결하고 이를 차기 선거기사심의위원회에 보고하게 할 수 있다. 단, 당사자가 회의에 출석하여 의견을 진술할 의사를 위원회에 통지한 경우에는 그러하지 아니하다(선거기사심의위원회규칙§9②). 서면결의에 대하여는 의결정족수에 관한 선거기사심의위원회규칙 제8조(의결정족수)의 규정을 준용한다(선거기사심의위원회규칙§9③). 언론중재위원회는 선거기사심의위원회규칙 제9조(회의 소집 등) 제2항의 서면의결을 위하여 서면, 팩시밀리, 전자우편 등의 방법으로 의결에 필요한 자료를 심의위원에게 신속하게 전달하고 의견을 취합하여야 한다(선거기사심의위원회규칙§17⑤).

선거기사심의위원회 회의는 비공개를 원칙으로 하며, 선거기사심의위원회의 결정으로 공개로 할 수 있다(선거기사심의위원회규칙§10).

(나) 의결

선거기사심의위원회 회의는 재적위원 3분의 2 이상의 출석과 출석위원 과반수의 찬성으로 의결한다(선거기사심의위원회규칙§8①). 의장은 표결권을 가지며, 가부동수인 때에는 부결된 것으로 본다(선거기사심의위원회규칙§8②).

다. 직무

선거기사심의위원회는 ① 법 제8조의3(선거기사심의위원회) 제3항에 따른 선거기사 심의, ② 법 제8조의3(선거기사심의위원회) 제6항에 따른 선거기사 관련 후보자(후보자가 되고자 하는 자를 포함한다)의 시정요구사항 심의, ③법제8조의4(선거보도에 대한 반론보도청구) 제3항에 따른 반론보도청구의 심의를 그 직무로 한다(선거기사심의위원회규칙§3①).

선거기사심의위원회는 법 제8조의3(선거기사심의위원회) 제6항에 따라 선거기사의 정치적 중립성·형평성·객관성 및 권리구제 기타 선거기사의 공정을 보장하기 위하여 필요한 사항을 정하여 이를 언론중재위원회에 요청하여 공표한다(법§8의3⑥, §8의2④, 선거기사심의위원회규칙§3②). 이에 따라 언론중재위원회는 선거기사심의위원회의 구체적 심의기준을 정한「선거기사 심의기준에 관한 규정」[21]을 공표하였다.

라. 심의 및 의결

(1) 심의안건

언론중재위원회는 법 제8조의3(선거기사심의위원회) 제1항 및 제3항에 따른 정기간행물 등의 선거기사에 대한 심의안건을 작성한다(선거기사심의위원회규칙§12①). 심의위원은 선거기사 심의에 필요하다고 인정하는 사안을 심의안건으로 상정할 수 있다(선거기사심의위원회규칙§12②).

(2) 정기간행물 등 제출 요청

정기간행물 등을 발행한 자가 선거기사심의위원회의 운영기간 중에「신문 등의 진흥에 관한 법률」제2조(정의) 제1호 가목 또는 다목의 규정에 따른 일반일간신문 또는 일반주간신문을 발행하는 때에는 그 정기간행물 등 1부를, 그 외의 정기간행물 등을 발행하는 때에는 선거기사심의위원회의 요청이 있는 경우 1부를 지체 없이 선거기사심의위원회에 제출하여야 한다(법§8의3④). 정기간행물 등을 제출한 자의 요구가 있는 때에는 선거기사심의위원회는 정당한 보상을 하여야 한다(법§8의3⑤).

선거기사심의위원회는 법 제8조의3(선거기사심의위원회) 제4항에 따라 정기간행물 등의 제출의무자가 이를 제출하지 아니하는 경우에는 서면으로 2회 이상 그 제출을 요구하여야 한

21) 2017. 2. 13. 언론중재위원회

다(선거기사심의위원회규칙§13①). 전항에도 불구하고 이를 제출하지 아니한 경우 선거기사심의위원회는 과태료부과대상임을 증명할 수 있는 자료를 해당 정기간행물 등의 발행소 소재지를 관할하는 시·도선거관리위원회에 통보하여야 한다(선거기사심의위원회규칙§13②).

(3) 후보자 등의 시정요구

후보자 및 후보자가 되려는 사람(이하 "후보자등"이라 한다)은 선거기사심의위원회가 설치된 때부터 선거기사의 내용이 불공정하다고 인정되는 경우에는 선거기사심의위원회에 그 시정을 요구할 수 있고, 선거기사심의위원회는 지체 없이 이를 심의·의결하여야 한다(법§8의3⑥, §8의2⑥).

후보자가 법 제8조의2(선거방송심의위원회) 제6항 및 제8조의3(선거기사심의위원회) 제6항에 따라 시정요구를 할 경우 불공정하다고 주장하는 선거기사의 전문과 시정요구사항을 선거기사심의위원회규칙이 정하는 서식[22]에 따라 제출하여야 한다(선거기사심의위원회규칙§14①). 시정을 요구한 후보자는 해당 언론사가 시정요구에 대한 선거기사심의위원회의 결정사항을 이행하기 전까지 서면으로 시정요구를 취하할 수 있다(선거기사심의위원회규칙§14②).

(4) 의견진술

선거기사심의위원회는 당사자 또는 그 대리인(이하 "당사자등"이라 한다)에게 의견진술을 할 기회를 주어야 한다. 다만, 선거기사심의위원회규칙 제15조(심의·의결) 제2항의 조치사유에 해당하는 경우 또는 제15조(심의·의결) 제4항에 따른 결정인 경우에는 그러하지 아니하다(선거기사심의위원회규칙§16①). 전항에 따른 선거기사심의위원회의 의견진술 요구의 통지는 서면, 전화, 팩시밀리, 전자우편 등으로 할 수 있다(선거기사심의위원회규칙§16②). 당사자등이 정당한 이유 없이 이에 응하지 아니한 경우에는 의견진술을 포기한 것으로 본다(선거기사심의위원회규칙§16③).

당사자등은 서면, 팩시밀리, 전자우편 등을 이용하여 의견을 제출할 수 있다(선거기사심의위원회규칙§16④). 선거기사심의위원회는 신속하고 원활한 심의를 위하여 의견진술 절차를 별도로 정할 수 있다(선거기사심의위원회규칙§16⑤).

(5) 심의·의결

선거기사심의위원회는 「신문 등의 진흥에 관한 법률」 제2조(정의) 제1호에 따른 신문, 「잡지 등 정기간행물의 진흥에 관한 법률」 제2조(정의) 제1호에 따른 잡지·정보간행물·전자간행물 기타 간행물 및 「뉴스통신진흥에 관한 법률」 제2조(정의) 제1호에 따른 뉴스통신(이하

---

22) 선거기사심의위원회규칙 별지 제3호 서식 시정요구서

"정기간행물 등"이라 한다)에 게재된 선거기사의 공정여부를 조사하여야 하고, 조사결과 선거기사의 내용이 공정하지 아니하다고 인정되는 경우에는 해당 기사의 내용에 대하여 ① 정정보도문 또는 반론보도문 게재, ② 경고결정문 게재, ③ 주의사실 게재, ④ 경고, 주의 또는 권고 중 어느 하나에 해당하는 제재조치를 결정하여 이를 언론중재위원회에 통보하여야 한다(법§8의3③, 선거기사심의위원회규칙§15①).[23] 선거기사심의위원회는 해당기사의 내용이 심의기준을 위반한 정도가 경미하다고 판단되는 경우 위 제재조치 외에 권고 등 필요한 조치를 할 수 있다(선거기사심의위원회규칙§15②).

선거기사심의위원회는 법 제8조의2(선거방송심의위원회) 제6항 및 법 제8조의3(선거기사심의위원회) 제6항에 따른 시정요구 내용이 이유 없음이 명백할 때에는 이를 기각할 수 있다(선거기사심의위원회규칙§15③). 선거기사심의위원회는 법 제8조의2(선거방송심의위원회) 제6항 및 법 제8조의3(선거기사심의위원회) 제6항에 따른 시정요구가 부적법할 경우에는 이를 각하하여야 한다(선거기사심의위원회규칙§15④).

바. 언론중재위원회의 조치

언론중재위원회 위원장은 선거기사심의위원회로부터 정기간행물 등에 대한 「선거기사심의위원회규칙」 제15조(심의·의결)의 결정을 통보받은 경우 선거법 및 선거기사심의위원회규칙으로 정하는 절차에 따라 지체 없이 불공정한 선거기사를 게재한 정기간행물 등을 발행한

---

23) "사과문 게재"를 제재조치 중의 하나로 규정하고 있던 구 공직선거법(2009. 7. 31. 법률 제9785호로 개정된 것) 제8조의3(선거기사심의위원회) 제3항에 대하여, 헌법재판소는 「이 사건 사과문 게재 조항은 정기간행물 등을 발행하는 언론사가 보도한 선거기사의 내용이 공정하지 아니하다고 인정되는 경우 선거기사심의위원회의 사과문 게재 결정을 통하여 해당 언론사로 하여금 그 잘못을 인정하고 용서를 구하게 하고 있다. 이는 언론사 스스로 인정하거나 형성하지 아니한 윤리적·도덕적 판단의 표시를 강제하는 것으로서 언론사가 가지는 인격권을 제한하는 정도가 매우 크다. 더욱이 이 사건 처벌조항은 형사처벌을 통하여 그 실효성을 담보하고 있다. 그런데 공직선거법에 따르면, 언론사가 불공정한 선거기사를 보도하는 경우 선거기사심의위원회는 사과문 게재 명령 외에도 정정보도문의 게재 명령을 할 수 있다. 또한 해당 언론사가 '공정보도의무를 위반하였다는 결정을 선거기사심의위원회로부터 받았다는 사실을 공표'하도록 하는 방안, 사과의 의사표시가 필요한 경우에도 사과의 '권고'를 하는 방법을 상정할 수 있다. 나아가, 이 사건 법률조항들이 추구하는 목적, 즉 선거기사를 보도하는 언론사의 공적인 책임의식을 높임으로써 민주적이고 공정한 여론 형성 등에 이바지한다는 공익이 중요하다는 점에는 이론의 여지가 없으나, 언론에 대한 신뢰가 무엇보다 중요한 언론사에 대하여 그 사회적 신용이나 명예를 저하시키고 인격의 자유로운 발현을 저해함에 따라 발생하는 인격권 침해의 정도는 이 사건 법률조항들이 달성하려는 공익에 비해 결코 작다고 할 수 없다. 결국 이 사건 법률조항들은 언론사의 인격권을 침해하여 헌법에 위반된다.」고 결정하였다(2015. 7. 30. 선고 2013헌가8 결정). 위 헌법재판소 결정 이후 2017. 2. 8. 법률 제14556호로 공직선거법이 개정되어 위 "사과문 게재"는 삭제되었다.

그러나 「선거기사심의위원회규칙」 제15조(심의·의결) 제1항은 위 헌법재판소의 결정과 공직선거법의 개정에도 불구하고, 그 제1호 "사과문 게재"를 제재조치중의 하나로 현재까지 그대로 존치하고 있는데, 위 제1호는 지체 없이 삭제되어야 할 뿐 아니라, 위 규칙 제15조(심의·의결)를 공직선거법 제8조의3(선거기사심의위원회)의 규정에 맞게 개정하여야 한다.

자(이하 "언론사"라 한다)에 대하여 통보받은 제재조치의 이행을 명하여야 한다(법§8의3③, 선거기사심의위원회규칙§17①). 언론중재위원회는 「선거기사심의위원회규칙」 제15조(심의·의결) 제1항의 결정에 대하여 해당 언론사에 그 이행여부를 확인하여야 한다(선거기사심의위원회규칙§17②). 언론중재위원회는 「선기기사심의위원회규칙」 제15조(심의·의결) 제1항의 결정을 해당 언론사가 이행하지 않을 경우 그 불이행 사실을 정기간행물 등의 발행소 소재지를 관할하는 시·도선거관리위원회에 통보하여야 한다(선거기사심의위원회규칙§17③).

언론중재위원회는 선거기사심의위원회규칙 제14조 제1항의 시정요구에 대한 심의결과를 지체 없이 시정요구인에게 통지하여야 한다(선거기사심의위원회규칙§17④).

언론중재위원회는 선거기사심의위원회가 의결한 제재조치에 관하여 제재대상 언론사명과 해당 결정내용 등을 언론중재위원회 홈페이지 게시 등의 방법을 통해 공개할 수 있다(선거기사심의위원회규칙§17의2).

언론중재위원회로부터 제재조치를 명받은 정기간행물 등을 발행하는 자에 실질적 발행인이 포함되는지 여부에 관하여, 법원은 「「신문 등 진흥에 관한 법률」(이하 「신문법」이라 함) 제9조(등록) 제1항은 신문을 발행하려는 자로 하여금 미리 관할 시장 등에게 발행인을 등록하도록 하고 있고, 공직선거법에서는 "정기간행물 등을 발행한 자"의 의미를 별도로 정하고 있지 않으므로 특별한 사정이 없는 이상 이를 「신문법」에서 정한 발행인과 같은 의미로 이해하는 것이 합리적이다. 그러나 여러 사정들을 종합하여 보면, 신문 발행과 관련하여 공직선거법 제256조(각종제한규정위반죄) 제2항 제3호 나목(현행 제256조 제2항 제2호)에 정해진 제8조의3(선거기사심의위원회) 제3항의 사과문 게재통보를 받고서도 이를 지체 없이 이행하지 않는 자의 범위에 해당 신문의 실질적 발행인도 포함된다고 봄이 상당하다. 입법자가 형식상 발행인으로 등록된 자만을 범행주체로 정하고자 하였다면 "정기간행물 등에 관하여 발행인으로 등록된 자"로 규정하는 등의 입법이 가능하였음에도 이러한 방식을 취하지 않은 점, 「신문법」 제39조(과태료) 제1항 제1호 등에 의하면 형식적 발행인과 실질적 발행인이 구분되고 있음을 전제로 하여 입법이 이루어진 점(발행인이 다른 사람으로 변경되었음에도 발행인 변경등록을 하지 않은 채 신문을 발행할 경우 과태료 부과대상이 됨) 등을 고려할 때 "정기간행물 등을 발행한 자"에 실질적 발행인이 포함되지 않는다고 해석한다면 형식적 발행인을 내세워 다른 사람이 실질적으로 신문발행을 하는 경우 고의적으로 언론중재위원회의 통보에 응하지 않더라도 신문사 운영에 관여하지 않은 형식적 발행인에 대해서는 책임주의 원칙상 죄책을 물을 수 없고, 실질적 발행인에 대해서는 발행인으로 등록되지 않았다는 이유로 처벌할 수 없게 되는 부당한 결과가 초래된다.」고 판시하였다.[24)]

24) 2013. 8. 22. 선고 2013도6974 판결

사. 재심

「선거기사심의위원회규칙」 제15조(심의·의결)에 따른 결정에 이의가 있는 사람은 해당 결정을 송달받은 날로부터 3일 이내에 선거기사심의위원회에 재심을 청구할 수 있다. 다만, 재심의 청구는 한 번만 할 수 있다(선거기사심의위원회규칙§18①). 재심을 청구한 사람(이하 "재심청구인"이라 한다)은 「선거기사심의위원회규칙」이 정하는 서식[25]에 따른 재심청구서를 제출하여야 한다(선거기사심의위원회규칙§18②).

재심청구인(또는 위임받은 대리인) 및 관련 당사자는 재심절차에 출석하여 발언할 수 있다(선거기사심의위원회규칙§18③). 선거기사심의위원회는 재심의 청구를 받은 경우 지체 없이 이를 심의·결정하고, 그 결과를 재심청구인 및 관련 당사자에게 지체 없이 통지하여야 한다(선거기사심의위원회규칙§18④).

아. 벌칙

법 제8조의3(선거기사심의위원회) 제3항 제1호부터 제3호까지의 규정에 따른 제재조치를 통보받고 지체 없이 이를 이행하지 아니한 자는 2년 이하의 징역 또는 1천500만원 이하의 벌금에 처한다(법§256②2.).

한편, 법 제8조의3(선거기사심의위원회) 제4항의 규정에 위반하여 정당한 사유 없이 정기간행물등을 제출하지 아니한 자는 100만원 이하의 과태료를 부과한다(법§261⑧5.).

4. 선거보도에 대한 반론보도청구

가. 반론보도청구

(1) 의의

선거보도에 대한 반론보도청구는 방송 또는 정기간행물 등에 공표된 인신공격, 정책의 왜곡선전 등으로 피해를 입은 정당 또는 후보자 등이 그 선거보도를 한 방송사나 언론사에 대하여 그 선거기사에 대한 반론을 게재하여 줄 것을 요구하는 것이다(법§8의4①).

'반론보도청구 요건 등'을 규정한 구 「정기간행물의 등록 등에 관한 법률(2005. 1. 27. 법률 제7369호 「신문 등의 자유와 기능보장에 관한 법률」로 전문 개정되기 전의 것)」 제16조(반론보도청구권)와 관련하여, 법원은 「반론보도청구권은 첫째, 언론기관이 특정인의 인격을 침해한 경우 피해를 입은 개인에게도 신속·적절하고 대등한 방어수단이 주어져야 함이 마땅하고, 특

25) 선거기사심의위원회규칙 별지 제5호 서식 재심청구서

히 공격내용과 동일한 효과를 갖게끔 보도된 매체 자체를 통하여 방어주장의 기회를 보장하는 것이 적절하고 형평의 원칙에도 잘 부합할 수 있으며, 둘째, 독자로서는 언론기관이 시간적 제약 아래 일방적으로 수집 · 공급하는 정보에만 의존하기보다는 상대방의 반대주장까지 들어야 비로소 올바른 판단을 내릴 수 있기 때문에 상대방의 반대주장의 기회를 보장하는 것이 진실발견과 올바른 여론형성을 위하여 중요한 의미를 가진다는 취지에서 인정된 것으로서,[26] 인간의 존엄과 가치 및 행복추구권을 규정한 「헌법」 제10조, 사생활의 비밀과 자유를 규정한 「헌법」 제17조, 언론 · 출판의 자유를 규정한 「헌법」 제21조 제1항, 언론 · 출판의 자유의 한계와 책임을 규정한 「헌법」 제21조 제4항 등의 헌법적 요청에 뿌리를 두고 있으며,[27] 피해자의 권리를 구제한다는 주관적 의미와 함께 독자로 하여금 균형잡힌 여론을 형성할 수 있도록 한다는 객관적 제도로서의 의미를 아울러 가진다.」고 판시하였다.[28]

(2) 반론보도청구 당사자

반론보도청구는 인신공격, 정책의 왜곡선전 등으로 피해를 입은 정당(중앙당에 한한다) 또는 후보자(후보자가 되고자 하는 자를 포함한다)가 할 수 있고, 그 상대방은 방송사나 언론사이다(법§8의4①).

(3) 반론보도청구 요건

후보자 등은 방송이나 정기간행물 등에 공표된 인신공격, 정책의 왜곡선전 등으로 피해를 입은 경우에 반론보도를 청구할 수 있다(법§8의4①). '인신공격'이란 후보자 등에 대하여 근거 없는 비방이나 흑색선전, 모욕 등 선거에 불리하게 작용하는 일체의 인신 공격적인 선거보도를 말하고, '정책의 왜곡선전'이란 상대방의 정책을 의도적으로 불리하게 왜곡하여 홍보하거나 선전하는 선거보도를 말한다. 이러한 '인신공격'이나 '정책의 왜곡선전'은 그 개념 자체의 성격에서 비롯되는 것에 의하여 「언론중재 및 피해구제 등에 관한 법률」 소정의 반론보도청구권과는 달리 사실적 주장에 한정되지 않고 의견을 표명하는 경우도 포함한다.[29]

---

26) 1996. 4. 25. 선고 95헌바25 전원재판부 결정, 1991. 9. 16. 선고 89헌마165 전원재판부 결정

27) 1991. 9. 16. 선고 89헌마165 전원재판부 결정

28) 2006. 11. 23. 선고 2004다50747 판결, 2006. 2. 10. 선고 2000다49040 판결, 2000. 3. 24. 선고 99다63133 판결, 1996. 12. 23. 선고 95다37278 판결

29) 차형근은 '표현의 자유의 핵심은 의견의 보호에 있고 특히 공직자로 취임하려는 사람에 대한 다양한 평가는 허용되어야 하는것이기에 의견반론을 인정하는 공직선거법상의 반론보도청구권은 그 허용여부를 재검토하여야 한다.'고 주장한다(차형근, 「공직선거법상의 반론보도청구권 등의 문제점」, 대한변협신문 2012. 11. 26.자). 보도에는 사실보도와 의견 · 논평과 같은 2개의 범주로 나누어지는데, 전자는 민형사상 책임의 대상이 되지만, 후자의 경우에는 여론형성이라는 언론의 본질상 책임소재의 대상이 되지 않는다는 것이 언론법의 기본원칙이다. 그럼에도 불구하고 선거보도에 해당하면 형사처벌의 대상이 되는 것으로 규정된 법 제8조의4(선거보도에 대한 반론보도청구) 제1항은 언론법의 기본원칙과 배치되어 언론의 자유를 본질적으

(4) 반론보도청구 기간

방송이나 정기간행물 등에 공표된 인신공격, 정책의 왜곡선전 등으로 피해를 입은 경우에 그 방송 또는 기사게재가 있음을 안 날부터 10일 이내에 청구할 수 있다. 다만, 그 방송 또는 기사게재가 있은 날로부터 30일이 경과한 때에는 그러하지 아니하다(법§8의4①).

(5) 반론보도청구 방법

반론보도청구는 서면으로 당해 방송을 한 방송사에 반론보도의 방송을, 당해 기사를 게재한 언론사에 반론보도문의 게재를 청구할 수 있다(법§8의4①).

반론보도청구는 언론사 등의 대표자에게 서면으로 하여야 하며, 청구서에는 피해자의 성명·주소·전화번호 등의 연락처를 적고, 반론의 대상인 언론보도 등의 내용 및 반론을 청구하는 이유와 청구하는 반론보도문을 명시하여야 한다. 다만, 인터넷신문 및 인터넷뉴스서비스의 언론보도 등의 내용이 해당 인터넷 홈페이지를 통하여 계속 보도 중이거나 매개 중인 경우에는 그 내용의 반론을 함께 청구할 수 있다(법§8의4④, 언론중재 및 피해구제 등에 관한 법률§15①).

나. 반론보도 협의 및 보도

방송사 또는 언론사는 반론보도청구를 받은 때에는 지체 없이 당해 정당, 후보자 또는 그 대리인과 반론보도의 내용·크기·횟수 등에 관하여 협의한 후, 방송에 있어서는 이를 청구받은 때부터 48시간 이내에 무료로 반론보도의 방송을 하여야 하고, 정기간행물 등에 있어서는 편집이 완료되지 아니한 같은 정기간행물 등의 다음 발행호에 무료로 반론보도문을 게재하여야 한다. 이 경우 정기간행물 등에 있어서 다음 발행호가 선거일 후에 발행·배부되는 경우에는 반론보도의 청구를 받은 때부터 48시간 이내에 당해 정기간행물 등이 배부된 지역에 배부되는 「신문 등의 진흥에 관한 법률」 제2조(정의) 제1호 가목에 따른 일반일간신문에 이를 게재하여야 하며, 그 비용은 당해 언론사의 부담으로 한다(법§8의4②).

다. 심의회부 및 심의·결정 등

(1) 심의회부

반론보도 협의가 이루어지지 아니한 때에는 당해 정당, 후보자, 방송사 또는 언론사는 선거방송심의위원회 또는 선거기사심의위원회에 지체 없이 이를 회부하여야 한다(법§8의4③ 전단).

로 침해할 우려가 있으므로 개정하는 것이 바람직하다.

정당(중앙당에 한한다), 후보자등 또는 방송사는 법 제8조의4(선거보도에 대한 반론보도청구) 제3항에 따라 반론보도청구를 선거방송심의위원회에 회부할 수 있고(선거방송심의위원회규칙 §15①), 반론보도청구를 선거방송심의위원회에 회부하려는 자는 선거방송심의위원회규칙이 정하는 서식[30]의 반론보도청구회부서를 작성하여 선거방송심의위원회에 제출하여야 한다(선거방송심의위원회규칙§15②).

선거방송심의위원회 위원장은 반론보도청구회부서를 접수하는 즉시 「선거방송심의위원회규칙」 제6조(회의 등) 제1항에 따라 선거방송심의위원회를 소집하고 반론보도청구의 양측 당사자등의 선거방송심의위원회 출석을 통보하여야 한다(선거방송심의위원회규칙§15③).

후보자, 정당(중앙당에 한한다) 및 언론사가 법 제8조의4(선거보도에 대한 반론보도청구) 제3항에 따라 반론보도청구를 선거기사심의위원회에 회부할 때에는 그 취지를 「선거기사심의위원회규칙」이 정하는 서식[31]에 따른 서면(이하 "청구서"라 한다)으로 작성하여 선거기사심의위원회에 제출하여야 한다(선거기사심의위원회규칙§19①). 반론보도청구 회부서에는 ① 반론보도청구인의 반론보도청구서, ② 당사자간 협의경위와 협의가 불성립한 사유 등, ③ 해당 사건 취재경위 등을 포함한 언론사의 의견(언론사가 선거기사심의위원회에 회부하는 경우)을 첨부하여야 한다(선거기사심의위원회규칙§19②). 선거기사심의위원회 위원장은 청구서를 접수한 즉시 「선거기사심의위원회규칙」 제9조(회의 소집 등)에 따라 선거기사심의위원회를 소집하고 반론보도청구의 양측 당사자 등에게 출석을 통보하여야 하며, 그 통보는 구두, 팩시밀리 등으로 할 수 있다(선거기사심의위원회규칙§19③).

(2) 심의 · 결정

(가) 심의 · 결정

선거방송심의위원회 또는 선거기사심의위원회는 회부를 받은 때부터 48시간 이내에 심의하여 각하 · 기각 또는 인용결정을 한 후 지체 없이 이를 당해 정당 또는 후보자와 방송사 또는 언론사에 통지하여야 한다. 이 경우 반론보도의 인용결정을 하는 때에는 반론방송 또는 반론보도문의 내용 · 크기 · 횟수 기타 반론보도에 필요한 사항을 함께 결정하여야 한다(법§8의4③).

선거방송심의위원회는 회부된 반론보도청구를 심의함에 있어서 사실을 조사하고, 청구인과 방송사 등 양측 당사자 등의 의견을 청취한 후 회부받은 때로부터 48시간 이내에 심의하여 각하 · 기각 또는 인용결정을 한 후 지체 없이 이를 해당 정당, 후보자등 또는 방송사에 통지하여야 한다(선거방송심의위원회규칙§16①). 선거방송심의위원회는 당사자등이 선거방송심

30) 선거방송심의위원회규칙 별지 제3호 서식 반론보도청구회부서
31) 선거기사심의위원회규칙 별지 제7호 서식 반론보도청구회부서

의위원회의 출석통보를 받고도 출석하지 아니하거나 의견진술을 거부한 때에는 당해 당사자 등의 의견청취 절차를 생략할 수 있다(선거방송심의위원회규칙§16③). 선거방송심의위원회가 반론보도의 인용결정을 하는 때에는 반론방송의 내용·크기·횟수 및 그 밖에 반론보도에 필요한 사항을 함께 결정하여야 한다(선거방송심의위원회규칙§16③).

선거기사심의위원회는 회부된 반론보도청구를 심의하는 경우, 사실을 조사하고, 청구인과 언론사 등 양측 당사자 등의 의견을 청취한 후 반론보도의 내용과 방법을 결정하여야 한다(선거기사심의위원회규칙§20①). 선거기사심의위원회는 당사자 등이 선거기사심의위원회의 출석통보를 받고도 출석하지 아니하거나 의견진술을 거부할 경우 해당 당사자 등의 의견청취 절차를 생략할 수 있다(선거기사심의위원회규칙§20②). 법 제8조의4(선거보도에 대한 반론보도청구) 제3항에 따른 결정문은 참석 선거기사심의위원회 위원들이 서명 또는 날인한다(선거기사심의위원회규칙§20③).

(3) 반론보도청구 거부

언론사 등은 ① 피해자가 반론보도청구권을 행사할 정당한 이익이 없는 경우, ② 청구된 반론보도의 내용이 명백히 사실과 다른 경우, ③ 청구된 반론보도의 내용이 명백히 위법한 내용인 경우, ④ 반론보도의 청구가 상업적인 광고만을 목적으로 하는 경우, ⑤ 청구된 반론보도의 내용이 국가·지방자치단체 또는 공공단체의 공개회의와 법원의 공개재판절차의 사실보도에 관한 것인 경우에는 반론보도 청구를 거부할 수 있다(법§8의4④, 언론중재 및 피해구제 등에 관한 법률§15④).

반론보도청구권을 행사할 '정당한 이익이 없는 경우'란 신청인이 구하는 반론보도의 내용이 이미 원문 기사를 보도한 당해 일간신문을 통하여 원문 기사와 같은 비중으로 충분한 반론보도가 이루어져 반론보도청구의 목적이 달성된 경우와 반론보도의 내용과 원문 기사에 보도된 내용이 본질적인 핵심에 관련되지 못하고 지엽말단적인 사소한 것에만 관련되어 있을 뿐이어서 이의 시정이 올바른 여론형성이라는 본래의 목적에 기여하는 바가 전혀 없는 경우 등을 포함한다.[32] 반론보도청구인이 스스로 반론보도청구의 내용이 허위임을 알면서도 청구하는 경우는 반론보도청구권을 남용하는 것으로 헌법적 보호 밖에 있는 것이어서 반론보도청구권을 행사할 정당한 이익이 없다. 반론제도가 본래 반론보도내용의 진실 여부를 요건으로 하지 않는 것이어서 허위반론의 위험을 감수하는 것은 불가피하다 하더라도 반론보도청구인에게 거짓말할 권리까지 부여하는 것은 아니며, 반론보도청구인 스스로 허위임을 인식한 반론보도내용을 게재하는 것은 반론보도청구권이 가지는 피해자의 권리구제라는 주관적 의미나 올바른 여론의 형성이라는 객관적 제도로서의 의미 어느 것에도 기여하지 못하

32) 1997. 10. 28. 선고 97다28803 판결

여 반론보도청구권을 인정한 헌법적 취지에도 부합되지 않는 것으로서 이를 정당화할 아무런 이익이 존재하지 아니하는 반면, 이러한 반론으로부터 자유로운 언론기관의 이익은 그만큼 크다고 할 수 있기 때문에 상충하는 이익 사이의 조화로운 해결책을 찾는다면 위와 같이 허위임을 인식한 반론보도청구는 마땅히 배제되어야 한다.[33]

(4) 반론보도 방법

언론사 등이 하는 반론보도에는 원래의 보도 내용을 정정하는 사실적 진술, 그 진술의 내용을 대표할 수 있는 제목과 이를 충분히 전달하는 데에 필요한 설명 또는 해명을 포함하되, 위법한 내용은 제외한다(법§8의4④, 언론중재 및 피해구제 등에 관한 법률§15⑤).

언론사 등이 하는 반론보도에는 공정한 여론형성이 이루어지도록 그 사실공표 또는 보도가 이루어진 같은 채널, 지면 또는 장소에서 같은 효과를 발생시킬 수 있는 방법으로 하여야 하며, 방송의 반론보도문은 자막(라디오방송은 제외한다)과 함께 통상적인 속도로 읽을 수 있게 하여야 한다(법§8의4④, 언론중재 및 피해구제 등에 관한 법률§15⑥).

(5) 반론보도청구 이행 보고

방송사는 선거방송심의위원회 결정에 대하여 이를 이행한 후 지체 없이 그 결과를 선거방송심의위원회 위원장에게 보고하여야 한다(선거방송심의위원회규칙§16④).

언론중재위원회는 선거기사심의위원회의 반론보도청구 결정에 대하여 해당 언론사에 그 이행여부를 확인하여야 한다(선거기사심의위원회규칙§20④, §17②). 언론중재위원회는 선거기사심의위원회의 반론보도청구 결정을 해당 언론사가 이행하지 않을 경우 그 불이행 사실을 정기간행물 등의 발행소 소재지를 관할하는 시·도선거관리위원회에 통보하여야 한다(선거기사심의위원회규칙§20④, §17③).

라. 공표된 선거보도의 보관

방송사업자, 신문사업자, 잡지 등 정기간행물사업자 및 뉴스통신사업자는 공표된 방송보도(재송신을 제외한다) 및 방송프로그램, 신문, 잡지 등 정기간행물, 뉴스통신보도의 원본 또는 사본을 공표 후 6개월간 보관하여야 한다(법§8의4④, 언론중재 및 피해구제 등에 관한 법률§15⑦).

마. 벌칙

법 제8조의4(선거보도에 대한 반론보도청구) 제3항에 따른 반론보도의 결정을 통보받고 지체 없이 이를 이행하지 아니한 자는 2년 이하의 징역 또는 1천500만원 이하의 벌금에 처한다

---

33) 2006. 11. 23. 선고 2004다50747 판결

(법§256②3.).

5. 인터넷선거보도심의위원회[34)]

가. 인터넷선거보도심의위원회의 설치

중앙선거관리위원회는 인터넷언론사(「신문 등의 진흥에 관한 법률」 제2조(정의) 제4호에 따른 인터넷신문사업자 그 밖에 정치·경제·사회·문화·시사 등에 관한 보도·논평·여론 및 정보 등을 전파할 목적으로 취재·편집·집필한 기사를 인터넷을 통하여 보도·제공하거나 매개하는 인터넷홈페이지를 경영·관리하는 자와 이와 유시한 언론의 기능을 행하는 인터넷홈페이지를 경영·관리하는 자를 말한다)의 인터넷홈페이지에 게재된 선거보도(사설·논평·사진·방송·동영상 기타 선거에 관한 내용을 포함한다)의 공정성을 유지하기 위하여 인터넷선거보도심의위원회를 설치·운영하여야 한다(법§8의5①).

나. 인터넷언론사의 범위 및 공정보도의무

(1) 인터넷언론사의 범위[35)]

(가) 인터넷언론사

법 제8조의5(인터넷선거보도심의위원회) 제1항에 따른 인터넷언론사는 다음 각 호의 어느 하나에 해당하는 인터넷 홈페이지를 경영·관리하는 자를 말한다[인터넷선거보도심의위원회의 구성 및 운영에 관한 규칙(이하 "인터넷선거보도심의위원회규칙"이라 한다)§2①].

---

34) 방송사, 언론사, 인터넷언론사에 각각 대응하는 선거방송심의위원회, 선거기사심의위원회, 인터넷선거보도심의위원회 등 현행 매체 중심 심의제도와 관련하여, '매체 중심의 심의는 해당 매체에서 보도한 내용에만 집중함으로써 매체특성을 반영하여 심의하기에 용이한 점이 있으나, 이는 언론 및 선거커뮤니케이션 환경 변화를 효율적으로 수용하지 못해 발생하는 비효율, 비경제성을 초래할 수 있다. 각 심의위원회의 역할이 중첩되어 방송·인터넷, 신문·인터넷 간 중복심의가 일어날 가능성이 상존한다는 점에서 언론은 사실상 중복규제를 받고 있다. 따라서 심의기구를 통합하는 것이 바람직하다.'는 견해가 있다(최진호·이재진, 「선거보도 심의 및 심의기구에 대한 제도적 개선방안연구 −2004년 이후 대선 및 총선보도에 대한 중복심의 논의를 중심으로−」, 언론과 법 제15권 제2호(2016), 11−12쪽).

35) 헌법재판소는, 인터넷실명제와 관련하여 인터넷언론사의 개념 및 범위를 규정하고 있는 법 제8조의5(인터넷선거보도심의위원회) 제1항과 동조 제6항에 따른 구 「주요 심의대상 인터넷언론사의 관리 등에 관한 규정(2011. 12. 23. 인터넷선거보도심의위원회 훈령 제9호로 「인터넷선거보도 심의기준 등에 관한 규정」이 제정됨에 따라 폐지되었다)」 제22조(이 조에 따른 인터넷언론사의 범위는 현재의 「인터넷선거보도심의위원회규칙」 제2조의 인터넷언론사의 범위에 포함된다)에 대하여, '위와 같은 관계법령의 규정 내용이 구체적으로 인터넷언론사의 범위에 관하여 규정하고 있고 독립된 헌법기관인 중앙선거관리위원회가 설치·운영하는 인터넷선거보도심의위원회가 이를 결정·게시하는 이상 해당 인터넷언론사가 자신의 실명확인 조치의무를 지는지 여부에 관하여 확신이 없는 상태에 빠지는 경우가 없다.'면서 위 규정들은 명확성의 원칙에 반하지 아니한다는 취지로 판시하였다(2010. 2. 25. 선고 2008헌마324,2009헌바31(병합) 결정).

1. 독자적인 기사 생산과 지속적인 발행을 하는 「신문 등의 진흥에 관한 법률」 제2조(정의) 제4호의 인터넷신문사업자[36]와 「인터넷 멀티미디어 방송사업법」 제2조(정의) 제5호의 인터넷 멀티미디어 방송사업자[37]가 운영하는 인터넷 홈페이지
2. 신문 및 방송사업자 등이 직접 운영하거나 별도 법인으로 운영하는 인터넷 홈페이지로서 다음 각 목의 어느 하나에 해당하는 인터넷 홈페이지

가. 「신문 등의 진흥에 관한 법률」 제2조(정의) 제3호의 신문사업자[38]가 운영하는 인터넷 홈페이지

나. 「방송법」 제2조(정의) 제3호의 방송사업자[39]가 운영하는 인터넷 홈페이지

다. 「잡지 등 정기간행물의 진흥에 관한 법률」 제2조(정의) 제2호의 정기간행물사업자[40]가 운영하는 인터넷 홈페이지

라. 「뉴스통신 진흥에 관한 법률」 제2조(정의) 제3호의 뉴스통신사업자[41]가 운영하는 인터넷 홈페이지

3. 제1호 및 제2호의 인터넷언론사로부터 제공받은 기사를 인터넷을 통하여 계속적으로 제공하거나 매개하는 「신문 등 진흥에 관한 법률」 제2조(정의) 제6호의 인터넷뉴스서비스사업자[42]가 운영하는 인터넷 홈페이지

---

36) 「신문 등의 진흥에 관한 법률」 제2조(정의) 이 법에서 사용하는 용어의 정의는 다음과 같다.
4. "인터넷신문사업자"란 인터넷신문을 전자적으로 발행하는 자를 말한다.

37) 「인터넷 멀티미디어 방송사업법」 제2조(정의) 이 법에서 사용하는 용어의 뜻은 다음과 같다.
5. "인터넷 멀티미디어 방송사업자"란 다음 각 목의 사업자를 말한다.
가. 인터넷 멀티미디어 방송 제공사업자 : 인터넷 멀티미디어 방송 제공사업을 하기 위하여 제4조 제1항에 따른 허가를 받은 자
나. 인터넷 멀티미디어 방송 콘텐츠사업자 : 인터넷 멀티미디어 방송 콘텐츠사업을 하기 위하여 제18조 제2항에 따라 신고·등록하거나 승인을 받은 자

38) 「신문 등의 진흥에 관한 법률」 제2조(정의) 이 법에서 사용하는 용어의 정의는 다음과 같다.
3. "신문사업자"란 신문을 발행하는 자를 말한다.

39) 「방송법」 제2조(정의) 이 법에서 사용하는 용어의 정의는 다음과 같다.
3. "방송사업자"라 함은 다음 각 목의 자를 말한다.
가. 지상파방송사업자 : 지상파방송사업을 하기 위하여 제9조 제1항의 규정에 의하여 허가를 받은 자
나. 종합유선방송사업자 : 종합유선방송사업을 하기 위하여 제9조 제2항의 규정에 의하여 허가를 받은 자
다. 위성방송사업자 : 위성방송사업을 하기 위하여 제9조 제2항에 따라 허가를 받은 자
라. 방송채널사용사업자 : 방송채널사용사업을 하기 위하여 제9조 제5항의 규정에 의하여 등록을 하거나 승인을 얻은 자
마. 공동체라디오방송사업자 : 안테나공급전력 10와트 이하로 공익목적으로 라디오방송을 하기 위하여 제9조 제11항의 규정에 의하여 허가를 받은 자

40) 「잡지 등 정기간행물의 진흥에 관한 법률」 제2조(정의) 이 법에서 사용하는 용어의 정의는 다음과 같다.
2. "정기간행물사업자"란 정기간행물을 발행하는 자로서 제15조 제1항 또는 제16조 제1항에 따라 등록을 하거나 신고를 한 자를 말한다.

41) 「뉴스통신 진흥에 관한 법률」 제2조(정의) 이 법에서 사용하는 용어의 뜻은 다음과 같다.
3. "뉴스통신사업자"란 뉴스통신사업을 하기 위하여 제8조에 따라 등록한 자로서 뉴스통신을 경영하는 법인을 말한다.

4. 그 밖에 위 각 호와 유사한 언론의 기능을 행하는 인터넷 홈페이지를 경영·관리하는 자가 운영하는 인터넷 홈페이지로서 인터넷선거보도심의위원회가 정하는 인터넷 홈페이지[43]

(나) 인터넷언론사의 홈페이지로 보지 않는 경우

다음 각 호의 어느 하나에 해당하는 때에는 인터넷언론사의 인터넷 홈페이지로 보지 아니한다(인터넷선거보도심의위원회규칙§2②).

1. 정당 또는 후보자(후보자가 되고자 하는 자를 포함한다)가 설치·운영하는 인터넷 홈페이지
2. 선거운동을 하는 기관·단체가 설치·운영하는 인터넷 홈페이지
3. 그 밖에 인터넷선거보도심의위원회가 인터넷 홈페이지에 게재된 보도내용 및 운영양태 등을 고려하여 인터넷언론사로 인정하지 아니하는 인터넷 홈페이지

위 「인터넷선거보도심의위원회규칙」 제2조(인터넷언론사의 범위) 제1항 제4호에 따라 인터넷선거보도심의위원회는 다음 각 호에 따라 심의대상 인터넷언론사를 결정하고(인터넷선거보도 심의기준 등에 관한 규정§10②), 결정한 후에도 인터넷선거보도심의위원회가 필요하다고 인정하는 경우에는 심의대상 인터넷언론사를 추가하거나 제외할 수 있다(인터넷선거보도 심의기준 등에 관한 규정§10③).

1. 매 반기 말일 기준으로 그 다음 반기 첫 달의 10일까지

---

42) 「신문 등의 진흥에 관한 법률」 제2조(정의) 이 법에서 사용하는 용어의 정의는 다음과 같다.
6. “인터넷뉴스서비스사업자”란 제5호에 따른 전자간행물을 경영하는 자를 말한다.

43) 인터넷언론사의 범위에 관한 「인터넷선거보도심의위원회규칙」 제2조(인터넷언론사의 범위)에서와 같이 인터넷선거보도심의위원회가 인터넷언론사 여부를 정하는 것 등과 관련하여, 위 규정의 문제점은 아래와 같이 정리될 수 있다. 첫째, 위 규정에 의하면 결국 인터넷언론사의 개념 내지 범위가 법령에 규정되어 있는 것이기는 하지만 구체적으로는 인터넷선거보도심의위원회의 임의에 의하여 인터넷언론사가 결정될 수 있다는 것을 의미하여 법치행정의 원리가 본질적으로 침해된다는 것이다. 둘째, 인터넷언론사에 대한 범위 및 개념이 지나치게 광범위하고 불명확하다는 점이다. 법률 개념의 설정은 일반적으로 사용되는 용법을 벗어날 수 없다는 점을 감안하여 볼 때, 언론이란 법제도는 언론법제에서 정의 내지 규정하고 있는 바와 같이 원래 취재·편집·보도라는 3가지 기능의 조합으로 이루어지는 것인데, 공직선거법이 예정하고 있는 인터넷언론이 과연 이와 같은 고유의 언론개념에 부합되는지 의문이 아닐 수 없다. 공직선거법상 인터넷언론에서 언론은 전통적이고 고유한 어법에 부합되지 않고 더욱이 “유사한 언론기능”이라는 문구는 더더욱 불명확한 개념이 아닐 수 없다. 셋째, 인터넷언론사의 경우에 선거보도가 불공정하거나 왜곡된 경우에 정정보도나 반론보도를 하는 것과 별도로 형사처벌의 대상이 되고 있는데(법 제256조 제2항 제4호), 여기서 ‘선거보도’의 개념을 어떻게 정의하느냐에 따라 처벌의 범위가 달라지게 되어 결국 죄형법정주의의 핵심적인 내용인 명확성의 원칙을 위배하는 문제가 있다. 따라서 인터넷언론사의 도입취지를 고려할 때 충분히 그 범위와 개념을 법률에서 규정하는 것이 타당함에도 불구하고 하위법규에서 그 범위를 정하도록 한 것은 명확성의 원칙 및 과잉금지의 원칙에 부합된다고 하기 어려우므로, 공직선거법에 상세히 규정하는 것이 바람직하다(황창근, 「인터넷 선거운동에 관한 공직선거법의 규제체제 연구」, 홍익법학 제13권 제1호(2012), 163－164쪽).

2. 임기만료에 따른 선거(대통령의 궐위로 인한 선거 및 재선거를 포함한다)를 실시하는 때마다 후보자 등록기간개시일이 속하는 달의 전달 말일을 기준 으로 후보자등록기간개시일 전 10일까지(후보자등록기간개시일이 해당달의 10일 이내에 해당하는 경우에는 후보자등록기간개시일 전일까지)

또한, 위「인터넷선거보도심의위원회규칙」 제2조(인터넷언론사의 범위) 제2항 제3호에 따라 인터넷선거보도심의위원회는 ① 산업 · 경제 · 사회 · 과학 · 종교 · 교육 · 문화 · 체육 등 전문분야에 관한 순수한 학술 및 정보의 제공 · 교환을 목적으로 운영하는 인터넷 홈페이지, ② 법인 · 단체, 기업체 등의 홍보 또는 소속원에게 동정 또는 공지사항을 알릴 목적으로 운영하는 인터넷 홈페이지, ③ 정치에 관한 보도 · 논평의 목적 없이 운영하거나 그 밖에 여론형성의 목적 없이 운영하는 인터넷 홈페이지, ④ 심의대상 인터넷언론사 결정일 전 6개월간 최소 1회 이상의 새로운 보도를 게재하지 아니한 인터넷 홈페이지는 심의대상으로 결정하지 아니할 수 있다(인터넷선거보도 심의기준 등에 관한 규정§10①).

(2) 인터넷언론사의 공정보도

인터넷언론사는 선거와 관련된 보도를 하는 때에는 그 내용이 특정 정당이나 후보자에게 유리 또는 불리하지 않도록 공정하게 하여야 한다(인터넷선거보도심의위원회규칙§2의2①). 인터넷언론사는 선거와 관련된 보도를 하는 때에는 그 구성과 비중 등에 있어 각 정당 또는 후보자간에 적절한 균형을 유지하여야 한다(인터넷선거보도심의위원회규칙§2의2②). 인터넷언론사는 선거와 관련된 사실을 보도하는 때에는 객관적으로 하여야 하며, 사실과 의견이 구분될 수 있도록 하여야 한다(인터넷선거보도심의위원회규칙§2의2③).

다. 인터넷선거보도심의위원회의 구성

(1) 위원회

인터넷선거보도심의위원회는 국회에 교섭단체를 구성한 정당이 추천하는 각 1명과 방송통신심의위원회, 언론중재위원회, 학계, 법조계, 인터넷 언론단체 및 시민단체 등이 추천하는 자를 포함하여 중앙선거관리위원회가 위촉하는 11인 이내의 위원으로 구성하며, 위원의 임기는 3년으로 한다. 이 경우 위원정수에 관하여는 법 제8조의2(선거방송심의위원회) 제2항 후단을 준용한다(법§8의5②).

(2) 위원

(가) 추천 및 위촉

법 제8조의5(인터넷선거보도심의위원회) 제2항에 따라 정당 · 방송통신심의위원회 등이 인터넷선거보도심의위원회 위원(이하 "위원"이라 한다)을 추천하는 때에는 「인터넷선거보도심의위원회규칙」이 정하는 서식[44]에 의한 추천서를 제출하여야 한다(인터넷선거보도심의위원회규칙§4①). 위원이 되고자 하는 사람은 「인터넷선거보도심의위원회규칙」이 정하는 서식[45]에 따라 본인승낙 및 비당원확인서를 제출하여야 한다(인터넷선거보도심의위원회규칙§4②).

중앙선거관리위원회가 위원을 위촉하는 때에는 위촉장을 교부하여야 하며, 위원발령대장 및 위원명부를 비치하고 기록·관리하여야 한다. 이 경우 위촉장·위원발령대장 및 위원명부의 서식은 「선거관리위원회법 시행규칙」의 관련 서식을 준용한다(인터넷선거보도심의위원회규칙§4③).

정당의 당원은 위원이 될 수 없다(법§8의5⑤).

위원은 「인터넷선거보도심의위원회규칙」 제3조(직무)의 규정에 의한 직무를 공정하고 성실하게 수행하여야 한다(인터넷선거보도심의위원회규칙§10①). 위원은 임기 중 직무상 외부의 어떠한 지시나 간섭도 받지 아니한다(인터넷선거보도심의위원회규칙§10②).

위원의 임기는 3년으로 하며 연임할 수 있다(인터넷선거보도심의위원회규칙§7①). 상임위원이 아닌 위원은 명예직으로 한다. 다만, 수당·여비 그 밖의 실비보상을 받을 수 있다(인터넷선거보도심의위원회규칙§9①).

(나) 해촉 등

위원은 ① 정당에 가입하거나 정치에 관여한 때, ② 금고 이상의 형의 선고를 받은 때, ③ 직무수행에 있어서 공정성이나 중립성을 현저히 저해한 때, ④ 정당추천위원으로서 그 추천정당이 국회에 교섭단체를 구성할 수 없게 된 때, ⑤ 상임위원인 위원으로서 「국가공무원법」 제33조(결격사유) 각 호[46]의 어느 하나 또는 같은 법 제74조(정년) 제1항[47]에 해당하는

---

44) 인터넷선거보도심의위원회규칙 별지 제1호 서식 추천서

45) 인터넷선거보도심의위원회규칙 별지 제2호 서식 본인승낙 및 비당원확인서

46) 「국가공무원법」 제33조(결격사유) 다음 각 호의 어느 하나에 해당하는 자는 공무원으로 임용될 수 없다.
 1. 피성년후견인 또는 피한정후견인
 2. 파산선고를 받고 복권되지 아니한 자
 3. 금고 이상의 실형을 선고받고 그 집행이 종료되거나 집행을 받지 아니하기로 확정된 후 5년이 지나지 아니한 자
 4. 금고 이상의 형을 선고받고 그 집행유예기간이 끝난 날부터 2년이 지나지 아니한 자
 5. 금고 이상의 형의 선고유예를 받고 그 선고유예기간 중에 있는 자
 6. 법원의 판결 또는 다른 법률에 따라 자격이 상실되거나 정지된 자
 6의2. 공무원으로 재직기간 중 직무와 관련하여 「형법」 제355조 및 제356조에 규정된 죄를 범한 자로서 300만원 이상의 벌금형을 선고받고 그 형이 확정된 후 2년이 지나지 아니한 자
 6의3. 「성폭력범죄의 처벌 등에 관한 특례법」 제2조에 규정된 죄를 범한 사람으로서 100만원 이상의 벌금형을 선고받아 그 형이 확정된 후 3년이 지나지 아니한 사람
 6의4. 미성년자에 대한 다음 각 목의 어느 하나에 해당하는 죄를 저질러 파면·해임되거나 형 또는 치료감

때 등 어느 하나에 해당하는 경우를 제외하고는 해임·해촉 또는 파면되지 아니한다(인터넷선거보도심의위원회규칙§8).

(3) 위원장 및 상임위원

(가) 위원장

인터넷선거보도심의위원회에 위원장 1인을 두되, 위원장은 위원 중에서 호선한다(법§8의5③). 위원장은 인터넷선거보도심의위원회를 대표하고 업무를 통할한다(인터넷선거보도심의위원회규칙§5①). 위원장이 궐위되거나 사고가 있을 때에는 상임위원이 그 직무를 대행한다(인터넷선거보도심의위원회규칙§5②).

(나) 상임위원

인터넷선거보도심의위원회에 위원장을 보좌하고 그 명을 받아 사무국의 사무를 감독하게 하기 위하여 상임위원 1인을 두되, 중앙선거관리위원회가 인터넷선거보도심의위원회 위원 중에서 지명한다(법§8의5④, 인터넷선거보도심의위원회규칙§6①). 상임위원은 1급인 일반직국가공무원(「국가공무원법」 제26조의5에 따라 임용된 임기제공무원을 포함한다)으로 한다(인터넷선거보도심의위원회규칙§6②). 상임위원은 위원 중 ① 법관·검사 또는 변호사의 직에 5년 이상 근무한 자, ② 대학에서 행정학·정치학·언론학 또는 법률학을 담당한 교수 이상의 직에 3년 이상 근무한 자, ③ 3급 이상 공무원으로서 2년 이상 근무한 자에 해당하고 선거 및 정당사무에 식견이 풍부한 자 중에서 중앙선거관리위원회가 지명한다(인터넷선거보도심의위원회규칙§6③).

(4) 회의

(가) 회의소집

인터넷선거보도심의위원회 회의는 위원장이 소집한다. 다만, 재적위원 3분의 1 이상의 요구가 있는 경우에는 위원장은 회의를 소집하여야 한다(인터넷선거보도심의위원회규칙§11). 인터넷선거보도심의위원회의 회의는 비공개로 한다. 다만, 인터넷선거보도심의위원회가 필요하다고 결정하는 경우에는 이를 공개할 수 있다(인터넷선거보도심의위원회규칙§13).

호를 선고받아 그 형 또는 치료감호가 확정된 사람(집행유예를 선고받은 후 그 집행유예기간이 경과한 사람을 포함한다)

가. 「성폭력범죄의 처벌 등에 관한 특례법」 제2조에 따른 성폭력범

나. 「아동·청소년의 성보호에 관한 법률」 제2조 제2호에 따른 아동·청소년대상 성범죄

7. 징계로 파면처분을 받은 때로부터 5년이 지나지 아니한 자

8. 징계로 해임처분을 받은 때로부터 3년이 지나지 아니한 자

47) 「국가공무원법」 제74조(정년) ①공무원의 정년은 다른 법률에 특별한 규정이 있는 경우를 제외하고는 60세로 한다.

(나) 의결

인터넷선거보도심의위원회의 의안은 의결사항과 보고사항으로 구분하고 의결사항은 연도별 일련번호를 붙이며 의안대장에 등재하여야 한다(인터넷선거보도심의위원회규칙§12①). 의결사항으로서 긴급하거나 경미한 사항은 서면으로 의결할 수 있다(인터넷선거보도심의위원회규칙§12②). 사무국장은 회의록을 작성하여야 하며 다음 회의에 보고하여야 한다(인터넷선거보도심의위원회규칙§12③). 의안표지 · 의안대장 · 의결록 및 회의록 서식은 「선거관리위원회법 시행규칙」의 관련 서식을 준용한다(인터넷선거보도심의위원회규칙§12④).

인터넷선거보도심의위원회는 재적위원 과반수의 출석과 출석위원 과반수의 찬성으로 의결한다(인터넷선거보도심의위원회규칙§14).

(5) 사무국

인터넷선거보도심의위원회의 사무를 처리하기 위하여 선거관리위원회 소속 공무원으로 구성하는 사무국을 둔다(법§8의5⑧, 인터넷선거보도심의위원회규칙§16).

라. 직무

(1) 직무범위

인터넷선거보도심의위원회는 ① 법 제8조의5(인터넷선거보도심의위원회) 제6항에 따른 인터넷언론사의 선거보도에 대한 심의기준(이하 "심의기준"이라 한다)의 제정 · 개정에 관한 사무, ② 법 제8조의6(인터넷언론사의 정정보도 등) 제1항에 따른 선거보도의 심의, ③ 법 제8조의6(인터넷언론사의 정정보도 등) 제3항에 따른 이의신청(이하, "이의신청"이라 한다)에 관한 사무, ④ 법 제8조의6(인터넷언론사의 정정보도 등) 제6항에 따른 반론보도(이하 "반론보도"라 한다)청구에 관한 사무, ⑤ 인터넷 선거보도의 공정한 심의를 위한 연구활동, ⑥ 인터넷 선거보도의 공정성 보장을 위한 교육 · 안내 및 지원, ⑦ 그 밖에 인터넷선거보도심의위원회 활동의 홍보 등을 그 직무로 한다(인터넷선거보도심의위원회규칙§3①).

(2) 심의기준 제정 · 개정

인터넷선거보도심의위원회는 인터넷 선거보도의 정치적 중립성 · 형평성 · 객관성 및 권리구제 기타 선거보도의 공정을 보장하기 위하여 필요한 사항을 정하여 이를 공표하여야 한다(법§8의5⑥). 인터넷선거보도심의위원회는 심의기준을 제 · 개정한 때에는 지체 없이 인터넷 홈페이지에 게시하는 등의 방법으로 이를 공표하여야 한다(인터넷선거보도심의위원회규칙§3②). 이에 따라 인터넷선거보도심의위원회는 일반 및 세부 심의기준 등을 정한 「인터넷선거보도 심의기준 등에 관한 규정」[48][49]을 공표하였다.

(3) 업무협조요청

인터넷선거보도심의위원회는 업무수행을 위하여 필요하다고 인정하는 때에는 관계 공무원 또는 전문가를 초청하여 의견을 듣거나 관련 기관·단체 등에 자료 및 의견제출 등 협조를 요청할 수 있다(법§8의5⑦).

마. 직권 조사 및조치

인터넷선거보도심의위원회는 인터넷언론사의 인터넷홈페이지에 게재된 선거보도의 공정 여부를 조사하여야 하며, 조사결과 선거보도의 내용이 공정하지 아니하다고 인정되는 때에는 당해 인터넷언론사에 대하여 해당 선거보도의 내용에 관한 정정보도문의 게재 등 필요한 조치를 명하여야 한다(법§8의6①).

바. 심의 및 의결

(1) 심의기준 및 심의안건

선거보도의 심의는 관련 법규 및 인터넷선거보도심의위원회가 정하는 심의기준[50] 등에 따른다(인터넷선거보도심의위원회규칙§17).

48) 2019. 12. 30. 개정 인터넷선거보도심의위원회 훈령 제12호

49) 헌법재판소는, 인터넷언론사에 대하여 선거일 전 90일부터 선거일까지 후보자 명의의 칼럼이나 저술을 게재하는 보도를 제한하는 구 「인터넷선거보도 심의기준 등에 관한 규정(2011. 12. 23. 인터넷선거보도심의위원회 훈령 제9호로 제정되고 2017. 12. 8. 인터넷선거보도심의위원회 훈령 제10호로 개정되기 전의 것)」 제8조(시기에 따른 특별제한) 제2항 본문과 「인터넷선거보도 심의기준 등에 관한 규정(2017. 12. 8. 인터넷선거보도심의위원회 훈령 제10호로 개정된 것)」 제8조(시기에 따른 특별제한) 제2항과 관련하여, '이 사건 시기제한조항은 선거일 전 90일부터 선거일까지 후보자 명의의 칼럼 등을 게재하는 인터넷 선거보도가 불공정하다고 볼 수 있는지에 대해 구체적으로 판단하지 않고 이를 불공정한 선거보도로 간주하여 선거의 공정성을 해치지 않는 보도까지 광범위하게 제한한다. 공직선거법상 인터넷 선거보도 심의의 대상이 되는 인터넷언론사의 개념은 매우 광범위한데, 이 사건 시기제한조항이 정하고 있는 일률적인 규제와 결합될 경우 이로 인해 발생할 수 있는 표현의 자유 제한이 작다고 할 수 없다. 인터넷언론의 특성과 그에 따른 언론시장에서의 영향력 확대에 비추어 볼 때, 인터넷언론에 대하여는 자율성을 최대한 보장하고 언론의 자유에 대한 제한을 최소화하는 것이 바람직하고, 계속 변화하는 이 분야에서 규제 수단 또한 헌법의 틀 안에서 다채롭고 새롭게 강구되어야 한다. 이 사건 시기제한조항의 입법목적을 달성할 수 있는 덜 제약적인 다른 방법들이 이 사건 심의기준 규정과 공직선거법에 이미 충분히 존재한다. 따라서 이 사건 시기제한조항은 과잉금지원칙에 반하여 청구인의 표현의 자유를 침해한다.'고 판시하여 위헌결정을 하였다(2019. 11. 28. 선고 2016헌마90 결정).
인터넷선거보도심의위원회는 2019. 12. 30. 훈령 제12호로 「인터넷선거보도 심의기준 등에 관한 규정」을 개정하여 제8조(시기에 따른 특별제한) 제2항을 "인터넷언론사는 선거일 전 90일부터 선거일까지 특정 정당이나 후보자에게 유리 또는 불리한 영향을 미칠 수 잇는 후보자 명의의 칼럼, 논평, 기고문, 저술 등을 게재하여서는 아니 된다."고 규정하였다.

50) 「인터넷선거보도 심의기준 등에 관한 규정」

인터넷선거보도심의위원회 사무국장은 선거보도에 대한 심의안건을 작성한다(인터넷선거보도심의위원회규칙§18①). 위원은 선거보도 심의에 관하여 필요하다고 인정하는 사안을 심의안건으로 상정할 수 있다(인터넷선거보도심의위원회규칙§18②).

(2) 이의신청

정당 또는 후보자(후보자가 되고자하는 자를 포함한다)는 인터넷언론사의 선거보도가 불공정하다고 인정되는 때에는 그 보도가 있음을 안 날부터 10일 이내에 인터넷선거보도심의위원회에 「인터넷선거보도심의위원회규칙」이 정하는 서식[51]에 따라 서면으로 이의신청을 할 수 있고, 인터넷선거보도심의위원회의 결정 전까지 「인터넷선거보도심의위원회규칙」이 정하는 서식[52]에 따라 취하할 수 있다(법§8의6②, 인터넷선거보도심의위원회규칙§19①).

인터넷선거보도심의위원회가 이의신청을 받은 때에는 지체 없이 이의신청 대상이 된 선거보도의 공정여부를 심의하여야 하며, 심의결과 선거보도가 공정하지 아니하다고 인정되는 때에는 당해 인터넷언론사에 대하여 해당 선거보도의 내용에 관한 정정보도문의 게재 등 필요한 조치를 명하여야 한다(법§8의6③).

인터넷선거보도심의위원회는 이의신청이 이유 없을 경우 이를 기각할 수 있고, 다음 각 호의 어느 하나에 해당하는 경우에는 이를 각하할 수 있다(인터넷선거보도심의위원회규칙§19②).

1. 형식적 요건을 구비하지 않은 경우
2. 정당한 권한이 없는 자가 신청한 경우
3. 명백히 선거보도로 볼 수 없는 보도에 대하여 이의신청한 경우

(3) 의견진술

인터넷선거보도심의위원회는 심의를 위하여 필요하다고 인정되는 때에는 당사자등에게 의견진술의 기회를 줄 수 있다. 이 경우 의견진술은 구두 또는 서면으로 할 수 있으며, 이에 응하지 아니한 때에는 의견진술을 포기한 것으로 본다(인터넷선거보도심의위원회규칙§24).

(4) 심의의결 및 이행명령, 통지

(가) 심의의결

인터넷선거보도심의위원회는 선거보도의 내용이 관련 법규 및 심의기준에 위반된다고 인정되는 때에는 해당 인터넷언론사에 다음 각 호의 어느 하나에 해당하는 제재조치를 결정하여야 한다. 이 경우 그 기준은 별표 <불공정 인터넷 선거보도에 대한 조치기준>과 같다(인

51) 인터넷선거보도심의위원회규칙 별지 제3호 서식 이의 신청서
52) 인터넷선거보도심의위원회규칙 별지 제6호 서식 취하서

터넷선거보도심의위원회규칙§20①).

1. 정정보도문 게재
2. 반론보도문 게재
3. 경고문 게재
4. 경고
5. 주의조치알림문 게재
6. 주의
7. 공정보도 준수촉구

인터넷선거보도심의위원회는 정정보도문 게재, 반론보도문 게재, 경고문의 게재 또는 주의조치알림문 게재를 결정한 때에는 해당 인터넷언론사의 인터넷 홈페이지 초기화면이나 해당 선거보도에 게재하게 하거나 초기화면과 선거보도에 모두 게재하도록 하여야 하며, 해당 인터넷언론사는 지체 없이 이에 응하여야 한다(인터넷선거보도심의위원회규칙§20②). 인터넷선거보도심의위원회로부터 위와 같이 해당 선거보도에 게재하도록 조치를 받은 인터넷언론사는 해당 선거보도를 매개한 인터넷뉴스서비스사업자에게 지체없이 조치를 이행한 선거보도를 재전송하여야 하며, 인터넷뉴스서비스사업자는 재전송받은 선거보도로 대체하여야 한다(인터넷선거보도심의위원회규칙§20③).

(나) 이행명령

인터넷선거보도심의위원회는 결정사항에 대하여 지체 없이 해당 인터넷언론사에 그 이행을 명한 후, 그 처분의 이행여부를 확인하는 등 필요한 조치를 하여야 한다(인터넷선거보도심의위원회규칙§20④).

(다) 통지

심의결과의 통지는 「선거관리위원회 사무관리규칙」 제21조(시행문의 작성)[53]의 규정에 따른다. 이 경우 결정문 사본을 첨부할 수 있다(인터넷선거보도심의위원회규칙§25).

사. 재심

「인터넷선거보도심의위원회규칙」 제19조(이의신청) 및 제20조(심의의결 및 이행명령)에 따른 결정 및 처분에 이의가 있는 정당·후보자 또는 인터넷언론사는 해당 결정을 통지받은 날로

53) 「선거관리위원회 사무관리규칙」 제21조(시행문의 작성) ① 결재를 받은 문서 가운데 발신하여야 하는 문서는 중앙위원회훈령이 정하는 시행문으로 작성하여 발신한다.
② 시행문의 수신자가 여럿인 경우 그 수신자 전체를 함께 표시하여 시행문을 작성·시행할 수 있다. 다만, 수신자의 개인정보 보호 등을 위하여 필요할 때에는 수신자별로 작성·시행한다.

부터 3일 이내에 「인터넷선거보도심의위원회규칙」이 정하는 서식[54]에 따라 인터넷선거보도심의위원회에 재심을 청구할 수 있다. 다만, 재심청구는 1회에 한한다(인터넷선거보도심의위원회규칙§21①).

인터넷선거보도심의위원회는 재심의 청구를 받은 때에는 지체 없이 이를 심의·결정하고, 그 결과를 청구인 등에게 통지하여야 한다(인터넷선거보도심의위원회규칙§21②).

아. 반론보도청구

(1) 반론보도청구

인터넷언론사의 왜곡된 선거보도로 인하여 피해를 받은 정당 또는 후보자는 그 보도의 공표가 있음을 안 날부터 10일 이내에 서면으로 당해 인터넷언론사에 반론보도의 방송 또는 반론보도문의 게재(이하 "반론보도"라 한다)를 청구할 수 있다. 이 경우 그 보도의 공표가 있는 날부터 30일이 경과한 때에는 반론보도를 청구할 수 없다(법§8의6④). 반론보도청구는 인터넷언론사의 대표자에게 서면으로 하여야 하며, 청구서에는 피해자의 성명·주소·전화번호 등의 연락처를 적고, 반론의 대상인 선거보도의 내용 및 반론을 청구하는 이유와 청구하는 반론보도문을 명시하여야 한다. 다만, 인터넷언론사의 선거보도의 내용이 해당 인터넷 홈페이지를 통하여 계속 보도 중이거나 매개 중인 경우에는 그 내용의 반론을 함께 청구할 수 있다(법§8의6⑦, 언론중재 및 피해구제 등에 관한 법률§15①).

(2) 반론보도 협의 및 거부

(가) 반론보도 협의 및 보도

인터넷언론사는 반론보도청구를 받은 때에는 지체 없이 당해 정당이나 후보자 또는 그 대리인과 반론보도의 형식·내용·크기 및 횟수 등에 관하여 협의한 후, 이를 청구받은 때부터 12시간 이내에 당해 인터넷언론사의 부담으로 반론보도를 하여야 한다(법§8의6⑤).

(나) 반론보도청구 거부

인터넷언론사는 ① 피해자가 반론보도청구권을 행사할 정당한 이익이 없는 경우, ② 청구된 반론보도의 내용이 명백히 사실과 다른 경우, ③ 청구된 반론보도의 내용이 명백히 위법한 내용인 경우, ④ 반론보도의 청구가 상업적인 광고만을 목적으로 하는 경우, ⑤ 청구된 반론보도의 내용이 국가·지방자치단체 또는 공공단체의 공개회의와 법원의 공개재판절차의 사실보도에 관한 것인 경우에는 반론보도 청구를 거부할 수 있다(법§8의6⑦, 언론중재 및 피해구제 등에 관한 법률§15④).

---

54) 인터넷선거보도심의위원회규칙 별지 제7호 서식 재심청구서

(3) 협의 결렬로 인한 반론보도청구 및 심의·결정 등

(가) 협의 결렬로 인한 반론보도청구

반론보도 협의가 이루어지지 아니하는 경우에 당해 정당 또는 후보자는 인터넷선거보도심의위원회에 즉시 반론보도를 청구할 수 있다(법§8의6⑥). 정당 또는 후보자가 반론보도청구를 하는 때에는 「인터넷선거보도심의위원회규칙」이 정하는 서식[55]에 따라 서면(이하 “청구서”라 한다)으로 제출하여야 한다(인터넷선거보도심의위원회규칙§22①). 청구서에는 당사자간 협의경위와 협의가 불성립한 사유 등을 명시하여야 한다(인터넷선거보도심의위원회규칙§22②). 정당 또는 후보자는 인터넷선거보도심의위원회의 결정 전까지 「인터넷선거보도심의위원회규칙」이 정하는 서식[56]에 따라 반론보도청구를 취하할 수 있다(인터넷선거보도심의위원회규칙§22③).

(나) 반론보도청구의 결정 및 이행여부 확인 등

1) 반론보도청구의 결정

인터넷선거보도심의위원회는 반론보도청구를 심의하여 각하·기각 또는 인용결정을 한 후 당해 정당·후보자 및 인터넷언론사에 그 결정내용을 통지하여야 한다. 이 경우 반론보도의 인용결정을 하는 때에는 그 형식·내용·크기·횟수 기타 필요한 사항을 함께 결정하여 통지하여야 하며, 통지를 받은 인터넷언론사는 지체 없이 이를 이행하여야 한다(법§8의6⑥).

인터넷선거보도심의위원회는 청구서를 접수한 때부터 특별한 사정이 없는 한 48시간 이내에 이를 심의하여 각하·기각 또는 인용결정을 한 후 당해 정당·후보자 및 인터넷언론사에 통지하여야 한다. 이 경우 반론보도의 인용결정을 하는 때에는 그 형식·내용·크기·횟수 기타 필요한 사항을 함께 결정하여 통지하여야 한다(인터넷선거보도심의위원회규칙§23①). 인터넷선거보도심의위원회는 반론보도청구에 관한 심의를 위하여 필요하다고 인정되는 때에는 그 사실을 조사하여야 한다. 이 경우 관련자 또는 관계 전문가의 의견을 청취할 수 있다(인터넷선거보도심의위원회규칙§23②).

반론보도청구 결정에 참여한 위원은 그 결정문에 서명 및 날인하여야 한다(인터넷선거보도심의위원회규칙§23③).

2) 반론보도 방법

인터넷언론사가 하는 반론보도에는 원래의 보도 내용을 정정하는 사실적 진술, 그 진술의 내용을 대표할 수 있는 제목과 이를 충분히 전달하는 데에 필요한 설명 또는 해명을 포함하되, 위법한 내용은 제외한다(법§8의6⑦, 언론중재 및 피해구제 등에 관한 법률§15⑤).

---

55) 인터넷선거보도심의위원회규칙 별지 제4호 서식 반론보도 청구서

56) 인터넷선거보도심의위원회규칙 별지 제6호 서식 취하서

인터넷언론사가 하는 반론보도에는 공정한 여론형성이 이루어지도록 그 사실공표 또는 보도가 이루어진 같은 채널, 지면 또는 장소에서 같은 효과를 발생시킬 수 있는 방법으로 하여야 하며, 방송의 반론보도문은 자막(라디오방송은 제외한다)과 함께 통상적인 속도로 읽을 수 있게 하여야 한다(법§8의6⑦, 언론중재 및 피해구제 등에 관한 법률§15⑥).

3) **이행 여부의 확인**

인터넷선거보도심의위원회는 반론보도청구 결정 통지를 한 때에는 해당 인터넷언론사에 대하여 그 이행여부를 확인하는 등 필요한 조치를 하여야 한다(인터넷선거보도심의위원회규칙§23④).

4) **재심청구**

반론보도청구의 결정에 이의가 있는 정당 · 후보자 또는 인터넷언론사는 재심을 청구할 수 있으며, 이 경우 재심청구 기간 · 횟수 · 절차 등에 관하여는 「인터넷선거보도심의위원회규칙」 제21조(재심청구)를 준용한다(인터넷선거보도심의위원회규칙§23⑤).

자. 벌칙

법 제8조의6(인터넷언론사의 정정보도 등) 제1항 또는 제3항에 따른 조치 또는 제6항에 따른 반론보도의 결정의 통보를 받고 지체 없이 이를 이행하지 아니한 자는 2년 이하의 징역 또는 1천500만원 이하의 벌금에 처한다(법§256②4.).

제20편 선거관리

제1장 선거관리위원회

1. 조직과 구성

가. 선거관리위원회의 종류 및 설치

(1) 중앙선거관리위원회

중앙선거관리위원회는 대통령이 임명하는 3인, 국회에서 선출하는 3인과 대법원장이 지명하는 3인[1]의 위원으로 구성한다(헌법§114②).

(2) 특별시·광역시·도(이하 "시·도"라 한다)선거관리위원회

특별시·광역시·도에 대응하여 시·도선거관리위원회를 둔다(선거관리위원회법§2②). 시·도선거관리위원회의 위원정수는 9인이다(선거관리위원회법§2①).

(3) 구·시·군선거관리위원회

구·시(구가 설치된 시는 제외한다)·군에 대응하여 구·시·군선거관리위원회를 둔다. 다만, 구·시·군에는 인구수·투표구수·교통 기타 여건을 감안하여 「선거관리위원회법 시행규칙

---

1) 관례적으로 대법원장은 1인의 대법관과 2인의 법원장을 중앙선거관리위원회 위원으로 지명하고, 그 중 대법관인 위원이 위원장으로 선출되는데, 이는 독립된 헌법기관의 구성원이 또 다른 헌법기관의 장이 되는 결과가 되어 독립기관성의 자기모순에 빠질 위험성이 있고, 중앙선거관리위원회가 재정신청한 사건을 중앙선거관리위원회 위원인 법관들이 재판하는 결과를 초래할 수도 있어, 중앙선거관리위원회의 헌법기관으로서의 독립성을 유지하기 위하여서는 상근 위원장이 독립적으로 업무를 수행하는 것이 바람직하다는 견해가 있고(성낙인, 『헌법학』(제18판 2018), 법문사, 683쪽), 「헌법」과 「선거관리위원회법」에는 중앙선거관리위원회 위원장은 위원 중에서 호선된다고 규정되어 있으므로, 입법적 개선 없이도 대법관이 아닌 위원을 위원장으로 선출하고 대통령이 지명하는 위원은 위원장에 호선되지 않는 식으로 운영하면 선거관리위원회를 행정부로부터 독립된 기구로 정한 취지에 부합한다는 견해도 있다(성승환, 『헌법과 선거관리기구』, 경인문화사, 304쪽).

(이하 "시행규칙"이라 한다)」이 정하는 바에 따라 그 구역 안에 2개 이상의 구·시·군선거관리위원회를 둘 수 있다(선거관리위원회법§2②). 구·시·군선거관리위원회의 위원정수는 9인이다(선거관리위원회법§2①). 구·시·군선거관리위원회의 명칭·관할구역 및 사무소소재지는 별표 1 <구·시·군선거관리위원회의 명칭·관할구역·사무소소재지표>와 같다(시행규칙§2).

(4) 읍·면·동선거관리위원회

(가) 설치

읍·면(「지방자치법」 제7조(자치구가 아닌 구와 읍·면·동 등의 명칭과 구역) 제3항에 따른 행정면을 말한다)·동(「지방자치법」 제7조(자치구가 아닌 구와 읍·면·동 등의 명칭과 구역) 제4항에 따른 행정동을 말한다)에 대응하여 읍·면·동선거관리위원회를 둔다(선거관리위원회법§2②). 읍·면·동선거관리위원회의 위원정수는 7인이다(선거관리위원회법§2①).

(나) 읍·면·동의 설치·폐지·분할·합병의 경우의 설치

구·시·군의 장은 관할구역 안의 읍·면·동의 명칭을 변경하거나 설치·폐지·분할 또는 합병하는 당해 지방자치단체의 조례안이 발의된 때에는 지체 없이 그 뜻을 구·시·군선거관리위원회 위원장에게 통지하여야 한다(시행규칙§3의3①). 구·시·군선거관리위원회 위원장은 위 통지를 받은 때에는 읍·면·동의 명칭변경이나 설치·폐지·분할 또는 합병을 위한 당해 지방자치단체의 조례의 효력이 발생하는 날까지 해당 읍·면·동선거관리위원회의 명칭을 변경하거나 읍·면·동선거관리위원회를 설치하는 등 필요한 조치를 하여야 한다. 다만, 부득이한 사유가 있는 때에는 조례의 효력이 발생한 날부터 30일 이내에 조치하여야 한다(시행규칙§3의3②). 위 단서에 따라 읍·면·동선거관리위원회가 설치되는 때까지는 ① 읍·면·동이 분할·설치되는 경우는 분할전의 읍·면·동선거관리위원회가, ② 읍·면·동이 합병·폐지되는 경우는 구·시·군선거관리위원회 위원장이 지정하는 읍·면·동선거관리위원회가 그 사무를 처리한다(시행규칙§3의3③).

나. 관할구역 및 관할구역의 지정

(1) 관할구역

시·도선거관리위원회, 구·시·군선거관리위원회 및 읍·면·동선거관리위원회의 관할구역은 각각 당해 행정구역으로 한다. 다만, 1개의 구·시·군 안에 2개 이상의 구·시·군선거관리위원회를 두는 경우의 관할구역은 시행규칙[2]으로 정한다(선거관리위원회법§2③).

---

2) 시행규칙 제2조(구·시·군선거관리위원회의 명칭·관할구역·사무소소재지) 구·시·군선거관리위원회의 명칭·관할구역 및 사무소소재지는 별표 1 <구·시·군선거관리위원회의 명칭·관할구역·사무소소재지

(2) 관할구역의 지정

중앙선거관리위원회는 각종 선거(전국 또는 시 · 도를 선거구로 하는 선거는 제외한다)에 있어 1개의 선거구의 구역 안에 2개 이상의 구 · 시 · 군선거관리위원회가 있거나, 1선거구의 구역이 2개 이상의 구 · 시 · 군선거관리위원회의 관할구역에 걸치는 경우에는 당해 선거구의 선거사무를 행할 구 · 시 · 군선거관리위원회를 지정하여야 한다. 이 경우 선거구선거사무를 행하는 구 · 시 · 군선거관리위원회는 당해 선거에 있어서 그 선거구안의 다른 구 · 시 · 군선거관리위원회의 직근 상급선거관리위원회가 된다(선거관리위원회법§2⑥).

(가) 국회의원지역선거구 관할선거관리위원회

국회의원선거에 있어 「선거관리위원회법」 제2조(설치) 제6항의 규정에 의한 지역선거구의 선거사무를 행하는 구 · 시 · 군선거관리위원회는 다음 각 호의 기준에 의하여 지정한다(시행규칙§3①).

1. 선거관리위원회가 관할하는 구 · 시 · 군의 구역 안에 1개의 지방법원 또는 지방법원지원이 있는 경우에는 당해 구 · 시 · 군의 구역을 관할하는 선거관리위원회. 다만, 각각의 선거관리위원회가 관할하는 구 · 시 · 군마다 지방법원 또는 지방법원지원이 있는 경우에는 교통의 중심지 또는 인구가 많은 구 · 시 · 군의 구역을 관할하는 선거관리위원회
2. 지역선거구의 구역 안에 지방법원 또는 지방법원지원이 없는 경우에는 교통의 중심지 또는 인구가 많은 구 · 시 · 군의 구역을 관할 선거관리위원회

위 기준에 의하여 당해 지역선거구의 선거사무를 관장하는 구 · 시 · 군선거관리위원회는 별표 2 <1개 선거구 구역이 2개 이상 구 · 시 · 군의 관할구역에 걸치는 국회의원지역선거구 관할선거관리위원회표>와 같다(시행규칙§3②). 자치구가 아닌 구의 일부를 분할하거나, 법 제25조(국회의원지역구의 획정) 제1항 제2호 단서에 따라 자치구 · 시 · 군의 일부를 분할하여 획정한 국회의원지역선거구의 선거사무를 행할 선거관리위원회는 별표 2-2 <구 · 시 · 군의 일부를 분할하여 획정한 국회의원지역선거구 관할선거관리위원회표>와 같다(시행규칙§3③).

(나) 시장선거구 등 관할선거관리위원회

시장선거와 비례대표시의원선거에 있어 「선거관리위원회법」 제2조(설치) 제6항의 규정에 의한 선거구의 선거사무를 행할 선거구선거관리위원회는 별표 2-3 <2개 이상의 선거관리위원회가 설치된 시의 시장선거구 및 비례대표시의원선거구 관할선거관리위원회표>와 같다(시행규칙§3의2①).

표>와 같다.

지역선거구시 · 도의원선거에 있어 「선거관리위원회법」 제2조(설치) 제6항에 따른선거구의 선거사무를 행할 선거구선거관리위원회는 별표 2－4 <2 이상의 행정구역에 걸친 시 · 도의회의원지역선거구의 관할선거관리위원회표>와 같다(시행규칙§3의2③).

다. 명칭 및 사무소 소재지

시 · 도선거관리위원회, 구 · 시 · 군선거관리위원회 및 읍 · 면 · 동선거관리위원회의 명칭은 당해 행정구역명을 붙여서 표시한다. 다만, 1개의 구 · 시 · 군의 관할 구역 안에 2개 이상의 구 · 시 · 군선거관리위원회가 있을 때에는 구 · 시 · 군의 행정구역명 다음에 갑 · 을 · 병 등을 붙여서 표시한다(선거관리위원회법§2④).

시 · 도선거관리위원회와 구 · 시 · 군선거관리위원회의 사무소는 그 관할하는 행정구역의 안에 두고, 읍 · 면 · 동선거관리위원회의 사무소는 당해 읍 · 면 · 동의 사무소 소재지에 둔다. 이 경우 시 · 도선거관리위원회와 구 · 시 · 군선거관리위원회의 사무소는 다른 선거관리위원회와 청사의 공동사용 등 특별한 사유가 있는 때에는 그 관할하는 행정구역의 밖에 둘 수 있다(선거관리위원회법§2⑤).

라. 위원의 임명 및 위촉

(1) 위원의 정치관여 금지

위원은 정당에 가입하거나 정치에 가입할 수 없다(헌법§114④).

(2) 중앙선거관리위원회

중앙선거관리위원회의 위원은 국회의 인사청문을 거쳐 임명 · 선출 또는 지명하여야 한다(선거관리위원회법§4①후단).

(3) 시 · 도선거관리위원회

시 · 도선거관리위원회의 위원은 국회의원의 선거권이 있고 정당원이 아닌 자 중에서 국회에 교섭단체를 구성한 정당이 추천한 사람과 당해 지역을 관할하는 지방법원장이 추천하는 법관 2인을 포함한 3인과 교육자 또는 학식과 덕망이 있는 자 중에서 3인을 중앙선거관리위원회가 위촉한다(선거관리위원회법§4②). 지방법원장이 위원을 추천하는 경우에는 시행규칙이 정하는 서식[3]에 의한다(시행규칙§4전단).

---

3) 시행규칙 별지 제1호 서식 추천서

(4) 구 · 시 · 군선거관리위원회

구 · 시 · 군선거관리위원회의 위원은 그 구역 안에 거주하는 국회의원의 선거권이 있고 정당원이 아닌 자 중에서 국회에 교섭단체를 구성한 정당이 추천한 사람과 법관 · 교육자 또는 학식과 덕망이 있는 자 중에서 6인을 시 · 도선거관리위원회가 위촉한다. 다만, 정당이 추천하는 위원은 선거기간개시일(위탁선거를 제외한다) 또는 국민투표안공고일 후에는 당해 구 · 시 · 군선거관리위원회가 위촉할 수 있다(선거관리위원회법§4③).

(5) 읍 · 면 · 동선거관리위원회

읍 · 면 · 동선거관리위원회의 위원은 그 읍 · 면 · 동의 구역 안에 거주하는 국회의원의 선거권이 있고 정당원이 아닌 자 중에서 국회에 교섭단체를 구성한 정당이 추천한 사람과 학식과 덕망이 있는 자 중에서 4인을 구 · 시 · 군선거관리위원회가 위촉한다. 다만, 읍 · 면의 구역 안에 군인을 제외한 선거권자가 없는 경우에는 그 읍 · 면 · 동선거관리위원회의 위원은 그 읍 · 면 · 동을 관할하는 구 · 시 · 군선거관리위원회의 구역 안에 거주하는 국회의원선거권자 중에서 이를 위촉할 수 있다(선거관리위원회법§4④).

(6) 법관 · 법원공무원 · 교육공무원의 위촉

구 · 시 · 군선거관리위원회와 읍 · 면 · 동선거관리위원회의 위원이 될 법관과 법원공무원 및 교육공무원은 거주요건의 제한을 받지 아니하며 법관을 우선 위촉하여야 한다(선거관리위원회법§4⑤). 법관과 법원공무원 및 교육공무원 이외에 공무원은 각급선거관리위원회의 위원이 될 수 없다(선거관리위원회법§4⑥).

(7) 정당추천위원

(가) 추천

「선거관리위원회법」 제4조(위원의 임명 및 위촉) 제2항 내지 제4항의 규정에 따라 정당에서 추천하는 위원(이하 "정당추천위원"이라 한다)은 국회에 교섭단체를 구성한 정당(1정당이 1교섭단체를 구성한 경우를 말한다)이 각 1인씩 서면으로 추천한다. 이 경우 국회에 교섭단체를 구성한 정당이 3을 초과하거나 그 미만이 되어 「선거관리위원회법」 제2조(설치) 제2호 내지 제4호에 정한 위원 정수를 초과하거나 부족하게 되는 경우에는 그 현원을 위원 정수로 본다(선거관리위원회법§4⑦).

정당추천위원의 추천은 당해 당부가 추천정당의 당원이 아님을 증명하는 서류와 본인승낙서 및 주민등록표 초본을 첨부하여 서면으로 제출한다. 다만, 국회의원선거권이 있는지의 여부에 대하여는 시행규칙이 정하는 바에 따라 위촉 후에 조사할 수 있다. 이 경우 "당부"라 함은 「정당법」 제3조(구성)의 규정에 의한 중앙당과 시·도당을 말하며 추천할 당해 당부가 없을 때에는 그 상급 당부가 추천한다(선거관리위원회법§4⑧). 정당에서 위원을 추천하는 경우에는 시행규칙이 정하는 서식[4]에 의한다(시행규칙§4).

구·시·군선거관리위원회의 정당추천위원은 선거기간개시일 또는 국민투표안공고일부터 개표종료시까지 상근할 수 있다(선거관리위원회법§7).

(나) 결원·교섭단체의 변경 경우의 위촉

정당추천위원에 결원이 생긴 때에는 관계선거관리위원회는 당해 당부에 시행규칙이 정하는 서식[5]에 의하여 이를 통지하여야 한다(선거관리위원회법§4⑨, 시행규칙§6). 국회의장은 교섭단체를 구성한 정당에 변동이 있을 때에는 이를 중앙선거관리위원회에 통보하여야 하며, 중앙선거관리위원회는 당해 정당과 그 하급선거관리위원회에 이를 즉시 통지하여야 한다(선거관리위원회법§4⑩).

위원을 추천한 정당이 국회에 교섭단체를 구성할 수 없는 정당이 되고 새로 교섭단체를 구성하게 된 정당이 있는 경우에는 그 정당에서 추천한 자가 위원으로 위촉될 때까지 재임한다(선거관리위원회법§4⑪).

(다) 위촉시한

구·시·군선거관리위원회는 선거기간개시일 또는 국민투표안공고일후에 당해 또는 읍·면·동선거관리위원회의 정당추천위원의 추천서를 접수한 때에는 24시간 이내에 위촉하여야 하며, 24시간 이내에 위촉하지 아니할 때에는 구·시·군선거관리위원회위원장이 이를 위촉하고 각 상급선거관리위원회에 보고하여야 한다. 다만, 투표일 또는 개표개시일 직전에 교체하고자 할 때에는 늦어도 투표일 또는 개표개시일 2일전에 당해 정당의 교체추천이 있어야 하며 투표일 또는 개표기간 중에는 이를 교체할 수 없다(선거관리위원회법§4⑫).

(라) 정당추천보조위원

법 제173조(개표소) 제2항의 규정에 의하여 하나의 구·시·군선거관리위원회가 2개 이상의 개표소를 설치하는 경우 구·시·군선거관리위원회의 개표사무를 보조하기 위한 보조위원은 선거기간개시일 현재 국회에 교섭단체를 둔 정당이 개표소마다 3인 이내에서 추천한 자를 구·시·군선거관리위원회가 위촉한다. 이 경우 정당추천보조위원의 신분보장에 관하여는

4) 시행규칙 별지 제1-2호 서식 추천서
5) 시행규칙 별지 제8호 서식 정당추천위원 결원 통지

「선거관리위원회법」 제13조(위원의 신분보장)의 규정을 준용한다(선거관리위원회법§4⑬).

보조위원은 당해 구·시·군선거관리위원회의 관할구역 안에 거주하는 국회의원선거권이 있고 정당원이 아닌 자 중에서 정당의 당해 당부(당해 당부가 없을 때에는 그 상급 당부)가 추천한다(시행규칙§5의2①). 구·시·군선거관리위원회 위원장은 선거일전 12일까지 정당의 당해 당부에 보조위원의 추천을 의뢰하여야 한다(시행규칙§5의2②). 보조위원을 추천하는 때에는 「시행규칙」이 정하는 서식[6]에 의한 추천서와 본인승낙 및 비당원확인서를 당해 구·시·군선거관리위원회에 선거일전 2일까지 제출하여야 하며 보조위원을 교체하고자 할 때에도 이와 같다(시행규칙§5의2③).

구·시·군선거관리위원회는 보조위원으로 추천된 자에 대하여 국회의원선거권 유무의 조사를 한 후 국회의원선거권이 있는 자를 당해 선거일 전일까지 위촉하여야 한다. 다만, 구·시·군선거관리위원회 관할구역 안의 구·시·군의 장이 작성한 당해 선거의 선거인명부에 등재되어 있는 자에 대하여는 동 조사를 아니 하고 위촉할 수 있다(시행규칙§5의2④).

보조위원의 근무기간은 당해 선거의 선거일 오후 6시부터 개표종료시까지로 한다(시행규칙§5의2⑤). 보조위원이 개표사무에 종사하거나 개표사무와 관련된 교육을 받은 때에는 예산의 범위안에서 별표 4 <수당기준표> 중 구·시·군선거관리위원회 위원의 일비액에 상당하는 수당을 지급받을 수 있다(시행규칙§5의2⑥).

(8) 위원의 제출서류, 선거권조사, 위촉장, 인사관리서류

(가) 제출서류

각급선거관리위원회의 위원으로 위촉되는 자는 시행규칙이 정하는 서식[7]에 의한 본인승낙 및 비당원확인서와 주민등록표초본을 위촉하는 선거관리위원회에 제출하여야 한다. 다만, 법관, 법원공무원, 정당의 당원이 될 수 없는 교육공무원·사립학교교원의 경우에는 시행규칙이 정하는 서식[8]에 의한 본인승낙서를 제출하고, 시·도선거관리위원회의 위원으로 위촉되는 자는 주민등록표초본을 제출하지 아니한다(시행규칙§5①).

(나) 선거권조사

「선거관리위원회법」 제4조(위원의 임명 및 위촉) 제2항 내지 제4항의 규정에 의하여 위원을 위촉하는 선거관리위원회는 위원으로 위촉하고자 하는 자의 등록기준지를 관할 구·시·읍·면의 장에게 선거권 유무 조회를 의뢰하여 국회의원선거권이 있는지를 조사한 후 선거권이

6) 시행규칙 별지 제2-2호 서식 추천서, 제2-3호 서식 본인승낙 및 비당원확인서
7) 시행규칙 별지 제2호 서식 본인승낙 및 비당원확인서
8) 시행규칙 별지 제2-1호 서식 본인승낙서

있는 자를 위원으로 위촉하여야 한다. 다만, 정당에서 추천된 자는 위촉한 후에 국회의원선거권이 있는지를 조사하여 선거권이 없음이 확인된 때에는 지체 없이 당해 위원을 해촉하여야 한다(시행규칙§5②). 국회의원선거권 조사 결과 선거권이 없음이 확인된 자나 해촉된 위원이 지방법원장이나 정당에서 추천한 자일 경우에는 당해 추천권자에게 이를 지체 없이 통지하여야 한다(시행규칙§5④).

법관·법원공무원·교육공무원 및 사립학교교원을 각급 선거관리위원회의 위원으로 위촉하는 경우에는「시행규칙」제5조(위원의 위촉 및 해촉) 제1항 및 제2항에도 불구하고 주민등록표초본의 제출과 선거권 유무 조회에 의한 조사를 하지 아니한다. 다만, 사립학교교원인 경우는 주민등록표초본을 제출하여야 한다(시행규칙§5③).

(다) 위촉장 및 인사관리서류

위원을 위촉한 때에는「시행규칙」이 정하는 서식[9]에 의한 위촉장을 교부하여야 한다(시행규칙§5⑥).

위원을 위촉한 때에는 ① 위원발령대장, ② 위원명부, ③ 공무원인사기록카드(중앙선거관리위원회 및 시·도선거관리위원회 상임위원에 한함)의 인사관리서류를 비치하고 기록·관리하여야 한다(시행규칙§5⑧).

마. 위원의 임기·대우 및 신분보장

(1) 임기

각급선거관리위원회위원의 임기는 6년으로 한다. 다만, 구·시·군선거관리위원회 위원의 임기는 3년으로 하되, 한 차례만 연임할 수 있다(헌법§114③, 선거관리위원회법§8).

(2) 대우

각급선거관리위원회 위원 중 상임이 아닌 위원은 명예직으로 한다. 다만, 일당·여비 기타의 실비보상을 받을 수 있다(선거관리위원회법§12①).

중앙선거관리위원회 상임위원은 정무직으로 하고 그 보수는 국무위원의 보수와 동액으로 하며, 시·도선거관리위원회의 상임위원은 1급인 일반직국가공무원으로서「국가공무원법」제26조의5(근무기간을 정하여 임용하는 공무원)[10]에 따른 임기제공무원으로 한다(선거관리위원회

---

9) 시행규칙 별지 제3호 서식(위촉장)

10)「국가공무원법」제26조의5(근무기간을 정하여 임용하는 공무원) ① 임용권자는 전문지식·기술이 요구되거나 임용관리에 특수성이 요구되는 업무를 담당하게 하기 위하여 경력직공무원을 임용할 때에 일정기간을 정하여 근무하는 공무원(이하 "임기제공무원"이라 한다)을 임용할 수 있다.
② 임기제공무원의 임용요건, 임용절차, 근무상한연령 및 그 밖에 필요한 사항은 대통령령으로 정한다.

법§12②).

각급선거관리위원회의 위원 및 위촉직원에 대한 일당·여비 기타의 실비보상에 관하여는 「시행규칙」으로 정한다(선거관리위원회법§12③).

(3) 신분보장

위원은 탄핵 또는 금고 이상의 형의 선고에 의하지 아니하고는 파면되지 아니한다(헌법§114⑤).

각급선거관리위원회의 위원은 선거인명부작성기준일 또는 국민투표안공고일로부터 개표종료시까지 내란·외환·국교·폭발물·방화·마약·통화·유가증권·우표·인장·살인·폭행·체포·감금·절도·강도 및 국가보안법위반의 범죄에 해당하는 경우를 제외하고는 현행범인이 아니면 체포 또는 구속되지 아니하며 병역소집의 유예를 받는다(선거관리위원회법§13).

바. 위원의 해임사유

각급선거관리위원휘의 위원은 ① 정당에 가입하거나 정치에 관여한 때, ② 탄핵결정으로 파면된 때, ③ 금고이상의 형의 선고를 받은 때, ④ 정당추천위원으로서 그 추천정당의 요구가 있거나 추천정당이 국회에 교섭단체를 구성할 수 없게 된 때와 국회의원선거권이 없음이 발견된 때, ⑤ 시·도선거관리위원회의 상임위원인 위원으로서 「국가공무원법」 제33조(결격사유) 각 호의 1에 해당하거나 상임위원으로서 근무상한에 달하였을 때가 아니면 해임·해촉 또는 파면되지 아니한다(선거관리위원회법§9).

각급선거관리위원회가 위원을 해임·해촉할 때에는 본인의 사직원이나 「선거관리위원회법」 제4조(위원의 임명 및 위촉) 제2항 내지 제4항의 규정에 의한 자격요건이나 거주요건의 흠결 또는 제9조(위원의 해임사유)에 규정된 해임사유에 해당함을 증명하는 증빙이 있어야 한다(시행규칙§5⑤). 위원을 해촉하거나 시·도선거관리위원회 상임위원의 지명을 해제한 때에는 「시행규칙」이 정하는 서식[11]에 의한 인사발령통지서를 교부하여야 한다(시행규칙§5⑦).

사. 위원장·부위원장 및 상임위원

(1) 위원장

각급선거관리위원회에 위원장 1인을 둔다(선거관리위원회법§5①). 각급선거관리위원회의 위원장은 당해 선거관리위원회 위원 중에서 호선한다(헌법§114②, 선거관리위원회법§5②).

위원장은 위원회를 대표하고 그 사무를 통할한다(선거관리위원회법§5③). 위원장이 사고가 있을 때에는 상임위원 또는 부위원장이 그 직무를 대행하며 위원장·상임위원·부위원장이

11) 시행규칙 별지 제4호 서식 인사발령통지서

모두 사고가 있을 때에는 위원 중에서 임시위원장을 호선하여 위원장의 직무를 대행하게 한다(선거관리위원회법§5⑤).

각급선거관리위원회는 그 위원회의 정·부위원장을 선출한 때에는 이를 「시행규칙」이 정하는 서식[12]에 의하여 공고하고, 그 상급선거관리위원회에 보고하여야 한다(시행규칙§7).

(2) 부위원장

구·시·군선거관리위원회와 읍·면·동선거관리위원회에 부위원장 1인을 두며 당해 선거관리위원회 위원 중에서 호선한다. 다만, 구·시·군선거관리위원회는 법 제173조(개표소) 제2항의 규정에 의하여 하나의 구·시·군선거관리위원회가 2개 이상의 개표소를 설치하는 경우의 선거관리를 위하여 「선거관리위원회법」 제4조(위원의 임명 및 위촉) 제3항의 위원정수에 불구하고 개표소마다 지방법원장 또는 지원장이 추천하는 법관 1인을 당해 구·시·군선거관리위원회 부위원장으로 위촉할 수 있다(선거관리위원회법§5④). 지방법원장 또는 지원장이 위원을 추천하는 경우에는 「시행규칙」이 정하는 서식[13]에 의한다(시행규칙§4). 부위원장을 위촉하고자 하는 구·시·군선거관리위원회 위원장은 선거일전 12일까지 당해 지역을 관할하는 지방법원장 또는 지원장에게 법관 1인의 위원추천을 의뢰하고 구·시·군선거관리위원회는 선거일전 5일까지 위촉한다(시행규칙§5의3①).

위촉된 부위원장은 위촉된 날부터 당해 선거의 당선인이 결정되는 날까지 근무한다(시행규칙§5의3②). 구·시·군선거관리위원회와 읍·면·동선거관리위원회의 부위원장은 위원장이 사고가 있을 때에 그 직무를 대행한다(시행규칙§8).

(3) 상임위원

중앙선거관리위원회와 시·도선거관리위원회에 위원장을 보좌하고 그 명을 받아 소속 사무처의 사무를 감독하게 하기 위하여 각 1인의 상임위원을 둔다(선거관리위원회법§6①).

중앙선거관리위원회의 상임위원은 위원 중에서 호선한다(선거관리위원회법§6②). 중앙선거관리위원회의 상임위원의 호선은 재적위원 과반수의 찬성으로 하고(시행규칙§9①), 호선된 상임위원의 재임기간은 3년으로 한다. 다만, 중앙선거관리위원회 위원으로서의 잔여임기가 3년 미만인 때에는 그 잔여임기까지로 한다(시행규칙§9②).

시·도선거관리위원회의 상임위원은 당해 선거관리위원회의 위원 중 ① 법관·검사 또는 변호사의 직에 5년 이상 근무한 자, ② 대학에서 행정학·정치학 또는 법률학을 담당한 부교수 이상의 직에 5년 이상 근무한 자, ③ 3급 이상 공무원으로서 2년 이상 근무한 자 중 어느

---

12) 시행규칙 별지 제9호 서식 정·부위원장호선공고
13) 시행규칙 별지 제1－1호 서식 추천서

하나에 해당하고 선거 및 정당사무에 관한 식견이 풍부한 자 중에서 중앙선거관리위원회가 지명하되 상임위원으로서의 근무상한은 60세로 한다(선거관리위원회법§6③). 3급 이상 공무원으로서 2년 이상 근무한 자를 시·도선거관리위원회 상임위원으로 지명할 때는 4급 이상 공무원으로 7년 이상 선거 및 정당사무에 종사한 경력이 있는 자 중에서 지명한다(시행규칙§9의2①). 시·도선거관리위원회의 상임위원을 지명한 때에는 「시행규칙」이 정하는 서식[14]에 의한 임명장을 교부하여야 한다(시행규칙§9의2⑥).

시·도선거관리위원회 상임위원의 지명기간은 2년으로 한다. 다만, 시·도선거관리위원회 위원으로서의 잔여임기가 2년 미만인 때에는 지명기간은 잔여임기까지로 하나(시행규칙§9의2②), 그럼에도 불구하고 중앙선거관리위원회는 지명기간이 만료된 시·도선거관리위원회 상임위원에 대하여는 상당한 이유가 있다고 인정되는 때에는 2년 이내의 기간을 정하여 새로이 지명할 수 있다(시행규칙§9의2④). 시·도선거관리위원회 상임위원이 재임 중 다른 시·도선거관리위원회 위원으로 위촉되어 새로이 상임위원으로 지명된 때에도 전임재임기간을 합산하며, 합산한 기간이 2년에 달할 때에 당연히 그 지명이 해제된 것으로 본다(시행규칙§9의2③).

아. 사무처

(1) 중앙선거관리위원회

중앙선거관리위원회에 사무처를 두고(선거관리위원회법§15①), 사무처에 사무총장 1인과 사무차장 1인을 둔다(선거관리위원회법§15②). 사무총장은 위원장의 지휘를 받아 처무를 장리하며 소속공무원을 지휘·감독하고(선거관리위원회법§15③), 정무직으로 보수는 국무위원의 보수와 동액으로 한다(선거관리위원회법§15④). 사무차장은 사무총장을 보좌하며 사무총장이 사고가 있을 때에는 그 직무를 대행하고(선거관리위원회법§15⑤), 정무직으로 보수는 차관의 보수와 동액으로 한다(선거관리위원회법§15⑥).

사무처에는 실·국 및 과를 두며, 실에는 실장, 국에는 국장, 과에는 과장을 둔다. 다만, 실장·국장의 명칭은 「선거관리위원회 사무기구에 관한 규칙」이 정하는 바에 따라 본부장·단장·부장·팀장 등(이하 "본부장등"이라 한다)으로 달리 정할 수 있으며, 이 경우 명칭을 달리 정한 본부장등은 「선거관리위원회법」을 적용함에 있어서 실장·국장으로 본다(선거관리위원회법§15⑦).

(2) 시·도선거관리위원회 및 구·시·군선거관리위원회

시·도선거관리위원회에 사무처와 필요한 과를 두고(선거관리위원회법§15⑩), 구·시·군선

14) 시행규칙 별지 제9-2호 서식 임용장

거관리위원회에 사무국 또는 사무과를 둔다(선거관리위원회법§15⑪).

(3) 위촉간사

각급선거관리위원회 위원장은 선거사무를 담당하는 공무원 중에서 그 소속행정기관의 장과 협의하여 간사·서기·선거사무종사원 각 약간인을 위촉할 수 있다(선거관리위원회법§15⑯). 위촉간사는 당해 위원장의 명을 받아 소관사무를 장리하고 소속직원을 지휘·감독한다(선거관리위원회법§15⑰).

구·시·군선거관리위원회 위원장은 당해 읍·면·동 소속 6급이하 공무원 중에서 간사·서기를 위촉한다. 다만, 선거일전 3일부터 선거일까지의 기간에는 읍·면·동선거관리위원회 위원장이 이를 할 수 있다. 이 경우 읍·면·동선거관리위원회 위원장은 위촉상황을 즉시 구·시·군선거관리위원회 위원장에게 보고하여야 한다(시행규칙§15①). 각급선거관리위원회 위원장은 간사·서기의 위촉을 위하여 해당 구·시·군 또는 읍·면·동의 장에게 대상자의 추천을 요청할 수 있다(시행규칙§15②). 구·시·군선거관리위원회 위원장이 위촉직원을 위촉한 때에는 지체 없이 ①「시행규칙」에서 정한 서식[15]에 의한 위촉장의 교부, ②「시행규칙」에서 정한 서식[16]에 의한 간사·서기명부에의 등재, ③ 당해 읍·면·동선거관리위원회 위원장 및 구·시·군의 장에게 명단의 통보의 사무를 처리하여야 한다(시행규칙§15③).

각급선거관리위원회 위원장이 위촉직원을 해촉하고자 하는 때에는 그 소속기관의 장과 협의하여야 한다(시행규칙§15의2①). 해촉은 구·시·군선거관리위원회 위원장이 하고, 다만, 선거일전 3일부터 선거일까지의 기간에는 읍·면·동선거관리위원회 위원장이 이를 할 수 있다. 이 경우 읍·면·동선거관리위원회 위원장은 해촉상황을 즉시 구·시·군선거관리위원회 위원장에게 보고하여야 한다(시행규칙§15의2②, §15①).

위촉위원이 그 소속 행정기관에서 다른 행정기관으로 전출 또는 전보되거나 해임된 때에는 해촉된 것으로 본다. 다만,「시행규칙」제15조(위촉직원의 위촉) 제1항 단서의 규정에 의하여 간사·서기로 위촉된 공무원이 당해 읍·면·동으로 전입하거나 당해 읍·면·동 소속 간사·서기가 관할 구·시·군으로 전출된 경우에는 그러하지 아니하다(시행규칙§15의2②). 구·시·군선거관리위원회 위원장은 간사·서기가 위법·부당한 행위로 선거의 공정성을 현저히 침해한 때에는 지체 없이 해촉하여야 한다(시행규칙§15의2③).

15) 시행규칙 별지 제15호 서식 위촉장
16) 시행규칙 별지 제16호 서식 위촉간사·서기명부

2. 직무

가. 위원회의 직무

선거관리위원회는 ① 국가 및 지방자치단체의 선거에 관한 사무, ② 국민투표에 관한 사무, ③ 정당에 관한 사무, ④ 위탁선거법에 따른 위탁선거(이하 "위탁선거"라 한다)에 관한 사무, ⑤ 기타 법령으로 정하는 사무를 행한다(헌법§114①, 선거관리위원회법§3①). 중앙선거관리위원회는 선거관리위원회의 사무를 통할·관리하며, 각급선거관리위원회는 위 사무를 수행함에 있어 하급선거관리위원회를 지휘·감독한다(선거관리위원회법§3③).

선거관리위원회는 법령을 성실히 준수함으로써 선거 및 국민투표의 관리와 정당에 관한 사무의 처리에 공정을 기하여야 한다(선거관리위원회법§3②).

「선거관리위원회법」 제3조(위원회의 직무)에 의하면 중앙선거관리위원회는 하급선거관리위원회를 지휘감독하고 각급선거관리위원회는 그 하급선거관리위원회를 지휘감독하도록 규정하였는바, 지역선거구선거관리위원회가 그 결의 없이 상급선거관리위원회의 지시에 따라 잘못된 입후보사퇴공고를 취소하는 공고를 하여도 위법이 아니다.[17]

나. 선거계도

각급선거관리위원회는 선거권자의 주권의식의 앙양을 위하여 상시계도를 실시하여야 한다(선거관리위원회법§14①). 중앙선거관리위원회는 상시계도를 위한 사업을 적당하다고 인정하는 단체에 위탁하여 행하게 할 수 있다(선거관리위원회법§14③).

선거 또는 국민투표가 있을 때에는 각급선거관리위원회는 그 주관하에 문서·도화·시설물·신문·방송 등의 방법으로 투표방법·기권방지 기타 선거 또는 국민투표에 관하여 필요한 계도를 실시하여야 한다(선거관리위원회법§14②).

다. 선거법위반행위에 대한 중지·경고 등

각급선거관리위원회의 위원·직원은 직무수행 중에 선거법위반행위를 발견한 때에는 중지·경고 또는 시정명령을 하여야 하며, 그 위반행위가 선거의 공정을 현저하게 해치는 것으로 인정되거나 중지·경고 또는 시정명령을 불이행하는 때에는 관할수사기관에 수사의뢰 또는 고발할 수 있다(선거관리위원회법§14의2).

선거관리위원회의 '공직선거법위반행위에 대한 중지촉구'는 국민에 대하여 직접적 법률효과를 발생시키지 않는 단순한 권고적, 비권력적 행위로서 헌법소원의 심판대상이 될 수 있는 '공권력의 행사'에 해당하지 않는다.[18] 선거관리에 관하여는 선거관리위원회라는 헌법기

17) 1965. 2. 18. 선고 63수16 판결

관이 있어 공직선거법에 대하여 유권해석을 하고 있으므로 선거관리위원회가 아닌 변호사에게 위법여부를 질의한 것만으로 자신의 행위가 죄가 되지 아니한다고 믿은 데에 정당한 이유가 있다고 보기 어렵다.[19]

라. 선거사무 등에 대한 지시·협조요구

각급선거관리위원회는 선거인명부의 작성 등 선거사무와 국민투표사무에 관하여 관계행정기관에 필요한 지시를 할 수 있다(헌법§115①, 선거관리위원회법§16①).

각급선거관리위원회는 선거사무를 위하여 인원·장비의 지원 등이 필요한 경우에는 행정기관에 대하여는 지시 또는 협조요구를, 공공단체 및 「은행법」 제2조(정의)에 따른 은행(개표사무종사원을 위촉하는 경우에 한한다)에 대하여는 협조요구를 할 수 있다(선거관리위원회법§16②). 위 지시를 받거나 협조요구를 받은 행정기관·공공단체 등은 우선적으로 이에 응하여야 한다(헌법§115②, 선거관리위원회법§16③).

마. 법령에 관한 의견표시

행정기관이 선거(위탁선거를 포함한다)·국민투표 및 정당관계법령을 제정·개정 또는 폐지하고자 할 때에는 미리 당해 법령안을 중앙선거관리위원회에 송부하여 그 의견을 구하여야 한다(선거관리위원회법§17①). 중앙선거관리위원회는 ① 선거·국민투표·정당관계법률, ② 주민투표·주민소환관계법률(이 경우 선거관리위원회의 관리 범위에 한정한다)의 제정·개정 등이 필요하다고 인정하는 경우에는 국회에 그 의견을 서면으로 제출할 수 있다(선거관리위원회법§17②).

바. 규칙제정

중앙선거관리위원회는 법령의 범위 안에서 선거관리·국민투표관리 또는 정당사무에 관한 규칙을 제정할 수 있으며, 법률에 저촉되지 아니하는 범위 안에서 내부규율에 관한 규칙을 제정할 수 있다(헌법§114⑥).

"법령의 범위 안에서"라는 표현은 '법률의 범위 안에서'로 이해되어야 한다거나[20] '법률에 저촉되지 아니하는 범위 내'로 개정되어야 한다[21]는 견해가 있으나, "법령의 범위 안에서"

18) 2003. 2. 27. 선고 2002헌마106 전원재판부 결정(서울시선거관리위원회가 법 82조(언론기관의 후보자등 초청 대담·토론회)의 언론기관에 '인터넷언론사'가 포함되지 않아 인터넷언론사인 오마이뉴스가 개최하는 후보초청대담·토론회는 일반 단체가 개최하는 법 제81조(단체의 후보자등 초청 대담·토론회)의 대담·토론회에 해당하여 이를 선거기간 전에 개최하는 것은 법 제254조(선거운동기간위반죄)에 위반된다는 이유로 위 대담·토론회인 '열린 인터뷰'의 중지를 촉구한 사례)

19) 서울고등법원 1992. 5. 22. 선고 92노264 판결

20) 성낙인, 앞의 책, 685쪽

는, 중앙선거관리위원회가 선거사무나 국민투표사무 등의 직무를 수행하기 위해서는 행정부의 인력과 장비 등을 사용하지 않을 수 없으므로, 중앙선거관리위원회가 위 선거사무나 국민투표사무 등에 관한 규칙을 제정할 경우에는 법률 외에 시행령(대통령령) 등을 고려하지 않을 수 없기 때문에 부득이하게 그와 같이 규정한 것이다.[22)]

공직선거관리규칙은 중앙선거관리위원회가 「헌법」 제114조 제6항의 규칙제정권에 의하여 공직선거법에서 위임된 사항과 대통령 · 국회의원 · 지방의회의원 및 지방자치단체의 장의 선거의 관리에 필요한 세부사항을 규정함을 목적으로 하여 제정된 법규명령이다.[23)]

사. 업무의 일시적 대행

구 · 시 · 군선거관리위원회 또는 읍 · 면 · 동선거관리위원회가 천재 · 지변 등 기타 불가피한 사유로 그 기능을 수행할 수 없는 때에는 직근 상급선거관리위원회는 다른 선거관리위원회로 하여금 당해 선거관리위원회의 기능이 회복될 때까지 그 사무를 대행하게 할 수 있다. 이 경우 대행할 업무의 범위도 함께 청하여야 한다(시행규칙§16①). 대행선거관리위원회와 그 업무의 범위를 정한 때에는 지체 없이 이를 공고하고 상급선거관리위원회에 보고하여야 한다(시행규칙§16②).

3. 회의

가. 회의소집

각급선거관리위원회의 회의는 당해 위원장이 소집한다. 다만, 위원 3분의 1 이상의 요구가 있을 때에는 위원장은 회의를 소집하여야 하며 위원장이 회의소집을 거부할 때에는 회의소집을 요구한 3분의 1 이상의 위원이 직접 회의를 소집할 수 있다(선거관리위원회법§11①). 법령의 개정 또는 위원의 임기만료 등으로 새로이 구성된 위원회의 최초의 회의소집에 관하여는 사무총장, 사무처장, 사무국장, 사무과장, 위촉간사가 각각 당해 위원장의 직무를 대행한다(선거관리위원회법§11②).

구 · 시 · 군선거관리위원회와 읍 · 면 · 동선거관리위원회의 위원장과 부위원장이 모두 궐위 또는 사고가 있을 경우 위원장 · 부위원장 또는 임시위원장을 호선하기 위한 회의소집은 사무국장, 사무과장 및 위촉간사가 이를 대행한다(선거관리위원회법§11③).

각급선거관리위원회의 회의의안은 의결사항과 보고사항으로 구분하며 「시행규칙」이 정하

21) 권영성, 『헌법학원론』(2009), 법문사, 1056쪽
22) 김학성, 『헌법학원론』(전정2판[2018년판]), 피앤씨미디어, 1077－1078쪽
23) 1996. 7. 12. 선고 96우16 판결

는 서식[24]에 의하여 작성하고 회의개최 2일전까지 각 위원에게 배부한다. 다만, 긴급한 의안은 그러하지 아니하다(시행규칙§11①). 의안은 연도별 일련번호를 붙이며, 「시행규칙」이 정하는 서식[25]의 의안대장에 등재하여야 한다(시행규칙§11②).

다음 각 호의 어느 하나에 해당하는 사항은 중앙선거관리위원회의 의결을 거쳐야 한다(시행규칙§11③).

1. 중앙선거관리위원회 규칙의 제정 및 개정에 관한 사항
2. 「선거관리위원회법」 제17조(법령에 관한 의견표시등) 제1항에 따른 관계 법령안에 대한 의견표시(중요사항에 한정한다) 및 같은 조 제2항에 따른 관계 법률의 제정·개정 의견 제출에 관한 사항
3. 법규 해석에 관한 사항으로서 기존 결정·선례 변경이나 새로운 선례 형성이 필요한 사항
4. 예산요구 및 결산에 관한 사항으로서 다음 각 목 어느 하나에 해당하는 사항
   가. 「국가재정법」 제31조(예산요구서의 제출)에 따른 예산요구서
   나. 「국가재정법」 제58조(중앙관서결산보고서의 작성 및 제출)에 따른 중앙관서결산보고서
5. 법령에 따라 중앙선거관리위원회 위원회의에서 정하도록 하는 사항
6. 그 밖에 중요한 사항으로서 중앙선거관리위원회 위원장이 위원회에 부치는 사항

위원회를 소집하기 어려운 긴급한 사정이 있거나, 경미한 사항은 「시행규칙」이 정하는 서식[26]에 의하여 서면으로 의결할 수 있다(시행규칙§11④).

사무총장·사무처장·사무국장·사무과장 및 위촉간사는 「시행규칙」이 정하는 서식[27]에 의하여 회의록을 작성하여야 한다(시행규칙§11⑤). 회의록에는 위원장·상임위원 및 작성자가 서명 또는 날인하며, 다음 회의에 보고하여야 한다(시행규칙§11⑥). 위 서식에도 불구하고 개표록·집계록·선거록 등 별도의 서식이 있는 경우에는 의결록·회의록 서식을 해당 서식으로 대신할 수 있다(시행규칙§11⑦).

나. 의결정족수

각급선거관리위원회는 위원과반수의 출석으로 개의하고 출석위원 과반수의 찬성으로 의결한다(선거관리위원회법§10①). 위원장은 표결권을 가지며 가부동수인 때에는 결정권을 가진다(선거관리위원회법§10②).

---

24) 시행규칙 별지 제11호 서식 의안번호
25) 시행규칙 별지 제12호 서식 의안대장
26) 시행규칙 별지 제13호 서식 의결록
27) 시행규칙 별지 제14호 서식 회의록

제2장 선거관리

1. 선거공영제

「헌법」은 '선거에 관한 경비는 법률이 정하는 경우를 제외하고는 정당 또는 후보자에게 부담시킬 수 없다.'라고 규정(헌법§116②)하여 선거공영제를 표방하고 있다.

선거공영제는 선거 자체가 국가의 공적 업무를 수행할 국민의 대표자를 선출하는 행위이므로 이에 소요되는 비용은 원칙적으로 국가가 부담하는 것이 바람직하다는 점과 선거경비를 개인에게 모두 부담시키는 것은 경제적으로 넉넉하지 못한 자의 입후보를 어렵거나 불가능하게 하여 국민의 공무담임권을 부당하게 제한하는 결과를 초래할 수 있다는 점을 고려하여, 선거의 관리·운영에 필요한 비용을 후보자 개인에게 부담시키지 않고 국민 모두의 공평부담으로 하고자 하는 원칙이다. 선거공영제의 내용은 우리의 선거문화와 풍토, 정치문화 및 국가의 재정상황과 국민의 법감정 등 여러 가지 요소를 종합적으로 고려하여 입법자가 정책적으로 결정할 사항으로서 넓은 입법형성권이 인정되는 영역이다.[28)]

2. 선거관리

가. 의의

선거관리는 선거의 기능을 활성화하는 작용으로서, 선거가 지배체제를 형성·유지하는 기능뿐만 아니라 지배체제를 통제하고 지배체제에 변동을 가하는 기능을 다할 수 있도록 하는 작용이다. 선거관리가 추구하는 목적은 선거의 공정이다. 선거의 공정은 어디까지나 선거의 자유를 위한 것으로 공정성이 확보된 선거가 진정한 의미의 자유로운 선거이다. 선거의 공정은 선거의 자유를 위한 것이어야 정당성을 확보한다. 공정한 선거의 핵심적 내용을 이루는 것은 선거에서의 기회균등이다. 선거의 공정성은 선거운동에 국한되는 것이 아니라 선거과정 전체에서 요구되므로, 선거관리는 선거의 전 과정에서 기회균등이 준수되도록 하는 것이다.[29)]

나. 선거사무관리의 기준이 되는 인구

(1) 인구의 기준

공직선거법에서 선거사무관리의 기준이 되는 인구는 「주민등록법」에 따른 주민등록표에

28) 2011. 4. 28. 선고 2010헌바232 결정, 2010. 5. 27. 선고 2008헌마491 결정
29) 성승환, 앞의 책, 274－275쪽

따라 조사한 국민의 최근 인구통계에 의한다. 이 경우 지방자치단체의 의회의원 및 장의 선거에서는 법 제15조(선거권) 제2항 제3호에 따라 선거권이 있는 외국인의 수를 포함한다(법 §4).

(2) 인구의 기준일

선거사무관리의 기준이 되는 인구의 기준일은 법 제60조의2(예비후보자등록) 제1항의 규정에 의한 예비후보자등록신청개시일이 속하는 달의 전전달 말일로 한다(규칙§2①). 정당의 내부경선을 위한 선거인단 구성 시 인구기준일은 당해 정당이 정한다.[30]

(3) 인구수 등의 통보

구청장(자치구가 아닌 구의 구청장을 포함한다)·시장(구가 설치되지 아니한 시의 시장을 말한다)·군수(이하 "구·시·군의 장"이라 한다)는 선거가 실시되는 때마다 인구의 기준일 현재의 인구수, 세대수, 18세 이상의 주민수 및 관할구역의 읍·면(「지방자치법」 제7조(자치구가 아닌 구와 읍·면·동 등의 명칭과 구역) 제3항에 따라 행정면을 둔 경우에는 행정면을 말한다)·동(「지방자치법」 제7조(자치구가 아닌 구와 읍·면·동 등의 명칭과 구역) 제4항에 따라 행정동을 둔 경우에는 행정동을 말한다) 현황을 규칙이 정하는 서식[31]에 의하여 인구의 기준일 후 15일[인구의 기준일 후 15일 후에 실시사유가 확정된 법 제35조(보궐선거등의 선거일) 제4항의 규정에 따른 보궐선거등(이하 "보궐선거등"이라 한다)의 경우에는 그 선거의 실시사유가 확정된 때부터 5일]까지 당해 구·시·군선거관리위원회에 통보하여야 한다. 이 경우 지방자치단체의 의회의원 및 장의 선거에 있어서는 법 제4조(인구의 기준) 후단에 따른 외국인(이하 "외국인선거권자"라 한다)의 수와 그 세대수를 포함하여야 한다(규칙§2②).

(4) 신도시개발 등의 경우

구·시·군선거관리위원회는 인구의 기준일부터 선거인명부작성기준일까지의 사이에 신도시 개발, 토목사업, 행정구역의 변경 기타 사유로 인구수의 현저한 변동이 있는 때에는 당해 구·시·군의 장과 협의하여 인구의 기준일 및 인구수 등의 통보기한을 다시 정할 수 있다(규칙§2③).

(5) 동시선거의 특례

동시선거에 있어서 인구의 기준일이 서로 다른 때에는 법 제60조의2(예비후보자등록) 제1항

---

30) 2002. 1. 21. 중앙선관위 질의회답
31) 규칙 별지 제1호 서식 인구수등통보서

에 따른 예비후보자등록신청개시일이 빠른 선거의 예에 따른다(규칙§118①).

다. 선거사무협조

관공서 기타 공공기관은 선거사무에 관하여 선거관리위원회의 협조요구를 받은 때에는 우선적으로 이에 따라야 한다(법§5).

라. 선거관리

(1) 중앙선거관리위원회

중앙선거관리위원회는 공직선거법에 특별한 규정이 있는 경우를 제외하고는 선거사무를 통할·관리하며, 하급선거관리위원회(투표관리관 및 사전투표관리관을 포함한다) 및 법 제218조(재외선거관리위원회 설치·운영)에 따른 재외선거관리위원회와 제218조의2(재외투표관리관의 임명)에 따른 재외투표관리관의 위법·부당한 처분에 대하여 이를 취소하거나 변경할 수 있다(법§12①).

(2) 시·도선거관리위원회

시·도선거관리위원회는 지방의회의원 및 지방자치단체의 장의 선거에 관한 하급선거관리위원회의 위법·부당한 처분에 대하여 이를 취소하거나 변경할 수 있다(법§12②).

(3) 구·시·군선거관리위원회

구·시·군선거관리위원회는 당해 선거에 관한 하급선거관리위원회의 위법·부당한 처분에 대하여 이를 취소하거나 변경할 수 있다(법§12③). 공직선거법 및 규칙에 규정된 구·시·군선거관리위원회에는 그 성질에 반하지 아니하는 범위에서 세종특별자치시선거관리위원회가 포함된 것으로 본다(법§12④, 규칙§2의5).

마. 선거구선거관리

(1) 선거별 선거관리 담당 선거관리위원회

(가) 공직선거의 선거구선거사무를 행할 선거관리위원회

선거구선거사무를 행할 선거관리위원회(이하 "선거구선거관리위원회"라 한다)는 다음 각 호와 같다(법§13①).[32]

---

32) 헌법재판소는, 지방선거사무를 선거관리위원회가 관리하는 이유에 대하여, '지방선거사무를 독립기구가 아닌 해당 지방자치단체 스스로가 담당하도록 한다면, 지방의회의원이나 지방자치단체장은 현재 자신들의 지위와 권한을 이용하여 자신들에게 유리하도록 편파적으로 선거관련 직무를 집행하거나 관련 법규를 적용

1. 대통령선거 및 비례대표전국선거구국회의원(이하 “비례대표국회의원”이라 한다)선거의 선거구선거사무는 중앙선거관리위원회
2. 특별시장 · 광역시장 · 특별자치시장 · 도지사(이하 “시 · 도지사”라 한다)선거와 비례대표선거구시 · 도의회의원(이하 “비례대표시 · 도의원”이라 한다)선거의 선거구선거사무는 시 · 도선거관리위원회
3. 지역선거구국회의원(이하 “지역구국회의원”이라 한다)선거, 지역선거구시 · 도의회의원(이하 “지역구시 · 도의원”이라 한다)선거, 비례대표선거구자치구 · 시 · 군의회의원(이하 “비례대표자치구 · 시 · 군의원”이라 한다)선거 및 자치구의 구청장 · 시장 · 군수(이하 “자치구 · 시 · 군의 장”이라 한다)선거의 선거구선거사무는 그 선거구역을 관할하는 구 · 시 · 군선거관리위원회(법 제29조(지방의회의원의 증원선거) 제3항 또는 「선거관리위원회법」 제2조(설치) 제6항의 규정에 의하여 선거구선거사무를 행할 구 · 시 · 군선거관리위원회가 지정된 경우에는 그 지정을 받은 구 · 시 · 군선거관리위원회를 말한다)

(나) 교육감선거의 선거구선거사무를 행할 선거관리위원회

교육감선거에 관한 사무 중 선거구선거사무를 수행할 선거관리위원회(이하 “선거구선거관리위원회”라 한다)는 「선거관리위원회법」에 따른 시 · 도선거관리위원회로 한다(교육자치법§44①). 교육감선거의 선거구선거관리 등에 관하여는 법 제13조(선거구선거관리) 제2항부터 제6항까지의 규정을 준용한다(교육자치법§44②).

(다) 선거구선거사무의 의미

‘선거구선거사무’라 함은 선거에 관한 사무 중 후보자등록 및 당선인결정 등과 같이 당해 선거구선거를 단위로 행하여야 하는 선거사무를 말한다(법§13②).

할 염려가 있고, 직원들을 선거운동에 동원하여 선거의 형평성과 공정성을 해치는 행위를 할 우려도 있다. 이에 우리 헌법은 각종 선거 및 투표관리 등에 관한 사무를 일반행정업무와 기능적으로 분리해 이를 선거결과에 대하여 이해관계가 있는 개인, 집단 또는 기관의 영향으로부터 차단된 독립된 헌법기관에 맡김으로써 일반행정관서의 부당한 선거간섭을 제도적으로 배제 내지 견제할 수 있도록 하고 있다. 지방선거사무는 지방자치단체의 사무에 속하는 사항이지만, 그 사무가 갖는 여러 가지 특성 때문에 지방자치단체가 이를 처리하기에는 어려운 점이 있고, 이에 관련 법령들은 지방선거의 관리사무를 정파를 초월한 중립기구인 선거관리위원회가 하도록 하고 있으며, 이것이 헌법상 또는 법률상 금지되어 있는 것은 아니다.’라고 판시하였다(2008. 6. 26. 선고 2005헌라7 전원재판부 결정).

(2) 선거사무의 조정·대행

선거구선거관리위원회 또는 직근 상급선거관리위원회는 선거관리를 위하여 특히 필요하다고 인정하는 때에는 중앙선거관리위원회가 정하는 바에 따라 당해 선거에 관하여 관할선거구 안의 선거관리위원회가 행할 선거사무의 범위를 조정하거나 하급선거관리위원회 또는 그 위원으로 하여금 선거구선거관리위원회의 직무를 행하게 할 수 있다(법§13③). 이에 따라 선거사무를 행하는 하급선거관리위원회의 위원은 선거구선거관리위원회 위원의 정수에 산입하지 아니하며, 선거구선거관리위원회의 의결에 참가할 수 없다(법§13④). 선거구선거관리위원회 또는 직근 상급선거관리위원회가 관할구역 안의 선거관리위원회가 행할 선거사무의 범위를 조정하는 때에는 관할구역·업무량 등 관리여건과 선거인 및 후보자의 편의를 감안하여야 하되, 선거구선거관리위원회가 조정하는 때에는 직근 상급선거관리위원회의 승인을 얻어야 한다(규칙§3①).

다음 각 호의 사무는 구·시·군선거관리위원회가 법 제13조(선거구선거관리) 제3항에 따라 그 관할구역의 읍·면·동선거관리위원회 또는 그 위원으로 하여금 행하게 할 수 있다(규칙§3③).

1. 선거벽보의 접수·확인·첩부 및 철거에 관한 사무
2. 매세대발송용 선거공보(법 제65조(선거공보) 제9항에 따른 후보자정보공개자료를 포함한다)의 접수·확인 및 발송에 관한 사무
3. 투표안내문(점자형 투표안내문을 포함한다)의 작성 및 발송에 관한 사무
4. 사전투표소의 설비, 사전투표참관인의 신고접수·선정 및 사전투표사무원 위촉에 관한 사무
5. 그 밖에 위 각 호의 어느 하나에 준하는 사무

구·시·군선거관리위원회는 선거가 있을 때마다 선거일전 30일(선거일전 30일후에 선거의 실시사유가 확정된 보궐선거등에 있어서는 선거인명부작성기준일)까지 읍·면·동선거관리위원회가 대행할 직무의 범위·대행기간 그 밖에 필요한 사항을 정하여 이를 지체 없이 공고하고 해당 읍·면·동선거관리위원히에 통지하여야 한다(규칙§3④).

읍·면·동선거관리위원회가 위 사무를 행함에 있어서 구·시·군선거관리위원회의 청인 또는 그 위원장의 직인을 날인하게 되어 있는 것은 당해 읍·면·동선거관리위원회의 청인 또는 그 위원장의 직인을 날인한다(규칙§3⑥). 읍·면·동선거관리위원회는 관할구·시·군선거관리위원회가 정한 대행할 직무의 범위·대행방법 등의 범위 안에서 당해 구·시·군선거관리위원회의 지도·감독하에 업무를 행하되, 그 업무를 행한 때에는 당해 읍·면·동선거관리위원회 위원장은 그 업무에 관한 모든 서류를 선거일 후 지체 없이 관할구·시·군선거관

리위원회에 송부하여야 한다(규칙§3⑦).

구·시·군선거관리위원회 또는 읍·면·동선거관리위원회가 천재·지변 기타 부득이한 사유로 그 기능을 수행할 수 없는 때에는 직근 상급선거관리위원회는 직접 또는 다른 선거관리위원회로 하여금 당해 선거관리위원회의 기능이 회복될 때까지 그 선거사무를 대행하거나 대행하게 할 수 있다. 다른 선거관리위원회로 하여금 대행하게 하는 경우에는 대행할 업무의 범위도 함께 정하여야 한다(법§13⑤). 이에 따라 선거사무를 대행하거나 대행하게 한 때에는 대행할 선거관리위원회와 그 업무의 범위를 지체 없이 공고하고, 상급선거관리위원회에 보고하여야 한다(법§13⑥).

바. 선거에 관한 신고 등

(1) 신고 등 시간

공직선거법 또는 규칙에 의하여 후보자등록마감일의 다음날부터 선거일까지 각급행정기관과 각급선거관리위원회에 대하여 행하는 신고·신청·제출·보고 등은 공직선거법에 특별한 규정이 있는 경우를 제외하고는 공휴일에도 불구하고 매일 오전 9시부터 오후 6시까지 하여야 한다(법§274①).

(2) 신고 등 방법

각급선거관리위원회는 공직선거법 또는 규칙에 따른 신고·신청·제출·보고 등을 당해 선거관리위원회가 제공하는 서식에 따라 컴퓨터의 자기디스크 그 밖에 이와 유사한 매체에 기록하여 제출하게 하거나 당해 선거관리위원회가 지정하는 인터넷홈페이지에 입력하는 방법으로 제출하게 할 수 있다(법§274②). 신고·신청·제출 및 보고 등을 관할선거관리위원회가 제공하는 서식에 따라 컴퓨터의 자기디스크 등에 기록하여 제출하거나 관할선거관리위원회가 정하는 인증방식에 따라 인증을 받은 후 관할 선거관리위원회가 지정하는 인터넷홈페이지에 입력하는 방법으로 제출하는 경우에는 신청권자 등의 인영이 날인되어 있지 아니하더라도 정당한 인영이 날인된 신고·신청·제출 및 보고 등으로 본다(규칙§146의5①). 위 방법으로 신고·신청·제출 및 보고 등을 하는 때에 그 첨부서류는 컴퓨터·스캐너 등 정보처리능력을 가진 장치를 이용하여 전자적인 이미지형태로 제출하게 할 수 있다(규칙§146의5②).

(3) 각종 공고·보고·통지·통보 서식

공직선거법 및 규칙에 따라 각급선거관리위원회가 행하는 각종 공고·보고·통지·통보는 공직선거법 및 규칙에서 따로 정한 경우를 제외하고는 별표 4 <공고·보고·통지·통보 서식표>에 따르며, 문서의 작성절차와 형식은 「선거관리위원회 사무관리규칙」에 따른다(규칙§147).

사. 선거관리경비

(1) 국가 부담 경비

대통령선거 및 국회의원선거의 관리준비와 실시에 필요한 ① 공직선거법의 규정에 의한 선거의 관리준비와 실시에 필요한 경비, ② 선거에 관한 계도·홍보 및 단속사무에 필요한 경비, ③ 선거에 관한 소송에 필요한 경비, ④ 선거에 관한 소송의 결과로 부담하여야 하는 경비, ⑤ 선거결과에 대한 자료의 정리에 필요한 경비, ⑥ 선거관리를 위한 선거관리위원회의 운영 및 사무처리에 필요한 경비, ⑦ 예측할 수 없는 경비 또는 예산초과지출에 충당하기 위한 경비로서 ①호 및 ②호의 규정에 의한 경비의 합계금액의 100분의 1에 상당하는 금액에 해당하는 경비와 지방의회의원 및 지방자치단체의 장의 선거에 관한 사무 중 통일적인 수행을 위하여 중앙선거관리위원회 및 시·도선거관리위원회가 집행하는 경비는 국가가 부담한다. 이 경우 임기만료에 의한 선거에 있어서는 당해 선거의 선거기간개시일이 속하는 연도(②호에 해당하는 경비는 당해 선거의 선거일전 180일이 속하는 년도를 포함한다)의 본예산에 편성하여야 하되 늦어도 선거기간개시일전 60일(②호에 해당하는 경비는 당해 선거의 선거일전 240일)까지 중앙선거관리위원회에 배정하여야 하며, 보궐선거등에 있어서는 그 사무의 수행에 지장이 없도록 그 선거의 실시사유가 확정된 때부터 15일(법 제197조(선거의 일부무효로 인한 재선거)의 재선거에 있어서는 그 사유확정일로부터 5일을, 연기된 선거와 재투표에 있어서는 늦어도 선거일공고일전일을 말한다)까지 중앙선거관리위원회에 배정하여야 한다(법§277①).

(2) 지방자치단체 부담 경비

지방의회의원 및 지방자치단체의 장의 선거의 관리준비와 실시에 필요한 ① 법 제277조(선거관리경비) 제1항 각 호의 경비, ② 선거에 관한 소청에 필요한 경비, ③ 선거에 관한 소청의 결과로 부담하여야 하는 경비는 당해 지방자치단체가 부담한다. 이 경우 임기만료에 의한 선거에 있어서는 당해 선거의 선거기간개시일이 속하는 연도(법 제277조(선거관리경비) 제1항 제2호에 해당하는 경비는 당해 선거의 선거일전 180일이 속하는 년도를 포함한다)의 본예산에 편성하여야 하되, 늦어도 선거기간개시일전 60일(법 제277조(선거관리경비) 제1항 중 선거의 관리준비에 필요한 경비는 해당 선거의 선거일전 120일, 법 제277조(선거관리경비) 제1항 제2호에 해당하는 경비는 해당 선거의 선거일전 240일)까지 시·도의 의회의원 및 장의 선거에 있어서는 당해 시·도선거관리위원회에, 자치구·시·군의회의원 및 장의 선거에 있어서는 당해 선거구선거관리위원회에 납부하여야 하며, 보궐선거등에 있어서는 그 사무의 수행에 지장이 없도록 그 선거의 실시사유가 확정된 때부터 15일까지 시·도의 의회의원 및 장의 선거에 있어서는 해당 시·도선거관리위원회에, 자치구·시·군의회의원 및 장의 선거에 있어서는 당해 선거구선거관리위원회에 납부하여야 한다(법§277②).

(3) 추가경비

법 제277조(선거관리경비) 제1항 및 제2항의 규정에 의하여 국가나 지방자치단체가 선거관리경비를 배정 또는 납부한 후에 이미 그 경비를 배정 또는 납부한 선거와 동시에 선거를 실시하여야 할 새로운 사유가 발생하거나 배정 또는 납부한 경비에 부족액이 발생한 때에는 법 제277조(선거관리경비) 제4항의 구분에 따른 당해 선거관리위원회의 요구에 의하여 지체없이 추가로 배정 또는 납부하여야 한다(법§277③).

(4) 경비외의 경비

법 제277조(선거관리경비) 제1항 내지 제3항의 규정에 의한 경비외의 경비로서 공직선거법에 의하여 국가 또는 지방자치단체가 부담하는 경비 중 국가가 부담하는 경비는 중앙선거관리위원회, 시·도의 의회의원 및 장의 선거에 따른 경비는 시·도선거관리위원회, 자치구·시·군의 의회의원 및 장의 선거에 따른 경비는 당해 선거구선거관리위원회의 요구에 의하여 당해 선거의 선거일부터 15일 안에 당해 선거관리위원회에 배정 또는 납부하여야 한다(법§277④).

(5) 동시선거의 특례

국가의 공직선거와 지방자치단체의 공직선거를 동시에 실시하는 경우의 선거관리경비의 부담은 법 제277조(선거관리경비)의 규정에 의하되, 국가의 공직선거에 관한 사무와 지방자치단체의 공직선거에 관한 사무가 겹치거나 공동으로 수행하게 되어 그 구분·분리가 명확하지 아니한 때에는 「지방자치단체 선거관리경비규칙」[33]이 정하는 바에 따라 국가 또는 당해 지방자치단체가 부담하는 것으로 한다(규칙§135).

(6) 경비의 산출기준·납부절차와 방법·집행·검사 및 반환

법 제277조(선거관리경비) 제2항 내지 제4항의 규정에 의한 경비, 즉 지방의회의원 및 지방자치단체의 장의 선거관리경비의 산출기준·납부절차와 방법·집행·검사 및 반환 기타 필요한 사항은 「지방자치단체 선거관리경비규칙」으로 정한다(법§277⑤).

33) 2018. 4. 6. 시행 중앙선거관리위원회규칙 제482호

아. 선거관리위원회 위원 등의 질병·부상 또는 사망에 대한 보상

(1) 의의

중앙선거관리위원회는 각급선거관리위원회 위원, 투표관리관, 사전투표관리관, 공정선거지원단원, 투표 및 개표사무원(공무원인 자를 제외한다)이 선거기간(공정선거지원단의 경우 공정선거지원단을 두는 기간을 말한다) 중에 선거업무로 인하여 질병·부상 또는 사망한 때에는 규칙으로 정하는 바에 의하여 보상금을 지급하여야 한다(법§277의2①). 중앙선거관리위원회는 위 보상을 위하여 매년 예산에 재해보상준비금을 계상하여야 한다(법§277의2②).

(2) 보상의 종류 및 금액

(가) 요양보상

선거사무종사자가 선거업무로 인하여 부상을 당하거나 질병에 걸려 요양할 경우에는 이에 필요한 진료, 치료, 수술, 약제, 입원비 등을 지급한다. 다만, ① 중앙선거관리위원회 위원은 「공무원보수규정」 별표 32의 장관 및 장관급에 준하는 공무원 연봉액의 55%에 해당하는 금액, ② 시·도선거관리위원회 위원은 「공무원보수규정」 별표 33의1의 1급(상당) 공무원 연봉액(연봉 상한액을 기준으로 한다)의 55%에 해당하는 금액, ③ 구·시·군선거관리위원회 위원은 「공무원보수규정」 별표 3의 일반직 4급 공무원 5호봉 봉급연액, ④ 읍·면·동선거관리위원회 위원·투표관리관·사전투표관리관·공정선거지원단원·사이버공정선거지원단원·투표사무원·사전투표사무원 및 개표사무원은 「공무원보수규정」 별표 3의 일반직 9급 공무원의 5호봉 봉급연액에 상당하는 금액의 5배를 초과할 수 없다(규칙§146의6①1.)

(나) 장애보상

선거사무종사자가 선거업무로 인하여 부상을 당하거나 질병에 걸려 완치된 후에 신체장애가 있는 경우 별표 5 및 별표 6에서 정한 신체장애등급표 및 신체장애등급별장애보상표의 기준에 따라 산정한 보상금을 지급하되, 2가지 이상의 신체장애가 발병되었을 경우에는 그 중 중한 신체장애에 해당하는 등급에 의한다(규칙§146의6①2.).

(다) 장제보상

선거사무종사자가 선거업무로 인하여 사망한 때에는 그 유족 또는 장제를 행하는 자에게 규칙 제146의6(질병·부상 또는 사망에 대한 보상) 제1항 제1호 각목에서 정한 금액(요양보상의 금액)을 4로 나누어 산정한 금액을 지급한다(규칙§146의6①3.).

(라) 유족보상

선거사무종사자가 선거업무로 인하여 사망한 때에는 그 유족에게 규칙 제146의6(질병·부상 또는 사망에 대한 보상) 제1항 제1호 각목에서 정한 금액(요양보상의 금액)의 10년분 범위 안에서 각각 지급한다(규칙§146의6①4.). 유족의 범위와 우선순위에 대하여는 「공무원연금법」 제3조(정의) 제1항 제2호·제31조(유족의 우선순위)와 제32조(같은 순위자의 경합)[34]를 준용한다(규칙§146의6②).

(3) 보상 청구 및 지급

보상의 청구는 규칙이 정하는 서식[35]에 의하여 재해를 받은 날로부터 180일(장제보상과 유족보상은 90일) 이내에 해당 선거사무종사자를 위촉한 선거관리위원회(투표사무종사원은 관할 구·시·군선거관리위원회)를 경유하여 중앙선거관리위원회에 청구하여야 한다(규칙§146의6③). 중앙선거관리위원회는 보상의 청구를 받은 때에는 청구를 받은 날로부터 90일 이내에 그에 대한 결정을 하고 보상금을 지급하여야 한다(규칙§146의6④).

(4) 보상의 제한

보상금 지급사유가 그 수급권자의 고의 또는 중대한 과실로 인하여 발생한 경우에는 해당 보상금의 전부 또는 일부를 지급하지 아니할 수 있다(법§277의2⑤). ① 선거업무수행 중 불가피한 사유 없이 「교통사고처리특례법」 제3조(처벌의 특례) 제2항 각 호의 규정을 위반하여 사고가 발생한 경우, ② 선거업무수행 중 불가피한 사유 없이 법령을 위반하거나 음주 또는 안전수칙·근무수칙의 현저한 위반으로 사고가 발생한 경우에는 이를 중대한 과실로 본다(규칙§146의6⑥).

---

34) 「공무원연금법」 제3조(정의) ① 이 법에서 사용하는 용어의 뜻은 다음과 같다.
  2. "유족"이란 공무원이나 공무원이었던 사람이 사망할 당시 그가 부양하고 있던 다음 각 목의 어느 하나에 해당하는 사람을 말한다.
    가. 배우자(재직 당시 혼인관계에 있던 사람으로 한정하며, 사실상 혼인관계에 있던 사람을 포함한다)
    나. 자녀(퇴직일 이후에 출생하거나 입양한 자녀는 제외하되, 퇴직 당시의 태아는 재직 중 출생한 자녀로 본다)
    다. 부모(퇴직일 이후에 입양된 경우의 부모는 제외한다)
    라. 손자녀(퇴직일 이후에 출생하거나 입양한 손자는 제외하되, 퇴직 당시의 태아는 재직 중 출생한 손자녀로 본다)
    마. 조부모(퇴직일 이후에 입양된 경우의 조부모는 제외한다)
  제31조(유족의 우선순위) 급여를 받을 유족의 순위는 「민법」에 따라 상속받는 순위에 따른다.
  제32조(같은 순위자의 경합) 유족 중에 같은 순위자가 2명 이상 있을 때에는 급여를 똑같이 나누어 지급하되, 지급방법은 대통령령으로 정한다.

35) 규칙 별지 제64호 서식의 (가) 요양보상청구서, 제64호 서식의 (나) 장제보상청구서, 제64호 서식의 (다) 장애보상청구서, 제64호 서식의 (라) 유족보상청구서

법 제277조의2(질병 · 부상 또는 사망에 대한 보상) 제1항에 따라 보상금을 지급받을 수 있는 사람에 대하여 다음 각 호에 따라 그 보상금의 지급을 제한할 수 있다(규칙§146의6⑤).

1. 고의로 질병 · 부상 · 장애 또는 재해를 발생하게 한 경우에는 해당 보상금을 지급하지 아니한다.
2. 다음 각 목의 어느 하나에 해당하는 경우에는 해당 보상금의 2분의 1을 감하고 나머지 금액을 지급한다.

가. 중대한 과실에 의하여 또는 정당한 사유 없이 요양하지 아니하여 질병 · 부상 · 장애를 발생하게 하거나, 사망하거나 또는 그 질병 · 부상 · 장애의 정도를 악화하게 하거나, 그 회복을 방해한 경우

나. 고의로 질병 · 부상 · 장애의 정도를 악화하게 하거나, 회복을 방해한 경우

(5) 구상권

보상금 지급사유가 제3자의 행위로 인하여 발생한 경우에는 중앙선거관리위원회는 이미 지급한 보상금의 지급 범위 안에서 수급권자가 제3자에 대하여 가지는 손해배상청구권을 취득한다. 다만, 제3자가 공무수행 중의 공무원인 경우에는 손해배상청구권의 전부 또는 일부를 행사하지 아니할 수 있다(법§277의2③). 보상금의 수급권자가 그 제3자로부터 동일한 사유로 이미 손해배상을 받은 경우에는 그 배상액의 범위 안에서 보상금을 지급하지 아니한다(법§277의2④).

(6) 선거재해보상금심의위원회

선거재해로 인한 보상을 심사 · 결정하기 위하여 중앙선거관리위원회에 선거재해보상금심의위원회(이하 "심의위원회"라 한다)를 둔다(규칙§146의6⑦). 심의위원회는 위원장을 포함하여 9명의 위원으로 구성하되, 위원장은 사무차장이 되고, 위원은 중앙선거관리위원회 소속 3급 이상 공무원이나 의사 또는 의료전문변호사 중에서 사무총장이 임명 또는 위촉하며, 위원의 임기는 3년으로 한다(규칙§146의6⑦1.). 심의위원회의 위원장은 회의를 소집하고 그 의장이 되며, 심의위원회의 회의는 재적위원 과반수 출석으로 개의하고 출석위원 과반수의 찬성으로 의결한다(규칙§146의6⑦2.). 보상사무를 담당하기 위하여 간사 1명을 두며, 간사는 심의위원회의 위원장이 중앙선거관리위원회 소속 5급 이상 공무원 중에서 임명한다(규칙§146의6⑦3.). 공무원이 아닌 위원에게는 회의 참석 시 중앙선거관리위원회 위원에 준하는 수당 그 밖의 실비를 지급할 수 있다(규칙§146의6⑦4.). 그 밖에 심의위원회의 운영에 필요한 사항은 사무총장이 정한다(규칙§146의6⑦5.).

제21편 재선거, 보궐선거, 연기된 선거

1. 재선거

가. 재선거사유

다음 각 호의 1에 해당하는 사유가 있는 때에는 재선거를 실시한다(법§195①).

1. 당해 선거구의 후보자가 없는 때
2. 당선인이 없거나 지역구자치구·시·군의원선거에 있어 당선인이 당해 선거구에서 선거할 지방의회의원정수에 달하지 아니한 때
3. 선거의 전부무효의 판결 또는 결정이 있는 때
4. 당선인이 임기개시전에 사퇴하거나 사망한 때
5. 당선인이 임기개시전에 법 제192조(피선거권상실로 인한 당선무효 등) 제2항의 규정에 의하여 당선의 효력이 상실되거나 같은 조 제3항의 규정에 의하여 당선이 무효로 된 때
6. 법 제263조(선거비용의 초과지출로 인한 당선무효) 내지 제265조(선거사무장 등의 선거범죄로 인한 당선무효)의 규정에 의하여 당선이 무효로 된 때

소송이 계류 중인 때에는 재선거를 실시할 수 없다.[1)]

나. 재선거 의제

하나의 선거의 같은 선거구에 법 제200조(보궐선거)의 규정에 의한 보궐선거의 실시사유가 확정된 후 재선거 실시사유가 확정된 경우로서 그 선거일이 같은 때에는 재선거로 본다(법§195②).

다. 재선거의 공고·통보

선거구선거관리위원회는 재선거의 사유가 생겼거나 재선거의 사유의 통보를 받은 때에는 이를 공고하고, 대통령 및 지역구국회의원의 선거에 있어서는 대통령에게, 지방의회의원 및 지방자치단체의 장의 선거에 있어서는 당해 지방자치단체의 장에게 통보하여야 한다(규칙§112).

1) 1968. 2. 6. 중앙선관위 질의회답

2. 선거의 일부무효로 인한 재선거, 천재·지변 등으로 인한 재투표

가. 선거의 일부무효로 인한 재선거

(1) 의의

선거의 일부무효의 판결 또는 결정이 확정된 때에는 관할선거구선거관리위원회는 선거가 무효로 된 당해 투표구의 재선거를 실시한 후 다시 당선인을 결정하여야 한다(법§197①).

후보자는 그 선거에서의 당락이 결정된 후에는 이미 그 후보자라는 자격은 소멸되었다 할 것이나, 선거일부무효판결에 의한 일부재선거는 그 판결에서 무효라고 지적된 당해 투표구에서만의 선거를 다시 실시하는 것이므로 종전 선거 때의 후보자는 일부재선거를 실시할 당시 종전 선거 때의 후보자로서 구비하였던 조건과 같은 조건을 구비하고 있는 자는 당연히 후보자가 되는 것이고 다시 후보자등록절차를 밟을 필요가 없다.[2] 지방의회의원선거의 일부무효로 인한 재선거에 관하여, 선거소청의 결정에 의한 선거의 일부무효로 인한 재선거의 실시시기는 선거소청의 결정이 확정된 날부터 30일 이내로 하고, 일부재선거는 당초 선거의 기탁금의 귀속·반환과 선거벽보·선거공보의 비용의 보전에 영향을 미치지 아니한다.[3]

(2) 선거인명부 사용 특례

선거의 일부무효로 인한 재선거를 실시함에 있어서 판결 또는 결정에 특별한 명시가 없는 한 법 제44조(명부의 확정과 효력) 제1항에도 불구하고 당초 선거에 사용된 선거인명부를 사용한다(법§197②).

(3) 정당이 합당한 경우의 특례

(가) 후보자 추천

선거의 일부무효로 인한 재선거를 실시함에 있어서 정당이 합당한 경우 합당된 정당은 그 재선거의 선거기간개시일부터 그 다음날까지 당해 선거구선거관리위원회에 합당전 후보자 중 1인을 후보자로 추천하고, 비례대표국회의원선거 및 비례대표지방의회의원선거에 있어서는 하나의 후보자명부를 제출하되 합당전 각 정당이 제출한 후보자명부에 등재되지 아니한 자를 추가할 수 없다(법§197③). 위 기간내에 추천이 없는 때에는 합당전 정당의 당해 선거구의 후보자의 등록은 모두 무효로 한다(법§197④).

---

2) 1970. 7. 24. 선고 70수2 판결
3) 1998. 8. 12. 중앙선관위 의결

(나) 후보자의 기호

합당된 정당의 후보자(비례대표국회의원선거 및 비례대표지방의회의원선거에 있어서는 후보자를 추천한 정당을 말한다)의 기호는 당초 선거 당시의 그 후보자의 기호로 한다(법§197⑤).

(다) 득표의 계산

추천된 후보자의 득표계산에 있어서는 합당으로 인하여 추천을 받지 못한 후보자의 득표는 이를 계산하지 아니한다(법§197⑥).

(4) 비례대표의원의 특례

비례대표국회의원선거 및 비례대표지방의회의원선거에 있어서 선거의 일부무효로 인한 재선거 사유가 확정된 경우에는 그 투표구의 선거인수를 당해 선거구의 선거인수로 나눈 수에 당해 선거구의 의석정수를 곱하여 얻은 수의 정수(1미만의 단수는 1로 본다)를 의석정수에서 뺀 다음 법 제189조(비례대표국회의원의석의 배분과 당선인의 결정 · 공고 · 통지) 제1항부터 제4항까지 또는 법 제190조의2(비례대표지방의회의원당선인의 결정 · 공고 · 통지)의 규정에 따라 의석을 재배분하고, 그 재배분에서 제외된 비례대표국회의원 및 비례대표지방의회의원의 당선은 무효로 한다(법§197⑦). 비례대표국회의원선거 및 비례대표지방의회의원선거에 있어서 선거의 일부무효로 인한 재선거를 실시한 때에는 당초선거에서의 득표수와 재선거에서의 득표수를 합하여 득표비율을 산출하고 그 득표비율에 당해 선거구의 의석정수를 곱하여 얻은 수에서 각 정당이 이미 배분받은 의석수를 뺀 수가 큰 순위에 따라 잔여의석을 배분하고 당선인을 결정한다. 이 경우 비례대표국회의원선거에 있어서는 법 제189조(비례대표국회의원의석의 배분과 당선인의 결정 · 공고 · 통지) 제1항부터 제5항까지의 규정을, 비례대표지방의회의원선거에 있어서는 법 제190조의2(비례대표지방의회의원당선인의 결정 · 공고 · 통지)의 규정을 준용한다(법§197⑧).

나. 천재 · 지변 등으로 인한 재투표

(1) 의의

천재 · 지변 기타 부득이한 사유로 인하여 어느 투표구의 투표를 실시하지 못한 때와 투표함의 분실 · 멸실 등의 사유가 발생한 때에는 관할선거구선거관리위원회는 당해 투표구의 재투표를 실시한 후 당해 선거구의 당선인을 결정한다(법§198①). 위 재투표가 당해 선거구의 선거결과에 영향을 미칠 염려가 없다고 인정되는 때에는 재투표를 실시하지 아니하고 당선인을 결정한다(법§198②).

천재 · 지변 등 불가피한 사유로 인하여 1투표구 또는 수투표구 내의 투표를 행하지 못한 경우란 1투표구 또는 수투표구 내의 전투표자가 투표를 하지 못한 경우뿐만 아니라 그중 일부의 투표권자가 투표를 행하지 못한 경우도 포함한다.[4]

(2) 정당이 합당한 경우의 특례

(가) 후보자 추천

천재·지변 기타 부득이한 사유로 인한 재투표를 실시함에 있어서 정당이 합당한 경우 합당된 정당은 그 재선거의 선거기간개시일부터 그 다음날까지 당해 선거구선거관리위원회에 합당전 후보자 중 1인을 후보자로 추천하고, 비례대표국회의원선거 및 비례대표지방의회의원선거에 있어서는 하나의 후보자명부를 제출하되 합당전 각 정당이 제출한 후보자명부에 등재되지 아니한 자를 추가할 수 없다(법§198④, §197③). 위 기간내에 추천이 없는 때에는 합당전 정당의 당해 선거구의 후보자의 등록은 모두 무효로 한다(법§198④, §197④).

(나) 후보자의 기호

합당된 정당의 후보자(비례대표국회의원선거 및 비례대표지방의회의원선거에 있어서는 후보자를 추천한 정당을 말한다)의 기호는 당초 선거 당시의 그 후보자의 기호로 한다(법§198④, §197⑤).

(다) 득표의 계산

추천된 후보자의 득표계산에 있어서는 합당으로 인하여 추천을 받지 못한 후보자의 득표는 이를 계산하지 아니한다(법§198④, §197⑥).

(라) 비례대표의원의 의석재배분

천재·지변 기타 부득이한 사유로 인한 재투표를 실시함에 있어서 합당된 정당이 있는 경우 법 제194조(당선인의 재결정과 비례대표국회의원의석 및 비례대표지방의회의원의석의 재배분)의 비례대표국회의원 및 비례대표지방의회의원의 의석재배분을 위한 득표수의 계산은 그 후보자의 합당전 정당의 득표수에 합산한다(법§198③).

(3) 선거일 특례

천재·지변 등으로 인한 재투표는 가능한 한 법 제35조(보궐선거 등의 선거일)의 규정에 의한 선거와 함께 실시하여야 한다(법§199).

---

4) 1960. 12. 13. 선고 4293선38 판결

다. 일부재선거 · 재투표시의 선거운동범위와 선거비용제한액

(1) 일부재선거 · 재투표시의 선거운동범위

관할선거구선거관리위원회가 일부재선거 또는 재투표에 있어서의 선거운동의 범위는 다음 각 호에 의한다(규칙§114①).

1. 방송시설을 이용한 선거운동은 실시하지 아니하는 것으로 한다.
2. 선거운동을 할 수 있는 구역은 당해 선거를 실시하는 구역 안으로 한다. 다만, 법 제61조(선거운동기구의 설치) 제2항 · 법 제81조(단체의 후보자등 초청 대담 · 토론회) 및 법 제82조(언론기관의 후보자등 초청 대담 · 토론회)의 규정에 의한 대담 · 토론회의 경우와 규칙 제114조 제1항 제6호(신문광고를 말한다)의 경우에는 구역제한을 받지 아니한다.
3. 법 및 규칙에서 그 시기가 "후보자등록신청개시일" 또는 "후보자등록마감일"로 되어 있는 것은 "일부재선거공고일" 또는 "재투표공고일"로 본다.
4. 선거사무소 및 선거연락소와 선거사무장 · 선거연락소장 · 선거사무원 및 회계책임자는 당초 선거에 있어서의 설치 또는 선임신고에 불구하고 이를 다시 설치 또는 선임신고하는 것으로 한다.
5. 법 제61조(선거운동기구의 설치) 제1항의 규정에 의한 선거연락소의 설치 및 법 제62조(선거사무관계자의 선임) 제2항의 규정에 의한 선거사무원의 선임의 경우 일부재선거 또는 재투표를 실시하는 구역(이하 "일부재선거등 실시구역"이라 한다)이 그 설치 또는 선임단위구역의 일부인 때에는 이를 그 설치 또는 선임단위 구역으로 본다.
6. 법 제69조(신문광고)의 규정에 의한 신문광고의 횟수는 일부재선거등 실시구역의 당초 선거시의 인구수를 해당 선거구의 인구수로 나누어 얻은 수에 당초 선거시의 광고횟수를 곱하여 얻은 수로 한다. 이 경우 단수는 1로 하고 신문에 의하는 경우에는 해당 일부재선거등 실시구역을 주된 배부대상으로 하는 일간신문에 의하여야 한다.
7. 선거벽보의 첩부매수, 선거공보의 발송매수의 산출은 일부재선거등 실시구역의 당초 선거시의 인구수와 세대수, 예상 거소투표신고인수 및 법 제65조(선거공보) 제5항에 따른 예상 신청자수로 한다.

(2) 일부재선거 · 재투표시의 선거비용제한액

관할선거구선거관리위원회가 일부재선거 또는 재투표에 있어서 선거비용의 제한액을 결정하는 때에는 규칙 제9조(일부재선거등의 선거일등 공고)의 규정에 의한 일부재선거공고일 또는 재투표공고일에 이를 공시하여야 한다(규칙§114①).

일부재선거 또는 재투표를 실시하는 때의 선거비용제한액은 일부재선거등 실시구역의 당초 선거시의 인구수를 당해 선거구의 당초 선거시의 인구수로 나누어 얻은 수에 그 선거구의 당초 선거시의 후보자 1인의 선거비용제한액을 곱하여 얻은 금액에 중앙선거관리위원회가 일부재선거등 실시구역의 넓고 좁음·물가지수 및 규칙 제114조일부재선거·재투표시의 선거운동 범위와 선거비용제한액 등) 제1항 각 호의 기준에 의한 선거운동방법 등을 감안하여 정한 금액을 더하거나 뺀 금액으로 한다. 이 경우 10만원 미만의 단수는 10만원으로 한다(규칙§114②).

라. 일부재선거·재투표시의 투표구 공고

관할시·구·군선거관리위원회는 일부재선거일공고일 또는 재투표일공고일의 다음날까지 일부재선거 또는 재투표가 실시되는 투표구를 공고하여야 한다(규칙§115).

마. 일부재선거·재투표시의 투표소 공고

읍·면·동선거관리위원회는 법 제147조(투표소의 설치) 제8항의 규정에 의한 투표소의 명칭과 소재지를 일부재선거 또는 재투표일이 공고된 날로부터 3일 이내에 공고하여야 한다(규칙§116).

3. 연기된 선거

가. 선거의 연기

천재·지변 기타 부득이한 사유로 인하여 선거를 실시할 수 없거나 실시하지 못한 때에는 대통령선거와 국회의원선거에 있어서는 대통령이, 지방의회의원 및 지방자치단체의 장의 선거에 있어서는 관할선거구선거관리위원회 위원장이 당해 지방자치단체의 장(직무대행자를 포함한다)과 협의하여 선거를 연기하여야 한다(법§196①).

나. 연기된 선거의 선거절차

선거를 연기한 때에는 처음부터 선거절차를 다시 진행하여야 하고, 선거일만을 다시 정한 때에는 이미 진행한 선거절차에 이어 계속하여야 한다(법§196②).

다. 연기된 선거의 공고 및 통보

선거를 연기하는 때에는 대통령 또는 관할선거구선거관리위원회 위원장은 연기할 선거명과 연기사유 등을 공고하고, 지체 없이 대통령은 관할선거구선거관리위원회 위원장에게, 관할선거구선거관리위원회 위원장은 당해 지방자치단체의 장에게 각각 통보하여야 한다(법§196③).

라. 연기된 선거의 선거일

연기된 선거는 가능한 한 법 제35조(보궐선거 등의 선거일)의 규정에 의한 선거와 함께 실시하여야 한다(법§199).

4. 보궐선거

가. 보궐선거의 의의

(1) 대통령

대통령이 궐위된 때 또는 대통령 당선자가 사망하거나 판결 기타의 사유로 그 자격을 상실한 때에는 60일 이내에 후임자를 선거한다(헌법§68②).

(2) 지역구국회의원 등

지역구국회의원·지역구지방의회의원 및 지방자치단체의 장에 궐원 또는 궐위가 생긴 때에는 보궐선거를 실시한다(법§200①).

나. 궐위 및 궐원 통보

대통령권한대행자는 대통령이 궐위된 때에는 중앙선거관리위원회에, 국회의장은 국회의원이 궐원된 때에는 대통령과 중앙선거관리위원회에 그 사실을 지체 없이 통보하여야 한다(법§200④). 지방의회의장은 당해 지방의회의원에 궐원이 생긴 때에는 당해 지방자치단체의 장과 관할 선거구선거관리위원회에 이를 통보하여야 하며, 지방자치단체의 장이 궐위된 때에는 궐위된 지방자치단체의 장의 직무를 대행하는 자가 당해 지방의회의장과 관할선거구선거관리위원회에 이를 통보하여야 한다(법§200⑤).

국회의원 또는 지방의회의원이 법 제53조(공무원 등의 입후보)의 규정에 의하여 그 직을 그만두었으나 후보자등록신청시까지 위 궐원통보가 없는 경우에는 후보자로 등록된 때에 그 통보를 받은 것으로 본다(법§200⑥).

다. 비례대표의원 의석 승계

비례대표국회의원 및 비례대표지방의회의원에 궐원이 생긴 때에는 선거구선거관리위원회는 궐원통지를 받은 후 10일 이내에 그 궐원된 의원이 그 선거 당시에 소속한 정당의 비례대표국회의원후보자명부 및 비례대표지방의회의원후보자명부에 기재된 순위에 따라 궐원된 국회의원 및 지방의회의원의 의석을 승계할 자를 결정하여야 한다(법§200②).[5][6] 의석을 승계

할 후보자를 추천한 정당이 해산되거나 임기만료일 전 120일 이내[7]에 궐원이 생긴 때에는

---

5) 헌법재판소는, 법 제264조(당선인의 선거범죄로 인한 당선무효)의 규정에 의하여 당선이 무효로 된 때를 비례대표지방의회의원의 의석승계제한사유로 규정한 구 공직선거법(2005. 8. 4. 법률 제681호로 개정된 것) 제200조(보궐선거) 제2항 단서와 관련하여, '현행 비례대표선거제하에서 선거에 참여한 선거권자들의 정치적 의사표명에 의하여 직접 결정되는 것은, 어떠한 비례대표지방의회의원후보자가 비례대표지방의회의원으로 선출되느냐의 문제라기보다는 비례대표지방의회의원의석을 할당받은 정당에 배분되는 비례대표지방의회의원의 의석수라고 할 수 있다. 그런데 심판대상조항은 선거범죄를 범한 비례대표지방의회의원 당선인 본인의 의원직 박탈에 그치지 아니하고 그로 인하여 궐원된 의석의 승계를 인정하지 아니함으로써 결과적으로 그 정당에 비례대표지방의회의원의석을 할당받도록 한 선거권자들의 정치적 의사표명을 무시하고 왜곡하는 결과가 된다. 더욱이 117개 자치구·시·군의회의 비례대표지방의회의원정수가 1인에 불과하여, 그 의석승계를 인정하지 않는다면 극단적으로는 상당수의 자치구·시·군의회에서 비례대표지방의회의원이 없게 될 수도 있으므로, 비례대표선거제를 둔 취지가 퇴색될 수도 있다. 또한 당선인이 선거범죄로 당선이 무효로 된 경우를 일반적 궐원사유인 당선인의 사직 또는 퇴직 등의 경우와 달리 취급하여야 할 합리적인 이유가 있는 것으로 보기도 어렵다. 따라서 심판대상조항은 선거권자의 의사를 무시하고 왜곡하는 결과를 초래할 수 있다는 점에서 헌법의 기본원리인 대의제 민주주의 원리에 부합하지 않는다.'고 판시하였다(2009. 6. 25. 선고 2007헌마40 전원재판부 결정). 이후 2010. 1. 25. 법률 제9974호로 공직선거법이 개정되어 법 제200조(보궐선거) 제2항의 단서는 삭제되었다.

6) 헌법재판소는, 비례대표국회의원에 궐원이 생기는 경우 별도의 보궐선거 없이, 궐원된 의원이 그 선거 당시에 소속되어 있던 정당의 비례대표국회의원후보자명부에 기재된 순서대로 의석이 승계되도록 정한 법 제200조 제2항 중 '비례대표국회의원'에 관한 부분에 관하여, "현행 비례대표국회의원선거제도 하에서 선거권자들의 정치적 의사표명에 의하여 직접 결정되는 것은, 어떠한 비례대표국회의원후보자가 비례대표국회의원으로 선출되느냐의 문제라기보다는 비례대표국회의원의석을 할당받을 정당에 배분되는 비례대표국회의원의 의석수라고 할 수 있다. 즉 주기적으로 실시되는 국회의원선거에서 각 정당에 배분되는 비례대표국회의원의 의석수가 결정되면, 청구인을 비롯한 선거권자들의 비례대표국회의원 선거권 행사는 완료된 것으로 볼 수 있다. 심판대상조항은 위와 같은 선거권 행사에 의하여 이미 형성된 의석 분포에 기초하여, 임기 중 비례대표국회의원에 궐원이 생기는 경우 위 분포를 변화시키지 않는 범위 내에서 궐원된 의석을 어떻게 승계할지의 문제만을 규정하고 있으므로, 선거권을 제한하거나 선거권에 영향을 미치는 조항이라고 볼 수 없다."고 판시하였다(2023. 9. 26. 선고 2021헌마260 결정).

7) 헌법재판소는, 임기만료일전 180일 이내에 궐원이 생긴 때를 비례대표국회의원 의석승계제한사유로 규정한 구 공직선거법(2005. 8. 4. 법률 제7681호로 개정된 것) 제200조(보궐선거) 제2항 단서와 관련하여, '현행 비례대표선거제하에서 선거에 참여한 선구권자들의 정치적 의사표명에 의하여 직접 결정되는 것은, 어떠한 비례대표국회의원후보자가 비례대표국회의원으로 선출되느냐의 문제라기보다는 비례대표국회의원의석을 할당받을 정당에 배분되는 비례대표국회의원의 의석수라고 할 수 있다. 그런데 심판대상조항은 임기만료일 전 180일 이내에 비례대표국회의원에 궐원이 생긴 때에는 정당의 비례대표국회의원후보자명부에 의한 의석승계를 인정하지 아니함으로써 결과적으로 그 정당에 비례대표국회의원의석을 할당받도록 한 선거권자들의 정치적 의사표명을 무시하고 왜곡하는 결과가 된다. 또한, 비례대표국회의원에 궐원이 생긴 때에는 지역구국회의원에 궐원이 생긴 때와는 달리 원칙적으로 상당한 비용이나 시간이 소요되는 보궐선거나 재선거가 요구되지 아니하고 정당이 제출한 후보자명부에 기재된 순위에 따라 간명하게 승계여부가 결정되는 점, 국회의원으로서의 의정활동준비나 업무수행이 임기만료일전부터 180일이라는 기간 내에는 불가능하다거나 현저히 곤란한 것으로 단정하기 어려운 점 등을 종합해 볼 때, 임기만료일전 180일 이내에 비례대표국회의원에 궐원이 생긴 때를 일반적인 경우와 달리 취급하여야 할 합리적인 이유가 있는 것으로 보기도 어렵다. 더욱이 임기만료일전 180일 이내에 비례대표국회의원에 상당수의 궐원이 생길 경우에는 의회의 정상적인 기능수행을 부당하게 제약하는 결과를 초래할 수도 있다. 따라서 심판대상조항은 선거권자의 의사를 무시하고 왜곡하는 결과를 낳을 수 있고, 의회의 정상적인 기능수행에 장애가 될 수 있다는 점에서 헌법의 기본원리인 대의제 민주주의 원리에 부합되지 않는다.'고 판시하였다(2009. 6. 25. 선고 2008헌마413

의석을 승계할 사람을 결정하지 아니한다(법§200③).[8] 선거구선거관리위원회는 법 제200조(보궐선거) 제2항의 규정에 의하여 비례대표국회의원 또는 비례대표지방의회의원의 의석을 승계할 자를 결정한 때에는 즉시 이를 공고하고 당해 정당 및 의석을 승계할 자에게 통지하여야 한다(규칙§117).

「국회법」 제163조(징계의 종류와 선포) 제1항 제4호에 따른 '제명'징계의 처분을 받아 비례대표국회의원에 궐원이 생긴 경우에도 법 제200조(보궐선거) 제2항에 따른 궐원에 해당되어 그 선거 당시에 소속한 정당의 비례대표국회의원후보자명부에 기재된 순위에 따라 승계한다.[9]

5. 보궐선거등의 특례

가. 보궐선거등의 실시제한

보궐선거등(대통령선거 · 비례대표국회의원선거 및 비례대표지방의회의원선거를 제외한다)은 그 선거일부터 임기만료일까지의 기간이 1년 미만이거나, 지방의회의 의원정수의 4분의 1 이상이 궐원(임기만료일까지의 기간이 1년 이상인 때에는 재선거 · 연기된 선거 및 재투표사유로 인한 경우를 제외한다)되지 아니한 경우에는 실시하지 아니할 수 있다. 이 경우 지방의회의원정수의 4분의 1 이상이 궐원되어 보궐선거 등을 실시하는 때에는 그 궐원된 의원 전원에 대하여 실시하여야 한다(법§201①).

법 제219조(선거소청) 제2항 또는 제223조(당선소송)의 규정에 의하여 당선의 효력에 관한 쟁송이 계속 중인 때에는 보궐선거를 실시하지 아니한다(법§201②).

전원재판부 결정). 이후 2010. 1. 25. 법률 제9974호로 공직선거법이 개정되어 위 '임기만료일 전 180일 이내'가 '임기만료일 전 120일 이내'로 변경되었다(법§200③).

8) 헌법재판소는, 제264조(당선인의 선거범죄로 인한 당선무효)의 규정에 의하여 당선이 무효로 된 때를 비례대표국회의원 의석승계제한사유로 규정한 구 공직선거법(2005. 8. 4. 법률 제7681호로 개정된 것) 제200조(보궐선거) 제2항 단서와 관련하여, '심판대상조항은 선거범죄를 범한 비례대표국회의원 당선인 본인의 의원직 박탈에 그치지 아니하고 그로 인하여 궐원된 의석의 승계를 인정하지 아니함으로써 결과적으로 그 정당에 비례대표국회의원의석을 할당받도록 한 선거권자들의 정치적 의사표명을 무시하고 왜곡하는 결과를 초래한다는 점에서 헌법의 기본원리인 대의제 민주주의 원리에 부합하지 않는다. 또한 심판대상조항이 정하고 있는 위와 같은 승계의 예외사유는 심판대상조항으로 인하여 불이익을 받게 되는 소속정당이나 후보자명부상의 차순위 후보자의 귀책사유에서 비롯된 것이 아니라 당선인의 선거범죄에서 비롯된 것이라는 점에서 자기책임의 범위를 벗어나는 제재이다. 심판대상조항은 비례대표국회의원후보자명부상의 차순위 후보자의 승계를 부정함으로써 선거를 통하여 표출된 선거권자들의 정치적 의사표명을 무시 · 왜곡하는 결과를 초래하고, 선거범죄에 관하여 귀책사유도 없는 정당이나 차순위 후보자에게 불이익을 주는 것은 필요이상의 지나친 제재를 규정한 것이다.'라고 판시하였다(2009. 10. 29. 선고 2009헌마350 · 386(병합) 전원재판부 결정). 이후 2010. 1. 25. 법률 제9974호로 공직선거법이 개정되어 위 제200조(보궐선거) 제2항 단서의 '제264조(당선인의 선거범죄로 인한 당선무효)의 규정에 의하여 당선이 무효로 된 때' 부분은 삭제되었다.

9) 2012. 7. 17. 중앙선관위 질의회답

지방의회의원이 궐원되어 법 제201조(보궐선거 등에 관한 특례) 제1항과 제4항의 규정에 따라 보궐선거를 실시하지 아니하기로 공고한 경우, 당해 의원이 속한 지방의회의 의원정수의 4분의 1 이상이 궐원되어 보궐선거등을 실시하는 경우 외에는 보궐선거를 실시할 수 없고,[10] 지방의회의원이 궐원되어 법 제201조(보궐선거 등에 관한 특례) 제1항과 제4항의 규정에 의하여 보궐선거를 실시하지 아니하기로 공고하였으나, 지역주민이나 지역주민의 대표기관인 의회에서 당초의 미실시 공고를 취소하고 보궐선거를 실시해 달라는 행정쟁송이 제기되어 그 절차에 의하여 청구가 이유 있다고 인용되었을 경우에는 보궐선거를 실시할 수 있다.[11]

나. 보궐선거등의 실시구역

지방의회의원의 보궐선거 · 재선거 · 연기된 선거 또는 재투표를 실시하는 경우에 지방자치단체의 관할구역의 변경에 따라 그 선거구의 구역이 그 지방의회의원이 속하는 지방자치단체에 상응하는 다른 지방자치단체의 관할구역에 걸치게 된 때에는 당해 지방자치단체에 속한 구역만을 그 선거구의 구역으로 한다(법§201③).

다. 보궐선거등의 공고 및 통보

보궐선거등의 사유가 발생하였으나 법 제201조(보궐선거 등에 관한 특례) 제1항 전단의 규정에 해당되어 보궐선거등을 실시하지 아니하고자 하는 때에는 보궐선거등의 실시사유가 확정된 날부터 10일 이내에 그 뜻을 공고하고, 국회의원보궐선거 등에 있어서는 대통령이 관할선거구선거관리위원회에, 지방자치단체의 의회의원 및 장의 보궐선거 등에 있어서는 관할선거구선거관리위원회 위원장이 당해 지방의회의장 및 지방자치단체의 장에게 통보하여야 한다(법§201④).

라. 보궐선거등의 실시일

법 제201조(보궐선거 등에 관한 특례) 제1항 후단에 따라 보궐선거등을 실시하게 된 때에는 법 제35조(보궐선거 등의 선거일) 제2항 제1호에도 불구하고 그 실시사유가 확정된 때부터 60일 이내에 실시하여야 하며, 관할선거구선거관리위원회 위원장은 선거일 전 30일까지 선거일을 정하여 공고하여야 한다. 다만, 그 보궐선거등의 선거일이 법 제35조(보궐선거등의 선거일) 제2항 제1호에 따른 4월 중 첫 번째 수요일에 실시되는 보궐선거등의 선거기간개시일 전 40일부터 선거일 후 30일까지의 사이에 있는 경우에는 그 보궐선거등과 함께 선거를 실시한다(법§201⑤). 법 제35조(보궐선거등의 선거일) 제2항 제2호 또는 법 제201조(보궐선거 등에

10) 1996. 2. 16. 중앙선관위 의결
11) 1996. 5. 27. 중앙선관위 의결

관한 특례) 제5항의 규정에 따라 선거일을 공고한 관할선거구선거관리위원회는 지체 없이 이를 해당 지방자치단체의 장에게 통보하여야 한다(규칙§113).

법 제201조(보궐선거 등에 관한 특례) 제1항 후단 및 제5항에 따라 실시하는 보궐선거등의 '실시사유가 확정된 때'란 법 제35조(보궐선거등의 선거일) 제5항에도 불구하고 관할선거구선거관리위원회가 해당 지방의회의장으로부터 그 지방의회 의원정수의 4분의 1 이상의 궐원에 해당하는 의원의 궐원을 통보받은 날을 말한다(법§201⑥).

마. 보궐선거등의 거소투표

보궐선거등(대통령이 궐위로 인한 선거·재선거 및 연기된 선거, 임기만료에 따른 선거와 동시에 실시하는 보궐선거등은 제외한다)에서 법 제38조(거소·선상투표신고) 제4항 제1호부터 제5호까지에 해당하는 사람 외에 보궐선거등이 실시되는 선거구(선거구가 해당 구·시·군의 관할구역보다 작은 경우에는 해당 구·시·군의 관할구역을 말한다) 밖에 거소를 둔 사람도 거소투표신고를 하고 법 제158조의2(거소투표)에 따른 거소투표자의 예에 따라 투표할 수 있다(법§201⑦).

제22편 선거에 관한 쟁송

제1장 선거소청

1. 의의

선거소청은 선거종료 후에 당해 선거의 효력 또는 당선의 효력에 관한 법적 분쟁에 대하여 법원의 재판절차의 전심단계로 지역구시·도의원선거(지역구세종특별자치시의회의원선거는 제외), 자치구·시·군의원선거 및 자치구·시·군의 장의 선거에 있어서는 시·도선거관리위원회가, 비례대표시·도의원선거, 지역구세종특별자치시의회의원선거 및 시·도지사선거에 있어서는 중앙선거관리위원회가 심리·결정하는 쟁송절차이다.

지방선거는 주민을 대표하는 지방자치단체의 의결기관 및 집행기관의 구성원을 선출하는 합성행위로서, 선거에 관한 분쟁은 행정의 연속성·안정성을 위하여 가급적 조속히 해결되어야 할 필요성이 있다고 할 수 있는데, 선거에 관한 모든 분쟁의 해결을 곧바로 법원에 호소하여 재판절차를 거치도록 하게 할 경우 법원·소송당사자 기타 관계인에게 많은 시간과 비용을 부담시킬 수 있다. 따라서 법은 지방선거에 한하여 전심절차로서 선거소청제도를 두었다. 이는 선거관리기관의 선거에 관한 집적된 전문성과 기술성을 활용하여 소송의 전단계에서 선거에 관한 분쟁을 해결할 기회를 줌으로써 법원의 재판부담을 경감시키고 국민의 권익을 보다 신속하게 구제하고 보호하려는 것이라고 할 수 있으며, 또한 선거결과에 대하여 조속한 법적 안정성을 확보하고 소송경제원칙에 이바지하려는 의도도 내포되어 있다. 이러한 선거소청은 지방선거의 법적 분쟁 즉, 행정작용의 적법·타당 여부에 대하여 다른 기관의 직접적인 개입 없이 해당 선거구선거관리위원회의 상급 선거관리위원회가 자율적으로 심리·결정함으로써 선거관리기관 스스로 행정통제를 도모하도록 하고 있다. 선거소청은 선거종료 전에 그 진행과정 중에 있는 개개의 행위를 대상으로 그 효력에 대하여 제기할 수는 없으며, 선거종료 후 그 결과에 대하여 선거 및 당선의 효력에 이의가 있을 경우에 한하여 그 효력의 무효확인을 구하는 의미에서만 제기할 수 있다. 행정심판에 있어 무효등확인심판과 부작위에 대한 의무이행심판의 경우에는 심판청구기간의 제한이 없는 반면에, 선거소청은 선거의 결과를 조속히 확정하여 주민의 권리를 보호하고 지방자치단체의 집행기관과 의결기관의 기능발휘에 지장이 없도록 하고 조속한 법적 안정을 도모하기 위하여 선거 또는 당선의 효력에 관한 다툼의 기간을 최소화하고 있다.

선거소청은 직접적으로 권리를 침해받은 이해 당사자뿐만 아니라 개인적 권리 · 의무에 관한 이해관계가 없더라도 선거의 적법성과 공정성의 확보를 목적으로 하여 쟁송을 제기할 수 있다는 점에서 민중적 쟁송 또는 객관적 쟁송으로서의 성질을 가진다.[1)]

2. 선거소청전치주의

가. 원칙

법은 지방의회의원 및 지방자치단체의 장의 선거의 선거소송은 선거소청에 대한 결정기관의 결정에 불복이 있는 소청인 또는 당선인에 한하여 비례대표시 · 도의원선거 및 시 · 도지사선거에 있어서는 대법원에, 지역구시 · 도의원선거, 자치구 · 시 · 군의원선거 및 자치구 · 시 · 군의 장 선거에 있어서는 그 선거구를 관할하는 고등법원에 제소하도록 하여(법§222②, §223②), 지방의회의원 및 지방자치단체의 장의 선거에 있어서는 선거소청을 거치지 아니하고는 선거소송을 제기할 수 없도록 하고 있다.

나. 예외

(1) 소청결정기간이 경과한 때

선거소청에 대하여 결정기관이 결정기간(소청을 접수한 날부터 60일 이내) 내에 결정하지 아니한 때에는 그 기간이 종료된 날부터 10일 이내에 비례대표시 · 도의원선거 및 시 · 도지사선거에 있어서는 대법원에, 지역구시 · 도의원선거, 자치구 · 시 · 군의원선거 및 자치구 · 시 · 군의 장의 선거에 있어서는 그 선거구를 관할하는 고등법원에 선거소송을 제기할 수 있다(법§222②, §223②).

(2) 동종사건의 경우

선거소청으로 권리구제의 가능성이 거의 없는 경우로서 「행정소송법」 제18조(행정심판과의 관계) 제3항 제1호[2)]에서 보는 바와 같이, '동종사건'에 관하여 이미 선거소청의 기각결정이

---

1) 중앙선거관리위원회, 「선거소청실무편람(2018)」, 4－9쪽

2) 「행정소송법」 제18조(행정심판과의 관계) ③ 제1항 단서의 경우에 다음 각 호의 1에 해당하는 사유가 있는 때에는 행정심판을 제기함이 없이 취소소송을 제기할 수 있다.
1. 동종사건에 관하여 이미 행정심판의 기각재결이 있은 때

있는 때에는 선거소청을 거치지 아니하고 선거소송을 곧바로 제기할 수 있다는 견해가 있다.[3] 「행정소송법」 제18조(행정심판과의 관계) 제3항 제1호에서의 '동종사건'이라 함은 당해 사건은 물론 당해 사건과 기본적인 점에서 동질성이 인정되는 사건을 가리킨다.[4] 그러나 법 제227조(「행정소송법」의 준용 등)에는 「행정소송법」이 준용되는 경우는 「행정소송법」 제8조(법적용례) 제2항 및 제26조(직권심리)만이 규정되어 있고, 「행정소송법」의 여타 조항에 대하여는 이를 준용하지 않고 있으므로, 「행정소송법」 제18조(행정심판과의 관계) 제3항 제1호를 선거소송에 유추적용하는 것은 어렵다고 봄이 상당하다.

한편, 재판청구권의 행사도 상대방의 보호 및 사법기능의 확보를 위하여 신의성실의 원칙에 의하여 제한될 수 있다. 선거관리위원회의 특정한 선거사무 집행 방식이 위법함을 들어 선거소송을 제기하는 경우, 이미 법원에서 특정한 선거사무집행방식이 위법하지 아니하다는 분명한 판단이 내려졌음에도 앞서 배척되어 법률상 받아들여질 수 없음이 명백한 이유를 들어 실질적으로 같은 내용의 선거소송을 거듭 제기하는 것은 상대방인 선거관리위원회의 업무를 방해하는 결과가 되고, 나아가 사법자원을 불필요하게 소모시키는 결과로도 되므로, 그러한 제소는 특별한 사정이 없는 한 신의성실의 원칙을 위반하여 소권을 남용하는 것으로서 허용될 수 없다.[5]

3. 선거무효소청

가. 의의

지방의회의원 및 지방자치단체의 장의 선거에 있어서 선거의 효력에 관하여 이의가 있는 선거인·정당(후보자를 추천한 정당에 한한다) 또는 후보자는 선거일로부터 14일 이내에 당해 선거구선거관리위원회 위원장을 피소청인으로 하여 지역구시·도의원선거(지역구세종특별자치시의회의원선거는 제외한다), 자치구·시·군의원선거 및 자치구·시·군의 장의 선거에 있어서는 시·도선거관리위원회에, 비례대표시·도의원선거, 지역구세종특별자치시의회의원선거 및

3) 중앙선거관리위원회, 앞의 책, 15쪽

4) 2000. 6. 9. 선고 98두2621 판결, 1993. 9. 28. 선고 93누9132 판결, 1992. 11. 24. 선고 92누8972 판결

5) 2016. 12. 30. 선고 2016수101 판결, 2016. 11. 24. 선고 2016수64 판결(공직선거법상 개표사무를 보조하기 위하여 투표지를 유·무효별 또는 후보자별로 구분하거나 계산에 필요한 기계장치 또는 전산조직을 이용하는 것은 공직선거법에 명시적인 근거규정이 신설된 2014. 1. 17. 이전에도 공직선거법 제178조(개표의 진행) 제4항, 구 공직선거관리규칙(2014. 1. 17. 중앙선거관리위원회규칙 제400호로 개정되기 전의 것) 제99조(개표의 진행 등) 제3항을 근거로 한 적법한 개표방식으로서, 공직선거 및 선거부정방지법 부칙(1994. 3. 16.) 제5조에 위배되는 등 선거무효사유가 될 수 없다는 점에 대한 대법원의 명시적인 판단이 있었으므로, 동일한 내용이 중앙선거관리위원회규칙이 아니라 공직선거법에 규정된 2014. 1. 17. 이후에도 이러한 법리가 동일하게 적용될 것이라는 점은 명백하다고 한 사례)

시·도시자선거에 있어서는 중앙선거관리위원회에 소청할 수 있다(법§219①).

나. 분설

(1) 당사자

(가) 소청인

선거무효소청의 소청인은 선거의 효력에 이의가 있는 선거인·정당, 후보자이고, 정당은 후보자를 추천한 정당만이 소청을 제기할 수 있다(법§219①).

법 제221조(「행정심판법」의 준용) 제1항, 「행정심판법」 제16조(청구인의 지위승계)에 의하면, 소청결과에 이해관계가 있는 제3자는 선거관리위원회의 허가를 받아 그 사건에 참가할 수 있고, 법 제222조(선거소송) 제2항에 의하면, 지방자치단체의 장의 선거에 있어서 선거의 효력에 관한 법 제220조(선거소송)의 결정에 불복하는 소청인(당선인을 포함한다)은 당해 선거관리위원회위원장을 피고로 하여 소를 제기할 수 있다. 한편, 선거소송은 민중소송으로서 쟁송권은 재산적 내용을 가지는 권리가 아니어서 양도성이 없고, 그 귀속이나 행사에 있어서도 그 성질상 일신전속적인 권리이므로 후보자가 적법하게 선거쟁송을 제기한 뒤 사망한 경우 상속인 등 다른 자에 의하여 쟁송절차가 승계된다고 할 수 없고, 청구인의 사망으로 당해 소송사건은 당연히 종료된다. 따라서 위 소청이 종료된 후에 위 소청에 대한 참가신청을 한 사람들은 선거무효확인을 구하는 소의 원고적격이 있다고 볼 수 없다.[6)]

(나) 피소청인

선거무효소청의 피소청인은 선거구선거관리위원회 위원장이다. 피소청인으로 될 당해 선거구선거관리위원회 위원장이 궐위된 때에는 당해 선거구선거관리위원회 위원 전원이 피소청인이 된다(법§219③).

(2) 소청 제기사유 및 기간

선거무효소청은 선거의 효력에 이의가 있는 경우에 제기할 수 있고, 선거일로부터 14일 이내에 제기하여야 한다(법§219①).

법 제219조(선거소청)의 선거소청 제기기한인 선거일부터 14일 이내의 기간계산을 할 때 선거일 자체는 오전 0시부터 시작되나 선거의 효력에 관한 사항을 다루는 선거소청은 소의 원인인 선거절차가 종료된 후에야 가능하기 때문에 초일불산입을 규정한 「민법」 제157조(기

---

6) 광주고등법원 2006. 12. 21. 선고 2006수1 판결(군수선거에 출마한 사람이 선거관리위원회에 선거의 무효확인을 구하는 소청을 제기한 후 사망한 경우, 위 사망으로 소청은 종료되었으므로 그 후 위 소청에 대하여 참가신청을 한 사람들은 선거무효확인청구소송의 원고적격이 없다고 한 사례)

간의 기산점) 본문이 적용되어야 한다.[7]

(3) 관할

선거무효소청은 지역구시 · 도의원선거(지역구세종특별자치시의회의원선거는 제외한다), 자치구 · 시 · 군의원선거 및 자치구 · 시 · 군의 장 선거에 있어서는 시 · 도선거관리위원회에 제기하여야 하고, 비례대표시 · 도의원선거, 지역구세종특별자치시의회의원선거 및 시 · 도지사선거에 있어서는 중앙선거관리위원회에 제기한다(법§219①).

4. 당선무효소청

가. 의의

지방의회의원선거 및 지방자치단체의 장의 선거에 있어서 당선의 효력에 관하여 이의가 있는 정당 또는 후보자는 당선인결정일로부터 14일 이내에 법 제52조(등록무효) 제1항부터 제3항까지 또는 법 제192조(피선거권상실로 인한 당선무효 등) 제1항부터 제3항까지의 사유에 해당함을 이유로 하는 때에는 당선인을, 법 제190조(지역구지방의회의원당선인의 결정 · 공고 · 통지) 내지 법 제191조(지방자치단체의 장의 당선인의 결정 · 공고 · 통지)의 규정에 의한 결정의 위법을 이유로 하는 때에는 당해 선거구선거관리위원회 위원장을 각각 피소청인으로 하여 지역구시 · 도의원선거(지역구세종특별자치시의회의원선거는 제외한다), 자치구 · 시 · 군의원선거 및 자치구 · 시 · 군의 장 선거에 있어서는 시 · 도선거관리위원회에, 비례대표시 · 도의원선거, 지역구세종특별자치시의회의원 및 시 · 도지사선거에 있어서는 중앙선거관리위원회에 소청할 수 있다(법§219②).

나. 분설

(1) 당사자

(가) 소청인

당선무효소청의 소청인은 당선의 효력에 이의가 있는 정당과 후보자이다(법§219①).

(나) 피소청인

당선무효소청은 법 제52조(등록무효) 제1항부터 제3항까지 또는 법 제192조(피선거권상실로 인한 당선무효 등) 제1항부터 제3항까지의 사유에 해당함을 이유로 하는 때에는 당선인을, 법

7) 1994. 7. 8. 중앙선관위 의결

제190조(지역구지방의회의원당선인의 결정 · 공고 · 통지) 내지 법 제191조(지방자치단체의 장의 당선인의 결정 · 공고 · 통지)의 규정에 의한 결정의 위법을 이유로 하는 때에는 당해 선거구선거관리위원회 위원장을 각각 피소청인으로 한다(법§219②). 피소청인으로 될 당해 선거구선거관리위원회 위원장이 궐위된 때에는 당해 선거구선거관리위원회 위원 전원이 피소청인이 된다(법§219③). 또한 피소청인으로 될 당선인이 사퇴 또는 사망하거나 법 제192조(당선인 사퇴의 신고) 제2항의 규정에 의하여 당선의 효력이 상실되거나 같은 조 제3항의 규정에 의하여 당선이 무효로 된 때에는 당해 선거구선거관리위원회 위원장을, 당해 선거구선거관리위원회 위원장이 궐위된 때에는 당해 선거구선거관리위원회 위원 전원을 피소청인으로 한다(법§219④).

(2) 소청 제기사유 및 기간

(가) 소청 제기사유

당선무효소청은 법 제52조(등록무효) 제1항부터 제3항까지 또는 법 제192조(피선거권상실로 인한 당선무효 등) 제1항부터 제3항까지의 사유에 해당하거나, 법 제190조(지역구지방의회의원당선인의 결정 · 공고 · 통지) 내지 법 제191조(지방자치단체의 장의 당선인의 결정 · 공고 · 통지)의 규정에 의한 당선인 결정에 위법이 있는 경우에 제기할 수 있다(법§219②).

(나) 소청 제기기간

당선무효소청은 당선인결정일로부터 14일 이내에 제기하여야 한다(법§219②).

지방의회의원선거에 있어서 당선결정된 자의 당선효력을 다투기 위하여는 필요적으로 먼저 같은 법 제219조(선거소청) 제2항의 규정에 따라 시 · 도선거관리위원회에 소청을 제기한 다음 그러한 소청에 대한 결정에 불복이 있거나 시 · 도선거관리위원회가 법 제220조(소청에 대한 결정) 제1항의 기간 내에 결정하지 아니하는 때에 비로소 제223조(당선소송) 제2항의 규정에 따라 관할 고등법원에 소를 제기할 수 있다.[8)]

(3) 관할

당선무효소청은 지역구시 · 도의원선거(지역구세종특별자치시의회의원선거는 제외한다), 자치구 · 시 · 군의원선거 및 자치구 · 시 · 군의 장 선거에 있어서는 시 · 도선거관리위원회에 제기하여야 하고, 비례대표시 · 도의원선거, 지역구세종특별자치시의회의원선거 및 시 · 도지사선거에 있어서는 중앙선거관리위원회에 제기한다(법§219②).

---

8) 서울고등법원 1998. 9. 24. 선고 98수21 판결

5. 소청장 및 답변서

가. 소청장

소청장은 서면으로 하여야 하되, ① 소청인의 성명, ② 피소청인의 성명과 주소, ③ 소청의 취지 및 이유, ④ 소청의 대상이 되는 처분의 내용, ⑤ 대리인 또는 선정대표자가 있는 경우에는 그 성명과 주소를 기재한 후 기명하고 날인하여야 한다. 이 경우 소청장에는 당사자수에 해당하는 부본을 첨부하여야 한다(법§219⑤).

소청장을 접수한 중앙선거관리위원회 또는 시·도선거관리위원회는 지체 없이 소청장 부본을 당사자에게 송달하여야 한다(법§219⑥).

나. 답변서

소청장 부본을 송달받은 피소청인은 중앙선거관리위원회 또는 시·도선거관리위원회가 지정한 기일까지 답변서를 제출하여야 한다. 이 경우 당사자수에 상응하는 부본을 첨부하여야 하며, 답변서를 접수한 중앙선거관리위원회 또는 시·도선거관리위원회는 그 부본을 당사자에게 송달하여야 한다(법§219⑦). 답변서에는 선거소청의 취지와 이유에 대응하는 답변을 기재하여야 한다(규칙§139).

6. 소청에 대한 결정

가. 소청의 처리 및 통지

선거소청은 다른 쟁송에 우선하여 신속히 결정 또는 재판하여야 한다(법§225).

소청이 제기된 때 또는 소청이 계속되지 아니하게 되거나 결정된 때에는 중앙선거관리위원회 또는 시·도선거관리위원회는 당해 지방자치단체와 지방의회 및 관할 선거구선거관리위원회에 통지하여야 한다(법§226①).

나. 소청에 대한 결정

(1) 증거보전

정당(후보자를 추천한 정당에 한한다) 또는 후보자는 개표완료후에 선거쟁송을 제기하는 때의 증거를 보전하기 위하여 그 구역을 관할하는 지방법원 또는 그 지원에 투표함·투표지 및 투표록 등의 보전신청을 할 수 있다(법§228①). 법원은 보전신청이 있는 때에는 현장에 출장하여 조서를 작성하고 적절한 보관방법을 취하여야 한다. 다만, 소청심사에 필요한 경우 중앙선거관리위원회 또는 시·도선거관리위원회는 증거보전신청자의 신청에 의하여 관여법관의 입회하에 증거보전물품에 대한 검증을 할 수 있다(법§228②). 위 증거보전처분은 법 제219조(선거소청)의 규정에 의한 소청의 제기가 없거나 법 제222조(선거소송) 및 제223조(당선소송)의 규정에 의한 소의 제기가 없는 때에는 그 효력을 상실한다(법§228③).

(2) 심리

선거소청의 심리와 결정을 위한 중앙선거관리위원회 또는 시·도선거관리위원회의 회의는 「선거관리위원회법」 및 같은 법 시행규칙의 규정에 의한다(규칙§137①). 중앙선거관리위원회 또는 시·도선거관리위원회는 선거소청의 사전심리와 증거조사를 위하여 필요하다고 인정하는 때에는 당해 선거관리위원회 위원 3인 이상으로 부를 구성하여 행하게 할 수 있다(규칙§137②). 중앙선거관리위원회 또는 시·도선거관리위원회는 법 제221조(「행정심판법」의 준용)에 따라 준용되는 「행정심판법」 제36조(증거조사)[9]에 따른 증거조사와 법 제228조(증거조사) 제2항에 따른 검증을 위하여 필요하다고 인정하는 때에는 피소청인이 속한 선거관리위원회가 아닌 시·도선거관리위원회 또는 구·시·군선거관리위원회에 증거조사를 촉탁할 수 있다(규칙§137③).

(3) 결정

소청을 접수한 중앙선거관리위원회 또는 시·도선거관리위원회는 소청을 접수한 날부터 60일 이내에 그 소청에 대한 결정을 하여야 한다(법§220①). 결정은 ① 사건번호와 사건명, ② 당사자·참가인 및 대리인의 성명과 주소, ③ 주문, ④ 소청의 취지, ⑤ 이유, ⑥ 결정한 날짜를 기재한 서면으로 하여야 하며, 결정에 참여한 위원이 기명하고 서명 또는 날인하여야 한다(법§220②). 이유에는 주문내용이 정당함을 인정할 수 있는 정도의 판단을 표시하여

---

9) 「행정심판법」 제36조(증거조사) ① 위원회는 사건을 심리하기 위하여 필요하면 직권으로 또는 당사자의 신청에 의하여 다음 각 호의 방법에 따라 증거조사를 할 수 있다.

1. 당사자나 관계인(관계행정기관 소속 공무원을 포함한다)을 위원회의 회의에 출석하게 하여 신문하는 방법
2. 당사자나 관계인이 가지고 있는 문서·장부·물건 또는 그 밖의 증거자료의 제출을 요구하고 영치하는 방법
3. 특별한 학식과 경험을 가진 제3자에게 감정을 요구하는 방법
4. 당사자 또는 관계인의 주소·거소·사업장이나 그 밖의 필요한 장소에 출입하여 당사자 또는 관계인에게 질문하거나 서류·물건 등을 조사·검증하는 방법

② 위원회는 필요하면 위원회가 소속된 행정청의 직원이나 다른 행정기관에 촉탁하여 제1항의 증거조사를 하게 할 수 있다.

③ 제1항에 따른 증거조사를 수행하는 사람은 그 신분을 나타내는 증표를 지니고 이를 당사자나 관계인에게 내보여야 한다.

④ 제1항에 따른 당사자등은 위원회의 조사나 요구 등에 성실하게 협조하여야 한다.

야 한다(규칙§141).

(4) 결정의 송달 및 소청결정의 효력발생시기

중앙선거관리위원회 또는 시 · 도선거관리위원회는 지체 없이 결정서의 정본을 소청인 · 피소청인 및 참가인에게 송달하여야 하며, 그 결정요지를 공고하여야 한다(법§220①).

소청의 결정은 소청인에게 결정서의 송달이 있는 때에 그 효력이 생긴다(법§220②).

다. 선거무효의 결정

소청을 접수한 선거관리위원회는 선거쟁송에 있어 선거에 관한 규정에 위반된 사실이 있는 때라도 선거의 결과에 영향을 미쳤다고 인정하는 때에 한하여 선거의 전부나 일부의 무효 또는 당선의 무효를 결정한다(법§224).

7. 선거소청에 관한 사무의 처리

가. 사무처리

선거소청에 관한 사무를 처리하기 위하여 중앙선거관리위원회 및 시 · 도선거관리위원회에 간사장 1인과 간사 약간인을 둔다(규칙§138①). 간사장은 중앙선거관리위원회는 선거정책실장이, 시 · 도선거관리위원회는 사무처장이 되며, 간사는 중앙선거관리위원회 위원장 또는 시 · 도선거관리위원회 위원장이 소속공무원 중에서 임명한다(규칙§138②). 간사장은 위원장의 명을 받아 선거소청에 관한 사무를 처리하고, 간사는 간사장을 보좌한다(규칙§138③).

나. 소청비용

선거소청비용에 관하여는 「민사소송법」을 준용한다(법§221①).

중앙선거관리위원회 위원장 또는 시 · 도선거관리위원회 위원장은 법 제221조(「행정심판법」의 준용) 제1항의 규정에 따라 선거소청비용에 준용되는 「민사소송법」 제116조(비용의 예납)[10]의 규정에 의하여 서류송달료 · 증거조사비용 기타 당사자에게 원인이 있는 선거소청비용을 당해 당사자에게 예납하게 할 수 있다(규칙§140①). 당사자가 예납하여야 할 비용의 산정에 있어서 「민사소송비용법」 제5조(법관등의 일당 · 여비)[11]의 "법관등의 일당 · 여비"는 선거

---

10) 「민사소송법」 제116조(비용의 예납) ① 비용을 필요로 하는 소송행위에 대하여 법원은 당사자에게 그 비용을 미리 내게 할 수 있다.
② 비용을 미리 내지 아니하는 때에는 법원은 그 소송행위를 하지 아니할 수 있다.

11) 「민사소송비용법」 제5조(법관등의 일당 · 여비) ① 법관과 법원서기의 증거조사에 요하는 일당 · 여비와 숙박료는 실비액에 의한다.

관리위원회의 위원·직원에 대한 일당·여비 기타의 실비보상으로 보며, 당해 선거관리위원회 위원·직원에 대한 일당·여비 기타 실비보상은 「선거관리위원회법」 제12조(위원의 대우) 제3항과 「공무원여비규정」에 의한다(규칙§140②).

8. 「행정심판법」의 준용

선거소청에 관하여는 공직선거법에 규정된 것을 제외하고는 「행정심판법」 제10조(위원의 제척·기피·회피)(이 경우 "위원장"은 "중앙선거관리위원회 또는 시·도선거관리위원회"로 본다), 제15조(선정대표자), 제16조(청구인의 지위승계) 제2항부터 제4항까지(이 경우 "법인"은 "정당"으로 본다), 제17조(피청구인의 적격 및 경정) 제2항부터 제6항까지, 제18조(대리인의 선임), 제19조(대표자 등의 자격), 제20조(심판참가), 제21조(심판참가의 요구), 제22조(참가인의 지위), 제29조(청구의 변경), 제30조(집행정지) 제1항, 제32조(보정), 제33조(주장의 보충), 제34조(증거서류 등의 제출), 제35조(자료의 제출요구 등) 제1항부터 제3항까지, 제36조(증거조사), 제37조(절차의 병합 또는 분리), 제38조(심리기일의 지정과 변경), 제39조(직권심리), 제40조(심리의 방식), 제41조(발언내용 등의 비공개), 제42조(심판청구 등의 취하), 제43조(재결의 구분) 제1항·제2항, 제51조(행정심판 재청구의 금지), 제55조(증거서류의 반환), 제56조(주소 등 송달장소변경의 신고의무), 제57조(서류의 송달) 및 제61조(권한의 위임)의 규정을 준용하고, 선거소청비용에 관하여는 「민사소송법」을 준용하되, 「행정심판법」을 준용하는 경우 "행정심판"은 "선거소청"으로, "청구인"은 "소청인"으로, "피청구인"은 "피소청인"으로, "심판청구 또는 심판"은 "소청"으로, "심판청구서"는 "소청장"으로, "재결"은 "결정"으로, "재결기간"은 "결정기간"으로, "위원회"는 "중앙선거관리위원회 또는 시·도선거관리위원회"로, "재결서"는 "결정서"로 본다(법§221①).

법 제221조(「행정심판법」의 준용) 제1항의 규정에 따라 「행정심판법」을 준용함에 있어서 「행정심판법 시행규칙」의 각 별지서식 중 "기관명 또는 ○○행정심판위원회"는 "중앙선거관리위원회 또는 시·도선거관리위원회"로, 근거법조의 "「행정심판법」 제○조"는 "「공직선거법」 제221조 제1항(「행정심판법」 제○조 준용)"으로 하고, 동 서식의 내용 중 선거소청에 적합하지 아니한 내용이 있을 때에는 중앙선거관리위원회가 달리 정하여 사용할 수 있다(규칙§142).

---

② 전항의 규정에 의한 실비액과 그 시행에 필요한 사항은 대법원규칙으로 정한다.

제2장 선거소송

1. 선거소송의 의의 및 성격

법 제222조(선거소송)와 제224조(선거무효의 판결 등)에서 정하고 있는 선거소송은 선거일 지정과 선거인명부의 확정, 후보자의 등록, 투표용지의 조제, 선거인들의 투표 및 그 관리, 투표결과의 심사, 당선인의 결정 등을 포괄하는 집합적 행위인 선거에 관한 쟁송으로서, 선거라는 일련의 과정에서 선거에 관한 규정을 위반한 사실이 있고 그로써 선거의 결과에 영향을 미쳤다고 인정하는 때에 선거의 전부나 일부를 무효로 하는 소송이다. 이는 선거를 적법하게 시행하고 그 결과를 적정하게 결정하도록 함을 목적으로 하므로, 「행정소송법」 제3조(행정소송의 종류) 제3호에서 규정한 민중소송, 즉 국가 또는 공공단체의 기관이 법률을 위반한 행위를 한 때에 직접 자기의 법률상 이익과 관계없이 그 시정을 구하기 위하여 제기하는 소송에 해당한다.[12] 선거무효소송은 공직선거법에 정해진 소송에 의해서만 무효를 구할 수 있을 뿐이고 다른 방법으로 무효를 구할 수 없으며, 그 소정의 절차에 의하여 선거무효소송이 확정될 때까지는 당초의 당선결정이 일응 유효한 것이고, 선거무효소송이 확정되면 비로소 장래를 향하여 당선자로서의 지위를 상실하게 되는 것이지 원칙적으로 소급하여 당연무효로 되는 것은 아니다.[13]

현행 선거소송은 지방의회의원 및 지방자치단체의 장의 선거에 있어서는 선거소청을 필요적 전심절차로 하여 고등법원에서 제1심을, 대법원에서 최종심을 행하는 2심제(비례대표시·도의원 및 시·도지사선거는 대법원을 최종심으로 하는 단심제)로 운용되고, 대통령선거 및 국회의원선거는 선거소청을 거치지 않고 대법원에 곧바로 선거소송을 제기할 수 있도록 하는 단심제로 운용되고 있다.

선거소송은 집합적 행위인 선거에 관한 쟁송으로서, 선거라는 일련의 과정에서 선거에 관한 규정을 위반한 사실이 있고 그로써 선거의 결과에 영향을 미쳤다고 인정하는 때에 선거의 전부나 일부를 무효로 하는 소송이므로, 선거종료 전 선거관리기관의 개개의 행위를 대상으로 하는 쟁송은 허용될 수 없는 것이므로 선거 전에 선거관리기관의 개별적인 위법행위가 있다 하더라도 이에 대하여는 선거종료 후 선거무효소송으로써만 그 시정을 구할 수 있을 뿐 곧바로 행정소송을 제기할 수 없다.[14] 공직선거의 개표사무에서 전자계표기를 사용하

12) 2018. 7. 12. 선고 2017수92 판결, 2016. 11. 24. 선고 2016수64 판결, 2001. 3. 9. 선고 2000수124 판결
13) 2001. 4. 10. 선고 2000수223 판결
14) 1989. 2. 28. 선고 88두8 판결(1988. 4. 26. 선거일의 시행 전에 선거관리기관이 피선거권이 없다는 이유로 후보자등록을 무효로 처리한 처분을 절차상의 하자 및 형의 실효에 관한 법리오해의 위법이 있음을 이유로 등록무효결정처분의 취소를 구하는 소송을 제기하고, 그에 관한 임시의 지위를 정하기 위한 효력정지가처

기로 한 중앙선거관리위원회의 결정은 여러 행위를 포괄하는 집합적 행위인 선거관리라는 일련의 과정에서 하나의 행위에 불과한 것이어서 당해 선거의 종료 후에 선거소송으로 이를 다투어야 함에도, 유권자가 전자개표기 사용 결정행위만을 분리하여 취소소송을 제기한 경우, 항고소송의 형태로 제기할 수 없는 소를 제기한 것이어서 부적법하거나, 위 결정은 그 성격상 중앙선거관리위원회가 선거관리사무를 처리하면서 행한 내부적 의사결정에 불과하여 공권력의 행사라고 볼 수 없을 뿐만 아니라 그 상대방이 특정되어 있지 않으므로 그 결정으로 인하여 직접적으로 상대방 또는 기타 관계자들의 권리를 제한하거나 의무를 부과한다고 볼 수도 없어 국민의 구체적인 권리의무에 직접적인 변동을 초래하는 공권력 행위로서 행정소송의 대상이 되는 행정처분이라고 할 수 없으므로 부적법하다.[15] 비례대표지방의회의원선거에서의 정당추천후보자의 등록은 비례대표시의원선거에서 당선인으로 결정되기 위한 것이므로, 정당추천후보자에 관한 등록무효결정은 비례대표지방의회의원선거의 관리집행에 관한 선거관리기관의 개개의 행위에 해당하고, 이에 대한 별도의 쟁송은 허용될 수 없다.[16]

2. 선거무효소송

가. 의의

(1) 대통령선거 및 국회의원선거에 대한 선거무효소송

대통령선거 및 국회의원선거에 있어서 선거의 효력에 관하여 이의가 있는 선거인 · 정당(후보자를 추천한 정당에 한한다) 또는 후보자는 선거일로부터 30일 이내에 선거구선거관리위원회 위원장을 피고로 하여 대법원에 소를 제기할 수 있다(법§222①).

(2) 지방의회의원 및 지방자치단체의 장의 선거에 대한 선거무효소송

지방의회의원 및 지방자치단체의 장의 선거에 있어서 선거의 효력에 관한 법 제220조(소청에 대한 결정)의 결정에 불복이 있는 소청인(당선인을 포함한다)은 해당 소청에 대하여 기각 또는 각하 결정이 있는 경우(법 제220조(소청에 대한 결정) 제1항의 기간 내에 결정하지 아니한 때를 포함한다)에는 해당 선거구선거관리위원회 위원장을, 인용결정이 있는 경우에는 그 인용결정을 한 선거관리위원회 위원장을 피고로 하여 그 결정서를 받은 날(법 제220조(소청에 대한 결정) 제1항의 기간 내에 결정하지 아니한 때에는 그 기간이 종료된 날)부터 10일 이내에 비례대표시 · 도의원선거 및 시 · 도지사선거에 있어서는 대법원에, 지역구시 · 도의원선거, 자

분신청을 한 경우, 위 본안소송이나 이를 보전하기 위한 가처분신청은 부적법하다고 한 사례)

15) 서울행정법원 2007. 12. 12. 선고 2005구합30440 판결

16) 2019. 6. 13. 선고 2019우5027 판결

치구 · 시 · 군의원선거 및 자치구 · 시 · 군의 장 선거에 있어서는 그 선거구를 관할하는 고등법원에 소를 제기할 수 있다(법§222②).

나. 분설

(1) 당사자

(가) 원고

대통령선거 및 국회의원선거에 대한 선거무효소송을 제기할 수 있는 자는 선거의 효력에 이의가 있는 선거인, 정당(후보자를 추천한 정당에 한한다), 후보자이고(법§222①), 지방의회의원 및 지방자치단체의 장의 선거에 대하여는 법 제220조(소청에 대한 결정)의 선거소청의 결정에 불복이 있는 소청인(당선인을 포함한다)이 선거무효소송을 제기할 수 있다(법§222②).

국회의원선거에 관한 선거소송은 민중소송으로서 지역구선거관리위원회가 한 선거의 효력에 관하여 이의가 있는 선거인 · 정당 또는 후보자는 지역구선거관리위원회 위원장을 피고로 하여 모두 제소할 수 있는 것인데, 쟁송권은 재산적 내용을 가지는 권리가 아니므로 양도성이 없고 그 성질상 일신전속적인 권리라 할 수 있고, 당사자인 자연인의 사망 또는 정당의 해산한 경우 그 소송은 승계할 수 없으므로 당연히 종료한다.[17)]

선거에 관한 소송에는 피고경정에 관한 「행정소송법」 제14조(피고경정)는 준용되지 아니하므로 당사자표시 정정의 범위를 넘는 당사자의 정정은 허용되지 않는다.[18)]

(나) 피고

대통령선거 및 국회의원선거에 대한 선거무효소송의 피고는 당해 선거관리위원회 위원장이고(법§222①), 지방의회의원 및 지방자치단체의 장의 선거에 있어서는 해당 소청에 대하여 기각 또는 각하 결정이 있거나 법 제220조(소청에 대한 결정) 제1항의 기간 내에 결정하지 아니한 때에는 해당 선거구선거관리위원회 위원장이 피고이고, 인용결정이 있는 경우에는 그 인용결정을 한 선거관리위원회 위원장이 피고이다(법§222②). 피고로 될 위원장이 궐위된 때에는 해당 선거관리위원회 위원 전원이 피고가 된다(법§223③).

지역구 전반에 걸쳐 시행한 국회의원선거의 효력에 관한 소송에서 당선자로 결정 · 공고된 자는 피고의 적격이 없다.[19)]

---

17) 1970. 2. 27. 선고 67수191 판결, 2006. 12. 21. 선고 2006수1 판결
18) 1981. 7. 8. 선고 81수1 판결
19) 1970. 5. 1. 선고 67수46 판결

(2) 소 제기사유 및 기간

(가) 소 제기사유

선거무효소송은 선거의 효력에 이의가 있는 경우에 제기한다(법§222①, §219①).

(나) 제소기간

대통령선거 및 국회의원선거에 있어서는 선거일부터 30일 이내에 소를 제기하여야 하고(법§222①), 지방의회의원 및 지방자치단체의 장의 선거에 있어서는 소청 결정서를 받은 날(법 제220조(소청에 대한 결정) 제1항의 기간 내에 결정하지 아니한 때에는 그 기간이 종료한 날)부터 10일 내에 소를 제기하여야 한다(법§222②).

천재 · 지변 등으로 인한 재선거가 있었을 때에는 선거소송의 제소기간은 재투표하지 않은 투표구에 관한 것일 때에도 재선거일을 기준으로 하여 기산한다.[20)]

제소기간 경과 후의 선거무효청구(예비적)도 이미 당선무효소송의 원인사실 중에서 주장한 선거무효사실을 원인으로 하는 경우에는 적법하다.[21)] 제소기간 경과 후 선거무효사유의 추가 가능여부에 대하여, 법원은「선거소송은 선거일의 지정, 선거인명부의 작성, 후보자등록, 투개표관리, 당선인결정 등 여러 행위를 포괄하는 집합적 행위인 선거의 효력을 다투는 쟁송이므로 제소기간의 경과를 이유로 무효사유의 주장을 제한하는 것은 선거소송의 본질과 부합되지 않는 점, 법 제222조(선거소송)가 선거일로부터 30일 이내에 선거소송을 제기하도록 규정한 것은 선거로 인한 권리관계를 조속히 안정시킬 필요성이 있다는 데에 취지가 있고, 법 제225조(소송 등의 처리)가 수소법원으로 하여금 소가 제기된 날부터 180일 이내에 처리하도록 규정한 것은 선거소송의 공익성에 비추어 당선인이나 대통령 및 의원의 신분을 신속하게 확정시키고 정국의 안정을 도모하기 위하여 다른 소송에 우선하여 신속하게 재판할 것을 선언하는 데에 취지가 있을 뿐 선거무효사유를 제한하고자 함에 취지가 있는 것이 아닌 점, 법 제227조(「행정소송법」의 준용 등)는 선거에 관한 소송에 관하여는 선거법 외에「행정소송법」제8조(법적용례) 제2항 및 직권심리에 관한 제26조(직권심리)의 규정을 준용하도록 하면서도 특히「행정소송법」제8조(법적용례) 제2항에 의하여 준용되는「민사소송법」의 규정 중 화해의 권고에 관한 제145조(화해의 권고), 제출기간의 제한에 관한 제147조(제출기간의 제

---

20) 1961. 4. 4. 선고 4293선53 판결

21) 1965. 5. 27. 선고 4291선58 판결(원고의 예비적 청구인 선거무효의 청구에 대하여 피고는 선거일로부터 30일 이내로 된 제소기간을 도과한 것이므로 각하를 면할 수 없다고 항변하였으나, 원고는 본소 청구에 있어서 본청구로 당선무효만을 청구하였으나 그 원인사실 중에는 개표참관의 방해, 개표장에의 경찰관의 불법출입 및 선거관리의 불법편파성을 주장하였음이 소장 기재 및 당사자 변론전취지에 의하여 인정되는 경우, 이러한 선거무효의 원인사실은 이를 제소기간 후 새로이 주장한 것이라고 볼 수 없고 선거무효의 소의 제소기간 내에 이미 주장한 사실에 기인한 선거무효의 예비적 청구는 적법하다고 한 사례)

한) 제2항, 실기한 공격 · 방어방법의 각하에 관한 제149조(실기한 공격 · 방어방법의 각하) 등의 적용을 배제하도록 하고 있는 점 등을 종합하여 보면, 제소기간 내에 제기된 선거소송인 경우에는 처음의 무효사유와 관계없는 새로운 무효사유를 청구원인으로 추가하는 것이 가능하다고 해석함이 상당하다.」고 판시하였다.[22]

(3) 관할

선거무효소송은 대통령선거 및 국회의원선거와 비례대표시 · 도의원선거 및 시 · 도지사선거에 있어서는 대법원에 소를 제기하여야 하고(법§222①, §222②), 지역구시 · 도의원선거, 자치구 · 시 · 군의원선거 및 자치구 · 시 · 군의 장 선거에 있어서는 그 선거구를 관할하는 고등법원에 소를 제기하여야 한다(법§222②).

(4) 증명책임

법 제222조(선거소송)에 규정된 선거소송은 선거의 적법성을 실현하기 위한 소송으로, 그 결과에 따라 선거를 통해 구성된 국가기관의 지위에 영향을 미칠 수 있다는 점에서 선거무효사유의 심리와 판단은 신중히 이루어져야 한다. 선거무효사유는 선거라는 일련의 과정에서 선거에 관한 규정을 위반한 사실이 있고, 그로써 선거의 결과에 영향을 미쳤다고 인정될 때에 한하여 인정되는데, 법 및 관련 법령이 선거인명부의 작성, 투표에서부터 개표 및 그 결과의 공표 과정에 이르기까지 모든 과정에서 투표참관인 또는 개표참관인 등의 참여를 보장하는 등 선거 전반에 걸친 선거관리위원회의 선거관리 과정이 후보자를 추천한 정당을 비롯한 외부에 공개된다. 이와 같은 선거소송의 성격과 그 결과의 중대성, 법에 규정된 선거관리 체계 및 절차 등에 비추어 보면, 선거의 결과에 이의를 제기하여 법원에 소송을 제기하는 사람은 선거에 관한 규정에 위반된 사실에 관하여 그 위반의 주체, 시기, 방법 등을 구체적으로 주장 · 증명하거나 적어도 선거에 관한 규정에 위반된 사실의 존재를 합리적이고 명백하게 추단할 수 있는 사정이 존재한다는 점을 구체적인 주장과 증거를 통하여 증명할 것이 요구된다. 이와 달리 선거 관련 규정에 위반되었다는 사실과 구체적 · 직접적으로 어떠한 관련이 있다는 것인지 알기 어려운 단편적 · 개별적인 사정과 이에 근거한 의혹만을 들어 선거소송을 제기하여 그 효력을 다투는 것으로 선거무효사유의 증명책임을 다하였다고 볼 수는 없다.[23]

---

22) 2004. 5. 31. 선고 2003수26 판결
23) 2022. 7. 28. 선고 2020수30 판결

3. 당선무효소송

가. 의의

(1) 대통령선거 및 국회의원선거에 대한 당선무효소송

대통령선거 및 국회의원선거에 있어서 당선의 효력에 관하여 이의가 있는 정당(후보자를 추천한 정당에 한한다) 또는 후보자는 당선인결정일로부터 30일 이내에 법 제52조(등록무효) 제1항·제3항 또는 법 제192조(피선거권상실로 인한 당선무효 등) 제1항부터 제3항까지의 사유에 해당함을 이유로 하는 때에는 당선인을, 법 제187조(대통령당선인의 결정·공고·통지) 제1항·제2항, 법 제188조(지역구국회의원당선인의 결정·공고·통지) 제1항 내지 제4항, 법 제189조(비례대표국회의원의석의 배분과 당선인의 결정·공고·통지) 또는 법 제194조(당선인의 재결정과 비례대표국회의원의석 및 비례대표지방의회의원의석의 재배분) 제4항의 규정에 의한 결정의 위법을 이유로 하는 때에는 대통령선거에 있어서는 그 당선인을 결정한 중앙선거관리위원회 위원장 또는 국회의장을, 국회의원선거에 있어서는 당해 선거구선거관리위원회 위원장을 각각 피고로 하여 대법원에 소를 제기할 수 있다(법§223①).

(2) 지방의회의원 및 지방자치단체의 장의 선거에 대한 당선무효소송

지방의회의원 및 지방자치단체의 장의 선거에 있어서 당선의 효력에 관한 법 제220조(소청에 대한 결정)의 결정에 불복이 있는 소청인 또는 당선인인 피소청인(법 제219조(선거소청) 제2항 후단에 따라 선거구선거관리위원회 위원장이 피소청인 경우에는 당선인을 포함한다)은 해당 소청에 대하여 기각 또는 각하 결정이 있는 경우(법 제220조(소청에 대한 결정) 제1항의 기간 내에 결정하지 아니한 때를 포함한다)에는 당선인(법 제219조(선거소청) 제2항 후단을 이유로 하는 때에는 관할 선거구선거관리위원회 위원장을 말한다)을, 인용결정이 있는 경우에는 그 인용결정을 한 선거관리위원회 위원장을 피고로 하여 그 결정서를 받은 날(법 제220조(소청에 대한 결정) 제1항의 기간 내에 결정하지 아니한 때에는 그 기간이 종료된 날)부터 10일 이내에 비례대표시·도의원선거 및 시·도지사선거에 있어서는 대법원에, 지역구시·도의원선거, 자치구·시·군의원선거 및 자치구·시·군의 장선거에 있어서는 그 선거구를 관할하는 고등법원에 소를 제기할 수 있다(법§223②).

(3) 당선무효소송의 의미

당선무효소송은 선거가 하자 없이 적법·유효하게 실시된 것을 전제로 선거관리위원회의 당선인결정만이 잘못된 경우에 그 당선인결정의 무효를 청구하는 소송이다.[24] 따라서 선거관리위원회가 후보자등록신청이 위법인 것을 간파하지 못하고 그 등록을 유효로 보아 입후보자가 4인인 것으로 하여 투표하도록 한 경우 그 선거의 관리와 집행은 위법이라고 할 수 밖에 없고 그 위법은 선거의 결과에 영향을 미쳤다고 봄이 상당하므로, 이 경우에는 적법·유효한 선거관리로 투표가 실시된 것을 전제로 하는 당선무효소송을 제기할 수 없다.[25] 당선무효소송은 당선의 효력에 관하여 이의가 있거나 선거관리위원회의 결정이 위법임을 주장하는 경우에 제기할 있는 행정소송이므로, 원고 자신의 당선확인을 청구하는 것과 같은 것은 당선무효소송의 형식으로 할 수 없다.[26]

나. 분설

(1) 당사자

(가) 원고

대통령선거 및 국회의원선거에 대한 당선무효소송을 제기할 수 있는 자는 선거의 효력에 이의가 있는 정당(후보자를 추천한 정당에 한한다) 또는 후보자이고(법§223①), 지방의회의원 및 지방자치단체의 장의 선거에 대하여는 법 제220조(소청에 대한 결정)의 선거소청의 결정에 불복이 있는 소청인 또는 당선인인 피소청인(법 제219조(선거소청) 제2항 후단에 따라 선거구선거관리위원회 위원장이 피소청인 경우에는 당선인을 포함한다)이 당선무효소송을 제기할 수 있다(법§223②). 여기서의 후보자란 당해 선거구에서 낙선한 후보자를 말하는바, 정당의 비례대표후보자가 아닌 지역구국회의원으로 입후보한 자로서는 비례대표국회의원 당선인 전원의 효력을 다투는 소에서의 원고적격이 없다.[27]

(나) 피고

대통령선거 및 국회의원선거에 있어서, 법 제52조(등록무효) 제1항·제3항 또는 법 제192조(피선거권상실로 인한 당선무효 등) 제1항부터 제3항까지의 사유에 해당함을 이유로 하는 때에는 당선인을, 법 제187조(대통령당선인의 결정·공고·통지) 제1항·제2항, 법 제188조(지역구국회의원당선인의 결정·공고·통지) 제1항 내지 제4항, 법 제189조(비례대표국회의원의석의 배분과 당선인의 결정·공고·통지) 또는 법 제194조(당선인의 재결정과 비례대표국회의원의석 및 비례대표지방의회의원의석의 재배분) 제4항의 규정에 의한 결정의 위법을 이유로 하는 때에는 대통령선거에 있어서는 그 당선인을 결정한 중앙선거관리위원회 위원장 또는 국회의장을, 국회의원선거에 있어서는 당해 선거구선거관리위원회 위원장을 각각 피고로 한다(법§223①).

지방의회의원 및 지방자치단체의 장의 선거에 있어서는 해당 소청에 대하여 기각 또는 각

24) 1989. 3. 14. 선고 88수47 판결
25) 1989. 3. 14. 선고 88수47 판결
26) 1965. 7. 1. 선고 63수13 판결, 1992. 11. 24. 선고 92수99 판결
27) 1971. 7. 9. 선고 71수2 판결

하 결정이 있는 경우(법 제220조(소청에 대한 결정) 제1항의 기간 내에 결정하지 아니한 때를 포함한다)에는 당선인(법 제219조(선거소청) 제2항 후단을 이유로 하는 때에는 관할선거구선거관리위원회 위원장을 말한다)을, 인용결정이 있는 경우에는 그 인용결정을 한 선거관리위원회 위원장을 피고로 한다(법§223②). 위 '관할 선거구선거관리위원회 위원장'이라 함은 그 지방의회의원 및 지방자치단체의 장의 선거사무를 행하여 당선인을 결정한 자치구·시·군선거관리위원회 위원장을 말하는 것이지, 선거소청의 결정기관인 시·도선거관리위원회 위원장(지방의회의원선거 및 자치구·시·군의 장선거의 경우) 또는 중앙선거관리위원회 위원장(시·도지사선거의 경우)을 말하는 것은 아니다.28)

피고로 될 위원장이 궐위된 때에는 헤당 선거관리위원회위원 전원을, 국회의장이 궐위된 때에는 부의장 중 1인을 피고로 한다(법§223③). 피고로 될 당선인이 사퇴·사망하거나 법 제192조(피선거권상실로 인한 당선무효 등) 제2항의 규정에 의하여 당선의 효력이 상실되거나 같은 조 제3항의 규정에 의하여 당선이 무효로 된 때에는 대통령선거에 있어서는 법무부장관을, 국회의원선거·지방의회의원 및 지방자치단체의 장의 선거에 있어서는 관할고등검찰청 검사장을 피고로 한다(법§223④).

지방의회의원선거에 있어서 당선의 효력을 다투는 소청 및 소송은 법 제190조(지역구지방의회의원당선인의 결정·공고·통지)가 정한, 유효투표의 다수를 얻은 자를 당선인으로 하는 관할선거관리위원회의 결정에 위법이 있음을 이유로 하는 외에는 당선인을 피소청인 또는 피고로 하여야 한다.29)

(2) 소 제기사유 및 기간

(가) 소 제기사유

당선무효소송은, 대통령선거 및 국회의원선거에 있어서는 법 제52조(등록무효) 제1항·제3항 또는 법 제192조(피선거권상실로 인한 당선무효 등) 제1항부터 제3항까지의 사유에 해당하거나, 법 제187조(대통령당선인의 결정·공고·통지) 제1항·제2항, 법 제188조(지역구국회의원당선인의 결정·공고·통지) 제1항 내지 제4항, 제189조(비례대표국회의원의석의 배분과 당선인의 결정·공고·통지) 또는 법 제194조(당선인의 재결정과 비례대표국회의원의석 및 비례대표지방의회의원의석의 재배분) 제4항의 규정에 의한 결정의 위법을 이유로 제기할 수 있고(법223①), 지방의회의원 및 지방자치단체의 장의 선거에 있어서는 당선의 효력에 관한 법 제220조(소청에 대한 결정)의 결정에 불복이 있는 경우에 제기할 수 있다(법§223②).

후보자들 득표순위의 변경가능성이 없는 경우에도, 선거관리위원회의 당선인 결정에 위법

28) 1996. 8. 23. 선고 96우30 판결
29) 2003. 5. 16. 선고 2003우45 판결

이 있다는 이유로 당선인 결정의 효력의 배제를 구하는 소를 제기할 수 있다.[30)]

한편, 당선무효소송은 선거가 유효임을 전제로 하여 개개인의 당선인 결정에 위법이 있다 하여 효력을 다투는 소송이므로 당선인이 선거운동과정에서 선거사범에 해당하는 사유는 관계자가 선거법위반의 처벌대상이 될 뿐이고 선거무효의 원인은 될 수 없는 것이므로 당선인이 당해 선거에 있어서 선거법에 규정된 죄를 범함으로 인하여 당선이 무효로 되는 경우는 당선무효소송과 관계없이 당연히 그 당선이 무효로 되는 것이지 그것이 당선무효소송의 이유는 되지 않는다.[31)] 선거운동과정에서 허위의 학력을 선거공보·선거벽보 등에 게재하였다고 하더라도, 이러한 행위가 선거사범에 해당하여 유죄판결을 받은 때에는 당선이 무효로 되는 수는 있으나, 그로 인하여 곧바로 당선무효소송의 원인이 된다고 할 수 없다.[32)]

(나) 제소기간

대통령선거 및 국회의원선거에 있어서는 당선인결정일부터 30일 이내에 소를 제기하여야 하고(법§223①), 지방의회의원 및 지방자치단체의 장의 선거에 있어서는 소청 결정서를 받은 날(법 제220조(소청에 대한 결정) 제1항의 기간 내에 결정하지 아니한 때에는 그 기간이 종료한 날)부터 10일 내에 소를 제기하여야 한다(법§223②).

당초선거에 대하여 일부무효판결이 있어 일부재선거가 시행된 경우, 당초선거의 선거일이나 당선결정일로부터 30일(제소기간)이 경과하였다면 당초선거에서의 사유를 가지고 그 일부재선거의 선거무효사유나 또는 그 일부재선거의 결과로 인하여 결정된 당선의 무효사유로 할 수 없다.[33)]

(3) 관할

당선무효소송은 대통령선거 및 국회의원선거와 비례대표시·도의원선거 및 시·도지사선거에 있어서는 대법원에 소를 제기하여야 하고(법§223①), 지역구시·도의원선거, 자치구·시·군의원선거 및 자치구·시·군의 장선거에 있어서는 그 선거구를 관할하는 고등법원에 소를 제기하여야 한다(법§223②).

---

30) 2006. 3. 23. 선고 2005수13 판결(이 사건 선거의 투표지에 대하여 재검표를 하더라도 후보자별 득표순위가 변동될 수 없으므로 이 사건 소는 소의 이익이 없다는 피고의 본안전 항변에 대하여, 후보자별 득표순위에 영향이 있는지 여부는 본안에서 판단할 사항이라는 이유로 피고의 본안전 항변을 배척한 사례)

31) 1982. 1. 29. 선고 81수7 판결

32) 부산고등법원 1991. 12. 6. 선고 91수1 판결

33) 1969. 12. 30. 선고 69수2 판결

4. 소송의 처리 및 통지

선거소송은 다른 쟁송에 우선하여 신속히 결정 또는 재판하여야 하며, 소송에 있어서는 수소법원은 소가 제기된 날부터 180일 이내에 처리하여야 한다(법§225).

소가 제기된 때 또는 소송이 계속되지 아니하게 되거나 판결이 확정된 때에는 대법원장 또는 고등법원장은 대통령선거 및 국회의원선거에 있어서는 국회와 중앙선거관리위원회 및 관할선거구선거관리위원회에, 지방의회의원 및 지방자치단체의 장의 선거에 있어서는 당해 지방자치단체와 지방의회 및 관할선거구선거관리위원회에 통지하여야 한다(법§226②).

5. 증거조사

가. 증거보전

정당(후보자를 추천한 정당에 한한다) 또는 후보자는 개표완료 후에 선거쟁송을 제기하는 때의 증거를 보전하기 위하여 그 구역을 관할하는 지방법원 또는 그 지원에 투표함·투표지 및 투표록 등의 보전신청을 할 수 있다(법§228①). 증거보전 신청이 선거소청 또는 본안의 소 제기 이전에 제기된 경우 해당 신청사건을 관할하는 법원이 관할법원이 되고, 본안의 소 제기 이후 제기된 투표함 등에 대한 증거보전 신청의 관할법원에 관여는 법에 규정이 없는 바 법 제227조(「행정소송법」의 준용 등) 본문, 「행정소송법」 제8조(법적용예) 제2항에 의해 준용되는 「민사소송법」 제376조(증거보전의 관할)의 규정에 따라 그 증거를 사용할 심급의 법원에 하여야 한다.[34]

법원은 보전신청이 있는 때에는 현장에 출장하여 조서를 작성하고 적절한 보관방법을 취하여야 한다(법§228②). 위 증거보전처분은 법 제219조(선거소청)의 규정에 의한 소청의 제기가 없거나 제222조(선거소송) 및 제223조(당선소송)의 규정에 의한 소의 제기가 없는 때에는 그 효력을 상실한다(법§228③).

개표완료 전에는 증거보전신청을 할 수 없다.[35]

나. 증거조사촉탁

선거소송에 있어서는 대법원 및 고등법원은 고등법원·지방법원 또는 그 지원에 증거조사를 촉탁할 수 있다(법§228④).

34) 2023. 6. 29.자 2023수흐501 결정
35) 1967. 6. 9. 중앙선관위 질의회답

6. 선거무효의 판결 등

가. 의의

소장을 접수한 대법원이나 고등법원은 선거쟁송에 있어 선거에 관한 규정에 위반된 사실이 있는 때라도 선거의 결과에 영향을 미쳤다고 인정하는 때에 한하여 선거의 전부나 일부의 무효 또는 당선의 무효를 결정하거나 판결한다(법§224).

여기에서 '선거에 관한 규정에 위반된 사실'이란 기본적으로 선거관리의 주체인 선거관리위원회가 선거사무의 관리집행에 관한 규정을 위반한 경우와 선거과정에서 후보자 등 제3자의 위법행위에 대하여 적절한 시정조치를 취하지 않고 묵인·방치하는 등 그 책임으로 볼 만한 사유가 있는 경우를 말하지만, 그 밖에 선거과정에서 후보자 등 제3자의 위법행위로 선거인들이 자유로운 판단에 따라 투표할 수 없게 되어 선거의 자유와 공정이 현저히 저해되었다고 인정되는 경우를 포함하고, '선거의 결과에 영향을 미쳤다고 인정하는 때'란 선거에 관한 규정을 위반하지 않았더라면 선거의 결과, 즉 후보자의 당락에 관하여 실제로 있었던 것과 다른 결과가 발생하였을지도 모른다고 인정되는 때를 말한다.[36)]

나. 선거무효사유

(1) 선거에 관한 규정에 위반된 사실

선거소송에서 선거무효의 사유가 되는 '선거에 관한 규정에 위반된 사실'에는 후보자 등 제3자에 의한 선거과정상의 위법행위에 대하여 적절한 시정조치를 취함이 없이 묵인·방치하는 등 그 책임에 돌릴 만한 선거사무의 관리집행상의 하자가 따로 있는 경우도 포함되지만, 여기에서 선거관리위원회가 적절한 조치를 취함이 없이 묵인·방치한다 함은 선거관리위원회가 후보자 등 제3자에 의한 선거과정상의 위법행위를 알고서도 적절한 조치를 취하지 아니한 경우를 의미한다고 할 것이지 단속·감시·감독 등을 하였다면 알 수 있었음에도 이를 게을리 하여 알지 못한 모든 경우까지 포함한다고 할 수 없다.[37)] 또한 '선거에 관한 규정

---

36) 2020. 11. 12. 선고 2018수5025 판결, 2018. 7. 12. 선고 2017수92 판결, 2016. 9. 8. 선고 2016수33 판결, 2013. 4. 11. 선고 2012수35 판결, 2005. 6. 9. 선고 2004수54 판결, 2004. 5. 31. 선고 2003수26 판결, 2002. 2. 26. 선고 2000수162 판결, 2001. 7. 13. 선고 2000수216 판결, 2001. 3. 9. 선고 2000수124 판결, 1999. 8. 24. 선고 99우55 판결, 1995. 11. 7. 선고 95수14 판결, 1992. 10. 16. 선고 92수198 판결

37) 광주고등법원 2011. 4. 1. 선고 2010수13 판결(2010. 6. 2. 실시된 지방선거의 진도군수 선거에서 당선인으로 결정된 후보자 갑이 불법적인 내용 및 공직선거법에서 정한 발송횟수를 초과하는 문자메시지를 발송하는 등 불법선거운동을 하였을 뿐만 아니라, 진도군선거관리위원회 위원장이 선거관리를 공정하게 하지 않고 오히려 불법선거운동을 조장하거나 묵인·방치함으로써 선거결과에 중대한 영향을 미쳤다며 상대 후보자 을이 선거의 무효를 주장하는 소송을 청구한 사안에서, 갑의 고의로 불법적인 내용 및 공직선거법에서 정한 발송횟수를 초과하는 문자메시지를 발송하는 등의 행위로서 불법선거운동을 하였다거나 진도군선거

에 위반된 사실'에는 후보자 등 제3자의 선거과정상의 위법행위로 인하여 선거인들이 자유로운 판단에 의하여 투표를 할 수 없게 됨으로써 선거의 기본이념인 선거의 자유와 공정이 현저히 저해되었다고 인정되는 경우까지 포함되지만, 여기에서 후보자 등 제3자에 의한 선거과정상의 위법행위는 특별한 사정이 없는 한 후보자 등 제3자의 고의에 의한 선거과정상의 위법행위만을 의미한다.[38] '선거에 관한 규정에 위반된 사실'은 선거관리의 주체인 선거관리위원회에 책임을 돌릴 만한 선거사무 관리집행상의 하자가 없더라도, 후보자 등 제3자에 의한 선거과장상의 위법행위로 인하여 선거인들이 자유로운 판단에 의하여 투표를 할 수 없게 됨으로써 선거의 자유와 공정이 현저히 저해되었다고 인정되는 경우를 포함한다.[39]

(2) 선거무효사유에 해당하는 경우

선거무효소송은 선거일의 지정, 선거인명부의 작성, 후보자등록, 투·개표관리, 당선인결정 등 여러 행위를 포괄하는 집합행위인 선거의 효력을 다투는 쟁송이므로 당선인결정의 내용상의 오류, 즉 구체적으로 득표수 산정이나 확정에서의 판단의 위법은 선거무효사유로 삼을 수 없으나,[40] 선거관리위원회의 개표관리 자체가 선거에 관한 규정에 위반된 사실은 선거무효사유로 삼을 수 있다.[41] 공직선거에 입후보한 자가 선거운동기간 중의 선거운동과정에서 또는 선거운동기간 전에 사전선거운동을 하는 등 공직선거법을 위반하였음이 밝혀진 경우라고 하더라도 이를 선거무효의 사유로 삼기 위하여는 후보자의 위법행위의 정도로 보아 이로써 선거의 결과에까지 영향을 미쳤다고 인정되어야 하고, 관할선거관리위원회가 이를 시정하기 위한 적절한 조치를 취함이 없이 묵인·방치하는 등 그 책임에 돌릴 만한 선거사무의 관리·집행상의 하자가 있었음이 인정되어야 한다.[42]

공직선거에 입후보한 자 또는 제3자에 의한 선거과정상의 위법행위가 밝혀진 경우에도 그 위법행위의 정도로 보아 선거의 결과에 영향을 미쳤다고 인정되고, 선거관리위원회가 이를

관리위원회 위원장이 이를 알고서도 적절한 조치를 취하지 않고 묵인·방치하였다고 보기 어렵다고 보아 을의 주장을 받아들이지 않고 청구를 기각한 사례)

38) 2005. 6. 9. 선고 2004수54 판결(국회의원선거에 있어서 후보자정보공개자료에서 당선인의 세금체납사실이 누락되었으나, 당선인의 체납사실이 중앙선거관리위원회의 정치포털사이트의 게재와 언론보도 및 후보자정보공개자료공고 등을 통하여 선거인들에게 널리 알려졌고 위 누락으로 후보자정보에 대한 선거인들의 알권리와 투표권행사에 특별한 지장이 초래되었다고 보이지 아니하고, 당선인과의 부재자투표에서의 득표수의 표차이와 전체 투표에서의 득표수의 차이를 감안하여 본다면 후보자정보공개자료에서 당선인의 체납사실의 누락으로 인하여 선거 결과에 영향을 미쳤다고 할 수 없다고 한 사례)

39) 2017. 5. 17. 선고 2016수19 판결, 2001. 7. 13. 선고 2000수216 판결

40) 2016. 9. 8. 선고 2016수33 판결

41) 2004. 5. 31. 선고 2003수26 판결

42) 1993. 5. 11. 선고 92수150 판결, 1995. 11. 7. 선고 95수14 판결(신문 등을 발행하는 언론기관의 경우 선거에 관한 보도·논평의 자유가 보장되어 있으므로, 선거에 관한 규정에 위반하는 등 특별한 사정이 없는 한, 공직선거의 입후보예상자들에 대한 보도 및 대담기사 등을 신문에 게재할 수 있다고 한 사례)

시정하기 위한 적절한 조치를 취하지 않고 이를 묵인·방치하는 등 그 책임에 돌릴 만한 선거사무의 관리나 집행상의 하자가 따로 있거나, 그로 인하여 선거의 공정이 현저히 저해되었다고 인정되는 경우 이를 선거무효의 사유로 삼을 수 있다.[43] 10여 개의 계열회사를 거느린 그룹의 회장인 국회의원 후보자측의 그 계열회사 및 임직원들을 동원한 조직적, 체계적인 불법선거운동 등 여러 가지 공직선거법위반사실을 인정되는 경우는 선거의 공정을 현저히 저해하고 선거의 결과에 영향을 미친 것으로 그 국회의원원선거는 무효이다.[44] 정당의 비례대표국회의원 후보로 등록하고자 하는 자가 징역형 전과가 누락되어 있는 범죄경력에 관한 증명서류를 정당에 제출하여, 정당이 후보자명부 작성을 달리하게 함으로써 비례대표국회의원직에 당선된 것은 법 제224조(선거무효의 판결 등)에 정한 '선거의 결과에 영향을 미쳤다고 인정'되는 경우에 해당한다.[45] 읍장이 관내 경찰관과 의사상통하여 일방 입후보자 갑과 긴밀한 연락 하에 자금까지 받아가지고 부하공무원을 동원하고 또 관내 전 이장을 종용하여 조직적·계획적으로 갑의 당선을 위하여 불법적인 선거운동과 유권자의 자유의사에 의한 투표권행사를 저해하는 행위를 하여 일부 유권자가 자의이건 타의이건 법이 보장하는 투표의 비밀을 공개하는 방법에 의한 투표를 한 경우[46]와 투표구선거관리위원회 위원장 또는 위원이 선거의 관리집행을 정당하게 수행하여야 할 입장에 있으면서 그 임무에 위배하여 투표용지를 절취하여 특정 후보자에게 기표한 후 투표함에 투입한 행위를 자행한 경우[47]도 선거무효에 해당한다. 후보자 갑이 1,200원짜리 비누셋트를 소속 당원이 아닌 유권자 등 25,000명에게 제공하였으나 이를 인지하여 고발의무가 있는 선거관리위원회 위원장이나 위원이 아무런 조치 없이 묵인·방치하였고 후보자 갑이 합동연설회에서 그러한 위법사실을 공개적으로 밝혔으며, 당선된 후보자 갑과 원고와의 득표수 차이가 470표에 불과한 경우 선거관리위원회 위원장의 선거관리, 집행상의 잘못은 선거결과에 영향을 미쳤음이 분명하다.[48] 위장전입자 12명 중 9명이 선거일에 투표하고 원고와 당선자 사이의 투표차가 4표에 불과한 경우는 위장전입이 선거의 결과에 영향을 미쳤음이 인정된다.[49] 14명이 위장전입하고 투표차가 3표에 불과한 경우, 위장전입자의 투표는 선거무효사유에 해당한다.[50]

---

43) 2002. 2. 26. 선고 2000수162 판결
44) 2001. 7. 13. 선고 2000수216 판결
45) 2008. 12. 11. 선고 2008수38 판결
46) 1969. 7. 25. 선고 67수36 판결
47) 1975. 7. 22. 선고 73수5 판결
48) 1986. 5. 26. 선고 88수54 판결
49) 1996. 8. 23. 선고 96우61 판결
50) 2001. 6. 1. 선고 2000수70 판결

(3) 선거무효사유에 해당하지 않는 경우

일부재선거가 실시된 경우에 그에 관한 선거소송에서는 당해 일부 재선거에 관한 위법만을 주장할 수 있을 뿐 본래의 나머지 선거에 관한 사유를 주장할 수 없다.[51] 정당의 중앙당후원회가 후원금을 초과하여 정치자금이 들어있는 희망돼지저금통을 받았다 하더라도 이는 모두 「정치자금법」 위반일 뿐 선거에 관한 규정위반행위라고 할 수 없어 선거무효사유가 아니고,[52] 회계 관련 사항은 선거관리위원회가 선거 후 일정기간이 경과한 시점에서 각 후보자의 수입과 지출보고서 등을 제출받아 조사하여 허위사실의 기재, 불법지출이나 초과지출 기타 법에 위반되는 사실이 있다고 인정되는 경우 관할 수사기관에 고발 또는 수사의뢰 기타 필요한 조치를 취하는 것으로서, 이는 선거기간 중 행하는 선거관리나 집행사무와 관련되는 사항이 아니므로 이를 선거무효의 사유라고 할 수 없고, 단지 공고된 선거비용 제한액의 200분의 1을 초과지출한 이유로 선거사무장 또는 선거사무소의 회계책임자가 벌금 300만원 이상의 선고를 받는 경우에 그 후보자의 당선이 무효로 돌아갈 수 있을 뿐이다.[53]

특정정당 내부의 비례대표국회의원후보자의 선출과정에서의 하자를 이유로 '특정정당 비례대표국회의원후보자 선출의 효력'을 다투는 방식의 '특정정당 비례대표국회의원선거소송'은 결과적으로 비례대표국회의원선거 중 특정정당의 비례대표국회의원후보자명부만을 교체하는 것을 내용으로 하는 것이 되어 정당과 이미 제출·등록된 비례대표국회의원후보자명부를 기초로 하여 이루어진 선거인들의 정치적 의사가 선거에 의하지 아니하고 변경되는 것으로서 공직선거법상의 비례대표국회의원선거의 본질에 반하여 법 제221조(「행정심판법」의 준용) 제1항의 소송유형으로는 허용되지 않는다고 할 것이고, 법 제221조(「행정심판법」의 준용) 제1항이 위와 같은 소송유형을 허용하지 아니한 것은 비례대표국회의원선거의 본질에 비추어 그 정당성과 합리성을 수긍할 수 있으므로, 이를 두고 정당의 민주적 활동에 관한 「헌법」 제8조 제2항, 평등권에 관한 제11조 제1항, 행복추구권에 관한 제10조에 위반된다고 볼 수 없다.[54] 지방자치단체의 장의 선거가 정당 등 후보자 추천과 후보자등록을 거쳐 실시된 뒤 당선자까지 확정되어 그 선거절차가 종료한 경우 위 지방선거 절차 중 하나인 정당의 후보자 공천의 위법 여부는 과거의 법률관계에 불과하여 그 확인을 구할 소의 이익이 없다.[55]

갑 정당 공직후보자추천관리위원회가 제20대 국회의원선거에서 지역선거구 후보자로 심

51) 1969. 12. 30. 선고 69수2 판결
52) 2004. 5. 31. 선고 2003수26 판결, 2003. 11. 28. 선고 2003수33 판결
53) 2004. 5. 31. 선고 2003수26 판결
54) 2004. 10. 14. 자 2004주8 결정
55) 서울남부지방법원 2006. 9. 8. 선고 2006카합7557 결정

사·추천한 을에 대하여 갑 정당 최고위원회가 아무런 의결을 하지 않고 당적변경시한이 지나 해당 선거구에 후보자를 추천하지 않기로 한 것이 제3자에 의한 선거과정상 위법행위로 선거의 결과에 영향을 미쳤다며 을 등이 선거무효소송을 제기한 경우, 당내 최고의결집행기관으로서 당무운영에 관한 주요사항을 처리하는 최고위원회의가 정무적 판단에 따라 특정 국회의원 선거구에 후보자를 추천하지 아니하였다고 하여 갑 정당의 당헌·당규에 위반한 것이라고 볼 수 없고, 갑 정당이 해당 선거구에 후보자를 추천할 것인지 여부는 정당의 정치적 의사 결정 및 활동에 관한 것으로서 자율성이 최대한 보장되어야 하므로, 갑 정당 최고위원회가 당적변경시한이 지나 해당 선거구에 후보자를 추천하지 않기로 한 것이 공직후보자 추천에 관한 재량권을 일탈·남용한 것이라고 할 수도 없으며, 그 밖의 법률위반행위가 있다고 볼 사정도 찾아볼 수 없으므로, 위 후보자추천과정에 선거과정상 제3자의 위법행위가 있었다고 볼 수 없다.[56] 시의회의원선거의 개표결과를 공표하였다가 상대 후보측의 이의제기로 재검표를 하여 그 결과를 정정·공표하고 당선인을 결정하는 일련의 과정에서, 선거관리위원회 위원장이 투표지 봉인절차를 마치지 않고 개표장소를 떠났고, 사무국장이 법적절차에 의하지 않고 임의로 봉인과정에 있는 투표지를 개봉하였으며, 소정의 개표사무원에 의하지 않고 재검표를 실시한 점 등 선거에 관한 규정을 위반한 점이 있는 경우라도 그것이 선거의 결과에 영향을 미쳤다고 볼 수 없다.[57] 정당추천후보자가 등록마감 시간 내에 등록에 필요한 서류를 모두 갖추어 제출하면서 그 서류 중 하나인 정당추천서의 제출에 있어서는 그 정당추천서의 모사전송 사본을 제출하여, 관할선거관리위원회가 그 추천서의 원본이 이미 적법하게 작성되어 있음을 확인한 후 그 날 오후 7시까지 원본을 제출하도록 지시하고서 그 등록이 유효한 것으로 의결하여 수리하였고 지정시간 내에 그 하자가 보완되자, 그 다음 날 후보자등록을 공고하였으며 그를 기초로 선거가 실시된 결과 위 후보자가 당선인으로 결정된 경우는 법정무효사유에 해당하지 아니하는 흠으로서 후보자등록 공고 전에 이미 보완된 등록절차상의 그 사유를 들어 그 선거의 결과에 영향을 미쳤다고 볼 수 없다.[58] 후보자의 경력에 대하여는 가능한 한 완전한 사항을 공개하는 등 투명하게 하여 그에 기초하여 공정하게 선거권자의 판단을 받게 하는 것이 후보자간의 공정한 경쟁 원칙이나 선거권자의 선거권 존중의 원칙에 부합하는 이상적인 것이라고 할 것이고, 적어도 선거무효소송으로 의원직을 상실한 자는 그 상실사유와 상실시기 등을 가급적 표시하는 것이 바람직하나, 그와 같은 조치를 취하지 아니한 것이 선거관리위원회의 선거관리나 집행상의 위법이라고 할 수는 없다.[59] 선거관리위원회가 시민단체 등의 낙선운동을 원천봉쇄하지 못하고 단지 개별적인

56) 2017. 5. 17. 선고 2016수19 판결
57) 1999. 8. 24. 선고 99우55 판결
58) 2000. 5. 12. 선고 99우24 판결
59) 2001. 4. 10. 선고 2000수223 판결

공직선거법위반행위에 대응하여 그 중지나 경고 또는 위법시설물 제거 등을 조치를 취하였다고 하더라도 이를 들어 선거관리위원회가 시민단체 등의 위법한 선거운동에 대하여 적절한 시정조치를 취함이 없이 이를 조장·묵인·방치하는 등 그 책임에 돌릴 만한 선거의 관리나 집행상 하자가 있었다고 볼 수 없다.[60] 정당 관계자들이 이른바 '병풍'과 관련한 논평을 하는 것에 대하여 선거관리위원회가 특별한 조치를 취하지 않거나, 선거일에 대통령후보자의 돌발적인 위법한 기자회견에 대하여 선거관리위원회가 아무런 조치를 취하지 아니하였다고 하여 이를 들어 선거의 결과에 영향을 미친 선거사무의 관리집행상의 하자가 있었다고 단정할 수 없다.[61] 관할선거구선거관리위원회가 당내경선사무 중 경선운동, 투표 및 개표에 관한 사무의 관리를 위탁받아 시행한 당내경선이나 후보자 선출과정에 어떠한 하자가 있다고 하여 특별한 사정이 없는 이상 곧바로 그 경선을 통해 정당의 추천을 받은 후보자가 입후보하여 당선된 선거가 무효라고 할 수 없다.[62]

(4) 당선무효소송과의 관계

법 제223조(당선소송)의 당선소송은 선거가 유효임을 전제로 하여 개개인의 당선인 결정에 위법이 있음을 이유로 그 효력을 다투는 소송이고, 법 제222조(선거소송)의 선거소송은 선거의 관리와 집행이 선거에 관한 규정에 위반하였다는 이유로 선거의 효력을 다투는 소송인바, 선거운동과정에서 개별적인 선거사범에 해당하는 사유가 있다는 문제는 관계자가 선거법위반으로서 처벌대상이 될 뿐이고 그 처벌로 인하여 당선이 무효로 되는 수는 있을망정 이로써 선거무효의 원인이 될 수는 없다.[63] 혼표 기타 부정계표는 당선무효의 원인은 될 수 있으나 선거무효의 원인은 될 수 없고, 유효표에 대한 무효조작은 선거무효의 원인이 될 수 있다.[64]

다. 당선무효사유

(1) 당선무효사유에 해당하는 경우

지방의회의원선거의 후보자로 등록된 자가 그 등록 전에 이미 사망하였음에도 불구하고 이를 알지 못한 채 선거가 이루어져 그 사망한 자가 당선인으로 결정된 경우에 있어서는, 그 사망한 자의 후보자등록은 피선거권 없는 자의 후보자등록으로서 무효이고, 그의 당선 역시 무효이므로 법 제195조(재선거) 제1항 제5호의 규정에 따라 재선거를 실시할 사유에 해당한

60) 2002. 2. 26. 선고 2000수162 판결
61) 2004. 5. 31. 선고 2003수26 판결
62) 2013. 3. 28. 선고 2012수59 판결
63) 1989. 1. 18. 선고 88수17 판결
64) 1958. 12. 24. 선고 4291선41 판결

다고 할 것이고, 법 제193조(당선인결정의 착오시정) 제1항 소정의 당선인결정의 착오시정은 후보자등록 및 선거가 유효함을 전제로 하는 것이므로 위와 같은 경우에 적용될 수 있는 것은 아니며, 그 사망사실이 선거 직후에 확인되었다고 하여 달리 볼 것도 아니다.[65] 갑 새마을금고 이사장 선거에 입후보한 을이 투표 직전 소견발표에서 '제가 만약 당선된다면 이사장 연봉의 50%를 대의원들에게 쓰겠다.'는 취지의 발언을 하여 그 직후 실시된 선거에서 이사장으로 당선된 경우, 갑 새마을금고의 임원선거규약은 선거운동 과정에서 당선 목적으로 금품 등을 제공하거나 제공의 의사표시를 하는 행위를 금지하고 있고, 정관 및 「새마을금고법」 제22조(임원의 선거운동제한) 제2항 제1호도 같은 취지로 규정하고 있는데, 위 발언은 갑 새마을금고에 출자금을 납입한 회원들의 복지를 위하여 보수의 50%를 사용하겠다는 것이 아니라 이사장 선거에 투표권을 가진 대의원들에게 이를 사용하겠다는 것으로 금품, 향응, 그 밖의 재산상 이익제공의 의사표시에 해당하는 점, 을이 투표 직전 실시된 소견발표에서 위 발언을 하여 상대후보자가 이를 반박하거나 대응할 시간적 여유가 없었고, 투표에 참가한 대의원 전원이 을의 소견발표를 청취하여 대의원들의 투표에 상당한 영향을 미친 것으로 볼 수 있는 점 등 여러 사정에 비추어, 위 발언은 위법한 선거운동으로서 그 정도가 중하여 선거의 자유와 공정을 현저히 침해하였고 그로 인하여 선거의 결과에 영향을 미쳤다고 인정되므로 당선무효사유에 해당한다.[66]

(2) 당선무효사유에 해당하지 않는 경우

유효득표수의 검증은 당선무효소송에 있어서 선거관리위원회의 개개인에 대한 당선인결정 자체에 위법이 있는지 여부를 판단하기 위한 증거조사절차로서 투표용지의 유·무효를 가리기 위하여 하는 것이므로 이를 독립된 청구로 구할 수는 없는 것이고, 공직선거법도 이와 같은 소송형태를 인정하고 있지 아니하므로 이를 구하는 소는 부적법하다.[67] 재개표에 의한 무효표의 처리로 후보자별 득표순위가 바뀔 가능성은 없이 2위 후보자의 득표율이 변경됨으로써 선거비용을 보전받을 수 있다는 주장은 국회의원당선무효소송의 사유에 해당하지 않는다.[68] 지역구국회의원선거 당선무효소송은 선거구선거관리위원회가 당해 지역구국회의원선거에서 유효투표의 다수를 얻은 자를 당선인으로 결정하는 과정에 있어서의 하자를 다투는 소송으로서 지역구국회의원의 투표지가 비례대표국회의원선거의 투표함에서 발견되었다는 사유 그 자체는 법에서 규정하고 있는 당선무효사유가 아니다.[69] 인천광역시 부평구갑 선거

65) 2007. 9. 7. 선고 2006우15 판결
66) 부산고등법원 2017. 4. 13. 선고 2016나57079 판결
67) 1996. 11. 22. 선고 96수73 판결
68) 2008. 8. 11. 선고 2008수69 판결
69) 2004. 11. 12. 선고 2004수16 판결(몇몇 투표구에서 투표용지 교부수보다 투표지 수가 1장 내지 3장씩 부

구의 20대 국회의원선거에서 관할선거관리위원회가 최다 득표자인 갑을 당선인으로 결정한 데 대하여 2위 득표자인 을이 유·무효표 판정을 잘못하였다는 등의 이유로 당선인 결정의 무효를 구하는 소를 제기하였으나 유·무효표 판정을 보류한 26표를 을에게 유리하게 판정하여 유효득표수를 산정하더라도 갑의 유효득표수에 미치지 못하는 경우, 선거관리위원회의 당선인 결정은 정당하다.[70] 어느 정당 내부의 비례대표 지방의회의원 후보자 선출과정에서의 하자를 이유로 특정후보자선출의 효력을 부정하면 그 정당의 비례대표지방의회의원후보자명부를 부분적으로 교체하는 결과를 가져와 정당과 이미 제출·등록된 비례대표지방의회의원후보자명부를 기초로 하여 이루어진 선거인들의 정치적 의사가 선거에 의하지 않고 변경되게 되므로 공직선거법에 규정된 당선무효 사유는 엄격하게 해석하여야 하는 점 등을 고려할 때, 정당이 당헌·당규에 따라 당내경선을 실시하고 후보자를 선정하였다면, 정당이 민주적 절차에 의하여 공직선거후보자를 추천하여야 한다고 규정한 공직선거법 제47조(정당의 후보자추천) 제2항의 입법취지를 형해화하고 일반적인 선거원칙의 본질을 침해할 정도로 후보자선정이 객관적으로 합리성과 타당성을 현저히 잃은 것으로 평가할 수 있는 등의 특별한 사정이 없는 이상 후보자선정과 이에 따른 후보자등록을 무효라고 볼 수 없다.[71]

7. 인지 첩부 및 첨부에 관한 특례

선거에 관한 소송에 있어서는 「민사소송 등 인지법」의 규정에 불구하고 소송서류에 붙여야 할 인지는 「민사소송 등 인지법」에 규정된 금액의 10배로 한다(법§229).[72]

족하거나 1장씩 많다는 사정만으로 지역구국회의원선거나 위 몇몇 투표구에서 실시된 선거의 결과에 영향을 미쳤다고 단정할 수 없다고 한 사례)

70) 2016. 9. 8. 선고 2016수40 판결

71) 2015. 2. 12. 선고 2014수39 판결

72) 헌법재판소는, 선거에 관한 소송에 있어서 인지액의 차등을 두고 있는 구 공직선거및선거부정방지법(1994. 3. 16. 법률 제4739호로 제정된 것) 제229조(인지 첩부 및 첨부에 관한 특례)에 대하여, '인지제도의 목적은 수익자부담의 원칙에 따라 국가 또는 공공단체가 특정 개인을 위하여 행하는 역무에 대한 반대급부로서의 수수료의 성질을 가짐과 아울러 불필요하고 성공가능성이 없는 소송을 방지하고 남소에 따른 법원의 과중한 업무부담에서 오는 법원업무의 양질성과 효율성 저하를 방지하는 데에 있다. 대통령선거에 관한 소송은 전국 유권자들의 이해관계가 걸려있고, 선거무효소송이던 당선무효소송이던 그 절차나 권리관계가 복잡하리라는 점을 쉽사리 추단할 수 있으며, 국가원수이자 행정부의 수반인 대통령 지위의 법적 불안정성을 제거하기 위하여 신속한 재판이 강하게 요구되므로 대통령선거소송의 경우 다른 비재산권에 관한 소송보다 많은 인지액을 첩부하도록 차등을 두고 있다고 하더라도 이는 대통령선거에 관한 소송에 내재하고 있는 위와 같은 특수성을 반영하여 설정된 것으로서 차별의 목적 및 근거에 합리성이 있다. 대통령선거소송에서 10배에 이르는 인지액의 차등을 두고 있다고 하더라도 인지제도의 목적과 대통령선거소송의 특수성에 비추어 위 차별이 입법형성의 재량권을 일탈할 정도에 이르렀다고 볼 수 없다. 그리고 대통령선거에 관한 소송에서 인지액을 증액함으로써 얻게 되는 남소의 방지를 통한 사법자원의 효율적 분배, 법적 안정성 등의 공익상의 법익이 재판청구권의 제한으로 잃게 되는 이익보다 훨씬 크다.'고 판시하였다(2004. 8. 26. 선고

8. 「행정소송법」의 준용 등

선거에 관한 소송에 관하여는 이 법에 규정된 것을 제외하고는 「행정소송법」 제8조(법적용례) 제2항 및 제26조(직권심리)의 규정을 준용한다. 다만, 같은 법 제8조 제2항에서 준용되는 「민사소송법」 제145조(화해의 권고), 제147조(제출기간의 제한) 제2항, 제149조(실기한 공격·방어방법의 각하), 제150조(자백간주) 제1항, 제220조(화해, 청구의 포기·인낙조서의 효력), 제225조(결정에 의한 화해권고), 제226조(결정에 대한 이의신청), 제227조(이의신청의 방식), 제228조(이의신청의 취하), 제229조(이의신청권의 포기), 제230조(이의신청의 각하), 제231조(화해권고결정의 효력), 제232조(이의신청에 의한 소송복귀 등), 제284조(변론준비절차의 종결) 제1항, 제285조(변론준비기일을 종결한 효과) 및 제288조(불요증사실)의 규정을 제외한다(법§227).

법 제227조(「행정소송법」의 준용 등)가 「행정소송법」 제8조(법적용례) 제2항과 제26조(직권심리)의 규정을 준용한다고 규정하면서도 「행정소송법」 제23조(집행정지)의 규정을 준용한다는 규정이 없음에 비추어 「행정소송법」 제23조(집행정지)에 기하여 지방의회의원선거에서 당선인으로 결정된 자의 당선효력의 정지를 구할 수는 없다. 또한 법 제227조(「행정소송법」의 준용 등)가 준용하는 「행정소송법」 제8조(법적용례) 제2항이 특별한 규정이 없는 사항에 관하여 「민사소송법」의 규정을 준용한다고 하였어도 이는 특별한 규정이 없는 사항에 대하여 무제한으로 「민사소송법」을 준용한다는 취지가 아니라 그 성질이 허용하는 한도 내에서만 「민사소송법」의 규정이 준용된다는 취지로 해석하여야 할 것인데, 선거소송의 경우 선거소송이나 선거제도의 취지, 「민사소송법」상 가처분제도의 성격 등에 비추어 선거소송을 인정한 개별법에 가처분을 인정하는 규정이 없는 이상 「민사소송법」의 가처분에 관한 규정을 그대로 준용하여 당선효력의 정지를 명할 수 없다.[73] 선거시행 전에는 선거무효를 주장할 수 없으므로 후보자등록취소처분에 대한 효력정지가처분은 허용되지 아니한다.[74]

9. 선거무효소송과 당선무효소송의 예비적 병합

선거무효소송은 선거의 관리집행에 위법이 있다 하여 그 선거의 전부 또는 일부의 무효를 다투는 소송이고 당선무효소송은 선거가 유효임을 전제로 하여 개개의 당선인의 결정을 위법이라 하여 그 효력을 다투는 소송으로서 그 성질이 상이하기 때문에 동시에 선거의 효력과 당선의 효력을 다툴 수는 없으나, 양 소송을 예비적으로 병합한 경우에는 본 청구가 인용

2003헌바20 전원재판부 결정).
73) 서울고등법원 1998. 9. 24. 자 98주1 결정
74) 1958. 4. 30. 선고 4291선신1 판결

되지 않을 때에 비로소 예비적 청구부분에 대하여 심리·판결하는 것이므로 예비적 병합은 허용된다.[75] 선거무효소송과 당선무효소송이 병합되어 있는 경우에 당선무효소송은 선거가 적법유효함을 전제로 하여야 하므로 선거가 무효이면 당선인결정의 무효를 구하는 당선무효소송은 그것이 주위적으로 구하여졌다 하더라도 나아가 판단할 필요 없이 기각하게 된다.[76]

선거소송에 있어서 관할지역구선거관리위원회 위원장을 피고로 하여서는 선거무효를 구하고, 당선인을 피고로 하여서는 당선결정의 무효를 구하는 주관적 예비적 청구의 병합은 부적법하다.[77]

75) 1959. 12. 9. 선고 4291선9 판결
76) 1989. 5. 26. 선고 88수54 판결
77) 2003. 5. 16. 선고 2003우45 판결

제23편 선거범죄에 대한 특별형사소송절차

1. 선거범죄

'선거범'이라 함은 법 제16장 벌칙에 규정된 죄와 「국민투표법」 위반의 죄를 범한 자를 말하고(법§18③), '선거범죄'란 법 제16장 벌칙에 규정된 죄(제261조 제9항의 과태료에 해당하는 위법행위를 포함한다)와 「국민투표법」 위반의 죄를 말한다(법§262의2①).

따라서 법 제261조(과태료의 부과·징수 등)의 과태료부과대상 위법행위는 선거범죄가 아니다. 다만, 법 제116조(기부의 권유·요구 등의 금지)를 위반하거나 제230조(매수 및 이해유도죄) 제1항 제7호에 따라 제공받은 금품 등의 가액이 100만원을 초과하지 않거나 주례행위를 제공받은 것으로 인하여 과태료부과처분을 받는 경우인 제261조(과태료의 부과·징수 등) 제9항의 위법행위는 선거범죄에 포함된다.

선거범죄는 그 성질에 따라 형사범과 행정범으로 나눌 수 있다. 형사법적 선거범죄는 현실적으로 선거의 자유와 공정을 침해하는 행위로서 그 행위 자체의 반사회적 위험성으로 인하여 범죄가 되는 이른바 자연범 또는 실질범으로 위법성이 그 행위 속에 고유하게 들어가 있는 유형의 선거범죄를 말하고, 행정범적 선거범죄는 파생적인 선거질서를 해치는 것으로 단지 선거의 적정한 집행실시라는 견지에서 선거법에 마련된 단순한 명령·금지·제한 규정을 위반하였기 때문에 범죄가 되는 것으로 그 위법성이 그 행위 속에 내포되어 있지 않은 유형의 선거범죄이다. 공직선거법은 형사범에 대하여는 제16장 벌칙에서 직접적으로 구성요건과 형벌을 함께 정하고 있는 반면에, 행정범에 대해서는 다른 장에서 작위·부작위(명령·제한·금지)를 규정한 다음 제16장 벌칙에서 따로 그 위반행위에 대한 처벌(법§255, §256 등)을 규정하고 있다.[1)]

1) 임성식·박영실, 「선거사범 처리실태와 개선방안」, 형사정책연구원, 10－32쪽

2. 선거관리위원회의 선거범죄 조사권

가. 의의

각급선거관리위원회(읍·면·동선거관리위원회는 제외한다) 위원 및 직원은 선거범죄에 관하여 그 관계인에게 질문·조사를 할 수 있고, 조사에 필요한 자료 제출 요구 및 조사에 필요한 범위 내에서 증거물을 수집할 수 있으며, 선거관리위원회에 동행 또는 출석을 요구할 수 있다(법§272의2). 다만, 각급선거관리위원회의 선거범죄 조사에는 강제수사는 허용되지 아니한다.

나. 조사권

(1) 조사 및 자료제출요구

(가) 조사 및 자료제출요구

각급선거관리위원회 위원·직원은 선거범죄에 관하여 그 범죄의 혐의가 있다고 인정되거나, 후보자(경선후보자를 포함한다)·예비후보자·선거사무장·선거연락소장 또는 선거사무원이 제기한 범죄의 혐의가 있다는 소명이 이유 있다고 인정되는 경우 또는 현행범의 신고를 받은 경우에는 그 장소에 출입하여 관계인에 대하여 질문·조사를 하거나 관련서류 기타 조사에 필요한 자료의 제출을 요구할 수 있다(법§272의2①).

여기서 '관계인'이라 함은 당해 혐의사실을 알거나 알고 있을 것으로 보이는 사람과 그 혐의사실과 관련된 자료를 소지한 사람을 모두 포함하고 당해 혐의의 혐의자 본인이라고 하여 이에서 제외되는 것은 아니다.[2)]

(나) 범죄혐의 소명서 제출 및 통지

후보자·예비후보자·선거사무장·선거연락소장 및 선거사무원이 공직선거법 또는 「국민투표법」 위반의 죄(이하 "선거범죄"라 한다)의 혐의를 제기하는 때에는 그 범죄혐의에 관한 소명자료를 첨부하여 규칙이 정하는 서식[3)]의 소명서를 각급선거관리위원회에 제출하여야 한다(규칙§146의2①). 각급선거관리위회의 위원·직원은 위 소명이 이유 있다고 인정되는 때에는 당해 범죄혐의사실을 조사하여 그에 상응하는 처분을 하고 그 처분결과를, 이유 없다고 인정되는 때에는 그 뜻을 각 소명서를 제출한 자에게 통지하여야 한다(규칙§146의2②).

---

2) 2001. 7. 13. 선고 2001도16 판결(새마을협의회 회원이 아닌 국회의원입후보예정자가 선거운동기간이 아닌 때에 새마을협의회장 이·취임식에 참석하여 참석자 전원에게 일일이 인사를 하고 새마을 부녀회장이 그 옆에서 함께 인사를 한 경우, 그들의 행위가 선거운동기간위반죄에 해당한다는 혐의를 갖기에 상당한 이유가 있다고 본 사례)

3) 규칙 별지 제62호 서식의 (가) 「공직선거법」 위반혐의 소명서

(다) 출입방해 및 자료제출불응 금지

누구든지 법 제272조의2(선거범죄의 조사 등) 제1항의 규정에 의한 장소의 출입을 방해하여서는 아니 되며 질문·조사를 받거나 자료의 제출을 요구받은 자는 이에 응하여야 한다(§272의2③).[4] 각급선거관리위원회의 위원·직원이 법 제272조의2(선거범죄의 조사 등) 제1항의 규정에 의한 장소에 출입하여 관계인에 대하여 자료제출을 요구함에 있어서 정당한 사유 없이 출입을 방해하거나 자료의 제출요구에 불응하거나 허위의 자료를 제출하는 때에는 법 제256조(각종제한규정위반죄) 제5항 제12호에 따라 처벌받을 수 있음을 알려야 한다(규칙§146의3①).

지방선거에 즈음하여 지역주민들에게 법무사인 자신을 소개하는 연하장을 발송 및 배부한 사실을 인지하게 된 선거관리위원회가 연하장 발송이 사전선거운동에 해당한다는 혐의를 갖기에 상당한 이유가 있어 자료제출을 요구한 이상, 설사 연하장 배부행위가 실질적으로 법무사로서의 통상적인 업무상 행위일 뿐 사전선거운동 등 공직선거법 소정의 선거범죄에 해당하지 아니한다고 하더라도 선거관리위원회 위원이나 직원의 자료제출요구에 응할 의무가 있으며, 이에 불응한 경우 법 제256조(각종제한규정위반죄) 제5항 제12호에 의하여 처벌할 수 있다.[5] 등기배달되거나 선거관리위원회 직원이 직접 가져온 자료제출독촉장을 수령거부하거나, 조사에 불응하기 위하여 자리를 피하는 경우도 법 제256조(각종제한규정위반죄) 제5항 제12호에 의하여 처벌된다.[6] 법 제272조의2(선거범죄의 조사 등) 제3항에서의 '자료제출요구에 응하는 것'은 법 제272조의2(선거범죄의 조사 등) 제1항에 따른 조사 등의 바탕이 되는 자료를 사실적 상태 그대로 제출하는 것을 의미하고, 그 자료는 '통상적인 선거운동과 관련하여 생

---

4) 헌법재판소는, 자료제출의무를 부과하는 법 제272조의2(선거범죄의 조사 등) 제3항과 허위자료를 제출하는 자 등을 처벌하는 법 제256조(각종제한규정위반죄) 제5항 제12호가 영장주의에 위반되는지 여부에 관하여, '선거관리위원회의 본질적 기능은 선거의 공정한 관리 등 행정기능이고, 그 효과적인 기능 수행과 집행의 실효성을 확보하기 위한 수단으로서 선거범죄 조사권을 인정하고 있다. 심판대상조항에 의한 자료제출요구는 위와 같은 조사권의 일종으로서 행정조사에 해당하고, 선거범죄 혐의유무를 명백히 하여 공소의 제기와 유지 여부를 결정하려는 목적으로 범인을 발견·확보하고 증거를 수집·보관하기 위한 수사기관의 활동인 수사와는 근본적으로 그 성격을 달리한다. 심판대상조항에서 자료제출요구는 그 성질상 대상자의 자발적 협조를 전제로 할 뿐이고 물리적 강제력을 수반하지 아니한다. 심판대상조항은 피조사자로 하여금 자료제출요구에 응할 의무를 부과하고, 허위 자료를 제출한 경우 형사처벌하고 있으나, 이는 형벌에 의한 불이익이라는 심리적, 간접적 강제수단을 통하여 진실한 자료를 제출하도록 함으로써 조사권 행사의 실효성을 확보하기 위한 것이다. 이와 같이 심판대상조항에 의한 자료제출요구는 행정조사의 성격을 가지는 것으로 수사기관의 수사와 근본적으로 그 성격을 달리하며, 직접적으로 어떠한 물리적 강제력을 행사하는 강제처분을 수반하는 것이 아니므로 영장주의의 적용대상이 아니다.'고 판시하였다(2019. 9. 26. 선고 2016헌바381 판결). ; 이에 대하여, '선거관리위원회의 선거범죄에 관한 권한(조사권)은 공정한 선거관리를 위하여 필수적으로 보이기도 하지만, 법관이 발부한 영장도 없이 주거출입이나 물품수거 또는 동행·출석요구에 관한 권한을 부여한 것은 선거운동의 자유뿐만 아니라 다른 기본권을 과도하게 제한할 여지가 있는 것으로 판단된다.'는 견해도 있다(이준일, 「선거관리와 선거소송 －헌법적 쟁점을 중심으로－」, 저스티스 통권 제130호(2012. 6.), 42쪽).

5) 2003. 1. 10. 선고 2002도981 판결

6) 광주고등법원 2003. 3. 27. 선고 2003노147 판결(광주지방법원 2003. 1. 30. 선고 2002고합528 판결)

성 · 보존 · 관리되는 자료'에 한정된다고 봄이 타당하다(혐의사실에 관련된 자료인 한 반드시 기존에 작성되어 있는 자료에 한하는 것은 아니다).[7]

(라) 신분증표 등 제시 및 조사 목적과 이유 설명

각급선거관리위원회 위원 · 직원이 법 제272조의2(선거범죄의 조사 등) 제1항의 규정에 의한 장소에 출입하거나 질문 · 조사 · 자료의 제출을 요구하는 경우에는 관계인에게 그 신분을 표시하는 증표를 제시하고 소속과 성명을 밝히고 그 목적과 이유를 설명하여야 한다(법, §272의2⑥). 각급선거관리위원회 위원 · 직원의 신분을 표시하는 증표는 규칙이 정하는 양식[8]에 의하되 관할선거관리위원회가 발행하는 위원신분증 또는 공무원증으로 갈음할 수 있다(규칙 §146의3⑧).

선거관리위원회 위원 · 직원이 법 제272조의2(선거범죄의 조사 등) 제1항에 근거하여 해당 장소에 적법하게 출입을 하기 위해서는 반드시 같은 조 제6항에서 정하고 있는 실체적 · 절차적 요건을 모두 갖추어야 한다. 만약 그러한 요건 중 일부라도 갖추지 못한 상태에서는 해당 장소에 적법하게 출입할 권한이 인정되지 않고, 선거관리위원회 위원 · 직원이 해당 장소에 출입하려는 것을 제지하더라도 선거관리위원회 위원 · 직원에 대한 출입방해죄가 성립하지 않는다. 한편, 법 제272조의2(선거범죄의 조사 등) 제6항에서 정하고 있는 요건 중 하나인 관계인에게 그 신분을 표시하는 증표를 제시할 때 규칙 제146조의3(선거범죄혐의에 대한 조사 등) 제8항의 양식에 의한 증표 또는 관할선거관리위원회가 발행하는 위원신분증이나 공무원증을 반드시 제시하여야 한다. 설사 관계인이 해당 장소에 출입하고자 하는 선거관리위원회 위원 · 직원에게 증표제시를 요구하지 않았다거나, 해당 장소에 출입하고자 하는 사람이 선거관리위원회 위원 · 직원이라는 사실을 이미 알고 있었던 경우에도 마찬가지이다.[9] 법 제272조의2(선거범죄의 조사 등) 제6항에서 정한 신분을 표시하는 증표의 제시는 현장에 출석하여 질문, 조사 또는 자료제출을 요구하는 경우에 필요한 절차를 규정한 것으로 해석하여야 할 것이고, 전화로 자료제출을 요구하는 경우에는 신분을 표시하는 증표를 제시하는 것이 불가능하므로 소속과 성명을 밝히고 그 목적과 이유를 설명하면 필요한 절차를 밟은 것으로 볼 수 있다.[10]

(마) 서면답변 또는 자료 제출요구

각급선거관리위원회 위원 · 직원은 직접 방문하여 조사하는 경우 외에 필요하다고 인정되

7) 부산고등법원 2015. 1. 14. 선고 2014노758(부산지방법원 2014. 10. 17. 선고 2014고합73 판결)
8) 규칙 별지 제63호 양식 신분증명서
9) 2008. 11. 13. 선고 2008도6228 판결
10) 광주지방법원 해남지원 2007. 1. 10. 선고 2006고합48 판결

는 때에는 서면답변 또는 자료의 제출을 요구할 수 있다(규칙§146의3④).

(2) 동행·출석 요구

각급선거관리위원회 위원·직원은 선거범죄 조사와 관련하여 관계자에게 질문·조사하기 위하여 필요하다고 인정되는 때에는 선거관리위원회에 동행 또는 출석할 것을 요구할 수 있다. 다만, 선거기간 중 후보자에 대하여는 동행 또는 출석을 요구할 수 없다(법§272의2④). 각급선거관리위원회 위원·직원이 관계자에게 동행을 요구하는 때에는 구두로 할 수 있으며, 출석을 요구하는 때에는 규칙이 정하는 서식[11]에 따른다. 이 경우 「형사소송법」 제211조(현행범인과 준현행범인)에 규정된 현행범인 또는 준현행범인에 해당하는 관계자에게 동행요구를 함에 있어서 정당한 사유 없이 동행요구에 응하지 아니한 때에는 법 제261조(과태료의 부과·징수 등) 제6항 제2호에 따라 과태료에 처할 수 있음을 알려야 한다(규칙§146의3⑥).

각급선거관리위원회는 중앙선거관리위원회 위원장이 정하는 바에 따라 선거범죄 조사와 관련하여 동행 또는 출석한 관계자에게 예산의 범위 안에서 여비·일당을 지급할 수 있다(규칙§146의3⑦).

(3) 조사

(가) 진술거부권 등 고지

각급선거관리위원회 위원·직원이 피조사자에 대하여 질문·조사를 하는 경우 질문·조사를 하기 전에 피조사자에게 진술을 거부할 권리 및 변호인의 조력을 받을 권리가 있음을 알리고, 문답서에 이에 대한 답변을 기재하여야 한다(법§272의2⑦). 각급선거관리위원회 위원·직원은 피조사자가 변호인의 조력을 받으려는 의사를 밝힌 경우 지체 없이 변호인(변호인이 되려는 자를 포함한다)으로 하여금 조사에 참여하게 하거나 의견을 진술하게 하여야 한다(법§272의2⑧).

피조사자가 변호인의 조력을 받으려는 의사를 밝혔으나 변호인이 상당한 시간 안에 출석하지 아니하거나 출석할 수 없는 경우에는 피조사자의 의사를 확인한 후 변호인의 참여 없이 피조사자에 대하여 질문·조사할 수 있다(규칙§146의3⑨).

(나) 녹음·녹화 등

각급선거관리위원회 위원·직원은 조사업무 수행 중 필요하다고 인정되는 때에는 질문답변내용의 기록, 녹음·녹화, 사진촬영, 선거범죄와 관련 있는 서류의 복사 또는 수집 기타 필요한 조치를 취할 수 있다(규칙§146의3③).

---

11) 규칙 별지 제62호 서식의 (나) 출석요구

법 제272조의2(선거범죄의 조사 등) 제6항은 선거관리위원회 위원·직원이 선거범죄와 관련하여 질문·조사하거나 자료의 제출을 요구하는 경우에는 관계인에게 그 신분을 표시하는 증표를 제시하고 소속과 성명을 밝히고 그 목적과 이유를 설명하여야 한다고 규정하고 있는데, 이는 선거범죄의 조사와 관련하여 조사를 받는 관계인의 사생활의 비밀과 자유 내지 자신에 대한 정보를 결정할 자유, 재산권 등이 침해되지 않도록 하기 위한 절차적 규정이므로, 선거관리위원회 직원이 관계인에게 사전에 설명할 '조사의 목적과 이유'에는 조사할 선거범죄혐의의 요지, 관계인에 대한 조사가 필요한 이유뿐만 아니라 관계인의 진술을 기록 또는 녹음·녹화한다는 점도 포함된다. 따라서 선거관리위원회 위원·직원이 관계인에게 진술이 녹음된다는 사실을 미리 알려주지 아니한 채 진술을 녹음하였다면, 그와 같은 조사절차에 의하여 수집된 녹음파일 내지 그에 터 잡아 작성된 녹취록은 형사소송법 제308조의2(위법수집증거의 배제)에서 정하는 '적법한 절차에 따르지 아니하고 수집한 증거'에 해당하여 원칙적으로 증거로 쓸 수 없다.[12)]

다. 증거물수집 및 현장보존

(1) 증거물수집

각급선거관리위원회 위원·직원은 선거범죄 현장에서 선거범죄에 사용된 증거물품으로서 증거인멸의 우려가 있다고 인정되는 때에는 조사에 필요한 범위 안에서 현장에서 이를 수거할 수 있다. 이 경우 당해 선거관리위원회 위원·직원은 수거한 증거물품을 그 관련된 선거범죄에 대하여 고발 또는 수사의뢰한 때에는 관계수사기관에 송부하고, 그러하지 아니한 때에는 그 소유·점유·관리하는 자에게 지체 없이 반환하여야 한다(법§272의2②). 각급선거관리위원회 위원·직원은 법 제272의2조(선거범죄의 조사 등) 제2항의 규정에 의하여 선거범죄에 사용된 증거물품을 수거한 때에는 그 목록 2부를 작성하여 그중 1부를 당해 물품을 소유·점유 또는 관리하는 자에게 교부하고, 나머지 1부는 당해 선거관리위원회에 제출하여야 한다(규칙§146의3⑤).

(2) 현장보존

각급선거관리위원회 위원·직원은 선거의 자유와 공정을 현저히 해할 우려가 있는 공직선거법에 위반되는 행위가 눈앞에 행하여지고 있거나, 행하여질 것이 명백하다고 인정되는 경우에는 그 현장에서 행위의 중단 또는 예방에 필요한 조치를 할 수 있다(법§272의2⑤).

---

12) 2014. 10. 15. 선고 2011도3509 판결

라. 통신자료 및 전화자료의 열람·제출요청

(1) 고등법원의 수석부장판사 등의 승인이 필요한 통상의 경우

(가) 고등법원의 수석부장판사 등의 승인 신청

각급선거관리위원회(읍·면·동선거관리위원회를 제외한다) 직원은, 정보통신망을 이용한 공직선거법 위반행위의 혐의가 있다고 인정되는 상당한 이유가 있는 때에는 당해 선거관리위원회의 소재지를 관할하는 고등법원(구·시·군선거관리위원회의 경우에는 지방법원을 말한다) 수석판사 또는 이에 상당하는 판사[13]의 승인을 얻어 정보통신서비스제공자에게 당해 정보통신서비스 이용자의 성명(이용자를 식별하기 위한 부호를 포함한다)·주민등록번호·주소(전자우편주소·인터넷 로그기록자료 및 정보통신망에 접속한 정보통신기기의 위치를 확인할 수 있는 자료를 포함한다)·이용기간·이용요금에 대한 자료의 열람이나 제출을 요청할 수 있고(법§272의3①), 전화를 이용한 공직선거법 위반행위의 혐의가 있다고 인정되는 상당한 이유가 있는 때에는 당해 선거관리위원회의 소재지를 관할하는 고등법원(구·시·군선거관리위원회의 경우에는 지방법원을 말한다) 수석판사 또는 이에 상당하는 판사의 승인을 얻어 정보통신서비스제공자에게 이용자의 성명·주민등록번호·주소·이용기간·이용요금, 송화자 또는 수화자의 전화번호, 설치장소·설치대수에 대한 자료의 열람이나 제출을 요청할 수 있다(법§272의3②).

각급선거관리위원회의 직원이 법 제272조의3(통신관련 선거범죄의 조사) 제1항 또는 제2항의 규정에 의하여 고등법원(구·시·군선거관리위원회의 경우에는 지방법원을 말한다) 수석판사 또는 이에 상당하는 판사(이하 "승인권자"라 한다)의 승인을 얻고자 하는 때에는 요청사유, 해당 이용자와의 연관성, 필요한 자료의 범위 등을 기재한 서면으로 신청하여야 한다. 다만, 서면으로 요청할 수 없는 긴급한 사유가 있는 때에는 모사전송 등의 방법에 의할 수 있다(규칙§146의4①). 승인권자의 승인을 얻기 위한 신청은 규칙이 정하는 서식[14]에 의한다(규칙§146의4④).

신청을 받은 승인권자는 요청사유 등을 심사한 후 그 결과를 신청한 직원에게 통지하여야 한다(규칙§146의4②).

---

13) 2020. 3. 24. 법률 제17125호로 개정되어 2021. 2. 9.부터 시행되는 「법원조직법」에서 "고등법원 부장판사" 직위를 폐지함에 따라, 2020. 3. 24. 법률 제17125호로 개정되어 2021. 2. 9.부터 시행되는 공직선거법 제273조의3(통신관련 선거범죄의 조사) 제1항과 제2항의 규정 중 "수석부장판사"는 "수석판사"로, "이에 상당하는 부장판사"는 "이에 상당하는 판사"로 변경되었다.

14) 규칙 별지 제62호 서식의 (바) (통신자료)·(전화자료) 제출요청 승인신청

(나) 정보통신서비스제공자에 대한 요청

각급선거관리위원회 직원이 법 제272조의3(통신관련 선거범죄의 조사) 제1항 또는 제2항의 규정에 의하여 정보통신서비스제공자에게 통신자료 또는 전화자료의 제출을 요청하는 때에는 통신자료 또는 전화자료의 제출요청서와 함께 승인권자의 승인을 증명하는 서면을 제시하고 통신자료 또는 전화자료의 제출을 요청하는 자의 신분을 표시할 수 있는 증표를 제시하여야 한다. 다만, 승인권자의 승인을 받을 수 없는 긴급한 사유가 있는 때에는 통신자료 또는 전화자료의 제출을 요청한 후 지체 없이 승인권자의 승인을 증명하는 서면을 제시하여야 한다(규칙§146의4③).

통신자료 또는 전화자료의 제출을 요청받은 자는 지체 없이 이에 응하여야 한다(법§272의3④).

(2) 승인권자의 승인이 필요 없는 경우

법 제272의3(통신관련 선거범죄의 조사) 제1항 및 제2항 또는 다른 법률에도 불구하고 ① 인터넷 홈페이지 게시판·대화방 등에 글이나 동영상 등을 게시하거나 전자우편을 전송한 사람의 성명·주민등록번호·주소 등 인적사항, ② 문자메시지를 전송한 사람의 성명·주민등록번호·주소 등 인적사항 및 전송통수에 해당하는 자료의 열람이나 제출을 요청하는 때에는 승인권자의 승인이 필요하지 아니하다(법§272의3③).

(3) 이용자에의 통지

각급선거관리위원회 직원은 정보통신서비스제공자로부터 자료제공을 받은 때에는 30일 이내에 그 사실과 내용을 문서, 팩스, 전자우편, 휴대전화 문자메시지 등으로 해당 이용자에게 알려야 한다. 다만, 선거관리위원회에서 고발·수사의뢰한 경우에는 그 불송치결정, 기소 또는 불기소처분을 통지받은 날부터 10일 이내에 알릴 수 있다(법§272의3⑤).

(4) 자료제공 관련 자료 비치

각급선거관리위원회 직원은 자료제공을 받은 경우에는 해당 자료의 제공요청사실 등 필요한 사항을 기재한 대장과 자료제공요청서 등 관련 자료를 해당 선거관리위원회에 비치하여야 한다(법§272의3⑥).

(5) 제출받은 자료의 조사목적외 사용 및 공개 금지

각급선거관리위원회 직원은 정보통신서비스제공자로부터 제출받은 자료를 공직선거법 위반행위에 대한 조사목적외의 용도로 사용하여서는 아니 되며, 관계 수사기관에 고발 또는 수사의뢰하는 경우를 제외하고는 이를 공개하여서는 아니 된다(법§272의3⑦).

마. 업무원조요구

각급선거관리위원회 위원·직원은 조사업무에 필요하다고 인정되는 때에는 법 제5조(선거사무협조)의 규정에 의하여 경찰공무원·경찰관서의 장이나 행정기관의 장에게 원조를 요구할 수 있다(규칙§146의3②).

바. 벌칙

법 제272조의2(선거범죄의 조사 등) 제3항을 위반하여 출입을 방해하거나 자료제출요구에 응하지 아니한 자 또는 허위의 자료를 제출한 자는 1년 이하의 징역 또는 200만원 이하의 벌금에 처한다(법§256⑤12.).

여기서 '자료제출요구에 응하지 아니한 자'는 법 제272조의2(선거범죄의 조사 등) 제1항 소정의 자료제출요구를 받은 자로서 당해 자료를 소지하고 있었음에도 불구하고 이를 제출하지 아니한 자이다.[15)]

한편, 「형사소송법」 제211조(현행범인과 준현행범인)에 규정된 현행범인 또는 준현행범인으로서 법 제272조의2(선거범죄의 조사 등) 제4항에 따른 동행요구에 응하지 아니한 자는 300만원 이하의 과태료를 부과한다(법§261⑥2.). 법 제272조의2(선거범죄의 조사 등) 제4항에 따른 출석요구에 정당한 사유 없이 응하지 아니한 자는 100만원 이하의 과태료를 부과한다(법§261⑧6.). 법 제272조의3(통신관련 선거범죄의 조사) 제4항의 규정을 위반하여 통신관련 자료의 제출요구에 응하지 아니한 자는 300만원 이하의 과태료를 부과한다(법§261⑥1.).

선거관리위원장으로서 공직선거법위반 혐의사실에 대하여 수사기관에 수사의뢰를 한 법관이 당해 형사피고사건의 재판을 하는 경우와 관련하여,법원은「선거관리위원장은「형사소송법」제197조(특별사법경찰관리)나「사법경찰관리의 직무를 행할 자와 그 직무범위에 관한 법률」에 사법경찰관의 직무를 행할 자로 규정되어 있지 아니하고 그 밖에 달리 사법경찰관에 해당한다고 볼 근거가 없으므로, 선거관리위원장으로서 공직선거법 위반혐의사실에 대하여 수사기관에 수사의뢰를 한 법관이 당해 형사피고사건의 재판을 하는 경우 그것이 적절하다고 볼 수는 없으나「형사소송법」제17조(제척의 원인) 제6호의 제척원인인 "법관이 사건에 관하여 사법경찰관의 직무를 행한 때"에 해당한다고 할 수 없다. 또한「형사소송법」제17조(제척의 원인) 제7호의 제척원인인 "법관이 사건에 관하여 그 기초되는 조사에 관여한 때"라 함은 전심재판의 내용 형성에 사용될 자료의 수집·조사에 관여하여 그 결과가 전심재판의 사실인정 자료로 쓰여진 경우를 말하므로 법관이 선거관리위원장으로서 공직선거법 위반혐의

---

15) 2001. 7. 13. 선고 2001도16 판결

사실에 대하여 수사기관에 수사의뢰를 하고, 그 후 당해 형사피고사건의 항소심재판을 하는 경우 역시 적절하지는 않으나 위 제척원인인 법관이 이 사건에 관하여 그 기초되는 조사에 관여한 때에 해당한다고 볼 수 없다.」고 판시하였다.[16)]

3. 불법선전물의 우송중지

가. 의의

각급선거관리위원회(읍·면·동선거관리위원회는 제외한다)는 직권 또는 정당·후보자의 요청에 의하여 공직선거법에 규정된 죄에 해당하는 범죄의 혐의가 있는 선전물을 우송하려 하거나 우송중임을 발견한 때에는 당해 우체국장에게 그 선전물의 우송의 금지 또는 중지를 요청할 수 있다(법§272①).[17)] 우체국장이 우송금지 또는 중지를 요청받은 때에는 그 우편물의 우송을 즉시 중지하고, 발송인에 대하여 그 사실을 통보하여야 한다. 다만, 발송인의 주소가 기재되지 아니한 때에는 발송우체국 게시판에 우송중지의 사실을 공고하여야 한다(법§272②).

나. 선거관리위원회의 조치

(1) 조사의뢰·고발 및 압수요청

법 제272조(불법선전물의 우송중지) 제1항의 규정에 의한 우송의 금지 또는 중지를 요청한 때에는 당해 선거관리위원회는 지체 없이 수사기관에 조사를 의뢰하거나 고발하고, 해당 우편물의 압수를 요청하여야 한다(법§272③).

(2) 우체국장에의 자료요청

각급선거관리위원회는 공직선거법에 규정된 죄에 해당하는 범죄의 혐의가 있는 선전물이 우송된 것을 발견한 때에는 그 선전물의 우송에 관련된 자의 성명·주소 등 인적사항과 발송통수·배달지역 기타 선거범죄의 조사에 필요한 자료의 제출을 우체국장에게 요구할 수 있다. 이 경우 자료제출의 요구를 받은 우체국장은 이에 응하여야 한다(법§272⑤). 우체국장이 각급선거관리위원회의 요청에 의하여 우편물의 우송을 중지하거나 선전물의 우송에 관련된 자의 인적사항 등 자료를 제출한 때에는 「우편법」 제3조(우편물의 비밀보장)·제50조(우편취급 거부의 죄)·제51조(서신의 비밀침해의 죄)·제51조의2(비밀 누설의 죄),[18)] 「우편환법」 제19

16) 1999. 4. 13. 선고 99도155 판결

17) '공직선거법위반 범죄라는 "혐의"만으로 각급선거관리위원회에 불법선전물의 우송중지 권한을 부여하는 것은 선거운동의 자유뿐만 아니라 통신의 비밀에 대한 과도한 제한을 초래할 수 있다.'는 견해가 있다(이준일, 「선거관리와 선거소송 –헌법적 쟁점을 중심으로–」, 저스티스 통권 제130호(2012. 6.), 41쪽).

18) 「우편법」 제3조(우편물의 비밀보장) 우편업무 또는 제45조의2에 따른 서신송달업에 종사하는 자나 종사하

조(비밀보장)[19] 및「통신비밀보호법」제3조(통신 및 대화비밀의 보호)[20]의 규정을 적용하지 아니한다(법§272⑥).

(3) 우체국장에의 개봉요청

각급선거관리위원회는 우편관서에서 취급 중에 있는 우편물 중 공직선거법에 규정된 죄에 해당하는 범죄의 혐의가 있는 불법선전물이 있다고 판단되는 때에는 당해 우체국장에게 법 제272조(불법선전물의 우송중지) 제1항의 조치와 함께「우편법」제28조(법규 위반 우편물의

였던 자는 재직 중에 우편 또는 서신에 관하여 알게 된 타인의 비밀을 누설하여서는 아니 된다.
제50조(우편취급 거부의 죄) 우편업무에 종사하는 자가 정당한 사유 없이 우편물의 취급을 거부하거나 이를 고의로 지연시키게 한 경우에는 1년 이하의 징역 또는 1천만원 이하의 벌금에 처한다.
제51조(서신의 비밀침해의 죄) ① 우편관서 및 서신송달업자가 취급 중인 서신의 비밀을 침해한 자는 3년 이하의 징역 또는 3천만원 이하의 벌금에 처한다.
② 우편업무 및 서신송달업무에 종사하는 자가 제1항의 행위를 하였을 경우에는 5년 이하의 징역 또는 5천만원 이하의 벌금에 처한다.
제51조의2(비밀 누설의 죄) 제3조를 위반하여 비밀을 누설한 자는 5년 이하의 징역 또는 5천만원 이하의 벌금에 처한다.

19)「우편환법」제19조(비밀의 보장) 우편환업무를 취급하는 공무원은 다른 법률에 특별한 규정이 있는 경우를 제외하고는 우편환에 관한 이해관계인의 주소·성명 또는 우편환의 액면금액 등을 타인에게 누설하여서는 아니된다.

20)「통신비밀보호법」제3조(통신 및 대화비밀의 보호) ① 누구든지 이 법과「형사소송법」또는「군사법원법」의 규정에 의하지 아니하고는 우편물의 검열·전기통신의 감청 또는 통신사실확인자료의 제공을 하거나 공개되지 아니한 타인간의 대화를 녹음 또는 청취하지 못한다. 다만, 다음 각 호의 경우에는 당해 법률이 정하는 바에 의한다.
1. 환부우편물 등의 처리 :「우편법」제28조·제32조·제35조·제36조 등의 규정에 의하여 폭발물 등 우편금제품이 들어 있다고 의심되는 소포우편물(이와 유사한 우편물을 포함한다)을 개피하는 경우, 수취인에게 배달할 수 없거나 수취인이 수령을 거부한 우편물을 발송인에게 환부하는 경우, 발송인의 주소·성명이 누락된 우편물로서 수취인이 수취를 거부하여 환부하는 때에 그 주소·성명을 알기 위하여 개피하는 경우 또는 유가물이 든 환부불능우편물을 처리하는 경우
2. 수출입우편물에 대한 검사 :「관세법」제256조·제257조 등의 규정에 의한 신서외의 우편물에 대한 통관검사절차
3. 구속 또는 복역 중인 사람에 대한 통신 :「형사소송법」제91조,「군사법원법」제131조,「형의 집행 및 수용자의 처우에 관한 법률」제41조·제43조·제44조 및「군에서의 형의 집행 및 군수용자의 처우에 관한 법률」제42조·제44조 및 제45조에 따른 구속 또는 복역 중인 사람에 대한 통신의 관리
4. 파산선고를 받은 자에 대한 통신 :「채무자 회생 및 파산에 관한 법률」제484조의 규정에 의하여 파산선고를 받은 자에게 보내온 통신을 파산관재인이 수령하는 경우
5. 혼신제거 등을 위한 전파감시 :「전파법」제49조 내지 제51조의 규정에 의한 혼신제거 등 전파질서유지를 위한 전파감시의 경우

② 우편물의 검열 또는 전기통신의 감청(이하 "통신제한조치"라 한다)은 범죄수사 또는 국가안전보장을 위하여 보충적인 수단으로 이용되어야 하며, 국민의 통신비밀에 대한 침해가 최소한에 그치도록 노력하여야 한다.
③ 누구든지 단말기기 고유번호를 제공하거나 제공받아서는 아니 된다. 다만, 이동전화단말기 제조업체 또는 이동통신사업자가 단말기의 개통처리 및 수리 등 정당한 업무의 이행을 위하여 제공하거나 제공받는 경우에는 그러하지 아니하다.

개봉)[21]에 의한 조치를 하여 줄 것을 요청할 수 있다. 이 경우 「우편법」 제48조(우편물 개봉 훼손의 죄)[22] 및 「통신비밀보호법」 제16조(벌칙)[23]의 규정은 적용하지 아니한다(법§272⑦).

다. 수사기관의 조치 및 우송중지의 해제

선거관리위원회로부터 해당 우편물의 압수를 요청받은 경우 수사기관은 「형사소송법」 제200조의4(긴급체포와 영장청구기간)[24]의 기간(48시간) 내에 해당 우편물에 대한 압수영장의 발부여부를 당해 선거관리위원회 및 우체국장에게 통보하여야 하되, 이 기간 내에 압수영장을 발부받지 못한 때에는 우체국장은 즉시 그 우편물의 우송중지를 해제하여야 한다(법§272④).

4. 선거범죄신고자 등의 보호

가. 의의

선거범죄에 관한 신고·진정·고소·고발 등 조사 또는 수사단서의 제공, 진술 또는 증언 그 밖의 자료제출행위 및 범인검거를 위한 제보 또는 검거활동을 한 자와 그와 관련하여 피해를 입거나 입을 우려가 있다고 믿을 만한 상당한 이유가 있는 경우 그 선거범죄에 관한 형사절차 및 선거관리위원회의 조사과정에서는 「특정범죄신고자 등 보호법」 제5조(불이익 처우의 금지)·제7조(인적사항의 기재 생략)·제9조(신원관리카드의 열람)부터 제12조(소송진행의 협의

---

21) 「우편법」 제28조(법규 위반 우편물의 개봉) ① 우편관서는 취급 중인 우편물의 내용이 이 법 또는 대통령령으로 정한 규정을 위반한 혐의가 있으면 발송인이나 수취인에게 그 우편물의 개봉을 요구할 수 있다.
② 발송인이나 수취인이 제1항의 개봉을 거부하였을 때 또는 발송인이나 수취인에게 그 개봉을 요구할 수 없는 때에는 과학기술정보통신부장관이 지정하는 우편관서의 장이 그 우편물을 개봉할 수 있다. 다만, 대통령령으로 정하는 봉함한 우편물은 개봉하지 아니한 채로 발송인에게 되돌려 보내야 한다.

22) 「우편법」 제48조(우편물 등 개봉 훼손의 죄) ① 우편관서 및 서신송달업자가 취급 중인 우편물 또는 서신을 정당한 사유 없이 개봉, 훼손, 은닉 또는 방기하거나 고의로 수취인이 아닌 자에게 내준 자는 3년 이하의 징역 또는 3천만원 이하의 벌금에 처한다.
② 우편업무 또는 서신송달업무에 종사하는 자가 제1항의 행위를 하였을 때에는 5년 이하의 징역 또는 5천만원 이하의 벌금에 처한다.

23) 「통신비밀보호법」 제16조(벌칙) ① 다음 각호의 어느 하나에 해당하는 자는 1년 이상 10년 이하의 징역과 5년 이하의 자격정지에 처한다.
1. 제3조의 규정에 위반하여 우편물의 검열 또는 전기통신의 감청을 하거나 공개되지 아니한 타인간의 대화를 녹음 또는 청취한 자
2. 제1호에 따라 알게 된 통신 또는 대화의 내용을 공개하거나 누설한 자

24) 「형사소송법」 제200조의4(긴급체포와 영장청구기간) ① 검사 또는 사법경찰관이 제200조의3의 규정에 의하여 피의자를 체포한 경우 피의자를 구속하고자 할 때에는 지체 없이 검사는 관할지방법원판사에게 구속영장을 청구하여야 하고, 사법경찰관은 검사에게 신청하여 검사의 청구로 관할지방법원판사에게 구속영장을 청구하여야 한다. 이 경우 구속영장은 피의자를 체포한 때부터 48시간 이내에 청구하여야 하며, 제200조의3 제3항에 따른 긴급체포서를 첨부하여야 한다.

등)까지 및 제16조(범죄신고자등에 대한 형의 감면)를 준용한다(법§262의2①).

선거범죄신고자 등이라 함은 「특정범죄신고자 등 보호법」 제7조(인적사항의 기재 생략)에 의하여 조서 기타 서류에 선거범죄신고자 등의 인적사항의 기재가 생략되고 신원관리카드에 그 인적사항이 등재된 선거범죄신고자 등을 뜻한다. 따라서 선거범죄신고를 접수하여 수사한 경찰이 조서 기타 서류에 인적사항의 기재를 생략하고 선거범죄신고자 등 신원관리카드에 등재하는 등 보호조치를 취하지 않는 이상 선거범죄신고자 등에 해당하지 않는다.[25][26]

'피해를 입거나 입을 우려가 있다고 믿을 만한 상당한 이유가 있는 경우'라 함은 피해를 반드시 「특정범죄신고자 등 보호법」이 규정하는 보복을 당할 우려가 있는 경우, 즉 범죄신고 등과 관련하여 생명 또는 신체에 대한 위해나 재산 등에 대한 피해를 입거나 입을 우려가 있다고 인정할 만한 충분한 이유가 있는 것으로 제한하여 한정적으로 해석할 것은 아니고, 신고자 등이 혐의사실 용의자나 그 측근과 같은 지역에 거주하면서 조우하는 경우, 같은 지역에 거주하는 지역주민들로부터 신고자 등으로 낙인찍히는 경우 등 널리 일상생활에서 겪게 되는 불편함까지 포함하는 것으로 해석함이 상당하다.[27]

나. 불이익 처우의 금지

선거범죄신고자 등(선거범죄신고 등을 한 자를 말한다)을 고용하고 있는 자(고용주를 위하여 근로자에 관한 업무를 행하는 자를 포함한다)는 피고용자가 선거범죄신고 등을 하였다는 이유로 해고나 그 밖의 불이익한 처우를 하여서는 아니 된다(법§262의2①, 특정범죄신고자 등 보호법§5).

다. 인적사항 등 공개금지 및 기재 생략

(1) 인적사항 등 공개금지

(가) 공개금지

누구든지 법 제262조의2(선거범죄신고자 등의 보호) 제1항의 규정에 의하여 보호되고 있는 선거범죄신고자 등이라는 정을 알면서 그 인적사항 또는 선거범죄신고자 등임을 알 수 있는 사실을 다른 사람에게 알려주거나 공개 또는 보도하여서는 아니된다(법§262의2②).

---

25) 2006. 5. 25. 선고 2005도2049 판결

26) 2021. 11. 11. 선고 2021도8753 판결(서울고등법원 2021. 6. 30. 선고 2020노2325 판결 ; 피고인이 부정선거에 대한 의혹을 갖고 비례대표국회의원 사전선거에 대한 의혹을 제기하기 위해 투표용지 6매를 익명의 제보자로부터 건네받았다고 주장하나, 실제로는 절취한 것인 점, 해당 투표용지는 사전투표용지가 아니라 선거 당일 교부되는 본 투표용지라는 점에서 피고인을 선거범죄신고자로 인정하지 않은 사례)

27) 2015. 11. 12. 선고 2015도11112 판결(대전고등법원 2015. 7. 6. 선고 2005노158 판결)

(나) 벌칙

법 제262조의2(선거범죄신고자 등의 보호) 제2항의 규정을 위반하여 보호되고 있는 선거범죄신고자 등이라는 정을 알면서 그 인적사항 또는 선거범죄신고자 등임을 알 수 있는 사실을 다른 사람에게 알려주거나 공개 또는 보도한 자는 2년 이하의 징역 또는 400만원 이하의 벌금에 처한다(법§256③4.).

(2) 인적사항의 기재 생략

(가) 조서등의 작성 경우

각급선거관리위원회(읍·면·동선거관리위원회를 제외한다) 위원·직원(이하 "위원·직원"이라 한다)은 선거범죄신고와 관련하여 문답서·확인서 그 밖의 서류(이하 "문답서등"이라 한다)를 작성함에 있어서 선거범죄에 관한 신고·진술·증언 그 밖의 자료제출행위 등을 한 자(이하 "선거범죄신고자등"이라 한다)의 성명·연령·주소 및 직업 등 신원을 알 수 있는 사항(이하 "인적사항"이라 한다)의 전부 또는 일부를 기재하지 아니할 수 있다(규칙§143의3①). 검사 또는 사법경찰관은 선거범죄신고 등과 관련하여 조서나 그 밖의 서류(이하 "조서등"이라 한다)를 작성할 때 선거범죄신고자등이나 그 친족 등이 보복을 당할 우려가 있는 경우에는 그 취지를 조서등에 기재하고 선거범죄신고자등의 인적사항은 기재하지 아니한다(법§262의2①, 특정범죄신고자 등 보호법§7①). 사법경찰관이 조서등에 선거범죄신고자등의 인적사항의 전부 또는 일부를 기재하지 아니한 경우에는 즉시 검사에게 보고하여야 한다(법§262의2①, 특정범죄신고자 등 보호법§7②).

검사 또는 사법경찰관은 조서등에 기재하지 아니한 인적사항을 선거범죄신고자등 신원관리카드(이하 "신원관리카드"라 한다)에 등재하여야 한다. 조서등에 성명을 기재하지 아니하는 경우에는 선거범죄신고자등으로 하여금 조서등에 서명은 가명으로, 간인 및 날인은 무인으로 하게 하여야 한다. 이 경우 가명으로 된 서명은 본명의 서명과 동일한 효력이 있다(법§262의2①, 특정범죄신고자 등 보호법§7④).

선거범죄신고자등이나 그 법정대리인은 검사 또는 사법경찰관에게 「특정범죄신고자 등 보호법」 제7조(인적사항의 기재 생략) 제1항에 따른 조치를 하도록 신청할 수 있다. 이 경우 검사 또는 사법경찰관은 특별한 사유가 없으면 그 조치를 하여야 한다(법§262의2①, 특정범죄신고자 등 보호법§7⑥).

(나) 문답서등의 작성 경우

선거범죄신고자등은 문답서등을 작성함에 있어서 위원·직원의 승인을 얻어 인적사항의 전부 또는 일부를 기재하지 아니할 수 있다(규칙§143의3②). 선거범죄신고자등은 진술서 등을 작성할 때 검사 또는 사법경찰관의 승인을 받아 인적사항의 전부 또는 일부를 기재하지 아니할 수 있다. 이 경우 「특정범죄신고자 등 보호법」 제7조(인적사항의 기재 생략) 제2항부터 제4항까지의 규정을 준용한다(법§262의2①, 특정범죄신고자 등 보호법§7⑤).

(3) 신원관리카드의 작성 및 관리, 열람

(가) 신원관리카드 기재사항

위원·직원은 문답서등에 기재하지 아니한 인적사항을 규칙이 정하는 서식[28]에 의한 신원관리카드에 등재하여야 한다(규칙§143의3③). 신원관리카드에는 선거범죄신고자등의 성명·주민등록번호·주소 및 직업 등 신원을 알 수 있는 사항과 보좌인, 변호인, 「특정범죄신고자등 보호법」 제13조(신변안전조치)의 규정에 의한 신변안전조치 및 제14조(범죄신고자등 구조금)의 규정에 의한 구조금의 지급에 관한 사항 등을 기재한다(특정범죄신고자등 보호법 시행령§4①). 선거범죄신고자등이 조서등에 가명으로 서명한 때에는 검사 또는 사법경찰관은 조서에 기재한 가명을 신원관리카드에 기재하고 선거범죄신고자등으로 하여금 본명과 가명의 서명을 신원관리카드에 기재하고 무인하게 하여야 한다(특정범죄신고자등 보호법 시행령§4②).

(나) 신원관리카드의 관리

각급선거관리위원회가 수사의뢰 또는 고발을 하는 때에는 조사서류와 별도로 신원관리카드를 봉인하여 조사기록과 함께 관할 경찰관서 또는 관할 검찰청에 이를 제출하여야 한다(규칙§143의3④). 사법경찰관이 사건을 송치하는 때에는 수사서류와 별도로 신원관리카드를 봉인하여 사건기록과 함께 관할 검찰청에 이를 제출하여야 한다(특정범죄신고자등 보호법 시행령 §5①).

각급 검찰청의 장(지방검찰청 지청의 장을 포함한다)은 신원관리카드를 관리하는 검사를 지정하여야 한다(특정범죄신고자등 보호법 시행령§5②). 신원관리카드는 공소제기후에도 위 지정된 검사가 이를 관리한다(특정범죄신고자등 보호법 시행령§5③).

「특정범죄신고자등 보호법」 제11조(증인소환 및 신문의 특례 등) 제3항 후단의 규정에 의하여 증인의 신원확인을 하는 때에는 검사가 공판정에서 재판장 또는 판사에게 직접 신원관리카드를 제시하고, 재판장 또는 판사는 지체 없이 담당 법원사무관 등으로 하여금 신원관리카드에 의하여 신원을 확인하게 하여야 한다(특정범죄신고자등 보호법 시행령§5④).

(다) 신원관리카드의 열람

법원은 다른 사건의 재판에 필요한 경우에는 검사에게 신원관리카드의 열람을 요청할 수

28) 규칙 별지 제62호 서식의 (다) 선거범죄신고자등신원관리카드

있다. 이 경우 요청을 받은 검사는 선거범죄신고자등이나 그 친족 등이 보복을 당할 우려가 있는 경우 외에는 그 열람을 허용하여야 한다(법§262의2①, 특정범죄신고자 등 보호법§9①).

① 검사나 사법경찰관이 다른 사건의 수사에 필요한 경우, ② 변호인이 피고인의 변호에 필요한 경우, ③ 「특정범죄신고자 등 보호법」 제14조(범죄신고자등 구조금)에 따른 선거범죄신고자등 구조금 지급에 관한 심의 등 공무상 필요한 경우에 해당하는 경우에는 그 사유를 소명하고 검사의 허가를 받아 신원관리카드를 열람할 수 있다. 다만, 선거범죄신고자등이나 그 친족 등이 보복을 당할 우려가 있는 경우에는 열람을 허가하여서는 아니 된다(법§262의2①, 특정범죄신고자 등 보호법§9②).

피의자 또는 피고인이나 그 변호인 또는 법정대리인, 배우자, 직계친족과 형제자매는 피해자와의 합의를 위하여 필요한 경우에 검사에게 선거범죄신고자등과의 면담을 신청할 수 있다(법§262의2①, 특정범죄신고자 등 보호법§9③). 면담 신청을 받은 검사는 즉시 그 사실을 선거범죄신고자등에게 통지하고, 선거범죄신고자등이 이를 승낙한 경우에는 검사실 등 적당한 장소에서 선거범죄신고자등이나 그 대리인과 면담을 할 수 있도록 조치할 수 있다(법§262의2①, 특정범죄신고자 등 보호법§9④).

피고인의 변호를 위해 신원관리카드의 열람을 신청한 변호인과 피해자와의 합의를 위해 면담 신청을 한 자는 검사의 거부처분에 대하여 이의신청을 할 수 있다(법§262의2①, 특정범죄신고자 등 보호법§9⑤). 이의신청은 그 검사가 소속된 지방검찰청검사장(지청의 경우에는 지청장)에게 서면으로 제출하여야 한다. 이의신청을 받은 검사장 또는 지청장은 이의신청이 이유가 있다고 인정하는 경우에는 신원관리카드의 열람을 허가하거나 선거범죄신고자등이나 그 대리인과 면담할 수 있도록 조치하여야 한다(법§262의2①, 특정범죄신고자 등 보호법§9⑥).

라. 영상물 촬영

선거범죄신고자등에 대하여 「형사소송법」 제184조(증거보전의 청구와 그 절차)[29] 또는 제221조의2(증인신문의 청구)[30]에 따른 증인신문을 하는 경우 판사는 직권으로 또는 검사의 신

29) 「형사소송법」 제184조(증거보전의 청구와 그 절차) ① 검사, 피고인, 피의자 또는 변호인은 미리 증거를 보전하지 아니하면 그 증거를 사용하기 곤란한 사정이 있는 때에는 제1회 공판기일 전이라도 판사에게 압수, 수색, 검증, 증인신문 또는 감정을 청구할 수 있다.
② 전항의 청구를 받은 판사는 그 처분에 관하여 법원 또는 재판장과 동일한 권한이 있다.
③ 제1항의 청구를 함에는 서면으로 그 사유를 소명하여야 한다.
④ 제1항의 청구를 기각하는 결정에 대하여는 3일 이내에 항고할 수 있다.

30) 「형사소송법」 제221조의2(증인신문의 청구) ① 범죄의 수사에 없어서는 아니 될 사실을 안다고 명백히 인정되는 자가 전조의 규정에 의한 출석 또는 진술을 거부한 경우에는 검사는 제1회 공판기일 전에 한하여 판사에게 그에 대한 증인신문을 청구할 수 있다.
③ 제1항의 청구를 함에는 서면으로 그 사유를 소명하여야 한다.
④ 제1항의 청구를 받은 판사는 증인신문에 관하여 법원 또는 재판장과 동일한 권한이 있다.

청에 의하여 그 과정을 비디오테이프 등 영상물로 촬영할 것을 명할 수 있다(법§262의2①, 특정범죄신고자 등 보호법§10①). 영상물의 촬영비용 및 복사에 관하여는 「형사소송법」 제56조의2(공판정에서의 속기·녹음 및 영상녹화) 제2항 및 제3항[31])을 준용한다(법§262의2①, 특정범죄신고자 등 보호법§10②).

촬영한 영상물에 수록된 선거범죄신고자등의 진술은 이를 증거로 할 수 있다(법§262의2①, 특정범죄신고자 등 보호법§10③).

마. 증인 소환 및 신문의 특례

조서 등에 인적사항을 기재하지 아니한 선거범죄신고자등을 증인으로 소환할 때에는 검사에게 소환장을 송달한다(법§262의2①, 특정범죄신고자 등 보호법§11①). 재판장 또는 판사는 소환된 증인 또는 그 친족 등이 보복을 당할 우려가 있는 경우에는 참여한 법원서기관 또는 서기로 하여금 공판조서에 그 취지를 기재하고 해당 증인의 인적사항의 전부 또는 일부를 기재하지 아니하게 할 수 있다. 이 경우 재판장 또는 판사는 검사에게 신원관리카드가 작성되지 아니한 증인에 대한 신원관리카드의 작성 및 관리를 요청할 수 있다(법§262의2①, 특정범죄신고자 등 보호법§11②). 재판장 또는 판사는 증인의 인적 사항이 신원확인, 증언 등 증인신문의 모든 과정에서 공개되지 아니하도록 하여야 한다. 이 경우 소환된 증인의 신원확인은 검사가 제시하는 신원관리카드로 한다(법§262의2①, 특정범죄신고자 등 보호법§11③).

공판조서에 인적사항을 기재하지 아니하는 경우 재판장 또는 판사는 선거범죄신고자등으로 하여금 선서서에 가명으로 서명·무인하게 하여야 한다. 이 경우 「특정범죄신고자 등 보호법」 제7조(인적사항의 기재 생략) 제4항 후단을 준용한다(법§262의2①, 특정범죄신고자 등 보호법§11④).

증인으로 소환된 선거범죄신고자등이나 그 친족 등이 보복을 당할 우려가 있는 경우에는 검사, 선거범죄신고자등 또는 그 법정대리인은 법원에 피고인이나 방청인을 퇴정시키거나 공개법정 외의 장소에서 증인신문을 할 것을 신청할 수 있다(법§262의2①, 특정범죄신고자 등

---

⑤ 판사는 제1항의 청구에 따라 증인신문기일을 정한 때에는 피고인·피의자 또는 변호인에게 이를 통지하여 증인신문에 참여할 수 있도록 하여야 한다.

⑥ 판사는 제1항의 청구에 의한 증인신문을 한 때에는 지체 없이 이에 관한 서류를 검사에게 송부하여야 한다.

31) 「형사소송법」 제56조의2(공판정에서의 속기·녹음 및 영상녹화) ① 법원은 검사, 피고인 또는 변호인의 신청이 있는 때에는 특별한 사정이 없는 한 공판정에서의 심리의 전부 또는 일부를 속기사로 하여금 속기하게 하거나 녹음장치 또는 영상녹화장치를 사용하여 녹음 또는 영상녹화(녹음이 포함된 것을 말한다)하여야 하며, 필요하다고 인정하는 때에는 직권으로 이를 명할 수 있다.

② 법원은 속기록·녹음물 또는 영상녹화물을 공판조서와 별도로 보관하여야 한다.

③ 검사, 피고인 또는 변호인은 비용을 부담하고 제2항에 따른 속기록·녹음물 또는 영상녹화물의 사본을 청구할 수 있다.

보호법§11⑤). 재판장 또는 판사는 직권으로 또는 위 신청이 상당한 이유가 있다고 인정할 때에는 피고인이나 방청인을 퇴정시키거나 공개법정 외의 장소에서 증인신문 등을 할 수 있다. 이 경우 변호인이 없을 때에는 국선변호인을 선임하여야 한다(법§262의2①, 특정범죄신고자 등 보호법§11⑥).

피고인이나 방청인을 퇴정시키거나 공개법정 외의 장소에서 증인신문 등을 하는 경우에는 「법원조직법」 제57조(재판의 공개) 제2항 · 제3항[32] 및 「형사소송법」 제297조(피고인등의 퇴정) 제2항[33]을 준용한다(법§262의2①, 특정범죄신고자 등 보호법§11⑦).

바. 소송진행의 협의 등

법원은 선거범죄신고자등이나 그 친족 등이 보복을 당할 우려가 있는 경우에는 검사 및 변호인과 해당 피고인에 대한 공판기일의 지정이나 그 밖의 소송진행에 필요한 사항을 협의할 수 있다(법§262의2①, 특정범죄신고자 등 보호법§12①). 협의는 소송진행에 필요한 최소한에 그쳐야 하며, 판결에 영향을 주어서는 아니 된다(법§262의2①, 특정범죄신고자 등 보호법§12②). 이 경우에는 「특정강력범죄의 처벌에 관한 특례법」 제10조(집중심리)[34] 및 제13조(판결선고)[35]를 준용한다(법§262의2①, 특정범죄신고자 등 보호법§12③).

사. 범죄신고자 등에 대한 형의 감면

범죄신고 등을 함으로써 그와 관련된 자신의 범죄가 발견된 경우 그 선거범죄신고자등에 대하여 형을 감경하거나 면제할 수 있다(법§262의2①, 특정범죄신고자 등 보호법§16).

피고인 갑이 을에게 정당의 후보자추천과 관련하여 1억원을 제공한 일시 · 장소 및 이를

32) 「법원조직법」 제57조(재판의 공개) ① 재판의 심리와 판결은 공개한다. 다만, 심리는 국가의 안전보장, 안녕질서 또는 선량한 풍속을 해칠 우려가 있는 경우에는 결정으로 공개하지 아니할 수 있다.
② 제1항 단서의 결정은 이유를 밝혀 선고한다.
③ 제1항 단서의 결정을 한 경우에도 재판장은 적당하다고 인정되는 사람에 대해서는 법정 안에 있는 것을 허가할 수 있다.

33) 「형사소송법」 제297조(피고인 등의 퇴정) ① 재판장은 증인 또는 감정인이 피고인 또는 어떤 재정인의 면전에서 충분히 진술을 할 수 없다고 인정한 때에는 그를 퇴정하게 하고 진술하게 할 수 있다. 피고인이 다른 피고인의 면전에서 충분한 진술을 할 수 없다고 인정한 때에도 같다.
② 전항의 규정에 의하여 피고인을 퇴정하게 한 경우에 증인, 감정인 또는 공동피고인의 진술이 종료한 때에는 피고인을 입정하게 한 후 법원사무관등으로 하여금 진술의 요지를 고지하게 하여야 한다.

34) 「특정강력범죄의 처벌에 관한 특례법」 제10조(집중심리) ① 법원은 특정강력범죄사건의 심리를 하는 데에 2일 이상이 걸리는 경우에는 가능하면 매일 계속 개정하여 집중심리를 하여야 한다.
② 재판장은 특별한 사정이 없으면 직전 공판기일부터 7일 이내로 다음 공판기일을 지정하여야 한다.
③ 재판장은 소송 관계인이 공판기일을 준수하도록 요청하여야 하며, 이에 필요한 조치를 할 수 있다.

35) 「특정강력범죄의 처벌에 관한 특례법」 제13조(판결선고) 법원은 특정강력범죄사건에 관하여 변론을 종결한 때에는 신속하게 판결을 선고하여야 한다. 복잡한 사건이거나 그 밖에 특별한 사정이 있는 경우에도 판결의 선고는 변론 종결일로부터 14일을 초과하지 못한다.

반환받은 일시·장소까지 명시되어 있는 진정서가 검찰에 접수된 다음, 검찰의 소환조사에서 갑이 진정서의 내용을 부인하다가 나중에 가서 위 진정내용과 같은 사실이 있음을 시인하는 진술을 한 경우, 검찰이 진정서가 접수되어 그에 대한 수사를 진행하고 있었던 점에 비추어 갑이 위와 같이 진술을 함으로써 그와 관련된 자신의 범죄가 발견된 것으로 볼 수는 없다.[36]

5. 선거범죄신고자에 대한 포상금 지급

가. 의의

각급선거관리위원회(읍·면·동선거관리위원회를 제외한다)는 선거범죄에 대하여 선거관리위원회가 인지하기 전에 그 범죄행위의 신고를 한 사람에게 포상금을 지급할 수 있다(법§262의3①).

나. 포상금의 지급기준 및 포상방법

선거범죄신고자에 대한 포상은 5억원의 범위 안에서 포상금심사위원회의 의결을 거쳐 각급선거관리위원회 위원장이 포상하되, 익명으로 할 수 있다. 다만, 선거범죄에 관한 신고로 인하여 당선인의 당선무효에 해당하는 형이 확정된 경우에는 그 신고자에게 추가로 포상할 수 있다(규칙§143의4①).

각급선거관리위원회는 포상금을 지급하고자 하는 때에는 ① 포상대상자의 인적사항(익명을 요구한 경우에는 익명으로 한다), ② 포상사유와 그 증명서류, ③ 포상금액에 관한 의견, ④ 기타 포상금 지급 결정에 필요한 사항을 기재하여 서면으로 상급선거관리위원회에 이를 추천하여야 한다(규칙§143의4④). 포상금 지급추천은 규칙이 정하는 서식[37]에 의하고(규칙§143의4⑦), 추천을 받은 상급선거관리위원회는 지체 없이 그에 대응하는 포상금심사위원회에 관계서류를 이송하여야 한다(규칙§143의4⑤).

포상금의 지급기준과 세부절차는 중앙선거관리위원회 사무총장이 정한다(규칙§143의4②). 하나의 사건에 대하여 선거범죄신고자가 2인 이상인 경우에는 위 포상금 지급기준의 범위 안에서 포상금심사위원회가 결정한 포상금을 그 공로를 참작하여 적절하게 배분·지급하여야 한다. 다만, 포상금을 지급받을 자가 배분방법에 관하여 미리 합의하여 포상금의 지급을 신청하는 경우에는 그 합의에 의하여 지급한다(규칙§143의4⑥).

---

36) 2011. 2. 24. 선고 2010도17252 판결
37) 규칙 별지 제62호 서식의 (라) 포상금 지급 추천

다. 포상금심사위원회

(1) 설치 및 구성

중앙선거관리위원회 및 시·도선거관리위원회는 포상금 지급의 심사를 위하여 규칙으로 정하는 바에 따라 각각 포상금심사위원회를 설치·운영하여야 한다(법§262의3②).

중앙선거관리위원회에 두는 포상금심사위원회는 위원장 1명과 6명의 위원으로 구성하며, 위원장은 중앙선거관리위원회 사무차장이 되고, 위원은 중앙선거관리위원회 소속 4급 이상 일반직국가공무원이 된다(규칙§143의5②).

시·도신거관리위원회에 두는 포상금심사위원회는 위원장 1명과 6명의 위원으로 구성하며, 위원장은 당해 시·도선거관리위원회 상임위원이 되고, 위원은 당해 시·도선거관리위원회 및 그 관할구역안의 구·시·군선거관리위원회 소속 4급 이상 일반직국가공무원이 된다. 다만, 해당 시·도선거관리위원회 및 그 관할구역 안의 구·시·군선거관리위원회 소속 4급 이상 일반직 국가공무원의 정원이 6명 미만인 경우에는 그 부족한 인원만큼 소속 5급 일반직 국가공무원을 위원으로 한다(규칙§143의5③).

(2) 포상금심사위원회의 심의사항

포상금심사위원회는 ① 포상대상자에 대한 포상여부, ② 포상금 지급여부와 그 지급금액, ③ 기타 포상에 관한 사항을 심의·의결한다(규칙§143의6).

(3) 포상금심사위원회의 회의

포상금심사위원회의 위원장은 회의를 소집하고 그 의장이 된다(규칙§143의7①). 포상금심사위원회의 위원장이 부득이한 사유로 그 직무를 수행하지 못하는 경우에는 위원장이 지명하는 위원이 그 직무를 대행한다(규칙§143의7③).

포상금심사위원회 회의는 위원장을 포함한 재적위원 과반수의 출석으로 개의하고 출석위원 과반수의 찬성으로 의결한다(규칙§143의7②).

포상금심사위원회의 위원이 회의에 출석하지 못할 부득이한 사유가 있는 때에는 그 소속 공무원으로 하여금 회의에 출석하여 그 권한을 대행하게 할 수 있다(규칙§143의7④). 포상금심사위원회의 위원장과 위원은 자신의 이해에 관한 회의에 참석하지 못한다(규칙§143의7⑥).

포상금심사위원회에는 간사 1인을 두되, 포상담당 행정사무관 또는 서기관으로 한다(규칙§143의7⑤).

(4) 포상금심사위원회의 심의

포상금심사위원회는 심의를 위하여 필요하다고 인정되는 때에는 포상금지급대상자 또는 참고인의 출석을 요청하여 그 의견을 들을 수 있으며, 관계기관에 대하여 필요한 자료의 제출을 요청할 수 있다(규칙§143의8).

라. 포상금의 지급결정 취소

(1) 지급결정 취소

각급선거관리위원회는 포상금을 지급한 후 다음 각 호의 어느 하나에 해당하는 사유가 있는 경우에는 그 포상금의 지급결정을 취소한다. 다만, 제2호의 경우 법원의 판결에 따라 유죄로 확정된 경우는 제외한다(법§262의3③).

1. 담합 등 거짓의 방법으로 신고한 사실이 발견된 경우
2. 사법경찰관의 불송치결정이나 검사의 불기소처분이 있는 경우
3. 무죄의 판결이 확정된 경우

포상금의 지급결정을 취소하는 불송치결정 또는 불기소처분은 ① 혐의없음, ② 죄가안됨이다(규칙§143의9).

(2) 포상금의 반환

각급선거관리위원회는 포상금의 지급결정을 취소한 때에는 해당 신고자에게 그 취소사실과 지급받은 포상금에 해당하는 금액을 반환할 것을 통지하여야 하며, 해당 신고자는 통지를 받은 날부터 30일 이내에 그 금액을 해당 선거관리위원회에 납부하여야 한다(법§262의3④).

각급선거관리위원회는 포상금의 지급결정을 취소한 날부터 20일 이내에 해당 신고자에게 규칙이 정하는 서식에 따라 반환하여야 할 금액을 알려야 한다. 이 경우 그 서면을 해당 신고자에게 직접 주거나 배달증명등기우편 등의 방법으로 알릴 수 있다(규칙§143의10①). 통지를 받은 해당 신고자는 통지를 받은 날부터 30일 이내에 반환하여야 할 금액을 해당 선거관리위원회가 지정한 예금계좌에 자신의 명의로 입금하는 방법으로 내야 한다(규칙§143의10②).

각급선거관리위원회는 납부된 금액을 그날부터 20일 이내에 중앙선거관리위원회의 수입징수관에게 내야 한다(규칙§143의10③).

각급선거관리위원회는 포상금의 반환을 통지받은 해당 신고자가 납부기한까지 반환할 금액을 납부하지 아니한 때에는 해당 신고자의 주소지를 관할하는 세무서장에게 징수를 위탁하고 관할 세무서장이 국세 체납처분의 예에 따라 징수한다(법§262의3⑤). 각급선거관리위원회는 해당 신고자가 정한 기한까지 통지한 금액을 내지 아니하는 때에는 지체 없이 관할 세

무서장에게 징수를 맡긴다(규칙§143의10④).

납부 또는 징수된 금액은 국가에 귀속된다(법§262의3⑥). 납부 또는 징수한 금액을 국가에 내는 절차는 「국고금관리법 시행규칙」을 준용한다(규칙§143의10⑤).

6. 자수자에 대한 특례

가. 의의

다음 각 호의 어느 하나에 해당하는 사람이 자수한 때에는 그 형을 감경 또는 면제한다(법§262①).[38]

1. 법 제230조(매수 및 이해유도죄) 제1항·제2항, 제231조(재산상의 이익목적의 매수 및 이해유도죄) 제1항 및 제257조(기부행위의 금지제한 등 위반죄) 제2항을 위반한 사람 중 금전·물품, 그 밖의 이익 등을 받거나 받기로 승낙한 사람(후보자와 그 가족 또는 사위의 방법으로 이익 등을 받거나 받기로 승낙한 사람은 제외한다)
2. 다른 사람의 지시에 따라 법 제230조(매수 및 이해유도죄) 제1항·제2항 또는 제257조(기부행위의 금지제한 등 위반죄) 제1항을 위반하여 금전·물품, 그 밖의 재산상 이익이나 공사의 직을 제공하거나 그 제공을 약속한 사람

나. 시기

각급선거관리위원회(읍·면·동선거관리위원회를 제외한다)에 자신의 선거범죄사실을 신고하여 선거관리위원회가 관계기관에 이를 통보한 때에는 선거관리위원회에 신고한 때를 자수한 때로 본다(법§262②).

자수는 범행이 발각되고 지명수배된 후의 자진출두도 포함된다.[39] 투표관리관은 선거범죄

---

38) 헌법재판소는, 자수를 형의 필요적 감면 사유로 규정한 공직선거법과는 달리 임의적 감면사유로 규정한 「형법」 제52조(자수, 자복) 제1항에 대하여, '자수를 필요적 형감면사유로 규정한 「형법」의 개별 조항이나 공직선거법 및 「국가보안법」 해당조항은 해당 범죄의 성질상 자수자에 대한 비난가능성의 감소 또는 오판 방지 내지 국가형벌권의 적정한 행사라는 정책적 목적을 보다 중요하게 고려하여 자수를 필요적 감면사유로 규정한 것으로서, 이러한 범죄의 성질이 다른 일반 범죄를 저지른 자에 적용되는 심판대상조항이 합리적 이유 없이 자의적으로 차별하는 규정이라고 할 수 없으므로, 심판대상조항이 형벌체계상 균형을 상실하여 평등원칙에 위반된다고 할 수 없다.'고 판시하였다(2013. 10. 24. 선고 2012헌바278 결정).

39) 1997. 3. 20. 선고 96도1167 전원합의체 판결(「형법」이나 「국가보안법」 등이 자수에 대하여 형을 감면하는 정도를 그 입법취지에 따라 달리 정하고 자수의 요건인 자수시기에 관하여도 각각 달리 정하고 있는 점에 미루어 보면, 어느 죄에 관한 자수의 요건과 효과가 어떠한가 하는 문제는 논리필연적으로 도출되는 문제가 아니라, 그 입법취지가 자수의 두 가지 측면, 즉 범죄를 스스로 뉘우치고 개전의 정을 표시하는 것으로 보아 비난가능성이 약하다는 점과 자수를 하면 수사를 하는 데 용이할 뿐 아니라 형벌권을 정확하게 행사할 수 있어 죄 없는 자에 대한 처벌을 방지할 수 있다는 점 중 어느 한쪽을 얼마만큼 중시하는지 또는 양자를 모두 고려하는지에 따라 입법 정책적으로 결정된다. 법 제262조(자수자에 대한 특례)가 제230조(매수

를 조사할 수 있는 선거관리위원회의 직원이라고 볼 수 없으므로,[40] 투표관리관에 대하여는 선거범죄의 자수가 성립하지 아니한다.

7. 공소시효

가. 의의

공직선거법에 규정한 죄의 공소시효는 당해 선거일 후 6개월(선거일후에 행하여진 범죄는 그 행위가 있는 날부터 6개월)을 경과함으로써 완성된다(법§268①본문).[41] 법은 선거와 관련된 범죄

및 이해유도죄) 제1항 등 금품이나 이익 등의 수수에 의한 선거부정관련 범죄에 대하여 자수한 경우에 필요적 형면제를 규정한 주된 입법 취지는, 이러한 범죄유형은 당사자 사이에 은밀히 이루어져 그 범행발견이 어렵다는 점을 고려하여 금품 등을 제공받은 사람으로 하여금 사실상 신고를 하도록 유도함으로써 금품 등의 제공자를 효과적으로 처벌하려는데 있다. 형벌법규의 해석에 있어서 법규정 문언의 가능한 의미를 벗어나는 경우에는 유추해석으로서 죄형법정주의에 위반하게 된다. 그리고 유추해석금지의 원칙은 모든 형벌법규의 구성요건과 가벌성에 관한 규정에 준용되는데, 위법성 및 책임의 조각사유나 소추조건, 또는 처벌조각사유인 형면제 사유에 관하여 그 범위를 제한적으로 유추적용하게 되면 행위자의 가벌성의 범위는 확대되어 행위자에게 불리하게 되는바, 이는 가능한 문언의 의미를 넘어 범죄구성요건을 유추적용하는 것과 같은 결과가 초래되어 죄형법정주의의 파생원칙인 유추해석금지의 원칙에 위반하여 허용될 수 없다. 한편 「형법」 제52조(자수, 자복)나 「국가보안법」 제16조(형의 감면) 제1호에서도 법 제262조(자수자에 대한 특례)에서와 같이 모두 '범행발각 전'이라는 제한 문언 없이 '자수'라는 단어를 사용하고 있는데 「형법」 제52조(자수, 자복)나 「국가보안법」 제16조(형의 감면) 제1호의 '자수'에는 범행이 발각되고 지명수배된 후의 자진출두도 포함되는 것으로 판례가 해석하고 있으므로 이것이 '자수'의 관용적 용례라고 할 것이며, 법 제262조(자수자에 대한 특례)의 '범행발각 전에 자수한 경우'로 한정하는 풀이는 '자수'라는 단어가 통상 관용적으로 사용되는 용례에서 갖는 개념 외에 '범행발각 전'이라는 또 다른 개념을 추가하는 것으로서 결국은 '언어의 가능한 의미'를 넘어 법 제262조(자수자에 대한 특례)의 '자수'의 범위를 그 문언보다 제한함으로써 법 제230조(매수 및 이해유도죄) 제1항 등의 처벌범위를 실정법 이상으로 확대한 것이 되고, 따라서 이는 단순한 목적론적 축소에 그치는 것이 아니라 형면제 사유에 대한 제한적 유추를 통하여 처벌범위를 실정법 이상으로 확대한 것으로서 죄형법정주의의 파생원칙인 유추해석금지의 원칙에 위반된다. : 대법관 박만호는 다수의견에 대하여, '법 제262조(자수자에 대한 특례)의 자수를 선거법위반행위의 발견 전에 행하여진 것에 한정된다고 해석하지 아니하고 그 시기에 있어서 제한 없이 체포 전에만 하면 이에 해당하여 형이 필요적으로 면제된다고 해석하게 되면, 첫째 범행발견에 아무런 기여를 한 바가 없음에도 불구하고 법 제262조(자수자에 대한 특례)의 특혜를 주는 것이 되어 법 제262조(자수자에 대한 특례)가 자수에 대하여 형의 필요적 면제를 규정한 입법취지에 반하고, 둘째 범죄와 형벌의 균형에 관한 국민 일반의 법감정에 맞지 않아 정의와 형평에도 현저히 반하며, 셋째 「형법」 제52조(자수, 자복)에 의하여 형이 임의적으로 감경되는 다른 범죄의 자수자, 특히 법 제230조(매수 및 이해유도죄) 제1항 등 3개 죄의 금품 등의 제공범행을 한 후 자수한 자와는 달리 위 3개 범죄의 범행을 하고 범행발각 후에 자수한 자만 아무런 합리적 이유도 없이 필요적 형면제라는 차별적 특혜를 받게 되어 「헌법」 제11조 제1항의 평등위반이라는 위헌의 소지도 있게 된다. 그러므로 법 제262조(자수자에 대한 특례)의 자수를 그 입법취지와 목적에 비추어 위 규정과 형의 필요적 면제의 대상이 되지 아니하는 같은 법상의 다른 처벌규정 등을 전체적, 종합적으로 「헌법」에 합치되게 해석하려면 "범행발각 전에 수사기관에 자진 출두하여 자백한 경우"만을 의미하는 것으로 해석하여야 된다.'고 반대의견을 제시하였다.)

40) 2015. 6. 26. 선고 2015도5474 판결(서울고등법원 2015. 4. 9. 선고 2015노512 판결)

41) 헌법재판소는, 「교육자치법」 제49조(「공직선거법」의 준용) 제1항에 의하여 준용되는 법 제268조(공소시효)

사건을 조속히 처리하여 선거에 따른 법적 불안정 상태를 신속히 해소하려는 취지에서 위와 같은 선거범죄의 원칙적인 공소시효기간을 일반 범죄의 경우보다 훨씬 짧은 6월의 단기간으로 정하고 있다. 다만, 법 제268조(공소시효) 제1항 본문은 공소시효에 관하여, 선거일 전의 범죄에 대해서는 법적 안정성을 우선적으로 고려하여 개별적인 범죄 일시와 관계없이 일률적으로 당해 선거일 후 6월로 규정하면서도 선거일 후의 범죄에 대해서는 그 행위가 있는 날부터 6월로 규정하고 있는데, 이는 입법자가 선거의 공정성을 보장하고 선거부정을 방지하기 위하여 선거일 후의 선거범죄에 대하여도 선거일 전의 선거범죄와 마찬가지로 실효성 있는 단속과 처벌을 유지하고자 내린 결단이다.[42)]

여기서 말하는 '당해 선거일'[43)]이란 그 선거범죄와 직접 관련된 선거의 투표일을 의미하

제1항에 대하여, '선거로 인한 법적 불안정 상태를 신속히 해소하려는 단기 공소시효의 입법취지 및 선거일 후의 범죄에 대하여도 실효성 있는 단속과 처벌을 유지하려는 입법취지를 감안하면, 심판대상조항이 의미하는 "선거일"은 그 선거범죄와 직접 관련된 선거일을 의미하는 것임을 합리적으로 해석할 수 있고, 법관의 보충적인 가치판단을 통해서 개개의 사안에서 해당 선거범죄와 직접 관련된 선거일이 언제인지 구체화할 수 있다. 따라서 "선거일"의 의미가 불명확하다거나 법을 해석·집행하는 기관이 "선거일"의 의미를 자의적으로 해석하거나 집행할 우려가 있다고 보기 어려우므로, 심판대상조항이 명확성원칙에 위반된다고 볼 수 없다. 선거일 후에 행하여진 선거범죄에 대하여 선거일까지의 선거범죄와 동일하게 공소시효를 기산하게 되면 지나치게 공소시효의 기간이 짧아지게 되고, 선거일 후 6월이 지나 행하여진 선거범죄에 대하여는 범죄행위가 있기도 전에 이미 공소시효가 지나 처벌할 수 없는 문제점이 발생하게 되므로, 선거일 후의 범죄에 대하여도 실효성 있는 단속과 처벌을 하기 위하여 심판대상조항이 공소시효의 기산점을 다르게 규정하고 있는 것이다. 또한심판대상조항은 공직선거법상 선거일 후의 행위가 성립될 수 있는 모든 선거범죄에 대하여 적용된다. 법 제232조(후보자에 대한 매수 및 이해유도죄) 제1항 제2호 위반행위는 선거가 언제 종료되었는지와 상관 없이 그 위반행위를 한 때부터 6개월간 형사소추의 위험성이 발생하게 되나, 이는 법 제232조(후보자에 대한 매수 및 이해유도죄) 제1항 제2호에서 그 위반행위가 성립할 수 있는 기간 제한을 두고 있지 않은 점에서 발생하는 것이지, 공소시효의 기산점과 그 기간만을 규정하고 있는 심판대상조항 자체에서 기인하는 것은 아니다. 따라서 심판대상조항은 평등원칙에 위반되지 않는다.'고 판시하였다(2014. 5. 29. 선고 2012헌바383 결정).

42) 2012. 9. 27. 선고 2012도4637 판결, 2019. 5. 20. 선고 2019도2767 판결(2014. 6. 4. 실시된 제6회 전국동시지방선거에서 선출된 지방의회 의원인 A가 신문사 창간기금을 지원하기로 약속하고, 그에 따라 2015. 11. 30. B에게 3,000만원, 2015. 12. 31. 2,000만원 합계 5,000만원을 제공한 행위가 법 제113조(후보자 등의 기부행위제한) 제1항에서 금지하는 기부행위에 해당하고, 그 공소시효의 완성여부는 그 이후인 2018. 6. 13. 실시된 제7회 전국동시지방선거를 기준으로 판단해야 한다고 한 사례)

43) 헌법재판소는, 법 제268조(공소시효) 제1항 본문 중 '당해 선거일후'와 관련하여, "'당해 선거일'은 그 선거범죄와 직접 관련된 선거일을 의미하는 것임을 합리적으로 해석할 수 있고, 선거범죄와 직접 관련된 선거일이 범죄행위 전후에 이루어진 선거 중 어떠한 선거일에 해당하는지는 법을 해석·집행하는 기관이 행위의 주체, 상대방, 그 구체적 목적, 행위의 내용, 행위가 일어난 당시의 상황 등을 종합적으로 고려하여 각 사안마다 개별적·구체적으로 판단할 수 있다. 나아가 '당해 선거일후'는 위와 같이 직접 관련된 선거일 다음 날을 의미하는 것으로 볼 수 있다. 그렇다면 심판대상조항이 불명확하여 수범자의 예측가능성을 상실하게 한다거나 법 집행기관의 자의적인 해석을 가능하게 하는 법률조항이라고 볼 수 없으므로, 심판대상조항은 명확성원칙에 위반되지 아니한다."고 판시하였고(2020. 3. 26. 선고 2019헌바210 결정), "심판대상조항의 의미와 목적 등을 고려할 때 '선거일 이전에 행하여진 선거범죄' 가운데 '선거일 이전에 후보자격을 상실한 자'와 '선거일 이전에 후보자자격을 상실하지 아니한 자'는 본질적으로 동일한 집단이라 할 것이다. 따라서 심판대상이 양자의 공소시효 기산점을 '당해 선거일후'로 같게 적용하더라도, 이는 본질적으로 같

는 것이므로, 그 선거범죄를 당해 선거일 전에 행하여진 것으로 보고 그에 대한 단기 공소시효의 기산일을 당해 선거일로 할 것인지 아니면 그 선거범죄를 당해 선거일 후에 행하여진 것으로 보고 그에 대한 단기공소시효의 기산일을 행위가 있는 날로 할 것인지의 여부는 선거범죄가 범행 전후의 어느 선거와 관련하여 행하여진 것인지에 따라 좌우된다.[44] '선거일 후에 행하여진 범죄'란 선거일 후에 행하여진 일체의 선거범죄를 말한다.[45] 단일하고 계속된 범의 하에 피해법익이 같은 동종의 범행을 일정 기간 반복하여 행함에 따라 각 범행이 포괄일죄가 되는 경우 그 공소시효는 최종의 범죄행위가 종료한 때부터 진행하고, 이는 법 제268조(공소시효) 제1항 본문 괄호부분의 공소시효에도 마찬가지이다.[46] 포괄일죄의 일부분에 대하여 공소제기가 된 경우, 그 공소제기에 의하여 그 공소사실과 동일성이 있는 범위 내에서는 비록 공소가 제기되지 않은 부분이 있더라도 법원의 잠재적 심판대상이 되어 공소시효가 정지되고, 그 시효정지의 효력은 공범자가 가담한 다른 공범자의 공소사실에 포함되어 있지 않았더라도 공범자에게 효력이 미친다.[47]

공소장변경이 있는 경우에 공직선거법상의 공소시효의 완성여부는 당초의 공소제기가 있었던 시점을 기준으로 판단할 것이고 공소장 변경시를 기준으로 삼을 것은 아니다.[48] 기부행위제한위반 내지 선거인 매수로 인한 공직선거법위반죄는 정치자금부정수수 내지 회계책임자에 의하지 않은 정치자금 지출로 인한 정치자금법위반죄와 그 구성요건을 서로 달리 하여 어느 한쪽이 다른 한쪽을 전부 포함한다고 할 수 없으므로, 위 두 죄는 보호법익 및 구성요건의 내용이 서로 다른 별개의 범죄로서 법조경합이 아닌 상상적 경합의 관계에 있고, 상상적 경합관계에 있는 범죄 중 중한 죄의 공소시효가 완성되었다고 하더라도 경한 죄의 처벌을 면할 수는 없으므로,[49] 형이 더 중한 공직선거법위반죄에 대하여 6개월의 공소시효가 완성되었다고 하더라도, 정치자금법위반죄로 처벌하는 데는 아무런 영향을 미치지 않

은 것을 같게 취급한 것이므로 차별이 발생한다고 보기 어렵다. 심판대상조항은 '선거일 이전에 행하여진 선거범죄'의 공소시효 기산점을 '당해 선거일후'로 정하여, 법 제268조(공소시효) 제1항에서 '선거일후에 행하여진 선거범죄'의 공소시효 기산점을 '그 행위가 있는 날부터'로 정하고, 「형사소송법」 제252조(시효의 기산점) 제1항에서 '다른 일반범죄'에 관한 공소시효 기산점을 '범죄행위가 종료한 때로부터'로 정한 것과 달리 취급하고 있다. 그러나 이는 선거로 인한 법적 불안정 상태를 신속히 해소하면서도 선거의 공정성을 보장함과 동시에 선거로 야기된 정국의 불안을 특정한 시기에 일률적으로 종료시키기 위한 입법자의 형사정책적 결단 등에서 비롯된 것이므로, 그 합리성을 인정할 수 있다. 따라서 심판대상조항은 평등원칙에 위반되지 않는다."고 판시하였다(2020. 3. 26. 선고 2019헌바71 결정).

44) 2006. 8. 25. 선고 2006도3026 판결(일정 기간에 이루어진 기부행위 범행이 각 기부행위 전에 실시된 2002. 6. 13. 지방선거가 아니라 각 기부행위 후에 실시된 2006. 5. 31. 지방선거와 관련하여 행하여진 것이라는 이유로, 그 단기 공소시효의 기산일을 각 기부행위일이 아닌 당해 선거일인 2006. 5. 31.로 본 사례)

45) 2012. 9. 27. 선고 2012도4637 판결

46) 2012. 9. 27. 선고 2012도4637 판결

47) 2019. 3. 28. 선고 2018도18394 판결(서울고등법원 2018. 11. 8. 선고 2018노1898 판결)

48) 2002. 1. 22. 선고 2001도4014 판결

49) 1983. 4. 26. 선고 83도323 판결

는다.[50]

나. 범인도피 및 공범 또는 참고인 도피시의 공소시효

법인이 도피한 때나 범인이 공범 또는 범죄의 증명에 필요한 참고인을 도피시킨 때에는 그 기간은 3년으로 한다(법§268①단서). 위 공소시효는 당해 선거일 후 3년(선거일 후에 행하여진 범죄는 그 행위가 있는 날부터 3년)을 경과함으로써 완성된다고 해석함이 상당하고, '범인이 도피한 때'에 해당하기 위해서는 범인이 주관적으로 수사기관의 검거·추적으로부터 벗어나려는 도피의사가 있어야 하고, 객관적으로 수사기관의 검거·추적이 불가능한 도피상태에 있어야 한다. 이때 도피의사는 수사기관의 검거·추적으로부터 벗어남으로써 수사, 재판 및 형의 집행 등 형사사법의 작용을 곤란 또는 불가능하게 한다는 인식으로 족하고, 궁극적으로 형사처분을 면할 목적이나 공소시효를 도과시키려는 목적을 필요로 하는 것은 아니다. 그리고 도피상태는 소재가 분명하더라도 검거·추적이 불가능한 경우를 포함하지만, 단순히 수사기관의 소환에 응하지 않고 있을 뿐 검거·추적이 가능한 경우에는 도피상태라고 볼 수 없다.[51]

다. 선상투표 관련 선박에서의 선거범죄의 공소시효

선상투표와 관련하여 선박에서 범한 공직선거법에 규정된 죄의 공소시효는 범인이 국내에 들어온 날부터 6개월을 경과함으로써 완성된다(법§268②).

라. 공무원 직무관련 또는 지위 이용 범죄의 공소시효

공무원(법 제60조(선거운동을 할 수 없는 자) 제1항 제4호 단서에 따라 선거운동을 할 수 있는 사람은 제외한다)이 직무와 관련하여 또는 지위를 이용하여 범한 공직선거법에 규정된 죄의 공소시효는 해당 선거일 후 10년(선거일후에 행하여진 범죄는 그 행위가 있는 날부터 10년)을 경과함으로써 완성된다(법§268③).[52] 법 제268조(공소시효) 제3항은 공무원이 '공직선거법에 규정된

---

50) 2019. 6. 13. 선고 2019도4044 판결(대구지방법원 2019. 2. 19. 선고 2018노1903 판결)

51) 2010. 5. 13. 선고 2010도1386 판결(담당경찰관이 공직선거법위반의 혐의사실을 고지하고 출석을 요구하는 전화통화와 출석요구서를 발송한 후, 체포영장을 발부받아 4회에 걸쳐 피고인의 주거지 주변에서 밤과 낮을 번갈아 가며 잠복근무하고 집주인에게 탐문하는 등 검거·추적을 위한 직접적인 조치를 취하였음에도 피고인을 체포할 수 없었던 사안에서, 위와 같은 경우 피고인은 객관적으로 수사기관의 검거·추적이 불가능한 도피상태라고 평가함이 상당하고, 그 이후 피고인이 새로운 주소지로 전입신고를 함과 동시에 임대차계약서에 확정일자를 받고 주민등록증을 새로이 발급받은 사정이 있다고 하더라도 그 전에 이미 도피의사로 도피상태에 있어 법 제268조(공소시효) 제1항 단서에 정한 '범인이 도피한 때'의 요건을 충족하였다면 공소시효의 기간은 3년이 된다고 한 사례)

52) 헌법재판소는 법 제268조(공소시효) 제3항과 관련하여 "공무원이 지위를 이용하여 범한 공직선거법위반죄의 경우 선거의 공정성을 중대하게 저해하고 공권력에 의하여 조직적으로 은폐되어 단기간에 밝혀지기 어려울 수도 있어 단기 공소시효에 의할 경우 처벌규정의 실효성을 확보하지 못할 수 있다. 이러한 취지에서 공무원이 지위를 이용하여 범한 공직선거법위반죄의 경우 해당 선거일 후 10년으로 공소시효를 정한 입법

죄'를 '직무와 관련하여 또는 지위를 이용하여' 범한 경우에 적용하는 규정이다.[53)]

마. 국외선거범의 공소시효

국외에서 범한 공직선거법에 규정된 죄의 공소시효는 해당 선거일후 5년을 경과함으로써 완성한다(법§218의26①).

바. 공소시효의 정지

법 제268조(공소시효)는 「형사소송법」 제249조(공소시효의 기간)의 공소시효에 관한 특칙에 해당할 뿐이고, 달리 법에서는 '공소시효의 정지'에 관하여는 특칙을 규정하고 있지 아니하므로, 공소시효의 정지에 관하여는 일반규정인 「형사소송법」 제253조(시효의 정지와 효력)가 적용되어야 한다.[54)] 시효는 공소의 제기로 진행이 정지되고 공소기각 또는 관할위반의 재판이 확정된 때로부터 진행한다(형사소송법§253①). 공범의 1인에 대한 시효정지는 다른 공범자에 대하여 효력이 미치고 당해 사건의 재판이 확정된 때부터 진행한다(형사소송법§253②). 범인이 형사처분을 면할 목적으로 국외에 있는 경우 그 기간 동안 공소시효는 정지된다(형사소송법§253③).

「형사소송법」 제253조(시효의 정지와 효력) 제1항은 시효는 공소의 제기로 진행이 정지되고 공소기각 또는 관할위반의 재판이 확정된 때로부터 진행한다고 규정하고 있을 뿐 달리 공소기각의 사유에 따른 예외를 규정하고 있지 아니하므로, 공소가 공소장일본주의에 위배되어 공소제기의 절차가 법률의 규정에 위반하여 무효인 때에 해당한다는 이유로 공소기각 재판을 받았다 하더라도, 공소시효는 「형사소송법」 제253조(시효의 정지와 효력) 제1항에 따라 이전 공소가 제기된 때부터 정지되고 공소기각 재판이 확정된 때부터 다시 진행한다.[55)]

8. 양벌규정

가. 의의

(1) 해당조문의 벌금형을 과하는 경우

정당 · 회사, 그 밖의 법인 · 단체(이하 "단체등"이라 한다)의 대표자, 그 대리인 · 사용인, 그 밖의 종업원과 정당의 간부인 당원이 그 단체등의 업무에 관하여 법 제230조(매수 및 이해유

자의 판단은 합리적인 이유가 인정되므로 평등원칙에 위반되지 않는다."고 판시하였다(2022. 8. 31. 선고 2018헌바440 결정).

53) 서울중앙지방법원 2018. 7. 20. 선고 2018고합119 판결

54) 광주고등법원 2017. 9. 15. 선고 2017노89 판결

55) 광주고등법원 2017. 9. 15. 선고 2017노89 판결

도죄) 제1항부터 제4항까지 · 제6항부터 제8항까지, 제231조(재산상의 이익목적의 매수 및 이해유도죄), 제232조(후보자에 대한 매수 및 이해유도죄) 제1항 · 제2항, 제235조(방송 · 신문 등의 불법이용을 위한 매수죄), 제237조(선거의 자유방해죄) 제1항 · 제5항, 제240조(벽보, 그 밖의 선전시설 등에 대한 방해죄) 제1항, 제241조(투표의 비밀침해죄), 제245조(투표소 등에서의 무기휴대죄) 제2항, 제246조(다수인의 선거방해죄) 제2항, 제247조(사위등재 · 허위날인죄) 제1항, 제248조(사위투표죄) 제1항, 제250조(허위사실공표죄)부터 제254조(선거운동기간위반죄)까지, 제255조(부정선거운동죄) 제1항 · 제2항 · 제4항 · 제5항, 제256조(각종제한규정위반죄), 제257조(기부행위의 금지제한 등 위반죄) 제1항부터 제3항까지, 제258조(선거비용부정지출 등 죄), 제259조(선거범죄선동죄) 중 어느 하나에 해당하는 위반행위를 하면 그 행위자를 벌하는 외에 그 단체등에도 해당 조문의 벌금형을 과한다. 다만, 단체등이 그 위반행위를 방지하기 위하여 해당 업무에 관하여 상당한 주의와 감독을 게을리하지 아니한 경우에는 그러하지 아니하다(법§260①).

법 제260조(양벌규정)는 단체의 대표자를 처벌하는 외에 단체를 처벌할 수 있다는 것을 규정하는 것에 불과할 뿐, 단체의 대표자가 한 행위를 자연인으로서 처벌할 수 없다는 것을 규정하고 있는 것은 아니다.[56]

(2) 3천만원 이하의 벌금에 처하는 경우

단체등의 대표자, 그 대리인 · 사용인, 그 밖의 종업원과 정당의 간부인 당원이 그 단체등의 업무에 관하여 법 제233조(당선인에 대한 매수 및 이해유도죄), 제234조(당선무효유도죄), 제237조(선거의 자유방해죄) 제3항 · 제6항, 제242조(투표 · 개표의 간섭 및 방해죄) 제1항 · 제2항, 제243조(투표함 등에 관한 죄) 제1항, 제245조(투표소 등에서의 무기휴대죄) 제1항, 제246조(다수인의 선거방해죄) 제1항, 제249조(투표위조 또는 증감죄) 제1항, 제255조(부정선거운동죄) 제3항 중 어느 하나에 해당하는 위반행위를 하면 그 행위자를 벌하는 외에 그 단체등에도 3천만원 이하의 벌금에 처한다. 다만, 단체등이 그 위반행위를 방지하기 위하여 해당 업무에 관하여 상당한 주의와 감독을 게을리하지 아니한 경우에는 그러하지 아니하다(법§260②).

나. 상당한 주의와 감독을 게을리하지 아니한 경우의 판단기준

단체등이 상당한 주의 또는 관리감독의무를 게을리하였는지 여부는 당해 위반행위와 관련된 모든 사정 즉, 당해 법률의 입법취지, 처벌조항 위반으로 예상되는 법익 침해의 정도, 그 위반행위에 관하여 양벌규정을 마련한 취지 등은 물론 위반행위의 구체적인 모습과 그로 인하여 실제 야기된 피해 또는 결과의 정도, 단체등의 규모 및 행위자에 대한 감독가능성 또는 구체적인 지휘감독 관계, 단체등의 위반행위 방지를 위하여 실제 행한 조치 등을 전체적으

56) 서울중앙지방법원 2011. 2. 18. 선고 2010고합1468 판결

로 종합하여 판단하여야 한다.[57] 장학재단 이사장의 선거구에 있는 단체 또는 선거구민과 연고가 있는 단체에 해당하는 ○○방범연합회가 그 지원금이 선거와 관련하여 후보자가 되고자 하는 자인 장학재단이사장을 위하여 제공되는 것을 잘 알고 있는 경우, 장학재단 명의의 그 지원금의 지급은 후보자가 되고자 하는 장학재단이사장이 기부하는 것으로 추정할 수 있는 방법에 의한 것으로 보아야 하므로, 법 제114조(정당 및 후보자의 가족 등의 기부행위제한) 제1항 후문에 의하여 선거에 관하여 후보자를 위하여 하는 기부행위로 볼 수 있어, 장학재단은 법 제260조(양벌규정) 제1항에 의하여 처벌된다.[58]

9. 재정신청

가. 의의

법 제230조(매수 및 이해유도죄)부터 제234조(당선무효유도죄)까지, 제237조(선거의 자유방해죄)부터 제239조(직권남용에 의한 선거의 자유방해죄)까지, 제248조(사위투표죄)부터 제250조(허위사실공표죄)까지, 제255조(부정선거운동죄) 제1항 제1호 · 제2호 · 제10호 · 제11호 및 제3항 · 제5항, 제257조(기부행위의 금지제한 등 위반죄) 또는 제258조(선거비용부정지출 등 죄)의 죄에 대하여 고발을 한 후보자와 정당(중앙당에 한한다) 및 해당 선거관리위원회는 그 검사 소속의 지방검찰청 소재지를 관할하는 고등법원에 그 당부에 관한 재정을 신청할 수 있다(법§273①).

헌법재판소는, 법 제273조(재정신청) 제1항에 대하여,「공직선거법 위반 혐의에 대한 고소권자로서 고소를 한 사람은「형사소송법」제260조(재정신청) 제1항에 따라 재정신청을 할 수 있다. 한편, 법 제273조(재정신청) 제1항은 특히 중요한 선거범죄에 대하여 고발을 한 후보자와 정당(중앙당에 한한다) 및 해당 선거관리위원회는 재정신청을 할 수 있도록 재정신청권자를 확대하고 있다. 후보자가 아닌 사람도 고발할 수 있지만, 후보자가 아닌 고발인에게까지 재정신청권을 인정할 경우 재정신청권자의 범위가 매우 넓어져 재정신청제도가 남용될 우려가 있다. 입법자가 이러한 사정을 고려하여 후보자가 아닌 고발인에게는 재정신청권을 주지 아니한 것인데, 이를 두고 입법형성권의 범위를 넘은 자의적인 입법이라고 할 수 없다. 법 제273조(재정신청) 제1항은 고발을 한 후보자 등에게만 재정신청권을 주면서 재정신청을 할 수 있는 선거범죄의 종류도 제한하고 있다. 공직선거법상 선거범죄는 제230조(매수 및 이해유도죄)부터 제259조(선거범죄선동죄)까지 모두 28개 유형이 규정되어 있는데 그 중 14개 선거범죄에 대하여만 공직선거법에 따른 재정신청을 허용하고 있다. 공직선거법상 재정신청이 허용되는 14개 선거범죄는 발생 빈도가 높고 선거의 자유와 공정성에 중대한 위해를 가할

57) 2010. 9. 9. 선고 2008도7834 판결
58) 2014. 6. 26. 선고 2013도5881 판결

우려가 높은 선거범죄들이다. 이와 같이 입법자가 범죄의 중대성과 발생빈도 등을 감안하여 공직선거법상 재정신청 대상이 되는 선거범죄를 14개 유형으로 제한한 것이 입법재량의 범위를 넘어선 것이라고 볼 수 없다.」고 판시하였다.[59)]

나. 재정신청권자

검사로부터 공소를 제기하지 아니한다는 통보를 받은 고소 또는 고발을 한 후보자와 정당(중앙당에 한한다) 및 해당 선거관리위원회가 재정신청을 할 수 있다. 후보자란 특정선거에 관하여 관할선거구선거관리위원회에 후보자등록을 마친 자를 말한다. 후보자는 후보자등록시부터 선거가 끝날 때까지의 한시적 개념이다. 그러나 재정신청을 할 수 있는 후보자에는 '후보자였던 자'도 포함된다.[60)] 선거운동의 적법성을 둘러싼 시비는 선거종료 후에도 빈발하는 것이 통상적이므로 후보자로서의 신분을 가지고 있는 기간 동안 고소·고발한 자만이 재정신청을 할 수 있다고 제한적으로 해석하는 것은 법의 취지에도 맞지 않기 때문이다.

정당의 법적성격은 등록된 사법상 권리능력 없는 사단이고, 그 대외적 법률관계는 대표자의 행위에 의하지 아니할 수 없고, 정당의 당헌·당규상 사무총장의 직무권한이 대표자인 총재를 보좌하고 중앙당 사무처를 총괄하며 정당의 내부적 사무를 처리하는 것으로만 규정되어 있다면, 사무총장은 그 정당을 대표하여 재정신청을 할 아무런 권한이 없으므로, 그가 낸 재정신청은 법률상 방식을 위배한 것이다.[61)]

재정신청은 대리인에 의하여 할 수 있다(법§273②, 형사소송법§264①).

다. 재정신청 절차

(1) 항고전치주의

재정신청을 하려면 「검찰청법」 제10조(항고 및 재항고)[62)]에 따른 항고를 거쳐야 한다(법

59) 2015. 2. 26. 선고 2014헌바181 결정

60) 대검찰청, 앞의 책, 143쪽

61) 대전고등법원 2001. 1. 4.자 2000초95 결정

62) 「검찰청법」 제10조(항고 및 재항고) ① 검사의 불기소처분에 불복하는 고소인이나 고발인은 그 검사가 속한 지방검찰청 또는 지청을 거쳐 서면으로 관할 고등검찰청 검사장에게 항고할 수 있다. 이 경우 해당 지방검찰청 또는 지청의 검사는 항고가 이유 있다고 인정하면 그 처분을 경정하여야 한다.
② 고등검찰청 검사장은 제1항의 항고가 이유 있다고 인정하면 소속 검사로 하여금 지방검찰청 또는 지청 검사의 불기소처분을 직접 경정하게 할 수 있다. 이 경우 고등검찰청 검사는 지방검찰청 또는 지청의 검사로서 직무를 수행하는 것으로 본다.
③ 제1항에 따라 항고를 한 자(「형사소송법」 제260조에 따라 재정신청을 할 수 있는 자는 제외한다)는 그 항고를 기각하는 처분에 불복하거나 항고를 한 날부터 항고에 대한 처분이 이루어지지 아니하고 3개월이 지났을 때에는 그 검사가 속한 고등검찰청을 거쳐 서면으로 검찰총장에게 재항고할 수 있다. 이 경우 고등검찰청의 검사는 재항고가 이유 있다고 인정하면 그 처분을 경정하여야 한다.
④ 제1항의 항고는 「형사소송법」 제258조 제1항에 따른 통지를 받은 날로부터 30일 이내에 하여야 한다.

§273②, 형사소송법§260②). 헌법재판소는, 선거범죄에 대한 재정신청절차에서 사전에 「검찰청법」상의 항고를 거치도록 한 법 제273조(재정신청) 제2항 중 「형사소송법」 제260조(재정신청) 제2항에 대하여, 「「형사소송법」 제260조(재정신청) 제2항의 항고전치주의는 재정신청 남용의 폐해를 줄이기 위한 방안으로 도입된 것인데, 검찰 항고제도는 상급 검찰청이 해당 불기소처분을 재검토하여 항고가 이유 있다고 인정할 경우에는 그 처분을 경정하도록 함으로써 사건관계인의 신속한 권리구제에 이바지하는 측면이 있다. 한편, 항고 이후 재기수사가 이루어진 다음에 다시 공소를 제기하지 아니한다는 통지를 받은 경우, 항고 신청 후 항고에 대한 처분이 행하여지지 아니하고 3개월이 경과한 경우, 검사가 공소시효 만료일 30일 전까지 공소를 제기하지 아니하는 경우에는 항고를 거치지 않고도 재정신청을 할 수 있도록 항고전치주의의 예외를 인정함으로써 항고로 인하여 절차가 부당하게 지연되는 것을 방지하기 위한 대책도 함께 마련되어 있으므로, 「형사소송법」 제260조(재정신청) 제2항의 항고전치주의가 합리적 근거없이 자의적으로 신속한 재판을 받을 권리를 침해하는 것으로 볼 수 없다.」고 판시하였다.[63]

(2) 항고전치주의의 예외

① 항고 이후 재기수사가 이루어진 다음에 다시 공소를 제기하지 아니한다는 통지를 받은 경우, ② 항고신청 후 항고에 대한 처분이 행하여지지 아니하고 3개월이 경과한 경우, ③ 검사가 공소시효만료일 30일 전까지 공소를 제기하지 아니하는 경우 중 어느 하나에 해당하는 경우에는 항고를 거치지 아니하고 곧바로 재정신청을 할 수 있다(법§273②, 형사소송법§260②).

선거범죄에 대한 재정신청에 관하여는, 검사가 당해 선거범죄의 공소시효만료일전 14일까지 공소를 제기하지 아니한 때에는 그 때, 선거관리위원회가 고발한 선거범죄에 대하여 고발을 한 날부터 3월까지 검사가 공소를 제기하지 아니한 때에는 그 3월이 경과한 때 각각 검사로부터 공소를 제기하지 아니한다는 통지가 있는 것으로 보고(법§273④), 항고를 거치지 아니하고 재정신청을 할 수 있다.

---

⑤ 제3항의 재항고는 항고기각 결정을 통지받은 날 또는 항고 후 항고에 대한 처분이 이루어지지 아니하고 3개월이 지난 날부터 30일 이내에 하여야 한다.

⑥ 제4항과 제5항의 경우 항고 또는 재항고를 한 자가 자신에게 책임이 없는 사유로 정하여진 기간 이내에 항고 또는 재항고를 하지 못한 것을 소명하면 그 항고 또는 재항고 기간은 그 사유가 해소된 때부터 기산한다.

⑦ 제4항 및 제5항의 기간이 지난 후 접수된 항고 또는 재항고는 기각하여야 한다. 다만, 중요한 증거가 새로 발견된 경우 고소인이나 고발인이 그 사유를 소명하였을 때는 그러하지 아니하다.

63) 2015. 2. 26. 선고 2014헌바181 결정

(3) 재정신청서 제출

재정신청을 하려는 자는 항고기각 결정을 통지받은 날 또는 「형사소송법」 제260조(재정신청) 제2항 각 호의 사유가 발생한 날로부터 10일 이내에 지방검찰청검사장 또는 지청장에게 재정신청서를 제출하여야 한다. 다만, 제2항 제3호의 경우에는 공소시효 만료일 전날까지 재정신청서를 제출할 수 있다(법§273②, 형사소송법§260③). 재정신청에 대하여는 「형사소송법」 제344조(재소자에 대한 특칙) 제1항[64]과 같은 특례규정이 없으므로 재정신청자는 같은 법 제260조(재정신청) 제3항이 정하는 기간 안에 불기소 처분을 한 검사가 소속한 지방검찰청의 검사장 또는 지청장에게 도달하여야 하고, 설령 구금중인 고소인이 재정신청서를 그 기간 안에 교도소장 또는 그 직무를 대리하는 사람에게 제출하였다 하더라도 재정신청서가 위의 기간 안에 불기소 처분을 한 검사가 소속한 지방검찰청의 검사장 또는 지청장에게 도달하지 아니한 이상 이를 적법한 재정신청서의 제출이라고 할 수 없다.[65]

재정신청서에는 재정신청의 대상이 되는 사건의 범죄사실 및 증거 등 재정신청을 이유 있게 하는 사유를 기재하여야 한다(법§273②, 형사소송법§260④). 재정신청 제기기간이 경과한 후에 재정신청보충서를 제출하면서 원래의 재정신청에 재정신청 대상으로 포함되어 있지 않은 고발사실을 재정신청의 대상으로 추가한 경우, 그 재정신청보충서에 추가한 부분에 관한 재정신청은 법률상 방식에 어긋난 것으로서 부적법하다.[66] 재정신청서에는 검사가 공소시효 만료일 전 10일이 되기까지 공소를 제기하지 아니한다는 것은 부당하다는 이유만이 기재되었을 뿐 범죄사실 및 증거 등이 전혀 표시되지 않았고, 검사가 불기소처분 통지를 한 후에도 아무런 서면과 자료가 제출되지 않고 있다가 위 불기소처분 통지를 받은 날로부터 10일이 경과한 후에 재정신청이유서와 참고자료를 제출한 경우는 재정신청 제기기간 내에 법원의 심판에 부칠 사건의 범죄사실 및 증거 등 재정신청을 이유 있게 하는 사유를 기재하지 아니한 경우에 해당하여 법률의 방식에 위배된다.[67]

(4) 재정신청의 효과

재정신청서가 「형사소송법」 제260조(재정신청) 제3항에 따른 지방검찰청검사장 또는 지청장에게 접수된 때에는 그때부터 「형사소송법」 제262조(심리와 결정) 제2항의 결정이 있을 때

---

64) 「형사소송법」 제344조(재소자에 대한 특칙) ① 교도소 또는 구치소에 있는 피고인이 상소의 제기기간 내에 상소장을 교도소장 또는 구치소장 또는 그 직무를 대리하는 자에게 제출한 때에는 상소의 제기기간 내에 상소한 것으로 간주한다.

65) 1998. 12. 14.자 98모127 결정

66) 1997. 4. 22.자 97모30 결정

67) 2002. 2. 23.자 2000모216 결정

까지 공소시효의 진행이 정지된다(법§273③). 공소시효의 정지기간은 재정신청의 접수시부터 재정결정의 확정시까지이다.[68] 즉 재정신청 기각결정에 대하여「형사소송법」제415조(재항고)에 따라 대법원에 즉시항고를 하는 경우에는 그 즉시항고에 대한 결정이 확정될 때까지 공소시효가 정지되고, 공소제기결정에 대하여는 불복할 수 없으므로 공소제기결정시까지 공소시효가 정지된다.

공동신청권자 중 1인의 신청은 그 전원을 위하여 효력이 발생한다(법§273②, 형사소송법§264①).

(5) 재정신청의 취소

재정신청은「형사소송법」제262조(심리와 결정) 제2항의 결정이 있을 때까지 취소할 수 있다. 취소한 자는 다시 재정신청을 할 수 없다(법§273②, 형사소송법§264②). 재정신청의 취소는 다른 공동신청권자에게 효력을 미치지 아니 한다(법§273②, 형사소송법§264③).

(6) 지방검찰청검사장 등의 처리

「형사소송법」제260조(재정신청) 제3항에 따라 재정신청서를 제출받은 지방검찰청검사장 또는 지청장은 재정신청서를 제출받은 날부터 7일 이내에 재정신청서·의견서·수사관계서류 및 증거물을 관할 고등검찰청을 경유하여 관할 고등법원에 송부하여야 한다. 다만,「형사소송법」제260조(재정신청) 제2항 각 호의 어느 하나에 해당하는 경우에는 지방검찰청 또는 지청장은 다음의 구분, 즉 '① 신청이 이유 있는 것으로 인정하는 때에는 즉시 공소를 제기하고 그 취지를 관할 고등법원과 재정신청인에게 통지한다. ② 신청이 이유 없는 것으로 인정하는 때에는 30일 이내에 관할 고등법원에 송부한다.'에 따른다(법§273②, 형사소송법§261).

(7) 심리와 결정

법원은 재정신청서를 송부받은 때에는 송부받은 날부터 10일 이내에 피의자에게 그 사실을 통지하여야 한다(법§273②, 형사소송법§262①). 법원은 재정신청서를 송부받은 날부터 3개월 이내에 항고의 절차에 준하여 다음 각 호의 구분에 따라 결정한다. 이 경우 필요한 때에는 증거를 조사할 수 있다(법§273②, 형사소송법§262②).

1. 신청이 법률상의 방식에 위배되거나 이유 없는 때에는 신청을 기각한다.
2. 신청이 이유 있는 때에는 사건에 대한 공소제기를 결정한다.

재정신청사건의 심리는 특별한 사정이 없는 한 공개하지 아니한다(법§273②, 형사소송법§262③).

신청을 기각한 결정에 대하여는「형사소송법」제415조(재항고)에 따른 즉시항고를 할 수

---

68) 2002. 4. 10.자 2001모193 결정

있고, 「형사소송법」 제262조(심리와 결정) 제2항 제2호의 결정에 대하여는 불복할 수 없다. 같은 조 제2항 제1호의 결정이 확정된 사건에 대하여는 다른 중요한 증거를 발견한 경우를 제외하고는 소추할 수 없다(법§273②, 형사소송법§262④). 재정신청에 대한 '공소제기결정'에 대하여 불복을 허용하지 않는 이유는 '공소제기결정'에 잘못이 있는 경우에는 그 결정을 통하여 심판에 회부된 본안사건 자체의 재판을 통하여 대법원의 최종적인 판단을 받을 수 있는 길이 열려 있으므로, '공소제기결정'에 대한 재항고를 허용하지 않는다고 하여 재판에 대하여 최종적으로 대법원의 심사를 받을 권리를 침해하는 것이 아니기 때문이다.[69)]

법원은 「형사소송법」 제262조(심리와 결정) 제2항의 결정을 한 때에는 즉시 그 정본을 재정신청인·피의자와 관할지방검찰청 검사장 또는 지청장에게 송부하여야 한다. 이 경우 같은 조 제2항 제2호의 결정을 한 때에는 관할지방검찰청 검사장 또는 지청장에게 사건기록을 함께 송부하여야 한다(법§273②, 형사소송법§262⑤). 재정결정서를 송부받은 지방검찰청검사장 또는 지청장은 지체 없이 담당 검사를 지정하고 지정받은 검사는 공소를 제기하여야 한다(법§273②, 형사소송법§262⑥).

공소를 제기하지 아니하는 검사의 처분의 당부에 관한 재정신청이 있는 경우에 법원은 검사의 무혐의 불기소처분이 위법하다 하더라도 기록에 나타난 여러 가지 사정을 고려하여 기소유예의 불기소처분을 할 만한 사건이라고 인정되는 경우에는 재정신청을 기각할 수 있다.[70)]

(8) 공소제기 결정의 효과

「형사소송법」 제262조(심리와 결정) 제2항 제2호의 결정이 있는 때에는 공소시효에 관하여 그 결정이 있는 날에 공소가 제기된 것으로 본다(법§273②, 형사소송법§262의4②). 검사는 「형사소송법」 제262조(심리와 결정) 제2항 제2호의 결정에 따라 공소를 제기한 때에는 이를 취소할 수 없다(법§273②, 형사소송법§264의2).

10. 재판관할, 재판기간, 궐석재판

가. 재판관할

선거범과 그 공범에 대한 제1심재판은 「법원조직법」 제32조(합의부의 심판권) 제1항의 규정

69) 1997. 11. 20.자 96모119 전원합의체 결정

70) 1997. 4. 22.자 97모30 결정(후보자가 기부행위 제한기간 중에 정가 금 5,000원인 책자를 권당 금 1,000원에 판매한 행위는 공직선거법에서 금지하는 기부행위에 해당하므로 검사가 그 점에 대하여 무혐의의 불기소처분을 한 것은 잘못이나, 후보자의 홍보부장이 선거관리위원회에 질의한 결과 위 책자를 무료로 배포하면 문제의 소지가 있다는 회답을 듣고 이를 유료로 판매하기만 하면 되는 것으로 오해하여 그와 같은 행위에 이르게 된 것이라는 점을 참작하면 기소유예를 할 만한 사안이라고 보아 재정신청을 기각한 사례)

에 의한 지방법원합의부 또는 그 지원의 합의부의 관할로 한다. 다만, 군사법원이 재판권을 갖는 선거범과 그 공범에 관한 제1심재판은 「군사법원법」 제11조(군사법원의 심판사항)의 규정에 의한 보통군사법원의 관할로 한다(법§269).

나. 재판기간

선거범과 그 공범에 관한 재판은 다른 재판에 우선하여 신속히 하여야 하며, 그 판결의 선고는 제1심에서는 공소가 제기된 날부터 6월 이내에, 제2심 및 제3심에서는 전심의 판결의 선고가 있은 날부터 3개월 이내에 반드시 하여야 한다(법§270).

다. 궐석재판

선거범에 관한 재판에서 피고인이 공시송달에 의하지 아니한 적법한 소환을 받고도 공판기일에 출석하지 아니한 때에는 다시 기일을 정하여야 한다(법§270의2①). 피고인이 정당한 사유 없이 다시 정한 기일 또는 그 후에 열린 공판기일에 출석하지 아니한 때에는 피고인의 출석 없이 공판절차를 진행할 수 있다(법§270의2②). 이 경우에는 출석한 검사 및 변호인의 의견을 들어야 한다(법§270의2③). 법원은 피고인의 출석 없이 공판절차를 진행하여 판결을 선고한 때에는 피고인 또는 변호인(변호인이 있는 경우에 한한다)에게 전화 기타 신속한 방법으로 그 사실을 통지하여야 한다(법§270의2④).

11. 선거범과 다른 죄의 경합범에 대한 분리선고

가. 의의

「형법」 제38조(경합범의 처벌례)[71]에도 불구하고 법 제18조(선거권이 없는 자) 제1항 제3호에 규정된 죄와 다른 죄의 경합범에 대하여는 이를 분리 선고하고, 선거사무장 · 선거사무소의 회계책임자(선거사무소의 회계책임자로 선임 · 신고되지 아니한 사람으로서 후보자와 통모하여 해당 후보자의 선거비용으로 지출된 금액이 선거비용제한액의 3분의 1 이상에 해당하는 사람을 포함한다) 또는 후보자(후보자가 되려는 사람을 포함한다)의 직계존비속 및 배우자에게 법 제263조(선거비용의 초

---

71) 「형법」 제38조(경합범과 처벌례) ① 경합범을 동시에 판결할 때에는 다음의 구별에 의하여 처벌한다.
1. 가장 중한 죄에 정한 형이 사형 또는 무기징역이나 무기금고인 때에는 가장 중한 죄에 정한 형으로 처벌한다.
2. 각 죄에 정한 형이 사형 또는 무기징역이나 무기금고 이외의 동종의 형인 때에는 가장 중한 죄에 정한 장기 또는 다액에 그 2분의 1까지 가중하되 각 죄에 정한 형의 장기 또는 다액을 합산한 형기 또는 액수를 초과할 수 없다. 단 과료와 과료, 몰수와 몰수는 병과할 수 있다.
3. 각 죄에 정한 형이 무기징역이나 무기금고 이외의 이종의 형인 때에는 병과한다.
② 전항 각호의 경우에 있어서 징역과 금고는 동종의 형으로 간주하여 징역형으로 처벌한다.

과지출로 인한 당선무효) 및 제265조(선거사무장등의 선거범죄로 인한 당선무효)에 규정된 죄와 법 제18조(선거권이 없는 자) 제1항 제3호에 규정된 죄의 경합범으로 징역형 또는 300만원 이상의 벌금형을 선고하는 때(선거사무장, 선거사무소의 회계책임자에 대하여는 선임·신고되기 전의 행위로 인한 경우를 포함한다)에는 이를 분리 선고하여야 한다(법§18③).[72)]

법 제18조(선거권이 없는 자) 제3항의 입법취지는 선거범이 아닌 다른 죄가 선거범의 양형에 영향을 미치는 것을 최소화하기 위하여 형법상 경합범 처벌례에 관한 조항의 적용을 배제하고 분리 심리하여 형을 따로 선고하여야 한다는 것이다.[73)] 판결이 확정되지 아니한 수개의 죄를 단일한 형으로 처벌할 것인지 수개의 형으로 처벌할 것인지 여부 및 가중하여 하나의 형으로 처벌하는 경우 그 가중 방법은 입법자의 재량에 맡겨진 사항이라고 할 것이고, 법 제18조(선거권이 없는 자) 제1항 제3호, 제3항은 대통령, 국회의원, 지방자치단체장 등 선출직 공직자가 재임 중 뇌물 관련 죄를 범하는 경우 선거범과 마찬가지로 선거권 및 피선거권이 제한되므로 다른 죄가 재임 중 뇌물 관련 죄의 양형에 영향을 미치는 것을 최소화하기 위하여 형법상 경합범 처벌례에 관한 조항의 적용을 배제하고 분리하여 형을 선고하도록 한 것으로서 입법 목적의 정당성이 인정되며, 법원으로서는 선거권 및 피선거권이 제한되는 사정을 고려하여 선고형을 정하게 되므로 위 법률조항에 따른 처벌이 형법상 경합범의 처벌례에 의한 처벌보다 항상 불리한 결과가 초래된다고 할 수 없어, 위 법률조항이 형법상 경합범 처벌례를 규정한 조항과 비교하여 현저히 불합리하게 차별하는 자의적인 입법이라고 단정할 수 없다.[74)75)]

---

72) 헌법재판소는, 법 제18조(선거권이 없는 자) 제3항 중 '「형법」 제38조(경합범의 처벌례)에도 불구하고 제1항 제3호에 규정된 죄와 다른 죄의 경합범에 대하여는 이를 분리 선고하고' 부분(이하 '분리선고조항'이라 한다)에 관하여, "분리선고조항은 '선거범죄, 정치자금법 위반죄, 선거로 당선된 공무원의 재임 중 직무관련 뇌물죄 및 알선수재죄(이하, '선거범죄 등'이라 함)'와 '다른 죄'의 경합범에 분리 선고를 허용하고 있지 않음이 명확하므로, 명확성원칙에 위반되지 아니한다. '선거범죄 등'과 '다른 죄'를 점진적으로 분리 선고하도록 개정되어 온 입법연혁, 입법자는 그 성격이 유사한 '선거범죄 등'을 '다른 죄'와 분리 선고하도록 규정한 것인 점, 법원은 관련조항들로 인해 선거권·공무담임권이 제한되는 사정을 고려하여 구체적 타당성에 부합하는 선고형을 정할 수 있는 점을 고려하면, '선거범죄 등'에 해당하는 죄들의 경합범에 대하여 분리 선고를 정하지 않은 것에 합리적 이유가 인정되므로 평등원칙에 위반되지 아니한다.'고 판시하였다(2021. 8. 31. 선고 2018헌바149 결정).

73) 2004. 2. 13. 선고 2003도3090 판결, 2004. 4. 9. 선고 2004도606 판결, 1999. 4. 23. 선고 99도636 판결

74) 2011. 10. 13. 선고 2011도9584 판결, 2004. 2. 13. 선고 2003도3090 판결

75) '선거범죄와 다른 일반범죄가 상상적 경합관계에 있는 경우에 일반범죄의 형이 더(또는 가장) 무거운 때에는 여전히 형법 제40조(상상적 경합)에 의하여 과형상 일반범죄로 형이 선고된다. 이 경우 일반범죄도 선거범죄로 볼 것인가의 문제가 제기된다. 만약 선거범죄로 보는 경우에는－예컨대 후보자비방죄와 사이버명예훼손죄의 상상적 경합에 있어서는- 이는 전체적·실질적으로 그 본질을 선거범죄라 할 것이므로, 당선무효나 공직제한 등의 결정이나 또 다른 선거범죄와의 경합범 가중 여부의 판단에 있어서는 일반범죄가 아니라 선거범죄로 취급된다. 따라서 공직선거법 제18조(선거권이 없는 자)의 규정에 의하여 선거범죄의 범위가 확대되고 그에 따른 공직선거법상의 불이익도 함께 부과되어지는 효과를 초래한다.'는 견해가 있다(권오걸, 「공직선거법상 후보자비방죄에 대한 연구 －표현의 자유와 선거의 공정성과의 조화의 관점에서－」,

나. 법 제18조(선거권이 없는 자) 제1항 제3호에 규정된 죄와 다른 죄의 경합범의 분리선고

(1) 법 제18조(선거권이 없는 자) 제1항 제3호에 규정된 죄

'법 제18조(선거권이 없는 자) 제1항 제3호에 규정된 죄'는 선거범, 「정치자금법」 제45조(정치자금부정수수죄) 및 제49조(선거비용관련 위반행위에 관한 벌칙)에 규정된 죄 또는 대통령·국회의원·지방의회의원·지방자치단체의 장으로서 그 재임 중의 직무와 관련하여 「형법」(「특정범죄가중처벌 등에 관한 법률」 제2조에 의하여 가중처벌되는 경우를 포함한다) 제129조(수뢰, 사전수뢰) 내지 제132조(알선수뢰)·「특정범죄가중처벌 등에 관한 법률」 제3조(알선수재)에 규정된 죄를 말한다. '선거범'이라 함은 법 제16장 벌칙에 규정된 죄와 「국민투표법」위반의 죄를 말한다(법§18②).

(2) 분리선고

판결이 확정되지 아니한 수개의 죄를 동시에 판결할 때에는 「형법」 제38조(경합범과 처벌례)가 정하는 처벌례에 따라 처벌하여야 하므로, 경합범으로 공소제기된 수개의 죄에 대하여 「형법」 제38조(경합범과 처벌례)의 적용을 배제하고 위 처벌례와 달리 따로 형을 선고하려면 법 제18조(선거권이 없는 자) 제3항과 같이 예외를 인정한 명문의 규정이 있어야 한다.[76] 시장으로 재임 중 범한 특정범죄가중처벌등에관한법률위반(뇌물)죄 및 이와 경합범 관계에 있는 제3자뇌물교부죄, 범인도피죄가 모두 유죄로 인정되는 경우, 선출직 공직자가 재임 중 범한 뇌물 관련 죄인 위 특정범죄가중처벌등에관한법률위반(뇌물)죄와 나머지 죄에 관한 형을 분리하여 선고하여야 한다.[77] 공직선거법위반죄와 주민등록법위반죄의 경합범으로 모두 유죄로 선고할 경우에는 분리선고하여야 한다.[78]

한편, 판결이 확정된 선거범죄와 확정되지 아니한 다른 죄는 동시에 판결할 수 없었던 경우에 해당하므로 「형법」 제39조(판결을 받지 아니한 경합범, 수개의 판결과 경합범, 형의 집행과 경합범) 제1항에 따라 동시에 판결할 경우와의 형평을 고려하여 형을 선고하거나 그 형을 감경 또는 면제할 수 없다.[79]

(3) 분리선고를 할 수 없는 경우

법 제18조(선거권이 없는 자) 제3항은 선거범이 아닌 다른 죄와 선거범 사이에 따로 형을

법학연구 제49집(2013. 3.), 167쪽).

76) 2011. 8. 18. 선고 2011도6311 판결, 2009. 1. 30. 선고 2008도4986 판결, 2004. 4. 9. 선고 2004도606 판결

77) 2011. 10. 13. 선고 2011도9584 판결

78) 2012. 6. 28. 선고 2012도1546 판결

79) 2021. 10. 14. 선고 2021도8719 판결

선고하도록 규정하고 있을 뿐, 당선무효사유에 해당하는 선거범과 그 밖의 선거범을 분리하여 선고하도록 규정하고 있지는 않고 달리 그와 같은 규정을 두고 있지 아니하므로, 법 제265조(선거사무장등의 선거범죄로 인한 당선무효)가 정하는 선거범을 그 밖의 선거범과 분리하여 형을 선고할 수는 없고 다른 경합범과 마찬가지로 「형법」 제38조(경합범과 처벌례)가 정하는 처벌례에 따라 형을 선고하여야 한다.[80] 그리고 「형법」 제38조(경합범과 처벌례)의 규정과 다른 당선무효사유에 해당하는 선거범과 그 밖의 선거범을 분리 심리하여 따로 선고하도록 할 것인지 여부는 입법자의 결단에 따른 입법으로 해결하여야 하며, 그와 같은 입법조치가 없는 상황에서 법 제18조(선거권이 없는 자) 제3항을 당선무효사유에 해당하는 선거범과 그 밖의 선거범의 경우에 유추적용할 수 없다.[81]

법 제18조(선거권이 없는 자) 제1항 제3호에 규정된 죄 상호간의 경합범에 대하여는 따로 형을 선고하도록 규정하고 있지 않고, 달리 그와 같은 규정을 두고 있지도 아니하므로, 다른 경합범과 마찬가지로 「형법」 제38조(경합범과 처벌례)가 정하는 처벌례에 따라 형을 선고하여야 한다.[82] 법은 당내경선과 관련한 죄를 따로 분리하여 형을 선고하도록 규정하고 있지 아니하므로, 분리선고할 수 없다.[83] 법 제18조(선거권이 없는 자) 제3항은 선거사무소의 회계책임자 등에게 “법 제263조(선거비용의 초과지출로 인한 당선무효) 및 제265조(선거사무장등의 선거범죄로 인한 당선무효)에 규정된 죄와 법 제18조(선거권이 없는 자) 제1항 제3호에 규정된 죄의 경합범으로 징역형 또는 300만원 이상의 벌금형을 선고하는 때”에는 이를 분리 선고하여야 한다고 정하고 있을 뿐, 그 회계책임자 등에게 법 제263조(선거비용의 초과지출로 인한 당선무효)에 규정된 죄와 제265조(선거사무장등의 선거범죄로 인한 당선무효)에 규정된 죄의 경합범으로 징역형 또는 300만원 이상의 벌금형을 선고하는 때에도 이를 분리하여 형을 선고하도록 정하고 있지 아니하고, 달리 그와 같은 규정을 두고 있지 아니하므로, 선거사무소의 회계책임자 등에게 법 제263조(선거비용의 초과지출로 인한 당선무효)에 규정된 죄와 제265조(선거사무장등의 선거범죄로 인한 당선무효)에 규정된 죄의 경합범으로 징역형 또는 300만원 이상의 벌금형을 선고하는 경우에는 이를 분리하여 형을 선고할 수는 없고, 다른 경합범과 마찬가지로 「형법」 제38조(경합범과 처벌례)가 정하는 처벌례에 따라 형을 선고하여야 한다.[84]

80) 2009. 1. 30. 선고 2008도4986 판결
81) 2013. 7. 25. 선고 2013도6465 판결
82) 2011. 11. 24. 선고 2011도9865 판결, 2009. 4. 23. 선고 2009도832 판결
83) 2018. 8. 30. 선고 2018도9939 판결(광주고등법원 2018. 6. 5. 선고 (전주)2017노241 판결)
84) 2011. 8. 18. 선고 2011도6311 판결

다. 선거사무장·회계책임자 등의 분리 선고

(1) 분리선고 대상 범죄의 주체

선거사무장·선거사무소의 회계책임자 또는 후보자(후보자가 되려는 사람을 포함한다)의 직계존비속 및 배우자가 법 제263조(선거비용의 초과지출로 인한 당선무효) 및 법 제265조(선거사무장 등의 선거범죄로 인한 당선무효)에 규정된 죄와 법 제18조(선거권이 없는 자) 제1항 제3호에 규정된 죄를 범하여 경합범으로 징역형 또는 300만원 이상을 벌금형을 선고받는 경우에 해당하여야 한다. 이 경우 선거사무소의 회계책임자에는 선거사무소의 회계책임자로 선임·신고되지 아니한 사람으로서 후보자와 통모하여 해당 후보자의 선거비용으로 지출된 금액이 선거비용제한액의 3분의 1 이상에 해당하는 사람을 포함한다(법§18③).

(2) 분리선고하는 경합범의 범위

법 제263조(선거비용의 초과지출로 인한 당선무효) 및 제265조(선거사무장등의 선거범죄로 인한 당선무효)에 규정된 죄와 법 제18조(선거권이 없는 자) 제1항 제3호에 규정된 죄를 범하여 경합범으로 징역형 또는 300만원 이상의 벌금형을 선고받는 경우에, 선거사무장, 선거사무소의 회계책임자에 대하여는 선임·신고되기 전의 행위로 인한 경우를 포함한다(법§18③).

라. 선거범과 다른 죄가 상상적 경합관계에 있는 경우

법 제18조(선거권이 없는 자) 제3항의 취지는 선거범이 아닌 다른 죄가 선거범의 양형에 영향을 미치는 것을 최소화하기 위하여 단지 「형법」 제38조(경합범과 처벌례)의 적용을 배제하고 분리 심리하여 형을 따로 선고하여야 한다는 것이므로, 선거범과 상상적 경합관계에 있는 다른 범죄에 대하여는 여전히 「형법」 제40조(상상적 경합)에 의하여 그 중 가장 중한 죄에 정한 형으로 처벌해야 하고, 이때 선거범을 달리 취급하는 입법취지와 그 조항의 개정 연혁에 비추어 볼 때 그 처벌받는 가장 중한 죄가 선거범인지 여부를 묻지 않고 선거범과 상상적 경합관계에 있는 모든 죄를 통틀어 선거범으로 취급하여야 한다.[85][86]

타인의 자동차운전면허증을 습득한 다음, 이를 제시하여 타인을 사칭하는 방법으로 투표

---

85) 1999. 4. 23. 선고 99도636 판결, 2004. 4. 27. 선고 2002도315 판결, 서울고등법원 2015. 2. 11. 선고 2014노3562 판결, 대전고등법원 2019. 3. 28. 선고 (청주)2019노41 판결

86) 선거범과 다른 범죄가 상상적 경합관계에 있는 경우에 판례의 입장에 동조하면서, 해석상의 논란을 피하기 위하여 법 제18조(선거권이 없는 자) 제2항에 「선거범과 다른 죄가 상상적 경합관계에 있는 경우에는 선거범으로 본다.」는 규정을 신설할 필요가 있다는 견해(임성식·이경렬, 「선거사범의 처벌과 당선무효에 관한 비교법적 연구」, 한국형사정책연구원, 129쪽), 법 제18조(선거권이 없는 자) 제2항 제2문에 「선거범과 다른 죄가 과형상의 일죄의 관계에 있는 경우에도 이를 선거범으로 본다.」는 규정을 신설해야 한다는 견해(황정근, 「선거범죄와 형법총칙 적용상의 몇가지 문제」, 법조 Vol.532(2001. 1.), 38쪽)가 있다.

함으로써 「형법」 제360조(점유이탈물횡령) 제1항의 점유이탈물횡령죄와 「형법」 제230조(공문서 등의 부정행사)의 공문서부정행사죄 및 공직선거법 제248조(사위투표죄) 제1항 위반의 죄가 각 성립하는 경우, 위 공문서부정행사죄와 공직선거법위반죄는 사회관념상 1개의 행위에 의하여 이루어진 상상적 경합관계에 있으므로, 점유이탈물횡령죄에 대하여 하나의 형을 선고함과 함께 상상적 경합관계에 있는 공직선거법위반죄와 공문서부정행사죄를 통틀어 선거범으로 취급하여 하나의 형을 선고하여야 한다.[87]

마. 분리선고에 따른 공판절차의 진행방법

법 제18조(선거권이 없는 자) 제3항에 따른 공판절차의 진행은 사건기록을 분리할 필요 없이 처음 공판기일에 선거범을 다른 죄와 분리 심리할 것을 결정 고지하고, 같은 기록에 별도의 공판조서를 작성하여 진행하며, 판결은 특별한 사정이 없는 한 하나의 판결문으로 선고하되, 형만을 분리하여 선거범에 대한 형벌과 그 밖의 죄에 대한 형벌로 나누어 정하면 되는바, 만일 공소사실에 불명확한 점이 있어 선거범과 다른 죄가 「형법」 제38조(경합범과 처벌례)의 적용을 받는 경합범으로 기소되어 있는지가 분명하지 아니하다면 법원으로서는 그 불명확한 점에 관하여 석명을 구하는 등의 방법으로 공소사실을 특정한 다음에 사건을 선거범과 다른 죄로 분리하여 심리하여야 하고, 이로써 족하다.[88]

12. 불법시설물 등에 대한 조치 및 대집행

가. 의의

각급선거관리위원회는 공직선거법의 규정에 위반되는 선거에 관한 벽보·인쇄물·현수막 기타 선전물(정당의 당사게시선전물을 포함한다)이나 유사기관·사조직 또는 시설 등을 발견한 때에는 지체 없이 그 첩부 등의 중지 또는 철거·수거·폐쇄 등을 명하고, 이에 불응하는 때에는 대집행을 할 수 있다. 이 경우 대집행은 「행정대집행법」에 의하되, 그 절차는 「행정대집행법」 제3조(대집행의 절차)의 규정에 불구하고 규칙이 정하는 바에 의할 수 있다(법§271①).

나. 불법시설물 표지 및 공고

각급선거관리위원회는 불법시설물 등에 규칙이 정하는 바에 따라 불법시설물임을 표시하는 표지를 하거나 공고할 수 있다(법§271②). 각급선거관리위원회는 불법시설물 등을 발견하고 철거·수거·폐쇄 등을 명하였으나 이에 불응하는 때에는 규칙이 정하는 서식[89]에 의한

87) 서울고등법원 2015. 2. 11. 선고 2014노3562 판결
88) 1999. 4. 23. 선고 99도636 판결

불법시설물표시문을 첨부할 수 있다. 이 경우 불법시설물 등이 선거에 영향을 미칠 우려가 있다고 인정되는 때에는 그 철거·수거·폐쇄 등을 명하는 절차를 거치지 아니하고 불법시설물표시문을 첨부할 수 있다(규칙§145①). 각급선거관리위원회가 공직선거법의 규정에 위반하여 제작·배포된 인쇄물을 수거한 때에는 관할구·시·군선거관리위원회 게시판에 이를 공고한다(규칙§145②).

다. 불법시설물 등에 대한 대집행

각급선거관리위원회가 법 제271조(불법시설물 등에 대한 조치 및 대집행) 제1항의 규정에 의하여 불법시설물 등의 첩부 등의 중지 또는 철거·수거·폐쇄 등을 명하는 때에는 이행기한을 정하여 그 기한 안에 이행하지 아니할 때에는 계고절차를 거치지 아니하고 대집행을 한다는 뜻을 당해 의무자에게 통지하고, 당해 의무자가 동 이행기한 안에 이행하지 아니하는 때에는 「행정대집행법」 제3조(대집행의 절차)[90]의 규정에 의한 절차를 거치지 아니하고 대집행을 할 수 있다(규칙§146①).

법 제56조(기탁금) 제3항에 따라 기탁금에서 부담하는 대집행비용의 공제·납입·징수위탁 등에 관하여는 법 제261조(과태료의 부과·징수 등) 제10항과 규칙 제143조(과태료의 부과·징수 등) 제12항의 과태료의 예에 따른다(법§271③, 규칙§146②).

13. 선거에 관한 광고의 제한

가. 광고중지 요청

(1) 의의

선거관리위원회는 방송·신문·잡지 기타 간행물에 방영·게재하고자 하는 광고내용이 공직선거법에 위반된다고 인정되는 때에는 당해 방송사 또는 일간신문사 등을 경영·관리하는 자와 광고주에게 광고중지를 요청할 수 있다(법§271의2①). 이 경우 "광고"라 함은 후보자(후

---

89) 규칙 별지 제61호 서식 불법(시설)·(선전)물 표시문

90) 「행정대집행법」 제3조(대집행의 절차) ① 전조의 규정에 의한 처분(이하 "대집행"이라 한다)을 하려함에 있어서는 상당한 이행기한을 정하여 그 기한까지 이행되지 아니할 때에는 대집행을 한다는 뜻을 미리 문서로써 계고하여야 한다. 이 경우 행정청은 상당한 이행기한을 정함에 있어 의무의 성질·내용 등을 고려하여 사회통념상 해당 의무를 이행하는 데 필요한 기간이 확보되도록 하여야 한다.
② 의무자가 전항의 계고를 받고 지정기한까지 그 의무를 이행하지 아니할 때에는 당해 행정청은 대집행영장으로써 대집행을 할 시기, 대집행을 시키기 위하여 파견하는 집행책임자의 성명과 대집행에 요하는 비용의 계산에 의한 견적액을 의무자에게 통지하여야 한다.
③ 비상시 또는 위험이 절박한 경우에 있어서 당해 행위의 급속한 실시를 요하여 전2항에 규정한 수속을 취할 여유가 없을 때에는 그 수속을 거치지 아니하고 대집행을 할 수 있다.

보자가 되고자 하는 자를 포함한다)의 당락이나 특정정당(창당준비위원회를 포함한다)에 유리 또는 불리한 광고(공직선거법의 규정에 의한 광고를 제외한다)를 말한다(법§271의2③).

(2) 벌칙

법 제271조의2(선거에 관한 광고의 제한) 제1항의 규정에 의한 광고중지요청에 불응하여 광고를 하거나 광고게재를 의뢰한 자는 2년 이하의 징역 또는 400만원 이하의 벌금에 처한다(법§255②8.).

나. 수사의뢰 또는 고발

광고중지를 요청받은 자는 이에 따라야 하며, 당해 선거관리위원회는 중지요청에 불응하고 광고를 하는 때에는 지체 없이 관할수사기관에 수사의뢰 또는 고발하여야 한다(법§271의2②).

제24편 선거범죄로 인한 특별제재

제1장 당선무효

1. 당선무효

가. 선거비용초과지출로 인한 당선무효

(1) 선거비용제한액 초과지출의 경우

법 제122조(선거비용제한액의 공고)의 규정에 의하여 공고된 선거비용제한액의 200분의 1 이상을 초과지출한 이유로 선거사무장, 선거사무소의 회계책임자가 징역형 또는 300만원 이상의 벌금형의 선고를 받은 때에는 그 후보자의 당선은 무효로 한다. 다만, 다른 사람의 유도 또는 도발에 의하여 당해 후보자의 당선을 무효로 되게 하기 위하여 지출한 때에는 그러하지 아니하다(법§263①).

선거사무장 등의 지위상실 이후의 행위에 대하여는 특별한 사정이 없는 한 선거사무장 등의 지위로 인하여 당선무효를 규정하는 법 제263조(선거비용의 초과지출로 인한 당선무효), 제265조(선거사무장등의 선거범죄로 인한 당선무효)의 적용은 배제된다. 선거사무장 등이 지위 상실 전후로 연속하여 법 제263조(선거비용의 초과지출로 인한 당선무효) 및 제265조(선거사무장등의 선거범죄로 인한 당선무효)에 규정된 죄를 범한 경우에는, 연속된 여러 개의 행위를 지위 상실 시점을 기준으로 구분하여, 선거사무장 등의 지위를 보유하고 있을 때의 행위만을 당선무효형 대상범죄가 되는 하나의 포괄일죄로, 선거사무장 등의 지위를 상실한 이후의 행위는 이와 달리 당선무효형 대상범죄가 아닌 별도의 포괄일죄로 각각 평가함이 타당하고, 그 경우 위 두죄는 실체적 경합관계에 있다.[1)]

1) 2014. 7. 24. 선고 2013도6785 판결

(2) 선거비용관련 위반행위의 경우

「정치자금법」 제49조(선거비용관련 위반행위에 관한 벌칙) 제1항 또는 제2항 제6호[2]의 죄를 범함으로 인하여 선거사무소의 회계책임자가 징역형 또는 300만원 이상의 벌금형의 선고를 받은 때에는 그 후보자(대통령후보자, 비례대표국회의원후보자 및 비례대표지방의회의원후보자를 제외한다)의 당선은 무효로 한다. 이 경우 법 제263조 제1항 단서의 규정을 준용한다(법§263②).

나. 당선인의 선거범죄로 인한 당선무효

(1) 의의

당선인이 당해 선거에 있어 공직선거법에 규정된 죄 또는「정치자금법」 제49조의 죄를 범함으로 인하여 징역 또는 100만원 이상의 벌금형의 선고를 받은 때에는 그 당선을 무효로 한다(법§264).

법 제264조(당선인의 선거범죄로 인한 당선무효)에 의하여 재판의 결과에 따라 당선의 유·무효가 판가름 나고 재선거의 유무가 결정되며, 벌금 액수의 사소한 차이로 인하여 당선의 유·무효는 물론 공무담임권의 일정 기간 제한 여부가 결정되는 결과를 초래한다고 하더라도 이는 당선인이 공직선거법을 위반함에 따른 당연한 불이익이라고 할 수 있으므로, 법 제264조(당선인의 선거범죄로 인한 당선무효)가 평등권을 규정한「헌법」 제11조, 공무담임권을 규

---

2) 「정치자금법」 제49조(선거비용관련 위반행위에 관한 벌칙) ① 회계책임자가 정당한 사유 없이 선거비용에 대하여 제40조(회계보고) 제1항·제2항의 규정에 의한 회계보고를 하지 아니하거나 허위기재·위조·변조 또는 누락(선거비용의 수입·지출을 은닉하기 위하여 누락한 경우를 말한다)한 자는 5년 이하의 징역 또는 2천만원 이하의 벌금에 처한다.

② 선거비용과 관련하여 다음 각 호의 어느 하나에 해당하는 자는 2년 이하의 징역 또는 400만원 이하의 벌금에 처한다.

1. 제2조(기본원칙) 제4항의 규정을 위반한 자
2. 제34조(회계책임자의 선임신고 등) 제1항·제4항 제1호 또는 제35조(회계책임자의 변경신고 등) 제1항의 규정을 위반하여 회계책임자·예금계좌를 신고하지 아니한 자
3. 제36조(회계책임자에 의한 수입·지출) 제1항·제3항·제5항의 규정을 위반한 자, 동조 제2항의 규정을 위반하여 신고된 예금계좌를 통하지 아니하고 수입·지출한 자와 동조 제4항의 규정을 위반하여 예금계좌에 입금하지 아니하는 방법으로 지급한 자
4. 제36조 제6항의 규정을 위반하여 선거비용의 지출에 관한 내역을 통지하지 아니한 자
5. 제37조(회계장부의 비치 및 기재) 제1항의 규정을 위반하여 회계장부를 비치·기재하지 아니하거나 허위기재·위조·변조한 자
6. 제39조(영수증 그 밖의 증빙서류) 본문의 규정에 의한 영수증 그 밖의 증빙서류를 허위기재·위조·변조한 자
7. 제40조 제4항 제3호의 규정을 위반하여 예금통장 사본을 제출하지 아니한 자
8. 제43조 제2항을 위반하여 선거관리위원회의 보고 또는 자료의 제출 요구에 정당한 이유 없이 응하지 아니하거나 보고 또는 자료의 제출을 허위로 한 자
9. 제44조(회계장부 등의 인계·보존) 제1항의 규정을 위반한 자

정한 「헌법」 제25조 및 공명선거를 규정한 「헌법」 제114조에 위반된다고 할 수 없고,[3] 법 제264조(당선인의 선거범죄로 인한 당선무효)의 당선무효조항은 선거의 공정성을 확보하고 불법적인 방법으로 당선된 국회의원에 대한 부적절한 공직수행을 차단하기 위한 것인 점, 당선무효조항이 '100만원 이상의 벌금형의 선고'를 당선무효 여부의 기준으로 정한 것은 여러 요소를 고려하여 입법자가 선택한 결과인 점, 공직선거법을 위반한 범죄는 공직선거의 공정성을 침해하는 행위로서 국회의원으로서의 직무 수행에 대한 국민적 신임이 유지되기 어려울 정도로 비난가능성이 큰 점, 법관이 100만원 이상의 벌금형을 선고함에 있어서는 형사처벌뿐만 아니라 공직의 계속수행 여부에 대한 합리적 평가도 하게 될 것이라는 점, 달리 덜 제약적인 대체적 입법수단이 명백히 존재한다고 볼 수도 없는 점 등을 종합하면, 당선무효조항은 공무담임권이나 평등권을 침해한다고 볼 수 없다.[4][5][6]

---

3) 1996. 6. 28. 자 96초111 결정
4) 2011. 12. 29. 선고 2009헌마476 결정
5) 헌법재판소는, 「교육자치법」 제49조(「공직선거법」의 준용) 제1항에 의하여 준용되는 법 제264조(당선인의 선거범죄로 인한 당선무효)와 관련하여, '당선무효조항은 선거의 공정성을 확보하고, 불법적인 방법으로 당선된 교육감에 의한 부적절한 공직수행을 차단하기 위한 것인 점, 징역형의 경우에 당선을 무효로 정한 것을 자의적인 입법형성권의 행사라고 볼 수 없는 점, 공직선거법을 위반한 범죄는 공직선거의 공정성을 침해하는 행위로서 시·도의 교육·학예에 관한 사무의 집행기관인 교육감으로서의 직무 수행에 대한 국민적 신임이 유지되기 어려울 정도로 비난가능성이 큰 점, 법관이 징역형을 선고함에 있어서는 형사처벌뿐만 아니라 공직의 계속수행 여부에 대한 합리적 평가도 하게 될 것이라는 점, 달리 덜 제약적이면서 동일한 효과를 갖는 대체수단이 존재한다고 보기 어려운 점 등을 종합하면, 당선무효조항이 공무담임권을 침해한다고 볼 수 없고, 공직선거법위반죄를 범하여 형사처벌을 받은 공무원에 대하여 당선무효라는 불이익을 가하는 것은 공직선거법위반 행위 자체에 대한 국가의 형벌권 실행으로서의 과벌에 해당하지 아니하므로, 헌법상 이중처벌금지원칙에 위배되지 않는다.'고 판시하였다(2015. 2. 26. 선고 2012헌마581 결정).
6) 100만원 이상 벌금형의 선고에 의한 당선무효와 관련하여, '2012. 9. 1.부터 2014. 3. 31.까지 사이에 판결된 1심사건 중 양형기준제도 해당 사건 283건 중 양형기준제도를 적용한 것은 83.0%이고 당선무효형의 선고비율은 30.3%이다. 당선인 전체 23명 중 16명(69.6%)이 100만원 이하, 5명(21.7%)는 100만원 이상, 2명(8.7%)은 집행유예를 선고받았다(-대검찰청 "검찰사건처리정보시스템(PGS)에 보관된 1심 판결문-). 공직선거법에서 당선무효형 선거범죄를 인정하는 이유는 금권을 동원한 매수 및 기부행위, 각종 이익의 제공 등 돈으로 선거를 치루는 부정선거에 대하여 엄벌하고 기존의 선거행태를 개혁하고 공명하고 깨끗한 선거풍토를 확립하여 공명·투명선거의 추진에 있다. 이러한 제도의 인정취지에도 불구하고 현행 선거관련 범죄로 인한 당선무효가 100만원 이상의 벌금형이 선고되었는지 여부에 의하여 판가름이 나도록 규정되어 있다 보니, 실무에서는 선거범죄의 재판에 있어서 적정한 형벌의 선택보다는 오히려 당선유·무효에 먼저 관심을 갖는 폐단이 나타나기도 하고, 심지어 당해 선거범죄에 비하여 가벼운 벌금 80만원 등이 선고되는 양형의 왜곡현상이 발생하고 있다는 비판이 제기되기도 한다.'고 하는 견해가 있다(김혜정·기광도, 「선거범죄의 양형기준제도 준수현황 및 개선방안」, 저스티스 통권 제150호(2015. 10.), 154-161쪽). 나아가 구체적으로 법 제264조(당선인의 선거범죄로 인한 당선무효)의 문제점에 대하여, '첫째, 당선무효가 될 수 있는 선거범죄의 유형을 특정하지 아니하고 모든 선거범죄에 대해 이 같은 포괄적인 제재를 가함은, 당선확정으로써 공식적으로 이미 확인된 국민의 정치적·주관적 의사를 법원의 개별적인 사법적 의사에 존속시키는 것으로서 국민주권의 원리와 결코 조화되기 어렵다고 본다. 아울러서 특정한 선거범죄행위로 인해 국민의 자유로운 의사가 과연 왜곡되었는가를 마땅히 논증할 수 있어야 한다. 단순히 벌금 100만원이라는 기술적인 요소에 기초해서 이미 확정된 국민의 주권적 의사를 이같이 파괴시킴은 법원의 법률적 판단을 국민의

(2) '당해 선거'의 의미

법 제264조(당선인의 선거범죄로 인한 당선무효)의 당선무효 사유를 '당해'의 사전적 의미에 터 잡아 문리적으로 해석하면, '당선인이 당선된 그 선거에 있어 공직선거법에 규정된 죄 등을 범함으로써 징역 등 형의 선고를 받은 때'라고 풀이할 수 있고, '당선된 그 선거'의 범위는 법이 규정하고 있는 선거의 단위를 기준으로 판단해야 한다. 그런데 법은 선거의 단위에 관한 정의규정을 따로 두지는 않았지만, 그 적용범위를 '대통령선거 · 국회의원선거 · 지방의회의원 및 지방자치단체의 장의 선거'라고 구분하여 규정하고 있고(제2조), 동시선거의 개념을 '선거구의 일부 또는 전부가 시로 겹치는 구역에서 2 이상의 다른 종류의 선거를 같은 선거일에 실시하는 것'이라고 정의하면서도(제202조 제1항), 선거구의 일부 또는 전부가 서로 겹치는 구역에서 같은 선거일에 실시하는 선거임이 명백한 임기만료에 의한 각 지역구 국회의원선거와 비례대표 국회의원선거는 동시선거의 대상으로 규정하지 아니하므로(제203조), 임기만료에 의한 각 지역구 국회의원선거와 비례대표 국회의원선거는 그 전체가 하나의 선거를 구성한다고 해석함이 타당하다. 또한 법을 위반한 자는 설혹 당선되었다고 하더라도 당선을 무효로 함으로써 「헌법」과 「지방자치법」에 의한 선거가 국민의 자유로운 의사와 민주적인 절차에 의하여 공정히 행하여지도록 하고, 선거와 관련한 부정을 방지하여 민주주의의 발전에 기여하는 데 법 제264조(당선인의 선거범죄로 인한 당선무효)의 입법취지가 있음을 고려할 때, 법 제264조(당선인의 선거범죄로 인한 당선무효)에 규정된 '당해 선거'의 의미를 '당

사 위에 놓는 것이 아닐 수 없다. 둘째, 특정의 주어진 법률규범에 기초해서 그때그때의 행위나 분쟁을 해결하는 것을 주된 기능으로 하는 법원에서 이 같은 국민의 주권적 의사를 파기시키는 정치적 권능을 일방적으로 부여하는 것은 「헌법」 제101조 및 제103조가 사법권을 법원에 귀속시키면서 그 사법권의 독립을 선언하고 있는 헌법정신과도 원칙적으로 조화된다고 보기 어렵다. 특히 우리 공직선거법은 지나칠 정도로 광범위하게 선거운동의 자유를 제한하고 있는데, 이러한 법제하에서 위 공직선거법 제264조(당선인의 선거범죄로 인한 당선무효)는 1심 법원을 포함하여 모든 심급의 법원을 정치적 판단기관으로 전락시키는 기능을 수행한다. 셋째, 공직선거법 제264조(당선인의 선거범죄로 인한 당선무효)는 모든 선거의 「당선인」을 그 적용대상으로 하고 있다. 따라서 대통령선거의 당선자도 법원의 벌금 100만원의 결정에 따라 그 당선이 무효로 될 수 있음에 주목해야 되겠다. 아무리 선거의 공정성 확보라는 이익이 중요하다고 하더라도 다른 경합 내지 상충하는 이익과 형량할 때 쉽게 납득하기 어렵다. 넷째, 부차적인 문제이기는 하나, 공직선거법 제264조(당선인의 선거범죄로 인한 당선무효)는 당선의 소급효에 대해 아무런 기간제한도 두지 않고 있다. 그 결과 당선의 국민의사가 확정된 후 2년 또는 3년이 경과한 시점에서도 법원의 100만원 벌금형 선고가 있으면 당선이 소급무효가 된다. 법적으로도 그러하거니와 그에 따른 정치상황의 불안정 또한 문제의 요인이 아닐 수 없다.'고 한다(권영설, 「선거소송의 문제점과 과제」, 저스티스 통권 제66호, 31－32쪽). 이와 관련하여, '법원이 당선무효에 해당하는 벌금의 액수를 결정할 때 "정치적 고려"가 개입되고 있다는 의심을 지울 수 없다는 점에서 당선무효와 결합된 형벌까지 부과할 수 있는 선거범죄의 일반법원의 관할은 재고의 여지가 있다. 따라서 입법자는 선거범죄에 대한 재판을 일반법원의 관할로 하되, "의원직 상실 여부"는 국회 스스로가 결정하거나 헌법재판을 담당하는 헌법재판소에서 결정하도록 하는 것이 바람직하다.'는 견해가 있다(이준일, 「선거관리와 선거소송 －헌법적 쟁점을 중심으로－」, 저스티스 통권 제130호(2012. 6.), 54쪽).

선인이 당선된 그 지역구 선거구에 관한 국회의원선거'로만 제한하여 해석하게 되면 위와 같은 입법취지와 목적을 달성하기가 어렵게 될 우려가 있다. 따라서 법 제264조(당선인의 선거범죄로 인한 당선무효)에 규정된 '당해 선거'는 임기만료에 의한 국회의원선거의 당선인이 지역구 국회의원인 경우에 그 당선된 지역구는 물론 다른 지역구와 비례대표를 포함한 전체 국회의원선거를 의미한다.[7)]

(3) 다수의 선거범죄에 대하여 벌금형이 선고된 경우

당선인이 당해 선거에 있어서 다수의 선거범죄로 인하여 각각 기소되어 각각 100만원 미만의 벌금형이 선고되었으나, 선고된 벌금의 총액이 당선무효의 기준이 되는 100만원을 초과하는 경우에도 법 제264조(당선인의 선거범죄로 인한 당선무효)가 적용되지 아니하여 당선무효에 해당하지 않는다.[8)] 이는 다수의 선거범죄가 병합심리되어 경합법으로서 가중처벌되어 100만원 이상의 벌금형이 선고되는 경우와 비교하면 그 형평성에 관한 논란이 있을 수 있으나, 법 제264조(당선인의 선거범죄로 인한 당선무효)의 해석상 불가피하다.[9)]

(4) 선거범죄의 공모관계 인정요건

선거범죄에 있어서는 후보자나 선거사무장 등 연좌제의 적용을 받는 자(이하 "후보자등"이라 한다)가 금품살포 등 일정한 선거범죄로 일정한 형 이상을 선고받아 확정된 때에는 곧 당선무효(법§264, §265)로 이어지므로 후보자등은 그러한 선거범죄를 직접 범하지 않고 선거운동원들에게 이를 시킨 다음 후보자등과의 공모사실은 철저히 부인해 버리면 공모의 직접증거를 찾아내기가 극히 어려운 실정인바, 돈 안드는 선거풍토를 기필코 구현하기 위하여는 이러한 선거범죄에 있어서는 비록 직접적인 증거가 없더라도 정황사실과 경험칙에 의하여 암묵적인 의사연락을 인정할 수 있으면 널리 후보자등의 공범성립을 인정하여야 한다. 규모가 작은 소선구제하의 지역구의원선거에 있어서는 예컨대, ① 금품살포 등의 직접행위자가 후보자등의 가족이나 공식 또는 비공식의 중요 선거운동조직원이어서 후보자등의 통제 및

---

7) 2012. 10. 11. 선고 2010두28069 판결

8) 2003. 5. 24. 중앙선관위 질의회답

9) 법 제264조(당선인의 선거범죄로 인한 당선무효)의 적용상의 문제점을 해결하기 위한 방편으로, '법 제264조(당선인의 선거범죄로 인한 당선무효)에 「다수의 벌금형 선고가 있는 경우 가장 중한 벌금형에 2분의 1을 가중한 금액 또는 각 벌금형의 합산액이 100만원 이상인 때에도 그 당선이 무효가 된다.」는 취지의 규정을 추가할 필요가 있다면서, 궁극적으로는 공직선거법이 선거범죄로 인한 당선무효제도를 둠으로써 선거의 공명성과 투명성을 제고하려고 하였다면, 단순한 벌금액이 양적인 차이가 아니라 유·무죄라는 질적인 차이를 가지고 당선무효 여부를 결정하도록 하는 것이 원래의 제도인정취지에도 부합되고, 또 이러한 방안이 선거범죄에 대한 양형의 왜곡과 당선무효에 관한 전국적 통일이라는 형평성을 제고할 수도 있다.'는 견해가 있다(임성식·이경렬, 「선거사범의 처벌과 당선무효에 관한 비교법적 연구」, 한국형사정책연구원, 129-130쪽).

영향력의 범주내에 있고, ② 금액의 규모로 보아 후보자등 또는 조직의 선거운동공금에서 나온 것으로 보이며, ③ 살포방법이 계획적이고 조직적인 경우 등과 같이 금품살포가 후보자등과의 사전협의나 양해 또는 묵인 하에 이루어진 것으로 보는 것이 경험칙상 합당한 경우에는 위와 같은 정황사실에 의하여 후보자등과의 암묵적인 의사연락을 인정할 수 있다.[10)]

다. 선거사무장 등의 선거범죄로 인한 당선무효

(1) 의의

선거사무장·선거사무소의 회계책임자(선거사무소의 회계책임자로 선임·신고되지 아니한 자로서 후보자와 통모하여 당해 후보자의 선거비용으로 지출한 금액이 선거비용제한액의 3분의 1 이상에 해당하는 자를 포함한다) 또는 후보자(후보자가 되려는 사람을 포함한다)의 직계존비속 및 배우자가 해당 선거에 있어서 법 제230조(매수 및 이해유도죄)부터 제234조(당선무효유도죄)까지, 제257조(기부행위의 금지제한 등 위반죄) 제1항 중 기부행위를 한 죄 또는 「정치자금법」 제45조(정치자금부정수수죄) 제1항[11)]의 정치자금 부정수수죄를 범함으로 인하여 징역형 또는 300만원 이상의 벌금형을 선고받은 때(선거사무장, 선거사무소의 회계책임자에 대하여는 선임·신고되기 전의 행위로 인한 경우를 포함한다)에는 그 선거구 후보자(대통령후보자, 비례대표국회의원후보자 및 비례대표지방의회의원후보자를 제외한다)의 당선은 무효로 한다. 다만, 다른 사람의 유도 또는 도발에 의하여 당해 후보자의 당선을 무효로 되게 하기 위하여 죄를 범한 때에는 그러하지 아니하다(법§265).

선거사무장 또는 회계책임자가 기부행위를 한 죄로 징역형을 선고받은 경우에 그 후보자의 당선이 무효로 되는 것은 법 제265조(선거사무장등의 선거범죄로 인한 당선무효)에 의한 것일 뿐이므로, 그들에 대하여 징역형을 선고하는 것이 연좌제를 금지한 헌법 위반이라고 할 수 없고,[12)] 당선무효조항은 친족인 배우자의 행위와 본인 간에 실질적으로 의미 있는 아무런 관련성을 인정할 수 없음에도 불구하고 오로지 배우자라는 사유 그 자체만으로 불이익한 처우를 가하는 것이 아니라, 후보자와 불가분의 선거운명공동체를 형성하여 활동하기 마련인 배우자의 실질적 지위와 역할을 근거로 후보자에게 연대책임을 부여한 것이므로, 「헌법」 제13조 제3항에서 금지하고 있는 연좌제에 해당하지 아니하고, 자기책임원칙에도 위배되지 아니한다. 또한 당선무효조항이 추구하는 공익은 깨끗하고 공명한 선거라는 민주주의의 중핵

---

10) 서울고등법원 1997. 8. 26. 선고 97노611 판결

11) 「정치자금법」 제45조(정치자금부정수수죄) ① 이 법에 정하지 아니한 방법으로 정치자금을 기부하거나 기부받은 자(정당·후원회·법인 그 밖의 단체에 있어서는 그 구성원으로서 당해 위반행위를 한 자를 말한다. 이하 같다)는 5년 이하의 징역 또는 1천만원 이하의 벌금에 처한다. 다만, 정치자금을 기부하거나 기부받은 자의 관계가 「민법」 제777조(친족의 범위)의 규정에 의한 친족인 경우에는 그러하지 아니하다.

12) 1997. 4. 11. 선고 96도3451 판결

을 이루는 대단히 중요한 가치인 반면 당선무효조항에 의하여 규제대상이 되는 범죄행위는 중대한 선거범죄라는 점, 위법한 선거운동이 어느 정도 선거에 영향을 미쳤다면 이에 의한 당선을 정당한 것으로 볼 수 없다는 점, 후보자의 가족 등이 선거의 이면에서 음성적으로 또한 조직적으로 역할을 분담하여 불법·부정을 자행하는 경우가 적지 않은 것이 우리 선거의 현실이라는 점 등을 고려하면, 당선무효조항은 과잉금지원칙에 위배되어 공무담임권을 침해한다고 볼 수 없다.[13] 당선무효조항은 회계책임자 등의 형사책임을 연대하여 지게 하는 것이 아니라, 선거의 공정성을 해치는 객관적 사실(회계책임자 등의 불법행위)에 따른 선거결과를 교정하는 것에 불과하고, 또한 후보자는 공직선거법을 준수하면서 공정한 경쟁이 되도록 할 의무가 있는 자로서 후보자 자신뿐만 아니라 최소한 회계책임자 등에 대하여는 선거범죄를 범하지 않도록 지휘·감독할 책임을 지는 것이므로, 당선무효조항은 후보자 '자신의 행위'에 대하여 책임을 지우고 있는 것에 불과하기 때문에, 헌법상 자기책임의 원칙에 위반되지 않는다.[14]

(2) '해당 선거'의 의미

'해당 선거'란 후보자의 배우자 등의 범행 시점에 후보자가 되려는 사람이 입후보하고자 한 특정 선거이다.[15]

(3) 선거사무장 등의 선거범죄로 인한 당선무효형의 확정

예비후보자의 선거사무장이 당해 선거에 있어서 법 제265조(선거사무장등의 선거범죄로 인한 당선무효)에 규정된 죄를 범함으로 인하여 징역형 또는 300만원 이상의 벌금형을 선고받아 그 형이 확정된 때에는 동 규정에 따라 그 후보자의 당선은 무효로 된다.[16] 차기 총선에서의 후보자가 되고자하는 국회의원의 배우자가 그 총선과 관련하여 법 제230조(매수 및 이해유도죄)의 규정을 위반하여 당선무효형에 해당하는 벌금형의 확정판결을 받고 그 총선이 실시되기 전에 「형의 실효에 관한 법률」에 따라 그 형이 실효된 경우에도 그 형의 실효 여부에 관계없이 그 후보자의 당선은 무효가 된다.[17] 국회의원선거의 후보자가 되려는 사람의 배우자가 2009년 1월 법 제113조(후보자 등의 기부행위제한)를 위반하여 법 제257조(기부행위의 금지제한 등 위반죄)의 규정에 의해 500만원의 벌금형을 선고받고 2010년 1월 형이 확정된 후

13) 2016. 9. 29. 선고 2015헌마548 결정, 2011. 9. 29. 선고 2010헌마68 결정, 2005. 12. 22. 선고 2005헌마19 전원재판부 결정
14) 2010. 3. 25. 선고 2009헌마170 결정
15) 2011. 9. 29. 선고 2010헌마68 결정
16) 2005. 7. 18. 중앙선관위 의결
17) 2006. 9. 8. 중앙선관위 질의회답

2010년 8월 15일 「사면법」에 의한 대통령의 특별사면·복권 조치로 공직선거법위반으로 받은 처벌에 대하여 복권되었다 하더라도 법 제265조(선거사무장등의 선거범죄로 인한 당선무효)의 300만원 이상의 벌금형을 받은 때에 해당하여 2012년 국회의원선거의 그 후보자의 당선은 무효가 된다.[18] 후보자의 배우자가 기부행위로 300만원 이상의 벌금형을 선고받고 그 기부행위를 한 시점에 해당 선거 및 선거구에서 후보자로 등록하여 당선되는 경우 그 당선은 무효로 된다.[19]

(4) 법 제265조(선거사무장등의 선거범죄로 인한 당선무효) 단서의 의미

법 제265조(선거사무장등의 선거범죄로 인한 당선무효) 단서의 '다른 사람의 유도 또는 도발에 의하여 당해 후보자의 당선을 무효로 되게 하기 위하여 죄를 범한 때에는 그러하지 아니하다.'라는 규정은 '선거사무장 등이 당해 선거에 있어서 법 제230조(매수 및 이해유도죄) 등의 죄를 범함으로 인하여 징역형 등의 선고를 받은 때에는 그 후보자의 당선을 무효로 한다.'는 법 제265조(선거사무장등의 선거범죄로 인한 당선무효) 본문에 대한 예외를 규정한 것에 불과할 뿐, 위 단서의 규정에 의하여 법 제230조(매수 및 이해유도죄)에 규정된 죄를 저지른 선거사무장 등에게 그 범죄의 성립을 조각시키는 별도의 사유를 규정한 것은 아니다.[20] 한편, 법 제265조(선거사무장등의 선거범죄로 인한 당선무효)는 그 단서와 관련하여, 법 제265조(선거사무장등의 선거범죄로 인한 당선무효) 단서의 면책사유의 존부를 판단하는 선거관리위원회의 심사절차나 법원의 재판절차가 공직선거법상 전혀 마련되어 있지 아니하여 선거사무장 등에 대하여 징역형 등이 먼저 선고되고 나중에 당선무효유도죄에 대하여 징역형 등이 선고되는 경우에는 법 제265조(선거사무장등의 선거범죄로 인한 당선무효)의 본문에 의하여 무효가 되기 된 당선의 효력이 다시 부활한다고 볼 수 없기 때문에, 당선무효유도죄의 유죄확정판결이 먼저 또는 동시에 선거된 경우와 비교해 볼 때 공무담임권을 제한함에 있어 평등의 원칙상 문제가 있다는 점에서 입법적인 흠결이 있다.[21]

---

18) 2010. 10. 18. 중앙선관위 질의회답
19) 2010. 1. 19. 중앙선관위 질의회답
20) 1999. 5. 28. 선고 99도732 판결
21) 김현철, 「공직선거법상 연좌제규정의 위헌 여부」, 법조 제567권(2003. 12.), 283쪽

2. 당선무효의 결정 및 통지

가. 기소·판결의 통지

(1) 기소통지

선거에 관한 범죄로 당선인, 후보자, 후보자의 직계존·비속 및 배우자, 선거사무장, 선거사무소의 회계책임자를 기소한 때에는 당해 선거구선거관리위원회에 이를 통지하여야 한다(법§267①).

(2) 판결통지

법 제230조(매수 및 이해유도죄) 내지 제235조(방송·신문 등의 불법이용을 위한 매수죄)·제237조(선거의 자유방해죄) 내지 제259조(선거범죄선동죄)의 범죄에 대한 확정판결을 행한 재판장은 그 판결서등본을 당해 선거구선거관리위원회에 송부하여야 한다(법§267②).

나. 당선무효 결정 및 통지

(1) 선거비용초과지출 및 선거사무장등의 선거범죄로 인한 경우

관할선거구선거관리위원회는 법 제267조(기소·판결에 관한 통지) 제2항의 규정에 의하여 법 제263조(선거비용의 초과지출로 인한 당선무효) 및 제265조(선거사무장등의 선거범죄로 인한 당선무효)의 규정에 의한 당선무효사유에 해당하는 확정판결의 판결서등본을 송부받은 때에는 지체 없이 당해 당선인의 당선을 무효로 결정·공고하고 당해 당선인과 그 소속정당에 통지하여야 하며, 대통령 및 국회의원의 선거에 있어서는 대통령과 국회의장에게, 지방의회의원 및 지방자치단체의 장의 선거에 있어서는 당해 지방의회의장 또는 지방자치단체의 장에게 통보하여야 한다(규칙§144①).

(2) 당선인의 선거범죄로 인한 경우

관할선거구선거관리위원회는 법 제267조(기소·판결에 관한 통지) 제2항의 규정에 의하여 당선인이 법 제264조(당선인의 선거범죄로 인한 당선무효)의 규정에 의한 당선무효의 사유에 해당하는 확정판결의 판결서등본을 송부받은 때에는 대통령 및 국회의원선거에 있어서는 대통령과 국회의장에게, 지방의회의원 및 지방자치단체의 장의 선거에 있어서는 당해 지방의회의장 또는 지방자치단체의 장에게 통보하여야 한다(규칙§144②).

3. 당선무효자 등의 비용반환

가. 의의

법 제263조(선거비용의 초과지출로 인한 당선무효)부터 제265조(선거사무장등의 선거범죄로 인한 당선무효)까지의 규정에 따라 당선이 무효로 된 사람(그 기소 후 확정판결 전에 사직한 사람을 포함한다)과 당선되지 아니한 사람으로서 제263조(선거비용의 초과지출로 인한 당선무효)부터 제265조(선거사무장등의 선거범죄로 인한 당선무효)까지의 규정에 자신 또는 선거사무장 등의 죄로 당선무효에 해당하는 형이 확정된 사람은 법 제57조(기탁금의 반환 등)와 제122조의2(선거비용의 보전 등)에 따라 반환·보전받은 금액을 반환하여야 한다. 이 경우 대통령선거의 정당추천후보자는 그 추천정당이 반환하며, 비례대표국회의원선거 및 비례대표지방의회의원선거의 경우 후보자의 당선이 모두 무효로 된 때에 그 추천 정당이 반환한다(법§265의2①).

선거의 공정성을 해치는 선거법령 위반행위에 대해서는 주권자인 국민의 정치적 의사형성과 표현의 과정인 참정권의 행사를 담보하기 위하여 일정한 제재를 가함으로써 부정선거의 소지를 차단할 필요가 있다. 비용반환조항은 선거범죄를 억제하고 공정한 선거문화를 확립하고자 하는 목적으로 선거범에 대한 제재를 규정한 것인 점, 선거범죄를 범하여 형사처벌을 받은 자에게 어느 정도의 불이익을 가할 것인가는 기본적으로 입법자가 결정할 문제인 점, 비용반환조항이 선고형에 따라 제재대상을 정함으로써 사소하고 경미한 선거범과 구체적인 양형사유가 있는 선거범을 제외하고 있는 점, 선거범죄가 당선인의 득표율에 실제로 미친 영향을 계산할 방법이 없는 점 등을 종합하면, 비용반환조항은 재산권을 침해한다고 볼 수 없다.[22] 비용반환조항은 공직취임을 배제하거나 공무원 신분을 박탈하는 내용이 아니므로 공무담임권의 보호영역에 속하는 사항을 규정한 것이라고 할 수 없고, 선거범죄를 저지르지 않고 선거를 치르는 대부분의 후보자는 제재대상에 포함되지 아니하여 자력이 충분하지 못한 국민의 입후보를 곤란하게 하는 효과를 갖는다고 할 수 없으므로 공무담임권을 제한한다고 할 수 없다. 비용반환조항은 이미 선거의 공정을 저해한 자들에 대한 것이고, 선거범죄의 유무를 불문하고 일률적으로 득표율에 따라 선거비용 보전을 해 준다면 선거범죄를 저질러서라도 득표율을 높이려고 할 수도 있다는 점 및 재선거를 치르는 경우에는 국가

---

22) 2015. 2. 26. 선고 2012헌마581 결정(김이수 등 재판관 2명은 '비용반환조항 중 반환받은 기탁금 전액을 다시 반환하도록 하는 부분은 후보자 난립 방지를 위한 기탁금 제도를 본래의 취지를 벗어나 이미 선거범죄로 처벌을 받은 사람을 대상으로 다시 재산형과 같은 효과를 가지는 제재를 가하면서, 선거범죄의 내용, 선거범죄가 득표율에 미친 영향 등을 고려하지 아니하고, 당사자의 의견진술의 기회 등의 절차도 없이 무조건 기탁금 전액을 반환하도록 하여 재산권을 지나치게 제한하는 것으로, 입법목적을 달성하기 위한 적절한 수단이 될 수 없고, 최소침해의 원칙에도 위배되어 청구인의 재산권을 침해한다.'고 반대의견을 개진하였다.) ; 2018. 1. 25. 선고 2015헌마821·834·917(병합) 결정(김이수 등 재판관 4명은 앞서의 반대의견과 같은 취지의 반대의견을 제시하였다.)

가 이중으로 선거비용을 지출하게 되므로 국가의 재정부담을 줄이는 조치를 해야 할 필요성도 있는 점을 고려한 것이다.[23)]

나. 비용반환의 요건

법 제263조(선거비용의 초과지출로 인한 당선무효)부터 제265조(선거사무장등의 선거범죄로 인한 당선무효)까지의 규정에 따라 당선이 무효로 되거나(그 기소 후 확정판결 전에 사직한 경우도 포함한다), 당선되지 아니하였다고 하더라도 제263조(선거비용의 초과지출로 인한 당선무효)부터 제265조(선거사무장등의 선거범죄로 인한 당선무효)까지의 규정에 자신 또는 선거사무장 등의 죄로 당선무효에 해당하는 형이 확정된 경우에는 법 제57조(기탁금의 반환 등)와 제122조의2(선거비용의 보전 등)에 따라 반환·보전받은 금액을 반환하여야 한다(법§265의2①).

교육감선거의 당선인이 선거범죄 등으로 수사를 받던 중 기소되기 전에 사직한 후, 선거범죄에 해당하는 죄로 벌금 100만원 이상의 형을 선고(확정판결)받은 경우 법 제265조의2(당선무효된 자 등의 비용반환) 제1항의 규정에 의하여 그 기소 후 확정판결전에 사직한 자에 해당되지 아니하므로 당선인이 반환·보전받은 기탁금과 선거비용은 반환하지 아니한다.[24)] 국회의원이 당선무효로 되는 선거범죄의 판결확정 전에 사직하였다 하더라도 이후 그 형이 확정되었다면 이미 반환 또는 보전받은 기탁금과 선거비용은 법 제265조의2(당선무효된 자 등의 비용반환)의 규정에 의하여 반환하여야 한다.[25)] 2010. 6. 2. 실시한 교육감선거에서 당선된 사람이 2014. 6. 4. 실시한 같은 광역시 교육감선거에 재당선되었으나 2010. 6. 2. 실시한 교육감선거와 관련하여 추후 「정치자금법」 제49조(선거비용관련 위반행위에 관한 벌칙) 제1항, 제2항 제6호에 해당하는 죄로 100만원 이상의 벌금형이 확정되는 경우 법 제265의2(당선무효된 자 등의 비용반환) 제1항의 당선이 무효로 된 사람에 해당하여 법 제57조(기탁금의 반환 등)와 제122조의2(선거비용의 보전 등)에 따라 반환·보전받은 금액을 반환하여야 한다.[26)]

다. 비용반환의 주체

법 제263조(선거비용의 초과지출로 인한 당선무효)부터 제265조(선거사무장등의 선거범죄로 인한 당선무효)까지의 규정에 따라 당선이 무효로 된 사람(그 기소 후 확정판결 전에 사직한 사람을 포함한다)과 당선되지 아니한 사람으로서 제263조(선거비용의 초과지출로 인한 당선무효)부터 제265조(선거사무장등의 선거범죄로 인한 당선무효)까지의 규정에 자신 또는 선거사무장 등의 죄로 당선무효에 해당하는 형이 확정된 사람이 비용반환의 주체이다. 이 경우 대통령선거의 정당

23) 2011. 4. 28. 선고 2010헌바232 결정
24) 2008. 11. 24. 중앙선관위 질의회답
25) 2004. 11. 15. 중앙선관위 의결
26) 2017. 1. 26. 중앙선관위 질의회답

추천후보자는 그 추천정당이, 비례대표국회의원선거 및 비례대표지방의회의원선거의 경우 후보자의 당선이 모두 무효로 된 때에 그 추천 정당이 비용반환의 주체이다(법§265의2①).

비례대표광역의원선거에서 당해 정당 후보자수는 2명, 당해 정당 당선인 수는 1명이고, 그 당선인이 법 제230조(매수 및 이해유도죄), 제47조의2(정당의 후보자추천 관련 금품수수금지), 「정치자금법」 제45조(정치자금부정수수죄), 제32조(특정행위와 관련한 기부의 제한) 위반으로 징역 1년에 집행유예 2년을 선고받은 경우 당선인이 법 제264조에 따라 당선이 무효로 된 때에는 그 추천정당이 반환·보전받은 기탁금과 선거비용은 반환하여야 한다.[27]

라. 고지 및 납부

(1) 고지

관할선거구선거관리위원회는 법 제265조의2(당선무효된 자 등의 비용반환) 제1항의 규정에 의한 반환사유가 발생한 때에는 지체 없이 정당·후보자에게 반환하여야 할 금액을 고지하여야 한다(법§265의2②전단). 관할선거구선거관리위원회는 고지를 하는 경우에는 ① 법 제265조의2(당선무효된 자 등의 비용반환) 제1항에 해당하는 당선이 무효로 된 사람과 당선되지 아니한 사람의 경우에는 확정판결의 판결서등본을 송부받은 때, ② 기소 후 확정판결 전에 사직한 자의 경우에는 사직서사본을 송부받은 때에 규칙이 정하는 서식[28]에 의하여 서면으로 하여야 한다. 이 경우 관할선거구선거관리위원회는 해당 서면을 직접 교부하거나 배달증명등기우편의 방법으로 고지하여야 한다(규칙§144의2①, ⑥).

(2) 반환 및 납부

당해 정당·후보자는 그 고지를 받은 날부터 30일 이내에 선거구선거관리위원회에 이를 납부하여야 한다(법§265의2②). 반환대상자는 반환하여야 할 금액을 고지받은 날부터 30일 이내에 관할선거구선거관리위원회가 지정하는 예금계좌에 자신의 명의로 입금하는 방법으로 반환하여야 한다(규칙§144의2②).

관할선거구선거관리위원회는 반환된 금액을 반환일로부터 15일 이내에 대통령선거 및 국회의원선거에 있어서는 중앙선거관리위원회의 수입징수관에게, 지방의회의원 및 지방자치단체의 장의 선거에 있어서는 당해 지방자치단체의 징수관에게 납입하여야 한다(규칙§144의2③).

마. 징수

관할선거구선거관리위원회는 납부기한까지 당해 정당·후보자가 납부하지 아니한 때에는

27) 2011. 3. 31. 중앙선관위 질의회답
28) 규칙 별지 제62호 서식의 (마) (기탁금)·(보전비용)·(포상금)반환고지서

당해 후보자의 주소지(정당에 있어서는 중앙당의 사무소 소재지를 말한다)를 관할하는 세무서장에게 징수를 위탁하고 관할세무서장이 국세체납처분의 예에 따라 징수한다(법§265의2③, 규칙§144의2④). 납부 또는 징수된 금액은 국가 또는 지방자치단체에 귀속된다(법§265의2④). 반환된 금액을 국가 또는 지방자치단체에 납입하는 절차에 관하여는「국고금관리법 시행규칙」또는 지방자치단체의 지방세 부과징수에 관한 관계 규정을 준용한다(규칙§144의2⑤).

법은 제265조의2(당선무효된 자 등의 비용반환)에서 정한 기탁금 및 선거비용에 대한 반환청구권의 소멸시효에 대해 달리 정한 바가 없으므로,「국가재정법」제96조(금전채권·채무의 소멸시효) 제1항[29] 또는「지방재정법」제82조(금전채권과 채무의 소멸시효) 제1항[30]에 따라 5년의 소멸시효가 적용된다.[31]

제2장 공무담임권 등의 제한

1. 공무담임권 제한

가. 의의

다른 법률의 규정에도 불구하고 법 제230조(매수 및 이해유도죄)부터 제234조(당선무효유도죄)까지, 제237조(선거의 자유방해죄)부터 제255조(부정선거운동죄)까지, 제256조(각종제한규정위반죄) 제1항부터 제3항까지, 제257조(기부행위의 금지제한 등 위반죄)부터 제259조(선거범죄선동죄)까지의 죄(당내경선과 관련한 죄는 제외한다) 또는「정치자금법」제49조(선거비용관련 위반행위에 관한 벌칙)의 죄를 범함으로 인하여 징역형의 선고를 받은 자는 그 집행을 받지 아니하기로 확정된 후 또는 그 형의 집행이 종료되거나 면제된 후 10년간, 형의 집행유예의 선고를 받은 자는 그 형이 확정된 후 10년간, 100만원 이상의 벌금형의 선고를 받은 자는 그 형이 확정된 후 5년간 공무담임권이 제한된다(법§266①).[32]

---

29) 국가재정법 제96조(금전채권·채무의 소멸시효) ① 금전의 급부를 목적으로 하는 국가의 권리로서 시효에 관하여 다른 법률에 규정이 없는 것은 5년 동안 행사하지 아니하면 시효로 인하여 소멸한다.

30) 지방재정법 제82조(금전채권과 채무의 소멸시효) ① 금전의 지급을 목적으로 하는 지방자치단체의 권리는 시효에 관하여 다른 법률에 특별한 규정이 있는 경우를 제외하고는 5년간 행사하지 아니하면 소멸시효가 완성한다.

31) 2023. 5. 8. 선고 2022다305861 판결

32) 헌법재판소는, 지방자치단체의 장이 금고 이상의 형을 선고받고 형이 확정되지 아니한 경우 부단체장이 그 권한을 대행하도록 규정한 구「지방자치법(2007. 5. 11. 법률 제8423호로 전부 개정된 것) 제111조(지방자치단체의 장의 권한대행 등) 제1항 제3호에 대하여, '무죄추정의 원칙에 위배되고, 필요최소한의 범위를 넘어선 기본권제한에 해당하며, 국회의원에게는 금고 이상의 형을 선고받은 후 그 형이 확정되기도 전에 직무를 정지시키는 제도가 없으므로 평등권을 침해한다.'고 판시하였다(2010. 9. 2. 선고 2010헌마418 결정).

법원은 '공직선거법상 일정조항 위반으로 벌금 100만원 이상의 형이 확정되면 법 제53조(공무원 등의 입후보) 제1항 제1호에 의하여 국가공무원 임용결격사유가 되어 「국가공무원법」 제69조(당연퇴직), 제33조(결격사유) 제1항 제6호에 의해 국가공무원의 당연퇴직사유로 되는 것이 「헌법」 제37조 제2항의 과잉금지원칙을 위반하여 공무담임권, 평등권을 침해하였다고 볼 수 없고, 또한 이 경우 별도의 징계절차를 거치지 아니하고 당연퇴직하도록 규정하였다 하여 헌법상 적법절차의 원칙에 위배되거나 재판받을 권리를 침해하였다고도 볼 수 없다.'고 판시하였다.[33)]

나. 분설

(1) 공무담임권이 제한되는 자

법 제230조(매수 및 이해유도죄)부터 제234조(당선무효유도죄)까지, 제237조(선거의 자유방해죄)부터 제255조(부정선거운동죄)까지, 제256조(각종제한규정위반죄) 제1항부터 제3항까지, 제257조(기부행위의 금지제한 등 위반죄)부터 제259조(선거범죄선동죄)까지의 죄(당내경선과 관련한 죄는 제외한다) 또는 「정치자금법」 제49조(선거비용관련 위반행위에 관한 벌칙)의 죄를 범함으로 인하여 징역형의 선고를 받은 자는 그 집행을 받지 아니하기로 확정된 후 또는 그 형의 집행이 종료되거나 면제된 후 10년이 경과되지 아니하거나, 형의 집행유예의 선고를 받은 자는 그 형이 확정된 후 10년이 경과되지 아니한 자, 또는 100만원 이상의 벌금형의 선고를 받은 자는 그 형이 확정된 후 5년이 경과되지 아니한 자는 공무담임권이 제한된다(법§266①).

(2) 공무담임권이 제한되는 범죄 및 형량

공무담임권이 제한되는 것은 법 제230조(매수 및 이해유도죄)부터 제234조(당선무효유도죄)까지, 제237조(선거의 자유방해죄)부터 제255조(부정선거운동죄)까지, 제256조(각종제한규정위반죄) 제1항부터 제3항까지, 제257조(기부행위의 금지제한 등 위반죄)부터 제259조(선거범죄선동죄)까지의 죄 또는 「정치자금법」 제49조(선거비용관련 위반행위에 관한 벌칙)의 죄를 범하여 벌금 100만원 이상의 형을 선고받아 확정된 경우이다. 법 제257조(기부행위의 금지제한 등 위반죄)부터 제259조(선거범죄선동죄)까지의 경우 당내경선과 관련한 죄는 공무담임권이 제한되는 범죄에서 제외한다(법§266①).

이후 2011. 5. 30. 법률 제10739호로 「지방자치법」이 개정되어 제111조(지방자치단체의 장의 권한대행 등) 제1항 제3호를 삭제하였다.

33) 서울행정법원 2007. 8. 14. 선고 2007구합5585 판결

(3) 제한되는 공무담임권의 범위

공무담임권이 제한되는 자는 아래에 해당하는 직에 취임하거나 임용될 수 없으며, 이미 취임 또는 임용된 자의 경우에는 그 직에서 퇴직된다(법§266①).

(가) 공직선거에 입후보할 경우 사직하여야 하는 공무원 등

법 제53조(공무원 등의 입후보) 제1항 각 호의 어느 하나에 해당하는 직(제53조(공무원 등의 입후보) 제1항 제1호의 경우 「고등교육법」 제14조(교직원의 구분) 제1항 · 제2항[34]에 따른 교원을, 같은 항 제5호의 경우 각 조합의 조합장 및 상근직원을 포함한다)(법§266①1.)[35][36]

---

34) 「고등교육법」 제14조(교직원의 구분) ① 학교(각종학교는 제외한다. 이하 이 조에서 같다)에는 학교의 장으로서 총장 또는 학장을 둔다.
② 학교에 두는 교원은 제1항에 따른 총장이나 학장 외에 교수 · 부교수 · 조교수 및 강사로 구분한다.
③ 학교에는 학교운영에 필요한 행정직원 등 직원과 조교를 둔다.
④ 각종학교에는 제1항부터 제3항까지의 규정에 준하여 필요한 교원, 직원 및 조교(이하 "교직원"이라 한다)를 둔다.

35) 헌법재판소는, 법 제266조(선거범죄로 인한 공무담임 등의 제한) 제1항 제1호와 관련하여, '이 사건 법률조항은 일정한 선거범죄로 100만원 이상의 벌금형이 선고되어 그 형이 확정된 경우를 5년간의 공무원직 취임 또는 임용의 제한사유로 규정하고 있다. 따라서 공무원이 일정한 선거범죄로 100만원 이상의 벌금형을 선고받아 그 형이 확정되면 향후 5년간 공무원직에 취임하거나 임용될 수 없으므로 공무원으로 임용될 수 있는 자격조건이 5년간 한시적으로 상실 또는 정지된다. 그런데 「국가공무원법」 제69조(당연퇴직) 및 제33조(결격사유) 제1항 제6호는 법원의 판결 또는 다른 법률에 의하여 자격이 상실 또는 정지된 경우를 교육공무원을 비롯한 공무원직의 당연퇴직사유로 규정하고 있는바, 결국 이 사건 법률조항에 해당하는 공무원은 「국가공무원법」 제69조(당연퇴직), 제33조(결격사유) 제1항 제6호가 정하는 "다른 법률에 의하여 자격이 상실 또는 정지된 자"에 해당하게 됨으로써 공무원직에서 당연퇴직되는 법적 효과가 발생한다. 그렇다면 청구인들이 공무원직에서 당연퇴직된 것은 심판대상조항이 아니라 위 「국가공무원법」 규정들에 근거한 것이므로, 100만원 이상의 벌금의 확정의 효과로서 공무원직의 당연퇴직을 명시적으로 규정하지 아니하였다고 하여 명확성의 원칙에 위반된다고 할 수 없다.'고 판시하였고(2008. 4. 24. 선고 2006헌바43 · 44(병합) 전원재판부 결정), '이 사건 당연퇴직조항에 의한 당연퇴직은 선거범죄로 인한 경우에 한정되므로 모든 범죄를 포괄하여 규정한 「지방공무원법」 제61조(당연퇴직) 중 제31조(결격사유) 제1항 제3호 또는 제4호의 당연퇴직사유와는 차이가 있고, 공무담임권 및 참정권을 제한하고 있는 관련 법률조항들 또한 선거범죄로 인한 100만원의 벌금형을 기준으로 하고 있는 점을 고려할 때, 다른 범죄로 유죄판결을 받은 지방공무원에 비하여 선거범죄로 유죄판결을 받은 지방공무원이 이 사건 당연퇴직조항으로 인하여 합리적인 사유 없이 차별받는 것이라고 할 수는 없다.'고 판시하였다(2005. 10. 27. 선고 2004헌바41 전원재판부 결정).

36) 헌법재판소는 법 제266조(선거범죄로 인한 공무담임 등의 제한) 제1항 제1호 중 제256조(각종제한규정위반죄) 제1항 제5호 가운데 제108조(여론조사의 결과공표금지 등) 제11항 제2호(이하 '퇴직조항'이라 한다)와 관련하여, "퇴직조항은 선거에 관한 여론조사의 결과에 부당한 영향을 미치는 행위를 방지하고 선거의 공정성을 담보하여 공직에 대한 국민 또는 주민의 신뢰를 제고한다는 목적을 달성하는데 적합한 수단이다. 지방의회의원이 선거의 공정성을 해하는 범죄로 유죄판결이 확정되었다면 지방자치행정을 민주적이고 공정하게 수행할 것이라고 기대하기 어렵다. 오히려 그의 직을 유지시킨다면, 이는 공직 전체에 대한 신뢰 훼손으로 이어진다. 대상 범죄인 제256조(각종제한규정위반죄) 제1항 제5호 가운데 제108조(여론조사의 결과공표금지 등) 제11항 제2호의 선거범죄는 선거에 관한 여론조사의 결과에 영향을 미치게 하기 위하여 둘 이상의 전화번호를 착신전환 등의 조치를 하여 같은 사람이 두 차례 이상 응답하는 행위 또는 이를 지시 ·

2004. 4. 15. 실시하는 국회의원선거에서의 선거범죄로 인하여 피선거권이 없게 되는 형이 확정되는 때에는 2005년 실시하는 보궐선거에 입후보할 수 없으며, 보궐선거에서 당선된 후 그 형이 확정되는 때에는 법 제266조(선거범죄로 인한 공무담임 등의 제한)의 규정에 의하여 퇴직하여야 한다.[37] 일반사면이 되거나 복권이 된 자는 법 제19조(피선거권이 없는 자) 각호의 1에 해당하지 아니하며, 법 제266조(선거범죄로 인한 공무담임 등의 제한) 제1항 각호에 해당하는 직에 취임하거나 임용되는 것이 제한되는 것은 아니다.[38] 재직 중인 공무원이 당내경선운동을 하여 법 제255조(부정선거운동죄) 제5항, 제85조(공무원 등의 선거관여 등 금지) 제1항(공무원 등의 선거관여 등 금지), 법 제255조(부정선거운동죄) 제1항 제1호, 제57조의6(공무원등의 당내경선운동금지) 제1항을 위반하여 400만원의 벌금형이 확정된 경우 법 제266조(선거범죄로 인한 공무담임 등의 제한) 제1항의 퇴직사유에 해당한다.[39]

(나) 예비군중대장급 이상의 간부 등

법 제60조(선거운동을 할 수 없는 자)제1항 제6호 내지 제8호에 해당하는 직(법§266①2.)

(다) 「공직자윤리법」상 재산등록의무자 중 공기업 임원 등

「공직자윤리법」 제3조(등록의무자) 제1항[40] 제12호 또는 제13호에 해당하는 기관·단체의

권유·유도하는 행위를 구성요건으로 하는 범죄(이하, 이를 '착신전환 등을 통한 중복 응답 등 범죄'라 한다)로서 착신전환 등을 통한 중복 응답 등 범죄는 선거의 공정성을 직접 해하는 범죄로, 위 범죄로 형사처벌을 받은 사람이라면 지방자치행정을 민주적이고 공정하게 수행할 것이라고 볼 수 없다. 입법자는 100만원 이상의 벌금형을 요건으로 하여 위 범죄로 지방의회의원의 직에서 퇴직할 수 있도록 하는 강력한 제재를 선택한 동시에 퇴직 여부에 대하여 법원으로 하여금 구체적 사정을 고려하여 판단하게 하였다. 당선무효, 기탁금 등 반환, 피선거권 박탈만으로는 퇴직조항, 당선무효, 기탁금 등 반환, 피선거권 박탁이 동시에 적용되는 현 상황과 동일한 정도로 종직에 대한 신뢰를 제고하기 어렵다. 퇴직조항으로 인하여 지방의회의원의 직에서 퇴직하게 되는 사익의 침해에 비하여 선거에 관한 여론조사의 결과에 부당한 영향을 미치는 행위를 방지하고 선거의 공정성을 담보하여 공직에 대한 국민 또는 주민의 신뢰를 제고한다는 공익이 더욱 중대하다. 퇴직조항은 청구인들의 공무담임권을 침해하지 아니한다."고 판시하였다(2022. 3. 31. 선고 2019헌마986 결정).

37) 2004. 12. 3. 중앙선관위 질의회답
38) 2001. 3. 12. 중앙선관위 질의회답
39) 2019. 3. 18. 중앙선관위 질의회답
40) 「공직자윤리법」 제3조(등록의무자) ① 다음 각 호의 어느 하나에 해당하는 공직자(이하 "등록의무자"라 한다)는 이 법에서 정하는 바에 따라 재산을 등록하여야 한다.
1. 대통령·국무총리·국무위원·국회의원 등 국가의 정무직공무원
2. 지방자치단체의 장, 지방의회의원 등 지방자치단체의 정무직공무원
3. 4급 이상의 일반직 국가공무원(고위공무원단에 속하는 일반직공무원을 포함한다) 및 지방공무원과 이에 상당하는 보수를 받는 별정직공무원(고위공무원단에 속하는 별정직공무원을 포함한다)
4. 대통령령으로 정하는 외무공무원과 4급 이상의 국가정보원 직원 및 대통령경호처 경호공무원
5. 법관 및 검사
6. 헌법재판소 헌법연구관

임 · 직원(법§266①3.)

(라) 사립학교 교원

「사립학교법」 제53조(학교의 장의 임면)[41] 또는 같은 법 제53조의2(학교의 장이 아닌 교원의 임면)[42]의 규정에 의한 교원(법§266①4.)[43]

---

7. 대령 이상의 장교 및 이에 상당하는 군무원
8. 교육공무원 중 총장 · 부총장 · 대학원장 · 학장(대학교의 학장을 포함한다) 및 전문대학의 장과 대학에 준하는 각종학교의 장, 특별시 · 광역시 · 특별자치시 · 도 · 특별자치도의 교육감 및 교육장
9. 총경(자치총경을 포함한다) 이상의 경찰공무원과 소방정 이상의 소방공무원
10. 제3호부터 제7호까지 및 제9호 공무원으로 임명할 수 있는 직위 또는 이에 상당하는 직위에 임용된 「국가공무원법」 제26조의5 및 「지방공무원법」 제25조의5에 따른 임기제공무원
11. 「공공기관의 운영에 관한 법률」에 따른 공기업(이하 "공기업"이라 한다)의 장 · 부기관장 · 상임이사 및 상임감사, 한국은행의 총재 · 부총재 · 감사 및 금융통화위원회의 추천직 위원, 금융감독원의 원장 · 부원장 · 부원장보 및 감사, 농업협동조합중앙회 · 수산업협동조합중앙회의 회장 및 상임감사
12. 제3조의2에 따른 공직유관단체(이하 "공직유관단체"라 한다)의 임원

12의2. 「한국토지주택공사법」에 따른 한국토지주택공사 등 부동산 관련 업무나 정보를 취급하는 대통령령으로 정하는 공직유관단체 직원

13. 그 밖에 국회규칙, 대법원규칙, 헌법재판소규칙, 중앙선거관리위원회규칙 및 대통령령으로 정하는 특정 분야의 공무원과 공직유관단체의 직원

41) 「사립학교법」 제53조(학교의 장의 임용) ① 각급학교의 장은 해당 학교를 설치 · 경영하는 학교법인 또는 사립학교경영자가 임용한다.
② 제1항에 따라 학교법인이 대학교육기관의 장을 임기 중에 해임하려는 경우에는 이사정수의 3분의 2 이상의 찬성에 의한 이사회의 의결을 거쳐야 한다.
③ 각급학교의 장의 임기는 학교법인 및 법인인 사립학교경영자는 정관으로 정하고, 사인인 사립학교경영자는 규칙으로 정하되, 4년을 초과할 수 없으며, 중임할 수 있다. 다만, 초 · 중등학교 및 특수학교의 장은 한 차례만 중임할 수 있다.

42) 「사립학교법」 제53조의2(학교의 장이 아닌 교원의 임용) ① 각급학교의 교원은 당해 학교법인 또는 사립학교경영자가 임용하되, 다음 각 호의 1에 의하여야 한다.
1. 학교법인 및 법인인 사립학교경영자가 설치 · 경영하는 사립학교의 교원의 임용은 당해 학교의 장의 제청으로 이사회의 의결을 거쳐야 한다.
2. 사인인 사립학교경영자가 설치 · 경영하는 사립학교의 교원의 임용은 당해 학교의 장의 제청에 의하여 행하여야 한다.

② 대학교육기관의 교원의 임용권과 고등학교 이하 각급학교 교원의 휴직 및 복직에 관한 사항은 해당 학교법인의 정관이 정하는 바에 의하여 학교의 장에게 위임할 수 있다.
③ 대학교육기관의 교원은 정관이 정하는 바에 따라 근무기간 · 급여 · 근무조건, 업적 및 성과약정 등 계약조건을 정하여 임용할 수 있다. 이 경우 근무기간에 관하여는 국립대학 · 공립대학의 교원에게 적용되는 관련규정을 준용한다.
④ 제3항에 따라 임용된 교원의 임용권자는 해당 교원에게 임용기간 만료일 4개월 전까지 임용기간이 만료된다는 사실과 재임용 심의를 신청할 수 있음을 통지(문서에 의한 통지를 말한다. 이하 이 조에서 같다)하여야 한다.
⑤ 제4항에 따라 통지를 받은 교원이 재임용을 받으려는 경우에는 통지를 받은 날부터 15일 이내에 재임용 심의를 임용권자에게 신청하여야 한다.
⑥ 제5항에 따른 재임용 심의 신청을 받은 임용권자는 제53조의4에 따른 교원인사위원회의 재임용 심의를

(마) 방송통신심의위원회의 위원(법§ 266①5.)

2. 피선거권제한

가. 당선무효로 인한 재선거의 경우

다음 각 호의 어느 하나에 해당하는 사람은 당선인의 당선무효로 실시사유가 확정된 재선

거쳐 해당 교원을 재임용할지를 결정하고 그 사실을 임용기간 만료일 2개월 전까지 해당 교원에게 통지하여야 한다. 이 경우 해당 교원을 재임용하지 아니하기로 결정하였을 때에는 재임용하지 아니하겠다는 의사와 재임용 거부사유를 구체적으로 밝혀 통지하여야 한다.

⑦ 교원인사위원회가 제6항에 따라 해당 교원의 재임용 여부를 심의할 때에는 다음 각 호의 사항에 관한 평가 등 객관적인 사유로서 학칙이 정하는 사유에 근거하여야 한다. 이 경우 심의과정에서 15일 이상의 기간을 정하여 해당 교원에게 지정된 기일에 교원인사위원회에 출석하여 의견을 진술하거나 서면에 의한 의견제출의 기회를 주어야 한다.

1. 학생교육에 관한 사항
2. 학문연구에 관한 사항
3. 학생지도에 관한 사항
4. 「산업교육진흥 및 산학연협력촉진에 관한 법률」 제2조 제6호에 따른 산학연협력에 관한 사항

⑧ 교원인사위원회는 교원의 재임용을 심의하는 경우 해당 교원의 평가 등에 제7항 각 호의 사항에 대한 실적과 성과가 「고등교육법」 제15조에 따른 해당 교원의 임무에 비추어 적정하게 반영될 수 있도록 필요한 조치를 취하여야 한다.

⑨ 재임용이 거부된 교원이 재임용 거부처분에 대하여 불복하려는 경우에는 그 처분이 있음을 안 날부터 30일 이내에 「교원의 지위 향상과 교육활동보호를 위한 특별법」 제7조에 따른 교원소청심사위원회에 심사를 청구할 수 있다.

⑩ 고등학교 이하 각급학교 교원의 신규채용은 공개전형으로 하며, 담당할 직무에 필요한 자격요건과 공개전형의 실시에 필요한 사항은 대통령령으로 정한다.

⑪ 「초·중등교육법」 제19조에 따른 교원의 임용권자는 제10항에 따른 공개전형을 실시할 때에는 필기시험을 포함하여야 하고, 필기시험은 시·도교육감에게 위탁하여 실시하여야 한다. 다만, 대통령령으로 정하는 바에 따라 시·도교육감의 승인을 받은 경우에는 필기시험을 포함하지 아니하거나 시·도교육감에게 위탁하지 아니할 수 있다.

43) 헌법재판소는, 법 제266조(선거범죄로 인한 공무담임 등의 제한) 제1항 제4호와 관련하여, '선거범죄로 형사처벌을 받은 사립학교 교원에 대하여 신분상 불이익을 가하는 이 사건 법률조항은 선거의 공정성을 해친 자에게 일정한 불이익을 줌으로써 선거의 공정성을 확보함과 동시에 교원직무의 윤리성·사회적 책임성을 제고하기 위한 법적 조치로서 그 입법목적의 정당성이 인정되고, 이 사건 법률조항이 선거와 관련한 교원의 불법적 개입을 억제하고 교직의 윤리성을 제고하고자 사립학교 교원을 교직에서 배제하도록 한 것은 그 입법목적을 달성하기 위한 효과적이고 적절한 수단이라고 볼 것이다. 사립학교 교직원의 사회적 지위와 영향력에 비추어 선거에 대한 교원의 불법적 개입을 억제할 필요성이 크다는 점, 법관이 100만원 이상의 벌금형을 양정함에 있어서 형사처벌뿐만 아니라 교직의 계속 수행 여부에 대한 합리적 평가를 하게 될 것이라는 점, 위와 같은 입법목적을 달성하기 위하여 달리 덜 제약적인 대체적 입법수단이 명백히 존재하지 않는 점 등을 종합하면, 이 사건 법률조항이 피해최소한의 원칙에 위배된다고 볼 수 없고, 이 사건 법률조항은 선거의 공정성을 보장하고 교직의 윤리성·사회적 책임성을 유지하기 위한 중대한 공익을 추구하기 위한 것이므로 법익의 균형성에 위배된다고도 볼 수 없다. 따라서 이 사건 법률조항은 직업선택의 자유 및 사립대학의 자율성을 침해하지 않는다.'고 판시하였다(2008. 4. 24. 선고 2005헌마857 전원재판부 결정).

거(당선인이 그 기소 후 확정판결 전에 사직함으로 인하여 실시사유가 확정된 보궐선거를 포함한다)의 후보자가 될 수 없다(법§266②).

1. 법 제263조(선거비용의 초과지출로 인한 당선무효) 또는 제265조(선거사무장등의 선거범죄로 인한 당선무효)에 따라 당선이 무효로 된 사람(그 기소 후 확정판결 전에 사직한 사람을 포함한다)
2. 당선되지 아니한 사람(후보자가 되려던 사람을 포함한다)으로서 법 제263조(선거비용의 초과지출로 인한 당선무효) 또는 제265조(선거사무장등의 선거범죄로 인한 당선무효)에 규정된 선거사무장 등의 죄로 당선무효에 해당하는 형이 확정된 사람

나. 임기 중 사직으로 인한 보궐선거의 경우

다른 공직선거(교육의원선거 및 교육감선거를 포함한다)에 입후보하기 위하여 임기 중 그 직을 그만 둔 국회의원·지방의회의원 및 지방자치단체의 장은 그 사직으로 인하여 실시사유가 확정된 보궐선거의 후보자가 될 수 없다(법§266③).

제25편 벌칙

제1장 매수 및 이해유도죄

1. 매수죄

가. 의의

투표를 하게 하거나 하지 아니하게 하거나 당선되거나 되게 하거나 되지 못하게 할 목적으로 선거인(선거인명부 또는 재외선거인명부 등을 작성하기 전에는 그 선거인명부 또는 재외선거인명부 등에 오를 자격이 있는 사람을 포함한다) 또는 다른 정당이나 후보자(예비후보자를 포함한다)의 선거사무장 · 선거연락소장 · 선거사무원 · 회계책임자 · 연설원(법 제79조(공개장소에서의 연설 · 대담) 제1항 · 제2항에 따라 연설 · 대담을 하는 사람과 법 제81조(단체의 후보자등 초청 대담 · 토론회) 제1항 · 제82조(언론기관의 후보자등 초청 대담 · 토론회) 제1항 또는 제82조의2(선거방송토론위원회 주관 대담 · 토론회) 제1항 · 제2항에 따라 대담 · 토론을 하는 사람을 포함한다) 또는 참관인(투표참관인 · 사전투표참관인과 개표참관인을 말한다) · 선장 · 입회인에게 금전 · 물품 · 차마 · 향응 그 밖에 재산상의 이익이나 공사의 직을 제공하거나 그 제공의 의사를 표시하거나 그 제공을 약속한 자는 5년 이하의 징역 또는 3천만원 이하의 벌금에 처한다(법§230①1.).

법 제230조(매수 및 이해유도죄) 제1항이 당선되거나 되게 하거나 되지 못하게 할 목적으로 선거인 등 일정한 자에게 금품 등을 제공한 자를 처벌하도록 규정하면서 선거일로부터 일정한 기간에 한하여 위와 같은 행위를 처벌하도록 하는 등 일정한 시기적 제한을 두지 아니하였다 하더라도 그것이 헌법상의 죄형법정주의의 원칙에 반한다거나 형벌법규로 인한 기본권 제한의 정도에서 목적 정당성의 원칙, 방법 적정성의 원칙, 피해 최소성의 원칙, 법익 균형성의 원칙 등에 위배된다고 할 수 없다.[1]

---

1) 1996. 6. 28.자 96초111 결정

나. 구성요건

(1) 행위의 주체

아무런 제한이 없다.

(2) 행위의 상대방

매수행위의 상대방은 선거인 또는 다른 정당이나 후보자(예비후보자를 포함한다)의 선거사무장 · 선거연락소장 · 선거사무원 · 회계책임자 · 연설원 또는 참관인 · 선장 · 입회인이다.

(가) 선거인

일반적으로 선거인이라 함은 선거권자로서 선거인명부에 등재되어 있는 자를 말하나, 매수 및 이해유도죄에 있어서의 선거인은 선거인명부 또는 재외선거인명부 등을 작성하기 전에는 그 선거인명부 또는 재외선거인명부 등에 오를 자격이 있는 사람을 포함한다.

법 제230조(매수 및 이해유도죄) 제1항 제1호는 매수죄의 상대방인 선거인에 관하여 선거권이 있는 자로서 선거인명부에 올라있는 자에 국한하지 아니하고 나아가 선거인명부 작성 전에는 그 '선거인명부에 오를 자격이 있는 자'까지도 포함된다고 규정하고 있는 바, 선거인명부 작성기준일 이전이라 할지라도 상대방의 주민등록현황, 연령 등 제반 사정을 기초로 하여 다가올 선거일을 기준으로 판단할 때 위와 같은 선거인으로 될 수 있는 자이면 이를 '선거인명부에 오를 자격이 있는 자'로 봄이 상당하고, 위 규정이 '선거인명부에 오를 자격이 있는 자'의 의미를 선거인명부 작성기준일 현재 당해 선거구 안에 주민등록이 되어 있는 선거권자만으로 제한하고 있지 아니한 이상, 향응제공 등의 상대방이 선거인명부 작성기준일 이전에 당해 선거구 안에 주민등록이 되어 있지 아니하다는 사유만으로 같은 법 제230조(매수 및 이해유도죄) 제1항 제1호 소정의 선거인에 대한 매수죄가 성립하지 않는다고 볼 것은 아니다.[2] 위와 같은 '선거인'의 의미와 아울러 위 규정의 입법 취지가 부정한 경제적 이익 등으로 선거에 관한 개인의 자유의사를 왜곡시키는 행위를 처벌함으로써 선거의 공정성을 보장하려는 데 있음을 고려하면, 다가올 선거일을 기준으로 판단할 때 매수행위에 영향을 미치고자 하는 선거가 실시되는 지역의 선거인으로 될 수 있는 사람이면 매수죄의 상대방인 '선거인'에 해당하고, 매수행위 당시에 반드시 상대방이 선거할 선거구가 획정되어 있어야 하거나 유효한 선거구가 존재하여야 하는 것은 아니다.[3] 법 제230조(매수 및 이해유도죄) 제1항 제1호의 '선거인'은 법 제230조(매수 및 이해유도죄) 제1항 제2호, 제3호의 각 단체나 모임

2) 2011. 6. 24. 선고 2011도3824 판결, 2005. 8. 19. 선고 2005도2245 판결
3) 2017. 12. 5. 선고 2017도6510 판결

과는 구분되는 자연인을 의미한다.[4)]

(나) 연설원

연설원은 법 제79조(공개장소에서의 연설·대담) 제1항·제2항에 따라 연설·대담을 하는 사람과 법 제81조(단체의 후보자등 초청 대담·토론회) 제1항·제82조(언론기관의 후보자등 초청 대담·토론회) 제1항 또는 제82조의2(선거방송토론위원회 주관 대담·토론회) 제1항·제2항에 따라 대담·토론을 하는 사람을 포함한다. '연설원'이 매수 및 이해유도죄에 있어 그 상대방이 되려면 적어도 그 신분이 어느 정도 객관화되어 있을 것을 요하고, 그냥 내부적으로 지정되거나 지명되는 것만으로는 그 신분을 취득한다고 할 수 없다. 후보자 등의 방송연설의 경우, 이용할 방송시설명·이용일시·연설을 할 사람의 성명·소요시간·이용방법 등을 기재한 신청서를 후보자등록 마감일 후 3일까지 중앙선거관리위원회에 서면으로 제출하도록 되어 있으므로(법§71⑦), 연설원의 신분은 그 신청서가 중앙선거관리위원회에 도달된 때에 비로소 객관화되어 신분을 취득하게 되고, 개개의 연설이 끝날 때마다 당해 연설원의 신분이 개별적으로 종료되고, 한 사람이 수회의 연설을 하도록 되어 있는 때에는 최종의 연설이 끝났을 때에 그 신분이 종료되고, 공개장소에서의 연설·대담의 경우(법§79)에는 연설원 등을 신고하는 규정이 없으나, 후보자측이 공개장소에서 연설·대담을 할 사람을 지정하여 어떤 형태로든 객관화되었을 때에 신분을 취득하고, 공개장소에서의 연설·대담이 끝난 후 그 신분이 종료되며, 단체의 후보자 등 초청 대담·토론회(법§81)의 경우, 단체는 초청할 후보자 또는 대담·토론자의 성명 등을 개최일전 2일까지 관할선거구선거관리위원회 등에 신고하여야 하므로(법§81③), 이때의 대담·토론자는 관할선거구선거관리위원회에 신고하였을 때에 그 신분을 취득하고 그 대담·토론이 끝났을 때 그 신분도 종료되고, 언론기관의 후보자 등 초청 대담·토론회(법§82)의 경우에는 그 대담·토론자에 대한 신고 규정이 없으므로, 후보자 측이 그 대담·토론회에 참석할 사람을 지정하여 어떤 형태로든 언론기관에 피지정자가 통보되었을 때 대담·토론자의 신분을 취득하고 그 대담·토론이 끝났을 때 그 신분도 종료되고, 선거방송토론위원회 주관 대담·토론회(법§82의2)의 경우에는 이에 참가하는 대담·토론자 등에 관한 신고서를 선거방송토론위원회에 신고한 때에 그 신분을 취득하고 그 대담·토론이 끝나면 그 신분이 종료된다.[5)]

---

4) 2017. 12. 7. 선고 2017도7586 판결(아파트내 노인정을 방문하여 아파트 노인회장 ○○○과 부녀회 회장 등 다수의 입주민이 모인 자리에서 갑 예비후보자에 대한 지지를 호소하면서 노인회발전기금명목으로 100만원권 수표 1매를 교부하여 법 제230조(매수 및 이해유도죄) 제1항 제1호의 매수죄를 범하였다고 기소된 사안에서, 위 수표를 교부한 상대방은 '선거인'으로서의 ○○○가 아니라 '노인회 회장'으로서의 ○○○이고, 위 수표가 ○○○개인이 아니라 이 사건 아파트 노인회, 부녀회에 귀속되었다고 봄이 타당하다는 이유로, 피고인이 '선거인'에게 위 수표를 교부하였음을 내용으로 하는 위 공소사실은 그 범죄의 증명이 없다고 보아 무죄로 판단한 사례)

(3) 행위

매수행위는 금전·물품·차마·향응 그 밖에 재산상의 이익이나 공사의 직을 제공하거나 그 제공의 의사를 표시하거나 그 제공을 약속하는 것이다. '재산상 이익'이란 재산상태의 증가를 가져오는 일체의 이익을 의미한다. 지방의회의원이 심의·확정권을 가진 지방자치단체의 예산의 지원 역시 재산상 이익에 해당한다. 지방의회의원이 어느 공공기관·사회단체 등의 기관·단체·시설에 예산을 지원하겠다는 의사표시가 선거운동에 이용할 목적의 일환이었는지, 아니면 의정활동 등 직무상의 통상적인 권한 행사였는지 등은 개별 사안에서 법관의 법률조항에 대한 보충적 해석·적용을 통해 가려질 수 있다.[6] 법 제230조(매수 및 이해유도죄) 제1항 제1호 소정의 금품 기타 재산상 이익 등의 제공의 의사를 표시하거나 그 제공을 약속하는 행위는 구두에 의하여 할 수도 있고 그 방식에 특별한 제한은 없는 것이지만, 그 약속 또는 의사표시가 사회통념상 쉽게 이를 철회하기 어려울 정도로 당사자의 진정한 의사가 담긴 것으로서 외부적·객관적으로 나타나는 정도에 이르러야만 비로소 이에 해당한다고 할 것이지, 금품 등과 관련한 모든 행위가 이에 해당한다고 할 수는 없다.[7] 선거에서 후보자가 되려고 하는 자를 당선되게 할 목적으로 금품의 제공을 약속한 자가 후에 그 약속에 따라 실제로 금전을 제공한 경우, 금전의 제공을 약속한 행위는 금품제공에 관한 법위반죄에 흡수되어 별도의 죄를 구성하지 아니한다.[8] 금품제공에 의한 부정선거운동을 위하여 현금이 든 편지봉투가 피고인들에 의하여 우체국에 접수되고 발송을 위한 소인까지 거친 단계에서 적발된 경우, 피고인들의 행위는 금전 등의 제공의 의사표시에 해당한다.[9]

(4) 행위의 목적

매수행위는 투표를 하게 하거나 하지 아니하게 하거나 당선되거나 되게 하거나 되지 못하게 할 목적이 있어야 한다. '당선될 목적'은 적극적 의욕이나 확정적 인식임을 요하지 아니하고 미필적 인식이 있으면 족할 것이고, 그 목적이 있었는지 여부는 행위자의 사회적 지위, 행위자와 경쟁 후보자와의 인적관계, 행위의 동기 및 경위와 수단·방법, 행위의 내용과 태

---

5) 대검찰청, 앞의 책, 179-182쪽

6) 2020. 3. 26. 선고 2018헌바3 결정

7) 2006. 4. 27. 선고 2004도4987 판결, 2007. 1. 12. 선고 2006도7906 판결("처음 받는 봉급 어려운 이웃(사회복지시설)과 함께"라는 내용이 포함된 예비후보자 홍보물을 선거인들에게 발송한 경우, 위 홍보물에 기재된 내용은 장차 도의회의원으로 당선되면 처음 받게 될 봉급을 사회복지시설 등 불우한 이웃을 위해 기부하겠다는 것으로서, 위 홍보물을 받은 선거인들이 그 혜택을 직접적으로 받는 지위에 있다고 할 수 없어 이로 인하여 선거인들을 매수했다고 평가할 수는 없다고 한 사례)

8) 제주지방법원 1996. 5. 31. 선고 96고합30 판결

9) 1990. 7. 24. 선고 90도1033 판결

양, 상대방의 성격과 범위, 행위 당시의 사회상황 등 여러 사정을 종합하여 사회통념에 비추어 합리적으로 판단하여야 한다.[10)]

'선거운동'은 공직선거에서의 당선 또는 낙선을 위한 행위를 말하고, 공직선거에 출마할 정당 추천 후보자를 선출하기 위한 당내 경선에서의 당선 또는 낙선을 위한 행위는 '선거운동'에 해당하지 아니하며, 다만 당내 경선에서의 당선 또는 낙선을 위한 행위라는 구실로 실질적으로는 공직선거에서의 당선 또는 낙선을 위한 행위를 하는 것으로 평가할 수 있는 예외적인 경우에 한하여 그 범위내에서 선거운동으로 볼 수 있으므로, 법 제230조(매수 및 이해유도죄) 제1항 제1호에서 정한 '당선되거나 되게 하거나 되지 못하게 할 목적' 역시 공직선거에서 당선 또는 낙선되게 할 목적을 말하고, 공직선거에 출마할 정당 추천 후보자를 선출하기 위한 당내 경선에서 당선 또는 낙선되게 할 목적은 위에서 본 바와 같은 예외적인 경우가 아니라면 여기에 해당하지 아니한다.[11)]

법 제230조(매수 및 이해유도죄) 제1항 제1호는 '투표를 하게 하거나 하지 아니하게 하거나 당선되거나 되게 하거나 되지 못하게 할 목적으로' 선거인에게 금품 등을 제공하는 경우에 처벌한다고 규정하고 있으므로, 위 매수죄는 금품 등을 제공받은 당해 선거인의 투표행위에 직접 영향을 미칠 목적으로 금품 등을 제공하는 경우에만 성립하는 것이 아니라, 금품 등을 제공받은 선거인으로 하여금 타인의 투표의사에 영향을 미치는 행위나 특정 후보자의 당락에 영향을 미치는 행위를 하게 할 목적으로 금품 등을 제공하는 경우에도 성립한다.[12)] 또한 다른 목적범과 마찬가지로 그 목적이 반드시 외부에 표시될 필요는 없고, 그 목적에 대하여는 적극적 의욕이나 확정적 인식을 요하지 아니하고 미필적 인식이 있으면 족하다고 할 것이며, 위와 같은 목적은 그것이 범행의 유일한 동기일 필요는 없으므로, 다른 목적과 함께 존재하여도 무방하다.[13)]

다. 처벌 및 죄수

본죄를 범한 자는 5년 이하의 징역 또는 3천만원 이하의 벌금에 처한다. 본죄를 범한 자가 받은 이익은 이를 몰수한다. 다만, 그 전부 또는 일부를 몰수할 수 없는 때에는 그 가액을 추징한다(법§236). 본죄는 재정신청대상 주요 선거범죄이다(법§273①).

선거인들에게 후보등록 전에 각 금품을 제공하여 선거운동을 한 행위는 매수죄와 사전선거운동의 죄에 모두 해당하고 이는 한 행위가 두 개의 죄에 해당하는 상상적 경합관계이다.[14)]

10) 1999. 6. 25. 선고 99도1145 판결
11) 2012. 4. 13. 선고 2011도17437 판결
12) 2008. 10. 9. 선고 2008도6233 판결
13) 2018. 12. 21. 선고 2018도17890 판결(대구고등법원 2018. 10. 25. 선고 2018노367 판결)
14) 서울고등법원 1992. 6. 4. 선고 92노851 판결

2. 이해유도죄

가. 의의

선거운동에 이용할 목적으로, 학교, 그 밖의 공공기관·사회단체·종교단체·노동단체·청년단체·여성단체·노인단체·재향군인단체·씨족단체 등의 기관·단체·시설에 금전·물품 등 재산상 이익을 제공하거나 그 제공의 의사를 표시하거나 그 제공을 약속하거나(법§230① 2.)[15], 야유회·동창회·친목회·향우회·계모임 기타의 선거구민의 모임이나 행사에 금전·물품·음식물 기타 재산상의 이익을 제공하거나 그 제공의 의사를 표시하거나 그 제공을 약속한 자(법§230①3.)는 5년 이하의 징역 또는 3천만원 이하의 벌금에 처한다.[16]

---

15) 헌법재판소는, 법 제230조(매수 및 이해유도죄) 제1항 제2호의 '선거운동에 이용할 목적', '재산상 이익'과 관련하여, '선거운동의 의미에 대해서는 정의규정인 법 제58조(정의 등) 제1항, "특정 후보자의 당선 내지 이를 위한 득표에 필요한 모든 행위 또는 특정 후보자의 낙선에 필요한 모든 해위 중 당선 또는 낙선을 위한 것이라는 목적의사가 객관적으로 인정될 수 있는 능동적, 계획적 행위를 말하는 것"이라는 확립된 헌법재판소와 법원의 해석례, 선거로부터 시간적 근접성이 있는지 여부라는 법원의 더욱 구체화된 해석기준 등을 통하여 알 수 있고, 무엇이 "선거운동에 이용할 목적"이 있는 행위인지 여부는 개별 사안에서 행위가 이루어진 시기, 동기, 방법 등 제반사정을 종합하여 통상적인 법해석 또는 법 보충 작용을 통해 판단할 수 있다. "재산상 이익"이란 재산상태의 증가를 가져오는 일체의 이익을 의미하고, 지방의회의원이 심의·확정권을 가진 지방자치단체의 예산의 지원 역시 재산상의 이익에 해당한다. 지방의회의원이 어느 공공기관·사회단체 등의 기관·단체·시설에 예산을 지원하겠다는 의사표시가 선거운동에 이용할 목적의 일환이었는지, 아니면 의정활동 등 직무상의 통상적인 권한 행사였는지 등은 개별 사안에서 법관의 법률조항에 대한 보충적 해석·적용을 통해 거려질 수 있다. 따라서 이해유도죄 조항은 죄형법정주의의 명확성원칙을 위반하지 아니한다.'고 하면서 '이해유도죄 조항에 따라 금지되는 행위는 "선거운동에 이용할 목적"의 금전·물품 등 재산상 이익제공 등 행위이다. 위와 같은 목적이 없이 지방의회의원의 직무상의 권한이자 책무인 예산의 심의·확정의 일환으로 공공기관이나 기타 단체에게 재산상 이익을 제공하거나 이를 약속하는 행위는 당연히 위 조항의 금지대상이 아니므로, 지방의회의원의 정당한 직무상 권한 행사나, 정당원으로서의 통상적인 활동까지 제한되는 것은 아니다. 금권선거로 인한 폐해를 방지하고 공정한 선거를 실현하는 것은 이해유도죄 조항에 의해 달성되는 중요한 공익이다. 따라서 이해유도죄 조항은 과잉금지원칙을 위반하여 청구인의 정치적 표현의 자유를 침해하지 아니한다.'고 판시하였다(2020. 3. 26. 선고 2018헌바3 결정).

16) 헌법재판소는, 법 제230조(매수 및 이해유도죄) 제1항 제3호와 같은 규정인 구「공직선거 및 선거부정방지법」제230조(매수 및 이해유도죄) 제1항 제3호(1997. 1. 13. 법률 제5262호로 개정되기 전의 것)와 관련하여, '이 사건 법률조항은 금품 등의 제공자가 "선거운동에 이용할 목적"이 있는 경우에 한하여 처벌대상으로 하고 있고, 그 제공대상자도 기관·단체 ·집회 등 선거운동에 이용될 소지가 높고 구성원의 다수성, 목적의 동질성 등으로 인하여 쉽사리 선거운동에 영향을 미칠 수 있어 그것이 선거에 이용되는 경우 선거의 공정을 해칠 우려가 높은 조직에 한하고 있으며, 아울러 선거운동의 개념에 관하여도 위 조항의 입법목적과 구 대통령선거법에 규정된 선거운동 규제조항의 전체적 구조 등을 고려해 보면, 단순한 의견개진 등과 구별되는 가벌적 행위로서의 선거운동의 표지로 당선 내지 득표(반대후보자의 낙선)에의 목적성, 그 목적성의 객관적 인식가능성, 능동성 및 계획성 등이 요구된다고 할 것이므로, 이와 같이 해석한다면 법률적용자의 자의가 개입될 소지를 제거할 수 있다. 따라서 이 사건 법률조항의 구성요건이 다소 광범위하여 어떤 범위에서는 법관의 보충적인 해석을 필요로 하는 개념을 사용하고 있더라도 그 점만으로 헌법상 요구되는 죄형법정주의의 명확성의 원칙에 위배된다고 할 수 없고, 금권 등이 난무하는 부정·혼탁선거와 과열선거의 혼란에서 벗어나지 못하고 있는 우리나라의 선거풍토에 비추어 볼 때 위와 같은 폐해를 방지하고 공정

나. 구성요건

(1) 행위의 주체

행위의 주체에 아무런 제한이 없다. 법 제87조(단체의 선거운동금지) 제2항에서 금지하는 사조직을 설립한 주체가 사조직에 금전·물품·기타 재산상 이익을 제공한 경우, 법 제115조(제3자의 기부행위제한) 또는 제230조(매수 및 이해유도죄) 제1항 제2호 위반죄가 성립하는지 여부에 대하여, 법원은 '법 제87조(단체의 선거운동금지) 제2항에서 금지하는 사조직을 설립함으로써 같은 법 제255조(부정선거운동죄) 제1항 제11호에 의한 처벌의 대상이 되는 피고인이 나아가 해당 사조직에 금전·물품·기타 재산상 이익을 제공한 경우, 법 제230조(매수 및 이해유도죄) 제1항 제2호나 제115조(제3자의 기부행위제한)의 적용대상이 언제나 제외되는 것은 아니다. 다만, 그와 같은 사조직의 설립 경위, 피고인이 그 설립에 관여한 정도, 피고인과 해당 사조직과의 관계 내지 피고인의 직책, 피고인이 해당 사조직에 재산상 이익 등을 제공한 시기, 경위, 재산상 이익 등의 가액 정도, 해당 재산상 이익의 사용처, 기타 제반 사정들을 종합하여 고려할 때, 그러한 행위가 해당 사조직을 설립하는 일련의 행위 자체에 통상적으로 포섭되는 것이어서 사조직 설립행위와 별도로 처벌할 필요성이 없는 경우에 해당하거나, 해당 사조직의 구성원으로서 사조직의 내부 규정 또는 운영관례상 의무에 기하여 그 운영경비 등에 쓸 자금에 충당하기 위한 회비 등을 납부하기 위하여 통상적·합리적으로 수긍할 수 있는 가액 범위 내에서 금전·물품·기타 재산상 이익을 제공한 행위에 해당한다면, 법 제230조(매수 및 이해유도죄) 제1항 제2호나 제115조(제3자의 기부행위제한)를 적용할 수 없다.'고 판시하였다.[17]

(2) 행위의 상대방

행위의 상대방은 '학교, 그 밖의 공공기관·사회단체·종교단체·노동단체·청년단체·여성단체·노인단체·재향군인단체·씨족단체 등의 기관·단체·시설(법§230①2.)' 및 '야유회·동창회·친목회·향우회·계모임 기타의 선거구민의 모임이나 행사(법§230①3.)'이다.

법 제230조(매수 및 이해유도죄) 제1항 제2호, 제3호에 열거된 종류의 단체나 모임은 반드시 일시적인 친목집회에 한하는 것이 아니라 그 규정에 열거되어 있는 단체나 모임과 유사한 단체나 모임은 명칭에 관계없이 위 규정에 해당한다.[18]

한 선거를 실현하기 위하여 위 법률조항과 같이 선거운동의 목적의 금품제공행위를 별도로 처벌하는 규정을 둔 것은 불가피한 조치로서 그 정당성이 인정된다.'고 판시하였다(1997. 3. 27. 선고 95헌가17 전원재판부 결정).

17) 2008. 11. 13. 선고 2008도6228 판결

18) 1992. 12. 22. 선고 92도1681 판결

‘선거구민’과 관련하여, 법원은 「법 제230조(매수 및 이해유도죄) 제1항 제1호는 매수죄의 상대방인 ‘선거인’에 관하여 ‘선거권이 있는 사람으로서 선거인명부에 올라 있는 사람’에 한정하지 않고 ‘선거인명부를 작성하기 전에는 그 선거인명부에 오를 자격이 있는 사람’까지도 ‘선거인’에 포함된다고 규정하고 있고, 이때의 ‘선거인명부에 오를 자격이 있는 사람’은 선거인명부 작성기준일 현재 당해 선거구 안에 주민등록이 있는 선거권자에 한정되지 않고, 주민등록현황·연령 등 제반 사정을 기초로 하여 다가올 선거일을 기준으로 판단할 때 위와 같은 선거인이 될 수 있는 사람이면 ‘선거인명부에 오를 자격이 있는 사람’으로 봄이 상당한바, 매수죄와 이해유도죄에 관한 법 제230조(매수 및 이해유도죄)의 입법취지가 부정한 경제적 이익 등으로 선거에 관한 개인의 자유의사를 왜곡시키는 행위를 처벌함으로써 선거의 공정성을 보장하려는 데 있는 등 그 입법취지가 일치하는 점, 법상 ‘선거구민’이 규정된 조항들에서 유효한 특정 선거구의 존재를 전제나 요건으로 하고 있다고 보기 어려운 점, 법 제230조(매수 및 이해유도죄) 제1항 제1호의 매수죄에 있어 ‘선거인’과 법 제230조(매수 및 이해유도죄) 제1항 제3호의 이해유도죄에 있어 ‘선거구민’은 재산상 이익의 제공 상대방이라는 공통점이 있는 점 등을 고려하면, 법 제230조(매수 및 이해유도죄) 제1항 제1호의 ‘선거인’에 관한 법리는 법 제230조(매수 및 이해유도죄) 제1항 제3호의 ‘선거구민’에도 그대로 적용되고, 따라서 다가올 선거일을 기준으로 판단할 때 이해유도행위로써 영향을 미치고자 하는 선거의 선거인으로 될 수 있는 사람이면 이해유도죄에 규정된 ‘선거구민’에 해당하고, 그 이해유도행위 당시에 반드시 선거구가 획정되어 있어야 하거나 유효한 선거구가 존재하여야 하는 것은 아니다.」고 판시하였다.[19]

(3) 행위

금전·물품 등 재산상 이익을 제공하거나 그 제공의 의사를 표시하거나 그 제공을 약속하거나(법§230①2.), 금전·물품·음식물 기타 재산상의 이익을 제공하거나 그 제공의 의사를 표시하거나 그 제공을 약속(법§230①3.)하는 것이다.

법 제230조(매수 및 이해유도죄) 제1항 제2호는 선거운동에 이용할 목적으로 공공기관이나 각종 단체에 금품을 제공하는 등으로 그 이해를 유도하는 행위를 처벌하여 공명한 선거를 보장하기 위한 규정으로, 기부, 시설의 개선, 사무실 제공, 보조금·교부금 등의 교부, 행정기관의 지원을 받는 단체로의 격상, 예산 지원 등과 같은 것도 ‘금전·물품 등 재산상 이익’에 포함된다고 볼 수 있다는 점, 행위자 본인이 상대방 단체 등에 대하여 의사표시를 하거나 약속한 행위를 실현할 권한이 있는지 여부 또는 실제로 실행이 가능한지 여부까지는 필요하지 않고 모종의 영향력을 미칠 수 있는 지위에 있으면 족한 것으로 보인다.[20] 법 제230조(매

19) 2017. 12. 7. 선고 2017도9821 판결

수 및 이해유도죄) 제1항 제2호에서 정한 물품 등 재산상의 이익 제공을 약속하였다고 함은 재산상의 이익 제공에 관한 당사자의 진정한 의지가 사회통념상 쉽게 이를 철회하기 어려울 정도로 외부적·객관적으로 나타나는 정도에 이른 경우를 말한다.[21]

(4) 행위의 목적

선거운동에 이용할 목적이 있어야 한다.

다. 처벌

본죄를 범한 자는 5년 이하의 징역 또는 3천만원 이하의 벌금에 처한다.

본죄를 범한 자가 받은 이익은 이를 몰수한다. 다만, 그 전부 또는 일부를 몰수할 수 없는 때에는 그 가액을 추징한다(법§236). 본죄는 재정신청대상 주요 선거범죄이다(법§273①).

3. 선거운동 관련 이익제공금지규정 위반죄

본죄에 대하여는 제15편 선거비용 4. 선거사무관계자에 대한 수당과 실비보상 다. 선거운동 관련 금품 제공 등 금지에서 상술한다.

4. 탈법방법에 의한 문자 전송 등 관련 이익제공금지규정 위반죄

가. 의의

선거에 영향을 미치게 하기 위하여 공직선거법에 따르는 경우를 제외하고 문자·음성·화상·동영상 등을 인터넷 홈페이지의 게시판·대화방 등에 게시하거나 전자우편·문자메시지로 전송하게 하고 그 대가로 금품, 그 밖에 이익의 제공 또는 그 제공의 의사표시를 하거나 그 제공을 약속한 자는 5년 이하의 징역 또는 3천만원 이하의 벌금에 처한다(법§230①5.).

나. 구성요건

(1) 행위의 주체 및 상대방

아무런 제한이 없다.

---

20) 2017. 12. 22. 선고 2017도17136 판결(전주지방법원 2017. 5. 19. 선고 2016고합159 판결)
21) 2015. 10. 29. 선고 2015도7174 판결, 2007. 1. 12. 선고 2006도7906 판결

(2) 행위

본죄의 행위는 선거에 영향을 미치게 하기 위하여 공직선거법에 따르는 경우를 제외하고 문자 · 음성 · 화상 · 동영상 등을 인터넷 홈페이지의 게시판 · 대화방 등에 게시하거나 전자우편 · 문자메시지로 전송하게 하고 그 대가로 금품, 그 밖에 이익의 제공 또는 그 제공의 의사표시를 하거나 그 제공을 약속하는 것이다. '공직선거법에 따르는 경우'란 법 제135조(선거사무관계자에 대한 수당과 실비보상) 제1항 소정의 수당과 실비를 지급받을 수 있는 선거사무장 등에게 문자메시지 전송 등의 행위를 하게하고 그 대가로 수당 등을 지급하는 등 공직선거법에서 금품제공 등이 허용되는 경우만을 의미한다.[22]

(3) 행위의 목적

본죄의 행위는 '선거에 영향을 미치게 하기 위하여'하여야 한다.

다. 처벌 및 죄수

본죄를 범한 자는 5년 이하의 징역 또는 3천만원 이하의 벌금에 처한다.

본죄를 범한 자가 받은 이익은 이를 몰수한다. 다만, 그 전부 또는 일부를 몰수할 수 없는 때에는 그 가액을 추징한다(법§236). 본죄는 재정신청대상 주요 선거범죄이다(법§273①).

법 제230조(매수 및 이해유도죄) 제1항 제4호는 '법 제135조(선거사무관계자에 대한 수당과 실비보상) 제3항의 규정을 위반하여 수당 · 실비 기타 자원봉사에 대한 보상 등 명목 여하를 불문하고 선거운동과 관련하여 금품 기타 이익의 제공 또는 그 제공의 의사를 표시하거나 그 제공을 약속한 자'를 처벌하는 규정을 두고 있고, 같은 항 제5호는 '선거에 영향을 미치게 하기 위하여 이 법에 따른 경우를 제외하고 문자 · 음석 · 화상 · 동영상 등을 인터넷 홈페이지의 게시판 · 대화방 등에 게시하거나 전자우편 · 문자메시지로 전송하게 하고 그 대가로 금품, 그 밖에 이익의 제공 또는 그 제공의 의사표시를 하거나 그 제공을 약속한 자'를 처벌하는 규정을 두고 있는바, 법 제230조(매수 및 이해유도죄) 제1항 제4호와 같은 항 제5호를 비교하면, 제4호는 법에 정한 일정한 경우를 제외하고 선거운동과 관련하여 금품 기타 이익을 제공하는 등의 행위를 처벌하기 위한 규정이고, 제5호는 선거에 영향을 미치게 하기 위해 탈법 방법에 의한 문자 전송이나 인터넷 홈페이지의 게시판 게시 등의 행위에 대한 대가로 금품 기타 이익을 제공하는 등의 행위를 처벌하기 위한 규정으로서, 위 두 규정은 위반행위의 대상, 대가관계 유무, 선거에 영향을 미칠 목적의 유무 등 구성요건과 규제대상에 차이가 있으므로, 후자가 전자에 대하여 특별법 관계에 있는 것이 아니고, 1개의 행위가 각각의 구성

22) 대검찰청, 앞의 책, 208쪽

요건을 충족하는 경우에는 두 죄가 상상적 경합의 관계에 있다.[23)]

5. 투표참여 권유행위 대가 이익제공행위금지규정 위반

가. 의의

정당의 명칭 또는 후보자(후보자가 되려는 사람을 포함한다)의 성명을 나타내거나 그 명칭·성명을 유추할 수 있는 내용으로 법 제58조의2(투표참여 권유활동)에 따른 투표참여를 권유하는 행위를 하게하고 그 대가로 금품, 그 밖에 이익의 제공 또는 그 제공의 의사표시를 하거나 그 제공을 약속한 자는 5년 이하의 징역 또는 3천만원 이하의 벌금에 처한다(법§230①6.).

나. 구성요건

(1) 행위의 주체 및 상대방

행위의 주체 및 상대방에는 아무런 제한이 없다.

(2) 행위

정당의 명칭 또는 후보자(후보자가 되려는 사람을 포함한다)의 성명을 나타내거나 그 명칭·성명을 유추할 수 있는 내용으로 법 제58조의2(투표참여 권유활동)에 따른 투표참여를 권유하는 행위를 하게하고 그 대가로 금품, 그 밖에 이익의 제공 또는 그 제공의 의사표시를 하거나 그 제공을 약속하는 것이다.

누구든지 투표참여를 권유하는 행위를 할 수 있고, 다만, ① 호별로 방문하여 하는 경우, ② 사전 투표소 또는 투표소로부터 100미터 안에서 하는 경우, ③ 특정 정당 또는 후보자(후보자가 되려는 사람을 포함한다)를 지지·추천하거나 반대하는 내용을 포함하여 하는 경우, ④ 현수막 등 시설물, 인쇄물, 확성장치·녹음기·녹화기(비디오 및 오디오 기기를 포함한다), 어깨띠, 표찰, 그 밖의 표시물을 사용하여 하는 경우(정당의 명칭이나 후보자의 성명·사진 또는 그 명칭·성명을 유추할 수 있는 내용을 나타내어 하는 경우에 한정한다)는 그러하지 아니 하는 바(법§58의2), 위 단서 ③호, ④호의 행위를 하는 경우에는 그 행위 자체로 정당이나 후보자의 성명을 나타내거나 그 명칭·성명을 유추할 수 있는 경우에 해당하므로, 그러한 행위를 하게하고 그 대가로 금품 등을 제공하는 등의 행위를 하면 본조의 죄에 그대로 해당된다.

---

23) 2017. 12. 5. 선고 2017도13458 판결

다. 처벌 및 죄수

본죄를 범한 자는 5년 이하의 징역 또는 3천만원 이하의 벌금에 처한다.

본죄를 범한 자가 받은 이익은 이를 몰수한다. 다만, 그 전부 또는 일부를 몰수할 수 없는 때에는 그 가액을 추징한다(법§236). 본죄는 재정신청대상 주요 선거범죄이다(법§273①).

타인에게 정당이나 후보자의 명칭·성명을 나타내거나 유추할 수 있는 방법으로 투표참여 권유행위를 하게하고 그에 대한 대가로 금품 등을 제공하는 경우는 본죄 외에 법 제256조(각종제한규정위반죄) 제3항 제3호, 제58조의2(투표참여 권유활동) 단서 각 호의 투표참여권유행위위반죄에 해당하고 양죄는 실체적 경합관계에 있다. 법 제58조의2(투표참여 권유활동) 단서 제3호 소정의 '특정 정당 또는 후보자를 지지·추천하거나 반대하는 내용을 포함하여 하는 투표참여 권유활동'은 그 자체로 선거운동에 해당하기 때문에 선거운동이 금지되는 선거기간개시일 전이나 선거일만 금지되고 선거운동이 허용되는 선거기간개시일부터 선거일 전일까지의 선거운동기간 중에는 허용되어 그에 해당하는 투표참여 권유행위를 하였더라도 법 제256조(각종제한규정위반죄) 제3항 제3호에 의하여 처벌할 수 없다고 보아야 하지만,[24] 이 경우에도 그 대가로 금품 등을 제공하는 경우에는 본죄에 해당한다.

6. 매수를 받는 죄

가. 의의

법 제230조(매수 및 이해유도죄) 제1항 제1호부터 제6호까지에 규정된 이익이나 직의 제공을 받거나 그 제공의 의사표시를 승낙한 자(제261조(과태료의 부과·징수 등) 제9항 제2호에 해당하는 자는 제외한다)는 5년 이하의 징역 또는 3천만원 이하의 벌금에 처한다(법§230①7.).

나. 구성요건

(1) 행위의 주체

법 제230조(매수 및 이해유도죄) 제1항 제1호부터 제6호까지 소정의 행위의 상대방이 본죄 행위의 주체이다.

---

24) 2017. 12. 22. 선고 2017도6050 판결

(2) 행위

본죄의 행위는 법 제230조(매수 및 이해유도죄) 제1항 제1호부터 제6호까지에 규정된 이익이나 직의 제공을 받거나 그 제공의 의사표시를 승낙하는 것이다. 다만, 법 제230조(매수 및 이해유도죄) 제1항 제7호에 규정된 자로서 같은 항 제5호의 자로부터 금품, 그 밖의 이익을 제공받은 자가 그 제공받은 금액 또는 음식물·물품 등의 가액이 100만원을 초과하지 않는 경우에는 제261조(과태료의 부과·징수 등) 제9항 제2호에 의하여 과태료의 부과대상이 되므로 본죄에 해당하지 아니한다.

법 제230조(매수 및 이해유도죄) 제1항 제7호에서 정한 범행은 금품 등의 제공을 받는 것만으로도 범죄의 구성요건을 충족하므로 이를 나중에 반환하기로 약속하면서 제공받았더라도 범죄의 성립에 지장이 없다.[25)]

(3) 주관적 요건

법 제230조(매수 및 이해유도죄) 제1항 제1호는 '투표를 하게 하거나 하지 아니하게 하거나 당선되거나 되게 하거나 되지 못하게 할 목적으로' 매수행위를 한 경우를 처벌하도록 명시적으로 규정하고 있으나, 같은 항 제7호는 '제1항 제1호부터 제6호까지에 규정된 이익이나 직의 제공을 받거나 그 제공의 의사표시를 승낙한 자'를 처벌하도록 하고 있어 매수를 받는 자에게 같은 항 제1호와 같은 목적을 요구하고 있지 않으므로, 그 매수를 받는 자에게는 매수하는 자에 있어서와 같은 특별한 목적이 요구되지 아니하고 같은 항 제1항 제1호 내지 제6호와 관련하여 매수행위를 하는 자가 그러한 목적을 가지고 제공하는 것이라는 점에 대한 인식이 있으면 충분하다.[26)] 일정한 사정의 인식 여부와 같은 내심의 사실에 관하여 이를 부인하는 경우에는 이러한 주관적 요소로 되는 사실은 사물의 성질상 그 내심과 상당한 관련 있는 간접사실 또는 정황사실을 증명하는 방법에 의하여 이를 입증할 수밖에 없다. 이때 무엇이 관련성이 있는 간접사실 또는 정황사실에 해당하는지는 정상적인 경험칙에 바탕을 두고 치밀한 관찰력이나 분석력으로 사실의 연결상태를 합리적으로 판단하는 방법에 의하여 판단하여야 한다.[27)]

다. 처벌

본죄를 범한 자는 5년 이하의 징역 또는 3천만원 이하의 벌금에 처한다.

---

25) 2018. 12. 21. 선고 2018도17890 판결(대구고등법원 2018. 10. 25. 선고 2018노367 판결)
26) 2018. 12. 21. 선고 2018도17890 판결, 2011. 6. 24. 선고 2011도3824 판결
27) 2018. 12. 21. 선고 2018도17890 판결, 2017. 1. 12. 선고 2016도15470 판결, 2012. 8. 30. 선고 2012도7377 판결

본죄를 범한 자가 받은 이익은 이를 몰수한다. 다만, 그 전부 또는 일부를 몰수할 수 없는 때에는 그 가액을 추징한다(법§236). 본죄는 재정신청대상 주요 선거범죄이다(법§273①).

7. 정당·후보자 등의 매수 및 이해유도죄

가. 의의

정당·후보자(후보자가 되고자 하는 자를 포함한다) 및 그 가족·선거사무장·선거연락소장·선거사무원·회계책임자·연설원 또는 법 제114조(정당 및 후보자의 가족 등의 기부행위제한) 제2항의 규정에 의한 후보자 또는 그 가족과 관계있는 회사 등이 법 제230조(매수 및 이해유도죄) 제1항 각 호에 규정된 행위를 한 때에는 7년 이하의 징역 또는 5천만원 이하의 벌금에 처한다(법§230②).

본죄는 정당이나 후보자 또는 선거사무장 등 선거운동과 관계있는 사람이나 회사·단체 등이 매수행위를 하거나 매수를 받을 경우 그 신분으로 인하여 가중처벌하는 규정이다.

나. 구성요건

(1) 행위의 주체

정당·후보자(후보자가 되고자 하는 자를 포함한다) 및 그 가족·선거사무장·선거연락소장·선거사무원·회계책임자·연설원 또는 법 제114조(정당 및 후보자의 가족 등의 기부행위제한) 제2항의 규정에 의한 후보자 또는 그 가족과 관계있는 회사 등이 본죄의 행위의 주체이다.

(2) 행위

법 제230조(매수 및 이해유도죄) 제1항 각 호에 규정된 행위를 하는 것이다.

다. 처벌

본죄를 범한 자는 7년 이하의 징역 또는 5천만원 이하의 벌금에 처한다.

본죄를 범한 자가 받은 이익은 이를 몰수한다. 다만, 그 전부 또는 일부를 몰수할 수 없는 때에는 그 가액을 추징한다(법§236). 본죄는 재정신청대상 주요 선거범죄이다(법§273①).

8. 지시·권유·요구 및 알선죄

가. 의의

법 제230조(매수 및 이해유도죄) 제1항 각 호의 1 또는 제2항에 규정된 행위에 관하여 지시·권유·요구하거나 알선한 자는 7년 이하의 징역 또는 5천만원 이하의 벌금에 처한다(법 §230③).

나. 구성요건

(1) 행위의 주체

아무런 제한이 없다.

(2) 행위

본죄의 행위는 법 제230조(매수 및 이해유도죄) 제1항 각 호의 1 또는 제2항에 규정된 행위에 관하여 지시·권유·요구하거나 알선하는 것이다.

'지시'는 매수 및 이해유도 행위 또는 매수를 받는 행위를 하도록 일방적으로 일러서 시키는 것이다. 지시하는 자와 지시받는 자 사이에 어느 정도의 지휘·감독관계가 있어야 하지만, 그것이 지시받는 자의 의사를 완전히 억압할 정도까지 될 필요는 없다.

'권유'는 매수 및 이해유도 행위를 하도록 하거나 그 상대방이 되도록 권하여 결의를 촉구하는 것이다.

'요구'는 상대방에게 매수 및 이해유도 행위를 하도록 요구하는 것이다. 법 제230조(매수 및 이해유도죄) 제1항 제1호는 '투표를 하게 하거나 하지 아니하게 하거나 당선되거나 되게 하거나 되지 못하게 할 목적으로' 선거인에게 금품 등을 제공하는 경우에 처벌한다고 규정하고 있으므로, 위 매수죄는 금품 등을 제공받은 당해 선거인의 투표행위에 직접 영향을 미칠 목적으로 금품 등을 제공하는 경우에만 성립하는 것이 아니라, 금품 등을 제공받은 선거인으로 하여금 타인의 투표의사에 영향을 미치는 행위나 특정 후보자의 당락에 영향을 미치는 행위를 하게 할 목적으로 금품 등을 제공하는 경우에도 성립하므로, 이러한 상대방에게 금품 등의 제공을 요구하는 경우에는 법 제230조(매수 및 이해유도죄) 제3항의 매수요구죄가 성립한다.[28)]

---

28) 2008. 10. 9. 선고 2008도6233 판결(피고인들이 대통령 선거를 앞두고 특정 대통령 후보자의 지지에 타격을 줄 수 있는 내용이 담겨있는 CD를 폭로하거나 폭로하지 않는 대가로 위 후보자측 또는 상대방 후보자측에게 금원의 제공을 요구한 사안에서, 법 제230조(매수 및 이해유도죄) 제3항의 요구죄가 성립한다고 한 사례)

'알선'은 매수 및 이해유도 행위 또는 매수를 받는 행위를 하도록 양자의 의사가 서로 합치되게 조정 · 유도하는 것이다.

지시 · 권유 · 요구 · 알선의 결과 의도한 결과가 현실로 발생하였는지 여부는 본죄의 성립에 영향을 미치지 아니한다.

다. 처벌 및 죄수

본죄를 범한 자는 7년 이하의 징역 또는 5천만원 이하의 벌금에 처한다.

본죄를 범한 자가 받은 이익은 이를 몰수한다. 다만, 그 전부 또는 일부를 몰수할 수 없는 때에는 그 가액을 추징한다(법§236). 본죄는 재정신청대상 주요 선거범죄이다(법§273①).

본죄와 관련하여 법 제230조(매수 및 이해유도죄) 제1항의 각 호의 행위를 순차적으로 하였을 경우, 즉 금전 · 물품 · 향응, 그 밖의 재산상의 이익이나 공사의 직(이하 "재산상 이익등"이라 한다)을 제공할 것을 '요구'하고 그에 따라 '제공 의사표시를 승낙'을 하거나 '제공을 받은' 경우에 본죄와 법 제230조(매수 및 이해유도죄) 제1항 제7호와의 관계가 문제된다. 일반적으로 재산상 이익 등에 대한 제공의 의사표시 내지 약속행위는 제공행위에, 제공 의사표시의 승낙행위는 제공받은 행위에 각각 흡수되므로,[29] 재산상 이익등의 제공 '요구행위'는 '제공받은 행위'나 '제공 의사표시를 승낙하는 행위'에 흡수되는 것으로 봄이 상당하다. 그러나 재산상 이익등의 제공 '요구행위'는 본죄에 해당하여 '7년 이하의 징역 또는 5천만원 이하의 벌금'에 처하는데 반하여, '제공받은 행위'나 '제공 의사표시를 승낙하는 행위'는 법 제230조(매수 및 이해유도죄) 제1항 제7호에 해당하여 '5년 이하의 징역 또는 3천만원 이하의 벌금'에 처하도록 하고 있어, 본죄에 해당 하는 '요구행위'가 그보다 형이 경한 법 제230조 제1항 제7호에 해당하는 '제공받은 행위'나 '제공 의사표시의 승낙행위'에 흡수된다고 하기는 어렵다. 이와 같이 중한 죄가 경한 죄에 흡수된다고 할 수는 없기 때문에, 위와 같은 경우, 본죄와 법 제230조(매수 및 이해유도죄) 제1항 제7호의 죄는 실체적 경합범으로 처벌하여야 한다는 견해가 있다.[30] 현행법의 규정상 이와 같이 해석할 수밖에 없는 것은 어쩔 수 없어 보이나, 재산상 이익등을 요구하는 것은 결국 이를 제공받기 위한 목적에서 비롯된 것이므로 '요구행위'는 '제공받은 행위'나 '제공 의사표시의 승낙행위'에 흡수된다고 보는 것이 경험칙상 마땅하기 때문에, 본죄와 법 제230조(매수 및 이해유도죄) 제1항 제7호의 법정형에 대한 개정을 통하여 위와 같은 문제점을 입법적으로 해결하는 것이 필요하다.

한편, 본죄의 '지시 · 권유 · 알선'행위는 그 행위의 주체가 재산상 이익등의 수수 당사자가 아닌 제3자인 경우가 대부분일 것으로 판단되므로 본죄와 법 제230조(매수 및 이해유도죄) 제

29) 2015. 1. 29. 선고 2013도5399 판결
30) 대검찰청, 앞의 책, 220쪽

1항 각 호 및 제2항의 죄와의 사이에 위와 같은 문제점이 발생할 가능성이 별로 없어 보이나, 위 각 행위에 대하여도 그 법정형에 대하여는 '요구'행위와의 형평성 차원에서 함께 다루어져야 할 필요가 있다.

9. 매수목적 금품운반죄

가. 의의

당선되거나 되게 하거나 되지 못하게 할 목적으로 선거기간 중 포장된 선물 또는 돈봉투 등 다수의 선거인에게 배부하도록 구분된 형태로 되어 있는 금품을 운반한 자는 5년 이하의 징역 또는 3천만원 이하의 벌금에 처한다(법§230④).

나. 구성요건

(1) 행위의 주체

아무런 제한이 없다.

(2) 행위

본죄의 행위는 선거기간 중 포장된 선물 또는 돈봉투 등 다수의 선거인에게 배부하도록 구분된 형태로 되어 있는 금품을 운반하는 것이다.

당선 등의 목적으로 선거기간 중 다수의 선거인에게 배부하도록 구분된 형태로 되어 있는 금품을 운반하는 행위를 금지하는 법 제230조(매수 및 이해유도죄) 제3항에서 '구분'이란 같은 조에 정한 금품을 일정한 기준에 따라 전체를 크게 또는 작게 몇 개로 갈라 나누는 것을 말하고, 구분의 방법에는 제한이 없어 돈을 포장 또는 봉투에 넣거나 물건으로 싸거나 띠지로 감아매는 것은 물론, 몇 개의 단위로 나누어 접어놓는 등 따로따로 배부할 수 있도록 분리하여 소지하는 것도 포함한다.[31)]

'운반'이란 어떤 물건을 장소적으로 이전하는 것을 말한다. 본죄의 행위는 '운반'할 것을 요하므로 단순히 '소지'하고 있는 경우에는 본죄에 해당하지 아니한다.

(3) 행위의 목적

본죄의 행위는 당선되거나 되게 하거나 되지 못하게 할 목적이 있어야 한다.

---

31) 2009. 2. 26. 선고 2008도11403 판결

다. 처벌

본죄를 범한 자는 5년 이하의 징역 또는 3천만원 이하의 벌금에 처한다.

본죄를 범한 자가 받은 이익은 이를 몰수한다. 다만, 그 전부 또는 일부를 몰수할 수 없는 때에는 그 가액을 추징한다(법§236). 본죄는 재정신청대상 주요 선거범죄이다(법§273①).

10. 선거관리위원회 위원 등 공무원의 매수 및 이해유도죄

가. 의의

선거관리위원회 위원·직원(투표관리관 및 사전투표관리관을 포함한다) 또는 선거사무에 관계있는 공무원(선장을 포함한다)이나 경찰공무원(사법경찰관리 및 군사법경찰관리를 포함한다)이 법 제230조(매수 및 이해유도죄) 제1항 각 호의 1 또는 제2항에 규정된 행위를 하거나 하게 한 때에는 7년 이하의 징역에 처한다(법§230⑤). 본죄는 선거사무관리에 대한 권한이 있는 선거관리위원회 위원·직원과 선거사무와 관련이 있는 공무원 등에 대하여 그 신분으로 인하여 가중처벌하는 규정이다.

나. 구성요건

(1) 행위의 주체

선거관리위원회 위원·직원(투표관리관 및 사전투표관리관을 포함한다) 또는 선거사무에 관계있는 공무원(선장을 포함한다)이나 경찰공무원(사법경찰관리 및 군사법경찰관리를 포함한다)이 본죄의 행위의 주체이다.

'선거사무에 관계있는 공무원'은 투·개표사무 등 선거사무에 관하여 선거관리위원회의 협조요구를 받은 공무원을 말한다(법§5 등). '경찰공무원'은 「경찰공무원법」 소정의 경찰공무원뿐만 아니라 「사법경찰관리의 직무를 수행할 자와 그 직무범위에 관한 법률」 소정의 사법경찰관리의 직무를 행하는 자와 군사법경찰관리를 포함한다.

(2) 행위

본죄의 행위는 법 제230조(매수 및 이해유도죄) 제1항 각 호의 1 또는 제2항에 규정된 행위를 하거나 하게 하는 것이다.

다. 처벌

본죄를 범한 자는 7년 이하의 징역에 처한다.

본죄를 범한 자가 받은 이익은 이를 몰수한다. 다만, 그 전부 또는 일부를 몰수할 수 없는 때에는 그 가액을 추징한다(법§236). 본죄는 재정신청대상 주요 선거범죄이다(법§273①).

11. 정당후보자 추천 관련 금품수수죄

본죄에 대하여는 제7편 후보자 제4장 후보자 2. 후보자추천 가. 정당의 후보자추천 (3) 정당의 후보자추천 관련 금품수수금지에서 상술한다.

12. 당내경선 관련 매수 및 이해유도죄

본죄에 대하여는 제7편 후보자 제4장 후보자 5. 당내 경선 관련 매수 및 이해유도죄에서 상술한다.

13. 재산상 이익목적의 매수 및 이해유도죄

가. 의의

다음 각 호의 어느 하나에 해당하는 사람은 7년 이하의 징역 또는 300만원 이상 5천만원 이하의 벌금에 처한다(법§231①).

1. 재산상의 이익을 얻거나 얻을 목적으로 정당 또는 후보자(후보자가 되려는 사람을 포함한다)를 위하여 선거인·선거사무장·선거연락소장·선거사무원·회계책임자·연설원 또는 참관인에게 법 제230조(매수 및 이해유도죄) 제1항 각 호의 어느 하나에 해당하는 행위를 한 사람
2. 제1호에 규정된 행위의 대가로 또는 그 행위를 하게 할 목적으로 금전·물품, 그 밖에 재산상의 이익 또는 공사의 직을 제공하거나 그 제공의 의사를 표시하거나 그 제공을 약속한 사람
3. 제1호에 규정된 행위의 대가로 또는 그 행위를 약속하고 제2호에 규정된 이익 또는 직의 제공을 받거나 그 제공의 의사표시를 승낙한 사람

법 제231조(재산상의 이익목적의 매수 및 이해유도죄) 제1항에 규정된 행위에 관하여 지시·권유·요구하거나 알선한 자(제261조(과태료의 부과·징수 등) 제1항에 해당하는 자는 제외한다)는

10년 이하의 징역 또는 500만원 이상 7천만원 이하의 벌금에 처한다(법§231②).

법 제231조(재산상의 이익목적의 매수 및 이해유도죄)는 재산상의 이익등을 도모할 목적으로 선거인 등을 매수하거나 이해유도하는 행위 또는 그러한 행위를 할 것을 지시·권유·요구 또는 알선하는 행위를 가중처벌하는 규정으로서 이른바 선거브로커의 매수중개행위를 가중처벌하기 위해 규정되었다.

나. 구성요건

(1) 주체

아무런 제한이 없다.

(2) 행위의 상대방

선거인·선거사무장·선거연락소장·선거사무원·회계책임자·연설원 또는 참관인이 본죄의 행위의 상대방이다. 정당 또는 후보자(후보자가 되려는 사람을 포함한다)는 그 상대방에 포함되지 아니한다.

(3) 행위

본죄의 행위는 정당 또는 후보자(후보자가 되려는 사람을 포함한다)를 위하여 법 제230조(매수 및 이해유도죄) 제1항 각 호의 어느 하나에 해당하는 행위를 하거나(법§231①1.), 제1호에 규정된 행위의 대가로 또는 그 행위를 하게 할 목적으로 금전·물품, 그 밖에 재산상의 이익 또는 공사의 직을 제공하거나 그 제공의 의사를 표시하거나 그 제공을 약속하거나(법§231①2.), 제1호에 규정된 행위의 대가로 또는 그 행위를 약속하고 제2호에 규정된 이익 또는 직의 제공을 받거나 그 제공의 의사표시를 승낙하거나(법§231①3.), 제1항에 규정된 행위에 관하여 지시·권유·요구하거나 알선하는(법§231②) 것이다.

(가) 정당 또는 후보자를 위하여

'정당 또는 후보자를 위하여'라 함은 후보자의 당선 등 정당이나 후보자에게 선거상의 이득이 되게 하기 위함을 말한다.

(나) 법 제230조(매수 및 이해유도죄) 제1항 각 호에 해당하는 행위

법 제230조(매수 및 이해유도죄) 제1항 각 호에 해당하는 행위는 ① 투표를 하게 하거나 하지 아니하게 하거나 당선되거나 되게 하거나 되지 못하게 할 목적으로 선거인 또는 다른 정당이나 후보자(예비후보자를 포함한다)의 선거사무장 등에게 금전·물품·차마·향응 그 밖에 재산상의 이익이나 공사의 직을 제공하거나 그 제공의 의사를 표시하거나 그 제공을 약속하는 행위(법§230①1.), ② 선거운동에 이용할 목적으로 학교, 그 밖의 공공기관·사회단체·종교단체·노동단체·청년단체·여성단체·노인단체·재향군인단체·씨족단체 등의 기관·단체·시설에 금전·물품 등 재산상 이익을 제공하거나 그 제공의 의사를 표시하거나 그 제공을 약속하는 행위(법§230①2.), ③ 야유회·동창회·친목회·향우회·계모임 기타의 선거구민의 모임이나 행사에 금전·물품·음식물 기타 재산상의 이익을 제공하거나 그 제공의 의사를 표시하거나 그 제공을 약속하는 행위(법§230①3.), ④ 법 제135조(선거사무관계자에 대한 수당과 실비보상) 제3항이 규정에 위반하여 수당·실비 기타 자원봉사에 대한 보상 등 명목여하를 불문하고 선거운동과 관련하여 금품 기타 이익의 제공 또는 그 제공의 의사를 표시하거나 그 제공을 약속하는 행위(법§230①4.), ⑤ 선거에 영향을 미치게 하기 위하여 공직선거법에 따른 경우를 제외하고 문자·음성·화상·동영상 등을 인터넷 홈페이지의 게시판·대화방 등에 게시하거나 전자우편·문자메시지로 전송하게 하고 그 대가로 금품, 그 밖에 이익의 제공 또는 그 제공의 의사표시를 하거나 그 제공을 약속하는 행위(법§230①5.), ⑥ 정당의 명칭 또는 후보자(후보자가 되려는 사람을 포함한다)의 성명을 나타내거나 그 명칭·성명을 유추할 수 있는 내용으로 제58조의2에 따른 투표참여를 권유하는 행위를 하게하고 그 대가로 금품, 그 밖에 이익의 제공 또는 그 제공의 의사표시를 하거나 그 제공을 약속하는 행위(법§230①6.), ⑦ 제1호부터 제6호까지에 규정된 이익이나 직의 제공을 받거나 그 제공의 의사표시를 승낙하는 행위(법§230①7.)를 말한다.

그러나 법 제230조(매수 및 이해유도죄) 제1항 제7호의 '제1호부터 제6호까지에 규정된 이익이나 직의 제공을 받거나 그 제공의 의사표시를 승낙하는 행위', 즉 '매수를 받는 행위'는 본죄 중 제231조(재산상의 이익목적의 매수 및 이해유도죄) 제1항의 행위에는 해당하지 않는다고 보아야 한다. 선거인 등에게 매수를 받는 행위를 한다는 것은 그 자체로 모순되기 때문이다. 그러나 위 '매수를 받는 행위'도 본죄 중 제231조(재산상의 이익목적의 매수 및 이해유도죄) 제2항의 행위에는 포함된다. '매수를 받는 행위'를 지시·권유·요구 또는 알선하는 행위는 당연히 있을 수 있기 때문이다.

법 제230조(매수 및 이해유도죄) 제1항 각 호의 행위에는 위에서 나열한 법 제230조(매수 및 이해유도죄) 제1항 제1호, 제2호, 제3호, 제5호의 행위에서 보는 바와 같이, '행위의 목적', 즉 ① 투표를 하게 하거나 하지 아니하게 하거나 당선되거나 되게 하거나 되지 못하게 할 목적, ② 선거운동에 이용할 목적, ③ 선거에 영향을 미치게 하기 위하여라는 주관적 요건도 포함된다.

다. 행위의 목적

'재산상 이익을 얻거나 얻을 목적'이 있어야 한다. 현실적으로 재산상 이익을 얻는 것뿐만 아니라 장래에 재산상 이익을 얻을 것을 목적으로 하는 경우도 이에 해당한다.

라. 처벌

본죄 중 법 제231조(재산상의 이익목적의 매수 및 이해유도죄) 제1항의 죄를 범한 자는 7년 이하의 징역 또는 300만원 이상 5천만원 이하의 벌금에 처하고, 같은 조 제2항의 죄를 범한 자는 10년 이하의 징역 또는 500만원 이상 7천만원 이하의 벌금에 처한다. 다만, 법 제231조(재산상의 이익목적의 매수 및 이해유도죄) 제1항 제1호에 규정된 행위를 하는 조건으로 정당 또는 후보자(후보자가 되려는 사람을 포함한다)에게 금전·물품, 그 밖의 재산상의 이익 또는 공사의 직의 제공을 요구한 자에게는 5천만원 이하의 과태료를 부과한다(법§261①).

본죄를 범한 자가 받은 이익은 이를 몰수한다. 다만, 그 전부 또는 일부를 몰수할 수 없는 때에는 그 가액을 추징한다(법§236). 본죄는 재정신청대상 주요 선거범죄이다(법§273①).

14. 후보자에 대한 매수 및 이해유도죄

가. 의의

다음 각 호의 1에 해당하는 자는 7년 이하의 징역 또는 500만원 이상 5천만원 이하의 벌금에 처한다(법§232조①).

1. 후보자가 되지 아니하게 하거나 후보자가 된 것을 사퇴하게 할 목적으로 후보자가 되고자 하는 자나 후보자에게 법 제230조(매수 및 이해유도죄) 제1항 제1호에 규정된 행위를 한 자 또는 그 이익이나 직의 제공을 받거나 제공의 의사표시를 승낙한 자
2. 후보자가 되고자 하는 것을 중지하거나 후보자를 사퇴한 데 대한 대가를 목적으로 후보자가 되고자 하였던 자나 후보자이었던 자에게 법 제230조(매수 및 이해유도죄) 제1항 제1호에 규정된 행위를 한 자 또는 그 이익이나 직의 제공을 받거나 제공의 의사표시를 승낙한 자[32][33]

32) 헌법재판소는, 구 공직선거법(2012. 2. 29. 법률 제11374호로 개정되기 전의 것) 제232조(후보자에 대한 매수 및 이해유도죄) 제1항 제2호와 관련하여, '이 사건 법률조항이 추구하는 피선거권의 불가매수성과 선거의 공정성 확보라는 입법목적은 정당하며, 후보자 사퇴 이후의 금전 제공행위를 처벌하는 것은 주기적으로 계속되는 선거에서 "후보자 사퇴의 대가"에 대한 기대를 차단하여 선거 문화의 타락을 막아 선거에 대한 국민의 신뢰를 확보하는데 효과가 있을 것으로 보인다. 이 사건 법률조항은 사퇴한 후보자에 대하여 이루어지는 모든 금전제공행위를 금지하는 것이 아니라 후보자를 사퇴한데 대한 대가를 목적으로 제공되는 금전 제공행위에 한하여 처벌하여 규제의 대상을 한정하고 있고, 금전 제공과 관련된 공직선거법상 다른 규

정들은 이 사건 법률조항과 그 규제의 대상 등이 달라 이 사건 법률조항을 대체하여 위와 같은 입법목적을 달성 할 수 있다고 보기도 어려우며, 이른바 후보단일화에 따른 선거비용 보전은 일정한 경우 대가성이 존재하지 아니하는 것으로 해석될 수 있다. 나아가 이 사건 법률조항에 의한 피선거권의 불가매수성, 선거의 공정성, 그리고 이에 대한 국민의 신뢰 확보는 매우 중요한 가치이고, 이 사건 법률조항으로 인한 정치적 표현의 자유 내지 일반적 행동자유권의 제한은 이러한 공익을 실현하기 위해 필요한 범위 내에 있는 것으로 보이므로, 이 사건 법률조항은 과잉금지원칙에 위배되지 아니한다. 이 사건 법률조항에 의하면 후보자가 사퇴한 이후에 금전 제공의사를 갖게 된 경우에도 사퇴 이전에 부당행위가 개입한 경우와 같은 법정형이 적용되어 결국 당선무효형이 선고되는 것을 피하기 어렵게 되나, 이는 금권의 영향력을 활용하여 피선거권 행사의 불가매수성을 침해하는 행위를 특히 엄격히 규제하려는 입법자의 형사정책적 판단으로 말미암은 것으로, 법정형의 종류와 범위의 선택에서 인정되는 광범위한 입법재량 등에 비추어 볼 때, 책임원칙과 평등원칙에 어긋나는 것이라고 볼 수 없다.'고 판시하였다(2012. 12. 27. 선고 2012헌바47 결정 ; 송두환 등 재판관 3명은 '이 사건 법률조항은 "후보자에 대한 매수 및 이해유도죄"라는 제목 아래 "대가를 목적으로"라는 우리 어법에 맞지도 않는 불명확한 표현을 사용함으로써 이 사건 법률조항의 보호법익과 구성요건의 내용이 무엇인지 불분명하게 만들고 있다. 이처럼 이 사건 법률조항은 이에 의해 금지되는 행위가 무엇인지 예측하기 힘들게 하고, 그 결과 이에 관한 판단에 법적용자의 자의가 개입할 소지를 열어 주고 있어 명확성의 원칙에 위배된다. 공직선거에서 피선거권의 불가매수성과 선거의 공정성이라는 가치 자체는 정당하다 할 것이나, 후보를 매수할 추상적 위험도 없는 시점, 특히 선거 종료 후의 금전 제공행위를 처벌하는 것은 사퇴의사결정이나 선거결과에 부당한 영향을 미칠 위험성이 없는 행위를 규제하는 것으로 피선거권의 불가매수성과 선거의 공정성 확보와는 무관하다. 가사 추상적이나마 계속성 있는 제도로서의 선거에 관한 공정성 및 피선거권의 불가매수성 확보를 이유로 이 사건 법률조항에 대하여 기본권 제한수단의 적절성을 인정한다고 할지라도 이 사건 법률조항은 인적범위나 적용시기 등에 제한이 없어 그 규제 범위가 지나치게 광범위하고, 오늘날 지극히 정상적인 정치형태라 할 수 있는 후보단일화 과정에서 자연스럽게 논의될 수 있는 선거비용 보전에 관한 교섭 자체를 곤란하게 하여 정치활동의 자유를 지나치게 제한한다. 나아가 후보자 사퇴 이전의 매수행위를 금지하는 규정이 있음에도 불구하고 별도로 이 사건 법률조항을 두어 추가적으로 달성하려는 공익은 그 실체가 불분명하거나 막연한 위험에 기초하고 있으므로, 과잉금지원칙에 위배된다'고 반대의견을 표시하였다.). ; 위 헌법재판소의 결정의 반대의견에 동조하는 견해로는 ① 방승주, 「후보단일화와 공직선거법상 사후매수죄의 위헌여부 －헌재 2012. 12. 27. 2012헌바47 공직선거법 제232조 제1항 제2호 위헌소원결정에 대한 비판－」, 안암법학(2013), ② 박혜진, 「공직선거법 제232조 제1항 제2호(소위 사후매수죄)의 위헌성 검토」, 형사정책 제25권 제2호(2013. 8.), ③ 남경국, 「공직선거법 제232조 제1항(후보매수죄)의 헌법합의적 해석과 그 한계 －서울중앙지법 2011고합1212, 2011고합1231(병합) 판결을 중심으로－」, 법학연구 제22권 제1호(2012. 3.), ④ 박지현, 「공직선거법 제232조 제1항 제2호의 '대가'의 의미 해석」, 민주법학 제47호(2011. 11.), ⑤ 남경국, 「공직선거법 '사후매수죄'의 해석과 위헌성 －곽노현 교육감의 공직선거법위반사건을 중심으로－」, 민주법학 제49호(2012. 7.) 등이 있다.

33) 법원은, 이른바 '서울시 교육감사건'에서 구 공직선거법(2012. 2. 29. 법률 제11374호로 개정되기 전의 것) 제232조(후보자에 대한 매수 및 이해유도죄) 제1항 제2호와 관련하여, '① 법 제232조(후보자에 대한 매수 및 이해유도죄) 제1항 제2호의 경우, 그 의미와 내용을 명확하게 파악할 수 있는 합리적 해석기준을 어렵지 않게 도출할 수 있고, 처벌 대상을 후보자를 사퇴한 데 대한 대가를 목적으로 "후보자이었던 사람에게 재산상의 이익이나 공사의 직을 제공하는 행위" 및 "후보자이었던 사람이 이를 수수하는 행위"에 한정하고 있으므로, 건전한 상식과 통상적인 법감정을 가진 일반인이라면 위 규정의 적용대상자와 구체적으로 금지되는 행위의 내용을 충분히 알고 이에 비추어 자신의 행위를 결정할 수 있으며, 나아가 법을 해석·집행하는 기관이 위 규정을 자의적으로 해석하거나 집행할 우려가 있다고 보기도 어렵다. 따라서 위 규정이 죄형법정주의의 명확성 원칙 등에 위배된다고 볼 수 없다. ② ⅰ) 공직선거법이 후보자가 된 것을 사퇴하기 전에 이루어지는 사전 이익제공·수수 등의 행위(제232조 제1항 제1호)뿐만 아니라 후보자를 사퇴한 후 그에 대한 대가를 목적으로 이루어지는 사후 이익제공·수수 등의 행위(같은 항 제2호)도 처벌하는 것은, 선거에 관한 정치·사회·문화·경제적 여건과 현실, 과거의 선거문화와 풍토, 선거의 공정성 확보와 선거부정

법 재232조(후보자에 대한 매수 및 이해유도죄) 제1항 각호의 1에 규정된 행위에 관하여 지시·권유·요구하거나 알선한 자는 10년 이하의 징역 또는 500만원 이상 7천만원 이하의 벌금에 처한다(법§232조②).

선거관리위원회의 위원·직원 또는 선거사무에 관계있는 공무원이나 경찰공무원(사법경찰관리 및 군사법경찰관리를 포함한다)이 당해 선거에 관하여 법 재232조(후보자에 대한 매수 및 이해유도죄) 제1항 각 호의 1 또는 제2항에 규정된 행위를 한 때에는 10년 이하의 징역에 처한다(법§232조③).

방지에 대한 국민의 기대와 신뢰 등 제반 사정을 고려할 때, 법 제232조(후보자에 대한 매수 및 이해유도죄) 제1항 제1호의 사전 이익제공·수수행위 못지않게 같은 항 제2호의 사후 이익제공·수수행위 또한 피선거권 행사의 자유·공정과 불가매수성을 훼손하는 중대한 선거부정행위로서 엄중하게 처벌할 필요성이 있다는 입법자의 결단에 따른 조치라 할 것이고, 따라서 그 목적의 정당성이 인정된다. ii) 선거의 공정성 보장과 선거부정방지라는 공직선거법의 입법 목적은 계속성을 가지는 제도로서 선거를 전제로 파악하여 이를 실현하여야 하고, 특정한 개별 선거에 국한하여 추구할 것이 아니다. 따라서 법 제232조(후보자에 대한 매수 및 이해유도죄) 제1항 제2호의 행위가 후보자 사퇴 또는 선거일 후에 행하여짐에 따라 설령 사퇴행위 또는 당해 선거 결과에는 직접적인 영향을 미치지 아니하였다고 하더라도, 선거제도라는 관점에서 보면 위 행위는 엄연히 선거의 공정과 피선거권 행사의 불가매수성을 훼손하는 선거부정에 해당하므로, 이를 처벌하는 것은 위 규정의 입법 목적을 달성하는데 적합하고 효과적인 수단이 된다. iii) 법 제232조(후보자에 대한 매수 및 이해유도죄) 제1항 제2호는 후보자이었던 사람이 후보자를 사퇴한 후 그에 대하여 이루어지는 모든 이익제공·수수행위를 금지하고 처벌하는 것이 아니라, 후보자를 사퇴한 데 대한 "대가를 목적으로" 후보자이었던 사람에게 이익 등을 제공하는 행위와 후보자이었던 사람이 위와 같은 이익 등을 수수하는 행위에 한하여 이를 처벌한다. 이처럼 위 규정에 의한 이익 등의 제공·수수행위 제한은 전면적 금지가 아니라 입법목적 달성에 필요한 범위 내에서 부분적 금지에 그치고 있어, 이로써 후보자이었던 사람과 관련된 정치적·경제적 행동의 자유가 무의미해진다거나 형해화할 정도에 이른다고 볼 수는 없다. iv) 법 제232조(후보자에 대한 매수 및 이해유도죄) 제1항 제2호에 의하여 보호되는 피선거권 행사의 자유·공정과 불가매수성 등의 가치는 선거의 공정성 확보와 선거부정방지를 통한 민주정치의 발전이라는 공공의 이익에 있어 중요한 의미를 지닌다. 그리고 위 규정에 의한 정치적·경제적 행동의 자유 제한은 입법 목적 달성에 필요한 범위에 한정되어, 위 규정이 행동의 자유에 관한 기본권의 본질적 내용을 침해한다고 볼 수 없다. v) 그러므로 법 제232조(후보자에 대한 매수 및 이해유도죄) 제1항 제2호는 과잉금지원칙에 위배되지 않는다. ③ 법 제232조(후보자에 대한 매수 및 이해유도죄) 제1항 제2호가 후보자를 사퇴한 데 대한 대가를 목적으로 이루어지는 사후이익제공·수수 등의 행위에 대하여 같은 항 제1호의 사전이익제공·수수 등의 행위와 마찬가지로 "7년 이하의 징역 또는 500만원 이상 3,000만원 이하의 벌금"이라는 법정형을 정한 것은, 입법자가 범죄의 죄질과 보호법익의 성격, 역사적·문화적 배경, 입법 당시의 시대적 상황, 국민의 가치관 또는 법감정, 그리고 범죄의 실태와 예방을 위한 형사정책적 측면 등 여러 요소를 종합적으로 고려하여 같은 항 제1호의 사전 이익제공·수수 등의 행위 못지않게 같은 항 제2호의 사후 이익제공·수수 등의 행위 또한 중대한 선거부정행위로서 엄중하게 처벌할 필요성이 있다는 결단을 내린 데 따른 조치라 할 것이다. 그리고 법 제232조(후보자에 대한 매수 및 이해유도죄) 제1항 제2호의 법정형은 상당한 재량의 범위를 인정하고 있어, 법관은 위 규정이 적용되는 구체적 사건에서 여러 가지 양형 조건을 참작하여 합리적이고 적정한 양형을 할 수 있으며, 나아가 벌금형의 선고유예를 할 수 있는 여지도 남아있다. 위와 같은 사정을 종합하면, 법 제232조(후보자에 대한 매수 및 이해유도죄) 제1항 제2호에서 정한 법정형이 형벌 체계상의 균형을 현저히 잃고 있다거나 형벌 본래의 목적과 기능을 달성함에 있어 필요한 정도를 일탈함으로써 헌법상 평등의 원칙 및 비례의 원칙 등에 위배된다고 볼 수 없다.'고 판시하였다(2012. 9. 27. 선고 2012도4637 판결).

나. 구성요건

(1) 행위의 주체

법 제232조(후보자에 대한 매수 및 이해유도죄) 제1항 각호의 1 및 제2항의 경우 그 행위의 주체에는 아무런 제한이 없다. 다만, 법 제232조(후보자에 대한 매수 및 이해유도죄) 제1항 각호의 각 후단의 '매수를 받는 행위'의 주체는 각 그 전단의 상대방이 주체가 된다. 법 제232조(후보자에 대한 매수 및 이해유도죄) 제3항은 선거관리위원회의 위원·직원 또는 선거사무에 관계있는 공무원이나 경찰공무원(사법경찰관리 및 군사법경찰관리를 포함한다)이 행위의 주체가 된다.

(2) 행위의 상대방

법 제232조(후보자에 대한 매수 및 이해유도죄) 제1항 제1호의 행위의 상대방은 '후보자가 되고자 하는 자나 후보자'이고, 제2호의 행위는 '후보자가 되고자 하였던 자나 후보자이었던 자'가 그 상대방이 된다.

'후보자가 되고자 하였던 자'란 후보자가 될 의사를 가지고 이를 외부에 객관적으로 표시하였다가 후보자 등록 이전에 그 의사를 단념하거나 철회한 자를 말한다. 단념의 동기는 불문한다. 후보자가 될 의사를 단념하였다가 그 후에 다시 입후보하였더라도 본죄의 성립에는 영향이 없다. '후보자 이었던 자'는 후보자 등록을 하여 후보자가 되었다가 사퇴한 자를 의미한다. 그 동기는 불문한다. 후보자를 사퇴하였다가 그 후 다시 입후보하였더라도 본죄의 성립에는 지장이 없다.

(3) 행위

본죄의 행위는 '법 제230조(매수 및 이해유도죄) 제1항 제1호에 규정된 행위'를 하거나(법§232①1., 2.의 각 전단), '법 제230조(매수 및 이해유도죄) 제1항 제1호에 규정된 이익 또는 직의 제공을 받거나 그 제공의 의사표시를 승낙'하거나(법§232①1., 2.의 각 후단), '법 제232조(후보자에 대한 매수 및 이해유도죄) 제1항 제1호에 규정된 행위에 관하여 지시·권유·요구하거나 알선'하거나(법§232②), '당해 선거에 관하여 법 제232조(후보자에 대한 매수 및 이해유도죄) 제1항 각호의 1 또는 제2항에 규정된 행위'를 하는 것이다.

법 제232조(후보자에 대한 매수 및 이해유도죄) 제1항 제1호에서 말하는 '공사의 직의 제공의 의사표시'는 반드시 그 직을 현실로 제공할 수 있는 자, 즉 법령이나 정관 기타 관계규정상의 임명권을 가진 자이거나 임의로운 양여 권한이 있는 자에 의한 것임을 요하지 않고, 그 직을 제공함에 있어서 규정상 또는 사실상으로 상당한 영향력을 행사하여 이를 성사시킬 수 있는 높은 개연성을 구비한 자에 의한 경우를 포함한다 할 것이므로,[34] 현직 조합장으로서 선임이사의 지정권한이 있고 위 조합에서 상당한 영향력이 있는 조합장이 위 조합에서의 조합장 전력이 있는 입후보가 예상되던 자에게 그 직을 제공하겠다고 하고 입후보가 예정되던 자가 조합장의 능력과 약속을 신뢰하여 이를 승낙한 것은 '공사의 직'의 제공의 의사표시와 승낙에 해당한다.[35] 법 제232조(후보자에 대한 매수 및 이해유도죄) 제1항 제1호, 제230조(매수 및 이해유도죄) 제1항 제1호 소정의 금품 기타 재산상 이익 등의 제공의 의사를 표시하고 그 제공을 약속하는 행위는 구두에 의하여 할 수도 있고 그 방식에 특별한 제한은 없는 것이지만, 그 약속 또는 의사표시가 사회통념상 쉽게 이를 철회하기 어려울 정도로 당사자의 진정한 의지가 담긴 것으로서 외부적·객관적으로 나타나는 정도에 이르러야만 비로소 이에 해당한다고 할 것이지, 금품 등과 관련한 모든 행위가 이에 해당한다고 할 수는 없다.[36]

후보자가 되고자 하는 자가 같은 선거에 입후보하려는 자에게 "출마를 포기하고 나를 도와준다면 그 동안 들어간 경비일체를 책임져 주겠다."라는 취지의 말을 한 것은 동인에게 후보자가 되지 아니하게 할 목적으로 재산상 이익제공의 의사표시를 한 것이다.[37] 자신과 같은 선거구에서 입후보하려는 자에게 "구의원으로 나오지 말고 시의원으로 나온다면 현금 2,000만원과 후원회를 조직하여 도와주겠다."고 말한 것은 후보자가 되고자 하는 자에게 재산상의 이익제공의 의사를 표시한 것이다.[38] 불출마를 조건으로 한 금전제공을 거절한 것은 금품제공의 의사표시를 승낙한 것이라고 볼 수 없다.[39]

법 제232조(후보자에 대한 매수 및 이해유도죄) 제1항 제2호의 죄는 후보자를 사퇴한 데 대한 대가를 목적으로 후보자이었던 사람에게 재산상의 이익 등을 제공하거나 후보자이었던 사람이 위와 같은 재산상의 이익 등을 수수함으로써 성립하고, 그 밖에 후보자 사퇴가 있기 전에

34) 2015. 2. 26. 선고 2015도57 판결(지방자치법 제110조(부지사·부시장·부군수·부구청장) 제2항, 동법 시행령 73조(부시장·부지사 등의 수와 직급 등) 제3항에 의하면, 특별시·광역시 및 특별자치시에는 국가공무원인 행정부시장 외에 지방공무원인 정무부시장을 두게 되어 있지만, ○○시는 특별시·광역시 및 특별자치시에 해당하지 아니하여 현재 행정부시장과 정무부시장 자리가 존재하지 아니하고, 지방자치법 제110조(부지사·부시장·부군수·부구청장) 제4항에 따라 지방공무원인 부시장 1명만 두고 있다. 현행 지방자치법상 광역시 승격 요건으로 특별히 정해진 것은 없고, 인구 100만 명을 초과할 경우 광역시로 승격된다는 법적인 근거가 있는 것도 아니다. 따라서 관계법률의 규정에 의하면 ○○시에 정무부시장이라는 자리가 생길지 여부 자체가 당시로는 불분명하였던 이상, 피고인이 허□□에게 ○○시 정무부시장의 직을 제공함에 있어서 규정상 사실상으로 상당한 영향력을 행사하여 이를 성사시킬 수 있는 높은 개연성을 구비한 사람이라고 인정할 수 없다고 한 사례)

35) 1996. 7. 12. 선고 96도1121 판결

36) 2007. 8. 23. 선고 2007도4118 판결

37) 대전고등법원 1995. 12. 22. 선고 95노621 판결

38) 대전고등법원 1996. 11. 8. 선고 96노84 판결

39) 1999. 6. 8. 선고 99도1409 판결(피고인 김○○와 한○○이 공모하여 현직 지방의원이며 출마예정자인 한□□에게 불출마 권유에 따른 위로금을 주기로 하고 금500만원이 든 봉투를 건네주었으나 한□□는 봉투 속의 돈이 500만원인 것을 확인하자마자 "5천만원도 아닌데 받아서 뭐합니까."라며 김○○에게 반환하라며 한○○에게 돌려준 것은 금품제공의 의사표시를 승낙한 것으로 볼 수 없다고 한 사례)

제공자와 수수자 사이에 재산상의 이익제공에 관한 사전합의가 이루어지거나 위와 같은 이익제공 등의 행위가 당해 선거의 투표 종료 이전에 행해져야만 위 범죄가 성립하는 것은 아닙니다.[40]

다. 주관적 요건

'후보자가 되지 아니하게 하거나 후보자가 된 것을 사퇴하게 할 목적(법§232①1.)'이나 '후보자가 되고자 하는 것을 중지하거나 후보자가 사퇴한 데 대한 대가를 목적(법§232①2.)'으로 하여야 한다. 즉 법 제232조(후보자에 대한 매수 및 이해유도죄) 제1항 제1호 및 제2호의 죄는 범죄성립을 위한 초과주관적 위법요소로서 고의 외에 별도로 목적을 요구하는 이른바 목적범에 해당한다.[41]

'후보자가 되지 아니하게 할 목적'이란 후보자등록 이전에 그의 입후보를 예상하여 그것을 포기하게 할 목적을 의미하고, '후보자가 된 것을 사퇴하게 할 목적'은 후보자등록을 하여 후보자가 된 자가 그 입후보를 사퇴하게 하는 것을 의미한다. 후보자가 사퇴하고자 하는 때에는 자신이 직접 당해 선거구선거관리위원회에 가서 서면으로 신고하되, 정당추천후보자가 사퇴하고자 하는 때에는 추천정당의 사퇴승인서를 첨부하여야 한다(법§54). '후보자가 되고자 하는 것을 중지하거나 후보자가 된 것을 사퇴한 데 대한 대가를 목적으로'는 '후보자가 되고자 하는 것을 중지하거나 후보자가 된 것을 사퇴한 데 대한 대가의 의미로'라고 보는 것이 마땅하다. 이 경우 입후보의 단념이나 후보자의 사퇴가 이익의 제공과 무관한 것이더라도 그 후에 이에 대한 대가로 이익의 제공 등이 행하여지면 본죄가 성립한다.

법 제232조(후보자에 대한 매수 및 이해유도죄) 제1항 제2호의 죄에서 재산상 이익등 제공자가 후보자를 사퇴한 사람에게 이를 제공한다는 점을 인식하거나, 후보자이었던 사람이 위와 같은 재산상의 이익등을 제공받는다는 점을 인식하였다는 사실만으로 행위자에게 후보자를 사퇴한 데 대한 대가를 지급할 목적 또는 그 대가를 받을 목적이 있었다고 추정하여서는 아니 되고, 이때 행위자에게 위와 같은 목적이 있었는지는 재산상의 이익등 제공자와 사퇴한 후보자와 관계, 후보자 사퇴가 재산상의 이익등 제공자에게 미친 영향, 행위자가 재산상의 이익등을 제공하거나 수수한 동기, 경위 및 과정, 수단과 방법, 재산상의 이익 등 내용과 가치 등 당해 제공·수수행위에 관한 여러 사정을 종합하여 사회통념에 비추어 합리적으로 판단하여야 한다.[42]

---

40) 2012. 9. 27. 선고 2012도4637 판결
41) 2012. 9. 27. 선고 2012도4637 판결
42) 2012. 9. 27. 선고 2012도4637 판결(피고인 갑이 2010. 6. 2. 실시된 서울특별시 교육감 선거 후보단일화 합의와 관련하여 후보자를 사퇴한 데 대한 대가 목적으로 피고인 을로부터 돈을 제공받고, 피고인 을은 피고인 갑에게 위 돈을 제공하였다고 하여 '지방교육자치에 관한 법률'위반으로 기소된 사안에서, 피고인 갑

라. 처벌

본죄 중 법 제232조(후보자에 대한 매수 및 이해유도죄) 제1항의 죄를 범한 자는 7년 이하의 징역 또는 500만원 이상 5천만원 이하의 벌금에 처하고, 제2항의 죄를 범한 자는 10년 이하의 징역 또는 500만원 이상 7천만원 이하의 벌금에 처하고, 제3항의 죄를 범한 자는 10년 이하의 징역에 처한다.

본죄를 범한 자가 받은 이익은 이를 몰수한다. 다만, 그 전부 또는 일부를 몰수할 수 없는 때에는 그 가액을 추징한다(법§236). 본죄는 재정신청대상 주요 선거범죄이다(법§273①).

15. 당선인에 대한 매수 및 이해유도죄

가. 의의

다음 각 호의 1에 해당하는 자는 1년 이상 10년 이하의 징역에 처한다(법§233①).

1. 당선을 사퇴하게 할 목적으로 당선인에 대하여 금전·물품·차마·향응 기타 재산상의 이익 또는 공사의 직을 제공하거나 그 제공의 의사를 표시하거나 그 제공을 약속한 자
2. 제1호의 규정된 이익 또는 직의 제공을 받거나 그 제공의 의사표시를 승낙한 자

법 제233조(당선인에 대한 매수 및 이해유도죄) 제1항 각호의 1에 규정된 행위에 관하여 지시·권유·요구하거나 알선한 자는 1년 이상 10년 이하의 징역에 처한다(법§233②).

나. 구성요건

(1) 행위의 주체

아무런 제한이 없다.

(2) 행위의 상대방

당선인이란 법 제187조(대통령당선인의 결정·공고·통지) 내지 제191조(지방자치단체의 장의 당선인의 결정·공고·통지) 소정의 당선인으로 결정된 자를 말한다.

과 피고인 을의 관계, 피고인 갑의 후보자 사퇴가 피고인 을의 당선 등에 미친 영향, 피고인 갑과 피고인 을이 돈을 수수하거나 제공한 동기, 경위 및 과정, 수단과 방법, 재산상의 이익 등 내용과 가치 등에 관한 여러 사정을 종합할 때, 피고인 갑과 피고인 을은, 피고인 갑이 후보자를 사퇴한 데 대한 대가, 즉 그 보수 또는 보상을 받거나 지급할 목적으로 돈을 수수하거나 제공하였다고 한 사례)

(3) 행위

본죄의 행위는 당선인에 대하여 금전·물품·차마·향응 기타 재산상의 이익 또는 공사의 직을 제공하거나 그 제공의 의사를 표시하거나 그 제공을 약속하거나(법§233①1.), 법 제233조(당선인에 대한 매수 및 이해유도죄) 제1호의 규정된 이익 또는 직의 제공을 받거나 그 제공의 의사표시를 승낙하거나(법§233①2.), 법 제233조(당선인에 대한 매수 및 이해유도죄) 제1항 각 호의 1에 규정된 행위에 관하여 지시·권유·요구하거나 알선(법§233②)하는 것이다.

다. 주관적 요소

'당선을 사퇴하게 할 목적'이 있어야 한다. '당선의 사퇴'란 당선인이 임기가 개시되기 전에 사퇴하는 것을 말한다.

라. 처벌

본죄를 범한 자는 1년 이상 10년 이하의 징역에 처한다.

본죄를 범한 자가 받은 이익은 이를 몰수한다. 다만, 그 전부 또는 일부를 몰수할 수 없는 때에는 그 가액을 추징한다(법§236). 본죄는 재정신청대상 주요 선거범죄이다(법§273①).

16. 당선무효유도죄

가. 의의

법 제263조(선거비용의 초과지출로 인한 당선무효) 또는 제265조(선거사무장등의 선거범죄로 인한 당선무효)에 해당되어 후보자의 당선을 무효로 되게 할 목적으로 법 제263조(선거비용의 초과지출로 인한 당선무효) 또는 제265조(선거사무장등의 선거범죄로 인한 당선무효)에 규정된 자를 유도 또는 도발하여 그 자로 하여금 법 제230조(매수 및 이해유도죄) 제1항 내지 제5항·제231조(재산상의 이익목적의 매수 및 이해유도죄) 내지 제233조(당선인에 대한 매수 및 이해유도죄)·제257조(기부행위의 금지제한등 위반죄) 제1항 또는 제258조(선거비용부정지출등 죄) 제1항에 규정된 행위를 하게 한 자는 1년 이상 10년 이하의 징역에 처한다(법§234).

나. 구성요건

(1) 행위의 주체

아무런 제한이 없다.

(2) 행위의 상대방

본죄의 행위인 '유도 또는 도발의 상대방'은 선거비용초과지출행위의 경우 선거사무장 또는 선거사무소의 회계책임자이고(법§263), 매수 및 이해유도·기부행위의 경우 선거사무장·선거사무소의 회계책임자 또는 후보자(후보자가 되려는 사람을 포함한다)의 직계존비속 및 배우자이다(법§265).

(3) 행위

본죄의 행위는 법 제263조(선거비용의 초과지출로 인한 당선무효) 또는 제265조(선거사무장등의 선거범죄로 인한 당선무효)에 규정된 자를 유도 또는 도발하여 그 자로 하여금 법 제230조(매수 및 이해유도죄) 제1항 내지 제5항·제231조(재산상의 이익목적의 매수 및 이해유도죄) 내지 제233조(당선인에 대한 매수 및 이해유도죄)·제257조(기부행위의 금지제한등 위반죄) 제1항 또는 제258조(선거비용부정지출등 죄) 제1항에 규정된 행위를 하게 하는 것이다.

'유도'란 일정한 사항에 대하여 상대방의 결의를 재촉하거나 이미 품고 있는 의사를 확실하게 하는 행위를 말하고, '도발'이란 상대방의 의사를 자극·유발해서 결의시키거나 확실하게 하는 행위이다.

다. 주관적 요건

'법 제263조(선거비용의 초과지출로 인한 당선무효) 또는 제265조(선거사무장등의 선거범죄로 인한 당선무효)에 해당되어 후보자의 당선을 무효로 되게 할 목적'이 있어야 한다.

라. 처벌

본죄를 범한 자는 1년 이상 10년 이하의 징역에 처한다.

본죄를 범한 자가 받은 이익은 이를 몰수한다. 다만, 그 전부 또는 일부를 몰수할 수 없는 때에는 그 가액을 추징한다(법§236). 본죄는 재정신청대상 주요 선거범죄이다(법§273①).

17. 방송·신문 등 불법이용목적 매수죄

본죄에 대하여는 제11편 선거운동방법의 제한 제3장 방송·신문 등의 이용 제한 4. 방송·신문의 불법이용을 위한 행위 등 제한에서 상술한다.

제2장 선거의 자유방해죄

1. 선거관계자 등에 대한 폭행 등의 죄

가. 의의

선거에 관하여 선거인·후보자·후보자가 되고자 하는 자·선거사무장·선거연락소장·선거사무원·활동보조인·회계책임자·연설원 또는 당선인을 폭행·협박 또는 유인하거나 불법으로 체포·감금하거나 공직선거법에 의한 선거운동용 물품을 탈취한 자는 10년 이하의 징역 또는 500만원 이상 3천만원 이하의 벌금에 처한다(법§237①1.).

나. 구성요건

(1) 행위의 주체

아무런 제한이 없다.

(2) 행위의 상대방

선거인·후보자·후보자가 되고자 하는 자·선거사무장·선거연락소장·선거사무원·활동보조인·회계책임자·연설원 또는 당선인이 본죄의 행위의 상대방이다.

여기서 '선거인'이란 선거권이 있는 사람으로서 선거인명부 또는 재외선거인명부에 올라 있는 사람뿐만 아니라 선거인명부 또는 재외선거인명부 등을 작성하기 전에는 그 명부 등에 오를 자격이 있는 사람도 포함한다.[43)]

(3) 행위

본죄의 행위는 선거에 관하여 본죄의 행위의 상대방을 폭행·협박 또는 유인하거나 불법으로 체포·감금하거나 공직선거법에 의한 선거운동용 물품을 탈취하는 것이다.

법 제237조(선거의 자유방해죄) 제1항 제1호의 '선거에 관하여' 후보자 등을 폭행·협박한 자가 되기 위하여는 후보자 등에 대한 폭행·협박이 선거에 즈음하여 투표 또는 선거운동에 기인하여 이루어진 것이거나 혹은 선거에 관한 사항을 동기로 이루어지면 족한 것이지, 반드시 선거의 자유를 방해할 목적으로 하는 행위일 필요가 없고, 선거운동기간 내의 행위에 한정되지 않으며, 그 기간 전이나 투·개표 종료 후의 행위도 포함된다.[44)45)]

---

43) 2013. 6. 27. 선고 2013도4386 판결

44) 2013. 6. 27. 선고 2013도4386 판결, 2007. 11. 29. 선고 2007도4755 판결(○○○선거사무원들인 피해자들이 피고인들의 불법선거운동 여부를 감시하기 위하여 미행한다는 이유로 폭행한 경우, 피고인들의 위와 같

여기서 '협박'이라 함은 공포심을 일으킬 목적으로 상대방에게 구체적으로 해악을 고지하는 것을 말한다.[46] 선거의 자유방해죄에 있어서의 협박죄가 성립하려면 고지된 해악의 내용이 행위자와 상대방의 성향, 고지 당시의 주변 상황, 행위자의 상대방 사이의 친숙의 정도 및 지위 등의 상호관계, 제3자에 의한 해악을 고지한 경우에는 그에 포함되거나 암시된 제3자와 행위자 사이의 관계 등 행위 전후의 여러 사정을 종합하여 볼 때에 일반적으로 사람으로 하여금 공포심을 일으키게 하기에 충분한 것이어야 하지만, 상대방이 그에 의하여 현실적으로 공포심을 일으킬 것까지 요구하는 것은 아니며, 그와 같은 정도의 해악을 고지함으로써 상대방이 그 의미를 인식한 이상, 상대방이 현실적으로 공포심을 일으켰는지 여부와 관계없이 그로써 구성요건은 충족되어 협박의 기수에 이른다.[47]

'폭행'이라 함은 사람의 신체에 대하여 물리적 유형력을 행사함을 뜻하는 것으로서 반드시 피해자의 신체에 접촉함을 필요로 하는 것은 아니므로 피해자에게 근접하여 욕설을 하면서 때릴 듯이 손발이나 물건을 휘두르거나 던지는 행위를 한 경우에 직접 피해자의 신체에 접촉하지 않았다고 하여도 피해자에 대한 불법한 유형력의 행사로서 폭행에 해당한다.[48]

다. 주관적 구성요건

선거의 자유방해죄의 주관적 구성요건으로는 행위의 객체와 태양에 대한 인식과 함께 '선거에 관하여' 한다는 인식이 필요함은 물론이나, 이는 미필적인 것으로도 족하다.[49]

라. 처벌

본죄를 범한 자는 10년 이하의 징역 또는 500만원 이상 3천만원 이하의 벌금에 처한다.

검사 또는 경찰공무원(사법경찰관리를 포함한다)이 본죄를 범하거나 범하게 한 때에는 1년

은 행위는 법 제237조(선거의 자유방해죄) 제1항 제1호의 선거에 관한 선거사무원을 폭행·협박한 행위에 해당한다고 한 사례)

45) 2006. 11. 23. 선고 2006도5019 판결(도의원 출마예정자가 선거운동 부탁을 거절하는 선거구 선거인을 폭행한 사안에서, 폭행이 '선거에 관하여'한 것이라고 본 사례)

46) 서울고등법원 1998. 12. 31.자 98초298 결정

47) 2007. 9. 28. 선고 2007도606 전원합의체 판결, 서울고등법원 2015. 6. 4. 선고 2015노1150 판결, 대전고등법원 2019. 1. 10. 선고 (청주)2018노183 판결(피고인은 자신이 지지하던 군수 후보자인 김○○에 대하여 피해자들이 비방하는 취지의 기자회견을 하였다는 이유로 피해자들에게 앙심을 품고 피해자들에게 전화를 통해 심한 욕설을 하면서 '죽여버리겠다.'는 취지의 말을 하였고, 피해자 B는 그와 같은 피고인의 언동으로 인해 '당시에 살이 벌벌 떨렸다.'거나 '피고인의 행위로 인하여 정신적으로 공황상태가 와서 오후 일정을 모두 취소하였고, 그 다음 날에도 제대로 선거운동을 할 수 없었다.'고 진술하고 있고, 피해자 A 또한 '피고인이 실제로 어떠한 위해를 가하는 것이 아닌가 하는 느낌을 받았다.'고 진술하는 등 피해자들이 상당한 정신적 충격 및 공포심을 느꼈던 것으로 보이는 경우, 피고인의 발언은 일반적으로 사람으로 하여금 공포심을 일으키게 하기에 충분한 것으로서 해악의 고지에 해당한다고 한 사례)

48) 대전고등법원 2019. 3. 28. 선고 (청주)2019노23 판결

49) 2013. 6. 27. 선고 2013도 4386 판결, 2006. 11. 23. 선고 2006도5019 판결

이상 10년 이하의 징역과 5년 이하의 자격정지에 처한다(법§237②).

본죄를 범한 경우에 그 범행에 사용하기 위하여 지닌 물건은 이를 몰수한다(법§237④). 본죄는 재정신청대상 주요 선거범죄이다(법§273①).

2. 연설방해 등 선거자유방해죄

가. 의의

선거에 관하여 집회·연설 또는 교통을 방해하거나 위계·사술 기타 부정한 방법으로 선거의 자유를 방해한 자는 10년 이하의 징역 또는 500만원 이상 3천만원 이하의 벌금에 처한다(법§237①2.).

나. 구성요건

(1) 행위의 주체 및 상대방

아무런 제한이 없다.

(2) 행위

본죄의 행위는 선거에 관하여 집회·연설 또는 교통을 방해하거나 위계·사술 기타 부정한 방법으로 선거의 자유를 방해하는 것이다.

법 제237조(선거의 자유방해죄) 제1항이 선거의 자유를 방해하는 행위로서 열거한 제1호, 제2호, 제3호는 어느 것이나 선거운동 및 투표에 관한 행위 그 자체를 직접 방해하는 행위들인 점에 비추어 보면, 같은 항 제2호에서 정한 '위계·사술 기타 부정한 방법으로 선거의 자유를 방해'하는 행위는 같은 호 전단의 '집회·연설 또는 교통을 방해'하는 행위에 준하는 것, 즉 선거운동이나 투표에 관한 행위 그 자체를 직접 방해하는 행위를 말한다.[50] 법 제237조(선거의 자유방해죄) 제1항 제2호 후단에서 정한 선거의 자유방해죄가 성립하기 위해서는 선거의 자유가 침해되는 결과가 발생하여야 하지만, 반드시 선거운동이나 투표에 관한 행위가 불가능하게 되어야 하는 것은 아니며, 통상적인 선거운동이나 투표에 관한 행위에 어려움을 주거나 지장을 초래하는 경우도 포함한다.[51]

공직선거법상 '후보자 선택의 자유'는 법 제250조(허위사실공표죄)의 허위사실공표죄 또는 제251조(후보자비방죄)의 후보자비방죄 등에 의하여 직접 보호되고 있는 점, 법 제237조(선거의 자유방해죄) 제1항이 선거자유방해행위로서 제1호에서 폭행·협박, 유인, 불법체포·감금,

50) 2013. 3. 28. 선고 2012도16086 판결, 2008. 7. 10. 선고 2008도2737 판결
51) 2013. 3. 28. 선고 2012도16086 판결

선거운동용 물품의 탈취행위를, 제2호에서 집회·연설 또는 교통의 방해행위를, 제3호에서 자기의 보호·지휘·감독하에 있는 자에게 특정 정당이나 후보자를 지지·추천하거나 반대하도록 강요하는 행위를 열거하고 있고 이들은 어느 것이나 선거운동 및 투표에 관한 행위 그 자체를 직접적으로 방해하는 행위들인 점에 비추어 볼 때, 법 제237조(선거의 자유방해죄) 제1항 제2호에 정해진 '선거의 자유'라 함은 선거운동의 자유 및 투표의 자유만을 말하고, 선거인의 후보자 판단의 자유는 여기에 포함되지 아니한다 할 것이며, '위계·사술 기타 부정한 방법으로 선거의 자유를 방해하는 행위'는 '집회·연설 또는 교통을 방해하는 행위'에 준하는 것, 즉 선거운동 및 투표에 관한 행위 그 자체를 직접적으로 방해하는 행위를 의미하고 단순히 선거인의 후보자에 대한 판단의 자유를 방해할 뿐인 행위는 이에 포함되지 아니하고, 여기서 말하는 '선거의 자유를 방해한다.'고 함은 선거의 자유를 방해할 추상적인 위험을 초래하는 정도로는 부족하고 실제로 그 방해의 결과가 생긴다거나 또는 그러한 구체적인 위험이 생기는 것을 의미한다.[52]

아파트 경비원으로 근무하면서 각 세대 선거인들에게 배달되어야 할 예비후보자 선거홍보물을 임의로 쓰레기장에 버린 것은 제한적으로만 인정되는 예비후보자의 선거운동을 방해함으로써 선거의 자유를 해치는 행위이다.[53] 사전투표가 조작 가능한 것처럼 '네이버 밴드'에 게시하여 사전선거를 하고자 하는 불특정 다수의 선거인들을 상대로 허위의 사실을 유포하여 위 게시글을 읽은 선거인들의 사전투표에 참여할 자유를 방해한 것은 본죄에 해당한다.[54] A정당이 소속 위원장 B를 초청하여 개최한 민생탐방 행사에서 예비후보자인 C가 선거운동용 점퍼를 착용한 채 B와 동행하며 지지를 호소하던 중 피고인이 B에게 지역 현안을 전달하겠다는 명목으로 접근을 시도하다 이를 저지하는 행사관계들과 몸싸움을 벌인 행위는, 위 행사가 A정당의 통상적인 정당활동 차원으로 선거운동 그 자체나 선거운동과 밀접한 관련이 있는 행위에 해당하지 아니하고, C의 지지호소 행위가 방해되었다고도 볼 수 없어 본 죄에 해당하지 않는다.[55]

다. 처벌

본죄를 범한 자는 10년 이하의 징역 또는 500만원 이상 3천만원 이하의 벌금에 처한다.

---

52) 서울고등법원 1998. 12. 31.자 98초298 결정(정치적 의견을 강하게 표시한 연설 등으로 인하여 후보자에 대한 선거인의 판단에 영향을 미쳐 선거인의 판단의 자유가 방해된다 하여도 선거운동 및 투표에 관한 행위 그 자체를 직접적으로 방해하는 행위에 해당하지 않을 뿐 아니라 선거의 자유를 방해할 추상적인 위험을 초래하는 정도에 불과하고 실제로 구체적인 위험이 생기는 정도의 행위로 볼 수 없다고 하여 법 제237조(선거의 자유방해죄) 제1항 제2호 소정의 선거자유방해행위에 해당하지 않는다고 한 사례)

53) 대전고등법원 2016. 8. 22. 선고 2016노241 판결

54) 창원지방법원 2018. 12. 20. 선고 2018고합215 판결

55) 2021. 8. 19. 선고 2021도7060 판결(광주고등법원 2021. 5. 26. 선고 (전주)2021노22 판결)

검사 또는 경찰공무원(사법경찰관리를 포함한다)이 본죄를 범하거나 범하게 한 때에는 1년 이상 10년 이하의 징역과 5년 이하의 자격정지에 처한다(법§237②).

본죄를 범한 경우에 그 범행에 사용하기 위하여 지닌 물건은 이를 몰수한다(법§237④). 본죄는 재정신청대상 주요 선거범죄이다(법§273①).

3. 특정지위이용 선거자유방해죄

가. 의의

선거에 관하여 업무·고용 기타의 관계로 인하여 자기의 보호·지위·감독하에 있는 자에게 특정 정당이나 후보자를 지지·추천하거나 반대하도록 강요한 자는 10년 이하의 징역 또는 500만원 이상 3천만원 이하의 벌금에 처한다(법§237①3.). 본죄의 입법취지는 피해자가 보호·감독·지휘를 받는 지위로 인하여 선거의 자유가 부당하게 침해받지 아니하도록 보호하기 위하여 규정한 것이다.[56)]

나. 구성요건

(1) 행위의 주체

아무런 제한이 없다.

(2) 행위의 상대방

업무·고용 기타의 관계로 인하여 자기의 보호·지휘·감독하에 있는 자가 본죄의 행위의 상대방이다.

여기서의 '자기의 보호·지휘·감독을 받는 자' 중에는 사실상의 보호·지휘·감독을 받는 상황에 있는 자도 포함되고, 법률상 법인 기타 단체가 그 구성원에 대한 관계에서 보호·지휘·감독의 주체로 인정되는 경우에는 그 구성원은 그 대표기관 내지 보호·지휘·감독업무를 수행하는 기관의 보호·지휘·감독을 받는 자에 해당한다.[57)]

(3) 행위

본죄의 행위는 선거에 관하여 특정 정당이나 후보자를 지지·추천하거나 반대하도록 강요

---

56) 2005. 1. 28. 선고 2004도227 판결

57) 2005. 1. 28. 선고 2004도227 판결(노동조합의 규약 등에 비추어, 노동조합에 가입한 조합원인 근로자는 노동조합이나 그 위원장 등의 보호·지휘·감독을 받는 자에 해당하므로, 법 제237조(선거의 자유방해죄) 제1항 제3호에 정하여진 '업무·고용 기타의 관계로 인하여 보호·지휘·감독에 있는 자'라고 한 사례)

하는 것이다.

'강요'는 반드시 상대방의 반항을 불가능하게 하거나 곤란하게 할 정도에 이를 필요는 없으며, 상대방의 자유로운 의사결정과 활동에 영향을 미칠 정도의 폭행이나 협박이면 충분하고 현실적으로 선거의 자유가 방해되는 결과가 발생하여야 하는 것은 아니다.[58)]

다. 처벌

본죄를 범한 자는 10년 이하의 징역 또는 500만원 이상 3천만원 이하의 벌금에 처한다.

검사 또는 경찰공무원(사법경찰관리를 포함한다)이 본죄를 범하기나 범하게 한 때에는 1년 이상 10년 이하의 징역과 5년 이하의 자격정지에 처한다(법§237②).

본죄를 범한 경우에 그 범행에 사용하기 위하여 지닌 물건은 이를 몰수한다(법§237④). 본죄는 재정신청대상 주요 선거범죄이다(법§273①).

4. 연설·토론장소에서의 폭행 등 죄

가. 의의

공직선거법에 규정된 연설·대담장소 또는 대담·토론회장에서 위험한 물건을 던지거나 후보자 또는 연설원을 폭행한 자 중 주모자는 5년 이상의 유기징역, 다른 사람을 지휘하거나 다른 사람에 앞장서서 행동한 자는 3년 이상의 유기징역, 부화하여 행동한 자는 7년 이하의 징역에 처한다(법§237③).

나. 구성요건

(1) 행위의 주체

아무런 제한이 없다. 다만, 본죄는 가담자의 지위·가담정도에 따라 그 처벌을 달리하고 있는 점, 본죄와 유사한 경선운동시설 등에서의 폭행 등 죄(법§237⑥)가 범죄의 주체로 '다수인'을 요구하고 있는 점 등에 비추어, '다수인'이 본죄의 주체가 된다. 따라서 1인에 의한 행위는 본죄에 해당하지 않는다고 봄이 상당하다.

'주모자'란 행위를 계획하는 주된 책임자를 말하고 반드시 한사람에 국한되지 않고 현장에서 지휘·통솔할 것을 요하지 않는다. '다른 사람을 지휘하거나 다른 사람에 앞장서서 행동

58) 2005. 1. 28. 선고 2004도227 판결(노동조합이 그 조합원에 대하여 특정 정당이나 후보자를 지지·반대하거나 지지·반대할 것을 권유하거나 설득하는 정도를 넘어서 노동조합 총회의 결의 내용을 따르지 아니하는 조합원에 대하여는 노동조합의 내부적인 통제권에 기초하여 여러 가지 불이익을 가하는 등 강력하게 대처하겠다는 내용의 속보를 제작·배포한 행위가 조합원인 근로자 각자의 공직선거에 관한 의사결정을 방해하는 정도의 강요행위에 해당한다고 한 사례)

한 자'는 '주모자'를 제외하고 본죄에 가담한 사람을 지휘하거나 앞장서서 행동하는 자를 말하고, '부화하여 행동한 자'는 확고한 주관이나 생각 없이 다른 사람의 의견에 동조하여 본죄에 가담한 자를 의미한다.

(2) 행위의 상대방

아무런 제한이 없다.

(3) 행위

본죄의 행위는 연설·대담장소 또는 대담·토론회장에서 위험한 물건을 던지거나 후보자 또는 연설원을 폭행하는 것이다.

다. 처벌

본죄를 범한 자 중 주모자는 5년 이상의 유기징역, 다른 사람을 지휘하거나 다른 사람에 앞장서서 행동한 자는 3년 이상의 유기징역, 부화하여 행동한 자는 7년 이하의 징역에 처한다.

본죄를 범한 경우에 그 범행에 사용하기 위하여 지닌 물건은 이를 몰수한다(법§237④). 본죄는 재정신청대상 주요 선거범죄이다(법§273①).

5. 당내경선의 자유방해죄

가. 의의

당내경선과 관련하여 ① 경선후보자(경선후보자가 되고자 하는 자를 포함한다) 또는 후보자로 선출된 자를 폭행·협박 또는 유인하거나 체포·감금한 자, ② 경선운동 또는 교통을 방해하거나 위계·사술 그 밖의 부정한 방법으로 당내경선의 자유를 방해한 자, ③ 업무·고용 그 밖의 관계로 인하여 자기의 보호·지휘·감독을 받는 자에게 특정 경선후보자를 지지·추천하거나 반대하도록 강요한 자는 5년 이하의 징역 또는 1천만원 이하의 벌금에 처하고(법§237⑤), 당내경선과 관련하여 다수인이 경선운동을 위한 시설·장소 등에서 위험한 물건을 던지거나 경선후보자를 폭행한 자 중 주모자는 3년 이상의 유기징역, 다른 사람을 지휘하거나 다른 사람에 앞장서서 행동한 자는 7년 이하의 징역, 다른 사람의 의견에 동조하여 행동한 자는 2년 이하의 징역에 처한다(법§237⑥).

나. 구성요건

본죄는 경선후보자(경선후보자가 되고자 하는 자를 포함한다)와 후보자로 선출된 자에 대한 폭행 등의 죄(법§237⑤1.), 경선운동방해 등 경선자유방해죄(법§237⑤2.), 특정지위이용 경선자유방해죄(법§237⑤3.), 경선운동시설 등에서의 폭행 등 죄(법§237⑥)로 구성되어 있는바, 각 죄의 구성요건은 '당내경선과 관련하여'를 제외하고는 일반적인 선거의 자유방해죄의 각 구성요건과 대동소이하다.

법 제237조(선거의 자유방해죄) 제5항 제2호에서 '당내경선의 자유'는 공직선거 후보자 선출을 위한 당내경선에서의 '투표의 자유'와 경선 입후보의 자유를 포함한 '경선운동의 자유'를 말한다.[59] 법 제237조(선거의 자유방해죄) 제5항이 당내경선의 자유를 방해하는 행위로서 열거한 제1호, 제2호, 제3호는 어느 것이나 경선운동 및 투표에 관한 행위 그 자체를 직접 방해하는 행위들인 점에 비추어 보면, 같은 항 제2호에서 정한 '위계·사술 그 밖의 부정한 방법으로 당내경선의 자유를 방해'하는 행위는 같은 호 전단의 경선운동 또는 교통을 방해하는 행위에 준하는 것, 즉 경선운동이나 투표에 관한 행위 그 자체를 직접 방해하는 행위를 말하고,[60] 단순히 '경선 선거인단에 등록되지 않을 자유'를 방해할 뿐인 행위는 이에 포함되지 않는다.[61] 당내경선의 자유 중 '투표의 자유'는 선거인이 그의 의사에 따라 후보자에게 투표를 하거나 하지 아니할 자유를 말한다. 따라서 당내경선과 관련하여 선거권이 없어 선거인이라고 할 수 없는 사람을 상대로 그의 투표에 관한 행위를 방해하였더라도 특별한 사정이 없는 한 선거인에 대하여 투표의 자유가 침해되는 결과가 발생할 수는 없으므로, 법 제237조(선거의 자유방해죄) 제5항 제2호에서 정한 당내경선의 자유를 방해하는 행위에 해당한다고 할 수 없다.[62]

다. 처벌 및 죄수

법 제237조(선거의 자유방해죄) 제5항의 죄를 범한 자는 5년 이하의 징역 또는 1천만원 이하의 벌금에 처하고, 법 제237조(선거의 자유방해죄) 제6항의 죄를 범한 자 중 주모자는 3년 이상의 유기징역, 다른 사람을 지휘하거나 다른 사람에 앞장서서 행동한 자는 7년 이하의 징역, 다른 사람의 의견에 동조하여 행동한 자는 2년 이하의 징역에 처한다. 본죄는 재정신청대상 주요 선거범죄이다(법§273①). 공직선거후보자를 추천하기 위한 정당의 당내경선과 관련하여 경선운동 또는 교통을 방해하거나 위계·사술 그 밖의 부정한 방법으로 당내 경선의 자유를 방해하는 행위를 처벌하는 법 제237조(선거의 자유방해죄) 제5항 제2호의 선거의

59) 2017. 8. 23. 선고 2015도15713 판결
60) 2017. 8. 23. 선고 2015도15713 판결
61) 2008. 7. 10. 선고 2008도2737 판결(당내경선에서 투표할 의사가 없는 사람들의 동의나 승낙 없이 그들을 경선 선거인으로 등록한 행위는 '경선 선거인단에 등록되지 않을 자유'를 방해한 행위이고 경선이나 투표에 관한 행위를 직접적으로 방해하는 행위가 아니므로, 법 제237조(선거의 자유방해죄) 제5항 제2호의 당내경선의 자유를 방해하는 행위에 해당하지 않는다고 한 사례)
62) 2017. 8. 23. 선고 2015도15713 판결

자유방해죄와 형법 제314조(업무방해) 제1항의 업무방해죄는 그 보호법익과 구성요건을 서로 달리하는 것이므로, 위 양죄의 관계를 위 선거의 자유방해죄가 성립할 경우 업무방해죄가 이에 흡수되는 법조경합관계라고 볼 수는 없고 위 양죄는 별개의 죄다.[63]

6. 군인에 의한 선거자유방해죄

가. 의의

군인(군사수사기관소속 군무원을 포함한다)이 법 제237조(선거의 자유방해죄) 제1항 각호의 1에 규정된 행위를 하거나, 특정한 후보자를 당선되게 하거나 되지 못하게 하기 위하여 그 영향하에 있는 군인 또는 군무원의 선거권행사를 폭행·협박 또는 그 밖의 방법으로 방해하거나 하게 한 때에는 1년 이상 10년 이하의 징역과 5년 이하의 자격정지에 처한다(법§238).

나. 구성요건

(1) 행위의 주체

본죄의 주체는 군인 또는 군수사기관 소속 군무원이다. '군인'이란 전시와 평시를 막론하고 군에 복무하는 사람을 말한다(국군조직법§4①). 군수사기관 소속 군무원이란 법령에 따라 범죄수사업무를 관장하는 부대에 소속된 군무원으로서 범죄수사업무에 종사하는 사람을 말한다(군사법원법§43 1.).

(2) 행위의 상대방

법 제238조(군인에 의한 선거자유방해죄) 전단의 행위의 상대방은 법 제237조(선거의 자유방해죄) 제1항 각호의 1에 규정된 죄의 상대방이고, 법 제238조(군인에 의한 선거자유방해죄) 후단의 행위의 상대방은 군인 또는 군무원인 선거권자이다.

(3) 행위

본죄의 행위는 법 제237조(선거의 자유방해죄) 제1항 각호의 1에 규정된 행위를 하거나, 그 영향하에 있는 군인 또는 군무원의 선거권행사를 폭행·협박 또는 그 밖의 방법으로 방해하거나 하게 하는 것이다.

'영향하에 있다'는 것은 직접 지휘·통솔을 하거나 간접적으로 의사결정에 영향을 줄 수 있는 위치에 있는 것을 의미한다.

---

63) 2006. 6. 15. 선고 2006도1667 판결

다. 주관적 요건

법 제238조(군인에 의한 선거자유방해죄) 전단은 그 행위에 대한 인식이 있으면 족하나, 법 제238조(군인에 의한 선거자유방해죄) 후단은 '특정한 후보자를 당선되게 하거나 되지 못하게 하기 위하여' 행위한다는 초과주관적 인식이 필요하다.

라. 처벌 및 재판관할

1년 이상 10년 이하의 징역과 5년 이하의 자격정지에 처한다.

본죄는 재정신청대상 주요 선거범죄이다(법§273①).

본죄의 주체가 군인 또는 군수사기관 소속 군무원이므로, 본죄에 대하여는 군사법원이 재판권을 행사한다(군사법원법§2①1.).

7. 직권남용에 의한 선거의 자유방해죄

가. 의의

선거에 관하여 선거관리위원회의 위원·직원, 선거사무에 종사하는 공무원 또는 선거인명부(재외선거인명부를 포함한다) 작성에 관계있는 자나 경찰공무원(사법경찰관리 및 군사법경찰관리를 포함한다)이 직권을 남용하여 ① 선거인명부의 열람을 방해하거나 그 열람에 관한 직무를 유기하는 행위, ② 정당한 사유 없이 후보자를 미행하거나 그 주택·선거사무소 또는 선거연락소에 승낙 없이 들어가거나 퇴거요구에 불응하는 행위를 하거나 하게 한 때에는 7년 이하의 징역에 처한다(법§239).

나. 구성요건

(1) 행위의 주체

선거관리위원회의 위원·직원, 선거사무에 종사하는 공무원 또는 선거인명부 작성에 관계있는 자나 경찰공무원(사법경찰관리 및 군사법경찰관리를 포함한다)이 행위의 주체이다.

(2) 행위

본죄의 행위는 선거에 관하여 직권을 남용하여[64] 선거인명부의 열람을 방해하거나 그 열

64) 헌법재판소는, 형법 제123조(직권남용)와 관련하여, '"직권"이란 직무상 권한을, "남용"이란 함부로 쓰거나 본래의 목적으로부터 벗어나 부당하게 사용하는 것을 의미하는 것으로 문언상 이해되는데, 직권의 내용과 범위가 포괄적이고 광범위한 경우에도 그것이 곧바로 "직권"의 의미 자체의 불명확성을 뜻하는 것은 아니

람에 관한 직무를 유기하는 행위, 정당한 사유 없이 후보자를 미행하거나 그 주택 · 선거사무소 또는 선거연락소에 승낙 없이 들어가거나 퇴거요구에 불응하는 행위를 하거나 하게 하는 것이다.

'직권을 남용하는 것'이란 일정한 권한을 가지고 있는 사항에 대하여 직권의 행사에 가탁하여 실질적으로 위법한 목적으로 그 부여된 권한을 함부로 쓰거나 부당하게 사용하는 것을 말한다.

공무원이 정당한 이유 없이 직무를 유기한 때라 함은 공무원이 법령, 내규 또는 지시 및 통첩에 의한 추상적인 충근의 의무를 태만하는 일체의 경우를 이르는 것이 아니고 직장의 무단이탈, 직무의 의식적인 포기 등과 같이 그것이 국가의 기능을 저해하며 국민에게 피해를 야기시킬 가능성이 있는 경우를 말하고,[65] 공무원이 태만, 분방, 착각 등으로 인하여 직무를 성실히 수행하지 아니하는 경우나 형식적으로 또는 소홀히 직무를 수행하였기 때문에 성실한 직무수행을 못한 것에 불과한 경우에는 직무유기죄가 성립하지 아니한다.[66]

다. 처벌

본죄를 범한 자는 7년 이하의 징역에 처한다.

본죄는 재정신청대상 주요 선거범죄이다(법§273①).

고, 법원의 직권남용의 의미에 대해 문언적 의미를 기초로 한 해석기준을 확립하고 있으며 여러 법률에서 이 사건 법률조항에서와 같은 의미로 "직권남용" 또는 "권한남용"과 같은 구성요건을 사용한 처벌규정을 두고 있을 뿐 아니라, 공무원이 직권을 남용하는 유형과 태양을 미리 구체적으로 규정하는 것은 입법기술상으로도 곤란하다. 또한 법률이 보호하고자 하는 것은 개인의 내면적, 심리적 차원에서의 자유가 아니라 법적인 의미에서의 자유이므로 이 사건 법률조항이 의미하는 "의무없는 일"이란 "법규범이 의무로 규정하고 있지 않은 일"을 의미하는 것임은 문언 그 자체로 명백하다.'고 판시하였다(2006. 7. 27. 선고 2004헌바46 전원재판부 결정 ; 재판관 권성은 '"직권남용"과 "의무"는 그 의미가 모호하고 광범위하며 추상적인 개념으로 법원의 해석 역시 추상적인 기준만을 제시할 뿐 직권남용의 의미를 파악해 내기가 쉽지 않아, 수사기관이 그 규범 내용을 명확하게 인식하여 어떠한 행위가 이 사건 법률조항에 해당하는지를 일관성 있게 판단하기 어렵게 함으로써 자의적인 해석과 적용의 여지를 남기고 있어, 이른바 정권교체의 경우에 전임 정부에서 활동한 고위공직자들을 처벌하거나 순수한 정책적 판단이 비판의 대상이 된 경우에 공직자를 상징적으로 처벌하는 데에 이용될 위험성도 있으므로 이 사건 법률조항은 죄형법정주의의 명확성원칙에 위반된다.'고 반대의견을 제시하였다.).

65) 1966. 3. 15. 선고 65도984 판결

66) 1997. 8. 29. 선고 97도675 판결

8. 선장 등에 의한 선거의 자유방해죄

가. 선장 등에 의한 선거의 자유방해

(1) 의의

선장 또는 입회인이 ① 선상투표신고 또는 선상투표를 하지 못하게 하거나 선상투표용지에의 서명을 거부하는 등 투표를 방해하는 행위, ② 다른 사람의 선상투표용지를 이용하여 선상투표를 하는 행위, ③ 선상 투표자에게 특정 정당이나 후보자를 지지·추천하거나 반대하도록 강요하는 등 부정한 방법으로 선거의 자유를 방해하는 행위, ④ 선상투표소에서 특정 정당이나 후보자에게 투표하도록 권유하는 등 투표에 영향을 미치는 행위를 하거나 하게 한 때에는 1년 이상 10년 이하의 징역에 처한다(법§239의2①).

(2) 구성요건

(가) 행위의 주체

본죄의 행위의 주체는 선장과 입회인이다.

(나) 행위

본죄의 행위는 ① 선상투표신고 또는 선상투표를 하지 못하게 하거나 선상투표용지에의 서명을 거부하는 등 투표를 방해하는 행위, ② 다른 사람의 선상투표용지를 이용하여 선상투표를 하는 행위, ③ 선상 투표자에게 특정 정당이나 후보자를 지지·추천하거나 반대하도록 강요하는 등 부정한 방법으로 선거의 자유를 방해하는 행위, ④ 선상투표소에서 특정 정당이나 후보자에게 투표하도록 권유하는 등 투표에 영향을 미치는 행위를 하거나 하게 하는 것이다.

(3) 처벌

본죄를 범한 자는 1년 이상 10년 이하의 징역에 처한다.

나. 그 밖의 선거자유방해행위(법§239의2②)

본죄에 대하여는 제16편 투표 7. 선거방법 바. 선상투표에서 상술한다.

9. 벽보 그 밖의 선전시설 등에 대한 방해죄

가. 벽보 등에 대한 방해죄

(1) 의의

정당한 사유 없이 공직선거법에 의한 벽보·현수막 기타 선전시설의 작성·게시·첩부 또는 설치를 방해하거나 이를 훼손·철거한 자는 2년 이하의 징역 또는 400만원 이하의 벌금에 처한다(법§240①).

(2) 구성요건

(가) 행위의 주체

아무런 제한이 없다.

(나) 행위

본죄의 행위는 정당한 사유 없이 벽보·현수막 기타 선전시설의 작성·게시·첩부 또는 설치를 방해하거나 이를 훼손·철거하는 것이다.

선거관리위원회가 대통령선거벽보를 통행인이 많고 공중이 쉽게 볼 수 있는 교회의 게시판에 첩부한 행위가 곧 신앙의 자유를 침해하였다고 볼 수 없고, 설사 위 선거벽보의 첩부행위가 부당하더라도 이를 수인하여야 할 것이며, 이에 대하여 적절한 구제조치를 취함이 없이 함부로 이를 제거한 행위는 비록 행위자가 목사라 하더라도 신앙의 자유를 보장하기 위한 정당행위가 아니다.[67] 점포를 운영하는 자가 후보자의 선거사무실에서 후보자의 현수막이 자신의 점포상호를 가렸다는 이유로 화분 등을 집어던져 선거사무실의 유리창에 부착되어 있던 선거벽보를 찢고 선거사무실 현판을 부순 것은 정당한 사유가 없다.[68] 선거관리위원회가 부착한 선거벽보에 특정 정당을 비난하는 스티커를 부착한 것은 정당한 사유 없이 선거벽보를 훼손한 것이다.[69] 공개장소에서의 연설·대담차량으로 신고된 차량의 확성기 소리가 시끄럽다는 이유로 콘크리트 벽돌로 운전석 문짝을 내려쳐 손괴한 것은 본죄에 해당한다.[70] 선거관리위원회가 후보자의 허위경력에 대한 정정공고를 커터칼과 가스라이터를 이용하여 찢어낸 경우 본죄가 성립한다.[71] 선거벽보가 첩부장소의 관리자나 소유자의 승낙 없이 첩부된 벽보이거나 이미 첩부된 극장상품 등 유효 중인 선전물에 2중으로 덮어서 첩부된 벽

---

67) 대구고등법원 1974. 3. 14. 선고 71노911 판결
68) 대구지방법원 안동지원 1995. 8. 18. 선고 95고합68 판결
69) 서울지방법원 서부지원 2000. 6. 8. 선고 2000고합81 판결
70) 서울고등법원 2008. 5. 22. 선고 2008노670 판결
71) 인천지방법원 1995. 8. 30. 선고 95고합472 판결

보라 하더라도 정당한 이유 없이 훼손·철저한 때에는 본죄에 해당한다.[72]

공동주택인 아파트의 관리주체인 관리사무소장 등의 동의를 받지 아니하고 무단으로 아파트 부지 내에 설치한 후보자의 현수막을 철거한 행위는 아파트 관리소장의 적법한 업무집행 행위이므로 정당한 사유가 있다.[73]

(3) 처벌

본죄를 범한 자는 2년 이하의 징역 또는 400만원 이하의 벌금에 처한다. 선거관리위원회 위원·직원 또는 선거사무에 관계있는 공무원이나 경찰공무원(사법경찰관리 및 군사법경찰관리를 포함한다)이 법 제240조(벽보, 그 밖의 선전시설 등에 대한 방해죄) 제1항에 규성된 행위를 하거나 하게 한 때에는 3년 이하의 징역 또는 600만원 이하의 벌금에 처한다(법§240②).

나. 벽보 등 부정작성죄

(1) 의의

선거관리위원회 위원·직원 또는 선거사무에 종사하는 자가 법 제64조(선거벽보)의 선거벽보·제65조(선거공보)의 선거공보(같은 조 제9항의 후보자정보공개자료를 포함한다) 또는 제153조(투표안내문의 발송)의 투표안내문(점자형 투표안내문을 포함한다)을 부정하게 작성·첩부·발송하거나 정당한 사유 없이 이에 관한 직무를 행하지 아니한 때에는 3년 이하의 징역 또는 600만원 이하의 벌금에 처한다(법§240③).

(2) 구성요건

(가) 행위의 주체

선거관리위원회 위원·직원 또는 선거사무에 종사하는 자가 본죄의 주체이다.

(나) 행위

본죄의 행위는 법 제64조(선거벽보)의 선거벽보·제65조(선거공보)의 선거공보(같은 조 제9항의 후보자정보공개자료를 포함한다) 또는 제153조(투표안내문의 발송)의 투표안내문(점자형 투표안내문을 포함한다)을 부정하게 작성·첩부·발송하거나 정당한 사유 없이 이에 관한 직무를 행하지 아니하는 것이다.

---

72) 1965. 11. 5. 중앙선관위 질의회답

73) 서울고등법원 2014. 12. 18. 선고 2014노2822 판결

(3) 처벌

본죄를 범한 자는 3년 이하의 징역 또는 600만원 이하의 벌금에 처한다.

제3장 투표에 관한 죄

1. 투표의 비밀침해죄

본죄에 대하여는 제16편 투표 8. 투표절차 다. 투표소 등의 출입제한 및 질서유지 등 (6) 투표의 비밀보장에서 상술한다.

2. 투표·개표의 간섭 및 방해죄

가. 투표·개표 간섭·방해죄

(1) 의의

① 투표를 방해하기 위하여 공직선거법에서 규정한 투표에 필요한 신분증명서를 맡기게 하거나 이를 인수한 사람 또는 투표소(재외투표소·사전투표소 및 선상투표소를 포함한다)나 개표소에서 정당한 사유 없이 투표나 개표에 간섭한 사람 또는 투표소에서 특정 정당이나 후보자에게 투표를 권유하거나 투표를 공개하는 등 투표 또는 개표에 영향을 미치는 행위를 한 사람, ② 정당한 사유 없이 거소투표자의 투표를 간섭하거나 방해한 사람, 거소투표자의 투표를 공개하거나 하게 하는 등 거소투표에 영향을 미치는 행위를 한 사람은 3년 이하의 징역에 처한다(법§242①).

(2) 구성요건

(가) 행위의 주체

아무런 제한이 없다.

(나) 행위

본죄의 행위는 투표를 방해하기 위하여 공직선거법에서 규정한 투표에 필요한 신분증명서를 맡기게 하거나 이를 인수하는 행위, 투표소나 개표소에서 정당한 사유 없이 투표나 개표에 간섭하는 행위 또는 투표소에서 특정 정당이나 후보자에게 투표를 권유하거나 투표를 공개하는 등 투표 또는 개표에 영향을 미치는 행위, 정당한 사유 없이 거소투표자의 투표를 간섭하거나 방해하는 행위 또는 거소투표자의 투표를 공개하거나 하게 하는 등 거소투표에 영향을 미치는 행위이다.

투표참관인이 투표하러온 선거인에게 접근하여 손가락으로 투표용지에 자신이 지지하는 후보자의 기호를 가리키며 투표를 하도록 권유하고, 기표소 안으로 따라 들어가 선거인의 의사에 반하여 임의로 기표한 것은 투표소에서 정당한 사유 없이 투표에 간섭하고, 투표에 영향을 미치는 행위를 한 때에 해당한다.[74] 고령의 선거인으로부터 도움을 요청받은 사실이 없음에도 동인을 부축하는 것처럼 가장하여 기표소로 들어가 동인의 의사에 반하여 특정 후보에게 기표하게 한 것은 본죄에 해당한다.[75] 친정어머니가 투표용지에 기표를 마치자 이를 건네받아 기표내용을 확인한 다음 자신이 지정한 후보에게 기표하지 않았다는 이유로 투표지를 투표함에 넣지 않고 투표장 밖으로 가지고 나온 행위는 친정어머니의 투표에 간섭한 것이다.[76] 사전투표소에 들어가면서 사전투표관리관 직무대행자 등에게 누구에게 투표할 것이라고 말하고, 투표를 마친 후 자신이 누구에게 투표했는지를 다른 사람이 볼 수 있도록 투표지를 펼친 상태로 들고 나오면서 위 직무대행자 등에게 특정 후보자에 대한 투표사실을 말한 것은 투표소에서 투표를 공개하는 등 투표에 영향을 미치는 행위를 한 경우에 해당한다.[77]

(3) 처벌 및 죄수

본죄를 범한 자는 3년 이하의 징역에 처한다.

검사·경찰공무원(사법경찰관리를 포함한다) 또는 군인(군수사기관 소속 군무원을 포함한다)이 법 제242조(투표·개표의 간섭 및 방해죄) 제1항에 규정된 행위를 하거나 하게 한 때에는 1년 이상 10년 이하의 징역에 처한다(법§242③).

나. 통신설비파손죄

(1) 의의

개표소에서 법 제181조(개표참관)의 규정에 의하여 개표참관인이 설치한 통신설비를 파괴 또는 훼손한 자는 5년 이하의 징역에 처한다(법§242②).

---

74) 대구지방법원 김천지원 2003. 3. 14. 선고 2003고합2 판결
75) 광주고등법원 1998. 11. 18. 선고 98노567 판결
76) 서울지방법원 1998. 11. 5. 선고 98고합954 판결
77) 창원지방법원 통영지원 2016. 5. 19. 선고 2016고합8 판결

(2) 구성요건

(가) 행위의 주체

아무런 제한이 없다.

(나) 행위

본죄의 행위는 개표참관인이 설치한 통신설비를 파괴 또는 훼손하는 것이다.

(3) 처벌

본죄를 범한 자는 5년 이하의 징역에 처한다.

3. 공무원의 재외선거사무 간섭죄

가. 의의

공무원이 선거에 있어서 특정 정당이나 후보자(후보자가 되고자 하는 자를 포함한다)에게 유리 또는 불리하게 할 목적으로 재외선거관리위원회 위원이나 공무원에게 재외선거사무처리와 관련하여 부당한 영향력을 행사한 때에는 3년 이하의 징역 또는 600만원 이하의 벌금에 처한다(법§242의2①).

나. 행위의 주체

공무원이다.「국가공무원법」 제2조(공무원의 구분)의 공무원이나「지방공무원법」 제2조(공무원의 구분)의 공무원을 불문한다.

다. 행위의 상대방

본죄의 행위의 상대방은 재외선거관리위원회 위원이나 공무원이다(법 제242조의2(공무원의 재외선거사무 간섭죄) 제2항의 경우 자신의 지휘·감독하에 있는 공무원이 행위의 상대방이고, 사실상의 지휘·감독하에 있으면 족하다).

라. 행위

본죄의 행위는 선거에 있어서 재외선거사무처리와 관련하여 부당한 영향력을 행사하는 것이다.

헌법재판소는, '선거에 대한 부당한 영향력의 행사'와 관련하여, '공직자가 공직상 부여되는 정치적 비중과 영향력을 국민 또는 주민 모두에 대하여 봉사하고 책임을 지는 그의 과제와 부합하지 않는 방법으로 사용하여 선거에 영향을 미친다면 이는 선거에서 공무원에게 허용되는 정치적 활동의 한계를 넘은 것으로 선거에 부당한 영향력을 행사하는 것으로 보아야 한다. 따라서 공무원이 공직자의 지위에서 행동하면서 공직이 부여하는 영향력을 이용하였다면, 선거에 대한 부당한 영향력의 행사를 인정할 수 있다.'고 판시하였다.[78]

마. 주관적 구성요건

본죄는 '특정 정당이나 후보자(후보자가 되고자 하는 자를 포함한다)에게 유리 또는 불리하게 할 목적'이 있어야 한다.

바. 처벌

본죄를 범한 자는 3년 이하의 징역 또는 600만원 이하의 벌금에 처한다.

자신의 지휘 · 감독하에 있는 공무원에게 법 제242조의2(공무원의 재외선거사무 간섭죄) 제1항의 행위를 한 때에는 1년 이상 5년 이하의 징역에 처한다(법§242의2②).

4. 투표함 등에 관한 죄

가. 의의

법령에 의하지 아니하고 투표함을 열거나 투표함(빈 투표함을 포함한다)이나 투표함안의 투표지를 취거 · 파괴 · 훼손 · 은닉 또는 탈취한 자는 1년 이상 10년 이하의 징역에 처한다(법§243①).

나. 구성요건

(1) 행위의 주체

아무런 제한이 없다.

(2) 행위

본죄의 행위는 법령에 의하지 아니하고 투표함을 열거나 투표함이나 투표함안의 투표지를 취거 · 파괴 · 훼손 · 은닉 또는 탈취하는 것이다.

투표함을 개함하는 때에는 구 · 시 · 군선거관리위원회 위원장은 개표참관인의 참관하에 투

78) 2004. 5. 14. 선고 2004헌나1 전원재판부 결정

표함의 봉쇄와 봉인을 검사한 후 이를 열어야 하는 바(법§177①), 이러한 절차에 의하지 아니하고 투표함을 여는 행위가 본죄의 '법령에 의하지 아니하고 투표함을 여는 것'이다. '투표지'는 구·시·군선거관리위원회에서 법정 규격에 따라 작성·제작한 진정한 투표용지에 선거인이 기표절차를 마친 것으로 투표의 유·무효를 불문한다.

'취거'는 선거관리위원회 위원·직원, 투·개표사무원 등 점유자의 의사에 반하여 투표함이나 투표지를 자기 또는 제3자의 지배하에 옮기는 것을 말하고, '파괴'는 투표함 등을 부수어 그 형상을 없애거나 상실시키는 것을 말하고, '훼손'은 투표지 등을 손상하여 그 효용가치를 상실시키는 것을 의미하고, '은닉'은 그 소재의 발견을 불가능하게 하거나 현저히 곤란하게 하는 것을 말하고, '탈취'는 유형력을 행사하여 그 소지자의 의사에 반하여 투표함 등을 자신의 지배 아래로 옮기는 행위를 의미한다.

다. 처벌

본죄를 범한 자는 1년 이상 10년 이하의 징역에 처한다.

검사·경찰공무원(사법경찰관리를 포함한다) 또는 군인(군수사기관 소속 군무원을 포함한다)이 법 제243조(투표함 등에 관한 죄) 제1항에 규정된 행위를 하거나 하게 한 때에는 2년 이상 10년 이하의 징역에 처한다(법§243②).

5. 선거사무관계자나 시설 등에 대한 폭행·교란죄

가. 의의

선거관리위원회 위원·직원, 공정선거지원단원·사이버공정선거지원단원, 투표사무원·사전투표사무원·개표사무원, 참관인 기타 선거사무에 종사하는 자를 폭행·협박·유인 또는 불법으로 체포·감금하거나, 폭행이나 협박을 가하여 투표소·개표소 또는 선거관리위원회 사무소(재외선거사무를 수행하는 공관과 그 분관 및 출장소의 사무소를 포함한다)를 소요·교란하거나, 투표용지·투표지·투표보조용구·전산조직등 선거관리 및 단속사무와 관련한 시설·설비·장비·서류·인장 또는 선거인명부(거소·선상투표신고인명부를 포함한다)를 은닉·손괴·훼손 또는 탈취한 자는 1년 이상 10년 이하의 징역 또는 500만원 이상 3천만원 이하의 벌금에 처한다(법§244①).

나. 구성요건

(1) 행위의 주체

아무런 제한이 없다.

(2) 행위의 객체

(가) 선거관리위원회 위원·직원, 공정선거지원단원·사이버공정선거지원단원, 투표사무원·사전투표사무원·개표사무원, 참관인 기타 선거사무에 종사하는 자

'기타 선거사무에 종사하는 자'라 함은 법에서 규정하고 있는 투표사무원·사전투표사무원 및 개표사무원 등을 포함하여 각급 선거관리위원회가 자체 규정에 의하여 위촉한 자로서 당해 선거관리위원회의 지휘·감독하에 선거사무에 종사하는 자도 포함된다. 따라서 중앙선거관리위원회 예규인 공직선거에관한사무처리예규에 의하여 선거구선거관리위원회 소속 위법선거운동 특별단속위원으로 위촉되어 그 업무에 관한 신분증을 발급받고 위법선거운동 감시·단속업무에 종사하는 자는 '선거사무에 종사하는 자'에 해당한다.79) 법 제244조(선거사무관계자나 시설등에 대한 폭행·교란죄) 제1항은 선거관리위원회의 위원·직원, 선거부정감시단원(현 공정선거지원단원) 등 선거사무에 종사하는 자를 폭행하는 등의 경우에 성립하는 범죄로서 상대방의 직위나 직책까지 정확하게 인식하고 있을 필요는 없고, 다만 선거사무에 종사하는 자라는 것을 인식하고 있었던 이상, 선거부정감시단원이라는 신분을 정확히 알지는 못하였다 하더라도 본죄가 성립함에는 아무런 지장이 없다.80) 법 제244조(선거사무관계자나 시설등에 대한 폭행·교란죄) 제1항은 선거관리위원회의 위원·직원, 선거부정감시단원·사이버선거부정감시단원, 투표사무원, 개표사무원, 참관인 기타 선거사무에 종사하는 자를 폭행하는 등 하여 성립하는 범죄로서 상대방이 선거사무에 종사하는 자라는 점만 인식하면 족하고, 상대방이 선거사무를 수행 중인 상태에 있거나 상대방을 폭행하는 자에게 선거사무를 방해할 의사가 있어야 본죄가 성립하는 것은 아니다.81)

(나) 투표소·개표소 또는 선거관리위원회 사무소

투표소에는 사전투표기간 중에 운영하는 사전투표소(법§148①) 및 기관·시설 안의 기표소(법§149①)를 포함한다. 선거관리위원회 사무소는 재외선거사무를 수행하는 공관과 그 분관 및 출장소의 사무소를 포함한다.

(다) 투표용지·투표지·투표보조용구·전산조직 등 선거관리 및 단속사무와 관련한 시설·설비·장비·서류·인장 또는 선거인명부

'투표보조용구'란 선거인이 투표시 사용하는 기표용구나 시각장애인을 위한 투표보조용구

---

79) 2002. 4. 26. 선고 2001도4516 판결
80) 2008. 11. 13. 선고 2008도8302 판결(부산고등법원 2008. 9. 10. 선고 2008노462 판결)
81) 2010. 12. 9. 선고 2010도13601 판결

등을 말하고, '선거관리 및 단속사무와 관련한 서류'는 투표록·개표록·선거록·집계록 등 선거에 관한 기본서류와 투표통지표의 수령증과 교부록 등 선거사무수행에 필요한 제반서류를 포함한다. '인장'은 선거관리위원회의 청인·직인과 참관인의 인장 등 선거관계 서류 등에 사용하는 모든 인장을 말하고, 선거인명부에는 거소·선상투표신고인명부, 재외선거인명부를 포함한다.

법 제244조(선거사무관리관계자나 시설등에 대한 폭행·교란죄) 제1항에서 선거관리 및 단속사무와 관련한 서류의 은닉, 손괴, 훼손 등을 형법 제141조(공용서류 등의 무효, 공용물의 파괴) 제1항에서 규정하는 공무소에서 사용하는 서류의 손상, 은닉 등보다 무겁게 처벌하는 취지는 선거의 공정을 확보하기 위하여 선거관리와 단속사무 등을 일반적인 공무보다 엄중히 보호하려는 데 있으므로 공직선거법상 서류의 개념 자체를 형법과 달리 볼 이유는 없고, 공직선거법과 관계법령에서 규정하고 있는 서류인지, 서류의 명칭이나 작성자 명의가 있는지, 조사기록에 편철되어 있는지 여부 등은 선거단속에 관한 서류의 인정 여부에 영향을 미치지 않는다. 선거관리위원회 직원이 피고인에 대한 금품교부혐의를 조사하는 과정에서 작성한 서류는 법 제244조(선거사무관리관계자나 시설등에 대한 폭행·교란죄) 제1항에서 규정하는 단속사무와 관련한 서류에 해당한다.[82)]

(3) 행위

본죄의 행위는 폭행·협박·유인 또는 불법으로 체포·감금하거나, 폭행이나 협박을 가하여 투표소·개표소 또는 선거관리위원회 사무소를 소요·교란하거나, 투표용지·투표지·투표보조용구·전산조직 등 선거관리 및 단속사무와 관련한 시설·설비·장비·서류·인장 또는 선거인명부를 은닉·손괴·훼손 또는 탈취하는 것이다.

(가) 폭행·협박·유인 또는 불법 체포·감금

법 제244조(선거사무관리관계자나 시설등에 대한 폭행·교란죄)의 입법취지와 체제, 내용 및 구조를 살펴보면, 선거와 관련하여 선거사무관리 관계자에 대한 폭행·협박·유인 또는 불법으로 체포·감금 등을 행하면 위 법조 중 '선거관리위원회의 위원·직원 또는 선거사무에 종사하는 자나 참관인을 폭행·협박·유인 또는 불법으로 체포·감금'하는 행위에 관한 구성요건에 해당하는 것으로 해석된다 할 것이고, 이와 달리 투표 및 개표와 관련한 선거사무관리 관계자에 대한 폭행이나 협박 등으로 투표소·개표소 또는 선거관리위원회 사무소를 소요·교란케 한 경우에 한정하는 것은 아니다.[83)] 법 제244조(선거사무관리관계자나 시설등에 대한 폭

---

82) 2007. 1. 25. 선고 2006도7242 판결
83) 2004. 8. 20. 선고 2003도8294 판결

행·교란죄)에서 규정하고 있는 선거사무관계자에 대한 협박죄에 있어서의 협박이라 함은, 상대방에게 공포심을 일으킬 목적으로 해악을 고지하는 일체의 행위를 의미하는 것으로서, 고지하는 해악의 내용이 그 경위, 행위 당시의 주위 상황, 행위자의 성향, 행위자와 상대방과의 친숙의 정도, 지위 등의 상호관계 등 여러 사정을 종합하여 객관적으로 상대방으로 하여금 공포심을 느끼게 하기에 족하면 되고, 상대방이 현실로 공포심을 일으킬 것까지 요구되는 것은 아니며, 다만 고지하는 해악의 내용이 경미하여 상대방이 전혀 개의치 않을 정도인 경우에는 협박에 해당하지 않는다.[84]

(나) 소요·교란

'소요'란 다중이 집합하여 폭행·협박 또는 손괴하여 공공의 평화·안녕을 해치는 것을 말하고, '교란'이란 위계 또는 위력을 사용하여 공공의 평화·안녕을 해치는 것을 의미한다.

(다) 은닉·손괴·훼손 또는 탈취

선거관리위원회 사무실에서 위법한 선거운동행위로 조사를 받고 그 조사내용이 기재된 문답서를 건네받은 다음 선거관리위원회 지도계장이 문답서에 서명·날인을 요구한다는 이유로 문답서를 찢은 행위는 선거관리위원회 직원의 선거관리 및 단속사무와 관련한 서류를 훼손한 것으로 본죄에 해당한다.[85] 법 제244조(선거사무관리관계자나 시설등에 대한 폭행·교란죄) 제1항은 공용서류 등 무효죄에 대한 일종의 특별규정으로서 소유권과 관계없이 공무를 보호하기 위한 공무방해죄의 일종이라 할 것이어서, 투표지 등 훼손의 범의는 당해 서류가 선거관리 및 단속사무와 관련한 서류라는 사실과 그 효용을 해하는 사실에 대한 인식이 있음으로서 족하고, 훼손자에게 선거관리 및 단속사무를 방해할 의사가 필요한 것은 아니며, 투표지는 구·시·군선거관리위원회에서 법정 규격에 따라 작성·제작한 진정한 투표용지에 선거인이 기표절차를 마친 것으로 투표의 유·무효를 불문하므로, 피고인이 선거방해의 의사 없이 단지 잘못 기표한 투표지를 무효화시키기 위하여 이를 찢었더라도 본죄가 성립하고,[86] 아들에게 공개되어 무효가 된 투표지를 정당한 절차에 따라 처리하지 않고 이를 임의로 찢었다면 본죄에 해당한다.[87]

법 제244조(선거사무관리관계자나 시설등에 대한 폭행·교란죄) 제1항 소정의 '단속사무와 관련한 장비'라 함은 공정선거지원단원 등이 불법선거운동의 단속사무에 사용하기 위하여 소지

---

84) 2005. 3. 25. 선고 2004도8984 판결

85) 2006. 10. 26. 선고 2006도5555 판결(서울서부지방법원 2006. 4. 27. 선고 2006고합43 판결)

86) 대전고등법원 2014. 11. 7. 선고 2014노388 판결(대전지방법원 천안지원 2014. 8. 20. 선고 2014고합127 판결)

87) 서울고등법원 2016. 10. 21. 선고 2016노2538 판결(춘천지방법원 2016. 8. 9. 선고 2016고합45 판결)

하고 있는 물건을 뜻하고, 그 장비를 '탈취'한다고 함은 유형력을 행사하여 그 소지자의 의사에 반하여 그 장비를 자신의 지배 아래로 옮기는 행위를 뜻하며, 단속사무와 관련한 장비임을 알면서 이를 탈취하면 본죄가 성립하고, 단속사무와 관련한 장비의 탈취 당시 그 소지자가 단속업무를 수행 중인 상태에 있거나 탈취자에게 단속사무를 방해할 의사가 있어야만 본죄가 성립하는 것은 아니다.[88]

다. 처벌

본죄를 범한 자는 1년 이상 10년 이하의 징역 또는 500만원 이상 3천만원 이하의 벌금에 처한다.

라. 당내경선에서의 선거사무관계자나 시설 등에 대한 폭행·교란

법 제57조의4(경선사무의 위탁)의 규정에 따라 위탁한 당내경선에 있어 법 제244조(선거사무관리관계자나 시설등에 대한 폭행·교란죄) 제1항의 규정된 행위를 한 자는 10년 이하의 징역 또는 2천만원 이하의 벌금에 처한다(법§244②).

6. 투표소 등에서의 무기휴대죄

가. 의의

무기·흉기·폭발물, 그 밖에 사람을 살상할 수 있는 물건을 지니고 투표소(법 제149조(기관·시설 안의 기표소) 제3항 및 제4항에 따른 기표소가 설치된 장소를 포함한다)·개표소 또는 선거관리위원회 사무소에 함부로 들어간 자는 7년 이하의 징역에 처하고(법§245①), 정당한 사유 없이 제1항에 규정된 물건을 지니고 공직선거법에 규정된 연설·대담장소 또는 대담·토론회장에 들어간 자는 3년 이하의 징역 또는 600만원 이하의 벌금에 처한다(법§245②).

나. 구성요건

(1) 행위의 주체

아무런 제한이 없다.

(2) 행위의 객체

투표소·개표소, 선거관리위원회 사무소, 연설·대담장소, 대담·토론회장이 본죄의 행위

---

88) 2007. 1. 25. 선고 2006도8588 판결

의 객체이다. 투표소에는 법 제149조(기관·시설 안의 기표소) 제3항 및 제4항에 따른 기표소가 설치된 장소를 포함한다.

(3) 행위

본죄의 행위는 무기·흉기·폭발물, 그 밖에 사람을 살상할 수 있는 물건을 지니고 투표소 등에 함부로 들어가거나, 정당한 사유 없이 위 물건을 지니고 들어가는 것이다.

'지닌다.'라는 것은 반드시 신체에 부착해서 들어가는 것을 요하지 아니하고 필요시 언제든지 사용할 수 있도록 가까이 두는 것을 의미한다.

휘발유 20ℓ를 건축용방수제 플라스틱통에 담고 1회용 라이터를 소지하고 개표소에 들어간 것은 본죄에 해당한다.[89] 날계란 5개와 과도(전체 길이 23센티미터, 칼날 길이 13센티미터)를 들고 예비후보자 토론회장에 들어간 행위는 본죄에 해당한다.[90]

다. 처벌

법 제245조(투표소 등에서의 무기휴대죄) 제1항의 죄를 범한 자는 7년 이하의 징역에 처하고, 같은 조 제2항의 죄를 범한 자는 3년 이하의 징역 또는 600만원 이하의 벌금에 처한다.

본죄를 범한 경우에는 그 지닌 무기 등 사람을 살상할 수 있는 물건은 이를 몰수한다(법 §245③).

7. 다수인의 선거방해죄

가. 의의

다수인이 집합하여 법 제243조(투표함 등에 관한 죄) 내지 제245조(투표소 등에서의 무기휴대죄)에 규정된 행위를 한 때에는 주모자는 3년 이상의 유기징역, 다른 사람을 지휘하거나 다른 사람에 앞장서서 행동한 자는 2년 이상 10년 이하의 징역, 부화하여 행동한 자는 5년 이하의 징역에 처하고(법§246①), 법 제243조(투표함 등에 관한 죄) 내지 제245조(투표소 등에서의 무기휴대죄)에 규정된 행위를 할 목적으로 집합한 다수인이 관계공무원으로부터 3회 이상의 해산명령을 받았음에도 불구하고 해산하지 아니한 때에는 그 주도적 행위자는 5년 이하의 징역에 처하고, 기타의 자는 1년 이하의 징역 또는 200만원 이하의 벌금에 처한다(법§246②).

---

89) 대전지방법원 홍성지원 1998. 2. 13. 선고 97고합136 판결
90) 광주고등법원 2019. 4. 24. 선고 (제주)2019노20 판결

나. 구성요건

(1) 행위의 주체

다수인이다. 본죄의 다수인은 주모자, 다른 사람에 앞장서서 행동한 자, 부화하여 행동한 자를 구별할 정도의 다수의 사람을 요하나, 반드시 위 구분에 따른 사람으로 구성되어 있을 필요는 없다. 미리 계획하거나 통모할 것까지도 요구되지 않고 행위 당시에 이르러 공동의 의사로 본죄의 행위를 공동으로 하면 족하다.

(2) 행위

본죄의 행위는 집합하여 법 제243조(투표함 등에 관한 죄) 내지 제245조(투표소 등에서의 무기휴대죄)에 규정된 행위를 하거나, 관계공무원으로부터 3회 이상의 해산명령을 받았음에도 불구하고 해산하지 아니하는 것이다.

'집합하여'란 일정한 장소에 모여 집단을 형성하는 것을 말하고, '3회 이상'이란 최소한 3회의 해산명령이 있어야 한다는 것을 의미한다.

다. 처벌

법 제246조(다수인의 선거방해죄) 제1항의 죄를 범한 자 중 주모자는 3년 이상의 유기징역, 다른 사람을 지휘하거나 다른 사람에 앞장서서 행동한 자는 2년 이상 10년 이하의 징역, 부화하여 행동한 자는 5년 이하의 징역에 처하고, 법 제246조(다수인의 선거방해죄) 제2항의 죄를 범한 자 중 그 주도적 행위자는 5년 이하의 징역에 처하고, 기타의 자는 1년 이하의 징역 또는 200만원 이하의 벌금에 처한다.

8. 사위등재·허위날인죄

가. 사위등재죄

(1) 의의

사위의 방법으로 선거인명부(거소·선상투표신고인명부를 포함한다)에 오르게 한 자는 3년 이하의 징역 또는 500만원 이하의 벌금에 처한다(법§247①).

(2) 구성요건

(가) 행위의 주체

아무런 제한이 없다.

(나) 행위

본죄의 행위는 사위의 방법으로 선거인명부에 오르게 하는 것이다.

'사위의 방법'이란 거짓으로 타인을 속이는 모든 방법을 말한다. '선거인명부'에는 거소·선상투표신고인명부도 포함된다.

선거권자 갑의 처로서 85세 고령으로 정상적인 인지능력이 미약한 상태에 있는 을에게 갑이 거소투표를 할 수 있게 해주겠다면서 을로부터 갑의 도장을 받아 갑의 승낙도 받지 않고 갑의 거소투표신고서를 작성하여 갑이 거소투표신고인명부에 오르게 한 것은 본죄에 해당한다.[91] 전 마을이장 갑이 신체장애로 거동할 수 없는 자가 아니어서 거소투표대상에 해당하지 않는 마을주민들의 거소투표신고서를 작성한 후 현 마을이장인 을로 하여금 확인란에 서명날인하여 면사무소에 제출하게 하여 거소투표신고인명부에 오르게 한 것은 본죄에 해당한다.[92]

(3) 처벌

본죄를 범한 자는 3년 이하의 징역 또는 500만원 이하의 벌금에 처한다.

나. 허위신고죄

(1) 의의

거짓으로 거소투표신고·선상투표신고 또는 국외부재자신고를 하거나 재외선거인 등록신청 또는 변경등록신청을 한 자, 특정한 선거구에서 투표할 목적으로 선거인명부작성기준일 전 180일부터 선거인명부작성만료일까지 주민등록에 관한 허위의 신고를 한 자는 3년 이하의 징역 또는 500만원 이하의 벌금에 처한다(법§247①).

(2) 구성요건

(가) 행위의 주체

아무런 제한이 없다. 다만, '특정한 선거구에서 투표할 목적으로 주민등록에 관한 허위의

91) 전주지방법원 2014. 12. 18. 선고 2014고합261 판결
92) 대구지방법원 상주지원 2019. 1. 10. 선고 2018고합46 판결

신고를 한 자'의 경우에 있어서는 투표할 목적으로 주민등록에 관한 허위의 신고를 한 행위자만이 그 주체가 될 수 있을 뿐, 타인으로 하여금 '투표하게 할 목적'으로 그 타인의 주민등록에 관한 허위의 신고를 한 자는 투표할 목적을 가진 그 타인과 공모하지 아니하는 이상 그 주체가 될 수 없다.[93]

(나) 행위

본죄의 행위는 거짓으로 거소투표신고 · 선상투표신고 또는 국외부재자신고를 하거나 재외선거인 등록신청 또는 변경등록신청을 하거나, 선거인명부작성기준일 전 180일부터 선거인명부작성만료일까지 주민등록에 관한 허위의 신고를 하는 것이다.

마을이장인 갑으로부터 거소투표신고서를 받아달라는 부탁을 받고 신체장애로 거동할 수 없는 자가 아니어서 거소투표신고대상에 해당하지 않음에도 이들의 거소투표신고서를 작성하여 읍사무소에 제출한 행위는 본죄에 해당한다.[94]

특정 선거구에서 투표할 목적으로 허위의 주민등록 전입신고를 한 이상, 투표의 의사 이외에 아파트 분양 등 다른 목적이 있었다고 하더라도 본죄가 성립한다.[95] 선거권자가 선거일공고에 임박하여 주민등록을 옮겨 투표한 다음 선거일 후 바로 종전 주민등록지로 퇴거, 복귀한 경우는 특별한 사정이 없는 한 위장전입하여 투표한 사람이라고 추정할 수 있다.[96]

(3) 주관적 요건

주민등록에 관한 허위 신고는 '특정한 선거구에서 투표할 목적'이 있어야 한다. 특정한 선거구에서 투표할 목적이 있었는지 여부는 피고인이 자백하지 않는 이상 허위신고 전후의 사정과 경위 등을 종합하여 추단할 수밖에 없다.[97]

---

93) 2017. 12. 22. 선고 2017도8118 판결(자신이 출마할 국회의원 선거구에 있는 주소지로 실제 거주하지 아니하는 가족들을 전입시키는 허위의 주민등록 신고를 하였다는 공소사실로 기소된 사안에서, 피고인을 단독범으로 하는 주위적 공소사실에 대해서는 피고인에게 투표할 목적이 인정되지 아니하여 그 주체가 될 수 없음을 이유로 무죄로 판단하고, 피고인이 투표할 목적을 가진 가족들과 공모하여 그 공동정범이 될 수 있음을 이유로 같은 내용의 예비적 공소사실은 유죄로 인정한 사례)

94) 광주지방법원 해남지원 2015. 2. 5. 선고 2014고합38 판결

95) 대전고등법원 2006. 11. 24. 선고 2006노394 판결

96) 1989. 5. 11. 선고 88수61 판결

97) 대전고등법원 2006. 11. 24. 선고 2006노394 판결(선거 관련 업무를 담당하는 공무원이 2005. 11. 10. 위장전입을 예방하여 달라는 홍보 협조 공문까지 처리하여 선거를 앞두고 허위로 주민등록 전입신고를 하면 안 된다는 것을 잘 알면서도 2006. 2. 6. 허위의 신고를 하였고, 실제로 2006. 5. 31. 제4회 동시지방선거에서 투표한 경우, 특정 선거구에서 투표할 목적이 있다고 한 사례)

(4) 처벌

본죄를 범한 자는3년 이하의 징역 또는 500만원 이하의 벌금에 처한다.

다. 허위서명·무인죄

(1) 의의

법 제157조(투표용지수령 및 기표절차) 제1항의 경우, 즉 선거인은 자신이 투표소에 가서 투표참관인의 참관하에 주민등록증(주민등록증이 없는 경우에는 관공서 또는 공공기관이 발행한 증명서로서 사진이 첩부되어 본인임을 확인할 수 있는 여권·운전면허증·공무원증 또는 규칙으로 정하는 신분증명서를 말한다. 이하 "신분증명서"라 한다)을 제시하고 본인임을 확인받은 후 선거인명부에 서명이나 날인 또는 무인하고 투표용지를 받아야 하는 경우에 있어서 허위의 서명이나 날인 또는 무인을 한 자는 3년 이하의 징역 또는 500만원 이하의 벌금에 처한다(법§247①).

(2) 구성요건

(가) 행위의 주체

아무런 제한이 없다.

(나) 행위

본죄의 행위는 선거인명부에 허위의 서명이나 날인 또는 무인을 하는 것이다.

(3) 처벌

본죄를 범한 자는 3년 이하의 징역 또는 500만원 이하의 벌금에 처한다.

라. 불실기재죄

(1) 의의

선거관리위원회 위원·직원, 선거사무에 종사하는 공무원 또는 선거인명부작성에 관계있는 자가 선거인명부에 고의로 선거권자를 기재하지 아니하거나 허위의 사실을 기재하거나 하게 한 때에는 5년 이하의 징역 또는 1천만원 이하의 벌금에 처한다(법§247②).

(2) 구성요건

(가) 행위의 주체

선거관리위원회 위원·직원, 선거사무에 종사하는 공무원 또는 선거인명부작성에 관계있는 자가 본죄의 행위의 주체이다.

(나) 행위

본죄의 행위는 선거인명부에 고의로 선거권자를 기재하지 아니하거나 허위의 사실을 기재하거나 하게하는 것이다.

(3) 처벌

본죄를 범한 자는 5년 이하의 징역 또는 1천만원 이하의 벌금에 처한다.

9. 사위투표죄

가. 의의

성명을 사칭하거나 신분증명서를 위조·변조하여 사용하거나 기타 사위의 방법으로 투표하거나 하게 하거나 또는 투표를 하려고 한 자는 5년 이하의 징역 또는 1천만원 이하의 벌금에 처한다(법§248①).

나. 구성요건

(1) 행위의 주체

아무런 제한이 없다.

(2) 행위

본죄의 행위는 성명을 사칭하거나 신분증명서를 위조·변조하여 사용하거나 기타 사위의 방법으로 투표하거나 하게 하거나 또는 투표를 하려고 하는 것이다.

시각장애인의 투표를 보조하면서 시각장애인의 지시에 반하여 다른 후보자에게 기표한 행위는 사위의 방법으로 투표한 경우에 해당한다.[98] 피고인이 군수선거에 단독으로 출마한 후보자에 대한 지지율을 높이기 위하여 선거관리위원회 위원장, 부위원장, 참관인 등에게 지역발전을 위하여는 투표율을 높여야 한다면서 투표에 참가하지 않은 선거인들의 명의를 도용하여 대리로 투표하자고 제의하고 이에 나머지 피고인들이 승낙하여 대리투표한 행위는 공모에 의한 사위투표죄에 해당된다.[99] 거소투표대상자 갑의 투표용지가 배달되자 문맹으로 글을 읽지 못하는 갑의 처 을에게 투표용지에 피고인이 원하는 후보자에게 기표하게 한 것

98) 대전지방법원 서산지원 1995. 8. 31. 선고 95고합52 판결
99) 1999. 4. 23. 선고 99도28 판결

은 사위투표죄에 해당한다.[100)]

다. 처벌 및 죄수

본죄를 범한 자는 5년 이하의 징역 또는 1천만원 이하의 벌금에 처한다. 선거관리위원회의 위원·직원 또는 선거사무에 관계있는 공무원(투표사무원·사전투표사무원 및 개표사무원을 포함한다)이 법 제248조(사위투표죄) 제1항에 규정된 행위를 하거나 하게 한 때에는 7년 이하의 징역에 처한다(법§248②). 본죄는 재정신청 대상 중요 선거범죄이다(법§273①).

거소투표권자 갑으로부터 거소투표용지를 넘겨받아 임의로 자신이 선택한 후보자에게 기표한 다음 마치 거소투표권자가 발송한 것처럼 선거관리위원회에 우편으로 발송하고, 거소투표용지를 배달하는 집배원으로부터 우편물을 수령할 권한이 있는 것처럼 기망하여 거소투표권자 을의 거소투표용지가 들어있는 우편물을 건네받은 후 임의로 자신이 선택한 후보자를 기표한 다음 선거관리위원회에 우편으로 발송한 행위는 본죄와 투표간섭·방해죄(법§242①2.)의 실체적 경합에 해당한다.[101)] 거소투표자들로부터 투표의사에 대한 어떠한 승낙 없이 임의로 투표의사를 결정하여 기표한 것은 거소투표자들의 의사가 투표행위를 통하여 전혀 표시된 바가 없으므로 그들의 투표비밀은 존재하지 않으므로 법 제241조(투표의 비밀침해죄)의 투표비밀침해죄는 성립하지 않고, 본죄에만 해당한다.[102)]

10. 투표위조·증감죄

가. 의의

투표를 위조하거나 그 수를 증감한 자는 1년 이상 7년 이하의 징역에 처한다(법§249①).

나. 구성요건

(1) 행위의 주체

아무런 제한이 없다.

(2) 행위

본죄의 행위는 투표를 위조하거나 그 수를 증감하는 것이다.

특정 후보자의 당락을 목적으로 한 것이 아니고 또 특정 후보자의 당락에 아무런 영향을

100) 전주지방법원 2014. 12. 18. 선고 2014고합261 판결
101) 광주지방법원 2015. 2. 5. 선고 2014고합38 판결
102) 대구지방법원 2006. 11. 22. 선고 2006고합721 판결

미치지 아니한 경우라 할지라도 투표의 수를 증감한 이상 투표수증감죄가 성립한다.[103] 투표사무원인 갑이 투표소에서 같은 투표사무업무를 수행하는 을이 일련번호가 서로 일치하지 않는 2차 투표용지(도의원, 시의원, 비례도의원, 비례시의원) 6매를 빼내 책상 한쪽에 놓아둔 것을 몰래 가져가 2차 투표함에 집어넣고, 자신의 책상에 빼놓았던 일련번호가 서로 일치하지 않는 1차 투표용지(시·도지사, 시장·군수·구청장, 교육감) 3매를 1차 투표함에 집어넣은 행위는 투표수증감죄에 해당한다.[104]

다. 처벌

본죄를 범한 자는 1년 이상 7년 이하의 징역에 처한다. 선거관리위원회의 위원·직원 또는 선거사무에 관계있는 공무원(투표사무원·사전투표사무원 및 개표사무원을 포함한다)이나 종사원이 법 제249조(투표위조 또는 증감죄) 제1항에 규정된 행위를 한 때에는 3년 이상 10년 이하의 징역에 처한다(법§249②).

본죄는 재정신청 대상 중요 선거범죄이다(법§273①).

제4장 허위사실공표 및 후보자비방죄 등

1. 당선목적 허위사실공표죄

가. 의의

당선되거나 되게 할 목적으로 연설·방송·신문·통신·잡지·벽보·선전문서 기타의 방법으로 후보자(후보자가 되고자 하는 자를 포함한다)에게 유리하도록 후보자, 후보자의 배우자 또는 직계존비속이나 형제자매의 출생지·가족관계·신분·직업·경력등·재산·행위·소속단체, 특정인 또는 특정단체로부터의 지지여부 등에 관하여 허위의 사실(학력을 게재하는 경우 법 제64조(선거벽보) 제1항의 규정에 의한 방법으로 게재하지 아니한 경우를 포함한다)을 공표하거나 공표하게 한 자와 허위의 사실을 게재한 선전문서를 배포할 목적으로 소지한 자는 5년 이하의 징역 또는 3천만원 이하의 벌금에 처한다(법§250①).

법 제250조(허위사실공표죄) 제1항은 당선되거나 되게 할 목적으로 후보자에게 유리하도록 후보자 등에 관하여 허위의 사실 등을 공표하여 선거인의 공정한 판단에 영향을 미치는 일

---

103) 1972. 3. 28. 선고 72도185 판결
104) 2015. 6. 26. 선고 2015도5474 판결(서울고등법원 2015. 4. 9. 선고 2015노512 판결, 인천지방법원 부천지원 2015. 1. 23. 선고 2014고합271 판결)

체의 행위를 처벌함으로써 선거의 공정을 보장하기 위한 규정이고, 위 규정은 선거에 있어서 선거인이 누구에게 투표할 것인가를 공정하게 판단할 수 있도록 하기 위해서는 후보자에 관하여 정확한 판단자료가 제공되는 것이 필요하고 만약 후보자에 관하여 허위의 자료 또는 진실한 자료 중에서도 선거인의 정확한 판단을 그르칠 위험이 큰 판단자료의 제공을 원천적으로 방지하려는 데 그 입법 취지가 있다.[105] 위 조항은 재산에 관하여 별도의 정의 규정을 두고 있지는 않지만, 법 제49조(후보자등록 등) 제4항 제2호에 의하면 후보자등록을 신청하는 자는 「공직자윤리법」 제10조의2(공직선거후보자 등의 재산공개) 제1항의 규정에 의한 등록대상재산에 관한 신고서를 제출하도록 하고 있어 「공직자윤리법」에 의한 등록대상재산을 기준으로 삼아 그 의미를 해석할 수 있다. 나아가 위 조항은 '당선되거나 되게 할 목적으로', '후보자에게 유리하도록', '공표' 또는 '소지'하는 행위를 처벌대상으로 삼고 있는바, 위 조항의 여러 사항에 관하여 단순히 허위 또는 부실 기재하는 행위를 처벌하는 다른 조항들과의 구조적인 이중처벌 문제가 발생한다고 볼 수 없다. 또한 위 조항 위반죄는 고의범이면서 당선되거나 되게 할 목적을 초과주관적 구성요건으로 하는 목적범으로서, 공직후보자가 그 배우자 소유의 재산 신고 및 공개와 관련하여 위 조항에 의한 처벌 대상이 되는지가 문제되는 경우에도 공직후보자 자신에게 위와 같은 주관적 구성요건이 인정되는 것은 물론, 나아가 그 자신의 행위에 위법성 · 기대가능성 등까지 모두 인정되는 경우에 한하여 비로소 위 조항에 의한 죄책이 인정되는 것이므로, 위 조항이 공직후보자의 배우자 소유의 재산에 대한 허위 신고 및 공개 행위를 처벌 대상으로 삼는다고 하여 이를 헌법이 정한 형사상 자기책임원칙, 죄형법정주의를 위반하는 것이라고 볼 수 없다.[106] 법 제250조(허위사실공표죄) 제1항은 후보자가 되고자 하는 자의 어떠한 '행위'도 모두 처벌하는 것이 아니라, '당선될 목적'으로 '연설 · 방송 · 신문 · 통신 · 잡지 · 벽보 · 선전문서 등'에 의한 적극적인 방법으로 '허위의 사실'을 대외적으로 공표하는 것만 처벌하여 법문 자체로 처벌되는 행위의 유형을 제한하고 있다. 선거의 자유와 공정한 선거를 저해하고 선거에 부정한 영향을 미치는 요소를 망라하는 것이 입법기술상 어려워 처벌 대상을 추상적으로 정의할 수밖에 없는 불가피한 면이 있다. 법관의 보충적 해석으로 '행위'의 의미를 합리적으로 결정할 수 있고, '행위'의 구체적 해석기준을 법관의 보충적 해석과 선례의 집적을 통해서 발전시켜 나가는 것이 부적절한 입법태도라고 할 수 없다. 따라서 위 규정이 명확성 원칙에 위배된다거나 과잉금지 원칙을 위반하여 정치적 표현의 자유, 선거운동의 자유, 공무담임권 등을 침해하였다고 볼 수 없다.[107] 나아가 허위사실공표금지 조항의 입법취지가 선거의 공정을 보장하기 위한 것이라는 점을 고

105) 서울고등법원 1998. 12. 22. 선고 98노2589 판결, 2009. 3. 26. 선고 2007헌바72 전원재판부 결정
106) 2009. 10. 29. 선고 2009도5945 판결
107) 2018. 4. 24.자 2018초기306 결정

려하면 여기서 '행위'는 후보자의 자질, 능력 등과 관련된 것으로서 선거인의 후보자에 대한 공정한 판단에 영향을 줄 만한 사항으로 한정되고, '기타의 방법'이란 연설·방송·신문 등에 준하여 후보자에 관한 정보를 불특정 또는 다수인에게 전달하는 매체 내지 방법을 의미하는 것으로 해석되므로, 허위사실공표금지 조항은 죄형법정주의의 명확성원칙에 위배되지 않는다. 허위사실공표금지 조항은 당선될 목적으로 공직후보자에 관한 정보를 불특정 또는 다수인에게 전달할 수 있는 매체 내지 방법을 통해, 단순한 가치판단이나 의견표현이 아닌 허위의 사실을 대외적으로 알리는 것을 금지함으로써 그 문언 자체로 처벌되는 행위의 유형을 제한하고 있고, 허위사실공표의 대상이 되는 후보자의 '행위' 또는 선거인의 후보자에 대한 판단에 영향을 줄 만한 사항으로 한정되며, 공표된 사실의 전체 취지를 살펴 중요한 부분이 객관적 사실과 합치되면 세부에 있어서 진실과 약간 차이가 나거나 다소 과장되더라도 이를 허위사실로 볼 수 없다. 따라서 허위사실공표 조항은 과잉금지원칙에 위배되어 선거운동의 자유, 정치적 표현의 자유를 침해하지 않는다.[108)]

나. 구성요건

(1) 행위의 주체

아무런 제한이 없다.

(2) 행위의 대상

허위사실 공표의 대상은 '후보자(후보자가 되고자 하는 자를 포함한다), 후보자의 배우자 또는 직계존비속이나 형제자매의 출생지·가족관계·신분·직업·경력등·재산·행위·소속단체, 특정인 또는 특정단체로부터의 지지여부 등'이다. '후보자가 되고자 하는 자'란 선거에 출마할 예정인 사람으로서 정당에 공천을 신청하거나 선거권자의 후보자추천을 받기 위한 활동을 벌이는 등 입후보 의사가 확정적으로 외부에 표출된 사람을 의미한다. 신분·접촉대상·언행 등에 비추어 선거에 입후보할 의사를 가진 것을 객관적으로 인식할 수 있을 정도에 이른 사람도 후보자가 되고자 하는 자에 포함되고,[109)] 위와 같은 해석기준에 비추어 볼 때 법 제250조(허위사실공표죄) 제1항의 '후보자가 되고자 하는 자' 부분은 죄형법정주의가 요구하는 명확성을 갖추었고,[110)] 위와 같이 해석하는 이상 '후보자가 되고자 하는 자'까지 처벌범위를 확대하더라도 이를 자유롭고 공정한 선거와 선거부정을 방지하기 위하여 필요한 최소한의 침해이므로, 과잉금지 원칙을 위반하여 행복추구권, 선거운동의 자유, 공무담임권 등을

---

108) 2021. 2. 25. 선고 2018헌바223 결정
109) 2018. 4. 24.자 2018초기306 결정, 2012. 12. 27. 선고 2012도12416 판결, 2009. 7. 23. 선고 2009도1880 판결
110) 2014. 2. 27. 선고 2013헌바106 전원재판부 결정

침해하였다고 볼 수 없다.[111)]

(가) 출생지

출생지는 태어난 곳을 말한다.

(나) 가족관계

가족관계는 가족구조 내의 가족성원 상호관계를 말한다. 반드시 법률적인 의미의 가족관계에 한정된다고 보기보다는 '혼외자' 같은 사실상의 가족관계까지도 포함하는 넓은 개념으로 보아야 한다.[112)]

(다) 신분

예비후보자 신분임에도 등록된 후보자인 것처럼 사전투표홍보 현수막을 제작·게시한 경우는 신분에 관하여 허위사실공표죄에 해당한다.[113)]

<단일후보>

정당은 정권을 획득하고 이를 통하여 자당의 정강·정책을 실현하는 집단이므로 정권을 획득하기 위하여 선거에서 정당 간에 연대하거나 합의에 따라 후보자를 단일화하는 것 역시 정당 본래의 설립목적과 기능에서 연유하는 선거전략의 일환이다.[114)]

'단일후보'라는 표현이 갖는 현실적 기능은 일단 후보단일화가 이루어지면, '단일후보'로 선출된 후보자는 특정 정치적 성향 또는 선거연합의 '단일후보'임을 표방하고, 해당 정치적 성향을 가진 유권자들은 자신의 투표권을 실효성 있게 행사하기 위해서 해당 '단일후보'에게 투표를 하게 하는 효과를 갖는다. 즉 유권자들이 정치적 성향 또는 정책에 대한 정확한 선호와는 별개로, 자신의 표가 사표가 되지 않기를 바라는 마음에서 전략적 투표를 하게 될 가능성이 있다. '보수단일후보'는 '진보단일후보'에 대응하는 후보자 군에서 자신이 대표로 선출되었다는 사실을 알리고, 자신에게 투표를 할 것을 호소하는 징표로서의 기능을 수행한다. 따라서 실제로는 단일화가 이루어지지 않았음에도 불구하고 만연히 단일후보라는 표현을 사용한다면, 유권자들의 정치적 의사가 왜곡되어 반영될 위험성이 있음을 어렵지 않게 상정할 수 있다. 결국 '보수단일후보'라는 표현은 단순한 정치수사적 과장표현에 불과하다고 볼 수 없고, 유권자들의 판단에 영향을 미칠 수 있을 정도의 구체성을 가지고 있다고 보아야 한다.

111) 2018. 4. 24.자 2018초기306 결정
112) 대검찰청, 앞의 책, 359쪽
113) 서울고등법원 2019. 5. 3. 선고 2019노455 판결, 서울고등법원 2014. 9. 5. 선고 2014노2020 판결
114) 2004. 5. 31. 선고 2003수26 판결

일반 유권자들은 '보수단일후보'라는 표현을 접하였을 때 「보수 성향 후보들(스스로 '보수 성향'임을 표방한 후보 또는 언론에서 '보수 성향'으로 보도되는 후보들)을 모두 아우르는 후보단일화가 이루어졌고, 거기서 피고인이 '단일후보'로 선출되었다」고 인식할 가능성이 상당히 높고, 「스스로 '보수 성향'임을 표방한 후보가 누구인지 또는 언론에서 '보수 성향'으로 보도되는 후보가 누구인지」는 증거에 의한 증명이 가능한 문제이므로, '보수단일후보'라는 표현도 '사실'의 공표에 해당한다.[115)]

마치 전라북도 도민 전체로부터 또는 전라북도 내의 진보진영과 보수진영 모두를 아울러 단일 후보가 된 것처럼 '전북도민 추대 단일후보 교육감 ○○○'이라고 선거벽보, 선거공보, 현수막, 연설·대담차량에 게재한 경우,[116)] 시·도의원 예비후보자들이 ○○당의 공천에서 탈락하자 무소속 출마를 선언하면서 무소속연대를 결성한 사실은 있으나, 무소속연대 결정 전 무소속 후보자들 중 무소속연대 소속으로 출마할 후보자를 정하기 위해 단일화 협상을 거친 사실이 없고, 무소속연대 결성 후 무소속연대 소속 후보자들끼리 또는 무소속연대 소속이 아닌 무소속 후보자와 단일화 협상을 거친 사실이 없음에도 '무소속연대 단일 후보 한 △△후보입니다'라는 내용의 문자메시지를 발송한 경우[117)]는 허위사실공표에 해당한다.

우리 선거사에서 선거연대나 후보단일화라는 정치행태가 반복적으로 나타남으로써 일반 선거인들은 이러한 역사적 경험을 통하여 '단일후보'라는 표현에 관하여 복수의 정치세력이 후보단일화라는 정치적 과정을 거쳐 배출한 후보라는 의미로 받아들인다고 볼 수 있으므로, '야권단일후보'라는 표현이 단순히 정치적 수사에 그친다고 볼 수는 없다. 그런데 '야권'은 사전적으로는 야당과 야당을 지지하는 세력에 드는 사람이나 단체를 의미하나 그보다 좁게 국회의석을 가진 야당만을 가리키는 말로 사용되기도 하는 등 그 의미가 반드시 일의적이라고 보기 어려운 점, 이 사건 표현인 '야권단일후보(더불어민주당, 정의당)'은 '야권단일후보' 뒤에 '더불어민주당·정의당'이라는 표현을 부가하여 후보단일화에 참여한 정치세력을 특정하고 있는 점 등 여러 사정을 종합하면, 이 사건 표현 중 '야권단일후보'라는 부분이 있다는 사정만으로 이 사건 표현이 일반 선거인들에게 더불어민주당·정의당 이외의 주요 원내 야당 전부의 합의로 선출된 후보라는 의미로 받아들여진다고 보기 어려우므로, 이 사건 표현 자체가 허위사실공표에 해당한다고 인정하기 어렵다. 또한 '단일후보'라는 표현도 후보자등록을 마친 후보자들 중에서 경쟁적 방법을 통해 선출된 후보뿐만 아니라 후보자등록 이전에 출마를 희망하는 자들 사이에 경쟁적 방법을 통해 선출된 후보 또는 단일화에 참여한 정치세력들로부터 단순히 지지의사를 받아낸 후보에 이르기까지 그 양태가 다양할 수 있으므로,

115) 서울고등법원 2015. 10. 16. 선고 2015노1303 판결
116) 광주고등법원 2014. 12. 23. 선고 (전주)2014노259 판결
117) 대구지방법원 포항지원 2018. 12. 20. 선고 2018고합95 판결

정의당 추천후보자가 없다 하더라도 앞서 본 바와 같이 이○○후보자가 더불어민주당과 정의당이 합의하여 공동의 대표로 내세운 후보임이 인정되는 이상 이○○후보자가 이 사건 표현을 공표한 행위가 허위사실공표행위에 해당한다고 인정할 수도 없다.[118)]

(라) 직업

개인이 사회생활을 영위하고 수입을 얻을 목적으로 지속적으로 하는 일을 말한다.

(마) 경력등

경력등이란 후보자, 그의 배우자 또는 직계존·비속이나 형제자매(이하 "후보자 등"이라 한다)의 '경력·학력·학위·상벌'을 말한다(법§64⑤).[119)]

1) **경력**

'경력'은 후보자 등의 행동이나 사적(事跡) 등과 같이 후보자 등의 실적과 능력으로 인식되어 선거인의 공정한 판단에 영향을 미치는 사항을 말하는데,[120)121)] 후보자 등의 '체납실적'은 법 제49조(후보자등록 등) 제12항, 제4항 제4호, 제65조(선거공보) 제8항 제3호에 따라 선거구민에게 공개되는 주요 선거정보로서 납세의무 이행과정에서의 준법정신, 도덕성, 성실성 등과 같이 선거인의 공정한 판단에 영향을 미치는 사항에 대한 후보자 등의 실적으로 인식되는 것이므로, '경력'에 해당한다.[122)] 어떤 단체가 특정 후보자를 지지·추천하는지 여부는 후보자의 행동이나 사적 등에 관한 사항이라고 볼 수 없어 위에서 말하는 '경력'에 관한 사실에 포함되지 아니하고, 이와 달리 해석하는 것은 형벌법규를 지나치게 확장·유추해석하는 것으로서 죄형법정주의에 반하여 허용할 수 없다.[123)]

'학도호국단장'을 역임하였음에도 마치 직선제인 '총학생회장'을 한 것처럼 명함에 게재하

118) 2016. 9. 8. 선고 2016수33 판결

119) 2015. 10. 29. 선고 2015도8400 판결, 2015. 5. 29. 선고 2015도1022 판결, 2011. 6. 9. 선고 2011도3717 판결,

120) 2015. 10. 29. 선고 2015도8400 판결, 2011. 6. 9. 선고 2011도3717 판결

121) 헌법재판소는, 법 제250조(허위사실공표죄) 제1항의 '경력'과 관련하여, '법 제250조(허위사실공표죄) 제1항의 입법취지, 용어의 사전적 의미, 유사 사례에서의 법원의 해석 등을 종합하여 보면, 심판대상조항에서의 "경력"은 후보자가 지금까지 겪어 지내온 여러 가지 일들로서 후보자의 실적과 자질 등으로 투표자의 공정한 판단에 영향을 미치는 사항으로 충분히 해석할 수 있고 예측이 가능하다. 그리고 공직후보자 등에 대한 각종 세금 납부 및 체납실적은 공직후보자의 과거의 사적 중 선거인의 투표권 행사에 있어서 공정한 판단에 영향을 미치는 후보자의 이력에 관한 중요한 사항으로서 경력에 포함되는 것이 명백하다. 따라서 심판대상조항은 죄형법정주의의 명확성원칙에 위반되지 아니한다.'고 판시하였다(2017. 7. 27. 선고 2015헌바219 결정).

122) 2015. 5. 29. 선고 2015도1022 판결

123) 2011. 6. 9. 선고 2011도3717 판결(피고인들이 지방자치단체장 선거에서 갑 후보자를 당선되게 할 목적으로 허위 사실을 공표하였다는 내용으로 기소된 사안에서, 향우회를 구성하는 특정 지역 출신 유권자들이 갑 후보 지지를 선언하였다는 취지의 허위 보도자료를 배포하거나 블로그에 같은 내용의 글을 올린 행위가 허위사실공표죄에 해당한다고 본 원심판단에 법 제250조(허위사실공표죄) 제1항 해석에 법리오해의 위법이 있다고 한 사례)

고 배포한 경우,[124] 펜싱협회를 결성한 사실이 없고, 대학교 시간강사로서 강의하였을 뿐 대학교 외래교수로 위촉되어 강의한 사실이 없음에도, 명함에 '펜싱협회 회장, 외래교수'라고 게재하여 배포한 경우,[125] 한국방송통신대학교 대구 · 경북지역 총학생회장을 역임한 사실이 있을 뿐임에도 '총동창회장'이라는 명칭을 선거공보물 등에 게시한 경우,[126] ○○재단의 경남지역위원회 운영위원일 뿐 전국 운영위원이 아님에도 현수막, 명함, 보도자료, 문자메시지 등에 '○○재단 운영위원'이라고 게재한 경우,[127] 대통령비서실 홍보요원(7급 상당)으로 근무하였을 뿐이고 홍보수석실에는 과장이라는 직책이 없음에도 예비후보자 홍보물, 명함 등에 '(전)청와대 대통령비서실 홍보수석실 과장'이라고 게재하여 배포한 경우,[128] 국회인턴으로 채용되어 ○○○후원회 유급사무직원으로 근무하였을 뿐임에도 '(현)국회의원 비서'라고 게재한 경우[129]는 허위사실공표에 해당한다. "○○○당 중앙당 선거관리위원회에서 피고인이 한 발언이 선거법위반이 될 수 없다는 판단이나 결정이 있었다."라는 취지의 발언을 한 경우, 피고인이 허위 진술을 한 대상은 '중앙당 선거관리위원회의 행위'이지 '피고인의 행위'가 아니고, 이러한 '중앙당 선거관리위원회의 판단이나 자체회의에서의 결정'을 피고인의 경력에 관한 진술이라고 할 수 없다. 또한 위 발언이 피고인의 발언에 대한 중앙당 선거관리위원회의 의견 내지 평가를 허위 공표한 것으로 보더라도, 법 제250조(허위사실공표죄) 제1항은 열거하고 있는 일정한 표지 자체(후보자 등의 출생지, 가족관계, 신분, 직업, 경력등, 재산, 행위, 소속단체, 특정인 또는 특정단체로부터의 지지여부 등)를 허위로 공표한 경우에 적용되는 것이지, 그 표지에 대한 제3자의 의견 또는 평가를 허위로 공표한 경우까지 포함하는 것이라고 볼 수 없다.[130]

2) **학력**

「초 · 중등교육법」과 「고등교육법」의 관계규정(「초 · 중등교육법」은 제2조(학교의 종류)에 학교의 종류, 제3조에 국 · 공 · 사립학교의 구분, 제4조에 학교의 설립 등에 관하여 규정한 다음 제4장에는 각 학교에 관하여 그 목적, 입학자격, 수업연한 등에 관하여 규정하고 있다)에 비추어 볼 때, '「초 · 중등교육법」 및 「고등교육법」에서 인정하는 정규학력'이란 개념은 해석상 명확하다 할 것이므로, '「초 · 중등교육법」 및 「고등교육법」에서 인정하는 정규학력 외의 학력을 게재하는 경우'를 허위의 사실에 포함시켜 이를 공표하거나 공표하게 한 자 등을 처벌하도록 하고 있는 법 제250조(허위사실공표죄) 제1항의 규정이 죄형법정주의에 반한다고는 볼 수 없고, 또한 같은

124) 2008. 11. 27. 선고 2008도8404 판결(광주고등법원 전주재판부 2008. 9. 5. 선고 2008노121 판결)
125) 2014. 12. 30. 선고 2014도15530 판결
126) 2015. 2. 26. 선고 2014도17350 판결(대구고등법원 2014. 11. 27. 선고 201노514 판결)
127) 부산고등법원 2016. 9. 28. 선고 (창원)2016노267 판결
128) 대전고등법원 2019. 2. 14. 선고 (청주)2018노217 판결
129) 서울고등법원 2019. 4. 3. 선고 2018노3370 판결
130) 2017. 6. 19. 선고 2017도4354 판결(광주고등법원 제주지부 2017. 3. 15. 선고 2016노103 판결)

항의 규정 취지가 선거인의 공정한 판단에 영향을 미치는 허위사실을 공표하는 행위 등을 처벌함으로써 선거의 공정을 보장하기 위함에 있는 점에 비추어 볼 때, 「초·중등교육법」 및 「고등교육법」에서 인정하는 정규학력 외의 학력에 대해서는 그 게재 자체를 금지한다고 하여 그것이 평등권을 규정한 제11조, 행복추구권과 기본적 인권의 보장을 규정한 제10조, 신체의 자유를 규정한 제12조, 직업 선택의 자유를 규정한 제15조, 공무담임권을 규정한 제25조 등 각 「헌법」 규정에 위반된다고 할 수 없다.[131] 법 제250조(허위사실공표죄) 제1항은 학력을 게재하는 경우에는 제64조(선거벽보) 제1항의 방법으로 게재하지 아니하면 허위사실의 공표에 해당한다고 보는데, 제64조(선거벽보) 제1항은 "학력을 게재하는 경우에는 정규학력과 이에 준하는 외국의 교육과정을 이수한 학력 외에는 게재할 수 없다.[132] 이 경우 정규학력을 게재하는 경우에는 졸업 또는 수료 당시의 학교명(중퇴한 경우에는 수학기간을 함께 기재하여야 한다)을 기재하고, 정규학력에 준하는 외국의 교육과정을 이수한 학력을 게재하는 때[133]에는 그 교육과정명과 수학기간 및 학위를 취득한 때의 취득학위명을 기재하여야 하며, 정규학력의 최종학력과 외국의 교육과정을 이수한 학력은 법 제49조(후보자등록 등) 제4항 제6호에 따라 학력증명서를 제출한 학력에 한하여 게재할 수 있다."라고 규정하고 있다. 공직선거법에서 학력의 게재를 엄격하게 규제하는 것은 학력은 선거인이 후보자를 선택하는 데 중요한 판단자료로서 선거인이 후보자의 학력에 관하여 오해나 오인을 하여 투표에 관한 공정한 판단이 저해되는 것을 막고자 하는 데 있다. 특히 정규학력 중퇴의 경우 수학기간을 기재하도록 한 것은 졸업 또는 수료한 경우에 비하여 교육의 양이 다를 수밖에 없고, 중퇴의 경

131) 1996. 6. 25. 선고 98도3927 판결

132) 헌법재판소는, 법 제64조(선거벽보) 제1항, 제250조(허위사실공표죄) 제1항에서 '정규학력'외에 비정규학력을 게재하는 것을 금지하는 것과 관련하여, '이 사건 법률조항은 유권자들이 후보자의 학력을 과대평가하는 것을 방지하여 선거의 공정성을 확보하기 위한 것으로서 입법목적의 정당성 및 수단의 적합성이 인정된다. 다만, 입법자로서는 유권자들이 필요로 하는 "후보자가 받은 교육"에 관한 정보제공의 기회를 제한하기에 앞서 학력주의의 병폐를 극복하기 위한 노력을 하여야 하고, 또한 비정규교육도 후보자의 세계관, 신념, 자질 등에 영향을 미치는 요소로서 후보자에 대한 평가에 고려될 수 있는 것이므로 그 실질을 보다 구체적이고 명료하게 표시할 수 있는 여지가 있는지 살펴 유권자의 알권리와 후보자의 선거운동의 자유를 충분히 보장하도록 숙고하여야 한다.'고 판시하였다(2009. 11. 26. 선고 2008헌마114 전원재판부 결정).

133) 헌법재판소는, 법 제250조(허위사실공표죄) 제1항의 정규학력에 준하는 외국의 교육과정을 이수한 학력을 기재하는 경우 수학기간의 기재를 요구하는 것에 대하여, '국내의 정규학력의 경우에는 학교명과 학위명 등에 관한 정보와 관련 법령의 내용을 통해 수학기간을 쉽게 파악할 수 있는 반면, 외국의 교육과정에 대해서는 학교명이나 학위명만으로 그 수학기간을 알기 어려울 뿐 아니라 각 나라의 관련 법령을 통해 그것을 확인한다는 것도 쉽지 않으므로, 국내의 정규학력에 대해서는 수학기간의 기재를 요구하지 않으면서 정규학력에 준하는 외국의 교육과정을 이수한 경력에 대해서만 수학기간을 기재하도록 요구하는 것이 불합리한 차별이라고 볼 수 없으며, 국내 정규교유과정이라 하더라도 중퇴의 경우에는 수학기간을 기재하지 않으면 학력의 차이를 비교할 수 없으므로 외국의 정규교육과정을 모두 마친 자를 국내 정규교육과정의 중퇴자와 마찬가지로 수학기간의 기재를 요구하는 것은 불합리한 차별이라고 할 수 없다.'고 판시하였다(2010. 3. 25. 선고 2009헌바121 결정)

우 수학기간도 개인마다 다를 수밖에 없으므로 수학기간을 기재하지 않고 단순히 중퇴사실을 기재하는 것만으로는 수학기간의 차이에 따른 학력의 차이를 비교할 수 없기 때문이다. 「초 · 중등교육법」 제27조의2(학력인정 시험) 제1항, 「초 · 중등교육법 시행령」 제98조(고등학교 졸업자와 동등의 학력인정) 제1항 제1호는 고등학교 졸업학력 검정고시에 합격한 사람은 고등학교를 졸업한 사람과 동등한 학력을 인정받을 수 있다는 것이지, 합격으로 인하여 고등학교를 중퇴한 사실 자체가 없어지거나 수학기간이 회복되는 것은 아닌 점, 「초 · 중등교육법」 제27조의2(학력인정 시험) 제1항의 학력(學力)은 교육기관의 학습이나 훈련을 통하여 얻은 지적능력을 의미하는 반면, 법 제64조(선거벽보) 제1항의 학력(學歷)은 학교를 다닌 경력을 의미하는 것으로서 서로 개념상 구별되는 점 등을 고려할 때, 후보자가 선거벽보 등에 중퇴한 고등학교명을 기재한 이상 법 제64조(선거벽보) 제1항의 기재방법에 따라 수학기간을 함께 기재하여야 한다. 후보자가 고등학교졸업학력검증고시에 합격하여 고등학교를 졸업한 사람과 동등한 학력을 인정받은 자로서 그러한 취지를 기재하였다고 하더라도 이와 달리 볼 수 없다.[134] 여기서 '정규학력'이란 「초 · 등교육법」 및 「고등교육법」에서 학교의 종류, 설립, 경영, 교원, 교과과정, 학력평가 및 능력인증 등에 관하여 엄격히 관리 · 통제되고 있는 학교교육제도상의 학력을 의미한다.[135] 따라서 '이에 준하는 외국의 교육과정을 이수한 학력'에 해당하는지 여부도 외국의 교육과정에 대한 입학자격, 수업연한, 교과과정, 학력평가 및 능력인증 절차 등을 종합적으로 고찰하여 합리적으로 판단하여야 한다.[136] 한국어 학교명이 '파리정치대학'인 HEP는 프랑스의 교육법에 의하여 수여되는 국가학위를 수여할 수 없는 사립전문학교에 해당하고, 그 교과과정에 대한 입학자격, 수업연한, 교과과정, 학력평가 및 능력인증절차 등을 종합적으로 고려해 볼 때 우리나라의 정규학력에 준하는 교육과정이라고 인정하기 어려움에도 국회의원 후보자가 선거용 명함 및 예비후보자 홍보물과 후원회 안내장, 인터넷 홈페이지 등의 학력란에 '파리정치대학원 정치학전문학위 취득'이라고 게재한 행위는 선거구민들로 하여금 우리나라의 「고등교육법」상 석사학위 또는 박사학위에 해당하는 전문학위로 오인하여 후보자에 대한 정확한 판단을 그르치게 할 수 있는 허위학력의 게재에 해당한다.[137]

법 제250조(허위사실공표죄) 제1항, 제64조(선거벽보) 제1항에서 정규학력에 준하는 외국의 교육과정을 이수한 학력을 게재하는 때에 그 수학기간을 기재하도록 하면서 이를 위반한 경우 처벌하도록 한 것은, 국내 정규학력의 경우 수학기간을 기재하지 않더라도 학과 및 학교

134) 2015. 6. 11. 선고 2015도3207 판결

135) 2000. 11. 30. 선고 99헌바95 전원재판부 결정, 2009. 5. 28. 선고 2009도2457 판결, 2006. 3. 10. 선고 2000도6316 판결

136) 2009. 5. 28. 선고 2009도2457 판결, 2007. 9. 20. 선고 2007도593 판결

137) 2009. 5. 28. 선고 2009도2457 판결

와 졸업년도를 기재하면 관계 법령에 의하여 그 내용을 쉽게 인지할 수 있는 반면, 외국에서 이수한 교육과정의 경우에는 국내와 학제가 달라 그 교육과정이나 취득학위명만으로는 유권자가 그 의미 및 교육과정 이수의 난이도를 명확히 알기 어려운 점을 고려하여 수학기간을 기재하도록 강제함과 아울러 형벌에 의하여 그 실효성을 확보하려는 것이고, 수학기간의 기재를 강제함으로써 발생하는 기본권의 제한효과와 민주절차의 중심이 되는 선거과정의 공정성을 확보한다는 공익 사이에 법익의 균형성도 인정되므로, 위 법조항 중 외국 학력의 수학기간 미기재를 처벌하는 부분이 외국에서 교육과정을 이수한 후보자를 국내에서 정규교육과정을 이수한 후보자에 비하여 부당하게 차별한다거나 과도하게 후보자의 기본권을 침해하는 것이라고 할 수 없다.[138] 선기후보자가 홍보물 등에 정규학력에 준하는 외국의 교육과정을 이수한 학력으로서 "하버드대학원 졸업(공공행정학 석사)"이라고 게재하면서 그 수학기간을 기재하지 아니한 행위는 법 제250조(허위사실공표죄) 제1항의 허위사실공표죄에 해당한다.[139] 지방선거에 출마한 후보자가 선거공보에 '법학박사', 'AIU(괌 소재)대학교 정치행정대학 졸업(법학박사)'이라고 기재하도록 한 경우, 미국령 괌 소재 AIU(America International University)가 미국 대학인가기관(Accrediting Agencies)의 인가를 받지 않는 등 국내 정규학력의 기준에 비추어 이에 준하는 외국학력을 기재한 것으로 인정할 수 없다.[140] 아프리카주의 시에라 리온(Sierra Leone)공화국에 있는 '시에라 리온 대학교(University of Sierra Leone) 경영학과'를 '원격과정'으로 졸업하였을 뿐임에도 선거공보의 학력 부분에 '원격과정'을 기재하지 아니하고 '국립 LEONE 대학교 사회과학부 경영학과 4년 졸업'이라고 기재한 것은 허위사실공표에 해당한다.[141]

법 제250조(허위사실공표죄) 제1항의 규정 취지가 선거인의 공정한 판단에 영향을 미치는 허위사실을 공표하는 행위 등을 처벌함으로써 선거운동의 자유를 해치지 않으면서 선거의 공정을 보장하기 위함에 있는 점에 비추어 볼 때, 비정규학력의 게재 자체를 금지함으로써 후보자의 선거운동의 자유, 표현의 자유, 공무담임권 등이 제한받는 효과가 발생하기는 하나, 이러한 제한효과와 민주절차의 중심이 되는 선거과정의 공정성을 확보한다는 공익과의 사이에 법익의 균형성이 인정되므로 과잉금지의 원칙에 위반되지 않는다.[142] 법 제250조(허위사실공표죄) 제1항, 제64조(선거벽보) 제1항 소정의 '정규학력'이라 함은 사전적 의미 그대로 '정식의 규정에 의하여 수학한 이력'을 뜻하므로, 「초 · 중등교육법」, 「고등교육법」(각 부칙에

138) 2009. 5. 14. 선고 2009도679 판결
139) 2009. 5. 14. 선고 2009도679 판결
140) 광주지방법원 2007. 3. 26. 선고 2006고합429 판결
141) 2004. 5. 13. 선고 2003도7058 판결
142) 2000. 11. 30. 선고 99헌바95 전원재판부 결정, 1999. 9. 16. 선고 99헌바5 전원재판부 결정, 2007. 2. 23. 선고 2006도8098 판결, 1999. 6. 25. 선고 98도3927 판결

의하여 구 「교육법」을 포함한다)의 규정에 의한 학교, 즉 유치원, 초등학교 · 공민학교, 중학교 · 고등공민학교, 고등학교 · 고등기술학교, 특수학교, 대학 · 산업대학 · 교육대학 · 전문대학 · 방송통신대학 · 기술대학, 대학원, 각종 학교의 졸업 · 중퇴 · 수료 · 수학하거나 재학중인 이력만을 말하고, 한편, 위 각 법률에는 전 단계 학교를 졸업하거나 동등 이상의 학력이 있어야 그 다음 단계의 학교에 진학할 수 있게 하여 학교의 입학자격요건을 규정하고 있으며(「초 · 중등교육법」 제43조(입학자격 등) 제1항, 제47조(입학자격 등), 「고등교육법」 제33조(입학자격) 제1항, 제2항), 「고등교육법」 제29조(대학원) 제2항은 "대학원에는 필요에 따라 학위과정 외에 학위를 수여하지 아니하는 연구과정을 둘 수 있다"고 규정하고, 같은 조 제3항은 "대학에 두는 학위과정, 연구과정 및 그 운영에 필요한 사항은 대통령령으로 정한다."고 규정하고 있으나, 「고등교육법 시행령」은 대학원 연구과정에 관하여 필요한 사항에 대하여는 아무런 규정을 두고 있지 아니하므로, 「고등교육법」상 대학원 연구과정의 입학자격과 교육과정명 및 이수기간 등에 관하여는 각 대학의 학칙으로 정한 바에 따르게 되어 있는 이상(「고등교육법」 제6조(학교규칙), 「고등교육법 시행령」 제4조(학칙)), 각 대학의 학칙에서 대학원 연구과정의 입학자격이 학사학위 취득 이상의 자로 제한되어 있는 연구과정을 수학한 이력이라고 한다면 이를 법 제250조(허위사실공표죄) 제1항, 제64조(선거벽보) 제1항 소정의 정규학력이라고 볼 수 있을 지언정 입학자격의 제한이 없이 대학을 졸업하거나 동등 의상의 학력을 가지지 아니한 누구라도 그 과정에 들어가 수학할 수 있는 대학원 연구과정은 이를 수학하였다 하여도 정규학력이라고 볼 수 없다.[143] '중앙대학교 사회개발대학원 중소기업 최고경영자과정'은 「고등교육법」에서 정한 정규학력에 해당한다고 볼 수 없어, 이와 같은 이력을 기재한 홍보물을 우송한 행위는 허위사실공표죄에 해당한다.[144] 대학원 박사과정을 수료한 사실만 있음에도 '대학원 박사과정 졸업'이라고 기재한 명함을 선거인들에게 배포한 경우,[145] 최종학력이 초등학교 졸업임에도 선거공보, 선거벽보에 최종학력을 고등학교 졸업으로 게재한 경우,[146] 피고인이 졸업한 교육과정은 훈련기간 1년의 육군 제2사관학교로서 비록 위 학교가 육군 제3사관학교로 통합되었다고 하더라도 초급대학 학력이 인정되는 대상은 육군 제3사관학교 7기 이후의 졸업자에 한정됨에도 제3사관학교졸업이라고 게재한 경우,[147] 최종학력이 고등학교 졸업임에도 의정보고서에 대학교 졸업이라고 게재한 경우[148]는 허위사실공표에 해당한다.

동문회라는 것은 같은 학교의 과정을 함께 수학한 사람들의 모임이라는 뜻이므로 그 속에

143) 2006. 3. 10. 선고 2005도6316 판결, 서울고등법원 1998. 12. 22. 선고 98노2589 판결
144) 2006. 3. 10. 선고 2005도6316 판결
145) 2005. 4. 29. 선고 2005도1259 판결
146) 1992. 8. 18. 선고 92도1368 판결
147) 서울고등법원 2003. 4. 29. 선고 2002노3447 판결
148) 2003. 8. 19. 선고 2003도1654 판결(서울지방법원 2002. 10. 4. 선고 2002고합967 판결)

이미 '수학한 이력' 즉 학력이라는 개념이 당연한 전제로서 내포되어 있고, 졸업·중퇴·수료·수학·재학중 등의 표시를 명시적으로 하지 아니하더라도 정규학력 외의 학력게재를 금지한 선거법의 취지상 정규학교나 과정을 포함시킨 일체의 표시는, 후보자의 실적과 능력 등을 유권자에게 강하게 인상지우고 선거인의 투표에 관한 공정한 판단에 영향을 미칠 우려와 개연성이 있는 사항을 나타낸 것으로서, 졸업·중퇴·수료·수학·재학중 등의 표시와 동일시 할 수 있으므로 「고등교육법」이 정한 정규학력 외의 학력을 '게재'한 경우에 해당한다.[149] 예비후보자 또는 후보자 명함 및 선거공보상 '○○대학교 산업대학원 총동창회장' 또는 '전 ○○대학교 산업대학원 1기 회장'이라는 표시를 '학력'이 아닌 '경력' 또는 '약력'란에 기재하였다 하더라도, 그 기재에는 학력의 개념도 내포되어 있으므로, 선거공보의 '학력'란에 '○○중학교 졸업'이라고 제대로 기재되었는지 여부에 관계없이 법 제250조(허위사실공표죄) 제1항의 허위사실공표죄가 성립한다.[150] ○○대학교 경영행정대학원에서 개설한 1년 과정의 고위관리자 과정을 수료하였을 뿐 위 경영행정대학원을 졸업하거나 수료한 사실이 없음에도 선거구민들에게 '○○대학교 경영행정대학원 총원우회 고문'이라고 기재한 인쇄물을 배부한 것은 이를 '학력'이 아닌 '경력'란에 기재하였더라도 법 제250조(허위사실공표죄) 제1항의 허위사실공표죄가 성립한다.[151]

선거후보자가 명함이나 홍보물에 비정규학력인 '○○대학교 총동창회 상임이사(현)'라고 기재한 경우,[152] ○○대학교 교육대학원은 5학기 이상 등록하고 2학기 이상 논문지도를 받아야만 석사학위를 수여받을 수 있는데 피고인이 4학기 과정을 이수하고 미등록으로 제적되었음에도, 의정보고서에 '○○대학교 교육대학원 총동창회 부회장'이라고 기재하면서 그 수학기간을 기재하지 아니한 경우,[153] 선거공보 및 선거벽보에 '갑 대학교 을 대학원 총동문회 이사'라고 기재한 경우,[154] 선거공보에 '○○대학교 국제경영대학원 원우회 부회장'이라는 기재한 경우,[155] 선거공보에 '서울대학교 경영대학 최고경영자과정 동문회이사'라고 기재한 경우,[156] 명함에 '○○대학교 행정대학원 학생회 부회장', '◇◇대학 무역대학원 원우회장'이라고 게재하여 배포한 경우,[157] 연세대학교 도시문제연구소에서 개설한 지방의회발전과정을, 중앙대학교 사회개발대학원에서 개설한 지방의회의원 대상 교육과정을 각 수료하였고 홍익대학교 미술디자인교육원에서 개설한 1년 교육과정을 이수하였음에도 관악구의회 홈페

149) 서울고등법원 1998. 12. 22. 선고 98노2589 판결
150) 2007. 2. 23. 선고 2006도8098 판결
151) 2010. 12. 23. 선고 2010도13750 판결
152) 2007. 1. 12. 선고 2006도7906 판결
153) 2005. 12. 22. 선고 2004도7116 판결
154) 서울고등법원 1998. 12. 22. 선고 98노2589 판결
155) 1999. 6. 11. 선고 99도307 판결
156) 2001. 2. 9. 선고 2000수209 판결
157) 서울고등법원 2016. 12. 28. 선고 2016노3474 판결

이지 의원소개란에 학력을 '홍익대학교 미술사 전공', '연세대학교 행정대학원 수료', '중앙대 사회개발대학원 수료'라고 게시하게 한 경우,[158] 한나라당 대구시당에서 개설한 '대구정치대학원'을 수료하였음에도 예비후보자 명함에 '대구정치대학원 수료'라는 문구만 기재하여 배포한 경우,[159] 자신이 수료한 교육과정이 6개월에 이르지 않고 더욱이 정규의 석사과정이 아님에도 선거관리위원회로부터 시정요구를 받았음에도 이를 무시하고 선거공보와 선거벽보에 '86년 미 농무성 장학금으로 석사과정 단기연수(6개월)'이라고 게재한 경우[160]는 각 허위사실공표에 해당한다.

법 제250조(허위사실공표죄) 제1항 중 괄호안의 규정 중 게재(揭載)라고 함은 글이나 그림 따위를 신문이나 잡지 따위에 싣는 것을 의미하고, 기재(記載)라고 함은 문서 따위에 기록하여 올리는 것을 의미하므로, 위 괄호안의 규정은 문서 등에 후보자의 학력을 게재할 경우 비정규학력은 게재할 수 없고, 정규학력은 졸업 또는 중퇴 당시의 학교명·수학기간을 기재하여야 하며(예컨대, ○○고등학교 졸업, ○○대학교 4년 중퇴 등), 정규학력에 준하는 외국의 교육과정을 이수한 학력은 그 교육과정명, 수학기간, 학위를 취득한때의 취득학위명을 기재하여야 하고(예컨대, ○○국 ○○대학교 ○○과정 4년 수료, ○○학위 취득 등), 이를 위반하면 허위사실을 공표한 것으로 본다는 의미이다. 따라서 후보자의 학력을 말로 언급할 경우에는, 비정규학력을 밝히거나 졸업 또는 수료 당시의 학교명·수학기간을 명시하지 않은 채 정규학력을 밝혔다고 하여 곧바로 학력에 관한 허위사실을 공표한 것으로 되는 것은 아니고 그 말의 내용이 진실에 부합되는지를 따져서 허위사실을 공표한 것인지 여부를 판단하여야 한다. ○○대학교 ○○대학원, △△대학교 △△대학원 또는 ◇◇대학교 ◇◇대학원을 수료하였다는 표현은 정규학력으로서의 위 각 대학원 과정을 모두 마쳤다는 의미로 사용되고 이해되는 것이지, 위 각 대학원이 비정규학력과정으로 개설된 다양한 교육과정 중 하나를 이수하였다는 의미로 사용되거나 이해되지 않으며, 정규과정과 비정규과정은 그 교육기간이나 교육내용은 물론 입학자격이나 과정의 난이도에도 상당한 차이가 있으므로, 후보자초청토론회에서 피고인이 ○○대학교 ○○대학원 국가정책과정을 이수하고서도 ○○대학교 ○○대학원을 수료하였다고 말한 것, △△대학교 △△대학원 경영자과정과 ◇◇대학교 ◇◇대학원 최고경영자과정을 각 이수하고서도 △△대학교 △△대학원과 ◇◇대학교 ◇◇대학원을 수료한 것도 사실이라고 말한 것은 허위사실공표에 해당한다.[161]

정규학력을 게재하는 경우에는 졸업 또는 수료 당시의 학교명(중퇴한 경우에는 수학기간을 함께 기재하여야 한다)을 기재하여야 하므로, 학교를 졸업할 당시의 학교명은 '대전공업대학'

158) 서울고등법원 2003. 3. 28. 선고 2003노178 판결(서울지방법원 2002. 12. 27. 선고 2002고합1001 판결)
159) 대구지방법원 2006. 9. 20. 선고 2006고합514 판결
160) 2008. 12. 24. 선고 2008도9705 판결(서울북부지방법원 2008. 8. 22. 선고 2008고합247 판결)
161) 2003. 2. 20. 선고 2001도6138 전원합의체 판결

임에도 졸업 후 변경된 학교명인 '한밭대학교'라고 기재한 명함을 제작·배포한 경우는 허위사실공표에 해당한다.[162]

「학점인정 등에 관한 법률」 제8조(학력인정) 제1항은 "제7조(학점인정)에 따라 일정한 학점을 인정받은 자는 「고등교육법」 제2조(학교의 종류) 제1호에 따른 대학이나 같은 법 제2조(학교의 종류) 제4호에 따른 전문대학을 졸업한 자와 같은 수준 이상의 학력이 있는 것으로 인정한다."고 규정되어 있는바, 이 경우 학점은행제 경영학사의 학습과정이 종료되지 않아 이수중에 있는 경우라도 법 제49조(후보자등록 등) 제4항 제6호의 규정에 의하여 학점은행제 경영학사의 학습과정에 대한 증명서를 제출한 경우 선거벽보에 그 사실을 학력으로 게재할 수 있어, "학점인정 등에 관한 법률의 규정에 의한 ○○대학교 부설 사회교육원 경영학사과정 이수중" 또는 "학점인정 등에 관한 법률의 규정에 의한 경영학사과정 이수중"이라고 게재할 수 있다. 또한 학점인정제를 통하여 학사학위를 받고자 하는 자는 여러 교육훈련기관에서 학점을 인정받을 수 있는바, 다수의 교육훈련기관에서 학점을 인정받아 학사학위를 취득한 경우 대학이 학위를 수여한 때에는 "학점인정 등에 관한 법률의 규정에 의한 ○○대학교 부설 사회교육원 경영학사학위 취득" 또는 "학점인정 등에 관한 법률의 규정에 의한 경영학사학위 취득"으로, 교육인적자원부장관이 수여한 때에는 "학점인정 등에 관한 법률의 규정에 의한 경영학사학위 취득"으로 게재할 수 있다.[163] 「국방대학교 설치법」 제4조(과정과 수업연한 등)의 규정에 의하여 학위과정을 이수한 자는 이를 선거벽보 등에 학력으로 게재할 수 있으나, 학위를 수여하지 아니하는 기본과정을 이수한 자의 경우에는 이를 학력 또는 경력으로 게재할 수 없다.[164] 정규학교를 졸업하지 않고 독학으로 공부하여 공무원 등 시험에 합격하여 근무하다가 시의원에 출마할 때 지금까지 학력란에 '독학'으로 기재하는 것은 무방하다.[165]

3) **상벌**

사실은 철도기관차에서 사용하는 석탄을 절취하여 징역 4월의 실형을 선고받았음에도 '41년 전 군에서 제대한 직후 수박 서리를 하다 잡혀 그리 된 것'이라고 기자에게 답변한 경우,[166] 뇌물수수죄로 선고유예를 받았음에도 후보자토론회에서 '저는 그 사건과 관련하여 이미 무죄로 판명됐습니다.'라고 한 경우,[167] 2012. 9. 12. 대구지방법원 서부지원에서 도로교통법위반(음주운전)죄로 벌금 300만원을 선고받아 2012. 10. 5. 그 판결이 확정된 사실이 있

162) 대전지방법원 2014. 12. 15. 선고 2014고합385 판결
163) 2006. 2. 21. 중앙선관위 질의회답
164) 2006. 3. 3. 중앙선관위 질의회답
165) 2006. 4. 24. 중앙선관위 질의회답
166) 2003. 5. 13. 선고 2003도781 판결
167) 2007. 10. 25. 선고 2007도3601 판결(서울고등법원 2007. 4. 26. 선고 2007노69 판결)

음에도 선거공보의 전과기록란에 확정일자와 선고형 기재 없이 '도로교통법위반(음주운전)'이라고만 기재한 경우,[168] 폭력행위등처벌에관한법률위반죄로 징역 8월에 집행유예 2년을 선고받아 확정된 후 특별사면을 받았음에도 선거공보의 후보자정보공개자료 중 '소명서'란에 '사실조사 결과 무혐의로 판명. 특별사면 처리된 사건임'이라고 게재한 경우,[169] 상해 등으로 벌금 200만원을 선고받았음에도 선거공보의 후보자정보공개자료 '소명서'란에 '상해 벌금 200만원은 정보통신이용에관한법률과 병합된 사건이고, 상대방의 사문서위조가 포착되어 재심의 요청 준비중임'이라고 기재한 경우,[170] 일부 범죄경력을 누락한 전과기록증명에 관한 제출서를 작성하여 선거공보에 전과를 2개가 아니라 1개만 적은 경우,[171] 벌금 100만원의 전과가 있음에도 선거공보의 '후보자 전과기록란'에 '전과없음'이라고 기재한 경우[172]는 각 허위사실공표에 해당한다. "○○○당 중앙당 선거관리위원회에서 피고인이 한 발언이 선거법위반이 될 수 없다는 판단이나 결정이 있었다."라는 취지의 발언을 한 경우, 법 제250조(허위사실공표죄) 제1항이 후보자의 상벌에 관한 허위사실공표행위를 처벌하는 취지는 당선되거나 되게 할 목적으로 후보자가 받은 형사처벌, 징계처분의 내용이나 결과를 후보자에게 유리하도록 사실과 다르게 공표하는 행위를 금지하겠다는 점에서 상벌의 의미를 엄격히 해석해야 하는 점에 비추어, 피고인의 발언에서 언급한 중앙당 선거관리위원회의 선거법위반에 대한 잠정적인 결정이 피고인의 상벌에 관한 것이라고 보기 어렵다.[173]

(바) 재산[174]

공직선거 후보자 재산신고 시 차명계좌로 관리하던 예금을 누락한 경우, 차명계좌를 통하여 예금을 보관하게 된 경위와 후보자의 경력, 차명계좌로 관리한 예금액의 합계 등에 비추어, 위 차명계좌예금도 공직선거 후보자 재산신고의 등록대상재산인 사실을 인식하고 있었

168) 대구지방법원 서부지원 2014. 9. 25. 선고 2014고합156 판결
169) 제주지방법원 2014. 10. 30. 선고 2014고합147 판결
170) 2015. 2. 26. 선고 2015도2 판결(서울고등법원 2014. 12. 17. 선고 (춘천)2014노223 판결)
171) 서울고등법원 2015. 3. 31. 선고 (춘천)2015노13 판결
172) 2015. 12. 10. 선고 2015도8759 판결(서울고등법원 2015. 5. 29. 선고 2015노39 판결)
173) 2017. 6. 19. 선고 2017도4354 판결(광주고등법원 제주지부 2017. 3. 15. 선고 2016노103 판결)
174) 헌법재판소는, 법 제250조(허위사실공표죄) 제1항의 '재산'과 관련하여, '이 사건 법률조항은 후보자에게 유리하도록 후보자 등에 관하여 허위의 사실을 공표하여 선거인의 공정한 판단에 영향을 미치는 일체의 행위를 처벌함으로써 선거의 공정을 보장하기 위한 규정인바, 선거인의 공정한 판단을 위해서는 후보자에 관한 정확한 판단자료가 유권자들에게 제공되는 것이 필요하다. 이러한 입법취지와 관련 공직선거법조문 등을 종합적으로 고려해 보면, 자의를 허용하지 않는 통상의 해석방법에 의하더라도 누구나 이 사건 법률조항이 규정하고 있는 "선전문서 기타의 방법으로 후보자에게 유리하도록 후보자의 재산에 관하여 허위의 사실을 공표하는 행위"가 무엇을 의미하는지 충분히 예측할 수 있으므로, 법관의 보충적인 해석을 필요로 하는 개념을 사용하였다는 점만으로는 헌법이 요구하는 죄형법정주의의 명확성의 원칙에 위배된다고 할 수 없다.'고 판시하였다(2009. 3. 26. 선고 2007헌바72 전원재판부 결정). ; 2010. 9. 30. 선고 2009헌바355 결정도 같은 취지

음이 인정되는 이상 당선목적으로 후보자의 재산에 관하여 허위사실을 공표한 것에 해당한다.[175] 공직선거 후보자 재산신고 시 채무내역을 빠뜨린 채 신고하여 선거공보물 등에 채무가 누락된 재산내역이 게시, 공개된 경우 허위사실공표에 해당한다.[176] 「공직자윤리법」 제10조의2(공직선거후보자 등의 재산공개) 제1항[177]은 선거의 후보자가 되려는 사람이 후보자등록을 할 때에는 제4조(등록대상재산)에 따른 등록대상 재산에 관한 신고서를 관할 선거관리위원회에 제출하여야 한다고 규정하고, 제4조(등록대상재산) 제1항, 제2항 제3호 마목[178]은 '소유자별 합계액 1천만원 이상의 채무'를 등록대상 재산으로 규정하며, 제3항 제5호[179]는 등록할 채무의 가액산정 방법 또는 표시방법은 '해당 금액'이라고 규정하고 있을 뿐 채무의 종류에 따라 취급을 달리 하고 있지 아니하므로, 1천만원이 넘는 연대보증채무는 등록대상 재산에 해당하고 이를 게재하지 하지 아니한 신고서를 후보자등록시에 선거관리위원회에 제출하여 공개한 것은 허위사실공표에 해당한다.[180]

---

175) 대구고등법원 2007. 3. 29. 선고 2007노81 판결

176) 2011. 9. 8. 선고 2011도5809 판결

177) 「공직자윤리법」 제10조의2(공직선거후보자 등의 재산공개) ① 대통령, 국회의원, 지방자치단체의 장, 지방의회의원 선거의 후보자가 되려는 사람이 후보자등록을 할 때에는 전년도 12월 31일 현재의 제4조에 따른 등록대상재산에 관한 신고서를 관할 선거관리위원회에 제출하고, 관할 선거관리위원회는 후보자 등록 공고 시에 후보자의 재산신고사항을 공개하여야 한다.

178) 「공직자윤리법」 제4조(등록대상재산) ① 등록의무자가 등록할 재산은 다음 각 호의 어느 하나에 해당하는 사람의 재산(소유 명의와 관계없이 사실상 소유하는 재산, 비영리 법인에 출연한 재산과 외국에 있는 재산을 포함한다. 이하 같다)으로 한다.

1. 본인
2. 배우자(사실상 혼인관계에 있는 사람을 포함한다. 이하 같다)
3. 본인의 직계존속·직계비속, 다만, 혼인한 직계비속인 여성과 외증조부모, 외조부모, 외손자녀 및 외증손자녀는 제외한다.

② 등록의무자가 등록할 재산은 다음 각 호와 같다.

3. 다음 각 목의 동산·증권·채권·채무 및 지식재산권
   마. 소유자별 합계액 1천만원 이상의 채무

179) 「공직자윤리법」 제4조(등록대상재산) ③ 제1항에 따라 등록할 재산의 종류별 가액의 산정방법 또는 표시방법은 다음과 같다.

5. 현금·예금·채권 및 채무는 해당 금액

180) 2018. 7. 26. 선고 2015도1379 판결(부산고등법원 2015. 1. 21. 선고 2014노351 판결)

(사) 행위[181)]

법 제250조(허위사실공표죄) 제1항 위반죄의 객체가 되는 행위는 일상생활의 모든 행위를 말하는 것이 아니라 적어도 후보자의 자질, 성품, 능력 등의 지표로 삼을 수 있는 것으로 인식되어 선거인의 공정한 판단에 영향을 미치는 사항으로 한정하여야 한다.[182)] 피고인이 당해 선거구 안에 있는 단체에 기부행위를 한 것인지, 아니면 개인에게 단순히 대여행위를 한 것인지 여부는 후보자가 되고자 하는 자의 자질이나 준법정신 등 성품과 관련된 것이어서 선거인의 공정한 판단에 영향을 미치는 사항이다. 따라서 피고인이 기자회견에서 정에게 준 200,000원이 찬조금인데도 대여금이라고 공표한 것은 허위사실공표에 해당한다.[183)] "○○○당 중앙당 선거관리위원회에서 피고인이 한 발언이 선거법위반이 될 수 없다는 판단이나 결정이 있었다."라는 취지의 발언을 피고인이 한 경우, 피고인이 위 선거관리위원회의 판단이나 결정이 있었다는 말을 들었는지 여부는 법 제250조(허위사실공표죄) 제1항의 '행위'에 해당한다고 볼 수 없다.[184)] '피고인이 피해자 A를 I 호텔에서 만난 사실이 있는지 여부' 및 '그에 관한 주장의 허위 여부'는 후보자가 되고자 하는 자의 자질이나 준법정신 등 성품 혹은 공직수행의 능력과 관련된 것이 아니고, 상대방의 명예를 훼손할 수 있는 사항도 아니며, 범죄를 구성하는 요건도 아니다. 즉, "피해자 A를 I 호텔에서 만난 사실이 없다."라는 피고인의 발언은 이 사건 공표, 적시, 신고 사실의 핵심 및 주요 내용이라고 할 수 없고, 설령 피고인의 위 발언이 허위임이 증명되었다고 하더라도, 이 사건 공표, 적시, 신고사실의 다른 핵심 또는 중요 내용이 허위임이 합리적인 의심의 여지없이 적극적으로 증명된 것이 아니라면 위 진술 부분만 별도로 분리하여 그에 대한 죄책을 묻기는 어렵다.[185)]

(아) 소속단체

소속단체란 정당을 비롯하여 정치 · 경제 · 사회 · 문화 등 모든 분야에서 활동을 하고 있는 모든 단체를 포함하고 법인격 유무를 불문하다.

---

181) 대법원은, 법 제250조(허위사실공표죄) 제1항의 '행위'부분과 관련하여, 「헌법 제12조 제2항은 형사책임에 관하여 자신에게 불이익한 진술을 강요당하지 않을 것을 국민의 기본권으로 보장하고 있다. 헌법이 진술거부권을 기본적 권리로 보장하는 것은 형사 피의자나 피고인의 인권을 형사소송의 목적인 실체적 진실발견이나 구체적 사회정의의 실현이라는 국가이익보다 우선적으로 보호하려는 것이다. 그로써 인간의 존엄성과 가치를 보장하고, 비인간적인 자백의 강요와 고문을 근절할 수 있기 때문이다(2004. 12. 24. 선고 2004도5494 판결). 이러한 법리에 비추어 볼 때 법 제250조(허위사실공표죄) 제1항의 '행위'부분이 헌법 제12조 제2항의 자기부죄금지 원칙에 위배하여 형사상 자기에게 불리한 진술을 비인간적으로 강요하는 것으로 보기 어렵다.」고 판시하였다(2018. 4. 24.자 2018초기306 판결).

182) 2021. 2. 25. 선고 2018헌바223 결정

183) 2018. 4. 24. 선고 2018도1230 판결

184) 2017. 6. 19. 선고 2017도4354 판결(광주고등법원 제주지부 2017. 3. 15. 선고 2016노103 판결)

185) 2021. 4. 29. 선고 2021도1722 판결(서울고등법원 2021. 1. 27. 선고 2019노2535 판결)

(자) 특정인 또는 특정단체로부터의 지지여부 등

A 지지를 위한 집단 탈당에 대한 기자회견에서 "시장 A외 동반탈당 당원 983명 일동"이라는 내용으로 A를 지지하는 성명서를 발표하였으나 실제로 도당에 제출한 탈당신고서는 945매이고, 그 중 중복 제출자 17명을 제외한 928명 중 477명은 A후보가 탈당하기 이전에 이미 탈당한 사람들이거나 당원배가운동 당시 입당하면서 6개월 이후에 탈당하기로 예정되었던 사람들로 A후보를 지지하기 위해 탈당한 사람들이 아닌 경우,[186] ○○시민 613인이 갑의 지지선언에 동참한 사실이 없음에도 '○○시민 613인 갑 지지선언'이라는 제목으로 지지선언문을 배부한 경우[187]는 특정인으로부터의 지지여부 등에 관하여 허위사실을 공표한 때에 해당한다.

특정학교 동문회가 제5회 전국동시지방선거에서 동문인 갑 후보를 지지하는 의사표명을 한 사실이 없는데도 피고인이 '위 동문회가 갑 후보를 공개 지지한다.'는 취지의 성명서를 작성·배포한 경우,[188] 향우회 고문들이 A후보자의 선거운동 참여방안을 논의한 사실이 없음에도, 선거운동용 BAND 및 향우회 BAND에 일부 향우회 고문들이 앉아 있는 사진과 함께 '향우회연합회고문단 간담회'라는 제목하에 A후보자의 선거에 기여하는 방안을 논의하였다는 내용을 게재한 경우[189]는 특정단체의 지지 여부에 대하여 허위의 사실을 공표한 경우에 해당한다.

(3) 행위

본죄의 행위는 연설·방송·신문·통신·잡지·벽보·선전문서 기타의 방법으로 후보자에게 유리하도록 허위의 사실을 공표하거나 하게 하는 것, 허위의 사실을 게재한 선전문서를 배포할 목적으로 소지하는 것이다.

(가) '기타의 방법'

법 제250조(허위사실공표죄) 제1항에서 규정한 허위사실공표죄의 행위는 '연설·방송·신문·통신·잡지·벽보·선전문서 기타의 방법으로' 유권자에게 후보자의 인적사항을 직접적으로 알리는 것으로서 최소한 선전문서와 동일한 기능을 가지는 매개체를 통하여 허위의 사실을 공표하거나 하게 하는 것이고, 여기서 '기타의 방법'에는 법문에 열거된 방법은 물론 불특정 또는 다수의 사람에게 전달될 수 있는 모든 수단 방법이 포함된다.[190] '중앙선거관리

---

186) 전주지방법원 군산지원 2019. 2. 14. 선고 2018고합111 판결
187) 인천지방법원 부천지원 2019. 3. 29. 선고 2018고합270 판결
188) 2011. 3. 10. 선고 2010도16942 판결
189) 서울고등법원 2019. 4. 24. 선고 2018노3627 판결
190) 2021. 2. 25. 선고 2018헌바223 결정

위원회 인터넷 홈페이지 후보자 정보란'에 경력과 소속단체 등에 관하여 허위의 사실을 공표하게 한 행위는 '기타의 방법'에 의한 허위사실공표에 해당한다.[191] 수원시장 출마기자회견에서 발언하거나 인터넷 홈페이지 게시판에 게시한 '2002년 수원시장 선거 당시의 100대 공약 중 2가지를 제외한 공약을 모두 이행하였다'고 한 것은 허위사실공표에 해당한다.[192]

(나) 허위사실

법 제250조(허위사실공표죄) 제1항에서 말하는 '허위의 사실'은 진실에 부합하지 않은 사항으로서, 선거인으로 하여금 후보자에 대한 정확한 판단을 그르치게 할 수 있을 정도로 구체성을 가진 것이면 충분하지만,[193] 단순한 가치판단이나 평가를 내용으로 하는 의견표현에 불과한 경우에는 이에 해당하지 아니한다 할 것인바, 어떤 진술이 사실주장인가 또는 의견표현인가를 구별함에 있어서는 선거의 공정을 보장한다는 입법취지를 염두에 두고 언어의 통상적 의미와 용법, 문제된 말이 사용된 문맥, 입증가능성, 그 표현이 행하여진 사회적 상황 등 전체적 정황을 고려하여 판단하여야 한다.[194] 또한, 공표된 사실의 내용 전체의 취지를 살펴볼 때 중요한 부분이 객관적 사실과 합치되는 경우에는 세부에 있어서 진실과 약간 차이가 나거나 다소 과장된 표현이 있다 하더라도 선거인의 올바른 판단에 영향을 미쳐 선거의 공정성을 해칠 우려가 없으므로 이를 허위의 사실이라고 볼 수는 없다.[195] 어떤 표현이 허위사실을 표명한 것인지는 일반 선거인이 표현을 접하는 통상의 방법을 전제로 하여 표현이 전체적인 취지, 객관적 내용, 사용된 어휘의 통상적인 의미, 문구의 연결 방법 등을 종합적으로 고려하여 선거인에게 주는 전체적인 인상을 기준으로 판단하여야 한다.[196]

지역구 국회의원인 피고인이 차기 국회의원선거를 1년여 앞둔 시기에 중앙도시계획위원회의 개발제한구역 조건부 해제의 결의만으로는 지역구인 시에서 추진해 온 역점사업에 관한 개발제한구역이 해제되지 아니함에도 시내 주요 도로 12곳에 "그린벨트 해제!"라는 내용이 기재된 현수막을 게첩한 경우,[197] 오○○후보가 피고인을 지지하거나 피고인을 위하여 선거운동을 한 사실이 없음에도 선거공보에 "오○○후보와 선거 · 정책을 연대합니다."라고 게재한 경우,[198] 개발제한구역 해제요건 충족이 완료되었다고 할 수 없는 상황임에도 선거사무

191) 2009. 6. 11. 선고 2008도11042 판결
192) 2007. 8. 24. 선고 2007도4294 판결
193) 2007. 2. 23. 선고 2006도8098 판결, 2003. 2. 20. 선고 2001도6138 전원합의체 판결
194) 2007. 8. 24. 선고 2007도4294 판결
195) 대구고등법원 2009. 6. 11. 선고 2008노591 판결, 2015. 5. 14. 선고 2015도1202 판결, 2009. 3. 12. 선고 2009도26 판결(국회의원 선거에 출마한 현직 국회의원이 보도자료 등을 통하여 "건설교통부로부터 울산고속도로 통행료폐지약속을 받았다."고 홍보 내지 진술하여 이를 피고인의 업적으로 공표한 행위가 허위사실의 공표로서, 법 제250조(허위사실공표죄) 제1항의 허위사실공표죄에 해당한다고 한 사례)
196) 2016. 9. 8. 선고 2016수33 판결, 2015. 5. 14. 선고 2015도1202 판결, 2010. 2. 11. 선고 2009도8947 판결
197) 의정부지방법원 2017. 4. 5. 선고 2016고합460 판결

소 건물외벽에 "□□월드디자인시티 유치 눈앞에! 국토부 그린벨트 해제 요건 충족 완료"라는 현수막을 게재한 경우,[199] 경쟁력강화사업에 총사업비 2,944억원 규모로 진행될 것이라는 예상이 있을 뿐임에도 "경쟁력강화사업에 실제로 2,944억원의 예산이 확보되었다."라고 한 경우,[200] 예산과목에 '주민지원사업'이라는 과목도 없고, ○○도의 각 시 · 군에 배정된 도비에 대하여 도의원별로 '예산확보순위'를 매기는 것은 불가능함에도, 예비후보자 선거운동용 명함에 "2017년도 ○○도 주민지원사업 예산확보 1위!!"라고 게재하여 배포한 경우[201]는 허위실공표에 해당한다.

A의 사저 소재지인 '양산', 공산주의자를 속되게 일컫는 '빨갱이', 한 무리의 우두머리를 일컫는 '대장'이라는 세 단어를 결합한 '양산 빨갱이 대장'이라는 표현은 결국 'A는 공산주의자들의 우두머리이다'라는 뜻을 담은 사실의 적시에 해당하고, 'A는 공산주의자'라는 표현은 A가 당선되지 못하게 할 의도로 그가 북한의 사상이나 체제를 지지·추종한다는 의미로 사용된 것으로 사실의 적시에 해당함을 전제로 각 허위사실공표에 해당한다.[202] 반면 피해자를 '빨갱이'로 지칭하면서 대한민국의 자유민주적 기본질서를 위협할 수 있는 다른 구체적인 사정을 함께 언급하였다고 보기 어려운 경우, '빨갱이'라는 표현 그 자체는 허위·진실 여부를 가릴 수 있을 정도로 확정적 의미를 갖는 사실의 적시라고 볼 수 없다.[203]

(다) 공표

'공표'라 함은 그 수단이나 방법의 여하를 불문하고 불특정 또는 다수의 사람이 알 수 있는 상태에 두는 것을 말하고, 행위자 스스로 직접 불특정 또는 다수의 사람에게 허위 사실을 알리는 것을 요하지 아니하며 단 한사람에게 알리더라도 그것이 다른 사람에게 알려질 것이 예견될 때에는 공표에 해당한다.[204]

민주주의 정치제도하에서 언론의 자유는 가장 기초적인 기본권이고 그것이 선거과정에서도 충분히 보장되어야 함은 말할 나위가 없는바, 공직선거에 있어서 후보자의 공직담당적격을 검증하는 것은 필요하고도 중요한 일이므로 그 적격검증을 위한 언론의 자유도 보장되어야 하고, 이를 위하여 후보자에게 위법이나 부도덕함을 의심케 하는 사정이 있는 경우에는

---

198) 2015. 12. 16. 선고 2015도16992 판결(부산고등법원 2015. 10. 21. 선고 2015노191 판결)
199) 2015. 12. 10. 선고 2015도7342 판결
200) 2017. 10. 12. 선고 2017도11385 판결(광주고등법원 2017. 7. 13. 선고 2017노224 판결)
201) 대구지방법원 서부지원 2019. 1. 31. 선고 2018고합217 판결
202) 2021. 7. 21. 선고 2018도16587 판결(서울고등법원 2018. 10. 10. 선고 2018노604 판결), 2021. 7. 21. 선고 2018도8279 판결(서울고등법원 2018. 5. 17. 선고 2018노659 판결), 2021. 7. 21. 선고 2018도9812 판결(서울고등법원 2018. 5. 31. 선고 2018노991 판결)
203) 2022. 5. 12. 선고 2021도16003 판결(부산고등법원 2021. 11. 17. 선고 2019노635 판결)
204) 1998. 12. 10. 선고 99도3930 판결, 서울고등법원 1999. 2. 23. 선고 98노3359 판결

이에 대한 문제제기가 허용되어야 하며, 공적 판단이 내려지기 전이라 하여 그에 대한 의혹의 제기가 쉽게 봉쇄되어서는 아니 되나, 한편 근거가 박약한 의혹의 제기를 광범위하게 허용할 경우 비록 나중에 그 의혹이 사실무근으로 밝혀지더라도 잠시나마 후보자의 명예가 훼손됨은 물론 임박한 선거에서 유권자들의 선택을 오도하는 중대한 결과가 야기되고 이는 오히려 공익에 현저히 반하는 결과가 되므로 후보자의 비리 등에 관한 의혹제기는 비록 그것이 공직적격 여부의 검증을 위한 것이라 하더라도 무제한 허용될 수는 없고 그러한 의혹이 진실인 것으로 믿을 만한 상당한 이유가 있는 경우에 한하여 허용되어야 하고, 이때 의혹사실의 존재를 적극적으로 주장하는 자는 그러한 사실의 존재를 수긍할 만한 소명자료를 제시할 부담을 진다고 할 것이고, 그러한 소명자료를 제시하지 못한다면 달리 그 의혹사실의 존재를 인정할 증거가 없는 한 허위사실의 공표로서의 책임을 져야 할 것인 반면, 제시된 소명자료 등에 의하여 그러한 의혹이 진실인 것으로 믿을 만한 상당한 이유가 있는 경우에는 비록 사후에 그 의혹이 진실이 아닌 것으로 밝혀지더라도 표현의 자유의 보장을 위하여 이를 벌할 수 없다.[205)]

당해 표현이 집합적 명사를 쓴 경우에도 선거인이 그 표현을 접하는 통상의 방법을 전제로 그 표현의 전체적인 취지와의 연관 하에 표현의 객관적 내용, 사용된 어휘의 통상적인 의미, 문구의 연결방법 등을 종합적으로 고려하여 그 표현이 선거인에게 주는 전체적인 인상을 기준으로 판단할 때 당해 표현이 특정인을 가리키는 것이 명백하면 당해 표현은 그 특정인에 대한 허위사실의 공표에 해당한다.[206)]

「공직자윤리법」 제10조의2(공직선거후보자 등의 재산공개) 제1항의 공직후보자재산신고 제도는 공직자의 부정한 재산증식을 방지하고 공무집행의 공정성을 확보하여 국민에 대한 봉사자로서의 공직자의 윤리를 확립하고자 함에 입법목적이 있고, 법 제49조(후보자등록 등) 제12항의 후보자정보공개 제도는 선거에 참여하는 정당·후보자 등의 공정경쟁의무에 터 잡아 후보자의 직업, 학력, 경력 등은 물론 재산상황, 병역사항, 최근 소득세·재산세·종합토지세 납부 및 체납실적, 전과기록 등에 관한 정보를 선거권자에게 공개함으로써 국민의 알권리와 국민의 선거권행사를 보장하고자 함에 입법 목적이 있는 등 두 제도는 그 입법 취지와 기능을 달리한다. 따라서 「공직자윤리법」에서 공직후보자재산신고 제도와 관련하여 허위 재산신고서를 제출 행위를 형사처벌 대상으로 삼고 있지 않다거나, 재산신고서를 제출하여 공개되도록 하는 행위가 법령이 정한 공직후보자 등록신청행위의 일환으로 이루어지는 행위라는 사정만으로, 허위 재산신고서를 제출하여 공개되도록 하는 행위가 법 제250조(허위사실공표죄) 제1항에 정한 허위사실공표죄의 처벌대상에서 제외된다고 볼 수 없다.[207)] 허위의 학력을

205) 2003. 2. 20. 선고 2001도6138 전원합의체 판결
206) 2003. 2. 20. 선고 2001도6138 전원합의체 판결

기재한 후보자등록신청서를 작성하여 관할 선거관리위원회에 제출하는 경우는 그 제출시에 법 제250조(허위사실공표죄) 제1항 소정의 '공표'에 대한 고의 및 당선될 목적이 인정된다.[208]

(라) 배포목적 소지

소지란 물건을 몸에 소지하는 것뿐만 아니라 자신의 실력적 지배관계가 미치는 장소에 보관하는 경우를 포함한다.

다. 주관적 요소

(1) 목적

본죄는 '당선되거나 되게 할 목적'이 있어야 한다.

법 제250조(허위사실공표죄)에 규정한 '당선되거나 되게 할 목적' 또는 '당선되지 못하게 할 목적'에 대하여는 적극적 의욕이나 확정적 인식임을 요하지 아니하고 미필적 인식이 있으면 족하며, 또 그 목적이 있었는지 여부는 피고인의 사회적 지위, 피고인과 후보자 또는 경쟁후보자와의 인적관계, 공표행위의 동기 및 경위와 수단·방법, 행위의 내용과 태양, 그러한 공표행위가 행하여진 상대방의 성격과 범위, 행위 당시의 사회상황 등 여러 사정을 종합하여 사회통념에 비추어 합리적으로 판단하여야 한다. 제19대 국회의원선거 지역구 예비후보자인 피고인은 을 대학교 교수로 재직하던 기간 중 2회에 걸쳐 을 대학교 교수협의회에서 총장으로 선출되었음에도 재단의 임명을 받지 못하자 국회의원 출마를 결심하고 단체를 설립한 다음 지속적으로 사전선거운동을 하였고, 갑 정당 공천심사에서 탈락하자 무소속 후보로 출마하여 낙선하였던 점, 피고인은 지역선거관리위원회에 해당 선거구의 갑 정당 예비후보자로 등록할 당시 예비후보자등록신청서의 경력란에 '(현)을 대학교 법정대 교수'라고 기재한 반면, 갑 정당 공천심사위원회에 공천신청서를 제출할 당시 공천신청서의 대표경력란에 '을 대학교 제9대 직선총장(현)'이라고 허위의 사실을 기재하여 제출하였던 점, 해당 지역구에서 갑 정당 공천을 받으면 당선에 유리하였던 점 등을 종합할 때, 피고인의 행위는 단순히 갑 정당 지역구국회의원 후보자로 공천을 받을 목적에 그치지 아니하고 갑 정당의 공천을 받아 제19대 국회의원선거에서 당선될 목적에서 한 것으로 보아야 한다.[209] 후보자가 허위의 학력을 기재한 후보자등록신청서를 작성하여 관할선거관리위원회에 제출한 경우는 법 제250조(허위사실공표죄) 제1항 소정의 '공표'에 대한 고의 및 '당선될 목적'이 인정된다.[210]

---

207) 2009. 10. 29. 선고 2009도5945 판결
208) 1999. 6. 25. 선고 99도1150 판결(서울고등법원 1999. 2. 2. 선고 98노3359 판결)
209) 부산고등법원 2013. 4. 10. 선고 2012노631 판결
210) 서울고등법원 1998. 12. 22. 선고 98노2589 판결

(2) 고의

허위사실공표죄에서는 공표된 사실이 허위라는 것이 구성요건의 내용을 이루기 때문에 행위자의 고의의 내용으로서 공표된 사실이 허위라는 점의 인식이 필요한데, 이러한 주관적 인식의 유무는 그 성질상 외부에서 이를 알거나 입증하기 어려운 이상 공표사실의 내용과 구체성, 소명자료의 존재 및 내용, 피고인이 밝히는 사실의 출처 및 인지 경위 등을 토대로, 피고인의 학력, 경력, 사회적 지위, 공표 경위, 시점 및 그로 말미암아 객관적으로 예상되는 파급효과 등 제반 사정을 모두 종합하여 규범적으로 판단할 수밖에 없다.[211] 지방자치단체장 선거 후보자인 피고인이 관할선거관리위원회에 일부 범죄경력이 누락된 전과기록증명에 관한 제출서를 작성·제출한 경우, 피고인이 경찰서장에게서 발급받은 공직후보자 범죄경력회보서에 오류가 있어 일부 범죄경력이 나타나지는 않았으나, 공직선거에서 여러 차례 입후보 및 당선 경험이 있는 피고인으로서는 공직선거법에 대하여 상당한 지식을 축적하였을 것으로 보이는 점 등 제반 사정을 종합할 때 범죄경력에 관한 허위사실공표의 고의, 적어도 미필적 고의를 인정할 수 있고, 피고인이 일부 범죄경력을 누락한 제출서를 작성하여 선거공보에 전과를 2개가 아니라 1개만 적게 되었는데, 경쟁 후보자가 공표한 전과도 1개인 점 등에 비추어 당선 목적으로 허위사실을 공표하였음을 인정할 수 있다.[212] 후보자등록시에 허위의 재산신고서를 제출한 경우에 그 재산신고서의 내용이나 최종적으로 공개되는 재산내역조차 확인하지 않은 채 비서진에게 재산신고 업무를 전적으로 일임하였다면, 비서진의 착오로 재산내역의 신고 및 공개가 다소 잘못되었더라도 그 결과를 용인하겠다는 의사를 가지고 있었다고 볼 수밖에 없어 허위사실공표죄의 미필적 고의가 인정된다.[213]

라. 처벌

본죄를 범한 자는 5년 이하의 징역 또는 3천만원 이하의 벌금에 처한다.

법 제82조의8(딥페이크영상등을 이용한 선거운동)을 위반하여 규칙으로 정하는 사항을 딥페이크영상등에 표시하지 아니하고 본죄를 범한 자는 5년 이하의 징역 또는 5천만원 이하의 벌금에 처한다(법§250④).

본죄는 재정신청 대상 중요선거범죄이다(법§273①).

---

211) 대구고등법원 2009. 6. 11. 선고 2008노591 판결(국회의원 후보자가 선거유세 과정에서 선거권자들의 친 박근혜 성향을 이용하기 위하여 '박근혜 전 대표로부터 이기고 돌아오라는 취지의 말을 들었다.'고 공표하고, 경쟁 후보가 유치한 리조트 사업을 자신의 업적으로 공표한 행위가 법 제250조(허위사실공표죄) 제1항의 허위사실공표죄에 해당한다고 한 사례)

212) 서울고등법원 2015. 3. 31. 선고 (춘천)2015노13 판결

213) 서울고등법원 2017. 11. 22. 선고 2017노1538 판결

2. 낙선목적 허위사실공표죄

가. 의의

당선되지 못하게 할 목적으로 연설·방송·신문·통신·잡지·벽보·선전문서 기타의 방법으로 후보자에게 불리하도록 후보자, 그의 배우자 또는 직계존·비속이나 형제자매에 관하여 허위의 사실을 공표하거나 공표하게 한 자와 허위의 사실을 게재한 선전문서를 배포할 목적으로 소지한 자는 7년 이하의 징역 또는 500만원 이상 3천만원 이하의 벌금에 처한다(법§250②). 법 제250조(허위사실공표죄)의 입법취지는 허위의 사실을 공표하여 선거인의 올바른 판단에 영향을 비치는 행위를 규제함으로써 선거의 공정을 보장함에 있다.[214)][215)]

나. 구성요건

(1) 행위의 주체

아무런 제한이 없다.

(2) 행위의 객체

허위사실 공표의 대상은 '후보자, 그의 배우자 또는 직계존비속이나 형제자매에 관한' 사항이다.

'…에 관하여'라고 함은 출생지·가족관계·신분·직업·경력등·재산뿐만 아니라 그 사람의 모든 사항에 관한 것이 허위사실 공표의 대상이다.

법 제250조(허위사실공표죄) 제2항에서 말하는 '후보자에 관한 사실' 중에는 직접 후보자 본인에 관한 사실뿐 아니라 후보자의 소속 정당이나 그 정당의 소속 인사에 관한 사항 등과 같은 간접사실이라도 후보자와 직접적으로 관련된 사실이고 그 공표가 후보자의 당선을 방

---

214) 2007. 6. 29. 선고 2007도2817 판결, 2007. 3. 15. 선고 2006도8368 판결

215) '허위사실유포죄는 허위사실을 유포하여 공인(public figures)의 명예를 훼손하고 국왕과 신민 사이에 불화를 조장하는 자를 처벌하도록 명문화된 13세기 후반의 중상방해죄(Scandalum Magnatum)에 그 연원을 두고 있다. 이후 구텐베르그의 인쇄혁명을 계기로 출판인쇄술이 급속히 발달하자 정권이나 지배층을 비방하는 메시지가 일반 국민들 사이에 유포되는 것을 방지할 필요성이 대두되었다. 이를 위해 17세기경 영국을 필두로 중상비방죄의 변형태라 할 수 있는 문서에 의한 선동비방죄(Seditious libel)가 등장하게 되었고, 이는 허위사실유포죄로 그 명맥을 이어오고 있다. 역사적으로 볼 때 허위사실유포죄는 권위주의 국가에서 정권유지를 위한 수단으로 빈번하게 악용되었는바, 유엔 인권이사회(UNHRC : UN Human Right Council)와 세계신문협회(WAN : World Association of Newspaper) 등은 지속적으로 동죄의 폐지를 주장해오고 있다. 영국과 미국을 비롯한 서구의 선진국들이 허위사실유포죄를 폐지한 가운데 많은 국가들이 동죄의 폐지에 동참하고 있으며 공직선거 등과 관련된 특정한 영역에서만 허위사실유포 행위가 처벌되고 있는 것이 최근의 추세이다.'라고 한다(윤지영, 「공직선거법 제250조 제2항 허위사실공표죄의 구성요건과 허위성의 입증」, 형사판례연구[20], 606－609쪽).

해하는 성질을 가진 것인 경우에는 후보자에 관한 사실에 해당한다고 할 것이지만,[216] 공표된 사실이 후보자와 직접적인 관련이 없어 후보자의 선거에 관한 신용을 실추시키거나 이에 영향을 미치는 것이 아닌 경우에는 후보자에 관한 사실에 포함되지 아니한다.[217]

법 제250조(허위사실공표죄) 제2항의 입법목적은 '후보자가 되고자 하는 자'의 명예보호뿐만 아니라 선거의 공정성 확보에도 있는 것으로서, 후보자가 되고자 하는 자에 해당하기 위해서는 단순히 후보자가 되려고 하는 주관적인 의지가 있는 것만으로는 부족하고, 실제로 선거에 출마하기 위한 최소한의 준비 등을 개시하여 후보자가 될 개연성이 인정되어야 한다. 법 제250조(허위사실공표죄) 제2항이 적용될 경우 벌금 500만원 이상에 처해져 당선까지 무효로 되고(법§264), 벌금형이 확정된 후 5년간 선거권 및 피선거권의 제한을 받으며(법§18 ①3. 및 §19 1.), 당선 후에 반환받았던 기탁금 등도 다시 반환하여야 한다(법§265의2). 만약 선거에 출마할 것이라는 객관적 징표가 없는 경우에도 정치인에 대한 비판을 모두 형법상의 일반 명예훼손보다 법정형이 높은 공직선거법위반으로 처벌하는 경우에는 일반 국민의 정치적 표현의 자유를 지나치게 제한할 가능성이 있다. 따라서 후보자가 되고자 하는 자인지 판단은 당사자의 주관에만 의존하는 것이 아니라 후보자가 될 의사를 인정할 수 있는 객관적인 징표 등을 고려하여 엄격하게 판단할 필요가 있다.[218] 법 제250조(허위사실공표죄) 제2항의 '후보자가 되고자 하는 자'라 함은 당해 선거에 출마할 예정인 자로서 정당에 공천신청을 하거나 일반 선거권자로부터 후보자추천을 받기 위한 활동을 벌이는 등 입후보의사가 확정적으로 외부에 표출된 경우만이 아니라 그 신분·접촉대상·언행 등에 비추어 당해 선거에 입후보할 의사를 가진 것으로 객관적으로 인식할 수 있을 정도에 이른 경우까지도 가리킨다고 할 것이므로, 당해 후보자의 등록이 끝난 때로부터 비로소 시작되는 법정선거운동기간 전이라고 하여 낙선 목적의 허위사실공표죄의 객체가 될 수 없는 것은 아니다.[219]

---

216) 2011. 12. 22. 선고 2008도11847 판결

217) 2007. 3. 15. 선고 2006도8368 판결

218) 서울고등법원 2015. 6. 12. 선고 2015노369 판결(피고인이 갑 정당의 구청장 공천심사에서 탈락한 데 불만을 품고 공천심사위원회 부위원장인 국회의원 을의 지역구 주민 및 당원 등에게 휴대전화 문자메시지를 발송하는 방법으로 을이 차기 국회의원 선거에서 당선되지 못하게 할 목적으로 허위의 사실을 공표하였다고 기소된 사안에서, 현재 국회의원의 신분을 가지고 있다는 사정만으로 2년여가 남아있는 차기 국회의원선거에 출마할 것이 경험칙상 예정되어 있다고 보기 어렵고, 정당에 공천신청을 하는 등 차기 국회의원 선거에 출마하기 위한 준비를 하였다거나 입후보의사를 확정적으로 외부로 표출하였다는 객관적 징표를 찾아보기 어려워 을이 '후보자가 되고자 하는 자'에 해당하지 아니하고, 피고인이 전송한 문자메시지에 '을 의원을 퇴출시켜야 한다.'고 기재한 것은 2년여가 남아 있는 차기 국회의원 선거에서 낙선을 염두에 둔 발언이라기보다 을의 소속 정당 내 활동 내지 행위에 대한 부정적 평가를 강조하는 의미로 보이는 점 등을 종합하면 피고인에게 을이 차기 국회의원 선거에서 당선되지 못하게 할 목적이 있었다고 볼 수 없다고 한 사례)

219) 1998. 9. 22. 선고 98도1992 판결

(3) 행위

본죄의 행위는 연설·방송[220]·신문·통신·잡지·벽보·선전문서 기타의 방법으로 후보자에게 불리하도록 허위의 사실을 공표하거나 하게 하는 것, 허위의 사실을 게재한 선전문서를 배포할 목적으로 소지하는 것이다.

(가) '기타의 방법'

법 제250조(허위사실공표죄) 제2항의 허위사실공표죄의 구성요건 중 '기타의 방법으로 허위의 사실을 공표'한다는 것은 그 수단이나 방법에 관계없이 불특정 또는 다수인에게 허위사실을 알리는 것을 뜻하므로, '기타의 방법'이란 적시된 사실이 다수의 사람에게 전파될 수 있는 방법을 가리킨다. 따라서 허위사실을 소수의 사람에게 대화로 전하고 그 소수의 사람이 다시 전파하게 될 경우도 포함하고, 비록 개별적으로 한 사람에게만 허위사실을 알리더라도 그를 통하여 불특정 또는 다수인에게 알려질 가능성이 있다면 이 요건을 충족한다.[221] 트위터에서 타인이 게시한 글을 리트윗하는 경우 그 글은 리트윗을 한 사람을 팔로우(follow)하는 모든 사람(팔로워, follower)에게 공개되고, 팔로워가 그 글을 다시 리트윗하면 그 글은 그의 팔로워들에게도 공개되므로, 글의 작성주체가 아니더라도 리트윗하는 행위는 자신의 트위터에서 타인이 그 글을 읽을 수 있고 전파할 수 있도록 게재하는 행위이다.[222] 법 제250조(허위사실공표죄) 제2항의 행위태양인 '공표'라 함은 그 수단이나 방법의 여하를 불문하고 불특정 또는 다수인에게 허위사실을 알리는 것이므로 비록 자기가 속한 정당의 당원단합대회에서 행한 연설 가운데 허위사실이 포함되어 있다고 하여 허위사실공표죄가 성립되지 아니하는 것은 아니다.[223] 허위사실이 기재된 문서를 선거인들에게 보여주어 읽게하는 것도 허위사실공표죄에 해당된다.[224] 사찰의 기념법회에 참석하는 사람들이 들을 수 있는 상태에서 상대후보자에 대해 '여자관계가 복잡해서 문제가 많다. 첩이 여러 명이나 된다더라.' 등

---

220) 헌법재판소는, 법 제250조(허위사실공표죄) 제2항 중 "방송으로 허위의 사실을 공표한 자" 부분과 관련하여, '이 사건 법률조항은 흑색선전과 혼탁선거를 방지하고 선거의 자유와 공정을 확보하기 위한 것으로서, 이러한 입법목적과 허위사실 유포행위로 인한 상대 후보자가 입게 될 정신적인 고통, 범죄 동기에 대한 높은 비난가능성, 향후 허위사실을 유포하는 행위를 근절하기 위한 형사정책적 고려 등을 종합해 볼 때, 이 사건 법률조항은 비례의 원칙에 위반되지 않고, 이 사건 법률조항은 일부 공직선거법 규정들과 달리 벌금형의 하한을 규정하고 있으나, 허위사실 유포행위의 동기와 죄질, 높은 비난가능성 등에 비추어 볼 때 이 사건 법률조항의 법정형이 특별히 형벌체계상 현저히 균형을 잃은 것이라거나 다른 범죄자와의 관계에 있어서 평등의 원리에 위반되는 것이라 할 수 없다.'고 판시하였다(2009. 9. 24. 선고 2008헌바168 전원재판부 결정).

221) 2011. 12. 22. 선고 2008도11847 판결(인터넷 언론사 기자로부터 전화로 질문을 받게 되고 대답을 하여 인터넷 언론에 게재하게 된 경우는 허위사실공표에 해당한다고 한 사례)

222) 대전고등법원 2013. 7. 24. 선고 2013노1209(병합) 판결

223) 1998. 9. 22. 선고 98도1992 판결

224) 2003. 11. 28. 선고 2003도5279 판결

후보자의 가족관계에 대한 허위사실을 큰 소리로 말한 것은 법 제250조(허위사실공표죄) 제2항의 '기타의 방법'으로 불특정 또는 다수인에게 허위의 사실을 공표한 것에 해당한다.[225] 고발장에 허위의 사실을 기재하여 공표하는 경우,[226] 원 출처의 기사내용을 교묘하게 바꾸어 신문 및 그 인터넷홈페이지에 게재한 경우[227]도 법 제250조(허위사실공표죄) 제2항의 허위사실공표죄에 해당한다.

<**소문**>

법 제250조(허위사실공표죄) 제2항에서 정한 허위사실공표죄를 적용할 때 소문 기타 다른 사람의 말을 전달하는 형식이나 의혹을 제기하는 행식을 빌려서 '어떤 사실'을 공표한 경우에는 그러한 소문이나 의혹 등이 있었다는 것이 허위인지가 아니라 소문이나 의혹 등의 내용인 '어떤 사실'이 허위인지에 의하여 판단하여야 한다.[228] 따라서 '어떠한 소문이 있다'라고 공표한 경우 그 소문의 내용이 허위이면 소문이 있다는 사실 자체는 진실이라 하더라도 허위사실공표죄가 성립한다.[229] 허위사실에 관한 소문을 진위 확인도 없이 공표한 경우 법 제250조(허위사실공표죄) 제2항의 허위사실공표죄가 성립하는데 필요한 '당선되지 못하게 할 목적'과 '공표한 사실이 허위라는 인식'이 있었다고 보아야 한다.[230] 피고인이 소문형식으로 "G는 돈이 많고, B는 돈이 없어요. B가 G한테서 돈을 좀 얻어 쓰려고 하는 것 같습니다."라는 추측성 발언을 한 경우, 위 언급 중 G와 B의 재력에 관한 부분은 후보자에 대한 사회적 가치 내지 평가를 그르치게 할 가능성이 있을 정도의 구체적을 가진 사실이라고 보기 어렵고, 'B가 G한테서 돈을 얻어서 쓰려고 하는 것 같다.'는 부분 그 자체는 B가 품고 있는 내심의 의사나 의도에 대한 가치판단에 불과하므로, 위 언급은 가치판단이나 평가를 내용으로 하는 의견표현으로 볼 수 있을 뿐이고 후보자에 대한 정확한 판단을 그르치게 할 수 있을 정도의 구체성을 가진 사실을 공표한 것으로 보기는 어렵다.[231]

(나) 허위사실

1) **사실과 의견**

어떠한 의사 표현이 법률에서 규정한 범죄에 해당한다고 평가하는 것은 그로써 표현의 자유라는 헌법상 기본권의 행사에 부정적인 영향을 줄 위험이 없지 않으므로 특정 의사 표현에 대한 법적 평가를 함에 있어서는 그 전제로서 문제된 표현의 의미가 합리적으로 파악되

225) 2009. 5. 28. 선고 2009도2480 판결(부산지방법원 동부지원 2008. 12. 12. 선고 2008고합161 판결)
226) 2006. 5. 25. 선고 2005도4642 판결
227) 2018. 6. 19. 선고 2017도10724 판결
228) 2016. 12. 27. 선고 2015도14375 판결
229) 2002. 4. 10.자 2001모193 결정
230) 대전고등법원 2002. 11. 15. 선고 2002노581 판결
231) 2019. 1. 31. 선고 218도19290 판결(대전고등법원 2018. 11. 26. 선고 2018도356 판결)

고 이해될 수 있도록 세심한 주의를 기울여야 한다. 다의적으로 해석될 수 있는 발언에 관하여 다른 합리적 해석의 가능성을 배제한 채 공소사실에 부합하는 취지로만 해석하는 것은 정치적 표현의 자유와 선거운동의 자유의 헌법적 의의와 중요성을 충분히 반영하지 않은 결과가 되고, '의심스러울 때는 피고인에게 유리하게'라는 형사법의 기본원칙에도 반한다.[232]

법 제250조(허위사실공표죄) 제2항에서 말하는 허위의 사실이라 함은, 진실에 부합하지 않는 사항으로서 선거인으로 하여금 후보자에 대한 정확한 판단을 그르치게 할 수 있을 정도로 구체성을 가진 것이면 충분하나,[233][234] 그 사실이 시기·장소·수단 등에 걸쳐서 정밀하게 특정될 필요는 없지만 단순한 가치판단이나 평가를 내용으로 하는 의견표현에 불과한 경우에는 이에 해당하지 아니하고,[235] 나아가 형사처벌 여부가 문제되는 표현이 사실을 드러낸 것인지 아니면 의견이나 추상적 판단을 표명한 것인지를 구별할 때에는 언어의 통상적 의미와 용법, 증명가능성, 문제된 말이 사용된 문맥과 표현의 전체적인 취지, 표현의 경위와 사회적 맥락 등을 고려하여 판단하되, 헌법상 표현의 자유의 우월적 지위, 형벌법규 해석의 원칙에 비추어 어느 범주에 속한다고 단정하기 어려운 표현인 경우에는 원칙적으로 의견이나 추상적 판단을 표명한 것으로 파악하여야 한다. 또한 어떠한 표현이 공표된 사실의 내용 전체의 취지를 살펴볼 때 중요한 부분에서 객관적 사실과 합치되는 경우에는 세부적으로 진실과 약간 차이가 나거나 다소 과장된 표현이 있더라도 이를 허위사실의 공표라고 볼 수 없다.[236] 집권 여당의 당명 변경전에 부산시당의 대변인으로 재직하였으나 명함에 그 경력을 기재하면서 당명을 변경후의 당명으로 기재하고 부대변인으로 재직한 사실을 게재하였다고

---

232) 2020. 12. 24. 선고 2019도12901 판결

233) 2018. 9. 28. 선고 2018도10447 판결, 2011. 12. 22. 선고 2008도11847 판결, 2009. 3. 12. 선고 2008도11443 판결, 2008. 12. 11. 선고 2008도8952 판결, 2006. 5. 25. 선고 2005도4642 판결, 2003. 11. 28. 선고 2003도5279 판결, 2002. 11. 13. 선고 2001도6292 판결, 2002. 4. 10.자 2001모193 결정, 2000. 4. 25. 선고 99도4260 판결, 1998. 9. 22. 선고 98도1992 판결

234) 허위사실에는 이른바 "가짜뉴스"도 포함된다. 장휘일은 「인간은 자신의 신념을 두텁게 해 줄 정보를 갈구하게 되고, 그 결과 가짜뉴스를 진위에 대한 판단 없이 무비판적으로 수용하게 된다. 가짜뉴스의 공급자는 바로 그러한 인간의 심리를 이용하여 자신의 정치적 방향과 목적을 달성하기 위해 대중을 선동하는 것이다. 그 결과 사람들은 자신의 신념을 강화하기 위하여 자기 입장에 반대되는 정보는 거부하고 방어적인 태도를 취하게 된다. 가짜뉴스란 교묘하게 조작된 '속임수 뉴스'를 뜻한다. 경찰은 가짜뉴스를 '실제 언론보도처럼 보이도록 가공해 신뢰도를 높이는 방식으로 유포되는 정보'로 정의하고 있으며, 한국언론진흥재단은 '정치·경제적 이익을 위해 의도적으로 언론보도의 형식을 하고 유포된 거짓 정보'로 정의한다. 기존 뉴스형태를 띠고 있고, 일정부분 '팩트'에 기반한다. 선거 등에서 특정 목적을 달성하기 위해 핵심 내용을 왜곡하거나 조작한다. 대부분 사실확인이 쉽지 않은 자극적인 내용들이다.」라고 한다(장휘일, 「가짜뉴스의 심각성과 법적대응방안－한국의 19대 대통령선거를 중심으로－」, 글로벌기업법무리뷰 제10권(2017), 89－91쪽).

235) 2018. 9. 28. 선고 2018도10447 판결, 2006. 5. 25. 선고 2005도4642 판결, 2003. 11. 28. 선고 2003도5279 판결, 2002. 11. 13. 선고 2001도6292 판결, 2002. 4. 10.자 2001모193 결정, 2000. 4. 25. 선고 99도4260 판결, 1998. 9. 22. 선고 98도1992 판결

236) 2020. 12. 24. 선고 2019도12901 판결, 2011. 6. 24. 선고 2011도3824 판결, 2009. 3. 12. 선고 2009도26 판결, 2007. 10. 25. 선고 2007도3601 판결(서울고등법원 2007. 4. 26. 선고 2007노69 판결)

하더라도 세부에 있어서 진실에 약간 차이가 있을 뿐 전체의 취지로 보아 중요한 부분이 객관적 사실에 부합하여, 이러한 세부적인 차이는 선거인들의 피고인에 대한 공직적격 검증에서 정확한 판단을 그르치게 할 정도는 아니다.[237] 후보자가 안중근 의사의 유묵을 훔쳐서 소장하고 있거나 유묵 도난에 관여하였다는 게시글을 트위터에 게시하면서 '소재불명'을 '도난'으로 공표한 경우, 공표된 게시물 전체 내용의 취지에 비추어 보면 이는 세부에 있어서 진실과 다소 차이가 있거나 일부 과장된 표현이 있는 경우에 해당한다.[238]

법 제250조(허위사실공표죄) 제2항의 허위사실공표죄에서 말하는 '사실의 공표'란 가치판단이나 평가를 내용으로 하는 의견표현에 대치되는 개념으로서 시간과 공간적으로 구체적인 과거 또는 현재의 사실관계에 관한 보고 내지 진술을 의미하며 그 표현내용이 증거에 의한 입증이 가능한 것을 말한다. 어떠한 표현이 사실의 적시인지 아니면 의견이나 추상적 판단의 표현인지의 구별은 단순히 사용된 한 구절의 용어만에 의하여 구별할 것이 아니라 선거의 공정을 보장한다는 입법취지를 염두에 두고 그러한 표현을 둘러싼 모든 사정, 즉 언어의 통상적 의미와 용법, 표현 전체의 내용, 문제된 말이 사용된 문맥, 표현의 경위 · 전달방법 · 상대방, 표현 내용에 대한 증명가능성, 표현자와 후보자의 신분, 그 표현이 행하여진 사회적 상황 등 전체적 정황을 고려하여 판단하여야 한다.[239] 또한 의견표명과 사실의 적시가 혼재되어 있는 때에는 이를 전체적으로 보아 사실을 적시한 것인지 여부를 판단하여야 한다.[240] 나아가 의견이나 평가라고 하더라도 그것이 진실에 반하는 사실에 기초하여 행해지거나 의견이나 평가임을 빙자하여 간접적이고 우회적인 표현 방법으로 허위사실을 암시하는 경우에도 그 표현의 전취지에 비추어 그와 같은 사실의 존재를 암시하는 경우에는 위 죄가 성립된다.[241]

---

237) 2015. 5. 14. 선고 2015도1202 판결

238) 2016. 12. 15. 선고 2014도3932 판결

239) 2018. 9. 28. 선고 2018도10447 판결, 2009. 3. 12. 선고 2008도11443 판결, 2007. 3. 15. 선고 2006도8368 판결, 2004. 2. 26. 선고 99도5190 판결, 2003. 11. 28. 선고 2003도5279 판결, 2002. 11. 13. 선고 2001도6292 판결, 2002. 6. 14. 선고 2000도4595 판결, 2002. 4. 10.자 2001모193 결정, 2000. 4. 25. 선고 99도4260 판결, 서울고등법원 2013. 11. 21. 선고 2013노1814 판결(피고인이 제19대 국회의원선거의 후보자가 되고자 하는 갑이 대한민국과 미합중국 간의 자유무역협정 비준동의안의 여야 합의처리 등을 위해 단식하였을 뿐인데도, '굿~! 한미FTA를 빨리 날치기하라고 단식했던 갑 OUT!'이라는 문구를 리트윗하여 트위터에 게재하거나 팔로워들 등에게 전달하는 방법으로 공표하였다고 하여 기소된 사안에서, 피고인이 리트윗하기 전에 국회의원인 갑이 한미 FTA의 일방처리에 반대하며 합의처리를 촉구하는 단식까지 하고서도 일방처리가 이루어지는 본회의에 출석한 것에 대하여 의사정족수를 채우는 모순적인 행위라는 비판적 의견이 반어적·풍자적인 방법으로 표현되고 있었던 점 등 제반 사정을 종합할 때, 트윗 문구는 반어적 방법으로 비판적 '의견'을 표현한 것에 해당하고, 법 제250조 제2항이 금지하는 허위의 '사실'을 공표한 것으로 보기 어렵다고 한 사례)

240) 2005. 8. 13. 선고 2005도7172 판결, 2014. 1. 23. 선고 2013도12419 판결

241) 1996. 9. 6. 선고 96도1743 판결, 1998. 9. 22. 선고 98도1992 판결, 2003. 2. 20. 선고 2001도6138 전원합의체 판결, 2008. 7. 10. 선고 2008도2422 판결, 2011. 12. 22. 선고 2008도11847 판결(갑 정당 소속 국회의원

2) **토론회에서의 공표**

단체·언론기관의 후보자등 초청 토론회나 선거방송토론위원회 주관 토론회는 헌법상 선거공영제에 기초하여 고비용 정치구조의 개선과 선거운동의 공정성 확대를 위하여 도입된 선거운동방법의 하나로서, 후보자에게는 별다른 비용 없이 효율적으로 유권자에게 다가설 수 있게 하고, 유권자에게는 토론과정을 통하여 후보자의 정책, 정치이념, 통치철학, 중요한 선거쟁점 등을 파악하고 각 후보자를 적절히 비교·평가하여 올바른 선택을 할 수 있도록 도와주는 중요한 기능을 하고 있다.[242] 이러한 후보자 토론회에 참여한 후보자등은 토론을 할 때 다른 선거운동과 마찬가지로, 자신에 관한 것이거나 다른 후보자에 관한 것이거나를 막론하고 모두 진실에 부합하는 주장만을 제시하고, 자신의 의견을 밝히고 다른 후보자에게 질의하거나 다른 후보자의 질의에 답변함에 있어 분명하고도 정확한 표현을 사용함으로써, 선거인이 각 후보자의 자질, 식견 및 견해를 명확하게 파악할 수 있도록 해야 하는 것이 원칙이다.

그러나 미리 준비한 자료에 의하여 일방적으로 자신의 의견을 표현하는 연설의 경우와는 달리 후보자 사이에서 주장과 반론, 질의와 대답에 의한 공방이 즉흥적·계속적으로 이루어지는 토론회의 특성으로 인하여 위와 같은 표현의 명확성에는 그 한계가 있을 수밖에 없다. 따라서 후보자가 선거인의 정확한 판단을 그르치게 할 수 있을 정도로 다른 후보자의 견해나 발언을 의도적으로 왜곡한 것이 아니라, 합리적으로 보아 가능한 범위 내에서 다른 후보자의 견해나 발언의 의미를 해석하고 이에 대하여 비판하거나 질의하는 행위는, 후보자의 주장이나 질의에 대하여 다른 후보자가 즉시 반론이나 답변을 통하여 자신의 입장을 밝힐 기회가 주어지는 토론회의 특성을 고려할 때, 진실에 반하는 사실을 공표한다는 인식을 가지고 행하는 허위사실 적시행위로 평가할 수 없다고 보아야 한다. 이는 후보자가 자신의 주

인 피고인이 제17대 대통령 선거와 관련하여 을 정당의 병 후보자에게 불리하도록 병 후보자에게 관하여 허위의 사실을 공표하였다는 내용으로 기소된 사안에서, 피고인이 간접적이고 우회적인 표현방식을 통하여 병 후보자가 '정의 주가조작 및 횡령 범죄에 가담하였다.'라는 사실 등의 존재를 암시하였으며, 피고인이 사실의 적시가 아니라고 주장하는 부분만을 떼어내 보면 비록 내용 중 일부 표현을 하면서 단정적인 문구를 사용하지 않고 가치판단이나 의견 표현으로 보이는 부분이 있지만, 그러한 가치판단이나 의견도 일정한 사실을 전제로 하고 있으므로 전체적으로 볼 때 병 후보자에 대한 사회적 가치 내지 평가를 그르치게 할 가능성이 있을 정도의 구체성을 가진 사실을 공표하였다고 한 사례), 제주지방법원 2019. 2. 14. 선고 2018고합154 판결(A의 경쟁자 B의 측근인 C가 여성골프선수와 함께 골프 라운딩과 성매매를 함께 하는 관광상품을 개발하려 했다는 취지의 언론보도를 접하고, 마치 B가 C의 관광상품개발에 동참한 것처럼 '최측근 C가 도청에서 기획한 참신한 관광산업! B지사도 동참? 그의 섹스관광이 궁금하다면 아래 영상을 눌러보세요~'라는 글을 페이스북에 게재하고 B와 국회의원이 함께 촬영된 사진 밑에 B가 '아!~ ♥19홀 같이 할까?'라고 말하는 내용의 말풍선 그림이 배치되어 있고, 그 아래에는 '도지사 후보 B, 적폐보좌관 C. 골프 섹스관광, 조폭, 카지노 파문'이라고 기재되어 있는 이미지 파일을 위 글과 함께 게시한 것은 허위사실공표에 해당한다고 한 사례)

242) 1998. 8. 27. 선고 97헌마372·398·417(병합) 전원재판부 결정

장을 내세우거나 상대방에게 질의하는 과정에서 한 표현이, 선거인의 정확한 판단을 그르칠 정도로 의도적으로 사실을 왜곡한 것이 아닌 이상, 일부 부정확 또는 과장되었거나 다의적으로 해석될 여지가 있는 경우에도 마찬가지이다.[243] 방송토론은 상대후보자의 면전에서 즉시 반론 및 해명기회가 부여되므로 검증을 위한 의혹제기나 주장은 당연히 예정된 것으로 법에 의하여 보호되는 것이고, 연설이나 유인물배포와는 달리 방송토론에서의 발언에 대한 허위사실공표죄의 적용은 제한되어야 한다. 설령 후보자 등이 부분적으로 잘못되거나 일부 허위의 표현을 하더라도, 토론과정에서의 경쟁과 사후 검증을 통하여 도태되도록 하는 것이 민주적이고, 국가기관이 아닌 일반국민이 그 토론과 후속 검증과정을 지켜보면서 누가 옳고 그른지 판단하는 것이 바람직하다. 물론 일정한 한계를 넘는 표현에 대해서는 엄정한 조치를 취할 필요가 있지만, 그에 앞서 자유로운 토론과 성숙한 민주주의를 위하여 표현의 자유를 더욱 넓게 보장하는 것이 보다 중요하다. 표현의 자유가 제 기능을 발휘하기 위하여는 그 생존에 필요한 숨 쉴 공간, 즉 법적 판단으로부터 자유로운 중립적인 공간이 있어야 하기 때문이다.[244] 선거의 공정을 위하여 필요하다는 이유로 부정확하거나 바람직하지 못한 표현들 모두에 대하여 무거운 법적 책임을 묻는 것이 해결책이 될 수는 없다. 선거운동방법으로서 후보자 토론회가 가지는 중요성에도 불구하고, 후보자간 균형을 위한 엄격한 토론 형식과 시간적 제약, 토론기술의 한계 등으로 인하여 토론이 형식적·피상적인 데에 그치는 경우도 적지 않다. 이러한 현실적 한계에 더하여 국가기관이 토론과정의 모든 정치적 표현에 대하여 그 발언이 이루어지 배경이나 맥락을 보지 않고 일률적으로 엄격한 법적 책임을 부과한다면, 후보자등은 자신의 발언에 대해 사후적으로 법적 책임을 부담하게 될지도 모른다는 두려움 때문에 더더욱 활발한 토론을 하기 어렵게 된다. 이는 우리 사회의 중요한 공적·정치적 관심사에 대한 치열한 공방과 후보자 검증 등을 심각하게 위축시킴으로써 공개되고 공정한 토론의 장에서 후보자 사이에 상호 공방을 통하여 후보자의 자질 등을 검증하고자 하는 토론회의 의미가 몰각될 위험이 있다. 또한 선거를 전후하여 후보자 토론회에서 한 발언을 문제삼아 고소·고발이 이어지고, 이로 인하여 수사권의 개입이 초래된다면 필연적으로 수사권 행사의 중립성에 대한 논란을 피할 수 없을 뿐만 아니라, 선거결과가 최종적으로 검찰과 법원의 사법적 판단에 좌우될 위험에 처해짐으로써 국민의 자유로운 의사로 대표자를 선출한다는 민주주의 이념이 훼손될 우려도 있다.[245]

대법원은, 이와 같은 후보자 토론회의 기능과 특성을 고려하여, 후보자 토론회에서의 허위사실의 '공표(公表)'행위의 범위에 보다 구체적이고 분명한 기준을 아래와 같이 제시하였다.

243) 2007. 7. 13. 선고 2007도2879 판결
244) 2018. 10. 30. 선고 2014다61654 판결
245) 2020. 7. 16. 선고 2019도13328 전원합의체 판결

「후보자등이 후보자 토론회에 참여하여 질문·답변을 하거나 주장·반론을 하는 것은 그 것이 토론회의 주제나 맥락과 관련 없이 일방적으로 허위의 사실을 드러내어 알리려는 의도에서 적극적으로 허위사실을 표명한 것이라는 등의 특별한 사정이 없는 한 허위사실공표죄로 처벌할 수 없다고 보아야 한다. 그리고 이를 판단할 때에는 사후적으로 개별 발언들의 관계를 치밀하게 분석·추론하는 데에 치중하기 보다는 질문과 답변이 이루어진 당시의 상황과 토론의 전체적 맥락에 기초하여 유권자의 관점에서 어떠한 사실이 분명하게 발표되었는지를 살펴보아야 한다. 나아가 형사처벌 여부가 문제되는 표현이 사실을 드러낸 것인지 아니면 의견이나 추상적 판단을 표명한 것인지를 구별할 때에는 언어의 통상적 의미와 용법, 증명가능성, 문제된 말이 사용된 문맥과 표현의 전체적인 취지, 표현의 경위와 사회적 맥락 등을 고려하여 판단하되, 헌법상 표현의 자유의 우월적 지위, 형벌법규 해석의 원칙에 비추어 어느 범주에 속한다고 단정하기 어려운 표현인 경우에는 원칙적으로 의견이나 추상적 판단을 표명한 것으로 파악하여야 한다. 또한 어떠한 표현이 공표된 사실의 내용 전체의 취지를 살펴볼 때 중요한 부분에서 객관적 사실과 합치되는 경우에는 세부적으로 진실과 약간 차이가 나거나 다소 과장된 표현이 있더라도 이를 허위사실의 공표라고 볼 수 없다.[246] 특히 후보자 토론회의 기능과 특성을 고려할 때, 토론회에서 후보자등이 선거인의 정확한 판단을 그르치게 할 수 있을 정도로 다른 후보자의 견해나 발언을 의도적으로 왜곡한 것이 아니라, 합리적으로 보아 가능한 범위 내에서 다른 후보자의 견해나 발언의 의미를 해석하고 이에 대하여 비판하거나 질문하는 행위는 진실에 반하는 사실을 공표한다는 인식을 가지고 행하는 허위사실 공표행위로 평가할 수 없다고 보아야 하고,[247] 이러한 법리는 다른 후보자의 질문이나 비판에 대해 답변하거나 반론하는 경우에도 마찬가지고 적용되어야 한다. 공직선거법은 '허위의 사실'과 '사실의 왜곡'을 구분하여 규정하고 있으므로(제8조의4 제1항, 제8조의6 제4항, 제96조 제1항, 제2항 제1호, 제108조 제5항 제2호 등 참조), 적극적으로 표현된 내용에 허위가 없다면 법적으로 공개의무를 부담하지 않는 사항에 관하여 일부 사실을 묵비하였다는 이유만으로 전체 진술을 곧바로 허위로 평가하는 데에는 신중하여야 하고, 토론 중 질문·답변이나 주장·반론하는 과정에서 한 표현이 선거인의 정확한 판단을 그르칠 정도로 의도적으로 사실을 왜곡한 것이 아닌 한, 일부 부정확 또는 다소 과장되었거나 다의적으로 해석될 여지가 있는 경우에도 허위사실 공표행위로 평가하여서는 안 된다.」고 판시하였다.[248][249]

---

246) 2009. 3. 12. 선고 2009도26 판결

247) 2007. 7. 13. 선고 2007도2879 판결

248) 2020. 7. 16. 선고 2019도13328 전원합의체 판결(박상옥 등 5명의 대법관은 「후보자 토론회는 유권자들에게 매우 강력한 파급력과 영향력을 가지고 있고, 유권자들도 토론회를 후보자의 공직 적격성을 판단하는 데 가장 중요한 정보 제공의 장으로 인식하고 있다. 그리고 공직선거에서 후보자의 공직 적격성을 검증하는 것은 필요하고도 중요한 일이므로 그 적격 검증을 위해 이루어지는 후보자 토론회의 공방과정에서 표현의 자유는 최대한 보장되어야 한다. 그러나 위와 같은 의의와 기능을 가지고 있는 후보자 토론회의 공방과정에서

허위 또는 왜곡된 사실의 유포가 허용되거나 그에 대한 금지의 척도가 낮아질 경우, 유권자들이 토론회에서 알게 된 정보를 믿지 못하게 되고, 이는 유권자들로 하여금 토론회에서의 주장과 반론, 질문과 답변에 의한 공방과 검증에 흥미를 잃게 하며, 결국 토론회의 질이 낮아지게 된다. 이에 따라 유권자들의 토론회에 대한 관심과 참여가 현저히 떨어지게 되고 토론회에서는 후보자들 사이에 정책이나 중요한 선거쟁점, 공직 적격성 등에 관한 활발한 토론이 이루어지지 않게 된다. 나아가 유권자들은 공정하고 정확한 판단을 통한 올바른 선택을 할 수 없고, 투표율 또한 낮아져서 결국 선거결과를 왜곡하는 결과를 초래한다. 이처럼 후보자 토론회에서의 허위사실의 유포 또는 사실의 왜곡은 국민주권과 대의민주주의를 실현하는 핵심 수단인 선거에서 선거의 공정을 침해하여 선거제도의 본래적 기능과 대의민주주의의 본질을 심각하게 훼손한다. 그럼에도 다수의견과 같이 후보자 토론회의 토론과정 중 발언이 적극적·일방적으로 허위사실을 표명하는 것이 아니라는 이유에서 이를 허위사실공표죄로 처벌하지 않고 일률적으로 면죄부를 준다면, 이는 결과적으로 후보자 토론회의 의의와 기능을 소멸시켜 토론회가 가장 효율적이고 선진적인 선거운동으로 기능할 수 없게 만들고, 토론회에서 적극적으로 구체적인 발언을 한 후보자만이 법적 책임을 부담하게 될 위험이 커진다. 이로써 후보자들은 후보자 토론회에서 서로의 장점과 단점을 구체적·적극적으로 드러내지 않은 채 포괄적·소극적으로 불분명하게 지적하게 되고, 토론회의 생동감과 적극성은 기대할 수 없게 된다. 결국 실제 선거에서 후보자 토론회가 형식적으로 운영될 수밖에 없다. 더구나 공직선거법상 후보자 토론회는 방송중계를 전제로 하고 있고(제71조 제12항, 제81조 제8항, 제82조 제1항, 제4항, 제82조의2 제10항, 제82조의3 제2항 등 참조), 여기에 참가하는 후보자는 자신의 발언이 방송을 시청하는 수많은 유권자들에게 인식되고 전파될 것임을 알고 있을 뿐만 아니라 그에 따른 막강한 파급력을 효과적으로 이용하고자 한다. 즉 토론회라는 형식을 취하고 있을 뿐 각 후보자들은 방송중계를 통해 자신의 정견, 정책, 주장의 차별성을 널리 알리려는 의도로 발언을 한다. 이러한 방송중계를 전제로 하는 후보자 토론회에서의 발언을 '토론회'라는 측면에만 주목하여 '공표'가 아니라고 보는 것은 '공표'의 의미에 관한 대법원 판례에도 반한다. 후보자들은 후보자 토론회에서의 질문과 답변, 주장과 반론 등을 준비하면서 의도적·계획적으로 자신에게 불리한 사실을 숨김으로써 자신에게 유리하도록 사실을 왜곡할 수 있다. 다수의견의 주장처럼 후보자 토론회에서 발언시간이 제한적이고 공방과 검증이 즉흥적·계속적으로 이루어진다는 이유만으로 토론회의 토론과정 중 발언이 적극적·일방적 표명이라는 등 특별한 사정이 없는 한 이를 허위사실공표죄로 처벌하지 않는다면, 오히려 토론회에서 자신에게 유리하도록 의도적으로 다의적이거나 모호한 표현을 사용할 것을 치밀하게 준비한 후보자가 많아져 선거인들의 정확하고 공정한 판단을 그르치게 할 위험이 커지고, 이는 민주주의 이념과 대의민주주의 체제에서의 선거에 중대한 위협이 된다.」고 소수의견을 제시하였다.)

249) 차진아는 2020. 7. 16. 선고 2019도13328 전원합의체 판결과 관련하여, "공직선거후보자토론회는 후보자를 위한 것이기에 앞서 국민을 위한 것이며, 후보자가 자신이 당선되어야 할 당위성을 국민에게 알리는 것도 국민의 올바른 선택권을 침해하지 않는 범위 내에 한정되어야 한다는 점이 인정되어야 한다."면서 "이 사건에서 -다수의견의 해석에 대한 반대의견의 비판은 접어두더라도- 이재명 경기도지사가 질문에 대해 답변한 내용이 다수의견이 주장한 것처럼 '중요한 부분에서는 객관적 사실과 합치'하지만, '세부적으로 약간 차이가 나거나 다소 과장된 표현이 있는 것'으로 볼 수 있을지 의문이다. 질문의 핵심은 이재명 지사가 자신의 친형을 정신병원에 강제입원시킨 것이 사실인지에 관한 것이었고, 답변의 핵심은 이를 부인하는 것이었는데, 이를 중요한 부분에서 사실과 합치하는 것으로 보기 어려울 뿐만 아니라, 사실심인 하급심의 판단과도 어긋나는 것이기 때문이다."고 하면서, "다수의견은 '후보자 토론회는 후보자 등이 직접 한자리에 모여 치열하게 질문과 답변, 공격과 방어, 의혹 제기와 해명 등을 할 수 있는 공론의 장이고, 후보자 등 상호 간의 토론이 실질적으로 활성화되어야만 유권자는 보다 명확하게 각 후보자의 자질, 식견과 견해를 비교·평가할 수'있다는 점을 강조하였다. 이러한 다수의견의 주장은 타당한 것으로 볼 수 있지만, 그 전제는 토론의 내용이 사실에 부합하여야 한다는 점이며, 토론과정에서 허위사실이 난무할 경우에는 오히려 유권자의 올바른 판단에 장애가 될 수밖에 없다. 이렇게 되면 아무리 토론이 활발하더라도 그것이 올바른 토론이라고 볼 수 없다. 공직선거법 제250조는 이를 막고 올바른 토론이 진행됨으로써 유권자가 올바른 판단을 내릴 수 있도록 하기 위한 것이라는 점에서 대법원의 다수의견이 이를 논거로 공직선거법 제250조의 엄격한 적용을 회피하려는 것은 타당하지 않다. … 토론회의 경우 주장과 반론이 즉흥적·계속적으로 이루어지는 것은 맞지

한편, 토론회에서의 의혹제기와 관련하여, 근거가 박약한 의혹의 제기를 광범위하게 허용할 경우 비록 나중에 그 의혹이 사실무근으로 밝혀지더라도 잠시나마 후보자의 명예가 훼손됨은 물론 임박한 선거에서 유권자들의 선택을 오도하는 중대한 결과가 야기되고 이는 오히려 공익에 현저히 반하는 결과가 되므로 후보자의 비리 등에 관한 의혹의 제기는 비록 그것이 공직적격 여부의 검증을 위한 것이라 하더라도 무제한 허용될 수는 없고 그러한 의혹이 진실한 것으로 믿을 만한 상당한 이유가 있는 경우에 한하여 허용되어야 하고, 이때 의혹사실의 존재를 적극적으로 주장하는 자는 그러한 사실의 존재를 수긍할 만한 소명자료를 제시할 부담을 진다고 할 것이고, 그러한 소명자료를 제시하지 못한다면 달리 그 의혹사실의 존재를 인정할 증거가 없는 한 허의사실의 공표로서의 책임을 져야 한다.[250]

3) **정치적 표현의 자유와의 형평성 고려**

민주주의 정치제도하에서 언론의 자유는 가장 기초적인 기본권이고 그것이 선거과정에서도 충분히 보장되어야 함은 말할 나위가 없다. 공직선거에 있어서 후보자의 공직담당 적격을 검증하는 것은 필요하고도 중요한 일이므로 그 적격검증을 위한 언론의 자유도 보장되어야 하고, 이를 위하여 후보자에게 위법이나 부도덕함을 의심하게 하는 사정이 있는 경우에는 이에 대한 문제제기가 허용되어야 하며, 공적 판단이 내려지기 전이라 하여 그에 대한 의혹의 제기가 쉽게 봉쇄되어서는 아니 된다. 그러나 한편, 근거가 박약한 의혹의 제기를 광범위하게 허용할 경우 비록 나중에 그 의혹이 사실무근으로 밝혀지더라도 잠시나마 후보자의 명예가 훼손됨은 물론 임박한 선거에서 유권자들의 선택을 오도하는 중대한 결과가 야기되고 이는 오히려 공익에 현저히 반하는 결과가 되므로, 후보자의 비리 등에 관한 의혹의 제기는 비록 그것이 공직 적격 여부의 검증을 위한 것이라 하더라도 무제한 허용될 수는 없고 그러한 의혹이 진실이라고 믿을 만한 상당한 이유가 있는 경우에 한하여 허용되어야 하며, 그러한 상당한 이유가 있는 경우에는 비록 사후에 그 의혹이 진실이 아닌 것으로 밝혀지더라도 표현의 자유를 보장하기 위하여 이를 벌할 수 없다.[251]

만, 그렇기 때문에 더욱 엄격하게 진실에 부합하는지 여부를 확인해야 하며, 이를 위반한 경우에 대해 제재를 가해야 한다. 그렇지 않으면 사실상 허위사실의 공표를 전면 허용하는 것과 다르지 않게 될 수 있기 때문이다. 그런데 대법원 다수의견은 허위사실의 공표 자체를 처벌함으로써 이를 원천적으로 차단하려는 공직선거법 제250조의 입법취지에 반하여 사후검증을 통해 도태되도록 해야 한다고 주장한다. 이는 사실상 공직선거법 제250조 제1항을 무력화시키는 해석이다."고 주장하였다(차진아, 「공직선거법 제250조 제1항에 따른 허위사실공표죄의 의미와 기능 -대법원 2020. 7. 16. 선고 2019도13328 전원합의체 판결에 대한 판례평석-」, 고려법학 제103호, 2021. 12.).

250) 2008. 12. 11. 선고 2008도8952 판결, 2003. 2. 20. 선고 2001도6138 전원합의체 판결

251) 2007. 7. 13. 선고 2007도2879 판결, 2003. 2. 20. 선고 2001도6138 전원합의체 판결, 2018. 9. 28. 선고 2018도10447 판결, 2016. 12. 27. 선고 2015도14375 판결, 2015. 10. 29. 선고 2015도8400 판결, 2014. 3. 13. 선고 2013도12507 판결, 2011. 12. 22. 선고 2008도11847 판결(갑 정당 소속 국회의원인 피고인이 제17대 대통령 선거와 관련하여 을 정당의 병 후보자에게 불리하도록 병 후보자에 관하여 허위의 사실을 공표하였다는 내용으로 기소된 사안에서, 피고인이 제시한 소명자료의 신빙성이 탄핵된 반면, 직접적 또는 간접적

그러나 공직선거에 있어서 후보자의 비리 등에 관한 의혹의 제기는 비록 그것이 공직적격 여부의 검증을 위한 것이라 하더라도 무제한 허용될 수는 없고 그러한 의혹이 진실인 것으로 믿을 만한 상당한 이유가 있는 경우에 한하여 허용되어야 할 것이므로, 민사소송의 결과에 불만을 품고 소송대리를 맡은 후보자에 대하여 별다른 근거 없이 허위의 내용을 제보하여 그 정을 모르는 기자로 하여금 관련 내용이 언론에 보도되게 한 행위는 허위의 사실을 공표한 것이다.[252)]

4) **허위성에 관한 증명책임 및 증명의 정도**

법 제250조(허위사실공표죄) 제2항 소정의 허위사실공표죄가 성립하기 위하여는 검사가 공표된 사실이 허위라는 점을 적극적으로 증명할 것이 필요하고, 공표된 사실이 진실이라는 증명이 없다는 것만으로는 위 죄가 성립할 수 없다.[253)] 이와 관련하여 그 증명책임의 부담을 결정함에 있어 어느 사실이 적극적으로 존재한다는 것의 증명은 물론이고 어느 사실의 부존재 사실의 증명이라도 특정 기간과 장소에서의 특정 행위의 부존재 사실에 관한 것이라면 여전히 적극적 당사자인 검사가 그를 합리적 의심의 여지가 없이 증명할 의무를 부담하지만,[254)] 특정되지 아니한 기간과 공간에서의 구체화되지 아니한 사실의 부존재를 증명하는 것은 사회통념상 불가능한 반면 그 사실이 존재한다고 주장·증명하는 것이 보다 용이한 방법이므로 이러한 사정은 검사가 그 입증책임을 다하였는지를 판단함에 있어 고려되어야 하고, 따라서 의혹을 받을 일을 한 사실이 없다고 주장하는 사람에 대하여 의혹을 받을 사실이 존재한다고 적극적으로 주장하는 자는 그러한 사실의 존재를 수긍할 만한 소명자료를 제시할 부담을 지고, 검사는 제시된 그 자료의 신빙성을 탄핵하는 방법으로 허위성의 증명을 할 수 있다.[255)] 이때 제시하여야 할 소명자료는 위 법리에 비추어 단순히 소문을 제시하는 것만으로는 부족하고 적어도 허위성에 관한 검사의 증명활동이 현실적으로 가능할 정도의 구체성을 갖추어야 하며, 이러한 소명자료의 제시가 없거나 제시된 소명자료의 신빙성이 탄핵된 때에는 허위사실공표로서의 책임을 져야 한다.[256)][257)]

·우회적인 표현 방법으로 공표한 '병 후보자가 정과 공모하여 주가조작 및 횡령을 하였다는 사실' 등이 허위임이 증명되었고, 피고인의 병 후보자에 대한 의혹 제기가 진실인 것으로 믿을 만한 상당한 이유가 있는 근거에 기초하여 이루어진 경우에 해당하지 않는다고 본 사례)

252) 2009. 4. 9. 선고 2009도1426 판결(대구고등법원 2009. 2. 5. 선고 2008노582 판결)

253) 2009. 3. 12. 선고 2008도11443 판결, 2003. 11. 28. 선고 2003도5279 판결

254) 2015. 10. 29. 선고 2015도8400 판결, 2011. 12. 22. 선고 2008도11847 판결, 2006. 11. 10. 선고 2005도6375 판결

255) 2009. 3. 12. 선고 2008도11443 판결, 2003. 2. 20. 선고 2001도6138 전원합의체 판결

256) 2018. 9. 28. 선고 2018도10447 판결, 2015. 10. 29. 선고 2015도8400 판결, 2014. 3. 13. 선고 2013도12507 판결, 2011. 12. 22. 선고 2008도11847 판결, 2009. 3. 12. 선고 2008도11443 판결, 2006. 5. 25. 선고 2005도4642 판결, 2005. 7. 22. 선고 2005도2627 판결(피고인이 자신의 발언 내용에 대한 소명자료로 제출한 자료가 피고인이 공표한 사실의 허위성 여부를 검사가 입증할 수 있을 정도로 구체성을 가진 것이라고 볼 수 없어 달리 위 사실의 존재를 수긍할 만한 새로운 소명자료가 추가로 제시되지 않는 한 법 제250조(허위사실

인터넷 사이트 자유게시판에 이○○후보가 대통령후보 경선에서 여론조사를 조작하고 김△△목사에게 선거운동자금 2억 8,000만원을 지급하였다는 취지의 글을 게시하고, 그 소명자료로 인터넷신문기사를 제시하였으나 인터넷신문기사는 김△△목사가 이○○후보 캠프로부터 괴자금을 받았다는 의혹을 제기한 것에 불과하고, 그 외 위 게시글의 진실성을 뒷받침하는 추가 자료를 제출하지 못한 경우, 위 게시글이 허위라는 점에 대한 미필적인식이 있었다고 봄이 상당하다.[258] '김○○씨가 느닷없이 △△△(을)선거구에 출마하는 것은 지역주민

공표죄) 제2항에서 정한 허위사실공표의 책임을 져야 한다고 한 사례)

257) 위 대법원 판례의 태도와 관련하여, '선거라는 특수한 상황에서 후보자에 대한 의혹제기는 신중하게 이루어져야 한다는 점을 인정하더라도, 피고인에게 엄격한 소명 책임을 부담시키는 것은 허위성에 대한 입증책임을 전환시키는 효과를 초래하는바, 허위성의 입증과 관련된 동 판례의 이론은 국민들로 하여금 설령 진실이라고 하더라도 신빙성이 탄핵되지 않을 정도의 소명자료를 구비하지 못했다면 침묵하도록 요구하는 것과 같은 결과를 가져온다.'고 비판하는 견해(윤지영, 「공직선거법 제250조 제2항 허위사실공표죄의 구성요건과 허위성의 입증」, 형사판례연구[20], 624쪽), '이러한 예외적인 입증책임의 완화는 허위사실임을 적극적으로 인지한 것으로 객관적으로 증명되지 않고 허위사실의 유무가 오히려 수사에 의해 일정부분 직접 규명될 필요가 있는 표현행위로서 그 행위의 동기가 선거에서 공직검증을 하기 위한 것과 같이 공공의 목적에 부합하는 사건인 경우에는 적용되어서는 아니된다.'고 주장하는 견해(김종철, 「공직선거법 제250조 제2항(낙선목적 허위사실공표죄)와 관련한 대법원 판결에 대한 헌법적 검토 －소위 '정봉주 사건'을 중심으로－」, 법학연구 제22권 제1호(2012. 3.), 20－21쪽), '공적인물은 항상적인 비판과 검증의 대상인데, 보통의 시민이 그 공적인물에 대한 완벽한 정보를 가지는 것은 불가능하다. 따라서 시민이 공적 인물에 대한 비판을 하는 과정에서 부분적으로 허위사실이 제기되었다는 이유로 그 시민에게 법적 제재가 내려진다면 표현의 자유는 심각하게 위축될 것이 명약관화하다. 허위성과 관련한 피고인의 "소명부담"은 검사의 "입증책임"보다 그 양과 질에 있어서 반드시 가벼워야하고, 그 판단기준은 균일해야 한다. 2001도6138 전원합의체 판결과 2005도2627 판결은 형사입증책임분배의 원칙에 대한 예외를 인정하는 것으로 독해되어서는 안 된다. 이 판결들이 제시한 법리는 "보충적이고 제한적인 사실인정의 방법으로 원용되어야 할 것"인바, 법원의 촉구에도 불구하고 소명자료를 제출하지 못하거나 제출한 소명자료가 구체성 없는 막연한 내용에 불과한 경우에만 적용되어야 한다. 검사의 적극적인 입증책임을 피고인이 제출한 소명자료에 대한 신빙성 탄핵책임으로 사실상 완화시키고 있고 이로 인해서 허위사실공표죄의 구성요건인 사실의 허위성이 직접적으로 입증되지 않더라도 범죄가 성립할 수 있다는 역설적인 결과가 초래될 수 있는 것이다. 그리고 피고인의 소명부담의 수준에 대한 판단이 사건을 담당하는 판사마다 달라진다면 법집행의 형평성은 흔들린다.'고 하는 견해(조국, 「일부 허위가 포함된 공적인물 비판의 법적책임 －선거법상 허위사실공표죄 판례비판을 중심으로－」, 서울대학교 법학 제53권 제3호(2012. 9.), 180－189쪽), '우리는 거짓말할 권리가 있다고 주장하는 것이 아니라 정치적 진술에 대해 정부가 그 진위를 판단하는 것을 거부할 권리가 있다. 공직선거법 제250조(허위사실공표죄) 제2항에서 규정된 허위의 사실은 단지 사실과 다른 진술(untruthful statement)이 행해진다는 것만을 요건으로 하고 있는 것이 아니라, 그러한 허위진술에 의한 기망의 결과 유권자들이나 대중들이 잘못된 투표행위나 선거에 실제적으로 영향을 주는 효과를 불러일으키는 표현, 즉 기만적인 요소가 있어야만 함을 의미한다. 여기서 제기되는 허위의 사실공표란 내용적으로 선거의 결과를 좌우할 정도의 심각한 허위사실이어야 하고, 형식적으로는 그것이 허위인줄 알면서도 고의적으로 행하는 직접적 진술이어야 한다. 진술의 본질적 취지가 아니고 다른 이야기를 하는 과정에서 논리의 일관성 때문에 부득이 언급하는 내용의 경우 공직선거법이 처벌하는 "허위의 사실"의 내용이 되지 못하는 것으로 보아야 한다. 그리고 그러한 진술은 또한 허위임을 알고도 고의적으로 상대를 속일 목적으로 행하는 것이어야 하며, 그 사실을 공표함으로써 결과적으로 진술의 상대방에게 기망의 효과가 나타날 정도의 명백하고 중대한 허위의 사실을 언급하는 것을 처벌하는 것을 이 법의 취지로 보아야 한다.'는 견해도 있다(백태웅, 「공직선거법상 허위사실공표아 미필적 고의의 법리」, 법과사회 제49호(2015. 8.), 274－287쪽).

과 국가에 봉사하기 위해서 출마를 하였다기보다는 자신의 가족이 경영하는 △△△한방병원의 인허가와 관련한 방패막이로 출마하지 않았나 하는 강한 의구심이 든다.'라는 보도자료를 배포하고 소문 이외에 아무런 소명자료를 제시하지 못하는 경우, 허위사실공표에 대한 미필적 인식이 있었다고 봄이 상당하다.[259] 후보자방송연설을 하면서 상대후보자가 '6년간 도의원을 하면서 단 한 건의 조례도 발의하지 않았다. 조례 하나 만들지 않았다.'고 한 경우, 위 연설내용의 취지는 상대후보자가 국회법상 발의의원에 해당하는 정도로 주도적으로 발의를 하지 않았다는 것일 뿐 나아가 찬성자로 연서하는 정도의 관여까지 하지 않았다는 취지는 아닌 것으로 볼 여지가 충분하므로 그 연설내용이 허위사실이라고 보기 어렵고, 가사 그 연설 내용이 허위사실이라고 하더라도 그 연설내용이 허위라는 점을 인식하지 못하였다고 봄이 상당하다.[260] 선거후보자가 그와 경쟁관계에 있는 다른 후보자가 정당한 사유로 종합소득세를 납부하지 않았을 뿐이고 근로소득세는 납부한 사실을 알면서도 그가 소득세를 납부하지 않았다는 취지의 연설을 하면서 그 세금이 종합소득세라고 특정하지 아니한 것은 허위사실공표죄에 해당한다.[261] 박○○이 10억원을 들여 시의원이 된 사실이 없고 돈으로 시의회의장에 당선된 사실이 없을 뿐만아니라 시의원으로 활동하는 동안 조례발의 및 지정질의를 여러차례 한 사실이 있음에도 "시의원 10억으로 당선되고 돈으로 의장된 사람이 시장되려고? 의원시절 조례한번 질의한번 못한 사람이…"라는 글을 페이스북에 게시한 경우,[262] 군수 후보자인 오○○의 딸인 피고인이 유세차량에서 찬조연설을 하면서, 박△△후보가 오○○가 결혼을 두 번해서 군수를 하면 안 된다고 말한 사실이 없음에도, "어제 박△△후보께서 우리 아빠가 결혼을 두 번 해서 군수를 하면 안 된다고 유세했다."고 한 경우[263]는 허위사실공표에 해당한다.

다. 주관적 요건

(1) 고의

법 제250조(허위사실공표죄) 제2항 소정의 허위사실공표죄는 공표된 사실이 허위라는 것을 구성요건으로 하기 때문에 행위자가 그 사항이 허위라는 것을 인식하여야 하고, 이러한 주관적 인식의 유무는 성질상 외부에서 이를 알거나 증명하기 어려우므로, 공표된 사실의 내용과 구체성, 소명자료의 존재 및 내용, 피고인이 밝히는 사실의 출처 및 인지 경위 등을 토

258) 2008. 9. 11. 선고 2008도6552 판결(서울고등법원 2008. 7. 4. 선고 2008노827 판결)
259) 서울고등법원 2009. 1. 15. 선고 2008노3096 판결
260) 2009. 5. 28. 선고 2009도2194 판결
261) 2002. 5. 24. 선고 2002도39 판결
262) 대구고등법원 2019. 4. 4. 선고 2019노59 판결
263) 대구고등법원 2019. 5. 22. 선고 2019노170 판결

대로 피고인의 학력, 경력, 사회적 지위, 공표 경위, 시점 및 그로 말미암아 예상되는 파급효과 등의 여러 객관적 사정을 종합하여 판단할 수밖에 없고,264) 이러한 허위사실공표죄는 미필적 고의에 의하여도 성립한다.265) 어떠한 소문을 듣고 그 진실성에 강한 의문을 품고서도 감히 공표한 경우에는 적어도 미필적 고의가 인정될 수 있다.266) 피고인이 적시한 구체적 사실이 진실한지를 확인하는 일이 시간적·물리적으로 사회통념상 가능하였다고 인정됨에도 그러한 확인의 노력을 하지 않은 채 당선되지 못하게 할 목적을 가지고 그 사실의 적시에 적극적으로 나아갔다면 미필적 고의를 인정할 수 있다.267) '○○을 △△△의원의 꼼수로 유력후보 뺀 여론조사 실시. 공심위 사실확인. 시도의원 공천대가로 5억 수뢰 등 △△△ 비리 폭로 및 검찰고소 예정.'이라는 문자메시지의 주요 내용은 의혹에 불과하고 그러한 의혹이 진실인 것으로 믿을 만한 상당한 이유가 있다고 보기 어려운 경우 피고인에게 미필적이나마 문자메시지의 내용이 허위라는 것에 대한 인식이 있다.268)

(2) 목적

법 제250조(허위사실공표죄) 제2항에서 정한 '당선되지 못하게 할 목적'은 법 제2조(적용범위)에서 정한 공직선거에서 당선되지 못하게 할 목적을 말한다. 그리고 그 목적은 허위사실의 공표로써 후보자가 당선되지 못하게 한다는 인식만 있으면 충분하며, 그 결과 발생을 적극적으로 의욕하거나 희망하는 것일 필요는 없고,269) '당선되지 못하게 할 목적'에 대하여는 적극적 의지나 확정적 인식을 요하지 아니하고 미필적 인식이 있으면 족하다.270) 해당 후보자가 허위사실의 공표 당시 '유효투표의 다수를 얻을 상당한 가능성 내지 개연성'이 있었음을 요건으로 하지 않는다.271)

그 목적이 있었는지 여부는 피고인의 사회적 지위, 피고인과 후보자 또는 경쟁 후보자와의 인적 관계, 공표행위의 동기 및 경위와 수단·방법, 행위의 내용과 태양, 그리고 공표행위가 행해진 상대방의 성격과 범위, 행위 당시의 사회 상황 등 여러 사정을 종합하여 사회통념에 비추어 합리적으로 판단하여야 한다.272) 법 제250조(허위사실공표죄) 제2항의 허위사실공표죄

---

264) 2014. 3. 13. 선고 2013도12507 판결, 2011. 6. 24. 선고 2011도3824 판결, 2008. 12. 11. 선고 2008도8952 판결, 2005. 7. 22. 선고 2005도2627 판결

265) 2014. 3. 13. 선고 2013도12507 판결, 2011. 6. 24. 선고 2011도3824 판결, 2004. 2. 26. 선고 99도5190 판결

266) 2011. 12. 22. 선고 2008도11847 판결, 2008. 12. 11. 선고 2008도8952 판결, 2005. 7. 22. 선고 2005도2627 판결, 2002. 4. 10.자 2001모193 결정,

267) 2011. 12. 22. 선고 2008도11847 판결, 2004. 2. 26. 선고 99도5190 판결, 2002. 4. 10.자 2001모193 결정

268) 2014. 3. 13. 선고 2013도12507 판결

269) 2015. 11. 26. 선고 2015도9471 판결, 2011. 6. 24. 선고 2011도3824 판결, 2006. 5. 25. 선고 2005도4642 판결

270) 2011. 12. 22. 선고 2008도11847 판결

271) 2022. 7. 14. 선고 2022도5490 판결(서울고등법원 2022. 4. 27. 선고 2021노1831 판결)

에서 말하는 '당선되지 못하게 할 목적'이라 함은 후보자에 관한 허위의 사실을 공표함으로써 선거인의 정확한 판단을 그르치게 하고 그에 따른 투표의 결과 후보자로 하여금 유효투표의 다수를 얻지 못하게 할 목적을 의미한다고 할 것이므로, 선거일의 투표가 마감된 후 유효투표의 다수를 획득하여 당선인으로 결정된 후보자에 관하여 그 당선을 무효로 되게 할 목적으로 허위의 사실을 공표하더라도 이미 투표가 종료된 이상 그러한 행위가 선거인의 판단에 영향을 미치는 방법으로 당해 선거의 공정을 해할 여지는 없는 것이어서, 이를 법 제250조(허위사실공표죄) 제2항의 허위사실공표죄로 처벌할 수 없다.[273)]

허위사실공표죄는 그 행위가 법 제250조(허위사실공표죄) 제2항에서 정하고 있는 구성요건을 충족하는지를 객관적으로 판단하여 그 성립 여부를 인정하여야 하고, 단지 주관적으로 후보자의 당선을 방해하려는 목적이 있었다는 점만으로는 허위사실공표죄가 성립한다고 볼 수 없다.[274)]

라. 위법성 조각사유

법 제250조(허위사실공표죄) 제2항의 허위사실공표죄가 성립하는 경우에는 그 행위가 공공의 이익을 위한 것이라고 하여 위법성이 조각된다고 볼 수 없다.[275)]

마. 처벌 등

본죄를 범한 자는 7년 이하의 징역 또는 500만원 이상 3천만원 이하의 벌금에 처한다.

법 제82조의8(딥페이크영상등을 이용한 선거운동)을 위반하여 규칙으로 정하는 사항을 딥페이크영상등에 표시하지 아니하고 본죄를 범한 자는 7년 이하의 징역 또는 1천만원 이상 5천만원 이하의 벌금에 처한다(법§250④).

본죄는 재정신청 대상 중요선거범죄이다(법§273①).

법 제250조(허위사실공표죄) 제2항 소정의 허위사실공표죄의 범죄사실을 설시함에 있어서 그 범죄의 주관적 구성요건인 행위의 목적, 즉 상대 후보자가 "당선되지 못하게 할 목적"에 관하여 이를 명시하지 아니하고 피고인이 자신이 당선될 목적으로 위와 같은 행위를 한 것으로 설시한 경우, 공직선거 후보자인 피고인이 궁극적으로는 자신이 당선되기 위하여 상대

---

272) 2015. 11. 26. 선고 2015도9471 판결, 2014. 3. 13. 선고 2013도12507 판결, 2011. 12. 22. 선고 2008도11847 판결, 2007. 1. 15. 선고 2006도7473 판결, 2006. 5. 25. 선고 2005도4642 판결

273) 2007. 6. 29. 선고 2007도2817 판결

274) 2007. 3. 15. 선고 2006도8368 판결(특정 정당의 서울시장 후보자의 당선을 방해할 목적으로 인터넷 사이트에 게시한 패러디포스터의 내용이 위 후보자와 직접적인 관련이 없어 위 후보자에 관한 사실을 공표한 것이라고 보기 어렵다고 한 사례)

275) 2011. 12. 22. 선고 2008도11847 판결, 2008. 9. 11. 선고 2008도4961 판결, 2006. 8. 25. 선고 2006도648 판결

후보자가 당선되지 못하게 할 목적으로 상대 후보자에 관하여 불리한 허위사실을 공표한 것이 분명한 이상 위와 같은 설시상의 잘못으로 인하여 판결에 영향을 미친 의류착오나 이유모순, 심리미진 등의 위법을 범한 것이라고 할 수는 없다.[276]

3. 당내경선관련 허위사실공표죄

가. 의의

당내경선과 관련하여 법 제250조(허위사실공표죄) 제1항(제64조(선거벽보) 제1항의 규정에 따른 방법으로 학력을 게재하지 아니한 경우를 제외한다)에 규정된 행위를 한 자는 3년 이하의 징역 또는 6백만원 이하의 벌금에, 제2항에 규정된 행위를 한 자는 5년 이하의 징역 또는 1천만원 이하의 벌금에 처한다(법§250③).

법 제250조(허위사실공표죄) 제3항의 입법취지는 허위의 사실을 공표하여 당내경선에 참가하는 선거인의 올바른 판단에 영향을 미치는 행위를 규제함으로써 당내경선의 공정을 보장함에 있다.[277]

나. 구성요건

(1) 행위의 주체

아무런 제한이 없다.

(2) 행위의 대상

후보자를 경선후보자로 보는 것 외에는 당선목적 허위사실공표죄 및 낙선목적 허위사실공표죄의 행위의 대상과 같다.

법 제250조(허위사실공표죄) 제3항에서 말하는 '당내경선'이란 정당이 공직선거에 추천할 후보자를 선출하기 위하여 실시하는 선거를 말하며, 법 제57조의2(당내경선의 실시) 제2항에 의하여 당내경선후보자로 등재된 자를 대상으로 실시한 당내경선을 대체하는 여론조사를 포함하나, 정당이 선거나 이를 대체하는 여론조사가 아닌 방법으로 공직선거에 추천할 후보자를 결정하는 것은 당내경선에 포함되지 아니한다.[278] 따라서 공직선거후보자추천심사위원회의 서류심사 및 면접의 방법으로 정당 내 지방의회비례대표의원의 정당후보자를 추천한 것은 법 제250조(허위사실공표죄) 제3항에서 정한 '당내경선'에 의한 정당후보자 추천에 해당하

276) 2000. 2. 22. 선고 99도3736 판결
277) 2007. 11. 16. 선고 2007도6503 판결
278) 2007. 11. 16. 선고 2007도6503 판결

지 않는다.[279)]

(3) 행위

본죄의 행위는 후보자를 경선후보자로 보는 것 외에는 당선목적 허위사실공표죄 및 낙선목적 허위사실공표죄에서의 행위와 같다. 다만, 당내경선에서는 법 제64조(선거벽보) 제1항의 규정에 따르는 방법으로 학력을 게재하지 아니한 경우는 당내경선에서의 허위사실공표행위에서 제외된다.

법 제250조(허위사실공표죄) 제3항, 제2항의 허위사실공표죄의 구성요건 중 '기타의 방법으로 허위사실을 공표'한다는 것은 그 수단이나 방법에 관계없이 불특정 또는 다수인에게 허위사실을 알리는 것을 뜻하므로, '기타의 방법'이란 적시된 사실이 다수의 사람에게 전파될 수 있는 방법을 가리킨다. 따라서 허위사실을 소수의 사람에게 대화로 전하고 그 소수의 사람이 다시 전파하게 될 경우도 포함하고, 비록 개별적으로 한 사람에게만 허위사실을 알리더라도 그를 통하여 불특정 또는 다수인에게 알려질 가능성이 있으면 이 요건을 충족한다. 당내경선과 관련하여 경선후보자와 단 둘이 있는 자리에서 다른 경선 후보자에 대한 허위의 전과내용을 말하는 것은 법 제250조(허위사실공표죄) 제3항의 허위사실공표죄에 해당한다.[280)] 당내경선과 관련하여, 1인당 여러 대의 단기유선전화에 가입하여 이를 특정인의 휴대전화 또는 선거사무소의 유선전화로 착신전환하여 피고인 A 지지자의 여론조사전화 수신율과 여론조사 응답률을 높이고 응답을 함에 있어서는 연령대를 가중치가 높은 20－30대로 허위 응답하거나 한 사람이 같은 여론조사에 중복 응답함으로써 피고인 A의 여론조사 지지율을 실제와 달리 높게 산출되도록 조작하여 왜곡된 여론조사결과를 중앙선거여론조사공정심의위원회 홈페이지에 등록되도록 한 다음 지역언론사에 제공하여 보도하게 한 것은 당내경선과 관련하여 허위의 사실을 공표한 것에 해당한다.[281)]

다. 주관적 요건

본죄도 당선목적 허위사실공표죄 및 낙선목적 허위사실공표죄에서 본 바와 같은 목적이 요구된다.

법 제250조(허위사실공표죄) 제1항, 제2항은 공직선거후보자가 '공직에 당선되거나 되지 못하게 할 목적'으로 허위의 사실을 공표하는 것을 구성요건으로 하고 있고, 제250조(허위사실공표죄) 제3항은 당내경선후보자가 '정당이 추천하는 공직후보자가 되거나 되지 못하게 할

---

279) 2007. 11. 16. 선고 2007도6503 판결
280) 의정부지방법원 2019. 3. 15. 선고 2018고합434 판결
281) 대구지방법원 포항지원 2014. 10. 20. 선고 2014고합57 판결

목적'으로 허위의 사실을 공표하는 것을 구성요건으로 하고 있어, 공직선거와 당내경선을 규제하는 위 각 조항의 목적 구성요건이 상호 다르고, 지방의회비례대표의원의 정당후보자 추천을 위한 당내경선과 관련하여 경쟁후보자에 대한 부정적 사실 또는 의견을 표명한 행위만으로는 '위 경쟁후보자가 공천후보자가 되지 못하게 할 목적'을 넘어서서, '위 경쟁후보자가 지방의원에 당선되지 못하게 할 목적'까지 있었다고 단정하기 어렵다.[282]

라. 처벌

본죄 중 당선목적 허위사실공표의 경우에는 3년 이하의 징역 또는 6백만원 이하의 벌금에, 낙선목적 허위사실공표의 경우에는 5년 이하의 징역 또는 1천만원 이하의 벌금에 처한다.

본죄는 재정신청 대상 중요선거범죄이다(법§273①).

4. 후보자비방죄

가. 의의

당선되거나 되지 못하게 할 목적으로 연설·방송·신문·통신·잡지·벽보·선전문서 기타의 방법으로 공연히 사실을 적시하여 후보자(후보자가 되고자 하는 자를 포함한다), 그의 배우자 또는 직계존·비속이나 형제자매를 비방한 자는 3년 이하의 징역 또는 500만원 이하의 벌금에 처한다. 다만, 진실한 사실로서 공공의 이익에 관한 때에는 처벌하지 아니한다(법§251).

후보자비방죄는 후보자에 대한 과도한 인신공격이나 이른바 흑색선전 등 과열되고 불공정한 경쟁을 규제함으로써 후보자의 명예를 특별히 보호하고 나아가 선거의 공정을 기하려는 데 그 입법취지가 있다.[283] 처벌법규의 입법 목적이나 전체적 내용, 구조 등을 살펴보아 사물의 변별능력을 갖춘 일반인의 이해와 판단으로 구성요건요소에 해당하는 행위유형을 정형화하거나 한정할 합리적 해석기준을 찾을 수 있다면 죄형법정주의가 요구하는 형벌법규의 명확성의 원칙에 반하는 것이 아니라 할 것인데, 위와 같은 법리에 비추어 볼 때 법 제251조(후보자비방죄)는 죄형법정주의가 요구하는 명확성의 원칙을 갖추었다고 할 것이고, 지극히 불명확한 개념을 사용하여 죄형법정주의의 명확성의 원칙에 반하는 무효의 조항이라고 할 수 없다.[284] 법 제251조(후보자비방죄)는 후보자의 명예를 보호하고 나아가 선거인들로 하여금 후보자에 대하여 올바른 판단을 하게 함으로써 선거의 공정을 보장하기 위한 것이므로 입법목적이 정당하고, 후보자를 비방하는 행위를 처벌하는 것은 위와 같은 입법목적을 달성

---

282) 대구지방법원 2007. 4. 18. 선고 2006고합785 판결
283) 부산고등법원 1992. 6. 17. 선고 92노215 판결
284) 2011. 3. 10. 선고 2011도168 판결

하기 위한 적절한 수단이 된다. 법 제251조(후보자비방죄) 단서에서 '진실한 사실로서 공공의 이익에 관한 때에는 처벌하지 아니한다.'는 위법성 조각사유를 규정하고 있는 점, 그 비방에 사적 이익이 개입되어 있다 할지라도 그것이 동시에 공공의 이익에도 관련된 것이라면 처벌 대상에서 제외될 수 있는 점, 오히려 선거운동의 공정성을 확보하기 위해서는 비방행위를 제한하는 것이 필요한 점 등을 감안해 본다면, 침해의 최소성 원칙에 위배된다고 볼 수 없으며, 위 조항으로 인한 기본권 제한의 정도가 선거의 공정이라는 공익에 비해 결코 중하다고 볼 수 없어 법익의 균형성의 원칙에도 반하지 않는다. 따라서 법 제251조(후보자비방죄)는 선거운동의 자유를 침해하지 아니한다.[285)]

나. 구성요건

(1) 행위의 주체

아무런 제한이 없다.

(2) 행위의 객체

후보자(후보자가 되고자 하는 자[286)]를 포함한다), 그의 배우자 또는 직계존·비속이나 형제자

---

285) 2010. 11. 25. 선고 2010헌바53 결정

286) 헌법재판소는, 법 제251조(후보자비방죄)의 '후보자가 되고자 하는 자'부분과 관련하여, 「심판대상조항은 과도한 인신공격을 방지함으로써 후보자가 되고자 하는 자와 그 가족의 명예를 보호하고, 공직선거법상 선거운동기간 제한의 회피를 방지함과 동시에, 유권자들로 하여금 장차 후보자가 될 가능성이 있는 자에 대하여 올바른 판단을 하게 함으로써 선거의 공정을 보장하고자 하는 것으로 그 목적의 정당성과 수단의 적절성이 인정된다. 후보자나 예비후보자로 등록을 하기 훨씬 이전부터 '후보자가 되고자 하는 자'로서 객관적 징표가 존재하는 경우는 얼마든지 많이 있고, 비례대표 국회·지방의회 의원 선거와 관련해서는 예비후보자등록제도가 마련되어 있지 아니하므로, '후보자가 되고자 하는 자'의 범위나 시기를 합리적으로 제한하기 어렵다. 따라서 '후보자가 되고자 하는 자'의 범위를 선거에 영향을 미칠 특정 시기를 기준으로 제한하는 것보다는 구체적 사정을 종합하여 '후보자가 되고자 하는 자'에 해당하는지를 판단하는 것이 바람직하다. 근거가 희박한 의혹 등의 제기를 광범위하게 허용할 경우 후보자가 되고자 하는 자의 명예가 훼손됨은 물론 유권자들의 선택을 오도하는 결과가 야기될 수 있으므로 이를 방지하고자 하는 공익은 현저한 반면, 적시한 사실이 진실한 사실로서 공공의 이익을 위한 때에는 처벌되지 아니하는 이상, 심판대상조항으로 인하여 선거운동의 자유나 정치적 표현의 자유를 제한하는 정도가 선거의 공정을 해하는 행위를 방지하려는 공익에 비해 중하다고 볼 수 없으므로, 법익의 균형성원칙에 위배된다고 볼 수 없다. 그러므로 심판대상조항은 과잉금지원칙에 위배되어 선거운동의 자유나 정치적 표현의 자유를 침해하지 아니한다.」고 판시하였다(2013. 6. 27. 선고 2011헌바75 결정 ; 박한철 등 재판관 5명은 「법 제93조(탈법방법에 의한 문서·도화의 배부·게시 등 금지)나 제103조(각종집회 등의 제한)는 후보자가 되고자 하는 자에 대한 지지 등의 광고 등의 게시와 출판기념회의 개최를 금지하면서 일정한 시기적 제한을 두고 있는 반면, 심판대상조항은 '후보자가 되고자 하는 자'나 그 비방행위의 시기에 대하여 아무런 제한을 두고 있지 않다. 이러한 시기를 합리적으로 제한하지 아니한 채 비방행위를 처벌하는 것은 장차 실시될 선거를 혼탁하게 할 수 있고, 유권자들이 후보자가 될 수 있는 자들의 능력과 자질을 판단할 자료를 얻을 기회를 제한한다는 점에서 선거의 공정성이라는 입법목적을 달성하기 위한 적합한 수단에 해당하지 아니한다. 심판대상조항은 '후보자가 되고자 하는 자'의 의미를 알 수 있는 객관적 기준이나 징표를 전혀 규정하지 않고 있다. 선거에 출마하려는 자의 목표·성격·성향의 다

매가 본죄의 행위의 객체이다.

법 제251조(후보자비방죄)의 '후보자가 되고자 하는 자'는 비방행위자가 당선되거나 당선되게 하거나 되지 못하게 할 목적을 가지고 있었던 선거를 기준으로, 비방행위 당시 후보자가 되고자 하는 의사를 인정할 수 있는 객관적 징표가 존재하는 자를 의미한다.[287] 위 '후보자가 되고자 하는 자'에는 선거에 출마할 예정인 사람으로서, 정당에 공천신청을 하거나 일반 선거권자로부터 후보자추천을 받기 위한 활동을 벌이는 등 입후보의사가 확정적으로 외부에 표출된 사람뿐만 아니라 신분·접촉대상·언행 등에 비추어 선거에 입후보할 의사를 가진 것을 객관적으로 인식할 수 있을 정도에 이른 사람도 포함된다.[288]

법 제251조(후보자비방죄)의 후보자비방죄는 그 객체가 '후보자와 그 가족'으로 한정되어 있으므로 후보자와 그의 가족 이외의 사람이나 단체에 대한 사실의 적시나 비난을 후보자에 대한 비방으로 보는 것은 죄형법정주의의 유추해석 및 확장해석 금지의 원칙상 극히 제한적으로 인정되어야 한다.[289] 법 제251조(후보자비방죄)에서 정한 후보자비방죄가 성립하기 위하여는 그 표현에 비방하는 특정인의 명칭이 드러나 있을 필요는 없지만, 그 표현의 객관적 내용, 사용된 어휘의 통상적 의미, 표현의 전체적인 흐름, 문구의 연결방법, 그 표현의 배경이 되는 사회적 맥락, 그 표현이 선거인에게 주는 전체적인 인상 등을 종합적으로 고려하여 판단할 때, 그 표현이 특정인을 비방하는 것이 명백한 경우이어야 한다.[290]

양성이나 우리의 선거과정의 심한 변동성을 고려할 때 '후보자가 되고자 하는 자'의 신분·접촉대상·언행 등의 객관적 징표도 역시 가변적이고 불확정적일 수밖에 없으므로, 이것으로 '후보자가 되고자 하는 자'인지를 판단하기는 매우 어렵다. 또한 심판대상조항은 '후보자가 되고자 하는 자'가 출마하려는 선거가 어떤 선거인지에 대한 기준 역시 제시하지 않고 있으므로 '후보자가 되고자 하는 자'의 범위가 무한정 확대될 가능성이 있다. 공직선거법은 예비후보자등록제도를 마련하고 있고 예비후보자로 등록한 자는 후보자가 되려는 의사를 객관적·확정적으로 외부에 표출하였다고 할 것이므로 예비후보자에 대한 비방행위를 심판대상으로 처벌하는 것만으로도 선거의 공정성 확보라는 심판대상조항의 입법목적을 충분히 달성할 수 있고, 심판대상조항의 '후보자가 되는 자'를 예비후보자로 한정한다고 해도, 예비후보자등록을 마친 자 이외의 자에 대한 비방행위는 여전히 형법상 명예훼손죄의 적용대상이 될 수 있으므로, 처벌에 공백이 발생하는 것도 아니다. 그러므로 심판대상조항에 예비후보자등록을 마친 자 이외의 자에 관한 부분을 포함시키는 것은 침해의 최소성원칙에 반한다. 예비후보자등록을 마친 자 이외의 자에 관한 명예보호나 선거의 공정성 확보라는 공익은 추상적이고 구체적이지 못하고, 심판대상조항으로 제한되는 행위자의 선거운동의 자유와 정치적 표현의 자유에 비하여 매우 중하다고 보기 어려우므로, 심판대상조항은 법익의 균형성요건을 갖추지 못하였다.」고 반대의견을 밝혔다. 위 반대의견이 다수이긴 하지만 위헌선언에 필요한 정족수 6인에 미달하여 합헌으로 결정되었다.).

287) 2013. 6. 27. 선고 2011헌바75 결정

288) 2011. 3. 10. 선고 2011도168 판결, 2009. 1. 15. 선고 2008도10365 판결, 2004. 4. 28. 선고 2003도4363 판결, 2001. 6. 12. 선고 2001도1012 판결

289) 서울지방법원 1995. 8. 17. 선고 95고합661 판결

290) 2008. 9. 11. 선고 2008도5178 판결(대통령선거와 관련하여 인터넷 포털사이트 게시판에 '위장전입, 땅 투기, 탈세, 주가조작'이라는 공통적인 문구를 사용하여 특정 후보에 대한 비방의 글을 게시한 경우, 그러한 표현의 배경이 되는 당시의 사회적 맥락, 선거인에게 주는 전체적인 인상 등을 종합하여 판단할 때 대상자가 명백히 특정되므로 후보자비방죄가 성립한다고 한 사례)

(3) 행위

본죄의 행위는 연설·방송·신문·통신·잡지·벽보·선전문서 기타의 방법으로 공연히 사실을 적시하여 비방하는 것이다.

(가) 기타의 방법

당선되지 못하게 할 목적으로 컴퓨터통신망의 공개게시판에 글을 게시하는 방법으로 공연히 사실을 적시하여 후보자를 비방하였다면 법 제251조(후보자비방죄)가 정하는 '기타의 방법으로' 공연히 사실을 적시하여 후보자를 비방하는 행위에 해당한다.[291)]

(나) 공연성

법 제251조(후보자비방죄)의 후보자비방죄에 있어서의 '공연성'은 불특정 또는 다수인이 인식할 수 있는 상태를 의미하므로, 비록 개별적으로 한 사람에 대하여 사실을 유포하더라도 이로부터 불특정 또는 다수인에게 전파될 가능성이 있으면 공연성의 요건을 충족한다.[292)][293)] 피고인의 말을 들은 사람은 한 사람씩에 불과하였으나 그들은 피고인과 특별한 친분관계가 있는 자가 아니며, 그 범행의 내용도 지방의회의원선거를 앞둔 시점에 현역 시의회 의원이면서 다시 그 후보자가 되고자 하는 자를 비방한 것이어서 피고인이 적시한 사실이 전파될 가능성이 많을 뿐만 아니라, 결과적으로 그 사실이 피해자에게 전파되어 피해자가 고소를 제기하기에 이른 경우는 그 행위 당시에 이미 공연성을 갖추었다고 본다.[294)] 피고인이 운영하는 미장원에서 이름을 알 수 없는 손님에게 "제18대 총선 후보자 ○○○은 처자식을 다 버리고 집안이 엉망진창이다. 돈이 엄청나게 많은 여자를 만나 국회로 가서 출세를 했고, 이혼할 때 잘못해서 자식들도 자기 아빠 아니라며 안 보려 하고, 본처도 충격을 받아 정신병원을 드나든다."고 후보자 ○○○을 비방한 경우, 피고인의 말을 전해들은 손님이 피고인과 사이에 피고인의 비방사실을 비밀로 지켜줄 만한 특별한 신분관계가 없었던 점 등을 고려하

---

291) 2001. 11. 9. 선고 2001도4695 판결

292) 1996. 7. 12. 선고 96도1007 판결

293) '판례가 취하고 있는 전파성이론은 전파의 가능성이 있으면 공연성이 충족되는 것으로 보는 것으로서 공연성의 판단에 있어서 하나의 요소로는 검토할 수 있으나, 전파가능성을 곧 공연성으로 보는 것은 지나친 가벌성의 확장으로 볼 수 있다. 또한 전파성이론에 의하면 공연성이라는 규범적 요건과 후보자에 대한 비방의 성부가 상대방의 전파의사에 따라 좌우되는 결과로 되며, 나아가 전파성이론은 공연성의 의미를 무의미하게 하여 표현의 자유를 지나치게 제한하는 것이라고 할 수 있다. 따라서 후보자비방죄에서의 공연성은 전파성이론보다는 불특정 또는 다수인의 직접적인 인식가능성을 기초로 판단하는 것이 옳다고 본다.'는 견해가 있다(권오걸, 「공직선거법상 후보자비방죄에 대한 연구 －표현의 자유와 선거의 공정성과의 조화의 관점에서－」, 법학연구 제49집(2013. 3.), 176－177쪽).

294) 1996. 7. 12. 선고 96도1007 판결

면, 피고인의 이 사건 범행 당시 공연성을 갖추었다고 보기에 충분하다.[295]

(다) 사실의 적시

1) **사실 적시의 의의 및 판단기준**

후보자비방죄에서 말하는 '사실'로서는 반드시 악사(惡事), 추행뿐만 아니라 결과에 있어서 사람의 사회적 가치평가를 저하시킬 수 있는 사실로서 후보자의 당선을 방해할 염려가 있으면 족하다.[296]

법 제251조(후보자비방죄)에서 말하는 '사실의 적시'란 가치판단이나 평가를 내용으로 하는 의견표현에 대치되는 개념으로서 시간과 공간적으로 구체적인 과거 또는 현재의 사실관계에 관한 보고 내지 진술을 의미하는 것이며 그 표현내용이 증거에 의한 입증이 가능한 것을 말하고, 판단할 진술이 사실인가 의견인가를 구별함에 있어서는, 언어의 통상적 의미와 용법, 입증가능성, 문제된 말이 사용된 문맥, 그 표현이 행하여진 사회적 정황 등 전체적 상황을 고려하여 판단하여야 하며,[297] 의견표현과 사실적시가 혼재되어 있는 때에는 이를 전체적으로 보아 사실을 적시하여 비방한 것인지 여부를 판단하여야 하고,[298] 의견표현과 사실의 적시 부분을 분리하여 별개로 범죄의 성립여부를 논할 수는 없다.[299] 양자가 혼합되어 있는 경우에도 의견으로서의 요소가 우세하고 사실주장으로서의 의미가 무시될 수 있으면 의견표현으로 해석하여야 하지만, 가치판단이나 의견의 표현으로 보이지만 그 가치판단이 일정한 사실을 전제로 하고 있으면 사실의 적시가 있다고 보아야 한다.[300]

법 제251조(후보자비방죄)에서 '사실을 적시하여 후보자를 비방한다.'라 함은 후보자에 관련된 사실을 적시하여 당해 후보자를 비방함을 의미하는 것으로 사실적시 중에는 그 후보자 자신에 관한 것뿐 아니라 간접사실이라도 이를 적시하는 것이 후보자의 당선을 방해할 염려가 있는 것을 포함하나, 그 후보자의 소속 정당이나 그 정당의 소속 인사 등에 관한 사항은 그것이 후보자의 당락과 밀접히 관련되고 있는 것이 아닌 이상, 위 조항의 후보자 비방에 포함되지 아니한다.[301]

---

295) 부산고등법원 2008. 7. 16. 선고 2008노376 판결(부산지방법원 동부지원 2008. 5. 30. 선고 2008고합49 판결)
296) 부산고등법원 1992. 6. 17. 선고 92노215 판결
297) 2007. 3. 15. 선고 2006도8368 판결, 2004. 6. 25. 선고 2004도2062 판결, 2002. 6. 14. 선고 2000도4595 판결, 1997. 4. 25. 선고 96도2910 판결, 1996. 11. 22. 선고 96도1741 판결, 서울고등법원 2013. 11. 21. 선고 2013노1814 판결, 청주지방법원 2002. 9. 25. 선고 2002고합167 판결(후보자의 인터넷 홈페이지 자유토론방에 선거와 관련하여 특정후보를 비판하거나 옹호하는 글을 올린 경우, 글의 내용 등에 비추어 선거에 관한 토론과정에서 개진한 단순한 의견이나 의사표현에 불과하다는 이유로 후보자비방죄에 해당하지 않는다고 한 사례)
298) 2011. 3. 10. 선고 2011도168 판결, 2004. 6. 25. 선고 2004도2062 판결
299) 1997. 6. 10. 선고 97도956 판결
300) 부산고등법원 1992. 6. 17. 선고 92노215 판결

2) **사실 적시에 해당하는 경우**

피고인의 연설 속에는 상대방에 대하여 주관적으로 평가한 의견진술의 일부가 포함되어 있기는 하지만 그 진술내용이 전체적으로 사실의 나열로 구성되어 있고 그 진실 여부의 입증이 가능하며 자신의 의견표현에 앞서 먼저 사실들을 제시함으로써 이를 통하여 피해자의 인격에 대한 평가를 저하시키려는 의도임이 문맥상 드러나는 경우는 전체적으로 볼 때 의견진술이 아니라 사실의 적시이다.[302] 제16대 대통령 후보 이○○의 아들 이△△이 병역면제를 받았다는 것은 비리라는 취지로 이○○후보를 반대하는 내용이 포함된 "179센티미터 45킬로그램 인간 미이라"라는 제목의 책자를 출간하고 한겨레신문에 179㎝ 45㎏의 몸무게는 불가능하므로 이△△이 위 조건으로 병역면제를 받았다는 것은 비리라는 취지로 이○○후보를 반대하는 내용이 포함된 광고물을 게재한 경우, 이 사건 책자나 광고물에서 사용된 언어의 통상적 의미와 용법, 이러한 표현이 사용된 문맥, 그 표현이 행하여진 사회적 정황 등 전체적 정황을 고려하면 피고인은 이○○후보가 대통령으로서 자질이 부족하다는 의견을 피력한 것에 그친 것이 아니라, 위와 같은 신체조건을 가진 인간이 의학적으로 불가능하다는 사실 이외에 이○○후보의 아들 이△△이 그와 같은 신체조건으로 병역면제를 받았으므로 병역비리에 해당한다는 사실, 이○○후보는 아들의 병역면제에 관하여 거짓말을 하고 있다는 사실 등도 함께 적시하고 있다.[303]

3) **사실 적시가 해당되지 않는 경우**

상대후보자가 제기한 협박사건 등에 관하여 기자회견에서 "자작극이 아닌가."라고 발언한 것은 의혹을 제기하는 형식으로 의견을 표현한 것에 불과하여 법 제251조(후보자비방죄)의 후보자비방죄가 성립하지 아니한다.[304] 인터넷 네이버 사이트 제16대 대통령 선거관련 토론장 게시판에 '대선이 장난이냐? 이○○씨'라는 제목하에 "세상에 이렇게 구린내가 많이 풍기는 후보도 보지 못했다. 얼마나 찔리고 캥기는게 많았으면 자꾸 도망칠까? 도망자 인생인가."라는 내용을 게시한 것은 어떤 구체적인 사실을 적시하고 있는 것이 아니라 단순히 이○○후보에 대한 피고인의 개인의 가치판단이나 평가를 내용으로 하는 의견표현에 해당하여 후보자비방죄가 성립하지 아니한다.[305]

---

301) 2007. 3. 15. 선고 2006도8368 판결(특정 정당의 서울시장 후보자의 당선을 방해할 목적으로 인터넷 사이트에 게시한 위 정당 대표 피습사건에 관한 패러디포스트의 내용이 위 피습사건이 마치 위 정당이 조작한 정치공작인 것처럼 표현하고 있을 뿐 후보자에 대하여는 언급하고 있지 아니하므로 위 게시행위를 두고 후보자를 비방한 것으로는 볼 수 없다고 한 사례)

302) 1996. 11. 22. 선고 96도1741 판결

303) 2004. 6. 25. 선고 2004도2062 판결

304) 2009. 5. 28. 선고 2009도2194 판결

305) 2004. 3. 11. 선고 2003도4023 판결

(라) 비방

법 제251조(후보자비방죄)의 후보자비방죄에서 정한 '비방'이란 사회생활에서 존중되는 모든 것에 대하여 정당한 이유 없이 상대방을 깎아내리거나 헐뜯는 것을 의미하는데,[306)][307)] 주로 합리적인 관련성이 없는 사실 예컨대, 선거와 관련이 없는, 즉 공직의 수행 능력이나 자질과는 무관한, 전혀 사적이거나 개인의 내밀한 영역에 속하는 사항을 폭로 또는 공표한다거나 날조된 허위의 사실을 전달하는 등의 방법으로 행해질 수 있다.[308)] 후보자의 사생활 비방을 금지하는 법 제110조(후보자 등의 비방금지)가 반드시 후보자에 대한 비방을 처벌하는 법 제251조(후보자비방죄)와 상응하는 것으로 볼 수 없으므로,[309)] 법 제251조(후보자비방죄)의 비방에는 사생활에 속하는 사항을 언급(거론)하는 경우뿐만 아니라 사생활에 속하지 아니하는 사항을 언급(거론)하는 경우도 포함된다.[310)]

후보자의 연설내용이 비록 경쟁 후보자의 정치적 활동에 관한 것이라고 하더라도, 그 표현방법이나 내용에 비추어 보면 상대방의 정치역량을 객관적으로 언급한 것이 아니라 이를 인격적으로 비하시키는 취지는 법 제251조(후보자비방죄)의 '비방'에 해당한다.[311)]

다. 주관적 요건

본죄는 '당선되거나 되게 하거나 되지 못하게 할 목적'이 있어야 한다.[312)]

---

306) 2010. 11. 25. 선고 2010헌바53 결정, 2009. 6. 25. 선고 2009도1936 판결

307) 조국은 '인신공격'은 대의민주주의의 기초인 선거가 본래적 기능을 하기 위하여 필수적이고 필요한 활동이라고 한다(조국, 「공직선거법상 '사실적시후보자비방죄'에 대한 비판적 소론」, 비교형사법연구 제17권 제1호, 170쪽).

308) 부산고등법원 1992. 6. 17. 선고 92노215 판결

309) 2013. 11. 22. 선고 2013도12429 판결

310) 2009. 7. 6. 중앙선관위 질의회답

311) 1996. 11. 22. 선고 96도1741 판결, 부산지방법원 2009. 7. 17. 선고 2008고합649 판결

312) 「후보자비방죄에서는 비방의 매체와 대상이 지나치게 광범위하다. 비방의 매체와 대상의 지나친 광범위성은 형법의 팽창현상으로 나타나며, 형법의 팽창현상은 형사입법자와 일반 시민의 기대와는 달리 전통적·자유주의적 법치국가형법의 원칙인 죄형법정주의, 책임원칙, 비례성원칙, 보충성원칙을 위협하여 궁극적으로 현대 형법의 위기를 초래하고 있다. 후보자비방죄는 일반 명예훼손죄로 규율할 수 있는 선거과정에서의 거의 모든 폭로행위를 그 대상으로 하고 있기 때문에 선거의 자유와 정치적 표현의 자유를 지나치게 제한할 가능성이 상존하고 있다. 목적범에서 목적 내지 의도는 구성요건의 객관적 인식을 초과하는 의식형태이므로 '초과된 내적 경향을 가진 범죄'에 해당한다. 따라서 미필적 인식으로는 부족하고 확실한 인식과 목표지향적 의욕이 필요하다고 본다. 따라서 '당선되거나 되게하거나 되지 못하게 할 목적'은 적극적 의욕이나 확정적 인식인 것을 요하지 아니하고 미필적 인식이 있으면 충분하다는 판례의 태도는 목적의 범위를 부당하게 확대시킬 수 있는 가능성이 매우 크다. '당선되거나 되게하거나 되지 못하게 하기 위한 행위'라는 공직선거법 제58조(정의 등) 제1항의 선거운동의 개념은 문언상 애매하고 불명확한 요소를 포함하고 있다. 이러한 선거운동의 개념이 제251조(후보자비방죄) 후보자비방죄의 성립요소인 목적의 실질을 구성하고 있다면, 선거운동의 개념판단에 요구되는 요소들은 당연히 목적표지의 충족 여부에도 적용되어야 할 것이다. 공직선거법

법 제251조(후보자비방죄)에서 말하는 '당선되거나 되게 하거나 되지 못하게 할 목적'은 적극적 의욕이나 확정적 인식인 것을 요하지 아니하고 미필적 인식이 있으면 충분하고, 그 목적이 있었는지 여부는 피고인의 사회적 지위, 피고인과 후보자 또는 경쟁 후보자의 인적 관계, 행위의 동기 및 경위와 수단·방법, 행위의 내용과 태양, 상대방의 성격과 범위, 행위 당시의 사회상황 등 여러 사정을 종합하여 사회통념에 비추어 합리적으로 판단하여야 한다.[313] 쌍방향적인 컴퓨터통신에 있어서 다른 통신가입자의 반박에 대한 대응하여 자신이 반대하는 정당의 대변인 지위에 있는 사람이 수필집을 발간한 것과 그의 품위 없는 발언을 비난하고 정당별 의석수 등 전체 선거결과에 대한 관심을 표시한 것일 뿐인 경우는 사실의 적시 및 당선되지 못하게 할 목적이 있다고 보기 어렵다.[314] 다만, 법 제58조 제2항(선거운동의 자유), 제110조(후보자등의 비방금지), 제250조(허위사실공표죄), 제251조(후보자비방죄)의 규정 내용, 선거운동이 본질적으로 상대방 후보에 대한 비판적 기능을 포함하고 있고 이를 과도하게 제한할 경우 국민의 기본권으로서의 선거권을 침해하게 되는 점에 비추어, 정치활동 등 공적 생활에 관한 사실을 적시한 경우에는 사생활의 비방에 필적할 정도로 후보자 등의 인격적 가치를 훼손시키는지 여부에 따라 후보자비방죄의 성립여부를 판단하여야 한다.[315]

라. 위법성 조각

사실의 적시행위가 진실한 사실로서 공공의 이익에 관한 때에는 처벌하지 아니한다(법§251 단서).

제110조(후보자 등의 비방금지)는 금지규정으로 '누구든지 선거운동을 위해 후보자 등의 출생지·신분·직업·경력등·재산·인격·행위·소속단체 등에 허위의 사실을 공표할 수 없으며, 공연히 사실을 적시하여 사생활을 비방할 수 없다.'고 규정하고 있으며, 이에 대응하는 처벌규정으로 같은 법 제251조(후보자비방죄)는 위 금지조상의 문언과는 달리 '공연히 사실을 적시하여 후보자를 비방'하는 경우에 성립하기 때문에 '비방'의 범위를 사생활의 비방에 한정하지 않아 처벌규정이 금지규정의 범위를 초월하여 처벌의 범위를 확대하고 있다. 이에 따라 비방의 범위 안에 사생활에 대한 부분뿐만 아니라 공적인 활동도 포함되는지의 여부가 문제로 된다. 그러나 공적인 활동에 대한 부분도 비방의 대상으로 본다면 비방의 범위가 지나치게 확대되어 선거의 자유와 더불어 헌법상 표현의 자유라는 기본적 권리가 훼손될 수 있다. 공직선거후보자는 사실상 공적인물의 범주에 속한다. 따라서 후보자를 비방하는 내용이 후보자의 공적행위에 관련된 경우에는 현실적 악의가 입증되는 경우에만 위법성을 인정하여 범죄성립을 인정하는 것도 과잉금지의 원칙이라는 관점에서 볼 때 검토할 만하다고 사료된다.」는 견해가 있다(권오걸, 「공직선거법상 후보자비방죄에 대한 연구 －표현의 자유와 선거의 공정성과의 조화의 관점에서－」, 법학연구 제49집(2013. 3.), 168－182쪽).

313) 2011. 3. 10. 선고 2011도168 판결, 2008. 9. 11. 선고 2008도5917 판결, 2004. 4. 28. 선고 2003도4363 판결, 1997. 4. 25. 선고 96도2910 판결

314) 1997. 4. 25. 선고 96도2910 판결

315) 부산지방법원 2009. 7. 17. 선고 2008고합649 판결(국회의원선거 후보자가 적시한 이메일과 연설내용이 상대후보자의 정치활동에 관한 것이긴 하지만 인격적 가치에 대한 사회적 평가를 저하시키는 것이어서 후보자비방죄에 해당한다고 한 사례)

(1) 위법성 조각의 요건

'사실의 적시'가 법 제251조(후보자비방죄) 단서의 규정에 의하여 위법성이 조각되기 위하여는, 첫째, 적시된 사실이 전체적으로 보아 진실에 부합할 것, 둘째, 그 내용이 객관적으로 공공의 이익에 관한 것일 것, 셋째, 행위자도 공공의 이익을 위하여 그 사실을 적시한다는 동기를 가지고 있을 것이 요구되며,[316] 다만 반드시 공공의 이익이 사적 이익보다 우월한 동기가 되어야 하는 것은 아니나 사적 이익과 비교하여 양자가 동시에 존재하고 거기에 상당성이 인정되어야 하는바,[317] 공공의 이익이 명목상 동기에 불과하여 부수적인 데 지나지 아니하는 경우에는 공공의 이익에 관한 것으로 볼 수 없다.[318] 법 제251조(후보자비방죄) 단서도 위법성 조각사유의 하나인 이상 정당성의 일반적 원리들을 필요로 하고, 그런 면에서 개인의 명예(인격권)의 보호와 「헌법」 제21조에 의한 표현의 자유 및 공공의 이익 사이에 이익교량의 원리가 고려되어야 한다는 것이지만, 이익교량은 일반적으로 우월한 가치가 다른 쪽보다 중하기만 하는 되는 것이지 현저히 중하여야 하는 것은 아니다. 이 경우도 공공의 이익의 기초가 되는 표현의 자유권 또한 헌법상 보장된 권리로서 인간의 존엄과 가치에 기초한 피해자의 명예(인격권)에 못지아니할 정도로 보호되어야 할 중요한 권리이기 때문에 후자가 전자보다 중하기만 하면 위법성조각사유로서 정당성이 충족된다.[319]

(2) 진실한 사실

법 제251조(후보자비방죄) 단서에서 '적시된 사실이 진실에 부합한다.'함은 그 내용 전체의 취지를 살펴볼 때 중요한 부분이 객관적 사실과 합치되면 족하고 세부에 있어서 약간의 상위가 있거나 다소 과장된 표현이 있더라도 무방하다.[320] 적시한 사실이 진실한 것이라는 증

---

316) 1996. 6. 28. 선고 96도977 판결

317) 2009. 6. 25. 선고 2009도1936 판결, 2004. 10. 27. 선고 2004도3919 판결, 2004. 6. 25. 선고 2003도7423 판결, 2002. 4. 9. 선고 2000도4469 판결, 2000. 4. 25. 선고 99도4260 판결, 1998. 9. 22. 선고 98도1992 판결, 1997. 6. 10. 선고 97도956 판결, 1996. 11. 22. 선고 96도1741 판결, 1996. 6. 28. 선고 96도977 판결(형법 제310조(위법성의 조각), 구 대통령선거법, 구 국회의원선거법, 구 지방의회의원선거법하의 규정에 의하여서는 공공의 이익이 적어도 주된 동기가 되어야 하고 부수적으로 사적 이익이 포함되는 경우까지만을 위법성이 조각되는 것으로 해석하였으므로 적어도 공공의 이익이 사적 이익보다 우월한 경우에만 위법성이 조각되었다고 할 것이다. 그러나 이러한 해석으로는 선거운동의 자유를 충분히 보장할 수 없고 유권자에게 후보자에 대한 충분한 정보를 제공함으로써 유능하고 적합한 인물이 공직의 담당자로 선출되도록 기여하는데 부족하다는 반성적 고려에서 법 제251조(후보자비방죄) 단서는 '오로지'라는 단어를 삭제한 것이라고 할 것이므로, 이제는 진실한 사실에 관한 한 그것이 반드시 공공의 이익이 사적 이익보다 우월한 동기가 된 것이 아니더라도 양자가 동시에 존재하고 거기에 상당성이 인정된다면 위 단서 조항에 의하여 위법성이 조각된다고 보아야 한다.)

318) 2011. 3. 10. 선고 2011도168 판결

319) 1996. 6. 28. 선고 96도977 판결

320) 2004. 6. 25. 선고 2004도2062 판결, 2003. 11. 13. 선고 2003도3606 판결, 2002. 4. 9. 선고 2000도4469 판결,

명이 없더라도 행위자가 진실한 것으로 믿었고, 또 그렇게 믿을 만한 상당한 이유가 있는 경우에는 위법성이 없다.[321)][322)]

공직선거에 입후보한 후보자의 유죄 확정판결의 전과사실은 비록 그것이 종전의 공직 수행과정에서의 범죄나 비리와 직접적으로 관련된 것이 아니라고 하더라도 그의 사회적 활동에 대한 비판 내지 평가의 한 자료가 되어 그의 공직 후보자로서의 자질과 적격성을 판단하는 데 중요한 자료가 될 뿐만 아니라 또한 그것은 법원의 최종적 사법판단까지 받은 것으로 공적 이익에 관한 사실이라고 보아야 한다.[323)]

(3) 공공의 이익[324)]

법 제251조(후보자비방죄)의 '공공의 이익에 관한 때'라 함은 반드시 공공의 이익이 사적 이익보다 우월한 동기가 된 것이 아니더라도 양자가 동시에 존재하고 거기에 상당성이 인정된다면 이에 해당한다.[325)] 후보자가 "A 의원은 바이크를 타는데 바이크의 고속도로 진입 허용 법안을 발의했습니다."라는 선거공보를 작성하여 선거인들에게 발송한 경우, 해당 표현은 'A는 오토바이가 고속도로에 통행하게 하는 매우 위험하고 비상식적인 법안을 발의하였다'는 의미를 함께 담고 있고, A가 서민들의 삶과 거리가 있는 고가의 취미활동을 한다는 것, 시의 발전을 위하여 일할 시간에 여가활동을 즐기고 심지어 여가활동을 위한 입법활동을 하였다는 것을 아울러 A의 인격이나 자질에 관한 부정적인 의미를 전달하였던 것으로 보이는 바, 상대방 후보자의 인격과 능력에 관한 정보를 유권자에게 제공한다는 측면에서 일부 공적 이익이 동기가 되었다고 하더라도, 상대방 후보에 대한 비방에 의하여 상대방을 낙선시키고 자신이 당선되겠다는 사적 이익이 결정적으로 주된 동기였고 공적 이익은 부수적인데 지나지 않는다.[326)]

---

321) 1996. 4. 23. 선고 96도519 판결

322) 김상호는 '행위자가 적시사실의 진실성에 대한 착오가 있는 경우는 후보자비방죄의 고의범으로 처벌할 수는 없고 착오에 과오가 있는 경우에 과실범으로 처벌할 수 있지만, 후보자비방죄에는 과실범 처벌규정이 없으므로 형사책임이 없고, 다만, 민사적으로 그 착오가 있는 한 손해배상책임을 질 따름이다.'고 주장한다(김상호, 「공직선거법상 후보자비방죄(2002. 6. 14. 선고 2000도4595 판결)」, 동아법학 제32호, 300－301쪽).

323) 1996. 6. 28. 선고 96도977 판결

324) 헌법재판소는, 법 제251조(후보자비방죄)의 "공공의 이익" 부분과 관련하여, '"공공의 이익"이란 사회상황의 변화에 따라 그 의미가 변화할 수 있어서 그 의미하는 바를 구체적, 서술적으로 열거하여 범위를 한정하는 것이 입법기술상 현저히 곤란한데, "공공의 이익"의 의미는 건전한 상식과 통상적인 법감정을 가진 수범자와 법적용자에 의해 일의적으로 파악될 수 있고, 법관의 자의적인 해석으로 확대될 염려도 없다고 할 것이므로, 명확성의 원칙에 위배되지 아니한다.'고 판시하였다(2013. 6. 27. 선고 2011헌바75 결정).

325) 2004. 6. 25. 선고 2004도2062 판결, 2003. 11. 13. 선고 2003도3606 판결, 2002. 4. 9. 선고 2000도4469 판결

326) 2021. 9. 30. 선고 2021도9292 판결(수원고등법원 2021. 6. 23. 선고 2021노114 판결)

(4) 정치적 영역에서의 표현의 자유에 대한 특수성 보장[327)][328)]

정치적 영역에 있어서의 표현행위는 보통 의견의 성격을 갖게 되며, 특히 선거운동에 있

327) 황도수는, '진리를 말할 수 있는 자유'와 관련하여, 「권위주의는 신화(myth)위에 세워지고, 민주주의는 진리(truth)위에 선다. 권위는 신화를 창조하고 신화는 권위를 공고히 한다. 신화는 인간이 인식할 수 없는 절대적 진리에 대한 환상이고 강요이다. 그러나 민주주의는 인간이 절대적 진리를 인식할 수 없다는 가치 상대주의를 전제로 한다. 민주주의는 대화와 타협을 통하여 상대적 진리의 발견을 위하여 부단히 노력하는 진행형일 뿐이다. 다수결원칙에 앞서, 대화와 타협의 절차가 민주주의의 요체가 되는 것은 이러한 이유이다. 민주사회에서 대화와 타협이 진리의 발견을 위한 과정이라면, 대화와 타협은 진실 위에서 이루어져야 한다. 대화와 타협은 신화를 배세하는 과정이다. 절대적 진리라고 주장되는 것 내지 절대적 진리가 되고자 하는 것 등에 대하여 진실을 토로하는 과정이다. '진실'을 주고 받는 것, 그 과정에서 진리를 발견하고자 노력하는 것, 그것이 대화와 타협이다. 이러한 점에서 '진실'을 말할 수 있는 표현의 자유는 민주주의의 본질적 부분을 이루고 있다. 헌법이 표현의 자유를 특별히 보장하고 있는 이유는 여기에 있다. 진실한 사실에 대한 진술은 그것이 피해자에게 불이익한 것이라고 하더라도, 피해자의 명예가 깎여지고 헐뜯어지는 것이라고 하더라도 허용되어야 하고 법적 책임을 지지 않는 것이 원칙이다. '진실을 말한 자유'는 헌법적으로 이미 허용되어 있는 것이며 예외적으로 특별한 사유가 있을 경우에 한하여 입법적으로 제한받을 수 있을 뿐이다. 예를 들어 그것이 개인의 내밀영역, 사적영역, 신뢰영역에 대하여 언급하는 경우 등 특정한 경우를 구체화하여 입법적으로 금지하는 경우에 한하여 진실을 말할 수 있는 자유가 인격적 이익에 후퇴할 수 있는 것이다. 단순히 명예를 훼손한다는 이유만으로 진실을 말할 수 있는 자유를 포괄적으로 금지할 수는 없는 것이다. 명예훼손죄를 규율하는 우리 형법 제307조(명예훼손)와 제310조(위법성의 조각)의 태도는 우리 헌법의 이념에 어긋난다고 볼 수 있다. 진실을 말할 수 있는 자유를 포괄적으로 제한하고 예외적으로 '공공의 이익'을 위한 경우에 한하여 처벌을 면하게 함으로써 원칙과 예외를 역전시키고 있기 때문이다. 진실한 사실에 대한 진술 중 특정한 내용의 진술만을 구체화하여 그것만을 처벌하는 방식으로 입법의 형태가 바뀌어야 하는 이유다. 예를 들어, 사생활의 내밀한 사적영역에 대한 진술, 표현자의 '악의적인 고의' 등을 기준으로 그 처벌대상을 구체적으로 특정하여 처벌하여야 하는 것이다.」고 주장한다(황도수, 「민주주의와 진실(공직선거법상 후보자비방죄)」, 대한변협신문 2013. 9. 30.자).

328) '정치적 표현의 자유'와 관련하여, 임성희는 「선거자금규제에서 표현의 자유가 문제되는 이유는 "선거기간동안 개인이나 단체가 정치적 의사표현에 대하여 지출할 수 있는 자금총액을 제한하는 것은 토의되는 쟁점의 수, 논의의 깊이, 전달될 수 있는 대중의 수를 제한함으로써 필연적으로 표현의 양(quantity of political speech)을 감소시킨다. 이는 오늘날 대중사회에서 모든 의사전달수단이 금전의 지출을 필요로 하기 때문이다(Buckley v. Valeo (1976))." 대의제는 국가의사를 결정함에 있어 국민의 경험적 의사와 국민의 이익이 일치하는 경우에는 국민의 경험적 의사를 따르도록 하되, 양자가 일치하지 않는 경우에는 국민의 이익을 우선시한다. 국민의 의사(Will)와 국민의 이익(interest)이 충돌하는 경우에 무엇이 국민 모두에게 이익이 되는가를 결정함에 있어서는 국민은 당사자이기 때문에 이를 결정할 수 없는바, 이 문제를 객관적이고 이성적으로 판단할 수 있는 제3자로 하여금 이를 결정하게 하되, 이 제3자를 국민의 선거로 정하도록 고안한 것이 대의제이다. 끝임 없이 형성과정에 있는 여론이야 말로 국민과 대표자를 연결함으로써 국민으로 하여금 국가의사결정에 주인의식을 가지게 하여 국가권력에 대한 민주적 정당화의 근거가 된다는 담론적 민주주의는 끊임없이 계속되고 수시로 변하는 의사소통을 전제로 하는 반면, 대의제는 주기적으로 돌아오는 특정한 시점에 선거를 통하여 국민이 국가기관을 구성하고 국민에 의하여 선출된 대표자가 국가의사를 결정하는 의사결정을 전제로 한다는 점에서 차이가 있다. 정치적 표현을 주고받는 과정에서 형성된 국민의 의사가 선거를 통해 정확하게 구현되기 위해서는 선거가 공정하게 치러지는 것이 중요하고, 공정한 선거에는 선거운동의 기회균등도 포함되며, 그러한 공정성 내지 기회균등확보 역시 자기통치라는 민주주의의 궁극적 목표를 위해 필수적이라는 점을 감안하면, '표현의 자유가 선거의 공정성보다 우월한 지위를 가진다.'고 단정하기 어렵다.」고 주장한다(임성희, 「미국의 선거자금규제 판례와 표현의 자유 —역사적 배경과 판례를 중심으로

어서의 표현행위는 정치적인 의견투쟁이 최고도로 강화되는 상황속에서 행해지므로 보다 더 강한 자유의 원칙이 적용되며, 후보자 상호간에는 정책논쟁과 상호비판에 의해 상대 후보자의 정견이나 과거 행적의 오류와 약점을 폭로하고 상대방을 비판, 비난하는 과정에서 과장, 단순화, 비유 등 여러 가지 표현기법을 구사하여 상대방을 신랄하고 통렬하게 공격하는 것이 예사일 뿐 아니라 후보자들의 발언을 대하는 선거인 역시 그러한 사정을 이해하는 것이므로 선거운동을 즈음한 표현행위의 허부를 논함에 있어서는 그러한 현상과 관행이 충분히 고려되어야 한다. 선거운동과정에서의 표현행위는 그것이 비록 상대후보자의 정견이나 과거 행적의 오류와 약점을 폭로하는 것이어서 범죄의 구성요건을 통하여 타인의 법익을 침해하는 경우라도, 표현의 자유가 민주사회에서 갖는 의미와 가치에 비추어 피침해이익과 법익형량에 의해 그 위법성이 판단되어야 하고, 특히 선거과정에 있어서는 표현의 자유가 좀 더 폭넓게 인정되어야 한다.[329] 따라서 표현범죄에 있어서는 표현행위가 범죄의 구성요건을 충족하여 타인의 법익을 침해하는 경우라 하더라도 표현의 자유가 민주사회에서 갖는 의미와 가치에 비추어 피침해이익과의 법익형량에 의해 후보자의 법익이 보다 중한 경우에 한하여 위법성이 인정된다고 할 것인 바, 이른바 반격권의 법리에 의하면 하나의 표현행위가 이전에 행해진 타인의 표현행위에 대한 대응으로서 이루어졌으며, 위와 같은 동기부여에 대한 상당한 대응으로서 양자 상호간에 균형성이 인정되면 위법성은 인정되지 않는다.[330] 나아가 공직자의 공무집행과 직접적인 관련이 없는 개인적인 사생활에 관한 사실이라도 일정한 경우 공적인 관심 사안에 해당할 수 있다. 공직자의 자질 · 도덕성 · 청렴성에 관한 사실은 그 내용이 개인적인 사생활에 관한 것이라 할지라도 순수한 사생활의 영역에 있다고 보기 어렵다. 이러한 사실은 공직자 등의 사회적 활동에 대한 비판 내지 평가의 한 자료가 될 수 있고, 업무집행의 내용에 따라서는 업무와 관련이 있을 수도 있으므로 이에 대한 문제제기 내지 비판은 허용되어야 한다.[331][332]

—」, 법조 Vol. 718(2016. 8.), 45－77쪽).

329) 서울지방법원 1995. 8. 17. 선고 95고합661 판결

330) 부산고등법원 1992. 6. 17. 선고 92노215 판결(지방의회의원선거 후보자의 연설내용이 과거 다른 후보자가 언급한 정견에 대한 비판이나 비난을 내용으로 하는 것으로서 후보자비방죄에 있어서의 위법성이 없다고 한 사례)

331) 2013. 12. 26. 선고 2009헌마747 결정

332) 장우영은「사상의 자유시장론은 단기적으로 허위와 악설이 횡행할지라도 장기적으로는 이성적인 공론활동에 의해 진실이 시장의 선택을 받게 된다는 것으로 "나는 당신이 쓴 글을 혐오한다. 그러나 당신의 생각을 표현할 권리를 당신에게 보장해주기 위해 나는 기꺼이 죽을 준비가 되어 있다."는 볼테르의 관용론은 그것을 뒷받침한다. 반면, 집단극화론은 집단 구성원이 공론활동을 한 이후에도 자신의 성향을 그대로 유지하며 오히려 더 극단화되는 것이 보통이라는 것이다. 집단극화가 일어나는 원인은 첫째, 정보의 힘이다. 집단 구성원이 접하는 정보는 서로 다르기 때문에 다양한 태도를 나타낼 수 있으나, 대개의 사람들은 자신의 신념과 같거나 특정한 입장으로 기울어진 주장을 더 많이 접한다. 이러한 선택적 노출(selective exposure)을 통하여 그 주장에 동화되고 믿음이 확고해 진다. 둘째, 확증의 힘이다. 자기가 가진 생각에 확증을 갖는 경우 그

(5) 위법성이 인정되는 경우

특정 정당의 구의원 예비후보자로 등록한 피고인이, 같은 당 비례대표 시의원 후보자가 되고자 하는 갑이 자신의 경쟁 예비후보를 편파적으로 옹호한다는 생각에 불만을 갖고 갑의 활동, 태도 및 학력에 관한 사실을 부정적으로 적시하며 그가 시의원이 되어서는 안 된다는 내용의 게시물을 11회에 걸쳐 같은 당 홈페이지 자유게시판에 게시한 경우, 피고인은 단순히 공천과정의 공정성을 촉구하거나 정당의 후보자 추천에 관한 의견을 개진한 것이 아니라 후보자가 되고자 하는 갑이 선거에서 당선되지 못하게 할 목적으로 사실을 적시하여 후보자를 비방하였다고 볼 것이고, 제반사정을 종합할 때 갑에 대한 불만으로 그가 시의원으로 당선되지 못하도록 하겠다는 것이 중요한 동기가 되어 위 각 게시물을 게재하였다고 보이므로, 피고인에게 공적 이익을 위한다는 뜻이 일부 있었더라도 위법성이 조각되지 않는다.[333) 피고인이 연설을 한 주관적 목적을 보면, 상대방 후보자의 인격과 능력에 관한 정보를 유권자에게 제공한다는 측면에서 공적 이익도 동기가 되었지만, 상대방 후보에 대한 비방에 의하여 상대방을 낙선시키고 자신이 당선되겠다는 사적 이익이 결정적으로 중요한 동기였고, 그 표현수단이나 전체적 진실성(정확성) 정도 등에 비추어 보면 공적 이익은 극히 미미하고 거의 사적 이익이 동기를 이룬 것이어서 양자 사이에 상당성을 인정할 수 없는 경우,[334) 후보지원을 위한 연설의 내용이 다른 정당의 후보자의 오래전의 이혼과정을 그릇되게 추단하

의 입장은 더 극단적으로 바뀔 가능성이 크다. 즉 확증을 가진 생각을 동류집단(peer group)과 공유하고 지지를 얻음으로써 자신감이 커지고 이는 극단성의 강화로 이어진다. 셋째, 평판의 압력이다. 사람들은 다른 구성원에게 호의적으로 보이고 싶어 한다. 내부의 다양성이나 반대의견은 충성심 부족으로 간주될 수 있다. 이런 환경에서 사람들은 자신의 입장을 주류 의견 쪽으로 수정하는 행태가 빈번하다. 특히 집단 내의 지위가 낮은 사람일수록 이런 경향이 강하게 나타난다. 집단극화는 숙의민주주의와 관련해서 주의할 점을 시사한다. 숙의를 한다고 그 집단이 반드시 진실에 도달하거나 이성적인 판단을 할 것이라고 생각하면 오산이다. 정보와 생각을 주고받는 과정에서 부당한 극단주의가 커질 수 있다. 사람들은 대개 소통과정에서 심리적·경제적 비용을 줄이는 선택을 하게 된다. 그 결과 관심과 신념이 이질적인 집단보다는 동질적인 집단에서 소통이 훨씬 더 편안하고 활발하게 일어난다. '끼리끼리 네트워크'는 이를 통해 형성된다. 특히 중립지대가 잘 허용되지 않고 피아 구분이 명료한 정치적 공론활동에서 끼리끼리 현상은 더욱 선명하게 확인된다. 끼리끼리는 첫째, 편향된 정보와 시각에 갇혀 제한적이거나 잘못된 결론을 도출할 가능성이 크다. 이는 우물안 개구리나 소경 코끼리 만지기 격의 집단 착시에 비견할 수 있다. 이들이 정책결정집단일 경우 신념을 공유한 집단사고(group thinking)는 공동체에 막대한 피해를 입힐 수 있다. 둘째, 끼리끼리 간의 대립은 사회를 파편화시킨다. 일방의 신념을 선이라고 확신할 경우 타방의 신념을 악으로 여기기 마련이다. 이러한 대립에서는 다양성과 차이는 사라지고 획일성과 차별만 남는다. 더욱이 끼리끼리는 다른 끼리끼리와 대화할 의지조차 거의 갖지 않는다. 셋째, 끼리끼리는 다른 끼리끼리와 적대적으로 공존하기 때문에 갈등을 사유화하거나 편향을 동원하는 엘리트 집단에 이용당하기 쉽다. 이러한 사상의 자유시장과 집단극화는 표현의 자유의 이상(원칙)과 현실(역기능)을 잘 보여준다.」고 한다(장우영, 「온라인 선거운동과 정치적 자유」, 한국지역정보학회지 제20권 제1호(2017. 3.), 191－ 193쪽).

333) 2011. 3. 10. 선고 2011도168 판결

334) 1996. 11. 22. 선고 96도1741 판결

도록 하여, 위 후보자에 대한 비방에 의하여 동인을 낙선시키고 자신이 지지하는 다른 후보자를 당선시키겠다는 사적 이익이 결정적으로 중요한 동기였다고 할 것이어서 양자 사이에 상당성을 인정할 수 없는 경우,[335] 대통령 후보의 아들이 병역면제를 받은 것이 비리라는 취지로 위 후보를 반대하는 내용이 포함된 책자를 출간하고 광고물을 게재하였으나 적시한 사실이 진실이라는 점에 관한 입증이 부족한 경우,[336] 뇌물수수혐의로 무죄의 확정판결을 받은 후보자에 대하여 무죄판결을 선고받았다고 언급하는 정도를 넘어 실제로 뇌물을 수수하였음이 분명하다고 발언한 경우[337]는 위법성이 조각될 수 없다.

(6) 위법성이 조각되는 경우

피고인이 국회의원 선거 후보자가 되고자 하는 갑과 을이 서로 연대한 사실이 없는데도, "갑 후보 완전 맛이 갔다. 야권단일화 경선에서 병 후보를 이기려고 부자증세, 형님예산, 미디어악법, 날치기했던 을 후보와 연대하는 모임에 참석했다. 이래도 되나요?"라는 내용의 글을 작성하여 트위터에 게시하는 등으로 갑과 을을 비방하였다고 하여 기소된 사안에서, 제반사정을 종합할 때 갑이 을과 연대하였거나 연대하기 위하여 모임에 참가하였다는 내용이 진실한 것이라는 증명은 없으나, 피고인이 이를 진실한 것으로 믿었고 그렇게 믿을 만한 상당한 이유가 있으며, 공공의 이익을 위한 것이라는 등의 이유로 위 행위는 위법성이 조각된다.[338] 지방자치단체장으로서 세무공무원인 후보자가 상대후보자의 처의 지방세 체납사실을 지방자치단체장 후보자 합동연설회에서 적시한 사안에서, 후보자 본인이나 생활공동체를 이루고 있는 처의 지방세 체납사실은 후보자의 사회적 활동에 대한 비판 내지 평가의 자료가 되어 그의 공직 후보자로서의 자질, 준법성 및 공직 적격성을 판단하는데 자료가 될 수 있는 것이어서 객관적으로 공공의 이익에 관한 사실이라고 할 것이고, 위 지방세 체납사실을 적시함에 있어 전후 문맥에 비추어 볼 때 다소 과장된 점과 비방의 의도가 표출되어 있었고, 세무공무원으로서 지방세 과세자료에 접근할 수 있는 지위를 이용하였다고 하더라도, 선거관리위원회가 주최한 합동연설회장에서 위 사실을 적시한 것은 상대 후보자의 평가를 저하시켜 스스로가 당선되려는 사적 이익 못지않게 유권자들에게 상대 후보자의 자질 등에 대한 충분한 자료를 제공함으로써 적절한 투표권을 행사하도록 하려는 공공의 이익도 상당한 동기가 되었다고 할 것이며, 적시한 위 사실의 내용 등에 비추어 볼 때 공공의 이익과 사적 이익 사이에 상당성도 있다고 할 것이어서 상대 후보자에 관하여 위와 같은 지방세 체납사실을 적시한 것은 전체적으로 볼 때 진실한 사실로서 공공의 이익에 관한 때에 해당하므로 법

335) 2002. 6. 14. 선고 2000도4595 판결
336) 2004. 6. 25. 선고 2004도2062 판결
337) 2015. 8. 13. 선고 2015도7172 판결
338) 서울고등법원 2013. 11. 21. 선고 2013노1814 판결

제251조(후보자비방죄) 단서에 의하여 위법성이 조각된다고 할 것이며, 한편 「지방세법(2000. 2. 3. 법률 제6260호로 개정된 것)」 제69조(비밀유지등)는 세무공무원이 직무상 획득한 지방세 과세정보를 정당한 이유 없이 누설하는 행위 등을 금지함으로써 납세자의 사생활 및 인격권을 보호하는 것을 그 주된 목적으로 하는 규정이라고 할 것인바, 후보자의 사생활 및 인격권을 침해할 수 있는 비방행위라 하더라도 공직선거에 있어서 유권자의 적절한 투표권 행사를 도모한다는 공공의 이익에 의하여 일정한 요건 하에 그러한 비방행위를 정당한 것으로 용인하고 있는 법 제251조(후보자비방죄) 단서의 입법취지를 고려하면, 공직후보자에 관한 지방세 체납사실을 공표한 후보자가 세무공무원의 지위에 있다는 이유만으로 공공의 이익과 사적 이익 사이에 정당성이 없다고 보아야 하거나 위 법조 단서를 적용할 수 없는 것은 아니다.[339] 후보지원을 위한 연설내용 중 "다른 정당의 후보자의 처가 의료법을 위반했음에도 벌금을 낸 적이 없다."고 한 경우는 구체적인 사실을 적시하고 있고 전체적으로 볼 때 진실한 사실로서 공공의 이익에 관한 사실에 해당하여 위법성이 조각된다.[340] 선거관리위원회가 주최한 합동연설회장에서 일간지의 신문기사를 읽는 방법으로 전과사실을 적시한 경우, 그 사실 적시에 있어서 과장 또는 왜곡된 것이 없는 점 및 그 표현방법 등에 비추어 볼 때 피고인이 위 사실을 적시한 것은 상대 후보의 평가를 저하시켜 스스로가 당선되려는 사적 이익도 동기가 되었지만 유권자들에게 상대 후보자의 자질에 대한 자료를 제공함으로써 적절한 표현을 행사하도록 하려는 공공의 이익도 한 동기가 되었다고 보는 것이 상당하고 전과사실이 공표됨으로써 상대 후보자 입는 명예(인격권)의 침해정도와 만일 이를 금지할 경우 생기는 피고인의 표현의 자유에 대한 제한과 유권자들의 올바른 선택권에 대한 장애의 정도를 교량한다면 후자가 전자보다 중하다고 보는 것이 상당하므로, 피고인이 상대 후보의 전과사실을 적시한 것은 진실한 사실로서 공공의 이익에 관한 때에 해당하므로 법 제251조(후보자비방죄) 단서에 의하여 위법성이 조각된다.[341] 당원들을 대상으로 연설하면서 "…○○○이 대통령이 되면 안 된다. ○○○후보 장인이 인민위원장 빨치산 출신인데 애국지사 11명을 죽이고 형무소에서 공산당 만세를 부르다 죽었다 … 공산당 김정일이 총애하는 ○○○이 정권 잡으면 나는 절대 못산다."라는 취지의 대통령 후보자 가족의 전력에 관한 발언은 후보자비방에 해당하나 진실한 사실로서 공공의 이익에 관한 때에 해당하여 위법성이 조각된다.[342] '○○○국회의원, 15대 82.46%의 결석률, 3번째로 높으나 사실상 결석률이 가장 높게 나타나 그 동안 민생현안 활동에는 무관심했다는 것을 보여주고 있다.'는 내용의 기사 및 '대기업의 고문이라는 자리에 있으면서 명예박사학위증을 많이 갖고 금뺏지도 가슴에 달고

339) 2000. 4. 25. 선고 99도4260 판결
340) 2002. 6. 14. 선고 2000도4595 판결
341) 1996. 6. 28. 선고 96도977 판결
342) 2004. 10. 27. 선고 2004도3919 판결

축구외교를 하는 사람을 보고 정말 훌륭한 사람이구나 하고 생각할 사람은 아무도 없다. 대기업 고문이라는 자리는 아버지로부터 물려받았으니 그렇다 치고 박사학위증은 돈만 내면 받을 수 있는 것이니 또 그렇다 치고 금뺏지도 돈으로 땃다 하면 뽑아준 선량한 사람들을 욕할 것 같은 생각이 든다마는 그것도 지가 잘해서 금뺏지를 달았다 쳐주자. 그런데 월드컵 축구 외교를 한답시고 해외로 나돌아 다니는 사람에게 금뺏지가 꼭 필요한가? 그것도 또 다른 욕심을 향한 상징일 뿐이다.'는 내용의 기사를 각 게재한 노동조합지를 발간한 경우, 위 사실적시는 다소의 과장은 있다 하더라도 대체로 진실에 부합되고, 그 내용은 유권자들로 하여금 ○○○의 공무담임자로서의 적격성을 가늠하는데 일응 유용한 자료로서 공공의 이익에 관한 것이라 할 것이며, 비록 □□노동조합에서 지지하는 △△당 후보를 당선시키려는 사적인 목적에서 출발한 것이라 하더라도, 한편으로는 유권자인 조합원이나 회사 직원들을 상대로 ○○○의 적격성에 대한 판단자료를 제공함으로써 적절한 투표권을 행사하도록 하려는 공공의 이익도 중요한 동기가 되었음에 비추어 사적 이익과 공공의 이익 사이에 상당성도 인정된다.[343] 선거홍보물에 게재된 "성수대교 붕괴참사의 책임자라는 사실이 밝혀져 취임 11일만에 관직에서 쫒겨난 사람도 있습니다."라는 문구가 전체적으로 보아 객관적 사실에 부합하고, 또한 공직선거에 입후보한 후보자의 그와 같은 과거 전력은 비록 그것이 종전의 공직 수행과정에서의 범죄나 비리와 직접적으로 관련된 것이 아니라고 하더라도 그의 사회적 활동에 대한 비판 내지 평가의 한 자료가 되어 그의 공직 후보자로서의 자질과 적격성을 판단하는 데 중요한 자료가 되는 것이므로, 그 주요 목적이 그 후보자를 비판하는데 있다고 하더라도 이는 공공의 이익에 관한 사실이라고 보아야 한다.[344] 후보자가 안중근 의사의 유묵을 훔쳐서 소장하고 있거나 유묵 도난에 관여하였다는 게시글을 트위터에 게시하면서 '소재불명'을 '도난'으로 공표한 경우, 제18대 대통령선거에서 박○○후보자를 낙선시키고자 하는 사적 이익도 있었지만, 이 사건 유묵의 현존 확인은 물론 유권자들에게 박○○후보자에 대한 대통령으로서의 공직담당 적격성을 가늠하는 데에 유용한 자료를 제공함으로써 적절한 투표권을 행사하도록 하려는 공공의 이익도 이 사건 게시물의 적시의 중요한 동기로서 사적 이익과 공공의 이익 사이에 상당성이 인정된다.[345] "상업학교 출신 학력의 닮은 꼴 후계자"라는 표현이 글 전체적으로 볼 때 김○○ 전 대통령을 비방하면서 동시에 간접적으로 상업고등학교 출신이라는 노○○후보자의 학력에 대한 사실을 적시하고 자질을 깎아내림으로써 결과적으로 그를 비방하는 결과를 초래하였다고 할지라도, 피고인이 위 사실을 적시한 것은 노○○후보자의 평가를 저하하려는 의도보다는 유권자들에게 후보자의 자질에 대한

343) 2002. 4. 9. 선고 2000도4469 판결
344) 대구지방법원 안동지원 1996. 9. 20. 선고 96고합44 판결
345) 2016. 12. 15. 선고 2014도3932 판결

자료를 제공함으로써 적절한 투표권을 행사하도록 하려는 공공의 이익을 위하여 그러한 행위를 한 것으로 보이므로 법 제251조(후보자비방죄) 단서에 의하여 위법성이 조각된다.[346)]

마. 처벌 및 죄수 등

(1) 처벌 및 죄수

3년 이하의 징역 또는 500만원 이하의 벌금에 처한다.

하나의 행위가 형법 제307조(명예훼손)의 명예훼손과 법 제251조(후보자비방죄)의 후보자비방죄에 해당하는 경우 상상적 경합관계에 있다.[347)]

(2) 타죄와의 관계

위법성조각사유가 있음을 알면서도 "피고소인이 허위사실을 공표하였다."고 고소한 경우는 결국 적극적으로 위법성조각사유가 적용되지 않는 법 제250조(허위사실공표죄)의 허위사실공표죄로 처벌되어야 한다고 주장한 것과 같으므로 무고죄가 인정된다.[348)]

5. 성명 등의 허위표시죄

가. 의의

당선되거나 되게 하거나 되지 못하게 할 목적으로 진실에 반하는 성명·명칭 또는 신분의 표시를 하여 우편이나 전보 또는 전화 기타 전기통신의 방법에 의한 통신을 한 자는 3년 이하의 징역 또는 600만원 이하의 벌금에 처한다(법§253).

나. 구성요건

(1) 행위의 주체

아무런 제한이 없다.

(2) 행위

본죄의 행위는 진실에 반하는 성명·명칭 또는 신분의 표시를 하여 우편이나 전보 또는 전화 기타 전기통신의 방법에 의한 통신을 하는 것이다.

성명 등의 표시가 진실에 반하면 족하고 그 통신내용이 진실인지는 불문한다. 따라서 내

---

346) 2003. 12. 26. 선고 2003도4227 판결

347) 1998. 3. 24. 선고 97도2956 판결

348) 1998. 3. 24. 선고 97도2956 판결

용이 진실이더라도 타인의 성명을 모용하면 본죄에 해당한다. 군 복무중인 군인들을 상대로 여대생의 위문편지를 가장하여 후보자의 선거운동을 할 목적으로 허위 주소·성명을 기재하여 부재자신고인 653명에게 우편을 보낸 경우,[349] 대구시 북구 의회의장 ○○○이 업무추진비를 횡령하였다는 등 동인을 비방하는 내용의 진정서를 ○○○와 같은 동에 사는 북구 의회 출마예정자의 명의로 작성하여 선거관리위원회에 발송한 경우,[350] 국회의원 예비후보자 송○○가 선거사무소 개소식을 하면서 불특정 다수인을 선거사무소 개소식에 초청하는 불법행위를 하는 것으로 오인하도록 무소속으로 출마한 이△△의 휴대전화를 이용하여 송○○의 선거사무소 개소식을 알리는 문자메시지를 발송한 경우,[351] 특정후보자에게 불리한 신문기사를 구청의 민원봉사과 명의의 행정봉투에 넣어 선거구민들에게 발송한 경우,[352] 예비후보자가 자신의 명의가 아닌 타인의 명의로 카카오톡을 이용하여 선거운동정보를 전송하는 경우[353]는 본죄에 해당한다.

다. 주관적 요건

본죄는 '당선되거나 되게 하거나 되지 못하게 할 목적'이 있어야 한다.

라. 처벌

본죄를 범한 자는 3년 이하의 징역 또는 600만원 이하의 벌금에 처한다(법§253).

제5장 방송·신문 등 부정이용죄

1. 인터넷광고 금지위반

본죄에 대하여는 제9편 선거운동의 방법 제4장 신문·방송에 의한 선거운동 1. 신문 및 방송 등 광고 다. 인터넷광고에서 상술한다.

---

349) 광주지방법원 2006. 8. 23. 선고 2006고합245 판결
350) 2007. 5. 31. 선고 2007도2233 판결(대구고등법원 2007. 3. 8. 선고 2007노14 판결, 대구지방법원 2006. 12. 20. 선고 2006고합447 판결)
351) 2009. 5. 14. 선고 2009도2313 판결(대전고등법원 2009. 2. 12. 선고 2008노556 판결, 청주지방법원 제천지원 2008. 11. 3. 선고 2008고합34 판결)
352) 대구고등법원 2016. 11. 17. 선고 2016노527 판결(대구지방법원 2016. 9. 9. 선고 2016고합395 판결)
353) 2012. 1. 20. 중앙선관위 질의회답

2. 방송·신문 등에 의한 광고 금지위반

본죄에 대하여는 제11편 선거운동방법의 제한 제3장 방송·신문 등의 이용 제한 1. 방송·신문 등에 의한 광고의 금지에서 상술한다.

3. 신문·잡지 등의 통상방법 외의 배부 등 금지위반

본죄에 대하여는 제11편 선거운동방법의 제한 제3장 방송·신문 등의 이용 제한 2. 신문·잡지 등의 통상방법 외의 배부 등 금지에서 상술한다.

4. 허위논평·보도 등 금지위반

본죄에 대하여는 제11편 선거운동방법의 제한 제3장 방송·신문 등의 이용 제한 3. 허위논평·보도 등 금지에서 상술한다.

5. 선거운동을 위한 방송이용의 제한위반

본죄에 대하여는 제11편 선거운동방법의 제한 제3장 방송·신문 등의 이용 제한 5. 선거운동을 위한 방송이용의 제한에서 상술한다.

6. 구내방송 등에 의한 선거운동 금지위반

본죄에 대하여는 제11편 선거운동방법의 제한 제3장 방송·신문 등의 이용 제한 6. 구내방송 등에 의한 선거운동 금지에서 상술한다.

7. 후보자 방송연설 등의 불공정중계방송 금지위반

본죄에 대하여는 제9편 선거운동의 방법 제4장 신문·방송에 의한 선거운동 2. 방송연설 마. 방송연설의 방법, 제6장 대담·토론회를 이용한 선거운동 3. 선거방송토론위원회 주관 대담·토론회 나. 선거방송토론위원회 주관 대담·토론회 (6)방법에서 상술한다.

제6장 선거운동기간위반죄

1. 선거당일의 선거운동죄

가. 의의

선거일에 투표마감시각전까지 공직선거법에 규정된 방법을 제외하고 선거운동을 한 자는 3년 이하의 징역 또는 600만원 이하의 벌금에 처한다(법§254①).

법 제254조(선거운동기간위반죄) 제1항의 선거운동이란 특정후보자의 당선 내지 득표나 낙선을 위하여 필요하고도 유리한 모든 행위로서 당선 또는 낙선을 도모한다는 목적이 객관적으로 인정될 수 있는 능동적·계획적 행위를 말한다고 해석되고 이와 같이 해석한다면 법집행자의 자의를 허용할 소지를 제거할 수 있고 건전한 상식과 통상적인 법감정을 가진 사람이면 누구나 선거운동에 해당하는 행위와 그렇지 않은 행위를 구분할 수 있다고 보이므로, 법 제254조(선거운동기간위반죄) 제1항이 「헌법」 제12조 제1항이 요구하는 죄형법정주의의 명확성의 원칙에 위배된다고 할 수 없다. 한편, 선거운동의 기간을 제한하는 것 자체가 정치적 기본권을 과도하게 제한하는 것은 아니고, 선거운동의 기간을 어느 정도로 할 것인가는 입법정책에 맡겨져 있으므로 그 구체적인 기간이 선거운동의 자유를 형해화할 정도로 과도하게 제한한다고 볼 수 없는 이상 이를 위헌으로 볼 수 없는바, 법 제59조(선거운동기간)가 선거일의 전일까지만 선거운동을 할 수 있도록 하고, 법 제254조(선거운동기간위반죄) 제1항이 선거일 당일 선거운동을 한 자를 처벌하고 있는 것은 선거 당일의 선거운동은 유권자의 선택에 가장 직접적으로 영향을 미칠 우려가 있어 이를 허용할 경우 후보자들의 무분별한 선거운동이 이루어질 가능성이 크므로, 이를 금지하여 선거 당일의 평온·냉정을 유지함으로써 투표권 행사가 질서정연하게 이루어지게 하고 선거 당일의 선거운동에 의하여 선거인의 자유롭고 합리적인 의사결정에 악영향을 받지 않도록 하자는데 그 취지가 있는 점, 우리나라에서의 선거의 태양, 현실적 필요성 등을 고려하면, 법 제254조(선거운동기간위반죄) 제1항이 선거의 자유 내지 선거운동의 자유를 과도하게 침해하여 헌법에 위반된다고 볼 수 없다. 또한 법 제254조(선거운동기간위반죄) 제1항은 선거일에 투표마감시각 전까지 선거운동을 한 자를 그 선거운동의 유형을 가리지 않고 보통의 사전선거운동보다 무겁게 처벌하고 있는바, 이는 선거일의 선거운동이 유권자들의 올바른 선택을 방해하거나 투표진행의 평온성을 저해할 수 있어 보통의 사전선거운동보다 그 위법성이 중하기 때문이므로, 법 제254조(선거운동기간위반죄) 제1항이 모든 선거운동을 일률적으로 그리고 상대적으로 무겁게 처벌하고 있다고 하여, 그것이 선거운동의 자유를 과도하게 침해한다거나 비례의 원칙에 위반된다고 할 수 없다.[354] 헌법재판소는 선거일에 선거운동을 한 자를 처벌하는 법 제254조(선거운동기간위반죄) 제1항이 과잉금지원칙을 위반하여 정치적 표현의 자유를 침해하는지 여부에 관하여, 「선거일의 선거운동을 금지하고 처벌하는 것은 무분별한 선거운동으로 선거 당일 유권자의 평온을 해치거나 자유롭고 합리적인 의사결정에 악영향을 미치는 것을 방지하기 위한 것이다. 문자메시지나 온라인을 통한 선거운동은 전파의 규모와 속도에 비추어 파급력이 작지 않고, 선거일은 유권자의 선택에 직접적으로 영향을 미칠 가능성이 큰 시점이어서 선거 당일에 무제한적 선거운동으로 후보자에 대한 비난이나 반박이 이어질 경우 혼란이 발생하기 쉬우므로, 이를 규제할 필요성이 인정된다. 또한 선거운동방법의 다양화로 포괄적인 규제조항을 두는 것이 불가피한 측면이 있다. 선거운동이 금지되는 기간은 선거일 0시부터 투표마감시각 전까지로 하루도 채 되지 않고, 선거일 전일까지 선거운동기간 동안 선거운동이 보장되는 등 사정을 고려하면, 이 사건 처벌조항으로 인해 제한되는 정치적 표현의 자유가 선거운동의 과열을 방지하고 유권자의 올바른 의사형성에 대한 방해를 방지하는 공익에 비해 더 크다고 보기 어렵다. 따라서 이 사건 처벌조항이 과잉금지원칙을 위반하여 정치적 표현의 자유를 침해한다고 할 수 없다.」고 판시하였다.[355)]

나. 구성요건

(1) 행위의 주체

아무런 제한이 없다.

(2) 행위

본죄의 행위는 선거일에 투표마감시각전까지 선거운동을 하는 것이다.

---

354) 2018. 2. 8. 선고 2016도16757 판결, 2007. 10. 11. 선고 2007도3468 판결

355) 2021. 12. 23. 선고 2018헌바152 결정(재판관 이석태, 김기영, 이미선은 "선거일의 선거운동을 금지하는 것은 투표소의 질서유지, 선거운동의 과열경쟁에 따른 사회경제적 손실 방지 및 유권자의 자유롭고 합리적인 의사결정을 위한 것이다. 그러나 이는 선거 당일 투표소 인근에서의 선거운동이나 선전물의 게시 등을 금지하고 허위사실공표나 후보자비방행위를 처벌함으로써 상당 부분 달성할 수 있다. 그럼에도 이 사건 처벌조항은 선거일 당일 어떠한 예외도 없이 전면적으로 선거운동을 금지하고 있는바, 이러한 입법태도는 유권자의 올바른 의사결정에 방해를 초래할 우려가 있다. 선거 당일 문자메시지 등을 이용한 선거운동을 허용하더라도 선거의 불공정성을 초래할 위험이 크다고 보기 어렵고, 오히려 선거일 전일에 제기된 의혹 등에 대처할 수 있게 하여 유권자의 합리적인 선택을 보장할 수 있다. 현행 공직선거법은 선거일 당일 문자메시지 등을 활용한 일정한 선거운동을 허용하고 있는바, 이는 우리의 개선된 선거문화를 반영한 것으로 봄이 옳다. 이 사건 처벌조항으로 얻을 수 있는 선거의 공정성은 명백하지 못한 반면, 이로 인한 정치적 표현의 자유에 대한 침해는 결코 작지 않다. 따라서 이 사건 처벌조항은 과잉금지원칙을 위반하여 정치적 표현의 자유를 침해한다."고 반대의견을 표시하였다.)

(가) 선거일 투표마감시각전

선거일 투표마감시각전까지라 함은 선거일 0시부터 투표마감시각인 오후 6시까지(보궐선거등에 있어서는 오후 8시까지)를 말한다. 투표마감시각은 일반투표나 사전투표 모두 오후 6시까지이나(법§155①, ②), 격리자등에 한정하여서는 오후 7시 30분(보궐선거등에서는 오후 9시 30분)까지고, 사전투표소(법 제148조(사전투표소의 설치) 제1항 제3호에 따라 설치하는 사전투표소를 제외하고 사전투표기간 중 둘째 날의 사전투표소에 한정한다)는 오후 8시까지다(법§155⑥). 다만, 마감할 때에 투표소에서 투표하기 위하여 대기하고 있는 선거인이 있는 때에는 그 선거인이 투표를 마칠 때까지이다(법§155①).

(나) 선거운동

선거후보자가 선거 당일 투표소 앞에서 투표를 위해 대기하고 있던 선거구민과 일일이 고개 숙여 인사하면서 악수하는 행위,[356] 투표하러 온 할머니 4명에게 투표하는 방법을 알려주는 척하면서 피고인들이 지지하는 후보에게 기표할 것을 요청하는 경우,[357] 보궐선거 당일에 투표소가 설치된 초등학교 또는 그 부근에 머물면서 선거관리위원회 소속 공무원이나 선거부정감시단원(현 공정선거지원단원)들로부터 거듭된 제지·경고에도 불구하고 투표를 위해 줄을 서 있던 선거구민들에게 악수를 청하거나 인사를 한 경우,[358] 후보자의 얼굴 사진, 이름, 공약 등을 표시하여 유세차량으로 사용한 화물차를 선거일에 선거구민들이 볼 수 있도록 투표소 바로 앞길에 주차해둔 경우,[359] 선거 당일 자신이 출마한 선거구의 자신의 투표소가 아닌 다른 투표소인 H초등학교(도서관에 투표소가 설치되어 있었음) 운동장 바로 앞에 설치된 버스승강장과 그 인근에서 2시간 넘게 머물면서 선거구민이나 차량을 향해 인사한 경우,[360] 선거일 전 3일부터 선거일 당일 투표마감시각까지 ○○아파트 노인정인 ○○동 제2투표구로부터 약 56.2미터 떨어진 곳에서 "□□당, 1－나 정○○후보(구의원)는 ○동○호에 사는 우리의 이웃입니다."라는 선전문구가 기재된 인쇄물 5매와 "○○동 주민 1－나 정○○"라고 기재된 소형 현수막 1개가 각 부착된 렉스턴 차량을 주차해둔 경우[361]는 선거에서의 당선을 위한 계획적·능동적 행위로서 선거운동에 해당한다.

356) 2007. 10. 11. 선고 2007도3468 판결
357) 창원지방법원 1996. 9. 5. 선고 96고합153 판결
358) 2004. 10. 28. 선고 2004도4990 판결
359) 서울고등법원 2010. 12. 30. 선고 2010노3155 판결
360) 대전고등법원 2015. 5. 20. 선고 2015노85 판결
361) 서울남부지방법원 2019. 3. 28. 선고 2018고합569 판결

다. 처벌

본죄를 범한 자는 3년 이하의 징역 또는 600만원 이하의 벌금에 처한다.

2. 사전선거운동죄

가. 의의

선거운동기간 전에 공직선거법에 규정된 방법을 제외하고 선전시설물·용구 또는 각종 인쇄물, 방송·신문·뉴스통신·잡지, 그 밖의 간행물, 정견발표회·좌담회·토론회·향우회·동창회·반상회, 그 밖의 집회, 정보통신, 선거운동기구나 사조직의 설치, 호별방문, 그 밖의 방법으로 선거운동을 한 자는 2년 이하의 징역 또는 400만원 이하의 벌금에 처한다(법§254②).[362] 법 제254조(선거운동기간위반죄) 제2항은 기간의 제한 없이 선거운동을 무한정 허용할 경우에는 후보자간의 지나친 경쟁이 선거관리의 곤란으로 이어져 부정행위의 발생을 막기 어렵게 되고, 또한 후보자간의 무리한 경쟁의 장기화는 경비와 노력이 지나치게 들어 사회경제적으로 많은 손실을 가져올 뿐만 아니라 후보자 간의 경제력 차이에 따른 불공평이 생기게 되며, 아울러 막대한 선거비용을 마련할 수 없는 젊고 유능한 신참 후보자의 입후보의 기회를 빼앗는 결과를 가져올 수 있으므로,[363] 이를 방지하는데 그 입법목적이 있다.

나. 구성요건

(1) 주체

아무런 제한이 없다.

(2) 행위

본죄의 행위는 선거운동기간 전에 선거운동을 하는 것이다.

---

362) 헌법재판소는, 법 제254조(선거운동기간위반죄) 제2항과 관련하여, '사전선거운동금지조항의 입법목적, 제한의 내용, 우리나라에서의 선거의 태양과 현실적 필요성, 선거운동기간 전이라도 예비후보자로 등록하면 대통령선거의 경우 선거일 전 240일부터 예비후보자의 명함을 배부할 수 있고 예비후보자 홍보물을 우편발송할 수 있는 등의 선거운동이 가능한 점 등을 고려하면, 사전선거운동금지조항이 선거운동 등 정치적 표현의 자유를 침해한다고 볼 수 없다.'고 판시하였다(2016. 6. 30. 선고 2014헌바253 결정). ; 2015. 4. 30. 선고 2011헌바163 결정, 2013. 12. 26. 선고 2011헌바153 결정도 같은 취지

363) 2013. 12. 26. 선고 2011헌바153 결정, 2001. 12. 20. 선고 2000헌바96,2001헌바57(병합) 전원재판부 결정,

(가) 선거운동기간 전

선거운동기간은 선거기간개시일부터 선거일 전일까지이므로 선거운동기간 전은 '선거기간개시일 전일'까지를 말한다. 따라서 사전선거운동죄의 종기는 선거기간개시일 전일이다. 사전선거운동죄의 시기에 대하여는 법에 규정이 없으나, 선거일공고 또는 후보자등록 이전이라고 하더라도 일반 사회의 통념상 장래의 일정시기에 어떠한 선거가 있을 것이라는 사실을 객관적으로 인식할 수 있을 정도이면 선거로서 특정되었다고 볼 수 있으므로, 일정시점의 선거운동이 특정할 수 있는 장래의 선거에 관한 것이라면 사전선거운동에 해당한다고 보아야 한다.[364)]

입후보의사를 가진 자가 입후보의 신청 전에 선거운동을 한 때에는 그 후 입후보의사를 단념하거나 후보자등록을 하지 않았다 하더라도 사전선거운동에 해당한다.[365)]

(나) 선거운동

1) **사전선거운동**

사전선거운동은 선거운동기간 전에 공직선거법에 규정된 방법을 제외하고 선전시설물·용구[366)] 또는 각종 인쇄물, 방송·신문·뉴스통신·잡지, 그 밖의 간행물, 정견발표회·좌담회·토론회·향우회·동창회·반상회, 그 밖의 집회, 정보통신, 선거운동기구나 사조직의 설치, 호별방문, 그 밖의 방법[367)]으로 선거운동을 하는 것이다.

---

364) 오호택은, 사전선거운동금지와 관련하여, '첫째, 누구의 사전선거운동인지 불분명하다. 후보자 등록이 안 되어 있는 상황하에서 장래의 후보자라는 신분을 규제하는 것은 법치국가적 관점에서 정당화되기 어렵다. 둘째, 정상적인 정당활동이나 사회활동과 구분하기 어렵다. 이점에서 무소속후보자와 정당소속후보자 간의 형평성 문제가 제기된다. 셋째, 더구나 위반에 대한 제재의 실효성이 있는지 의문이다. 왜냐하면 사전선거운동으로 단속되지만 않으면 된다는 식의 음성적인 사전선거운동이 만연되어 있는 상황하에서 당사자들의 위법성 인식이 없는 사전선거운동규제는 그 단속만으로는 실효성을 거두기 어렵다. 선거운동기간의 제한을 철폐하는 것이 바람직하다.'고 주장한다(오호택, 「현행 선거법 개정 논의의 문제점」, 안암법학(1999), 65-66쪽).

365) 2007. 7. 26. 선고 2007도2625 판결

366) 헌법재판소는 법 제254조(선거운동기간위반죄) 제2항 중 '선전시설물·용구'부분과 관련하여, "사전선거운동 금지조항은 선거에 관한 정치적 표현행위 가운데 특정 후보자의 당선 또는 낙선을 도모한다는 목적의사가 뚜렷하게 인정되는 선거운동, 그 중에서도 선전시설물·용구를 이용한 선거운동을 선거운동기간 전에 한정하여 금지하고 있다. 이는 선거의 과열경쟁으로 인한 사회·경제적 손실의 발생을 방지하고 후보자 간의 실질적인 기회균등을 보장하기 위한 것으로서, 선거운동 등 정치적 표현의 자유를 침해하지 아니한다."고 판시하였다(2022. 11. 24. 선고 2021헌바301 결정 ; 위 결정에 대하여, 재판관 김기영은 "사전선거운동 금지조항은 매체의 종류, 규격, 이용방법, 비용, 수량 등과 상관없이 선전시설물·용구 사용에 의한 사전선거운동을 금지한다. 사전선거운동 금지조항으로 인하여 유권자는 정책을 찬성하거나 반대하는 예비후보자 등에 대해서 선전시설물·용구 등을 이용한 공론화를 하는 등의 제한을 받는다. 사전선거운동 금지조항은 규율범위를 넘어 후보 및 정책에 대한 논의 중 선거운동에 이르지 않는 것까지도 위축시킬 우려도 있다. 사전선거운동 금지조항으로 인하여 달성되는 공익에 비하여, 정치적 표현의 자유에 대한 제약이 매우 크므로, 사전선거운동 금지조항은 정치적 표현의 자유를 침해한다."고 반대의견을 표시하였다.).

367) 헌법재판소는 법 제254조(선거운동기간위반죄) 제2항 중 '그 밖의 집회, 그 밖의 방법'에 관한 부분이 죄형

사전선거운동이란 특정의 선거에 있어서 선거운동기간 전에 특정한 후보자의 당선을 목적으로 투표를 얻거나 얻게 하기 위하여 필요하고도 유리한 모든 행위, 또는 반대로 특정한 후보자의 낙선을 목적으로 필요하고도 불리한 모든 행위 중 선거인을 상대로 당선 또는 낙선을 도모하기 위하여 하는 것이라는 목적의사가 객관적으로 인정될 수 있는 능동적·계획적인 행위를 말하며,[368)][369)] 그 행위가 법 제58조(정의 등) 제1항 단서에서 선거운동으로 보지 아니하는 선거에 관한 단순한 의견개진 및 의사표시, 입후보와 선거운동을 위한 준비행위, 정당의 후보자 추천에 관한 단순한 지지·반대의 의견개진 및 의사표시, 통상적인 정당활동에 해당될 경우에는 여기에서 제외되는데, 정당의 어떤 행사나 집회가 통상적인 정당활동인지 여부는 그 활동의 실질적 내용이나 참가자가 당원들 만에 의한 것인지 여부, 행사의 시기, 규모 등을 살펴 이를 총체적으로 판단하여야 하고,[370)] 일상적·의례적·사교적인 행위는 여기에서 제외되고, 일상적·의례적·사교적인 행위인지 여부는 그 행위자와 상대방의 사회적 지위, 그들 사이의 관계, 행위의 동기, 방법, 내용과 태양 등 제반 사정을 종합하여 사회통념에 비추어 판단하여야 한다.[371)] 법 제254조(선거운동기간위반죄) 제2항 소정의 '정보통신'

법정주의의 명확성의 원칙에 위반되는지 여부에 대하여, "이 사건 처벌조항은 선거운동 과정에서 통상 문제되는 전형적인 집회의 유형을 예정하되 그 외 발생할 수 있는 처벌의 공백을 방지하기 위하여 다소 포괄적인 용어로 '그 밖의 집회'를 규정하고 있으므로, 문제된 집회를 선거운동으로 볼 수 있는지 여부가 그 판단지침이 된다. 그러므로 이 사건 처벌조항의 '그 밖의 집회'란 목적성, 객관적 인식가능성, 능동성, 계획성 등 선거운동의 개념표지를 갖춘 모든 유형의 집회를 의미한다. '그 밖의 방법' 또한 불확정적인 개념이기는 하나, 이 사건 처벌조항이 예로 들고 있는 방법은 모두 특정 후보자의 당선 또는 낙선을 위하여 활용되는 유형에 해당하므로, '그 밖의 방법'이 선거운동의 개념표지를 갖춘 모든 방법을 뜻하는 것임을 충분히 알 수 있다. 따라서 이 사건 처벌조항은 죄형법정주의의 명확성원칙에 위반되지 아니한다."고 판시하였다(2022. 2. 24. 선고 2018헌바146 결정).

368) 2016. 6. 30. 선고 2014헌바253 결정, 2015. 4. 30. 선고 2011헌바163 결정, 2013. 2. 28. 선고 2012도14810 판결, 2011. 7. 14. 선고 2011도3862 판결, 2007. 7. 26. 선고 2007도2625 판결, 2006. 11. 23. 선고 2006도5019 판결, 2005. 9. 9. 선고 2005도2014 판결, 2005. 8. 19. 선고 2005도2245 판결, 2005. 1. 27. 선고 2004도7511 판결, 2002. 7. 26. 선고 2002도1792 판결, 1997. 10. 29.자 97라169 결정, 1996. 4. 26. 선고 96도138 판결

369) 김래영은 '사전선거운동금지규정은 선거운동의 개념 자체의 불명확성으로 인하여 어떠한 행위가 법에 저촉되는 사전선거운동인지 혹은 법상 단순한 의견개진 내지는 통상적인 정당활동인지를 구별할 수 없게 하여 선거운동자체를 위축시키는 결과를 낳는 악순환을 반복하고 있다. 인터넷을 통한 선거운동은 선거일을 제외하고는 완전히 자유화되었는데, 오프라인에서의 선거운동과 차별할 합리적인 이유를 찾을 수 없다(김래영, 「사전선거운동금지조항의 위헌성 −실제 사례를 중심으로−」, 법학논총 제37권 제2호, 210−211쪽).'고 하면서, '선거운동의 정의가 요구되는 것은 그것이 항상 사전선거운동에 해당되기 때문에 문제가 되는 것이므로, 사전선거운동금지조항을 완전히 삭제하는 것이야말로 근본적인 해결방법이 될 것이다. 선거운동기간에 제한을 두지 않는다고 하더라도 선거비용의 제한으로 그 목적을 달성할 수 있으며, 후보자 혹은 그 지지자들의 선거법위반행위는 금품제공, 이해유도금지, 기부행위제한 등 다른 벌칙조항으로 충분히 규율할 수 있기 때문이다(김래영, 「선거운동규제입법의 위헌심사기준에 관한 연구」, 법학논총 제33권 제2호, 303쪽).'라고 주장한다.

370) 2013. 2. 28. 선고 2012도14810 판결, 2007. 7. 26. 선고 2007도2625 판결, 1995. 2. 3. 선고 94도753 판결

371) 2011. 7. 14. 선고 2011도3862 판결, 2007. 8. 23. 선고 2007도3940 판결, 2006. 11. 23. 선고 2006도5019 판

이란 전기통신설비를 이용하거나 전기통신설비와 컴퓨터 이용 기술을 활용하여 부호·문언·음향 또는 영상을 송신하거나 수신하는 것을 의미한다.[372]

법 제254조(선거운동기간위반죄) 제2항 소정의 '그 밖의 방법'에 관한 부분 가운데 '개별적으로 대면하여 말로 하는 선거운동을 한 자에 관한 부분'과 관련하여, 헌법재판소는「기간 제한 없이 선거운동을 무한정 허용할 경우 후보자 간의 지나친 경쟁이 선거관리의 곤란으로 이어져 부정행위의 발생을 막기 어렵고, 후보자 간의 경제력 차이에 따른 불공평이 생길 우려가 있다. 또한 선거운동기간의 제한을 받지 않는 선거운동방법도 존재하므로, 후보자가 선거권자에게 정보를 자유롭게 전달하거나 선거권자가 후보자의 인물·정견·신념을 파악하는데 현재의 선거운동기간이 부족하다고 보기 어렵다. 그러므로 선거운동기간을 제한하는 것 자체가 정치적 표현의 자유를 과도하게 제한한다고 보기 어렵다. 그러나 선거운동을 어느 정도 규제하는 것에 불가피한 측면이 있더라도, 그 제한의 정도는 정치·사회적 발전단계와 국민의식의 성숙도 등을 종합하여 합리적으로 결정하여야 한다. 오늘날, 일부 미흡한 측면이 있더라도 공정한 선거제도가 확립되고 국민의 정치의식이 높아지고 있으며, 입법자도 선거운동의 자유를 최대한 보장할 필요가 있다는 반성적 고려 하에 2020. 12. 29. 공직선거법 개정을 통해 선거과열 등 부작용을 초래할 위험성이 적은 선거운동의 방법에 대한 선거운동기간 규제를 완화한 상황이다. 그럼에도 심판대상조항은 입법목적을 달성하는데 지장이 없는 선거운동방법, 즉 돈이 들지 않는 방법으로서 '후보자 간 경제력 차이에 따른 불균형 문제'나 '사회·경제적 손실을 초래할 위험성'이 낮은, 개별적으로 대면하여 말로 지지를 호소하는 선거운동까지 금지하고 처벌함으로써, 과잉금지원칙에 반하여 선거운동 등 정치적 표현의 자유를 과도하게 제한하고 있다. 결국, 이 사건 선거운동기간 조항 중 선거운동기간 전에 개별적으로 대면하여 말로 하는 선거운동에 관한 부분, 이 사건 처벌조항 중 '그 밖의 방법'에 관한 부분 가운데 개별적으로 대면하여 말로 하는 선거운동을 한 자에 관한 부분은 과잉금지 원칙에 반하여 선거운동 등 정치적 표현의 자유를 침해한다.」고 판시하였다.[373]

결, 2005. 9. 9. 선고 2005도2014 판결, 2005. 8. 19. 선고 2005도2245 판결, 2002. 7. 26. 선고 2002도1792 판결, 1996. 4. 26. 선고 96도138 판결, 1996. 4. 12. 선고 96도135 판결

372) 의정부지방법원 고양지원 2011. 10. 14. 선고 2011고합127 판결

373) 2022. 2. 24. 선고 2018헌바146 결정(재판관 이선애, 이종석은 "2020. 12. 29. 공직선거법 개정 이후, 선거운동기간 전에도 '개별적으로 대면하여 말로 하는 선거운동'을 할 수 있게 되었다. 그러나 현재의 선거문화가 2016 합헌결정 당시에 비하여 크게 달라졌다고 보기 어려운 이상, 입법론은 별론으로 하더라도, 헌법재판소가 심판대상조항에 대한 위헌결정을 통해 소급적으로 선거운동기간의 제한을 받는 선거운동의 범위를 축소하는 것만이 헌법에 부합한다고 보기 어렵다. 이러한 위헌결정으로 인하여 당해 선거가 끝난 직후부터 다음 선거를 위한 선거운동이 허용된다면 '선거의 부당한 과열경쟁으로 인한 사회·경제적 손실 방지'라는 입법목적 달성이 어렵게 될 수 있고, 유권자의 개별 접촉에 따라 각종 탈법적인 선거운동이 발생함으로써 '선거의 공정성'이란 입법목적 달성에 장애가 초래될 수 있다. 그러므로 2020. 12. 29. 공직선거법 개정으로 제59조(선거운동기간) 제4호가 신설되었다고 하더라도, 이로써 심판대상조항 중 일부를 소급적으로 위헌으로 결정해야 할 사정변경이나 필요성이 있다고 보기 어렵다."고 반대의견을 표시하였다.)

2) 사전선거운동이 인정되는 경우

시장 선거 출마예비자가 출판기념회를 빙자하여 초청장 발송, 벽보 부착, 방송자막광고, 문자메시지 발송 등 행위를 한 경우,[374] 공직선거에 관하여 그 후보자가 되고자 하는 자가 자신의 선거구민들에게 식사대접을 하는 등 기부행위를 하는 자리에 직접 참석하여 인사를 나누고 식사와 음주를 함께 하면서 지역 현안에 관하여 관심을 표명하고 자신의 업적을 홍보하고 현안 해결을 위하여 앞으로도 노력하겠다는 취지의 공약을 언급한 경우,[375] 여론조사의 목적이 피고인에 대한 인지도를 높이고 그의 장점을 부각시켜 그에 대한 지지를 유도하기 위한 경우,[376] 설문조사를 통하여 교묘하게 유권자들에게 피고인에 대한 인식도를 제고하고 지지를 유도하고자 하는 의도가 있는 경우,[377] 특정 대통령 후보자의 업적을 찬양하고 상대 후보자들을 폄하하는 내용의 책자를 발간하여 대통령선거 일 2달 전에 1,000부(인쇄한 1,000부 중 970부를 지지단체에서 선전용으로 사용하기 위하여 구입)를 배부한 경우,[378] 대통령선거를 앞둔 시기에 대통령후보로 출마할 것이 확실시되는 자가 창업하여 사장 등을 역임한 자동차회사의 임원들이 예년의 판촉활동 대상인원보다 훨씬 다수의 회사직원 가족 및 고객을 상대로 상당한 금액의 숙식, 교통편의 및 기념품을 제공하고 후보예정자가 창업한 공장 등을 관광시키면서 판매상품인 자동차의 품질에 대한 선전보다는 후보예정자 개인의 업적과 능력을 선전하는데 주력한 행위,[379] 명목상은 당원연수교육이라고 하면서도 정당법이나 당헌 등에 정해진 당원의 요건을 갖추지 아니한 일반 유권자를 포함시켜 연수교육에 참여하기만 하면 당원이 아닌 자에게도 그 연수교육참가를 합리화시키기 위하여 당원자격을 부여하는 등 외형상 당원인 것 같이 보이나 실질상 당원이 아닌 자 등을 상대로 당원연수교육을 빙자하여 사실상 선거운동을 하는 경우, 또는 당원만을 대상으로 한다고 하더라도 행사의 실제 내용에 연수나 교육은 전혀 포함되어 있는 아니하고 오로지 자기당 후보를 당선시키기 위한 선거운동을 목적으로 관광이나 음식물만을 참석자들에게 제공하는 경우,[380] 울산광역시 프레스센터에서 "북구 지도자 100인 최○○ 지지선언"이라고 기재된 대형현수막을 설치하고 "새롭고 다른 정치를 위한 북구지도자 100인 최○○예비후보 지지선언"이라는 제목의 지지선언문을 울산지역 방송·신문기자들에게 배포하고, 지지자들을 위 현수막을 배경으로 도열하게 하고 위 지지선언문을 낭독하게 한 경우,[381] 당원집회 형식을 취하면서 선거구의

374) 2007. 8. 23. 선고 2007도3940 판결
375) 2005. 9. 9. 선고 2005도2014 판결
376) 1998. 6. 9. 선고 97도856 판결
377) 1996. 4. 12. 선고 96도135 판결
378) 1994. 9. 13. 선고 93도1840 판결
379) 1994. 9. 13. 선고 93도3168 판결
380) 1995. 2. 3. 선고 94도753 판결
381) 울산지방법원 2008. 8. 19. 선고 2008고합147 판결

일반인들을 참석시켜 선거공약을 홍보하는 등 총선필승결의대회를 개최한 경우,[382] 피고인 개인을 홍보하는 내용이 주를 이루는 책자의 출판기념회에 선거구의 선거구민들을 참석시켜 선거구의 발전방향 등 피고인의 지방자치단체의 장으로서의 자질과 포부를 밝히는데 주안점을 둔 경우,[383] 현직 지방자치단체장의 배우자가 선거가 임박한 시기에 읍·면사무소를 8회 방문하여 이장 및 부녀회장 264명에게 인사와 악수를 한 경우,[384] 봉사단체가 자신을 위하여 마련한 강연회에 참석하여 자신에 대한 지지호소의 내용이 포함된 강연을 하는 경우,[385] 선거구민들과 정책 현안에 대하여 자유롭게 의견을 주고받는 일종의 좌담회 유사 모임인 '타운홀미팅'의 형식을 빌어 선거사무소 등지에서 학부모단체 관련자등 선거구민을 모이게 한 후 '○○구 학부모와 함께 하는 A구청장 예비후보 타운홀미팅'이라는 명목의 모임에 참석하여 자신을 홍보한 경우,[386] 선거구획정 전에 자신의 경력, 정치인으로서의 포부와 다짐, 지역 관련 정책건의활동에 대한 홍보 등의 내용이 게재되어 있는 신문 및 잡지를 자신의 선거사무소(정책연구소) 입구에 비치하거나 배부한 경우,[387] 예비후보자 등록 후에 모임에서 만난 사람들에게 일괄하여 피고인의 성명을 명기하고 "인사드릴 수 있어 기뻤다."는 등 만난 사실을 환기시키는 동시에 "노력하겠다.", "열심히 하겠다."는 등의 정치적 포부를 담고 있는 내용을 발송한 경우,[388] 'CL3년 나라꼴이 엉망이다. 대결 말고 대화, 전쟁 대신 평화', CM CD당 대표가 '도와주세요. 머리끝부터 발끝까지 바꾸겠습니다.'라는 내용의 피켓을 들고 있는 모습을 그린 그림, 위안부 소녀상 그림, 세월호 침몰 모습을 그린 그림 등이 게시되어 있는 피켓을 들고 1인시위, 출근선전전, 거리선전전 등을 하는 경우,[389] 선거일과 약 10개월에서 5개월까지의 시기에 산악회를 조직하여 산악회 행사에서 ○○시장선거에 출마하였다가 낙선하고 국회의원선거에 출마하려는 후보자를 위한 '대화의 시간'을 마련하여 후보자가 자신을 홍보하는 경우,[390] 선거일을 한 달 보름 남짓 남겨둔 시점에서 초등학교 총동창회체육대회에 참석하여 ○○광역시장은 피고인으로, ○○광역시 시의원은 C를 지지해 달라는 취지로 말한 경우,[391] 마을 야유회를 가기 위해 모인 선거구민 약 30여명에게 "군수로 출마한다. 여행 잘 다녀오시라."고 말하며 일일이 악수한 경우,[392] 선거일 9개월 전에 현직

382) 2009. 6. 23. 선고 2009도2903 판결
383) 광주고등법원 2010. 7. 22. 선고 2010노211 판결(광주지방법원 순천지원 2010. 5. 27. 선고 2010고합58 판결)
384) 광주지방법원 순천지원 2014. 9. 4. 선고 2014고합132 판결
385) 2015. 9. 15. 선고 2015도7690 판결(부산고등법원 2014. 10. 22. 선고 2014노475 판결)
386) 서울북부지방법원 2015. 1. 30. 선고 2014고합509 판결
387) 대전고등법원 2016. 12. 12. 선고 2016노337 판결
388) 2017. 10. 31. 선고 2016도19447 판결
389) 2017. 12. 22. 선고 2017도12584 판결(부산고등법원 2017. 7. 26. 선고 2017노186 판결)
390) 2018. 4. 10. 선고 2016도21171 판결
391) 대구고등법원 2019. 1. 17. 선고 2018노527 판결
392) 대전지방법원 홍성지원 2019. 1. 22. 선고 2018고합107 판결

교육감을 지칭하며 '이런 사람을 두 번 다시 뽑아서는 안 된다.'는 문구의 현수막을 자동차에 부착·운행하는 행위,[393] 선거사무소 개소식을 기화로 "강한 여당, 젊은 □□, 준비된 군수", "□□군수 예비후보 A", "대한민국은 B, □□은 A"라는 문구를 기재한 초청장 2,000장 가량을 선거구민들에게 배부한 경우,[394] 당내경선이 시작되기 훨씬 이전부터 입후보예정자에게 유·불리한 기사를 실은 신문을 대량으로 배부하여 일반유권자들로 하여금 알게 한 행위,[395] 당내경선의 절차나 방법이 구체적으로 특정되지도 않은 시기에 당내 경선을 위한 특정한 선거인단이 아닌 일반 유권자나 당원을 대상으로 국회의원선거를 위하여 제작한 예비홍보물 사진을 문자메시지로 전송한 경우,[396] 지방선거에 출마한 후보자가 입후보 전 자신이 설립한 추진위원회 회원 등을 통해 후보자의 성명과 사진이 들어있는 추진위원회 명의의 전단지를 선거구민들에게 배부한 경우,[397] 현직 구청장으로 차기 구청장 선거에 출마할 가능성이 있는 피고인이 선거운동기간 전에 구청 공무원 등과 공모하여 선거구민들에게 자신의 업적을 홍보하는 내용의 문자메시지와 전보를 발송하고 골프대회 등 사적인 행사에서 인사말을 한 경우,[398] 무소속후보자 추천장 서명날인을 빙자하여, 유급 선거운동원들을 '임시직원'으로 고용하여 이들로 하여금 무소속후보자 등록에 필요한 추천장에 서명날인을 받는 것처럼 선거구민을 방문하여 후보자의 경력 등을 소개하면서 명함을 배부하게 하고, 선거관리위원회에서 검인한 추천장 원본이 아닌 추천장 사본과 자신이 작성한 여론조사와 홍보를 위한 '국회의원 무소속후보자 추천서 서명·방문일지'에 선거구민의 서명날인을 받게 하는 경우[399]는 사전선거운동에 해당한다.

일정 수 이상의 입당원서를 받아 온 당원에게 그 대가로 일정 금품을 제공한 행위나 비록 당원들만으로 구성된 등산모임이라고 하더라도 선거일에 임박하여 특별한 이유도 없이 회원들에게 등산용 재킷을 제공한 행위 및 당원연수교육을 명목으로 당원 아닌 지역 주민들에게 입당원서를 쓰면 무료로 관광을 시켜준다고 입당원서작성을 권유하여 입당원서를 받고 당원증을 교부한 후 이들을 관광에 참여시키는 방법으로 외형상 당원인 것 같이 보이나 실질은 당원이 아닌 자 등을 상대로 당원연수교육을 빙자하여 실제로 연수나 교육은 시키지 아니하고 오로지 관광을 시키고 식사 및 교통편의 등만을 제공한 각 행위는 모두 정당의 통상적 활동이라 볼 수 없고, 위 각 행위는 정당의 지역구 위원장으로서의 의례적 행위나 직무상의 통상적 활동으로 볼 수 없으므로 「형법」 제20조(정당행위) 소정의 "법령에 의한 행위 또는

393) 부산고등법원 2019. 1. 30. 선고 2018노707 판결(부산지방법원 2018. 11. 2. 선고 2018고합93 판결)
394) 2019. 6. 13. 선고 2019도4312 판결(대전고등법원 2019. 3. 27. 선고 2019노11 판결)
395) 2016. 12. 15. 선고 2016도15744 판결(대구고등법원 2016. 9. 22. 선고 2016도421 판결)
396) 2017. 2. 9. 선고 2016도20870 판결(대전고등법원 2016. 11. 24. 선고 2016노308 판결)
397) 2011. 3. 10. 선고 2010도16996 판결
398) 2011. 7. 14. 선고 2011도3862 판결
399) 대전지방법원 2004. 6. 16. 선고 2004고합180 판결

업무로 인한 행위"에는 해당하지 아니할 뿐만 아니라, 또한 그 행위로 인하여 제공된 금품의 액수, 그 범행의 시기, 금품을 수령한 자와의 관계 등에 비추어 볼 때 사회생활 관계상 통상적으로 행하여지는 것으로서 용인될 정도의 것이라고 할 수는 없으므로 "사회상규에 위배되지 아니하는 행위"라고 할 수도 없다.[400] 선거운동은 특정의 선거가 가까운 장래에 시행될 것이 예측되는 이상, 선거운동 행위 당시에 그 선거의 시행을 위한 당해 선거법의 시행령이나 조례가 아직 제정·공표되지 아니하였다거나 그 선거일정이 구체적으로 마련되지 않았다 하더라도 그 행위가 선거에 이용할 목적으로 행하여진 이상 사전선거운동의 범행을 구성하는데 아무런 장애가 되지 아니한다고 할 것이고, 당해 선거법에서 정한 선거시행시한이 도과되어 그 개정이 불가피한 경우에도 마찬가지라고 할 것이다.[401] 후보 단일화 절차에서의 당선을 위한 행위에는 일반적으로 공직선거에서의 당선을 도모하고자 하는 의사도 포함되어 있다고 보아야 하는 점, 후보 단일화 절차는 당내경선과 달리 법이 정한 절차가 아니고 단지 후보자들의 의사에 따라 임의적으로 이루어지는 것에 불과하므로 만일 후보 단일화 절차에서의 당선을 위한 행위가 선거운동에 해당하지 않는다고 본다면 후보자들의 자의에 따라 선거운동 기간을 제한한 법 제59조(선거운동기간)를 잠탈하는 결과를 초래할 수 있는 점, 후보 단일화 절차에서의 당선을 위한 행위를 당내경선에서의 당선을 위한 행위와 달리 취급하더라도 이는 다수의 정당 관련 법규의 입법목적과 마찬가지로 헌법에서 정한 정당정치를 실현하기 위한 것이므로 불합리한 차별이라고 보기 어려운 점 등을 고려하면, 특별한 사정이 없으면, 후보 단일화 절차에서의 당선을 위한 행위는 선거운동에 해당한다고 보아야 하는바, 후보단일화 절차에서 투표권이 있는 사업장의 조합원이 아닌 사람들에게 전화를 하여 지지를 호소한 행위는 사전선거운동에 해당한다.[402]

3) **사전선거운동이 인정되지 않는 경우**

방송사 등 언론기관에 대하여는 선거에 관한 보도 또는 논평의 자유가 보장되고 있으므로 방송사에서 선거 입후보 예정자들을 초청하여 대담·토론회 등을 개최하고 이를 방영하는 것은 선거 관련 법규나 방송법 등 법률에 위배되는 등 특별한 사정이 없는 한 언론의 자유와 국민의 알권리 충족 차원에서 허용되어야 할 것인바, 법 제82조(언론기관의 후보자등 초청 대담·토론회)가 선거운동기간 중 언론기관 초청 대담·토론회에 관하여 규정하고 있다 하더라도 선거운동기간 전의 입후보 예정자 초청 대담·토론회가 법 제254조(선거운동기간위반죄) 제2항에 위반되지 않는 경우까지 금지되는 것이라고는 볼 수 없고, 이 때 선거운동기간 전에 대담·토론회를 개최하는 각 방송사는 초청 대상자의 선정과 토론회 개최 횟수 등을 뉴

400) 1994. 11. 11. 선고 93도3167 판결

401) 1994. 10. 28. 선고 93도1166 판결

402) 2017. 12. 22. 선고 2017도12584 판결(부산고등법원 2017. 7. 26. 선고 2017노186 판결)

스가치 등 자율적인 판단 기준에 따라 결정할 수 있으며, 선거에서 부각되고 있거나 당선이 예상되는 수인의 후보자만을 초청하여 대담·토론회를 개최하더라도 공정성을 심하게 해하지 않는 한 이것만으로 위법한 것이라고 단정할 수 없고, 토론회 등에 초청받지 못한 다른 후보자의 피선거권이나 평등권을 침해하는 것이라고 할 수 없다.[403)]

법령에 의하여 지방자치단체장의 직무상 행위로 허용되어 작성·배부되는 전입안내문에 전입환영글귀를 게재하고 지방자치단체장의 직명, 성명, 사진을 덧붙였다 하여도 이러한 행위는 자신을 주민들에게 알릴 의도를 갖고 있었다기보다는 그 지역에 새로 전입한 주민들에게 생활에 필요한 정보를 제공하여 애향심과 정체성을 심어 주는 계기를 마련하기 위하여 그 발간사 형식으로 자신의 직명 등과 인사말을 게재하였다고 봄이 상당하다 할 것이고, 따라서 이러한 행위는 통상 허용되는 지방자치단체장으로서의 직무상 행위에 포함된다.[404)] 명예퇴직을 앞둔 지방공무원교육원 교관이 피교육생으로서 고향 후배인 읍면장들과 저녁 회식자리에서 "명예퇴직원을 제출하였으니 도와 달라."는 등의 발언은 일상적·의례적인 행위이다.[405)] 대통령후보자나 후보로 출마가 예상되는 자와 관계가 있는 회사의 임원이라고 하더라도 정상적인 방법에 의하여 통상적으로 행하는 상품판매촉진을 위한 활동을 하는 경우,[406)] 정당이 연수교육에 참여하는 당원들에게 출발지와 교육장소와의 사이에 교통편의나 교육기간 동안의 식사를 제공하는 등 당원연수교육에 있어서 상례적으로 행해지는 행위,[407)] 포럼의 설립시기가 선거일 전 약 1년 6개월 전이고 그 활동기간은 선거일 약 5개월전에 끝났으며, 포럼의 활동들이 ○○지역경제와 관련된 현안을 발굴하고 이를 각계 전문가 및 시민들과 함께 논의하여 그 대안을 제시하는 등의 활동을 통해 지역경제활성화에 기여한다는 정관상의 목적에서 벗어나지 않고, 포럼설립 전후로 △△△을 위한 ○○광역시장 선거기획안이 작성되고 그에 관한 내부회의가 있었으나 그 내부회의는 포럼의 설립을 주도한 △△△의 핵심 지지자들 몇 사람 사이의 내부적 회합에 불과할 뿐 아니라 그것이 외부로 표시된 바가 없어 선거인의 관점에서 ○○광역시장 선거에서의 당락을 도모하는 목적의사를 알 수 없는 경우,[408)] 선거일 전 7개월 전에 차량에 부착된 확성기로 정치자금법을 위반한 국회의원에 대한 엄정 수사를 촉구하는 연설을 하는 경우,[409)] 제20대 국회의원 선거일을 약 1년 6개월부터 6개월 이전에 포럼을 통한 활동이 있었고, 그 활동과정에서 피고인의 제20대 국회의원 출마계획을 밝히고 국회의원 선거에서 피고인에 대한 지지를 부탁했다고 볼 만한 사정

403) 서울고등법원 1997. 10. 29.자 97라169 결정
404) 2002. 7. 26. 선고 2002도1792 판결
405) 1996. 4. 26. 선고 96도138 판결
406) 1994. 9. 13. 선고 93도3168 판결
407) 1995. 2. 3. 선고 94도753 판결
408) 2016. 10. 27. 선고 2015도16764 판결
409) 2017. 9. 7. 선고 2017도10062 판결(서울고등법원 2017. 6. 15. 선고 2017노695 판결)

이 없는 경우,[410] 국회의원 선거일 약 1년 전에, 피고인의 인지도와 우호적 이미지를 높이고자 하는 내용들이 나열된 것에 불과한 내용인 '제가 정치인이 되면 세상이 바뀐다. 왜? 구두닦이가 정치인이 된 그 자체가 이미 세상을 바꾸어 놓았다.'라는 문구와 피고인의 성명과 함께 그 옆에 '19대 국회의원 출마'와 그 밖의 피고인의 사회활동 이력이 열거되어 있는 명함 약 300장을 아파트 지하주차장에 주차된 차량들의 앞유리에 꽂아둔 경우,[411] 선거일로부터 약 6개월 이전에 의례적인 안부를 묻거나 명절인사 또는 방송출연 및 신문게재를 홍보하는 내용의 문자메시지를 지속적이고 대량으로 보낸 경우,[412] 선거에 참여하는 정치권 전반의 태도에 각성을 촉구하면서 선거 이후에도 성실한 의정활동을 해줄 것을 당부하는 의미가 포함되었다고 해석이 가능한 신문만평을 공유한 경우,[413] 지방선거와 8개월 가량 떨어진 시점에 현직 시의원을 비판하는 내용의 인쇄물을 부착한 경우,[414] 대학의 교수나 연구자가 특정한 역사적 사건과 인물, 사회적 현안이나 문화현상 등에 관하여 탐구하고 비판하며 교수하는 활동은 교수의 자유로서 널리 보장되어야 하고, 이러한 경우 특정인이 특정한 선거에 출마하였거나 출마할 예정이라고 하여 그와 관련한 역사적 사건과 인물 등에 대한 평가나 비판 등의 연구결과를 발표하거나 교수하는 행위를 모두 선거운동으로 보게 되면 선거운동 금지기간에는 그러한 역사적 사건과 인물 등에 관한 학문연구와 교수행위를 사실상 금지하는 결과가 되어 학문적 연구와 교수의 자유를 중대하게 침해할 수 있으므로, 어느 교수내용과 방법이 공직선거법이 금지하는 선거운동에 해당한다고 하려면, 해당 교수행위가 학문적 연구와 교수활동의 본래 기능과 한계를 현저히 벗어나 선거인의 관점에서 볼 때 학문적 연구결과의 전달이나 학문적 과정이라고 볼 수 없고 특정 후보자의 당선 또는 낙선을 도모하는 목적의사를 가진 행위라고 객관적으로 명백히 인정되는 경우이어야 하는바, 종전에도 신문기사를 강의자료로 활용하여 온 점에 더하여 보면, 강의에서 신문기사를 복사하여 강의자료로 배부한 행위[415]는 사전선거운동에 해당하지 않는다.

다. 처벌

본죄를 범한 자는 2년 이하의 징역 또는 400만원 이하의 벌금에 처한다.

---

410) 2018. 6. 19. 선고 2017도10724 판결
411) 2017. 4. 26. 선고 2017도1799 판결
412) 2018. 7. 20. 선고 2018도6604 판결(부산고등법원 2018. 4. 18. 선고 2017노623 판결)
413) 서울고등법원 2019. 2. 14. 선고 2017노185 판결
414) 창원지방법원 2019. 4. 9. 선고 2018고합272 판결
415) 2018. 7. 12. 선고 2014도3923 판결

라. 죄수 등

포괄일죄를 구성하는 개별행위도 원칙적으로 각각 그 범죄의 구성요건을 갖추어야 하는 것이므로 트위터 등을 통하여 글을 게시하는 행위가 공직선거법위반죄의 포괄일죄를 구성하는 경우, 각 개별 게시글의 구체적 내용과 전후 맥락 등 종합적인 사정을 세밀하게 심리하여 각각의 글이 정치관여 또는 선거개입에 해당하는지 여부를 판단하여야 한다.[416]

선거에 있어서 후보자가 되고자 하는 자의 행위가 사조직을 설립하는데 그쳤다면 사조직의 설립 행위 그 자체가 선거운동에 해당하는 경우에는 법 제89조(유사기관의 설치금지) 제1항의 유사기관설치금지위반죄와 사전선거운동죄는 상상적 경합관계에 있고,[417] 위 후보예정자가 사조직을 설립하는데에 그치지 아니하고 더 나아가 당해 사조직을 이용하여 사조직의 설립행위에 포함되거나 흡수될 수 없는 별도의 선거운동을 하거나 하게 하였다고 인정되는 경우는 유사기관설치금지위반죄와 사전선거운동죄는 실체적 경합관계에 있고, 선거후보자가 되고자 하는 자가 선거운동기간 전에 산악회 발대식을 거행하여 사조직을 설립하였을 뿐 더 나아가 당해 사조직을 이용하여 사조직의 설립 행위에 포함되거나 흡수될 수 없는 별도의 선거운동에 해당한다고 평가할 만한 행위를 찾아볼 수 없는 경우는 사전선거운동죄는 성립하지 아니한다.[418]

검사가 신청한 공소장변경의 내용이 범죄의 일시, 장소와 내용이 동일하나, 종전에 기부행위금지위반으로 기소하였던 것을 사전선거운동금지위반으로 변경하는 것이라면 공소사실의 동일성이 인정되므로 그 변경을 허가한 조치는 적법하다.[419]

제7장 부정선거운동죄

본죄에 대하여는 각 금지규정에서 상술한다.

416) 2019. 3. 28. 선고 2018도18394 판결, 2015. 12. 23. 선고 2013도15113 판결

417) 2010. 1. 25. 법률 제9974호로 개정되기 전의 법 제254조(선거운동기간위반죄) 제2항은 '이 법에 다른 규정이 있는 경우를 제외하고' 사전선거운동행위를 하면 처벌하도록 규정하고 있었는바, 위 개정되기 전의 법에 의하면 사전선거운동에 해당하는 행위라 하더라도 다른 규정에 이를 처벌하는 규정이 있으면 사전선거운동죄로 처벌할 수 없었다. 따라서 사조직의 설립행위 그 자체가 선거운동에 해당하더라도 그러한 행위에 대해서는 유사기관설치금지위반죄로 처벌하는 규정(2010. 1. 25.법률 제9974호로 개정되기 전의 것, 법 제255조(부정선거운동죄) 제1항 제14호, 제89조의2(사조직 등을 이용한 선거운동의 금지) 제1항)이 별도로 있으므로, 사전선거운동죄로 처벌할 수 없고 유사기관설치금지위반 1죄만이 인정되었다.

418) 2005. 3. 11. 선고 2004도8715 판결

419) 1994. 11. 11. 선고 93도3167 판결

제8장 각종 제한규정위반죄

본죄에 대하여는 각 금지규정에서 상술한다.

제9장 기부행위의 금지·제한 등 위반죄

본죄에 대하여는 제26편 기부행위의 제한에서 상술한다.

제10장 선거비용부정지출 등 죄

본죄에 대하여는 제15편 선거비용 2. 선거비용제한액의 산정 및 공고 라. 선거비용부정지출 등 죄에서 상술한다.

제11장 선거범죄선동죄

1. 의의

연설·벽보·신문 기타 어떠한 방법이든지 법 제230조(매수 및 이해유도죄) 내지 제235조(방송·신문 등의 불법이용을 위한 매수죄)·제237조(선거의 자유방해죄)의 죄(당내경선과 관련한 죄를 제외한다)를 범할 것을 선동한 자는 3년 이하의 징역 또는 600만원 이하의 벌금에 처한다(법§259).

2. 구성요건

가. 행위의 주체

아무런 제한이 없다.

나. 행위

본죄의 행위는 연설·벽보·신문 기타 어떠한 방법이든지 법 제230조(매수 및 이해유도죄) 내지 제235조(방송·신문 등의 불법이용을 위한 매수죄)·제237조(선거의 자유방해죄)의 죄를 범할 것을 선동하는 것이다. 다만, 당내경선과 관련한 경선범죄선동행위는 본죄에 해당하지 아니한다.

'선동'이라 함은 불특정 다수인에 대하여 감정적인 자극을 줌으로써 정당한 판단을 잃게 하여 범죄의 결의를 하게 하거나 이미 존재하는 결의의 실행을 촉구하는 것을 말한다.[420)]

3. 처벌

본죄를 범한 자는 3년 이하의 징역 또는 600만원 이하의 벌금에 처한다.

420) 정당인사가 군중 5,6백명이 운집하여 있음을 보고 구호를 선창하면서 군중들과 같이 행진하다가 도중에 짚차 및 승용차의 유리창을 손괴하고 통행인에게 폭행을 가한 경우는 소요죄가 인정된다(1957. 3. 8. 선고 4289형상341 판결).

제26편 기부행위 제한

제1장 기부행위 제한의 의의 및 예외

1. 기부행위 제한의 의의

가. 의의

"기부행위"라 함은 당해 선거구 안에 있는 자나 기관·단체·시설 및 선거구민의 모임이나 행사 또는 당해 선거구의 밖에 있더라도 그 선거구민과 연고가 있는 자나 기관·단체·시설에 대하여 금전·물품 기타 재산상의 이익의 제공, 이익제공의 의사표시 또는 그 제공을 약속하는 행위를 말한다(법§112①).

법은 이러한 기부행위를 일정한 예외적인 경우를 제외하고 상시적으로 금지하고 있다. 즉, 국회의원·지방의회의원·지방자치단체의 장·정당의 대표자·후보자(후보자가 되고자 하는 자를 포함)와 그 배우자의 기부행위제한(법§113), 정당, 정당선거사무소의 소장, 후보자(후보자가 되고자 하는 자를 포함)나 그 배우자의 직계존비속 및 형제자매의 배우자, 선거사무장, 선거연락소장, 선거사무원, 회계책임자, 연설원, 대담·토론자나 후보자(후보자가 되고자 하는 자를 포함) 또는 그 가족과 관계있는 회사 그 밖의 법인·단체 또는 그 임·직원의 기부행위제한(법§114), 법 제113조(후보자 등의 기부행위제한) 또는 제114조(정당 및 후보자의 가족 등의 기부행위제한)에 규정되지 아니한 제3자의 기부행위제한(법§115), 기부의 권유·요구 등의 금지(법§116), 기부받는 행위 등의 금지(법§117), 선거일 후의 답례금지(법§118)에 대하여 규정하여 기부행위를 제한하고, 이에 대한 형사처벌(법§257), 과태료부과·징수(법§261⑨)와 함께 당선무효(법§264, §265), 공무담임 등의 제한(법§266), 제정신청(법§273) 등을 통하여 그 규범적 강제를 꾀하고 있다.

나. 취지

기부행위 제한규정은 개인의 자유로운 의사결정에 의하여 행하여져야 할 선거에서, 부정한 경제적 이익 등으로 개인의 자유의사를 왜곡시키는 선거운동을 범죄로 하여 처벌함으로써, 선거의 공정성을 보장하기 위한 규정이다. 이것은 각종 선거에서 온갖 유형의 금품수수행위가 자행되고, 그로 인하여 혼탁한 선거풍토를 노정하였던 과거의 선거사에 대한 반성에서 비롯된 것이다. 매수 및 이해유도행위와 후보자 등의 부정한 기부행위를 근절하여 공정하고 깨끗한 선거의 실현을 도모하고자 함이 그 입법취지이다.[1] 기부행위를 제한 없이 원칙적으로 금지하게 된 이유는 기부행위가 후보자의 지지기반을 조성하는 데에 기여하거나 매수행위와 결부될 가능성이 높아 이를 허용할 경우 선거 자체가 후보자의 인물·식견 및 정책 등을 평가받는 기회가 되기보다는 후보자의 자금력을 겨루는 과정으로 타락할 위험성이 있어 이를 방지하고, 그 동안 우리 사회에 퍼져 있던 관행적이고 음성적인 금품 등 제공행위를 효과적으로 근절·청산하여 새로운 선거문화풍토를 조성하기 위한 것이기 때문이다.[2]

2. 기부행위의 정의

가. 정의

법 제112조(기부행위의 정의 등) 제1항은「이 법에서 "기부행위"라 함은 당해 선거구 안에 있는 자나 기관·단체·시설 및 선거구민의 모임이나 행사 또는 당해 선거구의 밖에 있더라도 그 선거구민과 연고가 있는 자나 기관·단체·시설에 대하여 금전·물품 기타 재산상의 이익의 제공, 이익제공의 의사표시 또는 그 제공을 약속하는 행위를 말한다.」고 규정하고 있다. 헌법재판소는「'기부행위'의 개념은 법 제112조(기부행위의 정의 등) 제1항에 정의하고 있는 그 자체로도 의미가 명확하게 해석될 수 있을 뿐 아니라, 예외적으로 허용되는 기부행위로 같은 조 제2항에 예시된 내용과 대비하여 보면, 충분히 금지되는 기부행위가 어떤 것인지 파악할 수 있으므로 죄형법정주의의 명확성의 원칙에 위배되지 않는다.」고 판시하였다[3]

나. 분설

(1) 기부행위자(기부행위의 주체)

법 제257조(기부행위의 금지제한 등 위반죄) 제1항 제1호 소정의 각 기부행위제한위반의 죄는 법 제113조(후보자 등의 기부행위 제한), 법 제114조(정당 및 후보자의 가족 등의 기부행위 제한), 법 제115조(제3자의 기부행위 제한)에 각각 한정적으로 열거되어 규정하고 있는 신분관계가 있어야만 성립하는 범죄이고, 위 각 해당 신분관계가 없는 자의 기부행위는 위 각 해당 법조항위반의 범죄로 되지 아니한다 할 것이나, 법상 기부행위의 주체는 그와 같은 신분관

1) 2005. 6. 30. 선고 2003헌바90 결정
2) 2007. 7. 12. 선고 2007도579 판결, 2009. 4. 23. 선고 2009도834 판결
3) 2014. 2. 27. 선고 2013헌바106 전원재판부 결정

계에 더하여 반드시 기부행위 대상 금품이나 재산상 이익의 소유권 내지 처분권을 갖고 있어야 하는 것은 아니고, 금품 제공의 명의, 공모 또는 실행행위 분담의 내역 등을 종합적으로 고려하여 사회통념상 그 사람이 한 것으로 인정할 수 있는지 여부를 기준으로 판단해야 한다.[4)]

기부행위는 기부의 효과를 후보자 또는 후보자가 되려는 자에게 돌리려는 의사를 가지고 법 제112조(기부행위의 정의 등) 제1항에 규정된 사람에게 금품 등을 제공하는 것으로서 출연자가 기부행위자가 되는 것이 통례이지만, 기부행위를 하였다고 평가되는 주체인 기부행위자는 항상 물품 등의 사실상 출연자에 한정되는 것이 아니고, 또 출연자와 기부행위자가 일치하지 않거나 외형상 기부행위에 함께 관여하는 듯이 보여서 어느 쪽이 기부행위자인지 분명하지 않은 경우에는 물품 등이 출연된 동기 또는 목적, 출연행위와 기부행위의 실행 경위, 기부자와 출연자 그리고 기부 받는 자의 관계 등 모든 사정을 종합하여 기부행위자를 특정하여야 한다.[5)] 따라서 기부행위의 주체는 위와 같은 사정을 종합하여 기부행위자로 평가되는 자에 해당하면 충분하고, 반드시 제공한 물품에 대한 소유권 또는 처분권을 가지는 자에 해당하여야 하는 것은 아니다.[6)]

구청 공무원이 현직 구청장으로서 차기 구청장 선거에 출마할 가능성이 있는 갑의 구정활동을 홍보하는 내용이 담긴 골프잡지를 관내 동장들에게 교부한 경우, 위 동장들은 당해 선거구민과 연고가 있는 불특정 또는 다수의 자에게 이를 전파할 가능성이 있었던 것으로 보이므로, 잡지의 민사상 소유자가 누구인지와 관계없이 구청의 일반 행정업무와 무관하게 이를 배부한 행위는 기부행위에 해당한다.[7)] 자신은 전달자에 불과하다는 사실을 명백히 밝히고 금원을 연극제에 전달한 경우는 기부의 효과를 자신에게 돌리려는 의사가 있었다고 단정할 수 없으므로 기부행위에 해당하지 아니한다.[8)]

법 제257조(기부행위의 금지제한 등 위반죄) 제1항 제1호에서 규정하는 각 기부행위제한위반의 죄는 법 제113조(후보자 등의 기부행위제한), 제114조(정당 및 후보자의 가족 등의 기부행위 제한), 제115조(제3자의 기부행위제한)에 각기 한정적으로 열거되어 규정하고 있는 신분관계에 있어야만 성립하는 범죄이고, 죄형법정주의의 원칙상 유추해석은 할 수 없으므로, 위 각 해당 신분관계가 없는 자의 기부행위는 위 각 해당 법조항 위반의 범죄로는 되지 않는다. 또한, 각 법조항을 구분하여 기부행위의 주체 및 그 주체에 따라 기부행위제한의 요건을 각기

---

4) 서울고등법원 2006. 5. 2. 선고 2006노233 판결
5) 2018. 5. 11. 선고 2018도4075 판결, 2011. 7. 14. 선고 2011도3862 판결, 2010. 4. 15. 선고 2009도11146 판결, 2008. 3. 13. 선고 2007도9507 판결, 2007. 4. 26. 선고 2007도309 판결, 2007. 3. 30. 선고 2006도9043 판결
6) 2008. 3. 13. 선고 2007도9507 판결, 2021. 6. 24. 선고 2019도13234 판결
7) 2011. 7. 14. 선고 2011도3862 판결
8) 2010. 4. 15. 선고 2009도11146 판결

달리 규정한 취지는 각 기부행위의 주체자에 대하여 그 신분에 따라 각 해당 법조로 처벌하려는 것이므로, 각 기부행위의 주체로 인정되지 아니하는 자가 기부행위의 주체자 등과 공모하여 기부행위를 하였다고 하더라도 그 신분에 따라 각 해당법조로 처벌하여야지 기부행위 주체자에 해당하는 법조 위반의 공동정범으로 처벌할 수는 없다.[9)] 바르게살기운동 지역협의회 및 위원회 간부들인 갑과 을이, 기초의회의원 후보자가 되고자하는 갑의 이름과 연락처가 인쇄된 스티커를 부착한 태극기를 선거구민에게 무상으로 교부한 경우, 태극기 무상교부행사가 위 협의회 차원에서 진행되었다고 하더라도 갑과 을은 각각 법 제113조(후보자 등의 기부행위제한), 제115조(제3자의 기부행위제한)에 의한 기부행위의 주체가 되어 기부행위제한위반죄가 성립한다.[10)]

(2) 기부행위의 상대방

(가) 기부행위 상대방의 특정

기부행위의 상대방은 '당해 선거구 안에 있는 자나 기관·단체·시설 및 선거구민의 모임이나 행사 또는 당해 선거구의 밖에 있더라도 그 선거구민과 연고가 있는 자'이면 족하며, 그 상대방이 선거운동원이든, 정당원이든 묻지 않는다.[11)] 선거권이 없는 자도 이에 해당하면 기부행위의 상대방이 된다. 다만, 제3자가 후보자(후보자가 되고자 하는 자를 포함)나 정당에 기부행위를 하는 경우에는 법 제117조(기부받는 행위 등의 금지)에 해당하거나 「정치자금법」상의 문제가 된다.

어떠한 행위가 법에서 말하는 기부행위라고 인정하기 위하여는 기부행위의 상대방이 법 제112조(기부행위의 정의 등)에 정해진 자로 특정되어야 할 뿐만 아니라 그 상대방은 금품이나 재산상 이익 등을 제공받는 구체적이고 직접적인 상대방이어야 하고 추상적이고 잠재적인 수혜자에 불과할 경우에는 여기에 해당하지 않는다. "당선이 되면 속초시장 급료 전액을 속초시 재정력 향상과 지역인재 육성을 위한 장학회 발족에 기탁하고자 한다."는 말은 추상적이고 잠재적인 '속초시 선거구민 전체'를 대상으로 한 것으로 구체적이고 직접적인 상대방을 대상으로 한 것이 아니어서 기부행위가 아니다.[12)] 속초시시설관리공단은 속초시가 전액 출자하여 설립한 공법인으로서 실질적으로 속초시와 동일시 할 수 있는 단체이므로 속초시

---

9) 1997. 6. 13. 선고 96도346 판결, 1997. 12. 26. 선고 97도2249 판결, 2006. 1. 26. 선고 2005도8250 판결, 2007. 4. 26. 선고 2007도309 판결, 2008. 3. 13. 선고 2007도9507 판결(제3자가 후보자가 되려는 자와 공모하여 기부물품을 제공한 경우에는, 비록 제3자가 선거 후보자가 되려는 자의 지시에 따라 기부물품을 전달하는 역할을 수행하였을 뿐 기부물품의 소유권자나 처분권자가 아니라고 하더라도 법 제115조(제3자의 기부행위제한) 위반죄의 주체가 된다고 한 사례)

10) 서울고등법원 2006. 5. 2. 선고 2006노233 판결

11) 2002. 2. 21. 선고 2001도2819 전원합의체 판결, 2011. 8. 18. 선고 2011도3985 판결

12) 2003. 10. 23. 선고 2003도3137 판결

장이 시장으로서 하는 기부행위의 상대방이 될 수 없다.[13)]

(나) 당해 선거구 안에 있는 자

법 제112조(기부행위의 정의 등) 제1항에서 '당해 선거구의 밖'에 있는 자에 대한 기부행위는 '그 선거구민과 연고가 있는 자'로 제한하고 있는 것과 달리, '당해 선거구 안에 있는 자'의 경우 아무런 제한을 두지 않고, 같은 조항에서 '선거구민'이라는 표현을 병렬적으로 사용하고 있는 점에 비추어 '당해 선거구 안에 있는 자'의 의미가 당해 선거구민을 의미하는 것에 한정된다고 볼 수 없다.[14)] 즉, '당해 선거구 안에 있는 자'란 그 문구 자체도 후단의 '당해 선거구민과 연고가 있는 자'에 사용된 '당해 선거구민'과는 다르고, 그 입법취지도 당해 선거구내에서는 선거구민은 물론 선거구민이 아닌 사람에게라도 금품이나 재산상 이익을 제공되면 선거구민에게 영향을 미칠 우려가 있으므로 이러한 경우도 금지하려는 취지로 보이므로, '당해 선거구 안에 있는 자'란 선거구 내에 주소나 거소를 갖고 있는 사람은 물론 선거구 안에 일시적으로 머무르는 사람도 포함된다.[15)]

'당해 선거구'는 기부행위 당시 유효하게 존재하는 선거구를 말한다. 즉 법이 기부행위의 상대방을 '당해 선거구'라는 개념을 통하여 특정하고 있는 이상 법 제112조(기부행위의 정의 등) 제1항의 기부행위는 행위 당시 유효하게 존재하는 선거구를 전제로 성립할 수 있다. 그런데 법 제25조(국회의원지역구의 획정) 제3항은 "국회의원지역구의 명칭과 그 구역은 별표1과 같이 한다."라고 규정한 다음 [별표 1]에서 국회의원지역선거구구역표를 정하고 있으므로, 법 제112조(기부행위의 정의 등) 제1항에서 규정하고 있는 '당해 선거구'가 국회의원지역구를 가리키는 경우 그 선거구는 행위 당시 법 제25조(국회의원지역구의 획정) 제3항 [별표 1] 국회의원지역선거구구역표에 규정되어 있는 선거구를 의미한다.[16)] 따라서, 법 제25조(국회의원지역구의 획정) 제3항 [별표 1] 국회의원지역선거구구역표가 효력을 상실한 기간에 지역구국회의원선거에 관하여 한 물품제공행위는 기부행위에 해당하지 아니한다.[17)]

---

13) 2004. 3. 11. 선고 2003도4778 판결
14) 2018. 3. 29. 선고 2017헌바266 결정
15) 2018. 4. 10. 선고 2016도21171 판결, 2017. 4. 13. 선고 2016도20490 판결, 2010. 12. 9. 선고 2010도10451 판결, 2007. 3. 30. 선고 2006도9043 판결, 2006. 4. 27. 선고 2006도1049 판결, 1996. 11. 29. 선고 96도500 판결
16) 2018. 4. 10. 선고 2016도21171 판결, 2017. 4. 13. 선고 2016도20490 판결
17) 2017. 4. 13. 선고 2016도20490 판결[피고인이 지역구국회의원선거에 예비후보자로 등록한 갑의 선거운동과 관련하여 당해 선거구민들에게 선물을 제공하는 방법으로 갑을 위하여 기부행위를 하였다고 하여 기소된 사안에서, 헌법재판소가 2014. 10. 30. "공직선거법(2012. 2. 29. 법률 제11374호로 개정된 것) 제25조(국회의원지역구의 획정) 제2항 [별표 1] 국회의원지역선거구구역표는 헌법에 합치되지 아니하고, 위 국회의원지역선거구구역표는 2015. 12. 31.을 시한으로 입법자가 개정할 때까지 계속 적용된다."라는 결정을 선고하였으나(헌법재판소 2014. 10. 30. 선고 2012헌마190 등 전원재판부 결정), 국회가 2015. 12. 31.까지 새로운 국회의원지역선거구구역표를 확정하지 아니하여 위 국회의원지역선거구구역표는 2016. 1. 1.부터

비례대표 국회의원 후보자나 후보예정자의 경우 '당해 선거구'란 전국을 의미하고 기부행위가 금지되는 대상은 전국의 선거구민이 된다.[18)]

자원봉사자들이 선거구 내에서 일시적이나마 선거운동을 위해서 체재 중이었더라도 '당해 선거구 안에 있는 자'에 해당한다.[19)] 선거기간 및 그 전후 기간에 선거관련 취재 및 기사 작성 등의 업무를 위해 선거구 안에 일시적으로 거주한 경우에도 '당해 선거구 안에 있는 자'에 해당한다.[20)] 당해 선거구 밖에 주소를 둔 사람 중 후보자가 되려는 자를 격려하기 위하여 단순 방문하는 사람과 같은 경우에는 선거구 안에 일시적으로라도 체재하려는 의사를 가지는 것으로 보기는 어려우므로, 그가 '선거구민과 연고가 있는 자'에 해당할 수 있음은 별론으로 하고 '선거구 안에 있는 자'로 볼 수는 없다.[21)]

(다) 당해 선거구 안에 있는 기관·단체·시설

법 제112조(기부행위의 정의 등) 제1항에서 기부행위를 할 수 없는 상대방으로 규정하고 있는 '당해 선거구 안에 있는 기관·단체·시설'이라 함은 당해 선거구 안에 활동의 근거를 두고 있는 다수인의 계속적인 조직이나 시설이면 충분하고, 반드시 민법상의 법인과 같이 형식적·실질적인 요건을 모두 갖춘 단체에 한정한다고 할 수 없다.[22)]

당원협의회는 단순히 중앙당의 정책과 지침을 시달받는 위치에 머무르지 아니하고 지역당원들의 자발적인 지역활동을 활성화하여 정당활동의 자율성을 확대하기 위한 목적하에 구성되었으며, 구성원의 가입·탈퇴 등으로 인한 변경에 관계없이 독자적으로 존속하며, 당원협의회의 실무를 책임지는 운영위원회와 정책개발을 담당하는 정책위원회 등의 조직을 갖추고 그 운영방법 등이 확정되어 있는 등 어느 정도 독자성을 가진 단체로서의 실체를 가지므로 기부행위의 상대방이 된다.[23)] 자율방범연합대의 단원에게 자율방범연합대원들의 커피값으로 20만원을 지급하고 견학을 떠나는 자율방범연합대를 배웅한 것은 자율방범단원에게 기

효력을 상실하였고, 국회는 2016. 3. 3.에서야 법률 제14073호로 공직선거법을 개정하여 새로운 국회의원지역선거구구역표를 확정하였으므로, 구 공직선거법(2016. 3. 3. 법률 제14073호로 개정되기 전의 것) 제25조(국회의원지역구의 획정) 제2항 [별표 1] 국회의원지역선거구구역표가 효력을 상실한 기간에 피고인이 지역구국회의원 선거에 관하여 한 물품제공행위는 구 공직선거법 상의 기부행위에 해당하지 않는다고 한 사례]

18) 2009. 4. 23. 선고 2009도834 판결

19) 1996. 11. 29. 선고 96도500 판결, 2011. 8. 18. 선고 2011도3985 판결(피고인이 제5회 전국동시지방선거 시장선거에 출마한 갑 후보자의 선거사무장 및 자원봉사자들에게 저녁식사를 제공하고 갑의 당선을 위하여 선거운동을 열심히 하라는 취지로 말함으로써 기소된 사안에서, 위 행위가 사전선거운동 및 기부행위에 해당한다고 한 사례)

20) 2015. 11. 27. 선고 2015도7254 판결(부산고등법원 2015. 5. 11. 선고 (창원)2015노30 판결)

21) 대구고등법원 2005. 3. 31. 선고 2005도8250 판결

22) 1996. 6. 28. 선고 96도1063 판결

23) 의정부지방법원 2006. 12. 27. 선고 2006고합215 판결

부한 것이 아니라 자율방범연합대라는 단체에 기부행위를 한 것이다.[24] ○○리 노인정에서 개최된 경로잔치에 참석하여 행사후원금 접수대에서 행사실무를 담당하는 사람에게 20만원을 기부한 것은 ○○리에 기부행위를 한 것이다.[25]

(라) 선거구민의 모임이나 행사

'모임'은 특정한 목적 아래 일시적으로 여러 사람이 모이는 것을 말하고 '행사'란 그러한 모임을 개최하거나 그 모임 자체를 말한다.[26] 따라서 '선거구민의 모임이나 행사'란 선거구민들로 구성된 일정한 공동목적을 가진 다수인의 일시적인 집합을 의미한다. 그러나 이 경우 그 모임이나 행사에 참여하는 사람들 전부가 선거구민일 필요는 없으며, 그 모임이나 행사의 성격, 주최자와 주최목적, 구성원의 분포 등을 종합적으로 고려하여 선거구민의 모임이나 행사인지 여부를 판단하여야 한다.[27]

(마) 당해 선거구 밖에 있더라도 그 선거구민과 연고가 있는 자나 기관·단체·시설

'선거구민과 연고가 있는 자' 중 '연고가 있다'는 표현이 추상적이기는 하나, 기부행위를 제한하는 입법의 취지와 다른 조항과의 연관성, 입법 기술상의 한계 등을 고려할 때 건전한 일반 상식을 가진 자에 의하여 의미가 파악되기 어렵다고 보기 힘들며, 법관의 보충적인 해석을 통하여 그 적용단계에서 다의적으로 해석될 소지도 적다.[28] 따라서 '선거구민과 연고가 있는 자'란 연고를 맺게 된 사유는 불문하지만 당해 선거구민의 가족·친지·친구·직장동료·상하급자나 향우회·동창회·친목회 등 일정한 혈연적·인간적 관계를 가지고 있어 그 선거구민의 의사결정에 직접적 또는 간접적으로 어떠한 영향을 미칠 수 있는 가능성이 있는 사람을 말하며 그 연고를 맺게 된 사유는 불문한다.[29]

---

24) 2018. 4. 24. 선고 2018도1230 판결
25) 제주지방법원 2019. 1. 10. 선고 2018고합173 판결
26) 오윤식, 앞의 책, 462쪽
27) 대검찰청, 앞의 책, 787쪽
28) 2014. 2. 27. 선고 2013헌바106 결정(이정미 등 재판관 2명은 '연고라는 표현은 구체적인 내용이나 범위를 쉽게 판단하기 어려운 추상적 표현이므로 형사처벌의 구성요건으로서 사용되기에 부적절하며, 선거구민과 어떻게 관련된 사람들이 이에 해당하는지 예측하기 어려우므로 법집행자의 자의적인 해석·적용의 가능성을 내포하고 있다. "선거구민과 연고가 있는 자"에 대한 대법원의 해석에 의하더라도 어느 범위의 혈연적 관계인지, 어떤 인간적 관계인지, 의사결정에 간접적으로 영향을 미칠 수 있는 가능성은 어느 정도의 것을 말하는지 등 구체적인 내용을 예견하기는 어려워 법관의 보충적 해석으로 불명확성이 해소되었다고 볼 수 없다. 따라서 "연고가 있는 자"부분은 죄형법정주의의 명확성원칙에 위배된다.'고 반대의견을 제시하였다), 2010. 9. 30. 선고 2009헌바201 결정(김종대 등 재판관 4명은 위 2014. 2. 27. 선고 2013헌바106 결정에서의 이정미 등 재판관 2명의 반대의견과 같은 취지의 반대의견을 밝혔다), 2009. 4. 30. 선고 2007헌바29·86(병합) 전원재판부 결정(김종대 등 재판관 4명이 밝힌 반대의견은 위 2010. 9. 30. 선고 2009헌바201 결정에서의 반대의견과 같다)
29) 2018. 4. 10. 선고 2016도21171 판결, 2017. 4. 13. 선고 2016도20490 판결, 2010. 12. 9. 선고 2010도

선거구내에 자신이 결성·운영하는 특정 사회단체 사무소를 두고 활동하는 사람인 특정 정당 당원협의회 정책위원장은 '선거구민과 연고가 있는 자'에 해당한다.30) 선거구민 등이 회원인 동호회의 사무국장은 해당 선거구 안에 주소나 거소를 가지고 있지 아니한 경우에도 '선거구민과 연고가 있는 자'에 해당한다.31) 후보자가 기부행위를 한 각 학교 재경동문회의 구성원들은 현재 동해시 밖에 거주하고 있지만 각 학교가 모두 동해시에 소재하고 있는 관계로, 친척들과 친구들, 특히 각 학교 동창들 중에 동해시에 거주하는 선거구민이 있을 것임은 경험칙상 명백하고, 그와 같은 혈연적·인간적 관계로 인하여 그 선거구민의 의사결정에 영향을 미칠 가능성이 있다고 볼 것이므로, 위 학교 재경동문회들은 모두 선거구민과 연고가 있는 단체이다.32) 정당은 선거에서 선거인들의 의사결정에 영향을 미치는 것을 고유한 존립 이유로 가지고 있으며 각 선거구별로 이에 필요한 조직을 갖추고 실제로 그와 같이 활동하고 있으며, 법 제112조(기부행위의 정의 등) 제2항 제1호 나목에서 '정당의 당헌·당규 기타 정당의 내부규약에 의하여 정당의 당원이 당비 기타 부담금을 납부하는 행위'를 제한적으로 기부행위의 범위에서 제외하고 있는 점, 정치자금법상 정치자금을 규율하는 것과 공직선거법에서 기부행위를 규율하는 것은 그 취지가 다르므로 정치자금법상 관련 규정이 있다고 하더라도 정당이 금품을 제공받은 경우 반드시 공직선거법상 기부행위규정이 배제된다고는 할 수 없는 점, 매표행위를 금지하고자 하는 기부행위제한의 취지가 정당에 대한 금품제공행위가 정당에 대한 금품제공의 경우에만 적용되지 아니한다고 볼 수 없는 점 등에 비추어, 정당도 특정 선거구민과 연고가 있는 기관·단체에 해당된다.33)

'당해 선거구 밖에 있더라도 그 선거구민과 연고가 있는 자'라 함은 비록 연고를 맺게 된 사유는 불문한다고 하더라도 적어도 선거구민의 선거에 관한 의사결정에 직접적 또는 간접적으로 영향을 줄 수 있는 혈연적·인간적 관계를 선거구민과 가지고 있는 자에 한정되고, 나아가 그 이전에 후보자의 출마 여부에 영향을 줄 수 있는 자까지 포함되는 것은 아니므로 정당의 시·도당 당직자 또는 공천심사특별위원회 위원장의 직책을 가지고 있다는 사정만으로 선거구민과 연고가 있는 자에 해당한다고 할 수 없다.34) 기부행위의 상대방들이 관내의 각종 사회단체에 가입하여 그 지역의 봉사활동에 참여하고 있다는 사정만으로 '선거구민과 연고가 있는 자'에 해당한다고 볼 수 없다.35) 부산 영도구 지역 후보자가 부산지역 언론사에 근무하는 정치부 또는 정치담당 기자 6명에게 합계 438,900원 상당의 젓갈 선물세트를 제공

10451 판결, 2007. 3. 30. 선고 2006도9043 판결

30) 2007. 9. 6. 선고 2007도4512 판결

31) 2015. 10. 29. 선고 2015도11824 판결(부산고등법원 2015. 7. 27. 선고 (창원)2015노191 판결)

32) 서울고등법원 2006. 5. 2. 선고 2006노471 판결

33) 2007. 7. 12. 선고 2007도172 판결

34) 2007. 10. 26. 선고 2006도8590 판결

35) 2006. 1. 26. 선고 2005도8250 판결

한 경우, 위 기자들이 부산 영도구 선거구민과 일정한 혈연적·인간적 관계가 인정되지 아니하는 한 이들이 부산지역 언론사의 정치부 또는 정치담당 기자라는 사정만으로는 '선거구민과 연고가 있는 자'에 해당한다고 볼 수 없다.[36)]

(3) 기부행위의 대상(금전·물품 기타 재산상 이익)

'금전'은 돈을 의미하고, '물품'은 재산적 가치가 있는 것을 말한다.

'재산상 이익'과 관련하여, 법원은, 구 공직선거및선거부정방지법(2004. 3. 12. 법률 제7189호로 개정되기 전의 것) 제112조(기부행위의 정의 등) 제1항의 기부행위 유형으로 나열한 제1호 '금전·화환·달력·서적 또는 음식물 기타 이익이 되는 물품의 제공행위' 중 '서적'의 제공행위에 관하여, 「① 선거법 제112조(기부행위의 정의 등) 제1항은 기부행위에 해당하는 행위에 대하여 제1호에서 '금전·화환·달력·서적 또는 음식물 기타 이익이 되는 물품의 제공행위'라고 규정하는 반면에 제9호에서는 '종교·사회단체 등에 금품의 제공 기타의 재산상의 이익을 제공하는 일체의 행위'라고 규정하고 있어, '이익'과 '재산상 이익'을 구별하여 사용하고 있는 것이 명백한 점, ② 선거법 제112조(기부행위의 정의 등) 제2항은 '제1항의 규정에도 불구하고 의례적이거나 직무상의 행위 또는 통상적인 정당활동으로서 다음 각 호의 1에 해당하는 행위는 기부행위로 보지 아니한다.'고 규정하면서 기부행위로 보지 아니하는 행위를 제1호 내지 제7호에서 구체적으로 열거하고 있는데, 일반적 의미의 서적과 관련하여서는 제3호에서 '제140조(창당대회 등의 개최와 고지의 제한) 제1항의 규정에 의한 창당대회 등과 제141조(당원단합대회의 제한) 제2항의 규정에 의한 당원집회 및 당원교육 기타 소속당원만을 대상으로 하는 당원집회에서 참석당원 등에게 정당의 경비로 제공하는 다음 각 목의 1에 해당하는 행위(선물이나 기념품을 제외한다)'를, 그 (가)목에서 '교재 기타 정당의 홍보인쇄물을 제공하는 행위'를 들고 있어, 이들 조항도 교재 기타 정당의 홍보인쇄물을 제공하는 행위가 원칙적으로 기부행위에 해당함을 전제로 하여 이에 해당하지 않는 경우를 예외적으로 규정하고 있다고 해석되는 점에 비추어 보면, 선거법 제112조(기부행위의 정의 등) 제1항 제1호 소정의 '이익'이 '재산상 이익'으로만 한정된다고는 볼 수 없고 또한 그 '서적'이 '재산상의 이익'이 있는 서적으로 한정된다거나 불특정의 사람이 일정한 대가를 지급하고 획득하려는 의지를 촉발시켜야 할 정도에 이르러야만 한다고 볼 수 없다.」[37)]고 판시하여, '이익'과 '재산상 이익'을 구별하고, '이익'을 '재산상의 이익'에 한정하지 아니하고 불특정의 사람이 일정한 대가를 지급하고 획득하려는 의지를 촉발시켜야 할 정도에 이르지 아니하는 경우도 이에 해

36) 2013. 2. 14. 선고 2012도13259 판결

37) 2002. 9. 10. 선고 2002도43 판결(국회의원 후보자의 처가 작성한 수필집 형태의 서적인 '아내의 일기'가 당원 교육용 교재로 발간되고, 당원용 또는 비매품이라는 표시가 되어있는 등의 사정이 있다고 하더라도 기부행위의 금지대상이 되는 '서적' 또는 '이익이 되는 물품'으로 보기에 부족함이 없다고 한 사례)

당한다고 보고 있다. 이러한 대법원이 태도에 비추어, '재산상 이익'은 금전이나 물품 이외의 재산적 가치가 있는 일체의 이익으로서, 여기에는 적극적 이익이나 소극적 이익 또는 영구적 이익과 일시적 이익을 모두 포함한다.[38]

달력 6부(시가 합계 6,000원 상당)을 경로당, 마을회관 등에 제공하는 것도 기부행위에 해당한다.[39] 희망돼지저금통은 개당 시가가 불과 몇 백원 상당이라고 하더라도 재물에 해당하고, 그 배부에 관하여 당연히 비용지출이 따르는 것이어서 희망돼지저금통을 배부한 행위는 '이익이 되는 물품의 제공행위'에 해당한다.[40] 콘도의 객실 및 연회장의 이용요금을 할인 면제해 주는 것은 재산상 이익을 제공하는 것에 해당한다.[41]

(4) 기부행위의 방법

(가) 무상

법 제112조(기부행위의 정의 등) 제1항의 "기부행위"라 함은 원칙적으로 당사자의 일방이 상대방에게 무상으로 금전·물품 기타 재산상의 이익의 제공, 이익제공의 의사표시 또는 그 제공을 약속하는 행위를 말한다.[42] 기부행위는 원칙적으로 당사자 일방이 상대방에게 무상으로 금전·물품 기타 재산상 이익의 제공, 이익제공의 의사표시 또는 그 제공을 약속하는 행위를 말하므로 채무의 이행 등 정당한 대가관계로 행하는 경우에는 기부행위가 되지 아니한다. 그렇지만 일부 대가관계가 있더라도 급부와 반대급부 사이의 불균형으로 그 일부에 관하여 무상인 경우에는 정당한 대가관계가 있다고 할 수 없어 기부행위가 되고, 또한 비록 유상행위라고 하더라도 그것으로 인하여 다른 일반인은 얻기 어려운 재산상 이익을 얻게 되는 경우에는 기부행위가 된다.[43] 후보자가 자신을 민주당 전주시장후보경선 대의원대회에서 민주당 후보로 당선되게 하여 주면 개점예정인 후보자 소유의 ○○백화점 내 매장 1개씩을 각 제공해 주겠다고 약속하였고, 당시로서는 유상이라도 누구든지 그 매장을 분양받을 수 있는 것이 아니라 분양받는 것 자체가 상당한 재산상의 이익을 얻게 되는 경우에는 비록 유상이라고 하더라도 그 백화점 내에서 영업을 할 수 있는 매장을 제공하는 것은 기부행위에 해당한다.[44] 송년회에서 동창회 회원들에게 물품을 무상으로 증정한 이상 기부행위는 이미 완성되었고, 그 이후 물품대금을 지급하였다 하더라도 이는 범죄성립 이후의 사정에 불과하

38) 한국사법행정학회, 『주석 형법 각칙(2017. 11.)』, 471쪽
39) 창원지방법원 밀양지원 2018. 12. 21. 선고 2018고합46 판결
40) 2004. 4. 9. 선고 2003도8168 판결
41) 2009. 7. 23. 선고 2009도1880 판결
42) 2009. 7. 23. 선고 2009도1880 판결, 2002. 2. 21. 선고 2001도2819 전원합의체 판결, 2000. 2. 11. 선고 99도4588 판결, 1996. 12. 23. 선고 96도1558 판결, 1996. 11. 29. 선고 96도500 판결
43) 2012. 4. 13. 선고 2011도17437 판결, 2006. 12. 8. 선고 2006도7085 판결, 1996. 12. 23. 선고 96도1558 판결
44) 1996. 12. 23. 선고 96도1558 판결

다.[45] 자원봉사자란 선거운동에 대한 대가를 받지 아니하고 자발적으로 선거운동을 하는 사람을 말하므로 만일 무상으로 선거운동을 할 진정한 의미의 자원봉사자를 모집하여 선거운동을 하게 한 후 금품을 제공하였다면 이는 법 제112조(기부행위의 정의 등) 제1항의 기부행위에 해당될 것이고, 또는 유상으로 선거운동을 하기로 약정하였더라도 제공하는 노무에 비하여 비정상적으로 과다하게 대가를 지급하거나 노무는 형식적으로 제공받고 대가만 지급하는 경우에는 노무에 대한 대가로 볼 수 없는 금품제공부분은 '기부행위'에 해당할 것이나, 이와는 달리 명목상 자원봉사자라고 부르더라도 처음부터 대가를 지급하기로 하고 선거운동을 할 사람을 모집하여 선거운동을 하게하고 그 대가로서 일당을 지급하였다면 이들은 진정한 의미의 자원봉사자는 아니고, 이는 일종의 유상계약이고 일당의 지급은 채무의 이행에 불과하여 기부행위에 해당하지 아니한다.[46] 아무런 대가의 약정 없이 자원봉사자의 도움을 받아 사전선거운동을 한 후 기름값 명목으로 자원봉사자들에게 금품을 제공한 경우는 기부행위에 해당한다.[47] 지방선거와 관련하여 특정 정당 내 지지기반이 없던 자가 피고인 등에게 그 정당의 구청장 후보로 공천받을 수 있도록 도와달라는 부탁과 함께 활동비 등 정치컨설팅비 명목으로 금전을 제공한 경우는 위 금전이 실질에 있어서 피고인 등으로 하여금 다수의 공천관련 인물들을 접대하는 등으로 매수하여 공천관련 정보를 취득하고 그들의 조력이나 지지를 확보하는 등의 부정한 운동에 사용하도록 제공된 것이어서 위 금전제공행위는 기부행위에 해당한다.[48] 당내 경선에서 상대방 후보자를 낙선시키기 위하여 어떠한 행위를 하도록 특정인을 매수하려는 목적에서 정당한 대가관계 없이 이루어진 금품제공행위는 기부행위에 해당한다.[49] 행사장 입구에 모금함을 설치하여 행사참석자들로부터 모금을 하여 약 27만원 정도가 모금되어 음식 대금에 대부분 충당되었다고 하더라도, 참석자 전원이 그 모금에 참여한 것도 아닌데다 누가 실제로 얼마를 냈는지도 확인되지 아니하고 모금에 참여한 사람들이 음식물의 제공에 대한 대가로 돈을 낸 것인지 여부도 명확하지 아니한 경우, 모금함을 설치하는 방법으로 모금을 하여 그 돈으로 음식물 대금의 대부분을 충당하였다는 이유만으로 참석자들로부터 그 대가를 받고 음식물을 제공한 행위로서 기부행우에 해당하지 않는다고 보기 어렵다.[50] 변호사가 자신의 변호사 사무소와는 별개인 시민사회연구소 사무실로 전화를 하거나 찾아온 선거구민들에게 무료법률상담을 해 준 것은 기부행위에 해당한다.[51]

---

45) 서울고등법원 2019. 1. 31. 선고 2018노2960 판결
46) 2005. 4. 15. 선고 2004도6915 판결, 1996. 11. 29. 선고 96도500 판결(자원봉사자 명목으로 유급 선거사무원을 과다 선임한 행위를 기부행위금지위반으로 기소한 경우, 공소장변경 없이 선거사무원 과다선임죄로 처벌할 수 없다고 한 사례)
47) 2005. 4. 15. 선고 2004도6915 판결
48) 2006. 12. 8. 선고 2006도7085 판결
49) 2012. 4. 13. 선고 2011도17437 판결
50) 제주지방법원 2019. 2. 14. 선고 2018고합190 판결

그러나 금전·물품 기타 재산상 이익의 제공이 채무의 이행 등 정당한 대가관계에 기인하여 이루어지는 경우에는 기부행위가 되지 아니한다.52) 따라서 제3자가 후보자를 위하여 후보자의 채무를 대신 변제해준 경우 이는 그 변제를 받은 채권자의 입장에서는 정당한 대가관계로 변제받은 것이므로, 그 행위를 채권자에 대한 기부행위에 해당한다고 할 수는 없다.53)

(나) 제공, 제공의 의사표시, 제공의 약속

1) **제공**

법 제112조(기부행위의 정의 등) 제1항에서 정한 '제공'은 반드시 금품을 '상대방에게 귀속'시키는 것만을 뜻하는 것으로 한정 해석할 것은 아니고, 중간자에게 금품을 주는 경우라 하더라도 그 중간자가 단순한 보관자이거나 특정인에게 금품을 전달하기 위하여 심부름을 하는 사자에 불과한 자가 아니고 그에게 금품배분의 대상이나 방법, 배분액수 등에 대하여 어느 정도의 판단과 재량의 여지가 있는 한 비록 그에게 귀속되는 부분이 지정되어 있지 않는 경우라 하더라도 위 규정에서 말하는 '제공'에 포함된다.54)

후보자의 배우자와 선거사무원 사이의 현금수수는 후보자의 배우자가 특정의 선거인에게 전달하기 위하여 선거사무원에게 단순히 보관시키거나 돈 심부름을 시킨 것이 아니라 그로 하여금 불특정 다수의 선거인들을 매수하여 지지표를 확보하는 등의 부정한 선거운동에 사용하도록 제공한 것으로서 법 제112조(기부행위의 정의 등) 제1항의 기부행위에 해당한다 할 것이고, 이를 들어 기부행위를 실행하기 위한 준비 내지 예비행위에 불과하다고 할 수 없다.55) 당내 경선 때까지 당적을 유지할 당원을 모집하는 역할을 한 사람에게 당비보전명목

51) 2006. 4. 27. 선고 2004도4987 판결

52) 2005. 9. 29. 선고 2005도2554 판결, 2014. 1. 16. 선고 2013도10316 판결(기부행위로 인한 공직선거법위반의 점에 대한 공소사실에 대하여 피고인들이 금품 등의 제공이 채무를 이행하는 행위로서 정당한 대가관계가 있다고 다투는 경우에, 검사가 그 부존재의 점에 대하여 입증책임을 부담한다고 한 사례)

53) 2007. 3. 29. 선고 2006도9392 판결

54) 2009. 4. 23. 선고 2009도834 판결, 2004. 11. 12. 선고 2004도5600 판결, 2002. 2. 21. 선고 2001도2819 전원합의체 판결

55) 2002. 2. 21. 선고 2001도2819 전원합의체 판결(서성 등 5명의 대법관은 「'제공'이라 함은 금전 등 물품을 상대방에게 귀속시키는 것을 뜻하므로, 금전 등 물품을 유권자에게 전달하라고 선거사무원에게 주는 교부행위는 물품의 제공행위가 아니고, 법 제112조(기부행위의 정의 등) 제1항의 기부행위를 실행하기 위한 공모자 사이의 준비행위에 불과하다. 다수의견의 견해를 후보자나 그 배우자가 유권자에게 제공하라는 용도로 선거사무원에게 금전을 교부하는 행위도 기부행위에 해당한다는 것으로 이해하더라도, '제공'은 '가지거나 누리도록 주는 것'을 의미하여 단순히 '내주는 일'을 의미하는 '교부'와 그 사전적 의미도 다를 뿐 아니라, 공직선거법상으로도 '제공'이라는 용어와 단순히 '교부'라는 용어를 구분하여 규정하고 있으므로, 단순한 교부행위는 법 제112조(기부행위의 정의 등) 제1항의 '제공행위'에 해당하지 아니함이 분명하고, 따라서 금전 등 물품을 제3자에게 전달하여 달라는 용도로 상대방에게 교부하는 것은 기부행위에 해당하지 아니함에도 다수의견과 같이 선거사무원에 대한 금전 교부행위가 기부행위에 해당한다고 보는 것은 형벌법규의 유추해석을 금지하는 죄형법정주의에도 어긋나는 위헌적인 법률해석이다.」고 반대의견을 제시하였다)

으로 돈을 지급한 경우 그가 당비보전명목의 돈과 관련하여 배분방법, 배분액수 등에 어느 정도의 판단과 재량의 여지가 있는 때에는 기부행위에 해당한다.[56]

기부행위의 대상은 반드시 재산적 가치가 다대할 필요는 없으며, 나아가 기부행위는 기부한 물품을 돌려받을 의사를 일부 가지고 있다고 하더라도 그 물품을 돌려받지 못할 수도 있다는 점을 인식하였다면 그 물품을 교부한 것만으로도 성립한다.[57] 당사자 일방이 상대방에게 무상으로 금품 등을 제공함으로써 기부행위는 이미 완료되는 것이고, 기부행위의 상대방에게 그가 기부하는 것임을 알리거나 상대방이 이를 알아야만 하는 것은 아니다.[58]

연합회의 회장으로 취임하여 임원들과 식사를 하면서 그 식사비를 계산함으로써 임원들에게 식사를 무료로 제공한 이상 기부행위는 이미 완료되었다고 할 것이고, 임원들에게 그 사실을 알리지 않았다거나 임원들이 이를 몰랐다고 하여 달리 볼 것은 아니다.[59] 후보자가 마을 주민들에게 인사하는 자리에서 냉면 등을 제공하였다면, 이를 제공함으로써 기부행위는 이미 완료되었다고 할 것이어서, 마을 주민들 일부가 후보자가 식당에 도착하기 전에 식사를 마치고 떠났다고 하더라도 기부행위에 해당한다.[60] 후보자가 되고자 하는 자가 네 번에 걸쳐 음식물을 대접하는 과정에서 한번은 나중에 갚겠다면서 참석자에게 음식물대금을 지급하게 하고 나머지 세 번은 친구로부터 무상으로 받은 신용카드로 결제하였다고 하더라도 후보자가 음식물을 대접받은 사람들로부터 지지를 얻으려는 의사에서 자신의 계산과 부담으로 음식물을 제공하여 기부한 것에 해당한다.[61]

2) **제공의 의사표시**

기부행위는 금전 등이 실제로 제공된 경우 뿐 아니라 제공의 의사표시가 있는 경우도 포함되는바, 이와 같은 '금전 등 제공의 의사표시로 인한 기부행위의 금지제한 등 위반죄'는 선거의 공정을 보호법익으로 하는 추상적 위험범인 점에 비추어 그 의사가 외부적, 객관적으로 나타나고 상대방에게 제공될 가능성이 현저한 단계에 이른 경우에 성립한다.[62] 즉 법

: 변종필도 위 전원합의체 판결의 소수의견에 동조하여 '다수의견은 법 제112조(기부행위의 정의 등) 제1항 소정의 "제공"에 대한 해석의 결론을 "문언의 통상적인 의미와 범위 안에서 공직선거법의 취지에 따른 목적론적 해석을 한 것"이라고 주장하고 있으나, 정작 "문언의 통상적인 의미"에 대한 통찰을 깊이 있게 수행하지 못하고 선거의 공정성을 담보한다는 입법목적을 허용될 수 없는 선까지 끌어내고 나아가 이를 선거의 실상이라는 현실인식에서 비롯되는 주관적인 처벌의도와 연계시킴으로써 자의적인 법해석을 낳았다.' 고 주장한다(변종필, 「공직선거법 상 기부행위로서의 '제공'의 의미와 죄형법정원칙」, 비교형사법연구 제4권 제2호, 570－571쪽).

56) 2019. 4. 11. 선고 2019도1109 판결(대전고등법원 2019. 1. 7. 선고 2018노459 판결)

57) 2004. 3. 11. 선고 2003도6650 판결, 2004. 6. 24. 선고 2004도1554 판결

58) 2015. 10. 29. 선고 2015도11824 판결, 대전고등법원 2009. 10. 14. 선고 2009노334 판결

59) 2010. 1. 14. 선고 2009도11861 판결

60) 2017. 4. 13. 선고 2017도1271 판결(부산고등법원 2017. 1. 18. 선고 (창원)2016노371 판결)

61) 2003. 10. 9. 선고 2002도6119 판결

62) 1989. 12. 22. 선고 89도151 판결, 서울고등법원 2006. 4. 25. 선고 2006노90 판결

제112조(기부행위의 정의 등) 제1항의 기부행위 중 금품이나 이익제공의 의사표시는 사회통념상 쉽게 철회하기 어려울 정도로 진정한 의사가 담긴 것으로 외부적·객관적으로 나타나는 정도에 이르러야 하고, 금품이나 이익제공과 관련하여 어떤 대화가 있었다고 하더라도 그것이 단지 의례적이나 사교적인 인사치례 표현에 불과하다면 금품이나 이익제공의 의사표시라고 볼 수 없다. 여러 사람이 식사를 함께 한 경우에 참석자 중 한 사람 또는 그 일부가 식사대금 전부를 지급하는 우리사회의 관행 등에 비추어 볼 때, 찻값을 내겠다고 말하였다는 사정만 가지고 실제로 찻값을 내지 아니한 사람이 기부행위를 하였다고 단정할 수 없다.[63]

타인이 이미 식사대금을 지급하여 대금지급채무가 없는 상태에서 음식점에 재차 식사대금을 지급한 경우는 재산상 이익을 제공한 것으로 볼 수는 없으나 재산상 이익제공의 의사표시에 따른 기부행위에는 해당한다.[64] 당내경선에서 이른바 권리당원(당비를 납부하는 당원)을 확보하기 위한 방법으로 특정인의 계좌에 입급된 173만원을 각각 1만원씩 173명의 이름으로 정당에 송금하려다 정당이 1인계좌에서 대량 입금의 방식으로 당비를 납부하는 것은 가능하지 않다고 하자 그 송금을 취소한 경우는 기부행위의 의사표시에 해당한다.[65] 당내경선에 대비하기 위하여 우호적인 책임당원(당비를 납부하는 당원)을 확보하기 위하여 어린이 집을 운영하는 사람으로부터 어린이 집에 근무하는 사람들을 대상으로 한 당원모집을 위한 추천인명부를 건네받고 현금을 주려고 하였으나 그가 이를 거절한 경우는 이익제공의 의사표시에 해당한다.[66]

3) **이익제공의 약속**

'이익제공의 약속'은 금전·물품이나 재산상 이익의 제공에 관하여 제공자와 그 상대방 사이에 합의에 이르거나 의견의 일치를 보는 것을 말한다.

입후보 사퇴의 대가로 체육회 기금의 기부를 약속하고 선거일전 체육회장에게 금원을 지급 한 후 동 체육회장이 선거일 후에 체육회 통장에 입금할 경우 기부행위의 시기는 체육회장에게 금원을 지급한 때 기부행위를 한 것으로 인정된다.[67] 대구시장의 비자금에 관한 문건을 건네받으면서 100만원을 지급하고, 측근들을 대구광역시 산하 단체에 취직시켜주고 비자금 문건 제공자의 노후를 보장해주겠다는 내용의 이익제공을 약속하였다면, 비자금 문건을 제공받는 대가의 의미가 있음을 전혀 배제할 수 없다고 하더라도, 비자금 제공자가 지급받았거나 제공받기로 약속받은 이익은 일반인의 입장에서 볼 때 통상은 얻기 어려운 재산상의 이익인 점에 비추어 볼 때, 이를 전적으로 비자금 문건을 제공받은 대가로 볼 수는 없어

---

63) 2007. 3. 15. 선고 2006도8869 판결
64) 2005. 9. 9. 선고 2005도2014 판결
65) 광주지방법원 목포지원 2019. 1. 17. 선고 2018고합124 판결
66) 서울고등법원 2019. 5. 24. 선고 2019노260 판결
67) 1983. 2. 12. 선고 92도2011 판결

기부행위에 해당한다.[68)]

(5) 기부행위의 의사(범의)

기부행위의 범의는 법상 범죄사실을 구성하는 것으로서 이를 인정하기 위해서는 엄격한 증명이 요구되는 것이나, 피고인이 기부행위의 범의를 부인하는 경우에는, 사물의 성질상 고의와 상당한 관련성이 있는 간접사실을 증명하는 방법에 의하여 입증할 수밖에 없고, 무엇이 상당한 관련성이 있는 간접사실에 해당할 것인가는 정상적인 경험칙에 바탕을 두고 치밀한 관찰력이나 분석력에 의하여 사실의 연결상태를 합리적으로 판단하는 방법에 의하여야 한다.[69)]

자신은 전달자에 불과하다는 사실을 명백히 밝히고 금원을 연극제에 기탁한 경우는 기부의 효과를 자신에게 돌리려는 의사가 없어 기부행위에 해당하지 아니한다.[70)]

3. 기부행위의 예외

가. 기부행위로 보지 않는 행위의 의미

법은 ① 통상적인 정당활동과 관련한 행위, ② 의례적 행위, ③ 구호적·자선적 행위, ④ 직무상의 행위, ⑤ 법령에 의한 금품 등 제공행위, ⑥ 기타 이에 준하는 행위를 기부행위로 보지 아니하고, 위 각 행위에 해당하는 구체적인 행위를 열거하고 있다(법§112②). 따라서 법 제112조(기부행위의 정의 등) 제1항이 처벌대상이 되는 기부행위의 종류를 포괄적으로 규정한 것과는 대조적으로 제2항에서 기부행위로 보지 아니한 경우를 규정함에 있어서는 이를 구체적으로 열거하고 있는 방식에 비추어 볼 때, 법 제112조(기부행위의 정의 등) 제1항에 해당하는 금품 등의 제공행위가 제2항에 의하여 기부행위가 허용되는 것으로 열거된 행위에 해당하지 아니하는 이상, 후보자 등의 기부행위금지위반을 처벌하는 법 제257조(기부행위의 금지제한 등 위반죄) 제1항 제1호의 구성요건해당성이 있다.[71)]

---

68) 2004. 7. 9. 선고 2004도2329 판결

69) 2007. 11. 16. 선고 2007도7205 판결, 2009. 12. 24. 선고 2009도10967 판결

70) 2010. 4. 15. 선고 2009도11146 판결

71) 2015. 10. 15. 선고 2015도11392 판결, 2009. 12. 10. 선고 2009도9925 판결, 2009. 4. 9. 선고 2009도676 판결, 2007. 4. 26. 선고 2007도218 판결, 2006. 6. 30. 선고 2006도2104 판결, 2006. 4. 27. 선고 2006도1049 판결, 2005. 8. 19. 선고 2005도2245 판결, 2003. 8. 22. 선고 2003도1697 판결, 2003. 6. 27. 선고 2003도1912 판결, 1999. 5. 11. 선고 99도499 판결, 1997. 12. 26. 선고 97도2249 판결, 1996. 12. 23. 선고 96도1558 판결, 1996. 12. 10. 선고 96도1768 판결, 1996. 5. 10. 선고 95도2820 판결

나. 기부행위로 보지 않는 행위

(1) 통상적인 정당활동과 관련한 행위(법§112②1.)

(가) 정당이 각급당부에 당해 당부의 운영경비를 지원하거나 유급사무직원에게 보수를 지급하는 행위

(나) 정당의 당헌·당규 기타 정당의 내부규약에 의하여 정당의 당원이 당비 기타 부담금을 납부하는 행위

'정당의 당헌·당규 기타 정당의 내부규약에 의하여 정당의 당원이 당비 기타 부담금을 납부하는 행위'에 해당하려면, 위 규정의 문언상 당해 정당의 당헌·당규 기타 내부규약에 따른 경우라야 한다.[72] 정당의 당비규정에 의하지 아니하고 사무총장에게 특별당비 4억원을 납부하는 것은 기부행위에 해당하고, 사회상규에 위배되지 아니하여 위법성이 조각되는 경우라고 할 수 없다.[73]

(다) 정당이 소속 국회의원, 공직선거법에 따른 공직선거의 후보자·예비후보자에게 정치자금을 지원하는 행위

정당의 당내경선관리기구 또는 경선후보자의 경선선거사무소에서 공직선거법 위반행위 신고자에게 포상금을 지급하는 것은 당해 정당 또는 후보자가 되고자 하는 자를 위하여 금품을 제공하는 행위로서 행위 양태에 따라 법 제113조(후보자 등의 기부행위제한) 또는 제114조(정당 및 후보자의 가족 등의 기부행위제한)에 위반된다.[74] 정당의 당헌·당규 등에 따라 당직자 선출을 위한 선거를 모바일투표의 방식으로 실시하는 경우 그 선거인의 모바일투표를 위한 통신비용을 정당이 부담하는 것은 허용된다.[75]

(라) 법 제140조(창당대회 등의 개최와 고지의 제한) 제1항에 따른 창당대회 등과 제141조(당원집회의 제한) 제2항에 따른 당원집회 및 당원교육, 그 밖에 소속 당원

72) 2009. 4. 23. 선고 2009도834 판결, 2007. 4. 26. 선고 2007도218 판결(이 사건 정당의 당비규정은 특별당비는 중앙당에 납부하여야 하며, 당비의 입금은 자동계좌이체, 휴대전화·유선전화 결제와 그 외에 당 중앙위원회가 정한 결제방식 중의 하나로만 하도록 규정되어 있는데, 위 규정에 의하지 아니하고 이 사건 정당의 전북도당 조직국장에게 현금으로 1,000만원을 전달하는 방법을 취하면서 이를 중앙당이 아닌 전북도당의 특별당비로 납부한 경우, 사회상규에 위배되지 아니하여 위법성이 조각되는 경우라고 할 수 없다고 한 사례)

73) 2007. 7. 12. 선고 2007도172 판결

74) 2007. 7. 16. 중앙선관위 질의회답

75) 2008. 5. 14. 중앙선관위 질의회답

만을 대상으로 하는 당원집회에서 참석당원 등에게 정당의 경비로 교재, 그 밖의 정당의 홍보인쇄물, 싼값의 정당의 배지 또는 상징마스코트나 통상적인 범위에서 차·커피 등 음료(주류는 제외한다)를 제공하는 행위

'통상적인 범위에서 제공하는 음식물 또는 음료'라 함은 규칙으로 정하는 금액범위 안에서 일상적인 예를 갖추는데 필요한 정도로 현장에서 소비될 것으로 제공하는 것을 말하며, 기념품 또는 선물로 제공하는 것은 제외한다(법§112③). 통상적인 범위에서 1명에게 제공할 수 있는 음식물 또는 음료의 금액범위는 식사류는 1만원 이하로, 다과류는 3천원 이하로, 음료는 1천원 이하로 한다(규칙§50⑥).

중앙당 또는 시·도당이 당원용 수첩을 제작하여 소속 당원에게 배부하는 것은 허용된다.[76] 정당이 소속 당원을 대상으로 개최하는 당원교육 시 참석 당원들이 유니폼을 구입·착용하는 것은 허용되나, 정당이 그 경비를 지원하는 것은 법 제114조(정당 및 후보자의 가족 등의 기부행위제한) 및 「정치자금법」 제2조(기본원칙)의 규정에 위반된다.[77] 정당이 창당기념행사를 개최함에 있어 행사참석자가 음식물 등의 가액에 상당하는 경비를 부담하고, 그에 상응하는 음식물을 제공하는 것은 허용된다.[78] 정당이 당원들에게 달력을 제공하는 것은 기부행위에 해당한다.[79] 정당이 당원교육 또는 당원집회에 참석한 당원에게 제공하는 정당의 로고 등이 표기된 휴대전화 액정클리너는 법 제112조(기부행위의 정의 등) 제2항 제1호 (라)목의 상징마스코트로 볼 수 없으므로, 이를 제공하는 때에는 법 제114조(정당 및 후보자의 가족 등의 기부행위제한)에 위반된다.[80]

(마) 통상적인 범위 안에서 선거사무소·선거연락소 또는 정당의 사무소를 방문하는 자에게 다과·떡·김밥·음료(주류는 제외한다) 등 다과류의 음식물을 제공하는 행위

'다과류의 음식물'은 다과인 차와 과자가 아니더라도 떡·김밥·음료 등과 같이 간식으로 혹은 다과회 등에서 가볍게 먹을 수 있는 음식물은 이에 해당한다.[81] '통상적인 범위 안에서 다과·떡'이라는 것은 일상적인 예를 갖추는 데 필요한 정도로 현장에서 소비될 것으로 제공되는 것을 말하고, 기념품 또는 선물 등은 제외되는 것이므로 당원들에게 지급하였다는 카스테라가 그 크기가 가로 약 40㎝, 세로 약 15㎝되는 빵 두 개를 한봉지에 담은 것이고 그것도 당원교육을 하면서 소비된 것이 아니라 교육받은 당원들이 교육장을 나가면서 1개씩

76) 2005. 12. 9. 중앙선관위 질의회답
77) 2007. 1. 30. 중앙선관위 질의회답
78) 2008. 10. 8. 중앙선관위 질의회답
79) 2008. 11. 25. 중앙선관위 질의회답
80) 2012. 10. 24. 중앙선관위 질의회답
81) 2007. 7. 27. 선고 2007도3541 판결, 2005. 8. 29.자 2005모319 결정

들고나간 것이라면, 그 카스테라는 통상적인 범위 안에서 제공되는 '다과·떡'에 대용되는 것이라고 볼 수 없다.[82] 범충청하나로연합의 사무실 겸 선거사무소로 쓰는 사무실에 식당을 설치하고 그 사무실을 방문하는 하루 평균 20명 이상의 사람들에게 떡국, 국수 등의 식사를 제공한 것은 법 제112조(기부행위의 정의 등) 제2항 제1호 (마)목에 해당하지 아니한다.[83] 선거사무소 안에서 개최하는 개소식에 참석한 정당의 간부·당원들이나 선거사무관계자들에게 10명 정도가 둘러설 수 있는 크기의 탁자 1개당 음료수, 김밥 2접시, 떡 2접시, 과일 1접시와 함께 삶은 돼지고기 1접시가 제공되었고 삶은 돼지고기 1접시에는 10점 정도가 있고 삶은 돼지고기의 양이 1인당 기준으로 소량이고 가격도 1인당 500원에 불과한 경우, 삶은 돼지고기는 간식으로 혹은 다과회 등에서 가볍게 먹을 수 있는 다과류의 음식물에 해당한다.[84] 후보자의 선거사무소 개소식에 가족·친지·지인 등 제한된 의례적인 범위안의 인사를 초청하여 통상적인 범위 안에서 다과류의 음식물을 제공하는 것은 무방하다.[85]

(바) 중앙당의 대표자가 참석하는 당직자회의(구·시·군단위 이상의 지역책임자급 간부와 시·도수의 10배수에 상당하는 상위직의 간부가 참석하는 회의를 말한다) 또는 시·도당의 대표자가 참석하는 당직자회의(읍·면·동단위 이상의 지역책임자급 간부와 관할 구·시·군의 수에 상당하는 상위직의 간부가 참석하는 회의를 말한다)에 참석한 당직자에게 통상적인 범위에서 식사류의 음식물을 제공하는 행위

정당의 대표자가 참석·방문하도록 규정된 경우 법 제112조(기부행위의 정의 등) 제2항 제1호 (바)목, (하)목 등에 따라 기부행위로 보지 아니하는 행위에 해당하기 위해서는 정당의 대표자가 직접 참석 또는 방문하여야 하고, 다만, 그 대표자가 참석 또는 방문하기로 계획되어 있던 경우로서 참석 또는 방문할 수 없는 부득이한 사유가 있는 경우에는 그 권한을 대행하는 당직자가 대신하여 참석 또는 방문할 수 있다.[86]

(사) 정당이 소속 유급사무직원을 대상으로 실시하는 교육·연수에 참석한 유급사무직원에게 정당의 경비로 숙식·교통편의 또는 실비의 여비를 제공하는 행위

(아) 정당의 대표자가 소속 당원만을 대상으로 개최하는 신년회·송년회에 참석한 사람에게 정당의 경비로 통상적인 범위에서 다과류의 음식물을 제공하는 행위

---

82) 1997. 7. 25. 선고 97도1095 판결
83) 2007. 2. 9. 선고 2006도7417 판결
84) 2007. 7. 27. 선고 2007도3541 판결
85) 2008. 1. 9. 중앙선관위 질의회답
86) 2007. 4. 23. 중앙선관위 질의회답

정당의 대표자가 주관·개최하도록 규정한 각종 행사의 경우, 정당의 대표자의 의사에 따라 그 정당이 자체계획과 경비로 행사를 주관·개최하고 음식물 등을 제공하는 경우에는 정당의 대표자가 그 행사에 참석하지 아니하더라도 무방하다.[87] 정당이 '당원 송년의 밤'행사를 개최하면서 국회의원·지방의원 및 입후보예정자를 제외한 당원이 자발적으로 기증한 협찬품을 그 기증자 명의로 장기자랑 수상자에게 지급하는 경우 법 제113조(후보자 등의 기부행위제한) 내지 제115조(제3자의 기부행위제한)에서 금지하는 후보자가 되고자 하는 자 또는 그 소속 정당이 기부하거나 이를 추정할 수 있는 방법으로 기부하는 것에 해당하지 아니한다.[88]

(자) 정당이 그 명의로 재해구호·장애인돕기·농촌일손돕기 등 대민자원봉사활동을 하거나 그 자원봉사활동에 참석한 당원에게 정당의 경비로 교통편의(여비는 제외한다)와 통상적인 범위에서 식사류의 음식물을 제공하는 행위

당원협의회가 정당의 계획에 따라 자원봉사단을 구성하여 자율방범이나 독거노인돕기 등 사회봉사활동을 하는 것은 허용되나, 선거일 전 180일(보궐선거 등에 있어서는 그 선거의 실시사유가 확정된 때)부터 선거일까지 자원봉사활동과 관련하여 해당 선거구민을 대상으로 선거에 영향을 미치는 행위를 하거나, 선거기간 중에 다수의 당원들이 모여 자원봉사활동을 하는 등의 행위를 하여서는 아니 되고, 자원봉사단이 봉사활동을 하면서 조끼나 어깨띠 등을 착용하는 것은 무방하나, 당원협의회가 자원봉사단원에게 재산적 가치가 있는 조끼 등을 제공하는 때에는 법 제114조(정당 및 후보자의 가족 등의 기부행위제한)에 위반되며, 선거일 전 180일(보궐선거 등에 있어서는 그 실시사유가 확정된 때)부터 선거일까지 정당의 명칭 또는 그 명칭을 유추할 수 있는 내용이 표시된 조끼나 어깨띠 등을 착용하는 때에는 법 제90조(시설물설치 등의 금지)에 위반된다.[89]

(차) 정당의 대표자가 개최하는 정당의 정책개발을 위한 간담회·토론회에 참석한 직능·사회단체의 대표자, 주제발표자, 토론자 등에게 정당의 경비로 식사류의 음식물을 제공하는 행위

정당의 중앙당이 선거기간이 아닌 때에 직장여성을 대상으로 통상적인 수강료를 받고 교양강좌를 개설하여 운영하는 것은 무방하나, 선거일전 180일부터 선거일까지 당사 외에 현수막을 게시하거나 여성신문사 및 인터넷 게시판에 광고하는 것은 법 제90조(시설물설치 등의 금지) 또는 제93조(탈법방법에 의한 문서·도화의 배부·게시 등 금지)에 위반된다.[90] 정당이 선거

87) 2007. 4. 23. 중앙선관위 질의회답
88) 2008. 12. 26. 중앙선관위 질의회답
89) 2010. 7. 25. 중앙선관위 질의회답
90) 2009. 3. 27. 중앙선관위 질의회답

와 무관하게 정책토론회를 개최하고 여기에 패널로 참여한 정부기관의 관계자가 토론회 참석자에게 단순히 해당 기관의 업무를 설명하거나 안내책자를 비치하는 것은 무방하나, 취업상담·알선 등 하는 것은 기부행위에 해당한다.[91)]

(카) 정당의 대표자가 개최하는 정당의 각종 행사에서 모범·우수당원에게 정당의 경비로 상장과 통상적인 부상을 수여하는 행위

정당의 대표자가 개최하는 성평등수칙 제정을 위한 공모에서 우수 아이디어를 제출한 당원에게 정당 경비로 통상적인 범위의 문화상품권을 제공하는 것은 무방하고, 이 경우 문화상품권 구입 등에 소요되는 비용을 「정치자금법」 제28조(보조금의 용도제한 등) 제2항에 따른 여성정치발전비로 지출할 수 있다.[92)] 정당의 대표자가 개최하는 정당의 행사에서 상장을 수여받은 모범당원에게 해외연수(5일간 싱가포르 등) 부상을 수여하는 것은 무방하다.[93)]

(타) 법 제57조의5(당원 등 매수금지) 제1항 단서에 따른 의례적인 행위

정당이 당내경선과 관련하여 권역단위로 개최하는 순회경선에서 투표를 하게 할 목적으로 경선선거인인 대의원에게 교통편의를 제공하는 것은 법 제114조(정당 및 후보자의 가족 등의 기부행위제한) 및 제230조(매수 및 이해유도죄) 제7항에 위반된다.[94)]

(파) 정당의 대표자가 주관하는 당무에 관한 회의에서 참석한 각급 당부의 대표자·책임자 또는 유급당직자에게 정당의 경비로 식사류의 음식물을 제공하는 행위

(하) 정당의 중앙당의 대표자가 당무파악 및 지역여론을 수렴하기 위하여 시·도당을 방문하는 때에 정당의 경비로 방문지역의 기관·단체의 장 또는 사회단체의 간부나 언론인 등 제한된 범위의 인사를 초청하여 간담회를 개최하고 식사류의 음식물을 제공하는 행위

(거) 정당의 중앙당이 당헌에 따라 개최하는 전국 단위의 최고 대의기관 회의에 참석하는 당원에게 정당의 경비로 교통편의를 제공하는 행위

정당에서 교통편의를 제공하는 것은 물론 회의참석 당원이 개인차량이나 대중교통을 이용하여 회의에 참석하는 경우에도 그 회의 장소까지 이동하는데 상응하는 교통비를 제공하는

91) 2013. 12. 18. 중앙선관위 질의회답
92) 2013. 6. 3. 중앙선관위 질의회답
93) 2014. 1. 6. 중앙선관위 질의회답
94) 2017. 3. 10. 중앙선관위 질의회답

것은 교통편의 제공 범위에 포함된다. 이 경우 「정치자금법」상의 회계처리절차를 준수하여 정당의 경비로 교통편의를 제공하여야 하며, 자당 소속 국회의원 · 간부 · 당원협의회의 장 등 제3자가 개인의 경비로 이를 제공하는 경우에는 그 양태에 따라 법 제113조(후보자 등의 기부행위제한) 내지 제115조(제3자의 기부행위제한)에 위반된다.[95)]

(2) 의례적 행위(법§112②2.)

(가) 「민법」 제777조(친족의 범위)의 규정에 의한 친족의 관혼상제의식 기타 경조사에 축의·부의금품을 제공하는 행위

국회의원이 친족의 결혼식에 축의금 또는 화환을 제공하는 것은 허용되나, 선거구민인 그의 결혼식에 주례행위를 하는 것은 법 제113조(후보자 등의 기부행위제한)에 위반된다.[96)]

(나) 정당의 대표자가 중앙당 또는 시·도당에서 근무하는 해당 유급사무직원(중앙당 대표자의 경우 시·도당의 대표자와 상근 간부를 포함한다)·그 배우자 또는 그 직계존비속이 결혼하거나 사망한 때에 통상적인 범위에서 축의·부의금품(화환 또는 화분을 포함한다)을 제공하거나 해당 유급사무직원(중앙당 대표자의 경우 시·도당 대표자를 포함한다)에게 연말·설·추석·창당기념일 또는 그의 생일에 정당의 경비로 의례적인 선물을 정당의 명의로 제공하는 행위

정당의 대표자가 결혼식에서의 주례행위는 할 수 없다.[97)]

(다) 국가유공자의 위령제, 국경일의 기념식, 「각종 기념일 등에 관한 규정」 제2조(기념일 등)에 규정된 정부가 주관하는 기념일의 기념식, 공공기관·시설의 개소·이전식, 합동결혼식, 합동분향식, 산하기관·단체의 준공식, 정당의 창당대회·합당대회·후보자선출대회, 그 밖에 이에 준하는 행사에 의례적인 화환·화분·기념품을 제공하는 행위

국가유공자 장례식은 국가유공자 위령제에 준하는 행사로 보아 화환을 제공하는 것은 무방하다.[98)] 제4회 '2006한국전쟁직후 민간인 피학살자 추모 전국합동위령제와 해원굿' 행사에 국회의원 명의로 화환을 보내는 것은 허용된다.[99)] 지방자치단체가 공공의 편의나 복지를 위하여 보조금을 지원하여 설치한 경로당 · 마을회관은 법 제112조(기부행위의 정의 등) 제2항

95) 2013. 8. 13. 중앙선관위 운용기준
96) 2014. 4. 4. 중앙선관위 질의회답
97) 2005. 5. 25. 중앙선관위 질의회답
98) 2004. 8. 18. 중앙선관위 질의회답
99) 2006. 12. 1. 중앙선관위 질의회답

제2호 (다)목의 공공시설로 볼 수 있고, 이의 개소식에 지방자치단체장 등이 의례적인 화환·화분에 직·성명을 표시하거나 기념품에 직·성명을 부각되지 아니하게 기재하여 제공하는 것은 무방하다.[100] 국회의원이 공공기관 신청사 준공식에 직·성명이 부각되지 않게 기재한 의례적인 기념품을 정치자금으로 구입하여 제공하는 것은 허용된다.[101] 국회의원이 지역구 내 파출소 준공식에서 사회통념상 의례적인 범위의 기념식수를 하고 표지석을 설치하는 것은 무방하고, 이 경우 표지석에 국회의원의 직·성명이 부각되지 아니하게 게재할 수 있다.[102]

(라) 공익을 목적으로 설립된 재단 또는 기금이 선거일 전 4년 이전부터 그 설립목적에 따라 정기적으로 지급하여 온 금품을 지급하는 행위. 다만, 선거일 전 120일(선거일 전 120일 후에 실시사유가 확정된 보궐선거등에 있어서는 그 선거의 실시사유가 확정된 때)부터 선거일까지 그 금품의 금액과 지급 대상·방법 등을 확대·변경하거나 후보자(후보자가 되려는 사람을 포함한다)가 직접 주거나 후보자 또는 그 소속 정당의 명의를 추정할 수 있는 방법으로 지급하는 행위는 제외한다.

지방자치단체장·지방의회의원 기타 후보자가 되고자 하는 자 등이 법인의 설립에 필요한 기금을 출연하는 행위는 무방하나, 기금의 출연 및 설립과정에서 선거구민에 대한 기부 또는 기부의 약속에 이르러서는 아니 된다.[103] 국회의원이 자비로 청소년 문화재단을 설립하고, 재단의 이사·이사장으로 취임하는 것은 제한되지 아니하고, 재단의 이사장으로서 그 지위에 걸맞는 행사에서 선거와 관련 없이 의례적인 격려사를 하는 것은 무방하나, 선거구민 등에 대한 금품 전달을 위한 행사를 선거기간에 개최하면서 격려사를 하는 경우에는 법 제103조(각종집회 등의 제한) 및 제114조(정당 및 후보자의 가족 등의 기부행위제한)에 위반되고, 그와 같은 행사를 선거기간 전에 개최하여 격려사를 하는 경우에는 구체적인 사안에 따라 법 제114조(정당 및 후보자의 가족 등의 기부행위제한) 위반여부를 판단하여야 한다. 후보자가 되고자 하는 자인 재단이사장이 선거구민 또는 선거구민과 연고가 있는 자에게 장학금 등을 직접 주거나 증서에 이사장이 직·성명을 표시하는 방법으로 지급하는 것은 법 제114조(정당 및 후보자의 가족 등의 기부행위제한)에 위반된다. 국회의원의 성명을 사용하거나 선거구민에게 널리 알려져 있는 그의 '호(號)'를 재단의 명칭으로 사용하여 후보자가 되고자 하는 자를 선전하고 그 재단이 선거구민이나 선거구민과 연고가 있는 자에게 장학금 등을 지급하는 경우에는 법 제114조(정당 및 후보자의 가족 등의 기부행위제한) 또는 제254조(선거운동기간위반죄)에

100) 2009. 3. 25. 중앙선관위 질의회답
101) 2009. 12. 1. 중앙선관위 질의회답
102) 2015. 8. 28. 중앙선관위 질의회답
103) 2005. 6. 29. 중앙선관위 질의회답

위반된다.[104] 공익재단이 재단의 설립목적에 따라 선발된 장학생에게 정기적으로 지급하여 온 장학금을 대신하여 재단에 재능을 기부한 사람으로 하여금 선거운동에 이르는 행위 없이 학습지도·예능교육 등을 하게 하는 것은 허용되나, 선거일전 120일부터 선거일까지 학습지도·예능교육 등을 후보자가 되려는 국회의원이 직접 하거나 그 국회의원 또는 그 소속정당의 명의를 추정할 수 있는 방법으로 하여서는 아니 된다.[105]

(마) 친목회·향우회·종친회·동창회 등 각종 사교·친목단체 및 사회단체의 구성원으로서 당해 단체의 정관·규약 또는 운영관례상의 의무에 기하여 종전의 범위 안에서 회비를 납부하는 행위

위 '회비를 납부하는 행위'에 해당하려면 그 금품제공행위가 정관·규약 또는 운영 관례상의 '의무에 기한 회비' 납부행위인 경우여야 하는바, 정관 등에 아무런 근거도 없는 상태에서 막연히 종전의 관행에 따라 금원을 제공하였다는 것만으로는 이에 해당한다고 볼 수는 없다.[106] 후보자가 되고자 하는 청주시의회의원이 충청북도 핸드볼협회장으로서 소속협회의 이사회에서 책정한 운영비를 운영관행에 따라 의무에 기하여 종전의 범위 안에서 분담하는 것은 무방하다.[107] 종친회가 정관 등의 규정에 따라 종친회원에게 정기적으로 지급하여 온 장학금을 그 종친회 명의로 제공하는 것은 무방하나, 후보자(후보자가 되고자 하는 자를 포함)의 명의를 밝혀 제공하거나 후보자가 제공하는 것으로 추정할 수 있는 방법으로 하는 것은 법 제114조(정당 및 후보자의 가족 등의 기부행위제한)에 위반된다.[108] 국회의원이 후원회장으로 있는 생활체육단체 후원회 창립총회에서 후원회원 등 내빈에게 후원회 명의로 음식물을 제공하는 것은 무방하나, 후보자가 되고자 하는 국회의원의 명의를 밝혀 제공하거나 그가 제공하는 것으로 추정할 수 있는 방법으로 하는 것은 법 제114조(정당 및 후보자의 가족 등의 기부행위제한)에 위반된다.[109] 국회의원이 사회단체에 후원금을 기부하는 경우 입후보를 예정하고 있는 선거의 선거구 안에 있는 단체나 선거구민과 연고가 있는 단체가 아니라면 무방하고, 선거구 안에 있는 단체나 선거구민과 연고가 있는 단체라 하더라도 그 단체의 구성원으로서 당해 단체의 정관·규약 또는 운영관례상의 의무에 기하여 종전의 범위 안에서 회비를 납부하는 행위는 허용된다.[110] 국회의원이 대표자로 있는 장애인연합회후원회가 설립목적의 범위 안에서 공직선거와 무관하게 바자회를 개최하거나, 그 바자회를 개최하면서 협찬사로

104) 2011. 3. 21. 중앙선관위 질의회답
105) 2013. 6. 21. 중앙선관위 질의회답
106) 2007. 7. 12. 선고 2007도579 판결
107) 1994. 12. 5. 중앙선관위 질의회답
108) 2007. 3. 12. 중앙선관위 질의회답
109) 2007. 8. 13. 중앙선관위 질의회답
110) 2008. 6. 2.중앙선관위 질의회답

부터 수익금을 후원회 통장으로 받는 것은 허용되고, 장애인연합회후원회가 장애인단체 임원들과 간담회를 개최한 후 후원회 명의로 음식물을 제공하는 것은 무방하나, 후보자가 되고자 하는 국회의원의 명의를 밝혀 제공하거나 그가 제공하는 것으로 추정할 수 있는 방법으로 하는 것은 법 제114조(정당 및 후보자의 가족 등의 기부행위제한)에 위반된다.[111] 국회의원 등 후보자가 되려는 사람이 소속 산악회의 정관·규약 또는 운영 관례상의 의무에 따라 회비(직책에 따른 회비를 포함)를 납부하는 것은 무방하나, 그러한 의무 없이 특별회비를 납부하는 때에는 법 제113조(후보자 등의 기부행위제한)에 위반된다.[112]

(바) 종교인이 평소 자신이 다니는 교회·성당·사찰 등에 통상의 예에 따라 헌금(물품의 제공을 포함한다)하는 행위

후보자가 평소 자신이 다니는 교회가 아닌 다른 교회, 그것도 자신 소속 교파와 다른 교회의 예배에 참석하여 봉투에 자신의 이름을 기재하여 금 20,000원을 넣어 헌금한 행위는 의례적인 행위가 아니다.[113] 지방자치단체장 후보자가 평소 매월 헌금하는 약 100만원의 100배에 달하는 거액을 헌금하는 것은 기부행위에 해당한다.[114] 국회의원이 특정 행사의 추진을 위하여 일시적으로 구성된 단체(부산광역시 부처님오신날봉축위원회)에 고문이 되어 분담금을 납부하는 것은 법 제113조(후보자 등의 기부행위제한)에 위반된다.[115]

(사) 선거운동을 위하여 후보자와 함께 다니는 자나 국회의원·후보자·예비후보자가 관할구역 안의 지역을 방문하는 때에 함께 다니는 자에게 통상적인 범위에서 식사류와 음식물을 제공하는 행위

후보자·예비후보자 및 국회의원과 함께 다니는 자의 범위는 선거사무관계자·정당의 간부 및 보좌관 등 수행원을 모두 합하여 다음 각 호에 해당하는 수 이하로 한다. 이 경우 가족(가족의 범위는 법 제10조(사회단체 등의 공명선거추진활동) 제1항 제3호[116]의 규정을 준용한다)은 함께 다니는 자의 수에 산입하지 아니한다(규칙§50②).

1. 후보자·예비후보자

가. 대통령선거에 있어서는 30인

나. 시·도지사선거에 있어서는 15인

---

111) 2008. 12. 15. 중앙선관위 질의회답
112) 2013. 4. 18. 중앙선관위 질의회답
113) 서울고등법원 1996. 4. 10. 선고 96노350 판결
114) 2007. 7. 26. 선고 2007도2636 판결
115) 2005. 4. 20. 중앙선관위 질의회답
116) 후보자(후보자가 되고자 하는 자를 포함한다), 후보자의 배우자와 후보자 또는 그 배우자의 직계존·비속과 형제자매나 후보자의 직계비속 및 형제자매의 배우자

다. 지역구국회의원선거 및 자치구·시·군의 장선거에 있어서는 10인

라. 지역구지방의회의원선거에 있어서는 5인

2. 국회의원 : 10인. 다만, 예비후보자 또는 후보자가 된 경우에는 제1호에서 정한 수로 한다.

선거사무원에게 그 대가를 지급할 수 있는 것은 그 선임신고를 한 날부터 해임신고를 하거나 그 활동이 종료된 날까지의 기간에 대해서만 규칙으로 정한 수당과 실비를 지급할 수 있고 그들에게 선거운동과 관련하여 이를 초과하는 금품이나 이익의 제공을 금지하고 있으므로, 선거사무원의 신분을 취득하기 전에 음식물 및 주류 제공행위는 기부행위에 해당한다.[117]

(아) 기관·단체·시설의 대표자가 소속 상근직원(「지방자치법」 제6장 제3절과 제4절에서 규정하고 있는 소속 행정기관 및 하부행정기관[118]과 그 밖에 명칭여하를 불문하고 이에 준하는 기관·단체·시설의 직원은 제외한다)이나 소속 또는 차하급기관·단체·시설의 대표자·그 배우자 또는 그 직계존비속이 결혼하거나 사망한 때에 통상적인 범위에서 축의·부의금품(화환 또는 화분을 포함한다)을 제공하는 행위와 소속 상근직원이나 소속 또는 차하급기관·단체·시설의 대표자에게 연말·설·추석·창립기념일 또는 그의 생일에 자체사업계획과 예산에 따라 의례적인 선물을 해당 기관·단체·시설의 명의로 제공하는 행위

시의 경우 구와 동의 직원은 시의 소속 상근 직원에 포함되지 않는다.[119] 상근 직원이란 본청 소속의 상근직원을 말하므로 직속기관인 보건소 소속의 상근직원은 이에 해당하지 아니한다.[120] 지방자치단체장이 법 제112조(기부행위의 정의 등) 제2항 제2호 (아)목의 규정에 따라 축·부의금품을 제공할 수 있는 소속 상근직원에는 지방자치단체의 상근인력관리규정에 따라 연간 300일 이상 사역하는 일용인부인 환경미화원, 도로보수원, 단순일용자, 「청원경찰법」에 의한 청원경찰 등 상근인력(소속 행정기관 및 하부행정기관에 근무하는 자를 제외함)이 포함되고,[121] 「지방공무원 임용령」 제3조의2(임기제공무원의 종류)에 의하여 임용된 임기제공무원(일반임기제공무원, 시간선택제임기제공무원, 한시임기제공무원), 「지방공무원 임용령」 제3조의3(인력관리계획의 수립·시행)에 의하여 임용된 시간선택제채용공무원, 지방자치단체장이 「근로기준법」에 의거 고용한 무기계약 근로자, 기간제 근로자(소속 행정기관 및 하부행정기관과 그 밖

117) 2019. 4. 23. 선고 2019도2346 판결(대전고등법원 2019. 1. 28. 선고 2018노457 판결)

118) 「지방자치법」 제6장 집행기관 제3절 소속 행정기관에는 직속기관(제113조), 사업소(제114조), 출장소(제115조), 합의제행정기관(제116조), 자문기관(제116조의2)가 있고, 제4절 하부행정기관에는 구, 읍, 면, 동이 있다(제120조).

119) 2004. 5. 19. 중앙선관위 질의회답

120) 2004. 8. 23. 중앙선관위 의결

121) 2005. 12. 7. 중앙선관위 질의회답

에 명칭여하를 불문하고 이에 준하는 기관·단체·시설의 직원은 제외)도 포함된다.[122] 「지방자치법」 제90조(사무처 등의 설치)에 따라 지방의회에 두는 사무직원은 법 제112조(기부행위의 정의 등) 제2항 제2호 (아)목의 '소속 상근직원'에 해당되지 아니하므로 지방자치단체장은 당해 지방의회의 사무직원, 그 배우자 또는 그 직계존·비속이 결혼하거나 사망한 때에 축의·부의 금품을 제공할 수 없다.[123] 명절(설, 추석) 또는 특정시기에 기초자치단체장이 광역자치단체의 주요간부에게 지역의 특산물을 의례적인 범위(3~5만원)안에서 제공하는 경우 그 대상이 법 제112조(기부행위의 정의 등) 제1항에 규정된 기부행위의 상대방이 아닌 자에게 제공하는 것은 무방하다.[124]

(자) 읍·면·동 이상의 행정구역단위의 정기적인 문화·예술·체육행사, 각급학교의 졸업식 또는 공공의 이익을 위한 행사에 의례적인 범위에서 상장(부상은 제외한다)을 수여하는 행위와 구·시·군단위 이상의 조직 또는 단체(향우회·종친회·동창회, 동호인회, 계모임 등 개인 간의 사적 모임은 제외한다)의 정기총회에 의례적인 범위에서 연 1회에 한하여 상장을 수여하는 행위. 다만, 법 제60조의2(예비후보자등록) 제1항의 규정에 따른 예비후보자등록신청개시일부터 선거일까지 후보자(후보자가 되고자하는 자를 포함한다)가 직접 수여하는 행위를 제외한다.

국회의원·지방의회의원·지방자치단체의 장이 (사)한국농업경영인부여군연합회가 개최하는 제15회 부여군농업경영인 가족단합대회 행사에 상장과 부상을 수여하는 경우에는 법 제113조(후보자 등의 기부행위제한)에 위반된다.[125] 국회의원이 「유아교육법」상 학교에 해당하는 유치원의 졸업식에서 모범적인 학생에게 정기적으로 시상하여 온 경우 종전의 범위 안에서 시상을 하는 것은 무방하다.[126] 어린이집은 각급 학교에 해당하지 아니하므로 시상을 할 수 없다.[127] 다른 용도로 사용될 수 있는 도자기 상패는 법 제112조(기부행위의 정의 등) 제2항 제2호 (자)목 등의 상장에 포함되지 아니한다.[128] 상장이나 표창은 반드시 종이로 제작한 경우만을 뜻하는 것은 아니고 통상적인 상패·트로피·감사패 등의 형태로 수여할 수 있고, 지방자치단체가 개최하는 행사에서 입상자가 아닌 행사와 관련된 유공자에게 당해 지방자치단체의 장이 의례적 행위로서 공로패 등을 수여할 수 있으나, 후보자(후보자가 되고자 하는 자를 포함)는 예비후보자등록신청개시일부터 선거일까지는 직접 수여할 수 없고, 법 제112조(기부

122) 2016. 7. 11. 중앙선관위 질의회답
123) 2007. 1. 12. 중앙선관위 질의회답
124) 2007. 2. 9. 중앙선관위 질의회답
125) 2004. 9. 30. 중앙선관위 질의회답
126) 2004. 12. 17. 중앙선관위 질의회답
127) 2005. 2. 4. 중앙선관위 질의회답
128) 2009. 7. 14. 중앙선관위 질의회답

행위의 정의 등) 제1항에 규정된 기부행위의 상대방이 아닌 경우에는 부상을 수여할 수 있다.[129] 경기도 산하 부설교육기관인 재단법인 경기도디지털콘텐츠진흥원이 운영하는 경기도디지털콘텐츠아카데미 졸업·입학식에서 동진흥원의 이사장과 부사장을 맡고 있는 도지사와 시장 등 지방자치단체장이 시상을 하는 경우에는 법 제113조(후보자 등의 기부행위제한)에 위반된다.[130] 국회의원이 전국규모행사(행사 참가대상자와 실제 행사 참가자가 전국규모인 행사)의 준비위원회위원장으로서 입상자에 대하여 의례적인 상장 및 부상을 수여하는 것은 무방하나, 대회에 참가한 자가 주로 선거구민이거나 선거구민과 연고관계에 있는 자인 경우에는 부상을 수여할 수 없다.[131]

(차) 의정활동보고회, 정책토론회, 출판기념회, 그 밖의 각종 행사에 참석한 사람에게 통상적인 범위에서 차·커피 등 음료(주류는 제외한다)를 제공하는 행위

(카) 선거사무소·선거연락소 또는 정당선거사무소의 개소식·간판게시식 또는 현판식에 참석한 정당의 간부·당원들이나 선거사무관계자들에게 해당 사무소 안에서 통상적인 범위의 다과류의 음식물(주류를 제외한다)을 제공하는 행위

(타) 법 제114조(정당 및 후보자의 가족 등의 기부행위제한) 제2항에 따른 후보자 또는 그 가족과 관계있는 회사 등이 개최하는 정기적인 창립기념식·사원체육대회 또는 사옥준공식 등에 참석한 소속 임직원이나 그 가족, 거래선, 한정된 범위의 내빈 등에게 회사측의 경비로 통상적인 범위에서 유공자를 표창(지방자치단체의 경우 소속 직원이 아닌 자에 대한 부상의 수여는 제외한다)하거나 식사류의 음식물 또는 싼 값의 기념품을 제공하는 행위

후원회 지정권자인 국회의원이 후원회 정관에 따라 후원회 총회의 기능을 대신하는 운영위원회 회의에서 전임 후원회 대표자 및 사무국장에게 정치자금으로 통상적인 범위에서 감사패(부상 포함)을 수여하는 것은 법 제112조(기부행위의 정의 등) 제2항 제2호 (타)목에 따라 무방하나, 선거구민 또는 선거구민과 연고가 있는 후원회 운영위원회 위원들에게 식사를 제공하는 것은 법 제113조(후보자 등의 기부행위제한)에 위반된다.[132]

129) 2005. 8. 25. 중앙선관위 질의회답
130) 2006. 1. 26. 중앙선관위 질의회답
131) 2009. 4. 22. 중앙선관위 질의회답
132) 2013. 7. 29. 중앙선관위 질의회답

(파) 법 제113조(후보자 등의 기부행위제한) 및 제114조(정당 및 후보자의 가족 등의 기부행위제한)에 따른 기부행위를 할 수 없는 자의 관혼상제에 참석한 하객이나 조객 등에게 통상적인 범위에서 음식물 또는 답례품을 제공하는 행위

국회의원이 선친 제사에 참석한 조객에게 통상적인 범위 안에서 음식물을 제공하는 것은 무방하고, 선친 제사 참석자를 대상으로 선거와 무관하게 의례적인 행사(추도묵념, 헌화, 추도사, 유가족의 인사말, 핸드마이크 사용)로 개최하는 경우는 허용된다.[133)]

(3) 구호적·자선적 행위(법§112②3.)

(가) 법령에 의하여 설치된 사회보호시설 중 수용보호시설에 의연금품을 제공하는 행위

정당이 선거운동에 이르거나 선거에 영향을 미치지 아니하는 방법으로 농민과 도시민이 만날 수 있는 기회를 제공하고자 '장터'행사를 개최하는 것은 무방하며, 그 행사장소에 관하여는 공직선거법에서 제한하고 있지 아니하고 있고, 정당이 '장터'행사 고지에 필요한 범위 안에서 선거운동에 이르거나 선거에 영향을 미치지 아니하는 방법과 내용으로 관련자들에게 이를 고지하는 것은 선거일전 180일 전에는 무방하고, 정당이 '장터'행사의 부대행사로 바자회를 개최하고, 그 수익금을 법 제112조(기부행위의 정의 등) 제2항 제3호 각 목의 어느 하나에 해당하는 자선·구호금품으로 제공하는 것은 무방하다.[134)]

(나) 「재해구호법」의 규정에 의한 구호기관(전국재해구호협회를 포함한다) 및 「대한적십자사 조직법」에 대한 대한적십자사에 천재·지변으로 인한 재해의 구호를 위하여 금품을 제공하는 행위

(다) 「장애인복지법」 제58조(장애인 복지시설)에 따른 장애인복지시설(유료복지시설을 제외한다)에 의연금품·구호금품을 제공하는 행위

정치인팬클럽에서 운영하고 있는 정치인 팬클럽사이트에 SMS·MMS발송프로그램을 게재하여 팬클럽운영진은 무료로 사용할 수 있도록 하되, 운영진을 제외한 일반회원들에게는 통상의 요금을 부과하는 서비스를 제공하는 것은 공직선거법상 제한하는 규정이 없으며, 정치인팬클럽사이트에서 후원하고 있는 장애인복지시설이나 자선단체, 불우이웃 등을 후원하기 위하여 본사가 자발적으로 문자메시지(MMS 포함)를 무료로 발송할 수 있는 서비스를 장애인복지시설 등(법 제112조(기부행위의 정의 등)에 규정된 시설 등이 아닌 경우)에 제공하는 것은 무방하나, 후보자가 되고자 하는 자의 명의를 밝히거나 그가 기부하는 것으로 추정되는 방법으

133) 2008. 7. 11. 중앙선관위 질의회답
134) 2008. 11. 20. 중앙선관위 질의회답

로 제공하는 때에는 법 제115조(제3자의 기부행위제한)에 위반되고, 팬클럽 회원이 자신이 지지하는 정당의 당원이 된 경우에도 팬클럽 회원으로서 팬클럽활동을 위한 성금을 기부할 수 있고, 팬클럽 홈페이지에서 제공하는 문자메시지 발송 서비스의 수익금 일부를 팬클럽 명의나 자사 또는 무기명으로 수용보호시설, 장애인복지시설에 기부하는 것은 제한되지 아니한다.135) 국회의원이 지역구내 지역봉사단체 또는 선거구민에게 사무실·사무기기·용품 등을 무상으로 사용하게 하는 것은 법 제113조(후보자 등의 기부행위제한)에 위반되고, 행위 양태에 따라 법 제254조(선거운동기간위반죄)에도 위반될 수 있다.136)

(라) 「국민기초생활보장법」에 의한 수급권자인 중증장애인에게 자선·구호금품을 제공하는 행위

본 항목에 해당하기 위해서는 기부행위의 상대방이 「국민기초생활보장법」에 의한 수급권자인 중증장애인이어야 할 뿐만 아니라 기부행위자에게 자선 내지 구호의 의사가 있어야 한다.137) 정당의 대표자가 「국민기초생활보장법」에 의한 수급권자인 중증장애인의 합동결혼식에서 주례를 하는 행위는 허용된다.138)

(마) 자선사업을 주관·시행하는 국가·지방자치단체·언론기관·사회단체 또는 종교단체 그 밖에 국가기관이나 지방자치단체의 허가를 받아 설립된 법인 또는 단체에 의연금품·구호금품을 제공하는 행위. 다만, 광범위한 선거구민을 대상으로 하는 경우 제공하는 개별 물품 또는 그 포장지에 직명·성명 또는 그 소속 정당의 명칭을 표시하여 제공하는 행위는 제외한다.

자선사업이란 주로 종교적·도덕적 동기에 기반을 두고 고아, 병자, 노약자, 빈민 등을 구제할 목적으로 이루어지는 사회사업을 말하고, 자선사업을 주관·시행하는 단체는 위 자선사업과 직접적인 관련이 있을 뿐만 아니라 단체로서의 실체를 갖추고 있어야 한다. 기초의원후보예정자의 남편이 경영하는 금은방의 홍보용으로 제작된 연필꽂이 겸용 탁상시계를 선거구 안에 있는 '○○구 자활후견기관'에 주면서 소속된 「국민기초생활보장법」상 급여수급자에게 주라고 요청한 것은 '○○구 자활후견기관'이 자산사업을 주관·시행하는 단체로서 기타 국가기관이나 지방자치단체의 허가를 받아 설립된 법인 또는 단체에 해당한다고 볼 수 없어 기부행위에 해당한다.139) 기초의원후보예정자가 자신이 운영하는 회사와 1사 1촌 운동

135) 2007. 1. 3. 중앙선관위 질의회답
136) 2008. 7. 7. 중앙선관위 질의회답
137) 2007. 3. 16. 선고 2007도617 판결
138) 2005. 9. 28. 중앙선관위 질의회답
139) 2007. 1. 25. 선고 2006도7242 판결

을 벌이고 있는 '○○ 영농회'의 불우이웃돕기 행사에 라면 30박스, 쌀 5포대를 제공한 경우, '○○ 영농회'는 그 성격이 불우이웃돕기와는 직접적으로 관련이 없는 단체로서 자선사업을 주관·시행하는 사회단체 등에 해당한다고 보기 어려워 기부행위에 해당한다.[140)]

국회의원이 연말연시에 선거구내의 경찰서에 격려금을 직접 전달하는 경우에는 법 제113조(후보자 등의 기부행위제한)에 위반되나, 전경·의경이 근무 중인 기관에 위문금품을 제공하는 행위는 무방하다.[141)] 국회의원이 관내 장학회에 장학금을 기부하는 것[142)]과 최대주주로 있는 기업이 지역구에 소재하는 청소년지역아동센터에 매월 일정금액의 정기후원을 하는 것,[143)] 마이크로크레딧 사업(금융기관을 이용할 수 없는 취약계층에게 소액자금을 무담보, 무보증으로 대출함으로써 경제활동을 지원하는 사업)을 추진하는 재단 등에 기금을 출연 또는 기부하는 것[144)]은 법 제112조(기부행위의 정의 등) 제2항 제3호 (마)목에 따라 무방하다. 국회의원이나 정치인이 장학금의 모금 및 지급을 목적으로 설립된 장학회의 회장·이사장 또는 임원이 되는 것은 공직선거법상 제한되지 아니하고, 그 장학회에 회비를 납부하는 것은 법 제112조(기부행위의 정의 등) 제2항 제3호 (마)목에 따른 행위로서 그 납부 회수와 금액은 제한되지 아니한다.[145)] 국회의원이 당선 시 제공받은 쌀화환을 법 제112조(기부행위의 정의 등) 제2항 제3호에 의한 구호적·자선적 행위를 할 수 있는 단체에 제공하고, 그 결과를 보도자료로 작성하여 언론에 배포하는 것은 무방하다.[146)] 장학회에 장학금을 기부하거나 「초·중등교육법」 제33조(학교발전기금) 및 동법 시행령 제64조(학교발전기금)에 따라 학교운영위원회에 장학사업을 위한 학교발전기금을 제공하는 것은 법 제112조(기부행위의 정의 등) 제2항 제3호 (마)목 또는 제112조(기부행위의 정의 등) 제2항 제5호에 따라 무방하고, 장학재단 설립에 필요한 기금을 출연하는 것은 법 제112조(기부행위의 정의 등) 제2항 제3호 (마)목에 따라 허용된다.[147)] 단체가 자선사업의 일환으로 개최하는 베트남 도서관 건립을 위한 기금마련 콘서트에 국회의원이 재능기부 형태로 출연하는 것은 무방하다.[148)] 지방의회의원이 선거구 안에 있는 구호·자선단체에 구호·자선대상자를 위한 의연금품·구호금품을 제공하는 것은 무방하나, 구호·자선단체가 사용할 건물을 무상으로 임대하는 것은 해당 단체의 운영에 직접 소요되는 경비를 부담하는 것으로서 법 제112조(기부행위의 정의 등) 제2항 제3호 (마)목의 의연금품·구호금품을 제공하는 행위로 볼 수 없어 법 제113조(후보자 등의 기부행위제한)에 위반된

140) 2006. 11. 23. 선고 2006도5909 판결
141) 2006. 12. 22. 중앙선관위 질의회답
142) 2008. 12. 22. 중앙선관위 질의회답
143) 2009. 1. 21. 중앙선관위 질의회답
144) 2009. 3. 5. 중앙선관위 질의회답
145) 2009. 6. 11. 중앙선관위 질의회답
146) 2010. 9. 9. 중앙선관위 질의회답
147) 2011. 11. 8. 중앙선관위 질의회답
148) 2013. 9. 6. 중앙선관위 질의회답

다.[149] 국회의원이 군 부대 내에 컨테이너형 병영 독서카페를 기증(설치 금전 지원)하는 것은 무방하고, 컨테이너형 병영 독서카페가 「도서관법」에서 정한 병영도서관에 해당되는 경우에는 법 제112조(기부행위의 정의 등) 제2항 제5호에 따른 행위에도 해당된다.[150]

(바) 자선·구호사업을 주관·시행하는 국가·지방자치단체, 그 밖의 공공기관·법인을 통하여 소년·소녀 가장과 후원인으로 결연을 맺고 정기적으로 제공하여 온 자선·구호금품을 제공하는 행위

(사) 국가기관·지방자치단체 또는 구호·자선단체가 개최하는 소년·소녀가장, 장애인, 국가유공자, 무의탁노인, 결식자, 이재민, 「국가기초생활보장법」에 따른 수급자 등을 돕기 위한 후원회 등의 행사에 금품을 제공하는 행위. 다만, 개별 물품 또는 그 포장지에 직명·성명 또는 그 소속 정당의 명칭을 표시하여 제공하는 행위는 제외한다.

(아) 근로청소년을 대상으로 무료학교(야학을 포함한다)를 운영하거나 그 학교에서 학생들을 가르치는 행위

(4) 직무상의 행위(법§112②4.)

(가) 국가기관 또는 지방자치단체가 자체사업계획과 예산으로 행하는 법령에 의한 금품제공행위(지방자치단체가 표창·포상을 하는 경우 부상의 수여를 제외한다)

법 제112조(기부행위의 정의 등) 제2항 제4호 (나)목과 (다)목이, (가)목과 달리 그 허용되는 금품제공행위의 요건과 내용 및 방법 등을 다시 구체적으로 제한하여 설시하고 있는 것과의 균형을 고려하면, (가)목의 '법령에 의한 금품제공행위'에서 말하는 '법령'이란 단순히 지방자치단체 행정의 목적이나 방향 등에 관하여 일반적이고 추상적이거나 선언적으로 규정하고 있는 모든 법령을 의미하는 것은 아니고, 보다 구체적으로 의무를 부과하는 법령만을 의미하는 것으로 제한적으로 해석함이 상당하다.[151] 따라서, 법 제112조(기부행위의 정의 등) 제2항 제4호 (가)목 또는 (나)목에서 국가기관 또는 지방자치단체의 직무상의 행위 중 하나로 열거된 '법령' 또는 '지방자치단체의 조례'에 의한 금품제공행위에 해당하려면, 단순히 자체사업계획에 의하여 예산을 그 편성 목적 및 절차에 따라 지출하였다는 것만으로는 부족하고,

149) 2015. 1. 9. 중앙선관위 질의회답
150) 2015. 8. 20. 중앙선관위 질의회답
151) 서울고등법원 2006. 3. 23. 선고 2005초기71 결정

그 금품제공행위와 관련된 '자체사업계획과 예산'과는 별도로 존재하는 법령 또는 조례에서 이를 직접적으로 뒷받침하고 있는 경우여야 한다.[152] 단순히 자체사업계획에 의하여 예산을 그 편성 목적 및 절차에 따라 지출하였다는 것만으로는 위 조항에 의한 금품제공행위에 해당한다고 볼 수 없으므로, 국가기관 또는 지방자치단체가 행하는 금품제공행위에 관하여 이를 직접적으로 뒷받침하는 별도의 법령이나 조례가 존재하지 않는 이상, 어떠한 금품제공행위가 업무추진비의 지출이라는 형식으로 이루어지고 이러한 업무추진비가 그 편성 목적 및 절차에 따라 지출되었다는 이유만으로 그와 같은 금품제공행위를 법 제112조(기부행위의 정의 등) 제2항 제4호 (가)목 또는 (나)목에서 정한 법령 또는 조례에 의한 금품제공행위에 해당하여 기부행위의 개념에서 제외된다고 할 수는 없다.[153]

현재 지방자치단체의 업무추진비는 「지방회계법 시행령」 제64조(회계 처리 등에 관한 사항) 제1항[154]에 따라 행정안전부령으로 2008. 3. 1. 「지방자치단체 업무추진비 집행에 관한 규칙」이 제정되었고, 2015. 4. 1. 위 규칙이 개정되어 지방의회 의장 등의 업무추진비의 집행도 위 규칙에 포함되었다.[155] 그리고 2018. 3. 19. 「지방회계법 시행령」 제64조(회계 처리 등에 관한 사항) 제1항에 따라 교육부령 제152호로 「지방교육행정기관 업무추진비 집행에 관한 규칙」이 제정되어, 교육감의 업무추진비도 위 규칙에 의하여 집행할 수 있게 되었다.

한편, 지방자치단체 등에 시행 의무를 명시적으로 부과하는 내용의 법령만이 공직선거법 제112조(기부행위의 정의 등) 제2항 제4호 (가)목에 정한 금품제공행위의 근거가 되는 법령이라고 할 수는 없다. 왜냐하면 "지방자치단체는 주민의 복리에 관한 사무를 처리하고…"라고 규정한 「헌법」 제117조 제1항과 주민의 복지증진에 관한 사무를 지방자치단체의 사무 중 하나로 예시한 「지방자치법」 제9조(지방자치단체의 사무범위) 제2항 등에 따라 지방자치단체는 주민의 복리를 배려할 기본적 의무를 늘 부담하기 때문이다. 따라서 지방자치단체가 비록 의무를 명시적으로 부과하는 근거 법령이 없는 상태에서 주민의 복리증진을 위한 지출행위를 하였더라도 그것이 허용하거나 권장하는 것임이 구체적으로 명시된 법령에 근거하여 행

---

152) 2015. 10. 15. 선고 2015도11392 판결, 2007. 11. 16. 선고 2007도7205 판결

153) 2007. 11. 16. 선고 2007도7205 판결, 2007. 7. 12. 선고 2007도579 판결, 1996. 5. 10. 선고 95도2820 판결

154) 「지방회계법 시행령」 제64조(회계 처리 등에 관한 사항) ① 행정안전부장관은 이 영에서 정하는 사항 외에 지방자치단체 회계 처리의 통일적인 운용을 위하여 필요한 경우에는 「국고금관리법」 등 국가의 회계 관련 법령 등을 참고하여 회계 처리에 관한 세부 처리기준을 정할 수 있다. 이 경우 지방자치단체의 업무추진비 집행기준에 관한 사항은 행정안전부령으로 정한다.

155) 「지방자치단체 업무추진비 집행에 관한 규칙」 제2조(정의) 이 규칙에서 정하는 용어의 뜻은 다음과 같다.

1. "업무추진비"란 다음 각 목의 어느 하나에 해당하는 비용을 말한다.
   가. 지방자치단체의 장 등 업무추진비 : 지방자치단체의 장과 보조기관, 의회사무기구의 장, 소속 행정기관의 장 및 하부행정기관의 장의 직무수행에 드는 비용과 지방자치단체가 시행하는 행사, 시책추진사업 및 투자사업의 원활한 추진을 위한 비용
   나. 지방의회 의장 등 업무추진비 : 지방의회의장·부의장·상임위원장의 직무수행에 드는 비용과 지방의회의 의정활동을 수행하는데 필요한 비용

하여진 경우라면 이는 법 제112조(기부행위의 정의 등) 제2항 제4호 (가)목의 법령에 의한 금품제공행위로서 기부행위에 해당하지 않는다고 보아야 한다. 「노인복지법」 제26조(경로우대) 제1항[156]은 국가 또는 지방자치단체의 재량으로 경로무임제를 시행할지 여부를 결정하도록 하고 있어, 이에 근거하여 경로무임제를 조기 시행하여 65세 이상의 의정부시민들에게 의정부경전철을 이용할 수 있게 한 행위는 기부행위에 해당하지 아니한다.[157]

지방자치단체가 「지방공무원법」 제79조(표창)의 규정에 의한 당해 지방자치단체의 조례에 따라 소속 직원에 대하여 표창·포상하는 경우 종전의 관례에 벗어나지 아니하는 범위 안에서 부상을 수여할 수 있고, 포상의 범위에 특별휴가, 포상금, 상품권 등은 포함되지 아니하며, 이는 부상으로 보아야 한다.[158] 지방의회의장은 포상 조례가 있는지 여부에 관계없이 소속 직원을 포상할 수 있으나 부상은 수여할 수 없다. 다만, 후보자가 되고자 하는 선거구의 선거구민이 아닌 자 또는 선거구민과 연고가 있는 자가 아닌 자를 대상으로 포상하는 때에는 부상을 수여할 수 있다. 지방의회의장이 후보자가 되고자 하는 선거구의 선거구민 또는 선거구민과 연고가 있는 자를 대상으로 시상하는 경우에는 법령 또는 조례에 근거하여 시상할 수 있으나 그 밖의 자를 대상으로 시상하는 경우에는 법령 또는 조례의 근거를 필요로 하지 아니한다. 법 제112조(기부행위의 정의 등) 제2항 제2호 (자)목에 해당하는 행사가 있을 경우 별도로 지방의회 포상 조례가 없더라도 지방의회의장 명의의 상장발급(부상 제외)은 가능하다.[159]

'○○아카데미 시민학습 동아리' 우수사례 및 제안 경진대회에서 동아리에게 지방자치단체장의 명의로 된 상장과 포상사업비가 기재된 판넬을 수여한 경우, 「국민여가활성화기본법」 제15조(민간단체 등의 지원) 제1항은 '국가와 지방자치단체는 국민의 여가활성화를 위하여 노력하는 단체 또는 개인에 대하여 경비지원 등 필요한 지원할 수 있다.'라고 규정하고 있고, 같은 법 시행규칙 제2조(민간단체 등의 지원) 제1호에는 위 법 제15조(민간단체 등의 지원) 제1항에 따른 지원 내용의 하나로 '여가활성화를 위한 사업에 필요한 경비의 지원'을 규정하고 있으나, 지원대상이 되는 사업의 종류, 사업 선정 기준, 지원될 수 있는 경비의 범위 등과 같은 사항에 대하여 구체적으로 정함이 없이 일반적이고 선언적인 내용만이 규정되어 있을 뿐이고, 「자원봉사활동기본법」 제3조(정의) 제3호에 의하면 '자원봉사단체'란 자원봉사활동을 주된 사업으로 하거나 이를 지원하기 위하여 설립된 비영리 법인 또는 단체를 말하는

156) 「노인복지법」 제26조(경로우대) ① 국가 또는 지방자치단체는 65세 이상의 자에 대하여 대통령령이 정하는 바에 의하여 국가 또는 지방자치단체의 수송시설 및 고궁·능원·박물관·공원 등의 공공시설을 무료로 또는 그 이용요금을 할인하여 이용하게 할 수 있다.
157) 2016. 3. 10. 선고 2015도11804 판결(서울고등법원 2015. 7. 10. 선고 2015노633 판결)
158) 2005. 8. 25. 중앙선관위 질의회답
159) 2005. 10. 12. 중앙선관위 질의회답

것인바, 위 동아리가 자원봉사단체에 해당한다고 보기 어렵고, 「자원봉사활동기본법」 제18조(자원봉사단체에 대한 지원)는 '자원봉사활동단체의 활동에 필요한 행정적 지원을 할 수 있으며 「비영리민간단체지원법」에 따라 사업비를 지원할 수 있다.'라고 규정하고 있는데, 그 규정내용과 형식에 비추어 보더라도 위 규정은 지원에 관한 일반적인 근거규정으로 볼 수 있을 뿐 위 경진대회에서와 같은 금품제공행위를 구체적, 직접적으로 뒷받침하는 근거규정이라고 볼 수 없어,결국 위 각 법령은 위 경진대회에서 이루어진 금품제공행위를 구체적, 직접적으로 뒷받침하는 근거규정으로 볼 수 없으므로 위 금품제공행위는 법 제112조(기부행위의 정의 등) 제2항 제4호 (가)목이 규정하는 법령에 의한 금품제공행위에 해당하지 아니한다.[160]

지방자치단체가 신거를 앞두고 코로나 재난지원금 등을 지급한 것은 긴급한 현안을 해결하기 위하여 자체사업계획과 예산으로 해당 지방자치단체의 명의로 금품이나 그 밖에 재산상의 이익을 제공하는 행위로서 법 제112조(기부행위의 정의 등) 제2항 제4호 (가)목, (마)목에 해당하여 기부행위로 보지 아니한다.[161]

지방자치단체가 지방행정혁신 우수사례 경진대회에서 우수한 사례로 선정된 소속 직원 또는 부서에 대하여 「지방공무원법」 제79조(표창)의 규정에 의한 당해 지방자치단체의 조례에 따라 포창·포상하는 때에는 통상적인 범위 안에서 부상을 수여할 수 있다.[162]

통상적인 범위인지 여부는 부상수여의 시기·대상·방법·범위·금액 등을 종합적으로 고려하여 사회통념에 따라 판단하여야 한다.[163] 「독서문화진흥법」 및 같은 법 시행령에 따라 문화체육관광부장관 및 시·도지사가 수립·시행하는 독서문화진흥을 위한 기본계획 및 연도별 시행계획의 범위에서 지방자치단체의 장이 표창·포상(통상적인 상패 포함)하는 것은 무방하나, 표창·포상을 하는 경우 부상이나 부상으로 장학증서 또는 장학금을 수여할 수는 없다.[164] 한국산업인력공단과 지방자치단체가 「숙련기술장려법」에 따라 공동으로 주최하는 지방기능경기대회에서 한국산업인력공단이 그 명의로 입상자 등에게 상금을 지급하는 것은 허용된다.[165]

160) 2018. 1. 24. 선고 2017도18166 판결(서울고등법원 2017. 10. 25. 선고 2016노4132 판결)
161) 2021. 8. 19. 선고 2020수6137 판결
162) 2005. 9. 2. 중앙선관위 질의회답
163) 2005. 12. 2. 중앙선관위 질의회답
164) 2010. 10. 25. 중앙선관위 질의회답
165) 2012. 4. 6. 중앙선관위 질의회답

(나) 지방자치단체가 자체사업계획과 예산으로 대상·방법·범위 등을 구체적으로 정한 당해 지방자치단체의 조례에 의한 금품제공행위

법 제112조(기부행위의 정의 등) 제2항 제4호 (나)목에서 지방자치단체의 직무상의 행위 중 하나로 열거된 '지방자치단체의 조례'에 해당하려면, 그 금품제공행위와 관련된 '자체사업계획과 예산'과는 별도로 존재하는 조례에서 이를 직접적으로 뒷받침하고 있는 경우이어야 한다.[166]

'○○아카데미 시민학습 동아리' 우수사례 및 제안 경진대회에서 동아리에게 지방자치단체장의 명의로 된 상장과 포상사업비가 기재된 판넬을 수여한 경우, ○○평생학습 조례 제4조에 의하면, '○○은 평생학습문화 정착을 위하여 평생교육기관 및 단체 등에 대하여 예산의 범위에서 사업운영에 소요되는 경비를 지원할 수 있다.'라고 규정되어 있는데, 위 조례는 평생학습문화를 정착하기 위한 목적을 설시하고 있을 뿐 지원대상이 되는 사업의 종류, 사업선정기준, 제공될 수 있는 경비의 범위 등과 같은 사항에 대하여 구체적으로 정함이 없이 일반적이고 선언적인 내용만을 규정하고 있을 뿐이므로 위 금품제공행위를 직접적으로 뒷받침하고 있는 조례라고 보기 어려워, 위 금품제공행위는 법 제112조(기부행위의 정의 등) 제2항 제4호 (나)목에 의하여 허용되는, ○○평생학습 조례에 의한 행위에 해당한다고 볼 수 없다.[167]

시의회의원이 경로당의 기능보강사업 보조금에 관여할 수 있는 역할이나 권한의 범위는 경로당 회장 등의 의견을 청취하고 보조사업신청 여부를 판단하는 행위, 물품 공급업자에 대하여 견적서 등 작성과 제출을 요구하는 행위에 한정되고 독자적으로 위 보조금의 신청 및 교부결정 등 집행에 관한 권한을 행사할 수는 없는데, 시 경로당 조례 제7조, 제8조에 의하면 시장은 경로당의 효율적인 운영 및 활성화를 위하여 경로당 운영자문위원회를 설치·운영하여야 하고, 위 운영자문위원회는 경로당 시설 및 운영지원에 관한 사항 등에 대하여 자문하거나 심의하여야 함에도 불구하고 2017년까지 경로당 운영자문위원회가 구성되어 있었을 뿐 기능보강사업 보조금의 예산편성과 교부결정 등에 관하여 자문하거나 심의한 사실이 없는 점, 기능보강사업 보조금의 예산편성에 관하여는 지방보조금심의위원회의 의결을 거쳤을 뿐인 점에 비추어 보면, 경로당 조례가 기능보강사업의 근거 조례가 된다고 하더라도 이는 시장이 보조대상으로 정할 수 있는 사업의 근거라는 의미일 뿐이고 기능보강사업보조금의 신청 및 교부결정과 정산보고 등이 보조금 조례에 의해 규율되고 있는 이상, 기능보강사업이나 그 보조금을 직접적으로 뒷받침하는 조례는 보조금 조례라 할 것이므로, 경로당이 보조금 조례에서 정한 보조사업신청서를 제출하지 않았음은 물론 구청장의 보조금 교부결정이 없는 상태임에도 시의회의원이 임의로 납품업자를 통하여 물품제공행위를 한 이상,

166) 청주지방법원 2009. 6. 25. 선고 2009고합20 판결
167) 2018. 1. 24. 선고 2017도18166 판결(서울고등법원 2017. 10. 25. 선고 2016노4132 판결)

설령 사후적으로 물품제공비용을 지방자치단체의 기능보강사업비로 충당하거나 처리할 의도를 가지고 있었다고 하더라도 이를 두고 지방자치단체의 조례에 의해 직접적으로 뒷받침되는 금품제공행위라고 할 수 없다.168)

초등학교 100주년 기념비 설치사업에 구 '양평군 보조금 관리 조례'에 의하여 보조금 4,000만원을 지급한 것과 지역만들기 제안공모사업에 '양평군 주민참여 지역만들기 기본 조례'에 의하여 사업비를 지원한 것은 직무상 행위에 해당한다.169) 행정안전부가 직무상의 필요에 따라 이·통의 장에게 이·통장연합신문을 무료로 제공하는 것은 공직선거법에서 제한하고 있지 아니하며, 지방자치단체가 제공하는 것에 있어서는, 해당 지방자치단체의 조례에 따라 상여금·수당·보상금 등을 지급할 수 있는 이·통의 장에게 그 지방자치단체의 명의로 무료로 제공하는 것은 직무상 행위에 해당한다.170) 소방청이 「119구조·구급에 관한 법률」 제6조(구조·구급 기본기획 등의 수립·시행), 제27조의2(응급처치에 관한 교육) 및 같은 법 시행령 제32조의3(응급처치에 관한 홍보)에 근거하여 수립·시달한 '2019년 대국민 응급처치 교육 및 홍보 시행계획'과 '2019년 하트세이버운영계획'의 범위 안에서 지방자치단체가 세부시행계획을 수립하여 (금·은·동 등의 가치가 있는 재질의)하트세이버(심장정지 환자의 소생에 공로가 있는 소방공무원 및 일반시민)배지를 제공하는 것은 허용된다.171) 중앙행정기관이 「성폭력방지 및 피해자보호 등에 관한 법률」 제3조(국가 등의 책무), 「개인정보보호법」 제5조(국가 등의 책무) 및 「공중화장실 등에 관한 법률」 제4조(국가 및 지방자치단체의 책무)에 근거하여 수립·시달한 기본시책의 범위에서 지방자치단체가 세부시행계획을 수립하여 불법촬영카메라 탐지장비를 무상으로 대여하는 것은 가능하나, 이 경우 해당 지방자치단체의 장의 직명 또는 성명을 밝히거나 그가 제공하는 것으로 추정할 수 있는 방법으로 제공하여서는 아니 된다.172)

---

168) 2018. 12. 27. 선고 2018도16297 판결(광주고등법원 2018. 9. 18. 선고 (전주)2018노3 판결)

169) 2015. 10. 15. 선고 2015도11392 판결. 이에 관하여 대상 판결의 결론에 찬동하면서, 지방자치단체의 장이 당해 구민에게 조례에 근거하여 사업비 등을 지원하는 것이 사실상 선거운동에 해당하는 측면이 있어 다른 예비후보자들에 비하여 다음 선거에서 우위를 점하는 측면이 있긴 하지만, 단순히 그러한 이유만으로 최후 수단인 형법을 통해 형사처벌하는 것은 바람직하지 않으며, 조례의 위법 여부가 문제될 때에는 그 개정 내지 폐지를 청구하거나, 지방자치단체의 장이나 감독청이 재의요구 후 제소를 하거나, 조례가 처분적 성격을 갖고 있는 경우 항고 소송을 하거나, 조례에 의해 기본권을 직접 침해받은 자는 헌법소원을 통해 다툴 수 있으므로, 이에 대한 위법 여부가 결정되지 않은 시점에서 지방자치단체의 장이 그 조례의 적용을 배제하지 않았다고 형사처벌하는 것은 행정절차를 준수하지 않은 것과 형사상 고의가 인정되는 것을 구분하지 못하는 것이 되어 부당하다는 견해가 있다(이종수, 「공직선거법상 '기부행위'와 그 예외로서 조례에 근거한 '직무상 행위'의 해석 - 대법원 2015. 10. 15. 선고 2015도11392 판결 -」, 고려법학 Vol.93(2019. 6), 330-331쪽).

170) 2014. 8. 11. 중앙선관위 질의회답

171) 2019. 6. 11. 중앙선관위 질의회답

172) 2019. 7. 23. 중앙선관위 질의회답

(다) 구호사업 또는 자선사업을 행하는 국가기관 또는 지방자치단체가 자체사업계획과 예산으로 당해 국가기관 또는 지방자치단체의 명의를 나타내어 행하는 구호행위·자선행위

지방자치단체가 자체사업계획과 예산으로 노숙인을 대상으로 저축왕 선발대회를 개최하고 입상자에게 시상(상금 포함)하는 것은 노숙인들에게 지방자치단체의 명의를 나타내어 행하는 구호행위·자선행위로 보아 허용된다.[173] 지방자치단체가 관내 노인복지시설(무료양로원)에 있는 「국민기초생활보장법」상 수급권자인 65세 이상 노인을 대상으로 화성열차 체험행사(무료체험 및 식사제공)을 실시하는 것은 법 제112조(기부행위의 정의 등) 제2항 제4호 (다)목에 해당한다.[174]

(라) 선거일전 60일까지 국가·지방자치단체 또는 공공기관(「공공기관의 운영에 관한 법률」 제4조(공공기관)에 따라 지정된 기관이나 그 밖에 규칙으로 정하는 기관을 말한다)의 장이 업무파악을 위한 초도순시 또는 연두순시차 하급기관을 방문하여 업무보고를 받거나 주민여론 등을 청취하면서 자체 사업계획과 예산에 따라 소속 공무원이나 임·직원, 유관기관·단체의 장과 의례적인 범위 안의 주민대표에게 통상적인 범위 안에서 식사류(지방자치단체의 장의 경우에는 다과류를 말한다)의 음식물을 제공하는 행위

위 (라)목 중 '그 밖에 규칙으로 정하는 기관'이란 ① 국가기관·지방자치단체, ② 「공공기관의 운영에 관한 법률」 제4조(공공기관)에 따라 기획재정부장관이 지정한 공공기관, ③ 「공공기관의 정보공개에 관한 법률」 제2조(정의) 및 같은 법 시행령 제2조(공공기관의 범위)에 따른 기관, ④ 한국은행, ⑤ 「농업협동조합법」·「수산업협동조합법」·「산림조합법」·「엽연초생산협동조합법」에 따라 설립된 조합과 그 중앙회, ⑥ 「지방공기업법」에 의한 지방공사 및 지방공단, ⑦ 특별법에 의하여 설립된 국민운동단체로서 국가 또는 지방자치단체의 출연 또는 보조를 받는 단체(바르게살기운동협의회·새마을운동협의회·한국자유총연맹을 말하며, 시·도조직 및 구·시·군조직을 포함한다), ⑧ 법령·조례에 의하여 지방자치단체의 장이 당연직으로 대표자 또는 임원으로 되는 기관, ⑨ 중앙행정기관의 장 또는 지방자치단체의 장이 임원을 선임하거나 선임의 승인을 하는 기관, ⑩ 그 밖에 위 각 호의 어느 하나에 준하는 기관을 말한다(규칙§50③, §47⑤).

173) 2008. 3. 7. 중앙선관위 질의회답
174) 2008. 7. 23. 중앙선관위 질의회답

(마) 국가기관 또는 지방자치단체가 긴급한 현안을 해결하기 위하여 자체사업계획과 예산으로 해당 국가기관 또는 지방자치단체의 명의로 금품이나 그 밖에 재산상의 이익을 제공하는 행위

'긴급한 현안'이란 국가·지방자치단체가 국민 또는 주민의 생명·신체의 안전보호, 재난 및 안전사고 수습을 위한 긴급지원, 중대한 재정·경제상의 위기와 관련된 현안을 해결하기 위하여 금품 그 밖에 재산상의 이익을 제공할 필요가 있고 법령이나 조례를 제정 또는 개정할 시간적 여유가 없는 경우를 말한다(규칙§50④).

(바) 선거기간이 아닌 때에 국가기관이 효자·효부·모범시민·유공자 등에게 포상을 하거나, 국기기관·지방자치단체가 관할구역 안의 환경미화원·구두미화원·가두신문판매원·우편집배원 등에게 위문품을 제공하는 행위

(사) 국회의원 및 지방의회의원이 자신의 직무 또는 업무를 수행하는 상설사무소 또는 상설사무소를 두지 아니하는 구·시·군의 경우 임시사무소 등 규칙으로 정하는 장소에서 행하거나, 정당이 해당 당사에서 행하는 무료의 민원상담행위

위 (사)목 중 '규칙으로 정하는 장소'란 국회의원 또는 지방의회의원이 자신의 직무 또는 업무를 수행하기 위하여 설치한 ① 천막, ② 주차된 자동차 중 어느 하나에 해당하는 장소를 말한다. 이 경우 그 수는 상설사무소 또는 임시사무소를 두지 아니하는 구·시·군마다 모두 합하여 1개로 하며, 같은 날에는 이동하여 설치할 수 없다(규칙§50⑤).

국회의원이 자신의 지역사무실에서 무료의 민원상담으로서 단순한 취업상담을 하는 것은 무방하나, 취업을 중개·알선하는 경우에는 선거구민에 대한 이익제공행위가 되어 법 제113조(후보자 등의 기부행위제한)에 위반된다.[175] 국회의원이 자신의 직무를 수행하는 상설사무소에서 민원상담을 위한 무료 법률지원실을 운영하는 것은 무방하나, 변호사 등 전문직업인을 통하여 전문분야에 관한 무료의 법률상담을 하게 하는 경우에는 행위양태에 따라 법 제113조(후보자 등의 기부행위제한) 또는 제115조(제3자의 기부행위제한)에 위반된다.[176] 변호사 자격을 가진 국회의원이 민원의 날(지역민들의 민원상담을 위해 매달 정해 놓은 특정한 날) 등에 민원상담을 위해 지역사무소를 방문한 주민을 대상으로 민원상담의 일환으로 무료 법률상담을 하는 것은 허용된다.[177]

175) 2009. 2. 20. 중앙선관위 질의회답
176) 2012. 8. 8. 중앙선관위 질의회답
177) 2015. 5. 15. 중앙선관위 질의회답

(아) 변호사·의사 등 법률에서 정하는 일정한 자격을 가진 전문직업인이 업무활동을 촉진하기 위하여 자신이 개설한 인터넷홈페이지를 통하여 법률·의료 등 자신의 전문분야에 대한 무료상담을 하는 행위

인터넷홈페이지를 통하지 아니한 무료상담 행위는 기부행위에 해당한다. 무료변론은 기부행위에 해당하고 법정에 출석하여 변론하는 것에 국한되지 아니한다.[178] 국회의원 선거에 출마하고자 하는 자가 자신의 변호사 사무소와는 별개인 연구소 사무실로 전화를 하거나 찾아온 선거구민들에게 무료법률상담을 해 준 행위는 기부행위 내지 사전선거운동에 해당한다.[179]

(자) 법 제114조(정당 및 후보자의 가족 등의 기부행위제한) 제2항에 따른 후보자 또는 그 가족과 관계있는 회사가 영업활동을 위하여 달력·수첩·탁상일기·메모판 등 홍보물(후보자의 성명이나 직명 또는 사진이 표시된 것은 제외한다)을 그 명의로 종업원이나 제한된 범위의 거래처, 영업활동에 필요한 유관기관·단체·시설에 배부하거나 영업활동에 부가하여 해당 기업의 영업범위에서 무료강좌를 실시하는 행위

(차) 물품구매·공사·역무의 제공 등에 대한 대가의 제공 또는 부담금의 납부 등 채무를 이행하는 행위

국회의원이 학교 주변의 어린이 안전 문제를 현장에서 점검하여 발견된 문제점을 개선함과 동시에 이를 통해 여러 학교에 공통되어 나타날 수 있는 안전 관리에 관한 문제점을 발굴하여 이를 개선·시정하거나 예방할 수 있는 법률과 정책을 만들고 이를 예산에 반영하기 위하여 간담회를 개최하고 패널 또는 토론자로 참가한 학부모단체 임원들 및 공무원들에게 수당 또는 식사를 제공하는 것은 역무제공에 대한 대가에 해당한다.[180] 국회의원이 아르바이트 혹은 당원을 활용하여 의정보고서를 배부하고 그 대가를 제공하는 경우,[181] 정당이 당

178) 2006. 6. 27. 선고 2005도4177 판결('인권옹호 차원의 무료변론행위'를 기부행위에 해당하지 않는 것으로 규정하고 있던 구 공직선거관리규칙(2004. 3. 12. 선거관리위원회규칙 제209호로 개정되기 전의 것) 제50조(기부행위로 보지 아니하는 행위등) 제5항 제4호 (마)목은 '구호적·자선적 행위'의 한 유형이 아니라 '직무상의 행위'의 한 유형으로서 그 기부행위성이 부인되는 것이고, 이를 기부행위에 해당하지 아니하는 것으로 규정한 취지는 국회의원과 정당이 가지는 고유한 권능과 자유를 선거의 공정을 해하지 아니하는 범위 내에서 가능한 한 넓게 인정하자는 데에 있으므로, 규칙 제50조(기부행위로 보지 아니하는 행위등) 제5항 제4호 (마)목이 국회의원이 아닌 예비후보자를 현직 국회의원인 예비후보자에 비하여 불합리하게 차별대우하는 자의적인 입법으로서 평등권을 침해하는 위헌규정이라고 할 수 없다고 한 사례)

179) 2006. 4. 27. 선고 2004도4987 판결

180) 2017. 7. 11. 선고 2017도5534 판결(서울고등법원 2017. 4. 13. 선고 2016노4118 판결)

181) 2004. 8. 24. 중앙선관위 질의회답

명 개정을 위한 현상공모에 입선된 자에게 통상의 금액범위 안에서 시상하는 경우,[182] 지방자치단체가 인터넷으로 납세고지를 받고 인터넷으로 지방세를 납부함으로써 지방세 징수에 소요되는 비용을 절감할 수 있도록 한 개인납세자에게 지방세징수를 위하여 당해 납세자에게 소요되는 비용의 범위 안에서 포인트를 부여하는 방법으로 세금 cashback제도를 운용하는 경우,[183] 지방자치단체가 관광홍보용책자에 게재하는 등 업무에 직접 활용할 목적으로 사진을 공모하여 상금을 지급하는 경우,[184] 통상적인 정당활동으로서 민원안내 업무를 담당하고 있는 자가 민원인의 요청으로 유료로 출장 민원안내를 하는 경우[185]는 역무의 제공에 대한 대가를 지급하는 것에 해당한다.

지방자치단체가 소관 사무를 처리하기 위하여 위촉된 색원기자·시정홍보위원을 대상으로 하는 회의개최 시 수당 기타 식사·교통비 등 실비를 제공하는 등의 행위는 급부와 반대급부간의 균형을 일탈하지 아니하는 경우에는 허용된다.[186] 정당이 당대표경선 토론회를 개최하면서 방송사에 중계방송을 요청하고 방송사가 자체 결정에 따라 자신의 비용으로 중계영상·음원을 제작·방송하면서 통상적인 영업활동의 일환으로 다른 방송사에 중계영상·음원을 제공하고 저작권료를 받는 것은 공직선거법에서 제한하고 있지 아니하다.[187] 국회의원 등 후보자가 되려는 사람이 '제작두레'[188]방식을 통한 영화제작에 참여하여 영화제작에 필요한 비용을 제공하고 영화제작사로부터 그에 상응하는 정당한 대가로 시사회 초대권이나 영화 DVD 등을 받거나, 영화제작에 참여한 국회의원 등 후보자가 되려는 사람의 명의를 부각되지 않게 일반적인 참여자들과 동일한 기준과 방법에 따라 영화의 종영자막에 이름을 올리는 것은 무방하다.[189] 국회의원이 선거기간 전에 의정활동에 필요한 정책토론회를 개최하고 발제자에게 역무의 제공에 대한 정당한 대가로 볼 수 있는 범위의 사례비 등을 지급하는 것은 무방하나, 그 밖에 토론회에 참석한 선거구민인 정책자문위원에게 사례비 등을 제공하는 것은 법 제113조(후보자 등의 기부행위제한)에 위반된다.[190] 정당의 정책연구소가 정책개발·연구를 위하여 지방자치단체의 정책모범사례 등을 공모하고 심사·선정한 우수정책 제안자에게 역무에 대한 정당한 대가로 상장과 통상적인 범위의 부상을 수여하는 것은 무방하다.[191]

182) 2004. 12. 10. 중앙선관위 질의회답
183) 2005. 5. 18. 중앙선관위 질의회답
184) 2005. 9. 30. 중앙선관위 질의회답
185) 2006. 4. 28. 중앙선관위 질의회답
186) 2007. 3. 22. 중앙선관위 질의회답
187) 2013. 5. 1. 중앙선관위 질의회답
188) '제작두레'란 수익성을 지향하는 요즘의 영화 투자성향으로 인해 사회적으로 가치 있는 영화의 제작이 어려운 현실에서 영화제작에 공감하는 예비관객들의 도움을 받아 영화를 제작하는 방식. 금액에 따라 종영자막에 이름을 올리거나 시사회 초대권, 영화포스터, DVD, 스토리북 등의 혜택을 받게 된다.
189) 2013. 5. 22. 중앙선관위 질의회답
190) 2015. 7. 22. 중앙선관위 질의회답

(5) 법령에 의한 금품 등 제공 행위(법§112②5.)

법 제112조(기부행위의 정의 등) 제2항 제1호부터 제4호까지의 행위 외에 법령의 규정에 근거하여 금품 등을 찬조·출연 또는 제공하는 행위

후보자에 의하여 금품이 제공되었다고 할지라도 그것이 실질적으로 법 제135조(선거사무관계자에 대한 수당과 실비보상) 소정의 선거사무관계자에 대한 수당 및 실비보상과 같이 법이 허용하는 선거비용으로 지출된 것이라면 비록 그 지출절차에 하자가 있다고 할지라도 기부행위에 해당하지 아니한다.[192] 지방자치단체가 「바르게살기운동조직 육성법」 제3조(출연금의 지급 등) 제1항의 규정에 따라 '바르게살기운동조직의 운영에 필요한 비용에 충당하기 위하여 출연금이나 보조금을 지급'하는 것은 무방하나, '바르게살기운동 전국회원대회'에 참석하는 바르게살기운동협의회 임원 개인에게 여비를 지급하는 것은 행위양태에 따라 법 제113조(후보자 등의 기부행위제한) 또는 제114조(정당 및 후보자의 가족 등의 기부행위제한)의 규정에 위반된다.[193] 조합이 법령과 정관에 따른 사업계획 및 수지예산에 따라 조합의 명의로 기념품, 상품권 등의 물품을 제공하는 것과 선거기간 전에 법령과 정관에 따른 사업계획과 수지예산에 따라 조합명의로 조합경영 운영공개를 위한 마을 좌담회를 개최하는 것은 무방하나, 조합장의 명의를 밝히거나 조합장이 좌담회에 참석하는 등 후보자가 되고자 하는 조합장이 하는 것으로 추정되는 방법으로 조합원에게 음식물을 제공하는 경우에는 법 제114조(정당 및 후보자의 가족 등의 기부행위제한)에 위반된다.[194] 「재난 및 안전관리기본법」 및 동법 시행령에 의하여 소방방재청장이 정한 「재난취약지구 안전점검 및 정비 2007년도 안전복지서비스 사업지침」에 따라 지방자치단체가 안전복지서비스를 제공하거나 동 사업을 지원하거나 참여하는 전문가·기술자·자원봉사자에게 간단한 식사·간식 등의 음식물을 제공하는 것은 기부행위가 아니다.[195] 지방자치단체가 「평생교육법」 제16조(경비보조 및 지원)의 규정에 의하여 해당 지방자치단체의 조례가 정하는 바에 따라 주민을 위한 평생교육진흥사업을 실시하거나 지원하는 것은 법령에 의한 행위로 보아 시기에 관계없이 무방하나, 조례로 이를 정한 바가 없는 경우에는 무료의 교육을 실시하거나 지원하는 것은 기부행위에 해당한다.[196] 중앙행정기관이 생활공감정책 전국 주부모니터단 구성 및 운영계획에 의하여 시달한 지침의 범위 안에서 지방자치단체가 주부모니터단 워크숍을 개최하거나, 워크숍을 개최하면서 참석자들에

191) 2017. 11. 24. 중앙선관위 질의회답
192) 1998. 7. 10. 선고 98도477 판결
193) 2005. 10. 24. 중앙선관위 질의회답
194) 2006. 1. 24. 중앙선관위 질의회답
195) 2007. 4. 17. 중앙선관위 질의회답
196) 2008. 1. 30. 중앙선관위 질의회답

게 숙식제공 · 교통비 등 실비를 제공하는 것은 행사개최에 필수적으로 수반되는 행위로서 무방하나, 지방자치단체가 기념품을 제공하는 것은 법 제114조(정당 및 후보자의 가족 등의 기부행위제한)에 위반된다.[197] 지방자치단체가 국민기초수급자에게 수학여행비를 지원하는 것은 「국민기초생활 보장법」 제4조(급여의 기준 등) 제2항 및 제12조(교육급여) 등에 따라 보건복지가족부장관이 정한 교육급여의 범위를 벗어나는 행위에 해당되어 법 제114조(정당 및 후보자의 가족 등의 기부행위제한)에 위반된다.[198] 지방자치단체가 「폐기물관리법」 제2조(정의) 및 제4조(국가와 지방자치단체의 책무)에 의한 폐기물처리시설의 설치 · 운영에 따른 분쟁을 해결하기 위하여 그 사업과 직접 이해관계가 있는 주변영향지역의 필요 최소한의 주민을 대상으로 자체사업계획과 예산으로 다른 지역에 설치된 폐기물처리시설의 견학을 실시하는 것은 무방하나, 그 범위를 벗어나 다수의 선거구민에게 선심성 관광을 제공하는 행위에 이르는 때에는 법 제114조(정당 및 후보자의 가족 등의 기부행위제한)에 위반된다.[199] 「다문화가족지원법」 제12조(다문화가족지원센터의 설치 · 운영) 제1항에 의하여 지정된 다문화가족지원센터가 같은 법 제6조(생활정보 제공 및 교육 지원) 및 제12조(다문화가족지원센터의 설치 · 운영)에 따라 지방자치단체로부터 예산을 지원받아 자체 사업계획에 따라 그 명의로 다문화가족 친정방문 등의 사업을 실시하는 것은 무방하나, 이 경우에도 당해 지방자치단체가 하는 것으로 추정될 수 있는 방법으로 실시하는 것은 법 제115조(제3자의 기부행위제한)에 위반된다.[200] 지방자치단체가 주민자치위원의 직무교육의 일환으로 그 업무와 관련 있는 주민자치박람회의 견학을 실시하면서 그에 소요되는 실비를 지원하는 것은 무방하다.[201] 산림청장이 「산림기본법」에 근거하여 수립 · 시행하는 기본시책의 범위 안에서 지방자치단체가 세부시행계획을 수립하여 '나무심기'행사를 하는 경우 동 행사에 참석하여 나무를 심는 주민에게 식재작업에 필요한 범위 안에서 통상적인 음식물과 물품을 제공하는 것은 행사개최에 필수적으로 수반되는 행위로서 무방하고, 이 경우 법 제112조(기부행위의 정의 등) 제4항에 위반되지 아니하는 방법으로 제공하여야 한다.[202] 중앙행정기관이 「각종 기념일 등에 관한 규정」에 따라 수립 · 시달한 기념행사 개최계획의 범위 안에서 지방자치단체가 세부시행계획을 수립하고 그 계획에 따라 지방자치단체의 명의로 참석자에게 식사를 제공하거나 기념행사의 공동주관자인 재단이 그 명의로 제공하는 경우는 허용된다.[203] 소방청이 「화재예방, 소방시설 설치 · 유지 및 안전관리에 관한 법률」에 따라 수립 · 시달한 '2019 주택용 소방시설 설치촉진 종합계획'의

197) 2009. 3. 19. 중앙선관위 질의회답
198) 2009. 5. 4. 중앙선관위 질의회답
199) 2009. 5. 12. 중앙선관위 질의회답
200) 2009. 6. 17. 중앙선관위 질의회답
201) 2009. 9. 23. 중앙선관위 질의회답
202) 2011. 3. 17. 중앙선관위 질의회답
203) 2017. 4. 11. 중앙선관위 질의회답

범위 안에서 지방자치단체가 세부시행계획을 수립하여 '일반계층'에 주택용 소방시설을 지방자치단체의 명의로 제공하는 것과 기본시책에 따라 지방자치단체의 주택 소방시설 설치기준 조례를 개정하여 무상보급 대상을 '일반계층'으로 확대하는 것은 가능하다.[204] 후보자가 되고자 하는 자가 학교의 환경개선을 위하여 「초 · 중등교육법」 제33조(학교발전기금)의 규정에 의하여 학교발전기금을 기부하는 것은 허용된다.[205] 국회의원이 「도서관법」에 따라 설립된 시립도서관에 도서를 기증하고, 기증받은 시립도서관 관계자와 기념촬영하고 그 사진을 국회의원 본인의 홈페이지와 블로그, 의정보고서에 기재하는 것은 무방하다.[206]

(6) 각 호에 준하는 행위(법§112②6.)

그 밖에 법 제112조(기부행위의 정의 등) 제2항 제1호부터 제5호까지의 각 호의 어느 하나에 준하는 행위로서 규칙으로 정하는 행위

법 제112조(기부행위의 정의 등) 제2항 제6호와 같은 조 제3항과 관련하여, 헌법재판소는 「금지되는 기부행위의 예외사유로서 법 제112조(기부행위의 정의 등) 제2항 제6호가 '그 밖에 위 각 호의 어느 하나에 준하는 행위로서 규칙으로 정하는 행위'를 규정하고 있으나, 같은 항 제1호 내지 제4호에서 금지되지 않는 기부행위의 예를 구체적으로 예시하고 있으므로, 법률 그 자체에 이미 규칙으로 규정될 내용 및 범위의 기본적 사항이 구체적이고 명확하게 나와 있다. 또한 같은 조 제3항은 '통상적인 범위에서 제공하는 음식물 또는 음료'의 금액범위를 규칙으로 정하도록 하고 있는데, 같은 조항은 '통상적인 범위에서 제공하는 음식물 또는 음료'를 "일상적인 예를 갖추는데 필요한 정도로 현장에서 소비될 것으로 제공하는 것을 말하며, 기념품 또는 선물로 제공하는 것은 제외한다."라고 정의하고 있다. 따라서 위 조항들 자체에서 규칙으로 규정될 내용의 대강을 예측할 수 있을 것이므로, 위 조항들은 포괄위임입법금지원칙에 위배되지 아니한다.」고 판시하였다.[207]

USB저장장치에 의정활동보고서를 저장하여 선거구민에게 배부하는 것은 의정활동보고에 부가하여 재산상의 이익을 제공하는 것으로 법 제113조(후보자 등의 기부행위제한)에 위반되고,[208] 안경을 닦을 수 있는 명함을 선거구민에게 교부하는 것도 마찬가지이다.[209] 축구협회장이 후보자가 되고자하는 국회의원과 함께 해당 지역구내 조기축구회를 방문하여 축구공을 제공하는 것은 후보자가 되고자 하는 자를 위한 기부행위에 해당되어 법 제115조(제3자의 기

---

204) 2019. 4. 16. 중앙선관위 질의회답
205) 2003. 4. 10. 중앙선관위 질의회답
206) 2009. 4. 15. 중앙선관위 질의회답
207) 2014. 2. 27. 선고 2013헌바106 전원재판부 결정, 2010. 9. 30. 선고 2009헌바201 결정
208) 2004. 11. 19. 중앙선관위 질의회답
209) 2006. 11. 13. 중앙선관위 질의회답

부행위제한)에 위반된다.[210] 국회의원이 지역 내 봉사단체와 함께 경로당 청소봉사활동을 한 후 단체사진을 촬영하고 그 단체사진을 해당 경로당에 제공하는 것은 법 제113조(후보자 등의 기부행위제한)에 위반되나, 봉사단체가 단체사진을 인화하여 경로당에 제공하거나, 단체사진을 단순히 기념 목적으로 경로당 내부에 게시하는 것은 무방하다. 다만, 후보자가 되려는 국회의원 등의 명의를 밝히거나 그가 제공하는 것으로 추정되는 방법으로 제공하는 경우에는 그 양태에 따라 법 제114조(정당 및 후보자의 가족 등의 기부행위제한) 또는 제115조(제3자의 기부행위제한)에 위반된다.[211] 비례대표 국회의원이 법령의 근거 없이 대학교에 발전기금을 제공하는 것은 법 제113조(후보자 등의 기부행위제한)에 위반된다.[212] 국회의원이 의정활동의 일환으로 자신의 SNS 또는 네이버 블로그에 단순히 지역구 내 맛집을 소개하는 내용의 글(사진, 상호 등 포함)을 게시하는 것은 무방하나, 의정활동의 범위를 벗어나 특정 맛집을 홍보할 목적으로 광고하는 경우에는 법 제113조(후보자 등의 기부행위제한)에 위반된다.[213]

다. 사회상규에 위배되지 않는 행위

법 제112조(기부행위의 정의 등) 제1항에 해당하는 금품 등 제공행위가 법 제112조(기부행위의 정의 등) 제2항 등에 규정된 의례적 행위나 직무상 행위에 해당하지 않더라도, 그것이 지극히 정상적인 생활형태의 하나로서 역사적으로 생성된 사회질서의 범위 안에 있는 행위나 직무상의 행위로서 사회상규에 위배되지 아니하는 경우는 위법성이 조각된다.[214] 그러나 그와 같은 사유로 위법성의 조각을 인정하는 것은 신중하여야 한다.[215]

공직선거 후보자로 출마한 새마을금고 이사장이 해당 선거구 동의 바르게살기운동협의회 등 지역단체에 10만원씩 찬조금을 제공한 경우, 수년간 지역사업의 일환으로 새마을금고가 지역단체에 유사한 금액을 기부하여 온 경위와 내역, 기부방식 등에 비추어 사회상규에 반하지 아니하여 위법성이 없다.[216] 군의회 의원 선거후보자가 마을회관 건립경비로 100만원을 찬조한 경우 그의 사회경제적 지위 등에 비추어 볼 때 군의원 선거가 없었다고 하더라도

---

210) 2008. 7. 3. 중앙선관위 질의회답
211) 2010. 2. 10. 중앙선관위 질의회답
212) 2013. 3. 11. 중앙선관위 질의회답
213) 2019. 7. 12. 중앙선관위 질의회답
214) 2017. 4. 28. 선고 2015도6008 판결, 2007. 9. 7. 선고 2007도3823 판결, 2006. 4. 27. 선고 2006도1049 판결, 2005. 12. 9. 선고 2005도7773 판결, 2003. 8. 22. 선고 2003도1697 판결, 2003. 6. 27. 선고 2003도1912 판결, 1997. 12. 26. 선고 97도2249 판결, 1996. 5. 10. 선고 95도2820 판결
215) 2018. 5. 11. 선고 2018도4075 판결, 2011. 2. 24. 선고 2010도14720 판결, 2009. 12. 10. 선고 2009도9925 판결, 2009. 4. 9. 선고 2009도676 판결, 2007. 11. 16. 선고 2007도7205 판결, 2007. 4. 26. 선고 2007도218 판결, 2007. 1. 25. 선고 2006도7242 판결, 2006. 6. 30. 선고 2006도2104 판결, 2005. 8. 19. 선고 2005도2245 판결, 2005. 2. 18. 선고 2004도6323 판결, 2005. 1. 13. 선고 2004도7360 판결, 1999. 5. 11. 선고 99도499 판결, 1996. 12. 10. 선고 96도1768 판결
216) 2007. 9. 7. 선고 2007도3823 판결

그 금액 정도는 찬조하였을 것으로 보이는 때에는 사회상규에 위배되지 아니한다.[217] 민원 상담 봉사활동으로서 행한 서류작성 대행행위는 사회상규에 위배되지 아니하여 위법성이 조각된다.[218] 가스충전소를 경영하는 군수 입후보 희망자가 구정 직전에 택시기사들에게 선물세트(3,500원 상당)를 배포한 것은 사회상규에 위배되지 아니하여 위법성이 조각된다.[219] 국회의원이 지역구 관내의 33개의 통별로 모두 33회의 의정활동보고회를 개최하면서 참석인원을 20명 전후로 예상하고 각 통책에게 사전에 일률적으로 50,000원씩 지급하여 의정활동보고회에 참석하는 사람들에게 제공할 다과를 준비하여 개최한 결과 총33회 중 17명 이상 24명의 주민이 참석한 경우가 22회이고 참석인원이 16명 이하인 경우가 11회여서 일부 참석인원에게 법령에 정한 금액의 한도를 다소 초과하게 되었다고 하더라도 이는 사회통념상 용인되는 범위내의 것으로서 상당성이 있어 위법성이 조각된다.[220] 애향회 주체로 열린 '화도읍민 노래자랑'행사에 애향회 회장으로서 10만원을 찬조한 것은 사회상규에 위배되지 아니하여 위법성이 조각된다.[221] 무상으로 받은 공연관람권 20매 중 일부를 측근 등에게 나누어 주는 것은 일상생활에서 선물로 들어온 무료 초대권 중 여분이 있을 경우 이를 가까운 측근들에게 나누어 주는 것이 통상의 관례임에 비추어, 사회상규에 위배되지 아니하여 위법성이 조각된다.[222] 새마을금고의 문화복지사업의 하나로서 매년 정기총회일에 행하여져온 일상적인 직무행위로서, 새마을금고 이사장이 경로당에 대한 연료비와 불우이웃에 대한 성금을 금고 명의로 지급한 행위는 기부행위가 아니다.[223] 마을회관 신축공사를 124,000,000원에 도급받아 공사를 하고 준공식에 55만원 상당의 냉장고를 찬조한 행위는 기부행위가 아니다.[224] 교회집사가 자신이 다니는 교회의 목사들에게 추석선물로 10만원 상당의 한우선물세트를 제공하는 것은 기부행위가 아니다.[225]

선거조직의 하부책임자가 후보자로부터 활동비 등의 명목으로 금품을 받아 이를 선거구민들에 대한 경조사비로 사용하는 행위는 위법성이 조각되지 않는다.[226] 부락주민들이 참석한 가운데 후보자 개인연설회를 총 34회에 걸쳐서 개최하고 나서 각 연설회 때마다 청소비라는 명목으로 금 100,000원씩을 일률적으로 제공하였는데, 그 제공을 받은 자가 실제로 청소를 한 자가 아닌 부락대표들로서, 연설회 장소의 청소를 하였는지 여부, 그 실제 소요비용이 얼

217) 2003. 8. 22. 선고 2003도1697 판결
218) 2003. 6. 27. 선고 2003도1912 판결
219) 1996. 5. 10. 선고 95도2820 판결
220) 1999. 2. 5. 선고 98도4125 판결
221) 2007. 5. 31. 선고 2007도1054 판결
222) 2007. 7. 26. 선고 2007도3059 판결
223) 2007. 10. 26. 선고 2007도717 판결
224) 2008. 2. 14. 선고 2007도9596 판결(대구고등법원 2007. 11. 1. 선고 2007노345 판결)
225) 대구고등법원 2014. 12. 18. 선고 2014노544 판결
226) 1997. 12. 26. 선고 97도2249 판결

마인지에 관계없이 일률적으로 일정한 액수의 금원을 제공한 것이고, 실제로도 위 부락대표들이 청소비가 아닌 마을기금이나 부녀회기금, 청년회기금 등의 용도로 사용한 것이라면, 명목만 필요경비로 청소비를 지출하는 것처럼 하였을 뿐 사실은 무상으로 금품을 제공하는 기부행위에 해당한다.[227] 조기축구회 창단식에 참석하여 현금 20만원이 든 봉투를 고사상 위에 놓은 것은 사회상규에 위배되지 않는 행위라고 볼 수 없다.[228] 입후보예정자인 대학병원의 가정의학과 전문의 겸 대외협력홍보실장이 '찾아가는 순회무료진료행사'에서 무료진료를 한 것은 기부행위에 해당한다.[229] 2차례에 걸쳐 전국동시지방선거에서 무소속으로 출마하여 낙선한 후보자가 정당에 가입한 다음 후보자의 배우자가 당해 선거구 안에 있는 단체에 어버이날 행사용도로 돼지 1마리를 기부한 것은 사회상규에 위배되지 않는 경우로서 위법성이 조각된다고 할 수 없다.[230]

지방의회의원이 업무추진비를 사용하여 음식물 등을 제공한 행위가 사회상규에 위배되지 않는다는 이유로 위법성이 조각될 수 있는지 여부 및 그 판단기준에 대하여, 법원은 「지방의회의원이 음식물 등 제공에 사용한 돈이 지방의회의 예산에 편성되어 있는 업무추진비에서 예산집행절차를 거쳐 지급된 경우, 그 지급이 법 제112조(기부행위의 정의 등) 제2항 제4호 (가)목에서 정한 '법령에 의한 금품제공행위' 또는 (나)목에 정한 '대상·방법·범위 등을 구체적으로 정한 당해 지방자치단체의 조례에 의한 금품제공행위'에 해당하지 않는다면 원칙적으로 사회상규에 위배되지 않는다는 이유로 위법성이 조각될 수 없다.[231] 그러나 구 지방재정법 시행령(2007. 6. 28. 대통령령 제20123호로 개정된 것) 제144조(재무회계에 관한 사항) 제2항으로 "지방자치단체의 업무추진비 집행기준에 관한 사항은 행정자치부령으로 정한다."라는 규정이 신설되고, 지방자치단체가 업무추진비를 집행하는 과정에서 자주 발생하는 공직선거법 위반 여부에 대한 논란을 사전에 방지하고 구체적인 업무추진비 집행기준을 마련하여 업무추진비가 지방자치단체의 자율과 책임 아래 본래의 목적과 취지에 맞게 사용되도록 하기 위하여 구 지방자치단체 업무추진비 집행에 관한 규칙(2008. 3. 11. 행정안전부령 제5호로 제정된 것, 이하 "규칙"이라 한다)이 제정됨으로써, 지방자치단체의 장과 보조기관, 사업소장의 직무수행에 드는 비용과 지방자치단체가 시행하는 행사, 시책추진사업, 투자사업의 원활한 추진을 위한 비용인 '업무추진비'의 집행기준이 명확하게 되었다. 이를 반영하기 위하여 위 지방재정법 시행령과 규칙이 시행된 이후에는 행정자치부 예규인 지방자치단체 세출예산 집행기준에서도 지방자치단체의 장의 업무추진비(203목) 집행과정에서 규칙을 따르도록 규정하

227) 1996. 12. 10. 선고 96도1768 판결
228) 2005. 9. 9. 선고 2005도2014 판결
229) 부산고등법원 2016. 9. 28. 선고 2016노521 판결(울산지방법원 2016. 7. 15. 선고 2016고합155 판결)
230) 전주지방법원 2018. 10. 12. 선고 2018고합186 판결
231) 2009. 12. 10. 선고 2009도9925 판결, 2007. 7. 12. 선고 2007도579 판결

게 되었다. 그런데 위 지방자치단체 세출예산 집행기준에서 지방의회비 중 업무추진비(205－05목, 205－06목)에 관하여 지방자치단체의 장의 각 업무추진비 지출에 적용되는 공통사항 중 규칙 또는 이를 개정한 경우 개정 규칙을 적용하도록 정한 부분을 제외하고는 거의 동일한 집행방법을 따르도록 규정한 것과는 달리, 그 집행기준에 해당하는 규칙은 2015. 4. 1. 행정안전부령 제23호로 개정되기 전까지 지방의회의원의 업무추진비를 집행하는 기준을 명시적으로 규정하지 않았다. 이러한 지방자치단체의 장과 지방의회의원의 업무추진비 관련 법령의 제정과 개정 경위, 위 법령의 취지 등에 비추어 살펴보면, 지방의회의원의 업무추진비가 직무수행에 드는 비용을 보전해 주기 위한 것으로서 예산편성 시 그 용도를 공적 업무와 관련하여 지출하도록 포괄적으로 정하고 있을 뿐 지급대상이나 범위를 명확하게 한정하지 아니한 경우에 해당하고, 그 집행기준을 규정한 법령이 없어서 이와 유사하다고 볼 수 있는 지방자치단체의 장의 업무추진비에 관한 규정을 유추적용하는 내부적인 사무처리 준칙이 있었다면, 단순히 그와 같은 사무처리 준칙이 당해 지방자치단체의 조례에 명시적으로 규정되어 있지 않다는 이유만으로 사회상규에 위배되지 않는다는 주장을 함부로 배척할 수는 없다. 따라서 지방의회의원의 업무추진비 사용에 관하여 지방자치단체의 장에 대한 규정을 유추적용할 수 있는지가 명확하지 아니하였던 기간 동안 지방의회의원이 업무추진비를 사용하여 음식물 등을 제공한 행위가 지극히 정상적인 생활형태의 하나로서 역사적으로 생성된 사회질서의 범위 안에 있는 것인지를 판단함에 있어서는, 업무추진비의 사용처가 관련 법령에서 정한 지방의회의원의 직무수행에 포함되는지, 내부적인 사무처리 준칙상 그 회계처리에 유추적용되었다고 주장하는 규정에 의하면 그와 같은 업무추진비의 사용이 정당하다고 할 수 있는지, 형식적으로 지방의회의원의 직무에 속하는 업무에 관하여 지방자치단체장에 대한 규정을 유추적용하였다고 주장하고 있을 뿐 실제로는 직무수행과 관련 없이 개인적인 이익을 위하여 지출하거나 또는 직무수행과 관련된다고 하더라도 합리적인 범위를 넘어 지나치게 과다하게 지출한 것인지 등을 구체적·종합적으로 고려하되, 법 제112조(기부행위의 정의 등) 제1항에 해당하는 금품 등 제공행위를 금지하는 입법취지가 몰각되지 않도록 신중하게 판단하여야 한다.」고 판시하였다.[232]

따라서 지방자치단체의 업무추진비 지출이 행정 수행을 원활이 한다는 목적에서 그 편성목적 및 절차를 준수하여 2004. 3. 14. 공직선거법 개정으로 기부행위가 상시 제한되기 이전부터 행해졌던 관행의 범위 내에서 이루어졌다고 하더라도, 이를 함부로 위 법 개정 이후의 업무추진비 지출과 관련된 기부행위의 위법성이 조각된다고 볼 것은 아니다.[233] 지방의회의원이 8개월간 40회에 걸쳐 약 358명을 상대로 합계 6,667,500원 상당의 음식물 등을 제공함

232) 2017. 4. 28. 선고 2015도6008 판결
233) 2007. 11. 16. 선고 2007도7205 판결

에 있어, 그 기부행위의 상대방이 군청, 경찰서, 읍·면사무소의 공무원, 의용소방대장 등이지만, 그들 대부분이 자신의 선거구의 주민들로서 선거구민 내지 선거구민과 연고관계에 있는 경우, 음식물 등 제공에 사용한 금원이 지방의회의 예산에 편성되어 있는 업무추진비에서 예산집행절차를 거쳐 지급된 것이라고 하더라도 그 지급이 법 제112조(기부행위의 정의 등) 제2항 제4호 (가)목에서 정한 '법령에 의한 금품제공행위' 또는 (나)목에 정한 '대상·방법·범위 등을 구체적으로 정한 당해 지방자치단체의 조례에 의한 금품제공행위'에 해당하지 않고, 기부행위의 지급상대방, 규모, 동기 등에 비추어 지극히 일상적인 생활형태의 하나로서 역사적으로 생성된 사회질서의 범위 안에 있는 일종의 의례적인 행위나 직무상의 행위로서 사회상규에 위배되지 아니하여 위법성이 조각되는 행위에 해당한다고 볼 수 없다.[234] 지방자치단체장이 특정한 시책을 홍보함과 아울러 관광 일정이 상당부분 포함된 '버스 투어'를 주도적으로 기획한 후 선거구민 중 여론형성층을 선별하여 그 행사에 참가하도록 한 경우, 이러한 '버스 투어'가 당해 지방자치단체의 조례에서 말하는 자원봉사활동에 해당한다고 보기 어렵고 그 조례가 '버스 투어'를 통하여 이루어진 일련의 기부행위를 직접적으로 뒷받침하는 조례라고 할 수 없어, '버스 투어'를 통해 이루어진 지방자치단체장의 기부행위는 사회상규에 위배되지 아니하는 행위에 해당하지 않는다.[235] 현직군수로서 전국동시지방선거(제5회) 지방자치단체장 선거에 특정 정당 후보로 출마가 확실시되는 피고인이 같은 정당 지역청년위원장 등 선거구민 20명에게 약 36만원 상당의 식사를 제공한 경우는 사회상규에 위배되지 아니하는 행위로서 위법성이 조각된다고 할 수 없다.[236] 직전의 신안군수는 2001년도(제9회) 및 2002년도(제10회) 재경신안군민의 날 행사에 홍어와 막걸리 등 현물만을 찬조하였을 뿐 현금은 찬조하지 않았으나, 현직 신안군수가 2004년도(제12회) 재경신안군민의 날 행사에 홍어와 막걸리 등 현물과는 별도로 300만원의 찬조금을 기부하였고, 당시 신안군은 행사실비보상금이라는 항목으로 예산을 편성하여 각 지역의 신안군민 향우회에 물품 등을 찬조하는 비용으로 사용하고 있었는데, 위 300만원은 위 예산이 아니라 국내여비 등 다른 항목의 예산을 변칙적으로 회계처리하여 조성·집행된 경우는 사회상규에 위배되지 아니하는 행위로서 위법성이 조각된다고 할 수 없다.[237] 군수가 군의 예산에 편성되어 있는 업무추진비로 군 관내 경찰, 기자 등에게 사례금 명목으로 현금을 지급하는 경우 사회상규에 위배되지 않는 것이라고 볼 수 없다.[238] 제3자가 정당추천 후보자 선출을 위한 당내 경선에서 특정인을 지지하도록 부탁할 목적 하에 타인의 술값 40,000원을 지불한 행위는 사회적 상당성이

234) 2009. 4. 9. 선고 2009도676 판결
235) 2009. 12. 10. 선고 2009도9925 판결
236) 2011. 2. 24. 선고 2010도14720 판결
237) 2006. 6. 30. 선고 2006도2104 판결(광주고등법원 2006. 3. 23. 선고 2005노436 판결)
238) 대구고등법원 2007. 1. 11. 선고 2006노569 판결

있거나 위법성이 없는 행위가 아니다.239) 계모임의 유사로서 계원들의 회갑연에 개최된 계모임에서 유람선 이용료를 지출한 것은 사회상규에 위배되지 않는 행위에 해당하여 위법성이 조각된다.240) 후보자(후보자가 되고자 하는 자를 포함)가 자신이나 배우자 또는 그 부모의 회갑연·고희연 등 60세 이상의 수연이나 은혼식·금혼식에 선거구민을 초청하여 음식물이나 답례품을 제공하는 것은 법 제113조(후보자 등의 기부행위제한)에 위반된다.241)

라. 지방자치단체의 직무상 행위의 방법

법 제112조(기부행위의 정의 등) 제2항 제4호 각 목 중 지방자치단체의 직무상의 행위는 법령·조례에 따라 표창·표상하는 경우를 제외하고는 해당 지방자치단체의 명의로 하여야 하며, 해당지방자치단체의 장의 직명 또는 성명을 밝히거나 그가 하는 것으로 추정할 수 있는 방법으로 하는 행위는 기부행위로 본다. 이 경우 다음 각 호의 어느 하나에 해당하는 경우에는 "그가 하는 것으로 추정할 수 있는 방법"에 해당하는 것으로 본다(법§112④).

1. 종전의 대상·방법·범위·시기 등을 법령 또는 조례의 제정 또는 개정 없이 확대 변경하는 경우
2. 해당 지방자치단체의 장의 업적을 홍보하는 등 그를 선전하는 행위가 부가되는 경우

중앙선거관리위원회는 법 제112조(기부행위의 정의 등) 제2항 제4호(직무상의 행위) 및 제4항(지방자치단체의 직무상 행위의 방법)의 운용기준을 아래와 같이 제시하고 있다.

즉, ① 직무상 금품의 제공방법과 관련하여, ⅰ) 법령·조례가 제정되거나 개정됨에 따라 그에 근거하여 지방자치단체의 명의로 제공한다면 종전의 대상·방법·범위·시기 등을 확대하거나 변경하거나 새로 제공할 수 있으며, 법령에 따른 행위와 조례에 따른 행위 간 차이는 없다. ⅱ) 법령·조례에 따르지 아니한 직무상 행위의 경우는, 법 제112조(기부행위의 정의 등) 제2항 제4호 (다)목(구호·자선행위)·(라)목(초도·연두순시)·(마)목(긴급현안)·(바)목(위문품)에 따라 지방자치단체가 금품을 제공하는 때에는 종전의 대상·방법·범위·시기 등을 확대 변경할 수 없으며, 새로 제공할 수도 없다. 이 경우 확대에 해당되지 아니하는 변경행위는 행위양태에 따라 추정 여부를 판단하여야 한다. 국민 또는 주민의 생명·신체의 안전보호, 재난 및 안전사고 수습을 위한 긴급지원, 중대한 재정·경제상의 위기와 관련된 현안을 해결하기 위하여 금품 그 밖에 재산상의 이익을 제공할 필요가 있고 법령이나 조례를 제정 또는 개정할 시간적 여유가 없는 긴급한 현안을 해결하기 위한 행위의 경우 그 현안을 해결하기 위하여 필요한 범위의 직무행위는 종전의 범위로 보아야 한다. ⅲ) 지방자치단체장이 참석한 장소 또는 행사에서 하는 경우는, 지방자치단체장이 법 제112조(기부행위의 정의 등) 제2항

239) 1996. 6. 14. 선고 96도405 판결
240) 1996. 5. 10. 선고 96도668 판결
241) 2004. 11. 15. 중앙선관위 의결

제4호에 열거된 기부행위로 보지 아니하는 행위를 하는 경우 그가 현재 참석하고 있는 장소 또는 행사에서 제공하더라도 일응 '그가 하는 것으로 추정할 수 있는 방법'에 해당되지 아니하는 것으로 보되, 추정되는지 여부는 각 행사의 성격, 금품의 종류, 제공 동기와 방법, 관행, 발언내용 등을 함께 고려하여 판단하여야 한다. ⅳ) 그 밖의 행위는, '해당 지방자치단체의 장의 직명 또는 성명을 유추할 수 있는 방법'으로 하는 경우에는 '그가 하는 것으로 추정할 수 있는 방법'에 해당하는 것으로 본다. 다만, 법령·조례에 따라 표창·포상하는 경우에는 해당 지방자치단체장의 직·성명을 밝혀 직접 수여할 수 있다. ② 소속 하부행정기관의 행위와의 관계와 관련하여, 「지방자치법」 제101조(지방자치단체의 통할대표권) 및 제103조(사무의 관리 및 집행권)에 따라 지방자치단체의 사무는 지방자치단체장에 의하여 통할·관리·집행되고 지방자치단체의 의사는 지방자치단체장에 의하여 결정되고 표시되므로, 기부행위로 보지 아니하는 행위의 범위를 넘는 지방자치단체의 행위는 지방자치단체장의 직명 또는 성명이 표시되지 않더라도 특별한 사정이 없는 한 지방자치단체장이 하는 것으로 추정된다. 「지방자치법」 제6장에 규정된 보조기관, 소속 행정기관, 하부행정기관은 지방자치단체로 본다. 그러나 지방의회, 교육청, 지방공사, 지방공단, 도립·시립대학 등의 행위는 지방자치단체장(시·도지사, 구·시·군장)의 행위로 보지 아니한다. ③ "법령에 의한 금품제공행위"의 운용과 관련하여, 중앙행정기관이 관련 법령에 근거하여 수립한 기본시책에 따라 그 범위 안에서 지방자치단체가 세부시행계획을 수립·시행하는 행위도 법령에 의한 금품제공행위에 해당된다. 다만, 이 경우에도 정당한 사유 없이 기본시책의 범위를 벗어나 제공대상이나 금액을 확대하는 경우에는 법령에 의한 금품 기타 이익제공에 해당되지 아니한다. ④ 조례에 따른 금품제공행위와 부상의 구분에 관한 운용과 관련하여, 법령·조례에 다른 표창·포상의 경우 부상 수여는 금지되지만 지방자치단체장의 직·성명을 표기하여 수여할 수 있으며, 그 밖의 금품제공 시에는 지방자치단체의 명의로 하여야 한다. 일정한 요건과 심사기준을 정하여 우수한 자를 선발하고 금품을 제공하는 행위는 표창·포상으로 보아야 할 것이나, 일정한 기준을 충족하는 경우에 누구에게나 금품을 제공한다면 지방자치단체가 조례로 정하여 제공하여야 한다.

지방자치단체장이 사과를 제공하면서 그 명의를 '지방자치단체인 '○○군'으로 하지 아니하고 '○○군수 한□□'라고 함으로써 지방자치단의 장의 직명과 성명을 밝힌 것은 법상 금지되는 기부행위로 간주된다.[242)]

242) 대구고등법원 2014. 12. 18. 선고 2014노544 판결(대구지방법원 의성지원 2014. 9. 23. 선고 2014고합7 판결)

4. 기부행위 제한의 홍보

각급선거관리위원회(읍·면·동선거관리위원회는 제외한다)는 기부행위제한의 주체·내용 및 기간 그 밖에 필요한 사항을 광고 등의 방법으로 홍보하여야 한다(법§112⑤). 각급선거관리위원회는 임기만료에 의한 선거에 있어서는 중앙선거관리위원회가, 보궐선거등에 있어서는 관할선거구선거관리위원회가 정하는 바에 따라 기부행위제한의 주체·내용 및 허용되는 사항과 금지되는 사항에 관한 주요사례 등을 방송·신문·통신·잡지 등 언론매체를 이용한 광고 그 밖의 방법으로 홍보하여야 한다(규칙§50⑦).

제2장 후보자등의 기부행위 제한

1. 의의

국회의원·지방의회의원·지방자치단체의 장·정당의 대표자·후보자(후보자가 되고자 하는 자를 포함한다)와 그 배우자는 당해 선거구안에 있는 자나 기관·단체·시설 또는 당해 선거구 밖에 있더라도 그 선거구민과 연고가 있는 자나 기관·단체·시설에 기부행위(결혼식에서의 주례행위를 포함한다)를 할 수 없다(법§113①).

법 제113조(후보자 등의 기부행위제한)는 개인의 자유로운 의사결정에 의하여 행하여져야 할 선거에서, 부정한 경제적 이익 등으로 개인의 자유의사를 왜곡시키는 선거운동을 범죄로 하여 처벌함으로써, 선거의 공정성을 보장하기 위한 규정이다. 이것은 각종 선거에서 온갖 유형의 금품수수행위가 자행되고, 그로 인하여 혼탁한 선거풍토를 노정하였던 과거의 선거사에 대한 반성에서 비롯된 것이다. 매수 및 이해유도행위와 후보자 등의 부정한 기부행위를 근절하여 공정하고 깨끗한 선거의 실현을 도모하고자 함이 위 법률조항의 입법취지이다.[243) 법 제113조(후보자 등의 기부행위제한)에서 후보자와 그 배우자로 하여금 선거 전 일정기간(기부행위제한기간) 내에 당해 선거에 관한 여부를 불문하고 일체의 기부행위를 할 수 없도록 규정한 취지는, 그러한 기부행위가 후보자의 지지기반을 조성하는데 기여하거나 매수행위와 결부될 가능성이 높아 이를 허용할 경우 선거 자체가 후보자의 인물·식견 및 정책 등을 평가받는 기회가 되기보다는 후보자의 자금력을 겨루는 과정으로 타락할 위험성이 있어 이를 방지하기 위한 것이다.[244)]

243) 2005. 6. 30. 선고 2003헌바90 결정
244) 2012. 4. 13. 선고 2011도17437 판결, 2002. 2. 21. 선고 2001도2819 전원합의체 판결, 1998. 7. 10. 선고 98

2. 주체 및 시기

가. 기부행위의 주체

법 제113조(후보자 등의 기부행위제한) 제1항의 기부행위의 주체는 국회의원 · 지방의회의원 · 지방자치단체의 장 · 정당의 대표자 · 후보자(후보자가 되고자 하는 자를 포함한다)와 그 배우자이다.

법 제113조(후보자 등의 기부행위제한) 제1항의 '후보자가 되고자 하는 자'에는 선거에 출마할 예정인 사람으로서 정당에 공천신청을 하거나 일반 선거권자로부터 후보자추천을 받기 위한 활동을 벌이는 등 입후보의사가 확정적으로 외부에 표출된 사람뿐만 아니라 그 신분 · 접촉대상 · 언행 등에 비추어 선거에 입후보할 의사를 가진 것을 객관적으로 인식할 수 있을 정도에 이른 사람도 포함된다.[245] 기부행위 당시에 입후보할 의사를 가지고 있는 자이면 족하고, 그 의사가 확정적일 것까지 요구하는 것은 아니다.[246] '후보자가 되고자 하는 자'는 당사자의 주관에 의해서만 판단하는 것이 아니라 후보자의 의사를 인정할 수 있는 객관적 징표 등을 고려하여 그 해당 여부를 판단하고 있으며, 문제되는 당해 선거를 기준으로 하여 기부 당시 후보자가 되려는 의사를 인정할 수 있는지를 판단하면 된다.[247] 위와 같은 해석기

도477 판결

245) 2018. 4. 24. 자 2018초기306 결정, 2008. 8. 21. 선고 2008도4492 판결, 2006. 6. 27. 선고 2006도2370 판결, 2005. 12. 22. 선고 2004도7116 판결, 2005. 1. 27. 선고 2004도7419 판결, 2005. 1. 13. 선고 2004도7360 판결, 2005. 12. 22. 선고 2005도7774 판결(제3회 지방기초의회의원선거(2002. 6. 13. 실시)에서 구의원 후보로 출마하여 낙선하고 열린우리당 지역 협의회장으로 활동한 전력이 있으나 2006. 6. 예정된 제4회 지방의회의원선거로부터 2년 전인 2004. 8. 8.에 열린 열린우리당 동대문갑 지역 전직 동협의회장 및 당원들의 복날맞이 야유회에 나아가 어리다는 이유로 총무를 맡아 야유회 기념품 등을 마련하여 제공하였으나 제공자를 식별할 수 있는 표착이 없는 점 등 당시 야유회를 둘러싼 상황에 비추어 후보자가 되고자 하는 자에 해당하지 아니한다고 한 사례)

246) 1996. 9. 10. 선고 96도976 판결, 1975. 7. 22. 선고 75도1659 판결

247) 2014. 2. 27. 선고 2013헌바106 결정('법 제113조(후보자 등의 기부행위제한) 제1항 중 "후보자가 되고자 하는 자" 부분은 모든 기부행위를 언제나 금지하는 것이 아니고 기부행위가 법 제112조(기부행위의 정의 등) 제2항 각호의 예외사유에 해당하거나 정당행위로서 사회상규에 위배되지 않으면 위법성이 조각되어 허용될 수도 있는 점 등을 감안하면 최소침해성 요건을 갖추었다. 선거의 공정이 훼손되는 경우 후보자 선택에 관한 민의가 왜곡되고 대의민주주의제도 자체가 위협을 받을 수 있는 점을 감안하면 법익 균형성 요건도 준수하였다.'는 다수의견에 대하여, 이정미 등 재판관 2명은 '기부행위가 금지되는 자를 "후보자가 되고자 하는 자"까지 포함하여 폭넓게 규정하면서도 기부행위와 당해 선거와의 관련성 여부를 묻지 않고 그 기부행위의 제한기간 조차 두지 않는 것은, 일반 국민으로 하여금 선거와 전혀 근접하지 않은 시기에 입후보 여부가 전혀 정하여지지 않은 상태에서도 기부행위를 할 권리를 박탈하는 것이 되고, 나아가 자신의 출신지 등 연고지에 기부행위를 한 자는 그 지역에서의 장래의 모든 선거에 출마할 수 없게 하는 가능성까지 발생하게 한다. 따라서 이 사건 법률조항은 개인의 행복추구권에 대한 제한에 있어서 침해의 최소성을 충족시키지 못하고, 법익의 균형성 요건도 충족시키지 못하므로, 과잉금지원칙에 반한다.'고 반대의견을 밝혔다.), 2010. 9. 30. 선고 2009헌바201 결정(김종대 등 재판관 4명은 위 2014. 2. 27. 선고 2013헌바106 결정의 반대의견과 같은 취지의 반대의견을 밝혔다), 2009. 4. 30. 선고 2007헌바29·86(병합) 전원재판부 결정(김종대 등 재판

준에 비추어 볼 때 법 제113조(후보자 등의 기부행위제한)의 '후보자가 되고자 하는 자'부분은 죄형법정주의가 요구하는 명확성을 갖추었고,[248] 위와 같이 해석하는 이상 '후보자가 되고자 하는 자'까지 처벌범위를 확대하더라도 이를 자유롭고 공정한 선거와 선거부정을 방지하기 위하여 필요한 최소한의 침해이므로, 과잉금지 원칙을 위반하여 행복추구권, 선거운동의 자유, 공무담임권 등을 침해하였다고 볼 수 없다.[249]

비례대표 국회의원 및 그 후보자나 후보예정자도 본조항의 기부행위의 주체가 된다. 이는 공직선거법의 취지에 비추어 비례대표 국회의원 후보자나 후보예정자도 비례대표 국회의원 선거에 대비하여 적극적으로 선거운동에 나설 가능성이 있는 점, 비례대표 국회의원 후보자나 후보예정자의 경우 법 제113조(후보자 등의 기부행위제한)의 규정의 '당해 선거구'란 전국을 의미하고 기부행위가 금지되는 대상은 전국의 선거구민이 되는 것으로 해석하는 것이 충분히 가능한 점, 비례대표 국회의원의 경우에 전국적인 차원에서 기부행위를 금할 실질적인 필요성이 지역구 국회의원보다 더 강하다고 볼 수도 있는 점, 비례대표 국회의원 후보자나 후보예정자의 전국의 선거구민에 대한 기부행위는 법 제113조(후보자 등의 기부행위제한) 제1항에 의하여 제한한다고 하더라도 그 제한 범위가 특별히 모호하다고 할 수 없는 점, 위 법 조항에서 기부행위를 할 수 없도록 제한한 주체에 비례대표 국회의원 후보자나 후보예정자는 포함되지 않는 것으로 제한하여 해석하게 되면 법 제113조(후보자 등의 기부행위제한) 등을 통해 고비용 정치구조를 개혁하려는 입법취지를 훼손할 가능성이 있는 점 등을 고려하면, 비례대표 국회의원 및 그 후보자나 후보예정자 또한 법 제113조(후보자 등의 기부행위제한) 제1항에서 정한 기부행위위반죄의 주체가 될 수 있기 때문이다.[250] 한편, 공직선거법에는 정당의 대표자에 관한 규정이 없으므로 정당의 개념은 정당법규에 의하여 해석할 수밖에 없고, 「정당법」 제3조(구성)에서는 정당을 중앙당과 시 · 도당으로 엄격히 구분, 사용하면서 같은 법 제12조(중앙당의 등록신청사항), 제13조(시 · 도당의 등록신청사항)에서는 중앙당과 시 · 도당에 각 대표자를 두도록 하고 있으므로 '시 · 도당 대표자'도 법 제113조(후보자 등의 기부행위제한)

관 4명의 반대의견은 위 2010. 9. 30. 선고 2009헌바201 결정에서의 반대의견과 같다) ; 2021. 8. 31. 선고 2018헌바149 결정도 같은 취지(법 제113조(후보자 등의 기부행위제한) 제1항 중 '후보자가 되고자 하는 자' 부분(이하, '기부행위금지조항'이라 한다)의 '후보자가 되고자 하는 자'는 당사자의 주관에 의해서만 판단하는 것이 아니라 후보자 의사를 인정할 수 있는 객관적 징표 등을 고려하여 그 해당 여부를 판단하고 있으며, 문제되는 당해 선거를 기준으로 하여 기부 당시 후보자가 되려는 의사를 인정할 수 있는 객관적 징표를 고려하여 판단하면 되므로, 기부행위금지조항은 명확성원칙에 위반되지 아니한다. 기부행위가 금지되는 시기와 대상자는 한정되어 있고, 관련규정에 따라 기부행위가 허용되는 예외도 인정되고 있으며, 그러한 예외에 해당되지 않더라도 사회상규에 위배되지 않는 경우 법원에서 위법성이 조각될 수 있으므로, 기부행위금지조항은 과잉금지원칙에 반하여 선거운동의 자유를 침해하지 아니한다.)

248) 2014. 2. 27. 선고 2013헌바106 전원재판부 결정, 2021. 2. 25. 선고 2018헌바223 결정

249) 2018. 4. 24.자 2018초기306 결정

250) 2009. 4. 23. 선고 2009도834 판결

제1항의 '정당의 대표자'에 포함된다.[251)]

나. 시기

법 제113조(후보자 등의 기부행위제한)의 기부행위는 기한의 제한이 없이 상시적으로 금지된다. 법 제113조(후보자 등의 기부행위제한)가 선거기간 등과 관계없이 상시로 일체의 기부행위를 할 수 없도록 규정한 취지는, 그러한 기부행위가 후보자 등의 지지기반을 조성하는 데에 기여하거나 매수행위와 결부될 가능성이 높아 이를 허용할 경우 선거가 후보자 등의 인물·식견 및 정책 등을 평가받는 기회가 되기보다는 자금력을 겨루는 과정으로 타락할 위험성이 있어 이를 방지하기 위한 데에 있다.[252)]

3. 기부행위

가. 선거와의 관련성

법 제112조(기부행위의 정의 등) 내지 제115조(제3자의 기부행위제한)의 체제와 내용 및 그 입법취지, 특히 제114조(정당 및 후보자의 가족 등의 기부행위제한), 제115조(제3자의 기부행위제한)에서 기부행위와 선거와의 관련성을 별도의 요건으로 명시하고 있는 점 등을 종합해 보면, 법 제112조(기부행위의 정의 등) 제1항에 해당하는 금품 등 제공행위는 같은 조 제2항에 허용되는 것으로 열거된 행위에 해당하지 아니한 이상 기부행위에 해당하는 것이고, 법 제113조(후보자 등의 기부행위제한) 기부행위제한위반죄가 성립하기 위하여 선거운동의 목적 또는 선거와의 관련성까지 필요한 것은 아니다.[253)] 후보자의 기부행위는 그것이 선거운동이 되는지 여부에 관계없이 법 제112조(기부행위의 정의 등) 제2항의 예외사유에 해당하지 아니하는 한 금지된다.[254)]

나. 기부행위

당내경선에서 상대방 후보자를 낙선시키기 위하여 어떠한 행위를 하도록 특정인을 매수하려는 목적에서 금품 제공행위가 이루어졌다 하더라도 정당한 대가관계 없이 이루어지는 이상 그 행위는 기부행위에 해당한다.[255)]

---

251) 대구고등법원 2008. 1. 21. 선고 2007노483 판결
252) 2009. 4. 30. 선고 2007헌바29·86(병합) 전원재판부 결정, 2003. 6. 27. 선고 2002도6519 판결, 2002. 2. 21. 선고 2001도2819 판결
253) 2007. 11. 16. 선고 2007도7205 판결, 대구지방법원 2007. 7. 11. 선고 2007고합229 판결
254) 1993. 3. 23. 선고 99도404 판결
255) 2012. 4. 13. 선고 2011도17437 판결

기부행위의 공범관계에 있는 일행 중 한명이 저녁식사대금을 신용카드로 결제함으로써 기부행위는 이미 완료하였으므로 그 이후 저녁식사 참석자로부터 저녁식사대금 상당액을 지급받았다고 하더라도 기부행위의 성립에 장애가 되지 아니한다.[256] 지방자치단체장이 장차 실시될 지방의회 의원 재선거 등을 의식하여 선거에 영향력을 가지는 전·현직 당직자들의 과태료를 대납한 행위,[257] 경주엑스포 사무총장이 청와대 근무경력을 홍보하기 위하여 청와대 기념품 331점 6,349,000원 상당을 경주시 선거구민 및 경주시 연고자에게 발송한 행위,[258] 지방자치단체장이 지방의회의장에게 의회의원들의 의정연수 찬조금을 제공하는 행위,[259] 전국동시지방선거 지방자치단체장선거에 특정 정당 후보로 출마가 확실시 되는 현직 군수가 같은 정당 지역청년위원장 등과 관사에서 모임을 갖고 음식물을 제공한 경우,[260] 후보자가 되고자 하는 자가 선거구민의 배우자에게 선거구민의 어머니 간병비를 빙자하여 20만원을 제공하는 행위,[261] 지역구 관할 주민센터 동장들 4명, 주민센터 직원 5명, 지역주민 4명 등 13명을 초대하여 제삿밥을 나누어 먹는다는 명목으로 점심식사를 제공하는 경우,[262] 마을이장 등에게 10만원권 농촌사랑 상품권을 교부하는 행위[263]는 기부행위에 해당한다.

입후보예정자가 전통혼례를 전문적으로 대행하는 이벤트 업체인 「신랑각시」와 계약하여 일정액의 보수(수당)을 받고 '직업적으로 전통혼례를 주관'하는 경우 그 전통혼례를 주관하는 것이 주례행위를 의미하는 것이라면 후보자가 되고자 하는 자가 선거구 안에서 치러지거나 선거구민 또는 선거구민과 연고가 있는 자를 대상으로 이를 주관하는 행위,[264] 국회의원이 자신의 지역구 안에서 그 지역구 출신으로 현재 주민등록지와 주소가 타시도로 되어 있는 소속 상근 비서의 결혼식 주례를 하는 행위[265]도 기부행위에 해당한다.

4. 기부행위의 상대방

법 제113조(후보자 등의 기부행위제한) 제1항의 기부행위 상대방인 '당해 선거구 안에 있는 자'란 선거구 내에 주소나 거소를 갖는 자는 물론 선거구 안에 일시적으로 체재하는 자도 포함되고, '선거구민과 연고가 있는 자'란 당해 선거구민의 가족·친지·친구·직장동료·상하

256) 2005. 9. 9. 선고 2005도2014 판결
257) 대구지방법원 2007. 7. 11. 선고 2007고합229 판결
258) 2019. 1. 14. 선고 2018도19329 판결(대구고등법원 2018. 11. 15. 선고 2018노395 판결)
259) 2018. 6. 15. 선고 2018도5184 판결(부산고등법원 2018. 4. 4. 선고 (창원)2017노360 판결)
260) 2011. 2. 24. 선고 2010도14720 판결
261) 광주고등법원 2019. 1. 29. 선고 (전주)2018노139 판결
262) 창원지방법원 마산지원 2019. 2. 8. 선고 2018고합100 판결
263) 2019. 3. 28. 선고 2019도1208 판결(대전고등법원 2019. 1. 10. 선고 (청주)2018노117 판결)
264) 2005. 12. 19. 중앙선관위 의결
265) 2006. 1. 19. 중앙선관위 질의회답

급자나 향우회·동창회·친목회 등 일정한 혈연적·인간적 관계를 가지고 있어 그 선거구민의 의사결정에 직접적 또는 간접적으로 어떠한 영향을 미칠 수 있는 가능성이 있는 사람을 말하며 그 연고를 맺게 된 사유는 불문한다.[266]

비록 정당의 시·도당 당직자 또는 공천심사위원회 위원장이라고 하더라도, 그 선거구민과 일정한 혈연적·인간적 관계를 가지고 있다는 점에 대한 입증이 없다면, 그와 같은 직책을 맡고 있다는 사정만으로는 당연히 그 시·도당이 소재하는 특별시·광역시·도내의 선거구민들과 '연고가 있는 자'에 해당한다고 할 수는 없다.[267]

기부행위의 상대방이 당해 선거구민과 혈연적·인간적 관계를 가지고 있어 그 선거구민의 의사결정에 직접적 또는 간접적으로 어떠한 영향을 미칠 수 있는 가능성이 있다는 사실에 관하여는 검사가 입증책임을 부담한다.[268]

당해 선거구를 포함하는 구역에 특정 정당 당원협의회 정책위원장으로서 위 선거구 내에 자신이 결성·운영하는 특정 사회단체의 사무소를 두고 활동하는 사람은 법 제113조(후보자 등의 기부행위제한) 제1항의 '선거구민과 연고가 있는 자'에 해당한다.[269] '선거구민과 연고가 있는 기관·단체·시설'에 정당도 해당한다. 정당은 선거에서 선거인들의 의사결정에 영향을 미치는 것을 고유한 존립 이유를 가지고 있고 각 선거구별로 이에 필요한 조직을 갖추고 실제로 그와 같은 활동을 하고 있으며, 법 제112조(기부행위의 정의 등) 제2항 제1호 (나)목에서 '정당의 당헌·당규 기타 정당 내부규약에 의하여 정당의 당원이 당비 기타 부담금을 납부하는 행위'를 제한적으로 기부행위의 범위에서 제외하고 있는 점, 정치자금법상 정치자금을 규율하는 것과 공직선거법에서 기부행위를 규율하는 것은 그 취지가 다르므로 정치자금법상 관련 규정이 있다고 하더라도 정당이 금품을 제공받은 경우 반드시 위 공직선거법상 기부행위규정이 배제된다고는 할 수 없는 점, 매표행위를 금지하고 하는 기부행위제한의 취지가 정당에 대한 금품제공의 경우에만 적용되지 아니한다고 볼 수 없는 점 등에 비추어 정당도 법 제113조(후보자 등의 기부행위제한) 제1항에서 정한 특정 선거구민과 연고가 있는 기관·단체에 해당될 수 있다.[270]

---

266) 2007. 11. 16. 선고 2007도7205 판결, 2007. 10. 26. 선고 2006도8590 판결, 2007. 9. 6. 선고 2007도4512 판결, 2007. 2. 22. 선고 2006도7847 판결, 2006. 12. 21. 선고 2006도7087 판결, 2006. 1. 26. 선고 2005도8250 판결

267) 2007. 10. 26. 선고 2006도8590 판결

268) 2007. 10. 26. 선고 2006도8590 판결

269) 2007. 9. 6. 선고 2007도4512 판결

270) 2007. 7. 12. 선고 2007도172 판결

5. 기부행위의 약속·지시·권유·알선 또는 요구

누구든지 법 제113조(후보자 등의 기부행위제한) 제1항의 행위를 약속·지시·권유·알선 또는 요구할 수 없다(법§113②).

'약속'은 기부행위자와 기부행위의 상대방 사이에 기부대상금품 등의 수수에 대한 합의를 말하는 것으로 합의의 방법에는 아무런 제한이 없고 명시적인 경우는 물론 묵시적인 방법으로도 가능하다.[271] '지시'는 기부행위를 하도록 일방적으로 일러서 시키는 것이다. 지시하는 자와 지시받는 자 사이에 어느 정도의 지휘·감독관계가 있어야 하지만, 그것이 지시받는 자의 의사를 완전히 억압할 정도까지 이를 필요는 없다. '권유'는 기부행위를 하도록 권하여 결의를 촉구하는 것이다. '요구'는 기부대상금품 등을 수수할 의사로 기부행위자에게 교부를 청구하는 것이다. 기부행위의 의사표시나 약속을 청구하는 것도 요구의 개념에 포함된다. 언어적 표현 대신 행동 등을 통한 묵시적, 간접적인 방법의 요구도 가능하다.[272]

군의회 의원의 선거구민이 국비지원사업인 축산밀집지역 인공습지 조성사업 부지 이전에 필요한 인감증명서를 받기 위해 찾아온 군의회 의원에게 낮은 토지 감정가에 대한 보상 차원에서 2,000만원을 달라고 요구하여 선거법 위반을 우려한 군의회 의원이 자신의 농장에서 근무하는 사람 명의로 1,000만원의 차용증을 교부하자, '위 차용증에 기재된 1,000만원의 지급 채무를 보증하고, 나머지 1,000만원은 인감증명서를 받고 나면 현금으로 바로 달라'고 요구한 경우는 기부행위의 요구에 해당한다.[273]

'알선'은 형식을 불문하고 '일정한 사항에 관하여 의뢰인과 상대방 사이에 서서 중개하거나 편의를 도모하는 것'을 의미하므로, 기부행위의 알선이란 기부행위자와 그 상대방 사이에 기부행위를 중개하거나 편의를 도모하는 것을 말한다. '알선'에는 후보자 또는 선거사무장이 선거와 관련하여 선거인에게 금전 등을 제공하도록 적극적으로 유발하는 행위가 포함됨은 의문의 여지가 없고, 나아가 이미 후보자 또는 선거사무장이 선거와 관련하여 선거인에게 금전 등을 제공할 의사가 있다 하더라도 금전 제공이 용이하도록 선거인을 후보자의 선거사무실로 데리고 가는 행위 또는 선거와 관련하여 금전 등을 제공하도록 알선하는 행위에 포함된다.[274]

---

271) 한국사법행정학회, 『주석 형법각칙(제5판)』, 419쪽
272) 한국사법행정학회, 『주석 형법각칙(제5판)』, 418쪽
273) 2019. 4. 11. 선고 2019도2766 판결(부산고등법원 2019. 2. 11. 선고 (창원)2018노351 판결)
274) 대전고등법원 2006. 8. 18. 선고 2006노225 판결

6. 처벌

가. 벌칙

법 제113조(후보자 등의 기부행위제한)의 규정에 위반한 자는 5년 이하의 징역 또는 1천만원 이하의 벌금에 처한다(법§257①1.). 이와 같이 법 제257조(기부행위의 금지제한 등 위반죄) 제1항 제1호는 제113조(후보자 등의 기부행위제한) 제1항의 기부행위자와 제113조(후보자 등의 기부행위제한) 제2항의 기부행위의 '약속 · 지시 · 권유 · 알선 또는 요구'를 가리지 않고 이를 모두를 포함한 제113조(후보자 등의 기부행위제한)를 위반한 자를 처벌하고 있다. 한편 제257조(기부행위의 금지제한 등 위반죄) 제2항은 제113조(후보자 등의 기부행위제한)의 기부행위자 등에게 기부를 '지시 · 권유 · 알선 · 요구하거나 그로부터 기부를 받은 자'는 3년 이하의 징역 또는 500만원의 벌금에 처한다고 규정하고 있어, 제113조(후보자 등의 기부행위제한) 제1항과 제2항을 구분하지 아니하고 처벌하고 있다. 따라서 법(기부행위의 금지제한 등 위반죄) 제113조(후보자 등의 기부행위제한) 제2항의 규정을 위반한 자에 대하여 법 제257조 제1항 제1호를 적용하여야 하는지, 제257조(기부행위의 금지제한 등 위반죄) 제2항을 적용하여 처벌하여야 하는지 여부가 문제된다.

이에 대하여 법원은 「지방의회의원선거 후보자 갑의 선거사무장이 갑에게서 선거가 끝난 후 선거관리위원회에서 지급되는 선거비용보전액을 받기로 약속함으로써 법 제257조(기부행위의 금지제한 등 위반죄) 제1항 제1호, 제113조(후보자 등의 기부행위제한) 제2항을 위반하였다는 내용으로 기소된 경우에서 보는 바와 같이, 공직선거법상 기부행위 관련 규정은 기부를 하는 자의 행위(금전 · 물품 기타 재산상 이익의 제공, 이익제공의 의사표시, 이익제공의 약속)와 기부를 받는 자 또는 제3자의 행위(금전 · 물품 기타 재산상 이익 제공의 약속 · 지시 · 권유 · 알선 · 요구 및 이익제공의 수령)를 구분하고 그에 대한 처벌 또는 제재의 내용도 달리 정하고 있는 점, 법 제257조(기부행위의 금지제한 등 위반죄) 제1항 제1호에 규정된 '제113조(후보자 등의 기부행위제한) · 제114조(정당 및 후보자의 가족 등 기부행위제한) 제1항'이라는 문언의 의미를 '제113조(후보자 등의 기부행위제한) 제1항 · 제114조(정당 및 후보자의 가족 등 기부행위제한) 제1항'으로 해석할 때 법 제257조(기부행위의 금지제한 등 위반죄) 제2항의 존재 이유와 적용범위가 명확해지는 반면, 법 제257조(기부행위의 금지제한 등 위반죄) 제1항 제1호가 법 제113조(후보자 등의 기부행위제한) 제2항 위반행위에도 적용된다고 해석하면 '기부를 받기로 약속하는 행위'가 '기부를 받는 행위'보다 더 무겁게 처벌되는 불균형이 발생하는 점 등을 종합할 때, 기부를 받을 자 또는 제3자가 단순히 기부를 하는 자와 기부 약속을 하거나 기부 제공의 의사표시를 승낙하는 것만으로는 기부행위위반죄를 규정한 법 제257조(기부행위의 금지제한 등 위반죄)에 의하여 처벌할 수 없다.」[275]고 판시하여, 법 제113조(후보자 등의 기부행위제한) 제1항을 위반한 경우에는 법 제257조(기부행위의 금지제한 등 위반죄) 제1항 제1호를 적용하고 법 제113조(후보자 등의 기부행위제한) 제2항을 위반한 경우에는 법 제257조(기부행위의 금지제한 등 위반죄) 제2항을 적용하여야 하고, 법 제257조(기부행위의 금지제한 등 위반죄) 제2항의 행위유형에 '약속'이 제외되어 있으므로 '기부 약속'이나 '기부 제공 의사표시의 승낙'은 처벌할 수 없다고 한다. 그러나 이러한 법원의 견해는 법 제113조(후보자 등의 기부행위제한) 제2항의 기부행위의 '약속·지시·권유·알선·요구' 중 '지시·권유·알선·요구'는 법 제257조(기부행위의 금지제한 등 위반죄) 제2항에 규정하고 있는 행위 유형에 해당하므로 동 조항을 적용하여 처벌하는 것이 가능하지만, 법 제113조(후보자 등의 기부행위제한)에서 규정하고 있는 기부행위의 '약속'은 처벌할 수 없게 되는 문제점이 있다.

따라서, 현재 법 제257조(기부행위의 금지제한 등 위반죄)의 문리적인 해석상, 법 제257조(기부행위의 금지제한 등 위반죄) 제1항 제1호는 법 제113조(후보자 등의 기부행위제한) 위반 행위 전체에 대해 처벌하도록 되어 있는 점에 비추어, 법 제113조(후보자 등의 기부행위제한) 제2항의 '약속·지시·권유·알선·요구'에 대하여는 법 제257조(기부행위의 금지제한 등 위반죄) 제1항 제1호를 적용하여 처벌하여야 하고, 그 한도 내에서 법 제257조(기부행위의 금지제한 등 위반죄) 제2항은 적용되지 않는다고 봄이 상당하다.[276] 그러나 위와 해석한다고 하더라도, 이는 앞서 법원의 태도에서 보는 바와 같이, 법 제257조(기부행위의 금지제한 등 위반죄) 제1항은 기부를 하는 자에 대한 처벌규정이고, 제2항은 기부를 받는 자 또는 기부에 관여한 제3자에 대한 처벌규정인 법 제257조(기부행위의 금지제한 등 위반죄)의 규정체계와 모순되므로, 이를 해결하기 위해서는 법 제257조(기부행위의 금지제한 등 위반죄) 제1항 제1호에 의하여 처벌되는 것은 법 제113조(후보자 등의 기부행위제한) 제1항으로 한정하고, 법 제257조(기부행위의 금지제한 등 위반죄) 제2항의 규정에는 법 제113조(후보자 등의 기부행위제한) 제2항의 기부행위의 '약속'과 '의사표시의 승낙'도 추가하고, 법 제113조(후보자 등의 기부행위제한) 제2항은 삭제하는 방향으로 개정이 이루어져야 한다.

본죄는 재정신청대상 중요선거범죄이다(법§273①).

나. 공소장변경 요부

자원봉사자들이 명목상만 자원봉사자이지 실질은 일당을 받고 선거운동을 한 것이라면 일당제 선거사무원 즉 유급 선거사무원이라고 볼 여지가 있고, 그 인원수가 법 제62조(선거사무관계자의 선임) 제2항, 제63조(선거운동기구 및 선거사무관계자의 신고) 제1항의 선거사무원수 또는 교체선임 선거사무원수를 초과하였다면 법 제255조(부정선거운동죄) 제1항 제4호, 제256

275) 부산고등법원 2015. 2. 10. 선고 2014노808 판결
276) 대검찰청, 앞의 책, 808쪽

조(각종제한규정위반죄) 제5항 제4호에 해당될 수 있을 것이지만, 법 제113조(후보자 등의 기부행위제한)의 후보자 등의 기부행위 금지에 위반한 법 제257조(기부행위의 금지제한 등 위반죄) 제1항 제1호의 죄와 제62조(선거사무관계자의 선임) 제2항 또는 제63조(선거운동기구 및 선거사무관계자의 신고) 제1항에 위반한 법 제255조(부정선거운동죄) 제1항 제4호, 제256조(각종제한규정위반죄) 제5항 제4호의 죄는 구성요건상에 상당한 차이가 있고 전자가 후자를 포함하는 관계도 아니므로, 기부행위금지위반죄로 공소가 제기된 경우에는 피고인의 정당한 방어권행사를 보장하기 위하여 공소장변경 절차를 거쳐 이에 대한 심리가 있어야 법 제255조(부정선거운동죄) 제1항 제4호 또는 제256조(각종제한규정위반죄) 제5항 제4호의 죄로 처벌할 수 있다.[277)]

포괄일죄에 해당하는 기부행위제한위반죄의 범죄사실은 그 죄의 일부를 구성하는 개개의 기부행위에 대하여 구체적으로 특정하지 아니하더라도 그 기부행위의 전제가 된 선거, 전체 기부행위의 시기와 종기, 기부행위의 장소, 방법, 그 대상이 된 대략의 선거구민을 명시하면 이로써 특정된다.[278)]

다. 죄수

기부행위를 '약속'하거나 그 '제공의 의사표시'를 한 후 현실적인 제공에 까지 나아가면 그 '약속'이나 '제공의 의사표시'는 '제공'에 흡수된다. 그러나 기부행위를 '요구', '약속'을 한 자가 '수수'까지 한 경우는 그 '요구'가 '수수'에 흡수되는지 여부가 문제된다. 이에 대하여, 기부행위를 '요구'하여 법 제113조(후보자 등의 기부행위제한) 제2항에 해당하는 경우에는 법 제257조(기부행위의 금지제한 등 위반죄) 제1항 제1호에 의하여 5년 이하의 징역 또는 1천만원 이하의 벌금형으로 처벌받는데 비하여, 기부행위를 '수수'하는 경우에는 그보다 형이 가벼운 법 제257조(기부행위의 금지제한 등 위반죄) 제2항에 의하여 3년 이하의 징역 또는 500만원의 이하의 벌금에 처하게 되어, 법정형이 높은 '요구'행위가 법정형이 낮은 '수수'행위에 흡수되는 문제점이 있으므로, 기부행위를 '요구'한 자가 '수수'까지 나아갔을 때는 실체적 경합범으로 처벌하는 것이 타당하다는 견해가 있다.[279)]

그러나 이러한 견해는 '요구'행위와 '수수'행위에 대한 이해에 있어 사회통념과는 거리가 있고, 처벌위주의 견해로서 수용하기 어렵다. 따라서 뇌물죄의 경우에서 보는 바와 같이, 같은 사람에 대하여 '요구'·'약속'·'수수'를 순차적으로 하는 경우에는 각각의 죄가 성립하는 것이 아니라 뇌물수수죄 하나만이 성립되는 점에 비추어,[280)] 기부행위를 '요구', '약속'을 한

---

277) 1996. 11. 29. 선고 96도500 판결

278) 2006. 6. 27. 선고 2005도4177 판결, 2005. 8. 19. 선고 2005도2245 판결, 2002. 6. 20. 선고 2002도807 전원합의체 판결, 1999. 10. 12. 선고 99도3335 판결

279) 대검찰청, 앞의 책, 809쪽

280) 그 근거에 대하여는 포괄하여 1죄가 성립한다는 다수설과 '요구'와 '약속'의 죄는 '수수'죄에 흡수된다는 소수

후 '수수'한 경우는 기부행위의 '수수'만 성립한다고 보는 것이 상당하다. 나아가 위의 견해와 같은 문제점은 앞서본 바와 같이 법 제257조(기부행위의 금지제한 등 위반죄)와 제113조(후보자 등의 기부행위제한)를 개정하는 방법으로 해소하는 것이 마땅하다.

법 제257조(기부행위의 금지제한 등 위반죄)에서 처벌대상으로 삼는 선거운동을 대가로 금품을 제공하는 행위는 그 수령자마다 각 1죄가 성립하는 것인 바,[281] 당원들의 당비를 대납한 행위도 각 수령자마다 1죄가 성립하는 것이므로 각각의 당비대납행위는 실체적 경합범이다.[282] 어느 정당의 소속 당원이 정당에 납부하여야 할 당비를 그 소속 당원 대신 납부하는 행위가 그 소속 당원에 대한 기부행위로서 법 제257조(기부행위의 금지제한 등 위반죄) 제1항 제1호 위반죄에 해당하는 경우, 그 당비는 이를 기부받은 당원이 그 정당에 납부한 것으로 보아야 하므로, 이러한 당비의 대납행위를 그 소속 당원의 명의를 빌리거나 가장하여 스스로 정당에 정치자금을 기부하는 행위로서 「정치자금법」 제48조(감독의무해태죄 등) 제3호 위반죄도 동시에 해당하여 위 공직선거법위반죄와 상상적 경합관계가 된다고 볼 수는 없다.[283]

선거일 후에 선거구민 등에게 금품 또는 향응을 제공한 행위가 법 제113조(후보자 등의 기부행위제한) 제1항의 '후보자 등의 기부행위제한'위반죄와 법 제118조(선거일후 답례금지)의 '선거일 후 답례금지'위반죄에 모두 해당할 때, 그 양 죄의 관계는 「형법」 제40조(상상적 경합) 소정의 상상적 경합관계라고 보아야 한다.[284]

후보자가 선거구민에게 음식물을 접대한 행위와 이후 음식점 주인에게 그 음식물 값 상당의 금전을 지급한 행위는 그들 행위의 태양 및 내용 등이 서로 달라 이들을 법률상 1개의 행위로 포섭·평가하기는 곤란하므로, 음식물 접대행위에 따른 기부행위 제한규정 위반의 점과 그 음식물 값 상당의 금전 지급행위를 포함한 비회계책임자의 선거비용지출금지규정 위반의 점은 실체적 경합관계에 있다.[285]

공직선거법에서 기부행위는 일방이 상대방에게 무상의 이익을 제공하거나 약속하는 것으로서, 이를 제한하는 것은 그것이 후보자 등의 지지기반을 조성하는 데에 기여하거나 매수행위와 결부될 가능성이 높아 이를 허용할 경우 선거 자체가 후보자의 인물·식견 및 정책 등을 평가받는 기회가 되기보다는 후보자의 자금력을 겨루는 과정으로 타락할 위험성이 있어 이를 방지하기 위하여 마련된 것이고, 공천과 관련한 금품수수행위는 정당이 특정인을 후보자로 추천하는 일과 관련하여 재산상 이익이나 공사의 직을 제공하는 등의 행위를 하는

설로 나누어지나(한국사법행정학회, 『주석 형법 각칙』, 425-426쪽), 판례는 후자의 입장인 것으로 보인다(2002. 3. 15. 선고 2001도970 판결).

281) 1999. 4. 9. 선고 98도1432 판결

282) 광주고등법원 2015. 2. 12. 선고 2014노277-1(분리)·2015노25(병합) 판결

283) 2007. 2. 22. 선고 2006도7058 판결

284) 2007. 9. 21. 선고 2007도4724 판결

285) 1999. 11. 9. 선고 99도3118 판결

것으로서, 이를 제한하는 것은 정당의 후보자 추천의 공정성과 정당 운영의 투명성·도덕성을 제고하고 나아가 공직선거에 있어서 후보자 추천 단계에서부터 금권의 영향력을 원칙적으로 봉쇄함으로써 궁극적으로 공명정대한 선거를 보장하기 위한 것으로서, 양자는 범지구성요건과 입법취지를 달리하고 있다. 한편, 지역구 국회의원이 공천과 관련하여 자신의 선거구 밖에서 연고가 없는 상대방에게 금품 등을 교부한 경우나, 혹은 공천과 관련하여 제공된 금품이 적절한 대가관계에 있는 등 무상성이 인정되지 아니하는 경우에는 공천관련금품수수죄가 성립하는데도 기부행위제한위반죄에는 해당하지 않을 경우를 상정할 수 있다. 이러한 점들을 종합하여 보면, 공천관련금품수수죄가 기부행위제한위반죄에 대하여 특별관계에 있다고는 볼 수 없다.[286]

법 제97조(방송·신문의 불법이용을 위한 행위 등의 제한) 제1항 및 제113조(후보자 등의 기부행위제한) 제1항의 각 규정을 비교하여 보면, 행위주체, 목적의 유무, 금품제공 또는 기부행위의 대상 등에 차이가 있고 법 제97조(방송·신문의 불법이용을 위한 행위 등의 제한) 제1항 위반죄의 구성요건이 제113조(후보자 등의 기부행위제한) 제1항 위반죄의 구성요건의 모든 요소를 포함하는 외에 다른 요소를 구비하는 경우에 해당하지 아니하므로, 전자가 후자에 대하여 특별법의 관계에 있다고 볼 수 없고, 이들은 각기 독립된 별개의 구성요건으로서 1개의 행위가 각 구성요건을 충족하는 경우에는 상상적 경합관계에 있다고 보아야 한다.[287]

제3장 정당 및 후보자의 가족 등의 기부행위 제한

1. 의의

정당[「정당법」 제37조(활동의 자유) 제3항에 따른 당원협의회(이하 "당원협의회"라 한다)와 창당준비위원회를 포함한다], 정당선거사무소의 소장, 후보자(후보자가 되고자하는 자를 포함한다)나 그 배우자의 직계존·비속과 형제자매, 후보자의 직계비속 및 형제자매의 배우자, 선거사무장, 선거연락소장, 선거사무원, 회계책임자, 연설원, 대담·토론자나 후보자 또는 그 가족(가족의 범위는 법 제10조(사회단체 등의 공명선거추진활동) 제1항 제3호에 규정된 "후보자의 가족"을 준용한다)과 관계있는 회사 그 밖의 법인·단체(이하 "회사 등"이라 한다) 또는 그 임·직원은 선거기간 전에는 당해 선거에 관하여, 선거기간에는 당해 선거에 관한 여부를 불문하고 후보자 또는 그 소속 정당을 위하여 일체의 기부행위를 할 수 없다. 이 경우 후보자 또

286) 2009. 4. 23. 선고 2009도834 판결
287) 2010. 12. 9. 선고 2010도10451 판결

는 그 소속 정당의 명의를 밝혀 기부행위를 하거나 후보자 또는 그 소속 정당이 기부하는 것으로 추정할 수 있는 방법으로 기부행위를 하는 것은 당해 선거에 관하여 후보자 또는 정당을 위한 기부로 본다(법§114조①).

2. 주체

가. 정당 및 정당관계자

정당, 「정당법」 제37조(활동의 자유) 제3항에 따른 당원협의회, 창당준비위원회, 정당선거사무소의 소장이 이에 포함된다.

나. 후보자나 배우자의 가족

후보자(후보자가 되고자 하는 자를 포함한다)나 그 배우자의 직계존·비속과 형제자매, 후보자의 직계비속 및 형제자매의 배우자이다. 후보자와 그 배우자는 법 제113조(후보자 등의 기부행위제한)의 적용을 받으므로, 그들은 법 제114조(정당 및 후보자의 가족 등의 기부행위제한) 제1항 기부행위의 주체가 아니다.

다. 선거사무관계자

선거사무장, 선거연락소장, 선거사무원, 회계책임자, 연설원, 대담·토론자는 법 제114조(정당 및 후보자의 가족 등의 기부행위제한) 제1항의 기부행위의 주체이다.

라. 후보자 또는 그 가족과 관계있는 회사 등과 그 임·직원

후보자나 그 가족과 관계있는 회사 그 밖의 법인·단체 또는 그 임·직원은 법 제114조(정당 및 후보자의 가족 등의 기부행위제한) 제1항의 기부행위의 주체이다. 여기서 '가족'은 후보자의 배우자와 후보자 또는 그 배우자의 직계존·비속과 형제자매나 후보자의 직계비속 및 형제자매의 배우자를 말한다(법§10①3.). 또한 '후보자 또는 그 가족과 관계있는 회사 등'이라 함은 다음 각 호의 어느 하나에 해당하는 회사를 말한다(법§114②).

1. 후보자가 임·직원 또는 구성원으로 있거나 기금을 출연하여 설립하고 운영에 참여하고 있거나 관계법규나 규약에 의하여 의사결정에 실질적으로 영향력을 행사할 수 있는 회사 기타 법인·단체
2. 후보자의 가족이 임원 또는 구성원으로 있거나 기금을 출연하여 설립하고 운영에 참여하고 있거나 관계법규 또는 규약에 의하여 의사결정에 실질적으로 영향력을 행사할 수 있는 회사 기타 법인·단체

3. 후보자가 소속한 정당이나 후보자를 위하여 설립한 「정치자금법」에 의한 후원회

후보자가 동시에 자신과 관계있는 회사 기타 법인·단체의 임·직원의 자격을 가지고 있어 그 임·직원의 자격에서, 선거기간 전에는 당해 선거에 관하여, 선거기간에는 당해 선거에 관한 여부를 불문하고 후보자인 자신 또는 그 소속 정당을 위하여 기부행위를 한 경우에는 법 제114조(정당 및 후보자의 가족 등의 기부행위제한) 제1항의 위반에 해당한다.[288] 생활체육배드민턴연합회 회장이 회장기 대회를 개최하여 시상을 하고 참가자들에게 경품을 교부함에 있어 자신이 기부하는 것으로 추정할 수 있는 방법으로 기부한 행위는법 제114조(정당 및 후보자의 가족 등의 기부행위제한) 제1항에 위반된다.[289] 후보자가 후보자와 관련이 있는 재단법인의 임원으로서 재단법인의 자금으로 기부행위를 한 경우, 회사 등의 집행기관으로서 단순히 회사의 업무로서 기부행위에 가담하였을 경우에는 후보자 본인을 기부행위의 주체로 보기 어려우므로 법 제113조(후보자 등의 기부행위제한)로 처벌할 수 없고 제114조(정당 및 후보자의 가족 등의 기부행위제한) 위반죄로 처벌하는 것이 타당하다.[290]

마. 정당의 간부나 사용인

정당에 소속된 간부나 사용인은 법 제114조(정당 및 후보자의 가족 등의 기부행위제한)에 규정된 기부행위의 주체에 해당한다. 정당의 경우, 대표자는 법 제113조(후보자 등의 기부행위제한)에 의해 처벌하고, 대표자 이외의 정당 업무 관련자는 법 제114조(정당 및 후보자의 가족 등의 기부행위제한)에 의해 처벌하며, 그 이외의 제3자는 법 제115조(제3자의 기부행위제한)에 의해 처벌하는 것으로 해석함이 상당하므로, 정당에 소속된 간부나 사용인은 법 제114조(정당 및 후보자의 가족 등의 기부행위제한)에 규정된 기부행위의 주체에 해당한다.[291]

3. 기부행위

가. 시기

(1) 선거기간 전

선거기간 전에는 '당해 선거에 관하여' 후보자 또는 그 소속 정당을 위하여 일체의 기부행위를 할 수 없다(법§114①).

'당해 선거에 관하여'라 함은 당해 선거를 위한 선거운동이 되는지 여부를 불문하고 당해

288) 2007. 9. 21. 선고 2007도4386 판결, 2007. 4. 26. 선고 2007도736 판결, 1996. 5. 10. 선고 96도620 판결
289) 2007. 9. 21. 선고 2007도4386 판결
290) 서울고등법원 2006. 12. 13. 선고 2006노2037 판결
291) 2009. 4. 9. 선고 2009도1260 판결

선거를 동기로 하거나 빌미로 하는 등 당해 선거와 관련이 있으면 족하다.[292] 후보자와 관계있는 회사 등이 선거기간 전에 당해 선거구 안에 있는 자 등에게 금품 등을 제공한 행위가 법 제114조(정당 및 후보자의 가족 등의 기부행위제한) 제1항에서 금지하는 기부행위에 해당하려면 그 금품 등 제공행위가 당해 선거를 위한 선거운동이 되지 않더라도 적어도 당해 선거를 동기로 하거나 빌미로 하는 등 당해 선거와 관련이 있어야 하는 것이고,[293] 이와는 달리 금품 등의 제공이 당해 선거와 관계없이 회사 등의 일상적인 직무상의 행위로서 행하여진 경우에는 법 제114조(정당 및 후보자의 가족 등의 기부행위제한) 제1항 위반죄가 성립하지 아니한다.[294]

(2) 선기기간

선거기간에는 당해 선거에 관한 여부를 불문하고 후보자 또는 그 소속 정당을 위하여 일체의 기부행위를 할 수 없다(법§114①).

나. 금지되는 기부행위

후보자 또는 그 소속정당을 위하여 하는 일체의 기부행위는 금지된다(법§114①).

'후보자 또는 그 소속정당을 위하여'라 함은 특정 후보자 또는 소속 정당에게 유리하도록 한다는 인식을 가지고 행하는 경우를 뜻한다.[295] 이 경우 후보자 또는 그 소속정당의 명의를 밝혀 기부행위를 하거나 후보자 또는 그 소속정당이 기부하는 것으로 추정할 수 있는 방법으로 기부행위를 하는 것은 당해 선거에 관하여 후보자 또는 그 소속정당을 위한 기부행위로 본다(법§114①후문).

도의회의원 선거에 출마하려는 단위 농업협동조합장이 조합의 자금으로 노인대학을 운영, 관광을 제공하고 그 행사를 주관하는 경우는 법 제114조(정당 및 후보자의 가족 등의 기부행위제한) 제1항에 위반된다.[296] 후보자를 위한 후원회에서 기부금을 내지 않은 참석자에게까지 금 3,000원 상당의 케익을 제공한 행위는 법 제114조(정당 및 후보자의 가족 등의 기부행위제한) 제1항의 기부행위에 해당한다.[297]

292) 1996. 6. 14. 선고 96도405 판결, 2007. 9. 21. 선고 2007도4386 판결
293) 1996. 6. 14. 선고 96도405 판결, 2005. 3. 25. 선고 2004도5298 판결
294) 2007. 10. 26. 선고 2007도717 판결
295) 광주고등법원 2002. 12. 5. 선고 2002노504 판결
296) 1996. 5. 10. 선고 96도620 판결
297) 1997. 4. 25. 선고 96도3109 판결

4. 처벌

법 제114조(정당 및 후보자의 가족 등의 기부행위제한) 제1항의 규정에 위반한 자는 5년 이하의 징역 또는 1천만원 이하의 벌금에 처한다(법§257①1.). 본죄는 재정신청대상 중요선거범죄이다(법§273①).

제4장 제3자 기부행위 제한

1. 의의

법 제113조(후보자 등의 기부행위제한) 또는 제114조(정당 및 후보자의 가족 등의 기부행위제한)에 규정되지 아니한 자라도 누구든지 선거에 관하여 후보자(후보자가 되고자 하는 자를 포함한다) 또는 그 소속 정당(창당준비위원회를 포함한다)을 위하여 기부행위를 하거나 하게 할 수 없다. 이 경우 후보자 또는 그 소속 정당 명의를 밝혀 기부행위를 하거나 후보자 또는 그 소속 정당이 기부하는 것으로 추정할 수 있는 방법으로 기부행위를 하는 것은 당해 선거에 후보자 또는 정당을 위한 기부행위로 본다(법§115).

헌법재판소는, '당해 선거구 안에 있는 자'에 대하여 후보자 등이 아닌 제3자가 기부행위를 하는 것을 금지하는 법 제115조(제3자의 기부행위제한)에 대하여, 「'당해 선거구 안에 있는 자'의 의미가 당해 선거구민만을 의미하는 것으로 한정된다고 볼 수 없으나, '당해 선거에 관하여', 그리고 '후보자 등이나 소속 정당을 위하여' 기부행위를 하는 경우만으로 그 적용범위가 제한되고, 또한 법 제112조(기부행위의 정의 등) 제1항에서는 기부행위를 정의하여 포괄적으로 금지하는 형태를 취하고 있으나, 제2항에서 기부행위로 보지 아니하는 행위를 다양하게 개방적으로 인정하고 있고, 대법원은 기부행위가 극히 정상적인 생활형태의 하나로서 역사적으로 생성된 사회질서의 범위 안에 있는 것이라고 볼 수 있는 경우에는 사회상규에 위반되지 아니하여 위법성이 조각된다고 보고 있으므로, 본조는 침해의 최소성원칙에 위반되지 않는다.」고 판시하였다.[298]

2. 주체

법 제113조(후보자 등의 기부행위제한) 또는 제114조(정당 및 후보자의 가족 등의 기부행위제한)

298) 2018. 3. 29. 선고 2017헌바266 결정

에 규정되지 아니한 자는 누구든지 법 제115조(제3자의 기부행위제한)의 기부행위의 주체가 된다.

법 제115조(제3자의 기부행위제한) 위반의 주체는 금품 등이 출연된 동기 또는 목적, 출연행위와 기부행위의 실행 경위, 기부자와 출연자 그리고 기부받는 자와 관계 등 모든 사정을 종합하여 기부행위자로 평가되는 자에 해당하면 충분하고, 반드시 제공한 물품에 대한 소유권 또는 처분권을 가지는 자에 해당하여야 하는 것은 아니다.[299] 따라서 제3자가 후보자가 되려는 자와 공모하여 기부물품을 제공한 경우, 비록 제3자가 선거 후보자가 되려는 자의 지시에 따라 기부물품을 전달하는 역할을 수행하였을 뿐 기부물품의 소유권자나 처분권자가 아니라고 하더라도 법 제115조(제3자의 기부행위제한) 위반죄의 주체가 된다. 법 제115조(제3자의 기부행위제한)에 정한 제3자 기부행위는 해당 기부행위자를 처벌하는 것으로서 기부행위자와 후보자 또는 후보자가 되고자 하는 자 사이에 공모 등이 인정될 경우에만 성립하는 것이 아니다. 지방의회의원이 지방의회의원으로서 기부행위를 하였을 뿐만 아니라 국회의원 후보자가 되고자 하는 자를 위하여 기부행위를 한 경우에는 법 제113조(후보자 등의 기부행위제한)의 기부행위와 동시에 법 제115조(제3자의 기부행위제한)의 기부행위도 성립한다.[300] 법 제113조(후보자 등의 기부행위제한)와 제114조(정당 및 후보자의 가족 등의 기부행위제한)에 규정된 신분관계를 갖는 자라도 다른 사람으로 하여금 기부행위를 하게 하는 경우에는 법 제115조(제3자의 기부행위제한)의 주체가 될 수 있다. 국회의원 입후보예정자와 제3자가 공모하여 다른 사람들로 하여금 국회의원 입후보예정자를 위하여 기부행위를 하게 한 경우에는 법 제115조(제3자의 기부행위제한) 위반죄에 해당한다.[301]

3. 금지되는 기부행위

가. 선거에 관하여

'선거에 관하여'라 함은 '특정한 선거에 있어서 투표 또는 선거운동, 당선 등 선거에 관한 사항을 동기로 하여'라는 의미로서, 선거에 관한 행위는 반드시 특정 후보자를 당선 또는 낙선시키기 위한 목적의 행위일 필요는 없고, 선거운동기간 내의 행위에 한정되지 않으며, 그 기간 전이나 투·개표 종료 후의 행위도 포함된다.[302] 따라서, 법 제115조(제3자의 기부행위제한)에서 정한 '당해 선거에 관하여'라 함은 당해 선거를 위한 선거운동이 되지 아니하더라도 당해 선거를 동기로 하거나 빌미로 하는 등 당해 선거와 관련이 있으면 족하다.[303] 공직선

299) 2008. 3. 13. 선고 2007도9507 판결, 2021. 6. 24. 선고 2019도13234 판결
300) 서울고등법원 2016. 12. 1. 선고 2016노2991 판결
301) 2003. 3. 28. 선고 2003도502 판결
302) 2006. 11. 23. 선고 2006도5019 판결
303) 2013. 4. 11. 선고 2012도15497 판결, 2008. 8. 21. 선고 2008도4492 판결, 2005. 3. 25. 선고 2004도5298 판

거에 출마할 정당추천 후보자를 선출하기 위한 당내 경선도 "당해 공직선거"를 연유로 한 것이어서 궁극적으로 "당해 공직선거"와 관련한 것이라고 할 것이므로, 공직선거에 출마할 정당추천 후보자를 선출하기 위한 당내 경선에 즈음하여 제3자가 당내에서 후보선출권이 있고 동시에 당해 선거구 안에 있거나 그 선거구민과 연고가 있는 자에 대하여 그 후보자를 지지하도록 하기 위하여 금품을 수수하는 행위도 "당해 공직선거와 관련하여" 행하는 것으로서 법 제115조(제3자의 기부행위제한)가 금지하는 기부행위에 해당한다.304)

시 공보담당관이 추석을 전후하여 시정홍보를 잘해달라는 취지의 부탁을 하면서 시장이 주는 것이라는 점을 밝히고 돈을 준 경우는 선거에 관하여 후보자가 되고자 하는 자를 위하여 기부행위를 한 경우에 해당한다.305) 선거사무원이 후보자의 선거운동 성격을 가지는 '치맥 모임'에 참석한 참석자 3명의 모임 회비를 대납한 것은 선거와 관련하여 회비를 대납한 것에 해당한다.306)

나. 상대방

법 제115조(제3자의 기부행위제한)의 기부행위의 상대방은 법 제112조(기부행위의 정의 등) 제1항에서 보는 바와 같다. 법 제115조(제3자의 기부행위제한)에서 금지하고 있는 기부행위는 선거에 관하여 무상으로 금품이나 재산상 이익을 제공하는 일체의 행위로서 법 제112조(기부행위의 정의 등) 제2항에 열거한 행위에 해당하지 아니하는 이상 그에 해당하고, 그 상대방에는 소속 정당의 정당원 및 예비후보자 등도 포함된다.307)

어느 정당의 소속 당원이 정당에 납부하여야 할 당비를 그 소속 당원 대신 납부하는 행위가 그 소속 당원에 대한 기부행위에 해당하는 경우, 그 당비는 이를 기부받은 당원이 그 정당에 납부한 것으로 보아야 하므로, 이러한 당비의 대납행위를 그 소속 당원의 명의를 빌리거나 가장하여 스스로 정당에 정치자금을 기부하는 행위로서 「정치자금법」 제48조(감독의무해태죄 등) 제3호 위반죄에도 동시에 해당한다고 볼 수는 없다.308)

다. 금지되는 기부행위

후보자(후보자가 되고자 하는 자를 포함한다) 또는 그 소속정당(창당준비위원회를 포함한다)을 위하여 기부행위를 하거나 하게 할 수 없다(법§115). 이 경우 후보자 또는 그 소속정당의 명의

결, 1996. 6. 14. 선고 96도405 판결, 2021. 6. 24. 선고 2019도13234 판결

304) 1996. 6. 14. 선고 96도405 판결, 2021. 6. 24. 선고 2019도13234 판결

305) 2006. 9. 28. 선고 2006도4666 판결

306) 2021. 12. 30. 선고 2021도13149 판결(대전고등법원 2021. 9. 10. 선고 2021노103 판결)

307) 2013. 4. 11. 선고 2012도15497 판결

308) 2007. 2. 22. 선고 2006도7058 판결

를 밝혀 기부행위를 하거나 후보자 또는 그 소속정당이 기부하는 것으로 추정할 수 있는 방법으로 기부행위를 하는 것은 당해 선거에 관하여 후보자 또는 그 소속정당을 위한 기부행위로 본다(법§115 후문). 법 제115조(제3자의 기부행위제한)에 정한 '후보자가 되고자 하는 자'에는 선거에 출마할 예정인 사람으로서 정당에 공천신청을 하거나 일반 선거권자로부터 후보자 추천을 받기 위한 활동을 벌이는 등 입후보의사가 확정적으로 외부에 표출된 사람뿐만 아니라 그 신분·접촉대상·언행 등에 비추어 선거에 입후보할 의사를 가진 것을 객관적으로 인식할 수 있을 정도에 이른 사람도 포함된다.[309)]

대통령선거과정에서 후보자가 소속된 정당과 후보자를 지지하는 모임의 회원들이 일반 시민들에게 교부한 '희망돼지 저금통'의 제조원가가 미미하고 그 교부의 목적이 깨끗한 정치자금을 모금하기 위한 것이었다 할지라도, 법 제112조(기부행위의 정의 등)에서 기부행위를 포괄적으로 제한하고 있는 취지가 비용이 적게 드는 선거풍토의 지향에 있는 것이지 기부행위를 받는 선거구민으로 하여금 재산적 가치가 있는 금품이나 이익을 보유하는 것을 금지하는데 있는 것이 아닌 것으로 보이는 점 등에 비추어 볼 때, 위 희망돼지 저금통의 교부행위[310)]와 이장단협의회 회장이 협의회의 총무를 시켜 현직 지방의회의원 명의로 협의회의 캄보디아 해외여행에 찬조금을 지급한 행위[311)]는 법 제115조(제3자의 기부행위제한)의 기부행위에 해당한다.

4. 처벌

법 제115조(제3자의 기부행위제한)의 규정을 위반한 자는 5년 이하의 징역 또는 1천만원 이하의 벌금에 처한다(법§257①1.).

본죄는 재정신청대상 중요선거범죄이다(법§273①).

309) 2008. 8. 21. 선고 2008도4492 판결, 2006. 6. 27. 선고 2006도2370 판결, 2005. 1. 13. 선고 2004도7360 판결
310) 대전고등법원 2003. 11. 7. 선고 2003노438 판결
311) 2019. 1. 4. 선고 2018도18561 판결(부산고등법원 2018. 11. 7. 선고 (창원)2018노234 판결)

제5장 기부의 수수·권유·요구 금지 및 기부의 지시·권유·알선·요구·수수 금지위반

1. 기부의 수수·권유·요구 금지

가. 의의

누구든지 선거에 관하여 법 제113조(후보자 등의 기부행위제한)부터 제115조(제3자의 기부행위제한)까지에 규정된 기부행위가 제한되는 자로부터 기부를 받거나 기부를 권유 또는 요구할 수 없다(법§116).

나. 주체 및 시기

(1) 주체

법 제116조(기부의 권유·요구 등의 금지)의 기부를 받거나 기부를 권유 또는 요구하는 주체에는 제한이 없다.

(2) 시기

법 제116조(기부의 권유·요구 등의 금지)의 기부를 받거나 기부를 권유 또는 요구하는 행위는 상시적으로 금지된다. 다만, 법 제114조(정당 및 후보자의 가족 등의 기부행위제한) 제1항의 선거기간 전 당해 선거에 관하여 하는 기부행위의 권유 또는 요구는 선거기간 전에 한하여 금지된다.

다. 금지되는 행위

'선거에 관하여' 법 제113조(후보자 등의 기부행위제한)부터 제115조(제3자의 기부행위제한)까지에 규정된 기부행위가 제한되는 자로부터 기부를 받는 행위와 그 기부를 권유 또는 요구하는 행위는 금지된다. '선거에 관하여'에 관하여는 앞서 법 제115조(제3자의 기부행위제한)에서 본 바와 같다.

2. 기부의 지시·권유·알선·요구·수수 금지위반

가. 의의

법 제81조(단체의 후보자등 초청 대담·토론회) 제6항·제82조(언론기관의 후보자등 초청 대담·토론회) 제4항 · 제113조(후보자 등의 기부행위제한) · 제114조(정당 및 후보자의 가족 등의 기부행위제한) 제1항 또는 제115조(제3자의 기부행위제한)에서 규정하고 있는 정당(창당준비위원회를 포함한다) · 정당의 대표자 · 정당선거사무소의 소장, 국회의원 · 지방의회의원 · 지방자치단체의 장, 후보자(후보자가 되고자 하는 자를 포함한다), 후보자의 배우자, 후보자나 배우자의 직계존비속과 형제자매, 후보자의 직계비속 및 형제자매의 배우자, 선거사무장, 선거연락소장, 선거사무원, 회계책임자, 연설원, 대담 · 토론자, 후보자 또는 그 가족과 관계있는 회사 등이나 그 임 · 직원과 제3자(제116조(기부의 권유 · 요구 등의 금지)에 규정된 행위의 상대방을 말한다)에게 기부를 지시 · 권유 · 알선 · 요구하거나 그로부터 기부를 받은 자는 3년 이하의 징역 또는 500만원 이하의 벌금에 처한다(법§257②).

나. 주체

아무런 제한이 없다.

다. 행위의 상대방

정당(창당준비위원회를 포함한다) · 정당의 대표자 · 정당선거사무소의 소장, 국회의원 · 지방의회의원 · 지방자치단체의 장, 후보자(후보자가 되고자 하는 자를 포함한다), 후보자의 배우자, 후보자나 배우자의 직계존비속과 형제자매, 후보자의 직계비속 및 형제자매의 배우자, 선거사무장, 선거연락소장, 선거사무원, 회계책임자, 연설원, 대담 · 토론자, 후보자 또는 그 가족과 관계있는 회사 등이나 그 임 · 직원과 제3자가 법 제257조(기부행위의 금지제한 등 위반죄)의 행위의 상대방이다. '제3자'는 제116조(기부의 권유 · 요구 등의 금지)에 규정된 행위의 상대방을 말하고, 나머지 '정당, 후보자 등'은 법 제257조(기부행위의 금지제한 등 위반죄) 제1항의 금지행위의 상대방이다.

국회의원 · 지방의회의원 · 지방자치단체의 장 · 정당의 대표자 · 후보자(후보자가 되고자 하는 자를 포함한다)와 그 배우자에 대한 기부행위의 지시 · 권유 · 알선 · 요구 행위에 대하여는 제113조(후보자 등의 기부행위제한) 제2항에 별도의 규정을 두고 있고, 이에 대하여는 제257조(기부행위의 금지제한 등 위반죄) 제1항 제1호에 의하여 처벌하도록 하고 있으므로 그 한도에서 법 제257조(기부행위의 금지제한 등 위반죄)제2항은 적용되지 않는다.

라. 행위

기부를 지시 · 권유 · 알선 · 요구하거나 기부를 받는 것이다. 지시 · 권유 · 알선 · 요구하는 행위에 대하여는 앞서 법 제113조(후보자 등의 기부행위제한) 제2항에서 본바와 같다.

'기부를 받는 것'은 기부행위자의 기부를 수수하는 것을 말한다. 수인이 함께 공동으로 식사 및 향응 등의 기부행위를 제공받았다면 그 중 1인이라 하더라도 전체 인원이 함께 받은 이익액 전체에 대해 공직선거법위반죄가 성립하다.[312] 기부를 받는 모든 행위가 형사처벌의 대상이 되는 것은 아니고, 음식물·물품 등의 가액이 100만원을 초과하는 경우에 한하여 형사처벌을 받는다. 즉 법 제116조(기부의 권유·요구 등의 금지)를 위반하여 금전·물품·음식물·서적·관광 기타 교통편의를 제공받은 자로서 그 제공받은 금액 또는 음식물·물품 등의 가액이 100만원 이하이거나, 법 제113조(후보자 등의 기부행위제한)에 규정된 자로부터 주례행위를 제공받은 자는 '기부를 받은 자'에 해당하지 아니한다.

'선거와 관련'이 있어야 하는지에 대하여는, 본조항은 앞서 본 각 기부행위를 하는 죄에 상응하는 범죄로 규정되어 있으므로 그 행위의 상대방에 따라 선거와의 관련성 여부가 달라진다. 국회의원·지방의회의원·지방자치단체의 장·정당의 대표자·후보자(후보자가 되고자 하는 자를 포함한다)와 그 배우자에 대한 행위는 '선거에 관한' 여부를 불문하고, 정당(창당준비위원회를 포함한다)·정당선거사무소의 소장, 후보자나 배우자의 직계존비속과 형제자매, 후보자의 직계비속 및 형제자매의 배우자, 선거사무장, 선거연락소장, 선거사무원, 회계책임자, 연설원, 대담·토론자, 후보자 또는 그 가족과 관계있는 회사 등이나 그 임·직원에 대한 행위는 선거기간 중에는 당해 선거에 관한 여부를 불문하나 선거기간 전에는 당해 선거에 관한 행위일 것을 요구하고, 그 이외에 제3자에 대한 행위는 당해 선거에 관한 것임을 요한다.

마. 벌칙

3년 이하의 징역 또는 500만원 이하의 벌금에 처한다(법§257②).

본죄는 재정신청대상 중요선거범죄이다(법§273①).

바. 몰수·추징

법 제257조(기부행위의 금지제한 등 위반죄) 제1항 내지 제3항의 죄를 범한 자가 받은 이익은 이를 몰수한다. 다만, 그 전부 또는 일부를 몰수할 수 없을 때에는 그 가액을 추징한다(법§257④).

국회의원 선거를 위한 당내경선에서 피고인이 입당원서를 내는 사람들에게 3만원씩 주기로 하고 경선후보 관련자(다른 피고인)로부터 600만원을 받은 사안에서, 피고인이 지급대상, 지급액 등에 재량이 있으므로 600만원은 피고인이 수수한 것으로 보아야 하므로 피고인에게 600만원을 추징하여야 한다.[313]

---

312) 2005. 9. 9. 선고 2005도2014 판결
313) 대전고등법원 2016. 12. 12. 선고 2016노347 판결

사. 과태료

① 법 제116조(기부의 권유 · 요구 등의 금지)를 위반하여 금전 · 물품 · 음식물 · 서적 · 관광 기타 교통편의를 제공받은 자 또는 ② 법 제116조(기부의 권유 · 요구 등의 금지)를 위반하여 제113조(후보자 등의 기부행위제한)에 규정된 자로부터 주례행위를 제공받은 자(그 제공받은 금액 또는 음식물 · 물품 등의 가액이 100만원을 초과하는 자는 제외한다)는 그 제공받은 금액 또는 음식물 · 물품 등의 가액의 10배 이상 50배 이하에 상당하는 금액(주례의 경우에는 200만원)의 과태료를 부과하되, 그 상한은 3천만원으로 한다. 다만, 법 제116조(기부의 권유 · 요구 등의 금지)를 위반하여 금전 · 물품 · 음식물 · 서적 · 관광 기타 교통편의를 제공받은 자가 그 제공받은 금액 또는 음식물 · 물품(제공받은 것을 반환할 수 없는 경우에는 그 가액에 상당하는 금액을 말한다) 등을 선거관리위원회에 반환하고 자수한 경우에는 규칙으로 정하는 바에 따라 그 과태료를 감경 또는 면제할 수 있다(법§261⑨1., 6.).[314]

부과권자는 법 제261조(과태료의 부과 · 징수 등) 제9항에 따라 과태료를 부과할 때 과태료처분대상자가 제공받은 금액 또는 음식물 · 물품의 가액이 명확하지 아니한 경우에는 통상적인 거래가격 또는 시장가격을 기준으로 과태료를 부과한다(규칙§143④). 법 제261조(과태료의 부과 · 징수 등) 제9항 각 호의 부분 본문에 해당하는 사람에 대한 과태료의 부과기준은 별표 3의2 <10배 이상 50배 이하 과태료 부과기준(자수하지 아니한 경우)>와 같이 한다(규칙§143⑤). 법 제261조(과태료의 부과 · 징수 등) 제9항 각 호 외의 부분 단서에 해당하는 사람에 대한 과태료의 감경 또는 면제의 기준은 다음 각 호에 따른다(규칙§143⑥).

1. 금품 · 음식물 등을 제공받은 경위, 자수의 동기와 시기, 금품 · 음식물 등을 제공한 사람에 대한 조사의 협조 여부와 그 밖의 사항을 고려하여 과태료 부과기준액과 감경기준 등은 별표 3의3 <자수자에 대한 과태료 감경기준>과 같이 한다.
2. 과태료의 면제
   가. 선거관리위원회와 수사기관이 금품 · 음식물 등의 제공사실을 알기 전에 선거관리위원회 또는 수사기관에 그 사실을 알려 선거범죄에 관한 조사 또는 수사단서를 제공한 사람
   나. 선거관리위원회와 수사기관이 금품 · 음식물 등의 제공사실을 알게 된 후에 자수한 사람으로서 금품 · 음식물 등을 제공한 사람과 제공받은 일시 · 장소 · 방법 · 상황 등을 선거관리위원회 또는 수사기관에 자세하게 알린 사람

---

314) 헌법재판소는 '의무위반자에 대하여 부과할 과태료의 액수를 감액의 여지 없이 일률적으로 "제공받은 금액 또는 음식물·물품 가액의 50배에 상당하는 금액"으로 정한 구 공직선거법(2004. 3. 12. 법률 제7189호로 개정되고 2008. 2. 29. 법률 제8879호로 개정되기 전의 것) 제261조(과태료의 부과·징수 등) 제5항 제1호 및 구 공직선거법(2008. 2. 29. 법률 제8879호로 개정된 것) 제261조(과태료의 부과·징수 등) 제5항 제1호가 과잉금지의 원칙에 위반되어 위헌이라고 결정하였다(2009. 3. 26. 선고 2007헌가22 전원재판부 결정).

법 제261조(과태료의 부과 · 징수 등) 제9항에 따라 자수한 사람이 반환한 금품 등은 다음 각 호에 따라 처리한다(규칙§143⑧).

1. 위반행위자를 고발 또는 수사의뢰하는 경우에는 증거자료로 제출하고, 증거자료를 제출할 수 없거나 경고 등 자체 종결하는 경우에는 「국고금관리법 시행규칙」 또는 지방자치단체의 지방세 부과징수에 관한 관계규정을 준용하여 국가 또는 지방자치단체에 납입한다.
2. 제1호에 따라 국가 또는 지방자치단체에 납입하는 때에는 물품 · 음식물은 입찰 또는 경매의 방법에 따라 공매하되, 공매가 적절하지 않다고 판단되는 경우에는 수의계약에 따라 매각할 수 있다.
3. 물품 · 음식물이 멸실 · 부패 · 변질되어 경제적 가치가 없는 경우에는 폐기처분하며, 멸실 · 부패 · 변질될 우려가 있거나 공매 또는 수의계약에 따른 매각이 적절하지 않다고 판단되는 경우에는 공익법인 · 사회복지시설 · 불우이웃돕기시설 등에 인계할 수 있다.

제6장 정치자금기부제한자에 대한 기부 요구 및 수수 금지

1. 의의

누구든지 선거에 관하여 「정치자금법」 제31조(기부의 제한)의 규정에 따라 정치자금을 기부할 수 없는 자에게 기부를 요구하거나 그로부터 기부를 받을 수 없다(법§117).

2. 주체 및 시기

주체에는 아무런 제한이 없고, 기부를 요구하거나 수수하는 행위는 상시적으로 금지된다.

3. 행위의 상대방

「정치자금법」 제31조(기부의 제한)는 「① 외국인, 국내 · 외의 법인 또는 단체는 정치자금을 기부할 수 없다. ② 누구든지 국내 · 외의 법인 또는 단체와 관련된 자금으로 정치자금을 기부할 수 없다.」고 규정하고 있으므로, 위 제1항의 상대방은 외국인과 국내 · 외의 법인 또는 단체이고, 제2항의 행위의 상대방은 제한이 없다.

4. 금지되는 행위

'선거에 관하여' 정치자금을 기부할 수 없는 자에게 기부를 요구하거나 그로부터 기부를 받을 수 없다. '선거와의 관련성'에 대하여는 앞서 법 제115조(제3자의 기부행위제한)에서 본 바와 같다.

5. 벌칙

법 제117조(기부받는 행위 등의 금지)의 규정에 위반한 자는 3년 이하의 징역 또는 500만원 이하의 벌금에 처한다(법§257③).

본죄는 재정신청대상 중요선거범죄이다(법§273①).

몰수·추징에 대하여는「기부의 지시·권유·알선·요구·수수 금지위반」에서 본 바와 같다.

제7장 선거일 후 답례금지

1. 의의

후보자와 후보자의 가족 또는 정당의 당직자는 선거일 후에 당선되거나 되지 아니한데 대하여 선거구민에게 축하 또는 위로 그 밖의 답례를 하기 위하여 금품 또는 향응을 제공하는 등 일정한 행위를 할 수 없다(법§118).

2. 주체

후보자와 후보자의 가족 또는 정당의 당직자가 답례행위의 주체이다.

후보자의 직계존속이 노인복지관에서 일반 선거구민인 노인복지관 산악회 총무에게 아들인 후보자의 시장 당선에 대한 답례 명목으로 현금 50만원을 제공하는 것은 본조 위반에 해당한다.[315)]

315) 수원지방법원 여주지원 2019. 1. 31. 선고 2018고합87 판결

3. 대상

법 제118조(선거일후 답례금지)는 후보자가 선거일 이후 '일반 선거구민'에게 당선 축하 또는 낙선 위로 등의 답례로 금품 등을 제공하는 행위 등을 금지하는 규정으로서, 여기서 '일반 선거구민'은 선거운동에 관여하지 아니한 일반 유권자를 가리킨다.[316] 선거운동에 관여한 선거대책위원회 구성원들은 '일반 선거구민'에 해당되지 않는다.[317]

4. 금지되는 행위

선거일 후에 당선되거나 되지 아니한데 대하여 선거구민에게 축하 또는 위로 그 밖의 답례를 하기 위하여 다음 각 호의 행위를 할 수 없다(법§118).

1. 금품 또는 향응을 제공하는 행위
2. 방송·신문 또는 잡지 기타 간행물에 광고하는 행위
3. 자동차에 의한 행렬을 하거나 다수인이 무리를 지어 거리를 행진하거나 거리에서 연달아 소리지르는 행위. 다만, 법 제79조(공개장소에서의 연설·대담) 제3항의 규정에 의한 자동차를 이용하여 당선 또는 낙선에 대한 거리인사를 하는 경우에는 그러하지 아니하다.
4. 일반선거구민을 모이게 하여 당선축하회 또는 낙선에 대한 위로회를 개최하는 행위
5. 현수막을 게시하는 행위. 다만, 선거일의 다음 날부터 13일 동안 해당 선거구 안의 읍·면·동마다 1매의 현수막을 게시하는 행위는 그러하지 아니하다.

당선이 확정된 직후 참석자들 가운데 선거사무관계자가 아닌 일반 선거구민이 약 20명으로서 대부분을 차지하였고 향응에 제공된 음식물이 맥주, 샴페인, 과일, 떡 등으로 가액도 270,000원 상당에 이르러 즉흥적 회식 또는 일상적 접대라고 보기 어려운 경우에는 사회상규에 위배되지 아니하여 위법성이 조각된다고 볼 수 없다.[318] 당선의 감사인사 서신으로 당해 선거에 관하여 단순한 의례적인 인사장을 지역구의 주민(매세대)에게 배부하는 것은 무방하다.[319] 정당이 그 명의로 벽보를 이용하여 당선·낙선사례를 하는 것은 허용되고, 정당의 당직자인 국회의원선거의 입후보예정자·예비후보자가 법 제79조(공개장소에서의 연설·대담) 제3항의 규정에 의한 공개장소에서의 연설·대담용 자동차를 이용하여 차기 선거에서 자신 또는 소속 정당을 선전하는 행위를 함이 없이 단순히 당해 정당 추천 후보자의 당선 또는 낙선에 대한 사례의 인사를 하는 것은 무방하나, 입후보예정지역을 순회하면서 반복적으로

316) 2007. 10. 25. 선고 2007도4069 판결, 1999. 3. 9. 선고 98도3169 판결
317) 2007. 10. 25. 선고 2007도4069 판결
318) 2000. 2. 25. 선고 99도5466 판결
319) 1996. 4. 17. 및 1996. 4. 19. 중앙선관위 질의회답

하는 것은 당선 · 낙선의 범위를 벗어나 자신을 선전하는 행위로 보아 법 제254조(선거운동기간위반죄)에 위반된다.[320] 선거사무원이 선거일 후 답례를 위하여 거리에서 법 제79조(공개장소에서의 연설 · 대담) 제3항에 규정된 자동차를 이용하여 의례적인 답례인사를 하는 것은 무방하다.[321]

5. 벌칙

법 제118조(선거일후 답례금지)의 규정에 위반한 자는 1년 이하의 징역 또는 200만원 이하의 벌금에 처한다(법§256⑤11.).

선거일 후에 선거구민 등에게 금품 또는 향응을 제공한 행위가 법 제113조(후보자 등의 기부행위제한) 제1항 소정의 '후보자 등의 기부행위제한'위반죄와 법 제118조(선거일후 답례금지) 소정의 '선거일 후 답례금지'위반죄에 동시에 해당할 때에 그 양죄의 관계는 형법 제40조(상상적 경합) 소정의 상상적 경합관계이다.[322]

320) 2007. 12. 19. 중앙선관위 질의회답
321) 2012. 12. 18. 중앙선관위 질의회답
322) 2007. 9. 21. 선고 2007도4724 판결

제27편 과태료

1. 과태료 부과 절차

가. 의의

과태료는 규칙으로 정하는 바에 따라 당해 선거관리위원회(선거여론조사심의위원회를 포함한다)가 부과한다. 이 경우 법 제261조(과태료의 부과·징수 등) 제1항부터 제8항까지에 따른 과태료는 당사자가 정당·후보자(예비후보자를 포함한다) 및 그 가족·선거사무장·선거연락소장·선거사무원·회계책임자·연설원 또는 활동보조인인 때에는 법 제57조(기탁금의 반환 등)에 따라 해당 기탁금 중에서 공제하여 국가 또는 지방자치단체에 납입하고, 그 밖의 자와 제9항에 따른 과태료의 과태료처분대상자에 대하여는 위반자가 납부하도록 하며, 납부기한까지 납부하지 아니한 때에는 관할세무서장에게 위탁하고 관할세무서장이 국세체납처분의 예에 따라 이를 징수하여 국가 또는 지방자치단체에 납입하여야 한다(법§261⑩).

과태료의 부과·징수 및 재판 등에 관한 사항은 원칙적으로 「질서위반행위규제법」에 따르나, 공직선거법에 따른 과태료의 부과·징수 등의 절차에 관하여는 「질서위반행위규제법」 제5조(다른 법률과의 관계)[1]에도 불구하고 법 제261조(과태료의 부과·징수 등) 제11항 각 호에서 정하는 바에 따른다(법§261⑪).

나. 과태료의 부과권자

과태료의 부과권자는 각급선거관리위원회(읍·면·동선거관리위원회는 제외한다)와 선거여론조사심의위원회이다(법§261⑩, 규칙§143①).

다. 당사자

당사자란 공직선거법 위반행위를 한 자연인 또는 법인을 말한다. 법인에는 법인이 아닌 사단 또는 재단으로서 대표자 또는 관리인이 있는 것을 포함한다(법§261⑩, 질서위반행위규제

1) 「질서위반행위규제법」 제5조(다른 법률과의 관계) 과태료의 부과·징수·재판 및 집행 등의 절차에 관한 다른 법률의 규정 중 이 법의 규정에 저촉되는 것은 이 법으로 정하는 바에 따른다.

법§2 3.).

당사자에는 해당 후보자의 기탁금에서 과태료를 공제받는 정당·후보자(예비후보자를 포함한다) 및 그 가족·선거사무장·선거연락소장·선거사무원·회계책임자·연설원 또는 활동보조인과 과태료를 직접 납부하여야하는 법 제261조(과태료의 부과·징수 등) 제9항(금품수수자 등)에 따른 과태료처분대상자가 있다.

라. 부과통지 및 의견제출

부과권자가 과태료를 부과할 때에는 당해 위반행위를 조사·확인한 후 위반사실·이의제기방법·이의제기기한 및 과태료 등을 명시하여 이를 납부할 것(기탁금에서 공제하는 경우에는 그 뜻)을 과태료처분대상자(기탁금에서 공제하는 때에는 정당 또는 후보자 및 예비후보자를 포함한다)에게 통지하여야 한다(규칙§143①).

당사자는 「질서위반행위규제법」 제16조(사전통지 및 의견 제출 등) 제1항[2] 전단에도 불구하고 부과권자로부터 사전통지를 받은 날로부터 3일까지 의견을 제출하여야 한다(법§261⑪1.). 당사자는 의견 제출 기한 이내에 부과권자에게 서면으로 의견을 제출하거나 말로 의견을 진술할 수 있고, 그 주장을 증명하기 위하여 증거자료 등을 제출할 수 있다(질서위반행위규제법 §16②, 질서위반행위규제법 시행령§3②).

부과권자는 당사자가 제출한 의견에 상당한 이유가 있는 경우에는 과태료를 부과하지 아니하거나 통지한 내용을 변경할 수 있다(질서위반행위규제법§16③).

마. 부과

당사자의 의견 제출 절차를 마친 후에 서면(당사자가 동의하는 경우에는 전자문서를 포함한다)으로 과태료를 부과하여야 한다(질서위반행위규제법§17①). 해당 후보자의 기탁금에서 공제하는 과태료에 대하여는 「국세징수법」 제15조(납기 시작 전의 징수유예)부터 제20조(징수유예의 취소)의 규정을 준용하지 아니한다(법§261⑪2.).[3]

---

2) 「질서위반행위규제법」 제16조(사전통지 및 의견제출 등) ① 행정청이 질서위반행위에 대하여 과태료를 부과하고자 하는 때에는 미리 당사자(제11조 제2항에 따른 고용주 등을 포함한다. 이하 같다)에게 대통령령으로 정하는 사항을 통지하고, 10일 이상의 기간을 정하여 의견을 제출할 기회를 주어야 한다. 이 경우 지정된 기일까지 의견 제출이 없는 경우에는 의견이 없는 것으로 본다.

3) 공직선거법 제261조(과태료의 부과·징수 등) 제11항 제2호는 '「질서위반행위규제법」 제17조(과태료의 부과) 제3항에도 불구하고 이 조 제10항 후단에 따라 해당 후보자의 기탁금에서 공제하는 과태료에 대하여는 「국세징수법」 제15조(납기 시작 전의 징수유예)부터 제20조(징수유예의 취소)까지의 규정을 준용하지 아니한다.'고 규정되어 있는바, 「질서위반행위규제법」 제17조(과태료의 부과) 제3항은 2016. 12. 2. 법률 제14280호로 「질서위반행위규제법」이 개정되면서 삭제되었으므로, 그에 따라 위 법 제261조(과태료의 부과·징수 등) 제11항 제2호도 개정되어야 함에도 현재까지 개정되지 않고 있다.
구 「질서위반행위규제법(2016. 12. 2. 법률 제14280호로 개정되기 전의 것)」 제17조(과태료의 부과) 제3항

바. 부과기준

(1) 법 제261조 제1항부터 제8항까지의 위반행위의 부과기준

법 제261조(과태료의 부과 · 징수 등) 제1항부터 제8항까지의 위반행위에 대한 과태료의 부과기준은 별표 3 「과태료부과기준」과 같다(규칙§143②). 부과권자는 과태료의 처분을 함에 있어서는 해당 위반행위의 동기와 그 결과 및 선거에 미치는 영향, 위반기간 및 위반정도 등을 고려하여 기준금액의 2분의 1의 범위 안에서 이를 경감하거나 가중할 수 있다. 이 경우 1회 부과액은 법 제261조(과태료의 부과 · 징수 등) 제1항부터 제8항까지의 규정에 따른 과태료의 상한액을 넘을 수 없다(규칙§143③).

(2) 법 제261조 제9항에 따른 부과기준

부과권자는 법 제261조(과태료의 부과 · 징수 등) 제9항에 따라 과태료를 부과할 때 과태료처분대상자가 받은 금액 또는 음식물 · 물품의 가액이 명확하지 아니한 경우에는 통상적인 거래가격 또는 시장가격을 기준으로 과태료를 부과한다(규칙§143④). 법 제261조(과태료의 부과 · 징수 등) 제9항 각 호 외의 부분 본문에 해당하는 사람에 대한 과태료의 부과기준은 별표 3의2 <10배 이상 50배 이하 과태료 부과기준(자수하지 아니한 경우)>과 같다(규칙§143⑤).

법 제261조(과태료의 부과 · 징수 등) 제9항 각 호 외의 부분 단서에 해당하는 사람에 대한 과태표의 감경 또는 면제의 기준은 다음 각 호에 따른다(규칙§143⑥).

1. 금품 · 음식물 등을 제공받은 경위, 자수의 동기와 시기, 금품 · 음식물 등을 제공한 사람에 대한 조사의 협조 여부와 그 밖의 사항을 고려하여 과태료 부과기준액과 감경기준 등은 별표 3의3 <자수자에 대한 과태료 감경기준>과 같이 한다.
2. 과태료 면제

가. 선거관리위원회와 수사기관이 금품 · 음식물 등의 제공사실을 알기 전에 선거관리위원회 또는 수사기관에 그 사실을 알려 선거범죄에 관한 조사 또는 수사단서를 제공한 사람

나. 선거관리위원회와 수사기관이 금품 · 음식물 등의 제공사실을 알게 된 후 자수한 사람으로서 금품 · 음식물 등을 제공한 사람과 제공받은 일시 · 장소 · 방법 · 상황 등을 선거관리위원회 또는 수사기관에 자세하게 알린 사람

은 '과태료 납부기한의 연기 및 분할납부에 관하여는 「국세징수법」 제15조(납기 시작 전의 징수유예)부터 제20조(징수유예의 취소)까지의 규정을 준용한다.'고 규정하고 있었다.

사. 납부

해당 후보자(예비후보자를 포함한다)의 기탁금 중에서 공제하는 과태료처분대상자가 아닌 사람이 과태료처분의 고지를 받은 때에는 그 고지를 받은 날로부터 20일 안에 납부하여야 한다(규칙§143⑨).

아. 이의제기

과태료 처분에 불복이 있는 당사자는 「질서위반행위규제법」 제20조(이의제기) 제1항 및 제2항[4]에도 불구하고 그 처분의 고지를 받은 날부터 20일 이내에 부과권자에게 규칙이 정하는 서식[5]에 의하여 이의를 제기하여야 하며, 이 경우 그 이의제기는 과태료 처분의 효력이나 그 집행 또는 절차의 속행에 영향을 주지 아니한다(법§261⑪3., 규칙§143⑩).

「질서위반행위규제법」 제21조(법원에의 통보) 제1항 본문[6]에도 불구하고 과태료 처분을 받은 당사자가 이의를 제기한 경우 부과권자는 지체 없이 관할 법원에 그 사실을 통보하여야 한다(법§261⑪5.).

「질서위반행위규제법」 제37조[7]에 따라 과태료 재판의 결정을 고지 받은 검사는 과태료 처분을 한 관할선거관리위원회에 그 결정을 지체 없이 규칙이 정하는 서식[8]에 따라 통보하여야 한다(법§261⑫, 규칙§143⑪).

자. 징수

「질서위반행위규제법」 제24조(가산금의 징수 및 체납처분 등)[9]에도 불구하고 법 제261조(과

---

4) 「질서위반행위규제법」 제20조(이의제기) ① 행정청의 과태료 부과에 불복하는 당사자는 제17조 제1항에 따른 과태료 부과 통지를 받은 날로부터 60일 이내에 해당 행정청에 서면으로 이의제기를 할 수 있다.
② 제1항에 따른 이의제기가 있는 경우에는 행정청의 과태료 부과처분은 그 효력을 상실한다.

5) 규칙 별지 제60호 서식 과태료처분에 대한 이의신청서

6) 「질서위반행위규제법」 제21조(법원에의 통보) ① 제20조 제1항에 따른 이의제기를 받은 행정청은 이의제기를 받은 날로부터 14일 이내에 이에 대한 의견 및 증빙서류를 첨부하여 관할 법원에 통보하여야 한다. 다만, 다음 각 호의 어느 하나에 해당하는 경우에는 그러하지 아니하다.
1. 당사자가 이의제기를 철회한 경우
2. 당사자의 이의제기에 이유가 있어 과태료를 부과할 필요가 없는 것으로 인정되는 경우

7) 「질서위반행위규제법」 제37조(결정의 고지) ① 결정은 당사자와 검사에게 고지함으로써 효력이 생긴다.
② 결정의 고지는 법원이 적당하다고 인정하는 방법으로 한다. 다만, 공시송달을 하는 경우에는 「민사소송법」에 따라야 한다.
③ 법원사무관 등은 고지의 방법·장소와 연월일을 결정서의 원본에 부기하고 이에 날인하여야 한다.

8) 규칙 별지 제60조의2 서식 과태료 재판의 결정에 관한 통보서

9) 「질서위반행위규제법」 제24조(가산금의 징수 및 체납처분 등) ① 행정청은 당사자가 납부기한까지 과태료를 납부하지 아니한 때에는 납부기한을 경과한 날로부터 체납된 과태료에 대하여 100분의 3에 상당하는 가산금을 징수한다.

태료의 부과 · 징수 등) 제10항 후단에 따라 해당 후보자의 기탁금에서 공제하지 아니하는 과태료를 당사자가 납부기한까지 납부하지 아니한 경우 부과권자는 체납된 과태료에 대하여 100분의 5에 상당하는 가산금을 더하여 관할세무서장에게 징수를 위탁하고, 관할세무서장은 국세체납처분의 예에 따라 이를 징수하여 국가 또는 지방자치단체에 납입하여야 한다(법§261⑪4.).

부과권자 또는 관할세무서장이 징수한 과태료의 국가 또는 지방자치단체에의 납입절차에 관하여는 「국고금관리법 시행규칙」 또는 지방자치단체의 지방세 부과징수에 관한 관계규정을 준용한다(규칙§143⑫).

차. 범죄신고자 보호 및 반환한 금품의 처리

(1) 범죄신고자 보호

부과권자는 규칙 제143조(과태료의 부과 · 징수 등) 제6항의 과태료의 감경 또는 면제의 기준에 해당하는 사람을 법 제262조의2(선거범죄신고자 등의 보호) 제1항에 따라 보호하여야 하며, 규칙 제143조(과태료의 부과 · 징수 등) 제6항 제2호 나목의 과태료의 면제대상자에 해당하는 사람에게는 법 제262조의3(선거범죄신고자에 대한 포상금 지급)에 따라 포상금을 지급할 수 있다(규칙§143⑦).

(2) 반환한 금품의 처리

법 제261조(과태료의 부과 · 징수 등) 제9항에 따라 자수한 사람이 반환한 금품 등은 다음 각 호에 따라 처리한다(규칙§143⑧).

1. 위반행위자를 고발 또는 수사의뢰하는 경우에는 증거자료로 제출하고, 증거자료로 제출할 수 없거나 경고 등 자체 종결하는 경우에는 「국고금관리법 시행규칙」 또는 지방자치단체의 지방세 부과징수에 관한 관계규정을 준용하여 국가 또는 지방자치단체에 납입한다.
2. 제1호에 따라 국가 또는 지방자치단체에 납입할 때에는 물품 · 음식물은 입찰 또는 경매의 방법에 따라 공매하되, 공매가 적절하지 않다고 판단되는 경우에는 수의계약에 따라 매각할 수 있다.
3. 물품 · 음식물이 멸실 · 부패 · 변질되어 경제적 가치가 없는 경우에는 폐기처분하며, 멸실 · 부패 · 변질될 우려가 있거나 공매 또는 수의계약에 따른 매각이 적절하지 않다고 판단되는 경우에는 공익법인 · 사회복지시설 · 불우이웃돕기시설 등에 인계할 수 있다.

---

② 체납된 과태료를 납부하지 아니한 때에는 납부기한이 경과한 날부터 매 1개월이 경과할 때마다 체납된 과태료의 1천분의 12에 상당하는 가산금(이하 이 조에서 "중가산금"이라 한다)을 제1항에 따른 가산금에 가산하여 징수한다. 이 경우 중가산금을 가산하여 징수하는 기간은 60개월을 초과하지 못한다.
③ 행정청은 당사자가 제20조 제1항에 따른 기한 이내에 이의를 제기하지 아니하고 제1항에 따른 가산금을 납부하지 아니한 때에는 국세 또는 지방세 체납처분의 예에 따라 징수한다.

2. 과태료 부과대상

가. 5천만원 이하 부과 대상(법§261①)

법 제231조(재산상 이익목적의 매수 및 이해유도죄) 제1항 제1호에 규정된 행위를 하는 것을 조건으로 정당 또는 후보자(후보자가 되려는 사람을 포함한다)에게 금전·물품, 그 밖의 재산상의 이익 또는 공사의 직의 제공을 요구한 자

나. 3천만원 이하 부과 대상(법§261②)

① 법 제8조의8(선거여론조사심의위원회) 제10항에 따른 시정명령·정정보도문의 게재명령을 통보받고 이를 이행하지 아니한 자, ② 법 제108조(여론조사의 결과공표금지 등) 제6항을 위반하여 선거여론조사기준으로 정한 사항을 함께 공표 또는 보도하지 아니한 자, ③ 법 제108조(여론조사의 결과공표금지 등) 제7항을 위반하여 선거여론조사기준으로 정한 사항을 등록하지 아니한 자, 이 경우 해당 여론조사를 의뢰한 자가 여론조사 결과의 공표·보도예정일시를 통보하지 아니하여 등록하지 못한 때에는 그 여론조사 의뢰자를 말한다. ④ 법 제108조(여론조사의 결과공표금지 등) 제8항을 위반하여 여론조사를 실시하거나 그 결과를 공표 또는 보도한 자

다. 1천만원 이하 부과 대상(법§261③)

① 법 제6조의2(다른 자에게 고용된 사람의 투표시간 보장) 제2항을 위반하여 투표시간을 보장하여 주지 아니한 자, ② 법 제59조(선거운동기간) 제2호 후단을 위반하여 신고한 전화번호가 아닌 전화번호를 정당한 이유 없이 사용하여 자동 동보통신의 방법으로 문자메시지를 전송한 사람, ③ 법 제65조(선거공보) 제4항 단서를 위반하여 점자형 선거공보의 전부 또는 일부를 제출하지 아니한 사람, ③의2 법 제82조의2(선거방송토론위원회 주관 대담·토론회) 제4항 각 호 외의 부분 후단을 위반하여 정당한 사유 없이 대담·토론회에 참석하지 아니한 사람, ④ 법 제82조의8(딥페이크영상등을 이용한 선거운동) 제2항을 위반하여 규칙으로 정하는 사항을 딥페이크영상등에 표시하지 아니한 자, ④의2 법 제102조(야간연설 등의 제한) 제2항 단서를 위반하여 오후 9시부터 오후 11시까지 사이에 소리를 출력하여 녹화기를 사용한 자, ⑤ 법 제108조(여론조사의 결과공표금지 등) 제3항을 위반하여 관할 선거여론조사심의위원회에 신고하지 아니하거나 신고내용과 다르게 여론조사를 실시하거나 같은 조 제4항을 위반하여 보완사항을 보완하지 아니하고 여론조사를 실시한 자

라. 500만원 이하 부과 대상(법§261④)

법 제147조(투표소의 설치) 제3항(제148조(사전투표소의 설치) 제4항 및 제173조(개표소) 제3항에서 준용하는 경우를 포함한다)을 위반하여 정당한 사유 없이 협조요구에 따르지 아니한 자

마. 300만원 이하 부과 대상(법§261⑥)

① 법 제70조(방송광고) 제3항 · 제71조(후보자등의 방송연설) 제10항 · 제72조(방송시설주관 후보자연설의 방송) 제3항(제74조(방송시설주관 경력방송) 제2항에서 준용하는 경우를 포함한다) · 제73조(경력방송) 제1항(관할선거구선거관리위원회가 제공하는 내용에 한한다) 및 제2항 · 제272조의3(통신관련선거범죄의 조사) 제4항 또는 제275조(선거운동의 제한 · 중지)의 규정을 위반한 자, ②「형사소송법」 제211조(현행범인과 준현행범인)에 규정된 현행범인 또는 준현행범인으로서 법 제272조의2(선거범죄의 조사 등) 제4항(제8조의8(선거여론조사심의위원회) 제11항에서 준용하는 경우를 포함한다)에 따른 동행요구에 응하지 아니한 자, ③ 법 제82조의4(정보통신망을 이용한 선거운동) 제4항을 위반하여 선거관리위원회의 요청을 이행하지 아니한 자. 다만, 2회 이상 요청을 받고 이행하지 아니한 자는 그러하지 아니하다.

바. 200만원 이하 부과 대상(법§261⑦)

① 선거에 관하여 공직선거법에 규정하는 신고 · 제출의 의무를 해태한 자, ② i) 법 제205조(선거운동기구의 설치 및 선거사무관계자의 선임에 관한 특례) 제3항의 규정에 위반하여 그 분담내역을 선거사무소 · 선거연락소의 설치신고서에 명시하지 아니한 자 ii) 법 제205조(선거운동기구의 설치 및 선거사무관계자의 선임에 관한 특례) 제3항의 규정에 위반하여 그 분담내역을 선거사무장 · 선거연락소장 · 선거사무원의 선임신고서에 명시하지 아니한 자 iii) 법 제207조(책자형 선거공보에 관한 특례) 제3항 후단의 규정을 위반하여 그 분담내역을 선거공보를 제출하는 때에 서면으로 신고하지 아니한 자 iv) 법 제69조(신문광고) 제3항 후단 및 제82조의7(인터넷광고) 제3항 후단의 규정에 위반하여 그 분담내역을 광고계약서에 명시하지 아니한 자 v) 법 제146조의2(투표관리관 및 사전투표관리관) 제3항이나 제147조(투표소의 설치) 제10항[제148조(사전투표소의 설치) 제4항에서 준용하는 경우를 포함한다] 또는 제174조(개표사무원) 제3항을 위반하여 정당한 사유 없이 협조요구에 따르지 아니한 자 vi) 법 제149조(기관 · 시설 안의 기표소) 제3항 · 제4항을 위반한 사람, ③ 법 제152조(투표용지모형 등의 공고) 제1항의 규정에 의하여 첩부한 투표용지모형을 훼손 · 오손한 자, ④ 법 제271조(불법시설물 등에 대한 조치 및 대집행) 제1항의 규정에 의한 대집행을 한 것으로서 사안이 경미한 자. 이 경우 과태료를 부과하지 아니한 때에는 관할수사기관에 고발 또는 수사의뢰 등을 하여야 한다. ⑤

법 제276조(선거일후 선전물 등의 철거)의 규정에 위반하여 선전물 등을 철거하지 아니한 자

법 제261조(과태료의 부과·징수 등) 제7항은 그 제1호에 규정된 선거에 관하여 공직선거법이 규정하는 신고·제출의 의무를 해태한 자에 대하여 200만원 이하의 과태료에 처하는 것으로 규정되어 있는바, 이는 공직선거법에서 선거에 관하여 신고나 제출의 의무를 규정하고 있는 사항들의 준수를 담보하기 위한 규정이므로, 원칙적으로 그 신고나 제출의 의무의 구체적인 내용이 법률 자체에 명시적으로 규정되어 있어야 하고, 다만 예외적으로 위임입법의 필요성에 의하여 그 구체적인 내용을 하위법령으로 정하도록 위임할 수 있다고 할지라도 법률 자체에서 신고나 제출의 의무의 대강을 정한 다음 그 위임사항이 신고나 제출의 의무임을 분명히 하여 위임한 경우에 한하여 하위법령에서 정한 구체적 신고나 제출의 의무가 과태료의 근거규정인 위 법률조항에서 정한 이 법이 규정하는 신고·제출의 의무의 범위에 포섭될 수 있다.[10]

사. 100만원 이하 부과 대상(법§261⑧)

① 법 제161조(투표참관) 제3항 단서, 제162조(사전투표참관) 제3항, 제181조(개표참관) 제3항 또는 제218조의20(재외투표소의 투표참관) 제4항에 따라 선거관리위원회·재외선거관리위원회가 선정한 참관인이 정당한 사유 없이 참관을 거부하거나 게을리 한 경우, ①의2 법 제8조의9(여론조사 기관·단체의 등록 등) 제4항을 위반하여 변경등록신청을 제때 하지 아니한 자, ② ⅰ) 법 제61조(선거운동기구의 설치) 제6항을 위반하여 선거사무소, 선거연락소 또는 선거대책기구에 간판·현판·현수막을 설치·게시하거나 하게 한 자 ⅱ) 법 제61조의2(정당선거사무소의 설치) 제4항의 규정을 위반하여 정당선거사무소의 간판·현판·현수막을 설치 또

10) 2007. 3. 30. 선고 2005마1063 결정[구 공직선거법(2007. 5. 11. 법률 제8423호로 개정되기 전의 것, 이하 같다) 제60조의3(예비후보자 등의 선거운동) 제4호는 예비후보자에게 허용되는 선거운동으로 선거구 안에 있는 세대수의 10분의 1 이내에 해당하는 수(그 수는 2만을 초과할 수 없다)의 인쇄물을 작성하여 관할선거관리위원회로부터 발송대상·매수 등을 확인받은 후 후보자등록기간개시일 전일까지 1회에 한하여 규칙이 정하는 바에 따라 우편발송행위를 규정하고, 이에 따라 규칙(2007. 11. 22. 규칙 제282호로 개정되기 전의 것, 이하 같다) 제26조의2(예비후보자 등의 선거운동) 제2항 내지 제6항이 그 구체적 절차에 관하여 규정하면서 제5항에서 예비후보자 홍보물(법 제60조의3(예비후보자 등의 선거운동) 제4호에서 정한 인쇄물이다)을 발송하고자 하는 때에는 발송일 전 2일까지 홍보물 2부를 첨부하여 발송수량·발송대상, 홍보물작성비용(봉투작성비용을 포함한다) 및 홍보물을 제작한 인쇄소의 대표자 성명·주소·전화번호, 발송우체국의 주소·발송일시 및 발송비용을 기재한 서식에 의하여 관할선거관리위원회에 신고하여야 한다고 규정하고 있는바, 이는 법 제60조의3(예비후보자 등의 선거운동) 제4호의 위임에 따라 예비후보자에게 허용되는 선거운동인 인쇄물 우편발송 행위의 절차에 관한 규정으로서의 의미를 가질 뿐, 그것이 법이 규정한 신고의 의무로서 법에서 그 대강을 정하여 규칙에 위임한 것에 따른 것이라고 볼 수 없다. 그렇다면 비록 규칙 제26조의2(예비후보자 등의 선거운동) 제5항이 법 제60조의3(예비후보자 등의 선거운동) 제4호의 위임범위 안에서 규정된 것이라고 하더라도 그것이 법상 과태료의 근거규정인 법 제261조(과태료의 부과·징수 등) 제3항 제1호에 규정된 선거에 관하여 공직선거법이 규정하는 신고·제출의무에 해당한다고는 볼 수 없다고 한 사례]

는 게시하거나 하게 한 자 iii) 법 제63조(선거운동기구 및 선거사무관계자의 신고) 제2항을 위반하여 표지를 패용하지 아니하고 선거운동을 하거나 하게 한 자 iv) 법 제79조(공개장소에서의 연설·대담) 제6항 또는 제10항 후단을 위반하여 자동차, 확성장치, 녹음기 또는 녹화기에 표지를 부착하지 아니하고 연설·대담을 한 사람 v) 법 제91조(확성장치와 자동차 등의 사용제한) 제4항의 규정에 위반하여 표지를 부착하지 아니하고 자동차 또는 선박을 운행한 자 vi) 법 제147조(투표소의 설치) 제9항, 제148조(사전투표소의 설치) 제3항 또는 제174조(개표사무원) 제2항의 규정에 의하여 투표사무원·사전투표사무원 또는 개표사무원으로 위촉된 자가 정당한 사유 없이 그 직무수행을 거부·유기하거나 해태한 자, ②의2 i) 법 제60조의4(예비후보자공약집) 제3항을 위반하여 예비후보자공약집을 제출하지 아니한 자 ii) 법 제66조(선거공약서) 제6항을 위반하여 선거공약서를 제출하지 아니한 자, ③ 법 제111조(의정활동보고) 제2항의 규정에 위반하여 고지벽보와 표지를 게시하거나, 의정보고회가 끝난 후 지체 없이 고지벽보와 표지를 철거하지 아니한 자, ④ i) 법 제138조(정강·정책홍보물의 배부·제한 등) 제4항의 규정에 위반하여 정강·정책홍보물을 제출하지 아니한 자 ii) 법 제138조의2(정책공약집의 배부제한 등) 제3항의 규정을 위반하여 정책공약집을 제출하지 아니한 자 iii) 법 제139조(정당기관지의 발행·배부제한) 제3항의 규정에 위반하여 기관지를 제출하지 아니한 자 iv) 법 제140조(창당대회 등의 개최와 고지의 제한) 제4항의 규정에 위반하여 창당대회 등의 표지를 지체 없이 철거하지 아니한 자 v) 법 제141조(당원집회의 제한) 제2항의 규정된 장소가 아닌 장소에서 당원집회를 개최하거나 동조 제4항의 규정에 위반하여 당원집회의 표지를 지체 없이 철거하지 아니한 자 vi) 법 제145(당사게시 선전물 등의 제한)의 규정에 위반하여 당사 또는 후원회의 사무소에 선전물 등을 설치·게시한 자, ⑤ 법 제8조의3(선거기사심의위원회) 제4항의 규정에 위반하여 정당한 사유 없이 정기간행물 등을 제출하지 아니한 자, ⑥ 법 제272조의2(선거범죄의 조사 등) 제4항(제8조의8(선거여론조사심의위원회) 제11항에서 준용하는 경우를 포함한다)에 따른 출석요구에 정당한 사유 없이 응하지 아니한 자

아. 10배 이상 50배 이하 부과 대상(법§261⑨)

① 법 제116조(기부의 권유·요구 등의 금지)를 위반하여 금전·물품·음식물·서적·관광 기타 교통편의를 제공받은 자, ② 법 제230조(매수 및 이해유도죄) 제1항 제7호에 규정된 자로서 같은 항 제5호의 자로부터 금품, 그 밖의 이익을 제공받은 자, ③ 법 제116조(기부의 권유·요구 등의 금지)를 위반하여 제113조(후보자 등의 기부행위제한)에 규정된 자로부터 주례행위를 제공받은 자 중 어느 하나에 해당하는 자(그 제공받은 금액 또는 음식물·물품 등의 가액이 100만원을 초과하는 자는 제외한다)는 그 제공받은 금액 또는 음식물·물품 등의 가액의 10배 이상 50배 이하에 상당하는 금액(주례의 경우에는 200만원)의 과태료를 부과하되, 그 상한은 3천만원

으로 한다. 다만, ①호 또는 ②호에 해당하는 자가 그 제공받은 금액 또는 음식물·물품(제공받은 것을 반환할 수 없는 경우에는 그 가액에 상당하는 금액을 말한다) 등을 선거관리위원회에 반환하고 자수한 경우에는 규칙으로 정하는 바에 따라 그 과태료를 감경 또는 면제할 수 있다.

3. 정기간행물 미제출에 따른 과태료 부과

가. 자료제출 요구

법 제8조의3(선거기사심의위원회) 제4항의 규정에 의하여 정기간행물을 제출하여야 할 의무가 있는 자가 이를 이행하지 아니하는 경우에는 선거기사심의위원회는 제출의무자에게 서면으로 2회 이상 그 제출을 요구하여야 한다(규칙§143의2①).

나. 시·도선거관리위원회에의 통보

자료제출 요구에 불구하고 이를 제출하지 아니하는 경우 선거기사심의위원회는 과태료부과대상임을 증명할 수 있는 자료를 「신문 등 진흥에 관한 법률」 제9조(등록)와 「잡지 등 정기간행물의 진흥에 관한 법률」 제15조(등록)에 따라 등록된 해당 신문 및 정기간행물의 발행소 소재지를 관할하는 시·도선거관리위원회에 통보하여야 한다(규칙§143의2②).

다. 부과권자

과태료의 부과권자는 시·도선거관리위원회이나, 시·도선거관리위원회는 관할구·시·군선거관리위원회를 지정하여 당해 과태료를 부과하게 할 수 있다(규칙§143의2④).

라. 부과

선거기사심의위원회의 통보를 받은 시·도선거관리위원회는 7일 이상의 기간을 정하여 과태료부과대상자에게 해당 정기간행물을 제출하였다는 것을 증명할 수 있는 자료의 제출을 요구하여야 하고, 과태료부과대상자가 그 기간 내에 증명자료를 제출하지 아니하거나 제출하였음을 증명하지 못하는 때에는 지체 없이 과태료를 부과하여야 한다(규칙§143의2③).

제28편 재외선거에 관한 특례

1. 재외선거 도입 경과

헌법재판소는, 구 공직선거법(2005. 8. 4. 법률 제7681호로 개정된 것) 제37조(명부작성) 제1항, 제38조(부재자신고) 제1항, 제15조(선거권) 제2항 제1호, 제16조(피선거권) 제3항 등에서 재외국민의 선거권을 제한한 것에 대하여, 「① 선거권의 제한은 불가피하게 요청되는 개별적·구체적 사유가 존재함이 명백한 경우에만 정당화될 수 있고, 막연하고 추상적인 위험이나 국가의 노력에 의하여 극복될 수 있는 기술상의 어려움이나 장애 등을 사유로 그 제한이 정당화될 수 없다. 북한주민이나 조총련계 재일동포가 선거에 영향을 미칠 가능성, 선거의 공정성, 선거기술적 이유 등은 재외국민등록제도나 재외국민 거소신고제도, 해외에서의 선거운동방법에 대한 제한이나 투표자 신원확인제도, 정보기술의 활용 등을 통해 극복할 수 있으며, 나아가 납세나 국방의무와 선거권 간의 필연적 견련관계도 인정되지 않는다는 점 등에 비추어 볼 때, 단지 주민등록이 되어 있는지 여부에 따라 선거인명부에 오를 자격을 결정하여 그에 따라 선거권 행사 여부가 결정되도록 함으로써 엄연히 대한민국의 국민임에도 불구하고 주민등록법상 주민등록을 할 수 없는 재외국민의 선거권 행사를 전면적으로 부정하고 있는 법 제37조(명부작성) 제1항은 어떠한 정당한 목적도 찾기 어려우므로 「헌법」 제37조 제2항에 위반하여 재외국민의 선거권과 평등권을 침해하고 보통선거원칙에도 위반한다. ② 직업이나 학문 등의 사유로 자진 출국한 자들이 선거권을 행사하려고 하면 반드시 귀국해야 하고 귀국하지 않으면 선거권행사를 못하도록 하는 것은 헌법이 보장하는 해외체류자의 국외 거주·이전의 자유, 직업의 자유, 공무담임권, 학문의 자유 등의 기본권을 희생하도록 강요한다는 점에서 부적절하며, 가속화되고 있는 국제화시대에 해외로 이주하여 살 가능성이 높아지고 있는 상황에서, 그것이 자발적 계기에 의해 이루어졌다는 이유만으로 국민이면 누구나 향유하여야 할 가장 기본적인 권리인 선거권의 행사가 부인되는 것은 타당성을 갖기 어렵다는 점에 비추어 볼 때, 선거인명부에 오를 자격이 있는 국내거주자에 대해서만 부재자신고를 허용함으로써 재외국민과 단기해외체류자 등 국외거주자 전부의 국정선거권을 부인하고 있는 법 제37조(명부작성) 제1항은 정당한 입법목적을 갖추지 못한 것으로 「헌법」 제

37조 제2항을 위반하여 국외거주자의 선거권과 평등권을 침해하고 보통선거원칙에도 위반된다. ③ 국내거주 재외국민은 주민등록을 할 수 없을 뿐이지 '국민인 주민'이라는 점에서는 '주민등록이 되어 있는 국민인 주민'과 실질적으로 동일하므로 지방선거 선거권 부여에 있어 양자에 대한 차별을 정당화할 어떠한 사유도 존재하지 않으며, 또한 헌법상의 권리인 국내거주 재외국민의 선거권이 법률상의 권리에 불과한 '영주의 체류자격 취득일로부터 3년이 경과한 19세 이상의 외국인'의 지방선거 선거권에 못 미치는 부당한 결과가 초래되고 있다는 점에서, 국내거주 재외국민에 대해 그 체류기간을 불문하고 지방선거 선거권을 전면적·획일적으로 박탈하는 법 제15조(선거권) 제2항 제1호, 제37조(명부작성) 제1항은 국내거주 재외국민의 평등권과 지방의회 의원선거권을 침해한다. ④ '외국의 영주권을 취득한 재외국민'과 같이 주민등록을 하는 것이 법령의 규정상 아예 불가능한 자들이라도 지방자치단체의 주민으로서 오랜 기간 생활해 오면서 그 지방자치단체의 사무와 얼마든지 밀접한 이해관계를 형성할 수 있고, 주민등록이 아니더라도 그와 같은 거주 사실을 공적으로 확인할 수 있는 방법은 존재한다는 점, 나아가 법 제16조(피선거권) 제2항이 국회의원 선거에 있어서는 주민등록 여부와 관계없이 25세 이상의 국민이라면 누구든지 피선거권을 가지는 것으로 규정함으로써 국내거주 여부를 불문하고 재외국민도 국회의원 선거의 피선거권을 가진다는 사실에 비추어, 주민등록만을 기준으로 함으로써 주민등록이 불가능한 재외국민인 주민의 지방선거 피선거권을 부인하는 법 제16조(피선거권) 제3항은「헌법」제37조 제2항에 위반하여 국내거주 재외국민의 공무담임권을 침해한다. ⑤ 국민투표는 국가의 중요정책이나 헌법개정안에 대해 주권자로서의 국민이 그 승인 여부를 결정하는 절차인데, 주권자인 국민의 지위에 아무런 영향을 미칠 수 없는 주민등록 여부만을 기준으로 하여, 주민등록을 할 수 없는 재외국민의 국민투표권 행사를 전면적으로 배제하고 있는「국민투표법」제14조 제1항은 앞서 본 국정선거권의 제한에 대한 판단에서와 동일한 이유에서 청구인들의 국민투표권을 침해한다. ⑥ 구 '공직선거 및 선거부정방지법' 제16조(피선거권) 제3항이 헌법에 위반되지 않는다고 판시한 헌재 1996. 6. 26. 96헌마200 결정, 위 법 제37조(명부작성) 제1항이 헌법에 위반되지 않는다고 판시한 헌재 1999. 1. 28. 97헌마253·270(병합) 결정, 위 법 제38조(부재자신고) 제1항이 헌법에 위반되지 않는다고 판시한 헌재 1999. 3. 25. 97헌마99 결정은 이 결정과 저촉되는 범위 내에서 이를 각 변경한다.」고 판시하였다.[1)]

위 헌법재판소의 결정으로 2009. 2. 12. 법률 제9466호로 공직선거법이 개정되어 '제13장의2 재외선거에 관한 특례'가 신설되고 재외선거제도가 도입됨으로써, 재외국민의 선거권 행사가 가능하게 되었다.

1) 2007. 6. 28. 선고 2004헌마644, 2005헌마360(병합) 전원재판부 결정

2. 재외선거관리위원회의 설치·운영

가. 설치

중앙선거관리위원회는 대통령선거와 임기만료에 따른 국회의원선거를 실시하는 때마다 선거일 전 180일부터 선거일 후 30일까지 「대한민국 재외공관 설치법」 제2조(종류)[2)]에 따른 공관(공관이 설치되지 아니한 지역에서 영사사무를 수행하는 사무소와 같은 법 제3조[3)]에 따른 분관 또는 출장소를 포함하고, 영사사무를 수행하지 아니하거나 영사관할구역이 없는 공관 및 영사관할구역 안에 공관사무소가 설치되지 아니한 공관은 제외한다. 이하 "공관"이라 한다)마다 재외선거의 공정한 관리를 위하여 재외선거관리위원회를 설치·운영하여야 한다. 다만, 대통령의 궐위로 인한 선거 또는 재선거는 그 실시사유가 확정된 날부터 10일 이내에 재외선거관리위원회를 설치하여야 한다(법§218①).

중앙선거관리위원회는 재외선거관리위원회의 운영기간 중 또는 운영기간 만료 후 6개월 이내에 다른 선거의 재외선거관리위원회의 설치·운영기간이 시작되는 경우에는 제1항에도 불구하고 다른 선거의 재외선거관리위원회를 설치하지 아니하고, 운영 중인 재외선거관리위원회를 다른 선거의 재외선거관리위원회로 본다(법§218⑨).

나. 위원

(1) 위원의 구성

재외선거관리위원회는 중앙선거관리위원회가 지명하는 2명 이내의 위원과 국회에 교섭단체를 구성한 정당이 추천하는 각 1명, 공관의 장 또는 공관의 장이 공관원 중에서 추천하는 1명을 중앙선거관리위원회가 위원으로 위촉하여 구성하되, 그 위원정수는 홀수로 한다. 다만, 재외선거관리위원회를 구성한 후에 국회에 교섭단체를 구성한 정당의 수에 변경이 있는 때에는 현원을 위원 정수로 본다(법§218②).

(2) 위원의 자격

① 국회의원의 선거권이 없는 사람, ② 정당의 당원인 사람, ③ 재외투표관리관은 재외선거관리위원회의 위원이 될 수 없다(법§218③).

---

2) 「대한민국 재외공관 설치법」 제2조(종류) 대한민국 재외공관(이하 "공관"이라 한다)의 종류는 대사관·대표부와 총영사관으로 한다.

3) 「대한민국 재외공관 설치법」 제3조(분관 및 출장소) 공관에는 소관 사무를 분장하게 하기 위하여 필요할 때에는 대통령령으로 정하는 바에 따라 분관이나 출장소를 둘 수 있다.

(3) 위원의 추천 및 지명

(가) 추천

국회에 교섭단체를 구성한 정당과 법 제218조(재외선거관리위원회 설치·운영) 제1항에 재외선거관리위원회를 설치하는 공관의 장이 법 제218조(재외선거관리위원회 설치·운영) 제2항에 따라 재외선거관리위원회 위원을 추천하는 경우에는 규칙이 정하는 서식[4]에 따른다(규칙§136의2①). 재외선거관리위원회 위원으로 지명되거나 위촉되는 사람은 규칙이 정하는 서식[5]에 따른 본인승낙 및 비당원확인서에 여권사본을 첨부하여 중앙선거관리위원회에 제출하여야 한다. 다만, 공관의 장과 그가 추천하는 공관원의 경우에는 여권사본의 제출을 생략할 수 있다(규칙§136의2②).

(나) 선거권 조사

위원을 위촉하는 선거관리위원회는 위원으로 위촉하고자 하는 자의 주민등록지 관할 구·시·읍·면의 장에게 선거권 유무 조회를 의뢰하여 국회의원선거권이 있는지를 조사한 후 동 선거권이 있는 자를 위원으로 위촉하여야 한다. 다만, 정당에서 추천된 자는 위촉한 후에 국회의원선거권이 있는지를 조사하여 동 선거권이 없음이 확인된 때에는 지체 없이 당해 위원을 해촉하여야 한다(규칙§136의2③, 선거관리위원회법 시행규칙§5②). 국회의원선거권 조사 결과 선거권이 없음이 확인된 자나 해촉된 위원이 지방법원장이나 정당에서 추천한 자일 경우에는 당해 추천권자에게 이를 지체 없이 통지하여야 한다(규칙§136의2③, 선거관리위원회법 시행규칙§5④). 대한민국 공무원을 재외선거관리위원회의 위원으로 지명하거나 위촉하는 경우에는 신원조회를 통한 조사를 하지 아니한다(규칙§136의2③).

위원을 위촉한 때에는 「선거관리위원회법 시행규칙」이 정하는 서식[6]에 의한 위촉장을 교부하여야 하고(규칙§136의2③, 선거관리위원회법 시행규칙§5⑥). 위원을 위촉한 때에는 ① 위원발령대장, ② 위원명부의 인사관리서류를 비치하고 기록·관리하여야 한다(규칙§136의2③, 선거관리위원회법 시행규칙§5⑧).

(4) 정당추천위원

정당이 추천하는 위원은 재외투표소설치일후에는 재외선거관리위원회가 위촉할 수 있다(법§218⑩, 선거관리위원회법§4③단서). 정당추천위원은 국회에 교섭단체를 구성한 정당(1정당이

4) 규칙 별지 제59호의2 서식 추천서
5) 규칙 별지 제59호의3 서식 본인승낙 및 비당원확인서
6) 선거관리위원회법 시행규칙 별지 제3호 서식 위촉장

1교섭단체를 구성한 경우를 말한다. 이하 같다)이 각 1인씩 서면으로 추천한다. 이 경우 국회에 교섭단체를 구성한 정당이 3을 초과하거나 그 미만이 되어 위원의 정수를 초과하거나 부족하게 되는 경우에는 그 현원을 위원정수로 본다(법§218⑩, 선거관리위원회법§4⑦). 정당추천위원의 추천은 당해 당부가 추천정당의 당원이 아님을 증명하는 서류와 본인승낙서 및 주민등록표 초본을 첨부하여 서면으로 제출한다. 다만, 국회의원선거권이 있는지의 여부에 대하여는 규칙이 정하는 바에 따라 위촉 후에 조사할 수 있다. 이 경우 "당부"라 함은 「정당법」 제3조(구성)의 규정에 의한 중앙당과 시·도당을 말하며 추천할 당부가 없을 때에는 그 상급당부가 추천한다(법§218⑩, 선거관리위원회법§4⑧). 정당추천위원에 결원이 생긴 때에는 재외선거관리위원회는 당해 당부에 이를 통지하여야 한다(법§218⑩, 선거관리위원회법§4⑨). 국회의장은 교섭단체를 구성한 정당에 변동이 있을 때에는 이를 중앙선거관리위원회에 통보하여야 하며, 중앙선거관리위원회는 당해 정당과 재외선거관리위원회에 이를 즉시 통보하여야 한다(법§218⑩, 선거관리위원회법§4⑩). 위원을 추천한 정당이 국회에 교섭단체를 구성할 수 없는 정당이 되고 새로 교섭단체를 구성하게 된 정당이 있는 경우에는 그 정당에서 추천한 자가 위원으로 위촉될 때까지 재임한다(법§218⑩, 선거관리위원회법§4⑪). 재외선거관리위원회는 재외투표소설치일후에 해당 재외선거관리위원회의 정당추천위원의 추천서를 접수한 때에는 재외선거관리위원회위원장이 이를 위촉하고 중앙선거관리위원회에 보고하여야 한다. 다만, 투표일 또는 개표개시일 직전에 교체하고자 할 때에는 늦어도 투표일 또는 개표개시일 2일 전에 당해 정당의 교체추천이 있어야 하며 투표일 또는 개표기간 중에는 이를 교체할 수 없다(법§218⑩, 선거관리위원회법§4⑫). 재외선거관리위원회의 정당추천위원은 재외투표소설치일부터 재외투표마감일까지 상근할 수 있다(법§218⑩, 선거관리위원회법§7).

(5) 위원의 해임

재외선거관리위원회의 위원은 ① 정당에 가입하거나 정치에 관여한 때, ② 탄핵결정으로 파면된 때, ③ 금고이상의 형의 선고를 받은 때, ④ 정당추천위원으로서 그 추천정당의 요구가 있거나 추천정당이 국회에 교섭단체를 구성할 수 없게 된 때와 국회의원선거권이 없음이 발견된 때가 아니면 해임·해촉 또는 파면되지 아니한다(법§218⑩, 선거관리위원회법§9). 재외선거관리위원회가 위원을 해임·해촉할 때에는 본인의 사직원이나 자격요건이나 거주요건의 흠결 또는 해임사유에 해당함을 증명하는 증빙이 있어야 한다(규칙§136의2③, 선거관리위원회법 시행규칙§5⑤). 위원을 해촉한 때에는 「선거관리위원회법 시행규칙」이 정하는 서식[7]에 의한 인사발령통지서를 교부하여야 한다(규칙§136의2③, 선거관리위원회법 시행규칙§5⑦).

---

7) 선거관리위원회법 시행규칙 별지 제4호 서식 인사발령통지서

(6) 위원의 대우 및 신분보장

재외선거관리위원회의원 중 상임이 아닌 위원은 명예직으로 한다. 다만, 일당·여비 기타의 실비보상을 받을 수 있다(법§218⑩, 선거관리위원회법§12①). 재외선거관리위원회의 위원·간사·서기 및 선거사무종사원에 대한 수당·여비 그 밖의 실비보상에 관하여는 「선거관리위원회법 시행규칙」 제12조(실비보상)[8]를 준용한다. 이 경우 재외선거관리위원회 위원에 대하여는 시·도선거관리위원회 위원에 준하고, 선거사무종사원에 대하여는 간사·서기에 준한다(규칙§136의2④).

재외선거관리위원회의 위원은 재외투표소설치일부터 재외투표마감일까지 내란·외환·국교·폭발물·방화·마약·통화·유가증권·우표·인장·살인·폭행·체포·감금·절도·강도 및 국가보안법위반의 범죄에 해당하는 경우를 제외하고는 현행범인이 아니면 체포 또는 구속되지 아니하며 병역소집의 유예를 받는다(법§218⑩, 선거관리위원회법§13).

다. 위원장

재외선거관리위원회에 위원장과 부위원장 각 1명을 두되, 위원 중에서 호선한다. 다만, 공관의 장과 그가 추천하는 공관원은 위원장이 될 수 없다(법§218④). 위원장은 위원회를 대표하고 그 사무를 통할한다(법§218⑩, 선거관리위원회법§5③). 위원장이 사고가 있을 때에는 부위원장이 그 직무를 대행하며 위원장·부위원장이 모두 사고가 있을 때에는 위원 중에서 임시위원장을 호선하여 위원장의 직무를 대행하게 한다(법§218⑩, 선거관리위원회법§5⑤).

라. 간사·서기

재외선거관리위원회 위원장은 해당 공관의 장과 협의하여 해당 공관의 소속 직원 중에서 간사·서기 및 선거사무종사원을 위촉할 수 있다(법§218⑥).

---

8) 「선거관리위원회법 시행규칙」 제12조(실비보상) ① 각급 선거관리위원회의 위원 및 위촉된 간사·서기·선거사무종사원(이하 "위촉직원"이라 한다)에 대한 일당·여비 기타의 실비보상은 다음 각 호의 정하는 바에 의한다.

1. 각급 선거관리위원회위원 및 위촉직원이 공무로 여행할 때에는 예산의 범위 안에서 별표 3의 지급기준에 따라 공무원여비규정 별표 2·별표 3 및 별표 4의 해당 정액을 지급한다. 다만, 공무원인 위원과 위촉직원에 대하여는 그 본직에서 받은 여비액이 이 규칙에 의하여 지급되는 여비액보다 많은 경우에는 그 많은 여비액에 의한다.
2. 각급 선거관리위원회위원(상임위원은 제외한다)과 위촉직원이 위원회에 출석한 때 또는 선거사무에 종사한 때에는 예산의 범위 안에서 별표 4의 정하는 바에 따라 수당을 지급할 수 있다.

② 구·시·군선거관리위원회의 정당추천위원이 선거기간 중 상근할 때에는 예산의 범위 안에서 수당을 지급할 수 있다.

마. 회의

새로이 구성된 재외선거관리위원회의 최초의 회의소집에 관하여는 공관의 장이 해당 재외선거관리위원회 위원장의 직무를 대행한다(법§218⑦). 재외선거관리위원회의 회의는 당해 위원장이 소집한다. 다만, 위원 3분의 1 이상의 요구가 있을 때에는 위원장은 회의를 소집하여야 하며 위원장이 회의소집을 거부한 때에는 회의소집을 요구한 3분의 1 이상의 위원이 직접 회의를 소집할 수 있다(법§218⑩, 선거관리위원회법§11①). 재외선거관리위원회의 위원장과 부위원장이 모두 궐위 또는 사고가 있을 경우 위원장·부위원장 또는 임시위원장을 호선하기 위한 회의소집은 사무국장·사무과장 또는 위촉간사가 이를 대행한다(법§218⑩, 선거관리위원회법§11③).

재외선거관리위원회는 위원과반수의 출석으로 개의하고 출석위원 과반수의 찬성으로 의결한다(법§218⑩, 선거관리위원회법§10①). 위원장은 표결권을 가지며 가부동수인 때에는 결정권을 가진다(법§218⑩, 선거관리위원회법§10②).

바. 직무

재외선거관리위원회는 재외선거에 관한 ① 재외투표소 설치장소와 운영기간 등의 결정·공고, ② 재외투표소의 투표관리, ③ 재외투표소 투표사무원 위촉 및 투표참관인 선정, ④ 재외투표관이 행하는 선거관리사무 감독, ⑤ 선거범죄 예방 및 단속에 관한 사무, ⑥ 그 밖에 재외투표관리관이 필요하다고 인정하여 재외선거관리위원회에 부의하는 사항의 사무를 처리한다(법§218의3①).

재외선거관리위원회는 재외선거의 관리를 위하여 필요한 때에는 해당 공관의 장에게 협조를 요구할 수 있으며, 그 협조를 요구받은 공관의 장은 우선적으로 이에 따라야 한다(법§218⑤). 재외선거관리위원회의 위원·직원은 직무수행 중에 선거법위반행위를 발견한 때에는 중지·경고 또는 시정명령을 하여야 하며, 그 위반행위가 선거의 공정을 현저히 해치는 것으로 인정되거나 중지·경고 또는 시정명령을 불이행하는 때에는 관할수사기관에 수사의뢰 또는 고발할 수 있다(법§218⑩, 선거관리위원회법§14의2).

사. 재외투표관리관

(1) 재외투표관리관의 설치

재외선거에 관한 사무를 처리하기 위하여 공관마다 재외투표관리관을 둔다(법§218의2①). 재외투표관리관은 공관의 장으로 한다. 다만, 공관의 장과 총영사를 함께 두고 있는 공관의 경우 그 공관의 장이 총영사를 재외투표관리관으로 지정할 수 있다(법§218의2②). 공관의 장이 총영사를 재외투표관리관으로 지정한 때에는 그 사실을 중앙선거관리위원회와 해당 재외선거관리위원회에 알려야 한다(규칙§136의3①).

외교부장관은 재외투표관리관이 유고 그 밖의 사유로 직무를 수행할 수 없게 된 때에는 지체 없이 해당 공관 소속 직원 중에서 직무대행자를 정하여 중앙선거관리위원회에 알려야 한다. 이 경우 해당 공관의 소속 직원 중에서 1명을 재외투표관리관의 직무대행자로 미리 지정하여 둘 수 있다(규칙§136의3②).

(2) 재외투표관리관의 직무

재외투표관리관은 ① 재외선거인 등록신청 · 변경등록신청과 국외부재자 신고의 접수 및 처리, ② 재외국민의 선거권 행사에 필요한 사항의 홍보 · 지원, ③ 재외투표소 설비, ④ 재외투표 국내 회송 등 재외선거사무(국외부재자투표사무를 포함한다. 이하 같다) 총괄 관리, ⑤ 재외선거관리위원회 운영 지원의 사무를 처리한다(법§218의3②). 재외투표관리관은 재외선거사무를 처리하기 위하여 필요한 경우 해당 공관의 소속 직원을 재외선거사무 담당공무원으로 지정하여 수행하게 할 수 있다. 이 경우 재외선거사무 담당공무원을 지정한 때에는 소속, 직위 또는 직급, 성명 등을 해당 재외선거관리위원회에 알려야 한다(규칙§136의3③).

아. 관인

재외선거관리위원회의 관인의 종류 및 규격에 관하여는「선거관리위원회 사무관리규칙」제31조(종류 및 비치) 제1항 · 제2항 및 제33조(규격)의 시 · 도선거관리위원회에 관한 규정을, 관인의 등록 및 폐기에 관하여는「선거관리위원회 사무관리규칙」제34조(등록) 제1항 · 제2항 및 제35조(재등록 및 폐기) 제1항 · 제2항을, 관인의 공고에 관하여는 규칙 제36조(후보자등의 방송연설)의 읍 · 면 · 동선거관리위원회에 관한 규정을 준용한다.[9] 다만, 재외선거관리위원회

9)「선거관리위원회 사무관리규칙」제31조(종류 및 비치) ① 관인은 각급위원회 및 그 소속의결기관(이하 "의결기관"이라 한다)의 명의로 발송 또는 교부하는 문서에 사용하는 청인과 각급위원회 위원장 및 의결기관의 장 또는 보조기관의 명의로 발송 또는 교부하는 문서에 사용하는 직인으로 구분한다.
② 각급위원회와 의결기관은 청인을, 각급위원회 위원장과 의결기관의 장은 직인을 가진다.
제33조(규격) 관인은 정사각형으로 하되, 그 한 변의 길이는 별표 1과 같다.
제35조(재등록 및 폐기) ① 관인이 분실 또는 마멸되거나 갱신할 필요가 있는 때에는 그 사유를 들어 제34조의 규정에 의한 등록위원회에 관인을 재등록하여야 한다.
② 제1항 또는 그 밖의 사유로 관인을 폐기하고자 하는 때에는 당해 관인의 등록위원회에 관인폐기신고서와 함께 이송하여야 하며, 당해 등록위원회는 관인대장에 관인폐기내역을 기재하고 그 관인을 중앙위원회에 관인폐기공고문과 함께 이관하여야 한다. 중앙위원회는 폐기된 관인이 잘못 사용되거나 유출되지 아니하도록 하여야 한다.
③ 전자이미지관인을 사용하는 위원회는 관인을 재등록한 경우 즉시 사용 중인 전자이미지관인을 삭제하고, 재등록한 관인의 인영을 전자이미지관인으로 전환하여 사용하여야 한다.

의 관인은 중앙선거관리위원회에서 새겨 이를 등록한 후 교부한다(규칙§136의2⑥).

재외투표관리관의 직인의 인영은 해당 공관의 명칭에 "재외투표관리관인" 또는 "재외투표관리관의 인"을 붙여 표시하되 약칭을 사용할 수 있으며, 그 규격은 「선거관리위원회 사무관리규칙」 제33조(규격)의 시 · 도선거관리위원회 위원장에 관한 규정을 준용하고, 직인의 등록, 폐기 및 공고에 관하여는 규칙 제136조의2(재외선거관리위원회의 구성 및 운영) 제6항에 따른다(규칙§136의3④).

자. 관할 및 공고

재외선거관리위원회의 관할구역은 해당 공관의 영사관할구역(공관의 장이 다른 대사관의 장을 겸하는 경우에는 그 다른 대사관의 영사관할구역을 포함한다)으로 하고, 그 명칭은 해당 공관명을 붙여 표시하되 약칭을 사용할 수 있다(법§218⑧).

중앙선거관리위원회는 재외선거관리위원회가 설치된 때에는 그 명칭(약칭을 포함한다)과 관할구역 등을 인터넷 홈페이지 등에 공고하여야 한다(규칙§136의2⑤).

3. 국외부재자 신고 및 재외선거인 등록신청

가. 국외부재자 신고

(1) 의의

주민등록이 되어 있는 사람으로서 ① 사전투표기간 개시일 전 출국하여 선거일 후에 귀국이 예정된 사람, ② 외국에 머물거나 거주하여 선거일까지 귀국하지 아니할 사람에 해당하여 외국에서 투표하려는 선거권자(지역구국회의원선거에서는 「주민등록법」 제6조(대상자) 제1항 제3호[10]에 해당하는 사람과 같은 법 제19조(국외이주신고) 제4항[11]에 따라 재외국민으로 등록 · 관리되는 사람은 제외한다)는 대통령선거와 임기만료에 따른 국회의원선거를 실시하는 때마다 선거일 전 150일부터 선거일 전 60일까지(이하 "국외부재자 신고기간"이라 한다) 서면 · 전자우편 또는

10) 「주민등록법」 제6조(대상자) ① 시장 · 군수 또는 구청장은 30일 이상 거주할 목적으로 그 관할구역에 주소나 거소(이하 "거주자"라 한다)를 가진 다음 각 호의 사람(이하 "주민"이라 한다)을 이 법의 규정에 따라 등록하여야 한다. 다만, 외국인은 예외로 한다.
   3. 재외국민 : 「재외동포의 출입국과 법적 지위에 관한 법률」 제2조 제1호에 따른 국민으로서 「해외이주법」 제12조에 따른 영주귀국의 신고를 하지 아니한 사람 중 다음 각 목의 어느 하나의 경우
      가. 주민등록이 말소되었던 사람이 귀국 후 재등록 신고를 하는 경우
      나. 주민등록이 없었던 사람이 귀국 후 최초로 주민등록 신고를 하는 경우

11) 「주민등록법」 제19조(국외이주신고 등) ④ 시장 · 군수 또는 구청장은 주민등록된 거주자 또는 거주불명자가 「해외이주법」 제6조에 따라 해외이주신고를 하고 출국하거나 같은 법 제4조 제3호의 현지이주를 한 경우에는 이 법 제6조 제1항 제3호의 재외국민으로 구분하여 등록 · 관리하여야 한다.

중앙선거관리위원회 홈페이지를 통하여 관할 구·시·군의 장에게 국외부재자 신고를 하여야 한다. 이 경우 외국에 머물거나 거주하는 사람은 공관을 경유하여 신고하여야 한다(법§218의4①).

(2) 국외부재자신고서

국외부재자 신고를 하려는 사람은 그 신고서에 ① 성명, ② 주민등록번호, ③ 주소, ④ 거소, ⑤ 여권번호를 적어야 한다(법§218의4②). 국외부재자신고서는 규칙이 정하는 서식[12]에 따른다(규칙§136의4①). "거소"는 해당 국가에서 주소를 적는 방법에 따라 로마자 또는 영문 대문자로 적되, 해당 국가의 언어를 함께 적을 수 있다. 이 경우 거소가 잘못 적힌 경우에는 중앙선거관리위원회와 구·시·군의 장(이하 "명부작성권자"라 한다), 재외투표관리관은 이를 직권으로 수정할 수 있다(규칙§136의4②). 국외부재자신고를 하는 때에 거류국 우편제도 미비, 거소불확정 등의 부득이한 사유로 거소를 정할 수 없는 국외부재자신고인은 공관을 거소로 하여 국외부재자신고를 할 수 있다(규칙§136의4③).

(3) 전자우편신고

전자우편을 이용하여 국외부재자 신고를 하려는 때에는 재외투표관리관 또는 구·시·군의 장이 공고하는 전자우편 주소로 국외부재자신고서를 전송하는 방법으로 하여야 한다. 이 경우 본인 명의의 전자우편 주소로 자신의 국외부재자 신고에 한하여 할 수 있다(법§218의4③). 재외투표관리관 또는 구·시·군의 장은 전자우편을 이용한 국외부재자 신고를 접수하기 위하여 전자우편 계정을 별도로 개설하는 등 필요한 조치를 취하여야 한다(법§218의4④).

(4) 여권번호 누락 신고 보완

재외투표관리관 또는 구·시·군의 장은 국외부재자신고서에 기재사항 중 여권번호의 누락이 있는 때에는 해당 선거권자에게 국외부재자 신고기간 만료일까지 보완할 것을 통보하여야 하며, 이를 통보받은 선거권자가 국외부재자 신고기간 만료일까지 보완하지 아니한 때에는 그 신고를 접수하지 아니한다(법§218의4⑤).

나. 재외선거인 등록신청

(1) 의의

주민등록이 되어 있지 아니하고 재외선거인명부에 올라 있지 아니한 사람으로서 외국에서 투표하려는 선거권자는 대통령선거와 임기만료에 따른 비례대표국회의원 선거를 실시하는

12) 규칙 별지 제59호의4 서식 국외부재자신고서·재외선거인 등록신청서

때마다 해당 선거의 선거일 전 60일까지(이하 "재외선거인 등록신청기간"이라 한다) ① 공관을 직접 방문하여 서면으로 신청하는 방법[이 경우 대한민국 국민은 가족(본인의 배우자와 본인·배우자의 직계존비속을 말한다)의 재외선거인등록신청서를 대신 제출할 수 있다], ② 관할구역을 순회하는 공관에 근무하는 직원에게 직접 서면으로 신청하는 방법(이 경우 ①호 후단을 준용한다), ③ 우편 또는 전자우편을 이용하거나 중앙선거관리위원회 홈페이지를 통하여 신청하는 방법(이 경우 외국에 머물거나 거주하는 사람은 공관을 경유하여 신고하여야 한다) 중 어느 하나에 해당하는 방법으로 중앙선거관리위원회에 재외선거인등록신청을 하여야 한다(법§218의5①).[13]

(2) 재외선거인등록신청서

재외선거인 등록신청(변경등록신청을 포함한다)을 하려는 사람은 그 신청서에 ① 성명, ② 여권번호·생년월일 및 성명, ③ 국내의 최종주소지(국내의 최종주소지가 없는 사람은 「가족관계의 등록 등에 관한 법률」에 따른 등록기준지), ④ 거소, ⑤ 「가족관계의 등록 등에 관한 법률」 제15조(증명서의 종류 및 기록사항) 제1항 제1호[14]에 따른 가족관계증명서에 기재된 부 또는 모의 성명 등 규칙으로 정하는 사항을 적어야 한다(법§218의5②).[15] 재외선거인등록신청서는

---

13) 헌법재판소는, 법 제218조의5(재외선거인 등록신청) 제1항 등과 관련하여, 「① 지역구국회의원은 국민의 대표임과 동시에 소속지역구의 이해관계를 대변하는 역할을 하고 있다. 전국을 단위로 선거를 실시하는 대통령선거와 비례대표국회의원선거에 투표하기 위해서는 국민이라는 자격만으로 충분한 데 반해, 특정한 지역구의 국회의원선거에 투표하기 위해서는 '해당 지역과의 관련성'이 인정되어야 한다. 주민등록과 국내거소신고를 기준으로 지역구국회의원선거권을 인정하는 것은 해당 국민의 지역적 관련성을 인정하는 합리적인 방법이다. 따라서 선거권조항과 재외선거인 등록신청조항이 재외선거인의 임기만료 지역구국회의원선거권을 인정하지 않은 것이 재외선거인의 선거권을 침해하거나 보통선거원칙에 위배된다고 볼 수 없다. ② 입법자는 재외선거제도를 형성하면서, 잦은 재·보궐선거는 재외국민으로 하여금 상시적인 선거체제에 직면하게 하는 점, 재외 재·보궐선거의 투표율이 높지 않을 것으로 예상되는 점, 재·보궐선거 사유가 확정될 때마다 전 세계 해외 공관을 가동하여야 하는 등 많은 비용과 시간이 소요된다는 점을 종합적으로 고려하여 재외선거인에게 국회의원의 재·보궐선거권을 부여하지 않았다고 할 것이고, 이와 같은 선거제도의 형성이 현저히 불합리하거나 불공정하다고 볼 수 없다. 따라서 재외선거인 등록신청조항은 재외선거인의 선거권을 침해하거나 보통선거원칙에 위배된다고 볼 수 없다.」고 판시하였다(2014. 7. 24. 선고 2009헌마256,2010헌마394(병합) 결정).

14) 「가족관계의 등록에 관한 법률」 제15조(증명서의 종류 및 기록사항) ① 등록부 등의 기록사항은 다음 각 호의 증명서별로 제2항에 따른 일반증명서와 제3항에 따른 상세증명서로 발급한다. 다만, 외국인의 기록사항에 관하여는 성명·성별·출생연월일·국적 및 외국인등록번호를 기재하여 증명서를 발급하여야 한다.
1. 가족관계증명서
2. 기본증명서
3. 혼인관계증명서
4. 입양관계증명서
5. 친양자입양관계증명서

15) 헌법재판소는, 법 제218조의5(재외선거인 등록신청) 제2항과 관련하여, '심판대상조항이 재외선거인 등록신청 시 여권을 제시하도록 한 것은, 국외에서 이루어지는 재외선거의 특성상 선거권이 없는 자의 선거참

규칙이 정하는 서식[16]에 따른다(규칙§136의4①). "거소"는 해당 국가에서 주소를 적는 방법에 따라 로마자 또는 영문 대문자로 적되, 해당 국가의 언어를 함께 적을 수 있다. 이 경우 거소가 잘못 적힌 경우에는 중앙선거관리위원회와 구·시·군의 장(이하 "명부작성권자"라 한다), 재외투표관리관은 이를 직권으로 수정할 수 있다(규칙§136의4②). 재외선거인 등록신청을 하는 때에 거류국 우편제도 미비, 거소불확정 등의 부득이한 사유로 거소를 정할 수 없는 재외선거인은공관을 거소로 하여 재외선거인 등록신청을 할 수 있다(규칙§136의4③).

(3) 변경등록신청

재외선거인명부에 올라 있는 선거인은 그 기재사항의 변경이 있는 경우에는 재외선거인 등록신청방법으로 해당 선거의 선거일 전 60일까지 재외선거인 변경등록신청을 하여야 한다(법§218의5③). 재외선거인변경등록신청서는 규칙이 정하는 서식[17]에 따른다(규칙§136의4①). 재외선거인 변경등록신청을 하는 때에 거류국 우편제도 미비, 거소불확정 등의 부득이한 사유로 거소를 정할 수 없는 재외선거인은 공관을 거소로 하여 재외선거인 변경등록신청을 할 수 있다(규칙§136의4③).

(4) 전자우편신고

전자우편을 이용하여 재외선거인 등록신청을 하려는 때에는 재외투표관리관이 공고하는 전자우편 주소로 재외선거인 등록신청서 또는 변경등록신청서를 전송하는 방법으로 하여야 한다. 이 경우 본인 명의의 전자우편 주소로 자신의 재외선거인 등록신청에 한하여 할 수 있다(법§218의5⑤, §218의4③). 재외투표관리관은 전자우편을 이용한 재외선거인 등록신청을 접수하기 위하여 전자우편 계정을 별도로 개설하는 등 필요한 조치를 취하여야 한다(법§218의5⑤, §218의4④).

(5) 여권번호 등 누락 신고 보완

재외투표관리관은 재외선거인 등록신청서 또는 변경등록신청서에 기재사항 중 여권번호 및「가족관계의 등록 등에 관한 법률」제15조(증명서의 종류 및 기록사항) 제1항 제1호에 따른

여를 방지하여 선거의 공정성을 확보하기 위한 것으로서, 목적의 정당성과 수단의 적합성이 인정되고, 선거권이 있는 대한민국 국민인지 여부를 확인함에 있어 여권과 동일한 정도의 신뢰성 있는 다른 공신력 있는 방법을 찾기 어려우므로 침해최소성의 원칙에 위배되지 아니한다. 또한 대통령선거 및 국회의원선거에서 선거의 공정성을 유지하여 선거의 본질적 기능을 보전하는 공익은 매우 중대한 것으로서, 재외선거권자의 선거권 제한의 정도가 심판대상조항에 의하여 추구되는 공익에 비하여 결코 중하다고 볼 수 없으므로, 심판대상조항은 청구인의 선거권을 침해하지 않는다.'고 판시하였다(2014. 4. 24. 선고 2011헌마567 결정).

16) 규칙 별지 제59호의4 서식 국외부재자신고서·재외선거인 등록신청서

17) 규칙 별지 제59호의5 서식 재외선거인 변경등록 신청서

가족관계증명서에 기재된 부 또는 모의 성명의 누락이 있는 때에는 해당 선거권자에게 재외선거인 등록신청기한까지 보완할 것을 통보하여야 하며, 이를 통보받은 선거권자가 재외선거인 등록신청기한까지 보완하지 아니한 때에는 그 신고를 접수하지 아니한다(법§218의5⑤, §218의4⑤).

(6) 국적확인 필요사항 공고

재외투표관리관은 매년 1월 31일까지 비자 · 영주권증명서 · 장기체류증 또는 거류국의 외국인등록증 등 재외선거인의 국적확인에 필요한 서류의 종류를 공고하여야 한다. 이 경우 둘 이상의 공관을 둔 국가에서는 대사관의 재외투표관리관이 일괄하여 공고한다(법§218의5④).

다. 공관부재자신고인명부 · 재외선거인등록신청자명부

(1) 공관부재자신고인명부 · 재외선거인등록신청자명부의 작성

재외투표관리관이 국외부재자신고서 또는 재외선거인등록신청서(변경등록신청서를 포함한다)를 접수하면 기재사항의 적정 여부, 정당한 신고 · 신청 여부를 확인한 다음 법 제218조의4(국외부재자 신고) 제1항 각 호의 어느 하나에 해당하는 사람을 대상으로는 공관부재자신고인명부를, 제218조의5(재외선거인 등록신청) 제1항 및 제3항에 해당하는 사람을 대상으로는 재외선거인등록신청자명부를 각각 작성(전산정보자료를 포함한다)하여야 한다(법§218의6①). 공관부재자신고인명부와 재외선거인등록신청자명부(이하 "공관부재자신고인명부등"이라 한다)는 규칙이 정하는 서식[18]에 따라 구 · 시 · 군별로 각각 1부를 작성하여야 한다(규칙§136의5①).

재외투표관리관은 확인을 위하여 필요한 경우에는 「주민등록법」 제30조(주민등록전산정보자료의 이용 등)[19]에 따른 주민등록전산정보자료 또는 「가족관계의 등록 등에 관한 법률」 제11

---

18) 규칙 별지 제59호의6 서식의 (가) (공관부재자신고인명부) · (재외선거인 등록신청자명부), 제59호의6 서식의 (나) 공관부재자신고인명부, 제59호의6 서식의 (다) 재외선거인 등록신청자명부

19) 「주민등록법」 제30조(주민등록전산정보자료의 이용 등) ① 주민등록표에 기록된 주민등록 사항에 관한 주민등록전산정보자료(이하 "전산자료"라 한다)를 이용 또는 활용하려는 자는 관계 중앙행정기관의 장의 심사를 거쳐 행정안전부장관의 승인을 받아야 한다. 다만, 대통령령으로 정하는 경우에는 관계 중앙행정기관의 장의 심사를 필요로 하지 아니한다.
② 전산자료를 이용 · 활용하려는 자의 범위는 제29조 제2항에 따라 주민등록표의 열람 또는 등 · 초본의 교부를 신청할 수 있는 자로 하되, 전산자료의 형태로 제공하는 것이 적합한 경우에 한정한다.
③ 전산자료의 제공범위는 주민등록표의 자료로 하되, 제29조 제2항 제2호부터 제7호까지의 경우에는 주민등록표 등 · 초본의 자료에 한정한다.
④ 행정안전부장관은 제3항에 따라 전산자료를 제공하는 경우 자료의 이용 · 활용 목적을 고려하여 필요 최소한의 자료를 제공하여야 한다.
⑤ 제1항에 따른 전산자료를 이용 · 활용하는 자는 본래의 목적 외의 용도로 이용 · 활용하여서는 아니 된다.
⑥ 전산자료의 이용 · 활용에 필요한 사항은 대통령령으로 정하고, 전산자료의 사용료에 관한 사항은 행정

조(전산정보처리조직에 의한 등록사무의 처리 등)[20]에 따른 등록전산정보자료, 그 밖에 국가가 관리하는 전산정보자료를 이용할 수 있다(법§218의6②). 재외투표관리관 또는 구·시·군의 장이 국외부재자신고를 받거나 재외투표관리관이 재외선거인 등록신청 또는 변경등록신청을 받은 때에는 규칙이 정하는 서식[21]에 따른 국외부재자신고서 접수부(전산조직을 이용하여 작성할 수 있다) 또는 재외선거인 등록신청서 접수부(전산조직을 이용하여 작성할 수 있다)에 적은 후 기재사항의 적정여부, 정당한 신고·신청 여부를 확인한 다음 공관부재자신고인명부등 또는 국외부재자신고인명부에 올려야 하며, 그 신고·신청요건을 갖추지 못한 사람은 그 사유를 해당 접수부의 비고란에 각각 적고 본인에게 지체 없이 그 뜻을 알려야 한다(규칙§136의5②). 전산정보지료의 주소 또는 등록기준지와 국외부재자신고서에 적힌 주소 또는 재외선거인 등록신청서에 적힌 국내의 최종주소지(최종주소지가 없는 사람은 「가족관계의 등록 등에 관한 법률」에 따른 등록기준지를 말한다)가 서로 다른 경우에는 그 전산정보자료의 주소 또는 등록기준지에 따라 공관부재자신고인명부등을 작성한다(규칙§136의5④).

재외투표관리관이 공관부재자신고인명부와 재외선거인등록신청자명부를 작성하는 때에는 신고서 또는 신청서의 내용에 따라 정확하게 작성하여야 한다(법§218의6③). 재외선거관리위원회는 공관부재자신고인명부등의 작성에 관하여 감독하며, 재외투표관리관 또는 공관부재자신고인명부등의 작성에 종사하는 사람이 위법·부당한 행위를 하는 때에는 그 시정을 요구할 수 있다. 이 경우 그 시정을 요구받은 재외투표관리관 등은 정당한 사유가 없으면 이에 따라야 한다(규칙§136의5③).

(2) 공관부재자신고인명부등의 송부

재외투표관리관이 공관부재자신고인명부등을 작성하면 이를 즉시 구·시·군별로 분류하여 국외부재자신고서 및 재외선거인등록신청서와 함께 외교부장관을 경유하여 중앙선거관리

안전부령으로 정한다.

20) 「가족관계의 등록 등에 관한 법률」 제11조(전산정보처리조직에 의한 등록사무의 처리 등) ① 시·읍·면의 장은 등록사무를 전산정보처리조직에 의하여 처리하여야 한다.
② 본인이 사망하거나 실종선고·부재선고를 받은 때, 국적을 이탈하거나 상실한 때 또는 그 밖에 대법원규칙으로 정한 사유가 발생한 때에는 등록부를 폐쇄한다.
③ 등록부와 제2항에 따라 폐쇄한 등록부(이하 "폐쇄등록부"라 한다)는 법원행정처장이 보관·관리한다.
④ 법원행정처장은 등록부 또는 폐쇄등록부(이하 "등록부등"이라 한다)에 기록되어 있는 등록사항과 동일한 전산정보자료를 따로 작성하여 관리하여야 한다.
⑤ 등록부등의 전부 또는 일부가 손상되거나 손상될 염려가 있는 때에는 법원행정처장은 대법원규칙으로 정하는 바에 따라 등록부등의 복구 등 필요한 처분을 명할 수 있다.
⑥ 등록부등을 관리하는 사람 또는 등록사무를 처리하는 사람은 이 법이나 그 밖의 법에서 규정하는 사유가 아닌 다른 사유로 등록부등에 기록된 등록사항에 관한 전산정보자료(이하 "등록전산정보자료"라 한다)를 이용하거나 다른 사람(법인을 포함한다)에게 자료를 제공하여서는 아니 된다.

21) 규칙 별지 제59호의7 서식 국외부재자신고서 접수부, 제59호의8 서식 재외선거인 등록신청서 접수부

위원회에 보낸다(법§218의7①). 재외투표관리관이 공관부재자신고인명부등을 중앙선거관리위원회로 보내는 때에는 국외부재자신고서 접수부와 재외선거인 등록신청서 접수부 각 1부를 함께 보내야 한다. 이 경우 전산조직을 이용한 전산정보자료의 전송으로 갈음할 수 있다(법§218의7③, 규칙§136의6①). 재외투표관리관이 중앙선거관리위원회에 보내는 국외부재자신고서·재외선거인등록신청서 및 재외선거인변경등록신청서(이하 "국외부재자신고서등"이라 한다)는 공관부재자신고인명부등에 올라 있는 순서에 따라 붙이고, 공관부재자신고인명부등에 올리지 아니한 사람의 국외부재자신고서등은 따로 구분되게 하여 보내야 한다(규칙§136의6②). 재외투표관리관이 전산조직을 이용한 전산정보자료의 전송으로 중앙선거관리위원회에 공관부재자신고인명부등 및 국외부재자신고서등, 국외부재자신고서 접수부 및 재외선거인 등록신청서 접수부를 보내는 경우에는 외교부를 경유하지 아니할 수 있으며, 재외투표관리관은 그 서류의 원본을 해당 선거의 당선인의 임기 동안 공관에 보관하여야 한다(규칙§136의6③).

중앙선거관리위원회가 공관부재자신고인명부와 국외부재자신고서를 접수하면 이를 해당 구·시·군의 장에게 보낸다(법§218의7②). 중앙선거관리위원회가 구·시·군의 장에게 공관부재자신고인명부 및 국외부재자신고서를 보내는 경우에는 행정안전부장관을 경유하여 보낼 수 있다(규칙§136의6④).

4. 재외선거인명부 및 국외부재자신고인명부

가. 재외선거인명부

(1) 작성

중앙선거관리위원회는 해당 선거의 선거일 전 60일 현재의 최종주소지 또는 등록기준지를 기준으로 선거일 전 49일부터 선거일 전 40일까지 10일간 해당 선거 직전에 실시한 대통령선거 또는 임기만료에 따른 비례대표국회의원선거에서 확정된 재외선거인명부와 재외투표관리관이 송부한 재외선거인등록신청서에 따라 재외선거인명부를 작성한다. 이 경우 같은 사람이 2 이상의 재외선거인등록신청을 한 사실이 발견된 때에는 그 중 나중에 접수된 재외선거인등록신청서에 따라 재외선거인명부를 작성한다(법§218의8①). 재외선거인명부는 규칙이 정하는 서식[22]에 따라 작성한다(규칙§136의8①).

국가는 재외선거인명부의 정확한 작성을 위하여 필요한 제도적·재정적 조치를 하여야 한다(법§218의8⑥). 중앙선거관리위원회와 행정안전부장관은 법 제37조(명부작성) 제1항에 따른 선거인명부의 정확한 작성을 위하여 구·시·군의 장이 전산조직으로 재외선거인명부와 다

22) 규칙 별지 제59호의9 서식의 (가) (재외선거인명부)·(국외부재자신고인명부), 제59호의9 서식의 (나) 재외선거인명부, 제59호의9 서식의 (라) 명부의 끝부분 기재사항

른 구·시·군의 국외부재자신고인명부를 조회할 수 있도록 필요한 조치를 하여야 한다(규칙§136의12).

(2) 정비

중앙선거관리위원회는 해당 선거의 선거일 전 60일까지 해당 선거 직전에 실시한 대통령선거 또는 임기만료에 따른 비례대표국회의원선거에서 확정된 재외선거인명부에 올라 있는 선거인의 선거권 유무 등을 확인하여 그 재외선거인명부를 정비하여야 한다(법§218의8②). 중앙선거관리위원회가 재외선거인명부를 정비할 경우에는 선거권이 없는 것으로 확인되거나 재외선거인명부 기재사항 등의 변경이 있는 선거인을 직권으로 삭제하거나 수정하여야 한다(규칙§136의8②). 거짓으로 재외선거인 등록신청을 한 사람이나 자신의 의사에 따라 신청한 것으로 인정되지 아니하는 사람은 재외선거인명부에 올릴 수 없다(법§218의8③).

중앙선거관리위원회는 재외선거인등록을 신청한 사람이 정당한 신청인인지를 확인하기 위하여 관계 행정기관에 필요한 지시를 할 수 있다(법§218의8⑤).

(3) 전산정보자료 조회시스템 구축·활용

(가) 중앙선거관리위원회의 전산정보자료 조회시스템 구축

중앙선거관리위원회는 선거일 전 150일(대통령의 궐위로 인한 선거 및 재선거에서는 그 선거의 실시사유가 확정된 날을 말한다)부터 선거일까지 재외국민의 선거권 조회를 위한 전산정보자료 조회시스템을 구축·운영하여야 한다(규칙§136의7①). 중앙선거관리위원회는 선거권자가 해당 선거 직전에 실시한 대통령선거 또는 임기만료에 따른 비례대표국회의원선거에서 확정된 재외선거인명부에 자신이 올라 있는지 여부를 중앙선거관리위원회가 개설·운영하는 홈페이지에서 확인할 수 있도록 기술적 조치를 하여야 한다(규칙§136의7④).

(나) 전산정보자료 조회시스템 구축을 위한 정보관리기관의 조치

① 「주민등록법」 제30조(주민등록전산정보자료의 이용 등)에 따른 주민등록에 관한 정보, ② 「가족관계의 등록 등에 관한 법률」 제11조(전산정보처리조직에 의한 등록사무의 처리 등)에 따른 가족관계 등록에 관한 정보, ③ 법 제18조(선거권이 없는 자) 제1항 제1호에 해당하는 금치산자에 관한 정보(이 경우 행정안전부장관은 해당 정보를 관리하는 구·시·읍·면의 장으로부터 통보받은 자료를 데이터베이스로 구축하여 손쉽게 활용할 수 있도록 하여야 한다), ④ 법 제18조(선거권이 없는 자) 제1항 제2호부터 제4호까지의 규정에 해당하는 사람에 관한 정보 중 어느 하나에 해당하는 정보를 관리하는 기관의 장은 선거일 전 150일부터 중앙선거관리위원회가 재외선거인명부의 작성 및 해당 선거 직전에 실시한 대통령선거 또는 임기만료에 따른 비례대표국

회의원선거에서 확정된 재외선거인명부의 정비를 위하여 필요한 범위에서 해당 정보를 전산조직으로 조회할 수 있도록 필요한 조치를 하여야 한다(법§218의8④). 전산정보자료를 관리하는 기관의 장은 선거일 전 150일부터 선거일까지 중앙선거관리위원회가 전산정보시스템을 이용하여 해당 전산정보자료를 조회할 수 있도록 필요한 조치를 하여야 한다(규칙§136의7②).

(다) 전산정보자료 조회시스템의 활용

재외투표관리관은 정당한 신고·신청 여부의 확인을 위하여 전산정보조회시스템을 이용할 수 있다(규칙§136의7③).

(4) 송부

중앙선거관리위원회는 법 제218조의8(재외선거인명부의 작성) 제1항에 따라 작성한 재외선거인명부의 전산자료 복사본을 지체 없이 행정안전부장관과 재외투표관리관에게 전송하여야 한다(규칙§136의8③). 중앙선거관리위원회가 재외선거인명부 작성 후 그 작성상황을 관할 구·시·군선거관리위원회에 알리는 경우에는 규칙이 정하는 서식[23]에 따른다(규칙§136의8④).

나. 국외부재자신고인명부

(1) 작성

구·시·군의 장은 국외부재자 신고기간만료일 현재의 주소지를 기준으로 선거일 전 49일부터 선거일 전 40일까지 10일간(이하 "국외부재자신고인명부 작성기간"이라 한다) 중앙선거관리위원회가 송부한 국외부재자신고서와 해당 구·시·군의 장이 직접 접수한 국외부재자신고서에 따라 국외부재자신고인명부를 작성한다. 이 경우 같은 사람이 2 이상의 국외부재자신고를 한 사실이 발견된 때에는 그 중 가장 나중에 접수된 국외부재자신고서에 따라 국외부재자신고인명부를 작성한다(법§218의9①). 국외부재자신고인명부는 규칙이 정하는 서식[24]에 따라 1부를 작성하여야 한다(규칙§136의9②). 구·시·군의 장은 국외부재자신고를 할 사람의 주소가 국외부재자 신고기간 만료일 전에 변경된 경우에는 그 사람의 국외부재자신고서를 변경된 주소를 관할하는 구·시·군의 장에게 보내야 한다(규칙§136의9③).

거짓으로 국외부재자 신고를 한 사람이나 자신의 의사에 따라 신고한 것으로 인정되지 아니하는 사람은 국외부재자신고인명부에 올릴 수 없다(법§218의9②).

---

23) 규칙 별지 제59호의11 서식의 (가) 재외선거인명부 작성상황 통보서
24) 규칙 별지 제59호의9 서식의 (가) (재외선거인명부)·(국외부재자신고인명부), 제59호의9 서식의 (다) 국외부재자신고인명부, 제59호의9 서식의 (라) 명부의 끝부분 기재사항

(2) 송부

구·시·군의 장은 국외부재자신고인명부 작성 후 지체 없이 국외부재자신고인명부의 전산자료 복사본을 행정안전부장관에게 전송하여야 하며, 그 전산자료 복사본과 함께 국외부재자신고인명부 작성상황을 규칙이 정하는 서식[25]에 따라 관할구·시·군선거관리위원회에 알려야 한다(규칙§136의9⑤). 관할구·시·군선거관리위원회는 송부받은 국외부재자신고인명부의 전산자료 복사본을 지체 없이 중앙선거관리위원회에 전송하여야 하며, 중앙선거관리위원회는 각 구·시·군선거관리위원회로부터 전송받은 전산자료 복사본을 하나로 합하여 재외투표관리관에게 전송하여야 한다(규칙§136의9⑥).

(3) 명부작성의 감독 등

(가) 명부작성의 감독

국외부재자신고인명부의 작성에 관하여는 관할구·시·군선거관리위원회 및 읍·면·동선거관리위원회가 이를 감독한다(법§218의9③, §39①).

국외부재자신고인명부 작성에 종사하는 공무원이 정당한 사유 없이 국외부재자신고인명부 작성에 관하여 관할구·시·군선거관리위원회 또는 읍·면·동선거관리위원회의 지시·명령 또는 시정요구에 불응하거나 그 직무를 태만히 한 때 또는 위법·부당한 행위를 한 때에는 관할구·시·군선거관리위원회 또는 직근 상급선거관리위원회는 임면권자에게 그 교체를 요구할 수 있다(법§218의9③, §39④). 교체요구가 있을 때에는 임면권자는 정당한 사유가 없는 한 이에 따라야 한다(법§218의9③, §39⑤).

(나) 공무원의 임면

국외부재자신고인명부 작성에 종사하는 공무원이 임면된 때에는 당해 구·시·군의 장은 지체 없이 관할구·시·군선거관리위원회에 그 사실을 통보하여야 한다(법§218의9③, §39②). 구·시·군의 장은 국외부재자신고인명부 작정에 종사하는 공무원을 임면한 때에는 소속·직위 또는 직급·성명 및 임면연월일 등을 관할구·시·군선거관리위원회에 통보하여야 한다(법§218의9③, §39⑨, 규칙§12①). 국외부재자신고인명부작성기간 중에 국외부재자신고인명부 작성에 종사하는 공무원을 해임하고자 하는 때에는 그 임면권자는 관할구·시·군선거관리위원회 또는 직근 상급선거관리위원회와 협의하여야 한다(법§218의9③, §39③).

---

25) 규칙 별지 제59호의11 서식의 (나) 국외부재자신고인명부 작성상황 통보서

(다) 방해 등 금지

누구든지 국외부재자신고인명부 작성사무를 방해하거나 기타 어떠한 방법으로든지 국외부재자신고인명부 작성에 영향을 주는 행위를 하여서는 아니된다(법§218의9③, §39⑧).

(라) 벌칙

법 제218조의9(국외부재자신고인명부의 작성) 제3항에서 준용하는 제39조(명부작성의 감독 등) 제8항의 규정을 위반하여 국외부재자신고인명부 작성사무를 방해하거나 영향을 주는 행위를 한 자는 2년 이하의 징역 또는 400만원 이하의 벌금에 처한다(법§256③2.가.).

5. 재외선거인명부등의 열람, 이의 및 불복

가. 재외선거인명부등의 열람

(1) 명부작성권자의 조치

중앙선거관리위원회와 구·시·군의 장(이하 "명부작성권자"라 한다)은 재외선거인명부 및 국외부재자신고인명부(이하 "재외선거인명부등"이라 한다)의 작성기간 만료일의 다음 날부터 5일간(이하 "재외선거인명부등의 열람기간"이라 한다) 장소를 정하여 재외선거인명부등을 열람할 수 있도록 하여야 한다. 다만, 재외선거인명부는 인터넷 홈페이지에서의 열람에 한한다(법§218의10①). 명부작성권자는 재외선거인명부등의 열람기간 동안 자신이 개설·운영하는 인터넷 홈페이지에서 국외부재자 신고를 한 사람이나 재외선거인등록을 신청한 사람이 자신의 정보에 한하여 재외선거인명부등을 열람할 수 있도록 하는 기술적 조치를 하여야 한다(법§218의10③).

(2) 행정안전부장관의 조치

행정안전부장관은 명부작성권자의 협조를 받아 재외선거인 및 국외부재자신고인(이하 "재외선거인등"이라 한다)이 재외선거인명부등의 열람기간 동안 행정안전부가 개설·운영하는 인터넷 홈페이지에서 자신이 재외선거인명부등에 올라 있는지 여부를 확인할 수 있도록 기술적 조치를 하여야 한다(법§218의10④).

(3) 재외투표관리관의 조치

재외투표관리관은 재외선거인명부등의 열람기간 동안 중앙선거관리위원회가 전송하는 재외선거인명부등을 이용하여 재외선거인등이 재외선거인명부등에 올라있는지 여부를 확인할 수 있도록 하여야 한다(법§218의10⑤). 재외투표관리관은 선거권자가 재외선거인등이 재외선거인명부등에 올라있는지 확인할 수 있도록 공관에 재외선거인명부등을 조회할 수 있는 컴퓨터 또는 해당 공관의 관할 구역 안에 거소를 둔 재외선거인등만이 올라 있는 명부를 비치하여야 한다(규칙§136의10①).

(4) 열람

선거권자는 누구든지 재외선거인명부등의 열람기간 중 자유로이 재외선거인명부등을 열람할 수 있다(법§218의10②). 재외선거인명부등의 사본은 교부하지 아니한다(법§218의10⑥).

나. 재외선거인명부등에 대한 이의 및 불복 신청 등

(1) 이의신청

선거권자는 재외선거인명부등의 열람기간 중 재외선거인명부등에 정당한 선거권자가 빠져 있거나 잘못 써진 내용이 있거나 자격이 없는 사람이 올라 있으면 말 또는 서면으로 명부작성권자에게 이의를 신청할 수 있고, 해당 명부작성권자는 그 신청이 있는 날의 다음 날까지 심사·결정하여야 한다(법§218의11①). 선거권자가 재외선거인등록신청서를 대리하여 제출한 사람과 재외선거인 등록신청을 한 사람의 관계가 법 제218조의5(재외선거인 등록신청) 제1항 제1호 후단에 따른 가족이 아닌 경우 이의신청을 할 수 있다. 이 경우 중앙선거관리위원회는 「가족관계의 등록 등에 관한 법률」 제15조(증명서의 종류 및 기록사항) 제1항 각 호에 따른 증명서를 관계 기관으로부터 교부받아 가족관계를 확인하여야 하며, 법 제218조의5(재외선거인 등록신청) 제1항 제1호 후단에 따른 가족이 아닌 것으로 확인되면 그 등록신청을 한 사람을 재외선거인명부에서 삭제하여야 한다(법§218의11④).

(2) 불복신청

이의신청에 따른 구·시·군의 장의 결정에 대하여 불복이 있는 이의신청인이나 관계인은 그 통지를 받은 날의 다음 날까지 관할구·시·군선거관리위원회에 서면으로 불복을 신청할 수 있다(법§218의11②).

(3) 등재신청

이의신청기간 만료일의 다음 날부터 재외선거인명부등의 확정일 전일까지 명부작성권자의 착오나 그 밖의 사유로 재외선거인 등록신청 또는 국외부재자신고를 한 사람 중 정당한 선거권자가 재외선거인명부등에 빠진 것이 발견된 경우 해당 선거권자는 명부작성권자에게 소명자료를 붙여 서면으로 등재신청을 할 수 있다(법§218의11③). 재외선거인명부등에의 등재신청은 규칙이 정하는 서식[26]에 의한다(규칙§136의10②).

(4) 이의신청 등 결정내용 통지

이의신청·불복신청 또는 재외선거인명부등 등재신청에 대한 결정 내용의 통지는 명부작성권자가 개설·운영하는 인터넷 홈페이지에 게시하거나 전자우편을 전송하는 방법으로 갈음할 수 있다(법§218의11⑤).

(5) 이중등재의 경우

명부작성권자가 재외선거인명부등의 확정일 전일까지 같은 사람이 재외선거인명부와 국외부재자신고인명부에 각각 올라 있는 사실을 발견한 때에는 그 중 나중에 접수된 재외선거인등록신청서 또는 국외부재자신고서에 따라 재외선거인명부 또는 국외부재자신고인명부 중 어느 하나에 올려야 한다(법§218의11⑥). 명부작성권자가 나중에 접수된 재외선거인등록신청서 또는 국외부재자신고서에 따라 재외선거인명부등에 올린 때에는 그 사실을 관계 명부작성권자에게 알려야 한다(규칙§136의10③).

6. 대통령의 궐위선거 및 재선거에서의 기한 등의 단축

법 제218조의4(국외부재자 신고)부터 제218조의11(재외선거인명부등에 대한 이의 및 불복신청 등)까지의 규정에도 불구하고 대통령의 궐위로 인한 선거 또는 재선거를 실시하는 경우에는 재외선거인 등록신청기한과 국외부재자 신고기간 등은 다음 각 호에 따른다. 이 경우 재외선거인명부등에 대한 열람과 이의신청을 위한 기간은 따로 두지 아니한다(법§218의12).

1. 재외선거인 등록신청기한 및 국외부재자 신고기간 : 선거의 실시사유가 확정된 때부터 선거일 전 40일까지
2. 재외선거인명부등의 작성기간 : 선거일 전 34일부터 선거일 전 30일까지

7. 재외선거인명부등의 확정과 송부

가. 확정 및 확정의 효력

재외선거인명부등은 선거일 전 30일에 확정되며, 국외부재자신고인명부는 해당 선거에 한하여 효력이 있다(법§218의13①).

누구든지 재외선거인등이 투표한 후에는 그 재외선거인등의 해당 선거의 선거권 유무에 대하여 대한민국 국민이 아니라는 이유로 법적·행정적 이의를 제기할 수 없다(법§218의13④).

---

26) 규칙 별지 제59호의10 서식 (국외부재자신고인명부)·(재외선거인명부)등재신청서

나. 송부

명부작성권자는 재외선거인명부등이 확정되면 즉시 그 전산자료 복사본을 관할구·시·군선거관리위원회에 보내야 한다. 이 경우 구·시·군의 장은 국외부재자신고서(제218조의7(공관부재자신고인명부 등의 송부) 제3항에 따라 전산정보자료로 전송받은 경우에는 그 전산정보자료 복사본을 포함한다)를 함께 보내야 한다(법§218의13②). 명부작성권자가 확정된 재외선거인명부등의 전산자료 복사본을 관할구·시·군선거관리위원회에 보내는 경우에는 규칙이 정하는 서식[27]에 따른다. 이 경우 함께 보내는 국외부재자신고서는 국외부재자신고인명부에 올라 있는 순서에 따라 정리·편철하여야 한다(규칙§136의11①). 관할구·시·군선거관리위원회는 송부받은 국외부재자신고인명부의 전산자료 복사본을 지체 없이 중앙선거관리위원회에 송부하여야 한다(규칙§136의11②).

중앙선거관리위원회는 확정된 재외선거인명부등을 하나로 합하여 전산조직 등을 이용하여 재외투표관리관에게 보내야 한다(법§218의13③, 규칙§136의11③).

재외투표관리관은 중앙선거관리위원회가 보낸 재외선거인명부등에 올라 있는 사람 중에서 해당 공관의 관할구역 안에 거소를 둔 재외선거인등만이 올라 있는 명부 1부를 출력하거나 보안이 되는 정보저장매체에 담아 공관의 금고 등 안전한 곳에 보관하여야 한다(규칙§136의11④).

8. 국외선거운동방법에 관한 특례

가. 재외선거운동

재외선거권자(재외선거인명부등에 올라 있거나 오를 자격이 있는 사람을 말한다. 이하 같다)를 대상으로 하는 선거운동의 방법은 아래와 같은 방법으로만 할 수 있다(법§218의14①).

(1) 문자메시지 전송 방법에 의한 선거운동(법§218의14①1., §59 2.)

문자메시지를 전송하는 방법으로 선거운동을 하는 경우. 이 경우 자동동보통신의 방법(동시 수신대상자가 20명을 초과하거나 그 대상자가 20명 이하인 경우에도 프로그램을 이용하여 수신자를 자동으로 선택하여 전송하는 방식을 말한다)으로 전송할 수 있는 자는 후보자와 예비후보자에 한하되, 그 횟수는 8회(후보자의 경우 예비후보자로서 전송한 횟수를 포함한다)를 넘을 수 없으며, 규칙에 따라 신고한 1개의 전화번호만을 사용하여야 한다(법§59단서2.). 자동 동보통신 방법

---

27) 규칙 별지 제59호의11 서식의 (다) 재외선거인명부 확정상황 통보서, 제59호의11 서식의 (라) 국외부재자신고인명부 확정상황 통보서

에 의한 문자메시지 전송에 사용할 전화번호는 전송일 전일까지 규칙이 정하는 서식[28]에 따라 관할선거구선거관리위원회에 신고하여야 한다(규칙§25의10).

(2) 인터넷 및 전자우편을 통한 선거운동(법§218의14①1., §59 3.)

인터넷 홈페이지 또는 그 게시판·대화방 등에 글이나 동영상 등을 게시하거나 전자우편(컴퓨터 이용자끼리 네트워크를 통하여 문자·음성·화상 또는 동영상 등의 정보를 주고받는 통신시스템을 말한다)을 전송하는 방법으로 선거운동을 하는 경우. 이 경우 전자우편 전송대행업체에 위탁하여 전자우편을 전송할 수 있는 사람은 후보자와 예비후보자만이 할 수 있다(법§59단서3.).

(4) 전화 또는 말로 하는 선거운동(법§218의14①1., §59 4.)

선거일이 아닌 때에 전화(송·수화자 간 직접 통화하는 방식에 한정하며, 컴퓨터를 이용한 자동송신장치를 설치한 전화는 제외한다)를 이용하거나 말(확성장치를 사용하거나 옥외집회에서 다중을 대상으로 하는 경우를 제외한다)로 선거운동을 하는 경우(법§59단서4.).

(5) 명함을 이용한 선거운동(법§218의14①1., §59 5.)

후보자가 되려는 사람이 선거일 전 180일(대통령선거의 경우 선거일 전 240일을 말한다)부터 해당 선거의 예비후보자등록신청 전까지는 법 제60조의3(예비후보자 등의 선거운동) 제1항 제2호의 방법(같은 호 단서를 포함한다)으로 자신을 명함을 직접 주는 경우(법§59단서5.).

(6) 위성방송시설을 이용한 법 제70조(방송광고)에 따른 방송광고(법§218의14①2.).

위성방송시설(「방송법」에 따른 방송사업자가 관리·운영하는 국외송출이 가능한 국내의 방송시설을 말한다. 이하 같다)을 이용한 법 제70조(방송광고)에 따른 방송광고(법§218의14①2.). 방송광고의 횟수는 대통령선거의 경우 텔레비전 및 라디오 방송시설별로 각 10회 이내, 비례대표국회의원선거의 경우 텔레비전 및 라디오 방송시설별로 각 5회 이내에 실시할 수 있다(법§218의14②).

(7) 위성방송시설을 이용한 법 제71조(후보자 등의 방송연설)에 따른 방송연설(법§218의14①3.)

위성방송시설을 이용한 법 제71조(후보자 등의 방송연설)에 따른 방송연설(법§218의14①3.). 방송연설의 횟수는 대통령선거의 경우 후보자와 그가 지명한 연설원이 각각 텔레비전 및 라디오 방송시설별로 각 5회 이내, 비례대표국회의원선거의 경우 정당별로 정당의 대표자가 선임한 2명이 각각 텔레비전과 라디오 방송시설별로 각 1회 실시할 수 있다(법§218의14③).

---

28) 규칙 별지 제15호의2 서식의 (아) 자동 동보통신을 이용한 문자메시지 전송용 전화번호 신고서

(8) 법 제82조의7(인터넷광고)에 따른 인터넷광고(법§218의14①5.)

법 제82조의7(인터넷광고)에 따른 인터넷광고(법§218의14①5.)

나. 정당·후보자 정보자료 작성 및 송부

중앙선거관리위원회는 대통령선거 및 임기만료에 따른 비례대표국회의원선거에서 정당·후보자에 대한 정보를 재외선거인등에게 알리기 위하여 규칙이 정하는 바에 따라 정당·후보자 정보자료를 작성하여 ① 공관 게시판에 게시, ② 중앙선거관리위원회, 외교부, 재외동포청 및 공관의 인터넷 홈페이지 게시, ③ 전자우편 전송(수신을 원하는 재외선거인등에 한하다)의 방법으로 재외선거인등에게 제공하여야 한다(법§218의14④).

대통령선거 및 임기만료에 따른 비례대표국회의원선거에서 후보자(대통령선거에서 정당추천후보자와 비례대표국회의원선거의 경우에는 그 추천정당을 말한다)는 후보자등록을 신청하는 때에 법 제218조의14(국외선거운동방법에 관한 특례) 제4항에 따른 정당·후보자 정보자료의 작성을 위한 원고를 길이 30센티미터 너비 21센티미터 이내, 2면의 규격으로 작성하여 규칙이 정하는 서식[29]에 따라 중앙선거관리위원회에 제출하여야 한다. 이 경우 정당·후보자 정보자료 원고의 전자적 파일을 함께 제출하여야 한다(규칙§136의13①). 중앙선거관리위원회는 제출된 원고를 규칙이 정하는 서식[30]에 따라 법 제150조(투표용지의 정당·후보자의 게재순위 등)에 따른 투표용지 게재 순으로 정당·후보자 정보자료를 작성한다. 이 경우 원고를 제출하지 아니한 정당·후보자의 경우에는 해당 후보자등록신청서에 의하여 정당·후보자 정보자료를 작성한다(규칙§136의13②).

다. 대담·토론회 및 정책토론회의 중계방송

방송시설을 운영하는 자는 자신의 부담으로 법 제82조의2(선거방송토론위원회 주관 대담·토론회) 제1항에 따른 대담·토론회와 제82조의3(선거방송토론위원회 주관 정책토론회)에 따른 정책토론회를 중계방송할 수 있다(법§218의14⑤).

라. 재외선거운동을 할 수 없는 자

①「한국국제협력단법」에 따라 설립된 한국국제협력단, ②「한국국제교류재단법」에 따라 설립된 한국국제교류재단의 상근 임직원 및 이들 단체의 대표자는 재외선거권자를 대상으로 선거운동을 할 수 없다(법§218의14⑥).

---

29) 규칙 별지 제59호의12 서식의 (가) ○○(정당)·(후보자) 정보자료

30) 규칙 별지 제59호의12 서식의 (나) 정당·후보자 정보자료

법 제87조(단체의 선거운동금지) 제1항에도 불구하고 단체(그 대표자와 임직원 또는 구성원을 포함한다)는 그 단체의 명의 또는 그 대표의 명의로 재외선거권자를 대상으로 선거운동을 할 수 없다(법§218의14⑦).

해외 한인단체가 그 단체 또는 그 대표의 명의로 재외선거권자들을 대상으로 특정 후보자를 지지·추천하는 내용의 선언을 하는 것은 법 제218조의14(국외선거운동방법에 관한 특례)에 위반되고, 단체의 명의 또는 그 대표의 명의를 나타냄이 없이 선거운동을 할 수 있는 개인이 지지선언을 하는 것만으로는 법에 위반된다고 할 수 없고, 대한민국 국민이 아닌 자가 지지선언을 하는 때에는 법 제60조(선거운동을 할 수 없는 자)에 위반된다.[31]

마. 벌칙

법 제218조의14(국외선거운동방법에 관한 특례) 제1항·제6항 또는 제7항을 위반하여 재외선거권자를 대상으로 선거운동을 한 자는 3년 이하의 징역 또는 600만원 이하의 벌금에 처한다(법§255①20.).

9. 선거비용에 대한 특례

법 제119조(선거비용 등의 정의) 제1항에도 불구하고 재외선거권자를 대상으로 하는 선거운동을 위하여 국외에서 지출한 비용은 선거비용으로 보지 아니한다(법§218의15).

10. 재외선거의 투표

가. 재외선거의 투표방법

재외선거의 투표는 법 제159조(기표방법) 본문에 따른 기표에 의한 방법으로 한다(법§218의16①).

재외투표는 선거일 오후 6시(대통령의 궐위로 인한 선거 또는 재선거는 오후 8시를 말한다)까지 관할구·시·군선거관리위원회에 도착하여야 한다(법§218의16②). 격리자등이 법 제155조(투표시간) 제6항 본문에 따라 투표하는 경우에는 선거일 오후 7시 30분(대통령의 궐위로 인한 선거 또는 재선거는 오후 9시 30분을 말한다)까지 관할구·시·군선거관리위원회에 도착하여야 한다(법§155⑦).

31) 2012. 12. 9. 중앙선관위 질의회답

나. 귀국한 재외선거인등의 투표방법

법 제218조의13(재외선거인명부등의 확정과 송부) 제1항에 따라 재외선거인명부등에 등재된 사람이 재외투표소에서 투표를 하지 아니하고 귀국한 때에는 선거일 전 8일부터 선거일까지 주소지 또는 최종 주소지(최종 주소지가 없는 사람은 등록기준지를 말한다)를 관할하는 구·시·군선거관리위원회에 신고한 후 선거일에 해당 선거관리위원회가 지정하는 투표소에서 투표할 수 있다(법§218의16③).[32] 재외귀국투표신고는 규칙이 정하는 서식[33]에 따른다(규칙§136의14①). 재외귀국투표신고는 다음 각 호에 따른 방법으로 한다(규칙§136의14②).

1. 국외부재자 : 다음 각 목의 어느 하나에 해당하는 방법
   가. 관할구·시·군선거관리위원회를 방문하여 서면으로 신고
   나. 관할구·시·군선거관리위원회로 모사전송 신고
   다. 중앙선거관리위원회 홈페이지 이용 신고
2. 재외선거인 관할구·시·군선거관리위원회를 방문하여 서면으로 신고. 이 경우 법 제218조의5(재외선거인 등록신청) 제4항에 따라 재외투표관리관이 공고한 서류의 원본을

32) 헌법재판소는 구 공직선거법(2023. 3. 29. 법률 제19325호로 개정되기 전의 것) 제218조의16(재외선거의 투표방법) 제3항 중 '재외투표기간 개시일 전에 귀국한 재외선거인등'에 관한 부분이 불완전·불충분하게 규정되어 있어 재외투표기간 개시일에 임박하여 또는 재외투표기간 중에 재외선거사무 중지결정이 있었고 그에 대한 재개결정이 없었던 예외적인 상황에서 재외투표기간 개시일 이후에 귀국한 재외선거인 또는 국외부재자신고인(이하 '재외선거인등'이라 한다)이 국내에서 선거일에 투표할 수 있는 절차를 마련하지 아니한 것에 대하여, 「심판대상조항과 달리 재외투표기간이 종료된 후 선거일이 도래하기 전까지의 기간 내에 재외투표관리관이 재외선거인등 중 실제로 재외투표를 한 사람들의 명단을 중앙선거관리위원회에 보내거나 중앙선거관리위원회를 경유하여 관할 구·시·군선거관리위원회에 보내어 선거일 전까지 투표 여부에 관한 정보를 확인하는 방법을 상정할 수 있으며, 현재의 기술 수준으로도 이와 같은 방법이 충분히 실현가능한 것으로 보인다. 이로 인해 관계 공무원 등의 업무부담이 가중될 수 있을 것이나, 이는 인력 확충 및 효율적인 관리 등 국가의 노력으로 극복할 수 있는 어려움에 해당한다. 심판대상조항을 통해 달성하고자 하는 선거의 공정성은 매우 중요한 가치이다. 그러나 선거의 공정성도 결국에는 선거인의 선거권이 실질적으로 보장될 때 비로소 의미를 가진다. 심판대상조항의 불충분·불완전한 입법으로 인한 청구인의 선거권 제한을 결코 가볍다고 볼 수 없으며, 이는 심판대상조항으로 인해 달성되는 공익에 비해 작지 않다. 따라서 심판대상조항은 과잉금지원칙에 위배되어 청구인의 선거권을 침해한다.」고 하면서, 「심판대상조항에 대하여 단순위헌결정을 하여 당장 그 효력을 상실시킬 경우 재외선거인등이 재외투표기간 개시일 전에 귀국하여 투표할 수 있는 근거규정이 없어지게 되어 법적 공백이 발생한다. 나아가, 심판대상조항의 위헌적 상태를 제거함에 있어서 재외투표기간 개시일 이후에 귀국한 재외선거인등에 대하여 어떠한 요건 및 절차에 의해 귀국투표를 허용할 것인지 등에 관하여 헌법재판소의 결정취지의 한도 내에서 입법자에게 재량이 부여된다 할 것이다. 따라서 심판대상조항에 대하여 단순위헌결정을 하는 대신 헌법불합치결정을 선고하되, 입법자의 개선입법이 있을 때까지 잠정적용을 명하기로 한다. 입법자는 가능한 한 빠른 시일 내에 늦어도 2023. 12. 31.까지는 개선입법을 하여야 한다.」고 판시하였다(헌법재판소 2021. 12. 23. 선고 2018헌바152 결정). 이후 2023. 3. 29. 법률 제19325호로 법 제218조의16(재외선거의 투표방법) 제3항이 현재와 같이 개정되었고, 이에 따라 2023. 7. 31. 선거관리위원회규칙 제581호로 규칙이 개정되어 규칙 제136조의14(귀국한 재외선거인등의 투표방법) 제1항과 제2항이 현재와 같이 변경되었다.

33) 규칙 별지 제59호의12 서식의 (다) 재외선거인등 귀국투표신고서

함께 제시하여야 하되, 제시한 서류에 본인임을 확인할 수 있는 사진이 첨부되지 아니한 경우에는 법 제218조의19(재외선거의 투표 절차) 제1항에 따른 신분증명서를 함께 제시하여야 한다.

관할구·시·군선거관리위원회가 재외귀국투표신고를 받은 경우에는 해당 신고서의 신고사항을 확인한 후 정당한 재외귀국투표신고인 때에는 접수하고, 해당 신고인에게 선거일에 ① 국외부재자는 주소지를 관할하는 투표구에 설치된 투표소, ② 재외선거인은 관할구·시·군선거관리위원회가 지정하는 투표소에서 투표할 수 있다는 사실을 알려야 한다(규칙§136의14③). 관할구·시·군선거관리위원회는 신고를 접수한 경우에는 해당 읍·면·동선거관리위원회에 통보하여야 한다. 이 경우 선거인명부의 수정 등에 관하여는 규칙 제16조의2(통합선거인명부의 작성 등) 제6항 및 제7항을 준용하되, 재외선거인을 선거인명부에 적는 방법은 중앙선거관리위원회가 정한다(규칙§136의14④).

재외선거인등이 선거일에 투표소에서 투표하는 경우에는 투표관리관은 투표록에 그 사실을 적어야 한다(규칙§136의14⑤).

다. 재외투표소의 설치·운영

(1) 재외투표소의 설치

재외선거관리위원회는 선거일 전 14일부터 선거일 전 9일까지의 기간 중 6일 이내의 기간(이하 "재외투표기간"이라 한다)을 정하여 공관에 재외투표소를 설치·운영하여야 한다. 이 경우 공관의 협소 등의 사유로 부득이 공관에 재외투표소를 설치할 수 없는 경우에는 공관의 대체시설에 재외투표소를 설치할 수 있다(법§218의17①).

(2) 재외투표소의 추가 설치

재외선거관리위원회는 ① 관할구역의 재외국민수가 3만명 이상인 것으로 추정되는 경우, ② 공관의 관할구역 또는 관할구역의 인접한 지역에 재외선거인등이 소속된 국군부대가 있는 경우에는 재외투표기간 중 기간을 정하여 공관 또는 공관의 대체시설 외의 시설·병영 등에 추가로 재외투표소를 설치·운영할 수 있다. 다만, 제1호에 따른 사유로 추가하여 설치하는 재외투표소의 경우에는 재외국민수가 3만명을 넘으면 매 3만명까지마다 1개소씩 추가로 설치·운영하되, 추가되는 재외투표소의 총 수는 3개소를 초과할 수 없다(법§218의17②).

법 제218조의17(재외투표소의 설치·운영) 제2항 제1호에 따른 재외국민 수는 외교부장관이 발표한 최근 공관별 관할 재외국민 수에 따른다. 다만, 외교부장관 발표에 포함되지 아니한 공관의 경우에는 해당 공관의 장이 선거일 전 90일(대통령의 궐위로 인한 선거 및 재선거에서는 그 선거의 실시사유가 확정된 날의 다음날을 말한다)까지 그 관할구역에 거주하는 것으로 추정되는 재외국민 수를 관할재외선거관리위원회에 통보하여야 한다(규칙§136의16①). 국방부장관은 선거일 전 90일까지 재외선거인등이 소속된 국군부대명, 해당 국군부대의 예상 재외선거인등의 수 및 재외투표소 설치 희망지역 등을 중앙선거관리위원회에 통보하여야 하고, 중앙선거관리위원회는 재외투표소를 설치·운영할 재외선거관리위원회를 지정하여 지체 없이 해당 재외선거관리위원회에 이를 통지하여야 한다(규칙§136의16②).

재외선거관리위원회는 법 제218조의17(재외투표소의 설치·운영) 제2항 각 호의 어느 하나에 해당하는 사유가 있는 경우 재외투표관리관의 의견을 들어 재외국민 수, 공관과의 거리 등을 고려하여 선거일 전 60일(대통령의 궐위로 인한 선거 및 재선거에서는 재외선거관리위원회가 설치된 날의 다음날을 말한다)까지 법 제218조의17(재외투표소의 설치·운영) 제2항에 따른 재외투표소의 설치 여부를 결정하여야 한다(규칙§136의16③). 재외선거관리위원회가 재외투표소를 추가로 설치하기로 결정한 경우에는 설치장소 및 운영기간 등을 함께 정하고 이를 지체 없이 중앙선거관리위원회에 보고하여야 한다(규칙§136의16④). 법 제218조의17(재외투표소의 설치·운영) 제2항에 따라 병영이나 병영이 아닌 시설에 국군부대의 재외선거인등을 위하여 추가로 재외투표소를 설치하는 경우 해당 국군부대의 장은 설치장소 및 시설 제공 등 재외투표소 설치·운영에 필요한 사항을 협조하여야 한다(규칙§136의16⑥). 중앙선거관리위원회는 법 제218조의17(재외투표소의 설치·운영) 제2항에 따른 재외투표소의 설치·운영과 관련하여 재외선거관리위원회가 재외투표관리에 필요한 인력의 지원 등을 요청하는 경우 필요한 조치를 하여야 한다(규칙§136의16⑦).

(3) 재외투표소의 명칭

재외투표소의 명칭은 ① 법 제218조의17(재외투표소의 설치·운영) 제1항에 따른 재외투표소는 해당 공관의 명칭 뒤에 "재외투표소"를 붙여 표시하고, ② 법 제218조의17(재외투표소의 설치·운영) 제2항에 따른 재외투표소는 해당 공관의 명칭 뒤에 추가로 설치하는 지역명 또는 국군부대명을 붙이고, 그 뒤에 "재외투표소"를 붙여 표시하고, 약칭을 사용할 수 있다(규칙§136의15①).

(4) 공고

재외선거관리위원회는 선거일 전 20일까지 재외투표소의 명칭·소재지와 운영기간 등을 인터넷 홈페이지 등에 공고하여야 한다(법§218의17③).

(5) 투표관리

(가) 투표사무원

재외선거관리위원회는 공정하고 중립적인 사람 중에서 재외투표소에 투표사무원을 두어야 한다(법§218의17④). 재외선거관리위원회가 법 제218조의17(재외투표소의 설치·운영) 제2항 제2호에 따른 재외투표소의 투표사무원을 위촉할 때에는 군인이 아닌 사람을 우선하여 위촉하여야 한다(규칙§136의16⑤).

(나) 책임위원

재외선거관리위원회는 정당추천위원이 아닌 1명의 위원을 책임위원으로 지정하여 재외투표소의 투표관리를 행하게 한다. 다만, 책임위원으로 지정되지 아니한 위원도 본인의 의사에 따라 투표관리에 참여할 수 있으며, 재외투표소의 책임위원에게 투표관리에 관하여 의견을 개진할 수 있다(법§218의17⑤). 재외선거관리위원회가 책임위원을 지정하는 때에는 재외투표소 설치·운영기간 중 일자별로 순번을 정하여 지정할 수 있으며, 책임위원이 재외투표관리 도중에 유고, 그 밖의 부득이한 사유로 직무를 수행할 수 없는 때에는 참여한 위원(정당추천위원을 제외한다) 중에서 연장자순에 따라 그 직무를 행하게 할 수 있되, 참여한 위원이 없는 경우에는 미리 지정한 투표사무원이 그 직무를 행하게 할 수 있다(규칙§136의15②).

(다) 재외투표소관리자

재외선거관리위원회는 법 제218조의17(재외투표소의 설치·운영) 제5항에도 불구하고 같은 조 제2항에 따라 설치하는 재외투표소에는 재외선거관리위원회가 지정하는 재외투표소관리자로 하여금 투표관리를 행하게 할 수 있다(법§218의17⑥). 재외선거관리위원회가 지정한 재외투표소관리자가 재외투표관리 도중에 유고, 그 밖의 부득이한 사유로 직무를 수행할 수 없는 때에는 미리 지정한 투표사무원이 그 직무를 행하게 할 수 있다(규칙§136의15③).

(라) 투표관리

재외투표소에서 재외투표 진행 중에 재외투표관리에 대하여 이의가 있는 때에는 책임위원 또는 재외투표소관리자(이하 "책임위원등"이라 한다)가 결정한다(규칙§136의15④).

(6) 재외투표소의 시설 설비

재외투표관리관은 재외투표기간개시일 전날까지 참관인의 좌석, 본인여부확인에 필요한 시설, 투표함, 기표소, 그 밖에 재외투표사무에 필요한 시설을 설비하여야 한다. 다만, 법 제

218조의17(재외투표소의 설치·운영) 제2항에 따라 설치하는 재외투표소에는 그 운영기간개시일 전날까지 설비할 수 있다(규칙§136의15⑤). 재외투표관리관은 위 설비 외에 투표용지발급기에 법 제218조의18(투표용지 작성 등) 제2항에 따른 투표용지원고와 규칙 제136의11(확정된 재외선거인명부등의 송부) 제3항에 따라 보내 온 재외선거인명부등을 내장하여 함께 설비하여야 한다(규칙§136의15⑥).

(7) 재외투표소의 개소시간

재외투표소는 재외투표기간 중 공휴일에도 불구하고 매일 오전 8시에 열고 오후 5시에 닫는다. 다만, 다음 각 호의 어느 하나에 해당하는 경우 재외선거관리위원회는 예상 투표자 수 등을 고려하여 투표시간을 조정할 수 있되, 중앙선거관리우원회와 협의하여야 한다(법§218의17⑦).

1. 천재지변 또는 전쟁·폭동, 그 밖에 부득이한 사유가 있는 경우
2. 법 제218조의17(재외투표소의 설치·운영) 제2항 제2호에 따라 추가로 설치·운영하는 재외투표소의 경우

라. 재외투표소 등의 출입제한 및 질서유지 등

(1) 투표소 등의 출입제한

(가) 출입제한

투표하려는 선거인·투표참관인·재외투표소의 책임위원 및 재외투표소관리자, 중앙선거관리위원회 및 재외선거관리위원회의 위원과 직원 및 투표사무원을 제외하고는 누구든지 재외투표소에 들어갈 수 없다(법§218의17⑨, §163①).

(나) 표지

선거관리위원회 위원·직원·재외투표소의 책임위원 및 재외투표소관리자·투표사무원 및 투표참관인이 재외투표소에 출입하는 때에는 규칙이 정하는 바에 따라 표지를 달거나 붙여야 하며, 이 규정에 의한 표지 외에는 선거와 관련한 어떠한 표시물도 달거나 붙일 수 없다(법§218의17⑨, §163②). 위 표지는 다른 사람에게 양도·양여할 수 없다(법§218의17⑨, §163③). 사전투표소(제149조(기관·시설 안의 기표소)에 따라 기표소가 설치된 장소를 포함한다)의 출입제한에 관하여는 법 제163조(투표소 등의 출입제한) 제1항부터 제3항까지의 규정을 준용한다(법§218의17⑨, §163④).

(다) 벌칙

법 제218조의17(재외투표소의 설치 · 운영) 제9항에서 준용하는 제163조(투표소 등의 출입제한)를 위반하여 재외투표소(제149조(기관 · 시설 안의 기표소) 제3항 및 제4항에 따른 기표소가 설치된 장소를 포함한다)에 들어가거나, 표지를 하지 아니하거나, 표지 외의 표시물을 달거나 붙이거나, 표지를 양도 · 양여하거나 하게 한 자는 2년 이하의 징역 또는 400만원 이하의 벌금에 처한다(법§256③2.마.).

(2) 재외투표소 내외에서의 소란언동금지 등

(가) 소란언동자 제지 및 퇴거

재외투표소 안에서 재외투표소로부터 100미터 안에서 소란한 언동을 하거나 특정 정당이나 후보자를 지지 또는 반대하는 언동을 하는 자가 있는 때에는 재외투표소의 책임위원 및 재외투표소관리자 또는 투표사무원은 이를 제지하고, 그 명령에 불응하는 때에는 재외투표소 또는 그 제한거리 밖으로 퇴거하게 할 수 있다. 이 경우 재외투표소의 책임위원 및 재외투표소관리자 또는 투표사무원은 필요하다고 인정하는 때에는 정복을 한 경찰공무원 또는 경찰관서장에게 원조를 요구할 수 있다(법§218의17⑨, §166①). 원조요구를 받은 경찰공무원 또는 경찰관서장은 즉시 이에 따라야 한다(법§218의17⑨, §166④, §164②). 원조요구에 의하여 재외투표소 안으로 들어간 경찰공무원 또는 경찰관서장은 재외투표소의 책임위원 및 재외투표소관리자의 지시를 받아야 하며, 질서가 회복되거나 재외투표소의 책임위원 및 재외투표소관리자의 요구가 있는 때에는 즉시 투표소 안에서 퇴거하여야 한다(법§218의17⑨, §166④, §164③).

(나) 퇴거선거인의 투표

재외투표소의 책임위원 및 재외투표소관리자 등에 의하여 퇴거당한 선거인은 최후에 투표하게 한다. 다만, 재외투표소의 책임위원 및 재외투표소관리자는 재외투표소의 질서를 문란하게 할 우려가 없다고 인정하는 때에는 그 전에라도 투표하게 할 수 있다(법§218의17⑨, §166②).

(다) 완장 등 착용 금지

누구든지 법 제163조(투표소 등의 출입제한) 제2항의 규정에 의하여 표지를 달거나 붙이는 경우를 제외하고는 재외투표소 안에서 완장 · 흉장 등의 착용 기타 방법으로 선거에 영향을 미칠 우려가 있는 표지를 할 수 없다(법§218의17⑨, §166③).

(라) 사전투표소

사전투표소 내외에서의 소란언동금지 등에 관하여는 법 제166조(투표소내외에서의 소란언동금지 등) 제1항부터 제4항까지의 규정을 준용한다(법§218의17⑨, §166⑤).

(마) 벌칙

법 제218의17(재외투표소의 설치 · 운영) 제9항에서 준용하는 제166조(투표소내외에서의 소란언동금지 등)에 따른 명령에 불응한 자 또는 같은 규정을 위반한 표지를 하거나 하게 한 자는 2년 이하의 징역 또는 400만원 이하의 벌금에 처한다(법§256③2.바.).

(3) 투표지 등의 촬영행위 금지

(가) 투표지 촬영 금지

누구든지 기표소 안에서 투표지를 촬영하여서는 아니된다(법§218의17⑨, §166의2①). 재외투표소의 책임위원 및 재외투표소관리자는 선거인이 기표소 안에서 투표지를 촬영한 경우 해당 선거인으로부터 그 촬영물을 회수하고 투표록에 그 사유를 기록한다(법§218의17⑨, §166의2②).

(나) 벌칙

법 제218조의17(재외투표소의 설치 · 운영) 제9항에서 준용하는 제166조의2(투표지 등의 촬영행위 금지) 제1항을 위반하여 투표지를 촬영한 사람은 2년 이하의 징역 또는 400만원 이하의 벌금에 처한다(법§256③2.사.).

(4) 투표의 비밀보장

(가) 투표의 비밀보장

투표의 비밀은 보장되어야 한다(법§218의17⑨, §167①). 선거인은 투표한 후보자의 성명이나 정당명을 누구에게도 또한 어떠한 경우에도 진술할 의무가 없으며, 누구든지 선거일의 투표마감시각까지 이를 질문하거나 그 진술을 요구할 수 없다(법§218의17⑨, §167②본문).

(나) 투표지 공개금지

선거인은 자신이 기표한 투표지를 공개할 수 없으며, 공개된 투표지는 무효로 한다(법§218의17⑨, §167③).

(다) 벌칙

법 제218조의17(재외투표소의 설치 · 운영) 제9항에서 준용하는 제167조(투표의 비밀보장)를 위반하여 투표의 비밀을 침해하거나 선거일의 투표마감시각 종료 이전에 선거인에 대하여 그 투표하고자 하는 정당이나 후보자 또는 투표한 정당이나 후보자의 표시를 요구한 자는 3년 이하의 징역 또는 600만원 이하의 벌금에 처한다(법§241①).

선거관리위원회 위원 · 직원, 선거사무에 관계있는 공무원, 검사, 경찰공무원(사법경찰관리를 포함한다) 또는 군인(군수사기관소속 군무원을 포함한다)이 법 제241조(투표의 비밀침해죄) 제1항에 규정된 행위를 하거나 하게 한 때에는 5년 이하의 징역에 처한다(법§241②).

마. 투표용지의 작성 및 투표안내문의 게시

(1) 투표용지의 작성

중앙선거관리위원회는 재외투표소의 책임위원 또는 재외투표소관리자(이하 "책임위원등"이라 한다)로 하여금 재외투표소에서 투표용지 발급기를 이용하여 투표용지를 작성 · 교부하게 한다. 이 경우 투표용지에 인쇄하는 일련번호는 바코드(컴퓨터가 인식할 수 있도록 표시한 막대모양의 기호를 말한다)의 형태로 표시하여야 하며, 바코드에는 선거명, 선거구명 및 관할선거관리위원회명을 함께 담을 수 있다(법§218의18①, §151⑥후단). 중앙선거관리위원회는 투표용지의 작성을 위하여 법 제151조(투표용지와 투표함의 작성) 제1항에 따라 작성한 투표용지원고를 재외투표기간 개시일 전 2일까지 전산조직을 이용하여 재외투표관리관에게 보내야 한다(법§218의18②). 중앙선거관리위원회는 투표용지의 작성 및 투표용지원고의 송부에 필요한 기술적 조치를 하여야 한다(법§218의18③).

(2) 투표용지 발급기를 이용할 수 없는 경우 투표용지의 작성

재외투표소의 책임위원등은 투표용지 발급기의 장애 등으로 인하여 투표용지를 작성 · 교부할 수 없는 때에는 중앙선거관리위원회가 전산조직으로 송부한 투표용지원고를 이용하여 투표용지를 작성 · 교부한다. 이 경우 법 제218조의16(재외선거의 투표방법) 제1항에도 불구하고 국회의원선거의 투표는 후보자의 성명이나 정당의 명칭 또는 기호를 한글 또는 아라비아 숫자로 투표용지에 직접 적는 방법으로 한다(법§218의18④). 중앙선거관리위원회는 투표용지원고를 ① 대통령선거의 경우는 규칙이 정하는 서식[34]에 따른 투표용지, ② 국회의원선거의 경우는 규칙이 정하는 서식[35]에 따른 투표용지에 따라 작성하여 재외투표기간 개시일 전 2일까지 전산조직을 이용하여 재외투표관리관에게 보내야 한다(규칙§136의18①). 재외투표소의

34) 규칙 별지 제42호 서식의 (가) 투표용지
35) 규칙 별지 제59호의13 서식 투표용지 발급기를 사용할 수 없는 때의 투표용지

책임위원등은 투표용지 발급기의 장애 등으로 인하여 재외투표소에서 투표용지를 작성·교부할 수 없게 된 때에는 즉시 그 사실을 중앙선거관리위원회와 재외선거관리위원회에 보고하고, 재외투표관리관에게 알려야 한다(규칙§136의18②). 중앙선거관리위원회는 위 보고를 받은 때에는 그 사실을 정당·후보자 및 각급선거관리위원회(읍·면·동선거관리위원회는 제외한다)에 알려야 한다(규칙§136의18⑦).

재외투표관리관은 위 통지를 받은 때에는 규칙 제136의11(확정된 재외선거인명부등의 송부) 제4항에 따라 보관하고 있던 해당 공관의 명부(정보저장매체에 담아 보관한 경우에는 출력한 명부를 말한다)와 함께 투표용지원고를 담은 정보저장매체를 즉시 재외투표소의 책임위원에게 인계하여야 한다(규칙§136의18③). 법 제218의17(재외투표소의 설치·운영) 제2항에 따라 설치하는 재외투표소의 책임위원등에게는 그 재외투표소의 운영기간개시일 전일까지 해당 공관의 명부와 투표용지원고를 담은 정보저장매체를 인계할 수 있다(규칙§136의18④).

재외투표소의 책임위원등은 인계받은 정보저장매체에 담긴 투표용지원고를 이용하여 투표참관인이 참여한 가운데 인쇄·복사하는 방법으로 투표용지를 작성하되, 그 투표용지에는 중앙선거관리위원회의 청인을 찍고, 일련번호를 표시한다. 이 경우 청인의 날인은 인쇄·복사하는 방법으로 갈음할 수 있다(규칙§136의18⑤).

재외투표소의 책임위원등은 재외투표소 입구에 규칙 제136의18(투표용지발급기를 이용할 수 없는 경우 투표용지의 작성) 제1항에 따른 투표용지원고의 사용 사실과 그 투표용지의 사본을 게시하여 재외선거인등에게 알려야 한다(규칙§136의18⑥).

(3) 투표용지원고의 보관

재외투표관리관은 법 제218조의18(투표용지 작성 등) 제2항 및 제4항에 따라 송부받은 투표용지원고를 보안이 되는 정보저장매체에 담아 해당 공관의 금고 등 안전한 곳에 보관하여야 한다(규칙§136의17).

(4) 재외선거안내문의 게시

재외선거인등에 대한 재외선거 안내는 규칙이 정하는 서식[36]에 따른 재외선거안내문을 중앙선거관리위원회 및 공관 홈페이지에 게시하는 방법으로 한다(규칙§136의19①).

바. 재외선거의 투표절차

(1) 투표절차

재외선거인등은 신분증명서(여권·주민등록증·공무원증·운전면허증 등 사진이 첩부되어 본인임

---

36) 규칙 별지 제59호의14 서식의 (나) 재외선거안내문

을 확인할 수 있는 대한민국의 관공서나 공공기관이 발행한 증명서 또는 사진이 첩부되고 성명과 생년월일이 기재되어 본인임을 확인할 수 있는 거류국의 정부가 발행한 증명서를 말한다)를 제시하여 본인임을 확인받은 다음 전자적 방식으로 손도장을 찍거나 서명한 후 투표용지를 받아야 한다. 다만, 재외선거인은 법 제218조의5(재외선거인 등록신청) 제4항에 따라 재외투표관리관이 공고한 서류의 원본을 제시하여 국적 및 본인 여부를 확인받은 다음 투표용지를 받아야 하며, 제시한 서류에 본인임을 확인할 수 있는 사진이 첩부되지 아니한 경우에는 신분증명서를 함께 제시하여야 한다(법§218의19①).[37] 「국적법」 제11조의2(복수국적자의 법적지위 등)[38]에 따른 복수국적자로서 법 제218조의5(재외선거인 등록신청) 제4항에 따라 공고한 서류를 갖출 수 있는 대상이 아닌 사람이 투표를 하려는 때에는 국적취득신고사실증명서, 국적보유신고사실증명서, 국적선택신고사실증명서, 외국국적포기확인서, 외국국적불행사서약확인서, 병적증명서, 그 밖의 대한민국 국민임을 입증하는 서류 중 어느 하나에 해당하는 서류를 제시할 수 있다(규칙§136의20④).

재외투표소의 책임위원등은 투표용지 발급기로 투표용지를 인쇄하여 "책임위원"칸에 자신의 도장을 찍거나 서명(한글성명이 모두 나타나야 한다)한 후 일련번호를 떼지 아니하고 회송용 봉투와 함께 교부한다(법§218의19②).

투표용지와 회송용 봉투를 받은 재외선거인등은 기표소에 들어가 투표용지에 1명의 후보자(비례대표국회의원선거에서는 하나의 정당을 말한다)를 선택하여 투표용지의 해당 칸에 기표한 다음 그 자리에서 기표내용이 다른 사람에게 보이지 아니하게 접어 이를 회송용 봉투에 넣어 봉함한 후 투표함에 넣어야 한다(법§218의19③). 회송용 봉투(법 제218조의18(투표용지 작성 등) 제4항에 따라 투표용지를 작성·교부하는 경우를 포함한다)의 양식은 규칙이 정하는 양식[39]에 따른다(규칙§136의19②).

---

37) 헌법재판소는, 법 제218조의19(재외선거의 투표절차) 제1항, 제2항과 관련하여, '입법자가 선거의 공정성 확보의 측면, 투표용지 배송 등 선거기술적인 측면, 비용 대비 효율성의 측면을 종합적으로 고려하여, 인터넷 투표방법이나 우편투표방법을 채택하지 아니하고 원칙적으로 공관에 설치된 재외투표소를 방문하여 투표하는 방법을 채택한 것이 현저히 불공정하고 불합리하다고 볼 수는 없으므로, 재외선거 투표절차조항은 재외선거인의 선거권을 침해하지 아니한다.'고 판시하였다(2014. 7. 24. 선고 2009헌마256,2010헌마394(병합) 결정).

38) 「국적법」 제11조의2(복수국적자의 법적 지위 등) ① 출생이나 그 밖에 이 법에 따라 대한민국 국적과 외국 국적을 함께 가지게 된 사람으로서 대통령령으로 정하는 사람(이하 "복수국적자"라 한다)은 대한민국의 법령 적용에서 대한민국 국민으로만 처우한다.
② 복수국적자가 관계 법령에 따라 외국 국적을 보유한 상태에서 직무를 수행할 수 없는 분야에 종사하려는 경우에는 외국 국적을 포기하여야 한다.
③ 중앙행정기관의 장이 복수국적자를 외국인과 동일하게 처우하는 내용으로 법령을 제정 또는 개정하려는 경우에는 미리 법무부장관과 협의하여야 한다.

39) 규칙 별지 제46호 양식의 (나) (거소투표)·(사전투표) 회송용 봉투

(2) 투표용지발급기를 이용할 수 없는 경우 재외투표절차

재외투표소의 책임위원등은 법 제218조의18(투표용지 작성 등) 제4항에 따라 투표용지를 작성·교부하는 경우 본인임이 확인된 재외선거인등에게 규칙 제136조의18(투표용지원고 보관) 제3항 또는 제4항에 따라 인계받은 재외선거인명부등에 서명이나 날인 또는 무인하게 하고, 투표용지에 선거구명(지역구국회의원선거에 한정한다)과 일련번호를 적은 후 사인날인칸에 자신의 도장을 찍거나 서명하고, 회송용 봉투에 관할구·시·군선거관리위원회의 주소와 선거인정보(등재번호, 생년월일)를 적은 다음 재외선거인등이 보는 앞에서 투표용지의 일련번호지를 떼어낸 후 회송용 봉투와 함께 교부한다(규칙§136의21①).

투표용지를 받은 재외선거인등은 기표소에 들어가 ① 대통령선거의 경우는 1명의 후보자를 선택하여 투표용지의 해당 칸에 기표하고, ② 국회의원선거의 경우는 지역구국회의원선거에서는 후보자의 성명이나 정당의 명칭 또는 기호를, 비례대표국회의원선거에서는 정당의 명칭 또는 기호를 한글 또는 아라비아숫자로 적어 투표하고, 이를 회송용 봉투에 넣어 봉함한 후 투표함에 넣어야 한다(규칙§136의21②).

(3) 책임위원등의 도장의 인영 등 투표록 등록

재외투표소의 책임위원등은 재외투표기간개시일의 투표개시 직전에 출석한 위원과 투표참관인이 참여한 가운데 투표용지에 날인하거나 서명할 자신의 도장의 인영이나 서명을 규칙이 정하는 서식[40]에 따른 재외투표소 투표록에 등록하여야 한다. 이 경우 투표참관인이 투표개시시각까지 참여하지 아니한 때에는 참여를 포기한 것으로 본다(규칙§136의20①).

(4) 투표용지 발급기 등의 봉함·봉인

재외투표소의 책임위원등은 매일의 투표마감 후에 출석한 위원과 투표참관인이 참여한 가운데 투표용지 사인날인에 사용한 자신의 도장을 별도의 봉투에 담아 그 봉투와 투표용지 발급기의 투표용지가 나오는 곳을 재외선거관리위원회 위원장의 직인 또는 자신의 서명으로 봉함·봉인하여야 한다(규칙§136의20②). 재외투표소의 책임위원등은 매일의 투표개시 전에 출석한 위원과 투표참관인이 참여한 가운데 봉함·봉인상태의 이상 유무를 확인하여야 한다. 이 경우 투표참관인이 투표개시시각까지 참여하지 아니한 때에는 참여를 포기한 것으로 본다(규칙§136의20③).

---

40) 규칙 별지 제59호의16 서식 재외투표소 투표록

(5) 투표지가 공개된 경우

재외투표소의 책임위원등은 재외선거인등이 자신이 기표한 투표지를 공개한 것을 발견한 때에는 투표참관인의 참관 하에 해당 재외선거인등으로부터 그 투표지를 회수하여 투표지 앞면에 공개된 투표지라는 표시를 하고, 자신의 도장을 찍거나 서명한 다음 회송용 봉투에 넣어 봉함하고 투표함에 투입하여야 한다(규칙§136의20⑤).

사. 재외투표소의 투표참관

(1) 투표참관인

대통령선거의 경우 후보자(정당추천후보자의 경우에는 후보자를 추천한 정당을 말한다)가, 국회의원선거의 경우 「정치자금법」 제27조(보조금의 배분)[41]에 따라 보조금의 배분 대상이 되는 정당이 선거일 전 17일까지 재외선거관리위원회에 재외투표소별로 재외선거인등 중 2명을 투표참관인으로 신고할 수 있다(법§218의20②). 신고한 투표참관인은 언제든지 교체할 수 있으며, 재외투표기간에는 그 재외투표소에서 교체신고를 할 수 있다(법§218의20③). 투표참관인의 선정이 없거나 한 후보자 또는 한 정당이 선정한 투표참관인 밖에 없는 경우에는 재외선거관리위원회가 재외선거인등 중 2명을 본인의 승낙을 얻어 투표참관인으로 선정한다. 이 경우 재외선거관리위원회가 법 제218조의17(재외투표소의 설치·운영) 제2항 제2호에 따른 재

41) 「정치자금법」 제27조(보조금의 배분) ① 경상보조금과 선거보조금은 지급 당시 「국회법」 제33조(교섭단체) 제1항 본문의 규정에 의하여 동일 정당의 소속의원으로 교섭단체를 구성한 정당에 대하여 그 100분의 50을 정당별로 균등하게 분할하여 배분·지급한다.
② 보조금 지급 당시 제1항의 규정에 의한 배분·지급대상이 아닌 정당으로서 5석 이상의 의석을 가진 정당에 대하여는 100분의 5씩을, 의석이 없거나 5석 미만의 의석을 가진 정당 중 다음 각 호의 어느 하나에 해당하는 정당에 대하여는 보조금의 100분의 2씩을 배분·지급한다.
1. 최근에 실시한 임기만료에 의한 국회의원선거에 참여한 정당의 경우에는 국회의원선거의 득표수 비율이 100분의 2 이상인 정당
2. 최근에 실시한 임기만료에 의한 국회의원선거에 참여한 정당 중 제1호에 해당하지 아니하는 정당으로서 의석을 가진 정당의 경우에는 최근에 전국적으로 실시된 후보추천이 허용되는 비례대표시·도의회의원선거, 지역구시·도의회의원선거, 시·도지사선거 또는 자치구·시·군의 장선거에서 당해 정당이 득표한 득표수 비율이 100분의 0.5 이상인 정당
3. 최근에 실시된 임기만료에 의한 국회의원선거에 참여하지 아니한 정당의 경우에는 최근에 전국적으로 실시된 후보추천이 허용되는 비례대표시·도의회의원선거, 지역구시·도의회의원선거, 시·도지사선거 또는 자치구·시·군의 장선거에서 당해 정당이 득표한 득표수 비율이 100분의 2 이상인 정당
③ 제1항 및 제2항의 규정에 의한 배분·지급액을 제외한 잔여분 중 100분의 50은 지급 당시 국회의석을 가진 정당에 그 의석수의 비율에 따라 배분·지급하고, 그 잔여분은 국회의원선거의 득표수 비율에 따라 배분·지급한다.
④ 선거보조금은 당해 선거의 후보자등록마감일 현재 후보자를 추천하지 아니한 정당에 대하여는 이를 배분·지급하지 아니한다.
⑤ 보조금의 지급시기 및 절차 그 밖에 필요한 사항은 중앙선거관리위원회규칙으로 정한다.

외투표소의 투표참관인을 선정할 때에는 군인이 아닌 사람을 우선하여 선정하여야 한다(법§218의20④). 선정된 투표참관인은 정당한 사유 없이 참관을 거부하거나 그 직을 사임할 수 없다(법§218의20⑤).

(2) 투표참관

재외투표소의 책임위원등은 투표참관인이 투표상황을 참관할 수 있도록 하여야 한다(법§218의20①). 재외투표소의 책임위원등은 원활한 투표관리를 위하여 필요한 때에는 투표참관인을 교대로 참관하게 할 수 있다. 이 경우 정당·후보자별로 투표참관인 수의 2분의 1씩 교대하여 참관하게 하여야 한다(법§218의20⑥).

투표참관인은 참관도중에 재외선거인등에게 직접 질문하거나 재외투표사무를 방해·간섭 또는 지연시키거나 특정한 정당이나 후보자에 대한 지지 또는 반대를 권유하거나 그 밖에 어떠한 방법으로든지 선거에 영향을 미치는 행위를 해서는 아니 된다(규칙§136의22①). 투표참관인은 참관도중에 이의가 있으면 해당 재외투표소의 책임위원등에게 시정을 요구할 수 있다(규칙§136의22②).

(3) 제재

법 제218조의20(재외투표소의 투표참관) 제4항에 따라 재외선거관리위원회가 선정한 참관인이 정당한 사유 없이 참관을 거부하거나 게을리한 경우에는 100만원 이하의 과태료를 부과한다(법§261⑧1.).

아. 재외투표의 회송

(1) 재외투표의 인계

재외투표소의 책임위원등은 매일의 재외투표 마감 후 투표참관인의 참관 아래 투표함을 열고 투표자수를 계산한 다음 재외투표를 포장·봉인하여 재외투표관리관에게 인계하여야 한다. 다만, 제218조의17(재외투표소의 설치·운영) 제2항에 따라 설치하는 재외투표소는 공관과의 거리 등의 사유로 매일의 재외투표를 인계할 수 없는 부득이한 경우에는 해당 재외투표소 운영기간 종료 후 그 기간 중의 재외투표를 일괄하여 인계할 수 있다(법§218의21①).

재외투표관리관은 재외투표소의 책임위원등으로부터 재외투표를 인수한 때에는 중앙선거관리위원회에 보내기 전까지 해당 공관의 금고 등 안전한 곳에 이를 보관하여야 한다(규칙§136의23①). 책임위원등이 재외투표를 일괄하여 인계하는 경우에는 매일의 재외투표 마감 후 투표참관인의 참관 아래 투표함을 열고 투표자수를 계산한 다음 재외투표를 포장하고 책임위원등과 투표참관인이 봉인지에 도장을 찍거나 서명하여 안전한 곳에 보관하여야 한다.

다만, 투표참관인이 정당한 사유 없이 봉인지에 본인의 도장을 찍거나 서명하기를 거부한 때에는 그 권한을 포기한 것으로 보고, 투표록에 그 사유를 적는다(규칙§136의23②).

(2) 재외투표의 국내 회송

재외투표관리관은 재외투표를 재외투표기간 만료일 후 지체 없이 국내로 회송하고, 외교부장관은 외교행낭의 봉함·봉인 상태를 확인한 후 중앙선거관리위원회에 보내야 한다. 이 경우 재외투표의 수가 많은 때에는 재외투표기간 중 그 일부를 먼저 보낼 수 있다(법§218의21②). 중앙선거관리위원회는 인수한 재외투표를 관할 구·시·군선거관리위원회에 등기우편으로 보내야 한다(법§218의21③). 재외투표관리관이 재외투표 및 재외투표소투표록를 중앙선거관리위원회에 보내는 경우에는 규칙이 정하는 서식[42]에 따른다(규칙§136의23③).

재외투표소의 책임위원등은 재외투표기간 종료 후 재외투표소에서 사용한 재외선거인명부등, 잔여투표용지, 절취된 일련번호지 등을 재외투표관리관에게 인계하여야 하며, 재외투표관리관은 인계받은 서류 등을 법 제218조의21(재외투표의 회송) 제2항 전단에 따라 재외투표를 중앙선거관리위원회에 보내는 때에 함께 보내야 한다(규칙§136의23⑤).

재외투표관리관은 국내로 회송하는 재외투표를 외교행낭에 담아 보내야 한다. 이 경우 회송기간, 회송노선 등을 고려하여 공관 소속 직원이 직접 가지고 가게 하거나 외교행낭을 운반하는 교통편에 동승하게 하는 방법으로 보낼 수 있되, 필요한 경우에는 중앙선거관리위원회가 사람을 지정하여 공관 소속 직원을 대신하게 할 수 있다(규칙§136의23⑥).

외교부장관은 회송된 외교행낭의 봉함·봉인상태를 확인한 후 중앙선거관리위원회에 인계하여야 하며, 중앙선거관리위원회는 국회에 교섭단체를 구성한 정당이 추천한 참관인이 참여한 가운데 회송용 봉투의 수량을 확인한 후 관할구·시·군선거관리위원회에 등기우편으로 보낸다. 이 경우 정당한 사유 없이 참관을 거부한 참관인은 그 권한을 포기한 것으로 본다(규칙§136의23⑦). 국회에 교섭단체를 구성한 정당은 참관인 2명을 선정하여 선거일 전 14일까지 중앙선거관리위원회에 신고하여야 한다(규칙§136의23⑧).

자. 재외투표소투표록 및 재외선거관리록

(1) 재외투표소투표록의 작성 및 송부

재외투표소의 책임위원등은 재외투표소에 재외투표소투표록을 비치하고 매일의 투표자수, 재외투표관리관에 대한 재외투표의 인계, 그 밖에 재외투표소의 투표관리에 관한 사항을 기록하여야 한다(법§218의22①). 재외투표소의 책임위원등은 규칙이 정하는 서식[43]에 따른

---

42) 규칙 별지 제59호의17 서식 재외투표 송부
43) 규칙 별지 제59호의16 서식 재외투표소 투표록

재외투표소투표록을 비치하고 매일의 재외투표자수 등 재외투표관리에 관한 사항을 적여야 한다(규칙§136의20⑥). 재외투표소의 책임위원등은 재외투표소의 투표가 모두 끝난 때에는 투표함과 그 열쇠, 재외투표소투표록, 그 밖에 재외투표소의 투표에 관한 모든 서류를 재외투표관리관에게 인계하여야 한다(법§218의22②). 재외투표관리관이 재외투표를 중앙선거관리위원회에 보내는 때에는 재외투표소투표록을 함께 보내야 한다(법§218의22④).

(2) 재외선거관리록의 작성

재외투표관리관은 재외선거관리록을 비치하고 재외선거인 등록신청과 국외부재자 신고의 접수 및 처리, 재외투표소 설치·운영, 그 밖에 재외선거 및 국외부재자투표의 관리에 관한 사항을 적어야 한다(법§218의22③). 재외선거관리록은 규칙이 정하는 서식[44]에 따른다(규칙§136의23③).

차. 재외투표의 접수

구·시·군선거관리위원회는 선거일 전 10일부터 재외투표의 투입과 보관을 위하여 국외부재자 투표함과 재외선거인 투표함(이하 "재외투표함"이라 한다)을 각각 갖추어 놓아야 한다(법§218의23①). 구·시·군선거관리위원회가 접수한 재외투표는 정당추천위원의 참여하에 재외투표함에 넣어야 한다. 이 경우 재외투표함의 보관에 관하여는 법 제176조(사전투표·거소투표 및 선상투표의 접수·개표) 제3항을 준용한다(법③218의23②). 구·시·군선거관리위원회가 재외투표를 접수한 때에는 재외투표발송·접수록에 그 사실을 적어야 한다(규칙§136의24).

11. 재외투표의 개표

가. 구·시·군선거관리위원회의 개표

재외투표는 구·시·군선거관리위원회가 개표한다(법§218의24①).

재외투표함은 개표참관인의 참관 아래 선거일 오후 6시(대통령의 궐위로 인한 선거 또는 재선거는 오후 8시를 말한다) 후에 개표소로 옮겨서 다른 투표함의 투표지와 별도로 먼저 개표할 수 있다(법§218의24②). 법 제155조(투표시간) 제6항 본문에 따라 격리자등이 투표하는 경우 재외투표함은 개표참관인의 참관 아래 선거일 오후 7시 30분(대통령의 궐위로 인한 선거 또는 재선거는 오후 9시 30분을 말한다) 후에 개표소로 옮겨서 다른 투표함의 투표지와 별도로 먼저 개표할 수 있다(법§155⑦).

---

44) 규칙 별지 제59호의18 서식 재외선거관리록

나. 공관의 개표 및 개표참관

(1) 공관 개표

중앙선거관리위원회는 천재지변 또는 전쟁·폭동, 그 밖에 부득이한 사유로 재외투표가 선거일 오후 6시까지 관할구·시·군선거관리위원에 도착할 수 없다고 인정하는 때에는 해당 재외선거관리위원회로 하여금 재외투표를 보관하였다가 개표하게 할 수 있다(법§218의24③). 법 제155조(투표시간) 제6항 본문에 따라 격리자등이 투표하는 경우 중앙선거관리위원회는 천재지변 또는 전쟁·폭동, 그 밖에 부득이한 사유로 재외투표가 선거일 오후 7시 30분까지 관할구·시·군선거관리위원에 도착할 수 없다고 인정하는 때에는 해당 재외선거관리위원회로 하여금 재외투표를 보관하였다가 개표하게 할 수 있다(법§155⑦).

재외투표관리관은 천재지변 또는 전쟁·폭동 그 밖에 부득이한 사유로 재외투표선거일 오후 6시(법 제155조(투표시간) 제6항 본문에 따라 투표하는 경우에는 오후 7시 30분을 말하고, 대통령의 궐위로 인한 선거 또는 재선거는 오후 8시를 말한다)까지 관할구·시·군선거관리위원회에 도착하게 할 수 없다고 인정되는 때에는 즉시 중앙선거관리위원회와 재외선거관리위원회에 그 사실을 보고하여야 한다(규칙§136의25①). 중앙선거관리위원회는 위 보고를 받은 때에는 해당 재외선거관리위원회가 공관에서 개표하도록 결정(개표일시를 포함한다)할 수 있으며, 그 결정을 한 때에는 지체 없이 정당, 관할선거구선거관리위원회, 해당 재외선거관리위원회 및 재외투표관리관에게 통지하여야 한다(규칙§136의25②). 통지를 받은 재외선거관리위원회와 재외투표관리관은 재외투표를 개표개시 전까지 해당 공관의 금고 등 안전한 곳에 보관하여야 한다(규칙§136의25③). 재외투표관리관은 개표일 전일까지 규칙 제95조(개표소의 설비) 제1항에 준하여 개표에 필요한 시설을 설비하여야 한다(규칙§136의25④).

재외선거관리위원회가 개표하는 때에는 선거일 오후 6시 이후에 개표참관인의 참관 아래 공관에서 개표하고, 그 결과를 중앙선거관리위원회에 보고하며, 중앙선거관리위원회는 관할선거구선거관리위원회에 그 결과를 통보한다(법§218의24④). 법 제155조(투표시간) 제6항 본문에 따라 격리자등이 투표하는 경우 재외선거관리위원회가 개표하는 때에는 선거일 오후 7시 30분 이후에 개표참관인의 참관 아래 공관에서 개표하고, 그 결과를 중앙선거관리위원회에 보고하며, 중앙선거관리위원회는 관할선거구선거관리위원회에 그 결과를 통보한다(법§155⑦). 재외선거관리위원회위원장은 통지된 개표일시에 공관에서 개표참관인이 참여한 가운데 재외투표의 포장·봉인을 검사한 후 이를 열어 회송용 봉투수를 계산하여 재외투표소투표록에 기재된 회송용 봉투수와 대조하여야 한다. 이 경우 정당한 사유 없이 참관을 거부한 개표참관인은 그 권한을 포기한 것으로 보고, 개표록에 그 사유를 기재한다(규칙§136의25⑤).

재외투표의 개표는 선거구별로 개표하며, 규칙이 정하는 서식[45]에 따라 개표상황표와 개표록을 작성한다. 이 경우 정당한 사유 없이 개표사무를 지연시키는 위원이 있는 때에는 그 권한을 포기한 것으로 보고, 개표록에 그 사유를 기재한다(규칙§136의25⑥). 재외선거관리위원회 위원장은 개표상황표에 따라 선거구 단위로 후보자별 득표수(비례대표국회의원선거에서는 정당별 득표수를 말한다)를 공표하고, 전산조직(모사전송을 포함한다)을 이용하여 지체 없이 중앙선거관리위원회에 개표상황표를 보고하며, 중앙선거관리위원회는 이를 즉시 관할 선거구선거관리위원회에 통지하여야 한다(규칙§136의25⑦). 재외선거관리위원회 위원장은 개표 완료 후 투표지, 회송용 봉투, 개표록을 중앙선거관리위원회를 경유하여 관할선거구선거관리위원회에 송부하여야 한다. 이 경우 개표록은 전산조직을 이용하여 보낼 수 있다(규칙§136의25⑧).

(2) 개표참관

대통령선거의 선거의 경우 후보자(정당추천후보자의 경우에는 후보자를 추천한 정당을 말한다)가, 국회의원선거의 경우 「정치자금법」 제27조(보조금의 배분)에 따라 보조금의 배분 대상이 되는 정당이 선거일 전 3일까지 재외선거관리위원회에 개표소별로 재외선거인 등 2명을 개표참관인으로 신고할 수 있다(법§218의24⑤, §218의20②). 신고한 개표참관인은 언제든지 교체할 수 있으며, 개표일에는 개표소에서 교체신고를 할 수 있다(법§218의24⑤, §218의20③). 개표참관인의 선정이 없거나 한 후보자 또는 정당이 선정한 개표참관인 밖에 없는 경우에는 재외선거관리위원회가 재외선거인등 중 2명을 본인의 승낙을 얻어 개표참관인으로 선정한다. 이 경우 재외선거관리위원회가 법 제218의17(재외투표소의 설치·운영) 제2항 제2호에 따른 개표소의 개표참관인을 선정할 때에는 군인이 아닌 사람을 우선하여 선정하여야 한다(법§218의24⑤, §218의20④). 선정된 개표참관인은 정당한 사유 없이 참관을 거부하거나 그 직을 사임할 수 없다(법§218의24⑤, §218의20⑤).

재외선거관리위원회가 선정한 참관인이 정당한 사유 없이 참관을 거부하거나 게을리한 경우에는 100만원 이하의 과태료를 부과한다(법§261⑧1.).

12. 재외투표의 효력

가. 무효투표

① 정규의 투표용지를 사용하지 아니한 것, ② 어느 란에도 표를 하지 아니한 것, ③ 2란에 걸쳐서 표를 하거나 2 이상의 란에 표를 한 것, ④ 어느 란에 표를 한 것인지 식별할 수 없는 것, ⑤ ㉦표를 하지 아니하고 문자 또는 물형을 기입한 것, ⑥ ㉦표 외에 다른 사항을 기입한 것, ⑦ 선거관리위원회의 기표용구가 아닌 용구로 표를 한 것 중 어느 하나에 해당

45) 규칙 별지 제54호 서식 개표상황표, 제57호 서식의 (가) 개표록

하는 투표는 무효로 한다(법§218의25①, §179①). "정규의 투표용지"란 ① 재외투표소의 책임위원등이 투표용지 발급기로 구·시·군선거관리위원회의 청인이 날인된 투표용지를 인쇄하여 자신의 도장을 찍거나 서명(인쇄에 의한 날인·서명을 포함한다)하여 정당한 재외선거인등에게 교부한 투표용지, ② 규칙 제136조의18(투표용지발급기를 이용할 수 없는 경우 투표용지의 작성) 제5항 및 제136조의21(투표용지발급기를 이용할 수 없는 경우 재외투표절차 등) 제5항에 따라 재외투표소의 책임위원등이 작성하여 중앙선거관리위원회의 청인을 찍거나 인쇄·복사하고, 해당 재외투표소의 책임위원등 개인의 도장을 찍거나 서명하여 정당한 재외선거인등에게 교부한 투표용지를 말한다(규칙§136의26).

나. 재외투표의 특칙

재외투표의 경우에는 위 무효투표 외에 ① 정규의 회송용 봉투를 사용하지 아니한 것, ② 회송용 봉투가 봉함되지 아니한 것 중 어느 하나에 해당하는 투표도 이를 무효로 한다(법§218의25①, §179②).

법 제218조의18(투표용지의 작성 등) 제4항 후단의 방법으로 투표를 한 경우 후보자의 성명이나 정당의 명칭 또는 기호를 모두 한글 또는 아라비아숫자가 아닌 그 밖의 문자(한글 또는 아라비아숫자와 그 밖의 문자를 병기한 것은 한글 또는 아라비아숫자로 적은 것으로 본다)로 적거나 비례대표국회의원선거에서 후보자의 성명을 적은 재외투표(정당의 명칭 또는 기호를 함께 적은 것을 포함한다)는 무효로 한다. 다만, ① 같은 후보자의 성명이나 정당의 명칭 또는 기호를 2회 이상 적은 것, ② 후보자의 성명이나 정당의 명칭 또는 기호가 일부 틀리게 적혀 있으나 어느 후보자 또는 정당에게 투표하였는지 명확한 것 중 어느 하나에 해당하는 재외투표는 무효로 하지 아니한다(법§218의25②). 같은 선거에서 한 사람이 2회 이상 투표를 한 경우 해당 선거에서 본인이 한 재외투표는 모두 무효로 한다(법§218의25③).

다. 무효로 보지 않는 경우

① ⓑ표가 일부분 표시되거나 ⓑ표안에 메워진 것으로서 선거관리위원회의 기표용구를 사용하여 기표한 것이 명확한 것, ② 한 후보자(비례대표국회의원선거에 있어서는 정당을 말한다)란에만 2 이상 기표된 것, ③ 후보자란 외에 추가 기표되었으나 추가 기표된 것이 어느 후보자에게도 기표한 것으로 볼 수 없는 것, ④ 기표한 것이 전사된 것으로서 어느 후보자에게 기표한 것인지가 명확한 것, ⑤ 인육으로 오손되거나 훼손되었으나 정규의 투표용지임이 명백하고 어느 후보자에게 기표한 것인지가 명확한 것, ⑥ 회송용 봉투에 성명 또는 거소가 기재되거나 사인이 날인된 것, ⑦ 재외선거인등이 투표 후 선거일의 투표개시 전에 사망한 경우 그 재외투표는 무효로 하지 아니한다(법§218의25①, §179④).

13. 국외선거범의 공소시효 및 관할

가. 공소시효

법 제268조(공소시효) 제1항 본문에도 불구하고 국외에서 범한 공직선거법에 규정된 죄의 공소시효는 해당 선거일 후 5년을 경과함으로써 완성한다(법§218의26①).

나. 관할

국외에서 공직선거법에 규정된 죄를 범한 자로서 「형사소송법」에 따라 관할을 특정할 수 없는 자의 제1심 재판 관할은 서울중앙지방법원으로 한다(법§218의26②).

14. 재외선거의 공정성 확보의무 및 재외선거사무의 지원 등

가. 공정성 확보 의무

중앙선거관리위원회와 재외투표관리관은 재외선거인 등록신청, 재외투표의 방법, 그 밖에 재외선거인의 선거권 행사를 위한 사항을 홍보하는 등 재외선거인의 투표참여와 재외선거의 공정성을 확보하기 위하여 노력하여야 한다(법§218의27①). 중앙선거관리위원회는 재외선거인이 전화 또는 인터넷을 통하여 후보자를 추천한 정당의 명칭, 후보자의 성명, 기호 및 선거공약 등을 알 수 있도록 필요한 조치를 하여야 한다(법§218의27①). 중앙선거관리위원회는 외국의 선거·정당·정치자금제도와 그 운영현황, 정당 발전방안 등에 관한 조사·연구를 추진하여 재외선거제도의 개선과 정치발전을 위하여 필요한 노력을 하여야 한다(법§218의27③).

나. 각종 안내·통지

중앙선거관리위원회는 후보자등록마감 후 투표를 실시하지 아니하게 된 경우에는 규칙이 정하는 서식[46]에 따른 안내문을, 후보자가 사퇴·사망 또는 등록무효로 된 경우에는 규칙이 정하는 서식[47]에 따른 안내문을 인터넷 홈페이지에 게시하여야 한다(규칙§136의28①). 재외선거관리위원회는 후보자등록마감 후 투표를 실시하지 아니하게 된 경우에는 규칙이 정하는 서식[48]에 따른 안내문을 공관 게시판에 게시하여야 하고, 후보자가 사퇴·사망 또는 등록무효로 된 경우에는 규칙이 정하는 서식[49]에 따른 안내문을 재외투표기간 중 재외투표소 입구

46) 규칙 별지 제59호의19 서식의 (가) 무투표실시안내
47) 규칙 별지 제59호의19 서식의 (나) 후보자 (사퇴)·(사망)·(등록무효) 안내
48) 규칙 별지 제59호의19 서식의 (가) 무투표실시안내
49) 규칙 별지 제59호의19 서식의 (나) 후보자 (사퇴)·(사망)·(등록무효) 안내

에 붙여야 한다(규칙§136의28②). 이 규칙에서 따로 정하지 아니한 안내·통지사항은 중앙선거관리위원회 또는 공관의 인터넷 홈페이지에 게시하는 방법으로 할 수 있다(규칙§136의28③).

다. 재외선거사무의 지원

중앙선거관리위원회, 법무부, 경찰청 등은 재외선거관리위원회 또는 재외투표관리관이 행하는 재외선거사무를 지원하고 위법행위의 예방 및 자료수집 등을 위하여 필요한 경우에는 공관에 소속 직원을 파견할 수 있다(법§218의28①). 공관에 파견된 중앙선거관리위원회 소속 직원이 법 제272조의2(선거범죄의 조사 등) 또는 「정치자금법」 제52조(정치자금범죄 조사 등)[50]

50) 「정치자금법」 제52조(정치자금범죄 조사 등) ① 각급선거관리위원회(읍·면·동선거관리위원회는 제외한다. 이하 이 조에서 같다) 위원·직원은 이 법을 위반한 범죄의 혐의가 있다고 인정되거나 현행범의 신고를 받은 경우에는 그 장소에 출입하여 정당, 후원회, 후원회를 둔 국회의원, 대통령선거경선후보자, 당대표경선후보자등, 공직선거의 후보자·예비후보자, 회계책임자, 정치자금을 기부하거나 받은 자 또는 정치자금에서 지출하는 비용을 지급받거나 받을 권리가 있는 자 그 밖에 관계인에 대하여 질문·조사하거나 관계서류 그 밖에 조사에 필요한 자료의 제출을 요구할 수 있다.
② 각급선거관리위원회는 정치자금의 수입과 지출에 관한 조사를 위하여 불가피한 경우에는 다른 법률의 규정에 불구하고 금융기관의 장에게 이 법을 위반하여 정치자금을 주거나 받은 혐의가 있다고 인정되는 상당한 이유가 있는 자의 다음 각 호에 해당하는 금융거래자료의 제출을 요구할 수 있다. 다만, 당해 계좌에서 입·출금된 타인의 계좌에 대하여는 그러하지 아니하다. 이 경우 당해 금융기관의 장은 이를 거부할 수 없다.
1. 계좌개설 내역
2. 통장원부 사본
3. 계좌이체의 경우 거래상대방의 인적사항
4. 수표에 의한 거래의 경우 당해 수표의 최초 발행기관 및 발행의뢰인의 인적사항
③ 각급선거관리위원회 위원·직원은 이 법에 규정된 범죄에 사용된 증거물품으로서 증거인멸의 우려가 있다고 인정되는 경우에는 조사에 필요한 범위 안에서 현장에서 이를 수거할 수 있다. 이 경우 당해 선거관리위원회 위원·직원은 수거한 증거물품을 그 관련된 범죄에 대하여 고발 또는 수사의뢰한 때에는 관계 수사기관에 송부하고 그러하지 아니한 때에는 그 소유·점유·관리하는 자에게 지체 없이 반환하여야 한다.
④ 누구든지 제1항의 규정에 의한 장소의 출입을 방해하여서는 아니 되며, 질문·조사를 받거나 자료의 제출을 요구받은 자는 즉시 이에 따라야 한다.
⑤ 각급선거관리위원회 위원·직원은 정치자금범죄의 조사와 관련하여 관계자에게 질문·조사하기 위하여 필요하다고 인정되는 때에는 선거관리위원회에 출석할 것을 요구할 수 있고, 범죄혐의에 대하여 명백한 증거가 있는 때에는 동행을 요구할 수 있다. 다만, 공직선거(대통령선거경선후보자·당대표경선후보자등의 당내경선을 포함한다)의 선거기간 중 후보자(대통령선거경선후보자·당대표경선후보자등을 포함한다)에 대하여는 동행 또는 출석을 요구할 수 없다.
⑥ 각급선거관리위원회 위원·직원이 제1항의 규정에 의한 질문·조사·자료의 제출 요구 또는 장소에 출입하거나 제5항의 규정에 의한 동행 또는 출석을 요구하는 경우에는 관계인에게 그 신분을 표시하는 증표를 제시하고 소속과 성명을 밝히고 그 목적과 이유를 설명하여야 한다.
⑦ 제2항의 규정에 의하여 금융거래의 내용에 대한 정보 또는 자료(이하 "거래정보등"이라 한다)를 알게 된 자는 그 알게 된 거래정보등을 타인에게 제공 또는 누설하거나 그 목적 외의 용도로 이를 이용하여서는 아니 된다.
⑧ 제1항 내지 제6항의 규정에 의한 자료제출요구서, 증거자료의 수거 및 증표의 규격 그 밖에 필요한 사항은 중앙선거관리위원회규칙으로 정한다.

에 따라 조사를 하는 경우에는 다른 법령에도 불구하고 중앙선거관리위원회의 지휘·감독을 받는다. 다만, 조사에 착수하는 때에는 조사와 관련하여 공관의 장과 협의하여야 한다(법§218의28②).

라. 재외선거관리위원회 위원 등의 질병 등에 대한 보상

재외선거관리위원회 위원이 재외선거관리위원회 설치·운영기간 중에 선거업무로 인하여 질병·부상 또는 사망한 때에의 재해보상금 지급 등에 관하여는 규칙 제146조의6(질병·부상 또는 사망에 대한 보상)의 시·도선거관리위원회 위원에 관한 규정을 준용한다(규칙§136의32①). 재외투표소관리자 및 투표사무원이 재외투표기간 중 선거업무로 인하여 질병·부상 또는 사망한 때의 재해보상금 지급 등에 관하여는 규칙 제146조의6(질병·부상 또는 사망에 대한 보상)의 사전투표관리관 및 사전투표사무원에 관한 규정을 준용한다(규칙§136의32②).

마. 재외선거의 투표지 등 보존기간 단축

법 제186조(투표지·개표록 및 선거록 등의 보관) 단서에 따라 ① 투표지, ② 규칙 제136조의21(투표용지발급기를 이용할 수 없는 경우 재외투표절차 등) 제1항에 따른 재외선거인명부등, 잔여투표용지 및 절취된 일련번호지, ③ 공관부재자신고인명부 및 국외부재자신고서(전산정보자료 및 전산자료 복사본을 포함한다. 이하 ⑤호에서 같다), ④ 법 제218조의13(재외선거인명부등의 확정과 송부) 제2항에 따라 송부된 국외부재자신고인명부의 전산자료 복사본, ⑤ 국외부재자신고서 접수부, ⑥ 선거일 오후 6시 후에 도착한 재외투표, ⑦ 재외선거 회송용 봉투는 법 제222조(선거소송) 또는 제223조(당선소송)에 따른 선거에 관한 소송이 제기되지 아니한 때에는 그 제기기한 만료일부터 1개월 이후에, 선거에 관한 소송이 종료된 때에는 그 확정판결의 통지를 받은 날부터 1개월 이후에 해당 선거관리위원회의 결정에 따라 폐기할 수 있다(규칙§136의27①). 중앙선거관리위원회는 결정으로 ① 규칙 제136조의6(공관부재자신고인명부등의 송부) 제3항에 따른 서류(재외선거인등록신청서, 재외선거인등록신청서 접수부 및 재외선거인등록신청자명부를 제외한다), ② 규칙 제136조의10(재외선거인명부등의 열람 등)에 따라 공관에 비치한 열람용 재외선거인명부등, ③ 규칙 제136조의11(확정된 재외선거인명부등의 송부) 제3항 및 제4항에 따른 재외선거인명부등(전산정보자료 및 전산자료 복사본을 포함한다)의 보존기간을 단축할 수 있으며, 그 결정을 한 때에는 재외투표관리관에게 이를 통지하고, 재외투표관리관은 그 서류를 폐기하여야 한다(규칙§136의27②).

15. 천재지변 등의 발생 시 재외선거사무의 처리

가. 재외선거사무의 중지

중앙선거관리위원회는 천재지변 또는 전쟁·폭동, 그 밖에 부득이한 사유로 해당 공관 관할구역에서 재외선거를 실시할 수 없다고 인정하는 때에는 해당 공관에 재외선거관리위원회를 설치하지 아니하거나 설치·운영 중인 재외선거관리위원회 및 재외투표관리관의 재외선거사무를 중지할 것을 결정할 수 있다(법§218의29①).

재외선거사무 중지결정에 따라 재외투표기간 중에 투표를 마치지 못한 경우에도 재외투표기간이 지난 후에는 다시 투표를 실시하지 아니한다. 이 경우 재외투표관리관은 이미 실시된 재외투표를 법 제218조의21(재외투표의 회송) 제2항에 따라 국내로 회송하여야 한다(법§218의29②).

나. 재외선거사무의 재개

중앙선거관리위원회는 재외선거사무 중지결정 후 재외투표기간 전에 사정 변경으로 재외선거를 실시할 수 있다고 인정하는 때에는 지체 없이 재외선거관리위원회를 설치하거나 재외선거사무가 중지된 해당 재외선거관리위원회 및 재외투표관리관으로 하여금 재외선거사무를 재개하도록 하여야 하고, 이 경우 처리기한이 경과된 재외선거사무는 공직선거법에 따라 처리한 것으로 본다. 다만, 재외선거관리위원회는 법 제218조의17(재외투표소의 설치·운영)에 따른 기한이 경과된 경우라도 지체 없이 재외투표소의 명칭·소재지와 운영기간 등을 공고하여야 한다(법§218의29③).

다. 재외선거사무의 중지·재개 결정의 방법 및 통지

중앙선거관리위원회가 법 제218조의29(천재지변 등의 발생 시 재외선거사무의 처리) 제1항 또는 제3항 전단에 따른 결정을 하고자 하는 때에는 사전에 해당 공관의 장의 의견을 들어야 한다(규칙§136의29①). 중앙선거관리위원회가 법 제218조의29(천재지변 등의 발생 시 재외선거사무의 처리) 제1항 또는 제3항에 따른 결정을 한 때에는 지체 없이 그 뜻을 공고하고, 정당·후보자 및 해당 재외선거관리위원회 또는 재외투표관리관에게 알려야 한다(규칙§136의29②).

16. 국외선거범의 여권발급 제한 및 외국인 입국금지

가. 국외선거범의 여권발급 제한

(1) 여권발급의 제한

외교부장관은 ① 국외에서 공직선거법에 따른 장기 3년 이상의 형에 해당하는 죄를 범한 혐의를 인정할 만한 상당한 이유가 있으나 중앙선거관리위원회의 조사에 불응하거나 소재가 불명하여 조사를 종결할 수 없는 사람, ② 국외에서 공직선거법에 따른 장기 3년 이상의 죄를 범하여 기소중지 또는 수사중지(피의자중지로 한정한다)된 사람에 대하여 중앙선거관리위원회나 검사 또는 사법경찰관의 요청이 있는 때에는 「여권법」에 따른 여권의 발급·재발급(이하 "여권발급등"이라 한다)을 제한하거나 반납(이하 "제한등"이라 한다)을 명하여야 한다(법§218의30①).

(2) 여권발급 제한등의 요청

중앙선거관리위원회 또는 검사가 여권발급등의 제한등을 요청할 때에는 그 요청사유, 제한기간 또는 반납 후의 보관기간(이하 "보관기간"이라 한다) 등을 적은 서면으로 하여야 한다(법§218의30②). 중앙선거관리위원회 또는 검사는 제한기간 또는 보관기간을 연장할 필요가 있다고 인정되는 때에는 그 제한기간 또는 보관기간 만료일 전 30일까지 서면으로 연장을 요청할 수 있다(법§218의30③).

(3) 제한기간 및 보관기간

제한기간 또는 보관기간은 해당 선거의 선거일 후 5년 이내로 하되, 중앙선거관리위원회 또는 검사는 제한기간 또는 보관기간 중이라도 요청사유가 소멸되었다고 인정될 때에는 여권발급등의 제한등을 해제하여 줄 것을 외교부장관에게 요청할 수 있다(법§218의30④). 위 요청이 있는 경우 외교부장관은 특별한 사정이 없는 한 그 요청에 따라야 한다(법§218의30⑤).

(4) 「여권법」의 준용

여권발급등의 제한등과 관련하여, 법 제218조의30(국외선거범에 대한 여권발급 제한 등)에서 정한 것을 제외하고는 여권발급등의 제한등의 절차, 반납명령을 이행하지 않는 경우 여권의 효력상실과 회수, 그 밖의 사항에 관하여는 「여권법」을 준용한다(법§218의30⑥).

나. 외국인의 입국금지

(1) 입국금지

법무부장관은 국외에서 공직선거법에서 금지하는 행위를 하였다고 인정할 만한 상당한 이유가 있는 외국인에 대하여 입국을 금지할 수 있다. 다만, 수사에 응하기 위하여 입국하려는 때에는 그러하지 아니하다(법§218의31①). 중앙선거관리위원회는 입국금지대상에 해당하는 외국인을 법무부장관에게 통보할 수 있다(법§218의31②).

(2) 입국금지기간 등

입국금지기간은 해당 선거 당선인의 임기만료일까지로 한다(법§218의31③).

입국금지 절차 등에 관하여는 「출입국관리법」을 준용한다(법§218의31④).

다. 여권발급등의 제한등 심의위원회

중앙선거관리위원회는 ① 법 제218조의30(국외선거범에 대한 여권발급 제한 등) 제2항·제3항에 따른 중앙선거관리위원회의 여권발급등의 제한등 요청대상 및 제한·보관기간, ② 법 제218조의31(외국인의 입국금지) 제2항에 따른 입국금지 통보대상을 심의·의결하기 위한 심의위원회를 둔다(규칙§136의30①). 심의위원회는 위원장 1인을 포함한 7인의 위원으로 구성하며, 위원장과 위원은 중앙선거관리위원회 소속 일반직 국가공무원 중에서 중앙선거관리위원회 사무총장이 임명한다(규칙§136의30②).

중앙선거관리위원회는 심의위원회가 여권발급등의 제한등을 요청하기로 결정한 때에는 그 사실을 당사자에게 통지하여야 한다. 이 경우 당사자의 소재를 알 수 없는 때에는 중앙선거관리위원회 홈페이지에 게시하는 것으로 갈음한다(규칙§136의30③).

17. 국외선거범에 대한 영사조사·인터넷 화상조사

가. 영사조사

(1) 의의

영사는 법원 또는 검사의 의뢰를 받아 대한민국 재외공관 등에서 「형사소송법」 제200조(피의자의 출석), 제221조(제3자의 출석요구 등)[51]에 따라 공직선거법의 위반행위와 관련된 피의

51) 「형사소송법」 제200조(피의자의 출석) 검사 또는 사법경찰관은 수사에 필요한 때에는 피의자의 출석을 요구하여 진술을 들을 수 있다.
제221조(제3자의 출석요구 등) ① 검사 또는 사법경찰관은 수사에 필요한 때에는 피의자가 아닌 자의 출석

자 또는 피의자 아닌 자의 출석을 요구하여 진술을 들을 수 있다(법§218의32①).

(2) 진술청취의뢰

법원 또는 검사가 영사에게 진술 청취를 의뢰할 때에는 법무부 및 외교부를 경유하여야 한다. 사법경찰관은 검사에게 영사에 대한 진술 청취의 의뢰를 신청할 수 있다(법§218의32②).

(3) 진술 청취의 방법 및 절차

영사는 진술을 들을 경우 그 진술 내용을 기재한 조서를 작성하거나 진술서를 제출받을 수 있고, 그 과정을 영상녹화할 수 있다. 다만, 피의자 아닌 자의 경우에는 동의를 받아야 영상녹화할 수 있다(법§218의32③).

영사가 법원의 의뢰를 받아 진술을 들을 경우 그 절차와 방식에 관하여는 「형사소송법」 제48조(조서의 작성방법), 제50조(각종 조서의 기재요건) 및 제161조의2(증인신문의 방식)부터 제164조(신문의 청구)까지를 준용하고(법§218의32④), 검사의 의뢰를 받아 진술을 들을 경우 그 절차와 방식에 관하여는 「형사소송법」 제241조(피의자신문), 제242조(피의자신문사항), 제243조의2(변호인의 참여 등)부터 제245조(참고인과의 대질)까지를 준용한다(법§218의32⑤).

(4) 송부

영사는 작성한 조서, 진술인으로부터 제출받은 진술서 또는 영상녹화물을 즉시 외교부 및 법무부를 경유하여 법원 또는 검사에게 송부하여야 한다(법§218의32⑥).

나. 인터넷 화상조사

(1) 의의

검사 또는 사법경찰관은 「형사소송법」 제200조(피의자의 출석), 제221조(제3자의 출석요구 등)에 따라 재외공관에 출석한 공직선거법의 위반행위와 관련된 피의자 또는 피의자 아닌 자를 상대로 인터넷 화상장치를 이용하여 진술을 들을 수 있다(법§218의33①).

(2) 조사방법 및 절차

인터넷 화상장치를 이용하여 진술을 들을 경우 검사 또는 사법경찰관은 법무부 및 외교부

을 요구하여 진술을 들을 수 있다. 이 경우 그의 동의를 받아 영상녹화할 수 있다.
② 검사 또는 사법경찰관은 수사에 필요한 때에는 감정·통역 또는 번역을 위촉할 수 있다.
③ 제163조의2 제1항부터 제3항까지는 검사 또는 사법경찰관이 범죄로 인한 피해자를 조사하는 경우에 준용한다.

를 경유하여 해당 재외공관의 장에게 조사할 사건에 관하여 통보하여야 하고, 진술을 들을 때에는 영사가 참여하여야 한다(법§218의33②). 검사 또는 사법경찰관은 진술을 들을 경우 그 진술내용을 기재한 조서를 작성할 수 있고, 그 과정을 영상 녹화하여야 한다. 다만, 피의자가 아닌 자의 경우에는 동의를 받아야 영상녹화할 수 있다(법§218의33③). 검사 또는 사법경찰관은 작성한 조서를 재외공관에 전송하고, 영사는 이를 출력하여 진술자에게 열람케하여야 한다(법§218의33④). 진술청취의 절차 및 방식에 관하여는「형사소송법」제241조(피의자 신문), 제242조(피의자 신문사항), 제243조의2(변호인의 참여 등)부터 제245조(참고인과의 대질)를 준용한다(법§218의33⑤).

(3) 송부

영사는 완성된 조서를 외교부 및 법무부를 경유하여 검사 또는 사법경찰관에게 송부하여야 한다(법§218의33⑥).

(4) 조서의 효력

인터넷 화상조사에 의하여 작성된 조서는 국내에서 검사 또는 사법경찰관이 작성한 조서와 동일한 것으로 본다(법§218의33⑦).

18. 준용규정 등

가. 준용규정

재외선거에 관하여 공직선거법 제14장의2(재외선거에 관한 특례)에서 정한 것을 제외하고는 그 성질에 반하지 아니하는 범위에서 공직선거법의 다른 규정을 준용한다(법§218의34①).

나. 재외선거에 관한 기간계산

공직선거법 제14장의2(재외선거에 관한 특례)에서 날짜로 정한 기간을 계산하는 때에는 대한민국 표준시를 기준으로 한다(법§218의34②). 공관에서 재외선거와 관련하여 날짜를 계산하는 경우에는 대한민국 표준시를 기준으로 정해지는 날짜에 상응하는 해당 공관의 날짜에 따른다(규칙§136의31).

다. 공관의 선거관리경비의 사용 잔액

(1) 선거관리경비 사용 잔액의 직접사용

중앙선거관리위원회 사무총장은「국고금관리법」제7조(수입의 직접 사용 금지 등)에도 불구하고 대통령령으로 정하는 바에 따라 재외투표관리관으로 하여금 해당 재외공관에 배정된 예산의 범위에서 선거관리경비 사용 잔액을 직접 사용하게 할 수 있다(법§218의34③, 재외공관 수입금 등 직접사용에 관한 법률§2).

(2) 선거관리경비 사용잔액의 대체납입

중앙선거관리위원회 사무총장은 대한민국 재외공관에 자금을 송금할 때에는 재외투표관리관이 직접 사용한 선거관리경비 사용 잔액에 해당하는 금액을 송금할 금액에서 공제하여 국고에 납입하여야 한다(법§218의34③, 재외공관 수입금 등 직접사용에 관한 법률§3).

부록: 「공직선거법」, 「위탁선거법」

공직선거법

[시행 2024. 1. 29] [법률 제19855호, 2023. 12. 28, 일부개정]

제1장 총칙

제1조(목적) 이 법은 「대한민국헌법」과 「지방자치법」에 의한 선거가 국민의 자유로운 의사와 민주적인 절차에 의하여 공정히 행하여지도록 하고, 선거와 관련한 부정을 방지함으로써 민주정치의 발전에 기여함을 목적으로 한다. ＜개정 2005. 8. 4.＞

제2조(적용범위) 이 법은 대통령선거 · 국회의원선거 · 지방의회의원 및 지방자치단체의 장의 선거에 적용한다.

제3조(선거인의 정의) 이 법에서 "선거인"이란 선거권이 있는 사람으로서 선거인명부 또는 재외선거인명부에 올라 있는 사람을 말한다.
[전문개정 2009. 2. 12.]

제4조(인구의 기준) 이 법에서 선거사무관리의 기준이 되는 인구는 「주민등록법」에 따른 주민등록표에 따라 조사한 국민의 최근 인구통계에 의한다. 이 경우 지방자치단체의 의회의원 및 장의 선거에서는 제15조제2항제3호에 따라 선거권이 있는 외국인의 수를 포함한다. ＜개정 2015. 8. 13.＞
[전문개정 2009. 2. 12.]

제5조(선거사무협조) 관공서 기타 공공기관은 선거사무에 관하여 선거관리위원회의 협조요구를 받은 때에는 우선적으로 이에 따라야 한다. ＜개정 2000. 2. 16.＞

제6조(선거권행사의 보장) ① 국가는 선거권자가 선거권을 행사할 수 있도록 필요한 조치를 취하여야 한다.
② 각급선거관리위원회(읍 · 면 · 동선거관리위원회는 제외한다)는 선거인의 투표참여를 촉진하기 위하여 교통이 불편한 지역에 거주하는 선거인 또는 노약자 · 장애인 등 거동이 불편한 선거인에 대한 교통편의 제공에 필요한 대책을 수립 · 시행하여야 하고, 투표를 마친 선거인에게 국공립 유료시설의 이용요금을 면제 · 할인하는 등의 필요한 대책을 수립 · 시행할 수 있다. 이 경우 공정한 실시방법 등을 정당 · 후보자와 미리 협의하여야 한다. ＜신설 2008. 2. 29., 2020. 12. 29.＞
③ 공무원 · 학생 또는 다른 사람에게 고용된 자가 선거인명부를 열람하거나 투표하기 위하여 필요한 시간은 보장되어야 하며, 이를 휴무 또는 휴업으로 보지 아니한다. ＜개정 2008. 2. 29.＞
④ 선거권자는 성실하게 선거에 참여하여 선거권을 행사하여야 한다. ＜개정 2008. 2. 29.＞
⑤ 선거의 중요성과 의미를 되새기고 주권의식을 높이기 위하여 매년 5월 10일을 유권자의 날로, 유권자의 날부터 1주간을 유권자 주간으로 하고, 각급선거관리위원회(읍 · 면 · 동선거관리위원회는 제외한다)는 공명선거 추진활동을 하는 기관 또는 단체 등과 함께 유권자의 날 의식과 그에 부수되는 행사를 개최할 수 있다. ＜신설 2012. 1. 17.＞

제6조의2(다른 자에게 고용된 사람의 투표시간 보장) ① 다른 자에게 고용된 사람이 사전투표기간 및 선거일에 모두 근무를 하는 경우에는 투표하기 위하여 필요한 시간을 고용주에게 청구할 수 있다.
② 고용주는 제1항에 따른 청구가 있으면 고용된 사람이 투표하기 위하여 필요한 시간을 보장하여 주어야 한다.
③ 고용주는 고용된 사람이 투표하기 위하여 필요한 시간을 청구할 수 있다는 사실을 선거일 전 7일부터 선거일 전 3일까지 인터넷 홈페이지, 사보, 사내게시판 등을 통하여 알려야 한다.
[본조신설 2014. 2. 13.]

제6조의3(감염병환자 등의 선거권 보장) ① 「감염병의 예방 및 관리에 관한 법률」 제41조제1항 또는 제2항에 따라 입원치료, 자가(自家)치료 또는 시설치료 중이거나 같은 법 제42조제2항제1호에 따라 자가 또는 시설에 격리 중인 사람(이하 "격리자등"이라 한다)은 선거권 행사를 위하여 활동할 수 있다.
② 국가와 지방자치단체는 격리자등의 선거권 행사가 원활하게 이루어질 수 있도록 교통편의 제공 및 그 밖에 필요한 방안을 마련하여야 한다.
[본조신설 2022. 2. 16.]

제7조(정당 · 후보자 등의 공정경쟁의무) ① 선거에 참여하는 정당 · 후보자(후보자가 되고자 하는 자를 포함한다. 이하 이 조에서 같다) 및 후보자를 위하여 선거운동을 하는 자는 선거운동을 함에 있어 이 법을 준수하고 공정하게 경쟁하여야 하며, 정당의 정강 · 정책이나 후보자의 정견을 지지 · 선전하거나 이를 비판 · 반대함에 있어 선량한 풍속 기타 사회질서를 해하는 행위를 하여서는 아니된다. ＜개정 2004. 3. 12., 2008. 2. 29.＞
② 각급선거관리위원회(읍 · 면 · 동선거관리위원회는 제외한다)는 정책선거의 촉진을 위하여 필요한 사항을 적극적으로 홍보하여야 하며, 중립적으로 정책선거 촉진활동을 추진하는 단체에 그 활동에 필요한 경비를 지원할 수 있다. ＜신설 2008. 2. 29., 2010. 1. 25.＞

제8조(언론기관의 공정보도의무) 방송 · 신문 · 통신 · 잡지 기타의 간행물을 경영 · 관리하거나 편집 · 취재 · 집필 · 보도하는 자와 제8조의5(인터넷선거보도심의위원회)제1항의 규정에 따른 인터넷언론사가 정당의 정강 · 정책이나 후보자(候補者가 되고자 하는 者를 포함한다. 이하 이 條에서 같다)의 정견 기타사항에 관하여 보도 · 논평을 하는 경우와 정당의 대표자나 후보자 또는 그의 대리인을 참여하게 하여 대담을 하거나 토론을 행하고 이를 방송 · 보도하는 경우에는 공정하게 하여야 한다. ＜개정 1997. 11. 14., 2005. 8. 4.＞

제8조의2(선거방송심의위원회) ① 「방송통신위원회의 설치 및 운영에 관한 법률」 제18조제1항에 따른 방송통신심의위원회(이하 "방송통신심의위원회"라 한다)는 선거방송의 공정성을 유지하기 위하여 다음 각 호의 구분에 따른 기간 동안 선거방송심의위원회를 설치 · 운영하여야 한다. ＜개정 2010. 1. 25., 2012. 1. 17.＞
1. 임기만료에 의한 선거
제60조의2제1항에 따른 예비후보자등록신청개시일 전일부터 선거일 후 30일까지
2. 보궐선거등
선거일 전 60일(선거일 전 60일 후에 실시사유가 확정된 보궐선거등의 경우에는 그 선거의 실시사유가 확정된 후 10일)부터 선거일 후 30일까지
② 선거방송심의위원회는 국회에 교섭단체를 구성한 정당과 중앙선거관리위원회가 추천하는 각 1명, 방송사(제70조제1항에 따른 방송시설을 경영 또는 관리하는 자를 말한다. 이하 이 조 및 제8조의4에서 같다) · 방송학계 · 대한변호사협회 · 언론인단체 및 시민단체 등이 추천하는 사람을 포함하여 9명 이내의 위원으로 구성한다. 이 경우 선거방송심의위원회를 구성한 후에 국회에 교섭단체를 구성한 정당의 수가 증가하여 위

원정수를 초과하게 되는 경우에는 현원을 위원정수로 본다. <개정 2010. 1. 25.>
③ 선거방송심의위원회의 위원은 정당에 가입할 수 없다.
④선거방송심의위원회는 선거방송의 정치적 중립성·형평성·객관성 및 제작기술상의 균형유지와 권리구제 기타 선거방송의 공정을 보장하기 위하여 필요한 사항을 정하여 이를 공표하여야 한다.
⑤ 선거방송심의위원회는 선거방송의 공정여부를 조사하여야 하고, 조사결과 선거방송의 내용이 공정하지 아니하다고 인정되는 경우에는 「방송법」 제100조제1항 각 호에 따른 제재조치 등을 정하여 이를 「방송통신위원회의 설치 및 운영에 관한 법률」 제3조제1항에 따른 방송통신위원회에 통보하여야 하며, 방송통신위원회는 불공정한 선거방송을 한 방송사에 대하여 통보받은 제재조치 등을 지체없이 명하여야 한다. <개정 2000. 2. 16., 2005. 8. 4., 2008. 2. 29., 2010. 1. 25.>
⑥ 후보자 및 후보자가 되려는 사람은 제1항에 따라 선거방송심의위원회가 설치된 때부터 선거방송의 내용이 불공정하다고 인정되는 경우에는 선거방송심의위원회에 그 시정을 요구할 수 있고, 선거방송심의위원회는 지체없이 이를 심의·의결하여야 한다. <개정 2010. 1. 25.>
⑦ 선거방송심의위원회의 구성과 운영 그 밖에 필요한 사항은 방송통신심의위원회규칙으로 정한다. <개정 2010. 1. 25.>
[본조신설 1997. 11. 14.]

제8조의3(선거기사심의위원회) ① 「언론중재 및 피해구제 등에 관한 법률」 제7조에 따른 언론중재위원회(이하 "言論仲裁委員會"라 한다)는 선거기사(社說·論評·廣告 그 밖에 選擧에 관한 내용을 포함한다. 이하 이 條에서 같다)의 공정성을 유지하기 위하여 제8조의2제1항 각 호의 구분에 따른 기간 동안 선거기사심의위원회를 설치·운영하여야 한다. <개정 2005. 8. 4., 2010. 1. 25.>
② 선거기사심의위원회는 국회에 교섭단체를 구성한 정당과 중앙선거관리위원회가 추천하는 각 1명, 언론학계·대한변호사협회·언론인단체 및 시민단체 등이 추천하는 사람을 포함하여 9명 이내의 위원으로 구성한다. 이 경우 위원정수에 관하여는 제8조의2제2항 후단을 준용한다. <개정 2010. 1. 25.>
③ 선거기사심의위원회는 「신문 등의 진흥에 관한 법률」 제2조에 따른 신문, 「잡지 등 정기간행물의 진흥에 관한 법률」 제2조제1호에 따른 잡지·정보간행물·전자간행물·기타간행물 및 「뉴스통신진흥에 관한 법률」 제2조제1호에 따른 뉴스통신(이하 이 조 및 제8조의4에서 "정기간행물등"이라 한다)에 게재된 선거기사의 공정 여부를 조사하여야 하고, 조사결과 선거기사의 내용이 공정하지 아니하다고 인정되는 경우에는 해당 기사의 내용에 대하여 다음 각 호의 어느 하나에 해당하는 제재조치를 결정하여 이를 언론중재위원회에 통보하여야 하며, 언론중재위원회는 불공정한 선거기사를 게재한 정기간행물등을 발행한 자(이하 이 조 및 제8조의4에서 "언론사"라 한다)에 대하여 통보받은 제재조치를 지체 없이 명하여야 한다. <개정 2008. 2. 29., 2009. 7. 31., 2017. 2. 8.>
1. 정정보도문 또는 반론보도문 게재
2. 경고결정문 게재
3. 주의사실 게재
4. 경고, 주의 또는 권고
④ 정기간행물등을 발행하는 자가 제1항에 규정된 선거기사심의위원회의 운영기간중에 「신문 등의 진흥에 관한 법률」 제2조제1호가목 또는 다목의 규정에 따른 일반일간신문 또는 일반주간신문을 발행하는 때에는 그 정기간행물등 1부를, 그 외의 정기간행물등을 발행하는 때에는 선거기사심의위원회의 요청이 있는 경우 1부를 지체없이 선거기사심의위원회에 제출하여야 한다. <신설 2002. 3. 7., 2005. 8. 4., 2008. 2. 29., 2009. 7. 31.>
⑤ 제4항의 규정에 의하여 정기간행물등을 제출한 자의 요구가 있는 때에는 선거기사심의위원회는 정당한 보상을 하여야 한다. <신설 2002. 3. 7., 2008. 2. 29.>
⑥ 제8조의2(選擧放送審議委員會)제3항·제4항 및 제6항의 규정은 선거기사심의위원회에 관하여 이를 준용한다.
⑦ 선거기사심의위원회의 구성과 운영에 관하여 필요한 사항은 언론중재위원회가 정한다.
[전문개정 2000. 2. 16.]
[2017. 2. 8. 법률 제14556호에 의하여 2015. 7. 30. 헌법재판소에서 위헌결정된 이 조 제3항을 개정함.]

제8조의4(선거보도에 대한 반론보도청구) ① 선거방송심의위원회 또는 선거기사심의위원회가 설치된 때부터 선거일까지 방송 또는 정기간행물등에 공표된 인신공격, 정책의 왜곡선전 등으로 피해를 받은 정당(中央黨에 한한다. 이하 이 조에서 같다) 또는 후보자(候補者가 되고자 하는 者를 포함한다. 이하 이 條에서 같다)는 그 방송 또는 기사게재가 있음을 안 날부터 10일 이내에 서면으로 당해 방송을 한 방송사에 반론보도의 방송을, 당해 기사를 게재한 언론사에 반론보도문의 게재를 각각 청구할 수 있다. 다만, 그 방송 또는 기사게재가 있은 날부터 30일이 경과한 때에는 그러하지 아니하다. <개정 2002. 3. 7., 2008. 2. 29., 2010. 1. 25.>
② 방송사 또는 언론사는 제1항의 청구를 받은 때에는 지체없이 당해 정당, 후보자 또는 그 대리인과 반론보도의 내용·크기·횟수 등에 관하여 협의한 후, 방송에 있어서는 이를 청구받은 때부터 48시간 이내에 무료로 반론보도의 방송을 하여야 하며, 정기간행물등에 있어서는 편집이 완료되지 아니한 같은 정기간행물등의 다음 발행호에 무료로 반론보도문의 게재를 하여야 한다. 이 경우 정기간행물등에 있어서 다음 발행호가 선거일후에 발행·배부되는 경우에는 반론보도의 청구를 받은 때부터 48시간 이내에 당해 정기간행물등이 배부된 지역에 배부되는 「신문 등의 진흥에 관한 법률」 제2조(정의)제1호가목에 따른 일반일간신문에 이를 게재하여야 하며, 그 비용은 당해 언론사의 부담으로 한다. <개정 2002. 3. 7., 2005. 8. 4., 2008. 2. 29., 2009. 7. 31.>
③ 제2항의 규정에 의한 협의가 이루어지지 아니한 때에는 당해 정당, 후보자, 방송사 또는 언론사는 선거방송심의위원회 또는 선거기사심의위원회에 지체없이 이를 회부하고, 선거방송심의위원회 또는 선거기사심의위원회는 회부받은 때부터 48시간 이내에 심의하여 각하·기각 또는 인용결정을 한 후 지체없이 이를 당해 정당 또는 후보자와 방송사 또는 언론사에 통지하여야 한다. 이 경우 반론보도의 인용결정을 하는 때에는 반론방송 또는 반론보도문의 내용·크기·횟수 기타 반론보도에 필요한 사항을 함께 결정하여야 한다. <개정 2002. 3. 7.>
④ 「언론중재 및 피해구제 등에 관한 법률」 제15조(정정보도청구권의 행사)제1항·제4항 내지 제7항의 규정은 반론보도청구에 이를 준용한다. 이 경우 "정정보도청구"는 "반론보도청구"로, "정정"은 "반론"으로, "정정보도청구권"은 "반론보도청구권"으로, "정정보도"는 "반론보도"로, "정정보도문"은 "반론보도문"으로 본다. <개정 2005. 8. 4.>
[전문개정 2000. 2. 16.]

제8조의5(인터넷선거보도심의위원회) ① 중앙선거관리위원회는 인터넷언론사[「신문 등의 진흥에 관한 법률」 제2조(정의)제4호에 따른 인터넷신문사업자 그 밖에 정치·경제·사회·문화·시사 등에 관한 보도·논평·여론 및 정보 등을 전파할 목적으로 취재·편집·집필한 기사를 인터넷을 통하여 보도·제공하거나 매개하는 인터넷홈페이지를 경영·관리하는 자와 이와 유사한 언론의 기능을 행하는 인터넷홈페이지를 경영·관리하는 자를 말한다. 이하 같다]의 인터넷홈페이지에 게재된 선거보도[사설·논평·사진·방송·동영상 기타 선거에 관한 내용을 포함한다. 이하 이 조 및 제8조의6(인터넷언론사의 정정보도 등)에서 같다]의 공정성을 유지하기 위하여 인터넷선거보도심의위원회를 설치·운영하여야 한다. <개정 2005. 8. 4., 2009. 7. 31.>
② 인터넷선거보도심의위원회는 국회에 교섭단체를 구성한 정당이 추천하는 각 1인과 방송통신심의위원회, 언론중재위원회, 학계, 법조계, 인터넷 언론단체 및 시민단체 등이 추천하

는 자를 포함하여 중앙선거관리위원회가 위촉하는 11인 이내의 위원으로 구성하며, 위원의 임기는 3년으로 한다. 이 경우 위원정수에 관하여는 제8조의2제2항 후단을 준용한다. <개정 2010. 1. 25.>

③ 인터넷선거보도심의위원회에 위원장 1인을 두되, 위원장은 위원중에서 호선한다.

④ 인터넷선거보도심의위원회에 상임위원 1인을 두되, 중앙선거관리위원회가 인터넷선거보도심의위원회의 위원중에서 지명한다.

⑤ 정당의 당원은 인터넷선거보도심의위원회의 위원이 될 수 없다.

⑥ 인터넷선거보도심의위원회는 인터넷 선거보도의 정치적 중립성·형평성·객관성 및 권리구제 기타 선거보도의 공정을 보장하기 위하여 필요한 사항을 정하여 이를 공표하여야 한다.

⑦ 인터넷선거보도심의위원회는 업무수행을 위하여 필요하다고 인정하는 때에는 관계 공무원 또는 전문가를 초청하여 의견을 듣거나 관련 기관·단체 등에 자료 및 의견제출 등 협조를 요청할 수 있다.

⑧ 인터넷선거보도심의위원회의 사무를 처리하기 위하여 선거관리위원회 소속 공무원으로 구성하는 사무국을 둔다.

⑨인터넷선거보도심의위원회의 구성·운영, 위원 및 상임위원의 대우, 사무국의 조직·직무범위 기타 필요한 사항은 중앙선거관리위원회규칙으로 정한다.

[본조신설 2004. 3. 12.]

제8조의6(인터넷언론사의 정정보도 등) ① 인터넷선거보도심의위원회는 인터넷언론사의 인터넷홈페이지에 게재된 선거보도의 공정 여부를 조사하여야 하며, 조사결과 선거보도의 내용이 공정하지 아니하다고 인정되는 때에는 당해 인터넷언론사에 대하여 해당 선거보도의 내용에 관한 정정보도문의 게재 등 필요한 조치를 명하여야 한다. <신설 2005. 8. 4.>

② 정당 또는 후보자(후보자가 되고자 하는 자를 포함한다. 이하 이 조에서 같다)는 인터넷언론사의 선거보도가 불공정하다고 인정되는 때에는 그 보도가 있음을 안 날부터 10일 이내에 인터넷선거보도심의위원회에 서면으로 이의신청을 할 수 있다.

③ 인터넷선거보도심의위원회는 제2항의 규정에 의한 이의신청을 받은 때에는 지체없이 이의신청 대상이 된 선거보도의 공정여부를 심의하여야 하며, 심의결과 선거보도가 공정하지 아니하다고 인정되는 때에는 당해 인터넷언론사에 대하여 해당 선거보도의 내용에 관한 정정보도문의 게재 등 필요한 조치를 명하여야 한다. <개정 2005. 8. 4.>

④ 인터넷언론사의 왜곡된 선거보도로 인하여 피해를 받은 정당 또는 후보자는 그 보도의 공표가 있음을 안 날부터 10일 이내에 서면으로 당해 인터넷언론사에 반론보도의 방송 또는 반론보도문의 게재(이하 이 조에서 "반론보도"라 한다)를 청구할 수 있다. 이 경우 그 보도의 공표가 있은 날부터 30일이 경과한 때에는 반론보도를 청구할 수 없다.

⑤인터넷언론사는 제4항의 청구를 받은 때에는 지체없이 당해 정당이나 후보자 또는 그 대리인과 반론보도의 형식·내용·크기 및 횟수 등에 관하여 협의한 후, 이를 청구받은 때부터 12시간 이내에 당해 인터넷언론사의 부담으로 반론보도를 하여야 한다. <개정 2005. 8. 4.>

⑥ 제5항의 규정에 의한 반론보도 협의가 이루어지지 아니하는 경우에 당해 정당 또는 후보자는 인터넷선거보도심의위원회에 즉시 반론보도청구를 할 수 있으며, 인터넷선거보도심의위원회는 이를 심의하여 각하·기각 또는 인용결정을 한 후 당해 정당·후보자 및 인터넷언론사에 그 결정내용을 통지하여야 한다. 이 경우 반론보도의 인용결정을 하는 때에는 그 형식·내용·크기·횟수 기타 필요한 사항을 함께 결정하여 통지하여야 하며, 통지를 받은 인터넷언론사는 지체없이 이를 이행하여야 한다. <개정 2005. 8. 4.>

⑦「언론중재 및 피해구제 등에 관한 법률」 제15조(정정보도청구권의 행사)제1항·제4항부터 제6항까지 및 제8항은 그 성질에 반하지 아니하는 한 인터넷언론사의 선거보도에 관한 반론보도청구에 이를 준용한다. 이 경우 "정정보도청구"는 "반론보도청구"로, "정정"은 "반론"으로, "정정보도청구권"은 "반론보도청구권"으로, "정정보도"는 "반론보도"로, "정정보도문"은 "반론보도문"으로 본다. <개정 2005. 8. 4., 2012. 1. 17.>

[본조신설 2004. 3. 12.]

제8조의7(선거방송토론위원회) ① 각급선거관리위원회(읍·면·동선거관리위원회를 제외한다. 이하 이 조에서 같다)는 제82조의2(선거방송토론위원회 주관 대담·토론회)의 규정에 의한 대담·토론회와 제82조의3(선거방송토론위원회 주관 정책토론회)의 규정에 의한 정책토론회(이하 이 조에서 "대담·토론회등"이라 한다)를 공정하게 주관·진행하기 위하여 각각 선거방송토론위원회(이하 이 조에서 "각급선거방송토론위원회"라 한다)를 설치·운영하여야 한다. 다만, 구·시·군선거관리위원회에 설치하는 구·시·군선거방송토론위원회(이하 "구·시·군선거방송토론위원회"라 한다)는 지역구국회의원선거구단위 또는 「방송법」에 의한 종합유선방송사업자의 방송권역단위로 설치·운영할 수 있다. <개정 2005. 8. 4.>

② 각급선거방송토론위원회는 다음 각 호에 따라 구성하며, 위원의 임기는 제2호 후단의 경우를 제외하고는 3년으로 한다. 이 경우 위원정수에 관하여는 제8조의2제2항 후단을 준용한다. <개정 2010. 1. 25., 2015. 8. 13., 2022. 1. 21.>

1. 중앙선거관리위원회에 설치하는 중앙선거방송토론위원회(이하 "중앙선거방송토론위원회"라 한다)
국회에 교섭단체를 구성한 정당, 공영방송사(한국방송공사와 「방송문화진흥회법」에 따른 방송문화진흥회가 최대출자자인 방송사업자를 말한다. 이하 같다), 지상파방송사(공영방송사가 아닌 지상파방송사업자로서 중앙선거관리위원회규칙으로 정하는 방송사업자를 말한다. 이하 같다)가 포함된 단체로서 중앙선거관리위원회규칙으로 정하는 단체가 추천하는 각 1명, 방송통신심의위원회·학계·법조계·시민단체가 추천하는 사람 등 학식과 덕망이 있는 사람 중에서 중앙선거관리위원회가 위촉하는 사람을 포함하여 11명 이내의 위원

1의2. 특별시·광역시·특별자치시·도·특별자치도(이하 "시·도"라 한다)선거관리위원회에 설치하는 시·도선거방송토론위원회(이하 "시·도선거방송토론위원회"라 한다)
국회에 교섭단체를 구성한 정당, 공영방송사, 지상파방송사가 추천하는 각 1명, 방송통신심의위원회·학계·법조계·시민단체가 추천하는 사람 등 학식과 덕망이 있는 사람 중에서 시·도선거관리위원회가 위촉하는 사람을 포함하여 9명 이내의 위원

2. 구·시·군선거방송토론위원회
해당 구·시·군선거관리위원회의 위원장 및 정당추천위원을 포함한 위원 3명(정당추천위원의 수가 3명 이상인 경우에는 그 위원을 모두 포함한 수를 말한다), 학계·법조계·시민단체·전문언론인 중에서 해당 구·시·군선거관리위원회가 위촉하는 사람을 포함하여 9명 이내의 위원. 이 경우 구·시·군선거관리위원회 위원을 겸하는 위원의 임기는 「선거관리위원회법」 제8조에 따른 재임기간으로 한다.

③ 각급선거방송토론위원회에 위원장 1인을 두되, 위원장은 위원중에서 호선한다. 다만, 구·시·군선거방송토론위원회 위원장은 해당 구·시·군선거관리위원회 위원장이 겸한다. <개정 2010. 1. 25.>

④ 중앙선거방송토론위원회에 상임위원 1인을 두되, 중앙선거관리위원회가 중앙선거방송토론위원회의 위원중에서 지명한다.

⑤ 정당의 당원은 선거방송토론위원회의 위원이 될 수 없다.

⑥ 중앙선거방송토론위원회는 대담·토론회등의 주관·진행 기타 공정성을 보장하기 위하여 필요한 사항을 정하여 공표하여야 한다.

⑦ 각급선거방송토론위원회는 대담·토론회등의 업무수행을 위하여 필요한 때에는 공영방송사 또는 관련 기관·단체등에 대하여 협조요구를 할 수 있으며, 그 협조요구를 받은 공영방송사는 우선적으로 이에 응하여야 한다.

⑧ 중앙선거방송토론위원회 또는 시·도선거방송토론위원회에

그 사무를 처리하게 하기 위하여 선거관리위원회 소속 공무원으로 구성하는 사무국을 둔다. <개정 2005. 8. 4., 2010. 1. 25.>
⑨ 선거방송토론위원회는 업무수행을 위하여 필요하다고 인정하는 때에는 관계 행정기관 또는 관련 기관·단체 등의 장과 협의하여 그 소속 공무원 또는 임·직원을 파견받거나 관계행정기관 소속 공무원으로 하여금 제8항의 규정에 의한 사무국의 소속 공무원의 직을 겸임하게 할 수 있다.
⑩ 각급선거방송토론위원회의 구성·운영, 위원 및 상임위원의 대우, 사무국의 조직·직무범위 기타 필요한 사항은 중앙선거관리위원회규칙으로 정한다.
[본조신설 2004. 3. 12.]

제8조의8(선거여론조사심의위원회) ① 중앙선거관리위원회와 시·도선거관리위원회는 선거에 관한 여론조사의 객관성·신뢰성을 확보하기 위하여 선거여론조사심의위원회를 각각 설치·운영하여야 한다. <개정 2015. 12. 24., 2017. 2. 8.>
② 중앙선거관리위원회에 설치하는 선거여론조사심의위원회(이하 "중앙선거여론조사심의위원회"라 한다) 및 시·도선거관리위원회에 설치하는 선거여론조사심의위원회(이하 "시·도선거여론조사심의위원회"라 한다)는 국회에 교섭단체를 구성한 정당이 추천하는 각 1명과 학계, 법조계, 여론조사 관련 기관·단체의 전문가 등을 포함하여 중립적이고 공정한 사람 중에서 중앙선거관리위원회 또는 시·도선거관리위원회가 위촉하는 사람으로 총 9명 이내의 위원으로 각각 구성하며, 위원의 임기는 3년으로 한다. 이 경우 위원정수에 관하여는 제8조의2제2항 후단을 준용한다. <개정 2017. 2. 8.>
③ 선거여론조사심의위원회에 위원장 1명을 두되, 위원장은 위원 중에서 호선한다. <개정 2017. 2. 8.>
④ 중앙선거여론조사심의위원회에 상임위원 1명을 두되, 중앙선거관리위원회가 중앙선거여론조사심의위원회의 위원 중에서 지명한다. <개정 2017. 2. 8.>
⑤ 정당의 당원은 선거여론조사심의위원회의 위원이 될 수 없다. <개정 2017. 2. 8.>
⑥ 중앙선거여론조사심의위원회는 공표 또는 보도를 목적으로 하는 선거에 관한 여론조사의 객관성·신뢰성을 확보하기 위하여 필요한 사항(이하 "선거여론조사기준"이라 한다)을 정하여 공표하여야 한다. <개정 2015. 12. 24., 2017. 2. 8.>
⑦ 선거여론조사심의위원회의 직무는 다음 각 호와 같다. <개정 2015. 12. 24., 2017. 2. 8.>
1. 제108조제4항에 따른 이의신청에 대한 심의 및 같은 조 제7항에 따른 등록 처리
2. 선거에 관한 여론조사가 이 법 또는 선거여론조사기준을 위반하였는지 여부에 대한 심의 및 조치
3. 제8조의9에 따른 선거여론조사기관 등록 등 처리
⑧ 다음 각 호의 어느 하나에 해당하는 여론조사는 이 법에 따른 선거에 관한 여론조사로 보지 아니한다. <신설 2017. 2. 8.>
1. 정당이 그 대표자 등 당직자를 선출하기 위하여 실시하는 여론조사
2. 후보자(후보자가 되려는 사람을 포함한다)의 성명이나 정당(창당준비위원회를 포함한다)의 명칭을 나타내지 아니하고 정책·공약 개발을 위하여 실시하는 여론조사
3. 국회의원 및 지방의회의원이 의정활동과 관련하여 실시하는 여론조사. 다만, 제60조의2제1항에 따른 해당 선거의 예비후보자등록신청개시일부터 선거일까지 실시하는 여론조사는 제외한다.
4. 정치, 선거 등 분야에서 순수한 학술·연구 목적으로 실시하는 여론조사
5. 단체 등이 의사결정을 위하여 그 구성원만을 대상으로 실시하는 여론조사
⑨ 선거여론조사심의위원회가 심의하는 관할 여론조사는 다음 각 호와 같다. <개정 2017. 2. 8.>
1. 중앙선거여론조사심의위원회: 전국 또는 2 이상 시·도의 선거구민을 대상으로 하는 여론조사
2. 시·도선거여론조사심의위원회: 해당 시·도의 선거구민을 대상으로 하는 여론조사
⑩ 선거여론조사심의위원회는 선거에 관한 여론조사가 이 법 또는 선거여론조사기준을 위반하였다고 인정되는 때에는 그 위반행위를 한 자에게 시정명령·경고·정정보도문의 게재명령 등 필요한 조치를 하되, 그 위반행위가 선거의 공정성을 현저하게 해치는 것으로 인정되거나 시정명령·정정보도문의 게재명령을 불이행한 때에는 고발 등 필요한 조치를 하여야 하고 이를 관할 선거구선거관리위원회에 통보하여야 한다. <개정 2015. 12. 24., 2017. 2. 8.>
⑪ 선거여론조사심의위원회가 이 법 또는 선거여론조사기준을 위반한 여론조사에 대하여 조사 등을 하는 경우에는 제272조의2를 준용한다. 이 경우 "각급선거관리위원회" 또는 "선거관리위원회"는 "선거여론조사심의위원회"로, "각급선거관리위원회 위원·직원" 또는 "선거관리위원회 위원·직원"은 "선거여론조사심의위원회 위원·직원"으로, "선거범죄" 또는 "범죄"는 "선거에 관한 여론조사에 있어서 이 법 또는 선거여론조사기준 위반행위"로 본다. <신설 2017. 2. 8.>
⑫ 선거여론조사심의위원회는 업무수행을 위하여 필요하다고 인정하는 때에는 관계 공무원 또는 전문가를 초청하여 의견을 듣거나 관련 기관·단체 등에 자료 및 의견 제출 등 협조를 요청할 수 있다. <개정 2017. 2. 8.>
⑬ 선거여론조사심의위원회에 그 사무를 처리하기 위하여 선거관리위원회 소속 공무원으로 구성하는 사무국을 둘 수 있다. <개정 2017. 2. 8.>
⑭ 선거여론조사심의위원회의 구성·운영, 위원 및 상임위원의 대우, 사무국의 조직·직무범위, 선거여론조사기준의 공표방법, 그 밖에 필요한 사항은 중앙선거관리위원회규칙으로 정한다. <개정 2017. 2. 8.>
[본조신설 2014. 2. 13.]
[제목개정 2017. 2. 8.]

제8조의9(여론조사 기관·단체의 등록 등) ① 여론조사 기관·단체가 공표 또는 보도를 목적으로 선거에 관한 여론조사를 실시하려는 때에는 조사시스템, 분석전문인력, 그 밖에 중앙선거관리위원회규칙으로 정하는 요건을 갖추어 관할 선거여론조사심의위원회에 서면으로 그 등록을 신청하여야 한다.
② 제1항에 따른 등록신청을 받은 관할 선거여론조사심의위원회는 그 신청을 접수한 날부터 7일 이내에 등록을 수리하고 등록증을 교부하여야 한다.
③ 선거여론조사심의위원회는 제2항에 따라 등록증을 교부한 여론조사 기관·단체(이하 "선거여론조사기관"이라 한다)에 관한 정보로서 중앙선거관리위원회규칙으로 정하는 정보를 지체 없이 중앙선거여론조사심의위원회 홈페이지에 공개하여야 한다.
④ 제1항에 따른 등록신청 사항 중 변경이 생긴 때에는 선거여론조사기관은 14일 이내에 관할 선거여론조사심의위원회에 변경등록을 신청하여야 한다.
⑤ 선거여론조사기관(그 대표자 및 구성원을 포함한다)이 다음 각 호의 어느 하나에 해당하는 경우 관할 선거여론조사심의위원회는 해당 선거여론조사기관의 등록을 취소한다. 이 경우 제3호에 해당하여 등록이 취소된 선거여론조사기관은 그 등록이 취소된 날부터 1년 이내에는 등록을 신청할 수 없다.
1. 거짓이나 그 밖의 부정한 방법으로 등록한 경우
2. 제1항에 따른 등록 요건을 갖추지 못하게 된 경우
3. 선거에 관한 여론조사와 관련된 죄를 범하여 징역형 또는 100만원 이상의 벌금형의 선고를 받은 경우
⑥ 등록신청서 및 등록증의 서식, 제3항에 따른 정보공개의 절차, 등록변경·등록취소 절차, 그 밖에 필요한 사항은 중앙선거관리위원회규칙으로 정한다.
[본조신설 2017. 2. 8.]

제9조(공무원의 중립의무 등) ① 공무원 기타 정치적 중립을 지켜야 하는 자(機關·團體를 포함한다)는 선거에 대한 부당한 영향력의 행사 기타 선거결과에 영향을 미치는 행위를 하여서는 아니된다.

② 검사(군검사를 포함한다) 또는 경찰공무원(檢察搜査官 및 軍司法警察官吏를 포함한다)은 이 법의 규정에 위반한 행위가 있다고 인정되는 때에는 신속·공정하게 단속·수사를 하여야 한다. <개정 2006. 2. 21., 2016. 1. 6., 2020. 12. 22.>

제10조(사회단체 등의 공명선거추진활동) ① 사회단체 등은 선거부정을 감시하는 등 공명선거추진활동을 할 수 있다. 다만, 다음 각 호의 어느 하나에 해당하는 단체는 그 명의 또는 그 대표의 명의로 공명선거추진활동을 할 수 없다. <개정 2000. 2. 16., 2002. 3. 7., 2004. 3. 12., 2005. 8. 4.>

1. 특별법에 의하여 설립된 국민운동단체로서 국가 또는 지방자치단체의 출연 또는 보조를 받는 단체(바르게살기運動協議會·새마을運動協議會·韓國自由總聯盟을 말한다)
2. 법령에 의하여 정치활동이나 공직선거에의 관여가 금지된 단체
3. 후보자(후보자가 되고자 하는 자를 포함한다. 이하 이 조에서 같다), 후보자의 배우자와 후보자 또는 그 배우자의 직계존·비속과 형제자매나 후보자의 직계비속 및 형제자매의 배우자(이하 "候補者의 家族"이라 한다)가 설립하거나 운영하고 있는 단체
4. 특정 정당(創黨準備委員會를 포함한다. 이하 이 條에서 같다) 또는 후보자를 지원하기 위하여 설립된 단체
5. 삭제 <2005. 8. 4.>
6. 선거운동을 하거나 할 것을 표방한 노동조합 또는 단체

② 사회단체 등이 공명선거추진활동을 함에 있어서는 항상 공정한 자세를 견지하여야 하며, 특정 정당이나 후보자의 선거운동에 이르지 아니하도록 유의하여야 한다.

③ 각급선거관리위원회(읍·면·동선거관리위원회를 제외한다)는 사회단체 등이 불공정한 활동을 하는 때에는 경고·중지 또는 시정명령을 하여야 하며, 그 행위가 선거운동에 이르거나 선거관리위원회의 중지 또는 시정명령을 이행하지 아니하는 때에는 고발 등 필요한 조치를 하여야 한다. <개정 2005. 8. 4.>

제10조의2(공정선거지원단) ① 각급선거관리위원회(읍·면·동선거관리위원회는 제외한다)는 선거부정을 감시하고 공정선거를 지원하기 위하여 공정선거지원단을 둔다. <개정 2008. 2. 29., 2018. 4. 6.>

② 공정선거지원단은 선거운동을 할 수 있는 자로서 정당의 당원이 아닌 중립적이고 공정한 자 중에서 중앙선거관리위원회규칙으로 정하는 바에 따라 10명 이내로 구성한다. 다만, 선거일 전 60일(선거일 전 60일 후에 실시사유가 확정된 보궐선거등의 경우 그 선거의 실시사유가 확정된 때)부터 선거일 후 10일까지는 중앙선거관리위원회 및 시·도선거관리위원회는 10인 이내의, 구·시·군선거관리위원회는 20인 이내의 인원을 추가하여 구성할 수 있다. <개정 2008. 2. 29., 2010. 1. 25., 2018. 4. 6.>

③ 삭제 <2008. 2. 29.>

④ 삭제 <2008. 2. 29.>

⑤ 삭제 <2008. 2. 29.>

⑥ 공정선거지원단은 관할 선거관리위원회의 지휘를 받아 이 법에 위반되는 행위에 대하여 증거자료를 수집하거나 조사활동을 할 수 있다. <개정 2008. 2. 29., 2018. 4. 6.>

⑦ 공정선거지원단의 소속원에 대하여는 예산의 범위 안에서 수당 또는 실비를 지급할 수 있다. <개정 2018. 4. 6.>

⑧ 공정선거지원단의 구성·활동방법 및 수당·실비의 지급 기타 필요한 사항은 중앙선거관리위원회규칙으로 정한다. <개정 2018. 4. 6.>

[본조신설 2000. 2. 16.]

[제목개정 2018. 4. 6.]

제10조의3(사이버공정선거지원단) ① 중앙선거관리위원회는 인터넷을 이용한 선거부정을 감시하고 공정선거를 지원하기 위하여 중앙선거관리위원회규칙으로 정하는 바에 따라 5인 이상 10인 이하로 구성된 사이버공정선거지원단을 설치·운영하여야 한다. 다만, 선거일 전 60일(선거일 전 60일 후에 실시사유가 확정된 보궐선거등의 경우 그 선거의 실시사유가 확정된 때)부터 선거일 후 10일까지는 10인 이내의 인원을 추가하여 구성할 수 있다. <신설 2008. 2. 29., 2018. 4. 6.>

② 시·도선거관리위원회는 인터넷을 이용한 선거부정을 감시하고 공정선거를 지원하기 위하여 선거일전 120일(선거일전 120일후에 실시사유가 확정된 보궐선거등에 있어서는 그 선거의 실시사유가 확정된 후 5일)부터 선거일까지 30인 이내로 구성된 사이버공정선거지원단을 설치·운영하여야 한다. <개정 2008. 2. 29., 2018. 4. 6.>

③ 사이버공정선거지원단은 정당의 당원이 아닌 중립적이고 공정한 자로 구성한다. <개정 2008. 2. 29., 2018. 4. 6.>

④ 제10조의2제6항부터 제8항까지의 규정은 사이버공정선거지원단에 준용한다. 이 경우 "공정선거지원단"은 "사이버공정선거지원단"으로 본다. <개정 2008. 2. 29., 2018. 4. 6.>

[본조신설 2004. 3. 12.]

[제목개정 2018. 4. 6.]

제11조(후보자 등의 신분보장) ① 대통령선거의 후보자는 후보자의 등록이 끝난 때부터 개표종료시까지 사형·무기 또는 장기 7년 이상의 징역이나 금고에 해당하는 죄를 범한 경우를 제외하고는 현행범인이 아니면 체포 또는 구속되지 아니하며, 병역소집의 유예를 받는다. <개정 1995. 5. 10.>

② 국회의원선거, 지방의회의원 및 지방자치단체의 장의 선거의 후보자는 후보자의 등록이 끝난 때부터 개표종료시까지 사형·무기 또는 장기 5년 이상의 징역이나 금고에 해당하는 죄를 범하였거나 제16장 벌칙에 규정된 죄를 범한 경우를 제외하고는 현행범인이 아니면 체포 또는 구속되지 아니하며, 병역소집의 유예를 받는다. <신설 1995. 5. 10.>

③ 선거사무장·선거연락소장·선거사무원·회계책임자·투표참관인·사전투표참관인과 개표참관인(예비후보자가 선임한 선거사무장·선거사무원 및 회계책임자는 제외한다)은 해당 신분을 취득한 때부터 개표종료시까지 사형·무기 또는 장기 3년 이상의 징역이나 금고에 해당하는 죄를 범하였거나 제230조부터 제235조까지 및 제237조부터 제259조까지의 죄를 범한 경우를 제외하고는 현행범인이 아니면 체포 또는 구속되지 아니하며, 병역소집의 유예를 받는다. <개정 2011. 7. 28., 2014. 1. 17.>

[제목개정 2011. 7. 28.]

제12조(선거관리) ① 중앙선거관리위원회는 이 법에 특별한 규정이 있는 경우를 제외하고는 선거사무를 통할·관리하며, 하급선거관리위원회(투표관리관 및 사전투표관리관을 포함한다. 이하 이 조에서 같다) 및 제218조에 따른 재외선거관리위원회와 제218조의2에 따른 재외투표관리관의 위법·부당한 처분에 대하여 이를 취소하거나 변경할 수 있다. <개정 2005. 8. 4., 2009. 2. 12., 2014. 1. 17.>

② 시·도선거관리위원회는 지방의회의원 및 지방자치단체의 장의 선거에 관한 하급선거관리위원회의 위법·부당한 처분에 대하여 이를 취소하거나 변경할 수 있다. <개정 1995. 4. 1., 2005. 8. 4.>

③ 구·시·군선거관리위원회는 당해 선거에 관한 하급선거관리위원회의 위법·부당한 처분에 대하여 이를 취소하거나 변경할 수 있다.

④ 이 법에 규정된 구·시·군선거관리위원회에는 그 성질에 반하지 아니하는 범위에서 세종특별자치시선거관리위원회가 포함된 것으로 본다. <신설 2015. 8. 13.>

[제목개정 2015. 8. 13.]

제13조(선거구선거관리) ① 선거구선거사무를 행할 선거관리위원회(이하 "選擧區選擧管理委員會"라 한다)는 다음 각호와 같다. <개정 2000. 2. 16., 2005. 8. 4., 2015. 8. 13.>

1. 대통령선거 및 비례대표전국선거구국회의원(이하 "比例代表國會議員"이라 한다)선거의 선거구선거사무는 중앙선거관리위원회
2. 특별시장·광역시장·특별자치시장·도지사(이하 "市·道知事"라 한다)선거와 비례대표선거구시·도의회의원(이하 "比例代表市·道議員"이라 한다)선거의 선거구선거사무는 시·도선거관리위원회

3. 지역선거구국회의원(이하 "地域區國會議員"이라 한다)선거, 지역선거구시·도의회의원(이하 "지역구시·도의원"이라 한다)선거, 지역선거구자치구·시·군의회의원(이하 "지역구자치구·시·군의원"이라 한다)선거, 비례대표선거구자치구·시·군의회의원(이하 "비례대표자치구·시·군의원"이라 한다) 선거 및 자치구의 구청장·시장·군수(이하 "自治區·市·郡의 長"이라 한다)선거의 선거구선거사무는 그 선거구역을 관할하는 구·시·군선거관리위원회[제29조(地方議會議員의 增員選擧)제3항 또는 「선거관리위원회법」 제2조(設置)제6항의 규정에 의하여 선거구선거사무를 행할 구·시·군선거관리위원회가 지정된 경우에는 그 지정을 받은 구·시·군선거관리위원회를 말한다]

② 제1항에서 "선거구선거사무"라 함은 선거에 관한 사무중 후보자등록 및 당선인결정 등과 같이 당해 선거구를 단위로 행하여야 하는 선거사무를 말한다.

③ 선거구선거관리위원회 또는 직근 상급선거관리위원회는 선거관리를 위하여 특히 필요하다고 인정하는 때에는 중앙선거관리위원회가 정하는 바에 따라 당해 선거에 관하여 관할선거구안의 선거관리위원회가 행할 선거사무의 범위를 조정하거나 하급선거관리위원회 또는 그 위원으로 하여금 선거구선거관리위원회의 직무를 행하게 할 수 있다.

④ 제3항의 규정에 의하여 선거구선거사무를 행하는 하급선거관리위원회의 위원은 선거구선거관리위원회위원의 정수에 산입하지 아니하며, 선거구선거관리위원회의 의결에 참가할 수 없다.

⑤ 구·시·군선거관리위원회 또는 읍·면·동선거관리위원회가 천재·지변 기타 부득이한 사유로 그 기능을 수행할 수 없는 때에는 직근 상급선거관리위원회는 직접 또는 다른 선거관리위원회로 하여금 당해 선거관리위원회의 기능이 회복될 때까지 그 선거사무를 대행하거나 대행하게 할 수 있다. 다른 선거관리위원회로 하여금 대행하게 하는 경우에는 대행할 업무의 범위도 함께 정하여야 한다. <개정 2005. 8. 4.>

⑥ 제5항의 규정에 의하여 선거사무를 대행하거나 대행하게 한 때에는 대행할 선거관리위원회와 그 업무의 범위를 지체없이 공고하고, 상급선거관리위원회에 보고하여야 한다.

[제목개정 2015. 8. 13.]

제14조(임기개시) ① 대통령의 임기는 전임대통령의 임기만료일의 다음날 0시부터 개시된다. 다만, 전임자의 임기가 만료된 후에 실시하는 선거와 궐위로 인한 선거에 의한 대통령의 임기는 당선이 결정된 때부터 개시된다. <개정 2003. 2. 4.>

② 국회의원과 지방의회의원(이하 이 項에서 "議員"이라 한다)의 임기는 총선거에 의한 전임의원의 임기만료일의 다음 날부터 개시된다. 다만, 의원의 임기가 개시된 후에 실시하는 선거와 지방의회의원의 증원선거에 의한 의원의 임기는 당선이 결정된 때부터 개시되며 전임자 또는 같은 종류의 의원의 잔임기간으로 한다.

③ 지방자치단체의 장의 임기는 전임지방자치단체의 장의 임기만료일의 다음 날부터 개시된다. 다만, 전임지방자치단체의 장의 임기가 만료된 후에 실시하는 선거와 제30조(地方自治團體의 廢置·分合시의 選擧 등)제1항제1호 내지 제3호에 의하여 새로 선거를 실시하는 지방자치단체의 장의 임기는 당선이 결정된 때부터 개시되며 전임자 또는 같은 종류의 지방자치단체의 장의 잔임기간으로 한다.

제2장 선거권과 피선거권

제15조(선거권) ① 18세 이상의 국민은 대통령 및 국회의원의 선거권이 있다. 다만, 지역구국회의원의 선거권은 18세 이상의 국민으로서 제37조제1항에 따른 선거인명부작성기준일 현재 다음 각 호의 어느 하나에 해당하는 사람에 한하여 인정된다. <개정 2011. 11. 7., 2014. 1. 17., 2015. 8. 13., 2020. 1. 14.>

1. 「주민등록법」 제6조제1항제1호 또는 제2호에 해당하는 사람으로서 해당 국회의원지역선거구 안에 주민등록이 되어 있는 사람

2. 「주민등록법」 제6조제1항제3호에 해당하는 사람으로서 주민등록표에 3개월 이상 계속하여 올라 있고 해당 국회의원지역선거구 안에 주민등록이 되어 있는 사람

② 18세 이상으로서 제37조제1항에 따른 선거인명부작성기준일 현재 다음 각 호의 어느 하나에 해당하는 사람은 그 구역에서 선거하는 지방자치단체의 의회의원 및 장의 선거권이 있다. <개정 2009. 2. 12., 2011. 11. 7., 2014. 1. 17., 2015. 8. 13., 2020. 1. 14.>

1. 「주민등록법」 제6조제1항제1호 또는 제2호에 해당하는 사람으로서 해당 지방자치단체의 관할 구역에 주민등록이 되어 있는 사람

2. 「주민등록법」 제6조제1항제3호에 해당하는 사람으로서 주민등록표에 3개월 이상 계속하여 올라 있고 해당 지방자치단체의 관할구역에 주민등록이 되어 있는 사람

3. 「출입국관리법」 제10조에 따른 영주의 체류자격 취득일 후 3년이 경과한 외국인으로서 같은 법 제34조에 따라 해당 지방자치단체의 외국인등록대장에 올라 있는 사람

[제목개정 2011. 11. 7.]

[2009. 2. 12. 법률 제9466호에 의하여 2007. 6. 28. 헌법재판소에서 헌법불합치결정된 이 조 제2항제1호를 개정함.]

제16조(피선거권) ① 선거일 현재 5년 이상 국내에 거주하고 있는 40세 이상의 국민은 대통령의 피선거권이 있다. 이 경우 공무로 외국에 파견된 기간과 국내에 주소를 두고 일정기간 외국에 체류한 기간은 국내거주기간으로 본다. <개정 1997. 1. 13.>

② 18세 이상의 국민은 국회의원의 피선거권이 있다. <개정 2022. 1. 18.>

③ 선거일 현재 계속하여 60일 이상(公務로 外國에 派遣되어 選擧日전 60日후에 귀국한 者는 選擧人名簿作成基準日부터 계속하여 選擧日까지) 해당 지방자치단체의 관할구역에 주민등록이 되어 있는 주민으로서 18세 이상의 국민은 그 지방의회의원 및 지방자치단체의 장의 피선거권이 있다. 이 경우 60일의 기간은 그 지방자치단체의 설치·폐지·분할·합병 또는 구역변경(제28조 각 호의 어느 하나에 따른 구역변경을 포함한다)에 의하여 중단되지 아니한다. <개정 1998. 4. 30., 2009. 2. 12., 2015. 8. 13., 2022. 1. 18.>

④ 제3항 전단의 경우에 지방자치단체의 사무소 소재지가 다른 지방자치단체의 관할 구역에 있어 해당 지방자치단체의 장의 주민등록이 다른 지방자치단체의 관할 구역에 있게 된 때에는 해당 지방자치단체의 관할 구역에 주민등록이 되어 있는 것으로 본다. <개정 2009. 2. 12.>

[제목개정 2015. 8. 13.]

[2009. 2. 12. 법률 제9466호에 의하여 2007. 6. 28. 헌법재판소에서 헌법불합치결정된 이 조 제3항을 개정함.]

제17조(연령산정기준) 선거권자와 피선거권자의 연령은 선거일 현재로 산정한다.

제18조(선거권이 없는 자) ① 선거일 현재 다음 각 호의 어느 하나에 해당하는 사람은 선거권이 없다. <개정 2004. 3. 12., 2005. 8. 4., 2015. 8. 13.>

1. 금치산선고를 받은 자

2. 1년 이상의 징역 또는 금고의 형의 선고를 받고 그 집행이 종료되지 아니하거나 그 집행을 받지 아니하기로 확정되지 아니한 사람. 다만, 그 형의 집행유예를 선고받고 유예기간 중에 있는 사람은 제외한다.

3. 선거범, 「정치자금법」 제45조(정치자금부정수수죄) 및 제49조(선거비용관련 위반행위에 관한 벌칙)에 규정된 죄를 범한 자 또는 대통령·국회의원·지방의회의원·지방자치단체의 장으로서 그 재임중의 직무와 관련하여 「형법」(「특정범죄가중처벌 등에 관한 법률」 제2조에 의하여 가중처벌되는 경우를 포함한다) 제129조(수뢰, 사전수뢰) 내지 제132조(알선수뢰)·「특정범죄가중처벌 등에 관한 법률」 제3조(알선수재)에 규정된 죄를 범한 자로서, 100만원이상의 벌금형의 선고를 받고 그 형이 확정된 후 5년 또는 형의 집행유예의 선고를 받고 그 형이 확정된 후 10년을 경과하지 아니하거나 징역형의 선고

를 받고 그 집행을 받지 아니하기로 확정된 후 또는 그 형의 집행이 종료되거나 면제된 후 10년을 경과하지 아니한 자(刑이 失效된 者도 포함한다)
4. 법원의 판결 또는 다른 법률에 의하여 선거권이 정지 또는 상실된 자
② 제1항제3호에서 "선거범"이라 함은 제16장 벌칙에 규정된 죄와 「국민투표법」 위반의 죄를 범한 자를 말한다. <개정 2005. 8. 4.>
③ 「형법」 제38조에도 불구하고 제1항제3호에 규정된 죄와 다른 죄의 경합범에 대하여는 이를 분리 선고하고, 선거사무장·선거사무소의 회계책임자(선거사무소의 회계책임자로 선임·신고되지 아니한 사람으로서 후보자와 통모(通謀)하여 해당 후보자의 선거비용으로 지출한 금액이 선거비용제한액의 3분의 1 이상에 해당하는 사람을 포함한다) 또는 후보자(후보자가 되려는 사람을 포함한다)의 직계존비속 및 배우자에게 제263조 및 제265조에 규정된 죄와 이 조 제1항제3호에 규정된 죄의 경합범으로 징역형 또는 300만원 이상의 벌금형을 선고하는 때(선거사무장, 선거사무소의 회계책임자에 대하여는 선임·신고되기 전의 행위로 인한 경우를 포함한다)에는 이를 분리 선고하여야 한다. <개정 2010. 1. 25.>
[제목개정 2015. 8. 13.]
[2015. 8. 13.. 법률 제13497호에 의하여 2014. 1. 28. 헌법재판소에서 위헌 및 헌법불합치 결정된 이 조 제1항제2호를 개정함]

제19조(피선거권이 없는 자) 선거일 현재 다음 각 호의 어느 하나에 해당하는 자는 피선거권이 없다. <개정 2013. 12. 30., 2014. 2. 13.>
1. 제18조(選擧權이 없는 者)제1항제1호·제3호 또는 제4호에 해당하는 자
2. 금고 이상의 형의 선고를 받고 그 형이 실효되지 아니한 자
3. 법원의 판결 또는 다른 법률에 의하여 피선거권이 정지되거나 상실된 자
4. 「국회법」 제166조(국회 회의 방해죄)의 죄를 범한 자로서 다음 각 목의 어느 하나에 해당하는 자(형이 실효된 자를 포함한다)
가. 500만원 이상의 벌금형의 선고를 받고 그 형이 확정된 후 5년이 경과되지 아니한 자
나. 형의 집행유예의 선고를 받고 그 형이 확정된 후 10년이 경과되지 아니한 자
다. 징역형의 선고를 받고 그 집행을 받지 아니하기로 확정된 후 또는 그 형의 집행이 종료되거나 면제된 후 10년이 경과되지 아니한 자
5. 제230조제6항의 죄를 범한 자로서 벌금형의 선고를 받고 그 형이 확정된 후 10년을 경과하지 아니한 자(형이 실효된 자도 포함한다)

제3장 선거구역과 의원정수

제20조(선거구) ① 대통령 및 비례대표국회의원은 전국을 단위로 하여 선거한다. <개정 2000. 2. 16., 2005. 8. 4.>
② 비례대표시·도의원은 당해 시·도를 단위로 선거하며, 비례대표자치구·시·군의원은 당해 자치구·시·군을 단위로 선거한다. <신설 2005. 8. 4.>
③ 지역구국회의원, 지역구지방의회의원(지역구시·도의원 및 지역구자치구·시·군의원을 말한다. 이하 같다)은 당해 의원의 선거구를 단위로 하여 선거한다. <개정 2000. 2. 16., 2005. 8. 4.>
④ 지방자치단체의 장은 당해 지방자치단체의 관할구역을 단위로 하여 선거한다.

제21조(국회의 의원정수) ① 국회의 의원정수는 지역구국회의원 253명과 비례대표국회의원 47명을 합하여 300명으로 한다. <개정 2020. 1. 14.>
② 하나의 국회의원지역선거구(이하 "국회의원지역구"라 한다)에서 선출할 국회의원의 정수는 1인으로 한다. <개정 2016. 3. 3.>
[제목개정 2016. 3. 3.]

제22조(시·도의회의 의원정수) ① 시·도별 지역구시·도의원의 총 정수는 그 관할구역 안의 자치구·시·군(하나의 자치구·시·군이 2 이상의 국회의원지역구로 된 경우에는 국회의원지역구를 말하며, 행정구역의 변경으로 국회의원지역구와 행정구역이 합치되지 아니하게 된 때에는 행정구역을 말한다)수의 2배수로 하되, 인구·행정구역·지세·교통, 그 밖의 조건을 고려하여 100분의 20의 범위에서 조정할 수 있다. 다만, 인구가 5만명 미만인 자치구·시·군의 지역구시·도의원정수는 최소 1명으로 하고, 인구가 5만명 이상인 자치구·시·군의 지역구시·도의원정수는 최소 2명으로 한다. <개정 2014. 2. 13., 2016. 3. 3., 2022. 4. 20.>
② 제1항에도 불구하고 「지방자치법」 제10조제2항에 따라 시와 군을 통합하여 도농복합형태의 시로 한 경우에는 시·군통합후 최초로 실시하는 임기만료에 의한 시·도의회의원선거에 한하여 해당 시를 관할하는 도의회의원의 정수 및 해당 시의 도의회의원의 정수는 통합 전의 수를 고려하여 이를 정한다. <개정 1998. 4. 30., 2005. 8. 4., 2010. 1. 25., 2021. 1. 12.>
③ 제1항 및 제2항의 기준에 의하여 산정된 의원정수가 19명 미만이 되는 광역시 및 도는 그 정수를 19명으로 한다. <개정 1998. 4. 30., 2002. 3. 7., 2010. 1. 25.>
④ 비례대표시·도의원정수는 제1항 내지 제3항의 규정에 의하여 산정된 지역구시·도의원정수의 100분의 10으로 한다. 이 경우 단수는 1로 본다. 다만, 산정된 비례대표시·도의원정수가 3인 미만인 때에는 3인으로 한다. <신설 1995. 4. 1.>
[제목개정 2014. 2. 13.]
[2010. 1. 25. 법률 제9974호에 의하여 2007. 3. 29. 헌법재판소에서 헌법불합치 결정된 이 조를 개정함]

제23조(자치구·시·군의회의 의원정수) ① 시·도별 자치구·시·군의회 의원의 총정수는 별표 3과 같이 하며, 자치구·시·군의회의 의원정수는 당해 시·도의 총정수 범위 내에서 제24조의3의 규정에 따른 당해 시·도의 자치구·시·군의원선거구획정위원회가 자치구·시·군의 인구와 지역대표성을 고려하여 중앙선거관리위원회규칙이 정하는 기준에 따라 정한다. <개정 2015. 6. 19.>
② 자치구·시·군의회의 최소정수는 7인으로 한다.
③ 비례대표자치구·시·군의원정수는 자치구·시·군의원 정수의 100분의 10으로 한다. 이 경우 단수는 1로 본다.
[전문개정 2005. 8. 4.]

제24조(국회의원선거구획정위원회) ① 국회의원지역구의 공정한 획정을 위하여 임기만료에 따른 국회의원선거의 선거일 전 18개월부터 해당 국회의원선거에 적용되는 국회의원지역구의 명칭과 그 구역이 확정되어 효력을 발생하는 날까지 국회의원선거구획정위원회를 설치·운영한다. <개정 2016. 3. 3.>
② 국회의원선거구획정위원회는 중앙선거관리위원회에 두되, 직무에 관하여 독립의 지위를 가진다.
③ 국회의원선거구획정위원회는 중앙선거관리위원회위원장이 위촉하는 9명의 위원으로 구성하되, 위원장은 위원 중에서 호선한다.
④ 국회의 소관 상임위원회 또는 선거구획정에 관한 사항을 심사하는 특별위원회(이하 이 조 및 제24조의2에서 "위원회"라 한다)는 중앙선거관리위원회위원장이 지명하는 1명과 학계·법조계·언론계·시민단체·정당 등으로부터 추천받은 사람 중 8명을 의결로 선정하여 국회의원선거구획정위원회 설치일 전 10일까지 중앙선거관리위원회위원장에게 통보하여야 한다.
⑤ 중앙선거관리위원회위원장은 국회의원선거구획정위원회 위원의 결원이 발생하는 때에는 위원회에 위원을 선정하여 통보하여 줄 것을 요청하여야 한다. 이 경우 위원의 선정 등에 관하여는 제4항을 준용한다.
⑥ 국회의원선거구획정위원회 위원의 임기는 국회의원선거구획정위원회의 존속기간으로 한다.
⑦ 국회의원 및 정당의 당원(제1항에 따른 국회의원선거구획

정위원회의 설치일부터 과거 1년 동안 정당의 당원이었던 사람을 포함한다)은 위원이 될 수 없다.
⑧ 위원은 명예직으로 하되, 위원에게 일비·여비 그 밖의 실비를 지급할 수 있다.
⑨ 국회의원선거구획정위원회로부터 선거구획정업무에 필요한 자료의 요청을 받은 국가기관 및 지방자치단체는 지체 없이 이에 따라야 한다.
⑩ 국회의원선거구획정위원회는 국회의원지역구를 획정함에 있어서 국회에 의석을 가진 정당에게 선거구획정에 대한 의견진술의 기회를 부여하여야 한다. <개정 2016. 3. 3.>
⑪ 국회의원선거구획정위원회는 제25조제1항에 규정된 기준에 따라 작성되고 재적위원 3분의 2 이상의 찬성으로 의결한 선거구획정안과 그 이유 및 그 밖에 필요한 사항을 기재한 보고서를 임기만료에 따른 국회의원선거의 선거일 전 13개월까지 국회의장에게 제출하여야 한다.
⑫ 국회의원선거구획정위원회에 그 사무를 지원하기 위한 조직(이하 "지원 조직"이라 한다)을 국회의원선거구획정위원회 설치일 전 30일부터 둘 수 있다. 이 경우 지원 조직은 중앙선거관리위원회 소속 공무원으로 구성하되, 국회의원선거구획정위원회가 설치된 후 필요하다고 판단되면 국회의원선거구획정위원회위원장은 관계 국가기관에 그 소속 공무원의 파견을 요청할 수 있다.
⑬ 국회의원선거구획정위원회 위원 또는 위원이었던 사람은 그 직무상 알게 된 비밀을 누설하여서는 아니 된다. 국회의원선거구획정위원회 지원 조직의 직원 또한 같다.
⑭ 그 밖에 국회의원선거구획정위원회 및 지원 조직의 운영 등에 필요한 사항은 중앙선거관리위원회규칙으로 정한다.
[전문개정 2015. 6. 19.]

제24조의2(국회의원지역구 확정) ① 국회는 국회의원지역구를 선거일 전 1년까지 확정하여야 한다. <개정 2016. 3. 3.>
② 국회의장은 제24조제11항에 따라 제출된 선거구획정안을 위원회에 회부하여야 한다.
③ 제2항에 따라 선거구획정안을 회부받은 위원회는 이를 지체 없이 심사하여 국회의원지역구의 명칭과 그 구역에 관한 규정을 개정하는 법률안(이하 "선거구법률안"이라 한다)을 제안하여야 한다. 이 경우 위원회는 국회의원선거구획정위원회가 제출한 선거구획정안을 그대로 반영하되, 선거구획정안이 제25조제1항의 기준에 명백하게 위반된다고 판단하는 경우에는 그 이유를 붙여 재적위원 3분의 2 이상의 찬성으로 국회의원선거구획정위원회에 선거구획정안을 다시 제출하여 줄 것을 한 차례만 요구할 수 있다. <개정 2016. 3. 3.>
④ 제3항에 따른 요구를 받은 국회의원선거구획정위원회는 그 요구를 받은 날부터 10일 이내에 새로이 선거구획정안을 마련하여 국회의장에게 제출하여야 한다. 이 경우 선거구획정안의 위원회 회부에 관하여는 제2항을 준용한다.
⑤ 선거구법률안 중 국회의원지역구의 명칭과 그 구역에 한해서는 「국회법」 제86조에 따른 법제사법위원회의 체계와 자구에 대한 심사 대상에서 제외한다. <개정 2016. 3. 3.>
⑥ 국회의장은 선거구법률안 또는 선거구법률안이 포함된 법률안이 제안된 후 처음 개의하는 본회의에 이를 부의하여야 한다. 이 경우 본회의는 「국회법」 제95조제1항 및 제96조에도 불구하고 선거구법률안 또는 선거구법률안이 포함된 법률안을 수정 없이 바로 표결한다.
[본조신설 2015. 6. 19.]
[제목개정 2016. 3. 3.]

제24조의3(자치구·시·군의원선거구획정위원회) ① 자치구·시·군의원지역선거구(이하 "자치구·시·군의원지역구"라 한다)의 공정한 획정을 위하여 시·도에 자치구·시·군의원선거구획정위원회를 둔다.
② 자치구·시·군의원선거구획정위원회는 11명 이내의 위원으로 구성하되, 학계·법조계·언론계·시민단체와 시·도의회 및 시·도선거관리위원회가 추천하는 사람 중에서 시·도지사가 위촉하여야 한다.
③ 지방의회의원 및 정당의 당원은 자치구·시·군의원선거구획정위원회의 위원이 될 수 없다.
④ 자치구·시·군의원선거구획정위원회는 선거구획정안을 마련함에 있어서 국회에 의석을 가진 정당과 해당 자치구·시·군의 의회 및 장에 대하여 의견진술의 기회를 부여하여야 한다.
⑤ 자치구·시·군의원선거구획정위원회는 제26조제2항에 규정된 기준에 따라 선거구획정안을 마련하고, 그 이유나 그 밖의 필요한 사항을 기재한 보고서를 첨부하여 임기만료에 따른 자치구·시·군의원선거의 선거일 전 6개월까지 시·도지사에게 제출하여야 한다.
⑥ 시·도의회가 자치구·시·군의원지역구에 관한 조례를 개정하는 때에는 자치구·시·군의원선거구획정위원회의 선거구획정안을 존중하여야 한다.
⑦ 제24조제8항 및 제9항은 자치구·시·군의원선거구획정위원회에 관하여 이를 준용한다.
⑧ 자치구·시·군의원선거구획정위원회의 구성 및 운영, 그 밖에 필요한 사항은 중앙선거관리위원회규칙으로 정한다. <개정 2015. 12. 24.>
[본조신설 2015. 6. 19.]

제25조(국회의원지역구의 획정) ① 국회의원지역구는 시·도의 관할구역 안에서 인구·행정구역·지리적 여건·교통·생활문화권 등을 고려하여 다음 각 호의 기준에 따라 획정한다. <개정 2016. 3. 3.>
1. 국회의원지역구 획정의 기준이 되는 인구는 선거일 전 15개월이 속하는 달의 말일 현재 「주민등록법」 제7조제1항에 따른 주민등록표에 따라 조사한 인구로 한다.
2. 하나의 자치구·시·군의 일부를 분할하여 다른 국회의원지역구에 속하게 할 수 없다. 다만, 인구범위(인구비례 2:1의 범위를 말한다. 이하 이 조에서 같다)에 미달하는 자치구·시·군으로서 인접한 하나 이상의 자치구·시·군의 관할구역 전부를 합하는 방법으로는 그 인구범위를 충족하는 하나의 국회의원지역구를 구성할 수 없는 경우에는 그 인접한 자치구·시·군의 일부를 분할하여 구성할 수 있다.
② 국회의원지역구의 획정에 있어서는 제1항제2호의 인구범위를 벗어나지 아니하는 범위에서 농산어촌의 지역대표성이 반영될 수 있도록 노력하여야 한다. <신설 2016. 3. 3.>
③ 국회의원지역구의 명칭과 그 구역은 별표 1과 같이 한다. <개정 2016. 3. 3.>
[제목개정 2016. 3. 3.]
[2004. 3. 12. 법률 제7189호에 의하여 2001. 10. 25. 헌법재판소에서 헌법불합치 결정된 별표 1을 개정함.]
[2016. 3. 3. 법률 제14073호에 의하여 2014. 10. 30. 헌법재판소에서 헌법불합치 결정된 이 조 제3항 별표 1을 개정함.]

제26조(지방의회의원선거구의 획정) ① 시·도의회의원지역선거구(이하 "市·道議員地域區"라 한다)는 인구·행정구역·지세·교통 그 밖의 조건을 고려하여 자치구·시·군(하나의 自治區·市·郡이 2 이상의 國會議員地域區로 된 경우에는 國會議員地域區를 말하며, 行政區域의 변경으로 國會議員地域區와 行政區域이 合致되지 아니하게 된 때에는 行政區域을 말한다)을 구역으로 하거나 분할하여 이를 획정하되, 하나의 시·도의원지역구에서 선출할 지역구시·도의원정수는 1명으로 하며, 그 시·도의원지역구의 명칭과 관할구역은 별표 2와 같이 한다. <개정 1995. 4. 1., 2010. 1. 25.>
② 자치구·시·군의원지역구는 인구·행정구역·지세·교통 그 밖의 조건을 고려하여 획정하되, 하나의 자치구·시·군의원지역구에서 선출할 지역구자치구·시·군의원정수는 2인 이상 4인 이하로 하며, 그 자치구·시·군의원지역구의 명칭·구역 및 의원정수는 시·도조례로 정한다. <개정 2005. 8. 4.>
③ 제1항 또는 제2항의 규정에 따라 시·도의원지역구 또는 자치구·시·군의원지역구를 획정하는 경우 하나의 읍·면(「지방자치법」 제7조제3항에 따라 행정면을 둔 경우에는 행정면을 말한다. 이하 같다)·동(「지방자치법」 제7조제4항에 따라 행정동을 둔 경우에는 행정동을 말한다. 이하 같다)의 일

부를 분할하여 다른 시·도의원지역구 또는 자치구·시·군의원지역구에 속하게 하지 못한다. <개정 1995. 4. 1., 2005. 8. 4., 2010. 1. 25., 2021. 1. 12.>

④ 자치구·시·군의원지역구는 하나의 시·도의원지역구 내에서 획정하여야 한다. <신설 2005. 8. 4., 2022. 4. 20.>

[2022. 4. 20. 법률 제18841호에 의하여 2019. 2. 28. 헌법재판소에서 헌법불합치 결정된 제26조 제1항 [별표 2]를 개정함.]

제27조(임기중 국회의원지역구를 변경한 때의 선거유예) 인구의 증감 또는 행정구역의 변경에 따라 별표 1의 개정에 의한 국회의원지역구의 변경이 있더라도 임기만료에 의한 총선거를 실시할 때까지는 그 증감된 국회의원지역구의 선거는 이를 실시하지 아니한다.

제28조(임기중 지방의회의 의원정수의 조정 등) 인구의 증감 또는 행정구역의 변경에 따라 지방의회의 의원정수·선거구 또는 그 구역의 변경이 있더라도 임기만료에 의한 총선거를 실시할 때까지는 그 증감된 선거구의 선거는 이를 실시하지 아니한다. 다만, 지방자치단체의 구역변경이나 설치·폐지·분할 또는 합병이 있는 때에는 다음 각호에 의하여 당해 지방의회의 의원정수를 조정하고, 제3호 단서·제5호 또는 제6호의 경우에는 증원선거를 실시한다. <개정 1995. 4. 1., 2005. 8. 4.>

1. 지방자치단체의 구역변경으로 선거구에 해당하는 구역의 전부가 다른 지방자치단체에 편입된 때에는 그 편입된 선거구에서 선출된 지방의회의원은 종전의 지방의회의원의 자격을 상실하고 새로운 지방의회의원의 자격을, 선거구에 해당하는 구역의 일부가 다른 지방자치단체에 편입된 때에는 그 편입된 구역이 속하게 된 선거구에서 선출된 지방의회의원은 그 구역이 변경된 날부터 14일 이내에 자신이 속할 지방의회를 선택하여 당해 지방의회에 서면으로 신고하여야 하며 그 선택한 지방의회가 종전의 지방의회가 아닌 때에는 종전의 지방의회의원의 자격을 상실하고 새로운 지방의회의원의 자격을 취득하되, 그 임기는 종전의 지방의회의원의 잔임기간으로 하며, 그 재임기간에는 제22조(市·道議會의 議員定數) 또는 제23조(自治區·市·郡議會의 議員定數)의 규정에 불구하고 그 재직의원수를 각각 의원정수로 한다. 이 경우 새로운 지방의회의원의 자격을 취득한 지방의회의원의 주민등록이 종전의 지방자치단체의 관할구역안에 되어 있는 때에는 그 구역이 변경된 날부터 14일 이내에 새로운 지방자치단체의 관할구역으로 주민등록을 이전하여야 하며, 그 구역이 변경된 날부터 14일 이내에 자신이 속할 지방의회를 신고하지 아니한 때에는 그 구역이 변경된 날부터 14일이 되는 날 현재 당해 지방의회의원의 주민등록지를 관할하는 지방자치단체의 지방의회에 신고한 것으로 본다.

2. 2 이상의 지방자치단체가 합하여 새로운 지방자치단체가 설치된 때에는 종전의 지방의회의원은 같은 종류의 새로운 지방자치단체의 지방의회의원으로 되어 잔임기간 재임하며, 그 잔임기간에는 제22조 또는 제23조의 규정에 불구하고 그 재직의원수를 각각 의원정수로 한다.

3. 하나의 지방자치단체가 분할되어 2이상의 지방자치단체가 설치된 때에는 종전의 지방의회의원은 후보자등록당시의 선거구를 관할하게 되는 지방자치단체의 지방의회의원으로 되어 잔임기간 재임하며, 그 잔임기간에는 제22조 또는 제23조의 규정에 불구하고 그 재직의원수를 각각 의원정수로 한다. 이 경우 비례대표시·도의원은 당해 시·도가 분할·설치된 날부터 14일이내에 자신이 속할 시·도의회를 선택하여 당해 시·도의회에 서면으로 신고하여야 하고, 비례대표자치구·시·군의원은 당해 자치구·시·군이 분할·설치된 날부터 14일 이내에 자신이 속할 자치구·시·군의회를 선택하여 당해 자치구·시·군의회에 서면으로 신고하여야 한다. 다만, 재직의원수가 제22조 또는 제23조의 규정에 의한 새로운 의원정수의 3분의 2에 미달하는 때에는 의원정수에 미달하는 수만큼의 증원선거를 실시한다.

4. 시가 광역시로 된 때에는 종전의 시의회의원과 당해 지역에서 선출된 도의회의원은 종전의 지방의회의원의 자격을 각각 상실하고 광역시의회의원의 자격을 취득하되, 그 임기는 종전의 도의회의원의 잔임기간으로 하며, 그 잔임기간에는 제22조의 규정에 불구하고 그 재직의원수를 의원정수로 한다.

5. 읍 또는 면이 시로 된 때에는 시의회를 새로 구성하되, 최초로 선거하는 의원의 수는 당해 시·도의 자치구·시·군의원선거구획정위원회가 새로 정한 의원정수로부터 당해 지역에서 이미 선출된 군의회의원정수를 뺀 수로 하고, 종전의 당해 지역에서 선출된 군의회의원은 시의회의원이 된다. 이 경우 새로 선출된 의원정수를 합한 수를 제23조의 규정에 따른 시·도별 자치구·시·군의회의원의 총정수로 한다.

6. 제4호의 경우 자치구가 아닌 구가 자치구로 된 때에는 자치구의회를 새로 구성하며, 그 의원정수는 당해 시·도의 자치구·시·군의원선거구획정위원회가 새로 정한다. 이 경우 새로 정한 의원 정수를 합한 수를 제23조의 규정에 따른 시·도별자치구·시·군의회의원의 총정수로 한다.

제29조(지방의회의원의 증원선거) ① 제28조(任期중 地方議會의 議員定數의 調整 등)제3호 단서·제5호 또는 제6호의 규정에 의한 증원선거는 제22조(市·道議會의 議員定數)·제23조(自治區·市·郡議會의 議員定數) 또는 제26조(地方議會議員選擧區의 劃定)의 규정에 의하여 새로 획정한 선거구에 의하되, 종전 지방의회의원이 없거나 종전 지방의회의원의 수가 그 선거구의 의원정수에 미달되는 선거구에 대하여 실시한다.

② 제1항의 선거구획정에 있어서 종전 지방의회의원의 선거구는 그 의원의 후보자등록 당시의 주소지를 관할하는 선거구로 하며, 새로 획정한 하나의 선거구안에 종전 지방의회의원의 수가 그 선거구의 새로 정한 의원정수를 넘는 때에는 임기만료에 의한 총선거를 실시할 때까지 제22조 또는 제23조의 규정에 불구하고 그 넘는 의원수를 합한 수를 당해 선거구의 의원정수로 한다.

③ 제1항의 증원선거에 관한 사무는 당해 구·시·군선거관리위원회가 설치되지 아니한 경우에는 시·도선거관리위원회가 지정하거나 그 구역을 관할하던 종전의 구·시·군선거관리위원회로 하여금 그 선거사무를 행하게 할 수 있다.

제30조(지방자치단체의 폐치·분합시의 선거 등) ① 지방자치단체의 설치·폐지·분할 또는 합병이 있는 때에는 다음 각호에 의하여 당해 지방자치단체의 장을 선거한다. <개정 1995. 4. 1.>

1. 시·자치구 또는 광역시가 새로 설치된 때에는 당해 지방자치단체의 장은 새로 선거를 실시한다.

2. 하나의 지방자치단체가 분할되어 2 이상의 같은 종류의 지방자치단체로 된 때에는 종전의 지방자치단체의 장은 새로 설치된 지방자치단체중 종전의 지방자치단체의 사무소가 위치한 지역을 관할하는 지방자치단체의 장으로 되며, 그 다른 지방자치단체의 장은 새로 선거를 실시한다. 이 경우 종전의 지방자치단체의 사무소가 다른 지방자치단체의 관할구역안에 있는 때에는 지방자치단체의 분할에 관한 법률제정시 새로 선거를 실시할 지방자치단체를 정하여야 한다.

3. 2 이상의 같은 종류의 지방자치단체가 합하여 새로운 지방자치단체가 설치된 때에는 종전의 지방자치단체의 장은 그 직을 상실하고, 새로운 지방자치단체의 장에 대해서는 새로 선거를 실시한다.

4. 지방자치단체가 다른 지방자치단체에 편입됨으로 인하여 폐지된 때에는 그 폐지된 지방자치단체의 장은 그 직을 상실한다.

② 지방자치단체의 명칭만 변경된 경우에는 종전의 지방자치단체의 장은 변경된 지방자치단체의 장이 되며, 변경 당시의 잔임기간 재임한다.

③ 이 법에서 "같은 종류의 지방자치단체"라 함은 「지방자치법」 제2조(地方自治團體의 종류)제1항에 의한 같은 종류의 지방자치단체를 말한다. <개정 2005. 8. 4.>

제31조(투표구) ① 읍·면·동에 투표구를 둔다.

② 구·시·군선거관리위원회는 하나의 읍·면·동에 2 이상의 투표구를 둘 수 있다. 이 경우 읍·면의 리(「지방자치법」

제7조제4항에 따라 행정리를 둔 경우에는 행정리를 말한다. 이하 같다)의 일부를 분할하여 다른 투표구에 속하게 할 수 없다. <개정 2005. 8. 4., 2010. 1. 25., 2021. 1. 12.>

③ 투표구를 설치 또는 변경하거나 선거를 실시하는 때에는 구·시·군선거관리위원회는 중앙선거관리위원회규칙이 정하는 바에 따라 투표구의 명칭과 그 구역을 공고하여야 한다.

제32조(구역의 변경 등) ① 제37조(名簿作成)제1항의 선거인명부작성기준일부터 선거일까지의 사이에 선거구의 구역·행정구역 또는 투표구의 구역이 변경된 경우에도 당해 선거에 관한 한 그 구역은 변경되지 아니한 것으로 본다. <개정 2005. 8. 4.>

② 지방자치단체나 그 행정구역의 관할구역의 변경없이 그 명칭만 변경된 경우에는 별표 1·별표 2·별표 3 및 제26조(地方議會議員選擧區의 劃定)제2항의 규정에 의한 시·도조례중 국회의원지역구명·선거구명 및 그 구역의 행정구역명은 변경된 지방자치단체명이나 행정구역명으로 변경된 것으로 본다. <개정 2005. 8. 4.>

제4장 선거기간과 선거일

제33조(선거기간) ① 선거별 선거기간은 다음 각호와 같다. <개정 2002. 3. 7., 2004. 3. 12.>

1. 대통령선거는 23일
2. 국회의원선거와 지방자치단체의 의회의원 및 장의 선거는 14일
3. 삭제 <2002. 3. 7.>

② 삭제 <2004. 3. 12.>

③ "선거기간"이란 다음 각 호의 기간을 말한다. <개정 2011. 7. 28.>

1. 대통령선거: 후보자등록마감일의 다음 날부터 선거일까지
2. 국회의원선거와 지방자치단체의 의회의원 및 장의 선거: 후보자등록마감일 후 6일부터 선거일까지

[제목개정 2011. 7. 28.]

제34조(선거일) ① 임기만료에 의한 선거의 선거일은 다음 각호와 같다. <개정 1998. 2. 6., 2004. 3. 12.>

1. 대통령선거는 그 임기만료일전 70일 이후 첫번째 수요일
2. 국회의원선거는 그 임기만료일전 50일 이후 첫번째 수요일
3. 지방의회의원 및 지방자치단체의 장의 선거는 그 임기만료일전 30일 이후 첫번째 수요일

② 제1항의 규정에 의한 선거일이 국민생활과 밀접한 관련이 있는 민속절 또는 공휴일인 때와 선거일전일이나 그 다음날이 공휴일인 때에는 그 다음주의 수요일로 한다. <개정 2004. 3. 12.>

제35조(보궐선거 등의 선거일) ① 대통령의 궐위로 인한 선거 또는 재선거(第3項의 規定에 의한 再選擧를 제외한다. 이하 第2項에서 같다)는 그 선거의 실시사유가 확정된 때부터 60일 이내에 실시하되, 선거일은 늦어도 선거일 전 50일까지 대통령 또는 대통령권한대행자가 공고하여야 한다. <개정 2009. 2. 12.>

② 보궐선거·재선거·증원선거와 지방자치단체의 설치·폐지·분할 또는 합병에 의한 지방자치단체의 장 선거의 선거일은 다음 각 호와 같다. <개정 2000. 2. 16., 2004. 3. 12., 2005. 8. 4., 2011. 7. 28., 2015. 8. 13., 2020. 12. 29.>

1. 국회의원·지방의회의원의 보궐선거·재선거 및 지방의회의원의 증원선거는 매년 1회 실시하고, 지방자치단체의 장의 보궐선거·재선거는 매년 2회 실시하되, 다음 각 목에 따라 실시한다. 이 경우 각 목에 따른 선거일에 관하여는 제34조제2항을 준용한다.

가. 국회의원·지방의회의원의 보궐선거·재선거 및 지방의회의원의 증원선거는 4월 첫 번째 수요일에 실시한다. 다만, 3월 1일 이후 실시사유가 확정된 선거는 그 다음 연도의 4월 첫 번째 수요일에 실시한다.

나. 지방자치단체의 장의 보궐선거·재선거 중 전년도 9월 1일부터 2월 말일까지 실시사유가 확정된 선거는 4월 첫 번째 수요일에 실시한다.

다. 지방자치단체의 장의 보궐선거·재선거 중 3월 1일부터 8월 31일까지 실시사유가 확정된 선거는 10월 첫 번째 수요일에 실시한다.

2. 지방자치단체의 설치·폐지·분할 또는 합병에 따른 지방자치단체의 장 선거는 그 선거의 실시사유가 확정된 때부터 60일 이내의 기간 중 관할선거구선거관리위원회 위원장이 해당 지방자치단체의 장(직무대행자를 포함한다)과 협의하여 정하는 날. 이 경우 관할선거구선거관리위원회 위원장은 선거일 전 30일까지 그 선거일을 공고하여야 한다.

③ 제197조(選擧의 一部無效로 인한 再選擧)의 규정에 의한 재선거는 확정판결 또는 결정의 통지를 받은 날부터 30일 이내에 실시하되, 관할선거구선거관리위원회가 그 재선거일을 정하여 공고하여야 한다.

④ 이 법에서 "보궐선거 등"이라 함은 제1항 내지 제3항 및 제36조(延期된 選擧 등의 選擧日)의 규정에 의한 선거를 말한다.

⑤ 이 법에서 "선거의 실시사유가 확정된 때"라 함은 다음 각호에 해당하는 날을 말한다. <개정 2000. 2. 16., 2004. 3. 12.>

1. 대통령의 궐위로 인한 선거는 그 사유가 발생한 날
2. 지역구국회의원의 보궐선거는 중앙선거관리위원회가, 지방의회의원 및 지방자치단체의 장의 보궐선거는 관할선거구선거관리위원회가 그 사유의 통지를 받은 날
3. 재선거는 그 사유가 확정된 날(법원의 판결 또는 결정에 의하여 확정된 경우에는 관할선거구선거관리위원회가 그 판결이나 결정의 통지를 받은 날). 이 경우 제195조(재선거)제2항의 규정에 의한 재선거에 있어서는 보궐선거의 실시사유가 확정된 때를 재선거의 실시사유가 확정된 때로 본다.
4. 지방의회의원의 증원선거는 새로 정한 선거구에 관한 별표 2 또는 시·도조례의 효력이 발생한 날
5. 지방자치단체의 설치·폐지·분할 또는 합병에 의한 지방자치단체의 장 선거는 당해 지방자치단체의 설치·폐지·분할 또는 합병에 관한 법률의 효력이 발생한 날
6. 연기된 선거는 제196조(選擧의 延期)제3항의 규정에 의하여 그 선거의 연기를 공고한 날
7. 재투표는 제36조의 규정에 의하여 그 재투표일을 공고한 날

[제목개정 2011. 7. 28.]

제36조(연기된 선거 등의 선거일) 제196조(選擧의 延期)의 규정에 의한 연기된 선거를 실시하는 때에는 대통령선거 및 국회의원선거에 있어서는 대통령이, 지방의회의원 및 지방자치단체의 장의 선거에 있어서는 관할선거구선거관리위원회위원장이 각각 그 선거일을 정하여 공고하여야 하며, 제198조(天災·地變 등으로 인한 再投票)의 규정에 의한 재투표를 실시하는 때에는 관할선거구선거관리위원회위원장이 재투표일을 정하여 공고하여야 한다. <개정 2000. 2. 16.>

제5장 선거인명부

제37조(명부작성) ① 선거를 실시하는 때마다 구(자치구가 아닌 구를 포함한다)·시(구가 설치되지 아니한 시를 말한다)·군(이하 "구·시·군"이라 한다)의 장은 대통령선거에서는 선거일 전 28일, 국회의원선거와 지방자치단체의 의회의원 및 장의 선거에서는 선거일 전 22일(이하 "선거인명부작성기준일"이라 한다) 현재 제15조에 따라 그 관할 구역에 주민등록이 되어 있는 선거권자(지방자치단체의 의회의원 및 장의 선거의 경우 제15조제2항제3호에 따른 외국인을 포함하고, 제218조의13에 따라 확정된 재외선거인명부 또는 다른 구·시·군의 국외부재자신고인명부에 올라 있는 사람은 제외한다)를 투표구별로 조사하여 선거인명부작성기준일부터 5일 이내(이하 "선거인명부작성기간"이라 한다)에 선거인명부를 작성하여야 한다. 이 경우 제218조의13에 따라 확정된 국외부재자신고인명부에 올라 있는 사람은 선거인명부의 비고란에 그 사실을 표시하여야 한다. <개정 2009. 2. 12., 2011. 7. 28., 2012. 2. 29., 2014. 1. 17., 2015. 8. 13.>

② 선거인명부에는 선거권자의 성명·주소·성별 및 생년월일

기타 필요한 사항을 기재하여야 한다.
③ 누구든지 같은 선거에 있어 2 이상의 선거인명부에 오를 수 없다.
④ 구·시·군의 장은 선거인명부를 작성한 때에는 즉시 그 전산자료 복사본을 관할구·시·군선거관리위원회에 송부하여야 한다. <개정 2009. 2. 12., 2018. 4. 6.>
⑤ 하나의 투표구의 선거권자의 수가 1천인을 넘는 때에는 그 선거인명부를 선거인수가 서로 엇비슷하게 분철할 수 있다.
⑥ 제1항의 규정에 의한 선거인명부의 작성은 전산조직에 의할 수 있다. <개정 2005. 8. 4.>
⑦ 행정안전부장관은 제1항에 따른 선거인명부의 작성을 지원하기 위하여 「주민등록법」 제7조의2제1항에 따른 주민등록번호, 「출입국관리법」 제31조제5항에 따른 외국인등록번호 및 「재외동포의 출입국과 법적 지위에 관한 법률」 제7조제1항에 따른 국내거소신고번호를 처리할 수 있고, 처리한 사항을 구·시·군의 장 등에게 제공할 수 있다. 이 경우 행정안전부장관은 관계 행정기관의 장 또는 그 밖의 공공기관의 장에게 필요한 자료를 요청할 수 있고, 요청을 받은 자는 특별한 사유가 없으면 이에 따라야 한다. <신설 2022. 1. 21.>
⑧ 선거인명부의 서식 기타 필요한 사항은 중앙선거관리위원회규칙으로 정한다. <개정 2022. 1. 21.>
[제목개정 2011. 7. 28.]
[2009. 2. 12. 법률 제9466호에 의하여 2007. 6. 28. 헌법재판소에서 헌법불합치결정된 이 조 제1항을 개정함.]

제38조(거소·선상투표신고) ① 선거인명부에 오를 자격이 있는 국내에 거주하는 사람으로서 제4항제1호부터 제5호까지 또는 제5호의2에 해당하는 사람(제15조제2항제3호에 따른 외국인은 제외한다)은 선거인명부작성기간 중 구·시·군의 장에게 서면이나 해당 구·시·군이 개설·운영하는 인터넷 홈페이지를 통하여 신고(이하 "거소투표신고"라 한다)를 할 수 있다. 이 경우 우편에 의한 거소투표신고는 등기우편으로 처리하되, 그 우편요금은 국가 또는 해당 지방자치단체가 부담한다. <개정 2009. 2. 12., 2014. 1. 17., 2022. 2. 16.>
② 대통령선거와 임기만료에 따른 국회의원선거에서 선거인명부에 오를 자격이 있는 사람으로서 다음 각 호의 어느 하나에 해당하는 선박에 승선할 예정이거나 승선하고 있는 선원이 사전투표소 및 투표소에서 투표할 수 없는 경우 선거인명부작성기간 중 구·시·군의 장에게 서면[승선하고 있는 선원이 해당 선박에 설치된 팩시밀리(전자적 방식을 포함한다. 이하 같다)로 신고하는 경우를 포함한다]이나 제1항에 따른 인터넷 홈페이지를 통하여 신고(이하 "선상투표신고"라 한다)를 할 수 있다. 이 경우 우편에 의한 방법으로 선상투표신고를 하는 경우에는 제1항 후단을 준용한다. <신설 2012. 2. 29., 2013. 3. 23., 2014. 1. 17., 2015. 8. 13., 2018. 4. 6., 2022. 2. 16.>
1. 다음 각 목의 어느 하나에 해당하는 선박으로서 대한민국 국민이 선장을 맡고 있는 「선박법」 제2조에 따른 대한민국 선박[대한민국국적취득조건부 나용선(裸傭船)을 포함한다]
가. 「원양산업발전법」 제6조제1항에 따라 해양수산부장관의 허가를 받아 원양어업에 사용되는 선박
나. 「해운법」 제4조제1항에 따라 해양수산부장관의 면허를 받아 외항 여객운송사업에 사용되는 선박
다. 「해운법」 제24조제2항에 따라 해양수산부장관에게 등록하여 외항 화물운송사업에 사용되는 선박
2. 「해운법」 제33조제1항에 따라 해양수산부장관에게 등록하여 선박관리업을 경영하는 자가 관리하는 외국국적 선박 중 대한민국 국민이 선장을 맡고 있는 선박
③ 거소투표신고 또는 선상투표신고를 하려는 사람은 해당 신고서에 다음 각 호의 사항을 적어야 하고, 제4항제1호 및 제2호에 해당하는 사람은 소속기관이나 시설의 장의, 제4항제3호에 해당하는 사람(「장애인복지법」 제32조에 따라 등록된 장애인은 제외한다)은 통·리 또는 반의 장의, 제4항제5호의2에 해당하는 사람으로서 입원치료, 시설치료 또는 시설격리 중인 사람은 해당 시설의 장의, 제4항제6호에 해당하는 선원은 해당 선박 소유자(제2항제2호에 따른 선박의 경우에는 선박관리업을 경영하는 자를 말한다) 또는 해당 선박 선장의 확인을 받아야 한다. 이 경우 구·시·군의 장은 선거인명부작성기준일 전 10일까지 제4항제3호에 해당하는 사람 중에서 「장애인복지법」 제32조에 따라 등록된 장애인에게 거소투표신고에 관한 안내문과 거소투표신고서를 발송하여야 한다. <개정 2004. 3. 12., 2005. 8. 4., 2008. 2. 29., 2009. 2. 12., 2012. 2. 29., 2014. 1. 17., 2015. 8. 13., 2022. 2. 16.>
1. 거소투표 또는 선상투표 사유
2. 성명, 성별, 생년월일
3. 주소, 거소(제4항제6호에 해당하는 선원의 경우 해당 선박의 명칭과 팩시밀리 번호를 말한다)
④ 다음 각 호의 어느 하나에 해당하는 사람은 거소(제6호에 해당하는 선원의 경우 선상을 말한다)에서 투표할 수 있다. <개정 2004. 3. 12., 2005. 8. 4., 2012. 2. 29., 2014. 1. 17., 2022. 2. 16.>
1. 법령에 따라 영내 또는 함정에 장기기거하는 군인이나 경찰공무원 중 사전투표소 및 투표소에 가서 투표할 수 없을 정도로 멀리 떨어진 영내(營內) 또는 함정에 근무하는 자
2. 병원·요양소·수용소·교도소 또는 구치소에 기거하는 사람
3. 신체에 중대한 장애가 있어 거동할 수 없는 자
4. 사전투표소 및 투표소에 가기 어려운 멀리 떨어진 외딴 섬 중 중앙선거관리위원회규칙으로 정하는 섬에 거주하는 자
5. 사전투표소 및 투표소를 설치할 수 없는 지역에 장기기거하는 자로서 중앙선거관리위원회규칙으로 정하는 자
5의2. 격리자등
6. 제2항에 해당하는 선원
⑤ 거소투표신고 또는 선상투표신고가 있는 때에는 구·시·군의 장은 해당 신고서의 신고사항을 확인한 후 정당한 거소투표신고 또는 선상투표신고인 때에는 선거인명부에 이를 표시하고 거소투표신고인명부와 선상투표신고인명부(이하 "거소·선상투표신고인명부"라 한다)를 각각 따로 작성하여야 한다. <개정 2014. 1. 17.>
⑥ 구·시·군의 장은 거소·선상투표신고인명부를 작성한 때에는 즉시 그 등본(전산자료 복사본을 포함한다) 각 1통을 관할구·시·군선거관리위원회에 송부하여야 한다. <개정 2009. 2. 12., 2012. 2. 29., 2014. 1. 17.>
⑦ 제37조(名簿作成)제6항의 규정은 거소·선상투표신고인명부의 작성에 이를 준용한다. <개정 2012. 2. 29., 2014. 1. 14.>
⑧ 거소투표신고서·선상투표신고서의 서식, 거소·선상투표신고인명부의 서식, 거소투표·선상투표 사유의 확인절차, 그 밖에 필요한 사항은 중앙선거관리위원회규칙으로 정한다. <개정 2014. 1. 17.>
[제목개정 2014. 1. 17.]
[2009. 2. 12. 법률 제9466호에 의하여 2007. 6. 28. 헌법재판소에서 헌법불합치결정된 이 조 제1항을 개정함.]
[2012. 2. 29. 법률 제11374호에 의하여 2007. 6. 28. 헌법재판소에서 헌법불합치결정된 이 조 제4항을 개정함.]

제39조(명부작성의 감독 등) ① 선거인명부(거소·선상투표신고인명부를 포함한다. 이하 이 條에서 같다)의 작성에 관하여는 관할구·시·군선거관리위원회 및 읍·면·동선거관리위원회가 이를 감독한다. <개정 2005. 8. 4., 2014. 1. 17.>
② 선거인명부작성에 종사하는 공무원이 임면된 때에는 당해 구·시·군의 장은 지체없이 관할구·시·군선거관리위원회에 그 사실을 통보하여야 한다. <개정 2009. 2. 12.>
③ 선거인명부작성기간중에 선거인명부작성에 종사하는 공무원을 해임하고자 하는 때에는 그 임면권자는 관할구·시·군선거관리위원회 또는 직근 상급선거관리위원회와 협의하여야 한다.
④ 선거인명부작성에 종사하는 공무원이 정당한 사유없이 선거인명부작성에 관하여 관할구·시·군선거관리위원회 또는 읍·면·동선거관리위원회의 지시·명령 또는 시정요구에 불

응하거나 그 직무를 태만히 한 때 또는 위법·부당한 행위를 한 때에는 관할구·시·군선거관리위원회 또는 직근 상급선거관리위원회는 임면권자에게 그 교체를 요구할 수 있다. <개정 2005. 8. 4.>
⑤ 제4항의 교체요구가 있는 때에는 임면권자는 정당한 사유가 없는 한 이에 따라야 한다.
⑥ 삭제 <1998. 4. 30.>
⑦ 삭제 <1998. 4. 30.>
⑧ 누구든지 선거인명부작성사무를 방해하거나 기타 어떠한 방법으로든지 선거인명부작성에 영향을 주는 행위를 하여서는 아니된다. <개정 1998. 4. 30.>
⑨ 선거인명부작성에 종사하는 공무원의 임면사항 통보 등 기타 필요한 사항은 중앙선거관리위원회규칙으로 정한다. <개정 1998. 4. 30.>

제40조(명부열람) ① 구·시·군의 장은 선거인명부작성기간 만료일의 다음 날부터 3일간 장소를 정하여 선거인명부를 열람할 수 있도록 하여야 한다. 이 경우 구·시·군의 장은 해당 구·시·군이 개설·운영하는 인터넷 홈페이지에서 선거권자가 선거인명부를 열람할 수 있도록 기술적 조치를 하여야 한다. <개정 2009. 2. 12.>
② 선거권자는 누구든지 선거인명부를 자유로이 열람할 수 있다. 다만, 제1항의 규정에 따른 인터넷홈페이지에서의 열람은 선거권자 자신의 정보에 한한다. <개정 2005. 8. 4.>
③ 구·시·군의 장은 열람개시일전 3일까지 제1항의 장소, 기간, 인터넷홈페이지 주소 및 열람방법을 공고하여야 한다. <개정 2005. 8. 4., 2009. 2. 12.>

제41조(이의신청과 결정) ① 선거권자는 누구든지 선거인명부에 누락 또는 오기가 있거나 자격이 없는 선거인이 올라 있다고 인정되는 때에는 열람기간내에 구술 또는 서면으로 당해 구·시·군의 장에게 이의를 신청할 수 있다. <개정 2009. 2. 12.>
② 제1항의 신청이 있는 때에는 구·시·군의 장은 그 신청이 있는 날의 다음 날까지 심사·결정하되, 그 신청이 이유있다고 결정한 때에는 즉시 선거인명부를 정정하고 신청인·관계인과 관할구·시·군선거관리위원회에 통지하여야 하며, 이유없다고 결정한 때에는 그 뜻을 신청인과 관할구·시·군선거관리위원회에 통지하여야 한다. <개정 2009. 2. 12.>

제42조(불복신청과 결정) ① 제41조(異議申請과 決定)제2항의 결정에 대하여 불복이 있는 이의신청인이나 관계인은 그 통지를 받은 날의 다음 날까지 관할구·시·군선거관리위원회에 서면으로 불복을 신청할 수 있다.
② 제1항의 신청이 있는 때에는 관할구·시·군선거관리위원회는 그 신청이 있는 날의 다음 날까지 심사·결정하되, 그 신청이 이유있다고 결정한 때에는 즉시 관계 구·시·군의 장에게 통지하여 선거인명부를 정정하게 하고 신청인과 관계인에게 통지하여야 하며, 이유없다고 결정한 때에는 그 뜻을 신청인과 관계 구·시·군의 장에게 통지하여야 한다. <개정 2009. 2. 12.>

제43조(명부누락자의 구제) ① 제41조제1항의 이의신청기간만료일의 다음 날부터 제44조제1항의 선거인명부확정일 전일까지 구·시·군의 장의 착오 등의 사유로 인하여 정당한 선거권자가 선거인명부에 누락된 것이 발견된 때에는 해당 선거권자 또는 구·시·군의 장은 주민등록표등본 등 소명자료를 첨부하여 관할구·시·군선거관리위원회에 서면으로 선거인명부 등재신청을 할 수 있다. <개정 2009. 2. 12., 2011. 7. 28.>
② 제1항의 신청이 있는 때에는 관할구·시·군선거관리위원회는 그 신청이 있는 날의 다음 날까지 심사·결정하되, 그 신청이 이유있다고 결정한 때에는 즉시 관계 구·시·군의 장에게 통지하여 선거인명부를 정정하게 하고 신청인에게 통지하여야 하며, 이유없다고 결정한 때에는 그 뜻을 신청인과 관계 구·시·군의 장에게 통지하여야 한다. <개정 2009. 2. 12.>
[제목개정 2011. 7. 28.]

제44조(명부의 확정과 효력) ① 선거인명부는 선거일 전 12일에, 거소·선상투표신고인명부는 선거인명부작성기간만료일의 다음 날에 각각 확정되며 해당 선거에 한하여 효력을 가진다. <개정 2012. 1. 17., 2014. 1. 17.>
② 구·시·군의 장은 선거권자가 선거인명부확정일의 다음 날부터 선거일의 투표마감시각까지 해당 구·시·군이 개설·운영하는 인터넷 홈페이지에서 자신이 선거인명부에 올라 있는지 여부, 선거인명부 등재번호 및 투표소의 위치를 확인할 수 있도록 기술적 조치를 하여야 한다.
③ 구·시·군의 장은 제40조제3항에 따른 공고를 할 때 제2항에 따른 확인에 필요한 인터넷 홈페이지 주소, 확인기간 및 확인방법을 함께 공고하여야 한다.
[전문개정 2011. 7. 28.]

제44조의2(통합선거인명부의 작성) ① 중앙선거관리위원회는 사전투표소에서 사용하기 위하여 확정된 선거인명부의 전산자료 복사본을 이용하여 하나의 선거인명부(이하 "통합선거인명부"라 한다)를 작성한다.
② 중앙선거관리위원회는 통합선거인명부를 작성하는 경우 같은 사람이 2회 이상 투표할 수 없도록 필요한 기술적 조치를 하여야 한다.
③ 통합선거인명부는 전산조직을 이용하여 작성한다.
④ 읍·면·동선거관리위원회는 선거일에 투표소에서 사용하기 위하여 제148조제1항에 따른 사전투표기간 종료 후 중앙선거관리위원회가 제2항에 따라 기술적 조치를 한 선거인명부를 출력한 다음 해당 읍·면·동선거관리위원회위원장이 이를 봉함·봉인하여 보관하여야 하며, 그 보관과정에 정당추천위원이 참여하여 지켜볼 수 있도록 하여야 한다. 이 경우 정당추천위원이 그 시각까지 참여하지 아니한 때에는 참여를 포기한 것으로 본다.
⑤ 누구든지 제4항에 따라 출력한 선거인명부를 이 법에서 정하지 아니한 방법으로 열람·사용 또는 유출하여서는 아니 된다.
⑥ 통합선거인명부의 작성, 선거일 투표소에서 사용하기 위하여 출력한 선거인명부의 보관방법, 그 밖에 필요한 사항은 중앙선거관리위원회규칙으로 정한다.
[본조신설 2014. 1. 17.]

제45조(명부의 재작성) ① 천재지변, 그 밖의 사고로 인하여 선거인명부(거소·선상투표신고인명부를 포함한다. 이하 이 條에서 같다)가 멸실·훼손된 경우 선거의 실시를 위하여 필요한 때에는 구·시·군의 장은 다시 선거인명부를 작성하여야 한다. 다만, 제38조제6항에 따라 송부한 거소·선상투표신고인명부의 등본이 있는 때에는 거소·선상투표신고인명부를 다시 작성하지 아니할 수 있다. <개정 2009. 2. 12., 2012. 2. 29., 2014. 1. 17., 2018. 4. 6.>
② 제1항 본문의 규정에 의한 선거인명부의 재작성·열람·확정 및 유효기간 기타 필요한 사항은 중앙선거관리위원회규칙으로 정한다.

제46조(명부사본의 교부) ① 구·시·군의 장은 후보자[비례대표국회의원후보자 및 비례대표지방의회의원(비례대표시·도의원 및 비례대표자치구·시·군의원을 말한다. 이하 같다)후보자를 제외한다]·선거사무장(비례대표국회의원선거 및 비례대표지방의회의원선거의 선거사무장을 제외한다) 또는 선거연락소장의 신청이 있는 때에는 작성된 선거인명부 또는 거소·선상투표신고인명부의 사본이나 전산자료복사본을 후보자별로 1통씩 24시간 이내에 신청인에게 교부하여야 한다. <개정 1995. 4. 1., 2000. 2. 16., 2002. 3. 7., 2005. 8. 4., 2009. 2. 12., 2014. 1. 17.>
② 제1항에 따른 명부의 사본이나 전산자료복사본의 교부신청은 선거기간개시일까지 해당 구·시·군의 장에게 서면으로 하여야 한다. <개정 2011. 7. 28., 2014. 1. 17.>
③ 제2항에 따라 명부의 사본이나 전산자료복사본의 교부신청을 하는 자는 그 사본작성비용을 교부신청과 함께 납부하여야 한다. <개정 2000. 2. 16., 2014. 1. 17.>
④ 누구든지 제1항에 따라 교부된 명부의 사본 또는 전산자료복사본을 다른 사람에게 양도 또는 대여할 수 없으며 재산상

의 이익 기타 영리를 목적으로 사용할 수 없다. <개정 2000. 2. 16., 2014. 1. 17.>
⑤ 제2항 및 제3항에 따른 교부신청과 비용납부 기타 필요한 사항은 중앙선거관리위원회규칙으로 정한다. <개정 2000. 2. 16., 2014. 1. 14.>
[제목개정 2011. 7. 28.]

제6장 후보자

제47조(정당의 후보자추천) ① 정당은 선거에 있어 선거구별로 선거할 정수 범위안에서 그 소속당원을 후보자(이하 "政黨推薦候補者"라 한다)로 추천할 수 있다. 다만, 비례대표자치구·시·군의원의 경우에는 그 정수 범위를 초과하여 추천할 수 있다. <개정 1995. 4. 1., 2000. 2. 16., 2005. 8. 4., 2020. 1. 14.>
② 정당이 제1항에 따라 후보자를 추천하는 때에는 민주적인 절차에 따라야 한다. <개정 2020. 12. 29.>
③ 정당이 비례대표국회의원선거 및 비례대표지방의회의원선거에 후보자를 추천하는 때에는 그 후보자 중 100분의 50 이상을 여성으로 추천하되, 그 후보자명부의 순위의 매 홀수에는 여성을 추천하여야 한다. <개정 2005. 8. 4.>
④ 정당이 임기만료에 따른 지역구국회의원선거 및 지역구지방의회의원선거에 후보자를 추천하는 때에는 각각 전국지역구총수의 100분의 30 이상을 여성으로 추천하도록 노력하여야 한다. <신설 2005. 8. 4.>
⑤ 정당이 임기만료에 따른 지역구지방의회의원선거에 후보자를 추천하는 때에는 지역구시·도의원선거 또는 지역구자치구·시·군의원선거 중 어느 하나의 선거에 국회의원지역구(군지역을 제외하며, 자치구의 일부지역이 다른 자치구 또는 군지역과 합하여 하나의 국회의원지역구로 된 경우에는 그 자치구의 일부지역도 제외한다)마다 1명 이상을 여성으로 추천하여야 한다. <신설 2010. 1. 25., 2010. 3. 12.>

제47조의2(정당의 후보자추천 관련 금품수수금지) ① 누구든지 정당이 특정인을 후보자로 추천하는 일과 관련하여 금품이나 그 밖의 재산상의 이익 또는 공사의 직을 제공하거나 그 제공의 의사를 표시하거나 그 제공을 약속하는 행위를 하거나, 그 제공을 받거나 그 제공의 의사표시를 승낙할 수 없다. 이 경우 후보자(후보자가 되려는 사람을 포함한다)와 그 배우자(이하 이 항에서 "후보자등"이라 한다), 후보자등의 직계존비속과 형제자매가 선거일 전 150일부터 선거일 후 60일까지 「정치자금법」에 따라 후원금을 기부하거나 당비를 납부하는 외에 정당 또는 국회의원[「정당법」 제37조(활동의 자유)제3항에 따른 국회의원지역구 또는 자치구·시·군의 당원협의회 대표자를 포함하며, 이하 이 항에서 "국회의원등"이라 한다], 국회의원등의 배우자, 국회의원등 또는 그 배우자의 직계존비속과 형제자매에게 채무의 변제, 대여 등 명목여하를 불문하고 금품이나 그 밖의 재산상의 이익을 제공한 때에는 정당이 특정인을 후보자로 추천하는 일과 관련하여 제공한 것으로 본다. <개정 2014. 2. 13.>
② 누구든지 제1항에 규정된 행위에 관하여 지시·권유 또는 요구하거나 알선하여서는 아니 된다.
[본조신설 2008. 2. 29.]

제48조(선거권자의 후보자추천) ① 관할선거구 안에 주민등록이 된 선거권자는 각 선거(비례대표국회의원선거 및 비례대표지방의회의원선거를 제외한다)별로 정당의 당원이 아닌 자를 당해 선거구의 후보자(이하 "무소속후보자"라 한다)로 추천할 수 있다. <개정 2005. 8. 4.>
② 무소속후보자가 되고자 하는 자는 관할선거구선거관리위원회가 후보자등록신청개시일전 5일(大統領의 任期滿了에 의한 選擧에 있어서는 候補者登錄申請開始日전 30日, 大統領의 闕位로 인한 選擧 등에 있어서는 그 사유가 확정된 후 3日)부터 검인하여 교부하는 추천장을 사용하여 다음 각호에 의하여 선거권자의 추천을 받아야 한다. <개정 1995. 4. 1., 2000. 2. 16., 2005. 8. 4., 2012. 1. 17.>
1. 대통령선거
5 이상의 시·도에 나누어 하나의 시·도에 주민등록이 되어 있는 선거권자의 수를 700인 이상으로 한 3천500인 이상 6천인 이하
2. 지역구국회의원선거 및 자치구·시·군의 장 선거
300인 이상 500인 이하
3. 지역구시·도의원선거
100인 이상 200인 이하
4. 시·도지사선거
당해 시·도안의 3분의 1 이상의 자치구·시·군에 나누어 하나의 자치구·시·군에 주민등록이 되어 있는 선거권자의 수를 50인 이상으로 한 1천인 이상 2천인 이하
5. 지역구자치구·시·군의원선거
50인 이상 100인 이하. 다만, 인구 1천인 미만의 선거구에 있어서는 30인 이상 50인 이하
③ 제2항의 경우 다음 각 호의 어느 하나에 해당하는 행위를 하여서는 아니 된다. <개정 2018. 4. 6.>
1. 검인되지 아니한 추천장에 의하여 추천을 받는 행위
2. 추천선거권자수의 상한수를 넘어 추천을 받는 행위
3. 추천선거권자의 서명이나 인영을 위조·변조하는 등의 방법으로 허위의 추천을 받는 행위
④ 제2항에 따른 추천장 검인·교부신청은 공휴일에도 불구하고 매일 오전 9시부터 오후 6시까지 할 수 있다. <신설 2011. 7. 28.>
⑤ 선거권자의 추천장의 서식·교부신청 및 교부 기타 필요한 사항은 중앙선거관리위원회규칙으로 정한다. <개정 2011. 7. 28.>
[제목개정 2011. 7. 28.]

제49조(후보자등록 등) ① 후보자의 등록은 대통령선거에서는 선거일 전 24일, 국회의원선거와 지방자치단체의 의회의원 및 장의 선거에서는 선거일 전 20일(이하 "후보자등록신청개시일"이라 한다)부터 2일간(이하 "후보자등록기간"이라 한다) 관할선거구선거관리위원회에 서면으로 신청하여야 한다. <개정 2011. 7. 28.>
② 정당추천후보자의 등록은 대통령선거와 비례대표국회의원선거 및 비례대표지방의회의원선거에 있어서는 그 추천정당이, 지역구국회의원선거와 지역구지방의회의원 및 지방자치단체의 장의 선거에 있어서는 정당추천후보자가 되고자 하는 자가 신청하되, 추천정당의 당인(黨印) 및 그 대표자의 직인이 날인된 추천서와 본인승낙서(대통령선거와 비례대표국회의원선거 및 비례대표지방의회의원선거에 한한다)를 등록신청서에 첨부하여야 한다. 이 경우 비례대표국회의원후보자와 비례대표지방의회의원후보자의 등록은 추천정당이 그 순위를 정한 후보자명부를 함께 첨부하여야 한다. <개정 2011. 7. 28.>
③ 무소속후보자가 되고자 하는 자는 제48조에 따라 선거권자가 기명하고 날인(무인을 허용하지 아니한다)하거나 서명한 추천장[단기(單記) 또는 연기(連記)로 하며 간인(間印)을 요하지 아니한다]을 등록신청서에 첨부하여야 한다. <개정 2011. 7. 28., 2015. 12. 24.>
④ 제1항부터 제3항까지의 규정에 따라 후보자등록을 신청하는 자는 다음 각 호의 서류를 제출하여야 하며, 제56조제1항에 따른 기탁금을 납부하여야 한다. <개정 2000. 2. 16., 2002. 3. 7., 2004. 3. 12., 2005. 8. 4., 2006. 3. 2., 2008. 2. 29., 2010. 1. 25., 2011. 7. 28., 2014. 1. 17., 2014. 2. 13.>
1. 중앙선거관리위원회규칙이 정하는 피선거권에 관한 증명서류
2. 「공직자윤리법」 제10조의2(公職選擧候補者 등의 財産公開) 제1항의 규정에 의한 등록대상재산에 관한 신고서
3. 「공직자 등의 병역사항신고 및 공개에 관한 법률」 제9조(公職選擧候補者의 兵役事項申告 및 公開)제1항의 규정에 의한 병역사항에 관한 신고서
4. 최근 5년간의 후보자, 그의 배우자와 직계존비속(혼인한 딸과 외조부모 및 외손자녀를 제외한다)의 소득세(「소득세법」 제127조제1항에 따라 원천징수하는 소득세는 제출하려는 경우에 한정한다)·재산세·종합부동산세의 납부 및 체납(10만원 이하 또는 3월 이내의 체납은 제외한다)에 관한 신고서.

이 경우 후보자의 직계존속은 자신의 세금납부 및 체납에 관한 신고를 거부할 수 있다.

5. 벌금 100만원 이상의 형의 범죄경력(실효된 형을 포함하며, 이하 "전과기록"이라 한다)에 관한 증명서류

6. 「초·중등교육법」 및 「고등교육법」에서 인정하는 정규학력(이하 "정규학력"이라 한다)에 관한 최종학력 증명서와 국내 정규학력에 준하는 외국의 교육기관에서 이수한 학력에 관한 각 증명서(한글번역문을 첨부한다). 이 경우 증명서의 제출이 요구되는 학력은 제60조의3제1항제4호의 예비후보자홍보물, 제60조의4의 예비후보자공약집, 제64조의 선거벽보, 제65조의 선거공보(같은 조 제9항의 후보자정보공개자료를 포함한다), 제66조의 선거공약서 및 후보자가 운영하는 인터넷 홈페이지에 게재하였거나 게재하고자 하는 학력에 한한다.

7. 대통령선거·국회의원선거·지방의회의원 및 지방자치단체의 장의 선거와 교육의원선거 및 교육감선거에 후보자로 등록한 경력[선거가 실시된 연도, 선거명, 선거구명, 소속 정당명(정당의 후보자추천이 허용된 선거에 한정한다), 당선 또는 낙선 여부를 말한다]에 관한 신고서

⑤ 후보자등록을 신청하는 자는 제60조의2제2항에 따라 예비후보자등록을 신청하는 때에 제출한 서류는 제4항에도 불구하고 제출하지 아니할 수 있다. 다만, 그 서류 중 변경사항이 있는 경우에는 후보자등록을 신청하는 때까지 추가하거나 보완하여야 한다. <개정 2010. 1. 25.>

⑥ 정당의 당원인 자는 무소속후보자로 등록할 수 없으며, 후보자등록기간중(候補者登錄申請시를 포함한다) 당적을 이탈·변경하거나 2 이상의 당적을 가지고 있는 때에는 당해 선거에 후보자로 등록될 수 없다. 소속정당의 해산이나 그 등록의 취소 또는 중앙당의 시·도당창당승인취소로 인하여 당원자격이 상실된 경우에도 또한 같다. <개정 2004. 3. 12.>

⑦ 후보자등록신청서의 접수는 공휴일에 불구하고 매일 오전 9시부터 오후 6시까지로 한다. <개정 2011. 7. 28.>

⑧ 관할선거구선거관리위원회는 후보자등록신청이 있는 때에는 즉시 이를 수리하여야 하되, 등록신청서·정당의 추천서와 본인승낙서·선거권자의 추천장·기탁금 및 제4항제2호 내지 제5호의 규정에 의한 서류를 갖추지 아니하거나 제47조제3항에 따른 여성후보자 추천의 비율과 순위를 위반한 등록신청은 이를 수리할 수 없다. 다만, 후보자의 피선거권에 관한 증명서류가 첨부되지 아니한 경우에는 이를 수리하되, 당해 선거구선거관리위원회가 그 사항을 조사하여야 하며, 그 조사를 의뢰받은 기관 또는 단체는 지체없이 그 사실을 확인하여 당해 선거구선거관리위원회에 회보하여야 한다. <개정 2000. 2. 16., 2002. 3. 7., 2004. 3. 12., 2005. 8. 4., 2006. 10. 4., 2018. 4. 6., 2020. 1. 14., 2020. 12. 29.>

⑨ 관할선거구선거관리위원회는 「공직자윤리법」 제9조에 따른 해당 공직자윤리위원회의 요청이 있는 경우 당선인결정 후 15일 이내에 해당 당선인이 제4항제2호에 따라 제출한 등록대상재산에 관한 신고서의 사본을 송부하여야 한다. <개정 2015. 12. 24.>

⑩후보자가 되고자 하는 자 또는 정당은 선거기간개시일 전 150일부터 본인 또는 후보자가 되고자 하는 소속 당원의 전과기록을 국가경찰관서의 장에게 조회할 수 있으며, 그 요청을 받은 국가경찰관서의 장은 지체없이 그 전과기록을 회보(回報)하여야 한다. 이 경우 회보받은 전과기록은 후보자등록시 함께 제출하여야 하며 관할선거구선거관리위원회는 그 확인이 필요하다고 인정되는 후보자에 대하여는 후보자등록마감 후 지체없이 해당 선거구를 관할하는 검찰청의 장에게 그 후보자의 전과기록을 조회할 수 있고, 당해 검찰청의 장은 그 전과기록의 진위여부를 지체없이 회보하여야 한다. <개정 2002. 3. 7., 2004. 3. 12., 2005. 8. 4., 2006. 2. 21., 2011. 7. 28.>

⑪누구든지 선거기간중 관할선거구선거관리위원회가 제10항의 규정에 의하여 회보받은 전과기록을 열람할 수 있다. <신설 2000. 2. 16.>

⑫관할선거구선거관리위원회는 제4항제2호부터 제7호까지와 제10항의 규정에 의하여 제출받거나 회보받은 서류를 선거구민이 알 수 있도록 공개하여야 한다. 다만, 선거일 후에는 이를 공개하여서는 아니된다. <신설 2002. 3. 7., 2004. 3. 12., 2014. 2. 13.>

⑬ 삭제 <2005. 8. 4.>

⑭ 삭제 <2005. 8. 4.>

⑮후보자의 등록신청서와 추천서의 서식, 세금납부 및 체납에 관한 신고서의 서식, 제출·회보받은 서류의 공개방법 그 밖에 필요한 사항은 중앙선거관리위원회규칙으로 정한다. <개정 2004. 3. 12., 2005. 8. 4., 2010. 1. 25.>

[제목개정 2011. 7. 28.]

제50조(후보자추천의 취소와 변경의 금지) ① 정당은 후보자등록 후에는 등록된 후보자에 대한 추천을 취소 또는 변경할 수 없으며, 비례대표국회의원후보자명부(비례대표지방의회의원후보자명부를 포함한다. 이하 이 항에서 같다)에 후보자를 추가하거나 그 순위를 변경할 수 없다. 다만, 후보자등록기간중 정당추천후보자가 사퇴·사망하거나, 소속정당의 제명이나 중앙당의 시·도당창당승인취소외의 사유로 인하여 등록이 무효로 된 때에는 예외로 하되, 비례대표국회의원후보자명부에 후보자를 추가할 경우에는 그 순위는 이미 등록된 자의 다음으로 한다. <개정 1995. 4. 1., 2000. 2. 16., 2004. 3. 12., 2005. 8. 4.>

② 선거권자는 후보자에 대한 추천을 취소 또는 변경할 수 없다. <개정 1995. 4. 1., 2005. 8. 4.>

제51조(추가등록) 대통령선거에 있어서 정당추천후보자가 후보자등록기간중 또는 후보자등록기간이 지난 후에 사망한 때에는 후보자등록마감일후 5일까지 제47조(政黨의 候補者推薦) 및 제49조(候補者登錄 등)의 규정에 의하여 후보자등록을 신청할 수 있다. <개정 2000. 2. 16.>

제52조(등록무효) ① 후보자등록후에 다음 각 호의 어느 하나에 해당하는 사유가 있는 때에는 그 후보자의 등록은 무효로 한다. <개정 1998. 4. 30., 2000. 2. 16., 2002. 3. 7., 2004. 3. 12., 2005. 8. 4., 2006. 10. 4., 2010. 1. 25., 2014. 1. 17., 2015. 8. 13., 2018. 4. 6.>

1. 후보자의 피선거권이 없는 것이 발견된 때

2. 제47조(政黨의 候補者推薦)제1항 본문의 규정에 위반하여 선거구별로 선거할 정수범위를 넘어 추천하거나, 같은 조 제3항에 따른 여성후보자 추천의 비율과 순위를 위반하거나, 제48조(選擧權者의 候補者推薦)제2항의 규정에 의한 추천인수에 미달한 것이 발견된 때

3. 제49조제4항제2호부터 제5호까지의 규정에 따른 서류를 제출하지 아니한 것이 발견된 때

4. 제49조제6항의 규정에 위반하여 등록된 것이 발견된 때

5. 제53조제1항부터 제3항까지 또는 제5항을 위반하여 등록된 것이 발견된 때

6. 정당추천후보자가 당적을 이탈·변경하거나 2 이상의 당적을 가지고 있는 때(候補者登錄申請시에 2 이상의 黨籍을 가진 경우를 포함한다), 소속정당의 해산이나 그 등록의 취소 또는 중앙당의 시·도당창당승인취소가 있는 때

7. 무소속후보자가 정당의 당원이 된 때

8. 제57조의2제2항 또는 제266조제2항·제3항을 위반하여 등록된 것이 발견된 때

9. 정당이 그 소속 당원이 아닌 사람이나 「정당법」 제22조에 따라 당원이 될 수 없는 사람을 추천한 것이 발견된 때

10. 다른 법률에 따라 공무담임이 제한되는 사람이나 후보자가 될 수 없는 사람에 해당하는 것이 발견된 때

11. 정당 또는 후보자가 정당한 사유 없이 제65조제9항을 위반하여 후보자정보공개자료를 제출하지 아니한 것이 발견된 때

② 제47조제5항을 위반하여 등록된 것이 발견된 때에는 그 정당이 추천한 해당 국회의원지역구의 지역구시·도의원후보자 및 지역구자치구·시·군의원후보자의 등록은 모두 무효로 한다. 다만, 제47조제5항에 따라 여성후보자를 추천하여야 하는 지역에서 해당 정당이 추천한 지역구시·도의원후보자의 수와 지역구자치구·시·군의원후보자의 수를 합한 수가 그 지역구

시·도의원 정수와 지역구자치구·시·군의원 정수를 합한 수의 100분의 50에 해당하는 수(1 미만의 단수는 1로 본다)에 미달하는 경우와 그 여성후보자의 등록이 무효로 된 경우에는 그러하지 아니하다. <신설 2010. 3. 12.>

③ 후보자가 같은 선거의 다른 선거구나 다른 선거의 후보자로 등록된 때에는 그 등록은 모두 무효로 한다. <개정 2000. 2. 16., 2010. 3. 12.>

④ 후보자의 등록이 무효로 된 때에는 관할선거구선거관리위원회는 지체없이 그 후보자와 그를 추천한 정당에 등록무효의 사유를 명시하여 이를 통지하여야 한다. <개정 2010. 3. 12., 2020. 1. 14., 2020. 12. 29.>

[제목개정 2015. 8. 13.]

제53조(공무원 등의 입후보) ① 다음 각 호의 어느 하나에 해당하는 사람으로서 후보자가 되려는 사람은 선거일 전 90일까지 그 직을 그만두어야 한다. 다만, 대통령선거와 국회의원선거에 있어서 국회의원이 그 직을 가지고 입후보하는 경우와 지방의회의원선거와 지방자치단체의 장의 선거에 있어서 당해 지방자치단체의 의회의원이나 장이 그 직을 가지고 입후보하는 경우에는 그러하지 아니하다. <개정 1995. 4. 1., 1995. 12. 30., 1997. 11. 14., 1998. 4. 30., 2000. 2. 16., 2002. 3. 7., 2005. 8. 4., 2010. 1. 25., 2015. 12. 24., 2020. 12. 29.>

1. 「국가공무원법」 제2조(公務員의 구분)에 규정된 국가공무원과 「지방공무원법」 제2조(公務員의 區分)에 규정된 지방공무원. 다만, 「정당법」 제22조(발기인 및 당원의 자격)제1항제1호 단서의 규정에 의하여 정당의 당원이 될 수 있는 공무원(政務職公務員을 제외한다)은 그러하지 아니하다.
2. 각급선거관리위원회위원 또는 교육위원회의 교육위원
3. 다른 법령의 규정에 의하여 공무원의 신분을 가진 자
4. 「공공기관의 운영에 관한 법률」 제4조제1항제3호에 해당하는 기관 중 정부가 100분의 50 이상의 지분을 가지고 있는 기관(한국은행을 포함한다)의 상근 임원
5. 「농업협동조합법」·「수산업협동조합법」·「산림조합법」·「엽연초생산협동조합법」에 의하여 설립된 조합의 상근 임원과 이들 조합의 중앙회장
6. 「지방공기업법」 제2조(適用範圍)에 규정된 지방공사와 지방공단의 상근 임원
7. 「정당법」 제22조제1항제2호의 규정에 의하여 정당의 당원이 될 수 없는 사립학교교원
8. 「신문 등의 진흥에 관한 법률」 제2조에 따른 신문 및 인터넷신문,「잡지 등 정기간행물의 진흥에 관한 법률」 제2조에 따른 정기간행물,「방송법」제2조에 따른 방송사업을 발행·경영하는 자와 이에 상시 고용되어 편집·제작·취재·집필·보도의 업무에 종사하는 자로서 중앙선거관리위원회규칙으로 정하는 언론인
9. 특별법에 의하여 설립된 국민운동단체로서 국가 또는 지방자치단체의 출연 또는 보조를 받는 단체(바르게살기운동협의회·새마을운동협의회·한국자유총연맹을 말하며, 시·도조직 및 구·시·군조직을 포함한다)의 대표자

② 제1항 본문에도 불구하고 다음 각 호의 어느 하나에 해당하는 경우에는 선거일 전 30일까지 그 직을 그만두어야 한다. <신설 2010. 1. 25., 2015. 8. 13.>

1. 비례대표국회의원선거나 비례대표지방의회의원선거에 입후보하는 경우
2. 보궐선거등에 입후보하는 경우
3. 국회의원이 지방자치단체의 장의 선거에 입후보하는 경우
4. 지방의회의원이 다른 지방자치단체의 의회의원이나 장의 선거에 입후보하는 경우

③ 제1항 단서에도 불구하고 비례대표국회의원이 지역구국회의원 보궐선거등에 입후보하는 경우 및 비례대표지방의회의원이 해당 지방자치단체의 지역구지방의회의원 보궐선거등에 입후보하는 경우에는 후보자등록신청 전까지 그 직을 그만두어야 한다. <신설 2010. 1. 25.>

④ 제1항부터 제3항까지의 규정을 적용하는 경우 그 소속기관의 장 또는 소속위원회에 사직원이 접수된 때에 그 직을 그만둔 것으로 본다. <개정 2010. 1. 25.>

⑤ 제1항 및 제2항에도 불구하고, 지방자치단체의 장은 선거구역이 당해 지방자치단체의 관할구역과 같거나 겹치는 지역구국회의원선거에 입후보하고자 하는 때에는 당해 선거의 선거일전 120일까지 그 직을 그만두어야 한다. 다만, 그 지방자치단체의 장이 임기가 만료된 후에 그 임기만료일부터 90일 후에 실시되는 지역구국회의원선거에 입후보하려는 경우에는 그러하지 아니하다. <개정 2000. 2. 16., 2003. 10. 30., 2010. 1. 25.>

[제목개정 2015. 8. 13.]

[2003. 10. 30. 법률 제6988호에 의하여 2003. 9. 25. 헌법재판소에서 위헌결정된 이 조 제5항을 개정함.]

제54조(후보자사퇴의 신고) 후보자가 사퇴하고자 하는 때에는 자신이 직접 당해 선거구선거관리위원회에 가서 서면으로 신고하되, 정당추천후보자가 사퇴하고자 하는 때에는 추천정당의 사퇴승인서를 첨부하여야 한다.

제55조(후보자등록 등에 관한 공고) 후보자가 등록·사퇴·사망하거나 등록이 무효로 된 때에는 당해 선거구선거관리위원회는 지체없이 이를 공고하고, 상급선거관리위원회에 보고하여야 하며, 하급선거관리위원회에 통지하여야 한다.

제56조(기탁금) ① 후보자등록을 신청하는 자는 등록신청 시에 후보자 1명마다 다음 각 호의 기탁금(후보자등록을 신청하는 사람이 「장애인복지법」 제32조에 따라 등록한 장애인이거나 선거일 현재 29세 이하인 경우에는 다음 각 호에 따른 기탁금의 100분의 50에 해당하는 금액을 말하고, 30세 이상 39세 이하인 경우에는 다음 각 호에 따른 기탁금의 100분의 70에 해당하는 금액을 말한다)을 중앙선거관리위원회규칙으로 정하는 바에 따라 관할선거구선거관리위원회에 납부하여야 한다. 이 경우 예비후보자가 해당 선거의 같은 선거구에 후보자등록을 신청하는 때에는 제60조의2제2항에 따라 납부한 기탁금을 제외한 나머지 금액을 납부하여야 한다. <개정 1997. 11. 14., 2000. 2. 16., 2001. 10. 8., 2002. 3. 7., 2010. 1. 25., 2012. 1. 17., 2020. 3. 25., 2022. 4. 20.>

1. 대통령선거는 3억원
2. 지역구국회의원선거는 1천500만원
2의2. 비례대표국회의원선거는 500만원
3. 시·도의회의원선거는 300만원
4. 시·도지사선거는 5천만원
5. 자치구·시·군의 장 선거는 1천만원
6. 자치구·시·군의원선거는 200만원

② 제1항의 기탁금은 체납처분이나 강제집행의 대상이 되지 아니한다.

③ 제261조에 따른 과태료 및 제271조에 따른 불법시설물 등에 대한 대집행비용은 제1항의 기탁금(제60조의2제2항의 기탁금을 포함한다)에서 부담한다. <개정 2010. 1. 25.>

④ 제1항에 따라 장애인 또는 39세 이하의 사람이 납부하는 기탁금의 감액비율은 중복하여 적용하지 아니한다. <신설 2022. 4. 20.>

[2020. 3. 25. 법률 제17127호에 의하여 2016. 12. 29. 헌법재판소에서 헌법불합치 결정된 이 조 제1항 제2호를 개정함.]

제57조(기탁금의 반환 등) ① 관할선거구선거관리위원회는 다음 각 호의 구분에 따른 금액을 선거일 후 30일 이내에 기탁자에게 반환한다. 이 경우 반환하지 아니하는 기탁금은 국가 또는 지방자치단체에 귀속한다. <개정 2004. 3. 12., 2005. 8. 4., 2010. 1. 25., 2020. 3. 25., 2022. 4. 20.>

1. 대통령선거, 지역구국회의원선거, 지역구지방의회의원선거 및 지방자치단체의 장선거

가. 후보자가 당선되거나 사망한 경우와 유효투표총수의 100분의 15 이상(후보자가 「장애인복지법」 제32조에 따라 등록한 장애인이거나 선거일 현재 39세 이하인 경우에는 유효투표총수의 100분의 10 이상을 말한다)을 득표한 경우에는 기탁금 전액

나. 후보자가 유효투표총수의 100분의 10 이상 100분의 15 미만(후보자가 「장애인복지법」 제32조에 따라 등록한 장애인이

거나 선거일 현재 39세 이하인 경우에는 유효투표총수의 100분의 5 이상 100분의 10 미만을 말한다)을 득표한 경우에는 기탁금의 100분의 50에 해당하는 금액
다. 예비후보자가 사망하거나, 당헌·당규에 따라 소속 정당에 후보자로 추천하여 줄 것을 신청하였으나 해당 정당의 추천을 받지 못하여 후보자로 등록하지 않은 경우에는 제60조의2제2항에 따라 납부한 기탁금 전액
2. 비례대표국회의원선거 및 비례대표지방의회의원선거
당해 후보자명부에 올라 있는 후보자중 당선인이 있는 때에는 기탁금 전액. 다만, 제189조 및 제190조의2에 따른 당선인의 결정 전에 사퇴하거나 등록이 무효로 된 후보자의 기탁금은 제외한다.
② 제56조제3항에 따라 기탁금에서 부담하여야 할 비용은 제1항에 따라 기탁금을 반환하는 때에 공제하되, 그 부담비용이 반환할 기탁금을 넘는 사람은 그 차액을, 기탁금 전액이 국가 또는 지방자치단체에 귀속되는 사람은 그 부담비용 전액을 해당 선거구선거관리위원회의 고지에 따라 그 고시를 받은 날부터 10일 이내에 납부하여야 한다. <개정 2010. 1. 25.>
③ 관할선거구선거관리위원회는 제2항의 납부기한까지 해당자가 그 금액을 납부하지 아니한 때에는 관할세무서장에게 징수를 위탁하고, 관할세무서장은 국세 체납처분의 예에 따라 이를 징수하여 국가 또는 해당 지방자치단체에 납입하여야 한다. 이 경우 제271조에 따른 불법시설물 등에 대한 대집행비용은 우선 해당 선거관리위원회가 지출한 후 관할세무서장에게 그 징수를 위탁할 수 있다. <신설 2010. 1. 25.>
④ 삭제 <2000. 2. 16.>
⑤ 기탁금의 반환 및 귀속 기타 필요한 사항은 중앙선거관리위원회규칙으로 정한다. <개정 2000. 2. 16.>
[2020. 3. 25. 법률 제17127호에 의하여 2018. 1. 25. 헌법재판소에서 헌법불합치 결정된 이 조 제1항 제1호 다목을 개정함.]

제6장의2 정당의 후보자 추천을 위한 당내경선 〈신설 2005. 8. 4.〉

제57조의2(당내경선의 실시) ① 정당은 공직선거후보자를 추천하기 위하여 경선(이하 "당내경선"이라 한다)을 실시할 수 있다.
② 정당이 당내경선[당내경선(여성이나 장애인 등에 대하여 당헌·당규에 따라 가산점 등을 부여하여 실시하는 경우를 포함한다)의 후보자로 등재된 자(이하 "경선후보자"라 한다)를 대상으로 정당의 당헌·당규 또는 경선후보자간의 서면합의에 따라 실시한 당내경선을 대체하는 여론조사를 포함한다]을 실시하는 경우 경선후보자로서 당해 정당의 후보자로 선출되지 아니한 자는 당해 선거의 같은 선거구에서는 후보자로 등록될 수 없다. 다만, 후보자로 선출된 자가 사퇴·사망·피선거권 상실 또는 당적의 이탈·변경 등으로 그 자격을 상실한 때에는 그러하지 아니하다. <개정 2018. 4. 6.>
③ 「정당법」 제22조(발기인 및 당원의 자격)의 규정에 따라 당원이 될 수 없는 자는 당내경선의 선거인이 될 수 없다.
[본조신설 2005. 8. 4.]

제57조의3(당내경선운동) ① 정당이 당원과 당원이 아닌 자에게 투표권을 부여하여 실시하는 당내경선에서는 다음 각 호의 어느 하나에 해당하는 방법 외의 방법으로 경선운동을 할 수 없다. <개정 2008. 2. 29., 2012. 2. 29.>
1. 제60조의3제1항제1호·제2호에 따른 방법
2. 정당이 경선후보자가 작성한 1종의 홍보물(이하 이 조에서 "경선홍보물"이라 한다)을 1회에 한하여 발송하는 방법
3. 정당이 합동연설회 또는 합동토론회를 옥내에서 개최하는 방법(경선후보자가 중앙선거관리위원회규칙으로 정하는 바에 따라 그 개최장소에 경선후보자의 홍보에 필요한 현수막 등 시설물을 설치·게시하는 방법을 포함한다)
② 정당이 제1항제2호 또는 제3호의 규정에 따른 방법으로 경선홍보물을 발송하거나 합동연설회 또는 합동토론회를 개최하는 때에는 당해 선거의 관할선거구선거관리위원회에 신고하여야 한다.
③ 제1항의 규정에 위반되는 경선운동에 소요되는 비용은 제119조(선거비용등의 정의)의 규정에 따른 선거비용으로 본다.
④ 제1항제2호의 경선홍보물의 작성 및 제2항의 신고 그 밖에 필요한 사항은 중앙선거관리위원회규칙으로 정한다.
[본조신설 2005. 8. 4.]

제57조의4(당내경선사무의 위탁) ① 「정치자금법」 제27조(보조금의 배분)의 규정에 따라 보조금의 배분대상이 되는 정당은 당내경선사무 중 경선운동, 투표 및 개표에 관한 사무의 관리를 당해 선거의 관할선거구선거관리위원회에 위탁할 수 있다.
② 관할선거구선거관리위원회가 제1항에 따라 당내경선의 투표 및 개표에 관한 사무를 수탁관리하는 경우에는 그 비용은 국가가 부담한다. 다만, 투표 및 개표참관인의 수당은 당해 정당이 부담한다. <개정 2008. 2. 29.>
③ 제1항의 규정에 따라 정당이 당내경선사무를 위탁하는 경우 그 구체적인 절차 및 필요한 사항은 중앙선거관리위원회규칙으로 정한다.
[본조신설 2005. 8. 4.]

제57조의5(당원 등 매수금지) ① 누구든지 당내경선에 있어 후보자로 선출되거나 되게 하거나 되지 못하게 할 목적으로 경선선거인(당내경선의 선거인명부에 등재된 자를 말한다) 또는 그의 배우자나 직계존·비속에게 명목여하를 불문하고 금품 그 밖의 재산상의 이익 또는 공사의 직을 제공하거나 그 제공의 의사를 표시하거나 그 제공을 약속하는 행위를 할 수 없다. 다만, 중앙선거관리위원회규칙이 정하는 의례적인 행위는 그러하지 아니하다.
② 누구든지 당내경선에 있어 후보자가 되지 아니하게 하거나 후보자가 된 것을 사퇴하게 할 목적으로 후보자(후보자가 되고자 하는 자를 포함한다. 이하 이 항에서 같다)에게 제1항의 규정에 따른 이익제공행위 등을 하여서는 아니되며, 후보자는 그 이익이나 직의 제공을 받거나 제공의 의사표시를 승낙하여서는 아니된다.
③ 누구든지 제1항 및 제2항에 규정된 행위에 관하여 지시·권유 또는 요구를 하여서는 아니된다.
[본조신설 2005. 8. 4.]

제57조의6(공무원 등의 당내경선운동 금지) ① 제60조제1항에 따라 선거운동을 할 수 없는 사람(제60조제1항제5호의 경우에는 「지방공기업법」 제2조에 규정된 지방공사와 지방공단의 상근직원은 제외한다)은 당내경선에서 경선운동을 할 수 없다. 다만, 소속 당원만을 대상으로 하는 당내경선에서 당원이 될 수 있는 사람이 경선운동을 하는 경우에는 그러하지 아니하다. <개정 2023. 8. 30.>
② 공무원은 그 지위를 이용하여 당내경선에서 경선운동을 할 수 없다.
[본조신설 2010. 1. 25.]
[종전 제57조의6은 제57조의7로 이동 <2010. 1. 25.>]
[2023.8.30 법률 제19696호에 의하여 2022.6.30 헌법재판소에서 위헌 결정된 이 조 제1항을 개정함.]
[2023.8.30 법률 제19696호에 의하여 2021.4.29 헌법재판소에서 위헌 결정된 이 조 제1항을 개정함.]
[2023.8.30 법률 제19696호에 의하여 2022.12.22 헌법재판소에서 위헌 결정된 이 조 제1항을 개정함.]

제57조의7(위탁하는 당내경선에 있어서의 이의제기) 정당이 제57조의4에 따라 당내경선을 위탁하여 실시하는 경우에는 그 경선 및 선출의 효력에 대한 이의제기는 당해 정당에 하여야 한다. <개정 2010. 1. 25.>
[본조신설 2005. 8. 4.]
[제57조의6에서 이동 <2010. 1. 25.>]

제57조의8(당내경선 등을 위한 휴대전화 가상번호의 제공) ① 국회에 의석을 가진 정당은 다음 각 호의 어느 하나에 해당하는 경우에는 관할 선거관리위원회를 경유하여 이동통신사업자에게 이용자의 이동전화번호가 노출되지 아니하도록 생성한 번호(이하 "휴대전화 가상번호"라 한다)를 제공하여 줄 것을 서면(이하 "휴대전화 가상번호 제공 요청서"라 한다)으로 요청할 수 있다. <개정 2017. 2. 8.>

1. 제57조의2제1항에 따른 당내경선의 경선선거인이 되려는 사람을 모집하거나 당내경선을 위한 여론조사를 실시하는 경우
2. 그 밖에 정당활동을 위하여 여론수렴이 필요한 경우
② 정당은 다음 각 호의 기간까지 관할 선거관리위원회에 휴대전화 가상번호 제공 요청서를 제출하여야 하고, 관할 선거관리위원회는 해당 요청서의 기재사항을 심사한 후 제출받은 날부터 3일 이내에 해당 요청서를 이동통신사업자에게 송부하여야 한다. <개정 2017. 2. 8.>
1. 제1항제1호에 따른 당내경선: 해당 당내경선 선거일 전 23일까지
2. 제1항제2호에 따른 여론수렴: 해당 여론수렴 기간 개시일 전 10일까지
③ 정당이 제1항에 따른 요청을 하는 경우에는 휴대전화 가상번호 제공 요청서에 다음 각 호에 따른 사항을 적어야 한다. <개정 2017. 2. 8.>
1. 제1항제1호에 따른 당내경선
가. 당내경선의 선거명 · 선거구명
나. 당내경선의 선거일
다. 당내경선 실시 지역 및 경선선거인(당내경선을 위한 여론조사를 실시하는 경우에는 표본을 말한다. 이하 이 항에서 같다) 수
라. 이동통신사업자별로 제공하여야 하는 성별 · 연령별 · 지역별 휴대전화 가상번호 수. 이 경우 제공을 요청할 수 있는 휴대전화 가상번호의 총수는 다목에 따른 경선선거인 수의 30배수를 초과할 수 없다.
마. 그 밖에 중앙선거관리위원회규칙으로 정하는 사항
2. 제1항제2호에 따른 여론수렴
가. 여론수렴의 목적 · 내용 및 기간
나. 여론수렴 대상 지역 및 대상자 수
다. 이동통신사업자별로 제공하여야 하는 성별 · 연령별 · 지역별 휴대전화 가상번호 수. 이 경우 제공을 요청할 수 있는 휴대전화 가상번호의 총수는 나목에 따른 대상자 수의 30배수를 초과할 수 없다.
라. 그 밖에 중앙선거관리위원회규칙으로 정하는 사항
④ 관할 선거관리위원회는 제출된 휴대전화 가상번호 제공 요청서에 제3항에 따른 기재사항이 누락되었거나 심사를 위하여 추가로 자료가 필요하다고 판단되는 때에는 해당 정당에 휴대전화 가상번호 제공 요청서의 보완 또는 자료의 제출을 요구할 수 있으며, 그 요구를 받은 정당은 지체 없이 이에 따라야 한다. <개정 2017. 2. 8.>
⑤ 이동통신사업자가 제1항에 따른 요청을 받은 때에는 그 요청을 받은 날부터 7일 이내에 휴대전화 가상번호 제공 요청서에 따라 휴대전화 가상번호를 생성하여 유효기간을 설정한 다음 관할 선거관리위원회를 경유하여 해당 정당에 제공하여야 한다. 다만, 이동통신사업자는 이용자 수의 부족 등으로 제공할 수 있는 휴대전화 가상번호 수가 제공하여야 하는 휴대전화 가상번호 수 보다 적은 때에는 지체 없이 관할 선거관리위원회에 통보하여야 하고, 관할 선거관리위원회는 중앙선거관리위원회규칙으로 정하는 바에 따라 해당 정당과 협의하여 제공하여야 하는 휴대전화 가상번호 수를 조정할 수 있다. <개정 2017. 2. 8.>
⑥ 이동통신사업자는 중앙선거관리위원회규칙으로 정하는 바에 따라 이용자에게 정당의 당내경선이나 여론수렴 등을 위하여 본인의 이동전화번호가 정당에 휴대전화 가상번호로 제공된다는 사실과 그 제공을 거부할 수 있다는 사실을 알려야 한다. <개정 2017. 2. 8.>
⑦ 이동통신사업자(그 대표자 및 구성원을 포함한다)가 제5항에 따라 휴대전화 가상번호를 제공할 때에는 다음 각 호의 어느 하나에 해당하는 행위를 하여서는 아니 된다. <개정 2017. 2. 8.>
1. 휴대전화 가상번호에 유효기간을 설정하지 아니하고 제공하거나 휴대전화 가상번호를 제공하는 날부터 당내경선의 선거일까지의 기간(당내경선을 위한 여론조사를 실시하는 경우에는 그 여론조사기간을 말한다)이나 여론수렴 기간을 초과하는 유효기간을 설정하여 제공하는 행위
2. 요청받은 휴대전화 가상번호 수를 초과하여 휴대전화 가상번호를 제공하는 행위
3. 휴대전화 가상번호, 이용자의 성(性) · 연령 · 거주지역 정보 외의 정보를 제공하는 행위. 이 경우 연령과 거주지역 정보의 범위에 대하여는 중앙선거관리위원회규칙으로 정한다.
4. 휴대전화 가상번호의 제공을 요청한 정당 외의 자에게 휴대전화 가상번호를 제공하는 행위
5. 제6항에 따른 고지를 받고 명시적으로 거부의사를 밝힌 이용자의 휴대전화 가상번호를 제공하는 행위
6. 여론조사의 결과에 영향을 미치게 하기 위하여 특정 정당 또는 후보자가 되려는 사람에게 유리 또는 불리하도록 휴대전화 가상번호를 생성하여 제공하는 행위
⑧ 정당은 제5항에 따라 제공받은 휴대전화 가상번호를 제1항에 따른 여론조사를 실시하거나 여론수렴을 하기 위하여 여론조사 기관 · 단체에 제공할 수 있다. <개정 2017. 2. 8.>
⑨ 제5항 본문 또는 제8항에 따라 휴대전화 가상번호를 제공받은 정당(그 대표자 및 구성원을 포함한다) 또는 여론조사 기관 · 단체(그 대표자 및 구성원을 포함한다)는 다음 각 호의 어느 하나에 해당하는 행위를 하여서는 아니 된다. <개정 2017. 2. 8.>
1. 제공받은 휴대전화 가상번호를 제1항에 따른 여론조사를 실시하거나 여론수렴을 하기 위한 목적 외의 다른 목적으로 사용하는 행위
2. 제공받은 휴대전화 가상번호를 다른 자에게 제공하는 행위
⑩ 휴대전화 가상번호를 제공받은 자(그 대표자 및 구성원을 포함한다)는 유효기간이 지난 휴대전화 가상번호를 즉시 폐기하여야 한다. <개정 2017. 2. 8.>
⑪ 이동통신사업자가 제5항에 따라 휴대전화 가상번호를 생성하여 제공하는데 소요되는 비용은 휴대전화 가상번호의 제공을 요청한 해당 정당이 부담한다. 이 경우 이동통신사업자는 휴대전화 가상번호 생성 · 제공에 소요되는 최소한의 비용을 청구하여야 한다. <개정 2017. 2. 8.>
⑫ 누구든지 휴대전화 가상번호를 제공한 이동통신사업자에게 당내경선의 결과 · 효력이나 여론수렴의 결과에 대하여 이의를 제기할 수 없다. <개정 2017. 2. 8.>
⑬ 휴대전화 가상번호 제공 요청 방법과 절차, 휴대전화 가상번호의 유효기간 설정, 휴대전화 가상번호 제공 요청서 서식, 관할 선거관리위원회, 그 밖에 필요한 사항은 중앙선거관리위원회규칙으로 정한다. <개정 2017. 2. 8.>
[본조신설 2016. 1. 15.]
[제목개정 2017. 2. 8.]

제7장 선거운동

제58조(정의 등) ① 이 법에서 "선거운동"이라 함은 당선되거나 되게 하거나 되지 못하게 하기 위한 행위를 말한다. 다만, 다음 각 호의 어느 하나에 해당하는 행위는 선거운동으로 보지 아니한다. <개정 2000. 2. 16., 2012. 2. 29., 2013. 8. 13., 2020. 3. 25.>
1. 선거에 관한 단순한 의견개진 및 의사표시
2. 입후보와 선거운동을 위한 준비행위
3. 정당의 후보자 추천에 관한 단순한 지지 · 반대의 의견개진 및 의사표시
4. 통상적인 정당활동
5. 삭제 <2014. 5. 14.>
6. 설날 · 추석 등 명절 및 석가탄신일 · 기독탄신일 등에 하는 의례적인 인사말을 문자메시지(그림말 · 음성 · 화상 · 동영상 등을 포함한다. 이하 같다)로 전송하는 행위
② 누구든지 자유롭게 선거운동을 할 수 있다. 그러나 이 법 또는 다른 법률의 규정에 의하여 금지 또는 제한되는 경우에는 그러하지 아니하다.

제58조의2(투표참여 권유활동) 누구든지 투표참여를 권유하는 행위를 할 수 있다. 다만, 다음 각 호의 어느 하나에 해당하는 행위의 경우에는 그러하지 아니하다.

1. 호별로 방문하여 하는 경우
2. 사전투표소 또는 투표소로부터 100미터 안에서 하는 경우
3. 특정 정당 또는 후보자(후보자가 되려는 사람을 포함한다. 이하 이 조에서 같다)를 지지·추천하거나 반대하는 내용을 포함하여 하는 경우
4. 현수막 등 시설물, 인쇄물, 확성장치·녹음기·녹화기(비디오 및 오디오 기기를 포함한다), 어깨띠, 표찰, 그 밖의 표시물을 사용하여 하는 경우(정당의 명칭이나 후보자의 성명·사진 또는 그 명칭·성명을 유추할 수 있는 내용을 나타내어 하는 경우에 한정한다)

[본조신설 2014. 5. 14.]

제59조(선거운동기간) 선거운동은 선거기간개시일부터 선거일 전일까지에 한하여 할 수 있다. 다만, 다음 각 호의 어느 하나에 해당하는 경우에는 그러하지 아니하다. <개정 2004. 3. 12., 2005. 8. 4., 2011. 7. 28., 2012. 2. 29., 2017. 2. 8., 2020. 12. 29.>

1. 제60조의3(예비후보자 등의 선거운동)제1항 및 제2항의 규정에 따라 예비후보자 등이 선거운동을 하는 경우
2. 문자메시지를 전송하는 방법으로 선거운동을 하는 경우. 이 경우 자동 동보통신의 방법(동시 수신대상자가 20명을 초과하거나 그 대상자가 20명 이하인 경우에도 프로그램을 이용하여 수신자를 자동으로 선택하여 전송하는 방식을 말한다. 이하 같다)으로 전송할 수 있는 자는 후보자와 예비후보자에 한하되, 그 횟수는 8회(후보자의 경우 예비후보자로서 전송한 횟수를 포함한다)를 넘을 수 없으며, 중앙선거관리위원회규칙에 따라 신고한 1개의 전화번호만을 사용하여야 한다.
3. 인터넷 홈페이지 또는 그 게시판·대화방 등에 글이나 동영상 등을 게시하거나 전자우편(컴퓨터 이용자끼리 네트워크를 통하여 문자·음성·화상 또는 동영상 등의 정보를 주고받는 통신시스템을 말한다. 이하 같다)을 전송하는 방법으로 선거운동을 하는 경우. 이 경우 전자우편 전송대행업체에 위탁하여 전자우편을 전송할 수 있는 사람은 후보자와 예비후보자에 한한다.
4. 선거일이 아닌 때에 전화(송·수화자 간 직접 통화하는 방식에 한정하며, 컴퓨터를 이용한 자동 송신장치를 설치한 전화는 제외한다)를 이용하거나 말(확성장치를 사용하거나 옥외집회에서 다중을 대상으로 하는 경우를 제외한다)로 선거운동을 하는 경우
5. 후보자가 되려는 사람이 선거일 전 180일(대통령선거의 경우 선거일 전 240일을 말한다)부터 해당 선거의 예비후보자등록신청 전까지 제60조의3제1항제2호의 방법(같은 호 단서를 포함한다)으로 자신의 명함을 직접 주는 경우

[제목개정 2011. 7. 28.]

제60조(선거운동을 할 수 없는 자) ① 다음 각 호의 어느 하나에 해당하는 사람은 선거운동을 할 수 없다. 다만, 제1호에 해당하는 사람이 예비후보자·후보자의 배우자인 경우와 제4호부터 제8호까지의 규정에 해당하는 사람이 예비후보자·후보자의 배우자이거나 후보자의 직계존비속인 경우에는 그러하지 아니하다. <개정 1995. 12. 30., 1997. 1. 13., 2000. 2. 16., 2002. 3. 7., 2004. 3. 12., 2005. 8. 4., 2010. 1. 25., 2012. 1. 17., 2012. 2. 29., 2014. 1. 17., 2016. 5. 29., 2020. 1. 14., 2020. 3. 25., 2020. 12. 29.>

1. 대한민국 국민이 아닌 자. 다만, 제15조제2항제3호에 따른 외국인이 해당 선거에서 선거운동을 하는 경우에는 그러하지 아니하다.
2. 미성년자(18세 미만의 자를 말한다. 이하 같다)
3. 제18조(選擧權이 없는 者)제1항의 규정에 의하여 선거권이 없는 자
4. 「국가공무원법」 제2조(公務員의 구분)에 규정된 국가공무원과 「지방공무원법」 제2조(公務員의 구분)에 규정된 지방공무원. 다만, 「정당법」 제22조(발기인 및 당원의 자격)제1항제1호 단서의 규정에 의하여 정당의 당원이 될 수 있는 공무원(國會議員과 地方議會議員외의 政務職公務員을 제외한다)은 그러하지 아니하다.
5. 제53조(公務員 등의 立候補)제1항제2호 내지 제7호에 해당하는 자(제5호 및 제6호의 경우에는 그 常勤職員을 포함한다)
6. 예비군 중대장급 이상의 간부
7. 통·리·반의 장 및 읍·면·동주민자치센터(그 명칭에 관계없이 읍·면·동사무소 기능전환의 일환으로 조례에 의하여 설치된 각종 문화·복지·편익시설을 총칭한다. 이하 같다)에 설치된 주민자치위원회(주민자치센터의 운영을 위하여 조례에 의하여 읍·면·동사무소의 관할구역별로 두는 위원회를 말한다. 이하 같다)위원
8. 특별법에 의하여 설립된 국민운동단체로서 국가 또는 지방자치단체의 출연 또는 보조를 받는 단체(바르게살기運動協議會·새마을運動協議會·韓國自由總聯盟을 말한다)의 상근 임·직원 및 이들 단체 등(市·道組織 및 區·市·郡組織을 포함한다)의 대표자
9. 선상투표신고를 한 선원이 승선하고 있는 선박의 선장

② 각급선거관리위원회위원·예비군 중대장급 이상의 간부·주민자치위원회위원 또는 통·리·반의 장이 선거사무장, 선거연락소장, 선거사무원, 제62조제4항에 따른 활동보조인, 회계책임자, 연설원, 대담·토론자 또는 투표참관인이나 사전투표참관인이 되고자 하는 때에는 선거일 전 90일(선거일 전 90일 후에 실시사유가 확정된 보궐선거등에서는 그 선거의 실시사유가 확정된 때부터 5일 이내)까지 그 직을 그만두어야 하며, 선거일 후 6월 이내(주민자치위원회위원은 선거일까지)에는 종전의 직에 복직될 수 없다. 이 경우 그만둔 것으로 보는 시기에 관하여는 제53조제4항을 준용한다. <개정 2002. 3. 7., 2008. 2. 29., 2010. 1. 25., 2011. 7. 28., 2012. 1. 17., 2014. 1. 17., 2016. 5. 29.>

[제목개정 2011. 7. 28.]

[2020. 12. 29. 법률 제17813호에 의하여 2016. 6. 30. 헌법재판소에서 위헌 결정된 이 조 제1항 제5호를 개정함.]

[2020. 3. 25. 법률 제17127호에 의하여 2018. 2. 22. 헌법재판소에서 위헌 결정된 이 조 제1항 제5호를 개정함.]

[단순위헌, 2021헌가14, 2024.1.25, 구 공직선거법(2010. 1. 25. 법률 제9974호로 개정되고, 2020. 3. 25. 법률 제17127호로 개정되기 전의 것) 제60조 제1항 제5호 중 '제53조 제1항 제6호 가운데 지방공사의 상근직원'에 관한 부분, 구 공직선거법(2020. 3. 25. 법률 제17127호로 개정되고, 2020. 12. 29. 법률 제17813호로 개정되기 전의 것) 제60조 제1항 제5호 중 '제53조 제1항 제6호 가운데 지방공사의 상근직원'에 관한 부분, 공직선거법(2020. 12. 29. 법률 제17813호로 개정된 것) 제60조 제1항 제5호 중 '제53조 제1항 제6호 가운데 지방공사의 상근직원'에 관한 부분, 공직선거법(2010. 1. 25. 법률 제9974호로 개정된 것) 제255조 제1항 제2호 중 구 공직선거법(2010. 1. 25. 법률 제9974호로 개정되고, 2020. 3. 25. 법률 제17127호로 개정되기 전의 것) 제60조 제1항 제5호의 '제53조 제1항 제6호 가운데 지방공사의 상근직원'에 관한 부분, 공직선거법(2010. 1. 25. 법률 제9974호로 개정된 것) 제255조 제1항 제2호 중 구 공직선거법(2020. 3. 25. 법률 제17127호로 개정되고, 2020. 12. 29. 법률 제17813호로 개정되기 전의 것) 제60조 제1항 제5호의 '제53조 제1항 제6호 가운데 지방공사의 상근직원'에 관한 부분, 공직선거법(2010. 1. 25. 법률 제9974호로 개정된 것) 제255조 제1항 제2호 중 공직선거법(2020. 12. 29. 법률 제17813호로 개정된 것) 제60조 제1항 제5호의 '제53조 제1항 제6호 가운데 지방공사의 상근직원'에 관한 부분은 모두 헌법에 위반된다.]

제60조의2(예비후보자등록) ① 예비후보자가 되려는 사람(비례대표국회의원선거 및 비례대표지방의회의원선거는 제외한다)은 다음 각 호에서 정하는 날(그 날후에 실시사유가 확정된 보궐선거등에 있어서는 그 선거의 실시사유가 확정된 때)부터 관할선거구선거관리위원회에 예비후보자등록을 서면으로 신청하여야 한다. <개정 2005. 8. 4., 2010. 1. 25.>

1. 대통령선거
선거일 전 240일
2. 지역구국회의원선거 및 시·도지사선거

선거일 전 120일
3. 지역구시·도의회의원선거, 자치구·시의 지역구의회의원 및 장의 선거
선거기간개시일 전 90일
4. 군의 지역구의회의원 및 장의 선거
선거기간개시일 전 60일
② 제1항에 따라 예비후보자등록을 신청하는 사람은 다음 각 호의 서류를 제출하여야 하며, 제56조제1항에 따른 해당 선거 기탁금의 100분의 20에 해당하는 금액을 중앙선거관리위원회 규칙으로 정하는 바에 따라 관할선거구선거관리위원회에 기탁금으로 납부하여야 한다. <신설 2010. 1. 25., 2022. 4. 20.>
1. 중앙선거관리위원회규칙으로 정하는 피선거권에 관한 증명서류
2. 전과기록에 관한 증명서류
3. 제49조제4항제6호에 따른 학력에 관한 증명서(한글번역문을 첨부한다)
③ 제1항의 등록신청을 받은 선거관리위원회는 지체없이 이를 수리하되, 제2항에 따른 기탁금과 전과기록에 관한 증명서류를 갖추지 아니한 등록신청은 수리할 수 없다. 이 경우 피선거권에 관한 증명서류가 첨부되지 아니한 경우에는 이를 수리하되, 피선거권에 관하여 확인이 필요하다고 인정되는 예비후보자에 대하여는 관계기관의 장에게 필요한 사항을 조회할 수 있으며, 그 조회를 받은 관계기관의 장은 지체없이 해당 사항을 조사하여 회보하여야 한다. <개정 2010. 1. 25.>
④ 예비후보자등록후에 다음 각 호의 어느 하나에 해당하는 사유가 있는 때에는 그 예비후보자의 등록은 무효로 한다. <개정 2005. 8. 4., 2010. 1. 25.>
1. 피선거권이 없는 것이 발견된 때
1의2. 제2항제2호에 따른 전과기록에 관한 증명서류를 제출하지 아니한 것이 발견된 때
2. 제53조제1항부터 제3항까지 또는 제5항에 따라 그 직을 가지고 입후보할 수 없는 자에 해당하는 것이 발견된 때
3. 제57조의2제2항 본문 또는 제266조제2항·제3항에 따라 후보자가 될 수 없는 자에 해당하는 것이 발견된 때
4. 다른 법률에 따라 공무담임이 제한되는 사람이나 후보자가 될 수 없는 사람에 해당하는 것이 발견된 때
⑤ 제52조제3항의 규정은 예비후보자등록에 준용한다. 이 경우 "후보자"는 "예비후보자"로 본다. <개정 2010. 3. 12.>
⑥ 예비후보자가 사퇴하고자 하는 때에는 직접 당해 선거구선거관리위원회에 서면으로 신고하여야 한다. <개정 2010. 1. 25.>
⑦ 제49조에 따라 후보자로 등록한 자는 선거기간개시일 전일까지 예비후보자를 겸하는 것으로 본다. 이 경우 선거운동은 예비후보자의 예에 따른다. <신설 2005. 8. 4., 2010. 1. 25., 2011. 7. 28.>
⑧ 예비후보자의 전과기록조회 및 회보에 관하여는 제49조제10항을 준용한다. 이 경우 "선거기간개시일 전 150일"은 "선거기간개시일 전 150일(대통령선거의 경우 예비후보자등록신청개시일 전 60일을 말한다)"로 본다. <신설 2010. 1. 25.>
⑨ 제1항의 등록신청을 받은 선거관리위원회는 중앙선거관리위원회규칙으로 정하는 바에 따라 해당 예비후보자의 당적보유 여부를 정당에 요청하여 조회할 수 있으며, 그 요청을 받은 정당은 이를 확인하여 지체 없이 해당 선거관리위원회에 회보하여야 한다. <신설 2015. 8. 13.>
⑩ 관할선거구선거관리위원회는 제2항제2호 및 제3호와 제8항에 따라 제출받거나 회보받은 서류를 선거구민이 알 수 있도록 공개하여야 한다. 다만, 후보자등록신청 개시일 이후에는 이를 공개하지 아니한다(제49조제12항에 따라 공개하는 경우는 제외한다). <신설 2015. 8. 13.>
⑪ 예비후보자가 제49조에 따라 후보자로 등록하지 않은 때에는 후보자등록마감일의 등록마감시각 후부터 예비후보자의 지위를 상실한다. <신설 2017. 3. 9.>
⑫예비후보자등록신청서의 서식, 피선거권에 관한 증명서류, 제출·회보받은 서류의 공개방법, 그 밖에 필요한 사항은 중앙선거관리위원회규칙으로 정한다. <개정 2010. 1. 25., 2015. 8. 13., 2017. 3. 9.>
[본조신설 2004. 3. 12.]

제60조의3(예비후보자 등의 선거운동) ① 예비후보자는 다음 각 호의 어느 하나에 해당하는 방법으로 선거운동을 할 수 있다. <개정 2005. 8. 4., 2008. 2. 29., 2010. 1. 25., 2011. 7. 28., 2012. 1. 17., 2017. 2. 8., 2020. 12. 29., 2023. 12. 28.>
1. 제61조(선거운동기구의 설치)제1항 및 제6항 단서의 규정에 의하여 선거사무소를 설치하거나 그 선거사무소에 간판·현판 또는 현수막을 설치·게시하는 행위
2. 자신의 성명·사진·전화번호·학력(정규학력과 이에 준하는 외국의 교육과정을 이수한 학력을 말한다. 이하 제4호에서 같다)·경력, 그 밖에 홍보에 필요한 사항을 게재한 길이 9센티미터 너비 5센티미터 이내의 명함을 직접 주거나 지지를 호소하는 행위. 다만, 선박·정기여객자동차·열차·전동차·항공기의 안과 그 터미널·역·공항의 개찰구 안, 병원·종교시설·극장의 옥내(대관 등으로 해당 시설이 본래의 용도 외의 용도로 이용되는 경우는 제외한다)에서 주거나 지지를 호소하는 행위는 그러하지 아니하다.
3. 삭제 <2012. 2. 29.>
4. 선거구안에 있는 세대수의 100분의 10에 해당하는 수 이내에서 자신의 사진·성명·전화번호·학력·경력, 그 밖에 홍보에 필요한 사항을 게재한 인쇄물(이하 "예비후보자홍보물"이라 한다)을 작성하여 관할 선거관리위원회로부터 발송대상·매수 등을 확인받은 후 선거기간개시일 전 3일까지 중앙선거관리위원회규칙이 정하는 바에 따라 우편발송하는 행위. 이 경우 대통령선거 및 지방자치단체의 장선거의 예비후보자는 표지를 포함한 전체면수의 100분의 50 이상의 면수에 선거공약 및 이에 대한 추진계획으로 각 사업의 목표·우선순위·이행절차·이행기한·재원조달방안을 게재하여야 하며, 이를 게재한 면에는 다른 정당이나 후보자가 되려는 자에 관한 사항을 게재할 수 없다.
5. 선거운동을 위하여 어깨띠 또는 예비후보자임을 나타내는 표지물을 착용하거나 소지하여 내보이는 행위
6. 삭제 <2020. 12. 29.>
7. 삭제 <2012. 2. 29.>
② 다음 각 호의 어느 하나에 해당하는 사람은 예비후보자의 선거운동을 위하여 제1항제2호에 따른 예비후보자의 명함을 직접 주거나 예비후보자에 대한 지지를 호소할 수 있다. <개정 2010. 1. 25., 2017. 2. 8., 2018. 4. 6.>
1. 예비후보자의 배우자(배우자가 없는 경우 예비후보자가 지정한 1명)와 직계존비속
2. 예비후보자와 함께 다니는 선거사무장·선거사무원 및 제62조제4항에 따른 활동보조인
3. 예비후보자가 그와 함께 다니는 사람 중에서 지정한 1명
③ 제1항제4호에 따라 예비후보자홍보물을 우편발송하고자 하는 예비후보자는 그 발송통수 이내의 범위 안에서 선거권자인 세대주의 성명·주소(이하 이 조에서 "세대주명단"이라 한다)의 교부를 구·시·군의 장에게 신청할 수 있으며, 신청을 받은 구·시·군의 장은 다른 법률의 규정에 불구하고 지체 없이 그 세대주명단을 작성·교부하여야 한다. <신설 2005. 8. 4., 2008. 2. 29.>
④ 제3항의 규정에 따른 세대주명단의 교부신청은 후보자등록기간개시일 전 5일까지 서면으로 신청하여야 하며, 그 작성비용을 함께 납부하여야 한다. <신설 2005. 8. 4.>
⑤ 제3항의 규정에 따라 교부된 세대주명단의 양도·대여 및 사용의 금지에 관하여는 제46조(명부사본의 교부)제4항의 규정을 준용한다. 이 경우 "명부"는 "세대주명단"으로 본다. <신설 2005. 8. 4., 2014. 1. 17.>
⑥ 예비후보자홍보물의 규격·면수와 작성근거 등의 표시, 어깨띠·표지물의 규격, 세대주명단의 교부신청과 비용납부 그 밖에 필요한 사항은 중앙선거관리위원회규칙으로 정한다. <신설 2005. 8. 4., 2008. 2. 29., 2010. 1. 25.>

[본조신설 2004. 3. 12.]
[제목개정 2005. 8. 4.]
[2017. 2. 8. 법률 제14556호에 의하여 2013. 11. 28. 헌법재판소에서 위헌결정된 이 조 제2항제3호를 개정함.]

제60조의4(예비후보자공약집) ① 대통령선거 및 지방자치단체의 장선거의 예비후보자는 선거공약 및 이에 대한 추진계획으로 각 사업의 목표·우선순위·이행절차·이행기한·재원조달방안을 게재한 공약집(도서의 형태로 발간된 것을 말하며, 이하 "예비후보자공약집"이라 한다) 1종을 발간·배부할 수 있으며, 이를 배부하려는 때에는 통상적인 방법으로 판매하여야 한다. 다만, 방문판매의 방법으로 판매할 수 없다.
② 제1항의 예비후보자가 선거공약 및 그 추진계획에 관한 사항 외에 자신의 사진·성명·학력(정규학력과 이에 준하는 외국의 교육과정을 이수한 학력을 말한다)·경력, 그 밖에 홍보에 필요한 사항을 예비후보자공약집에 게재하는 경우 그 게재면수는 표지를 포함한 전체면수의 100분의 10을 넘을 수 없으며, 다른 정당이나 후보자가 되려는 자에 관한 사항은 예비후보자공약집에 게재할 수 없다.
③ 예비후보자가 제1항에 따라 예비후보자공약집을 발간하여 판매하려는 때에는 발간 즉시 관할 선거구선거관리위원회에 2권을 제출하여야 한다.
④ 예비후보자공약집의 작성근거 등의 표시와 제출, 그 밖에 필요한 사항은 중앙선거관리위원회규칙으로 정한다.
[본조신설 2008. 2. 29.]

제61조(선거운동기구의 설치) ① 선거운동 및 그 밖의 선거에 관한 사무를 처리하기 위하여 정당 또는 후보자는 다음 각호에 따라 선거사무소와 선거연락소를, 예비후보자는 선거사무소를, 정당은 중앙당 및 시·도당의 사무소에 선거대책기구 각 1개씩을 설치할 수 있다. <개정 1995. 4. 1., 1995. 5. 10., 2000. 2. 16., 2004. 3. 12., 2005. 8. 4., 2014. 1. 17.>
1. 대통령선거
정당 또는 후보자가 설치하되, 선거사무소 1개소와 시·도 및 구·시·군(하나의 區·市·郡이 2 이상의 國會議員地域區로 된 경우에는 國會議員地域區를 말한다. 이하 이 條에서 같다)마다 선거연락소 1개소
2. 지역구국회의원선거
후보자가 설치하되, 당해 국회의원지역구안에 선거사무소 1개소. 다만, 하나의 국회의원지역구가 2 이상의 구·시·군으로 된 경우에는 선거사무소를 두지 아니하는 구·시·군마다 선거연락소 1개소
3. 비례대표국회의원선거 및 비례대표지방의회의원선거
정당이 설치하되, 선거사무소 1개소(比例代表市·道議員選擧의 경우에는 比例代表市·道議員候補者名簿를 제출한 시·도마다, 비례대표자치구·시·군의원선거의 경우에는 비례대표자치구·시·군의원후보자명부를 제출한 자치구·시·군마다 選擧事務所 1個所)
4. 지역구지방의회의원선거
후보자가 설치하되, 당해 선거구안에 선거사무소 1개소
5. 시·도지사선거
후보자가 설치하되, 당해 시·도안에 선거사무소 1개소와 당해 시·도안의 구·시·군마다 선거연락소 1개소
6. 자치구·시·군의 장 선거
후보자가 설치하되, 당해 자치구·시·군안에 선거사무소 1개소. 다만, 자치구가 아닌 구가 설치된 시에 있어서는 선거사무소를 두지 아니하는 구마다 선거연락소 1개소를 둘 수 있으며, 하나의 구·시·군이 2 이상의 국회의원지역구로 된 경우에는 선거사무소를 두지 아니하는 국회의원지역구마다 선거연락소 1개소를 둘 수 있다.
② 선거사무소 또는 선거연락소는 시·도 또는 구·시·군의 사무소 소재지가 다른 시·도 또는 구·시·군의 구역안에 있는 때에는 제1항의 규정에 불구하고 그 시·도 또는 구·시·군의 사무소 소재지를 관할하는 시·도 또는 구·시·군의 구역안에 설치할 수 있다.
③ 정당·정당추천후보자 또는 정당소속 예비후보자의 선거사무소와 선거연락소는 그에 대응하는 정당[제61조의2(정당선거사무소의 설치)의 규정에 의한 정당선거사무소를 포함한다]의 사무소가 있는 때에는 그 사무소에 둘 수 있다. <개정 2004. 3. 12.>
④ 예비후보자가 제49조(후보자등록 등)의 규정에 의하여 후보자등록을 마친 때에는 당해 예비후보자의 선거사무소는 후보자의 선거사무소로 본다. <신설 2004. 3. 12.>
⑤ 선거사무소와 선거연락소는 고정된 장소 또는 시설에 두어야 하며, 「식품위생법」에 의한 식품접객영업소 또는 「공중위생관리법」에 의한 공중위생영업소안에 둘 수 없다. <개정 2000. 2. 16., 2005. 8. 4.>
⑥ 선거사무소, 선거연락소 및 선거대책기구에는 중앙선거관리위원회규칙으로 정하는 바에 따라 선거운동을 위한 간판·현판 및 현수막, 제64조의 선거벽보, 제65조의 선거공보, 제66조의 선거공약서 및 후보자의 사진을 첩부할 수 있다. 다만, 예비후보자의 선거사무소에는 간판·현판 및 현수막에 한하여 설치·게시할 수 있다. <개정 2010. 1. 25., 2014. 1. 17.>
⑦ 예비후보자가 그 신분을 상실한 때에는 제1항의 규정에 의하여 설치한 선거사무소를 폐쇄하여야 하며, 이를 폐쇄하지 아니한 경우 선거구선거관리위원회는 당해 예비후보자에게 즉시 선거사무소의 폐쇄를 명하여야 한다. <신설 2004. 3. 12.>

제61조의2(정당선거사무소의 설치) ① 정당은 선거에 있어서 당해 선거에 관한 정당의 사무를 처리하기 위하여 다음 각 호에서 정하는 날(그 날후에 실시사유가 확정된 보궐선거등에 있어서는 그 선거의 실시사유가 확정된 때)부터 선거일후 30일까지 선거구안에 있는 구·시·군(하나의 구·시·군이 2 이상의 국회의원 지역구로 된 경우에는 국회의원지역구)마다 1개소의 정당선거사무소를 설치할 수 있다. <개정 2005. 8. 4.>
1. 대통령선거
선거일 전 240일
2. 국회의원선거 및 시·도지사선거
선거일 전 120일
3. 지방의회의원선거 및 자치구·시·군의 장선거
선거기간개시일 전 60일
② 정당선거사무소에는 당원중에서 소장 1인을 두어야 하며, 2인 이내의 유급사무직원을 둘 수 있다.
③ 중앙당 또는 시·도당의 대표자는 정당선거사무소를 설치하는 때에는 지체없이 관할선거관리위원회에 다음 각호의 사항을 서면으로 신고하여야 한다. 이 경우 신고사항의 변경이 있는 때에는 지체없이 그 변경사항을 신고하여야 한다. <개정 2005. 8. 4.>
1. 설치연월일
2. 사무소의 소재지와 명칭
3. 소장의 성명·주소·주민등록번호
4. 사무소인(印)
④ 정당선거사무소에는 중앙선거관리위원회규칙으로 정하는 바에 따라 정당의 홍보에 필요한 사항을 게재한 간판·현판·현수막을 설치·게시할 수 있다. <개정 2010. 1. 25.>
⑤ 정당선거사무소의 소장은 이 법 또는 다른 법률의 규정에 의한 신고·신청·제출·보고·추천 등에 관하여 당해 정당을 대표한다.
⑥ 정당은 선거일후 30일이 지난 때에는 제1항의 규정에 의한 정당선거사무소를 즉시 폐쇄하여야 한다.
⑦ 제61조(선거운동기구의 설치)제2항 및 제5항의 규정은 정당선거사무소에 이를 준용한다. 이 경우 "선거사무소 또는 선거연락소"와 "선거사무소와 선거연락소"는 "정당선거사무소"로 본다.
[본조신설 2004. 3. 12.]

제62조(선거사무관계자의 선임) ① 제61조(選擧運動機構의 設置)의 선거사무소와 선거연락소를 설치한 자는 선거운동을 할 수 있는 자중에서 선거사무소에 선거사무장 1인을, 선거연락소에

선거연락소장 1인을 두어야 한다.
② 선거사무장 또는 선거연락소장은 선거에 관한 사무를 처리하기 위하여 선거운동을 할 수 있는 자중에서 다음 각호에 의하여 선거사무원(제135조제1항 본문에 따른 수당과 실비를 지급받는 선거사무원을 말한다. 이하 같다)을 둘 수 있다. <개정 1995. 4. 1., 1995. 12. 30., 1997. 1. 13., 1998. 4. 30., 2000. 2. 16., 2005. 8. 4., 2010. 1. 25., 2022. 1. 21.>
1. 대통령선거
선거사무소에 시·도수의 6배수 이내와 시·도선거연락소에 당해 시·도안의 구·시·군(하나의 區·市·郡이 2 이상의 國會議員地域區로 된 경우에는 國會議員地域區를 말한다. 이하 이 項에서 같다)수(그 區·市·郡數가 10 미만인 때에는 10人)이내 및 구·시·군선거연락소에 당해 구·시·군안의 읍·면·동(제148조제1항제2호에 해당하는 경우에는 설치·폐지·분할·합병 직전의 읍·면·동을 말한다. 이하 이 조, 제67조제1항, 제118조제5호 및 제121조제1항에서 같다)수 이내
2. 지역구국회의원선거 및 자치구·시·군의 장선거
선거사무소와 선거연락소를 두는 구·시·군 안의 읍·면·동수의 3배수에 5를 더한 수 이내(선거연락소를 두지 아니하는 경우에는 선거연락소에 둘 수 있는 선거사무원의 수만큼 선거사무소에 더 둘 수 있다)
3. 비례대표국회의원선거
선거사무소에 시·도수의 2배수 이내
4. 지역구시·도의원선거
선거사무소에 10인 이내
5. 비례대표시·도의원선거
선거사무소에 당해 시·도안의 구·시·군의 수(算定한 數가 20 미만인 때에는 20人) 이내
6. 시·도지사선거
선거사무소에 당해 시·도안의 구·시·군의 수(그 區·市·郡數가 10 미만인 때에는 10人) 이내와 선거연락소에 당해 구·시·군안의 읍·면·동수 이내
7. 지역구자치구·시·군의원선거
선거사무소에 8명 이내
8. 비례대표자치구·시·군의원선거
선거사무소에 당해 자치구·시·군 안의 읍·면·동수 이내
③ 예비후보자는 선거운동을 할 수 있는 자중에서 제1항에 따른 선거사무장을 포함하여 다음 각 호에 따른 수의 선거사무원을 둘 수 있다. <신설 2004. 3. 12., 2005. 8. 4., 2010. 1. 25.>
1. 대통령선거
10인 이내
2. 시·도지사선거
5인 이내
3. 지역구국회의원선거 및 자치구·시·군의 장선거
3인 이내
4. 지역구지방의회의원선거
2인 이내
④ 중앙선거관리위원회규칙으로 정하는 장애인 예비후보자·후보자는 그의 활동을 보조하기 위하여 선거운동을 할 수 있는 사람 중에서 1명의 활동보조인(이하 "활동보조인"이라 한다)을 둘 수 있다. 이 경우 활동보조인은 제2항 및 제3항에 따른 선거사무원수에 산입하지 아니한다. <신설 2010. 1. 25.>
⑤ 제135조제1항 단서의 규정에 의하여 수당을 지급받을 수 없는 정당의 유급사무직원, 국회의원과 그 보좌관·선임비서관·비서관 또는 지방의회의원은 선거사무원이 된 경우에도 제2항의 선거사무원수에는 산입하지 아니한다. <개정 2000. 2. 16., 2010. 1. 25., 2022. 4. 20.>
⑥ 선거사무장을 두지 아니한 경우에는 후보자(제2항제1호·제3호·제5호 및 제8호의 경우에는 정당의 회계책임자) 또는 예비후보자가 선거사무장을 겸한 것으로 본다. <개정 2004. 3. 12., 2005. 8. 4., 2010. 1. 25.>
⑦ 같은 선거에 있어서는 2 이상의 정당·예비후보자 또는 후보자가 동일인을 함께 선거사무장·선거연락소장 또는 선거사무원으로 선임할 수 없다. <개정 1995. 4. 1., 2004. 3. 12., 2010. 1. 25.>
⑧ 누구든지 이 법에 규정되지 아니한 방법으로 인쇄물·시설물, 그 밖의 광고물을 이용하여 선거운동을 하는 사람을 모집할 수 없다. <개정 2010. 1. 25.>

제63조(선거운동기구 및 선거사무관계자의 신고) ① 정당·후보자 또는 예비후보자가 선거사무소와 선거연락소를 설치·변경한 때와 정당·후보자·예비후보자·선거사무장 또는 선거연락소장이 선거사무장·선거연락소장·선거사무원 또는 활동보조인(이하 이 조에서 "선거사무장등"이라 한다)을 선임하거나 해임한 때에는 지체없이 관할선거관리위원회에 서면으로 신고하여야 한다. 이 경우 교체선임할 수 있는 선거사무원수는 최초의 선임을 포함하여 제62조제2항 또는 제3항에 따른 선거사무원수의 2배수를 넘을 수 없다. <개정 2004. 3. 12., 2010. 1. 25.>
② 선거사무장등(회계책임자를 포함한다)은 해당 선거관리위원회가 교부하는 표지를 패용하고 선거운동을 하여야 한다. <개정 2010. 1. 25.>
③ 선거관리위원회는 제2항에 따른 표지의 교부신청을 받은 때에는 즉시 이를 교부하여야 한다. <개정 2010. 1. 25.>
④ 선거사무소와 선거연락소의 설치신고서, 선거사무장등의 선임신고서, 선거사무장등(회계책임자를 포함한다)의 표지 및 그 표지 분실 시 처리절차, 그 밖에 필요한 사항은 중앙선거관리위원회규칙으로 정한다. <개정 2010. 1. 25.>

제64조(선거벽보) ① 선거운동에 사용하는 선거벽보에는 후보자의 사진(候補者만의 寫眞을 말한다)·성명·기호(제150조에 따라 투표용지에 인쇄할 정당 또는 후보자의 게재순위를 말한다. 이하 같다)·정당추천후보자의 소속정당명(無所屬候補者는 "無所屬"이라 표시한다)·경력[학력을 게재하는 경우에는 정규학력과 이에 준하는 외국의 교육과정을 이수한 학력외에는 게재할 수 없다. 이 경우 정규학력을 게재하는 경우에는 졸업 또는 수료당시의 학교명(중퇴한 경우에는 수학기간을 함께 기재하여야 한다)을 기재하고, 정규학력에 준하는 외국의 교육과정을 이수한 학력을 게재하는 때에는 그 교육과정명과 수학기간 및 학위를 취득한 때의 취득학위명을 기재하여야 하며, 정규학력의 최종학력과 외국의 교육과정을 이수한 학력은 제49조제4항제6호에 따라 학력증명서를 제출한 학력에 한하여 게재할 수 있다. 이하 같다]·정견 및 소속정당의 정강·정책 그 밖의 홍보에 필요한 사항(地域區國會議員選擧에 있어서는 比例代表國會議員候補者名單을, 地域區市·道議員選擧에 있어서는 비례대표시·도의원후보자 명단을, 지역구자치구·시·군의원선거에 있어서는 비례대표자치구·시·군의원후보자명단을 포함하며, 候補者외의 者의 人物寫眞을 제외한다)을 게재하여 동에 있어서는 인구 500명에 1매, 읍에 있어서는 인구 250명에 1매, 면에 있어서는 인구 100명에 1매의 비율을 한도로 작성·첩부한다. 다만, 인구밀집상태 및 첩부장소등을 감안하여 중앙선거관리위원회규칙으로 정하는 바에 따라 인구 1천명에 1매의 비율까지 조정할 수 있다. <개정 1995. 4. 1., 1995. 12. 30., 1997. 1. 13., 1997. 11. 14., 1998. 4. 30., 2000. 2. 16., 2002. 3. 7., 2004. 3. 12., 2005. 8. 4., 2010. 1. 25.>
② 제1항에 따른 선거벽보는 후보자(비례대표국회의원후보자와 비례대표지방의회의원후보자를 제외하며, 대통령선거에 있어서 정당추천후보자의 경우에는 그 추천정당을 말한다. 이하 이 조에서 같다)가 작성하여 대통령선거는 후보자등록마감일 후 3일(제51조에 따른 추가등록의 경우에는 추가등록마감일 후 2일 이내를 말한다)까지, 국회의원선거와 지방자치단체의 의회의원 및 장의 선거는 후보자등록마감일 후 5일까지 첩부할 지역을 관할하는 구·시·군선거관리위원회에 제출하고, 해당 구·시·군선거관리위원회가 이를 확인하여 선거벽보 제출마감일후 2일(대통령선거와 섬 및 산간오지지역의 경우는 3일)까지 첩부한다. 이 경우 선거벽보의 일부를 제출하지 아니

할 때에는 선거벽보를 첩부하지 아니할 지역(투표구를 단위로 한다)을 지정하여 선거벽보의 제출시에 서면으로 신고하여야 하고, 선거벽보를 첩부하지 아니할 지역을 신고하지 아니한 때에는 해당 구·시·군선거관리위원회가 그 지역을 지정한다. <개정 1995. 4. 1., 2000. 2. 16., 2005. 8. 4., 2010. 1. 25., 2011. 7. 28., 2012. 1. 17.>

③ 관할선거구선거관리위원회는 제2항에 따라 후보자가 작성하여 보관 또는 제출할 선거벽보의 수량을 선거기간개시일전 10일까지 공고하여야 한다. 이 경우 중앙선거관리위원회규칙으로 정하는 바에 따라 일정한 수량을 가산할 수 있다. <개정 1995. 12. 30., 2004. 3. 12., 2010. 1. 25.>

④ 후보자가 제2항에 따른 제출마감일까지 선거벽보를 제출하지 아니한 때와 규격을 넘거나 미달하는 선거벽보를 제출한 때에는 그 선거벽보는 첩부하지 아니한다. <개정 2010. 1. 25.>

⑤ 제2항에 따라 제출된 선거벽보는 정정 또는 철회할 수 없다. 다만, 후보자는 선거벽보에 게재된 후보자의 성명·기호·소속 정당명과 경력·학력·학위·상벌(이하 "경력등"이라 한다)이 거짓으로 게재되어 있거나 이 법에 위반되는 내용이 게재되어 있음을 이유로 해당 선거구선거관리위원회에 서면으로 정정 또는 삭제를 요청할 수 있으며, 그 요청을 받은 선거구선거관리위원회는 제2항에 따른 선거벽보 제출마감일까지 그 내용을 정정 또는 삭제하게 할 수 있다. 이 경우 해당 내용을 정정 또는 삭제하는 외에 새로운 내용을 추가하거나 종전의 배열방법·색상·규격 등을 변경할 수 없다. <개정 2010. 1. 25.>

⑥ 누구든지 선거벽보의 내용 중 경력등에 관한 거짓 사실의 게재를 이유로 이의제기를 하는 때에는 해당 선거구선거관리위원회를 거쳐 직근 상급선거관리위원회에 서면으로 하여야 하고, 이의제기를 받은 상급선거관리위원회는 후보자와 이의제기자에게 그 증명서류의 제출을 요구할 수 있으며, 그 증명서류의 제출이 없거나 거짓 사실임이 판명된 때에는 그 사실을 공고하여야 한다. <신설 2010. 1. 25.>

⑦ 관할선거구선거관리위원회는 제1항의 선거벽보에 다른 후보자, 그의 배우자 또는 직계존·비속이나 형제자매의 사생활에 대한 사실을 적시하여 비방하는 내용이 이 법에 위반된다고 인정하는 때에는 이를 고발하고 공고하여야 한다. <개정 2010. 1. 25.>

⑧ 선거벽보를 인쇄하는 인쇄업자는 제3항의 선거벽보의 수량외에는 이를 인쇄하여 누구에게도 제공할 수 없다. <개정 2010. 1. 25.>

⑨ 후보자는 관할구·시·군선거관리위원회가 첩부한 선거벽보가 오손되거나 훼손되어 보완첩부하고자 하는 때에는 제3항에 따라 공고된 수량의 범위에서 그 선거벽보 위에 덧붙여야 한다. <신설 1995. 12. 30., 2010. 1. 25.>

⑩ 선거벽보는 다수의 통행인이 보기 쉬운 건물 또는 게시판 등에 첩부하여야 한다. 이 경우 해당 건물 또는 게시판 등의 소유자 또는 관리자와 미리 협의하여야 한다. <신설 2020. 12. 29.>

⑪ 제1항에 따라 선거벽보를 첩부하는 경우에 첩부장소가 있는 토지·건물 그 밖의 시설물의 소유자 또는 관리자는 선거벽보의 첩부가 해당 시설물을 심각하게 훼손하거나 자신의 사생활을 침해하는 등 특별한 사유가 없는 한 선거벽보의 첩부에 협조하여야 한다. <개정 2010. 1. 25., 2020. 12. 29.>

⑫ 선거벽보 내용의 정정·삭제 신청, 수량공고·규격·작성·제출·확인·첩부·경력 등에 관한 허위사실이나 사생활비방으로 인한 고발사실의 공고, 선거벽보 첩부를 위한 협의절차, 그 밖에 필요한 사항은 중앙선거관리위원회규칙으로 정한다. <개정 2000. 2. 16., 2010. 1. 25., 2020. 12. 29.>

[제목개정 2010. 1. 25.]

제65조(선거공보) ① 후보자(대통령선거에 있어서 정당추천후보자와 비례대표국회의원선거 및 비례대표지방의회의원선거의 경우에는 그 추천정당을 말한다. 이하 이 조에서 같다)는 선거운동을 위하여 책자형 선거공보 1종(대통령선거에서는 전단형 선거공보 1종을 포함한다)을 작성할 수 있다. 이 경우 비례대표국회의원선거 및 비례대표지방의회의원선거에서는 중앙선거관리위원회규칙으로 정하는 바에 따라 해당 정당이 추천한 후보자 모두의 사진·성명·학력·경력을 게재하여야 한다. <개정 2010. 1. 25., 2012. 1. 17.>

② 제1항의 규정에 따른 책자형 선거공보는 대통령선거에 있어서는 16면 이내로, 국회의원선거 및 지방자치단체의 장선거에 있어서는 12면 이내로, 지방의회의원선거에 있어서는 8면 이내로 작성하고, 전단형 선거공보는 1매(양면에 게재할 수 있다)로 작성한다.

③ 제1항의 규정에 따른 책자형 선거공보의 수량은 당해 선거구 안의 세대수와 예상 거소투표신고인수 및 제5항에 따른 예상 신청자수를 합한 수에 상당하는 수 이내로, 전단형 선거공보의 수량은 당해 선거구 안의 세대수에 상당하는 수 이내로 한다. <개정 2012. 2. 29., 2014. 1. 17.>

④ 후보자는 제1항의 규정에 따른 선거공보 외에 시각장애선거인(선거인으로서 「장애인복지법」 제32조에 따라 등록된 시각장애인을 말한다. 이하 이 조에서 같다)을 위한 선거공보(이하 "점자형 선거공보"라 한다) 1종을 제2항에 따른 책자형 선거공보의 면수의 두 배 이내에서 작성할 수 있다. 다만, 대통령선거·지역구국회의원선거 및 지방자치단체의 장선거의 후보자는 점자형 선거공보를 작성·제출하여야 하되, 책자형 선거공보에 그 내용이 음성·점자 등으로 출력되는 인쇄물 접근성 바코드를 표시하는 것으로 대신할 수 있다. <개정 2008. 2. 29., 2010. 1. 25., 2015. 8. 13., 2018. 4. 6., 2020. 12. 29.>

⑤ 사전투표소에서 투표할 수 있는 선거인 중 법령에 따라 영내 또는 함정에 장기 기거하는 군인이나 경찰공무원은 선거인명부작성기간 중 관할 구·시·군선거관리위원회에 자신의 거주지로 책자형 선거공보를 발송해 줄 것을 서면이나 중앙선거관리위원회 홈페이지를 통하여 신청할 수 있다. 이 경우 부대장·경찰관서의 장은 선거인명부작성기간 개시일 전일까지 소속 군인·경찰공무원에게 선거공보의 발송 신청을 할 수 있다는 사실을 알려야 한다. <신설 2014. 1. 17., 2015. 8. 13.>

⑥ 선거공보의 제출과 발송은 다음 각 호에 따른다. <개정 2010. 1. 25., 2011. 7. 28., 2012. 1. 17., 2014. 1. 17.>

1. 대통령선거

가. 책자형 선거공보(점자형 선거공보를 포함한다)

후보자가 후보자등록마감일 후 6일(제51조에 따른 추가등록의 경우에는 추가등록마감일 후 2일)까지 배부할 지역을 관할하는 구·시·군선거관리위원회에 제출하고 당해 선거관리위원회가 이를 확인하여 관할구역 안의 매세대에는 제출마감일 후 3일까지, 제5항에 따른 발송신청자에게는 선거일 전 10일까지 각각 우편으로 발송하고, 거소투표신고인명부에 올라 있는 선거인에게는 제154조에 따라 거소투표용지를 발송하는 때에 동봉하여 발송한다.

나. 전단형 선거공보

후보자가 후보자등록마감일 후 10일까지 배부할 지역을 관할하는 구·시·군선거관리위원회에 제출하고 당해 선거관리위원회가 이를 확인하여 제153조(투표안내문의 발송)의 규정에 따른 투표안내문을 발송하는 때에 이를 동봉하여 발송한다. 이 경우 선거인명부 확정결과 책자형 선거공보를 발송하지 아니한 세대가 있는 때에는 그 세대에 이를 전단형 선거공보와 함께 추가로 발송하여야 한다.

2. 국회의원선거, 지방자치단체의 의회의원 및 장의 선거

후보자가 후보자등록마감일 후 7일까지 배부할 지역을 관할하는 구·시·군선거관리위원회에 제출하고 해당 선거관리위원회가 이를 확인하여 제5항에 따른 발송신청자에게는 선거일 전 10일까지 우편으로 발송하고, 매세대에는 제153조에 따라 투표안내문을 발송하는 때에, 거소투표신고인명부에 올라 있는 선거인에게는 제154조에 따라 거소투표용지를 발송하는 때에 각각 동봉하여 발송한다.

⑦ 구·시·군의 장은 제4항의 규정에 따른 시각장애선거인과 그 세대주의 성명·주소를 조사하여 선거기간개시일 전 20일

까지 관할구·시·군선거관리위원회에 통보하여야 한다. <개정 2014. 1. 17.>
⑧ 대통령선거, 지역구국회의원선거, 지역구지방의회의원선거 및 지방자치단체의 장선거에서 책자형 선거공보(점자형 선거공보를 포함한다)를 제출하는 경우에는 중앙선거관리위원회규칙으로 정하는 바에 따라 다음 각 호에 따른 내용(이하 이 조에서 "후보자정보공개자료"라 한다)을 그 둘째 면에 게재하여야 하며, 후보자정보공개자료에 대하여 소명이 필요한 사항은 그 소명자료를 함께 게재할 수 있다. 이 경우 그 둘째 면에는 후보자정보공개자료와 그 소명자료만을 게재하여야 하며, 점자형 선거공보에 게재하는 후보자정보공개자료의 내용은 책자형 선거공보에 게재하는 내용과 똑같아야 한다. <개정 2006. 3. 2., 2010. 1. 25., 2011. 7. 28., 2014. 1. 17.>
1. 재산상황
후보자, 후보자의 배우자 및 직계존·비속(혼인한 딸과 외조부모 및 외손자녀를 제외한다. 이하 제3호에서 같다)의 각 재산총액
2. 병역사항
후보자 및 후보자의 직계비속의 군별·계급·복무기간·복무분야·병역처분사항 및
병역처분사유[「공직자 등의 병역사항 신고 및 공개에 관한 법률」 제8조(신고사항의 공개)제3항의 규정에 따라 질병명 또는 심신장애내용의 비공개를 요구하는 경우에는 이를 제외한다]
3. 최근 5년간 소득세·재산세·종합부동산세 납부 및 체납실적
후보자, 후보자의 배우자 및 직계존·비속의 연도별 납부액, 연도별 체납액(10만원 이하 또는 3월 이내의 체납은 제외한다) 및 완납시기[제49조(후보자등록 등)제4항제4호의 규정에 따라 제출한 원천징수소득세를 포함하되, 증명서의 제출을 거부한 후보자의 직계존속의 납부 및 체납실적은 제외한다]
4. 전과기록
죄명과 그 형 및 확정일자
5. 직업·학력·경력 등 인적사항
후보자등록신청서에 기재된 사항
⑨ 후보자가 제13항에 따라 공고한 책자형 선거공보 제출수량의 전부 또는 일부를 제출하지 아니하는 때에는 후보자정보공개자료를 별도로 작성하여 제6항에 따라 책자형 선거공보의 제출마감일까지 제출하여야 하며, 제출받은 후보자정보공개자료는 제6항에 따라 책자형 선거공보를 발송하는 때에 함께 발송한다. 이 경우 별도로 작성한 후보자정보공개자료를 그 제출마감일까지 제출하지 못한 정당한 사유가 있는 때에는 책자형 선거공보의 발송 전까지 이를 제출할 수 있다. <개정 2010. 1. 25., 2014. 1. 17., 2015. 8. 13., 2020. 12. 29.>
⑩ 제1항의 규정에 불구하고 관할선거구선거관리위원회는 후보자로 하여금 책자형선거공보 원고를 제49조의 규정에 따라 후보자등록을 신청하는 때에 당해 선거관리위원회가 제공하는 서식에 따라 컴퓨터의 자기디스크 그 밖에 이와 유사한 매체에 기록하여 제출하게 하거나 당해 선거관리위원회가 지정하는 인터넷홈페이지에 입력하는 방법으로 제출하게 한 후 제150조(투표용지의 정당·후보자의 게재순위등)의 규정에 따라 투표용지에 게재할 후보자의 기호순에 따라 선거공보를 1책으로 작성하여 발송할 수 있다. 이 경우 선거공보의 인쇄비용은 후보자가 부담하여야 한다. <개정 2008. 2. 29., 2014. 1. 17.>
⑪ 후보자가 시각장애선거인에게 제공하기 위하여 책자형 선거공보의 내용을 음성·점자 등으로 출력되는 디지털 파일로 전환하여 저장한 저장매체를 책자형 선거공보(점자형 선거공보를 포함한다)와 같이 제출하는 경우 배부할 지역을 관할하는 구·시·군선거관리위원회는 이를 함께 발송하여야 한다. <신설 2020. 12. 29.>
⑫ 구·시·군선거관리위원회는 제8항을 위반하여 책자형 선거공보(점자형 선거공보는 제외한다. 이하 이 항에서 같다)에 후보자정보공개자료를 게재하지 아니하거나, 책자형 선거공보의 둘째 면이 아닌 다른 면(둘째 면이 부족하여 셋째 면에 연이어 게재한 경우는 제외한다)에 후보자정보공개자료를 게재하거나, 그 둘째 면에 후보자정보공개자료와 그 소명자료 외의 다른 내용을 게재하거나, 선거공보의 규격·제출기한을 위반한 때에는 이를 접수하지 아니한다. <신설 2010. 1. 25., 2014. 1. 17., 2020. 12. 29.>
⑬ 제64조제2항 후단부터 제8항까지의 규정은 선거공보에 이를 준용한다. 이 경우 "선거벽보"는 "선거공보"로, "첩부하지 아니할 지역"은 "발송하지 아니할 대상 및 지역"으로, "첩부"는 "발송"으로, "규격을 넘거나 미달하는"은 "규격을 넘는"으로, "경력·학력·학위·상벌(이하 "경력등"이라 한다)"은 "경력등이나 후 보자정보공개자료"로 본다. <개정 2008. 2. 29., 2010. 1. 25., 2014. 1. 17., 2020. 12. 29.>
⑭ 선거공보의 규격·작성·제출·확인·발송 및 공고, 책자형 선거공보의 발송신청 양식, 후보자정보공개자료의 게재방법과 선거공보의 원고 및 인쇄비용의 산정·납부 그 밖에 필요한 사항은 중앙선거관리위원회규칙으로 정한다. <개정 2008. 2. 29., 2010. 1. 25., 2014. 1. 17., 2020. 12. 29.>
[전문개정 2005. 8. 4.]

제66조(선거공약서) ① 대통령선거 및 지방자치단체의 장선거의 후보자(대통령선거에 있어서 정당추천후보자의 경우에는 그 추천정당을 말한다. 이하 제2항 및 제5항을 제외하고 이 조에서 같다)는 선거운동을 위하여 선거공약 및 그 추진계획을 게재한 인쇄물(이하 "선거공약서"라 한다) 1종을 작성할 수 있다. <개정 2008. 2. 29.>
② 선거공약서에는 선거공약 및 이에 대한 추진계획으로 각 사업의 목표·우선순위·이행절차·이행기한·재원조달방안을 게재하여야 하며, 다른 정당이나 후보자에 관한 사항을 게재할 수 없다. 이 경우 후보자의 성명·기호와 선거공약 및 그 추진계획에 관한 사항 외의 후보자의 사진·학력·경력, 그 밖에 홍보에 필요한 사항은 제3항에 따른 면수 중 1면 이내에서 게재할 수 있다. <개정 2008. 2. 29., 2012. 1. 17.>
③ 선거공약서는 대통령선거에 있어서는 32면 이내로, 시·도지사선거에 있어서는 16면 이내로, 자치구·시·군의 장선거에 있어서는 12면 이내로 작성한다. <개정 2008. 2. 29.>
④ 선거공약서의 수량은 해당 선거구 안에 있는 세대수의 100분의 10에 해당하는 수 이내로 한다. <개정 2008. 2. 29.>
⑤ 후보자와 그 가족, 선거사무장, 선거연락소장, 선거사무원, 회계책임자 및 후보자와 함께 다니는 활동보조인은 선거공약서를 배부할 수 있다. 다만, 우편발송(점자형 선거공약서는 제외한다)·호별방문이나 살포(특정 장소에 비치하는 방법을 포함한다)의 방법으로 선거공약서를 배부할 수 없다. <개정 2008. 2. 29., 2010. 1. 25.>
⑥ 후보자가 선거공약서를 배부하고자 하는 때에는 배부일 전일까지 2부를 첨부하여 작성수량·작성비용 및 배부방법 등을 관할선거구선거관리위원회에 서면으로 신고하여야 하며, 배부 전까지 배부할 지역을 관할하는 구·시·군선거관리위원회에 각 2부를 제출하여야 한다. <개정 2008. 2. 29.>
⑦ 관할선거구선거관리위원회는 선거공약서를 선거관리위원회의 인터넷홈페이지에 게시하는 등 선거구민이 알 수 있도록 이를 공개할 수 있으며, 당선인 결정 후에는 당선인의 선거공약서를 그 임기만료일까지 선거관리위원회의 인터넷홈페이지 또는 중앙선거관리위원회가 지정하는 인터넷홈페이지에 게시할 수 있다. 이 경우 후보자로 하여금 그 전산자료 복사본을 제출하게 하거나 그 내용을 요약하여 제출하게 할 수 있다. <개정 2008. 2. 29.>
⑧ 제64조제3항·제8항 및 제65조제4항(단서는 제외한다)은 선거공약서에 관하여 각각 이를 준용한다. 이 경우 "선거벽보" 또는 "책자형 선거공보"는 "선거공약서"로, "작성하여 보관 또는 제출할"은 "작성할"로, "점자형 선거공보"는 "점자형 선거공약서"로 보며, 점자형 선거공약서는 선거공약서와 같은 종류로 본다. <개정 2010. 1. 25., 2015. 8. 13.>
⑨ 선거공약서의 규격, 작성근거 등의 표시, 신고 및 제출 그 밖의 필요한 사항은 중앙선거관리위원회규칙으로 정한다.
[본조신설 2007. 1. 3.]

제67조(현수막) ① 후보자(비례대표국회의원후보자 및 비례대표지방의회의원후보자를 제외하며, 대통령선거에 있어서 정당추천후보자의 경우에는 그 추천정당을 말한다)는 선거운동을 위하여 해당 선거구안의 읍·면·동 수의 2배 이내의 현수막을 게시할 수 있다. <개정 2005. 8. 4., 2018. 4. 6.>

② 삭제 <2005. 8. 4.>

③ 제1항의 현수막의 규격 및 게시방법 등에 관하여 필요한 사항은 중앙선거관리위원회규칙으로 정한다.

[본조신설 2002. 3. 7.]

제68조(어깨띠 등 소품) ① 후보자와 그 배우자(배우자 대신 후보자가 그의 직계존비속 중에서 신고한 1인을 포함한다), 선거사무장, 선거연락소장, 선거사무원, 후보자와 함께 다니는 활동보조인 및 회계책임자는 선거운동기간 중 후보자의 사진·성명·기호 및 소속 정당명, 그 밖의 홍보에 필요한 사항을 게재한 어깨띠나 중앙선거관리위원회규칙으로 정하는 규격 또는 금액 범위의 윗옷(上衣)·표찰(標札)·수기(手旗)·마스코트, 그 밖의 소품(이하 "소품등"이라 한다)을 붙이거나 입거나 지니고 선거운동을 할 수 있다. <개정 2023. 8. 30.>

② 선거운동을 할 수 있는 사람은 선거운동기간 중 중앙선거관리위원회규칙으로 정하는 규격 범위의 소형의 소품등을 본인의 부담으로 제작 또는 구입하여 몸에 붙이거나 지니고 선거운동을 할 수 있다. <개정 2023. 8. 30.>

③ 제1항 및 제2항에 따른 소품등의 규격과 그 밖에 필요한 사항은 중앙선거관리위원회규칙으로 정한다. <개정 2023. 8. 30.>

[전문개정 2010. 1. 25.]

[2023.8.30 법률 제19696호에 의하여 2022.7.21 헌법재판소에서 헌법불합치 결정된 이 조 제2항을 개정함.]

제69조(신문광고) ① 선거운동을 위한 신문광고는 후보자(大統領選擧에 있어서 정당추천후보자와 비례대표국회의원선거의 경우에는 후보자를 추천한 정당을 말한다. 이하 이 條에서 같다)가 다음 각호에 의하여 선거기간개시일부터 선거일전 2일까지 소속정당의 정강·정책이나 후보자의 정견, 정치자금모금(大統領選擧에 한한다) 기타 홍보에 필요한 사항을 「신문 등의 진흥에 관한 법률」 제2조(정의)제1호가목 및 나목에 따른 일간신문에 게재할 수 있다. 이 경우 일간신문에의 광고회수의 계산에 있어서는 하나의 일간신문에 1회 광고하는 것을 1회로 본다. <개정 1997. 11. 14., 2004. 3. 12., 2005. 8. 4., 2009. 7. 31.>

1. 대통령선거
총 70회 이내
2. 비례대표국회의원선거
총 20회 이내
3. 시·도지사선거
총 5회 이내. 다만, 인구 300만을 넘는 시·도에 있어서는 300만을 넘는 매 100만까지마다 1회를 더한다.

② 제1항의 광고에는 광고근거와 광고주명을 표시하여야 한다. <개정 2010. 1. 25.>

③ 시·도지사선거에 있어서 같은 정당의 추천을 받은 2인 이상의 후보자는 합동으로 광고를 할 수 있다. 이 경우 광고회수는 해당 후보자가 각각 1회의 광고를 한 것으로 보며, 그 비용은 해당 후보자 간의 약정에 의하여 분담하되, 그 분담내역을 광고계약서에 명시하여야 한다. <개정 2010. 1. 25.>

④ 삭제 <2010. 1. 25.>

⑤ 후보자가 광고를 하고자 하는 때에는 광고전에 이 법에 의한 광고임을 인정하는 관할선거구선거관리위원회의 인증서를 교부받아 광고를 하여야 하며, 일간신문을 경영·관리하는 자 또는 광고업무를 담당하는 자는 인증서가 첨부되지 아니한 후보자의 광고를 게재하여서는 아니된다.

⑥ 삭제 <2010. 1. 25.>

⑦ 삭제 <2000. 2. 16.>

⑧ 제1항의 규정에 의한 신문광고를 게재하는 일간신문을 경영·관리하는 자는 그 광고비용을 산정함에 있어 선거기간중에 같은 지면에 같은 규격으로 게재하는 상업·문화 기타 각종 광고의 요금중 최저요금을 초과하여 후보자에게 청구하거나 받을 수 없다. <신설 1998. 4. 30.>

⑨ 인증서의 서식, 광고근거의 표시, 그 밖에 필요한 사항은 중앙선거관리위원회규칙으로 정한다. <개정 2010. 1. 25.>

제70조(방송광고) ① 선거운동을 위한 방송광고는 후보자(대통령선거에 있어서 정당추천후보자와 비례대표국회의원선거의 경우에는 후보자를 추천한 정당을 말한다. 이하 이 조에서 같다)가 다음 각 호에 따라 선거운동기간중 소속정당의 정강·정책이나 후보자의 정견 그 밖의 홍보에 필요한 사항을 텔레비전 및 라디오 방송시설[「방송법」에 의한 방송사업자가 관리·운영하는 무선국 및 종합유선방송국(종합편성 또는 보도전문편성의 放送채널사용事業者의 채널을 포함한다)을 말한다. 이하 이 조에서 같다]을 이용하여 실시할 수 있되, 광고시간은 1회 1분을 초과할 수 없다. 이 경우 광고회수의 계산에 있어서는 재방송을 포함하되, 하나의 텔레비전 또는 라디오 방송시설을 선정하여 당해 방송망을 동시에 이용하는 것은 1회로 본다. <개정 1997. 1. 13., 1997. 11. 14., 1998. 4. 30., 2000. 2. 16., 2004. 3. 12., 2005. 8. 4., 2010. 1. 25., 2022. 1. 21.>

1. 대통령선거
텔레비전 및 라디오 방송별로 각 30회 이내
2. 비례대표국회의원선거
텔레비전 및 라디오 방송별로 각 15회 이내
3. 시·도지사선거
지역방송시설을 이용하여 텔레비전 및 라디오 방송별로 각 5회 이내

② 삭제 <2000. 2. 16.>

③ 제1항의 규정에 의한 광고를 실시하는 방송시설의 경영자는 방송광고의 일시와 광고내용 등을 중앙선거관리위원회규칙이 정하는 바에 따라 관할선거구선거관리위원회에 통보하여야 한다.

④ 제1항의 방송광고는 「방송법」 제73조(放送廣告 등)제2항 및 「방송광고판매대행 등에 관한 법률」 제5조의 규정을 적용하지 아니한다. <개정 2000. 2. 16., 2005. 8. 4., 2012. 2. 22.>

⑤ 방송시설을 경영 또는 관리하는 자는 제1항의 방송광고를 함에 있어서 방송시간대와 방송권역 등을 고려하여 모든 후보자에게 공평하게 하여야 하며, 후보자가 신청한 방송시설의 이용일시가 서로 중첩되는 경우에 방송일시의 조정은 중앙선거관리위원회규칙이 정하는 바에 의한다. <개정 1997. 11. 14.>

⑥ 후보자는 제1항의 규정에 의한 방송광고에 있어서 청각장애선거인을 위한 한국수화언어(이하 "한국수어"라 한다) 또는 자막을 방영할 수 있다. <신설 2000. 2. 16., 2020. 12. 29.>

⑦ 삭제 <2000. 2. 16.>

⑧ 제1항의 규정에 의한 방송광고를 행하는 방송시설을 경영·관리하는 자는 그 광고비용을 산정함에 있어 선거기간중 같은 방송시간대에 광고하는 상업·문화 기타 각종 광고의 요금중 최저요금을 초과하여 후보자에게 청구하거나 받을 수 없다. <신설 1998. 4. 30.>

제71조(후보자 등의 방송연설) ① 후보자와 후보자가 지명하는 연설원은 소속정당의 정강·정책이나 후보자의 정견 기타 홍보에 필요한 사항을 발표하기 위하여 다음 각호에 의하여 선거운동기간중 텔레비전 및 라디오 방송시설[제70조(放送廣告)제1항의 규정에 의한 방송시설을 말한다. 이하 이 조에서 같다]을 이용한 연설을 할 수 있다. <개정 1995. 4. 1., 1997. 1. 13., 1997. 11. 14., 1998. 4. 30., 2000. 2. 16., 2004. 3. 12.>

1. 대통령선거
후보자와 후보자가 지명한 연설원이 각각 1회 20분 이내에서 텔레비전 및 라디오 방송별 각 11회 이내
2. 비례대표국회의원선거
정당별로 비례대표국회의원후보자중에서 선임된 대표 2인이 각각 1회 10분 이내에서 텔레비전 및 라디오 방송별 각 1회

3. 지역구국회의원선거 및 자치구·시·군의 장 선거
후보자가 1회 10분 이내에서 지역방송시설을 이용하여 텔레비전 및 라디오 방송별 각 2회 이내
4. 비례대표시·도의원선거
정당별로 비례대표시·도의원선거구마다 당해 선거의 후보자중에서 선임된 대표 1인이 1회 10분 이내에서 지역방송시설을 이용하여 텔레비전 및 라디오 방송별 각 1회
5. 시·도지사선거
후보자가 1회 10분 이내에서 지역방송시설을 이용하여 텔레비전 및 라디오 방송별 각 5회 이내
② 이 법에서 "지역방송시설"이란 해당 시·도의 관할구역 안에 있는 방송시설(도의 경우 해당 도의 구역을 방송권역으로 하는 인접한 특별시 또는 광역시 안에 있는 방송시설을 포함한다)을 말하며, 해당 시·도의 관할 구역 안에 지역방송시설이 없는 시·도로서 서울특별시에 인접한 시·도의 경우 서울특별시 안에 있는 방송시설을 말한다. <신설 2000. 2. 16., 2004. 3. 12., 2007. 1. 3., 2011. 7. 28.>
③ 제70조(放送廣告)제1항 후단·제6항 및 제8항의 규정은 후보자 등의 방송연설에 이를 준용한다. <개정 1998. 4. 30., 2000. 2. 16.>
④ 제1항에 따라 텔레비전 방송시설을 이용한 방송연설을 하는 경우에는 후보자 또는 연설원이 연설하는 모습, 후보자의 성명·기호·소속 정당명(해당 정당을 상징하는 마크나 심벌의 표시를 포함한다)·경력, 연설요지 및 통계자료 외의 다른 내용이 방영되게 하여서는 아니되며, 후보자 또는 연설원이 방송연설을 녹화하여 방송하고자 하는 때에는 당해 방송시설을 이용하여야 한다. <신설 1998. 4. 30., 2000. 2. 16., 2010. 1. 25.>
⑤ 방송시설을 경영 또는 관리하는 자는 제1항의 규정에 의한 후보자 또는 연설원의 연설을 위한 방송시설명·이용일시·시간대 등을 선거일전 30일(補闕選擧 등에 있어서는 후보자등록신청개시일 전 3일)까지 관할선거구선거관리위원회에 통보하여야 한다. <개정 2000. 2. 16., 2004. 3. 12., 2012. 1. 17.>
⑥ 선거구선거관리위원회는 후보자등록신청개시일전 3일(보궐선거등에 있어서는 후보자등록신청개시일 전일)까지 제1항의 규정에 의한 연설에 이용할 수 있는 방송시설과 일정을 선거구단위로 미리 지정·공고하고 후보자등록신청시 후보자에게 통지하여야 한다. <개정 2000. 2. 16., 2004. 3. 12., 2012. 1. 17.>
⑦ 대통령선거에 있어서 후보자가 제1항의 규정에 의하여 방송시설을 이용한 연설을 하고자 하는 때에는 이용할 방송시설명·이용일시·연설을 할 사람의 성명·소요시간·이용방법등을 기재한 신청서를 후보자등록마감일후 3일(追加登錄의 경우에는 追加登錄마감일)까지 중앙선거관리위원회에 서면으로 제출하여야 한다.
⑧ 제7항의 규정에 의하여 후보자(政黨推薦候補者는 그 推薦政黨을 말한다)가 신청한 방송시설의 이용일시가 서로 중첩되는 경우에는 중앙선거관리위원회가 그 일시를 정하되, 그 일시는 모든 후보자에게 공평하여야 한다. 이 경우 후보자가 그 지정된 일시의 24시간 전까지 방송시설이용계약을 하지 아니한 때에는 당해 방송시설을 경영·관리하는 자는 그 시간대에 다른 방송을 할 수 있다. <개정 1998. 4. 30., 2000. 2. 16.>
⑨ 중앙선거관리위원회가 제8항의 규정에 의하여 방송일시를 결정한 때에는 이를 공고하고, 정당 또는 후보자에게 통지하여야 한다. <개정 1998. 4. 30., 2000. 2. 16.>
⑩ 국회의원선거, 비례대표시·도의원선거, 지방자치단체의 장 선거에 있어서 후보자가 제1항제2호 내지 제5호의 규정에 의하여 방송시설을 이용한 연설을 하고자 하는 때에는 당해 방송시설을 경영 또는 관리하는 자와 체결한 방송시설이용계약서 사본을 첨부하여 이용할 방송시설명·이용일시·소요시간·이용방법 등을 방송일전 3일까지 당해 선거구선거관리위원회에 서면으로 신고하여야 한다. <개정 1995. 4. 1., 1997. 1. 13., 1998. 4. 30.>
⑪ 방송시설을 경영 또는 관리하는 자는 제1항의 방송시설을 이용한 연설에 협조하여야 하며, 방송시간대와 방송권역 등을 고려하여 모든 후보자에게 공평하게 하여야 한다. <개정 1997. 11. 14.>
⑫ 「방송법」에 따른 종합유선방송사업자(종합편성 또는 보도전문편성의 방송채널사용사업자를 포함한다)·중계유선방송사업자 및 인터넷언론사는 후보자 등의 방송연설을 중계방송할 수 있다. 이 경우 방송연설을 행한 모든 후보자에게 공평하게 하여야 한다. <개정 2000. 2. 16., 2005. 8. 4., 2008. 2. 29., 2022. 1. 21.>
⑬ 방송시설을 이용한 연설신청서의 서식·중첩된 방송일시의 조정방법 기타 필요한 사항은 중앙선거관리위원회규칙으로 정한다. <개정 2000. 2. 16.>
[제목개정 2011. 7. 28.]

제72조(방송시설주관 후보자연설의 방송) ① 텔레비전 및 라디오 방송시설[제70조(放送廣告)제1항의 규정에 의한 방송시설을 말한다. 이하 이 조에서 같다]이 그의 부담으로 제71조(候補者 등의 放送演說)의 규정에 의한 후보자 등의 방송연설외에 선거운동기간중 정당 또는 후보자를 선거인에게 알리기 위하여 후보자(비례대표국회의원선거 및 비례대표지방의회의원선거에 있어서는 그 推薦政黨이 당해 選擧의 候補者중에서 선임한 자를 말한다. 이하 제3항에서 같다)의 연설을 방송하고자 하는 때에는 내용을 편집하지 아니한 상태에서 방송하여야 하며, 선거구단위로 모든 정당 또는 후보자에게 공평하게 하여야 한다. 다만, 정당 또는 후보자가 그 연설을 포기한 때에는 그러하지 아니하다. <개정 1995. 4. 1., 1997. 11. 14., 2000. 2. 16., 2002. 3. 7., 2004. 3. 12., 2005. 8. 4.>
② 제1항의 규정에 의한 후보자 연설의 방송에 있어서는 청각장애선거인을 위하여 한국수어 또는 자막을 방영할 수 있다. <신설 2000. 2. 16., 2020. 12. 29.>
③ 방송시설을 경영 또는 관리하는 자가 제1항의 규정에 의하여 후보자의 연설을 방송하고자 하는 때에는 그 방송일전 2일까지 방송시설명·방송일시·소요시간 등을 중앙선거관리위원회규칙이 정하는 바에 따라 관할선거구선거관리위원회에 통보하여야 한다.
④ 제71조제12항의 규정은 방송시설주관 후보자연설의 방송에 이를 준용한다. <개정 1998. 4. 30.>

제73조(경력방송) ① 한국방송공사는 대통령선거·국회의원선거 및 지방자치단체의 장 선거에 있어서 선거운동기간중 텔레비전과 라디오 방송시설을 이용하여 후보자마다 매회 2분 이내의 범위안에서 관할선거구선거관리위원회가 제공하는 후보자의 사진·성명·기호·연령·소속정당명(無所屬候補者는 "無所屬"이라 한다) 및 직업 기타 주요한 경력을 선거인에게 알리기 위하여 방송하여야 한다. 이 경우 대통령선거가 아닌 선거에 있어서는 그 지역방송시설을 이용하여 실시할 수 있다. <개정 1997. 1. 13., 2000. 2. 16.>
② 제1항의 경력방송 횟수는 텔레비전 및 라디오 방송별로 다음 각호의 1에 의한다. <개정 2000. 2. 16.>
1. 대통령선거
각 8회 이상
2. 국회의원선거 및 자치구·시·군의 장 선거
각 2회 이상
3. 시·도지사선거
각 3회 이상
③ 경력방송을 하는 때에는 그 횟수와 내용이 선거구 단위로 모든 후보자에게 공평하게 하여야 하며, 그 비용은 한국방송공사가 부담한다.
④ 제71조(候補者 등의 放送演說)제12항 및 제72조(放送施設主管 候補者演說의 放送)제2항의 규정은 경력방송에 이를 준용한다. <개정 2000. 2. 16.>
⑤ 경력방송 원고의 관할선거구선거관리위원회에의 제출 및 경력방송실시의 통보 기타 필요한 사항은 중앙선거관리위원회규칙으로 정한다.

제74조(방송시설주관 경력방송) ① 한국방송공사외의 텔레비전 및 라디오 방송시설[제70조(放送廣告)제1항의 규정에 의한 방송시설을 말한다. 이하 이 조에서 같다]이 그의 부담으로 후보자의 경력을 방송하고자 하는 때에는 관할선거구선거관리위원회가 제공하는 내용에 의하되, 선거구 단위로 모든 후보자에게 공평하게 하여야 한다. <개정 1997. 11. 14., 2000. 2. 16.>

② 제71조(候補者 등의 放送演說)제12항 및 제72조(放送施設主管 候補者演說의 放送)제2항 및 제3항의 규정은 방송시설주관 경력방송에 이를 준용한다. <개정 1998. 4. 30., 2000. 2. 16.>

제75조 삭제 <2004. 3. 12.>

제76조 삭제 <2004. 3. 12.>

제77조 삭제 <2004. 3. 12.>

제78조 삭제 <2004. 3. 12.>

제79조(공개장소에서의 연설 · 대담) ① 후보자(비례대표국회의원후보자 및 비례대표지방의회의원후보자는 제외한다. 이하 이 조에서 같다)는 선거운동기간 중에 소속 정당의 정강 · 정책이나 후보자의 정견, 그 밖에 필요한 사항을 홍보하기 위하여 공개장소에서의 연설 · 대담을 할 수 있다. <개정 2010. 1. 25.>

② 제1항에서 "공개장소에서의 연설 · 대담"이라 함은 후보자 · 선거사무장 · 선거연락소장 · 선거사무원(이하 이 조에서 "후보자등"이라 한다)과 후보자등이 선거운동을 할 수 있는 사람 중에서 지정한 사람이 도로변 · 광장 · 공터 · 주민회관 · 시장 또는 점포, 그 밖에 중앙선거관리위원회규칙으로 정하는 다수인이 왕래하는 공개장소를 방문하여 정당이나 후보자에 대한 지지를 호소하는 연설을 하거나 청중의 질문에 대답하는 방식으로 대담하는 것을 말한다. <개정 2010. 1. 25.>

③ 공개장소에서의 연설 · 대담을 위하여 다음 각 호의 구분에 따라 자동차와 이에 부착된 확성장치 및 휴대용 확성장치를 각각 사용할 수 있다. <개정 1995. 4. 1., 1995. 12. 30., 1997. 11. 14., 1998. 4. 30., 2000. 2. 16., 2005. 8. 4., 2010. 1. 25.>

1. 대통령선거
후보자와 시 · 도 및 구 · 시 · 군선거연락소마다 각 1대 · 각 1조
2. 지역구국회의원선거 및 시 · 도지사선거
후보자와 구 · 시 · 군선거연락소마다 각 1대 · 각 1조
3. 지역구지방의회의원선거 및 자치구 · 시 · 군의 장선거
후보자마다 1대 · 1조

④ 제3항의 확성장치는 연설 · 대담을 하는 경우에만 사용할 수 있으며, 휴대용 확성장치는 연설 · 대담용 차량이 정차한 외의 다른 지역에서 사용할 수 없다. 이 경우 차량 부착용 확성장치와 동시에 사용할 수 없다. <개정 1995. 12. 30., 2005. 8. 4., 2010. 1. 25.>

⑤ 자동차에 부착된 확성장치를 사용함에 있어 확성나발의 수는 1개를 넘을 수 없다. <개정 2004. 3. 12.>

⑥ 자동차와 확성장치에는 중앙선거관리위원회규칙으로 정하는 바에 따라 표지를 부착하여야 하고, 제64조의 선거벽보, 제65조의 선거공보, 제66조의 선거공약서 및 후보자 사진을 붙일 수 있다. <개정 2010. 1. 25.>

⑦ 후보자등은 다른 사람이 개최한 옥내모임에 일시적으로 참석하여 연설 · 대담을 할 수 있으며, 이 경우 그 장소에 설치된 확성장치를 사용하거나 휴대용 확성장치를 사용할 수 있다. <개정 2010. 1. 25.>

⑧ 제3항에 따른 확성장치는 다음 각 호의 구분에 따른 소음기준을 초과할 수 없다. <신설 2022. 1. 18.>

1. 자동차에 부착된 확성장치
정격출력 3킬로와트 및 음압수준 127데시벨. 다만, 제3항제1호에 따른 대통령선거 후보자용 또는 같은 항 제2호에 따른 시 · 도지사선거 후보자용의 경우에는 정격출력 40킬로와트 및 음압수준 150데시벨
2. 휴대용 확성장치
정격출력 30와트. 다만, 제3항제1호에 따른 대통령선거 후보자용 또는 같은 항 제2호에 따른 시 · 도지사선거 후보자용의 경우에는 정격출력 3킬로와트

⑨ 삭제 <2010. 1. 25.>

⑩ 후보자 등이 공개장소에서의 연설 · 대담을 하는 때(후보자등이 연설 · 대담을 하기 위하여 제3항에 따른 자동차를 타고 이동하거나 해당 자동차 주위에서 준비 또는 대기하고 있는 경우를 포함한다)에는 후보자와 선거연락소(대통령선거, 지역구국회의원선거, 시 · 도지사선거의 선거연락소에 한정한다)마다 각 1대의 녹음기 또는 녹화기(비디오 및 오디오 기기를 포함한다. 이하 이 조에서 같다)를 사용하여 선거운동을 위한 음악 또는 선거운동에 관한 내용을 방송할 수 있다. 이 경우 녹음기 및 녹화기에는 중앙선거관리위원회규칙으로 정하는 바에 따라 표지를 부착하여야 한다. <개정 1997. 11. 14., 2010. 1. 25., 2012. 1. 17., 2015. 8. 13.>

⑪ 삭제 <2010. 1. 25.>

⑫ 녹화기의 규격 기타 필요한 사항은 중앙선거관리위원회규칙으로 정한다. <개정 1997. 11. 14., 2004. 3. 12.>

[제목개정 2015. 8. 13.]

[2022. 1. 18. 법률 제18790호에 의하여 2019. 12. 27. 헌법재판소에서 헌법불합치 결정된 이 조를 개정함.]

제80조(연설금지장소) 다음 각호의 1에 해당하는 시설이나 장소에서는 제79조(公開場所에서의 演說 · 對談)의 연설 · 대담을 할 수 없다. <개정 2004. 3. 12., 2012. 1. 17.>

1. 국가 또는 지방자치단체가 소유하거나 관리하는 건물 · 시설. 다만, 공원 · 문화원 · 시장 · 운동장 · 주민회관 · 체육관 · 도로변 · 광장 또는 학교 기타 다수인이 왕래하는 공개된 장소는 그러하지 아니하다.
2. 선박 · 정기여객자동차 · 열차 · 전동차 · 항공기의 안과 그 터미널구내 및 지하철역구내
3. 병원 · 진료소 · 도서관 · 연구소 또는 시험소 기타 의료 · 연구시설

제81조(단체의 후보자등 초청 대담 · 토론회) ① 제87조(단체의 선거운동금지)제1항제1호 내지 제6호의 규정에 해당하지 아니하는 단체는 후보자 또는 대담 · 토론자(大統領選擧 및 市 · 道知事選擧의 경우에 한하며, 政黨 또는 候補者가 選擧運動을 할 수 있는 者중에서 選擧事務所 또는 選擧連絡所마다 지명한 1人을 말한다. 이하 이 條에서 같다) 1인 또는 수인을 초청하여 소속정당의 정강 · 정책이나 후보자의 정견 기타사항을 알아보기 위한 대담 · 토론회를 이 법이 정하는 바에 따라 옥내에서 개최할 수 있다. 다만, 제10조제1항제6호의 노동조합과 단체는 그러하지 아니하다. <개정 1995. 4. 1., 1997. 11. 14., 2000. 2. 16., 2002. 3. 7., 2004. 3. 12., 2005. 8. 4.>

1. 삭제 <2004. 3. 12.>
2. 삭제 <2004. 3. 12.>
3. 삭제 <2004. 3. 12.>

② 제1항에서 "대담"이라 함은 1인의 후보자 또는 대담자가 소속정당의 정강 · 정책이나 후보자의 정견 기타사항에 관하여 사회자 또는 질문자의 질문에 대하여 답변하는 것을 말하고, "토론"이라 함은 2인 이상의 후보자 또는 토론자가 사회자의 주관하에 소속정당의 정강 · 정책이나 후보자의 정견 기타사항에 관한 주제에 대하여 사회자를 통하여 질문 · 답변하는 것을 말한다. <개정 1997. 11. 14.>

③ 제1항의 규정에 의하여 대담 · 토론회를 개최하고자 하는 단체는 중앙선거관리위원회규칙이 정하는 바에 따라 주최단체명 · 대표자성명 · 사무소 소재지 · 회원수 · 설립근거 등 단체에 관한 사항과 초청할 후보자 또는 대담 · 토론자의 성명, 대담 또는 토론의 주제, 사회자의 성명, 진행방법, 개최일시와 장소 및 참석예정자수 등을 개최일전 2일까지 관할선거구선거관리위원회 또는 그 개최장소의 소재지를 관할하는 구 · 시 · 군선거관리위원회에 서면으로 신고하여야 한다. 이 경우 초청할 후보자 또는 대담 · 토론자의 참석승낙서를 첨부하여야 한다.

④ 제1항의 규정에 의한 대담·토론회를 개최하는 때에는 중앙선거관리위원회규칙이 정하는 바에 따라 제1항에 의한 대담·토론회임을 표시하는 표지를 게시 또는 첩부하여야 한다.
⑤ 제1항의 대담·토론은 모든 후보자에게 공평하게 실시하여야 하되, 후보자가 초청을 수락하지 아니한 경우에는 그러하지 아니하며, 대담·토론회를 개최하는 단체는 대담·토론이 공정하게 진행되도록 하여야 한다.
⑥ 정당, 후보자, 대담·토론자, 선거사무장, 선거연락소장, 선거사무원, 회계책임자 또는 제114조(政黨 및 候補者의 家族등의 寄附行爲制限)제2항의 후보자 또는 그 가족과 관계있는 회사 등은 제1항의 규정에 의한 대담·토론회와 관련하여 대담·토론회를 주최하는 단체 또는 사회자에게 금품·향응 기타의 이익을 제공하거나 제공할 의사의 표시 또는 그 제공의 약속을 할 수 없다.
⑦ 제1항의 대담·토론회를 개최하는 단체는 그 비용을 후보자에게 부담시킬 수 없다.
⑧ 제71조(候補者 등의 放送演說)제12항의 규정은 후보자 등 초청 대담·토론회에 이를 준용한다. <신설 1998. 4. 30.>
⑨ 대담·토론회의 개최신고서와 표지의 서식 기타 필요한 사항은 중앙선거관리위원회규칙으로 정한다. <개정 1997. 11. 14.>
[제목개정 2000. 2. 16.]

제82조(언론기관의 후보자등 초청 대담·토론회) ① 텔레비전 및 라디오 방송시설(제70조제1항에 따른 방송시설을 말한다. 이하 이 조에서 같다)·「신문 등의 진흥에 관한 법률」 제2조제3호에 따른 신문사업자·「잡지 등 정기간행물의 진흥에 관한 법률」 제2조제2호에 따른 정기간행물사업자(정보간행물·전자간행물·기타간행물을 발행하는 자를 제외한다)·「뉴스통신 진흥에 관한 법률」 제2조제3호에 따른 뉴스통신사업자 및 인터넷언론사(이하 이 조에서 "언론기관"이라 한다)는 선거운동기간중 후보자 또는 대담·토론자(候補者가 選擧運動을 할 수 있는 者중에서 지정하는 者를 말한다)에 대하여 후보자의 승낙을 받아 1명 또는 여러 명을 초청하여 소속정당의 정강·정책이나 후보자의 정견, 그 밖의 사항을 알아보기 위한 대담·토론회를 개최하고 이를 보도할 수 있다. 다만, 제59조에도 불구하고 대통령선거에서는 선거일 전 1년부터, 국회의원선거 또는 지방자치단체의장선거에 있어서는 선거일전 60일부터 선거기간개시일전일까지 후보자가 되고자 하는 자를 초청하여 대담·토론회를 개최하고 이를 보도할 수 있다. 이 경우 방송시설이 대담·토론회를 개최하고 이를 방송하고자 하는 때에는 내용을 편집하지 않은 상태에서 방송하여야 하며, 대담·토론회의 방송일시와 진행방법등을 중앙선거관리위원회규칙이 정하는 바에 따라 관할선거구선거관리위원회에 통보하여야 한다. <개정 1997. 11. 14., 1998. 4. 30., 2000. 2. 16., 2005. 8. 4., 2007. 1. 3., 2008. 2. 29., 2009. 7. 31., 2010. 1. 25.>
② 제1항의 대담·토론회는 언론기관이 방송시간·신문의 지면 등을 고려하여 자율적으로 개최한다.
③ 제1항의 대담·토론의 진행은 공정하여야 하며, 이에 관하여 필요한 사항은 중앙선거관리위원회규칙으로 정한다.
④ 제71조(候補者 등의 放送演說)제12항, 제72조(放送施設主管 候補者 演說의 放送)제2항 및 제81조(團體의 候補者 등 초청 對談·討論會)제2항·제6항·제7항의 규정은 언론기관의 후보자 등 초청 대담·토론회에 이를 준용한다. <개정 2000. 2. 16.>
[제목개정 2000. 2. 16.]

제82조의2(선거방송토론위원회 주관 대담·토론회) ① 중앙선거방송토론위원회는 대통령선거 및 비례대표국회의원선거에 있어서 선거운동기간중 다음 각호에서 정하는 바에 따라 대담·토론회를 개최하여야 한다. <개정 2010. 1. 25.>
1. 대통령선거
후보자 중에서 1인 또는 수인을 초청하여 3회 이상
2. 비례대표국회의원선거
해당 정당의 대표자가 비례대표국회의원후보자 또는 선거운동을 할 수 있는 사람(지역구국회의원후보자는 제외한다) 중에서 지정하는 1명 또는 여러 명을 초청하여 2회 이상
② 시·도선거방송토론위원회는 시·도지사선거 및 비례대표시·도의원선거에 있어서 선거운동기간 중 다음 각 호에서 정하는 바에 따라 대담·토론회를 개최하여야 한다. <개정 2005. 8. 4., 2010. 1. 25.>
1. 시·도지사선거
후보자 중에서 1인 또는 수인을 초청하여 1회 이상
2. 비례대표시·도의원선거
해당 정당의 대표자가 비례대표시·도의원후보자 또는 선거운동을 할 수 있는 사람(지역구시·도의원후보자는 제외한다) 중에서 지정하는 1명 또는 여러 명을 초청하여 1회 이상
③ 구·시·군선거방송토론위원회는 선거운동기간 중 지역구국회의원선거 및 자치구·시·군의 장선거의 후보자를 초청하여 1회 이상의 대담·토론회 또는 합동방송연설회를 개최하여야 한다. 이 경우 합동방송연설회의 연설시간은 후보자마다 10분이내의 범위에서 균등하게 배정하여야 한다. <개정 2005. 8. 4.>
④ 각급선거방송토론위원회는 제1항 내지 제3항의 대담·토론회를 개최하는 때에는 다음 각 호의 어느 하나에 해당하는 후보자를 대상으로 개최한다. 이 경우 각급선거방송토론위원회로부터 초청받은 후보자는 정당한 사유가 없는 한 그 대담·토론회에 참석하여야 한다. <개정 2005. 8. 4., 2010. 1. 25.>
1. 대통령선거
가. 국회에 5인 이상의 소속의원을 가진 정당이 추천한 후보자
나. 직전 대통령선거, 비례대표국회의원선거, 비례대표시·도의원선거 또는 비례대표자치구·시·군의원선거에서 전국 유효투표총수의 100분의 3 이상을 득표한 정당이 추천한 후보자
다. 중앙선거관리위원회규칙이 정하는 바에 따라 언론기관이 선거기간개시일전 30일부터 선거기간개시일전일까지의 사이에 실시하여 공표한 여론조사결과를 평균한 지지율이 100분의 5 이상인 후보자
2. 비례대표국회의원선거 및 비례대표시·도의원선거
가. 제1호 가목 또는 나목에 해당하는 정당의 대표자가 지정한 후보자
나. 제1호 다목에 의한 여론조사결과를 평균하여 100분의 5 이상의 지지를 얻은 정당의 대표자가 지정한 후보자
3. 지역구국회의원선거 및 지방자치단체의 장선거
가. 제1호 가목 또는 나목에 해당하는 정당이 추천한 후보자
나. 최근 4년 이내에 해당 선거구(선거구의 구역이 변경되어 변경된 구역이 직전 선거의 구역과 겹치는 경우를 포함한다)에서 실시된 대통령선거, 지역구국회의원선거 또는 지방자치단체의 장선거(그 보궐선거등을 포함한다)에 입후보하여 유효투표총수의 100분의 10 이상을 득표한 후보자
다. 제1호 다목에 의한 여론조사결과를 평균한 지지율이 100분의 5 이상인 후보자
⑤ 각급선거방송토론위원회는 제4항의 초청대상에 포함되지 아니하는 후보자를 대상으로 대담·토론회를 개최할 수 있다. 이 경우 대담·토론회의 시간이나 횟수는 중앙선거관리위원회규칙이 정하는 바에 따라 제4항의 초청대상 후보자의 대담·토론회와 다르게 정할 수 있다. <신설 2005. 8. 4.>
⑥ 각급선거방송토론위원회는 제4항 후단의 규정을 위반하여 정당한 사유 없이 대담·토론회에 참석하지 아니한 초청 후보자가 있는 때에는 그 사실을 선거인이 알 수 있도록 당해 후보자의 소속 정당명(무소속후보자는 "무소속"이라 한다)·기호·성명과 불참사실을 제10항 또는 제11항의 중계방송을 시작하는 때에 방송하게 하고, 중앙선거관리위원회규칙으로 정하는 인터넷 홈페이지에 게시하여야 한다. <신설 2005. 8. 4., 2018. 4. 6.>
⑦ 각급선거방송토론위원회는 제1항 내지 제3항 및 제5항의 대담·토론회(합동방송연설회를 포함하며, 이하 이 조에서

"대담·토론회"라 한다)를 개최하는 때에는 공정하게 하여야 한다. <개정 2005. 8. 4.>

⑧ 각급선거방송토론위원회위원장 또는 그가 미리 지명한 위원은 대담·토론회에서 후보자가 이 법에 위반되는 내용을 발표하거나 배정된 시간을 초과하여 발언하는 때에는 이를 제지하거나 자막안내하는 등 필요한 조치를 할 수 있다.

⑨ 각급선거방송토론위원회위원장 또는 그가 미리 지명한 위원은 대담·토론회장에서 진행을 방해하거나 질서를 문란하게 하는 자가 있는 때에는 그 중지를 명하고, 그 명령에 불응하는 때에는 대담·토론회장밖으로 퇴장시킬 수 있다.

⑩ 공영방송사와 지상파방송사는 그의 부담으로 대담·토론회를 텔레비전방송을 통하여 중계방송하여야 하되, 대통령선거에 있어서 중앙선거방송토론위원회가 주관하는 대담·토론회는 오후 8시부터 당일 오후 11시까지의 사이에 중계방송하여야 한다. 다만, 지역구국회의원선거 및 자치구·시·군의 장선거에 있어서 전국을 방송권역으로 하는 등 정당한 사유가 있는 경우에는 그러하지 아니하다. <개정 2005. 8. 4., 2008. 2. 29., 2022. 1. 21.>

⑪ 구·시·군선거방송토론위원회는 지역구국회의원선거 및 자치구·시·군의 장선거에 있어서 제10항 단서의 규정에 의하여 공영방송사 또는 지상파방송사가 중계방송을 할 수 없는 때에는 다른 종합유선방송사업자의 방송시설을 이용하여 대담·토론회를 텔레비전방송을 통하여 중계방송하게 할 수 있다. 이 경우 그 방송시설이용료는 국가 또는 당해 지방자치단체가 부담한다. <개정 2005. 8. 4., 2022. 1. 21.>

⑫ 각급선거방송토론위원회는 대담·토론회를 개최하는 때에는 청각장애선거인을 위하여 자막방송 또는 한국수어통역을 하여야 한다. <개정 2005. 8. 4., 2020. 12. 29.>

⑬ 「방송법」 제2조(용어의 정의)의 규정에 의한 방송사업자·중계유선방송사업자 및 인터넷언론사는 그의 부담으로 대담·토론회를 중계방송할 수 있다. 이 경우 편집없이 중계방송하여야 한다. <개정 2005. 8. 4., 2008. 2. 29.>

⑭ 대담·토론회의 진행절차, 개최홍보, 방송시설이용료의 산정·지급 기타 필요한 사항은 중앙선거관리위원회규칙으로 정한다.

[전문개정 2004. 3. 12.]

제82조의3(선거방송토론위원회 주관 정책토론회) ① 중앙선거방송토론위원회는 정당이 방송을 통하여 정강·정책을 알릴 수 있도록 하기 위하여 임기만료에 의한 선거(대통령의 궐위로 인한 선거 및 재선거를 포함한다)의 선거일전 90일(대통령의 궐위로 인한 선거 및 재선거에 있어서는 그 선거의 실시사유가 확정된 날의 다음달)부터 후보자등록신청개시일전일까지 다음 각호에 해당하는 정당(선거에 참여하지 아니할 것을 공표한 정당을 제외한다)의 대표자 또는 그가 지정하는 자를 초청하여 정책토론회(이하 이 조에서 "정책토론회"라 한다)를 월 1회 이상 개최하여야 한다.

1. 국회에 5인 이상의 소속의원을 가진 정당
2. 직전 대통령선거, 비례대표국회의원선거 또는 비례대표시·도의원선거에서 전국 유효투표총수의 100분의 3 이상을 득표한 정당

② 제82조의2(선거방송토론위원회 주관 대담·토론회)제7항 내지 제9항·제10항 본문·제12항 및 제13항의 규정은 정책토론회에 이를 준용한다. 이 경우 "대담·토론회"는 "정책토론회"로, "각급선거방송토론위원회"는 "중앙선거방송토론위원회"로 본다. <개정 2005. 8. 4.>

③ 정책토론회의 운영·진행절차·개최홍보 기타 필요한 사항은 중앙선거관리위원회규칙으로 정한다.

[본조신설 2004. 3. 12.]

[종전 제82조의3은 제82조의4로 이동 <2004. 3. 12.>]

제82조의4(정보통신망을 이용한 선거운동) ① 삭제 <2020. 12. 29.>

② 누구든지 「정보통신망 이용촉진 및 정보보호 등에 관한 법률」 제2조제1항제1호에 따른 정보통신망(이하 "정보통신망"이라 한다)을 이용하여 후보자(후보자가 되려는 사람을 포함한다. 이하 이 조에서 같다), 그의 배우자 또는 직계존·비속이나 형제자매에 관하여 허위의 사실을 유포하여서는 아니되며, 공연히 사실을 적시하여 이들을 비방하여서는 아니된다. 다만, 진실한 사실로서 공공의 이익에 관한 때에는 그러하지 아니하다. <개정 2012. 2. 29.>

③ 각급선거관리위원회(읍·면·동선거관리위원회를 제외한다) 또는 후보자는 이 법의 규정에 위반되는 정보가 인터넷 홈페이지 또는 그 게시판·대화방 등에 게시되거나, 정보통신망을 통하여 전송되는 사실을 발견한 때에는 해당 정보를 게시한 자 또는 해당 정보가 게시된 인터넷 홈페이지를 관리·운영하는 자에게 해당 정보의 삭제를 요청하거나, 전송되는 정보를 취급하는 인터넷 홈페이지의 관리·운영자 또는 「정보통신망 이용촉진 및 정보보호 등에 관한 법률」 제2조제1항제3호의 규정에 의한 정보통신서비스제공자(이하 "정보통신서비스제공자"라 한다)에게 그 취급의 거부·정지·제한을 요청할 수 있다. 이 경우 인터넷 홈페이지 관리·운영자 또는 정보통신서비스 제공자가 후보자의 요청에 따르지 아니하는 때에는 해당 후보자는 관할 선거구선거관리위원회에 서면으로 그 사실을 통보할 수 있으며, 관할 선거구선거관리위원회는 후보자가 삭제요청 또는 취급의 거부·정지·제한을 요청한 정보가 이 법의 규정에 위반된다고 인정되는 때에는 해당 인터넷 홈페이지 관리·운영자 또는 정보통신서비스 제공자에게 삭제요청 또는 취급의 거부·정지·제한을 요청할 수 있다. <개정 2005. 8. 4., 2012. 2. 29., 2023. 12. 28.>

④ 제3항에 따라 선거관리위원회로부터 요청을 받은 해당 정보의 게시자, 인터넷 홈페이지 관리·운영자 또는 정보통신서비스제공자는 지체없이 이에 따라야 한다. <개정 2012. 2. 29., 2023. 12. 28.>

⑤ 제3항에 따라 선거관리위원회로부터 요청을 받은 인터넷 홈페이지 관리·운영자 또는 정보통신서비스제공자는 그 요청을 받은 날부터, 해당 정보를 게시하거나 전송한 자는 당해 정보가 삭제되거나 그 취급이 거부·정지 또는 제한된 날부터 3일 이내에 그 요청을 한 선거관리위원회에 이의신청을 할 수 있다. <개정 2012. 2. 29.>

⑥ 제3항에 따라 선거관리위원회로부터 요청을 받아 해당 정보의 삭제 또는 그 취급의 거부·제한·정지를 한 인터넷 홈페이지 관리·운영자 또는 정보통신서비스제공자는 다음 각 호에 따른 내용을 해당 인터넷 홈페이지 또는 그 게시판·대화방 등에 게시하는 방법 등으로 그 정보를 게시하거나 전송한 사람에게 알려야 한다. <신설 2020. 3. 25.>

1. 선거관리위원회로부터 제3항에 따른 요청이 있었다는 사실
2. 제5항에 따라 이의신청을 할 수 있다는 사실

⑦ 위법한 정보의 게시에 대한 삭제 등의 요청, 이의신청 기타 필요한 사항은 중앙선거관리위원회규칙으로 정한다. <개정 2020. 3. 25.>

[전문개정 2004. 3. 12.]

[제82조의3에서 이동 <2004. 3. 12.>]

제82조의5(선거운동정보의 전송제한) ① 누구든지 정보수신자의 명시적인 수신거부의사에 반하여 선거운동 목적의 정보를 전송하여서는 아니된다.

② 예비후보자 또는 후보자가 제59조제2호·제3호에 따라 선거운동 목적의 정보(이하 "선거운동정보"라 한다)를 자동 동보통신의 방법으로 문자메시지로 전송하거나 전송대행업체에 위탁하여 전자우편으로 전송하는 때에는 다음 각 호의 사항을 선거운동정보에 명시하여야 한다. <개정 2005. 8. 4., 2010. 1. 25., 2012. 2. 29., 2017. 2. 8.>

1. 선거운동정보에 해당하는 사실
2. 문자메시지를 전송하는 경우 그의 전화번호
3. 불법수집정보 신고 전화번호
4. 수신거부의 의사표시를 쉽게 할 수 있는 조치 및 방법에 관한 사항

③ 삭제 <2012. 1. 17.>

④ 선거운동정보를 전송하는 자는 수신자의 수신거부를 회피하거나 방해할 목적으로 기술적 조치를 하여서는 아니된다.

⑤ 선거운동정보를 전송하는 자는 수신자가 수신거부를 할 때 발생하는 전화요금 기타 금전적 비용을 수신자가 부담하지 아니하도록 필요한 조치를 하여야 한다.
⑥ 누구든지 숫자·부호 또는 문자를 조합하여 전화번호·전자우편주소 등 수신자의 연락처를 자동으로 생성하는 프로그램 그 밖의 기술적 장치를 이용하여 선거운동정보를 전송하여서는 아니된다.
[본조신설 2004. 3. 12.]

제82조의6 삭제 〈2023. 8. 30.〉
[2023.8.30 법률 제19696호에 의하여 2021.1.28 헌법재판소에서 위헌 결정된 이 조를 삭제함.]

제82조의7(인터넷광고) ① 후보자(대통령선거의 정당추천후보자와 비례대표국회의원선거 및 비례대표지방의회의원선거에 있어서는 후보자를 추천한 정당을 말한다. 이하 이 조에서 같다)는 인터넷언론사의 인터넷홈페이지에 선거운동을 위한 광고(이하 "인터넷광고"라 한다)를 할 수 있다.
② 제1항의 인터넷광고에는 광고근거와 광고주명을 표시하여야 한다.
③ 같은 정당의 추천을 받은 2인 이상의 후보자는 합동으로 제1항의 규정에 따른 인터넷광고를 할 수 있다. 이 경우 그 비용은 당해 후보자간의 약정에 따라 분담하되, 그 분담내역을 광고계약서에 명시하여야 한다.
④ 삭제 <2010. 1. 25.>
⑤ 누구든지 제1항의 경우를 제외하고는 선거운동을 위하여 인터넷광고를 할 수 없다.
⑥ 광고근거의 표시방법 그 밖에 필요한 사항은 중앙선거관리위원회규칙으로 정한다. <개정 2010. 1. 25.>
[본조신설 2005. 8. 4.]

제82조의8(딥페이크영상등을 이용한 선거운동) ① 누구든지 선거일 전 90일부터 선거일까지 선거운동을 위하여 인공지능 기술 등을 이용하여 만든 실제와 구분하기 어려운 가상의 음향, 이미지 또는 영상 등(이하 "딥페이크영상등"이라 한다)을 제작·편집·유포·상영 또는 게시하는 행위를 하여서는 아니된다.
② 누구든지 제1항의 기간이 아닌 때에 선거운동을 위하여 딥페이크영상등을 제작·편집·유포·상영 또는 게시하는 경우에는 해당 정보가 인공지능 기술 등을 이용하여 만든 가상의 정보라는 사실을 명확하게 인식할 수 있도록 중앙선거관리위원회규칙으로 정하는 바에 따라 해당 사항을 딥페이크영상등에 표시하여야 한다.
[본조신설 2023. 12. 28.]

제83조(교통편의의 제공) ① 대통령선거에 있어서 한국철도공사 사장은 중앙선거관리위원회규칙이 정하는 바에 따라 선거운동기간중에 선거운동용으로 계속하여 사용할 수 있는 전국용 무료승차권 50매를 각 후보자에게 발급하여야 한다. <개정 2012. 1. 17.>
② 제1항의 규정에 의하여 전국용 무료승차권을 발급받은 후보자가 사퇴·사망하거나 등록이 무효로 된 때에는 그 후 이를 사용할 수 없으며, 한국철도공사사장에게 지체없이 반환하여야 한다. <개정 2012. 1. 17.>

제84조(무소속후보자의 정당표방제한) 무소속후보자는 특정 정당으로부터의 지지 또는 추천받음을 표방할 수 없다. 다만, 다음 각 호의 어느 하나에 해당하는 행위는 그러하지 아니하다. <개정 1995. 4. 1., 2000. 2. 16., 2004. 3. 12., 2010. 1. 25.>
1. 정당의 당원경력을 표시하는 행위
2. 해당 선거구에 후보자를 추천하지 아니한 정당이 무소속후보자를 지지하거나 지원하는 경우 그 사실을 표방하는 행위
[제목개정 2010. 1. 25.]
[2004. 3. 12. 법률 제7189호에 의하여 2003. 1. 30. 헌법재판소에서 위헌결정된 이 조를 개정함.]

제85조(공무원 등의 선거관여 등 금지) ① 공무원 등 법령에 따라 정치적 중립을 지켜야 하는 자는 직무와 관련하여 또는 지위를 이용하여 선거에 부당한 영향력을 행사하는 등 선거에 영향을 미치는 행위를 할 수 없다. <신설 2014. 2. 13.>
② 공무원은 그 지위를 이용하여 선거운동을 할 수 없다. 이 경우 공무원이 그 소속직원이나 제53조제1항제4호부터 제6호까지에 규정된 기관 등의 임직원 또는 「공직자윤리법」 제17조에 따른 취업심사대상기관의 임·직원을 대상으로 한 선거운동은 그 지위를 이용하여 하는 선거운동으로 본다. <개정 2001. 1. 26., 2005. 8. 4., 2010. 3. 12., 2012. 1. 17., 2014. 2. 13., 2014. 12. 30., 2019. 12. 3.>
③ 누구든지 교육적·종교적 또는 직업적인 기관·단체 등의 조직내에서의 직무상 행위를 이용하여 그 구성원에 대하여 선거운동을 하거나 하게 하거나, 계열화나 하도급 등 거래상 특수한 지위를 이용하여 기업조직·기업체 또는 그 구성원에 대하여 선거운동을 하거나 하게 할 수 없다. <개정 2014. 2. 13.>
④ 누구든지 교육적인 특수관계에 있는 선거권이 없는 자에 대하여 교육상의 행위를 이용하여 선거운동을 할 수 없다. <개정 2014. 2. 13.>
[제목개정 2014. 2. 13.]

제86조(공무원 등의 선거에 영향을 미치는 행위금지) ① 공무원(國會議員과 그 보좌관·선임비서관·비서관 및 地方議會議員을 제외한다), 선상투표신고를 한 선원이 승선하고 있는 선박의 선장, 제53조제1항제4호에 규정된 기관 등의 상근 임원과 같은 항 제6호에 규정된 기관 등의 상근 임직원, 통·리·반의 장, 주민자치위원회위원과 예비군 중대장급 이상의 간부, 특별법에 의하여 설립된 국민운동단체로서 국가나 지방자치단체의 출연 또는 보조를 받는 단체(바르게살기運動協議會·새마을運動協議會·韓國自由總聯盟을 말한다)의 상근 임·직원 및 이들 단체 등(市·道組織 및 區·市·郡組織을 포함한다)의 대표자는 다음 각 호의 어느 하나에 해당하는 행위를 하여서는 아니된다. <개정 1997. 11. 14., 2000. 2. 16., 2002. 3. 7., 2004. 3. 12., 2005. 8. 4., 2010. 1. 25., 2012. 1. 17., 2012. 2. 29., 2014. 1. 17., 2016. 5. 29., 2020. 3. 25., 2022. 4. 20.>
1. 소속직원 또는 선거구민에게 교육 기타 명목여하를 불문하고 특정 정당이나 후보자(候補者가 되고자 하는 者를 포함한다. 이하 이 項에서 같다)의 업적을 홍보하는 행위
2. 지위를 이용하여 선거운동의 기획에 참여하거나 그 기획의 실시에 관여하는 행위
3. 정당 또는 후보자에 대한 선거권자의 지지도를 조사하거나 이를 발표하는 행위
4. 삭제 <2010. 1. 25.>
5. 선거기간중 국가 또는 지방자치단체의 예산으로 시행하는 사업중 즉시 공사를 진행하지 아니할 사업의 기공식을 거행하는 행위
6. 선거기간중 정상적 업무외의 출장을 하는 행위
7. 선거기간중 휴가기간에 그 업무와 관련된 기관이나 시설을 방문하는 행위
② 지방자치단체의 장(제4호의 경우 소속 공무원을 포함한다)은 선거일전 60일(선거일전 60일후에 실시사유가 확정된 보궐선거등에 있어서는 선거의 실시사유가 확정된 때)부터 선거일까지 다음 각 호의 어느 하나에 해당하는 행위를 하여서는 아니된다. <신설 1995. 12. 30., 1997. 11. 14., 1998. 4. 30., 2000. 2. 16., 2002. 3. 7., 2004. 3. 12., 2010. 1. 25., 2011. 7. 28.>
1. 삭제 <2004. 3. 12.>
2. 정당의 정강·정책과 주의·주장을 선거구민을 대상으로 홍보·선전하는 행위. 다만, 당해 지방자치단체의 장의 선거에 예비후보자 또는 후보자가 되는 경우에는 그러하지 아니하다.
3. 창당대회·합당대회·개편대회 및 후보자선출대회를 제외하고는 정당이 개최하는 시국강연회, 정견·정책발표회, 당원연수·단합대회 등 일체의 정치행사에 참석하거나 선거대책기구, 선거사무소, 선거연락소를 방문하는 행위. 다만, 해당 지방자치단체의 장선거에 예비후보자 또는 후보자가 된 경우와 당원으로서 소속 정당이 당원만을 대상으로 개최하는 정당의

공개행사에 의례적으로 방문하는 경우에는 그러하지 아니하다.
4. 다음 각 목의 1을 제외하고는 교양강좌, 사업설명회, 공청회, 직능단체모임, 체육대회, 경로행사, 민원상담 기타 각종 행사를 개최하거나 후원하는 행위
가. 법령에 의하여 개최하거나 후원하도록 규정된 행사를 개최·후원하는 행위
나. 특정일·특정시기에 개최하지 아니하면 그 목적을 달성할 수 없는 행사
다. 천재·지변 기타 재해의 구호·복구를 위한 행위
라. 직업지원교육 또는 유상(有償)으로 실시하는 교양강좌를 개최·후원하는 행위 또는 주민자치센터가 개최하는 교양강좌를 후원하는 행위. 다만, 종전의 범위를 넘는 새로운 강좌를 개설하거나 수강생을 증원하거나 장소를 이전하여 실시하는 주민자치센터의 교양강좌를 후원하는 행위를 제외한다.
마. 집단민원 또는 긴급한 민원이 발생하였을 때 이를 해결하기 위한 행위
바. 가목 내지 마목에 준하는 행위로서 중앙선거관리위원회규칙으로 정하는 행위
5. 통·리·반장의 회의에 참석하는 행위. 다만, 천재·지변 기타 재해가 있거나 집단민원 또는 긴급한 민원이 발생하였을 때에는 그러하지 아니하다.
③ 삭제 <2010. 1. 25.>
④ 삭제 <2010. 1. 25.>
⑤ 지방자치단체의 장(소속 공무원을 포함한다)은 다음 각 호의 어느 하나에 해당하는 경우를 제외하고는 지방자치단체의 사업계획·추진실적 그 밖에 지방자치단체의 활동상황을 알리기 위한 홍보물(弘報紙·소식지·刊行物·施設物·錄音物·錄畵物 그 밖의 홍보물 및 新聞·放送을 이용하여 행하는 경우를 포함한다)을 분기별로 1종 1회를 초과하여 발행·배부 또는 방송하여서는 아니되며 당해 지방자치단체의 장의 선거의 선거일전 180일(補闕選擧 등에 있어서는 그 選擧의 실시사유가 확정된 때, 이하 제6항에서 같다)부터 선거일까지는 홍보물을 발행·배부 또는 방송할 수 없다. <신설 1998. 4. 30., 2000. 2. 16., 2004. 3. 12., 2006. 3. 2., 2010. 1. 25.>
1. 법령에 의하여 발행·배부 또는 방송하도록 규정된 홍보물을 발행·배부 또는 방송하는 행위
2. 특정사업을 추진하기 위하여 그 사업과 이해관계가 있는 자나 관계주민의 동의를 얻기 위한 행위
3. 집단민원 또는 긴급한 민원이 발생하였을 때 이를 해결하기 위한 행위
4. 기타 위 각호의 1에 준하는 행위로서 중앙선거관리위원회규칙이 정하는 행위
⑥ 지방자치단체의 장은 당해 지방자치단체의 장의 선거의 선거일전 180일부터 선거일까지 주민자치센터가 개최하는 교양강좌에 참석할 수 없으며, 근무시간중에 공공기관이 아닌 단체 등이 주최하는 행사(해당 지방자치단체의 청사에서 개최하는 행사를 포함한다)에는 참석할 수 없다. 다만, 제2항제3호에 따라 참석 또는 방문할 수 있는 행사의 경우에는 그러하지 아니하다. <신설 1998. 4. 30., 2002. 3. 7., 2010. 1. 25.>
⑦ 지방자치단체의 장은 소관 사무나 그 밖의 명목 여하를 불문하고 방송·신문·잡지나 그 밖의 광고에 출연할 수 없다. <신설 2010. 1. 25.>
[제목개정 2011. 7. 28.]
[2010. 1. 25. 법률 제9974호에 의하여 2008. 5. 29. 헌법재판소에서 한정위헌결정된 이 조 제1항제2호를 개정함.]

제87조(단체의 선거운동금지) ① 다음 각 호의 어느 하나에 해당하는 기관·단체(그 대표자와 임직원 또는 구성원을 포함한다)는 그 기관·단체의 명의 또는 그 대표의 명의로 선거운동을 할 수 없다. <개정 2005. 8. 4., 2010. 1. 25.>
1. 국가·지방자치단체
2. 제53조(공무원 등의 입후보)제1항제4호 내지 제6호에 규정된 기관·단체
3. 향우회·종친회·동창회, 산악회 등 동호인회, 계모임 등 개인간의 사적모임
4. 특별법에 의하여 설립된 국민운동단체로서 국가 또는 지방자치단체의 출연 또는 보조를 받는 단체(바르게살기운동협의회·새마을운동협의회·한국자유총연맹을 말한다)
5. 법령에 의하여 정치활동이나 공직선거에의 관여가 금지된 단체
6. 후보자 또는 후보자의 가족(이하 이 항에서 "후보자등"이라 한다)이 임원으로 있거나, 후보자등의 재산을 출연하여 설립하거나, 후보자등이 운영경비를 부담하거나 관계법규나 규약에 의하여 의사결정에 실질적으로 영향력을 행사하는 기관·단체
7. 삭제 <2005. 8. 4.>
8. 구성원의 과반수가 선거운동을 할 수 없는 자로 이루어진 기관·단체
② 누구든지 선거에 있어서 후보자(후보자가 되고자 하는 자를 포함한다)의 선거운동을 위하여 연구소·동우회·향우회·산악회·조기축구회, 정당의 외곽단체 등 그 명칭이나 표방하는 목적 여하를 불문하고 사조직 기타 단체를 설립하거나 설치할 수 없다.
[전문개정 2004. 3. 12.]

제88조(타후보자를 위한 선거운동금지) 후보자, 선거사무장, 선거연락소장, 선거사무원, 회계책임자, 연설원, 대담·토론자는 다른 정당이나 선거구가 같거나 일부 겹치는 다른 후보자를 위한 선거운동을 할 수 없다. 다만, 정당이나 후보자를 위한 선거운동을 함에 있어서 그 일부가 다른 정당이나 후보자의 선거운동에 이른 경우와 같은 정당이나 같은 정당의 추천후보자를 지원하는 경우 및 이 법의 규정에 의하여 공동선임된 선거사무장 등이 선거운동을 하는 경우에는 그러하지 아니하다. <개정 2012. 1. 17.>

제89조(유사기관의 설치금지) ① 누구든지 제61조제1항·제2항에 따른 선거사무소, 선거연락소 및 선거대책기구 외에는 후보자 또는 후보자가 되려는 사람을 위하여 선거추진위원회·후원회·연구소·상담소 또는 휴게소 기타 명칭의 여하를 불문하고 이와 유사한 기관·단체·조직 또는 시설을 새로이 설립 또는 설치하거나 기존의 기관·단체·조직 또는 시설을 이용할 수 없다. 다만, 후보자 또는 예비후보자의 선거사무소에 설치되는 1개의 선거대책기구 및 「정치자금법」에 의한 후원회는 그러하지 아니하다. <개정 1997. 11. 14., 2000. 2. 16., 2004. 3. 12., 2005. 8. 4., 2012. 10. 2., 2014. 1. 17.>
② 정당이나 후보자(후보자가 되려는 사람을 포함한다. 이하 이 항에서 같다)가 설립·운영하는 기관·단체·조직 또는 시설은 선거일전 180일(補闕選擧 등에 있어서는 그 選擧의 실시사유가 확정된 때)부터 선거일까지 당해 선거구민을 대상으로 선거에 영향을 미치는 행위를 하거나, 그 기관·단체 또는 시설의 설립이나 활동내용을 선거구민에게 알리기 위하여 정당 또는 후보자의 명의나 그 명의를 유추할 수 있는 방법으로 벽보·현수막·방송·신문·통신·잡지 또는 인쇄물을 이용하거나 그 밖의 방법으로 선전할 수 없다. 다만, 「정치자금법」 제15조(후원금 모금 등의 고지·광고)의 규정에 따른 모금을 위한 고지·광고는 그러하지 아니하다. <개정 1997. 11. 14., 2004. 3. 12., 2005. 8. 4., 2012. 10. 2.>

제89조의2 삭제 <2004. 3. 12.>

제90조(시설물설치 등의 금지) ① 누구든지 선거일 전 120일(보궐선거등에서는 그 선거의 실시사유가 확정된 때)부터 선거일까지 선거에 영향을 미치게 하기 위하여 이 법의 규정에 의한 것을 제외하고는 다음 각 호의 어느 하나에 해당하는 행위를 할 수 없다. 이 경우 정당(창당준비위원회를 포함한다)의 명칭이나 후보자(후보자가 되려는 사람을 포함한다. 이하 이 조에서 같다)의 성명·사진 또는 그 명칭·성명을 유추할 수 있는 내용을 명시한 것은 선거에 영향을 미치게 하기 위한 것으로 본다. <개정 2023. 8. 30.>
1. 화환·풍선·간판·현수막·애드벌룬·기구류 또는 선전탑, 그 밖의 광고물이나 광고시설을 설치·진열·게시·배부하는 행위
2. 표찰이나 그 밖의 표시물을 착용 또는 배부하는 행위

3. 후보자를 상징하는 인형·마스코트 등 상징물을 제작·판매하는 행위
② 제1항에도 불구하고 다음 각 호의 어느 하나에 해당하는 행위는 선거에 영향을 미치게 하기 위한 행위로 보지 아니한다.
1. 선거기간이 아닌 때에 행하는 「정당법」 제37조제2항에 따른 통상적인 정당활동
2. 의례적이거나 직무상·업무상의 행위 또는 통상적인 정당활동으로서 중앙선거관리위원회규칙으로 정하는 행위
[전문개정 2010. 1. 25.]
[2023.8.30 법률 제19696호에 의하여 2022.7.21 헌법재판소에서 위헌 결정된 이 조를 개정함.]
[2023.8.30 법률 제19696호에 의하여 2023.6.29 헌법재판소에서 헌법불합치된 이 조를 개정함.]
[2023.8.30 법률 제19696호에 의하여 2022.11.24 헌법재판소에서 헌법불합치된 이 조를 개정함.]
[2023.8.30 법률 제19696호에 의하여 2022.7.21 헌법재판소에서 헌법불합치된 이 조를 개정함.]

제91조(확성장치와 자동차 등의 사용제한) ① 누구든지 이 법의 규정에 의한 공개장소에서의 연설·대담장소 또는 대담·토론회장에서 연설·대담·토론용으로 사용하는 경우를 제외하고는 선거운동을 위하여 확성장치를 사용할 수 없다. <개정 2004. 3. 12.>
② 삭제 <2004. 3. 12.>
③ 누구든지 자동차를 사용하여 선거운동을 할 수 없다. 다만, 제79조에 따른 연설·대담장소에서 자동차에 승차하여 선거운동을 하는 경우와 같은 조 제6항에 따른 선거벽보 등을 자동차에 부착하여 사용하는 경우에는 그러하지 아니하다. <개정 2004. 3. 12., 2005. 8. 4., 2010. 1. 25.>
④ 정당·후보자·선거사무장 또는 선거연락소장은 제3항 단서에 따른 경우 외에 다음 각 호에 따른 수 이내에서 관할선거관리위원회가 교부한 표지를 부착한 자동차와 선박에 제64조의 선거벽보, 제65조의 선거공보 및 제66조의 선거공약서를 부착하여 운행하거나 운행하게 할 수 있다. <개정 1995. 4. 1., 1997. 11. 14., 2000. 2. 16., 2005. 8. 4., 2007. 1. 3., 2010. 1. 25.>
1. 대통령선거와 시·도지사선거
선거사무소와 선거연락소마다 각 5대·5척 이내
2. 지역구국회의원선거와 자치구·시·군의 장 선거
후보자마다 각 5대·5척 이내
3. 지역구시·도의원선거
후보자마다 각 2대·2척 이내
4. 지역구자치구·시·군의원선거
후보자마다 각 1대·1척
[2022.1.18 법률 제18790호에 의하여 2022.7.21 헌법재판소에서 위헌 결정된 이 조 제1항을 개정함.]

제92조(영화 등을 이용한 선거운동금지) 누구든지 선거기간중에는 선거운동을 위하여 저술·연예·연극·영화 또는 사진을 이 법에 규정되지 아니한 방법으로 배부·공연·상연·상영 또는 게시할 수 없다.

제93조(탈법방법에 의한 문서·도화의 배부·게시 등 금지) ① 누구든지 선거일 전 120일(補闕選擧 등에 있어서는 그 選擧의 실시사유가 확정된 때)부터 선거일까지 선거에 영향을 미치게 하기 위하여 이 법의 규정에 의하지 아니하고는 정당(創黨準備委員會와 政黨의 政綱·정책을 포함한다. 이하 이 條에서 같다) 또는 후보자(候補者가 되고자 하는 者를 포함한다. 이하 이 條에서 같다)를 지지·추천하거나 반대하는 내용이 포함되어 있거나 정당의 명칭 또는 후보자의 성명을 나타내는 광고, 인사장, 벽보, 사진, 문서·도화, 인쇄물이나 녹음·녹화테이프 그 밖에 이와 유사한 것을 배부·첩부·살포·상영 또는 게시할 수 없다. 다만, 다음 각 호의 어느 하나에 해당하는 행위는 그러하지 아니하다. <개정 1997. 11. 14., 1998. 4. 30., 2002. 3. 7., 2004. 3. 12., 2005. 8. 4., 2010. 1. 25., 2023. 8. 30.>
1. 선거운동기간 중 후보자, 제60조의3제2항 각 호의 어느 하나에 해당하는 사람(같은 항 제2호의 경우 선거연락소장을 포함하며, 이 경우 "예비후보자"는 "후보자"로 본다)이 제60조의3제1항제2호에 따른 후보자의 명함을 직접 주는 행위
2. 선거기간이 아닌 때에 행하는 「정당법」 제37조제2항에 따른 통상적인 정당활동
② 누구든지 선거일전 90일부터 선거일까지는 정당 또는 후보자의 명의를 나타내는 저술·연예·연극·영화·사진 그 밖의 물품을 이 법에 규정되지 아니한 방법으로 광고할 수 없으며, 후보자는 방송·신문·잡지 기타의 광고에 출연할 수 없다. 다만, 선거기간이 아닌 때에 「신문 등의 진흥에 관한 법률」 제2조제1호에 따른 신문 또는 「잡지 등 정기간행물의 진흥에 관한 법률」 제2조에 따른 정기간행물의 판매를 위하여 통상적인 방법으로 광고하는 경우에는 그러하지 아니하다. <개정 1998. 4. 30., 2005. 8. 4., 2010. 1. 25.>
③ 누구든지 선거운동을 하도록 권유·약속하기 위하여 선거구민에 대하여 신분증명서·문서 기타 인쇄물을 발급·배부 또는 징구하거나 하게 할 수 없다. <신설 1995. 12. 30.>
[2023. 8. 30. 법률 제19696호에 의하여 2011. 12. 29. 헌법재판소에서 한정위헌 결정된 이 조 제1항을 개정함.]
[2017. 2. 8. 법률 제14556호에 의하여 2016. 9. 29. 헌법재판소에서 위헌결정된 제93조 제1항 제1호 중 제60조의3 제2항 제3호를 개정함.]
[2023.8.30 법률 제19696호에 의하여 2023.3.23 헌법재판소에서 헌법불합치된 이 조 제1항을 개정함.]
[2023.8.30 법률 제19696호에 의하여 2022.7.21 헌법재판소에서 헌법불합치된 이 조 제1항을 개정함.]

제94조(방송·신문 등에 의한 광고의 금지) 누구든지 선거기간중 선거운동을 위하여 이 법에 규정되지 아니한 방법으로 방송·신문·통신 또는 잡지 기타의 간행물 등 언론매체를 통하여 광고할 수 없다. <개정 2000. 2. 16.>

제95조(신문·잡지 등의 통상방법 외의 배부 등 금지) ① 누구든지 이 법의 규정에 의한 경우를 제외하고는 선거에 관한 기사를 게재한 신문·통신·잡지 또는 기관·단체·시설의 기관지 기타 간행물을 통상방법외의 방법으로 배부·살포·게시·첩부하거나 그 기사를 복사하여 배부·살포·게시·첩부할 수 없다. <개정 2012. 1. 17.>
② 제1항에서 "선거에 관한 기사"라 함은 후보자(후보자가 되려는 사람을 포함한다. 이하 제96조 및 제97조에서 같다)의 당락이나 특정 정당(創黨準備委員會를 포함한다)에 유리 또는 불리한 기사를 말하며, "통상방법에 의한 배부"라 함은 종전의 방법과 범위안에서 발행·배부하는 것을 말한다. <개정 2012. 2. 29.>
[제목개정 2012. 1. 17.]

제96조(허위논평·보도 등 금지) ① 누구든지 선거에 관한 여론조사결과를 왜곡하여 공표 또는 보도할 수 없다. <개정 2012. 2. 29.>
② 방송·신문·통신·잡지, 그 밖의 간행물을 경영·관리하는 자 또는 편집·취재·집필·보도하는 자는 다음 각 호의 어느 하나에 해당하는 행위를 할 수 없다. <신설 2012. 2. 29.>
1. 특정 후보자를 당선되게 하거나 되지 못하게 할 목적으로 선거에 관하여 허위의 사실을 보도하거나 사실을 왜곡하여 보도 또는 논평을 하는 행위
2. 여론조사결과 등과 같은 객관적 자료를 제시하지 아니하고 선거결과를 예측하는 보도를 하는 행위
[제목개정 2012. 2. 29.]

제97조(방송·신문의 불법이용을 위한 행위 등의 제한) ① 누구든지 선거운동을 위하여 방송·신문·통신·잡지 기타의 간행물을 경영·관리하는 자 또는 편집·취재·집필·보도하는 자에게 금품·향응 기타의 이익을 제공하거나 제공할 의사의 표시 또는 그 제공을 약속할 수 없다.
② 정당, 후보자, 선거사무장, 선거연락소장, 선거사무원, 회계책임자, 연설원, 대담·토론자 또는 제114조(政黨 및 候補者

의 家族 등의 寄附行爲制限)제2항의 후보자 또는 그 가족과 관계있는 회사 등은 선거에 관한 보도·논평이나 대담·토론과 관련하여 당해 방송·신문·통신·잡지 기타 간행물을 경영·관리하거나 편집·취재·집필·보도하는 자 또는 그 보조자에게 금품·향응 기타 이익을 제공하거나 제공할 의사의 표시 또는 그 제공을 약속할 수 없다.

③ 방송·신문·통신·잡지 기타 간행물을 경영·관리하거나 편집·취재·집필·보도하는 자는 제1항 및 제2항의 규정에 의한 금품·향응 기타의 이익을 받거나 권유·요구 또는 약속할 수 없다.

제98조(선거운동을 위한 방송이용의 제한) 누구든지 이 법의 규정에 의하지 아니하고는 그 방법의 여하를 불문하고 방송시설을 이용하여 선거운동을 위한 방송을 하거나 하게 할 수 없다. <개정 1997. 11. 14., 2000. 2. 16.>

제99조(구내방송 등에 의한 선거운동금지) 누구든지 이 법의 규정에 의하지 아니하고는 선거기간중 교통수단·건물 또는 시설안의 방송시설을 이용하여 선거운동을 할 수 없다.

제100조(녹음기 등의 사용금지) 누구든지 선거기간중 이 법의 규정에 의하지 아니하고는 녹음기나 녹화기(비디오 및 오디오器機를 포함한다)를 사용하여 선거운동을 할 수 없다. <개정 2004. 3. 12., 2005. 8. 4.>

제101조(타연설회 등의 금지) 누구든지 선거기간중 선거에 영향을 미치게 하기 위하여 이 법의 규정에 의한 연설·대담 또는 대담·토론회를 제외하고는 다수인을 모이게 하여 개인정견발표회·시국강연회·좌담회 또는 토론회 기타의 연설회나 대담·토론회를 개최할 수 없다. <개정 2004. 3. 12.>

제102조(야간연설 등의 제한) ① 이 법의 규정에 의한 연설·대담과 대담·토론회(放送施設을 이용하는 경우를 제외한다)는 오후 11시부터 다음날 오전 6시까지는 개최할 수 없으며, 공개장소에서의 연설·대담은 오후 11시부터 다음날 오전 7시까지는 이를 할 수 없다. 다만, 공개장소에서의 연설·대담을 하는 경우 자동차에 부착된 확성장치 또는 휴대용 확성장치는 오전 7시부터 오후 9시까지 사용할 수 있다. <개정 1995. 12. 30., 1997. 1. 13., 2004. 3. 12., 2010. 1. 25., 2022. 1. 18.>

② 제79조에 따른 공개장소에서의 연설·대담을 하는 경우 오후 9시부터 다음 날 오전 7시까지 같은 조 제10항에 따른 녹음기와 녹화기(비디오 및 오디오 기기를 포함한다. 이하 이 항에서 같다)를 사용할 수 없다. 다만, 녹화기는 소리의 출력 없이 화면만을 표출하는 경우에 한정하여 오후 11시까지 사용할 수 있다. <신설 2010. 1. 25., 2012. 1. 17., 2022. 1. 18.>

제103조(각종집회 등의 제한) ① 누구든지 선거기간 중 선거운동을 위하여 이 법에 규정된 것을 제외하고는 명칭 여하를 불문하고 집회나 모임을 개최할 수 없다. <신설 2023. 8. 30.>

② 특별법에 따라 설립된 국민운동단체로서 국가나 지방자치단체의 출연 또는 보조를 받는 단체(바르게살기운동협의회·새마을운동협의회·한국자유총연맹을 말한다) 및 주민자치위원회는 선거기간 중 회의 그 밖에 어떠한 명칭의 모임도 개최할 수 없다. <신설 2005. 8. 4.>

③ 누구든지 선거기간 중 선거에 영향을 미치게 하기 위하여 향우회·종친회·동창회·단합대회·야유회 또는 참가 인원이 25명을 초과하는 그 밖의 집회나 모임을 개최할 수 없다. <개정 2010. 1. 25., 2023. 8. 30.>

④ 선거기간중에는 특별한 사유가 없는 한 반상회를 개최할 수 없다.

⑤ 누구든지 선거일전 90일(선거일전 90일후에 실시사유가 확정된 보궐선거등에 있어서는 그 선거의 실시사유가 확정된 때)부터 선거일까지 후보자(후보자가 되고자 하는 자를 포함한다)와 관련있는 저서의 출판기념회를 개최할 수 없다. <신설 2004. 3. 12.>

[2023.8.30 법률 제19696호에 의하여 2022.7.21 헌법재판소에서 위헌 결정된 이 조 제3항을 개정함.]

제104조(연설회장에서의 소란행위 등의 금지) 누구든지 이 법의 규정에 의한 공개장소에서의 연설·대담장소, 대담·토론회장 또는 정당의 집회장소에서 폭행·협박 기타 어떠한 방법으로도 연설·대담장소 등의 질서를 문란하게 하거나 그 진행을 방해할 수 없으며, 연설·대담 등의 주관자가 연단과 그 주변의 조명을 위하여 사용하는 경우를 제외하고는 횃불을 사용할 수 없다. <개정 2004. 3. 12.>

제105조(행렬 등의 금지) ① 누구든지 선거운동을 위하여 5명(후보자와 함께 있는 경우에는 후보자를 포함하여 10명)을 초과하여 무리를 지어 다음 각 호의 어느 하나에 해당하는 행위를 할 수 없다. 다만, 제2호의 행위를 하는 경우에는 후보자와 그 배우자(배우자 대신 후보자가 그의 직계존비속 중에서 신고한 1인을 포함한다), 선거사무장, 선거연락소장, 선거사무원, 후보자와 함께 있는 활동보조인 및 회계책임자는 그 수에 산입하지 아니한다. <개정 2004. 3. 12., 2005. 8. 4., 2010. 1. 25.>

1. 거리를 행진하는 행위
2. 다수의 선거구민에게 인사하는 행위
3. 연달아 소리지르는 행위. 다만, 제79조(공개장소에서의 연설·대담)의 규정에 의한 공개장소에서의 연설·대담에서 당해 정당 또는 후보자에 대한 지지를 나타내기 위하여 연달아 소리지르는 경우에는 그러하지 아니하다.

② 삭제 <2010. 1. 25.>

제106조(호별방문의 제한) ① 누구든지 선거운동을 위하여 또는 선거기간중 입당의 권유를 위하여 호별로 방문할 수 없다.

② 선거운동을 할 수 있는 자는 제1항의 규정에 불구하고 관혼상제의 의식이 거행되는 장소와 도로·시장·점포·다방·대합실 기타 다수인이 왕래하는 공개된 장소에서 정당 또는 후보자에 대한 지지를 호소할 수 있다.

③ 누구든지 선거기간중 공개장소에서의 연설·대담의 통지를 위하여 호별로 방문할 수 없다. <개정 2004. 3. 12.>

제107조(서명·날인운동의 금지) 누구든지 선거운동을 위하여 선거구민에 대하여 서명이나 날인을 받을 수 없다.

제108조(여론조사의 결과공표금지 등) ① 누구든지 선거일 전 6일부터 선거일의 투표마감시각까지 선거에 관하여 정당에 대한 지지도나 당선인을 예상하게 하는 여론조사(模擬投票나 人氣投票에 의한 경우를 포함한다. 이하 이 條에서 같다)의 경위와 그 결과를 공표하거나 인용하여 보도할 수 없다. <개정 1997. 11. 14., 2005. 8. 4., 2017. 2. 8., 2017. 3. 9.>

② 누구든지 선거일전 60일(선거일전 60일 후에 실시사유가 확정된 보궐선거등에서는 그 선거의 실시사유가 확정된 때)부터 선거일까지 선거에 관한 여론조사를 투표용지와 유사한 모형에 의한 방법을 사용하거나 후보자(候補者가 되고자 하는 者를 포함한다. 이하 이 條에서 같다) 또는 정당(創黨準備委員會를 포함한다. 이하 이 條에서 같다)의 명의로 선거에 관한 여론조사를 할 수 없다. 다만, 제57조의2제2항에 따른 여론조사는 그러하지 아니하다. <개정 1997. 11. 14., 2008. 2. 29., 2010. 1. 25.>

③ 다음 각 호의 어느 하나에 해당하는 자를 제외하고는 누구든지 선거에 관한 여론조사를 실시하려면 여론조사의 목적, 표본의 크기, 조사지역·일시·방법, 전체 설문내용 등 중앙선거관리위원회규칙으로 정하는 사항을 여론조사 개시일 전 2일까지 관할 선거여론조사심의위원회에 서면으로 신고하여야 한다. <신설 2010. 1. 25., 2014. 2. 13., 2015. 12. 24., 2017. 2. 8.>

1. 제3자로부터 여론조사를 의뢰받은 여론조사 기관·단체(제3자의 의뢰 없이 직접 하는 경우는 제외한다)
2. 정당[창당준비위원회와 「정당법」 제38조(정책연구소의 설치·운영)에 따른 정책연구소를 포함한다]
3. 「방송법」 제2조(용어의 정의)에 따른 방송사업자
4. 전국 또는 시·도를 보급지역으로 하는 「신문 등의 진흥에 관한 법률」 제2조(정의)에 따른 신문사업자 및 「잡지 등 정기간행물의 진흥에 관한 법률」 제2조(정의)에 따른 정기간행물사업자
5. 「뉴스통신 진흥에 관한 법률」 제2조(정의)에 따른 뉴스통신

사업자
6. 제3호부터 제5호까지의 사업자가 관리 · 운영하는 인터넷언론사
7. 전년도 말 기준 직전 3개월 간의 일일 평균 이용자 수 10만명 이상인 인터넷언론사
④ 관할 선거여론조사심의위원회는 제3항에 따른 신고 내용이 이 법 또는 선거여론조사기준을 충족하지 못한다고 판단되는 때에는 여론조사실시 전까지 보완할 것을 요구할 수 있다. 이 경우 보완요구에 이의가 있는 때에는 관할 선거여론조사심의위원회에 서면으로 이의신청을 할 수 있다. <신설 2014. 2. 13., 2017. 2. 8.>
⑤ 누구든지 선거에 관한 여론조사를 하는 경우에는 피조사자에게 질문을 하기 전에 여론조사 기관 · 단체의 명칭과 전화번호를 밝혀야 하고, 해당 조사대상의 전계층을 대표할 수 있도록 피조사자를 선정하여야 하며, 다음 각 호의 어느 하나에 해당하는 행위를 하여서는 아니된다. <신설 1997. 11. 14., 2010. 1. 25., 2012. 2. 29., 2014. 2. 13., 2015. 12. 24., 2017. 2. 8.>
1. 특정 정당 또는 후보자에게 편향되도록 하는 어휘나 문장을 사용하여 질문하는 행위
2. 피조사자에게 응답을 강요하거나 조사자의 의도에 따라 응답을 유도하는 방법으로 질문하거나, 피조사자의 의사를 왜곡하는 행위
3. 오락 기타 사행성을 조장할 수 있는 방법으로 조사하거나 제13항에 따라 제공할 수 있는 전화요금 할인 혜택을 초과하여 제공하는 행위
4. 피조사자의 성명이나 성명을 유추할 수 있는 내용을 공개하는 행위
⑥ 누구든지 선거에 관한 여론조사의 결과를 공표 또는 보도하는 때에는 선거여론조사기준으로 정한 사항을 함께 공표 또는 보도하여야 하며, 선거에 관한 여론조사를 실시한 기관 · 단체는 조사설계서 · 피조사자선정 · 표본추출 · 질문지작성 · 결과분석 등 조사의 신뢰성과 객관성의 입증에 필요한 자료와 수집된 설문지 및 결과분석자료 등 해당 여론조사와 관련있는 자료일체를 해당 선거의 선거일 후 6개월까지 보관하여야 한다. <신설 1997. 11. 14., 2010. 1. 25., 2012. 2. 29., 2014. 2. 13., 2015. 12. 24.>
⑦ 선거에 관한 여론조사 결과를 공표 · 보도하려는 때에는 그 결과의 공표 · 보도 전에 해당 여론조사를 실시한 선거여론조사기관이 선거여론조사기준으로 정한 사항을 중앙선거여론조사심의위원회 홈페이지에 등록하여야 한다. 이 경우 선거여론조사기관이 제3자로부터 의뢰를 받아 여론조사를 실시한 때에는 해당 여론조사를 의뢰한 자는 선거여론조사기관에 해당 여론조사 결과의 공표 · 보도 예정일시를 통보하여야 하며, 선거여론조사기관은 통보받은 공표 · 보도 예정일시 전에 해당 사항을 등록하여야 한다. <개정 2015. 12. 24., 2017. 2. 8.>
⑧ 누구든지 다음 각 호의 어느 하나에 해당하는 행위를 하여서는 아니 된다. <신설 2014. 2. 13., 2015. 12. 24., 2017. 2. 8.>
1. 제7항에 따라 중앙선거여론조사심의위원회 홈페이지에 등록되지 아니한 선거에 관한 여론조사 결과를 공표 또는 보도하는 행위
2. 선거여론조사기준을 따르지 아니하고 공표 또는 보도를 목적으로 선거에 관한 여론조사를 하거나 그 결과를 공표 또는 보도하는 행위
⑨ 다음 각 호의 어느 하나에 해당하는 때에는 해당 여론조사를 실시한 기관 · 단체에 제6항에 따라 보관 중인 여론조사와 관련된 자료의 제출을 요구할 수 있으며, 그 요구를 받은 기관 · 단체는 지체 없이 이에 따라야 한다. <신설 2012. 2. 29., 2014. 2. 13., 2015. 12. 24., 2017. 2. 8.>
1. 관할 선거구선거관리위원회가 공표 또는 보도된 여론조사와 관련하여 이 법을 위반하였다고 인정할 만한 상당한 이유가 있다고 판단되는 때
2. 선거여론조사심의위원회가 공표 또는 보도된 여론조사결과의 객관성 · 신뢰성에 대하여 정당 또는 후보자로부터 서면으로 이의신청을 받거나 제8조의8제7항제2호에 따른 심의를 위하여 필요하다고 판단되는 때
⑩ 누구든지 야간(오후 10시부터 다음 날 오전 7시까지를 말한다)에는 전화를 이용하여 선거에 관한 여론조사를 실시할 수 없다. <신설 2010. 1. 25., 2012. 2. 29., 2014. 2. 13.>
⑪ 누구든지 다음 각 호의 어느 하나에 해당하는 행위를 하여서는 아니 된다. <신설 2016. 1. 15.>
1. 제57조의2제1항에 따른 당내경선을 위한 여론조사의 결과에 영향을 미치게 하기 위하여 다수의 선거구민을 대상으로 성별 · 연령 등을 거짓으로 응답하도록 지시 · 권유 · 유도하는 행위
2. 선거에 관한 여론조사의 결과에 영향을 미치게 하기 위하여 둘 이상의 전화번호를 착신 전환 등의 조치를 하여 같은 사람이 두 차례 이상 응답하거나 이를 지시 · 권유 · 유도하는 행위
⑫ 누구든지 다음 각 호의 어느 하나에 해당하는 선거에 관한 여론조사의 결과를 해당 선거일의 투표마감시각까지 공표 또는 보도할 수 없다. 다만, 제2호의 경우 해당 선거여론조사기관에 대하여 불송치결정 또는 불기소처분이 있거나 무죄의 판결이 확정된 때에는 그러하지 아니하다. <신설 2017. 2. 8., 2021. 3. 23.>
1. 정당 또는 후보자가 실시한 해당 선거에 관한 여론조사
2. 제8조의8제10항에 따라 고발되거나 이 법에 따른 여론조사에 관한 범죄로 기소된 선거여론조사기관이 실시한 선거에 관한 여론조사
3. 선거여론조사기관이 아닌 여론조사기관 · 단체가 실시한 선거에 관한 여론조사
⑬ 선거에 관한 여론조사에 성실하게 응답한 사람에게는 중앙선거관리위원회규칙으로 정하는 바에 따라 전화요금 할인 혜택을 제공할 수 있다. 이 경우 전화요금 할인에 소요되는 비용은 해당 여론조사를 실시하는 자가 부담한다. <신설 2017. 2. 8.>
⑭ 여론조사의 신고, 이의신청, 자료제출 요구 절차, 그 밖에 필요한 사항은 중앙선거관리위원회규칙으로 정한다. <신설 2012. 2. 29., 2014. 2. 13., 2016. 1. 15., 2017. 2. 8.>
[제목개정 2015. 12. 24.]

제108조의2(선거여론조사를 위한 휴대전화 가상번호의 제공) ① 선거여론조사기관이 공표 또는 보도를 목적으로 전화를 이용하여 선거에 관한 여론조사를 실시하는 경우 휴대전화 가상번호를 사용할 수 있다.
② 선거여론조사기관이 제1항에 따른 여론조사를 실시하는 경우에는 관할 선거여론조사심의위원회를 경유하여 이동통신사업자에게 휴대전화 가상번호를 제공하여 줄 것을 요청할 수 있다.
③ 제2항에 따라 휴대전화 가상번호를 사용하고자 하는 선거여론조사기관은 해당 여론조사 개시일 전 10일까지 관할 선거여론조사심의위원회에 휴대전화 가상번호 제공 요청서를 제출하여야 하고, 관할 선거여론조사심의위원회는 해당 요청서의 기재사항을 심사한 후 제출받은 날부터 3일 이내에 해당 요청서를 이동통신사업자에게 송부하여야 한다.
④ 선거여론조사기관이 제2항에 따른 요청을 하는 경우에는 휴대전화 가상번호 제공 요청서에 다음 각 호에 따른 사항을 적어야 한다.
1. 여론조사의 목적 · 내용 및 기간
2. 여론조사 대상 지역 및 대상자 수
3. 이동통신사업자별로 제공하여야 하는 성별 · 연령별 · 지역별 휴대전화 가상번호 수. 이 경우 제공을 요청할 수 있는 휴대전화 가상번호의 총수는 제2호에 따른 대상자 수의 30배수를 초과할 수 없다.
4. 그 밖에 중앙선거관리위원회규칙으로 정하는 사항
⑤ 선거에 관한 여론조사를 위한 휴대전화 가상번호 제공에 관하여는 제57조의8제4항부터 제7항까지 및 제9항부터 제11항까지의 규정을 준용한다.

⑥ 휴대전화 가상번호 제공 요청 방법과 절차, 휴대전화 가상번호의 유효기간 설정, 휴대전화 가상번호 제공 요청서 서식, 그 밖에 필요한 사항은 중앙선거관리위원회규칙으로 정한다.
[본조신설 2017. 2. 8.]
[종전 제108조의2는 제108조의3으로 이동 <2017. 2. 8.>]

제108조의3(정책 · 공약에 관한 비교평가결과의 공표제한 등) ① 언론기관(제82조의 언론기관을 말한다) 및 제87조제1항 각 호의 어느 하나에 해당하지 아니하는 단체(이하 이 조에서 "언론기관등"이라 한다)는 정당 · 후보자(후보자가 되려는 자를 포함한다. 이하 이 조에서 "후보자등"이라 한다)의 정책이나 공약에 관하여 비교평가하고 그 결과를 공표할 수 있다.
② 언론기관등이 후보자등의 정책이나 공약에 관한 비교평가를 하거나 그 결과를 공표하는 때에는 다음 각 호의 어느 하나에 해당하는 행위를 하여서는 아니 된다.
1. 특정 후보자등에게 유리 또는 불리하게 평가단을 구성 · 운영하는 행위
2. 후보자등별로 점수부여 또는 순위나 등급을 정하는 등의 방법으로 서열화하는 행위
③ 언론기관등이 후보자등의 정책이나 공약에 관한 비교평가의 결과를 공표하는 때에는 평가주체, 평가단 구성 · 운영, 평가지표 · 기준 · 방법 등 평가의 신뢰성 · 객관성을 입증할 수 있는 내용을 공표하여야 하며, 비교평가와 관련있는 자료 일체를 해당 선거의 선거일 후 6개월까지 보관하여야 한다. 이 경우 선거운동을 하거나 할 것을 표방한 단체는 지지하는 후보자등을 함께 공표하여야 한다.
[본조신설 2008. 2. 29.]
[제108조의2에서 이동 <2017. 2. 8.>]

제109조(서신 · 전보 등에 의한 선거운동의 금지) ① 누구든지 선거기간 중 이 법에 규정되지 아니한 방법으로 선거권자에게 서신 · 전보 · 모사전송 그 밖에 전기통신의 방법을 이용하여 선거운동을 할 수 없다. <개정 1997. 1. 13., 1997. 11. 14., 2004. 3. 12., 2005. 8. 4., 2010. 1. 25.>
② 제59조제4호에 따른 전화를 이용한 선거운동은 야간(오후 11시부터 다음 날 오전 6시까지를 말한다)에는 이를 할 수 없다. <개정 2010. 1. 25., 2012. 2. 29., 2020. 12. 29.>
③ 누구든지 선거운동을 위하여 후보자, 선거사무장, 선거연락소장, 선거사무원, 회계책임자, 연설원, 대담 · 토론자 또는 선거권자 등을 전화 기타의 방법으로 협박할 수 없다.

제110조(후보자 등의 비방금지) ① 누구든지 선거운동을 위하여 후보자(후보자가 되고자 하는 자를 포함한다. 이하 이 조에서 같다), 후보자의 배우자 또는 직계존비속이나 형제자매의 출생지 · 가족관계 · 신분 · 직업 · 경력등 · 재산 · 행위 · 소속단체, 특정인 또는 특정단체로부터의 지지여부 등에 관하여 허위의 사실을 공표할 수 없으며, 공연히 사실을 적시하여 사생활을 비방할 수 없다. 다만, 진실한 사실로서 공공의 이익에 관한 때에는 그러하지 아니하다.
② 누구든지 선거운동을 위하여 정당, 후보자, 후보자의 배우자 또는 직계존비속이나 형제자매와 관련하여 특정 지역 · 지역인 또는 성별을 공연히 비하 · 모욕하여서는 아니 된다.
[전문개정 2015. 12. 24.]

제110조의2(허위사실 등에 대한 이의제기) ① 누구든지 후보자 또는 예비후보자의 출생지 · 가족관계 · 신분 · 직업 · 경력등 · 재산 · 행위 · 소속단체, 특정인 또는 특정단체로부터의 지지여부 등에 관하여 공표된 사실이 거짓임을 이유로 해당 선거구선거관리위원회를 거쳐 직근 상급선거관리위원회에 서면으로 이의제기를 할 수 있다.
② 제1항에 따른 이의제기를 받은 직근 상급선거관리위원회는 후보자 또는 예비후보자, 소속정당, 이의제기자, 관련 국가기관 · 지방자치단체, 그 밖의 기관 · 단체에 대하여 증명서류 및 관련자료의 제출을 요구할 수 있다. 이 경우 제출요구를 받은 자는 정당한 사유가 없으면 지체 없이 이에 따라야 한다.
③ 직근 상급선거관리위원회는 증명서류 및 관련자료의 제출이 없거나 제출한 증명서류 및 관련자료를 통하여 확인한 결과 공표된 사실이 거짓으로 판명된 때에는 이를 지체 없이 공고하여야 한다. 이 경우 이의제기서와 제출받은 서류 · 자료를 「개인정보 보호법」을 위반하지 아니하는 범위에서 편집 · 수정 없이 선거관리위원회 홈페이지에 공개하여야 한다.
④ 이의제기서의 양식, 제출 서류 · 자료의 공개, 그 밖에 필요한 사항은 중앙선거관리위원회규칙으로 정한다.
[본조신설 2015. 12. 24.]

제111조(의정활동 보고) ① 국회의원 또는 지방의회의원은 보고회 등 집회, 보고서(인쇄물, 녹음 · 녹화물 및 전산자료 복사본을 포함한다), 인터넷, 문자메시지, 송 · 수화자 간 직접 통화 방식의 전화 또는 축사 · 인사말(게재하는 경우를 포함한다)을 통하여 의정활동(선거구활동 · 일정고지, 그 밖에 업적의 弘報에 필요한 사항을 포함한다)을 선거구민(行政區域 또는 選擧區域의 변경으로 새로 編入된 區域의 선거구민을 포함한다. 이하 이 조에서 같다)에게 보고할 수 있다. 다만, 대통령선거 · 국회의원선거 · 지방의회의원선거 및 지방자치단체의 장선거의 선거일전 90일부터 선거일까지 직무상의 행위 그 밖에 명목여하를 불문하고 의정활동을 인터넷 홈페이지 또는 그 게시판 · 대화방 등에 게시하거나 전자우편 · 문자메시지로 전송하는 외의 방법으로 의정활동을 보고할 수 없다. <개정 2004. 3. 12., 2005. 8. 4., 2010. 1. 25., 2012. 2. 29.>
② 국회의원 또는 지방의회의원이 의정보고회를 개최하는 때에는 고지벽보와 의정보고회 장소표지를 첩부 · 게시할 수 있으며, 고지벽보와 표지에는 보고회명과 개최일시 · 장소 및 보고사항(候補者가 되고자 하는 者를 宣傳하는 내용을 제외한다)을 게재할 수 있다. 이 경우 의정보고회를 개최한 국회의원 또는 지방의회의원은 고지벽보와 표지를 의정보고회가 끝난 후 지체없이 철거하여야 한다.
③ 제1항의 규정에 따라 보고서를 우편으로 발송하고자 하는 국회의원 또는 지방의회의원은 그 발송수량의 범위 안에서 선거구민인 세대주의 성명 · 주소(이하 이 조에서 "세대주명단"이라 한다)의 교부를 연 1회에 한하여 구 · 시 · 군의 장에게 서면으로 신청할 수 있으며, 신청을 받은 구 · 시 · 군의 장은 다른 법률의 규정에도 불구하고 지체 없이 그 세대주명단을 작성 · 교부하여야 한다. <신설 2005. 8. 4.>
④ 제3항의 규정에 따른 세대주명단의 작성비용의 납부, 교부된 세대주명단의 양도 · 대여 및 사용의 금지에 관하여는 제46조(명부사본의 교부)제3항 및 제4항의 규정을 준용한다. 이 경우 "명부"는 "세대주명단"으로 본다. <신설 2005. 8. 4., 2014. 1. 17.>
⑤ 의정보고회의 고지벽보와 표지의 규격 · 수량, 세대주의 명단의 교부신청 그 밖의 의정활동보고에 관하여 필요한 사항은 중앙선거관리위원회규칙으로 정한다. <개정 2005. 8. 4.>
[전문개정 2000. 2. 16.]

제112조(기부행위의 정의 등) ① 이 법에서 "기부행위"라 함은 당해 선거구안에 있는 자나 기관 · 단체 · 시설 및 선거구민의 모임이나 행사 또는 당해 선거구의 밖에 있더라도 그 선거구민과 연고가 있는 자나 기관 · 단체 · 시설에 대하여 금전 · 물품 기타 재산상 이익의 제공, 이익제공의 의사표시 또는 그 제공을 약속하는 행위를 말한다. <개정 2004. 3. 12.>
1. 삭제 <2004. 3. 12.>
2. 삭제 <2004. 3. 12.>
3. 삭제 <2004. 3. 12.>
4. 삭제 <2004. 3. 12.>
5. 삭제 <2004. 3. 12.>
6. 삭제 <2004. 3. 12.>
7. 삭제 <2004. 3. 12.>
8. 삭제 <2004. 3. 12.>
9. 삭제 <2004. 3. 12.>
10. 삭제 <2004. 3. 12.>
11. 삭제 <2004. 3. 12.>
② 제1항의 규정에 불구하고 다음 각 호의 어느 하나에 해당하는 행위는 기부행위로 보지 아니한다. <개정 2004. 3. 12., 2005. 8. 4., 2008. 2. 29., 2010. 1. 25., 2013. 8. 13., 2017. 3. 9.>

1. 통상적인 정당활동과 관련한 행위
가. 정당이 각급당부에 당해 당부의 운영경비를 지원하거나 유급사무직원에게 보수를 지급하는 행위
나. 정당의 당헌·당규 기타 정당의 내부규약에 의하여 정당의 당원이 당비 기타 부담금을 납부하는 행위
다. 정당이 소속 국회의원, 이 법에 따른 공직선거의 후보자·예비후보자에게 정치자금을 지원하는 행위
라. 제140조제1항에 따른 창당대회 등과 제141조제2항에 따른 당원집회 및 당원교육, 그 밖에 소속 당원만을 대상으로 하는 당원집회에서 참석당원 등에게 정당의 경비로 교재, 그 밖에 정당의 홍보인쇄물, 싼 값의 정당의 배지 또는 상징마스코트나 통상적인 범위에서 차·커피 등 음료(주류는 제외한다)를 제공하는 행위
마. 통상적인 범위안에서 선거사무소·선거연락소 또는 정당의 사무소를 방문하는 자에게 다과·떡·김밥·음료(주류는 제외한다) 등 다과류의 음식물을 제공하는 행위
바. 중앙당의 대표자가 참석하는 당직자회의(구·시·군단위 이상의 지역책임자급 간부와 시·도수의 10배수에 상당하는 상위직의 간부가 참석하는 회의를 말한다) 또는 시·도당의 대표자가 참석하는 당직자회의(읍·면·동단위 이상의 지역책임자급 간부와 관할 구·시·군의 수에 상당하는 상위직의 간부가 참석하는 회의를 말한다)에 참석한 당직자에게 통상적인 범위에서 식사류의 음식물을 제공하는 행위
사. 정당이 소속 유급사무직원을 대상으로 실시하는 교육·연수에 참석한 유급사무직원에게 정당의 경비로 숙식·교통편의 또는 실비의 여비를 제공하는 행위
아. 정당의 대표자가 소속 당원만을 대상으로 개최하는 신년회·송년회에 참석한 사람에게 정당의 경비로 통상적인 범위에서 다과류의 음식물을 제공하는 행위
자. 정당이 그 명의로 재해구호·장애인돕기·농촌일손돕기 등 대민 자원봉사활동을 하거나 그 자원봉사활동에 참석한 당원에게 정당의 경비로 교통편의(여비는 제외한다)와 통상적인 범위에서 식사류의 음식물을 제공하는 행위
차. 정당의 대표자가 개최하는 정당의 정책개발을 위한 간담회·토론회에 참석한 직능·사회단체의 대표자, 주제발표자, 토론자 등에게 정당의 경비로 식사류의 음식물을 제공하는 행위
카. 정당의 대표자가 개최하는 정당의 각종 행사에서 모범·우수당원에게 정당의 경비로 상장과 통상적인 부상을 수여하는 행위
타. 제57조의5제1항 단서에 따른 의례적인 행위
파. 정당의 대표자가 주관하는 당무에 관한 회의에서 참석한 각급 당부의 대표자·책임자 또는 유급당직자에게 정당의 경비로 식사류의 음식물을 제공하는 행위
하. 정당의 중앙당의 대표자가 당무파악 및 지역여론을 수렴하기 위하여 시·도당을 방문하는 때에 정당의 경비로 방문지역의 기관·단체의 장 또는 사회단체의 간부나 언론인 등 제한된 범위의 인사를 초청하여 간담회를 개최하고 식사류의 음식물을 제공하는 행위
거. 정당의 중앙당이 당헌에 따라 개최하는 전국 단위의 최고대의기관 회의에 참석하는 당원에게 정당의 경비로 교통편의를 제공하는 행위
2. 의례적 행위
가. 민법 제777조(친족의 범위)의 규정에 의한 친족의 관혼상제의식 기타 경조사에 축의·부의금품을 제공하는 행위
나. 정당의 대표자가 중앙당 또는 시·도당에서 근무하는 해당 유급사무직원(중앙당 대표자의 경우 시·도당의 대표자와 상근 간부를 포함한다)·그 배우자 또는 그 직계존비속이 결혼하거나 사망한 때에 통상적인 범위에서 축의·부의금품(화환 또는 화분을 포함한다)을 제공하거나 해당 유급사무직원(중앙당 대표자의 경우 시·도당 대표자를 포함한다)에게 연말·설·추석·창당기념일 또는 그의 생일에 정당의 경비로 의례적인 선물을 정당의 명의로 제공하는 행위
다. 국가유공자의 위령제, 국경일의 기념식, 「각종 기념일 등에 관한 규정」 제2조에 규정된 정부가 주관하는 기념일의 기념식, 공공기관·시설의 개소·이전식, 합동결혼식, 합동분향식, 산하 기관·단체의 준공식, 정당의 창당대회·합당대회·후보자선출대회, 그 밖에 이에 준하는 행사에 의례적인 화환·화분·기념품을 제공하는 행위
라. 공익을 목적으로 설립된 재단 또는 기금이 선거일 전 4년 이전부터 그 설립목적에 따라 정기적으로 지급하여 온 금품을 지급하는 행위. 다만, 선거일 전 120일(선거일 전 120일 후에 실시사유가 확정된 보궐선거등에 있어서는 그 선거의 실시사유가 확정된 때)부터 선거일까지 그 금품의 금액과 지급 대상·방법 등을 확대·변경하거나 후보자(후보자가 되려는 사람을 포함한다. 이하 이 조에서 같다)가 직접 주거나 후보자 또는 그 소속 정당의 명의를 추정할 수 있는 방법으로 지급하는 행위는 제외한다.
마. 친목회·향우회·종친회·동창회 등 각종 사교·친목단체 및 사회단체의 구성원으로서 당해 단체의 정관·규약 또는 운영관례상의 의무에 기하여 종전의 범위안에서 회비를 납부하는 행위
바. 종교인이 평소 자신이 다니는 교회·성당·사찰 등에 통상의 예에 따라 헌금(물품의 제공을 포함한다)하는 행위
사. 선거운동을 위하여 후보자와 함께 다니는 자나 국회의원·후보자·예비후보자가 관할구역안의 지역을 방문하는 때에 함께 다니는 자에게 통상적인 범위에서 식사류의 음식물을 제공하는 행위. 이 경우 함께 다니는 자의 범위에 관하여는 중앙선거관리위원회규칙으로 정한다.
아. 기관·단체·시설의 대표자가 소속 상근직원(「지방자치법」 제6장제3절과 제4절에서 규정하고 있는 소속 행정기관 및 하부행정기관과 그 밖에 명칭여하를 불문하고 이에 준하는 기관·단체·시설의 직원은 제외한다. 이하 이 목에서 같다)이나 소속 또는 차하급기관·단체·시설의 대표자·그 배우자 또는 그 직계존비속이 결혼하거나 사망한 때에 통상적인 범위에서 축의·부의금품(화환 또는 화분을 포함한다)을 제공하는 행위와 소속 상근직원이나 소속 또는 차하급기관·단체·시설의 대표자에게 연말·설·추석·창립기념일 또는 그의 생일에 자체사업계획과 예산에 따라 의례적인 선물을 해당 기관·단체·시설의 명의로 제공하는 행위
자. 읍·면·동 이상의 행정구역단위의 정기적인 문화·예술·체육행사, 각급학교 의 졸업식 또는 공공의 이익을 위한 행사에 의례적인 범위에서 상장(부상은 제외한다. 이하 이 목에서 같다)을 수여하는 행위와 구·시·군단위 이상의 조직 또는 단체(향우회·종친회·동창회, 동호인회, 계모임 등 개인간의 사적모임은 제외한다)의 정기총회에 의례적인 범위에서 연 1회에 한하여 상장을 수여하는 행위. 다만, 제60조의2(예비후보자등록)제1항의 규정에 따른 예비후보자등록신청개시일부터 선거일까지 후보자(후보자가 되고자 하는 자를 포함한다)가 직접 수여하는 행위를 제외한다.
차. 의정활동보고회, 정책토론회, 출판기념회, 그 밖의 각종 행사에 참석한 사람에게 통상적인 범위에서 차·커피 등 음료(주류는 제외한다)를 제공하는 행위
카. 선거사무소·선거연락소 또는 정당선거사무소의 개소식·간판게시식 또는 현판식에 참석한 정당의 간부·당원들이나 선거사무관계자들에게 해당 사무소 안에서 통상적인 범위의 다과류의 음식물(주류를 제외한다)을 제공하는 행위
타. 제114조제2항에 따른 후보자 또는 그 가족과 관계있는 회사등이 개최하는 정기적인 창립기념식·사원체육대회 또는 사옥준공식 등에 참석한 소속 임직원이나 그 가족, 거래선, 한정된 범위의 내빈 등에게 회사등의 경비로 통상적인 범위에서 유공자를 표창(지방자치단체의 경우 소속 직원이 아닌 자에 대한 부상의 수여는 제외한다)하거나 식사류의 음식물 또는 싼 값의 기념품을 제공하는 행위
파. 제113조 및 제114조에 따른 기부행위를 할 수 없는 자의 관혼상제에 참석한 하객이나 조객 등에게 통상적인 범위에서 음식물 또는 답례품을 제공하는 행위
3. 구호적·자선적 행위

가. 법령에 의하여 설치된 사회보호시설중 수용보호시설에 의연금품을 제공하는 행위
나. 「재해구호법」의 규정에 의한 구호기관(전국재해구호협회를 포함한다) 및 「대한적십자사 조직법」에 의한 대한적십자사에 천재·지변으로 인한 재해의 구호를 위하여 금품을 제공하는 행위
다. 「장애인복지법」 제58조에 따른 장애인복지시설(유료복지시설을 제외한다)에 의연금품·구호금품을 제공하는 행위
라. 「국민기초생활 보장법」에 의한 수급권자인 중증장애인에게 자선·구호금품을 제공하는 행위
마. 자선사업을 주관·시행하는 국가·지방자치단체·언론기관·사회단체 또는 종교단체 그 밖에 국가기관이나 지방자치단체의 허가를 받아 설립된 법인 또는 단체에 의연금품·구호금품을 제공하는 행위. 다만, 광범위한 선거구민을 대상으로 하는 경우 제공하는 개별 물품 또는 그 포장지에 직명·성명 또는 그 소속 정당의 명칭을 표시하여 제공하는 행위는 제외한다.
바. 자선·구호사업을 주관·시행하는 국가·지방자치단체, 그 밖의 공공기관·법인을 통하여 소년·소녀가장과 후원인으로 결연을 맺고 정기적으로 제공하여 온 자선·구호금품을 제공하는 행위
사. 국가기관·지방자치단체 또는 구호·자선단체가 개최하는 소년·소녀가장, 장애인, 국가유공자, 무의탁노인, 결식자, 이재민, 「국민기초생활 보장법」에 따른 수급자 등을 돕기 위한 후원회 등의 행사에 금품을 제공하는 행위. 다만, 개별 물품 또는 그 포장지에 직명·성명 또는 그 소속 정당의 명칭을 표시하여 제공하는 행위는 제외한다.
아. 근로청소년을 대상으로 무료학교(야학을 포함한다)를 운영하거나 그 학교에서 학생들을 가르치는 행위
4. 직무상의 행위
가. 국가기관 또는 지방자치단체가 자체사업계획과 예산으로 행하는 법령에 의한 금품제공행위(지방자치단체가 표창·포상을 하는 경우 부상의 수여를 제외한다. 이하 나목에서 같다)
나. 지방자치단체가 자체사업계획과 예산으로 대상·방법·범위 등을 구체적으로 정한 당해 지방자치단체의 조례에 의한 금품제공행위
다. 구호사업 또는 자선사업을 행하는 국가기관 또는 지방자치단체가 자체사업계획과 예산으로 당해 국가기관 또는 지방자치단체의 명의를 나타내어 행하는 구호행위·자선행위
라. 선거일전 60일까지 국가·지방자치단체 또는 공공기관(「공공기관의 운영에 관한 법률」 제4조에 따라 지정된 기관이나 그 밖에 중앙선거관리위원회규칙으로 정하는 기관을 말한다)의 장이 업무파악을 위한 초도순시 또는 연두순시차 하급기관을 방문하여 업무보고를 받거나 주민여론 등을 청취하면서 자체사업계획과 예산에 따라 참석한 소속공무원이나 임·직원, 유관기관·단체의 장과 의례적인 범위안의 주민대표에게 통상적인 범위안에서 식사류(지방자치단체의 장의 경우에는 다과류를 말한다)의 음식물을 제공하는 행위
마. 국가기관 또는 지방자치단체가 긴급한 현안을 해결하기 위하여 자체사업계획과 예산으로 해당 국가기관 또는 지방자치단체의 명의로 금품이나 그 밖에 재산상의 이익을 제공하는 행위
바. 선거기간이 아닌 때에 국가기관이 효자·효부·모범시민·유공자등에게 포상을 하거나, 국가기관·지방자치단체가 관할구역 안의 환경미화원·구두미화원·가두신문판매원·우편집배원 등에게 위문품을 제공하는 행위
사. 국회의원 및 지방의회의원이 자신의 직무 또는 업무를 수행하는 상설사무소 또는 상설사무소를 두지 아니하는 구·시·군의 경우 임시사무소 등 중앙선거관리위원회규칙으로 정하는 장소에서 행하거나, 정당이 해당 당사에서 행하는 무료의 민원상담행위
아. 변호사·의사 등 법률에서 정하는 일정한 자격을 가진 전문직업인이 업무활동을 촉진하기 위하여 자신이 개설한 인터넷 홈페이지를 통하여 법률·의료 등 자신의 전문분야에 대한 무료상담을 하는 행위
자. 제114조제2항에 따른 후보자 또는 그 가족과 관계있는 회사가 영업활동을 위하여 달력·수첩·탁상일기·메모판 등 홍보물(후보자의 성명이나 직명 또는 사진이 표시된 것은 제외한다)을 그 명의로 종업원이나 제한된 범위의 거래처, 영업활동에 필요한 유관기관·단체·시설에 배부하거나 영업활동에 부가하여 해당 기업의 영업범위에서 무료강좌를 실시하는 행위
차. 물품구매·공사·역무의 제공 등에 대한 대가의 제공 또는 부담금의 납부 등 채무를 이행하는 행위
5. 제1호부터 제4호까지의 행위 외에 법령의 규정에 근거하여 금품 등을 찬조·출연 또는 제공하는 행위
6. 그 밖에 위 각 호의 어느 하나에 준하는 행위로서 중앙선거관리위원회규칙으로 정하는 행위
③ 제2항에서 "통상적인 범위에서 제공하는 음식물 또는 음료"라 함은 중앙선거관리위원회규칙으로 정하는 금액범위안에서 일상적인 예를 갖추는데 필요한 정도로 현장에서 소비될 것으로 제공하는 것을 말하며, 기념품 또는 선물로 제공하는 것은 제외한다. <신설 1997. 11. 14., 2010. 1. 25.>
④ 제2항제4호 각 목 중 지방자치단체의 직무상 행위는 법령·조례에 따라 표창·포상하는 경우를 제외하고는 해당 지방자치단체의 명의로 하여야 하며, 해당 지방자치단체의 장의 직명 또는 성명을 밝히거나 그가 하는 것으로 추정할 수 있는 방법으로 하는 행위는 기부행위로 본다. 이 경우 다음 각 호의 어느 하나에 해당하는 경우에는 "그가 하는 것으로 추정할 수 있는 방법"에 해당하는 것으로 본다. <신설 2010. 1. 25.>
1. 종전의 대상·방법·범위·시기 등을 법령 또는 조례의 제정 또는 개정 없이 확대 변경하는 경우
2. 해당 지방자치단체의 장의 업적을 홍보하는 등 그를 선전하는 행위가 부가되는 경우
⑤ 각급선거관리위원회(읍·면·동선거관리위원회를 제외한다)는 기부행위제한의 주체·내용 및 기간 그 밖에 필요한 사항을 광고등의 방법으로 홍보하여야 한다. <개정 1997. 11. 14., 2004. 3. 12., 2005. 8. 4.>
[제목개정 2004. 3. 12.]

제113조(후보자 등의 기부행위제한) ① 국회의원·지방의회의원·지방자치단체의 장·정당의 대표자·후보자(후보자가 되고자 하는 자를 포함한다)와 그 배우자는 당해 선거구안에 있는 자나 기관·단체·시설 또는 당해 선거구의 밖에 있더라도 그 선거구민과 연고가 있는 자나 기관·단체·시설에 기부행위(결혼식에서의 주례행위를 포함한다)를 할 수 없다.
② 누구든지 제1항의 행위를 약속·지시·권유·알선 또는 요구할 수 없다.
[전문개정 2004. 3. 12.]

제114조(정당 및 후보자의 가족 등의 기부행위제한) ① 정당[「정당법」 제37조제3항에 따른 당원협의회(이하 "당원협의회"라 한다)와 창당준비위원회를 포함한다. 이하 이 조에서 같다], 정당선거사무소의 소장, 후보자(候補者가 되고자 하는 者를 포함한다. 이하 이 條에서 같다)나 그 배우자의 직계존·비속과 형제자매, 후보자의 직계비속 및 형제자매의 배우자, 선거사무장, 선거연락소장, 선거사무원, 회계책임자, 연설원, 대담·토론자나 후보자 또는 그 가족(家族의 범위는 第10條第1項第3號에 規定된 "候補者의 家族"을 準用한다)과 관계있는 회사 그 밖의 법인·단체(이하 "會社 등"이라 한다) 또는 그 임·직원은 선거기간전에는 당해 선거에 관하여, 선거기간에는 당해 선거에 관한 여부를 불문하고 후보자 또는 그 소속정당을 위하여 일체의 기부행위를 할 수 없다. 이 경우 후보자 또는 그 소속정당의 명의를 밝혀 기부행위를 하거나 후보자 또는 그 소속정당이 기부하는 것으로 추정할 수 있는 방법으로 기부행위를 하는 것은 당해 선거에 관하여 후보자 또는 정당을 위한 기부행위로 본다. <개정 2004. 3. 12., 2010. 1. 25.>
② 제1항에서 "후보자 또는 그 가족과 관계있는 회사 등"이라

함은 다음 각 호의 어느 하나에 해당하는 회사 등을 말한다. <개정 2005. 8. 4.>
1. 후보자가 임·직원 또는 구성원으로 있거나 기금을 출연하여 설립하고 운영에 참여하고 있거나 관계법규나 규약에 의하여 의사결정에 실질적으로 영향력을 행사할 수 있는 회사 기타 법인·단체
2. 후보자의 가족이 임원 또는 구성원으로 있거나 기금을 출연하여 설립하고 운영에 참여하고 있거나 관계법규 또는 규약에 의하여 의사결정에 실질적으로 영향력을 행사할 수 있는 회사 기타 법인·단체
3. 후보자가 소속한 정당이나 후보자를 위하여 설립한 「정치자금법」에 의한 후원회

제115조(제삼자의 기부행위제한) 제113조(候補者 등의 寄附行爲制限) 또는 제114조(政黨 및 候補者의 家族 등의 寄附行爲制限)에 규정되지 아니한 자라도 누구든지 선거에 관하여 후보자(候補者가 되고자 하는 者를 포함한다. 이하 이 條에서 같다) 또는 그 소속정당(創黨準備委員會를 포함한다. 이하 이 條에서 같다)을 위하여 기부행위를 하거나 하게 할 수 없다. 이 경우 후보자 또는 그 소속정당의 명의를 밝혀 기부행위를 하거나 후보자 또는 그 소속정당이 기부하는 것으로 추정할 수 있는 방법으로 기부행위를 하는 것은 당해 선거에 관하여 후보자 또는 정당을 위한 기부행위로 본다. <개정 2004. 3. 12.>

제116조(기부의 권유·요구 등의 금지) 누구든지 선거에 관하여 제113조부터 제115조까지에 규정된 기부행위가 제한되는 자로부터 기부를 받거나 기부를 권유 또는 요구할 수 없다.
[전문개정 2010. 1. 25.]

제117조(기부받는 행위 등의 금지) 누구든지 선거에 관하여 「정치자금법」 제31조(기부의 제한)의 규정에 따라 정치자금을 기부할 수 없는 자에게 기부를 요구하거나 그로부터 기부를 받을 수 없다. <개정 2005. 8. 4.>

제117조의2 삭제 <2004. 3. 12.>

제118조(선거일후 답례금지) 후보자와 후보자의 가족 또는 정당의 당직자는 선거일후에 당선되거나 되지 아니한데 대하여 선거구민에게 축하 또는 위로 그 밖의 답례를 하기 위하여 다음 각 호의 어느 하나에 해당하는 행위를 할 수 없다. <개정 2010. 1. 25.>
1. 금품 또는 향응을 제공하는 행위
2. 방송·신문 또는 잡지 기타 간행물에 광고하는 행위
3. 자동차에 의한 행렬을 하거나 다수인이 무리를 지어 거리를 행진하거나 거리에서 연달아 소리지르는 행위. 다만, 제79조(公開場所에서의 演說·對談)제3항의 규정에 의한 자동차를 이용하여 당선 또는 낙선에 대한 거리인사를 하는 경우에는 그러하지 아니하다.
4. 일반선거구민을 모이게 하여 당선축하회 또는 낙선에 대한 위로회를 개최하는 행위
5. 현수막을 게시하는 행위. 다만, 선거일의 다음 날부터 13일 동안 해당 선거구 안의 읍·면·동마다 1매의 현수막을 게시하는 행위는 그러하지 아니하다.

제8장 선거비용

제119조(선거비용 등의 정의) ① 이 법에서 "선거비용"이라 함은 당해 선거에서 선거운동을 위하여 소요되는 금전·물품 및 채무 그 밖에 모든 재산상의 가치가 있는 것으로서 당해 후보자(후보자가 되려는 사람을 포함하며, 대통령선거에 있어서 政黨推薦候補者와 比例代表國會議員選擧 및 비례대표지방의회의원선거에 있어서는 그 推薦政黨을 포함한다. 이하 이 항에서 같다)가 부담하는 비용과 다음 각 호의 어느 하나에 해당되는 비용을 말한다. <개정 1995. 4. 1., 2000. 2. 16., 2004. 3. 12., 2005. 8. 4., 2010. 1. 25.>
1. 후보자가 이 법에 위반되는 선거운동을 위하여 지출한 비용과 기부행위제한규정을 위반하여 지출한 비용
2. 정당, 정당선거사무소의 소장, 후보자의 배우자 및 직계존비속, 선거사무장·선거연락소장·회계책임자가 해당 후보자의 선거운동(위법선거운동을 포함한다. 이하 이 항에서 같다)을 위하여 지출한 비용과 기부행위제한규정을 위반하여 지출한 비용
3. 선거사무장·선거연락소장·회계책임자로 선임된 사람이 선임·신고되기 전까지 해당 후보자의 선거운동을 위하여 지출한 비용과 기부행위제한규정을 위반하여 지출한 비용
4. 제2호 및 제3호에 규정되지 아니한 사람이라도 누구든지 후보자, 제2호 또는 제3호에 규정된 자와 통모하여 해당 후보자의 선거운동을 위하여 지출한 비용과 기부행위제한규정을 위반하여 지출한 비용
② 이 법에서 "수입"이라 함은 선거비용의 충당을 위한 금전 및 금전으로 환가할 수 있는 물품 기타 재산상의 이익을 받거나 받기로 한 약속을 말한다.
③ 이 법에서 "지출"이라 함은 선거비용의 제공·교부 또는 그 약속을 말한다.
④ 이 법에서 "회계책임자"라 함은 「정치자금법」 제34조(회계책임자의 선임신고 등)제1항제5호·제6호 또는 제3항의 규정에 의하여 선임신고된 각각의 회계책임자를 말한다. <신설 2005. 8. 4.>

제120조(선거비용으로 인정되지 아니하는 비용) 다음 각 호의 어느 하나에 해당하는 비용은 이 법에 따른 선거비용으로 보지 아니한다. <개정 1995. 12. 30., 1997. 11. 14., 2004. 3. 12., 2010. 1. 25., 2017. 2. 8.>
1. 선거권자의 추천을 받는데 소요된 비용 등 선거운동을 위한 준비행위에 소요되는 비용
2. 정당의 후보자선출대회비용 기타 선거와 관련한 정당활동에 소요되는 정당비용
3. 선거에 관하여 국가·지방자치단체 또는 선거관리위원회에 납부하거나 지급하는 기탁금과 모든 납부금 및 수수료
4. 선거사무소와 선거연락소의 전화료·전기료 및 수도료 기타의 유지비로서 선거기간전부터 정당 또는 후보자가 지출하여 온 경비
5. 선거사무소와 선거연락소의 설치 및 유지비용
6. 정당, 후보자, 선거사무장, 선거연락소장, 선거사무원, 회계책임자, 연설원 및 대담·토론자가 승용하는 자동차[제91조(擴聲裝置와 自動車 등의 사용제한)제4항의 규정에 의한 자동차와 선박을 포함한다]의 운영비용
7. 제삼자가 정당·후보자·선거사무장·선거연락소장 또는 회계책임자와 통모함이 없이 특정 후보자의 선거운동을 위하여 지출한 전신료 등의 비용
8. 제112조제2항에 따라 기부행위로 보지 아니하는 행위에 소요되는 비용. 다만, 같은 항 제1호마목(정당의 사무소를 방문하는 사람에게 제공하는 경우는 제외한다) 및 제2호사목(후보자·예비후보자가 아닌 국회의원이 제공하는 경우는 제외한다)의 행위에 소요되는 비용은 선거비용으로 본다.
9. 선거일후에 지출원인이 발생한 잔무정리비용
10. 후보자(후보자가 되려는 사람을 포함한다)가 선거에 관한 여론조사의 실시를 위하여 지출한 비용. 다만, 제60조의2제1항에 따른 예비후보자등록신청개시일부터 선거일까지의 기간 동안 4회를 초과하여 실시하는 선거에 관한 여론조사비용은 선거비용으로 본다.

제121조(선거비용제한액의 산정) ① 선거비용제한액은 선거별로 다음 각호에 의하여 산정되는 금액으로 한다. 이 경우 100만원 미만의 단수는 100만원으로 한다. <개정 2005. 8. 4., 2008. 2. 29., 2015. 8. 13., 2018. 4. 6.>
1. 대통령선거
인구수×950원
2. 지역구국회의원선거
1억원+(인구수×200원)+(읍·면·동수×200만원). 이 경우 하나의 국회의원지역구가 둘 이상의 자치구·시·군으로 된 경우에는 하나를 초과하는 자치구·시·군마다 1천5백만원을 가산한다.
3. 비례대표국회의원선거
인구수× 90원

4. 지역구시·도의원선거
4천만원+(인구수×100원)
5. 비례대표시·도의원선거
4천만원+(인구수×50원)
6. 시·도지사선거
가. 특별시장·광역시장·특별자치시장 선거
4억원(인구수 200만 미만인 때에는 2억원)+(인구수×300원)
나. 도지사 선거
8억원(인구수 100만 미만인 때에는 3억원)+(인구수×250원)
7. 지역구자치구·시·군의원선거
3천500만원+(인구수×100원)
8. 비례대표자치구·시·군의원선거
3천5백만원+(인구수×50원)
9. 자치구·시·군의 장 선거
9천만원+(인구수×200원)+(읍·면·동수×100만원)
② 제1항의 규정에 의한 선거비용제한액을 산정하는 때에는 당해 선거의 직전 임기만료에 의한 선거의 선거일이 속하는 달의 말일부터 제122조(선거비용제한액의 공고)의 규정에 의한 공고일이 속하는 달의 전전달 말일까지의 전국소비자물가변동률(「통계법」 제3조의 규정에 의하여 통계청장이 매년 고시하는 전국소비자물가변동률을 말한다)을 감안하여 정한 비율(이하 "제한액산정비율"이라 한다)을 적용하여 증감할 수 있다. 이 경우 그 제한액산정비율은 관할선거구선거관리위원회가 해당 선거 때마다 정한다. <개정 2005. 8. 4.>
③ 제135조제2항에 따른 선거사무장등(활동보조인은 제외한다. 이하 이 항에서 같다)에게 지급할 수 있는 수당의 금액이 인상된 경우 총 수당 인상액과 선거사무장등의 「산업재해보상보험법」에 따른 산재보험 가입에 소요되는 총 산재보험료를 다음 각 호에 따라 산정하여 제1항 및 제2항에 따라 산정한 선거비용제한액에 각각 가산하여야 한다. <신설 2022. 4. 20.>
1. 총 수당 인상액
선거사무장등에게 지급할 수 있는 수당의 인상차액 × 선거사무장등의 수(선거사무원의 경우에는 제62조제2항에 따라 선거별로 선거사무장 또는 선거연락소장이 둘 수 있는 선거사무원의 최대수를 말한다. 이하 이 항에서 같다) × 해당 선거의 선거운동기간
2. 총 산재보험료
선거사무장등의 수 × 제135조제2항에 따라 선거사무장등에게 지급할 수 있는 수당의 금액 × 해당 선거의 선거운동기간 × 산재보험료율
④ 선거비용제한액 산정을 위한 인구수의 기준일, 제한액산정비율의 결정 기타 필요한 사항은 중앙선거관리위원회규칙으로 정한다. <개정 2022. 4. 20.>
[본조신설 2004. 3. 12.]

제122조(선거비용제한액의 공고) 선거구선거관리위원회는 선거별로 제121조(선거비용제한액의 산정)의 규정에 의하여 산정한 선거비용제한액을 중앙선거관리위원회규칙이 정하는 바에 따라 공고하여야 한다.
[전문개정 2004. 3. 12.]

제122조의2(선거비용의 보전 등) ① 선거구선거관리위원회는 다음 각호의 규정에 따라 후보자(대통령선거의 정당추천후보자와 비례대표국회의원선거 및 비례대표지방의회의원선거에 있어서는 후보자를 추천한 정당을 말한다. 이하 이 조에서 같다)가 이 법의 규정에 의한 선거운동을 위하여 지출한 선거비용[「정치자금법」 제40조(회계보고)의 규정에 따라 제출한 회계보고서에 보고된 선거비용으로서 정당하게 지출한 것으로 인정되는 선거비용을 말한다]을 제122조(선거비용제한액의 공고)의 규정에 의하여 공고한 비용의 범위안에서 대통령선거 및 국회의원선거에 있어서는 국가의 부담으로, 지방자치단체의 의회의원 및 장의 선거에 있어서는 당해 지방자치단체의 부담으로 선거일후 보전한다. <개정 2004. 3. 12., 2005. 8. 4.>
1. 대통령선거, 지역구국회의원선거, 지역구지방의회의원선거 및 지방자치단체의 장선거
가. 후보자가 당선되거나 사망한 경우 또는 후보자의 득표수가 유효투표총수의 100분의 15 이상인 경우
후보자가 지출한 선거비용의 전액
나. 후보자의 득표수가 유효투표총수의 100분의 10 이상 100분의 15 미만인 경우
후보자가 지출한 선거비용의 100분의 50에 해당하는 금액
2. 비례대표국회의원선거 및 비례대표지방의회의원선거
후보자명부에 올라 있는 후보자중 당선인이 있는 경우에 당해 정당이 지출한 선거비용의 전액
② 제1항에 따른 선거비용의 보전에 있어서 다음 각 호의 어느 하나에 해당하는 비용은 이를 보전하지 아니한다. <신설 2005. 8. 4., 2010. 1. 25., 2011. 7. 28.>
1. 예비후보자의 선거비용
2. 「정치자금법」 제40조(회계보고)의 규정에 따라 제출한 회계보고서에 보고되지 아니하거나 허위로 보고된 비용
3. 이 법에 위반되는 선거운동을 위하여 또는 기부행위제한규정을 위반하여 지출된 비용
4. 제64조 또는 제65조에 따라 선거벽보와 선거공보를 관할 구·시·군선거관리위원회에 제출한 후 그 내용을 정정하거나 삭제하는데 소요되는 비용
5. 이 법에 따라 제공하는 경우 외에 선거운동과 관련하여 지출된 수당·실비 그 밖의 비용
6. 정당한 사유 없이 지출을 증빙하는 적법한 영수증 그 밖의 증빙서류가 첨부되지 아니한 비용
7. 후보자가 자신의 차량·장비·물품 등을 사용하거나 후보자의 가족·소속 정당 또는 제3자의 차량·장비·물품 등을 무상으로 제공 또는 대여받는 등 정당 또는 후보자가 실제로 지출하지 아니한 비용
8. 청구금액이 중앙선거관리위원회규칙으로 정하는 기준에 따라 산정한 통상적인 거래가격 또는 임차가격과 비교하여 정당한 사유 없이 현저하게 비싸다고 인정되는 경우 그 초과하는 가액의 비용
9. 선거운동에 사용하지 아니한 차량·장비·물품 등의 임차·구입·제작비용
10. 휴대전화 통화료와 정보이용요금. 다만, 후보자와 그 배우자, 선거사무장, 선거연락소장 및 회계책임자가 선거운동기간 중 선거운동을 위하여 사용한 휴대전화 통화료 중 후보자가 부담하는 통화료는 보전한다.
11. 그 밖에 위 각 호의 어느 하나에 준하는 비용으로서 중앙선거관리위원회규칙으로 정하는 비용
③ 다음 각 호의 어느 하나에 해당하는 비용은 국가 또는 지방자치단체가 후보자를 위하여 부담한다. 이 경우 제3호의2 및 제5호의 비용은 국가가 부담한다. <개정 2004. 3. 12., 2005. 8. 4., 2007. 1. 3., 2008. 2. 29., 2010. 1. 25., 2014. 1. 17., 2015. 8. 13., 2020. 12. 29., 2022. 4. 20.>
1. 제64조에 따른 선거벽보의 첩부 및 철거의 비용(첩부 및 철거로 인한 원상복구 비용을 포함한다)
2. 제65조에 따른 점자형 선거공보(같은 조 제11항에 따라 후보자가 제출하는 저장매체를 포함한다. 이하 이 항에서 같다)의 작성비용과 책자형 선거공보(점자형 선거공보 및 같은 조 제9항의 후보자정보공개자료를 포함한다) 및 전단형 선거공보의 발송비용과 우편요금
3. 제66조(선거공약서)제8항의 규정에 따른 점자형 선거공약서의 작성비용
3의2. 활동보조인(예비후보자로서 선임하였던 활동보조인을 포함한다)의 수당, 실비 및 산재보험료
4. 제82조의2(선거방송토론위원회 주관 대담·토론회)의 규정에 의한 대담·토론회(합동방송연설회를 포함한다)의 개최비용
5. 제82조의3(선거방송토론위원회 주관 정책토론회)의 규정에 의한 정책토론회의 개최비용
6. 제161조(投票參觀)의 규정에 의한 투표참관인 및 제162조에 따른 사전투표참관인의 수당과 식비

7. 제181조(開票參觀)의 규정에 의한 개표참관인의 수당과 식비
④ 제3항제6호에 따른 투표참관인 및 사전투표참관인 수당은 10만원으로 하고, 같은 항 제7호에 따른 개표참관인 수당은 10만원으로 한다. 이 경우 투표참관인 및 사전투표참관인의 수당과 개표참관 도중 개표참관인을 교체하는 경우의 수당은 6시간 이상 출석한 사람에게만 지급한다. <신설 2022. 4. 20.>
⑤ 제1항 내지 제3항의 규정에 따른 비용의 산정 및 보전청구 그 밖에 필요한 사항은 중앙선거관리위원회규칙으로 정한다. <개정 2005. 8. 4., 2022. 4. 20.>
[본조신설 2000. 2. 16.]
[제목개정 2011. 7. 28.]

제123조 삭제 <2005. 8. 4.>
제124조 삭제 <2005. 8. 4.>
제125조 삭제 <2005. 8. 4.>
제126조 삭제 <2005. 8. 4.>
제127조 삭제 <2005. 8. 4.>
제128조 삭제 <2005. 8. 4.>
제129조 삭제 <2005. 8. 4.>
제130조 삭제 <2005. 8. 4.>
제131조 삭제 <2005. 8. 4.>
제132조 삭제 <2005. 8. 4.>
제133조 삭제 <2005. 8. 4.>
제134조 삭제 <2005. 8. 4.>

제135조(선거사무관계자에 대한 수당과 실비보상) ① 선거사무장·선거연락소장·선거사무원·활동보조인 및 회계책임자(이하 이 조에서 “선거사무장등”이라 한다)에 대하여는 수당과 실비를 지급할 수 있다. 다만, 정당의 유급사무직원, 국회의원과 그 보좌관·선임비서관·비서관 또는 지방의회의원이 선거사무장등을 겸한 때에는 실비만을 보상할 수 있으며, 후보자등록신청개시일부터 선거기간개시일 전일까지는 후보자로서 신고한 선거사무장등에게 수당과 실비를 지급할 수 없다. <개정 2000. 2. 16., 2010. 1. 25., 2011. 7. 28., 2022. 4. 20.>
② 제1항에 따라 선거사무장등에게 지급할 수 있는 수당의 금액은 다음 각 호와 같다. 다만, 같은 사람이 회계책임자·선거사무장·선거연락소장 또는 선거사무원·활동보조인을 함께 맡은 때에는 다음 각 호의 금액 중 많은 금액으로 한다. <개정 2022. 4. 20.>
1. 대통령선거 및 비례대표국회의원선거의 선거사무장: 14만원 이내
2. 비례대표시·도의원선거와 시·도지사선거의 선거사무장, 대통령선거의 시·도선거연락소장: 14만원 이내
3. 지역구국회의원선거 및 자치구·시·군의 장선거의 선거사무장, 대통령선거 및 시·도지사선거의 구·시·군선거연락소장: 10만원 이내
4. 지역구시·도의원선거 및 자치구·시·군의원선거의 선거사무장, 지역구국회의원선거 및 자치구·시·군의 장선거의 선거연락소장: 10만원 이내
5. 선거사무원·활동보조인: 6만원 이내
6. 회계책임자: 해당 회계책임자가 소속된 선거사무소 또는 선거연락소의 선거사무장 또는 선거연락소장의 수당과 같은 금액
③ 이 법의 규정에 의하여 수당·실비 기타 이익을 제공하는 경우를 제외하고는 수당·실비 기타 자원봉사에 대한 보상 등 명목여하를 불문하고 누구든지 선거운동과 관련하여 금품 기타 이익의 제공 또는 그 제공의 의사를 표시하거나 그 제공의 약속·지시·권유·알선·요구 또는 수령할 수 없다. <개정 1996. 2. 6., 1997. 1. 13., 1997. 11. 14., 2000. 2. 16.>
④ 제1항에 따른 수당의 지급에 있어서 같은 정당의 추천을 받은 둘 이상의 후보자가 선거사무장등(회계책임자는 제외한다. 이하 이 항에서 같다)을 공동으로 선임한 경우 후보자별로 선거사무장등에게 지급하여야 하는 수당의 금액은 해당 후보자 사이의 약정에 따라 한 후보자의 선거사무장등에 대한 수당만을 지급하여야 한다. <신설 2022. 4. 20.>
⑤ 제1항에 따라 선거사무장등에게 지급할 수 있는 실비의 종류와 금액은 중앙선거관리위원회규칙으로 정한다. <신설 2022. 4. 20.>
[제목개정 2011. 7. 28.]

제135조의2(선거비용보전의 제한) ① 선거구선거관리위원회는 이 법의 규정에 의하여 선거비용을 보전함에 있어서 선거사무소의 회계책임자가 정당한 사유없이 「정치자금법」 제40조(회계보고)의 규정에 따른 회계보고서를 그 제출마감일까지 제출하지 아니한 때에는 그 비용을 보전하지 아니한다. <개정 2005. 8. 4.>
② 선거구선거관리위원회는 후보자·예비후보자·선거사무장 또는 선거사무소의 회계책임자가 당해 선거와 관련하여 이 법 또는 「정치자금법」 제49조(선거비용관련 위반행위에 관한 벌칙)에 규정된 죄를 범함으로 인하여 유죄의 판결이 확정되거나 선거비용제한액을 초과하여 지출한 경우에는 이 법의 규정에 의하여 보전할 비용중 그 위법행위에 소요된 비용 또는 선거비용제한액을 초과하여 지출한 비용의 2배에 해당하는 금액은 이를 보전하지 아니한다. <개정 2004. 3. 12., 2005. 8. 4.>
③ 선거구선거관리위원회는 제2항에도 불구하고 정당, 후보자(예비후보자를 포함한다) 및 그 가족, 선거사무장, 선거연락소장, 선거사무원, 회계책임자 또는 연설원으로부터 기부를 받은 자가 제261조제9항에 따른 과태료를 부과받은 경우 이 법에 따라 보전할 비용 중 그 기부행위에 사용된 비용의 5배에 해당하는 금액을 보전하지 아니한다. <신설 2008. 2. 29., 2010. 1. 25., 2014. 2. 13.>
④ 제2항에 규정된 자가 당해 선거와 관련하여 이 법 또는 「정치자금법」 제49조에 규정된 죄를 범함으로 인하여 기소되거나 선거관리위원회에 의하여 고발된 때에는 판결이 확정될 때까지 그 위법행위에 소요된 비용의 2배에 해당하는 금액의 보전을 유예한다. <개정 2005. 8. 4., 2008. 2. 29.>
⑤ 선거구선거관리위원회는 정당 또는 후보자에게 선거비용을 보전한 후에 제1항부터 제3항까지의 규정에 따라 보전하지 아니할 사유가 발견된 때에는 당해 정당 또는 후보자에게 그 사실을 통지하고, 보전비용액중 제1항부터 제3항까지의 규정에 해당하는 금액의 반환을 명하여야 한다. 이 경우 정당 또는 후보자는 그 반환명령을 받은 날부터 30일 이내에 당해 선거구선거관리위원회에 이를 반환하여야 한다. <개정 2008. 2. 29.>
⑥ 선거구선거관리위원회는 정당 또는 후보자가 제5항 후단의 기한 안에 해당금액을 반환하지 아니한 때에는 대통령선거와 국회의원선거에 있어서는 관할세무서장에게 징수를 위탁하고 관할세무서장이 국세체납처분의 예에 따라 이를 징수하여 국가에 납입하여야 하며, 지방자치단체의 의회의원 및 장의 선거에 있어서는 당해 지방자치단체의 장에게 징수를 위탁하고 지방자치단체의 장이 지방세체납처분의 예에 따라 이를 징수하여 지방자치단체에 납입하여야 한다. <개정 2008. 2. 29.>
⑦ 보전하지 아니할 비용의 산정 기타 필요한 사항은 중앙선거관리위원회규칙으로 정한다. <개정 2008. 2. 29.>
[본조신설 2000. 2. 16.]

제136조 삭제 <2005. 8. 4.>

제9장 선거와관련있는정당활동의규제

제137조(정강·정책의 신문광고 등의 제한) ① 선거가 임박한 시기에 있어서 정당이 행하는 「신문 등의 진흥에 관한 법률」 제2조제1호에 따른 신문과 「잡지 등 정기간행물의 진흥에 관한 법률」 제2조제1호에 따른 정기간행물(이하 이 條에서 “日刊新聞 등”이라 한다)에 의한 정강·정책의 홍보, 당원·후보지망자의 모집, 당비모금, 정치자금모금(大統領選擧에 한한다) 또는 선거에 있어 당해 정당이나 추천후보자가 사용할 구호·도안·정책 그 밖에 선거에 관한 의견수집을 위한 광고는 다음 각호의 범위안에서 하여야 하며, 그 선거기간중에는 이를 할

수 없다. <개정 1995. 12. 30., 1997. 11. 14., 2004. 3. 12., 2005. 8. 4., 2010. 1. 25.>
1. 임기만료에 의한 선거
정당의 중앙당이 행하되, 선거일전 90일부터 선거기간개시일전일까지 일간신문 등에 총 70회 이내
2. 대통령의 궐위로 인한 선거·재선거 [제197조(選擧의 一部無效로 인한 再選擧)의 규정에 의한 재선거를 제외한다. 이하 이 항에서 같다] 및 연기된 선거
정당의 중앙당이 행하되, 그 선거의 실시사유가 확정된 때부터 선거기간개시일전일까지 일간신문 등에 총 20회 이내
3. 제2호외의 보궐선거·재선거 및 연기된 선거
정당의 중앙당이 행하되, 그 선거의 실시사유가 확정된 때부터 선거기간개시일전일까지 일간신문 등에 총 10회 이내
② 제1항의 규정에 의한 일간신문 등의 광고 1회의 규격은 가로 37센티미터 세로 17센티미터 이내로 하여야 하며, 후보자가 되고자 하는 자의 사진·성명(姓名을 類推할 수 있는 내용을 포함한다) 기타 선거운동에 이르는 내용을 게재할 수 없다.
③ 제69조제1항 후단(광고횟수를 말한다)·제2항·제5항·제8항 및 제9항은 제1항의 규정에 의한 일간신문 등의 광고에 이를 준용한다. 이 경우 "후보자"는 "정당"으로 본다. <개정 1997. 1. 13., 1998. 4. 30., 2010. 1. 25.>

제137조의2(정강·정책의 방송연설의 제한) ① 정당이 방송시설[제70조(放送廣告)제1항의 규정에 의한 방송시설을 말한다. 이하 이 조에서 같다]을 이용하여 정강·정책을 알리기 위한 방송연설을 하는 때에는 다음 각호의 범위 안에서 하여야 한다. <개정 2004. 3. 12.>
1. 임기만료에 의한 선거
정당의 중앙당 대표자 또는 그가 선거운동을 할 수 있는 자중에서 지명한 자가 행하되, 선거일전 90일이 속하는 달의 초일부터 선거기간개시일전일까지 1회 20분 이내에서 텔레비전 및 라디오방송별로 월 2회(선거기간개시일전일이 해당 달의 10일이내에 해당하는 경우에는 1회) 이내
2. 대통령의 궐위로 인한 선거, 재선거[제197조(選擧의 一部無效로 인한 再選擧)의 규정에 의한 재선거를 제외한다] 및 연기된 선거
정당의 중앙당 대표자 또는 그가 선거운동을 할 수 있는 자중에서 지명한 자가 행하되, 그 선거의 실시사유가 확정된 때부터 선거기간개시일전일까지 1회 10분 이내에서 텔레비전 및 라디오 방송별 각 5회 이내
② 제1항에 따라 텔레비전 방송시설을 이용한 방송연설을 하는 때에는 연설하는 모습, 정당명(해당 정당을 상징하는 마크나 심벌의 표시를 포함한다), 연설의 요지 및 통계자료 외의 다른 내용이 방영되게 하여서는 아니되며, 방송연설을 녹화하여 방송하고자 하는 때에는 당해 방송시설을 이용하여야 한다. <개정 2010. 1. 25.>
③ 제1항의 규정에 의한 방송연설을 함에 있어서는 선거운동에 이르는 내용의 연설을 하여서는 아니된다.
④ 제1항의 규정에 의한 방송연설의 비용은 당해 정당이 부담하되, 국회에 교섭단체를 구성한 정당이 공영방송사를 이용하여 방송연설을 하는 때에는 각 공영방송사마다 텔레비전 및 라디오 방송별로 행하는 월 1회의 방송연설비용(제작비용을 제외한다)은 당해 공영방송사가 이를 부담하여야 한다. <개정 2004. 3. 12.>
⑤ 제4항의 규정에 의하여 공영방송사가 비용을 부담하는 방송연설을 하고자 하는 경우 그 방송연설의 일시·시간대 기타 필요한 사항은 당해 공영방송사와 당해 정당이 협의하여 정한다.
⑥ 제70조(放送廣告)제1항 후단·제6항 및 제8항과 제71조제10항 및 제12항의 규정은 제1항의 규정에 의한 방송연설에 이를 준용한다.
⑦ 제6항의 규정에 의한 방송연설신고서의 서식 기타 필요한 사항은 중앙선거관리위원회규칙으로 정한다.
[본조신설 2000. 2. 16.]

제138조(정강·정책홍보물의 배부제한 등) ① 정당이 선거기간중에 후보자를 추천한 선거구의 소속당원에게 배부할 수 있는 정강·정책홍보물은 정당의 중앙당이 제작한 책자형 정강·정책홍보물 1종으로 한다. <개정 1997. 11. 14.>
② 제1항의 규정에 의한 정강·정책홍보물을 배부할 수 있는 수량은 후보자를 추천한 선거구의 소속당원에 상당하는 수를 넘지 못한다. <개정 1997. 11. 14.>
③ 제1항의 규정에 의한 정강·정책홍보물을 제작·배부하는 때에는 그 표지에 "당원용"이라 표시하여야 한다.
④ 정당이 제1항의 정강·정책홍보물을 배부하고자 하는 때에는 배부전까지 중앙선거관리위원회에 2부를 제출하여야 하되, 전자적 파일로 대신 제출할 수 있다. <개정 2010. 1. 25.>
⑤ 제1항에 따른 정강·정책홍보물에는 해당 정당이 추천한 후보자의 기호·성명·사진·경력등을 제외하고는 후보자와 관련된 사항을 게재할 수 없다. <개정 2010. 1. 25.>
⑥ 제1항의 규정에 따른 정강·정책홍보물은 길이 27센티미터 너비19센티미터 이내에서 대통령선거의 경우에는 16면 이내로, 지역구국회의원선거, 지역구지방의회의 원선거 및 지방자치단체의 장선거의 경우에는 8면 이내로 작성한다. <개정 2005. 8. 4.>

제138조의2(정책공약집의 배부제한 등) ① 정당이 자당의 정책과 선거에 있어서 공약을 게재한 정책공약집(도서의 형태로 발간된 것을 말하며, 이하 "정책공약집"이라 한다)을 배부하고자 하는 때에는 통상적인 방법으로 판매하여야 한다. 다만, 방문판매의 방법으로 정책공약집을 판매할 수 없다.
② 정당은 제1항의 규정에 따른 통상적인 방법에 의한 판매외에 해당 정당의 당사와 제79조에 따라 소속 정당추천후보자가 개최한 공개장소에서의 연설·대담 장소에서 정책공약집을 판매할 수 있다. 이 경우 정당의 당사에서 판매할 때에는 공개된 장소에 별도의 판매대를 설치하는 등 정책공약집의 판매사실을 공개적으로 확인할 수 있는 방법으로 판매하여야 한다. <개정 2008. 2. 29., 2010. 1. 25.>
③ 정당이 제1항 및 제2항의 규정에 따라 정책공약집을 판매하고자 하는 때에는 발간 즉시 「정당법」의 규정에 따라 해당 정당의 등록사무를 처리하는 관할선거관리위원회에 2권을 제출하여야 하되, 전자적 파일로 대신 제출할 수 있다. <개정 2010. 1. 25.>
④ 정책공약집에는 후보자의 기호·성명·사진·학력·경력 등 후보자와 관련된 사항 및 다른 정당에 관한 사항을 게재할 수 없다.
⑤ 정책공약집의 작성근거 등의 표시, 제출 그 밖의 필요한 사항은 중앙선거관리위원회규칙으로 정한다.
[본조신설 2007. 1. 3.]

제139조(정당기관지의 발행·배부제한) ① 정당의 중앙당은 선거기간중 기관지를 통상적인 방법외의 방법으로 발행·배부할 수 없다. 다만, 선거기간중 통상적인 주기에 의한 발행회수가 2회 미만인 때에는 2회(增補·號外·臨時版을 포함하며, 배부되는 地域에 따라 게재내용중 일부를 달리하더라도 동일한 것으로 본다)이내로 한다. 이 경우 정당의 중앙당외의 당부가 발행하거나 공개장소에서의 연설·대담장소 또는 대담·토론회장에서의 배부, 거리에서의 판매·배부, 첩부, 게시, 살포는 통상적인 방법에 의한 배부로 보지 아니한다. <개정 2004. 3. 12.>
② 제1항의 기관지에는 당해 정당이 추천한 후보자의 기호·성명·사진·학력·경력 등외에 후보자의 홍보에 관한 사항을 게재할 수 없다. <신설 2000. 2. 16.>
③ 제1항의 기관지를 발행·배부하고자 하는 때에는 발행 즉시 2부를 중앙선거관리위원회에 제출하여야 하되, 전자적 파일로 대신 제출할 수 있다. <개정 2010. 1. 25.>

제140조(창당대회 등의 개최와 고지의 제한) ① 정당이 선거일전 120일(선거일전 120일후에 실시사유가 확정된 보궐선거 등에 있어서는 그 選擧의 실시사유가 확정된 때)부터 선거일까지 창당대회·합당대회·개편대회 및 후보자선출대회(이하 이 條에서 "創黨大會 등"이라 한다)를 개최하는 때에는 다수인이

왕래하는 공개된 장소가 아닌 장소에서 소속당원(후보자선출대회의 경우에는 당해 정당의 공직선거후보자를 선출하기 위한 투표권이 있는 당원이 아닌 자를 포함한다)만을 대상으로 개최하여야 하되, 사회통념상 인정되는 범위안에서 당원이 아닌 자를 초청할 수 있다. <개정 2004. 3. 12., 2005. 8. 4.>

② 제1항의 창당대회등을 주관하는 정당은 「정당법」 제10조(창당집회의공개)제2항의 신문공고를 하는 외에 창당대회등의 장소에 5매이내의 표지를 게시할 수 있다. 이 경우 신문공고·표지에는 후보자(候補者가 되고자 하는 者를 포함한다. 이하 이 項에서 같다)의 사진·성명(姓名을 類推할 수 있는 내용을 포함한다) 또는 선전구호등 후보자를 선전하는 내용을 게재할 수 없다. <개정 2004. 3. 12., 2005. 8. 4.>

③ 제1항에서 "개편대회"라 함은 정당의 대표자의 변경 등 당헌·당규상의 조직개편에 관한 안건을 처리하기 위하여 개최하는 당원총회 또는 그 대의기관의 회의 등 집회를 말하고, "후보자선출대회"라 함은 정당의 각급 당부가 이 법에 의한 선거의 당해 정당추천후보자를 선출하기 위하여 제57조의2(당내경선의 실시)의 규정에 의하여 개최하는 집회를 말한다. <신설 2000. 2. 16., 2005. 8. 4.>

④ 제2항의 규정에 의한 표지는 당해 집회종료후 지체없이 주최자가 철거하여야 한다. <개정 2004. 3. 12.>

제141조(당원집회의 제한) ① 정당(당원협의회를 포함한다)은 선거일전 30일부터 선거일까지 소속당원의 단합·수련·연수·교육 그 밖에 명목여하를 불문하고 선거가 실시중인 선거구안이나 선거구민인 당원을 대상으로 당원수련회 등(이하 이 條에서 "黨員集會"라 한다)을 개최할 수 없다. 다만, 당무에 관한 연락·지시 등을 위하여 일시적으로 이루어지는 당원간의 면접은 당원집회로 보지 아니한다. <개정 1995. 12. 30., 2000. 2. 16., 2004. 3. 12., 2010. 1. 25.>

② 정당이 선거일 전 90일(선거일 전 90일 후에 실시사유가 확정된 보궐선거등에서는 그 선거의 실시사유가 확정된 때)부터 당원집회를 개최하는 때(중앙당이 그 연수시설에서 개최하는 경우를 제외한다)에는 개최지역을 관할하는 구·시·군선거관리위원회에 신고한 후 당해 정당의 사무소, 주민회관, 공공기관·단체의 사무소 그 밖의 공공시설 또는 다수인이 왕래하는 장소가 아닌 공개된 장소에서 개최하여야 한다. <개정 2004. 3. 12., 2010. 1. 25.>

③ 「정치자금법」 제27조(보조금의 배분)의 규정에 의하여 보조금의 배분대상이 되는 정당은 중앙선거관리위원회규칙이 정하는 바에 따라 국가 또는 지방자치단체[제53조(공무원등의 입후보)제1항제4호 또는 제6호에 규정된 기관을 포함한다]가 소유하거나 관리하는 주민회관·체육관 또는 문화원 기타 다수인이 모일 수 있는 시설이나 장소를 당원집회의 장소로써 무료로 사용할 수 있다. 이 경우 시설의 손괴 또는 전력의 사용 등 재산상의 손실을 끼친 때에는 당해 정당이 보상하여야 한다. <신설 2004. 3. 12., 2005. 8. 4.>

④ 제2항의 당원집회 장소의 외부에는 이 법에 의한 당원집회임을 표시하는 표지를 첩부 또는 게시하여야 하되, 그 개최자는 당해 집회종료후에는 지체없이 철거하여야 한다. 이 경우 그 표지에는 후보자가 되고자 하는 자의 사진·성명 또는 선전구호 기타 후보자가 되고자 하는 자를 선전하는 내용을 게재하여서는 아니된다. <개정 2004. 3. 12.>

⑤ 제3항의 규정에 의한 사용신청을 받은 공공시설의 관리자는 정당한 사유가 있는 경우를 제외하고는 그 사용을 거부할 수 없다. <신설 2004. 3. 12.>

⑥ 당원집회의 신고, 표지의 매수, 그 밖에 필요한 사항은 중앙선거관리위원회규칙으로 정한다. <개정 2004. 3. 12., 2010. 1. 25.>

[제목개정 2000. 2. 16.]

제142조 삭제 <2004. 3. 12.>

제143조 삭제 <2004. 3. 12.>

제144조(정당의 당원모집 등의 제한) ① 정당은 선거기간중 당원을 모집하거나 입당원서를 배부할 수 없다. 다만, 시·도당의 창당 또는 개편을 위하여 창당대회·개편대회를 개최하는 경우에는 그 집회일까지는 그러하지 아니하다. <개정 2004. 3. 12.>

② 삭제 <2006. 3. 2.>

제145조(당사게시 선전물 등의 제한) ① 정당(제61조제1항에 따라 해당 정당의 사무소에 선거대책기구를 설치한 정당은 제외한다)은 선거기간 중 구호, 그 밖에 정당의 홍보에 필요한 사항과 당해 당부명 및 그 대표자 성명, 해당 정당이 추천한 후보자의 기호·성명·사진·경력등에 관한 사항을 게재한 간판·현판 또는 현수막을 중앙선거관리위원회규칙으로 정하는 바에 따라 당해 당사의 외벽면 또는 옥상에 설치·게시할 수 있다. <개정 2010. 1. 25., 2014. 1. 17.>

② 「정치자금법」에 따른 후원회의 사무소에는 중앙선거관리위원회규칙으로 정하는 바에 따라 간판을 달 수 있다. <개정 2004. 3. 12., 2005. 8. 4., 2010. 1. 25., 2014. 1. 17.>

제10장 투표

제146조(선거방법) ① 선거는 기표방법에 의한 투표로 한다.

② 투표는 직접 또는 우편으로 하되, 1인 1표로 한다. 다만, 국회의원선거, 시·도의원선거 및 자치구·시·군의원선거에 있어서는 지역구의원선거 및 비례대표의원선거마다 1인 1표로 한다. <개정 2002. 3. 7., 2004. 3. 12., 2005. 8. 4.>

③ 투표를 함에 있어서는 선거인의 성명 기타 선거인을 추정할 수 있는 표시를 하여서는 아니된다.

[2002. 3. 7. 법률 제6663호에 의하여 2001. 7. 19. 헌법재판소에서 헌법불합치 결정된 제2항을 개정함.]

제146조의2(투표관리관 및 사전투표관리관) ① 구·시·군선거관리위원회는 투표에 관한 사무를 관리하게 하기 위하여 투표구마다 투표관리관 1명을, 사전투표소마다 사전투표관리관 1명을 각각 둔다. <개정 2014. 1. 17.>

② 투표관리관 및 사전투표관리관은 국가 또는 지방자치단체의 소속 공무원 또는 각급학교의 교직원 중에서 위촉하며, 사전투표관리관은 위촉된 투표관리관 중에서 지정할 수 있다. <개정 2014. 1. 17.>

③ 국가기관·지방자치단체 및 각급 학교의 장이 선거관리위원회로부터 투표관리관 및 사전투표관리관의 추천 협조요구를 받은 때에는 우선적으로 이에 따라야 한다. <신설 2014. 2. 13.>

④ 투표관리관 및 사전투표관리관의 위촉 및 해촉, 수당 그 밖에 필요한 사항은 중앙선거관리위원회규칙으로 정한다. <개정 2014. 1. 17., 2014. 2. 13.>

[본조신설 2005. 8. 4.]

[제목개정 2014. 1. 17.]

제147조(투표소의 설치) ① 읍·면·동선거관리위원회는 선거일 전일까지 관할 구역 안의 투표구마다 투표소를 설치하여야 한다. <개정 2005. 8. 4.>

② 투표소는 투표구안의 학교, 읍·면·동사무소 등 관공서, 공공기관·단체의 사무소, 주민회관 기타 선거인이 투표하기 편리한 곳에 설치한다. 다만, 당해 투표구안에 투표소를 설치할 적당한 장소가 없는 경우에는 인접한 다른 투표구안에 설치할 수 있다. <개정 2004. 3. 12., 2005. 8. 4.>

③ 학교·관공서 및 공공기관·단체의 장은 선거관리위원회로부터 투표소 설치를 위한 장소사용 협조요구를 받은 때에는 우선적으로 이에 응하여야 한다. <신설 2004. 3. 12.>

④ 병영 안과 종교시설 안에는 투표소를 설치하지 못한다. 다만, 종교시설의 경우 투표소를 설치할 적합한 장소가 없는 부득이한 경우에는 그러하지 아니하다. <개정 2010. 1. 25.>

⑤ 투표소에는 기표소·투표함·참관인의 좌석 그 밖의 투표관리에 필요한 시설을 설비하여야 한다. <개정 2005. 8. 4.>

⑥ 기표소는 그 안을 다른 사람이 엿볼 수 없도록 설비하여야 하며 어떠한 표지도 하여서는 아니된다.

⑦ 정당·후보자·선거사무장 또는 선거연락소장은 투표소의 설비에 대하여 그 시정을 요구할 수 있다.

⑧ 제1항의 규정에 의하여 투표소를 설치하는 때에는 읍·면·동선거관리위원회는 선거일전 10일까지 그 명칭과 소재지

를 공고하여야 한다. 다만, 천재 · 지변 기타 부득이한 사유가 있는 때에는 이를 변경할 수 있으며, 이 경우에는 즉시 공고하여 선거인에게 알려야 한다. <개정 2005. 8. 4.>

⑨ 읍 · 면 · 동선거관리위원회는 투표사무를 보조하게 하기 위하여 다음 각 호의 어느 하나에 해당하는 자중에서 투표사무원을 위촉하여야 한다. <개정 2000. 2. 16., 2002. 3. 7., 2004. 3. 12., 2005. 8. 4., 2007. 1. 3., 2010. 1. 25., 2010. 5. 17., 2018. 4. 6.>

1. 「국가공무원법」 제2조에 규정된 국가공무원과 「지방공무원법」 제2조에 규정된 지방 공무원. 다만, 일반직공무원의 행정직군 중 교정 · 보호 · 검찰사무 · 마약수사 · 출입국관리 · 철도공안 직렬의 공무원과 교육공무원 외의 특정직공무원 및 정무직공무원을 제외한다.
2. 각급학교의 교직원
3. 「은행법」 제2조의 규정에 의한 은행의 직원
4. 제53조제1항제4호 내지 제6호에 규정된 기관 등의 직원
5. 투표사무를 보조할 능력이 있는 공정하고 중립적인 자

⑩ 제9항제1호부터 제4호까지의 기관 · 단체의 장이 선거관리위원회로부터 투표사무원의 추천 협조요구를 받은 때에는 우선적으로 이에 따라야 한다. <신설 2014. 2. 13.>

⑪ 투표소의 설비, 고령자 · 장애인 · 임산부 등 교통약자와 격리자등의 투표소 접근 편의를 보장하기 위한 제반 시설의 설치, 적절한 투표소 위치 확보 등의 조치, 그 밖에 필요한 사항은 중앙선거관리위원회규칙으로 정한다. <개정 2018. 4. 6., 2022. 2. 16.>

제148조(사전투표소의 설치) ① 구 · 시 · 군선거관리위원회는 선거일 전 5일부터 2일 동안(이하 "사전투표기간"이라 한다) 관할구역(선거구가 해당 구 · 시 · 군의 관할구역보다 작은 경우에는 해당 선거구를 말한다)의 읍 · 면 · 동마다 1개소씩 사전투표소를 설치 · 운영하여야 한다. 다만, 다음 각 호의 어느 하나에 해당하는 경우에는 해당 지역에 사전투표소를 추가로 설치 · 운영할 수 있다. <개정 2015. 12. 24., 2022. 1. 21., 2022. 2. 16.>

1. 읍 · 면 · 동 관할구역에 군부대 밀집지역 등이 있는 경우
2. 읍 · 면 · 동이 설치 · 폐지 · 분할 · 합병되어 관할구역의 총 읍 · 면 · 동의 수가 줄어든 경우
3. 읍 · 면 · 동 관할구역에 「감염병의 예방 및 관리에 관한 법률」 제36조제3항에 따른 감염병관리시설 또는 같은 법 제39조의3제1항에 따른 감염병의심자 격리시설이 있는 경우
4. 천재지변 또는 전쟁 · 폭동, 그 밖에 부득이한 사유로 인하여 사전투표소를 추가로 설치 · 운영할 필요가 있다고 관할 구 · 시 · 군선거관리위원회가 인정하는 경우

② 구 · 시 · 군선거관리위원회는 제1항에 따라 사전투표소를 설치할 때에는 선거일 전 9일까지 그 명칭 · 소재지 및 설치 · 운영기간을 공고하고, 선거사무장 또는 선거연락소장에게 이를 통지하여야 하며, 관할구역 안의 투표구마다 5개소에 공고문을 첩부하여야 한다. 사전투표소의 설치장소를 변경한 때에도 또한 같다.

③ 구 · 시 · 군선거관리위원회는 제1항에 따라 설치된 사전투표소의 투표사무를 보조하게 하기 위하여 제147조제9항 각 호의 어느 하나에 해당하는 사람 중에서 사전투표사무원을 두어야 한다.

④ 사전투표소 설치 장소의 제한 · 사용협조, 설비, 사전투표사무원의 추천 협조 등에 관하여는 제147조제3항부터 제7항까지, 제10항 및 제11항을 준용한다. <개정 2014. 2. 13., 2018. 4. 6.>

⑤ 중앙선거관리위원회는 사전투표소에서 통합선거인명부를 사용하기 위한 선거전용통신망을 구축하여야 하며, 정보의 불법 유출 · 위조 · 변조 · 삭제 등을 방지하기 위한 기술적 보호조치를 하여야 한다. <신설 2015. 12. 24., 2021. 3. 26.>

⑥ 사전투표소의 설치 · 공고 · 통보 및 사전투표사무원의 위촉, 그 밖에 필요한 사항은 중앙선거관리위원회규칙으로 정한다. <개정 2015. 12. 24.>

[전문개정 2014. 1. 17.]

제149조(기관 · 시설 안의 기표소) ① 다음 각 호의 어느 하나에 해당하는 기관 · 시설(이하 이 조에서 "기관 · 시설"이라 한다)로서 제38조제1항의 거소투표신고인을 수용하고 있는 기관 · 시설의 장은 그 명칭과 소재지 및 거소투표신고인수 등을 선거인명부작성기간만료일 후 3일까지 관할 구 · 시 · 군선거관리위원회에 신고하여야 한다. <개정 2022. 2. 16.>

1. 병원 · 요양소 · 수용소 · 교도소 및 구치소
2. 「장애인복지법」 제58조(장애인복지시설)제1항제1호에 따른 장애인 거주시설
3. 「감염병의 예방 및 관리에 관한 법률」 제36조제3항에 따른 감염병관리시설 또는 같은 법 제39조의3제1항에 따른 감염병의심자 격리시설

② 제1항의 신고를 받은 관할 구 · 시 · 군선거관리위원회는 거소투표신고인을 수용하고 있는 기관 · 시설의 명칭과 소재지 및 거소투표신고인수 등을 공고하여야 한다.

③ 10명 이상의 거소투표신고인을 수용하고 있는 기관 · 시설의 장은 일시 · 장소를 정하여 해당 신고인의 거소투표를 위한 기표소를 설치하여야 한다.

④ 후보자(대통령선거에서 정당추천후보자의 경우에는 그 추천 정당을 말한다. 이하 이 조에서 같다) · 선거사무장 또는 선거연락소장은 10명 미만의 거소투표신고인을 수용하고 있는 기관 · 시설의 장에게 제2항에 따른 공고일 후 2일 이내에 거소투표를 위한 기표소 설치를 요청할 수 있다. 이 경우 기관 · 시설의 장은 정당한 사유가 없는 한 이에 따라야 한다.

⑤ 제3항 및 제4항에 따라 기표소를 설치하는 기관 · 시설의 장은 기표소 설치 · 운영 일시 및 장소를 정하여 그 기표소 설치일 전 2일까지 관할 구 · 시 · 군선거관리위원회에 신고하여야 하며, 신고를 받은 관할 구 · 시 · 군선거관리위원회는 이를 공고하여야 한다.

⑥ 후보자 · 선거사무장 · 선거연락소장은 선거권자 중에서 1명을 선정하여 기관 · 시설의 장이 설치 · 운영하는 기표소의 투표상황을 참관하게 할 수 있다.

⑦ 기관 · 시설의 장은 기표소를 설치하는 장소에 기표소 · 참관좌석, 그 밖에 필요한 시설을 설비하여야 한다.

⑧ 기관 · 시설의 거소투표신고인수 공고 서식, 그 밖에 필요한 사항은 중앙선거관리위원회규칙으로 정한다.

[전문개정 2014. 1. 17.]

제149조의2 삭제 <2014. 1. 17.>

제150조(투표용지의 정당 · 후보자의 게재순위 등) ① 투표용지에는 후보자의 기호 · 정당추천후보자의 소속정당명 및 성명을 표시하여야 한다. 다만, 무소속후보자는 후보자의 정당추천후보자의 소속정당명의 란에 "무소속"으로 표시하고, 비례대표국회의원선거 및 비례대표지방의회의원선거에 있어서는 후보자를 추천한 정당의 기호와 정당명을 표시하여야 한다. <개정 1995. 4. 1., 2000. 2. 16., 2002. 3. 7., 2004. 3. 12., 2005. 8. 4.>

② 기호는 투표용지에 게재할 정당 또는 후보자의 순위에 의하여 "1, 2, 3" 등으로 표시하여야 하며, 정당명과 후보자의 성명은 한글로 기재한다. 다만, 한글로 표시된 성명이 같은 후보자가 있는 경우에는 괄호속에 한자를 함께 기재한다. <개정 2002. 3. 7.>

③ 후보자의 게재순위를 정함에 있어서는 후보자등록마감일 현재 국회에서 의석을 갖고 있는 정당의 추천을 받은 후보자, 국회에서 의석을 갖고 있지 아니한 정당의 추천을 받은 후보자, 무소속후보자의 순으로 하고, 정당의 게재순위를 정함에 있어서는 후보자등록마감일 현재 국회에서 의석을 가지고 있는 정당, 국회에서 의석을 가지고 있지 아니한 정당의 순으로 한다. <개정 1995. 4. 1., 2000. 2. 16., 2002. 3. 7., 2005. 8. 4.>

④ 제3항의 경우 국회에서 의석을 가지고 있는 정당의 게재순위를 정함에 있어 다음 각 호의 어느 하나에 해당하는 정당은 전국적으로 통일된 기호를 우선하여 부여한다. <개정 2010. 1. 25.>

1. 국회에 5명 이상의 소속 지역구국회의원을 가진 정당

2. 직전 대통령선거, 비례대표국회의원선거 또는 비례대표지방의회의원선거에서 전국 유효투표총수의 100분의 3 이상을 득표한 정당

⑤ 제3항 및 제4항에 따라 관할선거구선거관리위원회가 정당 또는 후보자의 게재순위를 정함에 있어서는 다음 각 호에 따른다. <개정 2010. 1. 25.>

1. 후보자등록마감일 현재 국회에 의석을 가지고 있는 정당이나 그 정당의 추천을 받은 후보자 사이의 게재순위는 국회에서의 다수의석순. 다만, 같은 의석을 가진 정당이 둘 이상인 때에는 최근에 실시된 비례대표국회의원선거에서의 득표수순

2. 후보자등록마감일 현재 국회에서 의석을 가지고 있지 아니한 정당이나 그 정당의 추천을 받은 후보자 사이의 게재순위는 그 정당의 명칭의 가나다순

3. 무소속후보자 사이의 게재순위는 관할선거구선거관리위원회에서 추첨하여 결정하는 순

⑥ 제5항의 경우에 같은 게재순위에 해당하는 정당 또는 후보자가 2 이상이 있을 때에는 소속정당의 대표자나 후보자 또는 그 대리인의 참여하에 관할선거구선거관리위원회에서 후보자등록마감후에 추첨하여 결정한다. 다만, 추첨개시시각에 소속정당의 대표자나 후보자 또는 그 대리인이 참여하지 아니하는 경우에는 관할선거구선거관리위원회위원장 또는 그가 지명한 자가 그 정당 또는 후보자를 대리하여 추첨할 수 있다. <개정 2002. 3. 7., 2010. 1. 25.>

⑦ 지역구자치구·시·군의원선거에서 정당이 같은 선거구에 2명 이상의 후보자를 추천한 경우 그 정당이 추천한 후보자 사이의 투표용지 게재순위는 해당 정당이 정한 순위에 따르되, 정당이 정하지 아니한 경우에는 관할선거구선거관리위원회에서 추첨하여 결정한다. 이 경우 그 게재순위는 "1－가, 1－나, 1－다" 등으로 표시한다. <신설 2010. 1. 25.>

⑧ 후보자등록기간이 지난 후에 후보자가 사퇴·사망하거나 등록이 무효로 된 때라도 투표용지에서 그 기호·정당명 및 성명을 말소하지 아니한다. <개정 2002. 3. 7., 2010. 1. 25.>

⑨ 대통령선거에 있어서 제51조(追加登錄)의 규정에 의한 추가등록이 있는 경우에 그 정당의 후보자의 게재순위는 이미 결정된 종전의 당해 정당추천후보자의 게재순위로 한다. <개정 2010. 1. 25.>

⑩ 투표용지에는 일련번호를 인쇄하여야 한다. <개정 2010. 1. 25.>

[제목개정 2002. 3. 7.]

제151조(투표용지와 투표함의 작성) ① 투표용지와 투표함은 구·시·군선거관리위원회가 작성하여 선거일 전일까지 읍·면·동선거관리위원회에 송부하며, 이를 송부받은 읍·면·동선거관리위원회위원장은 투표용지를 봉함하여 보관하였다가 투표함과 함께 투표관리관에게 인계하여야 한다. <개정 2005. 8. 4.>

② 하나의 선거에 관한 투표에 있어서 투표구마다 선거구별로 동시에 2개의 투표함을 사용할 수 없다. <개정 2004. 3. 12.>

③ 사전투표소의 투표함(이하 "사전투표함"이라 한다)과 우편으로 접수한 투표를 보관하는 투표함(이하 "郵便投票函"이라 한다)은 따로 작성하되, 그 수는 예상 사전투표자수 및 거소투표신고인수·선상투표신고인수를 감안하여 당해 구·시·군선거관리위원회가 정한다. <개정 2014. 1. 17.>

④ 투표용지에는 중앙선거관리위원회규칙이 정하는 바에 따라 관할구·시·군선거관리위원회의 청인을 날인하여야 한다. 이 경우 그 청인의 날인은 인쇄날인으로 갈음할 수 있다.

⑤ 구·시·군선거관리위원회는 투표용지의 인쇄·납품 및 읍·면·동선거관리위원회에 송부하는 과정에, 읍·면·동선거관리위원회는 투표용지의 수령·보관 및 투표관리관에게 인계하는 과정에 당해 선거관리위원회의 정당추천위원이 각각 참여하여 입회할 수 있도록 하여야 한다. 이 경우 정당추천위원이 참여하지 아니한 때에는 입회를 포기한 것으로 본다. <개정 2005. 8. 4.>

⑥ 구·시·군선거관리위원회는 제1항 및 제5항에도 불구하고 사전투표소에서 교부할 투표용지는 사전투표관리관이 사전투표소에서 투표용지 발급기를 이용하여 작성하게 하여야 한다. 이 경우 투표용지에 인쇄하는 일련번호는 바코드(컴퓨터가 인식할 수 있도록 표시한 막대 모양의 기호를 말한다)의 형태로 표시하여야 하며, 바코드에는 선거명, 선거구명, 관할 선거관리위원회명 및 일련번호를 제외한 그 밖의 정보를 담아서는 아니 된다. <신설 2014. 1. 17., 2021. 3. 26.>

⑦ 제1항 또는 제6항에 따라 투표용지를 작성하는 때에는 각 정당칸 또는 후보자칸 사이에 여백을 두어야 하며, 그 구체적인 작성방법은 중앙선거관리위원회규칙으로 정한다. <신설 2015. 8. 13.>

⑧ 구·시·군선거관리위원회는 시각장애로 인하여 자신이 기표를 할 수 없는 선거인을 위하여 필요한 경우에는 중앙선거관리위원회규칙이 정하는 바에 따라 특수투표용지 또는 투표보조용구를 제작·사용할 수 있다. <개정 2015. 8. 13.>

⑨투표용지와 투표함의 규격 및 투표용지의 봉함·보관·인계 그 밖에 필요한 사항은 중앙선거관리위원회규칙으로 정한다. <신설 2005. 8. 4., 2015. 8. 13.>

[제목개정 2015. 8. 13.]

제152조(투표용지모형 등의 공고) ① 구·시·군선거관리위원회는 투표용지의 모형을 선거일전 7일까지 공고하여야 한다. <개정 2004. 3. 12.>

② 구·시·군선거관리위원회는 투표용지를 인쇄할 인쇄소를 결정한 때에는 지체없이 그 인쇄소의 명칭과 소재지를 공고하여야 한다.

제153조(투표안내문의 발송) ① 구·시·군선거관리위원회는 세대별로 선거인의 성명·선거인명부등재번호·투표소의 위치·투표할 수 있는 시간·투표할 때 가지고 가야 할 지참물 그 밖에 투표참여를 권유하는 내용 등이 기재된 투표안내문을 작성하여 선거인명부확정일 후 2일까지 관할구역안의 매세대에 발송하여야 한다. 이 경우 제65조제7항에 따라 통보받은 세대에는 점자형 투표안내문을 동봉하여 발송하여야 한다. <개정 2005. 8. 4., 2011. 7. 28., 2014. 1. 17.>

② 제1항의 투표안내문의 발송을 위한 우편요금은 국가 또는 당해 지방자치단체가 부담한다. <개정 2005. 8. 4.>

③ 투표안내문의 작성은 전산조직에 의할 수 있다.

④ 투표안내문의 서식·규격·게재사항 및 우편발송절차 기타 필요한 사항은 중앙선거관리위원회규칙으로 정한다.

[제목개정 2011. 7. 28.]

제154조(거소투표자에 대한 투표용지의 발송) ① 거소투표신고인명부에 올라 있는 선거인(이하 "거소투표자"라 한다)에게 발송할 투표용지(이하 "거소투표용지"라 한다)는 구·시·군선거관리위원회에서 당해 구·시·군선거관리위원회 정당추천위원의 참여하에 투표용지의 일련번호를 절취한 후 바코드(거소투표의 접수에 필요한 거소투표자의 거소·성명·선거인명부등재번호 등이 기록되어 컴퓨터가 인식할 수 있도록 표시한 막대 모양의 기호를 말한다)가 표시된 회송용 봉투에 넣고 다시 발송용 봉투에 넣어 봉함한 후 선거일 전 10일까지 거소투표자에게 발송하여야 한다. 이 경우 정당추천위원이 그 시각까지 참석하지 아니한 때에는 참여를 포기한 것으로 본다. <개정 2005. 8. 4., 2012. 2. 29., 2014. 1. 17.>

② 제1항의 규정에 불구하고 거소투표자가 다음 각 호의 어느 하나에 해당하는 경우 해당 거소투표자에게는 당해 구·시·군선거관리위원회의 의결로 거소투표용지를 발송하지 아니할 수 있다. 이 경우 거소투표발송록에 그 사실을 기재하여야 한다. <개정 2014. 1. 17., 2022. 2. 16.>

1. 허위로 신고한 경우
2. 자신의 의사에 의하여 신고된 것으로 인정되지 아니한 경우
3. 격리자등이 제38조제1항 전단에 따라 신고한 후 거소투표용지 발송 전에 치료가 완료되거나 격리가 해제된 경우

③ 구·시·군선거관리위원회는 제2항의 규정에 의하여 거소투표용지를 발송하지 아니한 거소투표자와 선거일전 2일까지

거소투표용지가 반송된 거소투표자의 명단을 작성하여 선거일전일까지 읍·면·동선거관리위원회에 통지하여야 하며, 읍·면·동선거관리위원회는 지체 없이 이를 투표관리관에게 통지하여야 한다. <개정 2005. 8. 4., 2014. 1. 17.>
④ 거소투표용지의 발송과 회송은 등기우편으로 하되, 그 우편요금은 국가 또는 당해 지방자치단체가 부담한다. <개정 2014. 1. 17.>
⑤ 구·시·군선거관리위원회는 투표방법 기타 선거에 관한 안내문을 거소투표용지와 동봉하여 발송하여야 한다. <개정 2014. 1. 17.>
⑥ 거소투표용지의 발송용 봉투 및 회송용 봉투의 규격·게재사항 그 밖에 필요한 사항은 중앙선거관리위원회규칙으로 정한다. <신설 2005. 8. 4., 2014. 1. 17.>
[제목개정 2014. 1. 17.]

제154조의2(선상투표자에 대한 투표용지의 전송 등) ① 구·시·군선거관리위원회는 선상투표신고인명부에 올라 있는 선거인(이하 "선상투표자"라 한다)에게 보낼 투표용지(이하 "선상투표용지"라 한다)를 작성하여 해당 선상투표자가 승선하고 있는 선박의 선장(이하 "선장"이라 한다)에게 선거일 전 9일까지 팩시밀리를 이용하여 전송하여야 한다. 이 경우 허위로 신고하거나 자신의 의사에 따라 신고된 것으로 인정되지 아니한 선상투표자에 대하여는 제154조제2항을 준용한다. <개정 2014. 1. 17.>
② 구·시·군선거관리위원회는 선상투표용지를 작성할 때 표지부분과 투표부분을 구분하고, 표지부분에는 선거인 확인란과 해당 선거구의 정당·후보자에 관한 정보를 열람할 수 있는 중앙선거관리위원회 인터넷 홈페이지 주소, 선상투표방법에 관한 사항 등을 게재하여야 한다.
③ 선장이 제1항에 따라 선상투표용지를 받은 때에는 즉시 해당 선상투표자에게 인계하여야 한다.
④ 선상투표용지의 규격과 게재사항, 선상투표용지 송부과정에 정당추천위원의 참여, 그 밖에 필요한 사항은 중앙선거관리위원회규칙으로 정한다.
[본조신설 2012. 2. 29.]

제155조(투표시간) ① 투표소는 선거일 오전 6시에 열고 오후 6시(보궐선거등에 있어서는 오후 8시)에 닫는다. 다만, 마감할 때에 투표소에서 투표하기 위하여 대기하고 있는 선거인에게는 번호표를 부여하여 투표하게 한 후에 닫아야 한다. <개정 2004. 3. 12.>
② 사전투표소는 사전투표기간 중 매일 오전 6시에 열고 오후 6시에 닫되, 제148조제1항제3호에 따라 설치하는 사전투표소는 관할 구·시·군선거관리위원회가 예상 투표자수 등을 고려하여 투표시간을 조정할 수 있다. 이 경우 제1항 단서의 규정은 사전투표소에 이를 준용한다. <개정 2012. 10. 2., 2014. 1. 17., 2014. 2. 13., 2022. 4. 20.>
③ 투표를 개시하는 때에는 투표관리관은 투표함 및 기표소내외의 이상유무에 관하여 검사하여야 하며, 이에는 투표참관인이 참관하여야 한다. 다만, 투표개시시각까지 투표참관인이 참석하지 아니한 때에는 최초로 투표하러 온 선거인으로 하여금 참관하게 하여야 한다. <개정 2005. 8. 4.>
④ 사전투표소에서 투표를 개시하는 때에는 사전투표관리관은 사전투표함 및 기표소내외의 이상유무에 관하여 검사하여야 하며, 이에는 사전투표참관인이 참관하여야 한다. 다만, 사전투표개시시각까지 사전투표참관인이 참석하지 아니한 때에는 최초로 투표하러 온 선거인으로 하여금 참관하게 하여야 한다. <개정 2005. 8. 4., 2010. 1. 25., 2014. 1. 17.>
⑤ 사전투표·거소투표 및 선상투표는 선거일 오후 6시(보궐선거등에 있어서는 오후 8시)까지 관할구·시·군선거관리위원회에 도착되어야 한다. <개정 2004. 3. 12., 2014. 1. 17.>
⑥ 제1항 본문 및 제2항 전단에도 불구하고 격리자등이 선거권을 행사할 수 있도록 격리자등에 한정하여서는 투표소를 오후 6시 30분(보궐선거등에 있어서는 오후 8시 30분)에 열고 오후 7시 30분(보궐선거등에 있어서는 오후 9시 30분)에 닫으며, 사전투표소(제148조제1항제3호에 따라 설치하는 사전투표소를 제외하고 사전투표기간 중 둘째 날의 사전투표소에 한정한다. 이하 이 항에서 같다)는 오후 6시 30분에 열고 오후 8시에 닫는다. 다만, 농산어촌 지역에 거주하는 고령자·장애인·임산부 등 교통약자인 격리자등은 관할 보건소로부터 일시적 외출의 필요성을 인정받은 경우 투표소 또는 사전투표소에서 오후 6시(보궐선거등에 있어서는 투표소에서 오후 8시) 전에도 투표할 수 있다. <신설 2022. 2. 16., 2022. 4. 20., 2023. 3. 29.>
⑦ 제6항 본문에 따라 투표하는 경우 제5항, 제176조제4항, 제218조의16제2항 및 제218조의24제2항부터 제4항까지의 규정 중 "선거일 오후 6시"는 각각 "선거일 오후 7시 30분"으로, "오후 8시"는 각각 "오후 9시 30분"으로 본다. <신설 2022. 2. 16., 2023. 3. 29.>
[2012. 10. 2. 법률 제11485호에 의하여 2012. 2. 23. 헌법불합치 결정된 이 조 제2항을 개정함]

제156조(투표의 제한) ① 선거인명부에 올라 있지 아니한 자는 투표할 수 없다. 다만, 제41조(異議申請과 決定)제2항·제42조(不服申請과 決定)제2항 또는 제43조(名簿漏落者의 구제)제2항의 이유있다는 결정통지서를 가지고 온 자는 투표할 수 있다.
② 선거인명부에 올라 있더라도 선거일에 선거권이 없는 자는 투표할 수 없다.
③ 거소투표자는 제158조의2에 따라 거소투표를 하여야 한다. 다만, 다음 각 호의 어느 하나에 해당하는 사람은 선거일에 해당 투표소에서 투표할 수 있다. <개정 2010. 1. 25., 2014. 1. 17.>
1. 제154조제2항에 해당하여 거소투표용지를 송부받지 못한 사람
2. 거소투표용지가 반송되어 거소투표용지를 송부받지 못한 사람
3. 거소투표용지를 송부받았으나 거소투표를 하지 못한 사람으로서 선거일에 해당 투표소에서 투표관리관에게 거소투표용지와 회송용 봉투를 반납한 사람
④ 제3항 단서에 따라 거소투표자가 선거일에 해당 투표소에서 투표하는 경우 투표관리관은 선거인명부 또는 제154조제3항에 따라 통지받은 거소투표자의 명단과 대조·확인하고 선거인명부 비고란에 그 사실을 적어야 한다. <신설 2010. 1. 25., 2014. 1. 17.>

제157조(투표용지수령 및 기표절차) ① 선거인은 자신이 투표소에 가서 투표참관인의 참관하에 주민등록증(주민등록증이 없는 경우에는 관공서 또는 공공기관이 발행한 증명서로서 사진이 첩부되어 본인임을 확인할 수 있는 여권·운전면허증·공무원증 또는 중앙선거관리위원회규칙으로 정하는 신분증명서를 말한다. 이하 "신분증명서"라 한다)을 제시하고 본인임을 확인받은 후 선거인명부에 서명이나 날인 또는 무인하고 투표용지를 받아야 한다. <개정 2011. 7. 28.>
② 투표관리관은 선거일에 선거인에게 투표용지를 교부하는 때에는 사인날인란에 사인을 날인한 후 선거인이 보는 앞에서 일련번호지를 떼어서 교부하되, 필요하다고 인정되는 때에는 100매 이내의 범위안에서 그 사인을 미리 날인해 놓은 후 이를 교부할 수 있다. <개정 1998. 4. 30., 2004. 3. 12., 2005. 8. 4.>
③ 투표관리관은 신분증명서를 제시하지 아니한 선거인에게 투표용지를 교부하여서는 아니된다. <개정 2005. 8. 4.>
④ 선거인은 투표용지를 받은 후 기표소에 들어가 투표용지에 1인의 후보자(비례대표국회의원선거와 비례대표지방의회의원선거에 있어서는 하나의 政黨을 말한다)를 선택하여 투표용지의 해당 란에 기표한 후 그 자리에서 기표내용이 다른 사람에게 보이지 아니하게 접어 투표참관인의 앞에서 투표함에 넣어야 한다. <개정 2002. 3. 7., 2004. 3. 12., 2005. 8. 4.>
⑤ 투표용지를 교부받은 후 그 선거인에게 책임이 있는 사유로 훼손 또는 오손된 때에는 다시 이를 교부하지 아니한다.
⑥ 선거인은 투표소의 질서를 해하지 아니하는 범위 안에서 초등학생 이하의 어린이와 함께 투표소(초등학생인 어린이의

경우에는 기표소를 제외한다)안에 출입할 수 있으며, 시각 또는 신체의 장애로 인하여 자신이 기표할 수 없는 선거인은 그 가족 또는 본인이 지명한 2인을 동반하여 투표를 보조하게 할 수 있다. <개정 2000. 2. 16., 2004. 3. 12.>

⑦ 제6항의 경우를 제외하고는 같은 기표소안에 2인 이상이 동시에 들어갈 수 없다.

⑧ 투표용지의 날인·교부방법 및 기표절차 그 밖에 필요한 사항은 중앙선거관리위원회규칙으로 정한다. <개정 2005. 8. 4.>

[제목개정 2011. 7. 28.]

제158조(사전투표) ① 선거인(거소투표자와 선상투표자는 제외한다)은 누구든지 사전투표기간 중에 사전투표소에 가서 투표할 수 있다.

② 사전투표를 하려는 선거인은 사전투표소에서 신분증명서를 제시하여 본인임을 확인받은 다음 전자적 방식으로 손도장을 찍거나 서명한 후 투표용지를 받아야 한다. 이 경우 중앙선거관리위원회는 해당 선거인에게 투표용지가 교부된 사실을 확인할 수 있도록 신분증명서의 일부를 전자적 이미지 형태로 저장하여 선거일의 투표마감시각까지 보관하여야 한다. <개정 2015. 8. 13.>

③ 사전투표관리관은 투표용지 발급기로 선거권이 있는 해당 선거의 투표용지를 인쇄하여 "사전투표관리관"칸에 자신의 도장을 찍은 후 일련번호를 떼지 아니하고 회송용 봉투와 함께 선거인에게 교부한다.

④ 투표용지와 회송용 봉투를 받은 선거인은 기표소에 들어가 투표용지에 1명의 후보자(비례대표국회의원선거 및 비례대표지방의회의원선거에서는 하나의 정당을 말한다)를 선택하여 투표용지의 해당 칸에 기표한 다음 그 자리에서 기표내용이 다른 사람에게 보이지 아니하게 접어 이를 회송용 봉투에 넣어 봉함한 후 사전투표함에 넣어야 한다.

⑤ 제3항 및 제4항에도 불구하고 사전투표관리관은 중앙선거관리위원회규칙으로 정하는 구역의 선거인에게는 회송용 봉투를 교부하지 아니할 수 있다.

⑥ 사전투표관리관은 사전투표기간 중 매일의 사전투표마감 후 또는 사전투표기간 종료 후 투표지를 인계하는 경우에는 사전투표참관인의 참관 하에 다음 각 호에 따라 처리한다. <개정 2014. 2. 13., 2021. 3. 26.>

1. 제3항 및 제4항에 따라 투표용지와 회송용 봉투를 함께 교부하여 투표하게 한 경우에는 사전투표함을 개함하고 사전투표자수를 계산한 후 관할 우체국장에게 인계하여 등기우편으로 발송한다. 이 경우 사전투표관리관은 후보자별로 사전투표참관인 1명씩을 지정하여 해당 우체국까지 동행하여야 하며, 사전투표관리관이 지정한 사전투표참관인이 정당한 사유 없이 동행을 거부한 때에는 그 권한을 포기한 것으로 보고 투표록에 그 사유를 기재한다.
2. 제5항에 따라 회송용 봉투를 교부하지 아니하고 투표하게 한 경우에는 해당 사전투표함을 직접 관할 구·시·군선거관리위원회에 인계한다. 이 경우 사전투표함 등의 송부에 관하여는 제170조를 준용한다.

⑦ 투표용지를 교부하지 아니하는 경우와 투표소 출입 등에 관하여는 제157조제3항 및 제5항부터 제7항까지의 규정을 준용한다.

⑧ 전기통신 장애 등이 발생하는 경우 사전투표절차, 그 밖에 필요한 사항은 중앙선거관리위원회규칙으로 정한다.

[전문개정 2014. 1. 17.]

제158조의2(거소투표) 거소투표자는 관할 구·시·군선거관리위원회로부터 송부 받은 투표용지에 1명의 후보자(비례대표국회의원선거 및 비례대표지방의회의원선거에서는 하나의 정당을 말한다)를 선택하여 투표용지의 해당 칸에 기표한 다음 회송용 봉투에 넣어 봉함한 후 등기우편으로 발송하여야 한다.

[본조신설 2014. 1. 17.]

[종전 제158조의2는 제158조의3으로 이동 <2014. 1. 17.>]

제158조의3(선상투표) ① 선장은 선거일 전 8일부터 선거일 전 5일까지의 기간(이하 "선상투표기간"이라 한다) 중 해당 선박의 선상투표자의 수와 운항사정 등을 고려하여 선상투표를 할 수 있는 일시를 정하고, 해당 선박에 선상투표소를 설치하여야 한다. 이 경우 선장은 지체 없이 선상투표자에게 선상투표를 할 수 있는 일시와 선상투표소가 설치된 장소를 알려야 한다. <개정 2015. 8. 13.>

② 선장은 선상투표소를 설치할 때 선상투표자가 투표의 비밀이 보장된 상태에서 투표한 후 팩시밀리로 선상투표용지를 전송할 수 있도록 설비하여야 한다.

③ 선장은 선상투표가 진행되는 동안에는 해당 선박에 승선하고 있는 선원 중 대한민국 국민으로서 공정하고 중립적인 사람 1명 이상을 입회시켜야 한다. 다만, 해당 선박에 승선하고 있는 대한민국 국민이 1명뿐인 경우에는 그러하지 아니하다.

④ 선장은 제1항에 따른 선상투표소에서 선상투표자가 가져온 선상투표용지의 해당 서명란에 제3항 본문에 따른 입회인(이하 "입회인"이라 한다)과 함께 서명한 다음 해당 선상투표자에게 교부하여야 한다. 이 경우 선상투표소에서 투표하기 전에 미리 기표하여 온 선상투표용지는 회수하여 별도의 봉투에 넣어 봉함한다.

⑤ 제4항에 따라 선상투표용지를 교부받은 선상투표자는 선거인 확인란에 서명한 후 1명의 후보자(비례대표국회의원선거에서는 하나의 정당을 말한다)를 선택하여 선상투표용지의 해당란에 기표한 다음 선상투표소에 설치된 팩시밀리로 직접 해당 시·도선거관리위원회에 전송하여야 한다.

⑥ 제5항에 따라 전송을 마친 선상투표자는 선상투표지를 직접 봉투에 넣어 봉함한 후 선장에게 제출하여야 한다.

⑦ 선장은 해당 선박의 선상투표를 마친 후 입회인의 입회 아래 제6항에 따라 제출된 선상투표지 봉투와 제4항 후단에 따른 선상투표용지 봉투를 구분하여 함께 포장한 다음 자신과 입회인이 각각 봉인한 후 보관하여야 한다.

⑧ 선장은 해당 선박의 선상투표를 마친 때에는 선상투표관리기록부를 작성하여 선거일 전일까지 해당 선박의 선박원부를 관리하는 지방해양항만청의 소재지(대한민국국적취득조건부 나용선의 경우 해당 선박회사의 등록지, 외국국적 선박은 선박관리업 등록을 한 지방해양항만청의 소재지를 말한다)를 관할하는 시·도선거관리위원회에 팩시밀리로 전송하고, 국내에 도착하는 즉시 선상투표관리기록부와 제7항에 따라 보관 중인 봉투를 해당 시·도선거관리위원회에 제출하여야 한다. 이 경우 국내에 도착하기 전이라도 외국에서 국제우편을 이용하여 제출할 수 있다.

⑨ 시·도선거관리위원회는 제5항에 따른 선상투표지를 수신할 팩시밀리에 투표의 비밀이 보장될 수 있도록 기술적 장치를 하여야 한다.

⑩ 시·도선거관리위원회는 제5항에 따라 수신된 선상투표지의 투표부분은 절취하여 봉투에 넣고, 표지부분은 그 봉투에 붙여서 봉함한 후 선상투표자의 주소지 관할 구·시·군선거관리위원회에 보내야 한다. 이 경우 투표한 선거인을 알 수 없는 선상투표지는 봉투에 넣어 봉함한 후 그 사유를 적은 표지를 부착하여 보관한다.

⑪ 시·도선거관리위원회는 선상투표지 관리록에 선상투표지 수신상황과 발송상황을 적어야 한다.

⑫ 구·시·군선거관리위원회는 선거일 투표마감시각까지 시·도선거관리위원회로부터 송부된 선상투표지를 접수하여 우편투표함에 투입하여야 한다.

⑬ 선상투표기간 개시일 전에 국내에 도착한 선상투표자는 중앙선거관리위원회규칙으로 정하는 서류를 첨부하여 관할 구·시·군선거관리위원회에 신고한 후 선거일에 주소지를 관할하는 투표구에 설치된 투표소에서 투표할 수 있다. 이 경우 해당 선박에서 선상투표용지를 미리 교부받은 사람은 관할 구·시·군선거관리위원회에 신고할 때에 그 투표용지를 반납하여야 한다. <신설 2015. 8. 13.>

⑭ 선상투표의 투표절차, 투표의 비밀을 보장하기 위한 팩시밀리의 기술적 요건, 선상투표관리기록부 및 선상투표지 관리록의 작성·제출, 선상투표기간 개시일 전에 국내에 도착한 선상투표자의 투표절차, 그 밖에 필요한 사항은 중앙선거관리

위원회규칙으로 정한다. <개정 2015. 8. 13.>
[본조신설 2012. 2. 29.]
[제158조의2에서 이동, 종전 제158조의3은 삭제

제159조(기표방법) 선거인이 투표용지에 기표를 하는 때에는 "㉦" 표가 각인된 기표용구를 사용하여야 한다. 다만, 거소투표자가 거소투표(선상투표를 포함한다)를 하는 경우에는 "○"표를 할 수 있다. <개정 2012. 2. 29.>

제160조 삭제 <2005. 8. 4.>

제161조(투표참관) ① 투표관리관은 투표참관인으로 하여금 투표용지의 교부상황과 투표상황을 참관하게 하여야 한다. <개정 2005. 8. 4.>

② 투표참관인은 정당·후보자·선거사무장 또는 선거연락소장이 후보자마다 투표소별로 2인을 선정하여 선거일 전 2일까지 읍·면·동선거관리위원회에 서면으로 신고하여야 한다. <개정 2005. 8. 4.>

③ 투표참관인은 투표소마다 8명으로 하되, 제2항의 규정에 의하여 선정·신고한 인원수가 8명을 넘는 때에는 읍·면·동선거관리위원회가 추첨에 의하여 지정한 자를 투표참관인으로 한다. 다만, 투표참관인의 선정이 없거나 선정·신고한 인원수가 4명에 미달하는 때에는 읍·면·동선거관리위원회가 그 투표구를 관할하는 구·시·군의 구역안에 거주하는 선거권자중에서 본인의 승낙을 얻어 4명에 달할 때까지 선정한 자를 투표참관인으로 한다. <개정 2004. 3. 12., 2005. 8. 4., 2010. 1. 25.>

④ 읍·면·동선거관리위원회가 제3항의 규정에 의하여 투표참관인을 지정하는 경우에 후보자수가 8명을 넘는 때에는 후보자별로 1명씩 우선 선정한 후 추첨에 의하여 8명을 지정하고, 후보자수가 8명에 미달하되 후보자가 선정·신고한 인원수가 8명을 넘는 때에는 후보자별로 1명씩 선정한 자를 우선 지정한 후 나머지 인원은 추첨에 의하여 지정한다. <개정 2005. 8. 4., 2010. 1. 25.>

⑤ 정당·후보자·선거사무장 또는 선거연락소장은 그가 선정한 투표참관인에 대하여는 필요한 경우에는 언제든지 읍·면·동선거관리위원회에 신고하고 교체할 수 있으며, 선거일에는 투표소에서 교체신고할 수 있다. <개정 2005. 8. 4.>

⑥ 제3항 단서의 규정에 의하여 읍·면·동선거관리위원회가 선정한 투표참관인은 정당한 사유없이 참관을 거부하거나 그 직을 사임할 수 없다. <개정 2005. 8. 4.>

⑦ 대한민국 국민이 아닌 자·미성년자·제18조(選擧權이 없는 者)제1항 각호의 1에 해당하는 자·제53조(公務員 등의 立候補)제1항 각호의 1에 해당하는 자·후보자 또는 후보자의 배우자는 투표참관인이 될 수 없다. <개정 2004. 3. 12.>

⑧ 투표관리관은 원활한 투표관리를 위하여 필요하다고 인정하는 경우에는 투표참관인을 교대로 참관하게 할 수 있다. 이 경우 정당·후보자별로 참관인수의 2분의 1씩 교대하여 참관하게 하여야 한다. <개정 2004. 3. 12., 2005. 8. 4.>

⑨ 투표관리관은 투표용지의 교부상황과 투표상황을 쉽게 볼 수 있는 장소에 투표참관인석을 마련하여야 한다. <개정 2005. 8. 4.>

⑩ 투표참관인은 투표에 간섭하거나 투표를 권유하거나 기타 어떠한 방법으로든지 선거에 영향을 미치는 행위를 하여서는 아니된다.

⑪ 투표관리관은 투표참관인이 투표간섭 또는 부정투표 그 밖에 이 법의 규정에 위반되는 사실을 발견하고 그 시정을 요구한 경우에 그 요구가 정당하다고 인정하는 때에는 이를 시정하여야 한다. <개정 2005. 8. 4.>

⑫ 투표참관인은 투표소안에서 사고가 발생한 때에는 투표상황을 촬영할 수 있다.

⑬ 삭제 <2000. 2. 16.>

⑭ 투표참관인신고서의 서식 기타 필요한 사항은 중앙선거관리위원회규칙으로 정한다.

제162조(사전투표참관) ① 사전투표관리관은 사전투표참관인으로 하여금 사전투표 상황을 참관하게 하고, 제158조제6항제1호에 따라 관할 우체국장에게 투표지를 인계하기까지 일련의 과정에 동행하게 하여야 한다. <개정 2014. 1. 17., 2021. 3. 26.>

② 정당·후보자·선거사무장 또는 선거연락소장은 후보자마다 사전투표소별로 2명의 사전투표참관인을 선정하여 선거일 전 7일까지 구·시·군선거관리위원회에 서면으로 신고하여야 하고, 필요한 경우 언제든지 신고한 후 교체할 수 있으며 사전투표기간 중에는 사전투표소에서 교체신고를 할 수 있다. <개정 2014. 1. 17.>

③ 제2항에 따른 사전투표참관인의 선정이 없거나 한 후보자가 선정한 사전투표참관인밖에 없는 때에는 관할구·시·군선거관리위원회가 선거권자중에서 본인의 승낙을 얻어 4인에 달할 때까지 선정한 자를 사전투표참관인으로 한다. <개정 2005. 8. 4., 2014. 1. 17.>

④ 사전투표참관에 관하여는 제161조제6항부터 제12항까지의 규정을 준용한다. 이 경우 "읍·면·동선거관리위원회"는 "관할구·시·군선거관리위원회"로, "투표관리관"은 "사전투표관리관"으로, "투표참관인"은 "사전투표참관인"으로 본다. <개정 2000. 2. 16., 2005. 8. 4., 2010. 1. 25., 2014. 1. 17., 2015. 8. 13.>

⑤ 사전투표참관인신고서의 서식, 그 밖에 필요한 사항은 중앙선거관리위원회규칙으로 정한다. <개정 2014. 1. 17.>
[제목개정 2014. 1. 17.]

제163조(투표소 등의 출입제한) ① 투표하려는 선거인·투표참관인·투표관리관, 읍·면·동선거관리위원회 및 그 상급선거관리위원회의 위원과 직원 및 투표사무원을 제외하고는 누구든지 투표소에 들어갈 수 없다. <개정 2005. 8. 4.>

② 선거관리위원회의 위원·직원·투표관리관·투표사무원 및 투표참관인이 투표소에 출입하는 때에는 중앙선거관리위원회 규칙이 정하는 바에 따라 표지를 달거나 붙여야 하며, 이 규정에 의한 표지외에는 선거와 관련한 어떠한 표시물도 달거나 붙일 수 없다. <개정 2005. 8. 4.>

③ 제2항의 표지는 다른 사람에게 양도·양여할 수 없다.

④ 사전투표소(제149조에 따라 기표소가 설치된 장소를 포함한다)의 출입제한에 관하여는 제1항부터 제3항까지의 규정을 준용한다. <개정 2014. 1. 17.>

제164조(투표소 등의 질서유지) ① 투표관리관 또는 투표사무원은 투표소의 질서가 심히 문란하여 공정한 투표가 실시될 수 없다고 인정하는 때에는 투표소의 질서를 유지하기 위하여 정복을 한 경찰공무원 또는 경찰관서장에게 원조를 요구할 수 있다. <개정 2005. 8. 4.>

② 제1항의 규정에 의하여 원조요구를 받은 경찰공무원 또는 경찰관서장은 즉시 이에 따라야 한다.

③ 제1항의 요구에 의하여 투표소안에 들어간 경찰공무원 또는 경찰관서장은 투표관리관의 지시를 받아야 하며, 질서가 회복되거나 투표관리관의 요구가 있는 때에는 즉시 투표소안에서 퇴거하여야 한다. <개정 2005. 8. 4.>

④ 사전투표소의 질서유지에 관하여는 제1항부터 제3항까지의 규정을 준용한다. 이 경우 "투표관리관"은 "사전투표관리관"으로, "투표사무원"은 "사전투표사무원"으로 본다. <개정 2014. 1. 17.>

제165조(무기나 흉기 등의 휴대금지) ① 제164조(投票所 등의 秩序維持)제1항의 경우를 제외하고는 누구든지 투표소안에서 무기나 흉기 또는 폭발물을 지닐 수 없다.

② 사전투표소(제149조에 따라 기표소가 설치된 장소를 포함한다)에서의 무기나 흉기 등의 휴대금지에 관하여는 제1항을 준용한다. <개정 2014. 1. 17.>

제166조(투표소내외에서의 소란언동금지 등) ① 투표소안에서 또는 투표소로부터 100미터안에서 소란한 언동을 하거나 특정 정당이나 후보자를 지지 또는 반대하는 언동을 하는 자가 있는 때에는 투표관리관 또는 투표사무원은 이를 제지하고, 그 명령에 불응하는 때에는 투표소 또는 그 제한거리 밖으로 퇴거하게 할 수 있다. 이 경우 투표관리관 또는 투표사무원은 필요하다고 인정하는 때에는 정복을 한 경찰공무원 또는 경찰

관서장에게 원조를 요구할 수 있다. <개정 2005. 8. 4.>
② 제1항의 규정에 의하여 퇴거당한 선거인은 최후에 투표하게 한다. 다만, 투표관리관은 투표소의 질서를 문란하게 할 우려가 없다고 인정하는 때에는 그 전에라도 투표하게 할 수 있다. <개정 2005. 8. 4.>
③ 누구든지 제163조(投票所 등의 出入制限)제2항의 규정에 의하여 표지를 달거나 붙이는 경우를 제외하고는 선거일에 완장·흉장 등의 착용 기타의 방법으로 선거에 영향을 미칠 우려가 있는 표지를 할 수 없다.
④ 제164조(投票所 등의 秩序維持)제2항 및 제3항의 규정은 투표소내외에서의 소란언동금지 등에 이를 준용한다.
⑤ 사전투표소 내외에서의 소란언동금지 등에 관하여는 제1항부터 제4항까지의 규정을 준용한다. 이 경우 "투표관리관"은 "사전투표관리관"으로, "투표사무원"은 "사전투표사무원"으로, "선거일에"는 "사전투표소 안에서"로 본다. <개정 2014. 1. 17.>

제166조의2(투표지 등의 촬영행위 금지) ① 누구든지 기표소 안에서 투표지를 촬영하여서는 아니 된다.
② 투표관리관 또는 사전투표관리관은 선거인이 기표소 안에서 투표지를 촬영한 경우 해당 선거인으로부터 그 촬영물을 회수하고 투표록에 그 사유를 기록한다. <개정 2014. 1. 17.>
[본조신설 2010. 1. 25.]

제167조(투표의 비밀보장) ① 투표의 비밀은 보장되어야 한다.
② 선거인은 투표한 후보자의 성명이나 정당명을 누구에게도 또한 어떠한 경우에도 진술할 의무가 없으며, 누구든지 선거일의 투표마감시각까지 이를 질문하거나 그 진술을 요구할 수 없다. 다만, 텔레비전방송국·라디오방송국·「신문 등의 진흥에 관한 법률」 제2조제1호가목 및 나목에 따른 일간신문사가 선거의 결과를 예상하기 위하여 선거일에 투표소로부터 50미터 밖에서 투표의 비밀이 침해되지 않는 방법으로 질문하는 경우에는 그러하지 아니하며 이 경우 투표마감시각까지 그 경위와 결과를 공표할 수 없다. <개정 1995. 12. 30., 2000. 2. 16., 2004. 3. 12., 2005. 8. 4., 2010. 1. 25., 2012. 2. 29.>
③ 선거인은 자신이 기표한 투표지를 공개할 수 없으며, 공개된 투표지는 무효로 한다.

제168조(투표함 등의 봉쇄·봉인) ① 투표관리관은 투표소를 닫는 시각이 된 때에는 투표소의 입구를 닫아야 하며, 투표소안에 있는 선거인의 투표가 끝나면 투표참관인의 참관하에 투표함의 투입구와 그 자물쇠를 봉쇄·봉인하여야 한다. 다만, 정당한 사유없이 참관을 거부하는 투표참관인이 있는 때에는 그 권한을 포기한 것으로 보고, 투표록에 그 사유를 기재한다. <개정 2005. 8. 4.>
② 투표함의 열쇠와 잔여투표용지 및 번호지는 제1항의 규정에 의하여 각각 봉인하여야 한다.

제169조(투표록의 작성) 투표관리관은 투표록을 작성하여 기명하고 서명 또는 날인하여야 한다. <개정 2011. 7. 28.>
[전문개정 2005. 8. 4.]

제170조(투표함 등의 송부) ① 투표관리관은 투표가 끝난 후 지체없이 투표함 및 그 열쇠와 투표록 및 잔여투표용지를 관할 구·시·군선거관리위원회에 송부하여야 한다. <개정 2005. 8. 4.>
② 제1항의 규정에 의하여 투표함을 송부하는 때에는 후보자별로 투표참관인 1인과 호송에 필요한 정복을 한 경찰공무원을 2인에 한하여 동반할 수 있다. <개정 2005. 8. 4., 2010. 3. 12.>

제171조(투표관계서류의 인계) 투표관리관은 투표가 끝난 후 선거인명부 기타 선거에 관한 모든 서류를 관할구·시·군선거관리위원회위원장에게 인계하여야 한다. <개정 2005. 8. 4.>

제11장 개표

제172조(개표관리) ① 개표사무는 구·시·군선거관리위원회가 이를 행한다.
② 제173조(開票所)제2항의 규정에 의하여 2개 이상의 개표소를 설치하는 때에는 당해 구·시·군선거관리위원회위원을 각 개표소에 비등하게 지정·배치하되, 이 법에 의한 개표관리에 관하여 당해 구·시·군선거관리위원회의 의결을 요하는 사항은 당해 개표소에 배치된 위원[「선거관리위원회법」 제4조(委員의 任命 및 위촉)제13항의 규정에 의한 보조위원을 포함한다. 이하 이 장에서 같다]수의 과반수의 의결로 결정하고, 구·시·군선거관리위원회위원장의 직무는 각각 당해 위원장과 부위원장 또는 위원장이 지명한 위원이 행한다. <신설 2000. 2. 16., 2005. 8. 4.>
③ 개표를 개시한 이후에는 개표소에 구·시·군선거관리위원회 재적위원(第173條第2項의 規定에 의하여 2개 이상의 開票所를 設置한 때에는 당해 開票所에 배치된 委員을 말한다)의 과반수가 참석하여야 한다. <개정 1995. 12. 30., 2000. 2. 16.>
④ 「선거관리위원회법」 제4조제13항 및 동법 제5조(委員長)제4항의 규정은 2개 이상의 개표소를 설치하는 선거의 경우에 관하여 이를 준용한다. <신설 2000. 2. 16., 2005. 8. 4.>

제173조(개표소) ① 구·시·군선거관리위원회는 선거일전 5일까지 그 구·시·군의 사무소 소재지 또는 당해 관할구역(당해 區域안에 적정한 場所가 없는 때에는 인접한 다른 區域을 포함한다)안에 설치할 개표소를 공고하여야 한다. 다만, 천재·지변 기타 부득이한 사유가 있는 때에는 이를 변경할 수 있으며, 이 경우에는 즉시 공고하여야 한다. <개정 1998. 4. 30.>
② 구·시·군선거관리위원회는 2개 이상의 개표소를 설치할 수 있다. <신설 2000. 2. 16.>
③ 제147조(투표소의 설치)제3항의 규정은 개표소에 준용한다. <신설 2004. 3. 12.>
④ 2개 이상의 개표소를 설치하는 때의 개표의 절차 및 방법 기타 필요한 사항은 중앙선거관리위원회규칙으로 정한다. <신설 2000. 2. 16.>

제174조(개표사무원) ① 구·시·군선거관리위원회는 개표사무를 보조하게 하기 위하여 개표사무원을 두어야 한다. <개정 2018. 4. 6.>
② 개표사무원은 제147조제9항제1호 내지 제4호에 해당하는 자 또는 공정하고 중립적인 자중에서 위촉한다. <개정 2004. 3. 12.>
③ 제147조제9항제1호부터 제4호까지의 기관·단체의 장이 선거관리위원회로부터 개표사무원의 추천 협조요구를 받은 때에는 우선적으로 이에 따라야 한다. <신설 2014. 2. 13.>
④ 삭제 <2004. 3. 12.>

제175조(개표개시) ① 삭제 <2004. 3. 12.>
② 구·시·군선거관리위원회는 관할구역안에 2이상의 선거구가 있는 경우에는 선거구 단위로 개표한다. <개정 2000. 2. 16., 2004. 3. 12.>

제176조(사전투표·거소투표 및 선상투표의 접수·개표) ① 구·시·군선거관리위원회는 우편으로 송부된 사전투표·거소투표 및 선상투표를 접수한 때에는 당해 구·시·군선거관리위원회의 정당추천위원의 참여하에 이를 즉시 우편투표함에 투입·보관하여야 한다. <개정 2005. 8. 4., 2014. 1. 17.>
② 구·시·군선거관리위원회는 제158조제6항제2호에 따라 사전투표함을 인계받은 때에는 해당 구·시·군선거관리위원회의 정당추천위원의 참여 하에 투표함의 봉함·봉인상태를 확인하고 보관하여야 한다. <신설 2014. 1. 17.>
③ 구·시·군선거관리위원회는 제1항에 따른 우편투표함과 제2항에 따른 사전투표함을 「개인정보 보호법」 제2조제7호에 따른 고정형 영상정보처리기기가 설치된 장소에 보관하여야 하고, 해당 영상정보는 해당 선거의 선거일 후 6개월까지 보관하여야 한다. <신설 2021. 3. 26., 2023. 3. 14.>
④ 제1항에 따른 우편투표함과 제2항에 따른 사전투표함은 개표참관인의 참관하에 선거일 오후 6시(보궐선거등에 있어서는 오후 8시)후에 개표소로 옮겨서 일반투표함의 투표지와 별도로 먼저 개표할 수 있다. <개정 1998. 4. 30., 2004. 3. 12.,

2014. 1. 17., 2021. 3. 26.>
⑤ 제3항에 따른 영상정보처리기기의 설치, 투표함 보관, 그 밖에 필요한 사항은 중앙선거관리위원회규칙으로 정한다. <신설 2021. 3. 26.>
[제목개정 2014. 1. 17.]

제177조(투표함의 개함) ① 투표함을 개함하는 때에는 구·시·군선거관리위원회위원장은 개표참관인의 참관하에 투표함의 봉쇄와 봉인을 검사한 후 이를 열어야 한다. 다만, 정당한 사유 없이 참관을 거부하는 개표참관인이 있는 때에는 그 권한을 포기한 것으로 보고, 개표록에 그 사유를 기재한다. <개정 2005. 8. 4.>
② 구·시·군선거관리위원회위원장은 투표함을 개함한 후 투표수를 계산하여 투표록에 기재된 투표용지 교부수와 대조하여야 한다. 이 경우 정당한 사유없이 개표사무를 지연시키는 위원이 있는 때에는 그 권한을 포기한 것으로 보고, 개표록에 그 사유를 기재한다.

제178조(개표의 진행) ① 개표는 투표구별로 구분하여 투표수를 계산한다. <개정 2002. 3. 7.>
② 구·시·군선거관리위원회는 개표사무를 보조하기 위하여 투표지를 유·무효별 또는 후보자(비례대표국회의원선거 및 비례대표지방의회의원선거에서는 정당을 말한다)별로 구분하거나 계산에 필요한 기계장치 또는 전산조직을 이용할 수 있다. <신설 2014. 1. 17.>
③ 후보자별 득표수(비례대표국회의원선거 및 비례대표지방의회의원선거에 있어서는 정당별 득표수를 말한다. 이하 이 조에서 같다)의 공표는 구·시·군선거관리위원회위원장이 투표구별로 집계·작성된 개표상황표에 의하여 투표구 단위로 하되, 출석한 구·시·군선거관리위원회위원 전원은 공표 전에 득표수를 검열하고 개표상황표에 서명하거나 날인하여야 한다. 다만, 정당한 사유없이 개표사무를 지연시키는 위원이 있는 때에는 그 권한을 포기한 것으로 보고, 개표록에 그 사유를 기재한다. <개정 2002. 3. 7., 2004. 3. 12., 2005. 8. 4., 2011. 7. 28., 2014. 1. 17.>
④ 누구든지 제3항에 따른 후보자별 득표수의 공표전에는 이를 보도할 수 없다. 다만, 선거관리위원회가 제공하는 개표상황 자료를 보도하는 경우에는 그러하지 아니하다. <개정 2002. 3. 7., 2014. 1. 17.>
⑤ 개표절차 및 개표상황표의 서식 기타 필요한 사항은 중앙선거관리위원회규칙으로 정한다. <개정 2014. 1. 17.>
[제목개정 2011. 7. 28.]

제179조(무효투표) ① 다음 각 호의 어느 하나에 해당하는 투표는 무효로 한다. <개정 2002. 3. 7., 2004. 3. 12., 2005. 8. 4., 2015. 8. 13.>
1. 정규의 투표용지를 사용하지 아니한 것
2. 어느 란에도 표를 하지 아니한 것
3. 2란에 걸쳐서 표를 하거나 2 이상의 란에 표를 한 것
4. 어느 란에 표를 한 것인지 식별할 수 없는 것
5. (卜) 표를 하지 아니하고 문자 또는 물형을 기입한 것
6. (卜) 표 외에 다른 사항을 기입한 것
7. 선거관리위원회의 기표용구가 아닌 용구로 표를 한 것
② 사전투표 및 거소투표의 경우에는 제1항의 규정에 의하는 외에 다음 각 호의 어느 하나에 해당하는 투표도 이를 무효로 한다. <개정 2000. 2. 16., 2005. 8. 4., 2012. 2. 29., 2014. 1. 17.>
1. 정규의 회송용 봉투를 사용하지 아니한 것
2. 회송용 봉투가 봉함되지 아니한 것
3. 삭제 <2005. 8. 4.>
4. 삭제 <2014. 1. 17.>
③ 선상투표의 경우에는 제1항에 따라 무효로 하는 경우 외에 다음 각 호의 어느 하나에 해당하는 경우에도 무효로 한다. <신설 2012. 2. 29., 2014. 1. 17.>
1. 선상투표신고서에 기재된 팩시밀리 번호가 아닌 번호를 이용하여 전송되거나 전송한 팩시밀리 번호를 알 수 없는 것
2. 같은 선거인의 투표지가 2회 이상 수신된 경우 정상적으로 수신된 최초의 투표지 외의 것
3. 선거인이나 선장 또는 입회인의 서명이 누락된 것(제158조의3제3항 단서에 따라 입회인을 두지 아니한 경우 입회인의 서명이 누락된 것은 제외한다)
4. 표지부분에 후보자의 성명이나 정당의 명칭 또는 그 성명이나 명칭을 유추할 수 있는 내용이 표시된 것
④ 다음 각 호의 어느 하나에 해당하는 투표는 무효로 하지 아니한다. <개정 2000. 2. 16., 2005. 8. 4., 2012. 2. 29., 2014. 1. 17.>
1. (卜) 표가 일부분 표시되거나 (卜) 표안이 메워진 것으로서 선거관리위원회의 기표용구를 사용하여 기표를 한 것이 명확한 것
2. 한 후보자(비례대표국회의원선거 및 비례대표지방의회의원선거에 있어서는 정당을 말한다. 이하 이 항에서 같다)란에만 2 이상 기표된 것
3. 후보자란 외에 추가 기표되었으나 추가 기표된 것이 어느 후보자에게도 기표한 것으로 볼 수 없는 것
4. 삭제 <2015. 8. 13.>
5. 기표한 것이 전사된 것으로서 어느 후보자에게 기표한 것인지가 명확한 것
6. 인육으로 오손되거나 훼손되었으나 정규의 투표용지임이 명백하고 어느 후보자에게 기표한 것인지가 명확한 것
7. 거소투표(선상투표를 포함한다)의 경우 이 법에 규정된 방법외의 다른 방법[인장(拇印을 제외한다)의 날인·성명기재등 누가 투표한 것인지 알 수 있는 것을 제외한다]으로 표를 하였으나 어느 후보자에게 기표한 것인지가 명확한 것
8. 회송용 봉투에 성명 또는 거소가 기재되거나 사인이 날인된 것
9. 거소투표자 또는 선상투표자가 투표 후 선거일의 투표개시 전에 사망한 경우 그 거소투표 또는 선상투표
10. 사전투표소에서 투표한 선거인이 선거일의 투표개시 전에 사망한 경우 해당 선거인의 투표
[제목개정 2015. 8. 13.]

제180조(투표의 효력에 관한 이의에 대한 결정) ① 투표의 효력에 관하여 이의가 있는 때에는 구·시·군선거관리위원회는 재적위원 과반수의 출석과 출석위원 과반수의 의결로 결정한다. <개정 1995. 12. 30.>
② 투표의 효력을 결정함에 있어서는 선거인의 의사가 존중되어야 한다.

제181조(개표참관) ① 구·시·군선거관리위원회는 개표참관인으로 하여금 개표소안에서 개표상황을 참관하게 하여야 한다.
② 제1항의 개표참관인은 구·시·군선거관리위원회의 관할구역안에서 실시되는 선거에 후보자를 추천하는 정당은 6인을, 무소속후보자는 3인을 선정하여 선거일 전 2일까지 당해 구·시·군선거관리위원회에 서면으로 신고하여 참관하게 하되, 신고후 언제든지 교체할 수 있으며 개표일에는 개표소에서 교체신고를 할 수 있다. <개정 1995. 4. 1., 2000. 2. 16., 2004. 3. 12., 2005. 8. 4., 2018. 4. 6.>
③ 제2항의 규정에 의한 개표참관인의 신고가 없거나 한 정당 또는 한 후보자가 선정한 개표참관인밖에 없는 때에는 구·시·군선거관리위원회가 선거권자 중에서 본인의 승낙을 얻어 12인[지역구자치구·시·군의원선거에 있어서는 6인(한 정당이 선정한 개표참관인밖에 없는 때에는 9인)]에 달할 때까지 선정한 자를 개표참관인으로 한다. <개정 1995. 4. 1., 2004. 3. 12., 2005. 8. 4., 2012. 1. 17.>
④ 제3항의 규정에 의하여 구·시·군선거관리위원회가 선정한 개표참관인은 정당한 사유없이 참관을 거부하거나 그 직을 사임할 수 없다.
⑤ 구·시·군선거관리위원회는 제2항 및 제3항에도 불구하고 개표장소, 선거인수 등을 고려하여 선거권자의 신청을 받아 제2항에 따라 정당 또는 후보자가 신고할 수 있는 개표참관인 수의 100분의 20 이내에서 개표참관인을 추가로 선정하여 참관하게 할 수 있다. <신설 2015. 8. 13.>
⑥ 개표참관인은 투표구에서 송부된 투표함의 인계·인수절차

를 참관하고 투표함의 봉쇄·봉인을 검사하며 그 관리상황을 참관할 수 있다. <개정 2015. 8. 13.>
⑦ 구·시·군선거관리위원회는 개표참관인이 개표내용을 식별할 수 있는 가까운 거리(1미터 이상 2미터 이내)에서 참관할 수 있도록 개표참관인석을 마련하여야 한다. <개정 2015. 8. 13.>
⑧ 구·시·군선거관리위원회는 개표참관인이 개표에 관한 위법사항을 발견하여 그 시정을 요구한 경우에 그 요구가 정당하다고 인정되는 때에는 이를 시정하여야 한다. <개정 2015. 8. 13.>
⑨개표참관인은 개표소안에서 개표상황을 언제든지 순회·감시 또는 촬영할 수 있으며, 당해 구·시·군선거관리위원회위원장이 개표소안 또는 일반관람인석에 지정한 장소에 전화·컴퓨터 기타의 통신설비를 설치하고, 이를 이용하여 개표상황을 후보자 또는 정당에 통보할 수 있다. <개정 2015. 8. 13.>
⑩구·시·군선거관리위원회는 원활한 개표관리를 위하여 필요한 경우에는 개표참관인을 교대하여 참관하게 할 수 있다. 이 경우 정당·후보자별로 참관인수의 2분의 1씩 교대하여 참관하게 하여야 한다. <개정 2004. 3. 12., 2015. 8. 13.>
⑪ 다음 각 호의 어느 하나에 해당하는 사람은 개표참관인이 될 수 없다. <개정 2015. 8. 13.>
1. 대한민국 국민이 아닌 사람
2. 미성년자
3. 제18조제1항 각 호의 어느 하나에 해당하는 사람
4. 제53조제1항 각 호의 어느 하나에 해당하는 사람
⑫개표참관인신고서의 서식 기타 필요한 사항은 중앙선거관리위원회규칙으로 정한다.
[제목개정 2015. 8. 13.]

제182조(개표관람) ① 누구든지 구·시·군선거관리위원회가 발행하는 관람증을 받아 구획된 장소에서 개표상황을 관람할 수 있다.
② 제1항의 관람증의 매수는 개표장소를 참작하여 적당한 수로 하되, 후보자별로 균등하게 배부되도록 하여야 한다.
③ 구·시·군선거관리위원회는 일반관람인석에 대하여 질서유지에 필요한 설비를 하여야 한다.

제183조(개표소의 출입제한과 질서유지) ① 구·시·군선거관리위원회와 그 상급선거관리위원회의 위원·직원, 개표사무원·개표사무협조요원 및 개표참관인을 제외하고는 누구든지 개표소에 들어갈 수 없다. 다만, 관람증을 배부받은 자와 방송·신문·통신의 취재·보도요원이 일반관람인석에 들어가는 경우는 그러하지 아니하다. <개정 2002. 3. 7.>
② 선거관리위원회의 위원·직원, 개표사무원·개표사무협조요원 및 개표참관인이 개표소에 출입하는 때에는 중앙선거관리위원회규칙이 정하는 바에 따라 표지를 달거나 붙여야 하며, 이를 다른 사람에게 양도·양여할 수 없다. <개정 2002. 3. 7.>
③ 구·시·군선거관리위원회위원장이나 위원은 개표소의 질서가 심히 문란하여 공정한 개표가 진행될 수 없다고 인정하는 때에는 개표소의 질서유지를 위하여 정복을 한 경찰공무원 또는 경찰관서장에게 원조를 요구할 수 있다.
④ 제3항의 규정에 의하여 원조요구를 받은 경찰공무원 또는 경찰관서장은 즉시 이에 따라야 한다.
⑤ 제3항의 요구에 의하여 개표소안에 들어간 경찰공무원 또는 경찰관서장은 구·시·군선거관리위원회위원장의 지시를 받아야 하며, 질서가 회복되거나 위원장의 요구가 있는 때에는 즉시 개표소에서 퇴거하여야 한다.
⑥ 제3항의 경우를 제외하고는 누구든지 개표소안에서 무기나 흉기 또는 폭발물을 지닐 수 없다.

제184조(투표지의 구분) 개표가 끝난 때에는 투표구별로 개표한 투표지를 유효·무효로 구분하고, 유효투표지는 다시 후보자(비례대표국회의원선거 및 비례대표지방의회의원선거에 있어서는 候補者를 추천한 政黨을 말한다)별로 구분하여 각각 포장하여 구·시·군선거관리위원회 위원장이 봉인하여야 한다. <개정 2002. 3. 7., 2004. 3. 12., 2005. 8. 4., 2010. 1. 25.>

제185조(개표록·집계록 및 선거록의 작성 등) ① 구·시·군선거관리위원회는 개표결과를 즉시 공표하고 개표록을 작성하여 관할선거구선거관리위원회(대통령선거 및 비례대표국회의원선거에 있어서는 市·道選擧管理委員會)에 송부하여야 한다. <개정 2004. 3. 12.>
② 제1항의 개표록을 송부받은 관할선거구선거관리위원회는 지체없이 후보자(비례대표지방의회의원선거에 있어서는 政黨을 말한다)별 득표수를 계산·공표하고 선거록을 작성하여야 한다. <개정 1995. 4. 1., 2000. 2. 16., 2002. 3. 7., 2004. 3. 12., 2005. 8. 4.>
③ 시·도선거관리위원회가 제1항의 개표록을 송부받은 때에는 대통령선거에 있어서는 후보자별 득표수를, 비례대표국회의원선거에 있어서는 정당별 득표수를 계산·공표하고 집계록을 작성하여 중앙선거관리위원회에 송부하여야 한다. <개정 2004. 3. 12.>
④ 중앙선거관리위원회가 제3항의 집계록을 송부받은 때에는 대통령선거에 있어서는 후보자별 득표수를, 비례대표국회의원선거에 있어서는 정당별 득표수를 계산·공표하고, 선거록을 작성하여야 한다. <개정 2000. 2. 16., 2004. 3. 12.>
⑤ 개표록·집계록 및 선거록에는 위원장과 출석한 위원 전원이 기명하고 서명 또는 날인하여야 한다. 다만, 정당한 사유없이 서명 또는 날인을 거부하는 위원이 있는 때에는 그 권한을 포기한 것으로 보고, 개표록·집계록 및 선거록에 그 사유를 기재한다. <개정 2011. 7. 28.>
⑥ 개표록·집계록 및 선거록의 서식 기타 필요한 사항은 중앙선거관리위원회규칙으로 정한다.
[제목개정 2011. 7. 28.]

제186조(투표지·개표록 및 선거록 등의 보관) 구·시·군선거관리위원회는 투표지·투표함·투표록·개표록·선거록 기타 선거에 관한 모든 서류를, 시·도선거관리위원회는 집계록 및 선거록 기타 선거에 관한 모든 서류를, 중앙선거관리위원회는 선거록 기타 선거에 관한 모든 서류를 그 당선인의 임기중 각각 보관하여야 한다. 다만, 제219조(選擧訴請)·제222조(選擧訴訟) 및 제223조(當選訴訟)의 규정에 의한 선거에 관한 쟁송이 제기되지 아니하거나 계속되지 아니하게 된 때에는 중앙선거관리위원회규칙이 정하는 바에 따라 그 보존기간을 단축할 수 있다. <개정 1995. 4. 1., 2000. 2. 16., 2002. 3. 7.>

제12장 당선인

제187조(대통령당선인의 결정·공고·통지) ① 대통령선거에 있어서는 중앙선거관리위원회가 유효투표의 다수를 얻은 자를 당선인으로 결정하고, 이를 국회의장에게 통지하여야 한다. 다만, 후보자가 1인인 때에는 그 득표수가 선거권자총수의 3분의 1 이상에 달하여야 당선인으로 결정한다.
② 최고득표자가 2인 이상인 때에는 중앙선거관리위원회의 통지에 의하여 국회는 재적의원 과반수가 출석한 공개회의에서 다수표를 얻은 자를 당선인으로 결정한다.
③ 제1항의 규정에 의하여 당선인이 결정된 때에는 중앙선거관리위원회위원장이, 제2항의 규정에 의하여 당선인이 결정된 때에는 국회의장이 이를 공고하고, 지체없이 당선인에게 당선증을 교부하여야 한다.
④ 천재·지변 기타 부득이한 사유로 인하여 개표를 모두 마치지 못하였다 하더라도 개표를 마치지 못한 지역의 투표가 선거의 결과에 영향을 미칠 염려가 없다고 인정되는 때에는 중앙선거관리위원회는 우선 당선인을 결정할 수 있다.

제188조(지역구국회의원당선인의 결정·공고·통지) ① 지역구국회의원선거에 있어서는 선거구선거관리위원회가 당해 국회의원지역구에서 유효투표의 다수를 얻은 자를 당선인으로 결정한다. 다만, 최고득표자가 2인 이상인 때에는 연장자를 당선인으로 결정한다.
② 후보자등록마감시각에 지역구국회의원후보자가 1인이거나 후보자등록마감후 선거일 투표개시시각전까지 지역구국회의원후보자가 사퇴·사망하거나 등록이 무효로 되어 지역구국회

의원후보자수가 1인이 된 때에는 지역구국회의원후보자에 대한 투표를 실시하지 아니하고, 선거일에 그 후보자를 당선인으로 결정한다.
③ 선거일의 투표개시시각부터 투표마감시각까지 지역구국회의원후보자가 사퇴·사망하거나 등록이 무효로 되어 지역구국회의원후보자수가 1인이 된 때에는 나머지 투표는 실시하지 아니하고 그 후보자를 당선인으로 결정한다.
④ 선거일의 투표마감시각후 당선인결정전까지 지역구국회의원후보자가 사퇴·사망하거나 등록이 무효로 된 경우에는 개표결과 유효투표의 다수를 얻은 자를 당선인으로 결정하되, 사퇴·사망하거나 등록이 무효로 된 자가 유효투표의 다수를 얻은 때에는 그 국회의원지역구는 당선인이 없는 것으로 한다.
⑤ 제2항 및 제3항의 규정에 의하여 투표를 실시하지 아니하는 때에는 당해 선거구선거관리위원회는 지체없이 이를 공고하고 상급선거관리위원회에 보고하여야 하며, 하급선거관리위원회에 통지하여야 한다.
⑥ 제1항 내지 제4항의 규정에 의하여 국회의원지역구의 당선인이 결정된 때에는 당해 선거구선거관리위원회위원장은 이를 공고하고 지체없이 당선인에게 당선증을 교부하여야 하며, 상급선거관리위원회에 보고하여야 한다.
⑦ 제187조(大統領當選人의 決定·公告·통지)제4항의 규정은 지역구국회의원당선인의 결정에 이를 준용한다.

제189조(비례대표국회의원의석의 배분과 당선인의 결정·공고·통지) ① 중앙선거관리위원회는 다음 각 호의 어느 하나에 해당하는 정당(이하 이 조에서 "의석할당정당"이라 한다)에 대하여 비례대표국회의원의석을 배분한다. <개정 2020. 1. 14.>
1. 임기만료에 따른 비례대표국회의원선거에서 전국 유효투표총수의 100분의 3 이상을 득표한 정당
2. 임기만료에 따른 지역구국회의원선거에서 5 이상의 의석을 차지한 정당
② 비례대표국회의원의석은 다음 각 호에 따라 각 의석할당정당에 배분한다. <개정 2020. 1. 14.>
1. 각 의석할당정당에 배분할 의석수(이하 이 조에서 "연동배분의석수"라 한다)는 다음 계산식에 따른 값을 소수점 첫째자리에서 반올림하여 산정한다. 이 경우 연동배분의석수가 1보다 작은 경우 연동배분의석수는 0으로 한다.

연동배분 의석수	=	[(국회의원 정수 － 의석할당정당이 추천하지 않은 지역구국회의원당선인수) × 해당 정당의 비례대표국회의원선거 득표비율 － 해당 정당의 지역구국회의원당선인수] ÷ 2

2. 제1호에 따른 각 정당별 연동배분의석수의 합계가 비례대표국회의원 의석정수에 미달할 경우 각 의석할당정당에 배분할 잔여의석수(이하 이 조에서 "잔여배분의석수"라 한다)는 다음 계산식에 따라 산정한다. 이 경우 정수(整數)의 의석을 먼저 배정하고 잔여의석은 소수점 이하 수가 큰 순으로 각 의석할당정당에 1석씩 배분하되, 그 수가 같은 때에는 해당 정당 사이의 추첨에 따른다.

잔여배분의석수	=	(비례대표국회의원 의석정수 － 각 연동배분의석수의 합계) × 비례대표국회의원선거 득표비율

3. 제1호에 따른 각 정당별 연동배분의석수의 합계가 비례대표국회의원 의석정수를 초과할 경우에는 제1호 및 제2호에도 불구하고 다음 계산식에 따라 산출된 수(이하 이 조에서 "조정의석수"라 한다)를 각 연동배분의석 할당정당의 의석으로 산정한다. 이 경우 산출방식에 관하여는 제2호 후단을 준용한다.

조정의석수	=	비례대표국회의원 의석정수 × 연동배분의석수 ÷ 각 연동배분의석수의 합계

③ 제2항의 비례대표국회의원선거 득표비율은 각 의석할당정당의 득표수를 모든 의석할당정당의 득표수의 합계로 나누어 산출한다. <개정 2020. 1. 14.>
④ 중앙선거관리위원회는 제출된 정당별 비례대표국회의원후보자명부에 기재된 당선인으로 될 순위에 따라 정당에 배분된 비례대표국회의원의 당선인을 결정한다.
⑤ 정당에 배분된 비례대표국회의원의석수가 그 정당이 추천한 비례대표국회의원후보자수를 넘는 때에는 그 넘는 의석은 공석으로 한다.
⑥ 중앙선거관리위원회는 비례대표국회의원선거에 있어서 제198조(천재·지변 등으로 인한 재투표)의 규정에 의한 재투표사유가 발생한 경우에는 그 투표구의 선거인수를 전국선거인수로 나눈 수에 비례대표국회의원 의석정수를 곱하여 얻은 수의 정수(1 미만의 단수는 1로 본다)를 비례대표국회의원 의석정수에서 뺀 다음 제1항부터 제4항까지의 규정에 따라 비례대표국회의원의석을 배분하고 당선인을 결정한다. 다만, 재투표결과에 따라 의석할당정당이 추가될 것으로 예상되는 경우에는 추가가 예상되는 정당마다 비례대표국회의원 의석정수의 100분의 3에 해당하는 정수(1미만의 단수는 1로 본다)의 의석을 별도로 빼야 한다. <개정 2020. 1. 14.>
⑦ 비례대표국회의원의 당선인이 결정된 때에는 중앙선거관리위원회위원장은 그 명단을 공고하고 지체없이 각 정당에 통지하며, 당선인에게 당선증을 교부하여야 한다.
⑧ 제187조(대통령당선인의 결정·공고·통지)제4항의 규정은 비례대표국회의원당선인의 결정에 이를 준용한다.
[전문개정 2004. 3. 12.]
[2004. 3. 12. 법률 제7189호에 의하여 2001. 7. 19. 헌법재판소에서 위헌결정된 이 조를 개정함.]

제190조(지역구지방의회의원당선인의 결정·공고·통지) ① 지역구시·도의원 및 지역구자치구·시·군의원의 선거에 있어서는 선거구선거관리위원회가 당해 선거구에서 유효투표의 다수를 얻은 자(지역구자치구·시·군의원선거에 있어서는 有效投票의 다수를 얻은 者 順으로 議員定數에 이르는 者를 말한다. 이하 이 條에서 같다)를 당선인으로 결정한다. 다만, 최고득표자가 2인 이상인 때에는 연장자순에 의하여 당선인을 결정한다. <개정 1995. 4. 1., 2000. 2. 16., 2005. 8. 4.>
② 후보자등록마감시각에 후보자가 당해 선거구에서 선거할 의원정수를 넘지 아니하거나 후보자등록마감후 선거일 투표개시시각까지 후보자가 사퇴·사망하거나 등록이 무효로 되어 후보자수가 당해 선거구에서 선거할 의원정수를 넘지 아니하게 된 때에는 투표를 실시하지 아니하고, 선거일에 그 후보자를 당선인으로 결정한다.
③ 제187조(大統領當選人의 決定·公告·통지)제4항 및 제188조(地域區國會議員當選人의 決定·公告·통지)제3항 내지 제6항의 규정은 지역구지방의회의원의 당선인의 결정·공고·통지에 이를 준용한다. 이 경우 "지역구국회의원후보자"는 "지역구지방의회의원후보자"로, "1인이 된 때"는 "의원정수를 넘지 아니하게 된 때"로, "그 국회의원지역구"는 "그 선거구"로 본다. <개정 1995. 4. 1., 2000. 2. 16., 2005. 8. 4.>
④ 삭제 <2005. 8. 4.>
⑤ 삭제 <2005. 8. 4.>
⑥ 삭제 <2005. 8. 4.>
⑦ 삭제 <2005. 8. 4.>
⑧ 삭제 <2005. 8. 4.>
⑨ 삭제 <2005. 8. 4.>
[제목개정 2005. 8. 4.]

제190조의2(비례대표지방의회의원당선인의 결정·공고·통지) ① 비례대표지방의회의원선거에 있어서는 당해 선거구선거관리위원회가 유효투표총수의 100분의 5 이상을 득표한 각 정당(이하 이 조에서 "의석할당정당"이라 한다)에 대하여 당해 선

거에서 얻은 득표비율에 비례대표지방의회의원정수를 곱하여 산출된 수의 정수의 의석을 그 정당에 먼저 배분하고 잔여의석은 단수가 큰 순으로 각 의석할당정당에 1석씩 배분하되, 같은 단수가 있는 때에는 그 득표수가 많은 정당에 배분하고 그 득표수가 같은 때에는 당해 정당 사이의 추첨에 의한다. 이 경우 득표비율은 각 의석할당 정당의 득표수를 모든 의석할당정당의 득표수의 합계로 나누고 소수점 이하 제5위를 반올림하여 산출한다.

② 비례대표시·도의원선거에 있어서 하나의 정당에 의석정수의 3분의 2 이상의 의석이 배분될 때에는 그 정당에 3분의 2에 해당하는 수의 정수(整數)의 의석을 먼저 배분하고, 잔여의석은 나머지 의석할당정당간의 득표비율에 잔여의석을 곱하여 산출된 수의 정수(整數)의 의석을 각 나머지 의석할당정당에 배분한 다음 잔여의석이 있는 때에는 그 단수가 큰 순위에 따라 각 나머지 의석할당정당에 1석씩 배분한다. 다만, 의석정수의 3분의 2에 해당하는 수의 정수(整數)에 해당하는 의석을 배분받는 정당 외에 의석할당정당이 없는 경우에는 의석할당정당이 아닌 정당간의 득표비율에 잔여의석을 곱하여 산출된 수의 정수(整數)의 의석을 먼저 그 정당에 배분하고 잔여의석이 있을 경우 단수가 큰 순으로 각 정당에 1석씩 배분한다. 이 경우 득표비율의 산출 및 같은 단수가 있는 경우의 의석배분은 제1항의 규정을 준용한다.

③ 관할선거구선거관리위원회는 비례대표지방의회의원선거에 있어서 제198조(천재·지변 등으로 인한 재투표)의 규정에 의한 재투표 사유가 발생한 때에는 그 투표구의 선거인수를 당해 선거구의 선거인수로 나눈 수에 비례대표지방의회의원의석정수를 곱하여 얻은 수의 정수(1 미만의 단수는 1로 본다)를 비례대표지방의회의원의석정수에서 뺀 다음 제1항 및 제2항의 규정에 따라 비례대표지방의회의원의석을 배분하고 당선인을 결정한다. 다만, 비례대표지방의회의원의석배분이 배제된 정당 중 재투표결과에 따라 의석할당정당이 추가될 것으로 예상되는 때에는 추가가 예상되는 정당마다 비례대표지방의회의원정수의 100분의 5에 해당하는 정수(1 미만의 단수는 1로 본다)의 의석을 별도로 빼야 한다.

④ 제187조(대통령당선인의 결정·공고·통지)제4항, 제189조제4항·제5항 및 제7항은 비례대표지방의회의원 당선인의 결정에 이를 준용한다. 이 경우 "중앙선거관리위원회"는 "관할선거구선거관리위원회"로, "비례대표국회의원"은 "비례대표지방의회의원"으로 본다. <개정 2020. 1. 14.>

[본조신설 2005. 8. 4.]

제191조(지방자치단체의 장의 당선인의 결정·공고·통지) ① 지방자치단체의 장 선거에 있어서는 선거구선거관리위원회가 유효투표의 다수를 얻은 자를 당선인으로 결정하고, 이를 당해 지방의회의장에게 통지하여야 한다. 다만, 최고득표자가 2인 이상인 때에는 연장자를 당선인으로 결정한다.

② 삭제 <2010. 1. 25.>

③ 제187조제4항 및 제188조제2항부터 제6항까지의 규정은 지방자치단체의 장의 당선인의 결정에 이를 준용한다. <개정 2010. 1. 25.>

제191조의2(당선인 사퇴의 신고) 당선인이 임기개시 전에 사퇴하려는 때에는 직접 해당 선거구선거관리위원회에 서면으로 신고하여야 하고, 비례대표국회의원선거 또는 비례대표지방의회의원선거의 당선인이 사퇴하려는 때에는 소속정당의 사퇴승인서를 첨부하여야 한다.

[본조신설 2011. 7. 28.]

제192조(피선거권상실로 인한 당선무효 등) ① 선거일에 피선거권이 없는 자는 당선인이 될 수 없다.

② 당선인이 임기개시전에 피선거권이 없게 된 때에는 당선의 효력이 상실된다.

③ 당선인이 임기개시전에 다음 각 호의 어느 하나에 해당되는 때에는 그 당선을 무효로 한다. <개정 1995. 4. 1., 2000. 2. 16., 2005. 8. 4., 2010. 1. 25., 2010. 3. 12., 2020. 1. 14., 2020. 12. 29.>

1. 당선인이 제1항의 규정에 위반하여 당선된 것이 발견된 때
2. 당선인이 제52조제1항 각 호의 어느 하나 또는 같은 조 제2항 및 제3항의 등록무효사유에 해당하는 사실이 발견된 때
3. 비례대표국회의원 또는 비례대표지방의회의원의 당선인이 소속정당의 합당·해산 또는 제명외의 사유로 당적을 이탈·변경하거나 2 이상의 당적을 가지고 있는 때(當選人決定시 2 이상의 黨籍을 가진 者를 포함한다)

④ 비례대표국회의원 또는 비례대표지방의회의원이 소속정당의 합당·해산 또는 제명외의 사유로 당적을 이탈·변경하거나 2 이상의 당적을 가지고 있는 때에는 「국회법」 제136조(退職) 또는 「지방자치법」 제90조(의원의 퇴직)의 규정에 불구하고 퇴직된다. 다만, 비례대표국회의원이 국회의장으로 당선되어 「국회법」 규정에 의하여 당적을 이탈한 경우에는 그러하지 아니하다. <개정 1995. 4. 1., 2000. 2. 16., 2002. 3. 7., 2005. 8. 4., 2007. 5. 11., 2021. 1. 12.>

⑤ 제2항 및 제3항의 경우 관할선거구선거관리위원회[제187조(大統領當選人의 決定·公告 ·통지)제2항의 규정에 의하여 국회에서 대통령당선인을 결정한 경우에는 국회]는 그 사실을 공고하고 당해 당선인 및 그 당선인의 추천정당에 통지하여야 하며, 당선의 효력이 상실되거나 무효로 된 자가 대통령당선인 및 국회의원당선인인 때에는 국회의장에게, 지방자치단체의 의회의원 및 장의 당선인인 때에는 당해 지방의회의장에게 통지하여야 한다.

제193조(당선인결정의 착오시정) ① 선거구선거관리위원회[제187조(大統領當選人의 決定·公告·통지)제2항의 규정에 의하여 국회에서 대통령당선인을 결정하는 경우에는 국회]는 당선인결정에 명백한 착오가 있는 것을 발견한 때에는 선거일후 10일 이내에 당선인의 결정을 시정하여야 한다.

② 선거구선거관리위원회(中央選擧管理委員會를 제외한다)가 제1항의 규정에 의한 시정을 하는 때에는 지역구국회의원선거, 비례대표시·도의원선거, 지역구세종특별자치시의회의원선거 및 시·도지사선거에 있어서는 중앙선거관리위원회의, 지역구시·도의원선거(지역구세종특별자치시의회의원선거는 제외한다) 및 자치구·시·군의 의회의원과 장의 선거에 있어서는 시·도선거관리위원회의 심사를 받아야 한다. <개정 1995. 4. 1., 2002. 3. 7., 2015. 8. 13.>

[제목개정 2015. 8. 13.]

제194조(당선인의 재결정과 비례대표국회의원의석 및 비례대표지방의회의원의석의 재배분) ① 제187조(大統領當選人의 決定·公告·통지)·제188조(地域區國會議員當選人의 決定·公告·통지)·제190조제1항 내지 제3항 또는 제191조(地方自治團體의 長의 當選人의 決定·公告·통지)의 규정에 의한 당선인결정의 위법을 이유로 당선무효의 판결이나 결정이 확정된 때에는 당해 선거구선거관리위원회(第187條第2項의 規定에 의하여 國會에서 大統領當選人을 決定한 경우에는 國會)는 지체없이 당선인을 다시 결정하여야 한다. <개정 2002. 3. 7.>

② 제189조 및 제190조의2(비례대표지방의회의원당선인의 결정·공고·통지)의 규정에 따른 비례대표국회의원의석 또는 비례대표지방의회의원의석의 배분 및 그 당선인결정의 위법을 이유로 당선무효의 판결이나 결정이 있는 때 또는 제197조의 사유로 인한 재선거를 실시한 때에는 관할선거구선거관리위원회는 지체없이 의석을 재배분하고 다시 당선인을 결정하여야 한다. <개정 2000. 2. 16., 2002. 3. 7., 2005. 8. 4.>

③ 선거구선거관리위원회는 비례대표국회의원선거 또는 비례대표지방의회의원선거의 당선인이 그 임기개시전에 사퇴·사망하거나 제192조(被選擧權喪失로 인한 當選無效 등)제2항의 규정에 의하여 당선의 효력이 상실되거나 같은조제3항의 규정에 의하여 당선이 무효로 된 때에는 그 선거 당시의 소속정당이 추천한 후보자를 비례대표국회의원후보자명부 또는 비례대표지방의회의원후보자명부에 기재된 순위에 따라 당선인으로 결정한다. <개정 1995. 4. 1., 2000. 2. 16., 2005. 8. 4.>

④ 선거구선거관리위원회는 비례대표국회의원선거 또는 비례대표지방의회의원선거에 있어서 제198조의 사유로 인한 재투표를 실시한 때에는 당초 선거에서의 득표수와 재투표에서의

득표수를 합하여 득표비율을 산출하고 그 득표비율에 당해 선거구의 의석정수를 곱하여 얻은 수에서 각 정당이 이미 배분받은 의석수를 뺀 수가 큰 순위에 따라 잔여의석을 배분하고 당선인을 결정한다. 이 경우 비례대표국회의원선거에 있어서는 제189조제1항부터 제5항까지의 규정을, 비례대표지방의회의원선거에 있어서는 제190조의2의 규정을 준용한다. <개정 2002. 3. 7., 2004. 3. 12., 2005. 8. 4., 2020. 1. 14.>
[제목개정 2002. 3. 7., 2005. 8. 4.]

제13장 재선거와 보궐선거

제195조(재선거) ① 다음 각호의 1에 해당하는 사유가 있는 때에는 재선거를 실시한다. <개정 2000. 2. 16., 2002. 3. 7., 2004. 3. 12., 2005. 8. 4.>
1. 당해 선거구의 후보자가 없는 때
2. 당선인이 없거나 지역구자치구·시·군의원선거에 있어 당선인이 당해 선거구에서 선거할 지방의회의원정수에 달하지 아니한 때
3. 선거의 전부무효의 판결 또는 결정이 있는 때
4. 당선인이 임기개시전에 사퇴하거나 사망한 때
5. 당선인이 임기개시전에 제192조(被選擧權喪失로 인한 當選無效 등)제2항의 규정에 의하여 당선의 효력이 상실되거나 같은조제3항의 규정에 의하여 당선이 무효로 된 때
6. 제263조(選擧費用의 超過支出로 인한 當選無效) 내지 제265조(選擧事務長 등의 選擧犯罪로 인한 當選無效)의 규정에 의하여 당선이 무효로 된 때

② 하나의 선거의 같은 선거구에 제200조(보궐선거)의 규정에 의한 보궐선거의 실시사유가 확정된 후 재선거 실시사유가 확정된 경우로서 그 선거일이 같은 때에는 재선거로 본다. <신설 2004. 3. 12.>

제196조(선거의 연기) ① 천재·지변 기타 부득이한 사유로 인하여 선거를 실시할 수 없거나 실시하지 못한 때에는 대통령선거와 국회의원선거에 있어서는 대통령이, 지방의회의원 및 지방자치단체의 장의 선거에 있어서는 관할선거구선거관리위원회위원장이 당해 지방자치단체의 장(職務代行者를 포함한다)과 협의하여 선거를 연기하여야 한다. <개정 2000. 2. 16.>
② 제1항의 경우 선거를 연기한 때에는 처음부터 선거절차를 다시 진행하여야 하고, 선거일만을 다시 정한 때에는 이미 진행된 선거절차에 이어 계속하여야 한다.
③ 제1항의 규정에 의하여 선거를 연기하는 때에는 대통령 또는 관할선거구선거관리위원회위원장은 연기할 선거명과 연기사유 등을 공고하고, 지체없이 대통령은 관할선거구선거관리위원회위원장에게, 관할선거구선거관리위원회위원장은 당해 지방자치단체의 장에게 각각 통보하여야 한다. <개정 2000. 2. 16.>

제197조(선거의 일부무효로 인한 재선거) ① 선거의 일부무효의 판결 또는 결정이 확정된 때에는 관할선거구선거관리위원회는 선거가 무효로 된 당해 투표구의 재선거를 실시한 후 다시 당선인을 결정하여야 한다.
② 제1항의 재선거를 실시함에 있어서 판결 또는 결정에 특별한 명시가 없는 한 제44조제1항에도 불구하고 당초 선거에 사용된 선거인명부를 사용한다. <개정 2011. 7. 28.>
③ 제1항의 재선거를 실시함에 있어서 정당이 합당한 경우 합당된 정당은 그 재선거의 선거기간개시일부터 그 다음날까지 당해 선거구선거관리위원회에 합당전 후보자중 1인을 후보자로 추천하고, 비례대표국회의원선거 및 비례대표지방의회의원선거에 있어서는 하나의 후보자명부를 제출하되 합당전 각 정당이 제출한 후보자명부에 등재되지 아니한 자를 추가할 수 없다. <개정 1995. 4. 1., 2002. 3. 7., 2004. 3. 12., 2005. 8. 4.>
④ 제3항의 기간내에 추천이 없는 때에는 합당전 정당의 당해 선거구의 후보자의 등록은 모두 무효로 한다.
⑤ 합당된 정당의 후보자(비례대표국회의원선거 및 비례대표지방의회의원선거에 있어서는 후보자를 추천한 정당을 말한다)의 기호는 당초 선거 당시의 그 후보자의 기호로 한다. <개정 2002. 3. 7., 2004. 3. 12., 2005. 8. 4.>
⑥ 제3항의 규정에 의하여 추천된 후보자의 득표계산에 있어서는 합당으로 인하여 추천을 받지 못한 후보자의 득표는 이를 계산하지 아니한다.
⑦ 비례대표국회의원선거 및 비례대표지방의회의원선거에 있어서 제1항의 규정에 의한 재선거 사유가 확정된 경우에는 그 투표구의 선거인수를 당해 선거구의 선거인수로 나눈 수에 당해 선거구의 의석정수를 곱하여 얻은 수의 정수(1 미만의 단수는 1로 본다)를 의석정수에서 뺀 다음 제189조제1항부터 제4항까지 또는 제190조의2의 규정에 따라 의석을 재배분하고, 그 재배분에서 제외된 비례대표국회의원 및 비례대표지방의회의원의 당선은 무효로 한다. <신설 2004. 3. 12., 2005. 8. 4., 2020. 1. 14.>
⑧ 비례대표국회의원선거 및 비례대표지방의회의원선거에 있어서 제1항의 규정에 의한 재선거를 실시한 때의 의석 재배분 및 당선인결정에 있어서는 제194조제4항의 규정을 준용한다. <신설 2004. 3. 12., 2005. 8. 4.>
⑨ 제1항의 규정에 의한 재선거에 있어서의 선거운동 및 선거비용 기타 필요한 사항은 이 법의 범위안에서 중앙선거관리위원회규칙으로 정한다.
[제목개정 2011. 7. 28.]

제198조(천재·지변 등으로 인한 재투표) ① 천재·지변 기타 부득이한 사유로 인하여 어느 투표구의 투표를 실시하지 못한 때와 투표함의 분실·멸실 등의 사유가 발생한 때에는 관할선거구선거관리위원회는 당해 투표구의 재투표를 실시한 후 당해 선거구의 당선인을 결정한다. <개정 1995. 4. 1., 2002. 3. 7., 2004. 3. 12.>
② 제1항의 규정에 의한 재투표가 당해 선거구의 선거결과에 영향을 미칠 염려가 없다고 인정되는 때에는 재투표를 실시하지 아니하고 당선인을 결정한다. <개정 2002. 3. 7., 2004. 3. 12.>
③ 제1항의 재투표를 실시함에 있어서 합당된 정당이 있는 경우 제194조의 비례대표국회의원 및 비례대표지방의회의원의 의석재배분을 위한 득표수의 계산은 그 후보자의 합당전 정당의 득표수에 합산한다. <개정 2000. 2. 16., 2002. 3. 7., 2004. 3. 12., 2005. 8. 4.>
④ 제197조(選擧의 一部無效로 인한 再選擧)제3항 내지 제6항의 규정은 천재·지변 등으로 인한 재투표에 이를 준용한다.
⑤ 제1항의 규정에 의한 재투표에 있어서의 선거운동 및 선거비용 기타 필요한 사항은 이 법의 범위안에서 중앙선거관리위원회규칙으로 정한다.

제199조(연기된 선거 등의 실시) 제196조(選擧의 延期)제1항의 연기된 선거 또는 제198조(天災·地變 등으로 인한 再投票) 제1항의 재투표는 가능한 한 제35조(補闕選擧 등의 選擧日)의 규정에 의한 선거와 함께 실시하여야 한다. <개정 2004. 3. 12.>

제200조(보궐선거) ① 지역구국회의원·지역구지방의회의원 및 지방자치단체의 장에 궐원 또는 궐위가 생긴 때에는 보궐선거를 실시한다. <개정 1995. 4. 1., 2000. 2. 16., 2005. 8. 4.>
② 비례대표국회의원 및 비례대표지방의회의원에 궐원이 생긴 때에는 선거구선거관리위원회는 궐원통지를 받은 후 10일이내에 그 궐원된 의원이 그 선거 당시에 소속한 정당의 비례대표국회의원후보자명부 및 비례대표지방의회의원후보자명부에 기재된 순위에 따라 궐원된 국회의원 및 지방의회의원의 의석을 승계할 자를 결정하여야 한다. <개정 1995. 4. 1., 2000. 2. 16., 2005. 8. 4., 2010. 1. 25., 2020. 1. 14.>
③ 제2항에도 불구하고 의석을 승계할 후보자를 추천한 정당이 해산되거나 임기만료일 전 120일 이내에 궐원이 생긴 때에는 의석을 승계할 사람을 결정하지 아니한다. <개정 2020. 1. 14.>
④ 대통령권한대행자는 대통령이 궐위된 때에는 중앙선거관리위원회에, 국회의장은 국회의원이 궐원된 때에는 대통령과 중앙선거관리위원회에 그 사실을 지체 없이 통보하여야 한다.

<개정 2020. 1. 14.>
⑤ 지방의회의장은 당해 지방의회의원에 궐원이 생긴 때에는 당해 지방자치단체의 장과 관할선거구선거관리위원회에 이를 통보하여야 하며, 지방자치단체의 장이 궐위된 때에는 궐위된 지방자치단체의 장의 직무를 대행하는 자가 당해 지방의회의 장과 관할선거구선거관리위원회에 이를 통보하여야 한다.
⑥ 국회의원 또는 지방의회의원이 제53조(공무원 등의 입후보)의 규정에 의하여 그 직을 그만두었으나 후보자등록신청시까지 제4항 또는 제5항의 규정에 의한 궐원통보가 없는 경우에는 후보자로 등록된 때에 그 통보를 받은 것으로 본다. <신설 2004. 3. 12.>
[2010. 1. 25. 법률 제9974호에 의하여 2009. 6. 25., 2009. 10. 29. 헌법재판소에서 위헌결정된 이 조 제2항을 개정함.]

제201조(보궐선거등에 관한 특례) ① 보궐선거 등(大統領選擧·比例代表國會議員選擧 및 비례대표지방의회의원선거를 제외한다. 이하 이 項에서 같다)은 그 선거일부터 임기만료일까지의 기간이 1년 미만이거나, 지방의회의 의원정수의 4분의 1 이상이 궐원(任期滿了日까지의 기간이 1年 이상인 때에 再選擧·延期된 選擧 또는 再投票事由로 인한 경우를 제외한다) 되지 아니한 경우에는 실시하지 아니할 수 있다. 이 경우 지방의회의 의원정수의 4분의 1 이상이 궐원되어 보궐선거 등을 실시하는 때에는 그 궐원된 의원 전원에 대하여 실시하여야 한다. <개정 1995. 12. 30., 2000. 2. 16., 2001. 7. 24., 2005. 8. 4.>
② 제219조(選擧訴請)제2항 또는 제223조(當選訴訟)의 규정에 의하여 당선의 효력에 관한 쟁송이 계속중인 때에는 보궐선거를 실시하지 아니한다.
③ 지방의회의원의 보궐선거·재선거·연기된 선거 또는 재투표를 실시하는 경우에 지방자치단체의 관할구역의 변경에 따라 그 선거구의 구역이 그 지방의회의원이 속하는 지방자치단체에 상응하는 다른 지방자치단체의 관할구역에 걸치게 된 때에는 당해 지방자치단체에 속한 구역만을 그 선거구의 구역으로 한다.
④ 보궐선거 등의 사유가 발생하였으나 제1항 전단의 규정에 해당되어 보궐선거 등을 실시하지 아니하고자 하는 때에는 보궐선거 등의 실시사유가 확정된 날부터 10일 이내에 그 뜻을 공고하고, 국회의원보궐선거 등에 있어서는 대통령이 관할선거구선거관리위원회에, 지방자치단체의 의회의원 및 장의 보궐선거 등에 있어서는 관할선거구선거관리위원회위원장이 당해 지방의회의장 및 지방자치단체의 장에게 통보하여야 한다. 이 경우에는 제35조제5항의 규정에 불구하고 선거의 실시사유가 확정되지 아니한 것으로 본다. <개정 2000. 2. 16.>
⑤ 제1항 후단에 따라 보궐선거등을 실시하게 된 때에는 제35조제2항제1호에도 불구하고 그 실시사유가 확정된 때부터 60일 이내에 실시하여야 하며, 관할선거구선거관리위원회 위원장은 선거일 전 30일까지 선거일을 정하여 공고하여야 한다. 다만, 그 보궐선거등의 선거일이 제35조제2항제1호에 따른 4월 중 첫 번째 수요일에 실시되는 보궐선거등의 선거기간개시일 전 40일부터 선거일 후 30일까지의 사이에 있는 경우에는 그 보궐선거등과 함께 선거를 실시한다. <개정 2010. 1. 25., 2012. 1. 17., 2015. 8. 13.>
⑥ 제1항 후단 및 제5항에 따라 실시하는 보궐선거등의 "선거의 실시사유가 확정된 때"란 제35조제5항에도 불구하고 관할선거구선거관리위원회가 해당 지방의회의장으로부터 그 지방의회 의원정수의 4분의 1이상의 궐원에 해당하는 의원의 궐원을 통보받은 날을 말한다. <신설 2010. 1. 25.>
⑦ 보궐선거등(대통령의 궐위로 인한 선거·재선거 및 연기된 선거, 임기만료에 따른 선거와 동시에 실시하는 보궐선거등은 제외한다)에서 제38조제4항제1호부터 제5호까지에 해당하는 사람 외에 보궐선거등이 실시되는 선거구(선거구가 해당 구·시·군의 관할구역보다 작은 경우에는 해당 구·시·군의 관할구역을 말한다) 밖에 거소를 둔 사람도 거소투표신고를 하고 제158조의2에 따른 거소투표자의 예에 따라 투표할 수 있다. <개정 2014. 1. 17.>
[제목개정 2015. 8. 13.]

제14장 동시선거에 관한 특례

제202조(동시선거의 정의와 선거기간) ① 이 법에서 "동시선거"라 함은 선거구의 일부 또는 전부가 서로 겹치는 구역에서 2 이상의 다른 종류의 선거를 같은 선거일에 실시하는 것을 말한다.
② 동시선거에 있어 선거기간 및 선거사무일정이 서로 다른 때에는 이 법의 다른 규정에 불구하고 선거기간이 긴 선거의 예에 의한다.

제203조(동시선거의 범위와 선거일) ① 임기만료일이 같은 지방의회의원 및 지방자치단체의 장의 선거는 그 임기만료에 의한 선거의 선거일에 동시실시한다.
② 제35조제2항제2호에 따른 지방자치단체의 장 선거가 다음 각호에 해당되는 때에는 임기만료에 의한 선거의 선거일에 동시실시한다. <개정 1998. 4. 30., 2000. 2. 16., 2015. 8. 13.>
1. 임기만료에 의한 선거의 선거기간중에 그 선거를 실시할 수 있는 기간의 만료일이 있는 보궐선거 등
2. 선거를 실시할 수 있는 기간의 만료일이 임기만료에 의한 선거의 선거일후에 해당되나 그 선거의 실시사유가 임기만료에 의한 선거의 선거일 30일전까지 확정된 보궐선거 등
③ 임기만료에 따른 국회의원선거 또는 지방의회의원 및 지방자치단체의 장의 선거가 실시되는 연도에는 제35조제2항제1호에 따라 4월 첫 번째 수요일에 실시하는 보궐선거등은 임기만료에 따른 선거의 선거일에 동시 실시한다. 이 경우 4월 30일까지 실시사유가 확정된 보궐선거등은 임기만료에 따른 지방의회의원 및 지방자치단체의 장의 선거의 선거일에 동시 실시한다. <개정 2020. 12. 29.>
④ 임기만료에 따른 대통령선거가 실시되는 연도에는 1월 31일까지 실시사유가 확정된 제35조제2항제1호가목 본문 및 나목에 따른 보궐선거등은 해당 임기만료에 따른 대통령선거의 선거일에 동시 실시한다. <개정 2020. 12. 29.>
⑤ 제35조제2항제1호 각 목(가 목 단서에 따른 보궐선거등은 제외한다)에 따른 보궐선거등의 후보자등록신청개시일 전일까지 대통령의 궐위로 인한 선거 또는 재선거의 실시사유가 확정된 경우 그 보궐선거등은 대통령의 궐위로 인한 선거 또는 재선거의 선거일에 동시 실시한다. <신설 2018. 4. 6., 2020. 12. 29.>
[제목개정 2015. 8. 13.]

제204조(선거인명부에 관한 특례) ① 동시선거에 있어서 선거인명부와 거소·선상투표신고인명부는 제44조제1항에도 불구하고 각각 하나의 선거인명부와 거소·선상투표신고인명부로 한다. <개정 2011. 7. 28., 2014. 1. 17.>
② 삭제 <1998. 4. 30.>
③ 동시선거에 사용할 선거인명부 및 거소·선상투표신고인명부의 표지서식 기타 필요한 사항은 중앙선거관리위원회규칙으로 정한다. <개정 2014. 1. 17.>
[제목개정 2011. 7. 28.]

제205조(선거운동기구의 설치 및 선거사무관계자의 선임에 관한 특례) ① 동시선거에 있어서 같은 정당의 추천을 받은 2인 이상의 후보자(비례대표지방의회의원선거에 있어서는 候補者를 추천한 政黨을 포함한다. 이하 이 조에서 같다)는 선거사무소와 선거연락소를 공동으로 설치할 수 있다. <개정 2002. 3. 7., 2005. 8. 4.>
② 동시선거에 있어서 같은 정당의 추천을 받은 2인 이상의 후보자는 선거사무장·선거연락소장 또는 선거사무원을 공동으로 선임할 수 있다.
③ 제1항 및 제2항의 경우 그 설치 또는 선임은 후보자가 각각 설치·선임한 것으로 보며, 그 설치·선임신고서에 그 사실을 명시하여야 하고 공동설치·선임에 따른 비용은 당해 후보자간의 약정에 의하여 분담할 수 있되, 그 분담내역을 설치·선임신고서에 명시하여야 한다.
④ 후보자는 다른 선거의 후보자의 선거사무장·선거연락소장

·선거사무원 또는 회계책임자가 될 수 없다.
⑤ 선거사무소·선거연락소의 공동설치와 선거사무관계자의 공동선임에 따른 설치·선임신고 및 신분증명서의 서식 기타 필요한 사항은 중앙선거관리위원회규칙으로 정한다.

제206조(선거벽보에 관한 특례) 제203조제1항에 따라 동시선거를 실시하는 때의 선거벽보의 매수는 2개의 선거를 동시에 실시하는 때에는 제64조제1항에 따른 기준매수의 3분의 2, 3개 이상의 선거를 동시에 실시하는 때에는 기준매수의 2분의 1에 각 상당하는 수로 한다. <개정 2010. 1. 25.>
[제목개정 2010. 1. 25.]

제207조(책자형 선거공보에 관한 특례) ① 동시선거에 있어서 같은 정당의 추천을 받은 2인 이상의 후보자(대통령선거의 정당추천후보자와 비례대표국회의원선거 및 비례대표지방의회의원선거에 있어서는 후보자를 추천한 정당을 말한다. 이하 이 조에서 같다)는 제65조(선거공보)의 규정에 따른 책자형 선거공보를 공동으로 작성할 수 있으며, 책자형 선거공보는 공동으로 작성한 때에는 후보자마다 각각 1종을 작 성한 것으로 본다. <개정 2005. 8. 4.>
② 관할구역이 큰 선거구의 후보자가 책자형 선거공보의 일부 지면에 작은 선거구의 후보자에 관한 내용을 선거구에 따라 달리 게재하는 방법으로 공동작성하였을 경우 큰 선거구의 후보자에 관한 내용이 동일한 책자형 선거공보는 1종으로 본다. <개정 2005. 8. 4.>
③ 제1항의 규정에 의하여 책자형 선거공보를 공동으로 작성하는 경우에는 후보자간의 약정에 의하여 그 비용을 분담할 수 있다. 이 경우 그 분담내역을 관할구·시·군선거관리위원회에 책자형 선거공보를 제출하는 때에 각각 서면으로 신고하여야 한다. <개정 2005. 8. 4.>
[제목개정 2005. 8. 4.]

제208조 삭제 <2004. 3. 12.>

제209조(공개장소에서의 연설·대담에 관한 특례) 동시선거에 있어서 같은 정당의 추천을 받은 2인 이상의 후보자는 한 장소에서 제79조에 따른 공개장소에서의 연설·대담을 공동으로 할 수 있다. <개정 1995. 12. 30., 1998. 4. 30., 2004. 3. 12., 2010. 1. 25.>

제210조(선거와 관련있는 정당활동의 규제에 관한 특례) 동시선거에 있어서 제9장 선거와 관련있는 정당활동의 규제의 적용에 있어서 기준이 되는 선거는 동시에 실시하는 선거의 수에 불구하고 하나의 선거를 기준으로 하되, 임기만료에 의한 선거와 제35조(補闕選擧 등의 選擧日)제2항 및 제3항의 보궐선거 등이나 제36조(延期된 選擧 등의 選擧日)의 연기된 선거를 동시에 실시하는 경우에는 임기만료에 의한 선거를 기준으로 하고, 제35조제2항 및 제3항의 규정에 의한 보궐선거 등을 동시에 실시하는 때의 "그 선거의 실시사유가 확정된 때"는 "동시에 실시하는 보궐선거 등 가운데 최초로 그 선거의 실시사유가 확정된 보궐선거 등의 실시사유가 확정된 때"로 본다.

제211조(투표용지·투표안내문 등에 관한 특례) ① 동시선거에 있어서 투표용지는 색도 또는 지질 등을 달리하는 등 중앙선거관리위원회규칙이 정하는 바에 따라 선거별로 구분이 되도록 작성·교부할 수 있다.
② 삭제 <2005. 8. 4.>
③ 동시선거에 있어서 시·도지사선거 및 비례대표시·도의원선거의 투표용지는 제151조(투표용지와 투표함의 작성)제1항의 규정에 불구하고 중앙선거관리위원회규칙이 정하는 바에 따라 당해 시·도선거관리위원회가 작성한다. 이 경우 투표용지에는 당해 시·도선거관리위원회의 청인을 날인하되, 인쇄날인으로 갈음할 수 있다. <개정 2005. 8. 4.>
④ 동시선거에 있어서 투표안내문(점자형 투표안내문을 포함한다. 이하 이 항에서 같다)은 제153조에도 불구하고 중앙선거관리위원회규칙으로 정하는 바에 따라 하나의 투표안내문으로 할 수 있다. <개정 2011. 7. 28.>
⑤ 동시선거에 있어서 투표소의 수·설치·설비와 투표용지의 작성·교부자와 교부방법 및 투표절차 기타 필요한 사항은 중앙선거관리위원회규칙으로 정한다.
[제목개정 2011. 7. 28.]

제212조(거소투표·사전투표의 투표용지 발송과 회송 등에 관한 특례) 동시선거에서 다음 각 호의 어느 하나에 해당하는 경우에는 해당 선거인마다 하나의 회송용 봉투 또는 발송용 봉투를 사용하여 행할 수 있다.
1. 거소투표자에 대한 투표용지의 발송 및 투표지 회송
2. 사전투표소에서 투표한 선거인의 투표지 회송
[전문개정 2014. 1. 17.]

제213조(투표참관인선정 및 지정 등에 관한 특례) ① 동시선거에 있어 투표참관인은 제161조(投票參觀)제2항의 규정에 의한 선정·신고인원수에 불구하고 후보자를 추천한 정당과 무소속후보자마다 2인을 선정·신고하여야 한다. <개정 1995. 4. 1., 2000. 2. 16., 2005. 8. 4.>
② 동시선거의 투표참관인의 지정에 있어 제161조제4항의 "후보자"는 "정당 또는 후보자"로, "후보자별"은 "정당·후보자별"로 본다. <개정 2005. 8. 4.>
③ 동시선거에서 사전투표참관인은 제162조제2항에 따른 선정·신고인원수에 불구하고 당해 선거에 참여한 정당마다 2인을, 무소속후보자는 1인을 선정·신고하여야 한다. <개정 1995. 4. 1., 2000. 2. 16., 2005. 8. 4., 2014. 1. 17.>
④ 동시선거에 있어서 사전투표참관인은 8명 이내로 하되, 제3항의 규정에 의하여 선정·신고한 인원수가 8명을 넘는 때에는 관할선거관리위원회는 정당이 선정·신고한 자를 우선 지정하고 나머지 인원은 무소속후보자가 선정·신고한 자중에서 8명에 달할 때까지 추첨에 의하여 지정한다. 이 경우 정당이 선정·신고한 인원수가 8명을 넘는 때에는 제150조제3항부터 제5항까지의 규정에 따른 정당순위의 앞순위의 정당이 선정·신고한 자부터 8명에 달할 때까지 지정한다. <신설 1995. 5. 10., 1997. 11. 14., 2000. 2. 16., 2002. 3. 7., 2005. 8. 4., 2010. 1. 25., 2014. 1. 17.>

제214조(투표함의 개함등에 관한 특례) 동시선거에 있어서 제175조(개표개시)제2항의 규정에 의한 개표순서는 선거별 또는 그 선거구의 관할구역이 작은 선거구별로 구분하여 행한다. <개정 2004. 3. 12., 2006. 3. 2.>

제215조(개표참관인 등에 관한 특례) ① 동시선거에 있어서 개표참관인은 제181조(開票參觀)제2항의 규정에 의한 선정·신고인원수에 불구하고 후보자를 추천한 정당마다 8인을, 무소속후보자는 2인을 선정·신고하여야 한다. 다만, 구·시·군선거관리위원회는 거소투표·선상투표 및 사전투표의 개표를 하는 때에는 정당 또는 후보자가 선정·신고한 자중에서 정당은 4인씩을, 무소속후보자는 1인씩을 참관하게 한다. <개정 1995. 4. 1., 1995. 5. 10., 2000. 2. 16., 2005. 8. 4., 2014. 1. 17.>
② 동시선거에 있어서 관람증의 매수는 제182조(開票觀覽)제2항의 규정에 불구하고 정당별로 균등하게 우선 배부한 후 무소속후보자별로 균등하게 배부하되, 후보자마다 1매 이상 배부하여야 한다. <개정 1995. 5. 10., 2000. 2. 16., 2005. 8. 4.>

제216조(4개 이상 선거의 동시실시에 관한 특례) ① 4개 이상 동시선거에 있어 지역구자치구·시·군의원선거의 후보자는 제79조(公開場所에서의 演說·對談)의 연설·대담을 위하여 자동차 1대와 휴대용 확성장치 1조를 사용할 수 있다. 이 경우 휴대용 확성장치는 제79조제8항제2호 본문에 따른 소음기준을 초과할 수 없다. <개정 1995. 5. 10., 2000. 2. 16., 2002. 3. 7., 2005. 8. 4., 2022. 1. 18.>
② 임기만료에 의한 지방자치단체의 의회의원 및 장의 선거를 동시에 실시하는 경우 개표진행 및 결과공표는 제178조제1항·제3항에도 불구하고 읍·면·동을 단위로 할 수 있다. <개정 2010. 1. 25., 2011. 7. 28., 2014. 1. 17.>
1. 삭제 <2011. 7. 28.>
2. 삭제 <2011. 7. 28.>
3. 삭제 <2011. 7. 28.>
4. 삭제 <2011. 7. 28.>
5. 삭제 <2011. 7. 28.>

6. 삭제 <2011. 7. 28.>
7. 삭제 <2011. 7. 28.>
8. 삭제 <2011. 7. 28.>
9. 삭제 <2011. 7. 28.>
③ 삭제 <2010. 1. 25.>
④ 삭제 <2000. 2. 16.>
⑤ 4개 이상 선거를 동시에 실시하는 경우 제1항 및 제2항 외에 투표소에 설치하는 투표함의 수, 투표와 개표의 절차·방법, 제2항의 개표절차 그 밖에 필요한 사항은 중앙선거관리위원회규칙으로 정한다. <개정 2006. 3. 2., 2010. 1. 25., 2011. 7. 28.>
[제목개정 2011. 7. 28.]
[2022. 1. 18. 법률 제18790호에 의하여 2005. 8. 4. 헌법재판소에서 헌법불합치 결정된 이 조 제1항을 개정함.]

제217조(투표록·개표록 등 작성에 관한 특례) 동시선거에 있어 투표록 및 개표록은 선거의 구분없이 하나의 투표록 및 개표록으로 각각 작성할 수 있다. <개정 2005. 8. 4.>

제14장의2 재외선거에 관한 특례 〈신설 2009. 2. 12.〉

제218조(재외선거관리위원회 설치·운영) ① 중앙선거관리위원회는 대통령선거와 임기만료에 따른 국회의원선거를 실시하는 때마다 선거일 전 180일부터 선거일 후 30일까지 「대한민국 재외공관 설치법」 제2조에 따른 공관(공관이 설치되지 아니한 지역에서 영사사무를 수행하는 사무소와 같은 법 제3조에 따른 분관 또는 출장소를 포함하고, 영사사무를 수행하지 아니하거나 영사관할구역이 없는 공관 및 영사관할구역 안에 공관사무소가 설치되지 아니한 공관은 제외한다. 이하 이 장에서 "공관"이라 한다)마다 재외선거의 공정한 관리를 위하여 재외선거관리위원회를 설치·운영하여야 한다. 다만, 대통령의 궐위(闕位)로 인한 선거 또는 재선거는 그 선거의 실시사유가 확정된 날부터 10일 이내에 재외선거관리위원회를 설치하여야 한다. <개정 2011. 7. 28., 2017. 3. 9.>
② 재외선거관리위원회는 중앙선거관리위원회가 지명하는 2명 이내의 위원과 국회에 교섭단체를 구성한 정당이 추천하는 각 1명, 공관의 장 또는 공관의 장이 공관원 중에서 추천하는 1명을 중앙선거관리위원회가 위원으로 위촉하여 구성하되, 그 위원 정수는 홀수로 한다. 다만, 재외선거관리위원회를 구성한 후에 국회에 교섭단체를 구성한 정당의 수에 변경이 있는 때에는 현원을 위원 정수로 본다. <개정 2012. 1. 17.>
③ 다음 각 호의 어느 하나에 해당하는 사람은 재외선거관리위원회의 위원이 될 수 없다. <개정 2011. 7. 28.>
1. 국회의원의 선거권이 없는 사람
2. 정당의 당원인 사람
3. 재외투표관리관
④ 재외선거관리위원회에 위원장과 부위원장 각 1명을 두되, 위원 중에서 호선한다. 다만, 공관의 장과 그가 추천하는 공관원은 위원장이 될 수 없다.
⑤ 재외선거관리위원회는 재외선거의 관리를 위하여 필요한 때에는 해당 공관의 장에게 협조를 요구할 수 있으며, 그 협조를 요구받은 공관의 장은 우선적으로 이에 따라야 한다.
⑥ 재외선거관리위원회위원장은 해당 공관의 장과 협의하여 해당 공관의 소속 직원 중에서 간사·서기 및 선거사무종사원을 위촉할 수 있다.
⑦ 새로이 구성된 재외선거관리위원회의 최초의 회의소집에 관하여는 공관의 장이 해당 재외선거관리위원회위원장의 직무를 대행한다.
⑧ 재외선거관리위원회의 관할 구역은 해당 공관의 영사관할구역(공관의 장이 다른 대사관의 장을 겸하는 경우에는 그 다른 대사관의 영사관할구역을 포함한다)으로 하고, 그 명칭은 해당 공관명을 붙여 표시하되 약칭을 사용할 수 있다. <개정 2011. 7. 28.>
⑨ 중앙선거관리위원회는 재외선거관리위원회의 운영기간 중 또는 운영기간 만료 후 6개월 이내에 다른 선거의 재외선거관리위원회 설치·운영기간이 시작되는 경우에는 제1항에도 불구하고 다른 선거의 재외선거관리위원회를 설치하지 아니하고, 운영 중인 재외선거관리위원회를 다른 선거의 재외선거관리위원회로 본다. <신설 2011. 7. 28.>
⑩ 「선거관리위원회법」 제4조제3항 단서, 제4조제7항부터 제11항까지, 제4조제12항 본문, 제5조제3항·제5항, 제7조, 제9조제1호부터 제4호까지, 제10조, 제11조제1항·제3항, 제12조제1항·제3항, 제13조 및 제14조의2는 재외선거관리위원회의 설치·운영에 준용한다. 이 경우 "관계선거관리위원회"·"하급선거관리위원회"·"각급선거관리위원회" 및 "구·시·군선거관리위원회"는 각각 "재외선거관리위원회"로, "선거기간개시일(위탁선거는 제외한다. 이하 같다) 또는 국민투표안공고일"·"선거기간개시일 또는 국민투표안공고일" 및 "선거인명부작성기준일 또는 국민투표안공고일"은 각각 "재외투표소 설치일"로, "당해 또는 읍·면·동선거관리위원회"는 "해당 재외선거관리위원회"로, "구·시·군선거관리위원회위원장"은 "재외선거관리위원회위원장"으로, "각 상급선거관리위원회"는 "중앙선거관리위원회"로, "상임위원 또는 부위원장"은 "부위원장"으로, "위원장·상임위원·부위원장"은 "위원장·부위원장"으로, "개표종료시"는 "재외투표 마감일"로 본다. <개정 2011. 7. 28.>
[본조신설 2009. 2. 12.]

제218조의2(재외투표관리관의 임명) ① 재외선거에 관한 사무를 처리하기 위하여 공관마다 재외투표관리관을 둔다. <개정 2011. 7. 28.>
② 재외투표관리관은 공관의 장으로 한다. 다만, 공관의 장과 총영사를 함께 두고 있는 공관의 경우 그 공관의 장이 총영사를 재외투표관리관으로 지정할 수 있다. <신설 2011. 7. 28.>
[본조신설 2009. 2. 12.]

제218조의3(재외선거관리위원회와 재외투표관리관의 직무) ① 재외선거관리위원회는 재외선거에 관한 다음 각 호의 사무를 처리한다.
1. 재외투표소 설치장소와 운영기간 등의 결정·공고
2. 재외투표소의 투표관리
3.재외투표소 투표사무원 위촉 및 투표참관인 선정
4. 재외투표관리관이 행하는 선거관리사무 감독
5. 선거범죄 예방 및 단속에 관한 사무
6. 그 밖에 재외투표관리관이 필요하다고 인정하여 재외선거관리위원회에 부의하는 사항
② 재외투표관리관은 다음 각 호의 사무를 처리한다. <개정 2015. 12. 24.>
1. 재외선거인 등록신청·변경등록신청과 국외부재자 신고의 접수 및 처리
2. 재외국민의 선거권 행사에 필요한 사항의 홍보·지원
3. 재외투표소 설비
4. 재외투표 국내 회송 등 재외선거사무(국외부재자투표사무를 포함한다. 이하 같다) 총괄 관리
5. 재외선거관리위원회 운영 지원
[본조신설 2009. 2. 12.]

제218조의4(국외부재자 신고) ① 주민등록이 되어 있는 사람으로서 다음 각 호의 어느 하나에 해당하여 외국에서 투표하려는 선거권자(지역구국회의원선거에서는 「주민등록법」 제6조제1항제3호에 해당하는 사람과 같은 법 제19조제4항에 따라 재외국민으로 등록·관리되는 사람은 제외한다)는 대통령선거와 임기만료에 따른 국회의원선거를 실시하는 때마다 선거일 전 150일부터 선거일 전 60일까지(이하 이 장에서 "국외부재자 신고기간"이라 한다) 서면·전자우편 또는 중앙선거관리위원회 홈페이지를 통하여 관할 구·시·군의 장에게 국외부재자 신고를 하여야 한다. 이 경우 외국에 머물거나 거주하는 사람은 공관을 경유하여 신고하여야 한다. <개정 2011. 11. 7., 2012. 10. 2., 2014. 1. 17., 2015. 8. 13.>
1. 사전투표기간 개시일 전 출국하여 선거일 후에 귀국이 예정된 사람
2. 외국에 머물거나 거주하여 선거일까지 귀국하지 아니할 사람

② 제1항에 따라 국외부재자 신고를 하려는 사람은 그 신고서에 다음 각 호의 사항을 적어야 한다. <개정 2014. 2. 13., 2015. 8. 13., 2015. 12. 24.>
1. 성명
2. 주민등록번호
3. 주소
4. 거소(로마자 대문자로 적되, 구체적인 방법은 중앙선거관리위원회규칙으로 정한다. 이하 제218조의5제2항제4호에서 같다)
5. 여권번호
③ 제1항에 따른 전자우편을 이용하여 국외부재자 신고를 하려는 때에는 재외투표관리관 또는 구·시·군의 장이 공고하는 전자우편 주소로 국외부재자신고서를 전송하는 방법으로 하여야 한다. 이 경우 본인 명의의 전자우편 주소로 자신의 국외부재자 신고에 한하여 할 수 있다. <신설 2012. 10. 2.>
④ 재외투표관리관 또는 구·시·군의 장은 전자우편을 이용한 국외부재자 신고를 접수하기 위하여 전자우편 계정을 별도로 개설하는 등 필요한 조치를 하여야 한다. <신설 2012. 10. 2.>
⑤ 재외투표관리관 또는 구·시·군의 장은 국외부재자신고서에 제2항 각 호에 따른 기재사항 중 여권번호의 누락이 있는 때에는 해당 선거권자에게 국외부재자 신고기간 만료일까지 보완할 것을 통보하여야 하며, 이를 통보받은 선거권자가 국외부재자 신고기간 만료일까지 보완하지 아니한 때에는 그 신고를 접수하지 아니한다. <신설 2015. 12. 24.>
[본조신설 2009. 2. 12.]

제218조의5(재외선거인 등록신청) ① 주민등록이 되어 있지 아니하고 재외선거인명부에 올라 있지 아니한 사람으로서 외국에서 투표하려는 선거권자는 대통령선거와 임기만료에 따른 비례대표국회의원선거를 실시하는 때마다 해당 선거의 선거일 전 60일까지(이하 이 장에서 "재외선거인 등록신청기한"이라 한다) 다음 각 호의 어느 하나에 해당하는 방법으로 중앙선거관리위원회에 재외선거인 등록신청을 하여야 한다. <개정 2012. 10. 2., 2015. 8. 13., 2015. 12. 24.>
1. 공관을 직접 방문하여 서면으로 신청하는 방법. 이 경우 대한민국 국민은 가족(본인의 배우자와 본인·배우자의 직계존비속을 말한다)의 재외선거인 등록신청서를 대리하여 제출할 수 있다.
2. 관할구역을 순회하는 공관에 근무하는 직원에게 직접 서면으로 신청하는 방법. 이 경우 제1호 후단을 준용한다.
3. 우편 또는 전자우편을 이용하거나 중앙선거관리위원회 홈페이지를 통하여 신청하는 방법. 이 경우 외국에 머물거나 거주하는 사람은 공관을 경유하여 신고하여야 한다.
② 재외선거인 등록신청(제3항에 따른 변경등록신청을 포함한다. 이하 이 장에서 같다)을 하려는 사람은 그 신청서에 다음 각 호의 사항을 적어야 한다. <개정 2011. 9. 30., 2012. 10. 2., 2015. 8. 13., 2015. 12. 24.>
1. 성명
2. 여권번호·생년월일 및 성별
3. 국내의 최종주소지(국내의 최종주소지가 없는 사람은「가족관계의 등록 등에 관한 법률」에 따른 등록기준지)
4. 거소
5.「가족관계의 등록 등에 관한 법률」 제15조제1항제1호에 따른 가족관계증명서에 기재된 부 또는 모의 성명 등 중앙선거관리위원회규칙으로 정하는 사항
③ 재외선거인명부에 올라 있는 선거인은 그 기재사항의 변경이 있는 경우에는 제1항 각 호의 어느 하나에 해당하는 방법으로 해당 선거의 선거일 전 60일까지 재외선거인 변경등록신청을 하여야 한다. <신설 2015. 12. 24.>
④ 재외투표관리관은 매년 1월 31일까지 비자·영주권증명서·장기체류증 또는 거류국의 외국인등록증 등 재외선거인의 국적확인에 필요한 서류의 종류를 공고하여야 한다. 이 경우 둘 이상의 공관을 둔 국가에서는 대사관의 재외투표관리관이 일괄하여 공고한다. <신설 2011. 9. 30., 2015. 8. 13., 2015. 12. 24.>
⑤ 재외선거인 등록신청에 관하여는 제218조의4제3항부터 제5항까지의 규정을 준용한다. 이 경우 "국외부재자 신고"는 "재외선거인 등록신청"으로, "재외투표관리관 또는 구·시·군의 장"은 "재외투표관리관"으로, "국외부재자신고서"는 "재외선거인 등록신청서 또는 변경등록신청서"로, "국외부재자 신고기간 만료일"은 "재외선거인 등록신청기한"으로, "여권번호"는 "여권번호 및「가족관계의 등록 등에 관한 법률」 제15조제1항제1호에 따른 가족관계증명서에 기재된 부 또는 모의 성명"으로 본다. <신설 2012. 10. 2., 2015. 12. 24.>
[본조신설 2009. 2. 12.]

제218조의6(공관부재자신고인명부 등 작성) ① 재외투표관리관이 국외부재자신고서 또는 재외선거인 등록신청서(변경등록신청서를 포함한다. 이하 이 장에서 같다)를 접수하면 기재사항의 적정 여부, 정당한 신고·신청 여부를 확인한 다음 제218조의4제1항 각 호의 어느 하나에 해당하는 사람을 대상으로는 공관부재자신고인명부를, 제218조의5제1항 및 제3항에 해당하는 사람을 대상으로는 재외선거인 등록신청자명부를 각각 작성(전산정보자료를 포함한다. 이하 이 장에서 같다)하여야 한다. <개정 2015. 12. 24.>
② 재외투표관리관은 제1항에 따른 확인을 위하여 필요한 경우에는「주민등록법」 제30조에 따른 주민등록전산정보자료또는「가족관계의 등록 등에 관한 법률」 제11조에 따른 등록전산정보자료, 그 밖에 국가가 관리하는 전산정보자료를 이용할 수 있다.
③ 재외투표관리관이 공관부재자신고인명부와 재외선거인 등록신청자명부를 작성하는 때에는 신고서 또는 신청서의 내용에 따라 정확하게 작성하여야 한다.
[본조신설 2009. 2. 12.]

제218조의7(공관부재자신고인명부 등의 송부) ① 재외투표관리관이 공관부재자신고인명부와 재외선거인 등록신청자명부를 작성하면 이를 즉시 구·시·군별로 분류하여 국외부재자신고서 및 재외선거인 등록신청서와 함께 외교부장관을 경유하여 중앙선거관리위원회에 보낸다. <개정 2013. 3. 23.>
② 중앙선거관리위원회가 제1항에 따라 공관부재자신고인명부와 국외부재자신고서를 접수하면 이를 해당 구·시·군의 장에게 보낸다.
③ 제1항 및 제2항에 따른 공관부재자신고인명부, 재외선거인 등록신청자명부, 국외부재자신고서 및 재외선거인 등록신청서의 송부는 전산조직을 이용한 전산정보자료의 전송으로 갈음할 수 있다. 이 경우 해당 서류 원본의 보관, 그 밖에 필요한 사항은 중앙선거관리위원회규칙으로 정한다. <신설 2011. 7. 28.>
[본조신설 2009. 2. 12.]

제218조의8(재외선거인명부의 작성) ① 중앙선거관리위원회는 해당 선거의 선거일 전 60일 현재의 최종주소지 또는 등록기준지를 기준으로 선거일 전 49일부터 선거일 전 40일까지 10일간 해당 선거 직전에 실시한 대통령선거 또는 임기만료에 따른 비례대표국회의원선거에서 확정된 재외선거인명부와 재외투표관리관이 송부한 재외선거인 등록신청서에 따라 재외선거인명부를 작성한다. 이 경우 같은 사람이 2 이상의 재외선거인 등록신청을 한 사실이 발견된 때에는 그 중 가장 나중에 접수된 재외선거인 등록신청서에 따라 재외선거인명부를 작성한다. <개정 2011. 7. 28., 2015. 12. 24.>
② 중앙선거관리위원회는 해당 선거의 선거일 전 60일까지 해당 선거 직전에 실시한 대통령선거 또는 임기만료에 따른 비례대표국회의원선거에서 확정된 재외선거인명부에 올라 있는 선거인의 선거권 유무 등을 확인하여 그 재외선거인명부를 정비하여야 한다. <신설 2015. 12. 24., 2022. 1. 21.>
③ 거짓으로 재외선거인 등록신청을 한 사람이나 자신의 의사에 따라 신청한 것으로 인정되지 아니하는 사람은 재외선거인명부에 올릴 수 없다. <개정 2015. 12. 24.>
④ 다음 각 호의 어느 하나에 해당하는 정보를 관리하는 기관의 장은 선거일 전 150일부터 중앙선거관리위원회가 재외선거인명부의 작성 및 해당 선거 직전에 실시한 대통령선거 또

는 임기만료에 따른 비례대표국회의원선거에서 확정된 재외선거인명부의 정비를 위하여 필요한 범위에서 해당 정보를 전산조직으로 조회할 수 있도록 필요한 조치를 하여야 한다. <개정 2013. 3. 23., 2014. 11. 19., 2015. 12. 24., 2017. 7. 26.>

1. 「주민등록법」 제30조에 따른 주민등록에 관한 정보
2. 「가족관계의 등록 등에 관한 법률」 제11조에 따른 가족관계 등록에 관한 정보
3. 제18조제1항제1호에 해당하는 금치산자에 관한 정보. 이 경우 행정안전부장관은 해당 정보를 관리하는 구·시·읍·면의 장으로부터 통보받은 자료를 데이터베이스로 구축하여 손쉽게 활용할 수 있도록 하여야 한다.
4. 제18조제1항제2호부터 제4호까지의 규정에 해당하는 사람에 관한 정보

⑤ 중앙선거관리위원회는 재외선거인 등록을 신청한 사람이 정당한 신청인인지를 확인하기 위하여 관계 행정기관에 필요한 지시를 할 수 있다. <개정 2015. 12. 24.>

⑥ 국가는 재외선거인명부의 정확한 작성을 위하여 필요한 제도적·재정적 조치를 하여야 한다. <신설 2011. 7. 28., 2015. 12. 24.>

[본조신설 2009. 2. 12.]

제218조의9(국외부재자신고인명부의 작성) ① 구·시·군의 장은 국외부재자 신고기간만료일 현재의 주소지를 기준으로 선거일 전 49일부터 선거일 전 40일까지 10일간(이하 이 장에서 "국외부재자신고인명부 작성기간"이라 한다) 중앙선거관리위원회가 송부한 국외부재자신고서와 해당 구·시·군의 장이 직접 접수한 국외부재자신고서에 따라 국외부재자신고인명부를 작성한다. 이 경우 같은 사람이 2 이상의 국외부재자신고를 한 사실이 발견된 때에는 그 중 가장 나중에 접수된 국외부재자신고서에 따라 국외부재자신고인명부를 작성한다. <개정 2011. 7. 28., 2015. 8. 13.>

② 거짓으로 국외부재자 신고를 한 사람이나 자신의 의사에 따라 신고한 것으로 인정되지 아니하는 사람은 국외부재자신고인명부에 올릴 수 없다.

③ 국외부재자신고인명부 작성의 감독 등에 관하여는 제39조를 준용한다. 이 경우 "선거인명부"는 "국외부재자신고인명부"로, "선거인명부작성기간"은 "국외부재자신고인명부 작성기간"으로 본다.

[본조신설 2009. 2. 12.]

제218조의10(재외선거인명부등의 열람) ① 중앙선거관리위원회와 구·시·군의 장(이하 이 장에서 "명부작성권자"라 한다)은 재외선거인명부 및 국외부재자신고인명부(이하 "재외선거인명부등"이라 한다)의 작성기간 만료일의 다음 날부터 5일간(이하 이 장에서 "재외선거인명부등의 열람기간"이라 한다) 장소를 정하여 재외선거인명부등을 열람할 수 있도록 하여야 한다. 다만, 재외선거인명부는 인터넷 홈페이지에서의 열람에 한한다.

② 선거권자는 누구든지 재외선거인명부등의 열람기간 중 자유로이 재외선거인명부등을 열람할 수 있다.

③ 명부작성권자는 재외선거인명부등의 열람기간 동안 자신이 개설·운영하는 인터넷 홈페이지에서 국외부재자 신고를 한 사람이나 재외선거인등록을 신청한 사람이 자신의 정보에 한하여 재외선거인명부등을 열람할 수 있도록 하는 기술적 조치를 하여야 한다.

④ 행정안전부장관은 명부작성권자의 협조를 받아 재외선거인 및 국외부재자신고인(이하 "재외선거인등"이라 한다)이 재외선거인명부등의 열람기간 동안 행정안전부가 개설·운영하는 인터넷 홈페이지에서 자신이 재외선거인명부등에 올라 있는지 여부를 확인할 수 있도록 기술적 조치를 하여야 한다. <신설 2011. 7. 28., 2013. 3. 23., 2014. 11. 19., 2017. 7. 26.>

⑤ 재외투표관리관은 재외선거인명부등의 열람기간 동안 중앙선거관리위원회가 전송하는 재외선거인명부등을 이용하여 재외선거인등이 재외선거인명부등에 올라 있는지 여부를 확인할 수 있도록 하여야 한다. <신설 2011. 7. 28.>

⑥ 재외선거인명부등의 사본은 교부하지 아니한다. <신설 2011. 7. 28.>

[본조신설 2009. 2. 12.]

제218조의11(재외선거인명부등에 대한 이의 및 불복신청 등) ① 선거권자는 재외선거인명부등의 열람기간 중 재외선거인명부등에 정당한 선거권자가 빠져 있거나 잘못 써진 내용이 있거나 자격이 없는 사람이 올라 있으면 말 또는 서면으로 명부작성권자에게 이의를 신청할 수 있고, 해당 명부작성권자는 그 신청이 있는 날의 다음 날까지 심사·결정하여야 한다.

② 제1항의 이의신청에 따른 구·시·군의 장의 결정에 대하여 불복이 있는 이의신청인이나 관계인은 그 통지를 받은 날의 다음 날까지 관할 구·시·군선거관리위원회에 서면으로 불복을 신청할 수 있다.

③ 제1항에 따른 이의신청기간 만료일의 다음 날부터 재외선거인명부등의 확정일 전일까지 명부작성권자의 착오나 그 밖의 사유로 재외선거인 등록신청 또는 국외부재자 신고를 한 사람 중 정당한 선거권자가 재외선거인명부등에 빠진 것이 발견된 경우 해당 선거권자는 명부작성권자에게 소명자료를 붙여 서면으로 등재신청을 할 수 있다.

④ 선거권자는 재외선거인 등록신청서를 대리하여 제출한 사람과 재외선거인 등록신청을 한 사람의 관계가 제218조의5제1항제1호 후단에 따른 가족이 아닌 경우 제1항에 따라 이의신청을 할 수 있다. 이 경우 중앙선거관리위원회는 「가족관계의 등록 등에 관한 법률」 제15조(증명서의 종류 및 기록사항) 제1항 각 호에 따른 증명서를 관계 기관으로부터 교부받아 가족관계를 확인하여야 하며, 제218조의5제1항제1호 후단에 따른 가족이 아닌 것으로 확인되면 그 등록신청을 한 사람을 재외선거인명부에서 삭제하여야 한다. <신설 2012. 10. 2.>

⑤ 이의신청·불복신청 또는 재외선거인명부등 등재신청에 대한 결정 내용의 통지는 명부작성권자가 개설·운영하는 인터넷 홈페이지에 게시하거나 전자우편을 전송하는 방법으로 갈음할 수 있다. <개정 2012. 10. 2.>

⑥ 명부작성권자가 재외선거인명부등의 확정일 전일까지 같은 사람이 재외선거인명부와 국외부재자신고인명부에 각각 올라 있는 사실을 발견한 때에는 그 중 나중에 접수된 재외선거인 등록신청서 또는 국외부재자신고서에 따라 재외선거인명부 또는 국외부재자신고인명부 중 어느 하나에 올려야 한다. <신설 2011. 7. 28., 2012. 10. 2.>

[본조신설 2009. 2. 12.]

제218조의12(대통령의 궐위선거 및 재선거에서 기한 등의 단축) 제218조의4부터 제218조의11까지의 규정에도 불구하고 대통령의 궐위로 인한 선거 또는 재선거를 실시하는 경우에 재외선거인 등록신청기한과 국외부재자 신고기간 등은 다음 각 호에 따른다. 이 경우 재외선거인명부등에 대한 열람과 이의신청을 위한 기간은 따로 두지 아니한다. <개정 2015. 12. 24.>

1. 재외선거인 등록신청기한 및 국외부재자 신고기간
선거의 실시사유가 확정된 때부터 선거일 전 40일까지
2. 재외선거인명부등의 작성기간
선거일 전 34일부터 선거일 전 30일까지

[본조신설 2009. 2. 12.]
[제목개정 2015. 12. 24.]

제218조의13(재외선거인명부등의 확정과 송부) ① 재외선거인명부등은 선거일 전 30일에 확정되며, 국외부재자신고인명부는 해당 선거에 한정하여 효력을 가진다. <개정 2015. 12. 24.>

② 명부작성권자는 재외선거인명부등이 확정되면 즉시 그 전산자료 복사본을 관할 구·시·군선거관리위원회에 보내야 한다. 이 경우 구·시·군의 장은 국외부재자신고서(제218조의7제3항에 따라 전산정보자료로 전송받은 경우에는 그 전산정보자료 복사본을 포함한다)를 함께 보내야 한다. <개정 2011. 7. 28., 2018. 4. 6.>

③ 중앙선거관리위원회는 제1항에 따라 확정된 재외선거인명

부등을 하나로 합하여 재외선거관리위원회에 송부하여야 하며, 그 절차와 방법, 그 밖에 필요한 사항은 중앙선거관리위원회규칙으로 정한다. <신설 2011. 7. 28., 2015. 8. 13.>

④ 누구든지 재외선거인등이 투표한 후에는 그 재외선거인등의 해당 선거의 선거권 유무에 대하여 대한민국 국민이 아니라는 이유로 법적·행정적 이의를 제기할 수 없다. <신설 2011. 7. 28.>

[본조신설 2009. 2. 12.]

제218조의14(국외선거운동 방법에 관한 특례) ① 재외선거권자(재외선거인명부등에 올라 있거나 오를 자격이 있는 사람을 말한다. 이하 같다)를 대상으로 하는 선거운동은 다음 각 호에서 정한 방법으로만 할 수 있다. <개정 2010. 1. 25., 2011. 7. 28., 2012. 2. 29., 2020. 12. 29.>

1. 제59조제2호부터 제5호까지의 규정에 따른 선거운동
2. 위성방송시설(「방송법」에 따른 방송사업자가 관리·운영하는 국외송출이 가능한 국내의 방송시설을 말한다. 이하 이 장에서 같다)을 이용한 제70조에 따른 방송광고
3. 위성방송시설을 이용한 제71조에 따른 방송연설
4. 삭제 <2012. 2. 29.>
5. 제82조의7에 따른 인터넷광고
6. 삭제 <2020. 12. 29.>

② 제1항제2호에 따른 방송광고의 횟수는 다음 각 호에 따른다.

1. 대통령선거
텔레비전 및 라디오 방송시설별로 각 10회 이내
2. 비례대표국회의원선거
텔레비전 및 라디오 방송시설별로 각 5회 이내

③ 제1항제3호에 따른 방송연설의 횟수는 다음 각 호에 따른다.

1. 대통령선거
후보자와 그가 지명한 연설원이 각각 텔레비전 및 라디오 방송시설별로 각 5회 이내
2. 비례대표국회의원선거
정당별로 정당의 대표자가 선임한 2명이 각각 텔레비전 및 라디오 방송시설별로 각 1회

④ 중앙선거관리위원회는 대통령선거 및 임기만료에 따른 비례대표국회의원선거에서 정당·후보자에 대한 정보를 재외선거인등에게 알리기 위하여 중앙선거관리위원회규칙으로 정하는 바에 따라 정당·후보자 정보자료를 작성하여 다음 각 호에 따른 방법으로 재외선거인등에게 제공하여야 한다. <개정 2011. 7. 28., 2013. 3. 23., 2023. 3. 4.>

1. 공관 게시판 게시
2. 중앙선거관리위원회, 외교부, 재외동포청 및 공관의 인터넷 홈페이지 게시
3. 전자우편 전송(수신을 원하는 재외선거인등에 한한다)

⑤ 방송시설을 관리 또는 운영하는 자는 자신의 부담으로 제82조의2제1항에 따른 대담·토론회와 제82조의3에 따른 정책토론회를 중계방송할 수 있다.

⑥ 다음 각 호의 어느 하나에 해당하는 단체의 상근 임직원 및 이들 단체의 대표자는 재외선거권자를 대상으로 선거운동을 할 수 없다. <신설 2010. 1. 25.>

1. 「한국국제협력단법」에 따라 설립된 한국국제협력단
2. 「한국국제교류재단법」에 따라 설립된 한국국제교류재단
3. 삭제 <2023. 3. 4.>

⑦ 제87조제1항에도 불구하고 단체(그 대표자와 임직원 또는 구성원을 포함한다)는 그 단체의 명의 또는 그 대표의 명의로 재외선거권자를 대상으로 선거운동을 할 수 없다. <신설 2010. 1. 25.>

[본조신설 2009. 2. 12.]

제218조의15(선거비용에 대한 특례) 제119조제1항에도 불구하고 재외선거권자를 대상으로 하는 선거운동을 위하여 국외에서 지출한 비용은 선거비용으로 보지 아니한다.

[본조신설 2009. 2. 12.]

제218조의16(재외선거의 투표방법) ① 재외선거의 투표는 제159조 본문에 따른 기표에 의한 방법으로 한다. <개정 2015. 8. 13.>

② 재외투표는 선거일 오후 6시(대통령의 궐위로 인한 선거 또는 재선거는 오후 8시를 말한다)까지 관할 구·시·군선거관리위원회에 도착되어야 한다. <개정 2011. 7. 28.>

③ 제218조의13제1항에 따라 재외선거인명부등에 등재된 사람이 재외투표소에서 투표를 하지 아니하고 귀국한 때에는 선거일 전 8일부터 선거일까지 주소지 또는 최종 주소지(최종 주소지가 없는 사람은 등록기준지를 말한다)를 관할하는 구·시·군선거관리위원회에 신고한 후 선거일에 해당 선거관리위원회가 지정하는 투표소에서 투표할 수 있다. <개정 2015. 8. 13., 2023. 3. 29.>

④ 제3항의 신고에 관한 구체적인 절차 및 그 밖에 필요한 사항은 중앙선거관리위원회규칙으로 정한다. <신설 2015. 8. 13.>

[본조신설 2009. 2. 12.]

[2023.3.29 법률 제19325호에 의하여 2022.1.27 헌법재판소에서 헌법불합치 결정된 이 조 제3항을 개정함.]

제218조의17(재외투표소의 설치·운영) ① 재외선거관리위원회는 선거일 전 14일부터 선거일 전 9일까지의 기간 중 6일 이내의 기간(이하 이 장에서 "재외투표기간"이라 한다)을 정하여 공관에 재외투표소를 설치·운영하여야 한다. 이 경우 공관의 협소 등의 사유로 부득이 공관에 재외투표소를 설치할 수 없는 경우에는 공관의 대체시설에 재외투표소를 설치할 수 있다. <개정 2015. 12. 24.>

② 재외선거관리위원회는 제1항에도 불구하고 다음 각 호의 어느 하나에 해당하는 사유가 있는 경우에는 재외투표기간 중 기간을 정하여 제1항에 따른 공관 또는 공관의 대체시설 외의 시설·병영 등에 추가로 재외투표소를 설치·운영할 수 있다. 다만, 제1호에 따른 사유로 추가하여 설치하는 재외투표소의 경우에는 재외국민수가 3만명을 넘으면 이후 매 3만명까지마다 1개소씩 추가로 설치·운영하되, 추가되는 재외투표소의 총 수는 3개소를 초과할 수 없다. <개정 2016. 1. 15., 2022. 1. 21.>

1. 관할구역의 재외국민수가 3만명 이상인 것으로 추정되는 경우
2. 공관의 관할구역 또는 관할구역의 인접한 지역에 재외선거인등이 소속된 국군부대가 있는 경우

③ 재외선거관리위원회는 선거일 전 20일까지 재외투표소의 명칭·소재지와 운영기간 등을 인터넷 홈페이지 등에 공고하여야 한다. <개정 2015. 12. 24.>

④ 재외선거관리위원회는 공정하고 중립적인 사람 중에서 재외투표소에 투표사무원을 두어야 한다. <개정 2018. 4. 6.>

⑤ 재외선거관리위원회는 정당추천위원이 아닌 1명의 위원을 책임위원으로 지정하여 재외투표소의 투표관리를 행하게 한다. 다만, 책임위원으로 지정되지 아니한 위원도 본인의 의사에 따라 투표관리에 참여할 수 있으며, 재외투표소의 책임위원에게 투표관리에 관하여 의견을 개진할 수 있다. <개정 2012. 1. 17.>

⑥ 재외선거관리위원회는 제5항에도 불구하고 제2항에 따라 설치하는 재외투표소에는 재외선거관리위원회가 지정하는 재외투표소관리자로 하여금 투표관리를 행하게 할 수 있다. <신설 2015. 12. 24.>

⑦ 재외투표소는 재외투표기간 중 공휴일에도 불구하고 매일 오전 8시에 열고 오후 5시에 닫는다. 다만, 다음 각 호의 어느 하나에 해당하는 경우 재외선거관리위원회는 예상 투표자 수 등을 고려하여 투표시간을 조정할 수 있되, 중앙선거관리위원회와 협의하여야 한다. <개정 2011. 9. 30., 2015. 12. 24., 2022. 1. 21.>

1. 천재지변 또는 전쟁·폭동, 그 밖에 부득이한 사유가 있는 경우
2. 제2항제2호에 따라 추가로 설치·운영하는 재외투표소의 경우

⑧ 제2항에 따른 재외투표소의 설치·운영, 국군부대에 재외

투표소를 설치·운영할 재외선거관리위원회 지정 및 그 밖에 필요한 사항은 중앙선거관리위원회규칙으로 정한다. <개정 2016. 1. 15.>
⑨ 제163조·제166조·제166조의2 및 제167조(제2항 단서는 제외한다)는 재외투표소에 준용한다. 이 경우 "읍·면·동선거관리위원회 및 그 상급선거관리위원회"는 "중앙선거관리위원회 및 재외선거관리위원회"로, "투표소"는 "재외투표소"로, "투표관리관"은 "재외투표소의 책임위원 또는 재외투표소관리자"로, "선거일에"는 "재외투표소 안에서"로 본다. <개정 2010. 1. 25., 2011. 7. 28., 2015. 12. 24.>
[본조신설 2009. 2. 12.]

제218조의18(투표용지 작성 등) ① 중앙선거관리위원회는 재외투표소의 책임위원 또는 재외투표소관리자(이하 "책임위원등"이라 한다)로 하여금 재외투표소에서 투표용지 발급기를 이용하여 투표용지를 작성·교부하게 한다. 이 경우 투표용지에 인쇄하는 일련번호에 관하여는 제151조제6항 후단을 준용한다. <개정 2015. 8. 13., 2015. 12. 24.>
② 중앙선거관리위원회는 투표용지의 작성을 위하여 제151조제1항에 따라 작성한 투표용지원고를 재외투표기간 개시일 전 2일까지 전산조직을 이용하여 재외투표관리관에게 보내야 한다. <개정 2015. 8. 13.>
③ 중앙선거관리위원회는 투표용지의 작성 및 투표용지원고의 송부에 필요한 기술적 조치를 하여야 한다. <개정 2015. 8. 13.>
④ 재외투표소의 책임위원등은 투표용지 발급기의 장애 등으로 인하여 투표용지를 작성·교부할 수 없는 때에는 중앙선거관리위원회가 전산조직으로 송부한 투표용지원고를 이용하여 투표용지를 작성·교부한다. 이 경우 제218조의16제1항에도 불구하고 국회의원선거의 투표는 후보자의 성명이나 정당의 명칭 또는 기호를 한글 또는 아라비아숫자로 투표용지에 직접 적는 방법으로 한다. <신설 2011. 7. 28., 2014. 1. 17., 2015. 8. 13., 2015. 12. 24.>
⑤ 투표용지 작성방법, 재외선거인등에 대한 투표안내, 그 밖에 필요한 사항은 중앙선거관리위원회규칙으로 정한다. <신설 2011. 7. 28., 2015. 8. 13.>
[본조신설 2009. 2. 12.]
[제목개정 2015. 8. 13.]

제218조의19(재외선거의 투표 절차) ① 재외선거인등은 신분증명서(여권·주민등록증·공무원증·운전면허증 등 사진이 첩부되어 본인임을 확인할 수 있는 대한민국의 관공서나 공공기관이 발행한 증명서 또는 사진이 첩부되고 성명과 생년월일이 기재되어 본인임을 확인할 수 있는 거류국의 정부가 발행한 증명서를 말한다. 이하 이 조에서 같다)를 제시하여 본인임을 확인받은 다음 전자적 방식으로 손도장을 찍거나 서명한 후 투표용지를 받아야 한다. 다만, 재외선거인은 제218조의5제4항에 따라 재외투표관리관이 공고한 서류의 원본을 제시하여 국적 및 본인 여부를 확인받은 다음 투표용지를 받아야 하며, 제시한 서류에 본인임을 확인할 수 있는 사진이 첩부되지 아니한 경우에는 신분증명서를 함께 제시하여야 한다. <개정 2015. 12. 24.>
② 재외투표소의 책임위원등은 투표용지 발급기로 투표용지를 인쇄하여 "책임위원"칸에 자신의 도장을 찍거나 서명(한글성명이 모두 나타나야 한다)한 후 일련번호를 떼지 아니하고 회송용 봉투와 함께 교부한다. <개정 2015. 12. 24.>
③ 투표용지와 회송용 봉투를 받은 재외선거인등은 기표소에 들어가 투표용지에 1명의 후보자(비례대표국회의원선거에서는 하나의 정당을 말한다)를 선택하여 투표용지의 해당 칸에 기표한 다음 그 자리에서 기표내용이 다른 사람에게 보이지 아니하게 접어 이를 회송용 봉투에 넣어 봉함한 후 투표함에 넣어야 한다.
④ 투표용지 발급기의 봉함·봉인, 그 밖에 필요한 사항은 중앙선거관리위원회규칙으로 정한다.
[전문개정 2015. 8. 13.]

제218조의20(재외투표소의 투표참관) ① 재외투표소의 책임위원등은 투표참관인이 투표상황을 참관할 수 있도록 하여야 한다. <개정 2015. 12. 24.>
② 대통령선거의 경우 후보자(정당추천후보자의 경우에는 후보자를 추천한 정당을 말한다)가, 국회의원선거의 경우 「정치자금법」 제27조에 따라 보조금의 배분 대상이 되는 정당이 선거일 전 17일까지 재외선거관리위원회에 재외투표소별로 재외선거인등 중 2명을 투표참관인으로 신고할 수 있다.
③ 제2항에 따라 신고한 투표참관인은 언제든지 교체할 수 있으며, 재외투표기간에는 그 재외투표소에서 교체신고를 할 수 있다.
④ 제2항에 따른 투표참관인의 선정이 없거나 한 후보자 또는 한 정당이 선정한 투표참관인밖에 없는 경우에는 재외선거관리위원회가 재외선거인등 중 2명을 본인의 승낙을 얻어 투표참관인으로 선정한다. 이 경우 재외선거관리위원회가 제218조의17제2항제2호에 따른 재외투표소의 투표참관인을 선정할 때에는 군인이 아닌 사람을 우선하여 선정하여야 한다. <개정 2011. 7. 28., 2016. 1. 15.>
⑤ 제4항에 따라 선정된 투표참관인은 정당한 사유 없이 참관을 거부하거나 그 직을 사임할 수 없다.
⑥ 재외투표소의 책임위원등은 원활한 투표관리를 위하여 필요한 때에는 투표참관인을 교대로 참관하게 할 수 있다. 이 경우 정당·후보자별로 투표참관인 수의 2분의 1씩 교대하여 참관하게 하여야 한다. <신설 2011. 7. 28., 2015. 12. 24.>
[본조신설 2009. 2. 12.]

제218조의21(재외투표의 회송) ① 재외투표소의 책임위원등은 매일의 재외투표 마감 후 투표참관인의 참관 아래 투표함을 열고 투표자수를 계산한 다음 재외투표를 포장·봉인(封印)하여 재외투표관리관에게 인계하여야 한다. 다만, 제218조의17제2항에 따라 설치하는 재외투표소는 공관과의 거리 등의 사유로 매일의 재외투표를 인계할 수 없는 부득이한 경우에는 해당 재외투표소 운영기간 종료 후 그 기간 중의 재외투표를 일괄하여 인계할 수 있다. <개정 2015. 12. 24.>
② 재외투표관리관은 제1항에 따른 재외투표를 재외투표기간 만료일 후 지체 없이 국내로 회송하고, 외교부장관은 외교행낭의 봉함·봉인 상태를 확인한 후 중앙선거관리위원회에 보내야 한다. 이 경우 재외투표의 수가 많은 때에는 재외투표기간 중 그 일부를 먼저 보낼 수 있다. <개정 2011. 7. 28., 2013. 3. 23.>
③ 중앙선거관리위원회는 제2항에 따라 인수한 재외투표를 관할 구·시·군선거관리위원회에 등기우편으로 보내야 한다.
④ 제1항 단서에 따른 재외투표의 인계, 제2항에 따른 재외투표의 국내 회송방법, 그 밖에 필요한 사항은 중앙선거관리위원회규칙으로 정한다. <신설 2011. 7. 28., 2015. 12. 24.>
[본조신설 2009. 2. 12.]

제218조의22(재외투표소투표록 등의 작성·송부) ① 재외투표소의 책임위원등은 재외투표소에 재외투표소투표록을 비치하고 매일의 투표자 수, 재외투표관리관에 대한 재외투표의 인계, 그 밖에 재외투표소의 투표관리에 관한 사항을 기록하여야 한다. <개정 2015. 12. 24.>
② 재외투표소의 책임위원등은 재외투표소의 투표가 모두 끝난 때에는 투표함과 그 열쇠, 재외투표소투표록, 그 밖에 재외투표소의 투표에 관한 모든 서류를 재외투표관리관에게 인계하여야 한다. <개정 2015. 12. 24.>
③ 재외투표관리관은 재외선거관리록을 비치하고 재외선거인 등록신청과 국외부재자 신고의 접수 및 처리, 재외투표소 설치·운영, 그 밖에 재외선거 및 국외부재자투표의 관리에 관한 사항을 적어야 한다.
④ 재외투표관리관이 제218조의21제2항 전단에 따라 재외투표를 중앙선거관리위원회에 보내는 때에는 재외투표소투표록을 함께 보내야 한다.
[본조신설 2009. 2. 12.]

제218조의23(재외투표의 접수) ① 구·시·군선거관리위원회는 선거일 전 10일부터 재외투표의 투입과 보관을 위하여 국외부재자 투표함과 재외선거인 투표함(이하 이 조와 제218조의

24에서 "재외투표함"이라 한다)을 각각 갖추어 놓아야 한다.
② 구·시·군선거관리위원회가 접수한 재외투표는 정당추천위원의 참여하에 재외투표함에 넣어야 한다. 이 경우 재외투표함의 보관에 관하여는 제176조제3항을 준용한다. <개정 2021. 3. 26.>
[본조신설 2009. 2. 12.]

제218조의24(재외투표의 개표) ① 재외투표는 구·시·군선거관리위원회가 개표한다.
② 재외투표함은 개표참관인의 참관 아래 선거일 오후 6시(대통령의 궐위로 인한 선거 또는 재선거는 오후 8시를 말한다. 이하 이 조에서 같다) 후에 개표소로 옮겨서 다른 투표함의 투표지와 별도로 먼저 개표할 수 있다. <개정 2011. 7. 28.>
③ 제1항에도 불구하고 중앙선거관리위원회는 천재지변 또는 전쟁·폭동, 그 밖에 부득이한 사유로 재외투표가 선거일 오후 6시까지 관할 구·시·군선거관리위원회에 도착할 수 없다고 인정하는 때에는 해당 재외선거관리위원회로 하여금 재외투표를 보관하였다가 개표하게 할 수 있다. <신설 2011. 7. 28.>
④ 재외선거관리위원회가 제3항에 따라 개표하는 때에는 선거일 오후 6시 이후에 개표참관인의 참관 아래 공관에서 개표하고, 그 결과를 중앙선거관리위원회에 보고하며, 중앙선거관리위원회는 관할 선거구선거관리위원회에 그 결과를 통지한다. <신설 2011. 7. 28.>
⑤ 제3항에 따라 개표하는 경우 개표참관인 선정·신고 등에 관하여는 제218조의20제2항부터 제5항까지를 준용한다. 이 경우 "재외투표소별로"는 "개표소별로"로, "투표참관인"은 "개표참관인"으로, "선거일 전 17일"은 "선거일 전 3일"로, "재외투표기간에는 그 재외투표소에서"는 "개표일에는 개표소에서"로 본다. <신설 2011. 7. 28., 2015. 12. 24.>
⑥ 재외선거관리위원회가 재외투표를 개표하는 경우 재외투표의 보관, 개표의 진행 및 절차, 개표결과의 보고·통지, 그 밖에 필요한 사항은 중앙선거관리위원회규칙으로 정한다. <신설 2011. 7. 28.>
[본조신설 2009. 2. 12.]

제218조의25(재외투표의 효력) ① 재외투표의 효력에 관하여는 제179조(같은 조 제3항 및 제4항제7호·제10호는 제외한다)를 준용한다. 이 경우 "사전투표 및 거소투표"는 "재외투표"로, "비례대표국회의원선거 및 비례대표지방의회의원선거"는 "비례대표국회의원선거"로, "거소투표자 또는 선상투표자가"는 "재외선거인등이"로, "거소투표 또는 선상투표"는 "재외투표"로 본다. <개정 2015. 8. 13.>
② 제218조의18제4항 후단의 방법으로 투표를 한 경우 후보자의 성명이나 정당의 명칭 또는 기호를 모두 한글 또는 아라비아숫자가 아닌 그 밖의 문자(한글 또는 아라비아숫자와 그 밖의 문자를 병기한 것은 한글 또는 아라비아숫자로 적은 것으로 본다)로 적거나 비례대표국회의원선거에서 후보자의 성명을 적은 재외투표(정당의 명칭 또는 기호를 함께 적은 것을 포함한다)는 무효로 한다. 다만, 다음 각 호의 어느 하나에 해당하는 재외투표는 무효로 하지 아니한다. <개정 2015. 8. 13.>
1. 같은 후보자의 성명이나 정당의 명칭 또는 기호를 2회 이상 적은 것
2. 후보자의 성명이나 정당의 명칭 또는 기호가 일부 틀리게 적혀 있으나 어느 후보자 또는 정당에게 투표하였는지 명확한 것
③ 같은 선거에서 한 사람이 2회 이상 투표를 한 경우 해당 선거에서 본인이 한 재외투표는 모두 무효로 한다. <신설 2011. 7. 28.>
④ 삭제 <2015. 8. 13.>
⑤ 삭제 <2015. 8. 13.>
[본조신설 2009. 2. 12.]
[제목개정 2015. 8. 13.]

제218조의26(국외선거범에 대한 공소시효 등) ① 제268조제1항 본문에도 불구하고 국외에서 범한 이 법에 규정된 죄의 공소시효는 해당 선거일 후 5년을 경과함으로써 완성한다. <개정 2011. 7. 28.>
② 국외에서 이 법에 규정된 죄를 범한 자로서 「형사소송법」에 따라 법원의 관할을 특정할 수 없는 자의 제1심 재판 관할은 서울중앙지방법원으로 한다. <신설 2011. 7. 28.>
[본조신설 2009. 2. 12.]
[제목개정 2011. 7. 28.]

제218조의27(재외선거의 공정성 확보 의무) ① 중앙선거관리위원회와 재외투표관리관은 재외선거인 등록신청, 재외투표의 방법, 그 밖에 재외선거인의 선거권 행사를 위한 사항을 홍보하는 등 재외선거인의 투표참여와 재외선거의 공정성을 확보하기 위하여 노력하여야 한다.
② 중앙선거관리위원회는 재외선거인이 전화 또는 인터넷을 통하여 후보자를 추천한 정당의 명칭, 후보자의 성명, 기호 및 선거공약 등을 알 수 있도록 필요한 조치를 하여야 한다.
③ 중앙선거관리위원회는 외국의 선거·정당·정치자금제도와 그 운영현황, 정당 발전방안 등에 관한 조사·연구를 추진하여 재외선거제도의 개선과 정치발전을 위하여 필요한 노력을 하여야 한다.
[본조신설 2009. 2. 12.]

제218조의28(재외선거사무의 지원 등) ① 중앙선거관리위원회, 법무부, 경찰청 등은 재외선거관리위원회 또는 재외투표관리관이 행하는 재외선거사무를 지원하고 위법행위 예방 및 자료수집 등을 위하여 필요한 경우에는 공관에 소속 직원을 파견할 수 있다.
② 제1항에 따라 공관에 파견된 중앙선거관리위원회 소속 직원이 제272조의2 또는 「정치자금법」 제52조에 따라 조사를 하는 경우에는 다른 법령에도 불구하고 중앙선거관리위원회의 지휘·감독을 받는다. 다만, 조사에 착수하는 때에는 조사와 관련하여 공관의 장과 협의하여야 한다.
[전문개정 2011. 9. 30.]

제218조의29(천재지변 등의 발생 시 재외선거사무의 처리) ① 중앙선거관리위원회는 천재지변 또는 전쟁·폭동, 그 밖에 부득이한 사유로 해당 공관 관할구역에서 재외선거를 실시할 수 없다고 인정하는 때에는 해당 공관에 재외선거관리위원회를 설치하지 아니하거나 설치·운영 중인 재외선거관리위원회 및 재외투표관리관의 재외선거사무를 중지할 것을 결정할 수 있다.
② 제1항에 따른 재외선거사무 중지결정에 따라 재외투표기간 중에 투표를 마치지 못한 경우에도 재외투표기간이 지난 후에는 다시 투표를 실시하지 아니한다. 이 경우 재외투표관리관은 이미 실시된 재외투표를 제218조의21제2항에 따라 국내로 회송하여야 한다.
③ 중앙선거관리위원회는 제1항에 따른 결정 후 재외투표기간 전에 사정 변경으로 재외선거를 실시할 수 있다고 인정하는 때에는 지체 없이 재외선거관리위원회를 설치하거나 재외선거사무가 중지된 해당 재외선거관리위원회 및 재외투표관리관으로 하여금 재외선거사무를 재개하도록 하여야 하고, 이 경우 처리기한이 경과된 재외선거사무는 이 법에 따라 처리한 것으로 본다. 다만, 재외선거관리위원회는 제218조의17에 따른 기한이 경과된 경우라도 지체 없이 재외투표소의 명칭·소재지와 운영기간 등을 공고하여야 한다.
[본조신설 2011. 7. 28.]
[종전 제218조의29는 제218조의30으로 이동 <2011. 7. 28.>]

제218조의30(국외선거범에 대한 여권발급 제한 등) ① 외교부장관은 다음 각 호의 어느 하나에 해당하는 사람에 대하여 중앙선거관리위원회나 검사 또는 사법경찰관의 요청이 있는 때에는 「여권법」에 따른 여권의 발급·재발급(이하 "여권발급등"이라 한다)을 제한하거나 반납(이하 "제한등"이라 한다)을 명하여야 한다. <개정 2013. 3. 23., 2021. 3. 23.>
1. 국외에서 이 법에 따른 장기 3년 이상의 형에 해당하는 죄를 범한 혐의를 인정할 만한 상당한 이유가 있으나 중앙선거관리위원회의 조사에 불응하거나 소재가 불명하여 조사를 종결할 수 없는 사람

2. 국외에서 이 법에 따른 장기 3년 이상의 형에 해당하는 죄를 범하여 기소중지 또는 수사중지(피의자중지로 한정한다)된 사람
② 중앙선거관리위원회 또는 검사가 제1항에 따라 여권발급등의 제한등을 요청할 때에는 그 요청사유, 제한기간 또는 반납 후의 보관기간(이하 "보관기간"이라 한다) 등을 적은 서면으로 하여야 한다.
③ 중앙선거관리위원회 또는 검사는 제2항에 따른 제한기간 또는 보관기간을 연장할 필요가 있다고 인정되는 때에는 그 제한기간 또는 보관기간 만료일 전 30일까지 서면으로 연장을 요청할 수 있다.
④ 제2항 및 제3항에 따른 제한기간 또는 보관기간은 해당 선거의 선거일 후 5년 이내로 하되, 중앙선거관리위원회 또는 검사는 제한기간 또는 보관기간 중이라도 요청사유가 소멸되었다고 인정될 때에는 여권발급등의 제한등을 해제하여 줄 것을 외교부장관에게 요청할 수 있다. <개정 2013. 3. 23.>
⑤ 제3항과 제4항에 따른 요청이 있는 경우 외교부장관은 특별한 사정이 없는 한 그 요청에 따라야 한다. <개정 2013. 3. 23.>
⑥ 제1항에 따른 여권발급등의 제한등과 관련하여 이 조에서 정한 것을 제외하고는 여권발급등의 제한등의 절차, 반납명령을 이행하지 않는 경우 여권의 효력상실과 회수, 그 밖의 사항에 관하여는 「여권법」을 준용한다.
[본조신설 2012. 2. 29.]
[종전 제218조의30은 제218조의34로 이동 <2012. 2. 29.>]

제218조의31(외국인의 입국금지) ① 법무부장관은 국외에서 이 법에서 금지하는 행위를 하였다고 인정할 만한 상당한 이유가 있는 외국인에 대하여 입국을 금지할 수 있다. 다만, 수사에 응하기 위하여 입국하려는 때에는 그러하지 아니하다.
② 중앙선거관리위원회는 제1항에 따른 입국금지대상에 해당하는 외국인을 법무부장관에게 통보할 수 있다.
③ 제1항에 따른 입국 금지기간은 해당 선거 당선인의 임기만료일까지로 한다.
④ 제1항에 따른 입국금지 절차 등에 관하여는 「출입국관리법」을 준용한다.
[본조신설 2012. 2. 29.]
[종전 제218조의31은 제218조의35로 이동 <2012. 2. 29.>]

제218조의32(국외선거범에 대한 영사조사) ① 영사는 법원 또는 검사의 의뢰를 받아 대한민국 재외공관 등에서 「형사소송법」 제200조, 제221조에 따라 이 법의 위반행위와 관련된 피의자 또는 피의자 아닌 자의 출석을 요구하여 진술을 들을 수 있다.
② 법원 또는 검사가 영사에게 진술 청취를 의뢰할 때에는 법무부 및 외교부를 경유하여야 한다. 사법경찰관은 검사에게 영사에 대한 진술 청취의 의뢰를 신청할 수 있다. <개정 2013. 3. 23.>
③ 영사는 제1항에 따라 진술을 들을 경우 그 진술 내용을 기재한 조서를 작성하거나 진술서를 제출받을 수 있고, 그 과정을 영상녹화할 수 있다. 다만, 피의자 아닌 자의 경우에는 동의를 받아야 영상녹화할 수 있다.
④ 영사가 법원의 의뢰를 받아 진술을 들을 경우 그 절차 및 방식에 관하여는 「형사소송법」 제48조, 제50조 및 제161조의2부터 제164조까지를 준용한다.
⑤ 영사가 검사의 의뢰를 받아 진술을 들을 경우 그 절차 및 방식에 관하여는 「형사소송법」 제241조, 제242조, 제243조의2부터 제245조까지를 준용한다.
⑥ 영사는 제3항에 따라 작성한 조서, 진술인으로부터 제출받은 진술서 또는 영상녹화물을 즉시 외교부 및 법무부를 경유하여 법원 또는 검사에게 송부하여야 한다. <개정 2013. 3. 23.>
[본조신설 2012. 2. 29.]

제218조의33(국외선거범에 대한 인터넷 화상조사) ① 검사 또는 사법경찰관은 「형사소송법」 제200조, 제221조에 따라 재외공관에 출석한 이 법의 위반행위와 관련된 피의자 또는 피의자 아닌 자를 상대로 인터넷 화상장치를 이용하여 진술을 들을 수 있다.
② 제1항에 따라 진술을 들을 경우 검사 또는 사법경찰관은 법무부 및 외교부를 경유하여 해당 재외공관의 장에게 조사할 사건에 관하여 통보하여야 하고, 진술을 들을 때에는 영사가 참여하여야 한다. <개정 2013. 3. 23.>
③ 검사 또는 사법경찰관은 제1항에 따라 진술을 들을 경우 그 진술 내용을 기재한 조서를 작성할 수 있고, 그 과정을 영상 녹화하여야 한다. 다만, 피의자가 아닌 자의 경우에는 동의를 받아야 영상녹화할 수 있다.
④ 검사 또는 사법경찰관은 작성한 조서를 재외공관에 전송하고, 영사는 이를 출력하여 진술자에게 열람케 하여야 한다.
⑤ 제1항에 따른 진술 청취의 절차 및 방식에 관하여는 「형사소송법」 제241조, 제242조, 제243조의2부터 제245조까지를 준용한다.
⑥ 영사는 완성된 조서를 외교부 및 법무부를 경유하여 검사 또는 사법경찰관에게 송부하여야 한다. <개정 2013. 3. 23.>
⑦ 제1항부터 제6항까지에 따라 작성된 조서는 국내에서 검사 또는 사법경찰관이 작성한 조서와 동일한 것으로 본다.
[본조신설 2012. 2. 29.]

제218조의34(준용규정 등) ① 재외선거에 관하여 이 장에 정한 것을 제외하고는 그 성질에 반하지 아니하는 범위에서 이 법의 다른 규정을 준용한다.
② 이 장에서 날짜로 정한 기간을 계산하는 때에는 대한민국 표준시를 기준으로 한다.
③ 재외선거와 관련한 공관의 선거관리경비의 사용 잔액에 대하여는 「재외공관 수입금 등 직접사용에 관한 법률」 제2조·제3조를 준용한다. 이 경우 "외교부장관"은 "중앙선거관리위원회사무총장"으로, "대한민국 재외공관의 장" 또는 "재외공관의 장"은 "재외투표관리관"으로, "수입금 및 관서 운영경비"는 "선거관리경비"로 본다. <신설 2012. 1. 17., 2013. 3. 23.>
[본조신설 2009. 2. 12.]
[제218조의30에서 이동 <2012. 2. 29.>]

제218조의35(시행규칙) 국외부재자투표와 재외선거의 실시를 위하여 필요한 사항은 중앙선거관리위원회규칙으로 정한다.
[본조신설 2009. 2. 12.]
[제218조의31에서 이동 <2012. 2. 29.>]

제15장 선거에 관한 쟁송

제219조(선거소청) ① 지방의회의원 및 지방자치단체의 장의 선거에 있어서 선거의 효력에 관하여 이의가 있는 선거인·정당(候補者를 추천한 政黨에 한한다. 이하 이 條에서 같다) 또는 후보자는 선거일부터 14일 이내에 당해 선거구선거관리위원회위원장을 피소청인으로 하여 지역구시·도의원선거(지역구세종특별자치시의회의원선거는 제외한다), 자치구·시·군의원선거 및 자치구·시·군의 장 선거에 있어서는 시·도선거관리위원회에, 비례대표시·도의원선거, 지역구세종특별자치시의회의원선거 및 시·도지사선거에 있어서는 중앙선거관리위원회에 소청할 수 있다. <개정 2002. 3. 7., 2015. 8. 13.>
② 지방의회의원 및 지방자치단체의 장의 선거에 있어서 당선의 효력에 관하여 이의가 있는 정당 또는 후보자는 당선인결정일부터 14일 이내에 제52조제1항부터 제3항까지 또는 제192조제1항부터 제3항까지의 사유에 해당함을 이유로 하는 때에는 당선인을, 제190조(지역구지방의회의원당선인의 결정·공고·통지) 내지 제191조(地方自治團體의 長의 當選人의 決定·公告·通知)의 규정에 의한 결정의 위법을 이유로 하는 때에는 당해 선거구선거관리위원회위원장을 각각 피소청인으로 하여 지역구시·도의원선거(지역구세종특별자치시의회의원선거는 제외한다), 자치구·시·군의원선거 및 자치구·시·군의 장 선거에 있어서는 시·도선거관리위원회에, 비례대표시·도의원선거, 지역구세종특별자치시의회의원선거 및 시·도지사선거에 있어서는 중앙선거관리위원회에 소청할 수 있

다. <개정 2002. 3. 7., 2005. 8. 4., 2010. 1. 25., 2010. 3. 12., 2015. 8. 13.>

③ 제1항 및 제2항의 규정에 의하여 피소청인으로 될 당해 선거구선거관리위원회위원장이 궐위된 때에는 당해 선거구선거관리위원회위원 전원을 피소청인으로 한다.

④ 제2항의 규정에 의하여 피소청인으로 될 당선인이 사퇴 또는 사망하거나 제192조제2항의 규정에 의하여 당선의 효력이 상실되거나 같은조제3항의 규정에 의하여 당선이 무효로 된 때에는 당해 선거구선거관리위원회위원장을, 당해 선거구선거관리위원회위원장이 궐위된 때에는 당해 선거구선거관리위원회위원 전원을 피소청인으로 한다.

⑤ 제1항 및 제2항에 따른 소청은 서면으로 하여야 하되, 다음 각 호의 사항을 기재한 후 기명하고 날인하여야 한다. 이 경우 소청장에는 당사자수에 해당하는 부본을 첨부하여야 한다. <개정 2011. 7. 28.>

1. 소청인의 성명과 주소
2. 피소청인의 성명과 주소
3. 소청의 취지 및 이유
4. 소청의 대상이 되는 처분의 내용
5. 대리인 또는 선정대표자가 있는 경우에는 그 성명과 주소

⑥ 제5항의 규정에 의한 소청장을 접수한 중앙선거관리위원회 또는 시·도선거관리위원회는 지체없이 소청장 부본을 당사자에게 송달하여야 한다.

⑦ 제6항의 규정에 의하여 소청장 부본을 송달받은 피소청인은 중앙선거관리위원회 또는 시·도선거관리위원회가 지정한 기일까지 답변서를 제출하여야 한다. 이 경우 당사자수에 상응하는 부본을 첨부하여야 하며, 답변서를 접수한 중앙선거관리위원회 또는 시·도선거관리위원회는 그 부본을 당사자에게 송달하여야 한다.

[제목개정 2011. 7. 28.]

제220조(소청에 대한 결정) ① 제219조(選擧訴請)제1항 또는 같은조제2항의 소청을 접수한 중앙선거관리위원회 또는 시·도선거관리위원회는 소청을 접수한 날부터 60일 이내에 그 소청에 대한 결정을 하여야 한다.

② 제1항의 결정은 다음 각 호의 사항을 기재한 서면으로 하여야 하며, 결정에 참여한 위원이 기명하고 서명 또는 날인하여야 한다. <개정 2011. 7. 28.>

1. 사건번호와 사건명
2. 당사자·참가인 및 대리인의 성명과 주소
3. 주문
4. 소청의 취지
5. 이유
6. 결정한 날짜

③ 중앙선거관리위원회 또는 시·도선거관리위원회는 지체없이 제2항의 결정서의 정본을 소청인·피소청인 및 참가인에게 송달하여야 하며, 그 결정요지를 공고하여야 한다.

④ 소청의 결정은 소청인에게 제3항의 규정에 의한 송달이 있는 때에 그 효력이 생긴다.

[제목개정 2011. 7. 28.]

제221조(「행정심판법」의 준용) ① 선거소청에 관하여는 이 법에 규정된 것을 제외하고는 「행정심판법」 제10조(위원의 제척·기피·회피)(이 경우 "위원장"은 "중앙선거관리위원회 또는 시·도선거관리위원회"로 본다), 제15조(선정대표자), 제16조(청구인의 지위 승계)제2항부터 제4항까지(이 경우 "법인"은 "정당"으로 본다), 제17조(피청구인의 적격 및 경정)제2항부터 제6항까지, 제18조(대리인의 선임), 제19조(대표자 등의 자격), 제20조(심판참가), 제21조(심판참가의 요구), 제22조(참가인의 지위), 제29조(청구의 변경), 제30조(집행정지)제1항, 제32조(보정), 제33조(주장의 보충), 제34조(증거서류 등의 제출), 제35조(자료의 제출 요구 등)제1항부터 제3항까지, 제36조(증거조사), 제37조(절차의 병합 또는 분리), 제38조(심리기일의 지정과 변경), 제39조(직권심리), 제40조(심리의 방식), 제41조(발언 내용 등의 비공개), 제42조(심판청구 등의 취하), 제43조(재결의 구분)제1항·제2항, 제51조(행정심판 재청구의 금지), 제55조(증거서류 등의 반환), 제56조(주소 등 송달장소 변경의 신고의무), 제57조(서류의 송달) 및 제61조(권한의 위임)의 규정을 준용하고, 선거소청비용에 관하여는 「민사소송법」을 준용하되, 「행정심판법」을 준용하는 경우 "행정심판"은 "선거소청"으로, "청구인"은 "소청인"으로, "피청구인"은 "피소청인"으로, "심판청구 또는 심판"은 "소청"으로, "심판청구서"는 "소청장"으로, "재결"은 "결정"으로, "재결기간"은 "결정기간"으로, "위원회"는 "중앙선거관리위원회 또는 시·도선거관리위원회"로, "재결서"는 "결정서"로 본다. <개정 1998. 4. 30., 2005. 8. 4., 2008. 2. 29., 2010. 1. 25.>

② 소청에 관하여 기타 필요한 사항은 중앙선거관리위원회규칙으로 정한다.

[제목개정 2005. 8. 4.]

제222조(선거소송) ① 대통령선거 및 국회의원선거에 있어서 선거의 효력에 관하여 이의가 있는 선거인·정당(候補者를 추천한 政黨에 한한다) 또는 후보자는 선거일부터 30일 이내에 당해 선거구선거관리위원회위원장을 피고로 하여 대법원에 소를 제기할 수 있다.

② 지방의회의원 및 지방자치단체의 장의 선거에 있어서 선거의 효력에 관한 제220조의 결정에 불복이 있는 소청인(當選人을 포함한다)은 해당 소청에 대하여 기각 또는 각하 결정이 있는 경우(제220조제1항의 기간 내에 결정하지 아니한 때를 포함한다)에는 해당 선거구선거관리위원회 위원장을, 인용결정이 있는 경우에는 그 인용결정을 한 선거관리위원회 위원장을 피고로 하여 그 결정서를 받은 날(제220조제1항의 기간 내에 결정하지 아니한 때에는 그 기간이 종료된 날)부터 10일 이내에 비례대표시·도의원선거 및 시·도지사선거에 있어서는 대법원에, 지역구시·도의원선거, 자치구·시·군의원선거 및 자치구·시·군의 장 선거에 있어서는 그 선거구를 관할하는 고등법원에 소를 제기할 수 있다. <개정 2002. 3. 7., 2010. 1. 25.>

③ 제1항 또는 제2항에 따라 피고로 될 위원장이 궐위된 때에는 해당 선거관리위원회 위원 전원을 피고로 한다. <개정 2010. 1. 25.>

제223조(당선소송) ① 대통령선거 및 국회의원선거에 있어서 당선의 효력에 이의가 있는 정당(候補者를 추천한 政黨에 한한다) 또는 후보자는 당선인결정일부터 30일이내에 제52조제1항·제3항 또는 제192조제1항부터 제3항까지의 사유에 해당함을 이유로 하는 때에는 당선인을, 제187조(大統領當選人의 決定·公告·通知)제1항·제2항, 제188조(地域區國會議員當選人의 決定·公告·通知)제1항 내지 제4항, 제189조(比例代表國會議員議席의 배분과 當選人의 決定·公告·通知) 또는 제194조(당선인의 재결정과 비례대표국회의원의석 및 비례대표지방의회의원의석의 재배분)제4항의 규정에 의한 결정의 위법을 이유로 하는 때에는 대통령선거에 있어서는 그 당선인을 결정한 중앙선거관리위원회위원장 또는 국회의장을, 국회의원선거에 있어서는 당해 선거구선거관리위원회위원장을 각각 피고로 하여 대법원에 소를 제기할 수 있다. <개정 2000. 2. 16., 2002. 3. 7., 2005. 8. 4., 2010. 1. 25., 2010. 3. 12., 2020. 1. 14., 2020. 12. 29.>

② 지방의회의원 및 지방자치단체의 장의 선거에 있어서 당선의 효력에 관한 제220조의 결정에 불복이 있는 소청인 또는 당선인인 피소청인(제219조제2항 후단에 따라 선거구선거관리위원회 위원장이 피소청인인 경우에는 당선인을 포함한다)은 해당 소청에 대하여 기각 또는 각하 결정이 있는 경우(제220조제1항의 기간 내에 결정하지 아니한 때를 포함한다)에는 당선인(제219조제2항 후단을 이유로 하는 때에는 관할선거구선거관리위원회 위원장을 말한다)을, 인용결정이 있는 경우에는 그 인용결정을 한 선거관리위원회 위원장을 피고로 하여 그 결정서를 받은 날(제220조제1항의 기간 내에 결정하지 아니한 때에는 그 기간이 종료된 날)부터 10일 이내에 비례대표시·도의원선거 및 시·도지사선거에 있어서는 대법원에, 지역구시·도의원선거, 자치구·시·군의원선거 및 자치구·시·군의 장 선거에 있어서는 그 선거구를 관할하는 고등법원

에 소를 제기할 수 있다. <개정 2002. 3. 7., 2010. 1. 25.>
③ 제1항 또는 제2항에 따라 피고로 될 위원장이 궐위된 때에는 해당 선거관리위원회 위원 전원을, 국회의장이 궐위된 때에는 부의장중 1인을 피고로 한다. <개정 2010. 1. 25.>
④ 제1항 및 제2항의 규정에 의하여 피고로 될 당선인이 사퇴·사망하거나 제192조제2항의 규정에 의하여 당선의 효력이 상실되거나 같은조제3항의 규정에 의하여 당선이 무효로 된 때에는 대통령선거에 있어서는 법무부장관을, 국회의원선거·지방의회의원 및 지방자치단체의 장의 선거에 있어서는 관할 고등검찰청검사장을 피고로 한다.

제224조(선거무효의 판결 등) 소청이나 소장을 접수한 선거관리위원회 또는 대법원이나 고등법원은 선거쟁송에 있어 선거에 관한 규정에 위반된 사실이 있는 때라도 선거의 결과에 영향을 미쳤다고 인정하는 때에 한하여 선거의 전부나 일부의 무효 또는 당선의 무효를 결정하거나 판결한다.

제225조(소송 등의 처리) 선거에 관한 소청이나 소송은 다른 쟁송에 우선하여 신속히 결정 또는 재판하여야 하며, 소송에 있어서는 수소법원은 소가 제기된 날 부터 180일 이내에 처리하여야 한다.

제226조(소송 등에 관한 통지) ① 이 장의 규정에 의하여 소청이 제기된 때 또는 소청이 계속되지 아니하게 되거나 결정된 때에는 중앙선거관리위원회 또는 시·도선거관리위원회는 당해 지방자치단체와 지방의회 및 관할선거구선거관리위원회에 통지하여야 한다.
② 이 장의 규정에 의하여 소가 제기된 때 또는 소송이 계속되지 아니하게 되거나 판결이 확정된 때에는 대법원장 또는 고등법원장은 대통령선거 및 국회의원선거에 있어서는 국회와 중앙선거관리위원회 및 관할선거구선거관리위원회에, 지방의회의원 및 지방자치단체의 장의 선거에 있어서는 당해 지방자치단체와 지방의회 및 관할선거구선거관리위원회에 통지하여야 한다.

제227조(「행정소송법」의 준용 등) 선거에 관한 소송에 관하여는 이 법에 규정된 것을 제외하고는 「행정소송법」 제8조(法適用例)제2항 및 제26조(職權審理)의 규정을 준용한다. 다만, 같은 법 제8조제2항에서 준용되는 「민사소송법」 제145조(화해의 권고), 제147조(제출기간의 제한)제2항, 제149조(실기한 공격·방어방법의 각하), 제150조(자백간주)제1항, 제220조(화해, 청구의 포기·인낙조서의 효력), 제225조(결정에 의한 화해권고), 제226조(결정에 대한 이의신청), 제227조(이의신청의 방식), 제228조(이의신청의 취하), 제229조(이의신청권의 포기), 제230조(이의신청의 각하), 제231조(화해권고결정의 효력), 제232조(이의신청에 의한 소송복귀 등), 제284조(변론준비절차의 종결)제1항, 제285조(변론준비기일을 종결한 효과) 및 제288조(불요증사실)의 규정을 제외한다. <개정 2005. 8. 4.>
[제목개정 2005. 8. 4.]

제228조(증거조사) ① 정당(候補者를 추천한 政黨에 한한다) 또는 후보자는 개표완료후에 선거쟁송을 제기하는 때의 증거를 보전하기 위하여 그 구역을 관할하는 지방법원 또는 그 지원에 투표함·투표지 및 투표록 등의 보전신청을 할 수 있다.
② 법관은 제1항의 신청이 있는 때에는 현장에 출장하여 조서를 작성하고 적절한 보관방법을 취하여야 한다. 다만, 소청심사에 필요한 경우 중앙선거관리위원회 또는 시·도선거관리위원회는 증거보전신청자의 신청에 의하여 관여법관의 입회하에 증거보전물품에 대한 검증을 할 수 있다.
③ 제2항의 처분은 제219조(選擧訴請)의 규정에 의한 소청의 제기가 없거나 제222조(選擧訴訟) 및 제223조(當選訴訟)의 규정에 의한 소의 제기가 없는 때에는 그 효력을 상실한다.
④ 선거에 관한 소송에 있어서는 대법원 및 고등법원은 고등법원·지방법원 또는 그 지원에 증거조사를 촉탁할 수 있다.

제229조(인지 첩부 및 첨부에 관한 특례) 선거에 관한 소송에 있어서는 「민사소송 등 인지법」의 규정에 불구하고 소송서류에 붙여야 할 인지는 「민사소송 등 인지법」에 규정된 금액의 10배로 한다. <개정 2005. 8. 4., 2012. 12. 18.>
[제목개정 2012. 12. 18.]

제16장 벌칙

제230조(매수 및 이해유도죄) ① 다음 각 호의 어느 하나에 해당하는 자는 5년 이하의 징역 또는 3천만원 이하의 벌금에 처한다. <개정 1997. 1. 13., 1997. 11. 14., 2000. 2. 16., 2004. 3. 12., 2009. 2. 12., 2010. 1. 25., 2011. 7. 28., 2012. 2. 29., 2014. 1. 17., 2014. 2. 13., 2014. 5. 14.>
1. 투표를 하게 하거나 하지 아니하게 하거나 당선되거나 되게 하거나 되지 못하게 할 목적으로 선거인(선거인명부 또는 재외선거인명부등을 작성하기 전에는 그 선거인명부 또는 재외선거인명부등에 오를 자격이 있는 사람을 포함한다. 이하 이 장에서 같다) 또는 다른 정당이나 후보자(예비후보자를 포함한다)의 선거사무장·선거연락소장·선거사무원·회계책임자·연설원(제79조제1항·제2항에 따라 연설·대담을 하는 사람과 제81조제1항·제82조제1항 또는 제82조의2제1항·제2항에 따라 대담·토론을 하는 사람을 포함한다. 이하 이 장에서 같다) 또는 참관인(투표참관인·사전투표참관인과 개표참관인을 말한다. 이하 이 장에서 같다)·선장·입회인에게 금전·물품·차마·향응 그 밖에 재산상의 이익이나 공사의 직을 제공하거나 그 제공의 의사를 표시하거나 그 제공을 약속한 자
2. 선거운동에 이용할 목적으로 학교, 그 밖에 공공기관·사회단체·종교단체·노동단체·청년단체·여성단체·노인단체·재향군인단체·씨족단체 등의 기관·단체·시설에 금전·물품 등 재산상의 이익을 제공하거나 그 제공의 의사를 표시하거나 그 제공을 약속한 자
3. 선거운동에 이용할 목적으로 야유회·동창회·친목회·향우회·계모임 기타의 선거구민의 모임이나 행사에 금전·물품·음식물 기타 재산상의 이익을 제공하거나 그 제공의 의사를 표시하거나 그 제공을 약속한 자
4. 제135조(選擧事務關係者에 대한 手當과 實費補償)제3항의 규정에 위반하여 수당·실비 기타 자원봉사에 대한 보상 등 명목여하를 불문하고 선거운동과 관련하여 금품 기타 이익의 제공 또는 그 제공의 의사를 표시하거나 그 제공을 약속한 자
5. 선거에 영향을 미치게 하기 위하여 이 법에 따른 경우를 제외하고 문자·음성·화상·동영상 등을 인터넷 홈페이지의 게시판·대화방 등에 게시하거나 전자우편·문자메시지로 전송하게 하고 그 대가로 금품, 그 밖에 이익의 제공 또는 그 제공의 의사표시를 하거나 그 제공을 약속한 자
6. 정당의 명칭 또는 후보자(후보자가 되려는 사람을 포함한다)의 성명을 나타내거나 그 명칭·성명을 유추할 수 있는 내용으로 제58조의2에 따른 투표참여를 권유하는 행위를 하게 하고 그 대가로 금품, 그 밖에 이익의 제공 또는 그 제공의 의사표시를 하거나 그 제공을 약속한 자
7. 제1호부터 제6호까지에 규정된 이익이나 직의 제공을 받거나 그 제공의 의사표시를 승낙한 자(제261조제9항제2호에 해당하는 자는 제외한다)
② 정당·후보자(候補者가 되고자 하는 者를 포함한다) 및 그 가족·선거사무장·선거연락소장·선거사무원·회계책임자·연설원 또는 제114조(政黨 및 候補者의 家族 등의 寄附行爲制限)제2항의 규정에 의한 후보자 또는 그 가족과 관계 있는 회사 등이 제1항 각호의 1에 규정된 행위를 한 때에는 7년 이하의 징역 또는 5천만원 이하의 벌금에 처한다. <개정 2014. 2. 13.>
③ 제1항 각호의 1 또는 제2항에 규정된 행위에 관하여 지시·권유·요구하거나 알선한 자는 7년 이하의 징역 또는 5천만원 이하의 벌금에 처한다. <개정 2014. 2. 13.>
④ 당선되거나 되게하거나 되지 못하게 할 목적으로 선거기간중 포장된 선물 또는 돈봉투 등 다수의 선거인에게 배부하도록 구분된 형태로 되어 있는 금품을 운반하는 자는 5년 이하의 징역 또는 3천만원 이하의 벌금에 처한다. <개정 2014. 2. 13.>
⑤ 선거관리위원회의 위원·직원(투표관리관 및 사전투표관리

관을 포함한다. 이하 이 장에서 같다) 또는 선거사무에 관계있는 공무원(선장을 포함한다)이나 경찰공무원(司法警察官吏 및 軍司法警察官吏를 포함한다)이 제1항 각호의 1 또는 제2항에 규정된 행위를 하거나 하게 한 때에는 7년 이하의 징역에 처한다. <개정 2005. 8. 4., 2012. 2. 29., 2014. 1. 17.>

⑥ 제47조의2제1항 또는 제2항을 위반한 자는 5년 이하의 징역 또는 500만원 이상 3천만원 이하의 벌금에 처한다. <신설 2008. 2. 29., 2014. 2. 13.>

⑦ 당내경선과 관련하여 다음 각 호의 어느 하나에 해당하는 자는 3년 이하의 징역 또는 1천만원 이하의 벌금에 처한다. <신설 2005. 8. 4., 2008. 2. 29., 2014. 2. 13.>

1. 제57조의5(당원 등 매수금지)제1항 또는 제2항의 규정을 위반한 자
2. 후보자로 선출되거나 되게 하거나 되지 못하게 하거나, 경선선거인(당내경선의 선거인명부에 등재된 자를 말한다. 이하 이 조에서 같다)으로 하여금 투표를 하게 하거나 하지 아니하게 할 목적으로 경선후보자·경선운동관계자·경선선거인 또는 참관인에게 금품·향응 그 밖의 재산상의 이익이나 공사의 직을 제공하거나 그 제공의 의사를 표시하거나 그 제공을 약속한 자
3. 제57조의5제1항 또는 제2항에 규정된 이익이나 직의 제공을 받거나 그 제공의 의사표시를 승낙한 자

⑧ 제7항제2호·제3호에 규정된 행위에 관하여 지시·권유·요구하거나 알선한 자 또는 제57조의5제3항의 규정을 위반한 자는 5년 이하의 징역 또는 3천만원 이하의 벌금에 처한다. <신설 2005. 8. 4., 2008. 2. 29., 2014. 2. 13.>

[제목개정 2011. 7. 28.]

제231조(재산상의 이익목적의 매수 및 이해유도죄) ① 다음 각 호의 어느 하나에 해당하는 사람은 7년 이하의 징역 또는 300만원 이상 5천만원 이하의 벌금에 처한다. <개정 2010. 1. 25., 2014. 2. 13.>

1. 재산상의 이익을 얻거나 얻을 목적으로 정당 또는 후보자(후보자가 되려는 사람을 포함한다)를 위하여 선거인·선거사무장·선거연락소장·선거사무원·회계책임자·연설원 또는 참관인에게 제230조제1항 각 호의 어느 하나에 해당하는 행위를 한 사람
2. 제1호에 규정된 행위의 대가로 또는 그 행위를 하게 할 목적으로 금전·물품, 그 밖에 재산상의 이익 또는 공사의 직을 제공하거나 그 제공의 의사를 표시하거나 그 제공을 약속한 사람
3. 제1호에 규정된 행위의 대가로 또는 그 행위를 약속하고 제2호에 규정된 이익 또는 직의 제공을 받거나 그 제공의 의사표시를 승낙한 사람

② 제1항에 규정된 행위에 관하여 지시·권유·요구하거나 알선한 자(제261조제1항에 해당하는 자는 제외한다)는 10년 이하의 징역 또는 500만원 이상 7천만원 이하의 벌금에 처한다. <개정 2014. 2. 13.>

제232조(후보자에 대한 매수 및 이해유도죄) ① 다음 각호의 1에 해당하는 자는 7년 이하의 징역 또는 500만원 이상 5천만원 이하의 벌금에 처한다. <개정 2014. 2. 13.>

1. 후보자가 되지 아니하게 하거나 후보자가 된 것을 사퇴하게 할 목적으로 후보자가 되고자 하는 자나 후보자에게 제230조(買收 및 利害誘導罪)제1항제1호에 규정된 행위를 한 자 또는 그 이익이나 직의 제공을 받거나 제공의 의사표시를 승낙한 자
2. 후보자가 되고자 하는 것을 중지하거나 후보자를 사퇴한데 대한 대가를 목적으로 후보자가 되고자 하였던 자나 후보자이었던 자에게 제230조제1항제1호에 규정된 행위를 한 자 또는 그 이익이나 직의 제공을 받거나 제공의 의사표시를 승낙한 자

② 제1항 각호의 1에 규정된 행위에 관하여 지시·권유·요구하거나 알선한 자는 10년 이하의 징역 또는 500만원 이상 7천만원 이하의 벌금에 처한다. <개정 2014. 2. 13.>

③ 선거관리위원회의 위원·직원 또는 선거사무에 관계있는 공무원이나 경찰공무원(司法警察官吏 및 軍司法警察官吏를 포함한다)이 당해 선거에 관하여 제1항 각호의 1 또는 제2항에 규정된 행위를 한 때에는 10년 이하의 징역에 처한다.

제233조(당선인에 대한 매수 및 이해유도죄) ① 다음 각호의 1에 해당하는 자는 1년 이상 10년 이하의 징역에 처한다. <개정 2000. 2. 16.>

1. 당선을 사퇴하게 할 목적으로 당선인에 대하여 금전·물품·차마·향응 기타 재산상의 이익 또는 공사의 직을 제공하거나 그 제공의 의사를 표시하거나 그 제공을 약속한 자
2. 제1호에 규정된 이익 또는 직의 제공을 받거나 그 제공의 의사표시를 승낙한 자

② 제1항 각호의 1에 규정된 행위에 관하여 지시·권유·요구하거나 알선한 자는 1년 이상 10년 이하의 징역에 처한다.

제234조(당선무효유도죄) 제263조(選擧費用의 超過支出로 인한 當選無效) 또는 제265조(選擧事務長등의 選擧犯罪로 인한 當選無效)에 해당되어 후보자의 당선을 무효로 되게 할 목적으로 제263조 또는 제265조에 규정된 자를 유도 또는 도발하여 그 자로 하여금 제230조(매수 및 이해유도죄)제1항 내지 제5항·제231조(재산상의 이익목적의 매수 및 이해유도죄) 내지 제233조(當選人에 대한 買收 및 利害誘導罪)·제257조(寄附行爲의 금지제한등 違反罪)제1항 또는 제258조(選擧費用不正支出등 罪)제1항에 규정된 행위를 하게 한 자는 1년이상 10년이하의 징역에 처한다. <개정 2005. 8. 4.>

제235조(방송·신문 등의 불법이용을 위한 매수죄) ① 제97조(放送·新聞의 不法利用을 위한 행위 등의 제한)제1항·제3항의 규정에 위반한 자는 5년 이하의 징역 또는 1천만원 이하의 벌금에 처한다.

② 제97조제2항의 규정에 위반한 자는 7년 이하의 징역 또는 2천만원 이하의 벌금에 처한다.

제236조(매수와 이해유도죄로 인한 이익의 몰수) 제230조(買收 및 利害誘導罪) 내지 제235조(放送·新聞 등의 不法利用을 위한 買收罪)의 죄를 범한 자가 받은 이익은 이를 몰수한다. 다만, 그 전부 또는 일부를 몰수할 수 없는 때에는 그 가액을 추징한다.

제237조(선거의 자유방해죄) ① 선거에 관하여 다음 각 호의 어느 하나에 해당하는 자는 10년 이하의 징역 또는 500만원 이상 3천만원 이하의 벌금에 처한다. <개정 2010. 1. 25.>

1. 선거인·후보자·후보자가 되고자 하는 자·선거사무장·선거연락소장·선거사무원·활동보조인·회계책임자·연설원 또는 당선인을 폭행·협박 또는 유인하거나 불법으로 체포·감금하거나 이 법에 의한 선거운동용 물품을 탈취한 자
2. 집회·연설 또는 교통을 방해하거나 위계·사술 기타 부정한 방법으로 선거의 자유를 방해한 자
3. 업무·고용 기타의 관계로 인하여 자기의 보호·지휘·감독하에 있는 자에게 특정 정당이나 후보자를 지지·추천하거나 반대하도록 강요한 자

② 검사 또는 경찰공무원(司法警察官吏를 포함한다)이 제1항 각호의 1에 규정된 행위를 하거나 하게 한 때에는 1년 이상 10년 이하의 징역과 5년 이하의 자격정지에 처한다.

③ 이 법에 규정된 연설·대담장소 또는 대담·토론회장에서 위험한 물건을 던지거나 후보자 또는 연설원을 폭행한 자는 다음 각호의 구분에 따라 처벌한다. <개정 2004. 3. 12.>

1. 주모자는 5년 이상의 유기징역
2. 다른 사람을 지휘하거나 다른 사람에 앞장서서 행동한 자는 3년 이상의 유기징역
3. 부화하여 행동한 자는 7년 이하의 징역

④ 제1항 내지 제3항의 죄를 범한 경우에 그 범행에 사용하기 위하여 지닌 물건은 이를 몰수한다.

⑤ 당내경선과 관련하여 다음 각 호의 어느 하나에 해당하는 자는 5년 이하의 징역 또는 1천만원 이하의 벌금에 처한다. <신설 2005. 8. 4.>

1. 경선후보자(경선후보자가 되고자 하는 자를 포함한다) 또는 후보자로 선출된 자를 폭행·협박 또는 유인하거나 체포·감금한 자

2. 경선운동 또는 교통을 방해하거나 위계·사술 그 밖의 부정한 방법으로 당내경선의 자유를 방해한 자
3. 업무·고용 그 밖의 관계로 인하여 자기의 보호·지휘·감독을 받는 자에게 특정 경선후보자를 지지·추천하거나 반대하도록 강요한 자
⑥ 당내경선과 관련하여 다수인이 경선운동을 위한 시설·장소 등에서 위험한 물건을 던지거나 경선후보자를 폭행한 자는 다음 각 호의 구분에 따라 처벌한다. <신설 2005. 8. 4.>
1. 주모자는 3년 이상의 유기징역
2. 다른 사람을 지휘하거나 다른 사람에 앞장서서 행동한 자는 7년 이하의 징역
3. 다른 사람의 의견에 동조하여 행동한 자는 2년 이하의 징역

제238조(군인에 의한 선거자유방해죄) 군인(軍搜査機關所屬 軍務員을 포함한다) 이 제237조(選擧의 自由妨害罪)제1항 각호의 1에 규정된 행위를 하거나, 특정한 후보자를 당선되게 하거나 되지 못하게 하기 위하여 그 영향하에 있는 군인 또는 군무원의 선거권행사를 폭행·협박 또는 그밖의 방법으로 방해하거나 하게 한 때에는 1년 이상 10년 이하의 징역과 5년 이하의 자격정지에 처한다.

제239조(직권남용에 의한 선거의 자유방해죄) 선거에 관하여 선거관리위원회의 위원·직원, 선거사무에 종사하는 공무원 또는 선거인명부(재외선거인명부등을 포함한다. 이하 이 장에서 같다)작성에 관계있는 자나 경찰공무원(司法警察官吏 및 軍司法警察官吏를 포함한다)이 직권을 남용하여 다음 각 호의 어느 하나에 해당하는 행위를 하거나 하게 한 때에는 7년 이하의 징역에 처한다. <개정 2005. 8. 4., 2009. 2. 12.>
1. 선거인명부의 열람을 방해하거나 그 열람에 관한 직무를 유기한 때
2. 정당한 사유없이 후보자를 미행하거나 그 주택·선거사무소 또는 선거연락소에 승낙없이 들어가거나 퇴거요구에 불응한 때

제239조의2(선장 등에 의한 선거자유방해죄 등) ① 선장 또는 입회인이 다음 각 호의 어느 하나에 해당하는 행위를 하거나 하게 한 때에는 1년 이상 10년 이하의 징역에 처한다. <개정 2014. 1. 17.>
1. 선상투표신고 또는 선상투표를 하지 못하게 하거나 선상투표용지에의 서명을 거부하는 등 투표를 방해하는 행위
2. 다른 사람의 선상투표용지를 이용하여 선상투표를 하는 행위
3. 선상투표자에게 특정 정당이나 후보자를 지지·추천하거나 반대하도록 강요하는 등 부정한 방법으로 선거의 자유를 방해하는 행위
4. 선상투표소에서 특정 정당이나 후보자에게 투표하도록 권유하는 등 투표에 영향을 미치는 행위
② 선장이 다음 각 호의 어느 하나에 해당하는 행위를 한 때에는 10년 이하의 징역 또는 500만원 이상 3천만원 이하의 벌금에 처한다. <개정 2014. 1. 17.>
1. 제158조의3제1항을 위반하여 선상투표의 일시와 장소를 선상투표자에게 알리지 아니하는 행위
2. 제158조의3제1항을 위반하여 선상투표소를 설치하지 아니하거나 같은 조 제2항을 위반하여 선상투표소를 설비하는 행위
3. 제158조의3제3항을 위반하여 입회인을 입회시키지 아니하는 행위
4. 제158조의3제7항에 따른 선상투표지 봉투와 선상투표용지 봉투를 보관하지 아니하는 행위
5. 제158조의3제8항을 위반하여 선상투표관리기록부를 작성·전송하지 아니하거나 선상투표관리기록부와 제158조의3제7항에 따른 선상투표지 봉투와 선상투표용지 봉투를 제출하지 아니하는 행위
[본조신설 2012. 2. 29.]

제240조(벽보, 그 밖의 선전시설 등에 대한 방해죄) ① 정당한 사유없이 이 법에 의한 벽보·현수막 기타 선전시설의 작성·게시·첩부 또는 설치를 방해하거나 이를 훼손·철거한 자는 2년 이하의 징역 또는 400만원 이하의 벌금에 처한다.
② 선거관리위원회의 위원·직원 또는 선거사무에 관계있는 공무원이나 경찰공무원(司法警察官吏 및 軍司法警察官吏를 포함한다)이 제1항에 규정된 행위를 하거나 하게 한 때에는 3년 이하의 징역 또는 600만원 이하의 벌금에 처한다.
③ 선거관리위원회의 위원·직원 또는 선거사무에 종사하는 자가 제64조의 선거벽보·제65조의 선거공보(같은 조 제9항의 후보자정보공개자료를 포함한다) 또는 제153조의 투표안내문(점자형 투표안내문을 포함한다)을 부정하게 작성·첩부·발송하거나 정당한 사유없이 이에 관한 직무를 행하지 아니한 때에는 3년 이하의 징역 또는 600만원 이하의 벌금에 처한다. <개정 1997. 11. 14., 2004. 3. 12., 2005. 8. 4., 2008. 2. 29., 2010. 1. 25., 2011. 7. 28., 2014. 1. 17.>
[제목개정 2011. 7. 28.]

제241조(투표의 비밀침해죄) ① 제167조(제218조의17제9항에서 준용하는 경우를 포함한다)를 위반하여 투표의 비밀을 침해하거나 선거일의 투표마감시각 종료 이전에 선거인에 대하여 그 투표하고자 하는 정당이나 후보자 또는 투표한 정당이나 후보자의 표시를 요구한 자와 투표결과를 예상하기 위하여 투표소로부터 50미터 이내에서 질문하거나 투표마감시각 전에 그 경위와 결과를 공표한 자는 3년 이하의 징역 또는 600만원 이하의 벌금에 처한다. <개정 2011. 7. 28., 2012. 2. 29., 2015. 12. 24.>
② 선거관리위원회의 위원·직원, 선거사무에 관계있는 공무원, 검사, 경찰공무원(司法警察官吏를 포함한다) 또는 군인(軍搜査機關所屬 軍務員을 포함한다)이 제1항에 규정된 행위를 하거나 하게 한 때에는 5년 이하의 징역에 처한다.
[제목개정 2011. 7. 28.]

제242조(투표·개표의 간섭 및 방해죄) ① 다음 각 호의 어느 하나에 해당하는 사람은 3년 이하의 징역에 처한다. <개정 2010. 1. 25., 2011. 7. 28., 2012. 2. 29., 2014. 1. 17.>
1. 투표를 방해하기 위하여 이 법에서 규정한 투표에 필요한 신분증명서를 맡기게 하거나 이를 인수한 사람 또는 투표소(재외투표소·사전투표소 및 선상투표소를 포함한다. 이하 이 장에서 같다)나 개표소에서 정당한 사유 없이 투표나 개표에 간섭한 사람 또는 투표소에서 특정 정당이나 후보자에게 투표를 권유하거나 투표를 공개하는 등 투표 또는 개표에 영향을 미치는 행위를 한 사람
2. 정당한 사유 없이 거소투표자의 투표를 간섭하거나 방해한 사람, 거소투표자의 투표를 공개하거나 하게 하는 등 거소투표에 영향을 미치는 행위를 한 사람
② 개표소에서 제181조(開票參觀)의 규정에 의하여 개표참관인이 설치한 통신설비를 파괴 또는 훼손한 자는 5년 이하의 징역에 처한다.
③ 검사·경찰공무원(司法警察官吏를 포함한다) 또는 군인(軍搜査機關所屬 軍務員을 포함한다)이 제1항에 규정된 행위를 하거나 하게 한 때에는 1년 이상 10년 이하의 징역에 처한다.
[제목개정 2011. 7. 28.]

제242조의2(공무원의 재외선거사무 간섭죄) ① 공무원이 선거에 있어서 특정 정당이나 후보자(후보자가 되고자 하는 자를 포함한다)에게 유리 또는 불리하게 할 목적으로 재외선거관리위원회 위원이나 공무원에게 재외선거사무 처리와 관련하여 부당한 영향력을 행사한 때에는 3년 이하의 징역 또는 600만원 이하의 벌금에 처한다.
② 자신의 지휘·감독하에 있는 공무원에게 제1항에 따른 행위를 한 때에는 1년 이상 5년 이하의 징역에 처한다.
[본조신설 2012. 1. 17.]

제243조(투표함 등에 관한 죄) ① 법령에 의하지 아니하고 투표함을 열거나 투표함(빈 投票函을 포함한다)이나 투표함안의 투표지를 취거·파괴·훼손·은닉 또는 탈취한 자는 1년 이상 10년 이하의 징역에 처한다.
② 검사·경찰공무원(司法警察官吏를 포함한다) 또는 군인(軍搜査機關所屬 軍務員을 포함한다)이 제1항에 규정된 행위를 하거나 하게 한 때에는 2년 이상 10년 이하의 징역에 처한다.

제244조(선거사무관리관계자나 시설등에 대한 폭행 · 교란죄) ① 선거관리위원회의 위원 · 직원, 공정선거지원단원 · 사이버공정선거지원단원, 투표사무원 · 사전투표사무원 · 개표사무원, 참관인 기타 선거사무에 종사하는 자를 폭행 · 협박 · 유인 또는 불법으로 체포 · 감금하거나, 폭행이나 협박을 가하여 투표소 · 개표소 또는 선거관리위원회 사무소(재외선거사무를 수행하는 공관과 그 분관 및 출장소의 사무소를 포함한다. 이하 제245조제1항에서 같다)를 소요 · 교란하거나, 투표용지 · 투표지 · 투표보조용구 · 전산조직등 선거관리 및 단속사무와 관련한 시설 · 설비 · 장비 · 서류 · 인장 또는 선거인명부(거소 · 선상투표신고인명부를 포함한다)를 은닉 · 손괴 · 훼손 또는 탈취한 자는 1년이상 10년이하의 징역 또는 500만원이상 3천만원이하의 벌금에 처한다. <개정 2004. 3. 12., 2009. 2. 12., 2014. 1. 17., 2018. 4. 6.>

② 제57조의4(당내경선사무의 위탁)의 규정에 따라 위탁한 당내경선에 있어 제1항에 규정된 행위를 한 자는 10년 이하의 징역 또는 2천만원 이하의 벌금에 처한다. <신설 2005. 8. 4.>

제245조(투표소 등에서의 무기휴대죄) ① 무기 · 흉기 · 폭발물, 그 밖에 사람을 살상할 수 있는 물건을 지니고 투표소(제149조제3항 및 제4항에 따른 기표소가 설치된 장소를 포함한다) · 개표소 또는 선거관리위원회 사무소에 함부로 들어간 자는 7년 이하의 징역에 처한다. <개정 2010. 1. 25., 2014. 1. 17.>

② 정당한 사유없이 제1항에 규정된 물건을 지니고 이 법에 규정된 연설 · 대담장소 또는 대담 · 토론회장에 들어간 자는 3년이하의 징역 또는 600만원이하의 벌금에 처한다. <개정 2004. 3. 12.>

③ 제1항 또는 제2항의 죄를 범한 경우에는 그 지닌 무기 등 사람을 살상할 수 있는 물건은 이를 몰수한다.

제246조(다수인의 선거방해죄) ① 다수인이 집합하여 제243조(投票函 등에 관한 罪) 내지 제245조(投票所 등에서의 武器携帶罪)에 규정된 행위를 한 때에는 다음 각호의 구분에 따라 처벌한다.

1. 주모자는 3년 이상의 유기징역
2. 다른 사람을 지휘하거나 다른 사람에 앞장서서 행동한 자는 2년 이상 10년 이하의 징역
3. 부화하여 행동한 자는 5년 이하의 징역

② 제243조 내지 제245조에 규정된 행위를 할 목적으로 집합한 다수인이 관계공무원으로부터 3회 이상의 해산명령을 받았음에도 불구하고 해산하지 아니한 때에는 그 주도적 행위자는 5년 이하의 징역에 처하고, 기타의 자는 1년 이하의 징역 또는 200만원 이하의 벌금에 처한다.

제247조(사위등재 · 허위날인죄) ① 사위(詐僞)의 방법으로 선거인명부(거소 · 선상투표신고인명부를 포함한다. 이하 이 조에서 같다)에 오르게 한 자, 거짓으로 거소투표신고 · 선상투표신고 또는 국외부재자신고를 하거나 재외선거인 등록신청 또는 변경등록신청을 한 자, 특정한 선거구에서 투표할 목적으로 선거인명부작성기준일 전 180일부터 선거인명부작성만료일까지 주민등록에 관한 허위의 신고를 한 자 또는 제157조제1항의 경우에 있어서 허위의 서명이나 날인 또는 무인을 한 자는 3년 이하의 징역 또는 500만원 이하의 벌금에 처한다. <개정 2011. 7. 28., 2012. 2. 29., 2014. 1. 17., 2015. 12. 24.>

② 선거관리위원회의 위원 · 직원, 선거사무에 종사하는 공무원 또는 선거인명부작성에 관계있는 자가 선거인명부에 고의로 선거권자를 기재하지 아니하거나 허위의 사실을 기재하거나 하게 한 때에는 5년 이하의 징역 또는 1천만원 이하의 벌금에 처한다.

[제목개정 2011. 7. 28.]

제248조(사위투표죄) ① 성명을 사칭하거나 신분증명서를 위조 · 변조하여 사용하거나 기타 사위의 방법으로 투표하거나 하게 하거나 또는 투표를 하려고 한 자는 5년 이하의 징역 또는 1천만원 이하의 벌금에 처한다.

② 선거관리위원회의 위원 · 직원 또는 선거사무에 관계있는 공무원(投票事務員 · 사전투표사무원 및 開票事務員을 포함한다)이 제1항에 규정된 행위를 하거나 하게 한 때에는 7년 이하의 징역에 처한다. <개정 2014. 1. 17.>

제249조(투표위조 또는 증감죄) ① 투표를 위조하거나 그 수를 증감한 자는 1년 이상 7년 이하의 징역에 처한다.

② 선거관리위원회의 위원 · 직원 또는 선거사무에 관계있는 공무원(投票事務員 · 사전투표사무원 및 開票事務員을 포함한다)이나 종사원이 제1항에 규정된 행위를 한 때에는 3년 이상 10년 이하의 징역에 처한다. <개정 2014. 1. 17.>

제250조(허위사실공표죄) ① 당선되거나 되게 할 목적으로 연설 · 방송 · 신문 · 통신 · 잡지 · 벽보 · 선전문서 기타의 방법으로 후보자(候補者가 되고자 하는 者를 포함한다. 이하 이 條에서 같다)에게 유리하도록 후보자, 후보자의 배우자 또는 직계존비속이나 형제자매의 출생지 · 가족관계 · 신분 · 직업 · 경력등 · 재산 · 행위 · 소속단체, 특정인 또는 특정단체로부터의 지지여부 등에 관하여 허위의 사실[학력을 게재하는 경우 제64조제1항의 규정에 의한 방법으로 게재하지 아니한 경우를 포함한다]을 공표하거나 공표하게 한 자와 허위의 사실을 게재한 선전문서를 배포할 목적으로 소지한 자는 5년이하의 징역 또는 3천만원이하의 벌금에 처한다. <개정 1995. 12. 30., 1997. 1. 13., 1997. 11. 14., 1998. 4. 30., 2000. 2. 16., 2004. 3. 12., 2010. 1. 25., 2015. 12. 24.>

② 당선되지 못하게 할 목적으로 연설 · 방송 · 신문 · 통신 · 잡지 · 벽보 · 선전문서 기타의 방법으로 후보자에게 불리하도록 후보자, 그의 배우자 또는 직계존 · 비속이나 형제자매에 관하여 허위의 사실을 공표하거나 공표하게 한 자와 허위의 사실을 게재한 선전문서를 배포할 목적으로 소지한 자는 7년 이하의 징역 또는 500만원 이상 3천만원 이하의 벌금에 처한다. <개정 1997. 1. 13.>

③ 당내경선과 관련하여 제1항(제64조제1항의 규정에 따른 방법으로 학력을 게재하지 아니한 경우를 제외한다)에 규정된 행위를 한 자는 3년 이하의 징역 또는 6백만원 이하의 벌금에, 제2항에 규정된 행위를 한 자는 5년 이하의 징역 또는 1천만원 이하의 벌금에 처한다. 이 경우 "후보자" 또는 "후보자(후보자가 되고자 하는 자를 포함한다)"는 "경선후보자"로 본다. <신설 2005. 8. 4.>

④ 제82조의8제2항을 위반하여 중앙선거관리위원회규칙으로 정하는 사항을 딥페이크영상등에 표시하지 아니하고 제1항에 규정된 행위를 한 자는 5년 이하의 징역 또는 5천만원 이하의 벌금에, 제2항에 규정된 행위를 한 자는 7년 이하의 징역 또는 1천만원 이상 5천만원 이하의 벌금에 처한다. <신설 2023. 12. 28.>

[제목개정 2015. 12. 24.]

제251조(후보자비방죄) 당선되거나 되게 하거나 되지 못하게 할 목적으로 연설 · 방송 · 신문 · 통신 · 잡지 · 벽보 · 선전문서 기타의 방법으로 공연히 사실을 적시하여 후보자(候補者가 되고자 하는 者를 포함한다), 그의 배우자 또는 직계존 · 비속이나 형제자매를 비방한 자는 3년 이하의 징역 또는 500만원 이하의 벌금에 처한다. 다만, 진실한 사실로서 공공의 이익에 관한 때에는 처벌하지 아니한다.

제252조(방송 · 신문 등 부정이용죄) ① 제96조제2항을 위반한 자는 7년 이하의 징역 또는 500만원 이상 3천만원 이하의 벌금에 처한다. <신설 2015. 12. 24.>

② 제96조제1항을 위반한 자는 5년 이하의 징역 또는 300만원 이상 2천만원 이하의 벌금에 처한다. <신설 2015. 12. 24.>

③ 제82조의7제5항 · 제94조 · 제95조제1항 · 제98조 또는 제99조의 규정에 위반한 자는 3년 이하의 징역 또는 600만원 이하의 벌금에 처한다. <개정 2012. 2. 29., 2015. 12. 24.>

④ 제71조(候補者등의 放送演說)제12항 [제72조(放送施設主管 候補者演說의 放送)제4항, 제73조(經歷放送)제4항, 제74조(放送施設主管經歷放送)제2항, 제81조(團體의 候補者등 초청對談 · 討論會)제8항, 제82조(言論機關의 候補者등 초청 對談 · 討論會)제4항, 제137조의2(政綱 · 政策의 放送演說의 제한)

제6항에서 준용하는 경우를 포함한다] 및 제82조의2(선거방송토론위원회 주관 대담·토론회)제13항 후단[제82조의3(선거방송토론위원회 주관 정책토론회)제2항에서 준용하는 경우를 포함한다]의 규정에 위반한 자는 2년이하의 징역 또는 400만원이하의 벌금에 처한다. <개정 1998. 4. 30., 2000. 2. 16., 2004. 3. 12., 2005. 8. 4., 2015. 12. 24.>
[제목개정 2015. 12. 24.]

제253조(성명 등의 허위표시죄) 당선되거나 되게 하거나 되지 못하게 할 목적으로 진실에 반하는 성명·명칭 또는 신분의 표시를 하여 우편이나 전보 또는 전화 기타 전기통신의 방법에 의한 통신을 한 자는 3년 이하의 징역 또는 600만원 이하의 벌금에 처한다.

제254조(선거운동기간위반죄) ① 선거일에 투표마감시각전까지 이 법에 규정된 방법을 제외하고 선거운동을 한 자는 3년 이하의 징역 또는 600만원 이하의 벌금에 처한다. <개정 2017. 2. 8.>
② 선거운동기간 전에 이 법에 규정된 방법을 제외하고 선전시설물·용구 또는 각종 인쇄물, 방송·신문·뉴스통신·잡지, 그 밖의 간행물, 정견발표회·좌담회·토론회·향우회·동창회·반상회, 그 밖의 집회, 정보통신, 선거운동기구나 사조직의 설치, 호별방문, 그 밖의 방법으로 선거운동을 한 자는 2년 이하의 징역 또는 400만원 이하의 벌금에 처한다. <개정 2010. 1. 25.>
③ 삭제 <2010. 1. 25.>
[단순위헌, 2018헌바146, 2022.2.24, 공직선거법(2010. 1. 25. 법률 제9974호로 개정된 것) 제254조 제2항 중 '그 밖의 방법'에 관한 부분 가운데 개별적으로 대면하여 말로 하는 선거운동을 한 자에 관한 부분은 헌법에 위반된다.]

제255조(부정선거운동죄) ① 다음 각 호의 어느 하나에 해당하는 자는 3년 이하의 징역 또는 600만원 이하의 벌금에 처한다. <개정 1995. 12. 30., 1997. 11. 14., 1998. 4. 30., 2000. 2. 16., 2002. 3. 7., 2004. 3. 12., 2005. 8. 4., 2009. 2. 12., 2010. 1. 25., 2014. 2. 13., 2023. 8. 30.>
1. 제57조의6제1항을 위반하여 당내경선에서 경선운동을 한 사람
2. 제60조(選擧運動을 할 수 없는 者)제1항의 규정에 위반하여 선거운동을 하거나 하게 한 자 또는 같은 조 제2항이나 제205조(選擧運動機構의 設置 및 選擧事務關係者의 選任에 관한 特例)제4항의 규정에 위반하여 선거사무장 등으로 되거나 되게 한 자
3. 제61조(選擧運動機構의 設置)제1항의 규정에 위반하여 선거운동기구를 설치하거나 이를 설치하여 선거운동을 한 자
4. 제62조제1항부터 제4항까지의 규정을 위반하여 선거사무장·선거연락소장·선거사무원 또는 활동보조인을 선임한 자
5. 제68조제2항 또는 제3항(소품등의 규격을 말한다)을 위반하여 소품등을 사용한 선거운동을 한 사람
6. 제80조(演說禁止場所)의 규정에 위반하여 선거운동을 위한 연설·대담을 한 자
7. 제81조(團體의 候補者 등 초청 對談·討論會)제1항의 규정에 위반하여 후보자 등 초청 대담·토론회를 개최한 자
8. 제81조제7항[제82조(言論機關의 候補者등 초청 對談·討論會)제4항에서 준용하는 경우를 포함한다]의 규정에 위반하여 대담·토론회를 개최한 자
9. 제85조제3항 또는 제4항에 위반한 행위를 하거나 하게 한 자
10. 제86조제1항제1호부터 제3호까지·제2항 또는 제5항을 위반한 사람 또는 같은 조 제6항을 위반한 행위를 한 사람
11. 제87조(단체의 선거운동금지)제1항의 규정을 위반하여 선거운동을 하거나 하게 한 자 또는 동조제2항의 규정을 위반하여 사조직 기타 단체를 설립·설치하거나 하게 한 자
12. 제88조(他候補者를 위한 選擧運動禁止)본문의 규정에 위반하여 다른 정당이나 후보자를 위한 선거운동을 한 자
13. 제89조(類似機關의 設置禁止)제1항 본문의 규정에 위반하여 유사기관을 설립·설치하거나 기존의 기관·단체·조직 또는 시설을 이용한 자
14. 삭제 <2004. 3. 12.>
15. 제92조(映畵 등을 이용한 選擧運動禁止)의 규정에 위반하여 저술·연예·연극·영화나 사진을 배부·공연·상연·상영 또는 게시하거나 하게 한 자
16. 제105조(行列등의 금지)제1항의 규정에 위반하여 무리를 지어 거리행진·인사 또는 연달아 소리 지르는 행위를 한 사람
17. 제106조(戶別訪問의 제한)제1항 또는 제3항의 규정에 위반하여 호별로 방문하거나 하게 한 자
18. 제107조(署名·捺印運動의 금지)의 규정에 위반하여 서명이나 날인을 받거나 받게 한 자
19. 제109조제1항 또는 제2항을 위반하여 서신·전보·모사전송·전화 그 밖에 전기통신의 방법을 이용하여 선거운동을 하거나 하게 한 자나 같은 조 제3항을 위반하여 협박하거나 하게 한 자
20. 제218조의14제1항·제6항 또는 제7항을 위반하여 재외선거권자를 대상으로 선거운동을 한 자
② 다음 각 호의 어느 하나에 해당하는 자는 2년 이하의 징역 또는 400만원 이하의 벌금에 처한다. <개정 1995. 12. 30., 1997. 11. 14., 1998. 4. 30., 2000. 2. 16., 2002. 3. 7., 2004. 3. 12., 2005. 8. 4., 2007. 1. 3., 2008. 2. 29., 2010. 1. 25., 2022. 1. 18.>
1. 제60조의3제1항제4호 후단을 위반하여 예비후보자홍보물을 작성한 자
1의2. 대통령선거 및 지방자치단체의 장선거의 예비후보자가 아닌 자로서 제60조의4제1항의 예비후보자공약집을 발간·배부한 자, 같은 항을 위반하여 1종을 넘어 예비후보자공약집을 발간·배부한 자, 같은 항을 위반하여 예비후보자공약집을 통상적인 방법으로 판매하지 아니하거나 방문판매의 방법으로 판매한 자, 같은 조 제2항을 위반하여 예비후보자공약집을 발간·배부한 자
1의3. 제64조제1항·제9항, 제65조제1항·제2항, 제66조제1항부터 제5항까지를 위반하여 선거벽보·선거공보 또는 선거공약서를 선거운동을 위하여 작성·사용하거나 하게 한 자
2. 삭제 <2010. 1. 25.>
3. 제57조의3(당내경선운동)제1항의 규정을 위반하여 경선운동을 한 자
4. 제91조(擴聲裝置와 自動車 등의 사용제한)제1항·제3항 또는 제216조(4개 이상 選擧의 同時實施에 관한 特例)제1항 전단의 규정에 위반하여 확성장치나 자동차를 사용하여 선거운동을 하거나 하게 한 자
5. 제93조(脫法方法에 의한 文書·圖畵의 배부·게시 등 금지)제1항의 규정에 위반하여 문서·도화 등을 배부·첩부·살포·게시·상영하거나 하게 한 자, 같은 조제2항의 규정에 위반하여 광고 또는 출연을 하거나 하게 한 자 또는 제3항의 규정에 위반하여 신분증명서·문서 기타 인쇄물을 발급·배부 또는 징구하거나 하게 한 자
6. 제100조(錄音器 등의 사용금지)의 규정에 위반하여 녹음기 또는 녹화기를 사용하여 선거운동을 하거나 하게 한 자
7. 삭제 <1995. 12. 30.>
8. 제271조의2(選擧에 관한 廣告의 제한)제1항의 규정에 의한 광고중지요청에 불응하여 광고를 하거나 광고게재를 의뢰한 자
③ 다음 각 호의 어느 하나에 해당하는 사람은 5년 이하의 징역에 처한다. <개정 2010. 1. 25., 2014. 2. 13.>
1. 제57조의6제2항을 위반하여 경선운동을 한 사람
2. 제85조제2항을 위반하여 선거운동을 한 사람
④ 제82조의5(선거운동정보의 전송제한)제1항의 규정을 위반하여 선거운동정보를 전송한 자, 동조제2항의 규정을 위반하여 선거운동정보에 해당하는 사실 등을 선거운동정보에 명시하지 아니하거나 허위로 명시한 자, 동조제4항의 규정을 위반하여 기술적 조치를 한 자, 동조제5항의 규정을 위반하여 비용을 수신자에게 부담하도록 한 자, 동조제6항의 규정을 위반

하여 선거운동정보를 전송한 자는 1년 이하의 징역 또는 100만원 이하의 벌금에 처한다. <신설 2004. 3. 12., 2005. 8. 4., 2012. 1. 17.>
⑤ 제82조의8제1항을 위반한 자는 7년 이하의 징역 또는 1천만원 이상 5천만원 이하의 벌금에 처한다. <신설 2023. 12. 28.>
⑥ 제85조제1항을 위반한 자는 5년 이하의 징역 또는 2천만원 이하의 벌금에 처한다. <신설 2014. 2. 13., 2017. 2. 8., 2023. 12. 28.>
[2010. 1. 25. 법률 제9974호에 의하여 2008. 5. 29. 헌법재판소에서 한정위헌결정된 이 조 제1항제10호를 개정함.]
[2023. 8. 30. 법률 제19696호에 의하여 2011. 12. 29. 헌법재판소에서 한정위헌 결정된 이 조 제2항 제5호를 개정함.]
[2020. 3. 25. 법률 제17127호에 의하여 헌법재판소에서 위헌결정된 제255조 제1항 제2호 가운데 제60조 제1항 제5호를 개정함]
[2017. 2. 8. 법률 제14556호에 의하여 2016. 7. 28. 헌법재판소에서 위헌 결정된 이 조 제5항을 개정함]
[단순위헌, 2021헌가14, 2024.1.25, 구 공직선거법(2010. 1. 25. 법률 제9974호로 개정되고, 2020. 3. 25. 법률 제17127호로 개정되기 전의 것) 제60조 제1항 제5호 중 '제53조 제1항 제6호 가운데 지방공사의 상근직원'에 관한 부분, 구 공직선거법(2020. 3. 25. 법률 제17127호로 개정되고, 2020. 12. 29. 법률 제17813호로 개정되기 전의 것) 제60조 제1항 제5호 중 '제53조 제1항 제6호 가운데 지방공사의 상근직원'에 관한 부분, 공직선거법(2020. 12. 29. 법률 제17813호로 개정된 것) 제60조 제1항 제5호 중 '제53조 제1항 제6호 가운데 지방공사의 상근직원'에 관한 부분, 공직선거법(2010. 1. 25. 법률 제9974호로 개정된 것) 제255조 제1항 제2호 중 구 공직선거법(2010. 1. 25. 법률 제9974호로 개정되고, 2020. 3. 25. 법률 제17127호로 개정되기 전의 것) 제60조 제1항 제5호의 '제53조 제1항 제6호 가운데 지방공사의 상근직원'에 관한 부분, 공직선거법(2010. 1. 25. 법률 제9974호로 개정된 것) 제255조 제1항 제2호 중 구 공직선거법(2020. 3. 25. 법률 제17127호로 개정되고, 2020. 12. 29. 법률 제17813호로 개정되기 전의 것) 제60조 제1항 제5호의 '제53조 제1항 제6호 가운데 지방공사의 상근직원'에 관한 부분, 공직선거법(2010. 1. 25. 법률 제9974호로 개정된 것) 제255조 제1항 제2호 중 공직선거법(2020. 12. 29. 법률 제17813호로 개정된 것) 제60조 제1항 제5호의 '제53조 제1항 제6호 가운데 지방공사의 상근직원'에 관한 부분은 모두 헌법에 위반된다.]
[2023.8.30 법률 제19696호에 의하여 2022.6.30 헌법재판소에서 위헌 결정된 이 조 제1항 제1호를 개정함.]
[2023.8.30 법률 제19696호에 의하여 2022.12.22 헌법재판소에서 위헌 결정된 이 조 제1항 제1호를 개정함.]
[2023.8.30 법률 제19696호에 의하여 2022.7.21 헌법재판소에서 헌법불합치 결정된 이 조 제1항 제5호를 개정함.]
[2023.8.30 법률 제19696호에 의하여 2022.7.21 헌법재판소에서 헌법불합치 결정된 이 조 제2항 제5호를 개정함.]
[2023.8.30 법률 제19696호에 의하여 2022.7.21. 헌법재판소에서 위헌 결정된 이 조 제2항 제5호를 개정함.]
[2023.8.30 법률 제19696호에 의하여 2021.4.29 헌법재판소에서 위헌 결정된 이 조 제1항 제5호를 개정함.]
[2023.8.30 법률 제19696호에 의하여 2023.3.23 헌법재판소에서 헌법불합치된 이 조 제2항 제5호를 개정함.]

제256조(각종제한규정위반죄) ① 다음 각 호의 어느 하나에 해당하는 자는 3년 이하의 징역 또는 600만원 이하의 벌금에 처한다. <개정 2012. 2. 29., 2014. 2. 13., 2015. 12. 24., 2016. 1. 15., 2017. 2. 8.>
1. 제57조의8제7항제3호(제108조의2제5항에서 준용하는 경우를 포함한다)를 위반하여 이용자의 정보를 제공한 자, 같은 항 제4호(제108조의2제5항에서 준용하는 경우를 포함한다)를 위반하여 해당 정당 또는 선거여론조사기관 외의 자에게 휴대전화 가상번호를 제공한 자, 같은 항 제5호(제108조의2제5항에서 준용하는 경우를 포함한다)를 위반하여 명시적으로 거부의사를 밝힌 이용자의 휴대전화 가상번호를 제공한 자 또는 같은 항 제6호(제108조의2제5항에서 준용하는 경우를 포함한다)를 위반하여 휴대전화 가상번호를 생성하여 제공한 자
2. 제57조의8제9항제1호(제108조의2제5항에서 준용하는 경우를 포함한다)를 위반하여 휴대전화 가상번호를 제57조의8제1항에 따른 여론조사·여론수렴 또는 제108조의2제1항에 따른 여론조사가 아닌 목적으로 사용하거나 제57조의8제9항제2호(제108조의2제5항에서 준용하는 경우를 포함한다)를 위반하여 다른 자에게 제공한 자
3. 제57조의8제10항(제108조의2제5항에서 준용하는 경우를 포함한다)을 위반하여 유효기간이 지난 휴대전화 가상번호를 즉시 폐기하지 아니한 자
4. 제103조제2항을 위반하여 모임을 개최한 자
5. 제108조제5항을 위반하여 여론조사를 한 자, 같은 조 제9항에 따른 요구를 받고 거짓의 자료를 제출한 자, 같은 조 제11항제1호를 위반하여 지시·권유·유도한 자, 같은 항 제2호를 위반하여 여론조사에 응답하거나 이를 지시·권유·유도한 자 또는 같은 조 제12항을 위반하여 선거에 관한 여론조사의 결과를 공표·보도한 자
② 다음 각 호의 어느 하나에 해당하는 통보를 받고 지체 없이 이를 이행하지 아니한 자는 2년 이하의 징역 또는 1천500만원 이하의 벌금에 처한다. <신설 2014. 2. 13., 2017. 2. 8.>
1. 제8조의2제5항 및 제6항(제8조의3제6항에서 준용하는 경우를 포함한다)에 따른 제재조치 등
2. 제8조의3제3항제1호부터 제3호까지의 규정에 따른 제재조치
3. 제8조의4제3항에 따른 반론보도의 결정
4. 제8조의6제1항 또는 제3항에 따른 조치 또는 같은 조 제6항에 따른 반론보도의 결정
③ 다음 각 호의 어느 하나에 해당하는 자는 2년 이하의 징역 또는 400만원 이하의 벌금에 처한다. <개정 1995. 4. 1., 1995. 12. 30., 1997. 11. 14., 1998. 4. 30., 2000. 2. 16., 2002. 3. 7., 2004. 3. 12., 2005. 8. 4., 2008. 2. 29., 2009. 2. 12., 2010. 1. 25., 2012. 1. 17., 2012. 2. 29., 2014. 1. 17., 2014. 2. 13., 2014. 5. 14., 2015. 8. 13., 2015. 12. 24., 2016. 1. 15., 2017. 2. 8., 2023. 8. 30.>
1. 선거운동과 관련하여 다음 각 목의 어느 하나에 해당하는 자
가. 제67조의 규정에 위반하여 현수막을 게시한 자
나. 제59조제2호 후단을 위반하여 후보자 또는 예비후보자가 아닌 자로서 자동 동보통신의 방법으로 문자메시지를 전송한 자, 같은 조 같은 호 후단을 위반하여 8회를 초과하여 자동 동보통신의 방법으로 문자메시지를 전송한 자, 같은 조 제3호 후단을 위반하여 후보자 또는 예비후보자가 아닌 자로서 전송대행업체에 위탁하여 전자우편을 전송한 자
다. 제79조제10항에 따른 녹음기 또는 녹화기의 사용대수를 초과하여 사용한 사람
라. 제84조를 위반하여 특정 정당으로 부터의 지지 또는 추천받음을 표방한 자
마. 제82조의4제4항에 따라 선거관리위원회로부터 2회 이상 요청을 받고 이행하지 아니한 자
바. 제86조제1항제5호부터 제7호까지 또는 제7항을 위반한 행위를 한 사람
사. 제89조(類似機關의 設置禁止)제2항의 규정에 위반하여 선거에 영향을 미치는 행위 또는 선전행위를 하거나 하게 한 자
아. 제90조(施設物設置 등의 금지)의 규정에 위반하여 선전물을 설치·진열·게시·배부하거나 하게 한 자 또는 상징물을 제작·판매하거나 하게 한 자
자. 제101조(他演說會 등의 금지)의 규정에 위반하여 타연설회 등을 개최하거나 하게 한 자
차. 제102조제1항을 위반하여 연설·대담 또는 대담·토론회를 개최한 자
카. 제103조(各種集會등의 制限)제1항 및 제3항 내지 제5항의

규정에 위반하여 각종집회등을 개최하거나 하게 한 자
타. 제104조(演說會場에서의 騷亂行爲등의 금지)의 규정에 위반하여 연설·대담장소등에서 질서를 문란하게 하거나 횃불을 사용하거나 하게 한 자
파. 제108조제1항을 위반하여 여론조사의 경위와 그 결과를 공표 또는 인용하여 보도한 자, 같은 조 제2항을 위반하여 여론조사를 한 자, 같은 조 제6항을 위반하여 여론조사와 관련있는 자료일체를 해당 선거의 선거일 후 6개월까지 보관하지 아니한 자, 같은 조 제9항을 위반하여 정당한 사유 없이 여론조사와 관련된 자료를 제출하지 아니한 자 또는 같은 조 제10항을 위반하여 여론조사를 한 자
하. 제57조의8제7항제1호(제108조의2제5항에서 준용하는 경우를 포함한다)를 위반하여 휴대전화 가상번호에 유효기간을 설정하지 아니하고 제공하거나 휴대전화 가상번호를 제공하는 날부터 당내경선의 선거일까지의 기간, 여론수렴 기간 또는 여론조사 기간을 초과하는 유효기간을 설정하여 제공한 자 또는 같은 항 제2호(제108조의2제5항에서 준용하는 경우를 포함한다)를 위반하여 요청받은 휴대전화 가상번호 수를 초과하여 휴대전화 가상번호를 제공한 자
거. 제108조의3을 위반하여 비교평가를 하거나 그 결과를 공표한 자 또는 비교평가와 관련있는 자료 일체를 해당 선거의 선거일 후 6개월까지 보관하지 아니한 자
너. 제111조(議政活動 보고)제1항 단서의 규정에 위반하여 선거일전 90일부터 선거일까지 의정활동을 보고한 자
2. 선거질서와 관련하여 다음 각 목의 어느 하나에 해당하는 자
가. 제39조제8항(제218조의9제3항에서 준용하는 경우를 포함한다)의 규정에 위반하여 선거인명부작성사무를 방해하거나 영향을 주는 행위를 한 자
나. 제44조의2제5항을 위반하여 선거인명부를 열람·사용 또는 유출한 자
다. 제46조(명부사본의 교부)제4항[제60조의3(예비후보자 등의 선거운동)제5항 및 제111조(의정활동 보고)제4항에서 준용하는 경우를 포함한다]의 규정을 위반하여 선거인명부 및 거소·선상투표신고인명부(전산자료복사본을 포함한다)의 사본이나 세대주명단을 다른 사람에게 양도·대여 또는 재산상의 이익 기타 영리를 목적으로 사용하거나 하게 한 자
라. 제161조제7항(제162조제4항에서 준용하는 경우를 포함한다) 또는 제181조제11항을 위반하여 참관인이 되거나 되게 한 자
마. 제163조(제218조의17제9항에서 준용하는 경우를 포함한다)를 위반하여 투표소(제149조제3항 및 제4항에 따른 기표소가 설치된 장소를 포함한다)에 들어가거나, 표지를 하지 아니하거나, 표지 외의 표시물을 달거나 붙이거나, 표지를 양도·양여하거나 하게 한 자
바. 제166조(제218조의17제9항에서 준용하는 경우를 포함한다)에 따른 명령에 불응한 자 또는 같은 규정을 위반한 표지를 하거나 하게 한 자
사. 제166조의2제1항(제218조의17제9항에서 준용하는 경우를 포함한다)을 위반하여 투표지를 촬영한 사람
아. 제183조(開票所의 出入制限과 秩序維持)제1항의 규정에 위반하여 개표소에 들어간 자 또는 같은조제2항의 규정에 위반하여 표지를 하지 아니하거나 표지외의 표시물을 달거나 붙이거나 표지를 양도·양여하거나 하게 한 자
3. 이 법에 규정되지 아니한 방법으로 제58조의2 단서를 위반하여 투표참여를 권유하는 행위를 한 자
4. 제262조의2(선거범죄신고자 등의 보호)제2항의 규정을 위반한 자
④ 정당(당원협의회를 포함한다)이 다음 각 호의 어느 하나에 해당하는 행위를 한 때에는 해당 정당에 대하여는 1천만원 이하의 벌금에 처하고, 해당 정당의 대표자·간부 또는 소속 당원으로서 위반행위를 하거나 하게 한 자는 2년 이하의 징역 또는 400만원 이하의 벌금에 처한다. <개정 2000. 2. 16., 2004. 3. 12., 2006. 3. 2., 2007. 1. 3., 2010. 1. 25., 2014. 2. 13.>
1. 제137조(政綱·政策의 新聞廣告 등의 제한)의 규정에 위반하여 일간신문 등에 광고를 한 자
2. 제137조의2(政綱·정책의 放送演說의 제한)제1항 내지 제3항의 규정에 위반하여 정강·정책의 방송연설을 한 자
3. 제138조(政綱·政策弘報物의 배부제한 등)의 규정(第4項을 제외한다)에 위반하여 정강·정책홍보물을 제작·배부한 자
3의2. 제138조의2(정책공약집의 배부제한 등)의 규정(제3항을 제외한다)을 위반하여 정책공약집을 발간·배부한 자
4. 제139조(政黨機關紙의 발행·배부제한)의 규정(第3項을 제외한다)에 위반하여 정당기관지를 발행·배부한 자
5. 제140조(創黨大會 등의 개최와 告知의 제한)제1항 및 제2항의 규정에 위반하여 창당대회 등을 개최한 자
6. 제141조(당원집회의 제한)제1항 및 제4항(철거하지 아니한 경우를 제외한다)의 규정에 위반하여 당원집회를 개최한 자
7. 삭제 <2004. 3. 12.>
8. 삭제 <2004. 3. 12.>
9. 제144조(政黨의 黨員募集 등의 제한)제1항의 규정에 위반하여 당원을 모집하거나 입당원서를 배부한 자
10. 제61조의2(정당선거사무소의 설치)제1항의 규정을 위반하여 정당선거사무소를 설치하거나, 동조제2항의 규정을 위반하여 소장 또는 유급사무직원을 둔 자
⑤ 다음 각 호의 어느 하나에 해당하는 자는 1년 이하의 징역 또는 200만원 이하의 벌금에 처한다. <개정 1995. 12. 30., 1997. 1. 13., 1997. 11. 14., 1998. 4. 30., 2000. 2. 16., 2004. 3. 12., 2005. 8. 4., 2007. 1. 3., 2008. 2. 29., 2010. 1. 25., 2012. 1. 17., 2014. 1. 17., 2014. 2. 13., 2015. 12. 24., 2017. 2. 8., 2018. 4. 6., 2020. 12. 29., 2022. 1. 18.>
1. 제48조제3항제1호를 위반하여 검인되지 아니한 추천장에 의하여 선거권자의 추천을 받거나 받게 한 사람, 같은 항 제2호를 위반하여 선거운동을 위하여 추천선거권자수의 상한수를 넘어 선거권자의 추천을 받거나 받게 한 사람, 같은 항 제3호를 위반하여 허위의 추천을 받거나 받게 한 사람
2. 제61조(選擧運動機構의 設置)제5항[제61조의2(정당선거사무소의 설치)제7항에서 준용하는 경우를 포함한다]의 규정에 위반하여 선거사무소나 선거연락소를 설치한 자
2의2. 제61조(선거운동기구의 설치)제7항의 규정에 의하여 선거사무소의 폐쇄명령을 받고도 이를 이행하지 아니한 자
3. 제62조제7항을 위반하여 선거사무장·선거연락소장 또는 선거사무원을 선임한 자 또는 같은 조 제8항을 위반하여 선거운동을 하는 자를 모집한 자
4. 제63조(選擧運動機構 및 選擧事務關係者의 申告)제1항 후단의 규정에 위반하여 선거사무원수의 2배수를 넘어 두거나 두게 한 자
5. 제64조제8항(제65조제13항 및 제66조제8항에서 준용하는 경우를 포함한다)을 위반하여 선거벽보·선거공보 또는 선거공약서의 수량을 넘게 인쇄하여 제공한 자
6. 제69조제1항의 횟수에 관한 규정을 위반하지 아니하였으나 같은 조 제5항을 위반하여 광고한 사람
7. 삭제 <2010. 1. 25.>
8. 제79조제1항·제3항부터 제5항까지·제6항(표지를 부착하지 아니한 경우는 제외한다)·제7항을 위반하여 공개장소에서의 연설·대담을 한 자
9. 제81조(團體의 候補者 등 초청 對談·討論會)제3항 또는 제4항의 규정에 위반하여 대담·토론회의 개최신고를 하지 아니하거나 표지를 게시 또는 첩부하지 아니한 자
10. 제102조제2항을 위반하여 녹음기 또는 녹화기를 사용한 자. 다만, 오후 9시부터 오후 11시까지의 사이에 소리를 출력하여 녹화기를 사용한 자는 제외한다.
10의2. 제110조제2항을 위반하여 특정 지역·지역인 또는 성별을 공연히 비하·모욕한 자
11. 제118조(選擧日後 答禮禁止)의 규정에 위반한 자
12. 제272조의2제3항(제8조의8제11항에서 준용하는 경우를 포함한다)을 위반하여 출입을 방해하거나 자료제출요구에 응하지 아니한 자 또는 허위의 자료를 제출한 자

[제목개정 2015. 8. 13.]
[2017. 2. 8. 법률 제14556호에 의하여 2015. 7. 30. 헌법재판소에서 위헌결정된 이 조 제2항제2호를 개정함.]
[2023.8.30 법률 제19696호에 의하여 2023.6.29 헌법재판소에서 헌법불합치된 이 조 제3항 제1호 아목을 개정함.]
[2023.8.30 법률 제19696호에 의하여 2022.11.24 헌법재판소에서 헌법불합치된 이 조 제3항 제1호 아목을 개정함.]
[2023.8.30 법률 제19696호에 의하여 2022.7.21 헌법재판소에서 위헌 결정된 이 조 제3항 제1호 아목을 개정함.]
[2023.8.30 법률 제19696호에 의하여 2022.7.21 헌법재판소에서 위헌 결정된 이 조 제3항 제1호 카목을 개정함.]
[2023.8.30 법률 제19696호에 의하여 2022.7.21 헌법재판소에서 헌법불합치된 이 조 제3항 제1호 아목을 개정함.]

제257조(기부행위의 금지제한 등 위반죄) ① 다음 각호의 1에 해당하는 자는 5년 이하의 징역 또는 1천만원 이하의 벌금에 처한다. <개정 1996. 2. 6., 1997. 1. 13., 1997. 11. 14., 2000. 2. 16., 2004. 3. 12.>
1. 제113조(候補者 등의 寄附行爲制限)·제114조(政黨 및 候補者의 家族 등의 寄附行爲制限)제1항 또는 제115조(第三者의 寄附行爲制限)의 규정에 위반한 자
2. 제81조(團體의 候補者 등 초청 對談·討論會)제6항[제82조(言論機關의 候補者 등 초청 對談·討論會)제4항에서 준용하는 경우를 포함한다]의 규정을 위반한 자
② 제81조제6항·제82조제4항·제113조·제114조제1항 또는 제115조에서 규정하고 있는 정당(創黨準備委員會를 포함한다)·정당의 대표자·정당선거사무소의 소장, 국회의원·지방의회의원·지방자치단체의 장, 후보자(候補者가 되고자 하는 者를 포함한다. 이하 이 條에서 같다), 후보자의 배우자, 후보자나 그 배우자의 직계존비속과 형제자매, 후보자의 직계비속 및 형제자매의 배우자, 선거사무장, 선거연락소장, 선거사무원, 회계책임자, 연설원,대담·토론자, 후보자 또는 그 가족과 관계있는 회사 등이나 그 임·직원과 제삼자[제116조(寄附의 勸誘·요구 등의 금지)에 규정된 행위의 상대방을 말한다]에게 기부를 지시·권유·알선·요구하거나 그로부터 기부를 받은 자(제261조제9항제1호·제6호에 해당하는 사람은 제외한다)는 3년 이하의 징역 또는 500만원 이하의 벌금에 처한다. <개정 1997. 1. 13., 2000. 2. 16., 2004. 3. 12., 2008. 2. 29., 2010. 1. 25., 2012. 2. 29., 2014. 2. 13.>
③ 제117조(寄附받는 행위 등의 금지)의 규정에 위반한 자는 3년 이하의 징역 또는 500만원 이하의 벌금에 처한다. <신설 1995. 5. 10.>
④ 제1항 내지 제3항의 죄를 범한 자가 받은 이익은 이를 몰수한다. 다만, 그 전부 또는 일부를 몰수할 수 없을 때에는 그 가액을 추징한다. <신설 1995. 5. 10.>

제258조(선거비용부정지출 등 죄) ① 다음 각 호의 어느 하나에 해당하는 때에는 5년 이하의 징역 또는 2천만원 이하의 벌금에 처한다. <개정 2004. 3. 12., 2005. 8. 4.>
1. 정당·후보자·선거사무장·선거연락소장·회계책임자 또는 회계사무보조자가 제122조(선거비용제한액의 공고)의 규정에 의하여 공고한 선거비용제한액의 200분의 1이상을 초과하여 선거비용을 지출한 때
2. 삭제 <2005. 8. 4.>
② 삭제 <2005. 8. 4.>

제259조(선거범죄선동죄) 연설·벽보·신문 기타 어떠한 방법으로든지 제230조(買收 및 利害誘導罪) 내지 제235조(放送·新聞 등의 不法利用을 위한 買收罪)·제237조(選擧의 自由妨害罪)의 죄(당내경선과 관련한 죄를 제외한다)를 범할 것을 선동한 자는 3년 이하의 징역 또는 600만원 이하의 벌금에 처한다. <개정 2005. 8. 4.>

제260조(양벌규정) ① 정당·회사, 그 밖의 법인·단체(이하 이 조에서 "단체등"이라 한다)의 대표자, 그 대리인·사용인, 그 밖의 종업원과 정당의 간부인 당원이 그 단체등의 업무에 관하여 제230조제1항부터 제4항까지·제6항부터 제8항까지, 제231조, 제232조제1항·제2항, 제235조, 제237조제1항·제5항, 제240조제1항, 제241조제1항, 제244조, 제245조제2항, 제246조제2항, 제247조제1항, 제248조제1항, 제250조부터 제254조까지, 제255조제1항·제2항, 같은 조 제4항부터 제6항까지, 제256조, 제257조제1항부터 제3항까지, 제258조, 제259조의 어느 하나에 해당하는 위반행위를 하면 그 행위자를 벌하는 외에 그 단체등에도 해당 조문의 벌금형을 과(科)한다. 다만, 단체등이 그 위반행위를 방지하기 위하여 해당 업무에 관하여 상당한 주의와 감독을 게을리하지 아니한 경우에는 그러하지 아니하다. <개정 2014. 2. 13., 2023. 12. 28.>
② 단체등의 대표자, 그 대리인·사용인, 그 밖의 종업원과 정당의 간부인 당원이 그 단체등의 업무에 관하여 제233조, 제234조, 제237조제3항·제6항, 제242조제1항·제2항, 제243조제1항, 제245조제1항, 제246조제1항, 제249조제1항, 제255조제3항의 어느 하나에 해당하는 위반행위를 하면 그 행위자를 벌하는 외에 그 단체등에도 3천만원 이하의 벌금에 처한다. 다만, 단체등이 그 위반행위를 방지하기 위하여 해당 업무에 관하여 상당한 주의와 감독을 게을리하지 아니한 경우에는 그러하지 아니하다.
[전문개정 2010. 1. 25.]

제261조(과태료의 부과·징수 등) ① 제231조제1항제1호에 규정된 행위를 하는 것을 조건으로 정당 또는 후보자(후보자가 되려는 사람을 포함한다)에게 금전·물품, 그 밖의 재산상의 이익 또는 공사의 직의 제공을 요구한 자에게는 5천만원 이하의 과태료를 부과한다. <신설 2014. 2. 13.>
② 다음 각 호의 어느 하나에 해당하는 행위를 한 자에게는 3천만원 이하의 과태료를 부과한다. <개정 2015. 12. 24., 2017. 2. 8.>
1. 제8조의8제10항에 따른 시정명령·정정보도문의 게재명령을 통보받고 이를 이행하지 아니한 자
2. 제108조제6항을 위반하여 선거여론조사기준으로 정한 사항을 함께 공표 또는 보도하지 아니한 자
3. 제108조제7항을 위반하여 선거여론조사기준으로 정한 사항을 등록하지 아니한 자. 이 경우 해당 여론조사를 의뢰한 자가 여론조사 결과의 공표·보도 예정일시를 통보하지 아니하여 등록하지 못한 때에는 그 여론조사 의뢰자를 말한다.
4. 제108조제8항을 위반하여 여론조사를 실시하거나 그 결과를 공표 또는 보도한 자
③ 다음 각 호의 어느 하나에 해당하는 행위를 한 자에게는 1천만원 이하의 과태료를 부과한다. <개정 2010. 1. 25., 2014. 2. 13., 2015. 8. 13., 2017. 2. 8., 2018. 4. 6., 2022. 1. 18., 2023. 8. 30., 2023. 12. 28.>
1. 제6조의2제2항을 위반하여 투표시간을 보장하여 주지 아니한 자
2. 제59조제2호 후단을 위반하여 신고한 전화번호가 아닌 전화번호를 정당한 이유 없이 사용하여 자동 동보통신의 방법으로 문자메시지를 전송한 사람
3. 제65조제4항 단서를 위반하여 점자형 선거공보의 전부 또는 일부를 제출하지 아니한 사람
3의2. 제79조제8항 또는 제216조제1항 후단을 위반하여 소음기준을 초과한 확성장치를 사용하거나 사용하게 한 자
3의3. 제82조의2제4항 각 호 외의 부분 후단을 위반하여 정당한 사유 없이 대담·토론회에 참석하지 아니한 사람
4. 제82조의8제2항을 위반하여 중앙선거관리위원회규칙으로 정하는 사항을 딥페이크영상등에 표시하지 아니한 자
4의2. 제102조제2항 단서를 위반하여 오후 9시부터 오후 11시까지의 사이에 소리를 출력하여 녹화기를 사용한 자
5. 제108조제3항을 위반하여 관할 선거여론조사심의위원회에 신고하지 아니하거나 신고내용과 다르게 여론조사를 실시하거나 같은 조 제4항을 위반하여 보완사항을 보완하지 아니하고 여론조사를 실시한 자
④ 제147조제3항(제148조제4항 및 제173조제3항에서 준용하는 경우를 포함한다)을 위반하여 정당한 사유 없이 협조요구에 따르지 아니한 자에게는 500만원 이하의 과태료를 부과한다. <신설 2014. 2. 13.>

⑤ 삭제 <2018. 4. 6.>
⑥ 다음 각 호의 어느 하나에 해당하는 행위를 한 자는 300만원 이하의 과태료를 부과한다. <개정 2004. 3. 12., 2005. 8. 4., 2010. 1. 25., 2012. 2. 29., 2014. 2. 13., 2017. 2. 8.>
1. 제70조제3항·제71조제10항·제72조제3항(제74조제2항에서 준용하는 경우를 포함한다)·제73조제1항(관할 선거구선거관리위원회가 제공하는 내용에 한한다) 및 제2항·제272조의3제4항 또는 제275조의 규정을 위반한 자
2. 「형사소송법」 제211조(현행범인과 준현행범인)에 규정된 현행범인 또는 준현행범인으로서 제272조의2제4항(제8조의8제11항에서 준용하는 경우를 포함한다)에 따른 동행요구에 응하지 아니한 자
3. 삭제 <2023. 8. 30.>
4. 제82조의4제4항을 위반하여 선거관리위원회의 요청을 이행하지 아니한 자. 다만, 2회 이상 요청을 받고 이행하지 아니한 자는 그러하지 아니하다.
⑦ 다음 각 호의 어느 하나에 해당하는 행위를 한 자는 이 법에 다른 규정이 있는 경우를 제외하고는 200만원 이하의 과태료를 부과한다. <개정 1995. 4. 1., 1998. 4. 30., 2000. 2. 16., 2004. 3. 12., 2005. 8. 4., 2008. 2. 29., 2010. 1. 25., 2014. 1. 17., 2014. 2. 13.>
1. 선거에 관하여 이 법이 규정하는 신고·제출의 의무를 해태한 자
2. 다음 각목의 어느 하나에 해당하는 자
가. 제205조(選擧運動機構의 設置 및 選擧事務關係者의 選任에 관한 特例)제3항의 규정에 위반하여 그 분담내역을 선거사무소·선거연락소의 설치신고서에 명시하지 아니한 자
나. 제205조제3항의 규정에 위반하여 그 분담내역을 선거사무장·선거연락소장·선거사무원의 선임신고서에 명시하지 아니한 자
다. 제207조(책자형 선거공보에 관한 特例)제3항 후단의 규정을 위반하여 그 분담내역을 선거공보를 제출하는 때에 서면으로 신고하지 아니한 자
라. 삭제 <2010. 1. 25.>
마. 제69조(新聞廣告)제3항 후단 및 제82조의7(인터넷광고)제3항 후단의 규정에 위반하여 그 분담내역을 광고계약서에 명시하지 아니한 자
바. 삭제 <2010. 1. 25.>
사. 제146조의2제3항이나 제147조제10항(제148조제4항에서 준용하는 경우를 포함한다) 또는 제174조제3항을 위반하여 정당한 사유 없이 협조요구에 따르지 아니한 자
아. 제149조제3항·제4항을 위반한 사람
3. 삭제 <2005. 8. 4.>
4. 제152조(投票用紙模型 등의 公告)제1항의 규정에 의하여 첩부한 투표용지모형을 훼손·오손한 자
5. 제271조(不法施設物 등에 대한 조치 및 代執行)제1항의 규정에 의한 대집행을 한 것으로서 사안이 경미한 행위를 한 자. 이 경우 과태료를 부과하지 아니한 때에는 관할수사기관에 고발 또는 수사의뢰 등을 하여야 한다.
6. 제276조(選擧日후 宣傳物 등의 撤去)의 규정에 위반하여 선전물 등을 철거하지 아니 한 자
⑧ 다음 각 호의 어느 하나에 해당하는 행위를 한 자는 100만원 이하의 과태료를 부과한다. <개정 2000. 2. 16., 2002. 3. 7., 2004. 3. 12., 2005. 8. 4., 2007. 1. 3., 2008. 2. 29., 2009. 2. 12., 2010. 1. 25., 2014. 1. 17., 2014. 2. 13., 2015. 8. 13., 2017. 2. 8.>
1. 제161조제3항 단서, 제162조제3항, 제181조제3항 또는 제218조의20제4항에 따라 선거관리위원회·재외선거관리위원회가 선정한 참관인이 정당한 사유 없이 참관을 거부하거나 게을리한 경우
1의2. 제8조의9제4항을 위반하여 변경등록신청을 제때 하지 아니한 자
2. 각 목의 어느 하나에 해당하는 자
가. 제61조제6항을 위반하여 선거사무소, 선거연락소 또는 선거대책기구에 간판·현판·현수막을 설치·게시하거나 하게 한 자
나. 제61조의2(정당선거사무소의 설치)제4항의 규정을 위반하여 정당선거사무소에 간판·현판·현수막을 설치 또는 게시하거나 하게 한 자
다. 제63조제2항을 위반하여 표지를 패용하지 아니하고 선거운동을 하거나 하게 한 자
라. 제79조제6항 또는 제10항 후단을 위반하여 자동차, 확성장치, 녹음기 또는 녹화기에 표지를 부착하지 아니하고 연설·대담을 한 사람
마. 제91조(擴聲裝置와 自動車 등의 사용제한)제4항의 규정에 위반하여 표지를 부착하지 아니하고 자동차 또는 선박을 운행한 자
바. 제147조제9항, 제148조제3항 또는 제174조(개표사무원)제2항의 규정에 의하여 투표사무원·사전투표사무원 또는 개표사무원으로 위촉된 자가 정당한 사유없이 그 직무수행을 거부·유기하거나 해태한 자
2의2. 다음 각 목의 어느 하나에 해당하는 자
가. 제60조의4제3항을 위반하여 예비후보자공약집을 제출하지 아니한 자
나. 제66조제6항을 위반하여 선거공약서를 제출하지 아니한 자
3. 제111조(議政活動 보고)제2항의 규정에 위반하여 고지벽보와 표지를 게시하거나, 의정보고회가 끝난후 지체없이 고지벽보와 표지를 철거하지 아니한 자
4. 다음 각 목의 어느 하나에 해당하는 자
가. 제138조(政綱·政策弘報物의 배부·제한 등)제4항의 규정에 위반하여 정강·정책홍보물을 제출하지 아니한 자
나. 제138조의2(정책공약집의 배부제한 등)제3항의 규정을 위반하여 정책공약집을 제출하지 아니한 자
다. 제139조(政黨機關紙의 발행·배부제한)제3항의 규정에 위반하여 기관지를 제출하지 아니한 자
라. 제140조(創黨大會등의 개최와 告知의 제한)제4항의 규정에 위반하여 창당대회등의 표지를 지체없이 철거하지 아니한 자
마. 제141조(黨員集會의 제한)제2항에 규정된 장소가 아닌 장소에서 당원집회를 개최하거나 동조제4항의 규정에 위반하여 당원집회의 표지를 지체없이 철거하지 아니한 자
바. 삭제 <2004. 3. 12.>
사. 제145조(黨舍揭示 宣傳物 등의 제한)의 규정에 위반하여 당사 또는 후원회의 사무소에 선전물 등을 설치·게시한 자
5. 제8조의3제4항의 규정에 위반하여 정당한 사유없이 정기간행물등을 제출하지 아니한 자
6. 제272조의2제4항(제8조의8제11항에서 준용하는 경우를 포함한다)에 따른 출석요구에 정당한 사유없이 응하지 아니한 자
⑨ 다음 각 호의 어느 하나에 해당하는 자(그 제공받은 금액 또는 음식물·물품 등의 가액이 100만원을 초과하는 자는 제외한다)는 그 제공받은 금액 또는 음식물·물품 등의 가액의 10배 이상 50배 이하에 상당하는 금액(주례의 경우에는 200만원)의 과태료를 부과하되, 그 상한은 3천만원으로 한다. 다만, 제1호 또는 제2호에 해당하는 자가 그 제공받은 금액 또는 음식물·물품(제공받은 것을 반환할 수 없는 경우에는 그 가액에 상당하는 금액을 말한다) 등을 선거관리위원회에 반환하고 자수한 경우에는 중앙선거관리위원회규칙으로 정하는 바에 따라 그 과태료를 감경 또는 면제할 수 있다. <신설 2004. 3. 12., 2008. 2. 29., 2010. 1. 25., 2012. 1. 17., 2012. 2. 29., 2014. 2. 13., 2014. 5. 14.>
1. 제116조를 위반하여 금전·물품·음식물·서적·관광 기타 교통편의를 제공받은 자
2. 제230조제1항제7호에 규정된 자로서 같은 항 제5호의 자로부터 금품, 그 밖의 이익을 제공받은 자
3. 삭제 <2008. 2. 29.>
4. 삭제 <2008. 2. 29.>
5. 삭제 <2008. 2. 29.>

6. 제116조를 위반하여 제113조에 규정된 자로부터 주례행위를 제공받은 자

⑩ 과태료는 중앙선거관리위원회규칙으로 정하는 바에 따라 당해 선거관리위원회(선거여론조사심의위원회를 포함한다. 이하 이 조에서 "부과권자"라 한다)가 부과한다. 이 경우 제1항부터 제8항까지에 따른 과태료는 당사자(「질서위반행위규제법」 제2조제3호에 따른 당사자를 말한다. 이하 이 조에서 같다)가 정당·후보자(예비후보자를 포함한다. 이하 이 조에서 같다) 및 그 가족·선거사무장·선거연락소장·선거사무원·회계책임자·연설원 또는 활동보조인인 때에는 제57조에 따라 해당 후보자의 기탁금 중에서 공제하여 국가 또는 지방자치단체에 납입하고, 그 밖의 자와 제9항에 따른 과태료의 과태료처분대상자에 대하여는 위반자가 납부하도록 하며, 납부기한까지 납부하지 아니한 때에는 관할세무서장에게 위탁하고 관할세무서장이 국세체납처분의 예에 따라 이를 징수하여 국가 또는 지방자치단체에 납입하여야 한다. <개정 2004. 3. 12., 2010. 1. 25., 2014. 2. 13., 2017. 2. 8.>

⑪ 이 법에 따른 과태료의 부과·징수 등의 절차에 관하여는 「질서위반행위규제법」 제5조에도 불구하고 다음 각 호에서 정하는 바에 따른다. <개정 2010. 1. 25., 2014. 2. 13., 2020. 12. 29.>

1. 당사자는 「질서위반행위규제법」 제16조제1항 전단에도 불구하고 부과권자로부터 사전통지를 받은 날부터 3일까지 의견을 제출하여야 한다.
2. 「질서위반행위규제법」 제17조제3항에도 불구하고 이 조 제10항 후단에 따라 해당 후보자의 기탁금에서 공제하는 과태료에 대하여는 「국세징수법」 제13조부터 제16조까지의 규정을 준용하지 아니한다.
3. 이 조 제10항 전단에 따른 과태료 처분에 불복이 있는 당사자는 「질서위반행위규제법」 제20조제1항 및 제2항에도 불구하고 그 처분의 고지를 받은 날부터 20일 이내에 부과권자에게 이의를 제기하여야 하며, 이 경우 그 이의제기는 과태료 처분의 효력이나 그 집행 또는 절차의 속행에 영향을 주지 아니한다.
4. 「질서위반행위규제법」 제24조에도 불구하고 이 조 제10항 후단에 따라 해당 후보자의 기탁금에서 공제하지 아니하는 과태료를 당사자가 납부기한까지 납부하지 아니한 경우 부과권자는 체납된 과태료에 대하여 100분의 5에 상당하는 가산금을 더하여 관할세무서장에게 징수를 위탁하고, 관할세무서장은 국세 체납처분의 예에 따라 이를 징수하여 국가 또는 지방자치단체에 납입하여야 한다.
5. 「질서위반행위규제법」 제21조제1항 본문에도 불구하고 이 조 제10항에 따라 과태료 처분을 받은 당사자가 제3호에 따라 이의를 제기한 경우 부과권자는 지체 없이 관할 법원에 그 사실을 통보하여야 한다.

⑫ 「질서위반행위규제법」 제37조에 따라 과태료 재판의 결정을 고지 받은 검사는 과태료 처분을 한 관할 선거관리위원회에 그 결정을 지체 없이 통보하여야 한다. <신설 2018. 4. 6.>

[제목개정 2015. 8. 13.]

[2010. 1. 25. 법률 제9974호에 의하여 2009. 3. 26. 헌법불합치 결정된 이 조 제9항(종전의 제6항)을 개정함]

[2023. 8. 30. 법률 제19696호에 의하여 2021. 1. 28. 헌법재판소에서 위헌 결정된 이 조 제3항 제4호를 개정함.]

[2023. 8. 30. 법률 제19696호에 의하여 2021. 1. 28. 헌법재판소에서 위헌 결정된 이 조 제6항 제3호를 개정함.]

제262조(자수자에 대한 특례) ① 다음 각 호의 어느 하나에 해당하는 사람이 자수한 때에는 그 형을 감경 또는 면제한다. <개정 2012. 1. 17.>

1. 제230조제1항·제2항, 제231조제1항 및 제257조제2항을 위반한 사람 중 금전·물품, 그 밖의 이익 등을 받거나 받기로 승낙한 사람(후보자와 그 가족 또는 사위의 방법으로 이익 등을 받거나 받기로 승낙한 사람은 제외한다)
2. 다른 사람의 지시에 따라 제230조제1항·제2항 또는 제257조제1항을 위반하여 금전·물품, 그 밖의 재산상의 이익이나 공사의 직을 제공하거나 그 제공을 약속한 사람

② 제1항에 규정된 자가 각급선거관리위원회(읍·면·동선거관리위원회를 제외한다)에 자신의 선거범죄사실을 신고하여 선거관리위원회가 관계수사기관에 이를 통보한 때에는 선거관리위원회에 신고한 때를 자수한 때로 본다. <신설 2000. 2. 16., 2005. 8. 4.>

제262조의2(선거범죄신고자 등의 보호) ① 선거범죄[제16장 벌칙에 규정된 죄(제261조제9항의 과태료에 해당하는 위법행위를 포함한다)와 「국민투표법」 위반의 죄를 말한다. 이하 같다]에 관한 신고·진정·고소·고발 등 조사 또는 수사단서의 제공, 진술 또는 증언 그 밖의 자료제출행위 및 범인검거를 위한 제보 또는 검거활동을 한 자가 그와 관련하여 피해를 입거나 입을 우려가 있다고 인정할 만한 상당한 이유가 있는 경우 그 선거범죄에 관한 형사절차 및 선거관리위원회의 조사과정에서는 「특정범죄신고자 등 보호법」 제5조·제7조·제9조부터 제12조까지 및 제16조를 준용한다. <개정 2005. 8. 4., 2008. 2. 29., 2010. 1. 25., 2014. 2. 13.>

② 누구든지 제1항의 규정에 의하여 보호되고 있는 선거범죄신고자 등이라는 정을 알면서 그 인적사항 또는 선거범죄신고자등임을 알 수 있는 사실을 다른 사람에게 알려주거나 공개 또는 보도하여서는 아니된다.

[본조신설 2004. 3. 12.]

제262조의3(선거범죄신고자에 대한 포상금 지급) ① 각급선거관리위원회(읍·면·동선거관리위원회를 제외한다. 이하 이 조에서 같다)는 선거범죄에 대하여 선거관리위원회가 인지하기 전에 그 범죄행위의 신고를 한 사람에게 포상금을 지급할 수 있다. <개정 2005. 8. 4., 2008. 2. 29., 2013. 8. 13.>

② 중앙선거관리위원회 및 시·도선거관리위원회는 제1항에 따른 포상금 지급의 심사를 위하여 중앙선거관리위원회규칙으로 정하는 바에 따라 각각 포상금심사위원회를 설치·운영하여야 한다. <신설 2013. 8. 13.>

③ 각급선거관리위원회는 제1항에 따라 포상금을 지급한 후 다음 각 호의 어느 하나에 해당하는 사유가 있는 경우에는 그 포상금의 지급결정을 취소한다. 다만, 제2호의 경우 법원의 판결에 따라 유죄로 확정된 경우는 제외한다. <개정 2013. 8. 13., 2021. 3. 23.>

1. 담합 등 거짓의 방법으로 신고한 사실이 발견된 경우
2. 사법경찰관의 불송치결정이나 검사의 불기소처분이 있는 경우
3. 무죄의 판결이 확정된 경우

④ 각급선거관리위원회는 제3항에 따라 포상금의 지급결정을 취소한 때에는 해당 신고자에게 그 취소 사실과 지급받은 포상금에 해당하는 금액을 반환할 것을 통지하여야 하며, 해당 신고자는 통지를 받은 날부터 30일 이내에 그 금액을 해당 선거관리위원회에 납부하여야 한다. <신설 2013. 8. 13.>

⑤ 각급선거관리위원회는 제4항에 따라 포상금의 반환을 통지받은 해당 신고자가 납부기한까지 반환할 금액을 납부하지 아니한 때에는 해당 신고자의 주소지를 관할하는 세무서장에게 징수를 위탁하고 관할 세무서장이 국세 체납처분의 예에 따라 징수한다. <신설 2008. 2. 29., 2013. 8. 13.>

⑥ 제4항 또는 제5항에 따라 납부 또는 징수된 금액은 국가에 귀속된다. <신설 2008. 2. 29., 2013. 8. 13.>

⑦ 포상금의 지급 기준 및 절차, 포상금심사위원회의 구성 및 심의사항, 제3항제2호 및 제3호의 경우 포상금의 반환사유, 반환금액의 납부절차, 그 밖에 필요한 사항은 중앙선거관리위원회규칙으로 정한다. <신설 2013. 8. 13.>

[본조신설 2004. 3. 12.]

제17장 보칙

제263조(선거비용의 초과지출로 인한 당선무효) ① 제122조(선거비용제한액의 공고)의 규정에 의하여 공고된 선거비용제한액의 200분의 1이상을 초과지출한 이유로 선거사무장, 선거사무소의 회계책임자가 징역형 또는 300만원 이상의 벌금형의 선

고를 받은 때에는 그 후보자의 당선은 무효로 한다. 다만, 다른 사람의 유도 또는 도발에 의하여 당해 후보자의 당선을 무효로 되게 하기 위하여 지출한 때에는 그러하지 아니하다. <개정 2004. 3. 12., 2005. 8. 4.>

② 「정치자금법」 제49조(선거비용관련 위반행위에 관한 벌칙) 제1항 또는 제2항제6호의 죄를 범함으로 인하여 선거사무소의 회계책임자가 징역형 또는 300만원 이상의 벌금형의 선고를 받은 때에는 그 후보자(대통령후보자, 비례대표국회의원후보자 및 비례대표지방의회의원후보자를 제외한다)의 당선은 무효로 한다. 이 경우 제1항 단서의 규정을 준용한다. <신설 2004. 3. 12., 2005. 8. 4.>

제264조(당선인의 선거범죄로 인한 당선무효) 당선인이 당해 선거에 있어 이 법에 규정된 죄 또는 「정치자금법」 제49조의 죄를 범함으로 인하여 징역 또는 100만원이상의 벌금형의 선고를 받은 때에는 그 당선은 무효로 한다. <개정 2005. 8. 4., 2010. 1. 25.>

제265조(선거사무장등의 선거범죄로 인한 당선무효) 선거사무장·선거사무소의 회계책임자(선거사무소의 회계책임자로 선임·신고되지 아니한 자로서 후보자와 통모하여 당해 후보자의 선거비용으로 지출한 금액이 선거비용제한액의 3분의 1 이상에 해당되는 자를 포함한다) 또는 후보자(후보자가 되려는 사람을 포함한다)의 직계존비속 및 배우자가 해당 선거에 있어서 제230조부터 제234조까지, 제257조제1항 중 기부행위를 한 죄 또는 「정치자금법」 제45조제1항의 정치자금 부정수수죄를 범함으로 인하여 징역형 또는 300만원 이상의 벌금형의 선고를 받은 때(선거사무장, 선거사무소의 회계책임자에 대하여는 선임·신고되기 전의 행위로 인한 경우를 포함한다)에는 그 선거구 후보자(大統領候補者, 比例代表國會議員候補者 및 비례대표지방의회의원후보자를 제외한다)의 당선은 무효로 한다. 다만, 다른 사람의 유도 또는 도발에 의하여 당해 후보자의 당선을 무효로 되게 하기 위하여 죄를 범한 때에는 그러하지 아니하다. <개정 1995. 5. 10., 2000. 2. 16., 2004. 3. 12., 2005. 8. 4., 2010. 1. 25.>

제265조의2(당선무효된 자 등의 비용반환) ① 제263조부터 제265조까지의 규정에 따라 당선이 무효로 된 사람(그 기소 후 확정판결 전에 사직한 사람을 포함한다)과 당선되지 아니한 사람으로서 제263조부터 제265조까지에 규정된 자신 또는 선거사무장 등의 죄로 당선무효에 해당하는 형이 확정된 사람은 제57조와 제122조의2에 따라 반환·보전받은 금액을 반환하여야 한다. 이 경우 대통령선거의 정당추천후보자는 그 추천 정당이 반환하며, 비례대표국회의원선거 및 비례대표지방의회의원선거의 경우 후보자의 당선이 모두 무효로 된 때에 그 추천 정당이 반환한다. <개정 2010. 1. 25.>

② 관할선거구선거관리위원회는 제1항의 규정에 의한 반환사유가 발생한 때에는 지체없이 당해 정당·후보자에게 반환하여야 할 금액을 고지하여야 하고, 당해 정당·후보자는 그 고지를 받은 날부터 30일 이내에 선거구선거관리위원회에 이를 납부하여야 한다.

③ 관할선거구선거관리위원회는 제2항의 납부기한까지 당해 정당·후보자가 납부하지 아니한 때에는 당해 후보자의 주소지(정당에 있어서는 중앙당의 사무소 소재지를 말한다)를 관할하는 세무서장에게 징수를 위탁하고 관할세무서장이 국세체납처분의 예에 따라 이를 징수한다.

④ 제2항 또는 제3항의 규정에 의하여 납부 또는 징수된 금액은 국가 또는 지방자치단체에 귀속된다.

⑤ 제2항의 규정에 따른 고지방법·절차 기타 필요한 사항은 중앙선거관리위원회규칙으로 정한다.

[본조신설 2004. 3. 12.]

제266조(선거범죄로 인한 공무담임 등의 제한) ① 다른 법률의 규정에도 불구하고 제230조부터 제234조까지, 제237조부터 제255조까지, 제256조제1항부터 제3항까지, 제257조부터 제259조까지의 죄(당내경선과 관련한 죄는 제외한다) 또는 「정치자금법」 제49조의 죄를 범함으로 인하여 징역형의 선고를 받은 자는 그 집행을 받지 아니하기로 확정된 후 또는 그 형의 집행이 종료되거나 면제된 후 10년간, 형의 집행유예의 선고를 받은 자는 그 형이 확정된 후 10년간, 100만원이상의 벌금형의 선고를 받은 자는 그 형이 확정된 후 5년간 다음 각 호의 어느 하나에 해당하는 직에 취임하거나 임용될 수 없으며, 이미 취임 또는 임용된 자의 경우에는 그 직에서 퇴직된다. <개정 1997. 11. 14., 2000. 2. 16., 2005. 8. 4., 2009. 2. 3., 2010. 1. 25., 2012. 1. 26., 2014. 2. 13.>

1. 제53조제1항 각 호의 어느 하나에 해당하는 직(제53조제1항제1호의 경우 「고등교육법」 제14조제1항·제2항에 따른 교원을, 같은 항 제5호의 경우 각 조합의 조합장 및 상근직원을 포함한다)
2. 제60조(選擧運動을 할 수 없는 者)제1항제6호 내지 제8호에 해당하는 직
3. 「공직자윤리법」 제3조제1항제12호 또는 제13호에 해당하는 기관·단체의 임·직원
4. 「사립학교법」 제53조(學校의 長의 任免) 또는 같은 법 제53조의2(學校의 長이 아닌 敎員의 任免)의 규정에 의한 교원
5. 방송통신심의위원회의 위원

② 다음 각 호의 어느 하나에 해당하는 사람은 당선인의 당선무효로 실시사유가 확정된 재선거(당선인이 그 기소 후 확정판결 전에 사직함으로 인하여 실시사유가 확정된 보궐선거를 포함한다)의 후보자가 될 수 없다. <개정 2010. 1. 25.>

1. 제263조 또는 제265조에 따라 당선이 무효로 된 사람(그 기소 후 확정판결 전에 사직한 사람을 포함한다)
2. 당선되지 아니한 사람(후보자가 되려던 사람을 포함한다)으로서 제263조 또는 제265조에 규정된 선거사무장 등의 죄로 당선무효에 해당하는 형이 확정된 사람

③ 다른 공직선거(교육의원선거 및 교육감선거를 포함한다)에 입후보하기 위하여 임기 중 그 직을 그만 둔 국회의원·지방의회의원 및 지방자치단체의 장은 그 사직으로 인하여 실시사유가 확정된 보궐선거의 후보자가 될 수 없다. <신설 2010. 1. 25.>

제267조(기소·판결에 관한 통지) ① 선거에 관한 범죄로 당선인, 후보자, 후보자의 직계존·비속 및 배우자, 선거사무장, 선거사무소의 회계책임자를 기소한 때에는 당해 선거구선거관리위원회에 이를 통지하여야 한다.

② 제230조(買收 및 利害誘導罪) 내지 제235조(放送·新聞 등의 不法利用을 위한 買收罪)·제237조(選擧의 自由妨害罪) 내지 제259조(選擧犯罪煽動罪)의 범죄에 대한 확정판결을 행한 재판장은 그 판결서등본을 당해 선거구선거관리위원회에 송부하여야 한다.

제268조(공소시효) ① 이 법에 규정한 죄의 공소시효는 당해 선거일후 6개월(선거일후에 행하여진 범죄는 그 행위가 있는 날부터 6개월)을 경과함으로써 완성한다. 다만, 범인이 도피한 때나 범인이 공범 또는 범죄의 증명에 필요한 참고인을 도피시킨 때에는 그 기간은 3년으로 한다. <개정 2004. 3. 12., 2012. 2. 29.>

② 제1항 본문에도 불구하고 선상투표와 관련하여 선박에서 범한 이 법에 규정된 죄의 공소시효는 범인이 국내에 들어온 날부터 6개월을 경과함으로써 완성된다. <신설 2012. 2. 29.>

③ 제1항 및 제2항에도 불구하고 공무원(제60조제1항제4호 단서에 따라 선거운동을 할 수 있는 사람은 제외한다)이 직무와 관련하여 또는 지위를 이용하여 범한 이 법에 규정된 죄의 공소시효는 해당 선거일 후 10년(선거일 후에 행하여진 범죄는 그 행위가 있는 날부터 10년)을 경과함으로써 완성된다. <신설 2014. 2. 13.>

제269조(재판의 관할) 선거범과 그 공범에 관한 제1심재판은 「법원조직법」 제32조(合議部의 審判權)제1항의 규정에 의한 지방법원합의부 또는 그 지원의 합의부의 관할로 한다. 다만, 군사법원이 재판권을 갖는 선거범과 그 공범에 관한 제1심재판은 「군사법원법」 제11조에 따른 군사법원의 관할로 한다. <개정 2005. 8. 4., 2021. 9. 24.>

제270조(선거범의 재판기간에 관한 강행규정) 선거범과 그 공범

에 관한 재판은 다른 재판에 우선하여 신속히 하여야 하며, 그 판결의 선고는 제1심에서는 공소가 제기된 날부터 6월 이내에, 제2심 및 제3심에서는 전심의 판결의 선고가 있은 날부터 각각 3월 이내에 반드시 하여야 한다. <개정 2000. 2. 16.>

[제목개정 2000. 2. 16.]

제270조의2(피고인의 출정) ① 선거범에 관한 재판에서 피고인이 공시송달에 의하지 아니한 적법한 소환을 받고서도 공판기일에 출석하지 아니한 때에는 다시 기일을 정하여야 한다.

② 피고인이 정당한 사유없이 다시 정한 기일 또는 그 후에 열린 공판기일에 출석하지 아니한 때에는 피고인의 출석없이 공판절차를 진행할 수 있다.

③ 제2항의 규정에 의하여 공판절차를 진행할 경우에는 출석한 검사 및 변호인의 의견을 들어야 한다.

④ 법원은 제2항의 규정에 따라 판결을 선고한 때에는 피고인 또는 변호인(변호인이 있는 경우에 한한다)에게 전화 기타 신속한 방법으로 그 사실을 통지하여야 한다.

[본조신설 2004. 3. 12.]

제271조(불법시설물 등에 대한 조치 및 대집행) ① 각급선거관리위원회는 이 법의 규정에 위반되는 선거에 관한 벽보·인쇄물·현수막 기타 선전물(政黨의 黨舍揭示宣傳物을 포함한다)이나 유사기관·사조직 또는 시설 등을 발견한 때에는 지체없이 그 첩부 등의 중지 또는 철거·수거 ·폐쇄 등을 명하고, 이에 불응하는 때에는 대집행을 할 수 있다. 이 경우 대집행은 「행정대집행법」에 의하되, 그 절차는 「행정대집행법」 제3조(代執行의 節次)의 규정에 불구하고 중앙선거관리위원회규칙이 정하는 바에 의할 수 있다. <개정 1997. 11. 14., 2005. 8. 4.>

② 각급선거관리위원회는 제1항의 불법시설물 등에 중앙선거관리위원회규칙이 정하는 바에 따라 불법시설물임을 표시하는 표지를 하거나 공고할 수 있다.

③ 제56조제3항에 따라 기탁금에서 부담하는 대집행비용의 공제·납입·징수위탁 등에 관하여는 제261조제10항을 준용한다. <개정 2010. 1. 25., 2014. 2. 13.>

제271조의2(선거에 관한 광고의 제한) ① 선거관리위원회는 방송·신문·잡지 기타 간행물에 방영·게재하고자 하는 광고내용이 이 법에 위반된다고 인정되는 때에는 당해 방송사 또는 일간신문사 등을 경영·관리하는 자와 광고주에게 광고중지를 요청할 수 있다.

② 제1항의 규정에 의한 중지요청을 받은 자는 이에 따라야 하며, 당해 선거관리위원회는 중지요청에 불응하고 광고를 하는 때에는 지체없이 관할수사기관에 수사의뢰 또는 고발하여야 한다.

③ 제1항의 "광고"라 함은 후보자(候補者가 되고자 하는 者를 포함한다)의 당락이나 특정정당(創黨準備委員會를 포함한다)에 유리 또는 불리한 광고(이 法의 規定에 의한 廣告를 제외한다)를 말한다.

[본조신설 1998. 4. 30.]

제272조(불법선전물의 우송중지) ① 각급선거관리위원회(읍·면·동선거관리위원회를 제외한다. 이하 이 條에서 같다)는 직권 또는 정당·후보자의 요청에 의하여 이 법에 규정된 죄에 해당하는 범죄의 혐의가 있는 선전물을 우송하려 하거나 우송중임을 발견한 때에는 당해 우체국장에게 그 선전물에 대한 우송의 금지 또는 중지를 요청할 수 있다. <개정 1998. 4. 30., 2000. 2. 16., 2005. 8. 4.>

② 우체국장이 제1항의 우송금지 또는 중지를 요청받은 때에는 그 우편물의 우송을 즉시 중지하고, 발송인에 대하여 그 사실을 통보하여야 한다. 다만, 발송인의 주소가 기재되지 아니한 때에는 발송우체국 게시판에 우송중지의 사실을 공고하여야 한다.

③ 제1항의 규정에 의한 우송의 금지 또는 중지를 요청한 때에는 당해 선거관리위원회는 지체없이 수사기관에 조사를 의뢰하거나 고발하고, 해당 우편물의 압수를 요청하여야 한다.

④ 제3항의 경우 수사기관은 「형사소송법」 제200조의4(緊急逮捕와 令狀請求期間)의 기간내에 해당 우편물에 대한 압수영장의 발부여부를 당해 선거관리위원회 및 우체국장에게 통보하여야 하되, 이 기간내에 압수영장을 발부받지 못한 때에는 우체국장은 즉시 그 우편물의 우송중지를 해제하여야 한다. <개정 1997. 11. 14., 2005. 8. 4.>

⑤ 각급선거관리위원회는 이 법에 규정된 죄에 해당하는 범죄의 혐의가 있는 선전물이 우송된 것을 발견한 때에는 그 선전물의 우송에 관련된 자의 성명·주소 등 인적사항과 발송통수·배달지역 기타 선거범죄의 조사에 필요한 자료의 제출을 관계 우체국장에게 요구할 수 있다. 이 경우 자료제출의 요구를 받은 우체국장은 이에 응하여야 한다. <신설 2000. 2. 16., 2002. 3. 7.>

⑥ 우체국장이 각급선거관리위원회의 요청에 의하여 우편물의 우송을 중지하거나 선전물의 우송에 관련된 자의 인적사항 등 자료를 제출한 때에는 「우편법」 제3조(우편물의 비밀보장)·제50조(우편취급 거부의 죄)·제51조(서신의 비밀침해의 죄)·제51조의2(비밀 누설의 죄), 「우편환법」 제19조(비밀의 보장) 및 「통신비밀보호법」 제3조(통신 및 대화비밀의 보호)의 규정을 적용하지 아니한다. <개정 2000. 2. 16., 2002. 3. 7., 2005. 8. 4., 2011. 12. 2.>

⑦ 각급선거관리위원회는 우편관서에서 취급중에 있는 우편물 중 이 법에 규정된 죄에 해당하는 범죄의 혐의가 있는 불법선전물이 있다고 판단되는 때에는 당해 우체국장에게 제1항의 조치와 함께 「우편법」 제28조(법규 위반 우편물의 개봉)에 의한 조치를 하여 줄 것을 요청할 수 있다. 이 경우 「우편법」 제48조(우편물 개봉 훼손의 죄) 및 「통신비밀보호법」 제16조(벌칙)의 규정은 적용하지 아니한다. <신설 2000. 2. 16., 2005. 8. 4., 2011. 12. 2.>

제272조의2(선거범죄의 조사등) ① 각급선거관리위원회(읍·면·동선거관리위원회를 제외한다. 이하 이 條에서 같다)위원·직원은 선거범죄에 관하여 그 범죄의 혐의가 있다고 인정되거나, 후보자(경선후보자를 포함한다)·예비후보자·선거사무장·선거연락소장 또는 선거사무원이 제기한 그 범죄의 혐의가 있다는 소명이 이유있다고 인정되는 경우 또는 현행범의 신고를 받은 경우에는 그 장소에 출입하여 관계인에 대하여 질문·조사를 하거나 관련서류 기타 조사에 필요한 자료의 제출을 요구할 수 있다. <개정 2004. 3. 12., 2005. 8. 4.>

② 각급선거관리위원회 위원·직원은 선거범죄 현장에서 선거범죄에 사용된 증거물품으로서 증거인멸의 우려가 있다고 인정되는 때에는 조사에 필요한 범위 안에서 현장에서 이를 수거할 수 있다. 이 경우 당해 선거관리위원회위원·직원은 수거한 증거물품을 그 관련된 선거범죄에 대하여 고발 또는 수사의뢰한 때에는 관계수사기관에 송부하고, 그러하지 아니한 때에는 그 소유·점유·관리하는 자에게 지체없이 반환하여야 한다. <신설 2000. 2. 16., 2004. 3. 12.>

③ 누구든지 제1항의 규정에 의한 장소의 출입을 방해하여서는 아니되며 질문·조사를 받거나 자료의 제출을 요구받은 자는 이에 응하여야 한다.

④ 각급선거관리위원회위원·직원은 선거범죄 조사와 관련하여 관계자에게 질문·조사하기 위하여 필요하다고 인정되는 때에는 선거관리위원회에 동행 또는 출석할 것을 요구할 수 있다. 다만, 선거기간중 후보자에 대하여는 동행 또는 출석을 요구할 수 없다. <신설 2000. 2. 16., 2004. 3. 12.>

⑤ 각급선거관리위원회위원·직원은 선거의 자유와 공정을 현저히 해할 우려가 있는 이 법에 위반되는 행위가 눈앞에 행하여지고 있거나, 행하여질 것이 명백하다고 인정되는 경우에는 그 현장에서 행위의 중단 또는 예방에 필요한 조치를 할 수 있다. <신설 2002. 3. 7.>

⑥ 각급선거관리위원회위원·직원이 제1항의 규정에 의한 장소에 출입하거나 질문·조사 ·자료의 제출을 요구하는 경우에는 관계인에게 그 신분을 표시하는 증표를 제시하고 소속과 성명을 밝히고 그 목적과 이유를 설명하여야 한다.

⑦ 각급선거관리위원회 위원·직원이 제1항에 따라 피조사자에 대하여 질문·조사를 하는 경우 질문·조사를 하기 전에

피조사자에게 진술을 거부할 수 있는 권리 및 변호인의 조력을 받을 권리가 있음을 알리고, 문답서에 이에 대한 답변을 기재하여야 한다. <신설 2013. 8. 13.>
⑧ 각급선거관리위원회 위원·직원은 피조사자가 변호인의 조력을 받으려는 의사를 밝힌 경우 지체 없이 변호인(변호인이 되려는 자를 포함한다)으로 하여금 조사에 참여하게 하거나 의견을 진술하게 하여야 한다. <신설 2013. 8. 13.>
⑨ 제1항부터 제8항까지의 규정에 따른 소명절차·방법, 증거자료의 수거, 증표의 규격 기타 필요한 사항은 중앙선거관리위원회규칙으로 정한다. <개정 2000. 2. 16., 2002. 3. 7., 2013. 8. 13.>
[본조신설 1997. 11. 14.]

제272조의3(통신관련 선거범죄의 조사) ① 각급선거관리위원회(읍·면·동선거관리위원회를 제외한다. 이하 이 조에서 같다)직원은 정보통신망을 이용한 이 법 위반행위의 혐의가 있다고 인정되는 상당한 이유가 있는 때에는 당해 선거관리위원회의 소재지를 관할하는 고등법원(구·시·군선거관리위원회의 경우에는 지방법원을 말한다) 수석판사 또는 이에 상당하는 판사의 승인을 얻어 정보통신서비스제공자에게 당해 정보통신서비스 이용자의 성명(이용자를 식별하기 위한 부호를 포함한다)·주민등록번호·주소(전자우편주소·인터넷 로그기록자료 및 정보통신망에 접속한 정보통신기기의 위치를 확인할 수 있는 자료를 포함한다)·이용기간·이용요금에 대한 자료의 열람이나 제출을 요청할 수 있다. <개정 2005. 8. 4., 2020. 3. 24.>
② 각급선거관리위원회 직원은 전화를 이용한 이 법 위반행위의 혐의가 있다고 인정되는 상당한 이유가 있는 때에는 당해 선거관리위원회의 소재지를 관할하는 고등법원(구·시·군선거관리위원회의 경우에는 지방법원을 말한다) 수석판사 또는 이에 상당하는 판사의 승인을 얻어 정보통신서비스제공자에게 이용자의 성명·주민등록번호·주소·이용기간·이용요금, 송화자 또는 수화자의 전화번호, 설치장소·설치대수에 대한 자료의 열람이나 제출을 요청할 수 있다. <개정 2020. 3. 24.>
③ 제1항 및 제2항 또는 다른 법률에도 불구하고 다음 각 호의 어느 하나에 해당하는 자료의 열람이나 제출을 요청하는 때에는 제1항 또는 제2항에 따른 승인이 필요하지 아니하다. <신설 2012. 2. 29.>
1. 인터넷 홈페이지 게시판·대화방 등에 글이나 동영상 등을 게시하거나 전자우편을 전송한 사람의 성명·주민등록번호·주소 등 인적사항
2. 문자메시지를 전송한 사람의 성명·주민등록번호·주소 등 인적사항 및 전송통수
④ 제1항부터 제3항까지에 따른 요청을 받은 자는 지체없이 이에 응하여야 한다. <개정 2012. 2. 29.>
⑤ 각급선거관리위원회 직원은 정보통신서비스제공자로부터 제1항부터 제3항까지의 규정에 따라 자료제공을 받은 때에는 30일 이내에 그 사실과 내용을 문서, 팩스, 전자우편, 휴대전화 문자메시지 등으로 해당 이용자에게 알려야 한다. 다만, 선거관리위원회에서 고발·수사의뢰한 경우에는 그 불송치결정, 기소 또는 불기소처분을 통지받은 날부터 10일 이내에 알릴 수 있다. <신설 2020. 3. 25., 2021. 3. 23.>
⑥ 각급선거관리위원회 직원은 제1항부터 제3항까지의 규정에 따라 자료제공을 받은 경우에는 해당 자료의 제공요청사실 등 필요한 사항을 기재한 대장과 자료제공요청서 등 관련 자료를 해당 선거관리위원회에 비치하여야 한다. <신설 2020. 3. 25.>
⑦ 각급선거관리위원회 직원은 정보통신서비스제공자로부터 제1항부터 제3항까지에 따라 제출받은 자료를 이 법 위반행위에 대한 조사목적외의 용도로 사용하여서는 아니되며, 관계 수사기관에 고발 또는 수사의뢰하는 경우를 제외하고는 이를 공개하여서는 아니된다. <개정 2012. 2. 29., 2020. 3. 25.>
⑧ 제1항부터 제3항까지에 따른 요청 기타 필요한 사항은 중앙선거관리위원회규칙으로 정한다. <개정 2012. 2. 29., 2020. 3. 25.>
[본조신설 2004·3·12]

제273조(재정신청) ① 제230조부터 제234조까지, 제237조부터 제239조까지, 제248조부터 제250조까지, 제255조제1항제1호·제2호·제10호·제11호 및 제3항·제5항·제6항, 제257조 또는 제258조의 죄에 대하여 고발을 한 후보자와 정당(중앙당에 한한다) 및 해당 선거관리위원회는 그 검사 소속의 지방검찰청 소재지를 관할하는 고등법원에 그 당부에 관한 재정을 신청할 수 있다. <개정 2010. 1. 25., 2014. 2. 13., 2023. 12. 28.>
② 제1항의 규정에 의한 재정신청에 관하여는 「형사소송법」 제260조제2항부터 제4항까지, 제261조, 제262조, 제262조의4 제2항, 제264조 및 제264조의2의 규정을 적용한다. <개정 2005. 8. 4., 2007. 6. 1.>
③ 제1항의 규정에 의한 재정신청서가 「형사소송법」 제260조제3항에 따른 지방검찰청검사장 또는 지청장에게 접수된 때에는 그때부터 「형사소송법」 제262조제2항의 결정이 있을 때까지 공소시효의 진행이 정지된다. <개정 2005. 8. 4., 2007. 12. 21.>
④ 제1항의 규정에 의한 재정신청에 관하여는 검사가 당해 선거범죄의 공소시효만료일전 10일까지 공소를 제기하지 아니한 때에는 그 때, 선거관리위원회가 고발한 선거범죄에 대하여 고발을 한 날부터 3월까지 검사가 공소를 제기하지 아니한 때에는 그 3월이 경과한 때 각각 검사로부터 공소를 제기하지 아니한다는 통지가 있는 것으로 본다. <개정 2000. 2. 16.>

제274조(선거에 관한 신고 등) ① 이 법 또는 이 법의 시행을 위한 중앙선거관리위원회규칙에 의하여 후보자등록마감일의 다음날부터 선거일까지 각급행정기관과 각급선거관리위원회에 대하여 행하는 신고·신청·제출·보고 등은 이 법에 특별한 규정이 있는 경우를 제외하고는 공휴일에도 불구하고 매일 오전 9시부터 오후 6시까지 하여야 한다. <개정 2011. 7. 28., 2015. 8. 13.>
② 각급선거관리위원회는 이 법 또는 이 법의 시행을 위한 중앙선거관리위원회규칙에 따른 신고·신청·제출·보고 등을 당해 선거관리위원회가 제공하는 서식에 따라 컴퓨터의 자기디스크 그 밖에 이와 유사한 매체에 기록하여 제출하게 하거나 당해 선거관리위원회가 지정하는 인터넷홈페이지에 입력하는 방법으로 제출하게 할 수 있다. <신설 2005. 8. 4.>
[제목개정 2011. 7. 28.]

제275조(선거운동의 제한·중지) 지역구국회의원선거, 지방의회의원선거 및 지방자치단체의 장선거에서 후보자등록마감후 후보자가 사퇴·사망하거나 등록이 무효로 된 경우 해당 선거구의 후보자가 그 선거구에서 선거할 정수범위를 넘지 아니하게 되어 투표를 하지 아니하게 된 때에는 그 사유가 확정된 때부터 이 법에 의한 해당 지역구국회의원선거, 해당 지방의회의원선거 및 지방자치단체의 장선거의 선거운동은 이를 중지한다. <개정 2010. 1. 25.>

제276조(선거일후 선전물 등의 철거) 선거운동을 위하여 선전물이나 시설물을 첩부·게시 또는 설치한 자는 선거일후 지체없이 이를 철거하여야 한다.

제277조(선거관리경비) ① 대통령선거 및 국회의원선거의 관리준비와 실시에 필요한 다음 각호에 해당하는 경비와 지방의회의원 및 지방자치단체의 장의 선거에 관한 사무중 통일적인 수행을 위하여 중앙선거관리위원회 및 시·도선거관리위원회가 집행하는 경비는 국가가 부담한다. 이 경우 임기만료에 의한 선거에 있어서는 당해 선거의 선거기간개시일이 속하는 연도(第2號에 해당하는 經費는 당해 선거의 선거일전 180일이 속하는 年度를 포함한다)의 본예산에 편성하여야 하되 늦어도 선거기간개시일전 60일(제2호에 해당하는 경비는 당해 선거의 선거일전 240일)까지 중앙선거관리위원회에 배정하여야 하며, 보궐선거등에 있어서는 그 사무의 수행에 지장이 없도록 그 선거의 실시사유가 확정된 때부터 15일[제197조(選擧의 一部無效로 인한 再選擧)의 재선거에 있어서는 그 사유확정일부터 5일을, 연기된 선거와 재투표에 있어서는 늦어도 선

거일공고일전일을 말한다. 이하 이 조에서 같다]까지 중앙선거관리위원회에 배정하여야 한다. <개정 2000. 2. 16., 2004. 3. 12.>
1. 이 법의 규정에 의한 선거의 관리준비와 실시에 필요한 경비
2. 선거에 관한 계도·홍보 및 단속사무에 필요한 경비
3. 선거에 관한 소송에 필요한 경비
4. 선거에 관한 소송의 결과로 부담하여야 할 경비
5. 선거결과에 대한 자료의 정리에 필요한 경비
6. 선거관리를 위한 선거관리위원회의 운영 및 사무처리에 필요한 경비
7. 예측할 수 없는 경비 또는 예산초과지출에 충당하기 위한 경비로서 제1호 및 제2호의 규정에 의한 경비의 합계금액의 100분의 1에 상당하는 금액
② 지방의회의원 및 지방자치단체의 장의 선거의 관리준비와 실시에 필요한 다음 각호에 해당하는 경비는 당해 지방자치단체가 부담한다. 이 경우 임기만료에 의한 선거에 있어서는 당해 선거의 선거기간개시일이 속하는 연도(第1項第2號에 해당하는 經費는 당해 선거의 선거일전 180일이 속하는 年度를 포함한다)의 본예산에 편성하여야 하되 늦어도 선거기간개시일전 60일(제1항제1호 중 선거의 관리준비에 필요한 경비는 해당 선거의 선거일 전 120일, 제1항제2호에 해당하는 경비는 해당 선거의 선거일 전 240일)까지 시·도의 의회의원 및 장의 선거에 있어서는 당해 시·도선거관리위원회에, 자치구·시·군의 의회의원 및 장의 선거에 있어서는 당해 선거구선거관리위원회에 납부하여야 하며, 보궐선거등에 있어서는 그 사무의 수행에 지장이 없도록 그 선거의 실시사유가 확정된 때부터 15일까지 시·도의 의회의원 및 장의 선거에 있어서는 해당 시·도선거관리위원회에, 자치구·시·군의회의원 및 장의 선거에 있어서는 당해 선거구선거관리위원회에 납부하여야 한다. <개정 2000. 2. 16., 2004. 3. 12., 2018. 4. 6.>
1. 제1항 각호의 경비
2. 선거에 관한 소청에 필요한 경비
3. 선거에 관한 소청의 결과로 부담하여야 할 경비
③ 제1항 및 제2항의 규정에 의하여 국가나 지방자치단체가 선거관리경비를 배정 또는 납부한 후에 이미 그 경비를 배정 또는 납부한 선거와 동시에 선거를 실시하여야 할 새로운 사유가 발생하거나 배정 또는 납부한 경비에 부족액이 발생한 때에는 제4항의 구분에 따른 당해 선거관리위원회의 요구에 의하여 지체없이 추가로 배정 또는 납부하여야 한다.
④ 제1항 내지 제3항의 규정에 의한 경비외의 경비로서 이 법에 의하여 국가 또는 지방자치단체가 부담하는 경비중 국가가 부담하는 경비는 중앙선거관리위원회의, 시·도의 의회의원 및 장의 선거에 따른 경비는 시·도선거관리위원회의, 자치구·시·군의 의회의원 및 장의 선거에 따른 경비는 당해 선거구선거관리위원회의 요구에 의하여 당해 선거의 선거일부터 15일안에 당해 선거관리위원회에 배정 또는 납부하여야 한다.
⑤ 제2항 내지 제4항의 규정에 의한 경비의 산출기준·납부절차와 방법·집행·검사 및 반환 기타 필요한 사항은 중앙선거관리위원회규칙으로 정한다.

제277조의2(질병·부상 또는 사망에 대한 보상) ① 중앙선거관리위원회는 각급선거관리위원회위원, 투표관리관, 사전투표관리관, 공정선거지원단원, 투표 및 개표사무원(공무원인 자를 제외한다)이 선거기간(공정선거지원단원의 경우 공정선거지원단을 두는 기간을 말한다)중에 선거업무로 인하여 질병·부상 또는 사망한 때에는 중앙선거관리위원회규칙이 정하는 바에 의하여 보상금을 지급하여야 한다. <개정 2004. 3. 12., 2005. 8. 4., 2014. 1. 17., 2018. 4. 6.>
② 중앙선거관리위원회는 제1항의 규정에 의한 보상을 위하여 매년 예산에 재해보상준비금을 계상하여야 한다.
③ 제1항의 보상금 지급사유가 제3자의 행위로 인하여 발생한 경우에는 중앙선거관리위원회는 이미 지급한 보상금의 지급범위안에서 수급권자가 제3자에 대하여 가지는 손해배상청구권을 취득한다. 다만, 제3자가 공무수행중의 공무원인 경우에는 손해배상청구권의 전부 또는 일부를 행사하지 아니할 수 있다. <신설 2004. 3. 12.>
④ 제3항의 경우 보상금의 수급권자가 그 제3자로부터 동일한 사유로 인하여 이미 손해배상을 받은 경우에는 그 배상액의 범위안에서 보상금을 지급하지 아니한다. <신설 2004. 3. 12.>
⑤ 제1항의 보상금 지급사유가 그 수급권자의 고의 또는 중대한 과실로 인하여 발생한 경우에는 해당 보상금의 전부 또는 일부를 지급하지 아니할 수 있다. <신설 2010. 1. 25.>
⑥ 제5항의 고의 또는 중대한 과실에 의한 보상금의 감액, 중대한 과실의 적용범위, 그 밖에 필요한 사항은 중앙선거관리위원회규칙으로 정한다. <신설 2010. 1. 25.>
[본조신설 2002. 3. 7.]

제278조(전산조직에 의한 투표·개표) ① 중앙선거관리위원회는 투표 및 개표 기타 선거사무의 정확하고 신속한 관리를 위하여 사무전산화를 추진하여야 한다.
② 투표사무관리의 전산화에 있어서는 투표의 비밀이 보장되고 선거인의 투표가 용이하여야 하며, 정당 또는 후보자의 참관이 보장되어야 하고, 기표착오의 시정, 무효표의 방지 기타 투표의 정확을 기할 수 있도록 하여야 한다.
③ 개표사무관리의 전산화에 있어서는 정당 또는 후보자별 득표수의 계산이 정확하고, 투표결과를 검증할 수 있어야 하며, 정당 또는 후보자의 참관이 보장되어야 한다.
④ 중앙선거관리위원회는 투표 및 개표 사무관리를 전산화하여 실시하고자 하는 때에는 이를 선거인이 알 수 있도록 안내문 배부·언론매체를 이용한 광고 기타의 방법으로 홍보하여야 하며, 그 실시여부에 대하여는 국회에 교섭단체를 구성한 정당과 협의하여 결정하여야 한다. 다만, 제158조제2항·제3항 및 제218조의19제1항·제2항에 따른 본인여부 확인장치 및 투표용지 발급기와 제178조제2항에 따른 기계장치 또는 전산조직의 사용에 대하여는 그러하지 아니하다. <개정 2002. 3. 7., 2005. 8. 4., 2014. 1. 17., 2015. 8. 13.>
⑤ 중앙선거관리위원회는 제4항의 협의를 위하여 국회에 교섭단체를 구성한 정당이 참여하는 전자선거추진협의회를 설치·운영할 수 있다. <신설 2005. 8. 4.>
⑥ 투표 및 개표 기타 선거사무관리의 전산화에 있어서 투표 및 개표절차와 방법, 전산전문가의 투표 및 개표사무원 위촉과 전산조직운영프로그램의 작성·검증 및 보관, 전자선거추진협의회의 구성·기능 및 운영 그 밖에 필요한 사항은 중앙선거관리위원회규칙으로 정한다. <개정 2005. 8. 4.>
[본조신설 2000. 2. 16.]

제279조(정당·후보자의 선전물의 공익목적 활용 등) ① 각급선거관리위원회(읍·면·동선거관리위원회는 제외한다. 이하 이 조에서 같다)는 이 법(대통령선거·국회의원선거·지방의회의원선거 및 지방자치단체의 장선거에 관한 각 폐지법률을 포함한다)에 따라 정당 또는 후보자(후보자가 되려는 자를 포함한다. 이하 이 조에서 같다)가 선거관리위원회에 제출한 벽보·공보·소형인쇄물 등 각종 인쇄물, 광고, 사진, 그 밖의 선전물을 공익을 목적으로 출판·전시하거나 인터넷홈페이지 게시, 그 밖의 방법으로 활용할 수 있다.
② 제1항에 따라 각급선거관리위원회가 공익을 목적으로 활용하는 정당 또는 후보자의 벽보·공보·소형인쇄물 등 각종 인쇄물, 광고, 사진, 그 밖의 선전물에 대하여는 누구든지 각급선거관리위원회에 대하여 「저작권법」상의 권리를 주장할 수 없다.
[본조신설 2008. 2. 29.]

부칙 〈제19855호, 2023. 12. 28.〉

이 법은 공포 후 1개월이 경과한 날부터 시행한다. 다만, 제60조의3제1항제5호 및 제82조의4의 개정규정은 공포한 날부터 시행한다.

공공단체등 위탁선거에 관한 법률
(약칭: 위탁선거법)

[시행 2024. 2. 9.] [법률 제19623호, 2023. 8. 8., 일부개정]

제1장 총칙

제1조(목적) 이 법은 공공단체등의 선거가 깨끗하고 공정하게 이루어지도록 함으로써 공공단체등의 건전한 발전과 민주사회 발전에 기여함을 목적으로 한다.

제2조(기본원칙) 「선거관리위원회법」에 따른 선거관리위원회(이하 "선거관리위원회"라 한다)는 이 법에 따라 공공단체등의 위탁선거를 관리하는 경우 구성원의 자유로운 의사와 민주적인 절차에 따라 공정하게 행하여지도록 하고, 공공단체등의 자율성이 존중되도록 노력하여야 한다.

제3조(정의) 이 법에서 사용하는 용어의 뜻은 다음과 같다. <개정 2023. 3. 2., 2023. 8. 8.>

1. "공공단체등"이란 다음 각 목의 어느 하나에 해당하는 단체를 말한다.

가. 「농업협동조합법」, 「수산업협동조합법」 및 「산림조합법」에 따른 조합 및 중앙회와 「새마을금고법」에 따른 금고 및 중앙회

나. 「중소기업협동조합법」에 따른 중소기업중앙회 및 「도시 및 주거환경정비법」에 따른 조합과 조합설립추진위원회

다. 그 밖의 법령에 따라 임원 등의 선출을 위한 선거의 관리를 선거관리위원회에 위탁하여야 하거나 위탁할 수 있는 단체[「공직선거법」 제57조의4(당내경선사무의 위탁)에 따른 당내경선 또는 「정당법」 제48조의2(당대표경선사무의 위탁)에 따른 당대표경선을 위탁하는 정당을 제외한다]

라. 그 밖에 가목부터 다목까지의 규정에 준하는 단체로서 임원 등의 선출을 위한 선거의 관리를 선거관리위원회에 위탁하려는 단체

2. "위탁단체"란 임원 등의 선출을 위한 선거의 관리를 선거관리위원회에 위탁하는 공공단체등을 말한다.

3. "관할위원회"란 위탁단체의 주된 사무소 소재지를 관할하는 「선거관리위원회법」에 따른 구·시·군선거관리위원회(세종특별자치시선거관리위원회를 포함한다)를 말한다. 다만, 법령에서 관할위원회를 지정하는 경우에는 해당 선거관리위원회를 말한다.

4. "위탁선거"란 관할위원회가 공공단체등으로부터 선거의 관리를 위탁받은 선거를 말한다.

5. "선거인"이란 해당 위탁선거의 선거권이 있는 자로서 선거인명부에 올라 있는 자를 말한다.

6. "공직선거등"이란 다음 각 목의 어느 하나에 해당하는 선거 또는 투표를 말한다.

가. 「공직선거법」에 따른 대통령선거, 국회의원선거, 지방의회의원 및 지방자치단체의 장의 선거, 「제주특별자치도 설치 및 국제자유도시 조성을 위한 특별법」 및 「세종특별자치시 설치 등에 관한 특별법」에 따른 지방의회의원 및 지방자치단체의 장의 선거

나. 「지방교육자치에 관한 법률」, 「제주특별자치도 설치 및 국제자유도시 조성을 위한 특별법」 및 「세종특별자치시 설치 등에 관한 특별법」에 따른 교육감 및 교육의원 선거

다. 「국민투표법」에 따른 국민투표

라. 「주민투표법」에 따른 주민투표

마. 「주민소환에 관한 법률」에 따른 주민소환투표

7. "동시조합장선거"란 「농업협동조합법」, 「수산업협동조합법」 및 「산림조합법」에 따라 관할위원회에 위탁하여 동시에 실시하는 임기만료에 따른 조합장선거를 말하고, "동시이사장선거"란 「새마을금고법」에 따라 관할위원회에 위탁하여 동시에 실시하는 임기만료에 따른 이사장선거를 말한다.

8. "정관등"이란 위탁단체의 정관, 규약, 규정, 준칙, 그 밖에 위탁단체의 조직 및 활동 등을 규율하는 자치규범을 말한다.

제4조(적용 범위) 이 법은 다음 각 호의 위탁선거에 적용한다.

1. 의무위탁선거: 제3조제1호가목에 해당하는 공공단체등이 위탁하는 선거와 같은 조 제1호다목에 해당하는 공공단체등이 선거관리위원회에 위탁하여야 하는 선거

2. 임의위탁선거: 제3조제1호나목 및 라목에 해당하는 공공단체등이 위탁하는 선거와 같은 조 제1호다목에 해당하는 공공단체등이 선거관리위원회에 위탁할 수 있는 선거

제5조(다른 법률과의 관계) 이 법은 공공단체등의 위탁선거에 관하여 다른 법률에 우선하여 적용한다.

제6조(선거관리 협조) 국가기관·지방자치단체·위탁단체 등은 위탁선거의 관리에 관하여 선거관리위원회로부터 인력·시설·장비 등의 협조 요구를 받은 때에는 특별한 사유가 없으면 이에 따라야 한다.

제6조(선거관리 협조 등) ① 국가기관·지방자치단체·위탁단체 등은 위탁선거의 관리에 관하여 선거관리위원회로부터 인력·시설·장비 등의 협조 요구를 받은 때에는 특별한 사유가 없으면 이에 따라야 한다. <개정 2024. 1. 30.>

② 중앙행정기관의 장은 위탁선거의 관리에 관한 내용의 법령을 제정·개정 또는 폐지하려는 경우에는 미리 해당 법령안을 중앙선거관리위원회에 보내 그 의견을 들어야 한다. 국회의원이 발의한 위탁선거의 관리에 관한 법률안이 국회 소관 상임위원회 등에 회부된 사실을 통보받은 때에도 또한 같다. <신설 2024. 1. 30.>

[제목개정 2024. 1. 30.]

[시행일: 2024. 7. 31.] 제6조

제2장 선거관리의 위탁 등

제7조(위탁선거의 관리 범위) 관할위원회가 관리하는 위탁선거 사무의 범위는 다음 각 호와 같다.

1. 선거관리 전반에 관한 사무. 다만, 선거인명부의 작성 및 확정에 관한 사무는 제외한다.

2. 선거참여·투표절차, 그 밖에 위탁선거의 홍보에 관한 사무

3. 위탁선거 위반행위[이 법 또는 위탁선거와 관련하여 다른 법령(해당 정관등을 포함한다)을 위반한 행위를 말한다. 이하 같다]에 대한 단속과 조사에 관한 사무

제8조(선거관리의 위탁신청) 공공단체등이 임원 등의 선출을 위한 선거의 관리를 위탁하려는 때에는 다음 각 호에 따른 기한까지 관할위원회에 서면으로 신청하여야 한다. 다만, 재선거, 보궐선거, 위탁단체의 설립·분할 또는 합병으로 인한 선거의 경우에는 그 선거의 실시사유가 발생한 날부터 5일까지 신청하여야 한다. <개정 2023. 8. 8.>

1. 의무위탁선거: 임원 등의 임기만료일 전 180일까지. 이 경우 동시조합장선거 및 동시이사장선거에서는 임기만료일 전 180일에 별도의 신청 없이 위탁한 것으로 본다.

2. 임의위탁선거: 임원 등의 임기만료일 전 90일까지

제8조(선거관리의 위탁신청) 공공단체등이 임원 등의 선출을 위한 선거의 관리를 위탁하려는 때에는 다음 각 호에 따른 기한까지 관할위원회에 서면으로 신청하여야 한다. 다만, 재선거, 보궐선거, 위탁단체의 설립·분할 또는 합병으로 인한 선거(이하 "보궐선거등"이라 한다)의 경우에는 그 선거의 실시사유가 발생한 날부터 5일까지 신청하여야 한다. <개정 2023. 8. 8., 2024. 1. 30.>

1. 의무위탁선거: 임원 등의 임기만료일 전 180일까지. 이 경우 동시조합장선거 및 동시이사장선거에서는 임기만료일 전 180일에 별도의 신청 없이 위탁한 것으로 본다.

2. 임의위탁선거: 임원 등의 임기만료일 전 90일까지

[시행일: 2024. 7. 31.] 제8조

제9조(임의위탁선거의 위탁관리 결정·통지) 제8조제2호에 따른 선거관리의 위탁신청을 받은 관할위원회는 공직선거등과 다른 위탁선거와의 선거사무일정 등을 고려하여 그 신청서를 접수한 날부터 7일 이내에 위탁관리 여부를 결정하고, 지체 없이 그 결과를 해당 공공단체등에 통지하여야 한다.

제10조(공정선거지원단) ① 관할위원회는 위탁선거 위반행위의 예방 및 감시·단속활동을 위하여 선거실시구역·선거인수, 그 밖의 조건을 고려하여 다음 각 호의 기간의 범위에서 중립적이고 공정한 사람으로 구성된 공정선거지원단을 둘 수 있

다. 다만, 동시조합장선거 및 동시이사장선거의 경우에는 임기만료일 전 180일부터 선거일까지 공정선거지원단을 둔다. <개정 2023. 8. 8.>
1. 의무위탁선거: 제8조에 따라 위탁신청을 받은 날부터 선거일까지
2. 임의위탁선거: 제9조에 따라 위탁받아 관리하기로 결정하여 통지한 날부터 선거일까지
② 공정선거지원단은 위탁선거 위반행위에 대하여 관할위원회의 지휘를 받아 사전안내·예방 및 감시·단속·조사활동을 할 수 있다.
③ 공정선거지원단의 구성·활동방법 및 수당·실비의 지급, 그 밖에 필요한 사항은 중앙선거관리위원회규칙으로 정한다.

제11조(위탁선거의 관리) ① 중앙선거관리위원회는 이 법에 특별한 규정이 있는 경우를 제외하고는 위탁선거 사무를 통할·관리하며, 하급선거관리위원회의 위법·부당한 처분에 대하여 이를 취소하거나 변경할 수 있다.
② 특별시·광역시·도·특별자치도선거관리위원회는 하급선거관리위원회의 위탁선거에 관한 위법·부당한 처분에 대하여 이를 취소하거나 변경할 수 있다.
③ 관할위원회는 선거관리를 위하여 필요하다고 인정하는 경우에는 중앙선거관리위원회규칙으로 정하는 바에 따라 관할위원회가 지정하는 사람 또는 하급선거관리위원회나 다른 구·시·군선거관리위원회로 하여금 위탁선거 사무를 행하게 할 수 있다.
④ 직근 상급선거관리위원회는 관할위원회가 천재지변, 그 밖의 부득이한 사유로 그 기능을 수행할 수 없는 경우에는 위탁선거 사무를 직접 관리하거나 다른 선거관리위원회로 하여금 관할위원회의 기능이 회복될 때까지 대행하게 할 수 있다. 이 경우 다른 선거관리위원회로 하여금 위탁선거 사무를 대행하게 하는 때에는 대행할 업무의 범위도 함께 정하여야 한다.
⑤ 직근 상급선거관리위원회는 제4항에 따라 위탁선거 사무를 직접 관리하거나 대행하게 한 경우에는 해당 선거관리위원회와 업무의 범위를 지체 없이 공고하여야 한다.

제3장 선거권 및 피선거권

제12조(선거권 및 피선거권) 위탁선거에서 선거권 및 피선거권(입후보자격 등 그 명칭에 관계없이 임원 등이 될 수 있는 자격을 말한다. 이하 같다)에 관하여는 해당 법령이나 정관등에 따른다.

제4장 선거기간과 선거일

제13조(선거기간) ① 선거별 선거기간은 다음과 같다. <개정 2023. 8. 8.>
1. 「농업협동조합법」, 「수산업협동조합법」 및 「산림조합법」에 따른 조합장선거(이하 "조합장선거"라 한다)와 「새마을금고법」에 따른 이사장선거(이하 "이사장선거"라 한다): 14일
2. 제1호에 따른 선거 외의 위탁선거: 관할위원회가 해당 위탁단체와 협의하여 정하는 기간
② "선거기간"이란 후보자등록마감일의 다음 날부터 선거일까지를 말한다.

제14조(선거일) ① 동시조합장선거 및 동시이사장선거의 선거일은 그 임기가 만료되는 해당 연도 3월 중 두 번째 수요일로 한다. <개정 2023. 8. 8.>
② 동시조합장선거·동시이사장선거 외의 위탁선거의 선거일은 관할위원회가 해당 위탁단체와 협의하여 정하는 날로 한다. <개정 2023. 8. 8.>
③ 관할위원회는 그 관할구역에서 공직선거등이 실시되는 때에는 해당 공직선거등의 선거일 또는 투표일 전 30일부터 선거일 또는 투표일 후 20일까지의 기간에 속한 날은 위탁선거의 선거일로 정할 수 없다. 다만, 임기만료에 따른 지방자치단체의 의회의원 및 장의 선거가 실시되는 때에는 그 선거일 전 60일부터 선거일 후 20일까지의 기간에 속한 날은 위탁선거의 선거일로 정할 수 없다.
④ 관할위원회는 제2항에 따라 선거일을 정한 후에 공직선거등의 실시 사유가 발생하여 선거사무일정이 중첩되는 때에는 해당 위탁단체와 다시 협의하여 위탁선거의 선거일을 새로 정할 수 있다. 이 경우 임의위탁선거는 그 위탁관리 결정을 취소할 수 있다.
⑤ 제4항에 따라 선거일을 새로 정하는 경우 해당 정관등에 따른 선거일로 정할 수 있는 기간이 공직선거등의 선거사무일정과 중첩되는 때에는 그 정관등에도 불구하고 위탁선거의 선거일을 따로 정할 수 있다.
⑥ 관할위원회는 선거인명부작성개시일 전일까지 선거일을 공고하여야 한다. 이 경우 동시조합장선거 및 동시이사장선거에서는 선거인명부작성개시일 전일에 선거일을 공고한 것으로 본다. <개정 2017. 12. 26., 2023. 8. 8.>

제14조(선거일) ① 동시조합장선거 및 동시이사장선거의 선거일은 그 임기가 만료되는 해당 연도 3월 중 첫 번째 수요일로 한다. <개정 2023. 8. 8., 2024. 1. 30.>
② 동시조합장선거·동시이사장선거 외의 위탁선거의 선거일은 관할위원회가 해당 위탁단체와 협의하여 정하는 날로 한다. <개정 2023. 8. 8.>
③ 관할위원회는 그 관할구역에서 공직선거등이 실시되는 때에는 해당 공직선거등의 선거일 또는 투표일 전 30일부터 선거일 또는 투표일 후 20일까지의 기간에 속한 날은 위탁선거의 선거일로 정할 수 없다. 다만, 임기만료에 따른 지방자치단체의 의회의원 및 장의 선거가 실시되는 때에는 그 선거일 전 60일부터 선거일 후 20일까지의 기간에 속한 날은 위탁선거의 선거일로 정할 수 없다.
④ 관할위원회는 제2항에 따라 선거일을 정한 후에 공직선거등의 실시 사유가 발생하여 선거사무일정이 중첩되는 때에는 해당 위탁단체와 다시 협의하여 위탁선거의 선거일을 새로 정할 수 있다. 이 경우 임의위탁선거는 그 위탁관리 결정을 취소할 수 있다.
⑤ 제4항에 따라 선거일을 새로 정하는 경우 해당 정관등에 따른 선거일로 정할 수 있는 기간이 공직선거등의 선거사무일정과 중첩되는 때에는 그 정관등에도 불구하고 위탁선거의 선거일을 따로 정할 수 있다.
⑥ 관할위원회는 선거인명부작성개시일 전일까지 선거일을 공고하여야 한다. 이 경우 동시조합장선거 및 동시이사장선거에서는 선거인명부작성개시일 전일에 선거일을 공고한 것으로 본다. <개정 2017. 12. 26., 2023. 8. 8.>
[시행일: 2024. 7. 31.] 제14조

제5장 선거인명부

제15조(선거인명부의 작성 등) ① 위탁단체는 관할위원회와 협의하여 선거인명부작성기간과 선거인명부확정일을 정하고, 선거인명부를 작성 및 확정하여야 한다. 다만, 조합장선거 및 이사장선거의 경우에는 선거일 전 19일부터 5일 이내에 선거인명부를 작성하여야 하며, 그 선거인명부는 선거일 전 10일에 확정된다. <개정 2023. 8. 8.>
② 위탁단체는 선거인명부를 작성한 때에는 즉시 그 등본(전산자료 복사본을 포함한다. 이하 이 조에서 같다) 1통을, 선거인명부가 확정된 때에는 지체 없이 확정된 선거인명부 등본 1통을 각각 관할위원회에 송부하여야 한다. 이 경우 둘 이상의 투표소를 설치하는 경우에는 투표소별로 분철하여 선거인명부를 작성·확정하여야 한다.
③ 제2항에도 불구하고 동시조합장선거 또는 동시이사장선거를 실시하는 경우 위탁단체는 중앙선거관리위원회규칙으로 정하는 구역단위로 선거인명부를 작성·확정하여야 하며, 중앙선거관리위원회는 확정된 선거인명부의 전산자료 복사본을 해당 조합 또는 금고로부터 제출받아 전산조직을 이용하여 하나의 선거인명부를 작성한 후 투표소에서 사용하게 할 수 있다. <개정 2023. 8. 8.>
④ 선거인명부의 작성·수정 및 확정 사항과 확정된 선거인명부의 오기 등의 통보, 그 밖에 필요한 사항은 중앙선거관리위원회규칙으로 정한다.

제15조(선거인명부의 작성 등) ① 위탁단체는 관할위원회와 협의하여 선거인명부작성기간과 선거인명부확정일을 정하고, 선거인명부를 작성 및 확정하여야 한다. 다만, 조합장선거 및 이사장선거의 경우에는 선거일 전 19일부터 5일 이내에 선거인명부를 작성하여야 하며, 그 선거인명부는 선거일 전 10일에 확정된다. <개정 2023. 8. 8.>

② 위탁단체는 선거인명부를 작성한 때에는 즉시 그 등본(전산자료 복사본을 포함한다. 이하 이 항에서 같다) 1통을, 선거인명부가 확정된 때에는 지체 없이 확정된 선거인명부 등본 1통을 각각 관할위원회에 송부하여야 한다. 이 경우 둘 이상의 투표소를 설치하는 경우에는 투표소별로 분철하여 선거인명부를 작성·확정하여야 한다. <개정 2024. 1. 30.>

③ 제2항에도 불구하고 동시조합장선거 또는 동시이사장선거를 실시하는 경우 위탁단체는 중앙선거관리위원회규칙으로 정하는 구역단위로 선거인명부를 작성·확정하여야 하며, 중앙선거관리위원회는 확정된 선거인명부의 전산자료 복사본을 해당 조합 또는 금고로부터 제출받아 전산조직을 이용하여 하나의 선거인명부를 작성한 후 투표소에서 사용하게 할 수 있다. 이 경우 위탁단체는 선거인명부 등본을 제출하지 아니할 수 있다. <개정 2023. 8. 8., 2024. 1. 30.>

④ 위탁단체는 선거인명부작성개시일 전 30일까지(보궐선거등의 경우 그 실시사유가 발생한 날부터 5일까지) 해당 위탁단체의 조합원 자격 등을 확인하여 회원명부(그 명칭에 관계없이 위탁단체가 해당 법령이나 정관등에 따라 작성한 구성원의 명부를 말한다)를 정비하여야 한다. <신설 2024. 1. 30.>

⑤ 동시조합장선거 및 동시이사장선거를 실시하는 경우 위탁단체는 선거인명부의 작성을 위하여 「주민등록법」 제30조에 따라 주민등록전산정보자료를 이용할 수 있다. <신설 2024. 1. 30.>

⑥ 선거인명부의 작성·수정 및 확정 사항과 확정된 선거인명부의 오기 등의 통보, 그 밖에 필요한 사항은 중앙선거관리위원회규칙으로 정한다. <개정 2024. 1. 30.>

[시행일: 2024. 7. 31.] 제15조

제16조(명부 열람 및 이의신청과 결정) ① 위탁단체는 선거인명부를 작성한 때에는 선거인명부작성기간만료일의 다음 날부터 선거인명부확정일 전일까지의 기간 중에 열람기간을 정하여 선거권자가 선거인명부를 열람할 수 있는 기회를 보장하여야 한다.

② 선거권자는 누구든지 선거인명부에 누락 또는 오기가 있거나 자격이 없는 선거인이 올라 있다고 인정되면 열람기간 내에 구술 또는 서면으로 해당 위탁단체에 이의를 신청할 수 있다.

③ 위탁단체는 제2항의 이의신청이 있는 경우에는 이의신청을 받은 날의 다음 날까지 이를 심사·결정하되, 그 신청이 이유가 있다고 결정한 때에는 즉시 선거인명부를 정정하고 관할위원회·신청인·관계인에게 통지하여야 하며, 이유 없다고 결정한 때에는 그 사유를 신청인에게 통지하여야 한다.

제16조(명부 열람 및 이의신청과 결정) ① 위탁단체는 선거인명부를 작성한 때에는 선거인명부작성기간만료일의 다음 날부터 3일간 선거권자가 선거인명부를 열람할 수 있도록 하여야 한다. 이 경우 선거인명부의 열람은 공휴일에도 불구하고 매일 오전 9시부터 오후 6시까지 할 수 있다. <개정 2024. 1. 30.>

② 선거권자는 누구든지 선거인명부에 누락 또는 오기가 있거나 자격이 없는 선거인이 올라 있다고 인정되면 열람기간 내에 구술 또는 서면으로 해당 위탁단체에 이의를 신청할 수 있다.

③ 위탁단체는 제2항의 이의신청이 있는 경우에는 이의신청을 받은 날의 다음 날까지 이를 심사·결정하되, 그 신청이 이유가 있다고 결정한 때에는 즉시 선거인명부를 정정하고 관할위원회·신청인·관계인에게 통지하여야 하며, 이유 없다고 결정한 때에는 그 사유를 신청인에게 통지하여야 한다.

[시행일: 2024. 7. 31.] 제16조

제17조(선거인명부 사본의 교부 신청) 후보자는 해당 법령이나 정관등에서 정하는 바에 따라 선거인명부 사본의 교부를 신청할 수 있다.

제6장 후보자

제18조(후보자등록) ① 후보자가 되려는 사람은 선거기간개시일 전 2일부터 2일 동안 관할위원회에 서면으로 후보자등록을 신청하여야 한다. 이 경우 후보자등록신청서의 접수는 공휴일에도 불구하고 매일 오전 9시부터 오후 6시까지로 한다.

② 후보자등록을 신청하는 사람은 다음 각 호의 서류 등을 제출하여야 한다.

1. 후보자등록신청서
2. 해당 법령이나 정관등에 따른 피선거권에 관한 증명 서류
3. 기탁금(해당 법령이나 정관등에서 기탁금을 납부하도록 한 경우에 한정한다)
4. 그 밖에 해당 법령이나 정관등에 따른 후보자등록신청에 필요한 서류 등

③ 관할위원회가 후보자등록신청을 접수한 때에는 즉시 이를 수리한다. 다만, 제2항제1호부터 제3호까지의 규정에 따른 서류 등을 갖추지 아니한 등록신청은 수리하지 아니한다.

④ 관할위원회는 후보자등록마감 후에 후보자의 피선거권에 관한 조사를 하여야 하며, 그 조사를 의뢰받은 기관 또는 단체는 지체 없이 그 사실을 확인하여 해당 관할위원회에 회보(回報)하여야 한다.

⑤ 관할위원회는 후보자등록마감 후 지체 없이 해당 위탁단체의 주된 사무소 소재지를 관할하는 검찰청의 장에게 후보자의 범죄경력(해당 법령이나 정관등에서 정하는 범죄경력을 말한다)에 관한 기록을 조회할 수 있고, 해당 검찰청의 장은 지체 없이 그 범죄경력을 관할위원회에 회보하여야 한다.

⑥ 후보자등록신청서의 서식, 그 밖에 필요한 사항은 중앙선거관리위원회규칙으로 정한다.

제18조(후보자등록) ① 후보자가 되려는 사람은 선거기간개시일 전 2일부터 2일 동안 관할위원회에 서면으로 후보자등록을 신청하여야 한다. 이 경우 후보자등록신청서의 접수는 공휴일에도 불구하고 매일 오전 9시부터 오후 6시까지로 한다.

② 후보자등록을 신청하는 사람은 다음 각 호의 서류 등을 제출하여야 한다.

1. 후보자등록신청서
2. 해당 법령이나 정관등에 따른 피선거권에 관한 증명 서류
3. 기탁금(해당 법령이나 정관등에서 기탁금을 납부하도록 한 경우에 한정한다)
4. 그 밖에 해당 법령이나 정관등에 따른 후보자등록신청에 필요한 서류 등

③ 관할위원회가 후보자등록신청을 접수한 때에는 즉시 이를 수리한다. 다만, 제2항제1호부터 제3호까지의 규정에 따른 서류 등을 갖추지 아니한 등록신청은 수리하지 아니한다.

④ 후보자가 되려는 사람은 선거기간개시일 전 60일부터 본인의 범죄경력(해당 법령이나 정관등에서 정하는 범죄경력을 말한다. 이하 같다)을 국가경찰관서의 장에게 조회할 수 있으며, 그 요청을 받은 국가경찰관서의 장은 지체 없이 그 범죄경력을 회보(回報)하여야 한다. 이 경우 회보받은 범죄경력은 후보자등록시 함께 제출하여야 한다. <신설 2024. 1. 30.>

⑤ 관할위원회는 후보자등록마감 후에 후보자의 피선거권에 관한 조사를 하여야 하며, 그 조사를 의뢰받은 기관 또는 단체는 지체 없이 그 사실을 확인하여 해당 관할위원회에 회보하여야 한다. <개정 2024. 1. 30.>

⑥ 관할위원회는 제4항 후단에 따라 제출된 범죄경력에 대하여 그 확인이 필요하다고 인정되는 경우에는 후보자등록마감 후 지체 없이 해당 위탁단체의 주된 사무소 소재지를 관할하는 검찰청의 장에게 해당 후보자의 범죄경력을 조회할 수 있고, 해당 검찰청의 장은 그 범죄경력의 진위여부를 지체 없이 관할위원회에 회보하여야 한다. <신설 2024. 1. 30.>

⑦ 후보자등록신청서의 서식, 그 밖에 필요한 사항은 중앙선거관리위원회규칙으로 정한다. <개정 2024. 1. 30.>

[시행일: 2024. 7. 31.] 제18조

제19조(등록무효) ① 관할위원회는 후보자등록 후에 다음 각 호

의 어느 하나에 해당하는 사유가 있는 때에는 그 후보자의 등록은 무효로 한다.
1. 후보자의 피선거권이 없는 것이 발견된 때
2. 제18조제2항제1호부터 제3호까지의 규정에 따른 서류 등을 제출하지 아니한 것이 발견된 때
② 관할위원회가 후보자등록을 무효로 한 때에는 지체 없이 그 후보자와 해당 위탁단체에 등록무효의 사유를 명시하여 그 사실을 알려야 한다.

제19조(등록무효) ① 관할위원회는 후보자등록 후에 다음 각 호의 어느 하나에 해당하는 사유가 있는 때에는 그 후보자의 등록은 무효로 한다. <개정 2024. 1. 30.>
1. 후보자의 피선거권이 없는 것이 발견된 때
2. 제18조제2항제1호부터 제3호까지의 규정에 따른 서류 등을 제출하지 아니한 것이 발견된 때
3. 제25조제2항을 위반하여 범죄경력을 게재하지 아니한 선거공보를 제출하거나 범죄경력에 관한 서류를 별도로 제출하지 아니한 것이 발견된 때
② 관할위원회가 후보자등록을 무효로 한 때에는 지체 없이 그 후보자와 해당 위탁단체에 등록무효의 사유를 명시하여 그 사실을 알려야 한다.
[시행일: 2024. 7. 31.] 제19조

제20조(후보자사퇴의 신고) 후보자가 사퇴하려는 경우에는 자신이 직접 관할위원회에 가서 서면으로 신고하여야 한다.

제21조(후보자등록 등에 관한 공고) 관할위원회는 후보자가 등록·사퇴·사망하거나 등록이 무효로 된 때에는 지체 없이 그 사실을 공고하여야 한다.

제7장 선거운동

제22조(적용 제외) 제3조제1호가목에 해당하는 공공단체등이 위탁하는 선거 외의 위탁선거에는 이 장을 적용하지 아니한다. 다만, 제3조제1호다목에 따라 공공단체등이 임원 등의 선출을 위한 선거의 관리를 위탁하여야 하는 선거(「교육공무원법」 제24조의3에 따른 대학의 장 후보자 추천 선거는 제외한다)에는 제31조부터 제34조까지, 제35조제1항부터 제4항까지, 제37조를 적용한다. <개정 2016. 12. 27.>

제23조(선거운동의 정의) 이 법에서 "선거운동"이란 당선되거나 되게 하거나 되지 못하게 하기 위한 행위를 말한다. 다만, 다음 각 호의 어느 하나에 해당하는 행위는 선거운동으로 보지 아니한다.
1. 선거에 관한 단순한 의견개진 및 의사표시
2. 입후보와 선거운동을 위한 준비행위

제24조(선거운동의 주체·기간·방법) ① 후보자가 제25조부터 제30조의2까지의 규정에 따라 선거운동을 하는 경우를 제외하고는 누구든지 어떠한 방법으로도 선거운동을 할 수 없다. <개정 2015. 12. 24.>
② 선거운동은 후보자등록마감일의 다음 날부터 선거일 전일까지에 한정하여 할 수 있다. 다만, 다음 각 호의 어느 하나에 해당하는 경우에는 그러하지 아니하다. <개정 2017. 12. 26.>
1. 제24조제3항제3호에 따른 중앙회장선거의 후보자가 선거일 또는 결선투표일에 제28조제2호에 따른 문자메시지를 전송하는 방법으로 선거운동을 하는 경우
2. 제30조의2에 따라 후보자가 선거일 또는 결선투표일에 자신의 소견을 발표하는 경우
③ 선거별 선거운동방법은 다음 각 호와 같다. <개정 2015. 12. 24., 2016. 12. 27., 2017. 12. 26., 2023. 3. 2., 2023. 8. 8.>
1. 「농업협동조합법」 제45조제5항제1호, 「수산업협동조합법」 제46조제3항제1호 및 「산림조합법」 제35조제4항제1호에 따른 선출방법 중 총회 외에서 선출하는 조합장선거와 「새마을금고법」 제18조제5항에 따라 회원의 투표로 직접 선출하는 이사장선거: 제25조부터 제30조까지의 규정에 따른 방법
2. 「농업협동조합법」 제45조제5항제1호, 「수산업협동조합법」 제46조제3항제1호 및 「산림조합법」 제35조제4항제1호에 따른 선출방법 중 총회에서 선출하는 조합장선거와 「새마을금고법」 제18조제5항 단서에 따라 총회에서 선출하는 이사장선거: 제25조부터 제30조의2까지의 규정에 따른 방법
3. 「농업협동조합법」, 「수산업협동조합법」, 「산림조합법」 및 「새마을금고법」에 따른 중앙회장선거, 「농업협동조합법」 제45조제5항제2호, 「수산업협동조합법」 제46조제3항제2호 및 「산림조합법」 제35조제4항제2호에 따라 대의원회에서 선출하는 조합장선거 및 「새마을금고법」 제18조제5항 단서에 따라 대의원회에서 선출하는 이사장선거: 제25조·제28조·제29조·제30조 및 제30조의2에 따른 방법(제30조에 따른 방법은 중앙회장선거에 한정한다)

제24조(선거운동의 주체·기간·방법) ① 후보자와 후보자가 그의 배우자, 직계존비속 또는 해당 위탁단체의 임직원이 아닌 조합원·회원 중 지정하는 1명(이하 "후보자등"이라 한다)이 제25조부터 제30조의4까지의 규정에 따라 선거운동을 하는 경우(제30조의4에 따른 방법은 후보자가 하는 경우에 한정한다)를 제외하고는 누구든지 어떠한 방법으로도 선거운동을 할 수 없다. <개정 2015. 12. 24., 2024. 1. 30.>
② 선거운동은 후보자등록마감일의 다음 날부터 선거일 전일까지에 한정하여 할 수 있다. 다만, 다음 각 호의 어느 하나에 해당하는 경우에는 그러하지 아니하다. <개정 2017. 12. 26.>
1. 제24조제3항제3호에 따른 중앙회장선거의 후보자가 선거일 또는 결선투표일에 제28조제2호에 따른 문자메시지를 전송하는 방법으로 선거운동을 하는 경우
2. 제30조의2에 따라 후보자가 선거일 또는 결선투표일에 자신의 소견을 발표하는 경우
③ 선거별 선거운동방법은 다음 각 호와 같다. <개정 2015. 12. 24., 2016. 12. 27., 2017. 12. 26., 2023. 3. 2., 2023. 8. 8., 2024. 1. 30.>
1. 「농업협동조합법」 제45조제5항제1호, 「수산업협동조합법」 제46조제3항제1호 및 「산림조합법」 제35조제4항제1호에 따른 선출방법 중 총회 외에서 선출하는 조합장선거와 「새마을금고법」 제18조제5항에 따라 회원의 투표로 직접 선출하는 이사장선거: 제25조부터 제30조까지, 제30조의3 및 제30조의4의 규정에 따른 방법
2. 「농업협동조합법」 제45조제5항제1호, 「수산업협동조합법」 제46조제3항제1호 및 「산림조합법」 제35조제4항제1호에 따른 선출방법 중 총회에서 선출하는 조합장선거와 「새마을금고법」 제18조제5항 단서에 따라 총회에서 선출하는 이사장선거: 제25조부터 제30조의4까지의 규정에 따른 방법
3. 「농업협동조합법」, 「수산업협동조합법」, 「산림조합법」 및 「새마을금고법」에 따른 중앙회장선거, 「농업협동조합법」 제45조제5항제2호, 「수산업협동조합법」 제46조제3항제2호 및 「산림조합법」 제35조제4항제2호에 따라 대의원회에서 선출하는 조합장선거 및 「새마을금고법」 제18조제5항 단서에 따라 대의원회에서 선출하는 이사장선거: 제25조·제28조·제29조·제30조 및 제30조의2부터 제30조의4까지에 따른 방법(제30조에 따른 방법은 중앙회장선거에 한정한다)
[시행일: 2024. 7. 31.] 제24조

제24조의2(예비후보자) ① 제24조제3항제3호에 따른 중앙회장선거의 예비후보자가 되려는 사람은 선거기간개시일 전 30일부터 관할위원회에 예비후보자등록을 서면으로 신청하여야 한다.
② 제1항에 따라 예비후보자등록을 신청하는 사람은 해당 법령이나 정관 등에 따른 피선거권에 관한 증명서류를 제출하여야 한다.
③ 제1항에 따른 등록신청을 받은 관할위원회는 이를 지체 없이 수리하여야 한다.
④ 관할위원회는 피선거권을 확인할 필요가 있다고 인정되는 예비후보자에 대하여 관계 기관의 장에게 필요한 사항을 조회할 수 있다. 이 경우 관계 기관의 장은 지체 없이 해당 사항을 조사하여 회보하여야 한다.
⑤ 예비후보자등록 후에 피선거권이 없는 것이 발견된 때에는 그 예비후보자의 등록은 무효로 한다.

⑥ 예비후보자가 사퇴하려는 경우에는 자신이 직접 관할위원회에 가서 서면으로 신고하여야 한다.
⑦ 제24조에도 불구하고 예비후보자는 다음 각 호의 어느 하나에 해당하는 방법으로 선거운동을 할 수 있다.
1. 제28조 및 제29조에 따른 방법
2. 제30조에 따른 방법(위탁단체가 사전에 공개한 행사장에서 하는 경우에 한정한다)
⑧ 제18조에 따라 후보자로 등록한 사람은 선거기간개시일 전일까지 예비후보자를 겸하는 것으로 본다.
⑨ 예비후보자등록신청서의 서식, 그 밖에 필요한 사항은 중앙선거관리위원회규칙으로 정한다.
[본조신설 2017. 12. 26.]

제24조의2(예비후보자) ① 제24조제3항제1호부터 제3호까지에 따른 선거의 예비후보자가 되려는 사람은 선거기간개시일 전 30일부터 관할위원회에 예비후보자등록을 서면으로 신청하여야 한다. <개정 2024. 1. 30.>
② 제1항에 따라 예비후보자등록을 신청하는 사람은 해당 법령이나 정관 등에 따른 피선거권에 관한 증명서류를 제출하여야 한다.
③ 제1항에 따른 등록신청을 받은 관할위원회는 이를 지체 없이 수리하여야 한다.
④ 관할위원회는 피선거권을 확인할 필요가 있다고 인정되는 예비후보자에 대하여 관계 기관의 장에게 필요한 사항을 조회할 수 있다. 이 경우 관계 기관의 장은 지체 없이 해당 사항을 조사하여 회보하여야 한다.
⑤ 예비후보자등록 후에 피선거권이 없는 것이 발견된 때에는 그 예비후보자의 등록은 무효로 한다.
⑥ 예비후보자가 사퇴하려는 경우에는 자신이 직접 관할위원회에 가서 서면으로 신고하여야 한다.
⑦ 제24조에도 불구하고 예비후보자와 예비후보자가 그의 배우자, 직계존비속 또는 해당 위탁단체의 임직원이 아닌 조합원·회원 중 지정하는 1명(이하 "예비후보자등"이라 한다)은 다음 각 호의 어느 하나에 해당하는 방법으로 선거운동을 할 수 있다. <개정 2024. 1. 30.>
1. 제28조 및 제29조에 따른 방법
2. 제30조에 따른 방법(위탁단체가 사전에 공개한 행사장에서 하는 경우에 한정하며, 제24조제3항제3호에 해당하는 선거의 경우에는 중앙회장선거에 한정한다)
3. 제30조의4에 따른 방법(예비후보자가 하는 경우에 한정한다)
⑧ 제18조에 따라 후보자로 등록한 사람은 선거기간개시일 전일까지 예비후보자를 겸하는 것으로 본다.
⑨ 예비후보자등록신청서의 서식, 그 밖에 필요한 사항은 중앙선거관리위원회규칙으로 정한다.
[본조신설 2017. 12. 26.]
[시행일: 2024. 7. 31.] 제24조의2

제24조의3(활동보조인) ① 중앙선거관리위원회규칙으로 정하는 장애인 예비후보자·후보자는 그의 활동을 보조하기 위하여 배우자, 직계존비속 또는 해당 위탁단체의 임직원이 아닌 조합원·회원 중에서 1명의 활동보조인(이하 "활동보조인"이라 한다)을 둘 수 있다.
② 제1항에 따라 예비후보자·후보자가 활동보조인을 선임하거나 해임하는 때에는 지체 없이 관할위원회에 서면으로 신고하여야 한다.
③ 제24조에도 불구하고 예비후보자·후보자와 함께 다니는 활동보조인은 다음 각 호에 따라 선거운동을 할 수 있다. 이 경우 활동보조인은 관할위원회가 교부하는 표지를 패용하여야 한다.
1. 예비후보자의 활동보조인: 제24조의2제7항제2호에 해당하는 방법
2. 후보자의 활동보조인: 선거운동기간 중 제27조(제24조제3항제3호에 해당하는 선거의 경우에는 제외한다) 및 제30조(제24조제3항제3호에 해당하는 선거의 경우에는 중앙회장선거에 한정한다)에 해당하는 방법
④ 예비후보자·후보자는 활동보조인에게 수당과 실비를 지급할 수 있다.
⑤ 활동보조인의 선임·해임 신고서, 표지, 수당과 실비, 그 밖에 필요한 사항은 중앙선거관리위원회규칙으로 정한다.
[본조신설 2024. 1. 30.]
[시행일: 2024. 7. 31.] 제24조의3

제25조(선거공보) ① 후보자는 선거운동을 위하여 선거공보 1종을 작성할 수 있다. 이 경우 후보자는 선거인명부확정일 전일까지 관할위원회에 선거공보를 제출하여야 한다.
② 관할위원회는 제1항에 따라 제출된 선거공보를 선거인명부확정일 후 2일까지 제43조에 따른 투표안내문과 동봉하여 선거인에게 발송하여야 한다.
③ 후보자가 제1항 후단에 따른 기한까지 선거공보를 제출하지 아니하거나 규격을 넘는 선거공보를 제출한 때에는 그 선거공보는 발송하지 아니한다.
④ 제출된 선거공보는 정정 또는 철회할 수 없다. 다만, 오기나 이 법에 위반되는 내용이 게재되었을 경우에는 제출마감일까지 해당 후보자가 정정할 수 있다.
⑤ 선거인은 선거공보의 내용 중 경력·학력·학위·상벌에 관하여 거짓으로 게재되어 있음을 이유로 이의제기를 하는 때에는 관할위원회에 서면으로 하여야 하고, 이의제기를 받은 관할위원회는 후보자와 이의제기자에게 그 증명서류의 제출을 요구할 수 있으며, 그 증명서류의 제출이 없거나 거짓 사실임이 판명된 때에는 그 사실을 공고하여야 한다.
⑥ 관할위원회는 제5항에 따라 허위게재사실을 공고한 때에는 그 공고문 사본 1매를 선거일에 투표소의 입구에 첩부하여야 한다.
⑦ 선거공보의 작성수량·규격·면수·제출, 그 밖에 필요한 사항은 중앙선거관리위원회규칙으로 정한다.

제25조(선거공보) ① 후보자는 선거운동을 위하여 선거공보 1종을 작성할 수 있다. 이 경우 후보자는 선거인명부확정일 전일까지 관할위원회에 선거공보를 제출하여야 한다.
② 후보자가 제1항에 따라 선거공보를 제출하는 경우에는 중앙선거관리위원회규칙으로 정하는 바에 따라 선거공보에 범죄경력을 게재하여야 하고, 선거공보를 제출하지 아니하는 경우에는 범죄경력에 관한 서류를 별도로 작성하여 제1항에 따른 선거공보의 제출마감일까지 관할위원회에 제출하여야 한다. <신설 2024. 1. 30.>
③ 관할위원회는 제1항 또는 제2항에 따라 제출된 선거공보 또는 범죄경력에 관한 서류를 선거인명부확정일 후 3일까지 제43조에 따른 투표안내문과 동봉하여 선거인에게 발송하여야 한다. <개정 2024. 1. 30.>
④ 후보자가 제1항 후단에 따른 기한까지 선거공보 또는 범죄경력에 관한 서류를 제출하지 아니하거나 규격을 넘는 선거공보를 제출한 때에는 그 선거공보는 발송하지 아니한다. <개정 2024. 1. 30.>
⑤ 제출된 선거공보는 정정 또는 철회할 수 없다. 다만, 오기나 이 법에 위반되는 내용이 게재되었을 경우에는 제출마감일까지 해당 후보자가 정정할 수 있다. <개정 2024. 1. 30.>
⑥ 후보자 및 선거인은 선거공보의 내용 중 경력·학력·학위·상벌·범죄경력에 관하여 거짓으로 게재되어 있음을 이유로 이의제기를 하는 때에는 관할위원회에 서면으로 하여야 하고, 이의제기를 받은 관할위원회는 후보자와 이의제기자에게 그 증명서류의 제출을 요구할 수 있으며, 그 증명서류의 제출이 없거나 거짓 사실임이 판명된 때에는 그 사실을 공고하여야 한다. <개정 2024. 1. 30.>
⑦ 관할위원회는 제6항에 따라 허위게재사실을 공고한 때에는 그 공고문 사본 1매를 선거일에 투표소의 입구에 첩부하여야 한다. <개정 2024. 1. 30.>
⑧ 선거공보의 작성수량·규격·면수·제출, 그 밖에 필요한 사항은 중앙선거관리위원회규칙으로 정한다. <개정 2024. 1. 30.>
[시행일: 2024. 7. 31.] 제25조

제26조(선거벽보) ① 후보자는 선거운동을 위하여 선거벽보 1종

을 작성할 수 있다. 이 경우 후보자는 선거인명부확정일 전일까지 관할위원회에 선거벽보를 제출하여야 한다.

② 관할위원회는 제1항에 따라 제출된 선거벽보를 제출마감일 후 2일까지 해당 위탁단체의 주된 사무소와 지사무소의 건물 또는 게시판에 첩부하여야 한다.

③ 제25조제3항부터 제6항까지의 규정은 선거벽보에 이를 준용한다. 이 경우 "선거공보"는 "선거벽보"로, "발송"은 "첩부"로, "규격을 넘는"은 "규격을 넘거나 미달하는"으로 본다.

④ 선거벽보의 작성수량·첩부수량·규격·제출, 그 밖에 필요한 사항은 중앙선거관리위원회규칙으로 정한다.

제26조(선거벽보) ① 후보자는 선거운동을 위하여 선거벽보 1종을 작성할 수 있다. 이 경우 후보자는 선거인명부확정일 전일까지 관할위원회에 선거벽보를 제출하여야 한다.

② 관할위원회는 제1항에 따라 제출된 선거벽보를 제출마감일 후 2일까지 해당 위탁단체의 주된 사무소와 지사무소의 건물 또는 게시판 및 위탁단체와 협의한 장소에 첩부하여야 한다. <개정 2024. 1. 30.>

③ 제25조제4항부터 제7항까지의 규정은 선거벽보에 이를 준용한다. 이 경우 "선거공보"는 "선거벽보"로, "발송"은 "첩부"로, "규격을 넘는"은 "규격을 넘거나 미달하는"으로 본다. <개정 2024. 1. 30.>

④ 선거벽보의 작성수량·첩부수량·규격·제출, 그 밖에 필요한 사항은 중앙선거관리위원회규칙으로 정한다.

[시행일: 2024. 7. 31.] 제26조

제27조(어깨띠·윗옷·소품) 후보자는 선거운동기간 중 어깨띠나 윗옷(上衣)을 착용하거나 소품을 이용하여 선거운동을 할 수 있다.

제27조(어깨띠·윗옷·소품) 후보자등은 선거운동기간 중 어깨띠나 윗옷(上衣)을 착용하거나 소품을 이용하여 선거운동을 할 수 있다. <개정 2024. 1. 30.>

[시행일: 2024. 7. 31.] 제27조

제28조(전화를 이용한 선거운동) 후보자는 선거운동기간 중 다음 각 호의 어느 하나에 해당하는 방법으로 선거운동을 할 수 있다. 다만, 오후 10시부터 다음 날 오전 7시까지는 그러하지 아니하다.

1. 전화를 이용하여 송화자·수화자 간 직접 통화하는 방법
2. 문자(문자 외의 음성·화상·동영상 등은 제외한다)메시지를 전송하는 방법

제28조(전화를 이용한 선거운동) 후보자등은 선거운동기간 중 다음 각 호의 어느 하나에 해당하는 방법으로 선거운동을 할 수 있다. 다만, 오후 10시부터 다음 날 오전 7시까지는 그러하지 아니하다. <개정 2024. 1. 30.>

1. 전화를 이용하여 송화자·수화자 간 직접 통화하는 방법
2. 문자(문자 외의 음성·화상·동영상 등은 제외한다)메시지를 전송하는 방법

[시행일: 2024. 7. 31.] 제28조

제29조(정보통신망을 이용한 선거운동) ① 후보자는 선거운동기간 중 다음 각 호의 어느 하나에 해당하는 방법으로 선거운동을 할 수 있다.

1. 해당 위탁단체가 개설·운영하는 인터넷 홈페이지의 게시판·대화방 등에 글이나 동영상 등을 게시하는 방법
2. 전자우편(컴퓨터 이용자끼리 네트워크를 통하여 문자·음성·화상 또는 동영상 등의 정보를 주고받는 통신시스템을 말한다)을 전송하는 방법

② 관할위원회는 이 법에 위반되는 정보가 인터넷 홈페이지의 게시판·대화방 등에 게시된 때에는 그 인터넷 홈페이지의 관리자·운영자 또는 「정보통신망 이용촉진 및 정보보호 등에 관한 법률」 제2조(정의)제1항제3호에 따른 정보통신서비스 제공자(이하 이 조에서 "정보통신서비스 제공자"라 한다)에게 해당 정보의 삭제를 요청할 수 있다. 이 경우 그 요청을 받은 인터넷 홈페이지의 관리자·운영자 또는 정보통신서비스 제공자는 지체 없이 이에 따라야 한다.

③ 제2항에 따라 정보가 삭제된 경우 해당 정보를 게시한 사람은 그 정보가 삭제된 날부터 3일 이내에 관할위원회에 서면으로 이의신청을 할 수 있다.

④ 위법한 정보의 게시에 대한 삭제 요청, 이의신청, 그 밖에 필요한 사항은 중앙선거관리위원회규칙으로 정한다.

제29조(정보통신망을 이용한 선거운동) ① 후보자등은 선거운동기간 중 다음 각 호의 어느 하나에 해당하는 방법으로 선거운동을 할 수 있다. <개정 2024. 1. 30.>

1. 인터넷 홈페이지의 게시판·대화방 등에 글이나 동영상 등을 게시하는 방법
2. 전자우편(컴퓨터 이용자끼리 네트워크를 통하여 문자·음성·화상 또는 동영상 등의 정보를 주고받는 통신시스템을 말한다)을 전송하는 방법

② 관할위원회는 이 법에 위반되는 정보가 인터넷 홈페이지의 게시판·대화방 등에 게시된 때에는 그 인터넷 홈페이지의 관리자·운영자 또는 「정보통신망 이용촉진 및 정보보호 등에 관한 법률」 제2조(정의)제1항제3호에 따른 정보통신서비스 제공자(이하 이 조에서 "정보통신서비스 제공자"라 한다)에게 해당 정보의 삭제를 요청할 수 있다. 이 경우 그 요청을 받은 인터넷 홈페이지의 관리자·운영자 또는 정보통신서비스 제공자는 지체 없이 이에 따라야 한다.

③ 제2항에 따라 정보가 삭제된 경우 해당 정보를 게시한 사람은 그 정보가 삭제된 날부터 3일 이내에 관할위원회에 서면으로 이의신청을 할 수 있다.

④ 위법한 정보의 게시에 대한 삭제 요청, 이의신청, 그 밖에 필요한 사항은 중앙선거관리위원회규칙으로 정한다.

[시행일: 2024. 7. 31.] 제29조

제30조(명함을 이용한 선거운동) 후보자는 선거운동기간 중 다수인이 왕래하거나 집합하는 공개된 장소에서 길이 9센티미터 너비 5센티미터 이내의 선거운동을 위한 명함을 선거인에게 직접 주거나 지지를 호소하는 방법으로 선거운동을 할 수 있다. 다만, 중앙선거관리위원회규칙으로 정하는 장소에서는 그러하지 아니하다.

제30조(명함을 이용한 선거운동) 후보자등은 선거운동기간 중 다수인이 왕래하거나 집합하는 공개된 장소에서 길이 9센티미터 너비 5센티미터 이내의 선거운동을 위한 명함을 선거인에게 직접 주거나 지지를 호소하는 방법으로 선거운동을 할 수 있다. 다만, 중앙선거관리위원회규칙으로 정하는 장소에서는 그러하지 아니하다. <개정 2024. 1. 30.>

[시행일: 2024. 7. 31.] 제30조

제30조의2(선거일 후보자 소개 및 소견발표) ① 제24조제3항제2호 및 제3호에 따른 조합장선거, 이사장선거 또는 중앙회장선거에서 투표관리관 또는 투표관리관이 지정하는 사람(이하 이 조에서 "투표관리관등"이라 한다)은 선거일 또는 제52조에 따른 결선투표일(제24조제3항제3호에 따른 중앙회장선거에 한정한다)에 투표를 개시하기 전에 투표소 또는 총회나 대의원회가 개최되는 장소(이하 이 조에서 "투표소등"이라 한다)에서 선거인에게 기호순에 따라 각 후보자를 소개하고 후보자로 하여금 조합 또는 금고 운영에 대한 자신의 소견을 발표하게 하여야 한다. 이 경우 발표시간은 후보자마다 10분의 범위에서 동일하게 배정하여야 한다. <개정 2017. 12. 26., 2023. 8. 8.>

② 후보자가 자신의 소견발표 순서가 될 때까지 투표소등에 도착하지 아니한 때에는 소견발표를 포기한 것으로 본다.

③ 투표관리관등은 후보자가 제61조 또는 제62조에 위반되는 발언을 하는 때에는 이의 중지를 명하여야 하고 후보자가 이에 따르지 아니하는 때에는 소견발표를 중지시키는 등 필요한 조치를 취하여야 한다.

④ 투표관리관등은 투표소등에서 후보자가 소견을 발표하는 것을 방해하거나 질서를 문란하게 하는 사람이 있는 때에는 이를 제지하고, 그 명령에 불응하는 때에는 투표소등 밖으로 퇴장시킬 수 있다.

⑤ 제1항에 따른 후보자 소개 및 소견발표 진행, 그 밖에 필요한 사항은 중앙선거관리위원회규칙으로 정한다.

[본조신설 2015. 12. 24.]

제30조의3(선거운동을 위한 휴대전화 가상번호의 제공) ① 후보

자는 제28조에 따른 선거운동을 하기 위하여 해당 위탁단체에 그 구성원의 이동전화번호가 노출되지 아니하도록 생성한 번호(이하 "휴대전화 가상번호"라 한다)를 이동통신사업자로부터 제공받아 후보자에게 제공하여 줄 것을 요청할 수 있다.
② 위탁단체는 제1항에 따른 휴대전화 가상번호 제공 요청이 있는 경우에는 관할위원회를 경유하여 이동통신사업자에게 휴대전화 가상번호를 제공하여 줄 것을 서면(이하 "휴대전화 가상번호 제공 요청서"라 한다)으로 요청하여야 한다.
③ 관할위원회는 해당 휴대전화 가상번호 제공 요청서를 심사한 후 제출받은 날부터 3일 이내에 해당 휴대전화 가상번호 제공 요청서를 이동통신사업자에게 송부하여야 한다.
④ 관할위원회는 휴대전화 가상번호 제공 요청서의 심사를 위하여 필요하다고 판단되는 때에는 해당 위탁단체에 휴대전화 가상번호 제공 요청서의 보완 또는 자료의 제출을 요구할 수 있으며, 그 요구를 받은 위탁단체는 지체 없이 이에 따라야 한다.
⑤ 이동통신사업자가 제2항에 따른 요청을 받은 때에는 그 요청을 받은 날부터 7일 이내에 휴대전화 가상번호 제공 요청서에 따라 휴대전화 가상번호를 생성하여 유효기간을 설정한 다음 관할위원회를 경유하여 해당 위탁단체에 제공하여야 한다.
⑥ 이동통신사업자(그 대표자 및 구성원을 포함한다)가 제5항에 따라 휴대전화 가상번호를 제공할 때에는 다음 각 호의 어느 하나에 해당하는 행위를 하여서는 아니 된다.
1. 휴대전화 가상번호에 유효기간을 설정하지 아니하고 제공하거나 휴대전화 가상번호를 제공하는 날부터 선거일까지의 기간을 초과하는 유효기간을 설정하여 제공하는 행위
2. 휴대전화 가상번호의 제공을 요청한 위탁단체 이외의 자에게 휴대전화 가상번호를 제공하는 행위
⑦ 위탁단체는 제2항에 따라 휴대전화 가상번호 제공 요청을 하기 전에 해당 단체의 구성원에게 위탁선거 후보자의 선거운동을 위하여 본인의 이동전화번호가 후보자에게 휴대전화 가상번호로 제공된다는 사실과 그 제공을 거부할 수 있다는 사실을 알려야 한다. 이 경우 위탁단체는 전단에 따른 고지를 받고 명시적으로 거부의사를 밝힌 구성원의 휴대전화 가상번호를 후보자에게 제공하여서는 아니 된다.
⑧ 위탁단체는 제5항에 따라 제공받은 휴대전화 가상번호를 제1항에 따라 제공을 요청한 후보자 외에 해당 선거의 다른 후보자에게도 제공할 수 있다.
⑨ 위탁단체로부터 휴대전화 가상번호를 제공받은 후보자는 다음 각 호의 어느 하나에 해당하는 행위를 하여서는 아니 된다.
1. 제공받은 휴대전화 가상번호를 제28조에 따른 선거운동 외의 다른 목적으로 사용하는 행위
2. 제공받은 휴대전화 가상번호를 다른 자에게 제공하는 행위
⑩ 휴대전화 가상번호를 제공받은 후보자는 유효기간이 지난 휴대전화 가상번호를 즉시 폐기하여야 한다.
⑪ 이동통신사업자가 제5항에 따라 휴대전화 가상번호를 생성하여 제공하는 데 소요되는 비용은 휴대전화 가상번호의 제공을 요청한 위탁단체가 부담한다. 이 경우 이동통신사업자는 휴대전화 가상번호 생성·제공에 소요되는 최소한의 비용을 청구하여야 한다.
⑫ 휴대전화 가상번호 제공 요청 방법과 절차, 휴대전화 가상번호의 유효기간 설정, 휴대전화 가상번호 제공 요청서 서식, 그 밖에 필요한 사항은 중앙선거관리위원회규칙으로 정한다.
[본조신설 2024. 1. 30.]
[시행일: 2024. 7. 31.] 제30조의3

제30조의4(공개행사에서의 정책 발표) ① 예비후보자와 후보자는 해당 위탁단체가 개최하는 공개행사에 방문하여 자신의 정책을 발표할 수 있다.
② 제1항에 따라 공개행사에서 정책을 발표하려는 예비후보자와 후보자는 참석할 공개행사의 일시, 소견 발표에 소요되는 시간과 발표 방법 등을 해당 위탁단체에 미리 신고하여야 한다. 이 경우 위탁단체는 정당한 사유 없이 이를 거부할 수 없다.
③ 위탁단체는 예비후보자등록신청개시일 전 5일부터 선거일 전일까지 매주 제1항에 따른 공개행사의 일시와 소견 발표가 가능한 시간을 공고하여야 한다.
④ 제2항에 따른 신고 및 제3항에 따른 공고의 절차·방법과 그 밖에 필요한 사항은 중앙선거관리위원회규칙으로 정한다.
[본조신설 2024. 1. 30.]
[시행일: 2024. 7. 31.] 제30조의4

제31조(지위를 이용한 선거운동금지 등) 위탁단체의 임직원은 다음 각 호의 어느 하나에 해당하는 행위를 할 수 없다.
1. 지위를 이용하여 선거운동을 하는 행위
2. 지위를 이용하여 선거운동의 기획에 참여하거나 그 기획의 실시에 관여하는 행위
3. 후보자(후보자가 되려는 사람을 포함한다)에 대한 선거권자의 지지도를 조사하거나 이를 발표하는 행위

제32조(기부행위의 정의) 이 법에서 "기부행위"란 다음 각 호의 어느 하나에 해당하는 사람이나 기관·단체·시설을 대상으로 금전·물품 또는 그 밖의 재산상 이익을 제공하거나 그 이익제공의 의사를 표시하거나 그 제공을 약속하는 행위를 말한다.
1. 선거인(선거인명부를 작성하기 전에는 그 선거인명부에 오를 자격이 있는 자를 포함한다. 이하 이 조에서 같다)이나 그 가족(선거인의 배우자, 선거인 또는 그 배우자의 직계존비속과 형제자매, 선거인의 직계존비속 및 형제자매의 배우자를 말한다. 이하 같다)
2. 선거인이나 그 가족이 설립·운영하고 있는 기관·단체·시설

제32조(기부행위의 정의) 이 법에서 "기부행위"란 다음 각 호의 어느 하나에 해당하는 사람이나 기관·단체·시설을 대상으로 금전·물품 또는 그 밖의 재산상 이익을 제공하거나 그 이익제공의 의사를 표시하거나 그 제공을 약속하는 행위를 말한다. <개정 2024. 1. 30.>
1. 선거인[선거인명부를 작성하기 전에는 그 선거인명부에 오를 자격이 있는 자(해당 위탁단체에 가입되어 해당 법령이나 정관등에 따라 위탁선거의 선거권이 있는 자 및 해당 위탁단체에 가입 신청을 한 자를 말한다)를 포함한다. 이하 이 조에서 같다]이나 그 가족(선거인의 배우자, 선거인 또는 그 배우자의 직계존비속과 형제자매, 선거인의 직계존비속 및 형제자매의 배우자를 말한다. 이하 같다)
2. 선거인이나 그 가족이 설립·운영하고 있는 기관·단체·시설
[시행일: 2024. 7. 31.] 제32조

제33조(기부행위로 보지 아니하는 행위) ① 다음 각 호의 어느 하나에 해당하는 행위는 기부행위로 보지 아니한다. <개정 2024. 1. 30.>
1. 직무상의 행위
가. 기관·단체·시설(나목에 따른 위탁단체를 제외한다)이 자체사업계획과 예산에 따라 의례적인 금전·물품을 그 기관·단체·시설의 명의로 제공하는 행위(포상을 포함한다. 이하 나목에서 같다)
나. 위탁단체가 해당 법령이나 정관등에 따른 사업계획 및 수지예산에 따라 집행하는 금전·물품을 그 위탁단체의 명의로 제공하는 행위
다. 물품구매·공사·역무의 제공 등에 대한 대가의 제공 또는 부담금의 납부 등 채무를 이행하는 행위
라. 가목부터 다목까지의 규정에 따른 행위 외에 법령에 근거하여 물품 등을 찬조·출연 또는 제공하는 행위
2. 의례적 행위
가. 「민법」 제777조(친족의 범위)에 따른 친족(이하 이 조에서 "친족"이라 한다)의 관혼상제의식이나 그 밖의 경조사에 축의·부의금품을 제공하는 행위
나. 친족 외의 사람의 관혼상제의식에 통상적인 범위에서 축의·부의금품을 제공하거나 주례를 서는 행위
다. 관혼상제의식이나 그 밖의 경조사에 참석한 하객이나 조객 등에게 통상적인 범위에서 음식물 또는 답례품을 제공하는 행위
라. 소속 기관·단체·시설(위탁단체는 제외한다)의 유급 사무직원이나 친족에게 연말·설 또는 추석에 의례적인 선물을 제

공하는 행위

마. 친목회·향우회·종친회·동창회 등 각종 사교·친목단체 및 사회단체의 구성원으로서 그 단체의 정관 등 또는 운영관례상의 의무에 기하여 종전의 범위에서 회비를 납부하는 행위

바. 평소 자신이 다니는 교회·성당·사찰 등에 통상의 예에 따라 헌금(물품의 제공을 포함한다)하는 행위

3. 「공직선거법」 제112조제2항제3호에 따른 구호적·자선적 행위에 준하는 행위

4. 그 밖에 제1호부터 제3호까지의 어느 하나에 준하는 행위로서 중앙선거관리위원회규칙으로 정하는 행위

② 제1항제1호 각 목 중 위탁단체의 직무상 행위는 해당 법령이나 정관등에 따라 포상하는 경우를 제외하고는 해당 위탁단체의 명의로 하여야 하며, 해당 위탁단체의 대표자의 직명 또는 성명을 밝히거나 그가 하는 것으로 추정할 수 있는 방법으로 제공하는 행위는 기부행위로 본다. 이 경우 다음 각 호의 어느 하나에 해당하는 경우에는 "그가 하는 것으로 추정할 수 있는 방법"에 해당하는 것으로 본다. <신설 2024. 1. 30.>

1. 종전의 대상·방법·범위·시기 등을 법령 또는 정관등의 제정 또는 개정 없이 확대 변경하는 경우

2. 해당 위탁단체의 대표자의 업적을 홍보하는 등 그를 선전하는 행위가 부가되는 경우

③ 제1항에 따라 통상적인 범위에서 1명에게 제공할 수 있는 축의·부의금품, 음식물, 답례품 및 의례적인 선물의 금액범위는 중앙선거관리위원회규칙으로 정한다. <개정 2024. 1. 30.>

제34조(기부행위제한기간) 기부행위를 할 수 없는 기간(이하 "기부행위제한기간"이라 한다)은 다음 각 호와 같다.

1. 임기만료에 따른 선거: 임기만료일 전 180일부터 선거일까지

2. 해당 법령이나 정관등에 따른 재선거, 보궐선거, 위탁단체의 설립·분할 또는 합병으로 인한 선거: 그 선거의 실시 사유가 발생한 날부터 선거일까지

제34조(기부행위제한기간) 기부행위를 할 수 없는 기간(이하 "기부행위제한기간"이라 한다)은 다음 각 호와 같다. <개정 2024. 1. 30.>

1. 임기만료에 따른 선거: 임기만료일 전 1년부터 선거일까지

2. 해당 법령이나 정관등에 따른 보궐선거등: 그 선거의 실시 사유가 발생한 날부터 선거일까지

[시행일: 2024. 7. 31.] 제34조

제35조(기부행위제한) ① 후보자(후보자가 되려는 사람을 포함한다. 이하 이 조에서 같다), 후보자의 배우자, 후보자가 속한 기관·단체·시설은 기부행위제한기간 중 기부행위를 할 수 없다.

② 누구든지 기부행위제한기간 중 해당 위탁선거에 관하여 후보자를 위하여 기부행위를 하거나 하게 할 수 없다. 이 경우 후보자의 명의를 밝혀 기부행위를 하거나 후보자가 기부하는 것으로 추정할 수 있는 방법으로 기부행위를 하는 것은 해당 위탁선거에 관하여 후보자를 위한 기부행위로 본다.

③ 누구든지 기부행위제한기간 중 해당 위탁선거에 관하여 제1항 또는 제2항에 규정된 자로부터 기부를 받거나 기부의 의사표시를 승낙할 수 없다.

④ 누구든지 제1항부터 제3항까지 규정된 행위에 관하여 지시·권유·알선 또는 요구할 수 없다.

⑤ 「농업협동조합법」, 「수산업협동조합법」 및 「산림조합법」에 따른 조합장·중앙회장과 「새마을금고법」에 따른 이사장·중앙회장은 재임 중에 기부행위를 할 수 없다. <개정 2023. 3. 2., 2023. 8. 8.>

제36조(조합장 등의 축의·부의금품 제공제한) 「농업협동조합법」, 「수산업협동조합법」, 「산림조합법」에 따른 조합·중앙회 또는 「새마을금고법」에 따른 금고·중앙회(이하 이 조에서 "조합등"이라 한다)의 경비로 관혼상제의식이나 그 밖의 경조사에 축의·부의금품을 제공하는 경우에는 해당 조합등의 경비임을 명기하여 해당 조합등의 명의로 하여야 하며, 해당 조합등의 대표자의 직명 또는 성명을 밝히거나 그가 하는 것으로 추정할 수 있는 방법으로 하는 행위는 기부행위로 본다. <개정 2023. 3. 2., 2023. 8. 8.>

제37조(선거일 후 답례금지) 후보자, 후보자의 배우자, 후보자가 속한 기관·단체·시설은 선거일 후 당선되거나 되지 아니한데 대하여 선거인에게 축하·위로나 그 밖의 답례를 하기 위하여 다음 각 호의 어느 하나에 해당하는 행위를 할 수 없다.

1. 금전·물품 또는 향응을 제공하는 행위

2. 선거인을 모이게 하여 당선축하회 또는 낙선에 대한 위로회를 개최하는 행위

제38조(호별방문 등의 제한) 누구든지 선거운동을 위하여 선거인(선거인명부작성 전에는 선거인명부에 오를 자격이 있는 자를 포함한다)을 호별로 방문하거나 특정 장소에 모이게 할 수 없다.

제8장 투표 및 개표

제39조(선거방법 등) ① 선거는 투표로 한다.

② 투표는 선거인이 직접 투표용지에 기표(記票)하는 방법으로 한다.

③ 투표는 선거인 1명마다 1표로 한다. 다만, 해당 법령이나 정관등에서 정하는 사람이 법인을 대표하여 행사하는 경우에는 그러하지 아니하다.

제40조(투표소의 설치 등) ① 관할위원회는 해당 위탁단체와 투표소의 설치수, 설치장소 등을 협의하여 선거일 전일까지 투표소를 설치하여야 한다.

② 관할위원회는 공정하고 중립적인 사람 중에서 투표소마다 투표에 관한 사무를 관리할 투표관리관 1명과 투표사무를 보조할 투표사무원을 위촉하여야 한다.

제40조(투표소의 설치 등) ① 관할위원회는 해당 위탁단체와 투표소의 설치수, 설치장소 등을 협의하여 선거일 전일까지 투표소를 설치하여야 한다.

② 관할위원회는 공정하고 중립적인 사람 중에서 투표소마다 투표에 관한 사무를 관리할 투표관리관 1명과 투표사무를 보조할 투표사무원을 위촉하여야 한다.

③ 관할위원회로부터 투표소 설치를 위한 장소 사용 협조 요구를 받은 기관·단체의 장은 정당한 사유가 없으면 이에 따라야 한다. <신설 2024. 1. 30.>

[시행일: 2024. 7. 31.] 제40조

제41조(동시조합장선거·동시이사장선거의 투표소의 설치 등) ① 동시조합장선거 또는 동시이사장선거를 실시하는 경우 관할위원회는 제40조제1항에도 불구하고 그 관할구역 안의 읍·면[「지방자치법」 제7조(자치구가 아닌 구와 읍·면·동 등의 명칭과 구역)제3항에 따라 행정면을 둔 경우에는 행정면을 말한다]·동(「지방자치법」 제7조제4항에 따라 행정동을 둔 경우에는 행정동을 말한다)마다 1개소씩 투표소를 설치·운영하여야 한다. 다만, 조합 또는 금고의 주된 사무소가 설치되지 아니한 지역 등 중앙선거관리위원회규칙으로 정하는 경우에는 관할위원회가 해당 조합 또는 금고와 협의하여 일부 읍·면·동에 투표소를 설치할 수 있다. <개정 2021. 1. 12., 2023. 8. 8.>

② 동시조합장선거 또는 동시이사장선거에서 선거인은 자신이 올라 있는 선거인명부의 작성 구역단위에 설치된 어느 투표소에서나 투표할 수 있다. <개정 2023. 8. 8.>

③ 투표관리관은 제2항에 따라 투표하려는 선거인에 대해서는 본인임을 확인할 수 있는 신분증명서를 제시하게 하여 본인여부를 확인한 다음 전자적 방식으로 무인 또는 서명하게 하고, 투표용지 발급기를 이용하여 선거권이 있는 해당 선거의 투표용지를 출력하여 자신의 도장을 찍은 후 선거인에게 교부한다.

④ 중앙선거관리위원회는 2개 이상 조합장선거 또는 2개 이상 이사장선거의 선거권이 있는 선거인이 투표하는 데 지장이 없도록 하고, 같은 사람이 2회 이상 투표를 할 수 없도록 하는 데 필요한 기술적 조치를 하여야 한다. <개정 2023. 8. 8.>

⑤ 관할위원회는 섬 또는 산간오지 등에 거주하는 등 부득이한 사유로 투표소에 가기 어려운 선거인에게는 그 의결로 거소투표, 순회투표, 인터넷투표 등 중앙선거관리위원회규칙으

로 정하는 방법으로 투표를 하게 할 수 있다. 이 경우 투표방법 등에 관하여는 해당 조합 또는 금고와 협의하여야 한다. ＜개정 2023. 8. 8.＞

⑥ 제5항에 따른 거소투표, 순회투표, 인터넷투표 등의 대상·절차·기간·방법, 그 밖에 필요한 사항은 중앙선거관리위원회규칙으로 정한다.

[제목개정 2023. 8. 8.]

제41조(동시조합장선거·동시이사장선거의 투표소의 설치 등) ① 동시조합장선거 또는 동시이사장선거를 실시하는 경우 관할위원회는 제40조제1항에도 불구하고 그 관할구역 안의 읍·면[「지방자치법」 제7조(자치구가 아닌 구와 읍·면·동 등의 명칭과 구역)제3항에 따라 행정면을 둔 경우에는 행정면을 말한다]·동(「지방자치법」 제7조제4항에 따라 행정동을 둔 경우에는 행정동을 말한다)마다 1개소씩 투표소를 설치·운영하여야 하며, 감염병 발생 등 부득이한 사유가 있는 경우 중앙선거관리위원회규칙으로 정하는 바에 따라 추가로 투표소를 설치할 수 있다. 다만, 조합 또는 금고의 주된 사무소가 설치되지 아니한 지역 등 중앙선거관리위원회규칙으로 정하는 경우에는 관할위원회가 해당 조합 또는 금고와 협의하여 일부 읍·면·동에 투표소를 설치할 수 있다. ＜개정 2021. 1. 12., 2023. 8. 8., 2024. 1. 30.＞

② 동시조합장선거 또는 동시이사장선거에서 선거인은 자신이 올라 있는 선거인명부의 작성 구역단위에 설치된 어느 투표소에서나 투표할 수 있다. ＜개정 2023. 8. 8.＞

③ 투표관리관은 제2항에 따라 투표하려는 선거인에 대해서는 본인임을 확인할 수 있는 신분증명서를 제시하게 하여 본인여부를 확인한 다음 전자적 방식으로 무인 또는 서명하게 하고, 투표용지 발급기를 이용하여 선거권이 있는 해당 선거의 투표용지를 출력하여 자신의 도장을 찍은 후 선거인에게 교부한다.

④ 중앙선거관리위원회는 2개 이상 조합장선거 또는 2개 이상 이사장선거의 선거권이 있는 선거인이 투표하는 데 지장이 없도록 하고, 같은 사람이 2회 이상 투표를 할 수 없도록 하는 데 필요한 기술적 조치를 하여야 한다. ＜개정 2023. 8. 8.＞

⑤ 관할위원회는 섬 또는 산간오지 등에 거주하는 등 부득이한 사유로 투표소에 가기 어려운 선거인에게는 그 의결로 거소투표, 순회투표, 인터넷투표 등 중앙선거관리위원회규칙으로 정하는 방법으로 투표를 하게 할 수 있다. 이 경우 투표방법 등에 관하여는 해당 조합 또는 금고와 협의하여야 한다. ＜개정 2023. 8. 8.＞

⑥ 제5항에 따른 거소투표, 순회투표, 인터넷투표 등의 대상·절차·기간·방법, 그 밖에 필요한 사항은 중앙선거관리위원회규칙으로 정한다.

[제목개정 2023. 8. 8.]

[시행일: 2024. 7. 31.] 제41조

제42조(투표용지) ① 투표용지에는 후보자의 기호와 성명을 표시하되, 기호는 후보자의 게재순위에 따라 "1, 2, 3" 등으로 표시하고, 성명은 한글로 기재하여야 한다. 다만, 한글로 표시된 성명이 같은 후보자가 있는 경우에는 괄호 속에 한자를 함께 기재한다.

② 관할위원회는 후보자등록마감 후에 후보자 또는 그 대리인의 참여하에 투표용지에 게재할 후보자의 순위를 추첨의 방법으로 정하여야 한다. 다만, 추첨개시시각에 후보자 또는 그 대리인이 참여하지 아니하는 경우에는 관할위원회 위원장이 지정하는 사람이 그 후보자를 대리하여 추첨할 수 있다.

③ 투표용지는 인쇄하거나 투표용지 발급기를 이용하여 출력하는 방법으로 작성할 수 있다.

제43조(투표안내문의 발송) 관할위원회는 선거인의 성명, 선거인명부등재번호, 투표소의 위치, 투표할 수 있는 시간, 투표할 때 가지고 가야 할 지참물, 투표절차, 그 밖에 투표참여를 권유하는 내용 등이 기재된 투표안내문을 선거인명부확정일 후 2일까지 선거인에게 우편으로 발송하여야 한다.

제44조(투표시간) ① 선거별 투표시간은 다음과 같다. ＜개정 2023. 8. 8.＞

1. 동시조합장선거 및 동시이사장선거: 오전 7시부터 오후 5시까지
2. 제1호에 따른 선거 외의 위탁선거: 관할위원회가 해당 위탁단체와 협의하여 정하는 시간

② 투표를 마감할 때에 투표소에서 투표하기 위하여 대기하고 있는 선거인에게는 번호표를 부여하여 투표하게 한 후에 닫아야 한다.

제45조(투표·개표의 참관) ① 후보자는 선거인 중에서 투표소마다 2명 이내의 투표참관인을 선정하여 선거일 전 2일까지, 개표소마다 2명 이내의 개표참관인을 선정하여 선거일 전일까지 관할위원회에 서면으로 신고하여야 한다. 이 경우 개표참관인은 투표참관인이 겸임하게 할 수 있다.

② 관할위원회는 제1항에 따라 신고한 투표참관인·개표참관인이 투표 및 개표 상황을 참관하게 하여야 한다.

③ 후보자가 제1항에 따른 투표참관인·개표참관인의 신고를 하지 아니한 때에는 투표·개표 참관을 포기한 것으로 본다.

④ 후보자 또는 후보자의 배우자와 해당 위탁단체의 임직원은 투표참관인·개표참관인이 될 수 없다.

⑤ 제1항에도 불구하고 동시조합장선거 및 동시이사장선거의 투표참관인은 투표소마다 12명으로 하며, 후보자수가 12명을 넘는 경우에는 후보자별로 1명씩 우선 선정한 후 추첨에 따라 12명을 지정하고, 후보자수가 12명에 미달하되 후보자가 선정·신고한 인원수가 12명을 넘는 때에는 후보자별로 1명씩 선정한 자를 우선 지정한 후 나머지 인원은 추첨에 의하여 지정한다. ＜개정 2023. 8. 8.＞

⑥ 투표참관인·개표참관인의 선정·신고 및 투표참관인 지정의 구체적인 절차·방법, 그 밖에 필요한 사항은 중앙선거관리위원회규칙으로 정한다.

제45조(투표·개표의 참관) ① 후보자는 해당 위탁단체의 조합원 또는 회원 중에서 투표소마다 2명 이내의 투표참관인을 선정하여 선거일 전 2일까지, 개표소마다 2명 이내의 개표참관인을 선정하여 선거일 전일까지 관할위원회에 서면으로 신고하여야 한다. 이 경우 개표참관인은 투표참관인이 겸임하게 할 수 있다. ＜개정 2024. 1. 30.＞

② 관할위원회는 제1항에 따라 신고한 투표참관인·개표참관인이 투표 및 개표 상황을 참관하게 하여야 한다.

③ 후보자가 제1항에 따른 투표참관인·개표참관인의 신고를 하지 아니한 때에는 투표·개표 참관을 포기한 것으로 본다.

④ 후보자 또는 후보자의 배우자와 해당 위탁단체의 임직원은 투표참관인·개표참관인이 될 수 없다.

⑤ 제1항에도 불구하고 동시조합장선거 및 동시이사장선거의 투표참관인은 투표소마다 12명으로 하며, 후보자수가 12명을 넘는 경우에는 후보자별로 1명씩 우선 선정한 후 추첨에 따라 12명을 지정하고, 후보자수가 12명에 미달하되 후보자가 선정·신고한 인원수가 12명을 넘는 때에는 후보자별로 1명씩 선정한 자를 우선 지정한 후 나머지 인원은 추첨에 의하여 지정한다. ＜개정 2023. 8. 8.＞

⑥ 투표참관인·개표참관인의 선정·신고 및 투표참관인 지정의 구체적인 절차·방법, 그 밖에 필요한 사항은 중앙선거관리위원회규칙으로 정한다.

[시행일: 2024. 7. 31.] 제45조

제46조(개표소의 설치 등) ① 관할위원회는 해당 관할구역에 있는 위탁단체의 시설 등에 개표소를 설치하여야 한다. 다만, 섬 또는 산간오지 등의 지역에 투표소를 설치한 경우로서 투표함을 개표소로 이송하기 어려운 부득이한 경우에는 관할위원회의 의결로 해당 투표소에 개표소를 설치할 수 있다.

② 관할위원회는 개표사무를 보조하게 하기 위하여 개표사무를 보조할 능력이 있는 공정하고 중립적인 사람을 개표사무원으로 위촉할 수 있다.

③ 개표사무원은 투표사무원이 겸임하게 할 수 있다.

④ 제1항 단서에 따라 투표소에 개표소를 설치하는 경우의 개표 절차, 개표사무원의 위촉, 개표참관, 그 밖에 필요한 사항은 중앙선거관리위원회규칙으로 정한다.

제46조(개표소의 설치 등) ① 관할위원회는 해당 관할구역에 있는 위탁단체의 시설 등에 개표소를 설치하여야 한다. 다만, 섬

또는 산간오지 등의 지역에 투표소를 설치한 경우로서 투표함을 개표소로 이송하기 어려운 부득이한 경우에는 관할위원회의 의결로 해당 투표소에 개표소를 설치할 수 있다.
② 관할위원회는 개표사무를 보조하게 하기 위하여 개표사무를 보조할 능력이 있는 공정하고 중립적인 사람을 개표사무원으로 위촉할 수 있다.
③ 개표사무원은 투표사무원이 겸임하게 할 수 있다.
④ 개표소의 설치를 위한 장소 사용 협조 요구를 받은 위탁단체 등의 장은 정당한 사유가 없으면 이에 따라야 한다. <신설 2024. 1. 30.>
⑤ 제1항 단서에 따라 투표소에 개표소를 설치하는 경우의 개표 절차, 개표사무원의 위촉, 개표참관, 그 밖에 필요한 사항은 중앙선거관리위원회규칙으로 정한다. <개정 2024. 1. 30.>
[시행일: 2024. 7. 31.] 제46조

제47조(개표의 진행) ① 개표는 위탁단체별로 구분하여 투표수를 계산한다.
② 관할위원회는 개표사무를 보조하기 위하여 투표지를 유효별·무효별 또는 후보자별로 구분하거나 계산하는 데 필요한 기계장치 또는 전산조직을 이용할 수 있다.
③ 후보자별 득표수의 공표는 최종 집계되어 관할위원회 위원장이 서명 또는 날인한 개표상황표에 의한다. 이 경우 출석한 관할위원회의 위원 전원은 공표 전에 득표수를 검열하여야 하며, 정당한 사유 없이 개표사무를 지연시키는 위원이 있는 때에는 검열을 포기한 것으로 보고, 개표록에 그 사유를 기재한다.
④ 제11조제3항에 따라 개표사무의 관리를 지정받은 사람 또는 하급선거관리위원회나 다른 구·시·군선거관리위원회는 그 개표결과를 관할위원회에 즉시 송부하여야 하며, 해당 관할위원회는 송부 받은 개표결과를 포함하여 후보자별 득표수를 공표하여야 한다.
⑤ 제4항에 따른 개표결과의 작성·송부, 그 밖에 필요한 사항은 중앙선거관리위원회규칙으로 정한다.

제48조(개표관람) ① 누구든지 관할위원회가 발행하는 관람증을 받아 구획된 장소에서 개표상황을 관람할 수 있다.
② 관할위원회는 투표와 개표를 같은 날 같은 장소에서 실시하는 경우에는 관람증을 발급하지 아니한다. 이 경우 관람인석과 투표 및 개표 장소를 구분하여 관람인이 투표 및 개표 장소에 출입할 수 없도록 하여야 한다.

제49조(투표록·개표록 및 선거록의 작성 등) ① 관할위원회는 투표록, 개표록을 각각 작성하여야 한다. 다만, 투표와 개표를 같은 날 같은 장소에서 실시하는 경우에는 투표 및 개표록을 통합하여 작성할 수 있다.
② 제11조제3항에 따라 관할위원회가 지정하는 사람 등에게 투표사무 또는 개표사무를 관리하게 하는 경우에는 그 지정을 받은 사람 또는 하급선거관리위원회나 다른 구·시·군선거관리위원회는 제1항에 따른 투표록·개표록 또는 투표 및 개표록을 작성하여 지체 없이 관할위원회에 송부하여야 한다.
③ 제2항에 따라 투표록·개표록 또는 투표 및 개표록을 송부받은 관할위원회는 지체 없이 후보자별 득표수를 계산하고 선거록을 작성하여야 한다.
④ 투표록·개표록, 투표 및 개표록과 선거록은 전산조직을 이용하여 작성·보고 또는 송부할 수 있다.

제50조(선거 관계 서류의 보관) 관할위원회는 투표지, 투표록, 개표록, 투표 및 개표록, 선거록, 그 밖에 위탁선거에 관한 모든 서류를 그 당선인의 임기 중 보관하여야 한다. 다만, 중앙선거관리위원회규칙으로 정하는 바에 따라 그 보존기간을 단축할 수 있다.

제51조(「공직선거법」의 준용 등) ① 투표 및 개표의 관리에 관하여는 이 법에 규정된 것을 제외하고는 그 성질에 반하지 아니하는 범위에서 「공직선거법」 제10장(투표) 및 제11장(개표)을 준용한다.
② 임의위탁선거의 투표 및 개표의 절차 등에 관하여는 해당 위탁단체와 협의하여 달리 정할 수 있다.

제52조(결선투표 등) ① 결선투표 실시 여부에 관하여는 해당 법령이나 정관등에 따른다.
② 결선투표일은 관할위원회가 위탁단체와 협의하여 정한다.
③ 제1항에 따른 결선투표는 특별한 사정이 없으면 당초 위탁선거에 사용된 선거인명부를 사용한다.
④ 천재지변이나 그 밖의 부득이한 사유로 선거를 실시할 수 없거나 실시하지 못한 때에는 관할위원회가 해당 위탁단체와 협의하여 선거를 연기하여야 한다. 이 경우 처음부터 선거절차를 다시 진행하여야 하고, 선거일만을 다시 정한 때에는 이미 진행된 선거절차에 이어 계속하여야 한다.

제53조(총회 등에서 선출하는 조합장선거·이사장선거에 관한 특례) ① 동시조합장선거 또는 동시이사장선거를 실시하는 경우 제24조제3항제2호 및 제3호에 따른 조합장선거·이사장선거(이하 이 조에서 "총회 등에서 선출하는 조합장선거 등"이라 한다)의 선거인명부 작성·확정, 투표 및 개표에 관하여는 다음 각 호에 따른다. <개정 2015. 12. 24., 2023. 8. 8.>
1. 제24조제3항제3호에 따른 조합장선거와 이사장선거에서는 제15조·제16조 및 제17조에 따른 "선거인명부"를 각각 "대의원명부"로 본다. 다만, 제15조제3항은 적용하지 아니한다.
2. 제41조제1항에도 불구하고 투표소는 선거인이 투표하기 편리한 곳에 1개소를 설치하여야 한다.
3. 제41조제2항에도 불구하고 해당 조합 또는 금고의 선거인은 제2호에 따른 투표소에서 투표하여야 한다.
4. 제44조제1항제1호에도 불구하고 투표시간은 관할위원회가 해당 조합 또는 금고와 협의하여 정하되 투표마감시각은 오후 5시까지로 한다.
5. 결선투표는 제52조제2항에도 불구하고 해당 선거일에 실시하고, 결선투표시간은 관할위원회가 해당 조합 또는 금고와 협의하여 정한다.
6. 그 밖에 투표 및 개표의 절차 등에 관하여 이 법에서 정한 사항을 제외하고는 해당 법령이나 정관등에 따른다.
② 제1항에도 불구하고 관할위원회는 총회 등에서 선출하는 조합장선거 등의 재선거, 보궐선거, 설립·분할 또는 합병으로 인한 선거의 투표 및 개표의 절차 등에 관하여 해당 조합 또는 금고와 협의하여 달리 정할 수 있다. <개정 2015. 12. 24., 2023. 8. 8.>
[제목개정 2015. 12. 24., 2023. 8. 8.]

제53조(총회 등에서 선출하는 조합장선거·이사장선거에 관한 특례) ① 동시조합장선거 또는 동시이사장선거를 실시하는 경우 제24조제3항제2호 및 제3호에 따른 조합장선거·이사장선거(이하 이 조에서 "총회 등에서 선출하는 조합장선거 등"이라 한다)의 선거인명부 작성·확정, 투표 및 개표에 관하여는 다음 각 호에 따른다. <개정 2015. 12. 24., 2023. 8. 8., 2024. 1. 30.>
1. 제24조제3항제2호 및 제3호에 따른 조합장선거와 이사장선거에서는 제15조제3항을 적용하지 아니한다.
2. 제41조제1항에도 불구하고 투표소는 선거인이 투표하기 편리한 곳에 1개소를 설치하여야 한다.
3. 제41조제2항에도 불구하고 해당 조합 또는 금고의 선거인은 제2호에 따른 투표소에서 투표하여야 한다.
4. 제44조제1항제1호에도 불구하고 투표시간은 관할위원회가 해당 조합 또는 금고와 협의하여 정하되 투표마감시각은 오후 5시까지로 한다.
5. 결선투표는 제52조제2항에도 불구하고 해당 선거일에 실시하고, 결선투표시간은 관할위원회가 해당 조합 또는 금고와 협의하여 정한다.
6. 그 밖에 투표 및 개표의 절차 등에 관하여 이 법에서 정한 사항을 제외하고는 해당 법령이나 정관등에 따른다.
② 제1항에도 불구하고 관할위원회는 총회 등에서 선출하는 조합장선거 등의 보궐선거등의 투표 및 개표의 절차 등에 관하여 해당 조합 또는 금고와 협의하여 달리 정할 수 있다. <개정 2015. 12. 24., 2023. 8. 8., 2024. 1. 30.>
[제목개정 2015. 12. 24., 2023. 8. 8.]
[시행일: 2024. 7. 31.] 제53조

제54조(위탁선거의 동시실시) 관할위원회는 선거일을 같은 날로 정할 수 있는 둘 이상의 선거의 관리를 위탁받기로 결정한 때에는 해당 위탁단체와 협의하여 이들 위탁선거를 동시에 실시할 수 있다.

제55조(위탁선거의 효력 등에 대한 이의제기) 위탁선거에서 선거 또는 당선의 효력에 대한 이의제기는 해당 위탁단체에 하여야 한다. 다만, 위탁선거 사무의 관리집행 상의 하자 또는 투표의 효력에 대한 이의제기는 관할위원회의 직근 상급선거관리위원회에 하여야 한다.

제9장 당선인

제56조(당선인 결정) 당선인 결정은 해당 법령이나 정관등에 따른다.

제10장 벌칙

제57조(적용 제외) ① 제3조제1호가목에 해당하는 공공단체등이 위탁하는 선거 외의 위탁선거에는 이 장을 적용하지 아니한다. 다만, 제65조, 제66조제12호, 제68조제1항·제2항제2호 및 제4항·제5항은 그러하지 아니하다. <개정 2016. 12. 27.>

② 제1항 본문에도 불구하고 제3조제1호다목에 따라 공공단체등이 임원 등의 선출을 위한 선거의 관리를 위탁하여야 하는 선거(「교육공무원법」 제24조의3에 따른 대학의 장 후보자 추천 선거는 제외한다)에는 제58조부터 제65조까지, 제66조제8호·제10호·제12호·제13호, 제67조, 제68조제1항, 같은 조 제2항제2호, 같은 조 제3항부터 제5항까지를 적용한다. <신설 2016. 12. 27.>

제58조(매수 및 이해유도죄) 선거운동을 목적으로 다음 각 호의 어느 하나에 해당하는 행위를 한 자는 3년 이하의 징역 또는 3천만원 이하의 벌금에 처한다.

1. 선거인(선거인명부를 작성하기 전에는 그 선거인명부에 오를 자격이 있는 자를 포함한다. 이하 이 조에서 같다)이나 그 가족 또는 선거인이나 그 가족이 설립·운영하고 있는 기관·단체·시설에 대하여 금전·물품·향응이나 그 밖의 재산상 이익이나 공사(公私)의 직을 제공하거나 그 제공의 의사를 표시하거나 그 제공을 약속한 자
2. 후보자가 되지 아니하도록 하거나 후보자가 된 것을 사퇴하게 할 목적으로 후보자가 되려는 사람이나 후보자에게 제1호에 규정된 행위를 한 자
3. 제1호 또는 제2호에 규정된 이익이나 직을 제공받거나 그 제공의 의사표시를 승낙한 자
4. 제1호부터 제3호까지에 규정된 행위에 관하여 지시·권유·알선하거나 요구한 자
5. 후보자등록개시일부터 선거일까지 포장된 선물 또는 돈봉투 등 다수의 선거인(선거인의 가족 또는 선거인이나 그 가족이 설립·운영하고 있는 기관·단체·시설을 포함한다)에게 배부하도록 구분된 형태로 되어 있는 금품을 운반한 자

제58조(매수 및 이해유도죄) 선거운동을 목적으로 다음 각 호의 어느 하나에 해당하는 행위를 한 자는 3년 이하의 징역 또는 3천만원 이하의 벌금에 처한다. <개정 2024. 1. 30.>

1. 선거인[선거인명부를 작성하기 전에는 그 선거인명부에 오를 자격이 있는 자(해당 위탁단체에 가입되어 해당 법령이나 정관등에 따라 위탁선거의 선거권이 있는 자 및 해당 위탁단체에 가입 신청을 한 자를 말한다)를 포함한다. 이하 이 조에서 같다]이나 그 가족 또는 선거인이나 그 가족이 설립·운영하고 있는 기관·단체·시설에 대하여 금전·물품·향응이나 그 밖의 재산상 이익이나 공사(公私)의 직을 제공하거나 그 제공의 의사를 표시하거나 그 제공을 약속한 자
2. 후보자가 되지 아니하도록 하거나 후보자가 된 것을 사퇴하게 할 목적으로 후보자가 되려는 사람이나 후보자에게 제1호에 규정된 행위를 한 자
3. 위탁단체의 회원으로 가입하여 특정 후보자에게 투표하게 할 목적으로 위탁단체의 회원이 아닌 자에게 제1호에 규정된 행위를 한 자
4. 제1호부터 제3호까지에 규정된 이익이나 직을 제공받거나 그 제공의 의사표시를 승낙한 자
5. 제1호부터 제4호까지에 규정된 행위에 관하여 지시·권유·알선하거나 요구한 자
6. 후보자등록개시일부터 선거일까지 포장된 선물 또는 돈봉투 등 다수의 선거인(선거인의 가족 또는 선거인이나 그 가족이 설립·운영하고 있는 기관·단체·시설을 포함한다)에게 배부하도록 구분된 형태로 되어 있는 금품을 운반한 자

[시행일: 2024. 7. 31.] 제58조

제59조(기부행위의 금지·제한 등 위반죄) 제35조를 위반한 자(제68조제3항에 해당하는 자를 제외한다)는 3년 이하의 징역 또는 3천만원 이하의 벌금에 처한다.

제60조(매수 및 이해유도죄 등으로 인한 이익의 몰수) 제58조 또는 제59조의 죄를 범한 자가 받은 이익은 몰수한다. 다만, 그 전부 또는 일부를 몰수할 수 없는 때에는 그 가액을 추징한다.

제61조(허위사실 공표죄) ① 당선되거나 되게 할 목적으로 선거공보나 그 밖의 방법으로 후보자(후보자가 되려는 사람을 포함한다. 이하 이 조에서 같다)에게 유리하도록 후보자, 그의 배우자 또는 직계존비속이나 형제자매에 관하여 허위의 사실을 공표한 자는 3년 이하의 징역 또는 3천만원 이하의 벌금에 처한다.

② 당선되지 못하게 할 목적으로 선거공보나 그 밖의 방법으로 후보자에게 불리하도록 후보자, 그의 배우자 또는 직계존비속이나 형제자매에 관하여 허위의 사실을 공표한 자는 5년 이하의 징역 또는 500만원 이상 5천만원 이하의 벌금에 처한다.

제62조(후보자 등 비방죄) 선거운동을 목적으로 선거공보나 그 밖의 방법으로 공연히 사실을 적시하여 후보자(후보자가 되려는 사람을 포함한다), 그의 배우자 또는 직계존비속이나 형제자매를 비방한 자는 2년 이하의 징역 또는 2천만원 이하의 벌금에 처한다. 다만, 진실한 사실로서 공공의 이익에 관한 때에는 처벌하지 아니한다.

제63조(사위등재죄) ① 거짓의 방법으로 선거인명부에 오르게 한 자는 1년 이하의 징역 또는 1천만원 이하의 벌금에 처한다.

② 선거인명부작성에 관계 있는 자가 선거인명부에 고의로 선거권자를 기재하지 아니하거나 거짓 사실을 기재하거나 하게 한 때에는 3년 이하의 징역 또는 3천만원 이하의 벌금에 처한다.

제64조(사위투표죄) ① 성명을 사칭하거나 신분증명서를 위조 또는 변조하여 사용하거나 그 밖에 거짓의 방법으로 투표하거나 하게 하거나 또는 투표를 하려고 한 자는 1년 이하의 징역 또는 1천만원 이하의 벌금에 처한다.

② 선거관리위원회의 위원·직원·투표관리관 또는 투표사무원이 제1항에 규정된 행위를 하거나 하게 한 때에는 3년 이하의 징역에 처한다.

제65조(선거사무관계자나 시설 등에 대한 폭행·교란죄) 다음 각 호의 어느 하나에 해당하는 자는 1년 이상 7년 이하의 징역 또는 1천만원 이상 7천만원 이하의 벌금에 처한다.

1. 위탁선거와 관련하여 선거관리위원회의 위원·직원, 공정선거지원단원, 그 밖에 위탁선거 사무에 종사하는 사람을 폭행·협박·유인 또는 불법으로 체포·감금한 자
2. 폭행하거나 협박하여 투표소·개표소 또는 선거관리위원회 사무소를 소요·교란한 자
3. 투표용지·투표지·투표보조용구·전산조직 등 선거관리 및 단속사무와 관련한 시설·설비·장비·서류·인장 또는 선거인명부를 은닉·파손·훼손 또는 탈취한 자

제66조(각종 제한규정 위반죄) 다음 각 호의 어느 하나에 해당하는 자는 2년 이하의 징역 또는 2천만원 이하의 벌금에 처한다. <개정 2015. 12. 24., 2017. 12. 26.>

1. 제24조를 위반하여 후보자가 아닌 자가 선거운동을 하거나 제25조부터 제30조의2까지의 규정에 따른 선거운동방법 외의 방법으로 선거운동을 하거나 선거운동기간이 아닌 때에 선거운동을 한 자. 다만, 제24조의2제7항에 따라 선거운동을 한 예비후보자는 제외한다.

1의2. 제24조의2제7항을 위반하여 선거운동을 한 자
2. 제25조에 따른 선거공보의 종수·수량·면수 또는 배부방법을 위반하여 선거운동을 한 자
3. 제26조에 따른 선거벽보의 종수·수량 또는 첩부방법을 위반하여 선거운동을 한 자
4. 제27조를 위반하여 선거운동을 한 자
5. 제28조에 따른 통화방법 또는 시간대를 위반하여 선거운동을 한 자
6. 제29조를 위반하여 해당 위탁단체가 아닌 자가 개설·운영하는 인터넷 홈페이지를 이용하여 선거운동을 한 자
7. 제30조에 따른 명함의 규격 또는 배부방법을 위반하여 선거운동을 한 자
7의2. 제30조의2제4항을 위반하여 투표관리관등의 제지명령에 불응한 자
8. 제31조를 위반한 자
9. 제36조를 위반하여 축의·부의금품을 제공한 자
10. 제37조를 위반한 자
11. 제38조를 위반한 자
12. 제73조제3항을 위반하여 출입을 방해하거나 자료제출의 요구에 응하지 아니한 자 또는 허위자료를 제출한 자
13. 제75조제2항을 위반한 자

제66조(각종 제한규정 위반죄) ① 다음 각 호의 어느 하나에 해당하는 자는 3년 이하의 징역 또는 3천만원 이하의 벌금에 처한다. <신설 2024. 1. 30.>
1. 제30조의3제6항제2호를 위반하여 해당 위탁단체 이외의 자에게 휴대전화 가상번호를 제공한 자
2. 제30조의3제7항을 위반하여 명시적으로 거부의사를 밝힌 구성원의 휴대전화 가상번호를 제공한 자
3. 제30조의3제9항제1호를 위반하여 휴대전화 가상번호를 제28조에 따른 선거운동 외의 다른 목적으로 사용한 자
4. 제30조의3제9항제2호를 위반하여 휴대전화 가상번호를 다른 자에게 제공한 자
5. 제30조의3제10항을 위반하여 유효기간이 지난 휴대전화 가상번호를 즉시 폐기하지 아니한 자
② 다음 각 호의 어느 하나에 해당하는 자는 2년 이하의 징역 또는 2천만원 이하의 벌금에 처한다. <개정 2015. 12. 24., 2017. 12. 26., 2024. 1. 30.>
1. 제24조를 위반하여 후보자등이 아닌 자가 선거운동을 하거나 제25조부터 제30조의4까지의 규정에 따른 선거운동방법 외의 방법으로 선거운동을 하거나 선거운동기간이 아닌 때에 선거운동을 한 자. 다만, 제24조의2제7항에 따라 선거운동을 한 예비후보자등과 제24조의3제3항에 따라 선거운동을 한 활동보조인은 제외한다.
1의2. 제24조의2제7항을 위반하여 선거운동을 한 자
2. 제25조에 따른 선거공보의 종수·수량·면수 또는 배부방법을 위반하여 선거운동을 한 자
3. 제26조에 따른 선거벽보의 종수·수량 또는 첩부방법을 위반하여 선거운동을 한 자
4. 제27조를 위반하여 선거운동을 한 자
5. 제28조에 따른 통화방법 또는 시간대를 위반하여 선거운동을 한 자
6. 삭제 <2024. 1. 30.>
7. 제30조에 따른 명함의 규격 또는 배부방법을 위반하여 선거운동을 한 자
7의2. 제30조의2제4항을 위반하여 투표관리관등의 제지명령에 불응한 자
7의3. 제30조의3제6항제1호를 위반하여 휴대전화 가상번호에 유효기간을 설정하지 아니하고 제공하거나 휴대전화 가상번호를 제공하는 날부터 선거일까지의 기간을 초과하는 유효기간을 설정하여 제공한 자
8. 제31조를 위반한 자
9. 제36조를 위반하여 축의·부의금품을 제공한 자
10. 제37조를 위반한 자
11. 제38조를 위반한 자
12. 제73조제3항을 위반하여 출입을 방해하거나 자료제출의 요구에 응하지 아니한 자 또는 허위자료를 제출한 자
13. 제75조제2항을 위반한 자
[시행일: 2024. 7. 31.] 제66조

제67조(양벌규정) 법인 또는 단체의 대표자나 법인 또는 단체의 대리인, 사용인, 그 밖의 종업원이 그 법인 또는 단체의 업무에 관하여 이 법의 위반행위를 하였을 때에는 행위자를 벌하는 외에 그 법인 또는 단체에 대하여도 해당 조문의 벌금형을 과(科)한다. 다만, 그 법인 또는 단체가 그 위반 행위를 방지하기 위하여 해당 업무에 관하여 상당한 주의와 감독을 게을리하지 아니한 경우에는 그러하지 아니하다.

제68조(과태료의 부과·징수 등) ①「형사소송법」제211조(현행범인과 준현행범인)에 규정된 현행범인 또는 준현행범인으로서 제73조제4항에 따른 동행요구에 응하지 아니한 자에게는 300만원 이하의 과태료를 부과한다.
② 다음 각 호의 어느 하나에 해당하는 자에게는 100만원 이하의 과태료를 부과한다.
1. 제29조제2항에 따른 관할위원회의 요청을 이행하지 아니한 자
2. 제73조제4항에 따른 출석요구에 정당한 사유 없이 응하지 아니한 자
③ 제35조제3항을 위반하여 금전·물품이나 그 밖의 재산상 이익을 제공받은 자(그 제공받은 금액 또는 물품의 가액이 100만원을 초과한 자는 제외한다)에게는 그 제공받은 금액이나 가액의 10배 이상 50배 이하에 상당하는 금액의 과태료를 부과하되, 그 상한액은 3천만원으로 한다. 다만, 제공받은 금액 또는 음식물·물품(제공받은 것을 반환할 수 없는 경우에는 그 가액에 상당하는 금액을 말한다) 등을 선거관리위원회에 반환하고 자수한 경우에는 그 과태료를 감경 또는 면제할 수 있다.
④ 과태료는 중앙선거관리위원회규칙으로 정하는 바에 따라 관할위원회(이하 이 조에서 "부과권자"라 한다)가 부과한다. 이 경우 과태료처분대상자가 납부기한까지 납부하지 아니한 때에는 관할세무서장에게 징수를 위탁하고 관할세무서장이 국세체납처분의 예에 따라 이를 징수하여 국가에 납입하여야 한다.
⑤ 이 법에 따른 과태료의 부과·징수 등의 절차에 관하여는「질서위반행위규제법」제5조(다른 법률과의 관계)에도 불구하고 다음 각 호에서 정하는 바에 따른다.
1. 당사자[「질서위반행위규제법」제2조(정의)제3호에 따른 당사자를 말한다. 이하 이 항에서 같다]는「질서위반행위규제법」제16조(사전통지 및 의견 제출 등)제1항 전단에도 불구하고 부과권자로부터 사전통지를 받은 날부터 3일까지 의견을 제출하여야 한다.
2. 제4항 전단에 따른 과태료 처분에 불복이 있는 당사자는「질서위반행위규제법」제20조(이의제기)제1항 및 제2항에도 불구하고 그 처분의 고지를 받은 날부터 20일 이내에 부과권자에게 이의를 제기하여야 하며, 이 경우 그 이의제기는 과태료 처분의 효력이나 그 집행 또는 절차의 속행에 영향을 주지 아니한다.
3.「질서위반행위규제법」제24조(가산금 징수 및 체납처분 등)에도 불구하고 당사자가 납부기한까지 납부하지 아니한 경우 부과권자는 체납된 과태료에 대하여 100분의 5에 상당하는 가산금을 더하여 관할세무서장에게 징수를 위탁하고, 관할세무서장은 국세 체납처분의 예에 따라 이를 징수하여 국가에 납입하여야 한다.
4.「질서위반행위규제법」제21조(법원에의 통보)제1항 본문에도 불구하고 제4항에 따라 과태료 처분을 받은 당사자가 제2호에 따라 이의를 제기한 경우 부과권자는 지체 없이 관할법원에 그 사실을 통보하여야 한다.

제11장 보칙

제69조(전자투표 및 개표) ① 관할위원회는 해당 위탁단체와 협의하여 전산조직을 이용하여 투표와 후보자별 득표수의 집계 등을 처리할 수 있는 방법으로 투표 및 개표(이하 이 조에서 "전자투표 및 개표"라 한다)를 실시할 수 있다.

② 관할위원회가 제1항에 따라 전자투표 및 개표를 실시하려는 때에는 이를 지체 없이 공고하고 해당 위탁단체 및 후보자에게 통지하여야 하며, 선거인의 투표에 지장이 없도록 홍보하여야 한다.

③ 전자투표 및 개표를 실시하는 경우 투표 및 개표의 절차·방법, 그 밖에 필요한 사항은 중앙선거관리위원회규칙으로 정한다.

제70조(위탁선거범죄로 인한 당선무효) 다음 각 호의 어느 하나에 해당하는 경우에는 그 당선은 무효로 한다.

1. 당선인이 해당 위탁선거에서 이 법에 규정된 죄를 범하여 징역형 또는 100만원 이상의 벌금형을 선고받은 때
2. 당선인의 배우자나 직계존비속이 해당 위탁선거에서 제58조나 제59조를 위반하여 징역형 또는 300만원 이상의 벌금형을 선고받은 때. 다만, 다른 사람의 유도 또는 도발에 의하여 해당 당선인의 당선을 무효로 되게 하기 위하여 죄를 범한 때에는 그러하지 아니하다.

제70조의2(기소·판결에 관한 통지) ① 위탁선거에 관한 범죄로 당선인, 후보자, 후보자의 배우자 또는 직계존비속을 기소한 때에는 관할위원회에 이를 통지하여야 한다.

② 제58조, 제59조, 제61조부터 제66조까지의 범죄에 대한 확정판결을 행한 재판장은 그 판결서등본을 관할위원회에 송부하여야 한다.

[본조신설 2024. 1. 30.]

[시행일: 2024. 7. 31.] 제70조의2

제71조(공소시효) 이 법에 규정한 죄의 공소시효는 해당 선거일 후 6개월(선거일 후 행하여진 범죄는 그 행위가 있는 날부터 6개월)이 지남으로써 완성한다. 다만, 범인이 도피한 때나 범인이 공범 또는 범죄의 증명에 필요한 참고인을 도피시킨 때에는 그 기간은 3년으로 한다.

제71조의2(재판기간) 이 법을 위반한 죄를 범한 자와 그 공범에 관한 재판은 다른 재판에 우선하여 신속히 하여야 하며, 그 판결의 선고는 제1심에서는 공소가 제기된 날부터 6개월 이내에, 제2심 및 제3심에서는 전심의 판결의 선고가 있은 날부터 각각 3개월 이내에 하도록 노력하여야 한다.

[본조신설 2024. 1. 30.]

[시행일: 2024. 7. 31.] 제71조의2

제72조(위반행위에 대한 중지·경고 등) ① 관할위원회의 위원·직원은 직무수행 중에 위탁선거 위반행위를 발견한 때에는 중지·경고 또는 시정명령을 하여야 한다.

② 관할위원회는 위탁선거 위반행위가 선거의 공정을 현저하게 해치는 것으로 인정되거나 중지·경고 또는 시정명령을 이행하지 아니하는 때에는 관할수사기관에 수사의뢰 또는 고발할 수 있다.

제73조(위반행위에 대한 조사 등) ① 선거관리위원회의 위원·직원은 위탁선거 위반행위에 관하여 다음 각 호의 어느 하나에 해당하는 경우에는 그 장소에 출입하여 관계인에 대하여 질문·조사를 하거나 관련 서류 그 밖의 조사에 필요한 자료의 제출을 요구할 수 있다.

1. 위탁선거 위반행위의 가능성이 있다고 인정되는 경우
2. 후보자가 제기한 위탁선거 위반행위의 가능성이 있다는 소명이 이유 있다고 인정되는 경우
3. 현행범의 신고를 받은 경우

② 선거관리위원회의 위원·직원은 위탁선거 위반행위 현장에서 위탁선거 위반행위에 사용된 증거물품으로서 증거인멸의 우려가 있다고 인정되는 때에는 조사에 필요한 범위에서 현장에서 이를 수거할 수 있다. 이 경우 해당 선거관리위원회의 위원·직원은 수거한 증거물품을 그 관련된 위탁선거 위반행위에 대하여 고발 또는 수사의뢰한 때에는 관계 수사기관에 송부하고, 그러하지 아니한 때에는 그 소유·점유·관리하는 사람에게 지체 없이 반환하여야 한다.

③ 누구든지 제1항에 따른 장소의 출입을 방해하여서는 아니 되며 질문·조사를 받거나 자료의 제출을 요구받은 사람은 이에 따라야 한다.

④ 선거관리위원회의 위원·직원은 위탁선거 위반행위 조사와 관련하여 관계자에게 질문·조사하기 위하여 필요하다고 인정되는 때에는 선거관리위원회에 동행 또는 출석할 것을 요구할 수 있다. 다만, 선거기간 중 후보자에 대하여는 동행 또는 출석을 요구할 수 없다.

⑤ 선거관리위원회의 위원·직원이 제1항에 따른 장소에 출입하거나 질문·조사·자료의 제출을 요구하는 경우에는 관계인에게 그 신분을 표시하는 증표를 제시하고 소속과 성명을 밝히고 그 목적과 이유를 설명하여야 한다.

⑥ 소명절차·방법, 증거자료의 수거, 증표의 규격, 그 밖에 필요한 사항은 중앙선거관리위원회규칙으로 정한다.

제74조(자수자에 대한 특례) ① 제58조 또는 제59조의 죄를 범한 사람 중 금전·물품이나 그 밖의 이익 등을 받거나 받기로 승낙한 사람이 자수한 때에는 그 형을 감경 또는 면제한다. 다만, 다음 각 호의 어느 하나에 해당하는 사람은 그러하지 아니하다.

1. 후보자 및 그 배우자
2. 후보자 또는 그 배우자의 직계존비속 및 형제자매
3. 후보자의 직계비속 및 형제자매의 배우자
4. 거짓의 방법으로 이익 등을 받거나 받기로 승낙한 사람

② 제1항의 본문에 규정된 사람이 선거관리위원회에 자신의 해당 범죄사실을 신고하여 선거관리위원회가 관계 수사기관에 이를 통보한 때에는 선거관리위원회에 신고한 때를 자수한 때로 본다.

제75조(위탁선거범죄신고자 등의 보호) ① 이 법에 규정된 범죄에 관한 신고·진정·고소·고발 등 조사 또는 수사단서의 제공, 진술 또는 증언, 그 밖의 자료제출행위 및 범인검거를 위한 제보 또는 검거활동을 한 사람이 그와 관련하여 피해를 입거나 입을 우려가 있다고 인정할 만한 상당한 이유가 있는 경우 해당 범죄에 관한 형사절차 및 관할위원회의 조사과정에서는 「특정범죄신고자 등 보호법」 제5조(불이익처우의 금지)·제7조(인적 사항의 기재 생략)·제9조(신원관리카드의 열람)부터 제12조(소송진행의 협의 등)까지 및 제16조(범죄신고자 등에 대한 형의 감면)를 준용한다.

② 누구든지 제1항에 따라 보호되고 있는 범죄신고자 등이라는 정을 알면서 그 인적사항 또는 범죄신고자 등임을 알 수 있는 사실을 다른 사람에게 알려주거나 공개 또는 보도하여서는 아니 된다.

제76조(위탁선거 위반행위 신고자에 대한 포상금 지급) 관할위원회는 위탁선거 위반행위에 대하여 선거관리위원회가 인지하기 전에 그 위반행위의 신고를 한 사람에 대하여 중앙선거관리위원회규칙으로 정하는 바에 따라 포상금을 지급할 수 있다.

제76조(위탁선거 위반행위 신고자에 대한 포상금 지급) ① 관할위원회는 위탁선거 위반행위에 대하여 선거관리위원회가 인지하기 전에 그 위반행위의 신고를 한 사람에게 포상금을 지급할 수 있다. <개정 2024. 1. 30.>

② 관할위원회는 제1항에 따라 포상금을 지급한 후 다음 각 호의 어느 하나에 해당하는 사유가 있는 경우에는 그 포상금의 지급결정을 취소한다. <신설 2024. 1. 30.>

1. 담합 등 거짓의 방법으로 신고한 사실이 발견된 경우
2. 사법경찰관의 불송치결정이나 검사의 불기소처분이 있는 경우
3. 무죄의 판결이 확정된 경우

③ 관할위원회는 제2항에 따라 포상금의 지급결정을 취소한 때에는 해당 신고자에게 그 취소 사실과 지급받은 포상금에 해당하는 금액을 반환할 것을 통지하여야 하며, 해당 신고자는 통지를 받은 날부터 30일 이내에 그 금액을 해당 관할위원회에 납부하여야 한다. <신설 2024. 1. 30.>

④ 관할위원회는 제3항에 따라 포상금의 반환을 통지받은 해당 신고자가 납부기한까지 반환할 금액을 납부하지 아니한 때

에는 해당 신고자의 주소지를 관할하는 세무서장에게 징수를 위탁하고 관할 세무서장이 국세강제징수의 예에 따라 징수한다. <신설 2024. 1. 30.>
⑤ 제3항 또는 제4항에 따라 납부 또는 징수된 금액은 국가에 귀속된다. <신설 2024. 1. 30.>
⑥ 포상금의 지급 기준 및 절차, 제2항제2호에 해당하는 불송치결정 또는 불기소처분의 사유, 반환금액의 납부절차, 그 밖에 필요한 사항은 중앙선거관리위원회규칙으로 정한다. <신설 2024. 1. 30.>
[시행일: 2024. 7. 31.] 제76조

제77조(위탁선거에 관한 신고 등) ① 이 법 또는 이 법의 시행을 위한 중앙선거관리위원회규칙에 따라 선거기간 중 선거관리위원회에 대하여 행하는 신고·신청·제출·보고 등은 이 법에 특별한 규정이 있는 경우를 제외하고는 공휴일에도 불구하고 매일 오전 9시부터 오후 6시까지 하여야 한다.
② 각급선거관리위원회는 이 법 또는 이 법의 시행을 위한 중앙선거관리위원회규칙에 따른 신고·신청·제출·보고 등을 해당 선거관리위원회가 제공하는 서식에 따라 컴퓨터의 자기디스크나 그 밖에 이와 유사한 매체에 기록하여 제출하게 하거나 해당 선거관리위원회가 지정하는 인터넷 홈페이지에 입력하는 방법으로 제출하게 할 수 있다.

제78조(선거관리경비) ① 위탁선거를 위한 다음 각 호의 경비는 해당 위탁단체가 부담하고 선거의 실시에 지장이 없도록 제1호의 경우에는 선거기간개시일 전 60일(재선거, 보궐선거, 위탁단체의 설립·분할 또는 합병으로 인한 선거의 경우에는 위탁신청을 한 날부터 10일)까지, 제2호 및 제3호의 경우에는 위탁관리 결정의 통지를 받은 날(의무위탁선거의 경우에는 위탁신청을 한 날)부터 10일까지 관할위원회에 납부하여야 한다.
1. 위탁선거의 준비 및 관리에 필요한 경비
2. 위탁선거에 관한 계도·홍보에 필요한 경비
3. 위탁선거 위반행위의 단속 및 조사에 필요한 경비
② 동시조합장선거 및 동시이사장선거에서 제76조에 따른 포상금 지급에 필요한 경비는 해당 조합 또는 금고와 그 중앙회가 균분하여 부담하여야 한다. <개정 2023. 8. 8.>
③ 위탁선거의 관리에 필요한 다음 각 호의 경비는 국가가 부담한다.
1. 위탁선거에 관한 사무편람의 제정·개정에 필요한 경비
2. 그 밖에 위탁선거 사무의 지도·감독 등 통일적인 업무수행을 위하여 필요한 경비
④ 중앙선거관리위원회는 위탁기관의 의견을 들어 선거관리경비 산출기준을 정하고 이를 관할위원회에 통지하여야 하며, 관할위원회는 그 산출기준에 따라 경비를 산출하여야 한다.
⑤ 관할위원회는 제52조에 따른 결선투표가 실시될 경우 그 선거관리경비를 제4항과 별도로 산출하여야 한다.
⑥ 관할위원회는 제4항에 따라 선거관리경비를 산출하는 때에는 예측할 수 없는 경비 또는 불가피한 사유로 산출기준을 초과하는 경비에 충당하기 위하여 산출한 선거관리경비 총액의 100분의 5 범위에서 부가경비를 계상하여야 한다.
⑦ 제1항에 따른 납부금은 체납처분이나 강제집행의 대상이 되지 아니하며 그 경비의 산출기준, 납부절차와 방법, 집행, 검사, 반환, 그 밖에 필요한 사항은 중앙선거관리위원회규칙으로 정한다.

제78조(선거관리경비) ① 위탁선거를 위한 다음 각 호의 경비는 해당 위탁단체가 부담하고 선거의 실시에 지장이 없도록 제1호의 경우에는 선거기간개시일 전 60일(보궐선거등의 경우에는 위탁신청을 한 날부터 10일)까지, 제2호부터 제4호까지의 경우에는 위탁관리 결정의 통지를 받은 날(의무위탁선거의 경우에는 위탁신청을 한 날)부터 10일까지 관할위원회에 납부하여야 한다. <개정 2024. 1. 30.>
1. 위탁선거의 준비 및 관리에 필요한 경비
2. 위탁선거에 관한 계도·홍보에 필요한 경비
3. 위탁선거 위반행위의 단속 및 조사에 필요한 경비
4. 제79조에 따른 보상을 위한 재해보상준비금
② 동시조합장선거 및 동시이사장선거에서 제76조에 따른 포상금 지급에 필요한 경비는 해당 조합 또는 금고와 그 중앙회가 균분하여 부담하여야 한다. <개정 2023. 8. 8.>
③ 위탁선거의 관리에 필요한 다음 각 호의 경비는 국가가 부담한다.
1. 위탁선거에 관한 사무편람의 제정·개정에 필요한 경비
2. 그 밖에 위탁선거 사무의 지도·감독 등 통일적인 업무수행을 위하여 필요한 경비
④ 중앙선거관리위원회는 위탁기관의 의견을 들어 선거관리경비 산출기준을 정하고 이를 관할위원회에 통지하여야 하며, 관할위원회는 그 산출기준에 따라 경비를 산출하여야 한다.
⑤ 관할위원회는 제52조에 따른 결선투표가 실시될 경우 그 선거관리경비를 제4항과 별도로 산출하여야 한다.
⑥ 관할위원회는 제4항에 따라 선거관리경비를 산출하는 때에는 예측할 수 없는 경비 또는 불가피한 사유로 산출기준을 초과하는 경비에 충당하기 위하여 산출한 선거관리경비 총액의 100분의 5 범위에서 부가경비를 계상하여야 한다.
⑦ 제1항에 따른 납부금은 체납처분이나 강제집행의 대상이 되지 아니하며 그 경비의 산출기준, 납부절차와 방법, 집행, 검사, 반환, 그 밖에 필요한 사항은 중앙선거관리위원회규칙으로 정한다.
[시행일: 2024. 7. 31.] 제78조

제79조(시행규칙) 위탁선거의 관리에 관하여 이 법의 시행을 위하여 필요한 사항은 중앙선거관리위원회규칙으로 정한다.

제79조(질병·부상 또는 사망에 대한 보상) ① 중앙선거관리위원회는 각급선거관리위원회위원, 투표관리관, 공정선거지원단원, 투표 및 개표사무원(공무원인 자를 제외한다)이 선거기간(공정선거지원단원의 경우 공정선거지원단을 두는 기간을 말한다) 중에 이 법에 따른 선거업무로 인하여 질병·부상 또는 사망한 때에는 보상금을 지급하여야 한다.
② 제1항의 보상금 지급사유가 제3자의 행위로 인하여 발생한 경우에는 중앙선거관리위원회는 이미 지급한 보상금의 지급범위에서 수급권자가 제3자에 대하여 가지는 손해배상청구권을 취득한다. 다만, 제3자가 공무수행 중의 공무원인 경우에는 손해배상청구권의 전부 또는 일부를 행사하지 아니할 수 있다.
③ 제2항의 경우 보상금의 수급권자가 그 제3자로부터 동일한 사유로 인하여 이미 손해배상을 받은 경우에는 그 배상액의 범위에서 보상금을 지급하지 아니한다.
④ 제1항의 보상금 지급사유가 그 수급권자의 고의 또는 중대한 과실로 인하여 발생한 경우에는 해당 보상금의 전부 또는 일부를 지급하지 아니할 수 있다.
⑤ 보상금의 종류 및 금액, 고의 또는 중대한 과실에 의한 보상금의 감액, 중대한 과실의 적용범위, 그 밖에 필요한 사항은 중앙선거관리위원회규칙으로 정한다.
[본조신설 2024. 1. 30.]
[종전 제79조는 제81조로 이동 <2024. 1. 30.>]
[시행일: 2024. 7. 31.] 제79조

제80조(선전물의 공익목적 활용 등) ① 각급선거관리위원회는 이 법에 따라 위탁단체 또는 후보자(후보자가 되려는 사람을 포함한다. 이하 이 조에서 같다)가 선거관리위원회에 제출한 벽보·공보 등 각종 인쇄물, 사진, 그 밖의 선전물을 공익을 목적으로 출판·전시하거나 인터넷 홈페이지 게시, 그 밖의 방법으로 활용할 수 있다.
② 제1항에 따라 각급선거관리위원회가 공익을 목적으로 활용하는 위탁단체 또는 후보자의 벽보·공보 등 각종 인쇄물, 사진, 그 밖의 선전물에 대하여는 누구든지 각급선거관리위원회에 대하여 「저작권법」상의 권리를 주장할 수 없다.
[본조신설 2024. 1. 30.]
[시행일: 2024. 7. 31.] 제80조

제81조(시행규칙) 위탁선거의 관리에 관하여 이 법의 시행을 위하여 필요한 사항은 중앙선거관리위원회규칙으로 정한다.
[제79조에서 이동 <2024. 1. 30.>]
[시행일: 2024. 7. 31.] 제81조

부칙 〈제20179호, 2024. 1. 30.〉

제1조(시행일) 이 법은 공포 후 6개월이 경과한 날부터 시행한다. 다만, 제33조의 개정규정은 공포한 날부터 시행한다.

제2조(재판기간에 관한 적용례) 제71조의2의 개정규정은 이 법 시행 이후 최초로 공소가 제기되는 사건의 재판부터 적용한다.

제3조(벌칙에 관한 경과조치) 이 법 시행 전의 행위에 대한 벌칙의 적용은 종전의 규정에 따른다.

제4조(포상금 지급결정 취소 및 반환에 관한 경과조치) 이 법 시행 전의 위탁선거 위반행위 신고로 인하여 제76조제2항 및 제3항의 개정규정에 해당하게 되는 사람은 이 법의 개정규정에도 불구하고 종전의 규정에 따른다.

QR코드로 부록에 첨부될 각종 법령

1. 공직선거관리규칙
2. 공공단체등 위탁선거에 관한 규칙
3. 선거기사심의위원회규칙
4. 선거방송토론위원회의 구성 및 운영에 관한 규칙
5. 선거여론조사심의위원회의 구성 및 운영에 관한 규칙
6. 인터넷선거보도심의위원회의 구성 및 운영에 관한 규칙
7. 선거방송심의위원회의 구성 및 운영에 관한 규칙
8. 전자선거추진협의회의 설치 및 운영에 관한 규칙
9. 전산조직에 의한 투표 및 개표에 관한 규칙
10. 당내경선 위탁사무 관리규칙
11. 지방자치단체 선거관리경비규칙
12. 지방교육자치에 관한 법률(약칭 : 교육자치법)
13. 선거관리위원회법
14. 선거관리위원회법 시행규칙
15. 언론중재 및 피해구제 등에 관한 법률(약칭 : 언론중재법)
16. 선거여론조사기준(중앙선거여론조사심의위원회고시 제2023－1호)
17. 선거방송심의에 관한 특별규정(방송통신심의위원회 규칙 제149호)
18. 인터넷선거보도 심의기준 등에 관한 규정(인터넷선거보도심의위원회 훈령 제12호)

판례색인

〈법원〉

〈헌재〉

사항색인

(ㄴ)

(ㄷ)

(ㅁ)

(ㅂ)

(ㅈ)

(ㅊ)

(ㅋ)

(ㅌ)

(ㅍ)

(ㅎ)

저자 약력

이용복 변호사

양정고등학교 졸업
동국대학교 법학과 졸업
동국대학교 대학원 법학과 졸업(석사)
한국해양대학교 대학원 해사법학과(박사과정수료)
사법연수원 제18기(제28회 사법시험)
부산 · 서산 · 의정부 · 서울 · 대구 검찰청 검사, 부부장검사
김천 · 대구 · 의정부 · 서울남부 검찰청 부장검사, 사법연수원 교수
이용복 법률사무소 변호사
법무법인 가교 변호사
한국해양대학교 법학과 겸임교수
중앙선관위 디도스 공격사건 특별검사보
법무법인(유) 에이스 변호사
한국외국어대학교 법학전문대학원 겸임교수
국정농단 의혹사건 특별검사보
법무법인(유) 대륙아주 변호사
KT 법무실장

윤상화 변호사

대일외국어고등학교 졸업
고려대학교 법학과 졸업
성균관대학교 법학전문대학원 졸업(5기)
변호사시험 제5회
춘천지방검찰청 공익법무관
대구고등검찰청 공익법무관
식품의약품안전처 공익법무관
과학기술정보통신부 공익법무관
법무법인(유) 대륙아주 변호사

제 2 판
선거법강의

초판발행 2021년 2월 26일
제2판발행 2024년 3월 29일

지은이 이용복 · 윤상화
펴낸이 안종만 · 안상준

편 집 한두희
기획/마케팅 조성호
표지디자인 Ben Story
제 작 고철민 · 조영환

펴낸곳 (주) 박영사
서울특별시 금천구 가산디지털2로 53, 210호(가산동, 한라시그마밸리)
등록 1959. 3. 11. 제300-1959-1호(倫)
전 화 02)733-6771
f a x 02)736-4818
e-mail pys@pybook.co.kr
homepage www.pybook.co.kr
ISBN 979-11-303-4672-4 93360

정 가 63,000원